D1641257

Heidelberger Kommentar

Außensteuergesetz Doppelbesteuerungsabkommen

Herausgegeben von

Prof. Dr. Florian Haase, M.I.Tax

Bearbeitet von

Dr. Isabel Bauernschmitt · Katharina Becker
Dipl.-Betriebsw. (FH) Tanja Creed, M.I.Tax · Dr. Katrin Dorn
Dr. Jochen Ettinger · Frauke Maren Foddanu · Dr. Marion Frotscher, M.I.Tax
Fabian G. Gaffron · Sylvia Galke · Prof. Dr. Florian Haase, M.I.Tax
Dr. Adrian Hans · Dipl.-Finanzw. (FH) Matthias Hofacker, M.I.Tax
Dipl.-Kfm. Florian Kaiser · Dr. Robert Kroschewski
Dr. Alexander Linn, MBR · Dr. Bernadette Mai, LL.M. oec.
Dr. Dagmar Möller-Gosoge · Dr. Dieter Niehaves, M.I.Tax
Dr. Kurt von Pannwitz · Dr. Felix Reiche · Bastian Ruge, LL.M.
Dipl.-Finanzw. (FH) Thomas Rupp · Dr. Oliver Schmidt
Dipl.-Finanzw. (FH) Birgit Schrock
Dipl.-Wirtsch.-Juristin (FH) Nina Schütte, LL.M. · Prof. Dr. Martin Wenz

3., neu bearbeitete Auflage

Bibliografische Information der Deutschen Nationalbibliothek

Die Deutsche Nationalbibliothek verzeichnet diese Publikation in der Deutschen Nationalbibliografie; detaillierte bibliografische Daten sind im Internet über <http://dnb.d-nb.de> abrufbar.

ISBN 978-3-8114-4203-0

E-Mail: kundenservice@cfmueller.de
Telefon: +49 89 2183 7923
Telefax: +49 89 2183 7620

www.cfmueller.de

Druck: Westermann Druck Zwickau
Satz: TypoScript GmbH, München

Vorwort

Wir freuen uns, unseren „Praxiskommentar des ersten Zugriffs“ nunmehr bereits in 3. Auflage vorlegen zu können. Unverändert gilt, dass das Internationale Steuerrecht in permanenter Bewegung bleibt. Hierfür sorgen nicht nur der deutsche Steuergesetzgeber bzw die deutsche Finanzverwaltung, sondern gerade in jüngerer Zeit einmal mehr die OECD sowie zunehmend auch die Europäische Kommission. Nicht zuletzt aber sei vor allem all jenen Kollegen in Richter- und Beraterschaft gedankt, ohne die ein solches Nischenprodukt nicht überleben könnte und die für die Etablierung unseres Werkes gesorgt haben.

Für die Neuauflage galt es wiederum eine Fülle neuerer Rechtsprechung und Aufsätze aufzunehmen, zu bedenken und zu gewichten. Sie waren nicht immer, aber doch oft inspiriert durch ein wahrlich wegweisendes, wenn auch nur teilweise sinnvolles Projekt, nämlich die BEPS-Initiative der OECD, mit deren Auswirkungen die Steuerlandschaft noch lange zu kämpfen haben wird. Zudem darf bezweifelt werden, dass Berlin wenigstens die für Deutschland richtigen Schlüsse aus diesem Projekt zieht, wie etwa die Herabsetzung der Grenze der Niedrigbesteuerung in § 8 Abs 3 AStG auf angemessene 15 %. Hinzu kamen durchaus überraschende, wenn nicht entbehrliche Vorstöße der deutschen Finanzverwaltung, wenn man etwa an die Deutsche Verhandlungsgrundlage für Doppelbesteuerungsabkommen denkt. Auch das „Ungetüm“ der Betriebsstättengewinnaufteilungsverordnung wird uns noch lange beschäftigen, von der allgemeinen Rechtsgrundlage des § 1 Abs. 5 AStG, der in der Vorauflage nur im Entwurf vorlag, einmal ganz abgesehen.

Das Werk ist auf dem Rechtsstand Mai 2016.

Wir hoffen, mit der Neuauflage unserem selbstgesetzten Anspruch an den „Praxiskommentar des ersten Zugriffs“, der zugleich an notwendiger Stelle auch wissenschaftliche Tiefe enthält, wieder ein Stück weit näher gekommen zu sein. Hierbei halfen uns auch manche Kritik sowie wohlmeinende Kommentare aus der Leserschaft, für die wir uns ausdrücklich bedanken.

Weitere Anregungen erbitten wir an florian.haase@roedl.com.

Hamburg, im März 2016 *Florian Haase*

Bearbeiterverzeichnis

Kapitel I	**Außensteuergesetz**
Einleitung:	*Prof. Dr. Florian Haase, M.I.Tax* Rechtsanwalt, Fachanwalt für Steuerrecht, Rödl & Partner / HSBA Hamburg School of Business Administration, Hamburg
§ 1:	*Dipl.-Finanzwirt (FH) Matthias Hofacker, M.I.Tax* Rechtsanwalt, Steuerberater, Bremen
§ 2:	*Dipl.-Kfm. Florian Kaiser* Steuerberater, Rödl & Partner, Nürnberg
§ 4:	*Dr. Jochen Ettinger* Rechtsanwalt, Steuerberater, Fachanwalt für Steuerrecht, Dissmann Orth, München
§ 5:	*Dipl.-Kfm. Florian Kaiser* Steuerberater, Rödl & Partner, Nürnberg
§ 6:	*Dr. Dagmar Möller-Gosoge* Steuerberaterin, Rödl & Partner, München
§§ 7–8:	*Dr. Felix Reiche* Rechtsanwalt, Steuerberater, Arends Hofert Bergemann, Hamburg
§ 9:	*Dr. Adrian Hans* Dipl.-Finanzwirt (FH), Richter, LG Frankenthal
§§ 10–12:	*Dr. Isabel Bauernschmitt* Steuerberaterin, Rödl & Partner, Nürnberg
§ 14:	*Prof. Dr. Florian Haase, M.I.Tax* Rechtsanwalt, Fachanwalt für Steuerrecht, Rödl & Partner / HSBA Hamburg School of Business Administration, Hamburg
§ 15:	*Prof. Dr. Martin Wenz / Dr. Alexander Linn, MBR* Inhaber des Lehrstuhls für Betriebswirtschaftliche Steuerlehre und Steuerrecht, Universität Liechtenstein, Vaduz / Steuerberater, Deloitte & Touche GmbH, München

§ 16:	*Bastian Ruge, LL.M.* Rechtsanwalt, Fachanwalt für Steuerrecht, Ruge Fehsenfeld, Hamburg
§ 17:	*Dr. Adrian Hans* Dipl.-Finanzwirt (FH), Richter, LG Frankenthal
§ 18:	*Dipl.-Betriebswirtin (FH) Tanja Creed, M.I.Tax* Steuerberaterin, Certified Tax Consultant Rödl & Partner, Nürnberg
§ 20:	*Dipl.-Finanzwirt (FH) Thomas Rupp* Finanzministerium Baden-Württemberg, Stuttgart
§ 21:	*Prof. Dr. Florian Haase, M.I.Tax* Rechtsanwalt, Fachanwalt für Steuerrecht, Rödl & Partner / HSBA Hamburg School of Business Administration, Hamburg
§ 22:	*Dr. Jochen Ettinger* Rechtsanwalt, Steuerberater, Fachanwalt für Steuerrecht, Dissmann Orth, München

Kapitel II OECD-Musterabkommen

Einleitung:	*Prof. Dr. Florian Haase, M.I.Tax* Rechtsanwalt, Fachanwalt für Steuerrecht, Rödl & Partner / HSBA Hamburg School of Business Administration, Hamburg
Art. 1:	*Dipl.-Wirtsch.-Juristin (FH) Nina Schütte, LL.M.* Steuerberaterin, BRL Boege Rohde Luebbehuesen, Hamburg
Art. 2:	*Dr. Bernadette Mai, LL.M. oec.* Richterin, Finanzgericht, Münster
Art. 3:	*Fabian G. Gaffron* Rechtsanwalt, Steuerberater, Heuking Kühn Lüer Wojtek, Hamburg
Art. 4:	*Dr. Marion Frotscher, M.I.Tax* Rechtsanwältin, Steuerberaterin, Warth & Klein Grant Thornton, Hamburg
Art. 5:	*Prof. Dr. Florian Haase, M.I.Tax* Rechtsanwalt, Fachanwalt für Steuerrecht, Rödl & Partner / HSBA Hamburg School of Business Administration, Hamburg

Art. 6:	*Sylvia Galke / Prof. Dr. Florian Haase, M.I.Tax* Rechtsanwältin, Steuerberaterin, Deloitte & Touche GmbH / Rechtsanwalt, Fachanwalt für Steuerrecht, Rödl & Partner, HSBA Hamburg School of Business Administration, Hamburg
Art. 7:	*Dr. Dieter Niehaves, M.I.Tax* Steuerberater, Fachberater für Internationales Steuerrecht, Hansa-Atlantik Steuerberatungsgesellschaft, Hamburg
Art. 8:	*Dr. Robert Kroschewski* Rechtsanwalt, Steuerberater, Esche Schümann Commichau, Hamburg
Art. 9:	*Katharina Becker* Regierungsdirektorin, Berlin
Art. 10:	*Fabian G. Gaffron* Rechtsanwalt, Steuerberater, Heuking Kühn Lüer Wojtek, Hamburg
Art. 11:	*Prof. Dr. Martin Wenz / Dr. Alexander Linn, MBR* Inhaber des Lehrstuhls für Betriebswirtschaftliche Steuerlehre und Steuerrecht, Universität Liechtenstein, Vaduz / Steuerberater, Deloitte & Touche GmbH, München
Art. 12:	*Dr. Kurt von Pannwitz* Rechtsanwalt, Steuerberater, Fachanwalt für Steuerrecht, Counsel Treuhand GmbH, Hamburg
Art. 13:	*Dipl.-Wirtsch.-Juristin (FH) Nina Schütte, LL.M.* Steuerberaterin, BRL Boege Rohde Luebbehuesen, Hamburg
Art. 15 und 16:	*Dr. Oliver Schmidt* Steuerberater, Hamburg
Art. 17:	*Frauke Maren Foddanu* Rechtsanwältin, Steuerberaterin, KPMG, Hamburg
Art. 18 und 19:	*Prof. Dr. Florian Haase, M.I.Tax* Rechtsanwalt, Fachanwalt für Steuerrecht, Rödl & Partner / HSBA Hamburg School of Business Administration, Hamburg
Art. 20:	*Bastian Ruge, LL.M.* Rechtsanwalt, Fachanwalt für Steuerrecht, Ruge Fehsenfeld, Hamburg
Art. 21:	*Dipl.-Wirtsch.-Juristin (FH) Nina Schütte, LL.M.* Steuerberaterin, BRL Boege Rohde Luebbehuesen, Hamburg

Art. 22:	*Dr. Kurt von Pannwitz* Rechtsanwalt, Steuerberater, Fachanwalt für Steuerrecht, Counsel Treuhand GmbH, Hamburg
Art. 23A:	*Dr. Katrin Dorn* Steuerberaterin, MDS Möhrle, Hamburg
Art. 23B:	*Dipl.-Finanzwirtin (FH) Birgit Schrock* Finanzbehörde, Hamburg
Art. 24:	*Dr. Kurt von Pannwitz* Rechtsanwalt, Steuerberater, Fachanwalt für Steuerrecht, Counsel Treuhand GmbH, Hamburg
Art. 25:	*Katharina Becker* Regierungsdirektorin, Berlin
Art. 26:	*Frauke Maren Foddanu* Rechtsanwältin, Steuerberaterin, KPMG, Hamburg
Art. 27:	*Dr. Bernadette Mai, LL.M. oec.* Richterin am Finanzgericht, Münster
Art. 28:	*Frauke Maren Foddanu* Rechtsanwältin, Steuerberaterin, KPMG, Hamburg
Art. 29:	*Dr. Oliver Schmidt* Steuerberater, Hamburg
Art. 30:	*Fabian G. Gaffron* Rechtsanwalt, Steuerberater, Heuking Kühn Lüer Wojtek, Hamburg
Art. 31:	*Bastian Ruge, LL.M.* Rechtsanwalt, Fachanwalt für Steuerrecht, Ruge Fehsenfeld, Hamburg

Zitiervorschlag

Haase/*Hofacker* AStG/DBA, § 1 AStG Rn. 3

Haase/*Gaffron* AStG/DBA, Art. 3 MA Rn. 3

Inhaltsverzeichnis

Fünfter Teil
Familienstiftungen

Sechster Teil
Ermittlung und Verfahren

Siebenter Teil
Schlussvorschriften

Kapitel II
OECD-Musterabkommen 2014 zur Vermeidung der Doppelbesteuerung auf dem Gebiet der Steuern vom Einkommen und Vermögen

Abkürzungsverzeichnis

aA	andere/r Ansicht
aaO	am angegebenen Ort
abgedr	abgedruckt
Abh	Abhandlungen
Abk	Abkommen
abl	ablehnend
ABl	Amtsblatt
ABlEG	Amtsblatt der Europäischen Gemeinschaften
ABlEU	Amtsblatt der Europäischen Union (ab 1.2.2003)
Abs	Absatz
Abschn	Abschnitt
abw	abweichend
aE	am Ende
AE	Anwendungserlass
ÄndG	Änderungsgesetz
aF	alte Fassung
AG	Amtsgericht, Aktiengesellschaft, Ausführungsgesetz
allg	allgemein
Alt	Alternative
aM	anderer Meinung
amtl	amtlich
Anh	Anhang
Anm	Anmerkung
AOA	Authorized OECD Approach
APA	Advance Pricing Agreement
ARGE	Arbeitsgemeinschaft
Art	Artikel
AS	Abgeltungsteuer
AStG	Außensteuergesetz
Aufl	Auflage
ausf	ausführlich
ausl	ausländisch
Az	Aktenzeichen
BB	Betriebs-Berater
Bd	Band
Bearb, bearb	Bearbeiter, Bearbeitung, bearbeitet
Begr	Begründung; Begriff
Beil	Beilage
Bek	Bekanntmachung
ber	berichtigt
bes	besonders, besonderen/es/er

Beschl	Beschluss
bestr	bestritten
betr	betreffend/e/es/er/en
BFH	Bundesfinanzhof
BFHE	Sammlung der Entscheidungen des BFH
BFH/NV	Sammlung amtlich nicht veröffentlichter Entscheidungen des BFH
BGBl	Bundesgesetzblatt
BGH	Bundesgerichtshof
BGHSt(Z)	Amtliche Sammlung der Entscheidungen des BGH in Strafsachen (Zivilsachen)
BR	Bundesrat
BR-Drucks	Bundesratsdrucksache
BReg	Bundesregierung
B/K/L/M/R	Brezing/Krabbe/Lempenau/ Mössner/Runge, AStG-Kommentar
BsGa	Betriebsstättengewinnaufteilung
BsGaV	Betriebsstättengewinnaufteilungs-Verordnung
Bsp	Beispiel
bspw	beispielsweise
BTag	Bundestag
BT-Drucks	Bundestagsdrucksache
BVerfG	Bundesverfassungsgericht
BVerfGE	Entscheidungen des BVerfG
BVerwG	Bundesverwaltungsgericht
BVerwGE	Entscheidungen des BVerwG
bzgl	bezüglich
bzw	beziehungsweise
ca	circa
DB	Der Betrieb
DBA	Doppelbesteuerungsabkommen
Dbest	Doppelbesteuerung
ders	derselbe
dh	das heißt
dies	dieselbe/n
Diss	Dissertation
Dividendenbegr	Dividendenbegriff
DJZ	Deutsche Juristen-Zeitung
DRiZ	Deutsche Richter-Zeitung
DStJG	Deutsche Steuerjuristische Gesellschaft
DStZ	Deutsche Steuer-Zeitung
dt	deutsch/e/er/en
DVO	Durchführungsverordnung
EFG	Entscheidungen der Finanzgerichte
EG	Einführungsgesetz, Europäische Gemeinschaften
Einf	Einführung

EGV	Einigungsvertrag
Einl	Einleitung
Entsch	Entscheidung
entspr	entsprechend
Erg, erg	Ergänzung, Ergebnis, ergänzend
Erl	Erläuterung
EStG	Einkommensteuergesetz
EStH	Einkommensteuer-Hinweise
etc	et cetera
EuGH	Gerichtshof der Europäischen Gemeinschaften
EU SK	Europäische Schiedskonvention
evtl	eventuell
f	folgende
FA	Finanzamt
ff	fortfolgende
FG	Finanzgericht
FinMin	Finanzministerium
FinSen	Finanzsenator
FinVerw	Finanzverwaltung
Fn	Fußnote
FR	Finanz-Rundschau
FVerlV	Funktionsverlagerungsverordnung
F/W/B/S	Flick/Wassermeyer/Baumhoff/Schönfeld, Außensteuerrecht
F/W/W/K	Flick/Wassermeyer/Wingert/Kempermann, DBA-Schweiz
GBl	Gesetzblatt
gem	gemäß
Ges	Gesellschaft
GeschO	Geschäftsordnung
gg	gegen, gegenüber
ggf	gegebenenfalls
glA	gleicher Ansicht/Auffassung
G/K/G	Gosch/Kroppen/Grotherr, DBA-Kommentar
GmbHR	GmbH-Rundschau
grdl	grundlegend
grds, Grds	grundsätzlich, Grundsatz
GRUR	Gewerbliches Rechtsschutz- und Urheberrecht
GVBl	Gesetz- und Verordnungsblatt
hA	herrschende Ansicht
Hdb	Handbuch
HFR	Höchstrichterliche Finanzrechtsprechung
H/H/R	Herrmann/Heuer/Raupach, EStG-Kommentar
H/H/S	Hübschmann/Hepp/Spitaler, AO-Kommentar
hL	herrschende Lehre
hM	herrschende Meinung
HR	Handelsregister

Hrsg	Herausgeber
HS	Halbsatz
ICCLR	International Company and Commercial Law Review
idF	in der Fassung
idR	in der Regel
IDW	Institut der Wirtschaftsprüfer
iE	im Ergebnis
ieS	im engeren Sinne
iF	im Fall
IHK	Industrie- und Handelskammer
iHv	in Höhe von
inkl	inklusive
insb	insbesondere
int	international
IPR	Internationales Privatrecht
iRd	im Rahmen der/des
iRe	im Rahmen eines
iRv	im Rahmen von
iSd	im Sinne des
IStR	Internationales Steuerrecht
iSv	im Sinne von
iÜ	im Übrigen
iVm	in Verbindung mit
IWB	Internationale Wirtschaftsbriefe
iwS	im weiteren Sinne
Jb	Jahrbuch
JbFSt	Jahrbuch für Fachanwälte für Steuerrecht
JStG	Jahressteuergesetz
Justiz	Die Justiz
JW	Juristische Wochenschrift
JZ	Juristenzeitung
Kap	Kapitel
KapGes	Kapitalgesellschaft
KG	Kammergericht, Kommanditgesellschaft
KGaA	Kommanditgesellschaft auf Aktien
Kj	Kalenderjahr
Komm	Kommentar
krit	kritisch
KStH	Körperschaftsteuer-Hinweise
KStR	Körperschaftsteuer-Richtlinien
LG	Landgericht
lit	Buchstabe
Lit	Literatur
LS	Leitsatz

lt	laut
MA	Musterabkommen
Mat	Materialien
maW	mit anderen Worten
MDR	Monatsschrift für Deutsches Recht
mE	meines Erachtens
M/F	Mössner/Fuhrmann, AStG
MK	Musterkommentar
mN	mit Nachweisen
MS	Mitgliedstaaten
MTR	Mutter-Tochter-Richtlinie
mwN	mit weiteren Nachweisen
nF	neue Fassung
NJW	Neue Juristische Wochenschrift
NJW-RR	NJW-Rechtsprechungs-Report Zivilrecht
Nr	Nummer
NStZ	Neue Zeitschrift für Strafrecht
NWB	NWB Steuer- und Wirtschaftsrecht
oa	oben angegeben
oÄ	oder Ähnlich/e
OECD	Organisation für wirtschaftliche Zusammenarbeit und Entwicklung
OFD	Oberfinanzdirektion
OFH	Oberfinanzhof
og	oben genannte/n
OLG	Oberlandesgericht
OLGE	Rechtsprechung der Oberlandesgerichte
OLGZ(St)	Entscheidungen der OLG in Zivilsachen (Strafsachen)
PersGes	Personengesellschaft
PIStB	Praxis Internationale Steuerberatung
ProgressVorb	Progressionsvorbehalt
Prot	Protokoll
RdErl	Runderlass
RefE	Referentenentwurf
RegE	Regierungsentwurf
RegE Begr	Regierungsentwurf Begründung
REIT	Real Estate Investment Trust
RFH	Reichsfinanzhof
RG	Reichsgericht
RGBl	Reichsgesetzblatt
RGSt(Z)	Amtliche Sammlung der Entscheidungen des RG in Strafsachen (Zivilsachen)
RIW	Recht der Internationalen Wirtschaft

rkr	rechtskräftig
RL	Richtlinie
Rn	Randnummer
Rpfleger	Der Deutsche Rechtspfleger
Rs	Rechtssache
Rspr	Rechtsprechung
RStBl	Reichssteuerblatt
RT-Drucks	Reichstagsdrucksache
S	Seite, Satz, siehe
S/D	Schönfeld/Ditz, DBA-Kommentar
SG	Sozialgericht
S/K/K	Strunk/Kaminski/Köhler, Kommentar zum AStG und DBA
so	siehe oben
sog	so genannte/r/n
SolZ	Solidaritätszuschlag
SolZG	Solidaritätszuschlaggesetz
Sondernr	Sondernummer
StBJb	Steuerberater-Jahrbuch
StBp	Die steuerliche Betriebsprüfung
SteuK	Steuerrecht kurzgefasst
StPfl	Steuerpflicht/ige/iger
str	streitig
stRspr	ständige Rechtsprechung
StuW	Steuer und Wirtschaft
stv	stellvertretend
su	siehe unten
SV	Sachverständiger
SWI	Steuer und Wirtschaft international
teilw	teilweise
Tz	Teilziffer
ua	unter anderem, und andere
uÄ	und Ähnliche/s
Ubg	Die Unternehmensbesteuerung
uE	unseres Erachtens
umstr	umstritten
unstr	unstreitig
Unterabs	Unterabs
UntStRefG	Unternehmensteuerreformgesetz
unzutr	unzutreffend
Urt	Urteil
usw	und so weiter
uU	unter Umständen
v	von, vom
va	vor allem

Var	Variante
V/B/E	Vögele/Borstell/Engler, Handbuch der Verrechnungspreise
Verf	Verfasser, Verfassung
vern	verneinend
VerwG	Verwaltungsgrundsatz
VG	Verwaltungsgericht
vGA	verdeckte Gewinnausschüttung
vgl	vergleiche
VO	Verordnung
Vorb	Vorbemerkung
VZ	Veranlagungszeitraum
wiss	wissenschaftlich
Wj	Wirtschaftsjahr
WM	Wertpapier-Mitteilungen
W/S/G	Wöhrle/Schelle/Gross, AStG-Kommentar
WÜRV	Wiener Übereinkommen über das Recht der Verträge
WVK	Wiener Vertragsrechts-Konvention
zB	zum Beispiel
ZIP	Zeitschrift für Wirtschaftsrecht
zit	zitiert
zT	zum Teil
zust	zustimmend
zutr	zutreffend
zw	zweifelhaft
zz	zurzeit

Literaturverzeichnis

Blümich EstG, KStG, GewStG, Loseblatt
Brezing/Krabbe/Lempenau/Mössner/Runge AStG-Kommentar, Loseblatt
Dötsch/Pung/Möhlenbrock Körperschaftsteuergesetz, Loseblatt
Erle/Sauter Körperschaftsteuergesetz, 3. Aufl 2010
Ernst & Young Körperschaftsteuergesetz, Loseblatt
Flick/Wassermeyer/Baumhoff/Schönfeld Außensteuerrecht, Loseblatt
Flick/Wassermeyer/Kempermann DBA-Schweiz, Loseblatt
Frotscher Internationales Steuerrecht, 4. Aufl 2015
ders Einkommensteuergesetz, Loseblatt
Glanegger/Güroff Gewerbesteuergesetz, 8. Aufl 2014
Gosch Körperschaftsteuergesetz, 3. Aufl 2015
Gosch/Kroppen/Grotherr DBA-Kommentar, Loseblatt
Haase Internationales und Europäisches Steuerrecht, 4. Aufl 2014
ders Die Hinzurechnungsbesteuerung, 2. Aufl 2015
Herrmann/Heuer/Raupach Einkommensteuergesetz und Körperschaftssteuergesetz, Loseblatt
Hübschmann/Hepp/Spitaler Abgabenordnung/Finanzgerichtsordnung, Loseblatt
Jacobs Internationale Unternehmensbesteuerung, 7. Aufl 2011
Kirchhof Einkommensteuergesetz, 14. Aufl 2015
Kirchhof/Söhn/Mellinghoff Einkommensteuergesetz, Loseblatt
Klein Abgabenordnung, 12. Aufl 2014
Kluge Das internationale Steuerrecht, 4. Aufl 2000
Koenig Abgabenordnung, 3. Aufl 2014
Kraft AStG, 2009
Lademann Einkommensteuergesetz, Loseblatt
Lenski/Steinberg Gewerbesteuergesetz, Loseblatt
Lübbehüsen/Kahle Brennpunkte der Besteuerung von Betriebsstätten, 2015
Mössner/Fuhrmann Außensteuergesetz, 2. Aufl 2011
Mössner ua Steuerrecht international tätiger Unternehmen, 4. Aufl 2012
Reith Internationales Steuerrecht, 2004
Rupp/Knies/Ott/Faust Internationales Steuerrecht, 3. Aufl 2014
Schaumburg Internationales Steuerrecht, 3. Aufl 2011
Schmidt Einkommensteuergesetz, 34. Aufl 2015
Schönfeld/Ditz DBA-Kommentar 2013
Schwarz Abgabenordnung, Loseblatt
Strunk/Kaminski/Köhler Kommentar zu AStG – DBA, Loseblatt
Tipke/Kruse Abgabenordnung – Finanzgerichtsordnung, Loseblatt
Vogel/Lehner DBA-Kommentar, 6. Aufl 2015
Vögele/Borstell/Engler Handbuch der Verrechnungspreise, 4. Aufl 2015
Wassermeyer DBA-Kommentar, Loseblatt
Weber-Grellet Europäisches Steuerrecht 2005
Wilke Internationales Steuerrecht, 12. Aufl 2014
Wöhrle/Schelle/Gross AStG-Kommentar, Loseblatt

Kapitel I

Gesetz über die Besteuerung bei Auslandsbeziehungen (Außensteuergesetz)

vom 8.9.1972 (BGBl. I S. 1713),
zuletzt geändert durch Art. 8 G vom 22.12.2014 (BGBl. I S. 2417)

Einleitung zum Außensteuergesetz

Übersicht

Literatur: *Boos/Rehkugler/Tucha* Internationale Verrechnungspreise – Ein Überblick, DB 2000, 2389; *Burmester* Zur Systematik internationaler Minderbesteuerung und ihrer Vermeidung, in: Burmester/Endres, Außensteuerrecht, Doppelbesteuerungsabkommen und EU-Recht im Spannungsverhältnis, FS Debatin, 1997, S 55; *Cordewener* Europäische Grundfreiheiten und nationales Steuerrecht, 2002; *Dörfler/Ribbrock* Keine neuen Erkenntnisse zur Vereinbarkeit der deutschen Hinzurechnungsbesteuerung mit Gemeinschaftsrecht, BB 2008, 205; *dies* Grenzüberschreitende Verluste, Wegzugsbesteuerung sowie Koordinierung von steuerlichen Regelungen im Binnenmarkt – eine Bestandsaufnahme, BB 2008, 304; *Englisch* Zur Dogmatik der Grundfreiheiten des EGV und ihren ertragsteuerlichen Implikationen, StuW 2003, 88; *Haase* Zum „Rechtsreflex" des Treaty Override in § 20 Abs. 2 AStG zugleich Anmerkung zu Kaminski/Strunk, IStR 2011, 137 und 338; *Hahn* Gemeinschaftsrecht und Recht der direkten Steuern, DStZ 2005, 507; *Kaminski/Strunk/Haase* Anmerkung zu § 20 Abs 2 AStG in der Entwurfsfassung des Jahressteuergesetzes 2008, IStR 2007, 726; *Kaminski/Strunk* § 20 Abs. 2 AStG i.d.F. des JStG 2010: (Nicht-)Freistellung von Betriebsstätteneinkünften in DBA-Fällen, IStR 2011, 137; *Kellersmann/Treisch* Europäische Unternehmensbesteuerung, 2002; *Kessler/Spengel* Checkliste potenziell EG-rechtswidriger Normen des deutschen direkten Steuerrechts – Update 2008, DB 2008, Beil 2 Heft 9; *Köplin/Sedemund* Das BMF-Schreiben vom 8.1.2007 – untauglich, die EG-Rechtswidrigkeit der deutschen Hinzurechnungsbesteuerung nach Cadbury Schweppes zu beseitigen!, BB 2007, 244; *Lehner* Wettbewerb der Steuersysteme, StuW 1998, 158; *Renger* Durchleitung inländischer Einnahmen durch eine ausländische Basisgesellschaft als Gestaltungsmissbrauch, BB 2008, 1379; *Rödder/Schönfeld* Mündliche Verhandlung vor dem EuGH in der Rechtssache „Cadbury Schweppes": Wird sich der Missbrauchsbegriff des EuGH verändern?, IStR 2006, 49; *Sedemund* Europarechtliche Bedenken gegen den neuen § 8 Abs 2 AStG, BB 2008, 696; *Seer* „Unfairer" und „fairer" Steuerwettbewerb in der EU, IWB 2006/7 Fach 11, Gruppe 2, 725; *Selling* Deutschland im Steuerwettbewerb der Staaten, IStR 2000, 226; *Thömmes* EuGH, Urteil v 6.12.2007 – Rs C-298/05, Columbus Container Services BVBA & Co/Finanzamt Bielefeld-Innenstadt, IWB 2008/1 Fach 11a, 1169; *Wassermeyer* Der Scherbenhaufen „Hinzurechnungsbesteuerung", EuZW 2000, 531; *ders/Schönfeld* Die Niedrigbesteuerung iSd § 8 Abs 3 AStG vor dem Hintergrund eines inländischen KSt-Satzes von 15 %, IStR 2008, 496.

A. Generalia

I. Historie des AStG/Revisionsbemühungen

Das Gesetz über die Besteuerung bei Auslandsbeziehungen (sog Außensteuergesetz – AStG) ist abgesehen von den im EStG, KStG und GewStG sowie in der AO verstreu- 1 ten Einzelnormen die zentrale Quelle nationalen Gesetzesrechts, die Regelungen für grenzüberschreitende Sachverhalte enthält.[1] Das AStG gehört zum sog **Außensteuerrecht** der Bundesrepublik Deutschland (dazu Einl MA Rn 16) und war zugleich seinerzeit Teil einer umfassenden gesetzgeberischen Offensive zur **Reform der dt Außenbesteuerung**, die auf Vorarbeiten einer eigens eingesetzten Expertenkommission zurückging.[2] Im Zuge dieser Reform zeitgleich eingeführt wurden etwa § 9 Nr 7 GewStG oder die §§ 90 Abs 2, 138 Abs 2 AO.

2 Es gab im dt Steuerrecht kein historisches Vorbild, welches bei der Normierung des AStG Pate gestanden hätte, obwohl erste Ansätze der Steuerflucht seit jeher zu beobachten waren. Derartigen Bestrebungen der StPfl wurde zuvor im Wesentlichen im Verwaltungswege begegnet.[3] Das AStG datiert v 8.9.1972[4] und hat als Art 1 des „Gesetzes zur Wahrung der steuerlichen Gleichmäßigkeit bei Auslandsbeziehungen und zur Verbesserung der steuerlichen Wettbewerbslage bei Auslandsinvestitionen" Gesetzeskraft erlangt. Es ist seitdem zwar fortwährend, jedoch nur **punktuell** geändert worden (zuletzt durch G v 22.12.2014[5]), ohne dass auch nur im Ansatz eine Gesamtrevision[6] stattgefunden hätte oder beabsichtigt gewesen wäre.

3 Es ist unmittelbar einsichtig, dass diese anlassbezogene Überarbeitungspraxis des Gesetzgebers unweigerlich zu **Systembrüchen** und Verwerfungen führen muss. So wurde bspw durch das UntStRefG 2008[7] in Gestalt des § 32d EStG die sog **Abgeltungsteuer** ua für Dividendenerträge eingeführt, ohne dass dies in § 10 Abs 2 S 3 bei den Regelungen über die Besteuerung des Hinzurechnungsbetrags berücksichtigt worden wäre. Erst durch das JStG 2008[8] erfolgte hier die notwendige Korrektur. Der Lapsus wird sich praktisch zwar nicht auswirken, weil § 32d EStG erst auf Kapitalerträge anwendbar ist, die dem Gläubiger nach dem 31.12.2008 zufließen (§ 52a Abs 1 EStG). Er zeigt aber, dass die Steuergesetze gerade bei int Bezügen eine Komplexität erreicht haben, die praktisch kaum zu handhaben ist.

4 Zuweilen scheint der Gesetzgeber auch von der durch ihn selbst initiierten Fortentwicklung des Steuerrechts eingeholt bzw gar überholt zu werden. Es kann nur als Signal einer beginnenden **Resignation** bezeichnet werden, wenn die Grenze für die Niedrigbesteuerung für ausl Zwischengesellschaften in § 8 Abs 3 bei 25 % belassen, zugleich aber der für inländische KapGes geltende Körperschaftsteuersatz auf 15 % gesenkt wird (§ 23 Abs 1 KStG).[9] Die Entsch hierfür führt nicht nur zu einem **widersinnigen** Erg, sondern dürfte auch eine Renaissance von Betriebsstätten und PersGes in Niedrigsteuerländern zur Folge haben. Werden diese von einer inländischen KapGes etabliert, können StPfl wegen § 9 Nr 2 bzw 3 GewStG gefahrlos das Risiko der Anwendung des § 20 Abs 2 erproben, weil ihnen maximal nur eine Belastung mit dem

1 *BMF* BStBl I 2004, Sondernr 1, Tz 0.
2 *Blümich* Vorb § 1 AStG Rn 25 ff; *F/W/B/S* Vor §§ 7–14 AStG Rn 1 f.
3 Vgl nur *BMF* BStBl I 1965, 74 (sog Oasenerlass).
4 BGBl I 1972, 1713.
5 BGBl I 2014, 2417.
6 *Blümich* Vorb § 1 AStG Rn 31 (Gesetz gilt als „unreformierbar").
7 BGBl I 2007, 1912.
8 BGBl I 2007, 3150.
9 Dazu *Wassermeyer/Schönfeld* IStR 2008, 496.

inländischen Körperschaftsteuersatz droht. Durch das BFH-Urt v 11.3.2015[10] indes ist die Unterscheidung zwischen ausl Körperschaften und Betriebsstätten in der Hinzurechnungsbesteuerung bezüglich der Auswirkungen auf die Gewerbesteuer freilich nicht mehr so virulent wie früher.

II. Funktion und Kritik

Im Inland ansässige StPfl sind in ihrer (unternehmerischen) Entsch prinzipiell frei, ob sie sich steuerrechtlich relevant im Inland oder Ausland betätigen möchten. Da die inländische **Gesamtsteuerbelastung** von natürlichen Personen und Unternehmen als im int Vergleich zu hoch und Steuern ohnehin prinzipiell als Last empfunden werden, sind StPfl häufig versucht, ihre steuerrechtlich relevanten Aktivitäten im niedrig(er) besteuernden Ausland vorzunehmen. Das Ziel wird am einfachsten erreicht über einen steuerlichen **Wegzug**, jedoch ist dies mit Veränderungen des persönlichen Umfelds verbunden, und die Praxis zeigt, dass StPfl selten bereit sind, den Wegzug in letzter Konsequenz regelkonform durchzuführen. Dies gilt insb, wenn es um die Aufgabe der dt Staatsangehörigkeit geht, was als bes starkes Indiz für die Aufgabe auch des steuerlichen Wohnsitzes bzw eines gewöhnlichen Aufenthalts gelten darf. 5

Im Extremfall wird daher der StPfl im Inland ansässig bleiben wollen und sich nur einer ausl, sog **zwischengeschalteten** KapGes oder bspw einer Stiftung bedienen, aus der heraus die jeweilige Aktivität vorgenommen wird. Da die ausl KapGes bzw Stiftung ein gegenüber dem inländischen StPfl selbstständiges Steuersubjekt ist, würden auf diese Weise erhebliche Gewinne dem inländischen Besteuerungszugriff vorenthalten und in das Ausland verlagert werden können. Daneben haben sich in der Praxis vielfältige Strategien herausgebildet, vermittels derer insb int Konzerne **Gewinnverlagerungen** in das Ausland vornehmen.[11] Diese rücken zunehmend in den Blickpunkt der FinVerw und auch der Öffentlichkeit, wie die jüngeren Diskussionen um sog Funktionsverlagerungen zeigen. 6

Diesen nur beispielhaft beschriebenen Ausweichbewegungen der StPfl sucht das AStG durch punktuell ansetzende Regelungen (vgl Rn 12) zu begegnen. Das Gesetz wendet sich – pauschal betrachtet – gegen die **int Steuerflucht** in ihren diversen Ausprägungen, die am Steuersubjekt[12] oder am Steuerobjekt ansetzen können. Der strafrechtlich relevante Bereich (int **Steuerhinterziehung**) wird dabei nicht zwangsläufig berührt. In der Praxis sind vielfach auch legale Gestaltungen anzutreffen, die sich lediglich das int Steuergefälle oder Qualifikationskonflikte (dazu Einl MA Rn 39) zunutze machen. 7

Insofern mag die Feststellung des BFH als Ausgangspunkt der Betrachtungen dienen, dass der StPfl vorbehaltlich wirtschaftlicher Gründe sowie vorbehaltlich der Nichtfeststellung einer gesetzlichen Missbilligung im Einzelfall nicht zur Zahlung von Steuern verpflichtet ist, sondern im Gegenteil den der Besteuerung zugrunde liegenden Sachverhalt (vgl § 38 AO) so gestalten darf, dass eine geringere oder gar keine Steuerbelastung entsteht (**Steuervermeidung**).[13] Zwischen diesen beiden Extremen, der Steuervermeidung und der Steuerhinterziehung, steht die sog **Steuerumgehung** als Versuch, die 8

10 *BFH* IStR 2015, 444 ff.
11 Zum Ganzen *S/K/K* Vor §§ 7–14 AStG Rn 1 ff.
12 *Burmester* S 55, 66 ff: „subjektive Einkunftsverlagerung“.
13 *BFH* BStBl II 1983, 272; BStBl II 1988, 942; *BFH/NV* 1997, 462.

Erfüllung steuerlicher Tatbestände durch „rechtsmissbräuchliche Gestaltungen" zu verhindern. Sie wird in erster Linie durch spezielle Missbrauchsvermeidungsvorschriften (dazu Einl MA Rn 141 ff) wie zB die §§ 7 ff und in zweiter Linie über die allg Missbrauchsnorm des § 42 AO sanktioniert.

9 Die **Kritik** am AStG ist mannigfaltig. Sie richtet sich zunächst gegen dessen unsystematischen Ansatz, dem „ungleichartig ansetzende Einzelmaßnahmen" zugrunde liegen. Sodann werden seine **Einseitigkeit** und **Kompliziertheit** beklagt,[14] was sich an sich auch auf die Effizienz der Gesetzesanwendung[15] auswirken müsste. Jedoch ist zu konstatieren, dass es im Anwendungsbereich des AStG nur vergleichsweise wenig Gerichtsentscheidungen gibt, wenn wohl bezogen auf dessen einzelne Regelungsbereiche (vgl Rn 12) auch aus unterschiedlichen Gründen.

10 IRd § 1 bspw wird man sagen müssen, dass die meisten Steuerfälle in der Betriebsprüfung bereinigt und daher gar nicht erst gerichtlich anhängig werden. IRd §§ 7 ff hingegen ist die geringe Zahl gerichtlicher Entsch mE auf die starke **Abschreckungswirkung** der Hinzurechnungsbesteuerung einerseits sowie andererseits auf die Tatsache zurückzuführen, dass Fälle der Hinzurechnungsbesteuerung seitens der StPfl und auch seitens der FinVerw weitgehend unerkannt bleiben. Insb bei den sog **Mitwirkungstatbeständen** des § 8 entscheiden häufig nicht rechtliche, sondern tatsächliche Gegebenheiten über das Vorliegen passiver Einkünfte. Wie aber ein theoretischer, ggf mit Hilfe eines Beraters aufgesetzter Sachverhalt dann vom StPfl tatsächlich im Ausland „gelebt" wird, lässt sich aus dem Inland heraus meist nur schwer oder gar nicht nachvollziehen, was zu einer gewissen Grauzone bei der Gesetzesanwendung führt.

11 Weitere Kritik am Gesetz entzündet sich insb an der Frage seiner **Gemeinschaftsrechtswidrigkeit**,[16] namentlich hinsichtlich des § 1 und der §§ 7 ff. Während § 2 insoweit in seiner Grundkonzeption schon längere Zeit unangetastet geblieben ist, wurde § 6 durch das JStG 2007[17] zwingenden gemeinschaftsrechtlichen Vorgaben angepasst. Bereits ca 10 Jahre nach dem Inkrafttreten des AStG war vielfach postuliert worden, das Gesetz nach einer Phase der praktischen Erprobung krit zu überprüfen und ggf zu reformieren.[18] Seither auf den Weg gebrachte, umfassend ansetzende Reformversuche sind weitgehend ungehört verhallt (vgl ausf Rn 30 ff).

III. Überblick über die Regelungsbereiche

12 In der **Beratungspraxis** lohnt sich stets ein Blick in das AStG, wenn ein Sachverhalt im Hinblick auf die Person des StPfl, im Hinblick auf von ihm verwendete Investitionsvehikel oder im Hinblick auf Einkunftsquellen eine Auslandsbeziehung aufweist. Dies gilt auch hinsichtlich der **Erbschaft- und Schenkungsteuer**, vgl § 4. Die Normen des AStG sind im Einzelnen zuweilen auch gestandenen Beratern unbekannt, können aber für den StPfl unliebsame Konsequenzen zur Folge haben. Vorsicht ist namentlich dann angezeigt, wenn ein StPfl sich – in welcher Weise auch immer – eine ausl niedrige Besteuerung oder Nullbesteuerung zunutze machen möchte. Dies vorausgeschickt, gilt: Das AStG hat im Wesentlichen **vier Regelungsbereiche**, die sich zwar

---

14 Zum Ganzen *Blümich* Vorb § 1 AStG Rn 1.
15 Drastisch *Selling* IStR 2000, 226, 231: „schwere Arteriosklerose".
16 *Wassermeyer* EuZW 2000, 531.
17 BGBl I 2006, 2782.
18 *Blümich* Vorb § 1 AStG Rn 31.

sämtlich gg die int Minderbesteuerung[19] richten, iÜ aber konzeptionell gänzlich unterschiedliche Stoßrichtungen verfolgen:

- **Einkunftsberichtigung** bei verbundenen Unternehmen (§ 1);
- Sog erweiterte beschränkte StPfl bei natürlichen Personen (§§ 2–5);
- Vermögenszuwachsbesteuerung bei Kapitalgesellschaftsanteilen (§ 6);
- Hinzurechnungsbesteuerung inkl Familienstiftungen (§§ 7–15).

§ 1 betrifft den in der Praxis immens wichtigen Bereich[20] der sog **Verrechnungspreise**. 13
Die Preise, die verbundene Unternehmen miteinander für konzerninterne Lieferungen und Leistungen vereinbaren, müssen marktüblich und angemessen sein. Dieses Prinzip findet seine Rechtfertigung darin, dass bei verbundenen Unternehmen kein natürlicher Interessengegensatz wie zwischen fremden Dritten besteht. Steuerrechtlich relevante Vereinbarungen zwischen einander nahe stehenden Personen müssen daher dem sog **Fremdvergleichsgrundsatz** (dazu § 1 Rn 184) standhalten, um auch für Zwecke der Besteuerung von der FinVerw anerkannt zu werden.

Neben den zentralen, insb betriebswirtschaftlichen Fragen der Bestimmung der Ange- 14
messenheit der Verrechnungspreise (dazu § 1 Rn 179 ff) geht es hier auch um das Verhältnis des § 1 zu anderen bekannten Korrekturnormen bzw Rechtsinstituten wie zB der verdeckten Einlage oder der vGA (dazu § 1 Rn 42 f). Die Thematik der Verrechnungspreise hat eine weitere, immer noch kaum greifbare Dimension erlangt durch die durch das JStG 2008[21] in das Gesetz eingestellten Regelungen über sog **Funktionsverlagerungen** (§ 1 Abs 3 S 9 ff; dazu § 1 Rn 304 ff). Die tatsächlichen Auswirkungen dieser Novität werden sich aber erst zutr einschätzen lassen, wenn die ersten Steuerfälle die Betriebsprüfungen erreicht haben. Ein Gleiches gilt für die Umsetzung des AOA in § 1 Abs. 5 AStG und der dazu ergangenen Betriebsstättengewinnaufteilungsverordnung.

Bei der **erweiterten beschränkten StPfl** handelt es sich um ein bes Besteuerungsre- 15
gime, das der Vermeidung der Steuerflucht dient und das an die **Aufgabe** der dt unbeschränkten StPfl aufgrund eines Wegzugs anknüpft. Der erweiterten beschränkten StPfl unterliegt eine natürliche Person, die in den letzten zehn Jahren vor dem Ende ihrer unbeschränkten StPfl als Deutsche(r) insgesamt mindestens fünf Jahre unbeschränkt einkommensteuerpflichtig war (dazu § 2 Rn 55 ff), die in keinem oder in einem ausl Gebiet ansässig ist, in dem sie mit ihrem Einkommen nur einer **niedrigen Besteuerung** unterliegt (dazu § 2 Rn 70 ff), und die sog **wesentliche wirtschaftliche Interessen** (dazu § 2 Rn 108 ff) im Geltungsbereich des AStG hat.

§ 2 ist in der Praxis bes sorgfältig zu prüfen, weil sich eine natürliche Person allein 16
durch den Wegzug aufgrund der genannten Regelung uU für lange Zeit (10 Jahre!) nicht der dt Besteuerung entziehen kann. Die Vorschrift wird flankiert durch eine erbschaft- und schenkungsteuerliche Sonderregelung (§ 4) sowie durch eine Sonderregelung für zwischengeschaltete Ges (§ 5).

---

19 Zum Begriff *Blümich* Vorb § 1 AStG Rn 3.

20 1990 wurden ca 60 % des gesamten Welthandels dem konzerninternen Handel multinationaler Unternehmen zugeschrieben, vgl *Boos/Rehkugler/Tucha* DB 2000, 2389. Diese Entwicklung dürfte sich inzwischen weiter verstärkt haben.

21 BGBl I 2007, 3150.

17 In § 6[22] ist die sog **Wegzugsbesteuerung** (Vermögenszuwachsbesteuerung bei Kapitalgesellschaftsanteilen) bei natürlichen Personen geregelt.[23] Es handelt sich um eine lex specialis zu § 17 EStG. Die Vorschrift ordnet die Besteuerung einer **fiktiven Veräußerung** von Anteilen an KapGes iSd § 17 EStG an, wenn die unbeschränkte StPfl durch Aufgabe des Wohnsitzes oder gewöhnlichen Aufenthalts oder ähnlich wirkende Ereignisse endet und zu diesem Zeitpunkt iÜ die Voraussetzungen des § 17 EStG erfüllt sind.

18 Die sog **Hinzurechnungsbesteuerung**, das Herzstück des AStG, soll der durch die Beteiligung an ausl, meist in der Rechtsform einer KapGes organisierten und niedrig besteuerten (dazu § 8 Rn 162 ff) Basisgesellschaften[24] (das AStG spricht von **Zwischengesellschaften**) bewirkten Verlagerung von Besteuerungssubstrat in das Ausland vorbeugen, wenn die KapGes schädliche, sog passive Einkünfte (dazu § 8 Rn 21 ff) erzielt.

19 Regelungstechnisch erfolgt dies über eine Durchbrechung der Abschirmwirkung der KapGes (Trennungsprinzip) in der Weise, dass bestimmte von der ausl Ges erzielte Einkünfte den inländischen Gesellschaftern als **fiktive Gewinnausschüttungen**[25] und eigene Einkünfte zugerechnet werden (dazu § 10 Rn 1, 8). Der Sachverhalt wird so besteuert, als ob die Basisgesellschaft nicht existent wäre. Nahezu alle Steuerrechte der Industrieländer verfügen über ähnliche Regelungen über die Besteuerung sog controlled foreign companies, und in der Tat hatte die mit der Ausarbeitung des AStG betraute Expertenkommission (vgl Rn 1) weit reichende Anleihen bei den cfc-Regeln des US-amerikanischen Internal Revenue Code genommen.[26] Die §§ 7 ff werden begleitet durch eine Sonderregelung über Familienstiftungen (§ 15), die strukturell ähnlich ausgestaltet ist, sowie durch eine Sonderregelung für ausl Betriebsstätten und PersGes, für die § 20 Abs 2 ceteris paribus eine der Hinzurechnungsbesteuerung vergleichbare Wirkung herbeiführt.

20 Die §§ 16–18 schließlich runden die vorstehend genannten Regelungen in **verfahrensrechtlicher** Hinsicht ab. Sie erweitern die allgemeingültigen Normen der AO (Mantelgesetz) in dreierlei Hinsicht. § 16 stellt § 160 AO in einen int Kontext, § 17 gibt den StPfl bestimmte Aufklärungspflichten auf und der FinVerw uU die Möglichkeit der Steuerschätzung, und § 18 bestimmt die (einheitliche und) gesonderte Feststellung von Besteuerungsgrundlagen für Zwecke der Hinzurechnungsbesteuerung.

B. Einzelfragen

I. Internationaler Steuerwettbewerb

21 Nie war es einfacher als heute, binnen Sekunden erhebliche Vermögenswerte in das Ausland zu transferieren. Auch die Mobilität der StPfl hat ein kaum gekanntes Aus-

---

22 Die Vorschrift ist jedenfalls in geltenden Fassung mit dem Europäischen Gemeinschaftsrecht vereinbar, vgl zuletzt *BFH* BFH/NV 2009, 2047 ff., Bestätigung des Senatsbeschlusses vom 23.9.2008, BStBl II 2009, 524.

23 Für eine jüngere Bestandsaufnahme vgl *Dörfler/Ribbrock* BB 2008, 304.

24 Zum „Durchleiten" von inländischen Einkünften durch eine ausl Basisgesellschaft als Gestaltungsmissbrauch *Renger* BB 2008, 1379.

25 Krit *F/W/B/S* Vor §§ 7–14 AStG Rn 22 ff.

26 *S/K/K* Vor §§ 7–14 AStG Rn 8; *F/W/B/S* Vor §§ 7–14 AStG Rn 35.

maß angenommen. Hinzu kommt, dass die Staaten, die sich in der Staatengemeinschaft als gleichberechtigte Rechtssubjekte gegenüberstehen, miteinander in einen **Steuerwettbewerb**[27] eingetreten sind, dessen Ende noch immer nicht absehbar ist. All dies führt dazu, dass die Staaten um wirtschaftlich rege und finanzkräftige StPfl konkurrieren, weil sich der stetig steigende Finanzbedarf anders nicht mehr hinreichend decken lässt.

Es nimmt daher nicht Wunder, dass die **Int Steuerplanung** in den vergangenen Jahren 22 stark an Attraktivität gewonnen hat. Ihre Bedeutung wird in der Zukunft noch weiter zunehmen. Die fortschreitende Regelungsdichte, das Nebeneinander nationaler Steuerhoheiten, die Verteilung von Besteuerungsansprüchen zwischen den Staaten durch DBA und auch rein faktische Schwierigkeiten (etwa Sprachbarrieren oder unterschiedliche Kulturen) haben dabei zu einer Komplexität geführt, die auch von dem Kundigen nicht immer leicht zu durchschauen ist.

Hinzu kommt, dass die int Beweglichkeit von StPfl und Einkunftsquellen gegenläufige 23 Reaktionen der FinVerw hervorruft, die nicht eben zur Vereinfachung des Steuerrechts und einer praxistauglicheren Anwendung führen. Oftmals entstehen dadurch weitere administrative und sonstige Belastungen der StPfl, wie es bspw für Verrechnungspreise seit 2003 im Bereich der sog **erweiterten Mitwirkungspflichten bei Auslandssachverhalten** gem § 90 Abs 3 AO zu beobachten ist. Auch die Regelungen des AStG sind größtenteils Ausdruck des Bemühens, den StPfl dazu zu bewegen, nicht dem Lockruf des int Steuerwettbewerbs zu erliegen.

Doch die Int Steuerplanung ihrerseits gibt den Staaten (insb den sog **Oasenstaaten**,[28] 24 dh Staaten mit einer Null- oder Niedrigbesteuerung) weitere Anreize, Maßnahmen zu ergreifen, die die StPfl mitunter gezielt an Investitionen in anderen Staaten hindern. Die OECD hat längst erkannt, dass die unzureichende Angleichung der nationalen Steuersysteme und der sich daraus ergebende hohe Grad an Steuerwettbewerb der Mitgliedstaaten untereinander ein Ausmaß erreicht hat, das sich als schädlich erwiesen hat und das möglicherweise verhindert, dass die Vorteile, die der Binnenmarkt in Bezug auf Wachstum und Beschäftigung bringen kann, aufgrund der höheren Steuerbelastung der Arbeitskraft gegenüber der größeren Mobilität des Kapitals in ihr Gegenteil verkehrt werden können.

Der allseits beklagte Mangel an steuerlicher **Harmonisierung** und das Übermaß an 25 Wettbewerb haben einen allmählichen Souveränitätsverlust der Mitgliedstaaten in ihrer Steuerpolitik und somit über ihre steuerpolitischen Instrumente verursacht, was auf eine potenzielle **Steuererosion** und den Verlust an Steuereinnahmen durch den unkontrollierten Steuerwettbewerb zurückzuführen ist.

Die OECD und auch die Europäische Kommission sehen es daher als notwendig an, 26 die Entwicklung der nationalen Steuersysteme zu koordinieren und ein gewisses Ausmaß an steuerlicher Harmonisierung zu erzielen, und zwar insb in jenen Bereichen, in denen ein **schädlicher Steuerwettbewerb** negative Auswirkungen haben könnte (indirekte Steuern, Unternehmenssteuern, Besteuerung mobiler Faktoren wie bspw Kapital, steuerliche Behandlung von gebietsfremden Personen und Gesellschaften, Energie- und Umweltsteuern, steuerliche Behandlung von Grenzgängern, etc).

---

27 *Lehner* StuW 1998, 158 mwN.

28 Dazu historisch *S/K/K* Vor §§ 7–14 AStG Rn 7; *F/W/B/S* Vor §§ 7–14 AStG Rn 31.

27 1998 hat die OECD einen Report vorgelegt, der sich mit der Bekämpfung von schädlichem Steuerwettbewerb und **schädlichen Steuerpraktiken** beschäftigte (dazu Einl MA Rn 55). Zur Bekämpfung des schädlichen Steuerwettbewerbs bzw der schädlichen Steuerpraktiken hat die OECD insgesamt 19 **Empfehlungen** ausgesprochen. So soll bspw ein unfairer Steuerwettbewerb durch die Ausnutzung bestehender DBA bekämpft werden können (Empfehlungen 10 ff). Zentral sind ferner die Empfehlungen, die sich auf die Beseitigung von Bankgeheimnissen und bestehenden Informationssperren beziehen (Empfehlungen 7, 8, 12, 14). Als äußerst wirkungsvoll hat sich insb die Empfehlung 16 erwiesen. Die Veröffentlichung einer **Liste** mit Steueroasen führte dazu, dass die meisten der dort aufgeführten 35 Steueroasen eine Verpflichtungserklärung abgaben, von unfairen Steuerpraktiken nach klar aufgestelltem Zeitplan abzusehen.[29]

28 Diese Bemühungen der OECD sind in jüngerer Zeit mit dem sog BEPS-Projekt neu aufgegriffen und erweitert worden. 2014 hatte die OECD erste Empfehlungen vorgelegt, um mithilfe int Koordination gegen legale Steuervermeidung in multinationalen Unternehmen vorzugehen. Damit entsprach sie dem Mandat der G20-Finanzminister und Notenbankgouverneure, die die OECD im November 2012 beauftragt hatte, Maßnahmen gegen die sog Aushöhlung der Steuerbasis und die Gewinnverlagerung (Base Erosion and Profit Shifting – BEPS) zu erarbeiten. Das BEPS-Projekt will Regierungen dabei unterstützen, ihre Steuerbasis zu schützen und mehr Sicherheit für Steuerzahler zu schaffen, dabei aber auch Dbest und Einschränkungen für grenzüberschreitende Wirtschaftsaktivitäten zu vermeiden. Die 15 konkreten Aktionspunkte sind indes für Deutschland allenfalls in Bezug auf Verrechnungspreise bei immateriellen Wirtschaftsgütern relevant. Die meisten anderen Vorgaben hat Deutschland bereits erfüllt, auch wenn die FinVerw dies an einigen Stellen abweichend beurteilt.

29 Die **Steuerpolitik** der Europäischen Kommission hat in den vergangenen Jahren weitgehend auf Vorarbeiten der OECD zurückgegriffen. Hier ist eine deutliche Konvergenz zu beobachten, wenn es um Maßnahmen zur Vermeidung schädlichen Steuerwettbewerbs geht. Die Steuerpolitik der Europäischen Kommission ist jedoch im Wesentlichen auf das **Unternehmenssteuerrecht** konzentriert und orientiert sich eng am Subsidiaritäts- und Verhältnismäßigkeitsprinzip. Die Kommission erkennt damit – anders als der EuGH – die Steuerrechtssouveränität der Mitgliedsstaaten im Grundsatz an. Etwa seit dem Jahr 1990 zeigt sie sich gegenüber einer Harmonisierung im Binnenmarkt „um jeden Preis" zurückhaltend[30] und verfolgt offenbar das Konzept eines „gesunden Steuerwettbewerbs",[31] bei dem Wettbewerbsverzerrungen in enger Abstimmung mit den Mitgliedsstaaten punktuell abgebaut werden sollen.

II. AStG und DBA/Europarecht

30 Die Grundsätze, die für das Verhältnis des nationalen dt Steuerrechts zum Abkommensrecht gelten (dazu Einl MA Rn 56 ff), werden auch durch das AStG nicht außer Kraft gesetzt. Es bedarf daher einer speziellen gesetzlichen Anordnung, wenn das Vorrangverhältnis der DBA ausnahmsweise aufgehoben werden soll. Auch im Anwendungsbereich des AStG darf die Bundesrepublik Deutschland daher einen int

29 Zum Ganzen *F/W/B/S* Vor §§ 7–14 AStG Rn 40.

30 *Kellersmann/Treisch* S 89.

31 Zum Steuerwettbewerb in der EU *Seer* IWB 2006/7 Fach 11, Gruppe 2, 725.

Sachverhalt nur besteuern, wenn ihr durch das jeweilige DBA das **Besteuerungsrecht** zugewiesen wird, es sei denn, es wird ausdrücklich ein treaty override (dazu Einl MA Rn 61 ff) angeordnet. Ob ein solcher verfassungsrechtlich zulässig ist, bleibt indes abzuwarten.[32]

IRd § 1 wird man daher das Besteuerungsrecht der Bundesrepublik idR an einer dem Art 9 MA vergleichbaren Vorschrift zu messen haben (dazu § 1 Rn 425 und Art 9 MA Rn 8). IRd § 2 ist strikt das Prinzip zu beachten, dass die Vorschrift keine Anwendung findet, wenn und soweit das jeweilige DBA dem Zuzugsstaat des StPfl das ausschließliche Besteuerungsrecht für der erweiterten beschränkten StPfl unterliegende Einkünfte zuweist (dazu § 2 Rn 18 ff).[33] Ein Beispiel für eine DBA-Regelung, die den §§ 2 ff zur Geltung verhilft, ist Art 4 Abs 4 DBA Schweiz. **31**

§ 6 nimmt eine gewisse Sonderstellung ein. Nach hM gilt die fiktive Veräußerungsbesteuerung gewissermaßen als letzte Ausprägung der unbeschränkten StPfl vor dem Wegzug, die nicht durch das DBA eingeschränkt werde (dazu § 6 Rn 23 ff). Einen Verstoß der Regelung gegen das Abkommensrecht verneint der BFH ebenso wie deren Gemeinschaftswidrigkeit.[34] **32**

Für die §§ 7 ff (ein Gleiches gilt entspr für § 15 und Familienstiftungen) schließlich ist es **systemimmanent**, dass die Rechtsfolge einer dem Art 7 Abs 1 S 1 MA vergleichbaren Vorschrift (Besteuerung nur im Ansässigkeitsstaat des Unternehmens, wenn keine Betriebsstätte im Inland) durch die Hinzurechnungsbesteuerung durchbrochen und eine Besteuerung bei den inländischen Gesellschaftern vorgenommen wird (§ 20 Abs 1).[35] Auch für ausl Betriebsstätten und PersGes wird insoweit in § 20 Abs 2 ein (ausdrücklicher) treaty override (dazu § 20 Rn 72 ff) angeordnet. **33**

Was das Verhältnis der Normen des AStG zum Europarecht anbelangt, so ist ohnehin festzustellen, dass nahezu jede Vorschrift des Gesetzes im Verdacht steht, mit gemeinschaftsrechtlichen Vorgaben unvereinbar zu sein.[36] Für die §§ 7 ff[37] und § 15 etwa hat der Gesetzgeber jüngst – unzureichend – versucht, der **Gemeinschaftsrechtswidrigkeit** zunächst verwaltungsseitig[38] und sodann durch § 8 Abs 2[39] bzw § 15 Abs 6 zu begegnen (dazu § 8 Rn 123 ff und § 15 Rn 142 ff). Das dt Steuerrecht steht hier vor der Herausforderung, einerseits berechtigte Besteuerungsansprüche zu wahren und durchzusetzen, des Missbrauchs durch StPfl und des schädlichen Steuerwettbewerbs Herr zu werden und sich andererseits potenziell gemeinschaftsrechtswidriger Vorschriften zu entledigen. Wiederum andererseits führen Steuerverlagerungen im Gemeinschaftsgebiet zu **Wettbewerbsstörungen** im Gemeinsamen Markt und gefährden die **Wettbewerbsneutralität** der Besteuerung in den EU-Mitgliedsstaaten.[40] **34**

---

32 S das beim BVerfG anhängige Verfahren 2 BvL 1/12.

33 *BMF* BStBl I 2004, Sondernr 1, Tz 2.0.2.

34 *BFH/NV* 2009, 2047 ff.

35 *S/K/K* Vor §§ 7–14 AStG Rn 66 ff.

36 Vgl den Überblick bei *Kessler/Spengel* DB 2008, Beil 2 Heft 9; vgl auch *S/K/K* § 1 AStG Rn 28 f.

37 Eingehend *F/W/B/S* Vor §§ 7–14 AStG Rn 101 ff.; *Dörfler/Ribbrock* BB 2008, 205.

38 *BMF* BStBl I 2007, 99 und dazu *Köplin/Sedemund* BB 2007, 244.

39 Kritik daran zB bei *Sedemund* BB 2008, 696.

40 *Lehner* StuW 1998, 158 mwN.

35 Der ursprüngliche Ansatz der EG,[41] das Problem der Steueroasen durch die nationalen Steuerrechte der Mitgliedsstaaten regeln zu lassen, scheint daher überholt. Mittlerweile hat sich auch die Europäische Kommission des Problems des schädlichen Steuerwettbewerbs angenommen.[42] Sie setzt sich für mehr Transparenz und einen verstärkten Informationsaustausch über die Unternehmensbesteuerung ein, damit die Steuersysteme den komplizierten Unternehmensstrukturen besser gerecht werden können. Sie möchte va sicherstellen, dass die EU eine kohärente Politik gegenüber **Offshore-Finanzzentren** verfolgt und die betr Länder zu Transparenz und Beteiligung an einem wirksamen **Informationsaustausch** auffordert.[43]

36 Wie das Spannungsfeld zwischen AStG und Gemeinschaftsrecht vor dem Hintergrund der jüngeren EuGH-Rspr (insb Rs Cadbury Schweppes[44] und Rs Columbus Container Services[45]) aufzulösen ist, ist gegenwärtig noch nicht absehbar. Dies gilt insb im Hinblick auf die Problematik der Steuerverlagerung und von rechtsmissbräuchlichen Gestaltungen. Nach der inzwischen gefestigten Rspr des EuGH begründet die **Abwehr von Steuerumgehungen** einen anerkannten Rechtfertigungsgrund[46] für die Beeinträchtigung der Europäischen Grundfreiheiten.

37 Jedoch ist zu beachten, dass an den Tatbestand der Steuerumgehung seitens des Gerichtshofs hohe Anforderungen gestellt werden. Die Ausübung einer Grundfreiheit (Beispiel: Gründung einer TochterGes in einem anderen Mitgliedsstaat: Niederlassungsfreiheit, Art 49 und 54 EAUV) führt noch nicht für sich genommen zu der Annahme einer Steuerumgehung. Es gilt der an sich selbstverständliche Grundsatz, dass aufgrund der bloßen Ausübung einer Grundfreiheit kein Missbrauch derselben vorliegen kann, zumal sich der StPfl nach der grenzüberschreitenden Betätigung regelmäßig dem Steuerregime eines anderen Mitgliedsstaates unterworfen sieht. Insb führt insoweit auch allein die Tatsache, dass der StPfl in einem anderen Mitgliedsstaat ggf einen niedrig(er)en Steuersatz zu zahlen hat, nicht zur Annahme eine Steuerumgehung, mag der StPfl auch subjektiv die Steuerersparnis anstreben.[47]

38 Der **Rechtfertigungsgrund** der Abwehr von Steuerumgehungen weist noch Unschärfen auf, die der weiteren Präzisierung durch die Rspr bedürfen. So existiert bereits kein allg anerkannter Begriff der „Steuerumgehung". Der EuGH versteht darunter – generalklauselartig – in einem sehr weiten Verständnis „künstlich geschaffene, der Umgehung des Steuerrechts dienende Sachverhalte"[48] und misst hieran den zu beurteilenden Einzelfall. Auf den Einzelfall stellt der Gerichtshof auch bei der allg **Verhältnismäßigkeitsprüfung** ab. So hat er bislang in vielen Fällen die Rechtfertigung über den Rechtfertigungsgrund der Abwehr von Steuerumgehungen daran scheitern lassen, dass es sich bei den in Rede stehenden Missbrauchsvermeidungsvorschriften um typisierte Regelungen handelte.[49]

---

41 Ratsbeschluss v 10.2.1975, ABlEG Nr C 35/1.

42 KOM (1997) 495; KOM (1997) 564; KOM (2004) 611.

43 Pressemitteilung v 30.9.2004, IP/04/1164.

44 *EuGHE* 2006 I 7995 (C-414/06).

45 *EuGHE* 2007 I 10451 (C-298/05) und dazu *Thömmes* IWB 2008 Fach 11a, 1169.

46 *EuGH* (C-311/08) BFH/NV 2010, 571; *EuGHE* 2004 I 2409 (C-9/02), Tz 49; *EuGHE* 2002 I 10829 (C-436/00), Tz 42; *EuGHE* 1999 I 7041 (C-439/97), Tz 27.

47 *EuGHE* 1998 I 4711 (C-264/96), Tz 26.

48 *EuGHE* 2002 I 10829 (C-436/00), Tz 61.

49 *EuGHE* 1997 I 4161 (C-28/95), Tz 44; *EuGHE* 2002 I 10829 (C-436/00), Tz 61; *EuGHE* 2004 I 2409 (C-9/02), Tz 50.

Wichtig ist daher für die **Beratungspraxis** die Erkenntnis, dass **allg Missbrauchsvermeidungsvorschriften**, die nicht auf den konkreten Einzelfall rekurrieren und nicht den Missbrauch im konkreten Fall erfassen wollen, vom EuGH nicht als für eine Rechtfertigung für die Beeinträchtigung der Europäischen Grundfreiheiten hinreichend angesehen werden.[50] Eine genauere Ausformung eines **originär europäischen Missbrauchsbegriffs** durch den EuGH steht insoweit noch aus und dürfte den EuGH angesichts seiner eigenen Rspr an anderer Stelle noch vor dogmatische Probleme stellen:[51] 39

Da die Steuerrechte der Mitgliedsstaaten sich als gleichrangige Regelungswerke gegenüber stehen, obliegen sie weiterhin der Regelungshoheit der Mitgliedsstaaten und bleiben **mangels einer umfassenden Ermächtigungsgrundlage** zur Harmonisierung unterschiedlich ausgestaltet und damit **unvereinheitlicht**, sofern der EG-Vertrag nichts anderes bestimmt. Eine häufig wiederholte Formulierung des EuGH lautet dementsprechend, dass „zwar der Bereich der direkten Steuern als solcher beim gegenwärtigen Stand des Gemeinschaftsrechts nicht in die Zuständigkeit der Gemeinschaft fällt, die Mitgliedsstaaten die ihnen verbleibenden Befugnisse jedoch unter Wahrung des Gemeinschaftsrechts ausüben müssen."[52] Es wird abzuwarten bleiben, wie der EuGH das Spannungsfeld zwischen hinzunehmenden, aus der mangelnden Harmonisierung resultierenden Friktionen und dem berechtigten Interesse der Mitgliedsstaaten nach einer Sicherung der Besteuerungsgrundlagen austarieren wird. Auch wenn in Kreisen der FinVerw jüngst häufiger kolportiert wird, der EuGH neige inzwischen vermehrt einer profiskalischen Haltung zu und nehme auf die Haushaltslage der EU-Mitgliedsstaaten zunehmend Rücksicht, so lässt sich dieser Befund mE aus der bisher vorliegenden Rspr gleichwohl nicht ableiten. 40

Die **Wirksamkeit der Steueraufsicht** hat der EuGH ebenfalls in mehreren Entsch als Rechtfertigungsgrund für eine Beeinträchtigung von Grundfreiheiten anerkannt.[53] Wie bei der Abwehr von Steuerumgehungen sind die Konturen des Begriffs der „Steueraufsicht" unscharf. Aus der Rspr des EuGH lässt sich jedoch ableiten, dass der Gerichtshof hierzu sämtliche Maßnahmen zählt, die im Zuständigkeitsbereich der Finanzbehörden liegen und die dazu dienen, den durch das materielle Steuerrecht begründeten Besteuerungsanspruch sicherzustellen. 41

Insoweit sind bislang zB die Verpflichtung zur Buchführung und zur Erfüllung von Aufzeichnungspflichten,[54] bes Nachweispflichten,[55] das Verfahren der Besteuerung an der Quelle[56] und auch die Verhinderung von **Steuerhinterziehungen**[57] als Maßnahmen der Steueraufsicht angesehen worden. Auch im Anwendungsbereich des Rechtfertigungsgrunds der Wirksamkeit der Steueraufsicht wendet der EuGH eine strenge Verhältnismäßigkeitsprüfung an. So hat er bislang häufig das Eingreifen des Rechtfertigungsgrundes verneint, wenn das mit einer nationalen (steuerlichen) Norm verfolgte 42

50 Ausf *Englisch* StuW 2003, 88, 96; *Hahn* DStZ 2005, 507, 510 mwN.
51 Zum Ganzen *Rödder/Schönfeld* IStR 2006, 49.
52 *EuGHE* 1995 I 225 (C-279/93), Tz 21.
53 *EuGHE* 1979 I 649 (120/78), Tz 8; *EuGHE* 1997 I 2492 (C-250/95), Tz 31; *EuGHE* 1999 I 4824 (C-275/97), Tz 18.
54 *EuGHE* 1997 I 2492 (C-250/95), Tz 32.
55 *EuGHE* 1999 I 7641 (C-55/98), Tz 25.
56 *EuGHE* 2004 I 7063 (C-315/02), Tz 47.
57 *EuGHE* 1998 I 4711 (C-264/96), Tz 27.

Ziel mit weniger einschneidenden Mitteln erreicht werden konnte. Was die Ermittlung der Besteuerungsgrundlagen anbelangt, hat der Gerichtshof ein milderes Mittel vielfach in der Nutzung der **EG-Amtshilfe-Richtlinie** (dazu Art 26 MA Rn 6) gesehen,[58] ohne indes weiter auf den zugrunde liegenden Einzelfall einzugehen.[59]

43 Für die **Beratungspraxis** wird man mE für die Mehrheit der täglichen Steuerfälle sagen müssen, dass eine Beratung auf Basis der potenziellen Gemeinschaftsrechtswidrigkeit bestimmter Normen des AStG weder ratsam ist, noch von den Mandanten akzeptiert wird. Dies gilt insb für den Bereich der Gestaltungsberatung, wenn und soweit – wie zumeist – der EuGH nicht bereits explizit diejenige nationale Norm, auf die es bei der Beratung entscheidend ankommt, für mit dem Europarecht unvereinbar erklärt hat. Schon aus Haftungsgründen wird man dem Mandanten offenbaren müssen, dass allein das Vorliegen eines „vergleichbaren Falles" noch nicht zwingend ein Einsehen des FA nach sich zieht. Selbst bei materiell eindeutiger Rechtslage nämlich wird der Mandant nicht ohne einen Rechtsstreit auskommen, weil die FinVerw – jedenfalls bislang – nicht in „vorauseilendem Gehorsam" die nationalen Vorschriften an gemeinschaftsrechtliche Vorgaben anpasst und erfahrungsgemäß auch selten bereit ist, eine bereits ergangene EuGH-Entsch auf „vergleichbare Fälle" zu übertragen. Dieser zuweilen anzutreffende Unwille zur Transferleistung – mag er auch profiskalischen Interessen geschuldet und daher ehrenhaft sein – erfordert häufig einen langen (auch finanziellen) Atem des Mandanten und führt iE dazu, dass eine Argumentation auf der Ebene des EU-Rechts meist allenfalls iRd Abwehrberatung zielführend sein kann.

III. Jüngste Entwicklungen

44 Bzgl der Verrechnungspreise steht nach wie vor § 1 AStG in Bezug auf ausl Betriebsstätten inländischer Steuerpflichtiger im Fokus des Gesetzgebers (s Abs 5). Durch das Gesetz zur Umsetzung der Amtshilferichtlinie v 26.6.2013 erfolgte entspr die Überführung der Regelungen der OECD zur Gewinnabgrenzung bei Betriebsstätten (OECD Betriebsstättenbericht 2010) in das dt Recht. Zur Konkretisierung dieser Regelung wurde auf Basis des § 1 Abs 6 AStG vom BMF die sog Betriebsstättengewinnaufteilungsverordnung (kurz BsGaV) formuliert. Die BsGaV trat mit Wirkung v 18.10.2014 in Kraft und soll erstmals für Wirtschaftsjahre anwendbar sein, die nach dem 31.12.2014 beginnen. Die Auswirkungen auf die Praxis sind immens, aber immer noch nicht im Detail absehbar. Sowohl auf Seiten der Steuerpflichtigen, als auch auf Seiten der FinVerw fehlen bislang entsprechende Erfahrungen.

45 Bzgl der Hinzurechnungsbesteuerung ist insbesondere auf den Aktionspunkt 3 des BEPS-Projekts der OECD hinzuweisen. Hierzu ist zu bemerken, dass Deutschland die dort genannten Vorgaben in den §§ 7 ff AStG bereits umgesetzt hat. Aus hiesiger Sicht besteht daher insoweit kein Handlungsbedarf, im Gegenteil: Nach den Vorstellungen der OECD müsste eigentlich die Grenze für die Niedrigbesteuerung in § 8 Abs 3 AStG auf 15 % herabgesetzt werden, um sie dem inl KSt-Satz anzugleichen.

---

58 *EuGHE* 1995 I 225 (C-279/93), Tz 21; *EuGHE* 1999 I 7641 (C-55/98), Tz 20 ff; *EuGHE* 1994 I 1137 (C-1/93), Tz 22; *EuGHE* 2006 I 9461 (C-290/04).

59 Vgl aber auch *EuGHE* 1997 I 2492 (C-250/95), Tz 41 f, wo der EuGH entschied, dass sich der betr Mitgliedsstaat nicht auf die Ermittlung nach der EG-Amtshilfe-Richtlinie verlassen müsse. Teilw wurde darin eine Abkehr von der bislang sehr pauschalen Betrachtung des EuGH gesehen, vgl *Cordewener* S 539.

46 Für einen Paukenschlag des BFH sorgte indes das Urt v 11.3.2015:[60] Der Gewerbeertrag eines inländischen Unternehmens ist nach Ansicht des BFH gem § 9 Nr 3 GewStG um den sog Hinzurechnungsbetrag nach § 10 Abs 1 S 1 AStG zu kürzen. Das Urt ist vorteilhaft für die inländische Steuerpflichtige, die Anteile an Zwischengesellschaften in einem inländischen BV halten, aber gleichwohl systematisch verfehlt: Wird der Hinzurechnungsbetrag bei einem inländischen Gewerbebetrieb angesetzt, so geht er als Einkünfte aus Gewerbebetrieb (§ 10 Abs 2 S 2 AStG) wegen § 7 S 1 GewStG auch in den Gewerbeertrag ein. Der Hinzurechnungsbetrag ist mit allen Konsequenzen wie eine Dividende zu besteuern. Als Kürzungsvorschrift kommen daher allein § 9 Nr 7 und § 9 Nr 8 GewStG in Betracht. Sofern deren Voraussetzungen im Einzelfall nicht vorliegen, muss als Resultat festgehalten werden, dass der Hinzurechnungsbetrag im Grundsatz ohne Begünstigungen der vollen Körperschaftsteuer- und Gewerbesteuerpflicht unterliegt. § 9 Nr 3 GewStG ist nicht einschlägig, weil es sich bei dem Hinzurechnungsbetrag nicht um einen originären Betriebsstättenertrag handelt. Zudem setzt die Vorschrift richtigerweise voraus, dass die ausl Betriebsstätte auch eine solche des inländischen Gewerbebetriebs sein muss. Dieses Ergebnis entspr auch dem Willen des Gesetzgebers. Ebenso wie der Hinzurechnungsbetrag – hier allerdings aufgrund ausdrücklicher gesetzlicher Anordnung – nicht der Begünstigung nach § 8b KStG unterliegt, soll er als „Strafbesteuerung" zusätzlich auch der Gewerbesteuer unterworfen werden. Gerade deshalb wirkt die Hinzurechnungsbesteuerung in der Praxis so erfolgreich prohibitiv, und gerade deshalb waren StPfl stets gut beraten, bei Zweifeln über die „aktive Tätigkeit" iSd § 8 Abs 1 AStG auf ausl Betriebsstätten statt Tochtergesellschaften auszuweichen.

47 Aus Kreisen der FinVerw ist immer noch verschiedentlich zu hören, dass das AStG nicht nur **umfassend reformiert**, sondern im Gegenteil **regelungstechnisch ausgebaut** werden und damit in seiner praktischen Bedeutung noch steigen soll. Einzelheiten sind aber noch nicht bekannt geworden. Gerüchten zufolge soll allerdings in einem „BEPS-Umsetzungsgesetz" die Grenze für die Niedrigbesteuerung in § 8 Abs 3 AStG auf 15 % abgesenkt werden. Auch hierzu sind Einzelheiten aber noch nicht bekannt geworden.

60 *BFH* IStR 2015, 444 ff.

Erster Teil
Internationale Verflechtungen

§ 1 Berichtigung von Einkünften

(1) [1]Werden Einkünfte eines Steuerpflichtigen aus einer Geschäftsbeziehung zum Ausland mit einer ihm nahe stehenden Person dadurch gemindert, dass er seiner Einkünfteermittlung andere Bedingungen, insbesondere Preise (Verrechnungspreise), zugrunde legt, als sie voneinander unabhängige Dritte unter gleichen oder vergleichbaren Verhältnissen vereinbart hätten (Fremdvergleichsgrundsatz), sind seine Einkünfte unbeschadet anderer Vorschriften so anzusetzen, wie sie unter den zwischen voneinander unabhängigen Dritten vereinbarten Bedingungen angefallen wären. [2]Steuerpflichtiger im Sinne dieser Vorschrift ist auch eine Personengesellschaft oder eine Mitunternehmerschaft; eine Personengesellschaft oder Mitunternehmerschaft ist selbst nahestehende Person, wenn sie die Voraussetzungen des Absatzes 2 erfüllt. [3]Für die Anwendung des Fremdvergleichsgrundsatzes ist davon auszugehen, dass die voneinander unabhängigen Dritten alle wesentlichen Umstände der Geschäftsbeziehung kennen und nach den Grundsätzen ordentlicher und gewissenhafter Geschäftsleiter handeln. [4]Führt die Anwendung des Fremdvergleichsgrundsatzes zu weitergehenden Berichtigungen als die anderen Vorschriften, sind die weitergehenden Berichtigungen neben den Rechtsfolgen der anderen Vorschriften durchzuführen.

(2) Dem Steuerpflichtigen ist eine Person nahe stehend, wenn

1. **die Person an dem Steuerpflichtigen mindestens zu einem Viertel unmittelbar oder mittelbar beteiligt (wesentlich beteiligt) ist oder auf den Steuerpflichtigen unmittelbar oder mittelbar einen beherrschenden Einfluss ausüben kann oder umgekehrt der Steuerpflichtige an der Person wesentlich beteiligt ist oder auf diese Person unmittelbar oder mittelbar einen beherrschenden Einfluss ausüben kann oder**
2. **eine dritte Person sowohl an der Person als auch an dem Steuerpflichtigen wesentlich beteiligt ist oder auf beide unmittelbar oder mittelbar einen beherrschenden Einfluss ausüben kann oder**
3. **die Person oder der Steuerpflichtige imstande ist, bei der Vereinbarung der Bedingungen einer Geschäftsbeziehung auf den Steuerpflichtigen oder die Person einen außerhalb dieser Geschäftsbeziehung begründeten Einfluss auszuüben oder wenn einer von ihnen ein eigenes Interesse an der Erzielung der Einkünfte des anderen hat.**

(3) [1]Für eine Geschäftsbeziehung im Sinne des Absatzes 1 Satz 1 ist der Verrechnungspreis vorrangig nach der Preisvergleichsmethode, der Wiederverkaufspreismethode oder der Kostenaufschlagsmethode zu bestimmen, wenn Fremdvergleichswerte ermittelt werden können, die nach Vornahme sachgerechter Anpassungen im Hinblick auf die ausgeübten Funktionen, die eingesetzten Wirtschaftsgüter und die übernommenen Chancen und Risiken (Funktionsanalyse) für diese Methoden uneingeschränkt vergleichbar sind; mehrere solche Werte bilden eine Bandbreite. [2]Sind solche Fremdvergleichswerte nicht zu ermitteln, sind eingeschränkt vergleichbare Werte nach Vornahme sachgerechter Anpassungen der Anwendung einer geeigneten Verrechnungspreismethode zugrunde zu legen. [3]Sind in den Fällen des Satzes 2 mehrere eingeschränkt vergleichbare Fremdvergleichswerte feststellbar, ist die sich ergebende Bandbreite einzuengen. [4]Liegt der vom Steuerpflichtigen für seine Einkünfteermittlung verwendete Wert in den Fällen des Sat-

zes 1 außerhalb der Bandbreite oder in den Fällen des Satzes 2 außerhalb der eingeengten Bandbreite, ist der Median maßgeblich. [5]Können keine eingeschränkt vergleichbaren Fremdvergleichswerte festgestellt werden, hat der Steuerpflichtige für seine Einkünfteermittlung einen hypothetischen Fremdvergleich unter Beachtung des Absatzes 1 Satz 3 durchzuführen. [6]Dazu hat er auf Grund einer Funktionsanalyse und innerbetrieblicher Planrechnungen den Mindestpreis des Leistenden und den Höchstpreis des Leistungsempfängers unter Berücksichtigung funktions- und risikoadäquater Kapitalisierungszinssätze zu ermitteln (Einigungsbereich); der Einigungsbereich wird von den jeweiligen Gewinnerwartungen (Gewinnpotenzialen) bestimmt. [7]Es ist der Preis im Einigungsbereich der Einkünfteermittlung zugrunde zu legen, der dem Fremdvergleichsgrundsatz mit der höchsten Wahrscheinlichkeit entspricht; wird kein anderer Wert glaubhaft gemacht, ist der Mittelwert des Einigungsbereichs zugrunde zu legen. [8]Ist der vom Steuerpflichtigen zugrunde gelegte Einigungsbereich unzutreffend und muss deshalb von einem anderen Einigungsbereich ausgegangen werden, kann auf eine Einkünfteberichtigung verzichtet werden, wenn der vom Steuerpflichtigen zugrunde gelegte Wert innerhalb des anderen Einigungsbereichs liegt. [9]Wird eine Funktion einschließlich der dazugehörigen Chancen und Risiken und der mit übertragenen oder überlassenen Wirtschaftsgüter und sonstigen Vorteile verlagert (Funktionsverlagerung) und ist auf die verlagerte Funktion Satz 5 anzuwenden, weil für das Transferpaket als Ganzes keine zumindest eingeschränkt vergleichbaren Fremdvergleichswerte vorliegen, hat der Steuerpflichtige den Einigungsbereich auf der Grundlage des Transferpakets zu bestimmen. [10]In den Fällen des Satzes 9 ist die Bestimmung von Einzelverrechnungspreisen für alle betroffenen Wirtschaftsgüter und Dienstleistungen nach Vornahme sachgerechter Anpassungen anzuerkennen, wenn der Steuerpflichtige glaubhaft macht, dass keine wesentlichen immateriellen Wirtschaftsgüter und Vorteile Gegenstand der Funktionsverlagerung waren, oder dass die Summe der angesetzten Einzelverrechnungspreise, gemessen an der Bewertung des Transferpakets als Ganzes, dem Fremdvergleichsgrundsatz entspricht; macht der Steuerpflichtige glaubhaft, dass zumindest ein wesentliches immaterielles Wirtschaftsgut Gegenstand der Funktionsverlagerung ist, und bezeichnet er es genau, sind Einzelverrechnungspreise für die Bestandteile des Transferpakets anzuerkennen.[11]Sind in den Fällen der Sätze 5 und 9 wesentliche immaterielle Wirtschaftsgüter und Vorteile Gegenstand einer Geschäftsbeziehung und weicht die tatsächliche spätere Gewinnentwicklung erheblich von der Gewinnentwicklung ab, die der Verrechnungspreisbestimmung zugrunde lag, ist widerlegbar zu vermuten, dass zum Zeitpunkt des Geschäftsabschlusses Unsicherheiten im Hinblick auf die Preisvereinbarung bestanden und unabhängige Dritte eine sachgerechte Anpassungsregelung vereinbart hätten. [12]Wurde eine solche Regelung nicht vereinbart und tritt innerhalb der ersten zehn Jahre nach Geschäftsabschluss eine erhebliche Abweichung im Sinne des Satzes 11 ein, ist für eine deshalb vorzunehmende Berichtigung nach Absatz 1 Satz 1 einmalig ein angemessener Anpassungsbetrag auf den ursprünglichen Verrechnungspreis der Besteuerung des Wirtschaftsjahres zugrunde zu legen, das dem Jahr folgt, in dem die Abweichung eingetreten ist.

(4) [1]Geschäftsbeziehungen im Sinne dieser Vorschrift sind

1. einzelne oder mehrere zusammenhängende wirtschaftliche Vorgänge (Geschäftsvorfälle) zwischen einem Steuerpflichtigen und einer nahestehenden Person,
  a) die Teil einer Tätigkeit des Steuerpflichtigen oder der nahestehenden Person sind, auf die die §§ 13, 15, 18 oder 21 des Einkommensteuergesetzes anzuwenden

sind oder anzuwenden wären, wenn sich der Geschäftsvorfall im Inland unter Beteiligung eines unbeschränkt Steuerpflichtigen und einer inländischen nahestehenden Person ereignet hätte, und

b) denen keine gesellschaftsvertragliche Vereinbarung zugrunde liegt; eine gesellschaftsvertragliche Vereinbarung ist eine Vereinbarung, die unmittelbar zu einer rechtlichen Änderung der Gesellschafterstellung führt;

2. Geschäftsvorfälle zwischen einem Unternehmen eines Steuerpflichtigen und seiner in einem anderen Staat gelegenen Betriebsstätte (anzunehmende schuldrechtliche Beziehungen).

[2]Liegt einem Geschäftsvorfall keine schuldrechtliche Vereinbarung zugrunde, ist davon auszugehen, dass voneinander unabhängige ordentliche und gewissenhafte Geschäftsleiter eine schuldrechtliche Vereinbarung getroffen hätten oder eine bestehende Rechtsposition geltend machen würden, die der Besteuerung zugrunde zu legen ist, es sei denn, der Steuerpflichtige macht im Einzelfall etwas anderes glaubhaft.

(5) [1]Die Absätze 1, 3 und 4 sind entsprechend anzuwenden, wenn für eine Geschäftsbeziehung im Sinne des Absatzes 4 Satz 1 Nummer 2 die Bedingungen, insbesondere die Verrechnungspreise, die der Aufteilung der Einkünfte zwischen einem inländischen Unternehmen und seiner ausländischen Betriebsstätte oder der Ermittlung der Einkünfte der inländischen Betriebsstätte eines ausländischen Unternehmens steuerlich zugrunde gelegt werden, nicht dem Fremdvergleichsgrundsatz entsprechen und dadurch die inländischen Einkünfte eines beschränkt Steuerpflichtigen gemindert oder die ausländischen Einkünfte eines unbeschränkt Steuerpflichtigen erhöht werden. [2]Zur Anwendung des Fremdvergleichsgrundsatzes ist eine Betriebsstätte wie ein eigenständiges und unabhängiges Unternehmen zu behandeln, es sei denn, die Zugehörigkeit der Betriebsstätte zum Unternehmen erfordert eine andere Behandlung. [3]Um die Betriebsstätte wie ein eigenständiges und unabhängiges Unternehmen zu behandeln, sind ihr in einem ersten Schritt zuzuordnen:

1. die Funktionen des Unternehmens, die durch ihr Personal ausgeübt werden (Personalfunktionen),
2. die Vermögenswerte des Unternehmens, die sie zur Ausübung der ihr zugeordneten Funktionen benötigt,
3. die Chancen und Risiken des Unternehmens, die sie auf Grund der ausgeübten Funktionen und zugeordneten Vermögenswerte übernimmt, sowie
4. ein angemessenes Eigenkapital (Dotationskapital).

[4]Auf der Grundlage dieser Zuordnung sind in einem zweiten Schritt die Art der Geschäftsbeziehungen zwischen dem Unternehmen und seiner Betriebsstätte und die Verrechnungspreise für diese Geschäftsbeziehungen zu bestimmen. [5]Die Sätze 1 bis 4 sind entsprechend auf ständige Vertreter anzuwenden. [6]Die Möglichkeit, einen Ausgleichsposten nach § 4g des Einkommensteuergesetzes zu bilden, wird nicht eingeschränkt. [7]Auf Geschäftsbeziehungen zwischen einem Gesellschafter und seiner Personengesellschaft oder zwischen einem Mitunternehmer und seiner Mitunternehmerschaft sind die Sätze 1 bis 4 nicht anzuwenden, unabhängig davon, ob die Beteiligung unmittelbar besteht oder ob sie nach § 15 Absatz 1 Satz 1 Nummer 2 Satz 2 des Einkommensteuergesetzes mittelbar besteht; für diese Geschäftsbeziehungen gilt Absatz 1. [8]Ist ein Abkommen zur Vermeidung der Doppelbesteuerung anzuwenden und macht der Steuerpflichtige geltend, dass dessen Regelungen den Sätzen 1 bis 7 widersprechen, so hat das Abkommen nur Vorrang, soweit der Steuerpflichtige nach-

weist, dass der andere Staat sein Besteuerungsrecht entsprechend diesem Abkommen ausübt und deshalb die Anwendung der Sätze 1 bis 7 zu einer Doppelbesteuerung führen würde.

(6) Das Bundesministerium der Finanzen wird ermächtigt, mit Zustimmung des Bundesrates durch Rechtsverordnung Einzelheiten des Fremdvergleichsgrundsatzes im Sinne der Absätze 1, 3 und 5 und Einzelheiten zu dessen einheitlicher Anwendung zu regeln sowie Grundsätze zur Bestimmung des Dotationskapitals im Sinne des Absatzes 5 Satz 3 Nummer 4 festzulegen.

BMF v 23.2.1983, Az IV C 5 – S 1341-4/83, BStBl I 1983, 218 (Verwaltungsgrundsätze Einkunftsabgrenzung); *BMF* v 2.12.1994, Az IV C 7 – S 1340-20/94, BStBl I 1995, Sondernr 1; *BMF* v 25.2.2000, Az IV C2-S2171b-14/00, BStBl I, 372 (Schreiben betr Neuregelung der Teilwertabschreibung gem § 6 Abs. 1 Nr 1 und 2 EStG durch das Steuerentlastungsgesetz 1999/2000/2002; voraussichtlich dauernde Wertminderung; Wertaufforderungsgebot; steuerliche Rücklage nach § 52 Abs. 16 EStG); *BMF* v 9.11.2001, Az IV B – S 1341-20/01, BStBl I 2001, 796 (Verwaltungsgrundsätze Arbeitnehmerentsendung); *BMF* v 14.5.2004, Az IV B 4 – S 1340-11/04, BStBl I 2004, Sondernr 1, 3 (Anwendungschreiben zum AStG); *BMF* v 12.4.2005, Az IV B 4 – S 1341-1/05, BStBl I 2005, 570 (Grundsätze für die Prüfung der Einkunftsabgrenzung zwischen nahe stehenden Personen mit grenzüberschreitenden Geschäftsbeziehungen in Bezug auf Ermittlungs- und Mitwirkungspflichten; Berichtigungen sowie auf Verständigungs- und EU Schiedsverfahren – Verwaltungsgrundsätze Verfahren) *BMF* v 26.3.2009, Az IV C6-S2171-b/0, BStBl I, 514 (Schreiben betr Teilwertabschreibung gem § 6 Abs 1 Nr 2 S 2 EStG idF des Steuerentlastungsgesetzes 1999/2000/2002; Vorliegen einer voraussichtlich dauernden Wertminderung bei börsennotierten Aktien, die als Finanzanlage gehalten werden – Anwendung des BFH-Urteils v 26.9.2007 IR58/06); *BMF* v. 12.3.2010, Az IV C 6 – S 2133/09/10001, BStBl I 2010, 239 (Schreiben betr Maßgeblichkeit der handelsrechtlichen Grundsätze ordnungsmäßiger Buchführung für die steuerliche Gewinnermittlung; Änderung des § 5 Abs 1 EStG durch das Gesetz zur Modernisierung des Bilanzrechts (Bilanzrechtsmodernisierungsgesetz – BilMoG) v 15.5.2009 (BGBl I, 1102, BStBl I, 650); *BMF* v 13.10.2010, Az. IVB5-S1341/08/10003, BStBl I 2010, 774 (Grundsätze für die Prüfung der Einkunftsabgrenzung zwischen nahe stehenden Personen in Fällen von grenzüberschreitenden Funktionsverlagerungen – Verwaltungsgrundsätze Funktionsverlagerung); *BMF* v 29.3.2011, Az IV B5 – S1341/09/1004, BStBl I, 277 (Schreiben betr Anwendung des § 1 AStG auf Fälle von Teilwertabschreibungen und anderen Wertminderungen auf Darlehen an verbundene ausländische Unternehmen)

Übersicht

Literatur: *Andresen* Grundsätzliche Grundfreiheitskompatibilität des § 1 AStG definiert gleichzeitig Freiräume des BFH, dessen Grundfreiheitswidrigkeit über § 1 Abs. 3 S. 9 AStG hinaus festzustellen – zugleich ergänzende Anmerkungen zum Urteil des EuGH in der Rs. „SGI", IStR 2010, 289; *Baumhoff/Ditz/Greinert* Grundsätze der Dokumentation internationaler Verrechnungspreise nach der Gewinnabgrenzungsaufzeichnungsverordnung (GAufzV), DStR 2004, 157; *dies* Die Dokumentation internationaler Verrechnungspreise nach den „Verwaltungsgrundsätze-Verfahren" DStR 2005, 1549; *dies* Auswirkungen des Unternehmensteuerreformgesetzes 2008 auf die Ermittlung internationaler Verrechnungspreise, DStR 2007, 1461; *dies* Auswirkungen des Unternehmensteuerreformgesetzes 2008 auf die Besteuerung grenzüberschreitender Funktionsverlagerungen, DStR 2007, 1649; *dies* Die Besteuerung von Funktionsverlagerungen nach der Funktionsverlagerungsverordnung vom 12.8.2008, DStR 2008, 1945; *dies* Die Besteuerung von Funktionsverlagerungen nach den Änderungen des § 1 Abs. 3 AStG durch das EU-Umsetzungsgesetz, DStR 2010, 1309; *Baumhoff/Greinert* Steuerliche Anerkennung internationaler Verrechnungspreise bei Nichteinhaltung formaler Anforderungen – Anmerkungen zum Urteil des FG Köln vom 22.8.2007, IStR 2008, 353; *Baumhoff/Puls* Der OECD-Diskussionsentwurf zu Verrechnungspreisaspekten von „Business Restructurings" – Analyse und erster Vergleich mit den deutschen Funktionsverlagerungsregeln nach § 1 Abs 3 AStG, IStR 2009, 73; *Becker/Sydow* Das EuGH-Urteil in der belgischen Rechtssache C-311/08 SGI und seine Implikationen für die Frage der Europarechtmäßigkeit des § 1 AStG, IStR 2010, 195; *Beiser* Verrechnungspreise im Gemeinschaftsrecht, IStR 2008, 587; *Bernhardt/van der Ham/Kluge* Das Verhältnis von § 1 AStG nF und verdeckter Einlage – Können Wirtschaftsgüter grenzüberschreitend noch immer ausschließlich verdeckt eingelegt werden, IStR 2007, 717; *dies* Die gesetzliche Preisanpassungsklausel im § 1 AStG – Bestimmung der Anpassungen der Höhe nach und weitere praktische Anwendungsprobleme, IStR 2008, 844; *dies* Verrechnungspreismethoden – weitergehende Anwendungsbereiche des hypothetischen Fremdvergleichs, Ubg 2009, 244; *Blumers* Funktionsverlagerung per Transferpaket, BB 2007, 1757; *ders* Funktionsverlagerung und ihre Grenzen, DStR 2010, 17.; *Borstell/Schäperclaus* Was ist eigentlich eine Funktion?, IStR 2008, 275; *Ditz* Aufgabe der finalen Entnahmetheorie – Analyse des BFH – Urteil vom 17.07.2008 und seiner Konsequenzen, IStR 2009, 115; *ders.* Der „Authorised OECD Approach" wird Wirklichkeit, ISR 2013, 261; *Ditz/Liebchen* Teilwertabschreibungen und Forderungsverzicht auf Gesellschafterdarlehen – Praxisfall zum BMF-Schreiben vom 29.03.2011, IStR 2012, 97; *Ditz* Praxisfall einer Funktionsverlagerung unter besonderer Berücksichtigung der VWG-Funktionsverlagerung vom 13.10.2010, IStR 2011, 125; *Ebering* Wann sind Preisanpassungsklauseln bei Funktionsverlagerungen iSv § 1 Abs. 3 S. 9 AStG fremdüblich?, IStR 2011, 418; *Ditz/Quilitzsch* Die Änderungen im AStG durch das AmtshilfeRLUmsG – Quo vadis Außensteuergesetz, DStR 2013, 1927; *Engler* Änderung von Verrechnungspreisen in der Rezession, IStR 2009, 685; *Englisch* Einige Schlussfolgerungen zur Grundfreiheitskompatibilität des § 1 AStG – zugleich Anmerkung zum Urteil des EuGH in der Rs SGI; einige Schlussfolgerungen zur Grundfreiheitskompatibilität des § 1 AStG – zugleich Anmerkung zum Urteil des EuGH in der Rs. SGI, IStR 2010, 139; *Ernst & Young* Verrechnungspreise – Dokumentationsmanagement nach den neuen Mitwirkungspflichten, 2003; *Fischer/Looks/im Schlaa* Dokumentationspflichten für Verrechnungspreise – Bisherige Erfahrungen mit der Betriebsprüfung und aktuellen Entwicklungen, BB 2007, 918; *Freudenberg/Ludwig* Funktionsverlagerungen im Lichte des OECD-business restructuring-Berichts, BB 2011, 215; *Frischmuth* UntStRefG 2008 und Verrechnungspreise nach § 1 AStG nF IStR 2007, 485; *Frotscher* Grundfragen der Funktionsverlagerung, FR 2008, 49; *Goebel/Küntscher* Europarechtswidrigkeit der deutschen Verrechnungspreisregelungen? – Ein Beitrag anlässlich der Neuregelung des § 1 Abs. 3 AStG, Ubg 2009, 235; *Greil* Grundsätzliche Übereinstimmung der Regelung zur Funktionsverlagerung mit dem Fremdvergleichsgrundsatz, DStZ 2011, 285; *Haas* Funktionsverlagerungen nach dem Erlass der Funktionsverlagerungsverordnung, Ubg 2008, 517; *Hardeck* Die Empfehlungen der OECD-Leitsätze für multinationale Unternehmen im Bereich der Besteuerung – Inhalt, Risiken und Implikationen für international tätige Unternehmen, IStR 2011, 933; *Hey* Verletzung fundamentaler Besteuerungsprinzipien durch die Gegenfinanzierungsmaßnahmen des Unternehmensteuerreformgesetzes 2008, BB 2007, 1303; *Haverkamp/Binding* Gesellschaftsvertragliche Vereinbarung i.S.d. § 1 Abs. 4 AStG n.F., ISR 2015, 85; *Höreth/Zimmermann* Verordnung zur Anwendung des Fremdvergleichsgrundsatzes auf Betriebsstätten nach § 1 Abs 5 AStG – Betriebsstättengewinnaufteilungsverordnung – BSGaV; *Hornig* Die Funktionsverlagerung ab 2008 aus internationaler Sicht, PIStB 2008, 45; *Jahndorf* Besteuerung der Funktionsverlagerung, FR 2008, 101; *Kaminski* Änderungen im Bereich der internationalen Einkunftsabgrenzung durch die Unternehmensteuerreform 2008, RIW 2007, 594; *Kaminski/Strunk* Funktionsverlagerungen in und von ausl Betriebsstätten und Personengesellschaften: Überlegungen zur (Nicht-)Anwendbarkeit der Grundsätze zum sog Transferpaket; *Kraft/Dombrowski* Die praktische Umsetzung des „Authorised OECD Approach" vor dem Hintergrund der Betriebsstättengewinnaufteilungsverordnung, FR 2014, 1105; *Kroppen/Rasch* Die Funktionsverlagerungsverordnung, IWB 2008 F 3 Gr 1, 2339; *Lange/Rohler* Verrechnungspreise im internationalen Konzern nach dem UntStRefG 2008, GmbH-StB 2007, 309; *Looks/Scholz* Funktionsverlagerungen nach der Neufassung des § 1 Abs 3 AStG, BB 2007, 2541; *Looks/Birmans/Persch* Anwendbarkeit des § 1 AStG auf Teilwertabschreibungen von Gesellschafterdarlehen, BB 2011, 2110; *Luckhaupt* Bestimmung von Verrechnungspreisen gemäß den OECD-TPG 2010 und § 1 Abs. 3 AStG, Ubg, 646; *ders* OECD-business restructuring im Vergleich zur Funktionsverlagerung, DB 2010, 2016; *Lüdicke* Unternehmensteuerreform 2008 im internationalen Umfeld, 2008; *Naumann/Sydow/Becker/Mitschke* Zur Frage der Europarechtmäßigkeit des § 1 AStG, IStR 2009, 665; *Oestreicher/Hundeshagen* Bewertung von Transferpaketen bei Funktionsverlagerungen – Teil 1, DB 2008, 1637; *Peter/Spohn/Hogg* Preisanpassungsklauseln bei Funktionsverlagerungen nach deutschem sowie US-amerikanischen Steuerrecht; *Podewils* § 1 Abs. 2 AStG: Keine Einflussnahmemöglichkeit bei entgegenstehender materieller Treubindung, IStR 2012, 133; *Pohl* Ergänzung der Funktionsverlagerungsregelungen durch das Gesetz zur Umsetzung steuerrechtlicher EU-Vorgaben sowie zur Änderung steuerrechtlicher Vorschriften Boykott der Altregelung oder viel Lärm um Nichts?, IStR 2010, 357; *Prinz/Scholz* § 1 AStG und darlehensbezogene Teilwertabschreibungen: Kreativer, aber rechtsfehlerhafter Versuch der Finanzverwaltung zur Rettung der Wirkung des § 8b Abs. 3 KStG für Altfälle, FR 2011, 925; *Rehm/Nagler* § 1 AStG vor dem technischen KO? – Anmerkungen zum Urteil des Finanzgerichts Düsseldorf vom 19.2.2008, 17 K 894/05 E, IStR 2008, 421; *Rolf* Europarechtswidrigkeit der Besteuerung von Funktionsverlagerungen gemäß § 1 Abs. 3 AStG, IStR 2009, 152; *Schaumburg* Grenzüberschreitende Einkünftekorrektur bei Betriebsstätten, ISR 2013, 197; *Scheunemann/Dennisen* Steuerliche Strukturierung von Forschung und Entwicklung im internationalen Konzern, DB 2010, 408; *Schnittger* Änderungen des § 1 AStG und Umsetzung des AOA durch das JStG 2013, IStR 2012, 634; *Schön* Der Fremdvergleich, der Europäische Gerichtshof und die „Theory of the Firm", IStR 2011, 777; *Scholz* Die Fremdüblichkeit einer Preisanpassungsklausel nach dem Entwurf zu § 1 Abs 3 AStG, IStR 2007, 521; *Schreiber* Funktionsverlagerungen im Konzern – Neue Rechtsgrundlagen durch die Unternehmensteuerreform 2008, Ubg 2008, 433; *Strunk/Kaminski* Grenzüberschreitende Gewinnberichtigungen: Auswirkungen der Unternehmensteuerreform 2008 im Spiegel aktueller Rechtsprechung, Stbg 2008, 211; *dies* Funktionsverlagerungen in und von ausl Betriebsstätten und Personengesellschaften: Überlegungen zur (Nicht-)Anwendbarkeit der Grundsätze zum sog Transferpaket, DB 2008, 2501; *Teschke/Langhau/Sundheimer* Steuerwirksamkeit von Teilwertabschreibungen auf Darlehen – Anwendung des § 1 AStG im Lichte des BMF–Schreibens v 29.03.2011, DStR 2011, 2021; *Wassermeyer* Modernes Gesetzgebungsniveau am Beispiel des Entwurfs zu § 1 AStG, DB 2007, 535; *ders* Funktionsverlagerung – Statement, FR 2008, 67; *ders* Einkünftekorrekturnormen im Steuersystem, IStR 2001, 633; *ders* Die abkommensrechtliche Aufteilung von Unternehmensgewinnen zwischen den beteiligten Vertragsstaaten, LStR 2012, 277; *Wassermeyer/Andresen/Ditz* Betriebsstätten Handbuch, 2006; *Welling* Die Funktionsverlagerungsbesteuerung im Lichte der OECD-Äußerungen, FS Schaumburg, 985; *Welling/Tiemann* Funktionsverlagerungsverordnung im Widerstreit mit internationalen Grundsätzen, FR 2008, 68; *Wilke* Referentenentwurf des JStG 2009 durch das BMF – Die geplanten Änderungen in § 1 AStG, IWB 2012, 271; *Wulf* Änderungen im Außensteuerrecht und Sonderregelungen zu Funktionsverlagerungen nach dem Unternehmensteuerreformgesetz 2008, DB 2007, 2280; *Zech* Funktionsverlagerung auf einen Eigenproduzenten und auf ein Routineunternehmen – Anmerkungen zum Beitrag von Ditz, IStR 2011, 131.

A. Allgemeines

I. Inhalt der Norm

1 **1. Die Tatbestandsvoraussetzungen im Überblick.** In § 1 hat der Gesetzgeber eine Möglichkeit zur **Einkünftekorrektur** geregelt. Damit sucht er den **Fremdvergleichsgrundsatz** aus Art 9 MA (vgl Art 9 MA Rn 25) positivrechtlich zu regeln. Die Regelung greift ein, wenn ein Steuerpflichtiger mit einer ihm nahe stehenden Person (vgl Rn 123 ff) Bedingungen innerhalb einer grenzüberschreitenden Geschäftsbeziehung (vgl Rn 93 ff) vereinbart, die der Steuerpflichtige (vgl Rn 82 ff) nicht mit fremden Dritten vereinbart hat oder vereinbaren würde. Dabei setzt das Gesetz nach seinem Wortlaut weiter voraus, dass durch die vereinbarten Bedingungen mit der nahe stehenden Person die Einkünfte des Steuerpflichtigen im Inland **gemindert** werden (vgl Rn 168 ff). Mit anderen Worten: Wäre der Steuerpflichtige die konkrete Geschäftsbedingung (unter sonst gleichen Umständen) mit einem unabhängigen Geschäftspartner eingegangen, wären seine Einkünfte höher als sie es aufgrund der tatsächlichen Geschäftsbeziehung mit der nahe stehenden Person sind. Die **Rechtsfolge** (vgl Rn 421 ff) der Norm bestimmt, dass für steuerliche Zwecke die ungerechtfertigte Minderung der Einkünfte aufgrund der Geschäftsbeziehung mit der nahe stehenden Person durch eine **Erhöhung** der Einkünfte ausgeglichen wird. Der StPfl wird also so behandelt, als habe er die Geschäftsbeziehung mit der nahe stehenden Person zu Bedingungen vereinbart, die der StPfl auch mit unabhängigen Dritten vereinbart hätte. Die Berichtigung der inländischen Einkünfte des StPfl wirkt sich nur im **Besteuerungsverfahren** aus. Keinesfalls werden über § 1 AStG auch die **zivilrechtlichen Grundlagen** der Geschäftsbeziehung korrigiert.[1]

2 Im Einzelnen müssen für eine Berichtigung von Einkünften nach § 1 AStG folgende Voraussetzungen erfüllt sein:

- Ein StPfl hat eine **Geschäftsbeziehung** zum Ausland iSv § 1 Abs 5 AStG (vgl Rn 93 ff).
- Die konkrete Geschäftsbeziehung besteht zu einer dem StPfl **nahe stehenden Person.** Was das Gesetz unter einer nahe stehenden Person versteht, ist in § 1 Abs 2 AStG enumerativ abschließend definiert (vgl Rn 123 ff).

1 *F/W/B/S* § 1 AStG Rn 4; *BMF* BStBl I 1983, 218 Tz 1.1.1.

- Dadurch ist es zu einer **Einkünfteminderung** gekommen. Dabei weist *Wassermeyer* zutr darauf hin, unter „Einkünfte" in diesem Sinne sei der durch Korrektur sich ergebende Endbetrag zu verstehen. Richtigerweise würden deshalb nicht die Einkünfte (aus der Geschäftsbeziehung) korrigiert, sondern es werde dem Unterschiedsbetrag iSd § 4 Abs 1 S 1 EStG ein Korrekturbetrag hinzugerechnet (vgl Rn 168 ff).
- Der konkreten Geschäftsbeziehung liegen **andere Bedingungen**, insb Preise **(Verrechnungspreise)** zugrunde, als sie **voneinander unabhängige Dritte** unter gleichen oder vergleichbaren Bedingungen vereinbart hätten **(Fremdvergleichsgrundsatz)**. Mit dieser Voraussetzung versucht der Gesetzgeber den in Art 9 MA von der OECD gewählten **Fremdvergleichsgrundsatz (Dealing-At-Arm's-Length-Grundsatz)** in nationales Recht umzusetzen und ihn – jedenfalls für Zwecke des § 1 – zu definieren.

Einen Sonderfall bei der Berichtung von Einkünften nach § 1 stellen die Regelungen 3
über die Besteuerung einer **Funktionsverlagerung** in das Ausland (et vice versa) in Abs 3 S 9 ff (vgl Rn 304 ff) dar. Die Erweiterung bzw Neufassung des § 1 geht insoweit auf das UntStRefG 2008[2] v 14.7.2008 zurück. Mit der positivgesetzlichen Regelung des Tatbestandes einer Funktionsverlagerung versucht der Gesetzgeber iF von grenzüberschreitenden Verlagerungen **betrieblicher Teilbereiche** und den daraus resultierenden **Gewinnchancen** eine Versteuerung dieser **(zukünftigen!)** Gewinnchance im Inland anzuordnen, indem er bei einer Funktionsverlagerung eine Bewertung des **„Transferpakets"** (vgl Rn 335 ff) vorschreibt. Die Gewinnchancen umfassen die zukünftigen, mit der Funktion voraussichtlich erzielbaren Gewinne; gleichwohl sollen die ungewissen Gewinne der Besteuerung im Inland unterworfen werden, obwohl sie tatsächlich erst nach Verlagerung der Funktion im Ausland realisiert und sicher auch im Ausland versteuert werden[3] Der Anwendungsbereich der Funktionsverlagerung wurde durch das EU-Umsetzungsgesetz vom 8.4.2010[4] redaktionell angepasst bzw eingeengt. Von der Bewertung des Transferpakets soll über den bisherigen Escape hinaus im Kern abgesehen werden können, wenn bei grenzüberschreitender Übertragung von Unternehmenseinheiten die betroffenen immateriellen Wirtschaftsgüter identifiziert werden können.

Mit Datum v 5.3.2012 veröffentlichte das BMF einen RefE zum JStG 2013. Vorgese- 4
hen waren ua Änderungen in § 1. Mit diesen soll der AOA umgesetzt werden, dh die Grundsätze, nach denen der international anerkannte Fremdvergleichsgrundsatz die Gewinnaufteilung und Ermittlung zwischen Unternehmen und Betriebsstätte vornimmt, wurde durch § 1 geregelt. Gem dem Grundgedanken des „functionally sepperate entity approach" – die Gewinnabgrenzung zwischen Stammhaus und Betriebsstätte an die Gewinnabgrenzung zwischen verbundenen selbstständigen Unternehmen anzulehnen – erfolgt ausgehend von einer fiktiven Verselbstständigung der Betriebsstätte einer Abrechnung der Leistungsbeziehungen zwischen Stammhaus und Betriebsstätte nach dem „dealing at arm's length-Prinzip.[5] Am 23.5.2012 hat das Bun-

2 BGBl I 2007, 1912.
3 So iE auch *F/W/B/S* § 1 AStG Rn V 4.
4 Gesetz zur Umsetzung steuerlicher EU-Vorgaben sowie zur Änderung steuerlicher Vorschriften, BGBl I 2010, 386.
5 OECD – Betriebsstättenbericht 2010 Rn 53.

deskabinet den Entwurf eines JStG 2013 beschlossen. In der BT-Drucks 17/10 000 ist der Gesetzesentwurf der Bundesregierung zum JStG 2013 enthalten.

5 Am 23.11.2012 verweigerte der Bundesrat seine Zustimmung zu dem Gesetz. Die Beschlussempfehlung des daraufhin eingesetzten Vermittlungsausschusses hat der Bundestag am 17.1.2013 abgelehnt, so dass das Gesetz endgültig gescheitert war. Die Elemente des JStG 2013 wurden sodann in andere Gesetze integriert und in den Bundestag eingebracht. Die Transformation des AOA in innerstaatliches Recht erfolgte Mitte 2013 mit dem sog AmtshilfeRLUmsG.[6] Zur Umsetzung des Grundgedankens im RefE des BMF,[7] den Anwendungsbereich des § 1 auch auf die BsGa auszuweiten, sind gem nun geltenden § 1 Abs 4 S 1 Nr 2 unternehmensinterne Lieferungs- und Leistungsbeziehungen zwischen Stammhaus und Betriebsstätte als „anzunehmende schuldrechtliche Beziehung" (Rn 393 ff) einer Geschäftsbeziehung zwischen nahestehenden Personen gleichgestellt. Darüber hinaus sind in § 1 Abs 5 Einzelheiten der Betriebsstättengewinnermittlung nach dem AOA geregelt: Es sind Bestimmungen zur Durchführung einer Funktionsanalyse, zur Zuordnung von Vermögenswerten (!) sowie zur Anwendung des Fremdvergleichsgrundsatzes bei „Geschäftsbeziehungen" zwischen Stammhaus und Betriebsstätte.

6 Auf der Grundlage der in § 1 Abs 6 enthaltenen Ermächtigung ist mittlerweile die „Verordnung zur Anwendung des Fremdvergleichsgrundsatzes auf Betriebsstätten nach § 1 Abs 5, die sog Betriebsstättengewinnaufteilungsverordnung[8] oder abgekürzt BSGaV in Kraft getreten. Damit soll noch konkreter als im Gesetz sichergestellt werden, dass von Steuerpflichtigen und Verwaltung wettbewerbsneutrale und im internationalen Kontext akzeptable Lösungen gefunden werden, die auf den internationalen anerkannten Grundsätzen für die Einkünfteaufteilung in Betriebsstättenfällen basieren. Dafür regelt die BSGaV insbesondere die Art und Weise der Berechnung der Betriebsstätteneinkünfte und die hierfür erforderlichen Dokumentationsbestandteile (Hilfs- und Nebenrechnung), unter welchen Umständen anzunehmende schuldrechtliche Beziehungen – sog Dealings – zwischen einer Betriebsstätte und dem übrigen Unternehmen, zu dem sie gehört, vorliegen, welche Besonderheiten für bestimmte Branchen (Banken, Versicherungen, Bau- und Montagebetriebsstätten etc) zu beachten sind und schließlich in welchen Fällen zur Vermeidung der Beweisschwierigkeiten von widerlegbaren Vermutungen auszugehen ist. Als übliche „Regelungs-Trias" wird diese ergänzt durch die Verwaltungsgrundsätze Betriebsstättengewinnaufteilung – VwGBsGa. Diese liegen derzeit im Entwurfstadium vom 18.3.2016 vor.

7 **2. Die Rechtsfolge im Überblick.** Die **Rechtsfolge** (vgl Rn 421 ff) ist am Ende von Abs 1 S 1 normiert und bestimmt, dass die Einkünfte des StPfl so anzusetzen sind, wie sie unter den zwischen voneinander unabhängigen Dritten vereinbarten Bedingungen angefallen wären. Die Einkünfte des Steuerpflichtigen, der den Tatbestand des Abs 1 erfüllt hat, sind mithin zu **erhöhen**. Als Bemessungsgrundlage für die Erhöhung sollen die Einkünfte herangezogen werden, die auf Vereinbarungen zwischen unabhängigen Dritten beruhen. Dahinter steht die Vermutung, dass sich (voneinander unabhängige) Kaufleute nichts schenken; jeder der beteiligten Vertragspartner also versucht, den größtmöglichen Gewinn (Einkünfte) aus dem Geschäft zu erzielen.

---

6 Gesetz über die Durchführung der gegenseitigen Amtshilfe in Steuersachen zwischen den Mitgliedstaaten der Europäischen Union v 26.6.2013, BGBl I 2013, 1809.

7 Entwurf eines JStG 2013 v 6.3.2012.

8 Vom 13.10.2014, BStBl I 2014, 1603.

8 Die Rechtsfolge lässt **kein Ermessen** der FinVerw bei der Korrektur zu, was durch die Verwendung des Wortes „sind" zum Ausdruck kommt. Gleichwohl lässt sich eine Art Ermessensentscheidung durch eine Hintertür erreichen: Es ist faktisch ausgeschlossen, eine in jedem Punkt identische Vereinbarung zwischen fremden Dritten als Vergleichsmaßstab aufzufinden. Somit ist bereits auf Ebene der Ermittlung der Bemessungsgrundlage für die Einkünftekorrektur eine Diskussionsgrundlage über die Höhe der Einkünftekorrektur gegeben. Erst nach Festlegung dieser Bemessungsgrundlage sind die Einkünfte des Steuerpflichtigen auf zweiter Ebene bis zur Höhe der festgelegten Bemessungsgrundlage anzuheben. Diese Möglichkeit ist insbesondere wegen der nur einseitigen Korrekturmöglichkeit virulent: § 1 sieht nur eine Korrektur nach oben nicht aber nach unten vor.

9 Wie bereits erwähnt (vgl Rn 1), wirkt die Einkünftekorrektur nur auf steuerlicher Ebene.[9] Die **tatsächlich vereinbarten zivilrechtlichen Grundlagen** (zB Vertrag über die Lieferung von Waren) und auch die bilanzielle Erfassung bleiben von der Regelung in § 1 unberührt. Damit verändert eine Einkünftekorrektur nach § 1 auch nicht das (handels)bilanzielle Erg des Steuerpflichtigen. Erhöht wird nur die die **steuerliche Bemessungsgrundlage**.

II. Sinn und Zweck der Vorschrift

10 Nach der RegierungsBegr[10] zum AStG-Gesetzesentwurf von 1971 sollte mit § 1 als innerstaatliche Rechtsnorm die im MA und in allen modernen DBA vorgesehene Möglichkeit zur **Gewinnberichtigung** ausgefüllt werden. Der Gesetzgeber sah durch int verflochtene Unternehmen die **Gefahr** verursacht, dass diese durch die Vereinbarung von Bedingungen innerhalb ihrer gegenseitigen Geschäftsbeziehungen Gewinne in den ausl Unternehmenskreis abspalten könnten und damit die Gewinne der dt Besteuerung entziehen könnten. Die in solchen Fällen eintretende Minderung der dt Steuer führe zu **Wettbewerbsverzerrungen** auf dem dt Markt, die nicht länger hingenommen werden könnten.[11] Der Gesetzgeber führt weiter aus, die Notwendigkeit, solche Gewinnverlagerungen zu korrigieren, sei im int Steuerrecht seit jeher anerkannt. So sähen das MA zur Vermeidung der Doppelbesteuerung und ihm folgend alle modernen DBA Gewinnberichtigungen vor, wenn innerhalb international verflochtener Unternehmenskreise Geschäftsbedingungen vereinbart würden, die von dem zwischen fremden Dritten abwichen. Diese Sicherungsklauseln des int Vertragsrechts bedürften jedoch nach herkömmlicher Auslegung der Ausfüllung durch innerstaatliche Rechtsnormen, wie sie in vielen Ländern bereits bestünden.[12] Nach geltendem dt Steuerrecht könnten zwar gewisse **Gewinnverlagerungen** korrigiert werden, es fehle jedoch an einem umfassenden Rechtsmaßstab für eine Regulierung des Gesamtbereichs der int Gewinnverschiebungen. In Übereinstimmung mit dem Vorschlag der Steuerreformkommission führe der Gesetzesentwurf in Anlehnung an das MA in seinem § 1 eine Regelung für die **Gewinnberichtigung** bei int verbundenen Unternehmen ein. Damit werde das dt Steuerrecht an die Konzeption anderer moderner Steuerrechtsordnungen sowie des int Steuerrechts herangeführt.[13]

9 *F/W/B/S* § 1 AStG Rn 4; *BMF* BStBl I 1983, 218 Tz 1.1.1; Tz 1.1 Abs 1 VwGBsGaE.
10 BT-Drucks 6/2883 Tz 15 ff.
11 BT-Drucks 6/2883 Tz 15.
12 BT-Drucks 6/2883 Tz 16.
13 BT-Drucks 6/2883 Tz 17.

11 Die im MA kodifizierte **Sicherungsklausel**, die eine **Gewinnberichtigung** ermöglicht, findet sich in Art 9 Abs 1 MA. Die Vorschrift beinhaltet Regelungen über die int Einkunftsabgrenzung unter Beachtung des Fremdvergleichsgrundsatzes – Dealing-At-Arms-Length (vgl Art 9 MA Rn 27 ff). Das MA definiert in Art 9 Abs 1 zunächst die Voraussetzungen, unter denen verbundene Unternehmen iSd Abkommenrechts vorliegen; in einem zweiten Schritt wird mit dem **Fremdvergleichsgrundsatz** der **Maßstab** bestimmt, dessen Nichtbeachtung zu einer Verrechnungspreiskorrektur führt.[14] Der Fremdvergleichsgrundsatz dient mithin auf int Ebene als Maßstab für die Einkunftsabgrenzung zwischen int verbundenen Unternehmen.

12 Der Fremdvergleichsgrundsatz soll durch Einf des § 1 auch im innerstaatlichen Recht **abgesichert** sein. Diese Auffassung vertritt jedenfalls die FinVerw.[15] Zu Recht wird in der Lit[16] darauf hingewiesen, dass der Gesetzgeber „dieses Ziel aber nur hätte erreichen können, wenn der **Dealing-At-Arm's-Length-Grundsatz** (vgl Art 9 MA Rn 27 ff) für alle Einkünftekorrekturvorschriften als **einheitlicher** Einkünftekorrekturmaßstab eingeführt worden wäre". Neben der Einkünftekorrekturmöglichkeit in § 1 AStG existieren jedoch weitere Korrekturmöglichkeiten. Zu nennen sind in diesem Zusammenhang insb die **verdeckte Gewinnausschüttung** in § 8 Abs 3 S 2 KStG und die **verdeckte Einlage** (§ 5 Abs 6 EStG, § 6 Abs 1 Nr 5 und Abs 6 EStG iVm § 4 Abs 1 EStG). Die Unterschiede werden auf der **Rechtsfolgenseite** deutlich. Die verdeckte Gewinnausschüttung ist regelmäßig mit dem **gemeinen Wert** (§ 9 BewG) zu bewerten,[17] der jedoch regelmäßig dem Fremdvergleichspreis entspricht;[18] die Bewertung der verdeckten Einlage hat gem A 40 Abs 4 S 1 KStR[19] grds mit dem **Teilwert** zu erfolgen. Für § 1 AStG ist der **Fremdvergleich** maßgebend. Vor dem Hintergrund, dass die **meisten** Einkünftekorrekturen nach den Regelungen über die verdeckte Gewinnausschüttung und nach den Regelungen einer verdeckten Einlage vorgenommen werden,[20] hat der Gesetzgeber sein Ziel durch die Einf von § 1 AStG im Jahr 1972 weitgehend verfehlt.

13 In diesem Kontext ist auch die neuere Rechtsprechung des *BFH*[21] von Bedeutung. In insgesamt drei Entscheidungen engte der BFH den Anwendungsbereich von § 1 ein. Seine Auffassung sieht der I. Senat des BFH durch Art. 9 MA entsprechenden Regelungen in den anzuwendenden DBA begründet. Danach ist eine Korrektur nach § 1 nur angezeigt, wenn der vereinbarte Preis seiner Höhe also seiner Angemessenheit nach dem Fremdvergleichsmaßstab nicht standhält. Dafür sollen nur die Geschäftsbedingungen in Frage kommen, welche die Qualität haben, die Verrechnungspreise im Fremdvergleich in der Höhe zu beeinflussen. In den entschiedenen Fällen stand die steuerrechtliche Behandlung von konzerninternen Darlehen, die jeweils ohne Besicherung gewährt wurden und in späteren Veranlagungszeiträumen teilwertberichtigt wurden, im Streit. Zwar erkannte der BFH, eine fehelende Darlehenssicherung, bzw

---

14 *S/K/K* Art 9 MA Rn 19.

15 *BMF* BStBl I 1995, Sondernr 1 Tz 1.1.1; Tz 1.1 Abs 1 VwG BsGaE.

16 *F/W/B/S* § 1 AStG Rn 8.

17 *Gosch* § 8 KStG Rn 381.

18 *Kaminski/Strunk* DB 2008, 2501; einschränkend *Gosch* § 8 KStG Rn 383; *Lademann* § 1 AStG Rn 13a.

19 Mit Verweis auf § 8 Abs 1 KStG iVm § 6 Abs 1 Nr 5 und Abs 6 EStG.

20 *F/W/B/S/Wassermeyer* § 1 AStG Rn 8; *ders* IStR 2001, 633 hält die verdeckte Gewinnausschüttung in 85 % aller Fälle für anwendbar und die verdeckte Einlage in 10 % aller Fälle.

21 BStBl II 2016, 258 und 261; Nichtanwendungserlass des BMF in BStBl. I 2016, 455.

die Risiken daraus gehörten zu den beachtenden Bedingungen iSv § 1; erforderlich sei aber, dass sie tatsächlichen Einfluss auf die Höhe der Leistungsbedingungen nehmen und dieses Erfordernis sei bei Leistungsbeziehungen im Unternehmensverbund durch einen bestehenden Konzernrückhalt nicht gegeben. Durch den Konzernrückhalt sei eine Kompensation – hier ein höherer Zins wegen der fehlenden Besicherung – entbehrlich, solange der beherrschende Gesellschafter die Zahlungsfähigkeit der Gesellschaft sicherstelle. Die Finanzverwaltung[22] hat auf zwei der Entscheidungen mit einem Nichtanwendungserlass reagiert.

Einen weiteren, von Grund auf anderen Zweck hat die Vorschrift durch die innerstaatliche Umsetzung des AOA erfahren: Entsprach es bisher dem Grundsatz, dass grenzüberschreitende Innentransaktionen steuerlich unbeachtlich sind, wird nunmehr in § 1 Abs 5 mit den von der OECD übernommenen AOA-Regelungen eine bedeutsame Ausnahme davon geregelt.[23] Nach dem Gesetzesentwurf des BR[24] zum Jahressteuergesetz 2013 ist es notwendig, in § 1 die Rechtsgrundlage für die uneingeschränkte Anwendung des international anerkannten Fremdvergleichsgrundsatzes zu schaffen. Damit verfolgt der Gesetzgeber den Zweck, „die Besteuerung grenzüberschreitender Vorgänge im Hinblick auf die Gewinnabgrenzung bzw Gewinnverteilung klar und für alle Investitionsalternativen (Kapitalgesellschaften, Personengesellschaften, Betriebsstätten) einheitlich zu regeln." Anzuwenden ist § 1 Abs 5 sowohl auf die Aufteilung der Gewinne zwischen einem inländischen Unternehmen und seiner ausländischen Betriebsstätte wie auch auf die Aufteilung der Einkünfte einer inländischen Betriebsstätte eines ausländischen Unternehmens. 14

Die Geschäftsbeziehung einer Personengesellschaft oder Mitunternehmerschaft zu ihrem Gesellschafter oder Mitunternehmer wird dagegen nicht von § 1 Abs 5 sondern von § 1 Abs 1 S 2 erfasst, da sich in diesen Fällen – so wie bei sich nahestehenden Kapitalgesellschaften – selbstständige Rechtsträger gegenüberstehen.[25] 15

III. Systematische Stellung

Das AStG besteht aus sieben Teilen. Die internationalen Verflechtungen bilden den **ersten Teil** des Gesetzes, der aus einer Vorschrift – § 1 – besteht. Der erste Teil steht **selbstständig** neben den anderen Teilen des AStG.[26] Ein inhaltlicher Bezug zum zweiten bis siebten Teil des Gesetzes ist mithin nicht gegeben. 16

IV. Überblick über die Entstehungsgeschichte

Die Regelungen in § 1 traten mit Einf des AStG[27] 1972 in Kraft. Von den Leitsätzen der Bundesregierung v 17.12.1970 bis zur gesetzlichen Einf wurde der Wortlaut der Vorschrift im Gesetzgebungsverfahren mehrfach geändert und verfeinert.[28] Vor 17

22 *BMF* BStBl I 2016, 455.

23 *Schaumburg* ISR 2013, 197 weist aber weiter darauf hin, in den Ent- und Verstrickungsregelungen (§§ 4 Abs 1 S 3, 4 und 8; 16 Abs 3a EStG; § 12 Abs 1 KStG) seien schon vorher Ausnahmen von diesem Grundsatz normiert worden.

24 BR-Drucks 193/13 (Beschluss) v 1.3.2013.

25 BR-Drucks 193/13 (Beschluss) v 1.3.2013.

26 *Lademann* § 1 AStG Rn 14.

27 BGBl I 1972, 1713.

28 Nachweise bei *F/W/B/S* § 1 AStG Gesetzesmaterialien.

Inkrafttreten des AStG waren bereits in § 33 EStG 1925 und in § 30 EStG 1934 Regelungen zur Vermeidung ungerechtfertigter Gewinnverlagerungen ins Ausland normiert. Im Urt v 7.4.1959 erkannte der *BFH*[29] die **Verfassungswidrigkeit** der Vorschrift wegen eines Verstoßes gegen Art 3 GG. In der Folge wurde im sog **Oasenbericht der Bundesregierung**[30] und im **Oasenerlass des BMF**[31] die Forderung ausgesprochen, Gewinnverlagerungen in das Ausland die Anerkennung zu versagen.[32]

18 Eine lediglich **redaktionelle** Änderung erfuhr die Vorschrift in Abs 3 durch das EG zur Abgabenordnung.[33] Inhalt der Änderung war der Verweis bei einer Schätzung von § 217 RAO auf § 162 AO.

19 Durch das Steueränderungsgesetz 1992 v 25.2.1992[34] erweiterte der Gesetzgeber § 1 um einen Abs 4, der dem heutigen Abs 5 entspricht. Damit reagierte der Gesetzgeber auf ein Urteil des *BFH*[35] v 5.12.1990. Damit sollte der Anwendungsbereich des § 1 auf nichtgewerbliche Fälle ausgedehnt werden, nachdem der BFH in der genannten Entsch die Auffassung vertrat, der Gesetzgeber habe dieses zwar gewollt, mit dem (bis zur Änderung geltenden) Wortlaut der Vorschrift sei dieses jedoch nicht vereinbar.

20 Wesentliche Änderungen bzw Erweiterungen erfuhr die Vorschrift durch das UntStRefG 2008 v 14.8.2007.[36] Eingefügt wurde ein neuer Abs 3, der in seinen S 1–8 allg angewendete und vom BFH entwickelte Kriterien zur Methodik der Gesetzesanwendung und Abwägungsgrundsätze zu normieren versucht.[37] Abs 1 und 4 wurden ebenfalls neu gefasst, wobei es sich dabei eher um klarstellende Änderungen handelte. Ausweislich der RegierungsBegr[38] verfolgte der Gesetzgeber mit den Änderungen insgesamt das Ziel, insb durch die Einf der Regelungen über die **Funktionsverlagerung** in Abs 3 (vgl Rn 304 ff) deutsches Besteuerungssubstrat zu sichern. Durch die gesetzliche Regelung, wie die Unternehmen ihre Verrechnungspreise va für immaterielle Wirtschaftsgüter und Funktionsverlagerungen festsetzen sollen, würde die **Rechtssicherheit** für die StPfl, deren steuerliche Berater und für die FinVerw erhöht. Letztlich ging es darum, die bestehende Praxis der FinVerw zu stärken und so zur **Gegenfinanzierung** der Reform beizutragen.[39]

21 Aufgrund des EU-Umsetzungsgesetzes[40] vom 8.4.2010 sind die Vorschriften in § 1 Abs 3 S 9 und 10 modifiziert worden. Davon betroffen sind mithin Fälle der Funktionsverlagerung. Während die Änderung in S 9 als redaktionelle Anpassung angesehen wird, besteht über das Verständnis der Anordnung in S 10 Uneinigkeit. [41] Die Motiva-

---

29 BStBl III 1959, 233.
30 BT-Drucks 4/2412.
31 BStBl II 1965, 74.
32 *F/W/B/S* § 1 AStG Rn 18.
33 BGBl I 1976, 3341.
34 BGBl I 1992, 297.
35 BStBl II 1991, 287.
36 BGBl I 2007, 1912.
37 *Blümich* § 1 AStG Rn 6.
38 BR-Drucks 220/07, 141.
39 *Blümich* § 1 AStG Rn 6.
40 Gesetz zur Umsetzung steuerlicher EU-Vorgaben sowie zur Änderung steuerlicher Vorschriften, BGBl I 2010, 386.
41 *S/K/K* § 1 AStG Rn 10.

tion des Gesetzgebers ist dem Koalitionsvertrag der CDU, CSU und FDP für die 17. Legislaturperiode entnehmbar. Es wurde sich für „den Weg aus der Krise“ auf ein „Sofortprogramm krisenentschärfender Maßnahmen“ verständigt, welches ua „bei den grenzüberschreitenden Leistungsbeziehungen unverzüglich die Auswirkungen der Neuregelung zur Funktionsverlagerung auf den Forschungs- und Entwicklungsstandort Deutschland beseitigen“ soll. Konsequent ist daher die Anwendungsregelung in § 21 Abs 16. Die Änderungen in Abs 3 des § 1 sind erstmals rückwirkend zu Gunsten (!) des Steuerpflichtigen für den Veranlagungszeitraum 2008 anzuwenden.[42]

Weitere Entwicklungen, welche die Regelungen in § 1 beeinflussen, sind in den Verrechnungspreisrichtlinien vom 22.7.2010[43] enthalten. Die Neuerungen zu den OECD-Verrechnungspreisrichtlinien 1995/1996 sind insb im Kap 2 bestimmt. Fortan sind dort die geschäftsfallbezogenen Gewinnmethoden erläutert, so dass diese eine gleichwertige Alternative zu den Standardmethoden bilden. Der Verrechnungspreis ist nun anhand der Methode zu bestimmen, die für die jeweilige Transaktion am geeignetsten ist, wobei die Identifikation der Verrechnungspreismethode mit den Vor- und Nachteilen der Methoden, der vorliegenden Informationen und des Grades der Vergleichbarkeit der kontrollierten mit der unkontrollierten Transaktion erfolgen soll.[44] 22

Gleichfalls am 22.7.2010 veröffentlichte die OECD ihren finalen Bericht zur Thematik „business restructuring“. Darin finden sich erstmals international abgestimmte Äußerungen zur Behandlung von Restrukturierungen und Funktionsverlagerungen. Dieses ist insb vor dem Hintergrund zu begrüßen, dass mit der Einführung expliziter Vorschriften zur Behandlung grenzüberschreitender Funktionsverlagerungen der deutsche Gesetzgeber mit Wirkung ab Veranlagungszeitraum 2008 einen Alleingang gewagt hat und weit reichende, international damals nicht abgestimmte Schritte zur Wahrung und Sicherung des Besteuerungssubstrats unternommen hat. Die vielfach geäußerte Kritik in der Literatur fußte ua auf der vorauszusehenden abweichenden Würdigung von Funktionsverlagerungen durch den deutschen Gesetzgeber und die deutsche Finanzverwaltung und ihre ausländischen Pendants, die eine verlässliche Steuerplanung schwierig machten und eine wirtschaftliche Doppelbesteuerung heraufbeschwor. Das anschließend veröffentlichte Verwaltungsschreiben zur Funktionsverlagerung des BMF[45] enthält entgegen der bisherigen Praxis umfangreiche Verweise auf den OECD-Bericht und nähert damit die internationale Auslegung den deutschen Vorstellungen an. 23

Am 25.5.2011 verabschiedete die OECD-Ministerkonferenz in Paris anlässlich ihrer 50-Jahrfeier eine Neuauflage der OECD-Leitsätze für multinationale Unternehmen. Darin sind rechtlich nicht bindende Empfehlungen für verantwortungsvolles unternehmerisches Handeln enthalten. Die Entwicklung derartiger Verhaltenskodizes für multinationale Unternehmen ist eine Folge der Regulierungslücken, welche durch die grenzüberschreitende Unternehmenstätigkeit entstanden sind und mit denen ua aggressive Steuerplanung und der grenzüberschreitenden Steuerhinterziehung (zB Umsatzsteuerkarusselle) begegnet werden soll.[46] Neben vielerlei anderen Analysen 24

42 So auch: 7. Finanzausschuss BT-Drucks 17/939, 16.
43 Www.oecd.org/dataoecd/23/12/45690353.pdf.
44 *Luckhaupt* Ubg 2010, 646.
45 BStBl I 2010, 774.
46 *Hardeck* IStR 2011, 911.

und Empfehlungen findet auch der Fremdvergleichsgrundsatz bei Verrechnungspreisen Beachtung. Die OECD empfiehlt dringend eine Beachtung des Fremdvergleichsgrundsatzes bei der Festlegung konzerninterner Verrechnungspreise, um Gewinnverlagerungen auszuschließen. Nach Auffassung der OECD sei dieses zur Sicherstellung gesellschaftlich verantwortungsvollen Handelns unerlässlich, da Verrechnungspreise den maßgeblichen Einfluss auf die Allokation der Steuerbemessungsgrundlage zwischen den Ländern hätten.[47] Zur Möglichkeit der Auswertung und zutreffenden Festsetzung der Steuerschuld wird eine Kooperation der Finanzverwaltungen angeraten, die in der Bereitstellung aller relevanten oder gesetzlich verlangten Informationen bestehen soll. Da die OECD-Verrechnungspreisrichtlinien aus dem Jahr 1995 Leitlinien zur Beurteilung internationaler Verrechnungspreise zwischen verbundenen Gesellschaften geben, sind jegliche Änderungen oder Klarstellungen von Einfluss auf die grenzüberschreitenden Tätigkeiten der Unternehmen. Maßgebend in den OECD-Verrechnungspreisrichtlinien 2010 ist die Anpassung der Hierarchie der anerkannten Verrechnungspreismethoden, die Beurteilung hinsichtlich der Vergleichbarkeit von verbundenen und unverbundenen Transaktionen sowie die Anwendung der transaktionsbezogenen Gewinnmethoden. Weiter wurden drei Anhänge entworfen, die Hilfe bei der Anwendung der Gewinnmethoden geben sollen sowie mit einem Beispiel zur Anwendung von Kapitalanpassungsrechnungen, die Vergleichbarkeit zweier Transaktionen darstellen und erhöhen möchte. Die Anwendung des Fremdvergleichsgrundsatzes wurde von der OECD bestätigt. Demgegenüber stand eine globale Gewinnaufteilung anhand einer Formel, die zwar als Alternative zum Fremdvergleichsgrundsatz erörtert wurde, aber im Ergebnis auf Ebene der OECD auch weiterhin keine Anwendung finden soll.

25 Mit dem AmtshilfeRLUmsG[48] wurde der durch die OECD in 2010 in Art 7 MA aufgenommene „Authorised OECD Approach“ in § 1 transferiert. Der OECD-Rat hatte im Rahmen des „Update 2010“ weitreichende Änderungen der Betriebsstättengewinnabgrenzung nach Art 7 MA beschlossen. Der OECD-Rat verabschiedete am 22.7.2010 die Aktualisierung des Abkommensmusters der Mitgliedsstaaten der OECD (MA 2010), deren zentraler Bestandteil die Neufassung des Art 7 OECD-MA sowie die dazugehörige Kommentierung (MK 2010) ist. Gleichzeitig veröffentlichte die OECD eine überarbeitete Version des Berichtes des Steuerausschusses der OECD mit dem Titel „2010 Report on the attribution of profits to permanent establishments" (OECD-Betriebsstättenbericht 2010).

26 Unterschiedliche Interpretationen der allgemeinen Grundsätze des Art 7 MA führten in der Vergangenheit oftmals zu Doppelbesteuerung oder doppelter Nichtbesteuerung. Die OECD ist vor diesem Hintergrund schon seit langem bestrebt, durch eine einheitliche Auslegung und Anwendung der abkommensrechtlichen Regelungen in Bezug auf Unternehmensgewinne Doppel- und Minderbesteuerungen zu vermeiden. Die Arbeiten des Steuerausschusses der OECD zu diesem Themengebiet führten nach der Entwicklung des sog Authorised OECD Approach (AOA) schließlich am 17.7.2008 zu der Veröffentlichung des Berichtes „Report on the attribution of profits to permanent establishments" (OECD-Betriebsstättenbericht 2008).

---

47 OECD-Leitsätze, Teil I, Kap XI, Erläuterungen, 60 f.

48 Gesetz über die Durchführung der gegenseitigen Amtshilfe in Steuersachen zwischen den Mitgliedstaaten der Europäischen Union v 26.6.2013, BGBl I 2013, 1809.

Mit der Transformation des AOA in innerstaatliches Recht hat der Gesetzgeber das Ziel erreicht, den Anwendungsbereich des § 1 auch auf die Betriebsstättengewinnabgrenzung auszuweiten. Mit der Einführung des AOA wird seitens der OECD der Fremdvergleichsgrundsatz bei der Gewinnabgrenzung zwischen Stammhaus und Betriebsstätte in der Form angepasst, dass zukünftig nicht mehr die eingeschränkte, sondern nur noch die uneingeschränkte Selbstständigkeitsfunktion („Functionally Separate Entity Approach") gilt. Dabei kommt es im Rahmen des sog „two-step-approach" zunächst ausgehend von einer Funktionsanalyse (welche insbesondere die Ansässigkeit der „significant people functions" in den Fokus nimmt) zu einer Zuordnung von Wirtschaftsgütern, Risiken sowie Kapital und anschließend zu einer Bestimmung fiktiver Rechtsverhältnisse zwischen Stammhaus und Betriebsstätte (sog „dealings"). Hierauf aufbauend erfolgt in einem zweiten Schritt die Gewinnabgrenzung nach dem Fremdvergleichsgrundsatz.[49] 27

Mit dem AmtshilfeRLUmsG wurde in § 1 Abs 1 ein neuer zweiter Satz eingefügt, in dem positiv normiert wurde, dass Personengesellschaften und Mitunternehmerschaften Stpfl iSd § 1 Abs 1 S 1 sind. In § 1 Abs 3 S 6 wurden die Begriffe „unter Berücksichtigung funktions- und risikoadäquater Kapitalisierungszinssätze“ eingefügt. Ebenfalls neu eingefügt wurde § 1 Abs 6, der § 1 Abs 3 S 13 mit geänderten Wortlaut ersetzt. Die im bisher in § 1 Abs 4 getroffenen Regelungen zu Schätzungen iSv § 162 AO wurden ersatzlos aufgehoben. 28

Am 22.12.2014 wurde „das Gesetz zur Anpassung der Abgabenordnung an den Zollkodex der Union und zur Änderung weiterer steuerlicher Vorschriften“[50] verkündet. Darin wurden die Tatbestandsmerkmale „ gesellschaftsvertragliche Vereinbarung“ in § 1 Abs 4 S 1 Nr 1 Buchstabe b angepasst. Der Gesetzgeber[51] wollte damit ausdrücklich gesellschaftsrechtliche Beziehungen der (nahestehenden) Personen aus dem Anwendungsbereich von § 1 ausnehmen. 29

B. Verhältnis zu anderen Vorschriften

§ 1 ist eine **Korrekturvorschrift**. Das kann schon der vom Gesetzgeber gewählten Überschrift „Berichtigung von Einkünften“ entnommen werden. *Wassermeyer*[52] weist zutr darauf hin, aus terminologischen Gründen solle beachtet werden, dass unter „Einkünfte“ der durch die Korrektur sich ergebende Endbetrag zu verstehen sei. Richtigerweise würden deshalb nicht die Einkünfte (Gewinn) korrigiert, sondern es werde dem Unterschiedsbetrag iSd § 4 Abs 1 S 1 EStG ein Korrekturbetrag hinzugerechnet. 30

Die Notwendigkeit, die Vorschrift von anderen Korrekturregelungen abzugrenzen, ergibt sich aus den unterschiedlichen **Rechtsfolgen** der einzelnen Korrekturnormen und den daraus resultierenden unterschiedlichen **Korrekturmaßstäben**, was sich zuletzt auf die Steuerfestsetzung auswirkt. Die Notwendigkeit, § 1 von anderen Korrekturnormen abzugrenzen, ergibt sich aber auch aus dem Wortlaut des Gesetzes selbst. In Abs 1 S 1 ist ausdrücklich geregelt, dass § 1 nur **„unbeschadet anderer Vorschriften“** gilt. 31

49 Zum Ganzen: *Schnittger* IStR 2012, 633.
50 BGBl I 2014, 2417.
51 BR-Drucks 18/3017, 53.
52 *F/W/B/S* § 1 AStG Rn 5.

32 Seit der Einf des § 1 im Jahr 1972 ist nicht zweifelsfrei geklärt, was unter der Formulierung „unbeschadet anderer Vorschriften“ zu verstehen ist. In der Regierungsbegründung[53] zum UntStRefG 2008[54] bringt der **Gesetzgeber** zum Ausdruck, es werde ausdrücklich in § 1 Abs 1 S 3 AStG **klargestellt**, dass Berichtigungen nach S 1 andere Regelungen (va verdeckte Gewinnausschüttung, verdeckte Einlage, Entnahme, Einlage) die unverändert grds Vorrang hätten, **ergänzten**, soweit die Rechtswirkungen des Abs 1 über die Rechtswirkungen anderer Vorschriften **hinausgingen**. Damit stützt der Gesetzgeber zunächst die bisher wohl herrschende Auffassung, welche die Formulierung „unbeschadet anderer Vorschriften“ so verstanden wissen wollte, dass für § 1 lediglich eine **subsidiäre Anwendungsmöglichkeit** besteht, wenn Tatbestand und Rechtsfolgen einer anderen Korrekturvorschrift genau so weit reichen, wie die des § 1.[55] Klärend ist die Neufassung von Abs 1 insoweit, als die **Rechtsfolgenseite** sich sowohl nach § 1 wie auch nach einer anderen eingreifenden Abgrenzungsbestimmung richtet.[56] Die Berichtigungsnormen sind daher so anzuwenden, als liege ein **einziger**, dem Fremdvergleichsgrundsatz entspr Korrekturtatbestand vor, was **Idealkonkurrenz** bedeutet, bei der ein Sachverhalt unter mehrere Bestimmungen fällt, die Rechtsfolge aber nur einmal eintritt.[57]

33 Ein Meinungsstreit besteht über die Bedeutung der Formulierung „unbeschadet anderer Vorschriften“ in § 1, wenn ein Sachverhalt nicht nur den Tatbestand von § 1 erfüllt, sondern auch den Tatbestand einer **weiteren** Korrekturvorschrift und die verschiedenen Korrekturvorschriften auch Unterschiede in ihrer **Reichweite** zeigen. Der Streit ist durch den **unterschiedlichen Korrekturmaßstab** als Rechtsfolge der jeweiligen Korrekturvorschrift begründet. Liegt zB ein Sachverhalt vor, den Tatbestand der **verdeckten Einlage** gem § 5 Abs 6, § 6 Abs 1 Nr 5 und Abs 6 EStG iVm. § 4 Abs 1 EStG und den Tatbestand des § 1 erfüllt, stehen sich als Rechtsfolge die Bewertung des einlagefähigen Vermögensvorteils mit dem **Teilwert** als Rechtsfolge der verdeckten Einlage und mit dem **Fremdvergleichspreis** als Rechtsfolge von § 1 gegenüber. Der Teilwert gem § 10 S 2 BewG, § 6 Abs 1 Nr 1 S 3 EStG wird durch den Betrag bestimmt, den ein Erwerber des ganzen Unternehmens iRd Gesamtkaufpreises für das einzelne Wirtschaftsgut ansetzen würde. Der Fremdvergleichspreis wird hingegen grds durch den Betrag bestimmt, den fremde Dritte unter sonst gleichen Umständen für den Vermögensvorteil vereinbaren würden. Der Vergleich der unterschiedlichen Rechtsfolgen zeigt, dass der Fremdvergleichspreis **höher** ist, weil er einen **Gewinnaufschlag** beinhaltet.

34 Denkbar wäre es in diesem Fall, die weitergehende Rechtsfolge aus § 1 **erg** zu der Rechtsfolge der verdeckten Einlage anzuwenden.[58] Im Erg würde die verdeckte Einlage nicht mit dem Teilwert sondern mit dem **Fremdvergleichspreis** bewertet werden. Denkbar wäre es aber auch, die Regelungen über die verdeckte Einlage – und damit auch die Rechtsfolge – als abschließend anzusehen. Im Erg würde die verdeckte Einlage mit dem **Teilwert** angesetzt werden.

---

53 BR-Drucks 220/07, 143.

54 BGBl I 2007, 1912.

55 *S/K/K* § 1 AStG Rn 48, § 1 AStG nF Rn 10 mwN aus der Rspr und Lit.

56 *Blümich* § 1 AStG Rn 14.

57 *Blümich* § 1 AStG Rn 14 mit Hinweis auf *BMF* BStBl I 1983, 218 Tz 1.1.1 ff und *BMF* BStBl I 1995, Sondernr 1 Tz 1.1.2.

58 So *BMF* BStBl I 2010, 774 Tz 8.

Zur Lösung des Meinungsstreits wird in der Lit das Verhältnis von § 1 zu anderen Korrekturvorschriften teilw als **Idealkonkurrenz**,[59] teilw als **Gesetzeskonkurrenz** bzw lex specialis[60] und teilw als **Subsidiaritätsverhältnis**[61] angesehen. 35

Die **FinVerw**[62] möchte das Verhältnis von § 1 zu anderen Korrekturvorschriften iSd **Idealkonkurrenz** charakterisieren. Danach lässt § 1 andere Bestimmungen über die Berichtigung unberührt und lässt ihnen den Vorrang. Das gilt insb für verdeckte Gewinnausschüttungen und verdeckte Einlagen. Eröffnet aber der Ansatz des Fremdvergleichspreises gegenüber den Rechtsfolgen anderer Vorschriften (zB Entnahme, verdeckte Einlage) weitergehende Berichtigungsmöglichkeiten, ist die Rechtsfolge des § 1 neben der Rechtsfolge aus der anderen Korrekturvorschrift anzuwenden, wenn (nur) durch die zusätzliche Anwendung von § 1 dem Fremdverhalten Rechnung getragen werden kann. 36

Der *BFH*[63] hielt in einem Beschl über einen Antrag auf Aussetzung der Vollziehung das Konkurrenzverhältnis von § 1 zu anderen Vorschriften für ungeklärt. Im Hauptverfahren wollte sich der BFH mit der Frage auseinandersetzen. Zu einem Hauptverfahren kam es aber nicht mehr. In seinem Urt v 9.11.1998[64] ging der BFH ohne weitere Begr davon aus, die Anwendung von § 1 komme nicht in Betracht, soweit nach anderen Vorschriften (im Streitfall lag eine verdeckte Gewinnausschüttung vor) die Einkünfte zu erhöhen seien. 37

Der **Gesetzgeber** hat in der RegBegr zum UntStRefG 2008[65] zu § 1 Abs 1 S 3 klargestellt, dass die Vorschrift **neben** einer anderen Korrekturvorschrift Anwendung findet, wenn die Rechtsfolge des § 1 (Fremdvergleichspreis als Korrekturmaßstab) weiter reicht als die der anderen Korrekturvorschrift. § 1 ist bei Betrachtung der Rechtsfolge damit nicht mehr als eine nur nachrangige Einkünftekorrekturvorschrift, sondern als **erg** Einkünftekorrekturvorschrift zu qualifizieren,[66] was im Erg zu **Idealkonkurrenz** führt.[67] Die Regelung in Abs 1 S 3 ist inhaltlich nicht neu, sondern entspricht der Auffassung der FinVerw.[68] Die weiterreichenden Rechtsfolgen des § 1 können insb in folgenden Fällen eingreifen: Nach der vorrangig anzuwendenden Abgrenzungsnorm ist keine Berichtigung möglich. Die Rechtsfolgen der vorrangig anzuwendenden Abgrenzungsnorm bleiben hinter den des § 1 zurück oder die Berichtigung kann nur nach Anwendung von § 1 durchgeführt werden, da die Ermittlungshilfen des § 1 auf diese Regelung begrenzt sind.[69] 38

Kaminski[70] sieht den Hintergrund der Regelung in § 1 Abs 1 S 3 in der Frage, welcher Einkünftekorrekturmaßstab bei **inländischen PersGes mit ausl Gesellschaftern** zur 39

59 *Blümich* § 1 AStG Rn 14.
60 *Jacobs* S 688.
61 *Schaumburg* S 792.
62 BStBl I 2004, Sondernr 1, 3 Tz 1.1.2; BStBl I 2005, 570 Tz 5.3.3; BStBl I 2010, 774 Tz 8.
63 BStBl II 1998, 321.
64 BStBl II 1989, 510.
65 BGBl I 2007, 1912.
66 *Frischmuth* IStR 2007, 485.
67 *Blümich* § 1 AStG Rn 14.
68 *BMF* BStBl I 1983, 218 Tz 1.1.1 ff und *BMF* BStBl I 1995, Sondernr 1 Tz 1.1.2.
69 *Blümich* § 1 AStG Rn 51.
70 In *S/K/K* § 1 AStG nF Rn 12 mit Hinweis auf *BFH* BStBl II 1998, 321; *ders* RIW 2007, 594.

Anwendung kommt. Ausschlaggebend sei hierfür, dass bei einem vergleichbaren Inlandsfall die Regelungen zur Entnahme iSv § 4 Abs 1 S 2 EStG anwendbar seien. Eine Korrektur erfolge demnach nur, wenn die Entnahme des Gesellschafters mit einem Wert unterhalb des Teilwertes vergütet wurde. Hingegen sehe § 1 Abs 1 S 1 vor, dass als Korrekturmaßstab auf den Fremdvergleichspreis abgestellt werde. Dieser unterscheide sich vom Teilwert dadurch, dass beim Fremdvergleichspreis zusätzlich ein **Gewinnaufschlag** zu verrechnen sei, während sich der Teilwert nach stRspr des *BFH*[71] nach den **Wiederbeschaffungskosten** richte. Werde – wie vom Gesetzgeber intendiert – zunächst eine Einkunftskorrektur nach Maßgabe der Entnahme vorgenommen und erfolge damit eine Gewinnberichtigung auf den Teilwert und werde darüber hinaus § 1 angewendet, um auch einen Gewinnaufschlag zu berücksichtigen, würde dies eine **Schlechterstellung** des **grenzüberschreitenden Sachverhalts** gg einem reinen Inlandfall bedeuten.

40 Unabhängig von dem Hintergrund der Regelung über den – eigentlichen – Vorrang anderer Korrekturvorschriften ist festzustellen, dass die Anwendung von § 1 mit dem (weiterreichenden) Fremdvergleichsgrundsatz als Korrekturmaßstab trotz der gesetzlichen Nachrangigkeitsanordnung gg anderen Korrekturmethoden auf der Rechtsfolgenseite – **quasi durch die Hintertür** – wieder bzw erg seine Wirkung entfaltet.[72] Diese Rechtsfolgenakrobatik ist aus gesetzessystematischen Gründen **abzulehnen**, weil die Subsidiaritätsanordnung in Abs 1 eine eindeutige und endgültige **Vorschriftenhierarchie** vorgibt und eine Erweiterung der Rechtsfolge der vorrangig anzuwendenden Vorschrift um die weitergehende Rechtsfolge des Abs 1 von vornherein ausgeschlossen ist.[73]

41 Unter Berufung auf den *BFH*[74] sieht *Kaminski*[75] in der Regelung des § 1 Abs 1 S 3 einen Verstoß gegen die **Grundfreiheiten** des EG-Vertrages und sagt ihr ein Scheitern vor dem EuGH voraus (vgl Rn 425 ff). Es erfolge eine **Ungleichbehandlung** von reinen Inlandsfällen gegenüber grenzüberschreitenden Sachverhalten, die – nach Maßgabe der bisherigen Rspr des EuGH – nicht gerechtfertigt werden könnten, weil ein „milderes Mittel" zur Verfügung stünde, um die deutschen Besteuerungsansprüche zu gewährleisten.

I. Verhältnis zu § 8 Abs 3 S 2 KStG

42 Die Reglung über die **verdeckte Gewinnausschüttung** in § 8 Abs 3 S 2 KStG und die Regelung über die Einkünftekorrektur in § 1 unterscheiden sich auf Ebene des **Tatbestandes** und auf Ebene der **Rechtsfolge**.

43 In persönlicher Hinsicht erfordert § 8 Abs 3 S 2 KStG eine körperschaftsteuerpflichtige Person iSv § 1 und 2 KStG; mithin eine Körperschaft, Personenvereinigung oder Vermögensmasse. § 1 ist dagegen auf jede im Inland steuerpflichtige Person anwendbar. In persönlicher Hinsicht geht der Anwendungsbereich des § 1 daher **weiter**.

---

71 BStBl II 1988, 892; BStBl II 1995, 831; BStBl II 1982, 758; BStBl II 1989, 183; BStBl II 1984, 35.

72 *Frischmuth* IStR 2007, 485.

73 So auch *Frischmuth* IStR 2007, 485.

74 *BFHE* 195, 398.

75 In *S/K/K* § 1 AStG nF Rn 13.

In sachlicher Hinsicht setzen zwar beide Vorschriften eine Minderung der steuerlichen Bemessungsgrundlage voraus, § 1 schränkt diese Tatbestandvoraussetzung jedoch dadurch ein, dass die Minderung aus einer **Geschäftsbeziehung zum Ausland** resultieren muss. Während die Anwendung von § 8 Abs 3 S 2 KStG also auch in reinen **Inlandsfällen** in Betracht kommt, erfasst § 1 nur grenzüberschreitende Sachverhalte. Insoweit ist § 8 Abs 3 S 2 KStG die weitergehende Regelung. In sachlicher Hinsicht ist dagegen § 8 Abs 3 S 2 KStG vom Tatbestand enger, als von der Rspr[76] die Vermögensminderung oder verhinderte Vermögensmehrung im **Gesellschaftsverhältnis** veranlasst sein muss. § 1 lässt für seine Anwendung auch einen **beherrschenden Einfluss** oder ein **Interesse an der Einkunftserzielung eines anderen** genügen. 44

Im Hinblick auf die Rechtsfolge der jeweiligen Vorschrift ist zunächst festzustellen, dass die Korrekturen aufgrund beider Vorschriften **außerhalb** der Steuerbilanz ansetzen.[77] Bei der Reichweite der Rechtsfolgen hinsichtlich der Ermittlung des Korrekturbetrages der Höhe nach bestehen **keine** Unterschiede. Die verdeckte Gewinnausschüttung ist idR mit dem gemeinen Wert (§ 9 BewG) zu bewerten.[78] Der gemeine Wert wird durch den Preis bestimmt, der im gewöhnlichen Geschäftsverkehr nach der Beschaffenheit des Wirtschaftsgutes bei einer Veräußerung zu erzielen wäre. Dabei sind alle Umstände, die den Preis beeinflussen, zu berücksichtigen. Entgegen § 9 Abs 2 S 3 BewG sind ungewöhnliche und persönliche Verhältnisse zu berücksichtigen.[79] In seinem Urt v 17.10.2001[80] setzte der *BFH* (erstmals) den **Fremdvergleichspreis** als Korrekturmaßstab an: Die Einkünftekorrektur (aufgrund einer verdeckten Gewinnausschüttung) erfasse der Höhe nach die Differenz zwischen dem tatsächlich vereinbarten und dem Preis, den voneinander unabhängige Vertragspartner für den Einkauf der Waren unter vergleichbaren Umständen vereinbart hätten (Fremdvergleichspreis). Dieser Korrekturmaßstab liegt auch § 1 zugrunde. 45

Sind sowohl die Tatbestandsvoraussetzungen von § 8 Abs 3 S 2 KStG als auch von § 1 erfüllt, geht nach Auffassung der FinVerw[81] die Anwendung der Regelung zur verdeckten Gewinnausschüttung **vor**. Der Vorrang wird mit dem Wortlaut des § 1 **„unbeschadet anderer Vorschriften"** begründet. Dadurch wird eine gleichzeitige Anwendung beider Vorschriften jedenfalls in den Fällen vermieden, in denen sich auch die Rechtsfolgen decken. Im Einzelfall ist es denkbar, dass eine Gewinnkorrektur auf Grundlage des § 1 denkbar ist, jedoch nicht nach Maßgabe der Grundsätze zur verdeckten Gewinnausschüttung; in diesem Fall ist § 1 anzuwenden.[82] 46

Der Vorrang von § 8 Abs 3 S 2 KStG führt dazu, dass der Anwendungsbereich von § 1 eher **gering** ist.[83] 47

76 Vgl die Nachweise in H 36 KStH.

77 Für § 1: *BFH* BStBl II 1990, 875; *BMF* BStBl I 2005, 570 Tz 5.3; *F/W/B/S* § 1 AStG Rn 83; *Blümich* § 1 AStG Rn 38; **aA** für vGA *BFHE* 175, 347.

78 *Gosch* § 8 KStG Rn 383; **aA** *Wassermeyer* IStR 2001, 633 „Fremdvergleichspreis".

79 *Gosch* § 8 KStG Rn 383 unter Verweis auf *BFH* BStBl II 1975, 306.

80 BStBl II 2004, 171.

81 BStBl I 1983, 218 Tz 1.1.3; BStBl I 2004, Sondernr 1, 3 Tz 1.1.2; BStBl I 2005, 570 Tz 5.3.3.

82 *S/K/K* § 1 AStG Rn 13.

83 *S/K/K* § 1 AStG Rn 13; *F/W/B/S* § 1 AStG Rn 8; *Wassermeyer* IStR 2001, 633.

II. Verhältnis zur verdeckten Einlage

48 Für den „Grundfall" der **verdeckten Einlage** kann eine **Anwendungskonkurrenz** zu § 1 **nicht** gegeben sein. Auf Ebene der Gesellschaft, in welche die Einlage erfolgt, kann die Einlage keine Minderung der Einkünfte auslösen, was allerdings Tatbestandsvoraussetzung von § 1 ist.[84] Der Grund dafür ist im **Wesen** der verdeckten Einlage begründet: Die verdeckte Einlage ist eine Vermögensmehrung der Gesellschaft, die uU zu einer Erhöhung des Unterschiedsbetrag iSd § 4 Abs 1 S 1 EStG führen kann, obwohl die Vermögensmehrung gerade nicht von der Gesellschaft erdient, sondern vom **Gesellschafter** zugewendet wurde. Auch wenn man jedoch die Einlage auf der ersten Stufe der Gewinnermittlung „gewinnerhöhend" behandelt, um die Rechtsfolge des § 4 Abs 1 S 1 EStG erst auf der zweiten Stufe eingreifen zu lassen, so kann die Einlage **niemals** eine Minderung der Einkünfte bewirken.[85] Werden Nutzungsvorteile und Dienstleistungen verdeckt eingelegt, liegt ebenfalls kein Konkurrenzverhältnis vor. Aus Sicht der Einlage empfangenden Gesellschaft sind stets nur die Rechtsfolgen der Einlage anzusetzen.[86]

49 Ein **Konkurrenzverhältnis** zwischen der verdeckten Einlage und § 1 kann sich ergeben, wenn die steuerliche Beurteilung auf Ebene des Einlegenden erfolgt. Legt ein inländischer StPfl in eine ihm nahe stehende, ausl Gesellschaft einen einlagefähigen Vermögensvorteil ein, ist die Frage, ob darin eine Geschäftsbeziehung iSv § 1 Abs 5 AStG zu sehen ist. Das wird von der FinVerw **bejaht**.[87] Liegen die weiteren Voraussetzungen des § 1 vor, entspricht es daher dem Willen der FinVerw, den weitergehenden Korrekturumfang des § 1 zur Anwendung zu bringen.[88]

50 **Unproblematisch** ist das Verhältnis iF von Nutzungsvorteilen und Dienstleistungen. Denn nach Auffassung der FinVerw[89] und des *BFH*[90] können Nutzungsvorteile und Dienstleistungen nicht verdeckt eingelegt werden. Erbringt der Gesellschafter gegenüber seiner Gesellschaft un- oder teilentgeltlich Leistungen, ist § 1 anwendbar.

III. Verhältnis zu § 4 Abs 1 S 2 EStG

51 Eine Anwendungskonkurrenz zwischen der **Entnahme** gem § 4 Abs 1 S 2 EStG und § 1 kann grds nicht entstehen, weil die Entnahme **außerhalb** von Geschäftsbeziehungen erfolgt, während § 1 Geschäftsbeziehungen auf schuldrechtlicher Basis verlangt.[91]

IV. Verhältnis zu Art 9 MA

52 Art 9 MA regelt die internationale Einkünfteabgrenzug und bedient sich als Maßstab für diese Einkünfteabgrenzung zwischen verbundnen Unternehmen dem Fremdvergleich. Art 9 MA kommt jedoch keine **Self-Executing-Wirkung** (vgl Art 9 MA Rn 8f) zu, sondern muss durch **innerstaatliche** Gewinnkorrekturvorschriften ausgefüllt wer-

---

84 *S/K/K* § 1 AStG Rn 16; *F/W/B/S* § 1 AStG Rn 90.
85 Zum Ganzen *F/W/B/S* § 1 AStG Rn 90 mwN.
86 *F/W/B/S* § 1 AStG Rn 90.
87 BStBl I 2004, Sondernr 1, 3 Tz 1.4.2.
88 Abl auch nach Neufassung des § 1 durch das UntStRefG 2008 *Bernhardt/van der Ham/Kluge* IStR 2007, 717.
89 H 40 KStH.
90 BStBl II 1988, 348; BStBl II 1989, 633.
91 *S/K/K* § 1 AStG Rn 10; *F/W/B/S* § 1 AStG Rn 95.

den.[92] Durch § 1 hat der Gesetzgeber eine innerstaatliche Vorschrift geschaffen, um die Zuweisung des Besteuerungsrechts aus Art 9 MA innerstaatlich durchsetzen zu können.

Gegenüber den rein nationalen Korrekturvorschriften entfaltet Art 9 MA jedoch eine **Sperrwirkung** bei int Sachverhalten, wenn lediglich die **formalen Anforderungen** iF von beherrschenden Gesellschaftern nicht erfüllt wurden.[93] Das entbindet die Beteiligten jedoch nicht von der Verpflichtung, den **konkreten Inhalt** der Vereinbarungen darlegen zu können. Nur anhand des konkreten Inhalts kann die **Angemessenheit** der Vereinbarungen geprüft werden. Ist der konkrete Inhalt angemessen, erlaubt Art 9 MA **keine** Korrektur, nur weil (weiteren) formalen Anforderungen nicht genügt wurde.[94] 53

Inzwischen hatte der *BFH*[95] Gelegenheit, in mehreren Entscheidungen seiner Auffassung zu dem Verhältnis von Art 9 Abs 1 MA und § 1 Abs 1 idF bis zur Änderung durch das StVergAbG vom 16.5.2003[96] und idF des StVergAbG[97] darzulegen. Die Entscheidungen ergingen zum DBA USA 1989, zum DBA Russland 1996 und zum DBA Großbritannien 1964. In rechtlicher Hinsicht betrafen die Entscheidungen die Fragen, ob von dem jeweils mit Art 9 MA vergleichbaren Artikel in dem betroffenen DBA eine Sperrwirkung gegenüber einer Einkünftekorrektur nach § 1 Abs 1 bei Teilwertabschreibungen von ungesichert begebenen Darlehen im Konzern ausgeht und ob sich der sog Rückhalt im Konzern fremdvergleichsgerecht dargestellt. 54

Der BFH arbeitete heraus, dass der abkommensrechtliche Grundsatz des „dealing at arm‘s length" nach Art 9 Abs 1 MA eine Einkünftekorrektur nach § 1 Abs 1 nur dann ermöglicht, wenn der zwischen den verbundenen Unternehmen vereinbarte Preis (Darlehenszins) seiner Höhe, also seine Angemessenheit nach ‚dem Fremdvergleichsmaßstab nicht standhält. Ausgeschlossen ist hingegen die Korrektur einer Abschreibung, die nach § 6 Abs 1 Nr 2 S 2 EStG auf den Teilwert der Forderung auf Rückzahlung der Darlehnsvaluta und auf Zinsrückstände vorzunehmen ist, weil die inländische Muttergesellschaft das Darlehen ihrer ausländischen Tochtergesellschaft in fremd üblicherweise ungesichert gegeben hat. Dazu vertritt das *BMF*[98] die entgegengesetzte Auffassung. 55

In seiner Begründung knüpft der *BFH* an seine Entsch v 11.10.2012[99] an und wiederholt, dass der abkommensrechtliche Grundsatz des „dealing at arm‘s length" bei verbundenen Unternehmen eine Sperrwirkung gegenüber den sog Sonderbedingungen entfaltet, denen beherrschende Unternehmen im Rahmen der Einkommenskorrektur nach § 8 Abs 3 S 2 KStG bei Annahme einer verdeckten Gewinnausschüttung unterworfen sind. Tragende Erwägung dieser Auffassung ist, dass in den maßgeblichen Vergleichsmaßstab des Art 9 Abs 1 MA nur diejenigen Sachverhaltsumstände einbezogen 56

92 *F/W/B/S* § 1 AStG Rn 99.
93 *FG Köln* EFG 2008, 161 bei Vorliegen einer vGA, bestätigt durch *BFH* BStBl II 2013, 1046.
94 Zum Ganzen *Baumhoff/Greinert* IStR 2008, 353.
95 DStR 2015, 466; *BFH/NV* 2015, 1009; DStR 2015, 2120.
96 BGBl I 2003, 660.
97 BGBl I 2003, 660.
98 BStBl I 2011, 277.
99 BStBl II 2013, 1046.

sind, welche sich auf die besagten wirtschaftlichen oder finanziellen Bedingungen auswirken, also die Angemessenheit (Höhe) des Vereinbarten berühren; eine Gewinnskorrektur, die sich nicht nur auf die Angemessenheit (Höhe) des Vereinbarten erstreckt, sondern in einem zweistufigen Vorgehen gleichermaßen auf dessen Grund (Üblichkeit der Konditionen, Ernsthaftigkeit), ist den Vergleichsmaßstäben des „dealing at arm's length" als Gegenstand der Angemessenheitsprüfung fremd. Diese Vergleichsmaßstäbe sind – schon um mangels einer entsprechenden Gegenkorrektur andernfalls drohenden doppelten Besteuerung sowohl in dem einen wie in dem anderen Vertragsstaat vorzubeugen – einem abkommenseigenen und damit einheitlichen Begriffsverständnis unterworfen, der innerstaatlichen Modifikation des Fremdvergleichsbegriffs ex ante entgegensteht.

57 Im Einklang mit der Auffassung des *BMF*[100] erkennt der Bundesfinanzhof für die Prüfung des Zinssatzes den Konzernrückhalt als fremdübliche Sicherheit ebenfalls an, so dass das Fehlen einer vereinbarten Sicherheit nicht zur Anpassung des Zinssatzes (Verrechnungspreises) führt, weil der Konzernrückhalt für sich genommen eine ausreichende Sicherheit darstellt.

58 Auf die genannten Urt des *BFH* v 17.12.2014[101] (Az I R 23/03) betr das DBA USA 1989 und v 24.6.2015[102] (Az I R 29/14) betr das DBA Großbritannien 1964 hat die Finanzverwaltung am 30.3.2016 mit einem Nichtanwendungserlass[103] reagiert. In diesem Kontext ist bemerkenswert, dass die Entscheidung des *BFH* v 24.3.2015 (I B 103/13) keinen Eingang in den Nichtanwendungserlass gefunden hat, obwohl der I. Senat hinsichtlich seiner Auffassung auf sein Urt v 17.12.2014 verweist.

59 Das BMF vertritt die Auffassung, die Begründung des BFH könne nicht aus dem Wortlaut der jeweiligen Fassung des Art 9 MA abgeleitet werden; dies ergebe sich aus dem MK, in dem ausdrücklich auf die Fremdüblichkeit der Bedingungen abgestellt werde und Art 9 Abs 1 MA eine Gewinnberichtigung und keine Preisberichtigung zum Gegenstand habe. Die historische Auslegung führe zum gleichen Ergebnis: der Gesetzgeber habe einen Widerspruch zwischen Art 9 Abs 1 MA und § 1 erkennbar nicht gesehen und nicht schaffen wollen. Zudem widerspreche die Auslegung des BFH dem Sinn und Zweck sowohl von Art 9 Abs 1 MA als auch von § 1: Eine Beschränkung der Korrektur auf den jeweiligen Verrechnungspreis sei im Hinblick auf den Fremdvergleichsgrundsatz sinnwidrig, weil – wie in den Urteilsfällen – die Bedingungen eines konkreten Geschäftsvorfalles so gestaltet sein können, dass allein die Korrektur des Verrechnungspreises weder dazu geeignet sei noch ausreiche, ein Ergebnis zu erzielen, das dem Fremdvergleichsgrundsatz entspricht (zB Darlehen an eine Tochtergesellschaft, deren erkennbare Zahlungsunfähigkeit – isoliert betrachtet – im Fremdvergleich nicht durch einen hohen Zinssatz ausgeglichen werden kann.

60 Zustimmung erfährt das BMF durch *Greil/Wargowske*[104] (Nichtanwendungserlass v 30.3.2016 betreffend die Nichtanwendung der Urteilsgrundsätze der BFH-Urt v 17.12.2014 – I R 23/13 und v 24.6.2015 – I R 29/14 in vergleichbaren Fällen – Eine

---

100 BStBl I 2011, 277.

101 DStR 2015, 466.

102 DStR 2015, 2120.

103 IV B 5 -S 1341/11/10004-07.

104 ISR 2016, 157.

erste Würdigung) Diese vertreten die Auffassung, ein genereller Vorrang des in Art 9 MA statuierten Fremdvergleichsgrundsatzes gegenüber der nationalen Korrekturvorschrift des § 1 bestehe nicht. Damit stellen sie in Frage, ob für die Begrenzung des nationalen Korrekturumfangs, welcher der BFH angenommen hat, überhaupt Raum bestand und verneinen dies. Dafür stellen die Autoren auf den Wortlaut von Art 9 MA „vereinbarte Bedingungen“ ab, worunter alles zu verstehen sei, was Gegenstand einer unmittelbar zwischen verbundenen Unternehmen abgeschlossenen Vereinbarung sein und auf die vereinbarten Preise Einfluss haben könne. Darüber hinaus stünde die Entscheidung auch nicht in Einklang mit dem Sinn des § 1 aF.

ME ist der Auffassung des BFH für die entschiedenen Fälle zuzustimmen. Der BFH 61
sieht von dem Begriff der vereinbarten Bedingungen in Art 9 Abs 1 MA alles erfasst, was Gegenstand der kaufmännischen und finanziellen Bedingungen und damit Gegenstand des schuldrechtlichen Leistungsaustausches zwischen den verbundenen Unternehmen ist, so dass neben dem Preis sämtliche weiteren Geschäftsbedingungen einbezogen sind. Einschränkend müssen sich die Verrechnungspreiskonditionen von dem Grundsatz des Art 9 MA ihrer Qualität nach auf die Höhe des konkreten Preises, hier die Zinshöhe auswirken. Die Konditionen bilden also nur die Grundlage für die Überprüfung des Verrechnungspreises. Sie müssen tatsächlich Einfluss auf die Höhe der Leistungsbeziehungen nehmen, um in den Anwendungsbereich einer Korrektur nach § 1 zu gelangen. Dazu gehören – so der BFH unter 2.dd seiner Begründung ausdrücklich – im Einzelfall auch die Risiken aus einer fehlenden Darlehnsbesicherung. Dh, wirkt sich ein Sicherungsmittel des Darlehensnehmers auf die Zinshöhe aus bzw wirkt sich die unterbliebene Besicherung auf die Zinshöhe aus – was regelmäßig kaufmännischen Gepflogenheiten entsprechen dürfte –, kann bei Verstoß gegen den Fremdvergleichsgrundsatz eine Korrektur nach § 1 erfolgen. Anders kann es sich allerdings unter den – wohl auch in den entschiedenen Fällen einschlägigen – Gegebenheiten des Konzernrückhalts verhalten, welcher alle Vorteile eines Unternehmens beschreibt, die sich allein aus der Zugehörigkeit zum Unternehmensverbund ergeben. Bei Vorliegen eines solchen Rückhalts kann sich die Kompensation durch den vereinbarten Zinssatz erübrigen, solange der beherrschende Gesellschafter die Zahlungsfähigkeit der Gesellschaft sicherstellt, solange diese also Ihren Außenverpflichtungen nachkommt. Dieses Verständnis vom Konzernrückhalt entspricht auch der Auffassung des *BMF*[105] und soll auch nach dessen Auffassung das Fehlen einer vereinbarten Sicherheit nicht zur Anpassung des Zinssatzes führen; der Konzernrückhalt stellt für sich genommen eine ausreichende Sicherheit dar.

Danach ist zunächst festzustellen, dass zwischen dem BFH und dem BMF Einigkeit 62
über die Werthaltigkeit des sog. Konzernrückhalts beim Fremdvergleich von Leistungsbeziehungen zwischen verbundenen Unternehmen besteht. Darüber hinaus hat der BFH seine Auffassung zu der Unbeachtlichkeit von „nur“ im innerstaatlichen Steuerrecht geregelten Sonderbedingungen auf den in Art 9 MA niedergelegten Fremdvergleichsgrundsatz stringent fortgeführt. Das ist nicht nur konsequent, sondern dient auch der Rechtssicherheit der Steuerpflichtigen bei grenzüberschreitenden Leistungsbeziehungen. Die Finanzverwaltung scheint hingegen den Fall der Teilwertabschreibung einer grenzüberschreitenden konzerninternen Darlehensforderung generell nicht akzeptieren zu wollen.

---

105 BStBl I 2011, 277.

V. Verhältnis zu § 4 Abs 4 und 5 EStG

63 Nach § 4 Abs 4 EStG sind **Betriebsausgaben** Aufwendungen, die durch den Betrieb veranlasst sind. Solche Aufwendungen mindern den Gewinn. Bei der Vorschrift handelt es sich um eine Einkünfteermittlungsvorschrift. Eine Ausnahme von der Abzugsfähigkeit von betrieblichen Aufwendungen macht § 4 Abs 5 EStG. Zwar ändert die Regelung nichts an dem Betriebsausgabencharakter der Aufwendungen; die Aufwendungen werden jedoch außerhalb der Gewinnermittlung dem Gewinn hinzugerechnet. § 4 Abs 5 EStG ist eine Einkünftekorrekturvorschrift. Bei einer Anwendungskonkurrenz zu § 1 ist zu beachten, dass die Einkünfteermittlung der Einkünftekorrektur logisch **vorgeht**. Handelt es sich bei Aufwendungen nicht um Betriebsausgaben nach § 4 Abs 4 EStG, kann keine Gewinnminderung eintreten, so dass für die Anwendung von § 1 kein Raum bleibt.[106] Gleiches gilt im Erg, wenn Aufwendungen zwar Betriebsausgaben darstellen, jedoch aufgrund von § 4 Abs 5 EStG dem Gewinn hinzugerechnet werden. § 1 kann aber in dem Fall erg Anwendung finden, in dem für den StPfl Betriebsausgaben vorliegen, diese jedoch der Höhe nach unangemessen sind, weil sie zB gesellschaftsrechtlich beeinflusst sind.[107]

VI. Verhältnis zu § 7 ff AStG

64 Es sind Fälle denkbar, die sowohl von § 1 als auch von §§ 7 ff erfasst sind. Gewährt bspw eine inländische Gesellschaft ihrer ausl **niedrig besteuerten Tochtergesellschaft** (Zwischengesellschaft) ein unverzinsliches Darlehen, ist auf Ebene der inländischen Muttergesellschaft § 1 anzuwenden, mit der Folge, dass die Einkünfte um einen angemessenen Zins zu **erhöhen** sind. **Gleichzeitig** wird der Gewinn der **ausl Tochtergesellschaft** bei der inländischen Gesellschaft hinzugerechnet. Da der Hinzurechnungsbetrag nicht um die Zinsaufwendungen gekürzt ist, droht insoweit eine doppelte Erfassung im Inland. Das Konkurrenzverhältnis zwischen § 1 und §§ 7 ff dreht sich schlussendlich um die Frage, ob § 1 bereits bei der Einkünfteermittlung oder aber erst im Anschluss an die Einkünfteermittlung ansetzt.

65 Das BMF[108] wendet in diesem Fall § 1 **uneingeschränkt** auch auf Geschäftsbeziehungen eines StPfl zu Zwischengesellschaften iSd §§ 7 ff an. Der Gefahr einer Überbesteuerung soll in der Weise begegnet werden, dass bei der Ermittlung der hinzurechnungspflichtigen Einkünfte der Zwischengesellschaft eine **Gegenberichtigung** vorgenommen wird. Demgegenüber wird vom *FG Münster*[109] und der Lit[110] die Ansicht vertreten, § 1 müsse gegenüber §§ 7 ff zurücktreten.

66 In seinem Urt v 19.3.2002 entschied der *BFH*[111] erstmals über das **Konkurrenzverhältnis** zwischen § 1 und §§ 7 ff. Allerdings urteilte der BFH über einen Fall, in dem von § 1 und §§ 7 ff zwei **verschiedene** inländische Steuersubjekte innerhalb derselben Unternehmensgruppe betroffen waren: Einer inländischen Muttergesellschaft war eine inländische Tochtergesellschaft nachgeschaltet. Die inländische Tochtergesellschaft

---

106 So auch *S/K/K* § 1 AStG Rn 17.

107 *S/K/K* § 1 AStG Rn 17.

108 BStBl I 1983, 218 Tz 1.5.2; BStBl I 2004, Sondernr 1, 3 Tz 10.1.

109 EFG 1997, 1289; die gegen die Entsch eingelegte Revision der FinVerw war verspätet, vgl *F/W/B/S* § 1 AStG Rn 189.

110 *F/W/B/S* § 1 AStG Rn 186; *S/K/K* § 1 AStG Rn 18.

111 BStBl II 2002, 644.

war die alleinige Anteilseignerin einer ausl Enkelgesellschaft, die eine Zwischengesellschaft iSd §§ 7 ff war. Die inländische Muttergesellschaft gewährte der ausl Enkelgesellschaft ein zinsloses Darlehen, was zur Anwendung von § 1 auf Ebene der Muttergesellschaft führte. Die „gesparten" Zinsaufwendungen erhöhten das Erg der Enkelgesellschaft (passive Einkünfte) und wurden der inländischen Tochtergesellschaft zugerechnet. Der BFH **bestätigte** die Auffassung der FinVerw,[112] nach der eine **Gegenberichtigung** auf Ebene der Enkelgesellschaft in der Weise zu erfolgen hat, dass die bei der Muttergesellschaft angesetzten Zinsen (Korrektur nach § 1) als fiktive Betriebsausgaben bei der Enkelgesellschaft abzog. In einem solchen Fall kann somit eine Doppelbesteuerung nur im **Billigkeitswege** (§§ 163, 227 AO) vermieden werden, was auf **Kritik** in der Lit[113] gestoßen ist.

Auf die Ermittlung der dem Hinzurechnungsbetrag zugrunde liegenden Einkünfte einer nachgeschalteten Zwischengesellschaft findet § 1 jedoch **keine** Anwendung,[114] denn die im Ausland ansässige Zwischengesellschaft hat regelmäßig keine Geschäftsbeziehungen **„zum"** Ausland, sondern nur solche **„im"** Ausland oder zum Inland, so dass § 1 von seinem Wortlaut her keine Anwendung finden kann.[115] 67

VII. Verhältnis zur AO

1. Verhältnis zu § 42 AO. Zwischen § 1 und § 42 AO besteht ein nur **theoretisches** Konkurrenzverhältnis. Die FinVerw[116] vertritt die Auffassung, § 42 AO sei **vorrangig** anzuwenden. Die Frage geht dahin, ob bei der Anwendung von § 42 AO der Besteuerung ein neuer (fiktiver) Sachverhalt zugrunde gelegt wird und ob auf diesen vom tatsächlich verwirklichten Sachverhalt abw neuen Sachverhalt § 1 angewendet werden kann. Der *BFH* betonte in seiner Entsch v 19.8.1999,[117] iF eines Missbrauchs sei immer nur auf den Steueranspruch aus dem **konkreten** Steuerschuldverhältnis abzustellen. Es sind mithin lediglich die Missbrauchsfolgen für Zwecke der Ermittlung der Steuerschuld aus dem konkreten Steuerschuldverhältnis zu eliminieren.[118] Daraus folgt, dass das konkrete Steuerschuldverhältnis bestehend aus dem verwirklichten Lebenssachverhalt unangetastet bleibt und somit § 42 AO die Einkünftekorrektur nach § 1 nicht verdrängt.[119] 68

In der Praxis wird hingegen für eine Einkünftekorrektur nach § 1 kein Raum sein, wenn **zuvor** § 42 AO Anwendung gefunden hat. Wenn nämlich die Steuerschuld bei Eingreifen von § 42 AO so entsteht, wie sie bei einer den wirtschaftlichen Vorgängen angemessenen rechtlichen Gestaltung entsteht, wird damit auch regelmäßig der Fremdvergleichsgrundsatz **eingeschlossen** sein, so dass eine weitere Einkünftekorrektur nach § 1 überflüssig ist, um die Steuerschuld in der richtigen Höhe entstehen zu lassen. 69

---

112 *BMF* BStBl I 1983, 218 Tz 1.5.2; bestätigt durch *BFH* BStBl I 2004, Sondernr 1, 3 Tz 1.0.2.

113 *F/W/B/S* § 1 AStG Rn 190; *S/K/K* § 1 AStG Rn 18 es sei unbefriedigend, die Doppelbesteuerung nur im Billigkeitsweg zu verhindern. Sachgerecht wäre es, verbindlich die Korrektur des Hinzurechnungsbetrages vorzuschreiben, weil so dem Charakter des § 1 als Einkünftekorrekturvorschrift Rechnung getragen würde.

114 *BMF* BStBl I 2004, Sondernr 1, 3 Tz 10.1.1.1; *BFH* BStBl II 1988, 868.

115 *BFH* BStBl II 1988, 868.

116 BStBl I 1983, 218 Tz 1.1.2 und 1.5.1.

117 BStBl II 2001, 43.

118 *F/W/B/S* § 1 AStG Rn 183.

119 So auch: *F/W/B/S* § 1 AStG Rn 183.

70 **2. Verhältnis zu § 90 AO.** § 90 AO regelt die Mitwirkungspflicht der Beteiligten. In § 90 Abs 2 AO erweitert der Gesetzgeber die Pflichten des Beteiligten bei Sachverhalten mit Auslandsbezug, welche als bes Dokumentationspflicht für Verrechnungspreise angesehen werden kann.[120] Nachdem der *BFH*[121] in seinem Urt v 17.10.2001 entschieden hatte, nach dt Steuerrecht bestünden außerhalb der §§ 140 ff AO 1977 und der §§ 238 ff HGB für vGA **keine** speziellen Aufzeichnungspflichten und Dokumentationspflichten (bei der Verrechnungspreisbestimmung) und insb aus § 90 Abs 2 AO lasse sich keine **Dokumentationspflicht** für int Sachverhalte ableiten, erließ der Gesetzgeber durch das StVergAbG[122] Regelungen in § 90 Abs 3 AO, welche die bes Dokumentationspflicht im Hinblick auf **Verrechnungspreise** betreffen. Die in § 90 Abs 3 AO genannten Pflichten werden durch die GAufzV[123] zu Art, Inhalt und Umfang konkretisiert. Zur Anwendung von § 90 Abs 3 AO und der GAufzV erläutert das *BMF*[124] in seinem Schreiben v 12.4.2005 seine Auffassung.

71 Durch das UntStRefG 2008[125] wurde in § 90 Abs 3 AO ein S 9 angefügt und die GAufzV für **außergewöhnliche Geschäftsvorfälle** und die Vorlagefrist diese betr Unterlagen angepasst. Hintergrund sind die Einf der Regelungen zur **Funktionsverlagerung** in § 1 Abs 3 S 9 ff (vgl Rn 304), die stets einen außergewöhnlichen Geschäftsvorfall darstellt.

72 § 90 AO erfordert Geschäftsbeziehungen zwischen verbundenen Unternehmen, zwischen Personengesellschaften und deren Mitunternehmern oder Geschäftsbeziehungen zwischen Stammhaus und Betriebsstätte.[126]

73 **3. Verhältnis zu § 162 AO.** In § 162 AO ist die **Schätzung** von Besteuerungsgrundlage geregelt. § 162 Abs 3 AO ergänzt § 90 Abs 3 insoweit, als der Finanzbehörde bei Nichtvorlage von Unterlagen, bei nicht verwertbaren Unterlagen oder bei nicht zeitnah erstellten Unterlagen ein Ermessen für eine Schätzung eingeräumt wird. IRd Schätzung kann die FinVerw den Schätzungsrahmen, der sich aufgrund von **Preisspannen** ergibt, zu Lasten des StPfl ausschöpfen. Das gilt zu Lasten des inländischen StPfl auch, wenn eine ausl nahe stehende Person ihre **Mitwirkungspflichten** nach § 90 Abs 2 AO oder ihre Auskunftspflichten nach § 93 Abs 1 AO nicht erfüllt.

74 § 162 Abs 4 AO bestimmt, dass neben einer Schätzung nach Abs 3 ein Strafzuschlag festzusetzen ist, In bestimmten Fällen ist der FinVerw ein Ermessen hinsichtlich der Höhe des Strafzuschlags eingeräumt.

75 Mit § 162 AO bezweckt der Gesetzgeber, den StPfl zur Erstellung von Dokumentationen anzuhalten. Es besteht keine Konkurrenz und kein Anwendungszusammenhang zu § 1.[127]

76 **4. Verhältnis zu § 175a AO.** § 175a AO ist eine **Korrekturnorm** und ermöglicht eine eben solche auch nach (formeller) Bestandskraft des Steuerbescheides aufgrund einer

---

120 *S/K/K* § 1 AStG Rn 22.
121 BStBl II 2004, 171.
122 BGBl I 2003, 660.
123 BGBl I 2003, 2296.
124 BStBl I 2005, 570 Tz 3.4.
125 BGBl I 2007, 1912.
126 *S/K/K* § 1 AStG Rn 22.1.
127 *S/K/K* § 1 AStG Rn 23.

Verständigungsvereinbarung oder eines **Schiedsspruchs**. Der Ablauf der Festsetzungsfrist endet insoweit nicht vor Ablauf eines Jahres nach dem Wirksamwerden der Verständigungsvereinbarung oder des Schiedsspruchs.

§ 175a AO nimmt Bezug auf die Verständigungsvereinbarungen in den einzelnen DBA, die dem Art 25 MA entsprechen. Einige DBA sehen nach einem fruchtlos verlaufenen Verständigungsverfahren die Möglichkeit eines Schiedsverfahrens vor (zB Art 25 Abs 5 DBA USA); § 175a AO erstreckt das Umsetzungsgebot auf eben diese Schiedssprüche.[128] **77**

VIII. Verhältnis zum Zollrecht

Zollwertvorschriften finden im Steuerrecht sowohl aus formalrechtlichen Gründen als auch der Sache nach keine Anwendung; deshalb ergibt sich zwischen § 1 und den Zollwertvorschriften auch kein Konkurrenzverhältnis.[129] **78**

IX. Verhältnis zum Umsatzsteuerrecht

§ 1 steht mit Vorschriften des Umsatzsteuergesetzes **weder** in einer Wechselwirkung noch in einem Konkurrenzverhältnis. Die Ermittlung der **umsatzsteuerrechtlichen** Bemessungsgrundlage ergibt sich allein aus § 10 UStG. Korrekturen der ertragsteuerlichen Bemessungsgrundlage aufgrund von § 1 lassen die umsatzsteuerrechtliche Bemessungsgrundlage unberührt und über eine eigene korrespondierende Korrekturvorschrift verfügt das Umsatzsteuergesetz nicht.[130] **79**

X. Verhältnis zu § 6 Abs 1 Nr 2 S 2 EStG

In § 6 Abs 1 Nr 2 S 2 EStG ist die Bewertung der einzelnen Wirtschaftsgüter in der Steuerbilanz mit einem geringeren Teilwert (§ 6 Abs 1 Nr 1 S 3 EStG bzw § 10 BewG) geregelt. Voraussetzung für die Abschreibung der einzelnen Wirtschaftsgüter auf einem niedrigeren Teilwert ist eine dauernde Wertminderung.[131] Zu den von der Regelung erfassten Wirtschaftsgütern gehören auch Forderungen und genauer auch Darlehensforderungen zwischen verbundenen Unternehmen. Im Anwendungsbereich des § 1 ist erforderlich, dass die Darlehensvereinbarung über die Grenze abgeschlossen wird. Nach neuer Auffassung der Finanzverwaltung[132] sind Teilwertabschreibungen auf konzerninterne Darlehen nur wirksam, wenn die dem Darlehen zugrunde liegenden Bedingungen fremdüblich sind.[133] Dieses sei insb der Fall, wenn ein beherrschender Gesellschafter iSv H 36 KStH seiner Kapitalgesellschaft ein Darlehen unter Vereinbarung einer tatsächlichen Sicherheit gewähre oder bei der Vereinbarung des Darlehens auf eine tatsächliche Sicherheit verzichtet werde, dieses jedoch durch einen angemessenen Risikozuschlag berücksichtigt werde. Werden keine Sicherheiten vereinbart und auch kein Risikozuschlag erhoben, sind die Bedingungen dennoch mit dem Fremdvergleichsgrundsatz vereinbar, weil der Rückhalt im Konzern, begründet durch den Unternehmensverbund, für sich gesehen eine **80**

128 *Pahlke/Koenig* § 175a AO Rn 7.
129 *F/W/B/S* § 1 AStG Rn 200.
130 *S/K/K* § 1 AStG Rn 20.
131 *BMF* BStBl I 2000, 372; BStBl I 2009, 514.
132 *BMF* BStBl I 2011, 277.
133 Vgl die Einschränkungen dieser Auffassung durch den BFH oben unter III.

ausreichende Sicherheit darstellt.[134] Dabei besteht nach Auffassung des BMF der Rückhalt im Konzern als fremdübliche Sicherheit fort, solange der beherrschende Gesellschafter die Zahlungsfähigkeit des ausländischen Darlehens niemals gegenüber fremden Dritten tatsächlich sicherstellt bzw solange die Tochtergesellschaft ihre Verpflichtungen im Außenverhältnis erfüllt. In der Folge ist eine Teilwertabschreibung nach § 6 Abs 1 Nr 2 S 2 EStG mangels dauernder Wertminderung nicht möglich.[135] Jedoch bliebe es dem Steuerpflichtigen unbenommen, sich unter Darlegung konkreter Umstände darauf zu berufen, dass der Rückhalt im Konzern im Zeitpunkt der Bilanz steuerrechtlich ggf zulässigen Teilwertabschreibung allg tatsächlich nicht mehr besteht. Weitere Aussagen zu dem Verhältnis von § 1 zu § 6 Abs 1 Nr 2 S 2 EStG – insbesondere die neue Auffassung des BFH – können dem Verhältnis von § 1 zu Art 9 MA in den Rn 52 ff entnommen werden.

81 Wird die handelsrechtlich zulässige Teilwertabschreibung auf die Darlehensforderung bereits in der Steuerbilanz rückgängig gemacht, besteht natürlich für die außerbilanzielle Anwendung von § 1 zur Korrektur der handelsrechtlichen Teilwertabschreibung kein Raum, aber auch kein Bedarf. Bemerkenswert ist allerdings, dass nach Auffassung des *BMF* die Steuerwirksamkeit der handelsrechtlichen Teilwertabschreibung zu versagen ist, weil bei Bestehen des Rückhalts im Konzern in keinem Fall eine steuerrechtlich erforderliche dauerhafte Wertminderung vorliegen kann. Damit wird jedoch der Rückhalt im Konzern ein – quasi – Regelbeispiel für den Ausschluss einer voraussichtlich dauernden Wertminderung. Ein solches Verständnis von § 6 Abs 1 Nr 2 S 2 EStG ist krit zu sehen.[136]

C. Die Tatbestandsvoraussetzungen des § 1 im Einzelnen

I. Steuerpflichtiger

82 Als Anknüpfungspunkt für eine **Einkünftekorrektur** verlangt § 1 eine im Inland steuerpflichtige Person. Dabei beurteilt sich das Bestehen einer StPfl nach **materiellem Recht** und nicht nach § 33 AO.[137] Die steuerpflichtige Person muss also nach dem EStG oder dem KStG steuerpflichtig sein. Hingegen reicht es nicht aus, dass ein Unternehmen **lediglich** gewerbesteuerpflichtig ist; dies ergibt sich aus der Überlegung, dass § 7 GewStG an den nach den Vorschriften des EStG und KStG ermittelten Gewinn anknüpft.[138]

83 **1. Person.** Als steuerpflichtige Person iSv § 1 sind alle **natürlichen Personen** anzusehen, die nach § 1 Abs 1 und 4 EStG einkommensteuerpflichtig sind. Danach sind natürliche Personen alle **Menschen** von der Geburt bis zum Tod (vgl § 1 BGB).[139]

84 Als steuerpflichtige Person für Zwecke der Anwendung von § 1 sind auch alle **juristischen Personen anzuführen,** die nach § 1 KStG körperschaftsteuerpflichtig sind. Nach § 1 KStG körperschaftsteuerpflichtig sind Körperschaften, Personenvereinigungen und Vermögensmassen. Dabei bilden die KapGes (AG, GmbH, SE) die größte Personengruppe juristischer Personen, für die eine Anwendung von § 1 in Betracht kommt.

---

134 Gleiche Auffassung: BFH so unter III.
135 *BMF* BStBl I 2011, 277 Tz 13.
136 So schon *Teschke/Langhau/Sundheimer* DStR 2011, 2021.
137 *F/W/B/S* § 1 AStG Rn 218.
138 *F/W/B/S* § 1 AStG Rn 218.
139 *Schmidt* § 1 EStG Rn 11.

Die Beurteilung der im Inland steuerpflichtigen Person nach **materiellem Recht** zieht weiter die Konsequenz nach sich, dass nach früherer zutreffender Auffassung **PersGes** nicht StPfl iSv § 1 sein konnten.[140] **Gleichwohl** war § 1 bei der Gewinnermittlung der Gesellschaft anzuwenden. Der Gewinn einer PersGes ist nämlich anteilig als Einkünfte ihrer Gesellschafter gem § 15 Abs 1 Nr 2 EStG zu erfassen. Die Gesellschafter sind StPfl iSv § 1 und zwar entweder nach dem EStG oder nach dem KStG. Deshalb sind die **Gewinnanteile** der Gesellschafter unter Anwendung von § 1 zu ermitteln. Da sich die Gewinnanteile der Gesellschafter aus dem Gewinn der PersGes ergeben, ist für die **Gewinnermittlung der PersGes** § 1 anzuwenden.[141] 85

Die natürliche Person und die Personengesellschaft rückten schon nach bisheriger Auffassung des *BMF*[142] in eine stärkere Bedeutung. Die Regelungen in dem Schreiben des *BMF* v 29.3.2011[143] sind auch im Fall von Teilwertabschreibungen und anderen Wertminderungen auf Darlehen anzuwenden, wenn eine natürliche Person oder eine Personengesellschaft grenzüberschreitend einer nahe stehenden Person iSd § 1 Abs 2 ein Darlehen gewährt hat. Beachtenswert ist dieses, weil Teilwertabschreibungen auf sogenannte Eigenkapital ersetzende Darlehen, die auf Ebene einer Kapitalgesellschaft entstanden sind, ab dem Veranlagungszeitraum 2008 eine nicht zu berücksichtigende Gewinnminderung iSv § 8b Abs 3 S 4 ff KStG darstellen. Die Regelungen wurden durch das Jahressteuergesetz 2008 vom 20.12.2007[144] eingeführt. Für Personengesellschaften und natürliche Personen besteht eine vergleichbare Regelung nicht, so dass sich Teilwertabschreibungen auf Darlehensforderungen auch in steuerrechtlicher Hinsicht ergebniswirksam auswirken können; insoweit behält das genannte Schreiben des *BMF* auch für 2008 nachfolgenden Veranlagungszeiträumen Bedeutung. Allerdings ist die Bedeutung mit Beginn der Veranlagungszeiträume 2013 bzw 2014 nahezu beendet. Durch die Anpassung des § 3 Nr 40 EStG auf den Wortlaut des § 8b Abs 3 S 3 KStG sind Aufwendungen aus einer Teilwertabschreibung bei natürlichen Personen und bei Mitunternehmerschaften ebenfalls für steuerliche Zwecke unbeachtlich. 86

Mit dem Jahressteuergesetz 2013[145] hat der Gesetzgeber nunmehr in einem neuen § 1 Abs 1 S 2 die unmittelbare Geltung der Regelung des § 1 für Personengesellschaften und Mitunternehmerschaften ausdrücklich angeordnet. Damit folgt der Gesetzgeber zum einen der langjährigen Verwaltungsauffassung; zum anderen vermeide eine ausdrückliche Regelung Unklarheiten, ob § 1 wirksam für Sachverhalte ist, an denen Personengesellschaften oder Mitunternehmerschaften (§§ 15 Abs 1 S 1 Nr 2, 13 Abs 7 und 18 Abs 4 S 2 EStG) beteiligt sind.[146] Nach der Formulierung „Mitunternehmerschaften und Personengesellschaften“ ist die Regelung in § 1 unzweifelhaft auf gesamthänderische Rechtsträger anzuwenden, die Einkünfte aus §§ 13, 15 oder 18 EStG erzielen und mithin für steuerliche Zwecke als Mitunternehmerschaft bezeichnet werden. Erfasst werden von § 1 aber auch Gesamthandsgesellschaften, die für 87

140 *F/W/B/S* § 1 AStG Rn 218.

141 *BFH* BStBl II 1990, 875; BStBl II 1998, 321; *BMF* BStBl I 1983, 218 Tz 1.3.2.1; BStBl I Sondernummer 1/2004.

142 BStBl I 2011, 277, Tz 4.

143 BStBl I 2011, 277.

144 BStBl I 2008, 218.

145 Gesetz über die Durchführung der gegenseitigen Amtshilfe in Steuersachen zwischen den Mitgliedstaaten der Europäischen Union v 26.6.2013, BGBl I 2013, 1809.

146 BR-Drucks 193/13.

steuerliche Zwecke als vermögensverwaltend qualifiziert werden, zB weil sie nur Einkünfte aus § 21 EStG erzielen und daher keine Mitunternehmerschaft sind. Das ist konsequent, denn die Einkünftekorrektur in § 1 knüpft nicht an die Qualität der Einkünfte an, sondern an die zutreffende Höhe der Steuerbemessungsgrundlage.

88 Nach dem mE zutreffenden Verständnis *Schnittgers*[147] läuft die gesetzgeberische Erweiterung der Norm ins Leere: war nach bisheriger Lesart für die Eröffnung des Anwendungsbereichs der Vorschrift erforderlich, dass der Gesellschafter der Personengesellschaft im Inland (beschränkt) steuerpflichtig war, ist dieses Erfordernis nunmehr unerheblich, weil allein auf die Personengesellschaft abgestellt wird. Eine Steuerpflicht der Personengesellschaft für Zwecke des § 1 zieht aber keine Steuerpflicht iSv § 1 EStG oder § 1 KStG nach sich, so dass mit einem alleinigen Abstellen auf die Personengesellschaft nichts gewonnen ist. Es bleibt mithin dabei, dass für eine Korrektur der Einkünfte die (beschränkte) Steuerpflicht des Gesellschafters nach dem EStG oder KStG vorliegen muss.

89 Unterhält die Personengesellschaft einen im Inland stehenden Gewerbebetrieb, kann aus der Erhebung der Gesamthand zum Steuerpflichtigen iSd § 1 nicht der Schluss gezogen werden, § 1 erlaube nun auch eine unmittelbare Korrektur der Gewerbesteuer. Schon nach dem Wortlaut des GewStG sind diesem die Begriffe „Steuerpflichtiger“ und „Einkünfte“ fremd. Es ist mE aber auch nach der Gesetzessystematik nicht angezeigt, § 1 bei der Ermittlung des Gewerbeertrages anzuwenden. Nach § 7 GewStG knüpft der Gewerbeertrag an das Einkommen nach EStG oder KStG an, so dass sich eine Einkünftekorrektur ggf schon erhöhend auf das Einkommen ausgewirkt hat.[148]

90 Zudem ist in § 1 Abs 1 S 2 ausdrücklich normiert, dass Mitunternehmerschaften und Personengesellschaften auch nahestehende Personen iSd § 1 Abs 1 sein können, wenn sie die Voraussetzungen des § 1 Abs. 2 erfüllen. Auch insoweit wird die bisherige Auffassung der Finanzverwaltung[149] im Gesetz festgeschrieben.

91 **2. Unbeschränkt und beschränkt Steuerpflichtiger.** Für die Anwendung von § 1 ist es unerheblich, ob der StPfl **unbeschränkt** oder mit inländischen Einkünften iSv § 49 EStG **beschränkt steuerpflichtig** ist.[150] Dabei ist es gleichgültig, ob der StPfl im Inland eine Betriebsstätte oder eine feste Einrichtung unterhält oder ob er andere inländische Einkünfte erzielt.[151] Auch nach §§ 1 Abs 3, 1a EStG **fiktiv unbeschränkt** StPfl und nach § 2 **erweitert beschränkt StPfl** sind vom Tatbestand des § 1 erfasst.

92 *Wassermeyer*[152] weist zu Recht darauf hin, dass bei einem beschränkt StPfl stets zu untersuchen ist, ob er **Geschäftsbeziehungen zum Ausland** unterhält und dadurch seine inländischen Einkünfte gemindert werden, denn das Unterhalten von Geschäftsbeziehungen zum Inland reicht für die Anwendung von § 1 nicht aus.

147 IStR 2012, 633.
148 AA *F/W/B/S* § 1 AStG Rn 105.
149 *BMF* BStBl I 1983, 218 Tz 1.3.2.2.
150 So schon: *BMF* BStBl I 1974, 441 Tz 1.11.
151 *F/W/B/S* § 1 AStG Rn 219.
152 *F/W/B/S* § 1 AStG Rn 219.

II. Geschäftsbeziehung zum Ausland

Eine Korrektur der Einkünfte eines StPfl nach § 1 kommt nur in Betracht, wenn der Einkünfteminderung eine **Geschäftsbeziehung zum Ausland** iSv § 1 Abs 4 zugrunde liegt. Daraus kann zunächst geschlossen werden, dass § 1 auf reine Inlandsfälle **niemals** Anwendung finden kann. Weiter kann daraus geschlossen werden, dass die Regelung in § 1 in europarechtlicher Hinsicht **bedenklich** ist (vgl Rn 425 ff). 93

1. Begriff der Geschäftsbeziehung. Die neue Definition, was unter einer Geschäftsbeziehung zu verstehen ist, befindet sich in § 1 Abs 4. Das Gesetz nennt nun zwei Tatbestandsvarianten bei deren Vorliegen eine Geschäftsbeziehung vorliegt: Nach § 1 Abs 4 Nr 1 „sind Geschäftsbeziehungen iSd Vorschrift einzelne oder mehrere wirtschaftliche Vorgänge (Geschäftsvorfälle) zwischen einem Steuerpflichtigen und einer ihm nahe stehenden Person, (lit a) die Teil einer Tätigkeit sind, auf die die §§ 13, 15, 18 oder 21 des EStG anzuwenden sind oder anzuwenden wären, wenn sich der Geschäftsvorfall im Inland unter Beteiligung eines unbeschränkt Steuerpflichtigen und einer inländischen nahesteheden Person ereignet hätte und (lit b) denen keine gesellschaftsvertragliche Vereinbarung zugrunde liegt; eine gesellschaftsvertragliche Vereinbarung ist eine Vereinbarung, die unmittelbar zu einer rechtlichen Änderung der Gesellschafterstellung führt." Nach § 1 Abs 4 Nr 2. Seinen jetzigen Wortlaut bekam § 1 Abs 4 durch das Gesetz zur Anpassung der Abgabenordnung an den Zollkodex der Union und zur Änderung weiterer steuerlicher Vorschriften v 22.12.2014.[153] Der Gesetzgeber[154] möchte mit der Anpassung klarstellen, dass Leistungsbeziehungen auf der Gesellschaftsebene vom Anwendungsbereich der Korrekturvorschrift ausgenommen sind. 94

Zuvor war der Begriff der Geschäftsbeziehung durch das JStG 2013[155] in Teilen neu definiert worden. Eine gesetzliche Änderung der Definition war insbesondere durch die Implementierung des AOA im Gesetz erforderlich, um auch Sachverhalte unter Beteiligung einer Betriebsstätte iSv § 1 Abs 5 erfassen zu können.[156] Zugleich wurde die Definition in Abs 5 wieder in Abs. 4 des § 1 geregelt, so wie es vor Änderung durch das UntStRefG 2008[157]der Fall war. 95

In S 1 wurde der Begriff „schuldrechtliche Beziehung" durch den Begriff „wirtschaftliche Vorgänge" ersetzt, weil in den Fällen des neugefassten § 1 Abs 5 (Verhältnis zwischen einem Unternehmen und seiner Betriebsstätte) schuldrechtliche Beziehungen nicht möglich sind. Das entspricht den Vorstellungen des Gesetzgebers[158] auch in diesen Fällen wirtschaftliche Vorgänge festzustellen, die ordentliche und gewissenhafte Geschäftsleiter voneinander unabhängiger Unternehmen (Fremdvergleich) schon aus Gründen der Rechtsklarheit und Rechtssicherheit als schuldrechtliche Beziehung ausgestaltet hätten. Dabei soll der Begriff „wirtschaftlicher Vorgang" alle rechtlichen Beziehungen und tatsächlichen Handlungen umfasse. 96

153 BGBl I 2014, 2417:
154 BT-Drucks 18/3017.
155 Gesetz über die Durchführung der gegenseitigen Amtshilfe in Steuersachen zwischen den Mitgliedstaaten der Europäischen Union v 26.6.2013, BGBl I 2013, 1809
156 BR-Drucks 193/13.
157 BGBl I 2007, 1912.
158 BR-Drucks 193/13.

97 Mit der neuen Definition der Geschäftsbeziehung reagierte der Gesetzgeber auf die internationalen Entwicklungen auf Ebene der OECD, nach denen für steuerliche Zwecke Insich-Geschäfte (sog dealings) zwischen einem Unternehmen und seiner Betriebsstätte für die Gewinnsabgrenzung bzw für die Aufteilung des Besteuerungssubstrat zwischen den beteiligten Staaten anzunehmen sind.[159] In § 1 Abs 4 Nr 2 hat der Gesetzgeber zudem die Basis dafür geschaffen, die wirtschaftlichen Vorgänge des Insich-Geschäfts einer Fremdvergleichskontrolle nach § 1 Abs 1 und 5 zu unterziehen.

98 Den bisherigen Wortlaut erhielt § 1 Abs 5 durch das StVergAbG v 16.5.2003.[160] Vormals war die Definition in § 1 Abs 4 geregelt. Durch das UntStRefG 2008[161] wurde Abs 4 zu Abs 5; weitere Änderungen wurden nicht vorgenommen. Trotz einer gesetzlichen Definition war und ist nicht vollständig geklärt, was unter einer Geschäftsbeziehung zu verstehen ist.

99 Bevor der Gesetzgeber durch das StÄndG 1992[162] im damaligen Abs 4 der Vorschrift eine gesetzliche Regelung der Geschäftsbeziehung einfügte, standen sich im Wesentlichen die Auffassung der FinVerw und des BFH gegenüber. Während das *BMF*[163] alle grenzüberschreitenden Geschäftsbeziehungen und damit eine weite Anwendung der Vorschrift favorisierte, entschied der *BFH* in seinem Urt v 30.5.1990,[164] dass allein eine **wesentliche Beteiligung**, die zum Nahestehen einer Person iSv § 1 Abs 2 führt, **keine** Geschäftsbeziehung begründet. Dieses Erg leitet der BFH aus der Tatsache ab, dass § 1 neben einer nahe stehenden Person das Vorliegen einer Geschäftsbeziehung zu dieser verlangt. Der BFH legte den Begr Geschäftsbeziehung damit **enger** aus als die FinVerw.

100 § 1 Abs 4 idF des StÄndG 1992[165] lautete: „Wenn die den Einkünften zu Grunde liegende Beziehung entweder beim Steuerpflichtigen oder bei der nahe stehenden Person Teil einer Tätigkeit ist, auf die die §§ 13, 14, 18 oder 21 anzuwenden sind oder wären, wenn die Tätigkeit im Inland vorgenommen würde."

101 Eine Geschäftsbeziehung iSv § 1 Abs 4 aF konnte danach nur vorliegen, wenn die Beziehung eine **schuldrechtliche Grundlage** hatte.[166] Der Änderung des damaligen § 1 Abs 4 durch das StVergAbG v 16.5.2003[167] war ein weiteres Urteil des BFH vorausgegangen. Der *BFH*[168] entschied in seinem Urt v 29.11.2000, dass die Abgabe einer **Garantieerklärung** einer (inländischen) Konzernobergesellschaft zugunsten ihrer (ausl) Tochtergesellschaft nur dann die Rechtsfolge des § 1 auslösen kann, wenn die Erklärung im Rahmen einer **Geschäftsbeziehung** zwischen den beiden Unternehmen abgegeben wird. **Keine** Geschäftsbeziehung liegt deshalb vor, wenn die begünstigte (ausl) Gesellschaft mangels ausreichender **Eigenkapitalausstattung** ohne die Garantieerklärung ihre konzerninterne Funktion nicht erfüllen kann. Im Erg unterscheidet der

---

159 Vgl im Einzelnen Rn 16 und 230 ff sowie §§ 16 ff BsGaV.
160 BGBl I 2003, 660.
161 BGBl I 2007, 1912.
162 BGBl I 1992, 146.
163 BStBl I 1974, 442 Tz 1.11.
164 BStBl II 1990, 875.
165 BGBl I 1992, 146.
166 *S/K/K* § 1 AStG Rn 692.
167 BGBl I 2003, 660.
168 BStBl II 2002, 720.

BFH **Geschäftsbeziehungen**, die zur Anwendung von § 1 Abs 1 führen und Leistungen, die durch das **Gesellschaftsverhältnis** oder in diesem begründet sind und nicht zur Anwendung von § 1 führen. Das BMF veröffentliche die Entsch zwar zunächst im BStBl, belegte sie später aber mit einem Nichtanwendungserlass.[169]

Mit der Änderung des § 1 Abs 4 durch das StVergAbG[170] v 16.5.2003 wollte der Gesetzgeber entgegen der Auffassung des BFH **klarstellen**, dass eine Geschäftsbeziehung iSd Vorschrift immer dann anzunehmen ist, wenn es sich um eine auf **schuldrechtlichen Vereinbarungen beruhende Beziehung** handelt. Der Gesetzgeber[171] begründete die Änderung in § 1 Abs 4 wie folgt: „Für das Bestehen einer Geschäftsbeziehung hat es **keine** Bedeutung, ob sie betrieblich oder gesellschaftsvertraglich veranlasst ist, ob und inwieweit ihr also betriebliche oder gesellschaftliche Interessen zugrunde liegen. Deshalb gehören zB verbindliche Kreditgarantien, zinslose oder zinsgünstige Darlehen sowie die unentgeltliche oder teilentgeltliche Gewährung anderer Leistungen einer inländischen Kapitalgesellschaft an ihre inländische oder ausl Tochtergesellschaft zu den „Geschäftsbeziehungen" unabhängig davon, ob sie fehlendes Eigenkapital der Tochtergesellschaft ersetzen oder die wirtschaftliche Betätigung dieser Gesellschaft stärken sollen." Demgegenüber vertreten das *FG Düsseldorf*[172] und das *FG Münster*[173] die Auffassung, die Gesetzesänderung beinhalte keineswegs eine bloße Klarstellung, denn aus der Änderung der Formulierung im Vergleich zu der vorausgegangenen Fassung werde ersichtlich, dass vorher eine entspr **Differenzierung** zwischen schuldrechtlicher und gesellschaftsvertraglicher Vereinbarung nicht getroffen wurde. 102

Die Begr des Gesetzgebers hat das *BMF* in seinem Schreiben v 14.5.2004[174] umgesetzt. Danach sind Beziehungen zwischen Nahestehenden **stets** geschäftlich, wenn auf die zugrunde liegenden Tätigkeiten bei dem inländischen StPfl oder bei der nahe stehenden Person die in § 1 Abs 4 aF genannten Bestimmungen über die Besteuerung von Einkünften aus Land- und Forstwirtschaft, aus Gewerbebetrieb, aus selbstständiger Arbeit und aus Vermietung und Verpachtung anzuwenden sind (Grundtätigkeiten). Eine Geschäftsbeziehung zwischen einem StPfl und einem Nahestehenden ist gegeben, wenn sie auf einer **schuldrechtlichen** Beziehung beruht. Eine solche Geschäftsbeziehung ist stets nach dem Grundsatz des Fremdverhaltens zu prüfen, **unabhängig** davon, ob sie durch betriebliche Vorgänge oder gesellschaftsrechtlich veranlasst ist.[175] Das gilt auch dann, wenn die schuldrechtliche Vereinbarung in den Gesellschaftsvertrag aufgenommen wurde. Keine Geschäftsbeziehung sind die Beziehungen, die das Nahestehen **begründen**, dh die das Verhältnis zwischen Gesellschaft und Gesellschafter regeln, namentlich die Überlassung von Eigenkapital, denn sie erfolgt nicht aufgrund einer schuldrechtlichen, sondern einer gesellschaftsvertraglichen Vereinbarung. 103

Der Inhalt der **Definition** in § 1 Abs 5 war unverständlich.[176] Der Gesetzgeber setzte in der Definition das Vorliegen einer Geschäftsbeziehung voraus, lässt dabei aber im 104

169 BStBl I 2002, 1025.
170 BGBl I 2003, 660.
171 BT-Drucks 15/119, 53.
172 EFG 2008, 1006.
173 EFG 2007, 92.
174 BStBl I 2004, Sondernr 1, 3 Tz 1.4.
175 Für § 1 Abs 4 idF des StÄndG 1992 vgl *BMF* BStBl I 2002, 1025.
176 So wohl auch *S/K/K* § 1 AStG Rn 691.

Dunkeln, was **unter** einer Geschäftsbeziehung zu verstehen ist. Der Versuch, den Begr der Geschäftsbeziehung mit einer den Einkünften zugrunde liegenden schuldrechtlichen Beziehung zu erläutern, war ein **Zirkelschluss**, weil die (Geschäfts)Beziehung mit einer Beziehung erläutert wird.

105 Der Austausch des Begriffs „schuldrechtliche Beziehung" durch den Begriff „wirtschaftliche Vorgänge" bewirkt eine Erweiterung des Anwendungsbereichs. Dabei sind von der neuen Begrifflichkeit die schuldrechtlichen Beziehungen selbstverständlich mit umfasst. *Kramer*[177] interpretiert den neuen Wortlaut so: „Wenn auch die Gleichstellung einer Geschäftsbeziehung – also eines Dauerzustands – mit einem Geschäftsvorfall – also einem einzelnen Ereignis – sprachlich nicht recht überzeugen kann, so wird doch deutlich, was gemeint ist: Geschäftsbeziehungen werden durch Geschäftsvorfälle begründet, und diese Geschäftsvorfälle sind regelmäßig schuldrechtliche Vereinbarungen." Damit sind die Ausführungen in den Rn 102 ff weiterhin anwendbar, soweit dem Geschäftsvorfall eine schuldrechtliche Beziehung zu Grunde liegt. Die Vorstellung des Gesetzgebers, die Regelung in § 1 zudem auch im Verhältnis zwischen Stammhaus und Betriebsstätte zur Anwendung zu bringen, erfolgt mit der Verwendung des Ausdrucks „wirtschaftliche Vorgänge", die sich auch in tatsächlichen Handlungen wieder finden sollen. Aus Rechtsgründen können zwischen einer Betriebsstätte mangels Rechtsfähigkeit und dem Unternehmen keine wirksamen schuldrechtlichen Vereinbarungen eingegangen werden (Insich-Geschäft). Diese Vorgänge zwischen einem Unternehmen und seiner Betriebsstätte werden als „anzunehmende schuldrechtliche Beziehung" definiert; die OECD bezeichnet derartige Vorgänge als dealings.

106 Der Gesetzgeber macht mit der Regelung in S 1 des § 1 Abs 4 deutlich, dass eine Geschäftsbeziehung sowohl aus einem Geschäftsvorfall als auch aus mehreren wirtschaftlich zusammenhängenden Geschäftsvorfällen zwischen dem Steuerpflichtigen und der nahestehenden Person bestehen kann. Unabhängig davon, dass Verrechnungspreise grundsätzlich auf einen Geschäftsvorfall bezogen zu prüfen sind, kann es nach dem Fremdvergleichsgrundsatz notwendig sein, den Preis für einen Geschäftsvorfall unter Einbeziehung anderer Geschäftsvorfälle zu bestimmen (zB unter Einbeziehung von Geschäftsvorfällen aus anderen Wirtschaftsjahren), wenn voneinander unabhängige ordentliche und gewissenhafte Geschäftsleiter unter vergleichbaren Umständen ebenso verfahren würden.

107 Bei der Neufassung von § 1 Abs 4 Nr 1, nach der eine Geschäftsbeziehung auch aus mehreren zusammenhängenden wirtschaftlichen Vorgängen gebildet werden kann, handelt es sich nur um eine Klarstellung. Bereits nach bestehender Rechtslage konnte es erforderlich sein, den Verrechnungspreis für einen Geschäftsvorfall unter Berücksichtigung weiterer schuldrechtliche Beziehungen zu ermitteln. Das lässt sich schon § 2 Abs 3 Gewinnsabgrenzungsaufzeichnungsverordnung entnehmen.

108 Des Weiteren musste die Beziehung schuldrechtlicher Art sein und durfte **keine** gesellschaftsvertragliche Vereinbarung sein. Das formulierte das Gesetz schon immer insoweit unglücklich als das Gesellschaftsrecht im 2. Buch des BGB geregelt ist und damit auch zum Schuldrecht gehört.[178] Die unglückliche Formulierung setzte sich im

177 In *Lippross/Seibel* § 1 AStG Rn 128.
178 So auch *Rehm/Nagler* IStR 2008, 421.

alten Wortlaut des Gesetzes in der gesellschaftsvertraglichen Vereinbarung fort; ein Vertrag ist **stets** eine Vereinbarung und damit handelt es sich um eine verwirrende **Redundanz**.

Isoliert auf den Wortlaut abgestellt, scheint diese Redundanz aufgehoben, denn nunmehr werden wirtschaftliche Vorgänge verlangt. Das ist aber zu kurz gesprungen: Die Verwendung des Begriffs „wirtschaftliche Vorgänge" soll nur eine Ausdehnung der Korrekturmöglichkeit zwischen Stammhaus und Betriebsstätte bewirken, ohne freilich schuldrechtliche Beziehungen auszusparen. Mithin ist die Abgrenzung der schuldrechtlichen Vereinbarung von der gesellschaftsrechtlichen Vereinbarung nach wie vor virulent. **109**

Nach *Haverkamp/Binding*[179] ergibt die Auslegung nach dem Wortlaut des neuen Gesetzestexzes in § 1 Abs 4 S 1 Nr 1 Buchstabe b, dass keine Interpretation mehr möglich ist. Unzweifelhaft wolle der Gesetzgeber mit der Neuregelung solche Vereinbarungen ausschließen, die die Gesellschafterstellung begründen oder ändern. Anders ausgedrückt sind damit von der gesellschaftsrechtlichen Vereinbarung gesellschaftsrechtliche Regelungen mit kooperationsrechtlichen Charakter zu verstehen. Nicht jede gesellschaftsrechtliche Regelung erfüllte diese Voraussetzung, sondern nur die Regelungen, die die Organisationsstruktur der Gesellschaft betreffen. Das bedeutet nur weil eine Regelung kraft der Privatautonomie in den Gesellschaftsvertrag aufgenommen wird, muss sie nicht gleichzeitig eine gesellschaftsrechtliche Vereinbarung iSv § 1 Abs 4 sein. **110**

Auch aus dem Teleos der Norm ergibt sich keine andere Interpretation. Mit dem Tatbestandsmerkmal „gesellschaftsrechtliche Vereinbarung" wird eine Abgrenzung zwischen den wirtschaftlichen Vorgängen zwischen nahestehenden Personen und der notwendiger Weise zeitlich davor liegenden Begründung des Nahestehens der beteiligten Personen geschaffen. In der Begründung des Nahestehens liegt für sich betrachtet kein Vorteil, der eine Korrektur rechtfertigen könnte. Vielmehr wird mit dem Nahestehen nur eine Voraussetzung für die Einkünftekorrektur aufgrund unzutreffender Verrechnungspreise gelegt. **111**

Dieses Verständnis von der gesellschaftsrechtlichen Vereinbarung scheint konsequent, beinhaltet aber auch Gestaltungspotenzial. Werden von § 1 diejenigen Vorgänge nicht erfasst, die originär das gesellschaftsrechtliche Verhältnis betreffen, können auch mittels dieser Vorgänge die Wirkungen des § 1 eingeschränkt oder gar ausgeschlossen werden. Denkbar sind zB Kapitalaufbringungen oder -erhöhungen im Wege der Sacheinlage, soweit das ausländische Gesellschaftsrecht dieses Instrument zulässt. Im Wege der Sacheinlage könnte dann der Gesellschaft auch eine Funktion übereignet werden, ohne dass die Regelungen über die Funktionsverlagerung § 1 Abs 3 S 9 ff zur Anwendung kommen könnten, denn dann liegt eine gesellschaftsrechtliche Vereinbarung vor, die einen wirtschaftlichen Vorgang iSv § 1 Abs. 4 und damit die Anwendung der Einkünftekorrektur in § 1 Abs 1 S 1 ausschließt. **112**

Nach Auffassung des *BMF*[180] sind – jedenfalls bei Darlehensgewährungen eines beherrschenden Gesellschafters – auch die Sicherheiten für das Grundgeschäft von der Geschäftsbeziehung in Form eines wirtschaftlichen Vorgangs erfasst. Dafür führt das **113**

179 ISR 2015, 86.
180 BStBl I 2011, 277.

BMF an, bei grenzüberschreitenden Darlehensgewährungen gehörten zu dem Bedingungen, die dem Fremdvergleich entsprechen müssten, nicht nur der vereinbarte Zinssatz (Verrechnungspreis), sondern alle Umstände der Darlehensgewährung, die auch für fremde Dritte von Bedeutung wären.[181] Dazu gehörte nach Tz 4.2.2 des BMF-Schreibens v 23.2.1983[182] auch Sicherheiten und Kreditwürdigkeit des Schuldners (unter Berücksichtigung von Sonderkonditionen, die auch Fremde dem Schuldner im Hinblick auf dessen Zugehörigkeit zum Konzern einräumen würden). Damit zielt das BMF auf den Einbezug des sog Rückhalts im Konzern und erhebt diesen zu einer fremdüblichen Sicherheit.[183] Unter dem Rückhalt im Konzern versteht man alle Vorteile im Konzern, die sich allein aus der Zugehörigkeit zum Unternehmensverbund ergeben, bei völliger Passivität der Konzernleitung. Der Rückhalt im Konzern als faktische, fremdübliche Sicherheit soll bei der Darlehensgewährung eines beherrschenden Gesellschafters immer dann zum Tragen kommen, wenn keine tatsächliche Sicherheit gestellt und dem Fehlen einer tatsächlichen Sicherheit auch nicht durch einen angemessenen Risikozuschlag Rechnung getragen wurde. Das soll selbst dann gelten, wenn bereits im Zeitpunkt der Darlehenshingabe aufgrund der wirtschaftlichen Situation des Darlehensnehmers offensichtlich ist, dass mit der Zuwendung des Geldbetrags trotz der vertraglichen Bezeichnung und des buchmäßigen Ausweises als „Darlehen“ tatsächlich keine Rückzahlungsverpflichtung verbunden ist, dh ist die Rückzahlung durch den Darlehensnehmer von vornherein objektiv unmöglich oder mit hoher Wahrscheinlichkeit auszuschließen, ändert das nichts daran, dass eine „Geschäftsbeziehung“ nach § 1 Abs 5 vorliegt, auf die der Fremdvergleichsgrundsatz anzuwenden ist, auch wenn die Rechtsfolgen anderer Vorschriften Vorrang genießen.[184]

114 Nach bisherigem Verständnis wird der Rückhalt im Konzern gemeinhin mit sog „passiven Konzerneffekten“ gleichgesetzt, die sich in den Vorteilen bei völliger Passivität der Konzernleitung widerspiegeln und allein aus der Konzernzugehörigkeit in Gestalt der rechtlichen, finanziellen und wirtschaftlichen Eingliederung in den Unternehmensverbund ergeben.[185] Aus der Passivität der Vorteile folgt aber nun gerade, dass eine Geschäftsbeziehung, die regelmäßig ein (subjektives) Tätigwerden verlangt, nicht vorliegen kann. Der Rückhalt im Konzern entbehrt eines Leistungsaustausches und mithin mangelt es an einer Erfass- und Quantifizierbarkeit des Konzernrückhalts.[186]

115 Später ist das BMF-Schreiben vom 29.3.2011[187] zu der Anwendbarkeit von § 1 AStG auf darlehensbezogene Teilwertabschreibungen ergangen. Aus Sicht der Finanzverwaltung ist es nur allzu verständlich, jedwedes Mittel heranzuziehen, um die Werthaltigkeit einer Darlehensforderung für steuerrechtliche Zwecke annehmen zu können. Insoweit ist eine (wirtschaftliche) Verklammerung der Sicherheit „Rückhalt im Konzern“ mit der schuldrechtlichen Darlehensbeziehung ein probates Mittel, das im Ergebnis zu dem Vorliegen einer Geschäftsbeziehung iSv § 1 Abs 5 aF führt. Mit einer derartigen Verklammerung zweier an sich getrennten und abstrakten Geschäfte vertritt das BMF mithin eine paradoxe Auffassung. Bei Darlehensgewährungen unter

---

181 AA *BFH* DStR 2015, 466; *BFH/NV* 2015, 1009; DStR 2015, 2120.

182 BStBl I 1983, 218.

183 Nur insoweit zustimmend: *BFH* DStR 2015, 466; *BFH/NV* 2015, 1009; DStR 2015, 2120.

184 *BMF* BStBl I 2011, 277 Tz 7.

185 *V/B/E* 1071; *Dietz/Liebchen* IStR 2012, 97.

186 *Dietz/Liebchen* IStR 2012, 97.

187 BStBl I 2011, 277.

Vereinbarung einer tatsächlichen Sicherheit und bei einer Darlehensgewährung ohne Vereinbarung einer Sicherheit und Kompensation mit Hilfe eines angemessenen Risikozuschlags auf den Zinssatz trennt das BMF nämlich strikt zwischen Sicherungsverhältnis einerseits und Darlehensverhältnis andererseits.[188] Zudem ist die wegen nachhaltiger Wertminderung angezeigte Teilwertabschreibung einer Darlehensforderung eine allein unter Anwendung von § 6 Abs 1 Nr 2 EStG zu entscheidende Frage, die sich mehr nach der wirtschaftlichen Situation des Darlehennehmers richtet und weniger auf den Bedingungen der Darlehensvereinbarung beruht.[189]

Die aus der schuldrechtlichen Beziehung (wirtschaftlichen Tätigkeit) erzielten Einkünfte müssen Teil einer Tätigkeit sein, auf die die §§ 13, 15, 18 oder 21 EStG Anwendung finden. Dadurch wird einerseits klargestellt, dass der Anwendungsbereich des § 1 auf bestimmte Einkunftsarten **beschränkt** ist.[190] Andererseits stellt das Gesetz auf den StPfl oder die nahe stehende Person ab. Es genügt, dass bei einer dieser Personen die Geschäftstätigkeit **Teil einer Tätigkeit** ist, auf die die §§ 13, 15, 18 oder 21 EStG anwendbar sind oder wären, wenn die Tätigkeit im Inland vorgenommen worden wäre. Dadurch erweitert § 1 Abs 5 dies auf Fälle, in denen die Beziehung beim StPfl keinen derartigen Bezug aufweist, sondern Teil einer anderen Betätigung (eine solche iSv §§ 19, 20 oder 22 EStG) ist oder in denen ein Bezug auf eine Einkünfteerzielung durch den StPfl zunächst fehlt (weil dieser durch die Gestaltung auf den Bezug von Einkünften gerade verzichtet).[191] 116

2. Ausland. Durch den Verweis auf Abs 1 muss die Geschäftsbeziehung zum **Ausland** bestehen. Welches Gebiet zum Ausland und welches Gebiet zum Inland gehört, ist im AStG nicht geregelt. Da § 1 Teil des Ertragsteuerrechts ist, kann insoweit auf § 1 Abs 1 S 2 EStG zurückgegriffen werden. Diese Regelung bestimmt, was zum Inland gehört. Alle Gebiete, die danach nicht zum Inland gehören, sind für Zwecke des § 1 Ausland. 117

Andererseits ist der Begriff „zum Ausland" im Gesetz nicht definiert. Er ist deshalb entsprechend dem Zweck der Vorschrift auszulegen und weniger unter geografischen Gesichtspunkten zu beurteilen; vielmehr kommt es auf das vorrangige Besteuerungsrecht eines ausländischen Staates an.[192] 118

Nach Auffassung des *BFH*[193] ist das Tatbestandsmerkmal „zum Ausland" nicht erfüllt, wenn eine Kapitalgesellschaft mit Sitz und Geschäftsleitung im Inland zu ihrer ausländischen Tochtergesellschaft in schuldrechtlicher Verbindung steht, die ausländische Tochtergesellschaft jedoch nur ihren Sitz im Ausland, ihre Geschäftsleitung jedoch im Inland hat, weil die ausländische Tochtergesellschaft im Inland dann unbeschränkt steuerpflichtig ist. Die Entscheidung des BFH erging als Beschluss über eine Nichtzulassungsbeschwerde und zu § 1 Abs. 5 idF des Unternehmensteuerreformgesetzes.[194] Dagegen vertritt die Finanzverwaltung[195] die Auffassung, es mache keinen Unterschied, ob der 119

188 So schon *Dietz/Liebchen* IStR 2012, 97.
189 *Prinz/Scholz* FR 2011, 925.
190 *S/K/K* § 1 AStG Rn 696.
191 *Blümich* § 1 AStG Rn 36.
192 *F/W/B/S* § 1 AStG Rn 126.
193 *BFH/NV* 2015, 1425.
194 BGBl I 2007, 1912.
195 BStBl 2004, Sondernummer I/2004.

Steuerpflichtige und die Personen, zu denen die Geschäftsbeziehung bestehen, unbeschränkt oder beschränkt steuerpflichtig sind. Wie sich diese Ansicht mit dem Tatbestandsmerkmal „zum Ausland" verhält, wird von der Finanzverwaltung leider nicht dargelegt.

120 Für die aktuelle Fassung des § 1 wird teilweise nach dem Sinnzusammenhang die nahestehende Person, mit der die Geschäftsbeziehung besteht, dann als eine ausländische verstanden, wenn sie im Inland nicht unbeschränkt steuerpflichtig ist.[196] Dabei ist das Vorliegen der unbeschränkten Steuerpflicht natürlich unabhängig von der Ansässigkeit nach einem DBA. Mithin soll die Anwendung von § 1 nicht zwingend sein, wenn ein steuerlicher Inländer Geschäftsbeziehungen zu einer doppelt ansässigen Person mit Lebensmittelpunkt (Ort der Geschäftsleitung) im Ausland unterhält.[197]

121 Schwierig sollen die Fälle sein, in denen die erhöhten ausländischen Einkünfte gleichwohl im Inland steuerpflichtig sind. Für diesen Fall wird die Frage gestellt, ob die den Vorteil im Ausland erzielende nahestehende Person einen Bezug zum Ausland haben muss, die eine Besteuerung der verlagerten Einkünfte im Inland ausschließt. Die Bedeutung dieser Frage ergebe sich nach der Neufassung des § 1 Abs 4 ab dem Veranlagungszeitraum 2003: Danach setzt eine Geschäftsbeziehung alternativ voraus, dass die schuldrechtliche Beziehung beim steuerpflichtigen Teil einer Tätigkeit ist, auf die §§ 13, 15, 18 oder 21 EStG anzuwenden ist oder dass sie bei einem ausländischen nahestehenden Teil einer Tätigkeit ist, auf die §§ 13, 15, 18 oder 21 EStG anzuwenden wäre, wenn die Tätigkeit im Inland vorgenommen würde. Daraus folge im Umkehrschluss, dass keine Geschäftsbeziehung anzunehmen sei, wenn ein Steuerinländer einem ihm nahestehenden Steuerausländer ein zinsloses Darlehen gewährt, dass dieser im Inland als Teil einer Tätigkeit einsetzt, auf die §§ 13, 15, 18 oder 21 EStG anzuwenden ist. Damit würden ein weiteres Mal vergleichbare in- und ausländische Sachverhalte im Inland ungleich besteuert.[198] ME sind diese Schwierigkeiten nach der nunmehr geltenden Fassung des § 1 Abs 4 AStG nicht mehr gegeben. Dies folgt aus dem Wortlaut in § 1 Abs 4 Nr 1 Buchst a, der auf die Tätigkeit des Steuerpflichtigen oder der nahestehenden Person abstellt, auf die die §§ 13, 15, 18 oder 21 des EStG anzuwenden sind oder anzuwenden wären. Mit der Erweiterung des Gesetzeswortlautes und der Verwendung des Verbs „sind", ist die oben stehende Fragestellung beantwortet. Zudem scheint der Gesetzgeber der Auffassung der Finanzverwaltung zuzustimmen, nach der unerheblich sein soll, ob der Steuerpflichtige oder die nahestehende Person unbeschränkt oder nur beschränkt steuerpflichtig ist.

122 Das Tatbestandsmerkmal „zum Ausland" ist nach der hier vertretenen Auffassung in eine andere Richtung zu verstehen: Ausgehend vom Wortlaut der Norm ist lediglich eine Einkünfteminderung im Inland erforderlich. Diese Einkünfteminderung muss die Folge einer Geschäftsbeziehung zum Ausland sein. Und unter einer Geschäftsbeziehung ist nach ursprünglichem Verständnis eine schuldrechtliche Vereinbarung zu verstehen. Nach dem in der Bundesrepublik Deutschland geltenden Recht können sich nur (juristische) Personen (aber auch Personengesellschaften) rechtlich binden. Eine Möglichkeit wäre nun, danach zu fragen, ob die nahestehende Person eine ausländische ist. Dieses könnte sich für Kapitalgesellschaften aus der Gründungs- und/oder Sitztheorie ergeben,

196 *F/W/B/S* § 1 AStG Rn 127.
197 *F/W/B/S* § 1 AStG Rn 127
198 *F/W/B/S* § 1 AStG Rn 127.

für natürliche Personen nach Wohnsitzen statt, Staatsangehörigkeit, Lebensmittelpunkt oder ähnlichen. Zugegebenermaßen wäre eine derartige Auslegung gestaltungsanfällig und würde dem steuerrechtlichen Verständnis vermutlich auch nicht gerecht. Richtig ist, auf den wirtschaftlichen Erfolg der Geschäftsbeziehung, hier isoliert bezogen auf die Einkünfteerhöhung im Ausland, abzustellen. Die Einkünfteerhöhung im Ausland bei der nahestehenden Person wird sich korrespondierend zu der Einkünfteminderung im Inland regelmäßig in der steuerlichen Sphäre der nahestehenden Person im Ausland manifestieren. Dafür kommen zB eine ausländische Betriebsstätte der nahestehenden Person oder im Ausland belegenes Vermögen der nahestehenden Person in Betracht. Eine davon strikt zu trennende Frage ist, in welchem Land die erhöhten Einkünfte der nahestehenden Person besteuert werden. Gleiches gilt für die Frage, ob der Steuerpflichtige mit den geminderten Einkünften bzw nach Anwendung von § 1 mit den erhöhten Einkünften im Inland besteuert wird. Die Einkünftekorrektur in § 1 zielt in erster Linie auf die „richtige" Ermittlung der Steuerbemessungsgrundlage. Dieses gilt gleichermaßen bei der unbeschränkten wie auch bei der beschränkten Steuerpflicht. Auch wenn der Bundesrepublik Deutschland im Ergebnis kein Besteuerungsrecht an den korrigierten Einkünften zusteht, zB weil die Einkünfte nach einem DBA von der Bemessungsgrundlage auszunehmen sind, ist die richtige Ermittlung der Einkünfte gleichwohl notwendig, zB um die Frage zu beantworten, in welcher Höhe die Einkünfte von der deutschen Bemessungsgrundlage auszunehmen sind oder in welcher Höhe sich die Einkünfte auf den Progressionsvorbehalt auswirken.

III. Nahe stehende Person

Das Fehlen **konkurrierender Einzelinteressen** nimmt das Gesetz bei nahe stehenden Personen an. Geschäftsbeziehungen zwischen nahe stehenden Personen sind aus steuerlicher Sicht missliebig, soweit sich die nahe stehenden Personen nicht wie fremde Dritte zueinander verhalten, sondern Interessen verfolgen, die va der Vermeidung einer „normalen" Besteuerung dienen. Anknüpfungspunkte für ein Nahestehen liegen insbes in **Beteiligungs- bzw Beherrschungsmerkmalen.** **123**

Aus dem Einleitungssatz des § 1 Abs 2 folgt, dass dem StPfl eine Person nahe stehen muss. Die nahe stehende Person muss mithin eine **andere Person** als der StPfl sein. Für die Anwendung der Rechtsfolge des § 1 müssen daher **zwei** Personen vorhanden sein, die sich durch (alternativ) aufgezählte Merkmale nahe stehen.[199] **124**

Der Begr der nahe stehenden Person wird nicht nur als **Tatbestandsmerkmal** in § 1 verwendet. Das Nahestehen einer Person wird vielmehr auch für die Veranlassung durch das Gesellschaftsverhältnis im Bereich der **verdeckten Gewinnausschüttung** nach § 8 Abs 2 S 3 KStG herangezogen ohne gesetzlich definiert zu sein.[200] **125**

Der Unterschied der nahe stehenden Person im Bereich der verdeckten Gewinnausschüttung und der nahe stehenden Person im Bereich der Einkünftekorrektur nach § 1 besteht darin, das für Letztere eine (abschließende) gesetzliche Definition vorliegt, während im Bereich der verdeckten Gewinnausschüttung eine Auslegung nach dem Sinngehalt zu erfolgen hat. Daher wird der Bereich des Nahestehens für die Anwendung der Rechtsfolge einer verdeckten Gewinnausschüttung sehr weit gezogen.[201] **126**

---

199 So auch *F/W/B/S* § 1 AStG Rn 826.
200 Vgl A 36 Abs 1 S 3 KStR.
201 H 36 KStH (nahe stehende Person); *Gosch* § 8 KStG Rn 228.

127 **1. Begriff.** Personen stehen einander nahe, wenn sie eines oder mehrere der in § 1 Abs 2 Nr 1–3 genannten **Merkmale** verwirklichen. Stehen sich Personen danach einander nahe, sind sie keine fremden Dritten mehr, da sich beide Begr einerseits gegenseitig **ausschließen**, andererseits ein **Umkehrschluss** von dem einen Begr auf den anderen gezogen werden kann.[202]

128 Der Begr der Person ist uneingeschränkt. Daher kann Person iSd Vorschrift **jede** natürliche oder juristische Person sein. Ob die Person eine **in- oder ausl** ist genauso unerheblich wie die Frage, ob die Person **rechts- und/oder geschäftsfähig** ist. Für die Anwendung der Rechtsfolge von § 1 muss jedoch mindestens eine der Personen im Inland unbeschränkt oder beschränkt steuerpflichtig sein.

129 Auch **Personengesellschaften** können nahe stehende Personen iSv § 1 Abs 2 sein. Davon war die Einordnung, dass Personengesellschaften nicht StPfl iSv § 1 sein konnten, zu unterscheiden. Mit dem JStG 2013[203] normierte der Gesetzgeber in § 1 Abs 1 S 2 ausdrücklich, dass auch Personengesellschaften Steuerpflichtige iSd Norm sein können (Rn 87 ff). Diese gesetzliche Erweiterung hat freilich keine Auswirkung auf die Prüfung, ob eine Personengesellschaft einer anderen Person nahe steht. Eine PersG kann ihrem Gesellschafter über seine **Beteiligung** nahe stehen.[204] Das ist nunmehr im Gesetz ebenfalls positiv normiert, womit sich der Gesetzgeber hier ebenfalls der Verwaltungsauffassung angeschlossen hat. Nach dem Wortlaut des Gesetzes ist unabhängig von der Möglichkeit, die Beherrschungsmerkmale in Abs 2 erfüllen zu können und damit vom Inhalt der Regelungen her ein Nahestehen zwischen Stammhaus und Betriebsstätte begründen zu können, die Betriebsstätte in keinem Fall eine dem Stammhaus nahe stehende Person. Denn eine Betriebsstätte kann wegen ihrer rechtlichen Unselbstständigkeit keine Person bzw StPfl iSv Abs 1 sein, Abs 2 verlangt aber einen StPfl und eine von diesem StPfl verschiedene Person.[205]

130 **2. Definition in § 1 Abs 2.** Die Umstände, die zu einem Nahestehen von Personen führen, sind in § 1 Abs 2 **definiert**. Die Definition ist **abschließend**.[206]

131 Den **Merkmalen**, die ein Nahestehen begründen, liegt eine **Beziehung** der Personen zugrunde, die es ermöglicht, dass mindestens eine Person auf eine „gemeinsame“ Entsch einen so großen Einfluss nehmen kann, dass das Erg von einem Erg wie es unter fremden Dritten vereinbart worden wäre, abweicht.

132 **a) § 1 Abs 2 Nr 1.** In dieser Variante wird das Nahestehen durch eine **wesentliche Beteiligung** (an einer Gesellschaft) oder die Möglichkeit, einen **beherrschenden** Einfluss ausüben zu können, begründet. Beide Möglichkeiten stehen gleichberechtigt nebeneinander. Ein Nahestehen liegt sowohl durch eine wesentliche Beteiligung der Person an dem StPfl als auch durch eine wesentliche Beteiligung des StPfl an der Person vor. Ebenso ist es gleichgültig, ob die Person auf den StPfl oder der StPfl auf die Person einen beherrschenden Einfluss ausüben kann. Die durch eine solche Verflech-

202 *F/W/B/S* § 1 AStG Rn 826.
203 Gesetz über die Durchführung der gegenseitigen Amtshilfe in Steuersachen zwischen den Mitgliedstaaten der Europäischen Union v 26.6.2013, BGBl I 2013, 1809.
204 *BMF* BStBl I 1983, 218, Tz 1.3.2.2.
205 So auch: *Kaminski/Strunk* DB 2008, 2501.
206 *BFH* BStBl II 1994, 725; *S/K/K* § 1 AStG Rn 613.

tung von StPfl und Person gegebene Einflussmöglichkeit muss sich auf die in Frage stehende **Geschäftsbeziehung** selbst erstrecken.[207]

Die Wesentlichkeit der Beteiligung wird durch die **Höhe** bestimmt. Wesentlich ist die Beteiligung iSv § 1 Abs 2 Nr 1, wenn sie **mindestens** ein Viertel bzw 25 % beträgt. Die Beteiligung, die wesentlich ist, setzt überhaupt eine Beteiligungsmöglichkeit voraus. Es kommen in erster Linie Gesellschaften (Kapital- und Personengesellschaften) in Betracht.[208] **133**

Die Qualität der Beteiligung muss eine **vermögensmäßige** sein, die in der Form von Aktien oder GmbH-Anteilen am statuarischen Kapital oder der Beteiligung am (Fest)Kapital einer PersG begründet ist; wie hoch die vermögensmäßige Beteiligung am gesamten bilanziellen Eigenkapital ist, ist unerheblich. Das bedeutet auch, dass das Innehaben **allein** von Stimmrechten keine Beteiligung iSv § 1 Abs 2 Nr 1 AStG vermittelt.[209] **134**

Der Rechtsträger, an dem die wesentliche Beteiligung besteht, kann seinen **Sitz** und/ oder seine **Geschäftsleitung** im In- oder Ausland haben; er kann nach in- oder ausl Recht errichtet worden sein, wobei bei ausl Rechtsgebilden zweckmäßigerweise im Wege des **Rechtstypenvergleichs** mit Körperschaften des dt Rechts ermittelt wird, ob sie beteiligungsfähig sind.[210] **135**

Die Beteiligung an einer (anderen) natürlichen Person ist eigentlich **nicht** möglich. Gleichwohl vertritt die FinVerw[211] die Auffassung, eine wesentliche Beteiligung sei auch an einem **Einzelunternehmen** möglich; *Wassermeyer*[212] schränkt diese Möglichkeit ein. Nach seiner Meinung könne nur dann eine Verflechtung iSv § 1 Abs 2 Nr 1 vorliegen, wenn es sich um eine **atypisch stille** handele. **136**

Eine Beteiligung iSv § 1 Abs 2 Nr 1 kann auch in Form einer **stillen Beteiligung** oder einem **beteiligungsähnlichen** Darlehen bestehen.[213] **137**

Nach dem Wortlaut des Gesetzes kann das Nahestehen auch durch eine **mittelbare** Beteiligung begründet werden. Mittelbar ist die Beteiligung des StPfl an der nahe stehenden Person (et vice versa), wenn sie über eine **andere Person**, insb eine (andere) KapGes- oder PersG, vermittelt wird. Für die Berechnung, ob die mittelbare Beteiligung einer Person an einer Ges wesentlich iSv § 1 Abs 2 Nr 1 ist, sind die Beteiligungen, die eine vermittelnde Ges hält, in dem **Verhältnis** zu berücksichtigen, das der mittelbaren (wenn eine weitere KapGes oder PersG zwischengeschaltet ist) oder unmittelbaren Beteiligung der Person an der vermittelnden Ges zur Gesamtheit der Beteiligungen an dieser vermittelnden Ges entspricht.[214] **138**

---

207 *BMF* BStBl I 1983, 218 Tz 1.3.2.6.

208 *BMF* BStBl I 1983, 218 Tz 1.3.2.2. Möglich ist auch eine Beteiligung in Genossenschaften und Versicherungsvereine auf Gegenseitigkeit, hingegen nicht in Stiftungen und Vereine.

209 *F/W/B/S* § 1 AStG Rn 833.

210 *F/W/B/S* § 1 AStG Rn 833.

211 *BMF* BStBl I 1983, 218 Tz 1.3.2.2.

212 *F/W/B/S* § 1 AStG Rn 834.

213 *BMF* BStBl I 1983, 218 Tz 1.3.2.2; **aA** *F/W/B/S* § 1 AStG Rn 833 mit dem zutr Hinweis, dass eine stille Beteiligung nur eine schuldrechtliche Forderung und keine vermögensmäßige Beteiligung begründet und die Verwaltungsmeinung insoweit offensichtlich rechtswidrig ist.

214 *BMF* BStBl I 1983, 218 Tz 1.3.2.3.

139 **Beispiel:**[215] Der in Deutschland unbeschränkt steuerpflichtige Gesellschafter X ist am gezeichneten Kapital der inländischen D-GmbH mit 40 % beteiligt. Die D-GmbH ist ihrerseits an der französischen F-SA (Kapitalgesellschaft) zu 80 % beteiligt.

Die französische F-SA steht dem X nahe, denn X ist mittelbar am Kapital der französischen F-SA iHv 32 % beteiligt (40 % von 80 % = 32 %).

Angenommen, die französische F-SA ist ihrerseits am Kapital der niederländischen N-BV (Kapitalgesellschaft) iHv 90 % und am Kapital der belgischen B-NV (KapGes) iHv 50 % beteiligt, so steht die niederländische N-BV X nahe, denn X ist mittelbar an der N-BV iHv rund 29 % (40 % von 80 % von 90 %) beteiligt. Die belgische B-NV steht X hingegen nicht nahe iSv § 1 Abs 2 Nr 1, denn X ist nur iHv 16 % (40 % von 80 % von 50 %) mittelbar am Kapital der B-NV beteiligt.

140 In welchem Land (In- oder Ausland) die vermittelnde Ges ansässig ist, ist für die Ermittlung des Nahestehens iSv § 1 Abs 2 Nr 1 unerheblich.[216]

141 Die Berechnung, ob eine unmittelbare oder mittelbare Beteiligung wesentlich ist, hat sich nach dem Wortlaut des Gesetzes entweder auf eine unmittelbare Beteiligung oder eine mittelbare Beteiligung zu beschränken. Ein **Zusammenfassen** von unmittelbaren und mittelbaren Beteiligungen, um die Wesentlichkeitsschwelle iHv 25 % zu erreichen ist ebenso **unzulässig** wie das Zusammenrechnen von mehreren mittelbaren Beteiligungen.[217]

142 Unabhängig von einer wesentlichen Beteiligung genügt es für eine Nahestehen iSv § 1 Abs 2 Nr 1, wenn die Person auf den StPfl unmittelbar oder mittelbar einen **beherrschenden Einfluss** ausüben kann oder umgekehrt der StPfl auf die Person unmittelbar oder mittelbar einen beherrschenden Einfluss ausüben kann.

143 Ebenso wie bei einer wesentlichen Beteiligung liegt bei einem beherrschenden Einfluss eine **Interessenverzahnung** vor, in der die Gefahr von **Gewinnverlagerungen** bes nahe liegt. Nach der RegierungsBegr[218] zum AStG sind **Beherrschungsverhältnisse** solche, die in § 17 AktG angesprochen sind. Nach Auffassung der FinVerw[219] sei die Verflechtung durch beherrschenden Einfluss auf **rechtlicher** oder **tatsächlicher** Grundlage möglich, könne aber auch auf dem **Zusammenwirken** beider beruhen. **Beispielhaft** zählt die FinVerw[220] Verflechtungen durch beherrschenden Einfluss auf:

- beteiligungsähnliche Rechte;
- Unternehmensverträge iSd §§ 291 und 292 AktG, Eingliederung iSd § 319 AktG, Zusammenfassung mehrerer Unternehmen unter einheitlicher Leitung iSd § 18 AktG, wechselseitige Beteiligung iSd § 319 AktG;
- unmittelbare oder mittelbare Beteiligung derselben Personen an der Geschäftsleitung oder der Kontrolle zweier Unternehmen oder
- Unterstellung zweier Unternehmen unter den beherrschenden Einfluss eines dritten Unternehmens.

---

215 Nach *F/W/B/S* § 1 AStG Rn 836.

216 *F/W/B/S* § 1 AStG Rn 837.

217 So auch: *F/W/B/S* § 1 AStG Rn 838 f mit weiteren Ausführungen zur Ermittlung der Beteiligungsquote bei § 17 EStG und den Unterschieden zu Abs 2.

218 BT-Drucks 6/2883.

219 *BMF* BStBl I 1983, 218 Tz 1.3.2.4.

220 *BMF* BStBl I 1983, 218 Tz 1.3.2.5.

Trotz Rückgriffs auf die Beherrschungsverhältnisse in § 17 AktG und den Ausführungen der FinVerw wird nicht deutlich, was unter einem beherrschenden Einfluss iSv § 1 Abs 2 Nr 1 zu verstehen ist. Die **beispielhafte** Aufzählung der FinVerw zeigt lediglich die Fälle auf, in denen eine Verflechtung durch beherrschenden Einfluss vorliegen soll. Auffallend ist insoweit, dass die FinVerw die in § 17 AktG genannte Aufzählung der abhängigen und herrschenden Unternehmen nicht übernommen hat.[221] **144**

Für einen beherrschenden Einfluss iSv § 1 Abs 2 Nr 1 ist eine **absolute** Abhängigkeit aufgrund **struktureller** Gegebenheiten erforderlich.[222] Solche strukturellen Gegebenheiten werden sich überwiegend in **gesellschaftsrechtlichen Beteiligungsformen** wieder finden.[223] Während eine wesentliche Beteiligung ein Anteil am Vermögen der Gesellschaft erfordert, kann ein beherrschender Einfluss bereits beim **Innehaben von Stimmrechten** ohne vermögensmäßige Beteiligung gegeben sein. **145**

Gegenstand des Abhängigkeitsverhältnisses müssen die zwischen fremden Dritten untereinander **üblicherweise** zu vereinbarenden **Geschäftsbeziehungen** sein, dh die beherrschende Person muss ihren beherrschenden Einfluss gerade auf diese Bedingungen ausüben können.[224] Anders formuliert muss die beherrschende Person Einfluss auf das **Tagesgeschäft** der beherrschten Person nehmen können. Dieser Einfluss muss so groß sein, dass der beherrschten Person kein eigener Entscheidungsspielraum verbleibt. Das ist **regelmäßig** der Fall, wenn eine Person **mehr** als 50 % der Stimmrechte an einer Gesellschaft inne hat. Anders ist es jedoch bei einer AG, da bei dieser der Vorstand gem § 82 AktG in seiner Entsch frei ist. **146**

Auch **natürliche Personen** und **PersG** können unter beherrschendem Einfluss eines anderen stehen.[225] **147**

Ob der Einfluss mittelbar oder unmittelbar zu einer Beherrschung führt, ist nach dem Gesetzeswortlaut unerheblich; es kommt nur darauf an, dass die „letzte" Person beherrscht wird. Im Hinblick auf die konkrete Geschäftsbeziehung der beherrschten Person ist nicht erforderlich, dass die beherrschende Person ihren Einfluss geltend gemacht hat. Nach dem Gesetzeswortlaut genügt die **Möglichkeit** zur Einflussnahme.[226] **148**

b) § 1 Abs 2 Nr 2. Die Regelung **erweitert** das Nahestehen auf solche Fälle, in denen zwar nicht der StPfl und eine andere Person unmittelbar oder mittelbar auf den jeweils anderen Einfluss nehmen können (vertikale Einflussnahmemöglichkeit), jedoch ein **Dritter** eine entspr Einflussnahmemöglichkeit auf den StPfl und die Person hat (horizontale Einflussnahmemöglichkeit). Von dieser Variante werden in erster Linie **Schwestergesellschaften** erfasst.[227] **149**

Hinsichtlich der Auslegung der Begr „wesentliche Beteiligung" vgl Rn 133; das Merkmal „beherrschender Einfluss" wurde unter Rn 142 ff erläutert und gilt für § 1 Abs 2 Nr 2 gleichermaßen. **150**

---

221 *F/W/B/S* § 1 AStG Rn 840.
222 *V/B/E* A 212; *F/W/B/S* § 1 AStG Rn 840.
223 AA *S/K/K* § 1 AStG Rn 635.
224 *F/W/B/S* § 1 AStG Rn 841.
225 *BMF* BStBl I 1983, 218 Tz 1.3.2.4; *F/W/B/S* § 1 AStG Rn 842; *V/B/E* A 214.
226 *BMF* BStBl I 1983, 218 Tz 1.3.2.6.
227 *S/K/K* § 1 AStG Rn 653; *F/W/B/S* § 1 AStG Rn 847.

151 Obwohl eine gesetzliche Bestimmung darüber fehlt, ob die wesentliche Beteiligung **unmittelbarer** oder **mittelbarer** Natur sein muss, dieses hingegen ausdrücklich für den beherrschenden Einfluss geregelt ist, kann auf die Definition in § 1 Abs 2 Nr 1 zurückgegriffen werden, so dass im Erg sowohl unmittelbare als auch mittelbare Beteiligungen von § 1 Abs 2 Nr 2 erfasst sind.[228] Dabei ist unerheblich, ob der Anteilsinhaber im Innenverhältnis aufgrund einer Treuhand gebunden ist; schon nach dem Wortlaut der Norm kommt es allein auf die Beteiligung in einer bestimmten Höhe, nicht aber auf das Vorhandensein von Stimmrechten oder anderweitigen Einflussnahmemöglichkeiten an.[229]

152 Wer dritte Person sein kann, ist ebenfalls im Gesetz nicht näher ausgeführt. Da das AStG einen weiten Anwendungsbereich verfolgt und keine zwingenden Gründe dagegensprechen, sind sowohl **natürliche Personen**, **juristische Personen** als auch **PersG** taugliche dritte Personen.Ob die dritte Person im Inland unbeschränkt oder beschränkt steuerpflichtig ist, ist nicht von Bedeutung.[230]

153 **c) § 1 Abs 2 Nr 3. – aa) Einflussnahmemöglichkeit auf die Vereinbarungen der Geschäftsbeziehung.** Die dritte Variante zur Begr eines Nahestehens zwischen dem StPfl und einer (anderen) Person liegt vor, wenn die Person oder der StPfl imstande ist, bei der Vereinbarung der Bedingungen einer Geschäftsbeziehung auf den StPfl oder die Person einen **außerhalb** dieser Geschäftsbeziehung **begründeten Einfluss** auszuüben oder wenn einer von ihnen ein eigenes **Interesse an der Erzielung der Einkünfte des anderen** hat.

154 Die Regelung ist aus sich heraus nicht verständlich und muss als missglückt bezeichnet werden. Unverständliche Regelungen tragen meistens die Gefahr in sich, auf Sachverhalten angewendet zu werden, die sie nicht erfassen sollen. Die in § 1 Abs 2 Nr 3 verwendeten Begr sind daher eng auszulegen.

155 In der ersten Alternative der dritten Variante begründet die **Möglichkeit** zur Einflussnahme, die außerhalb der Geschäftsbeziehung gegeben sein muss, eine **Verflechtung** zwischen dem StPfl und der (anderen) Person. In Anlehnung an die Voraussetzung in § 1 Abs 2 Nr 1 und 2, dass der Einfluss von beherrschender Natur sein muss, wird man auch von der Einflussnahmemöglichkeit in § 1 Abs 2 Nr 3 davon auszugehen haben, dass diese von **einigem Gewicht** zu sein hat.[231]

156 Nach Auffassung des *Hessischen FG*[232] genüge auch eine mittelbare Einflussnahmemöglichkeit.[233] Dies ergebe sich aus dem Wortlaut des Gesetzes. Danach müsse die (potentiell nahe stehende) Person lediglich im Stande sein, Einfluss auszuüben. Der Gesetzestext ließe also die Möglichkeit der Einflussnahme ausreichen und begrenze diesen weit gefassten Tatbestand lediglich dadurch, dass die Einflussnahmemöglichkeit ihren Grund nicht (allein) in der zu beurteilenden Geschäftsbeziehung haben

---

228 *S/K/K* § 1 AStG Rn 654; *F/W/B/S* § 1 AStG Rn 847.
229 *BFH* BStBl II 2013, 771.
230 *BFH* BStBl II 2013, 771.
231 *S/K/K* § 1 AStG Rn 657; *F/W/B/S* § 1 AStG Rn 854.
232 *FG Hessen* StBW 2011, 586.
233 So auch *BMF* BStBl I 2004, SonderNr 1, 3 Tz. 1.0.1; abl *Jansen* IWB Gr 4, 375; ausdrücklich offen gelassen vom *BFH* in der über die Revision ergangenen Entscheidung, BStBl II 2103, 771.

dürfe. Es komme auch nicht darauf an, ob die Einflussnahme unmittelbar oder über andere Personen mittelbar möglich sei oder ob es sich um einen beherrschenden Einfluss handele.[234] Diese Auslegung werde nach Auffassung des Hessischen FG durch eine systematische Betrachtungsweise der Tatbestände des § 1 Abs 2 bestätigt. Sowohl bei § 1 Abs 2 Nr 1 als auch bei § 1 Abs 2 Nr 2 handele es sich um typisierende Tatbestände. Sie hätten zum Regelungsinhalt, dass bei Vorliegen einer bestimmten Beteiligungskonstellation oder bei Vorliegen einer bestimmten (unmittelbaren oder mittelbaren) Beherrschungsmöglichkeit von einem Nahestehenden auszugehen sei – unabhängig von weiteren ggf vorliegenden Besonderheiten des Einzelfalls. Das im Rahmen des Auffangtatbestandes § 1 Abs 2 Nr 3 1. Alt nicht zwischen unmittelbarer und mittelbarer Einflussnahme unterschieden werde, habe auch damit zu tun, dass Möglichkeiten der Einflussnahme auch unabhängig von einer ggf vorliegenden wechselseitigen Beteiligung unter dem Aspekt des Nahestehens erfasst werden sollen.

ME ist die Auffassung des Hessischen FG ein Paradebeispiel für die in Rn 154 aufgezeigte Gefahr, der nur mit einer engen Auslegung der Norm begegnet werden kann. Zuzustimmen ist dem Hessischen FG, dass die Möglichkeit der Einflussnahme nach dem Gesetzeswortlaut genügt und nicht erforderlich ist, dass tatsächlich eine Einflussnahme stattgefunden hat. Im Vergleich zu den Regelungen in § 1 Abs 2 Nr 1 und 2 wird in Nr 3 Alt 1 nicht zwischen unmittelbar oder mittelbar und dem Einbezug dritter Personen unterschieden. Während der Gesetzgeber in den Nr 1 und 2 des § 1 Abs 2 den Einbezug weiterer Personen (außerhalb der in Geschäftsbeziehung Stehenden) für notwendig erachtete, um ein Nahestehen begründen zu können, beließ er es in der Nr 3 bei den in der Geschäftsbeziehung Stehenden und bezog damit nur diese bei Vorliegen der weiteren Voraussetzungen in den Kreis der nahe stehenden Personen ein. Wollte man der Auffassung des Hessischen FG folgen, drohte eine uferlose Anwendung. Das wäre mit dem Gebot der Normenklarheit kaum zu vereinbaren. Krit sieht auch *Podewils*[235] die Auslegung durch das Hessischen FG: Die hohe Komplexität der Tatbestände der nahestehenden Person in § 1 Abs 2 Nr 1–3 entbinde den Rechtsanwender nicht davon, die Norm nach den allgemeingültigen Methoden – Wortlaut, Systematik und Zweck des Gesetzes auszulegen. Daraus folge das Erfordernis einer unmittelbaren Einflussnahmemöglichkeit in § 1 Abs 2 Nr 3 Alt 1. Darüber hinaus sei bei allen Tatbestandsvarianten in § 1 Abs 2 eine Einflussnahmemöglichkeit im Einzelfall stets zu verneinen, wenn diese aufgrund der konkreten Umstände ausgeschlossen ist. Dieses sei namentlich der Fall, wenn – wie im vom *Hess FG* entschiedenen Fall – eine treuhänderische Bindung einer Einflussnahmemöglichkeit entgegenstehe. Entherrschungsverträge, die zur Aufhebung einer Einflussnahmemöglichkeit bzw eines Beherrschungsverhältnisses führen, seien schließlich auch im Gesellschaftsrecht anerkannt. 157

Die Einflussnahmemöglichkeit muss ihren **Ursprung** außerhalb dieser Geschäftsbeziehung haben. Die Formulierung „diese“ soll nach Auffassung der Lit[236] so zu verstehen sein, dass **jede** Einflussnahmemöglichkeit in Betracht kommt, die nicht durch die konkrete („diese“) Geschäftsbeziehung begründet ist. Danach soll eine andere Geschäftsbeziehung genauso ausreichen wie nichtgeschäftliche (außerbetriebliche) Einflussnah- 158

234 So wohl *F/W/B/S* § 1 AStG Rn 854.
235 IStR 2012, 133.
236 *F/W/B/S* § 1 AStG Rn 854 mwN.

memöglichkeiten.[237] Entscheidend ist jedoch, dass die Einflussnahmemöglichkeit bei den Verhandlungen im Rahmen „dieser" Geschäftsbeziehung bereits vorliegt. Die Einflussnahmemöglichkeit muss also in **zeitlicher Hinsicht** vor der fraglichen Geschäftsbeziehung begründet worden sein.

159 Eine Gewinnkorrektur nach § 1 AStG ist nur angezeigt, wenn die außerhalb der konkreten Geschäftsbeziehung begründete Einflussnahmemöglichkeit **nicht** betrieblicher Natur ist. Beruht die Einflussnahmemöglichkeit des (herrschenden) Geschäftspartners auf seiner **Marktbeherrschung**, zB durch eine Monopol- oder Oligopolstellung, ist die Einflussnahmemöglichkeit durch den Markt begründet und damit betrieblicher Natur; eine Einkünftekorrektur nach § 1 kommt nicht in Betracht.[238] Eine Einflussnahmemöglichkeit iSv § 1 Abs 2 Nr 3 kann zB in **Rahmenvereinbarungen** oder **Sukzessivlieferungsverträgen** liegen. Bei solchen Vereinbarungen kann es vorkommen, dass die Machtstellung des einen Geschäftspartners so groß ist, dass er seinem Vertragspartner seinen Willen faktisch aufzwingen kann. Ein festes Schema, wodurch eine Einflussnahmemöglichkeit begründet wird, gibt es jedoch nicht. Letztlich wird die Frage, ob eine Einflussnahmemöglichkeit gegeben ist, im konkreten Einzelfall untersucht werden müssen.

160 **bb) Eigenes Interesse an der Einkünfteerzielung des anderen.** Als zweite Alternative, die ein Nahestehen begründet, nennt § 1 Abs 2 Nr 3 ein **eigenes** Interesse des StPfl an der **Einkünfteerzielung** der Person oder andersherum ein eigenes Interesse der Person an der Einkünfteerzielung des StPfl.

161 Die FinVerw[239] sieht das Merkmal der **Interessenidentität** zB dann als gegeben an, wenn sich das eigene **geschäftliche** oder **persönliche** Interesse der Person oder des StPfl auf die zur Berichtigung anstehenden Einkünfte selbst bezieht. Zum Verständnis des allg gehaltenen und deswegen auslegungsbedürftigen Gesetzeswortlautes trägt das ebenso allg gehaltene Verständnis der FinVerw von der Norm nicht bei. Die Formulierung der FinVerw ist nichts sagend und deshalb unbrauchbar.[240]

162 Auch nach Auffassung des *BFH*[241] kann das eigene Interesse **persönlicher** Natur sein; es muss nicht **wirtschaftlicher** Natur sein. Für die Annahme eines persönlichen Interesses genüge es nach Meinung des BFH, wenn als Grund für die eingetretene Einkünfteverlagerung ins Ausland vernünftigerweise nur die Absicht einer mittelbaren Vermögensverlagerung zwischen **nahen Familienangehörigen** in Betracht gezogen werden könne. Das Interesse müsse sich auf die zur Berichtigung anstehenden Einkünfte selbst beziehen. § 1 Abs 2 Nr 3 greife also nur dann ein, wenn die Einkünfte eines Steuerausländers zu Lasten der im Inland vom StPfl erzielten Einnahmen **künstlich** erhöht würden und der StPfl hieran ein persönliches Interesse habe. Nicht erforderlich sei jedoch, dass die Einkünfteverlagerung dem StPfl **zugute kommen** müsse. Sonst würde das (ausreichende) persönliche Interesse an der Einkünfteerzielung des jeweils anderen **faktisch** ein wirtschaftliches Interesse voraussetzen.

---

237 Enger *S/K/K* § 1 AStG Rn 658.
238 *F/W/B/S* § 1 AStG Rn 854.
239 *BMF* BStBl I 1983, 218 Tz 1.3.2.7.
240 *F/W/B/S* § 1 AStG Rn 856.
241 BStBl II 1994, 725.

Das Interesse an der Einkünfteerzielung des jeweils anderen muss ein eigenes Interesse sein. Dieses eigene Interesse muss wie in der ersten Alternative von § 1 Abs 2 Nr 3 außerhalb der konkreten Geschäftsbeziehung begründet worden sein. Ob ein eigenes persönliches Interesse an der Einkünfteerzielung des jeweils anderen vorliegt, wird bei Geschäftsbeziehungen zwischen **Angehörigen** iSv § 15 AO denkbar sein. Daraus darf aber **nicht** der Umkehrschluss gezogen werden, dass jede zwischen Angehörigen bestehende Beziehung zu einem Nahestehen iSv § 1 Abs 2 Nr 3 führt. Es muss nämlich stets die **Absicht** einer mittelbaren Vermögensverlagerung zwischen den nahe stehenden Personen und ein daran bestehendes eigenes Interesse hinzukommen. In anderen Fällen von Geschäftsbeziehungen zwischen fremden Dritten kann ein eigenes persönliches Interesse vorkommen, wird jedoch eher die **Ausnahme** sein. **163**

Auch ein eigenes **wirtschaftliches** Interesse an der Einkünfteerzielung des jeweils anderen kann zum Nahestehen iSv § 1 Abs 2 Nr 3 führen. Da dafür aber ein **Allgemeininteresse** nicht ausreicht, sondern das eigene Interesse von besonderem Gewicht sein muss,[242] wird ein eigenes wirtschaftliches Interesse an der Einkünfteerzielung des jeweils anderen die Ausnahme sein. Ein **gemeinsames Gewinnstreben** begründet (noch) keine Interessenidentität.[243] **164**

Für den Anwendungsbereich von § 1 Abs 2 Nr 3 ergeben sich zwei Fallgruppen:[244] **165**

- Einkünfteverlagerung anstelle von steuerlich unwirksamen Leistungen, insb Leistungsverpflichtungen aus der Privatsphäre.

  Beispiel: Abgeltung des Kaufpreises für ein vom inländischen Einzelunternehmen privat genutztes antikes Möbel durch verbilligte Verkaufspreise an den ausl Geschäftspartner.
- Einkünfteverlagerung bei nicht gesellschaftsrechtlicher Beteiligung des Inländers an den Einkünften des Ausländers.

  Beispiele: Stille Gesellschaft, partiarisches Darlehen, Provision, Gewinntantiemen.

Bei entspr Konstellation des **Steuergefälles** zwischen In- und Ausland oder vorteilhaft ausgestalteten Regelungen in DBA kann die Verlagerung im Einzelfall steuerlich günstig sein.[245] **166**

Die **Feststellungslast** für das Vorliegen gleichgerichteter Interessen trägt die FinVerw.[246] **167**

IV. Minderung von Einkünften

Die **Geschäftsbeziehung** zwischen den nahe stehenden Personen muss zu einer **Einkünfteminderung** beim StPfl geführt haben. Ob eine Einkünfteminderung eingetreten ist, wird nach Auffassung des *BFH*[247] in seiner Rspr zur vGA durch die Aufstellung der **Steuerbilanz** unter Anwendung des **Maßgeblichkeitsgrundsatzes** in § 5 EStG ohne Berücksichtigung der Rechtsfolge aus § 8 Abs 3 S 2 KStG ermittelt. Anders ausgedrückt ermittelt der BFH die Einkünfteminderung zB bei einer Gewinnermittlung durch **Vermögensvergleich** durch Gegenüberstellung des tatsächlich ermittelten Un- **168**

242 *F/W/B/S* § 1 AStG Rn 856.
243 *V/B/E* S 86.
244 *V/B/E* S 86 mit den folgenden Bsp.
245 *V/B/E* S 86.
246 *F/W/B/S* § 1 AStG Rn 856; *V/B/E* A 222.
247 BStBl II 1994, 479; BStBl II 1997, 89; *BFHE* 182, 123.

terschiedsbetrages iSv § 4 Abs 1 S 1 EStG mit dem **„Sollgewinn"**, den der StPfl erzielt hätte, wenn die von ihm mit der nahe stehenden Person getroffenen Vereinbarungen dem Fremdvergleich entsprächen.[248]

169 Zu dem Einfluss des **Fremdvergleichs** führt die FinVerw[249] aus dass § 1 einen Rechtsgrund (Einkünftekorrektur wegen einer Einkünfteminderung dem Grunde nach) und einen Maßstab (Einkünftekorrektur wegen einer Einkünfteminderung der Höhe nach) für Berichtigungen von Einkünften des StPfl bei **grenzüberschreitenden Geschäftsbeziehungen** beinhaltet. Dabei ist mit Hilfe des Fremdvergleichs zu ermitteln, ob der StPfl seine Einkünfte voll erfasst hat.[250]

170 Eine Einkünfteminderung wird somit durch einen **Vergleich** der tatsächlich aus der konkreten Geschäftsbeziehung erzielten Einkünfte bzw aus dem tatsächlichen Unterschiedsbetrag mit den Einkünften bzw dem Unterschiedsbetrag, die (der) sich aus einer **vergleichbaren** Geschäftsbeziehung mit einem fremden Dritten ergeben hätten, festgestellt.

171 Nach neuerer Auffassung des *BMF*[251] sollen auch Teilwertabschreibungen auf sog. Eigenkapital ersetzende Darlehen an eine nahe stehende ausländische Gesellschaft zu einer Einkünfteminderung führen können und dementsprechend eine Berichtigung nach § 1 nach sich ziehen. Das gilt jedenfalls für Veranlagungszeiträume vor 2003, wenn die Darlehensgewährung eine Geschäftsbeziehung iSd § 1 Abs 1 iVm § 1 Abs 4 idF des Steueränderungsgesetzes 1992 darstellt. Für Veranlagungszeiträume ab 2003 soll dies dann gelten, wenn die Darlehensgewährung in den Jahren vor 2003 erfolgte, das Darlehen aber ab dem Veranlagungszeitraum 2003 noch weiter besteht. Für Veranlagungszeiträume ab 2008 ist für Kapitalgesellschaften die Anwendung von § 8b Abs 3 KStG idF des Jahressteuergesetzes 2008 gegenüber § 1 vorrangig, soweit § 1 keine weitergehenden Rechtsfolgen vorsieht.[252] Uneingeschränkt über den Veranlagungszeitraum 2008 hinaus anzuwenden ist die Auffassung des BMF, wenn eine natürliche Person oder eine Personengesellschaft grenzüberschreitend einer nahe stehenden Person iSd § 1 Abs 2 ein Darlehen gewährt.[253] Zutreffend ist die Auffassung des BMF mE, soweit sie die Darlehensgewährung selbst generell als Geschäftsbeziehung iSd § 1 Abs 5 qualifiziert. Neu und mE krit zu sehen ist jedoch der Einbezug des Kapitalstamms selbst, dessen Minderung allenfalls ein Reflex aus den Bedingungen des Darlehensvertrages ist. Nach dem Wortlaut des § 1 Abs 1 S 1 muss die Einkünfteminderung aus anderen als fremdüblichen Bedingungen resultieren, was insb aus der Vereinbarung fremdunüblicher Preise (Verrechnungspreise) herrührt. Davon können aber allenfalls die Zinsen, die für die Gewährung des Darlehens gewährt werden, erfasst sein. Wenn die Finanzverwaltung in Tz 6 des Schreibens v 29.3.2011[254] die Besicherung des Darlehens zu den maßgeblichen Bedingungen erhebt, die dem Fremdvergleich standhalten müssen, kann dieses mE gleichwohl nicht zu einer Korrektur nach

248 *F/W/B/S* § 1 AStG Rn 252.
249 *BMF* BStBl I 1974 Tz 1.0.3.
250 *BMF* BStBl I 1983, 218 Tz 1.1.1.
251 BStBl I 2011, 277.
252 *BMF* BStBl I, 277 Tz 35.
253 *BMF* BStBl I, 277 Tz 4.
254 BStBl I 2011, 277.

§ 1 führen:[255] Die Bewertung der Darlehensforderung in der Steuerbilanz erfolgt gem § 6 Abs 1 Nr 2 EStG mit dem niedrigeren Teilwert, wenn die Wertminderung voraussichtlich von Dauer ist. Die Abschreibung auf den niedrigeren Teilwert stellt ein eigenständiges steuerrechtliches Wahlrecht dar, so dass auch bei zwingender Abwertung in der Handelsbilanz auf eine Teilwertabschreibung in der Steuerbilanz verzichtet werden darf.[256] In systematischer Hinsicht erfolgt die Bewertung jedoch innerhalb der Bilanz, während § 1 außerhalb der Bilanz ggf zu einer Korrektur führt. Eine Teilwertabschreibung und damit der Ansatz eines niedrigeren Wertes folgt nun regelmäßig weniger aus den Darlehensvereinbarungen als solches als vielmehr aus der desolaten wirtschaftlichen Situation des Darlehensnehmers. Die Entsch, eine Teilwertabschreibung vorzunehmen, ist eine rein steuerbilanziell zu entscheidende Frage, die damit in systematischer Hinsicht nicht zur Anwendung von § 1 führen kann.[257] Des Weiteren ist der Einbezug von Teilwertabschreibungen auf Darlehensforderungen mit dem eigentlichen Ziel des § 1, Gewinnverlagerungen ins Ausland zu verhindern, unter Einbezug der Gesetzesbegründung[258] kaum zu vereinbaren. Eine Teilwertabschreibung stellt mitnichten eine Gewinnverlagerung in das Ausland dar, die von § 1 erfasst ist. Das umso mehr, weil die Teilwertabschreibung keine korrespondierende Einkünfteerhöhung bei der ausländischen nahe stehenden Person nach sich zieht.[259]

1. Begriff der Einkünfte. Unter Einkünften iSd Vorschrift ist das Erg der jeweils anzuwendenden Einkünfteermittlung vor zutr Anwendung von Einkünftekorrekturvorschriften in den verschiedenen Einkunftsarten zu verstehen. In Betracht kommen der **Vermögensvergleich**, die **Einnahme-Überschussrechnung** und die **Gewinnermittlung nach Durchschnittsätzen**. In § 4 Abs 1 S 1 EStG wird das Erg als Unterschiedsbetrag bezeichnet. Bei Anwendung des Vermögensvergleichs ist daher immer dann eine Einkünfteminderung iSv § 1 Abs 1 eingetreten, wenn der Unterschiedsbetrag niedriger ist als ein Unterschiedsbetrag, der unter Beachtung des Fremdvergleichsgrundsatzes ermittelt worden wäre. 172

Ein sich ergebender Berichtigungsbetrag ist derselben Einkunftsart zuzurechnen, wie die ber Einkünfte.[260] Es ist mithin für jede Einkunftsart iSv § 2 Abs 1 EStG getrennt zu ermitteln, ob sich eine Einkünfteminderung ergibt. 173

2. Geschäftsvorfallbezogene Einzelerfassung. Die **Einkunftsabgrenzung** bei einem Geschäft zwischen nahe stehenden Personen ist grds auf das jeweilige **Einzelgeschäft** bezogen zu prüfen.[261] Die Ermittlung eines Minderungsbetrages aus den addierten bzw saldierten Einkünften aus einer bestimmten Geschäftsbeziehung während eines Wirtschaftsjahres ist zwar denkbar,[262] jedoch entspricht es der Auffassung des *BFH*[263] in seiner Rspr zur vGA, die Einkünftekorrektur **geschäftsvorfallbezogen** durchzufüh- 174

255 Das entspricht inzwischen auch der Auffassung des *BFH* in DStR 2015, 466; *BFH/NV* 2015, 1009; DStR 2015, 2120.
256 BMF 12.3.2010 BStBl I, 239 Tz 15.
257 So schon *Prinz/Scholz* FR 2011, 925.
258 BT-Drucks VI/2883 Teil B Buchstabe A Rz 15 ff.
259 *Dietz/Liebchen* IStR 2012, 97.
260 *BMF* BStBl I 1983, 218 Tz 8.2.1.
261 *BMF* BStBl I 1983, Tz 2.1.2.
262 *F/W/B/S* § 1 AStG Rn 253 mwN.
263 BStBl II 1993, 801; BStBl II 2002, 490; DB 2001, 2474.

ren. Der Wortlaut des § 1 lässt beide Interpretationen zu. § 1 und die vGA müssen jedoch insoweit gleich behandelt werden, um zu verhindern, dass sie auf verschiedene Sachverhalte anzuwenden wären, was aus Gründen der **Rechtsfolgenkonkurrenz** zu vermeiden gilt.[264]

175 **3. Sonderfall: Vorteilsausgleich.** Systematisch gehört der **Vorteilsausgleich** als Form der **Leistungsverrechnung** zum Fremdvergleich.[265] Der Vorteilsausgleich ist grds von der FinVerw[266] anerkannt und beinhaltet einen **Ausgleich** zwischen vorteilhaften und nachteilhaften Geschäften des StPfl. Bei Anwendung des Vorteilsausgleichs ist durch das notwendige **Zusammenwirken** mehrerer Geschäfte von dem Grundsatz der **geschäftsvorfallbezogen Einzelerfassung** abzuweichen. Ein Ausgleich zwischen vorteilhaften und nachteilhaften Geschäften eines StPfl mit nahe stehenden Personen soll nach Auffassung der FinVerw[267] aber nur zulässig sein, wenn auch fremde Dritte im Rahmen ihrer Geschäfte einen solchen Ausgleich akzeptiert hätten. Die FinVerw stellt mithin auf das Handeln ordentlicher und gewissenhafter Geschäftsleiter ab.[268] Ausgeglichen werden beim Vorteilsausgleich die Vorteile mit den Nachteilen, soweit der StPfl aus Geschäften mit einer nahe stehenden Person Nachteile in der Erwartung in Kauf genommen hat, diese Nachteile iRv (weiteren) Geschäftsbeziehungen mit der **derselben nahe stehenden Person** durch Vorteile neutralisieren zu können.

176 Die FinVerw leitet die Voraussetzungen zum Vorteilsausgleich aus dem Urt des *BFH*[269] v 8.6.1977 ab.[270] Die Anwendung des Vorteilsausgleichs setzt nach der FinVerw[271] voraus, dass (1) zwischen den Geschäften ein **innerer Zusammenhang** besteht, aufgrund dessen gesichert ist, dass die Geschäfte auch unter Fremdbedingungen von dem StPfl mit derselben nahe stehenden Person abgeschlossen worden wären, (2) die einzelnen Vor- und Nachteile resultierend aus den einzelnen Geschäften mit der **Sorgfalt eines ordentlichen und gewissenhaften Geschäftsleiters** quantifiziert werden können und (3) die Verrechnung von Vor- und Nachteilen zwischen den Beteiligten **vereinbart** worden war[272] oder zur Geschäftsgrundlage des nachteiligen Geschäfts gehörte.

177 Erstrecken sich die vor- und nachteilhaften Geschäfte über **mehrere Wirtschaftsjahre** und können die nachteilhaften Bedingungen nicht während des Wirtschaftsjahres, in dem sie sich ausgewirkt haben, ausgeglichen werden, so ist eine Verrechnung (Ausgleich) insgesamt nur zulässig, wenn spätestens zum Ende dieses Wirtschaftsjahres **geregelt** ist, zu welchem Zeitpunkt und mit welchen Vorteilen die Nachteile ausgeglichen werden sollen.[273] Die Nachteile müssen spätestens am Ende des **dritten** auf ihre Entstehung folgenden Wirtschaftsjahres ausgeglichen sein, wobei ein Ausgleich auch dann gegeben ist, wenn die den Vorteil realisierende Leistung in der Bilanz **aktiviert** wird.[274]

---

264 *F/W/B/S* § 1 AStG Rn 253.
265 Vgl *S/K/K* § 1 AStG Rn 151 ff.
266 *BMF* BStBl I 1983, 218 Tz 2.3.
267 *BMF* BStBl I 1983, 218 Tz 2.3.1.
268 *S/K/K* § 1 AStG Rn 153.
269 BStBl II 1977, 204.
270 Zur Kritik *S/K/K* § 1 AStG Rn 153 f.
271 *BMF* BStBl I 1983, 218 Tz 2.3.1.
272 So wohl auch *BFH* BStBl II 1989, 248 für eine vGA.
273 *BMF* BStBl I 1983, 218 Tz 2.3.2.
274 *BMF* BStBl I 1983, 218 Tz 2.3.2; krit *S/K/K* § 1 AStG Rn 159 mit Lösungsvorschlag wegen der restriktiven Voraussetzungen eines Vorteilsausgleichs über eine Palettenbetrachtung.

Sind die Voraussetzungen für den Vorteilsausgleich erfüllt, werden die vor- und nachteilhaften Geschäfte **zusammen** betrachtet, wobei dabei zu prüfen ist, ob sich die Vor- und Nachteile ausgleichen. Ist dieses der Fall, liegt keine Einkünfteminderung vor und es kommt zu **keiner** Verrechnungspreiskorrektur. Können die Vorteile die Nachteile nicht vollständig kompensieren, kommt es nur in Höhe dieses **Saldos** zu einer Korrektur.[275] 178

V. Vereinbarung von Preisen (Verrechnungspreise)

1. Vereinbarung. Durch das UntStRefG 2008[276] wurde der Wortlaut des Abs 1 S 1 teilw auch nur **redaktionell** geändert. Während in der bis dahin geltenden Fassung erforderlich war, dass der StPfl im Rahmen seiner Geschäftsbeziehungen zum Ausland Bedingungen **vereinbarte**, wird nun darauf abgestellt, dass der StPfl Bedingungen (Preise) seiner Einkünfteermittlung **zugrunde legt**. Eine inhaltliche Änderung ist damit nicht verbunden, denn durch das Erfordernis einer Geschäftsbeziehung werden die Bedingungen (Preis) immer vereinbart.[277] 179

2. Begriff des Verrechnungspreises. Der Begr des **Verrechnungspreises** ist nach Auffassung des Gesetzgebers iRd UntStRefG 2008[278] **definiert** worden. Ausweislich der RegierungsBegr sei die gesetzliche Definition in inhaltlicher **Übereinstimmung** mit int Grundsätzen erfolgt.[279] Dazu ist anzumerken, dass der Gesetzeswortlaut die im Rahmen einer Geschäftsbeziehung vereinbarten Preise (Verrechnungspreise) als ein **Regelbeispiel** für die zugrunde liegenden Bedingungen[280] nennt, der Begr des Preises (Verrechnungspreises) jedoch keineswegs definiert wird; es wird lediglich ein unbestimmter Begr durch einen anderen unbestimmten Begr **ersetzt**.[281] 180

Unter Verrechnungspreisen iSv § 1 versteht man die Preise, die sich **konzernangehörige** (nahe stehende) Unternehmen untereinander für die erbrachten (grenzüberschreitenden) Leistungen in Rechnung stellen.[282] 181

Der Begr des Verrechnungspreises entstammt der **Betriebswirtschaftslehre**. Er erstreckt sich auf die **Bewertung** von Leistungsbeziehungen zwischen wirtschaftlichen **Leistungseinheiten** einer Gesamtorganisation.[283] Dabei geht der Verrechnungspreis im betriebswirtschaftlichen Sinn über den Verrechnungspreis iSv § 1 hinaus. Während der Verrechnungspreis iSv § 1 zwischen verschiedenen **Rechtsträgern** im grenzüberschreitenden Lieferungs- und Leistungsverkehr vereinbart worden sein muss, kann die betriebswirtschaftliche Gesamtorganisation aus verschiedenen Bereichen **desselben Rechtsträgers** bestehen, zwischen denen ein interner Wertansatz erfolgt. 182

---

275 *S/K/K* § 1 AStG Rn 163.

276 BGBl I 2007, 1912.

277 *Wassermeyer* DB 2007, 535 hält die gesetzliche Aussage, unter dem Fremdvergleichspreis sei der Preis zu verstehen, den der StPfl seinen Einkünften zugrunde legt, für falsch, denn der Einkünfteermittlung des StPfl ist sowohl der (tatsächliche) Verrechnungspreis wie auch der Fremdvergleichspreis zugrunde zu legen.

278 BGBl I 2007, 1912.

279 BR-Drucks 220/07, 142.

280 Nach *Wulf* DB 2007, 2280 ist unklar, welche Bedingungen dies sein sollen.

281 *Kaminski* RIW 2007, 594.

282 *Frotscher* Rn 277.

283 *V/B/E* S 600.

183 **3. Bestimmung des Verrechnungspreises.** Der Verrechnungspreis ist in § 1 das **maßgebliche Kriterium** für die Prüfung, ob sich der StPfl und die nahe stehende Person bei der Vereinbarung wie fremde Dritte verhalten haben und die konkrete Geschäftsbeziehung somit zu einer **zutr Einkunftsabgrenzung** führt. Damit übernimmt das Gesetz den int anerkannten Grundsatz des **Fremdvergleichs**. Der Fremdvergleichsgrundsatz bildet die Grundlage bei der internationalen Verrechnungspreisfindung. Gem Tz 1.1. der OECD-RL 1995 soll der Fremdvergleichsgrundsatz bei der steuerlichen Einkunftsabgrenzung von den **StPfl** als auch von den betroffenen **FinVerw** nach gleichen Maßstäben angewendet werden.

184 **a) Fremdvergleichspreis.** Der Grund für die Bestimmung eines Preises, wie ihn fremde Dritte vereinbart hätten, als Vergleichsmaßstab, folgt aus der Überlegung, dass verbundene Unternehmen allzu leicht durch den gezielten Einsatz von Verrechnungspreisen **missliebigen** Einfluss auf die **Konzernsteuerquote** nehmen können, indem Gewinne in Unternehmen entstehen, die einer geringen steuerlichen Belastung unterliegen. Um dieser ungerechtfertigten Einkunftsabgrenzung vorzubeugen, wird unter Einsatz des Fremdvergleichspreises versucht, die **Einflussnahme** der Gesellschafter auf die Preisfindung zu eliminieren.[284]

185 Der Fremdvergleichspreis ist unter Berücksichtigung des **Fremdvergleichsgrundsatzes** zu ermitteln und bezeichnet den Preis, den voneinander unabhängige Dritte unter gleichen oder vergleichbaren Verhältnissen vereinbart hätten. Die Anwendung des Fremdvergleichsgrundsatzes erfordert, dass der Besteuerung ein Handeln des StPfl und der nahe stehenden Person zu Grunde gelegt wird, das dem Handeln **ordentlicher und gewissenhafter Geschäftsleiter** entspricht, da andernfalls das Zustandekommen **marktkonformer** Verrechnungspreise nicht erreicht werden kann.

186 Der zwischen den nahe stehenden Personen vereinbarte Verrechnungspreis wird anhand des Maßstabes untersucht, wie sich **fremde Dritte** unter gleichen oder vergleichbaren Bedingungen verhalten hätten, mithin welchen Preis diese fremden Dritten als Gegenleistung für die Lieferung oder Leistung verlangt hätten. Obwohl dieser Fremdvergleich auf den ersten Blick **sinnvoll** und **verständlich** erscheint, kann das Erg dieses Vergleichs nur für **theoretische** Zwecke befriedigen. In der **Praxis** wirft die Durchführung des Fremdvergleichs erhebliche Probleme auf, die schon darin liegen können, dass es für das konkrete Geschäft gar keinen Fremdvergleichspreis gibt und auch nicht geben kann. *Frotscher*[285] führt in diesem Zusammenhang **Konzernunternehmen** an, zwischen denen eine Vielzahl von wirtschaftlichen und sonstigen Verflechtungen bestünden, die es zwischen unabhängigen Dritten **nicht** geben könne. Das entspricht Tz 1.10 der OECD-RL 1995. Zu nennen seien Vorteile, die sich aus der **Konzernzugehörigkeit** ergäben (zB günstige Kreditbedingungen seitens der Kreditgeber, Lieferungen und Leistungen, die nur innerhalb des Konzernkreises erbracht werden, faktischer Vertragszwang zwischen den nahe stehenden Personen). Die Gesamtheit dieser für das Einzelunternehmen vorteilhaften Beziehungen würde man als **Rückhalt im Konzern**[286] bezeichnen.

284 *S/K/K* § 1 AStG Rn 54.

285 FR 2008, 49.

286 Weiterführend *F/W/B/S* § 1 AStG Rn 282, 117; *BFH* BStBl II 2001, 140. Die Überlassung des Konzernnamens an ein Konzern verbundenes Unternehmen stellt idR einen sog Rückhalt im Konzern dar, für den Lizenzentgelte steuerlich nicht verrechenbar sind. Ist der Konzernname jedoch zugleich als Markenname oder Markenzeichen geschützt, gilt etwas anderes, soweit der überlassenen Marke ein eigenständiger Wert zukommt.

Unabhängige Dritte befänden sich daher regelmäßig in einer anderen Situation, da ihnen der Rückhalt im Konzern fehle. Die Anwendung des Drittvergleichsgrundsatzes innerhalb des Konzerns sei daher, streng genommen, eine **Fiktion**. Da der Vergleich des konkreten Preises mit dem „üblichen" Preis nur anhand des Verhaltens fremder Dritter durchgeführt werden kann, ist mangels Vorhandenseins solcher fremder Dritter ein Vergleich unmöglich. Darin liegt die eigentliche **Schwäche** des Fremdvergleichs.

Trotz der aufgezeigten Schwächen bleiben gem Tz 1.13 der OECD-RL 1995 die Mitgliedstaaten der OECD bei ihrer Auffassung, dass für die Beurteilung von Verrechnungspreisen zwischen verbundenen Unternehmen der Fremdvergleichsgrundsatz maßgebend sein soll.[287] Der Fremdvergleichsgrundsatz sei in seinem theoretischen Ansatz wohl fundiert, da er beim Austausch von Waren und Dienstleistungen zwischen verbundenen Unternehmen der **Funktionsweise** des freien Marktes am nächsten käme. Möge er auch in der Praxis nicht immer einfach anzuwenden sein, führe er doch im Allg zu **angemessenen** Gewinnverhältnissen zwischen den Gliedunternehmen von multinationalen Konzernen, die auch von den Steuerverwaltungen akzeptiert werden könnten. Er entspreche den wirtschaftlichen Gegebenheiten und Umständen, in denen sich ein verbundenes Unternehmen befinde, und er stelle auf das normale Marktgeschehen ab. 187

Der Grundsatz des Fremdvergleichs besteht aus mehreren Elementen: Einerseits wird das **Handeln** fremder Dritter impliziert, andererseits die **Vergleichbarkeit** der Bedingungen.[288] Die Berücksichtigung beider Elemente ist erforderlich, um einen Preis zu ermitteln, der als Vergleichsmaßstab für den konkreten Verrechnungspreis herangezogen werden kann. Für die Anwendung des Fremdvergleichsgrundsatzes ist gem Abs 1 S 2 idF des UntStRefG 2008[289] weiter davon auszugehen, dass die voneinander unabhängigen Dritten alle **wesentlichen Umstände** der Geschäftsbeziehung **kennen** und nach den Grundsätzen ordentlicher und gewissenhafter Geschäftsleiter handeln. 188

aa) Fremde Dritte. Fremde Dritte sind Personen, welche die Voraussetzungen in § 1 Abs 2 **nicht** erfüllen. Wenn § 1 Abs 2 bestimmt, in welchen Fällen sich Personen nahe stehen, kann daraus der **Umkehrschluss** gezogen werden, dass wenn die Vergleichspersonen die Voraussetzungen von § 1 Abs 2 nicht erfüllen, sich die Personen wie fremde Dritte gegenüberstehen. 189

Das Erfordernis der Fremdheit ist nicht erfüllt, wenn Preise als Vergleichsmaßstab herangezogen werden, die zwischen anderen sich nahe stehenden Personen vereinbart wurden. Es ist mithin nicht möglich, den konkreten Verrechnungspreis zwischen dem StPfl und der nahe stehenden Person mit Verrechnungspreisen zu vergleichen, die zwischen zwei verbundenen Unternehmen in einer anderen (fremden) Unternehmensgruppe vereinbart wurden.[290] 190

bb) Vergleichbarkeit der Bedingungen. Das zweite Element für den Fremdvergleich erfordert die **Vergleichbarkeit der Bedingungen**. Dafür müssen die Preise, welche als Vergleichsmaßstab zur Prüfung des konkreten Verrechnungspreises herangezogen 191

---

287 So auch: *Frotscher* Rn 550; *F/W/B/S* § 1 AStG Rn 257.

288 *S/K/K* § 1 AStG Rn 55.

289 BGBl I 2007, 1912.

290 Zu den Vorteilen, auf Preise, die zwischen verbundenen Unternehmen vereinbart wurden, zurückzugreifen und die Lösung, solchen Preisen einen geringeren Beweiswert beizumessen *S/K/K* § 1 AStG Rn 57 f.

werden sollen, unter vergleichbaren Bedingungen zustande gekommen sein. Die Bedingungen für das Zustandekommen müssen nur vergleichbar, **nicht** identisch sein, was aber den Idealfall darstellte. In seinem Urt v 6.4.2005 führt der *BFH*[291] für eine Lieferbeziehung zwischen einer inländischen Vertriebstochter und einer ausl Produktionsmutter unter Anwendung der Preisvergleichsmethode (vgl Rn 262 ff) aus: „Die Anwendung dieser „Preisvergleichsmethode“ setzt jedoch voraus, dass der zu beurteilende Preis einerseits und der als Maßstab anzulegende Vergleichspreis andererseits **auf zumindest im Wesentlichen identischen Leistungsbeziehungen** beruhen. Sie ist deshalb nicht oder nur mit Einschränkungen möglich, wenn bei einem verbundenen Unternehmen spezielle Umstände gegeben sind, die im Verhältnis zwischen voneinander unabhängigen Unternehmen eine abw Preisgestaltung veranlassen würden. In einem solchen Fall können tatsächlich vorhandene Vereinbarungen mit oder zwischen dritten Unternehmen allenfalls nach Vornahme entspr Anpassungen auf die konkret zu beurteilende Leistungsbeziehung übertragen werden.“

192 Nach der OECD[292] ist für einen brauchbaren Vergleich erforderlich, dass die wirtschaftlich relevanten Gegebenheiten der verglichenen Situation **hinreichend** vergleichbar sind. Vergleichbar sein hieße, dass keiner der anfälligen Unterschiede zwischen den verglichenen Gegebenheiten die methodisch untersuchte Bedingung (zB Preis oder Spanne) wesentlich beeinflussen könne, oder dass entspr genaue Berichtigungen erfolgen könnten, um die Auswirkung dieser Unterschiede zu beseitigen. Bei der Festlegung des Vergleichbarkeitsgrades – dazu gehöre auch die Frage, welche Berichtigungen notwendig seien – sei es nötig zu wissen, wie unabhängige Dritte potenzielle Geschäfte beurteilten.

193 Um den **erforderlichen Grad** tatsächlicher Vergleichbarkeit herzustellen und anschließend entspr Berichtigungen zur Realisierung des Fremdvergleichsgrundsatzes (ggf innerhalb einer bestimmten Bandbreite) vorzunehmen, ist es nach Tz 1.38 der OECD-RL 1995 notwendig, die **fremdverhaltensrelevanten** Merkmale der Geschäfte und Unternehmen zu vergleichen. Zu den wichtigen Merkmalen gehörten nach Auffassung der OECD[293] die Eigenschaften der gelieferten Vermögenswerte oder erbrachten Dienstleitungen, die von den Parteien wahrgenommenen Funktionen (unter Berücksichtigung des Kapitaleinsatzes und der übernommenen Risiken), die Vertragsbedingungen, die wirtschaftlichen Verhältnisse der Parteien sowie die von den Parteien verfolgen Geschäftsstrategien. Unter Bezugnahme auf die OECD-RL sind nach Auffassung der FinVerw[294] für die Vergleichbarkeitsprüfung alle **Faktoren** heranzuziehen, die sich auf die **Preisgestaltung** auswirken könnten.

194 Zu den Bedingungen, die zur Überprüfung der Fremdvergleichskonformität der vereinbarten Preise heranzuziehen sind, gehören bei einer grenzüberschreitenden Darlehensbeziehung zwischen nahe stehenden Personen nach Auffassung des *BMF*[295] auch fremdübliche Sicherheiten. Insoweit möchte das BMF seine bisherige Auffassung in Tz 4.2.2 der Grundsätze für die Prüfung der Einkunftsabgrenzung bei international

291 BStBl II 2007, 658.
292 OECD-RL 2010 Tz 1.33 ff.
293 OECD-RL 2010 Tz 1.36.
294 BStBl I 2995, 570 Tz 3.4.12.7.
295 BStBl I 2011, 277.

verbundenen Unternehmen[296] konkretisieren. Bedeutung erlangt die Auffassung des BMF insb in den Fällen, in denen das Darlehen nicht besichert wird und ein Risikozuschlag auf den Zinssatz wegen des sog Rückhalt im Konzern nicht vereinbart wird. Von einem Konzernrückhalt ist dabei auszugehen, solange der beherrschende Gesellschafter die Zahlungsfähigkeit der Gesellschaft sicherstellt, dh solange diese ihren Außenverpflichtungen nachkommt.[297] Unbeantwortet lässt das BMF, ob der Konzernrückhalt in jedem Fall bei der Vereinbarung der Darlehenskonditionen automatisch zu berücksichtigen ist, da in einem vergleichbaren Fall fremde Dritte auch den Konzernrückhalt als maßgebliche Bedingung einbezogen hätten und deswegen einer Tochtergesellschaft im Vertrauen auf einen bestehenden Konzernrückhalt bessere Kreditkonditionen eingeräumt hätten, als dies bei isolierter Abwägung der Kreditwürdigkeit und der Ausfallwahrscheinlichkeiten der Tochtergesellschaft der Fall gewesen wäre. Im Rahmen von Betriebsprüfungen kann sich die Frage stellen (nicht nur im Hinblick auf Teilwertabschreibungen für Veranlagungszeiträume bis 2007 bei Kapitalgesellschaften und bei natürlichen Personen und Personenhandelsgesellschaften auch darüber hinaus), ob ein möglicherweise vereinbarter Risikozuschlag auf den Darlehenszinssatz wegen fehlender Sicherheiten diesen Umstand fremdüblich berücksichtigt oder nicht. Welche Parameter die fehlende Sicherung der Höhe nach fremdüblich qualifizieren, lässt sich dem BMF-Schreiben nicht entnehmen.[298] *Looks/Birmans/Persch*[299] weisen darauf hin, faktisch könne immer entgegen einer „stand-alone-Betrachtung" argumentiert werden und ein Risikoaufschlag nur dann anerkannt werden, wenn explizit ein Konzernrückhalt durch den Steuerpflichtigen ausgeschlossen werde. Dies sei darin begründet, dass ein fremder Dritter bei Berücksichtigung aller wesentlichen Umstände auch einen Konzernrückhalt einbezogen hätte, so dass dieser den Darlehensnehmer günstigere Konditionen, dh ohne Risikoaufschlag, gewährt hätte. Insoweit komme einer genauen Angemessenheitsdokumentation zur Festlegung von Finanzierungskonditionen in der Praxis eine noch stärkere Bedeutung zu.

In der Literatur[300] wird die Erweiterung des Begr der Bedingungen in § 1 Abs 1 S 1 **195**
auf die Kreditbesicherung abgelehnt. Als Begr wird vorgetragen, mit dem Gesetzeswortlaut ab dem Veranlagerungszeitraum 2008 werde auf „Bedingungen, insb Preise (Verrechnungspreise)" abgestellt. Diese Erweiterung sollte jedoch nach der Gesetzes-Begr[301] nur klarstellender Natur sein, da hierdurch die Begrifflichkeiten „Verrechnungspreise" und „Fremdvergleichsgrundsatz" an die nach internationalen Grundsätzen geltenden Definitionen angepasst werden sollten. Nach diesem Verständnis würde somit der Begr der „Bedingungen" nicht erweitert, so dass auch eine Unterlassung einer Kreditbesicherung nicht als eine solche „Bedingung" aufgefasst werden könne. Aber auch bei Anerkennung der fehlenden Darlehensbesicherung als eine solche „Bedingung", sei diese bei bestehendem Rückhalt im Konzern als fremdüblich anzuerkennen, so dass für eine Korrektur nach § 1 kein Raum bliebe.

296 BStBl I 1983, 218 und wohl auch in BStBl I 2005, 570 Tz 3.4.12.7.
297 *BMF* BStBl I 2011, 277 Tz 11.
298 *Dietz/Liebchen* IStR 2012, 97.
299 DB 2011, 2110.
300 *Teschke/Langkau/Sundheimer* DStR 2011, 2021; *Printz/Scholz* FR 2011, 925.
301 BT-Drucks 16/4841, 85.

196 Um eine Eliminierung von Unterschieden vornehmen zu können, sollte für diese Unterschiede versucht werden, einen Marktpreis zu bestimmen; gelingt dieses, ist eine Preisanpassung relativ einfach.[302]

197 Nach Durchführung des Fremdvergleichs wird es die Ausnahme sein, dass man einen bestimmten Betrag (zB Preis oder Marge) erhält, dem bei Beurteilung der Fremdvergleichskonformität eine höchste Zuverlässigkeit zukommt.[303] Häufiger werden als Erg **mehrere Preise** als Vergleichsmaßstab für den Verrechnungspreis in Frage kommen. Denn die Verrechnungspreisgestaltung ist keine **exakte** Wissenschaft, so dass es viele Situationen geben wird, bei denen die Anwendung der geeignetsten Methode bzw Methoden eine **Bandbreite** von Beträgen ergibt, von denen alle gleichermaßen zuverlässig sind.[304] Das kann einerseits darauf beruhen, dass durch die Anwendung des Fremdvergleichsgrundsatzes nur eine Annäherung an die Bedingungen des Vergleichsgeschäfts herbeigeführt werden kann, andererseits ist es möglich, dass unabhängige Unternehmen vergleichbare Geschäfte unter vergleichbaren Bedingungen jedoch zu einem anderen Preis tätigen. Eine Bandbreite von Zahlen kann sich auch dann ergeben, wenn für die Beurteilung eines konzerninternen Geschäfts mehr als eine Methode herangezogen wird. Das entspricht der schon bisherigen Auffassung der FinVerw[305] und folgt seit Änderung des Abs 3 durch das UntStRefG 2008[306] auch aus Abs 3 S 1. Den **Umgang** mit den Vergleichswerten bei Vorliegen von mehreren Vergleichswerten (Bandbreite) bestimmt die FinVerw dann wie folgt: „Spricht für einen der gefundenen Werte nach den konkreten Umständen des Falles die größte **Wahrscheinlichkeit** der Richtigkeit, sind die Gründe dafür aufzuzeichnen. In aller Regel ist nur dieser Wert (ggf mit Anpassungsrechnungen) für die Besteuerung maßgeblich. Soweit mehrere Werte gleichermaßen einen der Richtigkeit haben, ergibt sich eine Bandbreite. Diese Bandbreite ist unabhängig von der Anzahl der Vergleichswerte, nur dann in vollem Umfang zu berücksichtigen, wenn aufgrund zuverlässiger (Datenqualität) und vollständiger Informationen feststeht, dass eine **uneingeschränkte Vergleichbarkeit** der Geschäftsbedingungen besteht."

198 Bilden nur **eingeschränkt** vergleichbare Werte die Bandbreite oder ist die uneingeschränkte Vergleichbarkeit aufgrund Informations- oder Datenmängeln nicht zuverlässig ermittelbar, ist den Anforderungen an eine ausreichende Vergleichbarkeit nicht genüge getan, weil die Spanne der Bandbreite in diesen Fällen regelmäßig zu **groß** ist.[307] Für die deswegen erforderliche Einengung ist eine weitere **Analyse** der Daten erforderlich, um zu ermitteln, ob die Daten vollständig oder teilw wegen mangelnder Vergleichbarkeit der Umstände nicht berücksichtigt werden dürfen.[308] Um nur eingeschränkt vergleichbare Vergleichsdaten gleichwohl für die Angemessenheitsdokumentation und ihre Prüfung nutzen zu können schlägt die FinVerw die notwendige Einengung mittels **Kontrollrechnungen** aufgrund der Anwendung anderer Verrechnungspreismethoden vor.[309] Diese Möglichkeit zur Nutzung eingeschränkt vergleich-

302 *S/K/K* § 1 AStG Rn 66.
303 OECD-RL 2010 Tz 4.8; *S/K/K* § 1 AStG Rn 67.
304 OCD-RL 2010 Tz 4.8.
305 BStBl I 2005, 570 Tz 3.4.12.5.
306 BGBl I 2007, 1912.
307 *BMF* BStBl I 2005, 570 Tz 3.4.12.5 lit b.
308 *BMF* BStBl I 2005, 570 Tz 3.4.12.5 lit b.
309 *BMF* BStBl I 2005, 570 Tz 3.4.12.5 lit c.

barer Vergleichsdaten obliegt dem Betriebsprüfer.[310] Desweiteren schlägt die FinVerw vor, die Bandbreite aufgrund von **Plausibilitätserwägungen** einzuengen. Dazu gehören zB Überlegungen, ob eine angemessene Gewinnerzielung in einem überschaubaren Zeitraum möglich ist oder ob der StPfl in der konkreten Situation aufgrund seiner Verhandlungsmöglichkeiten konkrete Preise innerhalb der Bandbreite hätte vereinbaren können.

Lässt sich mittels der Anwendung anderer Verrechnungspreismethoden und Plausibilitätserwägungen nicht die notwendige Einengung der Bandbreite herbeiführen, kann die Einengung durch **mathematische Verfahren** vorgenommen werden, um nur eingeschränkt vergleichbare Vergleichsdaten nicht vollständig verwerfen zu müssen.[311] Das mathematische Verfahren, welches die FinVerw anwendet, ist die sog **Interquartile Range**.[312] An der Vorgabe dieser Methode durch die Finanzverwaltung ist in der Lit[313] vielfach Kritik geübt worden. **199**

Unvollständig ist das Schreiben des *BMF* v 12.4.2005 bzgl einer Aussage, in welchen Fällen die **notwendige** Einengung der Bandbreite als nicht ausreichend anzusehen ist und eine Einengung aufgrund der Anwendung von mathematischen Verfahren zu erfolgen hat. *Kaminski*[314] sieht die Entsch in das **Ermessen** des Betriebsprüfers gestellt, was für den StPfl bedeutet, dass er in keinem Fall sicher sein kann, ob seine Versuche, die Bandbreite einzuengen, als ausreichend angesehen werden. In der Tat scheint diese Auslegung das (verschwiegene) Ziel der FinVerw zu sein. Ein solches Ziel wäre jedoch mit der Rechtssicherheit des StPfl, der sich auf das mögliche Handeln der Verwaltung einstellen können muss, unvereinbar. Insoweit ist auf den **Vorbehalt des Gesetzes** (Art 20 Abs 3 GG), nach dem bestimmte Fragen nur durch ein Gesetz geregelt werden können, um in die Rechtsposition des StPfl eingreifen zu können und der für das Steuerrecht als Eingriffsverwaltung uneingeschränkt gilt, hinzuweisen. **200**

Bei Anwendung des **hypothetischen Fremdvergleichs** (vgl Rn 212 ff) entspricht es dem Regelfall, dass sich ein Einigungsbereich zwischen der Mindestpreisvorstellung des Leistenden und der Höchstpreisvorstellung des Leistungsempfängers ergibt. Für diesen Fall bestimmt Abs 3 S 7, dass regelmäßig der Wert im Einigungsbereich für die Einkünfte des StPfl maßgebend ist, der dem Fremdvergleichsgrundsatz am besten entspricht. Mangels anderer Anhaltspunkte enthält das Gesetz die Vermutung, dass sich fremde Dritte auf den **Mittelwert** im Einigungsbereich verständigen würden und begründet dieses Erg mit der dadurch gegebenen Simulation von Preisverhandlungen.[315] **201**

cc) Transparenz hinsichtlich der Bedingungen. Eine bedeutende gesetzliche Regelung ergibt sich aus Abs 1 S 2, die durch das UntStRefG 2008[316] eingeführt wurde. Danach ist für die Anwendung des Fremdvergleichsgrundsatzes davon auszugehen, dass die voneinander unabhängigen Dritten **alle wesentlichen Umstände der Geschäftsbeziehung kennen und nach den Grundsätzen ordentlicher und gewissenhaf-** **202**

310 *S/K/K* § 1 AStG Rn 80.3.
311 *BMF* BStBl I 2005, 570 Tz 3.4.12.5 lit d.
312 Zur Funktionsweise mit Beispiel *BMF* BStBl I 2005, 570 Tz 3.4.12.5 lit d.
313 *S/K/K* § 1 AStG Rn 80.5 f.
314 *S/K/K* 1 AStG Rn 80.5.
315 BR-Drucks 220/07, 144.
316 BGBl I 2007, 1912.

ter Geschäftsleiter handeln.[317] Der Gesetzgeber[318] begründet die Regelung mit dem Erfordernis, die Anwendung des Fremdvergleichsgrundsatzes verlange, dass der Besteuerung ein Handeln des StPfl und der nahe stehenden Person zugrunde gelegt werde, das dem Handeln ordentlicher und gewissenhafter Geschäftsleiter **entspreche**, da andernfalls das Zustandekommen **marktkonformer** Verrechnungspreise nicht erreicht werden könne. Die Regelung bestimme, dass zur Vermeidung **willkürlicher Erg** im Verhältnis der nahe stehenden Personen **Transparenz** hinsichtlich aller Informationen, die für die Geschäftsbeziehung wesentlich sind, anzunehmen sei. So werde sichergestellt, dass nicht jeder beliebige Fremdvergleich, der auch unter irregulären Umständen (zB wegen mangelhafter Information oder Qualifikation) zustande gekommen sein kann, zu berücksichtigen sei. Dies sei insb für den **hypothetischen Fremdvergleich** (vgl Rn 212 ff) wichtig. Für Fälle der **Funktionsverlagerung** (vgl Rn 304 ff) soll die Regelung in Abs 1 S 2 gewährleisten, dass die dt FinVerw die notwendigen Informationen über die **zukünftigen** Gewinnerwartungen der beteiligten Unternehmen und somit die maßgeblichen Informationen für die Ermittlung des **Mindest- und des Höchstpreises** erhält.[319] Von der **Idee** her folgt der Gesetzgeber damit den Ausführungen der OECD[320] über die Anwendung des Fremdvergleichsgrundsatzes bei konzerninternen Verrechnungspreisen für immaterielle Wirtschaftsgüter. Diese führen aus, Fremdpreise für die Überlassung immaterieller Vermögenswerte müssten für Vergleichbarkeitszwecke sowohl die **Sicht des Übertragenden** als auch die **Sicht des Erwerbers** berücksichtigen. Aus Sicht des Übertragenden stelle der Fremdvergleichsgrundsatz auf jene Preise ab, zu denen ein vergleichbares unabhängiges Unternehmen bereit wäre die Vermögenswerte zu überlassen. Ob aus Sicht des Erwerbers ein vergleichbares unabhängiges Unternehmen bereit wäre oder nicht bereit wäre, diesen Preis zu zahlen, hinge davon ab, welchen Wert und Nutzen die immateriellen Vermögenswerte dem Unternehmen des Erwerbers verschafften.

203 An der Regelung in Abs 1 S 2 ist in der Lit[321] erhebliche Kritik geäußert worden. Die Formulierung in Abs 1 S 2 sei international **unüblich**, unklar formuliert und enthalte keine marktkonforme, sondern eine **marktkonträre** und damit inpraktikable **Fiktion.**[322] Unklar sei die Formulierung deshalb, weil sich die „Fiktion der gegenseitigen vollständigen Information" dem Wortlaut und der Logik des Abs 1 nach sowohl auf den **konkreten Fremdvergleich** (vgl Rn 205 ff) als auch auf den **hypothetischen Fremdvergleich** (vgl Rn 212 ff) beziehen könne.[323] Desweiteren zieht die „Fiktion der gegenseitigen vollständigen Information" gerade keine Marktkonformität nach sich, denn im realen **Wirtschaftsleben** gibt es gerade keine vollständige Information über die

---

317 Vgl auch *BMF* BStBl I 2010, 774 Tz 149.

318 BR-Drucks 220/07, 142.

319 *Schreiber* Ubg 2008, 433.

320 OECD-RL 2010, Tz 6.14.

321 *Frischmuth* IStR 2007, 485; *F/W/B/S* § 1 AStG Rn V 8; *S/K/K* § 1 AStG nF Rn 6 f; *Looks/Scholz* BB 2007, 2541; *Wulf* DB 2007, 2280; *Kaminski* RIW 2007, 594; *Wassermeyer* DB 2007, 535.

322 *Frischmuth* IStR 2007, 485.

323 *Frischmuth* IStR 2007, 485; allerdings räumt *Frischmuth* zutr ein, dass es die Methodik gebietet, die Fiktion in Abs 1 S 2 auf den hypothetischen Fremdvergleich zu beschränken, denn beim Vorliegen von eingeschränkt oder sogar uneingeschränkt vergleichbaren Fremdvergleichspreisen ist die Fiktion in Abs 1 S 2 irrelevant.

rechtlichen und wirtschaftlichen **Geschäfts- und Preisbildungsbedingungen** beider Vertragspartein.[324] Anders ausgedrückt ist die Fiktion in Abs 1 S 2, dass die voneinander unabhängigen Dritten alle wesentlichen Umstände der Geschäftsbeziehung kennen, die absolute **Ausnahme** im realen Wirtschaftsleben, während die nicht vorhandene Kenntnis über alle wesentlichen Umstände der realen Ausgangssituation bei der Verrechnungspreisbildung entspricht. Dies spiegelt sich bei der **Bandbreiteneinengung** von Fremdvergleichspreisen unter Anwendung des konkreten Fremdvergleichs wider.[325] Vor diesem Hintergrund sei es geboten, Abs 1 S 2 **restriktiv** auszulegen; lediglich im Rahmen eines hypothetischen Fremdvergleichs sei es nachvollziehbar, eine vollständige **Informationsversorgung** zu unterstellen.[326] Gegen eine Beschränkung der Rechtsfigur **des doppelten ordentlichen und gewissenhaften Geschäftsleiter** auf einen hypothetischen Fremdvergleich könnte der Wille des Gesetzgebers[327] sprechen, nach dem die Anordnung der fiktiven umfassenden Kenntnis insb für den hypothetischen Fremdvergleich wichtig sein soll. Aus der Verwendung des Wortes **„insb"** kann der Schluss gezogen werden, dass für die Anwendung des Fremdvergleichsgrundsatzes die Kenntnis über die wesentlichen Umstände der Geschäftsbeziehung auch beim tatsächlichen Fremdvergleich angewendet werden soll. Für diese Auslegung kann auch die **systematische Stellung** der Anordnung in Abs 1 S 2 herangezogen werden: Sollte die Fiktion in Abs 1 S 2 auf den hypothetischen Fremdvergleich beschränkt sein, hätte eine Regelung in den „Spezialvorschriften" in Abs 3 S 5 ff zu dem hypothetischen Fremdvergleich nahe gelegen. Will man die Fiktion in Abs 1 S 2 danach auch auf den tatsächlichen Fremdvergleich anwenden, besteht das eigentliche Problem darin, dass der deutsche Gesetzgeber im **Alleingang** Anordnungen außerhalb des international anerkannten Fremdvergleichsgrundsatzes trifft,[328] was im grenzüberschreitenden Lieferungs- und Leistungsverkehr zu Schwierigkeiten der Einkunftsabgrenzung führen kann und unnötige steuerliche **Mehrbelastungen** nach sich ziehen kann.

Der Fremdvergleich kann in zwei verschiedenen Formen durchgeführt werden. Dabei **204** handelt es sich weniger um eine **Wahlmöglichkeit**, als vielmehr um die Notwendigkeit, den tatsächlichen Gegebenheiten Rechnung zu tragen. Je nachdem, ob für das konkrete Geschäft gleiche oder vergleichbare Bedingungen festgestellt werden können und es fremde Dritte gibt oder nicht, kommen verschiedene Formen des Fremdvergleichs zur Anwendung. Dabei handelt es sich um den **tatsächlichen** und den **hypothetischen Fremdvergleich**. Während bei ersterem das konkrete Geschäft mit anderen tatsächlich durchgeführten Geschäften verglichen wird, wird bei letzterem das konkrete Geschäft mit einem fiktiven (hypothetischen) Geschäft verglichen.

b) Tatsächlicher Fremdvergleich. Der tatsächliche Fremdvergleich stellt praktisch **205** den **Idealtypus** dar, nach dem eine Verrechnungspreisbestimmung gegenüber unabhängigen Dritten als Grundlage für die Ermittlung konzerninterner Entgelte herangezogen werden kann.[329] Ein tatsächlicher Fremdvergleich ist nur durchführbar, wenn

324 *Frischmuth* IStR 2007, 485; **aA** *Schreiber* Ubg 2008, 433.
325 *Frischmuth* IStR 2007, 485.
326 *F/W/B/S* § 1 AStG Rn V 10.
327 BR-Drucks 220/07, 142 f.
328 *F/W/B/S* § 1 AStG Rn V 10.
329 *S/K/K* § 1 AStG Rn 86.

die Angemessenheit von Verrechnungspreisen für Lieferungen oder Leistungen anhand anderer, tatsächlich **existenter** Rechtsgeschäfte, die zwischen fremden Dritten abgeschlossen wurden, überprüft werden kann. Ein solcher Vergleich tatsächlich vereinbarter Preise ist in der Praxis regelmäßig – wenn überhaupt – nur iRd **Preisvergleichsmethode** (vgl Rn 263 ff) möglich, insb wenn Börsen- oder Marktpreise feststellbar sind und als Vergleichsmaßstab herangezogen werden können oder wenn andere vertretbare Sachen zwischen Fremden zu gleichen Bedingungen veräußert werden.[330]

206 Zu unterscheiden ist weiter zwischen **direktem** und **indirektem** Fremdvergleich und zwischen **innerem** und **äußerem** Fremdvergleich.

207 Ein **direkter Fremdvergleich** ist nur angezeigt, wenn der Gegenstand und die Bedingungen der zum Vergleich dienenden Rechtsgeschäfte **gleich** sind. Das bedeutet, dass nicht nur die Waren (oder die Dienstleistungen) in Bezug auf Gegenstand und Qualität annähernd identisch sein müssen, sondern dass auch die sonstigen Verhältnisse der zu vergleichenden Geschäfte übereinstimmen müssen.[331] In Bezug auf die maßgeblichen Verhältnisse führt die FinVerw[332] an:

- die bes Art, Beschaffenheit und Qualität sowie der Innovationsgehalt der gelieferten Güter und Waren;
- die Verhältnisse des Marktes, in dem die Güter oder Waren benutzt, verbraucht, bearb, verarbeitet oder an fremde Dritte veräußert werden;
- die Funktionen und die Handelsstufen, die von den beteiligten Unternehmen tatsächlich wahrgenommen werden;
- die Liefervereinbarungen, insb über Haftungsverhältnisse, Zahlungsfristen, Rabatte, Skonti, Gefahrtragung, Gewährleistung usw;
- bei längerfristigen Lieferbeziehungen die damit verbundenen Vorteile und Risiken;
- bes Wettbewerbssituationen.

Aus der Aufzählung wird bereits deutlich, dass ein direkter Preisvergleich nur **selten** möglich sein wird. In der Praxis wird das regelmäßig nur der Fall sein, wenn ein äußerer Preisvergleich möglich ist.[333]

208 Bei Anwendung des **indirekten Fremdvergleichs** werden kurz gesagt ähnliche Geschäftsbeziehungen als Vergleichsmaßstab zugrunde gelegt, die insoweit **korrigiert** werden, als sie von den Gegebenheiten des konkreten Verrechnungspreises abweichen. Was natürlich voraussetzt, dass die Unterschiede identifiziert und angepasst werden können.[334]

209 Da ein direkter Preisvergleich in der Praxis nur selten möglich sein wird, lässt die FinVerw[335] grds den indirekten Preisvergleich bei Anwendung der Preisvergleichsmethode[336] zu. Dafür werden **ungleichartige** Geschäfte als **Vergleichsmaßstab** herangezogen,

330 *V/B/E* S 175.
331 *V/B/E* S 175.
332 BStBl I 1983, 218 Tz 3.1.2.
333 *V/B/E* S 175.
334 *V/B/E* S 176.
335 BStBl I 1983, 218 Tz 2.2.2.
336 Aus Tz 2.1.6 und 2.1.7 soll nach *V/B/E* S 176 gefolgert werden können, dass der indirekte Fremdvergleich auch im Rahmen der Wiederverkaufspreismethode und der Kostenaufschlagsmethode anwendbar ist.

wenn der Einfluss der abw Faktoren eliminiert und der bei diesen Geschäften vereinbarte Preis angemessen ber bzw umgerechnet werden kann, um sie an abw Bedingungen des jeweils vorliegenden Geschäfts anzupassen, die für die Bemessung des Fremdpreises von Bedeutung sind (Beispiel: Marktpreise für Waren einer Standardqualität werden in branchenüblicher Weise auf Warenqualitäten umgerechnet, für die ein bes Marktpreis nicht besteht; auf cif beruhende Marktpreise sind bei fob-Geschäften entspr umzurechnen). Handelsübliche Mengenrabatte sind zu berücksichtigen.

Beim **inneren Fremdvergleich** erfolgt die Ermittlung von Verrechnungspreisen auf der Grundlage von Vergleichswerten, die das Unternehmen aus der Veräußerung der gleichen Ware bzw der Erbringung der gleichen Leistung unter vergleichbaren Bedingungen gegenüber fremden Dritten vereinbart.[337] Als Vergleichstatbestand dient dabei das unbeeinflusste Geschäft eines Unternehmens des Konzerns mit einem nicht nahe stehenden Leistungserbringer bzw -empfänger.[338] Kann ein innerbetrieblicher Fremdvergleich durchgeführt werden, ist das Erg des Fremdvergleichs – jedenfalls für theoretische Zwecke – der ideale Vergleichsmaßstab. 210

Beim **äußeren (zwischenbetrieblichen) Fremdvergleich** wird versucht, eine Verrechnungspreisbestimmung mit Hilfe von Vergleichspreisen, die fremde Dritte im Rahmen vergleichbarer Geschäfte unter vergleichbaren Bedingungen vereinbart haben, vorzunehmen.[339] Als Vergleichsmaßstab dienen dabei Vereinbarungen, die zwischen zwei unabhängigen Kontrahenten, wovon keiner dem betrachteten Konzern angehört, für vergleichbare Leistungen unter vergleichbaren Bedingungen vereinbart wurden.[340] 211

c) Hypothetischer Fremdvergleich. Ein tatsächlicher Fremdvergleich, dem grds Vorrang vor anderen Verfahren gebührt, ist jedoch immer dann nicht durchführbar, wenn es an einer **faktischen** Vergleichsmöglichkeit fehlt.[341] Das ist regelmäßig der Fall, wenn tatsächlich vorhandene Daten nicht als Vergleichsmaßstab herangezogen werden können oder aber, wenn die Ermittlung von Vergleichsdaten ausgeschlossen ist. Aber auch für solche Fälle ist es notwendig, einen Fremdvergleich durchführen zu können, um den konkreten Verrechnungspreis einer Prüfung zu unterziehen. Es besteht daher die Möglichkeit und Notwendigkeit, auf **Hilfs- und Simulationsverfahren** zurückzugreifen;[342] maW: Es ist zu prüfen inwieweit mit Hilfe von Plausibilitäts- und Simulationserwägungen das Verhalten zwischen fremden Dritten nachgebildet werden kann.[343] Es handelt sich dann um einen **fiktiven Preisvergleich**, der sich danach richtet, was „voneinander unabhängige Dritte unter gleichen oder ähnlichen Verhältnissen vereinbart hätten".[344] Die Ermittlung des Vergleichsmaßstabes auf diese Weise wird als **hypothetischer Fremdvergleich** bezeichnet. Da die Überlegungen bei der Durchführung eines hypothetischen Fremdvergleichs durch einen höheren Grad an **Unsicherheit** und **Ungenauigkeit** geprägt sind, sind sie gegenüber dem tatsächlichen Fremdvergleich subsidiär.[345] 212

337 *S/K/K* § 1 AStG Rn 92; *F/W/B/S* § 1 AStG Rn 357.
338 *F/W/B/S* § 1 AStG Rn 357.
339 *S/K/K* § 1 AStG Rn 94; *F/W/B/S* § 1 AStG Rn 358.
340 *F/W/B/S* § 1 AStG Rn 358.
341 *F/W/B/S* § 1 AStG Rn 361; *S/K/K* § 1 AStG Rn 101.
342 *F/W/B/S* § 1 AStG Rn 361.
343 *S/K/K* § 1 AStG Rn 101.
344 *V/B/E* S 179; *F/W/B/S* § 1 AStG Rn 361.
345 *S/K/K* § 1 AStG Rn 101.

213 Der hypothetische Fremdvergleich basiert auf der **Fiktion** unverbundener (§ 1 Abs 2 e contrario) Geschäftspartner, die sich auf einen – für beide – betriebswirtschaftlich vernünftigen Preis einigen würden. Am Ende dieser Simulation ist ein Preis gefunden, der als „Sollpreis" den Vergleichsmaßstab für den „Istpreis" als Erg der konkreten Geschäftsbeziehung bildet. Der hypothetische Fremdvergleich ist mithin als „**Denkmodell**" dergestalt zu verstehen, dass durch Nachdenken zu erforschen ist, welche Bedingungen untereinander unabhängige Dritte für das konkrete Geschäft vereinbart hätten.[346]

214 Bei Durchführung des hypothetischen Fremdvergleichs sind die fiktiven Geschäftspartner in die **Lage** zu versetzen, wie sie der Geschäftsbeziehung der verbunden Unternehmen **zugrunde** liegt. Aus der konkreten Geschäftsbeziehung sind jedoch die **Umstände** herauszunehmen, soweit sie gerade die Verbundenheit der Unternehmen betreffen. Das ist die logische **Konsequenz** der Fiktion unverbundener Geschäftspartner. Zu berücksichtigen sind hingegen **Sonderverhältnisse** durch die Struktur der Märkte oder der Versorgung, durch die Unternehmensstruktur und durch staatliche Maßnahmen sowie bestehende Handelsbräuche.[347]

215 Ist der **Verrechnungspreis** einer konkreten Geschäftsbeziehung im Wege des hypothetischen Fremdvergleichs zu überprüfen, ist es durchaus möglich, **einzelne** Bestandteile aus einem (durchgeführten) konkreten Fremdvergleich in den hypothetischen Fremdvergleich einzubeziehen und dergestalt zu korrigieren, dass die Situation **widergespiegelt** wird, in der sich die nahe stehenden Personen der konkreten Geschäftsbeziehung befanden. Ist etwa ein zwischen fremden Dritten vereinbarter Preis als Vergleichsmaßstab ermittelbar, der eine Ware der gleichen Art betrifft, weichen aber Menge, Garantien und Zahlungsziele von den Bedingungen des konkreten Geschäfts ab, kann der Vergleichspreis **korrigiert** werden, um die unterschiedlichen Nebenbedingungen zu reflektieren.[348] So könnten die abw Garantie – und Zahlungsbedingungen bewertet und der Preis entspr erhöht oder verringert werden.[349]

216 Der hypothetische Fremdvergleich wird in Abs 1 S 1 **ausdrücklich** geregelt.[350] Die Formulierung „Bedingungen, ..., als sie voneinander unter gleichen oder vergleichbaren Bedingungen vereinbart hätten" stellt nicht auf solche Bedingungen ab, die unter vergleichbaren Umständen im realen Marktgeschehen festgestellt werden, also auf einen **Ist-Ist-Vergleich**, sondern auf einen Vergleich mit einem fiktiven Geschäft.[351] Allerdings deckt Abs 1 S 1 auch den **tatsächlichen** Fremdvergleich ab. Somit ist auch der Fremdvergleich im Rahmen eines **Ist-Ist-Vergleichs** und nicht nur durch einen **Soll-Ist-Vergleich** (hypothetischer Fremdvergleich) von § 1 Abs 1 S 1 erfasst.[352] Daran ändert auch die Verwendung des **Konjunktivs** („hätten") nichts. Dem tatsächlichen Fremd-

346 *F/W/B/S* § 1 AStG Rn 361.
347 *BMF* BStBl I 1983, 218 Tz 1.1.4.
348 *Frotscher* Rn 289.
349 *Frotscher* Rn 289.
350 Vgl für steuerplanerische Gestaltungsalternativen und die Erweiterung der Möglichkeiten zur Erstellung verwertbarer Verrechnungspreisdokumentationen durch die gesetzliche Kodifizierung des hypothetischen Fremdvergleichs *Bernhardt/van der Ham/Kluge* Ubg 2009, 244.
351 *V/B/E* S 178.
352 AA wohl *V/B/E* S 178.

vergleich ist nämlich der **Vorrang** einzuräumen, während der hypothetische Fremdvergleich als subsidiär hinter dem tatsächlichen Fremdvergleich zurücktritt. Denn die Umstände, welche die Grundlage für den tatsächlichen Fremdvergleich bilden, haben sich tatsächlich am **Markt** zwischen unabhängigen Dritten gebildet. Bilden diese Marktdaten ein – auf die konkret vereinbarte zu untersuchende Geschäftsbeziehung – adäquates **Vergleichskriterium**, führen sie augenscheinlich zu genaueren Erg. Insofern wird der tatsächliche Fremdvergleich auch als besserer Fremdvergleich bezeichnet.[353] Der Gesetzeswortlaut ist daher **weit** auszulegen, weil der Gesetzeswortlaut insoweit unzureichend ist; richtigerweise müsste die Formulierung lauten: „Bedingungen, die voneinander unabhängige Dritte unter gleichen oder ähnlichen Voraussetzungen vereinbart haben oder vereinbart hätten."[354]

Hingegen lässt der Wortlaut des Abs 1 S 1 im Dunkeln, von **wem** der hypothetische Fremdvergleich durchgeführt wird. Durch die im Gesetz genannten „voneinander unabhängigen Dritten" kann jedenfalls kein hypothetischer Fremdvergleich durchgeführt werden, weil ihr Verhältnis zum tatsächlichen Fremdvergleich führen würde.[355] Maßstab für den Fremdvergleich ist vielmehr ein **ordentlicher und gewissenhafter Geschäftsleiter**, der mit verkehrsüblicher Sorgfalt agiert.[356] Die Figur des ordentlichen und gewissenhaften Geschäftsleiters stammt aus dem Zivilrecht (§ 93 Abs 1 S 1 AktG, § 43 Abs 2 GmbHG) und wurde erstmals durch den *BFH*[357] im Steuerrecht angewendet.[358] 217

Der objektive Bezugspunkt für die Ermittlung des **fremdüblichen** Verhaltens wird durch den ordentlichen und gewissenhaften Geschäftsleiter manifestiert. Eine allg **Definition**, was unter einem ordentlichen und gewissenhaften Geschäftsleiter zu verstehen ist, gibt es nicht. Eine Definition wäre schwierig zu fassen, denn die Anforderungen an einen ordentlichen und gewissenhaften Geschäftsleiter werden je nach zu leitendem Unternehmen stark **variieren**. Dabei wird der jeweilige Geschäftsleiter insb der Art, Größe und Funktion des Unternehmens Rechnung tragen müssen. Desweiteren verfügt ein Geschäftsleiter über einen **(Ermessen-)Spielraum** bei der Lagebeurteilung und der geschäftlichen Entsch, wie er sich aus der Teilnahme am allg Wirtschaftsverkehr und aus der Marktsituation ergibt,[359] den der Geschäftsführer nach den Grundregeln ordnungsgemäßer Unternehmensführung auszuüben hat. IRd Untersuchung der **konkreten** Geschäftsbeziehung des StPfl ist die Rechtsfigur des ordentlichen und gewissenhaften Geschäftsleiters in die **Situation** zu versetzen, die der StPfl zu entscheiden hatte. Einzubeziehen sind die allg Gepflogenheiten des Betriebs, der Branche oder des allg Geschäftsverkehrs.[360] Bei verbundenen Unternehmen ist zu beachten, dass der Geschäftsleiter ausschließlich zum **Wohl und Zweck** des von ihm geleiteten Unternehmens handeln muss. Der *BFH*[361] entschied, der ordentliche und 218

353 *F/W/B/S* § 1 AStG Rn 362.
354 *F/W/B/S* § 1 AStG Rn 362.
355 *V/B/E* S 178.
356 *BMF* BStBl I 1983, 218 Tz 2.1.1, 2.1.8; *S/K/K* § 1 AStG Rn 103; *V/B/E* S 179.
357 BStBl III 1967, 626.
358 In dem entschiedenen Fall stritten die Parteien über das Vorliegen einer vGA. Der BFH untersuchte die Voraussetzung „Ursache im Gesellschaftsverhältnis" anhand des ordentlichen und gewissenhaften Geschäftsleiters.
359 *BMF* BStBl I 1983, 218 Tz 2.1.8.
360 *BMF* BStBl I 1983, 218 Tz 2.1.8.
361 BStBl II 1985, 18.

gewissenhafte Geschäftsleiter einer Organgesellschaft dürfe den Gesellschaftern auch dann keine Vermögensvorteile zuwenden, wenn seine Handlungsweise für den Organträger von Vorteil wäre. Der Vorteilsausgleich müsse sich zwischen der Kapitalgesellschaft und ihrem Gesellschafter vollziehen.

219 Das BMF[362] erläutert die Anwendung dieser **Grundsätze** am folgenden Bsp:

Beispiel: In den Export eines deutschen Unternehmens wird ein Vertriebsunternehmen in einem Niedrigsteuerland eingeschaltet. Bei den Warenlieferungen an dieses Unternehmen werden bestehende **Beurteilungsspielräume** stets so ausgenutzt, dass bei dem Vertriebsunternehmen ein nach seiner Funktion **unangemessen** hoher Rohgewinn anfällt. Ein ordentlicher Geschäftleiter des benachteiligten deutschen Unternehmens würde eine solche Gestaltung nicht hinnehmen. Die Einkünfte sind zu berichtigen.

220 Kommt man hingegen zu dem Erg, dass sich der Geschäftsleiter (StPfl) iRd ihm – auch von der FinVerw[363] – zugebilligten Ermessens gehandelt hat, sind die Bedingungen der konkreten Geschäftsbeziehung auch mit **steuerlicher Wirkung** anzuerkennen.[364]

221 Nach Auffassung des *BFH*[365] wird der ordentliche und gewissenhafte Geschäftsleiter jeder Vereinbarung zustimmen, die für die von ihm geführte Gesellschaft **vorteilhaft** ist. Der Fremdvergleich erfordert daher auch die **Einbeziehung** des Vertragspartners. Es ist darauf abzustellen, ob das Vereinbarte von dem abweicht, was **unabhängige** Dritte unter gleichen oder ähnlichen Verhältnissen untereinander vereinbart hätten. So gesehen ist der Maßstab des ordentlichen und gewissenhaften Geschäftsleiters nur ein **Teilaspekt** des Fremdvergleichs, der allerdings in vielen Fällen schon zu einem zutreffenden Erg führt. In der Lit[366] wird daher die **„Verdoppelung"** des ordentlichen und gewissenhaften Geschäftsleiters vorgeschlagen. Dabei wird der Vertreter des Geschäftspartners (die iSv Abs 2 nahe stehende Person) durch einen **fremden Dritten** ersetzt. Auch dieser fremde Dritte ist ein ordentlicher und gewissenhafter Geschäftsleiter. Da nun für den hypothetischen Vergleich auf Seiten des „StPfl" als auch auf Seiten des Geschäftspartners („die nahe stehende Person") ordentlich und gewissenhafte Vertreter stehen, tritt letztlich eine **„Verdoppelung"** ein. Damit wird dem **Wortlaut** sowohl des § 1 als auch des Art 9 MA Rechnung getragen, den Fremdvergleich auch auf die nahe stehende Person auszudehnen. Denn nach § 1 als auch nach Art 9 MA ist eine Einkünftekorrektur schon dann möglich, wenn ein StPfl im Rahmen seiner Geschäftsbeziehungen zum Ausland **Bedingungen** vereinbart, die von denen abweichen, die voneinander unabhängige Dritte unter **gleichen** oder **ähnlichen** Verhältnissen vereinbart hätten. Es reicht mithin aus, dass nur einer der an dem Geschäft (fiktiv) beteiligten Dritten dieses nicht eingegangen wäre; in diesem Fall hätte auch der StPfl das Geschäft nicht so vereinbaren können, wie es tatsächlich vereinbart wurde.[367] Da beide Geschäftspartner, der StPfl und die nahe stehende Person, am Markt teilnehmen und in die Preisfindung eingebunden sind, müssen auch für den hypothetischen Fremdvergleich beide Unternehmen im Hinblick auf ihren Vertreter an der Vereinbarung der Bedingungen beteiligt sein.[368]

---

362 *BMF* BStBl I 1983, 218 Tz 2.1.9.
363 *BMF* BStBl I 1983, 218 Tz 2.1.8.
364 *S/K/K* § 1 AStG Rn 107.
365 BStBl II 1996, 204; BStBl II 1996, 383 jeweils zur vGA.
366 *F/W/B/S* § 1 AStG Rn 114 mwN; *S/K/K* § 1 AStG Rn 111 f mwN.
367 *F/W/B/S* § 1 AStG Rn 111.
368 *Bernhardt/van der Ham/Kluge* Ubg 2009, 244.

In den Fällen, in denen entweder ein ordentlicher Geschäftsleiter auf Seiten des StPfl oder aber ein ordentlich handelnder Geschäftsleiter auf Seiten der nahe stehenden Person dem tatsächlich abgeschlossenen Geschäft nicht zugestimmt haben würde, besteht Grund anzunehmen, dass die aufgrund des Geschäfts erbrachten Leistungen zu einer **Einkünfteminderung** geführt haben.[369] Diese Folge setzt jedoch voraus, dass ein **Einigungsbereich** zwischen den Parteien schlicht nicht gegeben ist. Erfasst werden hingegen nicht die Fälle, in denen sich die Vertreter beider Unternehmen im Rahmen ihres jeweiligen Ermessens bewegen und das Erg eine Bandbreite von möglichen Preisen ergibt. Innerhalb der **Schnittmenge** beider Bandbreiten liegen **fremdvergleichskonforme** Preise, die für Zwecke der Besteuerung anzuerkennen sind. 222

d) Funktionsanalyse. Vor der Festlegung des Verrechnungspreises ist eine **Funktionsanalyse** durchzuführen.[370] Bei der Untersuchung, welche Funktionen von den **beteiligten** Unternehmen ausgeübt werden, handelt es sich **nicht** etwa um eine Methode zur Bestimmung des Verrechnungspreises, sondern vielmehr um eine **vorangestellte** Prüfung zur Sachverhaltsermittlung, der die Bestimmung der anwendbaren Verrechnungspreismethode folgt. Für die Vergleichbarkeit der Verhältnisse ist die wirtschaftliche Funktion des Unternehmens **innerhalb** des Unternehmensverbundes von Bedeutung.[371] Die **wirtschaftlichen** Funktionen werden von der FinVerw[372] beispielhaft („insb“) aufgezählt. Dazu gehören: 223

- die Struktur, Organisation, Aufgabenteilung und Risikoverteilung in Konzernen sowie die Zurechnung von Wirtschaftsgütern;
- welche Unternehmen die einzelnen Funktionen (Herstellung, Montage, Forschung und Entwicklung, verwaltungsbezogene Leistungen, Absatz, Dienstleistungen) erfüllen und
- in welcher Eigenschaft die Unternehmen diese Funktionen erfüllen (zB als Eigenhändler, Agent oder gleich geordneter Teilnehmer bzw Handlungsbeauftragter eines Pools).

Baumhoff[373] nennt darüber hinaus: Produktion von Grundstoffen, Montage von Fertigerzeugnissen, „Veredelung“ von Produkten, Materialbeschaffung Lagerhaltung, Verpackung, Zurverfügungstellung von Kapital, Verwertung und Schutz von Patenten und Know-how, Qualitätskontrolle, Transport, Marketing, Verkauf und Vertrieb, Kundendienst, Unternehmensberatung, sonstige und technische Dienstleistungen. Aber auch hierbei handelt es sich lediglich um eine beispielhafte, nicht abschließende Aufzählung. Auch in den OECD-RL 1995[374]ist eine beispielhafte Aufzählung von Funktionen enthalten, dazu zählen: Design, Herstellung, Montage, Forschung und Entwicklung, Service, Einkauf, Vertrieb, Marketing, Werbung, Transport, Finanzierung und Management.

Eine **Definition** des Begr „Funktion“ ist weder im Schrifttum bzw Rspr, noch in den OECD-RL 1995 gegeben. *Kaminski*[375] weist weiter darauf hin, die Unterschiede wür- 224

369 *F/W/B/S* § 1 AStG Rn 114.
370 *S/K/K* § 1 AStG Rn 117.
371 *F/W/B/S* § 1 AStG Rn 309; *BMF* BStBl I 1983, 218 Tz 2.2.1.
372 BStBl I 1983, 218 Tz 2.1.3.
373 *F/W/B/S* § 1 AStG Rn 309.
374 Tz 1.21.
375 *S/K/K* § 1 AStG Rn 118.

den schon damit beginnen, dass die OECD von einer Funktionsanalyse sprächen, während im deutschen Schrifttum häufig von einer Funktions- und Risikoanalyse gesprochen werde. Außerdem werde noch der Begr der **Transaktion** verwendet, ohne dass dieser regelmäßig definiert werde. Dieses überrasche umso mehr, weil der transaktionsbezogene Ansatz in der int Staatenpraxis,[376] in der Rspr[377] und in der Lit[378] fast ohne Widerspruch als **tragendes Prinzip** der int **Gewinnabgrenzung** zwischen verbundenen Unternehmen angesehen werde.

225 Der Gesetzgeber ist der Auffassung, eine **Definition** des Begr „Funktionsanalyse" sei nun in Abs 3 S 1 idF des UntStRefG 2008[379] enthalten. Nach dem Wortlaut der Norm sollen Anpassungen im Hinblick auf die ausgeübten Funktionen, die eingesetzten Wirtschaftsgüter und die übernommenen Chancen und Risiken (Funktionsanalyse) vorgenommen werden, um vergleichbare Werte zu ermitteln. Ob das eine Definition des Begr „Funktionsanalyse" darstellt, ist zweifelhaft, jedenfalls wird der Begr „Funktion" in Abs 3 S 1 nicht definiert.

226 Eine **Definition** des Begr „Funktion" ist in der Verordnung zur Anwendung des Fremdvergleichsgrundsatzes nach § 1 Abs 1 des AStG in Fällen grenzüberschreitender Funktionsverlagerungen (FVerlV)[380] enthalten. Gem § 1 Abs 1 FVerlV ist eine Funktion eine Geschäftstätigkeit, die aus einer **Zusammenfassung** gleichartiger betrieblicher Aufgaben besteht, die von bestimmten Stellen oder Abteilungen eines Unternehmens erledigt werden. Sie ist ein **organischer** Teil eines Unternehmens, ohne dass ein **Teilbetrieb** im steuerlichen Sinn vorliegen muss.

227 Die **Definition** in § 1 Abs 1 FVerlV ist für die Bestimmung der Funktion im Rahmen einer Funktionsanalyse als Vorüberlegung der **Angemessenheit** eines Verrechnungspreises wenig nützlich. Der Grund dafür liegt darin, dass die Funktion bei einer **Funktionsverlagerung** (vgl Rn 304 ff) an einen anderen **Tatbestand** anknüpft. Voraussetzung einer Funktionsverlagerung ist die Übertragung von betrieblichen Einheiten in Form von (innerbetrieblichen) Stellen oder (innerbetrieblichen) Abteilungen. Bei der Funktion im Rahmen einer **Funktionsanalyse** geht es hingegen um die Leistungen im weiteren Sinne, zu denen sich eine Vertragspartei im Rahmen der Geschäftsbeziehung verpflichtet hat. Zwar können sich beide Begr **decken**; der eine Geschäftspartner verfügt etwa über eine eigene Abteilung zur Forschung und Entwicklung neuer Produkte (Funktion im Sinne einer Funktionsverlagerung), deren Aufwendungen in der Preisfindung einer Geschäftsbeziehung berücksichtigt werden müssen (Vergütung der Forschung und Entwicklung iRd Wertschöpfungskette). Die Funktion im Rahmen einer **Funktionsanalyse** geht jedoch weiter. Übernimmt zB der eine Geschäftspartner bei Abschluss eines Vertrages eine über die gesetzlichen Vorgaben hinausgehende (fremdübliche) Garantie, wird er sich diese Bedingung (fremdüblich) vergüten lassen. Diese Garantieübernahme ist ohne Zweifel eine Funktion, die bei Durchführung einer Funktionsanalyse zu berücksichtigen ist. Die Garantieübernahme stellt hingegen

376 OECD-RL 2010 Vorwort Tz 6.

377 *BFH* BStBl II 1982, 761 wonach Vereinbarungen zwischen einer KapGes und ihren beherrschenden Gesellschaftern nur dann der Besteuerung zugrunde gelegt werden dürfen, wenn sie von vornherein und eindeutig getroffen worden sind.

378 *Debatin/Wassermeyer* Art 9 MA Rn 139.

379 BGBl I 2008, 1912.

380 BGBl I 2008, 1680.

regelmäßig **keine** Funktion iSd **Funktionsverlagerung** (vgl Rn 304 ff) sondern lediglich ein Risiko als Teil dieser Funktion dar. Für die Funktionsanalyse kann daher jede betriebliche Leistung, die sich mittelbar oder unmittelbar auf den Verrechnungspreis auswirken kann, eine zu berücksichtigende Funktion sein, wobei nicht erforderlich ist, dass diese Funktion einen **marktfähigen** Vermögensgegenstand darstellt.[381]

Zu dem **Unterschied** zwischen dem Begr „Funktionsanalyse" und „Risiko- und Funktionsanalyse" ist anzumerken, dass dieser Unterschied für die Praxis **unbedeutend** ist, denn die Übernahme von Risiken ist stets ein Unterfall einer Funktion. Das bringen die OECD-RL 2010 in Tz 1.20 auch **ausdrücklich** hervor, indem „die wahrgenommenen Funktionen ... (unter Berücksichtigung des Kapitaleinsatzes und der übernommenen Risiken) in der zwischen unabhängigen Unternehmen vereinbarten Vergütung zum Ausdruck kommen. ME können die Begr daher **synonym** verwendet werden. 228

Zum Begr der **Transaktion** ist eine Definition aus der **Volkswirtschaftslehre** bekannt. Danach bezeichnet man als Transaktion eine gegenseitige Übertragung von **Verfügungsrechten** an Gütern oder Dienstleistungen.[382] Es ist auch zutr, die Transaktion als tragendes Prinzip der internationalen Gewinnabgrenzung anzusehen, denn ohne eine Transaktion – im volkswirtschaftlichen Sinne – kann kein (Verrechnungs-)Preis vereinbart werden, was wiederum zwingende Tatbestandsvoraussetzung von § 1 ist.[383] So ordnet wohl auch *Kaminski*[384] die Transaktion ein, denn „ist eine Transaktion identifiziert muss in einem zweiten Schritt eine Analyse der übernommenen Funktionen durchgeführt werden". 229

Unabhängig von der jeweiligen **Verrechnungspreismethode** wird von der Analyse der Funktionen der beteiligten Unternehmen ein grds **Verteilungsmaßstab** für die Gewinnmarge des konkreten Geschäfts vorgegeben. Denn es entspricht dem Verhalten am Markt, einen umso höheren Preis zu verlangen, je mehr Funktionen und Risiken von dem Geschäftspartner übernommen werden bzw je mehr Mittel der Geschäftspartner in der konkreten Geschäftsbeziehung einsetzt. 230

Ausgangspunkt für die Funktionsanalyse ist die **Identifizierung** der einzelnen Beiträge der jeweils beteiligten Unternehmen des Unternehmensverbundes an der gesamten **Wertschöpfung**. Das Ziel ist dabei, die ausgeübten Funktionen innerhalb der Wertschöpfungskette zu **isolieren**, um sie den diese Funktionen ausübenden Unternehmen zuordnen zu können. Dabei ist einem Unternehmen, welches viele Funktionen ausübt und viele Risiken übernommen hat (jeweils im Verhältnis zu allen der Wertschöpfung zugrunde liegenden Funktionen und Risiken), ein größerer Teil der **Gewinnmarge** 231

381 *S/K/K* § 1 AStG Rn 123 unter Bezug auf OECD-RL 2010 Tz 1.42 und *BMF* BStBl I 1983, 218 Tz 2.1.3.

382 *S/K/K* § 1 AStG Rn 120 versteht unter einer Transaktion jede erwerbswirtschaftliche Tätigkeit, die auch von einem fremden Dritten als selbstständige Leistung angeboten oder empfangen werden könnte, verkehrsfähig ist und Gegenstand eines schuldrechtlichen Vertrages sein kann.

383 *S/K/K* § 1 AStG Rn 119 sieht die Grundlage des transaktionsbezogenen Ansatzes in Art 9 Abs 1 MA. Darin werde auf die zwischen den Beteiligten vereinbarten Regelungen für den Einzelfall abgestellt, denn schließlich setzten solche Vereinbarungen den Bezug zu einer (konkreten) Transaktion voraus, auch wenn die Regelungen möglicherweise für eine Vielzahl von gleich gelagerten Fällen gelten sollten.

384 *S/K/K* § 1 AStG Rn 121.

(von der Gesamtgewinnmarge der gesamten Wertschöpfungskette) zuzurechnen. Dagegen erhalten an der **Wertschöpfungskette** beteiligte Unternehmen, die lediglich **Standardfunktionen** ausüben, nur einen geringen Teil der Gesamtgewinnmarge zugewiesen.

232 Der zugewiesene Teil der Gesamtgewinnmarge stellt das **Äquivalent** für die übernommenen Funktionen und Risiken dar. Die übernommenen Funktionen und Risiken sind danach zu untersuchen, welche **Chancen** und **möglichen Nachteile** mit ihnen verbunden sind bzw in ihnen ruhen. Drohen einem Geschäftspartner aus der Übernahme einer Funktion **Nachteile**, so entspricht es dem Verhalten unabhängiger Dritter dass diese Gefahr vergütet wird, denn andernfalls würden fremde Dritte den möglichen Nachteil nicht in Kauf nehmen. Hingegen besteht kein sachlicher Grund, eine Funktion, die **kein** wesentliches **Risiko** mit sich bringt, durch einen hohen Gewinn – oder die Chance hierauf – abzugelten.[385] Die FinVerw[386] vertritt insoweit die gleiche Auffassung und hält eine **Unternehmenscharakterisierung** für unverzichtbar, um zu klären, ob und welches Unternehmen **Routinefunktionen** ausübe, welches Unternehmen das **wesentliche** Unternehmensrisiko trage und welches **mehr** als nur Routinefunktionen ausübe **ohne** wesentlichen Risiken zu tragen. Die FinVerw[387] unterscheidet zwischen drei verschiedenen Unternehmensarten:

- „Ein Unternehmen, das lediglich **Routinefunktionen** ausübt (beispielsweise konzerninterne Dienstleistungen erbringt, die ohne weiteres am Markt auch bei Dritten in Auftrag gegeben werden könnten, oder einfache Vertriebsfunktionen) und nur in geringem Umfang Wirtschaftsgüter einsetzt und nur geringe Risiken trägt, erzielt bei üblichen Geschehensablauf keine Verluste, sondern regelmäßig geringe aber relativ stabile Gewinne („Unternehmen mit Routinefunktion"). Das gilt auch für einen sog **Lohnfertiger** oder einen sog „low risk distributor", der im Hinblick auf Forderungsausfälle und die Marktentwicklung nur kommissionärsähnliche Risiken trägt.
- Einem Unternehmen, das über die zur Durchführung von Geschäften **wesentlichen materiellen und immateriellen Wirtschaftsgüter** verfügt, die wesentlichen, für den Unternehmenserfolg entscheidenden Funktionen ausübt und die wesentlichen Risiken übernimmt (vielfach als **„Entrepreneur"** oder **„Strategieträger"** bezeichnet), steht regelmäßig, (ggf zusammen mit anderen Unternehmen, die eine Entrepreneur-Funktion das betr Konzernergebnis zu (OECD-RL 1995 Tz 1.23 S 2 und Tz 1.27), das nach Abgeltung von Funktionen anderer nahe stehender Unternehmen verbleibt. Ob das von einem „Entrepreneur" erzielte Erg dem Fremdvergleich entspricht, lässt sich mangels vergleichbarer Unternehmen regelmäßig nicht unter Verwendung von Fremdvergleichsdaten feststellen; das Erg bildet vielmehr eine **Residualgröße**.
- Ein Unternehmen, das unter Berücksichtigung der von ihm ausgeübten Funktionen, eingesetzten Wirtschaftsgütern und übernommenen Risiken **weder** als Unternehmen mit Routinefunktionen **noch** als der „Entrepreneur" anzusehen ist, kann soweit für seine Geschäftsvorfälle keine Fremdpreise feststellbar sind, seine Ver-

385 *S/K/K* § 1 AStG Rn 128.

386 *BMF* BStBl I 2005, 570 Tz 3.4.10.2; so auch *Baumhoff/Ditz/Greinert* DStR 2005, 1549 mit weitergehenden Ausführungen.

387 *BMF* BStBl I 2005, 570 Tz 3.4.10.2.

rechnungspreise aufgrund von **Planrechnungen** ermitteln, wobei es den Eintritt der prognostizierten Erg zu überwachen und ggf auf Abweichungen zu reagieren hat. Die **geschäftsvorfallbezogene Nettomargenmethode** ist in diesem Zusammenhang keine geeignete Methode."

Die Zuordnung von Unternehmen zu einer der Gruppen könne – nach Auffassung der FinVerw[388] – nur anhand der Umstände des jeweiligen Falles erfolgen. Die Gründe seien unter Verwendung einer **Funktions- und Risikoanalyse** darzustellen.

Aus der Zuordnung der Unternehmen in einer der Gruppen ist zugleich der Grundstein für den Gewinnteil, der dem jeweiligen Unternehmen aufgrund seiner Stellung gebührt, gelegt. Wenn im internationalen Konzern anders verfahren wird, muss eine **Korrektur** der (vereinbarten) Verrechnungspreise erfolgen. 233

Eine Verpflichtung des StPfl zur **Vornahme** einer Funktions- und Risikoanalyse ergibt sich aus § 4 Nr 3 Buchstabe a GAufzV iRd Dokumentation nach § 90 Abs 3 AO. Danach hat der StPfl (nach Maßgabe der §§ 1–3 GAufzV) folgende **Aufzeichnungen**, soweit sie für die Prüfung von Geschäftsbeziehungen iSd § 90 Abs 3 AO von Bedeutung sind, zu erstellen: (1) **Informationen** über die jeweils vom StPfl und den nahe stehenden Personen iRd Geschäftsbeziehungen **ausgeübten Funktionen** und **übernommenen Risiken** sowie deren Veränderungen über die eingesetzten wesentlichen Wirtschaftsgüter, über die vereinbarten Vertragsbedingungen, über gewählte Geschäftsstrategien sowie über die bedeutsamen Markt- und Wettbewerbsverhältnisse; (2) **Beschreibung** der **Wertschöpfungskette** und **Darstellung** des **Wertschöpfungsbeitrags** des StPfl im Verhältnis zu den nahe stehenden Personen, mit denen Geschäftsbeziehungen bestehen. 234

Kaminski[389] schlägt für die Umsetzung dieser Anforderungen **tabellarische Übersichten** vor, bei denen nicht nur eine einfache Zuordnung von Funktionen erfolge, sondern auch gesondert angegeben werde, wie ausgeprägt bestimmte Risiken seien. Insoweit könne es sich anbieten, hier ein abgestuftes System (etwa eine Skala von 1-5) vorzusehen. Ferner solle überlegt werden, inwieweit **zusätzliche Erl** erforderlich seien, um dieses System **nachvollziehbar** zu machen. Dies könne nicht nur sinnvoll sein, um diese Unterlagen der FinVerw vorzulegen, sondern auch innerhalb des eigenen Unternehmens für **Transparenz** und Akzeptanz sorgen. 235

e) Methoden zur Ermittlung des Fremdvergleichspreises. Um den Fremdvergleich vornehmen zu können, wendet man **verschiedene** Verfahren bzw Methoden an, die sog **Verrechnungspreismethoden.** Durch Anwendung dieser Methoden wird ein **Fremdvergleichspreis** oder wenigstens eine Bandbreite von möglichen Fremdvergleichspreisen ermittelt. Die Verrechnungspreismethoden zeigen auf, ob die in den **kaufmännischen** oder **finanziellen** Beziehungen zwischen verbundenen Unternehmen festgelegten Bedingungen mit dem Fremdvergleichsgrundsatz vereinbar sind.[390] **Keine** Methode ist für alle denkbaren Situationen geeignet, auch bedarf die Anwendbarkeit dieser oder jener Methode keiner Widerlegung. Der Fremdvergleichsgrundsatz verlangt nicht die Anwendung von **mehr** als einer Methode, und in der Tat könnte die übermäßige Bindung an eine Mehrfachmethodik für die StPfl eine beträchtliche 236

388 BStBl I 2005, 570 Tz 3.4.10.2.
389 *S/K/K* § 1 AStG Rn 130.2.
390 OECD-RL 2010 Tz 2.1.

Erschwernis schaffen.[391] Die Methoden werden herkömmlich in die **Standardmethoden** und die **Gewinnmethoden oder gewinnorientierte Methoden** unterteilt.[392] Grds ist der StPfl in der Wahl seiner Methode frei.

237 **aa) Stufenverhältnis zur Ermittlung von Verrechnungspreisen.** Soweit **uneingeschränkt vergleichbare Fremdvergleichswerte** feststellbar sind, stellt jedoch Abs 3 S 1[393] den Vorrang der Standardmethoden (vgl Rn 262 ff) fest. Die vorrangige Anwendung entspricht nach Auffassung des Gesetzgebers[394] dem int Konsens.[395] Der Aussagewert der Vorschrift ist insoweit banal.[396] Es entspricht der gängigen **Praxis**, den Fremdvergleichspreis auf Grundlage der sog **Standardmethoden** zu ermitteln. Den OECD-RL 1995[397] kann dazu entnommen werden, mit den geschäftsfallbezogenen Standardmethoden ließe sich am **direktesten** feststellen, ob die **kaufmännischen** und **finanziellen** Beziehungen zwischen verbundenen Unternehmen dem **Fremdvergleich** standhalten. Folglich sei den geschäftsvorfallbezogenen Standardmethoden gegenüber anderen Methoden der **Vorzug** zu geben. Aus dem Vorrang der Standardmethoden kann aber zugleich geschlossen werden, dass das Gesetz die Anwendung anderer (nachrangiger) Fremdvergleichsmethoden nicht ausschließt.[398]

238 Abs 3 stellt ein gesetzliches **Stufenverhältnis** zwischen den Standardmethoden auf.[399] Auf der ersten Stufe soll stets ein **tatsächlicher Fremdvergleich** durchgeführt werden. Die Anwendung der ersten Stufe setzt allerdings **uneingeschränkt vergleichbare Fremdvergleichswerte** voraus. Scheitert die Anwendung der 1. Stufe an dieser Voraussetzung, soll auf der 2. Stufe ein **tatsächlicher Fremdvergleich** auf der Basis **eingeschränkt vergleichbarer Fremdvergleichswerte** durchgeführt werden. Scheitert die Anwendung der 2. Stufe, an dem Fehlen eingeschränkt vergleichbarer Fremdvergleichswerte, so soll auf der 3. Stufe ein **hypothetischer Fremdvergleich** durchgeführt werden, für den ein **hypothetischer Einigungsbereich** zu ermitteln ist.[400]

239 Der RegierungsBegr[401] zum UntStRefG 2008[402] kann zur Einf dieses Stufensystem folgendes entnommen werden: „Soweit **uneingeschränkt vergleichbare Fremdvergleichswerte** feststellbar sind, stellt Abs 3 S 1 den **Vorrang** der sog Standardmethoden fest. Werden mehrere solcher Werte für die Anwendung einer Methode ermittelt, bilden diese eine **Bandbreite**…. In allen Fällen, in denen **keine** uneingeschränkt vergleichba-

---

391 OECD-RL 2010 Tz 2.11.

392 OECD-RL 2010 Tz 2.1 ff und 3.1 ff; *BMF* BStBl I 1983, 218 Tz 2.2; BStBl I 2005, 570 Tz 3.4.10.3; *S/K/K* § 1 AStG Rn 172 ff; *F/W/B/S* § 1 AStG Rn 376 ff.

393 Erstmals anzuwenden im Veranlagungszeitraum 2008, § 21 Abs 16.

394 BR-Drucks 220/07, 143.

395 Bestätigt durch *BFH* BStBl II 2004, 171 und DStR 2005, 1307.

396 *F/W/B/S* § 1 AStG Rn V 19: so wohl auch *Baumhoff/Ditz/Greinert* DStR 2007, 1461.

397 Tz 2.49.

398 *F/W/B/S* § 1 AStG Rn V 22 aus der fehlenden Erwähnung jeder anderen Methode folge jedoch auch, dass vor Anwendung einer anderen (nachrangigen) Methode zu prüfen sei, ob der Gesetzgeber die jeweilige Methode überhaupt auch nachrangig, zulassen wollte, Insoweit verbliebe beim Rechtsanwender erhebliche Rechtsunsicherheit.

399 So schon *Baumhoff/Ditz/Greinert* DStR 2007, 1461.

400 Zum Ganzen *Baumhoff/Ditz/Greinert* DStR 2007, 1461; *F/W/B/S* § 1 AStG Rn V 20; *Jahndorf* FR 2008, 101.

401 BR-Drucks 220/07, 143.

402 BGBl I 2007, 1912.

ren Werte ermittelt werden können, wird vom StPfl gem Abs 3 S 2 gefordert, **eingeschränkt vergleichbare Fremdvergleichswerte** (zB Preise, Bruttomargen, Kostenaufschlagsätze, Provisionssätze) für die Anwendung einer **geeigneten** Verrechnungspreismethode zu verwenden. Ergibt sich eine **Bandbreite** eingeschränkt vergleichbarer Fremdvergleichswerte, regelt Abs 3 S 3, dass diese Bandbreite **einzuengen** ist. Dies ist **erforderlich**, weil die nur eingeschränkte Vergleichbarkeit der Werte regelmäßig zu einer größeren Bandbreite führt, als bei uneingeschränkt vergleichbaren Werten. Die Einengung ist entspr den **Verwaltungsgrundsätze Verfahren**[403] vorzunehmen. In Fällen, in denen der vom StPfl verwendete Wert außerhalb der im jeweiligen Fall maßgeblichen Bandbreite liegt, ist gem Abs 3 S 4 eine Korrektur unter Verwendung des **Medians** der Werte dieser Bandbreite durchzuführen. Wäre der StPfl berechtigt, den für ihn günstigsten Wert zu verwenden, könnte das deutsche **Besteuerungssubstrat** ohne sachliche Begr ungerechtfertigt zu Gunsten der **ausl Besteuerung** geschmälert werden. In Fällen, in denen keine uneingeschränkt oder eingeschränkt vergleichbaren Werte ermittelt werden können, verpflichtet Abs 3 S 5 den StPfl dazu, einen **„hypothetischen" Fremdvergleich** durchzuführen, weil mangels verwendbarer Vergleichswerte keine andere Möglichkeit zur Bestimmung des Verrechnungspreises besteht. Zur Durchführung des hypothetischen Fremdvergleichs ist zu **fingieren**, welche Preise voneinander unabhängige Dritte unter gleichen oder vergleichbaren Verhältnissen nach betriebswirtschaftlichen Grundsätzen vereinbart hätten. Im hypothetischen Fremdvergleich ergibt sich nach Abs 3 S 6 regelmäßig ein Einigungsbereich zwischen der **Mindestpreisvorstellung** des Leistenden einerseits und der **Höchstpreisvorstellung** des Leistungsempfängers andererseits. Die Preisvorstellungen hängen von den jeweiligen **Gewinnerwartungen** ab. Durch das AmtshilfeRLUmsG 2013[404] erfuhr die Regelung in Abs. 3 S. 6 nach Auffassung des Gesetzgebers[405] eine technische Klarstellung: „Für die Bestimmung des Mindestpreises für den Leistenden und des Höchstpreises für den Leistungsempfänger ist es im hypothetischen Fremdvergleich notwendig, funktions- und risikoadäquate Kapitalisierungszinssätze zu berücksichtigen; dies ist bisher nur in Abs 3 S 9 enthalten, gilt aber allgemein. Für eine Geschäftsbeziehung zwischen einem Unternehmen, das alle wesentlichen **Chancen und Risiken** dieser Geschäftsbeziehung trägt, und einen anderen verbundenen Unternehmen bleibt es wie bisher möglich, den Verrechnungspreis aufgrund innerbetrieblicher **Planrechnungen** zu bestimmen, die dem verbundenen Unternehmen einen fremdüblichen Gewinn zuweisen und das **Restergebnis** dem erstgenannten Unternehmen. Abs 3 S 7 bestimmt, dass grds der Wert im **Einigungsbereich** der Einkünfteermittlung zugrunde gelegt werden muss, der dem Fremdvergleichsgrundsatz am besten entspricht. Sind keine besonderen Anhaltspunkte für einen bestimmten Wert ersichtlich und werden unter Berücksichtigung der konkreten Unstände des Falles keine tragenden Gründe für einen bestimmten Wert glaubhaft gemacht, wird vermutet, dass sich die beiden ordentlichen und gewissenhaften Geschäftsleiter auf den **Mittelwert** des Einigungsbereiches einigen würden. Die Vermutung für den Mittelwert **simuliert** das Erg fiktiver Preisverhandlungen zwischen voneinander unabhängigen Dritten."

403 *BMF* BStBl I 2005, 570.
404 BGBl I 2013, 1809.
405 BR-Drucks 193/13.

240 Auch wenn das in Abs 3 angeordnete Stufenverhältnis in seinem Ausgangspunkt auf den ersten Blick verständlich ist,[406] so **schwierig** ist es in seiner Anwendung. Abs 3 S 1 gibt den Standardmethoden den Vorrang, ohne zu bestimmen, welche der **Methoden** dem tatsächlichen und welche dem hypothetischen Fremdvergleich zuzuordnen sind.[407] Diese Abgrenzung ist aber nicht unbedeutend, weil Abs 3 S 5 ff nur noch für den hypothetischen Fremdvergleich gelten.[408] *Wassermeyer/Baumhoff/Greinert*[409] verstehen die Regelung in Abs 3 S 1 zutr daher so, die **Preisvergleichs-, die Wiederverkaufspreis-** und die **Kostenaufschlagsmethode** seien gleichermaßen dem **tatsächlichen Fremdvergleich** zuzuordnen. Ob deshalb die Vergleichswerte uneingeschränkt oder nur eingeschränkt vergleichbar seien, könne nur für den jeweiligen Einzelfall entschieden werden. Der Vorrang der Standardmethoden und die gleichrangige Anwendbarkeit der Standardmethoden nebeneinander **entspricht** der Auffassung der OECD[410] und der des *BFH*.[411] Bei der Auswahl der richtigen Methode auf den konkreten Fall kommt es auf die Art, den Umfang und die Qualität der verfügbaren Fremdvergleichsdaten an und hängt weiter von den durch die beteiligten Unternehmen ausgeübten Funktionen und übernommenen Risiken ab. Daher ist zunächst eine Funktionsanalyse durchzuführen. Als Erg dieser Funktionsanalyse können die beteiligten Unternehmen dann entweder als **Strategieträger (Entrepreneur)** oder als **Routineunternehmen** qualifiziert werden. *Lange/Rohler*[412] geben folgenden Überblick über die typischen Anwendungsfälle der Standardmethoden:

- **Preisvergleichsmethode** bei der Lieferung von **Standardprodukten** und der Erbringung von **marktgängigen Dienstleistungen**, wobei leistendes und empfangendes Unternehmen jeweils Strategieträger oder Routineunternehmen sein können;
- **Wiederverkaufspreismethode** bei der Lieferung von Waren an eine **Vertriebsgesellschaft**, wobei das leistende Unternehmer der Strategieträger und das empfangende Unternehmen ein Routineunternehmen ist;
- **Kostenaufschlagsmethode**, bei der **Lohnfertigung, Auftragsforschung und bei der Erbringung von Routinedienstleistungen,** wobei das leistende Unternehmen ein Routineunternehmen und das empfangende Unternehmen der Strategieträger ist.

241 Versteht man den Aufbau in Abs 3 dergestalt, dass die S 2–4 für den **tatsächlichen Fremdvergleich Anwendung** finden, während die S 5 ff nur für den **hypothetischen Fremdvergleich** anwendbar sind, ergeben sich aus dem Gesetz, je nach Durchführung des Fremdvergleichs in Form eines tatsächlichen oder hypothetischen, sowohl unterschiedliche **Tatbestandsvoraussetzungen** als auch unterschiedliche **Rechtsfolgen**.[413] Das ist eine gesetzgeberische **Neuheit**, die **nicht** mit int Grundsätzen im Einklang steht.[414]

242 **bb) 1. Stufe – § 1 Abs 3 S 1.** Die Bestimmung des Fremdvergleichspreises nach einer der drei Standardmethoden (1. Stufe) ist nach dem Wortlaut des Gesetzes davon **abhängig**, dass nach sachgerechter Anpassung **uneingeschränkt vergleichbare** Fremd-

---

406 *Baumhoff/Ditz/Greinert* DStR 2007, 1461.
407 *F/W/B/S* § 1 AStG Rn V 20.
408 *F/W/B/S* § 1 AStG Rn V 20.
409 *F/W/B/S* § 1 AStG Rn V 20.
410 OECD-RL 2010 Tz 2.3.
411 BStBl II 2004, 171.
412 GmbH-StB 2007, 309.
413 *F/W/B/S* § 1 AStG Rn V 21.
414 *F/W/B/S* § 1 AStG Rn V 21.

vergleichswerte ermittelt werden können. Sind solche uneingeschränkt vergleichbaren Fremdvergleichswerte nicht ermittelbar, kommt Abs 3 S 2 zur Anwendung. Die Abhängigkeit der Anwendung einer der drei Standardmethoden von der Möglichkeit, uneingeschränkt vergleichbare Fremdvergleichswerte ermitteln zu können, kommt im Wortlaut des Gesetzes durch die Verwendung des Wortes **„wenn"** zum Ausdruck. Da jedoch uneingeschränkt vergleichbare Fremdvergleichswerte nur in den seltensten Fällen feststellbar sind, ist der **Anwendungsbereich** von Abs 3 S 1 **gering.**[415]

Zur Ermittlung, ob Fremdvergleichswerte uneingeschränkt vergleichbar sind, ist nicht etwa auf den **Preis** als solchen, sondern vielmehr auf die die **Preisfindung** beeinflussenden **Umstände** abzustellen. Eine uneingeschränkte Vergleichbarkeit ist gegeben, wenn die Vergleichsobjekte mit den Verhältnissen der konkreten Geschäftsbeziehung **annähernd übereinstimmen** oder doch zumindest **ähnlich** sind.[416] Nach Auffassung der FinVerw[417] liegt eine uneingeschränkte Vergleichbarkeit vor, wenn 243

- die Geschäftsbedingungen **identisch** sind oder
- Unterschiede bei den Geschäftsbedingungen **keine wesentliche Auswirkung** auf die Preisgestaltung haben oder
- Unterschiede in den Geschäftsbedingungen (zB unterschiedliche Zahlungsziele) durch **hinreichend genaue Anpassungen** beseitigt worden sind

und die ermittelten Daten **qualitativ** zuverlässig sind. Liegt danach eine uneingeschränkte Vergleichbarkeit mit den ermittelten Fremdvergleichswerten vor, ist der Preis, der in den Vergleichsobjekten vereinbart wurde, als angemessenes Entgelt anzusetzen.[418]

Wassermeyer/Baumhoff/Greinert[419] weisen darauf hin, das Gesetz kläre nicht unmittelbar die Frage, wie viele **Vergleichsobjekte** herangezogen werden müssten, um von einer uneingeschränkten **Vergleichbarkeit** ausgehen zu können. Im Grundsatz müsse **ein** Vergleichsfall genügen, wenn nur die ihm zugrunde liegenden tatsächlichen Verhältnisse vergleichbar seien. ME ist dieser Auffassung zuzustimmen, weil beim Vergleich mit uneingeschränkt vergleichbaren Werten ein **Maßstab** angesetzt wird, der so hohe Voraussetzungen aufstellt, dass auch nur die Ermittlung **eines einzigen** vergleichbaren Wertes zu einem **„richtigen"** Verrechnungspreis führen muss. Für diese Auffassung spricht auch der letzte HS in Abs 3 S 1, wonach mehrere solche Werte eine Bandbreite bilden. Unabhängig von der Frage, was denn die Folge der Feststellung einer Bandbreite von möglichen Verrechnungspreisen ist, kann der Regelung doch entnommen werden, dass auch Feststellung nur eines uneingeschränkt vergleichbaren Wertes ausreichend ist, denn sonst wäre die Regelung in Abs 3 S 1 letzter HS überflüssig. 244

Sind mehrere uneingeschränkt vergleichbare Werte feststellbar, bilden diese eine **Bandbreite**, Abs 3 S 1 letzter HS. Unter **„Werte"** sind dabei Fremdvergleichspreise zu verstehen; das Gesetz ist insoweit unglücklich formuliert.[420] Dem Gesetz ist nicht unmittelbar 245

415 *F/W/B/S* § 1 AStG Rn V 23.
416 *F/W/B/S* § 1 AStG Rn V 23.
417 *BMF* BStBl I 2005, 517 Tz 3.4.12.7; krit *Baumhoff/Ditz/Greinert* DStR 2007, 1461.
418 *F/W/B/S* § 1 AStG Rn V 24.
419 *F/W/B/S* § 1 AStG Rn V 24.
420 So auch *F/W/B/S* § 1 AStG Rn V 36.

zu entnehmen, welcher Verrechnungspreis innerhalb der Bandbreite den Einkünften des StPfl zugrunde zu legen ist. Bei uneingeschränkte Vergleichbarkeit der Fremdvergleichswerte ordnet die FinVerw[421] an, dass grds **jeder** Preis **innerhalb** der Bandbreite steuerlich anzuerkennen ist. Liegt der vom StPfl angesetzte Preis jedoch **außerhalb** der Bandbreite, ist eine Berichtigung auf den für den StPfl **günstigsten** Preis innerhalb der Bandbreite vorzunehmen. Dieses ergibt sich nunmehr auch im Umkehrschluss aus Abs 3 S 3,[422] wonach eine Bandbreite einzuengen ist. Der StPfl kann also den für ihn günstigsten Wert als Verrechnungspreis ansetzen.[423] Zu beachten ist aber auch die Vorschrift in Abs 3 S 4, wonach eine Korrektur auf den **Median** zu erfolgen hat.[424]

246 Bei der Ermittlung, ob die Fremdvergleichswerte uneingeschränkt vergleichbar sind, sind sachgerechte **Anpassungen** im Hinblick auf die ausgeübten Funktionen, die eingesetzten Wirtschaftsgüter und die übernommenen Chancen und Risiken vorzunehmen. Anzupassen sind dabei die den Fremdvergleichswerten zugrunde liegenden **Verhältnisse**. Die Anpassungen der Verhältnisse werden dann dergestalt vorgenommen, dass die den Vergleichsobjekten zugrunde liegenden Umstände **inhaltlich** soweit verändert werden, wie es erforderlich ist, um eine Entsprechung zu den Umständen der konkreten Geschäftsbeziehung herbeizuführen.[425] Dabei ist Voraussetzung, dass die Veränderungen der Verhältnisse in ihren Auswirkungen **betragsmäßig** ausgedrückt werden können.[426] Insoweit ist unverständlich, was unter einer **„sachgerechten“** Anpassung zu verstehen ist. Eine Definition oder Erl enthält das Gesetz nicht. *Wassermeyer/Baumhoff/Greinert*[427] verstehen unter sachgerecht „sachlich erklärbar“. Es komme insoweit auf die **Schlüssigkeit** der Begr an. Inhaltlich ist es notwendig, die vorgenommenen Anpassungen mit **objektiven** Kriterien begründen zu können. Aus dem Klammerzusatz folgt, dass der Gesetzgeber die sachgerechten Anpassungen im Rahmen einer Funktionsanalyse durchgeführt wissen möchte.

247 Die als **Vergleichsobjekt** herangezogene Geschäftsbeziehung muss inhaltlich auch im Hinblick auf die ihr zugrunde liegende Funktion **vergleichbar** sein. Dafür kommt es auf einerseits die Art, die Ausgestaltung, die Qualität und den Umfang der Geschäftsbeziehung an, andererseits müssen die Geschäftsbeziehungen derselben **Branche** entstammen, sich auf derselben **Stufe** innerhalb der Wertschöpfungskette abspielen und vergleichbare **Märkte** betreffen.[428]

248 Bei der Vornahme sachgerechter Anpassungen im Hinblick auf die eingesetzten Wirtschaftsgüter ist zu beachten, dass es sich bei den Wirtschaftsgütern um **materielle** und **immaterielle** handeln kann. Liegt der konkreten Geschäftsbeziehung ein Liefergeschäft zugrunde, kann die Vergleichbarkeit entscheidend von Art, Qualität, Zuverlässigkeit der eingesetzten Wirtschaftsgüter abhängen.[429]

---

421 *BMF* BStBl I 2005, 517 Tz 3.4.12.7.
422 *F/W/B/S* § 1 AStG Rn V 24.
423 *Baumhoff/Ditz/Greinert* DStR 2007, 1461.
424 *Wulf* DB 2007, 2280 weist darauf hin, dass der Gesetzgeber mit dieser Regelung die Grundsatzentscheidung des *BFH* BStBl II 2004, 171 korrigiert.
425 *F/W/B/S* § 1 AStG Rn V 30.
426 *F/W/B/S* § 1 AStG Rn V 30.
427 *F/W/B/S* § 1 AStG Rn V 30; nach *Wulf* DB 2007, 2280 werden dem Gesetzesanwender keine Regelungen an die Hand gegeben, die einer Subsumtion zugänglich sind.
428 *F/W/B/S* § 1 AStG Rn V 30.
429 *F/W/B/S* § 1 AStG Rn V 30.

cc) 2. Stufe – § 1 Abs 3 S 2 ff. Können auch nach Vornahme sachgerechter Anpassungen bzw Anpassungsversuchen keine uneingeschränkten Fremdvergleichswerte festgestellt werden, kommt die 2. Stufe in Abs 3 zur Anwendung. In diesen Fällen wird vom StPfl gefordert, **eingeschränkt vergleichbare Fremdvergleichswerte** (zB Preise, Bruttomargen, Kostenaufschlagsätze, Provisionssätze) für die Anwendung einer geeigneten Verrechnungspreismethode zu verwenden, wobei die größte Schwierigkeit darin liegt, die eingeschränkte Vergleichbarkeit der **Fremdvergleichswerte** zu ermitteln.[430] Auch auf der 2. Stufe sind die Fremdvergleichswerte sachgerechten Anpassungen zu unterziehen.[431] Die Anpassungen idS beziehen sich auf den Fremdvergleichspreis und bestehen aus einer **Erhöhung** oder **Minderung** der Vergleichspreise, dem Ziel folgend, die nur eingeschränkte Vergleichbarkeit der Fremdvergleichspreise auszugleichen.[432] 249

Ergibt sich eine **Bandbreite** mehrerer eingeschränkt vergleichbarer Fremdvergleichswerte, schreibt Abs 3 S 3 vor, dass diese Bandbreite einzuengen ist.[433] Auch in Abs 3 S 3 sind unter den Fremdvergleichswerten Fremdvergleichspreise zu verstehen. Die Einengung der Bandbreite erfolgt durch eine **Verkürzung** mindestens eines **Endes** der Bandbreite. Besondere Schwierigkeiten ergeben sich für den Rechtsanwender hinsichtlich des vorzunehmenden Umfangs der Einengung.[434] 250

Ausweislich der RegierungsBegr[435] ist die Einengung entspr den **Verwaltungsgrundsätzen Verfahren**[436] vorzunehmen. Danach ist zunächst eine weitere **Analyse** der Daten, die die Fremdvergleichswerte innerhalb der Bandbreite ergeben, erforderlich, um festzustellen, ob diese ganz oder teilw wegen mangelnder Vergleichbarkeit der Umstände nicht berücksichtigt werden dürfen oder ob zuverlässige Anpassungsrechnungen vorgenommen werden können. Wird diese zusätzliche Analyse **nicht** durchgeführt, sind die ermittelten eingeschränkt vergleichbaren Daten eigentlich nicht **verwertbar**.[437] Um die eingeschränkt vergleichbaren Daten dennoch zu nutzen kann die Bandbreite jedoch auch durch **Kontrollrechnungen** mit Hilfe anderer Verrechnungspreismethoden eingeengt werden. Eine Verengung der Bandbreite kann auch anhand von **Plausibilitätsüberlegungen** erfolgen, zB ob eine angemessene Gewinnerzielung in einem überschaubaren Zeitraum möglich ist oder ob der StPfl in der konkreten Situation aufgrund seiner Verhandlungsmacht bestimmte Preise innerhalb der Bandbreite hätte durchsetzen können.[438] Kann die Bandbreite weder durch Kontrollrechnungen noch mit Plausibilitätserwägungen eingeengt werden, so kann die Einengung der Bandbreite durch **mathematische Verfahren** vorgenommen werden. Dies soll durch Anwendung der Methode der „**Interquartile** Range“ erfolgen.[439] Dabei wird die Einengung im Wege des **Ausscheidens** von 25 % der kleinsten und 25 % der größten Werte durchgeführt. 251

430 *Baumhoff/Ditz/Greinert* DStR 2007, 1461.
431 Zu Schwierigkeiten bei der Differenzierung zwischen den sachgerechten Anpassungen iSv Abs 3 S 1 und Abs 3 S 2 vgl *F/W/B/S* § 1 AStG Rn V 30.
432 *F/W/B/S* § 1 AStG Rn V 43.
433 Im Widerspruch zu *BFH* BStBl II 2004, 171; zu den Konsequenzen vgl *Baumhoff/Ditz/Greinert* DStR 2007, 1461.
434 *F/W/B/S* § 1 AStG Rn V 45.
435 BR-Drucks 220/07, 143.
436 *BMF* BStBl I 2005, 517 Tz 3.4.12.5.
437 *BMF* BStBl I 2005, 517 Tz 3.4.12.5 lit b.
438 *BMF* BStBl I 2005, 517 Tz 3.4.12.5 lit c.
439 *BMF* BStBl I 2005, 517 Tz 3.4.12.5 lit d mit einem erläuternden Bsp.

252 Die Vorschrift über die Pflicht zur Einengung einer Bandbreite bei der Ermittlung nur eingeschränkt vergleichbarer Verrechnungspreise ist auf Kritik gestoßen. Die Forderung zur Einengung einer Bandbreite stehe im **Widerspruch** zur ständigen Rspr des BFH, die Einengung nach den Verwaltungsgrundsätzen Verfahren sei (damals) ohne Rechtsgrundlage erfolgt und die Methode der „Interquartile Range" stelle keine vertretbare Form der Einengung dar.[440]

253 In Fällen, in denen der vom StPfl verwendete Wert außerhalb der im jeweiligen Fall maßgeblichen Bandbreite liegt, ist gem Abs 3 S 4 eine Korrektur unter Verwendung des **Medians** der Wert dieser Bandbreite durchzuführen. Durch die Anordnung dieser Regelung soll der StPfl „angehalten" werden, die Bandbreiten zutreffend zu ermitteln und den Verrechnungspreis nicht zu weit an den **Rand** dieser Bandbreite zu legen.[441] Der Median ist ein Begr aus der **Statistik** und bezeichnet keinesfalls das **arithmetische** Mittel, sondern die Grenze zwischen zwei Hälften. Er ist durch die Eigenschaft definiert, dass mindestens 50 % aller Merkmalswerte kleiner oder gleich und mindestens 50 % aller Merkmalswerte auch größer oder gleich diesem Wert sind.[442] Die Verwendung von Begr aus der Statistik wirft die Frage auf, ob der StPfl als Gesetzanwender die Begr und deren richtige Anwendung kennen muss[443] und, ob die Verwendung solcher Begr noch dem Gebot der **Normenklarheit** entspricht.

254 Abs 3 S 4 nimmt Bezug auf die Bandbreite in Abs 3 S 1 und auf die Bandbreite in Abs 3 S 2. Dabei ist unter „Wert" wiederum der Fremdvergleichspreis zu verstehen.[444] Eine Korrektur auf den Median erfolgt nach Abs 3 S 4 nur, wenn der Fremdvergleichspreis, den der StPfl seiner Einkünfteermittlung zugrunde legt, **außerhalb** der Bandbreite liegt. Liegt der Verrechnungspreis innerhalb der Bandbreite ist es unerheblich, an welcher Stelle er Verrechnungspreis innerhalb der Bandbreite liegt, was sich insoweit ausdrücklich aus dem Gesetz ergibt.

255 **dd) 3. Stufe – § 1 Abs 3 S 5 ff.** In Fällen, in denen keine uneingeschränkt oder eingeschränkt vergleichbaren Werte festgestellt werden können, ordnet das Gesetz in Abs 3 S 5 an, dass der StPfl einen **hypothetischen Fremdvergleich** durchführt. Der **Preisbildungsprozess** ist mithin zu **simulieren**. Das stellt die 3. Stufe in der Anwendungsreihenfolge der Verrechnungspreismethoden dar. Weitere Ausführungen zum hypothetischen Fremdvergleich auf der 3. Stufe enthalten die S 5–12 in Abs 3.

256 Durch Abs 3 S 5 wird eine Einkünfteermittlung zu **Lasten** des StPfl geregelt.[445] War es bisher ausreichend, dass der StPfl seine Einkünfte auf der Grundlage des von ihm verwirklichten Sachverhalts **erklärte**, ist er nun angehalten, die Angemessenheit des Verrechnungspreises anhand eines von ihm durchzuführenden Fremdvergleichs **nachzuweisen**.[446] Dabei ist der Fremdvergleich unter Beachtung von Abs 1 S 2 durchzuführen, dh der StPfl muss unter der Annahme vollständiger **Transparenz** im Hinblick auf alle wesentlichen Umstände der Geschäftsbeziehung ermitteln, welchen Preis er selbst

---

440 *F/W/B/S* § 1 AStG Rn V 40 f; *Baumhoff/Ditz/Greinert* DStR 2007, 1461.
441 *Wulf* DB 2007, 2280.
442 *F/W/B/S* § 1 AStG Rn V 48 mwN und einem Bsp zum Unterschied zwischen Median und Mittelwert.
443 *Baumhoff/Ditz/Greinert* DStR 2007, 1461.
444 *F/W/B/S* § 1 AStG Rn V 46.
445 *F/W/B/S* § 1 AStG Rn V 52.
446 *F/W/B/S* § 1 AStG Rn V 52.

fordern oder leisten würde und welchen Preis der Geschäftspartner fordern oder leisten würde. Das trägt dem Erfordernis Rechnung, im Rahmen eines hypothetischen Fremdvergleichs notwendigerweise beide Vertragspartner zu fingieren.

Dem aus dem hypothetischen Fremdvergleich folgenden **Preisbildungsprozess** konkretisiert Abs 3 S 6 dahin, dass der StPfl aufgrund einer **Funktionsanalyse** und **innerbetrieblicher Planrechnungen** den Mindestpreis des Leistenden und den Höchstpreis des Leistungsempfängers zu ermitteln hat. Das Gesetz ordnet damit immer eine **doppelte** „ertragswertorientierte" Ermittlung an.[447] Das stellt den Einigungsbereich dar. Das Gesetz geht bei Anwendung eines hypothetischen Fremdvergleichs in jedem Fall davon aus, dass sich der Mindestpreis des Leistenden und der Höchstpreis des Leistungsempfängers nicht decken, mithin ein **Einigungsbereich** entsteht. Das Entstehen eines Einigungsbereiches ist jedoch nicht zwingend, etwa wenn sich die Preisvorstellungen der Vertragspartner decken.[448] 257

Ist ein Einigungsbereich ermittelt, bestimmt Abs 3 S 7, dass grds der Verrechnungspreis aus dem Einigungsbereich den Einkünften des StPfl zugrunde zu legen ist, der den **Fremdvergleichsgrundsatz** am besten widerspiegelt. Zur **Vereinfachung** ergibt sich aus dem Gesetz die Vermutung, dass der **Mittelwert** den zutr Verrechnungspreis darstellt, wenn keine besonderen Anhaltspunkte für einen bestimmten (anderen) Wert feststellbar sind und unter Berücksichtigung der konkreten Umstände des Einzelfalles keine wesentlichen Gründe für einen bestimmten (anderen) Wert **glaubhaft** gemacht werden.[449] Bestehende **Unsicherheiten** gehen damit zu Lasten des StPfl.[450] Das Gesetz sagt nichts darüber aus, wie der StPfl die **Wahrscheinlichkeit** eines anderen Wertes glaubhaft machen soll, was bei Anwendung des hypothetischen Fremdvergleichs jedoch angezeigt gewesen wäre, denn bei Anwendung des hypothetischen Fremdvergleichs gelingt es nicht, eine höhere Wahrscheinlichkeit als Wiedergabe der **beobachtbaren** Häufigkeit einer Ausprägung in der Statistik darzustellen, weil Ausprägungen gerade nicht beobachtbar sind; sie können allenfalls **„erdacht"** werden.[451] 258

Wassermeyer/Baumhoff/Greinert[452] kritisieren, der Gesetzgeber habe sich einmal mehr mit dem **Mittelwert** eines Begr aus der **Statistik** bedient, ohne die Bedeutung richtig abzuschätzen. Es gebe nämlich den arithmetischen Mittelwert, den geometrischen Mittelwert und den harmonischen Mittelwert. Bei Anwendung der verschiedenen Mittelwerte gelange man für den gleichen Einigungsbereich zu unterschiedlichen Erg. Der Gesetzgeber habe indes offen gelassen, welcher Mittelwert steuerlich relevant sein solle. ME folgt aus der GesetzesBegr,[453] dass der Gesetzgeber den **arithmetischen Mittelwert** gemeint hat, denn er geht davon aus, dass die Vermutung für den Mittelwert das Erg fiktiver Preisverhandlungen zwischen voneinander unabhängigen Dritten simuliert. Daraus kann der Schluss gezogen werden, dass der Gesetzgeber den Mittelwert nicht als statistischen Begr verwenden wollte, sondern das regeln wollte, was allg unter Mittelwert verstanden wird, nämlich das arithmetische Mittel. 259

---

447 *Schreiber* Ubg 2008, 433.
448 *Baumhoff/Ditz/Greinert* DStR 2007, 1461.
449 Ähnlich *BFH* BStBl II 1994, 725, BStBl II 1990, 649.
450 *Wassermeyer* FR 2008, 67.
451 *Baumhoff/Ditz/Greinert* DStR 2007, 1461.
452 *F/W/B/S* § 1 AStG Rn V 64; so auch *Baumhoff/Ditz/Greinert* DStR 2007, 1461.
453 BR-Drucks 220/07, 144.

260 Ist der Einigungsbereich vom StPfl **unzutr** ermittelt worden, und ist daher gem Abs 3 S 8 von einem anderen Einigungsbereich auszugehen, ist der Verrechnungspreis grds zu berichtigen. Bei Anwendung des hypothetischen Fremdvergleichs schreibt das Gesetz damit gleichermaßen vor, unter welchen **Umständen** der Verrechnungspreis zu korrigieren ist.[454] Der **Einigungsbereich** ist unzutr, wenn mindestens eine der Preisgrenzen unrichtig ist, was aus einer unzutr Funktionsanalyse oder aus unzutr Planrechnungen resultieren kann.[455]

261 Ist der Einigungsbereich unzutr und der Verrechnungspreis daher eigentlich zu berichtigen, wird der FinVerw Ermessen („kann") eingeräumt, trotz des unrichtigen Einigungsbereichs keine Berichtigung durchzuführen, wenn der vom StPfl festgestellte Verrechnungspreis im (anderen) **zutr** ermittelten Einigungsbereich liegt.[456] Dafür soll darauf abzustellen sein, ob die Abweichung vom eigentlich anzusetzenden Wert erheblich ist, ob durch die Berichtung ein Verständigungs- oder Schiedsverfahren ausgelöst wird und wie die Aussichten eines solchen Verfahrens einzuschätzen sind.

262 **ee) Standardmethoden.** Zu den **Standardmethoden** gehören die **Preisvergleichsmethode**,[457] die **Wiederverkaufspreismethode**[458] und die **Kostenaufschlagsmethode**.[459] Die Standardmethoden sind wichtige **Anhaltspunkte** bei der Prüfung von Verrechnungspreisen.[460]

263 Bei der Preisvergleichsmethode wird der zwischen den Nahestehenden vereinbarte Preis mit Preisen verglichen, die bei vergleichbaren Geschäften zwischen **Fremden** im **Markt** vereinbart worden sind.[461] Als Anhaltspunkt für die Bemessung von Fremdpreisen kommen danach va in Betracht

- **Börsenpreise**, branchenübliche Preise, die auf dem maßgeblichen Markt ermittelt sind (Marktpreise), sowie sonstige Informationen über den Markt;
- Preise, die der StPfl, der ihm Nahestehende oder Dritte **tatsächlich** für entspr Lieferungen oder Leistungen auf dem maßgeblichen Markt vereinbart haben;
- Gewinnaufschläge, Kalkulationsverfahren oder sonstige betriebswirtschaftliche Grundlagen, die im freien Markt die Preisbildung beeinflussen (betriebswirtschaftliche Daten).[462]

Der Vergleich kann geschehen durch

- **äußeren** Fremdvergleich (Vergleich mit Marktpreisen, die anhand von Börsennotierungen, branchenüblichen Preisen oder Abschlüssen unter voneinander unabhängigen Dritten festgestellt werden,
- **inneren** Fremdvergleich (Vergleich mit marktentstandenen Preisen, die der StPfl oder ein Nahestehender mit Fremden vereinbart hat.

---

454 *F/W/B/S* § 1 AStG Rn V 64.
455 *F/W/B/S* § 1 AStG Rn V 65; ausf *Baumhoff/Ditz/Greinert* DStR 2007, 1461.
456 BR-Drucks 220/07, 144.
457 Vgl *BMF* BStBl I 1983, 218 Tz 2.2.2.
458 Vgl *BMF* BStBl I 1983, 218 Tz 2.2.3.
459 Vgl *BMF* BStBl I 1983, 218 Tz 2.2.4.
460 *BMF* BStBl I 1983, 218 Tz 2.2.1.
461 *BMF* BStBl I 1983, 218 Tz 2.2.2.
462 Vgl *BMF* BStBl I 1983, 218 Tz 2.1.6.

Die verglichenen Geschäfte sollen möglichst **gleichartig** sein (direkter Preisvergleich). Ungleichartige Geschäfte **können** herangezogen werden, wenn der Einfluss der abw Faktoren **eliminiert** und der bei diesen Geschäften vereinbarte Preis auf einen Preis für das vergleichbare Geschäft **umgerechnet** werden kann (indirekter Preisvergleich; Beispiel: Umrechnung von cif-Preisen in fob-Preise). Dabei können angemessene **Berichtigungen** erforderlich sein, um die Daten an abw **Bedingungen** des jeweils vorliegenden Geschäfts anzupassen, die für die Bemessung des Fremdpreises von Bedeutung sind (Beispiel: Marktpreise für Waren einer Standardqualität werden in branchenüblicher Weise auf Warenqualitäten umgerechnet, für die ein bes Marktpreis nicht besteht; auf cif beruhende Marktpreise sind bei fob-Geschäften entspr umzurechnen). Handelsübliche Mengenrabatte sind zu berücksichtigen.

Die **Preisvergleichsmethode** erfordert mithin einen vorhandenen Fremdpreis, der zwi- 264
schen unabhängigen Dritten unter vergleichbaren Bedingungen zustande gekommen ist. Ist ein solcher Fremdpreis ermittelbar, muss er als **Angemessenheitsmaßstab** für den konkreten Verrechnungspreis herangezogen werden. Dem liegt die Überlegung zugrunde, dass fremde Dritte auf einem weitgehend funktionierenden Markt einen Preis vereinbaren würden.[463] Zugleich folgt daraus aber auch, dass der konkrete, zu vergleichende Verrechnungspreis zwischen den nahe stehenden Unternehmen für steuerliche Zwecke anzuerkennen ist, wenn der dem Fremdpreis entspricht. Dabei ist der Ermessensspielraum der tatsächlich handelnden Geschäftsleiter zu bedenken und in den Vergleich einzubeziehen.

Zwar ist bei der Preisvergleichsmethode der engste **Bezug** zum allg **Markt** gegeben 265
und scheint dadurch die Preisvergleichsmethode die am besten geeignete Methode zur Ermittlung von Verrechnungspreisen zu sein. Die **Anwendungsmöglichkeit** der Preisvergleichsmethode ist jedoch eingeschränkt, da in den meisten Fällen keine vergleichbaren Lieferungen oder Leistungen auffindbar sein werden. Denn unter Berücksichtigung der **Privatautonomie** im Zivilrecht können die Geschäftsbeziehungen unterschiedlich ausgestaltet werden, was eine verschiedene Preisvereinbarung nach sich zieht. In der Preisfindung schlagen sich üblicherweise Garantieübernahmen, Warenmenge, Zahlungsziel und weitere **preisbildende Faktoren** nieder. Die Preisvergleichsmethode ist auch dann nicht anwendbar, wenn **kornzernspezifische** Leistungsbeziehungen auf ihre Angemessenheit zu überprüfen sind. Für solche Leistungsbeziehungen ist kein Markt vorhanden, bzw kornzernspezifische Leistungen werden am allg Markt nicht gehandelt. Solche speziellen Leistungsbeziehungen können etwa in der Lieferung halbfertiger Produkte bestehen. Denkbar ist aber auch die Lizenzierung von Patenten oder die Veräußerung von Know-how.[464]

Die Anwendung der Preisvergleichsmethode ist sowohl durch den **äußeren Preisver-** 266
gleich, als auch durch den **inneren Preisvergleich** möglich.[465] Beim äußeren Preisvergleich wird die **Leistungsbeziehung** zwischen den nahe stehenden Unternehmen mit einer **Leistungsbeziehung** verglichen, die zwischen fremden Dritten Unternehmen zustande gekommen ist. Beim **inneren Preisvergleich** wird die Angemessenheit der

463 *S/K/K* § 1 AStG Rn 186.
464 *S/K/K* § 1 AStG Rn 198.
465 *S/K/K* § 1 AStG Rn 189.

Leistungsbeziehung zwischen den nahe stehenden Unternehmen mit einer **Leistungsbeziehung** verglichen, die eines der nahe stehenden Unternehmen (StPfl oder nahe stehende Person) mit einem fremden Dritten eingegangen ist. Auch soll bei Anwendung der Preisvergleichsmethode grds der Rückgriff auf den **indirekten Preisvergleich** möglich sein, wenn die Unterschiede in den Leistungsbeziehungen quantifizierbar sind und eliminiert bzw herausgerechnet werden können.[466] Das dürfte die **Ausnahme** sein, da die bestehenden Unterschiede hinsichtlich ihres Einflusses auf die Preisfindung der Höhe nach regelmäßig nicht bestimmt werden können.[467]

267 Die **Wiederverkaufspreismethode** („Resale Price Method") geht von dem Preis aus, zu dem eine bei einem Nahestehenden gekaufte Ware an einen unabhängigen Abnehmer weiterveräußert wird. Von dem Preis aus dem **Wiederverkauf** wird auf den Preis zurückgerechnet, der für die Lieferung zwischen den Nahestehenden anzusetzen ist. Dazu wird der Wiederverkaufspreis um marktübliche **Abschläge** ber, die der **Funktion** und dem **Risiko** des Wiederverkäufers entsprechen; hat der Wiederverkäufer die Ware bearb oder sonst verändert, so ist dies durch entspr **Abschläge** zu berücksichtigen. Läuft eine Ware über eine ganze Kette Nahestehender, so kann uU von dem (marktentstandenen) Preis der letzten Lieferung an einen Fremden über die ganze Kette hinweg bis zu deren Anfangsglied zurückgerechnet werden. Entspr gilt bei Leistungen.

268 Die Anwendung der **Wiederverkaufspreismethode** ist auf **Leistungsbeziehungen** solcher Unternehmen beschränkt, welche die **konzernintern** bezogenen Waren oder Leistungen kurzfristig „weitergibt".[468] Anknüpfungspunkt bei der Anwendung der Wiederverkaufspreismethode sind zum einen der Preis, der gegenüber dem fremden Dritten erzielbar ist und zum anderen der Teil der (Gesamt-)Gewinnmarge, der bei dem Konzernunternehmen, welches als Vertragspartner des fremden Dritten auftritt, verbleibt. Der zwischen den verbundenen Unternehmen anzusetzende Verrechnungspreis wird durch ein **Zurückrechnen** ausgehend von dem gegenüber dem fremden Dritten erzielten Preis ermittelt, indem von dem konkret erzielten Preis die angemessene Vergütung („Marge") des konzernangehörigen Vertragspartners des fremden Dritten in Abzug zu bringen ist.

269 Bei der Auswahl der **Vergleichsunternehmen** bei Anwendung der Wiederverkaufspreismethode müssen durch diese vergleichbare **Funktionen** ausgeübt werden, die Vergleichsunternehmen müssen mit ähnlichen Produkten handeln, bei ihren Leistungsbeziehungen vergleichbare immaterielle Wirtschaftsgüter einsetzen und Lieferungen oder Leistungen gegenüber fremden Dritten erbringen.[469]

270 Die **Kostenaufschlagsmethode** geht bei Lieferungen oder Leistungen zwischen Nahestehenden von den Kosten des Herstellers oder Leistenden aus. Diese Kosten werden nach den **Kalkulationsmethoden** ermittelt, die der Liefernde oder Leistende auch bei seiner **Preispolitik** gegenüber Fremden zugrunde legt oder – wenn keine Lieferungen oder Leistungen gegenüber Fremden erbracht werden – die betriebswirtschaftlichen

466 *S/K/K* § 1 AStG Rn 196.
467 So iE auch *S/K/K* § 1 AStG Rn 196.
468 *S/K/K* § 1 AStG Rn 201.
469 *S/K/K* § 1 AStG Rn 203.

Grundsätzen entsprechen. Es werden dann betriebs- oder branchenübliche **Gewinnzuschläge** gemacht. Bei Lieferungen oder Leistungen über eine Kette Nahestehender ist diese Methode auf die einzelnen Stufen nacheinander anzuwenden, wobei die tatsächlichen Funktionen der einzelnen nahe stehenden Unternehmen zu beachten sind.

ff) Gewinnorientierte Methoden. Neben den Standardmethoden hat die FinVerw[470] grds auch die **gewinnorientierten Methoden** als zulässige Verrechnungspreismethoden anerkannt. Dabei handelt es sich um die **geschäftsvorfallbezogene Nettomargenmethode** (Transactional Net Margin Method-TNMM) und die **Gewinnaufteilungsmethode** (Profit Split Method). Beide Methoden sind von der OECD in den OECD-RL[471] anerkannt. 271

Die **geschäftsvorfallbezogene Nettomargenmethode** untersucht die **Nettogewinnspanne** in Bezug auf eine geeignete Grundlage (zB Kosten, Umsatz, Kapital), die ein StPfl aus einem konzerninternen Geschäft oder zulässigerweise zusammengefassten Geschäften erzielt.[472] Als Vergleichsmaßstab werden **(Netto-)Renditekennzahlen** vergleichbarer Unternehmen (Nettomargen, Kostenaufschläge, Gewinndaten bezogen auf das eingesetzte Kapital, auf die eingesetzten Wirtschaftsgüter, auf die operativen Kosten, auf den Umsatz usw) für einzelne Arten von Geschäftsvorfällen oder für gem § 2 Abs 3 GAufzV zulässigerweise zusammengefasste Geschäfte verwendet.[473] Die geschäftsvorfallbezogene Nettomargenmethode basiert im **Prinzip** auf denselben **Erwägungen** wie die Kostenaufschlags- oder die Wiederverkaufspreismethode was zu Folge hat, dass die geschäftsvorfallbezogene Nettomargenmethode entspr der Ermittlung des Fremdvergleichspreises bei der Wiederverkaufspreis- oder Kostenaufschlagsmethode angewendet werden muss.[474] Dh im Idealfall entspricht die vom StPfl aus dem Geschäft **erzielte Nettogewinnspanne** der Nettogewinnspanne, die der StPfl aus vergleichbaren Fremdgeschäften erzielt. In Fällen, in denen ein solcher Vergleich nicht möglich ist, kann die Nettogewinnspanne herangezogen werden, die ein unabhängiges Unternehmen bei vergleichbaren Geschäften erzielt hätte herangezogen werden.[475] 272

Bei Anwendung der geschäftsvorfallbezogenen Nettomargenmethode ist eine **Funktionsanalyse** entweder beim verbundenen Unternehmen oder aber beim unabhängigen Unternehmen durchzuführen, anhand der geprüft werden kann, ob es sich um ein **Vergleichsgeschäft** handelt und welche Anpassungen ggf erforderlich sind, um zuverlässige Erg zu erhalten.[476] Weiter weisen die OECD-RL[477] hinsichtlich der bei Anwendung der geschäftsvorfallbezogenen Nettomargenmethode zu beachtenden **Vergleichbarkeitserfordernisse** darauf hin, dass die bloße Ähnlichkeit der Funktionen zwischen 273

470 *BMF* BStBl I 2005, 570 Tz 3.4.10.3.
471 Tz 3.26 ff (geschäftsvorfallbezogene Nettomargenmethode) und Tz 3.5 (Gewinnaufteilungsmethode).
472 OECD-RL 2010 Tz 2.58.
473 *BMF* BStBl I 2005, 570 Tz 3.4.10.3.
474 *S/K/K* § 1 AStG Rn 336.
475 OECD-RL 2010 Tz 2.58.
476 OECD-RL 2010 Tz 2.58.
477 Tz 3.34.

zwei Unternehmen nicht unbedingt zu zuverlässigen Vergleichen führen muss.[478] Dienen als Vergleichsmaßstab Geschäfte von unabhängigen Unternehmen, ist in mehrfacher Hinsicht die Ähnlichkeit festzustellen, denn neben den Ausgangsgrößen **Produkt** und **Funktion** sind bei Anwendung der geschäftsvorfallbezogenen Nettomargenmethode auch noch andere **Umstände**, welche die geschäftsvorfallbezogene Nettomargenmethode beeinflussen können, zu beeinflussen.

274 Der eigentliche Vorteil der geschäftsvorfallbezogenen Nettomargenmethode besteht in der geringeren **Beeinflussung** der Nettogewinnspannen durch unterschiedliche Geschäfte im Gegensatz zu dem Preis, der im Rahmen der unterschiedlichen Geschäfte erzielt wird.[479] Abweichungen bei den von den Unternehmen ausgeübten bzw wahrgenommenen Funktionen werden sich überwiegend in der Höhe der betrieblichen Aufwendungen zeigen; die Ähnlichkeit der Nettogewinne bleibt davon weitestgehend unbeeinflusst.[480] Den praktischen Vorteil bei Anwendung der geschäftsvorfallbezogenen Nettomargenmethode sehen die OECD-RL 1995[481] darin, dass es nicht notwendig ist, die wahrgenommenen **Funktionen** und übernommenen **Verpflichtungen** mehrerer verbundener Unternehmen zu ermitteln; auch ist es nicht erforderlich, alle Aufzeichnungen (Bücher, andere Sachverhaltsdokumentationen) aller beteiligter Geschäftspartner auf einer gemeinsamen Grundlage zu erstellen oder eine Kostenumlage auf alle Geschäftsparteien vorzunehmen.

275 Die OECD-RL 2010[482] räumen aber auch **Nachteile** der geschäftsvorfallbezogenen Nettomargenmethode ein. Der wohl größte Nachteil besteht in der Möglichkeit, die Nettogewinnspanne durch Faktoren zu beeinflussen, die sich auf die **Preise** oder **Bruttogewinnspannen** entweder nicht, weniger stark oder nur mittelbar auswirken, was im Erg eine genaue und zuverlässige Ermittlung von fremdvergleichskonformen Nettogewinnspannen erschwert.[483]

276 Auch wenn die geschäftsvorfallbezogene Nettomargenmethode eine Lösungsmöglichkeit für andernfalls unlösbare **Verrechnungspreisprobleme** darstellt, sollte ihre Anwendung auf Fälle begrenzt werden, in denen die Nettogewinnspanne aus vergleichbaren **Fremdgeschäften** des StPfl abgeleitet werden kann oder, falls die Nettospannen aus Fremdgeschäften unabhängiger Unternehmen abgeleitet werden sollen, wenn die beeinflussenden Umstände zwischen den verbundenen und den fremden Unternehmen hinreichend berücksichtigt werden.[484]

---

478 Die OECD-RL 1995 führen in Tz 3.34 dazu aus: „Angenommen, es sei für die Anwendung der Methode möglich, von der großen Palette der Funktionen, die Unternehmen wahrnehmen können, gleichartige Funktionen herauszufiltern, kann es dennoch sein, dass die mit diesen Funktionen zusammenhängenden Gewinnmargen nicht automatisch vergleichbar sind; wenn bspw die betroffenen Unternehmen diese Funktionen in verschiedenen Wirtschaftssektoren oder auf verschiedenen Märkten wahrnehmen, die unterschiedliche Gewinnschwellen aufweisen."

479 OECD-RL 2010 Tz 2.62.

480 OECD-RL Tz 2.62; *S/K/K* § 1 AStG Rn 338.

481 Tz 2.64.

482 Tz 2.64.

483 OECD-RL 2010 Tz 2.64.

484 OECD-RL 2010 Tz 2.74.

277 Unter engeren Voraussetzungen lässt auch die FinVerw[485] die Anwendung der geschäftsvorfallbezogenen Nettomargenmethode zu. Konkret ist die geschäftsvorfallbezogene Nettomargenmethode danach **nur** zulässig, wenn

- die Standardmethoden wegen des **Fehlens** oder der **Mängel** von Fremdvergleichsdaten[486] nicht angewendet werden können,
- das Unternehmen **Routinefunktionen**[487] ausübt. Solche Unternehmen haben nur eine Art von zusammenfassbaren (sog Palettenbetrachtung[488]) Geschäftsvorfällen zum Gegenstand, so dass ein Vergleich zwischen des Geschäftsvorfällen des geprüften Unternehmens und denen vergleichbarer Unternehmen möglich ist. Auf Grund der Tatsache, dass von vergleichbaren Unternehmen mit Routinefunktionen zudem vergleichbare geringe Risiken getragen werden, kann geschäftsvorfallbezogen ein ausreichender Bezug der Renditekennziffern der Vergleichsunternehmen zum Erg des geprüften Unternehmens hergestellt und die Fremdüblichkeit dieses Erg (und damit der Fremdvergleichspreise) belegt werden.
- der **Nachweis** der (wenigstens eingeschränkten) **Vergleichbarkeit** der Vergleichsunternehmen[489] geführt werden kann und wenn bes, tatsächlich entstandene Gewinne oder Verluste des geprüften Unternehmens, die bei den Renditekennziffern des Vergleichsunternehmens trotz der Vergleichbarkeit kein Pendant finden, berücksichtigt werden.

278 Soweit Unternehmen mit **Routinefunktionen** daneben weitere Tätigkeiten ausüben, gelten diese Grundsätze ebenfalls, wenn die auf die einzelnen Tätigkeiten entfallenden Einnahmen und die damit zusammenhängenden Betriebsausgaben gesondert erfasst werden. In Fällen, in denen ein Unternehmen über Routinefunktionen **hinausgehende** Tätigkeiten ausübt, ohne Entrepreneur zu sein, ist die geschäftsvorfallbezogene Nettomargenmethode **nicht** anwendbar.[490] Nach Auffassung der Finanzverwaltung[491] genügen **Renditekennzahlen** von funktional vergleichbaren Fremdunternehmen zur Begr der Fremdüblichkeit ihrer Preise bzw Erg nicht. Solche Unternehmen, die mehr als Routinefunktionen ausüben, tragen erhebliche individuelle Risiken, für

---

485 *BMF* BStBl I 2005, 570 Tz 3.4.10.3, vorbehaltlich einer Neuregelung der Bestimmungen zur Anwendung von Verrechnungspreismethoden in den Tz 2.2 und 2.4 im Schreiben BStBl I 1983, 218.

486 Fremdvergleichsdaten sind gem Tz 3.4.12.2 in BStBl I 2005, 570 Daten aus Geschäftsvorfällen zwischen voneinander unabhängigen Geschäftspartnern. In Betracht kommen Geschäftsvorfälle zwischen fremden Dritten (betriebsexterner Fremdvergleich), des StPfl mit fremden Dritten (betriebsinterner Fremdvergleich) oder zwischen Personen, die dem StPfl nahe stehen, und fremden Dritten. Fremdvergleichspreise können sowohl Fremdpreise (Preisvergleichsdaten) als auch andere Daten (Bruttomargen, Kostenaufschläge, Nettomargen) sein.

487 Routinefunktionen sind gem Tz 3.4.10.2 in BStBl I 2005, 570 konzerninterne Dienstleistungen, die ein Unternehmen erbringt, die ohne weiteres am Markt auch bei Dritten in Auftrag gegeben werden könnten, oder einfache Vertriebsfunktionen. Unternehmen mit Routinefunktionen sind dadurch gekennzeichnet, dass sie nur in geringem Umfang Wirtschaftsgüter einsetzen und nur geringe Risiken tragen, dabei aber bei üblichen Geschehensablauf keine Verluste erzielt, sondern regelmäßig geringe aber relativ stabile Gewinne.

488 *BMF* BStBl I 2005, 570 Tz 3.4.13.

489 Die Vergleichbarkeit ist unter Tz 3.4.12.7 in BStBl I 2005, 570 näher erläutert.

490 *BMF* BStBl I 2005, 570 Tz 3.4.10.3.

491 *BMF* BStBl I 2005, 570 Tz 3.4.10.3.

die regelmäßig nicht festgestellt werden kann, ob diese Risiken ein genügendes Pendant in den Renditekennziffern der Vergleichsunternehmen finden und umgekehrt.[492]

279 Die **Gewinnaufteilungsmethode** (Profit Split Method) eliminiert den **Einfluss** von Bedingungen, die bei einem Geschäft zwischen nahe stehenden Personen vereinbart wurden oder die sich die nahe stehenden Personen auferlegt haben, auf den Gewinn. Die Beseitigung der Bedingungen findet dergestalt statt, dass der Gewinn aus einem solchen Geschäft in der Weise aufgeteilt wird, was fremde Dritte aus einem solchen Geschäft erwartet hätten.

280 Die **Anwendung** der Gewinnaufteilungsmethode ist nach Auffassung der OECD[493] dann geboten, wenn zwischen Geschäften eine sehr **enge wechselseitige Beziehung** besteht und es deswegen nicht möglich ist, eine gesonderte Beurteilung jedes einzelnen Geschäfts vorzunehmen. Unter solchen Umständen ist es durchaus denkbar, dass unabhängige Unternehmen eine Art „Mitunternehmerschaft" eingehen und hinsichtlich des Erg eine **Gewinnteilung** vereinbaren. Das setzt auf einer ersten Stufe voraus, dass der Gewinn ermittelt wird, der sich aus den zwischen den nahe stehenden Personen durchgeführten Geschäften ergibt. Auf einer zweiten Stufe wird der ermittelte Gesamtgewinn nach wirtschaftlich vernünftigen Gesichtspunkten aufgeteilt, wobei eine Gewinnaufteilung zu wählen ist, die dem Fremdvergleichsgrundsatz entspricht.

281 Wesentlicher Vorteil der Gewinnaufteilungsmethode ist ihre **Flexibilität**.[494] Ihre Anwendung fußt nicht auf direkt vergleichbaren Geschäften. Die Gewinnaufteilungsmethode kann daher auch in solchen Fällen angewendet werden, in denen keine vergleichbaren Geschäfte zwischen unabhängigen Unternehmen ermittelt werden können, weil die Anwendung der Gewinnaufteilungsmethode auf der Funktionsteilung zwischen den verbundenen Unternehmens selbst beruht.[495] **Externe Daten** von Vergleichsunternehmen werden bei der Ermittlung der Gewinnverteilung nur dazu benötigt, um den wirtschaftlichen Beitrag der beteiligten verbundenen Unternehmen festzulegen und nicht um direkt die Gewinnabgrenzung vorzunehmen.

282 Einen weiteren Vorteil sieht die OECD[496] in der richtigen **Gewinnabgrenzung** zwischen den beteiligten Unternehmen, denn es sei durch die Einbeziehung beider Unternehmen unwahrscheinlich, dass einem Unternehmen nahezu der ganze Gewinn auf nicht nachvollziehbare Weise zugeordnet werde. Dieser Aspekt könne insb bei der **Analyse** der Beiträge der Parteien mit Blick auf die beim konzerninternen Geschäft eingesetzten immateriellen Wirtschaftsgüter wichtig sein. Dieser **doppelseitige** Ansatz könne auch für eine Gewinnteilung auf der Grundlage der **Synergieeffekte** oder anderer gemeinsamer **Effizienzsteigerungen** verwendet werden, die sowohl für den StPfl als auch für die Steuerverwaltungen zufrieden stellend sei.

283 Gleichwohl sieht die OECD[497] auch eine Reihe von Nachteilen in der Gewinnaufteilungsmethode: So stünden die externen Marktdaten, die für die Beurteilung jenes Beitrages herangezogen würden, den jedes einzelne verbundene Unternehmen an das

492 *BMF* BStBl I 2005, 570 Tz 3.4.10.3.
493 OECD-RL 2010 Tz 2.116.
494 OECD-RL 2010 Tz 2.109.
495 OECD-RL 2010 Tz 2.109.
496 OECD-RL 2010 Tz 2.113.
497 OECD-RL 2010 Tz 2.114.

konzerninterne Geschäft leiste, mit diesen Geschäften nicht in so engem **Zusammenhang** wie bei den anderen Methoden. Je dürftiger die bei der Anwendung der Gewinnverteilungsmethode verwendeten externen Daten seien, desto **subjektiver** werde die daraus resultierende Gewinnaufteilung sein. Einen weiteren Nachteil sieht die OECD[498] bei der Anwendung der Gewinnaufteilungsmethode, denn es könne im Einzelfall schwierig sein, **Informationen** von den ausl Konzerngesellschaften zu erhalten. Außerdem würden unabhängige Unternehmen – abgesehen von Joint Ventures – üblicherweise nicht die Gewinnaufteilungsmethode verwenden. Desweiteren erfordert die Anwendung der Gewinnaufteilungsmethode eine **abgestimmte Führung** von **Büchern** und **Aufzeichnungen** auf **gemeinsamer** Grundlage, was regelmäßig nicht der Fall sein wird. Auch kann es bei Anwendung der Gewinnaufteilungsmethode schwierig sein, die mit dem konkreten Geschäft wirtschaftlich zusammenhängenden Betriebsausgaben zu identifizieren und dem Geschäft zuzuordnen.

Trotz der aufgeführten Nachteile möchte die OECD[499] die Gewinnaufteilungsmethode **284**
anwenden. Es soll aber unter **Heranziehung** der Vor- und Nachteile überlegt werden, ob die Anwendung der Gewinnaufteilungsmethode aufgrund der **Gegebenheiten** und **Umstände** des Einzelfalles angebracht ist. Nach Auffassung der FinVerw[500] darf die geschäftsvorfallbezogene Gewinnaufteilungsmethode nur in den Fällen angewendet werden, in denen die Standardmethoden **gar nicht** oder jedenfalls nicht **verlässlich** angewendet werden können. Ein solcher Fall kann bei der Gewinnabgrenzung einer Geschäftsbeziehung, die nahe stehende Personen mit **„Entrepreneur-Funktion"** eingegangen sind, gegeben sein, wenn die nahe stehenden Personen gemeinsam an der Anbahnung, Abwicklung und an dem Abschluss beteiligt sind, ohne dass Einzelbeträge zutreffend abgegrenzt werden könnten (sog „Global Trading"). Bei Anwendung der geschäftsvorfallbezogenen Gewinnaufteilungsmethode in diesen Fällen verlangt die FinVerw[501] die **Aufzeichnung** fremdüblicher Gewinnaufteilungsmaßstäbe.

Zu den gewinnorientierten Methoden gehört auch die **Gewinnvergleichsmethode** **285**
(Comparable Profit Method). Nach Ansicht der FinVerw[502] führt die Anwendung dieser Methode jedoch **nicht** zu fremdvergleichskonformen Erg, weil sie keinen geschäftsvorfallbezogenen Ansatz verfolgt und Nettogewinne von Geschäftsbereichen bzw Unternehmen heranzieht, die für eine Vergleichbarkeitsprüfung untauglich sind. Aus diesen Gründen erkennt die FinVerw die Gewinnvergleichsmethode als Verrechnungspreismethode nicht an.

4. Dokumentationsanforderungen. Für Sachverhalte mit **Auslandbezug** sind die **Mit-** **286**
wirkungspflichten des StPfl erweitert. Die Mitwirkungspflichten der Beteiligten, zu denen gem § 78 AO auch der StPfl als **Adressat** des Steuerbescheides gehört, sind in § 90 AO geregelt. Über die Verpflichtung des StPfl zur Mitwirkung bei der Ermittlung des Sachverhalts gem § 90 Abs 1 S 1 AO hinaus, **erweitert** bzw **konkretisiert** § 90 Abs 3 AO die Mitwirkungsverpflichtung des StPfl, indem bei Unterhalten von **grenzüberschreitenden Geschäftsbeziehungen** mit nahe stehenden Personen iSd Abs 2 Aufzeichnungen zu erstellen sind. **Art**, **Inhalt** und **Umfang** der Aufzeichnungen sind in der

498 OECD-RL 2010 Tz 2.114.
499 OECD-RL 2010 Tz 2.114.
500 *BMF* BStBl I 2005, 570 Tz 3.4.10.3.
501 BStBl I 2005, 570 Tz 3.4.10.3.
502 BStBl I 2005, 570 Tz 3.4.10.3.

GAufzV[503] näher geregelt, zu deren Erlass das BMF mit Zustimmung des Bundesrates durch § 90 Abs 3 S 5 AO ermächtigt worden ist. Desweiteren hat das *BMF*[504] zur weiteren Konkretisierung mit Schreiben v 12.4.2005 die Grundsätze für die Prüfung der Einkunftsabgrenzung zwischen nahe stehenden Personen mit grenzüberschreitenden Geschäftsbeziehungen in Bezug auf Ermittlungs- und Mitwirkungspflichten, Berichtigungen sowie auf Verständigungs- und Eu Schiedsverfahren veröffentlicht. Weder aus der GAufzV, noch aus dem Schreiben des BMF v 12.4.2005 geht jedoch hervor, wie eine Verrechnungspreisdokumentation in formaler Hinsicht zu erstellen ist, so dass es in der Entsch des StPfl liegt, nach welchen Kriterien die Aufzeichnungen in einer sachgerechten Ordnung geführt werden.[505]

287 Die Regelungen in § 90 Abs 3 AO sind durch das StVergAbG[506] eingeführt worden. Neben der Änderungen in § 90 AO wurden die **Schätzungsbefugnisse** der FinVerw in § 162 AO für Fälle mit grenzüberschreitender Gewinnabgrenzung deutlich **ausgedehnt**. Hintergrund der gesetzlichen Regelungen war die Entsch des *BFH*[507] v 17.10.2001. In dieser Entsch vertrat der BFH die Auffassung, es gebe („derzeit") keine gesetzliche Grundlage für eine **Dokumentationspflicht** des StPfl. Dies habe für den StPfl zur Folge, dass er keiner speziell für Auslandbeziehungen bestehenden Aufzeichnungs- oder Dokumentationspflicht der innerhalb von Geschäftsbeziehungen vereinbarten Verrechnungspreise bzw der Verrechnungspreisgestaltung unterliege.[508] Die Verpflichtung zur Dokumentation könne auch nicht durch die in § 90 Abs 2 AO geregelte erweiterte Mitwirkungspflicht begründet werden. Der StPfl sei jedoch gem §§ 93 und 200 Abs 1 AO zur Erteilung von **Auskünften** jeglicher Art verpflichtet. Diese Verpflichtung umfasse Auskünfte über die vorliegende **Funktions-** und **Risikoverteilung** zwischen den nahe stehenden Personen innerhalb der grenzüberschreitenden Geschäftsbeziehung und auch wie der konkrete Verrechnungspreis zustande gekommen sei und ob die Preisfindung durch das Nahestehen beeinflusst worden sei. Eine Verpflichtung des StPfl, spezielle **Marktanalysen**, **Funktionsanalysen**, **Organigramme** und andere Aufzeichnungen zu erstellen, bzw eine **Verrechnungspreisstudie** zu erstellen oder erstellen zu lassen, um mit solchen Unterlagen die Angemessenheit der vereinbarten Verrechnungspreise nachzuweisen, besteht für den StPfl nicht.[509]

288 **a) Umfang.** Die **Dokumentation** des StPfl muss gem § 90 Abs 3 S 1 AO Auskunft über Art und Inhalt der Dokumentation geben, was ausweislich der Regierungs-Begr[510] die Auskunft über das Zustandekommen der Verrechnungspreise darstellt **(Sachverhaltsdokumentation)** und in § 1 Abs 2 GAufzV ausdrücklich geregelt ist. In der **Sachverhaltsdokumentation** ist nur der mit dem Ausland vorgenommene **Geschäftsvorfall** darzustellen und zu beschreiben.[511] Dabei sind nach dieser Regelung

503 BGBl I 2003, 2296.

504 BStBl I 2005, 570.

505 *Baumhoff/Ditz/Greinert* DStR 2004, 157.

506 BGBl I 2003, 660.

507 BStBl II 2004, 171.

508 In seiner Entsch v 10.5.2001, DStR 2001, 986, führte der BFH schon aus, der StPfl müsse ausschließlich Bücher, Aufzeichnungen, Geschäftspapiere und andere freiwillig erstellte Unterlagen vorlegen, die ihm auch tatsächlich vorlägen (§§ 97 Abs 1, 200 Abs 1 AO).

509 *Ernst & Young* Rn 132.

510 BT-Drucks 15/119, 52; weiterführend *BMF* BStBl I 2010, 774 Tz 150 ff.

511 *Baumhoff/Ditz/Greinert* DStR 2004, 157; ausf *BMF* BStBl I 2005, 570 Tz 3.4.11.

auch die in § 90 Abs 3 S 2 AO genannten **wirtschaftlichen** und **rechtlichen** Rahmenbedingungen der Geschäftsbeziehung einzubeziehen. § 90 Abs 3 S 2 AO verpflichtet weiter zu einer den Grundsatz des Fremdvergleichs beachtenden Vereinbarung von Preisen und anderen Geschäftsbedingungen mit dem Nahestehenden **(Angemessenheitsdokumentation)**. In der **Angemessenheitsdokumentation** wird verlangt, dass der StPfl das ernsthafte Bemühen zeigt, seine Geschäftsbeziehungen zu nahe stehenden Personen unter Beachtung des Fremdvergleichsgrundsatzes zu vereinbaren.[512] Dabei sind die **Markt**– und **Wettbewerbsverhältnisse** darzustellen, die für die Tätigkeiten des StPfl und die vereinbarten Bedingungen von Bedeutung sind, § 1 Abs 3 S 1 GAufzV. Verfügt der StPfl über **Vergleichsdaten** oder sind **Vergleichsdaten** bei der dem StPfl nahe stehenden Person vorhanden oder kann sich der StPfl Vergleichsdaten mit zumutbaren Aufwand aus ihm frei zugänglichen Quellen beschaffen, hat der StPfl diese Vergleichsdaten entspr der von ihm gewählten Verrechnungspreismethode gem § 1 Abs 3 S 2 GAufzV heranzuziehen. Zu den verwendeten und erforderlichenfalls für die **Erstellung** der Aufzeichnungen zu beschaffenden Informationen gehören insb Daten, die aus einem **betriebsexternen** Fremdvergleich resultieren wie auch aus einem **betriebsinternen** Fremdvergleich; dazu gehören zB Preise und Geschäftsbedingungen, Kostenaufteilungen, Gewinnaufschläge, Bruttospannen, Nettospannen, Gewinnaufteilungen, § 1 Abs 3 S 3 GAufzV. Hinzu kommt die Verpflichtung gem § 1 Abs 3 S 4 GAufzV, Aufzeichnungen über **innerbetriebliche** Daten zu erstellen, welche eine **Plausibilitätskontrolle** der vom StPfl vereinbarten Verrechnungspreise ermöglichen, wie zB Prognoserechnungen und Daten zur Absatz-, Gewinn- und Kostenplanung. Soweit die Aufzeichnungen für die Prüfung von Geschäftsbeziehungen iSd § 90 Abs 3 AO von Bedeutung sind, enthält § 4 GAufzV eine detaillierte Aufstellung der erforderlichen Aufzeichnungen. Im Einzelnen handelt es sich um allg Informationen über Beteiligungsverhältnisse, Geschäftsbetrieb und Organisationsaufbau; Darstellungen der Geschäftsbeziehungen mit nahe stehenden Personen; Darlegung einer durchgeführten Funktions- und Risikoanalyse und die Analyse der Verrechnungspreise.

Was unter **Art, Inhalt** und **Umfang** der Aufzeichnungen iSd § 90 Abs 3 S 1 AO zu verstehen ist, wird in § 2 GAufZV näher bestimmt. Danach können die Aufzeichnungen **schriftlich** oder **elektronisch** erstellt werden.[513] Sie sind gem § 2 Abs 1 S 2 GAufzV in **sachgerechter Ordnung** zu führen und aufzubewahren, wobei keine erhöhten Voraussetzungen an die gewählte Ordnung gestellt werden.[514] Die Aufzeichnungen müssen es einem **sachverständigen Dritten** ermöglichen, innerhalb einer **angemessenen Frist** festzustellen, welche Sachverhalte der StPfl im Zusammenhang mit seinen Geschäftsbeziehungen zu nahe stehenden Personen verwirklicht hat und ob und inwieweit er den Fremdvergleichsgrundsatz beachtet hat. Die Aufzeichnungspflichten bestimmen sich gem § 2 Abs 2 GAufzV nach den Umständen des **Einzelfalles** und der angewandten Verrechnungspreismethode. Die Aufzeichnungen sind grds **geschäftsvorfallbezogen** zu erstellen.[515] § 2 Abs 3 GAufzV lässt jedoch die **Gruppenbildung** zu, was im Einzelfall eine Erleichterung für den StPfl darstellt. Eine Gruppenbildung ist möglich, wenn sie nach vorher **festgelegten** und **nachvollziehbaren** Regeln vorgenommen wurde und wenn die Geschäftsvorfälle **gleichartig** oder **gleichwertig** sind oder die Zusammenfas- 289

512 *Baumhoff/Ditz/Greinert* DStR 2004, 157; ausf *BMF* BStBl I 2005, 570 Tz 3.4.12.
513 *BMF* BStBl I 2005, 570 Tz 3.4.3.
514 *Baumhoff/Ditz/Greinert* DStR 2004, 157.
515 *BMF* BStBl I 2005, 570 Tz 3.4.13.

sung auch bei Geschäften zwischen fremden Dritten üblich ist. Eine Zusammenfassung ist aber auch bei **ursächlich zusammenhängenden Geschäftsvorfällen** und bei **Teilleistungen** im Rahmen eines Gesamtgeschäftes zulässig, wenn es für die Prüfung der Angemessenheit weniger auf den einzelnen Geschäftsvorfall, sondern mehr auf die Beurteilung des Gesamtgeschäftes ankommt. Liegen den Geschäftsbeziehungen **Dauersachverhalte** zugrunde, ist der StPfl verpflichtet, über den Zeitpunkt des Geschäftsabschlusses hinaus **Informationen** sammeln und aufzeichnen, welcher der FinVerw eine fortlaufende Angemessenheitsprüfung der Geschäftsbeziehung möglich machen, § 2 Abs 4 GAufzV.

290 § 1 Abs 1 GAufzV definiert die Anforderungen in § 90 Abs 3 AO als **Aufzeichnungen**. Aufzeichnungen sind gem § 2 Abs 5 GaufzV in **deutscher Sprache** zu erstellen, wobei Ausnahmen durch die Finanzbehörde zugelassen werden können.[516] Aus den Aufzeichnungen muss das **ernsthafte Bemühen** des StPfl erkennbar sein, dass er seine Geschäftsbeziehungen zu nahe stehenden Personen unter Beachtung des Fremdvergleichsgrundsatzes gestaltet, § 1 Abs 1 S 2 GAufzV. Die **Aufzeichnungspflicht** des StPfl wird durch § 1 Abs 1 S 3 GAufzV auf **„Geschäftsbeziehungen“** erweitert, die keinen Leistungsaustausch zum Gegenstand haben, wie Vereinbarungen über Arbeitnehmerentsendungen und Poolvereinbarungen (zB Umlageverträge). Unter Klammerverweis auf § 162 Abs 3 und 4 AO ordnet § 1 Abs 1 S 3 GAufzV an, dass Aufzeichnungen, die im Wesentlichen unverwertbar sind, als nicht erstellt zu behandeln sind.

291 Welche **Aufzeichnungen** allg erforderlich sind, regelt § 4 GAufzV.[517] Danach sind allg Informationen über Beteiligungsverhältnisse, den Geschäftsbetrieb und den Organisationsaufbau zu geben, Aufzeichnungen über die Geschäftsbeziehungen zu nahe stehenden Personen, eine Funktions- und Risikoanalyse und eine Verrechnungspreisanalyse zu erstellen. Unter Einbezug der erforderlichen Aufzeichnungen in besonderen Fällen in § 5 GAufzV stellt das den sog **Muss-Katalog**[518] der **Verrechnungspreisdokumentation** dar. Die Pflicht zur Erstellung ist auf die Aufzeichnungen beschränkt, die im konkreten Fall für die Prüfung von Verrechnungspreisen von Bedeutung sind. Es empfiehlt sich, die auf den jeweiligen Konzern abgestimmte Verrechnungspreisdokumentation an diesen **fünf Bereichen** auszurichten, wobei eine weitere **Zergliederung** in Stammdaten und Transaktionsdaten vorgenommen werden kann.[519]

292 In Fällen, in denen **bes** Umstände für die vom StPfl vereinbarten Geschäftsbeziehungen von **Bedeutung** sind oder in denen sich der StPfl im Hinblick auf von ihm vereinbarte Geschäftsbedingungen zur Begr der **Fremdüblichkeit** auf bes Umstände beruft, erweitert § 5 GAufzV die **Dokumentationspflichten** des StPfl.[520] Erforderlich können in diesen Fällen zB Informationen über bestimmte **Geschäftsstrategien** (zB Marktanteilsstrategien, Wahl von Vertriebswegen, Management-Strategien) und **Sonderumstände** wie Maßnahmen zum Vorteilsausgleich, Informationen über die Vergleichbarkeit herangezogener Preise bzw Finanzdaten nicht nahe stehender Personen, Informationen über Verrechnungspreiszusagen oder –vereinbarungen ausl Steuerverwaltungen gegenüber bzw mit dem StPfl sein. Desweiteren können Auf-

---

516 Weiterführend *BMF* BStBl I 2005, 570 Tz 3.4.16.

517 Vgl auch *BMF* BStBl I 2005, 570 Tz 3.4.11.2.

518 BR-Drucks 583/03, 11.

519 *Baumhoff/Ditz/Greinert* DStR 2004, 157 mit weiterführenden Hinweisen.

520 Vgl auch *BMF* BStBl I 2005, 570, Tz 3.4.15.

zeichnungen über **Preisanpassungen** beim StPfl und Aufzeichnungen über die Ursache von **Verlusten** und über Vorkehrungen des StPfl oder im Nahestehender zur Beseitigung der Verlustsituation erforderlich sein. In Fällen von Funktions- und Risikoänderungen als außergewöhnliche Geschäftsvorfälle iSv § 3 Abs 2 GAufzV sind Aufzeichnungen über **Forschungsvorhaben** und laufende Forschungstätigkeiten, die im Zusammenhang mit einer **Funktionsänderung** stehen können und in den letzten drei Jahren vor Durchführung der Funktionsänderung stattfanden oder abgeschlossen worden sind, notwendig; die Aufzeichnungen müssen mindestens Angaben über den genauen Gegenstand der Forschungen und die insgesamt jeweils zuzuordnenden Kosten enthalten.[521] Dies gilt nur, soweit ein StPfl regelmäßig **Forschung** und **Entwicklung** betreibt und aus betriebsinternen Gründen Unterlagen über seine Forschungs- und Entwicklungsarbeiten erstellt, aus denen die genannten Aufzeichnungen abgeleitet werden können, § 5 S 2 Nr 6 GAufzV.

Für **kleinere** Unternehmen und StPfl mit anderen als **Gewinneinkünften** sieht § 6 GAufzV **Erleichterungen** bei der Dokumentation von Verrechnungspreisen vor.[522] 293
Kleinere Unternehmen sind nach § 6 Abs 2 S 1 GAufzV Unternehmen, bei denen jeweils im laufenden Wj weder die Summe der **Entgelte** für die Lieferung von Gütern oder Waren aus Geschäftsbeziehungen mit nahe stehenden Personen iSd Abs 2 fünf Millionen EUR übersteigt noch die Summe der **Vergütungen** für andere Leistungen als die Lieferung von Gütern oder Waren aus Geschäftsbeziehungen mit solchen Nahestehenden mehr als 500 000 EUR beträgt. Liegt danach ein kleineres Unternehmen vor, erfüllt dieses die geforderten Aufzeichnungspflichten (§ 90 Abs 3 S 1–4 AO), wenn es nach Aufforderung durch die FinVerw innerhalb der Fristen des § 90 Abs 3 S 8 und 9 AO **Auskünfte** erteilt und **vorhandene** Unterlagen vorlegt. Übersteigen die **Transaktionen** mit nahe stehenden Personen nicht die genanten Grenzen nicht, ist das Unternehmen von der Verpflichtung zur Erstellung einer **separaten** Dokumentation befreit. Für die Prüfung, ob der StPfl aufgrund der Unterschreitung der Betragsgrenzen als kleineres Unternehmen iSv § 6 GAufzV einzuordnen ist, ist Abs 3 der Regelung zu beachten. Danach sind zusammenhängende inländische Unternehmen iSd **Betriebsprüfungsordnung** und inländische Betriebsstätten nahe stehender Personen für die Prüfung zusammenzurechnen.

Schlussendlich **konkretisiert** § 7 GAufzV die sich aus § 90 Abs 3 S 4 AO ergebende 294
Verpflichtung, nach der die Aufzeichnungspflichten entspr für StPfl gelten, die für ihre inländische Besteuerung Gewinne zwischen ihrem **inländischen Unternehmen** und dessen **ausl Betriebsstätte** (et vice versa) aufzuteilen haben. § 7 GAufzV ordnet an, dass die §§ 1–6 GAufzV für StPfl entspr gelten, die für die inländische Besteuerung Gewinne zwischen ihrem inländischen Unternehmen und dessen ausländsicher Betriebsstätte aufzuteilen oder den Gewinn der inländischen Betriebsstätte ihres ausl Unternehmens zu ermitteln haben, soweit aufgrund der **Überführung** von Wirtschaftsgütern oder der **Erbringung** von Dienstleistungen steuerlich ein Gewinn anzusetzen ist oder soweit **Aufwendungen** mit steuerlicher Wirkung aufzuteilen sind. Das gilt

---

521 *Baumhoff/Ditz/Greinert* DStR 2007, 1461 kritisieren, dass die Anordnung die Verwaltungsaufwendungen der betroffenen Unternehmen erhöht und erheblichen organisatorischen Aufwand verursacht; die Verpflichtung zur Dokumentation in den letzten drei Jahren vor Durchführung der Funktionsänderung verlangt hellseherische Fähigkeiten.

522 Vgl auch *BMF* BStBl I 2005, 570 Tz 3.4.17.

auch für die Gewinnermittlung von Personengesellschaften, an denen der StPfl beteiligt ist, soweit dabei Geschäftsbeziehungen iSv § 1 zu prüfen sind.[523]

295 **b) Zeitliche Vorgaben an die Dokumentation.** Für die zeitlichen Vorgaben an die Erstellung von Aufzeichnungen ist danach zu **unterscheiden**, ob die Dokumentation **außergewöhnliche Geschäftsvorfälle** betrifft oder **„normale"** Geschäftsvorfälle.[524] Als außergewöhnliche Geschäftsvorfälle sind insb anzusehen der Abschluss und die Änderung langfristiger Verträge,[525] die sich erheblich auf die Höhe der Einkünfte des StPfl aus seinen Geschäftsbeziehungen auswirken, Vermögensübertragungen im Zuge von Umstrukturierungsmaßnahmen, die Übertragung und Überlassung von Wirtschaftsgütern und Vorteilen im Zusammenhang mit wesentlichen Funktions- und Risikoänderungen im Unternehmen, Geschäftsvorfälle im Zusammenhang mit einer für die Verrechnungspreisbildung erheblichen Änderung der Geschäftsstrategie sowie der Abschluss von Umlageveträgen,[526] § 3 Abs 2 GAufzV. Liegt der **Geschäftsbeziehung** des StPfl ein außergewöhnlicher Geschäftsvorfall zugrunde, sind die diesen Geschäftsvorfall dokumentierenden Aufzeichnungen gem § 90 Abs 3 S 3 AO **zeitnah** zu erstellen. Eine zeitnahe Erstellung in diesem Sinn liegt vor, wenn die Aufzeichnungen im **engen zeitlichen Zusammenhang** mit dem Geschäftsvorfall gefertigt werden, § 3 Abs 1 S 1 GAufzV. Der enge zeitliche Zusammenhang ist gem § 3 Abs 1 S 2 GAufzV gewahrt, wenn die Aufzeichnungen innerhalb von **sechs Monaten** nach Ablauf des Wirtschaftsjahres gefertigt werden, in dem sich der Geschäftsvorfall ereignet hat. Das Zeitfenster zur Erstellung von Aufzeichnungen über außergewöhnliche Geschäftsvorfälle beträgt somit **maximal** 18 Monate, mindestens jedoch sechs Monate, wenn sich der außergewöhnliche Geschäftsvorfall im letzten Monat eines Wirtschaftsjahres des StPfl ereignet hat.

296 Liegt der Geschäftsbeziehung kein außergewöhnlicher sondern ein **„normaler"** Geschäftsvorfall zugrunde, ist grds **keine** zeitliche Vorgabe an die **Erstellung** von Aufzeichnungen betr dieser Geschäftsvorfälle vorgesehen. Allerdings sieht § 90 Abs 3 S 8

523 Zur Kritik an dieser Regelung und weiterführenden Hinweisen vgl *Baumhoff/Ditz/Greinert* DStR 2004, 157.

524 Vgl auch *BMF* BStBl I 2005, 570 Tz 3.4.6 ff und BStBl I 2010, Tz 159 ff „Grundlage für Ermittlungsmöglichkeiten der Finanzverwaltung".

525 *Ernst & Young* weisen unter Rn 152 f darauf hin, Dauerschuldverhältnisse (langfristige Verträge) im Lichte dieser Definition könnten sämtliche langfristigen Liefer- und Leistungsbeziehungen sein, also langfristige Vertriebsverträge, Lizenzverträge, Darlehensverträge oder Mietverträge, die zwei verbundene Unternehmen miteinander abschlössen bzw abgeschlossen hätten. Hierbei dürfe sich der StPfl also keineswegs durch den Begr „außergewöhnlich" in die Irre leiten führen lassen. Schließlich sei der Abschluss eines Vertriebsvertrages für ein Vertriebsunternehmen im Konzern an sich keineswegs ein außergewöhnlicher Geschäftsvorfall. Dennoch fänden für den Abschluss bes Dokumentationsvorschriften in zeitlicher Hinsicht Anwendung. Grds seien alle außergewöhnlichen Geschäftsvorfälle inklusive der Dauerschuldverhältnisse zeitnah zu dokumentieren. Das bedeute jedoch für Dauerschuldverhältnisse, die vor dem 1.1.2003 eingegangen wurden und danach noch fortbestehen, dass diese gem § 22 S 2 EGAO innerhalb von sechs Monaten nach Inkrafttreten der Rechtsverordnung zu dokumentieren sind. Da die GAufzV (rückwirkend) zum 30.6.2003 in Kraft getreten ist, bedeute dies für alle StPfl mit Dauerschuldverhältnissen, dass diese bis zum 31.12.2003 ihre diesbezügliche Dokumentationsverpflichtung zu erfüllen haben.

526 Krit zum Einbezug von Umlageverträgen *Baumhoff/Ditz/Greinert* DStR 2007, 1461.

AO vor, dass nach **Aufforderung** durch die FinVerw Aufzeichnungen innerhalb von **sechzig Tagen** nach der Aufforderung vorzulegen sind. Die Finanzbehörde soll die Vorlage von Aufzeichnungen idR nur für die Durchführung einer **Außenprüfung** verlangen, § 90 Abs 3 S 6 AO.[527] Die Vorlage der Aufzeichnungen richtet sich nach § 97 AO mit der Maßgabe das § 97 Abs 2 AO keine Anwendung findet. Auch wenn für „normale" Geschäftsvorfälle vor der Aufforderung keine zeitlichen Vorgaben für die Erstellung von Aufzeichnungen existieren, empfiehlt es sich vor dem Hintergrund der Sanktionen, eine **freiwillige** zeitnahe Dokumentation zu erstellen. Verlangt nämlich die Außenprüfung die Vorlage von Aufzeichnungen ist aus Sicht des StPfl zu bedenken, dass die betr Geschäftsvorfälle bereits mehrere Jahre zurückliegen. Die Wahrscheinlichkeit, nach Ablauf eines so langen Zeitraums noch eine **ordnungsgemäße** Dokumentation vorlegen zu können, ist eher als gering anzusehen. Regelmäßig werden schon dafür die vom Gesetz vorgesehenen sechzig Tage Vorlagefrist nicht genügen.

Für **außergewöhnliche Geschäftsvorfälle** iSd § 3 Abs 2 GAufzV beträgt die Vorlagefrist nach Aufforderung durch die FinVerw lediglich **dreißig Tage**. Der Gesetzgeber[528] rechtfertigt die verkürzte Vorlagefrist mit der Verpflichtung zur zeitnahen Erstellung von Aufzeichnungen über außergewöhnliche Geschäftsvorfälle.[529] Die entspr Dokumentationsunterlagen müssen daher schon vor dem **Beginn** der Außenprüfung beim StPfl vorhanden sein. Eine Vorlagefrist von sechzig Tagen erscheint mithin als unnötig lang; der Gesetzgeber[530] sieht sogar die Gefahr von ungewollten Verzögerungen bei der Durchführung der Außenprüfung. 297

c) Konsequenzen bei Verletzung von Mitwirkungsverpflichtungen. Die **Sanktionen** bei Verletzung der Mitwirkungspflichten sind in § 162 Abs 3 und 4 AO geregelt.[531] Die Mitwirkungspflichten des StPfl nach § 90 Abs 3 AO sind verletzt, wenn er Aufzeichnungen **nicht vorlegt** oder Aufzeichnungen vorlegt, diese aber im **Wesentlichen** unverwertbar sind oder Aufzeichnungen über **außergewöhnliche Geschäftsvorfälle** nicht **zeitnah** erstellt wurden. In diesen Fällen ordnet § 162 Abs 3 AO die **widerlegbare Vermutung** an, dass die im Inland steuerpflichtigen Einkünfte, zu deren Ermittlung die Aufzeichnungen dienen, **höher** sind als vom StPfl erklärt. Die FinVerw wird aufgrund der Vermutung **regelmäßig** eine Schätzung der Einkünfte durchführen.[532] Können die Einkünfte, die geschätzt werden sollen, nur innerhalb eines bestimmten **Rahmens**, insb nur aufgrund von **Preisspannen** bestimmt werden, kann dieser Rahmen zu Lasten des StPfl ausgeschöpft werden, § 162 Abs 3 S 2 AO. Die Möglichkeit, den für den StPfl **ungünstigsten Preis** innerhalb einer Preisspanne den Einkünften des StPfl zugrunde zu legen, widerspricht der Rspr des *BFH*[533] zur Rechtslage vor Einf des § 162 Abs 3 AO durch das StVergAbG,[534] wonach eine Korrektur auf den für den StPfl **günstigsten** 298

527 Zur notwendigen Konkretisierung des Verlangens der FinVerw und zur Kritik der bisherigen Betriebsprüfungspraxis vgl *Fischer/Looks/im Schlaa* BB 2007, 918.

528 BR-Drucks 220/07, 137.

529 *Baumhoff/Ditz/Greinert* kritisieren dies als „Gängelung" des StPfl.

530 BR-Drucks 220/07, 137.

531 Vgl auch *BMF* BStBl I 2005, 570, Tz 4; BStBl I 2010, 774 Tz 161 ff mit Bsp.

532 Eine Schätzung in diesen Fällen bezeichnen *Ernst & Young* Rn 161 als „Strafschätzung". Zur Kritik unter dem Gesichtspunkt der Missachtung des Leistungsfähigkeitsprinzips dieser Verdachts- bzw Strafbesteuerung vgl *Baumhoff* IStR 2003, 3.

533 BStBl II 2004, 171.

534 BGBl I 2003, 660.

Punkt erfolgen musste. Genau genommen ist die Regelung in § 162 Abs 3 S 2 AO überflüssig. Denn nach der Anordnung in § 162 Abs 1 AO hat die FinVerw die **Besteuerungsgrundlagen** zu schätzen, soweit sie die Besteuerungsgrundlagen nicht **ermitteln** oder **berechnen** kann. Dabei hat die FinVerw alle **Umstände** zu berücksichtigen, die für die Schätzung von **Bedeutung** sind. Dazu gehört auch die Berücksichtigung von **Preisspannen**, soweit sie einen **bedeutsamen Umstand** darstellen, was bei der Schätzung des **„richtigen" Verrechnungspreises** als Grundlage für die Einkünfte regelmäßig der Fall ist. Durch die Verwendung „kann" in § 162 Abs 3 S 2 AO handelt es sich auch **nicht** um eine **zwingende** Folge, dass iF des Bestehens von Preisspannen diese zu Lasten des StPfl ausgeschöpft werden müssen. Vielmehr handelt es sich um eine **Ermessensentsch**, die durch ein FG vollständig auf ihre Richtigkeit überprüfbar ist. In der Praxis steht jedoch zu befürchten, dass die FinVerw die Regelung in § 162 Abs 3 S 2 AO als Aufforderung versteht, **in jedem Fall** eine Schätzung am **oberen Ende** der Bandbreite von möglichen Preisen vorzunehmen.

299 Die **Möglichkeit**, der Schätzung den höchsten möglichen Preis innerhalb einer Bandbreite zugrunde zu legen, besteht selbst dann, wenn der StPfl zwar **verwertbare Aufzeichnungen** vorlegt, jedoch **Anhaltspunkte** dafür bestehen, dass die Einkünfte des StPfl bei Beachtung des Fremdvergleichsgrundsatzes **höher** wären als die aufgrund der Aufzeichnungen **erklärten Einkünfte**, wenn entspr Zweifel deswegen nicht aufgeklärt werden können, weil eine ausl nahe stehende Person ihre **Mitwirkungspflichten** nach § 90 Abs 2 AO nicht erfüllt. § 162 Abs 3 S 3 AO soll es also der FinVerw auch in anderen als denen in § 162 Abs 3 S 2 AO genannten Fällen ermöglichen, eine Schätzung auf den für den StPfl **ungünstigsten Punkt** eines sich ergebenden **Schätzungsrahmens**[535] vorzunehmen, wenn der Sachverhalt wegen Verletzung der Mitwirkungs- oder Auskunftspflichten einer ausl nahe stehenden Person nicht **ausreichend** aufgeklärt werden kann.[536] Der Gesetzgeber[537] sah diese Regelung als notwendig an, da die Befugnisse der FinVerw nur im **Inland** gelten und sie daher in vielen Fällen weder **rechtliche** noch **praktische** Möglichkeiten hat, die Mitwirkungs- und Auskunftspflichten (zB Vorlage von Urkunden, Erteilung von Auskünften) gegenüber der ausl nahe stehenden Person durchzusetzen. Da entspr **Durchsetzungsschwierigkeiten** gegenüber einem inländischen **Mitwirkungspflichtigen** nicht bestehen, ist die Regelung ein notwendiger Beitrag zur **Gleichbehandlung**, denn die Belastung des StPfl durch die entspr erhöhte Steuer hat zum Zweck, Druck auf **ausl Anteilseigner** bzw **Eigentümer** auszuüben, die Mitwirkungs- und Auskunftspflichten zu erfüllen.[538] Der Gesetzgeber[539] hält die Möglichkeit zur Schätzung auf den für den StPfl ungünstigsten Punkt eines sich ergebenden Schätzungsrahmen gem § 162 Abs 3 S 3 AO für bes wichtig in Fällen der Besteuerung von **Funktionsverlagerungen**, für die es notwendig ist, dass sämtliche Unterlagen, die für die Funktionsverlagerung Entscheidungserheblich

535 Weiterführend zum Schätzungsrahmen in solchen Fällen insb zur Bestimmung des Gewinnpotenzials, des Kapitalisierungszinssatzes und der Anwendung eines unbegrenzten Kapitalisierungszeitraums *BMF* BStBl I 2010, 774 Tz 165 ff.

536 Nach *Baumhoff/Ditz/Greinert* DStR 2007, 1461 hat die ausl nahe stehende Person keine Mitwirkungspflichten zum Inland, so dass die Tatbestandsmerkmale von § 162 Abs 3 S 3 AO nicht erfüllt werden können; **aA** wohl *Schreiber* Ubg 2008, 433.

537 BR-Drucks 220/07, 141.

538 BR-Drucks 220/07, 140 f.

539 BR-Drucks 220/07, 140.

waren, vorgelegt werden; insb betrifft das Unterlagen, die das beteiligte ausl Unternehmen betreffen und sich daher regelmäßig im Ausland befinden.

Für eine Schätzung auf den für den StPfl ungünstigsten Punkt eines sich ergebenden Schätzungsrahmens ist es unerheblich, ob der Maßnahme ein außergewöhnlicher oder ein „normaler" Geschäftsvorfall zugrunde liegt. Dieses ergibt ausdrücklich aus § 162 Abs 3 S 3 AO. 300

Neben einer Strafschätzung nach § 162 Abs 3 AO sind bei einer Verletzung der Mitwirkungspflichten nach § 90 Abs 3 AO die **Zuschläge** in § 162 Abs 4 AO zu beachten, die **zusätzlich** zu der Strafschätzung durch die FinVerw festzusetzen sind. Nach S 1 der Vorschrift ist ein Zuschlag iHv 5 000 EUR festzusetzen, wenn der StPfl Aufzeichnungen iSv § 90 Abs 3 AO **nicht vorlegt** oder solche Aufzeichnungen im Wesentlichen **unverwertbar** sind. Bei der Festsetzung des Zuschlages hat die FinVerw zu beachten, dass dieser mindestens 5 % und höchstens 10 % des Mehrbetrages aufgrund einer Strafschätzung nach § 162 Abs 3 AO ergibt, soweit sich danach ein Zuschlag von mehr als 5 000 EUR ergibt. Bei **verspäteter Vorlage** von verwertbaren Aufzeichnungen, also bei Überschreiten der Vorlagefristen von **dreißig** bzw **sechzig** Tagen gem § 3 Abs 2 GAufzV bzw § 90 Abs 3 S 8 AO, **modifiziert** das Gesetz in § 162 Abs 4 S 3 AO den Zuschlag. In diesen Fällen beträgt der Zuschlag 1 000 000 EUR, mindestens jedoch 100 EUR für jeden vollen Tag der **Fristüberschreitung**. Unter Beachtung der Mindesthöhe ist bei den Strafzuschlägen der Finanzbehörde ein **Ermessen** in Bezug auf die konkrete Höhe des Zuschlags eingeräumt. Das Gesetz ordnet **ausdrücklich** an, dass die FinVerw bei ihrer Entsch über die Höhe des Zuschlags den **eigentlichen Zweck** der erhöhten Mitwirkungspflichten des StPfl, die aus der Verletzung der Mitwirkungspflichten gezogenen **Vorteile** durch den StPfl und bei **Überschreitung** der Vorlagefrist deren Dauer zu berücksichtigen, § 162 Abs 4 S 4 AO. Die **Festsetzung** eines Strafzuschlags hat zu **unterbleiben**, wenn die Verletzung der Mitwirkungspflichten **entschuldbar** erscheint oder den StPfl nur ein **geringes** Verschulden an der Verletzung der Mitwirkungspflichten trifft. Das betrifft Fälle, in denen der StPfl zB aufgrund **höherer Gewalt** (Brand, Flutkatastrophe, etc) oder wegen **Diebstahls** die Aufzeichnungen nicht vorlegen kann oder die Aufzeichnungen unverwertbar sind. Bei der Prüfung, ob den StPfl ein Verschulden trifft, ist diesem das Verschulden eines **gesetzlichen Vertreters** oder eines **Erfüllungsgehilfen** gem § 162 Abs 4 S 6 AO wie eigenes Verschulden **zuzurechnen**. Der Strafzuschlag ist regelmäßig nach **Abschluss** der Außenprüfung festzusetzen. Die Festsetzung des Strafzuschlages erfolgt also vor der Bekanntgabe der aufgrund der Außenprüfung geänderten Steuerbescheide und ist von diesen unabhängig.[540] Als steuerliche Nebenleistung nach § 3 Abs 4 AO ist der Strafzuschlag **nicht** als Betriebsausgabe abzugsfähig, § 12 Nr 3 EStG und § 10 Nr 2 KStG. 301

Die Vereinbarkeit der Dokumentationsvorschriften des § 90 Abs 3 AO mit dem AEUV wird von *Goebel/Küntscher*[541] krit beurteilt. Die Dokumentationsvorschriften des § 90 Abs 3 AO könnten auf den ersten Blick in ihrer der Niederlassungsfreiheit entgegenstehenden Wirkung durch das Argument der Wirksamkeit der staatlichen Steueraufsicht gerechtfertigt sein. Da jedoch mehrere alternative Maßnahmen existieren, die in ihrer Wirkung wohl einen vergleichbaren Zielerreichungsgrad bei deutlich geringerer Beeinträchtigung des Steuerpflichtigen aufweisen, sei von einer Verhältnis- 302

540 *Ernst & Young* Rn 165.
541 Ubg 2009, 235.

mäßigkeit der Dokumentationsvorschriften nicht auszugehen. Dafür wird die Amtshilferichtlinie angeführt, die der Finanzverwaltung die Möglichkeit bietet, auf im Ausland befindliche Dokumente zugreifen zu können und damit die Überprüfung der Datenquellen für die Vereinbarung zutreffender Verrechnungspreise herangezogen werden können, ohne den Steuerpflichtigen zusätzlich zu belasten. *Goebel/Küntscher*[542] räumen jedoch ein, der gleiche Zielerreichungsgrad der Möglichkeit im Vergleich zur Dokumentation der Verrechnungspreise nach § 90 Abs 3 AO sei ungewiss und ein schlichter Verweis auf die Amtshilferichtlinien nicht zwingend zielführend. Eine dagegen weniger beeinträchtigende Möglichkeit staatlicher Steueraufsicht sei bei Umsetzung der von der Europäischen Kommission ausgesprochenen Empfehlungen an die Mitgliedsstaaten gegeben, den Steuerpflichtigen im Vorfeld der Veranlagung die Beratung oder Vereinbarung von Verrechnungspreisen zu ermöglichen. Zudem könne ein Verweis auf die Schiedsverfahrenskonvention sowie auf bilaterale Verständigungsverfahren zielführend sein, da die Schiedsverfahrenskonvention eine zwingende Einigung der betroffenen Finanzverwaltungen vorsehe.

303 Mit Urt v 10.4.2013 erkannte der *BFH*,[543] die Verpflichtung, bei Sachverhalten, die Vorgänge mit Auslandsbezug betreffen, über die Art und Inhalt seiner Geschäftsbeziehungen mit nahe stehenden Personen iSv § 1 Abs 2 Aufzeichnungen zu erstellen und diese auf Verlangen der Finanzbehörde vorzulegen, ist mit der Dienstleistungsfreiheit des Art 49 EG (Art 56 AEUV) vereinbar. Zwar sieht der BFH eine Verletzung des Schutzbereichs der Dienstleistungsfreiheit; jedoch rechtfertigen zwingende Gründe des Allgemeininteresses diese. Diese sind hier in dem Erfordernis einer wirksamen Steueraufsicht gegeben.

D. Funktionsverlagerung – § 1 Abs 3 S 9 ff

304 Mit dem UntStRefG 2008[544] v 14.8.2007 wurde erstmals die steuerliche Behandlung von sog **Funktionsverlagerungen** in Bezug auf den Maßstab, wie der **Fremdvergleichspreis** zu ermitteln ist,[545] gesetzlich geregelt.[546] Inhaltlich bestimmen die S 9 ff des Abs 3 die **Voraussetzungen** und Teile der **Rechtsfolge**, wenn eine betriebliche Funktion in das Ausland verlagert wird. Ergänzt werden die Regelungen über die Funktionsverlagerung in Abs 3 S 9 ff durch die Verordnung zur Anwendung des Fremdvergleichsgrundsatzes nach Abs 1 in Fällen grenzüberschreitender Funktionsverlagerungen (FVerlV) v 12.8.2008.[547] Die Regelungen des Abs 3 S 9 ff über die Funktionsverlagerung gelten nur in den Fällen, in denen für die Einkünfteermittlung ein **hypothetischer Fremdvergleich** durchzuführen ist. Dieses folgt ausdrücklich aus Abs 3 S 9: „Wird in den Fällen des Satzes 5 eine Funktion…“. Die Ermittlung des Verrechnungspreises nach den S 9 ff für eine Funktionsverlagerung kann also nicht auch mit Hilfe von **uneingeschränkt vergleichbaren Fremdvergleichspreisen** gem Abs 3 S 1 oder **eingeschränkt vergleichbaren Fremdvergleichspreisen** gem Abs 3 S 2 erfolgen. Uneinge-

542 Ubg 2009, 235.

543 BStBl II 2013, 771 mit umfangreichen Nachweisen in der Literatur.

544 BGBl I 2007, 1912; anzuwenden erstmals auf den VZ 2008, § 21 Abs 16.

545 *Jahndorf* FR 2008, 101; vgl für die Behandlung von Funktionsverlagerungen bis zum VZ 2007 *BMF* BStBl I 2010, 774 Tz 180 ff.

546 *Wassermeyer* FR 2008, 67 hält die Regelungen über die Funktionsverlagerung für „ein unrühmliches Beispiel für Machtmissbrauch des Steuergesetzgebers“.

547 BGBl I 2008, 1680; zu verfassungsrechtlichen Bedenken vgl *Welling/Tiemann* FR 2008, 68.

schränkt oder eingeschränkt vergleichbare Fremdvergleichspreise haben jedoch auch bei der Ermittlung des Verrechnungspreises für eine Funktion **Vorrang**,[548] was durch § 2 Abs 1 S 1 FVerlV ausdrücklich anerkannt wird.[549] Der Wert der Funktion soll durch eine **Gesamtbetrachtung** ermittelt werden und stellt dann das sog **„Transferpaket"** dar.[550] Inhalt dieses „Transferpakets" ist auch das in der Funktion ruhende, (zukünftige!) **Gewinnpotenzial**, welches als letzter Akt vor der Übertragung in Deutschland „verhaftet" wird und dem entspr in Deutschland der Besteuerung zugeführt wird. Die Neuregelung zur Funktionsverlagerung impliziert eine Art **Teilgeschäftsveräußerung**, für die der Verrechnungspreis unter Anwendung funktions- und risikoadäquater **Kapitalisierungszinssätze** ermittelt werden soll, mithin vergleichbar mit einem Unternehmenskauf, bei dem anhand der Ertragserwartungen für die Zukunft (Discounted Cash Flow Berechnung) der Preis bestimmt wird.[551] Das Ziel der Regelung soll nicht darin bestehen, nationale Besteuerungsrechte dem Grunde nach auszuweiten, sondern das Vollzugsdefizit bei der Verlagerung **immaterieller Wirtschaftsgüter** (insb selbst geschaffene immaterielle Wirtschaftsgüter, Geschäftswert, nicht gesondert in Erscheinung tretende immaterielle Wirtschaftsgüter) bzw von Risikoverlagerungen zu beseitigen.[552] Zu bedenken ist jedoch, dass das zukünftige Gewinnpotenzial **nach** der Übertragung im Ausland erwirtschaftet und realisiert und mit an Sicherheit grenzender Wahrscheinlichkeit auch im Ausland besteuert werden wird. Die **vorangehende** Besteuerung desselben wirtschaftlichen Ertrages in Deutschland stellt nicht nur einen deutschen **Alleingang**[553] im Internationalen Steuerrecht dar; die daraus resultierende „wirtschaftliche" **Doppelbesteuerung** wird sich auch bei Bestehen eines DBA nicht zwingend verhindern lassen.[554]

Mit dem „Gesetz zur Umsetzung steuerlicher EU-Vorgaben sowie zur Änderung steuerlicher Vorschriften" (EU-Umsetzungsgesetz)[555] sind die Regelungen zur Besteuerung von Funktionsverlagerungen in § 1 Abs 3 modifiziert worden. Wesentlich ist die Erg der Öffnungsklauseln in § 1 Abs 3 S. 10 um eine weitere Möglichkeit, wodurch das Ziel des Gesetzgebers, die negativen Auswirkungen der Funktionsverlagerungsbesteuerung auf den Forschungs- und Entwicklungsstandort Deutschland zu beseitigen, umgesetzt werden sollte. Daneben wurden mit dem genannten Gesetz redaktionelle Änderungen umgesetzt. Davon betroffen sind Änderungen im S 9 des § 1 Abs 3. Nach der Gesetzesbegründung soll die Neufassung lediglich klarstellenden Charakter haben und sich inhaltlich nicht auswirken. In der Literatur[556] wird an dem angestrebten Ziel des Gesetzgebers, möglichen Missverständnissen vorzubeugen, gezweifelt. Insb, weil nach der Neufassung des § 1 Abs 3 S 9 der Ausdruck „Transferpaket" nicht mehr wei- **305**

548 *Frotscher* FR 2008, 49.
549 *Baumhoff/Ditz/Greinert* DStR 2008, 1945.
550 Krit zu dieser Art der Bewertung unter Abkehr v Prinzip der Einzelbewertung *Blumers* BB 2007, 1757; *Hey* BB 2007, 1303.
551 Krit dazu *Blumers* BB 2007, 1757; *Welling/Tiemann* FR 2008, 68.
552 *Schreiber* Ubg 2008, 433; *Greil* DStZ 2011, 285.
553 Vgl aber OECD-Diskussionsentwurf zu Verrechnungspreisaspekten von „Business Restructurings" – abrufbar unter www.oecd.org/dataoecd/59/40/41346644.pdf; *Baumhoff/Puls* IStR 2009, 73.
554 *Blumers* BB 2007, 1757; *Welling/Tiemann* FR 2008, 68.
555 BGBl I 2010, 386.
556 *Baumhoff/Ditz/Greinert* DStR 2010, 1309.

ter im Gesetz erläutert werde, was unbefriedigend sei, da es sich um einen Ausdruck handele, der weder national noch int bekannt sei und insofern einer gesetzlichen Konkretisierung bedürfe. Eine solche befindet sich nur noch in § 1 Abs 3 FVerlV. Zudem enthalte die Neufassung wiederum die Formulierung „Wirtschaftsgüter und sonstige Vorteile" und beseitigt somit nicht die Unsicherheit, was konkret unter „sonstigen Vorteilen" zu verstehen sei.

306 Die Korrekturen im ersten HS von S 10 des § 1 Abs 3 werden in der Gesetzesbegründung ebenfalls als rein sprachlich und ohne inhaltliche Auswirkung eingestuft. Auch zu dieser Aussage des Gesetzgebers werden in der Literatur[557] Zweifel geäußert. So sei nicht erkennbar, was mit der Formulierung „Einzelverrechnungspreis" gemeint sei. Auch werde nicht mehr zwischen Übertragung und Nutzungsüberlassung unterschieden; vielmehr finde sich nunmehr die Formulierung „Gegenstand der Funktionsverlagerung". Es sei weder die Absicht des Gesetzgebers erkennbar, welches Ziel damit verfolgt werde, noch könne darin eine Klarstellung gesehen werden. Auch sei weiterhin unbefriedigend, dass der Steuerpflichtige für die Inanspruchnahme der im S 10 geregelten Öffnungsklauseln eine Begründung „glaubhaft" darlegen müsse. Abgesehen davon, dass damit eine Umkehr der Beweislast zu Lasten des Steuerpflichtigen gegeben sei,[558] sollten an diese Glaubhaftmachung keine zu hohen Anforderungen gestellt werden.

307 Eine wesentliche Änderung enthält § 1 Abs 3 S 10 HS 2. Normiert wird eine dritte Öffnungsklausel, die wie auch die anderen beiden Öffnungsklauseln dazu führt, dass trotz Vorliegens der Voraussetzungen einer Funktionsverlagerung keine Verrechnungspreisbestimmung auf Grundlage des Transferpakets erforderlich ist. Nach *Pohl*[559] ist Hintergrund der Neuregelung ein Bericht des Finanzausschusses, nachdem die Regelungen über die Funktionsverlagerung vor allem auch zu einer Verlagerung von Forschungs- und Entwicklungstätigkeiten ins Ausland führte, um die steuerlichen Nachteile aus einer evtl später notwendigen Verlagerung daraus entstandener immaterieller Wirtschaftsgüter zu vermeiden. Das war Anlass für die Regierungsparteien, sich im Koalitionsvertrag vom 26.10.2009 darauf zu verständigen, unverzüglich die negativen Auswirkungen der Neuregelung zur Funktionsverlagerung auf den Forschungs- und Entwicklungsstandort Deutschland zu beseitigen. Die konkrete Umsetzung lässt diesen Grund nicht mehr erkennen, denn die Öffnungsklausel gilt nicht nur für Forschungs- und Entwicklungsbereiche, sondern für alle Funktionen eines Unternehmens. Inhaltlich bezieht sich die Öffnungsklausel auf die Identifikationsmöglichkeit zumindest eines wesentlichen immateriellen Wirtschaftsguts, welches Teil der Funktionsverlagerung ist. In einem solchen Fall sind Einzelverrechnungspreise anzuerkennen. Mit dieser Regelung führt der Gesetzgeber konsequent fort, dass wesentlicher Zweck der Regelungen über die Funktionsverlagerung die Sicherstellung der Besteuerung von stillen Reserven in vorhandenen immateriellen Wirtschaftsgütern ist.

308 Im Kern sind die Vorstellungen des Gesetzgebers richtig, bei einer grenzüberschreitenden Verlagerung betrieblicher Funktionen die Besteuerung etwaiger **vorhandener stiller Reserven** sicherzustellen. Der Bundesrepublik Deutschland muss es aus **steuerpolitischen** Gründen durch die Schaffung steuerrechtlicher Vorschriften möglich sein,

557 *Baumhoff/Ditz/Greinert* DStR 2010, 1309.
558 *Baumhoff/Ditz/Greinert* DStR 2007, 1653.
559 IStR 2010, 357.

diese Besteuerung sicherzustellen. Vom Grundsatz her darf dem StPfl nicht die Möglichkeit eröffnet werden, Steuersubstrat, welches in der Bundesrepublik Deutschland geschaffen wurde, ohne Realisierung der stillen Reserven in einen anderen Staat zu verlagern, um später die bei Verlagerung bereits vorhandenen stillen Reserven in diesem Staat zu realisieren und der (niedrigeren) Besteuerung zuzuführen.[560] Die vom Gesetzgeber gewählte Konzeption wird aber kritisiert. Zu Gunsten der „nebulösen" Begr **„Funktion als Ganzes"** und **„Transferpaket"** löst sich der Gesetzgeber von den bekannten Begrlichkeiten Wirtschaftsgut, Entnahme in Form der Sach- und Nutzungsentnahme, Grundsatz der Einzelbewertung und Ermittlung von geschäftswertähnlichen Faktoren.[561] Dies gilt jedenfalls für den Bereich der Funktionsverlagerung.[562]

Grund für die gesetzliche Normierung war – nach unbestätigten Angaben des BMF – ein Fall, in dem ein dt Unternehmen ein Produkt entwickelte, nach Fertigstellung dieses Produktes jedoch keine Erlaubnis von der zuständigen Behörde bekam, dieses von Deutschland aus und auf dem dt Markt zu vertreiben. Daraufhin „verlagerte" das Unternehmen dieses Produkt mit der betr Abteilung auf ein verbundenes Unternehmen in einen Staat, der die Erlaubnis zum Vertrieb erteilte. Die Aufwendungen für die Entwicklung des Produktes machte das dt Unternehmen in seiner GuV im Inland als Betriebsausgaben geltend. Die späteren Gewinne aus dem Vertrieb des Produktes fielen hingegen ausschließlich bei dem verbundenen Unternehmen im Ausland an. Zur Vermeidung solcher „Gestaltungen" wurden die S 9 ff in das Gesetz eingefügt. **309**

Die Funktionsverlagerung gilt sowohl für den **„Outbound-Fall"** wie auch für den **„Inbound-Fall"**. Dieses entspricht der Auffassung des Gesetzgebers:[563] Der Fremdvergleichsgrundsatz gelte aufgrund der DBA grds in gleicher Weise für Funktionsverlagerungen ins Ausland („Outbound-Fall") wie für Funktionsverlagerungen ins Inland („Inbound-Fall"), auch wenn Abs 1 nur Berichtigungen zuließe, wenn die im Inland steuerpflichtigen Einkünfte fremdvergleichswidrig **gemindert** worden sind. Berichtigungen **zu Gunsten** des StPfl seien aber nach anderen Rechtsnormen möglich (va iRv verdeckten Gewinnausschüttungen). Sie könnten zur **Aktivierung** immaterieller Wirtschaftsgüter und anschließend zu erfolgswirksamen Abschreibungen führen. Würden im „Inbound-Fall" immaterielle Wirtschaftsgüter aufgrund der Transferpaket-Betrachtung erkennbar, könne ihre **Lizenzierung** leichter anerkannt werden. Diese steuerlichen Vorteile können Funktionsverlagerungen ins Inland, die zum Aufbau von Wirtschaftstätigkeit und Arbeitsplätzen führten, **attraktiv** machen. Der Wille, Funktionsverlagerungen in das Inland unter den gleichen Vorgaben zu behandeln wie Funktionsverlagerungen in das Ausland, ist zu begrüßen. Dabei ist jedoch fraglich, wie das gesetzestechnisch vollzogen werden soll.[564] Abs 3 und damit auch die Regelung über die Funktionsverlagerung gilt für eine Geschäftsbeziehung iSd Abs 1 S 1. Und Abs 1 S 1 setzt eine Einkünfteminderung im Inland aus einer Geschäftsbeziehung zum Ausland voraus, was schon immer zur Folge hatte, dass eine Korrektur nach Abs 1 nur in eine Richtung (Erhöhung) erfolgen konnte. **310**

560 *Frotscher* FR 2008, 50.
561 *Wulf* DB 2007, 2280; *Jahndorf* FR 2008, 101; **aA** *Schreiber* Ubg 2008, 433.
562 *Wassermeyer* FR 2008, 67.
563 BR-Drucks 220/07, 145; so jetzt auch *BMF* BStBl I 2010, 774 Tz 3.
564 So schon *Wassermeyer* DB 2007, 535.

311 Stand mit der Einf der Vorschriften zur Behandlung grenzüberschreitender Funktionsverlagerungen der deutsche Gesetzgeber im int Vergleich allein da, liegt nunmehr der am 22.7.2010 veröffentlichte finale Bericht der OECD zur Thematik „business restructuring" vor.[565] Damit wird das Risiko einer vorauszusehenden abw Behandlung von Funktionsverlagerungen bzw vergleichbaren Vorgängen durch die deutsche FV und der ausländischen FV und die damit verbundene wirtschaftliche Doppelbesteuerung ders Gewinne zumindest theoretisch eingeschränkt. Aufgrund der Beteiligung aller OECD Staaten an der Ausarbeitung des business restructuring-Berichts kann davon ausgegangen werden, dass hinsichtlich der Begrifflichkeiten und der Voraussetzungen der behandelten Vorgänge ein einheitliches Verständnis gegeben ist.

312 Der OECD-Bericht ist als separates Kap IX Teil der OECD-Verrechnungspreisrichtlinien. Dem Bericht lag der am 19.9.2008 veröffentlichte und zur Kommentierung freigegebene Entwurf der OECD zugrunde,[566] wurde jedoch deutlich gekürzt bzw wurden Voraussetzungen und Konsequenzen, wie die Berücksichtigung von Synergien bei Restrukturierungen, abgeschwächt.[567]

313 Das Kap IX der OECD-Verrechnungspreisrichtlinien umfasst insgesamt fünf Teile: Die Einleitung, die thematische und begriffliche Eingrenzungen bestimmt und zudem Aussagen zu der Anwendbarkeit von Art 9 OECD-MA und der OECD-Verrechnungspreisrichtlinien in Bezug auf den Themenkreis „business restructuring" trifft. Im 1. Kap werden sodann Überlegungen zur Würdigung von Risiken angestellt und detaillierte Aussagen zu der Bedeutung der Risiken für die Bestimmung fremdüblicher Preise gemacht. Dazu finden sich Ausführungen wie fremde Dritte eine Risikoallokation in einem Vertrag bestimmen würden und wie mit konträren Aspekten wie der Möglichkeit zur Risikokontrolle und der finanziellen Leistungsfähigkeit umzugehen ist. Im 2. Kap wird die Fremdüblichkeit der zu leistenden Kompensation für die betriebliche Umstrukturierung behandelt. Dabei werden die betriebswirtschaftlichen Hintergründe der Umstrukturierung beleuchtet und zu unterschiedlichen Umstrukturierungsobjekten Stellung bezogen. Zudem finden sich Aussagen zu möglichen Entschädigungsansprüchen zwischen den Vertragspartnern dem Grunde und der Höhe nach. Im sich anschließenden 3. Kap werden die Liefer- und Leistungsbeziehungen zwischen den verbundenen Unternehmen nach Restrukturierungen behandelt. Es wird insb der Fragen nachgegangen, unter welchen Voraussetzungen die hierfür vereinbarten Vergütungen insgesamt als fremdüblich anzusehen sind. Im 4. und letzten Kap werden Aussagen gemacht, welche Voraussetzungen gegeben sein müssen, damit die gelebten Sachverhalte in steuerrechtlicher Hinsicht anerkannt werden. Hervorzuheben ist, dass nach Auffassung der OECD die Nichtanerkennung verwirklichter Sachverhalte die Ausnahme sein soll bzw die Nichtanerkennung unüblich oder selten ist. Zudem wird bestimmt, dass allein der Umstand des Nichtvorliegens vergleichbarer Umstrukturierungen zwischen fremden Dritten einen Tatbestand bildet, der eine Ausnahme begründet.

---

565 OECD: Report on the transfer pricing aspects of business restructuring (OECD business restructuring), Chapter IX of the Transfer Pricing Guidelines, 22.7.2010 abrufbar unter www.oecd.org/dataoecd/22/54/45690216.pdf.

566 Transfer pricing aspects of business restructuring discussion draft for public comment, 19.8.2008 abrufbar unter www.oecd.org/dataoecd/59/40/41346644.pdf.

567 *Freudenberg/Ludwig* BB 2011, 215.

314 Auf den ersten Blick lassen sich die Aussagen der OECD mit den Regelungen in § 1 Abs 3 S 9 vergleichen. Beide bestimmen bei einer „Funktionsverlagerung“ über die Grenze den Verrechnungspreis für die Funktion als Ganzes (Transferpaket) zu ermitteln und dabei alle mit der Funktion übertragenen Chancen und Risiken, Wirtschaftsgüter und sonstige Vorteile zu berücksichtigen. Ein wesentlicher Unterschied besteht bei der Ermittlung des Verrechnungspreises, der nach den deutschen Regelungen stets mittels eines hypothetischen Fremdvergleichs zu erfolgen hat. Zudem ist zu konstatieren, dass die im Mittelpunkt stehende wirtschaftliche Einheit in dem OECD-Bericht als „on going-concern“ bezeichnet wird und keinesfalls deckungsgleich mit der Funktion iSd § 1 Abs 3 S 9 iVm § 1 Abs 1 FVlerV ist. In der Lit[568] wird daraus für deutsche Unternehmen die Gefahr abgeleitet, dass für diese im Falle grenzüberschreitender Funktionsverlagerungen eine erhebliche Gefahr der Doppelbesteuerung besteht. Dieser Gefahr begegnete der Gesetzgeber durch die Einfügung einer weiteren Ausnahmeregelung in § 1 Abs 3 S 10 HS 2, nach der keine Transferpaketsbetrachtung im Falle einer Funktionsverlagerung über die Grenze erforderlich ist, wenn wesentliche (identifizierte) immaterielle Wirtschaftsgüter mit der Funktion übertragen werden. Diese Regelung wirft die Frage auf, ob bei Anwendung auch ein Geschäfts- oder Firmenwert zu berücksichtigen ist.[569] Zudem können Geschäftschancen zu vergüten sein, was der Auffassung der OECD entspricht, wenn diese hinreichend konkretisiert sind, womit bei der Anwendung der neuen Ausnahmeregelung die gleichen Probleme, wie sie im Rahmen der Verrechnungspreisbestimmung bei Funktionsverlagerungen vor der Unternehmenssteuerreform 2008 bestanden haben, wieder auftreten.[570]

315 Kurze Zeit später veröffentlichte das BMF sein Schreiben zur Funktionsverlagerung.[571] In seinen Grundsätzen verweist das BMF vielerorts auf den OECD-business restructuring-Bericht und erzeugt damit die Vermutung, dass durch die Übereinstimmung zwischen dem deutschen Reglementarium und der Interpretationshilfe der OECD für die Anwendung des Fremdvergleichsgrundsatzes bei grenzüberschreitenden Restrukturierungen und insb Funktionsverlagerungen eine einheitliche Auffassung gegeben sein soll. Zu bedenken ist dabei, dass die OECD-Richtlinien keine rechtliche Bindungswirkung für die beteiligten FV erzeugen, sondern lediglich als Orientierungshilfe dienen und inkongruente Doppelbesteuerung auslösende Steuerfestsetzungen vorliegen können.[572] In einem solchen Fall kann nur ein Verständigungsverfahren Abhilfe schaffen.

I. Begriff der Funktionsverlagerung

316 Der Begr „Funktionsverlagerung“ wird im Gesetz mit einer **„Funktion einschließlich der dazugehörigen Chancen und Risiken und der mit übertragenen oder überlassenen Wirtschaftsgüter und sonstigen Vorteile“** umschrieben, die **„verlagert“** wird. Aus dem Klammerzusatz („Funktionsverlagerung“) folgt, dass der Gesetzgeber darunter die **Definition** des Begrs „Funktionsverlagerung“ verstanden wissen möchte. Die „Defini-

568 *Luckhaupt* DB 2010, 2016.
569 Abl *Luckhaupt* DB 2010, 2016.
570 So schon *Luckhaupt* DB 2010, 2016.
571 BStBl I 2010, 774.
572 *Freudenberg/Ludwig* BB 2011, 215.

tion" ist jedoch augenscheinlich misslungen.[573] Aus dem Gesetz geht nur hervor, was **zu einer Funktion** in jedem Fall gehören soll, nämlich die mit ihr zusammenhängenden **Chancen** und **Risiken** und die mit der Funktion übertragenen oder überlassenen **Wirtschaftsgüter** und sonstigen **Vorteile**. Damit ist jedoch keineswegs definiert, was unter einer Funktion selbst zu verstehen ist, zu der dann die mit ihr zusammenhängenden Chancen und Risiken usw gehören. Auch sagt das Gesetz selbst nichts darüber aus, was unter einer **Verlagerung** zu verstehen ist.

317 Unter einer Funktionsverlagerung wird man im Grundsatz einen **Vorgang** zu verstehen haben, bei dem eine in einem Staat **ausgeübte**, zu einem Unternehmen **gehörige**[574] wirtschaftliche Funktion auf ein anderes Unternehmen in einem anderen Staat verlagert wird, wobei die Besteuerung nicht an die Verlagerung der Funktion **selbst** anknüpft, denn die Verlagerung der Funktion ist isoliert betrachtet als **organisationsrechtlicher Akt** folgenlos.[575] Voraussetzungen für eine Funktionsverlagerung sind mithin immer, dass ein **„Etwas"**, nämlich die Funktion, von einem übertragenden Unternehmen, auf ein anderes übernehmende Unternehmen grenzüberschreitend „verlagert" wird.[576] Dabei müssen **Wirtschaftsgüter** verlagert werden, da nur in diesen stille Reserven ruhen können, die zu Gewinnauswirkungen führen können; daneben folgen Gewinnauswirkungen auch aus der Erbringung unternehmerischer **Leistungen**, so dass die Funktionsverlagerung eine auf einem **Gesamtplan** beruhende Übertragung eines betrieblichen **Teilorganismus** bestehend aus einer Gesamtheit von Wirtschaftsgütern ggf mit den dazugehörigen Leistungen oder anders ausgedrückt die Verlagerung einer **Organisationseinheit** bestehend aus Zuständigkeiten, Wirtschaftsgütern und Vorteilen (zB eingearbeitete Mitarbeiter, Produktionskapazitäten) darstellt.[577] Vertreten wird aber auch, dass sich der Gesetzgeber von der wirtschaftsgutbezogenen Betrachtungsweise verabschiedet hat und eine **Geschäftschance** auch dann besteuert werden kann, wenn sie **keinen** Wirtschaftsgutcharakter hat.[578] **Negativ** wird die Funktionsverlagerung durch § 1 Abs 7 FVerlV abgegrenzt. Danach liegt keine Funktionsverlagerung vor, wenn **ausschließlich** Wirtschaftsgüter veräußert oder zur Nutzung überlassen werden oder wenn **nur** Dienstleistungen erbracht werden, es sei denn, diese Geschäftsvorfälle sind **Teil** einer Funktionsverlagerung. Entspr gilt, wenn Personal im Konzern entsandt wird, ohne dass eine Funktion mit übergeht,[579] oder wenn der Vorgang zwischen unabhängigen Dritten **nicht** als Veräußerung oder Erwerb einer Funktion angesehen würde. Die Entsendung soll in diesem Zusammenhang iSd Schreibens

---

573 So auch *Wulf* DB 2007, 2280; *Jahndorf* FR 2008, 101; *Wassermeyer* FR 2008, 67 „Tautologie"; *Borstell/Schäperclaus* IStR 2008, 275.

574 Zur Inhaberschaft von Funktionen *Blumers* DStR 2010, 17.

575 *Schreiber* Ubg 2008, 433.

576 *Frotscher* FR 2008, 49.

577 *Frotscher* FR 2008, 49; *Schreiber* Ubg 2008, 433.

578 *Jahndorf* FR 2008, 101 mwN und Ausführungen zur Geschäftschancenlehre.

579 Nach BR-Drucks 220/07, 14 f gilt das aber nur, wenn das entsandte Personal nicht seinen bisherigen Zuständigkeitsbereich aus dem entsendenden Unternehmen mitnimmt und nach der Entsendung im aufnehmenden Unternehmen die gleiche Tätigkeit ausübt und in Folge dessen Wirtschaftsgüter und Vorteile übertragen oder zur Nutzung überlassen werden bzw Chancen und Risiken übergehen. In solchen Fällen kann eine Funktionsverlagerung gegeben sein; krit dazu *Baumhoff/Ditz/Greinert* DStR 2008, 1945; *Kroppen/Rasch* IWB 2008 F 3 Gr 1, 2339.

des *BMF*[580] v 9.11.2001 zu verstehen sein. Indes bleibt unbeantwortet, in welchen Fällen ausschließlich Wirtschaftsgüter übertragen werden oder nur Dienstleistungen erbracht werden.[581]

Nach nunmehr veröffentlichter Auffassung des BMF[582] liegt eine Verlagerung (einer Funktion) vor, wenn ein Unternehmen (verlagerndes Unternehmen) einem anderen nahe stehenden Unternehmen (übernehmendes Unternehmen) Wirtschaftsgüter und sonstige Vorteile sowie die damit verbundenen Chancen und Risiken überträgt oder zur Nutzung überlässt, damit das übernehmende Unternehmen eine Funktion ausüben kann, die bisher von dem verlagernden Unternehmen ausgeübt worden ist, und dadurch die Ausübung der betr Funktion durch das verlagernde Unternehmen eingeschränkt wird. Zur Abgrenzung wird auf die FVerlV in § 1 Abs 6 verwiesen. Werden mehrere Funktionen separat verlagert, findet eine Verklammerung der einzelnen Vorgänge statt, wenn die einzelnen Verlagerungen in einem wirtschaftlichen Zusammenhang stehen. Dabei wird nicht weiter ausgeführt, was unter einem wirtschaftlichen Zusammenhang zu verstehen ist und wann ein solcher vorliegt. 318

1. Funktion. Die *FinVerw*[583] kannte schon bisher Funktionen, die für die allg Grundsätze zur **Einkunftsabgrenzung** von Bedeutung sind. Auch die OECD-RL 2010[584] zählen für die Einkunftsabgrenzung beispielhaft Funktionen auf. Nach der hier vertretenen Auffassung können sich diese Funktionen mit einer Funktion iSd der Funktionsverlagerung **decken**, zwingend ist dieses jedoch nicht. Der Begr „Funktionsverlagerung" wurde bisher der **Betriebswirtschaftslehre** entlehnt. Danach besteht eine Funktion aus einer **Teilaufgabe** zur Erreichung des Unternehmenszieles im Rahmen einer homogenen Gruppe von Handlungen.[585] Eine Funktion ist mithin der **Zusammenschluss** von einer oder mehrerer Aufgaben, die zusammengehören, dabei aber immer nur einen Teil im Unternehmen ausmachen. 319

Durch das UntStRefG v 14.8.2007[586] wurde in S 13 des Abs 3 eine Ermächtigung zum Erlass einer Rechtsverordnung geregelt, in der das Bundesministeriums der Finanzen mit Zustimmung des Bundesrates ua Einzelheiten zur Anwendung des Fremdvergleichsgrundsatzes iSd der S 1–12 des Abs 3 festlegen kann, um eine einheitliche Rechtsanwendung und die Übereinstimmung mit internationalen Grundsätzen sicherzustellen. Auf Basis dieser Ermächtigungsgrundlage erließ das *BMF*[587] mit Datum v 14.8.2008 die Verordnung zur Anwendung des Fremdvergleichsgrundsatzes nach § 1 Abs 1 des AStG in Fällen grenzüberschreitender Funktionsverlagerungen.[588] In § 1 Abs 1 FVerlV findet sich eine **Definition** des Begrs „Funktion".[589] Danach ist eine Funktion eine **Geschäftstätigkeit**, die aus einer Zusammenfassung **gleichartiger** betrieblicher Aufgaben besteht, die von bestimmten **Stellen** oder **Abteilungen** eines Unternehmens 320

580 BStBl I 2001, 796.
581 *Baumhoff/Ditz/Greinert* DStR 2008, 1945.
582 BStBl I 2010, 774 Tz 19.
583 BStBl I 1983, 218 Tz 2.1.1; BStBl I 1999, 1076 Tz 2.3.1.
584 Tz 1.43.
585 *Wassermeyer/Andresen/Ditz* S 192 f; weiterführend *Borstell/Schäperclaus* IStR 2008, 275.
586 BGBl I 2007, 1912.
587 BGBl I 2008, 1680.
588 Zu den verfassungsrechtlichen Bedenken vgl *Welling/Tiemann* FR 2008, 68.
589 Weiter ausführend *BMF* BStBl I 2010, 774 Tz 14 ff.

erledigt werden, ohne dass ein **Teilbetrieb** im steuerlichen Sinne vorliegen muss.[590] Als Funktionen kommen in Betracht: Geschäftsleitung, Vertrieb, Forschung und Entwicklung,[591] Materiealbeschaffung, Lagerhaltung, Produktion, Verpackung, Montage, Bearbeitung oder Veredelung von Produkten, Qualitätskontrolle, Finanzierung, Transport, Organisation, Verwaltung, Marketing, Kundendienst usw.[592] Kennzeichnend für eine Funktion ist mithin ein **Bündel** aus mehreren zusammengehörenden betrieblichen Aufgaben, die immer nur einen **Teilbereich** der betrieblichen **Gesamtaufgabe** ausmachen.[593] In der Lit[594] wird folgende Definition vorgeschlagen: „Eine Funktion ist die Zusammenfassung betrieblicher **Aufgaben**, der **Wirtschaftsgüter**, die zu ihrer Erfüllung notwendig sind, sowie der mit beiden zusammenhängenden **Chancen** und **Risiken** zu einem organischen **Unternehmensteil**. Dieser Unternehmensteil bildet eine **abgrenzbare**, **selbstständige** Einheit, die im Kontext eines aufnehmenden Unternehmens **lebensfähig** und in der Lage ist, nachhaltig **Zahlungsmittelströme** zu generieren."

321 Kennzeichen einer Funktion wird regelmäßig sein, dass diese von **Personen** ausgeübt werden und die Ausübung der verschiedenen Tätigkeiten zum Unternehmenserfolg beiträgt. Der Beitrag zum Unternehmenserfolg spiegelt sich in den damit zusammenhängenden Chancen und Risiken wider. Zur Ausübung der Funktion wird regelmäßig der Einsatz von Wirtschaftsgütern (materielle und immaterielle) notwendig sein, die dadurch zu der Funktion „gehören". Abw kann sich ergeben, wenn die Funktion nahezu ausschließlich durch den Einsatz **technischer Mittel** (zB Server) ausgeübt wird. Letztlich bleibt die Ermittlung des konkreten Umfangs der Funktion dem **Einzelfall** vorbehalten, weil es jedem Unternehmen frei steht, seine Aufgaben so zu strukturieren, wie es ihm beliebt.

322 *Welling*[595] macht darauf aufmerksam, weder dem Gesetz noch aus den Materialien dazu ließe sich eine Konkretisierung des Begriffs der Funktion entnehmen. Dies sei umso erstaunlicher als die Betriebswirtschaftslehre selbst keine feststehende Definition des Begriffs der Funktion liefere. Sie beschreibe die Funktion vielmehr als betriebliche Aufgabe oder als bündelbetriebliche Aufgaben, als Teil der Gesamtaufgabe des Unternehmens oder als unselbstständigen Teil eines Unternehmens und weise auf die Abhängigkeit des Funktionsbegriffs vom Gesamtziel des Unternehmens hin. Mit der Aussage, als Funktion sei ein organischer Teil des Unternehmens anzusehen, ohne dass ein Teilbetrieb im steuerlichen Sinne vorliegen müsse, sei lediglich eine Begrenzung „nach oben" gegeben. Festgehalten werde, dass eine Funktion iSd Gesetzes eine betriebliche Einheit sein solle, die einen geringeren Umfang als ein Teilbetrieb iSv § 16 Abs 1 S 1 Nr 1 EStG haben solle. Für eine Begrenzung nach „unten hin" sei eine solche Feststellung hingegen offen, es sei denn, man würde den Tatbestand der Funktionsverlagerung dahingehend eng auslegen, dass immer nur die Verlagerung der größten denkbaren organischen Einheit unterhalb des Teilbetriebs steuerlich relevant sei. Doch auch dann sei eine Doppelbesteuerung nicht ausgeschlossen, denn der genaue Zuschnitt eines Teilbetriebs sei keine unabänderliche Größe, sondern von den

590 Krit dazu *Kroppen/Rasch* IWB 2008 F 3 Gr 1, 2339.
591 Zum Gestaltungspotenzial *Scheunemann/Dennisen* DB 2010, 408.
592 *Wulf* DB 2007, 2280 hält auch diese Definition für (zu) weit und nichts sagend.
593 *Baumhoff/Ditz/Greinert* DStR 2008, 1945; ausf zum Begr „Funktion" *Borstell/Schäperclaus* IStR 2008, 275.
594 *Borstell/Schäperclaus* IStR 2008, 275.
595 FS Schaumburg, S 985.

jeweiligen konkreten Gegebenheiten abhängig, damit wandelbar und als Basis für den steuerlichen Zugriff problematisch. Auch der FVerlV könne dem nicht abhelfen. Sie verharre inhaltlich auf den Stand des Gesetzes und beschreibe die Funktion – Anlehnung an die betriebswirtschaftliche Literatur – als eine Geschäftstätigkeit, die aus einer Zusammenfassung gleichartiger betrieblicher Aufgaben besteht, die von bestimmten Stellen oder Abteilungen eines Unternehmens erledigt werden. Damit würden aber die genannten schon in der Betriebswirtschaft bestehenden Unsicherheiten nicht verringert, sondern lediglich ausgeblendet.

Die Negativabgrenzung, was nicht zur Annahme einer Funktionsverlagerung führt, ist 323 in § 1 Abs 7 FVerlV normiert.[596] Danach sind Funktionsverlagerungen von Funktionsverdoppelungen und von Fällen der Neuaufnahme einer Geschäftstätigkeit zu unterscheiden. Auch die Erbringung von Dienstleistungen oder die Teilnahme an einem Umlagevertrag oder die Personalentsendung stellen bei isolierter Betrachtung keine Funktionsverlagerung dar. In diesen Fällen sind für die Übertragung oder Überlassung von Wirtschaftsgütern und sonstigen Vorteilen fremdübliche Preise isoliert zu ermitteln. Gleichwohl ist in derartigen Fällen zu beachten, dass bei Bestehen eines wirtschaftlichen Zusammenhangs mit anderen Geschäftsvorfällen eine Zusammenfassung zu erfolgen hat und möglicherweise sodann die Regelungen über die Funktionsverlagerung Anwendung finden.

Von wesentlicher Bedeutung einer Funktion werden regelmäßig ihre immateriellen 324 Wirtschaftsgüter sein. Für die OECD[597] ist die Feststellung des Vorliegens immaterieller Wirtschaftsgüter für die Frage eines business-restructuring-Falls von Bedeutung und, ob das immaterielle Wirtschaftsgut grenzüberschreitend übertragen wurde. Dabei ist regelmäßig die Identifizierung, ob immaterielle Wirtschaftsgüter vorliegen und welche der immateriellen Wirtschaftsgüter übertragen wurden. der Faktor, der die größten Unsicherheiten beinhaltet.[598] Darüber hinaus ist denkbar, dass in business-restructuring-Fällen auch ein on going-concern übertragen wird. Dieser wird von der OECD[599] definiert als eine funktionierende, wirtschaftlich integrierte Geschäftseinheit, bei deren Verlagerung Wirtschaftsgüter und die Fähigkeit bestimmte Funktionen auszuüben und Risiken zu tragen, ebenfalls übertragen werden. *Kroppen/Nientimp*[600] weisen darauf hin, dass in den einzelnen Ländern der Mitgliedsstaaten keine einheitliche Auffassung darüber vorliegt, wann ein solcher on going-concern tatsächlich übertragen wird. Des Weiteren stellen sie in Anlehnung an den OECD-Beispielsfall der Schließung einer Produktionsstätte und Eröffnung eines neuen Werks im Ausland die These auf, ein on going-concern werde in diesen Fällen regelmäßig untergehen und nicht auf die ausländische nahe stehende Person übertragen. Folgerichtig spannen sie den Bogen zur BFH-Rspr über die Geschäftschancenlehre. Nach dieser werden nur konkrete Einzelgeschäfte als entgeltfähig betrachtet und eine ausufernde Anwendung, wie es aufgrund der Regelungen über die Funktionsverlagerung eintreten könnte, vermieden.[601]

---

596 Weiterführend *BMF* BStBl I 2010, 774 Tz 50 ff mit Bsp.
597 Tz 9.93 OECD-Guidelines 2010.
598 *Kroppen/Nientimp* IStR 2011, 650 Replik von *Naumann* IStR 2011, 835; *Duplik* IStR 2011, 837.
599 Tz 9.93 OECD-Guidelines 2010.
600 IStR 2011, 650.
601 *Kroppen/Nientimp* IStR 2011, 650 Replik von *Naumann* IStR 2011, 835; *Duplik* IStR 2011, 837.

325 **2. Verlagerung.** In welchem Fall eine **Verlagerung** der Funktion iSd Abs 3 S 9ff anzunehmen ist, ist in § 1 Abs 2 S 1 FverlV näher bestimmt.[602] Eine Funktionsverlagerung in diesem Sinne liegt vorbehaltlich des § 1 Abs 6 und 7 FVerlV vor, wenn ein Unternehmen (verlagerndes Unternehmen) einem anderen, nahe stehenden Unternehmen (übernehmendes Unternehmen) Wirtschaftsgüter und sonstige Vorteile sowie die damit verbundenen Chancen und Risiken **überträgt** oder zur Nutzung **überlässt**, damit das übernehmende Unternehmen eine Funktion ausüben kann, die bisher von dem verlagernden Unternehmen ausgeübt worden ist, und dadurch die Ausübung der betr Funktion durch das verlagernde Unternehmen **eingeschränkt** wird. Eine Funktionsverlagerung kann auch vorliegen, wenn das übernehmende Unternehmen die Funktion nur **zeitweise** übernimmt, § 1 Abs 2 S 2 FVerlV. Geschäftsvorfälle, die innerhalb von **fünf Wirtschaftsjahren** verwirklicht werden, sind zu dem Zeitpunkt, zu dem die Voraussetzungen des S 1 durch ihre gemeinsame Verwirklichung wirtschaftlich erfüllt sind, als **einheitliche Funktionsverlagerung** zusammenzufassen, sog **Funktionsverdoppelung**[603] (vgl Rn 329ff). Voraussetzung für eine Funktionsverlagerung ist mithin, dass mit der organisationsrechtlichen Einheit Funktion dem verlagernden Unternehmen zuzurechnende Wirtschaftsgüter und sonstige Vorteile auf die (ausl) nahe stehende Person übergehen. Mangelt es an dem Übergang von Wirtschaftsgütern oder sonstigen Vorteilen, kann folglich **keine** Funktionsverlagerung vorliegen.[604] Unter „sonstigen Vorteilen" verstehen *Baumhoff/Ditz/Greinert*[605] in diesem Zusammenhang „sog **singuläre** oder **unternehmerische Geschäftschancen** dh die Möglichkeit, aus einem Geschäft oder einer betrieblichen Funktion zukünftig einen weitgehend konkretisierten Gewinn zu erzielen".

326 Zweifelsohne ist für die Ermittlung des **Einigungsbereichs** zwischen Mindest- und Höchstpreis des Transferpakts Voraussetzung, dass die Funktion als Ganzes (Transferpaket) dem verlagernden Unternehmen **wirtschaftlich** zuzurechnen ist. Ist die wirtschaftliche Zurechnung nicht gegeben, hat das verlagernde Unternehmen natürlich keinen Anspruch, für die Übertragung der Funktion ein Entgelt zu verlangen. Die notwenige **Zurechnung** der Funktion zum verlagernden Unternehmen liegt vor, wenn und soweit das verlagernde Unternehmen **selbst** den **erforderlichen Aufwand** für die für die Funktion getragen hat, **Wirtschaftsgüter** und **Vorteile**, die Teil des Transferpakets sind, herzustellen oder zu erwerben; zB wenn eine Vertriebsgesellschaft Aufwand trägt, um einen Kundenstamm aufzubauen und nachfolgend den vorhandenen Kundenstamm mit anderen zugehörigen Wirtschaftsgütern und sonstigen Vorteilen (Funktion) auf eine nahe stehende Person überträgt oder zur Nutzung überlässt. Dabei muss das verlagernde Unternehmen dem übernehmenden Unternehmen mit den übertragenen Wirtschaftsgütern die **Grundlage** zu Verfügung stellt, damit das übernehmende Unternehmen die Funktion ausüben kann; hingegen ist nicht erforderlich, dass das übernehmende Unternehmen die Funktion **in gleicher Weise** ausübt wie das verlagernde Unternehmen.[606]

---

602 Weiter ausführend *BMF* BStBl I 2010, 774 Tz 14ff.
603 Vgl auch das Bsp in *BMF* BStBl I 2010, 774 Tz 26ff, 42ff.
604 *Baumhoff/Ditz/Greinert* DStR 2008, 1945.
605 DStR 2008, 1945.
606 BR-Drucks 352/08, 11; abl *Baumhoff/Ditz/Greinert* DStR 2008, 1945.

Die Verlagerung muss in allen Fällen **grenzüberschreitend** sein, dh das übernehmende oder verlagernde Unternehmen müssen im Ausland (Inland) ansässig sein. Dieses Erfordernis wird in § 1 Abs 2 FVerlV zwar nicht ausdrücklich genannt, folgt aber unmittelbar aus Abs 1 des Gesetzes. 327

Funktionsverlagerungen können in folgenden Formen gegeben sein:[607] 328

- **Funktionsausgliederung**, bei der das verlagernde Unternehmen die konkreten Funktionen vollständig aufgibt und diese Funktionen mitsamt den dazugehörigen Chancen und Risiken (Gewinnpotenzial) auf das übernehmende Unternehmen überträgt; zB Aufgabe der gesamten Produktion im Inland und Verlagerung auf eine ausl nahe stehende Person (et vice versa);[608]
- **Funktionsabschmelzung**, bei der die konkrete Funktion und das damit zusammenhängende Gewinnpotenzial verkleinert bzw vermindert wird; zB ein Eigenhändler wird zum Kommissionär;[609]
- **Funktionsabspaltung**, bei der ein Teil der konkreten Funktion auf einen nahe stehenden Auftragnehmer abgespalten wird; zB Verlagerung der Produktion einer bestimmten Ware (Teile der Produktion) mit dem dazugehörigen Gewinnpotenzial auf einen Lohnfertiger;
- **Funktionsausweitung**, bei der eine weitere Funktion übernommen wird; zB Auftragsfertiger wird zum Eigenproduzenten.

Einen Sonderfall bildet die **Funktionsverdoppelung**. Vom Wortlaut des Gesetzes „Verlagerung" kann die Funktionsverdoppelung nicht unter die Regelung fallen, denn eine Verlagerung setzt begrifflich die **Beendigung** der Funktion im Inland und **Übertragung** auf eine ausl nahe stehende Person voraus.[610] Dieses Verständnis entspricht § 1 Abs 6 S 1 FVerlV. Dort ist bestimmt, dass eine Funktionsverlagerung iSv § 1 Abs 2 FVerlV nicht vorliegt, wenn es trotz Vorliegens der übrigen Voraussetzungen des § 1 Abs 2 FVerlV innerhalb von **fünf** Jahren nach Aufnahme der Funktion durch das nahe stehende Unternehmen zu keiner **Einschränkung** der Ausübung der betr Funktion durch das in § 1 Abs 2 S 1 FVerlV zuerst genannte Unternehmen („verlagerndes" Unternehmen) kommt (Funktionsverdoppelung). Kommt es **innerhalb** dieser Frist zu einer solchen Einschränkung, liegt zum Zeitpunkt, in dem die Einschränkung eintritt, **insgesamt** eine einheitliche Funktionsverlagerung vor, es sei denn, der StPfl macht **glaubhaft**, dass diese Einschränkung nicht in unmittelbarem wirtschaftlichen Zusammenhang mit der Funktionsverdoppelung steht, § 1 Abs 2 S 2 FVerlV.[611] Ist eine ein- 329

607 Ausf *F/W/B/S* § 1 AStG Rn V 72; *Frotscher* FR 2008, 49; *Kaminski* RIW 2007, 594; *Jahndorf* FR 2008, 101.

608 Weitere Erl mit Bsp in *BMF* BStBl I 2010, 774 Tz 21; zu einem denkbaren Entschädigungsanspruch *Kroppen/Nientimp* IStR 2011, 650; Replik von *Naumann* IStR 2011, 835; *Duplik* IStR 2011, 837, vgl auch den Praxisfall einer Funktionsverlagerung nach *Ditz* IStR 2011, 125 mit Anm von *Zech* IStR 2011, 131.

609 Weitere Erl mit Bsp in *BMF* BStBl I 2010, 774 Tz 21; zu einem denkbaren Entschädigungsanspruch *Kroppen/Nientimp* IStR 2011, 650; Replik von *Naumann* IStR 2011, 835; *Duplik* IStR 2011, 837.

610 So auch *F/W/B/S* § 1 AStG Rn V 73; *Frotscher* FR 2008, 49 „Mit einer Funktionsverdoppelung kann die Übertragung von Wirtschaftsgütern (Kundenbeziehungen, Know-How) oder von Gewinnpotenzial verbunden sein, muss dies aber nicht"; *Welling/Tiemann* FR 2008, 68.

611 Diese Anordnung entbehrt nach *Welling/Tiemann* FR 2008, 68 jeglicher gesetzlicher Grundlage.

heitliche Funktionsverlagerung anzunehmen, sind gem § 4 Abs 3 FVerlV die Verrechnungspreise für die Geschäftsvorfälle, die dazu geführt haben, dass eine Funktionsverlagerung vorliegt, dem Fremdvergleichsgrundsatz entspr so anzusetzen, dass sie zusammen mit dem **ursprünglich** bestimmten Verrechnungspreisen dem nach § 3 Abs 1 FverlV bestimmten Wert des Transferpakets als Ganzes entsprechen. Durch die Regelung sollen Änderungen der Verrechnungspreise für die zuerst verwirklichten Geschäftsvorfälle und dadurch mögliche Probleme der **Doppelbesteuerung** vermieden werden, den die früheren Geschäftsvorfälle werden regelmäßig schon zu ertragsteuerlichen Konsequenzen im Investitionsstaat geführt haben.[612]

330 Nach der Begr[613] zur FVerlV soll § 1 Abs 6 S 1 FVerlV klarstellen, dass in Fällen, in denen zwar wesentliche Voraussetzungen für eine Funktionsverlagerung nach § 1 Abs 2 FverlV erfüllt seien, keine Funktionsverlagerung vorliege, wenn es zu **keiner Einschränkung** der Funktion des bisher tätigen Unternehmens komme. Diese Fälle würden als Funktionsverdoppelungen **definiert**, für die die Regelungen zum Transferpaket (vgl Rn 335 ff) nicht anwendbar seien. Führe die Funktionsverdoppelung lediglich zu einer geringfügigen oder zeitlich begrenzten Einschränkung der betr Funktion beim bisher schon tätigen Unternehmen **(Bagatellfälle)**, entfiele die Anwendung der Regelungen für Funktionsverlagerungen unter den Voraussetzungen des § 1 Abs 7 S 2 2. Alt FVerlV, dh wenn der Vorgang zwischen voneinander unabhängigen Dritten nicht als Veräußerung oder Erwerb einer Funktion angesehen würde.[614]

331 Nach dem Verständnis des Verordnungsgebers[615] gelte für Funktionsverdoppelungen grds ebenfalls der Fremdvergleichsgrundsatz, dh für sämtliche zum Zweck der Funktionsverdoppelung übertragenen oder zur Nutzung überlassenen Wirtschaftsgüter und Vorteile und für alle in diesem Zusammenhang erbrachten Dienstleistungen seien **angemessene** Verrechnungspreise anzusetzen. Der sachliche Unterschied zu Funktionsverlagerungen liege hinsichtlich der Bestimmung der Verrechnungspreise darin, dass in Fällen von Funktionsverdoppelungen davon ausgegangen werden könne, dass die **Summe der Einzelpreise** der übertragenen bzw zur Nutzung überlassenen Wirtschaftsgüter und Vorteile und der erbrachten Dienstleistungen dem Preis für das Transferpaket entsprächen. Dies beruhe va darauf, dass keine **Einschränkung** der Funktionsausübung des bisher schon tätigen Unternehmens eintrete (§ 1 Abs 2 S 1 FVerlV) und deshalb **typisierend** davon ausgegangen werden könne, dass in diesem Zusammenhang immaterielle Wirtschaftsgüter allenfalls zur **Nutzung** überlassen würden und bestimmte, wichtige immaterielle Wirtschaftsgüter nicht Gegenstand des Vorgangs seien, zB der Kundenstamm oder Teile davon. Beinhalte eine Funktionsverdoppelung **außerordentliche Geschäftsvorfälle**, zB weil nach § 3 GAufzV wesentliche Funktions- und Risikoänderungen im Konzern eintreten, greife iÜ die Verpflichtung zur zeitnahen Erstellung von Aufzeichnungen (dazu Rn 295).

332 S 2 von § 1 Abs 6 FVerlV stelle klar, dass in den angesprochenen Fällen die Geschäftsvorfälle der (bisherigen) Funktionsverdoppelung und die späteren Geschäftsvorfälle, die zur Annahme einer **Funktionsverlagerung** führten, insgesamt eine einheitliche

612 BR-Drucks 352/08, 20.
613 BR-Drucks 352/08, 13.
614 Dazu die Bsp vom *BMF* BStBl I 2010, 774 Tz 48 f, 58 ff.
615 BR-Drucks 352/08, 13.

Funktionsverlagerung darstellten.[616] Die Funktionsverlagerung sei in dem **Zeitpunkt** als solche zu behandeln, in dem – aufgrund eines der späteren Geschäftsvorfälle – feststünde, dass **insgesamt** eine Funktionsverlagerung verwirklicht worden sei. Hierdurch werde auch klargestellt, dass die Aufzeichnungspflichten für außergewöhnliche Geschäftsvorfälle nach § 3 GAufzV (soweit die Voraussetzungen vorliegen) erst in diesem **Zeitpunkt** wirksam würden.

Die Verpflichtung des StPfl zur **Glaubhaftmachung** sei angemessen, weil der erforder- 333
liche Sachverhalt in der **Sphäre** des StPfl verwirklicht werde und er den direkten Zugang zu den erforderlichen Informationen habe.[617] Die Glaubhaftmachung erfordere eine **plausible Darlegung** aller tatsächlichen objektiven Umstände, die den Rückschluss zuließen, dass kein unmittelbarer wirtschaftlicher Zusammenhang zwischen der späteren Einschränkung der betr Funktion des bisher schon tätigen Unternehmens und der Aufnahme dieser Funktion durch das andere Unternehmen gegeben sei.[618]

Die **Fünfjahresfrist** sei angemessen, weil einerseits innerhalb dieser Frist im Regelfall 334
abschließend erkennbar werde, ob eine Funktionsverlagerung oder eine Funktionsverdoppelung vorliege, und andererseits ein längerer Zeitraum zu große Belastungen für die StPfl verursachen könnte.[619]

II. Ermittlung des Transferpakets

1. Begriff des Transferpakets. In Abs 3 S 9 wird das **Transferpaket** umschrieben. In 335
Fällen von Funktionsverlagerungen hat der StPfl den **Einigungsbereich** auf der Grundlage einer Verlagerung der Funktion als **Ganzes** (Transferpaket) unter Berücksichtigung funktions- und risikoadäquater **Kapitalisierungszinssätze** zu bestimmen.[620] Einhergehen sollen damit **Beweiserleichterungen** für die FinVerw, die nur noch den Übergang von **Ertragskraft**, hingegen nicht mehr den Übergang jedes einzelnen immateriellen Wirtschaftsguts bzw Vorteils nachweisen muss.[621] Nach der gesetzgeberischen Anordnung ist unter Transferpaket die **Funktion als Ganzes** zu verstehen. Dabei schweigt das Gesetz aber zu der Bedeutung einer „Funktion als Ganzes"; die Bedeutung ergibt sich auch nicht aus dem Wortlaut des Gesetzes selbst.

Immerhin ist in § 1 Abs 3 FVerlV geregelt, was **Inhalt** eines Transferpaketes ist. 336
Danach besteht ein Transferpaket iSd Abs 3 S 9 aus einer Funktion und den mit dieser Funktion **zusammenhängenden Chancen** und **Risiken** sowie den **Wirtschaftsgütern** und **Vorteilen**, die das verlagernde Unternehmen dem übernehmenden Unternehmen zusammen mit der Funktion überträgt oder zur Nutzung überlässt, und den in diesem Zusammenhang erbrachten **Dienstleistungen**. Mit der Inhaltsbestimmung soll eine

---

616 BR-Drucks 352/08, 13.
617 BR-Drucks 352/08, 14.
618 BMF BStBl I 2010, 774 Tz 40.
619 BR-Drucks 352/08, 14.
620 Krit zu den Bewertungsvorgaben des Gesetzgebers *Oestreicher/Hundeshagen* DB 2008, 1637, die den gesetz- bzw verordnungsgeberischen Bewertungsansatz mit alternativen Verfahren zur Ermittlung von Fremdvergleichswerten in Fällen grenzüberschreitender Funktionsverlagerungen vergleichen.
621 *Schreiber* Ubg 2008, 433.

Definition des Transferpakets erfolgt sein.[622] Unter Heranziehung der Begr zur FVerlV und der GesetzesBegr wird jedenfalls der hinter Regelung stehende **Sinn** relativ deutlich: Es wird in Abkehr von der bisher geltenden **Einzelbewertung** eine **Gesamtbewertung** angeordnet,[623] denn die in einem Transferpaket enthaltenen Vorteile, die im Rahmen einer Einzelpreisbestimmung für die übergehenden bzw zur Nutzung überlassenen Wirtschaftsgüter häufig nicht erkennbar seien, würden erst durch die Betrachtung der insgesamt übergehenden Chancen und Risiken sichtbar.[624] In der Erweiterung der steuerlichen Bemessungsgrundlage über die in Wirtschaftsgütern ruhenden stillen Reserven hinaus auf die mit der Funktion verbundenen Chancen und Risiken ist ein völlig neuer **Gewinnrealisierungstatbestand** zu sehen, der das System der Gewinnbesteuerung sprengt.[625] Der Gesetzgeber[626] hielt die Gesamtbewertung aus betriebswirtschaftlichen Gründen für geboten, weil der Preis der einzelnen übertragenen Wirtschaftsgüter den Wert der Funktion regelmäßig nicht **adäquat** widerspiegele. Hey weist darauf hin, dass die Normierung der Funktionsverlagerung nur dann einen Sinn mache, wenn es um mehr ginge, als die bereits gem § 8 Abs 3 S 2 KStG mögliche Besteuerung der Verlagerung von Geschäftschancen. Abs 3 S 9 sei äußert weit formuliert. Es ginge nicht allein um die Realisierung unter dt Steuerjurisdiktion entstandener stiller Reserven, besteuert werden sollten **zukünftige**, im Ausland erst entstandene Gewinne.[627]

337 **2. Vorgaben zur Anwendung der Regelungen zum Transferpaket.** Die Regelungen über die Funktionsverlagerung in Abs 3 S 9–12 gelangen nur zur Anwendung, wenn der Verrechnungspreis für die Funktion anhand durch einen **hypothetischen Fremdvergleich** ermittelt werden muss. Dieses ergibt sich aus dem Wortlaut der Vorschrift in Abs 3 S 9, wenn es dort heißt: „Wird in den Fällen des S 5 …“. Verdeutlicht wird die Anwendungsbegrenzung der S 9–12 des Abs 3 auch durch § 2 Abs 1 S 1 FVerlV, der die **vorrangige** Bestimmung des Verrechnungspreises bei einer Funktionsverlagerung nach Abs 3 S 1–4 durch **uneingeschränkt** oder **eingeschränkt** vergleichbare Fremdvergleichspreise festschreibt. Damit wird der **systematische** Ansatz des Abs 3 S 1–4 aufgenommen, um auch bei einer Funktionsverlagerung die **nachrangige** Anwendung des hypothetischen Fremdvergleichs zu verdeutlichen.[628]

338 Die Preisbestimmung für das Transferpaket hat mithin vorrangig nach den S 1–4 des Abs 3 zu erfolgen, wenn für das Transferpaket (Funktion als Ganzes) **uneingeschränkt** oder **eingeschränkt** vergleichbare Werte ermittelt werden können. Dieses dürfte mE die **Ausnahme** sein, denn für eine Transferpaktsbetrachtung, die auf sehr **individuellen** Grundlagen aufbaut, werden regelmäßig keine uneingeschränkt oder eingeschränkt vergleichbaren Daten ermittelbar sein.[629] Die Ermittlung des Verrechnungspreises für das Transferpaket wird somit in den **überwiegenden** Fällen entspr dem **hypothetischen**

622 BR-Drucks 352/07, 11.

623 Zur Kritik an dieser Anordnung *Blumers* BB 2007, 1757; *Oestereicher/Hundeshagen* DB 2008, 1637; **aA** *Schreiber* Ubg 2008, 433.

624 BR-Drucks 352/07, 12.

625 *Frotscher* FR 2008 mwN.

626 BR-Drucks 220/07, 144 f.

627 So auch *Blumers* BB 2007, 1757; *Oestereicher/Hundeshagen* DB 2008, 1637.

628 BR-Drucks 352/07, 15; *BMF* BStBl I 2010, 774 Tz 61 ff mit der Ansicht, es sei regelmäßig der hypothetische Fremdvergleich anzuwenden.

629 So schon BR-Drucks 352/08, 15; **aA** *F/W/B/S* § 1 AStG Rn V 79.

Fremdvergleich nach Abs 3 S 5 ff vorzunehmen sein, wobei die Bestimmung des Verrechnungspreises nach Abs 3 S 10 unberührt bleibt, so dass die Öffnungsklausel für Fälle, in denen eine Wertermittlung für das Transferpaket als Ganzes nicht erforderlich ist, anwendbar ist. Das ergibt sich ausdrücklich aus § 2 Abs 1 S 2 und 3 FVerlV.

Eine **Ausnahme** von der Transferpaktbestimmung sieht § 2 Abs 2 S 1 FVerlV trotz Vorliegens der sonstigen Voraussetzungen einer Funktionsverlagerung vor. Übt das übernehmende Unternehmen danach die übergehende Funktion **ausschließlich** gegenüber dem verlagernden Unternehmen aus und ist das Entgelt, das für die Ausübung der Funktion und die Erbringung der entspr Leistungen anzusetzen ist, nach der **Kostenaufschlagsmethode** zu ermitteln, ist davon auszugehen, dass mit dem übergehenden Transferpaket **keine** wesentlichen immateriellen Wirtschaftsgüter und Vorteile übertragen werden, so dass Abs 3 S 10 erste Alternative (Möglichkeit zur Bestimmung von Verrechnungspreisen für alle betroffenen einzelnen Wirtschaftsgüter und Dienstleistungen) anwendbar ist.[630] Damit sucht der Verordnungsgeber[631] eine **ausufernde** Einordnung von Geschäftvorfällen als „Funktionsverlagerungen" zu verhindern. Es sollen Fälle erfasst sein, in denen das übernehmende Unternehmen sein **Entgeltsanspruch** zu Recht nach der **Kostenaufschlagsmethode** bestimmt. Die Kostenaufschlagsmethode ist insb dann anzuwenden, wenn es sich bei dem übernehmenden Unternehmen um ein Unternehmen mit **Routinefunktion** handelt,[632] das nur geringe Risiken trägt. In solchen Fällen besteht das Entgelt für die Leistungen des übernehmenden Unternehmens nur aus einer Vergütung für die Tätigkeit. Auf das übernehmende Unternehmen gehen aber keine Chancen und Risiken aufgrund der Funktionsverlagerung über. Es ist daher nicht gerechtfertigt, ein Entgelt an das verlagernde Unternehmen für die Übertragung oder Überlassung immaterieller Wirtschaftsgüter oder sonstiger Vorteile zu leisten. 339

Bei der Zuordnung von immateriellen Wirtschaftsgütern zu der Funktion im Rahmen einer Funktionsverlagerung ergeben sich gem Abs 3 S 10 Besonderheiten, die in § 1 Abs 5 FVerlV konkretisiert sind. Das Gesetz macht die Anwendung von Abs 3 S 10 ua davon abhängig, dass der StPfl glaubhaft macht, das **keine** wesentlichen **immateriellen Wirtschaftsgüter** mit der Funktion übertragen worden sind.[633] Im **Umkehrschluss** folgt daraus, dass eine Funktionsverlagerung nur vorliegen kann, wenn wesentliche immaterielle Wirtschaftsgüter von einem Unternehmen auf eine nahe stehende Person verlagert werden. Die **Wesentlichkeit** liegt vor, wenn die immateriellen Wirtschaftsgüter für die verlagerte Funktion erforderlich sind (funktionale Betrachtung) und der Fremdvergleichspreis für die immateriellen Wirtschaftsgüter mehr als 25 % der Summe der **Einzelpreise** aller Wirtschaftsgüter und Vorteile des Transferpakets beträgt (quantitative Betrachtung) und dies unter Berücksichtigung der Auswirkungen der Funktionsverlagerung, die aus den Aufzeichnungen iSd § 3 Abs 2 S 2 FVerlV hervorgehen, **glaubhaft** ist. Beide Voraussetzungen – funktionale und quantitative – müssen (kumulativ) vorliegen, damit das jeweilige immaterielle Wirtschaftsgut als wesentlich iRd Funktionsverlagerung eingeordnet werden kann. 340

630 So auch *BMF* BStBl I 2010, 774 Tz 66.

631 BR-Drucks 352/08, 16; zust *Baumhoff/Ditz/Greinert* DStR 2008, 1945.

632 *BMF* BStBl I 2005, 570 Tz 3.4.10.2.

633 *Wulf* DB 2007, 2280 weist zutr darauf hin, dass der Gesetzgeber im Dunkeln lässt, was unter Glaubhaftmachung in diesem Zusammenhang zu verstehen ist und stellt in Frage, ob denn tatsächlich die Abgabe einer eidesstattlichen Versicherung durch den Steuerpflichtigen dafür genüge.

341 Die Glaubhaftmachung der quantitativen Wesentlichkeit hat mittels der nach § 90 Abs 3 AO iVm § 3 Abs 2 GAufzV zu erstellenden Unterlagen zu erfolgen. Ersichtlich müssen die für die Unternehmensentscheidung maßgeblichen Gründe für die Vornahme der Funktionsverlagerung ersichtlich sein. Insb ist das Verhältnis der Übertragung oder zur Nutzung der zu überlassenden immateriellen Wirtschaftsgüter zum Wert der Summe der Bestandteile des Transferpakets glaubhaft zu machen.[634] Erfreulich ist in diesem Zusammenhang, dass nach Auffassung des BMF[635] eine präzise Wertberechnung für das Transferpaket nicht erforderlich ist.

342 Eine Einschränkung der Ausnahme enthält § 2 Abs 2 S 2 FVerlV:[636] Erbringt das routinefunktionausübende übernehmende Unternehmen die bisher ausschließlich gegenüber dem verlagernden Unternehmen erbrachten Leistungen **eigenständig**, ganz oder teilw, gegenüber anderen Unternehmen zu Preisen, die **höher** sind, als das Entgelt nach der Kostenaufschlagsmethode oder die entspr dem Fremdvergleichsgrundsatz höher anzusetzen sind, ist zum Zeitpunkt der erstmaligen Erbringung gegenüber dem anderen Unternehmen für bisher unentgeltlich vom verlagernden Unternehmen für die Leistungserbringung zur Verfügung gestellte Wirtschaftsgüter und Vorteile die **Preisbestimmung** für das Transferpaket vorzunehmen und zu verrechnen; die betr Wirtschaftsgüter und Vorteile gelten – sofern die sonstigen Voraussetzungen vorliegen – als ein Transferpaket, § 2 Abs 2 S 2 FVerlV. In solchen Fällen nimmt das übernehmende Unternehmen eigene Chancen und Risiken unter Einsatz von Wirtschaftsgütern und sonstigen Vorteilen des übergebenden Unternehmens wahr. Der Fremdvergleichsgrundsatz gebietet für solche Fälle regelmäßig eine **Entgeltpflicht** des übernehmenden Unternehmens gegenüber dem verlagernden Unternehmen für die Nutzung der Wirtschaftsgüter und sonstigen Vorteile, die unter Anwendung der allg Regeln als Transferpaket anzusehen sind.[637]

343 Eine weitere **Ausnahme** von der Bestimmung des Einigungsbereichs bei einer Verlagerung der Funktion als Ganzes unter Berücksichtigung funktions- und risikoadäquater Kapitalisierungszinssätze ist in Abs 3 S 10 zweite Alternative enthalten. § 2 Abs 3 FVerlV konkretisiert die in Abs 3 S 10 geregelte Möglichkeit zur Bestimmung von Verrechnungspreisen für alle betroffenen einzelnen Wirtschaftsgüter und Dienstleistungen, wenn das **Gesamtergebnis** der Einzelpreisbestimmungen, gemessen an der Preisbestimmung für das Transferpaket als Ganzes, dem Fremdvergleichspreis **entspricht**. Danach sind sowohl der Einigungsbereich als auch der Wert für das Transferpaket als Ganzes nach Abs 3 S 7 und 9 (ggf unter Ansatz des Mittelwertes) zu ermitteln. Zur Ermittlung der **Einzelpreise** ist für jedes der übertragenen oder zur Nutzung überlassenden Wirtschaftsgüter und Vorteile und für die erbrachten Dienstleistungen eine Verrechnungspreisbestimmung nach Abs 3 S 1–5 erforderlich, dh auf der Grundlage von **uneingeschränkt** oder **eingeschränkt vergleichbaren Werten** – soweit solche Werte vorhanden sind – oder aufgrund des **hypothetischen Fremdvergleichs** wird, ausgehend vom jeweiligen **Gewinnpotenzial**, der Fremdvergleichspreis ermittelt. Das Erg der Einzelverrechnungspreise für die Übertragung bzw Verlagerung der Wirtschaftsgüter und Vorteile ist nur dann als **zutr** Verrechnungspreis anzuerkennen, wenn der

634 Zum Ganzen *BMF* BStBl I 2010, 774 Tz 41.
635 BStBl I 2010, 774 Tz 71.
636 Vgl dazu *BMF* BStBl I 2010, 774, Tz 68.
637 BR-Drucks 352/08, 16.

StPfl **glaubhaft**[638] macht, dass das ermittelte Erg dem **Fremdvergleichsgrundsatz** entspricht. Dies ist insb dann anzunehmen, wenn das Erg der gesonderten Preisermittlung für jedes Wirtschaftsgut oder sonstigen Vorteil entspr Abs 3 S 7 dem Fremdvergleichsgrundsatz **am besten** wiedergibt.[639] Der StPfl muss dann **glaubhaft**[640] machen, dass nach Vornahme sachgerechter Anpassungsrechnungen der Unterschiedsbetrag zwischen dem Wert für das Transferpaket (Bewertung der Funktion als Ganzes) und der Summe der Einzelpreise **begründet** ist und den Unterschiedbetrag **aufklärt**.[641] Die ermittelten Einzelpreise müssen mithin folgende zwei Voraussetzungen erfüllen, damit sie für steuerliche Zwecke anerkannt werden:

- das ermittelte Erg der Einzelpreisbestimmung muss im festgestellten **Einigungsbereich** liegen;[642]
- der StPfl macht **glaubhaft**, dass die Summe der gesondert ermittelten Einzelpreise dem Fremdvergleichsgrundsatz entspricht.

Nach dem Willen des Gesetzgebers[643] ist bei Ansatz der Einzelpreise als zutreffender („besserer") Verrechnungspreis **gleichwohl** eine Bewertung der Funktion als Ganzes vorzunehmen.[644] Dieses folgt aus dem Umstand, dass andernfalls nicht der Vergleich zwischen beiden Erg vorgenommen werden kann. ME drängt das die Möglichkeit zur Einzelpreisermittlung nach Abs 3 S 10 zweite Alternative in seinem **Anwendungsbereich** stark zurück. Der Gesetzgeber geht selbst davon aus, dass die Möglichkeit zur Einzelpreisbestimmung in Fällen geringer Bedeutung, in denen keine wesentlichen immateriellen Wirtschaftgüter oder Vorteile Gegenstand der Geschäftsbeziehung sind, anzuwenden sein wird.[645] Gleichwohl wird von dem StPfl verlangt, für **beide Alternativen** – Bewertung der Funktion als Ganzes oder Einzelpreisbestimmung – den Fremdvergleichspreis zu ermitteln und anschließend auch noch den Unterschiedsbetrag zu begründen und aufzuklären. Der tatsächliche Aufwand wird in diesen Fällen regelmäßig den Nutzen für den StPfl übersteigen, so dass es bei einer Bewertung der Funktion als Ganzes sein Bewenden haben wird.

Nach § 1 Abs 3 S 10 HS 2 muss zumindest ein wesentliches immaterielles Wirtschaftsgut Gegenstand der Funktionsverlagerung sein. Was unter einem wesentlichen immateriellen Wirtschaftsgut zu verstehen ist, wird in der Regelung nicht definiert. Auch § 1 Abs 5 FVerlV lässt sich zur Begriffsbestimmung nicht direkt heranziehen, da die Vorschrift ausdrücklich nur auf § 1 Abs 3 S 10 Alt 1 und damit auf den ersten HS der Neuregelung Bezug nimmt.[646]. Für *Baumhoff/Ditz/Greinert*[647] sind keine Anhaltspunkte ersichtlich, hier eine spezifische Auslegung anzuwenden, die von dem generellen Ver- 344

638 Zur Kritik vgl *Wulf* DB 2007, 2280.
639 BR-Drucks 220/07, 144 f.
640 Zur Kritik vgl *Wulf* DB 2007, 2280.
641 BR-Drucks 352/08, 17; *BMF* BStBl I 2010, 774 Tz 73.
642 BR-Drucks 220/07, 145; nach Auffassung des *BMF* BStBl I 2010, 774 Tz 72 könne darin ein Vorteil der Öffnungsklause gesehen werden, wenn es um die Glaubhaftmachung eines bestimmten Punktes im Einigungsbereich ginge.
643 BR-Drucks 220/07, 145.
644 So auch *BMF* BStBl I 2010, 774 Tz 72.
645 BR-Drucks 220/07, 145.
646 *Pohl* IStR 2010, 357.
647 DStR 2010, 1309.

ständnis eines immateriellen Wirtschaftsgutes abweicht. Nach Auffassung des BMF[648] scheint diese Auffassung treffsicher, denn weitergehende Ausführungen zum Verständnis des Begriffs sind in dem Anwendungsschreiben nicht enthalten. Das Vorliegen eines immateriellen Wirtschaftsguts ist daher anhand der umfangreichen BFH-Rspr zur Definition immaterieller Wirtschaftsgüter heranzuziehen.[649]

345 Die Anwendung der dritten Öffnungsklausel erfordert weiterhin, dass das immaterielle Wirtschaftsgut „wesentlich" ist. Dieses Merkmal liegt vor, wenn bezogen auf dieses Wirtschaftsgut, in sinngemäßer Anwendung des § 1 Abs 5 FVerlV sowohl das qualitative Merkmal erfüllt als auch die quantitative Grenze iHv 25 % überschritten ist.[650] Demnach werden immaterielle Wirtschaftsgüter als wesentlich eingestuft, wenn sie für die verlagerte Funktion erforderlich sind und ihr Fremdvergleichspreis insg mehr als 25 % der Summe der Einzelpreise aller Wirtschaftsgüter und Vorteile des Transferpakets beträgt. Im Dunkeln bleibt, wie der Wert der sonstigen Vorteile ermittelt werden soll. Versteht man den Begriff der sonstigen Vorteile als Synonym für einzelne geschäftswertbildende Faktoren bzw Bestandteile des Geschäftswerts, lässt sich bereits aus § 255 Abs 4 HGB ableiten, dass ihre Ermittlung als Residualgröße nicht losgelöst vom übrigen Transferpaket erfolgen kann.[651] Mithin wird man regelmäßig auch bei Anwendung der dritten Öffnungsklausel nicht ohne eine Gesamtbewertung, dh die Ermittlung des fremdüblichen Verrechnungspreises auf Grundlage des Transferpakets auskommen. In diese Richtung scheint auch das BMF[652] zu tendieren: Bei Vorliegen eines wesentlichen immateriellen Wirtschaftsguts wird regelmäßig der hypothetische Fremdvergleich anzuwenden sein, weil dieses häufig hochwertig und einzigartig sein wird. Bei der notwendigen Einbeziehung der Gewinnerwartungen des verlagernden und des übernehmenden Unternehmens können geschäftswertbildende Faktoren und Standortvorteile Auswirkungen auf die Verrechnungspreisbestimmung haben, wenn voneinander unabhängige Unternehmen sie für ihre Preisfindung einbeziehen würden. Eine Unterstellung dahingehend, dass dieses der Regelfall sei, sei hingegen nicht angezeigt.

346 Es muss zumindest ein wesentliches Wirtschaftsgut Gegenstand der Funktionsverlagerung sein. Das Wort „zumindest" lässt erkennen, dass für die Anwendung der Öffnungsklausel auch mehrere (wesentlich) immaterielle Wirtschaftsgüter Gegenstand der Funktionsverlagerung sein können, die auf Grundlage der Mitwirkungs- und Aufzeichnungspflichten nach § 90 Abs 3 AO iVm der GAufzV vollständig und genau bezeichnet werden müssen.[653] Damit ergänzt die Regelung in § 1 Abs 3 S 10 zweiter HS (dritte Öffnungsklausel) die Regelung im ersten HS (erste Öffnungsklausel); letztere kommt zur Anwendung, wenn kein wesentliches immaterielles Wirtschaftsgut übertragen wird und erstere kommt zur Anwendung, wenn ein oder mehrere immaterielle Wirtschaftsgüter (Wesentlichkeit!) Gegenstand der Funktionsverlagerung sind. In Bezug auf die übertragenen immateriellen Wirtschaftsgüter sind mithin alle möglichen Konstellationen abgedeckt.[654] Durch die Ergänzung von § 1 Abs 3 S 10 2. HS

648 BStBl I 2010, 774 Tz 75.
649 *Schmidt* § 5 Rn 171 ff mwN.
650 *BMF* BStBl I 2010, 774 Tz 75.
651 *Pohl* IStR 2010, 359.
652 BStBl I 2010, 774 Tz 76.
653 *BMF* BStBl I 2010, 774 Tz 76.
654 *Baumhoff/Ditz/Greinert* DStR 2010, 1309.

besteht nun regelmäßig die Möglichkeit, mittels Anwendung einer der Öffnungsklauseln eine Einzelbewertung der übertragenen Wirtschaftsgüter vorzunehmen, wodurch die ursprüngliche Ausnahme (Einzelbewertung statt Gesamtbewertung als Transferpaket) nunmehr die Regel darstellt:[655]

Ebenfalls Voraussetzung zur Anwendung der dritten Öffnungsklausel ist, dass der Steuerpflichtige glaubhaft macht, dass zumindest ein wesentliches immaterielles Wirtschaftsgut Gegenstand der Funktionsverlagerung ist. Glaubhaftmachung erfordert nach Auffassung des BMF[656] die Darlegung durch den Steuerpflichtigen, dass für die behauptete Tatsache eine überwiegende Wahrscheinlichkeit gegeben ist. Die behauptete Tatsache ist nur zugrunde zu legen, wenn ihr Bestehen wahrscheinlicher ist als ihr Nichtbestehen, ansonsten ist die Behauptung schon begrifflich nicht „glaubhaft" gemacht. Beachtlich ist, dass bei einer Glaubhaftmachung nur ein herabgesetztes Beweismaß zum Tragen kommt.[657] Nach der genannten Literaturmeinung sind mithin keine zu umfangreichen Anforderungen an die Ausführungen des Steuerpflichtigen zu stellen. Erkennbar muss nur sein, dass nicht nur die Funktion selbst (zB Produktion), sondern auch ein funktional mit der verlagerten Funktion zusammenhängendes immaterielles Wirtschaftsgut (zB Patent) übertragen wurde. *Baumhoff/Ditz/Greinert*[658] weisen weiter darauf hin, das Kriterium der Glaubhaftmachung sei insgesamt nicht bedeutsam. Sollte es dem Steuerpflichtigen nämlich nicht gelingen, die Übertragung zumindest eines immateriellen Wirtschaftsguts glaubhaft zum machen, so bedeutet dies im Umkehrschluss, dass kein immaterielles Wirtschaftsgut Gegenstand der Funktionsverlagerung gewesen sei. In diesem Fall könne auf die erste Öffnungsklausel zurückgegriffen werden. ME ist dieser Auffassung konsequent und vom Gesetzeswortlaut gedeckt. Auch die Herabsetzung des Beweismaßes scheint tragfähig zu sein, denn nach Auffassung des BMF[659] erfordert die Glaubhaftmachung in der dritten Öffnungsklausel keine präzise Wertberechnung für das Transferpaket. **347**

Weitere Voraussetzung der neu eingefügten Vorschrift ist, das wesentliche immaterielle Wirtschaftsgut genau zu bezeichnen. Eine genaue Bezeichnung ist gegeben, wenn es aufgrund der Angaben des Steuerpflichtigen so eindeutig identifiziert werden kann, dass entweder ausreichende Vergleichswerte ermittelt werden können (§ 1 Abs 3 S 1–4) oder eine sachgerechte Preisbestimmung nach dem hypothetischen Fremdvergleich (§ 1 Abs 3 S 5–8) möglich ist.[660] *Baumhoff/Ditz/Greinert*[661] sehen es als hilfreich dafür an, in bekannte Systematisierungen von immateriellen Wirtschaftsgütern anzuknüpfen und unterscheiden marketingbezogene (zB Marken, Geschmacksmuster, Internet Domains), technologiebezogene (zB Patente, Gebrauchsmuster, Erfindungen, Rezeptoren, Software), kundenbezogene (zB Kundenstamm, Auftragsbestand), vertragsbe- **348**

655 *Baumhoff/Ditz/Greinert* DStR 2010, 1309; so auch Antrag der Länder *Rheinland-Pfalz, Berlin, Brandenburg, Bremen* zur Einberufung des Ermittlungsausschusses BR-Drucks 107/4/10.

656 BStBl I 2010, 774 Tz. 75, 40 f.

657 *Baumhoff/Ditz/Greinert* DStR 2010, 1309.

658 DStR 2010, 1309.

659 BStBl I 2010, 774 Tz 75.

660 *BMF* BStBl I 2010, 774 Tz 77.

661 DStR 2010, 1309.

zogene (zB Lizenzen, Belieferungsrechte, Konzessionen) oder kunstbezogene (zB Zeitschriften, Bilder, Schauspiele). Dies solle den Anforderungen des genauen Bezeichnens genügen.

349 Die Rechtsfolge der dritten Öffnungsklausel besteht in dem Ansatz von Einzelverrechnungspreisen. Durch die Verwendung des Plurals ordnet das Gesetz gleichzeitig an, dass die Verwendung von Einzelverrechnungspreisen nicht nur für das genau bezeichnete wesentliche immaterielle Wirtschaftsgut gilt, sondern für alle Wirtschaftsgüter, die Teil der Funktionsverlagerung sind.[662] Die Einzelverrechnungspreise sind sodann auf Grundlage der allg Vorschriften zur Verrechnungspreisermittlung aufzustellen.

350 In der Lit[663] wird die zutr Auffassung vertreten, bei Inanspruchnahme der dritten Öffnungsklausel ist kein Ansatz des Geschäfts- oder Firmenwerts angezeigt. Zwar ergibt sich das nicht unmittelbar aus dem Wortlaut der Norm, kann jedoch aus der Entstehungsgeschichte ableiten. Allerdings ist die Übertragung von Geschäftschancen zu prüfen.

351 Die zeitliche Anwendung bestimmt § 21 Abs 16 und erstreckt diese rückwirkend auf den Veranlagungszeitraum 2008, was eine Änderung zugunsten des Steuerpflichtigen bedeutet. Mithin kann bei bereits verwirklichten Funktionsverlagerungen, soweit bereits ergangene Bescheide noch änderbar sind, rückwirkend der Ansatz mit dem Transferpaket durch den Ansatz von Einzelverrechnungspreisen ersetzt werden.

352 Nach Auffassung der FV[664] ist die dritte Öffnungsklausel auch auf Funktionsverlagerungen anzuwenden, die einen Betrieb oder Teilbetrieb betreffen. Der Wortlaut der Norm enthält soweit keine Einschränkungen. Auch bei Übertragung eines Teilbetriebs, der mehrere immaterielle Wirtschaftsgüter (einschließlich eines tatsächlich enthaltenen Geschäfts- oder Firmenwerts) enthält, ist eine Einzelpreisbestimmung auf Grundlage des hypothetischen Fremdvergleichs durchführbar.[665] *Pohl*[666] ergänzt bei der Anwendung der Regelungen im Fall von Teilbetriebsübertragungen, dass es gem § 1 Abs 1 S 2 FVerlV Funktionen um einen organisatorischen Teil ginge, ohne dass ein Teilbetrieb im steuerlichen Sinn vorliegen müsse. Aus der Wortwahl „muss" anstelle von „darf" sei jedoch zugleich zu schließen, dass eine Funktionsverlagerung auch bei Vorliegen eines Teilbetriebs ohne Weiteres vorliegen könne. ME ist dem so nicht zuzustimmen. Per Definition wird eine Teilbetriebsübertragung auch regelmäßig eine Funktionsverlagerung darstellen, weil eine Funktion ein steuerrechtliches Weniger zum Teilbetrieb darstellt. Für Teilbetriebsübertragungen bestehen jedoch eigene Bewertungsvorschriften im EStG (zB § 16) und im UmwStG (zB § 20). § 1 tritt gegenüber diesen Bewertungsvorschriften als subsidiär zurück. Da hier die Auffassung vertreten wird, dass eine Anwendung von § 1 auf der Rechtsfolgenseite nicht angezeigt ist (vgl Rn 40) kann es zu keiner Überschneidung der Anwendungsbereiche kommen.

---

662 So auch *Baumhoff/Ditz/Greinert* DStR 2010, 1309.

663 *Luckhaupt* DB 2010, 2016; *Baumhoff/Ditz/Greinert* DStR 2010, 1309; *Greil* DStZ 2011, 285.

664 BStBl I 2010, 774 Tz 79; zustimmend *Pohl* IStR 2010, 359.

665 *BMF* BStBl I 2010, 774.

666 IStR 2010, 359.

Die dritte Öffnungsklausel ist nicht anwendbar, wenn mehrere immaterielle Wirtschaftsgüter zwar Bestandteile des Transferpakets sind, jedes immaterielle Wirtschaftsgut für sich die Voraussetzungen der Wesentlichkeit jedoch nicht erfüllt, und zwar auch dann, wenn die Summe der Einzelwerte der betroffenen immateriellen Wirtschaftsgüter die quantitative Grenze insgesamt überschreitet.[667] Fasst der Steuerpflichtige hingegen mehrere immaterielle Wirtschaftsgüter zusammen, deren gemeinsame Bewertung in Anwendung anerkannter betriebswirtschaftlicher Methoden sachgerecht ist (zB Patent und Produktions-Know-How, dass der Herstellung desselben Wirtschaftsguts dient) und wird durch die gemeinsame Bewertung die Wesentlichkeitsgrenze überschritten, trifft dieses die Zustimmung des BMF,[668] wenn die sowohl zusammengefassten immateriellen Wirtschaftsgüter für die Verrechnungspreisbestimmung (und die entspr Bewertung) wie ein einheitliches immaterielles Wirtschaftsgut behandelt werden. 353

In Betracht kommt mE noch eine vierte ungeschriebene Öffnungsklausel, die nicht nur dazu führt, dass die Verrechnungspreisbestimmung nicht auf Grundlage des Transferpakets erbracht werden muss, sondern die gesamten Regelungen des § 1 keine Anwendung finden. Dafür ist das ausländische Gesellschaftsrecht heranzuziehen und danach zu untersuchen, ob gleiche oder vergleichbare Regelungen zur Kapitalaufbringung wie in Deutschland bestehen. Ist es möglich, bei Kapitalgesellschaften und auch bei Personengesellschaften das (statuarische) Kapital im Wege einer Sachkapitaleinbringung bzw bei der Erhöhung des Kapitals dieses als Erfüllungsgegenstand für die Ausgabe neuer Anteile zu übertragen, liegt nach § 1 Abs 5 keine Geschäftsbeziehung vor. Vielmehr handelt es sich bei derartigen Vorgängen um gesellschaftsrechtliche Vorgänge, was dem Gesetz unschwer zu entnehmen ist. Wird mithin die Funktion als Sacheinlage im Rahmen einer Kapitalmaßnahme auf die ausl Ges übertragen, ist eine Bewertung der übertragenen WG nach den Transferpaketsgrundsätzen und eine evt Berichtung von Einkünften iSv § 1 ausgeschlossen. 354

3. Wert des Transferpakets. Bestimmungen über die Ermittlung des Werts des Transferpakets sind in § 3 FVerlV enthalten. Bei Durchführung eines **hypothetischen Fremdvergleichs** zur Ermittlung des Preises für das Transferpaket muss das Erg des hypothetischen Fremdvergleichs, den Fremdvergleichsgrundsatz in Abs 1 beachtend, dem **betriebswirtschaftlich** begründeten Gesamtwert der Funktion entsprechen, weil die Summe der Verrechnungspreise für die isoliert übertragenen oder zur Nutzung überlassenen Wirtschaftsgüter und die erbrachten Dienstleistungen regelmäßig von diesem Gesamtwert abweicht.[669] Das Erg der **Transferpaketbewertung** muss mithin in Übereinstimmung mit den Gewinnen stehen, die zum Zeitpunkt der Verlagerung aus der Ausübung der Funktion erwartet werden können und der Funktion zuzuordnen sind **(Gewinnpotenziale)**, vgl § 3 Abs 1 FVerlV. Die Anordnung erachtet der Verordnungsgeber[670] als notwendig, denn im Transferpaket könnten **Vorteile** enthalten sein, die bei **isolierter** Betrachtung und bei einer Verrechnungspreisbestimmung für die ein- 355

667 *BMF* BStBl I 2010, 774 Tz 80 mit Bsp.

668 BStBl I 2010, 774 Tz 81.

669 BR-Drucks 352/08, 17; krit zu den Bewertungsvorgaben *Looks/Scholz* BB 2007, 2541, die Bewertung bei einer Funktionsverlagerung sei grds anhand des IDW S1 vorzunehmen; so auch *Baumhoff/Ditz/Greinert* DStR 2008, 1945.

670 BR-Drucks 352/08, 17; zust *Schreiber* Ubg 2008, 433.

zelnen Wirtschaftsgüter und Dienstleistungen nicht berücksichtigt werden könnten. Dies entspreche auch der Verhandlungssituation voneinander unabhängiger Dritter.[671] Aus diesem Grund sei in diesen Fällen Maßstab für die Einhaltung des Fremdvergleichsgrundsatzes, dass die Summe der Verrechnungspreise für die verschiedenen Einzelelemente, die Gegenstand von Kaufverträgen, Nutzungsüberlassungsverträgen, Dienstleistungsverträgen usw sein könnten wirtschaftlich insgesamt den übergehenden **Chancen** und **Risiken** und den Gewinnpotenzialen und damit dem Wert des Transferpakets entsprächen.[672]

356 Für die Ermittlung des **Gewinnpotenziales** zur Bestimmung des Einigungsbereiches haben die beteiligten Unternehmen jeweils eine **Funktionsanalyse vor** und **nach** der Verlagerung des Transferpaktes durchzuführen, § 3 Abs 2 FVerlV.[673] Dabei sind bestehende **Handlungsmöglichkeiten** zu ermitteln, bestehende **Standortvorteile** bzw **-nachteile** und zu erwartende **Synergieeffekte**[674] zu berücksichtigen (vgl § 3 Abs 2 S 1 FVerlV). Damit wird auf geringere Logistikkosten, ein niedrigeres Lohnniveau und den Wegfall von Einfuhrzöllen abgezielt, die das Gewinnpotenzial einer Outbound-Investition reizvoller machen, die bei einer vergleichbaren Verlagerung im Inland jedoch unter keinen Umständen entstanden wären und die – obwohl es sich um Standortvorteile und Steuersubstart des Investitionsstaates handelt – der dt Gesetzgeber über den Mittelwertansatz in Abs 3 S 7 teilw besteuert.[675] Eine solche Regelung ist int nicht **üblich**, was dazu führen kann, dass der betroffene Investitionsstaat den Verrechnungspreis nicht anerkennt.[676] Es wird daher als **Ausweg** vorgeschlagen, sich auf Grundlage einer belastbaren Dokumentation mit dem Argument der fehlenden Fremdüblichkeit zu verteidigen und die dt FinVerw in ein **Verständigungsverfahren** (vgl Art 25 MA) zu zwingen.[677]

357 **Gewinnpotenziale** iSd Abs 3 S 6[678] sind die aus der verlagerten Funktion jeweils zu erwartenden **Reingewinne** nach Steuern (Barwert), auf die ein **ordentlicher und gewissenhafter Geschäftsleiter** aus der Sicht des verlagernden Unternehmens nicht unentgeltlich **verzichten** würde und für die ein solcher Geschäftsleiter aus der Sicht des übernehmenden Unternehmens bereit wäre, ein **Entgelt** zu zahlen, § 1 Abs 4 FverlV. Das Gewinnpotential ist mithin durch eine **doppelte ertragswertorientierte Bewertung** für die übergehende **Ertragskraft** zu ermitteln.[679] Die Definition in § 1 Abs 4 FVerlV stellt auf die **zukünftigen** Gewinne ab, welche mit der Funktion erwirtschaftet werden können. Das Gewinnpotenzial ist das **wesentliche Element** bei der

671 BR-Drucks 352/08, 17.

672 BR-Drucks 352/08, 18; so auch *BMF* BStBl I 2010, 774 Tz 82, 94 zum Grad der Fremdfinanzierung.

673 Krit dazu *Baumhoff/Ditz/Greinert* DStR 2008, 1945.

674 Vgl dazu *BMF* BStBl I 2010, 774 Tz 93.

675 *Haas* Ubg 2008, 517; *Hey* BB 2007, 1303; *Baumhoff/Ditz/Greinert* DStR 2008, 1945; *dies* DStR 2010, 1309.

676 *Blumers* BB 2007, 1757.

677 *Haas* Ubg 2008, 517.

678 Auf Grundlage der Funktionsanalyse und innerbetrieblicher Planrechnungen hat der StPfl den Mindestpreis des Leistenden und den Höchstpreis des Leistungsempfängers zu ermitteln (Einigungsbereich); der Einigungsbereich wird von den jeweiligen Gewinnerwartungen (Gewinnpotenzialen) bestimmt; so jetzt auch *BMF* BStBl I 2010, 774, Tz 83 ff.

679 *Schreiber* Ubg 2008, 433.

Transferpaketsbewertung. Durch die Ermittlung des Entgelts, den das verlagernde Unternehmen **mindestens** verlangen würde und des Entgelts, welches das übernehmende Unternehmen **höchstens** bereit wäre, für die Funktion als Ganzes zu leisten, ergeben sich wesentliche Merkmale für die **Festlegung** des Einigungsbereichs. Ausgangspunkt sollen die zu erwartenden Reingewinne nach Steuern[680] bilden, denn auch Dritte würden ihre Zahlungsbereitschaft für das Transferpaket von dem zu erwartenden **Nettoergebnis** aus der Übernahme der Funktion abhängig machen.[681] Die Ermittlung des Einigungsbereichs soll aus den betr Unterlagen der nahe stehenden Personen und ggf auch der (gemeinsamen) MutterGes oder anderer nahe stehender Unternehmen hervorgehen; darüber hinaus auch die **betriebswirtschaftlichen** Gründe für die Funktionsverlagerung. Bei der Ermittlung des Einigungsbereichs sind die betriebswirtschaftlichen Bewertungsgrundsätze **anzuerkennen**, wenn sie einheitlich bei den beteiligten nahe stehenden Personen angewendet werden und nicht erkennbar zu **willkürlichen**, dem Fremdvergleichspreise nicht entspr Erg führen.[682]

Ausgangspunkt für die Berechnungen sind die **Unterlagen**, die Grundlage für die Unternehmensentscheidung waren, eine Funktionsverlagerung durchzuführen, § 3 Abs 2 S 2 FVerlV. Die **Vorlagepflicht** dieser Unterlagen ergibt sich aus § 90 Abs 3 AO. Sie bilden den zuverlässigsten Anhaltspunkt für eine realistische Beurteilung der Funktionsverlagerung, denn sie waren faktisch Grundlage der Entsch für die Funktionsverlagerung.[683] Diese Aufzeichnungen sind auch **Grundlage** der Aufzeichnungen für den **Einigungsbereich** nach § 7 FVerlV; von diesen Aufzeichnungen soll nur abgewichen werden, wenn **evident** ist, dass die Aufzeichnungen oder darauf beruhende Berechnungen unzutr sind.[684] In der Praxis wird die **Maßgeblichkeit** der internen Unterlagen, die Grundlage für die Funktionsverlagerung waren, für die steuerliche Bewertung begrüßt, denn alle Unternehmen haben für die Vorbereitung von Investitionsentscheidungen **formalisierte** Prozesse, in denen Projekte nach **einheitlichen** Kriterien bewertet werden, um auf dieser Basis die Investitionsentscheidungen zu treffen.[685] Die Verwendung dieser Unterlagen auch für steuerliche Zwecke bewahrt die Unternehmen vor dem (unangemessenen) Aufwand, allein für die steuerliche Bewertung eine selbstständige Dokumentation vornehmen zu müssen. 358

Der Wert des Transferpakets wird weiter durch die **Gewinnpotenziale** und den **Einigungsbereich** bestimmt. Für die Ermittlung beider Wert beeinflussender Faktoren macht § 3 Abs 2 S 3 FVerlV Vorgaben, wie die jeweiligen Gewinnpotenziale und der Einigungsbereich (§ 7 FVerlV) zu berechnen sind. Dafür werden als wesentliche Elemente zur Berechnung des Gewinnpotenzials drei Faktoren genannt: Als Erstes sind die jeweiligen **Gewinnerwartungen** eines **ordentlichen und gewissenhaften Geschäftsleiters** (Abs 1 S 2) aus der verlagerten Funktion festzustellen, so dass für die Gewinn- 359

680 *Baumhoff/Ditz/Greinert* DStR 2008, 1945 kritisieren, es sei unklar, welche Steuern abgezogen werden müssten, insb sei zu entscheiden, ob nur die Steuern des Unternehmens oder zusätzlich auch die Steuern der Gesellschafter Berücksichtigung fänden. Bei Anwendung der IDW S 1 würden grds die Steuern des Unternehmens und die Steuern der Unternehmenseigner berücksichtigt.

681 BR-Drucks 352/08, 12.

682 BR-Drucks 352/08, 12.

683 BR-Drucks 352/08, 18; *BMF* BStBl I 2010, 774 Tz 90.

684 BR-Drucks 352/08, 18.

685 *Haas* Ubg 2008, 517.

erwartungen des übertragenden und des übernehmenden Unternehmens auf einen gleichen Horizont abzustellen ist.[686] Als Zweites sind die **Gewinnerwartungen** jeweils mit einem angemessenen **Kapitalisierungszinssatz** zu diskontieren,[687] der die übernommenen Chancen und Risiken (§ 5 FVerlV) einbezieht.[688] Durch die Diskontierung mit einem angemessenen Kapitalisierungszinssatz soll die Mindestrendite gesichert sein, welch die beteiligten Unternehmen durch eine alternative Investition zB am Kapitalmarkt hätten erzielen können. Als Drittes ist der **Kapitalisierungszeitraum**[689] zu bestimmen, der sich an den konkreten Umständen der Funktionsausübung orientieren muss.[690] Dabei ist zB zu berücksichtigen, ob das übernehmende Unternehmen die verlagerte Funktion nur für einen **begrenzten** Zeitraum ausüben wird, dass die früheren Investitionen und Vorleistungen des abgebenden Unternehmens im Laufe der Zeit ihren Wert verlieren und die Investitionen des übernehmenden Unternehmens für die Ausübung der Funktion bedeutungsvoller werden.

360 Werden im Rahmen einer Funktionsverlagerung für einzelne Teile des Transferpaktes **unterschiedliche** Vereinbarungen getroffen oder entsprechen solche Vereinbarungen dem Fremdvergleichsgrundsatz, schreibt § 4 Abs 1 FVerlV vor, dass für alle Teile des Transferpakets Verrechnungspreise anzusetzen sind, die **insgesamt** dem Wert der Funktion als Ganzes (einschließlich der Chancen, Risiken und Vorteile) entsprechen. Die Aussage der Regelung besteht darin, dass die beteiligten Unternehmen grds in ihrer Disposition **frei** sind, wie die Funktionsverlagerung tatsächlich gestaltet wird. Es wird regelmäßig vorkommen, dass bei einer Funktionsverlagerung **verschiedene** Vereinbarungen für die Übertragung von Wirtschaftsgütern (Verkauf), für die befristete Nutzungsüberlassung (Miete, Pacht, Lizenzierung)[691] und für die Erbringung von Dienstleitungen vorliegen. Die **Grenze** der Dispositionsfreiheit wird dort gezogen, wo die tatsächliche Durchführung nicht **fremdvergleichskonform** ist. Steht das Handeln der beteiligten Unternehmen hingegen mit dem Fremdvergleichsgrundsatz in Einklang, sind die getroffenen Entsch von der FinVerw anzuerkennen.[692] Durch § 4 Abs 1 FVerlV wird dem StPfl die Möglichkeit eröffnet, den Verrechnungspreis für das Transferpaket anhand von **Einzelpreisen** zu ermitteln, wenn die Summe der Preise den Wert des Transferpakets erreicht. Das kann zu Vorteilen für den StPfl in den Fällen führen, in denen der jeweilige Investitionsstaat, in den die Funktion verlagert wird, eine Transferpaktesbetrachtung ablehnt, jedoch die Einzelpreisermittlung anerkennt und somit – vorausgesetzt, die Einzelpreisermittlung deckt sich mit der Transferpaketsbewertung – das Transferpaket quasi in den Einzelpreisen „versteckt" wird.[693]

361 Ist nicht zweifelsfrei zu klären, ob einzelne Wirtschaftsgüter des Transferpakets übertragen oder zur Nutzung überlassen wurden, wird gem § 4 Abs 2 FVerlV auf **Antrag** des StPfl von einer Nutzungsüberlassung ausgegangen.[694] Durch die antragsgebundene

686 BR-Drucks 352/08, 19; *BMF* BStBl I 2010, 774 Tz 89 ff.
687 *BMF* BStBl I 2010, 774 Tz 83 ff, 87 ff.
688 BR-Drucks 352/08, 19.
689 Erl dazu in *BMF* BStBl I 2010, 774 Tz 104.
690 BR-Drucks 352/08, 19.
691 *BMF* BStBl I 2010, 774, Tz 100.
692 BR-Drucks 352/08, 19.
693 *Haas* Ubg 2008, 517.
694 *BMF* BStBl I 2010, 774 Tz 100.

Möglichkeit, (lediglich) von einer Nutzungsüberlassung auszugehen, wird die **Aufdeckung und Sofortversteuerung** (erheblicher) **stiller Reserven** vermieden.[695]

Die Bestimmung des **Kapitalisierungszinssatzes** ist in § 5 FVerlV enthalten. Danach ist für den jeweils angemessenen **Kapitalisierungszinssatz** von einer **risikolosen Investition** unter Berücksichtigung der **Steuerbelastung vom Zins** auszugehen. Anschließend ist der Kapitalisierungszinssatz um einen funktions- und risikoadäquaten **Zuschlag** zu erhöhen (§ 5 S 1 FVerlV). Die **Laufzeit** der risikolosen Investition richtet sich nach der voraussichtlichen Dauer der Ausübung der Funktion (§ 5 S 2 FVerlV). Der Zuschlag soll so bemessen sein, dass er für die beteiligten Unternehmen die in vergleichbaren Fällen jeweils unternehmensübliche Risikobeurteilung berücksichtigt (§ 5 S 3 FVerlV).[696] 362

Durch § 5 S 1 FVerlV wird teilw die jeweilige **Gewinnerwartung** abgebildet, denn jede Investition in dem betr Markt erfordert zumindest eine solche **Renditeerwartung**.[697] Die Zuschläge auf den Zinssatz für eine risikolose Investition sind erforderlich, um die **Chancen** und **Risiken** der verlagerten Funktion im Vergleich zu denjenigen, die mit einer risikolosen Investition verbunden sind, zu berücksichtigen.[698] Die Zuschläge sollen aus Renditen abgeleitet werden, die bei Ausübung **vergleichbarer Investitionen** erzielt werden, wenn ausreichend vergleichbare Renditeerwartungen ermittelt werden können.[699] Wozu sowohl die FVerlV als auch der Verordnungsgeber keine Aussagen machen, ist die **Anzahl** vergleichbarer Renditeerwartungen, die notwendig ist, um der Vergleichbarkeit zu genügen. Bestimmt ist lediglich, dass die Anzahl **ausreichend** sein muss. Das ist zu unbestimmt und kann zu Diskussionen in der Betriebsprüfung führen. Können die Zuschläge nicht aus einer ausreichenden Anzahl vergleichbarer Renditeerwartungen ermittelt werden, ist von den Gewinnerwartungen des **Gesamtunternehmens** auszugehen und der verlagerten Funktion ein **angemessener Anteil** am zu erwartenden Gesamtgewinn zuzuordnen, der als Zuschlag auf eine risikolose Investition darzustellen ist.[700] 363

Die **Laufzeit** einer Investition bestimmt regelmäßig den Zinssatz.[701] Diese Vorgabe soll durch § 5 S 2 für den Regelfall des § 3 Abs 2 S 2 FVerlV (von den Umständen der Funktionsausübung abhängiger Kapitalisierungszeitraum) berücksichtigt werden, um vergleichbare Verhältnisse zugrunde zu legen.[702] Bei Annahme eines **unbegrenzten Kapitalisierungszeitraums** nach § 6 FVerlV erfordert die Vergleichbarkeit der Verhältnisse demgemäß die Annahmen einer möglichst lang laufenden Vergleichsinvestition. 364

Mit der Unterstellung der **Risikobeurteilung** für die beteiligten Unternehmen, die sich aus der übrigen Geschäftstätigkeit der beteiligten Unternehmen ergibt, soll nach § 5 S 3 FVerlV eine Verzerrung des Einigungsbereichs vermieden werden.[703] 365

695 BR-Drucks 352/08, 20.
696 Zur ganzen Thematik bezogen auf den Kapitalisierungsgrundsatz *BMF* BStBl I 2010, 774 Tz 104 ff.
697 BR-Drucks 352/08, 20.
698 BR-Drucks 352/08, 20.
699 BR-Drucks 352/08, 20.
700 BR-Drucks 352/08, 20.
701 *BMF* BStBl I 2010, 774 Tz 105.
702 BR-Drucks 352/08, 20.
703 BR-Drucks 352/08, 21.

366 Hinsichtlich des maßgebenden **Kapitalisierungszeitraums** bestimmt § 6 FVerlV, dass mangels **Glaubhaftmachung** oder **Offensichtlichkeit** eines von der Funktionsausübung abhängigen Zeitraums ein **unbegrenzter** Kapitalisierungszeitraum zugrunde zu legen ist.[704] Die Annahme eines unbegrenzten Kapitalisierungszeitraums folgt aus der Überlegung, die erforderlichen Berechnungen **rechtssicher** vornehmen zu können und wird mit der Vergleichbarkeit von Betriebs- und Telbetriebsveräußerungen gerechtfertigt, auf die nach betriebswirtschaftlichen Grundsätzen ein unbegrenzter Kapitalisierungszinssatz angewendet wird.[705] *Frotscher*[706] hält wegen des ständigen **Wandels** der wirtschaftlichen Verhältnisse, der Globalisierung und der damit verbundenen Konkurrenz, des Wandels der Lebens- und Verbrauchergewohnheiten und des Geschmacks der Verbraucher einen Kalkulationszeitraum von bis zu **fünf** Jahren bei einer bestehenden Funktion sowie von **10–15 Jahren** bei einer neu errichteten Produktionseinheit für das **Maximum** dessen, was wirtschaftlichen Vorgaben entspricht.

367 **4. Bestimmung des Einigungsbereichs für das Transferpaket.** Die Bestimmung des Einigungsbereichs wird durch § 7 FVerlV konkretisiert. Dabei unterscheidet § 7 FVerlV zwischen drei Fallgruppen.[707] Die erste Fallgruppe ist in § 7 Abs 1 FVerlV geregelt. Danach ergibt sich die **Untergrenze (Mindestpreis)** für die Funktion aus Sicht des verlagernden Unternehmens, welches aus der Ausübung der Funktion Gewinne erwartete, aus dem Ausgleich für den Wegfall oder die Minderung des Gewinnpotenzials zuzüglich etwaiger **Schließungskosten**, § 7 Abs 1 FVerlV.[708] Voneinander unabhängige Dritte würden in diesen Fällen mindestens einen Ausglich für das ganz oder teilw wegfallende Gewinnpotenzial und Ersatz für die ggf anfallenden Schließungskosten verlangen.[709] Diese Begr des Verordnungsgebers zeigt einmal mehr das Dilemma der Regelungen. Einerseits ist es denkbar, dass im Rahmen einer Geschäftsbeziehung zwischen fremden Dritten das „verlagernde" Unternehmen in seine Kaufpreisforderung Schließungsaufwendungen einbezieht; andererseits wird auch das (zukünftige) Gewinnpotenzial meist durch die Multiplikation der letzten drei bis fünf Jahresergebnisse im Preis kalkuliert. Das „verlagernde" Untenehmen verlangt aber keinen „Ausgleich" für den Wegfall oder die Verminderung der Funktion oder „Ersatz" für die Schließungskosten, sondern schlicht einen Preis, den die Parteien für angemessen halten. Beim Lesen der Begr des Verordnungsgebers drängt sich der Verdacht auf, dass dieser einer Vorstellung zugrunde lag, in der von einer **„herrschenden Hand"** einem inländischen Unternehmen diktiert wird, eine Funktion in das (niedrig besteuernde) Ausland an ein ebenfalls von derselben Hand beherrschtes Unternehmen abzugeben und das zu Lasten des deutschen Steueraufkommens. Dem Verordnungsgeber ist einzuräumen, dass solche Fälle denkbar sind und auch vorkommen. Der Teleos der Norm und auch die praktische Anwendung ist durch eine solche Begr weder verständlich noch gesichert. Vielmehr sind Unsicherheiten nicht nur beim StPfl sondern auch bei der FinVerw die Folge.

---

704 Dazu *BMF* BStBl I 2010, 774 Tz 109 ff mit Bsp.

705 BR-Drucks 352/08, 21, krit zum Vergleich mit einem Teilbetrieb *Blumers* BB 2007, 1757.

706 FR 2008, 49.

707 Erl *BMF* BStBl I 2010, 774 Tz 114 ff.

708 *BMF* BStBl I 2010, 774 Tz 116 ff.

709 BR-Drucks 352/08, 21.

Bei der Festlegung des Mindestpreises sind gem § 7 Abs 1 S 2 FVerlV tatsächlich bestehende **Handlungsmöglichkeiten**, die das verlagernde Unternehmen hat, zu berücksichtigen.[710] Dabei ist die unternehmerische **Dispositionsbefugnis** des verlagernden Unternehmens nicht in Frage zu stellen. Die Regelung berücksichtigt, dass gegebene Handlungsmöglichkeiten des verlagernden Unternehmens **Einfluss** auf den Preis, den das verlagernde Unternehmen für die Abgabe oder Verminderung der Funktion fordern kann, haben können. Solche Handlungsmöglichkeiten spiegeln die Dispositionsbefugnis der Unternehmen wider. Für steuerliche Zwecke ist die Dispositionsbefugnis allerdings an dem Punkt **eingeschränkt** oder **beendet**, wenn sie nicht mehr dem Handeln (zweier) **ordentlich und gewissenhaft handelnder Geschäftsleiter** entspricht, Abs 1 S 2. 368

Sollte das verlagernde Unternehmen aus **rechtlichen** oder **wirtschaftlichen** Gründen nicht mehr in der Lage sein, die Funktion aus eigenen Mitteln ausüben zu können, entspricht gem § 7 Abs 2 FVerlV der **Liquidationswert** dem Mindestpreis für die Funktion als Ganzes (zweite Fallgruppe).[711] Ein solcher Fall kann eintreten, wenn dem Unternehmen eine **behördliche Genehmigung** entzogen wird, ein Vertrag (Lizenzvertrag, Liefervertrag) ordentlich oder außerordentlich von dem Vertragspartner **gekündigt** wird oder wenn sich schlicht die Verhältnisse am Markt dergestalt ändern, dass es für das Unternehmen aus **wirtschaftlichen Gründen** keine Sinn mehr macht, die Funktion weiter auszuüben. Der anzusetzende Liquidationswert umfasst in diesen Fällen auch die **Schließungskosten** und kann daher auch im Erg zu einem Liquidationsverlust führen.[712] 369

In § 7 Abs 3 S 1 FVerlV wird für **Verlustfälle** als dritte Fallgruppe die **Untergrenze** des Einigungsbereichs des verlagernden Unternehmens bestimmt.[713] Handelt es sich bei der Funktion aus Sicht des verlagernden Unternehmens um eine dauerhaft **verlustbringende**, wird der Verhandlungsrahmen gem § 7 Abs 3 S 1 FVerlV durch die zu **erwartenden Verluste** oder die ggf anfallenden **Schließungskosten** begrenzt. Maßgeblich ist dabei der niedrigere absolute Betrag. Die Untergrenze **entspricht** nach Auffassung des Verordnungsgebers[714] dem **Fremdvergleich**, denn auch ein unabhängiges Unternehmen stünde vor der Entsch, die Funktion entweder mit laufenden Verlusten **fortzuführen** oder die Funktion **einzustellen** und die Schließungskosten hinzunehmen. Auch die Festlegung des absolut niedrigeren Betrages, welcher der weniger belastende Betrag sei, als Untergrenze des Verhandlungsrahmens, entspreche dem **betriebswirtschaftlich** orientierten Handeln eines **unabhängigen** Unternehmens. Denn ein solches Unternehmen würde immer die aus eigener Sicht bessere Möglichkeit wählen. 370

In **einzelnen** Fällen kann es vorkommen, dass das die verlustbringende Funktion bisher ausübende Unternehmen sich die Verlagerung **etwas kosten** lässt, um die Funktion und damit das Verlustpotenzial „abzustoßen".[715] Für solche Fälle sieht § 7 Abs 3 S 2 FVerlV **beispielhaft** vor, dass es durchaus dem Handeln eines **ordentlichen und gewissenhaften Geschäftsleiter** entsprechen kann, zur Begrenzung von Verlusten ein 371

710 BR-Drucks 352/08, 22.
711 *BMF* BStBl I 2010, 774 Tz 120 mit Bsp.
712 BR-Drucks 352/08, 22.
713 *BMF* BStBl I 2010, 774 Tz 121 mit Bsp.
714 BR-Drucks 352/08, 22.
715 *BMF* BStBl I 2010, 774 Tz 127.

Entgelt für die Funktionsverlagerung zu vereinbaren, das die anfallenden Schließungskosten nur **teilw** deckt, oder eine **Ausgleichszahlung** an das aufnehmende Unternehmen für die Übernahme des mit der verlagerten Funktion verbundenen Verlustpotenzials zu leisten. Letzteres wird sich für das verlagernde Unternehmen insb dann anbieten, wenn die Ausgleichszahlung hinter etwaigen sonst anfallenden Schließungsaufwendungen **zurückbleibt**.

372 Eine Besonderheit ergibt sich bei der Anwendung des Fremdvergleichsgrundsatzes in den Fällen, in denen das verlagernde Unternehmen aus **rechtlichen** oder **wirtschaftlichen** Gründen nicht mehr in der Lage ist, die Funktion auszuüben und in den Fällen, in denen mit der Funktion ein (dauerhaftes) **Verlustpotenzial** verbunden ist. Beträgt in den genannten Fällen der Mindestpreis für die zu verlagernde Funktion Null oder liegt der Preis gar darunter, ordnet § 7 Abs 5 FVerlV gleichwohl an, dass zu prüfen ist, ob ein unabhängiges Unternehmen bereit wäre, einen **Entgelt** für die Funktion zu leisten. Der Verordnungsgeber[716] unterstellt, auch in diesen Situationen sei ein unabhängiger Dritter als verlagerndes Unternehmen grds nicht dazu bereit, das Transferpaket **unentgeltlich** zur Verfügung zu stellen, und andererseits sei ein unabhängiger Dritter als übernehmendes Unternehmen bereit, ein **Entgelt** zu bezahlen, wenn er damit **Gewinnpotenzial** erschließen könne, auf welches er sonst keinen Zugriff habe.

373 **Korrespondierend** zur Festlegung der Untergrenze des Einigungsbereichs, regelt § 7 Abs 4 FVerlV die **Höchstgrenze** des Einigungsbereichs aus Sicht des übernehmenden Unternehmens. Die Höchstgrenze wird durch das **Gewinnpotenzial**, welches mit der übernommenen Funktion verbunden ist, bestimmt. Dabei berücksichtigt das Gewinnpotenzial, dass auch das übernehmende Unternehmen einen **Mindestpreis** beansprucht, den das übernehmende Unternehmen in den Vertragsverhandlungen mit dem verlagernden Unternehmen **nicht** zur **Disposition** stellt. Denn ein **ordentlicher und gewissenhafter Geschäftsleiter** wird anhand einer **Investitionsrechnung** genau kalkulieren, welcher Preis die Investition aus Sicht des übernehmenden Unternehmens noch sinnvoll macht. § 7 Abs 4 S 2 FVerlV ordnet an, dass tatsächlich bestehende **Handlungsmöglichkeiten** des übernehmenden Unternehmens zu berücksichtigen sind, weil diese Einfluss auf den auf die Ermittlung des **Höchstpreises** haben können.[717] Insoweit ist sind Dispositionsmöglichkeiten auch für steuerliche Zwecke anzuerkennen. Die Grenze der Handlungsmöglichkeiten ist dort erreicht, wo die Preisermittlung nicht mehr dem Handeln zweier **ordentlicher und gewissenhafter Geschäftsleiter** (Abs 1 S 2), deren Informationen über alle wesentlichen Umstände der Geschäftsbeziehung unterstellt werden muss, entspricht.

374 An die Ermittlung der Untergrenze und der Obergrenze des Einigungsbereichs schließt sich die Festlegung des **Verrechnungspreises** an. Dieses wird regelmäßig der **Mittelwert** des Einigungsbereichs gem Abs 3 S 7 sein, da es dem StPfl nur in Ausnahmefällen gelingen wird, einen für ihn günstigeren Verrechnungspreis, der dem Fremdvergleichspreis entspricht, glaubhaft zu machen.[718] Der Ansatz des Mittelwertes zieht die Konsequenz nach sich, dass die Bundesrepublik Deutschland die **Hälfte** des durch die Funktionsverlagerung erzielten Mehrwertes für sich beansprucht.[719] Dieser Mehr-

716 BR-Drucks 352/08, 24.
717 *BMF* BStBl I 2010, 774 Tz 124.
718 *BMF* BStBl I 2010, 774 Tz 129 f.
719 *Frotscher* FR 2008, 49.

wert ist der Bundesrepublik Deutschland **nicht** zuzurechnen, wäre ohne die Funktionsverlagerung niemals entstanden und kann vom deutschen Fiskus nicht beansprucht werden.[720]

5. Schadenersatz-, Entschädigungs- und Ausgleichsansprüche. In § 8 FVerlV wird die Frage geregelt, ob in Fällen, in denen Funktionen eines Unternehmens „abgeschmolzen" werden, mögliche **gesetzliche** oder **vertragliche Schadenersatzansprüche** einen ausreichenden Ausgleich darstellen.[721] In die Festlegung des Einigungsbereichs sind sowohl bei Ermittlung des **Mindestpreises** als auch bei Ermittlung des **Höchstpreises** grds gesetzliche oder vertragliche Schadenersatz-, Entschädigungs- und Ausgleichsansprüche sowie Ansprüche, die voneinander unabhängigen Dritten zustünden, wenn ihre Handlungsmöglichkeiten vertraglich oder tatsächlich ausgeschlossen würden, zu berücksichtigen, § 8 S 1 FVerlV. Voraussetzung ist, dass der StPfl **glaubhaft** macht, dass unabhängige Dritte unter ähnlichen Umständen in vergleichbarer Art und Weise verfahren wären. Hinzu kommt, dass der StPfl gem § 8 S 3 FVerlV **auch glaubhaft** machen muss, dass keine wesentlichen immateriellen Wirtschaftsgüter und Vorteile übertragen oder zur Nutzung überlassen worden sind, es sei denn die Übertragung oder Überlassung ist zwingende Folge von Ansprüchen iSv § 8 S 1 FVerlV. Kann der StPfl die genannten Umstände **nicht glaubhaft** machen, ist der Verrechnungspreis für die Funktionsverlagerung nach den **allg Regeln** zu bestimmen, dh unter Berücksichtigung der Funktion als Ganzes (Transferpaket) mit Ermittlung des Einigungsbereichs auf Grundlage der jeweiligen Gewinnpotenziale und ggf Ansatz des Mittelwertes. 375

III. Vertragliche Anpassungsklauseln

Die Möglichkeit zur **späteren Anpassung** des Verrechnungspreises ergibt sich aus Abs 3 S 11.[722] Zur Sicherstellung des Steueraufkommens vermutet das Gesetz widerlegbar in Abs 3 S 12, dass in den Fällen, in denen der Verrechnungspreis durch einen **hypothetischen Fremdvergleich** (Abs 3 S 5) für die Verlagerung einer Funktion (Abs 3 S 9) ermittelt wurde und die spätere Gewinnentwicklung **erheblich** von den Vorstellungen bei der Verrechnungspreisfindung abweicht, zu diesem Zeitpunkt **Unsicherheiten** im Hinblick auf die **Preisvereinbarung** bestanden.[723] Unabhängige Dritte würden in diesen Fällen eine **sachgerechte Anpassungsregelung** vereinbaren.[724] Den eigentlichen Grund für die Einräumung einer nachträglichen Preiskorrektur nennt mE *Schreiber*:[725] „Weil die Ermittlung des Mindest- sowie des Höchstpreises auf den 376

---

720 *Hey* BB 2007, 1303; **aA** *Schreiber* Ubg 2008, 433; iE auch *Kroppen/Rasch* IWB 2008 F 3 G 1, 2339.

721 Zum Ganzen *Kroppen/Rasch* IWB 2008 F 3 G 1, 2339; *BMF* BStBl I 2010, 774 Tz 131 ff mit Bsp.

722 V *Wassermeyer* FR 2008, 67 als „Höhepunkt der Willkürlichkeiten" kritisiert; krit zu der Regelung auch *Bernhardt/van der Ham/Kluge* IStR 2008, 844; zur Einordnung der Regelung im int Kontext vgl *Scholz* IStR 2007, 521; *Peter/Spohn/Hogg* IStR 2008, 864; uU Verstoß gegen Tz 6.32 OECD-RL 1995 *Hornig* PIStB 2008, 45; *BMF* BStBl I 2010, 774 Tz 138 ff.

723 Nach dem Wortlaut des Gesetzes ist die Anwendung von Abs 3 S 11 nicht auf Fälle einer Funktionsverlagerung beschränkt; vielmehr greift die Regelung in allen Fällen, in denen wesentliche immaterielle Wirtschaftsgüter übertragen werden und der Verrechnungspreis durch einen hypothetischen Fremdvergleich ermittelt wird.

724 AA *Wulf* DB 2007, 2280; *Wassermeyer* FR 2008, 67; einschränkend *Scholz* IStR 2007, 521.

725 Ubg 2008, 433.

subjektiven Gewinneinschätzungen der beiden Konzernunternehmen für die Zukunft basiert, diese Prognosen jedoch nur schwer prüfbar sind, hat der Gesetzgeber der **FinVerw** die Möglichkeit eingeräumt, einen Abgleich zwischen den Gewinnprognosen und den tatsächlich erzielten Ist-Gewinnen durchzuführen und bei einem erheblichen Auseinanderfallen dieser Parameter noch zehn Jahre nach der Verlagerung eine steuerliche Korrektur durchzuführen."[726] In der Lit[727] wird in Bezug auf die Regelung in Abs 3 S 11 darauf hingewiesen, dass diese (zunächst) nur **einseitig** ist, dh die FinVerw wird nur zu **ihren Gunsten** Anpassungen vornehmen. Nach der bisherigen Verwaltungspraxis[728] sind nachträgliche Preisfestlegungen bzw -anpassungen nur unter engen Voraussetzungen zulässig. Sie sind dem Grunde nach nur anzuerkennen, wenn im **Vorhinein** sowohl ein entgeltliches Leistungsverhältnis als auch alle Preisbestimmungsfaktoren vereinbart werden. Nur in **Ausnahmefällen** sind **nachträgliche** Preisvereinbarungen anzuerkennen, wenn der StPfl anhand von Aufzeichnungen glaubhaft macht, dass sie in vergleichbaren Fällen auch zwischen fremden Dritten vorgenommen wären. IF der Übertragung von immateriellen Wirtschaftsgütern bzw bei Funktionsverlagerungen macht das Gesetz die bisherige Verwaltungspraxis hinfällig und erscheint wie ein **Paradigmenwechsel**.[729]

377 Die Anwendung von Abs 3 S 11 setzt voraus, dass (1) der Verrechnungspreis für die Funktionsverlagerung durch einen **hypothetischen Fremdvergleich** ermittelt wurde, (2) **wesentliche immaterielle Wirtschaftsgüter** iSv § 1 Abs 5 FVerlV Gegenstand der Geschäftsbeziehung waren und (3) die spätere tatsächliche Gewinnentwicklung **erheblich** iSv § 10 FVerlV von der Gewinnentwicklung abweicht, die der Verrechnungspreisbestimmung zugrunde lag.

378 **Adressat** der Preisanpassung ist der StPfl.Eine spätere Anpassung durch den StPfl kommt jedoch nur dann in Betracht, wenn für die Funktionsverlagerung der Verrechnungspreis durch einen hypothetischen Fremdvergleich ermittelt wurde. Wurde der Verrechnungspreis aus einem tatsächlichen Fremdvergleich abgeleitet, werden auch bei späteren erheblichen Preisabweichungen keine Unsicherheiten im Hinblick auf die frühere Preisvereinbarung vermutet.[730]

379 Liegen die Voraussetzungen für die Vermutung nach Abs 3 S 11 vor, soll die FinVerw berechtigt sein anzunehmen, dass zum **Zeitpunkt** des **Geschäftsabschlusses** Unsicherheiten bestanden und fremde Dritte **Anpassungsregelungen** in ihren Vereinbarungen getroffen hätten.[731] Für den StPfl besteht aber die Möglichkeit **nachzuweisen**, dass voneinander unabhängige Dritte in der gleichen Situation wie die beteiligten nahe stehenden Unternehmen keine Anpassungsreglungen getroffen hätten.[732]

---

726 So wohl auch das *BMF* BStBl I 2010, 774 Tz 138f.

727 *Looks/Scholz* BB 2007, 2541.

728 *BMF* BStBl I 2005, 517 Tz 3.4.1.8.

729 *Scholz* IStR 2007, 521.

730 *Scholz* IStR 2007, 521; *Peter/Spohn/Hogg* IStR 2008, 864.

731 BR-Drucks 220/07, 145.

732 BR-Drucks 220/07, 145; als Anpassungsregelungen gelten auch Lizenzvereinbarungen, die es erlauben, den Lizenzgeber angemessen am Erfolg der Verwertung des immateriellen Wirtschaftsguts durch den Lizenznehmer zu beteiligen.

Wann eine **erhebliche** Abweichung, die zu einer Preisanpassung führt, vorliegt, ist in § 10 FVerlV geregelt.[733] Danach liegt eine erhebliche Abweichung vor, wenn der unter Zugrundelegung der tatsächlichen Gewinnentwicklung zutr Verrechnungspreis **außerhalb** des ursprünglichen Einigungsbereichs liegt, § 10 S 1 FVerlV. Mit dieser Regelung wird die Grenze bestimmt, wenn die Gewinnentwicklung des übernehmenden Unternehmens günstiger als vorhergesehen verläuft. In diesen (bestimmten) Fällen soll es der FinVerw erlaubt sein, die Abweichung als erheblich anzusehen.[734] Der Verordnungsgeber verfolgt mit der Regelung den Zweck, (nur) in **Ausnahmefällen** zu einer nachträglichen Anpassung nach Abs 3 S 12 zu kommen, um möglichst weit **Planbarkeit** und **Vorhersehbarkeit** für den StPfl und Finanzbehörden sicher zu stellen.[735] 380

Der **neue** Einigungsbereich wird durch den **ursprünglichen Mindestpreis** und den **neu ermittelten Höchstpreis** des übernehmenden Unternehmens begrenzt, § 10 S 2 FVerlV. Zur Bestimmung des neuen Einigungsbereichs ist **unverändert** vom ursprünglichen Mindestpreis des verlagernden Unternehmens auszugehen, denn beim verlagernden Unternehmen kann nach der Funktionsverlagerung keine Veränderung mehr eintreten.[736] Dem entspr ist der Höchstpreis des übernehmenden Unternehmens unter Berücksichtigung der **erzielten Gewinne** neu zu ermitteln, da insoweit erhebliche Abweichungen eingetreten sind. 381

Eine erhebliche Abweichung liegt auch vor, wenn der neu ermittelte Höchstpreis **niedriger** ist als der ursprüngliche Mindestpreis des verlagernden Unternehmens. Damit regelt die FVerlV einen zweiten Fall einer **erheblichen Abweichung**. § 10 S 3 FVerlV betrifft den Fall, dass die Gewinnentwicklung des übernehmenden Unternehmens so ungünstig verläuft, dass kein Einigungsbereich mehr angenommen werden kann. 382

Tritt eine spätere erheblich abw Gewinnentwicklung ein und hat der StPfl **keine** dieses berücksichtigende Anpassungsregelung bei **Vertragsabschluss** vereinbart, sieht Abs 3 S 12 für eine deshalb vorzunehmende Berichtigung vor, dass ein angemessener Anpassungsbetrag auf den ursprünglichen Verrechnungspreis der Besteuerung des Wirtschaftsjahres zugrunde zu legen ist, das dem Jahr folgt, in dem die Abweichung eingetreten ist. Der FinVerw ist die **einmalige** Berichtigung aber nur erlaubt, wenn die erhebliche Abweichung innerhalb einer Frist von **zehn Jahren** nach Geschäftsabschluss eingetreten ist. Die Frist ist **taggenau** nach den §§ 187 ff BGB zu berechnen. Unter Berücksichtigung der hohen Wettbewerbsintensität in praktisch allen Branchen und die daraus resultierenden kurzfristigen Veränderungen im Geschäft ist die Frist von zehn Jahren als **zu lang** und damit hinderlich anzusehen.[737] 383

Die angemessene Anpassung wird durch § 11 FVerlV konkretisiert.[738] Die Anpassung ist angemessen, wenn sie in den Fällen des § 10 S 1 FVerlV dem **Unterschiedsbetrag** zwischen dem ursprünglichen und dem neu ermittelten Verrechnungspreis entspricht oder, wenn sie in den Fällen des § 10 S 3 FVerlV dem Unterschiedsbetrag zwischen dem ursprünglichen Verrechnungspreis und dem **Mittelwert** zwischen dem neuen Höchstpreis des übernehmenden Unternehmens und dem ursprünglichen Mindestpreis des 384

733 Vgl auch *BMF* BStBl I 2010, 774 Tz 140.
734 BR-Drucks 352/08, 25.
735 BR-Drucks 352/08, 25.
736 BR-Drucks 352/08, 25.
737 *F/W/B/S* § 1 AStG Rn V 101.
738 Weiterführend *BMF* BStBl I 2010, 774 Tz 142.

verlagernden Unternehmens entspricht.[739] IF des § 10 S 1 FVerlV ist der aufgrund der tatsächlichen Gewinnentwicklung „zutr" neu ermittelte Verrechnungspreis für die Funktionsverlagerung nach den **allg Regeln** abzuleiten (neuer Einigungsbereich, Mittelwert, falls kein anderer Wert glaubhaft gemacht wird).[740] Der Unterschiedsbetrag zum früheren Verrechnungspreis ist als **Anpassungsbetrag** in dem Wj zu erfassen, das dem Wj folgt, in dem die Abweichung eingetreten ist. IF des § 10 S 3 FVerlV ist der **Mittelwert** zwischen dem früheren Mindestpreis des übertragenden Unternehmens und dem jetzigen Höchstbetrag des übernehmenden Unternehmens zu ermitteln; dieser Wert ist **kleiner** als der frühere Mindestpreis und **größer** als der jetzige Höchstpreis.[741] Der Unterschiedsbetrag zum früheren Verrechnungspreis ist als Anpassungsbetrag in dem Wj zu erfassen, das dem Wj folgt, in dem die Abweichung eingetreten ist.

385 Möchte der StPfl einer möglichen Anpassung **entgehen**, muss er entweder die **Vermutung** in Abs 3 S 11 widerlegen oder tatsächlich eine **Anpassungsregelung** vereinbaren.[742] Hinsichtlich der Möglichkeit zur Widerlegung der Vermutung kritisieren *Wassermeyer/Baumhoff/Greinert*[743] der Gesetzgeber habe völlig offen gelassen, anhand welcher **Argumente** die Widerlegung erfolgen könne. Zweckmäßigerweise sollten die Geschäftsführer von Konkurrenzunternehmen als **Zeugen** dafür benannt werden, dass der Abschluss von vertraglichen Anpassungsklauseln unüblich sei. In der Tat scheint es nahezu **unmöglich**, die Vermutung widerlegen zu können. Erforderlich sind dafür **Detailkenntnisse** aus den Vertragsunterlagen fremder Unternehmen, die regelmäßig auch noch in Konkurrenz stehen werden. Auf die Detailkenntnisse werden aber regelmäßig nur die an der Geschäftsbeziehung beteiligen Unternehmen Zugriff haben. Nun könnte man dem Gesetzgeber unterstellen, dass er diese Schwierigkeit gesehen hat und deshalb von Konkretisierungen der Möglichkeit zur Widerlegung der Vermutung abgesehen hat. Der StPfl kann aber auch eine **Anpassungsregelung**, die nachträgliche Anpassungen iSv Abs 3 S 11 und 12 ausschließt, **vereinbaren**.[744] Eine solche liegt gem § 9 FVerlV auch dann vor, wenn im Hinblick auf wesentliche immaterielle Wirtschaftsgüter und Vorteile **Lizenzvereinbarungen** getroffen werden, welche die zu zahlende Lizenz vom **Umsatz** oder **Gewinn** des Lizenznehmers abhängig machen oder für die Höhe der Lizenz Umsatz und Gewinn berücksichtigen. Zu weiteren Gestaltungsmöglichkeiten einer Preisanpassungsklausel schreibt der Verordnungsgeber[745] lediglich vor, dass diese darauf zu prüfen ist, ob sie dem **Fremdvergleichsgrundsatz** entspricht. Unter Beachtung dieser Grenze ist der StPfl hinsichtlich des Inhalts einer Preisanpassungsklausel frei. Möglich ist damit auch eine Vereinbarung, welche Anpassungen nur in **engen Grenzen** zulässt.[746] Erforderlich ist zB nicht, dass die Preisanpas-

---

739 Krit dazu *Bernhardt/van der Ham/Kluge* IStR 2008, 844 mit einem umfassenden Bsp für die Ermittlung der gesetzlichen Preisanpassung der Höhe nach.

740 BR-Drucks 352/08, 26.

741 BR-Drucks 352/08, 26.

742 Zur Fremdüblichkeit von Preisanpassungsklauseln *Ebering* IStR 2011, 418.

743 *F/W/B/S* § 1 AStG Rn V 99; so auch *Peter/Spohn/Hogg* IStR 2008, 864.

744 Zu den zivilrechtlichen Wirksamkeitserfordernissen einer solchen Klausel vgl *Schreiber* Ubg 2008, 433 mwN.

745 BR-Drucks 352/08, 25.

746 *F/W/B/S* § 1 AStG Rn V 100; enger *Jahndorf* FR 2008, 101 der in Frage stellt, ob die FinVerw eine Preisanpassungsklausel anerkennt, die von den gesetzlichen Regelungen, insb von der FVerlV abweicht.

sungsklausel eine Laufzeit von zehn Jahren hat; als ausreichend wird eine Laufzeit von drei Jahren angesehen.[747]

Weitere Möglichkeiten, eine nachträgliche Preisanpassung durch die FinVerw zu verhindern bestehen nach Auffassung *Schreibers*[748] darin, (1) den Verrechnungspreis auf zumindest **eingeschränkt vergleichbaren** Fremddaten zu stützen, (2) darzulegen, dass **Abweichungen** nicht vorgekommen sind, bzw nicht **erheblich** sind, (3) glaubhaft machen, dass im Zeitpunkt der Funktionsverlagerung keine **Bewertungsunsicherheiten** bestanden oder dass unabhängige Dritte in einer vergleichbaren Situation trotz bestehender Bewertungsunsicherheiten keine **Preisanpassungsklausel** vereinbart hätten, (4) das **Transferpaket** nicht zu übertragen, sondern gegen eine umsatz- bzw gewinnabhängige **Lizenz** zu überlassen oder (5) das Transferpaket auf **gesellschaftsrechtlicher** Ebene außerhalb einer Geschäftsbeziehung überlässt. Auch soll durch die Wahl eines geeigneten **Kapitalisierungszinssatzes** iRd Ermittlung des Einigungsbereichs für die Bewertung des Transferpakets die **Bandbreite** bei Beibehaltung desselben Mittelwerts erweitert und damit das Risiko einer nachträglichen erheblichen Abweichung und damit der Anwendung der Preisanpassungsklausel vermieden werden können.[749] 386

Eine für den Steuerpflichtigen positive Möglichkeit zur Änderung der Verrechnungspreise sieht *Engler*[750] resultierend aus einer Rezession, die bei den meisten Unternehmen zu Umsatz- und Gewinneinbußen führt. Sind die Gewinnminderungen bzw Verluste Folge einer Rezession bzw Wirtschaftskrise, sind sowohl aus zivilrechtlicher als auch aus steuerrechtlicher Sicht Anpassungsmöglichkeiten für den Steuerpflichtigen gegeben, und zwar auch unterjährig. Inhaltlich wird man die Änderungen an den Margen an dem unteren bzw oberen Ende der eingeengten Bandbreite orientieren; auch können neue Benchmarkanalysen oder ein Verzicht auf die Verrechnung von Gewinnaufschlägen oder Lizenzen mit der Vereinbarung, in Betracht kommen. 387

E. Einkünftekorrektur bei Betriebsstättten

1. Allgemeines. Der neue § 1 Abs 5 soll in Übereinstimmung mit den Überlegungen der OECD die Grundsätze regeln, nach denen der international anerkannte Fremdvergleichsgrundsatz sowohl auf die Aufteilung der Gewinne zwischen einem inländischen Unternehmen und seiner ausländischen Betriebsstätte als auch auf die Ermittlung der Einkünfte einer ausländischen Betriebsstätte eines ausländischen Unternehmens durchzuführen sei.[751] Folge ist, dass zB eine Betriebsstätte Gewinne erzielt, obwohl das Unternehmen insgesamt Verluste hinnehmen muss (sogar dann, wenn das Unternehmen insgesamt nie einen Gewinn erzielt), oder Verluste hinnehmen muss, auch wenn das Unternehmen insgesamt Gewinne erzielt.[752] Der Ansatz von Fremdvergleichspreisen aufgrund sog „Dealings" könne auch dazu führen, dass die Summe der Einzelergebnisse verschiedener Betriebsstätten vom Gesamtergebnis des Einheitsunterneh- 388

747 *Jahndorf* FR 2008, 101; *Schreiber* Ubg 2008, 433; *Peter/Spohn/Hogg* IStR 2208, 864 lassen sogar ein Jahr genügen.
748 Ubg 2008, 433.
749 *Peter/Spohn/Hogg* IStR 2008, 864.
750 IStR 2009, 685.
751 BT-Drucks 17/10000, 78.
752 BT-Drucks 17/10000, 78.

mens abweiche. Solche Abweichungen entstünden dadurch, dass steuerrechtlich aufgrund der angesetzten „Preise" stille Reserven aufgedeckt würden, die das Unternehmen insgesamt (bilanziell) noch nicht realisiert habe.[753] Die Abweichungen würden sich allerdings über mehrere Veranlagungszeiträume hinweg regelmäßig ausgleichen – um Steuerbelastungseffekte zumindest zu mildern, werde die Anwendung des § 4g EStG insoweit nicht eingeschränkt (§ 1 Abs 5 S 6).[754] Die uneingeschränkte Selbständigkeitsfiktion hat also nur Bedeutung für die Einkünftezuordnung, nicht aber für die Einkünfteermittlung.[755]

389 Als wesentlichen Grund für die Einführung des neuen § 1 Abs 5 kann dem RegE[756] folgender Ansatz entnommen werden: „Zur Sicherung des deutschen Steueraufkommens und zur Vermeidung unbesteuerter („weißer") Einkünfte ist eine eindeutige Rechtsgrundlage erforderlich, die eine vollständige und verbindliche, innerstaatliche Umsetzung des OECD-Betriebsstättenberichts 2010 ermöglicht. Deshalb soll diese Rechtsgrundlage grds Vorrang vor dem DBA haben, die den bisherigen Art 7 MA oder dem Art 7 des Musterabkommens der Vereinten Nationen entsprechen. Nur so ist es möglich, im Bereich der Besteuerung internationaler Betriebsstättenfälle durch weitere Konkretisierung und Präzisierung des im DBA vereinbarten Fremdvergleichsgrundsatzes zu klaren und eindeutigen Regelungen für die innerstaatliche Praxis zu kommen. Soweit internationale Besteuerungskonflikte entstehen, zB weil der andere Staat einer von der deutschen Regelung abw Auslegung des Fremdvergleichsgrundsatzes folgt und sich insoweit auf das jeweils geltende DBA beruft, das eine Regelung enthält, die dem bisherigen Art 7 MA in seiner Kommentierung 2008 entspricht, gilt § 1 Abs 5 S 8. Diese Regelung überwacht einerseits die auf dem Abk beruhenden Besteuerungsrechte des anderen Staates und vermeidet andererseits Doppelbesteuerung in Fällen, in denen es sonst aufgrund der Neuregelung zu einer einseitigen Anwendung der Grundsätze des OECD-Betriebsstättenberichts 2010 durch Deutschland kommen könnte. Sie ermöglicht so auf völkerrechtskonforme Weise eine übereinstimmende Anwendung des Fremdvergleichsgrundsatzes durch die Vertragsstaaten."[757]

390 Zunächst ist hervorzuheben, dass dem Gesetzgeber mit der Verortung der Gewinnabgrenzung bei Betriebsstätten in § 1 ein Fehler in systematischer Hinsicht unterlaufen ist.[758] Auch wenn es verständlich und evtl auch notwendig ist, dass der Gesetzgeber eine innerstaatliche Rechtsgrundlage schafft, welche das in Art 7 MA vorgesehene Besteuerungsrecht in innerstaatliches Recht transformiert. Die Umsetzung (alleine) in § 1 ist jedoch nicht sachgerecht; vielmehr handelt es sich bei der Gewinnermittlung der Betriebsstätte um einen Tatbestand der Gewinn- bzw Unterschiedsbetragsermittlung (sowohl für in- als auch ausländische Betriebsstätten), welcher im EStG hätte geregelt werden müssen. Dies gilt insbesondere für die Frage, ob WG in der Gesamtunternehmensbilanz der Höhe nach anders als in der Stammhaus- bzw Betriebsstättenbilanz

753 BT-Drucks 17/10000, 78.
754 Weiterführend: *Dietz* ISR 2013, 261.
755 *Schaumburg* ISR 2013, 197.
756 BT-Drucks 17/10000, 78; krit *Wilke* IWB 2012, 271.
757 *Ditz/Quilitzsch* DStR 2013, 1319; *Schnitger* IStR 2012, 634; *Kraft/Dombrowski* FR 2014, 105.
758 *Ditz/Quilitzsch* DStR 2013, 1319; *Schnitger* IStR 2012, 634; *Kraft/Dombrowski* FR 2014, 1105.

bewertet werden können. § 1 ist demgegenüber eine Einkünftekorrekturvorschrift, welche nur dann greift, wenn die deutsche Finanzverwaltung einkünfteerhöhende Korrekturen vornehmen möchte.[759] Zudem ist der AOA damit nur einseitig zugunsten der deutschen Finanzverwaltung umgesetzt, während die OECD von einer einheitlichen Anwendung des AOA sowohl im Stammhaus- als auch im Betriebsstättenstaat ausgeht.[760] Die Einkünftefiktion in § 1 hat dementsprechend nur eine begrenzte Reichweite: Sie gilt nur für Zwecke der Einkünftekorrektur zu Ungunsten des StPfl mit der Folge, dass einerseits von einem ausl Stammhaus auf der Grundlage einer dort ebenfalls geltenden AOA-Regelung der inl Betriebsstätte berechnete (fiktive) Dienstleistungsentgelte steuerlich unberücksichtigt bleiben und andererseits umgekehrt von der inländischen Betriebsstätte berechnete (fiktive) Entgelte, etwa Lizenzgebühren, keiner Quellensteuer unterliegen.[761]

Sodann werden gegen die Neuregelung in § 1 Abs. 5 europarechtlichen Bedenken erhoben.[762] Dies könne sich aus dem Fehlen einer allgemeinen Stundungsregelung im Hinblick auf die Gewinnsrealisierung bei unternehmensinternen Liefer- und Leistungsbeziehungen zwischen Stammhaus und Betriebsstätte ergeben und Folge aus einem Vergleich zu den allgemeinen Entsprechungsregeln, für die die hM davon ausginge, sie verstoßen gegen europarechtliche Grundfreiheiten, insbesondere gegen die Niederlassungsfreiheit. Eine Beschränkung der Niederlassungsfreiheit lasse sich allenfalls mit dem Argument der Wahrung der ausgewogenen Aufteilung der Besteuerungsbefugnis zwischen den Mitgliedstaaten und damit mit der Sicherung des Besteuerungsrechts des Staates rechtfertigen, in welchem stille Reserven gebildet bzw eine bestimmte Wertschöpfung erbracht wurde. Allerdings ist nach der aktuellen EuGH-Rspr im Rahmen der Verhältnismäßigkeitsprüfung die sofortige Erhebung von Steuern auf noch nicht tatsächlich realisierte stille Reserven im Zeitpunkt der Überführung eines Wirtschaftsgutes in eine ausländische Betriebsstätte unverhältnismäßig.[763] Der genannten Entsch des EuGH in der Rs Naional Grid Indus ist gleichfalls zu entnehmen, dass auch die aufschiebende Besteuerung von im Stammhaus gebildeten stillen Reserven, die regelmäßig zwangsweise bei Verlust des Besteuerungsrechts an einem Veräußerungsgewinn im Fall der späteren Veräußerung der Wirtschaftsgüter aufzudecken sind, dann nicht dem Verhältnismäßigkeitsgrundsatz entspricht, wenn an die aufschiebende Besteuerung die besondere Mitwirkungs- und Nachweispflichten hinsichtlich des weiterbestehenden (wirtschaftlichen) Eigentums des Steuerpflichtigen gekoppelt sind. Insoweit erfordert der Verhältnismäßigkeitsgrundsatz, dass der Steuerpflichtige zwischen einer Sofortbesteuerung und einer aufgeschobenen Besteuerung wählen kann. Ein solches Wahlrecht sei in § 1 Abs 5 nicht vorgesehen, vielmehr sehe § 1 Abs. 5 eine Einkünftekorrektur im Hinblick auf eine sofortige Gewinnrealisierung vor, wenn fiktive Liefer- und Leistungsbeziehungen zwischen inländischen Stammhaus nicht fremdvergleichskonform bepreist würden.[764] 391

759 *Ditz* ISR 2013, 261.
760 *Ditz* ISR 2013, 261.
761 *Schaumburg* ISR 2013, 197.
762 *Ditz* ISR 203, 261.
763 *EuGH* FR 2012, 25.
764 *Ditz* ISR 2013, 261.

392 Aber auch in verfassungsrechtlicher Hinsicht wird die Norm nicht für unbedenklich gehalten.[765] Das Fingieren von Einkünften bei grenzüberschreitenden anzunehmenden schuldrechtlichen Beziehungen ist eine Abkehr von dem im Bilanzsteuerrecht geltenden Realisationsprinzip. Als Ausfluss des Vorsichtsprinzips dürfen danach nur realisierte Gewinne ausgewiesen werden, so dass ggf eingetretene Wertsteigerungen in den Vermögensgegenständen bis zu diesem Zeitpunkt keinen Einfluss auf den Gewinn haben, § 252 Abs 1 Nr 4 letzter HS HGB. Eine Realisation erfordert am immer eine Außentransaktion. Dieses über § 5 Abs 1 S 1 EStG für das Steuerrecht anzuwendende Realisationsprinzip beruht zwar auf dem handelsrechtlichen Normensystem der Grundsätze ordnungsgemäßer Buchführung, es erfährt aber auch eine spezifisch steuerrechtliche Legitimation durch das Fundamentalprinzip der Besteuerung nach der Leistungsfähigkeit sowie durch das Übermaßverbot.[766] Hiernach ist eine Besteuerung nicht realisierter Wertzuwachs für grundsätzlich nicht gerechtfertigt, steuerliche Leistungsfähigkeit setzt nämlich stets Liquidität für die Steuerzahlung voraus.[767] und das Übermaßverbot gebietet eine vorsichtige Besteuerung, dh eine Besteuerung erst zu dem Zeitpunkt, zu dem die Leistung erbracht wird, was das BVerfG in seinem Beschluss v 7.7.2010[768] so ausdrückt: „Dass Wertsteigerungen erst im Zeitpunkt ihrer Realisation zu versteuern sind, findet seinen Grund aber allein im Prinzip einer vorsichtigen, substanzschonenden Besteuerung." Diese in § 5 Abs 1 S 1 EStG in Ausrichtung an das Prinzip der finanziellen Leistungsfähigkeit getroffene normative Grundlageentscheidung ist unter dem Gesichtspunkt der Belastungsgleichheit durchgängig folgerichtig umzusetzen.[769] Ausnahmen hiervon bedürfen eine besondere Begründung. Diese können sich nach dem BVerfG[770] bei außerfiskalischen Förderungs- und Lenkungszwecken sowie bei Typisierungs- und Vereinfachungserfordernissen ergeben, nicht jedoch aus nur fiskalischen Zwecken staatlicher Einnahmeerhöhung. Eine weitere Ausnahme soll für die zeitlich vorgezogene Besteuerung in Fällen gelten, in denen ein steuerlicher Zugriff später nicht mehr möglich ist. Dies soll vor allem für die Erfassung stiller Reserven in materiellen und immateriellen Wirtschaftsgütern gelten, so dass es zulässig ist, die stillen Reserven im jetzt noch möglichen Zeitpunkt für steuerliche Zwecke abzurechnen.[771] in § 1 Abs 5 ist aber anders als in § 4 Abs 1 S 3 EStG keine Ultima Ratio Besteuerung geregelt, sondern eine Einkünftekorrektur. Gleichwohl zielte § 1 Abs 5 ebenfalls auf den Verlust von Besteuerungssubstrat, so dass er sich an den Grundsätzen von § 4 Abs 1 S 3, 4 EStG messen lassen muss. Dann kann die Anwendung in Abkommensfällen nach Auffassung des BFH[772] „ausgeschlossen" sein. Aber auch wenn man dem entgegen davon ausgeht, dass § 4 Abs 1 S 3 EStG in jedem Fall bei einem grenzüberschreitenden Betriebsvermögenstransfer zwischen Betriebsstätte und Stammhaus eingreift ist die sofortige Besteuerung als Rechtsfolge mit dem in Art 3 Abs 1 GG verankerten Leistungsfähigkeitsprinzip unvereinbar.[773]

765 *Schaumburg* ISR 2013, 197.
766 *Schaumburg* ISR 2013, 197.
767 Tipke/Lang/*Hey* § 3 Rn 62.
768 BStBl II 2011, 87 ff.
769 *Schaumburg* ISR 2013, 197 mit Verweis auf das *BVerfG* zuletzt FR 2002, 391.
770 Ausführlich *BVerfG* BVerfGE 122, 210.
771 *Schaumburg* ISR 2013, 197 mwN.
772 BStBl II 2009, 464.
773 *Schaumburg* ISR 2013, 197.

2. Satz 1 – anzunehmende schuldrechtliche Vereinbarung. Mit der Regelung wird nach Vorstellung des Gesetzgebers die Anwendung des Fremdvergleichsgrundsatzes iSd § 1 auf Geschäftsbeziehungen iSd § 1 Abs 4 S 3 festgeschrieben, dh auf wirtschaftliche Vorgänge (anzunehmende schuldrechtliche Beziehungen) zwischen einem Unternehmen und dessen rechtlich unselbstständiger Betriebsstätte, zB 393

1. für unbeschränkt Steuerpflichtige, deren ausl Betriebsstätteneinkünfte nach einem DBA freizustellen sind, oder bei denen ausl Steuern auf ausl Betriebsstätteneinkünfte anzurechnen sind, oder
2. für beschränkt Steuerpflichtige, deren inländische Betriebsstätteneinkünfte gemindert werden.

Die BsGaV führt in § 16 Abs 1 Nr 1 BsGaV dazu weiter aus, dass eine anzunehmende schuldrechtliche Beziehung vorliegt, wenn wirtschaftliche Vorgänge festgestellt werden, die im Verhältnis zwischen der Betriebsstätte und dem übrigen Unternehmen eine Änderung der Zuordnung von Wirtschaftsgütern, immateriellen Werten, Beteiligungen, Finanzanlagen und ähnlichen Vermögenswerten, sonstigen Vermögenswerten, Geschäftsvorfällen des Unternehmens, Chancen und Risiken, Sicherungsgeschäfte, desto Rotationskapitals, der Zuordnung übriger Passivposten und von Finanzierungsaufwendungen erforderlich machen. Die Zuordnungskriterien der genannten Positionen sind in den §§ 5–11 BsGaV geregelt. Nach aktueller Auffassung des BMF[774] tritt danach eine Änderung der Zuordnung, die nach § 16 Abs 1 Nr 1 BsGaV zu einem Übergang des fiktiven Eigentums an einem Zuordnungsgegenstand führt, ein, wenn ein wirtschaftlicher Vorgang iSd § 1 Abs 4 stattfindet, der zur Folge hat, dass ein Zuordnungsgegenstand, der bisher aufgrund der ausgeübten maßgeblichen Personalfunktion einer Betriebsstätte nach §§ 5 ff BsGaV zuzuordnen war, ab einem bestimmten Zeitpunkt dem übrigen Unternehmen zuzuordnen ist (Zuordnungsänderung) oder umgekehrt. Alternativ dazu liegt nach § 16 Abs 1 Nr 2 BsGaV eine anzunehmende schuldrechtliche Beziehung vor, wenn wirtschaftliche Vorgänge festgestellt werden, die, wären die Betriebsstätte und das übrige Unternehmen voneinander unabhängige Unternehmen, durch schuldrechtliche Vereinbarung geregelt würden oder zur Geltendmachung von Rechtspositionen führen würden. Hierbei stellt das BMF[775] darauf ab, ob für eine Tätigkeit, die durch die Personalfunktion einer Betriebsstätte ausgeübt wird (fiktive Dienstleistung), oder für die Überlassung eines Vermögenswertes, der einer Betriebsstätte zugeordnet ist (fiktive Nutzungsüberlassung), voneinander unabhängige Dritte eine schuldrechtliche Vereinbarung getroffen hätten; ggf ist eine derartige Vereinbarung auch zwischen dem übrigen Unternehmen und der Betriebsstätte zu fingieren. Hätte ein unabhängiger Dritter eine Rechtsposition, zB ein Schadensersatzanspruch oder einen Gewährleistungsanspruch, geltend gemacht (fiktive Geltendmachung von Rechtspositionen), so ist eine derartige Geltendmachung auch zwischen dem übrigen Unternehmen und der Betriebsstätte anzunehmen. 394

Typisierend liegt nach Auffassung des Verordnungsgebers[776] eine anzunehmende schuldrechtliche Beziehung vor allem dann vor, wenn sich Personalfunktionen im Hinblick auf Vermögenswerte verändern (Verkauf oder Nutzungsüberlassung); dazu gehören auch die wirtschaftlichen Vorgänge bei Beginn oder Beendigung der 395

774 VWG BsGaE v 18.3.2016 Tz 2.16.1.1 (169).
775 VWG BsGaE v 18.3.2016 Tz 2.16.1.1. (171).
776 BR-Drucks 401/14, 87.

Betriebsstätte; wenn eine unterstützende Personalfunktion für eine andere Betriebsstätte (Dienstleistung) erbracht wird oder wenn eine Personalfunktion im Hinblick auf Risiken (zB Überwachung, Management) von einer Betriebsstätte ausgeübt wird, die nicht die maßgebliche Personalfunktion für die betreffenden Zuordnungsgegenstände ist. Unerlässlich ist die Feststellung eines bestimmten wirtschaftlichen Vorgangs, der es im konkreten Fall rechtfertigt, eine anzunehmende schuldrechtliche Beziehung anzuerkennen, was auch Auffassung der OECD[777] ist. Damit würden für Betriebsstätten keine höheren Anforderungen gestellt als für rechtlich selbstständige Unternehmen; eine anzunehmende schuldrechtliche Beziehung zwischen einer Betriebsstätte und dem übrigen Unternehmen ist Ersatz für eine tatsächliche schuldrechtliche Beziehung, die – je nach Sachverhalt – entspr der Funktionsanalyse vorliegen würde, wenn die Betriebsstätte und das übrige Unternehmen rechtlich selbstständige Unternehmen wären.[778] Der Verordnungsgeber[779] führt vier Beispiele an:

1. Eine Betriebsstätte übt unterstützende Personalfunktion für Vermögenswerte oder Risiken aus, die einer anderen Betriebsstätte zuzuordnen sind, oder sie übt sonstige unterstützende Personalfunktionen aus (Dienstleistung).
2. Ein Vermögenswert, der einer Betriebsstätte zugeordnet ist, wird durch eine andere Betriebsstätte genutzt (Nutzungsüberlassung).
3. Ein Vermögenswert, der einer Betriebsstätte zugeordnet war, ist infolge einer tatsächlichen Verhinderung der Personalfunktion in einer anderen Betriebsstätte zuzuordnen (Veräußerung, Übertragung).
4. Warenbestände des Umlaufvermögens, die einer Betriebsstätte zuzuordnen waren, werden in eine andere Betriebsstätte überführt und sind ihr wegen der Überführung zuzuordnen (Veräußerung).

396 Es sollen aber schuldrechtliche Beziehungen jeder denkbaren Art in Betracht kommen, die durch eine anzunehmende schuldrechtliche Beziehung ersetzt werden. Das BMF konkretisiert in seinem Entwurf zu den Verwaltungsgrundsätzen,[780] dass schuldrechtliche Beziehungen fingiert (anzunehmende schuldrechtliche Beziehung) werden, die entsprechend der Funktion und Risikoanalyse vorliegen würden, wenn die Betriebsstätte und das übrige Unternehmen rechtlich selbstständige Unternehmen wären (§ 1 Abs 4 S 1 Nr 2). Es ist die schuldrechtliche Beziehung anzunehmen, die den jeweils ausgeübten Personalfunktionen und übernommenen Risiken am besten entspricht.

397 Die Vorstellung des Verordnungsgebers, es würden an Unternehmen und Betriebsstätte in Bezug auf die fingierten Beziehungen keine höheren Anforderungen gestellt als an rechtlich selbstständige Unternehmen geht mE fehl.[781] Während bei rechtlich selbstständigen Unternehmen die Beziehungen in Form von schuldrechtlichen Vereinbarungen immer Folge des Handelns sind und ohne eine Vereinbarung keine Handlung erfolgt, liegt das im Innenverhältnis eines Unternehmens zwischen rechtlich unselbstständigen Unternehmensteilen – naturgemäß – völlig anders. Für steuerliche Zwecke müssen der Betriebsstätte ausgehend von der Funktions- und Risikoanalyse

777 Betriebsstättenbericht 2010, Teil I Tz 35, 176.
778 BR-Drucks 401/14, 87.
779 BR-Drucks 401/14, 88.
780 V 18.3.2016 Tz. 2.16.1. (164 f.).
781 Kritisch auch das Fazit von *Höreth/Zimmermann* DStZ 2014, 743.

die Personalfunktionen zugeordnet werden, anhand derer dann die fingierten Beziehungen festzumachen sind. Das hört sich in der Theorie recht einfach an, wird aber die Praxis vor große Herausforderungen stellen. Innerhalb eines Unternehmens zwischen den Unternehmensteilen ergibt sich dann ein höherer Aufwand aus der mehrfach und immer wieder zu stellenden Frage „was wäre wenn?“. Die jeweilige Antwort auf diese Frage kann mitunter schwierig sein und zieht eine weitere Frage nach sich, welcher Unternehmensteil ggf den Aufwand dafür verbucht. Im Vorfeld dazu setzt das alles aber schon voraus, dass die Verantwortlichen im Unternehmen überhaupt erkennen, dass das faktische, rechtlich unbeachtliche Geschehen eine fingierte Beziehung darstellt.

§ 16 Abs 2 BsGaV ordnet den Ansatz von Verrechnungspreisen für anzunehmende schuldrechtliche Beziehungen an, die dem Fremdvergleichsgrundsatz entsprechen. Diese Verrechnungspreise führen zu fiktiven Betriebseinnahmen zu fiktiven Betriebsausgaben. Es sind alle Verrechnungspreismethoden, die auch zwischen nahestehenden Personen bzw verbundenen Unternehmen anwendbar sind, in Betracht zu ziehen.[782] Für die Bestimmung der Einkünfte der betreffenden Betriebsstätte müssen auch diese Kosten der Hilfs und neben Rechnung berücksichtigt werden (§ 3 Abs 2 S 3 BsGaV). Unter anderem dadurch wird es möglich, für die Betriebsstätte ein konsistentes, dem Fremdvergleichsgrundsatz entspr Ergebnis auszuweisen.[783] 398

§ 16 Abs 3 BsGaV regelt die Ausnahme einer anzunehmenden schuldrechtlichen Beziehung. In S 1 der Norm ist der Grundsatz niedergelegt, dass die Nutzung von finanziellen Mitteln des übrigen Unternehmens durch eine Betriebsstätte im Regelfall keine anzunehmende schuldrechtliche Beziehung (Darlehen oder Finanzierungsdienstes) begründet. Nach Auffassung des Verordnungsgebers[784] sei dies sachgerecht, denn die Nutzung von Finanzmitteln durch die Betriebsstätte führt zu Vermögenswerten, die der Betriebsstätte nach den Regelungen der §§ 5 ff BsGaV zuzuordnen sind. Die Zuordnung der entsprechenden Passivposten erfolge nach den §§ 12 ff BsGaV, insbesondere nach § 14 BsGaV. Um Finanzmittel „isoliert“ zuzuordnen, wäre es erforderlich, dass besondere Umstände festgestellt werden, die es erlauben anzunehmen, dass die maßgeblichen Personalfunktionen im Hinblick auf die Finanzmittel selbst nunmehr von einer anderen Betriebsstätte ausgeübt werden. Eine Anerkennung solcher anzunehmender schuldrechtlicher Beziehungen hätte zur Folge, dass gleichzeitig auch die Zuordnung der jeweiligen Passivposten, einschließlich des Dotationskapitals, zu überprüfen und gegebenenfalls anzupassen wäre. Das trüge zu einer erheblichen Komplizierung der Besteuerung bei. Schließlich sei darauf hinzuweisen, dass die Effekte derartiger anzunehmender schuldrechtlicher Beziehungen wegen des einheitlichen, für das ganze Unternehmen geltenden Kreditratings zumindest begrenzt wären. Hinzu komme, dass wegen desselben Kreditratings von Betriebsstätte und übrigen Unternehmen auch keine innerbetrieblichen Bürgschaftsverhältnisse anerkannt werden können, da in Betriebsstättenfällen keine Trennung von Kapital und Risiko möglich sei, die zB ein externer Darlehensgeber berücksichtigen könnte. 399

In § 16 Abs 3 S 2 BsGaV sind zwei Ausnahmefälle davon geregelt; bei deren Vorliegen doch eine anzunehmende schuldrechtliche Finanzierungsberatung der Besteuerung 400

782 VWG-BsGaVE v. 18.3.2016 Tz 2.16.2. (172).
783 BR-Drucks 401/14, 88.
784 BR-Drucks 401/14, 89.

zugrundezulegen ist. Die erste Konstellation betrifft Fälle, in denen eine Betriebsstätte eine Finanzierungsfunktion iSv § 17 BsGaV ausgeübt. Eine derartige Funktion ist regelmäßig eine Dienstleistung und damit eine anzunehmende schuldrechtliche Beziehung. Die zweite Ausnahme ist der Geschäftstätigkeit der Betriebsstätte geschuldet, wenn im laufenden Wirtschaftsjahr finanzielle Mittel der Betriebsstätte entstehen, die nachweislich für bestimmte Zwecke im übrigen Unternehmen genutzt werden; dann ist nach § 16 Abs 3 S 3 BsGaV von einer fiktiven kurzfristigen Darlehensbeziehung auszugehen.

401 Der Begr „Unternehmen" iSd S 1 umfasst dabei unabhängig von der Rechtsform sowohl die gewerblichen Unternehmen als auch die selbstständig Tätigen. § 1 Abs 5 ist auch auf Vorgänge im Verhältnis zwischen einer Personengesellschaft oder Mitunternehmerschaft und ihren in einem anderen Staat gelegenen Betriebsstätten anzuwenden.[785] Die Regelung ist jedoch nicht auf Personengesellschaften anzuwenden, die eigenstehende Rechtsträger sind, aber Einkünfte nach § 21 EStG erzielten, weil eine solche Personengesellschaft nicht über eine Betriebsstätte iSd § 12 AO verfügen kann, selbst wenn die sachlichen Voraussetzungen für eine feste Geschäftseinrichtung gegeben sind.[786]

402 Die Regelung in S 1 umfasst nach Auffassung des Gesetzgebers sowohl inländische Unternehmen mit ihren ausl Betriebsstätten als auch ausl Unternehmen mit ihren inländischen Betriebsstätten. Auch die grenzüberschreitenden wirtschaftlichen Beziehungen zwischen einer Personengesellschaft oder einer Mitunternehmerschaft iSd § 1 Abs 1 S 2 zu ihren jeweiligen Betriebsstätten in anderen Staaten werden erfasst.[787]

403 Der Begr der Betriebsstätte ist der in § 12 AO geregelte, um auch in Fällen, in denen kein DBA besteht, von einer eindeutigen Begrifflichkeit ausgehen zu können.[788]

404 **3. Satz 2 – Selbstständigkeitsfiktion einer Betriebsstätte.** Nach Auffassung des Gesetzgebers[789] wird durch S 2 angeordnet, dass eine Betriebsstätte für die Anwendung des Fremdvergleichsgrundsatzes als eigenständiges und unabhängiges Unternehmen zu fingieren ist (Selbstständigkeitsfiktion). Die Fiktion eines eigenständigen Unternehmens bedeutet, dass die – rechtlich unselbstständige – Betriebsstätte für die Aufteilung bzw Ermittlung der Einkünfte wie ein selbstständiger Rechtsträger zu behandeln ist, dh wie ein unabhängiges Unternehmen im Verhältnis zu dem Unternehmen, dessen Betriebsstätte sie ist. Die Selbstständigkeitsfiktion wird aber eingeschränkt: Denn der Umstand, dass eine Betriebsstätte rechtlich und tatsächlich nur ein unselbstständiger Teil des Unternehmens ist, kann nach internationalen Grundsätzen auch für die Anwendung des Fremdvergleichsgrundsatzes nicht vollständig negiert werden.[790] Entspr der Selbstständigkeitsfiktion der OECD gilt zB, dass

1. eine Betriebsstätte stets das gleiche Kreditrating besitze wie das Unternehmen, dessen Betriebsstätte sie ist und

785 BT-Drucks 17/10000, 78.
786 BT-Drucks 17/10000, 78.
787 BT-Drucks 17/10000, 78.
788 BT-Drucks 17/10000, 78.
789 BT-Drucks 17/10000, 78.
790 BT-Drucks 17/10000, 78.

2. ein „Darlehensverhältnis“ zwischen dem Unternehmer und seiner Betriebsstätte nur mit Einschränkungen als anzunehmende schuldrechtliche Beziehung („Dealing“) anerkannt wird.[791] Diese Einschränkung ist mE inkonsequent. Ohne dass der Gesetzgeber ausdrücklich dazu Stellung bezieht, könnte der Grund in den Auswirkungen auf das sog Dotationskapital einer Betriebsstätte gesehen werden. Bei der Annahme einer steuerrechtlichen Selbstständigkeit der Betriebsstätte sind die bisherigen Regelungen über das Dotationskapital nicht mehr uneingeschränkt anwendbar bzw bedürften einer neuen Auslegung. Die Einschränkung von Darlehensbeziehungen zwischen Stammhaus und Betriebsstätte – insb einer inländischen Betriebsstätte – durch den Gesetzgeber könnten in dem Kontext stehen, einen übermäßigen Betriebsausgabenabzug für Zinsen zu vermeiden.

Das verdeutlicht § 1 BsGaV, in dem unter Bezugnahme auf § 1 Abs 5 deutlich gemacht wird, dass eine umfassende Funktion und Risikoanalyse durchzuführen ist, um eine Betriebsstätte eines Unternehmens wie ein eigenständiges und unabhängiges Unternehmen zu behandeln und ihn damit in vergleichbarem Umfang Einkünfte zuzurechnen. Nach Auffassung des Verordnungsgebers[792] besteht kein grundsätzlicher Bedeutung Unterschied bei der Anwendung des Fremdvergleichsgrundsatzes auf Verhältnisse von nahestehenden rechtlich selbstständigen Unternehmen und auf Verhältnisse von Betriebsstätten. Gleichwohl bleibt es dabei, dass nach internationalem Verständnis Unterschiede berstehen, die darauf beruhen, dass eine Betriebsstätte zivilrechtlich ein untrennbarer Bestandteil des Unternehmens ist, zu dem sie gehört. Aus diesem Grunde sind für Betriebsstätten die Zuordnungskriterien in den §§ 5–11 BsGaV erforderlich, die Bestandteile der Passivseite der Hilfs und Nebenrechnung in § 12 ff BsGaV sind besonders zu bestimmen und für die Betriebsstätte ist die gleiche Kreditwürdigkeit anzunehmen, die für das Unternehmen gilt. Darüber hinaus ist der Verordnungsgeber[793] der – zutreffenden – Auffassung, die Bezugnahme auf § 1 Abs 5 mache deutlich, dass die Regelungen dieser Verordnung nur in den Fällen anzuwenden sind, in denen eine Berichtigung nach § 1 dem Grunde nach in Betracht kommt. Die Verordnung gelte deshalb zB nicht für die inländische Betriebsstätte eines ausländischen Unternehmens, die lediglich nach § 12 AO, nicht aber nach einem anzuwendenden DBA besteht, da in diesen Fällen das DBA die Besteuerung der Gewinne der Betriebsstätte grundsätzlich ausschließt und damit auch jede denkbare Korrektur. In seinem Entwurf zu den Verwaltungsgrundsätzen[794] teilt das BMF dieser Auffassung. 405

Darüber hinaus betrifft die Rechtsverordnung nur die Gewinnszurechnung im Verhältnis eines Unternehmens zu seiner Betriebsstätte, sog „einfache“ Betriebsstätte. Damit sind gleichfalls grenzüberschreitende Zurechnungen von Einkünften zu Mitunternehmern ausgeklammert, auch wenn diesen Geschäftsbeziehungen zwischen einem Mitunternehmer und der Personengesellschaft zu Grunde liegen.[795] Die Beteiligung werde nach deren DBA abkommensrechtlich so behandelt, als habe der Mitunternehmer dort, wo die Mitunternehmerschaft über eine Betriebsstätte verfügt, selbst eine 406

791 BT-Drucks 17/10000, 79; krit zur Aufteilung von Unternehmensgewinnen mit instruktiven Bsp *Wassermeyer* IStR 2012, 277.

792 BR-Drucks 401/14, 43.

793 BR-Drucks 401/14, 43.

794 V 18.3.2016 Tz 1.2.1. (9).

795 BR-Drucks 401714, 44.

Betriebsstätte. Für Geschäftsbeziehungen zwischen einem Mitunternehmer und seiner Mitunternehmerschaft bestehen regelmäßig vertragliche Grundlagen. Daher sei die Frage, ob die Geschäftsbeziehungen zwischen einem Mitunternehmer und seiner Mitunternehmerschaft dem Fremdvergleichsgrundsatz entsprechen, nach § 1 Abs 1 zu prüfen. § 1 Abs 5 sei nicht anwendbar.[796] Verfügte dagegen die Mitunternehmerschaft selbst über eine (einfache) Betriebsstätte in einem anderen Staat, richtet sich die Einkünftezurechnung nach Auffassung des Verordnungsgebers[797] der Mitunternehmerschaft zu ihrer (einfachen) Betriebsstätte nach § 1 Abs 5.

407 Die Selbstständigkeitsfiktion erfordert nach § 1 Abs 1 S 2 BSGaV sodann, dass aufbauend auf der Funktions- und Risikoanalyse nach S 1 eine Vergleichbarkeitsanalyse der Geschäftstätigkeit der Betriebsstätte durchzuführen ist, um für die Geschäftsbeziehungen der Betriebsstätte iSd § 1 Abs 4 Verrechnungspreise zu bestimmen. Damit soll, wie für nahestehende selbstständige Unternehmen, die Basis geschaffen werden, Verrechnungspreise zu bestimmen, die dem Fremdvergleichsgrundsatz entsprechen, wobei dafür grundsätzlich alle Methoden zulässig sind und damit auch Systeme, die auf vergleichbaren Grundsätzen beruhen wie Umlagen, wenn die Voraussetzungen dafür vorliegen.[798]

408 **4. Satz 3 – Funktionsanalyse.** Mit der Regelung ordnet das Gesetz an, dass zur Aufteilung bzw zur Ermittlung der Einkünfte in einem ersten Schritt entspr dem OECD-Betriebsstättenberichts festzustellen ist, welche Funktionen die Betriebsstätte im Verhältnis zum restlichen Unternehmen durch ihr Personal tatsächlich ausübt. Davon ausgehend wird bestimmt, welche Vermögenswerte und welche Chancen und Risiken der Betriebsstätte zuzuordnen sind.[799] Daraus resultiert ua auch, welches Eigenkapital der Betriebsstätte als Dotationskapital zuzuordnen ist, und entspr, welches Fremdkapital mit welchem Zinsaufwand der Betriebsstätte zuzuordnen ist.[800] Nur so ist es möglich, für eine rechtlich unselbstständige Betriebsstätte eine steuerrechtliche Nebenrechnung zu erstellen, die für die Gewinnaufteilung bzw Gewinnermittlung in Betriebsstättenfällen hinsichtlich der Bilanz eines eigenständigen Unternehmens entspricht.[801]

409 **5. Satz 4 – „Dealings“.** Nach dieser Regelung könnten auf Grundlage der Zuordnung nach S 3 im Abs 5 in einem zweiten Schritt grds für Geschäftsvorfälle zwischen einem Unternehmen und seiner rechtlich unselbstständigen Betriebsstätte bzw zwischen zwei rechtlich unselbstständigen Betriebsstätten eines Unternehmens schuldrechtliche Beziehungen jeder Art unterstellt werden. Auf diesen anzunehmenden schuldrechtlichen Beziehungen („Dealings“) sind die Grundsätze der OECD-Verrechnungspreislichtlinien anzuwenden, so dass der Besteuerung Verrechnungspreise zugrunde gelegt werden könnten, die dem Fremdvergleichsgrundsatz entsprechen.[802]

796 BR-Drucks 401/14, 44.
797 BR-Drucks 401/14, 44.
798 BR-Drucks 401714, 44.
799 BT-Drucks 17/10000, 79.
800 BT-Drucks 17/10000, 79.
801 BT-Drucks 17/10000, 79.
802 BT-Drucks 17/10000, 79.

Der Gesetzgeber[803] weist daraufhin, dass es für die Annahme von schuldrechtlichen Beziehungen zwischen dem Unternehmen und seiner Betriebsstätte entscheidend auf tatsächliche Ereignisse und auf die Funktionen ankomme, die von dem Personal, das dem Unternehmen bzw der Betriebsstätte zuzuordnen sei, ausgeübt werden. Demgegenüber komme es für die Abgrenzung der Einkünfte zwischen nahe stehenden Personen nach internationaler Auffassung im Regelfall entscheidend auf die rechtswirksam abgeschlossenen Verträge an. **410**

6. Satz 5 – ständiger Vertreter. „Die Sätze 1–4 sind entspr auf ständige Vertreter anzuwenden.“ **411**

Die innerstaatliche Regelung für den ständigen Vertreter findet sich in § 13 AO, während der ständige Vertreter im DBA-Recht ein Unterfall der Betriebsstättendefinition ist. Zur Vereinheitlichung der Betriebsstättendefinition in § 1 ist daher der ständige Vertreter iSv § 13 AO einzubeziehen.[804] **412**

7. Satz 6 – Ausgleichsposten. Die Regelung heißt: „Die Möglichkeit, einen Ausgleichsposten nach 4g des EStG zu bilden, wird nicht eingeschränkt.“ **413**

Dadurch wird klargestellt, dass es in Fällen, in denen nebeneinander sowohl die Voraussetzungen des § 1 Abs 5 als auch des § 4 S 3 EStG oder des § 12 Abs 1 KStG erfüllt sind, bei der Anwendung des § 4g EStG bleibe, soweit die Vorschriften des § 4 Abs 1 S 3 EStG oder § 12 Abs 1 KStG vorrangig anzuwenden sind; die Vergünstigung des § 4g EStG solle nicht aufgrund des § 1 Abs 1 S 1 und 4 entfallen.[805] **414**

8. Satz 7 – Auswirkung auf Personengesellschaften und Mitunternehmerschaften. Die Regelung hat allein technischen Hintergrund. Abkommensrechtlich wird die Beteiligung an einer Personengesellschaft oder Mitunternehmerschaft im Regelfall so behandelt, als wären die Betriebsstätten der Personengesellschaft oder Mitunternehmerschaft anteilig Betriebsstätten der Gesellschafter bzw Mitunternehmer; es wäre nicht sachgerecht, auf zivilrechtlich anerkannte Vertragsbeziehungen, wie sie vor allem zwischen Gesellschaftern und ihren Personengesellschaften bestehen, die Regelung in § 1 Abs 5 anzuwenden, da dieser Absatz von „anzunehmenden schuldrechtlichen Beziehungen“ ausgeht.[806] Zudem beziehen sich die grundlegenden Arbeiten der OECD ausschließlich auf anzunehmende schuldrechtliche Beziehungen zu rechtlich unselbstständigen Betriebsstätten (Abs 5), jedoch nicht auf zivilrechtlich anerkannte Vertragsbeziehungen, die Abs 1 regelt.[807] **415**

9. Satz 8 – Geltung von DBA. Entstehen internationale Besteuerungskonflikte, weil mit dem betr Staat ein DBA abgeschlossen wurde, welches keine Regelung entspr Art 7 OECD-MA 2010 enthält, und wendet der andere Staat beispielsweise das jeweils geltende DBA entspr der Kommentierung der OECD zu Art OECD-MA 2008 an oder ist der andere Staat kein Mitgliedsstaat der OECD und legt er seiner Besteuerung ein Verständnis zugrunde, dass einer international anerkannten Kommentierung (OECD, Vereinte Nationen) entspricht, räumt S 8 in Abs 5 im konkreten Einzelfall **416**

803 BT-Drucks 17/10000, 79.
804 BT-Drucks 17/10000, 79.
805 BT-Drucks 17/10000, 79.
806 BT-Drucks 17/10000, 79 f.
807 BT-Drucks 17/10000, 79 f.

und unter den in S 8 genannten Voraussetzungen den jeweils mit dem anderen Staat abgeschlossenen DBA Vorrang vor den S 1–7 ein.

417 Durch S 1 wird einerseits sichergestellt, dass die nationale Besteuerung grenzüberschreitender Betriebsstättenfälle nach einer einheitlichen Regelung erfolgt. Andererseits können Doppelbesteuerungen vermieden werden, weil in den genannten Fällen, abweichend von den Sätzen 1–7, die Besteuerung nach den Bestimmungen des jeweiligen DBA erfolgen; auf diese Weise wird vermieden, dass Deutschland seine innerstaatlichen Besteuerungsrechte einseitig zu Lasten des anderen Vertragsstaates ausweitet.[808]

418 Eine Anwendung von § 1 Abs 5 S 8 ist hingegen nicht angezeigt, soweit es zu Besteuerungskonflikten kommt, die nicht auf den rechtlichen Unterschieden zwischen dem AStG und dem betr DBA beruhen, sondern auf Qualifikationskonflikten des jeweils geltenden DBA durch Deutschland und dem anderen Staat resultierten. Für diese Fälle enthalten die DBA wirksame Instrumente wie Verständigungs- und Schiedsverfahren, um Doppelbesteuerungen zu vermeiden.[809]

VII. § 1 Abs 6 RegE – RVO

419 Mit der Regelung übernimmt der neue Abs 6 den bisherigen S 13 in Abs 3. Dieses soll zur Klarstellung dienen, dass die Verordnungsermächtigung für alle Bereiche der Anwendung des Fremdvergleichsgrundsatzes iSd § 1 gilt, auch für den neuen Abs 5.[810] Neu ist der Einbezug der Gewinnaufteilung bzw Gewinnermittlung in Betriebsstättenfällen in der möglichen RVO. Damit sollen einerseits die international anerkannten Grundsätze für die Gewinnaufteilung bei Betriebsstätten einbezogen werden und andererseits deutsche Besteuerungsrechte gesichert und Besteuerungskonflikte vermieden werden.[811] Zur sachgerechten Anwendung des Fremdvergleichsgrundsatzes sei es ua möglich (1.) entspr den OECD-Grundsätzen die Aufstellung einer steuerlichen Hilfs- und Nebenrechnung für die in einem anderen Staat gelegene Betriebsstätte eines Unternehmens („Betriebsstättenbilanz") verbindlich zu regeln, in der für die Betriebsstätte die Vermögenswerte, die Verbindlichkeiten und das Dotationskapital ausgewiesen werde, und (2.) generell und bezogen auf bestimmte Branchen (zB Banken, Versicherungen, Bau- und Montageunternehmen) verbindlich zu regeln, wie auf der Grundlage der „Betriebsstättenbilanz" unter Anwendung der international anerkannten Verrechnungspreisregeln (OECD-Verrechnungspreisgrundsätze) und unter Anerkennung anzunehmender schuldrechtlicher Beziehungen („Dealings") der Anteil einer Betriebsstätte am Gewinn des Unternehmens, zu dem sie gehört, zu bestimmen ist, und (3.) widerlegbare Vermutungen aufzustellen, um Beweisschwierigkeiten zu vermeiden.[812] Eine RVO für die genannten Zwecke sei nach Auffassung des BMF sachgerecht, da die Regelung von steuertechnischen Einzelheiten im Gesetz zu umfangreich wäre; außerdem erlaube eine RVO bei Bedarf kurzfristig Anpassungen an internationale Entwicklungen.[813]

---

808 BT-Drucks 17/10000, 79 f.
809 BT-Drucks 17/10000, 80.
810 BT-Drucks 17/10000, 80.
811 BT-Drucks 17/10000, 80.
812 BT-Drucks 17/10000, 80.
813 BT-Drucks 17/10000, 80.

§ 21 Abs 20 normiert die zeitliche Anwendung der Änderungen in § 1: § 1 Abs 1 S 2 und § 1 Abs 3–6 sind erstmals für den Veranlagungszeitraum 2013 anzuwenden. Die Änderungen des § 1 Abs 1 S 2 HS 2 ist auf alle noch nicht bestandskräftigen Veranlagungen anzuwenden. Insoweit handelt es sich um eine Klarstellung, dass der Fremdvergleichsgrundsatz für Geschäftsbeziehungen unter Beteiligung von Personengesellschaften als nahe stehende Person gilt, was der bisherigen Auffassung der Finanzverwaltung entspricht. 420

F. Rechtsfolge

Ist der jeweilige Tatbestand in § 1 erfüllt, ordnet Abs 1 der Vorschrift die Rechtsfolge **ausdrücklich** an;[814] die Einkünfte sind so anzusetzen, wie sie unter den voneinander unabhängigen Dritten vereinbarten Bedingungen angefallen wären. Die eigentliche Schwierigkeit in der Praxis besteht damit nicht darin, die Rechtsfolge anzuwenden, sondern die **Bandbreite** der in Betracht kommenden Verrechnungspreise zu ermitteln. 421

I. Einkünftekorrektur

Abs 1 ordnet als Rechtsfolge die Ermittlung eines Korrekturbetrages an. Der **„Istgewinn“** des StPfl wird durch den Korrekturbetrag auf den **„Sollgewinn“** korrigiert. Dieses geht aus dem Gesetz ausdrücklich hervor: „sind seine Einkünfte … so anzusetzen, wie sie unter den zwischen voneinander unabhängigen Dritten vereinbarten Bedingungen angefallen wären.“ Die Ermittlung des Korrekturbetrages ist **zwingendes** Recht; die Veranlassung wird im Gegensatz zu einer Strafschätzung nach § 162 Abs 3 AO (vgl Rn 299 f) weder **widerlegbar** vermutet, noch steht die Korrektur im **Ermessen** der FinVerw. **Rechtssystematisch** ist der Korrekturbetrag zum Unterschiedsbetrag iSd § 4 Abs 1 S 1 EStG auf der 2. Stufe der Gewinnermittlung und damit **außerhalb** der Handels- und Steuerbilanz zu addieren.[815] Dass die Einkünftekorrektur nach Abs 1 außerhalb der Steuerbilanz vorzunehmen ist, entspricht der Auffassung des *BFH*[816] und der FinVerw.[817] Die Berichtigung der Einkünfte ist in dem **Wj** vorzunehmen, in dem die jeweilige Einkünfteminderung eingetreten ist.[818] Betroffen von der Korrektur sind nur die **Einkünfte** des StPfl. Abs 1 ist dagegen nicht zu entnehmen, dass Einnahmen, Forderungen oder eine Verwendung des Einkünfteerhöhungsbetrages auf die Beteiligung fingiert werden.[819] 422

Eine Einkünftekorrektur nach Abs 1 ist von der zugrunde liegenden **Einkunftsart** bzw **Einkunftsermittlung** grds unabhängig. Die Rechtsfolge des Abs 1 tritt daher auch dann ein, wenn die Einkünfte durch den Überschuss der Einnahmen über die Werbungskosten iSv § 2 Abs 2 Nr 2 EStG ermittelt werden oder wenn der Gewinn nach § 4 Abs 3 EStG ermittelt wird. Die Rechtsfolge des Abs 1 ist hingegen **nicht** bei der 423

---

814 *S/K/K* § 1 AStG Rn 44.

815 *F/W/B/S* § 1 AStG Rn 810 mit instruktiven Erl zum System der zweistufigen Gewinnermittlung und der Einordnung der Korrektur bei Anwendung v § 1 Abs 1 in Rn 809 ff.

816 BStBl II 1990, 629.

817 *BMF* BStBl I 2005, 570 Tz 5.3.3.

818 *BMF* BStBl I 2005, 570 Tz 5.1.

819 *F/W/B/S* § 1 AStG Rn 810; nach Auffassung des *BMF* BStBl I 2005, 570 Tz 3.4.12.8 können auch nachträgliche Preisfestlegungen bzw -anpassungen eine Einkünftekorrektur nach sich ziehen, wenn im Vorhinein kein entgeltliches Leistungsverhältnis und nicht alle Preisbestimmungsfaktoren vereinbart wurden.

Tonnagebesteuerung in § 5a EStG und bei der Gewinnermittlung nach **Durchschnittssätzen für Land- und Forstwirtschaft** in § 13a EStG anwendbar, denn die Gewinnermittlung bei diesen Vorschriften knüpft abw von einer Gewinnermittlung nach § 4 Abs 1 EStG an die Tonnage bzw an Durchschnittssätze an.[820]

424 Aus dem Wortlaut des Abs 1 folgt aber auch ausdrücklich, dass die Einkünftekorrektur nur in **eine Richtung** zulässig ist. Die Vorschrift erlaubt nur eine Erhöhung der zuvor geminderten Einkünfte – „... dadurch gemindert, ..., sind seine Einkünfte so anzusetzen...“. Die Einkünftekorrektur verlangt eine Anpassung der Einkünfte an höhere den Einkünften zugrunde liegenden fremdvergleichskonforme Verrechnungspreise.

G. Vereinbarkeit mit EU-Recht

425 Der Tatbestand von § 1, der eine **Auslandsbeziehung** voraussetzt, wirft die Frage nach der Vereinbarkeit der Regelung mit den **Grundfreiheiten**[821] des EG-Vertrages auf, denn auf den ersten Blick könnte aus der Anwendung von § 1 eine **Schlechterstellung** des Auslandsfalles folgen, was den Grundfreiheiten als **Diskriminierungsverbot** widersprechen könnte. Die Grundfreiheiten des EG-Vertrages beinhalten neben dem Schutz vor Diskriminierung auch ein allg **Beschränkungsverbot**, mithin das Gebot, auch nicht diskriminierende Maßnahmen zu unterlassen, soweit sie die Ausübung der Grundfreiheiten **unverhältnismäßig** erschweren. Korrekturen nach § 1 betreffen den Bereich der **direkten Steuern** und diese fallen nach stRspr des *EuGH*[822] zwar in die (alleinige) **Zuständigkeit der Mitgliedstaaten**; die Mitgliedstaaten dürfen ihre Befugnisse jedoch nur unter **Wahrung** des Gemeinschaftsrechts ausüben. Der Begr[823] zur FVerlV lässt sich der lapidare Hinweis entnehmen, die **Vereinbarkeit** mit dem Europarecht wurde mit dem Erg überprüft, dass insoweit keine Bedenken bestehen.[824]

426 **Gemeinschaftsrechtliche Bedenken** hat der *BFH*[825] in seiner Entsch v 29.11.2000 geäußert. In dieser Entsch verneinte der BFH eine **Geschäftsbeziehung** iSv § 1 bei einer von einer Konzern-Obergesellschaft abgegebenen Garantieerklärung. Er hat ausgeführt, dass die Annahme einer „Geschäftsbeziehung“ und eine hierauf gestützte Erhöhung der Einkünfte der Klägerin aus gemeinschaftsrechtlicher Sicht bedenklich wäre, wenn die leistende Muttergesellschaft im Inland und die Tochtergesellschaft im EG-Ausland ansässig sei. Denn bei einem vergleichbaren reinen **Inlandsfall** könnte der Gewinn der Klägerin nicht um ein **fiktives Entgelt** für die Abgabe der Garantieerklärung erhöht werden. Eine **Schlechterstellung** der Klägerin allein deshalb, weil es sich bei der Tochtergesellschaft um eine niederländische Gesellschaft handele, wäre im Hinblick auf die gemeinschaftsrechtlich garantierte **Niederlassungsfreiheit** nicht zu rechtfertigen. Ggf könnte sie zudem gegen die Freiheit des **Kapitalverkehrs** verstoßen. Jedenfalls entspreche die Annahme, dass es sich bei dem zu beurteilenden Vorgang nicht um eine „Geschäftsbeziehung“ handele, den Anliegen des Gemeinschaftsrechts

820 *S/K/K* § 1 AStG Rn 47.
821 In Form der Niederlassungsfreiheit gem Art 43 ff und der Freiheit des Kapitalverkehrs gem Art 56 ff.
822 ZB Rs IStR 2007, 631 (Oy AA).
823 BR-Drucks 352/08, 2; so wohl auch *Jahndorf* FR 2008, 101.
824 AA *Hey* BB 2007, 1303; *Baumhoff/Ditz/Greinert* DStR 2008, 1945.
825 BStBl II 2002, 720.

besser als die ansonsten vorzunehmende Erhöhung der Einkünfte nach § 1. Es handele sich mithin um eine **„gemeinschaftsfreundliche“** Handhabung, die auch unter diesem Gesichtspunkt den Vorzug verdiene.

In seiner Entsch v 21.6.2001 bejahte der *BFH*[826] **ernstliche Zweifel** an der Vereinbarkeit von § 1 mit der **Niederlassungsfreiheit** und **der Freiheit des Kapitalverkehrs**. Er führte aus, die in der Ungleichbehandlung liegende **Diskriminierung** zeige sich darin, dass derjenige StPfl, der Geschäfte mit einem nahe stehenden Geschäftspartner in einem EU-Mitgliedstaat tätige, steuerlich **ungünstiger** behandelt werde als ein solcher StPfl, der entspr Geschäfte im **Inland** betreibe. Dem einen werde ein **fiktives Entgelt** als Gewinnaufschlag hinzugerechnet, dem anderen hingegen nicht. Zwar könne eingewandt werden, dass bei einem **innerstaatlichen** Vorgang zugleich eine entspr **Gewinnminderung** auf Seiten des nahe stehenden Geschäftspartners entfalle; die fehlende **Gewinnerhöhung** bei dem leistenden StPfl und die fehlende **Gewinnminderung** beim Leistungsempfänger glichen sich somit aus. Es lasse sich jedoch zumindest ernstlich bezweifeln, dass mit einer derartigen **Gesamtwürdigung** die abw Behandlung von Auslandssachverhalten gemeinschaftsrechtlich **gerechtfertigt** werden könne. 427

Auch das *FG Düsseldorf*[827] äußerte **gemeinschaftsrechtliche Bedenken** gegen die **Zurechnung** von **fiktiven** Zinseinahmen, denn eine Besteuerung beim Inländer durch **Hinzurechnung** erfolge nur im **Auslandsfall**. Das FG Düsseldorf setzt sich in seiner Entsch auch mit der von der FinVerw erhobenen **Rechtfertigung** zu der von ihr vorgenommenen Einkünftezurechnung auseinander. Die FinVerw machte insoweit geltend, mit § 1 sei der **Grundsatz des Fremdvergleichs** des Art 9 MA im **dt Steuerrecht** umgesetzt worden und der Grundsatz der **Gewinnabgrenzung** und **Einkünftezuordnung** zwischen den Staaten sei **int anerkannt**.[828] Nach Ansicht des FG Düsseldorf könne damit die Benachteiligung der **Auslandsinvestition** gegenüber der **Inlandsinvestition** nicht zweifelsfrei gerechtfertigt werden. Der Senat habe auch Bedenken, ob **zwingende Gründe des Allgemeininteresses** § 1 gerechtfertigt erscheinen ließen und ob § 1 nicht über das hinausgehe, was zur Erreichung des von Deutschland angestrebten Zieles erforderlich sei. Das *FG Düsseldorf* schließt sich damit den schon in der Lit geltend gemachten Bedenken hinsichtlich der Vereinbarkeit von § 1 mit EG-Recht an.[829] 428

Rehm/Nagler[830] setzten sich mit der weiteren Argumentation der FinVerw auseinander, nach der § 1 die **Aufteilung** der **Besteuerungsbefugnisse** nach internationalen Grundsätzen vornehme, der EuGH in der Rs Gilly[831] dies gebilligt habe und die Vorschrift daher **nicht** gemeinschaftsrechtswidrig sei. Nach zutreffender Auffassung *Rehm/Naglers* kann das Urt des EuGH in der RS Gilly[832] nicht in dieser Weise verstanden werden. Aus dem Urteil folge vielmehr, dass auch nach Aufteilung des Besteuerungsrechts die Besteuerung von Auslandsbeziehungen beim jeweiligen StPfl zu den **Inlandskonditionen** erfolgen müsse, da der sich aus dem EG-Vertrag erge- 429

826 *BFHE* 195, 398 mwN aus der Lit; **aA** *FG Münster* EFG 2000, 1389 (Vorinstanz).
827 *EFG* 2008, 1006 Rev eingelegt I R 26/08.
828 Wohl zust *Blümich* § 1 AStG Rn 27.
829 Vgl die umfangreichen Nachweise in EFG 2008, 1006; iE auch *FG Münster* EFG 2008, 923 Rev eingelegt I R 39/08.
830 IStR 2008, 421.
831 *EuGHE* 1998, 2793.
832 *EuGHE* 1998, 2793.

bende Anspruch auf Inländerbehandlung (auch) sowohl bzgl der **Aufteilung**, als auch der **Ausübung** des Besteuerungsrechts gelte.

430 *Wassermeyer/Baumhoff/Greinert*[833] sehen in § 1 einen Verstoß gegen die **Niederlassungsfreiheit** und gegen die **Freiheit des Kapitalverkehrs** und weisen darauf hin, durch die vorgenommenen Verschärfungen des § 1 iRd UntStRefG 2008[834] werde die **Ungleichbehandlung** von ausl und inländischen Sachverhalten erheblich **ausgeweitet**, was einen Verstoß von § 1 gegen EG-Recht noch **wahrscheinlicher** mache.[835] Der EG-Vertrag beinhaltet Grenzen,[836] die bei Korrekturen nach § 1 zu beachten sind und die im Gesetz nicht ausreichend beachtet wurden. *Strunk/Kaminski*[837] empfehlen daher, schon in **Betriebsprüfungen** auf dieses Problem hinzuweisen und anschließend zu prüfen, inwieweit ein **Verständigungsverfahren** beantragt werden sollte oder gegen die Steuerbescheide **Rechtsmittel** eingelegt werden sollten.

431 Hingegen beantworten *Naumann/Sydow/Becker/Mitschke*[838] die Frage der Europarechtmäßigkeit des § 1 positiv. Sie beschränken die Prüfung eines möglichen Verstoßes des § 1 gegen die europäischen Grundfreiheiten auf die Niederlassungsfreiheit. Bei § 1 handele es sich um eine Vorschrift, deren Anwendungsbereich auf beherrschende Beteiligungen zugeschnitten sei und danach ausschließlich am Maßstab der Niederlassungsfreiheit zu prüfen ist.[839] Eine Beteiligung von mehr als 25 % reiche für einen sicheren Einfluss aus.[840] Daher sei im Bereich des § 1 grds die Niederlassungsfreiheit die einschlägige Grundfreiheit, da im Regelfall eine Beteiligung von mindestens 25 % vorliege.[841] § 1 entfalte keine, die europäische Niederlassungsfreiheit beschränkende Wirkung, weil schon keine verbotene Ungleichbehandlung vergleichbarer Rechtssubjekte vorliege. Vielmehr würden im Gegenteil aufgrund der Anwendung des § 1 ungleiche Sachverhalte ungleich behandelt werden, woraus die Erlaubnis der Ungleichbehandlung folge. Dieses sei die Folge der Nichtanwendbarkeit von § 1 in einem reinen Inlandsfall. Im Inland habe eine nicht fremdvergleichskonforme Abrechnung von Geschäftsbeziehungen zwischen zwei Gesellschaften keine steuerliche Auswirkung. Weder habe sie eine wettbewerbsverzerrende Wirkung auf den Konzern noch eine Auswirkung auf das Gesamtsteueraufkommen eines Staates. So würden zB zu geringe Einkünfte aufgrund zu niedriger, nicht fremdvergleichskonformer Preise dadurch ausgeglichen, dass keine entspr steuermindernden Aufwendungen beim anderen Unternehmen anfielen. Das Steuerergebnis des Konzerns bliebe im Inlandsfall daher insgesamt gleich.[842] In einem Fall mit Auslandsbezug gelte dagegen als Prüfungsmaßstab für die Fremdüblichkeit stets § 1. Jedoch sei dies dem Umstand geschuldet, dass eine mögliche Gewinnminderung nicht durch die Besteuerung des Äquivalenz bei der empfangenden Gesellschaft ausgeglichen werden könne, weil

833 Ausf *Hornig* PIStB 2008, 45.
834 BGBl I 2007, 1912.
835 So auch *S/K/K* § 1 AStG Rn 61 mwN.
836 *Beiser* IStR 2008, 587.
837 Stbg 2008, 211.
838 IStR 2009, 665.
839 *EuGH* IStR 2007, 441.
840 *EuGH* IStR 2009, 135; *ders* IStR 2010, 144.
841 AA *Dietz* IStR 2009, 115 nach der auch die Kapitalverkehrsfreiheit zu prüfen ist.
842 Diesen Einwand weist der *EuGH* IStR 2010, 144 in der Begr seiner Entsch in der Rs SGI zurück.

Deutschland insoweit das Besteuerungsrecht fehle. Im Ergebnis ermöglicht es die Anwendung des § 1, das Substrat zu besteuern, welches Deutschland nach der international vereinbarten Aufteilung der Besteuerungsrechte zustünde. Ohne diese Vorschrift könnte der wirtschaftlich angemessene Gewinn, zB durch Abrechnung zu niedriger Abrechnungspreise sonst endgültig zu niedrig ausgewiesen sein. In grenzüberschreitenden Fällen bestünde mithin die Notwendigkeit, auf der Basis des Fremdvergleichsgrundsatzes den Gewinn zu ermitteln, der unter wirtschaftlich üblichen Umständen zu besteuern gewesen wäre, um steuerlich motivierte Verzerrungen des Wirtschaftshandelns zu vermeiden und gleichzeitig nationale Besteuerungsrechte abzusichern.[843]

ME greift die Argumentation von *Naumann/Sydow/Becker/Mitschke*[844] zu kurz. Lediglich bei isolierter Betrachtung einer Geschäftsbeziehung und der stets im Inland eintretenden Rechtsfolge, dass bei Vereinbarung nicht fremdvergleichskonformer Preise zweier sich nahe stehender Inlandsgesellschaften das Konzernsteuerergebnis im Inland unberührt bleibt, mag die Auffassung Früchte tragen. Werden für den Inlandsfall die Parameter zB dergestalt geändert, dass sich eine der nahe stehenden Personen in einer Gewinnsituation, sich die andere der nahe stehenden Personen hingegen in einer Verlustsituation befindet, kann durch die Vereinbarung nicht fremdvergleichskonformer Verrechnungspreise das inländische Besteuerungssubstrat durch die Verlustnutzung sehr wohl beeinträchtig werden. Verschärft wird die steuermindernde Auswirkung auf das inländische Konzernsteuerergebnis durch Abschluss von Ergebnisabhörungsverträgen und die daraus resultierende Errichtung von Organschaften. Derartige Konstruktionen waren in der Vergangenheit auch häufig bei den wirtschaftlichen Tätigkeiten der öffentlichen Hand anzutreffen und sind allgemeinhin als sog steuerlicher Querverbund bekannt geworden. 432

Auch *Goebel/Küntscher*[845] kommen – jedenfalls iE – zu der Vereinbarkeit der fremdvergleichsbasierenden Verrechnungspreisvorschriften in § 1 Abs 1 mit den europäischen Grundfreiheiten. Zwar sei der Vorschrift eine diskriminierende Wirkung nicht abzusprechen, diese sei jedoch wegen der ausgewogenen Aufteilung der Besteuerungsgrundlagen der Mitgliedsstaaten als zwingender Grund des Allgemeininteresses gerechtfertigt. Zudem könne die Verhältnismäßigkeit der Vorschriften in § 1 Abs 1 als gegeben angenommen werden. 433

Für die Vereinbarkeit der Besteuerung von Funktionsverlagerungen gem § 1 Abs 3 mit den europarechtlichen Grundfreiheiten vertritt auch das BMF[846] im Grundsatz eine positive Auffassung. Insoweit kann der Begr für die Verordnung zur Anwendung des Fremdvergleichsgrundsatzes nach § 1 Abs 1 in Fällen grenzüberschreitender Funktionsverlagerungen wörtlich entnommen werden: „Es ist geprüft worden, ob die 434

843 AA *Dietz* mit dem Vergleich von § 1 mit den allg Entstrickungsregelungen, die gleichfalls nur im Fall von Geschäftsbeziehungen im Auslandsverhältnis die Einkünfte korrigieren und mithin in die Niederlassungs- und Kapitalverkehrsfreiheit von § 1 eingegriffen werde, was vom BFH in seinem Urt v 17.7.2008 DStR 2008, 2001 für die Entstrickungsregelungen unter Aufgabe der sog finalen Entnahmetheorie als nicht europarechtskonform eingeordnet worden wäre.

844 IStR 2009, 665; eine ansatzweise Rechtfertigung sieht auch *Englisch* IStR 2010, 139.

845 Ubg 2009, 235.

846 BR-Drucks 352/08, 2.

Rechtsverordnung mit Europarecht vereinbar ist, mit dem Ergebnis, dass insofern keine rechtlichen Zweifel bestehen. Da die Rechtsverordnung dem Fremdvergleichsgrundsatz lediglich – ausgehend von den neuen gesetzlichen Regelungen des § 1 Abs 3 – weiter präzisiert, besteht kein Anhaltspunkt für europarechtliche Bedenken. Die Ausgestaltung der Regelungen entspricht den Anforderungen des EG-Vertrages." Dagegen kommt *Rolf*[847] insoweit zu dem Ergebnis, dass die Auffassung des BMF fehl geht und die Besteuerung von Funktionsverlagerungen weder mit der Niederlassungs- noch mit der Kapitalverkehrsfreiheit vereinbar ist.

435 Mit seiner Entsch in der Rs *SGI*[848] hat der *EuGH* zu den Verrechnungspreiskorrekturen im Rahmen von Leistungsbeziehungen zwischen verbundenen Unternehmen Aussagen zu der Vereinbarkeit derartiger – ausschließlich in grenzüberschreitenden Fällen geltenden – Korrekturvorschriften gemacht. Die daraus resultierende Präzisierung und möglicherweise auch Klarstellung für die rechtsdogmatische Einordnung von Verrechnungspreiskorrekturvorschriften und deren Vereinbarkeit mit den EU-Grundfreiheiten ist von großer rechtspraktischer Bedeutung für die gemeinschaftsrechtliche Würdigung des § 1. Der *EuGH*[849] erkannte in seinem Urteil vom 21.1.2010 in der Rs *SGI* in einer Verrechnungspreiskorrekturvorschrift (Maßnahme), die nur grenzüberschreitende Sachverhalte erfasst, eine die Niederlassungsfreiheit verletzende Maßnahme. Nach Auffassung des *EuGH* kann eine verletzende Maßnahme gerechtfertigt sein, wenn mit der verletzenden Maßnahme ein berechtigtes und mit dem Vertrag zu vereinbarendes Ziel verfolgt wird und wenn sie durch zwingende Gründe des Allgemeininteresses gerechtfertigt ist.

436 Untersuchungsgegenstand in der genannten Entsch ist eine Regelung des belgischen Einkommensteuergesetzbuches gewesen, die mit dem Regelungsinhalt in § 1 im Kern vergleichbar ist. Danach werden den Gewinnen eines in Belgien ansässigen Unternehmens im Grundsatz Vorteile hinzugerechnet, die dieses in Belgien ansässige Unternehmen einer ausländischen unmittelbar oder mittelbar verflochtenen Gesellschaft gewährt hat und diese Vorteile außergewöhnlicher oder unentgeltlicher Natur sind.[850]

437 Der in der Rs *SGI* zu beurteilende Sachverhalt betraf im Wesentlichen ein Darlehen, das der belgische Darlehensgeber (SGI) einer mit ihm verflochtenen ausländischen Gesellschaft (Recydem SA) zinslos zur Verfügung gestellt hatte.

438 Der *EuGH*[851] entschied zu der belgischen Regelung, dass die Notwendigkeit einer ausgewogenen Aufteilung der Besteuerungsbefugnis zwischen den Mitgliedstaaten und der Notwendigkeit der Verhinderung der Steuerumgehung zur Zulässigkeit der gesetzlichen Regelung führt. Die Vorschrift sei gerechtfertigt, weil sie durch die Korrektur von Gewinnverlagerung dem belgischen Staat erlaube, seine Steuerhoheit auszuüben und dadurch für eine ausgewogene Aufteilung der Besteuerungsbefugnis zwischen den Mitgliedstaaten im Einklang mit dem Fremdvergleichsgrundsatz als EU-Abgrenzungsmaßstab (§ 4 EU-Schiedsverfahrenskonvention) zu sorgen. Zudem sei die zu prüfende Vorschrift geeignet, die Übertragung von Einkünften auf Gesellschaften zu verhin-

847 IStR 2009,152.
848 IStR 2010, 144.
849 IStR 2010, 144.
850 Weiter dazu *Becker/Sydow* IStR 2010, 195.
851 IStR 2010, 144.

dern, die in Mitgliedstaaten mit den niedrigsten Steuersätzen ansässig sind oder in denen diese Einkünfte nicht besteuert werden, die Steuerumgehung zu vermeiden. Insoweit werde mit der Regelung ein berechtigtes und mit dem Vertrag zu vereinbarendes Ziel verfolgt und sei auch durch das Allgemeininteresse gerechtfertigt. Die belgische Regelung gehe auch nicht über das hinaus, was zur Erreichung der vorgenannten Ziele erforderlich sei, wenn dem Steuerpflichtigen die Möglichkeit eingeräumt werde, Beweise für die wirtschaftliche Begründetheit des Geschäftsabschlusses und die Angemessenheit der Geschäftsbeziehungen zu erbringen, und eine mögliche Verrechnungspreiskorrektur sich auf den Teil des vereinbarten Entgelts beschränke, der über bzw unter dem Verrechnungspreis liege. Ob diese Voraussetzungen durch die jeweils streitige Norm erfüllt seien, sei durch nationale Finanzgerichte zu klären.

Mit seiner Entsch in der Rs *SGI*[852] hat der *EuGH* den Fremdvergleichsgrundsatz als Maßstab der steuerlichen Kontrolle grenzüberschreitender Leistungen allgemeinhin akzeptiert. Der Anwendungsbereich des Fremdvergleichsgrundsatzes ist aber auf künstliche Konstruktionen, die manipulativen Gewinnverlagerungen dienen, beschränkt. Zudem besteht der *EuGH* auf Möglichkeiten, mit denen sich der Steuerpflichtige exkulpieren kann und mithin den Gewinnverlagerungen wirtschaftliche Gründe zugrunde legen kann[853] und sieht damit für Großunternehmen die Möglichkeit für gegeben, vom Fremdvergleichsgrundsatz abweichende Leistungsentgelte und Bedingungen legitimieren zu können. Die Ratio integrierter Großunternehmen bestehe nämlich gerade darin, innerhalb des Konzerns langfristige spezifische Leistungsbeziehungen aufzubauen, deren Effizienzgründe einem Fremdvergleich entgegenstünden. Dieser Befund zwinge dazu, innerhalb der EU über Alternativen zum klassischen Fremdvergleich nachzudenken. Dabei biete es sich an, die personelle Zuordnung von Gewinnen zwischen den Konzernunternehmen von der territorialen Zuordnung dieser Gewinne an die betr Steuerhoheiten abzukoppeln. Während jede Konzerngesellschaft ihre eigenen – nach betriebswirtschaftlichen Regeln ermittelten – Gewinne versteuern müsse, sollte den Staaten weitergehend das Recht eingeräumt werden, „Synergierenten" steuerlich zu erfassen, die ausländische Konzernunternehmen aus der Nutzung günstiger Konditionen in ihren Leistungsbeziehungen mit inländischen Konzernunternehmen bezögen. Dies erfordere allerdings eine Neujustierung der Regeln über die beschränkte Steuerpflicht. 439

Becker/Sydow[854] übertragen die Aussagen des *EuGH*[855] auf § 1 und kommen zu dem Ergebnis, dass auch die Vorschrift des § 1 eine Beeinträchtigung der Niederlassungsfreiheit beinhaltet. Insb unter Einbezug der Aussage des *EuGH*, nach der die ausgewogene Aufteilung der Besteuerungsrechter nicht zu Disposition von Unternehmen bzw Unternehmensgruppen stehen darf, weil es sonst zu einer Wahlfreiheit der Unternehmen kommt, selbst zu bestimmen, in welcher Höhe in welchem Staat die Gewinne der Unternehmen besteuert werden, kommen *Becker/Sydow* zu einer Rechtfertigung der Beschränkung des § 1. Ohne eine Korrekturmöglichkeit, wie sie § 1 vorsieht, müsste Deutschland die Verlagerung von Steuersubstrat bei der Bemessung der Ertragssteuern sonst endgültig hinnehmen. Der andere Mitgliedstaat dürfte dagegen 440

852 IStR 2010, 144.
853 *Schön* IStR 2011, 777.
854 IStR 2010, 195.
855 IStR 2010, 144.

die späteren Gewinne besteuern, die überhaupt erst dadurch ermöglicht wurden, dass Deutschland die Anfangsinvestition steuermindernd berücksichtigt hat. Zudem sehen *Becker/Sydow* die Regelung in § 1 als verhältnismäßig an. In Deutschland stünden den Steuerpflichtigen iRd Betriebsprüfung aber auch durch § 90 Abs 3 AO sowie durch die Möglichkeiten der außergerichtlichen und gerichtlichen Rechtswege Möglichkeiten offen, Beweise für die Angemessenheit von Verrechnungspreisen vorzulegen. Zudem ergebe sich aus dem Wortlaut des § 1 Abs 1, dass mögliche Korrekturen nur bis zur Höhe von Fremdvergleichspreisen vorgenommen werden können. Was die Bestimmung von Fremdvergleichspreisen betreffe, orientiert sich Deutschland an den Arbeiten der OECD. Sollte in einem Einzelfall eine Fremdvergleichskorrektur nicht dem Fremdvergleich entsprechen, sei dies durch gerichtliche Verfahren oder Verständigungs- und Schiedsverfahren zu klären und bedeute nicht, dass § 1 europarechtlich berührt wäre. § 1 sei daher eine zur Wahrung einer international ausgewogenen Aufteilung der Besteuerungsrechte und zur Verhütung von Steuerumgehungen dienende verhältnismäßige Regelung, die den EG-rechtlichen Anforderungen voll umfänglich Stand halte, was durch die Entsch des *EuGH* in der Rs *SGI* bestätigt wurde.

441 Eine differenziertere Auffassung zu der Rechtfertigung der Verletzung der Niederlassungsfreiheit durch § 1 vertritt *Andresen.*[856] Berücksichtige man die jüngere BFH-Rechtsprechung zu zinslosen Darlehen an nahe stehende Personen im Ausland, müsse man daran zweifeln, dass durch die Anwendung des § 1 auf diese Fälle eine ausgewogene Aufteilung der Besteuerungsbefugnisse erreicht werde bzw Steuerumgehungen verhindert werden könnten. Dies liege daran, dass nach Auffassung des BFH bei Finanzierungen, welche die finanzierte Gesellschaft überhaupt erst in die Lage versetzten, die ihr zugedachte Konzernfunktion wahrzunehmen, davon auszugehen sei, dass Eigenkapital geflossen sei, dessen unentgeltliche Überlassung sich einer Korrektur unter dem Fremdvergleichsmaßstab entziehe. Ähnliches würde bei der Schätzung von Verrechnungspreisen durch die Finanzverwaltung gelten, deren Ergebnis nicht vom Fremdvergleichsgrundsatz gedeckt sei.[857] Auch in solchen Fällen seien die vom EuGH entwickelten Rechtfertigungsgründe für den Verstoß gegen die Niederlassungsfreiheit wohl nicht erfüllt. Ein ähnliches Phänomen sei die von der Finanzverwaltung unterstellte Annahme, dass inländische Unternehmen ihre unter ihrem Namen registrierten Marken nahe stehenden Personen im Ausland nicht unentgeltlich zur Verfügung stellten und daher ein Entgelt im Schätzungswege ermitteln würden. Angesichts dieser Beispiele des fortgesetzten Grundfreiheitsverstoßes durch § 1 dürfte die Diskussion über die Vereinbarkeit des § 1 mit dem EG-Vertrag keineswegs beendet sein.

442 *Englisch* „wagt" die Prognose, Bestimmungen wie diejenigen des § 1 Abs 3 S 4 und 7, die generell den Median bzw – wenn auch theoretisch widerlegbar – den Mittelwert innerhalb der Bandbreite als Bezugspunkt wählen, seien als unverhältnismäßig zu verwerfen. Wenn nämlich eine Preisfestsetzung am für den Steuerpflichtigen günstigeren oberen bzw unteren Rand nicht mehr als unüblich und somit iSd EuGH-Rechtsprechung als missbräuchlich beurteilt werden könne, sei es nur konsequent, auch eine Berichtigung ihrem Umfang nach auf die Zurückführung an diesen äußeren Rand des Vertretbaren zu begrenzen. Denn mehr könne der nationale Fiskus nicht unter Ver-

856 IStR 2010, 289.
857 Vgl *BFH* BStBl II 1998, 321.

weis auf das Territorialitätsprinzip und den Schutz seiner berechtigten Steueransprüche vor nicht durch wirtschaftliche Erwägungen der Ressourcenallokation im Binnenmarkt zu rechtfertigende Gestaltungen beanspruchen, nur darauf aber könne nach Ansicht des EuGH eine Rechtfertigung gründen. Weitergehende Zugriffsmöglichkeiten seien auch nicht unter den Aspekten steuerlicher Kohärenz oder finanzwissenschaftlicher Äquivalenzüberlegungen angezeigt. Aus dem gleichen Grund reduzierte sich das in § 1 Abs 3 S 8 vorgesehene Ermessen im Anwendungsbereich der Grundfreiheiten auf Null.

Zweifel an der Vereinbarkeit der Vorschriften zur Funktionsverlagerung im Konzern mit dem Europarecht in Ausprägung der Niederlassungsfreiheit äußern auch *Goebel/Küntscher*.[858] Sie erkennen in der Regelung über die Funktionsverlagerung eine Einschränkung von inländischen Steuerpflichtigen, die eine grenzüberschreitende Funktionsverlagerung durchführen. Die Regelung über die Funktionsverlagerung könne nicht zur Vermeidung missbräuchlicher Gestaltungen herangezogen werden, denn die Verlagerung einer Funktion beinhalte die Aufnahme oder Erweiterung einer wirtschaftlichen Tätigkeit in einem anderen Mitgliedstaat. Auch die Aufteilung der Besteuerungsbefugnis zwischen den Mitgliedstaaten und die damit einhergehende Notwendigkeit, den Mitgliedsstaaten das Recht zur Ausübung ihrer Steuerzuständigkeit zu gewähren und in diesem Sinne die in ihrem Staatsgebiet erwirtschafteten Gewinne einer Besteuerung zu unterwerfen[859] könne gleichfalls nicht dienlich sein, den Einklang mit den europäischen Grundfreiheiten herzustellen. Auf dem Prüfstand stehe die Besteuerung eines am Ertragswert der Funktion bemessenen Transferpakets. Eben dieses ermittle sich nicht aus in Deutschland generierten Gewinnen, sondern aus den zukünftigen Ertragsaussichten, die der verlagerten Funktion im Ausland zugesprochen werden. Da folglich keine Besteuerung erzielter Gewinne erfolge, könne diese Regelung auch nicht in den Schutzbereich der Besteuerungshoheit für generierte Gewinne einbezogen werden. Eine Rechtfertigung anhand des Arguments der Wahrung einer Besteuerungsbefugnis der Mitgliedsstaaten für in ihrem Hoheitsgebiet generierten Gewinne könne daher nicht erfolgen. Daran könne auch die sog Escape-Klausel des § 1 Abs 3 S 10 nichts ändern, weil diese Möglichkeit dem Steuerpflichtigen umfangreiche zusätzliche Mitwirkungspflichten und damit Kosten aufbürde. 443

Mit Urt v 25.6.2014[860] sah der BFH die Anwendung des §§ 1 Abs 1 aF als nicht unionsrechtswidrig an. Er argumentierte, die belastende Wirkung der Rechtsnorm beschränke sich im Streitfall darauf, dem Umstand einer unentgeltlichen Darlehensgewährung der Muttergesellschaft an die Tochtergesellschaft durch Ansatz eines fremdvergleichgerechten Leistungsentgelts Rechnung zu tragen. Der BFH schließt sich der Entscheidung des EuGH in der Rechtssache „SGI" an, nach der eine Einkünftekorrektur wie in § 1 vorgesehen, mit der Niederlassungsfreiheit vereinbar sein kann, da sie zur Wahrung einer ausgewogenen Aufteilung der Besteuerungsbefugnis zwischen den Mitgliedstaaten und der Notwendigkeit der Verhinderung einer Steuerumgebung gerechtfertigt sein kann. Allerdings ließ der BFH in seiner Entscheidung ausdrücklich offen, ob § 1 in diesen Fällen auch verhältnismäßig ist. Er konstatierte, im Streitfall sei dies nicht zu entscheiden. Im entschiedenen Fall ging es um die Korrektur einer 444

858 Ubg 2009, 235.
859 Nach *EuGH* in der Rs IStR 2007, 631 (Oy AA).
860 *BFH/NV* 2015, 57.

unentgeltlichen Darlehensgewährung auf der Grundlage des allgemeinen Fremdvergleichs. Dieser habe nach Auffassung des BFH zwar Einfluss auf die Preisbildung, indem er diese aufgrund der wirtschaftlichen Verpflichtung der Geschäftspartner ausschlöße, nicht aber sachbezogene wirtschaftliche Gründe der Parteien, so dass die Einkünftekorrektur als Maßnahme zur Wahrung einer ausgewogenen Aufteilung der Besteuerungsrechte geeignet und jedenfalls nicht unverhältnismäßig sei.

445 Aus der Entscheidung kann nun nicht der Schluss gezogen werden, dass der BFH die Regelung in § 1 aF grds und in jedem Fall als mit dem AEUV für vereinbar hält. Das kann schon unschwer daraus geschlossen werden, dass sich der BFH ausdrücklich nicht mit der Verhältnismäßigkeit der Einkünftekorrektur beschäftigt hat. Vielmehr lässt sich die Aussage des BFH lediglich auf vergleichbare Sachverhalte übertragen.

446 Eine andere Aussage hinsichtlich der Vereinbarkeit des § 1 mit dem AEUV kann auch nicht der Entscheidung des 10. Senats des BFH vom 5.2.2014[861] entnommen werden. Am Ende des Urteils weist der BFH in seiner Begründung lediglich darauf hin, dass der EuGH in der Rechtssache des „SGI"[862] über eine vergleichbare Norm im belgischen Recht entschieden habe, dass die Berührung der Niederlassungsfreiheit durch zwingende Gründe des Allgemeinwohls (Sicherung der Steuerhoheit) gerechtfertigt sein kann. Das nationale Gericht müsse sich davon überzeugen, dass die Regelung nicht über das hinausgehe, was zur Erreichung der mit ihr verfolgten Ziele in ihrer Gesamtheit erforderlich ist. Dabei ist entscheidend, dass dem Steuerpflichtigen die Möglichkeit eingeräumt werde, wirtschaftliche Gründe für die Bedingungen des Geschäfts darzulegen, und sich die steuerliche Berichtigung auf dasjenige beschränkt, was ohne das nähere Verhältnis vereinbart worden wäre. Dazu führt der 10. Senat des BFH aus, es spreche einiges dafür, dass die Regelung des § 1 diese Voraussetzungen erfülle.[863]

861 *BFH/NV* 2014, 720

862 IStR 2010, 144.

863 Mangels Entscheidungserheblichkeit offen gelassen *BFH* BStBl II 2010, 895.

Zweiter Teil
Wohnsitzwechsel in niedrig besteuernde Gebiete

§ 2 Einkommensteuer

(1) [1]Eine natürliche Person, die in den letzten zehn Jahren vor dem Ende ihrer unbeschränkten Steuerpflicht nach § 1 Abs. 1 Satz 1 des Einkommensteuergesetzes als Deutscher insgesamt mindestens fünf Jahre unbeschränkt einkommensteuerpflichtig war und

1. in einem ausländischen Gebiet ansässig ist, in dem sie mit ihrem Einkommen nur einer niedrigen Besteuerung unterliegt, oder in keinem ausländischen Gebiet ansässig ist und

2. wesentliche wirtschaftliche Interessen im Geltungsbereich dieses Gesetzes hat,

ist bis zum Ablauf von zehn Jahren nach Ende des Jahres, in dem ihre unbeschränkte Steuerpflicht geendet hat, über die beschränkte Steuerpflicht im Sinne des Einkommensteuergesetzes hinaus beschränkt einkommensteuerpflichtig mit allen Einkünften im Sinne des § 2 Abs. 1 Satz 1 erster Halbsatz des Einkommensteuergesetzes, die bei unbeschränkter Einkommensteuerpflicht nicht ausländische Einkünfte im Sinne des § 34d des Einkommensteuergesetzes sind. [2]Für Einkünfte der natürlichen Person, die weder durch deren ausländische Betriebsstätte noch durch deren in einem ausländischen Staat tätigen ständigen Vertreter erzielt werden, ist für die Anwendung dieser Vorschrift das Bestehen einer inländischen Geschäftsleitungsbetriebsstätte der natürlichen Person anzunehmen, der solche Einkünfte zuzuordnen sind. [3]Satz 1 findet nur Anwendung für Veranlagungszeiträume, in denen die hiernach insgesamt beschränkt steuerpflichtigen Einkünfte mehr als 16 500 Euro betragen.

(2) Eine niedrige Besteuerung im Sinne des Absatzes 1 Nr. 1 liegt vor, wenn

1. die Belastung durch die in dem ausländischen Gebiet erhobene Einkommensteuer – nach dem Tarif unter Einbeziehung von tariflichen Freibeträgen – bei einer in diesem Gebiet ansässigen unverheirateten natürlichen Person, die ein steuerpflichtiges Einkommen von 77 000 Euro bezieht, um mehr als ein Drittel geringer ist als die Belastung einer im Geltungsbereich dieses Gesetzes ansässigen natürlichen Person durch die deutsche Einkommensteuer unter sonst gleichen Bedingungen, es sei denn, die Person weist nach, dass die von ihrem Einkommen insgesamt zu entrichtenden Steuern mindestens zwei Drittel der Einkommensteuer betragen, die sie bei unbeschränkter Steuerpflicht nach § 1 Abs. 1 des Einkommensteuergesetzes zu entrichten hätte, oder

2. die Belastung der Person durch die in dem ausländischen Gebiet erhobene Einkommensteuer auf Grund einer gegenüber der allgemeinen Besteuerung eingeräumten Vorzugsbesteuerung erheblich gemindert sein kann, es sei denn, die Person weist nach, dass die von ihrem Einkommen insgesamt zu entrichtenden Steuern mindestens zwei Drittel der Einkommensteuer betragen, die sie bei unbeschränkter Steuerpflicht nach § 1 Abs. 1 des Einkommensteuergesetzes zu entrichten hätte.

(3) Eine Person hat im Sinne des Absatzes 1 Nr. 2 wesentliche wirtschaftliche Interessen im Geltungsbereich dieses Gesetzes, wenn

1. sie zu Beginn des Veranlagungszeitraums Unternehmer oder Mitunternehmer eines im Geltungsbereich dieses Gesetzes belegenen Gewerbebetriebs ist oder, sofern sie

Kommanditist ist, mehr als 25 Prozent der Einkünfte im Sinne des § 15 Abs. 1 Satz 1 Nr. 2 des Einkommensteuergesetzes aus der Gesellschaft auf sie entfallen oder ihr eine Beteiligung im Sinne des § 17 Abs. 1 des Einkommensteuergesetzes an einer inländischen Kapitalgesellschaft gehört oder

2. ihre Einkünfte, die bei unbeschränkter Einkommensteuerpflicht nicht ausländische Einkünfte im Sinne des § 34d des Einkommensteuergesetzes sind, im Veranlagungszeitraum mehr als 30 Prozent ihrer sämtlichen Einkünfte betragen oder 62 000 Euro übersteigen oder

3. zu Beginn des Veranlagungszeitraums ihr Vermögen, dessen Erträge bei unbeschränkter Einkommensteuerpflicht nicht ausländische Einkünfte im Sinne des § 34d des Einkommensteuergesetzes wären, mehr als 30 Prozent ihres Gesamtvermögens beträgt oder 154 000 Euro übersteigt.

(4) Bei der Anwendung der Absätze 1 und 3 sind bei einer Person Gewerbebetriebe, Beteiligungen, Einkünfte und Vermögen einer ausländischen Gesellschaft im Sinne des § 5, an der die Person unter den dort genannten Voraussetzungen beteiligt ist, entsprechend ihrer Beteiligung zu berücksichtigen.

(5) [1]Ist Absatz 1 anzuwenden, kommt der Steuersatz zur Anwendung, der sich für sämtliche Einkünfte der Person ergibt; für die Ermittlung des Steuersatzes bleiben Einkünfte aus Kapitalvermögen außer Betracht, die dem gesonderten Steuersatz nach § 32d Absatz 1 des Einkommensteuergesetzes unterliegen. [2]Auf Einkünfte, die dem Steuerabzug aufgrund des § 50a des Einkommensteuergesetzes unterliegen, ist § 50 Absatz 2 des Einkommensteuergesetzes nicht anzuwenden. [3]§ 43 Absatz 5 des Einkommensteuergesetzes bleibt unberührt.

(6) Weist die Person nach, dass die auf Grund der Absätze 1 und 5 zusätzlich zu entrichtende Steuer insgesamt zu einer höheren inländischen Steuer führt, als sie sie bei unbeschränkter Steuerpflicht und Wohnsitz ausschließlich im Geltungsbereich dieses Gesetzes zu entrichten hätte, so wird der übersteigende Betrag insoweit nicht erhoben, als er die Steuer überschreitet, die sich ohne Anwendung der Absätze 1 und 5 ergäbe.

BT-Drucks v 2.12.1971, Az IV/2883; *BMF* v 23.5.1980, Az IV C 5 – S 1351-4/80, BStBl I 1980, 282; *BMF* v 2.12.1994, Az IV C 7 – S 1340-20/94, BStBl I 1995 Sondernr 1, 3; *BMF* v 15.3.1996, Az IV C 6 – S 1343-1/96, BStBl I 1996, 161; *BMF* v 14.5.2004, Az IV B 4 – S 1340-11/04, BStBl I 2004 Sondernr 1, 3

Übersicht

Literatur: *Angermann/Anger* Der neue Erlass zum Außensteuergesetz – Erweitert beschränkte Steuerpflicht bei Wohnsitz in Großbritannien, IStR 2005, 439; *Bahns/Sommer* Neues DBA mit Großbritannien in Kraft getreten – ein Überblick, IStR 2011, 201; *Büttgen/Kaiser/Raible* Praxishinweise zum neuen DBA mit Großbritannien, BB 2011, 862; *Dautzenberg* Die erweiterte beschränkte Steuerpflicht des AStG und der EG-Vertrag, IStR 1997, 39; *Ettinger/Wieder* Steuerfolgen beim Wegzug nach Großbritannien, PIStB 2005, 202; *Flick/Wassermeyer* Der Einführungserlaß zum Außensteuergesetz (II), FR 1974, 574; *Haase* Erweiterte beschränkte Steuerpflicht nach § 2 AStG und Abgeltungsteuer, BB 2008, 2555; *Haase/Dorn* Vorteile der erweitert beschränkten Steuerpflicht im Sinne des § 2 AStG?, IStR 2013, 909; *Könemann* Ist die erweiterte beschränkte Einkommensteuerpflicht noch zu retten? – Verfassungsrechtliche Überlegungen zu § 2 AStG, IStR 2012, 560; *Richter* Tarif-(Progressions-)Vorbehalt bei erweiterter beschränkter Steuerpflicht nach dem Außensteuergesetz, IWB 1973, Fach 3 Gruppe 1, 413; *Ritter* Perspektiven für die Fortentwicklung des deutschen Internationalen Steuerrechts, IStR 2001, 430; *Rolfs* Steuerlich Aspekte einer Wohnsitzverlegung von Deutschland nach Österreich – Teil II: Einkommensteuerrechtliche Folgen der Wohnsitzverlegung, IWB 1998, Fach 5, 421; *Walter* Die überdachende Besteuerung des Art 4 Abs 4 DBA-Schweiz bei Wohnsitzwechsel von Deutschland in die Schweiz, IWB 2007, Fach 5, 633; *Wassermeyer* Die Fortentwicklung der Besteuerung von Auslandsbeziehungen – Anmerkungen zu den derzeitigen Überlegungen zur Reform des Außensteuerrechts, IStR 2001, 113.

A. Allgemeines

I. Überblick über die Vorschrift

1 **1. Inhalt und Bedeutung.** Im int Wettbewerb der niedrigen Steuersätze versuchen zahlreiche Länder durch Sondermaßnahmen dem Verlust von Steuersubstrat als Resultat des Wohnsitzwechsels natürlicher Personen entgegenzuwirken. In vielen Besteuerungssystemen ist der Gedanke verwirklicht, wegziehende Staatsangehörige – zumindest für eine beschränkte Zeit – in der heimischen StPfl zu belassen. Dafür wird aber idR eine verlängerte unbeschränkte StPfl verwendet. Manche Steuerrechtssysteme (insb die USA) gehen sogar soweit, die Welteinkommensbesteuerung zeitlich unbegrenzt allein oder erg an die Staatsangehörigkeit anzuknüpfen. Daneben kennen eine größere Zahl von Staaten eine zeitlich begrenzte Verlängerung der unbeschränkten StPfl für Auswanderer, die aus Gründen der Praktikabilität oft auf „lohnende" Fälle eingeschränkt wird (zB durch die Einräumung von Freigrenzen).

2 Die erweiterte beschränkte Einkommensteuerpflicht des § 2 soll Steuervorteile begrenzen, die unbeschränkt StPfl durch den Wegzug in das Ausland erzielen können. Waren unbeschränkt StPfl in den letzten zehn Jahren vor dem Ende ihrer unbeschränkten StPfl insgesamt mindestens fünf Jahre unbeschränkt einkommensteuerpflichtig und verlegen sie unter Aufrechterhaltung wesentlicher wirtschaftlicher Interessen im Inland ihren Wohnsitz in das niedrig besteuernde Ausland, *erweitert* die Regelung für das Jahr des Wegzugs und die nachfolgenden zehn Jahre die *normale* beschränkte StPfl. Nach den Vorstellungen des Gesetzgebers soll damit eine tarifgerechte Besteuerung erreicht werden. So wird durch die Regelung zur erweiterten beschränkten StPfl

- der Katalog der beschränkt steuerpflichtigen Einkünfte erweitert,
- die Progression in voller Höhe nach dem Welteinkommen angeordnet,
- die Abgeltungswirkung des Steuerabzugs iSd § 50a EStG beseitigt und
- die Besteuerung bei Nachweis durch den Stpfl auf die Steuer begrenzt, die bei unbeschränkter Stpfl und ausschließlichem Wohnsitz im Inland angefallen wäre.[1]

Unbeschränkt steuerpflichtige Deutsche können somit für eine Übergangszeit von zehn Jahren der (relativ hohen) dt Besteuerung durch Wohnsitzwechsel ins Ausland nicht einfach entgehen, wenn sie über einen bestimmten Umfang hinaus weiterhin Einkünfte in Deutschland beziehen oder Vermögenswerte besitzen.

3 Im Vergleich zur „normalen" beschränkten Stpfl wirken sich die Regelungen des § 2 grds zuungunsten des Stpfl aus. Nachteilig sind insoweit insb die Erweiterung des

---

1 *Haase/Dorn* IStR 2013, 909. Vgl auch *Blümich* § 2 AStG Rn 1.

Umfangs der sachlichen Steuerpflicht, die Anwendung des Progressionsvorbehaltes auf Basis „sämtlicher Einkünfte“ des Stpfl sowie die Erstellung der für die Durchführung des Progressionsvorbehaltes und für die Inanspruchnahme der Steuerlasthöchstgrenze benötigten Schattenveranlagungen. Jedoch schließt § 2 weder von seinem Wortlaut noch von seiner Regelungssystematik aus, dass ein Stpfl durch die Norm auch begünstigt sein kann. In bestimmten Ausnahmefällen kann daher die Situation eintreten, dass die als „Strafsteuer“ konzipierten Rechtsfolgen des § 2 zu einer Vorteilhaftigkeit der erweiterten beschränkten Stpfl gg der „normalen“ beschränkten Stpfl führen. Dies ist etwa dann der Fall, wenn der erweitert beschr Stpfl negative Einkünfte erzielt, die sich iR seiner Veranlagung im Wege der Verlustverrechnung auf das zu versteuernde Einkommen mindernd auswirken, jedoch bei „normaler“ beschränkter Stpfl mangels Veranlagung oder aufgrund des eingeschränkten Umfangs der sachlichen Steuerpflicht ohne Auswirkung bleiben würden. Denn während bei „normal“ beschränkt Stpfl die Abzugssteuer iSd § 50a EStG ausweislich des § 50 Abs 2 EStG grds abgeltende Wirkung entfaltet, eine Veranlagung dieser Einkünfte also grds unterbleibt, ist bei erweitert beschränkt Stpfl die Abgeltungswirkung der Abzugssteuer iSd § 50a EStG durch § 2 Abs 5 S 2 suspendiert, sodass bei ihm diese Einkünfte in die Veranlagung einzubeziehen sind. Eine Begünstigung gg der „normalen“ beschränkten Stpfl ergibt sich ferner dann, wenn negative Einkünfte beim erweitert beschränkt Stpfl iRd Progressionsvorbehaltes zu einer Verringerung des anzuwendenden Steuersatzes führen, hingegen bei „normaler“ beschränkter Stpfl mangels eines Abstellens auf „sämtliche Einkünfte“ des Stpfl bei der Festlegung des anzuwendenden Steuersatzes nicht berücksichtigt würden.[2]

Bei der Anwendbarkeit von § 2 ist zu differenzieren zwischen einem Wegzug in einen 4

- DBA-Staat,
- DBA-Staat mit Öffnungsklausel und
- Nicht-DBA-Staat.

Bei Wegzug in einen Staat, mit dem JStG Deutschland ein DBA abgeschlossen hat, 5 wird die sachliche Erweiterung der beschränkten StPfl in der Praxis meistens ausgeschlossen, da die iRd erweiterten beschränkten StPfl zusätzlich erfassten Einkünfte abkommensrechtlich im Wegzugsstaat bzw Quellenstaat nicht mehr besteuert werden dürfen. Nur soweit dem Quellenstaat das Besteuerungsrecht weiterhin zusteht zB durch Sondervorschriften wie im DBA-Großbritannien zur „Remittance Basis“-Besteuerung (vgl Rn 39 ff) oder die Einkünfte nicht unter das Abk fallen, bleibt § 2 anwendbar.

Davon zu unterscheiden sind Staaten, mit denen zwar ein DBA besteht, in diesem 6 jedoch eine Öffnungsklausel zugunsten des § 2 enthalten ist (so im DBA-Italien oder DBA-Schweiz vgl Rn 23 ff, 34 ff) und die erweiterte beschränkte StPfl somit anwendbar ist. Typische Wegzugsländer, bei denen § 2 insb Anwendung finden kann, sind daher neben diesen Staaten mit Öffnungsklauseln bzw Sondervorschriften solche, mit denen kein DBA besteht.

Bei Prüfung des Anwendungsbereichs des § 2 sollten hierzu stets die Ausführungen 7 der FinVerw in ihrem umfangreichen Anwendungsschreiben zum Außensteuergesetz (*BMF* BStBl I 2004, Sondernr 1, 3) Beachtung finden.

---

2 Zum Ganzen s *Haase/Dorn* IStR 2013, 909 ff.

8 **2. Zeitlicher Anwendungsbereich.** § 2 blieb seit Erlass des AStG im Jahr 1972 – vorbehaltlich redaktioneller Anpassungen zB durch die Währungsumstellung auf EUR – bis einschließlich VZ 2008 im Wesentlichen unverändert. Die nach der Währungsreform geglätteten Euro-Beträge in der Vorschrift gelten seit dem 1.1.2002 (§ 21 Abs 10).

9 Zuletzt hat der Gesetzgeber mit dem JStG 2009 der Vorschrift materiell bedeutsame Änderungen unterzogen.[3] Neben Anpassungen redaktioneller Natur in Abs 5 S 2 ist hierbei insb auf den neuen Abs 1 S 2 sowie den Wegfall der Regelung über die Mindeststeuer (Abs 5 S 3) hinzuweisen. Die Änderungen traten mit Wirkung zum 1.1.2009 in Kraft.[4]

10 Als Reaktion auf die Entsch des BFH v 19.12.2007 hat der Gesetzgeber in § 2 Abs 1 einen neuen S 2 eingefügt, nach dem für Einkünfte einer natürlichen Person, die weder durch deren ausl Betriebsstätte noch durch deren in einem ausl Staat tätigen ständigen Vertreter erzielt werden, für die Anwendung von § 2 das Bestehen einer inländischen Geschäftsleitungsbetriebsstätte der Person anzunehmen sei, der solche Einkünfte zuzuordnen sind (vgl Rn 165 f).[5] Zudem sah sich der Gesetzgeber durch die Entsch des EuGH in der Rechtssache Gerritse[6] veranlasst, die in § 50 Abs 3 S 2 EStG enthaltene Regelung eines Mindeststeuersatzes für beschränkt StPfl aus dem Verkehr zu ziehen.[7] § 2 Abs 5 S 3, der sich auf § 50 Abs 3 S 2 EStG bezog, wurde entspr aufgehoben.[8]

11 Durch Art 6 des AmtshilfeRLUmsG wurden systematische Widersprüche zu der Abgeltungssteuer beseitigt, die sich bislang durch den Einbezug der nach § 32d Abs 1 EStG linear besteuerten Kapitaleinkünfte in den Progressionsvorbehalt des § 2 Abs 5 ergaben.[9] Nunmehr werden durch § 2 Abs 5 S 1 Hs 2 Kapitaleinkünfte, die dem gesonderten Steuersatz gem § 32d Abs 1 EStG unterliegen, explizit bei der Steuersatzermittlung ausgeklammert. Diese Neuregelung wird durch den neu gefassten § 2 Abs 5 S 2 und den neu eingefügten § 2 Abs 5 S 3 arrondiert, welche die Versagung der Abgeltungswirkung auf die Abzugssteuer nach § 50a EStG begrenzen und klarstellend regeln, dass demgegenüber die grundsätzliche Abgeltungswirkung der Kapitalertragsteuer nach § 43 Abs 5 EStG auch iRd erweiterten beschränkten Stpfl unberührt bleibt.

12 Durch das ZollkodexAnpG wurde der Gesetzesverweis in § 2 Abs 3 Nr 2 und 3 auf „34c Abs 1 des Einkommensteuergesetzes" in einen Verweis auf „§ 34d des Einkommensteuergesetzes" geändert.[10]

13 **3. Wirtschaftliche Bedeutung der Vorschrift.** Die praktische wirtschaftliche Bedeutung der erweiterten beschränkten StPfl für das dt Steueraufkommen ist als gering anzusehen. Nur sehr wenige StPfl fallen letztlich in den Anwendungsbereich.[11] Der

---

3 Auf diese wird in der Kommentierung an entspr Stelle jeweils hingewiesen.
4 BGBl I 2008, 2844.
5 BGBl I 2008, 2826.
6 *EuGH* mit Anm *Grams/Molenaar* IStR 2003, 458.
7 BT-Drucks 16/10189, 59.
8 BGBl I 2008, 2826.
9 BGBl I 2013, 1809.
10 BGBl I 2014, 2417.
11 Siehe *F/W/B/S* § 2 AStG Rn 13 mwN.

Kreis der potentiell Betroffenen ist mE jedoch erheblich größer; gerade in Zeiten der Internationalisierung der Arbeit und damit verbundenen zunehmenden Personalentsendungen. Die potentiell Betroffenen verfügen jedoch zumeist über die finanziellen Mittel, sich durch eine gute steuerliche Beratung mit entspr Gestaltungen der erweiterten beschränkten StPfl entziehen zu können. Auch die unterlassenen Anpassungen der Einkommens- und Vermögensgrenzen des § 2 an die seit Einführung der Vorschrift (nominell) gestiegenen Einkommen und Vermögen, sowie die zunehmende Tendenz der Absenkung der Steuersätze in vielen Ländern dürfte die Bedeutung der Vorschrift erhöht haben.

II. Verhältnis zu anderen Vorschriften

1. Verhältnis zu anderen Vorschriften des EStG. – a) § 1 EStG. Sinn und Zweck sowie 14
der Regelungszusammenhang des § 2 Abs 1 führen dazu, dass sich die unbeschränkte StPfl gem § 1 Abs 1 EStG und die erweiterte beschränkte StPfl gem § 2 Abs 1 gegenseitig ausschließen. Bei einer Rückkehr ins Inland scheidet der StPfl aus der erweiterten beschränkten StPfl aus und wird wieder unbeschränkt steuerpflichtig.

b) §§ 1 Abs 4, 49, 34d EStG. Die erweiterte beschränkte StPfl des § 2 ist aus rechtstech- 15
nischer Sicht als lex specialis zur herkömmlichen beschränkten StPfl iSd § 49 EStG iVm § 1 Abs 4 EStG anzusehen. Sie überlagert die beschränkte StPfl. Die beschränkte StPfl und die erweiterte beschränkte StPfl sind nach tatbestandlichen Voraussetzungen und Rechtsfolgen getrennt voneinander zu betrachten.[12] Beschränkte und erweiterte beschränkte StPfl können jedoch auch wechseln, zB wenn ein StPfl zunächst in ein nicht niedrig besteuerndes Gebiet und später von dort aus in ein niedrig besteuerndes Gebiet auswandert. Auf die Erhebung des Solidaritätszuschlags hat dies keine Auswirkungen, da § 2 Nr 2 SolZG explizit auch den nach § 2 erweitert beschränkt StPfl nennt. Nach Maßgabe der §§ 49 Abs 1 und 34d EStG wird definiert, welche Einkünfte in den Anwendungsbereich des § 2 fallen. Dazu gehören neben den Inlandseinkünften des § 49 EStG (vgl hierzu iE Rn 149 ff) alle Einkünfte, die nicht als ausl Einkünfte von § 34d EStG umfasst sind.[13]

c) § 2 EStG. Nach dem eindeutigen Gesetzeswortlaut erstreckt sich die erweiterte 16
beschränkte Einkommensteuerpflicht über die beschränkte Einkommensteuerpflicht hinaus auf alle Einkünfte iSd § 2 Abs 1 EStG, die nicht unter den Katalog der ausl Einkünfte des § 34d EStG fallen. Somit können nur die Einkünfte und Vermögensmehrungen, die in § 2 Abs 1 EStG **abschließend** aufgezählt sind, der erweiterten beschränkten StPfl unterliegen. Andere Einkünfte und Vermögensmehrungen sind nicht steuerbar. Der Dualismus der Einkunftsarten gilt auch iRd erweiterten beschränkten StPfl, ebenso wie die übrigen Vorschriften des EStG zur Ermittlung der Einkünfte – vorbehaltlich der Spezialregelungen der erweiterten beschränkten StPfl.[14]

2. Verhältnis zu anderen Vorschriften des AStG. Für die §§ 4 und 5 stellt die Vor- 17
schrift des § 2 die Grundnorm dar. § 6 und § 2 stehen – obwohl sie beide die Folgen eines Wohnsitzwechsels ins Ausland regeln – nicht in Konkurrenz zueinander. Sie erg sich vielmehr, da § 6 die Besteuerung im Zeitpunkt des Wohnsitzwechsels und § 2 die

12 *BFH* BStBl 2010, 398.
13 Rn 137 ff.
14 *S/K/K* § 2 AStG Rn 19.

anschließende laufende Besteuerung regelt. Für die Anwendung der Vorschriften der Hinzurechnungsbesteuerung in §§ 7 ff wird grds vorausgesetzt, dass der StPfl unbeschränkt steuerpflichtig sein muss (§ 7 Abs 1). Durch § 2 Abs 4 iVm § 5 AStG kommen die Regeln zur Hinzurechnungsbesteuerung aber auch mittelbar bei erweitert beschränkt StPfl zur Anwendung (vgl hierzu die Kommentierung zu § 5).

18 **3. Verhältnis zum Abkommensrecht. – a) Allgemeines.** Mit vielen Niedrigsteuerländern (zB Monaco, Liechtenstein, Cayman Inseln, British Virgin Islands, Hong Kong etc) hat Deutschland bislang kein DBA abgeschlossen. Daneben gibt es jedoch Niedrigsteuerländer wie bspw Ungarn, Polen oder die Slowakei, mit denen ein DBA besteht. Zudem wird der Anwendungsbereich der Vorschrift durch § 2 Abs 2 Nr 2 erheblich ausgeweitet (Vorzugsbesteuerung, dazu Rn 84 ff), so dass das Verhältnis der Regelung zum Abkommensrecht in der Praxis von großer Bedeutung ist.

19 Die DBA sind auf die erweiterte beschränkte StPfl anzuwenden.[15] Sie genießen grds Vorrang vor § 2. Dieser enthält keinen „treaty override".[16] Mit dem Wegzug in ein Land, mit dem ein DBA besteht, wird der StPfl idR nach dessen nationalem Recht und nach den Wohnsitzklauseln (Art 4 MA) der DBA dort ansässig. Der Wohnsitzstaat kann abkommensrechtlich grds das Welteinkommen des StPfl besteuern. Ihm wird jedoch die Vermeidung der Dbest vollumfänglich auferlegt (Freistellung oder Anrechnung). Nach dem Wegzug kann Deutschland nur in den Grenzen als Quellenstaat eine Besteuerung beim StPfl vornehmen.[17] Dies schließt die sachliche Erweiterung der beschränkten StPfl durch § 2 in der Praxis meistens aus, da die iRd erweiterten beschränkten StPfl zusätzlich erfassten Einkünfte (dazu Rn 162 ff) in den DBA regelmäßig nur im Ansässigkeitsstaat des StPfl besteuert werden dürfen, so dass Deutschland als Quellenstaat abkommensrechtlich keine Besteuerung mehr zugestanden bekommt.

20 Soweit DBA dem Quellenstaat Deutschland ein vollumfängliches Besteuerungsrecht belassen zB durch Sonderregelungen wie etwa im DBA-Großbritannien für die „Remittance Basis"-Besteuerung, oder die betreffenden Einkünfte nicht vom DBA erfasst werden, bleibt § 2 anwendbar.

21 Steht Deutschland abkommensrechtlich das Besteuerungsrecht zu, kommt ohnehin die beschränkte StPfl zur Anwendung. Dies betrifft regelmäßig Einkünfte aus in Deutschland belegenem unbeweglichem Vermögen oder aus einer dt Betriebsstätte.

22 Mit der hM ist daher Folgendes festzustellen: Einkünfte, für die nach dem einschlägigen DBA dem *neuen* Wohnsitzstaat des grds erweitert beschränkt StPfl das ausschließliche Besteuerungsrecht zugewiesen wird, sind von der erweiterten beschränkten StPfl des § 2 auszunehmen.[18] Abkommensrechtliche Begrenzungen des dt Steueranspruchs auf einen bestimmten Höchstsatz (zB Quellensteuerbegrenzung auf 10 %) schlagen auf die erweiterte beschränkte StPfl durch. Wie ausgeführt sind Ausnahmen/Öffnungsklauseln in bestimmten Abkommen zu beachten.

---

15 *BMF* BStBl I 2004, Sondernr 1, 3, 10.

16 Zust *Blümich* § 2 AStG Rn 9.

17 Zutr *BMF* BStBl I 2004, Sondernr 1, 3, 10.

18 *Angermann/Anger* IStR 2005, 439, 442; *Ettinger/Wieder* PIStB 2005, 282, 284; *F/W/B/S* § 2 AStG Rn 32.

b) DBA-Schweiz. Besondere praktische Bedeutung hat die Abgrenzungsfrage insb für das DBA zwischen Deutschland und der Schweiz. *Zimmermann/Könemann* sehen in § 4 Abs 4 DBA-Schweiz eine Öffnungsklausel zugunsten des § 2.[19] Auch die dt FinVerw verweist in ihrem Anwendungsschreiben zu § 2 auf diese Regelung.[20] Die Bezeichnung Öffnungsklausel geht mE jedoch zu weit. § 2 AStG wird in § 4 Abs 4 DBA-Schweiz gar nicht genannt. Eine Öffnungsklausel zugunsten der erweiterten beschränkten StPfl, die den Namen verdient, ist lediglich im Prot zum DBA-Italien 1989 enthalten (s Rn 34). Zutr ist, dass Art 4 Abs 4 DBA-Schweiz Raum für die Anwendung nationaler Normen schafft, zu denen auch § 2 AStG gehört. Dessen Voraussetzungen müssen für eine Anwendung allerdings zusätzlich erfüllt sein.[21] Zutr ist daher, Art 4 Abs 4 DBA-Schweiz als Sondervorschrift für eine überdachende Besteuerung zu bezeichnen. 23

Verlegt ein „Nichtschweizer" seinen Wohnsitz in die Schweiz und unterlag er zuvor mindestens 5 Jahre der unbeschränkten StPfl in Deutschland, wird dem dt Fiskus die Möglichkeit eröffnet, den Auswanderer im Jahr des Wegzugs und in den folgenden 5 Jahren so zu besteuern, als bestünde das DBA zwischen Deutschland und der Schweiz nicht.[22] Dann darf der Auswanderer sowohl der beschränkten als auch der erweitert beschränkten StPfl des § 2 unterworfen werden (sofern dessen Voraussetzungen zusätzlich erfüllt sind). Das beschränkte Quellenbesteuerungsrecht Deutschlands ist für diese Zeit ausgesetzt. Betr sind davon va die Quellensteuerbeschränkungen für Dividenden, Zinsen oder Lizenzgebühren. 24

Da der Schweiz als *neuem* Ansässigkeitsstaat abkommensrechtlich ebenfalls ein Besteuerungsrecht eingeräumt wird, kann es zu einer Dbest kommen. Denn die Schweiz hat lediglich die Einkünfte von der Besteuerung auszunehmen, für die das DBA Deutschland das Besteuerungsrecht zuweist; ansonsten unterliegt der Auswanderer mit seinem Welteinkommen der unbeschränkten schweizerischen StPfl. Zur Vermeidung der Dbest der aus Deutschland stammenden Einkünfte rechnet Deutschland die schweizerische Steuer auf denjenigen Teil der dt Steuer an, den Deutschland nicht schon abkommensrechtlich als Quellenstaat erheben dürfte; § 34c EStG findet Anwendung. Die Anrechnung ist begrenzt auf die tatsächlich in der Schweiz auf diese Einkünfte erhobene Einkommensteuer. Alternativ ist nach Wahl des StPfl statt der Anrechnungs- die Abzugsmethode möglich. 25

Es ist zu beachten, dass die Voraussetzungen des § 2 und des Art 4 Abs 4 DBA-Schweiz **unabhängig** voneinander zu prüfen sind. Liegen die Voraussetzungen des § 2 vor, ohne dass gleichzeitig die Voraussetzungen des Art 4 Abs 4 DBA-Schweiz erfüllt sind, gelten für die erweiterte beschränkte StPfl die Einschränkungen des DBA mit Ausnahme von Art 4 Abs 4. Umgekehrt gelten iRd herkömmlichen beschränkten StPfl lediglich die Einschränkungen des Art 4 Abs 4 DBA, wenn zwar dessen Voraussetzungen, nicht jedoch die Voraussetzungen der erweiterten beschränkten StPfl erfüllt sind.[23] Da dann keine nationale Steuerrechtsnorm vorhanden ist, läuft Art 4 Abs 4 DBA-Schweiz insoweit ins Leere. 26

19 *S/K/K* § 2 AStG Rn 26.
20 *BMF* BStBl I 2004, Sondernr 1, 3, 10.
21 *Debatin/Wassermeyer* Schweiz, Art 4 Rn 130.
22 *Vogel/Lehner* Art 1 DBA Rn 139.
23 *Debatin/Wassermeyer* Schweiz, Art 4 Rn 130.

27 Art 4 Abs 4 DBA-Schweiz begrenzt die Anwendbarkeit der erweiterten beschränkten StPfl auf **5 Jahre**. Die Regelung kommt nur bei in der Schweiz ansässigen natürlichen Personen zur Anwendung, die **nicht** die schweizerische Staatsangehörigkeit besitzen. Schweizer Staatsangehörige genießen bei Rückkehr den sofortigen vollständigen Abkommensschutz, auch wenn sie daneben noch eine andere Staatsangehörigkeit besitzen.

28 Gem Art 4 Abs 4 S 4 DBA-Schweiz gelten die Bestimmungen zur überdachenden Besteuerung nicht, wenn die natürliche Person in der Schweiz ansässig geworden ist, um hier eine echte unselbstständige Arbeit für einen Arbeitgeber auszuüben, an dem sie über das Arbeitsverhältnis hinaus weder unmittelbar noch mittelbar durch Beteiligung oder in anderer Weise wirtschaftlich wesentlich interessiert ist. Dabei ist es unschädlich, wenn der Umzug in die Schweiz erst mehrere Jahre nach Aufnahme der dortigen Arbeitstätigkeit erfolgt.[24] Vielmehr sei Motiv der Vorschrift die „Verhinderung der Steuerflucht".[25] Im Falle der bereits bestehenden Arbeitstätigkeit sei der Bezug zwischen Umzug und Arbeitstätigkeit sogar eindeutiger und unmittelbarer als bei geplanter Arbeitsaufnahme.[26]

29 Nach Ansicht des BFH muss die Absicht der Arbeitstätigkeit in der Schweiz weder der alleinige noch der vorrangige Beweggrund für den Wegzug in die Schweiz gewesen sein. Auch eine bloße, nicht auf ein konkretes Arbeitsverhältnis bezogene Absicht der Arbeitsaufnahme in der Schweiz reicht für die Anwendung der Ausnahmeregelung des Art 4 Abs 4 S 4 DBA-Schweiz aus.[27] Nach einer Entscheidung des BFH[28] ist dies aber nur dann der Fall, wenn der StPfl seine bisherige Beschäftigung im Inland aufgegeben oder verloren hat und er jetzt eine abhängige Beschäftigung in der Schweiz sucht. Die Ausnahmeregelung greift danach nicht, wenn der StPfl in der Schweiz tätig wird und seine im Inland ausgeübte Arbeitnehmertätigkeit fortführt. Lediglich die subjektive Absicht, eine Arbeit in der Schweiz aufzunehmen, sei in diesem Zusammenhang nicht ausreichend.

30 Gem BMF ist Art 4 Abs 4 DBA-Schweiz nicht anzuwenden, wenn der Wegzug in die Schweiz wegen Heirat mit einer Person schweizerischer Staatsangehörigkeit erfolgt.[29] Die Verwaltungsanweisung geht auf eine Verständigungsvereinbarung des BMF und der EStV zurück.[30] Motive aus dt Sicht für diese Vereinbarung sind nicht veröffentlicht.[31] Grundgedanke der Regelung ist aus schweizerischer Sicht, der Familienzusammenführung einen höheren Stellenwert einzuräumen als der vom Gesetz als Regelfall vermuteten Steuerflucht; diese familiären Gründe könnten jedenfalls durch einen Zeitablauf von 10 Monaten zwischen Wegzug und Heirat nicht entfallen sein.[32]

---

24 *BFH* BStBl II 2011, 443.
25 *BFH* BStBl II 2010, 387.
26 *BFH* BStBl II 2011, 443.
27 *BFH* BStBl II 2010, 387.
28 *BFH* NV 2012, 922. So auch schon die Vorinstanz *FG Baden-Württemberg* EFG 2011, 1891.
29 *BMF* BStBl I 1994, 683 (Tz 41).
30 *BFH* NV 2011, 2005 mit Verweis auf *BMF* v 21.4.1977.
31 *BFH* NV 2011, 2005.
32 *BFH* NV 2011, 2005 mit Verweis auf *EStV* Verständigungsregelung v 7.4.2005.

Nach Auffassung der deutschen Finanzbehörden ist ein zeitlicher Zusammenhang zwischen Wegzug und Heirat als noch gegeben anzusehen, wenn die Heirat in einem Zeitraum von sechs Monaten vor und sechs Monaten nach Wegzug erfolgt.[33] 31

Nach Ansicht des BFH ist diese 6-Monatsfrist vor oder nach Wegzug als willkürfreie Indizregel für den sachlichen Zusammenhang zwischen Wegzug und Heirat anzusehen, wodurch Rechtssicherheit gewährleistet werden könne. Die Frage, wann der Entschluss zur Eheschließung gefallen sei, könne als innere Tatsache letztlich jeder Ehegatte nur für sich selbst zweifelsfrei entscheiden.[34] 32

Art 4 Abs 6 DBA-Schweiz verneint die Ansässigkeit in einem Vertragsstaat, wenn der StPfl in dem eigentlichen Ansässigkeitsstaat nicht mit allen nach dem Steuerrecht dieses Staates allg steuerpflichtigen Einkünften aus dem anderen Vertragsstaat den allg erhobenen Steuern unterliegt. Die Nichtansässigkeitsfiktion des Art 4 Abs 6 DBA-Schweiz führt zu einem Verlust des Abkommensschutzes, so dass Deutschland einen vollumfassenden Besteuerungszugriff nach den Regeln des § 2 erhält. Betroffen sind hiervon va Auswanderer, die in der Schweiz pauschal nach dem Aufwand besteuert werden.[35] 33

c) DBA-Italien. Eine **Öffnungsklausel** findet sich im Prot zum DBA Deutschland-Italien 1989. Nach Nr 17 des Prot zu Art 24 und Art 6–22 können bei dt Staatsangehörigen, die der erweiterten beschränkten StPfl iSd § 2 unterliegen, inländische Einkünfte und im Inland belegenes Vermögen unabhängig vom Abk nach den Vorschriften des dt Steuerrechts besteuert werden. Eine zeitliche Begrenzung – neben der des § 2 – ist im Prot nicht vorgesehen. Eine Dbest wird durch Anrechnung der italienischen Steuer auf die dt Steuer nach den Anrechnungsvorschriften des dt Steuerrechts vermieden. Eine Anrechnung unterbleibt insoweit, als die dt Steuer nach den allg Regeln des DBA ohnehin erhoben werden könnte.[36] 34

Bemerkenswert an dieser Regelung ist der folgende Satz:[37] „Hierbei besteht Einverständnis darüber, dass die in der Italienischen Republik erhobene Einkommensteuer keine niedrige Besteuerung iSd § 2 Abs 2 Nr 1 des AStG (…) darstellt. Das gilt nicht für Personen, die nur mit Einkünften aus italienischen Quellen besteuert werden.“[38] Die FinVerw bestätigt dies in ihrem Anwendungsschreiben zum AStG.[39] Die in Italien erhobene Einkommensteuer ist folglich nicht als niedrige Besteuerung anzusehen, es sei denn der Auswanderer unterliegt dort ausschließlich einer Quellenbesteuerung. Da Italien bei dort ansässigen Personen jedoch grds das Welteinkommen besteuert, verbleibt für die Anwendung der Ausnahme kein Raum.[40] Zudem ist nicht zu sehen, welchen Fall der Abkommensgeber bzw Protokollgeber bei Schaffung dieser Ausnahme vor Augen hatte. Vorstellbar wären Fälle von Mehrfachwohnsitzen, diese sind aber idR durch ein Verständigungsverfahren zu lösen. 35

33 *BFH* NV 2011, 2005 mit Verweis auf *Grenzgängerhandbuch* der OFD Karlsruhe, Fach A Teil 4 Nr 1.

34 Beschluss v 27.7.2011 – I R 44/10 (NV).

35 *Debatin/Wassermeyer* Schweiz, Art 4 Rn 184 ff.

36 *BMF* BStBl I 2004, Sondernr 1, 3, 11.

37 Noch bemerkenswerter ist, dass diese Regelung bisher in Lit und Kommentierung so wenig Beachtung fand.

38 Prot zum DBA 1989, Nr 17.

39 *BMF* BStBl I 2004, Sondernr 1, 3, 11.

40 *Debatin/Wassermeyer* Italien, Art 24 Rn 56.

36 Damit würde sich die Öffnungsklausel aber auch selbst wieder schließen und wäre eigentlich überflüssig, da ohne das Vorliegen einer Niedrigbesteuerung § 2 die Anwendungsgrundlage entzogen wird. Dass dem nicht so ist, stützt sich auf folgende Überlegung.

37 Bei der Rückausnahme, dass in Italien von keiner Niedrigbesteuerung auszugehen sei, wird nach dem eindeutigen Wortlaut nur auf eine Besteuerung iSd § 2 Abs 2 **Nr 1** verwiesen, die **Nr 2** wird ausdrücklich (oder versehentlich?) nicht genannt. Unterliegt der Auswanderer in Italien einer Vorzugsbesteuerung, soll für diesen die Rückausnahme der Öffnungsklausel nicht gelten. Vereinfacht ausgedrückt ist das mE so zu verstehen: Unterliegt der Auswanderer in Italien einer niedrigen Besteuerung nach Tarif, kommt wegen der Einschränkung der Öffnungsklausel die erweiterte beschränkte StPfl nicht zur Anwendung. Gelangt der Auswanderer jedoch dort in den Genuss einer Vorzugsbesteuerung, führt die Öffnungsklausel zur Anwendung des § 2, der Schutz des DBA gilt dann nicht. Diese mE dem Zweck nach verständliche, jedoch unnötig verklausulierte Regelung ist – soweit ersichtlich – nur im DBA mit Italien enthalten.

38 Als problematisch ist ohnehin das Abstellen auf den Begriff der Vorzugsbesteuerung in § 2 zu sehen. Der Begriff ist dem dt Steuerrecht völlig fremd.

39 **d) DBA-Großbritannien.** Die nur eingeschränkte Besteuerung in Großbritannien auf der sog „Remittance Basis" machte den Wohnsitzwechsel dorthin sehr attraktiv, da eine völlige Steuerfreistellung bestimmter ausl Einkunftsteile möglich war. Durch Erlangung des Status des „resident-not-domiciled" unterliegt der Auswanderer nach nationalem Steuerrecht in Großbritannien lediglich einer eingeschränkten Besteuerung; erfasst werden nur diejenigen ausl Einkunftsteile, welche nach Großbritannien überwiesen („remittance") werden. Dieser begünstigten Besteuerung unterliegen zB Einkünfte aus ausl Schuldverschreibungen, Dividenden von ausl Ges sowie Zinsen aus ausl Quellen.[41]

40 Nach dem AStG-Anwendungserlass v 2.12.1994 sah die dt FinVerw in der Besteuerung auf „Remittance Basis" zunächst allein aufgrund dieser eingeschränkten Besteuerung keine § 2 auslösende Vorzugsbesteuerung.[42] Seit dem VZ 2002 qualifiziert die FinVerw Großbritannien bei einer Besteuerung auf „Remittance Basis" jedoch als Niedrigsteuergebiet.[43] Dies führt dazu, dass der Auswanderer, welcher den Status des „resident-not-domiciled" innehat, mit seinen nichtausl Einkünften der erweiterten beschränkten StPfl des § 2 unterliegt, soweit diese nicht durch das DBA-Großbritannien eingeschränkt wird.

41 Am 30.12.2010 ist das neue DBA zwischen der Bundesrepublik Deutschland und dem Vereinigten Königreich Großbritannien und Nordirland in Kraft getreten. Das bisherige DBA stammte in seiner Grundfassung aus dem Jahr 1964 (kurz: DBA 1964/70) und war damit eines der ältesten mit Deutschland bestehenden DBA überhaupt. Das neue DBA wurde in einigen Bereichen dabei grundlegend überarbeitet. So wurde der Repatriierungsvorbehalt in Art 2 Abs 2 DBA 1964/70 nunmehr durch Art 24 DBA-Großbritannien ersetzt. Durch die Neufassung wird der Zugriff des deutschen Steuerrechts auf durch das sog Remittance-Base-Konzept durch Großbritannien begünstigte

41 *Angermann/Anger* IStR 2005, 439, 440; *Ettinger/Wieder* PIStB 2005, 282, 283.
42 *BMF* BStBl I 1995, Sondernr 1, 3, 12.
43 *BMF* BStBl I 2004, Sondernr 1, 3, 12.

Einkünfte erheblich ausgedehnt. Während sich die frühere Regelung nur auf Dividendeneinkünfte, Zinserträge, Lizenzgebühren, Renten und Ruhegehälter sowie sonstige Einkünfte beschränkte, sind von der Neuregelung alle laufenden Einkünfte, einschließlich Veräußerungsgewinne betroffen.[44] Weiterhin ist künftig nicht mehr Voraussetzung, dass die betreffende Verteilungsnorm im DBA eine eigene sog Subject-to-tax-Klausel aufweist.[45]

Grds wird für Einkünfte, für die nach dem einschlägigen DBA dem *neuen* Wohnsitzstaat des erweitert beschränkt StPfl das ausschließliche Besteuerungsrecht zugewiesen wird, die erweiterte beschränkte StPfl des § 2 ausgeschlossen (vgl Rn 19).[46] Der „resident-not-domiciled" ist abkommensrechtlich in Großbritannien ansässig. Der Schutz des Abk kann aber bei Besteuerung auf „Remittance Basis" nur eingeschränkt in Anspruch genommen werden. Denn nach Art 24 DBA-Großbritannien (vormals Art 2 Abs 2 DBA 1964/70) können dort ansässige StPfl für Einkünfte aus Deutschland die im Abk vorgesehene Befreiung bzw Ermäßigung von der dt Steuer nur beanspruchen, soweit ihre Einkünfte nachweislich in Großbritannien versteuert werden. Bei der Neuregelung des Art 24 DBA-Großbritannien handelt es sich nicht um eine allg sog Subject-to-tax-Klausel.[47] Vielmehr wird ein kausaler Zusammenhang zwischen der Überweisung von Einkünften und deren Besteuerung vorausgesetzt. Werden Einkünfte nicht nach Großbritannien überwiesen und daher in Großbritannien nicht besteuert, entfällt somit der Abkommensschutz, zB vor der erweiterten beschränkten StPfl. Die Regelung soll der Verhinderung sog „weißer Einkünfte" dienen.[48] 42

Nach Art 11 Abs 1 DBA-Großbritannien hat Großbritannien für Zinsen grds das alleinige Besteuerungsrecht. Soweit die Zinsen nicht nach Großbritannien überwiesen werden und aufgrund dessen dort nicht steuerpflichtig sind, steht abkommensrechtlich auch Deutschland nach Art 24 DBA-Großbritannien ein Besteuerungsrecht zu; § 2 ist anwendbar. Konnten bis zum VZ 2002 bei Besteuerung auf „Remittance Basis" dinglich ungesicherte Zinszahlungen aus Deutschland, welche nicht unter § 49 EStG fielen, aufgrund der Nichtanwendung von § 2 völlig steuerfrei sein, ist dies nun nicht mehr möglich. Soweit die Zinsen nicht nach Großbritannien fließen und infolgedessen dort nicht steuerpflichtig sind, geht der DBA-Schutz verloren und § 2 kommt zur Anwendung. Fließen die Zinsen hingegen nach Großbritannien, unterliegen diese dort der Besteuerung; die erweiterte beschränkte StPfl in Deutschland wird ausgeschlossen. 43

Dividenden, welche der Auswanderer aus Deutschland repatriiert, unterliegen ebenfalls der (erweiterten) beschränkten StPfl. Die abkommensrechtliche Quellensteuerbegrenzung nach Art 10 Abs 2 DBA-Großbritannien kommt nur zur Anwendung, soweit die Dividenden auch nach Großbritannien fließen und dort tatsächlich der Besteuerung unterliegen.[49] Zudem werden künftig Einkünfte iSd § 17 EStG (Veräußerung wesentlicher Kapitalgesellschaftsbeteiligungen) im Rahmen der erweiterten 44

44 *Büttgen/Kaiser/Raible* BB 2011, 862.

45 *Bahns/Sommer* IStR 2011, 201, 208.

46 *Angermann/Anger* IStR 2005, 439, 442; *Ettinger/Wieder* PIStB 2005, 282, 284; *F/W/B/S* § 2 AStG Rn 32.

47 *Büttgen/Kaiser/Raible* BB 2011, 862, 866 mwN.

48 *Debatin/Wassermeyer* Großbritannien Art 2 Rn 55.

49 Zu DBA 1964/70: *Angermann/Anger* IStR 2005, 439, 442; *Debatin/Wassermeyer* Großbritannien, Art 2 Rn 55; *Ettinger/Wieder* PIStB 2005, 282, 283.

beschränkten Steuerpflicht erfasst, sollten diese in Großbritannien der „Remittance Basis"-Besteuerung unterliegen. Der Abkommensschutz in Art 13 Abs 5 DBA-Großbritannien greift dann nicht.

45 Wie aus vorstehenden Ausführungen ersichtlich gewinnt der Anwendungsbereich der erweiterten beschränkten Steuerpflicht nach § 2 im Verhältnis zu Großbritannien zunehmend an Bedeutung, da die Besteuerung auf Remittance Basis als „Paradebeispiel" für eine personenbezogene Vorzugsbesteuerung iSv § 2 Abs 2 Nr 2 dient.

III. Konformität mit Europarecht

46 In den meisten EU-Staaten war bisher aufgrund hoher Steuersätze von keiner Niedrigbesteuerung iSd § 2 Abs 2 auszugehen. Zudem wird durch die zwischen den Mitgliedstaaten abgeschlossenen DBA die Anwendung von § 2 regelmäßig eingeschränkt. Dennoch gibt es inzwischen va durch die Ausweitung der EU nunmehr eine Vielzahl von EU-Mitgliedstaaten mit einer niedrigen Besteuerung. Hinzu kommen Fälle, in denen der Abkommensschutz von DBA durch Öffnungsklauseln (zB DBA-Italien) oder anderen Sondervorschriften (DBA-Großbritannien) ausgesetzt und § 2 anwendbar ist. So qualifiziert die FinVerw Großbritannien bei einer Besteuerung auf „Remittance Basis" als Niedrigsteuergebiet und zusätzlich entfällt iRd „Remittance Basis"-Besteuerung der Abkommensschutz vor der erweiterten beschränkten StPfl (vgl Rn 42).[50]

47 Nach der Entsch des EuGH in der Rechtssache *Eurowings*[51] sah die Lit die potentielle EU-Rechtswidrigkeit der Vorschrift als offensichtlich gegeben an. Der EuGH stellte darin fest, dass eine niedrigere Besteuerung im Ausland keine höhere Inlandsbesteuerung rechtfertige. Zum einen wollte *Wassermeyer*[52] in dieser Entsch die Totenglocke der Vorschrift hören, zum anderen hielt es *Ritter*[53] für an der Zeit, die Vorschrift aus dem Verkehr zu ziehen. 16 Jahre nach der *Eurowings*-Entscheidung besteht die Vorschrift des § 2 unverändert fort; der EuGH musste sich bislang noch nicht damit beschäftigen. Die Antwort darauf, ob sich der EuGH künftig mit der Vorschrift wegen EU-rechtlicher Bedenken noch wird auseinandersetzen müssen, hat sich durch seine Rspr der vergangenen Jahre nunmehr relativiert.

48 *Elicker* weist mE zu Recht darauf hin, dass die Streichung der Mindestbesteuerungsregelung in § 2 Abs 5 S 3 aF als Reaktion auf die EuGH-Entscheidung in der Rechtssache *Gerritse*[54] die unionsrechtlichen Bedenken gegen § 2 zumindest etwas entschärfte. Denn diese Regelung sah ungeachtet der aus der unbeschränkten Stpfl entlehnten Veranlagung und der Anwendung des Steuertarifes nach Maßgabe des „Welteinkommens" eine Untergrenze der Steuerlast auf das Niveau der Abzugssteuern vor und kombinierte dadurch für den Stpfl ungünstige Einzelelemente der unbeschränkten und der beschränkten Stpfl zu einer Art Strafbesteuerung, welche im unionsrechtlichen Kontext durchaus als Sanktionierung eines Umzuges in das niedrigbesteuerte europäische Ausland interpretiert werden konnte.[55]

---

50 *BMF* BStBl I 2004, Sondernr 1, 3, 12.
51 *EuGH* DStRE 2000, 303, 306.
52 *Wassermeyer* IStR 2001, 113 f.
53 *Ritter* IStR 2001, 430, 434.
54 *EuGH* mit Anm *Grams/Molenaar* IStR 2003, 458 – Gerritse.
55 *Blümich* § 2 AStG Rn 6.

Entsch bei der Beurteilung auf Konformität mit Europarecht wird sein, ob die Regelung geeignet ist, den StPfl von einer Wohnsitzverlegung in andere Mitgliedstaaten abzuhalten und daher eine Beschränkung von Grundfreiheiten darstellt. In der Rechtssache *de Lasteyrie du Saillant* wurde ein StPfl, der iRd Ausübung der **Niederlassungsfreiheit** seinen Wohnsitz ins Ausland verlegte, gg einer Person, die ihren Wohnsitz in Frankreich beibehielt, benachteiligt. Der StPfl wurde allein wegen der Verlegung seines Wohnsitzes ins Ausland für ein Einkommen steuerpflichtig, welches noch nicht realisiert war und über das er noch nicht verfügte. Wäre er dagegen in Frankreich geblieben, wären die Wertsteigerungen nur steuerpflichtig gewesen, soweit sie tatsächlich realisiert worden wären.[56] Nach Auffassung des EuGH in der Rechtssache *de Lasteyrie du Saillant* sei jedoch die Verhinderung von Steuerflucht und die Gefahr von Steuerausfällen kein Rechtfertigungsgrund für eine Einschränkung der europäischen Grundfreiheiten.[57] **49**

Relativiert wurden die europarechtlichen Bedenken gegen § 2 insb durch die Entsch des EuGH in der Rechtssache *van Hilten-van der Heijden*, nach der ein EU-Mitgliedstaat seine Staatsangehörigen nach dem Wegzug in ein Niedrigsteuergebiet für eine bestimmte Übergangszeit so besteuern darf wie vor dem Wegzug, sofern sich die gesamte Steuerbelastung des Auswanderers durch den Wegzug nicht erhöht. Der EuGH stellte fest, dass solche Maßnahmen als **Beschränkungen des Kapitalverkehrs** nur verboten seien, wenn sie geeignet sind, Gebietsfremde von Investitionen in einem Mitgliedstaat oder die dort Ansässigen von Investitionen in anderen Mitgliedstaaten abzuhalten.[58] Übertragen auf § 2 bedeutet dies, dass der Auswanderer nach dem Wegzug in ein Niedrigsteuergebiet einer erweiterten beschränkten StPfl in dem ursprünglichen Staat unterworfen werden darf, sofern sichergestellt ist, dass er dadurch nicht von **Investitionen in anderen Mitgliedstaaten abgehalten wird**. **50**

Einen Angriffspunkt hinsichtlich potenzieller Europarechtswidrigkeit des § 2 bietet auch das Abstellen auf den Begriff der Staatsangehörigkeit. Nach Abs 1 ist eine natürliche Person, die in den letzten zehn Jahren vor dem Ende ihrer unbeschränkten StPfl **als Deutscher** mindestens fünf Jahre unbeschränkt einkommensteuerpflichtig war, unter weiteren Voraussetzungen ggf erweitert beschränkt steuerpflichtig. Nach Art 18 AEUV ist eine Diskriminierung auf Grund der Staatsangehörigkeit grds verboten. § 2 beschränkt die erweiterte beschränkte Einkommensteuerpflicht jedoch auf die **dt** Staatsangehörigkeit. Darin wird in der Lit ein klarer Verstoß gegen das Diskriminierungsverbot nach Art 18 AEUV (ehem Art 12 EGV) gesehen.[59] Wenn ein dt Staatsangehöriger seinen Wohnsitz in einen anderen EU-Mitgliedstaat verlegt, der als Niedrigsteuergebiet iSd § 2 einzuordnen ist, so kann es zu einer europarechtswidrigen Diskriminierung der Staatsangehörigkeit kommen, wenn er anders behandelt wird als ein aus Deutschland Ausgewanderter anderer Nationalität.[60] **51**

Doch auch diesbzgl ist die Entsch des EuGH in der Rechtssache *van Hilten-van der Heijden* beachtenswert, da hierin zum Ausdruck gebracht wurde, dass in dem Abstellen des niederländischen Erbschaftsteuerrechts alleine auf niederländische Staatsangehörige **52**

---

56 *EuGH* IStR 2004, 236, 239.
57 *EuGH* IStR 2004, 236, 240.
58 *EuGH* IStR 2006, 309, 310.
59 *Dautzenberg* IStR 1997, 39 ff.
60 *Dautzenberg* IStR 1997, 39, 41.

keine europarechtswidrige Diskriminierung zu sehen sei. Eine solche Ungleichbehandlung aufgrund der Staatsangehörigkeit ergebe sich in Ermangelung unionsrechtlicher Vereinheitlichungs- oder Harmonisierungsmaßnahmen aus der Befugnis der Mitgliedstaaten, die Kriterien für die Aufteilung ihrer Steuerhoheit vertraglich oder einseitig festzulegen.[61] Dies bezieht sich jedoch nur auf den Fall, dass die jeweiligen DBA dies vorsehen. In dem in der Rechtssache *van Hilten-van der Heijden* einschlägigen Erbschaftsteuer-DBA war das von den Niederlanden ausgeübte Besteuerungsrecht ausdrücklich vorgesehen. In solchen Fällen dürfte die Beschränkung des Anwendungsbereiches von § 2 auf StPfl dt Staatsangehörigkeit somit vom EuGH toleriert werden. § 2 geht jedoch gerade von einem Nicht-DBA-Fall bzw von dem Fall aus, in dem das DBA derogiert ist.

53 Trotz der Entsch *van Hilten-van der Heijden* sehen Zimmermann/Könemann und Baßler die Vorschrift des § 2 als europarechtswidrig an, da sie gegen die Niederlassungs- und gegen die Kapitalverkehrsfreiheit verstoße. Schließlich unterlagen der niederländischen Erbschaftsteuer alle niederländischen Staatsangehörigen, die innerhalb von zehn Jahren vor ihrem Tod ins Ausland gezogen waren; eine Differenzierung zwischen einem Wegzug in ein Niedrigsteuergebiet und dem Wegzug in ein Normal- oder Hochsteuergebiet wurde nicht vorgenommen. Gerade hier liege jedoch der Unterschied zur erweiterten beschränkten StPfl, weswegen eine dreiseitige Betrachtung notwendig sei.[62] Da nach dem Wegzug in ein Niedrigsteuergebiet unter den Voraussetzungen des § 2 das dt Steuerniveau erhalten bleibt und bei einem Wegzug in ein nicht als Niedrigsteuerland qualifiziertes Gebiet ein ggf niedrigeres Steuerniveau besteht, liege in dieser Ungleichbehandlung eine Benachteiligung des Niedrigsteuerlandes und eine Einschränkung der Kapitalverkehrsfreiheit.[63] So kann ein Auswanderer mit dt Staatsangehörigkeit nach dem Wegzug in ein Niedrigsteuerland durch § 2 davon abgehalten werden, Investitionen in Deutschland zu tätigen, während ein anderer Auswanderer, der in ein Normal- oder Hochsteuerland gezogen ist, diese Investitionen vornehmen kann, ohne steuerliche Nachteile durch § 2 befürchten zu müssen. Die erweiterte beschränkte StPfl nach § 2 kann somit Investitionen aus bestimmten Ländern in Abhängigkeit vom jeweiligen Steuerniveau diskriminieren. Darin sei in Anlehnung an die Grundsätze der EuGH-Entscheidung *van Hilten-van der Heijden* eine Einschränkung der **Kapitalverkehrsfreiheit** zu sehen. Da die Kapitalverkehrsfreiheit auch im Verhältnis zu Drittstaaten anwendbar ist, könnten sich sogar StPfl, die in einen Drittstaat gezogen sind, auf die (potentielle) Europarechtswidrigkeit des § 2 berufen.[64]

54 Den Ausführungen von Zimmermann/Könemann ist lediglich der Grund für einen potentiellen Verstoß von § 2 gegen die Kapitalverkehrsfreiheit zu entnehmen. Worin Zimmermann/Könemann zudem einen Verstoß gegen die Niederlassungsfreiheit sehen, erschließt sich nicht. Zumal die Tatsache, dass ein Auswanderer mit dt Staatsangehörigkeit nach dem Wegzug in ein Niedrigsteuerland durch § 2 davon abgehalten wird, Investitionen in Deutschland zu tätigen, erst ein Problem **nach** dem Wegzug darstellt. Die Verlegung des Wohnsitzes in das Ausland an sich wird nicht behindert, so dass ein Verstoß gegen die Niederlassungsfreiheit nach den Grundsätzen der Rechtssache *de Lasteyrie du Saillant* nicht ersichtlich ist.

---

61 *EuGH* IStR 2006, 309, 310.
62 *F/W/B/S* § 2 AStG Rn 25 ff; *S/K/K* § 2 AStG Rn 35.3 f.
63 *F/W/B/S* § 2 AStG Rn 25 ff; *S/K/K* § 2 AStG Rn 35.4.
64 *S/K/K* § 2 AStG Rn 35.5, 36.

B. Anwendungsbereich

I. Persönlicher Anwendungsbereich

1. Natürliche Person. Der Anwendungsbereich des § 2 ist **nur bei natürlichen Personen** eröffnet. Laut der Gesetzesbegründung war für den Gesetzgeber die persönliche Bindung des StPfl Voraussetzung für die Einführung der Vorschrift.[65] Eine KapGes kann eine solche persönliche Bindung nicht aufbauen.[66] Außerdem kommen bei einem Wegzug der KapGes aus Deutschland die iRd SEStEG neu gefassten speziellen Entstrickungstatbestände des § 12 KStG zur Anwendung. 55

Eine PersGes ist kein selbstständiges Steuersubjekt (Transparenzprinzip) und kann somit ebenfalls nicht der erweiterten beschränkten StPfl unterliegen. 56

2. Unbeschränkte Einkommensteuerpflicht. Die erweiterte beschränkte StPfl kommt zur Anwendung, wenn die natürliche Person in den letzten zehn Jahren vor dem Ende ihrer unbeschränkten StPfl nach § 1 Abs 1 S 1 EStG als Deutscher insgesamt **mindestens fünf Jahre unbeschränkt einkommensteuerpflichtig** war (Abs 1 S 1). Die Person muss für diesen Zeitraum somit im Inland ihren Wohnsitz (§ 8 AO) oder gewöhnlichen Aufenthalt (§ 9 AO) gehabt haben. Da § 2 Abs 1 S 1 explizit *nur* auf § 1 Abs 1 S 1 EStG verweist, fallen erweitert **un**beschränkt StPfl (§ 1 Abs 2 und 3 EStG) nicht unter den Anwendungsbereich der Vorschrift. 57

Der Anwendungsbereich der Vorschrift setzt einen Wegfall der unbeschränkten StPfl voraus. Somit beginnt der Fristlauf der erweiterten beschränkten StPfl erst, wenn der StPfl weder Wohnsitz noch gewöhnlichen Aufenthalt im Inland hat. Bei Verheirateten sind die Verhältnisse jedes einzelnen Ehegatten maßgebend.[67] Es ist jedoch zu berücksichtigen, dass Personen über einen Familienangehörigen einen Wohnsitz beibehalten können. So hat ein Ehegatte, der nicht dauernd getrennt lebt, seinen Wohnsitz grds dort, wo seine Familie lebt (AEAO zu § 8).[68] Damit kann uU die unbeschränkte StPfl eines Ehegatten, der sich ins Ausland begeben hat, zB durch den gemeinsamen Familienwohnsitz weiter bestehen bleiben. 58

Die unbeschränkte StPfl nach § 1 Abs 3 EStG sowie die fiktive unbeschränkte StPfl von EU- und EWR-Familienangehörigen nach § 1a EStG löst bei ihrem Wegfall § 2 nicht aus, da § 2 Abs 1 S 1 explizit nur auf § 1 Abs 1 S 1 EStG verweist;[69] jedoch steht der Anwendung des § 2 AStG nicht entgegen, wenn nach dem Wegzug des unbeschränkt StPfl die fiktive unbeschränkte StPfl nach den genannten Bestimmungen noch eingreift. 59

3. Deutscher. Weitere persönliche Voraussetzung ist, dass die unbeschränkt steuerpflichtige natürliche Person während der zehn dem Statuswechsel vorangehenden Jahre mindestens fünf Jahre „Deutscher" war. Eine Definition des Begriffs des „Deutschen" unterbleibt. Nach umstrittener, aber mE zutr Ansicht, ist der erweiterte Begriff des „Deutschen" iSd Grundgesetzes zugrunde zu legen. Danach sind gem Art 116 Abs 1 GG den dt Staatsangehörigen andere Personen gleichgestellt, die auf Grund ihres Status als „Deutsche" im Inland ansässig und infolgedessen unbeschränkt 60

---

65 RegE Begr BT-Drucks 6/2883 v 2.12.1971, Tz 19, 22, 55.

66 So auch *S/K/K* § 2 AStG Rn 38.

67 *BMF* BStBl I 2004, Sondernr 1, 3, 11.

68 *BFH* BStBl II 1985, 331.

69 So auch die FinVerw *BMF* BStBl I 2004, Sondernr 1, 3, 11: „eine unbeschränkte StPfl iSd § 1 Abs 2 und 3 und des § 1a Abs 1 Nr 2 EStG ist unbeachtlich"

steuerpflichtig sind.[70] Mithin fallen auch Flüchtlinge und Vertriebene dt Volkszugehörigkeit sowie deren Angehörige in den Anwendungsbereich der Vorschrift, sofern sie in dem Gebiet des dt Reiches nach dem Stand vom 31.12.1937 Aufnahme gefunden haben (vgl Art 116 Abs 1 GG).[71]

61 Mindestens fünf Jahre der dt Staatsangehörigkeit müssen mit dem Zeitraum der unbeschränkten StPfl zusammenfallen („als Deutscher"). Zeiträume unbeschränkter StPfl, während denen noch keine dt Staatsangehörigkeit bestand, zählen nicht zur erforderlichen Frist. Eine Unterbrechung der unbeschränkten StPfl führt nicht zu einem erneuten Fristlauf; die Zeiten sind zu addieren.[72] Für die Anwendung der Vorschrift ist nicht erforderlich, dass die dt Staatsangehörigkeit im Zeitpunkt des Wegzugs oder der anschließenden erweiterten beschränkten StPfl (noch) besteht. Ist die Fünf-Jahresfrist einmal erfüllt, so kann die Aufgabe der dt Staatsangehörigkeit die Anwendung der Vorschrift auf einen davor oder danach liegenden Statuswechsel nicht mehr ausschließen. Insofern ist bei StPfl, die mehrere Staatsangehörigkeiten innehaben, ggf frühzeitig eine Aufgabe der dt Staatsangehörigkeit zu prüfen.

62 **4. Ansässigkeit im Ausland.** Der Auswanderer muss nach seinem Ausscheiden aus der dt unbeschränkten StPfl im niedrig besteuernden Ausland ansässig werden oder darf in keinem ausl Gebiet ansässig sein (§ 2 Abs 1 Nr 1 1. Alt). Eine weitere Erläuterung des Begriffs der Ansässigkeit unterbleibt. Über die Auslegung des Anknüpfungspunktes der Ansässigkeit wird in der Lit kontrovers diskutiert.

63 Die Ansässigkeit einer natürlichen Person wird meist durch Wohnsitz oder gewöhnlichen Aufenthalt bestimmt. Auf diese Tatbestandsmerkmale bezieht sich auch das Anwendungsschreiben der FinVerw (dort unter 2.2.1.).[73] Maßgebend seien dabei die Anknüpfungsmerkmale des ausl, nicht des dt Steuerrechts. Für eine Ansässigkeit ist nach zutr Literaturauffassung daher nicht zwingend ein Wohnsitz oder gewöhnlicher Aufenthalt im Ausland erforderlich. Merkmale, wie zB die Verweildauer, können ebenso die Ansässigkeit im Ausland begründen (bestimmen), sofern sie als Anknüpfungsmerkmale im ausl Steuerrecht herangezogen werden.[74] Zur Prüfung der Ansässigkeit sind die §§ 8, 9 AO somit nur hilfsweise heranzuziehen.

64 Manche Staaten knüpfen die Ansässigkeit allein an die Staatsangehörigkeit. Hierdurch kann es zu einer Ansässigkeit in mehreren Staaten kommen. Hat ein StPfl zB auch die US-Staatsangehörigkeit, so ist er auf Grund dieser in den USA unbeschränkt steuerpflichtig und somit dort ansässig iSd § 2.[75] Bei Ansässigkeit in mehreren Staaten sei auf die für den StPfl belastendere abzustellen.[76]

---

70 Zur Verfassungsmäßigkeit vgl *BVerfG* BStBl II 1986, 628, 643.

71 *BMF* BStBl I 2004, Sondernr 1, 3, 11; **aA** *Blümich* § 2 AStG Rn 12; *S/K/K* § 2 AStG Rn 39 und *F/W/B/S* § 2 AStG Rn 49 f.

72 So auch *Blümich* § 2 AStG Rn 11a.

73 *BMF* BStBl I 2004, Sondernr 1, 3, 11.

74 *F/W/B/S* § 2 AStG Rn 55.

75 *Blümich* § 2 AStG Rn 16; **aA** *S/K/K* § 2 AStG Rn 50: diese vertreten die Auffassung, dass ein StPfl in einem Staat, der die steuerliche Ansässigkeit allein aufgrund der Staatsangehörigkeit fingiert, nicht iSd § 2 AStG ansässig wird. Krit auch *F/W/B/S* § 2 AStG Rn 57, sofern der Wegziehende in seinem Heimatstaat aufgrund seiner Staatsangehörigkeit wie ein Gebietsansässiger besteuert wird. Denn dann liege keine von § 2 AStG zu sanktionierende steuerliche Privilegierung vor und eine Ansässigkeit iSd § 2 AStG müsse folglich verneint werden.

76 *Blümich* § 2 AStG Rn 17.

Eine konträre Auffassung stellt auf den Sprachgebrauch der DBA ab, in dem die Person auf Grund ihres Wohnsitzes, ihres gewöhnlichen Aufenthalts oder ähnlicher Merkmale einer umfassenden Besteuerung unterliegt (vgl Art 4 MA).[77] Das Abstellen auf den abkommensrechtlichen Ansässigkeitsbegriff ist mE schon deshalb problematisch, weil mit einer Reihe von Ländern kein DBA besteht. Gerade für diese Nicht-DBA-Fälle hat § 2 jedoch überwiegend Bedeutung. 65

Alternativ („oder“) kommt § 2 auch zur Anwendung, wenn der StPfl in keinem ausl Gebiet ansässig ist (§ 2 Abs 1 Nr 1 2. Alt). Damit wird **nicht** auf die Ansässigkeit im Inland abgestellt, da unbeschränkt StPfl gerade nicht erfasst werden sollen. Vielmehr fallen unter diese Regelung StPfl, die durch legales, ständiges Umherziehen in verschiedenen Staaten einer ausl Ansässigkeit entgehen und sonst nicht von § 2 erfasst würden.[78] Ebenso sind dadurch StPfl zu erfassen, die sich zB durch Nichterfüllung von Meldepflichten oder Verschleierung ihres Wohnsitzes uÄ die Stellung eines Nichtansässigen verschaffen.[79] 66

Ist der StPfl in keinem ausl Gebiet ansässig, führt dies ohne weitere Prüfung des Abs 2 stets zu einer niedrigen Besteuerung iSd Vorschrift. Daher ist auch ein Gegenbeweis durch konkreten Belastungsvergleich ausgeschlossen.[80] 67

Der Nachweis der Ansässigkeit wird dem StPfl auferlegt („Sofern der Steuerpflichtige nicht nach § 90 Abs 2 AO darlegt…“). Weist der StPfl seine Ansässigkeit im Ausland gg den dt Finanzbehörden nicht nach, so gehen diese davon aus, dass der StPfl in keinem ausl Gebiet ansässig ist.[81] 68

Diese faktische Beweislastumkehr ist dem Gesetzeswortlaut nicht zu entnehmen und daher mE haltlos.[82] Mithin hat die Finanzbehörde die volle Beweislast für die Annahme einer Ansässigkeit zu treffen. Diese muss von Amts wegen die Frage der Ansässigkeit prüfen, wobei sie hierzu vom StPfl gem § 90 Abs 2 AO Unterlagen oder Auskunftserteilung verlangen kann. 69

II. Sachlicher Anwendungsbereich

1. Niedrigbesteuerung. Der Eintritt der Rechtsfolgen des § 2 setzt voraus, dass der StPfl nach seinem Wegzug in einem Niedrigsteuergebiet ansässig ist. Zum Begriff der Ansässigkeit sei auf obige Ausführungen verwiesen. Zur Einordnung als Niedrigsteuergebiet ist im Gesetz ein abstrakter oder ein konkreter Belastungsvergleich vorgesehen. 70

a) Abstrakter Belastungsvergleich. Sowohl beim abstrakten Belastungsvergleich nach Tarif als auch bei Ermittlung einer potentiellen Vorzugsbesteuerung im Ansässigkeitsstaat ist auf die dort erhobene Einkommensteuer abzustellen. Als Einkommensteuer sind in diesem Zusammenhang alle Ertragsteuern des Wohnsitzstaates anzusehen, die mit der dt Einkommensteuer vergleichbar sind.[83] 71

77 *F/W/B/S* § 2 AStG Rn 56 f; abl *S/K/K* § 2 AStG Rn 49.
78 *F/W/B/S* § 2 AStG Rn 61.
79 *Blümich* § 2 AStG Rn 24 (107. Aufl).
80 So auch *Blümich* § 2 AStG Rn 18; *F/W/B/S* § 2 AStG Rn 61.
81 *BMF* BStBl I 2004, Sondernr 1, 3, 11 f.
82 So auch *F/W/B/S* § 2 AStG Rn 62; *S/K/K* § 2 AStG Rn 54.
83 *S/K/K* § 2 AStG Rn 96.

72 **aa) Belastungsvergleich nach Tarif (Abs 2 Nr 1).** IRd **abstrakten Belastungsvergleichs nach Tarif** ist eine typisierende Gegenüberstellung der zu entrichtenden Steuern an einer bestimmten Tarifstelle (77 000 EUR) vorgesehen. Ist die Steuerbelastung an dieser Tarifstelle im Ansässigkeitsstaat des Auswanderers um mehr als ein Drittel geringer als im Inland, wird eine niedrige Besteuerung unterstellt.

73 Nach dem Wortlaut der Norm ist als Vergleichsmaßstab die in dem „ausländischen Gebiet erhobene Einkommensteuer" heranzuziehen. Mit der überwiegend hM sind auch Zuschlagsteuern zur ausl Einkommensteuer in den Belastungsvergleich mit einzubeziehen; auf die ggf abweichenden Untergliederungen im Ausland kommt es nicht an. Umfasst werden somit kantonale oder kommunale Steuern und sogar ausl Kirchensteuern, soweit sie **vom Einkommen erhoben** werden.[84] Im Ausland erhobene Steuern vom Vermögen finden dagegen beim Belastungsvergleich keine Berücksichtigung.

74 Die im ausl Gebiet erhobene Einkommensteuer ist der **dt Einkommensteuer** gegenüberzustellen (Abs 2 Nr 1). Zuschlagsteuern (wie SolZ, KiSt) bleiben beim abstrakten Belastungsvergleich auf der „dt Seite" unberücksichtigt.[85] Der Gesetzeswortlaut nennt nur die *dt Einkommensteuer*. Hätte der Gesetzgeber – wie auf der „ausl Seite" – auch Zuschlagsteuern in den Belastungsvergleich mit einbeziehen wollen, hätte er dies klarer zum Ausdruck bringen müssen. Mithin steht der im Ausland erhobenen Einkommensteuer (inkl ggf auf das Einkommen erhobenen weiteren Zuschlagsteuern) nur die *dt Einkommensteuer* iSd EStG gegenüber.

75 Als Vergleichsmaßstab wird die Einkommensteuer unverheirateter natürlicher Personen herangezogen; im Tarif vorgesehene Freibeträge sind einzubeziehen. Dem nach § 32a Abs 1 EStG für unverheiratete Personen geltenden Tarif ist der Betrag von 77 000 EUR unmittelbar und ohne weitere Korrekturen zugrunde zu legen. Somit bleibt die Freistellung bestimmter Einkünfte durch das Teileinkünfteverfahren oder die pauschalisierte Anrechnung der Gewerbesteuer nach § 35 EStG beim abstrakten Belastungsvergleich nach Tarif unberücksichtigt.

76 Bei einem zu versteuernden Einkommen iHv 77 000 EUR beträgt die Steuer im Jahr 2016 in Deutschland 23 937 EUR (ESt-Grundtabelle). Damit lag eine niedrige Besteuerung im neuen Ansässigkeitsstaat des Auswanderers vor, wenn die dort erhobene Einkommensteuer zu einer Steuerbelastung von unter 20,72 % führte (bzw bei einer absoluten ausl Ertragsteuer iHv unter 15 958 EUR). Zum Vergleich: Im Jahr 1999 betrug die maßgebliche ausl Steuerbelastung, ab der eine Niedrigbesteuerung angenommen wurde, noch 25,15 %. Aufgrund der in Deutschland in den letzten Jahren sukzessiv abgesenkten Einkommensteuertarife wurde der Anwendungsbereich der Vorschrift ausgeweitet und dessen Bedeutung erhöht.[86]

77 Für den abstrakten Belastungsvergleich geht der Gesetzgeber von einer synthetischen Einkommensteuer mit einheitlichem Tarif aus. Dem Wesen des abstrakten Belastungsvergleichs an einer Tarifstelle wohnt inne, auf eine direkte ausl Einkommensteuer abzustellen. Bei Vorliegen einer Schedulenbesteuerung im Ausland ist der abstrakte Belastungsvergleich nach Tarif daher ungeeignet und somit grds abzuleh-

---

84 *Blümich* § 2 AStG Rn 20; *F/W/B/S* § 2 AStG Rn 163 f; *S/K/K* § 2 AStG Rn 96.

85 Zutr *BMF* BStBl I 2004, Sondernr 1, 3, 12; *BFH* BStBl II 1989, 365.

86 Eine Übersicht der Schwellenwerte findet sich bei *Lademann* § 2 AStG Rn 10.

nen.[87] Seit dem VZ 2009 hat der dt Gesetzgeber das Konzept einer synthetischen Einkommensteuer mit einheitlichem Tarif aufgegeben; Kapitaleinkünfte unterliegen danach einem besonderen Steuersatz iHv 25 % (§ 32d Abs 1 EStG). Dies wirft die Frage auf, wie ab 2009 die als Vergleichsmaßstab heranzuziehende dt Einkommensteuer an der Tarifstelle von 77 000 EUR zu berechnen ist. Bislang bleiben Gesetzgeber und FinVerw darauf eine Antwort schuldig. Insbesondere hat der Gesetzgeber es versäumt, im Zuge der Anpassung des Progressionsvorbehaltes in § 2 Abs 5 an die systematischen Leitlinien der Abgeltungssteuer auch eine Regelung hinsichtlich des Einflusses auf den Belastungsvergleich vorzunehmen.[88] Somit ist im Wege der Auslegung zu ermitteln, wie die inländische Steuerbelastung nach Abs 2 Nr 1 zu berechnen ist.

Nach der Auffassung von Baßler muss es bei einem Schedulensystem im Ausland ausreichen, wenn die maßgebliche zwei-Drittel-Grenze auch nur in einer Einkunftsart überschritten wird.[89] Umgekehrt muss dann aber auch der geringere Steuersatz in einer Einkunftsart als Vergleichsmaßstab für die Frage gelten, ob eine niedrige Besteuerung nach Abs 2 Nr 1 vorliegt. Der Gesetzgeber kann nicht als Vergleichsmaßstab einen höheren Steuersatz zugrunde legen und den niedrigeren Tarif für Kapitaleinkünfte außen vor lassen, wenn er sich bewusst für eine derartige Steuervergünstigung entschieden hat.[90] Zimmermann/Könemann vertreten daher die Auffassung, dass für den gesamten Betrag der besondere Steuersatz iHv 25 % gilt.[91] Dieser Ansicht ist jedoch entgegenzuhalten, dass schon bislang iRd abstrakten Belastungsvergleichs nach Tarif bestimmte Steuervergünstigungen wie die hälftige Steuerfreistellung von Kapitaleinkünften durch das Halbeinkünfteverfahren oder die pauschalisierte Anrechnung der Gewerbesteuer nach § 35 EStG unberücksichtigt blieben und daher auch schon bisher die effektive Steuerbelastung von der als Vergleichsmaßstab herangezogenen Steuerbelastung an der Tarifstelle abweichen konnte. 78

Folgt man der Auffassung von Zimmermann/Könemann, dass für den gesamten Betrag der besondere Steuersatz iHv 25 % gilt, liegt eine niedrige Besteuerung im neuen Ansässigkeitsstaat des Auswanderers iSd Abs 2 Nr 1 erst dann vor, wenn die dort erhobene Einkommensteuer zu einer Steuerbelastung von unter 16,49 % führt (bzw bei einer absoluten ausl Ertragsteuer iHv unter 12 699,83 EUR). Damit wird der Anwendungsbereich der Vorschrift erheblich eingeschränkt. Es bleibt abzuwarten, wie der Gesetzgeber hierauf reagieren wird. 79

Bereits in den Vorkommentierungen haben wir an dieser Stelle eine entspr Nachbesserung durch den Gesetzgeber gefordert. Diese ist nach wie vor überfällig. Schließlich werden bereits zu Recht die ersten verfassungsrechtlichen Bedenken gegen die Vorschrift vorgebracht, weil Abs 2 Nr 1 nicht dem Bestimmtheitsgebot genüge. Ab VZ 2009 gäbe es für das fiktive Einkommen von 77 000 EUR keine eindeutige Steuerbelastung mehr, so dass der Kreis der Niedrigsteuergebiete nicht mehr eindeutig ermittelt werden könne.[92] 80

87 GlA wohl *F/W/B/S* § 2 AStG Rn 175-179 mit fünf verschiedenen Lösungsmöglichkeiten.
88 *F/W/B/S* § 2 AStG Rn 175.
89 *F/W/B/S* § 2 AStG Rn 168.
90 *S/K/K* § 2 AStG Rn 99.3.
91 *S/K/K* § 2 AStG Rn 99.3.
92 *S/K/K* § 2 AStG Rn 99.2; **aA** *F/W/B/S* § 5 Rn 177.

81 Für den Belastungsvergleich ist der Betrag von 77 000 EUR nach dem Kurs am Anfang eines Jahres in die maßgebliche ausl Währung umzurechnen. Alternativ kann auf Antrag des StPfl zur Umrechnung auch der Jahresdurchschnittskurs zugrunde gelegt werden, wenn er nachweist, dass dies für ihn günstiger ist.[93] Besteht im Ansässigkeitsgebiet keine Einkommensteuer, ist von einer Nullbelastung auszugehen.

82 Erzielt der StPfl noch weitere Einkünfte aus anderen ausl Staaten, ist die dort entrichtete Ertragsteuer nicht in den Belastungsvergleich mit einzubeziehen. Verglichen werden sollen beim abstrakten Steuerbelastungsvergleich nach Tarif ausschließlich die steuerlichen Verhältnisse im neuen Ansässigkeitsstaat und in Deutschland.[94] Auch kommt es nicht darauf an, ob der StPfl die Steuerbelastung im Ausland auch tatsächlich trägt. Vielmehr kann dies beim abstrakten Steuerbelastungsvergleich gerade dahinstehen.

83 Besteht eine niedrige Besteuerung nach Tarif, hat der StPfl dennoch die Möglichkeit iRd konkreten Belastungsvergleichs eine *ausreichend hohe* ausl Steuerbelastung nachzuweisen (vgl Rn 93 ff).

84 **bb) Vorzugsbesteuerung (Abs 2 Nr 2).** Der Belastungsnachweis ist ferner zu erbringen, wenn die Belastung durch eine „gg der allg Besteuerung eingeräumte **Vorzugsbesteuerung** erheblich gemindert sein kann". Diese Alternative zur Bestimmung einer Niedrigbesteuerung vergleicht also nicht die in- und ausl Steuerlastquote, sondern nimmt diese bereits an, wenn der StPfl im Ausland eine gg der allg Besteuerung eingeräumte Vorzugsbesteuerung genießt. Die Verwendung des Begriffs der Vorzugsbesteuerung ist mE als problematisch anzusehen, da dieser dem dt Steuerrecht fremd und nirgends definiert ist. Zu Recht wird die Vorschrift aufgrund der Verwendung des Begriffs der Vorzugsbesteuerung als verfassungswidrig eingestuft, da sie gegen das Bestimmtheitsgebot und damit gegen den Grundsatz der Tatbestandsmäßigkeit der Besteuerung verstößt.[95]

85 Unter einer Vorzugsbesteuerung ist jegliche Art persönlicher Steuervergünstigungen für den Wegziehenden zu verstehen. Entsch ist, dass es sich um **personenbezogene** Steuervergünstigungen handeln muss, die nur dem Einwanderer bzw einer ihm gleichgestellten Person gewährt werden.[96]

86 Nach Auffassung der FinVerw ist eine Vorzugsbesteuerung gegeben, wenn in dem anderen Staat zuziehende Personen einkommensteuerfrei sind, Steuervergünstigungen (zB Besteuerung aufgrund ihres Verbrauchs, begünstigende Steuerverträge, Erlasse oder Steuerstundungen ohne Rücksicht auf die steuerliche Leistungsfähigkeit) erlangt werden können oder Einkünfte aus den im Inland verbliebenen Wirtschaftsinteressen gg anderen Einkünften bevorzugt besteuert werden. Eine Vorzugsbesteuerung liegt zudem vor, wenn der ausl Staat, in dem die natürliche Person ansässig ist, nach seinem Rechtssystem gg der allg Besteuerung eine Vorzugsbesteuerung einräumt. Es kommt nicht darauf an, dass dem Auswanderer diese Vorzugsbesteuerung auch tatsächlich gewährt wird oder von Rechts wegen gewährt werden kann.[97] Mit anderen Worten, die bloße

---

93 *BMF* BStBl I 2004, Sondernr 1, 3, 12.
94 *F/W/B/S* § 2 AStG Rn 170.
95 *Könemann* IStR 2012, 560, 563 f; *Kraft* § 2 AStG Rn 60; *S/K/K* § 2 AStG Rn 34, 108.
96 *F/W/B/S* § 2 AStG Rn 223.
97 *BMF* BStBl I 2004, Sondernr 1, 3, 12. Krit *Blümich* § 2 AStG Rn 26.

Möglichkeit, dass der StPfl die Vorzugsbesteuerung in Anspruch nehmen kann, ist ausreichend. Auf der anderen Seite kann auch der stillschweigende Nichtvollzug geltender Steuergesetze eine Vorzugsbesteuerung darstellen.

Eine Niedrigbesteuerung iSd Abs 2 Nr 2 ist nur bei **personenbezogener**, nicht bei sachlicher Vorzugsbesteuerung anzunehmen. Sie liegt nicht vor, wenn diese an sachliche Tatbestandsmerkmale wie an bestimmte Einkunftsarten, jedoch nicht an die Person des StPfl gebunden ist. Die von der FinVerw getroffene Einordnung der Steuervergünstigungen als Vorzugsbesteuerung ist daher zu undifferenziert. Entsch muss sein, ob den heimischen StPfl ein solcher Besteuerungsvorzug ebenfalls eingeräumt wird. Dies kann zB bei den von der FinVerw angeführten Steuervergünstigungen nach dem Verbrauch durchaus zutr.[98] **87**

Als Bsp für eine personengebundene Vorzugsbesteuerung dient die Besteuerung in Großbritannien auf „Remittance Basis". Diese findet Anwendung, wenn eine Person in Großbritannien ansässig ist, dort aber nicht über einen ständigen Wohnsitz (kein „domicile") verfügt. In diesen Fällen werden nur die Einkünfte besteuert, welche entweder in Großbritannien erzielt oder dorthin überwiesen werden. Nach Auffassung der FinVerw[99] und des FG München[100] ist hierbei grds von einer Vorzugsbesteuerung und somit einer niedrigen Besteuerung iSd § 2 Abs 2 Nr 2 auszugehen. **88**

Nicht jede Steuerminderung ist unmittelbar als Vorzugsbesteuerung anzusehen; sie muss vielmehr **erheblich** sein. Eine nähere Erläuterung unterlässt der Gesetzgeber, insb ob auf absolute oder relative Maßstäbe abzustellen sei; insoweit besteht Klärungsbedarf (näher *F/W/B* § 2 Rn 228 ff). Nimmt man § 2 Abs 2 Nr 1 als Vergleichsmaßstab, ist eine Grenze von einem Drittel naheliegend.[101] Gegen eine solche Auffassung spricht allerdings, dass der Gesetzgeber bei identischen Grenzen in § 2 Abs 2 Nr 1 und Nr 2 eine identische Formulierung gewählt hätte. Wenn man dem Wortlaut des § 2 Abs 2 Nr 2 folgt, wäre auch eine absolute Grenze denkbar. Dagegen spricht jedoch, dass eine absolute Grenze völlig willkürlich wäre.[102] Die in der Vorkommentierung an dieser Stelle mit der seinerzeit hM vertretenen Auffassung, eine Bandbreite von 10 % und 33,33 % als erhebliche Steuerminderung zugrunde zu legen, wird aufgegeben, da diese immer noch als zu unbestimmt erscheint; eine sachgerechte Auslegung der Erheblichkeit ist nicht möglich.[103] **89**

In der Praxis stellt sich bspw die Frage, ob die in Hong Kong geltende Steuerbefreiung für Offshore Income (Steuerbefreiung für aus dem Ausland stammende Einkünfte nach dem Territorialitätsprinzip) als Vorzugsbesteuerung anzusehen ist. Dies ist mE zu verneinen, da nach dem lokalen Steuerrecht in Hong Kong diese Steuerbefreiung allen dort ansässigen Personen und nicht nur den Zuwanderern gewährt wird. Es handelt sich somit nicht um eine personen-, sondern um eine sachbezogene Vergünstigung. **90**

---

98 So auch *F/W/B/S* § 2 AStG Rn 223.
99 *BMF* BStBl I 2004, Sondernr 1, 3 12; *OFD Münster* DB 2002, 1192.
100 *FG München* DStRE 2013, 169.
101 *F/W/B/S* § 2 AStG Rn 88 (Juli 2008).
102 *S/K/K* § 2 AStG Rn 108, 111.
103 So auch nunmehr *F/W/B/S* § 2 AStG Rn 229; **aA** *S/K/K* § 2 AStG Rn 111.

91 Eine weitere Besonderheit liegt bei einem Wohnsitzwechsel nach Österreich vor. Österreich gehört seit 1994 nicht mehr zu den Niedrigsteuerländern des § 2 Abs 2 Nr 1. Diese grds Einstufung Österreichs als nicht niedrigbesteuerndes Gebiet ist jedoch hinsichtlich des Tatbestands des § 2 Abs 2 Nr 2 einzuschränken. Nach Auffassung der FinVerw kann eine **Vorzugsbesteuerung** gegeben sein bei Zuzüglern,

- die in Wissenschaft und Forschung tätig sind (§ 103 öst EStG 1994),
- denen vor dem 1.1.1994 eine Zuzugsbegünstigung erteilt oder schriftlich in Aussicht gestellt worden ist, oder
- die als Sportler tätig sind.[104]

Hier liegt idR eine personenbezogene und nicht eine sachliche Vorzugsbesteuerung vor.

92 **cc) Darlegungs- und Beweislast.** Bei der Annahme einer Niedrigbesteuerung aufgrund des abstrakten Belastungsvergleichs nach Tarif oder einer Vorzugsbesteuerung trägt der Steuergläubiger, mithin die FinVerw, die objektive Beweislast (zum konkreten Belastungsvergleich s Rn 105). Der StPfl unterliegt der Mitwirkungspflicht gem § 90 Abs 2 AO. Die FinVerw kann zur Prüfung, ob eine niedrige Besteuerung iSd § 2 Abs 2 gegeben ist, die Vorlage von Steuererklärungen, ausl Steuerbescheiden oder vergleichbaren Beweismitteln anordnen.[105]

93 **b) Konkreter Belastungsvergleich.** Sowohl iRd abstrakten Belastungsvergleichs nach Tarif als auch bei Vorliegen einer Vorzugsbesteuerung obliegt dem Auswanderer die Möglichkeit nachzuweisen, dass seine gesamte Steuerbelastung nach dem Ausscheiden aus der unbeschränkten deutschen Einkommensteuerpflicht **zwei Drittel** seiner Steuer bei unbeschränkter StPfl erreicht. Der abstrakte Belastungsvergleich nach Tarif und die Vorzugsbesteuerung können daher lediglich zu der widerlegbaren Vermutung einer Niedrigbesteuerung führen, die vom erweitert beschränkt Stpfl im Wege des konkreten Belastungsvergleiches entkräftet werden kann.[106] Der Vergleich wird als sog **Schattenveranlagung** geführt. Für den eigentlich aus der unbeschränkten dt Einkommensteuerpflicht Ausgeschiedenen wird eine fiktive Einkommensteuerveranlagung als unbeschränkt StPfl durchgeführt. Eine Niedrigbesteuerung wird dann angenommen, wenn die vom Einkommen insgesamt zu entrichtenden Steuern (Istbesteuerung) nicht mindestens **zwei Drittel** der Steuer betragen, die der Auswanderer bei unbeschränkter StPfl nach § 1 Abs 1 EStG zu entrichten hätte (Sollbesteuerung).

94 **aa) Istbesteuerung.** Zur Ermittlung der Ist-Besteuerung sind sämtliche vom Einkommen insgesamt zu entrichtenden Steuern zu berücksichtigen. Hierin sind enthalten:

- die dt Einkommensteuer aufgrund der beschränkten StPfl in Deutschland,
- die Einkommensteuer im Ansässigkeitsstaat und
- die Einkommensteuer in Drittstaaten.[107]

Hierbei sind auch die örtlichen Ertrag- und Zuschlagsteuern zu berücksichtigen, wie bspw der dt SolZ und andere weitere vom Einkommen abhängige Steuern. Zu beachten ist, dass sich die Steuern nach dem Einkommen bemessen müssen.[108]

---

104 *BMF* BStBl I 1996, 161; hierzu krit *Rolfs* IWB 1998, Fach 5, 421, 438.
105 *BMF* BStBl I 2004, Sondernr 1, 3, 12.
106 *Blümich* § 2 AStG Rn 13; *F/W/B/S* § 2 AStG Rn 161.
107 *BMF* BStBl I 2004, Sondernr 1, 3, 12 f.
108 *F/W/B/S* § 2 AStG Rn 196; *Lademann* § 2 AStG Rn 15.

Fraglich ist hingegen, ob auch die Kirchensteuer zu berücksichtigen ist. Bei dieser handelt es sich vom Abgabencharakter um einen meist einkommensabhängigen Beitrag an Religionsgemeinschaften.[109] Das BMF spricht sich zumindest für die Berücksichtigung der Schweizer Kirchensteuer aus.[110] Nach Auffassung von Zimmermann/Könemann hängt die Berücksichtigung der Kirchensteuer bei der Einkommensteuer von der konkreten Ausgestaltung des Einzelfalls ab.[111] ME ist die Kirchensteuer immer dann bei der Einkommensteuer zu berücksichtigen, wenn sich die Kirchensteuer an der Bemessungsgrundlage „Einkommen" bemisst. 95

Abgaben, die zusammen mit der Einkommensteuer erhoben werden, wie bspw Sozialversicherungsbeträge, gehören nicht zur Einkommensteuer iSd § 2 Abs 2.[112] Werden Ehegatten und Kinder im Ausland mitveranlagt, sind die Steuern im Verhältnis der von jedem Familienmitglied bezogenen Einkünfte aufzuteilen.[113] Weicht das Steuerjahr im Ausland, wie bspw bei den Schweizer Kantonen Tessin, Waadt oder Wallis, vom Kj im Inland ab,[114] ist der ausl Steuerbemessungszeitraum für die Vergleichsrechnung an den dt Veranlagungszeitraum anzugleichen. Mit anderen Worten die Einkünfte und anschließend auch die ausl Steuer sind entspr der dt Veranlagungszeiträume zu ermitteln.[115] 96

bb) Sollbesteuerung. Die Sollbesteuerung ist iRe Schattenveranlagung zu ermitteln. Bei dieser sind alle einkommensabhängigen Steuern enthalten, die der StPfl im VZ hätte weltweit entrichten müssen, wenn er in Deutschland unbeschränkt steuerpflichtig gewesen wäre.[116] Unter Einkommensteuer ist die festzusetzende Einkommensteuer gem § 2 Abs 6 EStG gemeint.[117] Folglich sind Steueranrechnungen gem § 34c EStG sowie die Auswirkungen der DBA zu berücksichtigen. 97

Hierbei sind sämtliche persönlichen Verhältnisse des StPfl so zu berücksichtigen, als wäre der StPfl samt Familie nicht ausgewandert.[118] Sonderausgaben, Kinderfreibeträge, außergewöhnliche Belastungen, Tarifbegünstigungen, Freibeträge und Steuerermäßigungen mindern mithin zugunsten des Stpfl den durch die Schattenveranlagung ermittelten deutschen Referenzwert bei fiktiver unbeschränkter Stpfl.[119] Ferner bleibt auch das Wahlrecht zur (Schatten-) Zusammenveranlagung bestehen.[120] Für den Fall, dass der Splittingtarif Anwendung findet, ist die Einkommensteuer zwischen den Ehegatten in dem Verhältnis aufzuteilen, dass der Anteil des erweitert beschränkt StPfl an der Einkommensteuer seinem Anteil an den Gesamteinkünften entspricht.[121] Ab 2009 98

109 *Lademann* § 2 AStG Rn 15.
110 *BMF* BStBl I 2004, Sondernr 1, 3, 12 f.
111 *S/K/K* § 2 AStG Rn 96.
112 *S/K/K* § 2 AStG Rn 96.
113 *S/K/K* § 2 AStG Rn 114 unter Verweis auf Runge/Ebling/Baranowski/*Baranowski*, Die Anwendung des Außensteuergesetzes, 1974, S 15.
114 Bspw bei einem abw Beginn des Steuerjahres oder einen über mehrere Jahre umfassenden Erhebungszeitraum.
115 *BMF* BStBl I 2004, Sondernr 1, 3, 13; *BMF* BStBl I 1980, 282; *S/K/K* § 2 AStG Rn 115.
116 *BMF* BStBl I 2004, Sondernr 1, 3, 12 f.
117 *F/W/B/S* § 2 AStG Rn 204.
118 *S/K/K* § 2 AStG Rn 116.
119 So auch *Blümich* § 2 AStG Rn 29.
120 *BMF* BStBl I 2004, Sondernr 1, 3, 12 f.
121 *S/K/K* § 2 AStG Rn 116.

muss auch der besondere Steuertarif für Kapitaleinkünfte gem § 32d EStG berücksichtigt werden. Ebenso wird auch die Günstigerprüfung des § 32d Abs 6 EStG iRd Schattenveranlagung durchzuführen sein.[122] Auch andere steuerliche Wahlrechte, zB § 34c Abs 2 EStG, sind gedanklich zugunsten des Stpfl auszuüben.[123]

99 Bei der Ermittlung der ausl Steuer ist nicht die tatsächlich gezahlte ausl Steuer heranzuziehen, sondern diejenige ausl Steuer zu berechnen, die angefallen wäre, wenn der StPfl bei gleichen Einkünften weiterhin in Deutschland **un**beschränkt steuerpflichtig gewesen wäre.[124] Demnach reduziert sich idR die ausl Steuer, weil im Ausland nicht mehr das Welteinkommen einbezogen werden darf. Die ausl Steuer ist entweder nach § 34c EStG auf die inländische Einkommensteuer anzurechnen oder Deutschland hat im DBA auf das Besteuerungsrecht verzichtet.[125] Zu beachten ist, dass sich der Anrechnungshöchstbetrag nach § 34c Abs 1 S 2 EStG idF ZollkodexAnpG ab dem VZ 2015 dergestalt ermittelt, dass ausl Steuern höchstens mit der durchschnittlichen tariflichen dt Einkommensteuer auf die ausl Einkünfte angerechnet werden.[126]

100 Für die Umrechnung der ausl Steuerbeträge ist der amtliche Umrechnungskurs zum Ende des VZ heranzuziehen.[127]

101 Aus Vereinfachungsgründen erlaubt das BMF von der fiktiven Ermittlung der ausl Steuer abzusehen. In diesem Fall und wenn der StPfl nicht in der Lage ist, den Nachweis der fiktiven ausl Besteuerung zu führen, ist die dt Steuer anzusetzen, die für alle in- und ausl Einkünfte bei unbeschränkter StPfl zu zahlen wäre. Bei dieser Vereinfachungsrechnung ist weder die Anrechnung der ausl Steuer auf die dt Einkommensteuer möglich noch können die Steuerbefreiungen aufgrund eines DBA berücksichtigt werden.[128]

102 Nach Auffassung von Zimmermann/Könemann[129] ist der **SolZ** in der Steuerermittlung mit zu berücksichtigen. Begründet wird dies mit der Auslegung des Begriffs „Einkommensteuer“. Hiernach fallen unter die „Einkommensteuer“ nicht nur die ausl Steuern, sondern auch alle „Steuern vom Einkommen“.

103 Gem § 1 Abs 1 SolZG handelt es beim SolZ um eine Ergänzungsabgabe. Der SolZ wird auf Basis der festgesetzten Einkommensteuer ermittelt. [130] Nach Auffassung von *Wassermeyer* ist der SolZ nicht bei der Steuerermittlung zu berücksichtigen.[131] Er stützt sich dabei auf den BFH, der in seiner Entsch v 30.11.1988 offengelassen hat, ob unter der dt Einkommensteuer die tarifliche Einkommensteuer iSd § 2 Abs 5 EStG oder jede iSd Art 106 Abs 3 GG zu verstehen ist, aber jedenfalls die Berücksichtigung der Ergänzungsabgabe verneint hat.[132] Da nach Auffassung von Wassermeyer die Ergänzungsabgabe weder zu der tariflichen Einkommensteuer iSd § 2 Abs 5 EStG

122 *S/K/K* § 2 AStG Rn 117.
123 *Blümich* § 2 AStG Rn 29; *F/W/B/S* § 2 AStG Rn 210.
124 *BMF* BStBl I 2004, Sondernr 1, 3, 12 f.
125 *F/W/B/S* § 2 AStG Rn 210.
126 *Blümich* § 2 AStG Rn 29.
127 *BMF* BStBl I 2004, Sondernr 1, 3, 12 f.
128 *BMF* BStBl I 2004, Sondernr 1, 3, 12 f.
129 *S/K/K* § 2 AStG Rn 120.
130 *Lademann* § 32a EStG Rn 70.
131 Vgl *F/W/B/S/Wassermeyer* § 2 AStG Rn 79a (Juli 2008).
132 *BFH* BStBl II 1989, 365.

noch zur Einkommensteuer iSd Art 106 Abs 3 GG gehöre, sei sie beim konkreten Belastungsvergleich nicht anzusetzen.[133]

Zu beachten ist jedoch, dass der BFH in genanntem Urteil über den abstrakten Belastungsvergleich nach Tarif iSd Abs 2 Nr 1 zu entscheiden hatte. Zu Recht hat er dabei die Berücksichtigung der Ergänzungsabgabe verneint.[134] Schließlich verwendet Abs 2 Nr 1 den Begriff der „dt Einkommensteuer", womit ausschließlich auf die Einkommensteuer iSd EStG abzustellen ist. IRd konkreten Belastungsvergleichs wird in Abs 2 Nr 1 und Nr 2 dagegen nur der Begriff „Einkommensteuer" verwendet. Hierunter fallen nicht nur die ausl Steuern, sondern auch alle „Steuern vom Einkommen".[135] Ansonsten hätte der Gesetzgeber ebenfalls als Vergleichsmaßstab die „dt Einkommensteuer" nennen müssen. ME ist daher der SolZ bei der Steuerermittlung für den konkreten Belastungsvergleich mit zu berücksichtigen; die Entsch des *BFH* v 30.11.1988 steht dem nicht entgegen. 104

cc) Darlegungs- und Beweislast. Im Gegensatz zum abstrakten Belastungsvergleich liegt die Darlegungs- und Beweislast aufgrund der Gesetzesformulierung „...es sei denn, die Person weist nach..." beim StPfl selbst. Fällt der abstrakte Belastungsvergleich zu Ungunsten des StPfl aus bzw liegt ceteris paribus eine Vorzugsbesteuerung vor, muss der StPfl selbst nachweisen, dass er keiner Niedrigbesteuerung unterliegt. Weist der StPfl eine höhere Steuerbelastung nicht nach oder lässt sich der Sachverhalt trotz der Darstellung nicht aufklären, muss der StPfl den Nachteil tragen.[136] 105

2. Wesentliche Inlandsinteressen (Abs 3). – a) Bedeutung. Das Erfordernis wesentlicher Wirtschaftsinteressen dient der Beschränkung des Anwendungsbereiches der Vorschrift auf Fälle starker wirtschaftlicher Verbindung zu Deutschland. Als Anknüpfungspunkt ist **alternativ** („oder") zwischen den unternehmerischen Inlandsinteressen (Nr 1) und den einkommens- und vermögensorientierten Tatbeständen (Nr 2 und 3) zu differenzieren. Es wird jeweils eine absolute und eine relative Grenze aufgestellt. Das Vorliegen wesentlicher Wirtschaftsinteressen im Inland ist Voraussetzung, dass § 2 überhaupt zur Anwendung kommt. Somit obliegt dem Auswanderer die Möglichkeit, durch entsprechende vorausschauende Gestaltungen und ggf Vermögensumschichtungen keine wesentlichen Inlandsinteressen iSd Abs 3 mehr innezuhaben und mithin der erweiterten beschränkten StPfl zu entgehen. Das Vorliegen der übrigen Voraussetzungen des § 2 (zB Wegzug in ein Niedrigsteuergebiet) ist dann unbeachtlich. 106

Der Anwendungsbereich des § 2 ist auch eröffnet, wenn der Auswanderer erst nach dem Wegzug wesentliche wirtschaftliche Interessen in Deutschland erwirbt. Dies geht mE jedoch über die Zielsetzung der Vorschrift, welche eine Verlagerung von Einkünften in Niedrigsteuergebiete verhindern soll, hinaus.[137] 107

b) Die wesentlichen Inlandsinteressen. – aa) Beteiligungen an inländischen Gewerbebetrieben (Abs 3 Nr 1). Gem Abs 3 Nr 1 hat eine Person iSd Vorschrift wesentliche wirtschaftliche Interessen im Inland, wenn sie **zu Beginn des jeweiligen VZ** Unternehmer **oder** Mitunternehmer eines **inländischen** Gewerbebetriebs ist. Beteiligungen, die 108

133 *Wassermeyer* in *F/W/B/S* § 2 AStG Rn 79a (Juli 2008).
134 *BFH* BStBl II 1989, 365.
135 Zutr *S/K/K* § 2 AStG Rn 120.
136 *BFH* BStBl II 1987, 365; vgl zu ähnlichem Problem *BFH* BStBl II 1984, 181.
137 GlA *S/K/K* § 2 AStG Rn 129.

erst im Laufe des Jahres erworben werden, können für diesen VZ nicht zu wesentlichen Inlandsinteressen führen. Zu den Unternehmern iSd Vorschrift zählen Einzelunternehmer, Gesellschafter einer OHG oder BGB-Ges, soweit diese gewerbliche Einkünfte generieren, einschließlich atypische stille Gesellschafter oder Unterbeteiligte; typisch stille Gesellschafter dagegen nicht.

109 Kommanditisten sind vom Begriff des Mitunternehmers iSd Nr 1 – anders als bei § 15 EStG – nicht erfasst. Für Kommanditisten ist eine Mindestbeteiligung (einschl Unterbeteiligungen) vorgesehen; die Vorschrift greift nur, wenn der Kommanditist zu mehr als 25 % an den Einkünften der KG iSd § 15 Abs 1 S 1 Nr 2 EStG beteiligt ist. Dies schließt die ihm zuzurechnenden Sondervergütungen ein, unabhängig davon, ob sich das Sonderbetriebsvermögen im Inland oder im Ausland befindet. Nach vormaliger Auffassung von Wassermeyer muss die 25 %ige Beteiligung zu Beginn des VZ vorliegen.[138] Diese Auffassung ist nach dem Wortlaut der Norm durchaus nachvollziehbar. Das Abstellen auf das Beteiligungsverhältnis zu Beginn des VZ ist jedoch in der Praxis problematisch, da zu diesem Zeitpunkt weder der Jahresüberschuss noch die Höhe der Vorabvergütungen (zB Honorare, Zinsen) abzusehen ist. Die Höhe wäre daher anhand der am Jahresanfang vorliegenden Verhältnisse (Arbeitsverträge, Lizenzverträge uÄ) abzuschätzen und zu gewichten.[139] Die Gegenmeinung von Zimmermann/Könemann, dass der Kommanditist zwar zu Beginn des VZ beteiligt sein müsse, dessen Einkünfteanteil jedoch erst im gesamten VZ die 25 %-Grenze überschreiten müsse, ist daher vorzugswürdig.[140] Diese zeitraumbezogene Betrachtung widerspricht dem Wortlaut der Norm nicht. Dem Wortlaut ist nicht zu entnehmen, ob sich die zeitliche Komponente „zu Beginn des VZ" entweder auf sämtliche in der Nr 1 genannten Beteiligungen – mithin auch auf die Beteiligung des Kommanditisten – oder lediglich auf die Beteiligung als Unternehmer oder Mitunternehmer eines inländischen Gewerbebetriebs (Abs 3 Nr 1 Alt 1) bezieht.

110 Ob das inländische Unternehmen einen Gewerbebetrieb darstellt, bestimmt sich nach den Kriterien des § 15 Abs 2 EStG. Die Beteiligung an einer rein vermögensverwaltenden Ges fällt somit nicht unter die Vorschrift. Die dt Betriebsstätte eines ausl Unternehmens kann dagegen genügen, um für den Inhaber oder Mitunternehmer die Voraussetzungen des Abs 3 Nr 1 zu erfüllen.[141]

111 Gleichgestellt ist die wesentliche Beteiligung des Auswanderers an einer unbeschränkt steuerpflichtigen KapGes iSd § 17 EStG. Somit genügt mittlerweile eine Beteiligung an einer **inländischen** KapGes iHv lediglich **1 %**; eine mittelbare Beteiligung ist ausreichend. Die Herabsetzung der Beteiligungsgrenzen des § 17 EStG von ehemals 25 % und 10 % auf nunmehr 1 % führt zu einer deutlichen Ausweitung des Anwendungsbereichs der erweiterten beschränkten StPfl. Eine Anpassung der Beteiligungsgrenzen für Kommanditisten iHv 25 % unterblieb dagegen; dies ist unverständlich, da nach der Regierungsbegründung beide Beteiligungsformen als vergleichbar angesehen wurden.[142]

---

138 *F/W/B/S* § 2 AStG Rn 92 (Juli 2008).
139 *F/W/B/S* § 2 AStG Rn 93 (Juli 2008); *Blümich* § 2 AStG Rn 38 (107. Aufl).
140 *S/K/K* § 2 AStG Rn 133; **aA** *Blümich* § 2 AStG Rn 34.
141 *S/K/K* § 2 AStG Rn 131.
142 RegE Begr BT-Drucks 6/2883 v 2.12.1971 Tz 58; zutr *S/K/K* § 2 AStG Rn 135.

Nach Auffassung von Zimmermann/Könemann bezieht sich die zeitliche Komponente „zu Beginn des VZ" dem Wortlaut nach nicht auf die wesentliche Beteiligung an einer inländischen KapGes. Dieser Ansicht ist zuzustimmen, weil die zeitlichen Voraussetzungen durch § 17 EStG eigenständig definiert werden und § 2 lediglich darauf verweist. Als Konsequenz dieser Auffassung würde es dann auch genügen, wenn die Beteiligung des Auswanderers an einer inländischen KapGes iHv 1 % zu irgendeinem Zeitpunkt innerhalb der letzten fünf Jahre überschritten wurde (§ 17 Abs 1 S 1 EStG). 112

Nach konträrer Auffassung ist bei einer Beteiligung iSd § 17 EStG die Beteiligungshöhe zu Beginn des VZ maßgebend.[143] Dadurch würde der Anwendungsbereich von § 17 EStG durch § 2 Abs 3 Nr 1 eingeschränkt werden. 113

Für Abs 3 Nr 1 zählen nur **eigene** Anteile des StPfl; eine Zusammenrechnung mit den anderen Anteilen nach § 17 Abs 4 S 1 EStG erfolgt insoweit nicht. Dies schafft Gestaltungsspielraum, zB durch Schenkung an mitauswandernde Angehörige innerhalb der 1 %-Grenze, um dadurch dem Anwendungsbereich des § 2 zu entrinnen (ggf Fünf-Jahresfrist des § 17 EStG beachten!). Bei derartigen Gestaltungen ist jedoch § 42 AO zu beachten. 114

bb) Wesentliche nichtausl Einkünfte (Abs 3 Nr 2). Die zweite Alternative für das Vorliegen wesentlicher Inlandsinteressen knüpft an die Höhe der nichtausl Einkünfte an und orientiert sich damit gleichzeitig an der Rechtsfolge der Vorschrift. Übersteigen diese im VZ mehr als 30 % am Gesamtbetrag der Einkünfte des StPfl oder 62 000 EUR, greift die erweiterte beschränkte StPfl. 115

Str ist der Umfang der nichtausl Einkünfte iSd Nr 2. Die FinVerw möchte den gleichen Einkünftekatalog der erweiterten Inlandseinkünfte wie auf der Rechtsfolgenseite (dazu Rn 149 ff) zugrunde legen.[144] Die Rspr scheint sich dem anzuschließen.[145] Dem ist jedoch zu widersprechen.[146] Der eindeutige Gesetzeswortlaut der Nr 2 bezieht sich ausschließlich auf die **nichtausl** Einkünfte iSd § 34d EStG und nicht wie in Abs 1 S 1 auf die nichtausl Einkünfte „über die beschränkte StPfl iSd EStG hinaus". Die *erweiterten Inlandseinkünfte*, zu denen neben den inländischen Einkünften iSd § 49 Abs 1 EStG zusätzlich alle Einkünfte gehören, die bei unbeschränkter Einkommensteuerpflicht **nichtausl** Einkünfte iSv § 34d EStG sind, sind hier nicht genannt. Hätte der Gesetzgeber diese berücksichtigen wollen, hätte er dies durch eine entspr Formulierung klar zum Ausdruck bringen müssen (zB die hiernach insgesamt steuerpflichtigen Einkünfte iSd Abs 1 S 1). Abs 3 Nr 2 bezieht sich **nur** auf die **nichtausl** Einkünfte iSd § 34d EStG. Die Bezugnahme auf denselben Einkünftekatalog wie für Abs 1 S 1 ist folglich undifferenziert. Der Wortlaut der Norm lässt eine solche Interpretation jedenfalls nicht zu. 116

Als Ergebnis der hier vertretenen Auffassung fallen sämtliche Einkünfte, die sowohl aus dem Inland (§ 49 EStG) als auch aus dem Ausland (§ 34d EStG) stammen, **nicht** unter die wesentlichen nichtausl Einkünfte iSd Abs 3 Nr 2.[147] 117

143 GlA *Lademann* § 2 AStG Rn 21; *F/W/B/S* § 2 AStG Rn 98 (Juli 2008).
144 *BMF* BStBl I 2004, Sondernr 1, 3, 13.
145 *BFH* BStBl 2010, 398.
146 So auch *S/K/K* § 2 AStG Rn 138 und *F/W/B/S* § 2 Rn 282.
147 Zutr *S/K/K* § 2 AStG Rn 138. AA *Blümich* § 2 AStG Rn 35.

118 **Beispiel:** Der erweitert beschränkt steuerpflichtige A ist Mitunternehmer eines inländischen Gewerbebetriebs und erzielt hieraus einen Gewinn iHv 5 000 EUR. Zudem hat er dem in Paris ansässigen S ein Darlehen gewährt. Zur Absicherung hat S dem A eine Grundschuld an seinem Grundstück in Nürnberg bestellt. Im VZ erzielt S aus dem Darlehen Kapitaleinkünfte iHv 100 000 EUR.

Die Einkünfte aus Gewerbebetrieb sind als inländische Einkünfte von § 49 Abs 1 Nr 2 lit a EStG umfasst, die Kapitaleinkünfte von § 49 Abs 1 Nr 5 lit c Doppelbuchstabe aa) EStG. Bei den Kapitaleinkünften handelt es sich gleichzeitig um ausl Einkünfte iSd § 34d Nr 6 EStG. Nach Auffassung der FinVerw und neuerdings wohl auch der Rspr wären zudem die Kapitaleinkünfte zu den wesentlichen nichtausl Einkünften iSd Abs 3 Nr 2 heranzuziehen.[148] Damit ist die Einkunftsgrenze von 62 000 EUR überschritten und die erweiterte beschränkte StPfl kommt zur Anwendung.

119 Nach der hier vertretenen Auffassung sind die Kapitaleinkünfte **nicht** zu den wesentlichen nichtausl Einkünften iSd Abs 3 Nr 2 zu rechnen, da sie zugleich auch ausl Einkünfte sind.

120 Die ermittelten nichtausl Einkünfte sind den Gesamteinkünften gegenüberzustellen, die bei unbeschränkter StPfl nach § 1 EStG steuerpflichtig wären. Die Gewinnermittlung der inländischen und ausl Einkünfte erfolgt nach dt Gewinnermittlungsvorschriften.[149] Somit sind Einkünfte, die nach dt Steuerrecht steuerfrei sind (zB private Veräußerungsgewinne), nicht zu berücksichtigen.

121 Eine innerperiodische Verlustverrechnung von positiven und negativen Einkünften ist zulässig, eine interperiodische Verlustberücksichtigung nach § 10d EStG scheidet nach Sinn und Zweck der Regelung aus.[150]

122 **cc) Wesentliches nichtausl Vermögen (Abs 3 Nr 3).** Wesentliche wirtschaftliche Inlandsinteressen werden auch angenommen, wenn das Vermögen des StPfl, dessen Erträge bei unbeschränkter Einkommensteuerpflicht nicht ausl Einkünfte iSd § 34d EStG wären, **zu Beginn des VZ** mehr als 30 % seines Gesamtvermögens beträgt oder 154 000 EUR übersteigt. Eine tatsächliche Erzielung nichtausl Einkünfte ist dem Wortlaut nach nicht notwendig („wären"). Mithin ist allein erforderlich, dass aus dem Vermögen, würde es Erträge abwerfen, nichtausl Einkünfte stammen. Im Gegensatz hierzu knüpft die Nr 2 an die tatsächlich erzielten nichtausl Einkünfte an („sind").

123 Der Wortlaut spricht dafür, dass im Privatvermögen gehaltene Vermögensgegenstände wie Kunstgegenstände oder Schmuck, mit denen keine laufenden Erträge erwirtschaftet werden, nicht in den Vergleich mit einzubeziehen sind. Die bloße Möglichkeit durch ein privates Veräußerungsgeschäft einen Ertrag erzielen zu können, genügt nicht.[151] Der Umfang des Vermögens bestimmt sich nach den Vorschriften des BewG. Beim Vermögensvergleich wird auf den Beginn des VZ abgestellt. Bei Erwerb während der Zeit der Ansässigkeit im Ausland beginnt die erweiterte beschränkte StPfl damit erst im Folgejahr.

---

148 *BMF* BStBl I 2004, Sondernr 1, 3, 13; *BFH* IStR 2008, 330, 332.

149 *BMF* BStBl I 2004, Sondernr 1, 3, 13.

150 *Lademann* § 2 AStG Rn 22; *S/K/K* § 2 AStG Rn 139 sehen bereits die innerperiodische Verlustverrechnung krit.

151 *S/K/K* § 2 AStG Rn 141: **aA** wohl *F/W/B/S* § 2 AStG Rn 293.

Die einkommens- und vermögensorientierten Tatbestände führen stets zur Bejahung wesentlicher Inlandsinteressen, wenn einer der beiden Höchstbeträge (Einkünfte von 62 000 EUR, Vermögen von 154 000 EUR) überstiegen wird. Dann kann ein Vergleich mit den gesamten in- und ausl Einkünften bzw Vermögen unterbleiben. 124

c) Allgemeine Freigrenze von 16 500 EUR. Nach Abs 1 S 3[152] kommt die erweiterte beschränkte StPfl nicht zur Anwendung, wenn die „hiernach insgesamt beschränkt steuerpflichtigen Einkünfte" nicht mehr als 16 500 EUR betragen. Wird die Freigrenze nicht überschritten, verbleibt es bei der beschränkten Einkommensteuerpflicht nach § 1 Abs 4 EStG. Es handelt sich um eine **Freigrenze**, dh bei Überschreiten der Grenze um nur 1 EUR ist der volle Betrag steuerpflichtig und nicht nur der Betrag, der 16 500 EUR übersteigt (Fallbeileffekt). Die Freigrenze steht grds in Einklang mit Sinn und Zweck der Vorschrift, nach dem nur **wesentliche** wirtschaftliche Inlandsinteressen erfasst werden sollen. Ob man bereits bei einem Betrag von 16 500 EUR von wesentlichen Inlandsinteressen sprechen kann, erscheint mE fraglich, zumal diese Grenze seit Einführung der Vorschrift vor über 35 Jahren in der Höhe nahezu unverändert blieb; eine inflationsbereinigte Anpassung ist überfällig.[153] 125

Bei der Ermittlung der Freigrenze gehören nach Auffassung der FinVerw und der überwiegend hM sämtliche Einkünfte zu den „hiernach" erweitert beschränkt steuerpflichtigen Einkünften, mithin sowohl die *normal* als auch die erweitert beschränkt steuerpflichtigen Einkünfte des Kj.[154] Darin sehen Flick/Wassermeyer eine unzulässige Ausweitung des Regelungsgehaltes von § 2 über den eindeutigen Gesetzeswortlaut der Vorschrift hinaus. Sie vertreten die Auffassung, dass nur die nichtausl Einkünfte zur Auffüllung der Freigrenze heranzuziehen seien.[155] Nach dieser Mindermeinung sind die unter § 2 fallenden Einkünfte allein als **Negativabgrenzung** zu den ausl Einkünften des § 34d EStG zu ermitteln und die beschränkt steuerpflichtigen Einkünfte des § 49 EStG hiervon **vollkommen isoliert** zu betrachten. 126

Beispiel: Der erweitert beschränkt steuerpflichtige A ist Mitunternehmer eines inländischen Gewerbebetriebs und erzielt hieraus einen Gewinn iHv 5 000 EUR. Zudem hat er dem in Paris ansässigen S ein Darlehen gewährt. Zur Absicherung hat S dem A eine Grundschuld an seinem Grundstück in Nürnberg gestellt. Im VZ erzielt S aus dem Darlehen Kapitaleinkünfte iHv 100 000 EUR. 127

Die Einkünfte aus Gewerbebetrieb sind als inländische Einkünfte von § 49 Abs 1 Nr 2 lit a EStG umfasst, die Kapitaleinkünfte von § 49 Abs 1 Nr 5 lit c Doppelbuchstabe aa) EStG. Bei den Kapitaleinkünften handelt es sich gleichzeitig um ausländische Einkünfte iSd § 34d Nr 6 EStG. Nach Auffassung von FinVerw und hM gehören sämtliche Einkünfte zu den „hiernach" erweitert beschränkt steuerpflichtigen Einkünften. Damit ist die Freigrenze überschritten und § 2 kommt zur Anwendung.

Folgt man der Auffassung von Flick/Wassermeyer, sind zwei voneinander getrennte Einkunftskategorien zu bilden. Nur die Einkünfte aus Gewerbebetrieb sind iRd Ermittlung der Freigrenze zu berücksichtigen. Die Einkünfte aus Kapitalvermögen trotz ihrer Zugehörig-

---

152 Bis VZ 2009: Abs 1 S 2.

153 Vor der Umrechnung in EUR aufgrund der Währungsreform betrug die Freigrenze 32 000 DM. GlA *F/W/B/S* § 2 AStG Rn 13.

154 Die FinVerw spricht von insgesamt steuerpflichtigen Einkünften; *BMF* BStBl I 2004, Sondernr 1, 3, 10; *S/K/K* § 2 AStG Rn 92.

155 *Flick/Wassermeyer* FR 1974, 574, 575; vgl F/W/B/S/*Wassermeyer* § 2 AStG Rn 56a (Juli 2008).

keit zum Kreis der Einkünfte des § 49 EStG dagegen nicht, da sie eben auch ausl Einkünfte sind.[156] Die Einkünfte aus Kapitalvermögen sind lediglich iRd *normalen* beschränkten StPfl zu berücksichtigen, nach § 2 sind sie nicht steuerpflichtig. Da nur der Gewinn iHv 5 000 EUR zu berücksichtigen ist, wird die Freigrenze nicht überschritten. Die erweiterte beschränkte StPfl kommt somit nicht zur Anwendung.

128 Wie aus obigem Bsp ersichtlich, hat der unter Rn 141 ff nochmals ausführlich dargestellte Meinungsstreit bei der Ermittlung der Freigrenze Bedeutung. Je nachdem welcher Auffassung man sich anschließen mag, kommt die erweiterte beschränkte StPfl zur Anwendung oder nicht. Inzwischen hat sich auch der BFH mit dem Umfang der erweitert beschränkt steuerpflichtigen Einkünfte beschäftigt und ist mE zutr der vorstehenden Mindermeinung entgegengetreten.[157] Aus Sicht des BFH sei die natürliche Person „über die beschränkte StPfl iSd EStG hinaus" erweitert beschränkt steuerpflichtig, dh die erweiterte beschränkte StPfl grenzt sich zwar von der *normalen* beschränkten StPfl ab, bezieht aber zugleich die *normale* beschränkte StPfl in ihren Regelungsbereich mit ein.[158] In obigem Bsp ist damit die Freigrenze überschritten und § 2 kommt zur Anwendung.

129 Sofern in dem jeweiligen VZ auch unbeschränkt steuerpflichtige Einkünfte vorliegen, bleiben diese unberücksichtigt; die Freigrenze ist ungekürzt und nicht nur anteilig für den Zeitraum der erweiterten beschränkten StPfl zu berücksichtigen.

130 Bei Ermittlung der Freigrenze ist ein innerperiodischer Verlustausgleich, ein Abzug ausl Steuern (§ 50 Abs 6 EStG) und der Abzug von Pauschbeträgen für Werbungskosten möglich. Steuerfreie Einkünfte und Einnahmen wie zB Veräußerungsgewinne (mit Ausnahme der nach § 16 Abs 4 EStG befreiten Gewinne) oder nach einem DBA oder dem Auslandstätigkeitserlass freigestellte Einkünfte gehen in die Ermittlung der Freigrenze nicht ein. Abzüge, die die Summe der Einkünfte mindern (zB Altersentlastungsbetrag, Sonderausgaben, außergewöhnliche Belastungen, Verlustabzug) können dagegen nicht abgezogen werden, es sei denn es handelt sich um einen in der EU ansässigen Arbeitnehmer, der nach § 50 Abs 5 Nr 2 EStG zur Veranlagung optiert.[159]

131 Wassermeyer forderte zudem die Berücksichtigung des Verlustabzuges nach § 10d EStG, da dies dem Sinn der Freigrenze als Bagatellgrenze entspräche.[160] Dies ist dem Wortlaut der Vorschrift jedoch nicht zu entnehmen und widerspricht auch deren Sinn und Zweck.[161]

132 **3. Anwendung auf zwischengeschaltete Gesellschaften (Abs 4).** Die erweiterte beschränkte Einkommensteuerpflicht nach § 2 könnte dadurch umgangen werden, dass der Auswanderer seine wesentlichen wirtschaftlichen Interessen in Deutschland auf eine von ihm beherrschte ausl KapGes überträgt. Durch diese **Zwischenschaltung** einer ausl KapGes würde die Voraussetzung des § 2 Abs 1 S 1 Nr 2 (wesentliche wirtschaftliche Interessen im Geltungsbereich dieses Gesetzes) in der Person des Auswanderers nicht mehr

156 *Flick/Wassermeyer* FR 1974, 574, 575; vgl F/W/B/S/*Wassermeyer* § 2 AStG Rn 56a (Juli 2008).

157 *BFH* BStBl 2010, 398.

158 *BFH* BStBl 2010, 398.

159 *BMF* BStBl I 2004, Sondernr 1, 3, 10; *Lademann* § 2 AStG Rn 26.

160 Vgl F/W/B/S/*Wassermeyer* § 2 AStG Rn 56f (Juli 2008); nunmehr **aA** *Baßler* in F/W/B/S § 2 AStG Rn 155.

161 GlA, jedoch an anderer Stelle zu Abs 3 Nr 3 wohl auch *S/K/K* § 2 AStG Rn 139.

unmittelbar vorliegen.[162] Für die mittelbaren Inlandsinteressen müssen die Voraussetzungen des § 5 erfüllt sein (vgl die Kommentierung zu § 5 AStG). Über Abs 4 werden dem Auswanderer daher auch solche wesentlichen wirtschaftlichen Inlandsinteressen zugerechnet, die er nicht direkt, sondern **mittelbar** über eine ausl ZwischenGes hält.

Da Abs 4 nur auf Abs 1 und Abs 3 verweist, haben die mittelbaren Inlandsinteressen für die Qualifizierung des neuen Ansässigkeitsstaates des Auswanderers als Niedrigsteuergebiet keine Bedeutung. Es wird keine mittelbare Hinzurechnung der Verhältnisse der ausl Ges vorgenommen. **133**

Beispiel: Der in der Schweiz ansässige S hält 100 % an einer Schweizer Holding (H-GmbH), die ihrerseits zu 90 % an einer dt GmbH (D-GmbH) beteiligt ist. Die H-GmbH erzielt aus einem Darlehensvertrag mit der D-GmbH passive Finanzierungseinkünfte iHv 200 000 EUR. Für die passiven Einkünfte nimmt die H-GmbH eine Schweizer Vorzugsbesteuerung in Anspruch. Die von der H-GmbH gnerierten Einkünfte aus dem Darlehensvertrag mit der D-GmbH werden dem S zugerechnet (Abs 4 iVm Abs 3 Nr 1). Die Freigrenze iHv 16 500 EUR gem Abs 1 S 2 ist überschritten. Zur Anwendung der erweiterten beschränkten StPfl müsste jedoch zusätzlich eine niedrige Besteuerung iSd Abs 2 vorliegen. Die Schweizer Vorzugsbesteuerung, welche die H-GmbH in Anspruch nimmt, ist hierbei jedoch **nicht** heranzuziehen. Für die Frage der Niedrigbesteuerung ist alleine auf die Person des S abzustellen. Gelingt S der Nachweis, dass seine tatsächliche Steuerbelastung in der Schweiz mindestens zwei Drittel der Einkommensteuer bei unbeschränkter StPfl beträgt, liegt keine Niedrigbesteuerung vor. § 2 Abs 1 ist nicht anwendbar. **134**

Bedeutung hat die Vorschrift somit für die Bestimmung der 16 500 EUR-Freigrenze und der wesentlichen Inlandsinteressen iSd Abs 3. So sind zum einen bei der Ermittlung der Freigrenze den nichtausl Einkünften des Auswanderers die nichtausl Einkünfte der ausl zwischengeschalteten Ges zuzurechnen. Zum anderen sind die wesentlichen Inlandsinteressen der ausl ZwischenGes anteilig wie unmittelbare wesentliche wirtschaftliche Inlandsinteressen des StPfl zu behandeln.[163] **135**

Beispiel: Der in der Schweiz ansässige S hält 100 % an einer Schweizer Holding (H-GmbH), die ihrerseits zu 90 % an einer dt GmbH (D-GmbH) beteiligt ist. Die H-GmbH erzielt aus einem Darlehensvertrag mit der D-GmbH passive, nichtausl Einkünfte iHv 200 000 EUR und schüttet 10 000 EUR an S aus. S hat zudem der D-GmbH ein dinglich ungesichertes Darlehen gewährt und bezieht daraus Zinsen iHv 10 000 EUR. Wäre S unbeschränkt steuerpflichtig, so könnten die Zinszahlungen keine ausl Einkünfte (§ 34d Nr 6 EStG) sein. Bei den Gewinnausschüttungen der H-GmbH an S handelt es sich dagegen um ausl Einkünfte. Ohne Abs 4 würden die Einkünfte iHv 200 000 EUR somit in der H-GmbH aufgefangen. S hätte nichtausl Einkünfte iHv lediglich 10 000 EUR und die Freigrenze wäre nicht überschritten. Durch Abs 4 sind die passiven, nichtausl Einkünfte der H-GmbH dem S jedoch (anteilig) zur Ermittlung der 16 500 EUR-Grenze zuzurechnen. Die Freigrenze ist überschritten und S muss unter den weiteren Voraussetzungen des § 2 seine nichtausl Einkünfte nach den Grundsätzen der erweiterten beschränkten StPfl versteuern. **136**

Die **mittelbaren Inlandsinteressen** werden nur anteilig im Verhältnis der jeweiligen Beteiligungen berücksichtigt. Hierbei ist wie folgt zu differenzieren: **137**

- Hält die ausl ZwischenGes einen inländischen Gewerbebetrieb oder ist sie an einer inländischen PersGes als Mitunternehmer (ausgenommen Kommanditisten) betei-

---

162 Vgl Reg Begr BT-Drucks 6/2883 v 2.12.1971, Tz 70.
163 *F/W/B/S* § 2 AStG Rn 301.

ligt, so kommt es nach § 2 Abs 3 Nr 1 nicht auf eine Mindestbeteiligungshöhe an. Die Anteilseigner der ZwischenGes haben mithin stets wesentliche wirtschaftliche Inlandsinteressen. Zimmermann/Könemann fordern diesbzgl jedoch zu Recht eine **teleologische Reduktion** der Vorschrift, sofern die Beteiligung am inländischen Gewerbebetrieb durch eine ausl ZwischenGes vermittelt wird, an der der Auswanderer zu weniger als 1 % beteiligt ist. Andernfalls würde der Auswanderer bei mittelbarer Beteiligung schlechter gestellt als bei direkter Beteiligung an einer inländischen Ges.[164]

- Bei Beteiligung der ausl zwischengeschalteten Ges an einem inländischen Gewerbebetrieb als Kommanditist sind die Einkünfte den einzelnen Anteilseignern im Verhältnis ihrer jeweiligen Beteiligungshöhe zuzurechnen. Ist zB die ausl ZwischenGes, an der der Auswanderer zu 60 % beteiligt ist, zu 40 % an einer inländischen KG beteiligt, läge mangels Überschreitung der 25 %-Grenze im Ergebnis keine erweiterte beschränkte StPfl vor.[165]
- Ist die ausl ZwischenGes an einer inländischen KapGes wesentlich iSd § 17 EStG beteiligt, so ist diese ebenfalls anteilig den einzelnen Anteilseignern zuzurechnen. Bei mittelbarer Beteiligung an der inländischen KapGes von mehr als 1 % liegen wesentliche Inlandsinteressen iSd Abs 3 Nr 1 vor.
- Erzielt die ausl ZwischenGes nichtausl Einkünfte oder verfügt diese zu Beginn des VZ über Vermögen, dessen Erträge nichtausl Einkünfte wären, so werden diese/wird dieses den Anteilseignern im Verhältnis ihrer jeweiligen Beteiligungsquoten zugerechnet (Abs 4 iVm Abs 3 Nr 2 und 3). Die in Abs 3 Nr 2 und 3 angegebene relative Grenze iHv 30 % und der absolute Betrag iHv 62 000 EUR bzw 154 000 EUR ist nur auf den Anteilseigner und nicht auf die ZwischenGes zu beziehen.

C. Rechtsfolgen

I. Allgemeines

138 § 2 baut die beschränkte StPfl auf eine vollständige, tarif- und leistungsgerechte Besteuerung aus, iRd der Katalog der inländischen Einkünfte erweitert, die Progression in voller Höhe nach dem Welteinkommen angeordnet und die Abgeltungswirkung beseitigt wird.

II. Dauer der erweiterten beschränkten Steuerpflicht

139 Die Regelung kommt für das Jahr des Wegzugs und die nachfolgenden zehn Jahre zur Anwendung. Somit beträgt die jeweilige Gesamtdauer im Höchstfall elf Jahre. Der Gesetzgeber unterstellt somit typisierend, dass nach Ablauf dieser Frist die persönliche Bindung zwischen dem Auswanderer und Deutschland nicht mehr gegeben ist. Fallen für einzelne Jahre die Voraussetzungen des § 2 (zB die niedrige Besteuerung, wesentliche Inlandsinteressen) weg, so besteht insoweit nur die normale beschränkte StPfl, die Frist läuft aber weiter. Der Anwendungsbereich der Vorschrift setzt einen Wegfall der unbeschränkten StPfl voraus. Somit beginnt der Fristlauf der erweiterten beschränkten StPfl erst, wenn der StPfl weder Wohnsitz noch gewöhnlichen Aufenthalt im Inland hat. Etwaige abkommensrechtliche Einschränkungen von DBA – sofern vorhanden – sind zu beachten.

---

164 *S/K/K* § 2 AStG Rn 145.
165 *S/K/K* § 2 AStG Rn 144.

Mit jedem Ausscheiden aus der unbeschränkten Einkommensteuerpflicht beginnt ein neuer Fristlauf, welcher jedoch nicht die ursprüngliche Frist ersetzt; alle Fristläufe sind nebeneinander zu beachten. § 2 sieht keine Höchstdauer (zB durch Anrechnung von Vorzeiten) vor. Daher kann der Auswanderer auch mehr als elf Jahre erweitert beschränkt steuerpflichtig sein. Zur Eröffnung des Anwendungsbereichs der Vorschrift müssen im jeweiligen VZ sämtliche Voraussetzungen **gleichzeitig** vorliegen. 140

III. Erweiterte Inlandseinkünfte

1. Exkurs: Zum Meinungsstreit über den Umfang der erweitert beschränkt steuerpflichtigen Einkünfte. Nach der überwiegend hM[166] und der Auffassung der FinVerw[167] unterliegen der erweiterten beschränkten Einkommensteuerpflicht gem Abs 1 S 1 **neben** den inländischen Einkünften iSd § 49 Abs 1 EStG **zusätzlich** alle Einkünfte, soweit sie bei unbeschränkter Einkommensteuerpflicht **nichtausl** Einkünfte iSv §§ 34c, 34d EStG sind. Inländische Einkünfte **und** Zusatzeinkünfte bilden die Summe der iRd § 2 Abs 1 erfassten Inlandseinkünfte. Auch Einkünfte, die beiden Einkunftskategorien zuzuordnen sind, da sie sowohl inländisch als auch ausl sind, fallen unter die Vorschrift. 141

Demgegenüber propagierte Wassermeyer (ua in F/W/B/S) viele Jahre eine Gegenauffassung, die davon ausging, dass die unter die erweiterte beschränkte StPfl fallenden Einkünfte allein als Negativabgrenzung („nichtausl Einkünfte") zu den ausl Einkünften gem § 34d EStG zu ermitteln und dass die *normal* beschränkt steuerpflichtigen Einkünfte (§ 49 Abs 1 EStG) davon abzugrenzen seien. Diese Gegenposition stützte sich va auf den Wortlaut der Norm, der „über die beschränkte StPfl hinaus" **(nur)** jene Einkünfte der StPfl des § 2 AStG unterwirft, welche „bei unbeschränkter Einkommensteuerpflicht nicht ausl Einkünfte iSd § 34c Abs 1 des EStG sind". Beschränkt steuerpflichtige Einkünfte seien idS aber gerade keine „nichtausl" Einkünfte. 142

Für seine Argumentation zog Wassermeyer zudem internationale Besteuerungsgrundsätze heran. Wegen der (auch) ausl Herkunft der Einkünfte hätten andere Staaten ein vorrangiges Besteuerungsrecht. Nach internationalen Besteuerungsgrundsätzen stünde Deutschland lediglich ein Quellenbesteuerungsrecht zu; eine Besteuerung nach dem Wohnsitzprinzip, dessen Regeln weitgehend auf die erweiterte beschränkte StPfl übertragen würden, sei nicht zulässig.[168] IE ging Wassermeyer davon aus, dass die unter § 2 fallenden Einkünfte allein als **Negativabgrenzung** zu den ausl Einkünften des § 34d EStG zu ermitteln und die beschränkt steuerpflichtigen Einkünfte des § 49 EStG hiervon vollkommen isoliert zu betrachten sind. 143

Nach dieser Auffassung sind Einkünfte, die sowohl zu den Inlandseinkünften iSd § 49 EStG als auch zu den Auslandseinkünften iSd § 34d EStG gehören, nicht unter den Begriff der nichtausl Einkünfte zu fassen, weil sie eben zugleich auch ausl Einkünfte sind. Sie sind – entgegen der Auffassung der FinVerw – **nicht von § 2 betroffen** und können mithin lediglich iRd *normalen* beschränkten StPfl erfasst werden.[169] 144

166 *Blümich* § 2 AStG Rn 40; *Lademann* § 2 AStG Rn 28 ff; *S/K/K* § 2 AStG Rn 60 ff.
167 *BMF* BStBl I 2004, Sondernr 1, 3, 14.
168 Vgl F/W/B/S/*Wassermeyer* § 2 AStG Rn 23a (Juli 2008).
169 Vgl F/W/B/S/*Wassermeyer* § 2 AStG Rn 22e (Juli 2008).

145 In seiner Entsch v 19.12.2007 hat sich der BFH mit dem Umfang der erweitert beschränkt steuerpflichtigen Einkünfte beschäftigt und ist der Auffassung Wassermeyers entgegengetreten.[170]

146 Aus Sicht des BFH sei es zwar richtig, dass nach § 2 Abs 1 eine natürliche Person „mit allen Einkünften iSd § 2 Abs 1 S 1 erster HS des EStG … beschränkt einkommensteuerpflichtig (ist) …, die bei unbeschränkter Einkommensteuerpflicht nicht ausl Einkünfte iSd § 34c Abs 1 des EStG sind“. Sie sei dies aber „über die beschränkte StPfl iSd EStG hinaus“. Die erweiterte beschränkte StPfl grenze somit zum einen von der *normalen* beschränkten StPfl ab. Zugleich beziehe sie die *normale* beschränkte StPfl in ihren Regelungsbereich mit ein, weite jene beschränkte StPfl aus und bestimme sich hiernach mit „allen“ aus der Sicht Deutschlands inländischen und damit nichtausl Einkünften, um die wesentlichen wirtschaftlichen Interessen im Geltungsbereich dieses Gesetzes umfassend abzubilden.[171]

147 Damit schließt sich der I. Senat der überwiegend hM und der Auffassung der FinVerw vollumfänglich an, dass der erweiterten beschränkten Einkommensteuerpflicht gem Abs 1 S 1 neben den inländischen Einkünften iSd § 49 Abs 1 EStG zusätzlich alle Einkünfte unterliegen, soweit sie bei unbeschränkter Einkommensteuerpflicht nichtausl Einkünfte iSd §§ 34c, 34d EStG sind. Der vorstehend dargestellten Gegenmeinung, dass die unter § 2 fallenden Einkünfte allein als **Negativabgrenzung** zu den ausl Einkünften des § 34d EStG zu ermitteln seien, verbleibt kein Raum mehr.

148 *Baßler* hat mit Übernahme der Kommentierung des § 2 AStG von *Wassermeyer* in *F/W/B/S* die vorstehende Mindermeinung inzwischen aufgegeben und sich der hM angeschlossen.[172] Der Meinungsstreit ist damit mE als beendet anzusehen.

149 **2. Ermittlung der Einkünfte.** Der erweiterten beschränkten Einkommensteuerpflicht unterliegen nach der hier vertretenen Auffassung **neben** den inländischen Einkünften iSd § 49 Abs 1 EStG **zusätzlich** alle Einkünfte, die bei unbeschränkter Einkommensteuerpflicht **nichtausl** Einkünfte iSd § 34d EStG sind. Deutschland unterwirft somit zusätzlich alle Einkünfte der Besteuerung, für die es bei Vorliegen der unbeschränkten StPfl (als Wohnsitzstaat) ein ausschließliches, keine Entlastungen wegen ausl Steuern zulassendes Recht zur Besteuerung hat. Über § 2 Abs 4 gehören zudem die gem § 5 dem erweitert beschränkt StPfl zuzurechnenden Einkünfte von zwischengeschalteten Ges zu den von § 2 erfassten Einkünften (vgl Rn 132 ff).

150 Str war bislang die Behandlung von Einkünften, die sowohl zu den Inlandseinkünften iSd § 49 EStG (Inlandsqualifikation) als auch zu den Auslandseinkünften iSd § 34d EStG (Auslandsqualifikation) gehören (sog **Doppelqualifizierung**). Mit der FinVerw und überwiegend hM wurde hier stets die Auffassung vertreten, dass bei Überschneidung von inländischen und ausl Einkünften die Inlandsqualifikation vorrangig sei und die Einkünfte somit iRd erweiterten beschränkten StPfl erfasst werden.[173]

---

170 *BFH* BStBl 2010, 398.

171 *BFH* BStBl 2010, 398.

172 *F/W/B/S § 2 AStG Rn 80.*

173 *BMF* BStBl I 2004, Sondernr 1, 3, 14; *Lademann* § 2 AStG Rn 29; *Blümich* § 2 AStG Rn 40; *S/K/K* § 2 AStG Rn 60, 66; dagegen **aA** F/W/B/S/*Wassermeyer* § 2 AStG Rn 22 ff (Juli 2008).

Beispiel: A, der die Voraussetzungen der erweitert beschränkten StPfl erfüllt, erstellt im Ausland ein Rechtsgutachten, welches über einen dt Verlag an inländische Mandanten verkauft wird. Zum einen handelt es sich aufgrund der Verwertung einer selbstständigen Arbeit im Inland um inländische Einkünfte nach § 49 Abs 1 Nr 3 EStG. Gleichzeitig liegen – bei unterstellter unbeschränkter StPfl – wegen der Ausübung der selbstständigen Tätigkeit im Ausland auch ausl Einkünfte gem § 34d Nr 3 EStG vor. Es kommt somit zu einer Überschneidung von inländischen und ausl Einkünften **(Doppelqualifizierung)**. Folgt man der Auffassung, dass die Inlandsqualifikation vorrangig sei, werden diese Einkünfte iRd erweiterten beschränkten StPfl erfasst. 151

Lässt man die Auslandsqualifikation durchschlagen, würde Steuerfreiheit eintreten. Da auch Auslandseinkünfte iSd § 34d EStG vorliegen, können diese lediglich iRd *normalen* beschränkten StPfl erfasst werden.[174] 152

Als weiteres Bsp für eine Doppelqualifizierung sind Dividendeneinnahmen eines StPfl zu sehen, welche ihm über eine ausl Betriebsstätte zufließen sowie Zinsen aus einer mit inländischem Grundbesitz gesicherten Forderung gg einen ausl Schuldner. 153

Liegen dagegen im umgekehrten Fall weder inländische noch ausl Einkünfte vor, unterliegen diese dennoch der erweiterten beschränkten Einkommensteuerpflicht, da nichtausl Einkünfte anzunehmen sind. 154

Besondere Relevanz hatte der Meinungsstreit, wenn es wie zB bei der Bestimmung der Freigrenze auf die genaue Höhe der Einkünfte iSd § 2 ankommt (vgl Rn 127), oder für die Frage, ob ein Steuerabzug mit abgeltender Wirkung vorliegt.[175] 155

Inzwischen ist der Meinungsstreit beendet.[176] Auf Basis der hM kann zur Bestimmung der **einzubeziehenden Einkünfte** daher folgende Prüfungsreihenfolge herangezogen werden. Zunächst ist festzustellen, ob es sich um inländische Einkünfte iSd § 49 Abs 1 EStG handelt, denn dann werden diese bereits iRd beschränkten StPfl erfasst. Gelten die Einkünfte dagegen als nicht-inländische Einkünfte iSd § 49 Abs 1 EStG, so ist § 34d EStG zu prüfen. Handelt es sich danach auch um nichtausl, so werden diese zusätzlich erfasst. Keine Berücksichtigung finden bei der erweiterten beschränkten Einkommensteuerpflicht somit lediglich die nicht-inländischen (§ 49 Abs 1 EStG) aber ausl Einkünfte (§ 34d EStG). 156

Beispiel: A, der die Voraussetzungen der erweiterten beschränkten StPfl erfüllt, gewährt einer dt GmbH ein dinglich ungesichertes Darlehen. Da die Zinszahlungen nicht zu den inländischen Einkünften aus Kapitalvermögen gem § 49 Abs 1 Nr 5 EStG gehören, können sie nicht iRd beschränkten StPfl erfasst werden. Wäre A unbeschränkt steuerpflichtig, so könnten die Zinszahlungen auch keine ausl Einkünfte (§ 34d Nr 6 EStG) sein. Somit gehören diese Zinsen zu den nichtausl Einkünften des § 2 Abs 1 S 1 und werden iRd erweiterten beschränkten Einkommensteuerpflicht erfasst. 157

Die Abgrenzung der Einkunftsarten sowie die **Höhe der Einkünfte** sind nach dt Steuerrecht zu ermitteln. Betriebsausgaben und Werbungskosten sind entspr den Grundsätzen des § 50 Abs 1 EStG abzugsfähig, soweit sie mit den einzubeziehenden Einkünften im wirtschaftlichen Zusammenhang stehen.[177] Die isolierende Betrachtungsweise des 158

174 Vgl F/W/B/S/*Wassermeyer* § 2 AStG Rn 22e (Juli 2008).
175 *F/W/B/S* § 2 AStG Rn 79.
176 S Rn 143.
177 *BMF* BStBl I 2004, Sondernr 1, 3, 15.

§ 49 Abs 2 EStG gilt auch bei der erweiterten beschränkten Einkommensteuerpflicht, soweit die Einkünfte bereits iRd *normalen* beschränkten Einkommensteuerpflicht zu erfassen gewesen wären. Bei den darüber hinaus zu erfassenden Einkünften kommt es dagegen auf die im Inland und Ausland gegebenen Besteuerungsmerkmale an.[178]

159 Sonderausgaben und außergewöhnliche Belastungen können – wie bei beschränkt StPfl – nicht berücksichtigt werden. Zudem wird ein uneingeschränkter **Verlustausgleich** zwischen beschränkt steuerpflichtigen Einkünften und den iRd erweiterten beschränkten StPfl zusätzlich erfassten Einkünften zugelassen.[179]

160 Ein **Verlustabzug** nach § 10d EStG ist inzwischen iRd Einkommensermittlung uneingeschränkt zulässig.[180] Dadurch kann es in Einzelfällen iRd erweiterten beschränkten StPfl zu einer geringeren Steuerbelastung kommen als bei *normaler* beschränkter StPfl nach § 1 Abs 4 EStG. Der Wortlaut des § 2 Abs 1 S 1 (über die beschränkte StPfl hinaus) steht dem nicht entgegen, da hierdurch nur der Umfang der einzubeziehenden Einkünfte bestimmt wird und sich hieraus keine Auswirkungen auf die Höhe der Bemessungsgrundlage ergeben. Auch die Tarifbegrenzung in Abs 5 (Mindeststeuer) enthält keine Einschränkung bei der Ermittlung der Bemessungsgrundlage für die erweiterte beschränkte Einkommensteuerpflicht.[181]

161 Eine Besonderheit ist bei **Einkünften aus nichtselbstständiger Arbeit** zu beachten. Für diese gilt weiterhin ausschließlich das Steuerabzugsverfahren.[182] Damit werden die Einkünfte, die der Lohnsteuer unterlegen haben, bei der Ermittlung der Bemessungsgrundlage für die erweiterte beschränkte StPfl nicht einbezogen und lediglich bei Ermittlung des Progressionssatzes berücksichtigt. Bei **Einkünften aus Kapitalvermögen** hat der Kapitalertragsteuerabzug nach Maßgabe des § 43 Abs 5 EStG grundsätzlich abgeltende Wirkung (§ 2 Abs 5 S 3), sodass in diesen Fällen keine Veranlagung erfolgt.

162 **3. Die einzelnen Einkünfte.** Mit der überwiegend hM und der Auffassung der FinVerw unterliegen der erweiterten beschränkten Einkommensteuerpflicht gem Abs 1 S 1 neben den inländischen Einkünften iSd § 49 Abs 1 EStG zusätzlich alle Einkünfte, soweit sie bei unbeschränkter Einkommensteuerpflicht **nichtausl** Einkünfte iSd §§ 34c, 34d EStG sind. Auch Einkünfte, die beiden Einkunftskategorien zuzuordnen sind, da sie sowohl inländisch als auch ausl sind, fallen unter die Vorschrift. Der BFH hat dies mit Urt v 19.12.2007 höchstrichterlich bestätigt und der gegenteiligen Mindermeinung eine Absage erteilt.[183]

163 Einen ausführlichen Katalog der unter die Vorschrift fallenden Einkünfte enthält das Anwendungsschreiben der FinVerw[184] (unter 2.5.0.2). Insofern kann an dieser Stelle

178 *Lademann* § 2 AStG Rn 32; *S/K/K* § 2 AStG Rn 67.

179 *BMF* BStBl I 2004, Sondernr 1, 3, 15 f.

180 Die früheren Einschränkungen in § 50 Abs 1 S 2 EStG aF und § 50 Abs 2 EStG aF sind mit JStG 2009 entfallen. *BMF* BStBl I 2004, Sondernr 1, 3, 15 f; *Lademann* § 2 AStG Rn 33; *F/W/B/S* § 2 AStG Rn 87; *S/K/K* § 2 AStG Rn 88.

181 *Lademann* § 2 AStG Rn 33.

182 *BMF* BStBl I 2004, Sondernr 1, 3, 15 f.

183 *BFH* BStBl 2010, 398.

184 *BMF* BStBl I 2004, Sondernr 1, 3, 14.

darauf verwiesen werden. Nachfolgend werden lediglich ausgewählte Fallgruppen erläutert, die für die Praxis besonders relevant sein dürften.

a) Einkünfte aus LuF und Einkünfte aus Gewerbebetrieb. Bei Einkünften aus **Land- und Forstwirtschaft** wird kein zusätzlicher Anwendungsbereich für § 2 geschaffen. Diese lassen sich je nach Belegenheit eindeutig zuordnen.[185] 164

Bezüglich der **gewerblichen Einkünfte** ist auf Folgendes hinzuweisen. Bei einer **Betriebsstätte** in Deutschland sind die hieraus generierten Einkünfte bereits iRd *normalen* beschränkten StPfl erfasst (§ 49 Abs 1 Nr 2 lit a EStG). Bei einer Betriebsstätte im Ausland handelt es sich um ausl Einkünfte iSd § 34d Nr 2 lit a EStG, so dass eine Besteuerung in Deutschland unterbleibt und auch die erweiterte beschränkte StPfl **nicht** anwendbar ist. 165

aa) Betriebsstättenlose Einkünfte. Durch die erweiterte beschränkte StPfl könnten grds Einkünfte aus Gewerbebetrieb erfasst werden, für die weder im Inland noch im Ausland eine Betriebsstätte besteht und auch kein ständiger Vertreter bestellt ist.[186] Hier ist jedoch die Entsch des *BFH* v 19.12.2007 zu beachten, nach der es – entgegen der Auffassung der FinVerw[187] – keine betriebsstättenlosen gewerblichen Einkünfte (sog „floating income") gebe. Der BFH begründet seine Auffassung mit der Zentralfunktion der Betriebsstätte nach § 12 S 2 Nr 1 AO, welche im Ergebnis keinen Raum für betriebsstättenlose gewerbliche Einkünfte lasse. Zudem könne das „floating income" für § 2 nicht hinreichend genau quantifiziert werden.[188] Somit könnten gewerbliche Einkünfte nur zu den (erweitert) beschränkt StPfl Einkünften gehören, wenn der StPfl über eine inländische Betriebsstätte verfügt. 166

bb) Fiktive Geschäftsleitungsbetriebsstätte (Abs. 1 S. 2). Der Gesetzgeber hat auf vorgenannte Entsch des BFH reagiert und mit dem JStG 2009 in § 2 Abs 1 einen neuen S 2 eingefügt, nach dem für Einkünfte einer natürlichen Person, die weder durch deren ausl Betriebsstätte noch durch deren in einem ausl Staat tätigen ständigen Vertreter erzielt werden, für die Anwendung von § 2 das Bestehen einer inländischen Geschäftsleitungsbetriebsstätte der Person anzunehmen sei, der solche Einkünfte zuzuordnen sind.[189] Laut Gesetzesbegründung[190] kommt dem neu eingefügten S 2 lediglich klarstellende Funktion zu, da der Intention des Gesetzgebers bei Schaffung des § 2 AStG zur Geltung verholfen werden soll. § 2 sollte die Einkünfte der Besteuerungspflicht unterwerfen, die dem erweitert beschränkt Steuerpflichtigen persönlich zuzurechnen sind unabhängig von der örtlichen Zuordnung, es sei denn eine solche ist ausdrücklich gesetzlich vorgesehen wie in § 34d Nr 2 lit a EStG oder § 49 Abs 1 Nr 2 lit a EStG. Dies sollte bereits durch die in § 2 Abs 1 S 1 verwendete Formulierung „die bei unbeschränkter Steuerpflicht nicht ausländische Einkünfte sind" zum Ausdruck kommen. 167

Der Auffassung des BFH, wonach es keine betriebsstättenlosen Einkünfte gebe und die Zuordnung zu einer ausländischen Geschäftsleitungsbetriebsstätte am Wohnort 168

185 *S/K/K* § 2 AStG Rn 68.
186 So auch *BMF* BStBl I 2004, Sondernr 1, 3, 14; *S/K/K* § 2 AStG Rn 69.
187 *BMF* BStBl I 2004, Sondernr 1, 3, 14.
188 *BFH* BStBl 2010, 398.
189 BGBl I 2008, 2826.
190 Bericht des Finanzausschusses des Deutschen Bundestages BT-Drucks 16/11108, S 43 f.

des Steuerpflichtigen letztlich mangels Vorliegens einer anderweitigen Betriebsstätte erfolge, sei nicht zuzustimmen. Einkünfte aus Gewerbebetrieb könnten – lt Bericht des Finanzausschusses des Deutschen Bundestages[191] – nicht nur *entweder* in einer inländischen gem § 49 Abs 1 Nr 2 lit a) EStG *oder* einer ausl Betriebsstätte gem § 34d Nr 2 lit a) EStG erwirtschaftet werden. Es sei vielmehr sachgerecht, dem erweitert beschränkt StPfl sowohl inländisch als auch ausl erzielte Einkünfte aus Gewerbebetrieb persönlich zuzuordnen, für die weder im Inland noch im Ausland eine Betriebsstätte besteht und dort auch kein ständiger Vertreter bestellt ist.[192] Dies betrifft va deutsche Künstler oder Berufssportler, die in Niedrigsteuerländern ansässig sind.[193]

169 Entgegen der Intention des Gesetzgebers schafft die Einfügung des S 2 nach überwiegender Meinung in der Literatur gerade keine Rechtsklarheit, sondern läuft vielmehr leer, da die Anwendung der Vorschrift die Bejahung der Existenz betriebsstättenloser Einkünfte voraussetzt.[194] Dies wird vom BFH gerade abgelehnt. Der Ansicht des BFH folgend wäre der Anwendungsbereich des § 2 Abs 1 S 2 damit nicht eröffnet. Dies würde aber dem gesetzgeberischen Willen, wie er eindeutig in der Gesetzesbegründung zum Ausdruck kommt und als Auslegungsmaßstab heranzuziehen ist, widersprechen. Es ist daher fraglich, ob der BFH an seiner Auffassung festhalten wird.

170 Weder dem Gesetzeswortlaut noch der Gesetzesbegründung lässt sich eindeutig entnehmen, wann eine vom Anwendungsbereich des S 2 auszunehmende „ausl Betriebsstätte“ vorliegt. Eine ausl Geschäftsleitungsbetriebsstätte, die allein aufgrund des ausl Wohnsitzes ohne weitere – wenn auch bescheidene – *sachliche* Substanz besteht, soll wohl nicht ausreichen und damit die Fiktion des Vorliegens einer inländischen Geschäftsleitungsbetriebsstätte gem S 2 auslösen.[195]

171 Aufgrund der bestehenden Unsicherheiten ergibt sich in der Praxis erhöhter Beratungsbedarf hinsichtlich der Ausgestaltung einer ausl Betriebsstätte zur Vermeidung von S 2. Gegenwärtig ist noch nicht abzuschätzen, ob der BFH auch nach Einfügung des S 2 an seiner Rechtsprechung festhalten wird, wonach im Zweifel eine ausl Geschäftsleitungsbetriebsstätte in der Wohnung des StPfl im Niedrigsteuerland vorliegt. Es ist davon abzuraten, sich auf diese Rechtsprechung zu verlassen und lediglich das Vorliegen einer inländischen Betriebsstätte zu vermeiden. Vielmehr sollte aktiv auf die Möglichkeit hingewirkt werden, im Zweifel das Vorliegen einer ausl Betriebsstätte nachweisen zu können.

172 Der Gewinn aus der Veräußerung **wesentlicher Kapitalgesellschaftsbeteiligungen führt nach** § 17 EStG ebenfalls zu Einkünften aus Gewerbebetrieb, die von der erweiterten beschränkten Steuerpflicht erfasst werden, wenn sich der Sitz oder der Ort der Geschäftsleitung der Ges im Inland befindet.[196] Es kann gleichzeitig zu Inlands- (§ 49 Abs 1 Nr 2 lit e EStG) und zu Auslandseinkünften (§ 34d Nr 4 lit b EStG) kommen, wenn zB die KapGes ihren Sitz im Inland und den Ort ihrer Geschäftsleitung im Ausland hat (s Rn 185).

---

191 BT-Drucks 16/11108, 43 f.

192 Krit im Hinblick auf steuerrechtliches Völkerrecht bei gänzlichem Fehlen eines Inlandsbezugs *Schmidt/Heinz* IStR 2009, 43, 47.

193 Stellungnahme des Bundesrates zum JStG 2009, BR-Drucks 545/08, 66.

194 *F/W/B/S* § 2 AStG Rn 144; *S/K/K* § 2 AStG Rn 90.1; *Schmidt/Heinz* IStR 2009, 43, 46 f.

195 *F/W/B/S* § 2 AStG Rn 144.

196 *BMF* BStBl I 2004, Sondernr 1, 3, 14; *S/K/K* § 2 AStG Rn 71.

b) Einkünfte aus selbstständiger und nichtselbstständiger Arbeit. Bei den Einkünften aus selbstständiger und Einkünften aus nichtselbstständiger Arbeit kann es ebenfalls häufig zu Einkünften kommen, die gleichzeitig zu Inlands- (§ 49 Abs 1 Nr 3 und Nr 4 lit a EStG) und zu Auslandseinkünften (§ 34d Nr 3 und Nr 5 EStG) gehören. Voraussetzung ist, dass die Arbeit im Inland ausgeübt *oder* verwertet wird. 173

Beispiel: Der erweitert beschränkt steuerpflichtige A erstellt im Ausland ein Rechtsgutachten, welches über einen dt Verlag an inländische Mandanten verkauft wird. Zum einen handelt es sich, aufgrund der Verwertung einer selbstständigen Arbeit im Inland, um inländische Einkünfte nach § 49 Abs 1 Nr 3 EStG. Gleichzeitig liegen – bei unterstellter unbeschränkter StPfl – wegen der Ausübung der selbstständigen Tätigkeit im Ausland auch ausl Einkünfte gem § 34d Nr 3 EStG vor. Es kommt somit zu einer Überschneidung von inländischen und ausl Einkünften. 174

Die Einkünfte zählen zwar nicht zu den von § 2 Abs 1 zusätzlich erfassten Einkünften, weil sie eben auch ausl sind. Sie werden aber als Einkünfte iSd § 49 Abs 1 Nr 3 EStG iRd erweiterten beschränkten StPfl miterfasst.[197]

c) Einkünfte aus Kapitalvermögen. Der Anwendungsbereich des § 2 Abs 1 ist bei **Kapitaleinkünften** besonders groß. Zum einen werden Kapitaleinkünfte erfasst, wenn das **Darlehen durch inländischen Grundbesitz dinglich besichert** ist. Auf die Ansässigkeit des Schuldners kommt es hier nicht an. 175

Beispiel: Der erweitert beschränkt steuerpflichtige A hat dem in Paris ansässigen S ein Darlehen gewährt. Zur Absicherung hat S dem A eine Grundschuld an seinem Grundstück in Nürnberg bestellt. Die Kapitaleinkünfte sind von § 49 Abs 1 Nr 5 lit c Doppelbuchstabe aa) EStG als Inlandseinkünfte erfasst. Bei den Kapitaleinkünften handelt es sich gleichzeitig um ausl Einkünfte iSd § 34d Nr 6 EStG, da der Schuldner S im Ausland ansässig ist. 176

Nach hier vertretener Auffassung zählen die Kapitaleinkünfte zwar nicht zu den von § 2 Abs 1 zusätzlich erfassten Einkünften, weil sie eben auch ausl sind. Sie werden aber als Einkünfte iSd § 49 Abs 1 Nr 5 lit c Doppelbuchstabe aa) EStG iRd erweiterten beschränkten StPfl miterfasst.

Im umgekehrten Fall eines **dinglich ungesicherten Darlehens** können die daraus fließenden Kapitaleinkünfte ebenfalls der erweiterten beschränkten StPfl unterliegen. Voraussetzung ist hierbei aber, dass der **Schuldner im Inland ansässig** ist. 177

Beispiel: Der erweitert beschränkt steuerpflichtige A gewährt einer dt GmbH ein dinglich ungesichertes Darlehen. Da die Zinszahlungen nicht zu den inländischen Einkünften aus Kapitalvermögen gem § 49 Abs 1 Nr 5 EStG gehören, können sie iRd beschränkten StPfl nicht erfasst werden. Wäre A unbeschränkt steuerpflichtig, so könnten die Zinszahlungen jedoch auch keine ausl Einkünfte (§ 34d Nr 6 EStG) sein. Somit gehören die Zinsen zu den nichtausl Einkünften des § 2 Abs 1 und werden als Zusatzeinkünfte iRd erweiterten beschränkten Einkommensteuerpflicht erfasst.[198] 178

Der Auffassung der FinVerw, für die Einordnung der Kapitaleinkünfte alternativ auf den Wohnsitz des Schuldners – sofern es sich nicht um ausl Einkünfte iSd § 34d Nr 6 EStG handelt, weil das Darlehen durch ausl Grundbesitz gesichert ist – oder die Besi- 179

197 *BMF* BStBl I 2004, Sondernr 1, 3, 14 f; *S/K/K* § 2 AStG Rn 72.
198 *BMF* BStBl I 2004, Sondernr 1, 3, 14; *S/K/K* § 2 AStG Rn 74.

cherung durch inländischen Grundbesitz abzustellen, ist daher zuzustimmen.[199] Damit ist auch aufgezeigt, dass durch die Besicherung des Darlehens mit ausl Grundbesitz Gestaltungspotential besteht, um eine Besteuerung der hieraus fließenden Darlehenszinsen in Deutschland zu vermeiden.

180 Bezüge iSd **§ 7 UmwStG bei Umwandlung einer Kapital- in eine Personengesellschaft** können ebenfalls von § 2 erfasst werden. § 7 UmwStG fingiert eine steuerpflichtige Vollausschüttung der offenen Rücklagen der umgewandelten KapGes. Diese werden von § 2 zusätzlich erfasst, soweit der betreffende Gesellschafter die Anteile weder im Betriebsvermögen hält noch an der umgewandelten KapGes wesentlich iSd § 17 EStG beteiligt ist. Dann ist für ihn weder die Einlage- noch die Überführungsfiktion des § 5 UmwStG anwendbar, so dass der Zufluss der offenen Rücklagen als fiktive Dividende zu Einkünften iSd § 20 Abs 1 EStG führt. Mangels inländischer Schuldnerschaft der umgewandelten KapGes werden diese Einkünfte nicht bereits durch § 49 Abs 1 Nr 5 lit a EStG erfasst, sondern lediglich als Zusatzeinkünfte iRd erweiterten beschränkten Steuerpflicht.[200]

181 **d) Einkünfte aus Vermietung und Verpachtung.** Bei der **Vermietung und Verpachtung** von unbeweglichem Vermögen fallen die Erträge unter die (erweiterte) beschränkte StPfl, soweit das Grundstück im Inland liegt oder in ein inländisches öffentliches Buch oder Register eingetragen ist (Belegenheitsprinzip).

182 Einkünfte aus zeitlich begrenzter **Überlassung von Rechten** sind den von § 2 Abs 1 erfassten Zusatzeinkünften zuzuordnen, wenn sie nicht zur Nutzung in einem ausl Staat überlassen wurden (nichtausl Einkünfte; Umkehrschluss zu § 34d Nr 7 EStG). Wenn sie zur Nutzung in einem ausl Staat überlassen wurden und somit eigentlich ausl Einkünfte wären, können sie dennoch in den Kreis der von § 2 Abs 1 erfassten Einkünfte fallen, sofern sie die Voraussetzungen der normalen beschränkten StPfl (§ 49 Abs 1 Nr 6 EStG) erfüllen und dadurch miterfasst sind.[201]

183 In diesem Zusammenhang ist wiederum die Entsch des *BFH* v 19.12.2007 beachtenswert, nach der Einkünfte aus der Verwertung von Persönlichkeitsrechten unter § 49 Abs 1 Nr 6 EStG zu subsumieren sind, selbst wenn sie vom StPfl selbst geschaffen wurden.[202] In concreto hatte sich der BFH mit der Qualifizierung von Einnahmen eines dt Rennfahrers zu befassen, der in ein Niedrigsteuergebiet ausgewandert war. Nach der hierzu getroffenen Entsch wäre künftig zu unterscheiden zwischen Einkünften aus der Verwertung von Persönlichkeitsrechten (hierzu gehören zB die Vermarktung des Namens, Bildes und der Unterschrift) und Einkünften aus eigenständigen Dienstleistungen (zB Vergütungen für Promotionsauftritte, Interviews, Erstellung von Kolumnen). Letztere zählen zu den Einkünften aus Gewerbebetrieb iSd § 49 Abs 1 Nr 2 EStG, die allerdings nur als nichtausl Einkünfte von § 2 miterfasst sind, wenn der StPfl in Deutschland eine Betriebsstätte unterhält. Im zugrundeliegenden Sachverhalt hatte der Rennfahrer seine beruflichen Aktivitäten jedoch von seinem neuen Ansässigkeitsstaat aus betrieben, so dass ceteris paribus kein Raum für eine Betriebsstätte

---

199 *BMF* BStBl I 2004, Sondernr 1, 3, 15.
200 *F/W/B/S* § 2 AStG Rn 123.
201 So auch zutr *S/K/K* § 2 AStG Rn 78.
202 *BFH* BStBl 2010, 398.

in Deutschland gegeben war.[203] Die Einkünfte aus der Verwertung von Persönlichkeitsrechten wären über § 49 Abs 1 Nr 6 EStG stets erfasst, soweit sie in inländischen Betriebsstätten verwertet werden.

Hier ist ebenfalls auf die Reaktion des Gesetzgebers mit dem JStG 2009 hinzuweisen. **184**
Dieser ordnet zum einen durch Neufassung des § 49 Abs 1 Nr 2 lit f EStG Einkünfte aus der Vermietung und Verpachtung von unbeweglichem Vermögen, Sachinbegriffen oder Rechten künftig den gewerblichen Einkünften zu, ohne dass es hierfür einer Betriebsstätte bedarf; § 49 Abs 1 Nr 6 EStG tritt subsidiär zurück.[204] Zum anderen sei durch den neuen S 2 in § 2 für Einkünfte einer natürlichen Person, die weder durch deren ausl Betriebsstätte noch durch deren in einem ausl Staat tätigen ständigen Vertreter erzielt werden, für die Anwendung von § 2 das Bestehen einer inländischen Geschäftsleitungsbetriebsstätte der Person anzunehmen, der solche Einkünfte zuzuordnen sind.[205] Damit möchte der Gesetzgeber den Anwendungsbereich des § 2 deutlich ausweiten und genanntem Urt des BFH eine Absage erteilen. Von § 2 sollen sämtliche Einkünfte des Rennfahrers erfasst werden, es sei denn, der Sportler erzielt diese mittels einer im Ausland belegenen Betriebsstätte oder eines dort bestellten ständigen Vertreters. Dann lägen ausl Einkünfte iSd § 34d Nr 2 lit a EStG vor, die vom Anwendungsbereich der erweiterten beschränkten StPfl stets ausgeschlossen sind. In der Literatur wird das vorgenannte Bestreben des Gesetzgebers jedoch überwiegend als wirkungslos bzw durch die gegenwärtige Gesetzesformulierung nicht erreicht angesehen (s Rn 169 ff).

e) Einkünfte aus der Veräußerung von Kapitalgesellschaftsbeteiligungen. Einkünfte **185**
aus der Veräußerung **wesentlicher Kapitalgesellschaftsbeteiligungen** (§ 17 EStG) fallen unter die erweiterte beschränkte StPfl, wenn sich der Sitz oder der Ort der Geschäftsleitung der Ges im Inland befindet.[206] Es kann gleichzeitig zu Inlands- (§ 49 Abs 1 Nr 2 lit e EStG) und zu Auslandseinkünften (§ 34d Nr 4 lit b EStG) kommen, wenn zB die KapGes ihren Sitz im Inland und den Ort ihrer Geschäftsleitung im Ausland hat. Nach der hier vertretenen Auffassung (vgl Rn 162) steht dies der Qualifikation als erweitert beschränkt steuerpflichtige Einkünfte nicht entgegen.[207]

Gewinne aus der Veräußerung von Kapitalgesellschaftsanteilen, die nicht unter § 17 **186**
EStG fallen, waren bis einschließlich 2008 nur bei Veräußerung innerhalb der Spekulationsfrist (§ 23 EStG) steuerpflichtig. Ein etwaiger Veräußerungsgewinn wurde von § 49 EStG nicht erfasst, sondern zählte zu den von § 2 Abs 1 erfassten Zusatzeinkünften, wenn die KapGes weder Geschäftsleitung noch ihren Sitz im Ausland hat, da hierdurch nicht ausl Einkünfte vorliegen (§ 34d Nr 4 lit b EStG).

Mit dem Unternehmensteuerreformgesetz 2008 wurde die Besteuerung von Kapital- **187**
einkünften neu geregelt. Seit VZ 2009 sind die Veräußerungsgewinne von Kapitalgesellschaftsanteilen, die nicht unter § 17 EStG fallen, unabhängig von der Haltedauer als Einkünfte aus Kapitalvermögen steuerpflichtig. Diese können in wenigen Fällen ggf von § 49 Abs 1 Nr 5 lit d EStG iRd beschränkten StPfl erfasst sein. Regelmäßig

203 *BFH* BStBl 2010, 398.

204 BGBl I 2008, 2803.

205 BGBl I 2008, 2826.

206 *BMF* BStBl I 2004, Sondernr 1, 3, 14; *S/K/K* § 2 AStG Rn 71.

207 AA in einer Vorkommentierung zur aktuellen Aufl F/W/B/S/*Wassermeyer* § 2 AStG Rn 36ab (Juli 2008).

wird es jedoch mangels Erfassung unter § 49 EStG zu der erweiterten beschränkten StPfl unterliegenden Zusatzeinkünften kommen, bspw wenn die KapGes, deren Anteile veräußert werden, im Ausland weder Sitz noch Geschäftsleitung hat. Damit wird der Anwendungsbereich des § 2 deutlich weiter. Die erweiterte beschränkte Steuerpflicht erfasst nunmehr sämtliche private Veräußerungsgeschäfte aus der Veräußerung von Anteilen inländischer KapGes, die bisher außerhalb der Spekulationsfrist steuerfrei waren. Dass die Aktien ggf in einem ausl Depot verwahrt werden, schützt insoweit nicht; die depotführende Bank übt lediglich die Verwaltungsfunktion aus. Im umgekehrten Fall wird die Veräußerung von in einem inländischen Depot belegenen Aktien einer ausl KapGes in Deutschland nicht erfasst, da steuerfreie Auslandseinkünfte vorliegen, § 34d Nr 8 lit b EStG.[208]

IV. Progressionsvorbehalt

188 **1. Allgemeines.** § 2 Abs 5 S 1 erweitert die beschränkte StPfl, indem er einen **Progressionsvorbehalt** vorsieht, welcher bei der normalen beschränkten StPfl nicht enthalten ist. Hiernach sind bei der Ermittlung des Steuersatzes, mit dem die erweitert beschränkt steuerpflichtigen Einkünfte besteuert werden, sämtliche **weltweiten** Einkünfte des StPfl heranzuziehen. Als Steuersatz kommt der durchschnittliche Steuersatz zur Anwendung, der sich für das **Welteinkommen** des StPfl ergibt. Neben den erweitert beschränkt steuerpflichtigen Einkünften sind hierfür die übrigen, dh auch die ausl Einkünfte nach dt Steuerrechtsvorschriften zu ermitteln. Hat der StPfl positive ausl Einkünfte, erhöht sich somit die dt Einkommensteuer; bei negativen ausl Einkünften ermäßigt sie sich. Lediglich die Einkünfte aus Kapitalvermögen iSd § 20 EStG, die tatsächlich dem besonderen Steuersatz iHv 25 % nach § 32d Abs 1 EStG unterliegen, sind bei der Ermittlung des anzuwendenden Steuersatzes iRd Progressionsvorbehaltes zu vernachlässigen.

189 **2. Ermittlung des Steuersatzes.** Die Ermittlung des Steuersatzes erfolgt iRe weiteren Schattenveranlagung der „Welteinkünfte" des erweitert beschränkt Stpfl, die nach den Vorschriften der erweiterten beschränkten StPfl durchzuführen ist. Nach den Sondervorschriften des § 2 Abs 5 ist der Einkommensteuer-Grundtarif (§ 32a Abs 1 EStG) anzuwenden, Ehegatten sind somit stets getrennt zu veranlagen. Neben den erweitert beschränkt steuerpflichtigen Einkünften sind hierfür die übrigen, dh die ausl Einkünfte nach **dt Steuerrechtsvorschriften** zu ermitteln.[209] Es gelten die Grundsätze, die auch bei *normal* beschränkt StPfl anzuwenden sind. Steuerfreie Einnahmen bleiben unberücksichtigt, sofern nicht gleichzeitig der Progressionsvorbehalt nach § 32b EStG anzuwenden ist.

190 Str ist, ob unter dem Begriff „sämtliche Einkünfte" der Gesamtbetrag der Einkünfte (§ 2 Abs 3 EStG) oder das Einkommen (§ 2 Abs 4 EStG), mithin die Summe der Einkünfte abzüglich der Sonderausgaben und außergewöhnlichen Belastungen, zu verstehen ist. Die FinVerw möchte die Berücksichtigung von Sonderausgaben – mit Ausnahme von Aufwendungen nach § 10b EStG (zB Spenden) – und außergewöhnlichen Belastungen nicht zulassen.[210] Der Auffassung Wassermeyers zustimmend sind mE die

208 *S/K/K* § 2 AStG Rn 83 f.

209 So auch *BMF* BStBl I 2004, Sondernr 1, 3, 16.

210 *BMF* BStBl I 2004, Sondernr 1, 3, 16.

Sonderausgaben zu berücksichtigen. Außergewöhnliche Belastungen können dagegen nicht geltend gemacht werden.[211] Gewinnausschüttungen sind nach § 3 Nr 40 EStG zur Hälfte anzusetzen.

Die der Abgeltungsteuer unterliegenden Einkünfte aus Kapitalvermögen sind von den „sämtlichen Einkünften" für Zwecke der Ermittlung des Steuersatzes auszuklammern (§ 2 Abs 5 S 1 HS 2). Einkünfte aus Kapitalvermögen iSd § 20 EStG, die tatsächlich dem niedrigeren Steuersatz in § 32d Abs 1 EStG unterliegen und sich daher auch bei unbeschränkter Stpfl nicht progressionsverschärfend ausgewirkt hätten, sind somit ausdrücklich vom Progressionsvorbehalt ausgenommen. Kapitaleinkünfte werden jedoch nicht voraussetzungslos aus der Ermittlung des Steuersatzeinkommens ausgeklammert. Bedingung ist, dass sie dem gesonderten Steuersatz nach § 32d Abs 1 EStG unterliegen. Einkünfte aus Kapitalvermögen, die nicht tatsächlich dem gesonderten Steuersatz nach § 32d Abs 1 EStG unterliegen, etwa solche iSd § 32d Abs 2 EStG, gehen daher wiederum in die Ermittlung des Steuersatzes ein.[212] Mit der Einfügung des § 2 Abs 5 S 2 iRd AmtshilfeRLUmsG erfolgte die lang erwartete Äußerung des Gesetzgebers zum Einfluss der Abgeltungsteuer auf die erweitert beschränkte Steuerpflicht, wenngleich auch nur für Zwecke des Progressionsvorbehalts und der Abgeltungswirkung des Steuerabzugs. Die Frage nach der Auswirkung auf den abstrakten Belastungsvergleich bleibt hingegen weiterhin unbeantwortet. 191

Lohnsteuerpflichtige Einkünfte sind demgegenüber bei der Ermittlung des anzuwendenden Steuersatzes stets einzubeziehen.[213] 192

Tarifermäßigungen, die auch *normal* beschränkt StPfl erhalten (wie zB bei Spenden an politische Parteien nach § 34g EStG oder bei außerordentlichen Einkünften nach § 34 EStG, soweit diese Einkünfte bei der Veräußerung eines land- und forstwirtschaftlichen Betriebs, eines Gewerbebetriebs oder des Betriebsvermögens eines Selbstständigen entstanden sind), sollten auch erweitert beschränkt StPfl zustehen.[214] 193

Str ist die Behandlung außerordentlicher Einkünfte. Ein dem § 32b Abs 2 Nr 2 EStG entspr Ausschluss von dem Progressionsvorbehalt ist in § 2 Abs 5 S 1 nicht enthalten. Daher sind außerordentliche Einkünfte, die in Deutschland einem besonderen Steuersatz unterliegen, nicht mit einzubeziehen.[215] 194

Der (intraperiodische) Verlustausgleich sowie der (interperiodische) Verlustabzug (§ 10d EStG) ist beim Progressionsvorbehalt hinsichtlich der weltweiten Einkünfte vorzunehmen, dh inländische und ausl Verluste bei zu berücksichtigenden Einkünften können progressionsmindernd berücksichtigt werden, so dass es auch zu einem negativen Progressionsvorbehalt kommen kann (aber § 2a EStG beachten). 195

3. Besonderheiten bei Wegzug in einen DBA-Staat. In den von Deutschland abgeschlossenen DBA behält sich Deutschland stets vor, beim Steuersatz das Welteinkommen zu berücksichtigen **(Progressionsvorbehalt)**, wenn der StPfl seinen Wohnsitz in Deutschland hat. Somit sind auch die Einkünfte, die nach den DBA freizustellen 196

---

211 Vgl F/W/B/S/*Wassermeyer* § 2 AStG Rn 117a (Juli 2008); **aA** wohl *Lademann* § 2 AStG Rn 36.

212 *F/W/B/S* § 2 AStG Rn 330.1.

213 *BMF* BStBl I 2004, Sondernr 1, 3, 16.

214 *Lademann* § 2 AStG Rn 35.

215 *F/W/B/S* § 2 AStG Rn 328; *S/K/K* § 2 AStG Rn 148.

wären, bei der Ermittlung des Steuersatzes zu berücksichtigen. Ist Deutschland dagegen Quellenstaat und dessen Quellenbesteuerungsrecht durch ein DBA beschränkt (zB bei Dividenden, Zinsen und Lizenzen), gehen diese Bestimmungen gg dem Progressionsvorbehalt des § 2 Abs 5 S 1 vor. Meist darf Deutschland nur eine Quellensteuer von 5–25 % erheben. Der Progressionsvorbehalt nach § 2 Abs 5 S 1 geht in diesen Fällen ins Leere.[216]

V. Regelungen zur Abgeltungswirkung von Abzugsteuern

197 Bei beschränkt StPfl gem § 1 Abs 4 EStG ist die Einkommensteuer für bestimmte Einkünfte, die einem Steuerabzug an der Einkunftsquelle unterliegen, mit der Abzugsteuer abgegolten; eine Veranlagung unterbleibt. IRd erweiterten beschränkten Einkommensteuerpflicht entfällt die Abgeltungswirkung der Abzugsteuer nach § 50a EStG (§ 2 Abs 5 S 2). Somit sind die dieser Vorschrift zugrunde liegenden Einkünfte in die Veranlagung des erweitert beschränkt StPfl einzubeziehen.

198 Der Steuerabzug nach § 50a EStG ist zunächst vorzunehmen, die an der Einkunftsquelle einbehaltene Steuer wird jedoch wie eine Vorauszahlung auf die festgesetzte Einkommensteuer angerechnet.

199 Nach § 2 Abs 5 S 2 entfällt die Abgeltungswirkung lediglich bei der Abzugsteuer nach § 50a EStG. Die Abgeltungswirkung der einbehaltenen **Lohnsteuer** nach § 50 Abs 2 EStG bei **Einkünften aus nichtselbstständiger Arbeit** bleibt hingegen erhalten. Durch den Verweis auf die Vorschrift des § 43 Abs 5 EStG stellt ferner § 2 Abs 5 S 3 klar, dass auch bei erweitert beschränkter Stpfl der **Kapitalertragsteuerabzug** grds Abgeltungswirkung entfaltet. Der Gesetzesverweis verdeutlicht jedoch zugleich, dass auch die darin genannten Ausnahmen gelten. So können bspw die Einkünfte aus Kapitalvermögen auf Antrag des erweitert beschränkt Stpfl in die besondere Besteuerung nach § 32d EStG einbezogen werden (§ 2 Abs 5 S 3 iVm § 43 Abs 5 S 3 EStG). Daher kann der erweitert beschränkt Stpfl eine Veranlagung der Einkünfte aus Kapitalvermögen aufgrund der Günstigerprüfung gem § 32d Abs 4 oder Abs 6 EStG herbeiführen.[217] Im Falle einer Veranlagung aufgrund der Günstigerprüfung ist gleichwohl zu beachten, dass die Einkünfte aus Kapitalvermögen wieder in den Progressionsvorbehalt des § 2 Abs 5 einzubeziehen sind, da sie nicht mehr tatsächlich dem gesonderten Steuersatz nach § 32d Abs 1 EStG unterliegen,.[218]

200 Da der Kapitalertragsteuer- und der Lohnsteuerabzug mithin auch im Anwendungsbereich des § 2 grds abgeltende Wirkung entfalten, ist nur die einbehaltene Abzugsteuer nach § 50a EStG anrechenbar.[219] Zudem ist die ausl Quellensteuer gem § 50 Abs 6 EStG anzurechnen.[220]

VI. Begrenzung nach Abs 6

201 Abs 6 begrenzt die aufgrund der erweiterten beschränkten StPfl zu entrichtende Gesamtsteuer nach oben. Der Auswanderer soll nach seinem Wegzug nicht höher

---

216 *Blümich* § 2 AStG Rn 9; *Lademann* § 2 AStG Rn 47; *S/K/K* § 2 AStG Rn 147.
217 *Haase/Dorn* IStR 2013, 909, 911 f.
218 *F/W/B/S* § 2 AStG Rn 330.1.
219 *BMF* BStBl I 2004, Sondernr 1, 3, 16.
220 *S/K/K* § 2 AStG Rn 151.

besteuert werden als zuvor als unbeschränkt StPfl. Die **Obergrenze** soll dem Charakter einer Strafsteuer, welcher der Vorschrift anhaftet, entgegenwirken.[221]

Der StPfl hat die höhere Steuer nachzuweisen (§ 2 Abs 6). Ihn trifft damit die objektive Beweislast. Die Obergrenze der erweiterten beschränkten StPfl bildet die Steuer, die **nachweislich** bei Fortdauer der unbeschränkten StPfl angefallen wäre. 202

Die als Vergleichsmaßstab heranzuziehende Einkommensteuer, die bei unbeschränkter StPfl zu zahlen wäre, wird im Rahmen einer **Schattenveranlagung** ermittelt. Ausgangspunkt ist hierbei die Annahme, dass der StPfl in Deutschland mit seinen weltweiten Einkünften unbeschränkt steuerpflichtig ist. Die Fiktion ist für sämtliche Aspekte der Veranlagung und Steuerberechnung durchzuführen. So sind bspw Sonderausgaben, außergewöhnliche Belastungen sowie tarifliche Freibeträge zu berücksichtigen, DBA-Regelungen (Freistellung/Anrechnung ausl Steuern) fiktiv anzuwenden und bei Ehegatten, die nicht dauernd getrennt leben, ein fiktives Ehegattensplitting durchzuführen.[222] Die Regelungen zur Hinzurechnungsbesteuerung (§§ 7 ff) kommen ebenso fiktiv zur Anwendung. Die Schattenveranlagung kann somit in der Praxis sehr umfangreich und aufwendig ausfallen, was natürlich die Effizienz der Vorschrift in Frage stellt. 203

Ist die als Vergleichsmaßstab ermittelte Einkommensteuer bei unbeschränkter StPfl geringer als die bei erweiterter beschränkter StPfl geschuldete Einkommensteuer, wird der **übersteigende Betrag** nicht erhoben. Die iRd *normalen* beschränkten StPfl fällig gewesene Steuer darf jedoch nicht unterschritten werden **(doppelte Begrenzung)**. 204

Beispiel:

	Beispiel 1	**Beispiel 2**	**Beispiel 3**
Steuern bei *normaler* beschränkter StPfl	10	10	10
(Mehr-) steuern aufgrund § 2 Abs 1	15	15	15
Fiktive Steuern bei unbeschränkter StPfl	14	17	9
Steuerschuld somit	**14**	**15**	**10**

In Beispiel 1 wird die Steuer gem § 2 Abs 6 auf die fiktive Steuerschuld bei unbeschränkter StPfl beschränkt. In Beispiel 2 kommt es zu keiner Begrenzung, da bei einem Vergleich iSd Abs 6 die bei fiktiver unbeschränkter StPfl anfallende Steuer über der nach § 2 Abs 1 ermittelten Steuer liegt. In Beispiel 3 bildet die bei normaler beschränkter StPfl anfallende Steuer die Untergrenze; somit muss die Steuer vorliegend mindestens 10 betragen.

Praktische Bedeutung erlangt die Begrenzung nach Abs 6 va, wenn der Auswanderer noch negative ausl Einkünfte erzielt, die trotz der Verlustverrechnungsbeschränkung des § 2a EStG in Deutschland berücksichtigt werden könnten. Durch die Begrenzung des Anwendungsbereichs von § 2a EStG iRd JStG 2009 auf Drittstaaten hat Folgendes Bsp seit 2009 erheblich an Bedeutung gewonnen. 205

Beispiel: Der erweitert beschränkt steuerpflichtige A ist Gesellschafter eines tschechischen Gewerbebetriebs und erzielt hieraus einen Verlust iHv 100 000 EUR (passive Einkünfte). Zudem hat er einer dt GmbH ein dinglich ungesichertes Darlehen gewährt und erzielt hieraus Einkünfte iHv 50 000 EUR. Daneben erzielt er Einkünfte aus einer dt Betriebsstätte iHv 50 000 EUR. 206

221 So auch *Kraft* § 2 AStG Rn 200.
222 *BMF* BStBl I 2004, Sondernr 1, 3, 16 f.

207 Bei dem Verlust aus dem tschechischen Gewerbebetrieb handelt es sich um ausl Einkünfte iSd § 34d Nr 2 lit a EStG. Bei den Kapitaleinkünften aus dem ungesicherten Darlehen handelt es sich weder um beschränkt steuerpflichtige Einkünfte iSd § 49 Abs 1 Nr 5 EStG, noch um ausl Einkünfte bei unterstellter unbeschränkter StPfl iSd § 34d Nr 6 EStG, da der Schuldner in Deutschland ansässig ist. Somit unterliegt A mit diesen Einkünften zusätzlich der erweiterten beschränkten StPfl, es sei denn, die Begrenzung des Abs 6 greift. Mit der überwiegend hM[223] unterliegen zudem die Einkünfte aus der dt Betriebsstätte iHv 50 000 EUR der erweiterten beschränkten StPfl (vgl Rn 141 ff).

208 Wegen des Welteinkommensprinzips beträgt die fiktive Steuerschuld bei unbeschränkter StPfl jedoch Null.[224] § 2a EStG kommt seit dem VZ 2009 nur noch im Verhältnis zu Drittstaaten zur Anwendung. Somit ist der Verlust aus dem tschechischen Gewerbebetrieb voll verrechenbar. Jetzt gewinnt die Obergrenze des Abs 6 an Bedeutung. Die als Vergleichsmaßstab ermittelte Einkommensteuer bei unbeschränkter StPfl ist geringer als die bei der erweiterten beschränkten StPfl geschuldete Einkommensteuer; der **übersteigende Betrag** wird nicht erhoben. Somit beträgt die nach den Grundsätzen der erweiterten beschränkten StPfl zu erhebende Steuer ebenfalls Null.

209 Da die iRd *normalen* beschränkten StPfl fällig gewesene Steuer jedoch nicht unterschritten werden darf, blüht diese wieder auf, weshalb die Einkünfte aus der dt Betriebsstätte iHv 50 000 EUR iRd normalen beschränkten StPfl besteuert werden.

VII. Veranlagungsverfahren

210 Ist der Auswanderer erweitert beschränkt steuerpflichtig, wird seine Einkommensteuer im Wege eines Veranlagungsverfahrens festgestellt. Veranlagungszeitraum, für den der StPfl gem § 25 Abs 3 S 1 EStG eine Steuererklärung beim zuständigen FA abzugeben hat, ist das Kj. Ehegatten sind getrennt zu veranlagen. Die örtliche Zuständigkeit des FA ergibt sich aus § 19 Abs 2 AO.

211 Im Falle eines Wechsels von der unbeschränkten zur (erweitert) beschränkten StPfl oder umgekehrt im Laufe eines VZ ist nur **eine** Veranlagung, die Veranlagung zur unbeschränkten StPfl, durchzuführen (§ 2 Abs 7 S 3 EStG).[225] Somit ist bei unterjährigem Wegzug in diesem Jahr nur eine Veranlagung durchzuführen. In einem solchen Fall ist auch eine Zusammenveranlagung von Ehegatten möglich, wenn beide Ehegatten in einem Teil des VZ unbeschränkt steuerpflichtig waren.[226] Auch bei Wechsel zwischen der *normalen* beschränkten und erweitert beschränkten StPfl innerhalb eines VZ ist lediglich **eine** Veranlagung ausreichend.

212 Dem StPfl werden umfangreiche Erklärungspflichten auferlegt. Er unterliegt dabei insb der **erhöhten Mitwirkungspflicht** für Auslandssachverhalte nach § 90 Abs 2 AO. Er hat sämtliche in- und ausl Steuertatbestände zu deklarieren. Das FA kann veran-

---

223 *BMF* BStBl I 2004, Sondernr 1, 3, 14 f; *Blümich* § 2 AStG Rn 40; *F/W/B/S* § 2 AStG Rn 80 ff; *Lademann* § 2 AStG Rn 28 ff; *S/K/K* § 2 AStG Rn 60 ff.

224 Im DBA-Tschechien ist unter bestimmten Voraussetzungen (passive Einkünfte) die Anrechnungsmethode vorgesehen (Art 23 Abs 1c DBA). Damit kommt die iRd Freistellungsmethode von der FinVerw propagierte strikte Symmetriethese, wonach ausl Betriebsstättenverluste nicht in Deutschland berücksichtigt werden können, nicht zur Anwendung.

225 *BMF* BStBl I 2004, Sondernr 1, 3, 16.

226 *BMF* BStBl I 2004, Sondernr 1, 3, 16.

lassen, dass der StPfl einen Empfangsbevollmächtigten im Inland bestellt, wenn er die Zugangsfiktion des § 123 AO ausschließen möchte.[227] Sonst gilt die Postzustellungsfiktion, wonach ein an ihn gerichtetes Schriftstück einen Monat nach Aufgabe zur Post als zugestellt gilt (§ 123 S 2 AO).

§ 3

(aufgehoben)

§ 4 Erbschaftsteuer

(1) War bei einem Erblasser oder Schenker zur Zeit der Entstehung der Steuerschuld § 2 Abs. 1 Satz 1 anzuwenden, so tritt bei Erbschaftsteuerpflicht nach § 2 Abs. 1 Nr. 3 des Erbschaftsteuergesetzes die Steuerpflicht über den dort bezeichneten Umfang hinaus für alle Teile des Erwerbs ein, deren Erträge bei unbeschränkter Einkommensteuerpflicht nicht ausländische Einkünfte im Sinne des § 34d des Einkommensteuergesetzes wären.

(2) Absatz 1 findet keine Anwendung, wenn nachgewiesen wird, dass für die Teile des Erwerbs, die nach dieser Vorschrift über § 2 Abs. 1 Nr. 3 des Erbschaftsteuergesetzes hinaus steuerpflichtig wären, im Ausland eine der deutschen Erbschaftsteuer entsprechende Steuer zu entrichten ist, die mindestens 30 Prozent der deutschen Erbschaftsteuer beträgt, die bei Anwendung des Absatzes 1 auf diese Teile des Erwerbs entfallen würde.

BMF Anwendungserlass zum Außensteuergesetz (AEAStG) v 14.5.2004, BStBl I 2004, Sondernr 1/2004, 3; *BdF* v 11.7.1974, IV C 1 – S 1340-32/74, BStBl I 1974, 442; *BMF* ErbStR 2011, BStBl I 2011, Sonder-Nr 1/2011, 2

Übersicht

227 *BMF* BStBl I 2004, Sondernr 1, 3, 16.

Literatur: *Bader* Wohnsitzverlegung ins Ausland, INF 2002, 523; *Bischoff/Kotyrba* Wohnsitzverlegung in die Schweiz – Steuerfolgen und Steuerplanung, BB 2002, 382; *Ettinger (Hrsg)*, Wegzugsbesteuerung, 2. Aufl 2014; *ders* Erbschaft- und Schenkungsteuer beim Wegzug ins Ausland und danach, ZErb 2006, 41; *Ettinger/Hergeth* Geänderte deutsche Wegzugsbesteuerung: Besonderheiten beim Wegzug in die Schweiz, PIStB 2007, 185; *Ettinger/Wieder* Steuerfolgen beim Wegzug nach Großbritannien, PIStB 2005, 282; *Hild* Wegzug in die Schweiz und Erbschaftbesteuerung in Deutschland, DB 1999, 770; *Kau* Erbschaftsteuerliche Aspekte des Außensteuerrechts, UVR 2001, 13; *Kilius/Borschel* Seminar A: Erbschaft- und vermögensteuerliche Aspekte der Wohnsitzverlegung bei natürlichen Personen, IStR 2002, 544; *Kußmaul/Cloß* Die erweiterte beschränkte Erbschaft- und Schenkungsteuerpflicht des § 4 AStG, StuB 2010, 704; *Moench/Albrecht* Erbschaftsteuer, 2006; *Noll* in Flick/Piltz (Hrsg), Der internationale Erbfall, 2. Aufl 2008, S 349; *Schaumburg* Problemfelder im Internationalen Erbschaftsteuerrecht, RIW 2001, 161; *Schmidt/Cortez* Überblick über das internationale Erbschaftsteuerrecht, PIStB 2015, 167; *Schütterle/Schulte* Verschenken und Vererben in Italien im Rechtsformvergleich mit der deutschen Erbschaft- und Schenkungsteuerreform 2009, BB 2009, 1673; *Wachter* Das Erbschaftsteuerrecht auf dem Prüfstand des Europäischen Gerichtshofs, DStR 2004, 540; *Wassermeyer* 25 Jahre AStG, FS Flick, 1997, S 1057; *ders* in Flick/Piltz (Hrsg), Der internationale Erbfall, 2. Aufl 2008, S 387; *Watrin/Kappenberg* Internationale Besteuerung von Vermögensnachfolgen, ZEV 2011, 105; *dies* Generalthema II: Internationale Besteuerung von Erbfällen, IStR 2012, 546; *Werz* in Wachter (Hrsg), FS Spiegelberger, 2009, Gestaltungsmöglichkeiten bei beschränkter Erbschaftsteuerpflicht, S 584.

A. Allgemeines

I. Inhalt und Bedeutung

1 Um einer **Umgehung der dt Erbschaft- bzw Schenkungsteuerpflicht durch Wegzug** natürlicher Personen aus Deutschland in niedrig besteuernde Gebiete und den damit verbundenen Einnahmeausfällen **entgegenzuwirken**, erweitert der dt Gesetzgeber das nach § 2 Abs 1 Nr 3 ErbStG iRd beschränkten Erbschaft- bzw Schenkungsteuerpflicht bestehende Besteuerungsrecht. Von § 4 sind alle solche unentgeltlich übertragenen Erwerbsteile erfasst, deren Erträge bei unbeschränkter Einkommensteuerpflicht nicht zu den ausl Einkünften iSd § 34c Abs 1 EStG gehören würden (sog erweiterte beschränkte Erbschaft- und Schenkungsteuerpflicht). Die Gesetzesbegründung verweist darauf, dass der Ausgangspunkt für die reguläre beschränkte Erbschaft- und Schenkungsteuerpflicht in den Fällen nicht mehr gegeben sei, in denen die Bindung des StPfl zum dt Inland, wie sie in der Staatsangehörigkeit und seiner langjährigen inländischen Ansässigkeit zum Ausdruck komme, trotz seines Wegzugs ins niedrigbesteuernde Ausland durch Beibehaltung eines Schwerpunkts seines wirtschaftlichen Lebens- und Interessenkreises im dt Inland fortgesetzt wird. Soweit die ausl Besteuerung der dt Einkünfte erheblich unter der dt Steuerbelastung liege, wäre der StPfl einem Steuerinländer im Hinblick auf die Bindungen zum dt Inland näher als einem Steuerausländer.[1]

1 RegE Begr, BT-Drucks 6/2883 v 2.12.1971, Rn 19.

Der Gesetzgeber begründete die Einf des § 4 außerdem damit, „dass in Ländern mit geringer Ertragsbesteuerung oftmals auch die Erbschaftsteuer entspr niedrig gehalten ist“,[2] und verwies erg auf die Erl zum allg Zweck der erweiterten beschränkten Einkommensteuerpflicht (s dazu § 2 Rn 2). Ungerechtfertigte Steuervorteile, die mit der Wohnsitzverlegung ins Ausland erreicht werden, sollen laut Gesetzesbegründung abgebaut werden.[3] Es ist jedoch äußerst fragwürdig, ob die lenkungspolitische Norm des § 4 tatsächlich Einnahmeausfälle verhindert, da der gesetzestechnische Vorrang des § 2 Abs 1 Nr 1 Buchstabe b ErbStG (s dazu unten Rn 10) und **zahlreiche Gestaltungsmöglichkeiten** (s dazu unten Rn 29 ff) den Anwendungsbereich des § 4 stark einschränken. Es überrascht daher nicht, dass keinerlei Zahlenmaterial über das Steueraufkommen aus der erweiterten beschränkten Erbschaftsteuerpflicht vorliegt. Es ist zu vermuten, dass das – zu vernachlässigende – Brutto-Steueraufkommen aus dieser Vorschrift nach Abzug der damit verbundenen Erhebungskosten (Auslandssachverhalt!) dazu führt, dass die Vorschrift des § 4 im fiskalischen Erg keine Rolle spielt.[4] 2

Die **fehlende Rspr** zur erweiterten beschränkten StPfl ist ein weiteres Indiz für die Zweifelhaftigkeit des gesetzgeberischen Wirkungsgrads, ja letztlich auch Beweis für die fehlende praktische Relevanz des § 4.[5] 3

Auf der Rechtsgrundlage des § 4 **erweitert sich der Umfang des erbschaftsteuerpflichtigen Erwerbs**, soweit der gem § 2 Abs 1 Nr 3 ErbStG beschränkt erbschaftsteuerpflichtige Erblasser oder Schenker im Zeitpunkt des Erbfalls bzw der Schenkung der erweiterten beschränkten Einkommensteuerpflicht iSd § 2 Abs 1 S 1 unterlag (§ 4 Abs 1). Jedoch greift keine erweiterte StPfl, soweit der **Gegenbeweis** erbracht werden kann, dass die auf das erweiterte Inlandsvermögen entfallende ausl Steuer mindestens 30 % der hierauf entfallenden dt Erbschaftsteuer beträgt (§ 4 Abs 2). 4

II. Rechtsentwicklung und zeitlicher Anwendungsbereich

§ 4 war bereits **Teil der ursprünglichen Fassung des Gesetzes** v 8.9.1972.[6] Die Vorschrift wurde seit dem 1. RefE v 23.12.1970 auch nur **wenig geändert**. Erwähnenswert erscheint lediglich die Änderung durch Gesetz v 17.4.1974.[7] Bis dahin bezog sich § 4 Abs 1 allg auf die Voraussetzungen der erweiterten beschränkten Einkommensteuerpflicht. Dies hatte zur Folge, dass § 4 nur bei Überschreiten der 32 000 DM-Grenze des § 2 Abs 1 S 2 AStG Anwendung fand. Soweit die nichtausl Einkünfte des Erblassers oder Schenkers unter 32 000 DM lagen, wurden die Vermögenswerte aufgrund der Schranke des § 2 Abs 1 S 2 nicht zur erweitert beschränkten Erbschaftsteuerpflicht herangezogen. Durch Art 4 Nr 3 des ErbStRG wurde deshalb „Satz 1“ nach den Worten „§ 2 Abs 1“ angefügt. Somit ist die erweitert beschränkte Erbschaftsteuerpflicht auch dann anwendbar, wenn die nach § 2 anzusetzenden Einkünfte die Freigrenze von 16 500 EUR nicht überschreiten; die Höhe der erweitert beschränkt steuerpflichtigen 5

2 RegE Begr, BT-Drucks 6/2883 v 2.12.1971, Rn 68.
3 RegE Begr, BT-Drucks 6/2883 v 2.12.1971, Rn 14.
4 Instruktiv zur Kritik an der Vorschrift *S/K/K* § 4 AStG Rn 5 ff.
5 Vgl *S/K/K* § 4 AStG Rn 5 f.; *Watrin/Kappenberg* ZEV 2011, 105, 107.
6 Gesetz v 8.9.1972, BGBl I 1972, 1713.
7 Gesetz zur Reform des Erbschaftsteuer- und Schenkungsteuerrechts (im Folgenden ErbStRG) v 17.4.1974, BGBl I 1974, 933 = BStBl I 1974, 216.

Einkünfte spielt damit keine Rolle mehr für die Veranlagung zur Erbschaftsteuer. Durch das ZollkodexAnpG v 22.12.2014 wurde in Abs 1 der Verweis auf „§ 34d" geändert.[8]

6 § 4 ist erstmals auf Erwerbe anwendbar, bei denen die Erbschaftsteuer nach dem 13.9.1972 entstanden ist (§ 21 Abs 1 Nr 4, § 22). Der Tatbestand, an den das ErbStG die Leistungspflicht knüpft, muss demnach nach dem 13.9.1972 verwirklicht worden sein. Die genannte Erweiterung des Anwendungsbereichs des § 4 auf Fälle, in denen wegen Unterschreitens der Bagatellgrenze § 2 nicht anwendbar ist, galt erstmalig für Erwerbe nach dem 17.4.1974.[9]

III. Verhältnis zu nationalen Vorschriften

7 **1. Verhältnis zu §§ 2 und 5.** § 2 ist der die persönlichen Voraussetzungen bestimmende Grundtatbestand auch für die erweitert beschränkte Erbschaftsteuerpflicht des § 4. Durch die flankierende Vorschrift des § 5 soll sichergestellt werden, dass die erweiterte beschränkte Erbschaftsteuerpflicht nicht dadurch umgangen werden kann, dass zwischen das inländische Vermögen und den StPfl eine (funktionslose oder funktionsarme) ausl Zwischengesellschaft geschaltet wird und der StPfl dadurch nur noch unmittelbar ausl, also formal keine inländischen Interessen mehr hätte: § 5 erweitert die Besteuerungsgrundlagen des § 4 dahingehend, dass die Vermögenswerte einer ZwischenGes gem § 7 anteilig entspr der Beteiligung des StPfl in seine erweiterte beschränkte Erbschaftsteuerpflicht einzubeziehen sind.[10]

8 **2. Verhältnis zu Vorschriften des Erbschaftsteuerrecht. – a) Verhältnis zur unbeschränkten Erbschaftsteuerpflicht gem § 2 Abs 1 Nr 1 Buchstabe a ErbStG.** Die erweiterte beschränkte Erbschaftsteuerpflicht stellt zwar lediglich auf den Erblasser oder Schenker ab. Jedoch greift sie nur dann, wenn **weder der Erwerber, noch der Schenker bzw Erblasser Inländer** sind, denn andernfalls unterliegt der Vermögensübergang von vornherein der regulären unbeschränkten Erbschaftsteuerpflicht gem § 2 Abs 1 Nr 1 Buchstabe a ErbStG.

9 **Beispiel:** Ehepaar E hat seinen Wohnsitz vor einigen Jahren ins niedrig besteuernde Ausland verlegt. Tochter T lebt nach wie vor in Deutschland. Die Eheleute E kommen bei einem Flugzeugabsturz ums Leben. Hier kommt es auf § 4 nicht an, weil die Tochter als Alleinerbin der Eheleute bereits nach § 2 Abs 1 Nr 1 Buchstabe a ErbStG ihren kompletten Erbanfall iRd dt unbeschränkten Erbschaftsteuerpflicht in Deutschland versteuern muss.

10 **b) Verhältnis zur erweiterten unbeschränkten Erbschaftsteuerpflicht gem § 2 Abs 1 Nr 1 Buchstabe b ErbStG.** Gem § 2 Abs 1 Nr 1 Buchstabe b ErbStG wird die unbeschränkte Erbschaftsteuerpflicht auf wegziehende **dt** Staatsangehörige ausgedehnt, die sich nicht länger als **fünf Jahre** dauernd im Ausland aufgehalten haben, ohne in Deutschland einen Wohnsitz innezuhaben (sog **erweiterte unbeschränkte Erbschaftsteuerpflicht**), um zu verhindern, dass die unbeschränkte dt Erbschaft- und Schenkungsteuer durch vorübergehende Wohnsitzwechsel umgangen werden kann. Da § 4 nach seinem Wortlaut die beschränkte Erbschaftsteuerpflicht voraussetzt, kommt bei

8 ZollkodexAnpG v 22.12.2014, BGBl I 2014, 2417.

9 *F/W/B/S* § 21 AStG Rn 17 f.

10 Anwendungserlass zum Aussensteuergesetz (AEAStG) v 14.5.2004, Tz 4.1.1 Nr 8, Tz 2.5.0.1 Nr 9, BStBl I 2004, Sondernr 1.

Anwendung der erweiterten unbeschränkten Erbschaftsteuerpflicht die erweiterte beschränkte Erbschaftsteuerpflicht als **subsidiäre Regelung** nicht mehr zum Zuge.[11] Dementspr hat die nachrangig anwendbare erweiterte beschränkte Erbschaft- bzw Schenkungsteuerpflicht in diesen Fällen nur noch **Bedeutung für den Zeitraum zwischen 5 und 10 Jahren nach dem Wegzug** aus Deutschland. Die Aufgabe der dt Staatsangehörigkeit, nachdem der Erblasser/Schenker während des maßgeblichen 10-Jahreszeitraums als Deutscher 5 Jahre unbeschränkt steuerpflichtig war, ist für die Anwendung der erweiterten beschränkten Erbschaftsteuerpflicht unschädlich. Da bei Aufgabe der dt Staatsangehörigkeit die erweiterte unbeschränkte Erbschaftsteuerpflicht endet, greift dann die erweiterte beschränkte Erbschaftsteuerpflicht bereits früher ein, uU somit sogleich nach dem Wegzug.[12]

Beispiel: A mit Wohnsitz in Deutschland und dt Staatsangehörigkeit ist an einer dt Kapi- 11
talgesellschaft unmittelbar zu 8 % beteiligt. Die Beteiligung möchte er nach seinem Tode seiner Freundin B vererben. Um die dt Erbschaftsteuer zu vermeiden, verlegen A und B ihren Wohnsitz in ein Land, das Niedrigsteuerland iSd § 2 ist und in der keine Erbschaftsteuer existiert. Soweit die Übertragung der Beteiligung von Todes wegen oder im Wege der Schenkung binnen 10 Jahren nach dem Wegzug stattfindet, greift die dt Erbschaft- und Schenkungsteuerpflicht ein, und zwar in den ersten 5 Jahren auf Grund der erweiterten unbeschränkten StPfl, in den weiteren 5 Jahren aufgrund der erweiterten beschränkten StPfl. Findet eine Schenkung oder ein Erbfall dagegen erst später als 10 Jahre nach dem gemeinsamen Wegzug statt, ist der Vorgang in Deutschland nicht mehr erbschaft- oder schenkungsteuerpflichtig, da die reguläre beschränkte dt Erbschaft- bzw Schenkungsteuerpflicht aufgrund der Höhe der Beteiligung ausscheidet (s § 121 Nr 4 BewG).

Übersicht über erbschaftsteuerliche Folgen des Wegzugs aus Deutschland[13] 12

Jahr nach Wegzug	Art der StPfl	StPfl Erwerb	Anrechnung
1.– 5.	erweitert unbeschränkt (§ 2 Abs 1 Nr 1 ErbStG)	Gesamterwerb	ja, für Auslandsvermögen nach § 21 Abs 2 Nr 1 ErbStG
6.–10.	erweitert beschränkt	erweitertes Inlandsvermögen (§ 4 Abs 1 iVm § 121 BewG)	nein, auch nicht, soweit das erweiterte Inlandsvermögen über das Inlandsvermögen nach § 121 BewG hinausgeht
ab 11.	beschränkt	nur Inlandsvermögen iSd § 121 BewG	nein, da in Deutschland kein ausländisches Vermögen steuerlich erfasst wird

c) Verhältnis zu § 2 Abs 1 Nr 1 Buchstabe c ErbStG. Deutsche Auslandsbedienstete 13
sind gem § 2 Abs 1 Nr 1 Buchstabe c ErbStG zeitlich unbegrenzt unbeschränkt erbschafts- und schenkungsteuerpflichtig, so dass § 4 **keine Relevanz** für sie sowie die zu ihrem Haushalt gehörenden Personen besitzt.

11 Vgl *S/K/K* § 4 AStG, Rn 11; differenzierend *F/W/B/S* § 4 AStG Rn 7, wonach § 4 AStG weniger "lex specialis" als vielmehr eine Erweiterung und Ergänzung der im ErbStG normierten persönlichen Steuerpflicht darstellt.

12 Vgl *Troll/Gebel/Jülicher* § 2 AStG Rn 81 sowie *W/S/G* § 4 AStG Rn 26.

13 Vgl Flick/Piltz/*Wassermeyer* Rn 1363, 2. Aufl 2008.

14 **d) Verhältnis zu § 2 Abs 1 Nr 3 ErbStG.** § 4 ist **lex specialis** zur regulären beschränkten Erbschaftsteuerpflicht gem § 2 Abs 1 Nr 3 ErbStG.

IV. Verhältnis zu DBA

15 Soweit zwischen der Bundesrepublik Deutschland und dem ausl Wohnsitzstaat des StPfl ein Erbschaftsteuer-DBA (genauer: DBA auf dem Gebiet der Erbschaft- und/oder Schenkungsteuer abgeschlossen) wurde, unterliegt die erweiterte beschränkte Erbschaftsteuerpflicht den **Schrankenwirkungen eines derartigen DBA**. Die Vorschrift enthält auch keinen Treaty Override. Soweit das DBA für bestimmte Einkünfte und Vermögensteile ein ausschließliches Besteuerungsrecht des Erblasser-Wohnsitzstaates vorsieht,[14] läuft die erweiterte beschränkte Erbschaftsteuerpflicht bei Erbfällen insoweit ins Leere, dh wird durch das DBA in ihrem Anwendungsbereich verdrängt. Falls das DBA nur die Erbschaftsteuer, jedoch nicht auch die Schenkungsteuer betrifft, ist § 4 insoweit auf Schenkungen uneingeschränkt anwendbar.[15]

16 Bei Ausschluss der erweiterten beschränkten Einkommensteuerpflicht gem § 2 Abs 1 S 1 durch ein DBA entfällt auch die erweiterte beschränkte Erbschaft- und Schenkungsteuerpflicht, weil § 4 nach seinem Wortlaut die Anwendung von § 2 Abs 1 S 1 voraussetzt.

17 Da zwischen der Bundesrepublik Deutschland und den meisten niedrigbesteuernden Staaten typischerweise weder auf dem Gebiet der Einkommensteuer noch auf dem Gebiet der Erbschaft- oder Schenkungsteuer DBA abgeschlossen sind, ist die **praktische Bedeutung der vorgenannten Einschränkungen gering**.[16]

V. Verhältnis zum DBA Schweiz

18 Im Verhältnis zur Schweiz **verkürzt sich die Zehn-Jahres-Frist der erweiterten beschränkten Einkommensteuerpflicht auf grds 5 Jahre** (präzise: Wegzugsjahr plus die darauffolgenden 5 Jahre) (Art 4 Abs 4 DBA/Schweiz). Nach Art 4 Abs 4 Erb-DBA/Schweiz gilt eine vergleichbare Regelung für Erbschaften (nicht jedoch für Schenkungen, für die das Erb-DBA/Schweiz grds nicht gilt). Das dt Nachlassvermögen des in der Schweiz ansässig gewesenen Erblassers unterliegt demnach dann der dt erweiterten Erbschaftbesteuerung, wenn der dt Erblasser vor seinem Wegzug in die Schweiz innerhalb von 10 Jahren mindestens 5 Jahre eine ständige Wohnstätte in Deutschland hatte, und wenn er innerhalb von 5 Jahren seit dem Jahr seines Wegzugs in die Schweiz verstorben ist (Art 4 Abs 4 Erb-DBA/Schweiz). Damit ist der nach § 4 geltende 10-Jahres-Zeitraum, in dem es nach dem Wegzug zu einer ohne Abkommensbeschränkung bestehenden erweitert beschränkten dt Erbschaftsteuerpflicht kommen kann, bei in der Schweiz ansässigen Erblassern auf maximal sechs Jahre begrenzt.

19 Die erweiterte beschränkte Erbschaftsteuerpflicht greift somit, wenn der Erblasser nach Ablauf von 5 Jahren seit dem Tag seines Wegzugs, aber vor Ablauf von 5 Jahren seit dem *Jahr* seines Wegzugs verstirbt, dh zuletzt, wenn er zwischen dem 5. und dem 6. Jahr nach dem Tag seines Wegzugs verstirbt. Außerdem ist die erweitert beschränkte Erbschaftsteuerpflicht anwendbar, soweit der Erblasser zwar innerhalb

---

14 Vgl Art 8 MA (betr Nachlässe und Erbschaften).
15 Vgl *W/S/G* § 4 AStG Rn 5.
16 *S/K/K* § 4 AStG Rn 17.

von 5 Jahren seit dem Tag seines Wegzugs verstirbt (dann würde die erweitert unbeschränkte Erbschaftsteuerpflicht greifen), jedoch der Erblasser nach Wegzug Schweizer Staatsbürger wurde.[17]

Dagegen ist die erweiterte beschränkte Erbschaftsteuerpflicht vom Zeitpunkt des Wegzugs ausnahmsweise überhaupt nicht anwendbar, wenn der Erblasser seinen Wohnsitz in der Schweiz zu Zwecken der Arbeitsaufnahme bei einem Arbeitgeber, an dem er weder unmittelbar noch mittelbar wirtschaftlich interessiert ist, oder zum Zwecke der Eheschließung mit einer oder einem schweizerischen Staatsangehörigen genommen hat, oder wenn der Erblasser im Zeitpunkt seines Todes schweizerischer Staatsangehöriger war (Art 4 Abs 4 S 2 Erb-DBA/Schweiz).[18] 20

VI. Verhältnis zum EU-Recht

Beginnend mit dem Urt in der Rechtssache *Erben von Barbier*[19] hat der EuGH auf Vorlage eines niederländischen Gerichts entschieden, dass grds die europäischen Grundfreiheiten, insb die der allg Freizügigkeit (Art 21 AEUV) und die der Kapitalverkehrsfreiheit (Art 63 AEUV), für das Erbschaftsteuer- und Schenkungsteuerrecht Geltung besitzen. Dass gem § 4 nur dt Staatsangehörige der erweiterten beschränkten Erbschaftsteuerpflicht unterliegen können, Bürger aus anderen Mitgliedstaaten jedoch nicht, könnte als Grund für eine Unvereinbarkeit dieser Regelung mit den Grundfreiheiten sprechen.[20] Denn es ist kein sachlicher Rechtfertigungsgrund ersichtlich, StPfl mit dt Staatsangehörigkeit, die aus Deutschland in ein EU- oder EWR-Niedrigsteuerland ziehen, gegenüber anderen aus Deutschland wegziehenden StPfl fremder Staatsangehörigkeit, die in Deutschland vergleichbar gewohnt haben, zu benachteiligen. Nähme man einen Verstoß gegen europäisches Gemeinschaftsrecht an, könnten sich aufgrund der Drittwirkung der Kapitalverkehrsfreiheit auch StPfl, die in einen Drittstaat weggezogen sind, auf die (potentielle) Europarechtswidrigkeit der Vorschrift berufen.[21] Die letztgenannte Überlegung ist besonders praxisrelevant, da typische Wegzugsziele, die iSv § 2 Abs 2 als „niedrig besteuert" gelten, meist nicht Mitgliedstaaten der EU bzw des EWR sind.[22] 21

Andererseits hat der EuGH in seiner Entsch in der Rechtssache *van Hilten*[23] einen Verstoß einer niederländischen Vorschrift, die dem dt § 2 Abs 1 Nr 1 lit b ErbStG im Wesentlichen entsprach, gegen EU-Recht verneint. Der Fall betraf eine niederländische Staatsangehörige, die zunächst nach Belgien und sodann von dort in die Schweiz gezogen war. Nachdem im Entscheidungsfall nur niederländische Staatsangehörige von der Vorschrift betroffen waren, hat der EuGH eine EU-rechtlich relevante Diskriminierung verneint (mE im Ergebnis auch deshalb, weil eine Inländerdiskriminierung EU-rechtlich nicht verboten ist). Diese Entsch muss mE auch auf die Diskussion 22

17 Vgl *Hild* DB 1999, 770.

18 Vgl *S/K/K* § 4 AStG Rn 21.

19 *EuGH* Urt v 11.12.2003, Rs C-364/01 – Erben von Barbier, Slg 2003, I-15013; vgl aus jüngerer Zeit auch *EuGH* Urt v 10.2.2011, Rs C-25/10 – Missionswerk Werner Heukelbach), EWS 2011, 107 und *EuGH* Urt v 11.9.2008, Rs C-11/07 – Eickelkamp, Slg 2008, I-6845.

20 Vgl *Wachter* DStR 2004, 543 f; **aA** *Meincke* ZEV 2004, 357 in Bezug auf das *EuGH*-Urteil in der Rs Erben von Barbier.

21 *F/W/B/S* § 4 AStG, Rn 12 f.

22 *F/W/B/S* § 4 AStG, Rn 13.

23 *EuGH* Urt v 30.6.2005, Rs C-513/03 – van Hilten, Slg. 2006, I-1957.

der EU-Rechtswidrigkeit von § 4 übertragen werden. Auch wenn dies nach wie vor nicht abschließend geklärt ist, spricht daher doch einiges dafür, dass der EuGH auf der Grundlage der Rechtssache *van Hilten* auch die dt Vorschrift des § 4 als EU-rechtskonform ansehen würde.[24] Darüber hinaus kann dem Urt in der Rechtssache *Columbus-Container*[25] entnommen werden, dass die Grundfreiheiten des AEUV den StPfl nicht davor schützen, trotz Vornahme einer Maßnahme mit grenzüberschreitendem Bezug nach wie vor steuerlich wie ein Inländer behandelt zu werden, oder verkürzt: Der StPfl wird durch die Grundfreiheiten nicht unbedingt geschützt, wenn er durch das nationale Recht nicht schlechter, sondern genauso gestellt wird, als wenn der Sachverhalt einen rein nationalen Bezug behalten hätte. S zur vergleichbaren Diskussion um die Vereinbarkeit der erweitert beschränkten Einkommensteuerpflicht des § 2 mit dem Gemeinschaftsrecht § 2 Rn 46 ff.

VII. Verstoß gegen Verfassungsrecht?

23 § 4 erstreckt sich lediglich auf dt Staatsangehörige. Es ist jedoch keine Rechtfertigung erkennbar, dt Staatsbürger unter sonst gleichen Bedingungen schärfer zu besteuern als Ausländer. Insoweit liegt ein **Verstoß gegen den Gleichheitsgrundsatz des Art 3 Abs 1 GG** vor, dessen Ausprägung das Leistungsfähigkeitsprinzip ist.[26] Es bleibt abzuwarten, ob ein in der Zukunft mit § 4 befasstes FG eine Vorlage an das Bundesverfassungsgericht nach Art 100 Abs 1 GG vornehmen wird. Aufgrund der beschriebenen Zweifel an der Verfassungsmäßigkeit dieser Norm erscheint dies angezeigt. Da aber bisher kein Gericht mit der Vorschrift des § 4 befasst war, ergab sich bisher keine Gelegenheit zur Anrufung des BVerfG.

B. Die Vorschrift im Einzelnen

I. Tatbestandsvoraussetzungen des Abs 1 und 2

24 Die Tatbestandsvoraussetzungen für die erweitert beschränkte Erbschaftsteuerpflicht ergeben sich aus § 4 iVm § 2 wie folgt:

1. Der Erblasser/Schenker muss in den **letzten 10 Jahren vor seinem Wegzug** insgesamt **mindestens 5 Jahre unbeschränkt einkommensteuerpflichtig** gem § 1 Abs 1 EStG und während dieser Zeit **dt Staatsangehöriger** gewesen sein.
2. Der Erblasser/Schenker muss in einem ausl Gebiet ansässig sein, in dem er mit seinem Einkommen nur einer **niedrigen Besteuerung** iSd § 2 Abs 2 unterliegt. Demnach ist die Besteuerung niedrig, soweit sie bei einem steuerpflichtigen Einkommen von 77 000 EUR um mehr als ⅓ geringer ist als die dt Einkommensteuer. Den Niedrigsteuerländern werden auch Länder gleichgestellt, die dem Betr eine sog **Vorzugsbesteuerung** gewähren.[27] Auch Länder mit normaler Besteuerung können

---

24 Im Ergebnis ebenso *Hahn* ZErb 2006, 250, 254; *Schulz* in Lademann, EStG, § 4 AStG Rn 18; im Ergebnis **aA** zB *Schönwetter* StuB 2007, 144, 149; *S/K/K* § 4 AStG Rn 22 und *F/W/B/S* § 4 AStG Rn 12, die § 4 AStG nach wie vor als EU-rechtswidrig ansehen. Eher krit *Blümich* § 4 AStG Rn 4.

25 *EuGH* Urt v 6.12.2007, Rs C-298/05 – Columbus Container, IStR 2008, 63.

26 Vgl *Schaumburg* RIW 2001, 167.

27 ZB Besteuerung auf der sog Remittance-Basis in Großbritannien, Rn 2.2.2. AEAStG oder die schweizerische Besteuerung nach dem Aufwand.

als Niedrigsteuerländer qualifiziert werden, soweit im Einzelfall individuell Begünstigungen gewährt werden.[28]

3. Der Erblasser/Schenker weist im Inland unmittelbar oder mittelbar **wesentliche wirtschaftliche Interessen** gem § 2 Abs 3 und 4 auf (s § 2 Rn 108 ff).
4. Die ausl Erbschaftsteuer (oder Schenkungsteuer) auf das erweiterte Inlandsvermögen beläuft sich auf **weniger als 30 % der dt Erbschaftsteuer** hierauf.
5. Der Erbfall bzw die Schenkung finden in einem Zeitraum von **10 Jahren nach Wegzug** statt.
6. Die Anwendung des § 2 Abs 1 darf nicht aufgrund eines **DBA** betr die Einkommensteuer ausgeschlossen werden.

Beispiel: Familie S verlegt ihren Wohnsitz von Deutschland in den Kanton Schwyz der Schweiz. Mit der kantonalen Steuerverwaltung wird eine pauschalierte Einkommensbesteuerung nach dem Aufwand (Aufwandsbesteuerung) in Höhe von 100 000 CHF pa vereinbart. Diese pauschalierte Besteuerung stellt eine Vorzugsteuer iSd § 2 Abs 2 Nr 2 dar, so dass aus ertragsteuerlicher Sicht der Wegzug in ein Niedrigsteuerland erfolgt ist. § 4 Abs 1 ist bei Gegebensein der weiteren Voraussetzungen anwendbar. Da der Kanton Schwyz keine Erbschaft- und Schenkungsteuer erhebt, gelingt auch nicht der Gegenbeweis nach § 4 Abs 2. Sofern die Familie in Deutschland wesentliche wirtschaftliche Interessen iSd § 2 Abs 3 zurücklässt, greift die erweiterte beschränkte Erbschaft- und Schenkungsteuerpflicht hinsichtlich des zurückgelassenen dt erweiterten Inlandsvermögens ein, und zwar sowohl im Erbfall wie auch bei Schenkungen solcher Vermögensgegenstände. 25

Die Voraussetzungen der Vorschrift müssen **im Zeitpunkt des Erbfalls** (§ 9 Abs 1 Nr 1 ErbStG) bzw **im Zeitpunkt der Ausführung der Schenkung** (§ 9 Abs 1 Nr 2 ErbStG) vorliegen. Gem Gesetzeswortlaut ist es nicht eindeutig, ob allein die Verhältnisse im Zeitpunkt der Entstehung der Steuerschuld maßgebend sind oder ob es ausreicht, wenn dieser Zeitpunkt in einen Zeitraum fällt, in dem der Erblasser bzw Schenker der erweitert beschränkten Erbschaftsteuerpflicht unterliegt. Letztere Auslegung trifft eher zu, denn so kann das Stichtagsprinzip der Erbschaft- und Schenkungsteuer mit dem System der Zeitraumbesteuerung bei der Einkommensteuer sinnvoll verbunden werden.[29] Denn im Zeitpunkt der Entstehung der Erbschaft- und Schenkungsteuerschuld erweist es sich idR als unmöglich, das Entstehen der Einkommensteuerschuld gem § 2 vorauszusagen. Bei Zuwendungen zu Lebzeiten ist damit das Kj der Schenkung als Veranlagungszeitraum ausschlaggebend. Veranlagungszeitraum beim Erwerb von Todes wegen ist die Zeit vom Beginn des Jahres bis zum Todestag.[30] 26

Bei aufschiebend bedingten Erwerben und bei der Berücksichtigung früherer Erwerbe ist zu prüfen, ob die Voraussetzungen des § 2 Abs 1 AStG auch im Zeitpunkt der Entstehung der Steuerschuld, also bei Bedingungseintritt bzw beim späteren Erwerb, vorliegen.[31] 27

Die Erweiterung der Erbschaft- und Schenkungsteuerpflicht **knüpft allein an den Wegzug des Erblassers bzw Schenkers** an. Ein Wohnsitzwechsel des Erben bzw Beschenkten ins Ausland bei schon gegebenem ausl Wohnsitz des Erblassers bzw 28

28 Vgl *Troll/Gebel/Jülicher* § 2 AStG Rn 82.
29 Diese zeitraumbezogene Betrachtung entspricht der wohl hM, vgl jedoch zur Kritik *F/W/B/S* § 4 AStG Rn 37, wonach dagegen verfassungsrechtliche Bedenken bestehen.
30 Vgl *F/W/B/S* § 4 AStG Rn 36.
31 *W/S/G* § 4 AStG Rn 13.

Schenkers führt dagegen nicht zu einer Erweiterung der Erbschaft- und Schenkungsteuerpflicht, sondern mündet in die reguläre beschränkte Erbschaftsteuerpflicht mit dem inländischen Vermögen.

29 Folgende **Gestaltungen** sind in der Beratungspraxis zu prüfen, um die Tatbestandsvoraussetzungen ggf zu vermeiden:[32]

30 Zunächst besteht eine naheliegende Gestaltung darin, **wesentliche wirtschaftliche Interessen in Deutschland zu vermeiden**, dh es sollten keine unternehmerischen Interessen als Mitunternehmer oder wesentliche Beteiligungen an einer inländischen KapGes mehr gehalten werden. Typischerweise erfolgt in Wegzugsfällen ohnehin häufig eine Veräußerung inländischer Unternehmungen vor Wegzug, da ein Wegzug dann, wenn der Wegzügler noch in die Leitung inländischer Unternehmungen involviert ist, in der Praxis regelmäßig nicht wirklich durchführbar ist. Die ertragsteuerlichen Folgen (Betriebsveräußerung, Entnahme- und Entstrickungstatbestände) sind zu beachten.

31 Gestaltungstechnisch ist desweiteren denkbar, eine **Umschichtung dt Vermögenswerte** in **ausl Vermögenswerte**, zB Wertpapierdepots im Ausland, vorzunehmen, wobei jedoch auch hier die ertragsteuerlichen Folgen zu beachten sind.

32 Ebenfalls kann geprüft werden, ob inländische Wirtschaftsgüter zu einem steuerlich günstigen Zeitpunkt **in ausl KapGes eingebracht werden können**. Die ausl KapGes stirbt nicht. Damit würde die dt erweiterte Erbschaftsteuerpflicht grds entfallen. Jedoch würden solche Gestaltungen von den dt Finanzbehörden als Missbrauch von Gestaltungsmöglichkeiten angesehen werden, wenn keine wirtschaftliche oder sonst wie beachtliche Gründe für die Einbringung angeführt werden können und die KapGes auch keine eigene wirtschaftliche Tätigkeit entfaltet.[33] Zu beachten bleibt jedoch auch § 5 Abs 1.

33 Hält ein ausl StPfl Inlandsvermögen iSd § 121 BewG oder des § 4, so kann er sich der dt Erbschaftsteuerbelastung auch durch **Veräußerung** des Inlandsvermögen entziehen. Dabei sind allerdings wiederum die ertragsteuerlichen und grunderwerbsteuerlichen Folgen zu bedenken, die durch eine Veräußerung von Inlandsvermögen ausgelöst werden.

34 Da auch in Bezug auf die erweitert beschränkte Erbschaft- und Schenkungsteuerpflicht bei Berechnung der Schenkung- oder Erbschaftsteuer vom steuerlichen Wert des (hier: erweiterten) Inlandsvermögens Schulden und Lasten abzuziehen sind, § 10 Abs 6 S 2 ErbStG, kann im Einzelfall auch eine **Fremdfinanzierung** von Wirtschaftsgütern des erweiterten Inlandsvermögens steuermindernd wirken.[34]

35 Auch eine **Verlegung des Wohnsitzes** vor dem Tod des Erblassers bzw vor der Zuwendung des Schenkers aus einem „Niedrigsteuerland" **in ein „Hochsteuerland"** vermeidet eine Anwendung des § 4 AStG, da dann die Voraussetzungen des § 2 Abs 1 S 1 AStG nicht mehr erfüllt sind.[35]

36 Schließlich kann auch in den Fällen der erweiterten beschränkten Steuerpflicht nach § 4 AStG ein **Antrag auf unbeschränkte Steuerpflicht** nach § 2 Abs 3 ErbStG in

32 Vgl *Ettinger (Hrsg)* Wegzugsbesteuerung, S 58 ff.
33 Vgl *Ettinger* ZErb 2006, 41, 44 mwN.; R E 2.2 Abs (3) S 6 und 7 ErbStR 2011.
34 Vgl Wachter/*Werz* S 584 und *Kußmaul/Cloß* StuB 2010, 704, 707.
35 Vgl *Kußmaul/Cloß* StuB 2010, 704.

Betracht kommen[36]. Voraussetzung für einen solchen Antrag ist, dass entweder Erblasser/Schenker oder Erwerber zur Zeit der Entstehung der Steuer einen Wohnsitz in einem Mitgliedstaat der Europäischen Union oder des EWR haben. Mit diesem Antrag wird der Erwerb dann den Regelungen der unbeschränkten Steuerpflicht unterworfen, und unterfällt dann nicht mehr der erweiterten beschränkten Steuerpflicht nach § 4 AStG. Ob ein solcher Antrag im Einzelfall wirklich Sinn macht, muss jedoch bezweifelt werden. Man „erkauft" sich dadurch zwar die Geltung der Freibeträge nach §§ 16 Abs 1, 17 ErbStG, dies indes um den Preis, dass sich die Wirkungen des Antrags in verblüffend überschießender Weise auf alle Erwerbe der betroffenen Personen innerhalb von 10 Jahren vor und innerhalb von 10 Jahren nach dem konkreten Vermögensanfall erstreckt.

II. Ausnahme von der erweiterten beschränkten Erbschaftsteuerpflicht gem Abs 2

1. Möglichkeit des Gegenbeweises iSd § 4 Abs 2. Die gesetzgeberische Vermutung, 37
dass in Ländern mit niedriger Ertragsbesteuerung oftmals auch niedrige Erbschaftsteuern erhoben werden, die eine erweitert beschränkte Erbschaftsteuerpflicht rechtfertigen,[37] kann durch einen gesetzlich normierten **Gegenbeweis** widerlegt werden. So entfällt gem § 4 Abs 2 die erweiterte beschränkte Erbschaftsteuerpflicht, wenn nachgewiesen wird, dass auf das erweiterte Inlandsvermögen eine der dt Erbschaftsteuer entspr ausl Steuer erhoben wird, die **mindestens 30 % der hypothetischen dt Schenkung- bzw Erbschaftsteuer** beträgt. Soweit dieser Nachweis gelingt, ist nur noch – ggf – die beschränkte StPfl gem § 2 Abs 1 Nr 3 ErbStG zu prüfen. Die Bezeichnung und die Erhebungsform der ausl Erbschaftsteuer sind unerheblich. Es muss jedoch eine Steuer sein, die an einen unentgeltlichen Erwerb anknüpft (wie zB Erbanfallssteuern und vom ungeteilten Nachlass erhobenen Nachlasssteuern).[38] Es sind demnach sämtliche ausl Steuern zu berücksichtigen, auch die anderer Staaten als dem ausl Wohnsitzstaat des Erblassers bzw Schenkers, soweit sie der dt Erbschaft- und Schenkungsteuer entsprechen. Auch lokale Steuern von Kantonen und Gemeinden sind davon erfasst.[39]

Der **Gegenbeweis bezieht sich auf das gesamte erweiterte Inlandsvermögen**, dh auf 38
das Vermögen, das nach § 4 zusätzlich besteuert wird, und damit nicht auf den gesamten Erwerbsvorgang. Das Inlandsvermögen iSd § 121 BewG bleibt bei der Vergleichsrechnung unberücksichtigt. Es ist außerdem nicht möglich, iRd Vergleichsrechnung die im Ausland entrichtete Erbschaftsteuer auf einzelne Wirtschaftsgüter aufzuteilen.[40]

2. Ermittlung der Mindestbesteuerung (30 %-Grenze). Die auf den Teil des nach § 4 39
zusätzlich steuerpflichtigen Erwerbs jeweils im Inland und Ausland entfallenden Steuern sind **in sinngemäßer Anwendung des § 21 Abs 1 S 2 ErbStG zu berechnen**. Zunächst ist die dt Erbschaftsteuer im Verhältnis des Wertes des nach § 4 zusätzlich steuerpflichtigen erweiterten Inlandsvermögens zum Wert des gesamten Erwerbs auf-

36 Vgl hierzu die gleichlautenden Erlasse der Obersten Finanzbehörden der Länder v 15.3.2012, zB *FinMin NRW* – Az S 3801 – 8 – V A 6, FR 2012, 377.

37 Vgl RegE Begr aaO, Rn 68.

38 Vgl *Jülicher* § 21 ErbStG Rn 18 (Oktober 2004).

39 Vgl Tz 4.2.2 AEAStG.

40 Vgl *F/W/B/S* § 4 AStG Rn 101.

zuteilen. Bei der Ermittlung der auf das erweiterte Inlandsvermögen entfallenden ausl Erbschaftsteuer ist entspr vorzugehen, dh es ist eine Aufteilung im Verhältnis des Wertes des erweiterten Inlandsvermögens zum Wert des gesamten Auslandsvermögens vorzunehmen. Für die Ermittlung der ausl Steuer ist die ausl Bemessungsgrundlage, dh die ausl Wertansätze maßgeblich. Soweit sich bereits nach § 2 keine StPfl für den Erblasser oder Schenker ergibt, ist § 4 Abs 2 gegenstandslos.

40 **Beispiel:** Ein dt Erblasser zog 2010 von Deutschland in ein Niedrigsteuerland. Im Zeitpunkt seines Todes in 2016 verfügte er über Inlandsvermögen iHv 800 000 EUR, erweitertes Inlandsvermögen iHv 700 000 EUR (nach inländischen Bewertungsregeln bewertet) bzw iHv 650 000 EUR (bewertet nach ausl Bewertungsregeln). Er verfügt sodann über Auslandsvermögen iHv umgerechnet 800 000 EUR. Die dt Erbschaftsteuer beläuft sich auf rund 400 000 EUR, die ausl Erbschaftsteuer auf umgerechnet 80 000 EUR.

Auf das erweiterte Inlandsvermögen entfallen:

Deutsche Erbschaftsteuer (400 000 × 700 000/1 500 000)	186 667 EUR
Ausländische Erbschaftsteuer (80 000 × 650 000/1 450 000)	35 862 EUR
Minimum Steuer gem § 4 Abs 2 ErbStG (186 667 × 30 %)	56 000 EUR

Folglich bleibt es bei der Besteuerung gem § 4 Abs 1, da die auf das erweiterte Inlandsvermögen entfallende ausl Erbschaftsteuer weniger als 30 % der dt Erbschaftsteuer hierauf beträgt.

III. Rechtsfolgen

41 **1. Umfang des erweiterten Inlandsvermögens.** Rechtsfolge ist, dass der beschränkten Erbschaftsteuerpflicht nicht nur das Inlandsvermögen iSd § 121 BewG (§ 2 Abs 1 Nr 3 ErbStG) unterliegt, sondern darüber hinaus das sog **erweiterte Inlandsvermögen**. Damit ist – vereinfacht gesagt – die Gesamtheit des Vermögens gemeint, das sich im Inland befindet. Laut FinVerw[41] umfasst das erweitert beschränkt steuerpflichtige Vermögen insb:

- Kapitalforderungen gegen Schuldner im Inland;
- Spareinlagen und Bankguthaben bei Geldinstituten im Inland;
- Aktien und Anteile an KapGes, Investmentfonds und offenen Immobilienfonds sowie Geschäftsguthaben bei Genossenschaften im Inland;
- Ansprüche auf Renten und andere wiederkehrende Leistungen gegen Schuldner im Inland sowie Nießbrauchs- und Nutzungsrechte an Vermögensgegenständen im Inland;
- Erfindungen und Urheberrechte, die im Inland verwertet werden;
- Versicherungsansprüche gegen Versicherungsunternehmen im Inland;
- bewegliche Wirtschaftsgüter, die sich im Inland befinden;
- Vermögen, dessen Erträge nach § 5 der erweiterten beschränkten StPfl unterliegen;
- Vermögen, das nach § 15 dem erweitert beschränkt StPfl zuzurechnen ist.

42 **Beispiel:** Der dt E ist nach London gezogen und wird dort nach der Remittance-Basis besteuert. Sieben Jahre nach dem Wegzug verstirbt er. Er hinterlässt zwei Söhne, die mit ihm mitgezogen waren und in Cambridge bzw Hull studieren. Er hinterlässt Immobilien und Beteiligungen in England sowie einen dt Banksafe, in dem sich Goldbarren und Schmuck im beträchtlichen Wert befinden. Während die ausl Immobilien und Beteiligungen

41 Tz 4.1.1 AEAStG; vgl ausführlich *F/W/B/S* § 4 AStG Rn 55 ff.

nicht der dt Erbschaftsteuer unterliegen, fallen die Goldbarren sowie die Schmuckgegenstände als bewegliche Wirtschaftsgüter, die sich im Innland befinden, unter die erweiterte beschränkte Erbschaftsteuerpflicht.

§ 4 sieht trotz des progressiven Erbschaftsteuertarifs **keine Vollprogression nach dem Welterwerb** vor.[42] 43

2. Zeitliche Wirkung der erweiterten beschränkten Erbschaftsteuerpflicht. Sowohl die (dem Wegzug vorausgehende) Zehnjahresfrist als auch die (ebenfalls dem Wegzug vorausgehende) Fünfjahresfrist, über die Einkommensteuerpflicht gem § 2 als Voraussetzung für § 4 bestanden haben muss, werden **nach § 108 Abs 1 AO iVm §§ 187 ff BGB berechnet**. 44

Beispiel: Konkret bedeutet dies, dass bei einem Wegzug am 1.7.2016 der Zeitraum bis zum 2.7.2006 für die vorherige Einkommensteuerpflicht berücksichtigt werden muss. 45

Die zweite Zehnjahresfrist in § 2 Abs 1 beginnt grds erst nach Ablauf des Wegzugjahres zu laufen (§ 170 Abs 1 AO iVm § 188 Abs 2 BGB), so dass dadurch eine maximale Frist von bis zu elf Jahren (minus einen Tag) für die erweiterte beschränkte StPfl resultieren kann. 46

Beispiel: Wenn der Wegzug am 1.7.2016 stattgefunden hat, so läuft die Zehnjahresfrist bis zum 31.12.2026. 47

3. Minderung des steuerpflichtigen erweiterten Inlandsvermögens und Anrechnung ausländischer Steuern. Der bei beschränkter StPfl geltende allgemeine **Freibetrag** (§ 16 Abs 2 ErbStG) wird ebenso auch bei der Erbschaftsteuerpflicht nach § 4 gewährt, nicht jedoch der Versorgungsfreibetrag nach § 17 ErbStG sowie der Entlastungsbetrag nach § 19a ErbStG.[43] 48

Die **Zusammenrechnung früherer Erwerbe** erfolgt nach § 14 ErbStG.[44] Auch andere Vorschriften, die bei beschränkter Erbschaftsteuerpflicht Anwendung finden, gelten. Insbesondere sind zu nennen die **Befreiungen nach §§ 5 und 13 ErbStG.**[45] 49

Keine Berücksichtigung bei erweitert beschränkter Erbschaftsteuerpflicht finden dagegen grundsätzlich der **Verschonungsabschlag des § 13a Abs 1 S 1 bzw Abs 8 ErbStG** sowie der **Abzugsbetrag des § 13a Abs 2 S 1 ErbStG.**[46] Denn das von § 4 AStG erfasste erweiterte Inlandsvermögen fällt – anders als das der regulären beschränkten Erbschaftsteuerpflicht unterliegende Inlandsvermögen iSd § 121 BewG – im Grundsatz nicht dem vorgenannten, durch das ErbStRefG 2009 geschaffenen Begünstigungsregelungen.[47] Zwar gehören seit dem ErbStRefG 2009 auch Anteile mit einer Mindestbeteiligung von 25 % an Kapitalgesellschaften mit Sitz in der EU oder dem EWR zum begünstigten Vermögen; da diese jedoch auch nicht zum erweiterten Inlandsvermögen zählen, ergibt sich auch von daher keine Auswirkung auf die erweiterte beschränkte Erbschaftsteuerpflicht.[48] Anders (dh Anwendbarkeit der §§ 13a, b ErbStG) ist dies nach Baßler richtigerweise dann, wenn in Bezug auf Beteiligungen an 50

---

42 Vgl *Blümich* § 4 AStG Rn 10.
43 Vgl *Kußmaul/Cloß* StuB 2010, 704, 707 mwN; *F/W/B/S* § 4 AStG Rn 51.
44 *F/W/B/S* § 4 AStG Rn 50.
45 *F/W/B/S* § 4 AStG Rn 50.
46 Vgl *Kußmaul/Cloß* StuB 2010, 704, 707 mwN.
47 An diesem Befund wird sich nach derzeitigem Stand auch durch die erneute Reform des ErbStG aufgrund dessen erneuter Verfassungswidrigkeit nichts ändern.
48 Vgl *Kußmaul/Cloß* StuB 2010, 704, 707 mwN; *F/W/B/S* § 4 AStG Rn 50.

inländischen Kapitalgesellschaften von weniger als 10 % ein Poolvertrag iSv § 13b Abs 1 Nr 3 S 2 ErbStG abgeschlossen wurde.[49] Denn dann handelt es sich aus Sicht eines ausl, in einem Niedrigsteuergebiet ansässigen Gesellschafter insoweit um erweitertes Inlandsvermögen iSv § 4.

51 Ein **Abzug von Schulden und Lasten** kommt insofern in Betracht, als diese in einer wirtschaftlichen Beziehung mit den Erwerben stehen (vgl § 10 Abs 6 S 2 ErbStG).[50] Diese Einschränkung – Abzugsfähigkeit nur bei wirtschaftlichem Zusammenhang – ist europarechtswidrig.[51] Ein sich nach Abzug von Schulden und Lasten ergebendes negatives erweitertes Inlandsvermögen kann mit dem positiven Inlandsvermögen (§ 121 BewG) verrechnet werden. Ebenso kann ein negatives Inlandsvermögen (§ 121 BewG) mit einem positiven erweiterten Inlandsvermögen verrechnet werden.

52 Die **Anrechnung ausl Erbschaft- und Schenkungsteuern** bzw der dt Erbschaft- und Schenkungsteuer entspr Steuern **nach § 21 ErbStG** setzt eine unbeschränkte Erbschaft- und Schenkungsteuerpflicht zum Zeitpunkt des Entstehens der dt Steuer voraus. Demnach können ausl Steuern iRd erweiterten beschränkten Erbschaft- und Schenkungsteuerpflicht nicht angerechnet werden, so dass es in den Fällen, in denen zwischen Deutschland und dem ausl Wohnsitzstaat kein DBA vereinbart wurde, zu einer Doppelbest des Inlandsvermögens kommen kann.[52]

§ 5 Zwischengeschaltete Gesellschaften

(1) [1]Sind natürliche Personen, die in den letzten zehn Jahren vor dem Ende ihrer unbeschränkten Steuerpflicht nach § 1 Abs. 1 Satz 1 des Einkommensteuergesetzes als Deutscher insgesamt mindestens fünf Jahre unbeschränkt einkommensteuerpflichtig waren und die Voraussetzungen des § 2 Abs. 1 Satz 1 Nr. 1 erfüllen (Person im Sinne des § 2), allein oder zusammen mit unbeschränkt Steuerpflichtigen an einer ausländischen Gesellschaft im Sinne des § 7 beteiligt, so sind Einkünfte, mit denen diese Personen bei unbeschränkter Steuerpflicht nach den §§ 7, 8 und 14 steuerpflichtig wären und die nicht ausländische Einkünfte im Sinne des § 34d des Einkommensteuergesetzes sind, diesen Personen zuzurechnen. [2]Liegen die Voraussetzungen des Satzes 1 vor, so sind die Vermögenswerte der ausländischen Gesellschaft, deren Erträge bei unbeschränkter Steuerpflicht nicht ausländische Einkünfte im Sinne des § 34d des Einkommensteuergesetzes wären, im Fall des § 4 dem Erwerb entsprechend der Beteiligung zuzurechnen.

(2) Das Vermögen, das den nach Absatz 1 einer Person zuzurechnenden Einkünften zugrunde liegt, haftet für die von dieser Person für diese Einkünfte geschuldeten Steuern.

(3) § 18 findet entsprechende Anwendung.

BT-Drucks v 2.12.1971, Az IV/2883; *BMF* v 14.5.2004, Az IV B 4 – S 1340-11/04, BStBl I 2004, Sondernr 1, 3

49 *F/W/B/S* § 4 AStG Rn 50.
50 *Kußmaul/Cloß* StuB 2010, 704, 707.
51 *Wachter* DStR 2004, 541 f; *EuGH* Urt v 11.12.2003, Rs C-364/01 (Erben von Barbier), Slg 2003, I-15013.
52 Ebenso *Blümich* § 4 AStG Rn 11.

Übersicht

Literatur: *Angermann/Anger* Der neue Erlass zum Außensteuergesetz – Erweitert beschränkte Steuerpflicht bei Wohnsitz in Großbritannien, IStR 2005, 439; *Ettinger/Wieder* Steuerfolgen beim Wegzug nach Großbritannien, PIStB 2005, 202; *Flick/Wassermeyer* Der Einführungserlaß zum Außensteuergesetz (II), FR 1974, 574; *Graf zu Ortenburg* Anrechenbarkeit von Steuern der zwischengeschalteten Gesellschaft bei der Veranlagung der erweitert beschränkt steuerpflichtigen Anteilseigner?, FR 1976, 162; *Quack* Unterschiede bei der Ermittlung des Hinzurechnungsbetrages im Falle von Zwischengesellschaften (§ 7 AStG) und des Zurechnungsbetrages im Falle von zwischengeschalteten Gesellschaften (§ 5 AStG), IWB Fach 3 Gruppe 1, 493, 499.

A. Allgemeines

I. Überblick über die Vorschrift

1. Inhalt und Bedeutung. Im int Wettbewerb der niedrigen Steuersätze versuchen zahlreiche Länder durch Sondermaßnahmen dem Verlust von Steuersubstrat als Resultat des Wohnsitzwechsels natürlicher Personen entgegenzuwirken. In vielen Besteuerungssystemen ist der Gedanke verwirklicht, wegziehende Staatsangehörige – zumindest für eine beschränkte Zeit – in der heimischen StPfl zu belassen. Im dt Steuerrecht erfüllt die sog erweiterte beschränkte Einkommensteuerpflicht gem § 2 diese Funktion. Sie soll Steuervorteile begrenzen, die unbeschränkt StPfl durch den Wegzug in das Ausland erzielen können (vgl § 2 Rn 2). Die erweiterte beschränkte Erbschaft- und Schenkungsteuerpflicht in § 4 erweitert nach dem Vorbild des § 2 die beschränkte StPfl über den im ErbStG festgesetzten Umfang hinaus auch auf die Erwerbsteile, 1 deren Erträge bei unbeschränkter StPfl nicht zu den ausl Einkünften iSd §§ 34c, 34d EStG gehören würden (s § 4 Rn 1).

2 § 5 soll verhindern, dass sich natürliche Personen, die aus Deutschland in ein Niedrigsteuerland auswandern, der erweiterten beschränkten StPfl des § 2 sowie der erweiterten beschränkten Erbschaft- und Schenkungsteuerpflicht nach § 4 entziehen. Denn diese könnte umgangen werden, indem der Auswanderer Vermögenswerte und Einkünfte auf eine niedrig besteuerte, von ihm beherrschte **ausl zwischengeschaltete KapGes** überträgt.[1] Dann lägen die Voraussetzungen des § 2 Abs 1 S 1 Nr 2 (wesentliche wirtschaftliche Inlandsinteressen) nicht mehr unmittelbar in der Person des Auswanderers vor. Vor diesem Hintergrund schafft § 5 eine Art Zurechnungsbesteuerung und stellt im Ergebnis den erweitert beschränkt StPfl dem unbeschränkt StPfl bei der Hinzurechnungsbesteuerung (§§ 7–14) gleich.[2] Wie die Hinzurechnungsbesteuerung durchbricht § 5 die **Abschirmwirkung der ausl KapGes** und ergänzt somit die erweiterte beschränkte Einkommensteuerpflicht (§ 2) und die erweiterte beschränkte Erbschaft- und Schenkungsteuerpflicht (§ 4). § 5 ist jedoch **kein** eigenständiger Steuertatbestand. Auch greift die Regelung nicht in die Besteuerung der ausl zwischengeschalteten Ges ein. Es erfolgt eine anteilige Zurechnung von Einkünften und Vermögenswerten der zwischengeschalteten ausl Ges beim erweitert beschränkt StPfl, als hätte er diese selbst erzielt.[3]

3 Bei Prüfung des Anwendungsbereichs von § 5 sollte stets das Anwendungsschreiben der FinVerw zum Außensteuergesetz (*BMF* v 14.5.2004, BStBl I 2004, Sondernr 1, 3) Beachtung finden.

4 **2. Zeitlicher Anwendungsbereich.** § 5 wurde bereits kurz nach seiner Einführung in 1972 mit dem Gesetz zur Reform des Erbschaftsteuer- und Schenkungsteuerrechts vom 17.4.1974 (BGBl 1974 I, 933) mit Wirkung zum 1.1.1974 grundlegend geändert. Die Änderung betraf sowohl die Voraussetzungen (wirtschaftliche Interessen im Inland, Beteiligung an der zwischengeschalteten Ges) als auch deren Rechtsfolgen.[4] Eine weitere Änderung erfolgte im Zuge des Wegfalls der Vermögensteuer zum 1.1.1997 dahingehend, dass die vermögensteuerlichen Regelungen gestrichen wurden. Änderungen der §§ 7 ff (zB die Erweiterung des Katalogs der aktiven Einkünfte in § 8 Abs 1) haben seitdem die Regelung mittelbar beeinflusst.[5]

5 **3. Wirtschaftliche Bedeutung der Vorschrift.** In der Lit wird § 5 nur geringe praktische Bedeutung zuerkannt.[6] Dies rührt ua daher, dass der Vorschrift nur Einkünfte ausl Ges unterliegen, die folgende Voraussetzungen **kumulativ** aufweisen:

- die Einkünfte müssen bei unbeschränkter StPfl gem § 8 Abs 1 hinzurechnungspflichtig, dh **passiv** sein,
- die Einkünfte dürfen nicht ausl Einkünfte iSd §§ 34c Abs 1, 34d EStG sein und
- die Einkünfte müssen auf Ebene der zwischengeschalteten ausl Ges einer niedrigen Besteuerung unterliegen.

---

1 So auch die RegE Begr in BT-Drucks 6/2883 v 2.12.1971, Tz 70 f.
2 *Blümich* § 5 AStG Rn 1.
3 *Blümich* § 5 AStG Rn 1; *Lademann* § 5 AStG Rn 2; *S/K/K* § 5 AStG Rn 5.
4 Ausf *F/W/B/S* § 5 AStG Rn 6 ff; *Lademann* § 5 AStG Rn 7.
5 *S/K/K* § 5 AStG Rn 7.
6 *Lademann* § 5 AStG Rn 7; *S/K/K* § 5 AStG Rn 4.

Da die genannten Voraussetzungen kumulativ vorliegen müssen, ist der Anwendungsbereich des § 5 sehr eingeschränkt und erstreckt sich auf wenige Fallgruppen. Da mittlerweile Dividenden als aktive Einkünfte gelten (§ 8 Abs 1 Nr 8), ist ein weiterer wesentlicher Anwendungsbereich des § 5 entfallen. Eine Zurechnung von Dividenden ausl ZwischenGes, welche diese von einer inländischen KapGes repatriiert, ist nach § 5 ausgeschlossen.[7] Somit ist auch die praktische wirtschaftliche Bedeutung der Regelung für das dt Steueraufkommen als gering anzusehen. Nur sehr wenige StPfl fallen letztlich in den Anwendungsbereich und es kommt zu einer Veranlagung. 6

Zudem wird aufgrund der Komplexität der Regelung deren Anwendungsbereich dem Rechtsanwender, dh auch der Finanzverwaltung, oftmals unerkannt bleiben. Schönfeld spricht daher von „totem Recht".[8] 7

II. Verhältnis zu anderen Vorschriften

1. Verhältnis zu anderen Vorschriften des EStG. – a) §§ 1, 1a EStG. Sinn und Zweck sowie der Regelungszusammenhang des § 5 führen dazu, dass sich die unbeschränkte StPfl gem § 1 Abs 1 EStG und die Regelung des § 5 gegenseitig ausschließen. § 5 kommt nur bei beschränkt StPfl zur Anwendung, die an einer zwischengeschalteten Ges iSd § 5 beteiligt sind. Unbeschränkt StPfl unterliegen dagegen ggf nach §§ 7–14 der Hinzurechnungsbesteuerung. Nicht erforderlich ist es, dass der beschränkt StPfl auch tatsächlich mit bestimmten Einkünften einer Besteuerung in Deutschland unterliegt. 8

Die fiktive unbeschränkte StPfl von EU- und EWR- Familienangehörigen nach § 1a EStG steht der Anwendung von § 5 grds nicht entgegen. § 1a EStG ist eine Ergänzungsvorschrift zu § 1 Abs 3 EStG (Besteuerung von Grenzpendlern), wodurch der dt Gesetzgeber die Auflagen des EuGH erfüllt, Grenzpendlern innerhalb der EU, die weder Wohnsitz noch gewöhnlichen Aufenthalt im Inland haben, personen- und familienbezogene Vergünstigungen zu ermöglichen.[9] Daher fingiert der Gesetzgeber eine unbeschränkte StPfl der Angehörigen, obwohl sie beschränkt steuerpflichtig sind. 9

b) § 2 EStG. Für die Ermittlung der Einkünfte, die unter § 5 fallen, ist der Einkünftekatalog des § 2 Abs 1 EStG zugrunde zu legen. Somit können nur die Einkünfte und Vermögensmehrungen, die in § 2 Abs 1 EStG **abschließend** aufgezählt sind, der Vorschrift unterliegen. Andere Einkünfte und Vermögensmehrungen sind nicht steuerbar. 10

c) § 49 EStG. Die ausl zwischengeschaltete Ges bzw die dieser iSd § 14 nachgeschalteten Ges unterliegen idR selbst einer Besteuerung in Deutschland iRd beschränkten StPfl nach § 49 EStG. Dadurch kann es bei Anwendung von § 5 zu einer wirtschaftlichen Doppelbelastung der betroffenen Einkünfte kommen, welche zu einer nicht sachgerechten Überbesteuerung führen würde. Zur Vermeidung dieser Überbesteuerung werden unterschiedliche Ansätze diskutiert (vgl Rn 53 ff). 11

2. Verhältnis zu anderen Vorschriften des AStG. § 5 ist **kein** eigenständiger Steuertatbestand. Er dient jedoch in zweifacher Hinsicht als Erg. Zum einen durchbricht § 5 die **Abschirmwirkung der ausl KapGes** und ergänzt somit die erweiterte beschränkte Einkommensteuerpflicht (§ 2) und die erweiterte beschränkte Erbschaft- und Schenkung- 12

7 *S/K/K* § 5 AStG Rn 68.

8 *F/W/B/S* § 5 Rn 103.

9 *Schmidt* § 1a EStG Rn 1.

steuerpflicht (§ 4). Die in der ausl KapGes aufgefangenen nichtausl Einkünfte sind dem StPfl zuzurechnen als hätte er diese selbst erzielt. § 5 ermöglicht eine Besteuerung der in der ausl KapGes aufgefangenen Einkünfte, **sofern die weiteren Voraussetzungen des § 2 bzw 4 erfüllt sind**. Zum anderen kann § 5 iE als Erg zu den Vorschriften über die Hinzurechnungsbesteuerung (§§ 7–14) angesehen werden. Während die Hinzurechnungsbesteuerung grds nur bei unbeschränkt steuerpflichtigen Personen Anwendung findet, kommt § 5 zur Anwendung, wenn der Anteilseigner nicht unbeschränkt steuerpflichtig ist. Die Vorschriften schließen sich wechselseitig aus.[10] Es können jedoch an einer ausl ZwischenGes gleichzeitig unbeschränkt und erweitert beschränkt StPfl beteiligt sein, so dass für die jeweiligen Anteilseigner parallel § 5 und die §§ 7–14 zur Anwendung kommen.[11]

13 Trotz des Verweises von § 5 auf die Vorschriften zur Hinzurechnungsbesteuerung (§§ 7–14) sind folgende materielle Unterschiede zu beachten:

- Die nach §§ 7–14 hinzuzurechnenden Einkünfte sind stets als Einkünfte aus Kapitalvermögen zu behandeln (§ 10 Abs 2 S 1). Dagegen ist für die Ermittlung der Einkünfte, die unter § 5 fallen, der gesamte Einkünftekatalog des § 2 Abs 1 EStG zugrunde zu legen; es gelten alle sieben Einkunftsarten.[12]
- Zudem werden iRd § 5 auch negative Einkünfte berücksichtigt; § 10 Abs 1 S 3 gilt nicht.[13]
- Die Zurechnung nach § 5 gilt nur für **nichtausl** passive Einkünfte. Dagegen werden iRd Hinzurechnungsbesteuerung sämtliche passive und niedrig besteuerte Einkünfte erfasst, also auch ausl Einkünfte iSd § 34d EStG.

14 § 6 und § 5 stehen – obwohl sie beide steuerliche Folgen bei einem Wohnsitzwechsel ins Ausland regeln – nicht in Konkurrenz zueinander. § 6 regelt die Besteuerung im Zeitpunkt des Wohnsitzwechsels und § 5 kommt ggf bei der anschließenden laufenden Besteuerung zur Anwendung.

15 **3. Verhältnis zum Abkommensrecht.** Die **DBA genießen Vorrang vor § 5**. In der Vorschrift ist mE kein treaty override enthalten.[14] Für diese Auffassung sprechen folgende Überlegungen. § 5 schafft keinen eigenständigen Steuertatbestand, sondern dient lediglich als Ergänzung zu § 2. Mit der hM und auch der Auffassung der FinVerw sind die Einschränkungen durch ein DBA iRd erweiterten beschränkten StPfl des § 2 zu beachten.[15] Aufgrund der engen Verknüpfung der beiden Vorschriften kann mE für § 5 nichts Anderes gelten. Zudem hat der BFH entschieden, dass der nationale Gesetzgeber zwar grds nicht gehindert sei, einen treaty override zu schaffen, dieser vom Gesetzgeber gewollte Vorrang vor dem Abk jedoch in dem ändernden Gesetz deutlich zum Ausdruck kommen müsse.[16] Dies ist in § 5 nicht gegeben.

---

10 *F/W/B/S* § 5AStG Rn 66; *S/K/K* § 5 AStG Rn 18.

11 *S/K/K* § 5 AStG Rn 18.

12 *Blümich* § 5 AStG Rn 9; *S/K/K* § 5 AStG Rn 19.

13 *F/W/B/S* § 5 AStG Rn 58, 165; *S/K/K* § 5 AStG Rn 19.

14 So auch *Angermann/Anger* IStR 2005, 439, 442; *Blümich* § 5 AStG Rn 4, **aA** *S/K/K* § 5 AStG Rn 24.

15 *BMF* BStBl I 2004, Sondernr 1, 3, 10; *Blümich* § 2 AStG Rn 9; *F/W/B/S* § 5 AStG Rn 72; *Angermann/Anger* IStR 2005, 439, 442; *Ettinger/Wieder* PIStB 2005, 282, 284.

16 *BFH* BStBl II 2002, 819.

Der in § 20 Abs 1 enthaltene treaty override bezieht sich ausdrücklich nur auf die Vorschriften der §§ 7–18 sowie § 20 Abs 2 und 3. Im Umkehrschluss hierzu bedeutet dies, dass sämtliche Vorschriften des AStG, die nicht in § 20 Abs 1 genannt sind, keinen Vorrang vor einem DBA genießen. Für die § 2–5 gilt somit weiterhin die Vorrangwirkung der DBA vor nationalem Recht gem § 2 AO (vgl § 20 Rn 17).[17] **16**

Richtigerweise kann nur das jeweilige DBA Anwendung finden, das zwischen Deutschland und dem Ansässigkeitsstaat des Stpfl iSd § 2 besteht.[18] **17**

In den abgeschlossen DBA wird Deutschland regelmäßig nur ein Besteuerungsrecht als Quellenstaat für einen Teil der Einkünfte haben. Die sachliche Erweiterung der beschränkten StPfl durch die Zurechnung von Einkünften einer ausl zwischengeschalteten Ges nach § 5 kann somit zu einer Verletzung bestehender DBA führen, wenn darin nicht eine Öffnungsklausel für die Anwendung von § 5 vorgesehen ist.[19] Für Deutschland bleibt das Besteuerungsrecht somit nur dann erhalten, soweit das Besteuerungsrecht dem Quellenstaat obliegt. Die DBA können jedenfalls durch die Zurechnung von Einkünften zu dem Anteilseigener nicht unterlaufen werden. **18**

Eine **Öffnungsklausel** findet sich im Protokoll zum DBA Deutschland-Italien 1989. Nach Nr 17 des Prot zu Art 24 und Art 6–22 können bei dt Staatsangehörigen, die unter § 5 fallen, inländische Einkünfte und im Inland belegenes Vermögen unabhängig vom Abk nach den Vorschriften des dt Steuerrechts besteuert werden. Eine Dbest wird durch Anrechnung der italienischen Steuer auf die dt Steuer nach den Anrechnungsvorschriften des dt Steuerrechts vermieden. Eine Anrechnung unterbleibt insoweit, als die dt Steuer nach den allg Regeln des DBA ohnehin erhoben werden könnte.[20] **19**

III. Konformität mit Europarecht

In den meisten EU-Staaten war bisher aufgrund hoher Steuersätze von keiner Niedrigbesteuerung iSd § 2 Abs 1 Nr 1, Abs 2 auszugehen, so dass auch § 5 nicht zur Anwendung kam, da der an der ausl ZwischenGes beteiligte Auswanderer keiner niedrigen Besteuerung iSd § 2 Abs 2 unterlag. Im Zuge des Wettbewerbs der günstigen Steuersätze finden sich inzwischen zahlreiche EU-Mitgliedstaaten mit einer niedrigen Besteuerung. Zudem qualifiziert die FinVerw seit dem VZ 2002 Großbritannien bei einer Besteuerung auf „Remittance Basis“ als Niedrigsteuergebiet.[21] Entsprechendes dürfte zB für Irland gelten. IRd Besteuerung auf „Remittance Basis“ werden bei Personen, die in Großbritannien ansässig sind, dort aber nicht über einen ständigen Wohnsitz verfügen, nur die Einkünfte besteuert, welche entweder in Großbritannien erzielt oder dorthin transferiert werden (vgl § 2 Rn 39 ff). Europarechtliche Beachtung sollten auch Fallkonstellationen finden, in denen zwar der Auswanderer in einen Nicht-EU-Staat zieht, jedoch über eine EU-KapGes passive, niedrig besteuerte, nichtausl Einkünfte erzielt.[22] Fraglich ist hierbei, ob durch die steuerliche Schlechterstel- **20**

17 *Blümich* § 5 AStG Rn 4; *S/K/K* § 20 AStG Rn 24, 59.
18 *F/W/B/S* § 5 AStG Rn 70.
19 *S/K/K* § 5 AStG Rn 24; krit auch *Flick/Wassermeyer* FR 1974, 574, 603; *F/W/B/S* § 5 AStG Rn 72, 73.
20 *BMF* BStBl I 2004, Sondernr 1, 3, 11.
21 *BMF* BStBl I 2004, Sondernr 1, 3, 12.
22 *S/K/K* § 5 AStG Rn 31.

lung des Gesellschafters die EU-KapGes mittelbar diskriminiert wird. Da § 5 Abs 1 ohne weitere Einschränkung auf § 8 verweist, ist **die Gegenbeweismöglichkeit des § 8 Abs 2** auch iRd erweiterten beschränkten Stpfl eröffnet.[23] Auf diesem Wege hat der Gesetzgeber die Vereinbarkeit der speziellen Hinzurechnungsbesteuerung des § 5 mit den europarechtlichen Vorgaben signifikant verbessert.[24] Im Zusammenhang mit der unionsrechtlichen Problematik ist auf die Ausführungen zu § 2 Rn 47 ff zu verweisen.

B. Anwendungsbereich

I. Persönlicher Anwendungsbereich

21 **1. Natürliche Person.** Der Anwendungsbereich des § 5 ist nur bei **natürlichen Personen** eröffnet. Wie in § 2 war für den Gesetzgeber die persönliche Bindung des StPfl anscheinend Voraussetzung für die Einführung der Vorschrift.[25] Eine KapGes kann eine solche persönliche Bindung nicht aufbauen.[26] Außerdem kommen bei einem Wegzug der KapGes aus Deutschland die iRd SEStEG neu gefassten speziellen Entstrickungstatbestände des § 12 KStG zur Anwendung.

22 Eine PersGes ist kein selbstständiges Steuersubjekt (Transparenzprinzip) und kann somit ebenfalls nicht der Vorschrift unterliegen.

23 **2. Unbeschränkte Einkommensteuerpflicht.** Wie bei § 2 kommt die Vorschrift zur Anwendung, wenn die natürliche Person in den letzten zehn Jahren vor dem Ende ihrer unbeschränkten StPfl nach § 1 Abs 1 S 1 EStG als Deutscher insgesamt mindestens fünf Jahre unbeschränkt einkommensteuerpflichtig war (Abs 1 S 1). Die Person muss für diesen Zeitraum somit im Inland ihren Wohnsitz (§ 8 AO) oder gewöhnlichen Aufenthalt (§ 9 AO) gehabt haben.

24 Der Anwendungsbereich der Vorschrift setzt einen **Wegfall der unbeschränkten StPfl** voraus, dh der StPfl darf weder Wohnsitz noch gewöhnlichen Aufenthalt im Inland haben. Bei Verheirateten ist zu berücksichtigen, dass Personen über einen Familienangehörigen einen Wohnsitz beibehalten können (vgl § 2 Rn 58).

25 **3. Deutscher.** Weitere persönliche Voraussetzung ist, dass die natürliche Person während der zehn dem Statuswechsel vorgehenden Jahren mindestens fünf Jahre „als Deutscher" unbeschränkt steuerpflichtig war. Nach der hier vertretenen Auffassung ist der Begriff des „Deutschen" iSd Grundgesetzes (Art 116 Abs 1 GG) zugrunde zu legen (dazu § 2 Rn 60).[27]

26 Mindestens fünf Jahre der dt Staatsangehörigkeit müssen mit dem Zeitraum der unbeschränkten StPfl zusammenfallen („als Deutscher"). Zeiträume unbeschränkter StPfl, während denen noch keine dt Staatsangehörigkeit bestand, zählen nicht zur erforderlichen Frist. Eine Unterbrechung der unbeschränkten StPfl führt nicht zu einem erneuten Fristlauf; die Zeiten sind zu addieren. Für die Anwendung der Vorschrift ist nicht erforderlich, dass die dt Staatsangehörigkeit im Zeitpunkt des Wegzugs oder der

---

23 *F/W/B/S* § 5 AStG Rn 74.

24 *Blümich* § 5 AStG Rn 3; *F/W/B/S* § 5 AStG Rn 74.

25 RegE Begr *BT-Drucks* 6/2883 v 2.12.1971, Tz 19, 22, 55.

26 So auch *S/K/K* § 2 AStG Rn 38.

27 *BMF* BStBl I 2004, Sondernr 1, 3, 11; *Kraft* § 2 AStG Rn 45; **aA** *Blümich* § 2 AStG Rn 12; *S/K/K* § 2 AStG Rn 39 und *F/W/B/S* § 2 AStG Rn 49 f.

anschließenden erweiterten beschränkten StPfl (noch) besteht. Ist die Fünf-Jahresfrist einmal erfüllt, so kann die Aufgabe der dt Staatsangehörigkeit die Anwendung der Vorschrift auf einen davor oder danach liegenden Statuswechsel nicht mehr ausschließen. Insofern ist bei StPfl, die mehrere Staatsangehörigkeiten innehaben, ggf frühzeitig eine Aufgabe der dt Staatsangehörigkeit zu prüfen.

4. Ansässigkeit im niedrig besteuernden Ausland. Der Auswanderer muss nach seinem Ausscheiden aus der dt unbeschränkten StPfl im Ausland ansässig werden, in dem er mit seinem Einkommen einer niedrigen Besteuerung unterliegt, oder darf in keinem ausl Gebiet ansässig sein (§ 5 Abs 1 S 1 iVm § 2 Abs 1 S 1 Nr 1). Das Gesetz verwendet im Klammerzusatz den Begriff der „Person iSd § 2". 27

Zum Begriff der Ansässigkeit sei auf § 2 Rn 63 ff verwiesen. Da als Anknüpfungsmerkmale diejenigen des ausl, nicht die des dt Steuerrechts, heranzuziehen sind, ist für die Ansässigkeit nach zutr Literaturauffassung nicht zwingend ein Wohnsitz oder gewöhnlicher Aufenthalt im Ausland erforderlich. Merkmale wie zB die Verweildauer können ebenso die Ansässigkeit im Ausland begründen, sofern sie als Anknüpfungsmerkmale im ausl Steuerrecht herangezogen werden. 28

Alternativ („oder") kommt § 5 auch zur Anwendung, wenn der StPfl in keinem ausl Gebiet ansässig ist (§ 5 Abs 1 S 1 iVm § 2 Abs 1 Nr 1 2. Alt). Damit wird **nicht** auf die Ansässigkeit im Inland abgestellt, da unbeschränkt StPfl gerade nicht erfasst werden sollen. Vielmehr fallen unter diese Regelung StPfl, die durch legales, ständiges Umherziehen in verschiedenen Staaten einer ausl Ansässigkeit entgehen und sonst nicht von § 2 AStG erfasst würden. Ebenso sind dadurch StPfl zu erfassen, die sich zB durch Nichterfüllung von Meldepflichten oder Verschleierung ihres Wohnsitzes uÄ die Stellung eines Nichtansässigen verschaffen.[28] Hierbei kommt es ohne weitere Prüfung des § 2 Abs 2 (zB kein konkreter Belastungsvergleich) stets zu einer niedrigen Besteuerung iSd Vorschrift. 29

§ 5 Abs 1 setzt voraus, dass der StPfl nach seinem Wegzug in einem Niedrigsteuergebiet ansässig ist. Davon ist auszugehen, wenn der StPfl nirgends oder in einem Gebiet ansässig ist, in dem ein niedriger Steuertarif oder eine Vorzugsbesteuerung besteht (dazu § 2 Rn 70 ff). Ob der Auswanderer einer Niedrigbesteuerung unterliegt, ist anhand der Einkünfte vor Zurechnung nach § 5 festzustellen. Nicht nur der StPfl muss einer Niedrigbesteuerung unterliegen, sondern auch die ausl Ges, wobei für diese zur Qualifikation einer Niedrigbesteuerung auf § 8 Abs 3 abgestellt wird. 30

Der StPfl unterliegt gg dem FA der Mitwirkungspflicht gem § 90 Abs 2 AO. Die FinVerw kann zur Prüfung, ob eine niedrige Besteuerung iSd § 2 Abs 2 gegeben ist, die Vorlage von Steuererklärungen, ausl Steuerbescheiden oder vergleichbaren Beweismitteln anordnen.[29] 31

II. Sachlicher Anwendungsbereich

1. Beteiligung an einer ausländischen Gesellschaft iSd § 7. Der Auswanderer muss allein, zusammen mit anderen „Personen iSd § 2" oder mit unbeschränkt StPfl an einer ausl Ges iSd § 7 beteiligt sein. Bei der zwischengeschalteten Ges muss es sich um 32

28 *Blümich* § 2 AStG Rn 24 (107. Aufl).
29 *BMF* BStBl I 2004, Sondernr 1, 3, 12.

eine beschränkt körperschaftsteuerpflichtige Ges iSd § 2 Nr 1 KStG handeln. Es ist hierzu ein Typenvergleich nach dt Recht durchzuführen. Betroffen sind Körperschaften, Personenvereinigungen oder Vermögensmassen, die weder Geschäftsleitung noch Sitz im Inland haben.[30] Insoweit kann auf die Kommentierung zu § 7 verwiesen werden. Ob die beschränkt steuerpflichtige ZwischenGes auch tatsächlich Einkünfte iSd § 49 EStG erzielt und somit im Inland besteuert wird, ist unerheblich.

33 Darüber hinaus ist es unerheblich, ob die Beteiligung bereits bei Wegzug des StPfl bestand oder der StPfl diese erst später erworben hat und somit keine Übertragung von wirtschaftlichen Inlandsinteressen auf eine ausl zwischengeschaltete Ges stattgefunden habe.[31]

34 Für die **Beteiligungshöhe** enthält § 5 keine eigenen Grenzen, insoweit sind die Beteiligungsgrenzen des § 7 maßgebend. Neben der Mindestbeteiligung von über 50 % (Inländerbeherrschung) gem § 7 Abs 2 genügen unter den Voraussetzungen des § 7 Abs 6 auch eine Beteiligungsquote von mindestens 1 % (§ 7 Abs 6 S 1) bzw. sogar geringere Beteiligungen von unter 1 % (§ 7 Abs 6 S 3).[32] Maßgebend für den Zeitpunkt, an dem die Mindestbeteiligungshöhe erfüllt sein muss, ist das Ende des Wj der ausl Ges (§ 7 Abs 2).

35 Elicker hingegen möchte in die Tatbestandsvoraussetzung „allein oder zusammen mit unbeschränkt Steuerpflichtigen" hineinlesen, dass die schädliche Inländerbeteiligungsquote iRd § 5 Abs 1 auf 100 % angehoben wird.[33] In diesem Fall würde bereits jede (Kleinst-)beteiligung eines einzelnen Steuerausländers die Rechtsfolgen des § 5 Abs 1 ausschließen; die Vorschrift wäre mithin leicht zu umgehen.[34] Einem restriktiven Verständnis des Normenwortlautes steht auch der Charakter des § 5 Abs 1 als Ergänzung zu den §§ 7–14 AStG entgegen, welcher eher für einen Gleichklang zwischen § 5 Abs 1 und den allgemeinen Vorschriften über die Hinzurechnungsbesteuerung spricht. Ferner ist zu beachten, dass ausweislich des § 5 Abs 1 die Rechtsfolge der Hinzurechnung hinsichtlich jener Einkünfte greift, mit denen die erweitert beschränkt Stpfl bei unbeschränkter Steuerpflicht nach den §§ 7, 8 und 14 steuerpflichtig wären. Die Einkünfte würden bei unbeschränkter Stpfl jedoch bereits ab einer Beteiligung von mehr als der Hälfte bzw im Falle der Zwischeneinkünfte mit Kapitalanlagecharakter sogar bereits ab einer Beteiligungsquote von 1 % oder unter den Voraussetzungen des § 7 Abs 6 S 3 bei jeglicher Beteiligungshöhe hinzugerechnet, und eben nicht erst ab einer vollständigen Inländerbeherrschung der ausl Ges von 100 %. Insoweit rekurriert der Normenverweis auf § 7 in § 5 Abs 1 auch auf die in § 7 enthaltenen jeweils maßgeblichen Beteiligungsvoraussetzungen.[35]

36 **2. Beteiligung an nachgeschalteten Gesellschaften.** Neben unmittelbaren Beteiligungen an zwischengeschalteten Ges werden auch die entspr Einkünfte von nachgeschalteten ausl Ges iSd § 14 Abs 1 und 3 berücksichtigt. Mittelbare Beteiligungen werden somit wie unmittelbare behandelt. Dadurch kann sich der StPfl durch Zwischenschaltung einer weiteren ausl Ges im Ergebnis nicht dem § 5 entziehen. Die Einkünfte der

30 *F/W/B/S* § 5 AStG Rn 112; *Lademann* § 5 AStG Rn 14; *S/K/K* § 5 AStG Rn 35.
31 *Blümich* § 5 AStG Rn 7; *F/W/B/S* § 5 AStG Rn 116.
32 *F/W/B/S* § 5 AStG Rn 114 f; *Lademann* § 5 AStG Rn 12.
33 *Blümich* § 5 AStG Rn 6.
34 *F/W/B/S* § 5 AStG Rn 111.
35 Erg auch *F/W/B/S* § 5 AStG Rn 111.

nachgeschalteten Ges müssen ebenfalls die unter Rn 38 ff beschriebenen Voraussetzungen erfüllen, dh es muss sich um passive und niedrig besteuerte Einkünfte, die zudem nichtausl Einkünfte iSd § 34c Abs 1 EStG sind, handeln. Die 50 %-Grenze des § 7 Abs 2 und die niedrigeren Grenzen bei Zwischeneinkünften mit Kapitalanlagecharakter (§ 7 Abs 6) gelten entspr.

3. Einkünfte der ausländischen zwischengeschalteten Gesellschaft. Bei den Einkünften der zwischengeschalteten Ges muss es sich um passive und niedrig besteuerte Einkünfte, die nicht ausl Einkünfte iSd § 34c Abs 1 EStG sind, handeln. 37

a) Passive Einkünfte. Die Einkünfte der zwischengeschalteten Ges müssen aus **passiver Tätigkeit** stammen. Zu deren Bestimmung ist § 8 Abs 1 heranzuziehen. Dort erfolgt eine Auflistung der aktiven Tätigkeiten als Negativabgrenzung. Zum Umfang der passiven Einkünfte ist auf die Kommentierung zu § 8 zu verweisen. Aktive Einkünfte sind mithin nicht Gegenstand der Besteuerung nach § 5. Der Besteuerungsumfang nach § 5 ist daher verglichen mit der erweiterten beschränkten StPfl nach § 2 kleiner, weil von § 2 auch aktive Einkünfte erfasst sind. Da inzwischen Dividenden als aktive Einkünfte gelten (§ 8 Abs 1 Nr 8), ist zudem ein wesentlicher Anwendungsbereich des § 5 entfallen. 38

Zwischeneinkünfte mit Kapitalanlagecharakter iSd § 7 Abs 6a sind als besondere passive Einkünfte zu behandeln. Diese sind jedoch nur dann iRd § 5 besonders zu berücksichtigen, wenn die Inländerbeherrschung von über 50 % gem § 7 Abs 2 AStG nicht gegeben ist, aber die Voraussetzungen für die Geltung der niedrigeren Beteiligungsschwellen nach § 7 Abs 6 erfüllt sind.[36] 39

b) Niedrige Besteuerung. Die nichtausl passiven Einkünfte müssen einer **niedrigen Besteuerung** im Domizilland der ausl Ges unterliegen. Das Merkmal der Niedrigbesteuerung wird iRd § 5 also zweifach verwendet. Zum einen auf Ebene des Auswanderers, dem diese Einkünfte zugerechnet werden. Hier ist die Niedrigbesteuerung nach den Kriterien des § 2 Abs 2 zu prüfen. Zum anderen auf Ebene der ausl zwischengeschalteten Ges, wobei zur Qualifikation einer Niedrigbesteuerung hierfür § 8 Abs 3 heranzuziehen ist. Eine niedrige Besteuerung liegt danach vor, wenn die Ertragsteuerbelastung der zwischengeschalteten Ges im Domizilland unter 25 % liegt (s § 8 Rn 162). Der maßgebliche Steuersatz berechnet sich dabei aus dem Verhältnis der nach dt Gewinnermittlungsvorschriften ermittelten passiven Einkünfte zu den darauf entfallenden ausl Ertragsteuern.[37] Während bei Ermittlung der Niedrigbesteuerung iRd § 2 Abs 2 auf die zwei-Drittel-Grenze zwischen Soll- und Istbesteuerung abgestellt wird (vgl § 2 Rn 93), gilt bei Ermittlung einer potentiellen Niedrigbesteuerung der Zwischengesellschaft die starre 25 %-Grenze des § 8 Abs 3. 40

c) Nichtausländische Einkünfte. Der Umfang der nichtausl Einkünfte ist – ebenso wie bei § 2 – str (vgl ausf § 2 Rn 116 f). § 5 Abs 1 nennt wörtlich die **nichtausl** Einkünfte iSd § 34c Abs 1 EStG. Die Einkünfte der zwischengeschalteten Ges sind **nichtausl** iSd § 34c Abs 1 EStG, wenn sie nicht in § 34d EStG genannt sind. *Schoss* zieht zutr den Schluss, dass damit der Umfang der einzubeziehenden Einkünfte kleiner ist als derjenige bei erweiterter beschränkter Einkommensteuerpflicht, bei der auch alle inländi- 41

36 *Lademann* § 5 AStG Rn 17.
37 *Lademann* § 5 AStG Rn 18; *S/K/K* § 5 AStG Rn 44.

schen Einkünfte iSd § 49 Abs 1 EStG erfasst werden.[38] Die FinVerw möchte dagegen denselben Einkünftekatalog wie bei der erweiterten beschränkten StPfl zugrunde legen.[39] Dies gibt der Wortlaut der Norm jedoch nicht her. Die erweiterten Inlandseinkünfte, die neben den Zusatzeinkünften sämtliche *normal* beschränkt steuerpflichtigen Einkünfte enthalten, sind hier mE nicht gemeint.[40]

42 Somit werden inländische Einkünfte iSd § 49 Abs 1 EStG, die gleichzeitig auch ausl Einkünfte iSd § 34d EStG darstellen, zwar bei der zwischengeschalteten ausl Ges im Rahmen ihrer beschränkten (Körperschaft) StPfl erfasst, sie dürfen nach der hier vertreten Auffassung jedoch nicht in die Bemessungsgrundlage des erweitert beschränkt steuerpflichtigen Anteilseigners eingehen und auch nicht bei dem anzuwendenden Steuersatz (Progressionsvorbehalt) berücksichtigt werden.[41]

43 Da der Vorschrift nur Einkünfte ausl Ges unterliegen, die kumulativ die genannten Voraussetzungen – nichtausl, passiv und niedrig besteuert – aufweisen, wird in der Lit § 5 nur geringe praktische Bedeutung zuerkannt.[42] Der Anwendungsbereich des § 5 erstreckt sich auf wenige Fallgruppen (s Rn 57).

44 **4. Wesentliche Inlandsinteressen.** Das Erfordernis wesentlicher wirtschaftlicher Inlandsinteressen in § 2 dient der Beschränkung des Anwendungsbereiches der Vorschrift auf Fälle starker wirtschaftlicher Verbindung zu Deutschland. In der Lit wird daher teilw die Auffassung vertreten, dass diese auch für § 5 Bedeutung haben.[43] Eine Zurechnung der Einkünfte der zwischengeschalteten Ges kommt sodann nur in Betracht, sofern zusätzlich die Voraussetzungen des § 2 vorliegen, dh dem Grunde nach erweiterte beschränkte StPfl besteht. Als Grundlage hierfür dient § 2 Abs 4, nach dem bei der Anwendung des § 2 Abs 1 und 3 das Inlandsengagement der ausl Ges iSd § 5 zu berücksichtigen ist. Es ist somit zu prüfen, ob wesentliche wirtschaftliche Inlandsinteressen vorliegen (§ 2 Abs 3). Bei dieser Prüfung sind iRd § 2 Abs 3 alle zu Grunde liegenden Einkunftsquellen und das Vermögen der ausl zwischengeschalteten Ges wie eigene wirtschaftliche Interessen zu behandeln und ebenso bei der Anwendung der Bagatellgrenze von 16 500 EUR einzubeziehen.[44]

45 Zu beachten ist, dass die Voraussetzungen des § 2 **unter Berücksichtigung** der Wirtschaftsgüter der ausl Ges vorliegen müssen und der Auswanderer nicht bereits ohne deren Berücksichtigung wesentliche Inlandsinteressen haben müsse. Da § 5 ausdrücklich nur auf § 2 Abs 1 Nr 1 verweist, ist es nicht erforderlich, dass der StPfl bereits vor Hinzurechnung nach § 5 wesentliche wirtschaftliche Inlandsinteressen hat.[45]

46 **Beispiel:** Der in der Schweiz ansässige S hält 100 % an einer Schweizer Holding (H-GmbH), die ihrerseits zu 100 % an einer dt GmbH (D-GmbH) beteiligt ist und hieraus nichtausl passive und niedrig besteuerte Einkünfte iHv 50 000 EUR erzielt. S selbst hat

---

38 *Lademann* § 5 AStG Rn 19.
39 *BMF* BStBl I 2004, Sondernr 1, 3, 19.
40 AA *F/W/B/S* § 5 AStG Rn 171; *S/K/K* § 5 AStG Rn 39.
41 *Lademann* § 5 AStG Rn 19; **aA** *Blümich* § 5 AStG, Rn 8; *F/W/B/S* § 5 AStG Rn 171; *S/K/K* § 5 AStG Rn 39.
42 *Lademann* § 5 AStG Rn 7; *S/K/K* § 5 AStG Rn 4.
43 *Blümich* § 5 AStG Rn 5; *F/W/B/S* § 5 AStG Rn 109; *S/K/K* § 5 AStG Rn 46; **aA** *Lademann* § 5 AStG Rn 10.
44 *Blümich* § 5 AStG Rn 5; *S/K/K* § 5 AStG Rn 46.
45 *Blümich* § 5 AStG Rn 5; *F/W/B/S* § 5 AStG Rn 29, 30 (Juli 2008); *S/K/K* § 5 AStG Rn 34.

keine wesentlichen Inlandsinteressen iSd § 2 Abs 2. Ohne § 2 Abs 4 iVm § 5 wäre S nicht erweitert beschränkt steuerpflichtig. Nach § 5 sind ihm jedoch die Einkünfte der H-GmbH entspr seiner Beteiligung zuzurechnen. Die Freigrenze des § 2 Abs 1 S 2 ist überschritten, mithin unterliegt S der erweiterten beschränkten StPfl.

Die gegenteilige Mindermeinung sieht in der in § 5 Abs 1 genannten „Person iSd § 2" eine eigenständige Legaldefinition, in die nicht alle Merkmale des § 2 Abs 1 eingegangen seien. So käme es iRd § 5 auf die wesentlichen Inlandsinteressen, die Bagatellgrenze iHv 16 500 EUR sowie die Zehnjahresfrist **nicht** an.[46] 47

C. Rechtsfolge

I. Zurechnung von Einkünften (Abs 1 S 1)

1. Allgemeines. Nach § 5 Abs 1 S 1 werden die Einkünfte der ausl zwischengeschalteten Ges der an dieser beteiligten natürlichen Person **zugerechnet**. Für die zuzurechnenden Einkünfte findet der gesamte Rechtsfolgenbereich des § 2 Anwendung. StPfl sind die von der ausl Ges erzielten Einkünfte, die nicht ausl, passiv und niedrig besteuert sind. Andere nicht der Besteuerung nach § 5 unterliegende ausl Einkünfte des StPfl sind beim Progressionsvorbehalt zu berücksichtigen (§ 2 Abs 5 S 1). Dies gilt ausweislich des Normenwortlautes gleichwohl nicht für Einkünfte aus Kapitalvermögen, die dem gesonderten Steuersatz des § 32d Abs 1 EStG unterliegen, da sich diese auch bei unbeschränkter Stpfl nicht steuersatzerhöhend auswirken würden; für hiervon erfasste Kapitaleinkünfte des erweitert beschränkt Stpfl gelten vielmehr die allgemeinen Regeln.[47] **Nicht** zu erfassen sind ferner ausl Einkünfte, welche die ausl ZwischenGes generiert, zB aus Beteiligungen an anderen ausl KapGes, und nicht an den StPfl ausreicht.[48] 48

Die Abgeltungswirkung inländischer Quellensteuern nach § 50a EStG ist bei der erweiterten beschränkten Stpfl nach Maßgabe des § 2 Abs 5 S 2 beseitigt. Die grds Abgeltungswirkung des inländischen Kapitalertragsteuerabzuges bleibt jedoch gem § 2 Abs 5 S 3 unberührt.[49] 49

Die Ermittlung der zuzurechnenden Einkünfte erfolgt nach dt Steuerrecht.[50] Die Einkünfte gelten als dem StPfl in der letzten logischen Sekunde des Wj der ZwischenGes zugeflossen, in dem sie bei dieser entstanden sind. Ein Verlustausgleich mit anderen steuerpflichtigen Einkünften auf Ebene des Auswanderers ist möglich.[51] 50

2. Obergrenze des § 2 Abs 6. § 2 Abs 6 begrenzt die aufgrund der erweiterten beschränkten StPfl zu entrichtende Gesamtsteuer nach oben (vgl § 2 Rn 201). Der Auswanderer soll nach seinem Wegzug nicht höher besteuert werden als zuvor als unbeschränkt StPfl. Die als Vergleichsmaßstab heranzuziehende Einkommensteuer, die bei unbeschränkter StPfl zu zahlen wäre, wird im Rahmen einer **Schattenveranlagung** ermittelt. Ausgangspunkt ist hierbei die Annahme, dass der StPfl in Deutschland mit seinen weltweiten Einkünften unbeschränkt steuerpflichtig ist. Die Fiktion ist für sämtliche Aspekte der Veranlagung 51

46 *Lademann* § 5 AStG Rn 10.
47 *Blümich* § 5 AStG Rn 42; *S/K/K* § 5 AStG Rn 148.2.
48 Zutr *S/K/K* § 5 AStG Rn 47.
49 *Blümich* § 5 AStG Rn 41 f.
50 *BMF* BStBl I 2004, Sondernr 1, 3, 18.
51 *BMF* BStBl I 2004, Sondernr 1, 3, 19.

und Steuerberechnung durchzuführen. So sind bei Ermittlung der dt „Vergleichsteuer" die Regelungen zur Hinzurechnungsbesteuerung, die bei unbeschränkter StPfl nach §§ 7 ff eingreifen würden, ebenso fiktiv zu berücksichtigen.

52 **3. Vermeidung einer Überbesteuerung.** Aufgrund der Tatsache, dass die ausl Ges bzw die dieser iSd § 14 nachgeschalteten Ges idR selbst einer Besteuerung in Deutschland und/oder im Ausland unterliegen, kann es bei Anwendung von § 5 zu einer wirtschaftlichen Doppelbelastung der betroffenen Einkünfte kommen, welche zu einer nicht sachgerechten Überbesteuerung führen würde.[52] Als einzige Schranke würde die Obergrenze des § 2 Abs 6 dienen.

53 Die FinVerw und Teile der Lit möchten zur Vermeidung einer Überbesteuerung eine **Anrechnung** nach § 36 Abs 2 EStG der von den Zwischeneinkünften erhobenen dt Steuern wie bei § 2 zulassen; die Abzugssteuern blieben bis einschließlich VZ 2008 gem § 2 Abs 5 S 3 Mindestbelastung und konnten somit nicht erstattet werden (s § 2 Rn 188 ff.).[53] Es ist zu beachten, dass lediglich eine Anrechnung der von der ausl ZwischenGes gezahlten **inländischen** Steuern möglich ist, eine Anrechnung der von der Ges ggf getragenen ausl Steuern ist nicht vorgesehen.[54] Diese Steuern können nur iRd § 2 Abs 6 bei der als Vergleichsmaßstab heranzuziehenden Steuer berücksichtigt werden und damit indirekt zu einer Steuerentlastung führen.[55]

54 Rundshagen weist in diesem Zusammenhang krit darauf hin, dass die in § 36 Abs 2 EStG geforderte **Personenidentität** zwischen Steuerschuldner und der Person, die die Steuer wirtschaftlich getragen hat, bei dieser Anrechnung nur schwer in Einklang zu bringen sei. Letztendlich rechtfertige es die unmittelbare Zurechnung der Einkünfte der ausl ZwischenGes nach §§ 2 Abs 4, 5 jedoch, die Personenidentität von StPfl und Steuerzahler als erfüllt zu betrachten.[56] Teile der Literatur sehen sogar eine Anrechnung der ausl Steuern, soweit sie auf die zuzurechnenden Einkünfte entfallen, als gerechtfertigt an.[57]

55 In der Lit wird auch die Auffassung vertreten, dass eine wirtschaftliche Doppelbelastung bereits dadurch vermieden werde, dass die beschränkte (Körperschaft) StPfl der zwischengeschalteten Ges ohnehin suspendiert sei, soweit unmittelbare oder mittelbare Gesellschafter iRd § 5 der Besteuerung unterliegen.[58] Dies stützt sich auf Gedanken zum Treuhandverhältnis, nach denen § 39 AO auf § 5 anzuwenden sei und die Einkünfte der ZwischenGes (Treuhänderin) dem dahinterstehenden Gesellschafter als Treugeber zuzurechnen seien. Mithin müssten die Einkünfte der zwischengeschalteten Ges, soweit es sich bei diesen um nichtausl handelt, in Höhe der Beteiligung des erweitert beschränkt StPfl bei der Veranlagung der Ges außer Ansatz bleiben. Damit fällt bei der zwischengeschalteten Ges keine Steuer an.[59]

---

52 *S/K/K* § 5 AStG Rn 51.

53 *BMF* BStBl I 2004, Sondernr 1, 3, 19; *Blümich* § 5 AStG Rn 12 (107. Aufl).

54 *BMF* BStBl I 2004, Sondernr 1, 3, 19.

55 *BMF* BStBl I 2004, Sondernr 1, 3, 19; *F/W/B/S* § 5 AStG Rn 177.

56 *S/K/K* § 5 AStG Rn 59, 60.

57 *Lademann* § 5 AStG Rn 28; **aA** *Quack* (IWB Fach 3 Gruppe 1, 493, 499), der eine Anrechnung bzw Abzug mangels Verweisung auf §§ 10, 12 gänzlich ablehnt.

58 *F/W/B/S* § 5 AStG Rn 7, 18 (Juli 2008); *Graf zu Ortenburg* FR 1976, 162, 163; krit *F/W/B/S* § 5 AStG Rn 177.

59 *Graf zu Ortenburg* FR 1976, 162, 163; vgl zum Treuhandgedanken ausf auch *S/K/K* § 5 AStG Rn 52 ff.

Der Vollständigkeit halber sei darauf hingewiesen, dass eine weitere, ältere Literaturauffassung eine definitive wirtschaftliche Mehrfachbelastung hinnehmen möchte und weder für eine Anrechnung noch für den Treuhandgedanken eine gesetzliche Grundlage sieht.[60] Selbst die FinVerw spricht sich jedoch zur Vermeidung einer Überbesteuerung für eine Anrechnung nach § 36 Abs 2 EStG aus, so dass vorstehende Mindermeinung nicht näher betrachtet werden soll.[61] 56

4. Praktische Anwendungsfälle. Da inzwischen Dividenden als aktive Einkünfte gelten (§ 8 Abs 1 Nr 8), ist der ehemals wichtigste Anwendungsbereich des § 5 entfallen. Eine Zurechnung von Dividenden ausl ZwischenGes nach § 5, welche diese von einer inländischen KapGes repatriiert, ist stets ausgeschlossen.[62] Der Anwendungsbereich der Vorschrift ist auf Einzelfälle beschränkt, von denen – ohne Anspruch auf Vollständigkeit – folgende beachtet werden sollten. 57

Wesentliche praktische Bedeutung erlangt § 5 im Hinblick auf Lizenzeinnahmen, welche die in einem Nicht-DBA-Staat ansässige ausl Ges, an der eine Person iSd § 2 beteiligt ist, aus Deutschland erzielt. Die Lizenzeinnahmen unterliegen zwar regelmäßig ohnehin der dt Quellensteuer iHv 15 % (§ 50a Abs 4 S 4 EStG), der Steuersatz des erweitert beschränkt StPfl dem die Lizenzeinnahmen nach § 5 zugerechnet werden, dürfte jedoch idR wesentlich höher sein. 58

Kapitaleinkünfte der ausl Ges können ebenfalls unter § 5 fallen. Denn nach § 8 Abs 1 Nr 7 sind Einkünfte aus der Aufnahme und darlehensweise Vergabe von Kapital nur dann aktiv, wenn das Kapital nachweislich auf ausl Kapitalmärkten aufgenommen und aktiven Betrieben zugeführt wurde. Bezieht die zwischengeschaltete Ges dagegen passive Kapitaleinkünfte, kann dies grds zu einer Zurechnung nach § 5 führen. In diesem Zusammenhang ist jedoch zu beachten, dass die in Deutschland auf die Kapitaleinkünfte einbehaltene Kapitalertragsteuer iHv 25 % regelmäßig zu einem Ausschluss von § 5 führt, da gem § 2 Abs 5 S 3 die Regelung des § 43 Abs 5 EStG zur Anwendung gelangt und der Kapitalertragsteuerabzug daher auch iRd erweitert beschränkten Stpfl grds abgeltende Wirkung entfaltet.[63] 59

II. Zurechnung von Vermögenswerten (Abs 1 S 2)

Nach § 5 Abs 1 S 2 sind dem erweitert beschränkt StPfl auch **Vermögenswerte** der zwischengeschalteten Ges zuzurechnen. Seit der Abschaffung der Vermögensteuer gilt diese Zurechnung von Vermögenswerten nur noch für die Erbschaft- und Schenkungsteuer. Durch die explizite Bezugnahme auf § 4 wird deutlich, dass durch die Vorschrift die erweiterte beschränkte Erbschaft- und Schenkungsteuerpflicht ergänzt werden soll. Dies dahingehend, um zu verhindern, dass eine Person nicht mehr der Besteuerung in Deutschland unterliegt, weil sie ihr Vermögen über eine zwischengeschaltete Ges im Ausland hält. § 5 Abs 1 S 2 stellt keine eigenständige Besteuerungsgrundlage dar, sie ergänzt durch Zurechnung von Vermögensgegenständen bei Personen iSd § 2 die Besteuerungsgrundlagen von § 4.[64] 60

60 *Quack* IWB Fach 3 Gruppe 1, 493, 499.

61 *BMF* BStBl I 2004, Sondernr 1, 3, 19.

62 *S/K/K* § 5 AStG Rn 68.

63 *Blümich* § 5 AStG Rn 42.

64 *F/W/B/S* § 5 AStG Rn 184.

61 Die Bedeutung dieser Regelung ist gering, va wenn man bedenkt, dass dt Staatsangehörige bei Wegzug aus Deutschland nach § 2 Abs 1 Nr 1 lit b ErbStG ohnehin fünf weitere Jahre der erweiterten beschränkten Erbschaftsteuerpflicht unterliegen. Somit wird es vorwiegend um die Übertragung der Beteiligung an einer ausl zwischengeschalteten Ges durch Schenkung oder Vererbung gehen müssen, wenn weder Schenker noch Beschenkter bzw weder Erblasser noch Erbe unbeschränkt oder erweitert beschränkt steuerpflichtig sind.[65]

62 § 5 Abs 1 S 2 verweist auf die bereits dargestellten Voraussetzungen zur Zurechnungsbesteuerung. Der Erblasser bzw Schenker muss also die persönlichen Voraussetzungen – wie zB Deutscher, Ausscheiden aus der unbeschränkten StPfl, Wohnsitz in einem Niedrigsteuerland – erfüllen und an der zwischengeschalteten Ges beteiligt sein. Für die Qualifikation als Niedrigsteuergebiet ist dabei die jeweilige Einkommensteuer und nicht etwa die Erbschaftsteuer maßgebend.[66]

63 Das zuzurechnende Vermögen der zwischengeschalteten Ges ist als Betriebsvermögen iSd § 97 BewG zu behandeln. Die Zurechnung der Vermögenswerte erfolgt entspr dem Beteiligungsverhältnis des Erblassers bzw Schenkers an der zwischengeschalteten Ges.[67]

III. Haftung der ausländischen Zwischengesellschaft (Abs 2)

64 Nach § 5 Abs 2 haftet das Vermögen der ausl Ges **(Sachhaftung)**, das den nach Abs 1 dem StPfl zuzurechnenden Einkünften zugrunde liegt, für die nach § 5 Abs 1 für diese Einkünfte geschuldeten Steuern. Die Haftung beschränkt sich nur auf die nach **§ 5 geschuldete Einkommensteuer,** nicht zB für die Einkommensteuer nach § 2 oder auf andere Steuerschulden des erweitert beschränkt StPfl.[68] Zudem ist die Haftung auf das **anteilige Vermögen** beschränkt. Ist der erweitert beschränkt StPfl an mehreren ausl ZwischenGes iSd § 5 beteiligt, so haftet jede Ges lediglich für die Steuer, die sich aus der Zurechnung über sie ergibt.[69]

65 In Analogie zu § 76 AO entsteht die Sachhaftung mit dem Entstehen der Steuerschuld und erlischt mit dem Erlöschen der Steuerschuld (zB durch Zahlung, Aufrechnung oder Verjährung).[70]

IV. Veranlagungsverfahren (Abs 3)

66 Abs 3 der Vorschrift verweist auf § 18. Somit werden die Besteuerungsgrundlagen für die Zurechnung der Einkünfte (Abs 1 S 1) bzw Vermögenswerte (Abs 1 S 2) gesondert festgestellt. Ggf erfolgt auch eine einheitliche Feststellung, sofern mehrere Personen iSd § 2 an der Ges beteiligt sind.[71]

67 Wassermeyer vertritt die Auffassung, dass die Haftung der zwischengeschalteten Ges nach § 5 Abs 2 eine Sachhaftung iSd § 76 AO darstelle, für die kein Haftungsbescheid

---

65 *F/W/B/S* § 5 AStG Rn 185 f; *S/K/K* § 5 AStG Rn 73.
66 *S/K/K* § 5 AStG Rn 72.
67 *BMF* BStBl I 2004, Sondernr 1, 3, 19.
68 *BMF* BStBl I 2004, Sondernr 1, 3, 19.
69 *F/W/B/S* § 5 AStG Rn 303.
70 *F/W/B/S* § 5 AStG Rn 91 (Juli 2008), jedoch aufgegeben in *F/W/B/S* Rn 307 (Okt 2011).
71 *BMF* BStBl I 2004, Sondernr 1, 3, 19.

erforderlich sei. Die Sachhaftung werde bereits dadurch geltend gemacht, dass die Finanzbehörde die Verwertung der Sachen anordnet.[72]

Nach gegenteiliger Auffassung ist die Haftung der ausl Ges durch einen Haftungsbescheid nach § 191 AO geltend zu machen; die Darlegungs- und Beweislast trifft hierbei die Finanzbehörde.[73] Diese Auffassung erscheint vor dem Hintergrund vorzugswürdig, dass von der Sachhaftung nach § 76 AO dem Gesetzeswortlaut nach lediglich Verbrauchssteuern und Zölle erfasst sind. 68

72 *F/W/B/S* § 5 AStG Rn 91 (Juli 2008), jedoch aufgegeben in *F/W/B/S* Rn 307 (Okt 2011).

73 *Blümich* § 5 AStG, Rn 13; *S/K/K* § 5 AStG Rn 83; weniger eindeutig, aber wohl zust *Lademann* § 5 AStG Rn 37, 38.

Dritter Teil
Behandlung einer Beteiligung im Sinne des § 17 des Einkommensteuergesetzes bei Wohnsitzwechsel ins Ausland

§ 6 Besteuerung des Vermögenszuwachses

(1) [1]Bei einer natürlichen Person, die insgesamt mindestens zehn Jahre nach § 1 Abs. 1 des Einkommensteuergesetzes unbeschränkt steuerpflichtig war und deren unbeschränkte Steuerpflicht durch Aufgabe des Wohnsitzes oder gewöhnlichen Aufenthalts endet, ist auf Anteile im Sinne des § 17 Abs. 1 Satz 1 des Einkommensteuergesetzes im Zeitpunkt der Beendigung der unbeschränkten Steuerpflicht § 17 des Einkommensteuergesetzes auch ohne Veräußerung anzuwenden, wenn im Übrigen für die Anteile zu diesem Zeitpunkt die Voraussetzungen dieser Vorschrift erfüllt sind. [2]Der Beendigung der unbeschränkten Steuerpflicht im Sinne des Satzes 1 stehen gleich

1. **die Übertragung der Anteile durch ganz oder teilweise unentgeltliches Rechtsgeschäft unter Lebenden oder durch Erwerb von Todes wegen auf nicht unbeschränkt steuerpflichtige Personen oder**
2. **die Begründung eines Wohnsitzes oder gewöhnlichen Aufenthalts oder die Erfüllung eines anderen ähnlichen Merkmals in einem ausländischen Staat, wenn der Steuerpflichtige auf Grund dessen nach einem Abkommen zur Vermeidung der Doppelbesteuerung als in diesem Staat ansässig anzusehen ist, oder**
3. **die Einlage der Anteile in einen Betrieb oder eine Betriebsstätte des Steuerpflichtigen in einem ausländischen Staat oder**
4. **der Ausschluss oder die Beschränkung des Besteuerungsrechts der Bundesrepublik Deutschland hinsichtlich des Gewinns aus der Veräußerung der Anteile auf Grund anderer als der in Satz 1 oder der in den Nummern 1 bis 3 genannten Ereignisse.**

[3]§ 17 Abs. 5 des Einkommensteuergesetzes und die Vorschriften des Umwandlungssteuergesetzes bleiben unberührt. [4]An Stelle des Veräußerungspreises (§ 17 Abs. 2 des Einkommensteuergesetzes) tritt der gemeine Wert der Anteile in dem nach Satz 1 oder 2 maßgebenden Zeitpunkt. [5]Die §§ 17 und 49 Abs. 1 Nr. 2 Buchstabe e des Einkommensteuergesetzes bleiben mit der Maßgabe unberührt, dass der nach diesen Vorschriften anzusetzende Gewinn aus der Veräußerung dieser Anteile um den nach den vorstehenden Vorschriften besteuerten Vermögenszuwachs zu kürzen ist.

(2) [1]Hat der unbeschränkt Steuerpflichtige die Anteile durch ganz oder teilweise unentgeltliches Rechtsgeschäft erworben, so sind für die Errechnung der nach Absatz 1 maßgebenden Dauer der unbeschränkten Steuerpflicht auch Zeiträume einzubeziehen, in denen der Rechtsvorgänger bis zur Übertragung der Anteile unbeschränkt steuerpflichtig war. [2]Sind die Anteile mehrmals nacheinander in dieser Weise übertragen worden, so gilt Satz 1 für jeden der Rechtsvorgänger entsprechend. [3]Zeiträume, in denen der Steuerpflichtige oder ein oder mehrere Rechtsvorgänger gleichzeitig unbeschränkt steuerpflichtig waren, werden dabei nur einmal angesetzt.

(3) [1]Beruht die Beendigung der unbeschränkten Steuerpflicht auf vorübergehender Abwesenheit und wird der Steuerpflichtige innerhalb von fünf Jahren seit Beendigung der unbeschränkten Steuerpflicht wieder unbeschränkt steuerpflichtig, so entfällt der Steueranspruch nach Absatz 1, soweit die Anteile in der Zwischenzeit nicht veräußert und die Tatbestände des Absatzes 1 Satz 2 Nr. 1 oder 3 nicht erfüllt worden sind und

der Steuerpflichtige im Zeitpunkt der Begründung der unbeschränkten Steuerpflicht nicht nach einem Abkommen zur Vermeidung der Doppelbesteuerung als in einem ausländischen Staat ansässig gilt. [2]Das Finanzamt, das in dem nach Absatz 1 Satz 1 oder 2 maßgebenden Zeitpunkt nach § 19 der Abgabenordnung zuständig ist, kann diese Frist um höchstens fünf Jahre verlängern, wenn der Steuerpflichtige glaubhaft macht, dass berufliche Gründe für seine Abwesenheit maßgebend sind und seine Absicht zur Rückkehr unverändert fortbesteht. [3]Wird im Fall des Erwerbs von Todes wegen nach Absatz 1 Satz 2 Nr. 1 der Rechtsnachfolger des Steuerpflichtigen innerhalb von fünf Jahren seit Entstehung des Steueranspruchs nach Absatz 1 unbeschränkt steuerpflichtig, gilt Satz 1 entsprechend. [4]Ist der Steueranspruch nach Absatz 5 gestundet, gilt Satz 1 ohne die darin genannte zeitliche Begrenzung entsprechend, wenn

1. **der Steuerpflichtige oder im Fall des Absatzes 1 Satz 2 Nr. 1 sein Rechtsnachfolger unbeschränkt steuerpflichtig werden oder**
2. **das Besteuerungsrecht der Bundesrepublik Deutschland hinsichtlich des Gewinns aus der Veräußerung der Anteile auf Grund eines anderen Ereignisses wieder begründet wird oder nicht mehr beschränkt ist.**

(4) [1]Vorbehaltlich des Absatzes 5 ist die nach Absatz 1 geschuldete Einkommensteuer auf Antrag in regelmäßigen Teilbeträgen für einen Zeitraum von höchstens fünf Jahren seit Eintritt der ersten Fälligkeit gegen Sicherheitsleistung zu stunden, wenn ihre alsbaldige Einziehung mit erheblichen Härten für den Steuerpflichtigen verbunden wäre. [2]Die Stundung ist zu widerrufen, soweit die Anteile während des Stundungszeitraums veräußert werden oder verdeckt in eine Gesellschaft im Sinne des § 17 Abs. 1 Satz 1 des Einkommensteuergesetzes eingelegt werden oder einer der Tatbestände des § 17 Abs. 4 des Einkommensteuergesetzes verwirklicht wird. [3]In Fällen des Absatzes 3 Satz 1 und 2 richtet sich der Stundungszeitraum nach der auf Grund dieser Vorschrift eingeräumten Frist; die Erhebung von Teilbeträgen entfällt; von der Sicherheitsleistung kann nur abgesehen werden, wenn der Steueranspruch nicht gefährdet erscheint.

(5) [1]Ist der Steuerpflichtige im Fall des Absatzes 1 Satz 1 Staatsangehöriger eines Mitgliedstaates der Europäischen Union oder eines anderen Staates, auf den das Abkommen über den Europäischen Wirtschaftsraum vom 3. Januar 1994 (ABl. EG Nr. L 1 S. 3), zuletzt geändert durch den Beschluss des Gemeinsamen EWR-Ausschusses Nr. 91/2007 vom 6. Juli 2007 (ABl. EU Nr. L 328 S. 40), in der jeweils geltenden Fassung anwendbar ist (Vertragsstaat des EWR-Abkommens), und unterliegt er nach der Beendigung der unbeschränkten Steuerpflicht in einem dieser Staaten (Zuzugsstaat) einer der deutschen unbeschränkten Einkommensteuerpflicht vergleichbaren Steuerpflicht, so ist die nach Absatz 1 geschuldete Steuer zinslos und ohne Sicherheitsleistung zu stunden. [2]Voraussetzung ist, dass die Amtshilfe und die gegenseitige Unterstützung bei der Beitreibung der geschuldeten Steuer zwischen der Bundesrepublik Deutschland und diesem Staat gewährleistet sind. [3]Die Sätze 1 und 2 gelten entsprechend, wenn

1. **im Fall des Absatzes 1 Satz 2 Nr. 1 der Rechtsnachfolger des Steuerpflichtigen einer der deutschen unbeschränkten Einkommensteuerpflicht vergleichbaren Steuerpflicht in einem Mitgliedstaat der Europäischen Union oder einem Vertragsstaat des EWR-Abkommens unterliegt oder**

2. im Fall des Absatzes 1 Satz 2 Nr. 2 der Steuerpflichtige einer der deutschen unbeschränkten Einkommensteuerpflicht vergleichbaren Steuerpflicht in einem Mitgliedstaat der Europäischen Union oder einem Vertragsstaat des EWR-Abkommens unterliegt und Staatsangehöriger eines dieser Staaten ist oder
3. im Fall des Absatzes 1 Satz 2 Nr. 3 der Steuerpflichtige die Anteile in einen Betrieb oder eine Betriebsstätte in einem anderen Mitgliedstaat der Europäischen Union oder einem anderen Vertragsstaat des EWR-Abkommens einlegt oder
4. im Fall des Absatzes 1 Satz 2 Nummer 4 der Steuerpflichtige Anteile an einer in einem Mitgliedstaat der Europäischen Union oder in einem Vertragsstaat des EWR-Abkommens ansässigen Gesellschaft hält.

[4]Die Stundung ist zu widerrufen,

1. soweit der Steuerpflichtige oder sein Rechtsnachfolger im Sinne des Satzes 3 Nr. 1 Anteile veräußert oder verdeckt in eine Gesellschaft im Sinne des § 17 Abs. 1 Satz 1 des Einkommensteuergesetzes einlegt oder einer der Tatbestände des § 17 Abs. 4 des Einkommensteuergesetzes erfüllt wird;
2. soweit Anteile auf eine nicht unbeschränkt steuerpflichtige Person übergehen, die nicht in einem Mitgliedstaat der Europäischen Union oder einem Vertragsstaat des EWR-Abkommens einer der deutschen unbeschränkten Einkommensteuerpflicht vergleichbaren Steuerpflicht unterliegt;
3. soweit in Bezug auf die Anteile eine Entnahme oder ein anderer Vorgang verwirklicht wird, der nach inländischem Recht zum Ansatz des Teilwerts oder des gemeinen Werts führt;
4. wenn für den Steuerpflichtigen oder seinen Rechtsnachfolger im Sinne des Satzes 3 Nr. 1 durch Aufgabe des Wohnsitzes oder gewöhnlichen Aufenthalts keine Steuerpflicht nach Satz 1 mehr besteht.

[5]Ein Umwandlungsvorgang, auf den die §§ 11, 15 oder 21 des Umwandlungssteuergesetzes vom 7. Dezember 2006 (BGBl. I S. 2782, 2791) in der jeweils geltenden Fassung anzuwenden sind, gilt auf Antrag nicht als Veräußerung im Sinne des Satzes 4 Nr. 1, wenn die erhaltenen Anteile bei einem unbeschränkt steuerpflichtigen Anteilseigner, der die Anteile nicht in einem Betriebsvermögen hält, nach § 13 Abs. 2, § 21 Abs. 2 des Umwandlungssteuergesetzes mit den Anschaffungskosten der bisherigen Anteile angesetzt werden könnten; für Zwecke der Anwendung des Satzes 4 und der Absätze 3, 6 und 7 treten insoweit die erhaltenen Anteile an die Stelle der Anteile im Sinne des Absatzes 1. [6]Ist im Fall des Satzes 1 oder Satzes 3 der Gesamtbetrag der Einkünfte ohne Einbeziehung des Vermögenszuwachses nach Absatz 1 negativ, ist dieser Vermögenszuwachs bei Anwendung des § 10d des Einkommensteuergesetzes nicht zu berücksichtigen. [7]Soweit ein Ereignis im Sinne des Satzes 4 eintritt, ist der Vermögenszuwachs rückwirkend bei der Anwendung des § 10d des Einkommensteuergesetzes zu berücksichtigen und in Anwendung des Satzes 6 ergangene oder geänderte Feststellungsbescheide oder Steuerbescheide sind aufzuheben oder zu ändern; § 175 Abs. 1 Satz 2 der Abgabenordnung gilt entsprechend.

(6) [1]Ist im Fall des Absatzes 5 Satz 4 Nr. 1 der Veräußerungsgewinn im Sinne des § 17 Abs. 2 des Einkommensteuergesetzes im Zeitpunkt der Beendigung der Stundung niedriger als der Vermögenszuwachs nach Absatz 1 und wird die Wertminderung bei der Einkommensbesteuerung durch den Zuzugsstaat nicht berücksichtigt, so ist der Steuerbescheid insoweit aufzuheben oder zu ändern; § 175 Abs. 1 Satz 2 der Abgabenordnung gilt entsprechend. [2]Dies gilt nur, soweit der Steuerpflichtige nachweist, dass

die Wertminderung betrieblich veranlasst ist und nicht auf eine gesellschaftsrechtliche Maßnahme, insbesondere eine Gewinnausschüttung, zurückzuführen ist. [3]Die Wertminderung ist höchstens im Umfang des Vermögenszuwachses nach Absatz 1 zu berücksichtigen. [4]Ist die Wertminderung auf eine Gewinnausschüttung zurückzuführen und wird sie bei der Einkommensbesteuerung nicht berücksichtigt, ist die auf diese Gewinnausschüttung erhobene und keinem Ermäßigungsanspruch mehr unterliegende inländische Kapitalertragsteuer auf die nach Absatz 1 geschuldete Steuer anzurechnen.

(7) [1]Der Steuerpflichtige oder sein Gesamtrechtsnachfolger hat dem Finanzamt, das in dem in Absatz 1 genannten Zeitpunkt nach § 19 der Abgabenordnung zuständig ist, nach amtlich vorgeschriebenem Vordruck die Verwirklichung eines der Tatbestände des Absatzes 5 Satz 4 mitzuteilen. [2]Die Mitteilung ist innerhalb eines Monats nach dem meldepflichtigen Ereignis zu erstatten; sie ist vom Steuerpflichtigen eigenhändig zu unterschreiben. [3]In den Fällen des Absatzes 5 Satz 4 Nr. 1 und 2 ist der Mitteilung ein schriftlicher Nachweis über das Rechtsgeschäft beizufügen. [4]Der Steuerpflichtige hat dem nach Satz 1 zuständigen Finanzamt jährlich bis zum Ablauf des 31. Januar schriftlich seine am 31. Dezember des vorangegangenen Kalenderjahres geltende Anschrift mitzuteilen und zu bestätigen, dass die Anteile ihm oder im Fall der unentgeltlichen Rechtsnachfolge unter Lebenden seinem Rechtsnachfolger weiterhin zuzurechnen sind. [5]Die Stundung nach Absatz 5 Satz 1 kann widerrufen werden, wenn der Steuerpflichtige seine Mitwirkungspflicht nach Satz 4 nicht erfüllt.

BMF v 14.3.2004, Az IV B4 – S 1340-11/04, BStBl I 2004, Sondernr 1, 3; *BMF* v 8.6.2005, Az IV B 5 – S 1348-35/05, BStBl I 2005, 714

Übersicht

Literatur: *Arlt* Die Anknüpfung der Vermögenszuwachsbesteuerung an die Beendigung der unbeschränkten Einkommensteuerpflicht nach § 1 Abs 1 EStG – Probleme bei „Drittstaatenfällen“ durch die Einbeziehung von wesentlichen Beteiligungen an ausländischen Kapitalgesellschaften, IStR 2008, 216; *Baßler* Anteile aus Einbringungen im Anwendungsbereich des § 6 AStG, FR 2008, 218; *ders* Die Bedeutung des § 6 AStG bei der Planung der Unternehmensnachfolge, FR 2008, 851; *ders* Wer ist Steuerpflichtiger in § 6 Abs. 1 Satz 2 Nr. 1 AStG? Anmerkung zu Wassermeyer, Der Meinungsstreit um die Wegzugsbesteuerung i.S des § 6 AStG, IStR 2013, 22; *Bauer/Knirsch/Schanz* Die Ermittlung der schweizerischen Besteuerung nach dem Aufwand bei Wegzug aus Deutschland, IWB 2007, Fach 5, Gruppe 2, 641; *Benecke* Entstrickung und Verstrickung bei Wirtschaftsgütern des Privatvermögens, NWB Fach 3, 14757; *Bron* Das van Hilten-Urteil des EuGH und die (Un-)Anwendbarkeit der Wegzugsbesteuerung im Verhältnis zu Drittstaaten, IStR 2006, 296; *ders* Ertragsteuerliche Praxisfragen aus der Wegzugsbesteuerung, NWB 2009, Gr 2, F 3, 1413; *ders* Das Treaty Override im deutschen Steuerrecht vor dem Hintergrund aktueller Entwicklungen, IStR 2007, 431; *ders* Zum Risiko der Entstrickung durch den Abschluss bzw.

die Revision von DBA Überlegungen zu Outbound-Investitionen unter besonderer Berücksichtigung von Art. 13 Abs. 4 OECD-MA, § 6 AStG sowie von Umstrukturierungen, IStR 2012, 904; *ders* Entstrickungsbesteuerung anlässlich DBA-Revision bzw. DBA-Abschluss und die Ergänzung des § 6 AStG durch das ZollkodexAnpG, IStR 2014, 918; *Bron/Seidel* Mögliche Inlandsbesteuerung aufgrund der Abschaffung der Besteuerung nach dem Aufwand (Pauschalbesteuerung) in der Schweiz, IStR 2009, 312; *Bünning/Fuchs* Bei Einbringung von Wirtschaftsgütern in eine Mitunternehmerschaft gegen Beteiligungsrechte ist der Teilwert die neue AfA-Bemessungsgrundlage, BB 2008, 944; *Carle* Entstrickung im Ertragsteuerrecht, KÖSDI 2007, Nr 1, 15401; *Dautzenberg* Die Wegzugssteuer des § 6 AStG im Lichte des EG-Rechts, BB 1997, 180; *ders* Kein Verstoß von § 6 Abs. 1 AStG gegen Grundgesetz und EGV, IStR 1998, 305; *Dörfler/Ribbrock* Grenzüberschreitende Verluste, Wegzugsbesteuerung sowie Koordinierung von steuerlichen Regelungen im Binnenmarkt – eine Bestandsaufnahme, BB 2008, 304; *Dötsch/Pung* Steuersenkungsgesetz: Die Änderungen bei der Körperschaftsteuer und bei der Anteilseignerbesteuerung, DB 2000, Beilage 10, 9; *Endres/Freiling* Wegzugsbesteuerung bei Wohnsitzverlagerung, PIStB 2009, 72; *Endres/Jacob/Gohr/Klein* DBA Deutschland/USA, 2009; *Ettinger* Wegzugsbesteuerung nach § 6 AStG und Gemeinschaftsrecht, IStR 2006, 746; *ders* Zur Frage der Wegzugsbesteuerung des Wertzuwachses von Gesellschaftsanteilen, ZErb 2007, 12; *Ettinger/Eberl* Die Deutsche Wegzugsbesteuerung nach der EuGH-Rechtsprechung und wesentlichen Gestaltungsüberlegungen im Zusammenhang mit einem Wegzug ins Ausland, GmbHR 2005, 152; *Ettinger/Hergeth* Geänderte deutsche Wegzugsbesteuerung: Besonderheiten beim Wegzug in die Schweiz, PTStB 2007, 185; *Ettinger/Wieder* Steuerfolgen beim Wegzug nach Großbritannien, PIStB 2005, 282; *Fischer* Mobilität und (Steuer-)Gerechtigkeit in Europa, FR 2004, 630; *Flick* Vereinbarkeit des Steuerfluchtgesetzes mit Doppelbesteuerungsabkommen, BB 1971, 250; *Frotscher* Internationalisierung des Ertragssteuerrechts, KStG/UmwStG, Kommentar, Vorabkommentierung, 2007; *Gebhardt* Neuregelung der Wegzugsbesteuerung, EStB 2007, 148; *Gehrig* Die Schweizer Pauschalbesteuerung im internationalen Kontext, PIStB 2008, 159; *Gerhold* Einbringung zum Privatvermögen gehörender Wirtschaftsgüter in das betriebliche Gesamthandsvermögen einer Personengesellschaft, SteuK 2011, 254; *Gosch* Über das Treaty Overriding Bestandsaufnahme – Verfassungsrecht – Europarecht, IStR 2008, 413; *Grotherr* Neuerungen bei der Wegzugsbesteuerung (§ 6 AStG) durch das SEStEG, IWB 2007 Fach 3, Gruppe 1, 2153; *Häck* Stundung der Vermögenszuwachssteuer (§ 6 AStG) bei Wegzug in die Schweiz, IStR 2011, 797; *ders* Zur Anwendung des § 6 Abs. 1 AStG im Verhältnis zur Schweiz, IStR 2011, 521; *Hansen* Die Neuregelung der Wegzugsbesteuerung natürlicher Personen (§ 6 AStG) durch das SEStEG, StudZR 2008, 41; *Haun/Reiser* Aktuelle Probleme zur Anwendung des Außensteuergesetzes aus Sicht der GmbH, GmbHR 2006, 74; *Hecht/Gallert* Ungeklärte Rechtsfragen der Wegzugsbesteuerung gemäß § 6 AStG, BB 2009, 2396; *Hendricks* Durchsetzung deutscher Steueransprüche im Ausland Zugleich Anmerkung zum BFH-Urteil vom 21.7.2009, VII R 52/08, in diesem Heft S. 859, IStR 2009, 846; *Hey* in: Lüdicke, Forum der Internationalen Besteuerung, Band 35, 2009; *ders* Vorrecht des Quellenstaates und binnenmarktkonforme Besteuerung von Kapitalgesellschaften in der Europäischen Union, FS Schaumburg, 2009, S 767; *Hoffmann* Überführung einzelner Wirtschaftsgüter vom inländischen Stammhaus in eine ausländische Betriebsstätte löst keine Gewinnrealisierung aus – BFH gibt die finale Entstrickungstheorie auf – Keine Anwendung von § 24 UmwStG auf die Einbringung sämtlicher Anteile an einer Kapitalgesellschaft in eine Personengesellschaft – Sacheinlage gegen Gewährung von Gesellschaftsrechten ist steuerlich eine Veräußerung, DB 2008, 2286; *Huber* Wegzugsbesteuerung: Verlustrealisierung im Zeitpunkt des Wegzugs?, IWB 2015, Heft 11, S 392; *Intemann* Wegzugsbesteuerung nach der Änderung durch das SEStEG europarechtskonform, NWB 2008 Fach 2, 10101; *Jacob* Verlustberücksichtigung im Rahmen der Wegzugsbesteuerung gemäß § 6 AStG, SAM 2009, 130; *Jahndorf* Besteuerung der Funktionsverlagerung, FR 2008, 101; *Jehl/Magnus* Die gewerblich geprägte Personengesellschaft im internationalen Steuerrecht, NWB 2014, 1649; *Kaiser* Die

„Wegzugssteuer“, BB 1991, 2052; *Kaminski/Strunk* Ansässigkeit und Vermeidung der Doppelbesteuerung nach Abkommensrecht, IStR 2007, 189; *Käshammer/Schümmer* Fiktive Veräußerungsgewinnbesteuerung (Entstrickung) bei Anteilen an deutschen Kapitalgesellschaften – „Vorsicht Falle“ oder „keine Panik“?, IStR 2012, 362; *Keller* Die Fortentwicklung der Wegzugsbesteuerung nach § 6 AStG, 2006; *Kessler/Huck* Grenzüberschreitender Transfer von Betriebsvermögen, StuW 2005, 193; *Kinzl/Goerg* Wegzugsbesteuerung – Abhilfe durch Schreiben des BMF vom 8. Juni 2005?, IStR 2005, 450; *Kleinert/Probst* Endgültiges Aus für steuerliche Wegzugsbeschränkungen bei natürlichen und juristischen Personen, DB 2004, 673; *Knobbe-Keuk* Bilanz- und Unternehmenssteuerrecht, 1993; *Koch* Bilanzierung und Gewinnrealisierung bei Einbringung einer 100%igen Beteiligung in eine ausländische Betriebsstätte, BB 2008, 2450; *Köhler/Eicker* Wichtige EuGH-Entscheidungen zur Hinzurechnungs- und Wegzugsbesteuerung, DStR 2006, 1871; *Körner* Europarecht und Wegzugsbesteuerung – das EuGH-Urteil „de Lasteyrie du Saillant“, IStR 2004, 424; *Krawitz/Kalbitzer* Der internationale Erb- und Schenkungsfall als Auslöser der Wegzugsbesteuerung, in FS für Schaumburg, 2009, 835; *Krumm* Einkommensteuerliche Wertzuwachsbesteuerung bei grenzüberschreitender Vererbung von Kapitalgesellschaftsanteilen des Privatvermögens (Teil I), FR 2012, 509; *Kubaile/Suter* Die Vor- und Nachteile für deutsche Wegzügler bei der Schweizer Aufwandbesteuerung, PIStB 2008, 78; *Kühnen* Vermögenszuwachsbesteuerung nach § 6 AStG i.d.F. des SEStEG, EFG 2008, 363; *Lang/Lüdicke/Reich* Beteiligungen im Privatvermögen: Die Besteuerung des Wegzugs aus Österreich und Deutschland in die Schweiz – Teil I und II, IStR 2008, 673 und 709; *Larenz* Methodenlehre der Rechtswissenschaft, 1991; *Lausterer* Die Wegzugsbesteuerung nach dem Regierungsentwurf des SEStEG, BB-Special 8/2006, 80; *Lemaitre/Schönherr* Die Umwandlung von Kapitalgesellschaften in Personengesellschaften durch Verschmelzung und Formwechsel nach der Neufassung des UmwStG durch das SEStEG, GmbHR 2007, 173; *Levedag* Koordinierungskonzepte der EU-Kommission zur Vereinheitlichung der Wegzugsbesteuerung und der Behandlung grenzüberschreitender Verluste in der EU, GmbHR 2007, R 38; *Liekenbrock* „Steuerfreie“ Entstrickung oder § 50i EStG? Besteuerung von Personengesellschaften mit ausländischen Gesellschaftern nach dem AmthilfeRLUmsG, IStR 2013, 690; *Loose/Wittkowski* Folgen der aktuellen Rechtsprechung zu gewerblich geprägten Personengesellschaften für Wegzugsfälle nach § 6 AStG, IStR 2011, 68; *Lüdicke* Überlegungen zur deutschen DBA-Politik, 2008; *Milatz/Christopeit* Die Kapitalgesellschaft als Eigentümerin einer Ferienimmobilie im europäischen Ausland – Handlungsbedarf, BB 2015, 1750; *Möller-Gosoge/Kaiser* Die deutsche EXIT-Besteuerung bei Wegzug von Unternehmen ins Ausland, BB 2012, 803; *Musil* Deutsches Treaty-Overriding und seine Vereinbarkeit mit europäischem Gemeinschaftsrecht, 2000; *Ostertun/Reimer* Wegzugsbesteuerung – Wegzugsberatung, 2007; *Piltz* Der gemeine Wert von Unternehmen und Anteilen im neuen ErbStG, Ubg 2009, 13; *Podewils* Wegzugsbesteuerung durch die Hintertür? – Anwendung von § 3c EStG auf Wegzugsfälle, DStZ 2011, 238; *Prinz* Steuerliches Entstrickungskonzept – gelungen oder reparaturbedürftig?, GmbHR 2012, 195; *ders* „Teilwegzug“ von Unternehmen in das europäische Ausland, GmbHR 2007, 966; *ders* Wirtschaftsguttransfer aus dem Privatvermögen in das betriebliche Gesamthandsvermögen einer Personengesellschaft, StuB 2008, 388; *Rehfeld* Die Vereinbarkeit des Außensteuergesetzes mit den Grundfreiheiten des EG-Vertrags, 2008; *Richter/Escher* Deutsche Wegzugsbesteuerung bei natürlichen Personen nach dem SEStEG im Lichte der EuGH-Rechtsprechung, FR 2007, 674; *Rödder/Herlinghaus/van Lishaut* Umwandlungssteuergesetz, 2013; *Rödder/Schumacher* Das kommende SEStEG – Teil I: Die geplanten Änderungen des EStG, KStG und AStG, DStR 2006, 1481; *Röhrig* Einbringung von WG des PV in eine gewerbliche Personengesellschaft, EStB 2008, 216; *Rupp* Wegzugsbesteuerung nach § 6 AStG, in Steuerberaterhandbuch, Querschnittsdarstellung-Wegzugsbesteuerung, 2007; *Schaumburg/Schaumburg* Steuerliche Leistungsfähigkeit und europäische Grundfreiheiten im Internationalen Steuerrecht, StuW 2005, 306; *Schaumburg* Leistungsfähigkeitsprinzip im Internationalen Steuerrecht, FS Tipke, 1995, S 125; *Scherer*

Steuerrechtliche Haftungsrisiken im Erbrecht, NJW 2012, 204; *Schimmele* Aufgabe der „Theorie der finalen Entnahme", EStB 2008, 384; *Schmidt/Peter/Förmli* Übersiedlung eines inländischen GmbH-Gesellschafters in die Schweiz – Steuerfolgen und Überlegungen zur Optimierung des „Exits" aus Deutschland, IStR 2004, 433; *Schnitger* Verstoß der Wegzugsbesteuerung (§ 6 AStG) und weiterer Entstrickungsnormen des deutschen Ertragsteuerrechts gegen die Grundfreiheiten des EG-Vertrags, BB 2004, 804; *Schön* Wegzugsbesteuerung und EG-Recht, JbFfSt 2004/2005, S 72; *ders* Besteuerung im Binnenmarkt – die Rechtsprechung des EuGH zu den direkten Steuern, IStR 2004, 289; *Schönfeld* Keine „Wegzugsbesteuerung" bei Wegzug mit einer Beteiligung an einer gewerblich geprägten Personengesellschaft – zugleich ergänzende Überlegungen zu Loose/Wittkowski, IStR 2011, 142; *ders* Ausgewählte Internationale Aspekte des neuen Umwandlungssteuererlasses, IStR 2011, 497; *ders* Lüdicke, Forum der Internationalen Besteuerung, Band 36, 2010, S 1; *Schönfeld/Häck* § 6 AStG und beschränkte Steuerpflicht, IStR 2012, 582; *Schraufl* Steuerliche Risiken, die Sie beim Wegzug in ein Nicht-EWR-Land kennen sollten!, PIStB 2007, 122; *Schreiber/Jaun* Der Schweizer Treuhänder, 2004; *Schütz* Einbringung zum Privatvermögen gehörender Wirtschaftsgüter in das Gesamthandsvermögen einer Personengesellschaft, SteuK 2011, 357; *Siegmund/Ungemach* Gesamtplanerische Gestaltungen bei Übertragungen von Einzelwirtschaftsgütern des Privatvermögens in das betriebliche Gesamthandsvermögen einer Personengesellschaft?, DStZ 2008, 762; *Söffing/Bron* Die Wegzugsbesteuerung im Verhältnis zur Schweiz unter Berücksichtigung des Freizügigkeitsabkommens, RIW 2009, 358; *Stadler/Elser* Der Regierungsentwurf des SEStEG: Einführung eines allgemeinen Entstrickungs- und Verstrickungstatbestandes und anderer Änderungen des EStG, BB-Special 8/2006, 18; *Stauffer* Der Schweizer Treuhänder, 2005; *Strahl* Wegzugsproblematik bei Personengesellschaften und ihren Gesellschafter, FR 2007, 665; *Stümper* Wegzugsbesteuerung durch Tod wesentlich beteiligter Gesellschafter, GmbHR 2007, 358; *Töben/Reckwardt* Entstrickung und Verstrickung privater Anteile an Kapitalgesellschaften, FR 2007, 159; *Vogel* Aktuelle Fragen des Außensteuerrechts, insbesondere des „Steueroasengesetzes" unter Berücksichtigung des neuen DBA mit der Schweiz, BB 1971, 1188; *Wacker* Einbringung von Wirtschaftsgütern des Privatvermögens in eine Personengesellschaft, HFR 2008, 690; *Wassermeyer* Die Denkfehler des Gesetzgebers in § 6 AStG-Entwurf, DB 2006, 1390; *ders* Wegzugsbesteuerung in Deutschland, EuZW 2007, 1; *ders* Merkwürdigkeiten bei der Wegzugsbesteuerung, IStR 2007, 833; *ders* Die Fortentwicklung der Besteuerung von Auslandsbeziehungen, IStR 2001, 113; *ders* Der Meinungsstreit um die Wegzugsbesteuerung i.S. des § 6 AStG, IStR 2013, 1; *ders* Die Wegzugsbesteuerung als Problem der Steuerreform, FS Solms, 2005, S 173; *ders* Konzeptionelle Mängel des § 6 AStG, GS Krüger, 2006, S 287; *Weber-Grellet* Feststellung subjektiver Tatbestandsmerkmale im Besteuerungsverfahren, DStR 2007, Beiheft zu Heft 39, 40; *Weigell* Geltung der Niederlassungsfreiheit auch im Verhältnis zur Schweiz, IStR 2006, 190; *Wendt* Höhe der AfA-Bemessungsgrundlage nach Einbringung von Wirtschaftsgütern des Privatvermögens in eine gewerbliche Personengesellschaft, FR 2008, 915; *Werner* Systemgerechte Entstrickung im Steuerrecht, 2010; *Wilke* Die Wegzugsbesteuerung nach § 6 AStG – alter Wein in neuen, aber rissigen Schläuchen, PIStB 2007, 108; *Winkeljohann* Einschränkungen der Freizügigkeit von Unternehmern durch die Wegzugsbesteuerung, FS Schneeloch, 2007, S 291.

A. Allgemeines*

I. Regelungsinhalt des § 6

1 Von der Wegzugsbesteuerung iSd § 6 sind nur natürliche Personen erfasst. § 6 erweitert den Anwendungsbereich des § 17 EStG auf Fälle, in denen zwar keine Veräußerung der Anteile iSd § 17 EStG erfolgt, nach dem Willen des Gesetzgebers aber eine vorgelagerte **Vermögenszuwachsbesteuerung** zur **Sicherung des dt Besteuerungsrechts** erforderlich erscheint. Das innerstaatliche Besteuerungsrecht soll gesetzessystematisch dadurch gesichert werden, dass das in § 17 EStG für die Gewinnrealisierung vorausgesetzte Tatbestandsmerkmal der „Veräußerung" durch Tatbestandsmerkmale ersetzt wird, die grds an das Ausscheiden der in den Anteilen iSd § 17 EStG angesammelten stillen Reserven aus dem Besteuerungsrecht Deutschlands anknüpfen. In diesem Rahmen dient § 6 als Ersatzgewinnrealisierungstatbestand[1] dazu, die innerstaatliche Besteuerung der in Anteilen iSd § 17 EStG enthaltenen stillen Reserven für die Fälle zu erhalten, bei denen zum Zeitpunkt der Veräußerung der Anteile der daraus resultierende Veräußerungsgewinn nicht mehr der dt Steuerhoheit unterliegt. Weshalb aber nur bzgl der in Anteilen iSv § 17 EStG enthaltenen stillen Reserven der deutsche Steuerzugriff gesichert werden soll, nicht aber bei sonstigem Beteiligungsbesitz (§ 20 Abs 2 EStG), ist wenig konsequent.[2]

2 Ein Ausschluss oder eine Beschränkung des dt Besteuerungsrechts hinsichtlich eines späteren Veräußerungsgewinns droht in verschiedenen Konstellationen und ist regelmäßig nur im Zusammenhang mit den Regelungen des im Einzelfall jeweils anwendbaren DBA verständlich. Scheidet der Anteilsinhaber aus seiner unbeschränkten StPfl in Deutschland aus, sieht § 49 Abs 1 S 1 Nr 2 lit e EStG bei **Anteilen iSv § 17 EStG an inländischen KapGes** zwar weiterhin ein Besteuerungsrecht Deutschlands hinsichtlich des Veräußerungsgewinns iRd beschränkten StPfl des Anteilsinhabers vor. Ist der Anteilsinhaber in einen DBA-Staat verzogen und allein dort ansässig iSv Art Art 4 Abs 1 MA und veräußert er später seine Anteile, weisen die DBA idR dem Ansässigkeitsstaat das Recht zur Besteuerung des Veräußerungsgewinns zu. Gleiches gilt, wenn der Anteilsinhaber sowohl in Deutschland als auch in einem DBA-Staat unbeschränkt steuerpflichtig ist, er abkommensrechtlich aber als in dem anderen DBA-Staat ansässig gilt (Art 4 Abs 2 MA). Hält der Wegziehende **Anteile iSv § 17 EStG an ausl KapGes** und scheidet er aus der unbeschränkten StPfl in Deutschland aus, ergäbe sich für eine Besteuerung im Inland bereits mangels steuerlichem Anknüpfungspunkt (vgl § 49 Abs 1 S 1 Nr 2 lit e EStG) kein innerstaatliches Besteuerungsrecht hinsichtlich eines späteren Veräußerungsgewinns. Ist der Anteilsinhaber mit Anteilen an einer ausl KapGes in Deutschland und in einem DBA-Staat unbeschränkt steuerpflichtig, entscheidet wiederum die abkommensrechtliche Ansässigkeit iSv Art 4 MA über ein Fortbestehen des innerstaatlichen Besteuerungsrechts. Neben den vorgenannten Konstellationen kann das dt Besteuerungsrecht auch ausgeschlossen werden, ohne dass der bisherige Anteilsinhaber seinen inländischen Steuerstatus verändert, aber seine Anteile iSv § 17 EStG ohne Veräußerung (zB durch Schenkung, Vererbung) auf einen neuen Anteilsinhaber übergehen und bei diesem die og Beschränkungen des dt Steuerzugriffs bei späteren Veräußerungen bestehen würden.

---

* Die 1.–3. Auflage wurde von Dr. Nils Häck, Rechtsanwalt und Fachanwalt für Steuerrecht bearbeitet.

1 *Knobbe-Keuk* Bilanz- und Unternehmenssteuerrecht, 1993, S 923.

2 Vgl *Schaumburg* Rn 5.

3 § 6 ist **nicht als Missbrauchsvorschrift** konzipiert.[3] Dies zeigt sich bereits daran, dass die Vermögenszuwachsbesteuerung auch greift, wenn der Anteilsinhaber in einen Staat verzieht, in dem die Veräußerungsgewinne höher besteuert werden als in Deutschland. Steuersystematisch hätte § 6 daher auch in § 17 EStG inkorporiert werden können,[4] wie es etwa im betrieblichen Bereich (vgl § 4 Abs 1 S 3 EStG, § 12 Abs 1 KStG) erfolgt ist. Der Verweis des § 6 auf § 17 EStG beinhaltet sowohl einen Rechtsgrund- als auch einen Rechtsfolgenverweis,[5] dh Änderungen des § 17 EStG sind bei der Anwendung des § 6 stets zu berücksichtigen.

4 Anders als es der Wortlaut der Abschnittsüberschrift zum Dritten Teil des AStG („Behandlung einer Beteiligung iSd § 17 EStG bei Wohnsitzwechsel ins Ausland") und der gemeingebräuchliche Begriff **„Wegzugsbesteuerung"** vermuten ließen, beschränkt sich der Anwendungsbereich des § 6 nicht auf einen physischen Wegzug des Anteilsinhabers ins Ausland, sondern soll nach der gesetzgeberischen Intention in sämtlichen Fällen Anwendung finden, in denen der dt Steuerzugriff bzgl der Veräußerungsgewinne ausgeschlossen oder beschränkt wird (s Auffangklausel, § 6 Abs 1 S 2 Nr 4, dazu Rn 107). Hierzu bedarf es nicht unbedingt eines physischen Wegzugs des Anteilsinhabers ins Ausland oder seines Ausscheidens aus der unbeschränkten StPfl. Die allg gebräuchliche Bezeichnung „Wegzugsbesteuerung" umschreibt den Anwendungsbereich des § 6 daher nur verkürzend, es sei denn, man versteht diesen Begriff iS eines „Wegzugs stiller Reserven"[6] aus der dt Steuerhoheit.

II. Grundsätzliches zur Auslegung des § 6

5 Auch wenn § 6 in seiner durch das SEStEG[7] geänderten Fassung häufig als allg Entstrickungstatbestand bezeichnet wird,[8] ist er dies nach dem Willen des Gesetzgebers nicht. Die ursprünglich vorgesehene Generalklausel und die damit einhergehende Abkehr von der bisherigen Aufzählung der Wegzugstatbestände fand letztlich keinen Einzug in die Gesetzesfassung (dazu Rn 56 ff).[9] Wendet man die Tatbestände des § 6 Abs 1 S 1 und der §§ 6 Abs 1 S 2 Nr 1–3 isoliert streng nach dem **Wortlaut**[10] an, ist es insoweit nach hM – anders als bei § 6 Abs 1 S 2 Nr 4 – unerheblich, ob das dt Besteuerungsrecht tatsächlich ausgeschlossen oder beschränkt wird. Aus dem **Bedeutungszusammenhang** und der **Systematik** ergibt sich iRd § 6 etwas anderes. Insb die Formulierung des § 6 Abs 1 S 2 Nr 4 legt nahe, dass der Ausschluss oder die Beschränkung des Besteuerungsrechts Deutschlands das tragende Element der Entstrickungstatbestände, dh auch bei § 6 Abs 1 S und S 2 Nr 1–3, ist (ausf Rn 56 ff). Aus der Entstehungsgeschichte des § 6 nF lässt sich ein solcher **gesetzgeberischer Wille** indes nicht belegen. Vielmehr ist das Gegenteil der Fall, auch wenn keine klar konturierte Wertentscheidung des Gesetzgebers für eine derart weite Auslegung auszumachen ist. **Teleologisch** wird man den

---

3 GlA *W/S/G* § 6 Rn 15; *Kraft* § 6 Rn 16; Lüdicke/*Hey* Forum der Internationalen Besteuerung (35), 2009, 137, 142; vgl aber *Jahndorf* FR 2008, 101, 109.

4 Vgl *Wassermeyer* GS Krüger, S 287, 304, der anregt, § 6 in einen neuen § 17a EStG zu übertragen in der Hoffnung, die Beachtung der Vermögenszuwachssteuer zu erhöhen.

5 *S/K/K* § 6 Rn 20; *W/S/G* § 6 Rn 16; einschränkend *F/W/B/S* § 6 Rn 49.

6 Vgl *Grotherr* IWB 2007, F 3, Gr 1, 2153.

7 SEStEG v 7.12.2006, BStBl I 2007, 4.

8 *Lüdicke* S 146.

9 Zutr *Carle* KÖSDI 2007, 15401, 15404.

10 Vgl zu den Auslegungsmethoden *Larenz* Methodenlehre der Rechtswissenschaft, S 312 ff.

Zweck des § 6 in der Sicherstellung des dt Steuerzugriffs auf die in den Anteilen angesammelten stillen Reserven erkennen können. Hierfür ist aber ein alleiniges Anknüpfen an den Ausschluss oder die Beschränkung des dt Besteuerungsrechts ausreichend. Ein Hinweis auf die schwierigere verfahrensrechtliche Erfassung des Veräußerungsgewinns reicht nicht aus, jedenfalls soweit sich die dt FinVerw die bestehenden Möglichkeiten der int Amtshilfe und Zusammenarbeit zu Nutzen machen kann, um etwaige Erfassungsprobleme zu lösen.[11] Der gesetzgeberische Wille hat jedoch wegen des **Gebots verfassungskonformer Auslegung**[12] zurückzustehen. Im Hinblick auf das gleichheitsrechtlich fundierte Realisationsprinzip darf eine Besteuerung trotz fehlender Realisierung der stillen Reserven gem § 6 nur als **ultima ratio** erfolgen (dazu Rn 12). Durch den geänderten Wortlaut und den Bedeutungszusammenhang ist eine verfassungskonforme Auslegung des § 6 insoweit auch möglich.[13]

Vor diesem Hintergrund ist gegen den gesetzgeberischen Willen § 6 in der Weise verfassungskonform auszulegen, als es für **sämtliche Tatbestände** des § 6 Abs 1 S 1 und S 2 darauf ankommt, dass das **dt Besteuerungsrecht** durch den verwirklichten Sachverhalt **ausgeschlossen oder beschränkt wird**.[14] 6

III. Entstehungsgeschichte

Der Grundgedanke einer Verhinderung der Verlagerung von Steuersubstrat ins Ausland ist bereits in der Reichsfluchtsteuer vorzufinden,[15] ohne dass entstehungsgeschichtlich § 6 hierauf konkreten Bezug nimmt. § 6 wurde 1972 als Bestandteil des AStG eingeführt[16] und wird häufig verkürzend[17] als sog „Lex Horten" bezeichnet. Bis zu der durch das SEStEG geschaffenen wesentlichen Neuregelung erfolgten lediglich geringfügige Änderungen durch das StÄndG 1992,[18] das StMBG[19] sowie das UntStFG.[20] [21] 7

Die Neuregelung des § 6 durch das SEStEG zielt darauf, die innerstaatlichen Vorschriften an die jüngsten europarechtlichen Entwicklungen und Vorgaben anzupassen. Bereits seit geraumer Zeit wurde die anlässlich des Wegzugs erfolgende Besteuerung des fiktiven Veräußerungserlöses gem § 6 aF mangels Rechtfertigung als im Kern gemeinschaftsrechtswidrige Beschränkung europarechtlich gewährleisteter Grundfreiheiten (Allg Freizügigkeit iSv Art 19 Abs 2 AEUV, Arbeitnehmerfreizügigkeit iSv Art 45 AEUV, Niederlassungsfreiheit iSv Art 49 ff AEUV) eingestuft.[22] Der BFH war dieser Ansicht jedoch nicht gefolgt.[23] Vermittelnd wurde der Gesetzgeber aufgefor- 8

11 *S/K/K* § 6 Rn 57.
12 Ausf *Larenz* S 339.
13 Vgl *Larenz* S 340 zu den Grenzen verfassungskonformer Auslegung.
14 AA *Blümich* § 6 Rn 29.
15 RGBl I 1931, 731ff; vgl dazu *Keller* S 6 ff.
16 StBereinG 1986 v 8.9.1972, BGBl I 1972, 1713.
17 Zur vermeintlichen „Lex Horten" und den weiteren Gründen der Einführung des § 6 AStG, vgl *F/W/B/S* § 6 Rn 1.
18 Steueränderungsgesetz 1992 v 25.2.1992, BGBl I 1992, 297.
19 Umwandlungssteuergesetz v 21.12.1983, BGBl I 1993, 2310.
20 UntStFG v 20.12.2001, BGBl I 2001, 3858.
21 Vgl *Lademann* § 6 Rn 7.
22 Vgl stv *Kaiser* BB 1991, 2052, 2054; *Schön* JbFStR 2004/2005, S 72 ff mwN.
23 *BFH* BStBl II 1998, 558 ff, dazu krit *Dautzenberg* BB 1997, 180, 184; *Wassermeyer* IStR 2001, 113, 114.

dert, den Besteuerungsanspruch bis zur tatsächlichen Veräußerung zu stunden und es bei vorläufigen Sicherungsmaßnahmen (zB Sicherheitsleistung) zu belassen.[24]

9 Vorgenannte Bedenken teilend hatte die Kommission der Europäischen Gemeinschaften ein Vertragsverletzungsverfahren gegen die Bundesrepublik Deutschland eingeleitet, welches jedoch bis zur Entsch des EuGH in der zu diesem Zeitpunkt bereits anhängigen Rechtssache *Hughes de Lasteyrie du Saillant*[25] zurückgestellt wurde. Der EuGH entschied zu einer der dt Vorschrift des § 6 aF vergleichbaren französischen Regelung, dass diese eine gemeinschaftsrechtswidrige Beschränkung der Niederlassungsfreiheit (Art 49 AEUV) darstelle. Auch wenn der Urteilstext nicht uneingeschränkt auf § 6 AStG aF übertragbar war,[26] verdeutlichte die Entsch des EuGH auch die EG-Rechtswidrigkeit der dt Wegzugsbesteuerung,[27] so dass der EuGH im unmittelbaren Anschluss an die Entsch das Vertragsverletzungsverfahren gegen die Bundesrepublik Deutschland fortführte. Die Bundesregierung suchte den europarechtlichen Bedenken zunächst durch das BMF-Schreiben v 8.6.2005[28] zu begegnen, wonach bei Wegzug eines unbeschränkt StPfl EU-/EWR-Staatsangehörigen in einen dieser Staaten, die auf Wertzuwächse entfallende Steuer von Amts wegen zinslos bis zum Veräußerungszeitpunkt gestundet wurde. Da jedoch die Unvereinbarkeit einer nationalen Regelung mit den Bestimmungen des EG-Vertrags nicht durch einen Verwaltungserlass beseitigt werden kann,[29] sah sich der Gesetzgeber gezwungen, die notwendigen Änderungen iRd SEStEG durch eine Neuregelung des § 6 umzusetzen. Zuvor hatte der EuGH seine Auffassung in der Rechtssache *N*[30] bekräftigt.

10 Die **Neuregelung des § 6** hat wesentliche Änderungen hervorgebracht, die über das hinausgehen, was zur Beseitigung der europarechtlichen Bedenken erforderlich gewesen wäre.[31] Die Neufassung verschärft zudem zT erheblich die Aussagen des BMF-Schreibens v 8.6.2005, so dass für eine Übergangszeit ein Anspruch auf eine Billigkeitslösung iSd BMF-Schreibens angezeigt war.[32] Für EU-/EWR-Sachverhalte wurde eine zeitlich unbefristete und von Amts wegen zu gewährende zinslose Stundung der Vermögenszuwachssteuer ohne Sicherheitsleistung eingeführt (vgl § 6 Abs 5 S 1). Daneben wurde der **Anwendungsbereich erheblich erweitert**. So werden nunmehr nicht nur Beteiligungen an inländischen, sondern auch an ausländischen Kapitalgesellschaften erfasst. Hiermit reagierte der Gesetzgeber auf die bisher geäußerte Kritik an der bestehenden Ungleichbehandlung von inländischen und ausl Anteilen. Zudem wurde die Vermögenszuwachsbesteuerung auf **Erwerbe von Todes** wegen ausgedehnt (§ 6 Abs 5 S 2 Nr 1).

---

24 Stv *Schön* JbFStR 2004/2005, S 74 mwN.
25 *EuGH* IStR 2004, 236.
26 *Schön* IStR 2004, 289, 296; *Schnitger* BB 2004, 804, 807; *Fischer* FR 2004, 630, 631.
27 *FG München* IStR 2006, 746, 747; *Schnitger* BB 2004, 804, 808; *Körner* IStR 2004, 424, 427; *Kleinert/Probst* DB 2004, 673, 674; *Bron* IStR 2006, 296, 297.
28 *BMF* BStBl I 2005, 714.
29 Vgl *EuGH* RIW 1995, 1046; *FG München* IStR 2006, 746; *Kinzl/Goerg* IStR 2005, 450, 451; *Lausterer* BB-Special 8/2006, 80, 86; *Haun/Reiser* GmbHR 2006, 74, 76.
30 *EuGH* IStR 2006, 702.
31 Vgl *S/K/K* § 6 Rn 12.
32 *F/W/B/S* § 6 Rn 10.

IV. Vereinbarkeit mit höherrangigem Recht

1. Vereinbarkeit mit Verfassungsrecht. Gegen § 6 werden regelmäßig unter Hinweis auf die Rspr des BFH[33] zu § 6 aF keine verfassungsrechtlichen Bedenken geäußert. Isoliert betrachtet verstößt die Vermögenszuwachsbesteuerung grds nicht gegen die Eigentumsgarantie des Art 14 Abs 1 S 1 GG, auch wenn es zu einem Liquiditätsabfluss ohne Veräußerungserlös kommt und der StPfl uU sogar zum Verkauf der Beteiligung gezwungen sein könnte. Für Härtefälle bietet die Stundungsmöglichkeit gem § 6 Abs 4 ausreichenden Schutz. Jedoch ist im Hinblick auf § 6 Abs 1 S 2 Nr 1 zu überlegen, ob es im Einzelfall evtl durch Kumulation von Vermögenszuwachssteuer und (Erbschaft- bzw) Schenkungsteuer nicht zu einem Verstoß gegen den sog „Halbteilungsgrundsatz" oder zu einer „erdrosselnden" Besteuerung iSd der Rspr des BVerfG kommt. Für Erwerbe von Todes wegen dürfte § 35b EStG – eine insoweit verfassungswidrige Überbesteuerung vermeiden. Art 11 GG kann jedenfalls nicht erfolgreich gegen eine Anwendung des § 6 aktiviert werden.[34] 11

Übrig bleiben **gleichheitsrechtliche Überlegungen**, ob gg einer Besteuerung gem § 6 zu einem Zeitpunkt, in dem dem StPfl keine Liquidität zufließt, im Hinblick auf den gleichheitsrechtlich fundierten Grundsatz der **Besteuerung nach der wirtschaftlichen Leistungsfähigkeit** verfassungsrechtliche Bedenken bestehen.[35] § 6 durchbricht das eine Besteuerung nach der wirtschaftlichen Leistungsfähigkeit konkretisierende **Realisationsprinzip**.[36] Eine Rechtfertigung besteht nur insoweit, als die Besteuerung trotz fehlender Realisierung der stillen Reserven die **ultima ratio** darstellt,[37] da eine Rechtfertigung unter Typisierungsgesichtspunkten nicht gegeben ist.[38] Dies kann nur angenommen werden, wenn das Besteuerungsrecht Deutschlands zumindest beschränkt oder ausgeschlossen wird.[39] Eine weitergehende Besteuerung der stillen Reserven ist nicht verfassungskonform. § 6 ist daher bereits aus gleichheitsrechtlichen Gründen **verfassungskonform** auf Sachverhalte zu beschränken, die zu einem Ausschluss oder einer Beschränkung des dt Besteuerungsrechts führen. 12

Ein verfassungsrechtliches Sonderproblem beinhaltet **§ 21 Abs 13**, der die Anwendung des § 6 Abs 2–7 auf alle noch nicht bestandskräftigen Einkommensteuerfestsetzungen anordnet. Eine verfassungswidrige echte Rückwirkung auf bereits verwirklichte Wegzugsfälle liegt insoweit – entgegen der Ansicht der Rspr[40] – nahe.[41] Nicht auszuschließen ist auch, dass die Rückwirkung der Regelung europarechtswidrig ist.[42] 13

---

33 *BFH* BStBl II 1998, 583.

34 Vgl *FG Baden-Württemberg* DStRE 2008, 620, 622.

35 Vgl ausf *Blümich* § 6 Rn 13; *S/K/K* § 6 Rn 2; *Kraft* § 6 Rn 35 ff; *Wassermeyer* GS Krüger, 2006, S 291; *ders* FS Solms, S 173 f.

36 *Schaumburg* FS Tipke, S 125, 142; *Wassermeyer* GS Krüger, S 287, 292; *ders* FS Solms, S 173 f.

37 *Schaumburg/Schaumburg* StuW 2005, 306, 312.

38 Vgl *Werner* S 69 f.

39 *Schaumburg* FS Tipke, S 125, 142; *ders* Rn 5.359.

40 Eine verfassungswidrige Rückwirkung abl *BFH/NV* 2008, 2085; *FG Düsseldorf* EFG 2008, 361; zust *Kühnen* EFG 2008, 363.

41 So *Stümper* GmbHR 2007, 358, 360; *Lausterer* BB-Special 8/2006, 80, 86; *Ettinger* IStR 2006, 746.

42 Vgl *Ettinger* ZErb 2007, 12, 14.

14 **2. Vereinbarkeit mit Europarecht.** Die Entsch des EuGH in den Rechtssachen *Hughes de Lasteyrie du Saillant*[43] und *N*[44] zeigen die europarechtlichen Rahmenbedingungen für die innerstaatliche Umsetzung einer Vermögenszuwachssteuer – wie sie § 6 zum Gegenstand hat – auf.[45] Zwar hat der EuGH weder in der Rechtssache *Hughes de Lasteyrie du Saillant* noch in der Rechtssache *N* sich mit der Frage beschäftigt, ob eine Vermögenszuwachsbesteuerung iSv § 6 generell gemeinschaftswidrig ist.[46] Es kann jedoch davon ausgegangen werden, dass das Gemeinschaftsrecht im Grundsatz einer Besteuerung der stillen Reserven, die während der StPfl im Inland entstanden sind, nicht entgegensteht.[47]

15 Der EuGH sah einen **Verstoß gg die Niederlassungsfreiheit** darin, dass eine dem § 6 aF vergleichbare Regelung, die latente Wertsteigerungen besteuert, wenn ein StPfl seinen steuerlichen Wohnsitz ins Ausland verlegt, den Wegziehenden im Vergleich zu einem weiterhin im Inland verbleibenden StPfl benachteilige, da bei ersterem auch nicht realisierte Gewinne steuerpflichtig würden. Eine solche Benachteiligung sei geeignet, von einem Wegzug in einen anderen Mitgliedstaat abzuhalten. Um diese Benachteiligung auszuräumen, reiche es nicht aus, dass bei einem Wegzug in ein EU-Land die Steuer zwar gestundet, aber von einer Sicherheitsleistung abhängig gemacht würde. Zudem ist der Rspr des EuGH zu entnehmen, dass die nach Verlegung des Wohnsitzes eintretenden Wertminderungen zu berücksichtigen sind. Ansonsten würde die Steuer auf den nicht realisierten Wertzuwachs, die zum Zeitpunkt der Wohnsitzverlegung festgesetzt, gestundet und bei späterer Veräußerung der Beteiligung fällig geworden wäre, die Steuer übersteigen, die ohne Wegzug im Zeitpunkt der Veräußerung tatsächlich festgesetzt worden wäre. Auch hat der EuGH in der Rechtssache N eine den Wegzug behindernde Wirkung in der Pflicht des StPfl zur Abgabe einer Steuererklärung bei Wegzug gesehen, da ein nicht wegziehender StPfl eine Pflicht zur Abgabe einer Steuererklärung über den Veräußerungserlös erst treffe, wenn dieser seine Beteiligung tatsächlich veräußere. Die Entscheidung des EuGH in der **Rs National Grid Indus**[48] erweitert den durch die Entscheidungen in den Rs *Hughes de Lasteyrie du Saillant* und *N* gesetzten gesetzgeberischen Spielraum nicht, insb würde eine Sicherheitengestellung bzw Verzinsung im Rahmen der Stundung gem § 6 Abs 5 den europarechtlich gebotenen Besteuerungsaufschub konterkarieren.[49]

16 Die durch den EuGH gesetzten Vorgaben wurden durch § 6 nF **in Abstimmung mit der EU-Kommission** insoweit umgesetzt, als (1) in EU-/EWR-Sachverhalten gem § 6 Abs 5 eine unbefristete zinslose Stundung der Vermögenszuwachssteuer ohne Sicherheitsleistung vorgesehen ist, die erst im Realisierungszeitpunkt widerrufen werden kann und (2) zwischenzeitliche Wertminderungen bei der späteren tatsächlichen Veräußerung gem § 6 Abs 6 grds berücksichtigt werden können.

---

43 *EuGH* IStR 2004, 236.
44 *EuGH* IStR 2006, 702.
45 Ausf *Werner* S 73 ff.
46 Vgl *S/K/K* § 6 Rn 34.
47 Vgl *Grotherr* IWB 2008, F 3, Gr 1, 2153, 2174.
48 *EuGH* DStR 2011, 2335.
49 Vgl *Prinz* GmbHR 2012, 195, 198; *Möller-Gosoge/Kaiser* BB 2012, 803, 807 ff.

Vor diesem Hintergrund bestehen nach **hM** gegen die Neuregelung des § 6 **im Kern keine europarechtlichen Bedenken**.[50] Der BFH[51] tendiert ebenfalls in diese Richtung, auch wenn weiterhin generelle europarechtliche Bedenken geltend gemacht werden.[52] Es dürfte insoweit unter Berücksichtigung des jeweiligen DBA noch eindeutig zu klären sein, ob aus europarechtlicher Perspektive – wie der BFH meint – tatsächlich nur der Zuzugsstaat für die Vermeidung einer etwaigen Doppelbest in Wegzugsfällen verantwortlich ist.[53] Dieses Problem erkennend schlägt die EU-Kommission eine EU-weite Koordinierung der Wezugsbesteuerung vor.[54] 17

Jenseits dessen konzentriert sich die gemeinschaftsrechtliche Diskussion auf Einzelaspekte. Derzeit werden va in folgenden Punkten Zweifel an der Europarechtskonformität von Einzelregelungen des § 6 geäußert:[55] 18

- **§ 6 Abs 3**: In Fällen der vorübergehenden Abwesenheit kann es zu Doppelbest kommen, deren Rechtfertigung gemeinschaftsrechtlich fragwürdig ist; 19
- **§ 6 Abs 5 S 1**: Nicht abschließend geklärt ist, ob es die Kapitalverkehrsfreiheit gebietet, dass die in § 6 Abs 5 für EU-/EWR-Staatsangehörige gewährten Erleichterungen auch in Drittstaatenfällen anzuwenden sind;
- **§ 6 Abs 5 S 2**: Soweit die Stundung gem § 6 Abs 5 S 1 von der Amts- und Beitreibungshilfe abhängig gemacht wird, stößt diese Voraussetzung grds auf europarechtliche Bedenken, da EU- und EWR-Staaten grds das gleiche Schutzniveau zusteht;
- **§ 6 Abs 7**: Die Gewährung der Stundung der Vermögenszuwachssteuer wird von bestimmten Mitwirkungspflichten abhängig gemacht, deren Verhältnismäßigkeit zweifelhaft ist.

3. Exkurs: Sonderfall Schweiz. Da die **Schweiz** nicht Mitgliedstaat des EU-/EWR-Raums ist, greift die Regelung des § 6 Abs 5 S 1 (dauerhafte zinslose Stundung ohne Sicherheitsleistung) nach ihrem Wortlaut nicht. Die Kapitalverkehrsfreiheit (Art 63 AEUV) ist zwar grds im Verhältnis zur Schweiz anwendbar.[56] Folgte man der Rspr des EuGH, fällt eine grenzüberschreitende physische Wohnsitzverlegung jedoch nicht unter den „Kapitalverkehr",[57] so dass Art 63 AEUV bei einem Wegzug in die Schweiz ohne Wirkung gegenüber § 6 bliebe. 20

Jedoch können natürliche Personen auf Grund des Freizügigkeitsabkommens (FZA)[58] zwischen der Schweiz und der EG bzw deren Mitgliedstaaten ab dem 1.6.2000 substantiell gleiche Freizügigkeitsrechte unmittelbar geltend machen, wie bei einem 21

---

50 *BFH* BStBl II 2009, 524; *FG Düsseldorf* EFG 2008, 361; *F/W/B/S* § 6 Rn 26; *Grotherr* IWB 2007, F 3 Gr 1, 2153, 2174; *Richter/Escher* FR 2007, 674, 678 ff; *Prinz* GmbHR 2007, 966, 969; *Levedag* GmbHR 2007, R 38; *Dörfler/Ribbrock* BB 2008, 304, 309; *Schraufl* PIStB 2007, 122, 125.

51 *BFH/NV* 2008, 2085.

52 Vgl *FG München* EFG 2008, 1439; *FG Rheinland-Pfalz* v 7.1.2011 – 1 V 1217/10.

53 Krit auch allg *W/S/G* § 6 Rn 61.

54 *EU-Kommission* v 19.12.2006, IP/06/1829; dazu *Levedag* GmbHR 2007, R 38.

55 Vgl hierzu *S/K/K* § 6 Rn 35 ff; *F/W/B/S* § 6 Rn 27 ff; *Kraft* § 6 Rn 190 ff; *Ostertun/Reimer* S 149 ff; *Lausterer* BB-Special 8/2006, 80, 86; *Richter/Escher* FR 2007, 674, 680; *Bron* IStR 2006, 296; *Köhler/Eicker* DStR 2006, 1871; *Wilke* PIStB 2007, 108, 108.

56 *EuGH* Slg, 2007, I-4051, Tz 22 ff; *EuGH* IStR 2008, 66.

57 *EuGH* DStRE 2006, 851 (obiter dictum); str, vgl Rn 181.

58 BGBl II 2001, 810.

Umzug in der EU. Es liegt daher nahe, die Rspr des EuGH zum Wegzug in einen EG-Staat auch auf den Wegzug in die Schweiz anzuwenden.[59] Die Aussagen in den jüngeren EuGH-Urt zur Wegzugsbesteuerung (*Hughes de Lasteyrie du Saillant* und *N*) können zwar nicht unmittelbar übertragen werden, da nach Art 16 Abs 2 FZA nur die EuGH-Rspr zur Auslegung des FZA zu berücksichtigen ist, die vor Unterzeichnung des FZA ergangen ist. Die jüngeren Urt des EuGH geben im Kern aber nur das wieder, was bereits in früheren Entsch zu den direkten Steuern angeklungen ist; entspr sind folgerichtig auch die jüngeren Entsch in ihren bestimmenden Aussagen zu berücksichtigen.[60] Insoweit ist grds auch im Verhältnis zur Schweiz unter Hinweis auf das FZA der europarechtliche Schutz gegen eine uneingeschränkte Vermögenszuwachsbesteuerung zu bejahen.[61] Der BFH[62] konnte diese Frage bislang offen lassen, scheint aber nicht generell abgeneigt, das FZA auch für Zwecke des § 6 zur Anwendung zu bringen.

22 Fraglich ist indes, ob Rechtsbehelfe, die auf eine zinslose Stundung der Wegzugsteuer ohne Sicherheitsleistung bei einem Wegzug in die Schweiz zielen, realistische Erfolgsaussichten haben.[63] Zwar ist das Erfordernis ausreichender Amtshilfe in Steuersachen nach Inkrafttreten des revidierten Art 26 DBA-Schweiz als erfüllt anzusehen. Im Hinblick auf die fehlende Unterstützung der Schweiz in der Beitreibungshilfe[64] wäre gem § 6 Abs 5 S 2 die Begünstigung des § 6 Abs 5 S 1 jedoch zu versagen.[65] Gegen das Erfordernis der Beitreibungshilfe bestehen jedoch unter Verhältnismäßigkeitsgesichtspunkten Bedenken, so dass die dauerhafte, zinslose Stundung analog § 6 Abs 5 bzw gem § 222 AO zumindest gegen Sicherheitsleistung zu gewähren ist (Rn 187).[66]

V. Verhältnis zu DBA

23 Häufig enthalten die deutschen DBA, insbesondere die älteren DBAs, keine speziellen, eine Vermögenszuwachsbesteuerung iSv § 6 berücksichtigenden Vorschriften, sondern folgen dem MA (Art 13 MA Rn 119 ff). Gem Art 13 Abs 5 MA steht das Besteuerungsrecht hinsichtlich der Gewinne aus der Veräußerung von im Privatvermögen gehaltenen Kapitalgesellschaftsbeteiligungen grds dem abkommensrechtlichen Ansässigkeitsstaat iSv Art 4 MA des Anteilseigners zu **(Ansässigkeitsstaat-Klausel)**.[67] Bezieht der Ansässigkeitsstaat bei der späteren Veräußerung auch diejenigen stillen Reserven in die Bemessungsgrundlage seiner Veräußerungsgewinnbesteuerung mit

---

59 Vgl *F/W/B/S* § 6 Rn 29.

60 *F/W/B/S* § 6 Rn 29.

61 Vgl *F/W/B/S* § 6 Rn 29; *Werner* S 200 f; *Bron* IWB 2009, 421, 425; *Söffing/Bron* RIW 2009, 358 ff; *Ettinger/Hergeth* PIStB 2007, 185, 186; *Weigell* IStR 2006, 190; *Häck* IStR 2011, 797 ff; vgl auch *Schreiber/Jaun* Der Schweizer Treuhänder 2004, 769; *Schmidt/Peter/Förmli* IStR 2004, 433, 436; *Stauffer* Der Schweizer Treuhänder 2005, 58, 62 f.

62 *BFH/NV* 2009, 2047.

63 Dazu ausf *Häck* IStR 2011, 797, 799 f.

64 Die Schweiz leistet derzeit keine Beitreibungshilfe iS einer Vollstreckungshilfe, vgl *Hendricks* IStR 2009, 846, 848.

65 Weitergehend *W/S/G* § 6 Rn 112.

66 *Häck* IStR 2011, 797, 800.

67 Der abkommensrechtliche Begriff der Veräußerung bzw Veräußerungsgewinn umfasst nach hM auch die rechtsgeschäftslose Entstrickung als Veräußerungsgewinn, so dass Art 13 Abs 5 MA anzuwenden ist (vgl *BFH/NV* 2008, 2085; *G/K/G* Art 13 Rn 161;*Vogel/Lehner* Art 13 Rn 28, 204) und nicht Art 21 MA.

ein, die bereits iRd Vermögenszuwachsbesteuerung iSv § 6 in Deutschland steuerlich erfasst wurden, kommt es grds insoweit zu einer (juristischen) **Doppelbest**.

Weist ein DBA das Recht, den Gewinn aus der Veräußerung eines Anteils an einer Kapitalgesellschaftsbeteiligung zu versteuern dem Vertragsstaat zu, in dem die KapGes ihren Sitz hat **(Sitzstaat-Klausel)**,[68] wird eine Doppelbest durch § 6 und die Regelungen des ausländischen Vertragsstaats im Veräußerungsfall nach Wegzug jedenfalls bei Beteiligungen an inländischen KapGes abkommensrechtlich vermieden, wenn und soweit der jeweilige Ansässigkeitsstaat des veräußernden Anteilsinhabers die deutsche Vermögenszuwachssteuer auf Basis der abkommensrechtlich regelmäßig vorgesehenen Anrechnungsmethode anrechnet. 24

In verschiedenen – insb jüngeren – DBA finden sich spezielle **Wegzugsklauseln**,[69] die steuersystematisch Ausnahmen zu den Zuweisungen nach Art 13 Abs 2–5 MA darstellen (dazu Art 13 MA Rn 122). Wegzugsklauseln sollen Doppelbest vermeiden und das Besteuerungsrecht interessengerecht zwischen dem Wegzugsstaat und dem Zuzugsstaat aufteilen. Dies geschieht regelungstechnisch indem entweder dem Wegzugsstaat ein **fortdauerndes Recht zur Veräußerungsgewinnbesteuerung** hinsichtlich der im Wegzugsstaat gebildeten stillen Reserven zugewiesen ist und der Zuzugsstaat diese Steuer im Veräußerungsfall anrechnet[70] oder durch eine Buchwerterhöhung auf den gemeinen Wert im Zuzugszeitpunkt **(sog step-up)** bei der Ermittlung des späteren Veräußerungsgewinns im Zuzugsstaat.[71] 25

Zu beachten ist jedoch, dass **Wegzugsklauseln idR einen beschränkten Anwendungsbereich** haben und zumeist nur auf den physischen „Wegzug" abstellen. Lediglich die Tatbestände des § 6 Abs 1 S 1 und § 6 Abs 1 S 2 Nr 2 lassen sich idR unter den abkommensrechtlichen Begriff des „Wegzugs" subsumieren.[72] Nach dem Wortlaut der Weg- 26

---

68 Art 13 Abs 3, 5 DBA/Argentinien; Art 13 Abs 4, 5 DBA/Bangladesch; Art 13 Abs 3, 4 DBA/Bolivien; Art 13 Abs 2 DBA/Bulgarien; Art 13 Abs 3, 4 DBA/Ecuador; Art 13 Abs 4, 5, Prot Nr 5 DBA/Indien; Art 13 Art 13 Abs 3, 4 DBA/Jamaika (zur Begr *Vogel/Lehner* Art 13 Rn 228); Art 13 Abs 4, 5 DBA/Kenia; Art 13 Abs 5, 6 DBA Korea; Art 13 Abs 3, 4 DBA/Liberia; Art 13 Abs 4, 5 DBA/Mexico; Art 13 Abs 4–6 DBA/Norwegen; Art 13 Abs 4–6 DBA/Pakistan; Art 13 Abs 3, 4 DBA/Philippinen; Art 13 Abs 3, 4 DBA/Sri Lanka; Art 13 Abs 4, 5 DBA/Simbabwe; Art 13 Abs 3, 4 DBA/Tunesien; Art 11 Abs 3, 4 DBA/UdSSR; Art 13 Abs 2, 5 DBA/Ukraine; Art 13 Abs 3, 4 DBA/Uruguay.

69 Art 13 Abs 6 DBA/Albanien; Art 13 Abs 6 DBA/Algerien; Art 13 Abs 6 DBA/Bulgarien; Art 13 Abs 5 DBA/Dänemark; Art 13 Abs 5 DBA/Finnland; Art 13 Abs 6 DBA/Georgien; Art 13 Abs 6 DBA/Ghana; Art 13 Abs 6 DBA/Irland; Art 13 iVm Prot Nr 12 DBA/Italien; Art 13 Abs 7 DBA/Kanada; Art 13 Abs 6 DBA/Malaysia; Art 13 Abs 4 DBA/Mauritius; Art 13 Abs 6 DBA/Mazedonien; Art 13 iVm Prot Nr 5 lit b DBA/Neuseeland; Art 13 Abs 6 DBA/Österreich; Art 13 Abs 6 DBA/Polen; Art 13 Abs 6 DBA/Rumänien; Art 13 Abs 4 DBA/Schweden; Art 13 Abs 4, 5 DBA/Schweiz; Art 13 Abs 6 DBA/Singapur; Art 13 Abs 5 DBA/Slowenien; Art 13 Abs 7 DBA/Spanien; Art 13 Abs 6 DBA/Südafrika; Art 13 Abs 6 DBA/Syrien; Art 13 Abs 6 DBA/Tadschikistan; Art 13 Abs 6 DBA/Ungarn; Art 13 Abs 6 DBA/Uruguay; Art 13 Abs 6 DBA/USA; Art 13 Abs 6 DBA/Venezuela.

70 So etwa in Art 13 Abs 5, 23 Abs 1 Buchstabe b Doppelbuchstabe bb, Abs 2 Buchstabe b DBA/Schweden; Art 13 Abs 5 S 1 DBA/Dänemark.

71 Vgl Art 13 Abs 5 DBA/Finnland; Prot 13 zu Art 13 DBA/Italien; Art 13 Abs 6 Buchstabe b DBA/Kanada; Prot 5 Buchstabe b zu Art 13 DBA/Neuseeland; Art 13 Abs 5 DBA/Schweiz, Art 13 Abs 6 S 3 DBA/USA.

72 *Endres/Jacob/Gohr/Klein* Art 13 Rn 100.

zugsklauseln sind damit die Tatbestände, die eine Besteuerung gem § 6 auch ohne physischen Wegzug des Anteilsinhabers auslösen, nicht erfasst.[73] In diesen Fällen ist nicht sichergestellt, dass eine Doppelbest im Hinblick auf den weiten Anwendungsbereich des § 6 vermieden wird. Zudem ist die Senkung der Beteiligungsquote des § 17 EStG von 25 % auf 1 % abkommensrechtlich iRd Wegzugsklauseln zT noch nicht nachvollzogen worden,[74] so dass für Beteiligungen unter 25 % die Doppelbest dem Wortlaut nach zT ebenfalls nicht vermieden wird. Weiter gelten die Wegzugsklauseln häufig nur für Anteile an Ges, die im Wegzugsstaat ansässig sind.[75]

27 Vor dem Hintergrund der og verschiedenen abkommensrechtlichen Regelungen kann die **Abkommenskonformität** des § 6 nicht generell beurteilt werden, sondern ist jeweils im Einzelfall anhand des einschlägigen DBA zu untersuchen. Soweit im Einzelfall eine **Sitzstaat- oder Wegzugsklausel** Deutschland ein abkommensrechtliches Besteuerungsrecht – zumindest der in Deutschland entstandenen stillen Reserven – vorbehält, stößt § 6 und dessen Anwendung grds auf keine abkommensrechtlichen Bedenken. Bei Wegzugsklauseln ist aber stets deren genauer Wortlaut zu beachten, da der Erhalt des Besteuerungsrechts des Wegzugsstaats an ganz bestimmte Voraussetzungen knüpft. Sind diese nicht erfüllt, lässt sich im Umkehrschluss entnehmen, dass eine Anwendung des § 6 nicht in Betracht kommt. So setzt etwa die **Wegzugsklausel des DBA/Spanien**[76] in Art 13 Abs 7 voraus, dass die Veräußerung der Anteile innerhalb von fünf Jahren ab dem Zeitpunkt des Wegzugs der natürlichen Person aus dem anderen Vertragsstaat erfolgt. Im Umkehrschluss ergibt sich hieraus, dass Deutschland nach Ablauf von fünf Jahren seit dem Wegzug einer natürlichen Person nach Spanien kein Recht zur Vermögenszuwachsbesteuerung gem § 6 mehr hat. Entsprechend entfällt ab diesem Zeitpunkt der Besteuerungsanspruch Deutschlands nach § 6 Abs 1, entspr Bescheide sind zu ändern.

28 In den übrigen Fällen (va der **Ansässigkeitsstaat-Klausel iSv Art 13 Abs 5 MA**), in denen Deutschland gem § 6 die innerstaatlich entstandenen stillen Reserven frühzeitig besteuert, das Besteuerungsrecht aber hinsichtlich eines Veräußerungsgewinns bei tatsächlicher Veräußerung dem anderen Vertragsstaat abkommensrechtlich vollständig zusteht, ist die Abkommenskonformität des § 6 – entgegen der Ansicht des BFH[77] – zu bezweifeln,[78] wenn tatsächlich ein und derselbe Wertzuwachs teilw doppelt besteuert wird.[79] Streng genommen ist der Auffassung der FinVerw zuzustimmen, dass nicht gegen abkommensrechtliche Regelungen verstoßen wird, wenn man davon ausgeht, dass der Wegzug gem § 6 als letzter Akt der unbeschränkten StPfl zu einem Zeitpunkt erfolge, in dem der StPfl noch im Inland ansässig ist und ihm insoweit kein Abkommensschutz gewährt wird.[80] Dies ist aber nicht nur eine sehr formale Betrachtungsweise,[81] sondern es sind auch Fälle denkbar, in denen im Wegzugszeitpunkt der

73 *Lüdicke* S 149.
74 Vgl Prot Nr 12 zum DBA/Italien.
75 Vgl *Lüdicke* S 145.
76 DBA Spanien, BGBl 2012 II, 19.
77 *BFH/NV* 2009, 2047; *BFH* BStBl 2009, 524; s auch *G/K/G* Art 13 Rn 161; *Lademann* § 6 Rn 11; *Werner* S 203 ff.
78 Vgl *F/W/B/S* § 6 Rn 2; *Schaumburg* Rn 5.361; *Rupp* StbHdb, § 6 Rn 23.
79 *F/W/B/S* § 6 Rn 23; *Knobbe-Keuk* S 924.
80 Vgl *BFH/NV* 2008, 2085; *Lademann* § 6 Rn 11; *Musil* S 78; **aA** *Blümich* § 6 Rn 22.
81 Vgl *F/W/B/S* § 6 Rn 2.

Abkommensschutz bereits greift, § 6 aber nach seinem Wortlaut Anwendung findet. Dennoch läuft eine Anwendung des § 6 und die Besteuerung eines nicht realisierten Veräußerungsgewinns insoweit Sinn und Zweck einer dem Art 13 Abs 5 MA entspr Regelung zuwider.[82] Auch wenn mehrere Staaten dem § 6 ähnliche Wegzugsbesteuerungen eingeführt haben,[83] kann daraus nicht eine int Akzeptanz dieser Entwicklungen derart angenommen werden, dass § 6 keinen **Verstoß gegen Zweck und Ziel eines DBA** im Einzelfall darstellt. Zudem ist auch zu überlegen, ob nicht das jeweils anwendbare DBA hinsichtlich zukünftiger Veräußerungsgewinne bereits eine entspr **Vorwirkung** im Sinne einer Verpflichtung des Vertragsstaates entfaltet, auch die vorweg genommene Besteuerung der Veräußerungsgewinne nach den Grundsätzen des konkret anzuwendenden DBA zu behandeln.[84] Bejahte man dies, stellt § 6 in den genannten Fällen ein **Treaty Override** dar.[85] Für die Frage, ob dieses zulässig ist, ist zu beachten, dass § 6 nicht ausreichend seinen Anwendungsvorrang zum Ausdruck bringt.[86] Der BFH verlangt[87] für ein rechtmäßiges treaty overriding eine Bezugnahme auf das Abkommensrecht im Gesetzestext,[88] etwa durch den Zusatz „ungeachtet des Abkommens".[89] Entspr Erklärungen in den Gesetzesmaterialien sind hingegen nicht ausreichend.[90] § 6 stellt insoweit kein zulässiges Treaty Overriding dar.[91] Ob für EU-/EWR-Sachverhalte evtl etwas anderes gilt und der Zuzugsstaat allein zur Vermeidung einer Doppelbesteuerung verpflichtet ist, ist nicht abschließend geklärt.[92]

Kommt es zu einer teilw Doppelbest, verbleibt dem StPfl nur noch der Weg über ein **Verständigungsverfahrens** nach Art 25 Abs 1 MA, an dessen Ende zweckmäßigerweise der neue Wohnsitzstaat nur den seit dem Wegzug angefallenen Wertzuwachs besteuern solle.[93] Der Verweis auf das Verständigungsverfahren ist aber wenig hilfreich, da der andere Vertragsstaat ob seines abkommensrechtlichen Besteuerungsrechts kaum zu einem (teilw) Besteuerungsverzicht bewegt werden kann. Daher ist die Forderung, Deutschland sei in diesem Fall zur Änderung der Wegzugsteuerfestsetzung verpflichtet, berechtigt.[94] 29

Eine Anwendung des § 6 Abs 5 über seinen Wortlaut hinaus kann sich künftig aus den abkommensrechtlichen Diskriminierungsverboten ergeben. Offenbar hat der Gesetzgeber bei der Verfassung des § 6 Abs 5 nicht berücksichtigt, dass in zahlreichen dt DBA eine dem **Art 24 MA** entspr Regelung enthalten ist, wonach die Staatsangehörigen der jeweiligen Vertragsstaaten bei der steuerlichen Behandlung im jeweils ande- 30

82 *Knobbe-Keuk* S 924.
83 Vgl *Keller* S 74 ff.
84 **AA** *G/K/G* Art 13 Rn 161.
85 *Blümich* § 6 Rn 24; *W/S/G* § 6 Rn 32, *Hey* in FS Schaumburg, 2009, 767, 787; *Flick* BB 1971, 250; *Vogel* BB 1971, 1188.
86 Vgl *S/K/K* § 6 Rn 4.
87 Unabhängig von den grds Bedenken gegen die Wirksamkeit eines Treaty Overrides, vgl II Einl Rn 59.
88 *BFH* BStBl II 2002, 819; *Gosch* IStR 2008, 413, 418 mwN.
89 Stv *Bron* IStR 2007, 431, 433.
90 AA *Schaumburg* Rn 5.361; *W/S/G* § 6 Rn 32.
91 GlA *Blümich* § 6 Rn 24 (aber einschränkend bzgl § 6 Abs 1 S 2 Nr 2); **aA** *Kraft* § 6 Rn 49.
92 Vgl stv *Hey* in FS Schaumburg, 2009, S 767, 787 f.
93 *F/W/B/S* § 6 Rn 2.
94 *Debatin/Wassermeyer* Art 13 Rn 31.

ren Vertragsstaat nicht diskriminiert werden dürfen. Insoweit wird § 6 Abs 5 grds auch auf außereuropäische Staatsangehörige anzuwenden sein (s auch Art 24 MA Rn 18).

VI. Aufbau der Vorschrift und Anwendungszeitraum

31 **§ 6 Abs 1** enthält den Haupttatbestand **(S 1)** und weitere Ersatztatbestände **(S 2)**, die zu einer fiktiven Veräußerungsgewinnbesteuerung führen. **§ 6 Abs 2** regelt die Beurteilung des Zeitraums der unbeschränkten StPfl in Fällen der Rechtsnachfolge. **§ 6 Abs 3** ermöglicht einen Entfall des Steueranspruchs gem Abs 1 und **§ 6 Abs 4** eine allg Stundungsmöglichkeit. **§ 6 Abs 5** sieht Sonderregelungen für EU-/EWR-Staatsangehörige (Stundungsregelungen) vor. **§ 6 Abs 6** erfasst den Fall, dass der Wert der Beteiligung zum Zeitpunkt der Veräußerung niedriger ist, als dies beim Wegzug der Fall war. **§ 6 Abs 7** enthält verfahrensrechtliche Regelungen zur Gewährleistung der Durchführung der Besteuerung in Fällen des **§ 6 Abs 5**.

32 Die in § 6 Abs 1 geregelten Tatbestände und Erweiterungen gg § 6 aF sind erstmals für den VZ 2007 anzuwenden **(§ 21 Abs 13 S 1)**. Hingegen sind die in § 6 Abs 2–7 enthaltenen Regelungen in allen Fällen anzuwenden, in denen die ESt in Bezug auf den beim Wegzug erfassten Wertzuwachs noch nicht endgültig festgesetzt ist (vgl **§ 21 Abs 13 S 2**). § 6 Abs 5 S 3 ist in allen Fällen anzuwenden, in denen die geschuldete Steuer noch nicht entrichtet ist (vgl § 21 Abs 23). Gegen diese rückwirkende Anwendung der Vorschriften bestehen – entgegen der Ansicht des BFH[95] – erhebliche Bedenken.[96]

B. Voraussetzungen der Vermögenszuwachssteuer iSv § 6 Abs 1

I. Persönliche Voraussetzungen iSv § 6 Abs 1

33 **1. Natürliche Personen.** Der **persönliche Anwendungsbereich** des § 6 erstreckt sich ausschließlich auf natürliche Personen iSv §§ 1 f BGB als Anteilsinhaber im ertragsteuerlichen Sinne. Auf PersGes oder KapGes als Anteilsinhaber ist § 6 nicht anwendbar. Die Geschäftsfähigkeit der natürlichen Person ist irrelevant, ausschlaggebend ist allein deren Rechtsfähigkeit. Mit Vollendung der Lebendgeburt ergibt sich entspr der frühest mögliche Zeitpunkt für eine Anwendung des § 6. Die Staatsangehörigkeit ist für § 6 Abs 1 – anders als bei §§ 2–4 und iRd § 6 Abs 5 – ohne Bedeutung.[97] § 6 Abs 1 erfasst somit auch ausl Staatsangehörige und Staatenlose. Da es auf die Staatsangehörigkeit nicht ankommt, kann der StPfl die StPfl des § 6 nicht durch Aufgabe der dt Staatsangehörigkeit vermeiden.

34 **2. Zehnjährige unbeschränkte Steuerpflicht im Inland.** § 6 setzt voraus, dass die natürliche Person **mindestens zehn Jahre gem § 1 Abs 1 EStG unbeschränkt steuerpflichtig** war. Einzubeziehen sind auch Zeiten der unbeschränkten StPfl in der ehemaligen DDR (§ 21 Abs 6). Durch die ausdrückliche Bezugnahme auf § 1 Abs 1 EStG reicht weder das Vorliegen der erweitert unbeschränkten StPfl (§ 1 Abs 2 EStG)[98] noch eine fiktive unbeschränkte StPfl (§ 1 Abs 3 EStG und § 1a EStG) aus, was sich zu Gunsten des Stpfl auswirkt. § 6 verlangt keine ausschließlich in Deutschland beste-

---

95 *BFH/NV* 2008, 2085.

96 *Lausterer* BB-Special 8/2006, 80, 85; *Grotherr* IWB 2007, F 3 Gr 1, 2153, 2173; *Ettinger* ZErb 2007, 12, 14; *Stümper* GmbHR 2007, 358, 359; *Richter/Escher* FR 2007, 674, 676, Fn 29.

97 Vgl. *F/W/B/S* § 6 Rn 33.

98 AA *Benecke* NWB 2007, F 3, 14757, 14764.

hende unbeschränkte StPfl. Irrelevant ist daher, ob zu irgendeinem Zeitpunkt eine unbeschränkte StPfl auch in einem anderen Staat bestanden hat. § 6 findet dem Wortlaut entsprechend grds auch bei Ansässigkeit im Ausland Anwendung; s dazu aber Rn 98 und das Bsp in Rn 99.

Die unbeschränkte StPfl im Inland gem § 1 Abs 1 EStG muss **insgesamt mindestens zehn Jahre** bestanden haben, eine ununterbrochene zehnjährige unbeschränkte StPfl wird nicht vorausgesetzt. Sinn und Zweck der Voraussetzung des Zehnjahreszeitraums ist, dass § 6 nur die Vermögensmehrungen besteuern soll, die aus der nachhaltigen, persönlichen und wirtschaftlichen Eingliederung einer natürlichen Person in die dt Volkswirtschaft stammen.[99] Der Zehnjahreszeitraum richtet sich nach Kj, nicht nach Veranlagungszeiträumen. 35

Bei **Unterbrechungen** der unbeschränkten StPfl sind die einzelnen Zeiträume zusammenzurechnen, während derer sie bestand.[100] Soweit die unbeschränkte StPfl während eines Kj aufgegeben und später erneut begründet wurde, sind die entspr Zeiträume unter Umständen nach Tagen berechnet auf die Zehnjahresfrist anzurechnen.[101] Einzubeziehen sind grds sämtliche Zeiten der unbeschränkten StPfl in der Vergangenheit, auch Zeiten vor der Einführung des AStG. Die FinVerw zählt jedoch aus Billigkeitsgründen (§ 163 AO) Zeiten vor dem 21.6.1948 (Währungsreform in den Westzonen Deutschlands) nicht mit.[102] 36

Die Einbeziehung von Zeiten unbeschränkter StPfl gem § 1 Abs 1 EStG in den Zehnjahreszeitraum, die durch lange Zeiträume ohne inländische unbeschränkte StPfl unterbrochen wurden, bergen die Gefahr zweckwidriger Besteuerungen.[103] Versteht man zutr den Zehnjahreszeitraum als **zeitlichen Wertmaßstab**, ist spätestens nach zehn Jahren Ansässigkeit im Ausland eine Ausgliederung aus der dt Volkswirtschaft anzunehmen und § 6 Abs 1 erst nach einer erneuten zehnjährigen Eingliederung wieder anzuwenden.[104] Insoweit ist § 6 Abs 1 teleologisch reduzierend auszulegen. 37

§ 6 ist aber auf im Zeitpunkt des Eintritts des eine Vermögenszuwachssteuer grds auslösenden Ereignisses **beschränkt steuerpflichtige** natürliche Person nicht anwendbar.[105] 38

3. Berücksichtigung unentgeltlicher Rechtsnachfolge (§ 6 Abs 2). § 6 Abs 2 erweitert den persönlichen Anwendungsbereich des Abs 1, indem er in Fällen, in denen der StPfl den Anteil iSv § 17 EStG unentgeltlich erworben hat, die Zeiträume, in denen der Rechtsvorgänger in Deutschland unbeschränkt steuerpflichtig war, in die Berechnung des Zehnjahreszeitraums einbezieht. Insoweit muss sich der StPfl die **Zeiträume seines Rechtsvorgängers** zurechnen lassen. „Zeiträume" idS meint Kj. 39

IRv § 6 Abs 2 ist ausschließlich auf die **Person des Erwerbers** abzustellen. § 6 Abs 2 soll sicherstellen, dass der StPfl den Wertzuwachs des Rechtsvorgängers nach § 17 Abs 2 S 3 EStG mitversteuert, da in den Fällen der unentgeltlichen Übertragung auf den Rechtsnachfolger mangels Veräußerung keine Besteuerung nach § 17 EStG aus- 40

99 Vgl *F/W/B/S* § 6 Rn 34; *Lademann* § 6 Rn 18.
100 *BMF* BStBl I 2004, Sondernr 1, Tz 6.1.1.2.
101 *F/W/B/S* § 6 Rn 36.
102 *BMF* BStBl I 2004, Sondernr 1, Tz 6.1.1.2.
103 Vgl *Arlt* IStR 2008, 216, 217 ff.
104 Vgl *F/W/B/S* § 6 Rn 35; *Blümich* § 6 Rn 38.
105 Vgl ausf *Schönfeld/Häck* IStR 2012, 582, 583.

gelöst wird. Der Anwendungsbereich des § 6 Abs 2 ist nur eröffnet, wenn der StPfl, für den die Erfüllung des Tatbestands gem § 6 Abs 1 zu beurteilen ist, den Zehnjahreszeitraum selbst nicht erfüllt. Ist dies der Fall, sind die persönlichen Verhältnisse des Anteilseigners und die Vorgeschichte der betroffenen Anteile eingehend auf die Anwendung des § 6 Abs 2 zu untersuchen.[106] § 6 Abs 2 erfordert nicht, dass der Rechtsvorgänger bis zum Zeitpunkt der Übertragung selbst unbeschränkt steuerpflichtig war.[107]

41 **Rechtsvorgänger** ist die Person, die rechtlicher bzw wirtschaftlicher Eigentümer iSv § 39 AO der Anteile bis zum Abschluss des unentgeltlichen Rechtsgeschäfts war. Da § 6 Abs 2 auf die Person des Erwerbers abstellt, brauchen sich die Anteile beim Rechtsvorgänger nicht in dessen Privatvermögen befunden haben, möglich ist auch deren Zugehörigkeit zum Betriebsvermögen des Rechtsvorgängers.[108]

42 Nach seinem Wortlaut erfasst § 6 Abs 2 nur den Erwerb durch (ganz oder teilw) unentgeltliches **„Rechtsgeschäft“**. Auch ein unwirksames Rechtsgeschäft (zB Verstoß gegen ein Formerfordernis) ist tatbestandsgemäß iSv § 6 Abs 2, wenn die Parteien das wirtschaftliche Ergebnis eintreten und bestehen lassen (§ 41 AO). Der zivilrechtliche Begriff des Rechtsgeschäfts verlangt eine auf einer oder mehreren Willenserklärungen beruhenden Anteilsübertragung. Rechtsgeschäft in diesem Sinne ist neben dem typischen Fall der (gemischten) Schenkung auch der Erbvertrag, eine letztwillige Verfügung sowie das Vermächtnis, jedoch nicht die **gesetzliche Erbfolge**.[109] Aus teleologischer Sicht lässt sich argumentieren, dass nach dem Sinn und Zweck des § 6 Abs 2, Steuerumgehungen zu vermeiden, eine Einbeziehung von letztlich nicht willentlich bedingten Vermögensübergängen von Todes wegen bei gesetzlicher Erbfolge nicht erforderlich erscheint.[110] Dennoch kommt es zu einer steuerlichen Ungleichbehandlung.[111]

43 § 6 Abs 2 S 1 umfasst nach seinem Wortlaut bei einem **teilw unentgeltlichen Rechtsgeschäft** (zB gemischte Schenkung) auch den entgeltlich erworbenen Teil der Anteile. Es wäre jedoch sinnwidrig, wenn § 6 Abs 2 zu einer Besteuerung der auf den entgeltlich erworbenen Anteil entfallenden Wertsteigerung führte. Aus diesem Grund ist § 6 Abs 2 auf den unentgeltlichen Teil zu beschränken.[112] Praktisch ließe sich diese Problematik auch durch eine Aufspaltung der Vertragsbeziehungen in einen gesonderten entgeltlichen Vertrag (Kauf) und einen gesonderten unentgeltlichen Vertrag (Schenkung) lösen.

44 § 6 Abs 2 S 2 gewährleistet insb für Fälle sog **Kettenschenkungen**, dass auch durch eine mehrfache unentgeltliche Übertragung die Anwendung von § 6 Abs 2 S 1 nicht vermieden werden kann.

45 § 6 Abs 2 S 3 zielt auf die Vermeidung doppelter Berechnungen, damit in Fällen hintereinander geschalteter Kettenschenkungen kein Zeitraum unbeschränkter StPfl doppelt berechnet wird.

---

106 *S/K/K* § 6 Rn 164.
107 Vgl F/W/B/S § 6 Rn 124; *Wassermeyer* IStR 2013, 1, 5.
108 *F/W/B/S* § 6 Rn 131.
109 Vgl *F/W/B/S* § 6 Rn 127.
110 Vgl *F/W/B/S* § 6 Rn 127.
111 *S/K/K* § 6 Rn 161.
112 *F/W/B/S* § 6 Rn 128.

II. Beteiligungsvoraussetzungen gem § 6 Abs 1 iVm § 17 EStG

Im Zeitpunkt der Verwirklichung des Entstrickungstatbestandes muss der StPfl **Anteile iSd § 17 Abs 1 S 1 EStG** innehaben (§ 6 Abs 1 S 1). Die Präzisierung[113] des Anteilsbegriffs auf Anteile „iSd § 17 Abs 1 S 1 EStG" bedeutet zunächst, dass tatbestandlich Anteile an einer KapGes iSv § 1 Abs 1 Nr 1 KStG gemeint sind. Zu diesen Anteilen zählen nach § 17 Abs 1 S 3 EStG Aktien, Anteile an einer GmbH, Genussscheine oder ähnliche Beteiligungen und Anwartschaften auf solche Beteiligungen. Inwieweit dem StPfl die Anteile zuzurechnen sind, ist nach allg ertragsteuerlichen Zuordnungskriterien (§ 39 AO) zu lösen. 46

Ursprünglich erfasste § 6 aF ausdrücklich nur Anteile an inländischen KapGes. Durch das SEStEG wurde der Anwendungsbereich des § 6 auf Anteile an **ausl KapGes** erweitert, indem die explizite Beschränkung auf Inlandsgesellschaften aufgehoben wurde und § 17 Abs 1 S 1 eine solche Einschränkung nicht vorsieht. Für Altfälle ist daher die frühere Beschränkung auf inländische Beteiligungen bis einschließlich VZ 2006 zu beachten. Die Ausdehnung von § 6 auf Beteiligungen an ausl KapGes greift die Bedenken auf, dass die Beschränkung auf Anteile an inländischen KapGes Art 3 GG verletze und die unterschiedliche Behandlung auch europarechtlich problematisch erschien.[114] Ob das nach ausl Recht errichtete Gebilde einem der genannten inländischen Rechtsträger entspricht, ist anhand der **Grundsätze des Typenvergleichs**[115] zu ermitteln. 47

Hinsichtlich der Anwendung von § 6 iVm § 17 Abs 1 S 1 EStG auf **Anteile, die im Zuge einer Einbringung** bei einer KapGes gewährt werden oder wurden, gilt Folgendes:[116] **Einbringungsgeborene Anteile** iSv § 21 Abs 1 UmwStG 1995 fallen weiterhin nicht unter § 6, da für diese Anteile vorrangig die abschließende Entstrickungsregelung des § 21 Abs 2 S 1 Nr 2 aF gilt, die auf jene Anteile weiterhin anzuwenden ist (§ 27 Abs 3 Nr 3 S 1 UmwStG nF).[117] Inwieweit Anteile, die gem § 20 Abs 3 S 4 UmwStG als einbringungsgeborene Anteile iSv § 21 Abs 1 UmwStG 1995 gelten, von § 6 erfasst werden, ist nicht abschließend geklärt.[118] Hingegen sind Anteile, die im Zuge einer Sacheinlage (§ 20 Abs 1 UmwStG) oder eines Anteilstausches (§ 21 UmwStG) gewährt werden, ebenso Anteile iSv § 17 Abs 1 S 1 EStG wie die sog mitverstrickten Anteile (§ 22 Abs 7 UmwStG) und damit von § 6 erfasst.[119] 48

Fraglich ist, ob § 6 auch die Anteile in seinen Anwendungsbereich einbezieht, die gem **§ 17 Abs 6 und 7 EStG** als Anteile iSv § 17 Abs 1 S 1 EStG gelten **(fiktive Anteile iSv § 17 Abs 1 S 1 EStG)**. Gem § 17 Abs 6 EStG gelten grds Beteiligungen, die im Zuge einer Einbringung oder eines Anteilstausches unter dem gemeinen Wert erworben wurden auch dann als Anteile iSv § 17 Abs 1 S 1 EStG, wenn sie die Mindestbeteiligungsgrenze nicht überschreiten. Gem § 17 Abs 7 EStG gelten zudem Anteile an einer **Genossenschaft** einschließlich der europäischen Genossenschaft (Abs 7) als Anteile iSd Abs 1 S 1. Es dürften keine Zweifel bestehen, dass der Gesetzgeber auch diese per 49

113 *Baßler* FR 2008, 218.
114 Vgl *Blümich* § 6 Rn 14.
115 *BFH* BStBl II 1968, 695; BStBl II 1988, 588; BStBl II 1992, 972; BStBl II 1993, 399.
116 Ausf *Baßler* FR 2008, 218 ff.
117 Vgl *F/W/B/S* § 6 Rn 43; *Baßler* FR 2008, 218.
118 Ausf *Baßler* FR 2008, 218, 221.
119 *Baßler* FR 2008, 218, 219.

Fiktion als Anteile iSv § 17 Abs 1 S 1 EStG geltenden Beteiligungen in den Anwendungsbereich des § 6 einbeziehen wollte. Dieser Wille kommt indes in der Gesetzesformulierung nicht zum Ausdruck, da § 6 nach seinem Wortlaut nur „Anteile iSv § 17 Abs 1 S 1 EStG" einbezieht, zu denen aber – wie durch die Anordnung der Fiktion deutlich wird – tatbestandlich gerade nicht die in Abs 6 und Abs 7 genannten Anteile zählen.[120] Aufgrund der eindeutigen Bezugnahme auf Anteile iSv § 17 Abs 1 S 1 kann dem Verweis des § 6 Abs 1 S 1 auf die übrigen Voraussetzungen des § 17 EStG nichts anderes entnommen werden. In der Literatur herrscht jedoch Uneinigkeit darüber, ob die in Abs 6 und Abs 7 genannten Anteile in den Anwendungsbereich des § 6 fallen.[121]

50 § 6 erfasst nur Anteile, die im **Privatvermögen** gehalten werden, da § 17 EStG auf Anteile im Betriebsvermögen nicht anwendbar ist.[122] Soweit die Anteile im Betriebsvermögen des StPfl gehalten werden, ist für die Frage der Entstrickung bei einem Wegzug ggf § 4 Abs 1 S 3 EStG anzuwenden (vgl ausf Rn 281 ff). Werden die Beteiligungen über Gesamthandsgemeinschaften gehalten, greift der Anwendungsbereich des § 6 nur, wenn die Beteiligung weder bei der Gemeinschaft noch bei dem StPfl zu einem inländischen Betriebsvermögen gehört.

51 Der StPfl muss innerhalb der letzten fünf Jahre vor dem Zeitpunkt der Entstrickung am Kapital der Gesellschaft unmittelbar oder mittelbar zumindest 1 % beteiligt gewesen sein **(Mindestbeteiligungsgrenze)**. Nicht erforderlich ist, dass diese *wesentliche* Beteiligung im Zeitpunkt der Entstrickung vorgelegen hat. Ausreichend ist, dass sie nur kurze Zeit im Fünfjahreszeitraum bestand. Für Altfälle ist unter Umständen relevant, dass sich die Höhe der Mindestbeteiligungsgrenze im Laufe der Jahre kontinuierlich verringert hat. Die ursprüngliche Beteiligungsgrenze von 25 % galt zunächst bis zum VZ 1998 und wurde mit Wirkung ab dem 1.1.1999 auf mindestens 10 % gesenkt. Zuletzt erfolgte mit Wirkung zum 1.1.2002 eine weitere Absenkung der Mindestbeteiligungsquote in § 17 Abs 1 EStG auf mindestens 1 %[123].

52 Soweit die Anteile vom StPfl innerhalb der letzten fünf Jahre **unentgeltlich erworben** wurden, werden die Anteile von § 6 erfasst, wenn der Rechtsvorgänger oder, sofern der Anteil nacheinander unentgeltlich übertragen worden ist, einer der Rechtsvorgänger innerhalb der letzten fünf Jahre wesentlich beteiligt war (vgl § 17 Abs 1 S 4 EStG).

III. Verwirklichung eines Entstrickungstatbestandes iSv § 6 Abs 1

53 **1. Zur Systematik und Auslegung der Entstrickungstatbestände.** Der Gesetzgeber hat die bisherige Unterteilung des § 6 in Haupttatbestand (§ 6 Abs 1 aF, § 6 Abs 1 S 1 nF) und Neben- oder Ersatztatbestände (§ 6 Abs 3 aF, § 6 Abs 1 S 2 Nr 1–4 nF) auch im Zuge der Überarbeitung durch das SeStEG beibehalten. Die Systematik weicht von den übrigen zentralen Entstrickungsnormen, die als Generalklauseln ausgestaltet sind (vgl § 4 Abs 1 S 3 EStG und § 12 Abs 1 KStG), ab und führt nach dem Willen des Gesetzgebers in bestimmten Fällen auch zu einer Besteuerung, obwohl eine Beschränkung oder ein Ausschluss des deutschen Besteuerungsrechts nicht eintritt.

120 Vgl *Baßler* FR 2008, 218, 220.

121 So wohl auch *S/K/K* § 6 Rn 70; zT zweifelnd *Baßler* FR 2008, 218, 220; **aA** *F/W/B/S* § 6 Rn 59; Rödder/Herlinghaus/van Lishaut/*Ritzer* Anh 7 Rn 242; *Ostertun/Reimer* S 140; *H/H/R* § 17 Rn 362.

122 *BFH* BStBl II 1974, 706; *Schmidt* § 17 Rn 12; *H/H/R* § 17 Rn. 20.

123 Steuersenkungsgesetz 2001 v 23.10.2000, BGBl I, 1433; BMF 2013, BStBl I, 721.

Der **Haupttatbestand** des § 6 Abs 1 S 1 erfasst den klassischen physischen „Wegzug" aus Deutschland, mit der die Aufgabe jeglichen Wohnsitzes oder des gewöhnlichen Aufenthalts in Deutschland verbunden ist. Dem Haupttatbestand werden zur Vermeidung von Umgehungsmöglichkeiten, die auch zu einem Ausschluss des dt Besteuerungsrechts hinsichtlich der Gewinne aus der Veräußerung der Anteile führen könnten, mehrere **Ersatztatbestände** zur Seite gestellt. 54

Die **Ersatztatbestände** („stehen gleich") der Vorgängerreglung (§ 6 Abs 3 aF) wurden durch das SEStEG zT geändert und erweitert. So ist nun neben der Übertragung der Anteile durch (ganz oder teilw) unentgeltliches Rechtsgeschäft auch die „Übertragung der Anteile durch Erwerb von Todes wegen" auf eine nicht unbeschränkt steuerpflichtige Person tatbestandsgemäß (§ 6 Abs 1 S 2 Nr 1, 2. Alt). IRd § 6 Abs 1 S 2 Nr 2, der die Vermögenszuwachsbesteuerung auslöst, wenn der StPfl abkommensrechtlich in einem anderen Vertragsstaat ansässig wird, wird nun nicht mehr begrifflich auf „die Person", sondern auf den „StPfl" abgestellt. Die gleiche Änderung erfolgte in § 6 Abs 1 S 2 Nr 3, der die Besteuerung tatbestandlich an die Einlage der Anteile in einen Betrieb oder eine Betriebsstätte des StPfl in einem ausl Staat anknüpft. Dieser Ersatztatbestand hat eine weitere beachtliche Änderung erfahren. So knüpfte die Vorgängerregelung die Tatbestandsverwirklichung an die weitere Voraussetzung, dass durch die Einlage „das Besteuerungsrecht der Bundesrepublik Deutschland hinsichtlich des Gewinns aus der Veräußerung der Anteile" durch ein DBA „ausgeschlossen wird" (vgl § 6 Abs 3 Nr 3 aF). Dieses einschränkende Tatbestandsmerkmal findet sich in § 6 Abs 1 S 2 Nr 3 nicht mehr, was – auf den ersten Blick – eine Verschärfung bedeutet. Der bisherige Ersatztatbestand des Tausches der Anteile gegen Anteile an einer ausl KapGes (§ 6 Abs 3 Nr 4 aF) ist im Zuge der Neuregelung des § 6 durch das SEStEG entfallen. Insoweit finden auf diesen Sachverhalt nunmehr allein die umwandlungssteuerrechtlichen Regelungen zum Anteilstausch (§ 21 UmwStG) Anwendung. 55

Durch das SEStEG neu eingeführt wurde hingegen § 6 Abs 1 S 2 Nr 4, der als eine Art **Auffangklausel**[124] fungieren soll, indem er eine StPfl anordnet, wenn „der Ausschluss oder die Beschränkung des Besteuerungsrechts der Bundesrepublik Deutschland hinsichtlich des Gewinns aus der Veräußerung der Anteile auf Grund anderer als der in S 1 oder der in Nr 1–3 genannten Ereignisse" eintritt. 56

Steuersystematisch ist der Aufbau des § 6 nur schwer nachvollziehbar.[125] Insb leuchtet nicht ein, weshalb der Gesetzgeber sich nicht – wie in § 4 Abs 1 S 3 EStG und § 12 Abs 1 KStG – einer Generalklausel bedient hat. Der RegE zum SEStEG sah noch eine solche allg Generalklausel vor, die eine Vermögenszuwachsbesteuerung gem § 6 daran knüpfte, ob das Besteuerungsrecht Deutschlands hinsichtlich der Gewinne aus der Veräußerung der Anteile ausgeschlossen oder beschränkt wird.[126] Eine solche Generalsklausel hätte sich deutlich besser in das steuerartenübergreifende Entstrickungskonzept des Gesetzgebers eingefügt, da sich vergleichbare Generalklauseln für den betrieblichen Bereich (vgl § 4 Abs 1 S 3 EStG) und für Wirtschaftgüter von KapGes (vgl § 12 Abs 1 KStG) finden lassen. Im Anschluss an die Einwände des Bundes- 57

---

124 HM; vgl aber *Töben/Reckwardt* FR 2007, 159, 160: auch „zweiter Grundtatbestand".
125 *Carle* KÖSDI 2007, 15401, 15404.
126 RegE SEStEG, BR-Drucks 542/06, 32; RegE v 25.9.2006, BT-Drucks 16/2710.

rates[127] wurde in der Beschlussempfehlung des Finanzausschusses[128] die Generalklausel nicht weiter verfolgt. Zur Begr wurde vorgebracht, dass die Generalklausel nicht alle bisher gem § 6 aF tatbestandsmäßigen Sachverhalte erfasse, da in einzelnen DBA auch nach einem Ausscheiden des StPfl aus der unbeschränkten StPfl ein dt Besteuerungsrecht erhalten bleibe und Gleiches auch in Nicht-DBA-Fällen gelte.

58 Nach dem Willen des Gesetzgebers kann danach die Anwendung des § 6 in seinem Anwendungsbereich über den eines Entstrickungstatbestandes hinausgehen, wenn auch Sachverhalte besteuert werden, in denen das Besteuerungsrecht Deutschlands weder beschränkt noch ausgeschlossen wird. Auch die ganz hM geht davon aus, dass es – außer in § 6 Abs 1 S 2 Nr 4 – bei der Anwendung des § 6 Abs 1 S 1, S 2 Nr 1–3 **nicht darauf ankomme**, ob das dt Besteuerungsrecht tatsächlich **ausgeschlossen oder beschränkt wird**.[129]

59 Eine solch weite Auslegung ist indes schon im Hinblick auf das **gleichheitsrechtlich fundierte Realisationsprinzip** nicht zulässig (dazu oben Rn 12). Danach ist eine Besteuerung jenseits einer tatsächlichen Gewinnrealisierung nur gerechtfertigt, wenn das dt Besteuerungsrecht tatsächlich beschränkt oder ausgeschlossen wird. Diese Bedenken bestanden bereits gg § 6 aF,[130] ohne dass der Wortlaut und die Systematik des § 6 aF eine solche einschränkende Auslegung zuließ.

60 Dies hat sich durch die Neufassung des § 6 geändert. Angesichts der Formulierung des § 6 Abs 1 S 2 Nr 4 („…Ausschluss oder Beschränkung…*auf Grund anderer* als der in S 1 oder der in Nr 1–3 genannten Ereignisse.") lässt sich der „Auffangklausel" durchaus ein auf den **Wortlaut und die Gesetzessystematik** gestützter Umkehrschluss entnehmen, dass es auch im Anwendungsbereich des § 6 Abs 1 S 1 und der §§ 6 Abs 1 S 2 Nr 1–3 tatbestandlich eines Ausschlusses oder eine Beschränkung des dt Besteuerungsrechts bedarf.[131] Eine solche Sichtweise dürfte auch einem „Auffangtatbestand" am ehesten gerecht werden, da dieser kraft seiner Funktion das tragende Tatbestandsmerkmal beinhaltet, welches den **„kleinsten gemeinsamen tatbestandlichen Nenner"** der Entstrickungstatbestände darstellt.

61 Betrachtet man § 6 zudem aus einer **steuerartenübergreifenden Perspektive**, erscheint nur die vorstehende Auslegung systemkonform. Einerseits stellen die §§ 4 Abs 1 S 3 EStG, 12 Abs 1 KStG allein auf den Ausschluss oder die Beschränkung des dt Besteuerungsrechts ab. Legt der StPfl seine Beteiligung an der KapGes in seine GmbH & Co KG verdeckt ein,[132] findet eine Besteuerung nur noch nach Maßgabe der Voraussetzungen des § 4 Abs 1 S 3 EStG statt (vgl ausf Rn 325 ff). § 6 Abs 1 S 3 ordnet einen Vorrang von § 17 Abs 5 EStG und umwandlungssteuerrechtlichen Vorschriften an, die idR jeweils auch auf den Ausschluss oder die Beschränkung des Besteuerungsrechts (vgl zB §§ 11 Abs 2, 13 Abs 2 UmwStG) abstellen. Auch im Hinblick auf die Möglichkeit des Entfallens des Steueranspruchs gem § 6 Abs 3 wird es nicht iSd Gesetzgebers

---

127 Stellungnahme v 22.9.2006, BR-Drucks 542/06.

128 Finanzausschuss v 8.11.2006, BT-Drucks 16/3315.

129 Ausf *Blümich* § 6 Rn 29 f; *Kraft* § 6 Rn 45; s auch Rödder/Herlinghaus/van Lishaut/*Ritzer* Anh 7 Rn 243; *Wassermeyer* IStR 2007, 833; *Grotherr* IWB 2007, F 3, Gr 1, 2153, 2155.

130 Vgl stv *Schaumburg* FS Tipke, S 125, 142; *Wassermeyer* GS Krüger, S 287, 292; *ders* FS Solms, S 173, 174.

131 **AA** *Wassermeyer* IStR 2007, 833, 837.

132 S dazu Rn 266 ff.

sein, dass jenseits des § 6 Abs 3 S 4 Nr 2 der Entfall des Steueranspruchs in Betracht kommt, auch wenn das Besteuerungsrecht Deutschlands im Einzelfall nicht wieder vollständig reaktiviert ist (vgl dazu Rn 137).

Vorstehender Auslegung steht allein der **abw Wille des Gesetzgebers** entgegen. Dieser ist auslegungstechnisch von bes Bedeutung, jedoch ist er nur ein Bestandteil gesetzlicher Auslegungsregeln.[133] Nicht unberücksichtigt bleiben darf in diesem Zusammenhang aber, dass der Gesetzgeber ursprünglich mit den Regelungen des SEStEG ein systematisches „Entstrickungskonzept" schaffen wollte, welches im Hinblick auf § 4 Abs 1 S 3 EStG, § 12 Abs 1 KStG nur durch vorstehende Auslegung verwirklicht werden kann.[134] Insoweit ist der gesetzgeberische Wille selbst nicht ohne Widerspruch. 62

Folgt man dieser Ansicht, ist bei der Anwendung des § 6 Abs 1 bei jedem potentiell tatbestandsmäßigen Sachverhalt zu prüfen, ob das Besteuerungsrecht Deutschlands insoweit tatsächlich beschränkt oder ausgeschlossen wird. Die Fälle, in denen der Tatbestand iSv § 6 Abs 1 S 1 oder § 6 Abs 1 S 2 Nr 1–3 nach seinem Wortlaut zwar erfüllt ist, dass Besteuerungsrecht Deutschlands an künftigen Veräußerungsgewinnen jedoch nicht beschränkt oder ausgeschlossen wird, wären sodann zugunsten des StPfl zu lösen.[135] 63

2. Haupttatbestand (§ 6 Abs 1 S 1): Physischer Wegzug. Der Haupttatbestand des § 6 Abs 1 S 1, der den klassischen Fall des **physischen Wegzugs** umschreibt, setzt voraus, dass die unbeschränkte StPfl der natürlichen Person durch Aufgabe jeglichen Wohnsitzes oder des gewöhnlichen Aufenthaltes endet. Was unter „Wohnsitz" und „gewöhnlicher Aufenthalt" zu verstehen ist, bestimmt sich nach §§ 8 und 9 AO. Der bloße Wechsel des Anknüpfungsmerkmals, dh die Aufgabe jeglichen Wohnsitzes unter Beibehaltung des gewöhnlichen Aufenthalts (et vice versa), lässt die unbeschränkte StPfl nicht entfallen.[136] §§ 8, 9 AO sind auch heranzuziehen, um die „Aufgabe" jeglichen Wohnsitzes und des gewöhnlichen Aufenthalts zu bestimmen. Im Hinblick auf den Wortlaut des § 6 Abs 1 S 1 soll es unerheblich sein, ob der StPfl überhaupt eine Ansässigkeit im Ausland begründet, in welchem Staat er ansässig wird, ob mit diesem Staat ein DBA besteht und welche Regelungen ein DBA enthält. Anders als in § 2 kommt es bei § 6 jedenfalls nicht darauf an, dass der StPfl in ein sog Niedrigsteuerland verzieht. 64

Der Wortlaut („deren StPfl durch Aufgabe des Wohnsitzes oder gewöhnlichen Aufenthaltes endet")[137] sieht als Beendigungsgrund für die unbeschränkte StPfl eindeutig nur die **Aufgabe des Wohnsitzes oder gewöhnlichen Aufenthalts** vor. § 6 Abs 1 S 1 stellt bei **Beendigung der unbeschränkten StPfl** nach seinem Wortlaut nicht auf die Beendigung der unbeschränkten StPfl iSv § 1 Abs 1 EStG ab, sondern auf die Beendigung jeglicher unbeschränkter StPfl. Stellt etwa der wegziehende StPfl trotz Aufgabe 65

---

133 Vgl stv *Larenz* Methodenlehre der Rechtswissenschaft, S 318, 1991.

134 Vgl BR-Drucks 542/06, 39, 85, wo ausdrücklich auf die gleiche Wirkung des § 6 und des § 4 Abs 1 S 3 EStG abgestellt wird.

135 IErg ebenso *W/S/G* § 6 Rn 189; vgl auch *Mössner/Fuhrmann* § 6 Rn 22, 32 („teleologische Reduktion"); *Krawitz/Kalbitzer* in FS Schaumburg, 2009, S 835, 845.

136 *F/W/B/S* § 6 Rn 38.

137 Ob der Wortlaut („...endet") tatsächlich so verstanden werden kann, dass der Steuerzugriff letztmalig an der unbeschränkten StPfl des Wegziehenden ansetzt (*BFH/NV* 2008, 2085), ist zu bezweifeln (*F/W/B/S* § 6 Rn 32; *Rehfeld* S 166).

seines Wohnsitzes einen Besteuerungsantrag gem. § 1 Abs 3 bzw gem § 1a EStG, sind die Tatbestandsmerkmale des § 6 Abs 1 S 1 nicht vollständig erfüllt.[138] Gibt der StPfl zwar jeglichen inländischen Wohnsitz und seinen gewöhnlichen Aufenthalt auf, verbleibt er aber zB auf **Besteuerungsantrag gem § 1 Abs 3 EStG** in der inländischen unbeschränkten StPfl und kommt es erst später zB durch Verzicht auf eine spätere Antragstellung zu einer Beendigung der unbeschränkten StPfl, so ist § 6 Abs 1 S 1 nicht erfüllt, da das Ende der unbeschränkten StPfl nicht – wie erforderlich („durch") – auf der Aufgabe des Wohnsitzes oder gewöhnlichen Aufenthalts beruht.[139] Insoweit führt dies auch dazu, dass der StPfl nach einem Wegzug unter Beibehaltung einer unbeschränkten StPfl nach § 1 Abs 3 EStG (oder § 1a EStG) eine Beteiligung an einer ausl KapGes veräußern kann, ohne dass die Rechtsfolge des § 17 Abs 1 EStG bzw die des § 6 Abs 1 S 1 ausgelöst wird. Zu berücksichtigen ist jedoch, dass bei einem Wegzug in einen DBA-Staat in diesem Fall idR der Ersatztatbestand des § 6 Abs 1 S 2 Nr 2 Anwendung findet, wenn der Wegziehende im Ausland seinen Mittelpunkt der Lebensinteressen (vgl Art 4 Abs 2 MA) einnimmt.[140] Ggfs. wirkt sich die Nichteinbeziehung dieser Sachverhalte in den Anwendungsbereich des § 6 Abs 1 S 1 regelmäßig nicht zu Gunsten, sondern zu Lasten des StPfl aus. Denn es kann sich in diesem Fall zB in dem späteren Verzicht auf eine Antragstellung um ein Ereignis handeln, dass zum Ausschluss oder der Beschränkung des Besteuerungsrechts Deutschlands iSv § 6 Abs 1 S 2 Nr 4 führt. Ist in diesem Fall jedoch nur die Auffangklausel des Abs 1 S 2 Nr 4 anwendbar, kann der StPfl insoweit einen Nachteil erleiden, als § 6 Abs 5 in Fällen des § 6 Abs 1 S 2 Nr 4 keine Stundungsmöglichkeit vorsieht (vgl § 6 Abs 5 S 3 Nr 1–3 – Umkehrschluss). Vor diesem Hintergrund sind die genannten Beispielsfälle unter § 6 Abs 1 S 1 im Wege der Analogie zu subsumieren.

66 § 6 Abs 1 S 1 führt bei **streng wortlautgetreuer Auslegung** zu nicht sachgerechten Ergebnissen, soweit die Vermögenszuwachsbesteuerung ausgelöst würde, auch wenn im Einzelfall das Besteuerungsrecht Deutschlands trotz Beendigung der unbeschränkten StPfl des StPfl weder ausgeschlossen noch beschränkt wird.[141] Folgt man der hier vertretenen Auffassung (dazu oben Rn 5 ff, 56 ff), dass auch in den übrigen Entstrickungstatbeständen des Abs 1 S 1 und S 2 Nr 1–3 ein Ausschluss oder eine Beschränkung des dt Besteuerungsrechts hinsichtlich der Veräußerungsgewinne erforderlich ist, ist § 6 Abs 1 S 1 in folgenden Fällen nicht erfüllt:

67
- **Fallgruppe 1:** Es besteht kein DBA und Deutschland ist nicht zur Anrechnung ausl Steuern auf die Veräußerungsgewinne verpflichtet (inl Beteiligung);
- **Fallgruppe 2:** Es besteht ein DBA, aber trotz Ausscheidens des StPfl aus der inländischen unbeschränkten StPfl wird das bestehende dt Besteuerungsrecht hinsichtlich der Veräußerungsgewinne weder ausgeschlossen noch beschränkt (inl Beteiligung);
- **Fallgruppe 3:** Es besteht ein DBA, aber Deutschland stand zu keinem Zeitpunkt ein Besteuerungsrecht hinsichtlich der Veräußerungsgewinne zu (ausl Beteiligung).

68 **Beispiel (Fallgruppe 1):** Die natürliche Person A, zu 100 % an der inländischen D-GmbH beteiligt, verzieht unter Aufgabe ihrer unbeschränkten StPfl im Inland nach Monaco **(Nicht-DBA-Staat)**.

---

138 IE *Wassermeyer*, IStR 2013, 1, 2: AA *Blümich* § 6 Rn 44.

139 *F/W/B/S* § 6 Rn 40; *Schaumburg* Rn 5.363; **aA** *Lademann* § 6 Rn 37.

140 *Ostertun/Reimer* S 71.

141 So auch für Nicht-DBA-Fälle *S/K/K* § 6 Rn 57.

Lösung: Bei einer späteren Veräußerung der Beteiligung an der D-GmbH wäre A iRd beschränkten StPfl in Deutschland mit den Veräußerungsgewinnen steuerpflichtig (§ 49 Abs 1 Nr 2 Buchstabe e EStG). Soweit Monaco ebenfalls die Veräußerungsgewinne iRd unbeschränkten StPfl des A besteuert, ist Deutschland weder nach § 34c Abs 1 EStG (keine unbeschränkte StPfl im Inland) noch gem § 50 Abs 3 EStG (keine Einkünfte aus sog Drittstaaten) zur Anrechnung der ausländischen Steuer verpflichtet. Das inländische Besteuerungsrecht ist nicht beschränkt, eine Verwirklichung des § 6 Abs 1 S 1 kommt nach der hier vertretenen Ansicht nicht in Betracht. Bei wortlautgetreuer Anwendung ist § 6 Abs 1 S 1 bei Wegzug des A erfüllt. Bei Besteuerung der späteren tatsächlichen Veräußerung gem § 49 Abs 1 Nr 2 Buchstabe e EStG wäre dann § 6 Abs 1 S 5 zu beachten.

Beispiel (Fallgruppe 2): Die natürliche Person A, zu 100 % an der inländischen D-GmbH beteiligt, verzieht unter Aufgabe ihrer unbeschränkten StPfl im Inland nach Kenia **(DBA-Staat mit Sitzstaatklausel)**. 69

Lösung: Bei einer späteren Veräußerung der Beteiligung an der D-GmbH wäre A iRd beschränkten StPfl in Deutschland mit den Veräußerungsgewinnen steuerpflichtig (§ 49 Abs 1 Nr 2 Buchstabe e EStG). Art 13 Abs 4 DBA/Kenia sieht ausdrücklich ein Besteuerungsrecht Deutschlands in diesem Fall vor. In Kenia wird die dt Steuer bzgl der Veräußerungsgewinne auf die kenianische Steuer angerechnet (Art 23 Abs 2 Buchstabe b DBA/Kenia). Das dt Besteuerungsrecht bleibt also trotz des Wegzugs des A weiterhin uneingeschränkt erhalten. Nach der hier vertretenen Ansicht ist § 6 Abs 1 S 1 nicht erfüllt.

Beispiel (Fallgruppe 3): Die natürliche Person A, zu 100 % an einer portugiesischen KapGes beteiligt, ist seit dem Jahr 2001 sowohl in Portugal als auch in Deutschland unbeschränkt steuerpflichtig, gilt jedoch aufgrund ihres Lebensmittelspunkts in Portugal als abkommensrechtlich dort ansässig (Art 4 Abs 2 Buchstabe a DBA/Portugal). In 2003 hat A die Beteiligung erworben. Im Jahr 2012 gibt A seinen Wohnsitz in Deutschland auf und scheidet aus der inländischen unbeschränkten StPfl aus. 70

Lösung: Nach der hier vertretenen Ansicht ist § 6 Abs 1 S 1 nicht erfüllt, da Deutschland gem Art 13 Abs 4 DBA/Portugal **(Ansässigkeitsstaat-Klausel)** abkommensrechtlich zu keinem Zeitpunkt ein Besteuerungsrecht hinsichtlich der Veräußerungsgewinne zustand. Auf die Stundungsmöglichkeit gem § 6 Abs 5 kommt es daher nicht an. Wer hier allein dem Wortlaut des § 6 Abs 1 S 1 folgend eine Vermögenszuwachsbesteuerung bejahen will, muss sich den Vorwurf einer abkommenswidrigen – und zudem wohl europarechtswidrigen – Besteuerung gefallen lassen.

In den genannten Bsp ist aber zu beachten, dass eine Vermögenszuwachsbesteuerung gem § 6 Abs 1 S 2 Nr 4 zu einem späteren Zeitpunkt in Betracht kommen kann, wenn der Weggezogene in einen anderen Staat weiter verzieht oder die Anteile unentgeltlich auf einen anderweitig ansässigen Erwerber überträgt (vgl Rn 107). 71

3. Ergänzungstatbestände (§ 6 Abs 1 S 2). – a) Teil- oder unentgeltliche Übertragung auf nicht unbeschränkt Stpfl (Nr 1). – aa) Allgemeines. Der Ersatztatbestand des § 6 Abs 1 S 2 Nr 1 ordnet die Vermögenszuwachsbesteuerung gem. Abs 1 bei einer Übertragung der Anteile durch ganz oder teilw **unentgeltliches Rechtsgeschäft unter Lebenden** oder durch **Erwerb von Todes wegen** auf nicht unbeschränkt steuerpflichtige Personen an. Der Tatbestand wurde iRd SEStEG um die „Übertragungen … durch Erwerb von Todes wegen“ erweitert. 72

In beiden Alternativen des § 6 Abs 1 S 2 Nr 1 bedarf es einer Übertragung der Anteile auf **nicht unbeschränkt steuerpflichtige Personen**. Soweit der Erwerber unbeschränkt 73 steuerpflichtig iSv § 1 Abs 1 EStG oder fiktiv unbeschränkt steuerpflichtig iSv § 1 Abs 2, Abs 3 EStG oder § 1a EStG ist, soll der Tatbestand des § 6 Abs 1 S 2 Nr 1 nicht erfüllt sein.[142]

74 Anders als in der **Vorgängerregelung** (§ 6 Abs 3 Nr 1 aF),[143] wird die Steuer nicht mehr ermäßigt, wenn für die Übertragung der Anteile Erbschaft- bzw Schenkungsteuer zu entrichten ist. Hiermit hat der Gesetzgeber bewusst eine etwaig verfassungswidrige „erdrosselnde" Besteuerung oder einen Verstoß gegen den sog Halbteilungsgrundsatz in Kauf genommen. Dies dürfte jedoch bei Erwerben von Todes wegen (nicht bei Schenkungen) nur für die VZ 2007 und 2008 gelten, da durch das ErbStRG[144] mit § 35b EStG eine Steuerermäßigung der Einkommensteuer bei Belastung mit Erbschaftsteuer eingeführt wurde.

75 § 6 Abs 1 S 2 Nr 1 differenziert nicht danach, ob die Anteile auf eine natürliche oder nicht natürliche Person übergehen. Entspr kann eine Anwendung des § 6 Abs 1 S 2 Nr 1 auch dann erfolgen, wenn eine **Übertragung der Anteile auf eine in- oder ausl PersGes** stattfindet. Hierbei soll es nach der Finanzverwaltung darauf ankommen, inwieweit an der PersGes nicht unbeschränkt StPfl beteiligt sind.[145] Auf Grund der ertragsteuerlich transparenten Behandlung der PersGes im dt Einkommensteuerrecht kann dies nur dahingehend verstanden werden, dass § 6 nur insoweit Anwendung findet, soweit an der PersGes beschränkt StPfl beteiligt sind.[146]

76 Nach hM kommt es iRd § 6 Abs 1 S 2 Nr 1 nicht darauf an, ob das **Besteuerungsrecht Deutschlands** an den Gewinnen aus der Veräußerung der Anteile ausgeschlossen oder beschränkt wird. In derartigen Fällen erfolge bei tatsächlicher Veräußerung durch den Beschenkten bzw Erben ein Ausgleich gem § 6 Abs 1 S 5.[147] Nach der hier vertretenen Auffassung (vgl Rn 5 ff, 56 ff) kommt es auch im Anwendungsbereich des § 6 Abs 1 S 2 Nr 1 auf den Ausschluss oder die Beschränkung des dt Besteuerungsrechts hinsichtlich der Gewinne aus der Veräußerung der Anteile als zusätzliches Tatbestandsmerkmal an. Insoweit wäre zu fragen, ob bei dem Empfänger der Anteile eine inländische Besteuerung der stillen Reserven gesichert ist.[148]

77 Zu beachten ist, dass es im Einzelfall durchaus nötig sein kann, eine genaue Abgrenzung zwischen den beiden Alternativen des § 6 Abs 1 S 2 Nr 1 zu treffen. Nach der – wenn auch nur schwer nachvollziehbaren – Regelung des § 6 Abs 3 S 3 entfällt der Steueranspruch bei einer Rückkehr des Rechtsnachfolgers in die inländische unbeschränkte StPfl innerhalb von fünf Jahren nur, wenn dem ein Erwerb von Todes wegen vorausgegangen ist.

78 **bb) Ganz oder teilweise unentgeltliches Rechtsgeschäft (1. Alt).** § 6 Abs 1 S 2 Nr 1, 1. Alt betrifft die (ganz oder teilw) unentgeltliche Übertragung von Anteilen an in- und ausl KapGes unter Lebenden (zB Schenkungen, Schenkungen unter Auflage, gemischte Schenkungen) auf nicht unbeschränkt steuerpflichtige Personen. Bei einem

---

142 Vgl so zutr *Baßler* FR 2008, 851, 856.

143 Hierzu im Überblick *Stümper* GmbHR 2007, 358, 360.

144 ErbStRG v 24.12.2008, BGBl I 2008, 3018.

145 *BMF* BStBl I 2004, Sondernr 1, 3, Tz 6.3 Nr 1.

146 *S/K/K* § 6 Rn 86.

147 *Lademann* § 6 Rn 44.

148 IE glA *S/K/K* § 6 Rn 89.

teilw unentgeltlichen Rechtsgeschäft (zB gemischte Schenkung) hat – entspr den ertragsteuerrechtlichen Grundsätzen zur gemischten Schenkung – eine Aufteilung in eine vollentgeltliche (§ 17 EStG) und in eine vollunentgeltliche (§ 6 Abs 1 S 2 Nr 1, 1. Alt) Anteilsübertragung zu erfolgen.[149]

„StPfl" iSv § 6 Abs 1 S 2 Nr 1 ist der **Schenker**, da dieser als Übertragender den Tatbestand verwirklicht.[150] 79

Nicht abschließend geklärt ist, ob § 6 Abs 1 S 2 Nr 1, 1. Alt eine **Gesetzeslücke** enthält, die eine Schenkung ohne Vermögenszuwachssteuer ermöglicht, obwohl Deutschland letztlich sein Besteuerungsrecht verliert. Denn nach dem eindeutigen Wortlaut greift dieser Ersatztatbestand nicht, wenn der Beschenkte wegen eines **Doppelwohnsitzes** auch im Inland gem § 1 Abs 1 EStG unbeschränkt steuerpflichtig ist, jedoch den Mittelpunkt seiner Lebensführung in einem DBA-Staat unterhält und damit dort abkommensrechtlich ansässig ist. Enthält das anwendbare DBA eine dem Art 13 Abs 5 MA entspr Regelung, „wandert" durch die schenkweise Übertragung das abkommensrechtliche Besteuerungsrecht in den anderen Vertragsstaat, ohne dass der Tatbestand des § 6 Abs 1 S 2 Nr 1, 1. Alt erfüllt ist. Diese Gesetzeslücke kann nicht durch eine Analogie zu Lasten des StPfl geschlossen werden, so dass der Beschenkte den Anteil veräußern und sich gegenüber der Anwendung von § 6 Abs 1 S 2 Nr 1, 1. Alt iVm § 17 Abs 1 EStG auf die Steuerfreiheit im Inland nach dem DBA berufen kann.[151] § 6 Abs 1 S 2 Nr 2 ist tatbestandlich ebenfalls ausgeschlossen.[152] Fraglich ist nur, ob in diesem Fall nicht der Auffangtatbestand des § 6 Abs 1 S 2 Nr 4 Anwendung findet. Dies ist angesichts des klaren Wortlauts zu verneinen, da Nr 4 den Ausschluss oder die Beschränkung des inländischen Besteuerungsrechts „auf Grund *anderer* als der in S 1 oder der in den Nr 1–3 genannten Ereignisse" verlangt. Die schenkweise Übertragung ist jedoch kein „*anderes* Ereignis" in diesem Sinne, da sie als Übertragungsform eben Nr 1 unterfällt. Es besteht daher eine echte Gesetzeslücke in diesem Fall.[153] 80

cc) Übertragung durch Erwerb von Todes wegen (S 2 Nr 1, 2. Alt). Durch die iRd SEStEG erfolgte Erweiterung des § 6 Abs 1 S 2 Nr 1 auf Erwerbe von Todes wegen, hat der Gesetzgeber eine Regelung geschaffen, die iRd Unternehmensnachfolgeplanung insb wegen der hohen Mobilität der gegenwärtigen Erbengeneration erhebliche Bedeutung erlangt.[154] Erschwerend tritt hinzu, dass § 6 Abs 1 S 2, 2. Alt handwerklich misslungen ist und sich hieraus – insb im Hinblick auf die vielfältigen erbrechtlichen Gestaltungsmöglichkeiten – verschiedene Rechtsunsicherheiten ergeben.[155] 81

Zunächst enthält der Tatbestand eine verunglückte Formulierung, da eine **„Übertragung durch Erwerb"** einen rechtlich in sich **widersprüchlichen kausalen Zusammenhang** herstellt.[156] Die Formulierung ist dahin zu verstehen, dass der Tatbestand verwirklicht sein soll, wenn Anteile von einer nicht unbeschränkt steuerpflichtigen Per- 82

---

149 *Lademann* § 6 Rn 41.
150 *Lademann* § 6 Rn 40.
151 *F/W/B/S* § 6 Rn 63; *Blümich* § 6 Rn 49; **aA** wohl *S/K/K* § 6 Rn 87 (für Erbfälle).
152 So auch *S/K/K* § 6 Rn 96.
153 *Blümich* § 6 Rn 49; **aA** *F/W/B/S* § 6 Rn 63.
154 Ausf zu § 6 Abs 1 S 2 Nr 2, 2. Alt *Baßler* FR 2008, 851 ff.
155 Vgl *F/W/B/S* § 6 Rn 69; *Baßler* FR 2008, 851; *Scherer* NJW 2012, 204, 205.
156 Vgl auch *Baßler* FR 2008, 851: "semantisch…fragwürdig"; *Wassermeyer* IStR 2007, 833, 834.

son von Todes wegen erworben werden. Da der Wortlaut sowohl die Perspektive des Erblassers („Übertragung") als auch die seines Rechtsnachfolgers („Erwerb") beinhaltet, ist dem Tatbestand nicht eindeutig zu entnehmen, wer von beiden **„StPfl"** hinsichtlich der Vermögenszuwachsteuer sein soll. Die Entsch ist nicht von bloß theoretischer Bedeutung. Nur wenn man den Erblasser als StPfl ansieht, kann grds die auf den Erben gem § 45 AO übergehende Steuerschuld als Nachlassverbindlichkeit die Bemessungsgrundlage der Erbschaftsteuer (§ 10 Abs 5 Nr 1 ErbStG) mindern.[157] Hierdurch ließe sich die Doppelbelastung von Vermögenszuwachs- und Erbschaftsteuer bereits auf diesem Wege mildern. Soweit dies nicht möglich ist, bietet § 35b EStG in der Fassung des ErbStRG[158] eine Ermäßigung der Einkommensteuer. Stellte man auf den Erben als StPfl ab, so könnte sich dieser – bei Ansässigkeit in einem DBA-Staat – auf einen etwaigen DBA-Schutz gegenüber einer Besteuerung berufen.[159] Unter Hinweis darauf, dass die Gesamtrechtsnachfolge des Erben weniger eine „Übertragung", sondern vielmehr ein Vonselbsterwerb in Form des gesetzlichen Vermögensübergangs sei, wird zT **auf den Erben als StPfl** abgestellt.[160] Systematisch überzeugender erscheint es jedoch, auf den **Erblasser als StPfl** abzustellen.[161] Der Gesetzgeber hat offenbar zur Erfassung der Erbfälle durch § 6 den erbschaftsteuerlichen Begriff des „Erwerb von Todes wegen" ohne weitere Überlegungen in § 6 Abs 1 S 2 Nr 1 eingefügt und den Widerspruch einer „Übertragung durch Erwerb" nicht erkannt. Daher ist anzunehmen, dass der Gesetzgeber wie bei der Schenkung davon ausgeht, dass der bisherige Anteilseigner (Schenker bzw Erblasser) Steuerschuldner sein soll. Zudem kann § 6 Abs 3 S 3 und § 6 Abs 7 S 1 entnommen werden, dass der Gesetzgeber den **Erblasser als StPfl** betrachtet, da dort ausdrücklich zwischen dem (Gesamt-)Rechtsnachfolger (Erben) und dem StPfl unterschieden wird. In der Konsequenz besteuert § 6 Abs 1 S 2 Nr 1 die stillen Reserven in der letzten logischen Sekunde vor dem Ableben des Erblassers, die Verpflichtung aus dem Steueranspruch geht mit der Vererbung auf die Erben über.[162]

83 Die für unentgeltliche Übertragungen erörterte mögliche **Gesetzeslücke** (vgl Rn 80) im Falle des Doppelwohnsitzes des Schenkers gilt entspr auch bei Erbfällen. Nach dem klaren Wortlaut kann man das Merkmal des Übergangs auf „nicht unbeschränkt steuerpflichtige Personen" auch nicht einfach durch das Erfordernis eines Ausschlusses oder einer Beschränkung des inländischen Besteuerungsrechts ersetzen.[163] In der Praxis dürfte die FinVerw sich jedoch zurecht auf den Auffangtatbestand des § 6 Abs 1 S 2 Nr 4 stützen können,[164] auch wenn die Wortlautkonformität dieser Auslegung („*anderes* Ereignis") zweifelhaft ist (vgl Rn 80).

---

157 *Baßler* FR 2008, 851, 852.

158 ErbStRG v 24.12.2008, BGBl I 2008, 3018.

159 Vgl *Wassermeyer* IStR 2007, 833, 834.

160 *F/W/B/S* § 6 Rn 69; *Wassermeyer*, IStR 2013, 1, 5; *ders* IStR 2007, 833, 834; *ders* EuZW 2007, 1; *W/S/G* § 6 Rn 217; *Mössner/Fuhrmann* § 6 Rn 26; *Hecht/Gallert* BB 2009, 2396, 2397; wohl auch *Grotherr* IWB 2007, F 3, Gr 1, 2153, 2156.

161 *Blümich* § 6 Rn 46; *Schaumburg* Rn 5.370; *Krumm* FR 2012, 509, 514; *Krawitz/Kalbitzer* in FS Schaumburg, 2009, S 835, 841; *Baßler* IStR 2013, 22, 24; *Baßler* FR 2008, 851, 853; *Benecke* NWB 2007, F 3, 14757, 14764; *Hansen* StudZR 2008, 41; *Rupp* StbHdb, § 6 Rn 14.

162 Vgl *Hansen* StudZR 2008, 41.

163 AA *S/K/K* § 6 Rn 87.

164 Vgl *Baßler* FR 2008, 851, 856.

Der **Begriff „Erwerb von Todes wegen"** ist offenbar § 3 Abs 1 ErbStG entnommen.[165] **84**
Von § 6 Abs 1 S 2 Nr 1, 2. Alt werden danach nicht nur Erwerbe durch Erbanfall (§ 1922 BGB), sondern auch solche durch Vermächtnis (§§ 2147 ff BGB), ein geltend gemachter Pflichtteilsanspruch (§ 2303 ff BGB) oder der Erwerb durch Schenkung auf den Todesfall (§ 2301 BGB) umfasst. Es sollten also offenbar nicht nur Erwerbe durch Erbanfall, sondern auch solche des Nachlasses erfasst werden. Tatbestandsmäßig sind damit nicht nur Vermögensübertragungen im Wege der Gesamtrechtsnachfolge (§ 1922 BGB) sondern auch der Erwerb von schuldrechtlichen Ansprüchen (zB Vermächtnis) gegen den oder die Erben.[166]

Auch wenn der Begriff „Erwerb von Todes wegen" dem Erbschaftsteuerrecht zu ent- **85**
nehmen ist, welches grds an zivilrechtliche Begrifflichkeiten anknüpft, erfordert § 6 Abs 1 S 2 Nr 1, 2. Alt eine dem Sinn und Zweck des § 6 entspr **ertragsteuerrechtliche Auslegung,** mithin eine Anwendung nur auf Sachverhalte die keine Veräußerungen sind.[167]

Die Übernahme des erbschaftsteuerlichen Begriffs des „Erwerb von Todes wegen" **86**
führt zT zu Rechtsunsicherheiten bzw sachwidrigen Ergebnissen, wie **folgende Beispiele** zeigen.

Beispiel:[168] Der allein im Inland unbeschränkt steuerpflichtige X vererbt testamentarisch **87**
seinem allein in den USA seit 12 Jahren unbeschränkt steuerpflichtigen Sohn Y sein Vermögen, in dem sich auch eine wesentliche Beteiligung an einer dt KapGes befindet, die wertmäßig die Hälfte des Nachlasses ausmacht. Das Testament sieht jedoch ein **Vermächtnis** hinsichtlich der Kapitalgesellschaftsbeteiligung zugunsten des allein in Deutschland unbeschränkt steuerpflichtigen Z vor.

Lösung: Das Vermögen des X geht zunächst im Wege der Gesamtrechtsnachfolge (§ 1922 BGB) auf den Y über, der Nachlass ist aber mit dem schuldrechtlichen Vermächtnisanspruch des Z belastet. § 6 Abs 1 S 1 Nr 1, 2. Alt ist durch den Vermögensübergang auf Y erfüllt, auch wenn dieser seiner Verpflichtung aus dem Vermächtnisanspruch umgehend nachkommt und das Besteuerungsrecht Deutschlands an den Gewinnen aus einer Veräußerung der Beteiligung wieder begründet wird. Die Festsetzung der Vermögenszuwachssteuer widerspricht in diesem Fall dem Zweck der Norm und produziert nur unnötigen Verwaltungsaufwand. Da iF des Vermächtnisses auch einkommensteuerlich grds von einem Durchgangserwerb des Erben ausgegangen wird,[169] wird man in der Praxis davon ausgehen müssen, dass die Annahme eines Direkterwerbs des Vermächtnisnehmers im Anwendungsbereich des § 6 Abs 1 S 2 Nr 1, 2. HS ausscheidet. Sachgerecht ist diese Lösung nicht. Auch ließe sich im Anwendungsbereich des § 6 Abs 1 S 2 Nr 1 ein solcher Direkterwerb durchaus begründen, da der Gesetzgeber den Begriff „Erwerb von Todes wegen" dem Erbschaftsteuerrecht entnommen hat (s Rn 84) und man dort – wie im Zivilrecht – von einem Erwerb des Vermächtnisnehmers vom Erblasser ausgeht.[170] Die FinVerw ist angehalten, zumindest eine Billigkeitslösung bereitzustellen, wonach im vorliegenden Fall jedenfalls bei Erfüllung des

---

165 Das Zivilrecht kennt den Terminus „Erwerb von Todes wegen" nicht als Gesetzesbegriff, sondern verwendet stattdessen den Begriff der Zuwendung (§§ 2279 Abs 1, 2065 Abs 2 BGB) oder Rechtsnachfolge von Todes wegen (Art 25 EGBGB).

166 *S/K/K* § 6 Rn 88.

167 Vgl *Baßler* FR 2008, 851, 854.

168 Nach *S/K/K* § 6 Rn 88.

169 Vgl *BFH* BStBl II, 1995, 714.

170 Zutr *Baßler* FR 2008, 851, 861.

Vermächtnisanspruchs innerhalb einer bestimmten Frist (zB 6 Monate)[171] keine Vermögenszuwachsteuer festgesetzt wird.

88 Zu sachwidrigen Ergebnissen kann es auch bei einem Erwerb einer Beteiligung iSv § 17 Abs 1 EStG durch eine **Erbengemeinschaft** kommen. Erwirbt eine Erbengemeinschaft einen Anteil, so ist ein Erwerb von Todes wegen iSv § 6 Abs 1 S 2 Nr 1, 2. HS grds gegeben, soweit nicht unbeschränkt steuerpflichtige Personen Miterben sind[172] und – nach der hier vertretenen Auffassung (dazu Rn 5 ff, 56 ff) – das dt Besteuerungsrecht hinsichtlich der Veräußerungsgewinne insoweit ausgeschlossen oder beschränkt wird.

89 **Beispiel:** Im og Bsp (Rn 87) ist Z nicht Vermächtnisnehmer, sondern Miterbe des Y mit einem Erbanteil von 50 %. Die zeitlich unmittelbar nachfolgende **tatsächliche Erbauseinandersetzung** findet dergestalt statt, dass Z die Kapitalgesellschaftsbeteiligung erhält und Y die übrigen Nachlassgegenstände.

Lösung: Zunächst ist § 6 Abs 1 S 1 Nr 1, 2. HS bzgl der hälftigen Beteiligung erfüllt, da insoweit eine gesamthänderische Mitberechtigung des Y an dem Kapitalgesellschaftsanteil besteht.[173] Insoweit wird wegen der einkommensteuerlich vorzunehmenden Trennung zwischen Erbanfall und Erbauseinandersetzung[174] die tatsächliche Erbauseinandersetzung ignoriert. Fraglich ist, wie die tatsächliche Auseinandersetzung, bei der der Kapitalgesellschaftsanteil vollständig in die dt Steuerhoheit zurückkehrt, zu behandeln ist. War Y – abw vom Bsp – in einem EU-Staat ansässig und die Steuer gestundet, entfällt der Steueranspruch rückwirkend gem § 6 Abs 3 S 4 Nr 2, da die tatsächliche Erbauseinandersetzung als „anderes Ereignis“ anzusehen ist.[175] In den übrigen Fällen erscheint eine analoge Anwendung des § 6 Abs 3 S 3 nach dem Schluss a maiore ad minus sachgerecht.[176] Jedenfalls ist auch hier von der FinVerw Klarheit zu schaffen und sachgerecht eine Vermögenszuwachsbesteuerung nicht festzusetzen, wenn die Erbauseinandersetzung innerhalb einer bestimmten Frist (zB 6 Monate) erfolgt.[177] Setzen sich danach die Erben innerhalb von sechs Monaten nach dem Erbfall derart auseinander, dass der im Ausland ansässige Miterbe die Beteiligung nicht übernimmt, sollte von Beginn an von einer Festsetzung der Wegzugsteuer abgesehen werden. Ansonsten sollte – soweit nicht eine Stundung nach § 6 Abs 5 in Betracht kommt – die FinVerw von der Stundungsmöglichkeit gem § 222 AO Gebrauch machen, da bei einer Erbengemeinschaft die Anwendung von § 6 zu einer sachlichen Härte führte, wenn nicht entspr ein zeitlicher Spielraum zur Auseinandersetzung verbliebe.[178]

90 **Beispiel:** Im og Beispiel (Rn 87) ist Z nicht Vermächtnisnehmer, sondern Miterbe des Y mit einem Erbanteil von 50 %. X hat jedoch eine **Teilungsanordnung** vorgesehen, wonach Z die gesamte Kapitalgesellschaftsbeteiligung erhalten soll und Y die übrigen Nachlassgegenstände.

Lösung: Auch insoweit ist § 6 Abs 1 S 1 Nr 1, 2. HS bzgl der hälftigen Beteiligung erfüllt, da insoweit eine gesamthänderische Mitberechtigung des Y besteht. Auch insoweit wird

---

171 Ähnlich der rückwirkenden Zurechnung von laufenden Einkünften bei Auseinandersetzung einer Erbengemeinschaft innerhalb von 6 Monaten nach dem Erbfall: *BMF* BStBl I 2006, 253 Tz 8.

172 *F/W/B/S* § 6 Rn 69; *Wassermeyer* IStR 2007, 833, 834; *Baßler* FR 2008, 851, 857.

173 AA *Baßler* FR 2008, 851, 858.

174 Vgl *BFH GrS* BStBl II 1990, 837, 841 ff.

175 Zutr *Baßler* FR 2008, 851, 859.

176 Zutr *Baßler* FR 2008, 851, 859.

177 Vgl auch *Baßler* FR 2008, 851, 857.

178 Vgl *Baßler* FR 2008, 8.

wegen der einkommensteuerlich vorzunehmenden Trennung zwischen Erbanfall und Erbauseinandersetzung[179] die Teilungsanordnung ignoriert. Dies ist ebenso wenig sachgerecht wie eine entspr Behandlung des Vermächtnisnehmers. Die im og Bsp aufgezeigten Lösungsvorschläge gelten auch hier.

Beispiel: Im og Bsp (Rn 89) wird die Erbengemeinschaft auseinandergesetzt, indem der im Ausland ansässige Y die gesamte Kapitalgesellschaftsbeteiligung erhält. 91

Lösung: Die Beteiligung des Y an der Erbengemeinschaft hat bereits im Zeitpunkt des Erbfalls bzgl einer Hälfte der Kapitalgesellschaftsbeteiligung die Vermögenszuwachsteuer gem § 6 Abs 1 S 2 Nr 1, 2. HS ausgelöst. Durch die hier vorgenommene Auseinandersetzung erwirbt er nun auch die andere Hälfte. Fraglich ist nun, ob dieser **Hinzuerwerb** eine unentgeltliche Übertragung unter Lebenden (§ 6 Abs 1 S 2 Nr 1, 1. HS) von Z oder einen Erwerb von Todes wegen (§ 6 Abs 1 S 2 Nr 1, 2. HS) von X darstellt.[180] Dies hat nicht nur Bedeutung für die Frage, wem gegenüber die Steuer festzusetzen ist (Z als Schenker oder Y und Z als Rechtsnachfolger des X), sondern auch, ob bei einem späteren Zuzug des Y nach Deutschland innerhalb von fünf Jahren die Vermögenszuwachssteuer entfällt oder nicht, da § 6 Abs 3 S 3 grds nur die Fälle des § 6 Abs 1 S 2 Nr 1, 2. HS erfasst (s Rn 155). Da der Erbe bei der Auseinandersetzung der Erbengemeinschaft nicht vom Erblasser, sondern von der Erbengemeinschaft unentgeltlich erwirbt (§ 2042 Abs 2 iVm § 752 BGB), scheint die für den Erben ungünstigere Auslegung der Erbauseinandersetzung als unentgeltliche Übertragung unter Lebenden nahe zu liegen, unabhängig davon, ob die Auseinandersetzung aufgrund einer Teilungsanordnung oder freiwillig erfolgt.[181] Auch insoweit ist von der FinVerw eine sachgerechte Lösung zu fordern.

Besonders deutlich wird die Unzulänglichkeit des Gesetzes auch in den Fällen der **Vor- und Nacherbschaft** unter Beteiligung eines nicht unbeschränkt StPfl. Insb die Frage, wie der Nacherbfall und der Nacherbe im Anwendungsbereich des § 6 zu behandeln sind, ist ungeklärt.[182] 92

b) Wechsel der abkommensrechtlichen Ansässigkeit (Nr 2). Der Ersatztatbestand des § 6 Abs 1 S 2 Nr 2 findet Anwendung, wenn der Anteilsinhaber in einen DBA-Staat verzieht, im Inland – in Abgrenzung zu Abs 1 S 1 – weiterhin unbeschränkt steuerpflichtig bleibt, jedoch auf Grund der Begründung eines Wohnsitzes oder des gewöhnlichen Aufenthalts oder durch Erfüllung eines anderen ähnlichen Merkmals in dem anderen Vertragsstaat nach dem anwendbaren DBA als abkommensrechtlich ansässig gilt. Der Tatbestand ist erst erfüllt, wenn die abkommensrechtliche Ansässigkeit im anderen Vertragsstaat begründet ist. Dieser Zeitpunkt muss nicht notwendigerweise mit der Wohnsitznahme usw im anderen Vertragsstaat zusammenfallen.[183] 93

Die Regelung zielt va auf die Fälle, in denen das dt Besteuerungsrecht trotz weiterhin bestehender unbeschränkter StPfl im Inland verlorengeht, wenn der StPfl nach der sog **tie-breaker-rule (vgl Art 4 Abs 2 MA**) als im anderen Vertragsstaat ansässig gilt und das Besteuerungsrecht hierdurch auf den anderen Vertragsstaat übergeht. Ist in dem jeweiligen DBA eine dem Art 13 Abs 5 MA vergleichbare Regelung enthalten, 94

---

179 Vgl *BFH GrS* BStBl II 1990, 837, 841 ff.

180 Ausf *Baßler* FR 2008, 851, 857 f.

181 **AA** *Baßler* FR 2008, 851, 856 der zwischen der Auseinandersetzung mit (dann 1 § 6 Abs 1 S 2 Nr 1, 2. Alt) und ohne Teilungsanordnung (dann § 6 Abs 1 S 2 Nr 1, 1. Alt) unterscheidet.

182 Zu Lösungswegen *Baßler* FR 2008, 851, 860.

183 Vgl *F/W/B/S* § 6 Rn 78 mit Bsp zum DBA/USA.

geht das dt Besteuerungsrecht idR verloren, da sich das Besteuerungsrecht insoweit nach der Ansässigkeit des StPfl iSv Art 4 MA richtet. In diesem Fall ist § 6 Abs 1 S 2 Nr 2 unzweifelhaft erfüllt.

95 **Beispiel:** Die natürliche Person A, zu 100 % an der inländischen D-GmbH (kein Immobilienvermögen) beteiligt, verzieht – unter Beibehaltung eines Wohnsitzes und einer ständigen Wohnstätte in Deutschland – nach Kroatien und nimmt dort den Mittelpunkt seiner Lebensinteressen ein.

Lösung: A ist zwar weiterhin auf Grund seines Wohnsitzes in Deutschland unbeschränkt steuerpflichtig, er gilt aber gem Art 4 Abs 2 DBA/Kroatien als abkommensrechtlich in Kroatien ansässig. Bei einer späteren Veräußerung der D-GmbH wird der Gewinn in Kroatien besteuert und in Deutschland unter Progressionsvorbehalt freigestellt (Art 13 Abs 5, Art 23 Abs 1 Buchstabe a DBA/Kroatien). § 6 Abs 1 S 2 Nr 2 ist erfüllt.

96 Die nach dem jeweiligen DBA zu beurteilende „Ansässigkeit" im anderen Vertragsstaat kann auf Grund bes Regelungen ausgeschlossen sein und zu einer Nichtanwendung bzw zu einer verzögerten Verwirklichung des § 6 Abs 1 S 2 Nr 2 führen.

97 **Beispiel:** Die natürliche Person A, zu 100 % an der inländischen D-GmbH beteiligt, verzieht – unter Beibehaltung eines Wohnsitzes und einer ständigen Wohnstätte in Deutschland – in die Schweiz und nimmt dort den Mittelpunkt ihrer Lebensinteressen ein. In der Schweiz unterwirft A sich der sog pauschalierten Besteuerung nach dem Aufwand.[184] Acht Jahre später wechselt A in der Schweiz in die sog modifizierte Aufwandssteuer.[185]

Lösung: Solange A nach seinem Wegzug in die Schweiz der pauschalierten Aufwandssteuer unterliegt, gilt A gem Art 4 Abs 6 DBA/Schweiz als nicht in der Schweiz ansässig, dh die Abkommensregelungen entfalten insgesamt in diesem Zeitraum keine Schutzwirkung. Erst unmittelbar nach dem Wechsel zur modifizierten Aufwandssteuer begründet A seine abkommensrechtliche Ansässigkeit in der Schweiz. Ob hierdurch jedoch der Entstrickungstatbestand des § 6 Abs 1 S 2 Nr 2 ausgelöst wird, bleibt zweifelhaft, da man streng genommen erst in dem Wechsel in die modifizierte Aufwandsbesteuerung das zur Begründung der Ansässigkeit kausale Ereignis („auf Grund dessen") erblicken kann. Jedenfalls ist aber § 6 Abs 1 S 2 Nr 4 erfüllt („anderes Ereignis").

98 Wendet man § 6 Abs 1 S 2 Nr 2 wortlautgetreu an, erfasste dessen Anwendungsbereich auch Fälle in denen es mangels Wechsels des Besteuerungsrechts zu keiner Entstrickung kommt.[186] In diesen Fällen ist § 6 Abs 1 S 2 Nr 2 nach der hier vertretenen Auffassung (dazu Rn 5 ff, 56 ff) nicht erfüllt, da auch insoweit eine Beschränkung oder ein Ausschluss des Besteuerungsrechts Deutschlands hinsichtlich der Veräußerungsgewinne erforderlich ist.[187] So können etwa besondere abkommensrechtliche Klauseln ein deutsches Besteuerungsrecht erhalten,[188] wie insb sog Sitzstaatklauseln (s Rn 24).

99 **Beispiel:** Die natürliche Person A, zu 100 % an der inländischen D-GmbH beteiligt, verzieht – unter Beibehaltung ihres Wohnsitzes und einer ständigen Wohnstätte in Deutschland – nach Mexiko und nimmt dort den Mittelpunkt ihrer Lebensinteressen ein.

---

184 Vgl dazu *Gehrig* PIStB 2008, 159; *Kubaile/Suter* PIStB 2008, 78; *Bauer/Knirsch/Schanz* IWB 2007, F 5, Schweiz, Gr 2, 641.

185 Vgl *Gehrig* PIStB 2008, 159, 162; *Kubaile/Suter* PIStB 2008, 78, 82.

186 *Lademann* § 6 Rn 46; krit *S/K/K* § 6 Rn 94; *F/W/B/S* § 6 Rn 76.

187 Vgl auch *Wassermeyer* GS Krüger, S 287, 295, wonach dies iE auch dem Zweck der Vorschrift ausreichend dient.

188 S Bsp zu Art 4 Abs 3 DBA/Schweiz bei *Häck* IStR 2011, 521, 523.

Lösung: A ist weiterhin auf Grund seines Wohnsitzes in Deutschland unbeschränkt steuerpflichtig. A gilt zwar nach Art 4 Abs 2 DBA/Mexiko als abkommensrechtlich in Mexiko ansässig. Bei einer späteren Veräußerung der D-GmbH wird das dt Besteuerungsrecht hinsichtlich der Veräußerungsgewinne nicht durch das DBA/Mexiko entzogen, da Deutschland den Gewinn als Sitzstaat der D-GmbH weiter besteuern kann (Art 13 Abs 3 DBA/Mexiko). Mexiko rechnet die dt Steuer an (Art 23 Abs 2 DBA/Mexiko). Die Voraussetzungen des § 6 Abs 1 S 2 Nr 2 sind dem Wortlaut nach gegeben, obwohl Deutschland den Veräußerungsgewinn uneingeschränkt besteuern kann. Nach der hier vertretenen Auffassung ist § 6 Abs 1 S 2 Nr 2 hingegen nicht erfüllt.

Nicht abschließend geklärt ist die Frage, ob § 6 Abs 1 S 2 Nr 2 erfüllt ist, wenn die Ansässigkeit des StPfl in dem anderen Vertragsstaat erst durch den **Abschluss eines neuen DBA** zwischen Deutschland und dem Zuzugsstaat **nach dem Wegzug des StPfl** eintritt und das Besteuerungsrecht durch eine Art 13 Abs 5 MA entspr Regelung ausgeschlossen wird. Bereits der Wortlaut spricht insoweit dagegen,[189] als die Ansässigkeit „auf Grund" der Begründung eines Wohnsitzes, des gewöhnlichen Aufenthalts oder eines sonstigen Merkmals eingetreten sein muss. Dieser Zusammenhang besteht nicht, wenn die Ansässigkeit erst später durch den Abschluss eines neuen DBA begründet wird (zur Anwendung von § 6 Abs 1 S 2 Nr 4 s Rn 107). **100**

Nach dem Gesetzeswortlaut **(„eines anderen ähnlichen Merkmals")** kann eine Ansässigkeit iSv § 6 Abs 1 S 2 Nr 2 neben der Wohnsitznahme oder dem gewöhnlichen Aufenthalt im anderen Vertragsstaat auch durch ein diesen Merkmalen ähnliches Merkmal begründet werden. Ein solches „ähnliches" Merkmal dürfte zB in Fällen des Anknüpfens der unbeschränkten StPfl an die Staatsangehörigkeit, einen bestimmten Visa-Status oder die Arbeitserlaubnis zu verneinen sein, da diesen Merkmalen die notwendige Ortsbezogenheit fehlt.[190] **101**

c) Einlage in ausländischen Betrieb oder ausländische Betriebsstätte (Nr 3). Gem § 6 Abs 1 S 2 Nr 3 wird eine Vermögenszuwachssteuer ausgelöst, wenn der StPfl die Anteile in seinen ausl Betrieb oder seine ausl Betriebsstätte unmittelbar aus seinem Privatvermögen einlegt. § 4 Abs 1 S 3 EStG greift in diesem Falle nicht, da dieser die vorherige Zugehörigkeit zu einem inländischen Betriebsvermögen voraussetzt. Die Einlage in den Betrieb einer KapGes wird unmittelbar von § 17 Abs 1 S 1 oder S 2 EStG erfasst. **102**

Die Begriffe **„Betrieb" und „Betriebsstätte"** sind nach deutschem Steuerrecht zu bestimmen, nicht nach Abkommensrecht.[191] Ausreichend ist, wenn der ausl Betrieb (Betriebsstätte) mit der Einlage erst begründet wird. **103**

Der **Begriff der Einlage** umfasst nicht nur solche Vorgänge ohne Rechtsträgerwechsel,[192] sondern grds Überführungen und Übertragungen, wobei Überführungen von Kapitalgesellschaftsanteilen kaum denkbar erscheinen. Von § 6 Abs 1 S 2 Nr 3 sind vielmehr va die Fälle betroffen, in denen der StPfl seine Gesellschaftsanteile an „seine" ausl PersGes zivilrechtlich abtritt. **104**

---

189 Vgl *F/W/B/S* § 6 Rn 82; *Lademann* § 6 Rn 47; *S/K/K* § 6 Rn 97; *Töben/Reckwardt* FR 2007, 159.

190 Vgl *Vogel/Lehner* Art 4 Rn 111; *F/W/B/S* § 6 Rn 79.

191 *S/K/K* § 6 Rn 105.

192 AA *Lademann* § 6 Rn 48.

105 Inhaltlich fand sich der Ersatztatbestand des § 6 Abs 1 S 2 Nr 3 bereits in § 6 Abs 3 Nr 3 aF, allerdings unter der ausdrücklichen Einschränkung, dass das **Besteuerungsrecht Deutschlands** hinsichtlich des Gewinns aus der Veräußerung der Anteile durch ein DBA ausgeschlossen wird. Hieraus ließe sich der Schluss ziehen, dass der Gesetzgeber bewusst nicht mehr darauf abstellen will, ob das dt Besteuerungsrecht durch die Einlage beschränkt oder ausgeschlossen wird, dh der Ausschluss oder die Beschränkung des dt Besteuerungsrechts für die Verwirklichung des § 6 Abs 1 S 2 Nr 3 nicht erforderlich ist.[193] Nach der hier vertretenen Auffassung ergibt sich die bisherige Rechtslage jedoch weiterhin (ausf Rn 5 ff, 56 ff). Es gilt danach auch im Anwendungsbereich der Nr 3 die **zusätzliche Voraussetzung**, dass durch die Einlage in den ausl Betrieb oder die ausl Betriebsstätte das dt Besteuerungsrecht an den Veräußerungsgewinnen beschränkt oder ausgeschlossen wird. Im **Verhältnis zu DBA/Staaten** ist dies regelmäßig im Hinblick auf Art 7 MA der Fall, wenn die Beteiligung nach der Einlage einer abkommensrechtlichen Betriebsstätte im anderen DBA-Staat tatsächlich zugerechnet werden kann. Dies bedeutet in DBA-Sachverhalten, dass § 6 Abs 1 S 2 Nr 3 zum Einen nicht erfüllt ist, wenn es sich zwar aus dt Sicht um eine ausl Betriebsstätte handelt, diese jedoch **keine Betriebsstätte nach Abkommensrecht** darstellt.[194] Gleiches muss dann gelten, wenn es sich abkommensrechtlich um eine ausl Betriebsstätte handelt, die eingelegten Anteile dieser Betriebsstätte aber abkommensrechtlich nicht iSv Art 13 Abs 2 MA zuzurechnen sind[195] und Deutschland das Besteuerungsrecht an den Veräußerungsgewinnen (Art 13 Abs 5 MA) verbleibt.[196] Bei Belegenheit des Betriebs bzw der Betriebsstätte in einem **Nicht-DBA-Staat** bleibt das dt Besteuerungsrecht grds erhalten, es kommt aber ggf zu einer schädlichen Beschränkung durch Anrechnung der ausl Steuer gem § 34c EStG.

106 Für den Fall, dass die **ausl Betriebsstätte einem inländischen Stammhaus zugehörig** ist, wird empfohlen, dass der StPfl zunächst die Anteile aus dem Privatvermögen in das inländische Stammhaus (inl Betriebsstätte) einlegt und anschließend in die ausl Betriebsstätte überführt, um durch die Bildung eines Ausgleichspostens gem § 4g EStG eine aufgeschobene Gewinnrealisierung zu ermöglichen.[197] Die Vorteilhaftigkeit dieser Maßnahme ist jedoch zu bezweifeln, da § 4g EStG nur die Überführung in eine EU-Betriebsstätte des StPfl erfasst und der StPfl sich durch die Einlage in das inländische Stammhaus der besonderen Stundungsregelungen gem § 6 Abs 5 S 1 beraubt.

107 **d) Auffangtatbestand (Nr 4).** § 6 Abs 1 S 2 Nr 4 schafft nach dem gesetzgeberischen Willen einen **Auffangtatbestand.**[198] Die Formulierung lehnt sich an die der übrigen Entstrickungstatbestände (vgl § 4 Abs 1 S 3 EStG, § 12 Abs 1 KStG) an. Als Auffangtatbestand hat Nr 4 an sich nur subsidiäre Bedeutung gegenüber § 6 Abs 1 S 1 und den Ersatztatbeständen des § 6 Abs 1 S 2 Nr 1–3. Durch seine Formulierung und das systematische Verständnis als Auffangtatbestand „wirkt" Nr 4 nach der hier vertretenen

193 Vgl *F/W/B/S* § 6 Rn 90; *Grotherr* IWB 2007, F 3, Gr 1, 2153, 2157.
194 So iE auch *S/K/K* § 6 Rn 101 mit Fn 4 über eine teleologische Reduktion.
195 Zur abkommensrechtlichen Zurechnung im Rahmen des Art 13 Abs 2 MA ausf unter Rn 283 ff.
196 Daher trifft es auch nicht zu, dass die Bezugnahme in § 6 Abs 3 Nr 3 aF auf das Besteuerungsrecht entbehrlich geworden sei, s aber *Richter/Escher* FR 2007, 674, 676; *Hansen* StudZR 2008, 41.
197 Vgl *Grotherr* IWB 2007, F 3, Gr 1, 2153, 2157.
198 Vgl Stellungnahme des Bundesrats, BR-Drucks 542/06, 11.

Auffassung jedoch insoweit in die übrigen Tatbestände hinein, als auch dort das Tatbestandsmerkmal des „Ausschlusses oder der Beschränkung des Besteuerungsrecht" hineinzulesen ist (dazu ausf oben Rn 5 ff, 56 ff). Bei Anwendung des § 6 Abs 1 S 1 Nr 4 ist zu sehen, dass er auf beschränkt Steuerpflichtige nicht anwendbar ist.[199]

Ein **Ausschluss oder eine Beschränkung des Besteuerungsrechts** setzen denklogisch voraus, dass zuvor ein Besteuerungsrecht bestanden hat.[200] Soweit ein solches von vornherein nicht bestand, kann es auch nicht zu dessen Ausschluss oder Beschränkung kommen. **108**

Ein **Ausschluss** des dt Besteuerungsrechts kommt sowohl in Betracht, wenn die Einkünfte aus einer späteren Veräußerung der Anteile iSd § 17 EStG auf Grund eines Ereignisses steuerfrei zu stellen oder nicht mehr steuerbar sind. Es kommt darauf an, ob eine Besteuerung durchgeführt werden kann, wenn der StPfl den Tatbestand (fiktiv) erfüllen würde.[201] Durch höchstrichterliche Rechtsprechung nicht abschließend geklärt ist, ob der Ausschluss des dt Besteuerungsrechts auf ein **Handeln des StPfl zurückzuführen** sein muss, oder ob auch Fälle erfasst sind, die sich seinem Verantwortungsbereich entziehen, wie zB die **Änderung** oder der **Neuabschluss eines DBA (sog passive Entstrickung**, s a Rn 100). Beispielhaft sei auf Art 13 Abs. 4 OECD-MA hinsichtlich der Veräußerung von unbeweglichem Vermögen verwiesen, der das alleinige Besteuerungsrecht nicht mehr ausschließlich dem Ansässigkeitsstaat zuweist, sondern auch eine Besteuerung im Immobilienstaat zulässt.[202] **109**

Beispiel: Die natürliche Person A, zu 100 % an der ausl B-GmbH beteiligt, ist im Inland auf Grund eines Wohnsitzes unbeschränkt steuerpflichtig. Hauptsächlich wohnt A im Nicht-DBA-Staat X (Mittelpunkt der Lebensinteressen), wo A ebenfalls unbeschränkt steuerpflichtig ist. Der Staat X erhebt keine Steuern auf Gewinne aus der Veräußerung von Kapitalgesellschaftsbeteiligungen. Deutschland schließt nun mit dem Staat X ein DBA, das den Art 4 MA und Art 13 Abs 5 MA entspr Regelungen, aber keine sog subject-to-tax-Klausel enthält. **110**

Lösung: Im Anschluss an das Wirksamwerden des DBA verliert Deutschland sein Besteuerungsrecht hinsichtlich der Veräußerungsgewinne (Art 13 Abs 5 MA). § 6 Abs 1 S 2 Nr 2 ist tatbestandlich nicht erfüllt. Der Gesetzgeber[203] und die hM[204] will in diesem Fall Nr 4 anwenden, was nach dem Wortlaut zulässig erscheint. Das Argument, es handele sich um eine staatliche Maßnahme, die vom StPfl nicht beeinflusst werden kann, überzeugt hier nicht.[205] Denn die Verwirklichung eines Steuertatbestandes setzt nicht zwingend eine aktive Handlung des StPfl voraus (§ 38 AO), sondern lediglich die Verwirklichung des steuergesetzlich kodifizierten Tatbestands für die Steuerentstehung.[206] Ebenso ist § 6 Abs 1 S 2 Nr 4

---

199 *Schönfeld/Häck* IStR 2012, 582, 585.

200 Vgl *Lemaitre/Schönherr* GmbHR 2007, 173, 175.

201 *F/W/B/S* § 6 Rn 95.

202 So zB auch Art 13 Abs 7 DBA-Spanien, welches seit dem 1.1.2013 anwendbar ist, vgl *Debatin/Wassermeyer* Art. 13 Rn 24; vertiefend *Bron* IStR 2012, 904, 905.

203 Vgl Stellungnahme des Finanzausschusses, BT-Drucks 16/3369, 2.

204 *Kraft* § 6 Rn 382; *Lademann* § 6 Rn 49; Rödder/Herlinghaus/van Lishaut/*Ritzer* UmwStG, Anh 7 Rn 245; *Schaumburg* Rn 5.373; *Käshammer/Schümmer* IStR 2012, 362, 364; *Stadler/Elser* BB-Special 8/2006, 20; *Gebhardt* EStB 2007, 148, 149; *Grotherr* IWB 2007, F 3, Gr 1, 2153, 2157; *Benecke* NWB 2007, F 3, 14757, 14763.

205 Vgl *F/W/B/S* § 6 Rn 94; **aA** *S/K/K* § 6 Rn 112.

206 *Käshammer/Schümmer* IStR 2012, 362, 364; *Wassermeyer* IStR 2013, 1,1.

anzuwenden, wenn der Ausschluss des deutschen Besteuerungsrechts letztlich auf einer Änderung des innerstaatlichen Rechts des ausländischen Staates beruht.[207]

111 In speziellen Fällen, in denen die Ansässigkeit in einem DBA-Staat nicht an ein in Art 4 MA genanntes Merkmal knüpft, kommt eine Anwendung des § 6 Abs 1 S 2 Nr 4 ebenfalls in Betracht. Wechselt etwa ein Anteilsinhaber (Anteil an einer dt Kap-Ges) mit Doppelwohnsitz in Deutschland und der Schweiz (Lebensmittelpunkt in der Schweiz) von der **schweizerischen Pauschalsteuer** zur sog modifizierten Aufwandsbesteuerung, gilt er ab diesem Zeitpunkt als in der Schweiz ansässig (vgl Art 4 Abs 6 DBA/Schweiz).[208] In diesem Moment verliert Deutschland sein Besteuerungsrecht. Da § 6 Abs 1 S 2 Nr 2 tatbestandlich nicht erfüllt ist (kein „*ähnliches* Ereignis"), greift § 6 Abs 1 S 2 Nr 4 (vgl auch Rn 97).[209]

112 Eine **Beschränkung** des dt Besteuerungsrechts ist anzunehmen, wenn das Besteuerungsrecht nicht dem Grunde, sondern der Höhe nach beeinträchtigt wird. Der Gesetzgeber zielt dabei insb auf die Fälle, in denen künftig Deutschland eine im Ausland auf die Veräußerungsgewinne erhobene Steuer im Inland anrechnen muss,[210] auch wenn hierdurch streng genommen das Besteuerungsrecht *an sich* nicht beschränkt wird.[211] Hauptsächlich erfasst werden sollen damit Sachverhalte im Verhältnis zu Nicht-DBA-Staaten.[212] Jedoch macht sich der Gesetzeswortlaut einen typisch abkommensrechtlichen terminus technicus („Besteuerungsrecht") zu eigen, weshalb sich eine *allein* nach innerstaatlichem Recht begründete Anrechnungsverpflichtung (§ 34c EStG) nicht als tatbestandliche „Beschränkung" begreifen lässt.[213] Kernfrage einer „Beschränkung" des Besteuerungsrechts ist zudem, ob es ausreicht, dass eine Anrechnung der ausl Steuern im Veräußerungsfall potentiell möglich ist.[214] Diese Auslegung erscheint jedoch zu weitgehend.[215]

113 Vielmehr ist zum Zeitpunkt des Eintritts des „Ereignisses" iSv § 6 Abs 1 S 2 Nr 4 danach zu fragen, ob eine konkrete Gefahr der Anrechnung ausl Steuern besteht. Dies ist zB nicht der Fall, wenn zu diesem Zeitpunkt der ausl Staat keine Besteuerung von Veräußerungsgewinnen vorsieht. Gleiches gilt auch dann, wenn der im Inland unbeschränkt StPfl Anteile an einer inländischen KapGes hält, da die Gefahr der Anrechnung ausl Steuern ausl Einkünfte voraussetzt.[216] Möglich ist eine „Beschränkung" des Besteuerungsrechts aber in folgendem Fall:[217]

114 **Beispiel:** Die natürliche Person A, zu 100 % an der ausl B-GmbH mit Sitz im Nicht-DBA-Staat X beteiligt, ist allein im Inland unbeschränkt steuerpflichtig. Zum Zeitpunkt des Erwerbs der Beteiligung in Jahr 01 sah der Staat X keine beschränkte StPfl von Steueraus-

207 Vgl zum Fall der möglichen Abschaffung der schweizerischen Pauschalsteuer *Häck* IStR 2011, 521, 524 (Bsp 3).
208 Ausf *Bron/Seidel* IStR 2009, 312 ff.
209 Vgl *Häck* IStR 2011, 521, 524 f.
210 Vgl BT-Drucks 16/3369, 14; vgl *Bron* IStR 2014, 918, 919.
211 Zweifelnd auch *F/W/B/S* § 6 Rn 96.
212 Bsp bei *Grotherr* IWB 2007, F 3, Gr 1, 2153, 2158.
213 *Blümich* § 6 Rn 55 f.
214 Vgl *S/K/K* § 6 Rn 114; *Mössner/Fuhrmann* § 6 Rn 35.
215 So wohl *F/W/B/S* § 6 Rn 96.
216 Vgl *F/W/B/S* § 6 Rn 96.
217 Angelehnt an *S/K/K* § 6 Rn 115.

ländern hinsichtlich der Gewinne aus der Veräußerung von im Staat X ansässigen KapGes vor. Eine solche beschränkte StPfl – vergleichbar der dt ESt – führt der Staat X im Jahr 2004 ein.

Lösung: Ab der Einführung der beschränkten StPfl in Staat X ist Deutschland gem § 34c Abs 1 EStG im Veräußerungsfall zur Anrechnung der ausl Steuern verpflichtet. Soweit man zur Verwirklichung des § 6 Abs 1 S 2 Nr 4 generell eine dem StPfl zurechenbare Handlung voraussetzt, würde keine Entstrickungsbesteuerung ausgelöst.[218] Rechtsstaatlich dürfte eine Besteuerung aber hinzunehmen sein, wenn die Beschränkung des deutschen Besteuerungsrechts ursächlich durch eine Änderung des nationalen Rechts des ausländischen Staates hervorgerufen wird (s Rn 109).

Eine **Einschränkung** könnte der Wortlaut des § 6 Abs 1 S 2 Nr 4 insoweit enthalten, als tatbestandsgemäß nur ein gegenüber den in § 6 Abs 1 S 1, S 2 Nr 1–3 tatbestandsgemäßen Ereignissen[219] *anderes Ereignis* ist. Danach könnte etwa die in § 6 Abs 1 S 2 Nr 1 bestehende Gesetzeslücke bei Schenkung bzw Vererbung der Anteile an einen Begünstigten mit Doppelwohnsitz und Lebensmittelpunkt im anderen DBA-Vertragsstaat (vgl Rn 80, 83) nicht durch Anwendung des § 6 Abs 1 S 2 Nr 4 geschlossen werden, da es sich nicht um ein „anderes" Ereignis in diesem Sinne handelte. Hingegen wird man – gestützt auf die Qualifizierung als Auffangtatbestand – den Begriff des „anderen Ereignisses" auch in einem weiteren Verständnis auslegen können. 115

4. Vorrang des § 17 Abs 5 EStG und Normen des UmwStG (Abs 1 S 3). Gem § 6 Abs 1 S 3 sind § 17 Abs 5 EStG und die Vorschriften des UmwStG vorrangig anzuwenden, dh § 6 Abs 1 findet nur Anwendung, soweit in § 17 Abs 5 und im UmwStG nichts anderes geregelt ist.[220] § 6 Abs 1 S 3 soll Doppelbest vermeiden. 116

§ 17 Abs 5 EStG gilt ab dem VZ 2007 und betrifft die Besteuerung eines Anteilseigners, wenn eine bisher unbeschränkt steuerpflichtige KapGes ihren Sitz oder den Ort der Geschäftsleitung ins Ausland verlegt. Führt diese Verlegung zu einem Ausschluss oder zu einer Beschränkung des dt Besteuerungsrechts hinsichtlich des Gewinns aus der Veräußerung der Anteile an der KapGes, steht dies der Veräußerung der Anteile zum gemeinen Wert gleich. § 6 Abs 1 S 3 schließt für die Fälle des § 17 Abs 5 EStG daher insb eine Vermögenszuwachssteuer gem § 6 Abs 1 S 2 Nr 4 aus. 117

In **Umwandlungsfällen** kann sich ein ähnliches Problem ergeben, wenn zB die umzuwandelnde Gesellschaft zukünftig nicht mehr als in Deutschland ansässig anzusehen ist. Deshalb sieht § 6 Abs 1 S 3 vor, dass die Vorschriften des UmwStG vorrangig sind, um auch hier eine Doppelbest zu vermeiden. 118

C. Allgemeine Rechtsfolgen

I. Ermittlung des fiktiven Veräußerungsgewinns (Abs 1 S 4)

§ 6 Abs 1 enthält als Rechtsfolge die Fiktion eines steuerpflichtigen Gewinns **(Ersatzgewinnrealisierung)**, wie er bei einer Veräußerung gem § 17 EStG entstanden wäre, ohne dass tatsächlich eine Veräußerung der Anteile erfolgt. Rechtskonstitutiv soll die 119

218 Krit insoweit *S/K/K* § 6 Rn 115.

219 Dh physischer Wegzug (S 1), Schenkung bzw Erwerb von Todes wegen (S 2 Nr 1), Begründung der Ansässigkeit in anderem Vertragsstaat (S 2 Nr 2), Einlage in ausländisches Betriebs(stätten)vermögen (S 2 Nr 3).

220 *F/W/B/S* § 6 Rn 101.

Rechtsfolge des § 6 AStG – die von der tatsächlichen Veräußerung zeitlich losgelöste Vermögenszuwachsbesteuerung nach Maßgabe des § 17 EStG – als **letzter Akt der unbeschränkten StPfl** ausgestaltet sein.[221] Dies gilt freilich nur, soweit der StPfl seine unbeschränkte StPfl auch tatsächlich aufgibt, was zwingend nur bei § 6 Abs 1 S 1 der Fall ist.

120 **1. Ermittlung des zu besteuernden Vermögenszuwachses.** Die Ermittlung der Höhe des zu besteuernden Vermögenszuwachses bestimmt sich nach § 17 Abs 2 EStG unter Berücksichtigung der Modifizierung in § 6 Abs 1 S 4. An die Stelle des Veräußerungspreises iSv § 17 Abs 2 EStG tritt für Zwecke der Vermögenszuwachsbesteuerung der gemeine Wert der Anteile zu dem nach § 6 Abs 1 S 1 und S 2 maßgebenden Zeitpunkt (§ 6 Abs 1 S 4). Entspr ist der **Vermögenszuwachs** (vgl § 6 Abs 1 S 5) gem § 17 Abs 2 EStG iVm § 6 Abs 1 S 4 der Betrag, um den der gemeine Wert der Anteile iSv § 17 Abs 1 S 1 EStG nach Abzug der „Veräußerungskosten" die Anschaffungskosten übersteigt.

121 Der Begriff des gemeinen Werts bestimmt sich nach § 9 Abs 2 BewG. Bei der **Bewertung von Anteilen an KapGes** ist speziell § 11 BewG zu beachten, der durch das ErbStRG[222] neu gefasst worden ist. Soweit es sich nicht um börsennotierte Aktien handelt (§ 11 Abs 1 BewG), ist der gemeine Wert vorrangig aus **Verkäufen unter fremden Dritten** abzuleiten, die weniger als ein Jahr zurückliegen (§ 11 Abs 2 S 2 BewG). Ansonsten ist der gemeine Wert unter Berücksichtigung der **Ertragsaussichten der KapGes** oder einer anderen anerkannten, auch im gewöhnlichen Geschäftsverkehr für nichtsteuerliche Zwecke üblichen Methode zu ermitteln, wobei der sog Substanzwert nicht unterschritten werden darf (§ 11 Abs 2 S 3 BewG).[223] Rechtspraktisch ist zu beachten, dass die FinVerw die gleich lautenden Erlasse der obersten Finanzbehörden der Länder v 17.5.2011[224] zur Anwendung der §§ 11, 95, 109 und 199 ff BewG in der Fassung des ErbStRG für ertragsteuerliche Zwecke bei der Bewertung von Unternehmen und Anteilen an Kapitalgesellschaften entsprechend anwendet.[225]

122 Die Höhe der **Anschaffungskosten** richtet sich nach den allg Grundsätzen des § 17 Abs 2 EStG. Hat der StPfl in der Zeit vor Begründung der inländischen unbeschränkten StPfl die Anteile iSv § 17 EStG erworben und beim Wegzug aus dem bisherigen Wohnsitzstaat nach Deutschland einer Besteuerung vergleichbar dem dt § 6 unterlegen, erfolgt ein Ansatz der Anteile mit dem gemeinen Wert zum Zeitpunkt der Begründung der unbeschränkten StPfl in Deutschland (§ 17 Abs 2 S 3 EStG).

123 § 17 Abs 2 EStG sieht den **Abzug von Kosten der „Veräußerung"** vor. Da tatsächlich keine Veräußerung erfolgt, ist jeweils zu fragen, ob die tatsächlich entstandenen Kosten auch bei einer Veräußerung der Anteile angefallen wären. Da einer tatsächlichen Veräußerung im Regelfall eine Bewertung der Anteile vorausgehen dürfte, sind die zur Bestimmung des gemeinen Werts der Anteile gem § 6 Abs 1 S 4 erforderlichen Bewertungskosten generell abzugsfähig. Bei der Ermittlung des Vermögenszuwachses können auch Betriebsausgaben zu berücksichtigen sein (zB Belastung des Anteils mit

---

221 Vgl *BFH* BStBl II 1977, 283; zw *Wassermeyer* EuZW 2007, 1.
222 ErbStRG v 24.12.2008, BGBl I 2008, 3018.
223 Ausf zu den Einzelheiten *Piltz* Ubg 2009, 13 ff.
224 BStBl I 2011, 606.
225 Vgl *BMF* BStBl I 2011, 859.

einem Nießbrauch, Pfandrecht, eine stillen Unterbeteiligung, usw).[226] Da die eigentlichen Wegzugskosten (Umzugskosten usw) bei einer tatsächlichen Veräußerung nicht angefallen wären, stellen sie keine Kosten der „Veräußerung" in diesem Sinne dar.[227]

Fraglich ist, ob iRd § 6 Abs 1 nicht nur positive Vermögenszuwächse sondern auch **Wertverluste** zu berücksichtigen sind, dh ein (fiktiver) Veräußerungsverlust steuerlich zu berücksichtigen ist. Ein Teil der Stimmen in der Literatur[228] verneint dies unter Hinweis auf die Rspr des BFH.[229] Diese Ansicht überzeugt nicht, da § 6 umfassend auf § 17 Abs 2 EStG verweist und § 6 die Fiktion einer Veräußerung zum Entstrickungszeitpunkt vorsieht, so dass grds auch „negative Vermögenszuwächse" zu berücksichtigen sind.[230] Aus steuersystemathischer Sicht müssen korrespondierend zur Behandlung von stillen Reserven im Zeitpunkt des Wegzugs auch Wertminderungen Berücksichtigung finden.[231] Ist der Wert der Beteiligung im Entstrickungszeitpunkt unter die Anschaffungskosten gesunken, ist der Vermögensverlust daher ebenfalls zu berücksichtigen.[232] Im Falle einer späteren Veräußerung ist dann bei der Berechnung des Veräußerungsgewinns von den verminderten Anschaffungskosten auszugehen.[233] Wollte man dieser Ansicht nicht folgen, sind – bei Wegzug mit Beteiligungen an mehreren Gesellschaften – Wertverluste in einer Beteiligung mit Wertzuwächsen aus einer anderen Beteiligung auszugleichen.[234] In der Praxis bietet sich ggf an, die wertgeminderte Beteiligung vor dem Wegzug verlustrealisierend tatsächlich zu veräußern. Hierin liegt grds kein Gestaltungsmißbrauch.[235] **124**

Die Steuer entsteht mit Ablauf des Kj, in dem der Ausschluss bzw die Beschränkung des dt Besteuerungsrechts eingetreten ist (§ 38 AO). Fällig wird sie einen Monat nach ihrer Festsetzung (§ 36 Abs 4 S 1 EStG). Zu berücksichtigen ist, dass das FA ggf Vorauszahlungen auf die anfallende Einkommensteuer verlangt. **125**

2. Kürzung des Veräußerungsgewinns bei zukünftigen Veräußerungen (Abs 1 S 5).

§ 6 Abs 1 S 5 sieht vor, dass die §§ 17 und 49 Abs 1 Nr 2 Buchstabe e EStG mit der Maßgabe unberührt bleiben, dass der nach diesen Vorschriften anzusetzende Gewinn aus der Veräußerung dieser Anteile um den nach den vorstehenden Vorschriften besteuerten Vermögenszuwachses zu kürzen ist. Durch diese Regelungen soll eine inländische Doppelbest – zum Zeitpunkt des Wegzugs und zum Zeitpunkt des Verkaufs – der in den Anteilen entstandenen stillen Reserven vermieden werden, indem der tatsächliche Veräußerungsgewinn um den nach § 6 besteuerten Vermögenszuwachs zu kürzen ist. **126**

---

226 Vgl *S/K/K* § 6 Rn 134; *F/W/B/S* § 6 Rn 103.
227 *F/W/B/S* § 6 Rn 103.
228 *Kraft* § 6 Rn 291; *W/S/G* § 6 Rn 17; *Lademann* § 6 Rn 55; *Schaumburg* Rn 5.378; *Rupp* StbHdb, § 6 Rn 18; *Benecke* NWB 2007, F 3, 14757, 14765.
229 *BFH* BStBl II 1990, 615.
230 GlA *F/W/B/S* § 6 Rn 51; *Blümich* § 6 Rn 63; *S/K/K* § 6 Rn 139; *Mössner/Fuhrmann* § 6 Rn 15.
231 *Huber* IWB 2015, 392, 395.
232 Die Beschränkungen des § 17 Abs 2 S 6 EStG sind dabei zu beachten.
233 *Huber* IWB 2015, 392, 395.
234 Ausf *Jacob* SAM 2009, 130 ff.
235 Vgl *FG Saarland* EFG 2008, 1803; vgl auch *BFH* BStBl II 2011, 427.

127 Folgt man der hier vertretenen Ansicht (dazu Rn 5 ff, 56 ff) und hält man den Ausschluss oder die Beschränkung des dt Besteuerungsrechts für eine Tatbestandsverwirklichung der Entstrickungsvorschriften gem § 6 Abs 1 S 1 und S 2 Nr 1–3 für erforderlich, verbleibt für den Tatbestand des § 6 Abs 1 S 5 ein geringer Anwendungsbereich. Wird das Besteuerungsrecht Deutschlands nämlich etwa auf Grund eines DBA ausgeschlossen, kommt eine inländische Besteuerung gem § 17 EStG oder § 49 Abs 1 Nr 2 Buchstabe e EStG regelmäßig nach Verwirklichung des § 6 nicht mehr in Betracht. Der Anwendungsbereich des § 6 Abs 1 S 5 ist aber in Fällen eröffnet, in denen das Besteuerungsrecht Deutschlands zunächst verloren gegangen ist und später durch eine erneute Verstrickung wieder auflebt.

128 **Beispiel:** Die natürliche Person A, zu 100 % an einer portugiesischen KapGes beteiligt, verzieht unter Aufgabe der inländischen unbeschränkten StPfl nach Marokko. Der Wegzug löst die Vermögenszuwachssteuer gem § 6 (Vermögenszuwachs: 100) aus, da nach dem Wegzug kein inländischer Anknüpfungspunkt für eine Besteuerung besteht. Elf Jahre später verlässt A Marokko und kehrt nach Deutschland in die unbeschränkte StPfl zurück. Der Wegzug soll in Marokko keine dem § 6 vergleichbare Wegzugsteuer ausgelöst haben. Später veräußert A die Anteile an der portugiesischen Gesellschaft (Veräußerungsgewinn 120).

Lösung: Der erzielte Gewinn aus der tatsächlichen Veräußerung (120) ist in Deutschland gem § 17 EStG steuerpflichtig. Gem § 6 Abs 1 S 5 ist der Veräußerungsgewinn um den bereits besteuerten Vermögenszuwachs (100) zu kürzen, so dass A nur noch die Differenz (20) nach dem Teileinkünfteverfahren gem § 3 Nr 40 Buchstabe c EStG besteuern muss.

129 Die Regelung des § 6 Abs 1 S 5 greift auch ein, wenn bei der Besteuerung nach §§ 17, 49 EStG ein **Verlust** anzusetzen ist,[236] dh die Berücksichtigung eines zuvor besteuerten Vermögenszuwachses iSv § 6 wirkt sich dann als Veräußerungsverlust aus. Auch ist ein Verlust zu berücksichtigen, der entsteht, wenn der besteuerte Vermögenszuwachs höher ist, als der später tatsächlich generierte Veräußerungsgewinn.

130 Die Berücksichtigung des bereits besteuerten Vermögenszuwachses erfolgt **von Amts wegen**, eines Antrags bedarf es nicht.[237] Ratsam ist dennoch, die Bescheide über die Vermögenszuwachsbesteuerung aufzubewahren und bei der tatsächlichen Veräußerung hierauf hinzuweisen.[238] Zu einer Doppelbesteuerung könnte es dennoch kommen, wenn das ausländische Steuerrecht die Erhöhung der Anschaffungskosten aus der fiktiven Veräußerung in Deutschland nicht anerkennt und nochmals die stillen Reserven besteuert, die Gegenstand der deutschen Wegzugsbesteuerung waren.[239]

131 Zu beachten ist, dass es trotz § 6 Abs 1 S 5 zu einer **steuerlichen Mehrfachbelastung** kommen kann, wenn es sich um Anteile an ausl KapGes handelt. In diesem Fall greift § 49 Abs 1 Nr 2 Buchstabe e EStG nicht und es droht – neben der Besteuerung des Vermögenszuwachses – im Veräußerungsfall eine nochmalige Besteuerung des gleichen Steuersubstrats im ausl Staat, ohne dass es zu einer Kürzung um den bereits besteuerten Vermögenszuwachs käme.[240]

---

236 *F/W/B/S* § 6 Rn 110; *Lademann* § 6 Rn 60.
237 *S/K/K* § 6 Rn 136.
238 *S/K/K* § 6 Rn 135.
239 Vgl *Milatz/Christopeit* BB 2015, 1750, 1754.
240 Vgl *Wilke* PiStB 2007, 108, 110.

II. Besteuerung des Vermögenszuwachses

Die Besteuerung des Vermögenszuwachses gem § 6 unterliegt ab dem 1.1.2009 dem sog **Teileinkünfteverfahren** (§ 3 Nr 40 Buchstabe c EStG; § 3c EStG). Zwar ist § 6 nicht in § 3 Nr 40 Buchstabe c EStG genannt, durch die Anknüpfung an den Tatbestand des § 17 EStG wäre eine unterschiedliche Behandlung jedoch nicht gerechtfertigt.[241] Die Freibetragsregelung des § 17 Abs 3 EStG findet Anwendung, dh der dort genannte Freibetrag ist auch in den Fällen des § 6 zu gewähren und eventuell abzuschmelzen. Zinsaufwendungen aus einem etwaig zur Begleichung der entstehenden Steuerschuld aufgenommenen Darlehen sind nicht abzugsfähig (§ 12 Nr 3 EStG). 132

D. Allgemeine Möglichkeiten zur Milderung oder Abwendung der Rechtsfolgen (§ 6 Abs 3 und Abs 4)

I. Rückwirkender Entfall des Steueranspruchs gem Abs 1 (§ 6 Abs 3)

1. Vorbemerkung. § 6 Abs 3 legt die Voraussetzungen für einen **rückwirkenden Entfall des Steueranspruchs** iSv § 6 Abs 1 fest. Die in Folge des Wegzugs entstehende Steuer gem § 6 Abs 1 kann zwischenzeitlich gem § 6 Abs 4 (dazu Rn 168 ff) gestundet werden. 133

Wurde der Steueranspruch nach § 6 Abs 5 (dazu Rn 185 ff) gestundet, ist ein rückwirkender Entfall des Steueranspruchs grds zeitlich unbegrenzt möglich (vgl § 6 Abs 3 S 4). Jenseits dessen ist dies nur möglich, wenn es sich um einen Fall der **„vorübergehenden Abwesenheit“** des gem § 6 Abs 1 S 1 physisch weggezogenen StPfl handelt (§ 6 Abs 3 S 1 und S 2). Hierunter fallen die Sachverhalte, in denen der StPfl nur zeitlich begrenzt ins Ausland verzieht, es aber zu einer späteren Rückkehr nach Deutschland kommt. Hierfür sieht das Gesetz eine Befristung auf fünf Jahre vor, die auf höchstens zehn Jahre verlängert werden kann.[242] 134

Beruht der Steueranspruch auf der Verwirklichung eines Ersatztatbestandes gem § 6 Abs 1 S 2 Nr 2–4 findet § 6 Abs 3 zugunsten der StPfl oder deren Rechtsnachfolger nach dem Wortlaut keine Anwendung. Es bliebe – neben der Stundungsmöglichkeiten gem § 6 Abs 4 – nur ein Antrag auf Stundung gem § 222 AO unter Darlegung einer dem § 6 Abs 3 vergleichbaren Situation.[243] Lediglich die Rückkehr des Rechtsnachfolgers des StPfl innerhalb von fünf Jahren nach einem entstrickenden Erwerb von Todes wegen (§ 6 Abs 1 S 2 Nr 1) führt nach dem Wortlaut ebenfalls zu einem rückwirkenden Entfall des Steueranspruchs (§ 6 Abs 3 S 3). Zumindest iF des § 6 Abs 1 S 2 Nr 1, 1. Alt (unentgeltliche Übertragung unter Lebenden) und Nr 2 (Wechsel der abkommensrechtlichen Ansässigkeit) stößt diese Beschränkung auf verfassungsrechtliche Bedenken. Warum der Stpfl, der abkommensrechtlich wieder in Deutschland ansässig wird, bzw der Beschenkte, der die unbeschränkte StPfl im Inland begründet, von § 6 Abs 3 nicht begünstigt wird, lässt sich nicht rechtfertigen. 135

---

241 *BMF* BStBl I 2004, Sondernr 1, 3, Tz 6.1.3.2.; *F/W/B/S* § 6 Rn 60; *S/K/K* § 6 Rn 141; *Lademann* § 6 Rn 57; **aA** *Dötsch/Pung* DB 2000, Beilage 10, 9.

242 Die Sinnhaftigkeit dieser zeitlichen Befristungen ist zu bezweifeln, vgl *Wassermeyer* IStR 2007, 833, 836.

243 Vgl *F/W/B/S* § 6 Rn 143 mit der Ansicht, dass eine analoge Anwendung von § 6 Abs 3 innerhalb des § 222 AO möglich sein sollte.

136 **Steuersystematisch** ist § 6 Abs 3 nach seinem Wortlaut wenig stringent. Es dürfte ohne Zweifel sein, dass § 6 Abs 3 teleologisch einen Entfall des Steueranspruchs nach § 6 Abs 1 nur dann herbeiführen will, wenn das Besteuerungsrecht Deutschlands hinsichtlich der Gewinne aus der Veräußerung der Anteile wieder in dem Maße hergestellt wird, wie es vor der Entstrickung bestand (sog **Wiederverstrickung**). Der Gesetzgeber schwankt insoweit auf den ersten Blick zwischen der Wiederbegründung der unbeschränkten StPfl (§ 6 Abs 3 S 4 Nr 1), der Wiederbegründung der abkommensrechtlichen Ansässigkeit (§ 6 Abs 3 S 1, S 3) und der Wiederbegründung des inländischen Besteuerungsrechts bzw dessen einschränkungsloser Wiederherstellung (§ 6 Abs 3 S 4 Nr 2). Nach Sinn und Zweck ist der Entfall des Steueranspruchs nur vorzusehen, wenn das **ursprünglich dt Besteuerungsrecht wiederhergestellt wird**.[244] Denn wie iRd Entstrickungstatbestände der Steueranspruch nach dem Wortlaut ansonsten sinnwidrig ausgelöst werden kann, wenn das inländische Besteuerungsrecht weder ausgeschlossen noch beschränkt wird, kann es zu einem Entfall des Besteuerungsrecht gem § 6 Abs 3 kommen, obwohl Deutschland sein Besteuerungsrecht nicht (vollständig) wiedererlangt hat.

137 Nach der hier vertretenen Ansicht, nach der ein Entstrickungstatbestand iSv § 6 Abs 1 in jedem Fall nur bei einem Verlust oder einer Beschränkung des dt Besteuerungsrechts ausgelöst wird (dazu Rn 5 ff, 56 ff, 107), kommt es iRd § 6 Abs 3 in der Konsequenz allein darauf an, ob das inländische Besteuerungsrecht hinsichtlich der Veräußerungsgewinne wieder begründet wird oder nicht mehr beschränkt ist. Diese Ansicht lässt sich systematisch auf die Formulierung des § 6 Abs 3 S 4 Nr 2 („…auf Grund eines anderen Ereignisses…“) stützen, da diese Formulierung bei richtiger Lesart davon ausgeht, dass es in den übrigen Fällen des § 6 Abs 3 ebenfalls einer Wiederverstrickung der Anteile bedarf. Der Wortlaut verbietet diese Auslegung daher nicht.[245] Dass nur diese Ansicht dem gesetzgeberischen Willen entsprechen dürfte, zeigt folgendes Bsp:

138 **Beispiel:** Die natürliche Person A, zu 100 % an einer ausländischen KapGes mit Sitz im Staat B beteiligt, gibt in 2001 ihre unbeschränkte StPfl in Deutschland auf und verzieht nach B. Das DBA zwischen Deutschland und B weist Deutschland das alleinige Besteuerungsrecht an den Gewinnen aus der Veräußerung der Anteile an der KapGes zu (vgl Art 13 Abs 5 OECD-MA). A kehrt innerhalb von fünf Jahren nach dem Wegzug in die unbeschränkte StPfl in Deutschland zurück und wird im Inland auch abkommensrechtlich ansässig. Vor der Rückkehr nach Deutschland wird das DBA zwischen Deutschland und B dahingehend geändert, dass der Sitzstaat der Gesellschaft, deren Anteile veräußert werden, die Veräußerungsgewinne besteuern kann. Der Ansässigkeitsstaat des Veräußerers kann die Veräußerungsgewinne zwar ebenfalls besteuern, muss die ausländische Steuer aber anrechnen.[246]

Lösung: Durch den Wegzug in 2001 wird der Steueranspruch nach § 6 Abs 1 S 1 ausgelöst, da A aus der inländischen unbeschränkten StPfl ausscheidet. Durch die Rückkehr von A nach Deutschland würde nach dem Wortlaut der Steueranspruch rückwirkend gem § 6 Abs 3 S 1 entfallen, da A in Deutschland wieder unbeschränkt steuerpflichtig geworden und im Inland auch abkommensrechtlich ansässig geworden ist. Anders als vor dem Wegzug ist das deutsche Besteuerungsrecht jedoch nun abkommensrechtlich durch die Anrechnungsverpflichtung beschränkt, dh es wird durch die Rückkehr von A nicht vollumfänglich wie-

244 Vgl *F/W/B/S* § 6 Rn 152.
245 AA *F/W/B/S* § 6 Rn 152.
246 So die übliche Konstellation bei sog Sitzstaatklauseln, dazu Rn 24.

derhergestellt. Die Beschränkung des deutschen Besteuerungsrechts war zwar nicht durch A beeinflussbar, eine Versagung des rückwirkenden Entfalls des Besteuerungsanspruchs erscheint nach der hier vertretenen Auffassung aber als gerechtfertigt.

Vor diesem Hintergrund ist § 6 Abs 3 so auszulegen, dass ein Entfall des Steueranspruchs nach § 6 Abs 1 nur dann in Betracht kommt, wenn es zu einer **Wiederverstrickung der Anteile** kommt, dh, das vormals bestehende Besteuerungsrecht Deutschlands in gleichem Maße wiederhergestellt ist. 139

2. Wiederverstrickung der Anteile innerhalb von fünf Jahren (§ 6 Abs 3 S 1). § 6 Abs 3 S 1 und S 2 beruht auf der Überlegung, dass häufig aus zwingenden persönlichen Gründen ein vorübergehender Wegzug erforderlich wird, ohne dass der StPfl aus Gründen der Steuerersparnis Deutschland verlässt.[247] 140

a) Tatbestandsvoraussetzungen des § 6 Abs 3 S 1. Die Beendigung der unbeschränkten StPfl muss auf „**vorübergehender Abwesenheit**" beruhen. Der Begriff der vorübergehenden Abwesenheit ist gesetzlich nicht definiert. Im Hinblick auf § 6 Abs 3 S 2 ergibt sich gesetzessystematisch, dass die „vorübergehende Abwesenheit" aus zeitlicher Perspektive eine objektive Höchstgrenze für eine Rückkehr von zehn Jahren setzt.[248] Lediglich die (zusätzlichen) Voraussetzungen zur Auslösung der Rechtsfolge sind bei einer Rückkehr bereits innerhalb von fünf Jahren (S 1) oder erst innerhalb von zehn Jahren (S 2) verschieden. 141

Die Frage, ob die Rückkehr innerhalb eines bestimmten Zeitraums allein ausreicht (sog objektive Theorie)[249] oder ob (zusätzlich) ein subjektiver Rückkehrwille des StPfl im Zeitpunkt der Beendigung der unbeschränkten StPfl zu verlangen ist (sog subjektive Theorie),[250] ist iE im Sinne einer **eingeschränkten objektiven Theorie**[251] zu lösen. Danach reicht für den Entfall des Steueranspruchs gem § 6 Abs 3 S 1 die objektive Rückkehr innerhalb von fünf Jahren aus, während bei einer objektiven Rückkehr zwischen dem fünften und zehnten Jahr der Abwesenheit (§ 6 Abs 3 S 2) die Rückkehrabsicht und die Abwesenheit aus beruflichen Gründen glaubhaft zu machen ist. Zwar ergibt sich aus § 6 Abs 3 S 2 („seine Absicht zur Rückkehr *unverändert* fortbesteht") im Umkehrschluss, dass die Rückkehrabsicht grds auch iF des § 6 Abs 3 S 1 zu verlangen ist. Kehrt der StPfl aber objektiv innerhalb von fünf Jahren zurück, besteht gem § 6 Abs 3 S 1 eine (gesetzliche) Vermutung, dass eine solche Rückkehrabsicht bereits zu Beginn vorlegen hat. Da nur § 6 Abs 3 S 2 ausdrücklich verlangt, dass der StPfl das Fortdauern der Rückkehrabsicht glaubhaft machen muss, ergibt sich, dass ein solches Glaubhaftmachen iRd § 6 Abs 3 S 1 eben nicht erforderlich ist. 142

Die **Fünfjahresfrist iSv § 6 Abs 3 S 1** berechnet sich gem § 108 AO iVm §§ 186–193 BGB nach der tatsächlichen Abwesenheit des StPfl in Kalenderjahren, dh nicht nach Veranlagungszeiträumen. Maßgeblich ist der Zeitraum zwischen dem Ende der unbeschränkten StPfl und dem Wiederbeginn der unbeschränkten StPfl. Nur vorübergehende Inlandsaufenthalte (zB zu Besuchs- oder Urlaubszwecken) bleiben bei der Berechnung unbe- 143

247 *F/W/B/S* § 6 Rn 142.
248 So auch *F/W/B/S* § 6 Rn 147; **aA** *S/K/K* § 6 Rn 177; *Grotherr* IWB 2007, F 3, Gr 1, 2153, 2160.
249 Vgl *Weber-Grellet* DStR 2007, Beihefter zu Heft 39, 43.
250 So *BMF* BStBl I 2004, Sondernummer 1, 3 Tz 6.4.1.; *Lademann* § 6 Rn 66.
251 *F/W/B/S* § 6 Rn 144.

rücksichtigt, soweit während dieser Zeiträume keine unbeschränkte StPfl begründet wird (vgl § 9 S 3 AO). IRd § 6 Abs 3 S 1 trifft den StPfl die **Nachweispflicht** hinsichtlich der Tatsache seiner Rückkehr innerhalb des Fünfjahreszeitraums.[252] Insoweit trägt der StPfl auch das Risiko seiner rechtzeitigen tatsächlichen Rückkehr.

144 Nach seinem Wortlaut stellt § 6 Abs 3 S 1 das Entfallen des Steueranspruches nach Abs 1 unter die weitere Bedingung, dass die Anteile in der Zwischenzeit nicht veräußert und die Tatbestände des Abs 1 S 2 Nr 1 (unentgeltliche Übertragungen, Erwerb von Todes wegen) oder Nr 3 (Einlage in ausl Betriebsstättenvermögen) nicht erfüllt worden sind und der StPfl im Zeitpunkt der Begr der unbeschränkten StPfl nicht nach einem DBA als in einem ausl Staat ansässig gilt. **Zwischenzeitliche Anteilsveräußerung** meint Veräußerungen und die Einlage der Anteile in eine KapGes gem § 17 Abs 1 S 1 und S 2 EStG. „Zwischenzeitlich" bezieht sich auf den Zeitraum zwischen Ende und Wiederbegründung der unbeschränkten StPfl.

145 Die Voraussetzung, dass der StPfl im Zeitpunkt der Wiederbegründung der unbeschränkten StPfl nicht in einem anderen Vertragsstaat als ansässig gelten darf, zielt wohl darauf, dass der Steueranspruch nach § 6 Abs 1 nur entfallen soll, wenn das inländische Besteuerungsrecht bezüglich eines Gewinns aus der Veräußerung der Anteile wieder uneingeschränkt begründet ist (s Rn 137). Der Wortlaut des § 6 Abs 3 S 1 geht davon aus, dass in DBA-Fällen **zum Zeitpunkt der (Wieder-)Begründung der unbeschränkten Stpfl im Inland** der Stpfl nicht in einem ausländischen Staat abkommensrechtlich ansässig sein darf. Rechtspraktisch wirft dies Schwierigkeiten auf, da die unbeschränkte Stpfl im Inland bereits mit einer einfachen Wohnsitznahme iSv § 8 AO begründet wird und eine zeitgleiche Verlegung der abkommensrechtlichen Ansässigkeit zurück ins Inland voraussetzt, dass jeglicher Wohnsitz im ausländischen Vertragsstaat zeitgleich aufgegeben wird bzw bei (temporärer) Beibehaltung einer ständigen Wohnstätte im anderen Vertragstaat der Mittelpunkt der Lebensinteressen zeitgleich nach Deutschland verlagert wird (vgl Art 4 Abs 2 OECD-MA). Insbesondere Letzteres gilt es wegen Abgrenzungsschwierigkeiten zu vermeiden. Empfehlenswert dürfte sein, die neue Behausung im Inland so lange unbewohnbar zu belassen, bis der Anteilsinhaber (nebst Familie) unter zeitgleicher Aufgabe jeglichen Wohnsitzes im ausländischen Vertragsstaat nach Deutschland übersiedelt. Dies sollte penibel dokumentiert werden.

146 **b) Rechtsfolge: Wegfall des Steueranspruchs gem § 6 Abs 1.** Bei Vorliegen der Voraussetzungen ist der rückwirkende Entfall des Steueranspruchs **von Amts wegen** zu berücksichtigen, eines Antrags bedarf es nicht. Der Entfall des Steueranspruchs gem § 6 Abs 1 ist verfahrensrechtlich in Abhängigkeit der ursprünglichen Festsetzung des Vermögenszuwachssteuerbescheids vorzunehmen. Ein **endgültiger Bescheid** ist gem § 175 Abs 1 S 1 Nr 2 AO, ein **vorläufiger Bescheid** nach § 165 Abs 2 AO zu ändern. In der ersten Alternative handelt es sich bei § 6 Abs 3 um ein rückwirkendes Ereignis iSd § 175 S 1 Nr 2 AO. Für Zwecke der Verzinsung des „entfallenen Steueranspruchs" ist § 233a Abs 2a AO zu beachten.

147 **3. Verlängerung der Rückkehrfrist auf zehn Jahre (§ 6 Abs 3 S 2).** Sofern der StPfl glaubhaft macht, dass berufliche Gründe für seine Abwesenheit maßgebend sind und

---

252 *F/W/B/S* § 6 Rn 146.

seine Absicht zur Rückkehr unverändert fortbesteht, kann das im Entstrickungszeitpunkt gem § 19 AO zuständige FA die Frist nach S 1 um höchstens fünf Jahre verlängern (§ 6 Abs 3 S 2).

Die **Zuständigkeit** des FA gem § 19 AO richtet sich nach den Verhältnissen zum Zeitpunkt der Verwirklichung des Tatbestands des § 6 Abs 1 S 1 oder S 2 (Entstrickungszeitpunkt). 148

Die Verlängerung ist nur möglich, wenn der StPfl **berufliche Gründe** für seine Abwesenheit glaubhaft darlegt. Das Gesetz zieht keine erkennbare Grenze, wann eine Abwesenheit des StPfl noch beruflich bedingt ist. Insoweit ist das Merkmal der beruflich bedingten Abwesenheit weit auszulegen und nur ein irgendwie gearteter ursächlicher Zusammenhang im Sinne einer **Mitveranlassung zwischen Beruf und Auslandsaufenthalt** zu fordern.[253] Es ist nicht vorausgesetzt, dass berufliche Gründe den weiteren Auslandsaufenthalt zwingend notwendig machen. In jedem Falle ausreichend ist es, wenn die Tätigkeit von einer Anwesenheit im Ausland begünstigt oder mitveranlasst wird, sodass eventuell weitere private Motive unschädlich sind.[254] Ob die gleiche Tätigkeit auch im Inland ausgeübt werden könnte, ist unerheblich.[255] „Berufliche Gründe" setzen nicht voraus, dass ein Beruf bereits ausgeübt wird, auf einen Beruf hinführende **Ausbildungs- und Studienaufenthalte** sind daher auch erfasst.[256] Nicht nur gewerbliche, selbstständige und unselbstständige Tätigkeiten werden von § 6 Abs 3 S 2 erfasst, im Einzelfall kann – je nach Art und Umfang – auch eine **vermögensverwaltende Tätigkeit** ausreichen.[257] Missbräuchliche Gestaltungen sind über § 42 AO zu lösen. **Sonstige Gründe** sind hingegen nicht ausreichend, selbst wenn es sich um zwingende persönliche Gründe handeln sollte (zB Krankheit).[258] Ist aber etwa ein Krankheitsfall beruflich bedingt („Arbeitsunfall"), beruht die Abwesenheit noch auf „beruflichen Gründen" iSv § 6 Abs 3 S 2. 149

Nicht abschließend geklärt ist, ob § 6 Abs 3 S 2 Anwendung findet, wenn es sich nicht um eigene berufliche Gründe des StPfl handelt, sondern solche etwa seines Ehepartners oder Familienmitglieds. Dem Wortlaut ist nicht zu entnehmen, dass es sich um **eigene berufliche Gründe** des StPfl handeln muss.[259] Aus diesem Grund ist im Einzelfall auch bei beruflichen Gründen einer dem StPfl nahe stehenden Person iSv § 15 AO eine Anwendung des § 6 Abs 3 S 2 möglich.[260] Es muss jedoch – soweit es sich nicht um den Ehegatten oder die Abkömmlinge handelt – plausibel erklärt werden können, warum die Begleitung ins Ausland durch den StPfl notwendig ist. 150

Die beruflichen Gründe sind vom StPfl glaubhaft zu machen, jedoch nach dem eindeutigen Wortlaut nur für den zweiten Fünfjahreszeitraum.[261] Die **Glaubhaftmachung** kann insb durch Arbeitsverträge mit entspr Auslandbezug erfolgen.[262] 151

---

253 *F/W/B/S* § 6 Rn 160.
254 *F/W/B/S* § 6 Rn 160; *S/K/K* § 6 Rn 189.
255 *S/K/K* § 6 Rn 189.
256 *S/K/K* § 6 Rn 189.
257 AA *Lademann* § 6 Rn 69; *B/K/L/M/R* § 6 Rn 38.
258 *F/W/B/S* § 6 Rn 160.
259 Rödder/Herlinghaus/van Lishaut/*Ritzer* Anh 7 Rn 249; *S/K/K* § 6 Rn 190.
260 Einschränkend auf enge Familienmitglieder *Lademann* § 6 Rn 69.
261 *F/W/B/S* § 6 Rn 159.
262 *Ostertun/Reimer* S 71.

152 Weiter hat der StPfl seine **unverändert fortbestehende Rückkehrabsicht** darzulegen. Der StPfl muss nur glaubhaft machen, dass er beabsichtigt überhaupt zurückzukehren, nicht jedoch, dass er innerhalb des verlängerten Rückkehrzeitraums zurückkehren will.[263] Die rechtzeitige tatsächliche Rückkehr hat er vielmehr nach seiner Rückkehr nachzuweisen. IÜ erscheint es wenig sinnvoll, dass der StPfl – wie es der Wortlaut nahe zu legen scheint („unveränderte" Rückkehrabsicht) – nach Ablauf von fünf Jahren seine Rückkehrabsicht für die Vergangenheit glaubhaft machen soll.[264] Es sollte ausreichen, wenn der StPfl die Rückkehrabsicht nach dem Ablauf des ersten Fünfjahreszeitraums für die Zukunft glaubhaft macht.

153 Formal impliziert § 6 Abs 3 S 2 einen **Antrag des StPfl** hinsichtlich der Fristverlängerung, der jedoch an keine Form und Frist gebunden ist. Der **Zeitpunkt der Antragstellung** ist daher unerheblich, dh er kann sowohl vor dem Wegzug ins Ausland, innerhalb der ersten Fünfjahresfrist, unmittelbar vor einer Rückkehr innerhalb der Zehnjahresfrist als auch nach Wiederbegründung der unbeschränkten StPfl zusammen mit dem Antrag auf Durchführung einer Berichtigungsveranlagung nach § 175 Abs 1 S 1 Nr 2 AO gestellt werden. Die Glaubhaftmachung muss nicht gleichzeitig mit der Antragstellung erfolgen, sie kann auch nachgeholt werden. Empfehlenswert ist jedoch, die Fristverlängerung vor Ablauf des ersten Fünfjahreszeitraums zu stellen, um frühzeitig eine Absicherung der Abwesenheit durch die Finanzverwaltung zu erlangen. Lehnt das FA den Antrag ab, ist der Einspruch (§ 348 AO) zulässiger Rechtsbehelf.

154 Die Fristverlängerung steht nach dem Wortlaut („kann") dem Grunde und der Dauer nach im **Ermessen der FinVerw**. Zu berücksichtigen ist jedoch der gesetzgeberische Wille, wonach eine Abwesenheit von zehn Jahren noch als eine „vorübergehende Abwesenheit" angesehen werden kann und die Fristverlängerung jedenfalls dann ausgesprochen werden soll, wenn die Abwesenheit auf beruflichen Gründen beruht und die Rückkehrabsicht besteht.[265] IÜ ergeben sich bei einer Rückkehr des StPfl innerhalb des Zehnjahreszeitraums die in § 6 Abs 3 S 1 genannten Rechtsfolgen (vgl dazu Rn 146).

155 **4. Begründung der unbeschränkten Steuerpflicht des Rechtsnachfolgers (§ 6 Abs 3 S 3).** Für den Fall des **Erwerbs von Todes** wegen (§ 6 Abs 1 S 2 Nr 1) kommt § 6 Abs 3 S 1 entspr zur Anwendung, wenn der Rechtsnachfolger des StPfl innerhalb von fünf Jahren seit der Entstehung des Steueranspruchs im Inland unbeschränkt steuerpflichtig wird (§ 6 Abs 3 S 3). § 6 Abs 3 S 3 findet nach dem eindeutigen Wortlaut bei der **unentgeltlichen Übertragung unter Lebenden** keine Anwendung.[266] Diese gleichheitsrechtlich bedenkliche Beschränkung ist insb bei Gestaltungen der vorweggenommenen Erbfolge zu berücksichtigen. Durch den Verweis auf § 6 Abs 3 S 1 setzt der Entfall des Steueranspruchs auch voraus, dass die Anteile in der Zwischenzeit nicht veräußert, die Tatbestände des Abs 1 S 2 Nr 1 und Nr 3 nicht erfüllt sind und der Rechtsnachfolger im Zeitpunkt der Begr der unbeschränkten StPfl nicht nach einem

---

263 AA *S/K/K* § 6 Rn 186. Die dort angeführte Umgehungsmöglichkeit besteht mE nicht, da bei objektiv verspäteter Rückkehr die Rechtsfolge nicht ausgelöst wird.

264 *F/W/B/S* § 6 Rn 161.

265 Vgl *F/W/B/S* § 6 Rn 155.

266 Zutr krit *S/K/K* § 6 Rn 200; *Grotherr* IWB 2007, F3, Gr 1, 2153, 2161; *Hansen* StudZR 2008, 41.

DBA als in einem ausl Staat ansässig gilt.[267] Nach der hier vertretenen Auffassung ist weiter vorausgesetzt, dass das Besteuerungsrecht Deutschlands hinsichtlich der Anteilsveräußerungsgewinne wieder begründet wird oder nicht mehr beschränkt ist (dazu Rn 137).

„StPfl“ iSv § 6 Abs 3 S 3 ist nach der hier vertretenen Auffassung zu § 6 Abs 1 S 2 Nr 1 der Erblasser (dazu Rn 82). **„Rechtsnachfolger“** ist nach zivilrechtlichem Verständnis nur der Erbe, auf den die Anteile durch Gesamtrechtsnachfolge iSv § 1922 BGB übergehen. Hieraus ergeben sich jedoch Schwierigkeiten, wenn der Erbe zur Herausgabe der Anteile an einen Dritten verpflichtet ist. So ist etwa der **Vermächtnisnehmer** zivilrechtlich nicht Rechtsnachfolger des Erblassers. Dies führt zu kuriosen Erg, wie folgende Bsp[268] zeigen: 156

Beispiel: Erblasser E vererbt seine 100 %ige Beteiligung an der inländischen D-GmbH an den Alleinerben Sohn S, der nur im Inland unbeschränkt steuerpflichtig ist. Auf Grund testamentarischer Anordnung überträgt S die Anteile an seinen Bruder und Vermächtnisnehmer B, der in Indonesien lebt und nicht im Inland unbeschränkt steuerpflichtig ist. 157

Lösung: Der Erwerb der Anteile durch S im Erbwege löst keine Vermögenszuwachssteuer iSv § 6 aus, da er im Inland unbeschränkt steuerpflichtig ist. Die Erfüllung des Vermächtnisanspruchs ist für B ein Erwerb von Todes wegen, der vorliegend die Vermögenszuwachssteuer gem § 6 Abs 1 S 2 Nr 1 auslöst. Da B nicht Rechtsnachfolger des E ist, ist nach seinem Wortlaut der Anwendungsbereich des § 6 Abs 3 S 3 nicht eröffnet.

Beispiel: Erblasser E vererbt im og Beispiel seine Beteiligung an den B, das og Vermächtnis besteht hier zugunsten des S. Der B erfüllt unmittelbar nach dem Tod des E den Vermächtnisanspruch. 158

Lösung: Obwohl das Besteuerungsrecht Deutschlands nach Erfüllung des Vermächtnisanspruchs uneingeschränkt besteht, kommt ein Wegfall des Steueranspruchs iSv § 6 Abs 1 S 2 Nr 1 nicht gem § 6 Abs 3 S 3 in Betracht, da S hier nicht Rechtsnachfolger des E ist. Entscheidend wäre nach dem Wortlaut, ob der (wirtschaftlich nicht bereicherte) Erbe B nach Deutschland zurückkehrt.

Angesichts dieser Bsp ist der Gesetzgeber bzw die FinVerw aufgefordert, **sachgerechte Regelungen** in diesen Fällen zu schaffen. Denkbar wäre insoweit, im Erlasswege bei einer Erbauseinandersetzung bzw Erfüllung von Vermächtnissen innerhalb einer bestimmten Frist (zB 6 Monate nach dem Erbfall) auf den tatsächlichen Erwerber der Anteile abzustellen. 159

Erwerben mehrere Erben **(Erbengemeinschaft)**, gilt § 6 Abs 3 S 3 nur für die Erben hinsichtlich derer der Entstrickungstatbestand des § 6 Abs 1 S 2 Nr 1 ausgelöst wurde.[269] Entspr ist auch iRv § 6 Abs 3 S 3 auf jeden einzelnen Erben abzustellen. 160

IF des § 6 Abs 3 S 3 greift die Möglichkeit der Fristverlängerung auf zehn Jahre gem § 6 Abs 3 S 2 nach dem eindeutigen Wortlaut nicht. Hierfür gibt es keinen sachlich gerechtfertigten Grund.[270] 161

§ 6 Abs 3 S 3 erfasst nach seinem Wortlaut nur Fälle des Erwerbs von Todes wegen iSv § 6 Abs 1 S 2 Nr 1. Es besteht jedoch Anlass, § 6 Abs 3 S 3 **teleologisch** erweitert aus- 162

267 Einer „normspezifischen Auslegung“ (vgl *S/K/K* § 6 Rn 201) bedarf es daher nicht.
268 Angelehnt an *S/K/K* § 6 Rn 197, 198.
269 *S/K/K* § 6 Rn 195.
270 *F/W/B/S* § 6 Rn 164.

zulegen.[271] Verstirbt etwa der Weltenbummler nach Aufgabe seiner unbeschränkten StPfl, sind die Voraussetzungen des § 6 Abs 3 S 3 nicht erfüllt. Es ist jedoch nicht sachgerecht, dem Erben, der im Anschluss in die unbeschränkte StPfl in Deutschland zurückkehrt, den Entfall des Steueranspruchs gem § 6 Abs 3 S 3 zu verwehren.[272] Zur Vermeidung sachwidriger Erg ist § 6 Abs 3 S 3 auch auf Fälle anzuwenden, in denen der Erbe nicht nach Deutschland zieht, sondern im Inland zum Todeszeitpunkt bereits unbeschränkt steuerpflichtig ist (a maiore ad minus).[273]

163 **5. Zeitlich unbegrenzte Anwendung in Fällen des § 6 Abs 5 (§ 6 Abs 3 S 4).** § 6 Abs 3 S 4 sieht bei einer Stundung gem § 6 Abs 5[274] (dazu Rn 185 ff) unter bestimmten Voraussetzungen einen **zeitlich unbefristeten Entfall des Steueranspruchs** iSv § 6 Abs 1 vor. Der StPfl muss weder innerhalb von fünf Jahren zurückkehren, noch bedarf es einer Fristverlängerung auf zehn Jahre durch Glaubhaftmachung einer beruflich bedingten Abwesenheit oder einer Rückkehrabsicht. Jedoch suspendiert § 6 Abs 3 S 4 nur die in S 1 genannte zeitliche Beschränkung („...gilt S 1 ohne die darin genannte zeitliche Begrenzung"...), nicht jedoch die weiteren in S 1 genannten Voraussetzungen,[275] die daher ebenfalls im Anwendungsbereich des § 6 Abs 3 S 4 gegeben sein müssten. Zudem findet § 6 Abs 3 S 4 – anders als in den übrigen Fällen – nicht nur bei einem Erwerb von Todes wegen, sondern auch bei einer **unentgeltlichen Übertragung unter Lebenden** und Rückkehr des Beschenkten Anwendung. Die in § 6 Abs 5 S 3 geregelte Stundungsregelung wird nunmehr auch auf den Ersatztatbestand des § 6 Abs 1 S 2 Nr 4 angewandt (§ 6 Abs 5 S 3 Nr 4), so dass ein Entfall des Steueranspruchs gem § 6 Abs 3 S 4 Nr 2 ebenfalls in Betracht kommen sollte.[276] Gemäß § 21 Abs. 23 ist § 6 Abs 5 S 3 in allen Fällen anzuwenden, in denen die geschuldete Steuer noch nicht entrichtet ist.

164 Nach der hier vertretenen Ansicht ist § 6 Abs 3 S 4 Nr 2 zu entnehmen, dass es in sämtlichen Varianten des § 6 Abs 3 für den Entfall des Steueranspruchs iSv § 6 Abs 1 darauf ankommt, dass das inländische Besteuerungsrecht wieder begründet wird oder nicht mehr beschränkt ist.[277] Nur eine solche Auslegung vermeidet ggf sachfremde Erg. Bei einem solchen Verständnis kommt es daher auch iRd § 6 Abs 3 S 4 Nr 1 auf die Wiederbegründung des unbeschränkten inländischen Besteuerungsrechts an.[278]

165 In den Fällen des § 6 Abs 1 S 2 Nr 1 ist nicht auf den StPfl, sondern die **Person des Rechtsnachfolgers abzustellen**. Sofern mehrere Erben die Beteiligung iSv § 17 EStG

271 Vgl *Wassermeyer* IStR 2007, 833.
272 *Wassermeyer* IStR 2007, 833.
273 *Wassermeyer* IStR 2007, 833, 836.
274 § 6 Abs 3 S 4 findet auch Anwendung, wenn die Beteiligung des Wegziehenden aus einbringungsgeborenen Anteilen iSv § 21 Abs 1 UmwStG aF besteht. In diesem Fall ordnet § 27 Abs 3 Nr 3 UmwStG iVm § 21 Abs 2 S 1 Nr 2 UmwStG aF die Anwendung des § 6 Abs 5 an, dh auch insoweit ist gem § 6 Abs 3 S 4 „der Steueranspruch nach Absatz 5 gestundet".
275 (1) Keine zwischenzeitliche Veräußerung, (2) keine Verwirklichung eines Ersatztatbestandes iSv § 6 Abs 1 S 2 Nr 1 und 3, (3) keine Ansässigkeit im anderen Vertragsstaat bei Begr der unbeschränkten StPfl.
276 Gesetz zur Anpassung der Abgabenordnung an den Zollkodex der Union und zur Änderung weiterer steuerlicher Vorschriften, BGBl I 2014, 2417.
277 So zT auch *S/K/K* § 6 Rn 207; **aA** *F/W/B/S* § 6 Rn 170.
278 AA *F/W/B/S* § 6 Rn 170, wonach eine solche Ableitung aus Nr 2 unzulässig sei.

über eine Erbengemeinschaft halten, sind die Voraussetzungen des § 6 Abs 3 S 4 iVm S 1 für jeden Erben gesondert zu untersuchen.[279]

Fraglich ist, welches **Besteuerungsrecht Deutschlands** wiederbegründet werden muss und in welchem Umfang. Es läge im Hinblick auf § 6 Abs 1 iVm § 17 EStG nahe, auf die Wiederbegründung des Besteuerungsrechts iSv § 17 EStG abzustellen.[280] Dies setzte aber zwingend voraus, dass die Anteile sich weiterhin im Privatvermögen des StPfl bzw dessen Rechtsnachfolger befinden. Eine solche Einschränkung enthält § 6 Abs 3 S 4 Nr 2 indes nicht.[281] So entfällt der Steueranspruch auch dann, wenn die Anteile unentgeltlich in eine dt Betriebsstätte des StPfl bzw Rechtsnachfolgers übertragen werden und die Anteile dieser Betriebsstätte abkommensrechtlich gem Art 13 Abs 2 MA zuzurechnen sind. Ausreichend ist etwa auch, dass die Anteile an einen im Inland Ansässigen geschenkt bzw von einer solchen Person geerbt werden und das dt Besteuerungsrecht wieder auflebt. Nach Sinn und Zweck muss das Besteuerungsrecht Deutschlands wieder in dem Umfang hergestellt sein, wie es vor der Verwirklichung eines Entstrickungstatbestands iSv § 6 Abs 1 bestand.[282] **166**

In DBA-Fällen, in denen eine dem **Art 24 MA** vergleichbare Regelung anzuwenden ist, die eine Diskriminierung auf Grund der Staatsangehörigkeit verbietet, kann ein Entfall des Steueranspruchs gem § 6 Abs 3 S 4 auch dann in Betracht kommen, wenn der StPfl oder sein Rechtsnachfolger keine Staatsangehörigkeit iSv § 6 Abs 5 besitzt.[283] Insoweit ist eine analoge Anwendung geboten. **167**

II. Stundung auf Antrag in Härtefällen (Abs 4)

Die Stundung auf Antrag gem § 6 Abs 4 gilt vorbehaltlich des § 6 Abs 5, der für Staatsangehörige eines EU-/EWR-Staates bes Stundungsregeln vorsieht. Damit beschränkt sich § 6 Abs 4 grds auf sog **Drittstaatensachverhalte**. Die Stundungsmöglichkeit des § 6 Abs 4 besteht nach seinem Wortlaut in allen Entstrickungsfällen iSv § 6 Abs 1 S 1 und S 2. **168**

1. Tatbestandsvoraussetzungen. Die Stundungsmöglichkeit iSv § 6 Abs 4 setzt bei den persönlichen Belangen des StPfl an und erfordert, dass die alsbaldige Einziehung der Vermögenszuwachssteuer mit **erheblichen Härten für den StPfl** verbunden wäre. Die Auslegung des Merkmals der erheblichen Härte kann sich an der zu § 222 S 1 AO orientieren. Regelmäßig wird eine erhebliche Härte bereits darin liegen, dass die Vermögenszuwachssteuer ohne entspr Liquiditätszufluss zu entrichten ist, jedenfalls soweit damit eine spürbare Einschränkung der Zahlungsfähigkeit des StPfl verbunden ist.[284] Ob die Aufnahme eines Darlehens zur Finanzierung der Vermögenszuwachsteuer zumutbar ist, hängt davon ab, ob die Zinsen durch laufende Erträge aus der Beteiligung gedeckt werden können.[285] Eine erhebliche Härte ist gegeben, wenn der StPfl zur Veräußerung der Beteiligung gezwungen wäre. **169**

---

279 Vgl *S/K/K* § 6 Rn 208.
280 *S/K/K* § 6 Rn 210.
281 *F/W/B/S* § 6 Rn 172.
282 Ob die Begr einer Hinzurechnungsbesteuerung ausreicht, ist fraglich, vgl *F/W/B/S* § 6 Rn 172.
283 Vgl *Wassermeyer* IStR 2007, 833, 836; *Hansen* StudZR 2008, 41.
284 Vgl *F/W/B/S* § 6 Rn 190; *Lademann* § 6 Rn 71; enger *Blümich* § 6 Rn 81.
285 Vgl *S/K/K* § 6 Rn 222.

170 Die Stundung soll grds nur unter **Sicherheitsleistung** (§§ 241 ff AO) gewährt werden. Bei lediglich vorübergehendem Wegzug des StPfl (§ 6 Abs 3 S 1 und 2) kann von einer Sicherheitsleistung nur abgesehen werden, wenn der Steueranspruch nicht gefährdet erscheint (§ 6 Abs 4 S 3). Soweit der StPfl in das Inland zurückkehrt und eine Gefährdung des Steueranspruchs nicht mehr gegeben ist, hat der StPfl nach Sinn und Zweck der Regelung einen Rechtsanspruch auf (teilw) Rückgewährung der Sicherheit.[286]

171 Die Stundung erfolgt nur auf – formlos möglichen und nicht fristgebundenen – **Antrag** des StPfl beim zuständigen FA. Der Antrag sollte eine **Stellungnahme** beinhalten, weshalb die alsbaldige Einziehung der Steuerschuld für den StPfl mit erheblichen Härten verbunden ist, welche Sicherheiten er einräumen kann und in welchen Teilbeträgen die Steuerschuld gezahlt werden kann. Der StPfl kann einen Antrag auf Stundung gem § 6 Abs 4 neben einem solchen gem § 222 AO stellen.

172 **2. Rechtsfolgen. – a) Allgemeine Rechtsfolgen (§ 6 Abs 4 S 1).** Sind die og Voraussetzungen erfüllt, hat der StPfl einen **Rechtsanspruch auf die Stundung**. Die Stundung erfolgt idR über fünf Jahre (§ 6 Abs 4 S 1), beginnend nicht mit dem Wegzug des StPfl, sondern der Fälligkeit der Steuerschuld. Eine grundlose Verkürzung dieser Stundungsdauer steht der FinVerw nicht zu, nur bei bekannter kürzerer Abwesenheit ist die Stundung maximal für die Dauer der Abwesenheit auszusprechen.[287] Die Fünfjahresfrist berechnet sich gem § 108 AO iVm §§ 186–193 BGB.

173 Die Stundung setzt voraus, dass Teilbeträge der Steuerschuld festgesetzt werden. Hierbei muss es sich um **regelmäßige Teilzahlungen** handeln. Bei der Bestimmung der „Regelmäßigkeit" kommt der FinVerw ein weites Ermessen zu. Möglich sind zB monatliche, jährliche, halbjährliche, vierteljährliche (usw) Zahlungen. Soweit die FinVerw[288] die Stundung nur unter der Auflage der in § 6 Abs 7 S 1 und S 4 genannten Mitteilungs- und Mitwirkungspflichten gewähren will, ist dies vom Wortlaut des § 6 Abs 4 nicht gedeckt.

174 Der gestundete Steueranspruch kann grds gem **§ 234 Abs 1 AO** verzinst werden (0,5 % je vollen Monat, 238 Abs 1 AO).[289] Dies ergibt sich für § 6 Abs 4 bereits aus dem Umkehrschluss zu § 6 Abs 5 S 1, der ausdrücklich eine zinslose Stundung vorsieht. Regelmäßig ist auf die Zinsen aber **aus Billigkeitsgründen** (zB bei kurzer Abwesenheit und tatsächlicher Rückkehr; schlechter Ertragslage der KapGes) gem § 234 Abs 2 AO **zu verzichten**,[290] insb wenn – wie bei § 6 Abs 4 S 3 – die Stundung nach der Wertung der Norm die Regel und die sofortige Einziehung die Ausnahme ist.[291]

175 **b) Sonderregelungen in Fällen vorübergehender Abwesenheit (§ 6 Abs 4 S 3).** Bei nur vorübergehender Abwesenheit (§ 6 Abs 3 S 1 und S 2) besteht die Besonderheit, dass der Stundungszeitraum iF des § 6 Abs 3 S 2 auf **maximal zehn Jahre** verlängert werden kann und die Erhebung von Teilzahlungen entfällt (§ 6 Abs 4 S 3).

---

286 *S/K/K* § 6 Rn 218; *F/W/B/S* § 6 Rn 184.
287 Vgl *BMF* BStBl I 2004, Sondernr 1, 3, Tz 6.5.2.
288 Vgl *OFD Münster* v 31.10.2008, BB 2008, 2598.
289 Vgl *F/W/B/S* § 6 Rn 186; *S/K/K* § 6 Rn 226; *Lademann* § 6 Rn 74; *BFH* BStBl II 1992, 321.
290 *Lademann* § 6 Rn 74; *S/K/K* § 6 Rn 226.
291 *Schaumburg* Rn 5.382.

3. Widerruf der Stundung (§ 6 Abs 4 S 2). In den in § 6 Abs 4 S 2 geregelten Fällen hat die FinVerw die Stundung zu widerrufen, ohne dass ihr ein Ermessen zusteht („...ist zu widerrufen...“). Es findet § 131 Abs 2 S 1 Nr 2 AO Anwendung, dh der Widerruf kann grds nur innerhalb eines Jahres seit dem Zeitpunkt der Kenntnisnahme des Widerrufsgrundes durch das zuständige FA erfolgen (§ 131 Abs 2 S 2 iVm § 130 Abs 2 AO). Möglich ist auch ein teilw Widerruf der Stundung („...soweit...“), wenn der Tatbestand des § 6 Abs 4 S 2 nicht hinsichtlich der gesamten Beteiligung verwirklicht wird. 176

Als **Widerrufsgründe** nennt § 6 Abs 4 S 2 abschließend die Veräußerung der Anteile oder deren verdeckte Einlage in eine Gesellschaft iSv § 17 Abs 1 S 1 EStG sowie die Verwirklichung einer der Tatbestände iSv § 17 Abs 4 EStG. 177

Bei der **Veräußerung der Anteile** gem § 17 Abs 1 S 1 EStG ist es nach dem Wortlaut unerheblich, ob ein Veräußerungsgewinn erzielt wird oder inwieweit aus dem Kauf ein Zufluss an Liquidität erfolgt. Bei der ebenfalls genannten Variante der verdeckten Einlage kommt es ebenfalls nicht zu einem Liquiditätszufluss. Es ist daher nicht ohne weiteres anzunehmen, dass die Stundung bzw der Widerruf insoweit zu berichtigen ist, als abzuwarten ist, bis der StPfl die Steuerforderung aus dem ihm zufließenden Verkaufserlös bestreiten kann.[292] 178

Da § 17 Abs 1 S 2 EStG die **verdeckte Einlage** in eine Gesellschaft der Veräußerung der Beteiligung gleichstellt, eine verdeckte Einlage also eben keine originäre Veräußerung zeitigt, ist die ausdrückliche Erwähnung in § 6 Abs 4 S 2 insoweit auch erforderlich.[293] Ob trotz des ausdrücklichen Verweises auf Ges iSv § 17 Abs 1 S 1 EStG (dh KapGes) auch eine verdeckte Einlage in eine Genossenschaft iSv § 17 Abs 7 EStG von § 6 Abs 4 S 2 erfasst ist, erscheint jedoch zweifelhaft (vgl Rn 49).[294] 179

Ein Widerruf der Stundung hat auch bei **Verwirklichung eines der Tatbestände des § 17 Abs 4 S 1 EStG** zu erfolgen. Nach § 17 Abs 4 S 1 EStG sind die Auflösung einer KapGes, die Herabsetzung und Rückzahlung ihres Nennkapitals und die Ausschüttung oder Rückzahlung von Beträgen aus dem steuerlichen Einlagekonto iSd § 27 KStG der Anteilsveräußerung iSv § 17 Abs 1 S 1 EStG gleichgestellt. Ausgenommen sind Ausschüttungen von Beteiligungserträgen iSv § 20 Abs 1 Nr 1 EStG (vgl § 17 Abs 4 S 3 EStG). In Umwandlungsfällen, die zT ebenfalls grds in den Anwendungsbereich von § 17 Abs 4 EStG fallen,[295] soll § 6 Abs 5 S 5 als lex specialis gg § 6 Abs 4 S 2 insoweit vorrangig Anwendung finden.[296] Die Vorschrift sieht offenbar jede Rückzahlung von Beträgen aus dem steuerlichen Einlagekonto iSd § 27 KStG als Grund für einen Widerruf der Stundung vor. Hierdurch können im Einzelfall erhebliche Unbilligkeiten entstehen.[297] 180

292 AA *F/W/B/S* § 6 Rn 192.
293 AA *F/W/B/S* § 6 Rn 193; *S/K/K* § 6 Rn 231.
294 Insoweit bejahend *F/W/B/S* § 6 Rn 193.
295 Vgl *Schmidt* § 17 Rn 215.
296 *F/W/B/S* § 6 Rn 194; *S/K/K* § 6 Rn 232.
297 Krit daher *F/W/B/S* § 6 Rn 194; *S/K/K* § 6 Rn 232.

E. Besondere Möglichkeiten zur Milderung der Rechtsfolgen für EU-/EWR-Staatsangehörige (§ 6 Abs 5–7)

I. Vorbemerkungen

181 Die besonderen Regelungen in § 6 Abs 5–7 für Staatsangehörige des EU-/EWR-Raumes sind die **Reaktionen des Gesetzgebers auf die Entsch des EuGH** in der Rechtssache *Hughes de Lasteyrie du Saillant* und das Vertragsverletzungsverfahren der Europäischen Kommission (ausf zur Entstehungsgeschichte Rn 14). Hiermit sollten Zweifel an der Europarechtskonformität des § 6 aF beseitigt werden. Ziel ist es zum einen, bei einem Wegzug innerhalb des EU-/EWR-Raumes die Steuer zwar festsetzen zu können, sie jedoch ohne zeitliche Beschränkung zinslos und ohne Sicherheitsleistung sowie Festsetzung von Teilzahlungen stunden zu können (§ 6 Abs 5). Zudem werden zwischenzeitliche Wertminderungen berücksichtigt (§ 6 Abs 6). Für den Anwendungsbereich des § 6 Abs 5 obliegen dem StPfl bestimmte Mitwirkungs- und Mitteilungspflichten (§ 6 Abs 7).

182 Nicht abschließend geklärt ist, ob es in bestimmten Fällen über den Wortlaut hinaus einer **analogen Anwendung** des § 6 Abs 5–7 bedarf. Angesprochen sind insoweit die Wirkungen der Kapitalverkehrsfreiheit (Art 63 AEUV) in Drittstaatenfällen und die Folgen einer dem Art 24 MA vergleichbaren Regelung im DBA-Fall. Im Verhältnis zur Schweiz kommt uU auch eine Anwendung des § 6 Abs 5 aufgrund des FZA grds in Betracht (so Rn 20 f), eine Stundung gem § 6 Abs 5 S 1 dürfte aber regelmäßig scheitern. Die Amtshilfe ist zwar seit dem 1.1.2011 im DBA-Schweiz verankert, jedoch gewährt die Schweiz bislang keine Beitreibungshilfe (vgl § 6 Abs 5 S 2).

183 Eine **Anwendung der Kapitalverkehrsfreiheit in Drittstaatenfällen** dürfte im Hinblick auf die Entsch des EuGH in der Rechtssache *van Hilten-van der Heijden*[298] jedenfalls für den physischen Wegzug ins außereuropäische Ausland nach Ansicht des EuGH zu verneinen sein.[299] Nach zutr Ansicht ist jedoch – entgegen der Auffassung des EuGH – auch die Wohnsitzverlagerung von der Kapitalverkehrsfreiheit erfasst.[300] Ob die fehlende Anwendung der Beitreibungsrichtlinie im Verhältnis zu Drittstaaten als Rechtfertigung für eine Nichtanwendung des § 6 Abs 5 ausreicht,[301] wäre noch zu klären. Zumindest nimmt der EuGH wohl bei einem Vermögenserwerb von Todes wegen mit grenzüberschreitendem Bezug eine Berührung der Kapitalsverkehrsfreiheit an. Insoweit ist auch nach Ansicht des EuGH der Schutzbereich der Kapitalverkehrsfreiheit in den Fällen des § 6 Abs 1 S 2 Nr 1 berührt.[302]

184 Die Anknüpfung bes steuerlicher Folgen an die Staatsangehörigkeit iSv § 6 Abs 5 S 1 dürfte einen Fremdkörper im System der unbeschränkten StPfl bilden. Sie berücksichtigt zudem nicht, dass Deutschland in zahlreichen DBA eine dem **Art 24 MA** (dazu Art 24 MA Rn 1 ff) entspr Regelung vereinbart hat, nach der die Staatsangehörigen

---

298 *EuGH* DStRE 2006, 851.

299 Vgl auch *Richter/Escher* FR 2007, 674, 679; *Lausterer* BB-Special 8/2006, 80, 83; *Lademann* § 6 Rn 17.

300 Vgl stv *Bron* IStR 2006, 296, 301; *Köhler/Eicker* DStR 2006, 1871, 1875; s auch *Schraufl* PIStB 2007, 122, 125 f; *Dautzenberg* IStR 1998, 305, 306; *ders* BB 1997, 180, 181 ff; *Schmidt/Peter/Fölmli* IStR 2004, 433, 435.

301 *Lausterer* BB-Special 8/2006, 80, 83.

302 Vgl *S/K/K* § 6 Rn 39; *Richter/Escher* FR 2007, 674, 679.

des anderen Vertragsstaates steuerlich nicht schlechter behandelt werden dürfen als die eigenen Staatsangehörigen.[303] Entspr ist Deutschland verpflichtet, in diesen Fällen auch außereuropäischen Staatsangehörigen, die im Inland ansässig sind und einen Tatbestand iSv § 6 Abs 1 S 1 und S 2 Nr 1–3 auslösen, die vorteilhaften Rechtsfolgen des § 6 Abs 5 S 1 zu gewähren, soweit die übrigen Voraussetzungen gegeben sind.[304] Insoweit ist **§ 6 Abs 5–7** im Einzelfall **analog anzuwenden**.

II. Besondere Stundungsregelung (§ 6 Abs 5 S 1–5)

1. Tatbestandsvoraussetzungen. – a) Persönliche Voraussetzungen. § 6 Abs 5 knüpft grds an die **Staatsangehörigkeit** des Anteilsinhabers in einem EU-/EWR-Staat an (in Fällen des Art 24 MA so Rn 184). Die Voraussetzungen der Staatsangehörigkeit beurteilen sich jeweils nach dem Recht des betr EU- bzw EWR-Staates. Die Staatsangehörigkeit muss während des gesamten Stundungszeitraums bestehen. Wird sie zurückgegeben oder entzogen, ist die Stundung zum Zeitpunkt des Wegfalls dieser Tatbestandsvoraussetzung zu widerrufen,[305] auch ohne dass dieser „Widerrufsgrund" in § 6 Abs 5 S 4 ausdrücklich genannt wäre.[306] 185

Mitgliedsstaaten der EU sind zum 1.7.2013 Belgien, Bulgarien, Dänemark, Deutschland, Estland, Finnland, Frankreich, Großbritannien, Griechenland, Irland, Italien, Kroatien, Lettland, Litauen, Luxemburg, Malta, Niederlande, Österreich, Polen, Portugal, Rumänien, Schweden, Slowakei, Slowenien, Spanien, Tschechien, Ungarn und Zypern; zu den **EWR-Staaten** zählen daneben zusätzlich Norwegen, Island und Liechtenstein. Ob § 6 Abs 5 im Verhältnis zur Schweiz Anwendung findet, ist nicht abschließend geklärt (s Rn 20 ff). 186

b) Gewährleistung der Amts- und Beitreibungshilfe (§ 6 Abs 5 S 2). § 6 Abs 5 S 2 macht die besonderen Rechtsfolgen des S 1 davon abhängig, dass die Amtshilfe und die gegenseitige Unterstützung bei der Beitreibung der geschuldeten Steuer zwischen Deutschland und dem „Zuzugsstaat" gewährleistet sind. Zwischen den **EU-Staaten** ist diese Gewährleistung auf Grund der EG-Amtshilferichtlinie[307] und der EG-Beitreibungsrichtlinie[308] gegeben. Im Verhältnis zu **Norwegen** ist die Amtshilfe und Beitreibungsunterstützung abkommensrechtlich ausreichend gesichert (vgl Art 26, 27 DBA/Norwegen), dies ist im Verhältnis zu **Island** hingegen zweifelhaft (zwar Auskunftsklausel, Art 26 DBA/Island, aber keine Beitreibungshilfe). Die FinVerw[309] hält die Unterstützungsvoraussetzungen durch Island aber offenbar für ausreichend. Mit Liechtenstein hat Deutschland am 2.9.2009 ein Abkommen über den Informationsaustausch geschlossen, das am 28.10.2010 in Kraft getreten ist.[310] Insoweit ist für ab dem VZ 2010 erhobene Steuern die Amtshilfe im Verhältnis zu Liechtenstein gegeben. Die 187

303 Vgl Übersicht der entspr DBA *Vogel/Lehner* Art 24 Rn 66.

304 Vgl *Wassermeyer* IStR 2007, 833, 836; krit auch *Lademann* § 6 Rn 78.

305 *F/W/B/S* § 6 Rn 209; *S/K/K* § 6 Rn 247.

306 AA *Mössner/Fuhrmann* § 6 Rn 209; *Hecht/Gallert* BB 2009, 2396, 2308.

307 RL 77/799/EWG v 19.12.1977, ABlEG 1978, Nr L 336/15, zuletzt geändert durch RL 2006/98/EG v 20.11.2006, ABlEU 2006, Nr L 363/129.

308 RL 76/308/EWG v 15.3.1976, ABlEG 1976, Nr L 73/18 und Änderungsrichtlinie 2001/44/EG v 15.6.2001, ABlEG 2001, Nr L 175/17; Beitreibungsrichtlinie 2010/24/EU, umgesetzt durch BeitrRLUmsG v 7.12.2011, BGBl I 2011, 2592.

309 *OFD Münster* v 31.10.2008, BB 2008, 2598.

310 BGBl II 2010, 950.

Beitreibungshilfe ist nach Inkrafttreten des am 17.11.2011 unterzeichneten DBA/Liechtenstein ebenfalls gewährleistet (s dort Art 28).[311] § 6 Abs 5 ist grds analog im Verhältnis zur Schweiz anzuwenden (Rn 20 ff.).

188 Die gesetzliche Regelung stellt nur darauf ab, ob Amtshilfe oder Beitreibungshilfe **theoretisch** vom „Zuzugsstaat" gewährt wird.[312] Auf eine tatsächliche Gewährung soll es nicht ankommen.[313] Dies kann zu **zweckwidrigen Ergebnissen** führen, wie folgendes Bsp zeigt:

189 **Beispiel:** Die natürliche Person A hält 100 % der Anteile an einer liechtensteinischen KapGes. Sein beträchtliches übriges Vermögen befindet sich ausschließlich in der Schweiz. A verzieht nach Frankreich, wo er allein unbeschränkt steuerpflichtig wird.

Lösung: Die Voraussetzungen des § 6 Abs 5 S 1 und insb S 2 sind beim Zuzugsstaat Frankreich erfüllt, obwohl das gesamte Vermögen des A dem Vollstreckungszugriff weitgehend entzogen sein dürfte.

190 § 6 Abs 5 S 2 ist auch erfüllt, wenn der in einem EU-/EWR-Staat unbeschränkt StPfl abkommensrechtlich in einem Drittstaat ansässig ist.[314]

191 Soweit **im Inland ausreichende Vermögenswerte** des StPfl bestehen, in die Deutschland vollstrecken könnte, erscheint eine Anwendung des § 6 Abs 5 S 2 europarechtlich bedenklich, da eine Amts- oder Beitreibungshilfe nicht erforderlich ist.[315] Insoweit verspricht ein auf § 222 AO gestützter Antrag erfolgreiche Abhilfe.

192 **c) Verwirklichung eines Entstrickungstatbestands im EU-/EWR-Raum (§ 6 Abs 5 S 1 und S 3).** Der Aufbau des § 6 Abs 5 S 1 und S 3 ähnelt dem des § 6 Abs 1 S 1 und S 2.

193 **aa) Physischer Wegzug (§ 6 Abs 5 S 1 iVm Abs 1 S 1).** § 6 Abs 5 S 1 betrifft den physischen Wegzug des StPfl und die damit verbundene Aufgabe der unbeschränkten StPfl in Deutschland (vgl § 6 Abs 1 S 1). Die Stundung wird gewährt, wenn der StPfl nach der Beendigung der unbeschränkten StPfl im Zuzugsstaat einer der dt unbeschränkten Einkommensteuerpflicht vergleichbaren StPfl unterliegt. Der Sinn des Erfordernisses einer „vergleichbaren Steuerpflicht" erschließt sich nicht und es ist zweifelhaft, ob der EuGH ein solches Erfordernis akzeptieren würde[316].

194 Der Klammerzusatz **„Zuzugsstaat"** in § 6 Abs 5 S 1 lässt zunächst eine Legaldefinition des Begriffs vermuten, jedoch nennt S 1 nach der Formulierung kein Merkmal, das einen EU-/EWR-Staat als Zuzugsstaat qualifiziert. Gemeint ist wohl, dass der StPfl eine unbeschränkte StPfl in einem EU-EWR-Staat begründet, die unter der zusätzlichen Voraussetzung einer der dt Einkommensteuerpflicht vergleichbaren StPfl zur Stundung führt. Der Gesetzgeber hat nicht beachtet, dass der StPfl nach seinem Wegzug in **mehreren EU-/EWR-Staaten unbeschränkt steuerpflichtig** sein kann. Die Formulierung des Klammerzusatzes „Zuzugsstaat" im Singular ist daher unglücklich. Ist der StPfl in mehreren EU-/EWR-Staaten unbeschränkt steuerpflichtig, so reicht es

311 Beitreibungshilfe meint Vollstreckungshilfe (vgl *D/W* Vor Art 1 MA-InfAust Rn 2).
312 *F/W/B/S* § 6 Rn 217; *S/K/K* § 6 Rn 254.
313 *Lausterer* BB-Special 8/2006, 80, 83.
314 *Benecke* NWB 2007, F 3, 14757, 14767 mit Bsp.
315 *F/W/B/S* § 6 Rn 217; *S/K/K* § 6 Rn 255.
316 Vgl *Schönfeld* in Lüdicke, Forum der Internationalen Besteuerung (36), 2010, 1, 15.

aus, wenn er in einem dieser Staaten einer vergleichbaren StPfl unterliegt,[317] dh unabhängig davon, ob er in diesem Staat etwa auch seinen Lebensmittelpunkt inne hat. IÜ ist der Begriff des „Zuzugsstaates“ nicht auf den ersten Zuzugstaat nach dem Wegzug beschränkt. Auch kann der StPfl, der zunächst seinen Wohnsitz – zB unter Stundung gem § 6 (3) S 1 – außerhalb der EU-EWR-Staaten nimmt und erst später eine vergleichbare unbeschränkte StPfl in einem dieser Staaten begründet, ab diesem Zeitpunkt die Stundung gem § 6 Abs 5 S 1 geltend machen.[318]

Eine ausl StPfl ist **der dt unbeschränkten Einkommensteuerpflicht vergleichbar**, wenn diese zwar nicht im Detail, aber in ihren persönlichen und sachlichen Anknüpfungspunkten (Welteinkommen) im Wesentlichen übereinstimmt.[319] Die Art der Steuererhebung (Veranlagungsteuer, Quellensteuer, Abgeltungsteuer) ist grds ohne Bedeutung.[320] Auch kommt es nicht darauf an, ob der ausländische Staat im Rahmen der ordentlichen Einkommensbesteuerung eine (ausnahmsweise) Besteuerung privater Veräußerungsgewinne vergleichbar § 17 EStG vorsieht. Entfällt die vergleichbare StPfl im Ausland ab einem bestimmten Zeitpunkt, ist die Stundung zu widerrufen oder auf eine andere Rechtsgrundlage zu stützen.[321] Nicht abschließend geklärt ist, ob es darauf ankommt, ob der StPfl seinen steuerlichen Pflichten im „Zuzugsstaat“ auch *tatsächlich* nachkommt. Der Wortlaut („unterliegt…vergleichbaren StPfl“) spricht dafür, die abstrakte unbeschränkte StPfl ausreichen zu lassen. 195

bb) Unentgeltlicher Anteilserwerb (§ 6 Abs 5 S 3 Nr 1). § 6 Abs 5 S 3 Nr 1 findet bei Verwirklichung eines Entstrickungstatbestands gem § 6 Abs 1 S 2 Nr 1 (unentgeltliche Übertragung der Anteile) Anwendung. Nach dem eindeutigen Wortlaut sind hiervon sowohl **unentgeltliche Übertragungen unter Lebenden** als auch **Erwerbe von Todes wegen** erfasst. Erforderlich ist, dass der Rechtsnachfolger des StPfl in einem EU-/EWR-Staat einer der dt unbeschränkten Einkommensteuerpflicht vergleichbaren Steuerpflicht unterliegt. Da auch ein ausl Körperschaftsteuersubjekt Rechtsnachfolger idS sein kann, ist in diesem Fall auf eine der dt unbeschränkten Körperschaftsteuerpflicht vergleichbaren Steuerpflicht abzustellen. Auch eine solche ist der dt Einkommensteuerpflicht vergleichbar. 196

„StPfl“ ist nach der hier vertretenen Ansicht der Schenker bzw Erblasser (Rn 82), sein **„Rechtsnachfolger“** der Beschenkte bzw der Erbe.[322] IF einer Erbengemeinschaft ist wiederum auf den einzelnen Erben abzustellen.[323] Zu beachten ist, dass § 6 Abs 5 S 2 Nr 1 – insoweit inkonsequent – nicht voraussetzt, dass der Rechtsnachfolger Staatsangehöriger eines EU-/EWR-Staates ist. Im Hinblick auf die ausdrückliche Formulierung in § 6 Abs 5 S 3 Nr 2 aE („…der StPfl…Staatsangehöriger einer dieser Staaten ist“) lässt sich im Umkehrschluss begründen, dass für den „StPfl“ iSv § 6 Abs 5 S 3 Nr 1 (dh der Schenker bzw Erblasser) keine Staatsangehörigkeit in einem EU-/EWR-Staat 197

317 *F/W/B/S* § 6 Rn 212.
318 *F/W/B/S* § 6 Rn 212.
319 Die Beurteilung kann im Einzelfall Schwierigkeiten bereiten, vgl zur remittance-base-Besteuerung in Großbritannien *Wassermeyer* IStR 2007, 833, 836.
320 *F/W/B/S* § 6 Rn 211.
321 *F/W/B/S* § 6 Rn 210.
322 Für die Anwendung des § 6 Abs 5 S 3 Nr 2 iE ebenso *F/W/B/S* § 6 Rn 219; *S/K/K* § 6 Rn 259.
323 *F/W/B/S* § 6 Rn 220.

erforderlich ist.[324] Soweit man bereits der Einleitung des § 6 Abs 5 S 3 („Die Sätze 1 und 2 gelten entspr…") das Erfordernis der entspr Staatsangehörigkeit des „StPfl" in sämtlichen Fällen des § 6 Abs 5 S 3 entnehmen wollte, machte die ausdrückliche Aufnahme in § 6 Abs 5 S 3 Nr 2 keinen Sinn. Gegen dieses systematische Argument bliebe nur der Einwand eines redaktionellen Versehens des Gesetzgebers.

198 **cc) Verlegung der abkommensrechtlichen Ansässigkeit (§ 6 Abs 5 S 3 Nr 2).** § 6 Abs 5 S 3 Nr 2 bezieht sich auf § 6 Abs 1 S 2 Nr 2, dh auf Fälle der sog Doppelansässigkeit, in denen die Begr eines Wohnsitzes oder gewöhnlichen Aufenthaltes im Ausland erfolgt und nach Abkommensrecht der StPfl im anderen Staat als ansässig anzusehen ist. Insoweit wird – wie in Abs 5 S 1 – vorausgesetzt, dass der StPfl einer der dt unbeschränkten Einkommensteuerpflicht vergleichbaren StPfl in einem EU/EWR-Staat unterliegt und er Staatsangehöriger eines dieser Staaten ist. Nach dem Wortlaut ist es ausreichend, wenn der StPfl zwar nicht im (neuen) Ansässigkeitsstaat, sondern in einem anderen EU-EWR-Staat einer vergleichbaren unbeschränkten StPfl unterliegt. Ob letzterem Staat auch tatsächlich ein Besteuerungsrecht hinsichtlich der Anteilsveräußerungsgewinne zusteht, ist nach dem eindeutigen Wortlaut nicht entscheidend.

dd) Einlage in EU-/EWR-Betrieb oder EU-/EWR-Betriebsstätte (§ 6 Abs 5 S 3 Nr 3).
199 § 6 Abs 5 S 3 Nr 3 zielt auf die Fälle, bei denen die Einlage der Anteile iSv § 6 Abs 1 S 2 Nr 3 in einen EU-/EWR-Betrieb oder eine EU-/EWR-Betriebsstätte erfolgt. Die Regelung verlangt nach ihrem Wortlaut nur die Einlage in den Betrieb bzw die Betriebsstätte, nicht aber den Verbleib der Beteiligung in diesen.[325] Wird die Beteiligung anschließend in ein Betriebs(stätten)vermögen außerhalb des EU-/EWR-Raums weiter übertragen, ist fraglich, ob dieser Vorgang einen Widerruf der Stundung gem § 6 Abs 5 S 4 Nr 3 rechtfertigt.[326] Dies ist nach dem Wortlaut insoweit zweifelhaft, als die Weiterübertragung einer in einem ausl Betriebs(stätten)vermögen befindenden Beteiligung in ein anderes ausl Betriebs(stätten)vermögen kein Vorgang ist, der nach „inländischem Recht zum Ansatz des Teilwertes oder des gemeinen Wertes führt".[327] Ebenso wie iRd § 6 Abs 5 S 3 Nr 1 ist hier nach dem Wortlaut nicht erforderlich, dass der einlegende StPfl die Staatsangehörigkeit in einem EU-/EWR-Staat inne haben muss.[328]

200 **ee) Anwendbarkeit auf Fälle des § 6 Abs 1 S 2 Nr 4 (§ 6 Abs 5 S 3 Nr 4).** § 6 Abs 5 S 3 Nr 4 wurde mit Gesetz zur Anpassung der Abgabenordnung an den Zollkodex der Union und zur Änderung weiterer steuerlicher Vorschriften ergänzt.[329] Die zinslose Stundungsregelung findet nunmehr europarechtskonform auch bei Ausschluss oder Beschränkung des Besteuerungsrechts Anwendung (§ 6 Abs 1 S 2 Nr 4). Voraussetzung ist, dass der Steuerpflichtige Anteile an einer in einem Mitgliedstaat der Europäischen Union oder in einem Vertragsstaat des EWR-Abkommens ansässigen Gesellschaft hält. § 6 Abs 5 S 3 Nr 4 ist in allen Fällen anzuwenden, in denen die geschuldete Steuer noch nicht entrichtet ist (§ 21 Abs 23). Hiermit wurde eine weitere Ausnahme geschaffen, in der eine Stundung erfolgen kann.[330]

---

324 Vgl *Grotherr* IWB 2007, F 3, Gr 1, 2153, 2165.
325 *F/W/B/S* § 6 Rn 227; *S/K/K* § 6 Rn 264.
326 Bejahend *S/K/K* § 6 Rn 264.
327 Vgl *F/W/B/S* § 6 Rn 227.
328 Vgl *Grotherr* IWB 2007, F 3, Gr 1, 2153, 2165.
329 BGBl I 2014, 2417.
330 *S/K/K* § 6 Rn 13.2.

2. Rechtsfolge: Unbefristete zinslose Stundung ohne Sicherheitsleistung (§ 6 Abs 5 S 1). § 6 Abs 5 S 1 sieht als Rechtsfolge einen **Rechtsanspruch** auf die zeitlich unbefristete zinslose Stundung ohne Sicherheitsleistung vor. Die Stundung ist von Amts wegen zu gewähren. Mit der zu stundenden „geschuldeten Steuer" ist die festgesetzte Steuerschuld gemeint und zwar nur hinsichtlich des Differenzbetrags zwischen der tatsächlich festgesetzten Steuer und der Steuer, die ohne Anwendung des § 6 Abs 1 festgesetzt worden wäre.[331] 201

Die Stundungsregelung des § 6 Abs 5 S 1 wird **flankiert durch § 6 Abs 3 S 4**, der ohne zeitliche Begrenzung unter bestimmten Voraussetzungen den Entfall der gestundeten Steuer vorsieht. Zu beachten ist, dass in Fällen des § 6 Abs 5 S 3 Nr 1 iVm § 6 Abs 3 S 4 auch bei einer unentgeltlichen Übertragung der Anteile unter Lebenden der Steueranspruch später wegfallen kann, in allen anderen Fällen jedoch nicht (Umkehrschluss zu § 6 Abs 3 S 3). 202

3. Widerruf der Stundung. – a) Widerrufsgründe (§ 6 Abs 5 S 4 und § 6 Abs 7 S 5). § 6 Abs 5 S 4 sieht verschiedene Gründe vor, die zwingend zu einem Widerruf der gem § 6 Abs 5 S 1 bzw S 3 gewährten Stundung führen, dh sie stehen nicht im Ermessen des FA. Der weitere Widerrufsgrund iSv § 6 Abs 7 S 5 (Nichterfüllung der Mitwirkungspflicht gem § 6 Abs 7 S 4) führt hingegen zu einer Ermessensentscheidung (§ 5 AO) des zuständigen FA (ausf dazu Rn 258 ff). **Sinn und Zweck des Widerrufs** soll zum einen eine sachlich nicht gebotene Besserstellung gegenüber einem Inlandsfall und die Vermeidung eines endgültigen Verlustes an dt Steueraufkommen sein.[332] 203

aa) Veräußerung und gleichgestellte Sachverhalte (S 4 Nr 1); Umwandlungsvorgänge (S 5). § 6 Abs 5 S 4 Nr 1 sieht einen Widerruf der Stundung vor, soweit der StPfl oder sein Rechtsnachfolger iSd § 6 Abs 5 S 3 Nr 1 Anteile veräußert oder verdeckt in eine Gesellschaft iSv § 17 Abs 1 S 1 EStG einlegt oder einer der Tatbestände des § 17 Abs 4 EStG erfüllt wird. Die Formulierung stimmt weitgehend mit derjenigen in § 6 Abs 4 S 4 überein. Die Tatbestandsmerkmale des § 6 Abs 4 S 2 und § 6 Abs 5 S 4 Nr 1 sind insoweit in gleicher Weise auszulegen. 204

„StPfl" iSv § 6 Abs 5 S 4 Nr 1 ist die Person, die einen der Tatbestände des § 6 Abs 1 S 1 oder 2 persönlich verwirklicht hat. 205

Nach dem **eindeutigen Wortlaut** muss der **Rechtsnachfolger** ein solcher iSd § 6 Abs 5 S 3 Nr 1 sein, dh es kommt über den weiteren Verweis auf Abs 1 S 2 Nr 1 zunächst darauf an, dass der Rechtsnachfolger eine nicht im Inland unbeschränkt steuerpflichtige Person ist, der die Anteile im Wege des (teilw) unentgeltlichen Rechtsgeschäfts unter Lebenden oder von Todes wegen erworben hat. Zudem ist durch § 6 Abs 5 S 3 Nr 1 weiter vorausgesetzt, dass der Rechtsnachfolger in einem EU-/EWR-Staat einer der dt unbeschränkten Einkommensteuerpflicht vergleichbaren StPfl unterliegt. Erfüllt der Rechtsnachfolger bei Erwerb der Anteile letztere Voraussetzung nicht, ist § 6 Abs 5 S 4 Nr 2 anwendbar. Wird der Rechtsnachfolger zunächst im Inland wieder unbeschränkt steuerpflichtig und veräußert er später die Anteile, entfällt zunächst der Steueranspruch gem § 6 Abs 3 S 4 Nr 1 und es handelt sich um eine „normale" Veräußerung außerhalb des Anwendungsbereichs des § 6. 206

---

331 *F/W/B/S* § 6 Rn 214.

332 Vgl *S/K/K* § 6 Rn 265.

207 IRd **§ 6 Abs 5 S 4 Nr 1, 1. Fall (Veräußerung)** ist bei bestimmten **Umwandlungsvorgängen** zu beachten, dass diese **auf Antrag** und unter speziellen Voraussetzungen nicht als Veräußerung iSv S 4 Nr 1 gelten (vgl **§ 6 Abs 5 S 5**). Grds wären die Umwandlungsvorgänge iSv §§ 11, 15, 21 UmwStG als Veräußerung der Anteile in diesem Sinne zu behandeln (vgl auch § 13 Abs 1 UmwStG „gelten als zum gemeinen Wert veräußert" bzw § 21 Abs 2 UmwStG „Veräußerungspreis"). Dieses Erg erschien aber nicht sachgerecht, wenn der Anteilseigner die durch den Umwandlungsvorgang erhaltenen Anteile mit den Anschaffungskosten der bisherigen Anteile ansetzen könnte. Hingegen wird etwa der Formwechsel der inländischen Kapitalgesellschaft in eine Personengesellschaft gem § 9 UmwStG in § 6 Abs 5 S 5 nicht genannt. In diesem Fall wird aber grds das deutsche Besteuerungsrecht wieder begründet (vgl § 5 Abs 2 UmwStG), so dass der Steueranspruch gem § 6 Abs 3 S 4 Nr 2 entfällt.[333]

208 Erfasst werden von § 6 Abs 5 S 5 Umwandlungsvorgänge gem §§ 11, 15 UmwStG (Vermögensübertragung zwischen Körperschaften durch **Verschmelzung** bzw **Spaltung**) oder § 21 UmwStG (sog **Anteilstausch**), wenn die erhaltenen Anteile bei einem unbeschränkt steuerpflichtigen Anteilseigner, der die Anteile nicht in einem Betriebsvermögen hält, nach § 13 Abs 2 bzw § 21 Abs 2 UmwStG mit den Anschaffungskosten der bisherigen Anteile angesetzt werden könnten. Ob es tatsächlich zu einem (entspr) Wertansatz iSv § 13 Abs 2 oder § 21 Abs 2 UmwStG kommt, ist nicht erforderlich („...angesetzt werden könnten;..."').[334] Vielmehr erfordert § 6 Abs 5 S 5 eine **zweifache „fiktive" Subsumtion**. Zum einen ist bei der Anwendung der §§ 11, 15 oder § 21 UmwStG fiktiv zu unterstellen, dass die erhaltenen Anteile einem unbeschränkt steuerpflichtigen Anteilseigner zuzurechnen sind. Denn iF des § 6 Abs 5 S 4 Nr 1 ist der Anteilseigner eben nicht mehr im Inland unbeschränkt steuerpflichtig. Zum anderen müssen die Voraussetzungen des § 13 Abs 2 bzw § 21 Abs 2 UmwStG gegeben sein, hierbei kommt es va darauf an, dass das Besteuerungsrecht Deutschlands an etwaigen Veräußerungsgewinnen weder beschränkt noch ausgeschlossen wird. Zudem sind die Voraussetzungen des § 1 Abs 2 und Abs 4 UmwStG zu beachten.

209 Gem § 6 Abs 5 S 5 gilt, dass für Zwecke der Anwendung des § 6 Abs 5 S 4 und der Abs 3, 6 und 7 insoweit die **erhaltenen Anteile** an die Stelle der Anteile iSv § 6 Abs 1 treten. § 6 Abs 5 S 5 erfasst die Umwandlungsvorgänge iSv §§ 11, 15, 21 UmwStG, bei denen die bestehenden Anteile übertragen bzw untergehen und der Anteilseigner im Gegenzug neue Anteile erhält, die an die Stelle der bisherigen Anteile treten. In diesem Fall unterliegen die erhaltenen Anteile sodann den Rechtsfolgen des § 6 Abs 3, Abs 5 S 4, Abs 6 und Abs 7. Kommt es trotz eines Umwandlungsvorgangs nicht zum Erwerb neuer Anteile durch den Anteilseigner (zB bei einer Verschmelzung auf die KapGes des Anteilsinhabers), fehlt es an einer Veräußerung iSv § 6 Abs 5 S 4 Nr 1, ohne dass es eines Rückgriffs auf § 6 Abs 5 S 5 bedürfte. Die Rechtsfolgen des § 6 Abs 3, Abs 5 S 4, Abs 6 und Abs 7 beziehen sich dann aber insgesamt auf die wertvoller gewordenen ursprünglichen Anteile.

210 Tatbestandsgemäß ist auch die **verdeckte Einlage** der Beteiligung in eine Gesellschaft iSv § 17 Abs 1 S 1. Bei einer verdeckten Einlage in eine **inländische** Gesellschaft iSv § 17 Abs 1 S 1 ist – soweit auch abkommensrechtlich ein deutsches Besteuerungsrecht dem Grunde nach wieder hergestellt wird – zu erwägen, vorrangig einen Wegfall des

333 *Schönfeld* IStR 2011, 497, 503.

334 AA vgl *Grotherr* IWB 2007, F 3, Gr 1, 2153, 2172.

Steueranspruchs iSv § 6 Abs 3 S 4 Nr 2 anzunehmen.[335] Dies ist sachgerecht, auch wenn sich hiergegen uU einwenden ließe, dass bei einer späteren Veräußerung und anschließender langfristiger Gewinnthesaurierung das dt Besteuerungsrecht gegenüber der ursprünglichen Besteuerungssituation „beschränkt" sei. Ein solches Verständnis erscheint indes zu eng.

Die Auslegung des Merkmals „einer der **Tatbestände des § 17 Abs 4 EStG** erfüllt sind" entspricht der zu § 6 Abs 4 S 2 (dazu Rn 180). Soweit hiervon auch Umwandlungsfälle erfasst sind, geht § 6 Abs 5 S 5 vor, auch wenn dieser die dort genannten Umwandlungsvorgänge nach seinem Wortlaut nur aus dem Merkmal der „Veräußerung" ausklammern will. Bei Leistungen von EU-KapGes, an denen die wegzugssteuerbehaftete Beteiligung besteht, ist zu beachten, dass eine gem § 6 Abs 5 S 5 iVm § 17 Abs 4 S 1 EStG schädliche Auskehrung von Beträgen aus dem steuerlichen Einlagekonto nur in Betracht kommt, wenn der als Leistung iSv § 27 Abs 8 S 1 KStG zu berücksichtigende Betrag auf Antrag für den jew VZ iSv § 27 Abs 8 S 3 KStG festgestellt wird.[336] 211

Ist iF des § 6 Abs 5 S 4 Nr 1 der erzielte Veräußerungsgewinn niedriger als der Vermögenszuwachs iSv § 6 Abs 1, ist diese zwischenzeitliche Wertminderung unter den Voraussetzungen des § 6 Abs 6 (dazu ausf Rn 230) zu berücksichtigen. 212

bb) Übergang auf nicht im EU-/EWR-Staat unbeschränkt steuerpflichtige Personen (S 4 Nr 2). Der Widerrufsgrund gem § 6 Abs 5 S 4 Nr 2 ist erfüllt, soweit Anteile auf eine nicht im Inland unbeschränkt steuerpflichtige Person übergehen, die nicht in einem EU-/EWR-Staat einer der dt unbeschränkten Einkommensteuerpflicht vergleichbaren StPfl unterliegt. Ist ein ausl Körperschaftsteuersubjekt Rechtsnachfolger, ist auf eine der dt unbeschränkten Körperschaftsteuerpflicht vergleichbare StPfl abzustellen (vgl Rn 196). § 6 Abs 5 S 4 Nr 2 stellt nicht darauf ab, ob der Ansässigkeitsstaat des Anteilsempfängers Amts- oder Beitreibungshilfe gewährt. 213

Ein **„Übergehen" der Anteile** meint nicht nur Übertragungen ieS, sondern jeden Übergang des wirtschaftlichen Eigentums an den Anteilen iSv § 17 Abs 1 S 1 auf schuldrechtlicher, dinglicher oder erbrechtlicher Basis.[337] Für den Unterfall der Veräußerung ist § 6 Abs 5 S 4 Nr 1 lex specialis.[338] § 6 Abs 5 S 4 Nr 2 erfasst damit hauptsächlich Übertragungen durch unentgeltliches Rechtsgeschäft unter Lebenden oder den Übergang von Todes wegen auf eine nicht im EU-/EWR-Raum unbeschränkt steuerpflichtige Person. 214

cc) Entnahme oder anderer Vorgang zum Teilwert oder gemeinen Wert (S 4 Nr 3).
Der Widerrufsgrund iSv § 6 Abs 5 S 4 Nr 3 knüpft an die Fälle an, in denen die Einlage der Beteiligung in ein Betriebs(stätten)vermögen gem § 6 Abs 1 S 2 Nr 3 eingelegt wurde und eine Stundung der Steuer gem § 6 Abs 5 S 3 Nr 3 erfolgt, da es sich um ein Betriebsstättenvermögen in einem EU-/EWR-Staat handelte. Der Anwendungsbereich des § 6 Abs 5 S 4 Nr 3 dürfte gering sein.[339] 215

---

335 *F/W/B/S* § 6 Rn 235.
336 Zutr *W/S/G* § 6 Rn 441.
337 Vgl *F/W/B/S* § 6 Rn 239; *S/K/K* § 6 Rn 274.
338 Vgl *F/W/B/S* § 6 Rn 239.
339 *F/W/B/S* § 6 Rn 245; *S/K/K* § 6 Rn 278.

216 Der **Begriff der Entnahme** entstammt § 4 Abs 1 S 2 EStG. Nach dem Wortlaut scheint jede Entnahme erfasst, da sich die weiteren Voraussetzungen eines Ansatzes zum Teilwert bzw gemeinen Wert ausdrücklich nur auf „andere Vorgänge" beziehen („...,der..."). Mit dem Hinweis auf den Ansatz zum Teilwert bzw gemeinen Wert hatte der Gesetzgeber aber offenbar die unterschiedlichen Wertansätze für **Entnahmen iSv § 4 Abs 1 S 2 EStG** und **fiktive Entnahmen iSv § 4 Abs 1 S 3 EStG** (dazu Rn 218) im Auge (vgl § 6 Abs 1 Nr 4 S 1). Insoweit dürfte die Voraussetzung hinsichtlich der Wertansätze auch für Entnahmen iSv § 4 Abs 1 S 2 EStG gelten. Die Wertansätze können sinnvoll nur nach inländischem Recht beurteilt werden.[340] Hat der weiter im Inland unbeschränkt StPfl die Anteile im Wege einer verdeckten Einlage unentgeltlich in ein EU-/EWR- Betriebs(stätten)vermögen bei Gewährung der Stundung gem § 6 Abs 5 S 1 eingelegt (vgl § 6 Abs 1 S 2 Nr 3 iVm Abs 5 S 3 Nr 3) und entnimmt er später die Beteiligung wieder in sein Privatvermögen, ist § 6 Abs 5 S 4 Nr 3, 1. Alt (Entnahme) grds erfüllt, da – wendete man inländisches Recht an – die Entnahme mit dem Teilwert anzusetzen wäre (vgl § 6 Abs 1 Nr 4 S 1 EStG). Jedoch entfällt unter den Voraussetzungen des § 6 Abs 3 S 4 Nr 2 insoweit vorrangig der Steueranspruch gem § 6 Abs 1 S 1, so dass der Widerruf gem § 6 Abs 5 S 4 Nr 3, 1. Alt nur in Betracht kommt, wenn trotz der Entnahme ins Privatvermögen das dt Besteuerungsrecht nicht wie ursprünglich wieder auflebt. Letzteres dürfte jedoch regelmäßig der Fall sein.

217 Soweit aus der Betriebsstätte die Anteile unmittelbar auf eine nicht in einem EU-EWR-Staat unbeschränkt steuerpflichtige Person unentgeltlich übertragen werden, handelt es sich steuerlich in einer juristischen Sekunde um eine im Hinblick auf § 6 Abs 5 S 3 Nr 3 unschädliche Entnahme, jedoch ist dann der Widerrufsgrund des § 6 Abs 5 S 4 Nr 2 erfüllt.

218 Unter den Begriff **„anderer Vorgang"** dürfte nach dem Willen des Gesetzgebers va eine Überführung iSv **§ 4 Abs 1 S 3 EStG (sog fiktive Entnahme)** fallen. Gem § 4 Abs 1 S 3 EStG steht einer Entnahme zu betriebsfremden Zwecken der Ausschluss oder die Beschränkung des dt Besteuerungsrechts hinsichtlich des Gewinns aus der Veräußerung oder der Nutzung der Beteiligung gleich. Ein solches besteht aber bereits nach der Einlage in das EU-/EWR-Betriebs(stätten)vermögen nicht mehr, jedenfalls wenn abkommensrechtlich die Beteiligung gem Art 10 Abs 4, Art 13 Abs 2 MA der EU-/EWR-Betriebsstätte zuzurechnen ist und Deutschland diese Einkünfte abkommensrechtlich freizustellen hat. Es fragt sich, welcher Anwendungsbereich insoweit noch für § 6 Abs 5 S 4 Nr 3, 2. Fall verbleibt.

219 IF der **Veräußerung der Beteiligung aus dem EU-/EWR-Betriebs(stätten)vermögen** ist nicht Abs 3 S 4 Nr 3 anwendbar, wohl aber Abs 3 S 4 Nr 1 als lex specialis.[341]

220 **dd) Ausscheiden aus der Steuerpflicht iSv § 6 Abs 5 S 1 (S 4 Nr 4).** Gem § 6 Abs 5 S 4 Nr 4 ist die Stundung auch dann zu widerrufen, wenn für den StPfl oder seinen Rechtsnachfolger iSd § 6 Abs 5 S 3 Nr 1 durch Aufgabe des Wohnsitzes oder gewöhnlichen Aufenthalts **keine StPfl nach § 6 Abs 5 S 1** mehr besteht.

221 Insoweit knüpft der Widerruf der Stundung an das Entfallen der StPfl nach § 6 Abs 5 S 1 *durch* Aufgabe des Wohnsitzes oder gewöhnlichen Aufenthalts. An die theoreti-

340 Vgl *F/W/B/S* § 6 Rn 234.
341 Vgl *F/W/B/S* § 6 Rn 244.

sche Möglichkeit einer Aufgabe der unbeschränkten StPfl durch ein ähnliches oder anderes Merkmal hat der Gesetzgeber offenbar nicht gedacht.

Die Frage, welche Rechtsfolge eintritt, wenn der StPfl oder sein Rechtsnachfolger iSv Abs 5 S 3 Nr 1 aus der StPfl iSv S 1 in einem EU-/EWR-Staat ausscheidet, eine solche aber unmittelbar danach in einem anderen EU-/EWR-Staat begründet, ist iE dahin zu lösen, dass dieser Vorgang **nicht** zu einem Widerruf der Stundung gem § 6 Abs 5 S 4 Nr 4 berechtigt.[342] Ob sich dies aus § 6 Abs 5 S 4 Nr 4, aus § 6 Abs 5 S 1[343] oder durch europarechtskonforme Auslegung[344] ergibt, kann dahinstehen. Kehren die Anteile hingegen in das dt Besteuerungsrecht zurück, entfällt der Steueranspruch iSv § 6 Abs 1 S 1 vorrangig gem § 6 Abs 3 S 4. Endet die StPfl iSv § 6 Abs 5 S 1 durch Tod des StPfl oder seines Rechtsnachfolgers, ist § 6 Abs 5 S 4 Nr 2 vorrangig anzuwenden.[345] 222

ee) Verletzung der Mitwirkungspflicht nach § 6 Abs 7 S 4 (§ 6 Abs 7 S 5). Ein im Ermessen der FinVerw stehender Widerrufsgrund besteht zudem bei einer Verletzung der Mitwirkungspflicht iSv § 6 Abs 7 S 4 (dazu ausf Rn 258). 223

b) Rechtsfolge: Widerruf der Stundung. Abgesehen von dem Widerrufsgrund des § 6 Abs 7 S 4 (dazu Rn 258) steht ein Widerruf iSv § 6 Abs 5 S 4 nicht im Ermessen der Finanzbehörde. Der Widerruf erfolgt aufgrund von § 6 Abs 5 S 4 iVm § 131 Abs 2 Nr 1 AO. Die Finanzbehörde kann jedoch grds die Stundung nach § 6 Abs 5 widerrufen und eine Stundung auf anderer Rechtsgrundlage (§ 6 Abs 4; § 222 AO) erneut aussprechen. 224

Um das zuständige FA in die Lage zu versetzen, die Stundung zeitnah zu widerrufen, wurde die **notarielle Übersendungspflicht** durch eine **Anzeigepflicht** erweitert, wenn der verfügende Anteilseigner nicht unbeschränkt steuerpflichtig ist (§ 54 Abs 4 EStDV). Die Meldepflicht besteht gg dem FA, das bei Beendigung der unbeschränkten StPfl nach § 19 AO für die Besteuerung des Anteilseigners zuständig war. 225

c) Mitteilungspflichten bei Verwirklichung eines Widerrufsgrundes (§ 6 Abs 7 S 1).
Ist ein Widerrufsgrund iSv § 6 Abs 5 S 4 verwirklicht, trifft den StPfl oder seinen Gesamtrechtsnachfolger eine bes – aber weitgehend sanktionslose – Mitteilungspflicht (dazu ausf Rn 258). 226

III. Begünstigung bei negativem Gesamtbetrag der Einkünfte (§ 6 Abs 5 S 6 und S 7)

Ist iF des § 6 Abs 5 S 1 oder 3 der Gesamtbetrag der Einkünfte ohne Einbeziehung des Vermögenszuwachses nach Abs 1 negativ, so ist dieser Vermögenszuwachs bei Anwendung des § 10d EStG nicht zu berücksichtigen (**§ 6 Abs 5 S 6**), dh in diesem Fall ist der **Verlustabzug** für Zwecke des § 10d EStG **ohne Berücksichtigung des fiktiven Veräußerungsgewinns** gem § 6 Abs 1 vorzunehmen. Europarechtskonform ist § 6 Abs 5 S 6 auch anzuwenden, wenn zwar der Gesamtbetrag der Einkünfte ohne Einbeziehung des Vermögenszuwachses nach § 6 Abs 1 nicht negativ ist, aber bei einem vergleichbaren Inlandsfall der Verlustvortrag nicht vollständig verlorengegangen wäre.[346] § 6 Abs 5 S 6 und S 7 flankieren konsequent die Stundung gem Abs 5 S 1, indem bis 227

342 *S/K/K* § 6 Rn 280.
343 *S/K/K* § 6 Rn 280.
344 *F/W/B/S* § 6 Rn 247.
345 *F/W/B/S* § 6 Rn 247.
346 *FG München* EFG 2010, 1221 (rkr); dazu *F/W/B/S* § 6 Rn 259.

zu einem Widerruf der Stundung gem Abs 5 S 4 der fiktive Veräußerungsgewinn auch beim Verlustabzug keine steuerliche Auswirkung entfaltet.[347] Der Verlustabzug soll vielmehr ungeschmälert erhalten bleiben, solange die Vermögenszuwachsbesteuerung nach § 6 Abs 1 iVm § 6 Abs 5 gestundet wird.

228 Sind die Voraussetzungen eines Widerrufs gem § 6 Abs 5 S 4 erfüllt, ist der Vermögenszuwachs **rückwirkend** bei der Anwendung des § 10d EStG zu berücksichtigen und in Anwendung des § 6 Abs 5 S 6 ergangene oder geänderte Feststellungsbescheide oder Steuerbescheide sind aufzuheben oder zu ändern (**§ 6 Abs 5 S 7**). Die Berücksichtigung des fiktiven Veräußerungsgewinns iRd § 10d EStG erfolgt erst, wenn es zu einer tatsächlichen Besteuerung der in der Beteiligung angesammelten stillen Reserven kommt. Die Berücksichtigung findet rückwirkend statt, so dass sich der fiktive Veräußerungsgewinn auch iRd § 10d EStG **im VZ des Wegzugs** auswirkt und nicht erst zum Zeitpunkt der Verwirklichung eines Widerrufsgrundes.

229 Verfahrensrechtlich fingiert § 6 Abs 5 S 7 ein **rückwirkendes Ereignis iSv § 175 Abs 1 S 1 Nr 2 AO**, indem hierauf über § 175 Abs 1 S 2 AO mittelbar verwiesen wird. Gem § 6 Abs 5 S 7 iVm § 175 Abs 1 S 2 AO beginnt die Festsetzungsfrist mit Ablauf des Kj, in dem das Ereignis mit steuerlicher Wirkung für die Vergangenheit eintritt, dh der Tatbestand des § 6 Abs 5 S 7 iVm Abs 5 S 4 verwirklicht wird.

IV. Zwischenzeitliche Wertminderungen in Fällen des § 6 Abs 5 S 4 Nr 1 (§ 6 Abs 6)

230 **1. Vorbemerkung.** Wurde die Vermögenszuwachssteuer gem § 6 Abs 5 S 1 gestundet und kommt es später zu einer Veräußerung oder einem gleichgestellten Vorgang iSv § 6 Abs 5 S 4 Nr 1, ist die Stundung zu widerrufen und die Vermögenszuwachssteuer wird endgültig zur Belastung des StPfl oder seines Rechtsnachfolgers. Soweit der Anteilsinhaber bei der Veräußerung nicht den bei Wegzug festgestellten Vermögenszuwachs realisieren kann, vermeidet § 6 Abs 6 Überbesteuerungen, indem die **zwischenzeitlich eingetretene Wertminderung** durch Änderung oder Aufhebung des Vermögenszuwachssteuerbescheids insoweit grds zu berücksichtigen ist (§ 6 Abs 6 S 1). Hierdurch werden Überbesteuerungen, nicht jedoch Doppelbest vermieden, da unberücksichtigt bleibt, inwieweit der Zuzugsstaat den tatsächlich realisierten Anteilsveräußerungsgewinn besteuert.

231 **2. Voraussetzungen. – a) Zwischenzeitliche Wertminderung (§ 6 Abs 6 S 1).** § 6 Abs 6 greift als Sonderregelung nur für Fälle des Widerrufs der Stundung gem § 6 Abs 5 S 4 Nr 1, dh iF der Veräußerung der Anteile, der verdeckten Einlage der Anteile in eine Gesellschaft iSd § 17 Abs 1 S 1 EStG oder der Verwirklichung eines Tatbestandes des § 17 Abs 4 EStG. Dies ergibt sich im Grunde eindeutig[348] aus der Formulierung „Veräußerungsgewinn iSd § 17 Abs 2 EStG“,[349] auch wenn sich die Wertbestimmung in diesen Fällen als problematisch erweisen sollte.

---

347 Ähnlich *S/K/K* § 6 Rn 287: „notwendige Regelung“; systematisch **aA** *F/W/B/S* § 6 Rn 256: „Begünstigung des StPfl“.

348 **AA** *Grotherr* IWB 2007, F 3, Gr 1, 2153, 2169: nur auf Anteilsveräußerung anwendbar; vgl auch *Richter/Escher* FR 2007, 674, 678; *Hansen* StudZR 2008, 41.

349 Auch in denen der Veräußerung iSv § 17 Abs 1 S 1 EStG gleichgestellten Fällen (§ 17 Abs 1 S 2, Abs 4 EStG) ist der „Veräußerungsgewinn“ gem § 17 Abs 2 EStG zu ermitteln. Systematisch ändert sich iRd Berechnung des Veräußerungsgewinns lediglich die Variable des *Veräußerungspreises*, vgl § 17 Abs 2 S 2, Abs 4 S 2 EStG.

Vermögenszuwachs meint den nach § 6 Abs 1 festgestellten fiktiven Veräußerungsgewinn zum Zeitpunkt der Verwirklichung eines Entstrickungstatbestands. Die Formulierung „... ist der Veräußerungsgewinn...im Zeitpunkt der Beendigung der Stundung niedriger...“ kann sinnvoll nur so verstanden werden, dass es auf den Zeitpunkt ankommt, in dem die einen Widerruf der Stundung auslösenden Tatbestandsmerkmale iSv § 6 Abs 5 S 4 Nr 1 verwirklicht werden, zB durch Übergang des wirtschaftlichen Eigentums an den Anteilen.[350] 232

Die **Berechnung der Wertminderung** iSv § 6 Abs 6 S 1 erfolgt nach Maßgabe dt Einkommensermittlungsvorschriften durch einen Vergleich zwischen dem Wert des Vermögenszuwachses gem § 6 Abs 1 und dem später tatsächlich realisierten Veräußerungspreis: 233

Vermögenszuwachs (§ 6 Abs 1 S 1) 234
./. realisierter Veräußerungsgewinn (§ 17 Abs 2 EStG)
Wertminderung (§ 6 Abs 6 S 1)

Der Begriff der „**Wertminderung**“ ist untechnisch in einem weiten Sinne zu verstehen, da § 6 Abs 6 nicht auf den tatsächlichen Wert der Anteile zum Entstrickungszeitpunkt abstellt, sondern den im Steuerbescheid festgestellten Vermögenszuwachs iSv § 6 Abs 1. Wertminderungen iSv § 6 Abs 1 S 1 sind daher ebenso Fälle, in denen die Bewertung zum Zeitpunkt des Wegzugs zu einem zu hohen Wertansatz erfolgt ist und dies erst iRd Veräußerung deutlich wird, erfasst, als auch Sachverhalte, bei denen es nicht zu einer tatsächlichen Wertminderung gekommen ist, sondern sich ein ursprünglich unterstellter Wert als überhöht erwies.[351] 235

Die Anpassung der Wertermittlung nach § 6 Abs 6 erfolgt nur, wenn der Zuzugsstaat die Wertminderung bei seiner Einkommensbesteuerung nicht berücksichtigt. Mit der **„Einkommensbesteuerung durch den Zuzugstaat“** ist die im jeweiligen EU-/EWR-Staat der dt unbeschränkten Einkommensteuerpflicht vergleichbare Einkommensbesteuerung gemeint (vgl § 6 Abs 5 S 4 Nr 1 iVm S 3 Nr 1). Mit „**Zuzugsstaat**“ ist mangels anderweitiger Definition jeder EU-/EWR-Staat gemeint, in dem der StPfl oder sein Rechtsnachfolger einer der vorgenannten vergleichbaren StPfl unterliegt. 236

Der Gesetzgeber verlangt von den innerstaatlichen Rechtsanwendern die **Prüfung ausl Steuerrechts**, wenn er darauf abstellt, ob die Wertminderung bei der Einkommensbesteuerung durch den Zuzugsstaat nicht berücksichtigt wurde. Dies dürfte zu praktisch schwer lösbaren Problemen führen. Die Frage nach einer **Berücksichtigung der Wertminderung** durch den ausl Staat beinhaltet dabei eine qualitative und eine quantitative Komponente. **Qualitativ** ist zu fragen, in welcher Form die Wertminderung im Zuzugsstaat berücksichtigt worden sein muss. Die Form ist nach dem Gesetzeswortlaut unerheblich, woraus sich verschiedene Zweifelsfälle ergeben.[352] Letztlich dürfte gesetzessystematisch nur auf die Berücksichtigung von Wertminderungen abgestellt werden, die aus Anlass der Anteilsveräußerung entstehen.[353] **Quantitativ** ist nicht abschließend 237

350 *F/W/B/S* § 6 Rn 276; *S/K/K* § 6 Rn 298.
351 *S/K/K* § 6 Rn 299.
352 ZB, ob es ausreicht, wenn die Wertminderung nur iRe Progressionsvorbehaltes oder iRd Erstattung von Quellensteuer Berücksichtigung findet, vgl *F/W/B/S* § 6 Rn 278.
353 Dh nicht jedoch andere Wertminderungen (wie zB Teilwertabschreibung), vgl *F/W/B/S* § 6 Rn 278.

geklärt, ob auch eine nur **geringfügige Berücksichtigung der Wertminderung** durch den ausl Fiskus die Anwendung des § 6 Abs 6 sperrt, auch wenn die tatsächliche Wertminderung erheblich ist.[354] Im Hinblick auf die Formulierung, dass der Steuerbescheid „insoweit" aufzuheben oder zu ändern ist, hält sich eine Auslegung noch innerhalb der Wortlautgrenze, wonach die Wertminderung bei Anwendung des § 6 Abs 5 S 1 nur um den Betrag zu kürzen ist, der im Ausland tatsächlich als Wertminderung bei der Einkommensbesteuerung berücksichtigt wurde.[355] Diese Auslegung dürfte auch dem Sinn und Zweck am ehesten entsprechen, wie sich auch aus § 6 Abs 6 S 2 („soweit") ergibt.[356] Zudem dürfte eine andere Auslegung auf europarechtliche Bedenken stoßen.[357]

238 Die gesetzgeberische Absicht, dem StPfl bzw Rechtsnachfolger die **Feststellungslast** für das Merkmal der Nichtberücksichtigung der Wertminderung im Zuzugsstaat aufzubürden,[358] findet im Gesetz keine hinreichende Stütze.[359] Dies ergibt sich insb im Umkehrschluss zu den ausdrücklich normierten Nachweispflichten iSv § 6 Abs 6 S 2. Zudem stößt eine solche Feststellungslast vor dem Hintergrund der in den Fällen des § 6 Abs 6 bestehenden Amts- und Beitreibungshilfe zum Zuzugsstaat als milderes Mittel, auf erhebliche **europarechtliche Bedenken.**[360]

239 **b) Besondere Nachweispflicht (§ 6 Abs 6 S 2).** Gem § 6 Abs 6 S 2 obliegen dem StPfl (teleologisch wohl auch dessen Rechtsnachfolger, vgl Abs 4 Nr 1) bestimmte Nachweispflichten. Kann er die Nachweise nicht vollständig erbringen, ist die Wertminderung im nachgewiesenen Umfang zu berücksichtigen („soweit").

240 Der StPfl hat nachzuweisen, dass die Wertminderung betrieblich veranlasst und nicht auf eine gesellschaftsrechtliche Maßnahme, insb eine Gewinnausschüttung, zurückzuführen ist. Die **betriebliche Veranlassung** ist iSv § 4 Abs 4 EStG (Veranlassungsprinzip) nachzuweisen.[361] Zu den gesellschaftsrechtlichen Maßnahmen zählt der Gesetzgeber exemplarisch jegliche Art der (offenen oder verdeckten) Gewinnausschüttung. Die sonstigen gesellschaftsrechtlichen Maßnahmen müssen den Gewinnausschüttungen wirtschaftlich ähnlich sein,[362] wie etwa eine Kapitalherabsetzung mit anschließender Auskehrung des frei werdenden Kapitals oder der Auflösung einer Kapitalrücklage und ihre Auskehrung an die Gesellschafter jenseits einer Gewinnausschüttung.[363]

241 Die **Nachweispflicht** kann schwierig, bisweilen unmöglich sein, insb je geringer der Nachweispflichtige an der Ges – mit entspr verminderten Einfluss- und Einsichtsmöglichkeiten – beteiligt ist.[364] Aus verfassungs-[365] und europarechtlichen[366] Gründen ist die Nachweispflicht daher **auf offensichtliche Missbrauchsfälle zu begrenzen**.

354 So wohl *F/W/B/S* § 6 Rn 277; *S/K/K* § 6 Rn 300.
355 Vgl auch *Blümich* § 6 Rn 97.
356 Ähnlich *F/W/B/S* § 6 Rn 286.
357 Vgl *Ostertun/Reimer* S 150.
358 Vgl BR-Drucks 542/06, 88.
359 GlA *Grotherr* IWB 2007, F 3, Gr 1, 2153, 2170.
360 GlA *Hansen* StudZR 2008, 41.
361 *S/K/K* § 6 Rn 306.
362 *S/K/K* § 6 Rn 308.
363 Weitere Bsp bei *W/S/G* § 6 Rn 483.
364 *S/K/K* § 6 Rn 306; *Lausterer* BB-Special 8/2006, 85; *Grotherr* IWB 2007, F 3, Gr 1, 2153, 2170.
365 Vgl *F/W/B/S* § 6 Rn 288; *S/K/K* § 6 Rn 307.
366 Vgl *Ettinger* ZErb 2007, 12, 14.

3. Rechtsfolge. – a) Aufhebung oder Änderung des Steuerbescheids (§ 6 Abs 6 S 1). Der Steuerbescheid, in dem der Vermögenszuwachs iSv Abs 1 festgestellt wurde, ist von **Amts wegen** aufzuheben oder zu ändern, soweit die Wertminderung reicht (§ 6 Abs 1 S 1). Eine **Aufhebung** kommt nur in Betracht, wenn keine Vermögenszuwachssteuer mehr zu entrichten ist. Kommt es zu einer Wertminderung im Sinne eines negativen Differenzbetrags zwischen Vermögenszuwachs iSv Abs 1 und dem Veräußerungsgewinn iSv § 17 Abs 1 S 1 EStG, ist der festgesetzte Vermögenszuwachs im Vermögenszuwachssteuerbescheid zu verringern. 242

Verfahrensrechtlich sieht § 6 Abs 6 S 1 eine entspr Anwendung von § 175 Abs 1 S 2 AO (rückwirkendes Ereignis, § 175 Abs 1 S 1 Nr 2 AO) vor. Die **Festsetzungsfrist** beginnt erst mit dem Ablauf des Kj, in dem das rückwirkende Ereignis eintritt. 243

b) Höchstbetragsgrenze (§ 6 Abs 6 S 3). Gem § 6 Abs 6 S 3 ist der zu korrigierende Betrag auf den „Umfang des Vermögenszuwachses nach Abs 1" begrenzt, so dass Wertminderungen höchstens im Umfang der ursprünglich aufgedeckten stillen Reserven (Vermögenszuwachs) zu berücksichtigen sind. Die Regelung ist insoweit nicht stimmig, als iRd Bestimmung des Vermögenszuwachses auch ein Veräußerungsverlust festgestellt werden kann. Gegen die steuerliche Nichtberücksichtigung eines (weiteren) Veräußerungsverlustes werden zutr **verfassungsrechtliche**[367] und **europarechtliche Bedenken**[368] geäußert. 244

c) Sonderfall: Anrechnung bei ausschüttungsbedingten Wertminderungen (§ 6 Abs 6 S 4). § 6 Abs 6 S 4 vermeidet eine Doppelbest von Vermögenszuwachssteuer und inländischer Kapitalertragsteuer, wenn die Wertminderung auf eine Gewinnausschüttung zurückzuführen ist und nicht bei der dt Einkommensbesteuerung gem § 6 Abs 1 S 1 berücksichtigt wurde. Auf die Vermögenszuwachssteuer wird jedoch nur die inländische Kapitalertragsteuer angerechnet, die auf Gewinnausschüttungen der Gesellschaft zwischen dem Wegzug und der Veräußerung iSv § 6 Abs 5 S 4 Nr 1 entfällt und keinem Ermäßigungsanspruch mehr unterliegt. Aus praktischer Sicht empfiehlt sich, die relevanten Unterlagen für die erhobene Kapitalertragsteuer sorgfältig zu archivieren. 245

Die inländische Kapitalertragsteuer kann gegenständlich nur auf die Vermögenszuwachssteuer iSv Abs 1 angerechnet werden. Ein etwaiger Anrechnungsüberhang kann nicht genutzt werden, eine Erstattung ist nicht möglich.[369] 246

V. Mitwirkungspflichten des Steuerpflichtigen (§ 6 Abs 7)

Für die in § 6 Abs 5 geregelten **Stundungsfälle** sieht § 6 Abs 7 bestimmte **verfahrensrechtliche Rahmenbedingungen** vor. Zum einen werden **Mitteilungspflichten** für den Fall vorgegeben, dass ein zum Widerruf der Stundung verpflichtender Tatbestand iSv § 6 Abs 5 S 4 verwirklicht wurde (§ 6 Abs 7). Zudem werden **Mitwirkungspflichten** des StPfl für den jährlichen Nachweis darüber festgelegt, dass die Anteile weiterhin dem Anteilsinhaber oder seinem Rechtsnachfolger zuzurechnen sind (§ 6 Abs 7 S 4). Bei Zuwiderhandeln kann die Stundung widerrufen werden (§ 6 Abs 7 S 5). 247

Unter **europarechtlichen Gesichtspunkten** stößt die Anwendung von § 6 Abs 7 auf Bedenken, soweit die Anwendung zu einer Diskriminierung der grenzüberschreiten- 248

367 *S/K/K* § 6 Rn 310.
368 *F/W/B/S* § 6 Rn 291; *Hansen* StudZR 2008, 41.
369 *S/K/K* § 6 Rn 312; *Grotherr* IWB 2007, F 3, Gr 1, 2153, 2171.

den Sachverhalte im Vergleich zu reinen Inlandsfällen führt, ohne dass diese Ungleichbehandlung ausreichend gerechtfertigt ist.[370] Zweifel an der **Europarechtskonformität** bestehen auch hinsichtlich der jährlichen und zeitlich unbefristeten Mitwirkungspflichten (§ 6 Abs 7 S 4), deren Verletzung die sofortige Fälligkeit der gestundeten Vermögenszuwachsteuer auslösen kann (§ 6 Abs 7 S 5).[371]

249 **1. Mitteilungspflicht in Stundungsfällen (S 1).** Ist einer der in § 6 Abs 5 S 4 genannten Gründe zum Widerruf der Stundung verwirklicht, hat der StPfl oder sein Gesamtrechtsnachfolger dies dem nach § 19 AO zuständigen FA auf amtlich vorgeschriebenem Vordruck mitzuteilen (§ 6 Abs 7 S 1). Beruht die Vermögenszuwachssteuer auf der Verwirklichung des § 6 Abs 1 S 2 Nr 1 in den Fällen des Erwerbes von Todes wegen, ist grds der Erbe als Gesamtrechtsnachfolger mitteilungspflichtig. Dies erscheint iF der Weiterübertragung der Anteile an einen Vermächtnisnehmer weder praktikabel noch sachgerecht. Bei einer Erbengemeinschaft obliegt die Anzeigepflicht der Gesamtheit der Erben (§ 44 AO).

250 **Zuständiges FA** ist dasjenige, welches in dem in § 6 Abs 1 genannten Zeitpunkt gem § 19 AO zuständig war. Es soll das FA über die Voraussetzung für den Widerruf der Stundung informiert werden, welches die Stundung ursprünglich ausgesprochen hat.[372]

251 **2. Zeitraum und Form der Mitteilung (S 2).** Die Mitteilung nach S 1 hat innerhalb einer Frist von einem Monat zu erfolgen (S 2), beginnend mit der vollständigen Verwirklichung des Ereignisses iSv § 6 Abs 5 S 4. Für die Fristberechnung gelten die allg Vorschriften der AO (§ 108 AO). Als gesetzliche Frist kann die Monatsfrist nicht verlängert werden (§ 109 AO). Bei Versäumen der Frist kommt nur noch der Weg über die Wiedereinsetzung in den vorigen Stand (§ 110 AO) in Betracht.

252 § 6 Abs 7 sieht für die **Nichtbeachtung** der Mitteilungsfrist iSv S 2 **keine Rechtsfolgen** vor (Umkehrschluss zu § 6 Abs 7 S 5). Ein Verspätungszuschlag ist bei Versäumnis der Frist nicht möglich, da es sich bei der Mitteilung nicht um eine Steuererklärung handelt. Bei einer vorzeitigen Kenntnis des FA von einem Ereignis iSd § 6 Abs 5 S 4 ist der StPfl jedoch nicht von seiner Mitteilungspflicht nach S 1 entbunden. Insoweit kann sich daher uU eine **strafrechtliche Relevanz** durch die Versäumung der Mitteilungsfrist entfalten.

253 Die Mitteilung ist vom StPfl **eigenhändig zu unterschreiben** (§ 6 Abs 7 S 2 HS 2). Warum der Gesamtrechtsnachfolger nach dem Wortlaut des S 2 die Mitteilung nicht auch eigenhändig unterschreiben müssen soll, dürfte ein redaktionelles Versehen des Gesetzgebers sein. Da ein Missachten der Eigenhändigkeit keine negativen steuerlichen Konsequenzen nach sich zieht, sollte eine eingescannte und per eMail versandte bzw gefaxte eigenhändige Unterschrift unter der Mitteilung risikolos sein, insb auch zur Vermeidung strafrechtlicher Konsequenzen genügen.

254 **3. Besondere Vorlagefrist (S 3).** In den **Fällen des § 6 Abs 5 S 4 Nr 1 und Nr 2** sieht § 6 Abs 7 S 3 vor, dass der Mitteilung ein schriftlicher Nachweis über das Rechtsgeschäft beizufügen ist. Damit bedarf es in **folgenden Fällen** eines entspr Nachweises:

370 Vgl *Ostertun/Reimer* S 150.

371 *Richter/Escher* FR 2007, 674, 682; *Grotherr* IWB 2007, F 3, Gr 1, 2153, 2174; *Lausterer* BB-Special 8/2006, 80, 85.

372 *S/K/K* § 6 Rn 318.

- Veräußerung der Anteile iSv § 17 Abs 1 S 1 EStG, 255
- verdeckte Einlage der Anteile iSv § 17 Abs 1 S 2 EStG in eine KapGes,
- Erfüllung von Tatbeständen des § 17 Abs 4 EStG,
- Übergang von Anteilen auf Personen, die nicht in einem EU- bzw EWR-Staat einer der dt Einkommensteuerpflicht vergleichbaren StPfl unterfallen.

Die Pflicht zur Vorlage eines **schriftlichen Nachweises** besteht auch dann, wenn nur über einen Teil der Beteiligung verfügt wird.[373] Ein schriftlicher Nachweis ist etwa ein Kaufvertrag, die Änderungen des Gesellschaftsvertrages, die Beschlussfassung in der Gesellschafterversammlung oder zB eine Bilanz oder ein Inventar.[374] Existiert ein solcher schriftlicher Nachweis über das Rechtsgeschäft nicht (zB – soweit formgerecht – mündlicher Kaufvertrag, Anteilsübergang kraft Gesetzes, Vererbung der Anteile), sieht § 6 Abs 7 S 3 keine Pflicht des StPfl zur Erstellung eines „Nachweises" vor.[375] Ein solcher wäre – wie etwa eine gesonderte schriftliche Erklärung des StPfl über ein solches Rechtsgeschäft – auch von geringer Nachweiskraft. Praktisch ist zur Vermeidung von – sanktionslosen – Streitigkeiten anzuraten, in den Fällen, in denen kein schriftlicher Nachweis existiert, hierauf hinzuweisen und eine **schriftliche Bestätigung** zu verfassen. 256

Der schriftliche Nachweis ist grds mit der Mitteilung nach S 2 **innerhalb eines Monats** einzureichen.[376] Es kann aber nicht zu Lasten des StPfl gehen, dass er ggf längere Zeit benötigt, den Nachweis zu beschaffen.[377] In diesem Fall muss es ausreichen, die Mitteilung später einzureichen, auch wenn es sich dann streng genommen nicht mehr um ein „Beifügen" handelt. In diesem Fall sollte iRd Mitteilung nach S 2 auf die Verspätung hingewiesen werden und – soweit möglich – ein Termin für die Vorlage benannt werden.[378] Dem Nachweis ist grds auch genügt, wenn er in einer ausl Sprache verfasst ist.[379] 257

4. Jährliche Mitwirkungspflicht (S 4). Gem § 6 Abs 7 S 4 hat der StPfl dem zuständigen FA (s Rn 249) jährlich bis zum Ablauf des 31.1. schriftlich seine am 31.12. des vorangegangenen Kj geltende Anschrift mitzuteilen und zu bestätigen, dass die Anteile ihm oder iF der unentgeltlichen Rechtsnachfolge unter Lebenden seinem Rechtsnachfolger weiterhin zuzurechnen sind. Wie sich aus S 5 ergibt, behandelt der Gesetzgeber die **Mitteilung der Anschrift** und die **Bestätigung der Anteilszurechnung** als **einheitliche „Mitwirkungspflicht"**. Die Ansicht, es handele sich bei dieser Mitwirkungspflicht um eine europarechtlich verhältnismäßige Beschränkung der Grundfreiheiten des StPfl,[380] ist angesichts der kurzen Mitteilungsfrist und der scharfen Rechtsfolge gem S 5 nicht überzeugend.[381] 258

Im Gegensatz zu den Pflichten nach S 1 und S 2 braucht die Mitteilung und Bestätigung nach S 4 **nicht auf amtlich vorgeschriebenem Formular** abgegeben werden.[382] Es bedarf 259

373 *S/K/K* § 6 Rn 325.
374 *S/K/K* § 6 Rn 327.
375 Vgl *F/W/B/S* § 6 Rn 321; **aA** *S/K/K* § 6 Rn 326.
376 Weitergehend *F/W/B/S* § 6 Rn 322.
377 *S/K/K* § 6 Rn 326.
378 *S/K/K* § 6 Rn 326.
379 In diesem Fall ist das FA berechtigt, die Vorlage einer Übersetzung zu verlangen (§ 87 Abs 2 S 1 AO), die nicht innerhalb der Monatsfrist vorgelegt werden braucht.
380 So *FG Düsseldorf* EFG 2008, 361.
381 Vgl auch *S/K/K* § 6 Rn 329; *Hansen* StudZR 2008, 41; *Lausterer* BB-Special 8/2006, 80, 85.
382 **AA** *OFD Münster* v 31.10.2008, BB 2008, 2598.

auch keiner eigenhändigen Unterschrift des StPfl. Vielmehr kann die Übermittlung auch durch Fax bzw E-Mail oder auch durch den Berater des StPfl erfolgen.[383]

260 Die **Angabe der Anschrift** bezieht sich zeitlich auf die zum 31.12. des Vorjahres geltenden Verhältnisse. Etwaige bis zum Ablauf der Mitteilungsfrist zum 31.1. zwischenzeitlich erfolgende Wohnsitzwechsel bleiben unberücksichtigt. Die Gesetzesformulierung, der StPfl habe „*seine*...geltende Anschrift..." mitzuteilen, geht praxisfern von nur einem möglichen Wohnsitz des StPfl aus. Die Verpflichtung zur Angabe des Hauptwohnsitzes[384] wäre aus Sicht der dt FinVerw zwar sinnvoll, ist nach dem offenen Wortlaut des S 4 jedoch nicht erforderlich. Der StPfl kann daher bei mehreren Wohnsitzen beliebig nur eine Anschrift (Ort, Straße, Hausnummer) angeben, unter der er am 31.12. des Vorjahres erreichbar war.[385]

261 Die **Erklärung über die Zurechnung der Anteile** hat ebenfalls schriftlich zu erfolgen und sollte Angaben über die Gesellschaft (vollständige Anschrift), an der die Beteiligung besteht, die Höhe der dem StPfl oder dem Rechtsnachfolger gem § 39 AO zuzurechnenden Anteile sowie eine Erklärung über die weiterhin bestehende Zurechnung enthalten.

262 **5. Widerruf der Stundung bei Nichtmitteilung (S 5).** Erfüllt der StPfl seine Mitwirkungspflicht nach S 4 nicht, kann dieser Verstoß gem S 5 mit einem Widerruf der Stundung iSv § 6 Abs 5 S 1 sanktioniert werden. Der Widerruf steht im **Ermessen des FA** (§ 5 AO). Nach dem eindeutigen Wortlaut findet S 5 keine Anwendung auf die Mitwirkungspflichten nach S 1–3. Der handwerkliche Mangel des S 5, der nach seinem Wortlaut den Rechtsnachfolger nicht einbezieht, führt dazu, dass die Nichterfüllung von Mitwirkungspflichten durch den Gesamtrechtsnachfolger des StPfl keinen Widerruf der Stundung nach S 5 begründen können.[386] Die Tatbestände, die zwingend einen Widerruf der Stundung anordnen (vgl § 6 Abs 4 S 2; § 6 Abs 5 S 4), gehen § 6 Abs 7 S 5 vor.

263 Die **einheitliche Mitwirkungspflicht** iSv S 5 umfasst die Mitteilungs- und die Bestätigungspflicht nach S 4. Wird eine dieser beiden Pflichten verletzt, ist der Tatbestand des S 5 erfüllt. Gleiches gilt, wenn die in S 4 angeordnete Frist nicht eingehalten wird. Jedoch hat die Finanzbehörde iRd ihr eingeräumten **Ermessens** darauf zu achten, dass ein Widerruf der Stundung bei einer kurzfristigen Fristüberschreitung und geringen Gefährdung der Durchsetzbarkeit des dt Steueranspruchs unverhältnismäßig sein dürfte, insb auch im Hinblick auf die europarechtlichen Vorgaben.[387] Da S 5 nur auf eine objektive Nichterfüllung der Mitwirkungspflicht abstellt, ist ein subjektiv schuldhaftes Verhalten des StPfl nicht erforderlich.

F. Gestaltungsmöglichkeiten zur Vermeidung der Vermögenszuwachsbesteuerung

264 Gestaltungsmaßnahmen im Hinblick auf § 6 dürfen – va iF des physischen Wegzugs – nicht isoliert auf eine Vermeidung der Vermögenszuwachssteuer betrachtet werden. Vielmehr bedarf es einer Abstimmung im Einzelfall unter Berücksichtigung der

---

383 *F/W/B/S* § 6 Rn 325.
384 *S/K/K* § 6 Rn 332.
385 *F/W/B/S* § 6 Rn 325.
386 *F/W/B/S* § 6 Rn 331; *Blümich* § 6 Rn 108; vgl auch *S/K/K* § 6 Rn 336.
387 Vgl auch *Gebhardt* EStB 2007, 148, 150; *Grotherr* IWB 2007, F 3, Gr 1, 2153, 2171.

gesamten Lebensumstände des StPfl sowie insb der erb(schaftsteuer)rechtlichen und auch sozialrechtlichen Aspekte.[388] Nachfolgend beschränken sich die Erläuterungen auf eine Vermeidung des § 6. Zu unterstützen ist in diesem Zusammenhang die Kritik, dass der Gesetzgeber bislang keine Überlegungen angestrengt hat, dem StPfl ein sicheres „Verstrickungsmodell“ zur Verfügung zu stellen, welches die Wegzugssteuer vermeidet, das dt Besteuerungsrecht erhält und damit sowohl die Interessen des StPfl im Hinblick auf die heutigen Mobilitätsanforderungen als auch die Besteuerungsinteressen Deutschlands zu befriedigen.[389]

I. Einlage der Beteiligung in das Betriebsvermögen des Einzelunternehmens

Ein Einzelunternehmer, der die Beteiligung an der KapGes im Privatvermögen hält, 265
kann die Besteuerung gem § 6 grds vermeiden, indem er die Anteile vom Privatvermögen in das Betriebsvermögen des Einzelunternehmens gem § 6 Abs 1 Nr 5 Buchstabe b EStG zu Anschaffungskosten einlegt, soweit die Gestaltung nicht missbräuchlich (§ 42 AO) erscheint. Dies dürfte wegen der Erhöhung der Kreditwürdigkeit des Einzelunternehmens regelmäßig nicht der Fall sein. Erforderlich für die Zurechnung zum Betriebsvermögen ist jedoch ein **objektiver Zusammenhang mit dem Betrieb**. Ist dies der Fall und wird die Beteiligung auch abkommensrechtlich dieser Betriebsstätte des Einzelunternehmers nach seinem Wegzug zugerechnet (dazu Rn 284 ff), kann der Einzelunternehmer ohne Auslösung der Vermögenszuwachssteuer wegziehen, da § 17 Abs 1 S 1 EStG (iVm § 6) nur Anteile im Privatvermögen erfasst. An der inländischen Besteuerung ändert sich insoweit nichts, als der Einzelunternehmer Dividendenausschüttungen und Veräußerungsgewinne im Zusammenhang mit der Beteiligung im Rahmen seiner beschränkten StPfl im Inland (§ 49 Abs 1 Nr 2 Buchstabe a EStG) weiter versteuern muss.

II. Einlage der Beteiligung in eine inländische GmbH & Co KG

1. Vorbemerkung. Zur Vermeidung der Vermögenszuwachsteuer iSv § 6 bestand bis- 266
her grds die Möglichkeit, dass der Anteilsinhaber die sich in seinem Privatvermögen befindende Beteiligung vor seinem Wegzug in eine inländische Mitunternehmerschaft steuerneutral einlegt. Aus Gründen der Haftungsabschottung wurde empfohlen, die Einlage in eine (bereits bestehende) originär gewerblich tätige GmbH & Co KG oder eine (zum Zweck der Einlage gegründete) gewerblich geprägte GmbH & Co KG iSv § 15 Abs 3 Nr 2 EStG zu leisten. Nach Einlage in das Gesamthandsvermögen der (gewerblich geprägten) GmbH & Co KG befinden sich die Anteile grds in deren Betriebsvermögen, wo sie mit den Anschaffungskosten anzusetzen sind (§ 6 Abs 1 Nr 5 S 1 Buchstabe b EStG). Eine Vermögenszuwachsbesteuerung gem § 6, der die Zuordnung der Anteile zum Privatvermögen einer natürlichen Person voraussetzt, konnte bisher hierdurch vermieden werden.[390]

Nach Einführung des § 50i EStG[391] ist nunmehr zwischen der Einlage in eine originär 267
gewerblich tätige GmbH & Co KG iSv § 15 Abs 1 EStG und der Einlage in eine gewerblich geprägte GmbH & Co KG iSv § 15 Abs 3 EStG zu differenzieren. § 50i Abs 1 S 1

388 Dazu ausf *Ostertun/Reimer* S 87 ff.
389 Vgl *Wassermeyer* GS Krüger, S 287, 289 f.
390 Vgl *Strahl* FR 2007, 665, 672.
391 Vgl *Strahl* FR 2007, 665, 672.

EStG soll va Veräußerungs- und Entnahmegewinne aus der Beteiligung eines Gesellschafters an einer gewerblich geprägten oder gewerblich infizierten Personengesellschaft iSd § 15 Abs 3 EStG erfassen, der in einem anderen DBA-Staat ansässig ist. Nach der Intention des Gesetzgebers soll die Vorschrift der Sicherung inländischen Steuersubstrats dienen und Steuerausfälle in Mrd-Höhe verhindern.[392]

268 **2. Einlage in das Betriebsvermögen einer originär gewerblich tätigen Personengesellschaft iSv § 15 Abs 1 EStG.** Um eine Veräußerung iSv § 17 EStG und eine Aufdeckung der in den Anteilen ruhenden stillen Reserven durch die Übertragung der Anteile in die GmbH & Co KG zu vermeiden, ist die Einlage als sog **verdeckte Einlage** iSv § 6 Abs 1 Nr 5 S 1 EStG zu erbringen, dh ohne Gewährung von Gesellschaftsrechten[393] oder sonstigen Gegenleistungen. Die FinVerw stellt zur Abgrenzung zwischen einer Einlage gegen Gewährung von Gesellschaftsrechten und einer als unentgeltlich zu behandelnden verdeckten Einlage auf die buchhalterische Behandlung der Einlagewerte ab. Wird die Einlage **vollständig** auf dem **sog gesamthänderisch gebundenen Rücklagenkonto** verbucht, ist nach Ansicht der FinVerw insgesamt von einem unentgeltlichen Vorgang auszugehen.[394] Insoweit besteht für die Praxis grds Rechtssicherheit, nachdem unter Hinweis auf die Rspr des BFH[395] zT angenommen wird, dass auch bei einer *vollständigen* Verbuchung auf dem gesamthänderisch gebundenen Rücklagekonto eine Veräußerung anzunehmen sei, jedenfalls wenn der Einbringungsvertrag hierzu verpflichte.[396] Die hM in der Literatur hat sich der Ansicht der FinVerw angeschlossen.[397]

269 Das Besteuerungsrecht bei einer späteren Veräußerung oder Entnahme der Anteile an der inländischen GmbH & Co KG bleibt grds auch nach Wegzug des Steuerpflichtigen gesichert, wenn nach Art 7 MA bzw Art 13 Abs 2 MA Deutschland das Besteuerungsrecht zusteht. Dies setzt voraus, dass die Anteile an der Kapitalgesellschaft der Personengesellschaft funktional zugerechnet werden.[398]

270 Soweit die Gestaltungsempfehlungen zur Vermeidung der Vermögenszuwachssteuer gem § 6 zT an diesem Punkt enden,[399] bleibt unberücksichtigt, dass hiermit die Gefahr einer Entstrickungsbesteuerung bei einem Wegzug des Gesellschafters nach Einlage

---

392 BR-Drucks 139/13, 142; *Schmidt* § 50i EStG Rn 1.

393 Die Einbringung gegen Gewährung von Gesellschaftsrechten stellt einen tauschähnlichen Vorgang dar (vgl *BFH* BStBl II 2000, 230), der zu einer Aufdeckung der stillen Reserven führt. Nur wenn überhaupt keine Gesellschaftsrechte gewährt werden, handelt es sich nach Ansicht der FinVerw um eine verdeckte Einlage iSv § 6 Abs 1 Nr 5 EStG (vgl *BMF* BStBl I 2000, 462, erg *BMF* BStBl I 2011, 713).

394 Vgl *BMF* BStBl I 2011, 713; *Siegmund/Ungemach* DStZ 2008, 762.

395 *BFH/NV* 2008, 1941; *BFH/NV* 2008, 854 wonach es sich *insgesamt* um eine Veräußerung (tauschähnliches Geschäft) handele, wenn die Einlage gegen Erhöhung des Kommanditkapitals erfolgt, auch wenn der überwiegende Teil des Einbringungswerts dem gesamthänderisch gebundenen Rücklagekonto gutgeschrieben wird.

396 Vgl *Koch* BB 2008, 2450; *Wendt* FR 2008, 915, 916; *Hoffmann* DB 2008, 2286; *Bünning/Fuchs* BB 2008, 944.

397 Vgl. *Prinz* StuB 2008, 388, 390; *Korn* KÖSDI 2008, 16237, *Röhrig* EStB 2008, 216, 219; *Siegmund/Ungemach* DStZ, 762, 765; *Wacker* HFR 2008, 692, 693; *Schütz* SteuK 2011, 357; *Gerhold* SteuK 2011, 254; *Wälzholz*, DStR 2011, 1861.

398 *S/S/K* § 6 Rn 21.7, *Benz/Böhmer* DStR 2016, 145, 151.

399 Vgl etwa *Röhrig* EStB 2008, 216, 220.

der Anteile in „seine" GmbH & Co KG keineswegs endgültig gebannt ist. Während früher diese Problematik im Zusammenhang mit der – nun vom BFH aufgegeben[400] – sog Theorie der finalen Entnahme diskutiert wurde, besteht seit der Einführung des § 4 Abs 1 S 3 EStG durch das SEStEG bei dieser Gestaltungsmaßnahme die grds Gefahr einer **Entstrickungsbesteuerung jenseits des § 6**, wenn die Gestaltung gewisse Rahmenbedingungen unbeachtet lässt, s dazu Rn 281.

3. Einlage in eine GmbH & Co. KG iSv § 15 Abs 3 EStG. Um eine Veräußerung iSv § 17 EStG und eine Aufdeckung der in den Anteilen ruhenden stillen Reserven durch die Übertragung der Anteile in die GmbH & Co KG zu vermeiden, ist die Einlage als sog **verdeckte Einlage** iSv § 6 Abs 1 Nr 5 S 1 EStG zu erbringen. Siehe dazu auch Rn 268. **271**

Bisher galten Einkünfte eines ausl. Gesellschafters aus der Veräußerung von Anteilen an einer inländischen GmbH & Co KG iSd § 15 Abs 3 EStG auch auf abkommensrechtlicher Ebene als Unternehmensgewinne iSd Art 7 MA bzw Art 13 Abs 2 MA, so dass das dt Besteuerungsrecht – die funktionale Zurechnung zur Personengesellschaft vorausgesetzt – auch nach dem Wegzug des Gesellschafters gesichert war. Hierzu hatte die FinVerw idR verbindliche Auskünfte erteilt. Nach Änderung der Rspr des BFH[401] soll die innerstaatliche Einordnung nicht mehr auf die abkommensrechtliche Ebene durchgreifen. Die Einkünfte, die ein ins Ausland verzogener Gesellschafter aus der Veräußerung von Anteilen erhält, werden nunmehr von den übrigen Verteilungsartikeln erfasst, wodurch das innerstaatliche Besteuerungsrecht idR verloren geht oder zumindest auf eine Quellenbesteuerung beschränkt wird.[402] Die FinVerw hat sich der Auffassung des BFH angeschlossen.[403] **272**

Der Anwendungsbereich des § 50i Abs 1 S 1 EStG ist grds eröffnet, soweit Anteile iSd § 17 EStG **vor dem 29.6.2013 in das Betriebsvermögen einer Personengesellschaft iSd § 15 Abs 3 EStG** übertragen oder überführt wurden. Hingegen bleibt die Übertragung bzw. Überführung von Anteilen in eine originär gewerblich tätige Personengesellschaft iSd § 15 Abs 1 EStG von den Rechtsfolgen des § 50i EStG unberührt, hierzu s weiterhin Rn 268. **273**

§ 50i Abs 1 S 1 EStG setzt als weiteres Tatbestandsmerkmal voraus, dass eine Besteuerung der in den Anteilen ruhenden stillen Reserven im Zeitpunkt der Übertragung oder Überführung in das Betriebsvermögen der gewerblich geprägten oder gewerblich infizierten Personengesellschaft iSd § 15 Abs 3 EStG unterblieben ist. Dabei ist unerheblich, aus welchem Grund die Besteuerung unterblieben ist. Der Gesellschafter kann unbeschränkt oder beschränkt stpfl im Inland sein. Er muss aber in einem anderen DBA-Staat ansässig sein (Art 4 OECD-MA).[404] **274**

§ 50i Abs 1 S 1 EStG ist anwendbar auf **Veräußerungen und Entnahmen von Anteilen**, die **nach dem 29.6.2013** erfolgen (§ 52 Abs 48 EStG). Die Anteile müssen aber vor dem 29.6.2013 in das Betriebsvermögen der gewerblich infizierten bzw geprägten Personengesellschaft eingelegt worden sein (sog Altfälle). **275**

---

400 *BFH/NV* 2008, 1941.
401 *BFH* BStBl II 2014, 754
402 Siehe ausf *Schmidt* § 50i EStG Rn 1; *S/S/K* § 6 Rn 21.4.
403 *BMF* BStBl I 2014, 1258.
404 Vgl *W/R/S* § 50i EStG Rn 14.12.

276 Bei einer Einlage mit anschließender **Veräußerung oder Entnahme vor dem 30.6.2013** ist § 50i Abs 1 S 1 EStG **nicht einschlägig**[405]. Nach Auffassung der FinVerw sollen die allg Entstrickungsvorschriften im Übertragungs-, Überführungs- oder Einbringungszeitpunkt oder im Zeitpunkt des Wegzugs des Stpfl zur Anwendung kommen, sofern die Veranlagung des Jahres der Einlage der Anteile in das Betriebsvermögen oder die Veranlagung des Jahres der Veräußerung der Anteile im Betriebsvermögen noch nicht bestandskräftig sind.[406] Dagegen soll nach hM in der Literatur einzig eine Besteuerung im Inland erfolgen, wenn sowohl das Jahr der Einbringung als auch das Jahr der Veräußerung bestandskräftig veranlagt ist.[407] Dieser Auffassung ist zu folgen, da das Besteuerungsrecht nach früherer Praxis nicht durch ein Doppelbesteuerungsabkommen ausgeschlossen werden konnte. Der Anwendung des § 50i EStG bedarf es in diesen Fällen nicht.[408]

277 § 50i Abs 1 S 1 EStG findet ebenfalls keine Anwendung, wenn die **Anteile nach dem 28.6.2013** in das Betriebsvermögen einer gewerblich geprägten oder gewerblich infizierten GmbH & Co. KG überführt oder übertragen werden. Im Übertragungs-, Überführungs- oder Einbringungszeitpunkt sollen die allg Entstrickungsvorschriften gelten, dh der Anwendung des § 50i EStG bedarf es in diesen Fällen nicht. Der anschließende Wegzug des Gesellschafters ins Ausland unterliegt dann in Folge des Richtungswechsels in der jüngsten Rspr des BFH nur der Besteuerung im Ansässigkeitsstaat des Stpfl.[409]

278 § 6 AStG und § 50i Abs 1 S 1 EStG schließen einander aus. § 6 AStG erfasst Anteile iSd § 17 EStG, die sich im Privatvermögen des Stpfl befinden. Vom Anwendungsbereich des § 50i Abs 1 S 1 EStG ist inländisches Betriebsvermögen umfasst.[410] Nach innerstaatlichem Recht haben Kapitalgesellschaftsanteile im Betriebsvermögen ihren Charakter als Privatvermögen verloren. Die abkommensrechtliche Einordnung der Anteile soll für die Anwendung des § 6 AStG unerheblich sein.[411]

279 § 50i EStG ist als lex specialis vorrangig vor § 4 Abs 1 S 3 EStG anzuwenden und soll nach hM in der Literatur zu einer Sperrwirkung hinsichtlich der allg Entstrickungsnormen führen.[412] Anderer Auffassung nach sollen die allg Entstrickungsnormen zumindest in noch nicht bestandskräftigen Fällen weiter Anwendung finden.[413] Zur Anwendung von § 4 Abs 1 S 3 EStG s Rn 281.

280 Kommt § 50i Abs 1 EStG zur Anwendung, ist der Gewinn, den der in einem anderen DBA-Staat ansässige Stpfl aus der späteren Veräußerung oder Entnahme dieser Anteile erzielt, ungeachtet entgegenstehender Bestimmungen des DBA‘s, im Inland zu versteuern. § 50i EStG regelt einen klassischen **treaty override**, um das deutsche Besteuerungsrecht grdsl auch nach Wegzug des Steuerpflichtigen zu sichern.[414]

---

405 *BMF* BStBl I 2014, 1258 Tz 2.3.3.7.
406 *BMF* BStBl I 2014, 1258 Tz 2.3.3.7.
407 *F/W/B/S* § 50i EStG Rn 96; *S/S/K* § 6 Rn 21.6.
408 *F/W/B/S* § 50i EStG Rn 96.
409 *BMF* BStBl I 2014, 1258.
410 *F/W/B/S* § 50i EStG Rn 51.
411 *Blümich* § 50i EStG Rn 16.
412 *F/W/B/S* § 50i EStG Rn 49; *H/H/R* § 50i EStG Rn 6; *Liekenbrock* IStR 2013, 690, 696.
413 *Schmidt* § 50i Rn 6.
414 Vgl *Jehl-Magnus* NWB 2014, 1649.

4. Einlage und Wegzug im Anwendungsbereich des § 4 Abs 1 S 3 EStG. Durch den Wegzug nach einer verdeckten Einlage der Anteile in ein inländisches Betriebsvermögen ist im Rahmen der Gestaltungsberatung an die Gefahr einer **Entstrickungsbesteuerung gem § 4 Abs 1 S 3 EStG**[415] zu denken,[416] auch wenn gute Gründe gegen eine Anwendung von § 4 Abs 1 S 3 EStG sprechen.[417] Einer Entnahme für betriebsfremde Zwecke steht danach der Ausschluss oder die Beschränkung des Besteuerungsrechts Deutschlands hinsichtlich des Gewinns aus der Veräußerung oder der Nutzung eines Wirtschaftsgutes gleich. In diesem Fall ist diese **fiktive Entnahme** steuerentstrickend mit dem gemeinen Wert des entnommenen Wirtschaftsguts anzusetzen (§ 6 Abs 1 Nr 4 S 1, 2. HS), dh es kommt zu einer sofortigen Gewinnrealisierung. Die Bildung eines Ausgleichsposten (§ 4g EStG) dürfte mangels unbeschränkter StPfl des Wegziehenden nicht in Betracht kommen und ist ohnehin nur bei Wegzügen in EU-Staaten denkbar.[418] 281

Die og Gestaltungsmaßnahme führt bei einem Wegzug des bisherigen Anteilsinhabers und Gesellschafters der GmbH & Co KG dann zu einer Entstrickungsbesteuerung, wenn durch den Wegzug das Besteuerungsrecht Deutschlands an Gewinnen aus der Veräußerung an den eingelegten Anteilen durch den Wegzug des Mitunternehmers ausgeschlossen oder beschränkt wird. Gleiches gilt bei einem Ausschluss oder einer Beschränkung des Besteuerungsrechts hinsichtlich der „Nutzung" der eingelegten Anteile. Hiermit könnte – auch auf Basis des Wortlauts[419] – eine Anwendung des § 4 Abs 1 S 3 EStG auch dann bejaht werden, wenn Deutschland nach dem Wegzug des Gesellschafters einen Ausschluss oder eine Beschränkung der inländischen Besteuerung der aus den eingelegten Anteilen herrührenden Gewinnausschüttungen hinnehmen muss.[420] 282

Die Gefahr einer Entstrickungsbesteuerung gem § 4 Abs 1 S 3 EStG kann daher nur gänzlich vermieden werden, wenn nach dem Wegzug des Gesellschafters im Anschluss an die Einlage in „seine" inländische GmbH & Co KG das **Besteuerungsrecht Deutschlands** gem § 49 Abs 1 Nr 2 Buchstabe a EStG sowohl in Bezug auf die **Gewinne aus der späteren Veräußerung der eingelegten Beteiligungen** durch die GmbH & Co KG als auch den aus den eingelegten Anteilen herrührenden **Gewinnausschüttungen** weder ausgeschlossen noch beschränkt wird. Dies ist nur unter engen Voraussetzungen möglich und zwingend durch eine verbindliche Auskunft abzusichern. 283

Verzieht der Gesellschafter in einen **DBA-Staat**, bleibt das dt Besteuerungsrecht idR nur erhalten, wenn die eingelegten Beteiligungen der dt GmbH & Co KG als abkommensrechtlich anzuerkennender Betriebsstätte (Art 5 MA) nach Abkommensrecht auch **tatsächlich zuzurechnen** sind. Untauglich ist grds die Einlage in eine lediglich vermögensverwaltende gewerblich geprägte GmbH & Co KG iSv § 15 Abs 3 Nr 2 284

415 § 4 Abs 1 S 3 EStG ist Teil des gesetzgeberischen „Entstrickungskonzepts", wurde im Zuge des SEStEG eingefügt.

416 Vgl *Schmidt* § 4 Rn 329; *Gebhardt* EStB 2007, 148, 150.

417 S *Schönfeld* IStR 2011, 142 ff.

418 *Gebhardt* EStB 2007, 148, 150.

419 Dividenden und Gewinnausschüttungen aus KapGes-Beteiligungen sind Früchte eines Rechts iSv § 99 Abs 2 BGB, dh Nutzungen iSv § 100 BGB.

420 S aber *Schönfeld* IStR 2011, 143 f.

EStG, da diese keine abkommensrechtliche Betriebsstätte vermittelt.[421] Ist von einer Betriebsstätte auszugehen, setzt die erforderliche tatsächliche Zugehörigkeit einer Beteiligung zu dieser Betriebsstätte indes voraus, dass sie in einem **„funktionalen Zusammenhang"** mit der durch die Betriebsstätte ausgeübten Geschäftstätigkeit steht und die Einnahmen hieraus als deren Nebenerträge anzusehen sind.[422] Nur in diesem Fall verbliebe es bei einem dt Besteuerungsrecht hinsichtlich der durch die inländische Betriebsstätte erzielten Veräußerungsgewinne (Art 13 Abs 2 MA) bzw Dividendeneinkünfte (Art 10 Abs 4, Art 7 MA). Andernfalls wären die eingelegten Beteiligungen abkommensrechtlich dem – nun im anderen Vertragsstaat ansässigen – Gesellschafter zuzurechnen, was im Regelfall eine Beschränkung des dt Besteuerungsrechts durch Reduktion der Kapitalertragsteuer auf Dividendeneinkünfte (Art 10 Abs 2 MA) bzw einen Ausschluss des Besteuerungsrechts hinsichtlich etwaiger Gewinne aus der Veräußerung der Anteile (Art 13 Abs 5 MA) bedeutete.

285 Die **Voraussetzungen** des erforderlichen **„funktionalen Zusammenhangs"** sind im Detail bislang unbeantwortet geblieben.[423] Bei Anteilen an KapGes dürfte ein solcher funktionaler Zusammenhang mit der Geschäftstätigkeit der Betriebsstätte tendenziell eher selten herstellbar sein. Bei einer sog **geschäftsleitenden Holdingbetriebsstätte** könnte aber im Hinblick auf die jüngere Rspr des BFH bei einer sog aktiven Beteiligungsverwaltung eine funktionale Zurechnung in diesem Sinne begründbar sein.[424]

286 IE eröffnet die Einlage der Beteiligung in eine dt GmbH & Co KG und anschließendem Wegzug einen deutlich eingeschränkten Gestaltungsspielraum zur Vermeidung jeglicher Entstrickungsbesteuerung. Erforderlich ist in jedem Fall die **Einholung einer verbindlichen Auskunft.** Verzieht der Gesellschafter in einen DBA-Staat und ist die Beteiligung der GmbH & Co KG als inländische Betriebsstätte auch tatsächlich funktional zuzurechnen, sollten jedoch seitens der FinVerw keine Bedenken gegen eine Erteilung einer entspr verbindlichen Auskunft bestehen.

287 **5. Einlage und Wegzug vor Geltung des § 4 Abs 1 S 3 EStG.** Eine andere Beurteilung könnte sich für Wegzüge nach Einlage in eine GmbH & Co KG ergeben, die vor der Geltung des § 4 Abs 1 S 3 EStG stattgefunden haben. Soweit eine verbindliche Auskunft nicht eingeholt wurde, sollte man in einem etwaigen Rechtsstreit die Abwehrberatung auf die jüngere Rspr des BFH stützen, in der dieser die **sog Theorie der finalen Entnahme**[425] ausdrücklich aufgegeben hat.[426] Vor der Einführung des § 4 Abs 1 S 3 EStG wurde eine ähnliche Entstrickungsbesteuerung unter Anwendung der Theorie der finalen Entnahme bejaht, wenn ein Einzelwirtschaftsgut von einer inländischen

421 Vgl stv *BFH* IStR 2011, 635; *BFH/NV* 2010, 1554; *Loose/Wittkowski* IStR 2011, 68; *BMF* BStBl I 2014, 1258 .

422 Vgl *BFH* BStBl II 1991, 444; *BFH/NV* 1992, 385; BStBl II 1992, 937; BStBl II 1995, 683; BStBl II 1996, 563; BStBl II 1997, 313; BStBl II 1998, 296; *BFH/NV* 2004, 771; *BFH/NV* 2006, 2326; IStR 2008, 290; BStBl II 2008, 510.

423 Vgl *Blumers* DB 2008, 1765, 1768; *Kudert/Kahlenberg* ISR 2013, 365, 369; *Häck* IStR 2015, 113.

424 Vgl *Schönfeld* IStR 2008, 370 unter Hinweis auf *BFH* IStR 2008, 367; *Benz/Böhmer* DStR 2016, 145, 152.

425 So noch *BFH* BStBl II 1970, 175; 1972, 760; 1971, 630; 1976, 246; 1983, 113; 1998, 509. Zur Kritik stv *Kessler/Huck* StuW 2005, 193, 195; *Rödder/Schumacher* DStR 2006, 1481, 1482 f.

426 *BFH/NV* 2008, 1941; dazu *Hoffmann* DB 2008, 2286; *Koch* BB 2008, 2450, 2451; *Schimmele* EStB 2008, 384.

Betriebsstätte in eine ausl Betriebsstätte desselben StPfl überführt wurde und sodann durch die abkommenrechtliche Freistellung der ausl Betriebsstättengewinne (Art 7, Art 10 Abs 4, Art 13 Abs 2 MA) das dt Besteuerungsrecht hinsichtlich der Gewinne aus der Veräußerung des Einzelwirtschaftsgutes durch die ausl Betriebsstätte ausgeschlossen wurde. Fraglich bleibt aber, ob und inwieweit auch bei einer späteren Veräußerung des Wirtschaftsguts der dt Fiskus auf die vor dem Wegzug entstandene stillen Reserven steuerlich zugreifen kann.

III. Formwechselnde Umwandlung in eine GmbH & Co KG

Eine **sichere Möglichkeit zur Vermeidung der Vermögenszuwachssteuer** gem § 6 besteht in einem vorherigen Formwechsels der inländischen KapGes, an der der Wegziehende beteiligt ist, in zB eine GmbH & Co KG. In diesem Fall ist der Wegziehende im Zeitpunkt des Wegzugs nicht mehr an einer KapGes beteiligt. Eine missbräuchliche Gestaltung iSv § **42 AO** zur Vermeidung der Vermögenszuwachsteuer liegt hierin nicht.[427] Zu beachten sind die mit dem Formwechsel verbundenen Konsequenzen wie ein zu versteuernder etwaiger Übernahmegewinn (§ 4 Abs 4 UmwStG), die Besteuerung der fiktiven Gewinnausschüttung (§ 7 UmwStG), der Untergang von Verlustvorträgen (§ 4 Abs 2 S 2 UmwStG) sowie die gewerbesteuerlichen Auswirkungen (§ 18 Abs 3 UmwStG). Die Möglichkeit des **rückwirkenden Formwechsels** gem § 9 S 3 UmwStG auf einen Stichtag, der acht Monate vor der Anmeldung des Formwechsels zum HR liegt (Übertragungsstichtag), ist auch iRd § 6 zu berücksichtigen. Da die Ges rückwirkend auf den Übertragungsstichtag ertragsteuerlich bereits als PersGes zu behandeln ist[428] kann auch ein „verfrühter" Wegzug dem Anwendungsbereich des § 6 entzogen werden, indem der Weggezogene seine KapGes auf einen Stichtag vor seinem Wegzug formwechselt. 288

Es ist darauf zu achten, dass – bei einem Wegzug in einen DBA-Staat – die inländische GmbH & Co KG eine abkommensrechtliche Betriebsstätte darstellt, da es ansonsten zu einem – gem § 4 Abs 1 S 3 EStG steuerpflichtigen – Verlust des dt Besteuerungsrechts hinsichtlich des Gewinns aus der Veräußerung der Wirtschaftsgüter bzw deren Nutzung kommen kann. Insb, wenn sich im Betriebsvermögen der formgewechselten GmbH & Co KG Kapitalgesellschaftsanteile befinden, gelten obige Ausführungen zu § 4 Abs 1 S 3 EStG entspr. 289

Bei sog Altfällen ist in diesen Fällen ggf § 50i Abs 2 EStG zu beachten.[429] Abs 2 soll die Umgehung des in Abs 1 normierten treaty override durch eine steuerneutrale Umwandlung einer gewerblich geprägten oder gewerblich infizierten GmbH & Co. KG ab 1.1.2014[430] vermeiden. Eine Beschränkung auf Fälle, bei denen das deutsche Besteuerungsrecht beschränkt oder ausgeschlossen wird, verlangt der Wortlaut der weit überschießenden Vorschrift nicht, so dass auch reine Inlandsfälle betroffen wären.[431] Eine Reduktion des Anwendungsbereichs auf Umwandlungen mit Auslandsbezug soll lt FinVerw im Billigkeitswege und auf Antrag erfolgen.[432] Hier besteht drin- 290

427 Ebenso *Ettinger/Eberl* GmbHR 2005, 152, 156; *Stein* ErbStB 2004, 116, 117.
428 Vgl stv Rödder/Herlinghaus/van Lishaut/*Birkemeier* § 9 Rn 36.
429 Vgl sog Kroatiengesetz 25.7.2014, BGBl I 2014, 1266.
430 § 52 Abs 48 EStG.
431 Vgl krit stv *Benz/Böhmer* DStR 2016, 145.
432 BMF v 21.12.2015, IV B 5 – S 1300/14/10007, BStBl I, 1266.

gender Handlungsbedarf des Gesetzgebers, da die Reduktion der Norm auf den intendierten Anwendungsbereich nicht vom billigen Ermessen der FinVerw abhängen darf.

IV. Insbesondere: Gestaltungsmöglichkeit in Erbfällen/Schenkungen

291 Die Vermeidung des § 6 bei unentgeltlichen Übertragungen, insb in Erbfällen, wird künftig eine der zentralen Herausforderungen einer maßgeschneiderten Nachfolgeplanung. Die FinVerw ist aufgefordert, durch einen Anwendungserlass die im Hinblick auf den kaum aussagekräftigen Wortlaut des § 6 Abs 1 S 2 Nr 1 entstandenen **Rechtsunsicherheiten** für die Rechtspraxis zu beseitigen.

292 Im Einzelfall kann sich vor einem Wegzug des Anteilseigners anbieten, die Anteile im Wege der **vorweggenommenen Erbfolge** unter Nießbrauchsvorbehalt oder Einräumung einer Leibrente/dauernden Last auf in Deutschland unbeschränkt steuerpflichtige Abkömmlinge zu übertragen. Eine Vermögenszuwachssteuer gem § 6 wird hierdurch vermieden,[433] soweit das wirtschaftliche Eigentum entspr übergeht.

293 **Erbengemeinschaften** mit nicht unbeschränkt steuerpflichtigen Miterben sollten grds vermieden werden. Soweit der im Ausland Ansässige dennoch aus persönlichen oder sachlichen Gründen Erbe werden soll, hilft nur ein **gestalterischer Rückgriff auf die Sondererbfolge in Personengesellschaftsanteile**.[434]

294 Ist der Erbfall bereits eingetreten und ein nicht unbeschränkt steuerpflichtiger Erbe als Miterbe beteiligt, ist mit dem im Ausland ansässigen Miterben über eine **Ausschlagung der Erbschaft** gegen Zahlung einer Abfindung zu beraten.[435]

295 Soll eine Zuwendung durch **Vermächtnis** an einen unbeschränkt StPfl erfolgen, ist der Erbe jedoch nicht unbeschränkt steuerpflichtig, ist zu erwägen, das Vermächtnis so auszugestalten, dass der Vermächtnisnehmer mit dem Erbfall **wirtschaftliches Eigentum** iSv § 39 AO an dem ihm zuzuwendenden Gegenstand erwirbt.

296 Bei einer frühzeitigen Nachfolgeplanung sollte im Vorfeld geklärt werden, ob der nur im Ausland unbeschränkt steuerpflichtige Erbe nicht gegen Abfindung einen **Erbverzicht** leisten will.[436]

V. Zukünftiger Erwerb über ausländische Betriebsstätte im DBA-Staat

297 Hinsichtlich zukünftiger Erwerbe von Beteiligungen iSv § 17 Abs 1 EStG wird vorgeschlagen, diese über eine **ausl Betriebsstätte** des unbeschränkt StPfl in einem **DBA-Staat** vorzunehmen, um von Beginn an einer Anwendung des § 6 bei einem späteren Wegzug des unbeschränkt StPfl zu entgehen.[437] Auch hier ist – unabhängig davon, ob es sich um eine inl oder ausl Kapitalgesellschaftsbeteiligung handelt – diese Vorgehensweise nur erfolgreich, wenn die erworbene Kapitalgesellschaftsbeteiligung der ausl Betriebsstätte **abkommensrechtlich zuzurechnen** ist (dazu Rn 266). Im Hinblick auf die jüngste Rspr des BFH[438] zu Art 13 Abs 2 DBA/MA ist eine solche Gestaltung durchaus erfolgversprechend, wenn die Kapitalgesellschaftsbeteiligung durch ein ausl

433 *Ettinger/Hergeth* PiStB 2007 185, 186.
434 Vgl *Baßler* FR 2008, 851, 857.
435 *Ostertun/Reimer* S 234; *Baßler* FR 2008, 851, 859.
436 *Baßler* FR 2008, 851, 859.
437 Vgl *S/K/K* § 6 Rn 155.
438 *BFH/NV* 2008, 1250 zum DBA/Schweiz.

Betriebs(stätten)vermögen erworben wird und der in Deutschland unbeschränkt StPfl im Inland keine weitere Betriebsstätte unterhält, der die Kapitalgesellschaftsbeteiligung tatsächlich funktional zuzurechnen ist. Ob Letzteres zB schon durch eine Zurechnung zu einer inländischen Geschäftsleitungsbetriebsstätte des StPfl möglich ist, kann nicht abschließend beurteilt werden und ist am jeweiligen Sachverhalt zu untersuchen. Unterhält der StPfl eine ausl Betriebsstätte, der die Beteiligung auch tatsächlich funktional zugerechnet werden kann, bestehen hingegen keine Zweifel, dass eine Anwendung von § 6 ausgeschlossen werden kann, wenn abkommensrechtlich **im Einzelfall** die **Freistellungsmethode** für die entspr Veräußerungsgewinne gem Art 13 Abs 2 MA greift.[439]

439 Dh, ggf sind abkommsrechtlich sog Aktivitätsvorbehalte zu beachten, vgl zB Art 13 Abs 2 iVm Art 24 Abs 1 Nr 1 Buchstabe a DBA/Schweiz.

Vierter Teil
Beteiligung an ausländischen Zwischengesellschaften

§ 7 Steuerpflicht inländischer Gesellschafter

(1) Sind unbeschränkt Steuerpflichtige an einer Körperschaft, Personenvereinigung oder Vermögensmasse im Sinne des Körperschaftsteuergesetzes, die weder Geschäftsleitung noch Sitz im Geltungsbereich dieses Gesetzes hat und die nicht gemäß § 3 Abs. 1 des Körperschaftsteuergesetzes von der Körperschaftsteuerpflicht ausgenommen ist (ausländische Gesellschaft), zu mehr als der Hälfte beteiligt, so sind die Einkünfte, für die diese Gesellschaft Zwischengesellschaft ist, bei jedem von ihnen mit dem Teil steuerpflichtig, der auf die ihm zuzurechnende Beteiligung am Nennkapital der Gesellschaft entfällt.

(2) [1]Unbeschränkt Steuerpflichtige sind im Sinne des Absatzes 1 an einer ausländischen Gesellschaft zu mehr als der Hälfte beteiligt, wenn ihnen allein oder zusammen mit Personen im Sinne des § 2 am Ende des Wirtschaftsjahres der Gesellschaft, in dem sie die Einkünfte nach Absatz 1 bezogen hat (maßgebendes Wirtschaftsjahr), mehr als 50 Prozent der Anteile oder der Stimmrechte an der ausländischen Gesellschaft zuzurechnen sind. [2]Bei der Anwendung des vorstehenden Satzes sind auch Anteile oder Stimmrechte zu berücksichtigen, die durch eine andere Gesellschaft vermittelt werden, und zwar in dem Verhältnis, das den Anteilen oder Stimmrechten an der vermittelnden Gesellschaft zu den gesamten Anteilen oder Stimmrechten an dieser Gesellschaft entspricht; dies gilt entsprechend bei der Vermittlung von Anteilen oder Stimmrechten durch mehrere Gesellschaften. [3]Ist ein Gesellschaftskapital nicht vorhanden und bestehen auch keine Stimmrechte, so kommt es auf das Verhältnis der Beteiligungen am Vermögen der Gesellschaft an.

(3) Sind unbeschränkt Steuerpflichtige unmittelbar oder über Personengesellschaften an einer Personengesellschaft beteiligt, die ihrerseits an einer ausländischen Gesellschaft im Sinne des Absatzes 1 beteiligt ist, so gelten sie als an der ausländischen Gesellschaft beteiligt.

(4) [1]Einem unbeschränkt Steuerpflichtigen sind für die Anwendung der §§ 7 bis 14 auch Anteile oder Stimmrechte zuzurechnen, die eine Person hält, die seinen Weisungen so zu folgen hat oder so folgt, dass ihr kein eigener wesentlicher Entscheidungsspielraum bleibt. [2]Diese Voraussetzung ist nicht schon allein dadurch erfüllt, dass der unbeschränkt Steuerpflichtige an der Person beteiligt ist.

(5) Ist für die Gewinnverteilung der ausländischen Gesellschaft nicht die Beteiligung am Nennkapital maßgebend oder hat die Gesellschaft kein Nennkapital, so ist der Aufteilung der Einkünfte nach Absatz 1 der Maßstab für die Gewinnverteilung zugrunde zu legen.

(6) [1]Ist eine ausländische Gesellschaft Zwischengesellschaft für Zwischeneinkünfte mit Kapitalanlagecharakter im Sinne des Absatz 6a und ist ein unbeschränkt Steuerpflichtiger an der Gesellschaft zu mindestens 1 Prozent beteiligt, sind diese Zwischeneinkünfte bei diesem Steuerpflichtigen in dem in Absatz 1 bestimmten Umfang steuerpflichtig, auch wenn die Voraussetzungen des Absatzes 1 im Übrigen nicht erfüllt sind. [2]Satz 1 ist nicht anzuwenden, wenn die den Zwischeneinkünften mit Kapitalanla-

gecharakter zugrunde liegenden Bruttoerträge nicht mehr als 10 Prozent der den gesamten Zwischeneinkünften zugrunde liegenden Bruttoerträge der ausländischen Zwischengesellschaft betragen und die bei einer Zwischengesellschaft oder bei einem Steuerpflichtigen hiernach außer Ansatz zu lassenden Beträge insgesamt 80 000 Euro nicht übersteigen. [3]Satz 1 ist auch anzuwenden bei einer Beteiligung von weniger als 1 Prozent, wenn die ausländische Gesellschaft ausschließlich oder fast ausschließlich Bruttoerträge erzielt, die Zwischeneinkünften mit Kapitalanlagecharakter zugrunde liegen, es sei denn, dass mit der Hauptgattung der Aktien der ausländischen Gesellschaft ein wesentlicher und regelmäßiger Handel an einer anerkannten Börse stattfindet.

(6a) Zwischeneinkünfte mit Kapitalanlagecharakter sind Einkünfte der ausländischen Zwischengesellschaft (§ 8), die aus dem Halten, der Verwaltung, Werterhaltung oder Werterhöhung von Zahlungsmitteln, Forderungen, Wertpapieren, Beteiligungen (mit Ausnahme der in § 8 Abs. 1 Nr. 8 und 9 genannten Einkünfte) oder ähnlichen Vermögenswerten stammen, es sei denn, der Steuerpflichtige weist nach, dass sie aus einer Tätigkeit stammen, die einer unter § 8 Abs. 1 Nr. 1 bis 6 fallenden eigenen Tätigkeit der ausländischen Gesellschaft dient, ausgenommen Tätigkeiten im Sinne des § 1 Abs. 1 Nr. 6 des Kreditwesengesetzes in der Fassung der Bekanntmachung vom 9. September 1998 (BGBl. I S. 2776), das zuletzt durch Artikel 3 Abs. 3 des Gesetzes vom 22. August 2002 (BGBl. I S. 3387) geändert worden ist, in der jeweils geltenden Fassung.

(7) Die Absätze 1 bis 6a sind nicht anzuwenden, wenn auf die Einkünfte, für die die ausländische Gesellschaft Zwischengesellschaft ist, die Vorschriften des Investmentsteuergesetzes in der jeweils geltenden Fassung anzuwenden sind, es sei denn, Ausschüttungen oder ausschüttungsgleiche Erträge wären nach einem Abkommen zur Vermeidung der Doppelbesteuerung von der inländischen Bemessungsgrundlage auszunehmen.

(8) Sind unbeschränkt Steuerpflichtige an einer ausländischen Gesellschaft beteiligt und ist diese an einer Gesellschaft im Sinne des § 16 des REIT-Gesetzes vom 28. Mai 2007 (BGBl. I S. 914) in der jeweils geltenden Fassung beteiligt, gilt Absatz 1 unbeschadet des Umfangs der jeweiligen Beteiligung an der ausländischen Gesellschaft, es sei denn, dass mit der Hauptgattung der Aktien der ausländischen Gesellschaften ein wesentlicher und regelmäßiger Handel an einer anerkannten Börse stattfindet.

BMF v 23.2.1983, Az IV C 5 – S 1341-4/83, BStBl I 1983, 218; *BMF* v 23.11.1983, Az IV B 1 – S 2253-90/83, BStBl I 1983, 508; *BMF* v 24.12.1999, Az IV B 4 – S 1300-111/99, BStBl I 1999, 1076; *BMF* v 19.3.2004, Az IV B 4 – S 1301 USA-22/04, BStBl I 2004, 411; *BMF* v 14.5.2004, Az IV B 4 – S 1340-11/04, BStBl I 2004 Sondernr 1 S 3; *BMF* v 8.1.2007, Az IV B 4 – S 1351-1/07, BStBl I 2007, S 99; *BMF* v 17.7.2008, Az IV A 3 – S 62/08/10006, BStBl I 2008, 694; *BMF* v 13.12.2004 (KStR 2004), BStBl I Sondernr 2, S 2.

Übersicht

Literatur: *Baumbach/Hueck* GmbHG, 18. Aufl 2006; *Dettmeier/Dörr* Geplante Änderungen der Unternehmensbesteuerung in den Regierungsentwürfen zum Richtlinien-Umsetzungsgesetz und EG-Amtshilfe-Anpassungsgesetz, BB 2004, 2383; *Dreßler* Gewinn- und Vermögensverlagerung in Niedrigsteuerländer und ihre steuerliche Überprüfung, 4. Aufl 2007; *Fock* Investmentsteuerrecht und Außensteuergesetz, IStR 2006, 734 ff; *Frotscher/Maas* KStG/UmwStG, Loseblatt; *Gundel* Auswirkungen der neuen Hinzurechnungsbesteuerung des

Außensteuergesetzes auf internationale Finanzierungsgesellschaften, IStR 1993, 49; *Haarmann* Wirksamkeit, Rechtmäßigkeit, Bedeutung und Notwendigkeit der Hinzurechnungsbesteuerung im AStG, IStR 2011, 565; *Haase* Die atypisch stille Gesellschaft in der Hinzurechnungsbesteuerung, IStR 2008, 312; *ders* Hinzurechnungsbesteuerung bei doppelansässigen Gesellschaften, IStR 2008, 695; *Hahn* Wie effizient ist § 42 AO neuer Fassung? – Praktische, dogmatische und rechtspolitische Beobachtungen, DStZ 2008, 483; *Kessler/Becker* Die atypisch stille Gesellschaft als Finanzierungsalternative zur Reduzierung der Steuerbelastung aus der Hinzurechnungsbesteuerung, IStR 2005, 505; *Kollruss* Hinzurechnungsbesteuerung bei doppelt ansässigen Kapitalgesellschaften, IStR 2008, 316; *Kollruss/Buße/Braukmann* Doppelt ansässige Gesellschaften, Zentralfunktionsthese des Stammhauses und Hinzurechnungsbesteuerung nach dem AStG, IStR 2011, 13; *Kraft* Konzeptionelle und strukturelle Defizite der Hinzurechnungsbesteuerung – Reformbedarf und Reformnotwendigkeit, IStR 2010, 377; *Lippross (Hrsg)* Basiskommentar Steuerrecht, Loseblatt; *Lübbehüsen/Schmitt* Geplante Änderungen bei der Besteuerung der Investmentanlage nach dem Referentenentwurf zum neuen Investmentsteuergesetz, DB 2003, 1696; *Menschirg* Neufassung des § 49 Abs 1 Nr 2 Buchst f EStG durch das Jahressteuergesetz 2009, DStR 2009, 96; *Rättig/Protzen* Das BMF-Schreiben vom 14.5.2004 – IV B 4 – S 1340 – 11/04 – (Grundsätze zur Anwendung des Außensteuergesetzes), IStR 2004, 625; *dies* Die „neue Hinzurechnungsbesteuerung" der §§ 7-14 AStG in der Fassung des UntStFG – Problembereiche und Gestaltungshinweise, IStR 2002, 123; *Reiser/Brodersen* Hinzurechnungsbesteuerung des AStG – Einführung einschließlich Analyse des EuGH-Urteils Cadbury Schweppes, NWB Fach 2, S 9333 ff; *Rödder/Schumacher* Das BMF-Schreiben zu § 8b KStG, DStR 2003, 909; *K Schmidt* Gesellschaftsrecht, 4. Auf 2006; *ders* Handelsrecht, 5. Aufl 1999; *Schnitger/Schachinger* Das Transparenzprinzip im Investmentsteuergesetz und seine Bedeutung für das Zusammenwirken mit den Vorschriften über die Hinzurechnungsbesteuerung nach §§ 7 ff. AStG, BB 2007, 801; *Stockmann/Zeller* Steuerliche Aspekte bei CDO-Transaktionen, BB 2007, 1249; *Streck/Mack* „Abschirmende" ausländische juristische Personen, AG 2007, 397; *Strunk/Haase* Die tatbestandliche Erfassung von Genussrechten als Anteile an Kapitalgesellschaften bei der Hinzurechnungsbesteuerung, BB 2007, 17; *Wassermeyer* Anwendungsvorrang der §§ 7 ff. AStG gegenüber § 1 AStG?, IStR 1998, 369; *ders* Die Anwendung des AStG innerhalb des REITG, IStR 2008, 197; *ders* Ausländische Investmentfonds im Internationalen Steuerrecht, IStR 2001, 193; *Wassermeyer/Schönfeld* Die Niedrigbesteuerung iSd § 8 Abs 3 AStG vor dem Hintergrund eines inländischen KSt-Satzes von 15 %, IStR 2008, 496.

A. Vorbemerkungen

I. Einführung in die Hinzurechnungsbesteuerung

Die Hinzurechnungsbesteuerung der §§ 7 ff ist eine Reaktion des Gesetzgebers auf Steuergestaltungsstrukturen. Sie soll verhindern, dass der StPfl durch eine Strukturierung seiner int Tätigkeiten eine Besteuerung derselben verhindert, die von dem dt Gesetzgeber als angemessen empfunden wird. IdS dient die Hinzurechnungsbesteuerung der **Verhinderung von Missbräuchen**.[1] Die Hinzurechnungsbesteuerung ist daher von ihrer Zielsetzung ausschließlich darauf gerichtet, bei dem StPfl das Besteuerungsniveau seiner int Einkünfte auf das als angemessen angesehene Maß hochzuschleusen. Daraus ergibt sich, dass nur Gewinne hinzugerechnet werden. Die Hinzurechnung von Verlusten ist gem § 10 Abs 1 S 3, Abs 3 S 5 ausgeschlossen. Allerdings ist ein Vortrag dieser Verluste gem § 10d EStG möglich (§ 10 Abs 3 S 5). 1

1 *Haarmann* IStR 2011, 565; *Kraft* IStR 2010, 377.

2 Auch wenn diese Zielsetzung im Ansatz durchaus berechtigt ist, geht die derzeitige gesetzliche Regelung der Hinzurechnungsbesteuerung weit über das zur Erreichung dieses Ziels Erforderliche hinaus. Es werden nicht nur missbräuchliche Strukturen erfasst. Dem Gesetzgeber ist es nicht gelungen, die Regelung auf die wirklich missbräuchlichen Fälle einzugrenzen. Problematisch ist in erster Linie das gesetzliche Entscheidungsprogramm für die Qualifikation der jeweiligen Einkünfte als aktiv oder passiv durch den Katalog in § 8 Abs 1. Der Gesetzgeber geht zunächst davon aus, dass alle Einkünfte passiv sind. Schon dieser Ansatz ist nicht überzeugend, da er impliziert, dass in jeder Einkünfteerzielung ein potentieller Missbrauch liegt. Von diesem Generalverdacht werden nur bestimmte, abschließend aufgezählte Einkünfte ausgenommen. Problematisch ist bei einer solchen Gesetzessystematik, dass neue Geschäftsideen im Regelfall nicht unter den Aktivkatalog fallen und damit als passiv anzusehen sind. Dies behindert die Entwicklung innovativer Geschäftsideen. Als Reaktion versucht die Praxis den Aktivkatalog über Auslegung zu erweitern (s ausf dazu Rn 13 ff). Dies führt aber zu erheblichen Abgrenzungsschwierigkeiten und nicht zu unterschätzender Rechtsunsicherheit bei dem int tätigen StPfl. Außerdem ist nicht überzeugend, warum jede Besteuerung, die unter der dt (pauschalierten) Steuerbelastung von 25 % (das soll dem Körperschaftsteuersatz zuzüglich SolZ und GewSt entspr) den StPfl zu einer missbräuchlichen Gestaltung verleiten soll. Hier wird nicht beachtet, dass die Entscheidung des StPfl, in welchem Staat er investiert, häufig auf anderen, außersteuerlichen Gründen beruht. Mit der Hinzurechnungsbesteuerung greift der dt Gesetzgeber zudem in die Steuerpolitik anderer Staaten ein. Der Vorteil einer niedrigen Steuerbelastung kommt dem StPfl nicht zu Gute, so dass die Steuerpolitik, die auch über Steuersätze betrieben wird, ins Leere geht. In Anbetracht der Tatsache, dass auch der dt Gesetzgeber gerade in den letzten Jahren über die Senkung der (KSt-)Sätze versucht hat, Standortpolitik zu betreiben, ist es nicht überzeugend, die gleiche Standortpolitik anderer Staaten zu verhindern. Der dt Gesetzgeber belastet zudem die ausl Tätigkeit mit dem dt Steuerniveau. Der StPfl sieht sich damit im ausl Staat Konkurrenten gg, deren Gewinne wesentlich geringer besteuert werden. Dies ist ein erheblicher Nachteil für den StPfl. Insgesamt wird durch die Hinzurechnungsbesteuerung die int Tätigkeit behindert.

3 Die §§ 7–14 zielen auf den Grundfall, in dem die Gesamtsteuerbelastung ohne Anwendung der Hinzurechnungsbesteuerung durch die Einschaltung einer ausl juristischen Person sinkt. Die Senkung der Steuerbelastung beruht dabei darauf, dass die Gewinne, die durch die Tätigkeit im Ausland erzielt werden, nur mit dem dortigen, niedrigen Steuersatz im Tätigkeitsstaat besteuert werden. Die juristische Person im Ausland schirmt diese Gewinne gg der dt Besteuerung ab, da die juristische Person ein eigenständiger StPfl ist. Dies gilt auch für den Fall, dass die Gesellschaft im Ausland als transparent angesehen wird. Es bleibt aus dt Sicht bei der Abschirmwirkung, da für die Frage, ob die Ges aus dt Sicht eine juristische Person ist, die dt Einordnung maßgebend ist. Gewinne, die durch die juristische Person erzielt werden, können daher zunächst nur bei ihr besteuert werden. Erst bei einer Ausschüttung dieser Gewinne an die Anteilseigner kann eine nochmalige Besteuerung erfolgen. Entscheidet sich ein StPfl dazu, eine Tätigkeit im Ausland nicht direkt, sondern mittels einer KapGes durchzuführen, so kann er dadurch die dt Steuer vollständig vermeiden (lässt man eine etwaige Hinzurechnungsbesteuerung außer Betracht), solange keine Ausschüttung an ihn erfolgt.[2] Sind Ausschüttungen (wie in Deutschland gem § 8b Abs 1

---

2 *S/K/K* Vor §§ 7–14 Rn 2.

KStG) beim Empfänger steuerfrei, so besteht die Möglichkeit der vollständigen endgültigen Vermeidung einer dt Steuerbelastung. In diesem Fall kann allenfalls eine Steuerbelastung dadurch entstehen, dass eine Kapitalertragsteuer im Quellenstaat der Dividenden definitiv wird. Diese Möglichkeit, die Steuerbelastung in Deutschland bis zum Zeitpunkt der Ausschüttung hinauszuschieben oder aber auch der Steuerbelastung bei einer Ausschüttung vollständig zu entgehen, soll mit der Hinzurechnungsbesteuerung vermieden werden.[3] Dazu wird die rechtliche und ertragsteuerliche Selbstständigkeit der juristischen Person insoweit ignoriert, als die von ihr erzielten Ergebnisse dem Anteilseigner hinzugerechnet werden. Da die oben beschriebene Abschirmwirkung nicht nur durch die Zwischenschaltung einer juristischen Person entstehen kann, sondern auch bei einer im Rahmen einer ausl Betriebstätte ausgeübten Tätigkeit besteht, wenn abkommensrechtlich die Freistellungsmethode zur Vermeidung der Dbest anzuwenden ist, s § 20 Abs 2 auch für diesen Fall eine Missbrauchsvorschrift vor. Allerdings ist eine Betriebstätte kein rechtlich selbstständiges Unternehmen. Daher ist kein „Durchgriff" auf die Gewinne erforderlich, wie sie bei der Hinzurechnungsbesteuerung gem §§ 7 ff erfolgt. Es reicht aus, die faktische Abschirmwirkung der Freistellungsmethode dadurch aufzuheben, dass statt der Freistellungsmethode die Anrechnungsmethode angewendet wird (zu Besonderheiten bzgl der Gewerbesteuer su Rn 16).[4]

II. Regelungssystematik

Die Regelungssystematik der Hinzurechnungsbesteuerung erklärt sich aus dem gesetzgeberischen Anliegen, Missbräuche im int Kontext zu verhindern.[5] Hinter den Regelungen steht die Befürchtung, dass der StPfl eine nur auf Steuervorteile abzielende Verlagerung der Aktivitäten vornimmt, um von einer niedrigen Besteuerung im Ausland zu profitieren. Aus dieser typisierenden Vorstellung ergeben sich die einzelnen Tatbestandsmerkmale der Hinzurechnungsbesteuerung. Es muss sich um einen in Deutschland unbeschränkt StPfl handeln, der im Ausland durch eine dortige juristische Person niedrig besteuerte passive Einkünfte erzielt. Dabei muss die ausl Ges inländisch beherrscht sein. Voraussetzung für die Hinzurechnungsbesteuerung sind also **fünf Tatbestandsmerkmale**, die bei dem fraglichen int Sachverhalt vorliegen müssen. Zwei Tatbestandsmerkmale (unbeschränkte StPfl und Beteiligungsquote) setzen auf Ebene des im Inland StPfl an, die weiteren drei auf Ebene der Ges (Eigenschaft als ausl Ges, Erzielung passiver Einkünfte und niedrige Besteuerung). In Bezug auf die Beteiligungsquote muss der StPfl die jeweilige Höhe der Beteiligung nicht selbst erreicht haben. Es reicht aus, wenn andere, ihm nahe stehende Personen oder auch fremde Dritte mit ihm zusammen die Voraussetzungen erfüllen. Erweitert wird dieser Grundtatbestand im Bereich des persönlichen Anwendungsbereichs durch § 5, der die Hinzurechnungsbesteuerung auch auf erweitert beschränkt StPfl für anwendbar erklärt. Eine Ausdehnung der Hinzurechnung trotz fehlender Deutschbeherrschung erfolgt in § 7 Abs 6, 6a und Abs 8, die für bestimmte Einkünfte und Konstellationen die Beteiligungsquote absenken oder ganz aufheben. § 14 erweitert den Umfang der hinzuzurechnenden Einkünfte, indem er die Einbeziehung von Einkünften nachgeschalteter Ges vorsieht. 4

3 *Dreßler* S 371; *F/W/B/S* § 7 Rn 9.
4 *Frotscher* Rn 686.
5 *BFH* BStBl II 2010, 774.

5 Die Tatbestandsvoraussetzungen des Grundfalls lassen sich daher folgendermaßen darstellen:

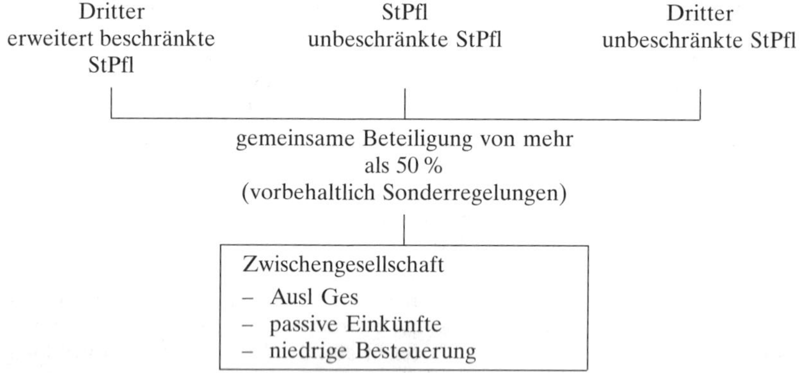

6 Als **Rechtsfolge** sieht § 7 Abs 1 eine anteilige Hinzurechnung der Einkünfte der ausl Ges bei dem StPfl vor. Der Hinzurechnungsbetrag stellt dabei Einkünfte aus Kapitalvermögen iSd § 20 Abs 1 Nr 1 EStG dar, die allerdings nicht dem Teileinkünfteverfahren bzw dem Freistellungsverfahren unterliegen (§ 10 Abs 2) (s ausf dazu § 10 Rn 8). Es erfolgt somit eine Besteuerung beim StPfl, ohne dass es zu einem tatsächlichen Zufluss in Form einer Ausschüttung kommt. Erfolgt eine Ausschüttung, so beseitigt dies die Hinzurechnungsbesteuerung nicht. Bei natürlichen Personen wird die Doppelbelastung ausdrücklich durch § 3 Nr 41 EStG vermieden. Diese Norm ist nach Auffassung der FinVerw auch bei Körperschaften anwendbar.[6] Ob damit auch iRd Körperschaftsteuer eine doppelte Steuerbelastung vollständig vermieden werden kann, ist im Hinblick auf § 8b Abs 5 KStG (wohl anwendbar) und § 3 Nr 41 lit a letzter HS EStG (wohl nicht anwendbar) fraglich.[7] Die Hinzurechnungsquote kann sich von der Beteiligungsquote unterscheiden. Über eine Hinzurechnung bei den anderen, für die Ermittlung der Beteiligungsquote mit einbezogenen Personen macht § 7 keine Aussage. Die Voraussetzungen des § 7 sind für jeden StPfl getrennt zu prüfen.

7 Von der Hinzurechnung werden nicht alle Einkünfte der ausl Ges erfasst. Betroffen sind nur Einkünfte, für die die ausl Ges ZwischenGes ist (§ 7 Abs 1). Dabei handelt es sich gem § 8 Abs 1 um passive Einkünfte, die im Ausland niedrig (dh gem Abs 3 mit weniger als 25 %) besteuert werden. Die Einkünfte der ausl Ges lassen sich daher in folgende Kategorien einteilen (zu der Frage, wann aktive Einkünfte vorliegen und welche Einkünfte mit aktiven Einkünften im funktionalen Zusammenhang stehen, s ausf § 8 Rn 13):

Einkünfte, die nicht der Hinzurechnung unterliegen:
- aktive Einkünfte
- passive, niedrig besteuerte Einkünfte im funktionalen Zusammenhang mit aktiven Einkünften
- passive, nicht niedrig besteuerte Einkünfte

---

6 *BMF* KStR 2004, Rn 32 Abs 1.

7 *S/K/K* § 7 Rn 27.

Einkünfte, die der Hinzurechnungsbesteuerung unterliegen:
- passive, niedrig besteuerte Einkünfte ohne Kapitalanlagecharakter
- passive, niedrig besteuerte Einkünfte mit Kapitalanlagecharakter

Ob es zu einer Hinzurechnungsbesteuerung kommt, lässt sich an Hand des nachfolgenden Schemas ermitteln: 8

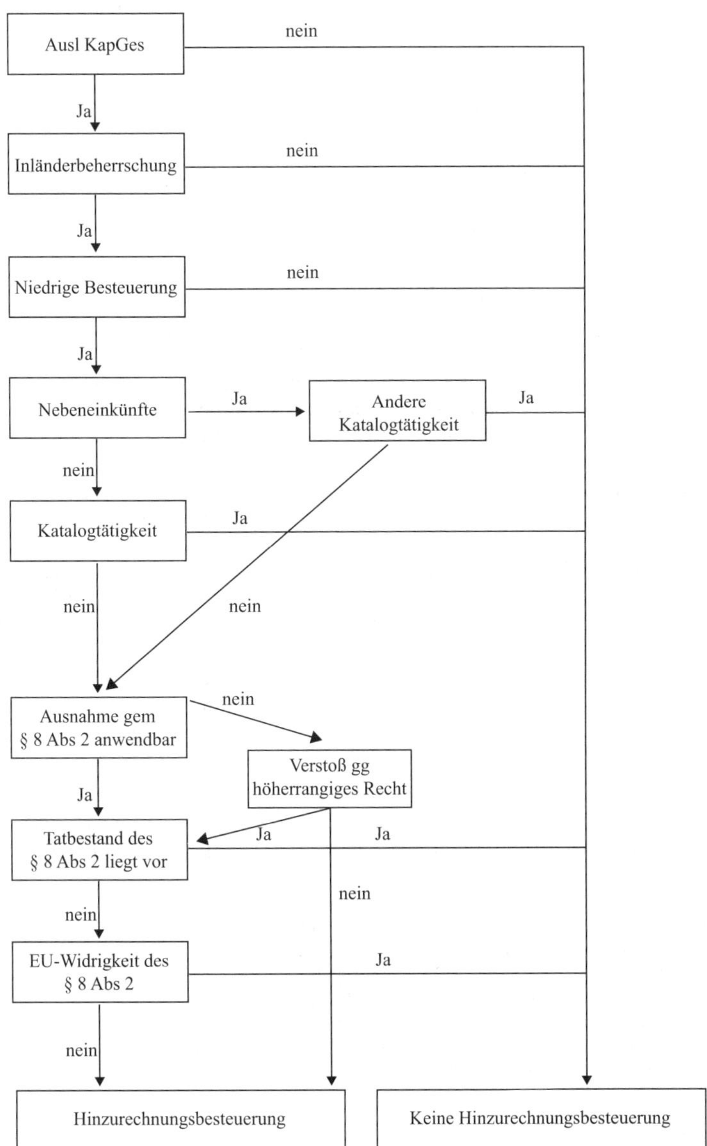

9 Durch die Hinzurechnung werden die Einkünfte bei dem im Inland unbeschränkt StPfl erhöht. Betreibt der StPfl im Inland einen Gewerbebetrieb und ist er damit gewerbesteuerpflichtig, so war streitig, ob der Hinzurechnungsbetrag auch gem § 10 Abs 2 S 2 zu den Einkünften aus Gewerbebetrieb gehört. Nach bisheriger Auffassung der FinVerw unterliegt der Hinzurechnungsbetrag der **Gewerbesteuer**. Demnach komme eine Kürzung gem § 9 GewStG nicht in Betracht, da keiner der dort aufgezählten Tatbestände erfüllt sei. Auch wenn der Hinzurechnungsbetrag als Dividende qualifiziert wird (§ 10 Abs 1 S 1), die nur wegen des Subsidiaritätsprinzips als gewerbliche Einkünfte umzuqualifizieren ist, könne der Gewerbeertrag nicht gem § 9 Nr 7 GewStG gekürzt werden. Der *BFH* hat mit Urt v 11.3.2015 (I R 10/14)[8] für einen Drittstaatenfall entschieden, dass der Gewinn einer inländischen Muttergesellschaft aus einer nicht im Inland belegenen Betriebsstätte der ausl Tochtergesellschaft um den Hinzurechnungsbetrag gem § 9 Nr 3 GewStG zu kürzen ist. Ob zukünftig die Rechtsprechung in Anwendungsfällen der MTR eine Kürzung gem § 9 Nr 7 GewStG anerkennt, bleibt abzuwarten.[9]

III. Verhältnis zu anderen Vorschriften

10 **1. § 39 AO.** § 39 AO ist im Grundsatz keine Missbrauchsvorschrift. Die Norm regelt zudem grds nur die Zurechnung von Wirtschaftsgütern, aber nicht die **Zurechnung von Einkünften**.[10] Eine Zurechnung der Wirtschaftsgüter hat danach nicht nur nach dem zivilrechtlichen, sondern auch nach dem wirtschaftlichen Eigentum zu erfolgen (§ 39 Abs 2 AO). Im Regelfall hat § 39 AO daher einen anderen Anwendungsbereich als die Hinzurechnungsbesteuerung gem §§ 7 ff.[11] Die Zurechnung von Wirtschaftsgütern zu einem StPfl ist von der Verteilung der damit erzielten Einkünfte zu unterscheiden. Mit dieser Zurechnung von Wirtschaftsgütern kann zwar in Ausnahmefällen auch die Verteilung von den mit diesen Wirtschaftsgütern erzielten Gewinnen verbunden sein.[12] Aber auch in diesem Fall überschneiden sich die Anwendungsbereiche von § 39 AO und §§ 7 ff nicht: Die Zurechnung von Wirtschaftsgütern und auch die Zurechnung von Einkünften, soweit eine solche damit verbunden ist, erfolgen **im Vorfeld** einer möglichen Hinzurechnungsbesteuerung. Sind die Einkünfte dem in Deutschland ansässigen StPfl zuzuordnen und nicht der von ihm gehaltenen ZwischenGes im Ausland, so stellt sich die Frage der niedrigen Besteuerung dieser Einkünfte nicht. Eine Hinzurechnung ist damit nicht erforderlich. Die Hinzurechnungsbesteuerung greift also erst ein, nachdem die Zurechnung gem § 39 AO erfolgt ist.[13]

11 **2. § 41 AO.** Zwischen § 41 AO und der Hinzurechnungsbesteuerung gem §§ 7 ff kann es zu keinen Überschneidungen kommen.[14] § 41 Abs 1 AO trifft Regelungen iF von unwirksamen Rechtsgeschäften und hat damit einen anderen Anwendungsbereich als

---

8 DStR 2015, 995.

9 Ausdrücklich offen gelassen noch im Urt *BFH* DStR 2015, 995.

10 Ungenau insoweit *BMF* BStBl I 2004, Sondernr 1, S 3, Tz 7.0.2.

11 *F/W/B/S* § 7 Rn 8.1.

12 So soll zB auch die Zurechnung von Einkünften bei der Veräußerung von Anteilen an einer KapGes nach § 39 AO erfolgen, wenn das zivilrechtliche und das wirtschaftliche Eigentum auseinanderfallen (*Schwarz* AO, § 39 Rn 18 mwN). Nach dem BFH erzielt der wirtschaftliche Eigentümer Einkünfte aus Kapitalvermögen iSd § 20 Abs 1 EStG (*BFH* BStBl II 2005, 857).

13 *F/W/B/S* § 7 Rn 8.1; *Reith* Rn 9.60.

14 *F/W/B/S* § 7 Rn 8.1.

§§ 7 ff. § 41 Abs 2 AO regelt, dass **Scheingeschäfte** bei der Besteuerung außer Betracht zu lassen sind. Ein Scheingeschäft liegt immer dann vor, wenn der StPfl die Rechtsfolge der von ihm gewählten Struktur nicht eintreten lassen will.[15] Daher kann die Zwischenschaltung einer ausl KapGes in einem Niedrigsteuerland kein Scheingeschäft sein. Hier kommt es dem StPfl gerade darauf an, dass die steuerlichen Folgen der Zwischenschaltung der KapGes – nämlich deren Abschirmwirkung – eintreten.[16]

3. § 42 AO. Ebenso wie die Vorschriften über die Hinzurechnungsbesteuerung ist § 42 AO eine Norm, die den Gestaltungsmissbrauch verhindern soll.[17] Da § 42 AO eine andere Struktur und damit eine andere Rechtsfolge als die Hinzurechnungsbesteuerung hat,[18] ist eine Abgrenzung beider Regelungsbereiche erforderlich. Die Regelungen der §§ 7 ff führen zu einer Hinzurechnung von Gewinnen beim Steuerpflichtigen, die durch eine andere stpfl Person erzielt werden. § 42 AO dagegen negiert unter bestimmten Voraussetzungen die Existenz dieser anderen stpfl Person. Damit wird eine direkte Einkünfteerzielung beim StPfl fingiert. 12

§ 42 AO enthält eine Regelung zur Abgrenzung seines Anwendungsbereichs gg anderen Missbrauchsvorschriften. Die Norm ist nach der ab dem 1.1.2008 geltenden Fassung **subsidiär** gg anderen Missbrauchsvorschriften.[19] Damit geht die Hinzurechnungsbesteuerung der §§ 7 ff jedenfalls vor, soweit deren sämtliche Tatbestandsvoraussetzungen vorliegen.[20] IdS will die FinVerw offenbar § 42 AO nur dann nicht anwenden, wenn der Tatbestand der spezielleren Missbrauchsnorm vollständig erfüllt ist.[21] Begründet wird dies damit, dass allein die Existenz einer spezialgesetzlichen Norm die Anwendung des § 42 AO nicht ausschließen könne. UE ist bei der Frage, ob § 42 AO anwendbar ist, die Wertung des Gesetzgebers zu berücksichtigen. Daher ist § 42 AO auch dann regelmäßig nicht anwendbar, wenn der fragliche Sachverhalt generell unter die Regelung des § 7 fällt, aber einzelne Voraussetzungen wie zB das Beteiligungserfordernis oder das Erzielen von passiven Einkünften nicht erfüllt sind.[22] In derartigen Fällen müssen für die Anwendung des § 42 AO die in §§ 7 ff getroffenen Wertungen berücksichtigt werden.[23] Insofern ist die Rechtsprechung,[24] die vor Einführung des § 42 Abs 2 AO aF ergangen ist, übertragbar. 13

---

15 *BFH* BStBl II 1988, 640.

16 *Blümich* EStG/KStG/GewStG, Vorb §§ 7–14 AStG, Rn 43.

17 *H/H/S* AO, § 42 Rn 19.

18 AA teilw *S/K/K* Vor §§ 7–14 Rn 21, der bei Teilen der Norm einen vergleichbaren Durchgriff sieht.

19 Diese Regelung ist entgegengesetzt zu der bis zum 31.12.2007 geltenden Fassung, wonach § 42 Abs 1 AO immer dann anwendbar war, wenn seine Anwendung nicht explizit ausgeschlossen war (§ 42 Abs 2 AO). Da das AStG die Anwendung von § 42 AO nicht ausdrücklich ausschließt, stellte sich die Frage des Verhältnisses beider Normen zueinander. Der BFH stellte – vor Einführung des § 42 Abs 2 AO – darauf ab, ob neben der Erzielung von passiven Einkünften iSd § 8 weitere Anhaltspunkte für einen Missbrauch vorlagen. War dies nicht der Fall, sollte nur die Hinzurechnungsbesteuerung gem §§ 7 ff zur Anwendung kommen. Dieses Problem der Abgrenzung beider Regelungsbereiche dürfte durch die Einführung des § 42 Abs 1 S 2 AO weitgehend – iSd Rspr – gelöst sein.

20 *Streck/Mack* AG 2007, 397 f; s zu dem Verhältnis insgesamt *Hahn* DStZ 2008, 483.

21 *BMF* 17.7.2008, Tz 1, zweiter Spiegelstrich.

22 *H/H/S* AO, § 42 Rn 24 ff.

23 So auch *BMF* BStBl I 2004, Sondernr 1, S 3, Tz 7.02; *BFH* BStBl 1992 II S 1026.

24 S dazu exemplarisch das Urt des *BFH* BStBl II 2005, 14.

14 In der Praxis wird die Abgrenzung beider Regelungsbereiche auch nach Einführung des § 42 Abs 1 S 2 AO schwierig bleiben. § 42 AO ist grds nur dann einschlägig, wenn eine von der Rspr entwickelte Fallgruppe vorliegt. In Bezug auf die Hinzurechnungsbesteuerung wird es sich dabei idR um die Fallgruppe der „Basisgesellschaften" handeln, also solcher ausl Ges, die in einer Steueroase errichtet werden, ohne mit Substanz (Büro, Personal, Telefon etc) ausgestattet zu werden, und die keine eigene wirtschaftliche Tätigkeit ausüben.[25] Basisgesellschaften werden eingesetzt, um Einkünfte über ein Niedrigsteuerland zu leiten. Die Einschaltung der BasisGes beruht dabei weder auf wirtschaftlichen noch sonst beachtlichen Gründen, sondern ist steuerlich motiviert. Nicht erforderlich ist allerdings, dass die BasisGes aktive Einkünfte iSd § 8 erzielt.[26] Insofern ist der Anwendungsbereich weiter als der der §§ 7 ff. Andererseits verhindert die Erzielung aktiver Einkünfte iSd § 8 nicht, dass eine BasisGes vorliegen kann. Keine ausreichende eigene wirtschaftliche Tätigkeit ist nach der Rspr[27] das Halten von Beteiligungen ohne geschäftsleitende Funktion. Es reicht daher nicht aus, wenn die ausl Ges Dividenden vereinnahmt, auch wenn diese gem § 8 Abs 1 Nr 8 zu aktiven Einkünften führen. Auch ist für § 42 AO grds unerheblich, ob es tatsächlich zu einer niedrigen Besteuerung kommt.[28]

15 Ein weiterer Anwendungsbereich für § 42 AO kann sich eröffnen, wenn durch eine Gestaltung die Anwendung der Hinzurechnungsbesteuerung der §§ 7 ff gezielt umgangen werden soll.[29] Dann kann diese Gestaltung über § 42 AO ignoriert werden mit der Folge einer Hinzurechnung. In diesem Fall kann es daher zu einem Nebeneinander beider Regelungsbereiche kommen, die erst **gemeinsam** die erwünschte Besteuerung gewährleisten.

16 **4. § 49 EStG.** Einer Hinzurechnungsbesteuerung gem §§ 7 ff steht nicht entgegen, dass die ausl ZwischenGes (auch) inländische Einkünfte iSd § 49 EStG erzielt. Die Vorschriften über die beschränkte StPfl in Deutschland sind daher iRd Ermittlung der von der ZwischenGes erzielten Einkünfte **ohne Einschränkungen anzuwenden**.[30] Dabei findet auch die isolierende Betrachtungsweise gem § 49 Abs 2 EStG Anwendung. Danach werden im Ausland verwirklichte Besteuerungsmerkmale außer Betracht gelassen, soweit sie dazu führen, dass keine beschränkte StPfl vorliegt. Die Anwendung der Hinzurechnungsbesteuerung bei beschränkter StPfl kann insb dann zu systemwidrigen Ergebnissen führen, wenn in Deutschland keine Gewerbesteuer erhoben wird.[31] Dies ist immer dann der Fall, wenn eine beschränkte StPfl vorliegt, ohne dass ein Gewerbebetrieb im Inland betrieben wird. Dies kann auf Grund der isolierenden Betrachtungsweise auch bei ausl Körperschaften der Fall sein, die im Ausland gewerbliche Einkünfte erzielen. Dann sind die Einkünfte nur mit dem Körperschaftsteuersatz von derzeit 15 % (§ 23 Abs 1 KStG) zuzüglich SolZ belastet. Diese Belastung liegt unter der gem § 8 Abs 3 erforderlichen faktischen Steuerbelastung von 25 %, so dass Deutschland in diesem Fall als Niedrigsteuerland anzusehen ist. Zu einer

---

25 Umfassend zu diesem Problem solcher Ges *Dreßler* S 371.

26 *BFH* BStBl II 2001, 222.

27 *BFH* BStBl II 2002, 819.

28 *BFH* BStBl II 2002, 819.

29 *BMF* BStBl I 2004, Sondernr 1, S 3, Tz 7.0.2.

30 *BMF* BStBl I 2004, Sondernr 1, S 3, Tz. 7.0.2.

31 *S/K/K* § 7 Rn 19 sieht dagegen nur einen sehr begrenzten Anwendungsbereich, da nach seiner Ansicht idR keine Niedrigbesteuerung vorliegt.

solchen Konstellation kann es zB kommen, wenn die ausl ZwischenGes dt Immobilien vermietet, ohne dass ein Gewerbebetrieb im Inland vorliegt.[32] Die ausl Körperschaft ist dann gem § 49 Abs 1 Nr 2 lit f EStG bzw Nr 6 iVm Abs 2 EStG in Deutschland beschränkt stpfl. Beschränkt sich die Tätigkeit auf die reine Vermietung, so liegt kein Gewerbebetrieb vor. Die Einkünfte aus Vermietung und Verpachtung, die mit der Immobilie erzielt werden, sind auch passive Einkünfte iSd § 8 Abs 1 Nr 6 lit b. Die dortige Ausnahme greift nicht ein, da dafür erforderlich wäre, dass die Vermietungseinkünfte nach einem DBA steuerfrei wären, wenn sie direkt von dem in Deutschland unbeschränkt StPfl bezogen wären.[33] Zu einer beschränkten StPfl iRd Einkommen- bzw der Körperschaftsteuer kommt es auch, wenn der StPfl Zinsen aus Deutschland bezieht und die diesen Zinsen zu Grunde liegende Darlehensforderung durch inländischen Grundbesitz gesichert ist (§ 49 Abs 1 Nr 5 lit c, Doppelbuchstabe aa EStG). Gewerbesteuer fällt auch in diesem Fall nicht an, da im Inland kein Gewerbe betrieben wird. Allerdings kann es sich bei den Zinsen um Zwischeneinkünfte gem § 8 Abs 1 Nr 7 handeln. Damit kommt es in diesen Fällen zu einer Hinzurechnungsbesteuerung. Diese kann aber nicht mehr den Sinn haben, ein vom Gesetzgeber als angemessen angesehenes Steuerniveau sicher zu stellen. Der Gesetzgeber hat ja gerade durch die Nichtsteuerbarkeit bei der Gewerbesteuer deutlich gemacht, dass aus seiner Sicht die Belastung nur mit Körperschaftsteuer und SolZ angemessen ist.[34] Trotz dieser Systemwidrigkeit fällt diese Konstellation auf Grund des klaren Wortlautes unter die Hinzurechnungsbesteuerung.

Werden dem StPfl die Einkünfte der ausl ZwischenGes zugerechnet, mit denen diese **17** Ges in Deutschland beschränkt steuerpflichtig ist, so unterliegen sie in Deutschland auch wenn der StPfl gewerblich tätig ist nicht der Gewerbesteuer, da der Gewerbeertrag gem § 9 Nr 3 GewStG um den Hinzurechnungsbetrag zu kürzen ist (Rn 9).

5. § 1 AStG. Eine Verlagerung des aus der Sicht des StPfl im Ausland erzielten **18** Gewinns ins Inland kann auch dadurch erfolgen, dass der Verrechnungspreis für einzelne Leistungen zwischen dem im Inland StPfl und dem ihm nahestehenden ausl Steuersubjekt angepasst wird. Der inländische StPfl kann, wenn es sich bei der ausl Ges um eine ZwischenGes handelt, eine der ausl Ges nahe stehende Person iSd § 1 Abs 2 sein. Personen sind ua dann nahe stehend, wenn zwischen ihnen eine Beteiligung von mindestens 25 % besteht (§ 1 Abs 2 Nr 1) (zu der Frage, wann Personen nahe stehend iSd § 1 Abs 2 sind, s ausf § 1 Rn 123). Eine Korrektur der Verrechnungspreise kann daher **auch bei ZwischenGes** erfolgen.[35] Für diese Ansicht spricht der Wortlaut des § 1 Abs 1 S 1, wonach die Korrektur unbeschadet anderer Vorschriften

32 Dies gilt auch nach der Gewerblichkeitsfiktion des § 49 Abs 1 Nr 2 lit f EStG idF des JStG 2009, da dadurch keine Gewerbesteuerpflicht begründet wird (sa *Mensching* DStR 2009, 96, 99).

33 Eine Ausdehnung dieser Ausnahme auf den Fall der beschränkten StPfl kommt nicht in Betracht. Die Norm sieht in den Fällen von einer Hinzurechnungsbesteuerung ab, in denen Deutschland auch ohne die Einschaltung einer ZwischenGes nicht das Besteuerungsrecht hat. IF einer beschränkten StPfl bestände aber auch ohne die ausl Körperschaft eine StPfl in Deutschland.

34 *Wassermeyer/Schönfeld* IStR 2008, 496 f.

35 IdS auch *BMF* BStBl I 2004, Sondernr 1, S 3, Tz 7.0.4 und ganz deutlich *BMF* BStBl I 1983, 218, Tz 1.5.2.; **aA** *FG Münster* EFG 1997, 1289; *F/W/B/S* § 1 Rn 186; *Frotscher* Int Steuerrecht, Rn 681 sieht § 7 ff sogar als Sonderregelung des § 1 an.

zu erfolgen hat. Eine Korrektur kann auch nicht deshalb unterbleiben, weil sowohl eine Korrektur der Verrechnungspreise als auch eine Hinzurechnung gem § 7 zu einer Besteuerung der im Ausland erzielten Gewinne in Deutschland führt. Je nachdem, nach welcher Vorschrift die Hinzurechnung beim inländischen StPfl erfolgt, kommt es zu unterschiedlichen Rechtsfolgen:[36] Während bei § 1 eine Hinzurechnung iRd einzelnen Einkunftsarten gem § 2 Abs 1 EStG stattfindet, handelt es sich bei den gem § 7 hinzugerechneten Beträgen um fiktive Dividenden (§ 10 Abs 2 S 1), die allerdings nicht dem Teileinkünfteverfahren bzw Freistellungsverfahren unterliegen. Nur iRd Hinzurechnungsbesteuerung gem §§ 7 ff werden daher die Einkünfte in Kapitaleinkünfte umqualifiziert. Gem § 1 wird nur die Höhe der Einkünfte verändert, die Einkunftsart bleibt aber bestehen. Insofern können unterschiedliche Freibeträge etc anwendbar sein. Zudem gelten die fiktiven Dividenden in dem Jahr als zugeflossen, das nach dem Ablauf des betreffenden Wj der ZwischenGes endet (§ 10 Abs 2 S 1). Bei einer Hinzurechnung aufgrund einer Korrektur des Verrechnungspreises erfolgt der Zufluss zum Zeitpunkt der Vornahme des korrigierten Geschäfts. Dadurch kann es zu zeitlichen Differenzen kommen. Zudem hat die Höhe der Einkünfte der ZwischenGes Auswirkungen auf die tatsächliche Steuerbelastung im Ausland und damit auf die Frage, ob überhaupt eine Niedrigbesteuerung vorliegt. Für die Frage, ob im Ausland eine Steuerbelastung von mehr als 25 % vorliegt, ist der Gewinn der ZwischenGes nach den dt Gewinnermittlungsvorschriften zu bestimmen (§ 10 Abs 3 S 1). Die Höhe der Einkünfte hängt aber maßgeblich von den angemessenen Verrechnungspreisen ab. Geht man davon aus, dass eine Erhöhung des Gewinns bei dem unbeschränkt StPfl auf Grund einer Korrektur der Verrechnungspreise aus dt Sicht auch eine entspr Verringerung des Gewinns bei der ausl Ges zur Folge hat, so erhöht sich bei gleich bleibender absoluter Steuerbelastung die relative Steuerbelastung. Umgekehrt kann es zu einer geringeren faktischen Steuerlast kommen, wenn aus dt Sicht die Gewinne der ausl Ges auf Grund einer Verrechnungspreiskorrektur erhöht werden. Eine solche Erhöhung ist zwar im nationalen Recht nicht vorgesehen. Allerdings kann sie sich aus Art 9 MA ergeben. Zudem erfolgt eine Korrektur auch bei StPfl, bei denen es möglicherweise mangels Beteiligung am Nennkapital der ZwischenGes nicht zu einer Hinzurechnung kommt. Die Tatsache, dass eine Hinzurechnungsbesteuerung gem §§ 7 ff erfolgt, befreit den StPfl daher insb nicht von der Pflicht einer angemessenen Verrechnungspreisfindung und -dokumentation.

19 Problematisch ist, dass § 1 nur eine Hinzurechnung bei dem inländischen StPfl regelt. Eine **korrespondierende Verringerung der Gewinne bei der ausl Ges** ist nicht vorgesehen (s ausf hierzu § 1 Rn 66). Ob es zu einer solchen kommt, ist für Zwecke der Besteuerung in Deutschland idR auch unerheblich. Eine Korrektur der Verrechnungspreise gem § 1 erfolgt nur im int Sachverhalt. Das Ergebnis bei dem im Ausland ansässigen StPfl ist für die Besteuerung in Deutschland idR unerheblich. Etwas anderes ergibt sich nur, wenn auch die Gewinne der ausl Ges iRd Hinzurechnungsbesteuerung in Deutschland besteuert werden. Erfolgt keine entspr Kürzung des Hinzurechnungsbetrages, so kommt es zu einer doppelten Berücksichtigung der durch die Verrechnungspreise korrigierten Beträge. Aus diesem Grund wird teilw vertreten, dass § 1 iRd Hinzurechnungsbesteuerung keine Anwendung finden könne.[37] Begründet wird dies

36 *Frotscher* Int Steuerrecht, Rn 682.

37 *F/W/B/S* § 1 Rn 186; nicht überzeugend *Wassermeyer* IStR 1998, 369, der darauf abstellt, dass § 1 nur anzuwenden sei, wenn nicht anderweitig eine Einkünftekorrektur vorzunehmen sei.

damit, dass für eine Verrechnungspreiskorrektur eine Minderung der Einkünfte des StPfl erforderlich sei. Zu einer solchen Minderung käme es aber nicht, wenn das Ergebnis der ausl ZwischenGes dem StPfl hinzugerechnet werde. Diese Ansicht widerspricht indes dem Wortlaut des § 1, der eine Korrektur der Verrechnungspreise gerade unabhängig von anderen Vorschriften vorsieht. Nach der zutreffenden Rspr des BFH[38] wird eine Dbest im Billigkeitswege vermieden, wenn Verrechnungspreise gg der Enkelgesellschaft angepasst werden. Nach Ansicht des BFH ist in diesem Fall auf die Billigkeit zurückzugreifen, da eine Hinzurechnung nicht gg dem StPfl erfolgt ist. Ob dies auch für eine Anpassung bei Geschäftsbeziehungen mit der TochterGes (dh der ZwischenGes) gilt, hat der BFH ausdrücklich offen gelassen. IE muss dies aber auch für die Korrektur von Verrechnungspreisen gg der TochterGes gelten.[39]

6. DBA. § 20 Abs 1 stellt im Wege des *treaty override* sicher, dass die Regelungen über die Hinzurechnungsbesteuerung auch anwendbar sind, wenn ein DBA besteht. Fraglich ist damit nur, ob die Regelungen des DBA auch für die hinzugerechneten Zwischeneinkünfte gelten, und sollte dies der Fall sein, nach welchem Artikel des DBA die Besteuerungsbefugnisse zu verteilen sind. Auf Grund der Tatsache, dass es sich bei dem Hinzurechnungsbetrag um eine fiktive Dividende handelt, kommt die Anwendung von Art 10 MA in Betracht. Dass Art 10 MA voraussetzt, dass Dividenden gezahlt werden, kann einer Anwendung dieser Norm nicht entgegenstehen. Folgt man der Fiktion bei der Qualifikation als Dividende, so muss man konsequenterweise auch die Zuflussfiktion des § 10 Abs 2 S 1 übernehmen.[40] Die Anwendung des Dividendenartikels scheidet nur dann aus, wenn eine Subsumtion unter die in dem jeweiligen DBA vorhandene Definition der Dividenden nicht möglich ist. Dann ist der dem Art 21 MA (andere Einkünfte) entspr Artikel anzuwenden. Möglich wäre auch die Anwendung des Art 7 MA (Unternehmenseinkünfte). IE macht es allerdings keinen Unterschied, unter welchen Artikel der Hinzurechnungsbetrag zu subsumieren ist: Deutschland hat stets das Besteuerungsrecht. Dies gilt auch bei Anwendung des Art 7 MA. Voraussetzung für eine Besteuerung im anderen Staat wäre eine Betriebstätte des StPfl. Eine solche wird idR nicht bestehen, da die bloße Beteiligung an einer TochterGes allein nicht ausreicht, um eine Betriebstätte zu begründen (Art 5 Abs 7 MA). 20

7. Europarecht. Die Hinzurechnungsbesteuerung gem §§ 7 ff beruht auf einfachgesetzlichem Recht. Sie kann daher vorrangig gg anderen Regelungen, die ebenfalls auf einfachgesetzlichen Normen beruhen, anzuwenden sein. Dies kann sich entweder aus der Tatsache ergeben, dass die Hinzurechnungsbesteuerung die spezielleren Regelungen enthält, oder auf einem gesetzlich angeordneten Subsidiäritätsverhältnis (wie zB im Verhältnis zu § 42 AO). Ein Anwendungsvorrang gg höherrangigem Recht kann dagegen nicht bestehen. Höherrangiges Recht sind insb das Europarecht und die davon umfassten Grundfreiheiten des AEUV. Ein Verstoß gg die Grundfreiheiten hat nicht die Nichtigkeit der §§ 7 ff zur Folge. Es besteht nur insoweit ein **Anwendungsvorrang** des Europarechts, wie die Anwendung der Hinzurechnungsbesteuerung gg die 21

38 *BFH* BStBl II 2002, 644.

39 *S/K/K* § 1 Rn 18; *Vogt* will eine entspr Korrektur bei der ZwischenGes vornehmen, *Blümich* § 7 AStG Rn 44; ebenso *Reith* Rn 10.31.

40 Bedenken hat insoweit *F/W/B/S* Vor §§ 7–14 Rn 101.

Grundfreiheiten verstoßen würde. Befindet sich die ZwischenGes im EU-Ausland, so stellt sich daher die Frage, inwieweit die Vorschriften über die Hinzurechnungsbesteuerung anwendbar sind.

22 Der EuGH hat in der Rs **Cadbury Schweppes**[41] anlässlich der Überprüfung der englischen *CFC-legislation* Kriterien definiert, unter denen eine Hinzurechnungsbesteuerung europarechtskonform sein kann. Der dt Gesetzgeber hat, obwohl die dt Regelung nicht für europarechtswidrig erklärt worden ist, auf dieses Urteil reagiert und stellt mit der zum 1.1.2008 eingeführten Vorschrift des § 8 Abs 2 an eine Hinzurechnungsbesteuerung innerhalb der EU und des EWR höhere Anforderungen als bei Einkünften von DrittstaatenGes. Damit ist der dt Gesetzgeber einer allg erwarteten Feststellung der Europarechtswidrigkeit der dt Regelungen durch den EuGH zuvor gekommen.[42] Mit der Einführung dieser Regelung hat der Gesetzgeber anerkannt, dass von der Hinzurechnungsbesteuerung bis dato nicht ausschließlich Missbrauchsfälle erfasst wurden, die allein nach der Rspr des EuGH einer Hinzurechnungsbesteuerung unterliegen dürfen. Der Gesetzgeber hat durch die Einführung des § 8 Abs 2 versucht, die Vorgaben des EuGH umzusetzen und eine europarechtskonforme Regelung zu schaffen.

23 Nach der Rspr des EuGH verstößt eine Hinzurechnungsbesteuerung nicht *per se* gg die Grundfreiheiten. Es liegt zwar ein Eingriff in die Niederlassungsfreiheit gem Art 49 AEUV ggf die Kapitalverkehrsfreiheit gem Art 63 AEUV vor, der einer Rechtfertigung bedarf. Eine solche Rechtfertigung ist unter engen Voraussetzungen zur **Vermeidung von Missbrauch** möglich.[43] Entscheidend für die Rechtfertigung ist, dass sich aus obj Umständen auf einen Missbrauch schließen lässt.[44] Insoweit ist die Rspr des EuGH eindeutig. Allerdings ist nicht geklärt, welche Umstände konkrete Rückschlüsse auf einen Missbrauch zulassen. Nicht ausreichend ist insoweit die bloße Tatsache, dass in einem anderen Mitgliedstaat eine niedrigere Steuerbelastung herrscht.[45] Da die direkten Steuern nicht harmonisiert sind, hat jeder Mitgliedstaat zu akzeptieren, wenn in einem anderen Mitgliedstaat eine niedrigere Steuerbelastung herrscht. Damit wird auch der dt Gesetzgeber zum Umdenken gezwungen. Als Begründung für die Hinzurechnungsbesteuerung wird ua angeführt, dass verhindert werden soll, dass der StPfl Einkünfte in ein Niedrigsteuerland verlagert. Dieses Ausnutzen einer niedrigen Besteuerung soll gerade verhindert werden. Ist aber eine niedrigere Besteuerung hinzunehmen, so kann dies nicht mehr der Hauptgrund für eine Hinzurechnungsbesteuerung sein. Dies führt dazu, dass der Gesetzgeber andere Kriterien nennen muss, die auf einen Missbrauch schließen lassen. Auch der – veraltete – Katalog von aktiven Einkünften ist dazu uE nicht geeignet. Es werden mit Ausnahme der in § 8 Abs 1 aufgezählten Arten von Einkünften alle Tätigkeiten eines StPfl pauschal als passiv und damit missbräuchlich eingestuft. Nicht bei allen diesen Tätigkeiten werden sich aber aus den obj Umständen Indizien ergeben, die auf einen Missbrauch schließen lassen, wie der EuGH dies fordert.

---

41 *EuGH* v 12.9.2006, Rs C-196/04, Slg 2006, I-07995.

42 *BFH* BStBl II 2010, 774.

43 *EuGH* Slg 2006, I-07995 Rn 51 (Cadbury Schweppes).

44 *EuGH* Slg 2006, I-07995 Rn 64 (Cadbury Schweppes).

45 *EuGH* Slg 2006, I-07995 Rn 37 (Cadbury Schweppes).

Mit § 8 Abs 2 hat der Gesetzgeber versucht, die vom EuGH aufgestellten Anforderungen für eine Hinzurechnungsbesteuerung umzusetzen, nachdem das BMF bereits im Vorgriff auf eine Gesetzesänderung mit einem *BMF*-Schreiben v 8.1.2007[46] reagierte. Dabei waren zunächst die in dem BMF-Schreiben enthaltenen Aussagen und Konkretisierungen zu berücksichtigen. Das BMF-Schreiben ist jedoch auf nach dem 31.12.2008 verwirklichte Steuertatbestände nicht mehr anzuwenden[47](zur derzeitigen gesetzlichen Regelung s § 8 Rn 147 ff.). Aus steuerplanerischen Vorsichtserwägungen und mangels aktueller Verlautbarungen der FinVerw sollte jedoch zunächst weiter davon ausgegangen werden können, dass diese Kriterien weiterhin als Indizien zu beachten sind. Zusammenfassend lässt sich sagen, dass eine Anwendung der Hinzurechnungsbesteuerung innerhalb der EU bzw des EWR dann nicht in Betracht kommt, wenn der StPfl nachweist, dass die ausl ZwischenGes ua mit ausreichend Substanz ausgestaltet ist. Auch wenn dies in dieser Allgemeinheit den Vorgaben des EuGH entspricht, ist nicht geklärt, ob die derzeitige Regelung europarechtskonform ist oder selbst auch wieder gg die Grundfreiheiten verstößt (zur Frage der Europarechtskonformität des § 8 Abs 2 s § 8 Rn 133 ff.). 24

Auch wenn in der Rs *Cadbury Schweppes* bereits ein EuGH-Urteil im Bereich der Hinzurechnungsbesteuerung ergangen ist, sind viele Fragen in diesem Bereich noch nicht abschließend geklärt. Dies gilt zunächst für die Frage, welche objektiven Umstände taugliche Indizien sind, um einen Rückschluss auf einen Missbrauch zuzulassen. Im Gesetz selbst sind keine konkreten Kriterien enthalten. Zwar ist das BMF-Schreiben nicht mehr in die Positivliste des *BMF* v 23.4.2010[48] enthalten, doch nimmt der Gesetzgeber in der Begründung zum JStG 2008 auf eben diese Kriterien als taugliche Indizien Bezug.[49](s dazu ausf § 8 Rn 132 ff.). Jedoch ist es weder dem Gesetzgeber noch der FinVerw gelungen, die Vorgaben des EuGH umzusetzen. Schließlich hat der Gesetzgeber durch die Erweiterung des Anwendungsbereichs des § 8 Abs 2 auf die Fälle der erweiterten Hinzurechnungsbesteuerung für **Einkünfte mit Kapitalanlagecharakter** des § 7 Abs. 6 klargestellt, dass auch für diese Einkünfte die Gegenbeweismöglichkeit des § 8 Abs. 2 zugelassen wird (s dazu § 8 Rn 136), und hat damit den diesbezüglich vielfach geäußerten europarechtlichen Bedenken gegen die Vorgängerregelung Rechnung getragen. 25

Noch nicht abschließend geklärt ist zudem, unter welchen Voraussetzungen eine Hinzurechnungsbesteuerung möglich ist, wenn sich die ZwischenGes in einem **Drittstaat** (dh weder im europäischen Ausland noch im EWR-Ausland) befindet.[50] Auch in einem solchen Fall können uU die Grundfreiheiten zu einer Nichtanwendbarkeit der §§ 7 ff führen. Die Grundfreiheiten entfalten ihre Schutzwirkung zwar idR nur für Sachverhalte, die innerhalb der EU verwirklicht werden. Allerdings gilt dies nicht für die Kapitalverkehrsfreiheit gem Art 63 AEUV, die ihrem Wortlaut nach auch gg Drittstaaten angewendet werden kann. Ob die Hinzurechnungsbesteuerung in einem solchen Fall wegen Verstoßes gg die **Kapitalverkehrsfreiheit** unanwendbar ist, hängt von zwei Aspekten ab. Zunächst muss der Schutzbereich der Kapitalverkehrsfreiheit eröffnet 26

---

46 *BMF* BStBl I 2007, 99.

47 Nicht mehr in Positivliste des *BMF* v 23.4.2010, BStBl I 391, enthalten.

48 *BMF* BStBl I 2010, 391.

49 BT-Drucks 16/6290, S 92 f.

50 Zuletzt ausdrücklich offen gelassen vom *BFH* DStR 2015, 995.

sein. Ihre Anwendung könnte durch die Niederlassungsfreiheit gem Art 49 AEUV gesperrt sein, die jedenfalls bei einer wesentlichen Beteiligung an einer ausl Ges vorrangig anwendbar ist.[51] Dies hat nach derzeitiger Rechtslage zur Folge, dass die Hinzurechnungsbesteuerung nur bei Streubesitzbeteiligungen im Drittland zur Anwendung kommt. Damit sind insb die Einkünfte mit Kapitalanlagecharakter erfasst, bei denen es schon bei einer Beteiligung von 1 % (in Sonderfällen sogar bei jeder Beteiligung) zu einer Hinzurechnung kommt. Aber auch bei anderen passiven Einkünften kann der einzelne StPfl einer Hinzurechnungsbesteuerung unterliegen, wenn er selbst zwar keine wesentliche Beteiligung an der ausl ZwischenGes hält, aber die ZwischenGes deutschbeherrscht ist. In Bezug auf die Kapitalverkehrsfreiheit gem Art 63 AEUV ist zudem nicht abschließend geklärt, ob auch gg Drittstaaten die gleichen Rechtfertigungsgründe anwendbar sind wie gg Mitgliedstaaten der EU. Es ist denkbar, dass auf Grund der Tatsache, dass gg Drittstaaten die innerhalb der EU geltenden Richtlinien, wie zB die Amtshilferichtlinie,[52] nicht gelten, eine Rechtfertigung eines Eingriffs in eine Grundfreiheit mit dem Argument der Missbrauchsvermeidung unter geringeren Voraussetzungen möglich ist. Andererseits spricht der EuGH Stpfl – auch wenn keine Amtshilfe besteht – die Möglichkeit zu, seinerseits Beweismittel vorzulegen, so dass die Steuerbehörden eine Überprüfung vornehmen können.[53] Zudem sind durch die Aufnahme einer sog großen Auskunftsklausel in vielen DBA die Möglichkeiten von Auskunftsersuchen ggü Drittstatten erweitert worden.[54] Außerdem enthält die Kapitalverkehrsfreiheit einen Vorbehalt für nat Regelungen, die vor Einführung der Kapitalverkehrsfreiheit bereits bestanden haben. Unter diese Regelung könnte auch die Hinzurechnungsbesteuerung fallen, wenn man es für unbeachtlich hält, dass die §§ 7 ff im Laufe der Zeit mehrfach – teilw auch in erheblichem Umfang – geändert worden sind. Eine Neuverkündung des Gesetzes ist nicht erfolgt. UE ist die Hinzurechnungsbesteuerung jedenfalls für den Bereich der Einkünfte mit Kapitalanlagecharakter in einer Weise reformiert worden, dass man nicht davon sprechen kann, dass sie noch der im Jahre 1993 bestehenden Regelung entspricht. Die *stand-still*-Klausel (Art 64 Abs. 1 AEUV) ist daher zumindest in diesem Bereich nicht anwendbar.[55] Dies muss auch für den anderen potentiellen Anwendungsbereich (Streubesitzbeteiligungen) gelten. Auf Grund der Normsystematik des § 8 Abs 1, der alle Einkünfte als passiv erklärt und nur dann eine Ausnahme zulässt, wenn die Voraussetzungen des Aktivitätskatalogs gem § 8 Abs 1 erfüllt sind, ergibt sich, dass jede Änderung des Aktivitätskatalogs zugleich eine Änderung der Regelungen über passive Einkünfte ist. Eine Unterscheidung in verschiedene Arten von passiven Einkünften ist nicht möglich und iRd Hinzurechnungsbesteuerung auch nicht gewünscht. Der Gesetzgeber wollte vielmehr durch den Aufbau der Regelungen alle möglichen Einkünfte erfassen.

27 Im Verhältnis zur Schweiz kann sich die Unanwendbarkeit der Hinzurechnungsbesteuerung zudem aus dem Freizügigkeitsabkommen[56] ergeben, das für natürliche Personen die Niederlassungsfreiheit gem Art 49 AEUV ihrem Inhalt nach für anwendbar erklärt.

---

51 Zuletzt *BFH* v 29.8.2012, BStBl II 2013, 2319 mwN.

52 RL v 11.2.2011, RL 2011/16/EU, ehemals RL 77/799/EWG.

53 *EuGH* Rs C 115/05 v 18.12.2007.

54 ZB DBA CH, *BMF* v 4.1.2012, BStBl I S 17.

55 Zuletzt ausdrücklich offen gelassen vom *BFH* Urt DStR 2015, 995.

56 BGBl I 2001, 810.

Obwohl der EuGH Grundsätze aufgestellt hat, unter welchen Voraussetzungen eine Hinzurechnungsbesteuerung europarechtskonform sein kann, sind noch viele Fragen nicht abschließend geklärt. Es besteht daher derzeit für den StPfl eine erhebliche Rechtsunsicherheit. 28

B. Kommentierung im Einzelnen

I. Betroffene Personen (Abs 1)

Nach dem Wortlaut des § 7 Abs 1 kann nur bei **unbeschränkt StPfl** eine Hinzurechnung erfolgen. Dabei kann es sich um natürliche Personen oder juristische Personen handeln. Die unbeschränkte StPfl richtet sich dabei nach den Vorschriften des EStG und des KStG. Danach sind natürliche Personen unbeschränkt stpfl, wenn sie einen Wohnsitz oder ihren gewöhnlichen Aufenthalt in Deutschland haben (§ 1 Abs 1 S 1 EStG). Für die Definition des Wohnsitzes und des gewöhnlichen Aufenthalts ist auf § 8 AO und § 9 AO zurückzugreifen. Eine Körperschaft, Personenvereinigung oder Vermögensmasse ist unbeschränkt steuerpflichtig, wenn sie ihren Sitz oder ihre Geschäftsleitung im Inland hat (§ 1 Abs 1 KStG). Der Sitz bestimmt sich nach § 11 AO, der Ort der Geschäftsleitung nach § 12 AO. 29

Für eine Hinzurechnungsbesteuerung genügt es, wenn eine der beiden Voraussetzungen vorliegt. Daher kann eine Hinzurechnung auch bei **doppelt ansässigen Stpfl** erfolgen.[57] Da sich die Ansässigkeit ausschließlich nach nationalem Recht bestimmt, ist es bspw unerheblich, ob abkommensrechtlich nach der *tie breaker rule* der andere Staat und nicht Deutschland als Ansässigkeitsstaat gilt.[58] Dies ist der Fall, wenn sich zwar der Sitz der Ges in Deutschland befindet, die tatsächliche Geschäftsleitung aber in einem anderen Staat. Dann gilt für Zwecke des DBA die Ges als in dem anderen Staat ansässig (Art 4 Abs 3 MA). Gem § 20 Abs 1 erfolgt die Hinzurechnungsbesteuerung unabhängig von den in den DBA getroffenen Regelungen. § 20 Abs 1 kann aber nur insoweit ein Rangverhältnis zwischen den verschiedenen Normen regeln, wie beide Normen auf den Sachverhalt anwendbar sind. Von der Hinzurechnungsbesteuerung erfasst wird nur das Verhältnis des Anteilseigners zu der ausl ZwischenGes. Nur in diesem Verhältnis werden eventuell anwendbare Regelungen des DBA von der Hinzurechnungsbesteuerung überlagert. 30

Ist eine Ges doppelt ansässig und hat sie ihre Geschäftsleitung im Staat der ZwischenGes, so ist ein eventuell zwischen Deutschland und dem Staat der ZwischenGes bestehendes DBA auf Grund des § 20 Abs 1 nicht anwendbar.[59] Hier kommen ausschließlich die Regelungen über die Hinzurechnungsbesteuerung zur Anwendung. Diese enthalten in § 7 Abs 1 ein Besteuerungsrecht für den Ansässigkeitsstaat des Anteilseigners. Dieses Besteuerungsrecht kann – da die Vorschriften über die Hinzurechnungsbesteuerung insoweit vorgehen – nicht durch ein DBA zwischen Deutschland und dem Staat der ausl ZwischenGes eingeschränkt werden. Damit kann Deutschland die Zwischeneinkünfte besteuern. 31

Beispiel 1: Die A-GmbH hat ihren Sitz in Deutschland. Der Ort der tatsächlichen Geschäftsleitung liegt auf Zypern (Steuersatz: 10 %). Sie hält 100 % der Anteile an der auf

---

57 *S/K/K* § 7 Rn 32; s ausf zu dieser Frage *Kollruss* IStR 2008, 316 ff.

58 *BMF* BStBl I 2004, Sondernr 1, S 3, Tz 7.2.1.

59 *Haase* IStR 2008, 695.

Zypern ansässigen ZwischenGes. Da im Verhältnis Zypern – Deutschland wegen § 20 Abs 1 das DBA nicht anwendbar ist, kommt es zu einer Hinzurechnungsbesteuerung. Die durch die ZwischenGes erzielten Einkünfte unterliegen in Deutschland der Körperschaftsteuer und der Gewerbesteuer.

32 Da sich die Regelungen über die Hinzurechnungsbesteuerung nur auf das Verhältnis zwischen dem in Deutschland nach nationalem Recht ansässigen Anteilseigner und der ausl ZwischenGes bezieht, kann § 20 Abs 1 keine Sperrwirkung im Verhältnis zu anderen Staaten entfalten. Ob Deutschland auch im Verhältnis zu Drittstaaten das Besteuerungsrecht für die gem §§ 7 ff hinzugerechneten Einkünfte hat, wird durch die Hinzurechnungsbesteuerung nicht geregelt. In diesem Verhältnis können daher auch die Regelungen des jeweiligen DBA berücksichtigt werden. Dies bedeutet, dass es nicht zwangsläufig zu einer Hinzurechnungsbesteuerung kommen muss, wenn die Ges ihren Sitz in Deutschland hat, ihre Geschäftsleitung sich aber in einem ausl Staat befindet, in dem die ZwischenGes nicht ansässig ist.

Beispiel 2: Die A-GmbH hat wiederum ihren Sitz in Deutschland. Der Ort der Geschäftsleitung ist aber jetzt in Polen (Steuersatz: 19 %). Die Ges hält die Anteile an einer ZwischenGes in Zypern. Im Verhältnis Zypern – Deutschland ist das AStG anzuwenden (§ 20 Abs 1). Daher kommt es zunächst zu einer Hinzurechnungsbesteuerung.

Ist die dt Ges nach der *tie breaker rule* des DBA in dem Staat ihrer tatsächlichen Geschäftsleitung als ansässig anzusehen, so ist nach dem DBA zwischen Deutschland und diesem Staat zu bestimmen, ob Deutschland auch im Verhältnis zu diesem Staat das Besteuerungsrecht für den Hinzurechnungsbetrag hat, das Deutschland im Verhältnis zum Staat der ZwischenGes nach dem AStG zusteht. Da es sich im Verhältnis der beiden Staaten bei dem Hinzurechnungsbetrag um sonstige Einkünfte (Dividenden aus einem Drittstaat; zur Einordnung als Dividende s Rn 6) handelt, hat nur der Staat, der aus abkommensrechtlicher Sicht der Ansässigkeitsstaat ist (dh der Staat der tatsächlichen Geschäftsleitung), das Besteuerungsrecht (Art 21 Abs 1 MA). Damit kann uE durch eine solche Konstellation die Hinzurechnungsbesteuerung vermieden werden.[60] Ob es in dem abkommensrechtlichen Ansässigkeitsstaat tatsächlich zu einer Besteuerung kommt, hängt davon ab, ob dieser eine *CFC-legislation* kennt und in welchem Verhältnis diese zu den von diesem Staat abgeschlossenen DBA steht.

Beispiel 2 (Fortsetzung): In einem zweiten Schritt ist zu prüfen, ob Deutschland auch im Verhältnis zu Polen das Besteuerungsrecht zusteht. In diesem Verhältnis kann das AStG die Anwendung des DBA nicht sperren, da in Polen keine ZwischenGes besteht. Nach Art 4 Abs 3 des DBA-PL gilt die Ges als in Polen ansässig. Da es sich bei den hinzugerechneten Einkünften im Verhältnis Deutschland-Polen um Drittstaateneinkünfte handelt, hat Polen als abkommensrechtlicher Ansässigkeitsstaat das ausschließliche Besteuerungsrecht (Art 22 Abs 1 DBA-PL). Solange Polen keine *CFC-Legislation* eingeführt hat, kommt es zu keinerlei Hinzurechnungsbesteuerung.

---

60 Zu dem gleichen Ergebnis kommt man, wenn man den Hinzurechnungsbetrag zu den Unternehmensgewinnen iSd Art 7 MA zählt. Danach hat der abkommensrechtliche Ansässigkeitsstaat das ausschließliche Besteuerungsrecht, es sei denn die Einkünfte werden in einer Betriebsstätte im anderen Staat erzielt. Die Einkünfte, die dem Hinzurechnungsbetrag zu Grunde liegen, werden nicht in einer dt Betriebsstätte erzielt. Da aus diesem Grund auch die Methoden zur Vermeidung der Dbest nicht zur Anwendung kommen können, ist auch ein etwaiger Aktivitätsvorbehalt unbeachtlich.

Die Ausnahme von der Hinzurechnungsbesteuerung bei Drittstaatenfällen und die Anwendung der abkommensrechtlichen *tie breaker rule* überzeugen insb dann, wenn auch der Staat, in dem sich der Ort der tatsächlichen Geschäftsleitung befindet, Regelungen hat, die der dt Hinzurechnungsbesteuerung ähnlich sind.[61] Würde die dt Hinzurechnungsbesteuerung jegliche Anwendung eines DBA ausschließen, so käme es möglicherweise nicht nur in Deutschland zu einer Hinzurechnungsbesteuerung, sondern auch in dem Staat, in dem der Ort der tatsächlichen Geschäftsleitung liegt. Damit käme es auf Ebene des Anteilseigners der ZwischenGes zu einer Dbest, die nicht vermieden werden könnte. 33

PersGes sind grds für ertragsteuerliche Zwecke transparent und insofern kein Steuersubjekt. Sie sind weder einkommensteuer- noch körperschaftsteuerpflichtig. Für die Frage, ob an einer ausl Ges unbeschränkt StPfl beteiligt sind, ist daher auf die Gesellschafter der PersGes abzustellen. Ihnen wird, vermittelt über die PersGes, anteilig die Beteiligung an der ausl Ges zugerechnet (§ 7 Abs 3). Bei diesen unterliegt der Hinzurechnungsbetrag der Einkommen- oder Körperschaftsteuer (s ausf dazu Rn 6). Die auf den Hinzurechnungsbetrag anfallende Gewerbesteuer wird auf Ebene der PersGes erhoben, da diese gewerbesteuerliches Steuersubjekt ist. 34

Nicht erfasst werden nur **beschränkt StPfl** (§ 49 EStG).[62] Damit können Körperschaften, Personenvereinigungen und Vermögensmassen, die nur gem § 2 Abs 2 KStG in Deutschland steuerpflichtig sind (zB Bund, Länder, Gemeinden), nicht von der Hinzurechnungsbesteuerung betroffen sein. Etwas anderes gilt nur für Betriebe gewerblicher Art, die gem § 1 Abs 1 Nr 6 KStG der unbeschränkten Körperschaftsteuerpflicht unterliegen können. Da es sich bei der erweitert beschränkten StPfl (§ 2) um eine Form der beschränkten StPfl handelt, sind auch diese Steuersubjekte von der Hinzurechnungsbesteuerung grds nicht betroffen.[63] Allerdings regelt § 5 eine Anwendung der Hinzurechnungsbesteuerung entspr wie bei unbeschränkt StPfl. Da § 5 nur eine Hinzurechnung bei dem erweitert beschränkt StPfl regelt, wird durch diese Norm der Anwendungsbereich des § 7 nicht erweitert. Im Rahmen des § 7 sind daher erweitert beschränkt StPfl nur in bestimmten Bereichen zu berücksichtigen. Sie haben nur Einfluss auf die maßgebliche Beteiligungsquote. Bei der fiktiv unbeschränkten StPfl (§ 1 Abs 3 EStG) handelt es sich dagegen um eine Form der unbeschränkten StPfl. Damit sind **fiktiv unbeschränkt StPfl** von der Hinzurechnungsbesteuerung betroffen.[64] Das gleiche gilt für **erweitert unbeschränkt StPfl** gem § 1 Abs 2 EStG.[65] 35

Auf die Frage der unbeschränkten StPfl hat es keinen Einfluss, ob eine **persönliche Steuerbefreiung** vorliegt. Damit können bspw auch juristische Personen des öffentlichen Rechts von der Hinzurechnungsbesteuerung betroffen sein, wenn sie ihren Sitz oder ihre Geschäftsleitung im Inland haben.[66] Ebenso wird die unbeschränkte StPfl nicht dadurch beseitigt, dass der gesamte Gewinn einer Ges im Rahmen eines Organschaftsverhältnisses an den Organträger abgeführt wird. Auch **OrganGes** können 36

---

61 Int werden diese Regelungen allg als *CFC-legislation* bezeichnet. Sie bestehen in zahlreichen Industriestaaten. S dazu *F/W/B/S* vor §§ 7–14 Rn 35 f.

62 *F/W/B/S* § 7 Rn 9.3.

63 *Haase* IStR 2008, 695.

64 *S/K/K* § 7 Rn 31.

65 *F/W/B/S* § 7 Rn 9.3.

66 *F/W/B/S* § 7 Rn 9.4.

damit von der Hinzurechnungsbesteuerung betroffen sein, wenn sie eine Beteiligung an der ZwischenGes halten.[67] Da auch iRd Organschaft das Einkommen der OrganGes zunächst so zu ermitteln ist, als bestünde keine Organschaft, ist die Hinzurechnung auf Ebene der OrganGes vorzunehmen.[68]

37 Die unbeschränkte StPfl muss jedenfalls zum **Zeitpunkt** der erforderlichen Beteiligung gem § 7 Abs 2 vorliegen. Dies ist das Ende des Wj der ZwischenGes § 7 Abs 1 enthält zwar keine ausdrückliche Regelung, zu welchem Zeitpunkt die unbeschränkte StPfl vorliegen muss. Allerdings ist die Regelung des § 7 Abs 2 auch auf die Tatbestandsvoraussetzung der unbeschränkten StPfl anwendbar. § 7 Abs 2 definiert nicht nur den Zeitpunkt der maßgeblichen Beteiligung, sondern den Zeitpunkt der maßgeblichen Beteiligung durch unbeschränkt StPfl. Indem diese beiden Tatbestandsvoraussetzungen zusammengefasst werden, gilt auch der Zeitpunkt der Beteiligung für die unbeschränkte StPfl.[69] Nur wenn zu diesem Zeitpunkt beide Voraussetzungen erfüllt sind, liegt eine schädliche Beteiligung vor.[70] Das Erfordernis der unbeschränkten StPfl ist stichtagsbezogen zu ermitteln. Ein späterer Wegzug oder ein Zuzug während des laufenden Jahres haben damit keine Auswirkungen.

Beispiel 1: A ist zum Ende des Wj der ZwischenGes zu 60 % an dieser beteiligt. Er ist am Ende des Wj der ZwischenGes in Deutschland ansässig. Es kommt zu einer Hinzurechnung.

Beispiel 2: A ist wiederum zu 60 % an einer ausl ZwischenGes zum Ende deren Wj beteiligt. Er zieht vor Ende des Wj ins Ausland. Es kommt zu keiner Hinzurechnung (vorbehaltlich des § 5), da zum maßgebenden Zeitpunkt an der ZwischenGes nicht zu mehr als 50 % Inländer beteiligt sind.

Beispiel 3: Es liegen die gleichen Beteiligungsverhältnisse wie in den vorigen Beispielen vor. A ist im Ausland ansässig. Er zieht vor Ende des Wj nach Deutschland. Es kommt zu einer Hinzurechnung.

38 Für die Frage, zu welchem Zeitpunkt die unbeschränkte StPfl vorliegen muss, kann es entscheidend sein, ob das **Wj** nach dt oder nach ausl Recht zu bestimmen ist. Nach dt Recht dauert ein Wj höchstens 12 Monate, in Ausnahmefällen kann es kürzer sein. Dies kann im ausl Recht anders sein. Möglich ist, dass nach dortigem Recht ein Wj auch länger als 12 Monate dauert.[71] Für die Ermittlung des Wj nach dt Recht spricht, dass der Hinzurechnungsbetrag gem § 10 Abs 3 S 1 nach den Vorschriften des dt Steuerrechts zu ermitteln ist.[72] Dazu kann auch der Zeitraum zählen, für den der Gewinn ermittelt werden soll (Wj). Allerdings wird auch bei der Ermittlung des Hinzurechnungsbetrages nicht ausschließlich auf das nach dt Steuerrecht zu bestimmende Wj abgestellt. Dieses stimmt im Regelfall mit dem Kj überein. Abweichungen davon können nur mit Zustimmung der FinVerw vorgenommen werden. Es ist aber allg anerkannt, dass ein nach ausl Recht vom Kj abweichendes Wj für die Besteuerung in Deutschland übernommen wird, ohne dass dies eine Zustimmung der FinVerw erfor-

---

67 *Frotscher/Maas* KStG/UmwStG, § 14 KStG Rn 262a; davon geht auch implizit der *BFH* (BStBl II 1985, 119) aus, da nach seiner Ansicht die OrganGes richtiger Adressat des Feststellungsbescheides gem § 18 ist.

68 *F/W/B/S* § 7 Rn 9.6.

69 IdS auch *BMF* BStBl I 2004, Sondernr 1, S 3, Tz 7.1.1.

70 *S/K/K* § 7 Rn 40.

71 *S/K/K* § 7 Rn 86.

72 *F/W/B/S* § 7 Rn 71.2.

dert. In Anlehnung an den Wortlaut des § 7 Abs 1 KStG und des § 4a Abs 1 S 2 Nr 2 EStG ist daher auf das Wj abzustellen, für das der StPfl regelmäßig Abschlüsse macht. Da sich die Abschlusserstellung nach ausl Recht richtet, ist auch das Wj nach ausl Recht zu bestimmen.

Die Tatsache, dass am Ende des maßgeblichen Wj die unbeschränkte StPfl vorliegen 39
muss, sagt noch nichts darüber aus, ob auch im Zeitpunkt der Hinzurechnung eine solche vorliegen muss.[73] Die Hinzurechnung erfolgt gem § 10 Abs 2 nach Ablauf des Wj der ZwischenGes. Dies ist nicht gleichzusetzen mit dem Ende des Wj. Die Hinzurechnung gem § 10 Abs 2 erfolgt eine juristische Sekunde nach Ablauf des Wj. Die Hinzurechnung ist die Rechtsfolge, die ua durch die unbeschränkte StPfl ausgelöst wird. Sind die Tatbestandsvoraussetzungen des § 7 Abs 1 erfüllt, so tritt die Rechtsfolge zwangsläufig ein.

Für die Frage, ob der Tatbestand des § 7 Abs 1 erfüllt ist, kommt es daher nicht darauf 40
an, ob der StPfl im Zeitpunkt der Hinzurechnung in Deutschland unbeschränkt steuerpflichtig ist. Ob es tatsächlich zu einer Hinzurechnung kommt, bestimmt sich nach den Voraussetzungen des § 10 (s dazu § 10 Rn 14 ff). Nach dieser Regelung ist zu bestimmen, ob zum Hinzurechnungszeitpunkt eine unbeschränkte StPfl vorliegen muss.

Der Wortlaut des § 7 Abs 1 spricht von mehreren unbeschränkt StPfl. Bei strenger 41
Wortlautauslegung ist der Fall nicht erfasst, dass **nur ein unbeschränkt StPfl** (eventuell mit anderen Personen iSd § 2) mit der erforderlichen Quote an einer ausl Ges beteiligt ist. Dies widerspricht dem Sinn der Regelung. Gerade der Fall, dass nur ein StPfl zu mehr als 50 % an einer ausl Ges beteiligt ist, ermöglicht diesem StPfl auf Grund seiner starken gesellschaftsrechtlichen Stellung Gestaltungsmöglichkeiten. Richtigerweise ist daher auch der Fall eines einzelnen unbeschränkt StPfl erfasst. Dies ergibt sich auch aus § 18 Abs 1, der in S 1 eine gesonderte Feststellung des Hinzurechnungsbetrages vorsieht. Erst in S 2 wird eine Sonderregelung, nämlich die einheitliche Feststellung, für den Fall getroffen, dass mehrere StPfl von der Hinzurechnung betroffen sind.[74]

II. Ausländische Gesellschaft (Abs 1)

Für die Hinzurechnungsbesteuerung ist Voraussetzung, dass es sich bei der Zwischen- 42
Ges um eine Körperschaft, Personenvereinigung oder Vermögensmasse handelt, die **weder Sitz noch Geschäftsleitung im Inland** hat und nicht gem § 3 Abs 1 KStG von der Körperschaftsteuer befreit wäre. Solche Ges definiert das Gesetz als ausl Ges. Die Beschränkung auf Ges, die weder Sitz noch Geschäftsleitung in Deutschland haben, ist folgerichtig. Hat eine ausl Ges entweder ihren Sitz oder ihre Geschäftsleitung in Deutschland, so ist sie gem § 1 Abs 1 KStG in Deutschland unbeschränkt stpfl. Die von ihr erzielten Einkünfte unterliegen daher schon auf Grund der unbeschränkten StPfl der dt Besteuerung.[75] Eine Hinzurechnung mit dem Zweck, diese Einkünfte dem dt Steuerniveau zu unterwerfen, ist daher in diesen Fällen nicht erforderlich. Auch wenn in Deutschland aus anderen Gründen keine Steuer anfallen würde, erfolgt keine Hinzurechnung. Entscheidend ist daher, ob die Körperschaft in Deutschland steuerbar wäre. Unbeachtlich ist dagegen grds, ob die ausl Ges in Deutschland steuerbefreit

---

73 *S/K/K* § 7 Rn 40.

74 *S/K/K* § 7 Rn 34.

75 *BMF* BStBl I 2004 Sondernr 1, S 3, Tz 7.0.2.

wäre (zu der Steuerbefreiung gem § 3 Abs 1 KStG s Rn 45). Es kommt nicht darauf an, ob in Deutschland tatsächlich eine Steuer anfallen würde. Die potentielle Steuerbarkeit der Einkünfte in Deutschland reicht aus, um die Hinzurechnungsbesteuerung zu vermeiden.

43 Unbeachtlich ist auch, ob eine Ges nach der abkommensrechtlichen *tie breaker rule* für Zwecke des jeweiligen DBA als im Ausland ansässig anzusehen ist. Maßgebend ist insoweit allein die nationale Ansässigkeitsbestimmung. Daher kann eine Ges mit Sitz in Deutschland und Geschäftsleitung im Ausland keine ZwischenGes sein.[76] Damit scheint eine Umgehung der Hinzurechnungsbesteuerung durch den Einsatz von **doppelt ansässigen Ges** möglich, soweit mit dem ausl Staat ein DBA besteht. Hat die Ges ihren Sitz in Deutschland und die Geschäftsleitung im Ausland, so kann sie auf Grund des inländischen Sitzes keine ZwischenGes sein. Gleichzeitig werden ihre Einkünfte, da sie abkommensrechtlich als im Ausland ansässig gilt, nur im ausl Staat besteuert. Zu beachten ist bei einer solchen Gestaltung allerdings, dass die Ges aus dt Sicht mit ihrer Geschäftsleitung im Ausland gem § 12 S 2 Nr 1 AO eine Betriebstätte begründet.[77] Damit kann es zu einem Wechsel der Methode zur Vermeidung der Dbest gem § 20 Abs 2 kommen. Ist die Anrechnungsmethode anwendbar, so kommt es auch ohne Hinzurechnung zu einer Belastung der ausl Einkünfte in Deutschland mit Körperschaftsteuer zuzüglich SolZ.[78] Allerdings lässt sich durch eine Struktur mit einer doppelt ansässigen Ges die Belastung mit Gewerbesteuer vermeiden. Der Hinzurechnungsbetrag gehört zu den Einkünften aus Gewerbebetrieb, wenn der StPfl gewerbliche Einkünfte erzielt (§ 10 Abs 2 S 2), und unterliegt damit auch der Gewerbesteuer (s Rn 9). Im Rahmen einer ausl Betriebstätte angefallene Einkünfte unterliegen dagegen nicht der Gewerbesteuer. Soweit diese Einkünfte in dem nach den Vorschriften des KStG ermittelten Gewinns enthalten sind, wird durch die Kürzung gem § 9 Nr 3 GewStG sichergestellt, dass nur der in Deutschland betriebene Gewerbebetrieb mit Gewerbesteuer belastet wird.

44 Eine ausreichende steuerliche Vorbelastung liegt eigentlich auch bei **Einkünften vor, die in Deutschland der beschränkten StPfl** unterliegen. Auch in diesen Fällen unterliegen sie schon dem dt Steuerniveau, so dass der Sinn und Zweck der Hinzurechnungsbesteuerung – die Hochschleusung der Steuerlast auf das dt Steuerniveau – erreicht ist. Eine niedrige Besteuerung kann in diesen Fällen aber darauf beruhen, dass zwar eine Veranlagung für Zwecke der Einkommen-/Körperschaftsteuer vorgenommen wird, aber mangels Gewebebetriebs im Inland keine Gewerbesteuer erhoben wird. Zu einer niedrigeren Besteuerung kommt es auch dann, wenn die Steuererhebung durch einen definitiven Quellensteuerabzug stattfindet. Auch in diesem Fall ist eine Hinzurechnungsbesteuerung systematisch nicht gerechtfertigt. Der Gesetzgeber hat durch die Regelungen für die beschränkte StPfl zum Ausdruck gebracht, welches Steuerniveau er in diesen Fällen für angemessen hält. Diese Wertung darf nicht durch die Hinzurechnungsbesteuerung unterlaufen werden. Eine Erhöhung des Steuerniveaus müsste,

---

76 *Kollruss/Busse/Braukmann* IStR 2011, 13.

77 Da aus dt Sicht für eine Geschäftsleitungsbetriebsstätte die Voraussetzungen des § 12 S 1 AO nicht erfüllt sein müssen (*BFH* BStBl II 1994, 148), bestehen auch insoweit keine Gestaltungsmöglichkeiten. Auf die abkommensrechtliche Definition einer Betriebsstätte kommt es nicht an, da es um die Frage der Niedrigbesteuerung iRd Hinzurechnungsbesteuerung geht. Daher ist das DBA gem § 20 Abs 1 nicht anwendbar.

78 Zu den Vor- und Nachteilen einer solchen Struktur s ausf *F/W/B/S* § 7 Rn 11.1 f.

wenn sie vom Gesetzgeber gewünscht ist, iRd Regelungen über die beschränkte StPfl erfolgen. Eine Beschränkung für Einkünfte, die der beschränkten StPfl unterliegen, ist aber nicht vorgesehen. Auch im Hinblick auf solche Einkünfte einer ZwischenGes kann ein unbeschränkt StPfl der Hinzurechnungsbesteuerung unterliegen. Diese Gefahr besteht insb dann, wenn die in Deutschland erzielten Einkünfte wegen der Definitivität des Quellensteuereinbehalts oder mangels inländischem Gewerbebetrieb nicht der Gewerbesteuer unterliegen und somit eine Niedrigbesteuerung iSd § 8 Abs 3 vorliegt. Da der Hinzurechnungsbetrag der Gewerbesteuer unterliegt, kommt es iE durch die Hinzurechnungsbesteuerung zu einer systemwidrigen Belastung mit Gewerbesteuer (s ausf dazu Rn 16).

Der Hinweis auf § 3 Abs 1 KStG übernimmt die körperschaftsteuerliche Abgrenzung 45
zwischen einem körperschaftsteuerpflichtigen Gebilde und einem Zweckvermögen, das nicht der Körperschaftsteuer unterliegt, sondern dessen Einkünfte bei einer anderen Person der Steuer (Einkommen- oder Körperschaftsteuer) unterliegen. Diese Abgrenzung soll für Zwecke der Hinzurechnungsbesteuerung übernommen werden. Damit wird einerseits vermieden, dass eine doppelte Erfassung der Zwischeneinkünfte erfolgt, wenn die Einkünfte nach nationalem dt Steuerrecht einem dt StPfl zugerechnet werden. Auf der anderen Seite wird auf eine Hinzurechnung verzichtet, wenn nach dt Steuerrecht nicht die ausl ZwischenGes, sondern eine andere Person mit diesen Einkünften steuerpflichtig ist. In diesem Fall soll für die Frage der Hinzurechnung nicht auf die ausl Ges abgestellt werden, da diese auch nach nationalem Recht nicht Steuersubjekt wäre.

Potentiell können alle in § 1 Abs 1 KStG genannten **Rechtsformen** und alle diesen 46
Rechtsformen vergleichbaren ausl Gesellschaftsformen als Zwischengesellschaften fungieren. Nach dem Gesetzeswortlaut besteht keine Begrenzung auf bestimmte Typen. Faktisch kann es aber zu einer Eingrenzung des Anwendungsbereichs des § 7 kommen, wenn eine Beteiligung an der Rechtsform im ausl Recht nicht vorgesehen ist. Dies ist zB bei Stiftungen der Fall, die keine Anteilseigner haben. Im Bezug auf Stiftungen ist aber die Sonderregelung des § 15 zu beachten.

Ausl **Trusts** stellen nach dt Recht keine eigene Rechtsform dar. Bei ihnen ist (wie bei 47
jeder anderen Ges oder Vermögensmasse ausl Rechts) durch einen Typenvergleich festzustellen, welcher dt Rechtsform sie entsprechen. Je nach Ausgestaltung kann es sich bei ihnen nach dt Verständnis um eine Stiftung, ein Treuhandverhältnis, eine PersGes oder ein Körperschaftsteuersubjekt in Form einer Vermögensmasse handeln. Ist der Trust als Stiftung ausgestaltet, so erfolgt eine Hinzurechnung nur gem § 15. IF eines Treuhandverhältnisses ist der Trust keine selbstständige Rechtsform, die einer Hinzurechnung unterliegen kann. Die Wirtschaftsgüter des Trusts sind vielmehr gem § 39 Abs 2 Nr 2 S 2 AO dem Treugeber zuzurechnen.

Ob es sich bei der ausl Ges um eine Körperschaft, Personenvereinigung oder Vermö- 48
gensmasse iSd § 1 Abs 1 KStG handelt, ist durch einen **Typenvergleich** zu bestimmen. Für die Einordnung als Körperschaftsteuersubjekt nach dt Recht ist die Qualifikation des ausl Rechts unerheblich.[79] Insb hat die Frage der Rechtsfähigkeit nach ausl Recht keinen Einfluss auf die Qualifikation in Deutschland. Es hat eine autonome Einordnung für Zwecke der dt Besteuerung zu erfolgen. Daher hat es auch keinen Einfluss

79 *Reiser/Brodersen* NWB Fach 2, 9333 (9336).

auf die Einordnung nach dt Recht, ob die Ges im Ausland für die Besteuerung als Körperschaft oder als transparente Einheit optiert (*check the box*). Durch den Typenvergleich kann bestimmt werden, ob die ausl Ges eine Struktur aufweist, die mit einer dt Körperschaft vergleichbar ist. Dazu ist erforderlich, dass beide Rechtsträger in den wesentlichen Aspekten gleich sind. Unschädlich ist es, wenn in einzelnen Punkten Abweichungen bestehen. Die wesentlichen Aspekte, die eine dt Körperschaft ausmachen, sind:

- Organisatorische Trennung der Ges von ihren Mitgliedern. Die Ges muss daher mehr sein als die bloße Gesamtheit ihrer Mitglieder. Ein Indiz dafür kann ein selbstständiges Auftreten im Wirtschaftsleben sein. Ein weiteres Indiz ist die Zentralisierung der Geschäftsführung auf wenige Personen und nicht auf alle Gesellschafter. Ist die Geschäftsführung ohne Zustimmung der Gesellschafter möglich, so spricht dies für das Vorliegen einer Körperschaft.
- Vorhandensein von Eigenkapital. Ein Indiz dafür ist die Erbringung von Einlagen. Dabei spricht eine Einlage, die ausschließlich in Dienstleistungen besteht, gg das Bestehen einer Körperschaft, da die Erbringung von Dienstleistungen nach dt Recht gerade charakteristisch für PersGes ist. Nicht entscheidend ist, ob eine Mindesteinlage erforderlich ist.
- Grds freie Übertragbarkeit von Anteilen. Ein Indiz dafür ist, dass die Veräußerung ohne Zustimmung der anderen Gesellschafter möglich ist. Ein Zustimmungserfordernis (wie zB bei vinkulierten Aktien) führt aber nicht zwangsläufig dazu, dass die Ges nicht als Körperschaft qualifiziert werden kann.
- Mitgliederwechsel, ohne dass dies zu einer Auflösung der Ges führt.
- Errichtung der Ges auf unbestimmte Zeit. Eine Errichtung auf bestimmte Zeit liegt bspw vor, wenn die Ges bei Eintritt eines vorher festgelegten Ereignisses aufgelöst wird, ohne dass ein Tätigwerden der Gesellschafter notwendig ist.
- Fremdorganschaft, wobei die Organe nicht für die Gesamtheit der Mitglieder handeln, sondern für die Ges.
- Gewinne und Verluste werden durch die Ges und nicht durch deren Gesellschafter erzielt. An diesem Gesellschaftsergebnis nehmen die Gesellschafter nur durch Ausschüttungen teil, für die ein Ausschüttungsbeschluss erforderlich ist. Eine Entnahme ist nicht möglich.
- Gewinnverteilung nach Kapitalanteilen, nicht nach Köpfen.
- Anrecht der Gesellschafter iF einer Liquidation auf das Gesellschaftsvermögen.
- Keine persönliche Haftung der Gesellschafter und keine Nachschusspflicht.
- Registereintragung der Ges und nicht der Gesellschafter.
- Möglichkeit der Gründung der Gesellschaftsform durch nur einen Gesellschafter.

49 Die oben aufgeführten Punkte müssen nicht alle vorliegen, damit nach dt Verständnis eine Körperschaft vorliegt. Die einzelnen Aspekte sind nur Indizien für das Vorliegen einer Körperschaft. Es ist eine einzelfallbezogene Betrachtung vorzunehmen, wobei die einzelnen Punkte zu werten und zu gewichten sind. Unschädlich ist es daher, wenn einzelne Punkte nicht vorliegen, entweder weil die gesetzlichen Regelungen im Ausland anders sind oder weil vertraglich eine abw Regelung getroffen worden ist. Nach der FinVerw kann im Einzelfall, dh wenn keine andere Möglichkeit mehr besteht, die Mehrheit der Punkte über die Einordnung entscheiden.[80]

80 *BMF* BStBl I 2004, 411.

Für die US-amerikanische *Limited Liability Company* (LLC) hat die FinVerw die einzelnen Aspekte in einem BMF-Schreiben aufgelistet.[81] Anhand dieser Liste kann im Einzelfall überprüft werden, ob nach dt Verständnis eine Kapital- oder eine PersGes vorliegt. Dieses Schreiben ist unmittelbar nur auf eine LLC anwendbar. Allerdings werden durch die Auflistung die Aspekte deutlich, nach denen die FinVerw auch in anderen Fällen eine Einordnung vornehmen dürfte. Die Liste kann daher in allen Fällen einer ausl Ges als Anhaltspunkt dienen. 50

Welche ausl Gesellschaftsformen die Verwaltung als mit einer dt Ges vergleichbar ansieht, ist aus der Tabelle 1 zum Betriebstättenerlass ersichtlich.[82] In der nachfolgenden Tabelle sind die wichtigsten Länder und Gesellschaftsformen zusammengefasst. 51

Land	**Rechtsform (Abkürzung)**	**vergleichbare dt Rechtsform**
Belgien	Société privée a responsabilité limitée (SPRL)/Besloten vennootschap met beperkte aansprakelijkheid (BVBA)	GmbH
	Société dúne personne a responsabilité limitée (SPRLU)	Einmann-GmbH
	Société anonyme (S. A.)/Nammloze Vennootschap (N. V.)	AG
	Société Coopérative/Kooperative Vennootschap	keine
	Société en commandite par actions	KGaA
	Société en commandite simple/Kommanditaire Vennootschap	KG
	Société en nom collectif	OHG
Bulgarien	Drushestwo s orgranitschena otgowomost (ocD)	GmbH
	Aktionierno drushestwo (AD)	AG
	Komanditno drushestwo s. akzii (KDA)	KGaA
China	Hongkong Limited	GmbH
Dänemark	Anpartsselskab (Aps)	GmbH
	Aktieslskab (A/S)	AG
	Kommanditselskab (K/S)	KG oder KGaA
	Interessentskab (I/S)	OGH
	Andelsselskab (AmbA)	eingetragene Genossenschaft mbH
Großbritannien	Private company limited by shares (Ltd.)	GmbH
	Public company limited by shares (Plc)	AG
	Limited Partnership	KG
	Partnership	OHG
	(Private) Unlimited company	KapGes
	Cooperative society	Genossenschaft
	Company limited by guarantee	Gemeinnützige Körperschaft
	Statuary company	keine

81 *BMF* BStBl I 2004, 411.
82 *BMF* BStBl I 1999, 1076.

Irland	Private Company limited by shares (PrC)	GmbH
	Public company limited by shares (PLC)	AG
	Limited Partnership (Ltd.)	KG
	Partnership	OHG
	Cooperative Society	Genossenschaft
	Company limited by Guarantees	Gemeinnützige Körperschaft
	Statuary Company	keine
	Charted Company	KapGes
	Oversea Company	KapGes
	Unlimited Company	KapGes
Kanada	Corporation (zB Ltd. Inc.)	AG
	Limited Partnership	KG
	General Partnership	OHG
Liechtenstein	Ges mit beschränkter Haftung (GmbH)	GmbH
	Aktiengesellschaft (AG)	AG
	Anstalt Stiftung Treuunternehmen	juristische Person
Luxemburg	Société a responsabilité limitée (S. a.r.l.)	GmbH
	Société anonyme (SA)	AG
	Société en commandite (SC)	KG
	Société en commandite par actions (SCA)	KGaA
	Fonds commun de Placement (FCP)	Offener Fonds
Niederlande	Besloten Vennootshap met beperkte aansprakelijkheid (BV)	GmbH
	Naamloze Vennootschap (NV)	AG
	Commanditaire Vennootschap op Andelen (CVoA)	KGaA
	Commanditaire Vennootschap (CV)	KG
	Vennootschap onder Firma (VoF)	OHG
	Fonds voor gememe rekening (FGR)	Offener Fonds
Österreich	Ges mit beschränkter Haftung (GmbH oder Ges. m. b. H)	GmbH
	Aktiengesellschaft (AG)	AG
	Kommanditgesellschaft (KG)	KG
	Offene Handelsgesellschaft (OHG)	OHG
Polen	Spólka Akcyjna (S. A.)	AG
	Spólka z ograniczona odpowiedzialnoscia (Sp.z.o.o.)	GmbH
	Spólka komandytowo-akcyjna	KGaA
	Spólka komandytowa (S. K.)	KG
	Spólka prawa cywilnego/Spolka cywilna (S. c.)	GbR
	Spólka handlowa jawna	OHG
Schweiz	Ges mit beschränkter Haftung (GmbH)	GmbH
	Aktiengesellschaft (AG)	AG
	Kommanditaktiengesellschaft (KG)	KGaA
	Kommanditgesellschaft	KG
	Einfache Ges	GbR
	Genossenschaft	Genossenschaft
Tschechien/Slowakei	Spolecnost s rucen im, omezenim/s rucenim omenzenim (spol.s.r.o.)	GmbH
	Akiová spulecnost (a.s.)	AG
	Verejná obchodni spolecnost (ver.obcvh.spol./v.o.s.)	OHG
	Komanditni spolecnost (kom.spol./k.s.)	KG

Ungarn	Részvénytársaság (rt) Korlátolt felelözségü társaság (kft) Közkereseti társaság (kkt) Betéti társaság (bt) Ipari Szövetkezet	AG GmbH OHG KG Industriegenossenschaft
USA	Business Corparation (Public Corparation, Close Corporation) (Corp.) Joint Stock Association (Company) (JSA) Limited Partnership General Partnership Unicorporated Joint Venture Business Trust Public Traded Limited (PTLP)	AG Mischform KapGes/PersGes KG OHG GbR keine KapGes (KG mit Börsenzulassung)
Zypern	Private Company Public Company General Partnership Limited Partnership	GmbH AG OHG KG

III. Hinzurechnung

1. Beteiligung am Nennkapital. § 7 Abs 1 sieht als Rechtsfolge bei einer Beteiligung 52
von mehr als 50 % an einer ausl Ges, die niedrig besteuerte passive Einkünfte erzielt, die Hinzurechnung der Einkünfte dieser ausl ZwischenGes vor. Die so hinzugerechneten Einkünfte unterliegen als Einkünfte iSd § 20 Abs 1 Nr 1 EStG der Besteuerung in Deutschland. Da das Teileinkünfteverfahren bzw das Freistellungsverfahren nicht anwendbar ist, unterliegen sie in voller Höhe der Einkommensteuer bzw Körperschaftsteuer zuzüglich SolZ und eventuell zu erhebender Gewerbesteuer. Die Hinzurechnung erfolgt bei dem einzelnen StPfl nur in Höhe des Anteils, mit dem er am Nennkapital der ZwischenGes beteiligt ist. Anders als bei der Beteiligungsquote existiert insoweit keine Mindestbeteiligung. Ob und in welcher Höhe der StPfl am Nennkapital beteiligt ist, ist nach den allg Grundsätzen zu bestimmen. Zu berücksichtigen ist daher insb die Zurechnung von **wirtschaftlichem Eigentum**.[83] Gem § 39 Abs 2 Nr 1 S 2 AO sind Anteile, die treuhänderisch gehalten werden, dem Treugeber zuzurechnen. Nicht erfasst werden mittelbare Beteiligungen an nachgeschalteten ZwischenGes. Der StPfl hat an dieser nachgeschalteten ZwischenGes keine Beteiligung am Nennkapital. Hinzugerechnet werden können daher nur passive Einkünfte der Ges, an der der StPfl unmittelbar beteiligt ist. Über § 14 können auch passive Einkünfte der nachgeschalteten ZwischenGes auf Ebene der OberGes erfasst werden.

Beispiel: Der in Deutschland ansässige A hält 60 % der Anteile an der ausl C-S. A. für eigene Rechnung. Daneben hält er 40 % der Anteile an dieser Ges als Treuhänder für B. Obwohl A zivilrechtlich 100 % der Anteile hält, erfolgt eine Hinzurechnung nur in Höhe von 60 %. Ob auch bei B eine Hinzurechnung erfolgt, hängt davon ab, ob dieser in Deutschland unbeschränkt steuerpflichtig ist.

83 *Reith* Rn 9.107.

53 Was das **Nennkapital** der ausl ZwischenGes ist, hängt davon ab, mit welcher dt Rechtsform die ausl Ges vergleichbar ist. Besteht eine Vergleichbarkeit mit einer dt AG oder KGaA, so ist die Hinzurechnungsquote nach der Beteiligung an dem dem Grundkapital entspr Kapital zu bestimmen. Bei einer der GmbH entspr Ges bestimmt sich die Hinzurechnung nach dem Anteil an dem dem Stammkapital entspr Kapital. Bei einer ausl Ges, die mit einer Genossenschaft vergleichbar ist, ist der Geschäftsanteil maßgebend. Dieser ergibt sich aus der Quote an dem der Summe der Geschäftsguthaben entspr Kapital. Bei Gesellschaften, die kein Nennkapital haben, kann grds keine Hinzurechnung beim Anteilseigner erfolgen. Möglich ist eine Hinzurechnung in diesem Fall nur auf Grund einer abw Gewinnverteilung gem § 7 Abs 5. Besteht auch keine solche Gewinnverteilung, weil es zB wie bei einer Stiftung keine Anteilseigner, sondern nur Begünstigte gibt, so scheidet eine Hinzurechnung aus. Damit läuft die Hinzurechnungsbesteuerung in diesen Fällen faktisch ins Leere. In Bezug auf Stiftungen ist aber die Sonderregelung des § 15 zu beachten.

54 Die Hinzurechnungsquote ist von der Beteiligungsquote zu unterscheiden, die Tatbestandsvoraussetzung für die Hinzurechnung ist. Eine Hinzurechnung ist daher auch dann möglich, wenn die erforderliche Beteiligungsquote von mehr als 50 % erfüllt ist, aber keine Beteiligung von mehr als 50 % von Inländern an dem Nennkapital der Ges vorliegt. Für die Hinzurechnungsquote gilt das Erfordernis von mehr als 50 % nicht. Die Abs 2 und 4 sind nach ihrem Wortlaut nur auf die Beteiligungsquote, nicht aber auf die Hinzurechnungsquote anwendbar. Daraus folgt, dass eine Hinzurechnung grds nur bei den StPfl erfolgen kann, die auch am Nennkapital der ZwischenGes beteiligt sind (eine Ausnahme dazu besteht in Abs 5; näher dazu s Rn 103 ff). Bei StPfl, deren Anteile oder Stimmrechte nur für die Frage der Beteiligung zu berücksichtigen sind, kann keine Hinzurechnung erfolgen. Das bloße Innehaben von Stimmrechten kann daher nicht zu einer Hinzurechnung führen, auch wenn dadurch die gem § 7 Abs 1 tatbestandsseitig notwendige Beteiligung begründet werden kann. Dieser Unterschied zwischen Berechnung der Beteiligungsquote und Bestimmung der Hinzurechnungsquote eröffnet für den StPfl einen Gestaltungsspielraum.

Beispiel 1: Der in Deutschland ansässige A hält 60 % der Stimmrechte. Er ist aber nur zu 40 % an dem Nennkapital beteiligt. Da A mehr als 50 % der Stimmrechte hält, liegt eine schädliche Beteiligung vor. Dem A werden aber nur 40 % der Zwischeneinkünfte zugerechnet.

Beispiel 2: Der in Deutschland ansässige A hält 60 % der Stimmrechte und 60 % des Nennkapitals. Er überträgt 20 % seiner Stimmrechte auf den im Ausland ansässigen B. Da A weiterhin 60 % des Nennkapitals hält, liegt eine schädliche Beteiligung vor. Ihm werden auch 60 % der Zwischeneinkünfte hinzugerechnet. Die Übertragung von Stimmrechten an im Ausland ansässige Gesellschafter hat auf die Hinzurechnungsbesteuerung keinen Einfluss.

Beispiel 3: Der in Deutschland ansässige A hält 60 % der Stimmrechte, aber ist nur zu 40 % am Nennkapital beteiligt. Der ebenfalls in Deutschland ansässige B hält 40 % der Stimmrechte und ist zu 60 % am Nennkapital beteiligt. Die Hinzurechnung erfolgt bei A zu 40 % und bei B zu 60 %.

55 Aus der Unterscheidung zwischen Hinzurechnungsquote und Beteiligungsquote ergibt sich, dass für die Frage, ob eine Beteiligung am Nennkapital besteht, auf die **Vermögensrechte** abzustellen ist. Die Stimmrechte, die ein Teil des Teilhaberechts des Anteilseigners sind, sind insoweit unbeachtlich. Eine Hinzurechnungsquote kann daher nur dann bestimmt werden, wenn dem StPfl Vermögensrechte an der ausl Ges

zustehen. In welcher Höhe eine Beteiligung am Nennkapital gegeben ist, bestimmt sich nach der vom StPfl geleisteten Einlage.[84] Davon zu unterscheiden ist der Geschäftsanteil des jeweiligen Gesellschafters. Dieser umfasst nicht nur die Vermögensbeteiligung, sondern die Gesamtheit der Rechte und Pflichten eines Gesellschafters.[85] Eine Verringerung der Geschäftsanteile, zB durch Einziehung ohne entspr Herabsetzung des Stammkapitals, führt daher nicht zu einer Verringerung der Hinzurechnungsquote gem Abs 1. Ebenso kann eine Wertveränderung der Geschäftsanteile keine Auswirkungen haben. Daraus ergibt sich, dass Sonderrechte des Gesellschafters wie zB bes Pflichten, Nebenleistungen oder Kündigungsrechte, die Einfluss auf den Wert des Geschäftsanteils haben,[86] die Hinzurechnungsquote nach Abs 1 nicht verändern. Erfolgt die Gewinnverteilung nach dem Verhältnis der Geschäftsanteile (wie zB gem § 29 Abs 3 S 1 GmbHG) und entspricht die Summe der Nennwerte der Geschäftsanteile nicht der Summe der Stammeinlagen, so kann darin eine abw Gewinnverteilung iSd Abs 5 liegen.

2. Einzelfälle. Eine Hinzurechnungsbesteuerung kann dadurch vermieden werden, dass der StPfl zwar faktisch am wirtschaftlichen Ergebnis wie durch eine Beteiligung am Nennkapital beteiligt ist, aber es sich tatsächlich nicht um eine Beteiligung am Nennkapital iSd § 7 Abs 1 handelt.[87] Zu beachten ist allerdings, dass eine solche Gestaltung nicht zu einer abw Gewinnverteilung iSd § 7 Abs 5 führen darf. Ist dies der Fall, so ist die abw Gewinnverteilung für die Hinzurechnungsquote maßgebend. Eine solche abw Gewinnverteilung beruht auf einer speziellen Ausgestaltung der Vermögensbeteiligungsrechte, die ein Teil des Mitgliedschaftsrechts sind. Keine abw Gewinnverteilung liegt daher vor, wenn dem StPfl auf Grund einer schuldrechtlichen Gestaltung ein Gewinnbezugsrecht eingeräumt wird. Unter Abs 5 fallen daher nur gesellschaftsrechtliche Gewinnbezugsrechte.[88] Ob eine Beteiligung am Nennkapital erfolgt, ist durch einen Vergleich der vertraglichen Beziehungen mit den entspr dt Rechtsinstituten zu ermitteln. Die Bezeichnung nach ausl Recht kann dafür nur ein Anhaltspunkt geben. Eine Beteiligung am Ergebnis der ausl Ges ist nach dt Verständnis bspw durch die folgenden Rechtsinstitute denkbar: 56

- Nießbrauch,
- Pacht,
- Genussrecht,
- (A-)typisch stille Ges,
- partiarisches Darlehen.

a) Nießbrauch. Wird an dem Gesellschaftsanteil des StPfl einem anderen ein Nießbrauch bestellt, so wird der Nießbraucher kraft **beschränkt-dinglichen Rechts** am laufenden Gewinn beteiligt. Eine Übertragung des Anteils erfolgt dabei nicht.[89] Steuerlich sind die Einkünfte aus der Beteiligung grds weiterhin dem Inhaber der Anteile 57

84 *BFH* BStBl II 1984, 258.

85 *Baumbach/Hueck* § 14 Rn 2 mwN.

86 *BGH* WM 1988, 1370.

87 *F/W/B/S* § 7 Rn 12.

88 Zu der Frage der Beteiligung bei ABS und dort insb bei *Collateralized Debt Obligations* (CDO) s *Stockmann/Zeller* BB 2007, 1249.

89 Zur Abgrenzung der verschiedenen Formen des Nießbrauchs und zur Treuhandlösung, bei der der Anteil übertragen wird, s *Fricke* GmbHR 2008, 739.

zuzurechnen und nicht dem Nießbrauchsnehmer.[90] Eine Beteiligung am laufenden Gewinn erfolgt steuerlich durch eine Weiterleitung des Gewinns an den Nießbraucher. Zivilrechtlich ist der Nießbrauchsnehmer berechtigt, die Forderung auf Auszahlung des Gewinns einzuziehen. Die Dividende wird daher direkt an den Nießbrauchsnehmer gezahlt. Durch den Nießbrauch ändert sich die Beteiligung am Nennkapital nicht. Daher ist die Hinzurechnung beim Nießbrauchsgeber vorzunehmen. Unterliegt dieser nicht der Hinzurechnungsbesteuerung, weil er nicht in Deutschland ansässig ist, so kommt es in Deutschland zu keiner Hinzurechnungsbesteuerung.

58 **b) Pacht.** Durch eine Pacht wird der Pächter schuldrechtlich zur **Fruchtziehung** berechtigt. Zu den Rechtsfrüchten gehören auch Erträge aus einer Beteiligung.[91] Die Beteiligung verbleibt ebenso wie bei der Bestellung eines Nießbrauchs bei dem Eigentümer. Damit ist auch er weiterhin am Nennkapital der ausl Ges beteiligt. Ist der Verpächter nicht im Inland unbeschränkt steuerpflichtig und entfällt deshalb eine Hinzurechnung bei ihm, so kann durch das Pachtverhältnis die Hinzurechnungsbesteuerung vermieden werden. Da der Pächter nicht am Nennkapital der ausl Ges beteiligt ist, kann auch bei ihm keine Hinzurechnung erfolgen. Auch hier können allerdings erhöhte Mitwirkungs- und Dokumentationspflichten entstehen, wenn der Pächter nicht in Deutschland ansässig ist (§ 90 Abs 2, 3 AO).

59 **c) Genussrechte.** Allg lassen sich Genussrechte als die Einräumung eines Anteils am Gewinn und/oder am Liquidationserlös der Ges definieren. IE können Genussrechte aber sehr unterschiedlich ausgestaltet werden.[92] Sie können aus steuerlicher Sicht mitgliedschafts- oder obligationsrechtlichen Charakter haben. Die steuerliche Einordnung muss dabei nicht der zivilrechtlichen Qualifikation folgen. Zivilrechtlich handelt es sich um ein schuldrechtliches Verhältnis, auch wenn steuerbilanziell ein Genussrecht unter Umständen als Eigenkapital zu erfassen sein kann.[93] Dies ist der Fall, wenn für die Gewährung des Genussrechts eine Gegenleistung in Form von Genusskapital gewährt wird. Weitere Voraussetzung ist, dass das Genusskapital langfristig gewährt wird, nur im Liquidationsfalle zurückzuzahlen ist und in diesem Fall eine Beteiligung an den stillen Reserven gewährt[94] und im Insolvenzfall verloren ist. Eine Einordnung als Eigenkapital setzt zudem eine erfolgsabhängige Vergütung voraus.[95] Ertragsteuerlich erzielt der Inhaber des Genussrechts dann Einkünfte aus Kapitalvermögen iSd § 20 Abs 1 Nr 1 EStG.

60 **d) Stille Gesellschaft.** Eine **atypisch** stille Beteiligung ist zwar aus steuerlicher Sicht eine Mitunternehmerschaft. Allerdings ist die atypisch stille Beteiligung eine reine InnenGes. Sie hat kein Gesamthandsvermögen.[96] Daher überträgt der atypisch still Beteiligte zwar Vermögen auf die Ges, an der er atypisch still beteiligt ist. Allerdings

90 *BFH* BStBl II 1991, 38; eine Ausnahme besteht nur beim Vorbehalts- und Vermächtnisnießbrauch, bei dem die Einkünfte dem Nießbrauchnehmer zuzurechnen sind (*BFH* BStBl II 1992, 605); ebenso *BMF* BStBl I 1983, 508.

91 *Palandt* § 99 BGB Rn 3 mwN.

92 Zu den einzelnen Formen s *Strunk/Haase* BB 2007, 17; *Frotscher/Maas* KStG/UmwStG, § 8 KStG Rn 122 ff.

93 **AA** *S/K/K* § 7 Rn 61, der Genussrechte als allg nicht schädlich für die Hinzurechnungsbesteuerung ansieht, aber selbst einräumt, dass die FinVerw dies anders sehen könnte.

94 *BFH* BStBl II 2005, 861 mwN.

95 S zu den Voraussetzungen ausf *Frotscher/Maas* KStG/UmwStG, § 8 Rn 123a.

96 *BFH/NV* 2008, 1572.

ist dies keine Einlage im gesellschaftsrechtlichen Sinn.[97] Der atypisch still Beteiligte erwirbt für die Übertragung einen schuldrechtlichen Anspruch. Damit erwirbt er keine Beteiligung am Nennkapital der Ges. Eine Hinzurechnung, die sich an der Beteiligungsquote an dem Nennkapital orientiert, scheidet daher auch beim atypisch still Beteiligten aus.[98] Die atypisch stille Ges selbst kann nicht zu einer Hinzurechnungsbesteuerung führen, da die entspr Mitunternehmerschaft kein Körperschaftsteuersubjekt ist und damit auch keine ausl Ges iSd § 7 Abs 1 sein kann.[99]

Eine **typisch** stille Beteiligung ist auch aus steuerlicher Sicht nur eine schuldrechtliche Vereinbarung. Daher besteht keine Beteiligung am Nennkapital der Ges, an dem die stille Beteiligung besteht. Die stille Ges bildet als reine InnenGes kein Gesellschaftsvermögen, so dass auch keine Beteiligung am Nennkapital der stillen Beteiligung bestehen kann. Auch iF einer typisch stillen Beteiligung scheidet eine Hinzurechnung beim typisch still Beteiligten aus. 61

e) Partiarisches Darlehen. Ein partiarisches Darlehen ist eine **schuldrechtliche Vereinbarung**, bei der der Darlehenszins von dem Geschäftsergebnis des Darlehensnehmers abhängt. Da es sich um eine rein schuldrechtliche Vereinbarung handelt, kommt es zu keiner gesellschaftsrechtlichen Einlage des Darlehensgebers. Es entsteht kein Gesamthandsvermögen. Damit scheidet eine Beteiligung am Nennkapital aus. Daher ist auch eine Hinzurechnung beim Kapitalgeber nicht möglich. 62

3. Für die Hinzurechnungsquote maßgeblicher Zeitpunkt. Die Hinzurechnung und damit auch die maßgebliche Hinzurechnungsquote gehören zu der Rechtsfolge des § 7 Abs 1. Daher ist auf den für die Rechtsfolge in § 10 Abs 2 S 1 festgelegten maßgeblichen Zeitpunkt abzustellen. Dieser ist nicht identisch mit dem für das Vorliegen der Tatbestandsvoraussetzungen maßgeblichen Zeitpunkt. Die Hinzurechnung erfolgt gem § 10 Abs 2 S 1 in der **juristischen Sekunde nach Ablauf des Wj** der ZwischenGes. Zu diesem Zeitpunkt ist zu entscheiden, bei wem und in welcher Höhe die Hinzurechnung zu erfolgen hat. Dagegen wird der für die Tatbestandsvoraussetzungen maßgebliche Zeitpunkt von § 7 Abs 2 festgelegt. Die maßgebende Beteiligungsquote muss danach am Ende des Wj der ZwischenGes vorliegen. Daraus ergibt sich, dass die unbeschränkte StPfl zum Hinzurechnungszeitpunkt nicht mehr gegeben sein muss, eine Beteiligung am Nennkapital allerdings schon. Eine Hinzurechnung erfolgt daher auch dann, wenn der StPfl die Ansässigkeit in Deutschland aufgibt. Die Hinzurechnung unterbleibt nur dann, wenn die Beteiligung nach dem Ende des Wj der ZwischenGes aufgegeben wird. 63

Beispiel 1: A ist zu 60 % an einer ZwischenGes beteiligt. Deren Wj endet am 31.12. A zieht zum 1.1. ins Ausland. Dennoch erfolgt eine Hinzurechnung.

Beispiel 2: A ist zu 60 % an einer ZwischenGes beteiligt, deren Wj wiederum zum 31.12. endet. Statt wegzuziehen, veräußert er zum 1.1. seine Beteiligung. Es kommt zu keiner Hinzurechnung bei A.

Die Ermittlung ist **stichtagsbezogen**. Ein unterjähriger Erwerb der Anteile hat daher zur Folge, dass die Hinzurechnung am Stichtag in voller Höhe mit der maßgeblichen 64

97 *Haase* IStR 2008, 312 f.

98 Zum Nebeneinander von Beteiligung und atypisch stiller Ges s *Kessler/Becker* IStR 2005, 505 ff.

99 Ebenso *Haase* IStR 2008, 312 f.

Hinzurechnungsquote erfolgt. Es erfolgt keine anteilige Hinzurechnung nach dem Zeitraum der Beteiligung.[100] Unerheblich ist auch, wann die passiven Einkünfte, die hinzugerechnet werden, von der ausl Ges erwirtschaftet werden. Damit wird durch eine Veräußerung von Beteiligungen auch der Hinzurechnungsbetrag veräußert. Wirtschaftlich kommt es zu einer doppelten Belastung, wenn der Erwerber den unterjährig durch passive Tätigkeit erwirtschafteten Gewinnanteil im Kaufpreis mit vergütet.[101]

Beispiel 1: Der in Deutschland unbeschränkt steuerpflichtige A erwirbt zum 1.6. eine 100%ige Beteiligung an der C-S. A. von B. Bei der C-S. A. handelt es sich um eine ZwischenGes, die passive Einkünfte in Höhe von 100 erzielt. Das Wj der C-S. A. endet am 30.6. Dem A werden Einkünfte in Höhe von 100 zugerechnet.

Beispiel 2: Der in Deutschland unbeschränkt steuerpflichtige A erwirbt wiederum zum 1.6. eine 100%ige Beteiligung an der C-S. A. von B. Diese erzielt als ZwischenGes passive Einkünfte in Höhe von 100. Das Wj der C-S. A. endet am 30.4. In diesem Fall kommt es zu keiner Hinzurechnungsbesteuerung bzgl der im bei Erwerb bereits abgelaufenen Wj erzielten passiven Einkünfte von 100 bei A. Ob eine solche bei B zu erfolgen hat, hängt davon ab, ob dieser in Deutschland unbeschränkt steuerpflichtig ist und damit die Voraussetzungen des § 7 in seiner Person verwirklicht sind.

Beispiel 3: Der in Deutschland unbeschränkt steuerpflichtige A erwirbt wiederum zum 1.6.08 eine 100%ige Beteiligung an der C-S. A. von dem B. Die C-S. A. ist eine ZwischenGes, deren Wirtschaftsjahr zum 30.6. endet. Sie hat im März 08 passive Einkünfte in Höhe von 100 erzielt. Diese werden dem A zugerechnet, obwohl er zum Zeitpunkt der Einkunftserzielung noch nicht an der C-S. A. beteiligt war.

65 Aufgrund der Stichtagsbezogenheit der Hinzurechnung ist es möglich, eine Hinzurechnung durch die Wahl des Zeitpunkts des Beteiligungserwerbs zu vermeiden. Wird die für die Hinzurechnung maßgebliche Beteiligung erst nach dem Ende des Wj der ZwischenGes erworben, so entfällt für die in diesem Wj erwirtschafteten passiven Einkünfte eine Hinzurechnung. In der Praxis ergeben sich daher erhebliche Gestaltungsmöglichkeiten, soweit der Zeitpunkt des Erwerbs frei wählbar ist. Ist auch der Veräußerer in Deutschland unbeschränkt steuerpflichtig und unterliegt auch er der Hinzurechnungsbesteuerung, so kann durch die Wahl des Erwerbszeitpunkts festgelegt werden, bei wem die Hinzurechnungsbesteuerung erfolgen soll. Die Wahl des Erwerbszeitpunkts ist insb dann von großer Bedeutung, wenn der Veräußerer selbst nicht der Hinzurechnungsbesteuerung unterliegen würde, weil er zB nicht in Deutschland unbeschränkt steuerpflichtig ist. Ein Erwerb vor Ende des Wj der ZwischenGes würde dann eine zusätzliche Steuerbelastung begründen und nicht nur eine Verschiebung der Steuerbelastung von dem Veräußerer auf den Erwerber bewirken. Ist der Erwerbszeitpunkt nicht frei wählbar, sondern steht er aus anderen Gründen bereits fest, kann es sinnvoll sein, das Wj der ZwischenGes umzustellen. Durch die Umstellung des Wj eröffnen sich die gleichen Gestaltungsmöglichkeiten wie bei einer Wahl des Erwerbszeitpunkts. Diese Umstellung des Wj steht allerdings unter dem Vorbehalt, dass eine solche nach dem ausl Recht möglich ist. Eine Gestaltung über die Wahl des Erwerbszeitpunkts wird in der Praxis daher einfacher umzusetzen sein.

66 Der Erwerbszeitpunkt kann feststehen, wenn der Erwerber zu einem bestimmten Zeitpunkt bereits Mitgliedschaftsrechte geltend machen soll. Soll der Erwerber nicht

100 *S/K/K* § 7 Rn 65.
101 *S/K/K* § 7 Rn 65.

alle Mitgliedschaftsrechte zu einem bestimmten Zeitpunkt geltend machen, sondern kommt es nur auf die Geltendmachung der Stimmrechte an, so können diese vor dem Erwerb der Beteiligung übertragen werden. Der Erwerb der Stimmrechte führt dann möglicherweise zu einer schädlichen Beteiligung iSd Hinzurechnungsbesteuerung, zu einer Hinzurechnung beim Erwerber kommt es aber dennoch nicht, weil sich die Hinzurechnungsquote nach den Anteilen am Nennkapital und nicht nach den Stimmrechten bestimmt. Einer solchen Vorabübertragung von Stimmrechten kann ein eventuell eingreifendes kartellrechtliches Vollzugsverbot (§§ 35 ff GWB) entgegenstehen. Insofern steht die Übertragung von Stimmrechten der Beteiligung am Kapital der Ges gleich.

4. Umfang der hinzuzurechnenden Einkünfte. Die Hinzurechnung ist nicht nur auf 67
Ebene des StPfl durch die Beteiligung am Nennkapital der Ges (oder einer abw Gewinnverteilung gem Abs 5) begrenzt. Auch auf Ebene der ZwischenGes erfolgt eine Begrenzung, da nur die **niedrig besteuerten passiven Einkünfte** dieser Ges hinzugerechnet werden. Diese passiven Einkünfte sind dann auf die Gesellschafter nach den jeweiligen Hinzurechnungsquoten zu verteilen. Aktive Einkünfte oder nicht niedrig besteuerte passive Einkünfte werden dagegen nicht hinzugerechnet. Die Hinzurechnung hat daher nicht zur Folge, dass der Gesamtgewinn der ZwischenGes anteilig auf die einzelnen Gesellschafter aufgeteilt wird. Trotz der Hinzurechnung kann daher eine Besteuerung der Einkünfte bei der ZwischenGes erfolgen, ohne dass es zu einer Hochschleusung auf das dt Steuerniveau kommt. Aus dt Sicht ist daher zwischen Einkünften zu unterscheiden, die einem unbeschränkt StPfl hinzuzurechnen sind, sowie Einkünften, die zwar passiv sind, die aber nicht hinzuzurechnen sind, da der Gesellschafter nicht unbeschränkt steuerpflichtig ist, und Einkünften, die nicht hinzuzurechnen sind, weil sie aktiv sind oder nicht niedrig besteuert werden.

Beispiel: Der in Deutschland ansässige A ist zu 60 % an der C-S. A. beteiligt. Die restlichen 40 % stehen dem nicht in Deutschland unbeschränkt steuerpflichtigen B zu. Die C-S. A. hat einen Gesamtgewinn von 100. Davon sind 80 niedrig besteuerte passive Einkünfte. Bei den restlichen 20 handelt es sich um aktive Einkünfte. Nur die passiven Einkünfte in Höhe von 80 sind auf die Gesellschafter aufzuteilen. Bei dem A unterliegen 48 (60 % von 80) der Hinzurechnungsbesteuerung in Deutschland. Die restlichen passiven Einkünfte in Höhe von 32 (40 % von 80) wären dem B zuzurechnen. Da dieser aber nicht in Deutschland unbeschränkt steuerpflichtig ist, kommt es zu keiner Hinzurechnung. Die restlichen 20 (aktive Einkünfte) werden auch aus dt Sicht ausschließlich bei der C-S. A. besteuert.

IV. Beherrschungsbeteiligung (Abs 2–4)

Eine Hinzurechnung gem § 7 Abs 1 erfolgt nur dann, wenn an der ausl ZwischenGes 68
zu mehr als der Hälfte in Deutschland unbeschränkt StPfl beteiligt sind (Beherrschungsbeteiligung). In welcher Form die Beteiligung bestehen muss, wird in Abs 1 nicht festgelegt. Das Beteiligungserfordernis wird in den Abs 2–4 konkretisiert und erweitert.

Die Beteiligung von mehr als 50 % muss sich aus der **Summe der Beteiligungsquoten 69
der Anteilseigner, die unbeschränkt steuerpflichtig sind oder diesen gleich gestellt sind**, ergeben. Eine schädliche Beteiligung liegt auch dann vor, wenn keiner der StPfl allein mehr als 50 % hält.[102] Hält ein StPfl mehr als 50 % der Anteile, so unterliegen

102 *S/K/K* § Rn 74, der das als „Sippenhaft" bezeichnet.

auch alle weiteren Beteiligungen von in Deutschland unbeschränkt StPfl ohne weiteres der Hinzurechnungsbesteuerung. Es ist für eine Zusammenrechnung nicht erforderlich, dass zwischen den Anteilseignern eine Rechtsbeziehung besteht oder sogar eine gesellschaftsrechtliche Verbindung. Auch gleich gerichtete Interessen sind nicht erforderlich.[103] Es ist daher möglich, dass bei einem StPfl eine Hinzurechnung erfolgt, obwohl diesem nicht bewusst ist, dass er in den Anwendungsbereich der §§ 7 ff fällt. Dies kann insb bei Streubesitz der Fall sein. Auf Grund der niedrigen Beteiligung wird der StPfl nicht mit einer Hinzurechnung rechnen. Sind ihm die anderen Anteilseigner nicht bekannt, so kann der einzelne StPfl nicht abschätzen, ob er mit seiner Beteiligung die Hinzurechnungsbesteuerung auslöst. Selbst wenn ihm die Anteilseigner bekannt sind, kann es schwierig sein zu beurteilen, ob die Voraussetzungen für die Hinzurechnungsbesteuerung vorliegen. Es muss dem StPfl nämlich nicht nur die Person der Mitanteilseigner und der Umfang von deren Beteiligungen bekannt sein, sondern auch, ob diese in Deutschland unbeschränkt steuerpflichtig sind.

Beispiel 1: Der in Deutschland ansässige A hält 60 % der Anteile der ausl ZwischenGes B hält 1 % der Anteile. Sowohl A als auch B sind in Deutschland ansässig. Es kommt zu einer Hinzurechnung bei A und bei B.

Beispiel 2: Die in Deutschland ansässige A-GmbH hält 40 % der Anteile an der ausl ZwischenGes. Die restlichen 60 % hält die ebenfalls in Deutschland ansässige B-GmbH, die eine SchwesterGes der A-GmbH ist. Es kommt zu einer Hinzurechnung bei der A-GmbH. Dies ist für die A-GmbH vorhersehbar, da es sich bei der B-GmbH um eine SchwesterGes handelt und der A-GmbH insoweit die Beteiligungsverhältnisse bekannt sein dürften.

Beispiel 3: Der in Deutschland ansässige A hält eine Streubesitzbeteiligung in Höhe von 1 % an der ausl börsennotierten ZwischenGes, die nicht auf den Namen lautende Inhaberpapiere als Verbriefung der Mitgliedschaftsrechte ausgegeben hat. Die restlichen Anteile werden von einer Vielzahl von anderen Gesellschaftern gehalten, wobei keiner der Gesellschafter mehr als 2 % hält. Einige der Gesellschafter sind in Deutschland ansässig. Macht die Summe der Beteiligungsquoten der in Deutschland unbeschränkt StPfl mehr als 50 % aus, so kommt es bei A zu einer Hinzurechnung. Ob dies der Fall ist, wird er nicht abschätzen können, da er die Mitgesellschafter idR nicht kennt.

70 **1. Beteiligungsquote (Abs 2).** Abs 2 S 1 enthält drei Aussagen: Zunächst erweitert er den Umfang der Beteiligungen, die für die Beteiligungsqoute nach Abs 1 relevant sind. Daneben wird der Zeitpunkt festgelegt, zu dem die Beteiligungsquote vorliegen muss. Des Weiteren bestimmt die Norm, in welcher Form die Beteiligung bestehen muss. S 2 erweitert den Umfang der zu berücksichtigenden Beteiligungen weiter auf mittelbare Beteiligungen. S 3 enthält eine Regelung für best Fälle, in denen keine Beteiligung, wie sie in den vorhergehenden S definiert ist, besteht.

71 **a) Beteiligungsquote.** Für die Hinzurechnung nach Abs 1 ist eine Beteiligung von **mehr als 50 %** erforderlich. Eine Beteiligung von genau 50 % reicht nicht aus. Dies schließt zunächst alle direkten Beteiligungen des StPfl ein. Dabei sind die allg Vorschriften über die Zurechnung von Beteiligungen/Wirtschaftsgütern zu beachten. Eine Zurechnung hat insb nach dem **wirtschaftlichen Eigentum** (§ 39 AO) zu erfolgen. Treuhänderisch gehaltene Anteile sind beim Treugeber und nicht beim Treuhänder zu erfassen (§ 39 Abs 2 Nr 1 AO). Nur eingeschränkt anzuwenden ist dagegen § 39 Abs 2 Nr 2 AO, der eine gesamthänderisch gehaltene Beteiligung anteilig den Gesell-

103 *S/K/K* § 7 Rn 72.

schaftern der Gesamthand zurechnet. § 7 Abs 3 enthält insoweit eine Sonderregelung für die Zurechnung der Beteiligung bei den Gesellschaftern, nach der zwischengeschaltete PersGes als nicht existent behandelt werden (ausf dazu Rn 86 ff). Diese Norm trifft aber keine Regelung darüber, in welchem Umfang die Zurechnung bei den einzelnen Gesellschaftern zu erfolgen hat. Dafür ist auf § 39 Abs 2 Nr 2 AO zurückzugreifen, der eine anteilige Zurechnung vorsieht.

Neben den vom StPfl gehaltenen oder ihm zuzurechnenden Beteiligungen sind auch Beteiligungen mit einzubeziehen, die von Personen gehalten werden, die gem § 2 **erweitert beschränkt steuerpflichtig** sind. Dabei handelt es sich nach der Legaldefinition in § 5 Abs 1 S 1 um natürliche Personen, die in den letzten zehn Jahren vor dem Ende ihrer unbeschränkten StPfl als Deutsche insgesamt mindestens fünf Jahre unbeschränkt in Deutschland einkommensteuerpflichtig waren.[104] Es werden nur StPfl erfasst, die auf Grund ihres Wohnsitzes oder ihres gewöhnlichen Aufenthalts in Deutschland der unbeschränkten StPfl unterlagen. Eine fiktiv oder erweitert unbeschränkte StPfl ist unbeachtlich. Des Weiteren ist erforderlich, dass diese Person jetzt in einem Niedrigsteuerland (oder keinem Land) ansässig ist. Aus dem Wortlaut der Norm ergibt sich nicht ausdrücklich, dass dies nur für einen Zeitraum von zehn Jahren nach dem Wegzug gilt.[105] Dies wird von der FinVerw aber einschränkend angenommen, da es sonst zu einer zeitlich unbegrenzten Anwendung der Norm kommen würde.[106] Die Beteiligungen dieser Personen werden bei der Frage, ob eine deutschbeherrschende Beteiligung von mehr als 50 % vorliegt, berücksichtigt. Allerdings kann nach § 7 eine Hinzurechnung nur beim unbeschränkt StPfl erfolgen, nicht bei erweitert beschränkt StPfl. Bei diesen Personen ist eine Hinzurechnung nur iRd § 5 möglich. Im Ergebnis kann zwar die Tatsache, dass eine Person erweitert beschränkt steuerpflichtig ist, zu einer schädlichen Beteiligung und damit auch zu einer Hinzurechnung bei einer unbeschränkt steuerpflichtigen Person führen. Der erweitert beschränkt StPfl wird aber, wenn die Voraussetzungen des § 5 nicht vorliegen, von der nachteiligen Folge der Hinzurechnungsbesteuerung nicht selbst erfasst. 72

Für die **Berechnung** der Beteiligungsquote ist die Summe der Anteile, die von im Inland unbeschränkt StPfl gehalten werden, durch die Gesamtanzahl der Anteile zu teilen. Nicht erfasst werden dabei Beteiligungen, die die ZwischenGes selbst hält.[107] Die von der ZwischenGes selbst gehaltenen Beteiligungen werden auch bei Berechnung der Gesamtanteile nicht berücksichtigt. Sie haben daher bei der Berechnung der Quote keinerlei Auswirkungen. Ebenso sind wechselseitige Beteiligungen ausl Gesellschaften nicht zu berücksichtigen.[108] Die Beteiligungsquote ist daher wie folgt zu berechnen: 73

Summe der von Inländern gehaltenen Anteile/(Gesamtanzahl der Anteile – von der ZwischenGes selbst gehaltene Anteile – wechselseitige Beteiligungen).

b) Zeitpunkt. Die Beteiligungsquote muss am Ende des Wj der ZwischenGes bestehen. Das Gesetz definiert dieses Wj als das maßgebende Wj. Ebenso wie bei der Hin- 74

104 AA *Lippross/Kramer* § 7 Rn 21, der § 5 für nicht anwendbar hält.
105 *S/K/K* § 7 Rn 78; *F/W/B/S* § 7 Rn 43 ff mit Bsp.
106 *BMF* BStBl I 2004, Sondernr 1, S 3, Tz 7.2.1.
107 *BMF* BStBl I 2004 Sondernr 1 S 3, Tz 7.2.2.
108 *BMF* BStBl I 2004, S 3, Tz 7.2.2.

zurechnungsquote hat daher eine **stichtagsbezogene Betrachtung** zu erfolgen. Aus der Stichtagsbezogenheit ergeben sich – ebenso wie bei der Ermittlung der Hinzurechnungsquote – Gestaltungsmöglichkeiten. Erwirbt der unbeschränkt StPfl die Beteiligung erst nach Ende des maßgeblichen Wj, so erfolgt keine Hinzurechnung. Dies gilt auch für Fälle, in denen der StPfl schon an der ZwischenGes beteiligt ist, allerdings nicht mit mehr als 50 %, und erst nach dem Stichtag eine weitere Beteiligung erwirbt und damit eine schädliche Beteiligung vorliegt. Eine Mindesthaltedauer ist nicht erforderlich.

Beispiel: Der in Deutschland unbeschränkte steuerpflichtige A ist zu 40 % an einer ausl ZwischenGes beteiligt. Die restlichen 60 % hält der im Ausland ansässige B. A erwirbt nach Ende des Wj der ZwischenGes 20 % der Anteile von B. Für das abgelaufene Wj kommt es zu keiner Hinzurechnung, da A zum relevanten Zeitpunkt nicht zu mehr als 50 % an der ZwischenGes beteiligt war.

75 Eine Veräußerung oder ein Erwerb der Anteile an einer ZwischenGes von einem im Inland unbeschränkt StPfl kann auch Auswirkungen auf die Hinzurechnungsbesteuerung der anderen an der ZwischenGes Beteiligten haben. Ebenso kann ein Zu- oder Wegzug anderer StPfl Auswirkungen auf die Hinzurechnung des StPfl haben. Maßgeblich ist ausschließlich, ob zum Stichtag in Deutschland unbeschränkt StPfl zusammen mit Personen iSd § 2 zu mehr als 50 % beteiligt sind. Ob es zu einer Hinzurechnung kommt, ist für den jeweiligen StPfl daher häufig unberechenbar. Zu einer Hinzurechnung kommt es auch in Fällen, auf die der StPfl keinen Einfluss hat. Er kann daher eine Hinzurechnung in diesen Fällen auch durch eine vorausschauende Gestaltung nicht vermeiden.

Beispiel 1: Der in Deutschland ansässige A ist zu 40 % an einer ausl ZwischenGes beteiligt. Der ebenfalls in Deutschland ansässige B hält 5 % an der ZwischenGes. Die restlichen 55 % hält der im Ausland ansässige C. Vor Ende des Wj erwirbt B von C 10 % der Anteile. Damit kommt es nicht nur bei B, sondern auch bei A, der an dem Rechtsgeschäft nicht beteiligt ist, zu einer Hinzurechnung.

Beispiel 2: Der in Deutschland ansässige A hält wiederum 40 % an der ausl ZwischenGes. Die restlichen 60 % hält der im Ausland ansässige B. Dieser zieht vor Ende des Wj nach Deutschland und wird damit unbeschränkt steuerpflichtig. Durch den Zuzug des B kommt es bei A zu einer Hinzurechnung.

76 Zwar werden sowohl die Beteiligungsquote als auch die Hinzurechnungsquote stichtagsbezogen bestimmt. Allerdings handelt es sich nicht um den gleichen Stichtag. Für die Hinzurechnungsquote ist der Zeitpunkt unmittelbar nach Ablauf des maßgeblichen Wj relevant, nicht aber das Ende dieses Wj wie bei der Bestimmung der Beteiligungsquote. In der logischen Sekunde zwischen beiden Stichtagen kann eine Veräußerung der Beteiligung erfolgen.

Beispiel 1: Der in Deutschland ansässige A ist zu 60 % an einer ausl ZwischenGes beteiligt. Das Wj dieser Ges endet am 31.12. A veräußert seine Beteiligung zum 31.12. (24:00 Uhr) an den im Ausland ansässigen B. Es kommt zu keiner Hinzurechnung bei A, da zum Ende des Wj nicht in Deutschland unbeschränkt StPfl zu mehr als der Hälfte beteiligt sind.

Beispiel 2: Der gleiche Sachverhalt wie in Beispiel 1. A veräußert seine Beteiligung jetzt nicht zum 31.12. (24:00 Uhr), sondern zum 1.1. (00:00 Uhr). Auch in diesem Fall kommt es zu keiner Hinzurechnung bei A. Zwar besteht die erforderliche Beteiligungsquote zum 31.12., allerdings entfällt eine Hinzurechnung, da A zum Zeitpunkt der Hinzurechnung nicht mehr am Nennkapital beteiligt ist.

Beispiel 3: Der gleiche Sachverhalt wie in Beispiel 2. Zum 1.1. (00:00 Uhr) veräußert A aber nicht die gesamte Beteiligung, sondern nur 40 %. In diesem Fall kommt es zu einer Hinzurechnung. Für die Beteiligungsquote ist der 31.12. (24:00 Uhr) maßgeblich. Zu diesem Zeitpunkt war A, der in Deutschland unbeschränkt steuerpflichtig ist, zu mehr als der Hälfte an der ausl ZwischenGes beteiligt. Eine Hinzurechnung erfolgt aber nicht zu 60 %, sondern nur zu 20 %. Maßgeblich für die Höhe der Hinzurechnung ist der Zeitpunkt nach Ende des Wj der ausl ZwischenGes. Dies ist der 1.1. (00:00 Uhr).

c) Beteiligungsform. Eine Beteiligung iSd § 7 AStG setzt ein gesellschaftsrechtliches Verhältnis des StPfl zu der ausl ZwischenGes voraus. Nicht ausreichend sind schuldrechtliche Beziehungen zwischen dem StPfl und der Ges.[109] 77

Anders als für die Bestimmung der Hinzurechnungsquote ist für die Frage, ob eine Beteiligung von mehr als 50 % vorliegt, nicht nur die Beteiligung am Nennkapital der ausl ZwischenGes maßgeblich. Es reicht aus, wenn alternativ entweder eine Beteiligung von mehr als 50 % am Nennkapital oder an den Stimmrechten vorliegt. 78

Beispiel 1: Der in Deutschland ansässige A hält 60 % der Anteile am Nennkapital einer ausl ZwischenGes. Die restlichen 40 % der Anteile am Nennkapital und 100 % der Stimmrechte hält der im Ausland ansässige B. Es kommt zu einer Hinzurechnung bei A, da dieser mehr als 50 % der Anteile am Nennkapital hält.

Der in Deutschland ansässige A ist nicht am Nennkapital der ausl ZwischenGes beteiligt. Ihm stehen aber 60 % der Stimmrechte zu. Die Anteile am Nennkapital und die restlichen Stimmrechte stehen dem im Ausland ansässige B zu. Auch in diesem Fall liegt eine schädliche Beteiligung vor. Allerdings kommt es zu einer Hinzurechnung in Höhe von Null, weil für die Hinzurechnung der Anteil am Nennkapital maßgeblich ist.

Das Erfordernis der mehrheitlichen Beteiligung des StPfl an dem Nennkapital oder den Stimmrechten beruht auf der Vorstellung des Gesetzgebers, dass der Gesellschafter in beiden Fällen einen maßgeblichen Einfluss auf die Ges ausüben kann. Es wird daher auch von einer Beherrschungsquote gesprochen,[110] auch wenn die tatsächliche Beherrschung der ZwischenGes keine Voraussetzung für die Hinzurechnung ist. Daraus ergibt sich aber auch, dass es nicht zu einer doppelten Berücksichtigung kommt, wenn dem Anteilsinhaber eine Beteiligung am Nennkapital und zugleich Stimmrechte zustehen. Der Wortlaut des § 7 Abs 2 macht dies deutlich, indem er beide Alternativen durch ein „Oder“ und nicht durch ein „Und/Oder“ verbindet. Es wird entweder auf die Anteile oder die Stimmrechte abgestellt. Beide Möglichkeiten sind **alternativ** zueinander.[111] Dies gilt auch bei mehreren unbeschränkt StPfl. Es kann stets nur auf die Summe aller Anteile oder auf die Summe der Stimmrechte abgestellt werden. Nicht möglich für die Bestimmung d Deutschbeherrschung ist es daher, bei einem StPfl auf die Anteile und bei einem anderen auf die Stimmrechte abzustellen.[112] 79

Beispiel 1: Der in Deutschland ansässige A hält 30 % der Anteile an einer ausl ZwischenGes. Auf Grund der Beteiligung stehen ihm auch 30 % der Stimmrechte zu. Die anderen Anteile (und auch Stimmrechte) hält der im Ausland ansässige B. Es liegt keine schädliche Beteiligung vor, da A nur zu 30 % beteiligt ist. Es erfolgt keine Zusammenrechnung von Anteilen und Stimmrechten. Dies würde eine Beteiligung von 60 % (30 % Anteile + 30 %

109 Zu der Einordnung der einzelnen Beteiligungsformen so Rn 56 ff.
110 *S/K/K* § 7 Rn 3.
111 *F/W/B/S* § 7 Rn 66.
112 *S/K/K* § 7 Rn 93.

Stimmrechte) ergeben. Das gleiche würde gelten, wenn die Stimmrechte nicht dem A, sondern dem ebenfalls in Deutschland ansässigen B zustehen würden.

Beispiel 2: Der in Deutschland ansässige A hält 30 % der Anteile an einer ausl ZwischenGes. Stimmrechte stehen ihm in Höhe von 40 % zu. Der ebenfalls in Deutschland ansässige B hält 15 % der Anteile und 5 % der Stimmrechte. Es kommt zu keiner Hinzurechnung. A und B halten gemeinsam nur 45 % der Anteile und damit weniger als 50 %. Ihnen stehen ebenfalls 45 % der Stimmrechte zu. Zu einer Beteiligung von mehr als 50 % käme man nur, wenn man die Stimmrechte des A und die Beteiligung des B zusammen rechnen würde (40 % + 15 %). Dies ist aber nicht möglich.

Beispiel 3: Der in Deutschland ansässige A hält 30 % der Anteile an der ausl ZwischenGes. Ihm stehen auch 30 % der Stimmrechte zu. Der ebenfalls in Deutschland ansässige B hält 30 % der Anteile, aber nur 10 % der Stimmrechte. In diesem Fall kommt es zu einer Hinzurechnungsbesteuerung, da eine Deutschbeherrschung bezgl der Anteile vorliegt (30 % + 30 %). Die Tatsache, dass nur 40 % der Stimmrechte von Inländern gehalten werden, ist unbeachtlich.

80 Das Gesetz stellt für die maßgebliche Beteiligungsquote auf die **Anteile** des Gesellschafters ab. Nach dt Verständnis ist mit dem Anteil auch eine wirtschaftliche Beteiligung am Gesellschaftsvermögen verbunden. Liegt daher eine Beteiligung am Gesellschaftskapital vor, ist jedenfalls ein Anteil iSd § 7 Abs 2 S 1 gegeben.[113] Nach ausl Recht muss mit dem Anteilsbesitz nicht zwangsläufig eine Beteiligung am Kapital der Ges verbunden sein.[114] Ob derartige Anteile zu berücksichtigen sind, die keine Beteiligung am Kapital der Ges vermitteln, lässt sich dem Wortlaut der Vorschrift nicht entnehmen. § 7 Abs 2 S 3 greift nur für den Fall ein, dass gar kein Gesellschaftskapital besteht. Nicht geregelt ist in dieser Norm der Fall, dass zwar ein Kapital der Ges vorhanden ist, aber der Gesellschafter nicht daran beteiligt ist. Für die Praxis relevant ist diese Frage nur, wenn mit der Beteiligung nicht zugleich Stimmrechte verbunden sind. Ist dies der Fall, so kann unproblematisch die maßgebliche Beteiligungsquote über die einem StPfl zustehenden Stimmrechte bestimmt werden. Ist mit den Anteilen keine Beteiligung am Gesellschaftsvermögen und auch kein Stimmrecht verbunden, so stellt sich die Frage, ob es sich bei den vom Berechtigten erworbenen Rechten überhaupt um Anteile iSd § 7 Abs 2 handelt. Dies wäre nur der Fall, wenn die wesentlichen Rechte, die in Deutschland durch einen Anteil vermittelt werden, gewährt würden. Bei diesen wesentlichen Rechten handelt es sich um Vermögens- und Teilhaberechte, wobei das Stimmrecht das wichtigste Teilhaberecht ist. Werden diese Rechte im Kern nicht gewährt, was bei einem Anteil, der weder ein Teilhaberecht am Gesellschaftsvermögen (und damit kein Vermögensrecht) noch ein Stimmrecht (als wesentliches Teilhaberecht) gewährt, der Fall sein wird, so wird es idR nicht zu einer schädlichen Beteiligung iSd § 7 Abs 2 kommen.

81 Für eine schädliche Beteiligung reicht es aus, dass der StPfl mehr als 50 % der **Stimmrechte** an der ZwischenGes innehat. Die Stimmrechte müssen dabei auf der gesellschaftsrechtlichen Beteiligung beruhen. Daher sind Möglichkeiten zur Mitbestimmung Dritter, dh durch Nicht-Gesellschafter, die auf Vertrag oder Satzung beruhen, keine Stimmrechte.[115] Auch ein Vetorecht ist kein Stimmrecht in diesem Sinne, da es nur die

113 *S/K/K* § 7 Rn 97.

114 *S/K/K* § 7 Rn 97 mit Hinweis auf die luxemburgische société anonyme.

115 *K Schmidt* S 605 f.

Möglichkeit zur Verhinderung gibt.[116] Ein Mitwirkungs- oder Gestaltungsrecht ist damit aber nicht verbunden. Unbeachtlich ist auch, ob sich der einzelne Gesellschafter schuldrechtlich gg anderen zu einer bestimmten Art und Weise der Ausübung des Stimmrechtes verpflichtet hat.[117] In diesem Fall kommt aber eine Zurechnung der Stimmrechte gem § 7 Abs 4 in Betracht. Daher ist auch für den Fall eines Konsortialvertrages, durch den es zu einer Fraktionsbildung unter den Gesellschaftern mit einer einheitlichen Stimmrechtsausübung kommt, jedem Beteiligten sein Stimmrecht zuzurechnen. Ebenso kommt es zu keinem Übergang des Stimmrechtes bei einer Vertretung. Das Stimmrecht ist weiterhin dem Vertretenen und nicht dem Vertreter zuzurechnen. Der Vertretene ist für die Willensbildung in Bezug auf die Ausübung des Stimmrechts verantwortlich, und zwar auch dann, wenn er dem Vertreter freie Hand bei der Ausübung des Stimmrechtes gibt. In diesem Fall übt der Vertretene sein Stimmrecht in der Weise aus, dass er einem anderen – dem Vertreter – die Entscheidung überlässt. Die vom Vertreter getroffene Entscheidung ist dem Vertretenen zuzurechnen. Da Testamentsvollstrecker und Insolvenzverwalter wie Bevollmächtigte auftreten, gilt dieser Grundsatz auch für diese Personengruppen.

Die Zuordnung des Stimmrechtes orientiert sich an den Grundsätzen des wirtschaftlichen Eigentums iSd § 39 Abs 2 AO. Der Treuhänder wird idR vor der Ausübung des Stimmrechts die Zustimmung des Treugebers einholen müssen, so dass diesem das Stimmrecht zuzurechnen ist (dieser hat auch das wirtschaftliche Eigentum an dem Anteil). 82

d) Mittelbare Beteiligungen. Zu der Beteiligungsquote werden auch mittelbare Beteiligungen hinzugerechnet (Abs 2 S 2). Es erfolgt eine **Durchrechnung der Beteiligungen**. Damit soll verhindert werden, dass die Hinzurechungsbesteuerung durch ein Einschalten einer zusätzlichen Ges verhindert wird. Dabei wird die mittelbare Beteiligung aber nicht in voller Höhe berücksichtigt, sondern nur mit dem Anteil, zu dem die unmittelbare (dh vermittelnde Beteiligung) besteht. Diese Regelung ist von § 14 zu unterscheiden. § 14 hat keinen Einfluss darauf, ob und welche Einkünfte bei dem in Deutschland unbeschränkt StPfl hinzuzurechnen sind. § 14 sorgt nur dafür, dass der ausl Ges Einkünfte einer nachgeschalteten ZwischenGes hinzugerechnet werden. Anderenfalls würde eine Hinzurechnung trotz schädlicher (mittelbarer) Beteiligung ausscheiden, weil für die Hinzurechnung die unmittelbare Beteiligung am Ne nnkapital entscheidend ist. Die Ges, bei der der StPfl am Nennkapital beteiligt ist, hätte ohne die Regelung des § 14 aber möglicherweise keine passiven Einkünfte. Die FinVerw fordert zudem, dass auch an der ausl ZwischenGes eine Beherrschungsbeteiligung iSd § 7 Abs 2 bestehen muss.[118] Nicht geklärt ist, ob danach die vermittelnde Ges eine solche Beherrschungsbeteiligung (dh mehr als 50 %) halten muss, oder ob es ausreicht, dass bezogen auf alle Gesellschafter eine Deutschbeherrschung an der ZwischenGes vorliegt. Für eine Beteiligung der ausl Ges an der ZwischenGes von mehr als 50 % gibt es im Gesetzeswortlaut keinen Anhaltspunkt. Auch aus § 14 Abs 1 ergibt sich kein solches Erfordernis. Diese Norm stellt nur darauf ab, ob die ausl Ges alleine oder gemeinsam mit in Deutschland unbeschränkt StPfl zu mehr als 50 % an der Zwischen- 83

116 *S/K/K* § 7 Rn 98.

117 *F/W/B/S* § 7 Rn 63 unterscheiden zwischen dem „Wie" der Stimmrechtsausübung und der Möglichkeit der Stimmrechtsausübung.

118 *BMF* BStBl I 2004, Sondernr 1, S 3, Tz 7.1.2.

Ges beteiligt sind. Damit kann auch schon eine geringe Beteiligung ausreichen (zu dem Problem der Streubesitzbeteiligungen so Rn 69). Diese Wertung ist auch auf die dem StPfl vermittelte Beteiligung zu übertragen. Entscheidend ist daher nur, ob an der ZwischenGes mittelbar oder unmittelbar eine Beteiligung von Inländern von mehr als 50 % vorliegt. Beide Arten der Beteiligung können bei dem einzelnen StPfl zusammengerechnet werden.

Beispiel 1: Der in Deutschland ansässige A ist zu 60 % an der ausl B-B.V. beteiligt. Die restlichen 40 % hält ein ausl Anteilseigner. Die B-B.V. wiederum ist zu 60 % an einer ausl ZwischenGes beteiligt. An dieser ZwischenGes ist zu 40 % ein weiterer ausl Anteilseigner beteiligt. Es erfolgt keine Hinzurechnung bei A. Als einzig unbeschränkt StPfl Gesellschafter steht ihm nur eine Beteiligung in Höhe von 36 % (60 % x 60 %) an der ZwischenGes zu. Damit wird die notwendige Beteiligungsquote von mehr als 50 % nicht erreicht.

Beispiel 2: Der in Deutschland ansässige A ist zu 60 % an der B-B.V. beteiligt. Die restlichen 40 % hält der ebenfalls in Deutschland ansässige C. Die B-B.V. ist zu 60 % an einer ZwischenGes beteiligt. Die restlichen 40 % hält ein weiterer ausl Anteilseigner. In diesem Fall erfolgt eine Hinzurechnung bei A und C. Dem A ist eine Beteiligungsquote an der ausl ZwischenGes in Höhe von 36 % zuzurechnen. Dem B ist eine Beteiligung von 24 % (40 % x 60 %) zuzurechnen. Bei der B. V. werden 60 % der passiven Einkünfte der ZwischenGes hinzugerechnet (§ 14 Abs 1). Diese passiven Einkünfte werden dem A und dem C anteilig nach ihrer Beteiligung an der B-B.V. zugerechnet.

Beispiel 3: Der in Deutschland ansässige A ist zu 60 % an der ausl B-B.V. beteiligt. Die restlichen 40 % hält ein ausl Anteilseigner. Die B-B.V. ist zu 40 % an einer ausl ZwischenGes beteiligt. An dieser sind zudem noch zu 30 % der in Deutschland unbeschränkt StPfl C und zu 30 % ein im Ausland ansässiger StPfl beteiligt. A hält damit mittelbar 24 % an der ausl ZwischenGes. Da auch der C in Deutschland unbeschränkt steuerpflichtig ist, liegt die erforderliche Beherrschungsbeteiligung vor. Damit kommt es zu einer Hinzurechnungsbesteuerung bei A und C.

84 Die Hinzurechnung mittelbarer Beteiligungen ist ihrem Wortlaut nach nicht auf Beteiligungen beschränkt, die **durch ausl Ges** vermittelt werden. Erfasst werden können daher auch Beteiligungen, die über eine in Deutschland ansässige und damit im Inland unbeschränkt steuerpflichtige Ges vermittelt werden. Zunächst kommt es daher zu einer Hinzurechnung auf Ebene der dt Ges. Bei deren Anteilseigner wäre die über die dt Ges vermittelte Beteiligung noch einmal zu berücksichtigen. Zu einer Hinzurechnung kommt es aber trotzdem nicht, weil nur Einkünfte der direkt gehaltenen Ges hinzugerechnet werden können. Diese hat aber keine passiven Einkünfte. § 14 sieht nur eine Hinzurechnung von Zwischeneinkünften an eine ausl Ges vor.[119]

Beispiel 1: Der A ist zu 100 % an der B-GmbH beteiligt. Diese wiederum ist zu 100 % an einer ausl ZwischenGes beteiligt. Hier erfolgt eine Hinzurechnung nur auf Ebene der B-GmbH. Eine nochmalige Hinzurechnung auf der Ebene ihres Anteilseigners unterbleibt.

Beispiel 2: Der A ist wiederum zu 100 % an der B-GmbH beteiligt. Diese ist zu 40 % an der ausl ZwischenGes beteiligt. Die restlichen 60 % hält die ebenfalls in Deutschland ansässige C-GmbH. Einziger Gesellschafter dieser ist ebenfalls A. Eine Hinzurechnung erfolgt nur auf Ebene der B-GmbH und der C-GmbH. Obwohl der A mittelbar zu 100 % an der ausl ZwischenGes beteiligt ist, erfolgt bei ihm keine Hinzurechnung.

---

119 Entgegen der Meinung von *S/K/K* § 7 Rn 105 muss daher nicht schon die Beteiligung aus der Beteiligungsquote herausgerechnet werden. Die Folge, dass keine Hinzurechnung erfolgt, ergibt sich aus der Anwendung des Gesetzes.

e) Beteiligung am Gesellschaftsvermögen (Abs 2 S 3). Besteht kein Gesellschaftskapital und bestehen auch keine Stimmrechte, so ist die Beteiligung am Gesellschaftsvermögen maßgeblich. Dieser Tatbestand greift nur subsidiär zu S 1 ein. Vorrangig sind die Beteiligung am Gesellschaftskapital und das Zustehen von Stimmrechten. Dabei reicht es aus, um die Anwendbarkeit des S 3 auszuschließen, dass die ZwischenGes entweder Gesellschaftskapital hat oder Stimmrechte an der Ges bestehen. Nicht erforderlich ist, dass dem unbeschränkt StPfl eines davon zuzurechnen ist. S 3 ist daher kein Auffangtatbestand in der Form, dass wenn die Beteiligungsquote nicht über die Beteiligung am Gesellschaftskapital oder durch dem StPfl zustehende Stimmrechte erreicht wird, auf eine Vermögensbeteiligung abzustellen wäre. Der Anwendungsbereich des § 7 Abs 2 S 3 ist daher sehr begrenzt. Eine weitere Einschränkung ergibt sich dadurch, dass es sich trotz fehlenden Gesellschaftskapitals und fehlender Stimmrechte um eine ausl Ges handeln muss, die einer dt Körperschaft, Personenvereinigung oder Vermögensmasse vergleichbar ist (Typenvergleich). Nur dann kann es sich überhaupt um eine ZwischenGes handeln.[120] Besteht nach ausl Recht auch kein Gesellschaftsvermögen, so ist auch die Auffangvorschrift des § 7 Abs 2 S 3 nicht anwendbar. 85

2. Beteiligung über eine PersonenGesellschaft (Abs 3). Über § 7 Abs 3 werden Beteiligungen an ZwischenGes, die von dem StPfl über eine oder mehrere PersGes gehalten werden, diesem direkt zugerechnet. Damit wird verhindert, dass die Hinzurechnungsbesteuerung durch die Zwischenschaltung einer PersGes vermieden wird. Gäbe es die Norm nicht, so wäre die PersGes (aber nicht deren Gesellschafter) an der ausl ZwischenGes beteiligt. Eine Hinzurechnung wäre mangels Beteiligung des Gesellschafters an der ZwischenGes nicht möglich. Um dies zu vermeiden, fingiert § 7 Abs 3 eine direkte Beteiligung des StPfl an der ZwischenGes. Damit wird für Zwecke der Hinzurechnungsbesteuerung eine PersGes ebenso wie im Einkommen- bzw Körperschaftsteuerrecht als transparent angesehen. Da die Hinzurechnungsbesteuerung die aus gesetzgeberischer Sicht zu geringe ausl Ertragsteuerbelastung beseitigen soll, ist es systemkonform, dass die Hinzurechnung an die Regelungen des dt Steuerrechts angepasst wird. 86

§ 7 Abs 3 spricht von der Zurechnung der Beteiligungen iSd Abs 1. Nicht deutlich wird daraus, um welche **Art der Beteiligung** es sich handeln muss.[121] Abs 1 unterscheidet zwischen der erforderlichen Beteiligung (Anteile oder Stimmrechte) auf Tatbestandsebene zu mehr als 50 %, die in Abs 2 näher konkretisiert wird. Daneben richtet sich die Rechtsfolge (Höhe der Hinzurechnung) nach der Beteiligung am Nennkapital, auf die Abs 2 nicht anzuwenden ist. Wäre § 7 Abs 3 nur auf die erforderliche Beteiligungsquote auf Tatbestandsebene anzuwenden, so wäre problematisch, in welcher Weise und bei wem die Hinzurechnung (Rechtsfolge) vorzunehmen wäre.[122] Selbst wenn dem StPfl eine über PersGes gehaltene Beteiligung zuzurechnen wäre und damit die Voraussetzungen für eine Hinzurechnungsbesteuerung vorlägen, so ist fraglich, ob es zu einer Hinzurechnung kommen könnte. Eine solche erfolgt bei dem StPfl nämlich nur in Höhe der ihm zuzurechnenden Beteiligung am Nennkapital. Da die Hinzurechnung beim StPfl erfolgen soll, ist eine Erfassung des Hinzurechnungsbetrages bei der PersGes problematisch. Die PersGes ist weder für die Einkommen- 87

120 *F/W/B/S* § 7 Rn 80.

121 S zum Stand des Meinungsstreits *F/W/B/S* § 7 Rn 81 ff.

122 *Kluge* Rn 404.

steuer noch für die Körperschaftsteuer StPfl. Andererseits ist nach dieser Auffassung dem StPfl keine Beteiligung am Nennkapital zuzurechnen, da sich die Fiktion des Abs 3 gerade nicht auf die Hinzurechnungsbeteiligung bezieht.

88 Diese Probleme ließen sich vermeiden, wenn man § 7 Abs 3 auch auf die Hinzurechnungsbeteiligung anwendet. Damit würde die zwischengeschaltete PersGes für Zwecke der Hinzurechnungsbesteuerung vollständig ignoriert. Dem widerspricht aber die systematische Stellung der Norm. § 7 Abs 3 befindet sich in einem Kontext mit § 7 Abs 2, der sich nur auf die Beteiligungsquote bezieht. Auch § 7 Abs 4 ist nur auf die gem Abs 2 maßgebliche Beteiligung anwendbar, da er ausdrücklich von Anteilen und Stimmrechten spricht. Diese Terminologie ist aus Abs 2 übernommen.[123]

89 Die FinVerw geht ohne weitere Begr davon aus, dass eine Hinzurechnung auf Ebene der PersGes zu erfolgen hat.[124] Dies impliziert zugleich, dass die Fiktion des § 7 Abs 3 nur für die Frage der Beteiligungsquote, aber nicht für die Frage der Hinzurechnungsquote Bedeutung hat. Auch die Rspr[125] folgt dieser Ansicht und erklärt die Abs 2–4 für nicht auf die Hinzurechnungsquote anwendbar. Der BFH stellt klar, dass Adressat der Hinzurechnung der in Deutschland unbeschränkt StPfl ist. Dies ist nach Auffassung des BFH von der Frage zu trennen, ob bei ihm oder bei der PersGes die Hinzurechnung zu erfolgen hat. Dies ist insofern nachvollziehbar, da es auch bei der Hinzurechnung auf Ebene der PersGes iE zu einer Versteuerung des Hinzurechnungsbetrages bei dem StPfl kommt. Die PersGes ist für Zwecke der Einkommen- und Körperschaftsteuer transparent. Damit ist aber nicht das Problem gelöst, dass der Gesellschafter nicht am Nennkapital der ZwischenGes beteiligt ist und insofern nur eine Hinzurechnung von Null möglich wäre. IE ist aber der Ansicht des BFH zu folgen, dass eine Hinzurechnung bei der PersGes erfolgt und der Hinzurechnungsbetrag dann den Gesellschaftern entspr ihrer Beteiligung an der PersGes zugerechnet wird. Die Hinzurechnung auf Ebene der PersGes ergibt sich aus dem Wortlaut des § 10 Abs 2 S 2. Systematisch kann diese indes nur dadurch erfolgen, dass für Zwecke der Hinzurechnungsquote die PersGes als transparent angesehen wird. Sie vermittelt auch insoweit die jeweilige Beteiligung am Nennkapital, die Hinzurechnung erfolgt aber dennoch zunächst auf Ebene der PersGes. Die Hinzurechnung auf Ebene der PersGes erfolgt dabei in Höhe ihrer Beteiligung am Nennkapital der ZwischenGes. Da § 7 Abs 1 nicht darauf abstellt, dass die Hinzurechnung an sich nach der Beteiligungsquote an der ZwischenGes zu erfolgen hat, sondern es nur insoweit zu einer StPfl bei dem in Deutschland unbeschränkt steuerpflichtigen Anteilseigner kommen muss, kann die eigentliche Hinzurechnung zunächst auf Ebene der PersGes erfolgen. Zu einer entspr StPfl kommt es auch dann, wenn die Einkünfte der PersGes hinzugerechnet werden und somit dort das Einkommen erhöhen und dieses Einkommen dem StPfl nach den allg Regeln über die Zurechnung von Einkommen bei PersGes zugerechnet wird.

90 Indem zunächst die Hinzurechnung auf Ebene der PersGes erfolgt, kann iRd Gewerbesteuer berücksichtigt werden, dass die PersGes Steuersubjekt ist. Die Belastung mit Gewerbesteuer erfolgt auf Ebene der PersGes, soweit diese der Gewerbesteuer unterliegt.

---

123 Der *BFH* (BStBl II 1984, S 258) unterscheidet ausdrücklich zwischen den unterschiedlichen Bezeichnungen für die Beteiligungen in Abs 3 und 4.

124 *BMF* v 14.5.2004, IV B 4 – S 1340 – 11/04, BStBl I 2004, Sondernr 1, S 3.

125 *BFH* BStBl II 1996, 122.

Dem einzelnen Gesellschafter ist nur insoweit eine Beteiligung am Nennkapital der ZwischenGes zuzurechnen, wie er an der PersGes beteiligt ist. Es erfolgt daher nur eine **anteilige Zurechnung** der von der PersGes gehaltenen Beteiligung. Dies gilt aber nur, wenn die Beteiligung zum Gesamthandsvermögen der PersGes gehört. In diesem Fall ist die Beteiligung an der ZwischenGes jedem Gesellschafter der PersGes anteilig zuzurechnen. Gehört die Beteiligung an der ZwischenGes dagegen zum Sonderbetriebsvermögen eines Gesellschafters der PersGes, so ist diesem Gesellschafter die Beteiligung in voller Höhe zuzurechnen.[126] Weicht der zwischen den Gesellschaftern der PersGes vereinbarte Gewinnverteilungsschlüssel von den Beteiligungsquoten an der PersGes ab, so ist auf den vereinbarten Gewinnverteilungsschlüssel abzustellen.[127] Für die Bestimmung der Hinzurechnungsquote ergibt sich dies schon aus § 7 Abs 5, der die vereinbarte Gewinnverteilung als vorrangig ansieht (ausf dazu Rn 104 f). Danach erfolgt die Besteuerung des Hinzurechnungsbetrages bei dem einzelnen StPfl nur entspr dem vereinbarten Gewinnverteilungsschlüssel. Die Beteiligung am Nennkapital ist als Aufteilungsschlüssel für die Verteilung des Hinzurechnungsbetrags nur subsidiär anzuwenden. Damit hat auch bei einer Zwischenschaltung einer PersGes die Versteuerung des Hinzurechnungsbetrags auf Ebene der Gesellschafter der PersGes nach dem vereinbarten Gewinnverteilungsschlüssel zu erfolgen. Es wird daher bei dem einzelnen StPfl der Anteil des Hinzurechnungsbetrags, der der PersGes nach der Gewinnverteilungsabrede auf Ebene der Anteilseigner der ZwischenGes zusteht, versteuert, soweit ihm dieser Anteil nach der Gewinnverteilungsabrede auf Ebene der Gesellschafter der PersGes zusteht. Sowohl im Verhältnis der Anteilseigner der ZwischenGes als auch auf Ebene der Gesellschafter der PersGes sind daher – soweit sie bestehen – von der Beteiligung am Nennkapital abw Gewinnverteilungsabreden zu berücksichtigen. 91

Beispiel: Der in Deutschland ansässige A ist über eine PersGes an einer ZwischenGes beteiligt. An der PersGes ist zudem zu 50 % B beteiligt. Die PersGes hält einen Anteil an der ZwischenGes von 40 % im Gesamthandsvermögen. Zu 60 % gehört eine Beteiligung an der ZwischenGes zum Sonderbetriebsvermögen des A bei der PersGes. Dem A ist die Beteiligung in Höhe von 60 % voll zuzurechnen. Des Weiteren ist ihm eine Beteiligung von 20 % (50 % von 40 %) zuzurechnen.

Der Umfang der Hinzurechnung auf Ebene der PersGes richtet sich nach deren Beteiligung am Nennkapital der ZwischenGes. Daher unterliegt der Hinzurechnungsbetrag auch nur in dieser Höhe auf Ebene der PersGes der Gewerbesteuer, wenn die PersGes der Gewerbesteuer unterliegt. Damit wird auch ein Hinzurechnungsbetrag, der auf ausl Gesellschafter der PersGes entfällt, mit Gewerbesteuer belastet. 92

Nicht erfasst von dem Anwendungsbereich des § 7 Abs 3 werden **Personen iSd § 2**.[128] Deren Anteile sind zwar gem § 7 Abs 2 für die Berechnung der Beteiligungsquote maßgeblich. Dies gilt allerdings nicht, wenn diese Personen nicht direkt an der ausl ZwischenGes beteiligt sind, sondern mittelbar über eine oder mehrere PersGes. Dieses Ergebnis scheint unsystematisch, da es keinen Unterschied machen kann, ob der 93

---

126 Zu dem vgl Problem bei § 8b Abs 6 KStG s *Dötsch/Jost/Pung/Witt* § 8b Rn 242.

127 Ebenso für das ähnlich gelagerte Problem bei § 8b Abs 6 KStG *Rödder/Schumacher* DStR 2003, 909, 915; *Gosch* KStG, § 8b Rn 526.

128 Entgegen dem klaren Wortlaut will *F/W/B/S* § 7 Rn 87.2 die Norm auch auf diese Personen anwenden.

StPfl selbst oder eine Person iSd § 2 über eine PersGes an der ZwischenGes beteiligt ist. Allerdings ist dies nach dem Wortlaut der Norm die einzige mögliche Auslegung. Es ist daher möglich, eine Hinzurechnung zu vermeiden, wenn es für die Beteiligungsquote maßgeblich darauf ankommt, ob eine Person iSd § 2 an der ZwischenGes beteiligt ist. Ist nur mit Zusammenrechnung dieser Beteiligung eine Beteiligung von mehr als 50 % gegeben, so kann die Hinzurechnungsbesteuerung dadurch verhindert werden, dass die Beteiligung nicht direkt, sondern über eine PersGes gehalten wird.

94 Für die Anwendung des § 7 Abs 3 ist es unerheblich, ob es sich um eine **in- oder ausl** PersGes handelt.[129] Bei einer ausl PersGes ist im Wege des Typenvergleichs zu bestimmen, ob es sich auch aus dt Sicht um eine PersGes handelt. Handelt es sich aus dt Sicht um eine KapGes, so ist nicht § 7 Abs 3 einschlägig, sondern eine Hinzurechnung kann nur über § 7 Abs 2 bzw § 14 erfolgen. Unerheblich ist auch, ob es sich bei der PersGes um eine Mitunternehmerschaft handelt oder ob sie nur vermögensverwaltend tätig ist.

95 § 7 Abs 3 bestimmt, dass die Gesellschafter der PersGes als unmittelbar an der ZwischenGes beteiligt angesehen werden. Damit kann aber nicht gemeint sein, dass die Beteiligung, die von der PersGes gehalten wird, in voller Höhe jedem Gesellschafter der PersGes zugerechnet wird. Dies würde zu einer Vervielfachung der Beteiligung an der ZwischenGes führen. Die Höhe der zuzurechnenden Beteiligung muss sich daher nach der Beteiligung an der (oder den) PersGes richten.[130] Eine PersGes führt daher **nicht zu einer Bündelung der Anteile** ihrer Gesellschafter. Die Voraussetzungen für die Hinzurechnungsbesteuerung – insb die Beherrschungsbeteiligung – muss auf Ebene der Gesellschafter und nicht auf Ebene der PersGes erfüllt sein. Für die Praxis bedeutet dies, dass keine Hinzurechnungsbesteuerung dadurch entsteht, dass ein Ausländer seine Beteiligung über eine dt PersGes hält. Dies ist anders, wenn die Beteiligung über eine dt KapGes gehalten wird. In diesem Fall kommt es zu einer Hinzurechnungsbesteuerung auf Ebene der KapGes.

Beispiel: Der in Deutschland ansässige A ist zu 50 % an der dt C-OHG beteiligt. Der andere Gesellschafter (ebenfalls zu 50 % beteiligt) ist der im Ausland ansässige B. Die C-OHG ist zu 100 % an einer ausl ZwischenGes beteiligt. Dem A ist eine Beteiligung in Höhe von 50 % zuzurechnen. Da die notwendige Beteiligungsquote nicht erreicht wird, kommt es zu keiner Hinzurechnung. Unerheblich ist, dass die unmittelbare Beteiligung zu 100 % von einem dt Gesellschafter (der dt OHG) gehalten wird.

96 **3. Zurechnung von weisungsgebundenen Anteilen (Abs 4).** § 7 Abs 4 erweitert den Tatbestand des § 7 Abs 2.[131] Er bezieht sich ausdrücklich auf die Zurechnung von Anteilen und Stimmrechten. Indem die Nomenklatur des Abs 2 übernommen wird, wird der Anwendungsbereich auch nur auf den in diesem Abs geregelten Fall der Beteiligungsquote begrenzt. § 7 Abs 4 ist nicht auf die Hinzurechnungsquote gem § 7 Abs 1 anwendbar. Eine weitere Einschränkung des Anwendungsbereichs des § 7 Abs 4 ergibt sich daraus, dass die Regelung nur auf unbeschränkt StPfl anwendbar ist. Nicht erfasst werden dagegen Anteile, bei denen einer Person iSd § 2 ein Weisungsrecht zusteht. Diese Personen sind daher bei Berechnung der Beteiligungsquote nur mit den ihnen gem § 7 Abs 2 zustehenden Anteilen zu berücksichtigen.

---

129 *F/W/B/S* § 7 Rn 83.
130 *F/W/B/S* § 7 Rn 87.1.
131 *BFH* BStBl II 1996, 122.

§ 7 Abs 4 enthält keine Beschränkung, inwieweit die Anteile dem StPfl zuzurechnen sind. Der Wortlaut geht von einer Zurechnung aller Anteile oder Stimmrechte aus, wenn eine Weisungsbefugnis vorliegt. Dies entspricht aber nicht dem Sinn und Zweck der Norm. Die Regelung will die Fälle erfassen, in denen die Anteile oder Stimmrechte dem StPfl weder zivilrechtlich noch unter dem Gesichtspunkt des wirtschaftlichen Eigentums zugerechnet werden können,[132] diesem aber faktisch eine Verfügungsmacht zukommt, die dem wirtschaftlichen oder zivilrechtlichen Eigentum gleich steht. Erfasst werden können die Anteile oder Stimmrechte daher nur **insoweit, wie diese Verfügungsmacht auch besteht**. Beschränkt sich die (faktische) Verfügungsmacht nur auf einen Teil der Anteile der Person, so ist auch nur dieser Teil dem StPfl hinzuzurechnen. Die Weisungsgebundenheit muss sich dabei auf die Bereiche beziehen, die dem StPfl hinzugerechnet werden sollen. Stimmrechte können dem StPfl daher nur zugerechnet werden, wenn ihm eine Weisungsbefugnis bzgl dieser Stimmrechte zusteht. Das gleiche gilt für die Zurechnung der Anteile. Nur wenn der StPfl die andere Person anweisen kann, in welcher Weise diese die Rechte, die aus den Anteilen herrühren, ausüben soll oder in welcher Form die aus dem Anteilsbesitz entstehenden Pflichten erfüllt werden sollen, können ihm die Anteile zugerechnet werden. Nicht ausreichend ist daher, wenn dem StPfl gg der anderen Person in anderen Bereichen, die nicht mit dem Anteilsbesitz verbunden sind, eine Weisungsbefugnis zusteht.[133] 97

Ist die weisungsgebundene Person Inländer, so sind die Anteile schon gem § 7 Abs 2 bei der Berechnung der Beteiligungsquote zu berücksichtigen. Daher sind diese Anteile doppelt zu berücksichtigen, wenn keine einschränkende Auslegung des § 7 Abs 4 erfolgt. Aus dem Wortlaut ist eine solche Beschränkung nicht zu entnehmen. Sinnvoll und dem Sinn und Zweck entspr ist es aber, diese Norm nur auf **nicht** in Deutschland **unbeschränkt steuerpflichtig** weisungsgebundene **Personen** anzuwenden.[134] Bei der weisungsgebundenen Person kann es sich sowohl um eine natürliche Person als auch um eine juristische Person handeln. 98

Weisungsgebundenheit iSd § 7 Abs 4 liegt vor, wenn eine Weisungsbefugnis besteht (unabhängig davon, ob sie auch tatsächlich ausgeübt wird) oder wenn zwar keine Weisungsbefugnis besteht, aber faktisch sich eine Person den Weisungen des StPfl unterwirft. Daher reicht entweder die **rechtliche Möglichkeit** oder die **tatsächliche Befolgung** aus. Es ist nicht erforderlich, dass beides vorliegt, dh die Person sich den Weisungen zu unterwerfen hat und dies auch tatsächlich tut. Dies eröffnet einen weiten Anwendungsbereich. Als rechtliche Weisungsbefugnis kommen insb Stimmrechtsbindungsverträge oder Treuhandverhältnisse (soweit nicht die Anteile ohnehin dem Treugeber zuzurechnen sind) in Betracht. Die Weisungsgebundenheit kann insb bei nahe stehenden Personen iSd § 1 Abs 2 vorliegen,[135] dies muss aber nicht zwangsläufig der Fall sein.[136] 99

---

132 AA wohl *Wöhrle/Schelle/Gross* § 7 Rn 91, der § 7 Abs 4 als eine Ausprägung der wirtschaftlichen Betrachtungsweise ansieht.

133 *F/W/B/S* § 7 Rn 91.2. führen als Beispiel die Geschäftsführung auf.

134 IE ebenso *S/K/K* § 7 Rn 132; **aA** *Wöhrle/Schelle/Gross* § 7 Rn 95.

135 *Reith* Rn 9.107.

136 *Lippross/Kramer* § 7 Rn 37 nennt als mögliche Personen Rechtsanwälte, Steuerberater und Notare, die Anteile für andere halten.

100 Die rechtliche Weisungsmöglichkeit wird sich idR an Hand von vertraglichen Vereinbarungen ermitteln lassen. Schwieriger ist dagegen festzustellen, ob sich jemand faktisch den Weisungen eines anderen unterwirft. Es wird idR schwierig sein, tatsächliche Indizien zu finden. Es kann nicht ausreichen, dass ein anderer im Interesse des StPfl handelt. Dies kann auch darauf beruhen, dass der andere die gleichen Interessen hat. Auch ist es möglich, dass der andere die Interessen des StPfl fördern will, ohne dass er Weisungen unterliegt oder dem StPfl eine Weisungsbefugnis zusteht. Daher führt nicht jedes Verhalten iSd StPfl dazu, dass diesem die Anteile oder Stimmrechte des anderen zuzurechnen sind.[137] Es müssen daneben weitere Anhaltspunkte vorliegen, die erkennen lassen, dass zwischen dem StPfl und dem anderen ein **Über- und Unterordnungsverhältnis** vorliegt. In Abgrenzung zu der rechtlichen Möglichkeit der Weisungsbefugnis kann dieses Verhältnis nicht in vertraglichen Beziehungen geregelt sein. Dies schließt aber nicht aus, dass auf Grund vertraglicher Beziehungen der StPfl eine Stellung hat, die faktisch dazu führt, dass der andere dessen Weisungen befolgt.

101 Eine rechtliche Weisungsbefugnis liegt immer dann vor, wenn der anderen Person kein Entscheidungsspielraum zusteht. Dabei wird eine Weisungsbefugnis nicht erst bei dem vollständigen Fehlen jeglicher Entscheidungsbefugnis vorliegen. Es reicht aus, wenn der Person kein **wesentlicher eigener Entscheidungsspielraum** zusteht. Wann ein solcher vorliegen soll, ist ungeklärt. Jedenfalls liegt kein wesentlicher eigener Entscheidungsspielraum vor, wenn die Person nur über unwichtige Fragen eine eigene Entscheidung treffen darf. Um eine Hinzurechnung zu vermeiden, muss die Person daher in der Lage sein, auch wichtige Entscheidungen ohne Zustimmung des StPfl zu treffen. In welchem Umfang die Person diese wichtigen Entscheidungen treffen können muss, lässt sich nicht allg festlegen. Es hat eine Betrachtung im Einzelfall zu erfolgen.[138] Die Wesentlichkeit wird sich idR aus der Relevanz der Entscheidungen ergeben. Möglich ist aber auch, dass der Person allein auf Grund der Häufigkeit autonomer Entscheidungen ein wesentlicher Entscheidungsspielraum verbleibt.[139] In der Praxis wird man beide Aspekte zusammen betrachten müssen, um feststellen zu können, ob ein wesentlicher Entscheidungsspielraum besteht.

102 Gem § 7 Abs 4 S 2 ist die **bloße Beteiligung** des StPfl an der anderen Person nicht ausreichend, um eine Weisungsbefugnis annehmen zu können. Dies schließt aber nicht aus, dass auch bei einer Beteiligung eine Weisungsbefugnis vorliegen kann. Eine solche kann nur allein wegen der Tatsache der Beteiligung nicht angenommen werden. Es müssen daneben noch andere Umstände vorliegen, die auf eine Weisungsbefugnis schließen lassen. Dies bedeutet, dass auch eine 100 %ige Beteiligung des StPfl an einer ausl TochterGes nicht dazu führt, dass dem StPfl die Anteile der TochterGes zugerechnet werden. Eine solche Zurechnung der Anteile oder Stimmrechte ausschließlich wegen einer Beteiligung über § 7 Abs 3 ist auch nicht notwendig, da eine solche mittelbare Beteiligung schon von § 7 Abs 2 S 2 erfasst wird.

---

137 IdS auch *S/K/K* § 7 Rn 139.

138 *F/W/B/S* § 7 Rn 91.5 versucht eine prozentuale Abgrenzung vorzunehmen, die aber nicht überzeugt. Es kann nur im Einzelfall und nicht über Prozentzahlen bestimmt werden, ob der Person noch ein wesentlicher Entscheidungsspielraum verbleibt.

139 Ähnlich *S/K/K* § 7 Rn 140, der aber eine Gleichwertigkeit beider Kriterien annimmt.

V. Hinzurechnung nach abweichender Gewinnverteilung (Abs 5)

§ 7 Abs 5 hat einen doppelten Anwendungsbereich. Zunächst stellt er sicher, dass die Hinzurechnung der Einkünfte beim StPfl nicht nur nach ausschließlich formalen Kriterien wie der Beteiligung am Nennkapital der ZwischenGes erfolgt. Die Vorschrift ermöglicht es, die Hinzurechnungsquote an die tatsächlichen wirtschaftlichen Verhältnisse anzupassen. Daneben ermöglicht sie eine Hinzurechnung auch in den Fällen, in denen mangels Nennkapitals eine Hinzurechnung nach § 7 Abs 1 ausscheiden würde. **103**

Eine **Gewinnverteilung** liegt nicht schon bei jeder Zuwendung des von der ausl Ges erwirtschafteten Gewinns an einen inländischen StPfl vor. Voraussetzung ist, dass der StPfl ein Gewinnbezugsrecht hat.[140] Ein solches setzt zunächst einen Anspruch des StPfl voraus. Zudem muss sich dieser Anspruch aus dem vermögensrechtlichen Bestandteil des Mitgliedschaftsrechts ergeben. Daher führen Gewinne, die auf Grund anderer Verpflichtungen ausgezahlt werden, nicht zu einer abw Gewinnverteilung. Nur wenn beide Voraussetzungen erfüllt sind – Anspruch auf den Gewinn und Beruhen dieses Anspruchs auf der gesellschaftsrechtlichen Beziehung – liegt eine abw Gewinnverteilung iSd Abs 5 vor. Mangels Anspruchs ist es nicht ausreichend, wenn der Gewinn satzungsgemäß verteilt wird, da in diesem Fall kein Anspruch auf den Gewinn der Ges besteht.[141] Daher reicht es nicht aus, dass Destinatär einer ausl Stiftung ein Inländer ist, auch wenn die Gewinne an diesen ausgekehrt werden. Etwas anderes kann möglicherweise gelten, wenn das ausl Recht auch bei Stiftungen einen solchen Anspruch annimmt oder ein solcher auf Grund besonderer Vereinbarungen in der Satzung der Stiftung entsteht. Dies dürfte aber nur in seltenen Ausnahmesituationen der Fall sein. Nicht ausreichend ist es auch, wenn der StPfl auf Grund anderer schuldrechtlicher Beteiligungen am Gewinn der ausl Ges beteiligt ist (zu den verschiedenen Formen der schuldrechtlichen Beteiligung so Rn 77).[142] **104**

Voraussetzung für die Anwendung von § 7 Abs 5 ist, dass eine von den Nennkapitalquoten **abw** Gewinnverteilung vorliegt. Eine solche abw Gewinnverteilung kann durch den Gesellschaftsvertrag geregelt sein. Möglich ist auch, dass eine solche im ausl Recht gesetzlich vorgesehen ist. Zu vergleichen ist dabei, ob die Verteilung des Gewinns nach den Nennkapitalquoten von der in der Satzung (oder im Gesetz) geregelten Verteilung abweicht. Dabei kann sich der Vergleich nur auf Gewinne beziehen, die nach dem ausl Recht oder der Satzung verteilt werden dürfen. Keine Auswirkungen hat es daher, wenn auf Grund der Satzung der zu verteilende Gewinn abw von den gesetzlichen Bestimmungen definiert wird. IdR wird damit nur der insgesamt zu verteilende Gewinn verändert, die Quoten der Verteilung ändern sich aber nicht. **105**

VI. Einkünfte mit Kapitalanlagecharakter (Abs 6, 6a)

1. Einführung. § 7 Abs 6 erweitert für bestimmte, in Abs 6a definierte Einkünfte den Anwendungsbereich der Hinzurechnungsbesteuerung. Insoweit ist keine Beherrschungsbeteiligung von Steuerinländern erforderlich.[143] Ausreichend ist – je nach Verhältnis der Zwischeneinkünfte mit Kapitalanlagecharakter zum Gesamtbruttoertrag der ZwischenGes – jede Beteiligung des StPfl bzw eine mindestens 1 %ige Beteiligung **106**

140 *F/W/B/S* § 7 Rn 93.
141 *S/K/K* § 7 Rn 157.
142 *F/W/B/S* § 7 Rn 12.
143 *S/K/K* § 7 Rn 160.

von Steuerinländern. Die Norm enthält keine eigenständige Regelung für die Hinzurechnung, sondern verweist auf die Rechtsfolge des § 7 Abs 1. Allerdings schränkt § 7 Abs 6 den Anwendungsbereich selbst ein: Eine Hinzurechnung erfolgt nur bei dem inländischen StPfl, der die maßgebliche Beteiligung hält. Zudem muss er selbst die Beteiligungsquote erfüllen. Außerdem werden nur die Einkünfte mit Kapitalanlagecharakter hinzugerechnet und nicht andere passive Einkünfte der ZwischenGes. Eine weitere Einschränkung erfolgt durch § 7 Abs 6 S 2, der eine Freigrenze vorsieht.

107 § 7 Abs 6a enthält eine Definition der Zwischeneinkünfte mit Kapitalanlagecharakter. Auch bei diesen Einkünften muss es sich aber um passive Einkünfte iSd § 8 Abs 1 handeln.[144] Daher regelt § 7 Abs 6a nur, welche der passiven Einkünfte als Zwischeneinkünfte mit Kapitalanlagecharakter zu charakterisieren sind, auf die besondere Vorschriften anzuwenden sind.

108 **2. Anwendungsbereich. – a) Betroffene Personen.** Von den Sonderregelungen für Zwischeneinkünfte mit Kapitalanlagecharakter sind nur **unbeschränkt StPfl** erfasst (s dazu ausf Rn 29). Dies gilt sowohl für die Hinzurechnung als auch für die maßgebliche Beteiligungsquote. Während eine Hinzurechnung auch nach § 7 Abs 1 nur bei in Deutschland unbeschränkt StPfl möglich ist, sind für die maßgebliche Beteiligungsquote iRd § 7 Abs 1 (mehr als 50 %) auch Anteile, die von Personen iSd § 2 gehalten werden, zu berücksichtigen. Eine solche Ausweitung auf andere Personen erfolgt bei Zwischeneinkünften mit Kapitalanlagecharakter nicht.

109 **b) ZwischenGes.** Ebenso wie für die Hinzurechnung iRd Abs 1 ist auch bei Zwischeneinkünften mit Kapitalanlagecharakter erforderlich, dass es sich bei der die Einkünfte erzielenden Ges um eine ZwischenGes handelt. Dazu muss es sich zunächst um eine ausl Ges handeln. Ob dies der Fall ist, richtet sich nach der Definition des § 7 Abs 1 (s hierzu ausf Rn 42 ff).[145] Die ausl Ges ist gem § 8 Abs 1 eine ZwischenGes, wenn sie passive Einkünfte erzielt, die niedrig besteuert werden (vgl iE hierzu die Kommentierung zu § 8).

110 **c) Zwischeneinkünfte mit Kapitalanlagecharakter.** Bei welchen Einkünften es sich um Zwischeneinkünfte mit Kapitalanlagecharakter handelt, ist in § 7 Abs 6a definiert. Für die erweiterte Hinzurechnungsbesteuerung gem Abs 6 reicht es aber nicht aus, dass die Einkünfte einen Kapitalanlagecharakter haben. Es ist zudem erforderlich, dass es sich um Zwischeneinkünfte handelt. Dies setzt voraus, dass die Einkünfte passiv iSd § 8 Abs 1 sind und sie zudem einer niedrigen Besteuerung gem § 8 Abs 3 unterliegen. Nur wenn diese Voraussetzungen alle kumulativ erfüllt sind, handelt es sich um Zwischeneinkünfte mit Kapitalanlagecharakter.[146]

111 **d) Beteiligung von mindestens 1 % (Abs 6 S 1).** Erzielt die ZwischenGes Zwischeneinkünfte mit Kapitalanlagecharakter, so kommt es zu einer Hinzurechnungsbesteuerung, wenn der StPfl zu **mindestens 1 %** an der Ges beteiligt ist. Dabei ist nur die Beteiligung des StPfl zu berücksichtigen, bei dem es auch zu einer Hinzurechnung kommt. Anders als iRd § 7 Abs 1 werden Beteiligungen von Personen iSd § 2 nicht berücksichtigt. § 7 Abs 6 S 1 senkt einerseits die Quote der schädlichen Beteiligung von mehr als 50 % auf mindestens 1 %, so dass keine Beherrschungsbeteiligung erfor-

144 *F/W/B/S* § 7 Rn 102.
145 *F/W/B/S* § 7 Rn 104.
146 *F/W/B/S* § 7 Rn 8.6.

derlich ist.[147] Andererseits hebt er die erforderliche Beteiligung des einzelnen StPfl auf mindestens 1 % an. Es kann daher für den einzelnen StPfl nicht zu einer Hinzurechnung nach § 7 Abs 6 kommen, wenn er keine Beteiligung von mindestens 1 % hält, auch wenn andere in Deutschland unbeschränkt StPfl eine solche Beteiligung halten. Da es sich bei den Zwischeneinkünften mit Kapitalanlagecharakter definitionsgemäß um Zwischeneinkünfte handelt, ist eine Hinzurechnungsbesteuerung auch in diesem Fall möglich, wenn eine Beherrschungsbeteiligung iSd § 7 Abs 1 vorliegt.

Beispiel 1: Der in Deutschland unbeschränkt steuerpflichtige A hält 2 % an einer ausl ZwischenGes. Diese erzielt Einkünfte mit Kapitalanlagecharakter. Es kommt zu einer Hinzurechnungsbesteuerung bei A. Diese richtet sich nach § 7 Abs 6, 6a.

Beispiel 2: Der in Deutschland unbeschränkt steuerpflichtige A hält 0,1 % an einer ausl ZwischenGes. Weitere 2 % an dieser Ges hält der ebenfalls in Deutschland ansässige B. Die restlichen 97,9 % hält der C. Auch dieser ist in Deutschland ansässig. Die ZwischenGes erzielt ua Einkünfte mit Kapitalanlagecharakter. Bei A kommt es zu keiner Hinzurechnungsbesteuerung gem § 7 Abs 6, da er selbst nicht mindestens 1 % der Anteile an der ZwischenGes hält. Da die ZwischenGes aber ausschließlich inländische Anteilseigner hat, ist die gem § 7 Abs 1 maßgebliche Beteiligungsquote erreicht. Damit kann es zu einer Hinzurechnungsbesteuerung gem § 7 Abs 1 bei A kommen. Bei B kommt es zu einer Hinzurechnung der Einkünfte mit Kapitalanlagecharakter gem § 7 Abs 6, da er mehr als 1 % der Anteile der ZwischenGes hält. Daneben kommt – ebenso wie bei A – eine Hinzurechnung gem § 7 Abs 1 in Betracht. Bei C werden die Einkünfte mit Kapitalanlagecharakter gem § 7 Abs 6 zugerechnet. Die übrigen passiven Einkünfte der ZwischenGes können gem § 7 Abs 1 hinzugerechnet werden (zum Verhältnis der Freigrenze gem Abs 6 zu der Hinzurechnung gem Abs 1 s Rn 128).

§ 7 Abs 6 stellt auf die Beteiligung an der ZwischenGes ab. Dieser Wortlaut ist aus § 7 **112**
Abs 1 übernommen und wird für § 7 Abs 1 in den Abs 2–4 näher definiert. Auch wenn sich die Definition des Abs 2 dem Wortlaut nach nur auf eine Beteiligung iSd Abs 1 bezieht, ist sie wegen des gleichlautenden Wortlauts von Abs 1 und 6 auch iRd Abs 6 anwendbar.[148] § 7 Abs 6 trifft nur eine Regelung bzgl der erforderlichen Höhe der Beteiligung, aber nicht über die Qualität der Beteiligung. Eine 1 %ige Beteiligung kann sich daher sowohl aus dem **Anteilsbesitz** als auch aus den **Stimmrechten** ergeben.[149] Eine Einschränkung auf den Beteiligungsbegriff iSd Abs 1 enthält im Übrigen weder Abs 3 noch Abs 4. Daher sind auch diese Normen, als Konkretisierung, welche Sachverhalte iRd Prüfung der Beteiligung zu berücksichtigen sind, anzuwenden.[150] Durch die Zwischenschaltung von PersGes lässt sich die maßgebliche Beteiligungsquote daher nicht unterlaufen. Andererseits führt die Einschaltung der PersGes aber auch nicht dazu, dass Beteiligungen verschiedener StPfl gebündelt werden und dadurch eine Beteiligung von mindestens 1 % erreicht werden kann.

Beispiel 1: Der in Deutschland ansässige A ist zu 1,8 % an einer ausl ZwischenGes beteiligt, die ua Zwischeneinkünfte mit Kapitalanlagecharakter erzielt. A kann die Hinzurech-

---

147 *BMF* BStBl I 2004, Sondernr 1, S 3 Tz 7.6.1.

148 Ebenso *S/K/K* § 7 Rn 160; *Gundel* IStR 1993, 49, 56; **aA** *Mössner* Rn E 507; *Rättig/Protzen* IStR 2004, 625 f.

149 *BMF* BStBl I 2004, Sondernr 1, S 3, Tz 7.6.1; *S/K/K* § 7 Rn 160; *Blümich* § 7 AStG, Rn 54; **aA** *F/W/B/S* § 7 Rn 110; ebenso zur alten Rechtslage *Gundel* IStR 1993, 49, 55.

150 **AA** wohl *BMF* BStBl I 2004, Sondernr 1, S 3, Tz 7.6.1, in der nur auf die Regelungen des § 7 Abs 2 verwiesen wird.

nungsbesteuerung gem § 7 Abs 6 nicht dadurch vermeiden, dass er die Beteiligung je hälftig in zwei PersGes einbringt, so dass jede PersGes zu 0,9 % an der ZwischenGes beteiligt ist.

Beispiel 2: Der in Deutschland ansässige A ist zu 0,9 % an der ausl ZwischenGes beteiligt, die ua Zwischeneinkünfte mit Kapitalanlagecharakter erzielt. In der gleichen Höhe ist der ebenfalls in Deutschland ansässige B an der ZwischenGes beteiligt. Beide sind Mitunternehmer einer PersGes, über die die Anteile gehalten werden. Obwohl die PersGes zu 1,8 % (und damit zu mehr als 1 %) an der ZwischenGes beteiligt ist, kommt es weder bei A noch bei B zu einer Hinzurechnungsbesteuerung gem § 7 Abs 6, da sie jeweils für sich die Voraussetzungen des § 7 Abs 6 nicht erfüllen.

113 Dem StPfl sind in entspr Anwendung des § 7 Abs 4 auch Anteile zuzurechnen, soweit ihm bzgl dieser Anteile eine **Weisungsbefugnis** zusteht oder sich der Dritte faktisch seinen Weisungen unterwirft (s dazu Rn 96 ff). Besteht kein Gesellschaftskapital oder sind keine Stimmrechte vorhanden, so ist in entspr Anwendung des § 7 Abs 2 S 3 auf die Beteiligung am Gesellschaftsvermögen abzustellen (s dazu ausf Rn 85).

114 Da auch § 7 Abs 2 auf die Beteiligungen iSd § 7 Abs 6 anwendbar ist, kann sich die erforderliche Beteiligung von mindestens 1 % auch aus einer **mittelbaren Beteiligung** ergeben. Entscheidend ist, ob der StPfl allein (mittelbar oder unmittelbar) zu mindestens 1 % an der ZwischenGes, die Einkünfte mit Kapitalanlagecharakter erzielt, beteiligt ist. Eine weitere Voraussetzung, die sich aus § 14 Abs 1 S 1 ergibt, ist, dass die ausl Ges, die die Beteiligung an der ZwischenGes vermittelt, selbst zu mindestens 1 % an dieser beteiligt ist. § 14 Abs 1 S 1 setzt für die Hinzurechnung der passiven Einkünfte – und damit auch der Einkünfte mit Kapitalanlagecharakter, die eine besondere Art der passiven Einkünfte iSd § 8 sind – eine Beteiligung der vermittelnden Ges an der ZwischenGes iSd § 7 voraus. Da der Verweis nicht auf eine Beteiligung iSd § 7 Abs 1 (dh zu mehr als 50 %) beschränkt ist, ist auch eine Beteiligung iSd § 7 Abs 6 erfasst.[151]

115 **3. Hinzurechnung gem Abs 1 (Abs 6 S 1).** § 7 Abs 6 enthält keine eigene Rechtsfolge für Zwischeneinkünfte mit Kapitalanlagecharakter. Er verweist für die Rechtsfolge auf die des § 7 Abs 1. Sind die oben genannten Voraussetzungen erfüllt, so kommt es zu der normalen Hinzurechnung. Sondervorschriften greifen insoweit nicht ein. Die Hinzurechnung erfolgt damit entspr der Hinzurechnungsquote, die sich nach der **Beteiligung des StPfl am Nennkapital** der ZwischenGes berechnet (siehe dazu ausf Rn 52 ff). Besteht eine von der Beteiligung am Nennkapital abw Gewinnverteilung oder hat die ZwischenGes kein Nennkapital, so hat die Hinzurechnung in entspr Anwendung des § 7 Abs 5 nach der abw Gewinnverteilung zu erfolgen (s dazu Rn 103).[152] Beschränkt wird die Hinzurechnung allerdings dadurch, dass eine Hinzurechnung nur dann erfolgt, wenn der StPfl eine Beteiligung von mindestens 1 % an der ZwischenGes, die Einkünfte mit Kapitalanlagecharakter erzielt, hält. Bei anderen unbeschränkt StPfl, die diese Beteiligungsquote nicht selbst erfüllen, findet keine Hinzurechnung gem § 7 Abs 6 statt. Eine Hinzurechnung gem § 7 Abs 1 ist aber auch in diesem Fall möglich, wenn die Voraussetzungen dafür vorliegen. Zudem sieht § 7 Abs 6 **nur** die Hinzurechnung der **Einkünfte mit Kapitalanlagecharakter** vor. Erzielt eine ZwischenGes Einkünfte mit Kapitalanlagecharakter, so führt dies nicht zu einer

---

151 *BMF* BStBl I 2004, Sondernr 1, S 3, Tz 14.0.4; *S/K/K* § 7 Rn 161 mwN zum Meinungsstand im Schrifttum; **aA** *F/W/B/S* § 7 Rn 111.

152 *S/K/K* § 7 Rn 177.

Infizierung der anderen von der ZwischenGes erzielten Einkünfte. Andere von der ZwischenGes erzielten passiven Einkünfte werden gem § 7 Abs 1 hinzugerechnet. Aktive oder passive, aber nicht niedrig besteuerte Einkünfte dieser Ges unterliegen nicht der Hinzurechnungsbesteuerung.

Aus dem Verweis des § 7 Abs 6 auf die Rechtsfolge des § 7 Abs 1 ergibt sich auch, dass bei der Durchführung der Hinzurechnungsbesteuerung zwischen beiden Arten von passiven Einkünften (mit oder ohne Kapitalanlagecharakter) kein Unterschied gemacht werden darf. Der Hinzurechnungsbetrag ist gem § 10 zu ermitteln (s dazu § 10 Rn 14 ff) und gem § 18 gesondert festzustellen (s dazu § 18 Rn 5 ff). **116**

§ 7 Abs 6 ordnet die Hinzurechnung gem Abs 1 an, auch wenn die übrigen Voraussetzungen des Abs 1 nicht erfüllt sind. Dieser HS hat keinerlei praktische Bedeutung.[153] § 7 Abs 6 enthält alle Tatbestandsvoraussetzungen, die auch für eine Hinzurechnung gem Abs 1 erforderlich sind. Einziger Unterschied ist, dass eine niedrigere Beteiligung ausreichend ist. Die in § 7 Abs 6 genannte Beteiligungsquote muss aber auch – anders als bei einer Hinzurechnung gem § 7 Abs 1, Abs 2 – bei jedem StPfl vorliegen. **117**

4. Ausnahme zu Abs 6 S 1. – a) Regelungsbereich. § 7 Abs 6 S 2 enthält eine Ausnahme zu der erweiterten Hinzurechnung der Zwischeneinkünfte mit Kapitalanlagecharakter gem Abs 6 S 1. Nicht erfasst von dieser Ausnahme wird die Hinzurechnung gem § 7 Abs 1. Daher kann es, auch wenn die Voraussetzungen der Ausnahme des Abs 6 S 2 vorliegen, zu einer Hinzurechnungsbesteuerung kommen, wenn die Voraussetzungen des § 7 Abs 1 erfüllt sind.[154] Die Zwischeneinkünfte mit Kapitalanlagecharakter werden in den Fällen des § 7 Abs 6 S 2 nicht aus der Hinzurechnungsbesteuerung ausgenommen, sondern sie werden nur den anderen passiven Einkünften gleich gestellt. § 7 Abs 6 S 2 bezieht sich nach dem ausdrücklichen Wortlaut nur auf Abs 6 S 1. Nicht erfasst ist daher die Qualifikation als Zwischeneinkünfte mit Kapitalanlagecharakter gem Abs 6a. Dies hat Auswirkungen auf die Anwendung anderer Vorschriften des AStG, in denen Sonderregelungen für Zwischeneinkünfte mit Kapitalanlagecharakter bestehen.[155] Weiterhin anwendbar sind auch die allg Ausnahmen zur Hinzurechnungsbesteuerung, die auf alle Zwischeneinkünfte anwendbar sind, auch wenn es sich dabei nicht um Einkünfte mit Kapitalanlagecharakter handelt. Nach Auffassung der FinVerw ist damit auch die Ausnahme von der Hinzurechnungsbesteuerung gem § 9 anwendbar.[156] **118**

§ 7 Abs 6 S 2 macht die Anwendung des Abs 6 S 1 von einer Freigrenze abhängig. Dabei handelt es sich nicht um einen Freibetrag. Damit unterliegt der volle Betrag der Hinzurechnungsbesteuerung, wenn die Grenze des S 2 nicht erreicht ist.[157] Die Norm enthält eine relative Grenze (Verhältnis der Einkünfte mit Kapitalanlagecharakter zur Summe aller Zwischeneinkünfte) und zwei absolute Grenzen (Summe der insgesamt nicht hinzuzurechnenden Beträge, wenn die Ausnahme eingreift auf Ebene der ZwischenGes und entspr Summe auf Ebene des jeweiligen StPfl). **119**

---

153 *S/K/K* § 7 Rn 178.
154 *F/W/B/S* § 7 Rn 126.
155 Eine solche Vorschrift ist zB § 14.
156 *BMF* BStBl I 2004, Sondernr 1, Tz 7.6.1.
157 *S/K/K* § 7 Rn 179.

120 **b) Relative Grenze.** Voraussetzung dafür, dass die besonderen Vorschriften über Zwischeneinkünfte mit Kapitalanlagecharakter nicht anzuwenden sind, ist ua, dass die Bruttoerträge, die den Zwischeneinkünften mit Kapitalanlagecharakter zu Grunde liegen, **nicht mehr als 10 %** der Bruttoerträge betragen, die den gesamten Zwischeneinkünften der ausl Ges zu Grunde liegen. Es hat also ein Vergleich der Bruttoerträge zu erfolgen. Dabei hat der Vergleich auf Ebene der ZwischenGes zu erfolgen und nicht auf Ebene des einzelnen StPfl, bei dem die Hinzurechnung erfolgt. Es kann damit keine anteilige Kürzung der Beträge erfolgen, die auf Personen entfallen, die nicht der Hinzurechnungsbesteuerung unterliegen.[158] Um den Vergleich der beiden Bruttoerträge vornehmen zu können, ist eine Aufteilung der gesamten Bruttoerträge der ZwischenGes auf solche, die Zwischeneinkünften mit Kapitalanlagecharakter zu Grunde liegen, solche, die den übrigen Zwischeneinkünften zu Grunde liegen und solche, die passiven aber nicht niedrig besteuerten Einkünften zu Grunde liegen, die übrigen Einkünfte (passiv, aber nicht niedrig besteuert; aktiv) erforderlich.

121 Nicht geklärt ist, was unter **Bruttoerträgen** zu verstehen ist.[159] Ein Ertrag im steuerlichen Sinne ist jede erfolgswirksame Erhöhung des Betriebsvermögens.[160] Voraussetzung für einen Ertrag ist, dass es zu einer Einnahme gekommen ist. Die Einnahme muss dabei nicht in der laufenden Periode erfolgt sein. Damit kann auch die Auflösung von Rückstellungen zu einem Ertrag führen, da die Rückstellung auf einem Ertrag in einer vergangenen Periode beruht.[161] Ein Ertrag kann grds sowohl durch die laufende Geschäftstätigkeit als auch durch nicht leistungsbezogene Vorgänge (zB Umwandlungsgewinne, Schenkungen) entstehen. Handelsrechtlich können Einnahmen auch bei einem Aktivtausch vorliegen. Aus steuerlicher Sicht liegt ein Ertrag nur bei einer Erhöhung des Betriebsvermögens vor. Ein Aktivtausch wird in der Regel zu keiner Erhöhung des Betriebsvermögens führen. Die FinVerw versteht unter Bruttoerträgen die Solleinnahmen ohne durchlaufende Posten und ohne USt.[162] Damit können nach ihrer Auffassung nur leistungsbezogene Erträge erfasst werden. Bei nicht leistungsbezogenen Erträgen kann es zu keinen vereinbarten Einnahmen (= Solleinnahmen) kommen. Diese Beschränkung war solange sinnvoll, wie der Aktivkatalog des § 8 nur Einkünfte aus Leistungen des StPfl enthielt. Auch unter dem Gesichtspunkt, dass § 8 eine Abgrenzung von aktiven und passiven Tätigkeiten vornimmt, ist die Begrenzung auf leistungsbezogene Erträge sinnvoll.[163] Allerdings ist in den Tätigkeitskatalog auch die Umwandlung aufgenommen worden. Diese führt zu nicht leistungsbezogenen Erträgen. Daher ist die Beschränkung auf leistungsbezogene Tätigkeiten nicht mehr aufrecht zu erhalten. Ob die FinVerw weiterhin von einer solchen einschränkenden Auslegung des Begriffs „Bruttoerträge" ausgeht, bleibt abzuwarten. Die Folge einer solchen einschränkenden Auslegung wäre, dass sich die Summe der Bruttoerträge verringert. Da es sich bei Erträgen aus Umwandlungen idR nicht um Einkünfte mit Kapitalanlagecharakter handeln wird, hat dies eine prozentuale Erhöhung dieser Einkünfte im Vergleich zu den anderen Zwischeneinkünften zur Folge. Damit wird die Einhaltung der relativen Grenze des § 7 Abs 6 S 2 erschwert.

---

158 *F/W/B/S* § 7 Rn 127.
159 Auch der *BFH* lässt dies offen, *BFH/NV* 2008, 1395.
160 *F/W/B/S* § 8 Rn 342.
161 Ungenau insoweit *F/W/B* § 8 Rn 342.
162 *BMF* BStBl I 2004, Sondernr 1, S 3, Tz 9.0.1.
163 So auch *F/W/B/S* § 8 Rn 348.

Voraussetzung für einen Ertrag ist, dass er erfolgswirksam ist, dh dass durch den Ertrag der Gewinn erhöht wird. Die Rspr sieht daher jedenfalls steuerpflichtige Erträge als von dem Begriff erfasst an.[164] Da der Gewinn der ZwischenGes gem § 10 Abs 3 S 1 nach dt Steuerrecht zu bestimmen ist (näher dazu § 10 Rn 65 ff), sind auch die Bruttoerträge nach den Regelungen des dt Steuerrechts zu ermitteln.[165] Da nur die Bruttoerträge zu ermitteln sind, können gewinnerhöhende Vermögensmehrungen nicht mit gewinnmindernden Vermögensminderungen verrechnet werden. Es kommt daher nicht darauf an, ob am Ende des Wj der ZwischenGes die Vermögensmehrungen oder die Vermögensminderungen überwiegen. Daher können Bruttoerträge iSd § 7 Abs 6 auch dann vorliegen, wenn die ZwischenGes insgesamt einen Verlust erwirtschaftet, aber positive Bruttoerträge bzgl der passiven Einkünfte hat. 122

Sind die gesamten Bruttoerträge der ZwischenGes ermittelt, so hat eine Aufteilung auf die verschiedenen Einkunftsarten iSd AStG (Einkünfte mit Kapitalanlagecharakter, sonstige Zwischeneinkünfte, passive aber nicht niedrig besteuerte Einkünfte, aktive Einkünfte) zu erfolgen. Diese **Aufteilung hat nach dem Veranlassungsprinzip** zu erfolgen (s ausf hierzu § 8 Rn 13 ff).[166] Entscheidend ist, welchen Einkünften die Bruttoerträge zu Grunde liegen. Einkünfte sind die Differenz zwischen Einnahmen und Ausgaben. Da Erträge eine bestimmte Form von Einnahmen (nämlich gewinnerhöhende, denen in einem Wj eine Einnahme zu Grunde liegt), können sie grds bestimmten Einkünften zugeordnet werden. Die den passiven aber nicht niedrig besteuerten Einkünften und die den aktiven Einkünften der ZwischenGes zuzuordnenden Erträge sind für die Berechnung der relativen Grenze des § 7 Abs 6 S 2 unerheblich. Zu vergleichen sind nur die Erträge, die den Zwischeneinkünften mit Kapitalanlagecharakter zuzuordnen sind, und die Erträge, die den anderen passiven Einkünften zugeordnet werden. Letztere sind die Bezugsgröße für die Berechnung des Abs 6 S 2. Die Erträge, die den Zwischeneinkünften mit Kapitalanlagecharakter zuzuordnen sind, dürfen nicht mehr als 10 % der Erträge, die den anderen passiven Einkünften zuzuordnen sind, betragen. Liegen genau 10 % der Erträge Zwischeneinkünfte mit Kapitalanlagecharakter zu Grunde, so ist eine Ausnahme zu der erweiterten Hinzurechnungsbesteuerung gem Abs 6 S 1 noch möglich. Voraussetzung dafür ist, dass auch die absolute Grenze des Abs 6 S 2 erfüllt ist. Wird allerdings schon die 10 % Grenze überschritten, so scheidet schon aus diesem Grund eine Ausnahme zu der Hinzurechnungsbesteuerung gem § 7 Abs 6 S 1 aus. 123

Da die erweiterte Hinzurechnungsbesteuerung für Zwischeneinkünfte mit Kapitalanlagecharakter eingreifen kann, wenn mehr als 10 % der Erträge solchen Einkünften zu Grunde liegen, ist es möglich, durch eine entspr Gestaltung die erweiterte Hinzurechnung zu vermeiden. Die relative Grenze von 10 % kann dadurch umgangen werden, dass entweder weniger Erträge erwirtschaftet werden, die zu Zwischeneinkünften mit Kapitalanlagecharakter führen (zur Definition dieser Einkünfte su Rn 138 ff). Das Überschreiten der Grenze lässt sich auch dadurch vermeiden, dass mehr Erträge erzielt werden, die zu anderen passiven Einkünften führen. Dies führt zu dem widersinnigen Ergebnis, dass es für den StPfl vorteilhaft sein kann (wegen der Vermeidung der erweiterten Hinzurechnungsbesteuerung), mehr passive Einkünfte zu erzielen. 124

164 *BFH/NV* 2008, 1395.
165 *F/W/B/S* § 7 Rn 127.
166 *F/W/B/S* § 7 Rn 127.

Damit wird das Ziel des Gesetzgebers, die Erzielung von passiven Einkünften zu sanktionieren, konterkariert. Bei dieser Gestaltung ist jedoch auch die absolute Freigrenze des Abs 6 S 2 zu beachten. Eine Vermeidung der erweiterten Hinzurechnungsbesteuerung für Einkünfte mit Kapitalanlagecharakter ist nur möglich, wenn auch diese zweite Grenze eingehalten wird.

125 **c) Absolute Grenze.** Die erweiterte Hinzurechnungsbesteuerung für Zwischeneinkünfte mit Kapitalanlagecharakter kann vermieden werden, wenn ua der außer Ansatz zu lassende Betrag **80 000 EUR nicht übersteigt**. Ein Betrag von genau 80 000 EUR ist damit noch unschädlich. Ob die Grenze überschritten wird, ist auf zwei Ebenen zu ermitteln. Es ist sowohl schädlich, wenn die Grenze auf Ebene der ZwischenGes als auch auf Ebene des einzelnen StPfl überschritten wird. Bei dem Betrag handelt es sich dabei um den Betrag, der durch die Ausnahme zu Abs 6 S 1 nicht der Hinzurechnungsbesteuerung unterliegt. Nicht mit einzubeziehen sind daher Hinzurechnungsbeträge, die nach § 7 Abs 1 hinzuzurechnen sind. Da eine Hinzurechnungsbesteuerung gem Abs 1 auch bei Einkünften mit Kapitalanlagecharakter erfolgen kann, sind für die Berechnung des Betrags nicht alle Einkünfte mit Kapitalanlagecharakter einzubeziehen. Zu berücksichtigen sind nur die (insb mangels Deutschbeherrschung der ZwischenGes) nach § 7 Abs 6 S 1 hinzuzurechnenden Beträge.

126 Maßgeblich ist ua der Betrag, der bei der ZwischenGes **außer Ansatz zu lassen wäre**. Diese gesetzliche Formulierung ist verunglückt und hätte bei einer wörtlichen Anwendung keinerlei Anwendungsbereich. Der Ansatz des Hinzurechnungsbetrags erfolgt gem § 10 Abs 1 S 1 bei dem StPfl und nicht auf Ebene der ZwischenGes. Zu einem Ansatz bei der ZwischenGes kann es daher nicht kommen, so dass der wegen Abs 6 S 2 außer Ansatz zu lassende Betrag stets Null wäre. Der Anwendungsbereich dieser Regelung (bei der ZwischenGes außer Ansatz zu lassender Betrag) kann sich nur aus der Abgrenzung zu der zweiten Alternative (bei dem StPfl außer Ansatz zu lassender Betrag) ergeben. Der insgesamt nach Abs 6 S 2 außer Ansatz zu lassende Betrag bei einem StPfl ergibt sich aus allen Zwischeneinkünften mit Kapitalanlagecharakter, die wegen § 7 Abs 6 S 2 nicht von der erweiterten Hinzurechnung umfasst sind. Dabei sind die dem StPfl nach dieser Norm hinzuzurechnenden Beträge aller Zwischengesellschaften, an denen er beteiligt ist, zu addieren.[167] Der StPfl darf also insgesamt nicht mehr als 80 000 EUR Zwischeneinkünfte mit Kapitalanlagecharakter haben, die nur wegen der Regelung des Abs 6 S 2 nicht der erweiterten Hinzurechnungsbesteuerung gem Abs 6 S 1 unterliegen. Im Gegensatz dazu stellt die erste Variante nicht auf die Ebene des einzelnen StPfl ab, sondern der maßgebliche Betrag ist pro ZwischenGes für alle StPfl, die potentiell der erweiterten Hinzurechnungsbesteuerung gem § 7 Abs 6 S 1 unterliegen, zu ermitteln.[168] Unberücksichtigt bleiben wiederum alle andere Zwischeneinkünfte als die von Abs 6 S 1 erfassten. Nicht zu berücksichtigen sind auch die Einkünfte mit Kapitalanlagecharakter, die nicht gem Abs 6 S 1 hinzugerechnet werden können, weil die Tatbestandsvoraussetzungen dieser Norm nicht vorliegen. Damit sind Zwischeneinkünfte mit Kapitalanlagecharakter, die auf ausl StPfl entfallen, ebenso wenig erfasst wie Zwischeneinkünfte mit Kapital-

167 S zu der wortgleichen Formulierung in § 9 *BMF* BStBl I 2004, Sondernr 1, S 3 Tz 9.0.2.2. Nr 2.

168 S zu der wortgleichen Formulierung in § 9 *BMF* BStBl I 2004, Sondernr 1, S 3 Tz 9.0.2.2. Nr 1.

anlagecharakter, die einem in Deutschland unbeschränkt StPfl nicht hinzugerechnet werden können, weil dieser nicht zu 1 % an der ausl ZwischenGes beteiligt ist.

Damit eine erweiterte Hinzurechnungsbesteuerung gem § 7 Abs 6 S 1 für Einkünfte mit Kapitalanlagecharakter vermieden werden kann, dürfen weder die relative noch die absolute Freigrenze überschritten sein. Bzgl der absoluten Freigrenze reicht es jedoch aus, wenn sie entweder auf Ebene der ZwischenGes oder auf Ebene des einzelnen StPfl eingehalten wird. Dies ergibt sich aus dem klaren Wortlaut der Norm.[169] Wird die Grenze auf Ebene der ZwischenGes eingehalten, so kommt es daher bei keinem ihrer Gesellschafter zu einer erweiterten Hinzurechnungsbesteuerung. Anders ist dies, wenn die Einhaltung der Grenze auf Ebene des einzelnen StPfl entscheidend ist. Dann kann es je nach Höhe der Einkünfte mit Kapitalanlagecharakter aus anderen ZwischenGes zu der Anwendung von Abs 6 S 1 kommen. Die Voraussetzungen des Abs 6 S 2 sind dabei für jeden StPfl gesondert zu prüfen. Daher hat es keine Auswirkungen auf die anderen StPfl, die potentiell der erweiterten Hinzurechnungsbesteuerung gem Abs 6 S 1 unterfallen, wenn bei einem von ihnen die Hinzurechnung gem Abs 6 S 2 entfällt. 127

5. Erweiterte Anwendung des Abs 6 S 1 (Abs 6 S 3). – a) Regelungsbereich. § 7 Abs 6 S 1 hat im Vergleich zu Abs 1 die Hinzurechnungsbesteuerung bei Zwischeneinkünften mit Kapitalanlagecharakter insoweit erweitert, als dass nur eine Beteiligung von mindestens 1 % vorliegen muss. § 7 Abs 6 S 3 erweitert den Tatbestand der Hinzurechnungsbesteuerung für Zwischeneinkünfte mit Kapitalanlagecharakter unter bestimmten Voraussetzungen noch einmal. Die Norm hebt das Erfordernis einer Mindestbeteiligung vollständig auf. Ausreichend ist damit **jede** noch so geringe **Beteiligung**, um eine Hinzurechnung von Zwischeneinkünften mit Kapitalanlagecharakter auszulösen. Dabei besteht die Erweiterung gg Abs 6 S 1 einerseits darin, dass der einzelne StPfl keine Mindestbeteiligung mehr halten muss. Gegenüber Abs 1 liegt darin keine Erweiterung des Anwendungsbereichs für den einzelnen StPfl, da in dem Fall auch jede Beteiligung eine Hinzurechnungsbesteuerung auslösen kann, solange nur insgesamt eine Beteiligung an der ZwischenGes von mehr als 50 % durch unbeschränkt StPfl oder Personen iSd § 2 vorliegt. Eine Erweiterung der Hinzurechnungsbesteuerung gg Abs 1 liegt aber darin, dass keinerlei Mindestbeteiligung von in Deutschland unbeschränkt StPfl erforderlich ist. Auch gg Abs 6 S 1 liegt darin eine Erweiterung des Anwendungsbereichs. Abs 6 S 1 fordert zumindest eine Beteiligung von in Deutschland ansässigen StPfl von mindestens 1 %. 128

Kommt es zu keiner erweiterten Anwendung des Abs 6 S 1, so bedeutet dies nicht, dass es zu keiner Hinzurechnung der Einkünfte mit Kapitalanlagecharakter kommen kann. Auch in diesen Fällen ist zu prüfen, ob eine Hinzurechnung nach den allg Vorschriften gem § 7 Abs 1 in Betracht kommt. 129

b) Erforderliche Bruttoerträge. Für die Anwendung des Abs 6 S 3 ist erforderlich, dass die ZwischenGes ausschließlich oder fast ausschließlich Bruttoerträge erzielt, die den Zwischeneinkünften mit Kapitalanlagecharakter zu Grunde liegen (zur Definition des Begriffs „Bruttoerträge" und der Zuordnung dieser zu den verschiedenen Einkunftskategorien der ZwischenGes siehe Rn 121 f). Anders als bei Ermittlung der Grenze iSd S 2 sind hier auch die Bruttoerträge zu berücksichtigen, die zu aktiven 130

---

169 AA *F/W/B/S* § 7 Rn 130 f.

Einkünften oder passiven Einkünften, die nicht niedrig besteuert werden, führen. Das Verhältnis lässt sich daher nach folgender Formel berechnen:

$$\frac{\text{passive, niedrig besteuerte Zwischeneinkünfte mit Kapitalanlagecharakter}}{\text{alle Einkünfte}}$$

131 Die ZwischenGes erzielt ausschließlich Bruttoerträge, die zu Zwischeneinkünften mit Kapitalanlagecharakter führen, wenn keine anderen Bruttoerträge erzielt werden. Es müssen 100 % der Erträge zu Einkünften mit Kapitalanlagecharakter führen. Dies dürfte in der Praxis selten der Fall sein. Von praktischer Bedeutung ist daher die Frage, wann die Bruttoerträge „fast ausschließlich“ zu Zwischeneinkünften mit Kapitalanlagecharakter führen. Da das Tatbestandsmerkmal „fast ausschließlich“ nicht auf eine Gewichtung, sondern alleine auf den prozentualen Anteil abstellt, bleibt insoweit kein Raum für eine wertende Betrachtung im Einzelfall.[170] Die Rechtsprechung[171] und die FinVerw[172] gehen davon aus, dass dies bei **90 % der Erträge** der Fall ist. Führen mehr als 90 % der Bruttoerträge zu Zwischeneinkünften mit Kapitalanlagecharakter, so greift – vorbehaltlich der Ausnahmen – Abs 6 S 3 ein. Ein Gegenbeweis des StPfl ist insoweit nicht möglich. Nicht geklärt ist, ab welchem Mindestprozentsatz unterhalb dieser Schwelle von 90 % das Tatbestandsmerkmal „fast ausschließlich“ erfüllt ist. Es ist denkbar, dass auch bei einem Anteil von weniger als 90 % Abs 6 S 3 angewendet werden muss. Das Tatbestandsmerkmal „fast ausschließlich“ erfordert jedenfalls deutlich mehr als nur 51 %, da anderenfalls von „überwiegend“ die Rede sein müsste. Anhaltspunkte, wo die FinVerw und die Rspr die Grenze in diesem Bereich zwischen 51 und 90 % ziehen, sind derzeit nicht ersichtlich.

132 **c) Ausnahme zu der erweiterten Anwendung des Abs 6 S 1.** Zu einer erweiterten Anwendung des Abs 6 S 1 kommt es nicht, wenn mit der Hauptgattung der Aktien der ausl ZwischenGes ein wesentlicher und regelmäßiger Handel an einer anerkannten Börse stattfindet. Zunächst fällt auf, dass das Gesetz den Begriff **„Aktien“** verwendet, während es in den anderen Regelungen des § 7 stets von Beteiligungen oder Anteilen spricht. Nach dt Verständnis können Aktien nur bestehen, wenn es sich bei der Ges um eine AG oder KGaA handelt. Die Beteiligung an einer GmbH besteht nicht in Aktien, sondern in Geschäftsanteilen. Da die ausl ZwischenGes über den Typenvergleich in diese Qualifikation nach nationalem Recht einzuordnen ist, wären nur ausl Gesellschaften erfasst, die einer AG entsprechen. Die Börsenklausel könnte daher bei anderen Gesellschaftsformen nicht eingreifen. Gem § 7 Abs 1 können aber nicht nur AG (oder eine KGaA) ZwischenGes sein, sondern alle Körperschaftsteuersubjekte. Dies sind insb GmbH, Genossenschaften, Vereine und Stiftungen. Es ist fraglich, ob der Gesetzgeber die Anwendung der Börsenklausel auf AG und KGaA beschränkten wollte, oder ob die Formulierung ein gesetzgeberisches Versehen ist. Allerdings spricht die Tatsache, dass die „Aktien“ an einer anerkannten Börse gehandelt werden müssen, dafür, dass tatsächlich eine Begrenzung auf Aktien nach deutschem Verständnis gewollt ist. Ein Handel von Anteilen wird idR bei Aktien stattfinden, auch wenn nach dem Börsenrecht keine solche Beschränkung gegeben ist. Nach

170 Anders *S/K/K* § 7 Rn 165.

171 *BFH* BStBl II 1996, 122.

172 *BMF* BStBl I 2004, Sondernr 1, S 3, Tz 7.6.2.

dt Recht ist zB ein Handel mit GmbH-Anteilen rechtlich nicht von vornherein ausgeschlossen, aber durch das Erfordernis einer notariellen Beurkundung der Übertragung eines solchen Anteils (§ 15 Abs 3 GmbHG) faktisch nicht möglich. Insb können an ausl Börsen auch andere Beteiligungen in Form von Wertpapieren gehandelt werden. Daher ist auf die jeweiligen Anteile an der ausl ZwischenGes abzustellen. Es muss sich dabei nicht zwangsläufig um Aktien im technischen Sinne handeln.[173]

Das Erfordernis des Handels schränkt die Anwendung der Börsenklausel ein, wenn man den Begriff „Aktien" nicht technisch versteht und damit die Börsenklausel nur für ZwischenGes in Form von AG oder KGaA für anwendbar hält. Auch wenn man „Aktien" iSv Beteiligung versteht, fallen nicht alle Beteiligungen an den in § 1 Abs 1 KStG aufgelisteten Körperschaftsteuersubjekten unter die Norm. Teilw sind die Beteiligungen nicht oder nur in Sonderfällen übertragbar. Damit kann es auch in einigen Fällen keinen Handel geben. Nach dt Recht ist die Mitgliedschaft an einem rechtsfähigen Verein nur übertragbar, wenn dies in der Satzung vorgesehen ist (§§ 38, 40 BGB). Die Mitgliedschaft einer Genossenschaft ist dagegen überhaupt nicht übertragbar.[174] Auch der Handel mit GmbH-Anteilen ist wegen der dazu nach dt Recht erforderlichen notariellen Beurkundung faktisch unmöglich. Zwar richtet sich die Übertragbarkeit der Anteile an der ausl ZwischenGes nicht nach dt Recht, sondern nach dem Recht des ausl Staates. Allerdings kann es auch in diesem Recht – ähnlich der dt Systematik – Beteiligungen geben, die nicht übertragbar sind. Für diese Gesellschaften kann die Börsenklausel daher nicht eingreifen. 133

Voraussetzung für die Börsenklausel ist, dass ein **wesentlicher und regelmäßiger Handel** mit den Aktien erfolgt. Wann ein solcher vorliegt, ist im Einzelfall zu ermitteln. Dabei muss es tatsächlich zu einer Übertragung der Aktien kommen. Auf Grund des klaren Wortlautes der Norm ist uE nicht der Auffassung zu folgen, dass auch ein geringer Handel ausreichend sein kann.[175] Die FinVerw fordert, dass ein nicht unbedeutender Teil der Hauptaktien gehandelt werden kann.[176] Auf Grund des klaren Wortlautes genügt es nicht, dass ein Handel möglich ist. Es muss tatsächlich zu einer Übertragung der Aktien kommen. Nicht ausreichend ist auch, wenn es zu vereinzelten Übertragungen der Aktien an der Börse kommt. Eine Regelmäßigkeit liegt erst vor, wenn sich eine Übertragung in vergleichbaren zeitlichen Abständen wiederholt. Wann ein wesentlicher Handel vorliegen soll, ist nicht geklärt.[177] Die Wesentlichkeit kann sich uE dabei aus der Häufigkeit der Übertragung oder/und aus der Menge der übertragenen Aktien ergeben. Ergibt sich die Wesentlichkeit aus der Häufigkeit der Übertragungen, so wird gleichzeitig auch das Erfordernis der Regelmäßigkeit vorliegen. Die Wesentlichkeit impliziert in diesem Fall die Regelmäßigkeit. Ein wesentlicher Handel kann bei der wiederholten 134

173 Ebenso *S/K/K* § 7 Rn 169, die aber auf einen Vergleich eines ausl Wertpapiers mit dt Wertpapieren abstellen.

174 Zur Frage, welche Mitgliedschaften übertragbar sind, s *K Schmidt* S 564.

175 So aber *S/K/K* § 7 Rn 170, deren Auslegung den Sinn und Zweck der Regelung möglicherweise treffend erfasst. Diese Auslegung hat im Wortlaut aber keinen Niederschlag gefunden.

176 *BMF* BStBl I 2004, Sondernr 1, S 3, Tz 7.6.2.

177 *F/W/B/S* § 7 Rn 141 will zur Bestimmung der Wesentlichkeitsgrenze wohl auf § 17 Abs 1 S 4 EStG aF abstellen, wonach die Wesentlichkeitsgrenze bei 25 % liegt. Auf Grund der unterschiedlichen Anwendungsbereiche und Zielsetzungen der Normen ist dies uE nicht überzeugend.

Übertragung weniger Aktien vorliegen. Genauso kann eine einmalige Übertragung von einer großen Menge der Aktien wesentlich sein. In diesem Fall ist aber gesondert zu prüfen, ob auch ein regelmäßiger Handel vorliegt.

135 Weiterhin muss der Handel mit der **Hauptgattung** der Aktien erfolgen. Es ist daher unschädlich, wenn bestimmte Aktiengattungen nicht gehandelt werden, solange ein solcher Handel mit der Hauptgattung erfolgt. Nicht erforderlich ist zudem, dass der StPfl selbst, bei dem die Hinzurechnungsbesteuerung erfolgen soll, Aktien dieser Gattung hält.[178] Fraglich ist allerdings, was unter der Hauptgattung der Aktien zu verstehen ist. Nach dt Verständnis können Aktien je nach dem Umfang der Rechte, die sie gewähren, in Gattungen eingeteilt werden. Aktien, die die gleichen Rechte gewähren, bilden dabei eine Gattung (§ 11 AktG). Die wesentlichen Rechte, die eine Beteiligung vermittelt, sind einerseits die Beteiligung am Gewinn und den stillen Reserven (Vermögensrecht) und andererseits die Stimmrechte (als maßgebliche Teilhaberechte). Die FinVerw geht davon aus, dass die Aktien der Hauptgattung das Aktienkapital repräsentieren und in der Regel Stimmrechte verleihen.[179] Die Frage, ob Aktien der Hauptgattung angehören, wird damit ausschließlich nach der Qualität der durch die Aktien vermittelten Rechte bestimmt. Unerheblich ist danach die Anzahl der Aktien. Eine Hauptgattung kann sich daher nicht dadurch ergeben, dass zu ihr die Mehrzahl der Aktien zählt. Aus der Definition der FinVerw geht außerdem hervor, dass sie primär die Aktien zur Hauptgattung zählt, die ein Gewinnbezugsrecht vermitteln. Die Frage, ob auch Stimmrechte gewährt werden, ist demgegenüber nur zweitrangig.

136 Der Handel muss an einer **anerkannten Börse** stattfinden. Nach der Auffassung der FinVerw ist dies immer dann der Fall, wenn die Börse durch die zuständige Aufsichtsbehörde genehmigt ist.[180] Dazu ist zunächst Voraussetzung, dass in dem betreffenden Staat eine Börsenaufsicht besteht. Unerheblich sind die Art der Genehmigung und die Frage, welche Aspekte iRd Genehmigungsverfahrens geprüft werden.

137 **d) Anwendung des Abs 6 S 2.** Abs 6 S 3 erklärt die erweiterte Hinzurechnung des Abs 6 S 1 für anwendbar. Die Norm nimmt aber keinen Bezug auf Abs 6 S 2, der eine Ausnahme von der erweiterten Hinzurechnungsbesteuerung nach S 1 enthält. Allerdings kann der Verweis auf Abs 6 S 1 nur soweit reichen, wie diese Norm auch tatsächlich anwendbar ist. Abs 6 S 3 senkt nur die maßgebliche Beteiligungsquote in bestimmten Fällen ab. Eine Ausdehnung des Anwendungsbereichs des Abs 6 S 1 darüber hinaus auch auf die von Abs 6 S 2 ausgenommenen Bagatellfälle ist aber nicht Ziel der Regelung. Greift die Ausnahme gem Abs 6 S 2 zu der erweiterten Hinzurechnungsbesteuerung gem Abs 6 S 1 ein, so kommt es auch in den Fällen des Abs 6 S 3 nicht zu einer Hinzurechnungsbesteuerung.

138 **6. Zwischeneinkünfte mit Kapitalanlagecharakter (Abs 6a).** § 7 Abs 6a enthält eine Legaldefinition, welche Einkünfte als Einkünfte mit Kapitalanlagecharakter anzusehen sind. Dabei muss es sich bei den Einkünften um **Zwischeneinkünfte** handeln. Daraus ergibt sich, dass nur passive Einkünfte iSd § 8 Abs 1 überhaupt Einkünfte mit Kapitalanlagecharakter iSd § 7 Abs 6a sein können.[181] § 8 Abs 1 definiert alle Ein-

178 *S/K/K* § 7 Rn 172.
179 *BMF* BStBl I 2004, Sondernr 1, S 3, Tz 7.6.2.
180 *BMF* BStBl I Sondernr 1/2004 S 3, Tz 7.6.2.
181 *S/K/K* § 7 Rn 183.

künfte als passiv, wenn sie nicht durch ihre Aufzählung im Aktivitätskatalog dieser Vorschrift vom Gesetzgeber als aktiv qualifiziert worden sind. Einkünfte aus der Überlassung von Kapital können insb unter den Voraussetzungen der Nr 3 (Betrieb von Kreditinstituten), Nr 7 (Zinsen) und Nr 8 (Gewinnausschüttungen) aktiv sein. Aktiv können Einkünfte aus der Kapitalanlage auch dann sein, wenn sie im funktionalen Zusammenhang mit aktiven Einkünften stehen, die von der ZwischenGes erwirtschaftet werden (s zur Frage des funktionalen Zusammenhangs ausf § 8 Rn 13 ff). Dies kann aber nur dann der Fall sein, wenn Einkünfte mit Kapitalanlagecharakter nicht in einem Umfang erzielt werden, der eine Einordnung als eigene Art der Einkünfte iSd § 8 Abs 1 rechtfertigt. Die Einkünfte mit Kapitalanlagecharakter sind dagegen passiv, wenn sie nicht unter den Aktivitätskatolog des § 8 Abs 1 fallen oder in funktionalem Zusammenhang mit anderen passiven Einkünften stehen. Einkünfte aus einer Kapitalanlage können daher in folgenden Formen vorliegen:

Als aktive Einkünfte:

- eigene, vom Aktivitätskatalog des § 8 Abs 1 erfasste Art der Einkünfte
- Einkünfte in funktionalem Zusammenhang mit anderen aktiven Einkünften;

als passive Einkünfte:

- Einkünfte in funktionalem Zusammenhang mit anderen passiven Einkünften;
- nicht vom Aktivitätskatalog des § 8 Abs 1 erfasste Einkünfte.

Erfolgt die Kapitalanlage durch die ZwischenGes in einem solchen Umfang, dass die ZwischenGes dadurch ein Kreditinstitut betreibt, so können aktive Einkünfte gem § 8 Abs 1 Nr 3 vorliegen. Ist der Umfang der Kapitalanlage und der damit erzielten Einkünfte nur sehr gering, so werden idR Einkünfte, die in funktionalen Zusammenhang mit anderen (aktiven oder passiven) Einkünften iSd § 8 Abs 1 stehen, vorliegen. Für Einkünfte im funktionalen Zusammenhang ist die Qualifikation der Einkünfte zu übernehmen, mit denen sie in einem funktionalen Zusammenhang stehen. Mangels passiver Einkünfte ist dies uE eindeutig für Einkünfte aus einer Kapitalanlage, die mit aktiven Einkünften iSd § 8 Abs 1 in einem funktionalen Zusammenhang stehen. Dies muss uE aber auch gelten, wenn die Einkünfte aus der Kapitalanlage in einem funktionalen Zusammenhang zu passiven Einkünften iSd § 8 Abs 1 stehen. In einem solchen Fall werden uE durch die Kapitalanlage keine Einkünfte mit Kapitalanlagecharakter iSd § 7 Abs 6, Abs 6a erzielt. Es werden vielmehr auch durch die Kapitalanlage Einkünfte aus der jeweiligen „einfach" passiven Einkunftsart erzielt, da auch insoweit die Einkünftequalifikation übernommen werden muss. Einkünfte mit Kapitalanlagecharakter liegen daher nur dann vor, wenn Kapital in einem Umfang angelegt wird, dass kein funktionaler Zusammenhang mehr zu anderen Einkünften bestehen kann und gleichzeitig die ZwischenGes keine aktiven Einkünfte gem § 8 Abs 1 Nr 3 aus einer Tätigkeit als Kreditinstitut erzielt. **139**

Eine Qualifikation als aktive Einkünfte aus der Vergabe von Kapitals gem § 8 Abs 1 Nr 7 (Zinsen) wird idR nicht möglich sein. Damit nach dieser Regelung aktive Einkünfte vorliegen, muss das Kapital ua auf ausl Kapitalmärkten aufgenommen worden sein. Daran wird es idR fehlen, wenn von der ZwischenGes erwirtschaftete Gewinne, die auf Ebene der ZwischenGes thesauriert werden, angelegt werden sollen. **140**

Zudem müssen die Einkünfte niedrig besteuert sein iSd § 8 Abs 3, da es sich anderenfalls nicht um Zwischeneinkünfte handelt (zu der Frage der niedrigen Besteuerung **141** s ausf § 8 Rn 162 ff). Diese Einkünfte müssen von der ZwischenGes erzielt worden sein. Dies ist nach dt Steuerrecht zu bestimmen. Die Einkünftezuordnung hat daher unter Berücksichtigung der allg Regeln (zB § 39, § 42 AO) zu erfolgen (siehe zum Verhältnis der einzelnen Normen zur Hinzurechnungsbesteuerung Rn 10 ff).

142 Zwischeneinkünfte mit Kapitalanlagecharakter liegen vor, wenn die Einkünfte aus einer in § 7 Abs 6a aufgezählten Quelle stammen. Dabei sind aber nicht alle Einkünfte aus diesen Quellen zwangsläufig Einkünfte mit Kapitalanlagecharakter. Abs 6a enthält eine Rückausnahme für den Fall, dass die Einkünfte aus einer Tätigkeit stammen, die einer aktiven Tätigkeit der ZwischenGes dient. Die Beweislast dafür liegt beim StPfl. Von dieser Ausnahme ist wiederum eine Ausnahme möglich – dh es liegen doch Zwischeneinkünfte mit Kapitalanlagecharakter vor – wenn die Tätigkeit unter § 1 Abs 1 Nr 6 KWG fällt. Dieses komplizierte Verhältnis von Ausnahme und Gegenausnahme macht die Norm schwer handhabbar.

143 Die **Einkunftsquelle**, aus der die Zwischeneinkünfte mit Kapitalanlagecharakter stammen müssen, wird durch zwei Merkmale definiert. Zunächst müssen die Einkünfte durch eine enumerativ aufgezählte Tätigkeit erzielt werden.[182] Dabei kann es sich um das Halten, die Verwaltung, Werterhaltung oder Werterhöhung handeln. Des Weiteren muss ein aufgezähltes Wirtschaftsgut zur Einkünfteerzielung genutzt werden.[183] In Frage kommen Zahlungsmittel, Forderungen, Wertpapiere, bestimmte Beteiligungen oder ähnliche Vermögenswerte. Einzelne Vermögenswerte können dabei unter mehrere dieser Begriffe fallen. Jede Tätigkeit kann dabei mit jedem Wirtschaftsgut kombiniert werden.

144 Bei der Bestimmung, ob Zwischeneinkünfte mit Kapitalanlagecharakter vorliegen, ist nicht nur zu prüfen, ob eine der genannten Tätigkeiten bezogen auf eines der aufgezählten Wirtschaftsgüter vorliegt. Es ist auch einschränkend zu berücksichtigen, dass die fraglichen Einkünfte einen **Kapitalanlagecharakter** haben müssen. Dies ergibt sich aus der Bezeichnung der Einkünfte. Dies setzt idR voraus, dass die ZwischenGes Kapital überlassen hat und aus diesem Rechtsverhältnis Einkünfte erzielt. Die Kapitalüberlassung muss dabei den **Charakter einer Anlage** haben. Nicht erfasst werden somit Einkünfte, die zwar mit einer Kapitalüberlassung im Zusammenhang stehen, die aber maßgeblich durch Handel (zB Factoring) oÄ erzielt werden.

145 **a) Einzelne Tätigkeiten.** Die ZwischenGes **hält** ein Wirtschaftsgut, wenn sie die Eigentümerstellung innehat. Dies bestimmt sich nicht nur nach dem zivilrechtlichen Eigentum, sondern nach dem wirtschaftlichen Eigentum gem § 39 AO. Daher hält auch in einem Treuhandverhältnis nicht der Treuhänder, sondern der Treugeber das Wirtschaftsgut. Nicht geklärt ist, ob auch der Erwerb und die Veräußerung vom Tatbestand des Haltens erfasst sind. Da durch den Erwerb keine Einkünfte erzielt werden und somit auch keine Einkünfte mit Kapitalanlagecharakter erzielt werden können, ist diese Frage in der Praxis insoweit unerheblich. Anders ist dies bei der Veräußerung des Wirtschaftsguts. Hier werden in der Regel Einkünfte erzielt, die dann der erweiterten Hinzurechnungsbesteuerung als Einkünfte mit Kapitalanlagecharakter unterliegen, wenn sie aus dem Halten des Wirtschaftsguts stammen. Ein Wirt-

182 *F/W/B/S* § 7 Rn 190 weist zutr darauf hin, dass Werterhaltung und Werterhöhung keine Tätigkeiten sind.
183 *F/W/B/S* § 7 Rn 195.

schaftsgut kann nur solange gehalten werden, wie die ZwischenGes die (zivilrechtliche oder wirtschaftliche) Eigentümerstellung innehat. Mit der Veräußerung erlischt die Eigentümerstellung. Das Halten umfasst damit nicht die Veräußerung.[184] Einkünfte mit Kapitalanlagecharakter können aber mit der Veräußerung erzielt werden, wenn diese zur Verwaltung des Wirtschaftsguts gehört.

Von der **Verwaltung** der Vermögensgegenstände sind alle Tätigkeiten erfasst, die dem Bestand, der Erhaltung und der Vermehrung der Vermögensgegenstände dienen. Davon umfasst ist teilw auch das Halten der Wirtschaftsgüter.[185] Insoweit kann es zu Überschneidungen mit dem ersten Tatbestandsmerkmal kommen. Das Halten wird als speziellere Form vorgehen; allerdings hat es in der Praxis keine Auswirkungen, welches Tatbestandsmerkmal erfüllt ist. Für die Verwaltung ist es aber nicht erforderlich, dass die ZwischenGes die Eigentümer- oder Gläubigerstellung innehat. Auch fremde Vermögensgegenstände können verwaltet werden. Die Einkünfte müssen dann aus dieser Verwaltungstätigkeit stammen. Diese Einkünfte aus der Verwaltung fremden Vermögens können zugleich Einkünfte aus Dienstleistungen sein. Bei Dienstleistungen handelt es sich nur unter den Voraussetzungen des § 8 Abs 1 Nr 5 um passive Einkünfte. Nach der Auffassung der FinVerw können in diesem Fall keine Einkünfte mit Kapitalanlagecharakter erzielt werden, da dafür Einkünfte iSd § 20 EStG erforderlich sind. Diese Einschränkung überzeugt, da dem Wortlaut nach nur dann ein Kapitalanlagecharakter der Einkünfte vorliegt, wenn die Einkünfte aus der Kapitalanlage selbst stammen. Damit umfasst das Tatbestandsmerkmal „Verwaltung“ nur die Verwaltung dieser Kapitalanlage. Nicht erfasst werden Fälle, bei denen die Kapitalanlage von der Verwaltung getrennt wird. Aus der Verwaltung entstehen dann keine Einkünfte mit Kapitalanlagecharakter. Dies gilt nach zutr Auffassung auch für den sog *carried interest*, den ein Gesellschafter (meistens der Initiator) eines vermögensverwaltenden Fonds auf Grund seiner Bedeutung für den Fonds erhält.[186] Der *carried interest* führt zu einer abw Gewinnverteilung zwischen den Gesellschaftern des Fonds, da der Gewinnanteil des Initiators erhöht ist. Ertragsteuerlich sind diese Zahlungen regelmäßig keine Einkünfte aus Kapitalvermögen, sondern gem § 18 Abs 1 Nr 4 EStG Einkünfte aus selbstständiger Arbeit. Diese Qualifikation gilt unabhängig davon, dass die Bezüge faktisch dem Halbeinkünfteverfahren unterliegen (§ 3 Nr 40a EStG). Dabei handelt es sich nur um eine hälftige Steuerbefreiung, die keinen Einfluss auf die Qualifikation als Einkünfte aus selbstständiger Arbeit hat. **146**

Die Verwaltung muss sich nicht nur auf die Vermögensgegenstände in dem vorhandenen Umfang beziehen. Ein Verwalten liegt auch dann vor, wenn Vermögensgegenstände hinzuerworben oder veräußert werden. Daher gehören auch die Veränderungen eines Beteiligungsportfolios zur Verwaltung desselben. Einkünfte mit Kapitalanlagecharakter werden dadurch aber nur erzielt, wenn keine aktiven Einkünfte iSd § 8 Abs 1 Nr 9 vorliegen. **147**

Die **Werterhaltung** der Vermögenswerte ist von der Verwaltung der Vermögenswerte mit umfasst. Die Erhaltung des Wertes führt idR nicht zu Einkünften. Diese entstehen erst, wenn sich der Wert des Wirtschaftsguts erhöht hat und diese Werterhöhung realisiert wird. Aus der Werterhaltung können daher nur in Sonderfällen Einkünfte mit **148**

184 **AA** *F/W/B/S* § 7 Rn 191.
185 *F/W/B/S* § 7 Rn 193.
186 S zu diesem Problem *S/K/K* § 7 Rn 192.

Kapitalanlagecharakter erzielt werden. Erfasst werden können nur Einkünfte, die durch Wertsicherungsgeschäfte erzielt werden insb Hedging, Termingeschäfte oÄ.

149 Zwischeneinkünfte mit Kapitalanlagecharakter können auch aus der **Werterhöhung** von Vermögenswerten stammen. Erforderlich dafür ist, dass die Werterhöhung realisiert worden ist.[187] Anderenfalls kann es zu keinen Einkünften kommen, da diese nach dt Steuerrecht einen Realisationstatbestand voraussetzen. Die Realisation der Werterhöhung wird idR im Rahmen einer Veräußerung des Wirtschaftsguts erfolgen. Die Werterhöhung ergibt sich aus dem gg dem Anschaffungspreis erhöhten Veräußerungspreis. Vom Wortlaut von § 7 Abs 6a nicht erfasst ist der Fall, dass der Anschaffungspreis höher war als der Veräußerungspreis und insoweit ein Veräußerungsverlust erzielt wird. Diese Verluste können daher iRd Hinzurechnungsbesteuerung nicht berücksichtigt werden.[188] Dies ist systemkonform, weil die Hinzurechnungsbesteuerung insgesamt auf die Hinzurechnung von positiven Einkünften ausgelegt ist. Verluste werden dabei nicht berücksichtigt (s ausf dazu Rn 1).

150 **b) Einzelne Vermögenswerte. Zahlungsmittel** können alle Vermögensgegenstände sein, die im wirtschaftlichen Verkehr zur Bezahlung einer Verbindlichkeit anerkannt sind. Darunter fallen insofern jede Art von Banknoten und Münzen, die bei einer Barzahlung einer Schuld benutzt werden. Unerheblich ist, ob es sich dabei um inländische Währung (dh Euro) oder ausl Währung handelt. IF von ausl Währungen sind insb Währungskursgewinne zu beachten. Erfasst werden aber auch Zahlungsmittel, die im wirtschaftlichen Verkehr der Barzahlung gleich gesetzt werden. Dabei handelt es sich insb um Wechsel und Schecks.[189] Da es sich dabei aber auch um Wertpapiere handelt, sind diese dort zu erfassen. Auch die Überweisung, die zu einer Gutschrift auf dem Empfängerkonto und damit zu einer Forderung gg die jeweilige Empfängerbank führt, ist im wirtschaftlichen Verkehr den Barzahlungsmitteln gleich gesetzt. Allerdings dürfte insoweit der Forderungscharakter den Zahlungsmittelcharakter überwiegen. Deshalb wird ein Bankguthaben (auch wenn es sich um Sparguthaben handelt) unter den Vermögenswert „Forderung" zu subsumieren sein.[190] In der Praxis hat diese Frage keinerlei Auswirkungen. Auch Postwertzeichen, Wertmarken oÄ können theoretisch unter den Begriff des Zahlungsmittels fallen. Da mit diesen idR keine passiven Einkünfte iSd § 8 Abs 1 erzielt werden, werden sie kaum praktische Relevanz haben.

151 Eine **Forderung** ist das Recht des Gläubigers, aus einem Schuldverhältnis heraus die geschuldete Leistung vom Schuldner zu verlangen. Grds kann dabei jede Art der Leistung geschuldet werden. Teilw wird verlangt, dass es sich für Zwecke des § 7 Abs 6, 6a um eine Geldforderung handeln muss.[191] Diese Beschränkung ergibt sich daraus, dass es sich bei den mit der Forderung erzielten Einkünften um solche mit Kapitalanlagecharakter handeln muss. Eine solche Kapitalanlage liegt nur vor bei der Überlassung von Geld oÄ. Nicht erfasst werden daher Forderungen, die auf realwirtschaftlichen Lieferungsbeziehungen (zB Kaufverträgen) beruhen. Auch die FinVerw beschränkt den Anwendungsbereich auf Kapitalforderungen, indem nach ihrer Auf-

187 *S/K/K* § 7 Rn 194.
188 **AA** *S/K/K* § 7 Rn 194.
189 *S/K/K* § 7 Rn 195.
190 *F/W/B/S* § 7 Rn 196.
191 *S/K/K* § 7 Rn 196.

fassung Einkünfte mit Kapitalanlagecharakter Einkünfte iSd § 20 EStG sind. Dort sind gem § 20 Abs 1 Nr 7 EStG nur Einkünfte aus Kapitalforderungen erfasst.

Auch Forderungen zwischen verbundenen Unternehmen werden erfasst. Ob diese im Rahmen einer Konzernbilanz im Wege der Konsolidierung zu eliminieren sind, ist für die Frage der erweiterten Hinzurechnungsbesteuerung unerheblich. Dies ist nur eine Frage der bilanziellen Darstellung, die an dem Bestehen der Forderung nichts ändert. **152**

Wertpapiere sind Urkunden, die zur Geltendmachung der in ihnen verbrieften Rechte vorgelegt werden müssen.[192] Werden durch die Urkunden Forderungen verbrieft, so ist eine Abgrenzung zu diesem Tatbestandsmerkmal vorzunehmen. Entscheidend ist, welcher Aspekt überwiegt. Um Wertpapiere wird es sich daher dann handeln, wenn sich die Inhaberschaft der Forderung nach dem Eigentum an der Urkunde richtet (Wertpapiere ieS). Wertpapiere ieS sind daher alle Inhaber- oder Orderpapiere.[193] Entspr wird eine Forderung iSd § 7 Abs 6a vorliegen, wenn das Eigentum an der Urkunde sich nach der Inhaberschaft an der Forderung richtet (Wertpapiere iwS). Bei solchen Wertpapieren handelt es sich um Namenspapiere.[194] In der Praxis ist diese Einordnung ohne Bedeutung. Unter die Definition eines Wertpapiers fallen Schecks (Art 28 Abs 1 ScheckG), Wechsel (Art 38 Abs 1 WG), Inhaberschuldverschreibungen (§§ 793, 797 BGB), Aktien, GmbH-Anteile (bei den beiden letzteren dürfte allerdings die Einordnung als Beteiligung vorgehen), Hypotheken- oder Grundschuldbriefe, Genussscheine, Zinsscheine, festverzinsliche Wertpapiere, kaufmännische Orderpapiere (§ 363 HGB) etc Für die Hinzurechnungsbesteuerung werden diese Wertpapiere aber nur dann relevant, wenn der StPfl aus ihnen passive Einkünfte iSd § 8 Abs 1 erzielen kann, die Kapitelanlagecharakter haben. Hypotheken und Grundschulden sind dingliche Belastungen eines Grundstücks zur Sicherung einer Geldforderung. Eine Kapitalanlage liegt in der Bestellung eines solchen Sicherungsrechts grds nicht. Etwas anderes kann sich aber ergeben, wenn zwischen der Kapitalanlage und der für diese Anlage bestellten dinglichen Sicherheit ein so enger Zusammenhang besteht, dass diese Qualifikation auch auf die mit der Hypothek oder Grundschuld erzielten Einkünfte abfärbt. Das Gleiche gilt für kaufmännische Orderpapiere. Auch diese können nur dann zu Einkünften mit Kapitalanlagecharakter führen, wenn sie selbst der Kapitalanlage dienen oder über die Leistung von Geld iS einer Kapitalanlage ausgestellt werden und dabei der Charakter einer Kapitalanlage abfärbt. **153**

Eine **Beteiligung** vermittelt einen Anteil an einer KapGes. Der Anteil stellt die Gegenleistung für eine Kapitalüberlassung an die Körperschaft dar. Da sich das Interesse des Anteilsinhabers insofern idR darauf beschränkt, Einkünfte durch die Kapitalüberlassung zu erzielen, ohne selbst unternehmerisch tätig zu werden (eine Ausnahme dazu ist eine Einmann-KapGes), werden idR Einkünfte mit Kapitalanlagecharakter erzielt. Dies ist anders bei einem Anteil an einer PersGes. Bei einer solchen Beteiligung steht idealtypischer Weise nicht die Kapitalanlage im Vordergrund (eine Ausnahme dazu ist die Publikums-PersGes). Die zu erbringende Leistung kann vielmehr auch in Dienstleistungen bestehen. Eine PersGes zeichnet sich gerade dadurch aus, dass nicht die Kapitalanlage, sondern der persönliche (mitunternehmerische) Einsatz der Gesellschafter im Vordergrund steht. Eine Beteiligung an einer PersGes kann **154**

192 *K Schmidt* HandelsR, S 689 mwN.
193 *K Schmidt* HandelsR, S 690.
194 *K Schmidt* HandelsR, S 690.

daher (wenn überhaupt) nur dann zu Einkünften mit Kapitalanlagecharakter führen, wenn die PersGes ihrerseits solche Einkünfte erzielt.[195]

155 Die ZwischenGes wird in der Regel aus Beteiligungen Einkünfte in Form von Gewinnausschüttungen beziehen. Diese Einkünfte, die von § 8 Abs 1 Nr 8 erfasst sind, werden allerdings explizit von § 7 Abs 6a ausgenommen. Da es sich bei Einkünften mit Kapitalanlagecharakter um passive Einkünfte handeln muss, hat diese Ausnahme indes nur klarstellende Funktion:[196] Gewinnausschüttungen sind gem § 8 Abs 1 Nr 8 aktiv, so dass sie schon aus diesem Grund nicht von § 7 Abs 6a erfasst sein können. Das Gleiche gilt für Veräußerungsgewinne und Kapitalherabsetzungen. Auch diese Einkünfte sind gem § 8 Abs 1 Nr 9 aktiv und können daher aus diesem Grund schon keine Einkünfte mit Kapitalanlagecharakter sein.

156 Als Auffangtatbestand sieht das Gesetz vor, dass auch Einkünfte mit Kapitalanlagecharakter aus **„ähnlichen Vermögenswerten"** erzielt werden können. Der Begriff der Vermögenswerte umfasst seinem Wortlaut nach alle Wirtschaftsgüter, die potentiell zur Vermögensanlage geeignet sind (so insb Immobilien).[197] Allerdings sollen nur die Vermögenswerte erfasst werden, die den vorher genannten Wirtschaftsgütern ähnlich sind. Bei diesen handelt es sich zwar um die unterschiedlichsten Formen von Wirtschaftsgütern. Allen gemeinsam ist allerdings, dass sie auf der Überlassung von Kapital beruhen.[198] Diese Wertung ist auch auf die „ähnlichen Vermögenswerte" zu übertragen. In der Praxis werden daher insbesondere Anlagen in Finanzierungsinstrumente und neue Kapitalmarktprodukte erfasst werden, die nicht unter die vorher genannten Tatbestände fallen.

157 **c) Ausnahme zu den Einkünften mit Kapitalanlagecharakter.** Einkünfte, die zwar grds unter die Definition des § 7 Abs 6a fallen, sind dann keine Einkünfte mit Kapitalanlagecharakter, wenn sie aus einer Tätigkeit stammen, die selbst einer aktiven Tätigkeit iSd § 8 Abs 1 Nr 1–6 dient. Auf Grund der funktionalen Betrachtungsweise iRd Aktivkatalogs des § 8 Abs 1 (s ausf dazu Rn 13 ff) kann es zu Überschneidungen beider Regelungsbereiche kommen. Auch wenn beide Regelungen im Ergebnis dazu führen, dass keine erweiterte Hinzurechnung zu erfolgen hat, da keine Einkünfte mit Kapitalanlagecharakter vorliegen, ist die Abgrenzung der Regelungsbereiche in der Praxis von erheblicher Bedeutung. Im Rahmen des Aktivkatalogs des § 8 Abs 1 gilt der allg Untersuchungsgrundsatz gem § 88 AO, wobei den StPfl gem § 90 Abs 2 AO eine erweiterte Mitwirkungspflicht trifft. Diese erhöhte Mitwirkungspflicht führt nicht zu einer Beweiselastumkehr.[199] Demgegenüber statuiert § 7 Abs 6a eine erhebliche Erweiterung der Pflichten des StPfl zu seinen Lasten:[200] Kommt es darauf an, ob eine Ausnahme iSd § 7 Abs 6a vorliegt, ist dafür der **StPfl beweispflichtig**. Der Gesetzgeber geht daher von einer erweiterten Hinzurechnungsbesteuerung aus, soweit der StPfl nicht das Gegenteil beweisen kann.

158 Ob aktive Einkünfte iSd § 8 Abs 1 vorliegen, ist nach der funktionalen Zuordnung der fraglichen Einkünfte zu bestimmen (s ausf dazu § 8 Rn 13 ff). Maßgeblich ist, ob die

195 *S/K/K* § 7 Rn 199.
196 *S/K/K* § 7 Rn 200.
197 Zu diesem Problem s auch *S/K/K* § 7 Rn 198.
198 *F/W/B/S* § 7 Rn 202.
199 *Schwarz* AO, § 90 Rn 18 mwN.
200 Ähnlich *S/K/K* § 7 Rn 201.

Einkünfte das Ergebnis einer einheitlichen Tätigkeit sind. Dies ist jedenfalls der Fall, wenn die fraglichen Einkünfte Neben- oder Hilfstätigkeit zu einer aktiven Tätigkeit sind. Dann können schon deshalb keine Zwischeneinkünfte mit Kapitalanlagecharakter vorliegen. Nach dem Wortlaut des § 7 Abs 6a sind von diesen Einkünften, die aus einer aktiven Tätigkeit stammen, die Einkünfte zu unterscheiden, die einer solchen aktiven Tätigkeit dienen, ohne aus ihr zu stammen.[201] Die Ausnahme des Abs 6a schränkt damit den Anwendungsbereich der erweiterten Hinzurechnungsbesteuerung ein. Nach der Auffassung der FinVerw stammen Einkünfte dann nicht aus einer aktiven, sondern einer passiven Tätigkeit, wenn die passive Tätigkeit nach der Verkehrsauffassung einen Bereich mit eigenständigem wirtschaftlichem Schwergewicht darstellt.[202] In diesem Fall können die passiven Einkünfte aber der Erzielung von aktiven Einkünften dienen.

Beispiel: Die in Deutschland ansässige A-GmbH ist einzige Gesellschafterin einer ausl TochterGes, der B-B.V. Diese wiederum hält 100 % der Anteile an einer EnkelGes, der C-S. A., die in einem Hochsteuerland ansässig ist. Die B-B.V. produziert Waren und ist damit aktiv tätig. Allerdings unterliegt sie in ihrem Ansässigkeitsstaat einer niedrigen Besteuerung. Die EnkelGes stellt Vorprodukte für die von der B-B.V. hergestellten Waren her. Auch sie übt damit eine aktive Tätigkeit iSd § 8 Abs 1 Nr 2 aus. Das für die Produktion der Vorprodukte notwendige Kapital wird ihr von der B-B.V. darlehensweise überlassen. Die B-B.V. selbst hat dieses Kapital teilw innerhalb der Gruppe aufgenommen, teilw aus Eigenkapital finanziert. Die Zinseinkünfte aus der Überlassung des Kapitals an die C-S. A. sind keine aktiven Einkünfte, da sie die Anforderungen des § 8 Abs 1 Nr 7 nicht erfüllen. Zudem gehören sie funktional nicht zu der Produktion. Allerdings dient die Vergabe des Kapitals und damit auch die Zinseinkünfte der Produktion der B-B.V. Ohne die Vorprodukte der C-S. A. wäre die Produktion der B.-B.V. nicht möglich. Damit dient die Erzielung der Zinsen der eigenen aktiven Tätigkeit der B-B.V. Somit sind die Zinsen keine Zwischeneinkünfte mit Kapitalanlagecharakter iSd § 7 Abs 6a.

d) Gegenausnahme. Eine Gegenausnahme sieht § 7 Abs 6a für den Fall vor, dass es sich um eine Tätigkeit iSd § 1 Abs 1 Nr 6 KWG handelt. Dann soll es zu einer erweiterten Hinzurechnungsbesteuerung kommen. § 1 Abs 1 Nr 6 KWG ist mit dem Investmentänderungsgesetz v 21.12.2007 aufgehoben worden. Die Gegenausnahme hat daher keinen Anwendungsbereich mehr. Die Abschaffung der vorher in § 1 Abs 1 Nr 6 KWG geregelten Kreditinstituteigenschaft der KapitalanlageGes beruht auf der Umsetzung der OGAW-Richtlinie.[203] 159

VII. Verhältnis zum InvStG (Abs 7)

1. Ausnahmen zur Hinzurechnungsbesteuerung. § 7 Abs 7 enthält eine Einschränkung des Anwendungsbereichs der Hinzurechnungsbesteuerung für Sachverhalte, die unter das Investmentsteuergesetz (InvStG) fallen. Damit soll eine doppelte Berücksichtigung der Beträge verhindert werden, die bereits vom InvStG erfasst werden. Dabei gilt diese Befreiung für alle Einkünfte, auf die das InvStG anzuwenden ist. Nicht erforderlich ist, dass es tatsächlich zu einer Besteuerung nach dem InvStG 160

201 S zu dem Problem *S/K/K* § 7 Rn 201; *F/W/B/S* § 7 Rn 207 hält diese Unterscheidung wohl für unmöglich.

202 *BMF* BStBl I 2004, Sondernr 1, Tz 8.0.2.

203 OGAW-RL 85/611/EWG.

gekommen ist.[204] Damit sind auch ausl Spezial-Sondervermögen iSd § 16 InvStG erfasst, die als Sondervermögen nicht besteuert werden und bei denen es nicht einmal zu einer Strafbesteuerung gem § 6 InvStG kommen kann.[205] Es reicht die **generelle Anwendbarkeit des InvStG** aus. Unter das InvStG fallen hauptsächlich offene Fonds in der Form eines nicht rechtsfähigen Sondervermögens oder einer inländischen InvestmentaktienGes. Offene Fonds zeichnen sich dadurch aus, dass ihr Anlegerkreis nicht beschränkt ist. Steht der Fonds nur einem begrenzten Anlegerkreis offen, so handelt es sich idR um einen geschlossenen Fonds. Dieser unterliegt regelmäßig als PersGes nicht der Ertragsbesteuerung (mit der Ausnahme etwaiger Gewerbesteuer). Die Besteuerung findet auf Ebene der Investoren nach den Regeln des Einkommen- bzw Körperschaftsteuergesetzes statt. Das InvStG ist in diesem Fall nicht anwendbar.

161 Für § 7 Abs 7 ist auf das InvStG in der jeweils geltenden Fassung abzustellen. Die Ausnahme von der Hinzurechnungsbesteuerung ist daher nicht statisch, sondern hängt von den von dem jeweiligen InvStG erfassten Einkünften ab. Daher ist zunächst in jedem Einzelfall zu prüfen, welche Gesetzesfassung des InvStG anzuwenden ist. Da die Hinzurechnungsbesteuerung nur subsidiär anzuwenden ist, wenn das InvStG nicht eingreift, hat der StPfl keine Wahl, welches Gesetz zur Anwendung kommt. Es ist daher bspw nicht möglich, über die Wahl der Hinzurechnungsbesteuerung der „Strafbesteuerung" des § 6 InvStG zu entgehen, die immer dann eingreift, wenn die gem § 5 InvStG erforderlichen Bekanntmachungen nicht vorgenommen werden.[206]

162 Für die Frage, ob die Regelungen über die Hinzurechnungsbesteuerung im Zusammenhang mit einem Fonds, der dem InvStG unterliegt, zur Anwendung kommen, sind **drei verschiedene Sachverhalte** zu unterscheiden: Ein Fonds kann an einer ausl ZwischenGes beteiligt sein, eine ausl ZwischenGes ist an einem Fonds beteiligt oder der Fonds selbst ist eine ZwischenGes.[207]

163 Bei den fraglichen Einkünften muss es sich um Erträge der ausl ZwischenGes handeln, die unter das InvStG fallen. Damit wird zunächst der Fall erfasst, dass das ausl Sondervermögen zugleich ZwischenGes ist. Von § 7 Abs 7 wird hingegen nicht die Hinzurechnungsbesteuerung für den Fall ausgeschlossen, dass ein Investment-Fonds an einer ausl ZwischenGes beteiligt ist.[208]

164 Ist ein **Fonds an einer ausl ZwischenGes beteiligt**, so kann die Anwendung der §§ 7 ff auf Ebene der ausl ZwischenGes nicht durch § 7 Abs 7 ausgeschlossen werden. Voraussetzung dafür wäre, dass das InvStG auf Ebene der ZwischenGes Anwendung findet. Die Hinzurechnungsbesteuerung erfolgt daher nach den allg Regeln, wobei aber Besonderheiten, die sich aus der Anwendung des InvStG auf Ebene des Fonds, dh des Anteilseigners der ZwischenGes, ergeben, zu berücksichtigen sind. Ob eine Hinzurechnungsbesteuerung auf Ebene des Fonds stattfindet, hängt von dessen Rechtsform ab. Handelt es sich um einen geschlossenen Fonds (und damit um eine PersGes), so wird der Fonds für die Frage der Beherrschungsbeteiligung negiert. Entscheidend ist, ob in Deutschland ansässige Anteilsscheininhaber – möglicherweise

204 *Dettmeier/Dörr* BB 2004, 2383, 2386.

205 *Fock* IStR 2006, 734, 737.

206 Vergleiche insgesamt zu der Besteuerung von Investmentvermögen *Lübbehüsen/Schmitt* DB 2003, 1696 ff.

207 S dazu *Wassermeyer* IStR 2001, 193, 197.

208 *S/K/K* § 7 Rn 214.

zusammen mit anderen in Deutschland Ansässigen oder Personen iSd § 2 – mehr als 50 % der Anteile oder Stimmrechte an der ausl ZwischenGes halten. Der Fonds wird iRd Hinzurechnungsbesteuerung wie jede andere PersGes behandelt. Unbeachtlich ist daher auch, ob es sich um einen inländischen oder ausl Fonds handelt.

Handelt es sich bei dem Fonds um eine KapitalGes bzw ein Sondervermögen (und damit um ein Körperschaftsteuersubjekt), so ist zu unterscheiden, ob es ein inländischer oder ein ausl Fonds ist. IF eines inländischen Fonds kann zwar grds eine Hinzurechnung erfolgen.[209] Unterliegt der Fonds dem InvStG, so ist er aber gem § 11 Abs 1 S 2 InvStG von der Körperschaftssteuer und der Gewerbesteuer befreit. Von dieser Steuerbefreiung ist das gesamte Einkommen und damit auch der Hinzurechnungsbetrag auf Ebene des Fonds erfasst. Eine Hinzurechnungsbesteuerung kommt auch nicht auf Ebene der Investoren in Betracht. Diese sind nicht an der ausl ZwischenGes beteiligt. IF eines ausl Fonds kommt eine Hinzurechnungsbesteuerung nur unter den Voraussetzungen in Betracht, die für eine mittelbare Beteiligung an einer ZwischenGes gelten (s ausf dazu Rn 83 ff. Die Ermittlung der Zwischeneinkünfte auf Ebene des Fonds hat gem § 10 Abs 3 S 1 HS 2 nach dem InvStG zu erfolgen. Ob und in welcher Höhe es auf Ebene der Investoren zu einer Hinzurechnungsbesteuerung kommt, richtet sich nach den allg Vorschriften. 165

Ist die ausl **ZwischenGes an einem Fonds** beteiligt,[210] so wirkt sich dies insb auf die Ermittlung der Zwischeneinkünfte aus. Die Ermittlung hat gem § 10 Abs 3 S 1 HS 2 nach den Vorschriften des InvStG zu erfolgen. Ausschüttungen des Fonds sind nur dann aktive Einkünfte iSd § 8 Abs 1 Nr 7, wenn es sich bei dem Fonds um eine KapitalGes handelt.[211] Ist dies nicht der Fall, so liegen mangels Aufzählung im Aktivkatalog des § 8 Abs 1 passive Einkünfte vor. Die Hinzurechnung auf Ebene des Gesellschafters der ZwischenGes erfolgt dann nach den allg Regelungen. Da § 10 Abs 3 S 1 HS 2 die Anwendung des InvStG anordnet, greift auch § 7 Abs 7 ein.[212] Eine Hinzurechnungsbesteuerung kann daher nur unter den dort genannten – zusätzlichen – Voraussetzungen erfolgen. § 7 Abs 7 erfordert nicht, dass die jeweilige ZwischenGes als Fonds unter das InvStG fällt. Es reicht aus, dass auf die Einkünfte (und nicht auf die Ges) das InvStG anwendbar ist. Eine solche Anwendbarkeit kann sich daraus ergeben, dass die ZwischenGes in den Anwendungsbereich des InvStG fällt. Für einzelne Einkünfte ist das InvStG aber auch dann anwendbar, wenn es durch eine andere Norm – hier § 10 Abs 3 S 1 HS 2 – für anwendbar erklärt wird. 166

Ist der Fonds eine ZwischenGes, so ist zu prüfen, ob er unter das InvStG fällt. Da nur ausl Gesellschaften ZwischenGes sein können, ist für diese Frage auch nur auf den Anwendungsbereich des InvStG auf ausl Fonds abzustellen. Das InvStG ist nur auf **ausl Investmentvermögen** anwendbar. Nicht erfasst werden ausl Investmentaktiengesellschaften oder ausl KapitalanlageGes. Für diese kann die Ausnahme von der Hinzurechnungsbesteuerung daher nicht gelten. Sie unterliegen im allg Rahmen der Hinzurechnung. Bei einem inländischen Investmentvermögen handelt es sich gem § 11 Abs 1 InvStG um ein Zweckvermögen iSd § 1 Abs 1 Nr 5 KStG. Für ausl Investmentvermögen enthält das InvStG keine derartige Definition. Allerdings wird es sich in 167

209 *Schnitger/Schachinger* BB 2007, 801, 806.
210 S zu dieser Konstellation *Schnitger/Schachinger* BB 2007, 801, 806.
211 *Fock* IStR 2006, 734, 738.
212 AA *Fock* IStR 2006, 734, 738.

diesem Fall schon nach § 1 Abs 1 Nr 5 KStG um ein Zweckvermögen handeln. Einer zusätzlichen Definition oder Fiktion bedarf es daher nicht. Da es sich bei dem Investmentsondervermögen um ein Zweckvermögen handelt, kann es sich dabei auch um eine ZwischenGes handeln. Für eine solche ist nur Voraussetzung, dass es sich um ein Körperschaftsteuersubjekt iSd § 1 Abs 1 KStG handelt. Weiterhin müssen auf die Einkünfte des ausl Investmentvermögen die Regelungen des InvStG anwendbar sein. Erforderlich ist daher eine Betrachtung auf Ebene des ausl Vermögens, nicht auf Ebene des (in- oder ausl) Investors. Unerheblich ist, wie die Einkünfte bei diesem behandelt werden. Ebenso kommt es nicht darauf an, ob es sich für die Erfassung der Einkünfte bei dem Investor um Ausschüttungen, ausschüttungsgleiche Beträge (§ 1 Abs 3 InvStG) oder Zwischengewinne (§ 1 Abs 4 InvStG) handelt.

168 **2. Anwendung der Hinzurechnungsbesteuerung.** Eine Ausnahme von der Ausnahme zur Hinzurechnungsbesteuerung besteht, wenn die Ausschüttungen oder ausschüttungsgleichen **Erträge, die das Sondervermögen vermittelt, nach einem DBA von der inländischen Bemessungsgrundlage auszunehmen** wären. Damit werden die Fälle erfasst, in denen das DBA eine Freistellung bei Schachtelbeteiligungen vorsieht.[213] Anders als bei der Ermittlung der Anwendung des InvStG ist hier nicht auf die Ebene des Investmentvermögens, sondern auf die Ebene des Investors abzustellen. Durch diese Ausnahme von der Ausnahme werden die Fälle erfasst, in denen es auf Grund des Zusammenspiels der Regelungen des DBA und des InvStG zu einer nicht erwünschten niedrigen Besteuerung kommt.[214] Im Regelfall wird die angemessene Besteuerung von Einkünften aus einem Sondervermögen durch eine Besteuerung dieser Erträge in voller Höhe beim Investor, dh in Deutschland, sichergestellt. Diese Besteuerung kann aber dann nicht erfolgen, wenn Deutschland auf Grund eines DBA das Besteuerungsrecht für diese Einkünfte nicht zusteht. In diesem Fall kann das dt Steuerniveau nur noch durch die Anwendung der Hinzurechnungsbesteuerung erreicht werden. Dies stellt § 7 Abs 7 sicher, indem es das AStG weiterhin für anwendbar erklärt, wenn Deutschland die Einkünfte abkommensrechtlich von der Bemessungsgrundlage ausnehmen muss. In diesem Fall sind die Regelungen der Hinzurechnungsbesteuerung nicht subsidiär zur Besteuerung nach dem InvStG. Unschädlich ist es dagegen, wenn die Steuerfreiheit der Erträge beim Investor (nicht auf Ebene des Sondervermögens) auf anderen Regelungen beruht. Die Steuerfreiheit der ausgeschütteten Erträge gem § 2 Abs 3 InvStG, die auf der Veräußerung von Grundstücken oder grundstücksgleichen Rechten beruht, die außerhalb der Spekulationsfrist veräußert werden, ist daher unschädlich. Dies gilt selbst dann, wenn die Regelungen über die Steuerfreiheit den Regelungen des DBA nachgebildet sind, wie zB § 4 Abs 1 InvStG.[215] Danach sind die ausgeschütteten und ausschüttungsgleichen Erträge beim Investor nicht zu versteuern, wenn sie auf Einkünften beruhen, für die Deutschland nach einem DBA kein Besteuerungsrecht hat. Insofern knüpft § 4 Abs 1 InvStG an die Aufteilung der Besteuerungsbefugnisse des DBA an. Da die Erträge aber nach nationalem Recht (§ 4 Abs 1 InvStG) und nicht nach DBA steuerfrei sind, greift die Gegenausnahme des § 7 Abs 7 nicht. Die direkte Anwendung des DBA wird in den von § 4 Abs 1 InvStG erfassten Fällen in der Regel nicht möglich sein, da der Fonds nicht abkommensberechtigt sein wird (zur Abkommensberechtigung s Art 4 MA

213 ZB das DBA mit Luxemburg.

214 Für Beispiele dazu s *Fock* IStR 2006, 734, 736.

215 S zu diesem Problem *Schnitger/Schachinger* BB 2007, 801, 804.

Rn 48ff).[216] Dies ist systemkonform, weil der dt Gesetzgeber insoweit entschieden hat, dass für solche Erträge weder auf Ebene des Sondervermögens noch auf Ebene des Investors eine Besteuerung erfolgen soll. Daher ist auch keine Durchsetzung des dt Steuerniveaus iRd Hinzurechnungsbesteuerung erforderlich.

169 Das inländische Sondervermögen ist gem § 11 Abs 1 S 1 InvStG von der Körperschaftsteuer befreit. Um zu verhindern, dass damit einer Ertragsbesteuerung vollständig entgangen werden kann, kommt es bei dem Investor nicht nur zu einer Besteuerung des ausgeschütteten Ertrags, sondern auch des ausschüttungsgleichen Ertrags und von Zwischengewinnen. Bei der Besteuerung greift das Teileinkünfteverfahren bzw das Freistellungsverfahren bei Körperschaftsteuersubjekten grds nicht (§ 2 Abs 1 Nr 1 HS 2 InvStG). Nur soweit in den dem Investor zuzurechnenden Erträgen Einkünfte enthalten sind, die gem § 43 Abs 1 S 1 Nr 1 EStG (im Wesentlichen Dividenden) der Kapitalertragsteuer unterliegen, greift das Teileinkünfteverfahren. Ausschüttungen sind Beträge, die an den Investor tatsächlich ausgezahlt werden oder ihm gutgeschrieben werden (§ 1 Abs 3 S 1 InvStG). Erträge sind ausschüttungsgleich, wenn es sich dabei um Kapitaleinkünfte (außer Stillhalteprämien gem § 20 Abs 1 Nr 11 EStG, Einkünfte aus Termingeschäften gem § 20 Abs 2 S 1 Nr 3 EStG und Wertpapierveräußerungsgeschäften), Einkünfte aus der Vermietung oder Verpachtung von Grundstücken und grundstücksgleichen Rechten oder aus sonstigen Veräußerungsgeschäften iSd § 23 Abs 1 S 1 Nr 1, Abs 2 und 3 EStG handelt. Bei letzteren handelt es sich um Gewinne aus Grundstücksveräußerungen. Zwischengewinne sind dagegen gem § 1 Abs 4 InvStG Erträge, die dem Investor weder als Ausschüttung zugeflossen sind noch als ausschüttungsgleiche Erträge als zugeflossen gelten, und die Einnahmen iSd § 20 Abs 1 Nr 7 EStG (Zinserträge) oder iSd § 20 Abs 2 S 1 Nr 2 lit b EStG (Veräußerungsgewinne aus Zinsscheinen ohne Veräußerung der Schuldverschreibung) sind. Erfasst werden auch Ansprüche auf diese Einnahmen. Zudem gehören zu den Zwischengewinnen auch alle Erträge, die bei anderen Investmentvermögen, deren Anteile das inländische Investmentvermögen hält, zu Zwischenerträgen führen.

170 § 7 Abs 7 stellt nur auf Ausschüttungen und ausschüttungsgleiche Erträge ab. Nicht erfasst werden Zwischengewinne. Das Vorliegen von Zwischengewinnen kann daher unter keinen Umständen zu einer Anwendung der Hinzurechnungsbesteuerung führen. Dies ist inkonsequent, da gem § 2 Abs 1 S 1 InvStG auch die Zwischengewinne zu den Einkünften aus Kapitalvermögen gehören und insoweit keine Sonderregelungen eingreifen. Grds stellen sich daher auch bei den Zwischengewinnen die gleichen Probleme wie bei Ausschüttungen oder ausschüttungsgleichen Beträgen. Für eine Differenzierung liegt daher kein Grund vor. IF von Ausschüttungen oder ausschüttungsgleichen Erträgen kommt es nur dann zu einer Anwendung der Hinzurechnungsbesteuerung, wenn diese bei dem Anteilsscheininhaber nach einem DBA von der Bemessungsgrundlage auszunehmen wären. Bei den Ausschüttungen und den ausschüttungsgleichen Erträgen handelt es sich aus dt Sicht gem § 2 Abs 1 InvStG um Einkünfte iSd § 20 Abs 1 Nr 1 EStG, dh um Dividenden. Daher ist für die Frage, ob diese Einkünfte nach dem DBA von der Bemessungsgrundlage auszunehmen sind, der Dividendenartikel des jeweiligen DBA[217] iVm dem jeweiligen Methodenartikel anzuwenden (Art 10 iVm Art 23 MA). Da der Dividendenartikel idR kein ausschließ-

216 *Fock* IStR 2006, 734, 736.
217 So implizit auch *F/W/B/S* § 7 Rn 246.

liches Besteuerungsrecht des Quellenstaates vorsieht, kann ein Ausnehmen von der Bemessungsgrundlage nur auf dem Methodenartikel beruhen. Nach diesem muss auch für Dividenden die Freistellungsmethode anwendbar sein. Dies ist in der dt Abkommenspraxis nur bei Schachteldividenden der Fall.[218] Eine entspr Regelung enthalten zB die Abkommen mit Ägypten, Bolivien, China, Dänemark, Estland, Frankreich, Indien, Italien, Kanada, Malta, Mexiko, Norwegen, Österreich, Polen, Rumänien, Russland, Schweden, Türkei, Uruguay und USA.[219] Es kann daher in diesen Fällen zu einer Hinzurechnungsbesteuerung kommen, auch wenn die Regelungen des InvStG grds anwendbar sind.

VIII. Beteiligung an einem REIT

171 **1. Zielsetzung.** § 7 Abs 8 enthält eine **Erweiterung des Anwendungsbereichs** der Hinzurechnungsbesteuerung. Abw von § 7 Abs 1 iVm Abs 2–4 ist für die Hinzurechnung keine Beteiligung von mehr als 50 % erforderlich. Es genügt jede Beteiligung, unabhängig von ihrer Höhe, wenn die Voraussetzungen des § 7 Abs 8 vorliegen. § 7 Abs 8 soll verhindern, dass das Besteuerungssystem nach dem REITG umgangen wird und somit die vom REIT erwirtschafteten Erträge insgesamt nur gering besteuert bei dem Anleger ankommen und dort der günstigen Besteuerung als Dividende unterliegen.[220]

172 § 7 Abs 8 greift nur ein, wenn die ausl Ges an einem REIT iSd § 16 REITG beteiligt ist. Dabei handelt es sich um eine REIT-AktienGes und somit um eine **inländische Ges**, da eine REIT-AktienGes gem § 9 REITG ihren Sitz und ihre Geschäftsleitung im Inland haben muss. Als inländische Körperschaft ist der REIT grds gem § 1 Abs 1 Nr 1 KStG in Deutschland körperschaftsteuerpflichtig. Davon macht § 16 REITG eine Ausnahme. Nach dieser Norm ist der REIT persönlich steuerbefreit. Im Gegenzug dafür unterliegen die Ausschüttungen des REIT auf Ebene der Anteilseigner der vollen Besteuerung, also nicht dem Teileinkünfteverfahren bzw Freistellungsverfahren, sondern sind in voller Höhe zu besteuern (§ 19 Abs 3 REITG). Durch die Ausschüttungsverpflichtung des REIT in Höhe von 90 % des handelsrechtlichen Jahresüberschusses wird eine angemessene Besteuerung der vom REIT erzielten Gewinne sichergestellt. Dieses System könnte umgangen werden, wenn der inländische Anteilseigner die Anteile am REIT nicht direkt hält, sondern eine ausl Ges in einem Niedrigsteuerland dazwischen schaltet. Auf Ebene des REIT würde wegen dessen Steuerfreiheit keine Körperschaftssteuer anfallen. Die Dividenden an den ausl Anteilseigner könnten nur mit Quellensteuer belastet werden. Auf Ebene der ausl Ges wären diese Einkünfte als Dividendeneinkünfte idR steuerfrei. Schüttet die ausl Ges jetzt die von ihr vereinnahmten Dividenden weiter an den inländischen Anteilseigner aus, so unterliegen die Dividenden wiederum auf Ebene des Anteilseigners in Deutschland dem Teileinkünfte- bzw dem Freistellungsverfahren. Damit könnte durch diese Gestaltung die Ertragsbesteuerung vermindert werden, da insgesamt nur zweimal Kapitalertragsteuer und einmal eine vorteilhafte Dividendenbesteuerung zur Anwendung kommt.

173 **2. Anwendungsbereich.** § 7 Abs 8 erklärt die Hinzurechnung nach Abs 1 für anwendbar auf jede Beteiligung des StPfl an der ausl Ges, die ihrerseits an dem dt REIT beteiligt ist. Damit kommt es zu einer Erweiterung des Anwendungsbereichs der Hin-

218 Diesen Anwendungsfall s auch *BMF* BStBl I 2004, Sondernr 1, S 3, Tz 7.7.
219 Zu einer umfassenden Aufzählung s *Vogel/Lehner* Art 23 Rn 96.
220 *Wassermeyer* IStR 2008, 197.

zurechnungsbesteuerung. Auch für die Beteiligung der ausl Ges an dem dt REIT ist keine Mindestbeteiligungsquote vorgesehen. Eine solche ergibt sich aber aus § 14 Abs 2 iVm Abs 1, der für die Hinzurechnung der Einkünfte des REITs auf Ebene der ausl Ges eine Beteiligung iSd § 7 erfordert. In Anbetracht der Tatsache, dass gem § 11 Abs 3 REITG kein Aktionär unmittelbar zu mehr als 10 % an dem REIT beteiligt sein darf, könnte es zu einer Hinzurechnung daher nur kommen, wenn die ausl Ges auch mittelbar an dem REIT beteiligt ist. Zu beachten ist in diesem Zusammenhang auch, dass das Grundkapital des REIT mindestens 15 Mio EUR betragen muss (§ 4 REITG). Daher werden die einzelnen Beteiligungen an dem REIT sehr klein sein. Etwas anderes würde nur gelten, wenn die einzelnen Beteiligungen der Anleger über die ausl Ges gebündelt werden. Auch dann wäre aber die 10 % Grenze zu beachten. Da für die Beteiligung der ausl Ges an dem REIT eine (unmittelbare und/oder mittelbare) Beteiligung von mehr als 50 % erforderlich ist, verbleibt praktisch kein Anwendungsbereich für die Vorschrift.

3. Ausnahme (Börsenklausel). Eine **Ausnahme** für die Eröffnung des erweiterten Anwendungsbereichs bei Beteiligung der ZwischenGes an einem dt REIT besteht, wenn die **Aktien der ausl Ges an einer Börse gehandelt** werden. Dahinter steht die Auffassung des Gesetzgebers, dass eine Ges, deren Anteile an einer Börse gehandelt werden, nicht von einzelnen (oder wenigen) StPfl als Gestaltungsinstrument benutzt werden kann. Ob dies zutreffend ist, ist allerdings fraglich. **174**

Die Börsenklausel greift ein, wenn mit der Hauptgattung der Aktien der ZwischenGes ein wesentlicher und regelmäßiger Handel an einer anerkannten Börse stattfindet. Diese Formulierung ist Wortgleich aus Abs 6 S 3 übernommen (s daher für eine ausf Kommentierung Rn 132 ff). **175**

§ 8 Einkünfte von Zwischengesellschaften

(1) Eine ausländische Gesellschaft ist Zwischengesellschaft für Einkünfte, die einer niedrigen Besteuerung unterliegen und nicht stammen aus:

1. der Land- und Forstwirtschaft,

2. der Herstellung, Bearbeitung, Verarbeitung oder Montage von Sachen, der Erzeugung von Energie sowie dem Aufsuchen und der Gewinnung von Bodenschätzen,

3. dem Betrieb von Kreditinstituten oder Versicherungsunternehmen, die für ihre Geschäfte einen in kaufmännischer Weise eingerichteten Betrieb unterhalten, es sei denn, die Geschäfte werden überwiegend mit unbeschränkt Steuerpflichtigen, die nach § 7 an der ausländischen Gesellschaft beteiligt sind, oder solchen Steuerpflichtigen im Sinne des § 1 Abs. 2 nahe stehenden Personen betrieben,

4. dem Handel, soweit nicht

a) ein unbeschränkt Steuerpflichtiger, der gemäß § 7 an der ausländischen Gesellschaft beteiligt ist, oder eine einem solchen Steuerpflichtigen im Sinne des § 1 Abs. 2 nahe stehende Person, die mit ihren Einkünften hieraus im Geltungsbereich dieses Gesetzes steuerpflichtig ist, der ausländischen Gesellschaft die Verfügungsmacht an den gehandelten Gütern oder Waren verschafft, oder

b) die ausländische Gesellschaft einem solchen Steuerpflichtigen oder einer solchen nahe stehenden Person die Verfügungsmacht an den Gütern oder Waren verschafft,

es sei denn, der Steuerpflichtige weist nach, dass die ausländische Gesellschaft einen für derartige Handelsgeschäfte in kaufmännischer Weise eingerichteten Geschäftsbetrieb unter Teilnahme am allgemeinen wirtschaftlichen Verkehr unterhält und die zur Vorbereitung, dem Abschluss und der Ausführung der Geschäfte gehörenden Tätigkeiten ohne Mitwirkung eines solchen Steuerpflichtigen oder einer solchen nahe stehenden Person ausübt,

5. Dienstleistungen, soweit nicht

a) die ausländische Gesellschaft für die Dienstleistung sich eines unbeschränkt Steuerpflichtigen, der gemäß § 7 an ihr beteiligt ist, oder einer einem solchen Steuerpflichtigen im Sinne des § 1 Abs. 2 nahe stehenden Person bedient, die mit ihren Einkünften aus der von ihr beigetragenen Leistung im Geltungsbereich dieses Gesetzes steuerpflichtig ist,

oder

b) die ausländische Gesellschaft die Dienstleistung einem solchen Steuerpflichtigen oder einer solchen nahe stehenden Person erbringt, es sei denn, der Steuerpflichtige weist nach, dass die ausländische Gesellschaft einen für das Bewirken derartiger Dienstleistungen eingerichteten Geschäftsbetrieb unter Teilnahme am allgemeinen wirtschaftlichen Verkehr unterhält und die zu der Dienstleistung gehörenden Tätigkeiten ohne Mitwirkung eines solchen Steuerpflichtigen oder einer solchen nahe stehenden Person ausübt,

6. der Vermietung und Verpachtung, ausgenommen

a) die Überlassung der Nutzung von Rechten, Plänen, Mustern, Verfahren, Erfahrungen und Kenntnissen, es sei denn, der Steuerpflichtige weist nach, dass die ausländische Gesellschaft die Ergebnisse eigener Forschungs- oder Entwicklungsarbeit auswertet, die ohne Mitwirkung eines Steuerpflichtigen, der gemäß § 7 an der Gesellschaft beteiligt ist, oder einer einem solchen Steuerpflichtigen im Sinne des § 1 Abs. 2 nahe stehenden Person unternommen worden ist,

b) die Vermietung oder Verpachtung von Grundstücken, es sei denn, der Steuerpflichtige weist nach, dass die Einkünfte daraus nach einem Abkommen zur Vermeidung der Doppelbesteuerung steuerbefreit wären, wenn sie von den unbeschränkt Steuerpflichtigen, die gemäß § 7 an der ausländischen Gesellschaft beteiligt sind, unmittelbar bezogen worden wären, und

c) die Vermietung oder Verpachtung von beweglichen Sachen, es sei denn, der Steuerpflichtige weist nach, dass die ausländische Gesellschaft einen Geschäftsbetrieb gewerbsmäßiger Vermietung oder Verpachtung unter Teilnahme am allgemeinen wirtschaftlichen Verkehr unterhält und alle zu einer solchen gewerbsmäßigen Vermietung oder Verpachtung gehörenden Tätigkeiten ohne Mitwirkung eines unbeschränkt Steuerpflichtigen, der gemäß § 7 an ihr beteiligt ist, oder einer einem solchen Steuerpflichtigen im Sinne des § 1 Abs. 2 nahe stehenden Person ausübt,

7. der Aufnahme und darlehensweisen Vergabe von Kapital, für das der Steuerpflichtige nachweist, dass es ausschließlich auf ausländischen Kapitalmärkten und nicht bei einer ihm oder der ausländischen Gesellschaft nahe stehenden Person im Sinne des § 1 Abs. 2 aufgenommen und außerhalb des Geltungsbereichs dieses Gesetzes gelegenen Betrieben oder Betriebsstätten, die ihre Bruttoerträge ausschließlich oder fast ausschließlich aus unter die Nummern 1 bis 6 fallenden Tätigkeiten beziehen, oder innerhalb des Geltungsbereichs dieses Gesetzes gelegenen Betrieben oder Betriebsstätten zugeführt wird,

8. Gewinnausschüttungen von Kapitalgesellschaften,

9. der Veräußerung eines Anteils an einer anderen Gesellschaft sowie aus deren Auflösung oder der Herabsetzung ihres Kapitals, soweit der Steuerpflichtige nachweist, dass der Veräußerungsgewinn auf Wirtschaftsgüter der anderen Gesellschaft entfällt, die anderen als den in Nummer 6 Buchstabe b, soweit es sich um Einkünfte einer Gesellschaft im Sinne des § 16 des REIT-Gesetzes handelt, oder § 7 Abs. 6a bezeichneten Tätigkeiten dienen; dies gilt entsprechend, soweit der Gewinn auf solche Wirtschaftsgüter einer Gesellschaft entfällt, an der die andere Gesellschaft beteiligt ist; Verluste aus der Veräußerung von Anteilen an der anderen Gesellschaft sowie aus deren Auflösung oder der Herabsetzung ihres Kapitals sind nur insoweit zu berücksichtigen, als der Steuerpflichtige nachweist, dass sie auf Wirtschaftsgüter zurückzuführen sind, die Tätigkeiten im Sinne der Nummer 6 Buchstabe b, soweit es sich um Einkünfte einer Gesellschaft im Sinne des § 16 des REIT-Gesetzes handelt, oder im Sinne des § 7 Abs. 6a dienen.

10. Umwandlungen, die ungeachtet des § 1 Abs. 2 und 4 des Umwandlungssteuergesetzes zu Buchwerten erfolgen könnten; das gilt nicht, soweit eine Umwandlung den Anteil an einer Kapitalgesellschaft erfasst, dessen Veräußerung nicht die Voraussetzungen der Nummer 9 erfüllen würde.

(2) [1]Ungeachtet des Absatzes 1 ist eine Gesellschaft, die ihren Sitz oder ihre Geschäftsleitung in einem Mitgliedstaat der Europäischen Union oder einem Vertragsstaat des EWR-Abkommens hat, nicht Zwischengesellschaft für Einkünfte, für die unbeschränkt Steuerpflichtige, die im Sinne des § 7 Absatz 2 oder Absatz 6 an der Gesellschaft beteiligt sind, nachweisen, dass die Gesellschaft insoweit einer tatsächlichen wirtschaftlichen Tätigkeit in diesem Staat nachgeht. [2]Weitere Voraussetzung ist, dass zwischen der Bundesrepublik Deutschland und diesem Staat auf Grund der Amtshilferichtlinie gemäß § 2 Absatz 2 des EU-Amtshilfegesetzes oder einer vergleichbaren zwei- oder mehrseitigen Vereinbarung, Auskünfte erteilt werden, die erforderlich sind, um die Besteuerung durchzuführen. [3]Satz 1 gilt nicht für die der Gesellschaft nach § 14 zuzurechnenden Einkünfte einer Untergesellschaft, die weder Sitz noch Geschäftsleitung in einem Mitgliedstaat der Europäischen Union oder einem Vertragsstaat des EWR-Abkommens hat. [4]Das gilt auch für Zwischeneinkünfte, die einer Betriebsstätte der Gesellschaft außerhalb der Europäischen Union oder der Vertragsstaaten des EWR-Abkommens zuzurechnen sind. [5]Der tatsächlichen wirtschaftlichen Tätigkeit der Gesellschaft sind nur Einkünfte der Gesellschaft zuzuordnen, die durch diese Tätigkeit erzielt werden und dies nur insoweit, als der Fremdvergleichsgrundsatz (§ 1) beachtet worden ist.

(3) [1]Eine niedrige Besteuerung im Sinne des Absatzes 1 liegt vor, wenn die Einkünfte der ausländischen Gesellschaft einer Belastung durch Ertragsteuern von weniger als 25 Prozent unterliegen, ohne dass dies auf einem Ausgleich mit Einkünften aus anderen Quellen beruht. [2]In die Belastungsberechnung sind Ansprüche einzubeziehen, die der Staat oder das Gebiet der ausländischen Gesellschaft im Fall einer Gewinnausschüttung der ausländischen Gesellschaft dem unbeschränkt Steuerpflichtigen oder einer anderen Gesellschaft, an der der Steuerpflichtige direkt oder indirekt beteiligt ist, gewährt. [3]Eine niedrige Besteuerung im Sinne des Absatzes 1 liegt auch dann vor, wenn Ertragsteuern von mindestens 25 Prozent zwar rechtlich geschuldet, jedoch nicht tatsächlich erhoben werden.

BMF v 19.4.1971, Az IV B/2 – S 2170-31/71, BStBl I 1971, 264; *BMF* v 21.3.1972, Az F/IV B 2 – S 2170-11/72, BStBl I 192, 188; *BMF* v 22.12.1975, Az IV B 2 – S 2179-161/75, DB 1976, 172; *BMF* v 23.12.1991, Az IV B 2 – S 2179-115/91, BStBl I 1992, 13; *BMF* v 14.5.2004, Az IV B 4 – S 1340-11/04, BStBl I 2004, Sondernr 1, 3; *BMF* v 8.1.2007, Az S 1351, BStBl I 2007, 99; *BMF* v 10.12.2007 (UStR), BStBl I 2007, Sondernr 2; *BMF* v 17.7.2008, Az IV A 3 – S 62/08/10006, BStBl I 2008, 694; *BMF* v 12.8.2008 (FVerlVO), BGBl I 2008, 1680; *OFD Frankfurt* v 20.6.2006, Az S – 2170 A – 28 – St 219, FR 2006, 793

Übersicht

Literatur: *Axer* Der Europäische Gerichtshof auf dem Weg zur „doppelten Kohärenz" – Eine Zukunft der Hinzurechnungsbesteuerung nach dem Cadbury Schweppes-Urteil, IStR 2007, 162; *Beimler* Das Urteil des EuGH im Fall „Cadbury-Schweppes" – Der Missbrauchsbegriff des EuGH und die deutsche Hinzurechnungsbesteuerung, StBp 2007, 357; *Benecke/Schnitger* Neuerungen im internationalen Steuerrecht durch das JStG 2010, IStR 2010, 432;

Eismayr/Linn Änderungen durch das JStG 2010, NWB 1/2011, 30; *Frischmuth* Bestandsaufnahme und Zukunft der deutschen Hinzurechnungsbesteuerung (§§ 7 bis 14 AStG), IStR 2005, 361; *Frotscher* Internationales Steuerrecht, 3. Aufl 2009; *Fuhrmann/Steierberg* Erfordernis eigenen Personals und eigener Geschäftsräume nach § 8 AStG – Anmerkung zu I R 61/09, IWB 1/2011, 8; *Gliniorz/Klattig* Das Ende der deutschen Hinzurechnungsbesteuerung? – Nachversteuerung trifft nur noch Auslandstöchter als Briefkastenfirmen, NWB Fach 2, 9073; *Goebel/Haun* § 4h EStG und § 8a KStG (Zinsschranke) in der Hinzurechnungsbesteuerung, IStR 2007, 768; *Goebel/Palm* Der Motivtest – Rettungsanker der deutschen Hinzurechnungsbesteuerung?, IStR 2007, 720; *Grotherr* Verzicht auf eine Hinzurechnungsbesteuerung bei ausländischen Umwandlungen nach dem SEStEG, IWB Gruppe 1, Fach 3, 2175; *ders* International relevante Änderungen 2008 im Außensteuergesetz und in der AO, IWB Fach 3, Gruppe 1, 2259; *Haase* Ungereimtheiten der sog Mitwirkungstatbestände des Außensteuergesetzes, IStR 2007, 437; *ders* Der Wechsel zwischen aktiven und passiven Tätigkeiten in § 8 Abs 1 AStG, IStR 2009, 24; *ders* Die Hinzurechnungsbesteuerung – Grundlagen – Problemfelder – Gestaltungsmöglichkeiten, Herne 2009; *Hackemann* Kann die Niederlassungsfreiheit vor der Hinzurechnung von Drittlandseinkünften nach dem AStG schützen? – Anmerkungen zu dem EuGH-Urteil in der Rechtssache „Cadbury Schweppes" und den §§ 7 ff. AStG, IStR 2007, 351; *Hahn* Erläuterungen und legislatorische Überlegungen zur EuGH-Entscheidung in der Rechtssache Cadbury Schweppes, DStZ 2007, 201; *ders* Bemerkungen zum EuGH-Urteil „Cadbury Schweppes", IStR 2006, 667; *Hammerschmitt/Rehfeld* Gemeinschaftsrechtliche Bezüge der Änderungen des AStG durch das UntStRefG 2008 und das JStG 2008, IWB Fach 3, Gruppe 1, 2293; *Haun/Käshammer/Reiser* Das BMF-Schreiben vom 8.1.2007 zur Hinzurechnungsbesteuerung – eine erste Analyse, GmbHR 2007, 184; *Haun/Reiser* Aktuelle Probleme zur Anwendung des Außensteuergesetzes aus Sicht der GmbH – Kommentierung und Anregung, GmbHR 2006, 74; *Höring* Geplante Änderungen durch das Jahressteuergesetz 2010 – Ende des „Malta-Modells"?, DStZ 2011, 15; *Jochimsen/Bildstein* Einzelfragen zur Niedrigbesteuerung i. S. d. § 8 Abs. 3 AStG, Ubg 2012, 26; *Kneip/Rieke* Hinzurechnungsbesteuerung bei ausländischen Holdinggesellschaften nach dem Entwurf eines Unternehmenssteuerfortentwicklungsgesetzes (UntStFG), IStR 2001, 665; *Köhler/Eicker* Wichtige EuGH-Entscheidungen zur Hinzurechnungs- und Wegzugsbesteuerung – Anmerkungen zu den EuGH-Urteilen vom 7.9.2006, „N" und vom 12.9.2006, Cadbury Schweppes, DStR 2006, 1871; *dies* Kritische Anmerkungen zum BMF-Schreiben „Cadbury Schweppes" vom 8.1.2007, DStR 2007, 331; *Köplin/Sedemund* Das BMF-Schreiben vom 8.1.2007 – untauglich, die EG-Rechtswidrigkeit der deutschen Hinzurechnungsbesteuerung nach „Cadbury Schweppes" zu beseitigen!, BB 2007, 244; *Kraft/Bron* Deutsche Hinzurechnungsbesteuerung und Europarecht – Eine Analyse vor dem Hintergrund aktueller Entwicklungen, RIW 2006, 209; *dies* Implikationen des Urteils in der Rechtssache „Cadbury Schweppes" für die Fortexistenz der deutschen Hinzurechnungsbesteuerung, IStR 2008, 614; *Kraft/Gebhardt* Ist die Treaty Shopping-Klausel des § 50d Abs. 3 EStG de lege ferenda unions- und abkommensrechtskompatibel?, DB 2012, 80; *Kraft/Nitzschke* Der Kreditinstituts-Begriff des Außensteuergesetzes unter besonderer Berücksichtigung der aufsichtsrechtlichen Einflüsse der 6. KWG-Novelle, IStR 2003, 427; *Krogmann/Vitale* Kritische Würdigung des BMF-Schreibens zu „Cadbury Schweppes", IWB Fach 3, Gruppe 1, S 2243; *Kroppen/Hagemeier* Hinzurechnungsbesteuerung bei neuen Vertriebsstrukturen, IWB Fach 3, Gruppe 2, 1137; *Lenz/Heinsen* Zur Niedrigbesteuerung iSd § 8 Abs 3 AStG, IStR 2003, 793; *Lieber* Neuregelungen der Hinzurechnungsbesteuerung durch das Unternehmenssteuerfortentwicklungsgesetz, FR 2002, 139; *Mutter* Internationale Gestaltungen mit Werkverträgen als Handelstätigkeit im Sinne des Außensteuergesetzes, IStR 2006, 262; *Pitzal* Nicht- und Niedrigbesteuerung in Vorschriften des nationalen Außensteuerrechts und des Abkommensrechts, 2008; *Rättig/Protzen* Überblick über die Hinzurechnungsbesteuerung des AStG in der Fassung des Unternehmenssteuerfortentwicklungsgesetzes, DStR 2002, 241; *Rehm/Nagler* Verwaltung verweigert faktisch Anwendung von

Art 56 EG gegenüber Drittstaaten, IStR 2007, 700; *Reiser/Brodersen* Hinzurechnungsbesteuerung des AStG – Einführung einschließlich Analyse des EuGH-Urteils „Cadbury Schweppes", NWB Fach 2, 9333; *Rödder/Herlinghaus/van Lishaut* UmwStG, 2008; *Rödder/Ritzer* § 8a KStG nF im Outbound-Fall, DB 2004, 672; *Rödder/Schönfeld* Mündliche Verhandlung vor dem EuGH in der Rechtssache „Cadbury Schweppes": Wird sich der Missbrauchsbegriff des EuGH verändern?, IStR 2006, 49; *Schaden/Dieterlen* Vorsicht Falle: § 8 Abs. 1 Nr. 9 AStG bei hochbesteuerten Gesellschaften, IStR 2011, 290; *Scheidle* Die funktionale Betrachtungsweise des AStG in der Bewährungsprobe, IStR 2007, 287; *Schmidt/Schwind* NWB Fach 2, 9713; *Schmidtmann* Hinzurechnungsbesteuerung bei internationalen Umwandlungen – Neuregelungen durch das SEStEG, IStR 2007, 229; *Schnitger/Rometzki* Ausländische Umwandlungen und ihre Folgen beim inländischen Anteilseigner – Problemfelder vor und nach dem Entwurf des SEStEG, FR 2006, 845; *Schönfeld* Reaktion der britischen Regierung auf „Cadbury Schweppes": Geplante Änderungen der britischen CFC-Rules und deren Vereinbarkeit mit EG-rechtlichen Vorgaben, IStR 2007, 199; *ders* Auskunftserteilung in Steuersachen als (neue) einfachgesetzliche Voraussetzung für die Inanspruchnahme der EG-Grundfreiheiten – Zweifelsfragen zur Auslegung von § 8 Abs 2 Satz 2 AStG und § 15 Abs 6 Nr 2 AStG idF des RegE-JStG 2009, DB 2008, 2217; *ders* Probleme der Anwendung von § 8 Abs 1 Nr 9 AStG (Anteilsveräußerungsgewinne und -verluste) in mehrstufigen Beteiligungsstrukturen, IStR 2008, 392; *ders* Die Fortbestandsgarantie des Art 57 Abs 1 im Steuerrecht: Anmerkung zu FG Hamburg vom 9.3.2004, VI 279/01, EFG 2004, 1573, IStR 2005, 410; *ders* Hinzurechnungsbesteuerung zwischen Steuerwettbewerb und Europäischen Grundfreiheiten, StuW 2005, 158; *ders* Quo vadis Hinzurechnungsbesteuerung und EG-Recht – Bestandsaufnahme und neuere Entwicklungen, IWB Fach 3, Gruppe 1, 2119; *Sedemund* Europarechtliche Bedenken gegen den neuen § 8 Abs 2 AStG, BB 2008, 696; *Sedemund/Sterner* Auswirkungen von Sitzverlegung, Satzungsänderungen und Umwandlungen von ausländischen Zwischengesellschaften auf die deutsche Hinzurechnungsbesteuerung, BB 2005, 2777; *Thömmes/Nakhai* IWB Fach 11A, 1065; *Vogt* Die Niedrigbesteuerung in den Hinzurechnungsvorschriften des AStG, DStR 2005, 1347; *Waldens/Sedemund* Steuern steuern durch Prinzipalstrukturen: Ist nach Cadbury Schweppes nunmehr fast alles möglich?, IStR 2007, 450; *Wassermeyer* Die Anwendung des AStG innerhalb des REITG, IStR 2008, 197; *Wassermeyer/Schönfeld* Die EuGH-Entscheidung in der Rechtssache „Cadbury Schweppes" und deren Auswirkungen auf die deutsche Hinzurechnungsbesteuerung, GmbHR 2006, 1065; *Weigell* Geltung der Niederlassungsfreiheit auch im Verhältnis zur Schweiz, IStR 2006, 190; *Wellmann* Investitionsstandort Russische Föderation: Steuern, IStR 2008, 465.

A. Vorbemerkungen

I. Regelungsbereich und Struktur der Norm

1 § 8 regelt den **sachlichen Anwendungsbereich** der Hinzurechnungsbesteuerung. Nach § 7 werden nur Einkünfte hinzugerechnet, für die die ausl Ges ZwischenGes ist. § 8 definiert diese Einkünfte, dh nur wenn die Einkünfte die Voraussetzungen des § 8 erfüllen, kann es zu einer Hinzurechnungsbesteuerung kommen. Dabei setzt sich der Tatbestand des § 8 Abs 1 aus zwei Voraussetzungen zusammen. Es muss sich bei den Einkünften um sog „passive Einkünfte" handeln, dh Einkünfte, die nicht in der Aufzählung des § 8 Abs 1 enthalten sind, und zudem müssen diese Einkünfte einer niedrigen Besteuerung unterliegen. Wann letzteres der Fall ist, regelt § 8 Abs 3. § 8 Abs 2 enthält eine Ausnahme zur Hinzurechnungsbesteuerung. Die Norm bezieht sich aber nicht auf die in § 8 Abs 1 aufgezählten Einkünfte oder die in § 8 Abs 3 geregelte Niedrigbesteuerung, sondern bestimmt, unter welchen Umständen eine Ges keine ZwischenGes sein kann, auch wenn alle Voraussetzungen gem §§ 7, 8 Abs 1, Abs 2 vorlie-

gen. § 8 Abs 2 erklärt die Regelungen über die Hinzurechnungsbesteuerung für Ges aus der EG und dem EWR unter best Voraussetzungen für generell unanwendbar (zu der Frage, welche Fälle tatsächlich erfasst sind, s Rn 123 ff).

§ 8 hat aber nicht nur Auswirkungen iRd Hinzurechnungsbesteuerung gem §§ 7 ff. Teilweise wird auch in anderen Vorschriften **auf den Aktivkatalog** des § 8 Abs 1 **verwiesen** (zB in § 9 Nr 7 GewStG). Danach setzt das int gewerbesteuerliche Schachtelprivileg voraus, dass die TochterGes ihre Bruttoerträge (fast) ausschließlich aus aktiven Tätigkeiten iSd § 8 Abs 1 Nr 1–6 erzielt. Einen Verweis auf § 8 Abs 1 Nr 8 (Gewinnausschüttungen) enthält § 9 Nr 7 GewSt zwar nicht, dafür aber eine eigene Regelung für Dividenden. Gar nicht erfasst werden dagegen Einkünfte iSd § 8 Abs 1 Nr 7 (Zinsen), Nr 9 (Veräußerungsgewinne etc) und Nr 10 (Erträge aus Umwandlungen).[1] 2

Auch einige **DBA** enthalten Aktivitätsklauseln, die auf § 8 verweisen.[2] Diese Klauseln sind idR als *switch-over*-Klauseln ausgestaltet. Dies bedeutet, dass für den Fall, dass passive Einkünfte erzielt werden, nicht die Freistellungs-, sondern die Anrechnungsmethode zur Vermeidung der Dbest zur Anwendung kommt. Problematisch bei diesem abkommensrechtlichen Verweis auf § 8 ist, dass sich der Wortlaut und die Struktur des § 8 im Laufe der Zeit verändert haben, ohne dass es zu einer Anpassung der entspr Regelung im DBA gekommen ist. Die abkommensrechtlichen Regelungen verweisen nicht auf den gesamten § 8 Abs 1, sondern nur auf § 8 Abs 1 Nr 1–6. Dies beruht darauf, dass zB die Nr 8 und 9 erst durch Gesetz v 20.12.2001[3] eingeführt worden sind und Nr 10 sogar erst durch Gesetz v 7.12.2006. Die fraglichen DBA sind aber idR vor diesen Neuregelungen abgeschlossen worden. Eine Besonderheit besteht diesbezüglich beim DBA mit Polen, das zwar vor Einführung der Nr 8 f verhandelt war, aber erst danach (am 14.5.2003) unterzeichnet worden ist. 3

Zudem enthalten die DBA, die eine solche *switch-over*-Klausel enthalten, einen Verweis auf die Regelung des § 8 Abs 2, in dem derzeit die Ausnahme zur Hinzurechnungsbesteuerung für die EG und den EWR geregelt ist. Der Inhalt dieses Verweises ist insofern fraglich, als dass die Freistellungsmethode nach dem Wortlaut des DBA nicht für Einkünfte anwendbar ist, die der StPfl aus „unter § 8 Abs 2 fallenden Beteiligungen bezieht". § 8 Abs 2 enthielt bis zum Jahre 2001 eine dem heutigen § 8 Abs 1 Nr 8, 9 entspr Regelung. Im Jahre 2006 ist die jetzige Regelung eingeführt worden. Dazwischen war § 8 Abs 2 weggefallen. Nicht geklärt ist daher, auf welche Regelung sich der Verweis bezieht. Dies hängt maßgeblich davon ab, ob man den abkommensrechtlichen Verweis als dynamisch oder als statisch ansieht. Eine dynamische Verweisung würde bedeuten, dass sich der Verweis auf die entspr Regelung des derzeitigen Rechts bezieht. Maßgeblich ist die Regelung, auf die verwiesen wird, in ihrer Ausgestaltung zum Zeitpunkt der Anwendung des Abk. Ein statischer Verweis würde dagegen die im Zeitpunkt des Abschlusses bestehende Rechtslage konservieren. Damit wäre § 8 Abs 2 in der beim jeweiligen DBA-Abschluss geltenden Fassung anzuwenden. Gegen einen dynamischen Verweis spricht, dass die im DBA getroffenen Regelungen von der nationalen Gesetzgebung abhängen würden. Eine solche materiellrechtliche Änderung des DBA durch Änderung des nationalen Rechts ist von den Vertragsparteien aber weder 4

---

1 *Lenski/Steinberg* § 9 Nr 7 Rn 27.

2 Art 23 Abs 1 lit c DBA-Est; Art 23 Abs 1 lit c DBA-Kas; Art 23 Abs 1 lit c DBA-Let; Art 23 Abs 1 lit c DBA-Lit; Art 24 Abs 1 lit c DBA-PL; Art 23 Abs 1 lit c DBA-Ukr.

3 BGBl I 2001, 3858.

vorhergesehen noch gewollt worden.[4] Insofern ist eine Verweisung im DBA mE grds statisch. In Bezug auf einen Verweis auf § 8 Abs 2 aF ist bei einem solchen statischen Verweis allerdings ein zusätzlicher Aspekt zu berücksichtigen. Der bei Abschluss der meisten DBA mit entspr Aktivitätsklausel geltende § 8 Abs 2 aF enthielt die Voraussetzungen, unter denen Einkünfte aus Beteiligungen aktiv waren. Eine entspr Regelung für Einkünfte aus Beteiligungen enthalten jetzt § 8 Abs 1 Nr 8, Nr 9. Allerdings sind die Voraussetzungen andere, unter denen diese Einkünfte aktiv sind. Ein rein statischer Verweis, der nur die alte Rechtslage konserviert, würde diese Änderungen nicht berücksichtigen. Dies ist mE dann vertretbar, wenn der Aktivitätsvorbehalt im DBA sich ausdrücklich auf unter § 8 Abs 2 fallende Beteiligungen bezieht.

5 Der Regelungsbereich des § 8 ist im Einzelfall nicht nur dadurch schwer festzustellen, dass die Norm häufig geändert worden ist und somit zunächst einmal geklärt werden muss, welche Fassung im Einzelfall anzuwenden ist, sondern auch deshalb, weil § 8 Abs 1 ein **kompliziertes System von Regel – Ausnahme** – evtl Gegenausnahme – evtl nochmaliger Gegenausnahme enthält. Diese Struktur macht das Ziel – und zugleich die Befürchtung des Gesetzgebers – deutlich. Der Gesetzgeber will mit der Hinzurechnungsbesteuerung verhindern, dass der StPfl Aktivitäten, die eigentlich zu steuerpflichtigen Einkünften im Inland führen, ins Ausland verlagert und diese dort einer geringeren Steuerbelastung unterliegen. Um möglichst viele und insb neue, als missbräuchliche (Umgehungs-)Gestaltungen qualifizierte Strukturen zu erfassen, sieht der Gesetzgeber grds alle Einkünfte als passiv an. Aktiv sind nur die Einkünfte, die explizit im Gesetz aufgeführt worden sind. Dies hat zur Folge, dass insb innovative Formen der wirtschaftlichen Tätigkeit häufig nicht von dem Aktivkatalog erfasst werden, da dieser nicht ständig aktualisiert wird, und damit als passive, potentiell hinzurechnungspflichtige Tätigkeiten qualifiziert werden. Die drohende Hinzurechnungsbesteuerung verhindert damit den Ausbau neuer Geschäftsideen. Des Weiteren enthält der Aktivkatalog Ausnahmen, die spezielle Gestaltungen treffen sollen, die der Gesetzgeber auch iRv grds aktiven Tätigkeiten als missbräuchlich ansieht. Der Tatbestand der so definierten, als Ausnahme gedachten, passiven Einkünfte ist aber häufig zu ungenau und hat damit einen ungewollt weiten Anwendungsbereich. Damit können auch Einkünfte der Hinzurechnungsbesteuerung unterliegen, die objektiv nicht zur Steuervermeidung im Ausland erzielt werden.

II. Voraussetzungen

6 Für eine Hinzurechnungsbesteuerung ist erforderlich, dass die Einkünfte nicht aus einer der aufgezählten Tätigkeiten der ausl Ges stammen und einer niedrigen Besteuerung unterliegen. Keine Voraussetzung ist, dass die Einkünfte im Ansässigkeitsstaat der Ges erzielt werden. Der **Ort der Tätigkeit** ist für die Qualifikation der mit ihr erzielten Einkünfte **unerheblich**. Erfasst werden auch Einkünfte, die in einem Drittstaat erwirtschaftet werden, soweit sie einer niedrigen Besteuerung unterliegen. Damit können grds auch Einkünfte, die in Deutschland erzielt werden, der Hinzurechnungsbesteuerung unterliegen. Sind diese Einkünfte nicht mit Gewerbesteuer belastet, so unterliegen sie nur dem Körperschaftsteuersatz von derzeit 15 % und sind damit nach der Definition des § 8 Abs 3 niedrig besteuert (s zu diesem Problem ausf § 7 Rn 9).

4 *Vogel/Lehner* Einl Rn 184 ff.

Von der Hinzurechnungsbesteuerung sind potentiell alle Einkünfte erfasst, die nicht unter den Aktivkatalog des § 8 Abs 1 fallen. Damit können auch Einkünfte erfasst sein, die potentiell in Deutschland nicht **steuerbar** wären, wenn sie im Inland erzielt würden. Eine solche weite Auslegung würde aber dem Sinn und Zweck der Norm widersprechen. Die Hinzurechnungsbesteuerung soll verhindern, dass der StPfl bestimmte Tätigkeiten ins Ausland verlagert, um der dt Besteuerung zu entgehen. Eine solche Gefahr besteht aber nicht, wenn in Deutschland keine StPfl besteht, weil die Einkünfte nicht steuerbar sind. In einem solchen Fall kann die Steuerbarkeit auch nicht über eine Hinzurechnungsbesteuerung eingeführt werden. In dem Gesetzeswortlaut spiegelt sich dieser Gedankte insofern wider, als dass Voraussetzung für eine Hinzurechnungsbesteuerung ist, dass die ausl Ges Einkünfte erzielt. Ob Einkünfte iSd des dt Steuerrechts erzielt werden, ist nach § 2 EStG zu bestimmen. Nur wenn Einnahmen erzielt werden, die unter eine der sieben Einkunftsarten fallen und damit steuerbar sind, können damit auch passive Einkünfte iSd § 8 vorliegen.[5] 7

Ob eine Tätigkeit unter den Aktivkatalog des § 8 Abs 1 fällt, hängt in einigen Fällen nicht nur von den obj Gegebenheiten des Sachverhaltes ab. In vielen Fällen (Dienstleistungen gem Nr 5 lit b, Vermietung und Verpachtung gem Nr 6 lit a, lit c, Zinseinkünfte gem Nr 7 und Veräußerungsgewinne gem Nr 9) hängt die Qualifikation als aktive oder passive Tätigkeit davon ab, ob der StPfl seine durch die jeweilige Norm aufgestellte **Nachweispflicht** erfüllt. Damit hängt die Tatbestandserfüllung an sich von der entspr Nachweisführung durch den StPfl ab. Der Anwendungsbereich der Hinzurechnungsbesteuerung wird dadurch faktisch ausgedehnt, da der StPfl den Nachweis in der Praxis in vielen Fällen nicht wird erbringen können. 8

Die in § 8 Abs 1 enthaltene Nachweispflicht für den StPfl geht über die allg Mitwirkungspflicht bei Auslandssachverhalten, die in § 90 Abs 2 AO geregelt ist, hinaus. § 90 Abs 2 AO bestimmt, dass den StPfl bei Auslandssachverhalten eine erhöhte Mitwirkungspflicht trifft. Die Norm ändert aber nicht die allg Beweislastverteilung, nach der der FinVerw die Darlegungs- und Beweislast des Sachverhaltes obliegt. Es gilt weiterhin der Ermittlungsgrundsatz (§ 88 AO). Gelingt der FinVerw der Beweis nicht, so geht die Unaufklärbarkeit des Sachverhaltes zu ihren Lasten. Dies ist bei der Nachweispflicht gem § 8 Abs 1 anders. Gelingt dem Stpfl der Nachweis nicht, so geht die Unaufklärbarkeit insofern zu seinen Lasten, als dass die Tatbestandsvoraussetzungen für das Vorliegen aktiver Einkünfte nicht gegeben sind. 9

B. Einzelne Einkünfte

I. Umfang

Um feststellen zu können, ob die vom StPfl erzielten Einkünfte als passive Einkünfte potentiell der Hinzurechnungsbesteuerung unterliegen, ist zu prüfen, ob sie von dem Aktivkatalog des § 8 Abs 1 erfasst werden. Ist dies der Fall, können sie als aktive Einkünfte nicht der Hinzurechnungsbesteuerung unterliegen. Die einzelnen Einkünfte müssen dazu aus einer in § 8 Abs 1 genannten Tätigkeit stammen. Problematisch ist dabei der Umfang der einzelnen in § 8 Abs 1 aufgezählten Tatbestände. Dies beruht ua darauf, dass die Einkünfteeinteilung des § 8 Abs 1 nicht mit den in § 2 Abs 1 S 1 EStG aufgezählten Einkunftsarten übereinstimmt. Es kann daher teilw nicht auf die 10

5 *BFH* BStBl II 1998, 468, 470; *Sedemund/Sterner* BB 2005, 2777 f.

für das EStG vorgenommene Qualifikation zurückgegriffen werden,[6] sondern es erfolgt eine **eigenständige Definition der einzelnen Einkunftstatbestände** iRd AStG. Eine Einschränkung besteht nur insoweit, als die Einkünfte gem § 8 Abs 1 zugleich Einkünfte iSd § 2 EStG sein müssen, um als passive Einkünfte der Hinzurechnungsbesteuerung zu unterliegen (s zu dieser Frage Rn 7).

11 Die Tatsache, dass für die Qualifikation als aktiv oder passiv auf die jeweilige Tätigkeit (und nicht auf die erzielten Einkünfte) abzustellen ist, führt dazu, dass auch eine KapGes jede Art der in § 8 Abs 1 aufgeführten Tätigkeiten ausüben kann. Es ist nicht entscheidend, ob die ausl Ges nach aus Recht (entspr § 8 Abs 2 KStG) nur Einkünfte aus Gewerbebetrieb erzielt. Eine Ges kann zudem unterschiedliche Tätigkeiten ausüben, wobei für jede einzelne Tätigkeit gesondert zu prüfen ist, ob sie vom Aktivkatalog des § 8 Abs 1 erfasst ist.

12 Eine einheitliche Betrachtung mehrerer Tätigkeiten kann für den StPfl vorteilhaft oder nachteilig sein.[7] Ist die Tätigkeit, nach der die Qualifikation zu erfolgen hat, aktiv, so sind auch die damit im Zusammenhang stehenden Tätigkeiten aktiv. Auswirkungen hat dies insb in den Fällen, in denen die unselbstständige Tätigkeit nicht im Aktivkatalog des § 8 Abs 1 enthalten ist (zB Veräußerungserlöse) und daher auf Grund der Regelungsstruktur als passiv zu qualifizieren wäre. Umgekehrt sind die nicht selbstständig zu beurteilenden Tätigkeiten passiv, wenn die maßgebliche Tätigkeit, nach der die Qualifikation zu erfolgen hat, passiv ist.

13 **1. Funktionale Betrachtungsweise.** Die Einteilung gem § 8 Abs 1 ist nach einzelnen Tätigkeiten des StPfl vorzunehmen, durch die er Einkünfte erzielt. Damit kommt es zu einer dezidierteren Unterteilung als iRd § 2 Abs 1 S 1 EStG (gewerbliche Einkünfte gem § 2 Abs 1 S 1 EStG sind zB in Produktion, Handel und Dienstleistungen zu unterteilen). Teilweise sind Einkunftsarten, die in § 2 Abs 1 EStG enthalten sind, nicht in den in § 8 Abs 1 aufgezählten Tätigkeiten enthalten. Dies gilt insb für Einkünfte, die nicht durch eine Ges erzielt werden können (zB Einkünfte aus nicht selbstständiger Arbeit). Für die Subsumtion unter die Tatbestände sind die einzelnen Tätigkeiten der ausl Ges zu betrachten. Problematisch ist, inwieweit dafür eine Unterteilung potentiell mehrerer Tätigkeiten zu erfolgen hat und inwieweit Tätigkeiten zusammengefasst werden können **(funktionale Betrachtungsweise)**. Die Unterteilung in einzelne Tätigkeiten kann dabei in der Praxis zu erheblichen Problemen führen.

14 Ob eine Aufteilung der wirtschaftlichen Betätigung einer ausl Ges in einzelne selbstständige Tätigkeiten zu erfolgen hat, richtet sich nach einer Beurteilung im Einzelfall unter Berücksichtigung der Verkehrsauffassung.[8] Eine Abgrenzung zwischen einzelnen Tätigkeiten ist nicht notwendig, wenn alle in Frage kommenden Tätigkeiten für sich zu aktiven Einkünften iSd § 8 Abs 1 führen. Eine Hinzurechnungsbesteuerung kommt dann unabhängig von der konkreten Zuordnung nicht in Betracht. Auswirkungen hat die Zuordnung von Einkünften zu einer Tätigkeit aber dann, wenn die potentiell selbstständigen Tätigkeiten teilweise aktiv und teilweise passiv sind. Dann hängt von der Zuordnung der Einkünfte ab, ob es zu einer Hinzurechnungsbesteuerung

6 *BMF* BStBl I 2004, Sondernr 1, S 3, Tz 8.0.1.

7 Vgl zur Frage des Wechsels zwischen aktiven und passiven Einkünften *Haase* IStR 2009, 24.

8 *Mutter* IStR 2006, 262 f will dieser sogar entscheidende Bedeutung zumessen.

kommt. Eine genaue Einordnung der Tätigkeit ist auch dann erforderlich, wenn für die einzelnen in Frage kommenden Tätigkeiten unterschiedliche Voraussetzungen erfüllt werden müssen, damit sie als aktiv zu qualifizieren sind.

Eine Aufteilung in verschiedene selbstständige Tätigkeiten kommt dann nicht in Betracht, wenn die entspr Aktivitäten wirtschaftlich zusammen gehören. In einem solchen Fall hat die Qualifikation nach der Tätigkeit zu erfolgen, auf der nach der Verkehrsauffassung das Schwergewicht liegt.[9] Dieser Grundsatz ist allg anerkannt. Allerdings ist nicht abschließend geklärt, nach welchen Kriterien die wirtschaftliche Zusammengehörigkeit von Tätigkeiten zu bestimmen ist. 15

Ein wirtschaftlicher Zusammenhang ist mE bspw anzunehmen, wenn eine vertraglich geschuldete Leistung aus **mehreren Teilleistungen** zusammengesetzt ist und diese Leistungen **pauschal vergütet** werden. Potentiell kann in diesem Fall für jede Teilleistung eine Subsumtion unter den Aktivitätskatalog erfolgen. Dies wird in der Praxis aber nicht durchführbar sein, da sich die einzelnen Leistungskomponenten häufig nicht voneinander trennen lassen. Zudem würde dies zu einer Aufspaltung einer einheitlich geschuldeten Leistung führen, die von den Vertragsparteien nicht gewollt ist und auch nicht der Wirklichkeit entspricht, da eine Aufteilung des Entgelts nicht möglich sein wird. Vertraglich ist eine einheitliche Leistung geschuldet, für die ein Gesamtpreis zu zahlen ist. Ein Gesamtpreis kann aber nur dann ein Indiz für eine einheitliche Leistung sein, wenn dadurch nicht mehrere selbstständige Leistungen vergütet werden, die nur in einem Vertrag zusammen gefasst sind. Die FinVerw erkennt eine solche einheitliche Qualifikation an, solange nach der Verkehrsauffassung keine Aufteilung der Tätigkeit zu erfolgen hat.[10] 16

Ein wirtschaftlicher Zusammenhang wird auch immer dann vorliegen, wenn eine Leistung als **Nebenleistung** der anderen Leistung anzusehen ist. Eine Nebenleistung liegt vor, wenn diese Leistung in Hinblick auf die Hauptleistung erbracht wird und zu dieser in einem engen Zusammenhang steht. Die Nebenleistung ist idR ein Mittel zur Erbringung der Hauptleistung. Als Anhaltspunkt für die Einordnung als Nebenleistung kann mE die entspr Abgrenzung im Bereich der USt dienen. Eine einheitliche Betrachtung kann auch dann erfolgen, wenn es sich zwar nicht um eine Nebenleistung handelt, aber der fraglichen Tätigkeit **kein eigenes wirtschaftliches Gewicht** zukommt. Dies kann insb bei Folgeerträgen der Fall sein, die aus einer aktiven oder passiven Tätigkeit entstehen. 17

Beispiel: Die A-BV verkauft an die B-GmbH Waren. Der Kaufpreis wird gestundet. Dafür hat die B-GmbH Stundungszinsen zu zahlen. Für die Qualifikation der Zinsen ist die Qualifikation als aktiv oder passiv der Handelstätigkeit zu übernehmen.

ME kommt eine einheitliche Betrachtung nicht nur bei Haupt- und Nebentätigkeiten oder bei Folgeerträgen in Betracht, sondern darüber hinaus auch bei Tätigkeiten und den damit verbundenen Einkünften, die ohne eine andere Tätigkeit nicht erzielt worden wären.[11] Der in einem solchen Fall bestehende **einheitliche Entstehungsgrund** rechtfertigt eine einheitliche Qualifikation.[12] Ebenso kann eine **einheitliche Zielset-** 18

9 *BFH* BSBl II 1990, 1049; *BMF* BStBl I 2004, Sondernr 1, S 3, Tz 8.0.2.
10 *BMF* BStBl I 2004, Sondernr 1, S 3, Tz 8.0.2.
11 *F/W/B/S* § 8 Rn 37.
12 *F/W/B/S* § 8 Rn 35; *Scheidle* IStR 2007, 287.

zung zu einer einheitlichen Qualifikation führen.[13] Regelmäßig sind zumindest auch die subjektiven Vorstellungen des StPfl zu berücksichtigen.[14] Dabei wird es sich um Tätigkeiten handeln, die für die Aufnahme, die Durchführung oder Beendigung der wirtschaftlichen Betätigung erforderlich sind, und damit um untergeordnete Tätigkeiten. **Untergeordnete Tätigkeiten** werden idR Tätigkeiten sein, die notwendig sind, um eine andere Betätigung durchführen zu können oder den wirtschaftlichen Betrieb aufrecht zu erhalten. Zu den Tätigkeiten, die zur Aufnahme oder Durchführung einer Betätigung erforderlich sind, zählt zB der Erwerb oder die Veräußerung von Betriebsgrundlagen. Dies kann nicht als Handel eingestuft werden, sondern ist nach der jeweiligen Tätigkeit zu qualifizieren, der die Wirtschaftsgüter dienen. Auch vorbereitende Tätigkeiten oder nachträgliche Einkünfte können daher nicht selbstständig als aktiv oder passiv qualifiziert werden, sondern sind entspr der späteren bzw vorherigen Tätigkeit einzuordnen.[15] Erfasst werden auch alle Tätigkeiten, die aus betriebswirtschaftlicher Sicht vom Ablauf bei Ausübung einer Tätigkeit erfasst werden (zB Forderungsmanagement, Vertrieb produzierter Waren). Des Weiteren werden alle Tätigkeiten, die die Planung, Organisation, Entscheidungsfindung etc bzgl einer anderen Tätigkeit betreffen, Nebentätigkeiten idS sein.

19 **2. Schwerpunkt der Tätigkeit.** Sind verschiedene Tätigkeiten auf Grund eines wirtschaftlichen Zusammenhangs einheitlich zu betrachten, so ist für die Qualifikation weiterhin zu bestimmen, auf welcher der Tätigkeiten der **Schwerpunkt** liegt. Ein wichtiger Aspekt für die Bestimmung des Schwerpunkts der Tätigkeit ist die Höhe der Bruttoeinnahmen.[16] ME kann dies aber nicht der einzige Aspekt sein. Vielmehr muss eine Betrachtung im Einzelfall durchgeführt werden.[17] Da die wirtschaftliche Tätigkeit eines Unternehmens auf die dauerhafte Erzielung von Gewinnen ausgerichtet ist, wird der Schwerpunkt nur in Ausnahmefällen auf einer Tätigkeit liegen, die nicht nachhaltig betrieben wird und damit nicht auf eine bestimmte Dauer angelegt ist. Zudem kann der Umfang des vom StPfl getätigten Aufwands ein Indiz sein. Der StPfl wird für den Schwerpunkt der Tätigkeit einen erheblich höheren Aufwand haben als für eine Nebentätigkeit. Er wird nicht bereit sein, den größeren Investitionsaufwand für eine Nebentätigkeit zu tätigen.

20 **3. Personengesellschaft.** Die Frage der funktionalen Betrachtungsweise stellt sich auch, wenn die ausl Ges Mitunternehmer einer PersGes ist. Grds wird eine PersGes aus dt Sicht für steuerliche Zwecke als transparent behandelt. Daher sind die Gewinnanteile des einzelnen Mitunternehmers so zu besteuern, als habe er die Tätigkeit der PersGes selbst ausgeübt.[18] Sind die Einkünfte der PersGes aktiv, so gilt dies auch für die dem Mitunternehmer zuzurechnenden Einkünfte. Dies gilt wegen der erforderlichen funktionalen Betrachtungsweise auch für best **Sondervergütungen**.[19] Werden Vergütungen iSd § 15 Abs 1 Nr 2 EStG als Gewinnanteile aus der Beteiligung ausge-

---

13 *Scheidle* IStR 2007, 287.

14 Weitergehend *Scheidle* IStR 2007, 287 f, der den Willen des StPfl als ausschlaggebend ansieht.

15 *F/W/B/S* § 8 Rn 38.

16 Weitergehend *Scheidle* IStR 2007, 287 ff, der ausschließlich darauf abstellen will.

17 *S/K/K* § 8 Rn 16.

18 *BFH* BStBl II 1990, 1049; *BFH/NV* 2008, 1395 mwN.

19 *BFH* BStBl II 1990, 1049; weitergehend *F/W/B/S* § 8 Rn 44, der alle Sondervergütungen als erfasst ansieht.

staltet, so sind sie nach der Rspr entspr der Tätigkeit der PersGes zu qualifizieren. In der Praxis kann diese Rspr zu erheblichen Problemen führen. Die Einkünfte einer PersGes müssen nicht aus einer einzigen Tätigkeit iSd § 8 Abs 1 stammen. Sie können vielmehr auch teilw aus aktiven und teilw aus passiven Tätigkeiten herrühren. Nicht geklärt ist, ob und wie in einem solchen Fall eine Aufteilung der Sondervergütungen in einen Teil, der der aktiven Tätigkeit zuzuordnen ist, und einen Teil, der der passiven Tätigkeit zugeordnet wird, zu erfolgen hat. Eine Zuordnung der Sondervergütungen zu einer aktiven oder einer passiven Tätigkeit wird nur dann eindeutig möglich sein, wenn zB Wirtschaftsgüter überlassen werden, die nur für die Erzielung bestimmter Einkünfte iSd § 8 Abs 1 benutzt werden. Offen gelassen hat die Rspr, ob diese funktionale Betrachtungsweise auch dann anzuwenden ist, wenn die Sondervergütung nicht als Gewinnanteil gezahlt wird, sondern auf Grund eines gesonderten (Dienst-)Vertrags. ME müssten auch solche Sondervergütungen erfasst sein. Allein die formale Ausgestaltung der Sondervergütung kann nicht entscheidend dafür sein, wie die Qualifikation iRd Hinzurechnungsbesteuerung zu erfolgen hat. Zudem ist der Katalog des § 8 Abs 1 nicht auf solche Sondervergütungen ausgerichtet, so dass sie idR passiv wären.

II. Aktivitätskatalog (Abs 1)

1. Land- und Forstwirtschaft (Nr 1). Der Begriff der Land- und Forstwirtschaft ist aus §§ 2 Abs 1 S 1 Nr 1, 13 ff EStG übernommen. Fallen Einkünfte nach dem EStG unter Land- und Forstwirtschaft, so sind sie auch von § 7 Abs 1 Nr 1 erfasst.[20] Da beide Anwendungsbereiche deckungsgleich sind und § 8 Abs 1 Nr 1 keine Ausnahmen enthält, können Einkünfte iSd §§ 2 Abs 1 S 1 Nr 1, 13 ff EStG niemals passiv sein. Eine Hinzurechnungsbesteuerung kommt damit bei Einkünften aus Land- und Forstwirtschaft **niemals** in Betracht, auch wenn sie im Ausland einer Vorzugsbesteuerung (vergleichbar mit § 13a EStG) unterliegen. 21

Da die Definition der Land- und Forstwirtschaft gem § 8 Abs 1 Nr 1 derjenigen in §§ 2 Abs 1 S 1 Nr 1, 13 ff EStG entspricht,[21] ist auch die in diesem Rahmen vorgenommene Abgrenzung zu Einkünften aus Gewerbebetrieb zu übernehmen.[22] Ob Einkünfte aus einem gewerblichen Land- und Forstwirtschaftsbetrieb aktiv oder passiv sind, richtet sich nach den entspr gewerblichen Tätigkeiten (insb Nr 4). Die Veräußerung von Wirtschaftsgütern kann nach der funktionalen Betrachtungsweise nur dann zu einer gewerblichen Tätigkeit führen, wenn es sich nicht um die Veräußerung von für die Land- und Forstwirtschaft eingesetztem Vermögen handelt (s zur funktionalen Betrachtungsweise Rn 13 ff).[23] 22

2. Industrielle Tätigkeit (Nr 2). Die Produktion von Sachen, die Erzeugung von Energie sowie das Aufsuchen und die Gewinnung von Bodenschätzen werden als **aktive Tätigkeiten** eingestuft. Dies gilt bei den genannten Tätigkeiten **ohne Ausnahme**. Es ist daher nicht schädlich, wenn der StPfl (selbst oder über ihm nahe stehende Personen) bei den genannten Tätigkeiten mitwirkt. Eine schädliche Mitwirkung – wie bei anderen Tätigkeiten (zB Dienstleistungen) – gibt es nicht. Erfasst werden von der 23

20 *F/W/B/S* § 8 Rn 52.
21 *Mössner* Rn E 428.
22 *F/W/B/S* § 8 Rn 54.
23 *BMF* BStBl I 2004, Sondernr 1, S 3, Tz 8.1.1.

Produktion nach richtiger Auffassung der FinVerw[24] auch die Veräußerung der für die industrielle Tätigkeit benötigten Wirtschaftsgüter. Damit liegt kein Handel (und damit auch nicht die Gefahr einer schädlichen Mitwirkung) vor, wenn die für den Betrieb notwendigen Wirtschaftsgüter veräußert werden. Auf Grund der funktionalen Betrachtungsweise (s Rn 13 ff) können insb auch Tätigkeiten erfasst sein, die sich auf die Planung und Organisation der industriellen Tätigkeit beziehen.[25]

24 Mit der Herstellung, Bearbeitung, Verarbeitung und Montage wird jede denkbare Art der Produktion erfasst. Eine trennscharfe Abgrenzung der verschiedenen Tätigkeiten untereinander ist in der Praxis nicht erforderlich, da alle diese Tätigkeitsformen zu aktiven Einkünften führen. Zur Bestimmung des Tatbestandes und damit zur Abgrenzung gg anderen Arten von Einkünften des § 8 Abs 1 ist es aber sinnvoll, die einzelnen Tätigkeiten zu definieren.

25 Die **Herstellung** ist die Neuerschaffung und damit die erstmalige Erstellung einer Sache. Erforderlich ist daher, dass die Sache nach der Verkehrsauffassung als neu angesehen wird. Noch keine Herstellung (oder andere Art der Produktion) ist die bloße Kennzeichnung, das Umpacken, Umfüllen oder Sortieren von Sachen.[26] Ausreichend für die Produktion ist das Erreichen einer höheren Verarbeitungsstufe. Damit wird auch die Herstellung von Zwischenfabrikaten erfasst. Nicht zu einer neuen Sache führt dagegen eine bloße Wertsteigerung einer bereits bestehenden Sache. In der bloßen Erhöhung des Werts einer Sache kann daher keine Herstellung liegen, da für die Herstellung die Schaffung einer neuen Sache erforderlich ist. Die Herstellung muss **durch die ausl Ges** erfolgen. Dies kann in der Praxis insb bei Auftragsproduktionen fraglich sein. IdR wird die ausl Ges Hersteller sein, wenn sie das Herstellerrisiko trägt und den Herstellungsprozess beherrscht.[27] Zweifelhaft kann dies aber sein, wenn das Risiko durch vertragliche Regelungen auf den Auftraggeber übergewälzt wird und dieser daneben enge Vorgaben bzgl der Art der Herstellung und bzgl des Herstellungsprozesses macht.

26 Die **Verarbeitung** einer Sache zeichnet sich durch den Einsatz oder Verbrauch von Material aus. IdR wird in diesen Fällen auch eine Herstellung einer Sache erfolgen. Dies ist aber nicht notwendig. Gegenstand der Verarbeitung muss dabei nicht eine Sache des StPfl sein. Die verarbeitete Sache kann auch im Eigentum eines Dritten stehen.

27 Die **Bearbeitung** ist die Veränderung einer bereits vorhandenen Sache.[28] Auch für die Bearbeitung ist mE nicht erforderlich, dass eine neue Sache hergestellt wird.[29] Möglich ist auch, dass eine Sache verändert wird. Dabei reicht auch die Veränderung der Oberfläche wie bei der Lackierung, Bemalung etc aus. Auch bei der Bearbeitung ist nicht erforderlich, dass es sich bei der bearbeiteten Sache um eine Sache handelt, die im Eigentum der ausl Ges steht.[30] Im Ergebnis kommt die Bearbeitung der zivilrecht-

---

24 *BMF* BStBl I 2004, Sondernr 1, S 3, Tz 8.1.1.

25 **AA** wohl *F/W/B/S* § 8 Rn 66.

26 *BMF* BStBl I 2004, Sondernr 1, S 3, Tz 8.2.2.

27 *S/K/K* § 8 Rn 46.

28 *S/K/K* § 8 Rn 46.

29 Missverständlich insoweit *BMF* BStBl I 2004, Sondernr 1, S 3, Tz 8.1.2.2., das einen Gegenstand anderer Marktgängigkeit fordert.

30 *S/K/K* § 8 Rn 46.

lichen Qualifikation einer Dienstleistung nahe. Allerdings kann aus zivilrechtlicher Sicht auch ein Werkvertrag und kein Dienstvertrag vorliegen.

Montage ist der Zusammenbau von Teilen zu einer einheitlichen, nicht notwendiger Weise neuen Sache, einem Enderzeugnis.[31] bei der Herstellung einer neuen Sache würde das Tatbestandsmerkmal der Herstellung eingreifen. 28

Die Produktionstätigkeit muss an einer **Sache** durchgeführt werden. Dies erfasst zunächst einmal alle körperlichen Gegenstände iSd § 90 BGB. Die Zusammenstellung von Sachgesamtheiten wird nach Auffassung der FinVerw nicht erfasst.[32] Sie wird idR eine Dienstleistung sein. ME kann dies aber nur insoweit gelten, als im Rahmen einer solchen Zusammenstellung nicht einzelne Sachen hergestellt, verarbeitet oder bearbeitet werden. Sachen iSd § 8 Abs 1 Nr 2 sind auch immaterielle Wirtschaftsgüter, jedenfalls soweit sie im Rechtsverkehr als Sachen behandelt werden (zB Standardsoftware). Fraglich ist, ob dies für alle immateriellen Wirtschaftsgüter gilt.[33] Bei der Erstellung von immateriellen Wirtschaftsgütern wird es sich mE idR aber um eine Dienstleistung und nicht um eine Produktion handeln. Ob eine Sache beweglich oder unbeweglich ist, ist unerheblich.[34] 29

Ebenfalls als aktiv wird die **Erzeugung von Energie** angesehen. Dabei wird nicht zwischen einzelnen Arten von Energie (zB elektrischer Energie, Windenergie) unterschieden. Erfasst werden zudem alle Tätigkeiten, die erforderlich sind, um Energie zu erzeugen. Damit fallen auch die Exploration, die Förderung von Energieträgern sowie deren Umwandlung in Energie unter § 8 Abs 1 Nr 2.[35] Aktiv sind daneben auch das **Aufsuchen und die Gewinnung von Bodenschätzen**. Damit sind die Exploration, der Aufschluss von Feldern und die Förderung aktive Tätigkeiten. Von der Norm werden Bodenschätze jeder Art erfasst, insb Öl, Gas, Kohle, Mineralien, Edelsteine, Sand, Kies, jede Art von Steinen, Salz etc. 30

3. Betrieb von Kreditinstituten oder Versicherungsunternehmen (Nr 3). Der Betrieb von Kreditinstituten und Versicherungsunternehmen ist aktiv, wenn das jeweilige Unternehmen einen in kaufmännischer Weise eingerichteten Betrieb unterhält. Auch eine solche Tätigkeit wird aber als passiv eingestuft, wenn eine schädliche Mitwirkung des StPfl vorliegt. In diesem Fall unterliegen nicht nur einzelne Geschäfte, die unter schädlicher Mitwirkung getätigt werden, der Hinzurechnungsbesteuerung, sondern die gesamte Tätigkeit.[36] 31

Die Definition eines **Kreditinstituts** orientiert sich an § 1 KWG.[37] Bedeutung hat diese Definition insb für die Abgrenzung zu Finanzinstituten, die unter § 8 Abs 1 Nr 7 fallen (s dazu § 7 Rn 138). Bei Kreditinstituten handelt es sich um Unternehmen, die gewerbsmäßig Bankgeschäfte betreiben und deshalb einen in kaufmännischer Weise eingerichteten Betrieb unterhalten oder deren Geschäft auf Grund des Umfangs einen solchen 32

31 *F/W/B/S* § 8 Rn 75 mwN.
32 *BMF* BStBl I 2004, Sondernr 1, S 3, Tz 8.1.2.2.
33 Abl *Mutter* IStR 2006, 262 f.
34 *F/W/B/S* § 8 Rn 68 mwN.
35 *F/W/B/S* § 8 Rn 76.
36 Insgesamt zu dieser Regelung s *Kraft/Nitzschke* IStR 2003, 427.
37 *BMF* BStBl I 2004, Sondernr 1, S 3, Tz 8.1.3.1.; *Kraft/Nitzschke* IStR 2003, 427 mit Hinweis auf die hM.

erfordert. Im letzten Fall liegt damit zwar ein Kreditinstitut iSd § 1 KWG vor, aber keine aktive Tätigkeit, weil zwar ein in kaufmännischer Weise eingerichteter Betrieb unterhalten werden müsste, dies aber nicht geschieht.[38] Eine aktive Tätigkeit kann aber nur vorliegen, wenn tatsächlich ein solcher Betrieb eingerichtet ist. Welche Tätigkeiten Bankgeschäfte darstellen, ist in § 1 Abs 1 S 2 KWG definiert. Diese Definition ist allerdings zu eng, da sie auf den Umfang der bankenrechtlichen Kontrolle ausgerichtet ist. Für Zwecke der Hinzurechnungsbesteuerung ist die Definition zu erweitern.[39] Erfasst werden daher alle Tätigkeiten, die eine Bank üblicherweise tätigt, auch wenn sie nicht unter § 1 Abs 1 S 2 KWG fallen. Dabei ist auf das dt Verständnis abzustellen.[40] Es kann nicht entscheidend sein, welche Geschäfte in dem Niedrigsteuerland, das möglicherweise keinen ausgeprägten Bankensektor hat, als Bankgeschäfte angesehen werden. Im Einzelnen werden Wertpapiergeschäfte, Kreditgeschäfte, Factoring, Forfaitierung etc erfasst. Auch Nebentätigkeiten, die mit den obigen Geschäften zusammenhängen, werden von § 8 Abs 1 Nr 3 erfasst (s zur funktionalen Betrachtungsweise Rn 13). Dabei kann es sich zB um die Beratung in Vermögensangelegenheiten, die Verwahrung und Verwaltung von Wertpapieren etc handeln. IdR setzt ein Betrieb des Kreditinstituts zudem den Abschluss einer Reihe von Verträgen voraus, die der Risikomischung dienen.[41]

33 Für die Definition eines **Versicherungsunternehmens** kann auf § 1 Abs 1 Nr 1 VAG zurückgegriffen werden.[42] Danach wird der gesamte Betrieb von Versicherungsgeschäften erfasst, wobei Träger der Sozialversicherung ausgenommen sind. Damit werden alle Versicherungsgeschäfte erfasst, die im eigenen Namen und für eigene Rechnung abgeschlossen werden.[43] Von der Regelung des § 8 Abs 1 Nr 3 können int tätige Banken, Kreditinstitute oder Versicherungskonzerne betroffen sein, aber auch konzerninterne VersicherungsGes.

34 Für die Qualifikation als aktive Einkünfte ist Voraussetzung, dass für die fraglichen Einkünfte ein **in kaufmännischer Weise eingerichteter Betrieb** unterhalten wird. Es wird daher ein Erfordernis für die Organisation des Betriebs aufgestellt, nicht aber für die Tätigkeit des Betriebs. Aus der Organisation kann sich mE nicht die Art ergeben, in der der Betrieb zu führen ist. Daher enthält ein in kaufmännischer Weise eingerichteter Betrieb mE nicht das Erfordernis, dass eine Tätigkeit am Markt (dh gg Dritten) erfolgt. Dies ist eine Frage der Art des Betriebs, aber nicht seiner Organisation. Auch eine Tätigkeit, die nur mit Konzernmitgliedern betrieben wird, kann einen in kaufmännischer Weise eingerichteten Betrieb haben. Indizien für einen in einer kaufmännischen Weise eingerichteten Betrieb sind Bilanzierung, Buchführung, Lohnbuchhaltung und die Aufbewahrung von Korrespondenz.

35 Ein in kaufmännischer Weise eingerichteter Betrieb eines Versicherungsunternehmens soll nach Auffassung des BFH auch dann gegeben sein, wenn eine ausländische Tochtergesellschaft durch einen Betriebsführungsvertrag ein anderes Unternehmen mit der Ausführung des Versicherungsgeschäfts betraut hat.[44]

38 **AA** *S/K/K* § 8 Rn 54.
39 *FG BaWü* EFG 1996, 350 mwN; *Kraft/Nitzschke* IStR 2003, 426, 430.
40 *FG BaWü* EFG 1996, 350 mwN; **aA** *F/W/B/S* § 8 Rn 90 f.
41 *BMF* BStBl I 2004, Sondernr 1, S 3, Tz 8.1.3.3.; *Kraft/Nitzschke* IStR 2003, 426, 430.
42 *BMF* BStBl I 2004, Sondernr 1, S 3, Tz 8.1.3.2.
43 *F/W/B/S* § 8 Rn 97.
44 *BFH* BStBl II 2011, 249; hierzu: *Fuhrmann/Steierberg* IWB 1/2011, 8; *Kraft/Gebhardt* DB 2012, 80, 82.

Die Tätigkeit ist aber dann nicht aktiv, sondern passiv, wenn die fraglichen **Geschäfte überwiegend mit in Deutschland unbeschränkt StPfl getätigt** werden, die an der ausl Ges mit mehr als 50 % der Anteile oder der Stimmrechte beteiligt sind (s zu der relevanten Beteiligungsquote § 7 Rn 68 ff). Schädlich idS, dass bei Vorliegen der Voraussetzungen passive Einkünfte vorliegen, ist es zudem, wenn die Geschäfte überwiegend mit StPfl getätigt werden, die **einem so beteiligten StPfl** iSd § 1 Abs 2 **nahe stehen**. Dies sind Personen, mit denen ein Beteiligungsverhältnis iHv mindestens 25 % besteht oder auf die der StPfl einen (unmittelbar oder mittelbar) beherrschenden Einfluss ausüben kann oder von denen auf den StPfl ein solcher Einfluss ausgeübt werden kann (§ 1 Abs 2 Nr 1). Der StPfl steht einer Person auch dann nahe, wenn eine dritte Person an beiden eine Beteiligung iSd § 1 Abs 2 Nr 1 hält oder auf beide einen beherrschenden Einfluss ausüben kann (§ 1 Abs 2 Nr 2). Eine Person ist im Verhältnis zum StPfl zudem nahestehend, wenn einer von beiden bei Geschäftsbeziehungen einen außerhalb dieser Geschäftsbeziehung begründeten Einfluss ausüben kann oder eine der Personen ein eigenes Interesse an der Einkünfteerzielung des anderen hat (§ 1 Abs 2 Nr 3) (s zu den einzelnen Voraussetzungen ausf § 1 Rn 123 ff). Werden die fraglichen Geschäfte mit einer solchen Person getätigt, so kommt es darauf an, ob diese schädlichen Geschäfte überwiegen. Nur wenn dies der Fall ist, ist die Tätigkeit nicht aktiv. Zu beachten ist dabei, dass sich die schädliche Mitwirkung nicht nur durch Inländer ergeben kann. Auch wenn ausl StPfl nicht unter § 7 fallen, so sind Geschäfte mit im Ausland ansässigen StPfl doch nicht unerheblich. Sie sind möglicherweise als Geschäfte mit einer dem StPfl nahe stehenden Person zu berücksichtigen. 36

Ein **Überwiegen** kann nur dann angenommen werden, wenn mehr als 50 % der Geschäfte mit den oben genannten StPfl getätigt werden.[45] Solche Geschäfte können nicht nur in der Kreditvergabe und ähnlichen Geschäften, bei denen die ZwischenGes als Dienstleister gg einem beherrschenden Anteilseigner auftritt, gesehen werden. Die ZwischenGes kann auch als Nachfrager am Kapitalmarkt oder gg einem beherrschenden Gesellschafter auftreten. Die Tätigkeit eines Kreditinstituts kann damit in ein Aktiv- und ein Passivgeschäft aufgeteilt werden. Eine solche Unterscheidung kann auch bei Versicherungsunternehmen vorgenommen werden. Das Aktivgeschäft besteht in der Dienstleistung als Versicherer, während das Passivgeschäft aus der Rückversicherung und Anlage der Prämien besteht. Das Gesetz unterscheidet nicht zwischen beiden Seiten, sondern stellt insgesamt auf die getätigten Geschäfte ab. Damit sind für die Frage, ob die Geschäfte überwiegend mit beherrschend beteiligten Gesellschaftern oder diesen nahe stehenden Personen getätigt werden, **sowohl die Aktiv- als auch die Passivgeschäfte** zusammenzurechnen.[46] Erst wenn sich insgesamt ein Überwiegen ergibt, ist die Beteiligung der fraglichen Personen schädlich und führt zu passiven Einkünften.[47] 37

Ein weiteres Problem ist, nach welchen **Kriterien** bestimmt werden soll, **ob die 50 %-Grenze überschritten ist** und damit ein Überwiegen der schädlichen Geschäfte angenommen werden kann.[48] In Frage kommen der Umsatz aus diesen Geschäften, die 38

---

45 *BMF* BStBl I 2004, Sondernr 1, S 3, Tz 8.1.3.5.; *Kraft/Nitzschke* IStR 2003, 426.

46 **AA** wohl *BMF* BStBl I 2004, Sondernr 1, S 3, Tz 8.1.3.6.

47 Ähnlich *Kraft/Nitzschke* IStR 2003, 426, 431, die eine Trennung in Aktiv- und Passivgeschäfte ablehnen.

48 *Kraft/Nitzschke* IStR 2003, 426.

Anzahl dieser Geschäfte und der Gewinn aus den fraglichen Geschäften.[49] Alle diese Kriterien sind problematisch in ihrer Anwendung (insb wenn man sowohl aktive als auch passive Geschäfte berücksichtigt). Die Anzahl der Geschäfte mit den fraglichen Personen wird sich einfach feststellen lassen. Allerdings kommt dieser Größe mE kein großes Gewicht zu, da sie leicht gestaltbar ist. Die ZwischenGes kann relativ frei entscheiden, ob sie einen Vertrag über einen höheren Betrag abschließt oder diesen Betrag in mehrere Verträge aufteilt. Betrachtet man sowohl die Aktiv- als auch die Passivgeschäfte, so ist das Kriterium des Umsatzes problematisch. Es ist nicht ersichtlich, wodurch zB bei einem Kreditinstitut auf der Einlagenseite, dh bei den Passivgeschäften, ein Umsatz entstehen kann. In dem Kapitalzufluss wird man keinen Umsatz sehen können. ME kann der Umsatz für die Bestimmung des Überwiegens der Geschäfte bei den Passivgeschäften kein Aspekt sein. Damit stellt sich das Problem, ob ein Umsatz nur bei Aktivgeschäften als Kriterium dienen kann. Dies würde zur Folge haben, dass sich die Kriterien für die Aktiv- und die Passivgeschäfte unterscheiden. Dies scheint mE nicht überzeugend, da beide Seiten gemeinsam zu betrachten sind und somit auch die gleichen Kriterien anzuwenden sind. Ein ähnliches Problem scheint sich bei dem Kriterium Gewinn zu ergeben. Zu beachten ist aber, dass zumindest in der Kostenrechnung ein Gewinn rechnerisch auch bei Passivgeschäften (dem Einlagengeschäft) möglich, wenn günstige Konditionen vereinbart werden, so dass die Kosten unter einer kalkulatorischen Referenzgröße bleiben. ME ist neben den oben genannten Kriterien auch die Summe aus den abgeschlossenen Geschäften zu berücksichtigen. Da aber kein Kriterium umfassend geeignet ist, ein Überwiegen bei Aktiv- und/oder Passivgeschäften festzustellen, ist mE eine Gesamtschau aller Kriterien vorzunehmen.[50] Dabei hat auch eine Abwägung im Einzelfall zu erfolgen, je nachdem, welches Kriterium im Einzelfall besonders geeignet erscheint. Die gleichen Probleme ergeben sich bei Versicherungsunternehmen.

39 **4. Handel (Nr 4).** Der Handel wird grds als aktive Tätigkeit angesehen, die nicht der Hinzurechnungsbesteuerung unterliegen kann. Allerdings ist auch der Handel eine passive Tätigkeit, wenn eine schädliche Mitwirkung vorliegt. Als Handel sind der **Erwerb und die anschließende Weiterveräußerung von Sachen oder Waren** anzusehen. Dabei darf vor der Weiterveräußerung keine Bearbeitung oä Dienstleistung in dem Maße erfolgen, dass die Dienstleistung und nicht der Handel als Schwerpunkt der Tätigkeit anzusehen wäre (zur Abgrenzung der einzelnen aktiven Tätigkeiten untereinander so Rn 14). Der Erwerb und die Weiterveräußerung müssen nicht auf eigene Rechnung geschehen, so dass auch der Kommissionär (§§ 384 ff HGB) Handel betreibt.[51] Dies gilt allerdings nicht für einen Handelsmakler (§§ 93 ff HGB), Handelsvertreter (§§ 84 ff HGB), Spediteur (§§ 453 ff HGB), Frachtführer (§§ 407 ff HGB) oä Personen, die Dienstleistungen erbringen, aber keinen Handel treiben. § 8 Abs 1 Nr 4 stellt für die Bestimmung einer passiven Tätigkeit nur auf die Verfügungsmacht ab. Ein **Eigentumsübergang** ist für einen Handel nicht erforderlich.[52] Allerdings reicht die bloße Überlassung zur Nutzung (wie zB Miete, Leasing, Leihe) nicht aus. Zur Abgrenzung kann auf die Definition der Lieferung iSd § 3 UStG zurückgegriffen wer-

49 *FG BaWü* EFG 1996, 350.

50 Ebenso *Kraft/Nitzschke* IStR 2003, 426, 431.

51 *BMF* BStBl I 2004, Sondernr 1, S 3, Tz 8.1.4.1.2.

52 *F/W/B/S* § 8 Rn 126; *Kroppen/Hagemeier* IWB 3 Gruppe 2 S 1139 mwN.

den.[53] Danach ist eine Lieferung bei dem Übergang der Substanz, des Wertes oder des Ertrags anzunehmen.[54] Es ist nicht erforderlich, dass der Erwerber die tatsächliche Sachherrschaft erwirbt. Eine Lieferung ist daher auch bei einem Reihengeschäft möglich, bei dem die Ware direkt an den Letzterwerber ausgeliefert wird. Im Gegensatz zu den Ausnahmen zur grds aktiven Handelstätigkeit gem § 8 Abs 1 Nr 4 lit a und lit b, wo auf die Übertragung der Verfügungsmacht an Waren und Gütern und damit an körperlichen Gegenständen abgestellt wird, kann ein Handel auch mit immateriellen Gütern betrieben werden.[55] Es wird nicht zwischen verschiedenen Formen des Handels differenziert, sondern auf die wirtschaftliche Betätigung abgestellt.[56] Da in diesem Fall die Ausnahmen gem § 8 Abs 1 Nr 4 lit a und lit b mangels Verschaffung der Verfügungsmacht nicht greifen, ist ein solcher Handel stets aktiv.

Ein Handel mit immateriellen Wirtschaftsgütern liegt aber nur dann vor, wenn das Recht tatsächlich übertragen wird. Nicht ausreichend ist, dass die Nutzungsmöglichkeit an dem Recht (bspw in Form einer Lizensierung) überlassen wird. Eine Lizensierung stellt eine Vermietung und Verpachtung von immateriellen Wirtschaftsgütern iSd § 8 Abs 1 lit a dar und kann nur unter den dort genannten Voraussetzungen aktiv sein. **40**

Der Handel kann dann passiv sein, wenn eine schädliche Mitwirkung vorliegt.[57] Eine solche **schädliche Mitwirkung** liegt grds dann vor, wenn der Handel mit einem gem § 7 an der ausl Ges beteiligten unbeschränkt StPfl oder einer diesem StPfl nahe stehenden Person erfolgt. Die Beteiligung gem § 7 setzt dabei voraus, dass die Mehrheit der Anteile oder der Stimmrechte von Inländern gehalten wird (s zu den einzelnen Voraussetzungen § 7 Rn 70 ff). Ob einem solchen Anteilseigner eine Person nahe steht, ist gem § 1 Abs 2 zu bestimmen (s zu den Voraussetzungen § 1 Rn 123 ff). **41**

Bei einer Mitwirkung beim **Einkauf** ist gem § 8 Abs 1 Nr 4 lit a) weiterhin Voraussetzung, dass die jeweilige Person, die die schädliche Mitwirkung vornimmt, in Deutschland steuerpflichtig ist. Dabei kann es sich um eine (ggf fiktiv) unbeschränkte oder eine (ggf erweitert) beschränkte StPfl handeln.[58] Bei einer Person iSd § 7 ergibt sich eine StPfl schon aus den dort genannten Voraussetzungen, da es sich bei einer solchen Person um einen in Deutschland unbeschränkt StPfl handeln muss. Eine allg StPfl in Deutschland ist allerdings nicht ausreichend. Erforderlich ist, dass eine StPfl bzgl der durch die Verschaffung der Verfügungsmacht an den Gütern oder Waren erzielten Einkünfte besteht. Dies ist bei einer unbeschränkten StPfl, die die Welteinkünfte des StPfl umfasst, grds der Fall. Etwas anderes kann sich aber ergeben, wenn diese Gewinne in einer ausl Betriebstätte anfallen und mit dem Betriebsstättenstaat in einem DBA die Freistellungsmethode vereinbart worden ist. Dies gilt allerdings nicht, wenn die Freistellungsmethode wegen § 20 Abs 2 nicht anwendbar ist. Praktisch keine Bedeutung wird der Fall haben, dass diese Einkünfte theoretisch auch einer (persönlichen) Steuerbefreiung in Deutschland bei dem StPfl unterliegen können, so dass die Frage, ob eine Steuerbefreiung eine StPfl iSd § 8 Abs 1 Nr 4 lit a) verhindert, unerheblich ist. Handelt es sich bei der mitwirkenden Person um eine nahe stehende Person, **42**

53 *Kroppen/Hagemeier* IWB 3 Gruppe 2 S 1139.
54 R 24 Abs 2 UStR.
55 *BFH* IStR 2001, 185; *Mutter* IStR 2006, 262 ff.
56 *Haase* S 26.
57 S insgesamt zu dem Problem der schädlichen Mitwirkung *Haase* IStR 2007, 437.
58 *BFH* BStBl II 1985, 120.

so kann diese auch im Ausland ansässig sein. Zu einer StPfl in Deutschland kommt es in diesem Fall idR nur, wenn die Voraussetzungen für die beschränkte StPfl gem § 49 EStG vorliegen. Da es sich bei den Einkünften aus dem Handel mit Waren oder Gütern um gewerbliche Einkünfte handelt, besteht in Deutschland eine beschränkte StPfl, wenn im Inland eine Betriebsstätte besteht oder ein inländischer ständiger Vertreter vorhanden ist (§ 49 Abs 1 Nr 2 lit a) EStG).

43 Ein solcher StPfl muss der ausl Ges die Verfügungsmacht an den Gütern und Waren verschaffen. Ein **Verschaffen der Verfügungsmacht** liegt vor, wenn die ausl Ges berechtigt wird, in eigenem Namen über die Gegenstände zu verfügen. Ein Verfügen muss nicht mit einer tatsächlichen Herrschaft an dem Gegenstand verbunden sein, so dass ein Verfügen auch bei einer Direktlieferung an Dritte vorliegt (sog Reihengeschäft). Die Verschaffung der Verfügungsmacht muss direkt auf der schädlichen Mitwirkung des StPfl oder einer ihm nahe stehenden Person beruhen. Dazu reicht es nicht aus, wenn die Verfügungsmacht über eine Lieferung durch Dritte verschafft wird (s zur Verschaffung der Verfügungsmacht o Rn 39).[59]

44 Eine schädliche Mitwirkung liegt gem § 8 Abs 1 Nr 4 lit b auch dann vor, wenn die Güter und Waren an eine in § 8 Abs 1 Nr 4 lit a genannte Person geliefert werden. Diese Personen müssen dabei – ebenso wie in lit a) – in Deutschland steuerpflichtig sein.[60] Bei der ausl Ges handelt es sich dann um eine sog EinkaufsGes. Die Ausnahme des § 8 Abs 1 Nr 4 lit b definiert dabei nicht mehr eigenständig, welche Personen zu einer schädlichen Mitwirkung führen können, sondern bezieht sich auf die Definition des lit a. Problematisch kann allerdings die Übertragung des Merkmals der StPfl mit den Einkünften in Deutschland bei einer nahe stehenden Person sein. Anders als bei § 8 Abs 1 Nr 4 lit a besteht hier nicht zusätzlich das Erfordernis, dass die Einkünfte dieser Person in Deutschland steuerpflichtig sein müssen. Dies scheint konsequent, da die in Deutschland steuerpflichtige Person die Waren und Güter erwirbt und damit zunächst nur Aufwendungen, aber keine Einnahmen hat. Dies ist bei der Veräußerung der Waren oder Güter an die ausl ZwischenGes anders. In diesem Fall erzielt der in Deutschland StPfl unmittelbar aus der Handelstätigkeit (der Veräußerung der Waren und Güter) Einkünfte. Mit den eingekauften Wirtschaftsgütern wird die nahe stehende Person unmittelbar nur dann einen Gewinn machen, mit dem sie in Deutschland steuerpflichtig sein kann, wenn sie diese Güter und Waren weiterverkauft und damit selbst Handel betreibt. Erwirbt sie die Wirtschaftsgüter als Betriebsgrundlage für eine andere Tätigkeit, so können daraus höchstens mittelbar Einkünfte erzielt werden, indem die erworbenen Wirtschaftsgüter für die Einkünfteerzielung benötigt werden. Ziel der Regelung ist es zu verhindern, dass ein Aufwand in Deutschland anfällt, ein mit den Wirtschaftsgütern erzielter Ertrag aber nicht in Deutschland besteuert werden kann. Dies kann vermieden werden, wenn der Ertrag iRd Hinzurechnungsbesteuerung erfasst wird. Daher ist für die Frage, ob eine passive Tätigkeit vorliegt, auf dem Inland zuzuordnende Wirtschaftgüter abzustellen. Ein weiterer Anwendungsbereich ist nicht erforderlich, um das Ziel der Regelung zu erreichen.

45 Trotz einer schädlichen Mitwirkung des StPfl oder einer ihm nahe stehenden Person können die Einkünfte aus der Handelstätigkeit aktiv sein, wenn keine Anhaltspunkte dafür vorliegen, dass die ausl Ges nur zur Vermeidung einer Steuerbelastung in

---

59 *S/K/K* § 8 Rn 83.

60 *BFH* BStBl II 1985, 120 zu der wortgleichen Formulierung des § 8 Abs 1 Nr 5 lit b.

Deutschland eingeschaltet worden ist. Diesen Gedanken umschreibt das Gesetz damit, dass die ausl Ges einen für derartige Handelsgeschäfte **in kaufmännischer Weise eingerichteten Geschäftsbetrieb hat** und zudem **am allg wirtschaftlichen Verkehr teilnimmt**. Diese Gegenausnahme ist sowohl im Falle einer Einkaufs- (lit a) als auch einer VerkaufsGes (lit b) vorgesehen. Des Weiteren dürfen weder der StPfl noch ihm nahe stehende Personen, wie sie in § 8 Abs 1 Nr 4 lit a definiert sind, bei der Vorbereitung, dem Abschluss oder der Ausführung der Geschäfte mitwirken. Es erfolgt insoweit eine nochmalige, auf einer nachgelagerten Stufe angesiedelte Prüfung, ob eine schädliche Mitwirkung vorliegt.

Erforderlich ist zunächst ein tatsächlich in kaufmännischer Weise eingerichteter Geschäftsbetrieb. Ob ein solcher erforderlich ist, ist unbeachtlich. Auch ein nicht erforderlicher, aber dennoch vorhandener Geschäftsbetrieb dieser Art ist ausreichend. Andererseits genügt es nicht, dass ein solcher Geschäftsbetrieb erforderlich wäre, er aber tatsächlich nicht eingerichtet ist (für die Frage, was für einen in kaufmännischer Weise eingerichteten Geschäftsbetrieb erforderlich ist, so Rn 34). Liegt eine kaufmännische Organisation der Vertretung zB über Handelsvertreter (§§ 48 ff HGB) etc vor, so ist dies ein Indiz für einen in kaufmännischer Weise eingerichteten Geschäftsbetrieb. Zudem muss eine Teilnahme am allg wirtschaftlichen Verkehr erfolgen. Eine solche Teilnahme liegt grds vor, wenn die Tätigkeit in nicht nur ganz geringfügigem Umfang einer unbegrenzten Zahl von Dritten angeboten wird.[61] Die Tatsache, dass im Ergebnis nur wenige (oder nur ein) Marktteilnehmer die Leistung tatsächlich in Anspruch nehmen, ist unerheblich.[62] Erforderlich ist nur, dass der Verkäufer bereit ist, an jede Person zu veräußern, die die Kaufbedingungen erfüllt.[63] Die Teilnahme am wirtschaftlichen Verkehr kann bei dem Einkauf oder der Veräußerung der Waren erfolgen. Es ist nicht erforderlich, dass die ausl Ges auf beiden Seiten am Markt auftritt. Daraus ergibt sich, dass diese Voraussetzung bei einer EinkaufGes gem § 8 Abs 1 Nr 4 lit a auf der Veräußerungsseite und bei einer VerkaufGes gem § 8 Abs 1 Nr 4 lit b auf der Einkaufsseite erfüllt ist. Schädlich kann damit nur sein, wenn die ZwischenGes Güter oder Waren ausschließlich von KonzernGes erwirbt und diese ausschließlich an (andere) KonzernGes weiterveräußert.[64] Diese Voraussetzung wird aber idR keine zusätzliche Hürde darstellen, da dieser Sonderfall nur selten eintreten wird. **46**

Des Weiteren müssen die Geschäfte, die der Vorbereitung, dem Abschluss und der Ausführung der fraglichen Tätigkeit gehören, ohne **schädliche Mitwirkung** vorgenommen werden. Dies muss von dem StPfl nachgewiesen werden. In der Praxis wird ein Nachweis für jedes einzelne Geschäft nicht möglich sein.[65] Ein solcher Nachweis kann daher sinnvoller Weise nur durch eine Darlegung der allg Aufgabenverteilung im Konzern erfolgen. Die schädliche Mitwirkung bezieht sich – anders als bei dem Erfordernis der schädlichen Mitwirkung in § 8 Abs 1 Nr 4 lit a und lit b – nicht auf die **47**

61 *BMF* BStBl I 2004, Sondernr 1, S 3, Tz 8.1.4.2.2.

62 *BMF* BStBl I 2004, Sondernr 1, S 3, Tz 8.1.4.2.3.

63 *BFH* BStBl II 2003, 510 mwN aus der Rspr. Der *BFH* (BStBl II 1994, 463) lässt für eine gewerbliche Tätigkeit auch die Veräußerung an Angehörige ausreichen. Dies ist mE aber den Besonderheiten der Abgrenzung zur vermögensverwaltenden Tätigkeit geschuldet. Daher ist diese Rspr nicht auf den Bereich der Hinzurechnungsbesteuerung übertragbar.

64 *BMF* BStBl I 2004, Sondernr 1, S 3, Tz 8.1.4.2.2.; *S/K/K* § 8 Rn 87.

65 Dies fordert aber *Kroppen/Hagemeier* IWB Fach 3, Gruppe 2, 1137.

eigentliche Handelstätigkeit, sondern auf die Tätigkeiten, die erforderlich sind, um einen Vertrag, der möglicherweise mit Dritten abgeschlossen ist, durchzuführen. Die schädliche Mitwirkung liegt daher nicht in dem eigentlichen Vertragsabschluss mit einer nahe stehenden Person, sondern in der Mitwirkung einer solchen Person bei einem an sich unschädlichen Vertragsschluss mit einem Dritten. Zu diesen Tätigkeiten gehören insb die Vertragsanbahnung, der Vertragsschluss, die Kundenakquise, der Vertrieb, der Transport, die Logistik, die Installation beim Kunden und der Kundenservice. Nicht erfasst werden allg Hilfeleistungen wie zB eine Werbung ohne konkreten Kundenkontakt.[66] Eine schädliche Mitwirkung liegt auch vor, wenn der StPfl oder eine ihm nahe stehende Person als Subunternehmer tätig wird und insoweit die Aufgaben als am Vertrag Unbeteiligter übernimmt.[67] Welche Tätigkeiten mit dem fraglichen Geschäft zusammen hängen, ist durch eine Funktionsanalyse festzustellen.[68] Dabei ist zu untersuchen, welche Ges im Konzern welche Funktion wahrnimmt.

48 **5. Dienstleistungen (Nr 5).** Dienstleistungen sind ebenso wie Handelstätigkeiten **grds aktiv**. Eine – teilw in der Praxis schwierige – Abgrenzung zwischen beiden Tätigkeiten ist dennoch notwendig, da sich die Ausnahmen unterscheiden.[69] Ebenso wie bei Nr 4 (Handel) führt eine schädliche Mitwirkung zu passiven Einkünften. Auch hier wird unterschieden zwischen der Erbringung der Dienstleistung durch eine KonzernGes (lit a) und der Erbringung dieser Dienstleistung an eine solche Ges (lit b). Allerdings besteht – anders als bei der Erbringung an eine KonzernGes – für die Erbringung durch eine KonzernGes keine Gegenausnahme, die wieder zu aktiven Einkünften führt. Eine solche Gegenausnahme ist nur bei der Erbringung an eine nahe stehende Person vorgesehen.

49 Für den Begriff der Dienstleistung und die Abgrenzung einer solchen gg den anderen in § 8 Abs 1 aufgeführten Tätigkeiten kann nur begrenzt auf § 611 BGB zurückgegriffen werden.[70] § 611 BGB dient der Definition des Dienstvertrags in Abgrenzung zu anderen Vertragstypen, insb zum Werkvertrag gem § 631 BGB. Maßgebliches Abgrenzungskriterium iRd § 611 BGB ist daher, ob ein Tätigwerden und nicht wie bei einem Werkvertrag gem § 631 BGB ein Erfolg geschuldet ist. Eine solche Abgrenzung ist iRd § 8 nicht notwendig, da kein eigener Tatbestand für Werkleistungen besteht. Diese werden idR von § 8 Abs 1 Nr 2 (Produktion) erfasst. Dies gilt aber nur insoweit, wie eine Sache produziert wird. Dies ist zB nicht bei der Erstellung von Gutachten, der Entwicklung von Individualsoftware, dem Löschen von Ladung, dem Reinigungsservice oder bei künstlerischen oder sportlichen Aufführungen der Fall. Zivilrechtlich liegt in diesen Fällen idR ein Werkvertrag vor. IRd § 8 Abs 1 hat aber eine Qualifikation als Dienstleistung iSd § 8 Abs 1 Nr 5 zu erfolgen. Zu beachten ist zudem, dass die Dienstleistung nicht als Nebentätigkeit zu einer anderen in § 8 Abs 1 aufgeführten Tätigkeit anzusehen sein darf. In diesem Fall wäre die Dienstleistung entspr der Hauptleistung zu qualifizieren (zum funktionalen Zusammenhang so Rn 13 ff).

50 **Dienstleistungen** können administrativer, überwachender, technischer, beratender, verwaltender oder vermittelnder Art sein. Keine Dienstleistungen sind Tätigkeiten,

66 *BMF* BStBl I 2004, Sondernr 1, S 3, Tz 8.1.4.3.2.
67 *BMF* BStBl I 2004, Sondernr 1, S 3, Tz 8.1.4.
68 *Kroppen/Hagemeier* IWB Fach 3 Gruppe 2, 1137.
69 S zu dieser Frage *Mutter* IStR 2006, 262.
70 **AA** *S/K/K* § 8 Rn 93.

die nicht gg anderen Personen ausgeübt werden. Damit fallen alle Tätigkeiten der ausl Ges aus dem Anwendungsbereich, die sie auf Grund ihrer eigenen Geschäftsorganisation wahrnimmt. Dazu gehören zB die Anlage des eigenen Vermögens oder Kontroll- und Managementleistungen für die eigene Ges. Damit ist auch das Einziehen von eigenen Forderungen (die zB durch echtes Factoring erworben worden sind) eine passive Tätigkeit.[71] Etwas anderes gilt aber, wenn diese Aufgaben von einer anderen Ges (zB der MutterGes, einer HoldingGes) wahrgenommen werden. Allerdings ist eine schädliche Mitwirkung möglich, wenn die ausl Ges sich bei der Erbringung der Dienstleistung einer nahe stehenden Person bedient (§ 8 Abs 1 Nr 5 lit a). Auch in diesem Fall kommt es aber nur dann zu einer schädlichen Mitwirkung, wenn Entgeltlichkeit vorliegt oder nach dem *arm's length*-Grundsatz (s dazu § 1 Rn 183 ff) ein Entgelt gezahlt werden müsste. Anderenfalls kann die nahe stehende Person mangels Einkünften aus dieser Tätigkeit nicht wie von § 8 Abs 1 Nr 5 lit a gefordert mit diesen Einkünften aus der schädlichen Mitwirkung in Deutschland steuerpflichtig sein.

Schädlich iSd § 8 Abs 1 Nr 5 lit a ist die **Mitwirkung eines StPfl**, der an der ausl Ges 51
iSd § 7 beteiligt ist, oder eine diesem StPfl iSd § 1 Abs 2 nahe stehende Person (s dazu Rn 78 ff). Weiter muss – ebenso wie bei § 8 Abs 1 Nr 4 lit a – hinzukommen, dass diese Person in Deutschland steuerpflichtig ist. Eine solche StPfl kann in der (ggf fiktiv) unbeschränkten oder der (ggf erweitert) beschränkten StPfl liegen und muss sich auf die durch die Dienstleistung erzielten Einkünfte beziehen. Die schädliche Mitwirkung liegt bei § 8 Abs 1 Nr 5 lit a in einem Sich-Bedienen der nahe stehenden Person durch die ausl Ges. Ein Sich-Bedienen setzt voraus, dass die nahe stehende Person bei der konkreten Dienstleistungserbringung eingeschaltet wird. Nicht ausreichend ist, dass eine solche Person bei anderen Tätigkeiten oder allg iRd Konzerns auch für die ausl Ges tätig wird. Eine schädliche Mitwirkung liegt immer dann vor, wenn die nahestehende Person Erfüllungsgehilfin für die ausl Ges ist. Dann wird sie mit Wissen und Wollen der ausl Ges in deren Pflichtenkreis tätig. Ein Sich-Bedienen liegt auch dann vor, wenn eine nahe stehende Person als Subunternehmer eingeschaltet wird.[72] Ausreichend ist aber auch, wenn nur Personal, Räumlichkeiten, Material oÄ zur Verfügung gestellt werden oder bei der Planung der Durchführung geholfen wird.[73] Entscheidend ist, dass die Person eine der ausl Ges iRv deren Dienstleistungserbringung obliegende Pflicht übernimmt. Es ist ausschließlich auf das Außenverhältnis abzustellen,[74] so dass eine strikte Funktionsabgrenzung im Innenverhältnis unerheblich ist.[75] Nicht aus dem Wortlaut des Gesetzes ersichtlich, aber von der FinVerw anerkannt ist, dass sich die schädliche Mitwirkung nicht nur in einem unwesentlichen Teil erschöpfen darf. Nicht geklärt ist in diesem Zusammenhang die Frage, wonach sich die Wesentlichkeitsgrenze bemisst. Eine unwesentliche Mitwirkung liegt uE idR vor, wenn die nahe stehende Person in Bezug auf ihre Tätigkeit ohne weiteres ersetzt werden kann. Die einfache Substituierbarkeit ist mE ein Indiz gegen eine schädliche Mitwirkung.

---

71 *BMF* BStBl I 2004, Sondernr 1, S 3, Tz 8.1.5.1.1.
72 *FG München* EFG 2010, 622.
73 *BMF* BStBl I 2004, Sondernr 1, S 3, Tz 8.1.5.3.2.
74 *Haase* S 32.
75 *S/K/K* § 8 Rn 101.

52 Eine schädliche Mitwirkung, die zu passiven Einkünften führt, kann auch dann vorliegen, wenn die Dienstleistung **an einen** in § 8 Abs 1 Nr 5 lit a genannten **StPfl erbracht** wird. Auch hier stellt sich – wie bei der schädlichen Mitwirkung iRd Handels – die Frage, in welcher Form der StPfl mit Einkünften aus dieser Tätigkeit in Deutschland steuerpflichtig sein kann. Für die Erbringung der Dienstleistung an ihn werden keine Erträge, sondern nur Aufwendungen anfallen, so dass es niemals zu einer StPfl iS einer Steuerbelastung kommen würde. Dies würde den Anwendungsbereich der Norm zu sehr einengen. Es ist daher darauf abzustellen, ob die Dienstleistung für eine in Deutschland steuerpflichtige Tätigkeit oder eine Betriebsstätte in Deutschland erbracht wird und somit dieser zugeordnet werden kann.

53 Wird die Dienstleistung an eine nahe stehende Person erbracht, so können dennoch aktive Einkünfte vorliegen, wenn die ausl Ges einen für die fragliche Dienstleistung **eingerichteten Geschäftsbetrieb** hat und mit diesem **am allg wirtschaftlichen Verkehr teilnimmt**. Maßgeblich ist die tatsächliche Einrichtung eines solchen Geschäftsbetriebs, unabhängig davon ob eine solche Einrichtung erforderlich ist oder nicht. Der Wortlaut dieser Gegenausnahme unterscheidet sich insofern von den Voraussetzungen für eine aktive Tätigkeit iSd § 8 Abs 1 Nr 3 oder § 8 Abs 1 Nr 4, die zusätzlich eine Einrichtung in kaufmännischer Weise erfordern. Materiell macht dieser unterschiedliche Wortlaut aber keinen Unterschied. Ob der erforderliche Geschäftsbetrieb vorliegt, ist an Hand der gleichen Indizien wie zB Bilanzierung, Buchführung, Lohnbuchhaltung oder Aufbewahrung der Korrespondenz zu ermitteln. Eine Teilnahme am allg wirtschaftlichen Verkehr setzt voraus, dass die Dienstleistung einer unbestimmten Anzahl von dritten Personen angeboten wird. Die Tatsache, dass sie von nur einer (oder nur einer begrenzten) Anzahl von Personen in Anspruch genommen wird, ist unbeachtlich. Zu beachten ist, dass nicht die fragliche Tätigkeit, dh die Dienstleistung am Markt angeboten werden muss. Erforderlich ist nur, dass die ausl Ges mit dem eingerichteten Geschäftsbetrieb am Markt auftritt. Daher reichen bspw auch der Einkauf von Waren, die Besorgung von Hilfsmitteln etc aus.[76]

54 Die Dienstleistungen dürfen nicht unter Mitwirkung einer an der ausl Ges gem § 7 beteiligten StPfl oder einer einer solchen Person nahe stehenden Person iSd § 1 Abs 2 erbracht werden. Insoweit erfolgt noch eine weitere Prüfung, ob eine schädliche Mitwirkung vorliegt. Für die Frage der Mitwirkung sind die gleichen Maßstäbe wie bei dem Tatbestandsmerkmal des Sich-Bedienens in § 8 Abs 1 Nr 5 lit a anzulegen. Die Person muss im Inland steuerpflichtig sein. Eine StPfl der Einkünfte ist aber nicht erforderlich.[77]

55 **6. Vermietung und Verpachtung (Nr 6).** Der Tatbestand der Einkünfte aus Vermietung und Verpachtung entspricht einer der sieben Einkunftsarten des § 2 EStG (§§ 2 Abs 1 S 1 Nr 6, 21 EStG). Insoweit kann auf die dort vorgenommene Abgrenzung (insb zu Veräußerungsgewinnen) zu anderen Einkunftsarten zurückgegriffen werden. Damit können auch die Erlasse der FinVerw zum Leasing[78] angewendet werden. Grds sind Einkünfte aus Vermietung und Verpachtung Einkünfte aus der **zeitlich begrenz-**

76 *S/K/K* § 8 Rn 111.

77 *BFH* BStBl II 1985, 120.

78 *BMF* BStBl I 1971, 264; *BMF* BStBl I 1972, 188; *BMF* DB 1976, 172; *BMF* BStBl I 1992, 13; *OFD Frankfurt* FR 2006, 793.

ten Nutzungsüberlassung. Die Übertragung des Wirtschaftsguts wird daher nicht erfasst. Dies kann bei der Überlassung von Software von Bedeutung sein. Soweit es sich um Standardsoftware handelt, wird man idR von einer Veräußerung und nicht von einer zeitlich begrenzten Nutzungsüberlassung ausgehen müssen. Anders ist dies bei Individualsoftware. Bei dieser werden idR die damit verbundenen Urheberrechte nur zur Nutzung überlassen. Wird ein Alleinvertriebsrecht bestellt, so liegt darin idR keine Nutzungsüberlassung, sondern ein originärer Rechtserwerb. Die Zahlungen für die Bestellung sind daher uE keine Lizenzen. Anders kann dies aber sein, wenn ein einmal bestelltes Alleinvertriebsrecht an andere (Tochter-)Ges weiter überlassen wird. Hier wird nicht originär ein Recht erworben, sondern ein bereits bestehendes Recht zur Nutzung an einen anderen überlassen.

Einkünfte aus Vermietung und Verpachtung scheinen nach dem Gesetzesaufbau grds aktiv zu sein und nur in den drei aufgeführten Ausnahmen als passiv zu qualifizieren sein. Diese Gesetzessystematik täuscht über die eigentliche Regelung hinweg. Die Ausnahmen der § 8 Abs 1 Nr 6 lit a–c sind derart weit gefasst, dass faktisch die Einkünfte aus Vermietung und Verpachtung im Regelfall passiv sind. Eine Qualifikation als aktive Tätigkeit kommt nur bei einem Nachweis des StPfl bzgl der Voraussetzungen der Ausnahmen in Betracht (zum Erfordernis des Nachweises allg so Rn 9). Die Voraussetzungen für die **Qualifikation als passive Einkünfte** sind **unterschiedlich, je nachdem welche Wirtschaftsgüter** vermietet oder verpachtet werden. Unerheblich ist aber in allen Fällen, an wen die Wirtschaftsgüter überlassen werden. Auch die Überlassung an den StPfl oder eine ihm nahe stehende Person (und damit insb im Konzern) stellt **keine schädliche Mitwirkung** dar, die zwangsläufig zu passiven Einkünften führt. 56

Das Gesetz unterscheidet zwischen der Vermietung und Verpachtung immaterieller Wirtschaftsgüter (Rechte, Pläne, Muster, Verfahren, Erfahrungen und Kenntnisse), der von Grundstücken und derjenigen von beweglichen Sachen. Damit besteht für jedes Wirtschaftsgut, das vermietet und verpachtet werden kann, eine Ausnahme von der grds Qualifikation als aktive Tätigkeit. 57

a) Immaterielle Wirtschaftsgüter. Das Gesetz nimmt eine **abschließende Aufzählung** vor, welche Rechte uÄ als immaterielle Wirtschaftsgüter von § 8 Abs 1 Nr 6 lit a erfasst sind. Genannt werden Rechte, Pläne, Muster, Verfahren, Erfahrungen und Kenntnisse. Unter den Begriff Rechte fallen Patente, Marken, Warenzeichen etc. Erfahrungen und Kenntnisse werden im int Steuerrecht idR zusammenfassend als *know how* bezeichnet. Nach dt Recht ist der Begriff des immateriellen Wirtschaftsguts sehr weit. Darunter fallen alle unkörperlichen Gegenstände von wirtschaftlichem Wert.[79] In Sonderfällen kann daher der Begriff des immateriellen Wirtschaftsguts weiter sein als die in § 8 Abs 1 Nr 6 lit a vorgenommene Aufzählung. Ein solcher Sonderfall kann bspw bei Geschäftsbeziehungen zu Kunden und Lieferanten oder auch bei übernommenen Auftragsbeständen vorliegen,[80] die nach nationalem Recht als immaterielle Wirtschaftsgüter angesehen werden,[81] aber nicht unter die Aufzählung des § 8 Abs 1 Nr 6 lit a fallen. Der Tatbestand des § 8 Abs 1 Nr 6 lit a umfasst keine bloßen Funktionen iSd Funktionsverlagerungsverordnung. Eine solche Funktion enthält nicht 58

79 *Schmidt* EStG, § 5 Rn 171.
80 *FG Düsseldorf* EFG 2003, 1290.
81 *BFH* BStBl II 1994, 903 mwN.

nur (verschiedene) Wirtschaftsgüter, sondern ist maßgeblich durch die Zusammenfassung gleichartiger betrieblicher Aufgaben definiert.[82]

59 Für immaterielle Wirtschaftsgüter geht das Gesetz grds von passiven Einkünften aus. Allerdings gilt dies nicht für die Verwertung von Ergebnissen aus **eigener Forschungs- und Entwicklungstätigkeit**. Forschung und Entwicklung ist die Gewinnung neuer oder Weiterentwicklung bereits vorhandener Erkenntnisse und Verfahren.[83] Eine solche eigene Forschung und Entwicklung durch die ausl Ges liegt jedenfalls dann vor, wenn diese Tätigkeit durch eigenes Personal und mit eigenen Mitteln durchgeführt wird. ME liegt darüber hinaus auch dann eine eigene Tätigkeit der Ges vor, wenn diese die Forschung und Entwicklung bzgl immaterieller Wirtschaftsgüter (vertraglich oder faktisch) übernommen hat, diese aber durch eine andere Person ausführen lässt. Die Organisation, in welcher Form die Forschung und Entwicklungstätigkeit erfolgt, kann mE keinen Einfluss auf die Frage haben, ob aktive oder passive Einkünfte vorliegen. Entscheidend ist, dass das zu entwickelnde immaterielle Wirtschaftsgut steuerlich der ausl Ges zuzuordnen ist.[84] Dies ist der Fall, wenn eine Auftragsforschung vorliegt und die ZwischenGes als Auftraggeber das wirtschaftliche Risiko dieser Forschung trägt.[85] Ein *Outsourcing* der Tätigkeit ist zudem mE dann unschädlich, wenn die ausl Ges die fachliche Kompetenz hat, die Forschung und Entwicklung zu überwachen und ggf Leitlinien vorzugeben.[86] Auf die tatsächliche Ausführung kommt es insofern nicht an. Eine Auswertung dieser Erkenntnisse liegt in jeder Nutzungsüberlassung.

60 Hinzukommen muss zudem, dass keine **schädliche Mitwirkung** des StPfl oder einer ihm nahe stehenden Person vorliegt. Ungeklärt ist, in welcher Form eine solche Mitwirkung vorliegen kann. Nach dem Wortlaut des Gesetzes muss sich die Mitwirkung auf die Forschungs- und Entwicklungstätigkeit beziehen, nicht aber auf die Vermietung und Verpachtung der immateriellen Wirtschaftsgüter. Damit ist eine Mitwirkung bei Tätigkeiten, die im funktionalen Zusammenhang mit der Vermietung und Verpachtung stehen (zB Werbung, Installation) unschädlich. Verhindert werden soll, dass die Forschung und Entwicklung im Inland erfolgt und damit Aufwand generiert wird, die Einnahmen aus diesem Aufwand in Form von Lizenzen aber über die ausl ZwischenGes geleitet werden. Ob eine schädliche Mitwirkung vorliegt, bestimmt sich nach der internen Funktionsverteilung. Ein Abstellen auf die Funktionsverteilung ist möglich, da es nicht um die Mitwirkung einer am Markt angebotenen Leistung geht. Dies ist anders als bei der schädlichen Mitwirkung bei der Erbringung einer Dienstleitung (§ 8 Abs 1 Nr 5 lit b). Entscheidend ist die Mitwirkung an der Forschung und Entwicklung und damit an einer innerbetrieblichen Tätigkeit. Anders als bei einer Erbringung einer Leistung am Markt kann daher nicht aus Sicht eines Dritten bestimmt werden, welche Tätigkeit zu der geschuldeten Leistung gehört. Daher kann in diesem Fall nur auf die interne Funktionsverteilung abgestellt werden. Mit einer klaren Funktionsabgrenzung innerhalb des Konzerns kann daher verhindert werden, dass eine schädliche Mitwirkung vorliegt.

---

82 § 1 FVerlV.
83 *S/K/K* § 8 Rn 119.
84 *S/K/K* § 8 Rn 120.
85 *Frotscher* Rn 625.
86 *S/K/K* § 8 Rn 120.

b) Immobilien. Die Vermietung und Verpachtung von **Grundstücken** ist grds passiv. Dazu gehören bebaute und unbebaute Grundstücke. Der Begriff des Grundstücks umfasst auch Gebäude und Gebäudeteile.[87] Eine Ausnahme iS aktiver Einkünfte besteht nur, wenn die Anteilseigner der ausl Ges sich auf ein DBA berufen können und danach für diese Einkünfte eine Steuerfreistellung bestünde. Aus dieser Regelung wird die Zielsetzung der Hinzurechnungsbesteuerung deutlich, die Verringerung der Steuerbelastung der genannten Einkünfte durch das Zwischenschalten von ausl Ges zu verhindern.[88] Besteht auf Grund des DBA kein dt Besteuerungsrecht, so kann die Steuerbelastung in Deutschland auch nicht durch die Zwischenschaltung einer ausl Ges verringert werden. Für die Frage, ob eine Freistellung nach DBA möglich ist, ist das DBA mit dem Belegenheitsstaat des Grundstücks anzuwenden.[89] Unerheblich ist, in welchem Staat die ausl Ges ansässig ist[90] und ob Deutschland mit diesem Staat ein DBA abgeschlossen hat. Da für jeden Gesellschafter einer potentiellen ZwischenGes separat überprüft werden muss, ob die Voraussetzungen einer Hinzurechnungsbesteuerung vorliegen, ist auch für jeden Gesellschafter einzeln zu prüfen, ob bei ihm die Voraussetzungen für eine Ausnahme gem § 8 Abs 1 Nr 6 lit b vorliegen.[91] 61

Nach dem DBA gilt auch für im Betriebsvermögen gehaltene Immobilien für die Verteilung der Besteuerungsrechte der Artikel über unbewegliches Vermögen (Art 6 MA) und nicht der Artikel über Unternehmensgewinne (Art 7 MA). Daher ist es für die Frage, welcher Staat die Einkünfte aus Immobilien besteuern darf, unerheblich, ob im Belegenheitsstaat eine Betriebsstätte besteht. Die Einkünfte aus Vermietung und Verpachtung können gem Art 6 Abs 1 MA auch im Quellenstaat besteuert werden. Die Besteuerung im Ansässigkeitsstaat wird dadurch idR nicht eingeschränkt, so dass in einem ersten Schritt beide Staaten ein Besteuerungsrecht haben. Wird eine mögliche Dbest gem Art 23A MA durch Anwendung der Freistellungsmethode vermieden, so liegt die gem § 8 Abs 1 Nr 6 lit b erforderliche Freistellung vor. Da die dt Abkommenspraxis idR im Bezug auf das unbewegliche Vermögen die Freistellungsmethode vorsieht,[92] sind Einkünfte aus der Vermietung und Verpachtung von unbeweglichem Vermögen idR aktiv. Zu aktiven Einkünften kommt es auch dann, wenn gem Art 6 Abs 1 des jeweiligen DBA der Quellenstaat das ausschließliche Besteuerungsrecht hat. Etwas anderes gilt, wenn die ausl Ges ein Grundstück vermietet oder verpachtet, das in einem Staat liegt, mit dem Deutschland kein DBA abgeschlossen hat. In diesem Fall kann die Ausnahme, die zu aktiven Einkünften führt, nicht eingreifen. Eine Freistellung dieser Einkünfte durch DBA ist mangels DBA nicht möglich. Damit führt die Vermietung und Verpachtung von Grundstücken in Nicht-DBA-Staaten stets zu passiven Einkünften. Einkünfte aus Vermietung und Verpachtung sind auch dann passiv, wenn in dem jeweiligen DBA die Dbest bei diesen Einkünften durch Anwendung der Anrechnungsmethode (Art 23B MA) vermindert wird. 62

87 *S/K/K* § 8 Rn 124.
88 *S/K/K* § 8 Rn 125.
89 *F/W/B/S* § 8 Rn 229.
90 *F/W/B/S* § 8 Rn 229.
91 *F/W/B/S* § 8 Rn 233.
92 Wichtige Ausnahmen hierzu sind das DBA-E und das DBA-CH. S für eine Übersicht *Vogel/Lehner* DBA, Art 6 Rn 51.

63 Nicht von dieser Ausnahme erfasst werden **inländische Grundstücke**.[93] Einkünfte aus diesen Immobilien können nicht durch ein DBA freigestellt werden, wenn sie direkt von dem StPfl – und nicht über die ausl ZwischenGes – erzielt werden. Damit kann die Vermietung und Verpachtung einer inländischen Immobilie durch eine ausl ZwischenGes niemals zu aktiven, sondern nur zu passiven Einkünften führen.[94] Diese Konstellation wird auch nicht etwa dadurch faktisch ausgeschlossen, dass in solchen Fällen keine niedrige Besteuerung iSd § 8 Abs 3 vorliegen könnte. Der Körperschaftsteuersatz in Deutschland liegt derzeit bei 15 %. Damit ist auch Deutschland nach der Definition des § 8 Abs 3 ein Niedrigsteuerland, wenn (mangels ausl Gewerbebetriebs oder nach der sog erweiterten Kürzung) keine Gewerbesteuer auf die Einkünfte anfällt. Dies ist der Fall, wenn die Einkünfte aus Vermietung und Verpachtung nicht im Rahmen eines im Inland betriebenen Gewerbebetriebs erzielt werden. Wird die Immobilie von einer ausl Ges vermietet oder verpachtet und werden daneben keine weiteren Leistungen im Inland erbracht , die zu einer Einordnung als gewerbliche Grundstücksvermietung führen, fällt mangels inländischen Gewerbebetriebs keine Gewerbesteuer an. Auch wenn im Inland ein Gewerbebetrieb unterhalten wird, fällt möglicherweise iE keine Gewerbesteuer an. Bei der Vermietung und Verpachtung von Immobilien beruht dies idR auf der erweiterten Kürzung gem § 9 Nr 1 S 2 GewStG. Eine solche Kürzung ist aber nur dann möglich, wenn es sich bei der Vermietung und Verpachtung der Immobilie tatsächlich um eine verwaltende und nicht um eine gewerbliche Tätigkeit handelt. Damit liegt eine Niedrigbesteuerung von passiven Einkünften vor und es kommt zu einer Hinzurechnungsbesteuerung (zur Kritik an diesem Ergebnis so § 7 Rn 16).

64 Auf Grund der funktionalen Betrachtungsweise (s ausf dazu Rn 13 ff) sind von § 8 Abs 1 Nr 6 lit b nicht nur Einkünfte aus der Überlassung des Grundstücks zu Nutzung erfasst. Auch die **Veräußerung des Grundstücks** fällt unter diese Norm, soweit es sich nicht um gewerblichen Grundstückshandel handelt. Gewerblicher Grundstückshandel ist als Handelstätigkeit von § 8 Abs 1 Nr 4 erfasst. Liegt in der Veräußerung der Immobilie keine Handelstätigkeit, so sind die Veräußerungsgewinne nur unter den Voraussetzungen des § 8 Abs 1 Nr 6 lit b aktiv. Auch in diesem Fall ist daher Voraussetzung, dass die Einkünfte nach dem DBA mit dem Belegenheitsstaat in Deutschland steuerbefreit sind. Auf die Veräußerung von Grundstücken ist allerdings nicht Art 6 Abs 1 MA anzuwenden, sondern Art 13 Abs 1 MA. Nach dieser Norm hat der Belegenheitsstaat ein Besteuerungsrecht. Wird die Dbest auch insoweit durch Anwendung der Freistellungsmethode vermieden, so sind auch die Einkünfte aus der Veräußerung des Grundstücks aktiv. Etwas anderes gilt nur, wenn kein DBA besteht oder in diesem die Anrechnungsmethode für die Veräußerungsgewinne vereinbart ist. Es hat damit unabhängig von der Vermeidung der Dbest bei den Einkünften aus Vermietung und Verpachtung eine Prüfung zu erfolgen, ob Veräußerungsgewinne freigestellt sind.

65 Für die Qualifikation als aktive Einkünfte ist ein Nachweis des StPfl erforderlich. An diesen können in der Praxis aber keine hohen Anforderungen gestellt werden. Der Nachweis bezieht sich darauf, dass die vermietete oder verpachtete bzw veräußerte Immobilie nach dem jeweiligen DBA steuerfrei in Deutschland wäre. Einen wirklichen Nachweis kann der StPfl damit nur bzgl des Staates der Belegenheit der Immobi-

93 *F/W/B/S* § 8 Rn 232.

94 *F/W/B/S* § 8 Rn 232.

lie führen. Hier wird er durch Vorlage zB eines Grundbuchauszugs des betreffenden Staates darlegen müssen, dass das Grundstück tatsächlich im angegebenen Staat belegen ist. In der Praxis dürfte dies aber kein Problem darstellen. Einen Nachweis bzgl der konkreten Freistellung kann der StPfl mE nicht erbringen. Es handelt sich bei der Freistellung in Deutschland um eine zwangsläufige Rechtsfolge des DBA. Der StPfl wird insoweit nur nachweisen müssen, dass er abkommensberechtigt wäre. Dies ergibt sich aber gem Art 4 Abs 1 MA schon aus der Tatsache, dass er in Deutschland ansässig ist und damit hier der unbeschränkten StPfl unterliegt. Die unbeschränkte StPfl in Deutschland ist aber schon Voraussetzung für die Anwendung der Hinzurechnungsbesteuerung. Daher reicht mE idR ein bloßer Hinweis auf ein bestehendes DBA aus.

Nach dem Wortlaut des Gesetzes ist der Nachweis vom StPfl zu erbringen. Dabei handelt es sich um die (natürliche oder juristische) Person, der die Anteile gem § 7 zugerechnet werden. PersGes werden gem § 7 Abs 3 auch für Zwecke der Hinzurechnungsbesteuerung als transparent behandelt (s dazu § 7 Rn 86 ff), so dass sie nicht StPfl iSd § 8 Abs 1 Nr 6 lit b sein können. Dies erscheint insofern folgerichtig, weil die PersGes idR nicht abschätzen kann, ob die Voraussetzungen für eine Freistellung nach DBA für den Gesellschafter vorliegen. 66

c) Bewegliche Sachen. Auch die Vermietung und Verpachtung **beweglicher Sachen** führt grds gem § 8 Abs 1 Nr 6 lit c zu passiven Einkünften. Bewegliche Sachen können nur körperliche Gegenstände sein. Immaterielle Wirtschaftsgüter fallen unter § 8 Abs 1 Nr 6 lit a. Diese Unterscheidung hat in der Praxis Bedeutung, da die Ausnahmen, die zu aktiven Einkünften führen, bei beiden Vorschriften unterschiedlich sind. Auch Schiffe sind bewegliche Sachen. Sie werden zwar nach nationalem Recht unter bestimmten Voraussetzungen wie unbewegliches Vermögen behandelt. Dies ändert aber nichts an der grds Einordnung als bewegliche Sache iSd § 90 BGB. 67

Die Vermietung und Verpachtung beweglicher Sachen ist aktiv, wenn die ausl Ges ua einen Geschäftsbetrieb gewerbsmäßiger Vermietung und Verpachtung unterhält. Trotz der unterschiedlichen Formulierung ist inhaltlich – ebenso wie bei Einkünften aus einer Handelstätigkeit (Nr 4) oder aus einer Dienstleistungstätigkeit (Nr 5) – ein in kaufmännischer Weise eingerichteter Geschäftsbetrieb gemeint (zu den Voraussetzungen für einen solchen s Rn 45). Zudem ist eine Teilnahme der ausl Ges am allg wirtschaftlichen Verkehr erforderlich. Auch hier ist ausreichend, wenn die Leistungen der ausl Ges einer unbestimmten Anzahl von potentiellen Kunden angeboten werden. Unschädlich ist, ob und in welchem Umfang diese Leistung tatsächlich wahrgenommen wird. Die Teilnahme am allg wirtschaftlichen Verkehr muss nicht durch das Angebot der Vermietung und Verpachtung am Markt erfolgen. Sie kann sich auch durch funktional mit der Vermietung und Verpachtung zusammenhängende Tätigkeiten ergeben, wenn diese zB am Markt nachgefragt werden.[95] Aktive Einkünfte können daher auch bei einer konzerninternen Vermietungs- und VerpachtungsGes vorliegen. 68

Weiterhin darf keine **schädliche Mitwirkung** bei den Tätigkeiten, die zu einer gewerbsmäßigen Vermietung und Verpachtung gehören, durch unbeschränkt StPfl, die an der ausl Ges iSd § 7 beteiligt sind, oder durch eine einer solchen Person nahe stehende Person erfolgen. Eine solche Mitwirkung kann nur dann vorliegen, wenn die Tätigkeit in den Aufgabenbereich der ausl Ges fällt. Daher kann mE eine schädliche 69

95 *S/K/K* § 8 Rn 133.

Mitwirkung durch eine klare Aufgabentrennung zwischen ausl Ges und der Person, deren Tätigkeit zu einer schädlichen Mitwirkung führen kann, verhindert werden.[96] Diese Aufgabentrennung sollte möglichst nach Außen dadurch dokumentiert werden, dass getrennnte Verträge mit dem Leistungsempfänger abgeschlossen werden. Eine Mitwirkung von nur untergeordneter Bedeutung ist allerdings nach Auffassung der FinVerw unschädlich.[97] Auch hier ist – ebenso wie bei den anderen Mitwirkungstatbeständen – erforderlich, dass die nahe stehende Person in Deutschland steuerpflichtig ist.

70 **7. Aufnahme und Vergabe von Kapital (Nr 7).** Ob die Aufnahme oder die Vergabe von Kapital eine aktive oder passive Tätigkeit ist, richtet sich sowohl danach, wo das Kapital aufgenommen worden ist, als auch danach, an wen das Kapital vergeben wird. Die Voraussetzungen für die Qualifikation als aktive Einkünfte sind dabei sehr eng und sind zudem vom StPfl nachzuweisen. In der Praxis werden daher idR passive Einkünfte vorliegen.

71 Eine **Aufnahme von Kapital** liegt nur dann vor, wenn es sich für die ausl Ges um Fremdkapital handelt. Wird die ausl Ges von ihrer MutterGes mit Eigenkapital ausgestattet, so stellt dies keine Kapitalaufnahme iSd Vorschrift dar.[98] Entsprechend kann eine Vergabe von Kapital nur vorliegen, wenn dieses einer anderen Ges als Fremdkapital überlassen wird. Die Ausstattung einer TochterGes mit Eigenkapital wird nicht erfasst. An einer Kapitalaufnahme fehlt es zudem, wenn für die Kapitalvergabe gezeichnetes Kapital, Rücklagen oder thesaurierte Gewinne verwendet werden.[99] Dies bedeutet, dass Zinsen für die Überlassung derartigen Kapitals grds zu passiven Einkünften führen. In diesem Fall liegen uU Einkünfte mit Kapitalanlagecharakter vor (s dazu § 7 Rn 115 ff). Derartige Zinsen können nur dann als aktiv eingestuft werden, wenn sie auf Grund einer funktionalen Betrachtungsweise einer anderen aktiven Tätigkeit zuzuordnen sind (zu dem generellen Umfang einer funktionalen Betrachtungsweise so Rn 13 ff).

72 Eine **darlehensweise Vergabe** von Kapital liegt bei einer zeitlich begrenzten Überlassung des jeweiligen Betrages vor. Die Art und die Höhe der Verzinsung, die Rückzahlungsmodalitäten und die Dauer der Kapitalüberlassung sind unerheblich.[100] Keine Kapitalvergabe liegt in der Ausstattung mit oder Überlassung von Kapital an eine Betriebstätte der ausl Ges.[101] Da die Betriebstätte rechtlich nicht selbstständig ist, können zwischen Stammhaus und Betriebstätte keine Verträge geschlossen werden. Damit ist auch keine darlehensweise Überlassung von Kapital möglich.[102]

73 Das Problem des Umfangs der **funktionalen Zuordnung** zu anderen Tätigkeiten stellt sich bei Einkünften gem § 8 Abs 1 Nr 7 in bes Maße. Dies beruht darauf, dass Gewinne, die durch eine aktive Tätigkeit erzielt werden, häufig nicht sofort reinvestiert oder ausgeschüttet werden, sondern zunächst in der ausl Ges thesauriert werden. Werden diese thesaurierten Gewinne dann angelegt, indem sie Dritten oder anderen

96 *S/K/K* § 8 Rn 134.
97 *BMF* BStBl I 2004, Sondernr 1, S 3, Tz 8.1.6.3.
98 *S/K/K* § 8 Rn 139.
99 *S/K/K* § 8 Rn 139.
100 *S/K/K* § 8 Rn 140.
101 *BMF* BStBl I 2004, Sondernr 1, S 3, Tz 8.1.7.3.
102 *S/K/K* § 8 Rn 141.

KonzernGes als Darlehen überlassen werden, so stellt sich zwangsläufig die Frage, ob die dadurch erzielten Zinsen passive Einkünfte darstellen. ME kann dies nur dann der Fall sein, wenn mit der Gewährung von Darlehen eine eigenständige Art an Einkünften kreiert wird. Es reicht nicht aus, dass zwischen der aktiven Tätigkeit der Ges und der Darlehensvergabe unterschieden werden kann. Die Darlehensvergabe muss einen Umfang erreicht haben, der eine eigenständige Qualifikation rechtfertigt. Wann dies der Fall ist, ist nach den Umständen des Einzelfalls zu ermitteln. Eine Trennung der Zinseinkünfte von aktiven Tätigkeiten kommt mE dann nicht in Betracht, wenn die Darlehensvergabe die Erzielung der aktiven Einkünfte erst ermöglicht. Dann besteht ein funktionaler Zusammenhang zu den aktiven Einkünften, so dass auch die Zinsen als aktiv zu qualifizieren sind.

Beispiel: Die ausl Ges gibt ein Darlehen, damit der Vertragspartner Waren von der ausl Ges kaufen kann. Vorausgesetzt, dass der Verkauf der Waren gem § 8 Abs 1 Nr 4 aktiv ist, sind auch die Zinsen als aktive Einkünfte zu qualifizieren.

Nur die Aufnahme oder nur die Vergabe von Kapital kann nicht zu aktiven Einkünften führen. Beide Tätigkeiten müssen kumulativ vorliegen. Dies ergibt sich daraus, dass sowohl für die Kapitalaufnahme als auch für die Kapitalvergabe bestimmte Voraussetzungen erfüllt sein müssen, damit eine Qualifikation als aktiv in Betracht kommt. **74**

Die Aufnahme und darlehensweise Vergabe von Kapital ist nur dann eine aktive Tätigkeit, wenn ua das Kapital ausschließlich auf ausl Kapitalmärkten aufgenommen worden ist. Der Fall, dass Kapital am inländischen Kapitalmarkt aufgenommen wird, führt daher zu passiven Einkünften. Dies erstaunt, da in diesem Fall dem dt Fiskus die Steuer auf die Zinszahlungen zusteht und gleichzeitig der Zinsabzug bei der ausl Ges in Deutschland keine Auswirkungen hat. Die Kapitalaufnahme führt daher nicht zu einer Verringerung des Steueraufkommens in Deutschland. Erfasst werden sollen wohl die Zinsgewinne bei der ausl ZwischenGes, die das Kapital aufgenommen hat, die sich aus der Weitervergabe dieses Kapitals zu höheren Zinssätzen ergeben. **75**

Ungeklärt ist in der Praxis, wann eine solche **Aufnahme auf ausl Kapitalmärkten** gegeben ist. Die FinVerw stellt auf die Herkunft der Mittel ab. Die Herkunft bestimmt sich – je nach dem in welcher Form eine Kapitalaufnahme erfolgt – nach dem Kapitalmarkt, auf dem eine Anleihe ausgegeben worden ist, nach der Ansässigkeit der Kreditsammelstelle oder nach der Ansässigkeit der das Kapital vergebenden Person.[103] Um zu verhindern, dass diese formalen Voraussetzungen umgangen werden, ist auch eine mittelbare Kreditaufnahme auf dem inländischen Kapitalmarkt schädlich.[104] Zudem gilt ein Darlehen dann nicht als an ausl Kapitalmärkten aufgenommen, wenn zwar der Darlehensgeber im Ausland ansässig ist, aber es sich dabei um Personen handelt, die entweder dem StPfl oder der ausl Ges nahe stehen.[105] Damit ist eine Aufnahme von Kapital innerhalb eines Konzerns faktisch unmöglich. Die FinVerw versucht darüber hinaus, weitere Umgehungsmöglichkeiten zu beseitigen, indem sie fordert, dass die ausl Ges selbst auf dem ausl Kapitalmarkt tätig wird. Nicht ausreichend soll es nach dieser Auffassung sein, wenn die ausl Ges durch nahe stehende Personen **76**

103 *BMF* BStBl I 2004, Sondernr 1, S 3, Tz 8.1.7.2.
104 *BMF* BStBl I 2004, Sondernr 1, S 3, Tz 8.1.7.2.
105 *BMF* BStBl I 2004, Sondernr 1, S 3, Tz 8.1.7.2.

iSd § 1, die als Treuhänder oder Vertreter auftreten, ohne den Empfänger des Darlehens offen zu legen, einen Kredit aufnimmt. Diese Auffassung findet mE im Gesetzeswortlaut keine Grundlage. Es kommt nur darauf an, ob die Kapitalaufnahme durch die ausl Ges am ausl Kapitalmarkt erfolgt. Diese Frage ist unabhängig von der Durchführung der Kreditaufnahme zu beantworten. Es ist mE insb unerheblich, in welcher Form die ausl Ges am ausl Kapitalmarkt auftritt. Entscheidend ist, dass das Darlehen, das am ausl Kapitalmarkt aufgenommen worden ist, ihr aus steuerlicher Sicht zuzuordnen ist. Dies ist immer dann der Fall, wenn sie wirtschaftlicher Berechtigter des Darlehens iSd § 39 AO ist. Wird die Ges vertreten, so ändert dies nichts daran, dass die ausl Ges und nicht der Vertreter rechtlich Berechtigter wird. Entsprechendes gilt gem § 39 Abs 2 Nr 1 AO für das Treuhandverhältnis. Auch in diesem Fall wird nicht die Person, die nach außen auftritt – der Treuhänder – wirtschaftlich Berechtigter, sondern die ausl Ges.

77 Aktive Einkünfte iSd § 8 Abs 1 Nr 7 liegen nur vor, wenn das aufgenommene Kapital **ausl Betrieben oder Betriebstätten** zur Verfügung gestellt wird, die ihrerseits best aktive Einkünfte erzielen. Als aktive Tätigkeit wird daher im Bereich der Kapitalvergabe eine Tätigkeit angesehen, die sich ausschließlich im Ausland abspielt (Aufnahme des Kapitals auf einem ausl Kapitalmarkt und Vergabe an einen ausl Betrieb bzw eine ausl Betriebstätte). Daneben liegen aktive Einkünfte auch vor, wenn das Kapital an einen inländischen Betrieb oder eine inländische Betriebstätte (unabhängig davon, ob hier aktive Tätigkeiten verrichtet werden) vergeben wird. Der Wortlaut der Norm, nach dem auf den Betrieb oder die Betriebstätte abzustellen ist, macht deutlich, dass nicht nur eine Überlassung an gewerblich tätige Personen, sondern auch an Freiberufler, land- und forstwirtschaftliche Betriebe oÄ erfasst ist. Auch die Rechtsform ist für die Qualifikation unerheblich. Es kann sich um Einzelunternehmen, PersGes oder KapGes handeln. Bei der Frage, an wen das Kapital überlassen wird, sieht das Gesetz keine Einschränkung im Fall einer schädlichen Mitwirkung vor. Daher können auch aktive Einkünfte vorliegen, wenn das Kapital an den StPfl oder eine ihm oder der ausl Ges nahe stehende Person überlassen wird.

78 Wird das Kapital **an ausl Betriebe oder Betriebstätten überlassen**, so ist erforderlich, dass diese eine aktive Tätigkeit iSd § 8 Abs 1 Nr 1–6 ausüben. Nicht erfasst werden Einkünfte, die der ausl Betrieb oder die ausl Betriebstätte durch Anteilsbesitz (Dividenden, Anteilsveräußerung, Kapitalherabsetzung, Umwandlungen etc) erzielt. Zwar sind auch diese Einkünfte uU gem § 8 Abs 1 Nr 8, Nr 9 oder Nr 10 aktiv, sie können aber nicht zu aktiven Einkünfte aus Kapitalüberlassung führen. Die Überlassung von Kapital an eine ausl Holding führt daher zu passiven Einkünften. Der ausl Betrieb oder die ausl Betriebstätte müssen nicht ausschließlich die oben genannten aktiven Einkünfte erzielen. Es reicht aus, wenn dies **fast ausschließlich** der Fall ist. Dafür ist nach Auffassung der FinVerw auf das Wirtschaftsjahr der ausl Ges abzustellen, in dem die fraglichen Einkünfte aus der Darlehensvergabe erzielt werden.[106] Die Voraussetzung ist daher für jedes Wj neu zu bestimmen. Dies kann je nach den tatsächlichen Gegebenheiten dazu führen, dass in verschiedenen Wj eine unterschiedliche Qualifikation als aktive oder passive Einkünfte zu erfolgen hat. In der Praxis nicht abschließend geklärt ist, wann das Tatbestandsmerkmal „fast ausschließlich“ erfüllt ist. Neben einer relativen Grenze könnte auch eine absolute Bagatellgrenze darin enthaltenen

106 *BMF* BStBl I 2004, Sondernr 1, S 3, Tz 8.1.7.3.

sein. Der BFH hat im Zusammenhang mit § 8 Abs 2 aF entschieden, dass mit der Formulierung „fast ausschließlich" eine relative Grenze gemeint ist.[107] UE kann diese Rechtsprechung auf die wortgleiche Formulierung des § 8 Abs 1 Nr 7 übertragen werden. Als Grenze sind dann 10 % anzusehen.[108]

Wird das Kapital an einen inländischen Betrieb oder eine inländische Betriebstätte überlassen, so ist es unerheblich, ob aktive oder passive Einkünfte erzielt werden. Diese Unterscheidung erfolgt nur, wenn das Kapital in das Ausland überlassen wird. In der Praxis wird es für den Fall, dass das Kapital an Dritte überlassen wird, für den StPfl schwierig sein, nachweisen zu können, ob das überlassene Kapital im In- oder Ausland verwendet wird. Nicht schädlich ist dies nur, wenn eine aktive Tätigkeit iSd § 8 Abs 1 Nr 1–Nr 6 ausgeübt wird. Dann liegt in jedem Fall eine aktive Tätigkeit vor. **79**

Voraussetzung für eine Qualifikation als aktive Tätigkeit ist, dass das Kapital an einem ausl Kapitalmarkt aufgenommen wird und an einen inländischen Betrieb oder inländische Betriebstätte oder einen ausl Betrieb oder eine ausl Betriebstätte, die best aktive Tätigkeiten ausüben, vergeben wird. Es müssen daher sowohl bei der Kapitalaufnahme als auch bei der Kapitalvergabe best Voraussetzungen erfüllt werden. In der Praxis ist daher erforderlich, dass, wenn eine Qualifikation als aktive Einkünfte erfolgen soll, eine **Zuordnung** des verwendeten Kapitals sowohl bezüglich der Mittelherkunft als auch bezüglich der Mittelverwendung zu erfolgen hat. Dies wird in der Praxis insb dann schwierig wenn nicht gar unmöglich sein, wenn die vergebenen Mittel aus verschiedenen Quellen (Eigenkapital, Rücklagen, auf inländischen Märkten aufgenommenes Kapital und auf ausl Märkten aufgenommenes Kapital) erfolgt. Um den Nachweis nicht vollständig unmöglich zu machen, nimmt die FinVerw zunächst eine direkte Zuordnung vor, soweit dies möglich ist. In einem zweiten Schritt sind die verbleibenden Mittel anteilig auf die aktive bzw passive Vergabe aufzuteilen.[109] **80**

8. Gewinnausschüttungen (Nr 8). Gewinnausschüttungen von KapGes sind **aktiv**. Eine Ausnahme dazu besteht nicht. Dies ist insofern systemkonform, als dass nach nationalem Recht Gewinnausschüttungen generell steuerfrei sind (§ 8b Abs 1 KStG). Es wäre nicht überzeugend, diese im Rahmen einer Hinzurechnungsbesteuerung zu besteuern, wenn ihre Ausschüttung nicht zu einer Steuerbelastung führen würde. Zudem würden anderenfalls aktive Einkünfte, die von einer TochterGes der ausl Ges erzielt werden, durch die Ausschüttung in passive Einkünfte umqualifiziert werden. Dies würde insb in größeren Konzernen zu Problemen führen. **81**

§ 8 Abs 1 Nr 8 erfasst nicht alle Einkünfte aus Kapitalvermögen iSd § 20 EStG, sondern nur Gewinnausschüttungen. Gewinnausschüttungen sind sowohl offene, dh **Dividenden**, als auch **verdeckte Gewinnausschüttungen**.[110] Die Herkunft der ausschüttenden Gewinne ist ebenso unerheblich wie die Frage, aus welcher Tätigkeit (aktiv oder passiv) die ausgeschütteten Gewinne stammen.[111] Erfasst werden davon aber auch Einkünfte aus der Veräußerung von Dividendenscheinen gem § 20 Abs 2 S 1 Nr 2 lit a EStG,[112] die gem § 20 Abs 2 S 1 Nr 2 lit a S 2 EStG statt der Dividendenausschüt- **82**

107 *BFH* BStBl II 1996, 122.
108 *F/W/B/S* § 8 Rn 367.
109 *BMF* BStBl I 2004, Sondernr 1, S 3, Tz 8.1.7.3.
110 *BMF* BStBl I 2004, Sondernr 1, S 3, Tz 8.1.8.; *Rättig/Protzen* DStR 2002, 242 ff.
111 *Kneip/Rieke* IStR 2001, 665 f.; *S/K/K* § 8 Rn 159.
112 *BMF* BStBl I 2004, Sondernr 1, S 3, Tz 8.1.8.

tungen besteuert werden. Da in diesen Fällen die Besteuerung des Veräußerungserlöses an die Stelle der Besteuerung der Dividende tritt,[113] ist es konsequent, diese Einkünfte auch iRd Hinzurechnungsbesteuerung wie Dividenden zu behandeln. Nicht geklärt ist allerdings, in welchem Umfang auch andere in § 20 Abs 1 EStG erfasste Einkünfte von der Norm erfasst werden. § 8 Abs 1 Nr 8 qualifiziert ua Gewinnausschüttungen deshalb als aktiv, weil diese gem § 8b Abs 1 KStG steuerfrei sind. Für eine Hinzurechnung solcher Beträge besteht kein Bedürfnis. ME müssen von § 8 Abs 1 Nr 8 daher auch alle Einkünfte erfasst sein, die von § 8b Abs 1 KStG erfasst sind.[114] Dazu zählen auch zB Auflösungen von Gewinnrückstellungen im Zuge einer Liquidation. Zudem müssen mE Bezüge erfasst sein, die der Gesetzgeber den Gewinnausschüttungen in Form von Dividenden ausdrücklich gleich stellt. Dies sind zB auf Investmentanteile ausgeschüttete oder ausschüttungsgleiche Erträge (§ 2 Abs 1 InvStG). Nicht erfasst werden allerdings Zahlungen auf Grund eines Genussrechts. Sie vermitteln anders als eine Beteiligung keine gesellschaftsrechtliche Stellung, sondern nur eine Beteiligung am von der Ges erwirtschafteten Gewinn.[115]

83 Erfasst werden nach dem Wortlaut der Norm nur Ausschüttungen von **KapGes**. Dies sind nach dt Recht die GmbH, AG, KGaA und Europäische Ges (§ 1 Abs 1 Nr 1 KStG). Ausl Ges sind idS keine KapGes. Sie werden aber erfasst, soweit sie nach einem Typenvergleich einer dt KapGes entsprechen.[116] Ausschüttungen anderer Körperschaftsteuersubjekte werden nach dem Wortlaut der Regelung, dem die FinVerw folgt,[117] nicht erfasst.

84 Durch § 8 Abs 1 Nr 8 erfolgt eine Einordnung der Gewinnausschüttungen als aktiv oder passiv. Die Norm ist keine Vorschrift zur Ermittlung dieser Einkünfte oder Einnahmen. Daher sind für die Qualifikation als aktive Einkünfte Regelungen der Ermittlung dieser Einnahmen (zB § 3c Abs 2 EStG, § 8b Abs 5 KStG) nicht anzuwenden.[118]

85 **9. Gewinne aus der Anteilsveräußerung (Nr 9).** Auch Gewinne, die durch die Veräußerung von Anteilen an einer Ges, im Rahmen ihrer Auflösung oder durch eine Kapitalherabsetzung erzielt werden, sind grds aktiv. Damit werden diese Einkünfte grds den von § 8 Abs 1 Nr 8 erfassen Ausschüttungen gleich gestellt. Es macht für den StPfl daher keinen Unterschied, ob ihm die von der ausl Ges erwirtschafteten Gewinne im Wege einer Ausschüttung oder iRd Veräußerung der Anteile, einer Kapitalherabsetzung oder einer Liquidation zufließen.[119] Allerdings gelten diese Einkünfte nur unter bestimmten Voraussetzungen als aktiv. Passive Einkünfte liegen demgegenüber vor, soweit der Veräußerungsgewinn auf Wirtschaftsgüter entfällt, die zu Einkünften mit Kapitalanlagecharakter führen, oder auf Immobilien eines REIT. Daher kann es für den StPfl günstiger sein, wenn die ausl Ges eine Ausschüttung erhält, als wenn diese den von einer TochterGes erwirtschafteten Gewinn durch eine Anteilsveräußerung realisiert.

---

113 *H/H/R* § 20 Rn 1035.
114 *Rättig/Protzen* DStR 2002, 242 ff.; *S/K/K* § 8 Rn 162; enger *Lieber* FR 2002, 139 (144), die nur Einkünfte iSd § 20 Abs 1 Nr 1 und Nr 2 EStG mit einbezieht.
115 **AA** *F/W/B/S* § 8 Rn 283.
116 *BMF* BStBl I 2004, Sondernr 1, S 3, Tz 8.1.8.; *F/W/B/S* § 8 Rn 286.
117 *BMF* BStBl I 2004, Sondernr 1, S 3, Tz 8.1.8.
118 BStBl I 2004, Sondernr 1, S 3, Tz 8.1.8.
119 *S/K/K* § 8 Rn 165.

Eine **Veräußerung** ist eine entgeltliche Übertragung der Anteile auf eine andere Person.[120] Dabei muss die Gegenleistung nicht zwangsläufig in Geld bestehen. Auch eine Übertragung der Anteile im Wege des Tausches ist eine Veräußerung in diesem Sinne.[121] Erfasst werden auch alle Tatbestände, die nach dem nationalen dt Steuerrecht einer Veräußerung gleich gestellt werden. Damit gilt mE auch die **verdeckte Einlage** als Veräußerung iSd § 8 Abs 1 Nr 9. Nicht erfasst werden Anteilsübertragungen in Rahmen von Umwandlungen, soweit die Sonderregelung des § 8 Abs 1 Nr 10 eingreift. Grds sind Umwandlungen aber von § 8 Abs 1 Nr 9 erfasst. Bei einer Einbringung gg Gewährung von Anteilen liegt ein Anteilstausch vor, der als Tausch eine entgeltliche Übertragung und damit eine Veräußerung darstellt. Verschmelzungen und die Aufspaltung sind liquidationsähnliche Vorgänge und damit von § 8 Abs 1 Nr 9 erfasst. Bei der Verschmelzung und der Aufspaltung erfolgt die Auflösung im Gegensatz zur Liquidation ohne Abwicklung der Ges. Da steuerlich die Abspaltung einer Aufspaltung gleich gestellt ist, ist sie mE auch von § 8 Abs 1 Nr 9 erfasst. **86**

Unerheblich ist, welche Person die Anteile erwirbt. Es ist daher nicht schädlich, wenn die Anteile innerhalb eines Konzerns auf nahe stehende Personen übertragen werden. Eine schädliche Mitwirkung ist nicht möglich. Da die Person des Erwerbers keine Auswirkungen auf die Qualifikation als aktive oder passive Einkünfte hat, ist auch der Anteilserwerb von eigenen Anteilen erfasst. **87**

Vom Wortlaut des § 8 Abs 1 Nr 9 erfasst werden **Anteile** an einer anderen Ges. Ein Anteil liegt bei einer wirtschaftlichen Beteiligung am Gesellschaftsvermögen vor, die auf Grund einer gesellschaftsrechtlichen (im Gegensatz zu einer rein schuldrechtlichen) Beziehung besteht (s zu der Abgrenzung zu Genussrechten § 7 Rn 56 ff). § 8 Abs 1 Nr 9 beschränkt den Anwendungsbereich – anders als § 8 Abs 1 Nr 8 – nicht auf Anteile an KapGes. Damit können theoretisch auch Mitunternehmeranteile erfasst sein. Allerdings ergibt sich aus der Systematik und dem Sinn und Zweck der Norm, dass § 8 Abs 1 Nr 9 thesaurierte Gewinne, die bei der Anteilsveräußerung zu Veräußerungsgewinnen führen, erfassen soll, die im Falle einer Ausschüttung zu Einkünften iSd § 8 Abs 1 Nr 8 führen würden. Von § 8 Abs 1 Nr 8 sind aber nur Gewinnausschüttungen von KapGes erfasst. Deshalb ist mE auch § 8 Abs 1 Nr 9 nur auf Anteile an KapGes anzuwenden.[122] PersGes werden zudem auch iRd § 8 Abs 1 als transparent behandelt, so dass die Qualifikation als aktive oder passive Einkünfte auf Ebene der PersGes für den Gesellschafter übernommen wird. **88**

Wird die andere Ges aufgelöst oder ihr Kapital herabgesetzt und ihr Vermögen in diesem Zusammenhang an die ausl Ges ausgeschüttet, so führt dies unter den gleichen Voraussetzungen wie eine Veräußerung der Anteile an dieser Ges zu aktiven Einkünften. Eine Auflösung der Ges kann nicht nur bei einer Umwandlung erfolgen, sondern auch bei einer Liquidation. Die Gleichsetzung einer Kapitalherabsetzung mit der Veräußerung oder Liquidation ist systemkonform, weil es auch im Rahmen einer Kapitalherabsetzung zu einer (Sach-)Ausschüttung von Gesellschaftsvermögen kommen **89**

---

120 ME ist ebenso wie iRd § 8b Abs 2 KStG der von der Rspr zu § 17 EStG entwickelte weite Veräußerungsbegriff zu übernehmen (s zu dem Begriff der Veräußerung *BFH* BStBl II 2000, 424); ebenso *F/W/B/S* § 8 Rn 293, der diesen Begriff ohne weitere Erläuterung übernimmt.

121 *S/K/K* § 8 Rn 169.

122 Ebenso *F/W/B/S* § 8 Rn 295; *S/K/K* § 8 Rn 171.

kann. Insofern wird wiederum die Gleichsetzung mit § 8 Abs 1 Nr 8 sichergestellt. Einkünfte aus der Auflösung oder Kapitalherabsetzung sind – anders als Veräußerungsgewinne – stets aktiv, ohne dass es auf einen Nachweis des StPfl ankommt. Ein solches Nachweiserfordernis besteht nach dem ausdrücklichen Wortlaut der Norm nur für Gewinne aus der Veräußerung von Anteilen.

90 § 8 Abs 1 Nr 9 qualifiziert Veräußerungsgewinne auch insoweit als passiv, wie sie **auf Wirtschaftsgüter entfallen, die der Erzielung von Einkünften mit Kapitalanlagecharakter dienen**. Dabei handelt es sich um Zahlungsmittel, Forderungen, Wertpapiere oder ähnliche Vermögenswerte (s zu den einzelnen Wirtschaftsgütern § 7 Rn 150). Auch Beteiligungen sind in § 7 Abs 6a genannt und können damit grds zu Einkünften mit Kapitalanlagecharakter führen. Allerdings nimmt § 7 Abs 6a Beteiligungen aus, soweit dadurch Dividendeneinkünfte (§ 8 Abs 1 Nr 8) oder Veräußerungsgewinne oder Einkünfte aus der Auflösung der Ges oder der Kapitalherabsetzung (§ 8 Abs 1 Nr 9) erzielt werden. Damit erhält mE die Qualifikation des § 8 Abs 1 Nr 8, Nr 9 Vorrang vor der Einordnung der Einkünfte als Einkünfte mit Kapitalanlagecharakter. Dieses Ergebnis wird allerdings aus der Gesetzessystematik nicht ganz deutlich. § 7 Abs 6a verweist ua für eine Ausnahme von den Einkünften mit Kapitalanlagecharakter auf Einkünfte iSd § 8 Abs 1 Nr 9. Ob solche Einkünfte vorliegen, hängt davon ab, ob die Voraussetzungen des § 7 Abs 6a erfüllt sind. Dieser Zirkelschluss kann mE nur in dem og Sinne, nämlich durch den Vorrang des § 8 Abs 1 Nr 9 und die damit verbundene Qualifikation als aktive Einkünfte, aufgelöst werden.

91 Nach dem Wortlaut sind alle Veräußerungsgewinne erfasst, die auf Wirtschaftsgüter entfallen, die der Erzielung von Einkünften mit Kapitalanlagecharakter dienen. Einkünfte mit Kapitalanlagecharakter als besondere Form der Zwischeneinkünfte können aber nur dann vorliegen, wenn die Voraussetzungen des § 7 Abs 6, 6a vorliegen. Auch nur unter diesen Voraussetzungen (insb der Beteiligungsquote von 1 %, niedriger Besteuerung) können Veräußerungsgewinne passiv sein.[123] Zudem müssen sich diese Wirtschaftsgüter in der veräußerten Ges, dh der TochterGes der ZwischenGes, oder deren TochterGes befinden.[124] Die Erzielung passiver Einkünfte kann daher durch eine tief gestaffelte Beteiligungskette vermieden werden.[125] Aus Beteiligungen können zwar gem § 7 Abs 6a Einkünfte mit Kapitalanlagecharakter erzielt werden. Allerdings gilt dies nicht für Gewinnausschüttungen und Veräußerungsgewinne. Damit gehören Beteiligungen jedenfalls dann nicht zu Wirtschaftsgütern, die der Erzielung von Einkünften mit Kapitalanlagecharakter dienen, wenn diese veräußert werden.

92 Werden mit diesen Wirtschaftsgütern Einkünfte mit Kapitalanlagecharakter erzielt, so können diese gem § 7 Abs 6, 6a, § 8 Abs 1 der Hinzurechnungsbesteuerung unterliegen. Um eine doppelte Erfassung der Einkünfte mit dt Steuer zu vermeiden, sieht § 11 eine **Kürzung des Hinzurechnungsbetrages** um diese Einkünfte vor (zu den Voraussetzungen s § 11 Rn 10 ff).

93 In der Praxis wird eine **Zuordnung des Gewinns**, der aus einer Anteilsveräußerung erzielt wird, auf einzelne Wirtschaftsgüter schwierig sein. Der Kaufpreis wird für die

---

123 *Kneip/Rieke* IStR 2001, 665 ff.

124 *Schönfeld* IStR 2008, 392; **aA** *Schaden/Dieterlen* IStR 2011, 290.

125 *Schönfeld* IStR 2008, 392.

Anteile und nicht für einzelne Wirtschaftsgüter bezahlt. Eine Zuordnung ist nur insofern möglich, als der Kaufpreis anteilig auf die in den Wirtschaftsgütern liegenden stillen Reserven verteilt wird. Nicht berücksichtigt wird dabei aber, dass ein Kaufpreis regelmäßig für zukünftige Ertragsaussichten und damit nicht für den mittelbaren Erwerb von Wirtschaftsgütern bezahlt wird.[126] Diese Ertragsaussichten werden sich idR in einem Firmenwert niederschlagen. Der Firmenwert ist eine Restgröße, die sich aus dem Betrag des Kaufpreises ergibt, der nicht materiellen oder immateriellen Wirtschaftsgütern zugeordnet werden kann.[127] Dabei hat zunächst eine Zuordnung zu bilanzierten Wirtschaftgütern zu erfolgen, wobei die stillen Reserven zu heben sind. Für den danach verbleibenden Differenzbetrag ist zu prüfen, ob eine Zuordnung zu nicht aktivierten Wirtschaftsgütern möglich ist.[128] Bei diesen ist für Zwecke der Aufteilung des Kaufpreises von einer (fiktiven) entgeltlichen Anschaffung auszugehen. Auf die Bilanzierung dieser Wirtschaftsgüter hat diese Fiktion keinerlei Auswirkungen. Mangels tatsächlicher entgeltlicher Anschaffung sind sie auch weiterhin nicht zu aktivieren. Der nach dieser Aufteilung verbleibende Restbetrag ist in einem letzten Schritt dem Firmenwert zuzuordnen.[129] Eine Zuordnung führt insoweit zu aktiven Einkünften, da der Firmenwert nicht zu den in § 8 Abs 1 Nr 9 genannten, schädlichen Wirtschaftsgütern gehört.

Veräußerungsgewinne sind ua passiv, soweit sie auf **Grundstücke eines REIT** entfallen, die der Vermietung oder Verpachtung dienen. Diese Vorschrift ergänzt die Regelung des § 7 Abs 8, die für bestimmte, vom Gesetzgeber als missbräuchlich angesehene Gestaltungen eine Hinzurechnungsbesteuerung vorsieht (zu dem Anwendungsbereich des § 7 Abs 8 s im Einzelnen § 7 Rn 171 ff). Die Norm kann in Fällen, in denen der dt REIT gem § 8 Abs 1 Nr 6 lit b passive Einkünfte erzielt und diese gem § 14 der ausl Ges als passive Einkünfte zugerechnet werden, zu einer Dbest führen, da diese bereits hinzugerechneten und damit in Deutschland bereits besteuerten Einkünfte nicht zum passiven Veräußerungsgewinn gehören.[130] Daher ist durch das JStG 2009 eine Kürzung – entspr § 11 für Einkünfte mit Kapitalanlagecharakter – eingeführt worden.[131] 94

Für die Veräußerung von Anteilen an einem REIT werden unter bestimmten Umständen Ausnahmen von der grds Einordnung als aktive Einkünfte gemacht. Schädlich sind Veräußerungsgewinne, die auf vermietete oder verpachtete Immobilien entfallen. Eine Vermietung und Verpachtung der Immobilien führt aber nur dann zu passiven Einkünften bei der Veräußerung der Anteile, wenn es sich bei der Ges um einen REIT iSd § 16 REITG und damit einen dt REIT handelt. Veräußerungsgewinne bei der Veräußerung von Anteilen an einem ausl REIT führen nicht zu passiven Einkünften. Ein dt REIT kann gem § 1 Abs 1 REITG Einkünfte aus der Vermietung, Verpachtung und dem Leasing von Immobilien erzielen. Daneben ist in geringem Umfang eine Einkünfteerzielung durch immobiliennahe Hilfstätigkeiten möglich. Diese Hilfstätigkeiten werden für Zwecke der Hinzurechnungsbesteuerung auf Grund der funktionalen Betrachtungsweise den Einkünften aus Vermietung, Verpachtung 95

126 Hierauf weist *F/W/B/S* § 8 Rn 303 hin.
127 *H/H/R* § 6 Rn 725.
128 *BFH* BStBl II 1986, 176.
129 *H/H/R* § 6 Rn 725.
130 **AA** *Wassermeyer* IStR 2008, 197 f.
131 § 11 Abs 1 nF.

und Leasing von Immobilien zuzuordnen sein. Daneben können auch Dividenden oder Veräußerungserlöse aus Anteilen an ImmobilienGes erzielt werden. Von § 8 Abs 1 Nr 9 sind nur die Gewinne aus der Veräußerung der Anteile am dt REIT erfasst, die auf den Immobilienbestand entfallen. Die anderen Gewinnanteile unterfallen der normalen Regelung des § 8 Abs 1 Nr 9 und sind damit aktiv. Ein Vermeidung der Hinzurechnungsbesteuerung im Falle einer Veräußerung der Anteile an dem dt REIT ist daher dadurch möglich, dass der dt REIT die jeweiligen Immobilien nicht direkt hält, sondern über ImmobilienGes.

96 Aktiv sind Gewinne, die auf Immobilien entfallen, die der Erzielung von Einkünften aus Vermietung und Verpachtung dienen. Das Erfordernis der Vermietung und Verpachtung wird mit einem Verweis auf § 8 Abs 1 Nr 6 lit b umschrieben. Von dieser Norm sind nur inländische oder ausl Grundstücke, für die abkommensrechtlich nicht die Freistellungsmethode anzuwenden ist, erfasst. Der Anwendungsbereich des § 8 Abs 1 Nr 9 ist mE daher auf diese Immobilien beschränkt.[132] Die Veräußerung von Anteilen an anderen ImmobilienGes als dem REIT unterliegt der normalen Regelung des § 8 Abs 1 Nr 9. Damit sind diese Veräußerungsgewinne aktiv, unabhängig davon, auf welche Wirtschaftsgüter dieser Ges sie entfallen.

97 Gewinne aus einer Anteilsveräußerung sind nur dann aktive Einkünfte, wenn **der StPfl nachweist**, dass sie nicht auf Wirtschaftsgüter entfallen, die der Erzielung der oben genannten Einkünfte dienen. Diese Regelung führt zu einer Umkehr der Pflicht zur Sachverhaltsdarlegung (s zum Verhältnis solcher Nachweispflichten zum Untersuchungsgrundsatz gem § 88 AO Rn 8 f). Dieser Nachweis kann dem StPfl nur gelingen, wenn ihm bekannt ist, welche Beteiligungen die ZwischenGes hält und welche Einkunftsart iSd § 8 Abs 1 von der Ges, an der die zu veräußernde Beteiligung besteht, erzielt wird. Dies wird in der Praxis – wenn überhaupt – nur bei einer mehrheitlichen Beteiligung sowohl an der ausl ZwischenGes als auch an der von dieser gehaltenen Ges der Fall sein.[133]

98 Werden bei der Veräußerung der Anteile, im Rahmen einer Auflösung der Ges oder einer Kapitalherabsetzung Verluste erwirtschaftet, so können diese nur berücksichtigt werden, wenn der StPfl nachweist, dass sie auf Wirtschaftsgüter entfallen, die im Falle einer Gewinnerzielung iRd § 8 Abs 1 Nr 9 HS 1 zu passiven Einkünften führen würden. Diese Regelung ist – anders als von § 8 Abs 1 Nr 9 HS 1 – nicht nur im Falle einer Veräußerung der Anteile anzuwenden, sondern nach dem eindeutigen Wortlaut auch im Falle einer Auflösung oder Kapitalherabsetzung.

99 Da eine Hinzurechnung von Verlusten gem § 10 Abs 1 S 3 nicht möglich ist, hat diese Regelung nur Bedeutung für den Verlustausgleich gem § 10 Abs 3 S 5 iVm § 10d EStG.

100 **10. Umwandlungen (Nr 10).** Einkünfte, die die ausl ZwischenGes im Rahmen einer Umwandlung erzielt, sind grds aktive Einkünfte. Im Unterschied zu den anderen Einkünften im Aktivitätskatalog des § 8 Abs 1 handelt es sich bei Einkünften iSd § 8 Abs 1 Nr 10 nicht um laufende, sondern um **einmalige Einkünfte**.[134] Für die Qualifikation als aktiv ist es unerheblich, ob die umgewandelte Ges aktive oder passive Ein-

132 Ebenso *Wassermeyer* IStR 2008, 197 f.

133 *Lieber* FR 2002, 139, 145 hält diesen Nachweis sogar für praktisch unmöglich.

134 *F/W/B/S* § 8 Rn 316.2.

künfte erzielt hat. Es ist daher möglich, durch eine Umwandlung eigentlich passive Einkünfte in aktive Einkünfte auf Ebene der ZwischenGes umzuqualifizieren.[135]

§ 8 Abs 1 Nr 10 erfasst Einkünfte, die aus Umwandlungen stammen, die zum Buchwert erfolgen könnten. Gewinne entstehen bei einer Umwandlung dann, wenn eine Aufdeckung der stillen Reserven erfolgt. In diesem Fall erfolgt die Umwandlung nicht zu Buchwerten. Möglich ist aber auch, dass Gewinne nach dt Umwandlungssteuerrecht trotz einer Umwandlung zu Buchwerten entstehen.[136] Dies trifft zB auf den Beteiligungskorrekturgewinn gem § 4 Abs 1 S 2 UmwStG oder den Übernahmegewinn gem § 7 UmwStG zu, der unabhängig von der Bewertung der übertragenen Wirtschaftsgüter entsteht. 101

Auch wenn das dt UmwStG auf einen fiktiven Vergleichssachverhalt angewendet werden muss, da maßgeblich für die Qualifikation der Einkünfte als aktiv ist, ob nach dt Recht eine Umwandlung zu Buchwerten erfolgen kann, muss tatsächlich keine Umwandlung nach dt UmwStG vorgenommen werden. Erfolgt eine Umwandlung im Ausland, so besteht allerdings die Gefahr, dass diese zu passiven Einkünften führt, auch wenn sie nach ausl Recht zu Buchwerten erfolgt und somit steuerneutral ist. Gem § 10 Abs 3 S 1 ist der Hinzurechnungsbetrag nach den Vorschriften des dt Steuerrechts zu ermitteln. Dabei sind die Regelungen des UmwStG gem § 10 Abs 3 S 4 nicht anzuwenden. Eine Umwandlung führt ohne die Sondervorschriften des UmwStG zu einer Gewinnrealisierung[137] und damit zu passiven Einkünften, wenn nicht die Voraussetzungen des § 8 Abs 1 Nr 10 erfüllt sind. 102

a) Fiktiver Vergleichssachverhalt. Für die Bestimmung der Einkünfte als aktiv ist zu untersuchen, ob eine **Umwandlung nach dt Recht zu Buchwerten** erfolgen könnte. Es ist dabei unerheblich, ob die Umwandlung tatsächlich nach ausl Recht zu Buchwerten erfolgt ist.[138] Der Wortlaut des § 8 Abs 1 Nr 10 stellt nicht darauf ab, dass eine Umwandlung tatsächlich zu Buchwerten erfolgt ist, sondern ob dieses potentiell nach dt Recht möglich wäre. Eine fiktive Umwandlung nach dt Recht ist dabei nicht auf Umwandlungen beschränkt, die tatsächlich unter das UmwStG fallen würden. Der Anwendungsbereich ist weiter gefasst, da § 8 Abs 1 Nr 10 die örtliche Beschränkung des Anwendungsbereichs des UmwStG gem § 1 Abs 2 und Abs 4 UmwStG für nicht anwendbar erklärt. Damit ist das UmwStG fiktiv auch in Bezug auf Drittstaaten und nicht nur wie in § 1 Abs 2 und 4 UmwStG vorgesehen auf Mitgliedstaaten der EU bzw des EWR anwendbar.[139] Allerdings ist zu beachten, dass eine Einschränkung des örtlichen Anwendungsbereichs sich nicht nur aus § 1 UmwStG ergibt, sondern faktisch auch aus Vorschriften zu den einzelnen Arten der Umwandlung. In diesen ist eine Umwandlung zu Buchwerten häufig nur vorgesehen, wenn das Besteuerungsrecht Deutschlands nicht eingeschränkt wird.[140] Umstritten ist in diesem Zusammenhang, inwieweit für die fiktive Anwendung des dt Umwandlungssteuerrechts ein in Deutschland stattfindender Sachverhalt anzunehmen ist. Dies ist insb bei grenzüberschreitenden Umwandlungen problematisch. Hier kann fingiert werden, dass sich der gesamte 103

135 *F/W/B/S* § 8 Rn 316.2.
136 **AA** *F/W/B/S* § 8 Rn 316.3.
137 *Schmidtmann* IStR 2007, 229, 233.
138 *Grotherr* IWB Fach 3, Gruppe 1, S 2175, 2183.
139 *Schmidtmann* IStR 2007, 229.
140 *Rödder/Herlinghaus/van Lishaut* Einf Rn 135.

Sachverhalt im Inland abspielt, dass der Ausgangssachverhalt einen entspr Inlandsbezug hat, oder dass der nach der Umwandlung bestehende Sachverhalt im Inland liegt.

Beispiel 1: Die in Staat A ansässige ZwischenGes A-BV wird auf die in einem anderen Staat ansässige B-BV verschmolzen. Es kann fingiert werden, dass beide Ges, nur die A-BV oder nur die B-BV in Deutschland ansässig sind.

104 Bedeutung hat diese Frage insb unter dem Gesichtspunkt, dass eine Umwandlung über die Grenze nach dt Recht nur möglich ist, wenn der Staat, aus dem hinaus die Umwandlung erfolgt, sein vor der Umwandlung bestehendes Besteuerungsrecht behält. Die Hinzurechnungsbesteuerung führt zu einer Besteuerung der von der ausl ZwischenGes erzielten Einkünfte in Deutschland. Der Hinzurechnungsbesteuerung liegt daher der Gedanke zu Grunde, eine Besteuerung zu erreichen, als würden die Einkünfte in Deutschland erzielt und besteuert. Diese wäre der Fall, wenn die Einkünfte direkt von dem StPfl im Inland und nicht über eine ZwischenGes im Ausland erzielt würden. Dieser Gedanke ist mE auch bei der Bestimmung des fiktiven Vergleichssachverhalts zu berücksichtigen. Soll die Besteuerung in der gleichen Höhe wie bei einem unbeschränkt StPfl in Deutschland erfolgen, so ist für die Frage, ob eine Umwandlung zu Buchwerten möglich ist, auch die Umwandlung einer in Deutschland unbeschränkt steuerpflichtigen Ges zu betrachten. Damit ist für die Bestimmung, ob eine steuerneutrale Umwandlung möglich wäre, von einer in Deutschland ansässigen Ges auszugehen. Erfolgt eine Umwandlung über die Grenze, so ist dies auch bei der vorzunehmenden Fiktion zu beachten. Es wird daher nur der Ansässigkeitsstaat der ZwischenGes und alle dort verwirklichten Tatbestandsvoraussetzungen vom Ausland ins Inland verlegt. Ein eigentlich in Deutschland verwirklichter Sachverhalt wird dementsprechend für Zwecke der fiktiven Anwendung des dt UmwStG ins Ausland verlegt. Damit wird in einem solchen Fall der Charakter einer grenzüberschreitenden Umwandlung beibehalten.

Ergebnis zum Beispiel 1: Es ist zu fingieren, dass die ZwischenGes A-BV in Deutschland ansässig wäre. Zu prüfen ist, ob die Verschmelzung einer solchen in Deutschland ansässigen Ges auf eine ausl Ges, die B-BV, in Deutschland zu Buchwerten möglich wäre. Die B-BV ist dabei weiterhin in dem Staat B ansässig. Insoweit wird keine Ansässigkeit in Deutschland fingiert.

Beispiel 2: Die in Staat A ansässige ZwischenGes A-BV wird auf die ebenfalls in Staat A ansässige B-BV verschmolzen. In diesem Fall wird sowohl für die A-BV als auch für die B-BV die Ansässigkeit in Deutschland fingiert. Bei der Verschmelzung handelt es sich daher um eine rein inländische Umwandlung.

Beispiel 3: Die in Staat A ansässige ZwischenGes A-BV wird auf die in Deutschland ansässige B-GmbH verschmolzen. Für Zwecke des § 8 Abs 1 Nr 10 wird fingiert, dass die A-BV in Deutschland, die B-GmbH dagegen im Ausland ansässig ist.

105 **b) Gewinnentstehung bei der Umwandlung.** Bei der ZwischenGes können iRv Umwandlungen aus unterschiedlichen Gründen Gewinne anfallen, die potentiell der Hinzurechnungsbesteuerung unterliegen können. Gewinne können im Rahmen einer Umwandlung der ZwischenGes entstehen. Ebenso können bei der ZwischenGes als MutterGes des umgewandelten Rechtsträgers Gewinne anfallen. Darüber hinaus ist zu beachten, dass es auch bei der Gewinnrealisierung iRv Umwandlungsvorgängen zur Hinzurechnung passiver Einkünfte auf Ebene der ZwischenGes gem § 14 kommen kann, wenn auf Ebene der TochterGes Gewinne erzielt werden.[141]

Eine Hinzurechnung bezieht sich nur auf stille Reserven von Wirtschaftsgütern, die passiven Einkünften dienen.[142] Ebenso wie iRd § 8 Abs 1 Nr 9 kann eine solche Aufteilung der Gewinne in der Praxis aber schwierig sein. 106

Steuerlich kann eine Umwandlung in Form einer Verschmelzung einer KapGes auf eine PersGes oder eines Formwechsels einer KapGes in eine PersGes erfolgen (§§ 3–9 UmwStG). Möglich ist auch eine Verschmelzung einer KapGes auf eine andere KapGes (§§ 11–13 UmwStG) oder eine Spaltung einer KapGes auf eine KapGes (§§ 15f UmwStG). Auch eine Einbringung in eine KapGes (§§ 20f UmwStG) oder PersGes (§ 24 UmwStG) ist möglich. 107

aa) Umwandlung auf eine PersGes. Eine Umwandlung einer **KapGes auf eine PersGes** (§§ 3ff UmwStG) kann in der Form erfolgen, dass die ZwischenGes auf eine PersGes verschmolzen wird. Auf Ebene der ZwischenGes als übertragendem Rechtsträger fallen Gewinne an, wenn keine Buchwertfortführung der übertragenen Wirtschaftsgüter möglich ist. Auch bei der übernehmenden PersGes kann gem § 4 Abs 1 S 2 UmwStG ein Beteiligungskorrekturgewinn entstehen, wenn die übernehmende Ges Anteile an der übertragenden Ges hält. Dieser wird bei der Ermittlung des Übernahmeergebnisses gem § 4 Abs 4 UmwStG berücksichtigt. Eine Hinzurechnungsbesteuerung kommt insoweit idR aber nicht in Frage, da es sich bei der übernehmenden Ges nicht um eine ZwischenGes iSd § 7 Abs 1 handelt. Für die Qualifikation als ZwischenGes ist Voraussetzung, dass es sich um eine Köperschaft und nicht um eine PersGes handelt. Eine Hinzurechnung kommt insofern nur in Betracht, wenn eine KapGes an der übernehmenden PersGes beteiligt ist, die ihrerseits alle weiteren Voraussetzungen der Hinzurechnungbesteuerung erfüllt. 108

Gewinne auf Ebene des Anteilseigners der übertragenden ZwischenGes können gem § 7 UmwStG oder § 5 Abs 3 UmwStG entstehen. § 5 Abs 3 UmwStG sieht eine Beteiligungskorrektur bzgl der Anteile an der übertragenden KapGes vor. Gem § 7 UmwStG wird bei der Umwandlung eine Vollausschüttung der offenen Rücklagen an die Anteilseigner fingiert.[143] Für die Hinzurechnungsbesteuerung können diese Einnahmen nur dann von Bedeutung sein, wenn die ZwischenGes Anteile an der umzuwandelnden Ges hält. Wird die ZwischenGes selbst umgewandelt, so kommt es zu keiner Hinzurechnungsbesteuerung, da die fiktive Vollausschüttung an den inländischen StPfl erfolgt. 109

Für einen **Formwechsel** einer KapGes in eine PersGes gelten gem § 9 UmwStG die oben dargestellten Regelungen entspr. 110

Die Hinzurechnung der **auf Ebene der umgewandelten ZwischenGes** entfällt, wenn gem § 3 Abs 2 UmwStG ein Buchwertansatz der übergehenden Wirtschaftsgüter möglich ist. Dies ist ua der Fall, wenn das dt Besteuerungsrecht bei dem fiktiven Sachverhalt nicht eingeschränkt wird. Eine Einschränkung des dt Besteuerungsrechts liegt dann nicht vor, wenn der Umfang des Besteuerungsrechts vor und nach der Umwand- 111

141 *Schmidtmann* IStR 2007, 229 (232).

142 So auch *Schnitger/Rometzki* FR 2006, 845 (856); *S/K/K* § 10 Rn 105.

143 *Rödder/Herlinghaus/van Lishaut* § 7 Rn 1 ff.

lung identisch ist.[144] Bestand vor der Umwandlung kein (fiktives) dt Besteuerungsrecht, ist eine Umwandlung zum Buchwert damit stets möglich. Bestand ein (umfassendes oder beschränktes) Besteuerungsrecht, so muss dieses auch nach der Umwandlung in entspr Umfang bestehen. Eine Hinzurechnungsbesteuerung gem §§ 7 ff begründet dabei kein Besteuerungsrecht idS.[145] Eine Einschränkung kann dagegen vorliegen, wenn bei Betrachtung des fiktiven Vergleichssachverhalts die Verschmelzung auf eine PersGes in dem Staat der ZwischenGes erfolgt, die Wirtschaftsgüter aber einer Betriebsstätte in einem anderen Staat zuzuordnen sind.[146]

112 Wird die ZwischenGes umgewandelt, so wird das Besteuerungsrecht nicht eingeschränkt, wenn die Umwandlung auf eine Betriebsstätte im Ansässigkeitsstaat der ZwischenGes erfolgt. Auch die Einnahmen, die auf einer fiktiven Vollausschüttung gem § 7 UmwStG oder auf einer erweiterten Wertaufholung gem § 5 Abs 3 UmwStG beruhen, stammen aus einer Umwandlung. Sie sind daher vom Wortlaut des § 8 Abs 1 Nr 10 erfasst. Diese Einkünfte fallen aber unabhängig davon an, ob die Umwandlung zum Buchwert erfolgt. Für eine Verknüpfung dieser Einkünfte mit dem Erfordernis der Umwandlung zu Buchwerten besteht daher kein Grund. Diese Einkünfte werden zudem (subsidiär) von § 8 Abs 1 Nr 9 erfasst, da wie bei einer Liquidation die Rückzahlung der Rücklagen erfolgt. ME sollten diese Einkünfte daher stets unter den dort genannten Voraussetzungen aktiv sein.

113 **bb) Umwandlung auf eine KapGes.** Bei der Umwandlung einer **KapGes auf eine andere KapGes** (§§ 11 ff UmwStG) kann es gem § 11 Abs 1 UmwStG zur Aufdeckung von stillen Reserven bei der übertragenden ZwischenGes kommen. Zudem kann im Falle eines *down-stream-merger* ein Beteiligungskorrekturgewinn enstehen (§ 11 Abs 2 S 2 UmwStG). Ist die übertragende Ges die ZwischenGes, so kann es potentiell zu einer Hinzurechnungsbesteuerung dieser Einkünfte kommen. Auch bei der übernehmenden KapGes kann gem § 12 Abs 2 UmwStG ein Gewinn anfallen, wenn die übernehmende Ges MutterGes der übertragenden Ges ist (*up-stream-merger*).[147] Handelt es sich bei der MutterGes um die ZwischenGes, so kommt bzgl dieser Einkünfte eine Hinzurechnungsbesteuerung in Betracht. Dieses Übernahmeergebnis ist unabhängig davon, ob die Umwandlung gem § 11 Abs 2 UmwStG zu Buchwerten erfolgt.[148] Bei dem Anteilseigner der übertragenden KapGes kann iRd Umwandlung gem § 13 UmwStG ein Gewinn entstehen. Gem § 13 UmwStG gelten die Anteile an der übertragenden Ges als zum gemeinen Wert veräußert. Dieser Gewinn wird nur dann vermieden, wenn eine Übertragung gem § 13 Abs 2 UmwStG zum Buchwert möglich ist. Der Hinzurechnungsbesteuerung kann dieser Gewinn dann unterliegen, wenn die ZwischenGes der Anteilseigner der übertragenden KapGes ist.

114 Gewinne, die bei der **übertragenden Ges** gem § 11 UmwStG entstehen, können gem § 8 Abs 1 Nr 10 aktiv sein, wenn eine Umwandlung zu Buchwerten möglich ist. Dies ist gem § 11 Abs 2 UmwStG ua dann der Fall, wenn das (fiktive) dt Besteuerungsrecht bzgl des Veräußerungsgewinns der übertragenen Wirtschaftsgüter nicht eingeschränkt wird. Wird auf eine KapGes in einem anderen Staat verschmolzen, so kann eine Buch-

144 S für eine Übersicht dazu *Schmidtmann* IStR 2007, 229.
145 *Grotherr* IWB Fach 3, Gruppe 1, S 2175, 2185.
146 **AA** *Grotherr* IWB Fach 3, Gruppe 1, S 2175, 2185.
147 *Rödder/Herlinghaus/van Lishaut* § 12 Rn 62.
148 *Rödder/Herlinghaus/van Lishaut* § 12 Rn 3.

wertfortführung nur erfolgen, wenn die Wirtschaftsgüter nach der Umwandlung in einer Betriebsstätte im Ansässigkeitsstaat der ZwischenGes verbleiben.[149] Zudem ist erforderlich, dass iRd Umwandlung keine Gegenleistung erbracht wird oder die Gegenleistung nur in Anteilen besteht. Schädlich sind daher insb Abfindungszahlungen, auch wenn sie nach ausl Recht möglich sind.

Auch wenn Gewinne, die im Rahmen einer Umwandlung gem § 12 UmwStG bei der ZwischenGes als **übernehmender KapGes** entstehen, von dem Wortlaut des § 8 Abs 1 Nr 10 erfasst sind, fallen sie ihrem Sinn und Zweck entspr unter § 8 Abs 1 Nr 9. § 12 Abs 2 UmwStG soll ähnliche Konsequenzen wie eine Liquidation der übertragenden KapGes auslösen.[150] Daher ist es konsequent, diese Gewinne auch entspr der Einkünfte im Rahmen einer Liquidation zu behandeln. Zudem fallen diese Gewinne unabhängig davon an, ob die Umwandlung zu Buchwerten erfolgt ist. Es ist nicht ersichtlich, warum sie nur im Fall der Möglichkeit einer Buchwertfortführung nach dt Recht zu den aktiven Einkünften gehören können. **115**

Gewinne, die bei einer Umwandlung gem § 13 UmwStG auf Ebene des **Anteilseigners** der übertragenden KapGes anfallen, werden idR nicht der Hinzurechnungsbesteuerung unterliegen. Für den fiktiven Vergleichssachverhalt wird davon ausgegangen, dass die ZwischenGes, die gleichzeitig Anteilseigner iSd § 13 UmwStG ist, in Deutschland ansässig ist. IdR wird Deutschland als Ansässigkeitsstaat der Anteilseigner damit auch das Besteuerungsrecht für Gewinne bei der Veräußerung der Anteile haben. **116**

cc) Sonstige Umwandlungen. Auch im Rahmen einer **Auf-/Abspaltung oder Teilübertragung** kann es zu einer Gewinnrealisierung kommen. Erfolgt die Vermögensübertragung von einer KapGes auf eine KapGes, so sind gem § 15 UmwStG die Regelungen der §§ 11–13 UmwStG anzuwenden. Daher kann es auch unter den gleichen Voraussetzungen zu einer Hinzurechnungsbesteuerung kommen wie bei der dort geregelten Verschmelzung (s dazu Rn 113 ff). § 16 UmwStG verweist für die Auf-/Abspaltung auf eine PersGes auf die Regelungen der §§ 3–8 UmwStG. Daher kann es auch in diesem Fall unter den gleichen Voraussetzungen zu einer Hinzurechnungsbesteuerung kommen (s dazu Rn 108 ff). **117**

Bei einer **Einbringung** gem § 20 UmwStG oder einem **Anteilstausch** gem § 21 UmwStG kann es auf Ebene des Einbringenden zu einer Gewinnrealisierung kommen, wenn keine Buchwertfortführung erfolgt. Ist die ZwischenGes Einbringende, so kommt eine Hinzurechnungsbesteuerung in Betracht. Auf Ebene des Einbringenden kann es zudem zu einer Gewinnrealisierung kommen, wenn dieser die Anteile, die ihm iRd Einbringung gewährt worden sind und die aufgrund einer Einbringung zu Buchwerten mit stillen Reserven behaftet sind, zu einem späteren Zeitpunkt veräußert werden. Auch dabei handelt es sich um Einkünfte aus Umwandlungen iSd § 8 Abs 1 Nr 10. Zwar müssen diese Einkünfte nicht im unmittelbaren zeitlichen Zusammenhang mit der Umwandlung entstehen, da eine Veräußerung innerhalb von sieben Jahren nach der Umwandlung schädlich ist (§ 22 Abs 1 S 1 UmwStG). Allerdings wird dieser Gewinn gem § 22 Abs 1 S 1 UmwStG rückwirkend als Einbringungsgewinn I bei dem Anteilseigner versteuert. Die damit erfolgte Gleichsetzung dieses Gewinns **118**

---

149 S allg zu den Möglichkeit einer Buchwertfortführung bei Hinausverschmelzungen *Rödder/Herlinghaus/van Lishaut* § 11 Rn 122 ff.

150 *Rödder/Herlinghaus/van Lishaut* § 12 Rn 62.

mit dem iRd Umwandlung durch die Aufdeckung stiller Reserven bei dem Anteilseigner entstandenen Gewinn ist für die Hinzurechnungsbesteuerung zu übernehmen. Dies ist auch insofern konsequent, als dass die Entstehung des Einbringungsgewinns I von der Umwandlung zu Buchwerten abhängt. Da der Einbringungsgewinn nur entsteht, wenn eine Umwandlung zu Buchwerten möglich ist, ist dieser Gewinn aktiv, soweit die Voraussetzungen des § 8 Abs 1 Nr 10 HS 2 vorliegen.

119 Ein Gewinn im Zusammenhang mit einer Einlage oder einem Anteilstausch kann rückwirkend auch dadurch auf Ebene des Einbringenden entstehen, dass die Einlage von Anteilen in eine KapGes erfolgt und die eingebrachten Anteile nachfolgend von der aufnehmenden KapGes veräußert werden (Einbringungsgewinn II) (§ 22 Abs 2 UmwStG). Voraussetzung für einen Einbringungsgewinn II ist allerdings, dass der Einbringende kein Körperschaftsteuersubjekt ist. Da es sich bei der ausl ZwischenGes als Einbringende gem § 7 Abs 1 um eine KapGes handeln muss, kann kein hinzurechnungspflichtiger Einbringungsgewinn II entstehen.

120 Wird ein (Teil-)Betrieb oder ein Mitunternehmeranteil **in eine PersGes eingebracht**, so gilt gem § 24 Abs 3 S 1 UmwStG der Wert, mit dem die Wirtschaftsgüter bei der PersGes angesetzt werden, für den Einbringenden als Veräußerungspreis. Erfolgt die Einbringung durch die ZwischenGes, so kann es daher zu einem Veräußerungsgewinn kommen, wenn keine Buchwertfortführung erfolgt. Eine solche ist nur möglich, wenn das Besteuerungsrecht Deutschlands bzgl der eingebrachten Wirtschaftsgüter nicht eingeschränkt wird (§ 24 Abs 2 S 2 UmwStG). Da für Zwecke der Hinzurechnungsbesteuerung die Ansässigkeit der ZwischenGes in Deutschland fingiert wird, ist dies stets der Fall, wenn die Wirtschaftsgüter nach der Umwandlung einer dt PersGes oder Betriebstätte zuzuordnen sind. Eine Umwandlung über die Grenze wird dagegen nicht zu Buchwerten möglich sein.

121 Werden Anteile in die PersGes eingebracht, so kann auf Ebene des Einbringenden gem § 24 Abs 5 UmwStG bei einer Veräußerung dieser Anteile innerhalb von sieben Jahren nach Einbringung grds ein Gewinn entstehen. Dies gilt aber nicht, soweit es sich bei dem Einbringenden um ein Körperschaftsteuer-Subjekt handelt. Da es sich bei der ZwischenGes als Einbringende um eine KapGes handeln muss, kann ein solcher hinzurechnungspflichtiger Einbringungsgewinn gem § 24 Abs 5 UmwStG nicht entstehen.

122 **c) Anteil iSd § 8 Abs 1 Nr 9.** Auch wenn die Umwandlung nach dt Verständnis zu Buchwerten erfolgen könnte, sind die im Rahmen dieser Umwandlung entstandenen Einkünfte nicht aktiv, wenn sich die Umwandlung auf einen Anteil bezieht, dessen Veräußerung nicht die Voraussetzungen des § 8 Abs 1 Nr 9 erfüllt. Der Umwandlungsvorgang wird damit einer Veräußerung gleichgesetzt. Es ist eine weitere fiktive Betrachtung vorzunehmen (neben der fiktiven Anwendung des dt UmwStG), indem zu prüfen ist, ob eine Anteilsveräußerung zu passiven oder aktiven Einkünften iSd § 8 Abs 1 Nr 9 führen würde. Eine Anteilsveräußerung kann aber nur dann zu passiven Einkünften führen, wenn die Veräußerung durch die ZwischenGes erfolgt. Veräußerungen von Anteilen an der ZwischenGes werden von § 8 Abs 1 Nr 9 nicht erfasst. Damit sind von der Ausnahme des § 8 Abs 1 Nr 10 HS 2 auch nur Anteile erfasst, die sich im Betriebsvermögen der ZwischenGes befinden. Die Beteiligung an den an der Umwandlung beteiligten Ges wird nicht erfasst.

C. Ausnahmen innerhalb der EU/des EWR (Abs 2)

I. Allgemeines

§ 8 Abs 2 sieht unter bestimmten Voraussetzungen eine Ausnahme von der Hinzurechnungsbesteuerung vor, wenn die niedrig besteuerte Tätigkeit im EU-Ausland oder im EWR-Ausland ausgeübt wird. Die Ausnahme greift ein, auch wenn alle Voraussetzungen für eine Hinzurechnungsbesteuerung iSd § 7 vorliegen. Voraussetzung ist ua, dass sich die ausl ZwischenGes im EU-Ausland oder EWR-Ausland befindet und dort eine hinreichende Substanz vorhanden ist. Nicht entscheidend ist dagegen die Höhe der Steuerbelastung oder (mit einer Ausnahme im Bereich der Zwischeneinkünfte mit Kapitalanlagecharakter) die Art der Tätigkeit, aus der die passiven Einkünfte erzielt werden. 123

Als Ausnahmevorschrift zur Hinzurechnungsbesteuerung hat der Gesetzgeber versucht, den Anwendungsbereich der Vorschrift des § 8 Abs 2 eng zu gestalten. So sind nur die Einkünfte ausgenommen, die **von der ZwischenGes selbst erzielt** werden. Nicht erfasst sind Einkünfte, die in einem Drittstaat in einer dort belegenen Betriebstätte erzielt werden oder gem § 14 AStG der ausl ZwischenGes zugerechnet werden.[151] Darin zeigt sich das (auch im europäischen Bereich) weiterhin bestehende Misstrauen des Gesetzgebers gegenüber Staaten, die einen niedrigeren Steuersatz als 25 % haben. Der Gesetzgeber geht offensichtlich zudem nicht davon aus, dass aus einem Drittstaat stammende Zwischeneinkünfte in einem anderen europäischen Staat, in dem die ZwischenGes ansässig ist, einer *CFC-legislation* dieses Staates unterliegen. Möglicherweise sieht er die *CFC-legislation* der anderen europäischen Staaten auch als nicht ausreichend an. Die Vorschrift des § 8 Abs 2 soll nach Auffassung des Gesetzgebers nur eine Europarechtswidrigkeit der dt Hinzurechnungsbesteuerungsregelungen vermeiden, wie sie vom EuGH in der Rs *Cadbury Schweppes* für die englische *CFC-legislation* festgestellt worden ist.[152] Der Gesetzgeber erklärt damit inzident, dass er eine sich möglicherweise aus anderen Aspekten ergebende Europarechtswidrigkeit der dt Hinzurechnungsbesteuerung bewusst nicht beseitigen wollte. Überaus zweifelhaft ist zudem, ob mit der Einführung des § 8 Abs 2 die vom EuGH in dem genannten Urteil aufgestellten Anforderungen an die europarechtliche Vereinbarkeit einer Hinzurechnungsbesteuerungsregelung erfüllt worden sind. 124

1. Entwicklung der Vorschrift. § 8 Abs 2 mit Wirkung ab dem 1.1.2008 ist als Reaktion des Gesetzgebers auf das Urteil des EuGH in der **Rs Cadbury Schweppes** vom 12.9.2006 eingeführt worden. Der EuGH hat in dem Urteil eine Regelung der englischen *CFC-legislation* für (potentiell) europarechtswidrig erklärt, die zur Hinzurechnung von Einkünften einer ausl Ges führte, wenn ua eine beherrschende Beteiligung vorlag und der Motivtest nicht bestanden war.[153] Angesichts der Tatsache, dass im englischen Recht – anders als im dt Recht – mehrere Ausnahmetatbestände für die Hinzurechnungsbesteuerung vorgesehen waren und insb ein Motivtest möglich war, wurde auf Grund dieses Urteils die dt Hinzurechnungsbesteuerung allg als europa- 125

151 *S/K/K* Vor §§ 7–14 Rn 19.17.

152 So ausdrücklich die Gesetzesbegründung zum Referentenentwurf zum JStG 2008 zu Art 24 (AStG).

153 S zu den Voraussetzungen der englischen Hinzurechnungsbesteuerung *Beimler* StBp 2007, 357.

rechtswidrig eingestuft.[154] Diese Einschätzung beruhte im Wesentlichen darauf, dass nach dt Recht kein Nachweis möglich war, dass die Einschaltung der ausl ZwischenGes nicht der missbräuchlichen Steuervermeidung dient. Der Gesetzgeber hat angesichts dieser Einschätzung reagiert, ohne dass ein Urteil des EuGH zur dt Rechtslage ergangen ist.[155]

126 Bevor es zu dieser Gesetzesänderung kam, sollte die Europarechtswidrigkeit mit Hilfe eines **BMF-Schreibens** v 8.1.2007[156] beseitigt werden, das die Hinzurechnungsbesteuerung in bestimmten Fällen für im EU-Ausland oder EWR-Ausland ansässige ZwischenGes für nicht anwendbar erklärte. Ob dieses BMF-Schreiben die Europarechtswidrigkeit der §§ 7 ff beseitigen konnte, war schon aus formalen Gründen mehr als fraglich, da eine Verwaltungsanweisung die Europarechtswidrigkeit eines Gesetzes grds nicht beseitigen kann.[157] Eine Verwaltungsanweisung hat gg dem StPfl keinen bindenden Charakter, sondern regelt grds nur verwaltungsintern die Anwendung von Gesetzesvorschriften. Der Gesetzgeber hat daher reagiert und durch das Jahressteuergesetz 2008[158] mit § 8 Abs 2 eine inhaltlich eng an das BMF-Schreiben angelehnte Regelung in das Gesetz eingeführt.

127 **2. Europarechtliche Grundlagen. – a) Rs Cadbury Schweppes.** Die Rs *Cadbury Schweppes* betraf die **englische *CFC-legislation*.** Auswirkungen auf die dt Hinzurechnungsbesteuerung können sich daher nur mittelbar ergeben, soweit die in dem Urteil vom EuGH aufgestellten allg Grundsätze auch auf das dt Recht übertragbar sind. Bei der Übertragung des Urteils auf die dt Rechtslage ist zu beachten, dass das englische Recht einige Besonderheiten enthielt, die im dt Recht nicht vorgesehen sind.[159] Allerdings führten diese Besonderheiten dazu, dass die englische Regelung strengere Voraussetzungen für eine Hinzurechnung aufstellte und zudem dem Stpfl unter bestimmten Umständen immer noch die Möglichkeit eines Gegenbeweises eröffnete.[160] Der EuGH hat die englische Regelung allein wegen der Tatsache, dass der nach englischem Recht vorgesehene Motivtest möglicherweise die europarechtlichen Vorgaben für eine Rechtfertigung des Eingriffs in die Grundfreiheiten erfüllt, nicht für europarechtswidrig erklärt. Einen solchen Motivtest – oder eine andere Möglichkeit eines Gegenbeweises durch den StPfl – sah das dt Recht nicht vor. Schon aus diesem Grund konnte von einer Europarechtswidrigkeit der dt Hinzurechnungsbesteuerung ausgegangen werden.[161]

---

154 *Beimler* StBp 2007, 357 mwN; *Frischmuth* IStR 2005, 361 (365); *Hahn* IStR 2006, 667; *Haun/Reiser* GmbHR 2006, 74 f; *Kraft/Bron* IStR 2007, 614; *dies* RIW 2006, 209; *Köplin/Sedemund* BB 2007, 244 ff; *Rödder/Schönfeld* IStR 2006, 49 mwN; *Schönfeld* StuW 2005, 158, 169; *Waldens/Sedemund* IStR 2007, 450 ff.

155 *Goebel/Palm* IStR 2007, 720 ff; *Reiser/Brodersen* NWB Fach 2, 9333, 9347.

156 *BMF* BStBl I 2007, 99. Nicht mehr anzuwenden für Steuertatbestände, die nach dem 31.12.2008 verwirklicht werden, da nicht in der Positivliste des *BMF* BStBl I 2010, 391 enthalten.

157 *F/W/B/S* Vor §§ 7–14 Rn 203; *Goebel/Palm* IStR 2007, 702 ff.

158 BStBl I 2007, 3150.

159 Zu einem Vergleich beider Regelungssysteme und den damit verbundenen Auswirkungen bei der Übertragbarkeit der Rspr s *Köhler/Eicker* DStR 2006, 1871; *Kraft/Bron* IStR 2006, 614 ff.

160 *Schmidt/Schwind* NWB Fach 2, 9713 ff.

161 *Gliniorz/Klattig* NWB Fach 2, 9073.

Voraussetzung für eine Hinzurechnungsbesteuerung nach englischem Recht war die Beherrschung der ausl, niedrig besteuerten Ges durch eine mehr als 50 %ige Beteiligung am Kapital. Zudem war eine niedrige Besteuerung erforderlich. Eine solche lag nach englischem Recht vor, wenn die Steuerbelastung im Ausland weniger als 75 % der Steuerbelastung betrug, die in England entstanden wäre, wenn die Einkünfte dort erzielt worden wären. Auch wenn diese Voraussetzungen vorlagen, war eine Hinzurechnungsbesteuerung ausgeschlossen, wenn die ZwischenGes den Großteil ihrer Gewinne ausschüttete, eine aktive Tätigkeit ausübte, börsennotiert war oder nur unter einer Freigrenze liegende Einkünfte erzielte. Zu einer Hinzurechnungsbesteuerung kam es schließlich auch dann nicht, wenn die ausl Ges einen **„Motivtest“** erfüllen konnte. Dies war der Fall, wenn der StPfl nachweisen konnte, dass eine Steuerminderung in England weder das Hauptziel der durch die ZwischenGes ausgeführten Tätigkeit noch der Errichtung der Ges war. 128

Der EuGH hat diese Hinzurechnungsbesteuerung nicht pauschal für europarechtswidrig erklärt. Eine Hinzurechnungsbesteuerung verstößt nicht *per se* gg die Grundfreiheiten. In der Tatsache, dass es nur im Falle einer ausl Ges zu einer Hinzurechnung der Einkünfte dieser Ges bei einem anderen StPfl kommt, liegt zwar ein Eingriff in die Grundfreiheiten.[162] Dieser Eingriff kann aber mit dem Argument gerechtfertigt werden, dass eine solche Regelung der **Vermeidung von Missbrauch** dient. Erforderlich ist, dass die Regelung nicht über das für eine solche Missbrauchsverhinderung erforderliche Maß hinausgeht. Dazu muss sicher gestellt sein, dass von der Hinzurechnungsbesteuerung nur künstliche Gestaltungen erfasst werden. Eine rein künstliche Gestaltung zeichnet sich nach der Rechtsprechung des EuGH dadurch aus, dass sie nicht der wirtschaftlichen Realität entspricht. Es ist daher eine tatsächliche Ansiedlung erforderlich, die der Aufnahme einer wirklichen wirtschaftlichen Tätigkeit im Ansässigkeitsstaat der ZwischenGes dient.[163] Diese Kriterien erinnern an die nach dt Recht aufgestellten Kriterien bzgl der Frage, ob ein Gestaltungsmissbrauch iSd § 42 AO in Form einer BasisGes vorliegt.[164] Dies scheint auch die FinVerw anzuerkennen. Der Anwendungserlass zur AO enthält für die Konkretisierung der Voraussetzungen, unter denen ein Gestaltungsmissbrauch iSd § 42 AO vorliegt, einen Verweis auf die Rspr des EuGH in der Rs *Cadbury Schweppes*.[165] Eine solche Betrachtung stellt zwangsläufig den eigenständigen Anwendungsbereich der §§ 7 ff ganz grds in Frage. Kann eine Hinzurechnungsbesteuerung nur in den schon von § 42 AO erfassten Fällen erfolgen, so sind beide Regelungsbereiche deckungsgleich. Die Regelungen der Hinzurechnungsbesteuerung wären damit überflüssig, da die entspr Missbrauchsfälle schon von der allg Vorschrift zur Verhinderung von Missbräuchen erfasst wären. 129

Auch wenn der EuGH einen generellen Rahmen abgesteckt hat, in dem eine Hinzurechnungsbesteuerung möglich ist, so ist nicht geklärt, wie eine solche konkret aussehen kann.[166] Dies hängt damit zusammen, dass der EuGH einen Missbrauch, der verhindert werden darf, nur durch sehr allg Formulierungen umschreibt. Es bleibt dem Gesetzgeber überlassen, (europarechtskonforme) Kriterien zu finden, aus denen auf 130

162 *EuGH* Slg 2006, I-07995 (Cadbury Schweppes) Rn 45.
163 *EuGH* Slg 2006, I-07995 (Cadbury Schweppes) Rn 64 ff.
164 *Kraft/Bron* IStR 2006, 614 (620).
165 *BMF* BStBl I 2008, 694 Tz 2.2.
166 *Axer* IStR 2007, 162 ff.

einen solchen Missbrauch geschlossen werden kann. Dabei muss sich der Missbrauch aus objektiven Kriterien ergeben. Subjektive Elemente des StPfl (in Form einer Missbrauchsabsicht) sind unbeachtlich. Dies hat zur Folge, dass es zu keiner Hinzurechnungsbesteuerung kommen kann, wenn nicht aus objektiver Sicht Indizien für einen solchen Missbrauch vorliegen, selbst wenn der StPfl nach seiner Vorstellung einen Missbrauch anstrebt.

131 Der EuGH hat es als europarechtskonform angesehen, wenn der Missbrauchsvorwurf auf objektiven Kriterien beruht und dem StPfl auferlegt wird, diesen zu entkräften.[167] Dabei trifft den StPfl aber offensichtlich keine alleinige **Nachweispflicht**. Der EuGH spricht in dem Urteil zur Rs *Cadbury Schweppes* davon, dass dem StPfl Gelegenheit gegeben werden müsse, Beweise für eine tatsächlich Betätigung der ausl ZwischenGes vorzulegen. Daraus lässt sich nur eine (möglicherweise erhöhte) Mitwirkungspflicht des StPfl im Besteuerungsverfahren ableiten.[168] Von einer Gelegenheit zur Vorlage von Beweisen in einem Besteuerungsverfahren kann aber dann nicht mehr gesprochen werden, wenn den StPfl die alleinige Darlegungs- und Beweislast trifft.[169]

132 **b) BMF-Schreiben v 8.1.2007.** Der Gesetzgeber hat in § 8 Abs 2 nicht versucht, Kriterien aufzustellen, an Hand derer auf einen Missbrauch geschlossen werden kann. Er hat vielmehr aus der Rspr des EuGH das Erfordernis der „tatsächlichen wirtschaftlichen Tätigkeit" übernommen.

133 In der Gesetzesbegründung wird als ein Indiz für eine künstliche Gestaltung die **niedrige Besteuerung** im Ansässigkeitsstaat der ausl ZwischenGes genannt. Dem kann in Anbetracht der EuGH-Rspr nicht gefolgt werden. Die Höhe der Steuerbelastung kann jeder Staat auf Grund der ihm zustehenden Souveränität selbst bestimmen. Ziel der EU ist es, dass der StPfl sich innerhalb der EU wirtschaftlich frei bewegen kann. Dazu gehört auch, dass er in dem Staat mit der geringsten Steuerbelastung tätig werden kann. Der EuGH hat dementsprechend entschieden, dass allein aus der Tatsache, dass der StPfl eine niedrige Besteuerung ausnutzt, keine Rückschlüsse auf eine missbräuchliche Ausnutzung der Grundfreiheiten gezogen werden können.[170] Auch der BFH geht davon aus, dass das Ausnutzen von niedrigeren Steuersätzen im Ausland kein Anzeichen für eine missbräuchliche Gestaltung ist.[171] Angesichts dieser klaren Rspr erstaunt es, dass der Gesetzgeber gerade dieses Kriterium als einziges Indiz für einen Missbrauch nennt. Nach der Rspr kann die niedrige Besteuerung (wenn überhaupt) nur im Zusammenhang mit anderen objektiven Kriterien zur Annahme einer missbräuchlichen Gestaltung führen.[172] Dabei liegt zwangsläufig auf den anderen Kriterien der Schwerpunkt.

134 Das Erfordernis der **tatsächlichen wirtschaftlichen Tätigkeit** ist vom EuGH im Hinblick auf die in der Rs *Cadbury Schweppes* einschlägige Niederlassungsfreiheit gem Art 49 AEUV aufgestellt worden. Die Niederlassungsfreiheit soll es dem StPfl ermöglichen, sich in einem anderen Staat in stabiler und kontinuierlicher Weise wirtschaft-

---

167 *EuGH* Slg 2006 I-07995 (Cadbury Schweppes) Rn 70.
168 *Hammerschmitt/Rehfeld* IWB Fach 3, Gruppe 1, 2293, 2300.
169 *Sedemund* BB 2008, 696, 699.
170 *EuGH* Slg 2006, I-07995 (Cadbury Schweppes) Rn 37.
171 *BFH* BStBl II 2005, 14.
172 *Wassermeyer/Schönfeld* GmbHR 2006, 1065 ff.

lich zu betätigen.[173] Daraus ergibt sich, dass ein Missbrauch dann nicht vorliegen kann, wenn der StPfl eine Einrichtung geschaffen hat, über die eine solche wirtschaftliche Betätigung möglich ist. Aus diesem Grund reflektieren die vom EuGH angedeuteten Kriterien für eine wirkliche wirtschaftliche Tätigkeit ein **Substanzerfordernis**. Der EuGH nennt das Vorhandensein von Geschäftsräumen, Personal und Ausrüstungsgegenständen.[174] Das Personalerfordernis ist von der dt FinVerw in dem BMF-Schreiben v 8.1.2007 zunächst dahingehend konkretisiert worden, dass ständig sowohl geschäftsleitendes als auch anderes Personal vorhanden und zudem in einer Weise qualifiziert sein muss, dass es die Aufgaben der Ges eigenverantwortlich und selbstständig erfüllen kann. Darüber hinaus sollte die ausl Ges am ausl Markt aktiv, ständig und nachhaltig tätig werden und die Einkünfte mussten durch diese Tätigkeit erzielt werden. Für Geschäfte mit nahe stehenden Personen forderte die FinVerw zudem eine Wertschöpfung durch die ausl Ges. Darüber hinaus sollte nach Auffassung der dt FinVerw die Ges mit einem für diese Wertschöpfung angemessenen Kapital ausgestattet sein. Schon aus dieser Gegenüberstellung ergibt sich, dass die dt FinVerw an das Vorliegen einer tatsächlichen wirtschaftlichen Tätigkeit in einem anderen Staat wesentlich höhere Anforderungen stellte als der EuGH. Soweit in der Praxis seitens der FinVerw an diesen gesteigerten Anforderungen festgehalten wird und der Inhalt des BMF-Schreibens der Sache nach als Auslegungshilfe herangezogen wird, erweist sich dies zwangsläufig als europarechtswidrig.[175]

c) Kapitalverkehrsfreiheit (Art 63 AEUV). Nicht geklärt ist die Frage, unter welchen 135
Voraussetzungen ein Missbrauch (der eine Hinzurechnungsbesteuerung europarechtlich zulässig macht) anzunehmen ist, wenn mangels einer beherrschenden Beteiligung nicht die Niederlassungsfreiheit gem Art 49 AEUV, sondern die **Kapitalverkehrsfreiheit** gem Art 63 AEUV einschlägig ist. Dies kann einmal der Fall sein, wenn die ausl Ges Einkünfte mit Kapitalanlagecharakter erzielt.[176] In einem solchen Fall kann es schon bei einer Beteiligung eines im Inland StPfl von 1 % zu einer Hinzurechnungsbesteuerung kommen. Zudem greift die Hinzurechnungsbesteuerung nach dt Recht nicht nur bei StPfl ein, die beherrschend beteiligt sind. Ausreichend ist es, wenn eine Inländerbeherrschung vorliegt, dh eine über 50 %ige Beteiligung von Inländern an der ausl Ges gegeben ist. Wie hoch die Beteiligungsquote des einzelnen StPfl ist, ist dabei unerheblich (s zu dieser Konstellation ausf § 7 Rn 69). In derartigen Fällen wird sich der einzelne StPfl, der von der Hinzurechnungsbesteuerung betroffen ist, nicht auf die Niederlassungsfreiheit berufen können. ME wird subsidiär die Kapitalverkehrsfreiheit anzuwenden sein.[177] Die von der Kapitalverkehrsfreiheit geschützte Tätigkeit, die Anlage von Kapital in einem anderen Mitgliedstaat, zeichnet sich gerade dadurch aus, dass keine Eingliederung in das dortige Marktgeschehen durch eine feste Niederlassung erfolgt. Es erscheint daher fraglich, ob die bzgl der Niederlassungsfreiheit entwickelten Kriterien, die alle auf die Sicherstellung einer festen Eingliederung abzielen, angewendet werden können. Dem steht nicht entgegen, dass der EuGH grds für alle Grundfreiheiten die gleichen Rechtfertigungsmaßstäbe anwendet, denn auch der Eingriff in die Kapitalverkehrsfreiheit kann nur mit dem Argument einer Missbrauchsver-

173 *EuGH* Slg 2006 I-07995 (Cadbury Schweppes) Rn 53.
174 *EuGH* Slg 2006 I-07995 (Cadbury Schweppes) Rn 67.
175 Vgl. hierzu Rn. 135 ff. der Vorauflage.
176 *Haun/Käshammer/Reiser* GmbHR 2007, 184, 187.
177 Ebenso *Hammerschmitt/Rehfeld* IWB Fach 3, Gruppe 1, 2293, 2302.

hinderung gerechtfertigt werden. Insoweit müssen andere objektive Kriterien gefunden werden, an Hand derer auf einen Missbrauch geschlossen werden kann. Entscheidend ist, unter welchen Voraussetzungen in Bezug auf die Kapitalverkehrsfreiheit von der vom EuGH geforderten Eingliederung in das Wirtschaftsleben gesprochen werden kann. Weder aus der Rspr noch aus Veröffentlichungen der Verwaltung ist derzeit ersichtlich, welche Kriterien dies sein können. Denkbar wäre es, auf die Nachhaltigkeit der Tätigkeit der ausl Ges abzustellen. Dabei stellt sich dann aber das Problem, dass bei nicht nachhaltig erzielten Einkünften häufig keine eigene Einkunftsart iSd § 8 Abs 1 vorliegt, sondern Nebenerträge zu anderen (möglicherweise aktiven) Einkünften erzielt werden.

136 **d) Weitere europarechtliche Aspekte.** Die Ausnahme von der Hinzurechnungsbesteuerung gem § 8 Abs 2 bezog sich bis zur Geltung des AmtshilfeRLUmsG v 26.6.2013[178] ausschließlich auf StPfl, die gem § 7 Abs 2 (dh beherrschend) beteiligt waren. Aus dieser Formulierung wurde bisweilen geschlossen, dass § 8 Abs 2 für andere Beteiligungen nicht anwendbar sei. Mit dem geänderten § 8 Abs 2 wird nun aber auch auf § 7 Abs 6 Bezug genommen, so dass der Gegenbeweis auch für Einkünfte mit Kapitalanlagecharakter iSd § 7 Abs 6a möglich ist. Der vorherige Ausschluss diese Einkünfte verstieß gegen die Grundfreiheiten und war damit europarechtswidrig.

137 **3. Drittstaaten.** § 8 Abs 2 sieht unter bestimmten Umständen eine Ausnahme von der Hinzurechnungsbesteuerung vor, wenn die ausl ZwischenGes ihren Sitz oder ihre Geschäftsleitung in einem Mitgliedstaat der EU oder einem EWR-Staat hat. Die Norm ist daher nicht auf ZwischenGes in Drittstaaten anwendbar.[179] Diese Drittstaaten lassen sich in zwei Kategorien unterteilen: Es gibt Drittstaaten, mit denen bilaterale Abk über die Anwendung der Grundfreiheiten oder bzgl anderer Freizügigkeitsrechte bestehen (wie zB die Schweiz), und Staaten, mit denen keine solchen Abk bestehen (zB USA). Bei Drittstaaten, mit denen ein Abk besteht, stellt sich zunächst die Frage, ob die Grundfreiheiten ihnen gg anzuwenden sind, so dass die Hinzurechnungsbesteuerung auch im Verhältnis zu diesen Staaten bei einem Verstoß gg die Grundfreiheiten nicht anwendbar ist. Sind die Grundfreiheiten gg diesen Staaten in der gleichen Form wie innerhalb der EU anzuwenden, lässt sich die Rspr des EuGH in der Rs *Cadbury Schweppes* uneingeschränkt übertragen. Darüber hinaus kann sich auch die Unanwendbarkeit der Hinzurechnungsbesteuerung aus anderen Freizügigkeitsrechten ergeben, die in Bezug auf diesen Staat vereinbart sind. Schließlich kann sich die Europarechtswidrigkeit der §§ 7 ff gg diesen Staaten ebenso wie bei Drittstaaten, mit denen kein Abk besteht, auch aus einer Anwendung der Kapitalverkehrsfreiheit gem Art 63 AEUV ergeben. Diese ist ihrem Wortlaut nach auch auf Drittstaaten anwendbar.

138 **a) Freizügigkeitsabkommen mit der Schweiz.** Das Freizügigkeitsabkommen zwischen der EU und ihren Mitgliedstaaten einerseits und der Schweiz andererseits[180] enthält ein der **Niederlassungsfreiheit** gem Art 49 AEUV ähnliches Recht.[181] Eine der Kapi-

178 BGBl I 2013, 1809.

179 S zur Hinzurechnungsbesteuerung im Verhältnis zu Drittstaaten *Hackemann* IStR 2007, 351 ff.

180 BGBl II 2001, 810.

181 S ausf zu den einzelnen Unterschieden *Weigell* IStR 2006, 190 ff.

talverkehrsfreiheit ähnliche Vorschrift enthält das Abk nicht. Eine weitere Einschränkung ergibt sich dadurch, dass das Abk nur die Freizügigkeit natürlicher Personen schützt.[182] KapGes können sich nicht auf die durch dieses Abk gewährte Niederlassungsfreiheit berufen. Sie sind daher nur insoweit geschützt, wie der Schutz auch gg Staaten, mit denen keine bes Abk abgeschlossen sind, reicht. Sind natürliche Personen an der ausl ZwischenGes beteiligt, so können sie sich grds auf das Freizügigkeitsabkommen berufen. Die in dem Akommen gewährten Freiheiten entsprechen inhaltlich den jeweils vergleichbaren Regelungen des AEUV.[183] In begrenztem Umfang ist auch die Rspr des EuGH im Verhältnis zur Schweiz anwendbar. Eine umfassende Anwendung kommt gem Art 16 Abs 2 FZAbK nur für die vor dem 21.6.1999 ergangene Rspr in Betracht. Für nach diesem Zeitpunkt erlassene Urteile muss die Anwendung im Verhältnis zur Schweiz im Einzelfall festgestellt werden. Unabhängig davon, ob die Anwendung des Urt des EuGH in der Rs *Cadbury Schweppes* durch den gemeinsamen Ausschuss festgestellt worden ist, sind die darin gefundenen Grundsätze auch im Verhältnis zur Schweiz anwendbar. Der EuGH schafft durch seine Urt keine neuen Rechte, sondern legt nur die im AEUV bestehenden Grundfreiheiten aus. Diese Auslegung ist keine Rechtsfortbildung, sondern ein Akt der Erkenntnisgewinnung.

Auch wenn ein Eingriff in die durch das Freizügigkeitsabkommen gewährten Rechte – ebenso wie ein Eingriff in die Niederlassungsfreiheit gem Art 49 AEUV – unter dem Aspekt der Verhinderung von Missbräuchen gerechtfertigt werden kann, können sich Unterschiede zum primären Gemeinschaftsrecht ergeben. Zwar ist auch im Verhältnis zur Schweiz der Verhältnismäßigkeitsgrundsatz zu beachten.[184] Der EuGH hat in der Rs *Cadbury Schweppes* einen Eingriff in die Niederlassungsfreiheit durch die Hinzurechnungsbesteuerung ua dann als gerechtfertigt angesehen, wenn der Ansässigkeitsstaat des StPfl nicht aufgrund einer Vereinbarung über gegenseitige Amtshilfe die Angaben des StPfl überprüfen kann. Das Freizügigkeitsabkommen enthält indes keine Regelung über einen Informationsaustausch. Anders als innerhalb der EU ist auch die Amtshilferichtlinie gg der Schweiz nicht anwendbar. Es bestehen auch keine anderen multilateralen Vereinbarungen über einen Informationsaustausch. Der gegenseitige Informationsaustausch kann sich daher nur aus dem mit der Schweiz abgeschlossenen DBA ergeben.[185] **139**

Das DBA mit der Schweiz enthält in Art 27 Regelungen über einen gegenseitigen **Auskunftsaustausch**. Allerdings bezieht sich der Informationsaustausch nur auf Auskünfte, die für die Durchführung des Abk erforderlich sind (sog kleine Auskunftsklausel). Nicht ermöglicht wird der Auskunftsaustausch zur Durchführung der Besteuerung nach innerstaatlichem Recht. Um eine solche innerstaatliche Besteuerung handelt es sich bei der Hinzurechnungsbesteuerung aber gerade. Der Informationsaustausch gem Art 27 DBA-CH ermöglicht daher keine Überprüfung der Angaben, die der StPfl iRd Hinzurechnungsbesteuerung macht. Faktisch ist daher kein Auskunftsaustausch möglich. Damit kann auch nach der EuGH-Rspr in der Rs *Cadbury Schweppes* eine Hinzurechnungsbesteuerung im Verhältnis zur Schweiz jedenfalls nicht deshalb europarechtswidrig sein, weil ein möglicher Missbrauch durch einen Informationsaustausch verhindert werden könnte. **140**

182 *Hahn* DStZ 2007, 213.
183 Vgl *Hahn* DStZ 2007, 201, 213.
184 *Hahn* DStZ 2007, 201, 213.
185 *Hahn* DStZ 2007, 201, 213.

141 **b) Kapitalverkehrsfreiheit (Art 63 AEUV).** Die Kapitalverkehrsfreiheit gem Art 63 AEUV ist die einzige Grundfreiheit, die ihrem Wortlaut nach auch gg Drittstaaten anwendbar ist. Die Kapitalverkehrsfreiheit beansprucht daher **weltweite Geltung**. Auch wenn bei jeder wirtschaftlichen Aktivität Kapital eingesetzt wird, führt dies nicht dazu, dass stets die Kapitalverkehrsfreiheit einschlägig ist. Im Verhältnis zur Niederlassungsfreiheit hat der EuGH die Anwendung der Kapitalverkehrsfreiheit dahingehend eingeschränkt, dass eine Anwendung nur in den Fällen in Betracht kommt, in denen die Niederlassungsfreiheit nicht einschlägig ist. Die Kapitalverkehrsfreiheit ist insofern **subsidiär**. Im Verhältnis zu Drittstaaten ist daher die Abgrenzung zwischen Kapitalverkehrs- und Niederlassungsfreiheit von entscheidender Bedeutung. Nach dem EuGH ist die Niederlassungsfreiheit anzuwenden, wenn die Beteiligung einen beherrschenden Einfluss vermittelt.[186] Der EuGH hat eine derartige Beteiligung bei einem Anteilsbesitz von 25 % bejaht. Ob auch unterhalb einer solchen Quote eine beherrschende Beteiligung – möglicherweise auch wie für § 7 Abs 2 vorgesehen – durch das Innehaben von Stimmrechten möglich ist, ist nicht geklärt. Allerdings wird man bei Splitterbeteiligungen, die sowohl iRd § 7 Abs 2 (es reicht uU jede Beteiligung aus) als auch bei Einkünften mit Kapitalanlagecharakter gem § 7 Abs 6 (Beteiligung iHv 1 %) ausreichen, um eine Hinzurechnungsbesteuerung auszulösen, nicht von einer beherrschenden Beteiligung ausgehen können.[187] Diese Abgrenzung hat in Bezug auf die Hinzurechnungsbesteuerung zur Folge, dass ein StPfl mit einer wesentlichen Beteiligung nicht geschützt ist, während StPfl mit nicht wesentlichen Beteiligungen sich auf die Kapitalverkehrsfreiheit stützen können. Dies ist insofern nachvollziehbar, als dass eine beherrschende Beteiligung den Missbrauch, den der Gesetzgeber durch die Hinzurechnungsbesteuerung verhindern will, zweifellos erleichtert.

142 Die Kapitalverkehrsfreiheit gem Art 63 AEUV schützt zwar die wirtschaftliche Tätigkeit des StPfl im Ausland unter einem anderen Gesichtspunkt als die Niederlassungsfreiheit gem Art 49 AEUV (geschützt wird der Kapitalverkehr und nicht die Errichtung einer Niederlassung). Dies ändert aber nichts daran, dass die Hinzurechnungsbesteuerung grds einen Eingriff in diese Grundfreiheit darstellt. Insoweit ist die Rspr des EuGH zur Niederlassungsfreiheit in der Rs *Cadbury Schweppes* auf die Kapitalverkehrsfreiheit übertragbar. Für die Frage, ob ein Eingriff in die Grundfreiheiten vorliegt, ist die Tatsache, dass sich die ZwischenGes in einem Drittstaat und nicht innerhalb der EU befindet, unerheblich. Nach richtiger Beurteilung des EuGH liegt eine Schlechterbehandlung des StPfl darin, dass nur in dem Fall, dass die ZwischenGes im Ausland ansässig ist, die Hinzurechnungsbesteuerung eingreift.[188] Wäre diese ZwischenGes in Deutschland ansässig, so käme es nicht zu einer Hinzurechnungsbesteuerung. In dieser Schlechterstellung des grenzüberschreitenden Sachverhalts im Vergleich zu einem rein nationalen Sachverhalt liegt eine Beschränkung.

143 Auch wenn die Kapitalverkehrsfreiheit grds anwendbar ist, ist nicht geklärt, ob daraus auch die Unanwendbarkeit der Hinzurechnungsbesteuerung für die von der Kapitalverkehrsfreiheit erfassten Fällen folgt. Ein Verstoß gegen die Kapitalverkehrsfreiheit

---

186 *EuGH* Slg 2007 I-3775 (Lasertec) Rn 20; *EuGH* Slg 2000 I-2787 (Baars) Rn 22.

187 *Sedemund* BB 2008, 696; **aA** *Rehm/Nagler* IStR 2007, 700 ff, die die Niederlassungsfreiheit stets für anwendbar halten, da die Hinzurechnungsbesteuerung eine Deutschbeherrschung (wenn auch durch mehrere StPfl) voraussetzt.

188 *EuGH* Slg 2006 I-07995 (Cadbury Schweppes) Rn 44.

bei der Hinzurechnungsbesteuerung in Bezug auf in Drittstaaten ansässige Zwischen-Ges ist trotz der EuGH-Rspr in der Rs *Cadbury Schweppes* unter zwei Gesichtspunkten fraglich: Einerseits kann die in Bezug auf die Kapitalverkehrsfreiheit bestehende *stand-still*-Klausel des Art 64 AEUV eingreifen. Eine solche Regelung besteht für die Niederlassungsfreiheit gem Art 49 nicht. Desweiteren sind möglicherweise im Verhältnis zu Drittstaaten geringere Anforderungen an die Rechtfertigung zu stellen.[189] Dann wären zumindest die in der Rs *Cadbury Schweppes* statuierten Anforderungen an eine europarechtskonforme Hinzurechnungsbesteuerung nicht anwendbar.

Gem Art 64 Abs 1 AEUV können Regelungen gg Drittstaaten, die am 31.12.1993 bestanden haben, keine Verletzung der Kapitalverkehrsfreiheit darstellen (***stand-still*-Klausel**). Die Hinzurechnungsbesteuerung wurde mit Gesetz vom 8.9.1972 eingeführt. Bei rein formaler Betrachtungsweise fallen die Regelungen über die Hinzurechnungsbesteuerung daher unter die *stand-still*-Klausel des Art 64 Abs 1 AEUV.[190] ME kann es aber auf eine solche rein formale Betrachtungsweise nicht ankommen. Es ist darauf abzustellen, ob die Regelungen inhaltlich in vergleichbarer Weise bereits am 31.12.1993 bestanden.[191] Die Regelungen über die Hinzurechnungsbesteuerung wurden in der Folgezeit mehrfach geändert und tw grundlegend überarbeitet. So wurde die erforderliche Beteiligung für **Einkünfte mit Kapitalanlagecharakter** (ein Sachverhalt, auf den potentiell die Kapitalverkehrsfreiheit angewendet wird) erst durch das UntStFG vom 20.12.2001 auf 1 % abgesenkt. Da wegen der Sperrwirkung der Niederlassungsfreiheit gerade eine nicht-beherrschende Beteiligung für die Anwendung der Kapitalverkehrsfreiheit erforderlich ist, kann insoweit nicht davon gesprochen werden, dass die Regelung schon zum 31.12.1993 bestand. 144

Ein anderer potentieller Anwendungsbereich für die Kapitalverkehrsfreiheit gem Art 63 AEUV sind **Streubesitzbeteiligungen**, die keine beherrschende Beteiligung vermitteln. Auch in diesen Fällen greift der Vorrang der Niederlassungsfreiheit nicht ein. Bereits seit Einführung der Hinzurechnungsbesteuerung werden auch solche Beteiligungen erfasst. Eine Änderung der Regelung erfolgte insoweit nicht. Allerdings ist der Aktivitätskatalog des § 8 Abs 1 im Laufe der Zeit häufig geändert worden, so zB bei Einführung des Halbeinkünfteverfahrens. Auch der Freibetrag gem § 9, der bei solchen Streubesitzbeteiligungen häufig zur Anwendung kommen wird, ist nach dem 31.12.1993 geändert worden. Auch wenn bei einigen Arten von Einkünften iSd § 8 Abs 1 die Voraussetzungen, unter denen sie als aktiv gelten, möglicherweise nicht von den Gesetzesänderungen erfasst sind und somit die jeweilige Regelung insoweit unter die *stand-still*-Klausel fallen würde, ist eine Unterscheidung zwischen den einzelnen Arten der Einkünfte für die Frage der Anwendbarkeit der Kapitalverkehrsfreiheit nicht sinnvoll. Eine solche Unterscheidung der einzelnen Arten der Einkünfte hätte zudem zur Folge, dass der Gesetzgeber durch eine zukünftige Gesetzesänderung für einzelne aktive Einkünfte den Anwendungsbereich der Kapitalverkehrsfreiheit eröffnen würde. Die *stand-still*-Klausel ist daher weder für die Einkünfte mit Kapitalanlagecharakter (§ 7 Abs 6) noch für die Einkünfte gem § 8 Abs 1 einschlägig.[192] 145

189 *F/W/B/S* Vor §§ 7–14 Rn 245; *Thömmes/Nakhai* IWB Fach 11A, 1065, 1070.
190 *FG BaWü* FR 2007, 198.
191 *Schönfeld* FR 2007, 200 mwN; *Schönfeld* IStR 2005, 410, 413 mwN.
192 *F/W/B/S* Vor §§ 7–14 Rn 245; *Schönfeld* IWB Fach 3, Gruppe 1, S 2119 ff.

146 Die derzeitige Hinzurechnungsbesteuerung stellt im Verhältnis zu Drittstaaten möglicherweise auch deshalb keinen Verstoß gegen die Kapitalverkehrsfreiheit gem Art 64 AEUV dar, weil im Verhältnis zu Drittstaaten die Anforderungen an die **Rechtfertigung** eines Eingriffs in die Grundfreiheiten geringer sind. Der EuGH hat sich in seinen Urteilen mit diesem Aspekt bisher nicht befasst. ME greift das Argument in Bezug auf die geltende Regelung der Hinzurechnungsbesteuerung jedenfalls nicht ein. Auch wenn man eine erweiterte Rechtfertigung von Eingriffen in die Grundfreiheiten gg Drittstaaten zuließe, wäre damit die Hinzurechnungsbesteuerung nicht zu rechtfertigen. Lässt man eine erweiterte Rechtfertigung zu, so kann sich eine solche nur aus Besonderheiten ergeben, die in Bezug auf Drittstaaten, aber nicht in Bezug auf Mitgliedstaaten der EU vorliegen. Zwar kann eine solche Besonderheit zB darin gesehen werden, dass gg Drittstaaten kein Informationsaustausch aufgrund der Amtshilferichtlinie[193] erfolgt. Es kann dem StPfl aber nicht vollständig versagt werden, die Missbrauchsvermutung durch Vorlage von Beweisen zu entkräften. Daher kann eine Regelung wie die dt Hinzurechnungsbesteuerung, die keinen Gegenbeweis durch den StPfl zulässt, auch im Verhältnis zu Drittstaaten nicht gerechtfertigt werden.

II. Tatbestandsvoraussetzungen des § 8 Abs 2

147 **a) Gesellschaft im EU/EWR-Ausland.** Die Ausnahme von der Hinzurechnungsbesteuerung gem § 8 Abs 2 knüpft an das Tatbestandsmerkmal der ausl Ges in § 7 Abs 1 an. Hat die ausl Ges, dh die ZwischenGes, ihren **Sitz oder ihre Geschäftsleitung** in einem Mitgliedstaat der EU oder einem EWR-Staat, so ist eine Hinzurechnungsbesteuerung nur unter bes Umständen möglich. Nicht entscheidend ist daher die Ansässigkeit nach nationalem ausl Recht oder nach Abkommensrecht. Auch andere Kriterien, die zu einer unbeschränkten StPfl in einem anderen Mitgliedstaat oder innerhalb der EWR führen, sind unbeachtlich. Sowohl der Sitz als auch der Ort der Geschäftsleitung sind nach nationalem dt Steuerrecht zu bestimmen. Der Ort des Sitzes einer Ges definiert sich nach § 11 AO als der Ort, der durch Gesellschaftsvertrag, Gesetz, Satzung oder Stiftungsgeschäft bestimmt ist. Der Ort der Geschäftsleitung bestimmt sich nach § 10 AO. Danach ist der Mittelpunkt der geschäftlichen Oberleitung maßgeblich (s zu der Def der Geschäftsleitung nach dt Recht Art 4 MA Rn 82 ff). Für die Ausnahme von der Hinzurechnungsbesteuerung ist es ausreichend, dass sich einer der beiden Anknüpfungspunkte innerhalb der EU oder innerhalb des EWR befindet. Befindet sich entweder der Sitz oder die Geschäftsleitung der Ges in Deutschland, so entfällt eine Hinzurechnungsbesteuerung schon gem § 7 Abs 1. Die Ausnahme von der Hinzurechnungsbesteuerung greift auch dann ein, wenn die ZwischenGes sowohl in einem EU/EWR-Staat als auch in einem Drittstaat ansässig ist. Auch solche doppelt ansässigen ZwischenGes unterliegen den günstigen Regelungen für Ges in EU/EWR-Staaten.

148 Die Sonderregelung bezieht sich auf alle 26 Staaten, die derzeit neben Deutschland Mitglied der EU sind. Dies sind Belgien, Bulgarien, Dänemark, Estland, Finnland, Frankreich, Griechenland, Irland, Italien, Lettland, Litauen, Luxemburg, Malta, die Niederlande, Österreich, Polen, Portugal, Rumänien, Schweden, Slowakei, Slowenien, Spanien, Tschechien, Ungarn, das Vereinigte Königreich und Zypern. Mitglieder des EWR sind neben diesen Staaten Island, Norwegen und Liechtenstein. Da die Rege-

193 Amtshilferichtlinie v 27.12.1977 (77/799/EWG), ABlEG Nr L 336/15.

lung nicht die einzelnen Mitgliedsstaaten aufzählt, erweitert sich der Anwendungsbereich im Falle eines Beitritts weiterer Staaten zur EU.

b) Substanzerfordernis. Die Ausnahme von der Hinzurechnungsbesteuerung kann nur dann in Anspruch genommen werden, wenn die ZwischenGes einer tatsächlichen wirtschaftlichen Tätigkeit nachgeht. Das Tatbestandsmerkmal der tatsächlichen wirtschaftlichen Tätigkeit ist im Gesetz nicht definiert. Es ist im Lichte der vom EuGH in der Rs *Cadbury Schweppes* aufgestellten Anforderungen an eine europarechtskonforme Hinzurechnungsbesteuerung auszulegen (s dazu Rn 125 ff).[194] Die tatsächliche wirtschaftliche Tätigkeit muss in dem Sitzstaat oder dem Staat des Ortes der Geschäftsleitung ausgeübt werden. Eine Tätigkeit in einem anderen Staat, auch wenn es sich dabei um einen Mitgliedstaat der EU oder einen EWR-Staat handelt, ist unbeachtlich. Auch wenn diese Einschränkung die freie wirtschaftliche Betätigung innerhalb des gemeinsamen Marktes der EU beschränkt, verstößt sie nicht gegen die Grundfreiheiten. Auch der EuGH hat in der Rs *Cadbury Schweppes* gefordert, dass die wirkliche wirtschaftliche Tätigkeit im Aufnahmemitgliedstaat vorliegt. Nach Auffassung des EuGH lässt sich nur so ausschließen, dass die Grundfreiheiten nicht missbräuchlich in Anspruch genommen werden. 149

Beispiel 1: Die A-BV hat ihren Sitz in den Niederlanden. Der Ort der tatsächlichen Geschäftsleitung liegt in Belgien. Eine wirkliche wirtschaftliche Tätigkeit wird in Luxemburg ausgeübt. Die Ausnahme gem § 8 Abs 2 greift nicht ein, da der Staat, in dem die wirtschaftliche Tätigkeit ausgeübt wird, nicht der Sitzstaat oder der Staat des Ortes der tatsächlichen Geschäftsleitung ist.

Beispiel 2: Die A-BV hat ihren Sitz in einem Drittstaat. Der Ort der tatsächlichen Geschäftsleitung ist Belgien, in dem auch die wirkliche wirtschaftliche Tätigkeit ausgeübt wird. In diesem Fall ist das Substanzerfordernis des § 8 Abs 2 erfüllt.

Da die Hinzurechnungsbesteuerung sich stets nur auf **einzelne, passive Einkünfte** bezieht (und nicht pauschal auf den gesamten Gewinn der ZwischenGes), muss auch das Substanzerfordernis für jede einzelne Einkunftsart iSd § 8 Abs 1 vorliegen. Dies macht auch § 8 Abs 2 S 5 deutlich, der eine Zuordnung der passiven Einkünfte zu einer tatsächlichen wirtschaftlichen Tätigkeit nur für den Fall vorsieht, dass die Einkünfte tatsächlich durch die Tätigkeit erzielt werden. 150

Weiterhin können nach dem Wortlaut des § 8 Abs 2 S 5 die Einkünfte nur insoweit einer tatsächlichen wirtschaftlichen Tätigkeit zugeordnet werden, wie sie dem Fremdvergleich gem § 1 entsprechen. Damit kann aber nicht gemeint sein, dass Einkünfte, wenn sie dem Fremdvergleich nicht entsprechen, gar nicht zugerechnet werden können. Die Regelung ist vielmehr dahingehend auszulegen, dass die Einkünfte in einer dem Fremdvergleich entspr Höhe zuzurechnen sind. Es ist daher auch hier von einem angemessenen Verrechnungspreis auszugehen. Liegen die tatsächlichen Einkünfte der ausl ZwischenGes über diesem Verrechnungspreis, so können sie nur in einer dem Drittvergleich entspr Höhe unter § 8 Abs 2 fallen. Liegen die tatsächlich erzielten Einkünften andererseits unter dem angemessenen Drittvergleichspreis, 151

194 Soweit sich die FinVerw in der Praxis an den im BMF-Schreiben v 8.1.2007 enthaltenen Kriterien orientiert, ist darauf hinzuweisen, dass diese den vom EuGH aufgestellten Anforderungen nicht entsprechen, vgl Rn 135 aE.

so sind auch diese Einkünfte entspr § 1 zu korrigieren. Sie unterfallen daher in angemessener Höhe der Regelung des § 8 Abs 2.

152 Die Ausnahme von der Hinzurechnungsbesteuerung kann nur in Anspruch genommen werden, wenn der StPfl die Erfüllung des Substanzerfordernisses nachweist. Der Nachweis hat dabei nach dem Wortlaut der Norm für jede Art von Einkünften iSd § 8 Abs 1 zu erfolgen. Dies ist insofern konsequent, als dass auch für jede dieser Einkünfte unabhängig voneinander geprüft werden muss, ob das Substanzerfordernis gerade in Bezug auf die jeweiligen Einkünfte vorliegt.

153 Art 8 Abs 2 S 2 enthält als weitere Voraussetzung für die Ausnahme von der Hinzurechnungsbesteuerung gem Art 8 Abs 2 S 1, dass im Verhältnis zum Ansässigkeitsstaat der ZwischenGes aufgrund der **Amtshilferichtlinie** gem § 2 Abs 2 des EU-Amtshilfegesetzes (EUAHiG) oder auf der Basis vergleichbarer bilateraler oder multilateraler Vereinbarungen Auskünfte erteilt werden, die erforderlich sind, um die Besteuerung durchzuführen. Damit hat der Gesetzgeber eine entspr Einschränkung des EuGH übernommen, die dieser in der Rs *Cadbury Schweppes* aufgestellt hat.[195]

154 Amtshilferichtlinie iSd § 2 Abs 2 EUAHiG ist dabei die Richtlinie 2011/16/EU des Rates v 15.2.2011 über die Zusammenarbeit der Verwaltungsbehörden im Bereich der Besteuerung und zur Aufhebung der Richtlinie 77/799/EWG in der jeweils geltenden Fassung. Die RL 2011/16/EU wurde seitens des Richtliniengebers für notwendig erachtet, da die vorangegangene Richtlinie 77/799/EWG und auch ihre nachfolgenden Änderungen in einem anderen Zusammenhang als den gegenwärtigen Anforderungen des Binnenmarkts ausgearbeitet worden seien und die neuen Anforderungen an eine Zusammenarbeit der Verwaltungsbehörden nicht mehr erfüllen könnten. Inhaltlich baut die RL 2011/16/EU auf der RL 77/799/EWG auf und enthält darüber hinausgehend genauere Regeln für die Zusammenarbeit der Verwaltungsbehörden der Mitgliedstaaten, um so den grenzüberschreitenden Austausch von Informationen zu forcieren. Die in diesem Absatz getätigten Ausführungen gelten inhaltlich gleichermaßen für die Richtlinie 2011/16/EU.

155 Die Amtshilferichtlinie iSd § 2 Abs 2 EUAHiG ist nicht im Verhältnis zu EWR-Staaten (Norwegen, Island und Liechtenstein) anwendbar. In Bezug auf diese Staaten ist eine Ausnahme von der Hinzurechnungsbesteuerung daher nur möglich, wenn in zwei- oder mehrseitigen Verträgen ein der Amtshilferichtlinie vergleichbarer Informationsaustausch gewährleistet wird. Mittlerweile bestehen DBA mit sämtlichen der EWR-Staaten, die jeweils eine Vorschrift zum gegenseitigen Informationsaustausch enthalten.[196] Danach können Informationen zur Durchführung des DBA und der innerstaatlichen Besteuerung ausgetauscht werden (sog große Auskunftsklausel).[197] Der damit weitreichend gewährte Informationsaustausch ähnelt dem in der Amtshilferichtlinie vorgesehenen Informationsaustausch.[198]

156 Aufgrund des entweder auf der Amtshilferichtlinie oder einem Vertrag bestehenden Anspruchs auf Informationsaustausch müssen die Auskünfte erteilt werden, die für die Durchführung der Besteuerung erforderlich sind. Ob ein solcher Auskunftsaus-

---

195 *EuGH* Slg 2006 I-07995 (Cadbury Schweppes) Rn 71.

196 Art 26 DBA-Norwegen, Art 26 DBA-Island und Art 26 DBA-Liechtenstein.

197 *Grotherr* IWB Fach 3 Gruppe 1, S 2262.

198 S insgesamt zum Informationsaustausch *Schönfeld* DB 2008, 2217.

tausch tatsächlich erfolgt, kann durch den StPfl nicht beeinflusst werden. Theoretisch kann daher die Ausnahme zur Hinzurechnungsbesteuerung aus Gründen versagt werden, auf die der StPfl keinen Einfluss hat. In der Praxis ist aber nicht zu erwarten, dass ein von Seiten Deutschlands bestehender Auskunftsanspruch durch den anderen Staat nicht erfüllt wird. Die Ausnahme von der Hinzurechnungsbesteuerung greift zudem streng genommen auch dann nicht ein, wenn die vom Ansässigkeitsstaat der ZwischenGes gegebenen Informationen nicht ausreichen, um die Besteuerung durchführen zu können. Auch dies ist allerdings ein theoretischer Fall.

§ 8 Abs 2 S 3, S 4 begrenzen die Ausnahme von der Hinzurechnungsbesteuerung auf **157** originär von der ausl ZwischenGes oder von einer TochterGes, die in der EU oder dem EWR ansässig ist, innerhalb der EU/dem EWR erzielte Zwischeneinkünfte. Damit wird der Anwendungsbereich der Ausnahme auf die EU und den EWR beschränkt. Nicht erfasst werden passive Einkünfte, die einer in der EU oder dem EWR ansässigen ZwischenGes gem § 14 zugerechnet werden und die von einer TochterGes erzielt werden, die außerhalb der EU und dem EWR ansässig ist. Der StPfl kann die Hinzurechnungsbesteuerung daher nicht dadurch verhindern, dass er nicht direkt, sondern über eine ZwischenGes im EU-Ausland bzw im EWR-Ausland beteiligt ist. Der StPfl wird damit so gestellt, als sei er direkt an der ausl ZwischenGes im Drittstaat beteiligt. Die Ansässigkeit innerhalb der EU bzw dem EWR kann sich dabei aus dem Sitz der Ges oder dem Ort der Geschäftsleitung ergeben. Der Gesetzgeber knüpft damit an die Kriterien an, die nach dt Verständnis zu einer unbeschränkten StPfl führen würden. Allerdings ist nicht erforderlich, dass die ZwischenGes tatsächlich innerhalb der EU oder dem EWR unbeschränkt steuerpflichtig ist. Insofern kann die Ausnahme auch bei doppelt ansässigen Ges eingreifen, die nach dem jeweiligen DBA zwischen dem Mitgliedstaat der EU bzw des EWR und dem Drittstaat als im Drittstaat ansässig anzusehen sind und damit in der EU bzw dem EWR nur (wenn überhaupt) beschränkt StPfl sind.

Beispiel: Die A-BV ist eine ZwischenGes, die ihren Sitz in A, einem Mitgliedsstaat der EU, hat. Sie ist dort nach nationalem Recht unbeschränkt steuerpflichtig. Der Ort der Geschäftsleitung liegt in einem Drittstaat, dem Staat B. Auch dort ist die A-BV nach dem dortigen nationalen Recht unbeschränkt steuerpflichtig. Nach dem DBA zwischen A und B gilt die Ges als in B ansässig. Dennoch kann die Ausnahme gem § 8 Abs 2 greifen.

Andererseits kann die Ausnahme zur Hinzurechnungsbesteuerung nicht eingreifen, **158** wenn die UnterGes aufgrund eines anderen Merkmals als dem Sitz oder dem Ort der Geschäftsleitung in einem Mitgliedstaat der EU oder dem EWR unbeschränkt steuerpflichtig ist. Ein solches anderes Merkmal könnte zB das Gründungsstatut der Ges sein.

§ 8 Abs 2 S 4 sieht eine entspr Einschränkung für den Fall vor, dass die passiven Ein- **159** künfte der ZwischenGes, die in der EU oder dem EWR ansässig ist, einer in einem Drittstaat belegenen Betriebstätte zuzuordnen sind.

III. Rechtsfolge

Liegen die Voraussetzungen des § 8 Abs 2 vor, so kann es sich bei der ausl Ges nicht **160** um eine ZwischenGes handeln. Damit kann es nicht zu einer Hinzurechnungsbesteuerung kommen. Die Ausnahme ist dabei nicht gesellschaftsbezogen sondern **einkünftebezogen**. Es ist daher für jede gem § 8 Abs 1 als passiv qualifizierte Art der Einkünfte zu prüfen, ob die Voraussetzungen des § 8 Abs 2 vorliegen. Es ist daher möglich, dass bestimmte Einkünfte auch bei in der EU oder dem EWR ansässigen ZwischenGes der Hinzurechnungsbesteuerung unterliegen. Die Einkünfte einer in der EU oder im EWR ansässigen Ges lassen sich daher wie folgt unterteilen:

- aktive Einkünfte,
- passive, niedrig besteuerte Einkünfte im funktionalen Zusammenhang mit aktiven Einkünften,
- passive, nicht niedrig besteuerte Einkünfte,
- passive, niedrig besteuerte Einkünfte ohne Kapitalanlagecharakter, für die das Substanzerfordernis erfüllt ist und die nicht einer Drittstaaten-Betriebsstätte zuzuordnen sind,
- passive, niedrig besteuerte Einkünfte mit Kapitalanlagecharakter, für die das Substanzerfordernis erfüllt ist und die nicht einer Drittstaaten-Betriebsstätte zuzuordnen sind,
- passive, niedrig besteuerte Einkünfte ohne Kapitalanlagecharakter, für die das Substanzerfordernis erfüllt ist, die aber einer Drittstaaten-Betriebsstätte zuzuordnen sind,
- passive, niedrig besteuerte Einkünfte mit Kapitalanlagecharakter, für die das Substanzerfordernis erfüllt ist, die aber einer Drittstaaten-Betriebsstätte zuzuordnen sind,
- passive, niedrig besteuerte Einkünfte ohne Kapitalanlagecharakter, für die das Substanzerfordernis nicht erfüllt ist,
- passive, niedrig besteuerte Einkünfte mit Kapitalanlagecharakter, für die das Substanzerfordernis nicht erfüllt ist.

Innerhalb der EU oder dem EWR unterliegen die letzten vier Arten der Einkünfte der Hinzurechnungsbesteuerung.

161 Von diesen originär durch die ZwischenGes erzielten Einkünften sind die gem § 14 zugerechneten Einkünfte zu unterscheiden. Werden der in der EU oder dem EWR ansässigen ZwischenGes Einkünfte einer UnterGes gem § 14 zugerechnet, so ist folgendermaßen zu unterscheiden:

- Zwischeneinkünfte einer UnterGes mit Sitz oder Geschäftsleitung innerhalb der EU bzw dem EWR, für die die Ausnahme gem § 8 Abs 2 eingreift;
- Zwischeneinkünfte einer UnterGes mit Sitz oder Geschäftsleitung innerhalb der EU bzw dem EWR, für die die Ausnahme gem § 8 Abs 2 nicht eingreift;
- Zwischeneinkünfte einer UnterGes ohne Sitz und Geschäftsleitung innerhalb der EU bzw dem EWR.

D. Niedrige Besteuerung (Abs 3)

I. Allgemeines

162 § 8 Abs 3 definiert, unter welchen Voraussetzungen eine niedrige Besteuerung vorliegt. Eine solche liegt stets dann vor, wenn die Steuerbelastung unter der vom Gesetz vorgesehenen **absoluten Grenze** von 25 % liegt. Diese Grenze gilt unabhängig von der Steuerbelastung im Inland. Auch wenn die Hinzurechnungsbesteuerung verhindern soll, dass eine hohe dt Besteuerung durch Gestaltung umgangen wird, findet sich dieses Ziel im Gesetz nicht wieder. Ein Vergleich mit der in Deutschland anfallenden Steuerbelastung ohne die vom Gesetzgeber als missbräuchlich angesehene Zwischenschaltung einer Ges im Ausland erfolgt nicht.[199] Damit passt sich die Hinzurechnungsbesteuerung auch nicht automatisch an Änderungen des dt Steuersatzes an. Die Grenze von 25 % wird damit gerechtfertigt, dass gewerbliche Einkünfte in Deutschland der Körperschaftsteuer und der Gewerbesteuer unterliegen würden. Damit würden sie einer Steuerbelastung von ca 30 % unterliegen. Vor diesem Hintergrund qualifiziert der Gesetzgeber eine Steuerbelastung von weniger als 25 % als unangemessen niedrig.

II. Im Ausland erhobene Ertragsteuern

Für die schädliche Steuerbelastung von unter 25 % ist auf die **im Ausland erhobenen Ertragsteuern** abzustellen. Um **Steuern** handelt es sich nur dann, wenn es sich um Geldleistungen iSd § 3 AO handelt.[200] Nicht erfasst werden freiwillige Leistungen, da diese nicht iSd § 3 AO auferlegt werden.[201] Umstritten ist die Freiwilligkeit einer Geldleistung dann, wenn die Höhe der Steuer von einem Wahlrecht des StPfl abhängt. Kann der StPfl zwischen verschiedenen Steuerbelastungen faktisch wählen, so ist mE zu unterscheiden. Erfolgt die Wahl auf tatsächlicher Ebene, so steht dies einer Auferlegung einer Steuer nicht entgegen. Der StPfl kann durch die Gestaltung des von ihm verwirklichten Sachverhalts zu einer geringeren Steuerbelastung kommen. Auch wenn der StPfl zwischen verschiedenen steuerlichen Behandlungen eines Sachverhaltes (zB beim US-amerikanischen *check-the-box*-Verfahren) wählen kann, spricht dies nicht gegen die Qualifikation als Steuer. Entscheidend ist, dass der StPfl, wenn die Belastung feststeht, den festgesetzten Betrag zu entrichten hat und für den Fall, dass keine Zahlung erfolgt, die Zahlung mit Zwangsmitteln durchgesetzt werden kann. Ist dies der Fall, so liegt keine freiwillige Leistung mehr vor. 163

Zu berücksichtigen ist jede ausl **Ertragsteuer**. Damit wird nicht nur die Körperschaftsteuer, sondern auch eine eventuelle Gewerbeertragsteuer erfasst. Unerheblich ist auch, von welcher Gebietskörperschaft die Steuer erhoben wird. Daher fallen auch kantonale Steuern, Gemeindesteuern[202] und andere Steuern darunter, soweit sie auf den erwirtschafteten Ertrag erhoben werden.[203] Nicht erfasst werden dagegen Vermögensteuern,[204] Lohnsummensteuern, Gewerbekapitalsteuern,[205] indirekte Steuern etc. Durch die Nichtberücksichtigung indirekter Steuern werden insb Länder benachteiligt, deren niedriger Ertragsteuersatz auf einer hohen Steuerbelastung bei den indirekten Steuern beruht. Die Steuerbelastung muss sich nicht aus den Steuern nur eines Staates (zB des Ansässigkeitsstaates der ZwischenGes oder des Quellenstaates der Einkünfte) ergeben. Sie kann sich auch aus der **Addition der Steuern verschiedener Staaten** ergeben (dh zB Steuer des Ansässigkeitsstaates der ZwischenGes plus Steuer im Quellenstaat), wenn mehrere Staaten die jeweiligen Einkünfte besteuern.[206] Dies kann insb der Fall sein, wenn der ausl Staat zur Vermeidung der Dbest die Anrechnungsmethode anwendet. 164

---

199 *F/W/B/S* § 8 Rn 391.

200 *BFH* DStR 2006, 1451; *Pitzal* S 123.

201 Diese Voraussetzung war insb bei dem bis zum VZ in Irland bestehenden Wahlrecht zu einer höheren Besteuerung streitig. S dazu *BFH* IStR 2005, 92; *BFH* DStR 2006, 1451; S zu dem Streitstand *Pitzal* S 142 ff.

202 *Vogt* DStR 2005, 1347 f.

203 *S/K/K* § 8 Rn 195.

204 *FG HH* EFG 1994, 335.

205 *FG HH* EFG 1994, 335; *F/W/B/S* § 8 Rn 406.

206 *S/K/K* § 8 Rn 195.

Dann übt sowohl der Quellenstaat der Einkünfte iRd beschränkten StPfl, als auch der Ansässigkeitsstaat iRd unbeschränkten StPfl (unter Anrechnung der ausl Steuer) sein Besteuerungsrecht aus. Ist die ZwischenGes doppelt ansässig und unterliegt sie deshalb in zwei ausl Staaten der unbeschränkten StPfl, so sind die Steuerbelastungen in beiden Staaten zusammen zu rechnen.[207] Das Gesetz stellt nicht darauf ab, dass die Einkünfte bei der Ges, durch die sie erzielt werden, einer mindestens 25 %igen Steuer unterliegen. Auch Einkünfte, die im Rahmen einer **Gruppenbesteuerung** bei einer anderen Person besteuert werden, können daher mit einer Steuer iSd § 8 Abs 3 belastet sein.[208] Ausreichend ist, dass die Einkünfte überhaupt mit der erforderlichen Steuer belastet werden.[209] Eine mögliche Gruppenbesteuerung der Einkünfte anderer Ges als der ZwischenGes ist bei der Ermittlung der Steuerbelastung im Ausland nicht zu berücksichtigen. Dies gilt auch dann, wenn sich auf Grund der Gruppenbesteuerung die Bemessungsgrundlage durch eine Verlustberücksichtigung verringert.[210]

165 Um bestimmen zu können, ob tatsächlich die Einkünfte mit einer Steuer von 25 % oder mehr belastet sind, ist zunächst die nach ausl Recht maßgebende Steuer zu ermitteln. Diese ergibt sich aus dem für die fraglichen Einkünfte maßgeblichen Steuersatz. Insb bei einer Schedulensteuer können sich unterschiedliche Steuersätze für die unterschiedlichen Einkünfte des Katalogs des § 8 Abs 1 ergeben.[211] Die im Ausland gezahlte Steuer ist nach Auffassung der FinVerw ins Verhältnis zur nach dt Recht (und nicht nach ausl Recht) ermittelten Bemessungsgrundlage zu setzen.[212] Daraus ergibt sich die effektive Steuerbelastung, nach der sich die Anwendung der Hinzurechnungsbesteuerung richtet. Nur wenn diese effektive Steuerbelastung unter 25 % liegt, liegt eine Niedrigbesteuerung iSd § 8 Abs 3 vor. Damit ist der ausl Steuersatz zwar ein starker Anhaltspunkt,[213] es muss aber trotz eines ausl Steuersatzes unter 25 % nicht zu einer Niedrigbesteuerung kommen, wenn die ausl Bemessungsgrundlage breiter als die nach dt Recht ermittelte ist.

166 Die Gefahr einer Hinzurechnungsbesteuerung auf Grund eines niedrigen ausl Steuersatzes besteht daher bspw in folgenden Ländern:

Land	**Steuersatz**
Bulgarien	10 %
Irland	12,5 % für best aktive Einkünfte (*trading income*)
Polen	19 %

207 *Lenz/Heinsen* IStR 2003, 793.

208 *BMF* BStBl I 2004, Sondernr 1, S 3, Tz 8.3.1.2.

209 *Lenz/Heinsen* IStR 2003, 793, 796; *S/K/K* § 8 Rn 196.

210 So ausdrücklich für den Fall der englischen Gruppenbesteuerung *BMF* FR 2005, 222; dieses Schreiben ist zwar durch den koordinierten Ländererlass – „Schreiben zur Eindämmung der Normenflut“, BStBl I 2007, 369, aufgehoben worden. Allerdings bedeutet der Ländererlass ausdrücklich keine Aufgabe der Verwaltungsauffassung, sondern dient nur der Klarstellung der Weisungslage.

211 *Pitzal* S 97.

212 *BFH* DStR 2006, 1451.

213 Ebenso *Lenz/Heinsen* IStR 2003, 793 f, die eine Belastungsrechnung allerdings nur aus Gründen der Planungssicherheit und Beweismittelvorsorge für erforderlich ansehen.

Land	**Steuersatz**
Schweiz	7,83 % + kantonale Steuer
Tschechien	20 %
Slowakei	19 %
Ungarn	19 %
Zypern	12,5 %

Eine niedrige effektive Steuerbelastung auf Grund von Sonderregelungen für einzelne 167
Ges oder Einkunftsarten kann sich bspw in folgenden Ländern ergeben:

Land	**Sonderregelung**
Belgien	*notional interest deduction* Patentbox
China	Sonderwirtschaftszonen
Luxemburg	Patentbox
Niederlande	Patentbox
Polen	Sonderwirtschaftszonen
Russland	Sonderwirtschaftszonen

Belgien hat einen Körperschaftssteuer-Steuersatz von 33,99 %. Dieser kann aber uU 168
erheblich durch eine sog ***national interest deduction*** verringert werden. Danach werden fiktive Zinsen auf das Eigenkapital zum Abzug zugelassen. Die fiktive Verzinsung orientiert sich an der Verzinsung von 10-jährigen Staatsanleihen und wird jedes Jahr neu festgesetzt. Insb bei einer hohen Eigenkapitalausstattung der ausl Ges kann damit eine erhebliche Verringerung des effektiven Steuersatzes erreicht werden.

In verschiedenen insb osteuropäischen Staaten bestehen **Sonderwirtschaftszonen**.[214] 169
Dies sind abgegrenzte Gebiete, für die besondere steuerliche Anreize gelten. Damit soll die Wirtschaft in diesen Gebieten gefördert werden. Die Inanspruchnahme der Steueranreize ist häufig auf einen best Zeitraum begrenzt. Voraussetzung ist idR ein best Investitionsvolumen, das nach der investierten Summe, neu geschaffenen Arbeitsplätzen oÄ bestimmt wird.

Sonderregelungen für best Einkunftsarten sehen die steuerlichen Regelungen in den 170
Benelux-Staaten vor. Gemeinsam ist allen Regelungen, dass **Lizenzeinnahmen** unter bestimmten Umständen mit einer geringen effektiven Steuer belastet werden. Im Einzelnen können sich die Regelungen aber erheblich unterscheiden. Die Verringerung der effektiven Steuerlast kann durch einen Abzug von der Bemessungsgrundlage erfolgen (so zB in Belgien und Luxemburg) oder durch einen bes Steuersatz für diese Einkünfte (so zB in den Niederlanden). [215]

214 S zu Russland *Wellmann* IStR 2008, 465.

215 Die entspr Sonderregelungen stehen allerdings auf dem Prüfstand, vgl Maßnahme Nr 5 des OECD-Aktionsplans, der sich gegen die Erosion von Steuerbemessungsgrundlagen und die Gewinnverlagerung (*Base Erosion and Profit Shifting – BEPS*) richtet. In Luxemburg zB sind die derzeit geltenden Regelungen für nach dem 1.7.2016 erworbene Rechte nicht mehr anwendbar. Für davor erworbene Rechte gelten best Übergangsfristen (längstens bis 30.6.2021 für bis zum 31.12.2015 erworbene Rechte).

171 Nicht zu einer Niedrigbesteuerung führte in der Vergangenheit eine in der Praxis häufig angewendete **doppelstöckige Struktur auf Malta**. Bei dieser Struktur hält der inländische Gesellschafter die Beteiligung an der auf Malta ansässigen und dort operativ tätigen Ges über eine ebenfalls auf Malta ansässigen HoldingGes. Diese ist einzige Gesellschafterin der operativen Ges. Die operativ tätige Ges wird mit einem Steuersatz von mehr als 25 % besteuert. Der HoldingGes steht ein Steuervergütungsanspruch der von der operativ tätigen Ges gezahlten Körperschaftsteuer zu. Im Ergebnis wird die Steuerlast durch die Erstattung der in Malta erhobenen Steuer auch bei der Ausschüttung an den dt Anteilseigner in Malta auf ca 4 % reduziert. Die HoldingGes kann aber nicht der Hinzurechnungsbesteuerung unterliegen, weil sie ausschließlich Dividenden und damit gem § 8 Abs 1 Nr 8 aktive Einkünfte erzielt. Die operativ tätige Ges unterliegt nicht der Hinzurechnungsbesteuerung, da sie nicht einer niedrigen Besteuerung unterliegt. Für eine wirtschaftliche Betrachtung idS, dass beide Ges gemeinsam zu beurteilen sind, fehlte früher eine Rechtsgrundlage im dt Steuerrecht.[216]

172 Durch das Jahressteuergesetz 2010[217] hat der Gesetzgeber diesem Modell allerdings die Grundlage entzogen. So ist in § 8 Abs 3 S 2 AStG nunmehr geregelt, dass in die Belastungsberechnung auch solche Ansprüche einzubeziehen sind, die der Staat oder das Gebiet der ausländischen Gesellschaft im Fall einer Gewinnausschüttung der ausländischen Gesellschaft dem unbeschränkt Steuerpflichtigen oder einer anderen Gesellschaft, an der der Steuerpflichtige direkt oder indirekt beteiligt ist, gewährt. Zu berücksichtigen sind demnach auch jene Sachverhaltskonstellationen, in denen der entsprechende Anspruch nicht unmittelbar dem Steuerpflichtigen selbst, sondern einer Gesellschaft, an der der Steuerpflichtige unmittelbar oder mittelbar beteiligt ist, zusteht. Damit werden auch zwischengeschaltete Gesellschaften in einer Beteiligungskette in die vorstehend genannte Belastungsberechnung einbezogen.

173 Die Neuregelung der Vorschrift des § 8 Abs 3 S 2 AStG zielt damit im Ergebnis auf eine bestimmte Form der Steuerbelastungsberechnung auf Grundlage einer wirtschaftlichen Betrachtungsweise und damit letztendlich auf eine Erweiterung der Hinzurechnungsbesteuerungstatbestände ab.[218] Der Gesetzesbegründung des Jahressteuergesetzes 2010 ist zu entnehmen, dass die Neuregelung des § 8 Abs 3 S 2 AStG seitens des Gesetzgebers als notwendig angesehen worden ist, um das normative Ziel der Vorschrift des § 8 AStG zu erreichen und Lücken bei der Steuerbelastungsberechnung zu schließen.

174 Unklar ist allerdings, inwieweit der Erstattungsanspruch einer zwischengeschalteten inländischen Personengesellschaft in die Belastungsberechnung einzubeziehen ist. Die von der Personengesellschaft erzielten Erträge werden in ertragsteuerlicher Hinsicht zwar grundsätzlich ihren Gesellschaftern nach § 15 Abs 1 Nr 2 EStG zugerechnet. Jedoch fingiert § 7 Abs 3 AStG ausdrücklich eine Zurechnung der von der Personengesellschaft gehaltenen Anteile an der Zwischengesellschaft an den unbeschränkt Steuerpflichtigen für Zwecke der Hinzurechnungsbesteuerung. Eine entsprechende dezidiert geregelte Zurechnung der Ansprüche iRd § 8 Abs 3 S 2 AStG fehlt hingegen in der derzeitigen Gesetzesfassung, so dass offen bleibt, ob ein Erstattungsanspruch der Perso-

---

216 *Haase* S 108 ff hält es für möglich, dass eine solche Auffassung von der FinVerw vertreten wird.

217 BGBl I 2010, 1768.

218 *Höring* DStZ 2011, 15; *Jochimsen/Bildstein* Ubg 2012, 26.

nengesellschaft in die Belastungsberechnung tatsächlich einzubeziehen ist. Dies ließe sich möglicherweise dadurch begründen, dass man unter Berücksichtigung der Vorschrift des § 10 Abs 3 S 1 AStG die Zurechnung von Erstattungsbeträgen analog zur Einkommenszurechnung an die beteiligten unbeschränkt Steuerpflichtigen vornimmt.[219]

Die Vorschrift des § 8 Abs 3 S 2 AStG ist jedoch zumindest insoweit eindeutig, als die Anrechnung von etwaigen Quellensteuern des Gesellschafters bei der Berücksichtigung der Niedrigbesteuerung der ausschüttenden Gesellschaft unberücksichtigt bleibt, dh dass nur die Erstattung bzw Anrechnung der von der ausschüttenden Kapitalgesellschaft gezahlten Körperschaftsteuer (indirekte Steueranrechnung) erfasst wird. Gleichwohl sind etwaige (Quellen-)Steuern, die für die ausschüttende ausländische Gesellschaft in einem anderen ausländischen Staat erhoben werden, bei der Ermittlung der Steuerbelastung iRd § 8 Abs 3 S 1 AStG zu berücksichtigen. **175**

Allgemein wird an der Neuregelung der Vorschrift des § 8 Abs 3 S 2 AStG kritisiert, dass bei der nunmehr vorgesehenen Steuerbelastungsberechnung die Ebene des Anteilseigners und die der ausländischen Gesellschaft vermengt werden.[220] **176**

Außerdem wird die Auffassung vertreten, dass der Wortlaut der Neuregelung über das ursprünglich gesetzlich gewollte Ziel hinausginge und dementsprechend eine einschränkende Auslegung der Vorschrift geboten sei. So wird in diesem Zusammenhang argumentiert, dass eine gesetzgeberische Klarstellung dahingehend zu erfolgen habe, dass nicht nur ein möglicher Erstattungsanspruch, sondern auch eine Steuerbelastung auf Ebene der Anteilseigner der ausländischen Gesellschaft zu berücksichtigen sei.[221] **177**

Ungewiss ist ferner, bis zu welchem Zeitpunkt etwaige Erstattungs- oder Anrechnungsansprüche einzubeziehen sind. So kann es bspw bei einem Körperschaftsteueranrechnungssystem zu zeitlichen Verschiebungen kommen, wenn die Ausschüttung von Einkünften zeitversetzt nach Ablauf eines Wirtschaftsjahres der ausländischen Gesellschaft erfolgt und der Erstattungsanspruch erst im folgenden Jahr bei der empfangenden ausländischen Gesellschaft entsteht. Die Tatsache, dass die Vorschriften der §§ 7 ff AStG ein System der rein abschnittsbezogenen Besteuerung darstellen, spricht zunächst dafür, den Erstattungsanspruch der ausschüttenden ausländischen Gesellschaft gem § 8 Abs 3 S 2 AStG zu berücksichtigen. Andererseits sind eine Reihe zeitlicher Verschiebungen bei der Bestimmung der Niedrigbesteuerung nach allgemein anerkannten Grundsätzen unberücksichtigt zu lassen, so dass etwaige (spätere) Erstattungs- bzw Anrechnungsansprüche iRd § 8 Abs 3 S 2 AStG erst rückwirkend entsprechend § 175 Abs 1 Nr 2 AO zu berücksichtigen sein könnten. **178**

Die Neuregelung der Vorschrift des § 8 Abs 3 S 2 AStG gilt jedenfalls für alle ausländischen Zwischeneinkünfte, die in einem Wirtschaftsjahr der Zwischengesellschaft entstehen, das nach dem 31.12.2010 beginnt. Dies bedeutet, dass, soweit die ausländische Zwischengesellschaft ein dem Kalenderjahr entsprechendes Wirtschaftsjahr hat, eine Anwendung des § 8 Abs 3 S 2 AStG erstmals ab dem Veranlagungs- bzw Erhebungszeitraum 2011 in Betracht kommt. Weicht das Wirtschaftsjahr der Zwischengesellschaft vom Kalenderjahr ab, findet die Vorschrift des § 8 Abs 3 S 2 AStG ab dem Veranlagungs- bzw Erhebungszeitraum 2012 Anwendung. **179**

---

219 *Benecke/Schnitger* IStR 2010, 432.

220 *Eismayr/Linn* NWB 1/2011, 30; *Benecke/Schnitger* IStR 2010, 432.

221 *Eismayr/Linn* NWB 1/2011, 30; ähnlich *Benecke/Schnitger* IStR 2010, 432.

180 Bei folgenden Ländern ergibt sich die Gefahr einer Hinzurechnungsbesteuerung aus einer möglich abweichenden Ermittlung der Bemessungsgrundlage:

Land	**Steuersatz**
Irland	25 % für best passive Einkünfte
Niederlande	25 % (gestaffelter Tarif)
Österreich	25 %

181 Die Rspr hat in der Vergangenheit nicht auf die im konkreten Fall tatsächlich erhobene, sondern auf die abstrakt nach dem ausl Recht geschuldete Steuer abgestellt.[222] Diese Rspr ist mE durch den neuen Wortlaut des Gesetzes überholt. Gem § 8 Abs 3 S 2 kommt es nicht mehr darauf an, welche Steuer rechtlich geschuldet ist, sondern in welcher Höhe die Steuer tatsächlich erhoben wird.

III. Ermittlung der Bemessungsgrundlage

182 Die jeweilige Steuerbelastung ist grds **für alle passiven Einkünfte gemeinsam** zu ermitteln. Bestehen keine Sonderregelungen für einzelne Einkünfte und weicht die Bemessungsgrundlage nach ausl Recht nicht von der nach dt Recht ermittelten ab, so wird sich für alle Einkünfte die gleiche effektive Steuerbelastung ergeben. Daher kann die Steuerbelastung für alle passiven Einkünfte gemeinsam ermittelt werden. Nicht berücksichtigt werden dürfen allerdings aktive Einkünfte.[223] Die effektive Steuerbelastung darf sich nicht dadurch erhöhen, dass höher besteuerte aktive Einkünfte mit einbezogen werden und damit ein Durchschnitt der effektiven Steuerbelastung für alle aktiven und passiven Einkünfte ermittelt wird.

Beispiel: Eine ausl ZwischenGes erzielt sowohl aktive als auch passive Einkünfte. Die aktiven Einkünfte in Höhe von 100 unterliegen einer ausl Steuer in Höhe von 30 %. Die ZwischenGes erzielt ebenfalls in Höhe von 100 passive Einkünfte. Diese unterliegen einer Steuer in Höhe von nur 20 %. Würden sowohl aktive als auch passive Einkünfte zusammen gerechnet werden, so würden insgesamt Einkünfte von 200 erzielt werden, die insgesamt mit einem effektiven Steuersatz von 25 % – und damit nicht niedrig – besteuert würden.

183 Die Ermittlung der ausl Steuerbelastung wird insb dann schwierig, wenn die ausl Ges nach dt Verständnis **sowohl aktive als auch passive Einkünfte** erzielt. Die tatsächlich von der ausl Ges gezahlte ausl Steuer ist in einem solchen Fall auf die aktiven und passiven Einkünfte aufzuteilen. Die Aufteilung hat anteilig zu erfolgen, soweit keine bes Steuersätze auf einzelne Arten von Einkünften anfallen.[224] Kommen für best Einkünfte besondere Steuersätze zur Anwendung, so ist die darauf beruhende ausl Steuerbelastung den jeweiligen Einkünften direkt zuzuordnen. Nach Auffassung der FinVerw erfolgt die Ermittlung des ausl Steuersatzes damit anders als bei einer ausl Ges, die nur passive Einkünfte erzielt. Bei einer solchen wird keine direkte Zuordnung von bes Steuersätzen vorgenommen. Dies kann für den StPfl vorteilhaft sein. Erzielt die ausl Ges ausschließlich passive Einkünfte, von denen einige einer bes Besteuerung unterliegen, so ergibt sich die gesamte Steuerbelastung aller passiven Einkünfte aus einem Durchschnitt der unterschiedlichen Steuerbelastungen. Besondere, niedrige

222 So ausdrücklich *FG BaWü* IStR 2005, 92; ebenso *BFH* DStR 2006, 1451.
223 *Lenz/Heinsen* IStR 2003, 793 (795).
224 *BMF* BStBl I 2004, Sondernr 1, S 3, Tz 8.3.3.

Steuersätze senken die durchschnittliche Steuerbelastung.[225] Dies kann dazu führen, dass nicht nur die dem bes Steuersatz unterliegenden Einkünfte niedrig besteuert sind, sondern alle Einkünfte. Die nicht separate Berücksichtigung des bes Steuersatzes kann für den StPfl aber auch positiv sein. Führen niedrigere Steuersätze für best Einkünfte nicht dazu, dass insgesamt eine niedrige Besteuerung vorliegt, so ist auch der besondere, unter 25 % liegende Steuersatz unschädlich. Es werden auch nicht die passiven Einkünfte, auf die dieser besondere Steuersatz anzuwenden ist, hinzugerechnet.

Eine solche unterschiedliche Behandlung ist nicht gerechtfertigt. Wird auf einzelne **184** Arten von Einkünften im Ausland ein besonderer Steuersatz erhoben, so hat stets eine direkte Zuordnung der darauf beruhenden Steuerbelastung zu den jeweiligen Einkünften zu erfolgen.[226] Nur dann kann bestimmt werden, ob die jeweiligen Einkünfte hinzuzurechnen sind, weil sie einer niedrigen Besteuerung unterliegen. Dies entspricht auch dem Konzept der Hinzurechnungsbesteuerung, das für verschiedene Arten von Einkünften verschiedene Voraussetzungen für die Qualifikation als passiv vorsieht.

Die Einkünfte, auf die die ausl Steuer anzuwenden ist, sind nach den **dt Vorschriften** **185** **zur Gewinnermittlung** zu bestimmen.[227] Steuervergünstigungen im Ausland in der Form, dass ein Teil der Einkünfte nicht mit in die Bemessungsgrundlage einbezogen wird, führen daher zu einer erhöhten Gefahr einer Hinzurechnungsbesteuerung. Die Steuerlast im Ausland wird durch die verringerte Bemessungsgrundlage geringer sein, auch wenn der Steuertarif sich nicht verändert und über 25 % liegt. Auf Grund der breiteren Bemessungsgrundlage in Deutschland ist aber die effektive Steuerbelastung auf die Einkünfte geringer.

Beispiel: Die ausl Ges erzielt passive Einkünfte iSd § 8 Abs 1 Nr 6 lit a. Diese sind nach dem Recht des ausl Staates im Rahmen einer *Patent-Income-Box* zu 80 % steuerfrei. Erzielt die ausl Ges Lizenzeinkünfte von 100, so sind nur 20 steuerpflichtig. Der Steuersatz auf Lizenzeinkünfte beträgt nominal 30 %. Auf die von der ausl Ges erzielten Lizenzen wird eine Steuer von 6 erhoben. Nach dt Steuerrecht unterliegen die Lizenzeinnahmen in voller Höhe von 100 der Besteuerung. Damit beträgt der effektive Steuersatz aus dt Sicht auf die Lizenzen 6 %. Obwohl der nominale Steuersatz über 25 % liegt, liegt dennoch eine Niedrigbesteuerung vor.

Unterschiede in den Bemessungsgrundlagen können sich auch durch unterschiedliche **186** Vorschriften über den Ansatz von Bilanzpositionen, Abschreibungen, die Behandlung von Zinszahlungen oä ergeben. Diese Unterschiede bei der Ermittlung der Bemessungsgrundlage können danach differenziert werden, ob sie einen temporären oder einen endgültigen Effekt haben. Einen nur **temporären Effekt** haben zB erhöhte Abschreibungsmöglichkeiten im Ausland, da eine erhöhte Abschreibung in einem Veranlagungszeitraum zu niedrigeren Abschreibungen in späteren Jahren führt. Es kommt zu einer zeitlichen Verschiebung bei der Geltendmachung der Abschreibung. Obwohl es sich nur um eine zeitliche Verschiebung handelt, wäre es für den StPfl nachteilig, wenn auch solche temporären Differenzen zu berücksichtigen wären. In den Jahren einer erhöhten Abschreibung im Ausland kann es auf Grund einer unter

225 Aus diesem Grund spricht sich *Pitzal* S 100, für eine gesonderte Betrachtung der einzelnen passiven Einkünfte aus.

226 Ähnlich *S/K/K* § 8 Rn 190; *Vogt* DStR 2005, 1347.

227 *S/K/K* § 8 Rn 191 ff.

25 % liegenden effektiven Steuerbelastung zu einer Hinzurechnungsbesteuerung kommen. Auch wenn in späteren Jahren die effektive Steuerlast aus dt Sicht über dem Nominalsteuersatz des Auslands liegt und sich damit der Effekt umgekehrt hat, wird diese Hinzurechnungsbesteuerung nicht rückgängig gemacht.[228] Hinzu kommt, dass die Berücksichtigung von temporären Differenzen dazu führen würde, dass der StPfl eine kontinuierliche und vor allen Dingen fortlaufende Ermittlung der Bemessungsgrundlage für die Ges im Ausland nach dt Steuervorschriften durchführen müsste. Temporäre Differenzen sind daher bei der Ermittlung der effektiven Steuerlast nicht zu berücksichtigen.[229]

187 Da temporäre Abweichungen unberücksichtigt zu lassen sind, ist von entscheidender Bedeutung, welche abweichenden Gewinnermittlungsvorschriften einen nur temporären Effekt haben. Ein solcher zeitlich begrenzter Effekt liegt vor, wenn in späteren Jahren die anfängliche Erhöhung oder Verringerung der Bemessungsgrundlage durch den gegenläufigen Effekt wieder ausgeglichen wird. Fraglich ist, ob auch die dt **Zinsschranke** gem § 4h EStG, § 8a KStG einen solchen temporären Effekt hat oder in dem jeweiligen Veranlagungszeitraum als endgültige Erhöhung der nach dt Steuerrecht ermittelten Bemessungsgrundlage anzusehen ist.[230] Für die Qualifikation als zeitlich begrenzter Effekt spricht, dass in Höhe der nicht abzugsfähigen Zinsen ein Zinsvortrag gewährt wird, der in nachfolgenden Jahren geltend gemacht werden kann. Kann dieser Zinsvortrag genutzt werden, so kann der Zinsaufwand – wenn auch zeitlich verzögert – vollständig geltend gemacht werden. Ein solches Ergebnis charakterisiert einen temporären Effekt. Allerdings ist nicht gesichert, dass in späteren Veranlagungszeiträumen der Zinsvortrag auch tatsächlich geltend gemacht werden kann. Dies hängt von dem Zinsaufwand und dem Zinsertrag und von dem maßgeblichen Gewinn in den nachfolgenden Veranlagungszeiträumen ab. Können Zinsvorträge nicht geltend gemacht werden, liegt ein endgültiger Effekt vor. Dieser Effekt, der auch bei Verlustüberträgen entsteht, rechtfertigt es, Zinsvorträge wie Verlustvorträge zu behandeln. Diese werden bei der Ermittlung der Bemessungsgrundlage nicht berücksichtigt. Unabhängig von der Frage, ob sie einen temporären oder endgültigen Effekt hat, ist die Zinsschranke zudem aus folgendem Grund nicht zu berücksichtigen: Die Vorgängerregelung zur Gesellschafter-Fremdfinanzierung, § 8a KStG aF, ist von der FinVerw für die Bestimmung der Bemessungsgrundlage nicht angewandt worden. Dies ist auch auf die jetzige Regelung zu übertragen. Die Regelungen über die Zinsschranke würden anderenfalls selbst bei normal besteuerten Einkünften zu einer Niedrigbesteuerung führen. Dies hätte eine „künstliche Produktion" einer Hinzurechnungsbesteuerung zur Folge.[231]

188 Einen **endgültigen Effekt** haben dagegen Vorschriften, die die Bemessungsgrundlage mindern und die nicht in späteren Jahren durch gegenläufige Effekte, die auf demselben Sachverhalt beruhen, ausgeglichen werden.

189 Für die Bestimmung der ausl Steuerbelastung sind **alle Ertragsteuern im Ausland** zu berücksichtigen. Wird im Ausland eine Gewerbesteuer erhoben, so ist auch diese ein-

228 *S/K/K* § 8 Rn 193.

229 *Lenz/Heinsen* IStR 2003, 793, 795.

230 S zur Frage der Anwendung der Zinsschranke iRd Hinzurechnungsbesteuerung *Goebel/Haun* IStR 2007, 768.

231 *Rödder/Ritzer* DB 2004, 891 f.

zubeziehen. Damit stellt sich die Frage, wie die relevante Bemessungsgrundlage nach dt Steuerrecht zu ermitteln ist. Zwar beruht nach dt Recht die gewerbesteuerliche Bemessungsgrundlage auf dem für Körperschaftssteuer-Zwecke ermittelten Gewinn. Allerdings enthalten §§ 8, 9 GewStG zahlreiche Kürzungen und Hinzurechnungen, die dazu führen, dass für Zwecke der Gewerbesteuer eine eigenständige Bemessungsgrundlage zu ermitteln ist. ME sind diese Regelungen bei der Ermittlung der Bemessungsgrundlage für Zwecke des § 8 Abs 3 nicht anzuwenden. Es handelt sich um Vorschriften, die den gewerbesteuerlichen Besonderheiten Rechnung tragen. Auch durch ihre Anwendung käme es daher uU zu einer künstlichen Herstellung einer niedrigen Besteuerung.

Die Bemessungsgrundlage im ausl Staat kann für die Frage der niedrigen Besteuerung nicht durch die **Berücksichtigung von Verlusten** verringert werden. Ein im Ausland vorgenommener Verlustabzug, Verlustvor- oder -rücktrag ist außer Betracht zu lassen.[232] Es ist damit nur auf das Ergebnis des jeweiligen Veranlagungszeitraums abzustellen. **190**

§ 9 Freigrenze bei gemischten Einkünften

Für die Anwendung des § 7 Abs. 1 sind Einkünfte, für die eine ausländische Gesellschaft Zwischengesellschaft ist, außer Ansatz zu lassen, wenn die ihnen zugrunde liegenden Bruttoerträge nicht mehr als 10 Prozent der gesamten Bruttoerträge der Gesellschaft betragen, vorausgesetzt, dass die bei einer Gesellschaft oder bei einem Steuerpflichtigen hiernach außer Ansatz zu lassenden Beträge insgesamt 80 000 Euro nicht übersteigen.

BMF v 14.5.2004, Az VI B 4 – S 1340-11/04, BStBl I 2004, Sondernr 1, 3 (Grundsätze zur Anwendung des Außensteuergesetzes) *BMF* v 2.12.1994, Az IV C 7 – S 1340-20/94, BStBl I 1995, 3; *BMF* v 3.4.2007, Az IV B 1 – S 2411/07/0002, BStBl I 2007, 446

Übersicht

Literatur: *Gocke* Der Begriff „Bruttoerträge" im Außensteuerrecht, BB 1973, 887; *Grützner* Erneute Änderung des AStG im Zusammenhang mit dem Übergang auf das Halbeinkünfteverfahren, NWB Fach 2, 7831; *Meilicke* Begriff der Bruttoeinkünfte im Außensteuerrecht, FR 1985, 318; *Menck* Das Zusammentreffen von „aktiven" und „passiven" Einkünften im Außensteuerrecht, DStZ/A 1975, 251; *Roser* Mehrheitsbeteiligung an Inländern an Auslandsgesellschaften, GmbHR 2005, 369; *Strunk/Kaminski* Passive Erträge in keinem Fall mehr betriebliche Nebenerträge aktiver Tätigkeiten im Sinne des Außensteuergesetzes?, Stbg 2005, 125; *dox* (Abkürzung) Die „gemischte Gesellschaft im deutschen Außensteuerrecht, FR 1974, 294.

232 *BMF* BStBl I 2004, Sondernr 1, S 3, Tz 8.3.2.5.

A. Allgemeines

I. Bedeutung der Vorschrift

1 § 9 enthält einen **Ausnahmetatbestand** von der Hinzurechnungsbesteuerung. Die Vorschrift bestimmt **Freigrenzen**, deren Überschreiten – und sei es auch nur in geringem Umfang[1] – für die Inanspruchnahme des Ausnahmetatbestands schädlich ist. Der Wortlaut von § 9 kennzeichnet die Vorschrift als **Anwendungsregel** für § 7 Abs 1. Wegen der geringen Freigrenzen hat die Vorschrift keine große praktische Bedeutung.[2] Im Geltungsbereich des AStG gibt es über die Regelung des § 9 hinaus keine allg Bagatellgrenze für die Hinzurechnungsbesteuerung.[3]

2 Die systematische Bedeutung von § 9 ergibt sich daraus, dass die Hinzurechnungsbesteuerung nicht nur Fälle erfasst, in denen der ausl Rechtsträger *ausschließlich* passive Einkünfte erzielt. Auch für ausl Rechtsträger, die **sowohl aktive als auch passive Einkünfte** erzielen, kann die Hinzurechnungsbesteuerung für die von ihr erzielten passiven Einkünfte zur Anwendung kommen. Die Vorschrift in § 9 basiert auf der systematischen Vorgabe, dass aktive und passive Einkünfte im Anwendungsbereich der §§ 7–14 voneinander zu trennen sind. In der Diktion des AStG ist von „gemischten Einkünften" einer ausl Ges die Rede. Nur für diese Fälle ist § 9 relevant.

3 Die Rechtsfolge der Vorschrift schließt passive Zwischeneinkünfte von der Hinzurechnungsbesteuerung aus.[4] Sie wirkt auf Ebene des inländischen StPfl: Die nach § 7 Abs 1 steuerpflichtigen Einkünfte der ZwischenGes sind nach § 10 Abs 1 S 1 bei dem unbeschränkt StPfl anzusetzen. Auf das Wort „ansetzen" in § 10 Abs 1 S 1 bezieht sich auf § 9 und bestimmt, dass bei Einhaltung der Freigrenzen Einkünfte „außer Ansatz" bleiben. Die innerhalb der Freigrenzen erzielten passiven Einkünfte gehen daher **nicht in den Hinzurechnungsbetrag** (§ 10 Abs 1) ein.

4 Die Rechtsfolge des § 9 ist an die Voraussetzungen geknüpft, dass Zwischeneinkünfte die folgenden Beträge nicht übersteigen:

- Von den gesamten Bruttoerträgen der Ges dürfen nicht mehr als 10 % als Einkünfte angefallen sein, für die die ausl Ges „ZwischenGes"[5] ist (sog **relative gesellschaftsbezogene Freigrenze**). Abzustellen ist auf das Verhältnis zwischen den gesamten Bruttoerträgen der ausl Ges und dem Anteil der in den Bruttoerträgen enthaltenen Erträgen aus denen sich Zwischeneinkünfte ergeben.
- Ebenfalls auf die Ges bezogen – aber an eine absolute Wertgrenze geknüpft – dürfen die Zwischeneinkünfte der ausl Ges insgesamt 80 000 EUR nicht übersteigen (sog **absolute gesellschaftsbezogene Freigrenze**).
- Schließlich kommt es noch darauf an, ob auf Ebene des Gesellschafters eine absolute Grenze von 80 000 EUR eingehalten wird: § 9 kann nur angewendet werden, wenn bei einem StPfl die Zwischeneinkünfte insgesamt 80 000 EUR nicht übersteigen (sog **absolute gesellschafterbezogene Freigrenze**).

1 *BFH* BStBl II 2005, 255; *F/W/B/S* § 9 AStG Rn 12.
2 *F/W/B/S* § 9 AstG Rn 12; *Kraft* § 9 Rn 6.
3 *BFH* BStBl II 2005, 255.
4 *F/W/B/S* § 9 AstG Rn 18.
5 Vgl § 8 Abs 1.

Sämtliche in der Vorschrift genannten Grenzwerte müssen kumulativ eingehalten werden. Wird nur eine der drei vom Tatbestand von § 9 vorgezeichneten Freigrenzen überschritten, greift § 9 nicht ein und es bleibt beim Ansatz der Zwischeneinkünfte. 5

Die Vorschrift in § 9 dient **Vereinfachungszwecken**.[6] Da die Rechtsfolge der Vorschrift allein in einem „Nichtansetzen" besteht, ergibt sich aus ihr kein Einfluss auf die StPfl der passiven Einkünfte der ZwischenGes; die Vorschrift kann daher nicht als sachliche Steuerbefreiung[7] verstanden werden. 6

II. Verhältnis zu anderen Vorschriften

§ 9 bezieht sich auf den „Grundfall" der Hinzurechnungsbesteuerung, also auf den Fall, in dem eine ausl Ges (§ 7 Abs 1) durch StPfl wesentlich beherrscht wird und diese Ges für die in § 8 Abs 1 und 3 genannten und niedrig besteuerten Einkünfte „ZwischenGes" ist. Für Zwischeneinkünfte mit Kapitalanlagecharakter iSv § 7 Abs 6a enthält § 7 Abs 6 S 2 eine Freigrenzen-Regelung, die dem § 9 weitgehend entspricht. § 7 Abs 6 S 2 hat nur in Fällen Bedeutung, in denen § 9 nicht eingreift, also in Fällen in denen die Voraussetzungen der Hinzurechnungsbesteuerung nach § 7 Abs 1 nicht gegeben sind.[8] Die Vorschrift in § 9 betrifft also nur den „Grundfall" der Hinzurechnungsbesteuerung (§ 7 Abs 1), nicht aber die (verschärfte) Hinzurechnungsbesteuerung für Einkünfte mit Kapitalanlagecharakter (dazu § 7 Rn 138). Bei Anwendung von § 9 AStG sind aber Zwischeneinkünfte mit Kapitalanlagecharakter in die Prüfung der Freigrenzen mit einzubeziehen, da es sich auch bei dieser Art von Einkünften um „passive Einkünfte" handelt.[9] 7

§ 9 muss geprüft werden, nachdem der Hinzurechnungsbetrag gem § 10 ermittelt wurde.[10] § 7 Abs 1 bestimmt die StPfl von Zwischeneinkünften; § 10 Abs 1 regelt, in welchem Umfang diese steuerpflichtigen Zwischeneinkünfte „bei dem unbeschränkt StPfl" der Besteuerung im Inland unterliegen. Nach der in § 10 Abs 1 S 1 verwendeten Formulierung sind Einkünfte „anzusetzen". In § 9 findet sich eine sprachliche Übereinstimmung mit dieser Formulierung. In § 9 ist die Rede davon, dass Einkünfte „außer Ansatz zu lassen" sind. Ein „Außer-Ansatz-Lassen" ist aber erst möglich, wenn und soweit ein Ansatz der Einkünfte vorgeschrieben ist. 8

Auf § 9 bezieht sich die Regelung in § 10 Abs 3 S 5. Danach sind Verluste, die bei Einkünften entstanden sind, für die die ausl Ges ZwischenGes ist, in entspr Anwendung des § 10d EStG abzuziehen, soweit sie die nach § 9 außer Ansatz zu lassenden Einkünfte übersteigen. Vor Anwendung von § 9 ist daher ein Verlustabzug vorzunehmen.[11] Vermindert sich der Hinzurechnungsbetrag durch den Verlustabzug, kann bei einem Unterschreiten der Freigrenzen der Anwendungsbereich von § 9 eröffnet sein.[12] 9

---

6 *S/K/K* § 9 AStG Rn 2; *Blümich* § 9 AStG Rn 3.
7 Vgl *F/W/B/S* § 9 AStG Rn 19.
8 Vgl den Wortlaut von § 7 Abs 6 S 1: „... auch wenn die Voraussetzungen des Abs 1 nicht erfüllt sind." Dazu etwa *S/K/K* § 9 AStG Rn 9; *Lademann* § 9 AStG Rn 6.
9 *S/K/K* § 9 AStG Rn 9.
10 *F/W/B/S* § 9 AStG Rn 22.
11 *BMF* BStBl I 2004, Sondernr 1, Tz 10.3.5.1; *F/W/B/S* § 9 AStG Rn 42.
12 *Blümich* § 9 AStG Rn 14.

10 Die Vorschrift in § 9 wird bei der **Veranlagung** der an der ausl Ges beteiligten StPfl iSv § 7 Abs 1 berücksichtigt und nicht im Feststellungsverfahren nach § 18.[13] Wird die relative Freigrenze nicht erreicht und wird auch die gesellschaftsbezogene absolute Freigrenze eingehalten, kann verfahrensrechtlich die Hinzurechnung unter den Vorbehalt gestellt werden, dass sie einen Steuerinländer begünstigt, in dessen Person die gesellschafterbezogene absolute Freigrenze nicht erreicht wird.[14]

B. Anwendungsbereich

I. Persönlicher Anwendungsbereich

11 Die Vorschrift in § 9 hat **keinen eigenständigen persönlichen Anwendungsbereich**, sie knüpft an die persönlichen Voraussetzungen in § 7 an. Der Geltungsbereich von § 9 ist eröffnet, wenn die Voraussetzungen des „Grundtatbestands" der Hinzurechnungsbesteuerung (§ 7 Abs 1) erfüllt sind.[15] Der für § 7 Abs 1 geltende persönliche Anwendungsbereich, der durch die Tatbestandsmerkmale „unbeschränkt StPfl" und „ausl Ges" festgelegt wird, gilt auch für § 9.

II. Sachlicher Anwendungsbereich

12 **1. Bruttoerträge.** Maßgebendes Kriterium für die nach § 9 zu bestimmenden Grenzwerte sind die Bruttoerträge der ausl Ges. Hierunter versteht man die „Solleinnahmen ohne durchlaufende Posten[16] und ohne gesondert ausgewiesene Umsatzsteuer".[17] Aufwendungen, die in Zusammenhang mit den Erträgen stehen, beeinflussen den Wert der Bruttoerträge nicht.[18] „Solleinnahmen" sind Erträge, die rechtlich und wirtschaftlich entstanden, aber noch nicht vereinnahmt worden sind.[19] Interne Kosten der ausl Ges oder Ertragszuweisungen an die ausl Ges wirken sich auf den Wert der Bruttoerträge nicht aus.[20]

13 Die Bruttobeträge iSv § 9 sind nach den **Vorschriften des dt Steuerrechts** zu ermitteln, dies gilt sowohl für aktive, als auch für passive Einkünfte.[21] Daher ist für die Verhältnisrechnung nach Maßgabe des dt Steuerrechts eine **Einkünfteermittlung** nicht nur für passive Einkünfte, sondern **für sämtliche Einkünfte** der ausl Ges vorzunehmen.[22] Aus einer **verdeckten Einlage** in die ausl Ges ergeben sich keine (aktiven) „Bruttoerträge".[23]

---

13 *W/S/G* § 9 AStG Rn 19.
14 *BFH* BStBl II 1988, 868; dazu *F/W/B/S* § 9 AStG Rn 49.
15 Vgl *Kraft* § 9 AStG Rn 25.
16 Durchlaufende Posten sind Gelder, die im Namen und für Rechnung eines anderen vereinnahmt und verausgabt werden (§ 4 Abs 3 S 2 EStG).
17 *BMF* BStBl I 2004, Sondernr 1, S 3, Tz 9.0.1. Ermittelt die ausl Ges ihren Gewinn nach § 4 Abs 3 EStG sind die Bruttoerträge nach den „Ist-Einnahmen" zu ermitteln; krit zu dieser Begriffsbestimmung *Meilicke* FR 1985, 318.
18 *S/K/K* § 9 AStG Rn 14 f mit Hinweis auf eine „Verschiebung" wenn den aktiven Einkünften höhere Aufwendungen gegenüberstehen.
19 *BFH* BStBl II 1972, 902.
20 *Blümich* § 9 AStG Rn 7.
21 *S/K/K* § 9 AStG Rn 18.
22 *S/K/K* § 9 AStG Rn 18.
23 *BFH* BStBl II 1993, 222; *BMF* BStBl I 2004, Sondernr 1, Tz 9.0.1.

Die Freigrenzenregelung ist **auf Ebene der OberGes** anzuwenden; auf Ebene einer UnterGes ist die Regelung nicht zu berücksichtigen. Nach § 14 Abs 1 S 1 sind der ausl Ges passive Einkünfte einer UnterGes entspr ihrer Beteiligungsquote anteilig zuzurechnen. Auf Ebene der UnterGes wird kein Hinzurechnungsbetrag ermittelt, die Anwendung von § 9 würde auf dieser Ebene „ins Leere" gehen. Zudem erfordert die für die Anwendung von § 9 anzustellende Verhältnisrechnung eine Ermittlung der aktiven und passiven Einkünfte einer ausl Ges. Werden nach § 14 Abs 1 S 1 (allein) passive Einkünfte der OberGes zugerechnet, ist es konsequent, für die Verhältnisrechnung auch die (anteiligen) aktiven Einkünfte der UnterGes auf Ebene der OberGes für die Anwendung von § 9 mit einzubeziehen.[24] 14

2. Gesellschaftsbezogene relative Freigrenze. Zur Ermittlung der gesellschaftsbezogenen relativen Freigrenze von 10 % kommt es auf die Erträge an, aus denen sich Einkünfte ergeben, für die eine ausl Ges ZwischenGes iSv § 8 Abs 1 ist. Diese Einkünfte sind dann ins Verhältnis zu den gesamten Bruttoerträgen der ausl Ges zu setzen (Verhältnisrechnung). Sämtliche Erträge der ausl Ges gehen in die Prüfung der gesellschaftsbezogenen relativen Wertgrenze ein. Die Verhältnisrechnung ist für jede ausl OberGes gesondert vorzunehmen, die Erträge von OberGes, an denen die gleichen StPfl iSv § 7 Abs 1 beteiligt sind, werden nicht addiert.[25] Wegen § 10 Abs 1 ist bei der Bestimmung der gesellschaftsbezogenen relativen Freigrenze auf das Wj der ausl Ges abzustellen.[26] 15

Ob die gesellschaftsbezogene relative Freigrenze des § 9 eingehalten wird, bestimmt sich nach den Verhältnissen der ausl Ges, es findet keine (anteilige) Betrachtung bezogen auf den jeweiligen StPfl iSv § 7 Abs 1 statt.[27] Bei Bestimmung der gesellschaftsbezogenen relativen Freigrenze auf Ebene der ausl Ges kommt es daher auf das Beteiligungsverhältnis der einzelnen Gesellschafter an der ausl Ges nicht an. Bei Beteiligung von Personen, die nicht StPfl iSv § 7 Abs 1 sind, werden die in die Verhältnisrechnung eingehenden Bruttoerträge auch nicht anteilig gekürzt. 16

3. Gesellschaftsbezogene absolute Freigrenze. Die gesellschaftsbezogene absolute Freigrenze liegt bei 80 000 EUR.[28] Maßgeblich ist das Wj der ausl Ges.[29] Für die Prüfung dieser Freigrenze ist – anders als dies für die relative Freigrenze gilt – der Anteil der StPfl iSv § 7 an der ausl Ges mit zu berücksichtigen. 17

Die Regelung in § 9 über die gesellschaftsbezogene Freigrenze verlangt, dass die von einer ausl Ges erzielten Zwischeneinkünfte – die **insgesamt auf Ebene der an ihr beteiligten StPfl** iSv § 7 Abs 1 steuerpflichtig sind und die daher gem § 10 Abs 1 S 1 bei diesen StPfl (jeweils) als Hinzurechnungsbetrag angesetzt werden – den Betrag von 80 000 EUR nicht übersteigen dürfen.[30] Der für die absolute Freigrenze maßgebende Betrag ist nach Auffassung der FinVerw der **Hinzurechnungsbetrag** iSv § 10 Abs 1 18

24 *F/W/B/S* § 9 AStG Rn 31.
25 *S/K/K* § 9 AStG Rn 11.
26 *F/W/B/S* § 9 AStG Rn 24.
27 Krit hierzu *F/W/B/S* § 9 AStG Rn 13.
28 Die Vorschriften des dt Steuerrechts sind auch hier zu beachten.
29 *BMF* BStBl I 2004, Sondernr 1, Tz 9.0.2.3 krit.
30 *Kraft* § 9 AStG Rn 53.

S 1.[31] Das bedeutet, dass auf den Betrag der gem § 7 Abs 1 **steuerpflichtigen (Zwischen-) Einkünfte nach Abzug der ausl Steuern** abgestellt werden muss.[32] Nach dem Wortlaut von § 9 AStG kommt es auf die *bei einer Gesellschaft* [...] *außer Ansatz zu lassenden Beträge* an. Auf Ebene der ausl Ges werden weder Zwischeneinkünfte, noch ein Hinzurechnungsbetrag „angesetzt"; ein „Ansatz" (des Hinzurechnungsbetrags) erfolgt erst auf Ebene der StPfl iSv § 7 Abs 1.

19 Die von einer UnterGes iSv § 14 Abs 1 S 1 erzielten Zwischeneinkünfte sind bei der Prüfung der gesellschaftsbezogenen absoluten Freigrenze zu berücksichtigen *soweit* die ausl Ges, die der Hinzurechnungsbesteuerung unterliegt (OberGes[33]), an der UnterGes beteiligt ist.[34]

20 **4. Gesellschafterbezogene absolute Freigrenze.** Die gesellschafterbezogene absolute Freigrenze liegt bei 80 000 EUR. Diese Freigrenze soll verhindern, dass passive Erwerbsquellen auf verschiedene Ges aufgeteilt werden können, um durch Anwendung von § 9 AStG die Hinzurechnungsbesteuerung zu umgehen.[35]

21 Bei der Prüfung dieser Freigrenze ist der einzelne StPfl zu betrachten, auf dessen Ebene die Hinzurechnungsbesteuerung eingreift. Das Überschreiten dieser Freigrenze durch einen Gesellschafter hat für die Anwendung von § 9 auf die übrigen Gesellschafter keinen Einfluss.[36]

22 Die gesellschafterbezogene absolute Freigrenze bezieht sich auf den Hinzurechnungsbetrag.[37] Maßgeblich für die Prüfung der Freigrenze ist der Veranlagungszeitraum, in dem beim inländischen StPfl die Hinzurechnung erfolgt.[38]

23 Die Freigrenze bei Beteiligung an einer ausl Ges, die für Einkünfte iSv § 8 Abs 1 ZwischenGes ist, wird eingehalten, wenn der auf **einen einzelnen StPfl** entfallende Hinzurechnungsbetrag maximal 80 000 EUR beträgt. Ist ein StPfl beteiligt an mehr als einer ausl Ges, die der Hinzurechnungsbesteuerung unterliegt, dürfen die auf ihn entfallenden Hinzurechnungsbeträge in der Summe maximal 80 000 EUR betragen.[39] Positive Hinzurechnungsbeträge können dabei mit einem ggf sich ergebenden negativen Hinzurechnungsbetrag aus der Beteiligung an einer anderen ausl Ges nicht saldiert werden, da gem § 10 Abs 1 S 3 die Hinzurechnung für negative Beträge entfällt.[40]

III. Rechtsfolge

24 Einkünfte, für die eine ausl Ges ZwischenGes ist, sind für die Anwendung von § 7 Abs 1 außer Ansatz zu lassen. Bleiben Einkünfte wegen § 9 außer Ansatz, ändert sich die rechtliche Qualifikation der Zwischeneinkünfte nicht. Passive Einkünfte werden

31 *BMF* BStBl I 2004, Sondernr 1, Tz 9.0.2.2; *BFH* BStBl II 1988, 868 (II. E. 3. der Gründe) setzt Hinzurechnungsbetrag und den Wert der Freigrenze in Beziehung.

32 **AA** *Kraft* § 9 AStG Rn 57 sowie *F/W/B/S* § 9 AStG Rn 40.

33 Vgl Fn 24.

34 *BMF* BStBl I 2004, Sondernr 1, Tz 9.0.2.1.

35 *Menck* DSTZ/A 1975, 251, 252.

36 *S/K/K* § 9 AStG Rn 33.

37 *S/K/K* § 9 AStG Rn 31.

38 *BMF* BStBl I 2004, Sondernr 1, Tz 9.0.2.3.

39 *BMF* BStBl I 2004, Sondernr 1, Tz 9.0.2.2.

40 *F/W/B/S* § 9 AStG Rn 52.

somit nicht in aktive Einkünfte umqualifiziert, daher ergeben sich aus § 9 auch keine Auswirkungen im Hinblick auf sog Aktivitätsklauseln in den DBA. Außer Ansatz lassen heißt, dass die Einkünfte bei der technischen Umsetzung der Hinzurechnungsbesteuerung (Steuerberechnung, Veranlagung) nicht zu berücksichtigen sind und sich damit im Ergebnis steuerlich nicht auswirken.

Sind mehrere StPfl an einer ausl Ges iSv § 7 Abs 1 beteiligt, können sich unterschiedliche Rechtsfolgen aus § 9 ergeben. Bspw kann die gesellschaftsbezogenen Freigrenzen eingehalten werden, auf Ebene eines oder mehrer Beteiligter kann die gesellschafterbezogene Freigrenze überschritten sein.[41] Bei Überschreiten einer gesellschaftsbezogenen Freigrenze wird die Anwendung der Freigrenzenregelung in § 9 für keinen der Hinzurechnungspflichtigen in Betracht kommen. 25

§ 10 Hinzurechnungsbetrag

(1) [1]Die nach § 7 Abs. 1 steuerpflichtigen Einkünfte sind bei dem unbeschränkt Steuerpflichtigen mit dem Betrag, der sich nach Abzug der Steuern ergibt, die zu Lasten der ausländischen Gesellschaft von diesen Einkünften sowie von dem diesen Einkünften zugrunde liegenden Vermögen erhoben worden sind, anzusetzen (Hinzurechnungsbetrag). [2]Soweit die abzuziehenden Steuern zu dem Zeitpunkt, zu dem die Einkünfte nach Absatz 2 als zugeflossen gelten, noch nicht entrichtet sind, sind sie nur in den Jahren, in denen sie entrichtet werden, von den nach § 7 Abs. 1 steuerpflichtigen Einkünften abzusetzen. [3]In den Fällen des § 8 Absatz 3 Satz 2 sind die Steuern um die dort bezeichneten Ansprüche des unbeschränkt Steuerpflichtigen oder einer anderen Gesellschaft, an der der Steuerpflichtige direkt oder indirekt beteiligt ist, zu kürzen. [4]Ergibt sich ein negativer Betrag, so entfällt die Hinzurechnung.

(2) [1]Der Hinzurechnungsbetrag gehört zu den Einkünften im Sinne des § 20 Abs. 1 Nr. 1 des Einkommensteuergesetzes und gilt unmittelbar nach Ablauf des maßgebenden Wirtschaftsjahrs der ausländischen Gesellschaft als zugeflossen. [2]Gehören Anteile an der ausländischen Gesellschaft zu einem Betriebsvermögen, so gehört der Hinzurechnungsbetrag zu den Einkünften aus Gewerbebetrieb, aus Land- und Forstwirtschaft oder aus selbstständiger Arbeit und erhöht den nach dem Einkommen- oder Körperschaftsteuergesetz ermittelten Gewinn des Betriebs für das Wirtschaftsjahr, das nach dem Ablauf des maßgebenden Wirtschaftsjahrs der ausländischen Gesellschaft endet. [3]Auf den Hinzurechnungsbetrag sind § 3 Nr. 40 Satz 1 Buchstabe d, § 32d des Einkommensteuergesetzes und § 8b Abs. 1 des Körperschaftsteuergesetzes nicht anzuwenden. [4]§ 3c Abs. 2 des Einkommensteuergesetzes gilt entsprechend.

(3) [1]Die dem Hinzurechnungsbetrag zugrunde liegenden Einkünfte sind in entsprechender Anwendung der Vorschriften des deutschen Steuerrechts zu ermitteln; für die Ermittlung der Einkünfte aus Anteilen an einem inländischen oder ausländischen Investmentvermögen sind die Vorschriften des Investmentsteuergesetzes vom 15. Dezember 2003 (BGBl. I S. 2676, 2724) in der jeweils geltenden Fassung sinngemäß anzuwenden, sofern dieses Gesetz auf das Investmentvermögen anwendbar ist. [2]Eine Gewinnermittlung entsprechend den Grundsätzen des § 4 Abs. 3 des Einkommensteuergesetzes steht einer Gewinnermittlung nach § 4 Abs. 1 oder § 5 des Einkommensteuerge-

41 Vgl *Kraft* § 9 AStG Rn 92.

setzes gleich. [3]Bei mehreren Beteiligten kann das Wahlrecht für die Gesellschaft nur einheitlich ausgeübt werden. [4]Steuerliche Vergünstigungen, die an die unbeschränkte Steuerpflicht oder an das Bestehen eines inländischen Betriebs oder einer inländischen Betriebsstätte anknüpfen und die Vorschriften des § 4h des Einkommensteuergesetzes sowie der §§ 8a, 8b Abs. 1 und 2 des Körperschaftsteuergesetzes bleiben unberücksichtigt; dies gilt auch für die Vorschriften des Umwandlungssteuergesetzes, soweit Einkünfte aus einer Umwandlung nach § 8 Abs. 1 Nr. 10 hinzuzurechnen sind. [5]Verluste, die bei Einkünften entstanden sind, für die die ausländische Gesellschaft Zwischengesellschaft ist, können in entsprechender Anwendung des § 10d des Einkommensteuergesetzes, soweit sie die nach § 9 außer Ansatz zu lassenden Einkünfte übersteigen, abgezogen werden. [6]Soweit sich durch den Abzug der Steuern nach Absatz 1 ein negativer Betrag ergibt, erhöht sich der Verlust im Sinne des Satzes 5.

(4) Bei der Ermittlung der Einkünfte, für die die ausländische Gesellschaft Zwischengesellschaft ist, dürfen nur solche Betriebsausgaben abgezogen werden, die mit diesen Einkünften in wirtschaftlichem Zusammenhang stehen.

(5) – (7) *(aufgehoben)*

BMF v 14.5.2004, Az IV B 4 – S 1340-11/04, BStBl I 2004 Sondernr 1, S 3

Übersicht

Literatur: *Goebel/Haun* § 4h EStG und § 8a KStG (Zinsschranke) in der Hinzurechnungsbesteuerung, IStR 2007, 768; *Goebel/Palm* Der Motivtest – Rettungsanker der deutschen Hinzurechnungsbesteuerung?, IStR 2007, 720; *Grotherr* Verzicht auf eine Hinzurechnungsbesteuerung bei ausländischen Umwandlungen nach dem SEStEG, IWB Fach 3, Gruppe 1, 2175; *ders* International relevante Änderungen 2008 im Außensteuergesetz und in der AO, IWB Fach 3, Gruppe 1, 2259; *Haase* Ungereimtheiten der sog Mitwirkungstatbestände des Außensteuergesetzes, IStR 2007, 437; *ders* Hinzurechnungsbesteuerung bei doppelansässigen Gesellschaftern, IStR 2008, 695; *ders* Die Hinzurechnungsbesteuerung – Grundlagen – Problemfelder – Gestaltungsmöglichkeiten, 2. Aufl 2015; *Hammerschmitt/Rehfeld* Gemeinschaftsrechtliche Bezüge der Änderungen des AStG durch das UntStRefG 2008 und das JStG 2008, IWB Fach 3, Gruppe 1, 2293; *Intemann* Hinzurechnungsbesteuerung ist europarechtskonform auszulegen, NWB 2011, 39; *Köhler/Luckey/Kollruss* Das Malta-Modell nach dem Regierungsentwurf des Jahressteuergesetzes 2010, Ubg 2010, 465; *Köhler/Eicker* Wichtige EuGH-Entscheidungen zur Hinzurechnungs- und Wegzugsbesteuerung – Anmerkungen zu den EuGH-Urteilen vom 7.9.2006, „N" und vom 12.9.2006, Cadbury Schweppes, DStR 2006, 1871; *Kollruss* Hinzurechnungsbesteuerung bei doppelt ansässigen Kapitalgesellschaften, IStR 2008, 316; *ders* Fiktive Dividenden im Lichte der gewerbesteuerlichen Schachtelprivilegierung: Eine steuersystematische Analyse unter bes Berücksichtigung des AStG-Hinzurechnungsbetrags, FR 2015, 693; *Kollruss/Schrey/Benten* Kein pauschales Betriebsausgabenabzugsverbot auf Dividenden einer ausländischen Zwischengesellschaft nach vorangegangener Hinzurechnungsbesteuerung, GmbHR 2013, 684; *Kraft* Ungeklärte Problembereiche der Wirkung von Entstrickungsregeln im System der Hinzurechnungsbesteuerung – eine Aufforderung zur Klarstellung, IStR 2012, 733; *Kraft/Bron* Implikationen des Urteils in der Rs „Cadbury Schweppes" für die Fortexistenz der deutschen Hinzurechnungsbesteuerung, IStR 2006, 614; *Kraft/Moser* Zur Abzugsfähigkeit von Betriebsausgaben und Werbungskosten im Zusammenhang mit dem Hinzurechnungsbetrag iSd § 10 AStG, ISR 2012, 77; *Kraft/Quilitzsch* Belastungswirkungen der Hinzurechnungsbesteuerung unter dem Postulat steuerlicher Wettbewerbsneutralität – zugleich eine Warnung an die Gestaltungspraxis vor Hinzurechnungsfallstricken, ISR 2012, 109; *Schmidtmann* Hinzurechnungsbesteuerung bei internationalen Umwandlungen – Neuregelungen durch das SEStEG, IStR 2007, 229; *Vogt* Die Niedrigbesteuerung in den Hinzurechnungsvorschriften des AStG, DStR 2005, 1347; *Wassermeyer* Die Zurechnung von Einkünften einer ausländischen Untergesellschaft gegenüber ihrer ausländischen Obergesellschaft nach § 14 AStG, IStR 2003, 665; *ders* Schlussurteil „Columbus Container Services" – Gemeinschaftswidrigkeit von Vorschriften über die Hinzurechnung von Auslandseinkünften nach dem AStG, EuZW 2010, 233; *ders* Entstrickung innerhalb der Hinzurechnungsbesteuerung, IStR 2012, 804; *Wassermeyer/Schönfeld* Die EuGH-Entscheidung in der Rs „Cadbury Schweppes" und deren Auswirkungen auf die deutsche Hinzurechnungsbesteuerung, GmbHR 2006, 1065; *dies* Die Niedrigbesteuerung iSd § 8 Abs 3 AStG vor dem Hintergrund eines inländischen KSt-Satzes von 15 %, IStR 2008, 496.

A. Allgemeines

I. Bedeutung der Vorschrift

1 **1. Systematische Ausgestaltung der Hinzurechnungsbesteuerung.** Das dt Steuerrecht akzeptiert auch im int Kontext die **Rechtsfähigkeit von Körperschaften**. Körperschaften werden als eigenständige Steuersubjekte behandelt, die getrennt von ihren Anteilseignern besteuert werden. Eine Besteuerung des von der Körperschaft erzielten Gewinns erfolgt beim Anteilseigner erst nach der Ausschüttung (Trennungsprinzip). Damit eröffnet sich für inländische Anteilseigner einer ausl Körperschaft die Möglichkeit, Gewinne der dt Besteuerung vorzuenthalten, indem die Gewinne nicht ausgeschüttet, sondern thesauriert werden. Diese Besteuerungsfolge will der dt Gesetzgeber nach dem AStG für **passive niedrig besteuerte Einkünfte** der ausl Ges nicht hinnehmen. Hinsichtlich solcher Einkünfte soll der mit einer ausl Körperschaft verbundene Abschirmeffekt für thesaurierte Gewinne durch die Hinzurechnungsbesteuerung durchbrochen werden (zu Einzelheiten s § 7 Rn 3).

2 Mit der Einf der Hinzurechnungsbesteuerung wollte der Gesetzgeber **missbräuchliche Gestaltungen** durch Nutzung einer ausl KapGes bekämpfen.[1] Es sollte der „Steuerflucht" unter Einschaltung von sog ZwischenGes im Ausland, die einer niedrigen Besteuerung unterliegen, begegnet werden.[2] Dies entspr grds dem im dt Steuerrecht geltenden Welteinkommensprinzip, wonach Einkünfte des unbeschränkt Steuerpflichtigen unabhängig davon, ob sie aus dem In- oder Ausland stammen, steuerlich erfasst werden.[3] Zu diesem Zweck wird die **Abschirmwirkung** einer ausl Körperschaft beseitigt, indem dem inländischen Anteilseigner die nach § 7 steuerpflichtigen Einkünfte auch ohne Ausschüttung als Einkünfte aus Kapitalvermögen iSd § 20 Abs 1 Nr 1 EStG zugerechnet werden.[4] Der inländische Anteilseigner soll steuerlich so behandelt werden, als hätte er sich das Einkommen zum frühestmöglichen Zeitpunkt ausschütten lassen.[5] An die Stelle einer Gewinnausschüttung tritt der Hinzurechnungsbetrag nach § 10, der bei dem inländischen Anteilseigner „anzusetzen" ist (§ 10 Abs 1) und der zu den Einkünften iSd § 20 Abs 1 Nr 1 EStG gehört. Der Hinzurechnungsbetrag wird von der Rspr als **Quasi-Ausschüttung** behandelt, die als **Einkünfteerhöhungsbetrag eigener Art** außerhalb der Einnahme-Überschuss-Rechnung bzw der Gewinnermittlung die Einkünfte erhöht.[6] Im System der Hinzurechnungsbesteuerung bleibt die ausl KapGes das Einkünfteerzielungssubjekt,[7] deren Einkünfte gem § 10 Abs 3 für Zwecke der Hinzurechnungsbesteuerung jedoch nach dt Recht zu ermitteln sind (su Rn 65 ff).

3 IRd **Unternehmensteuerreform 2001** hat die Hinzurechnungsbesteuerung die zusätzliche Aufgabe erhalten, eine ausreichende Vorbelastung ausl Gewinnausschüttungen mit Körperschaftsteuer sicherzustellen.[8] Nach der Einf einer definitiv wirkenden Körperschaftsteuer werden Bezüge iSd § 20 Abs 1 Nr 1 EStG beim Anteilseigner grds

---

1 BT-Drucks 6/2883, 18; *Wassermeyer* DStJG 25 (2002), S 103; *Kraft/Bron* IStR 2006, 614.
2 *BFH/NV* 2006, 1729; *Intemann* NWB 2011, 39.
3 *F/W/B/S* § 10 AStG Rn 21; *Blümich* § 10 AStG Rn 37; *Kraft/Quilitzsch* ISR 2012, 109.
4 *Lieber* FR 2002, 139; *Schaumburg* Rn 10.2.
5 BT-Drucks 6/2883, 18.
6 *BFH* BStBl II 2009, 594; BStBl II 2006, 538.
7 *BFH* BStBl II 1998, 176; *Blümich* § 10 AStG Rn 2; *Kraft* § 10 AStG Rn 112.
8 *Schönfeld* DStR 2006, 1216; *Frischmuth* IStR 2003, 610; *Lieber* FR 2002, 139; *Rättig/Protzen* IStR 2001, 601.

begünstigt besteuert, um die Vorbelastung des ausgeschütteten Gewinns mit Körperschaftsteuer auszugleichen.[9] So soll eine Doppelbelastung des ausgeschütteten Gewinns vermieden werden.[10] Bei einkommensteuerpflichtigen Anteilseignern werden daher Gewinnausschüttungen nach § 3 Nr 40 lit d EStG zu 40 % steuerfrei gestellt. Bei körperschaftsteuerpflichtigen Anteilseignern werden solche Bezüge nach § 8b Abs 1 iVm Abs 5 KStG iE zu 95 % steuerbefreit. Die Steuerbefreiung wird unabhängig davon gewährt, ob es sich um Bezüge von inländischen oder ausl Körperschaften handelt. Für ausl Gewinnausschüttungen geht der Gesetzgeber generalisierend von einer ausreichenden Vorbelastung mit Körperschaftsteuer aus.[11] Dieses Konzept verlässt der Gesetzgeber jedoch für passive niedrig besteuerte Einkünfte ausl KapGes, indem er die Anwendung von § 3 Nr 40 EStG sowie § 8b KStG auf den Hinzurechnungsbetrag ausschließt (§ 10 Abs 2 S 3). Des Weiteren unterliegt der Hinzurechnungsbetrag gem § 10 Abs 2 S 3 auch nicht der ab dem VZ 2009 geltenden **Abgeltungsteuer** (§ 32d EStG). Hierdurch soll die vollständige Besteuerung der im Ausland niedrig besteuerten Einkünfte erreicht werden. Der Ausschluss des Teileinkünfte- bzw des Freistellungsverfahrens stellt damit einen systemtragenden Bestandteil der Hinzurechnungsbesteuerung dar (su Rn 63). Der Anwendungsausschluss ist seit der Absenkung des inländischen Körperschaftsteuersatzes auf 15 % ab dem VZ 2008 unter dem Aspekt einer ausreichenden Vorbelastung mit Körperschaftsteuer nur schwer nachvollziehbar. Da die Grenze zur Niedrigbesteuerung weiterhin bei 25 % liegt, wird auch bei einem ausl Körperschaftsteuersatz, der den inländischen übersteigt, eine niedrige Besteuerung iSd § 8 Abs 3 angenommen. Der Gesetzgeber begründet die Beibehaltung der Grenze von 25 % damit, dass die Gewerbesteuerbelastung zu berücksichtigen sei.[12] Diese Begr kann nicht überzeugen. Die Belastung mit Gewerbesteuer liegt iF der Anwendung von § 16 Abs 4 S 2 GewStG bei weniger als 8 %. Angesichts dieser Zahlen kann eine Steuerbelastung im Ausland von 23 % oder 24 % kaum dem Missbrauchsvorwurf ausgesetzt sein (zu Einzelheiten s § 8 Rn 162 ff).[13]

Konzeptionell wirkt die Hinzurechnungsbesteuerung **definitiv**, da die tatsächliche Aus- 4
schüttung des Gewinns durch die ausl ZwischenGes die Hinzurechnungsbesteuerung unberührt lässt. Das StSenkG v 23.10.2000 und das UntStFG v 20.12.2001 passten § 10 entspr an das neu eingeführte Halbeinkünfteverfahren an.[14] Vor der Änderung des AStG wurde die Doppelbelastung des Stpfl durch Hinzurechnungs- und Ausschüttungsbesteuerung durch Kürzungen und Erstattungen vermieden, § 11 aF.[15] Nunmehr würde eine nochmalige Besteuerung einer Gewinnausschüttung beim inländischen Anteilseigner zusätzlich zur Hinzurechnungsbesteuerung zu einer unzulässigen Dbest führen. Aus diesem Grund wird eine Gewinnausschüttung nach § 3 Nr 41 lit a EStG beim inländischen Anteilseigner steuerfrei gestellt, soweit für das Kj oder Wj, in dem sie bezogen wurde, oder für die vorangegangenen sieben Kj oder Wj die Hinzurechnungsbeträge der Einkommensteuer unterlegen haben. Die Steuerfreistellung der

9 *BFH* BStBl II 2008, 551.
10 *Intemann* DB 2007, 2797; *Otto* DStR 2008, 228.
11 *Kirchhof* § 3 EStG Rn 107; *H/H/R* § 3 Nr 40 EStG Rn 26.
12 BT-Drucks 544/07, 122.
13 *Wassermeyer/Schönfeld* IStR 2008, 496; *Wassermeyer* EuZW 2010, 233.
14 *Blümich* § 10 AStG Rn 5; *Kollruss* IStR 2006, 513.
15 *S/K/K* § 11 AStG Rn 2; *Blümich* § 11 AStG Rn 2; *F/W/B/S* § 11 AStG Rn 2.

Gewinnausschüttung nach § 3 Nr 41 EStG soll somit eine Dbest der bereits als Hinzurechnungsbetrag beim Anteilseigner erfassten Gewinne vermeiden (zu Einzelheiten su Rn 60).[16]

5 **2. Europarecht.** Die Hinzurechnungsbesteuerung nach §§ 7–14 stand auch nach der Änderung durch das StSenkG und UntStFG unter dem Verdacht, **europarechtswidrig** zu sein.[17] Der Gesetzgeber hat aber erst unter dem Eindruck der EuGH-Entsch[18] in der Rs *Cadbury Schweppes* zu den englischen CFC-Regeln[19] mit dem JStG 2008 auf diese Bedenken reagiert und § 8 Abs 2 entspr geändert. Ob die dt Hinzurechnungsbesteuerung nunmehr in Gänze den europarechtlichen Anforderungen entspricht, ist weiterhin fraglich (zu Einzelheiten s § 7 Rn 21 ff).[20]

6 Europarechtliche Einwände werden im Zusammenhang mit § 10 vorrangig gg den Anwendungsausschluss von **§§ 3 Nr 40, 32d EStG und § 8b KStG** auf den Hinzurechnungsbetrag aufgrund der damit verbundenen Ungleichbehandlung erhoben.[21] Diese Bedenken richten sich aber eigentlich gg die Hinzurechnungsbesteuerung an sich. Denn der Anwendungsausschluss ist ein systemtragendes Merkmal der Hinzurechnungsbesteuerung, um die bezweckte vollständige Besteuerung des Hinzurechnungsbetrags sicherzustellen (su Rn 63). Würde das Teileinkünfte- bzw Freistellungsverfahren oder der niedrige Abgeltungssteuersatz auf den Hinzurechnungsbetrag anzuwenden sein, würde die Hinzurechnungsbesteuerung ihre entscheidende Funktion verlieren. Als integraler Bestandteil der Hinzurechnungsbesteuerung hängt die europarechtliche Zulässigkeit des Anwendungsausschlusses mE daher allein an der Europarechtskonformität der gesamten Hinzurechnungsbesteuerung. Ist diese europarechtskonform, ist es systembedingt zulässig, den Hinzurechnungsbetrag voll zu besteuern. Eine isolierte Beurteilung der Europarechtswidrigkeit des § 10 Abs 2 S 3 ist mE nicht möglich.

7 Das Antragserfordernis hinsichtlich der Anrechnung ausl Steuern nach § 12 ist aus europarechtlicher Perspektive sehr umstritten. Für den Steuerpflichtigen ist es regelmäßig günstiger, statt des nach § 10 Abs 1 S 1 gesetzlich als Regelfall vorgesehenen Steuerabzugs die Anrechnung zu wählen.[22] Die Pflicht zur Stellung eines Antrags stellt daher eine unverhältnismäßige Erschwernis dar, die nicht zu rechtfertigen ist (s § 12 Rn 5).[23]

II. Verhältnis zu anderen Vorschriften

8 **1. §§ 3 Nr 40, 32d EStG und § 8b KStG.** Der Hinzurechnungsbetrag gehört gem § 10 Abs 2 S 1 zwar zu den Einkünften iSd § 20 Abs 1 Nr 1 EStG. Dennoch unterliegt er weder dem Teileinkünfteverfahren nach § 3 Nr 40 lit d EStG bzw dem Freistellungsverfahren nach § 8b Abs 1 KStG, noch der Abgeltungsteuer nach § 32d EStG. Die

---

16 *H/H/R* § 3 Nr 41 EStG Rn 1.

17 *Wassermeyer* DStJG 25 (2002), S 103; *F/W/B/S* Vor §§ 7-14 AStG Rn 81 ff; *Blümich* Vor §§ 7–14 AStG Rn 60 ff; *Vogel/Cortez* RiW 2011, 540.

18 *EuGH* DStR 2006, 1686; s dazu *BFH* BStBl II 2010, 774.

19 *Wassermeyer/Schönfeld* GmbHR 2006, 1065.

20 *BFH* BStBl II 2010, 774; *Intemann* NWB 2011, 39.

21 *F/W/B/S* § 10 AStG Rn 42.

22 *Blümich* § 10 AStG Rn 22; *S/K/K* § 10 AStG Rn 16; *Kraft* § 10 AStG Rn 43.

23 GlA *F/W/B/S* § 10 AStG Rn 43; *Kraft* § 10 AStG Rn 43; **aA** *Blümich* § 10 AStG Rn 3.

Anwendung dieser Vorschriften auf den Hinzurechnungsbetrag ist nach § 10 Abs 2 S 3 ausdrücklich ausgeschlossen. Damit soll sichergestellt werden, dass der Hinzurechnungsbetrag beim inländischen Anteilseigner voll besteuert wird (zu Einzelheiten s Rn 63).

2. Doppelbesteuerungsabkommen. Mit der Aufhebung des § 10 Abs 5 durch das StVergAbG sind entgegenstehende abkommensrechtliche Regelungen unbeachtlich. Nach § 10 Abs 5 waren die Bestimmungen eines DBA unter der Annahme anzuwenden, der Hinzurechnungsbetrag wäre an Steuerinländer ausgeschüttet worden. Abkommensrechtlich konnte es daher nach altem Recht zu einer Freistellung des Hinzurechnungsbetrags von der inländischen Besteuerung kommen. Im Zusammenspiel mit § 20 Abs 1 führt die Aufhebung des § 10 Abs 5 dazu, dass die Regelungen eines DBA die inländische Besteuerung des Hinzurechnungsbetrags nicht (mehr) verhindern können (s § 20 Rn 30 ff und § 7 Rn 20).[24] 9

3. Gewerbesteuer. Der Hinzurechnungsbetrag gehört zu den Einkünften aus Gewerbebetrieb, wenn die Anteile an der ausl Ges zu einem Betriebsvermögen gehören. Dies ergibt sich sowohl aus § 10 Abs 2 S 2, als auch aus der Anwendungsvorschrift des § 21 Abs 7 S 4 Nr 2. Nicht abschließend geklärt war bislang jedoch die Frage, ob der Hinzurechnungsbetrag zu jenen Beträgen gehört, um die der Gewinn nach § 7 S 1 iVm § 9 GewStG zu kürzen ist.[25] Dazu hat sich nun der BFH geäußert und entschieden, dass es sich bei dem Hinzurechnungsbetrag nach § 10 Abs 1 S 1 um einen Teil des Gewerbeertrags eines inländischen Unternehmens handeln soll, der auf eine nicht im Inland belegene Betriebsstätte entfällt. Der Gewinn des inländischen Unternehmens sei deswegen um diesen Betrag nach § 9 Nr 3 S 1 GewStG zu kürzen. Dass es sich um eine Betriebsstätte der ZwischenGes und nicht des Stpfl handle, ändere an dieser Beurteilung nichts, da der Wortlaut von § 9 Nr 3 S 1 GewStG nur „eine nicht im Inland belegene Betriebsstätte" verlange. Eine andere Sichtweise stünde im Widerspruch zum strukturellen Inlandsbezug der Gewerbesteuer und würde in Ermangelung einer Möglichkeit zur Anrechnung der ausl Steuer zur Dbest führen. Dies soll im System der Hinzurechnungsbesteuerung aber vermieden werden. Des Weiteren verstoße die Belastung des Hinzurechnungsbetrags mit Gewerbesteuer gegen das unionsrechtliche Gebot der Gleichbehandlung von Betriebsstätten und KapGes in grenzüberschreitenden Fällen.[26] 10

Die FinVerw hat in den betroffenen Fällen eine entspr Kürzung bislang zumeist abgelehnt.[27] Im Schrifttum wurde das Urteil des BFH überwiegend als systemkonforme, den Steuerpflichtigen begünstigende Entscheidung begrüßt.[28] Allerdings wurden teilweise gravierende Schwächen in der Argumentation des BFH bemängelt. Die Entscheidung sei zu sehr am gewünschten Ergebnis orientiert und missachte die Systema- 11

---

24 *Haase* IStR 2008, 695; *S/K/K* § 10 AStG Rn 11; zu verfassungsrechtlichen Zweifeln des treaty override s *BFH* DStR 2012, 949.

25 *F/W/B/S* § 10 AStG Rn 186 ff; *Blümich* § 10 AStG Rn 60 ff.

26 *BFH/NV* 2015, 921; *Hielscher/Beermann* BB 2015, 2782.

27 *Tauser/Keller* IStR 2015, 444.

28 *Klein* FR 2015, 719; *Böing* EStB 2015, 199; *Hielscher/Beermann* BB 2015, 2782; *Patzner/Nagler* GmbHR 2015, 668; *Gläser/Birk* ISR 2015, 231; *Tauser/Keller* IStR 2015, 444; *Kröger/Phlipp* DB 2015, 1432.

tik des Gesetzes.[29] Diese Argumente sind nicht von der Hand zu weisen. Mit der Fiktion, die der Gesetzgeber bei der Hinzurechnungsbesteuerung anwendet, hebt er nicht nur die Trennungstheorie bei KapGes auf. Vielmehr wird in § 10 Abs 2 S 1 der Hinzurechnungsbetrag in (fiktive) Kapitaleinkünfte umqualifiziert, so dass die Kürzungsvorschrift des § 9 Nr 7 S 1 GewStG als speziellere Regelung vorgehen müsste.[30] Die Voraussetzungen dieser Norm erlauben bei passiv tätigen Zwischengesellschaften jedoch keine Kürzung. Nicht zuletzt aufgrund dieser systematischen Bedenken ist anzunehmen, dass der Gesetzgeber reagieren wird. Allerdings ist dabei offen, ob eine gesetzliche Neuregelung das für den Steuerpflichtigen günstige Ergebnis des BFH beibehalten würde.

12 Anzudenken wäre unter steuergestalterischen Gesichtspunkten daher die Zwischenschaltung einer PersGes, da es hier über § 9 Nr 2 GewStG eindeutig zu einer Kürzung kommt.

13 Eine später tatsächlich vorgenommene **Gewinnausschüttung** ist unter den Voraussetzungen des § 3 Nr 41 lit a EStG steuerfrei und wird nach § 8 Nr 5 S 2 GewStG nicht dem Gewerbeertrag hinzugerechnet, so dass sie keine (zusätzliche) Gewerbesteuer auslöst.[31] Von der Hinzurechnung ist nach dem Wortlaut des § 8 Nr 5 S 2 GewStG nur bei einkommensteuerpflichtigen Anteilseignern abzusehen. Zur Vermeidung von Ungleichbehandlungen ist dies jedoch mittels teleologischer Auslegung auch für körperschaftsteuerpflichtige Anteilseigner anzunehmen.[32]

B. Der Hinzurechnungsbetrag nach § 10 Abs 1

I. Ermittlung des Hinzurechnungsbetrags (S 1)

14 **1. Definition des Hinzurechnungsbetrags.** Der Begriff des Hinzurechnungsbetrags wird in § 10 Abs 1 S 1 gesetzlich definiert. Nach dieser Legaldefinition[33] bilden die nach § 7 Abs 1 steuerpflichtigen Einkünfte gekürzt um die auf diese Einkünfte und dem diesen Einkünften zugrunde liegenden Vermögen entfallenden Steuern den Hinzurechnungsbetrag. Der Hinzurechnungsbetrag ist damit aber nicht abschließend beschrieben. Welche Einkünfte der ausl ZwischenGes dem Grunde nach der Hinzurechnungsbesteuerung unterliegen, richtet sich nach § 7 Abs 1 und § 8 Abs 1 und 3, während die Ermittlung der Höhe der hinzurechnungspflichtigen Einkünfte in § 10 Abs 3 und 4 geregelt ist. Systematisch gehen die Regelungen der Abs 3 und 4 daher § 10 Abs 1 vor.[34]

15 In den Hinzurechnungsbetrag fließt die **Summe der passiven Einkünfte** der ausl ZwischenGes ein, deren Umfang sich nach §§ 7 und 8 richtet. Trotz Hinzurechnungsbesteuerung handelt es sich um die Einkünfte der ausl ZwischenGes, die dem inländischen Anteilseigner zugerechnet werden.[35] Für jede ZwischenGes ist ein eigener Hinzurechnungsbetrag zu bilden. Eine Zusammenfassung der Hinzurechnungsbeträge

29 *Haase* IStR 2015, 966; *Kramer* IStR 2015, 669.
30 *Gosch* BFH/PR 2015, 256.
31 *H/H/R* § 3 Nr 41 EStG Rn 5; *F/W/B/S* § 10 AStG Rn 188.
32 *F/W/B/S* § 10 AStG Rn 189; *Blümich* § 10 AStG Rn 62; R 31 Abs 1 Nr 1 KStR.
33 *F/W/B/S* § 10 AStG Rn 71.
34 *S/K/K* § 10 AStG Rn 12; *F/W/B/S* § 10 AStG Rn 61.
35 *S/K/K* § 10 AStG Rn 40.

verschiedener ZwischenGes ist unzulässig,[36] mit Ausnahme der nach § 14 ausdrücklich angeordneten Berücksichtigung von Einkünften einer ausl UnterGes[37] (s § 14 Rn 65 f). Ist der StPfl an verschiedenen ZwischenGes beteiligt, sind entspr viele Hinzurechnungsbeträge anzusetzen. Die Ermittlung der passiven Einkünfte der ausl ZwischenGes ist gem § 10 Abs 3 nach dt Steuerrecht vorzunehmen.

Darüber hinaus ist der Hinzurechnungsbetrag nach § 10 Abs 1 von dem **„anzusetzenden Hinzurechnungsbetrag"** iSd § 10 Abs 2 zu unterscheiden.[38] Der nach § 10 Abs 2 anzusetzende Hinzurechnungsbetrag berücksichtigt die nach § 12 anzurechnende Steuer (s § 12 Rn 21) und die aufgrund von § 11 vom Hinzurechnungsbetrag auszunehmenden Teile eines Veräußerungsgewinns (s § 11 Rn 19 ff). **16**

2. Abzug der Steuern. – a) Betrag nach Abzug der Steuern. Bei der Ermittlung des Hinzurechnungsbetrags sind die Steuern abzuziehen, die zu Lasten der ausl Ges von den hinzurechnungspflichtigen Einkünften sowie von dem diesen Einkünften zugrunde liegenden Vermögen erhoben worden sind. Durch die Berücksichtigung der ausl Steuern soll eine Dbest vermieden werden.[39] Statt des Abzugs der Steuern vom Hinzurechnungsbetrag hat der inländische Anteilseigner die Möglichkeit, die Steuern auf Antrag nach § 12 anrechnen zu lassen, welches regelmäßig die günstigere Methode darstellt.[40] Wählt der Anteilseigner die Anrechnung, erhöht sich der nach § 10 Abs 2 anzusetzende Hinzurechnungsbetrag um die anzurechnenden Steuern (zu Einzelheiten s § 12 Rn 21). **17**

Abziehbar sind nur außerbetriebliche Personensteuern, die bei entspr Anwendung des § 10 Nr 2 KStG von der ausl Ges nicht als **Betriebsausgabe** abgezogen werden können. Dazu gehören alle Steuern, die für ihre Bemessung an die steuerpflichtigen Zwischeneinkünfte oder dem diesen dienenden Vermögen anknüpfen,[41] wobei nicht entscheidend ist, welche Gebietskörperschaft die Steuer erhebt. Dementsprechend können alle Ertragsteuern abgezogen werden, die vom ausl Staat auf **Bundes-, Landes-, Provinz- oder kantonaler und kommunaler** Ebene erhoben werden.[42] Die fragliche Steuer muss anders als nach § 34c EStG nicht mit der dt Einkommen- oder Körperschaftsteuer vergleichbar sein.[43] **18**

Neben den Ertrag- und Vermögensteuern des Sitzstaates der ZwischenGes können auch Steuern von **Drittstaaten** berücksichtigt werden.[44] Dazu gehören insb Quellensteuern von Drittstaaten, solange sie zu Lasten der ZwischenGes einbehalten werden. Der Abzug der Quellensteuer kann aber daran scheitern, dass sie auf Dividendeneinkünfte der ZwischenGes entfallen, die nach § 8 Abs 1 Nr 8 zum Katalog der aktiven Einkünfte zählen. Da die Dividendeneinkünfte nicht zu den nach § 7 steuerpflichtigen passiven Einkünften gehören, scheidet eine Berücksichtigung aus (zur Berücksichti- **19**

36 *F/W/B/S* § 10 AStG Rn 65.
37 *F/W/B/S* § 10 AStG Rn 134.
38 *S/K/K* § 10 AStG Rn 15.
39 *F/W/B/S* § 10 AStG Rn 78.
40 *Blümich* § 10 AStG Rn 22; *S/K/K* § 10 AStG Rn 16.
41 *S/K/K* § 10 AStG Rn 21; *Kraft* § 10 AStG Rn 160.
42 *F/W/B/S* § 10 AStG Rn 82.
43 *S/K/K* § 10 AStG Rn 23.
44 *BMF* BStBl I 2004, Sondernr 1 Tz 10.1.2.1.

gung iRd § 14 su Rn 30).[45] In diesem Zusammenhang kann es zu einer Berücksichtigung **dt Quellensteuern** kommen, wenn die ZwischenGes nach § 7 steuerpflichtige Einkünfte in Deutschland erzielt, die einem Quellensteuerabzug unterliegen.[46]

20 Zu den abzugsfähigen Steuern können auch ausl Steuern auf **Hinzurechnungsbeträge** gehören, wenn die ZwischenGes selbst im Sitzstaat einer Hinzurechnungsbesteuerung für nachgeschaltete Ges unterliegt.[47] Voraussetzung ist, dass die nach ausl Recht hinzurechnungssteuerpflichtigen Einkünfte in den dt Hinzurechnungsbetrag einfließen.

21 Steuern, die die ZwischenGes selbst **für andere einbehält**, fallen nicht unter die nach § 10 Abs 1 S 1 abzugsfähigen Steuern, da sie gerade nicht auf die steuerpflichtigen Zwischeneinkünfte entfallen. Solche Steuern sind zB Lohnsteuer, Aufsichtsratsteuer und Quellensteuern auf Gewinnausschüttungen der ZwischenGes selbst.

22 Auch nach dem **Auslaufen der Vermögensteuer** in Deutschland bleiben ausl Steuern auf das Vermögen abzugsfähig, soweit das Vermögen der Erzielung hinzurechnungspflichtiger Einkünfte dient. Dabei muss das fragliche Vermögen selbst keine Erträge erbringen, solange es dennoch zur Erzielung steuerpflichtiger Einkünfte eingesetzt wird.[48] Nach Wegfall der dt Vermögensteuer kann eine Dbest zwar insoweit nicht mehr eintreten. Allerdings kann eine Rechtfertigung daraus abgeleitet werden, dass zur Ausschüttung nur der um die Vermögensteuer gekürzte Gewinn zur Verfügung stehen würde.[49]

23 Dagegen können Steuern, die für die ausl Ges eine Betriebsausgabe darstellen (betriebliche Steuern), nicht nach § 10 Abs 1 vom Hinzurechnungsbetrag abgezogen werden. Betriebliche Steuern werden nämlich schon bei der Ermittlung des Hinzurechnungsbetrags nach § 10 Abs 3 und 4 berücksichtigt. IE mindern sowohl betriebliche als auch außerbetriebliche Steuern den Hinzurechnungsbetrag. Allerdings kann der Abzug zu unterschiedlichen Zeitpunkten erfolgen.[50] Während für die nach § 10 Abs 1 abziehbaren außerbetrieblichen Steuern auf den Zeitpunkt der Entrichtung (s Rn 31 ff) abzustellen ist, werden betriebliche Steuern bei der Ermittlung des Hinzurechnungsbetrags durch Betriebsvermögensvergleich im Jahr der wirtschaftlichen Verursachung unabhängig vom Zahlungszeitpunkt berücksichtigt. Darüber hinaus können nur außerbetriebliche Steuern nach § 12 angerechnet werden (s dazu § 12 Rn 10 ff).

24 **b) Zusammenhang mit Zwischeneinkünften und diesen dienenden Vermögen.** Die Abzugsfähigkeit der Steuern setzt voraus, dass sie von den steuerpflichtigen Zwischeneinkünften sowie von diesen dienenden Vermögen erhoben wurden. Es muss danach ein **unmittelbarer Veranlassungszusammenhang** zwischen den erhobenen Steuern und den fraglichen Einkünften und Vermögen bestehen.[51] Soweit die Steuern auf aktive oder hoch besteuerte Einkünfte und diesen dienenden Vermögen entfallen, können sie nicht abgezogen werden. Die notwendige Zuordnung bereitet keine Pro-

---

45 *Blümich* § 10 AStG Rn 22.
46 *BMF* BStBl I 2004, Sondernr 1 Tz 12.1.2.
47 *Blümich* § 10 AStG Rn 26.
48 *F/W/B/S* § 10 AStG Rn 102; *Blümich* § 10 AStG Rn 23.
49 *F/W/B/S* § 10 AStG Rn 89; *S/K/K* § 10 AStG Rn 19.
50 *S/K/K* § 10 AStG Rn 19 f.
51 *F/W/B/S* § 10 AStG Rn 83.

bleme, soweit die ZwischenGes ausschließlich passive niedrig besteuerte Einkünfte erzielt. In diesem Fall sind regelmäßig alle Ertrag- und Vermögensteuern abzugsfähig.

Dagegen bedarf es einer **Aufteilung** der angefallenen Steuern, wenn die ZwischenGes sowohl passive als auch aktive und/oder sowohl hoch als auch niedrig besteuerte Einkünfte erzielt. Denn bei Vorliegen solcher gemischter Einkünfte können nur die Steuern abgezogen werden, die mit den steuerpflichtigen Zwischeneinkünften und diesen dienenden Vermögen im Zusammenhang stehen. 25

Bei der Aufteilung ist vorrangig die **direkte Methode** anzuwenden.[52] Können die ausl Steuern den Zwischeneinkünften unmittelbar zugeordnet werden, sind diese unter Berücksichtigung von Steuerbefreiungen und Steuerermäßigungen von den hinzurechnungssteuerpflichtigen Einkünften abzugsfähig. Nach der direkten Methode sind zB Quellensteuern auf Gewinnausschüttungen von KapGes nicht abzugsfähig, weil solche Einkünfte nach § 8 Abs 1 Nr 8 zu den aktiven Einkünften gehören. Die verhältnismäßige Aufteilung iRd **indirekten Methode** ist nur vorzunehmen, wenn eine unmittelbare Zuordnung der Steuern nach der direkten Methode nicht möglich ist.[53] Dies kommt insb in Betracht, wenn nach Anwendung der direkten Methode noch ein restlicher Steuerbetrag verbleibt, der dann nach der indirekten Methode aufzuteilen ist.[54] Im Hinblick auf den Abzug von Vermögensteuern hat die Aufteilung vorrangig nach der direkten und erst nachrangig nach der indirekten Methode zu erfolgen. In diesem Zusammenhang ist strittig, ob auch die Vermögensteuer auf ertragloses Vermögen im Rahmen der Hinzurechnungsbesteuerung zu berücksichtigen ist. Hierfür spricht der Wortlaut der Norm, wonach allein darauf abzustellen ist, dass das Vermögen den Einkünften zugrunde liegt, unabhängig davon, ob es Erträge abwirft. Des Weiteren besteht die Möglichkeit, dass die im Zusammenhang mit dem Vermögen anfallenden passiven Erträge in einem Veranlagungszeitraum verstärkt anfallen.[55] 26

Es erfolgt eine Aufteilung der gesamten **tatsächlich entrichteten Steuern** eines Wj. Dies hat zur Folge, dass ein progressiver Tarif keine Auswirkung auf die Aufteilung hat.[56] Selbst bei relativ geringen passiven Einkünften wird die darauf entfallende Steuer auf Basis der aufgrund hoher aktiver Einkünfte erhöhten Progression ermittelt.[57] In einem solchen Fall führt die Berechnungsmethode zu einem für den StPfl günstigen Abzugsbetrag. Allerdings kann es auch zu ungünstigeren Ergebnissen kommen, wenn aufgrund von Verlusten bei den aktiven Einkünften ein niedrigerer Steuersatz anzuwenden ist. 27

c) Belastung der ausländischen Gesellschaft. Es dürfen nur die Steuern abgezogen werden, die zu Lasten der ausl Ges erhoben worden sind. Somit muss **Subjektidentität** gewahrt sein, die ZwischenGes muss also Steuerschuldner sein und die Steuerlast wirtschaftlich tragen. Ist die ZwischenGes nur Haftungsschuldner oder Entrichtungsschuldner (zB Quellensteuer, Lohnsteuer), kommt ein Abzug nicht in Betracht. Demgegenüber sind Quellensteuern, die für die ZwischenGes von einem Dritten auf die passiven Einkünfte einbehalten werden, bei der Ermittlung des Hinzurechnungsbetrags zu berücksichtigen.[58] 28

52 *BMF* BStBl I 2004, Sondernr 1 Tz 10.1.2.2 iVm Tz 8.3.3.
53 *S/K/K* § 10 AStG Rn 25; *Kraft* § 10 AStG Rn 173.
54 *BMF* BStBl I 2004, Sondernr 1 Tz 10.1.2.2 iVm Tz 8.3.3.
55 *S/K/K* § 10 AStG Rn 26; *Blümich* § 10 AStG Rn 23; **aA** *F/W/B/S* § 10 AStG Rn 102.
56 *Blümich* § 10 AStG Rn 27.
57 *F/W/B/S* § 10 AStG Rn 100.
58 *S/K/K* § 10 AStG Rn 24; *F/W/B/S* § 10 AStG Rn 83.

29 Problematisch ist der Abzug von Steuern, die eine **UnterGes** auf die Einkünfte zu zahlen hatte, die der OberGes iRd § 14 zugerechnet werden und daher in den Hinzurechnungsbetrag einfließen. Nach dem Wortlaut der Vorschrift kommt ein Abzug eigentlich nicht in Betracht, weil es an der Subjektidentität mangelt, denn die Steuer hat allein die UnterGes als Steuerschuldnerin zu tragen.[59] Ein Abzug durch die OberGes scheidet bei wortlautgetreuer Auslegung daher aus. Die mit einer solchen Lösung verbundene Dbest widerspricht aber erkennbar dem Regelungskonzept der Hinzurechnungsbesteuerung, nach dem eine Dbest gerade vermieden werden soll. Diese Regelungslücke ist mE durch Analogie dahingehend zu schließen, dass die von der UnterGes gezahlten Steuern von der OberGes nach § 10 Abs 1 S 1 abgezogen werden können, soweit sie auf die nach § 14 zugerechneten Einkünfte entfallen (s dazu § 14 Rn 65).[60] Die FinVerw will den Abzug nach § 10 Abs 1 S 1 dagegen bei der UnterGes vornehmen[61] und nur iRd § 12 eine Anrechnung durch die OberGes zulassen.[62]

30 Die analoge Anwendung des § 10 Abs 1 S 1 ermöglicht auch den Abzug von Quellensteuern, die auf die **Gewinnausschüttung einer UnterGes** erhoben wurden, deren Einkünfte nach § 14 der OberGes zuzurechnen sind. Die Gewinnausschüttung gehört zwar nach § 8 Abs 1 Nr 8 zu den aktiven Einkünften, so dass aus diesem Grund ein Steuerabzug ausscheiden würde (s dazu Rn 24).[63] Durch die Zurechnung nach § 14 sind die Einkünfte jedoch in die Hinzurechnungsbesteuerung eingeflossen und iE beim inländischen Anteilseigner besteuert worden. Eine Berücksichtigung ist daher systematisch geboten. Um eine Dbest zu vermeiden, sollte § 10 Abs 1 S 1 auf die Gewinnausschüttung der UnterGes entspr angewandt werden. Nach **aA** sollte der Steuerinländer zur Vermeidung einer Dbest in entspr Anwendung des § 12 Abs 3 die Quellensteuer anrechnen können (s dazu § 12 Rn 28).[64]

31 **d) Erhebung der Steuern.** Der Abzug der Steuern ist davon abhängig, dass sie erhoben worden sind. Unter Berücksichtigung der Regelung des § 10 Abs 1 S 2 ist für den Zeitpunkt des Abzugs somit regelmäßig auf die **tatsächliche Zahlung** (auch durch Aufrechnung) der Steuerschuld abzustellen.[65] Die Steuern sind nur von den steuerpflichtigen Zwischeneinkünften des Jahres abzugsfähig, in dem sie gezahlt wurden. Dies ordnet § 10 Abs 1 S 2 ausdrücklich an. Daher berechtigt die Bildung einer Rückstellung für Steuerschulden noch nicht zum Steuerabzug, weil die rein bilanzielle Belastung nicht zu einer Erhebung der Steuer führt.[66] Für welchen Erhebungszeitraum die Steuern gezahlt werden, beeinflusst deren Abzugsfähigkeit nicht, da nur auf den Zeitpunkt der Zahlung abzustellen ist.[67]

32 Fallen im Jahr der Zahlung keine steuerpflichtigen Zwischeneinkünfte an oder übersteigen die gezahlten Steuern die Zwischeneinkünfte, erhöhen die übersteigenden

---

59 *F/W/B/S* § 10 AStG Rn 109.
60 GlA *F/W/B/S* § 10 AStG Rn 109; *Blümich* § 10 AStG Rn 26; *S/K/K* § 14 AStG Rn 59.
61 *BMF* BStBl I 2004, Sondernr 1 Tz 14.1.4.
62 *BMF* BStBl I 2004, Sondernr 1 Tz 14.1.9.
63 *F/W/B/S* § 10 AStG Rn 110, 101.
64 *F/W/B/S* § 10 AStG Rn 110; *Blümich* § 12 AStG Rn 20.
65 *S/K/K* § 10 AStG Rn 28; *F/W/B/S* § 10 AStG Rn 92.
66 *BFH* BStBl II 1990, 113; *Kraft* § 10 AStG Rn 192.
67 *Blümich* § 10 AStG Rn 29.

Beträge nach § 10 Abs 3 S 6 den **abziehbaren Verlust**. Sie können durch Verlustvor- und Verlustrücktrag noch genutzt werden (zu Einzelheiten su Rn 97).

Gezahlte Steuern sind unabhängig von der **Art der Steuerfestsetzung** abzugsfähig, denn die Art der Steuerfestsetzung wird vom Gesetz nicht angesprochen. Die Steuerzahlung muss damit nicht auf einer endgültigen Steuerfestsetzung beruhen. Auch **Steuervorauszahlungen** und Zahlungen aufgrund einer vorläufigen oder unter dem Vorbehalt der Nachprüfung stehenden Steuerfestsetzung sind daher abzugsfähig.[68] 33

Dagegen können **freiwillige Steuerzahlungen** nicht abgezogen werden.[69] Es fehlt am notwendigen Veranlassungszusammenhang mit den steuerpflichtigen ausl Einkünften.[70] Freiwillige Vorauszahlungen aber, die sich mit der späteren Steuerfestsetzung decken, sowie Steuerzahlungen, die aufgrund eines Wahlrechts mit anschließendem Steuerbescheid erfolgen, sind dagegen nach hM in Lit und Rspr abziehbar. Im Fall irischer IFSC-Gesellschaften etwa, die auf Antrag von der Niedrigbesteuerung abwichen, beruhte die freiwillige Steuerzahlung auf einer eigenständigen Entsch des irischen Finanzministers, die durch hoheitlichen Akt festgesetzt wurde. Die Finanzverwaltung hat diese Möglichkeit allerdings nie anerkannt.[71] 34

Die abzugsfähigen Steuern sind um bereits erfolgte **Steuererstattungen** aus anderen Jahren zu korrigieren. Da für die Ermittlung der abzugsfähigen Steuern nur auf den Zahlungszeitpunkt abzustellen ist, wird eine Steuererstattung nur mit den im Rückzahlungsjahr gezahlten Steuern verrechnet. Eine die Steuerzahlung übersteigende Steuererstattung führt nicht zu einer Erhöhung des Hinzurechnungsbetrags.[72] 35

Die Berücksichtigung der im Wj tatsächlich gezahlten Steuer wird nicht durch einen **Wechsel der Anteilseigner** berührt, weil die Vorschrift nur auf die nach § 7 steuerpflichtigen Einkünfte und nicht auf die Identität der Anteilseigner abstellt.[73] Der Erwerber einer Beteiligung kann daher in den Genuss eines Steuerabzugs für Zwischeneinkünfte gelangen, die bereits vom Veräußerer versteuert wurden. 36

Werden die ausl Steuern nicht in Euro, sondern in einer **anderen Währung** ermittelt, besteht die Notwendigkeit, die Steuerzahlung umzurechnen. Ermittelt der StPfl die Einkünfte in einer fremden Währung – was ihm freigestellt ist[74] – ist nach Ansicht der FinVerw der Kurs für die Umrechnung der Steuern entscheidend, der zu dem Zeitpunkt gilt, an dem der Hinzurechnungsbetrag nach § 10 Abs 2 S 1 als zugeflossen gilt.[75] 37

3. Ansatz beim unbeschränkt Steuerpflichtigen. Der Hinzurechnungsbetrag ist beim unbeschränkt steuerpflichtigen Anteilseigner anzusetzen. Zweifelhaft ist hierbei sowohl, was unter dem Begriff „anzusetzen" zu verstehen ist, als auch wie sich der Hinzurechnungsbetrag systematisch in die Ermittlung des zu versteuernden Einkom- 38

---

68 *F/W/B/S* § 10 AStG Rn 94.

69 *BMF* BStBl I 2004, Sondernr 1 Tz 10.1.2.1; *Blümich* § 10 AStG Rn 24; *S/K/K* § 10 AStG Rn 23.

70 *F/W/B/S* § 10 AStG Rn 86.

71 *F/W/B/S* § 10 AStG Rn 86; *BFH/NV* 2006, 1729; *BMF* BStBl I 2004, Sondernr 1 Tz 8.3.2.1.

72 *S/K/K* § 10 AStG Rn 31.

73 *S/K/K* § 10 AStG Rn 35; *F/W/B/S* § 10 AStG Rn 106.

74 *BMF* BStBl I 2004, Sondernr 1 Tz 10.3.2.3.

75 *BMF* BStBl I 2004, Sondernr 1 Tz 10.1.1.4; *S/K/K* § 10 AStG Rn 36; **aA** *BFH* BStBl II 1990, 57; *F/W/B/S* § 10 AStG Rn 233.

mens des steuerpflichtigen Inlandsbeteiligten einfügt. Der BFH behandelt den Hinzurechnungsbetrag als **Einkünfteerhöhungsbetrag eigener Art**, der die Einkünfte außerhalb einer Gewinnermittlung oder Überschussermittlung iSd § 2 EStG erhöht.[76] Somit fließt der Hinzurechnungsbetrag in die Steuerbemessungsgrundlage des steuerpflichtigen Inlandsbeteiligten ein und wird seinem individuellen Steuersatz unterworfen. Eine Hinzurechnung unterbleibt gem § 10 Abs 1 S 3, wenn der Hinzurechnungsbetrag negativ ist.

39 Nur **unbeschränkt StPfl** können der Hinzurechnungsbesteuerung unterliegen. Ausreichend ist jede Art der unbeschränkten StPfl, wohingegen die beschränkte – auch die erweiterte beschränkte StPfl nach § 2 – nicht genügt.[77] Es wird auch der unbeschränkt StPfl mit einem weiteren Wohnsitz im Ausland von der Hinzurechnungsbesteuerung erfasst, selbst wenn der StPfl nach dem einschlägigen DBA im ausl Staat abkommensrechtlich ansässig sein sollte, da die Anwendung der DBA wegen § 20 Abs 1 und durch die Abschaffung von § 10 Abs 5 suspendiert ist.[78]

40 Der **Ansatz des Hinzurechnungsbetrags** ist nur bei einem StPfl zulässig, der am Nennkapital (§ 7 Abs 1) oder ersatzweise am Gewinn (§ 7 Abs 5) der ausl ZwischenGes unmittelbar beteiligt ist.[79] Eine mittelbare Beteiligung reicht grds nicht aus. Daher hat eine Hinzurechnung im Falle der Organschaft auch gg der unmittelbar beteiligten OrganGes und nicht gg dem mittelbar beteiligten Organträger zu erfolgen, obwohl der Hinzurechnungsbetrag wegen § 14 KStG im Ergebnis beim Organträger zu versteuern ist.[80]

41 Hält der StPfl seine Beteiligung mittelbar über eine inländische oder ausl **PersGes**, ist der Hinzurechnungsbetrag bei der PersGes anzusetzen.[81] Adressat des Feststellungsbescheids sind dennoch die an der PersGes beteiligten Steuerinländer.[82] IE wirkt sich der Hinzurechnungsbetrag steuerlich bei dem über die PersGes beteiligten Steuerinländer aus.

42 Ein Ansatz des Hinzurechnungsbetrags beim einzelnen inländischen Anteilseigner erfolgt nur in Höhe seiner **quotalen Beteiligung** an der ZwischenGes. Die Hinzurechnungsquote richtet sich gem § 7 Abs 1 nach der Höhe der Beteiligung am Nennkapital der Ges, wobei ausschließlich eine unmittelbare Beteiligung zu berücksichtigen ist.[83] Nur im Falle des § 7 Abs 5 ist auf die Beteiligung am Gewinn abzustellen.

II. Zeitpunkt des Steuerabzugs (S 2)

43 Schon nach § 10 Abs 1 S 1 wird deutlich, dass ein Abzug erst nach Zahlung der Steuern zulässig ist (s Rn 31). S 2 ordnet explizit an, dass die Steuer im Jahr der Zahlung von den nach § 7 steuerpflichtigen Einkünften abzuziehen ist, soweit sie nicht schon in dem Jahr entrichtet wurde, in dem der Hinzurechnungsbetrag als zugeflossen gilt. Es ist also allein auf den Zahlungszeitpunkt abzustellen, so dass ein Steuerabzug nicht

76 *BFH* BStBl II 2006, 537.
77 *Haase* IStR 2008, 695; *F/W/B/S* § 7 AStG Rn 9.3; *S/K/K* § 7 AStG Rn 30 ff.
78 Zutr *Haase* IStR 2008, 695; zu Einzelheiten s § 7 Rn 20.
79 *BFH* BStBl 1985, 119.
80 *BFH* BStBl 1985, 119.
81 *BMF* BStBl I 2004, Sondernr 1 Tz 18.1.1.2; *Mössner* 7.116.
82 *BFH* BStBl 1996, 122.
83 *Mössner* 7.111.

nur von den Zwischeneinkünften zulässig ist, die die Steuer ausgelöst haben. Vielmehr wird ein solcher **Veranlassungszusammenhang** nach S 2 gerade nicht gefordert.[84] Mit dem Jahr der Entrichtung stellt das Gesetz auf das Wj der ausl ZwischenGes und nicht auf die Verhältnisse des inländischen Anteilseigners ab.[85]

Zu weiteren Einzelheiten so Rn 31 ff. 44

III. Berücksichtigung eines Erstattungsanspruchs (S 3)

Mit dem JStG 2010 wurde ein neuer S 3 in § 10 Abs 1 eingefügt. Die Einfügung des S 3 beruht auf einer Änderung des § 8 Abs 3, mit welcher der Begriff der Niedrigbesteuerung erweitert wurde. Nach § 8 Abs 3 S 2 sind in die Belastungsberechnung auch Ansprüche einzubeziehen, die der Staat oder das Gebiet der ausl Ges iF der Gewinnausschüttung der ausl Ges dem unbeschränkt Stpfl gewährt. Der Gesetzgeber will mit der Neuregelung des § 8 Abs 3 S 2 das sog Malta-Modell bekämpfen.[86] Danach zahlt die TochterGes in Malta, die über eine Holding von einem Inländer gehalten wird, auf ihren Gewinn zunächst Steuern in Höhe von 35 %. Bei Gewinnausschüttung an die Holding erhält diese aber 30,83 % der von der TochterGes bezahlten Steuern vom Staat zurück. Somit liegt die Steuerbelastung zwar formal bei über 25 %. Aufgrund des Erstattungsanspruchs ist aber faktisch eine Niedrigbesteuerung iSd § 8 Abs 3 gegeben.[87] 45

Mit der Folgeänderung des § 10 Abs 1 trägt der Gesetzgeber für die Ermittlung des Hinzurechnungsbetrags dieser Ausgangslage Rechnung.[88] S 3 stellt sicher, dass nur die tatsächliche Steuerbelastung nach Verrechnung mit Erstattungsansprüchen iSd § 8 Abs 3 S 2 beim Ansatz des Hinzurechnungsbetrags berücksichtigt wird. Nur die um die Erstattungsansprüche korrigierte Steuerlast kann vom Hinzurechnungsbetrag abgezogen oder angerechnet werden. 46

IV. Negativer Hinzurechnungsbetrag

Eine Hinzurechnung entfällt nach S 3, wenn sich bei der Ermittlung ein **negativer Hinzurechnungsbetrag** ergibt. Ein negativer Hinzurechnungsbetrag kann schon bei der Ermittlung der zugrunde liegenden Einkünfte nach § 10 Abs 3 und 4 entstehen. Aber auch wenn die Einkünfte gem § 10 Abs 3 und 4 positiv sind, kann es durch den Abzug von Steuern nach § 10 Abs 1 S 1 und von Beträgen iSd § 11 (s dazu § 11 Rn 19 f) oder durch die Zurechnung negativer Beträge nachgeschalteter Ges gem § 14 (s dazu § 14 Rn 54) zu einem negativen Hinzurechnungsbetrag kommen.[89] 47

S 3 sorgt dafür, dass negative Beträge auf der **Ebene der ZwischenGes** „eingesperrt" bleiben. Sie können nur durch **Verlustvor- und Verlustrücktrag** gem § 10 Abs 3 S 5 und 6 durch Verrechnung mit positiven Hinzurechnungsbeträgen derselben ZwischenGes genutzt werden.[90] Die Verlustverrechnung ist unter entspr Anwendung des § 10d EStG durchzuführen (zu Einzelheiten su Rn 93). 48

84 *F/W/B/S* § 10 AStG Rn 121.
85 *F/W/B/S* § 10 AStG Rn 12; *S/K/K* § 10 AStG Rn 34.
86 BT-Drucks 17/3449, 90; *Höring* DStZ 2011, 15.
87 *Blümich* § 8 AStG Rn 203.
88 *Köhler/Luckey/Kollruss* Ubg 2010, 468.
89 *S/K/K* § 10 AStG Rn 37; *Kraft* § 10 AStG Rn 226.
90 *BFH/NV* 2002, 1549; *BMF* BStBl I 2004, Sondernr 1 Tz 10.3.5.

49 Es ist somit nicht möglich, einen negativen Hinzurechnungsbetrag auf der **Ebene des inländischen Anteilseigners** mit anderen positiven Einkünften zu verrechnen. Auch kann der inländische Anteilseigner keine Verrechnung mit positiven Hinzurechnungsbeträgen, die von anderen ZwischenGes stammen, vornehmen.[91]

50 Als Begr dafür wird angeführt, dass die Hinzurechnungsbesteuerung die Abschirmwirkung der ausl ZwischenGes beseitigen will, die eigenständige Rechtsfähigkeit darüber hinaus aber anerkennt, so dass es dem Trennungsprinzip entspr, dass ein Verlust der KapGes nicht vom Anteilseigner genutzt werden kann, weil er nicht ausgeschüttet werden kann. Dies widerspricht dem Grds der Besteuerung nach der Leistungsfähigkeit. Mit dem Zugriff auf die positiven Einkünfte iRd Hinzurechnungsbesteuerung muss konsequenterweise auch ein Ausgleich mit negativen Einkünften möglich sein.[92]

C. Anzusetzender Hinzurechnungsbetrag (§ 10 Abs 2)

I. Ansatz des Hinzurechnungsbetrags (S 1)

51 **1. Begriffsbestimmung.** § 10 Abs 2 S 1 integriert den Hinzurechnungsbetrag in das **inländische Besteuerungssystem** des EStG bzw KStG, indem der Hinzurechnungsbetrag den **Einkünften iSd § 20 Abs 1 Nr 1 EStG** zugeordnet wird, wenn die Anteile im Privatvermögen gehalten werden. Gehören die Anteile zu einem Betriebsvermögen, gehört der Hinzurechnungsbetrag zu der jeweiligen betrieblichen Einkunftsart (su Rn 61). Der in die Steuerfestsetzung einfließende Hinzurechnungsbetrag iSd Abs 2 unterscheidet sich von dem des Abs 1. Denn bei der Ermittlung des nach Abs 2 „anzusetzenden Hinzurechnungsbetrags" sind die **Bestimmungen der §§ 11 und 12** zu berücksichtigen. Der nach Abs 2 anzusetzende Hinzurechnungsbetrag kann nach § 11 um Gewinnanteile aus einer Anteilsveräußerung zu kürzen und nach § 12 um die auf Antrag anzurechnenden Steuern zu erhöhen sein.[93]

52 Das Gesetz unterscheidet zwischen der Ermittlung der Zwischeneinkünfte auf der Ebene der ZwischenGes und der Einkünfteermittlung auf der Ebene des inländischen Anteilseigners. Der Hinzurechnungsbetrag wird von der Rspr als **Quasi-Ausschüttung** behandelt, die als **Einkünfteerhöhungsbetrag eigener Art** außerhalb der Einnahme-Überschuss-Rechnung bzw der Gewinnermittlung die Einkünfte erhöht.[94] Er führt nicht zu (fiktiven) Einnahmen iSd § 8 EStG, so dass dem Betrag keine Werbungskosten oder Betriebsausgaben gegenübergestellt werden.[95] Der Abzug von Werbungskosten und Betriebsausgaben des inländischen Anteilseigners richtet sich daher nach den allg Einkünfteermittlungsvorschriften, wie sie für Einkünfte aus Kapitalvermögen bzw den Gewinneinkünften gelten (su Rn 53).[96] Die Ermittlung der dem Hinzurechnungsbetrag zugrunde liegenden Einkünfte der ZwischenGes richtet sich dagegen nach § 10 Abs 3 und 4 (su Rn 65).

91 *F/W/B/S* § 10 AStG Rn 134.
92 *F/W/B/S* § 10 AStG Rn 47, 133; *S/K/K* § 10 AStG Rn 38; *Blümich* § 10 AStG Rn 3.
93 *S/K/K* § 10 AStG Rn 39; *Kraft* § 10 AStG Rn 261.
94 *BFH* BStBl II 2009, 594; BStBl II 2006, 538.
95 *BFH* BStBl II 2006, 538.
96 *S/K/K* § 10 AStG Rn 60.

2. Abzug von Werbungskosten und Betriebsausgaben. Die **systematische Trennung** zwischen der Einkünfteermittlung auf der Ebene der ZwischenGes einerseits und auf der Ebene des inländischen Anteilseigners andererseits hat bes Bedeutung für den Abzug von Werbungskosten und Betriebsausgaben. Auf Ebene des inländischen Anteilseigners können nur Aufwendungen als Werbungskosten oder Betriebsausgaben abgezogen werden, die er getragen hat. Aufwendungen, die bei der ZwischenGes angefallen sind, können nur iRd Ermittlung der Zwischeneinkünfte gem § 10 Abs 3 und 4 berücksichtigt werden.[97] Eine Berücksichtigung von Aufwendungen des inländischen Anteilseigners bei der Ermittlung der Zwischeneinkünfte scheidet damit ebenfalls aus.[98] 53

Die Einordnung des Hinzurechnungsbetrags als Einkünfteerhöhungsbetrag eigener Art, der nicht in die Einkünfteermittlung nach § 2 EStG eingeht, hat zur Folge, dass damit in Zusammenhang stehende Aufwendungen nicht als **Werbungskosten** oder **Betriebsausgaben** vom Hinzurechnungsbetrag abgezogen werden können.[99] Die Aufwendungen sind jedoch durch die Beteiligung an der ausl ZwischenGes veranlasst, so dass sie Werbungskosten bei den Einkünften aus Kapitalvermögen oder Betriebsausgaben bei den betrieblichen Einkünften darstellen.[100] Für den Werbungskosten- bzw Betriebsausgabenabzug gelten auch iRd Hinzurechnungsbesteuerung daher die allg Grundsätze.[101] Die Aufwendungen müssen in einem **Veranlassungszusammenhang** mit der Beteiligung stehen. Daher können zB Kosten der Erstellung der Hinzurechnungsbilanz vom inländischen Anteilseigner als Werbungskosten bzw Betriebsausgaben abgezogen werden.[102] Allerdings ist die Abzugsbeschränkung des § 3c Abs 2 EStG nach § 10 Abs 2 S 4 bzw § 3 Nr 41 lit a EStG auf diese Aufwendungen entspr anzuwenden. Sie werden somit nur zu 60 % steuermindernd berücksichtigt (zu Einzelheiten su Rn 64). 54

3. Zeitliche Erfassung des Hinzurechnungsbetrags. Der Zeitpunkt der Hinzurechnung ist gem § 10 Abs 2 S 1 im **Wege einer Fiktion** gesetzlich geregelt. Der Hinzurechnungsbetrag gilt nach § 10 Abs 2 S 1 unmittelbar nach Ablauf des Wj der ausl ZwischenGes beim inländischen Anteilseigner als zugeflossen. Die gesetzliche Fiktion entspricht der Vorstellung des Gesetzgebers, dass der inländische Anteilseigner so behandelt werden soll, als wenn die ZwischenGes ihren (passiven) Gewinn zum frühestmöglichen Zeitpunkt ausgeschüttet hätte (s dazu Rn 2).[103] Der Zufluss erfolgt somit in der logischen Sekunde nach Ablauf des maßgebenden Wj der ZwischenGes. Bei einem mit dem Kj übereinstimmenden Wj wird der Hinzurechnungsbetrag also erst im folgenden Kj beim inländischen Anteilseigner erfasst, so dass es zu einer **zeitversetzten Besteuerung** kommt.[104] Weicht das maßgebende Wj vom Kj ab, erfolgt die Erfassung des Hinzurechnungsbetrags in demselben Jahr, in dem das Wj der ZwischenGes endet,[105] soweit die Beteiligung im Privatvermögen gehalten wird. Wird die 55

---

97 *F/W/B/S* § 10 AStG Rn 151; *Blümich* § 10 Rn 39.
98 *BFH* BStBl II 1995, 502.
99 *BFH* BStBl II 2006, 538; *F/W/B/S* § 10 AStG Rn 146.
100 *BFH* BStBl II 1995, 502.
101 *F/W/B/S* § 10 AStG Rn 146; *S/K/K* § 10 AStG Rn 60.
102 *BFH* BStBl II 1995, 502.
103 BT-Drucks 6/2883, 18.
104 *S/K/K* § 10 AStG Rn 45.
105 *BFH/NV* 2004, 687.

Beteiligung dagegen im Betriebsvermögen gehalten, erhöht der Hinzurechnungsbetrag den Gewinn des Wj, das nach dem Ende des Wj der ZwischenGes endet.

56 Das **maßgebende Wj** der ausl ZwischenGes ist nach dt und nicht nach ausl Recht zu bestimmen.[106] Die Bestimmung des Wj der ZwischenGes richtet sich somit nach § 4a EStG. Das Wj ist bei Gewerbetreibenden nach § 4a Abs 1 Nr 2 EStG der Zeitraum, für den sie regelmäßig Abschlüsse machen, wenn die Firma ins dt Handelsregister eingetragen ist. Fehlt es an einer Handelsregistereintragung, entspricht das Wj gem § 4a Abs 1 Nr 3 EStG dem Kj. Mangels Handelsregistereintragung der ausl ZwischenGes könnte der inländische Anteilseigner somit kein vom Kj abweichendes Wj wählen. Eine solche nur am Wortlaut orientierte Auslegung ist abzulehnen. Vielmehr ist es zulässig, dass dem maßgebenden Wj der Zeitraum zu Grunde gelegt wird, für den die ZwischenGes regelmäßig Abschlüsse macht. Da § 10 Abs 3 S 1 nur von einer „entspr" Anwendung der dt Vorschriften spricht, steht der Wortlaut des § 4a Abs 1 Nr 2 EStG dieser Auslegung nicht entgegen.[107] Allerdings darf der gewählte Zeitraum 12 Monate nicht überschreiten. Sollte der Zeitraum, für den die ZwischenGes regelmäßig Abschlüsse macht, länger als 12 Monate sein, kann dieser für die Hinzurechnungsbesteuerung nicht zu Grunde gelegt werden.[108]

Beispiele: Wj der ausl ZwischenGes entspricht dem Kj:

Die ausl ZwischenGes, an der der inländische Anteilseigner A allein beteiligt ist, hat ein Wj, das dem Kj entspricht. A hält die Anteile im Privatvermögen. Im Jahr 2009 fallen Zwischeneinkünfte von 100 an, die mangels abzugsfähiger Steuern in gleicher Höhe in den anzusetzenden Hinzurechnungsbetrag einfließen. Der Hinzurechnungsbetrag gilt bei A am 1.1.2010 als zugeflossen.

Wj der ausl ZwischenGes weicht vom Kj ab, Wj des Betriebs von A entspricht dem Kj:

Die Zwischeneinkünfte der ausl Ges werden für ein Wj ermittelt, das am 1.7. beginnt und am 30.6. des Folgejahres endet. A hält die Anteile im Betriebsvermögen. Das Wj des Betriebs von A entspricht dem Kj. Entsprechend werden die Zwischeneinkünfte aus dem Wj 1.7.2011 bis 30.6.2012 am 1.7.2012 hinzugerechnet. Sie erhöhen den Gewinn des Betriebs des A in dessen Wj 2012.[109]

57 **4. Vorliegen der materiellen Voraussetzungen der Hinzurechnungsbesteuerung.** Die materiellen Voraussetzungen für die Hinzurechnungsbesteuerung müssen nur zum Ende des Wj der ZwischenGes und nicht im Zeitpunkt der Zurechnung des Hinzurechnungsbetrags nach § 10 Abs 2 S 1 erfüllt sein.[110] Ein Ansatz des Hinzurechnungsbetrags unterbleibt daher nicht, wenn der inländische Anteilseigner seine Beteiligung unmittelbar mit dem Ende des Wj der ZwischenGes **veräußert**. Obwohl der inländischen Anteilseigner zum Zeitpunkt des fingierten Zuflusses des Hinzurechnungsbetrags nicht mehr beteiligt ist, hat er diesen dennoch zu versteuern. Umgekehrt ist dem (inländischen) **Erwerber** kein Hinzurechnungsbetrag zuzurechnen, obwohl er zum Zeitpunkt der Zurechnung an der Ges beteiligt ist.

---

106 *S/K/K* § 10 AStG Rn 55; *F/W/B/S* § 10 AStG Rn 165; *Kraft* § 10 AStG Rn 300.
107 GlA *S/K/K* § 10 AStG Rn 56; *F/W/B/S* § 10 AStG Rn 165 ff.
108 *S/K/K* § 10 AStG Rn 58; *F/W/B/S* § 10 AStG Rn 169.
109 *F/W/B/S* § 10 AStG Rn 164.
110 *S/K/K* § 10 AStG Rn 51; *Blümich* § 10 AStG Rn 20; *F/W/B/S* § 10 AStG Rn 156 ff.

Aus denselben Gründen scheidet der Ansatz eines Hinzurechnungsbetrags aus, wenn ein inländischer Anteilseigner zwar **im Laufe des Jahres,** aber nicht mehr zum Ende des Wj unter den Voraussetzungen des § 7 an der ZwischenGes beteiligt war. Da zum Ende des Wj die materiellen Voraussetzungen für eine Hinzurechnungsbesteuerung nicht mehr vorliegen, wird ein Hinzurechnungsbetrag nicht mehr angesetzt.[111] 58

Der **Wechsel des inländischen Anteilseigners** von der unbeschränkten zur **beschränkten StPfl** führt dazu, dass ein Hinzurechnungsbetrag nicht mehr angesetzt werden kann. Zwar war der Anteilseigner am Ende des Wj noch unter den Voraussetzungen des § 7 an der ZwischenGes beteiligt, so dass eigentlich eine Hinzurechnung möglich wäre. Nach dem Wechsel in die beschränkte StPfl ist der Anteilseigner nur noch mit den Einkünften iSd § 49 EStG steuerpflichtig, zu denen ein Hinzurechnungsbetrag regelmäßig nicht gehört.[112] 59

5. Besteuerung einer Gewinnausschüttung nach § 3 Nr 41 EStG. Schüttet die ZwischenGes ihren Gewinn tatsächlich an den inländischen Anteilseigner aus, nachdem dieser bereits der Hinzurechnungsbesteuerung unterlegen hat, droht eine Überbesteuerung. Daher stellt § 3 Nr 41 lit a EStG die Gewinnausschüttung einer ausl Ges **in voller Höhe steuerfrei**, soweit Hinzurechnungsbeträge derselben Ges im Jahr des Dividendenbezugs oder in den vorangegangenen sieben Jahren der Einkommensteuer unterlegen haben. Die Gefahr einer Überbesteuerung wird durch die Steuerbefreiung jedoch nicht gänzlich vermieden, denn sie wird nicht gewährt, wenn die Hinzurechnungsbesteuerung außerhalb des Sieben-Jahres-Zeitraums der Vorschrift erfolgt war.[113] Bei einer inländischen KapGes als Dividendenempfänger ist grds § 8b Abs 1 KStG einschlägig. Wegen § 8b Abs 5 KStG kommt es allerdings zu einer geringen wirtschaftlichen Doppelbelastung.[114] Nach **hM** ist daher auch bei einer **KapGes** als inländischem Anteilseigner über § 12 Abs 3 und § 8 Abs 1 KStG die Vorschrift des § 3 Nr 41 EStG und nicht § 8b KStG anzuwenden. § 8b Abs 5 KStG wird zur Vermeidung einer Ungleichbehandlung von KapGes und PersGes verdrängt, so dass die Gewinnausschüttung nicht nur zu 95 %, sondern zu 100 % steuerbefreit ist.[115] § 3 Nr 41 lit a EStG ist des Weiteren in Bezug auf die Gewerbesteuer von Bedeutung, da die Hinzurechnung gem § 8 Nr 5 S 2 GewStG unterbleibt.[116] 60

II. Betriebliche Einkünfte (S 2)

Der Hinzurechnungsbetrag gehört nach § 10 Abs 2 S 2 zu den Einkünften aus Gewerbebetrieb, aus Land- und Forstwirtschaft oder aus selbstständiger Tätigkeit, wenn die Anteile an der ZwischenGes zu einem Betriebsvermögen gehören. Dies entspricht der im EStG geltenden Subsidiarität der Einkünfte aus Kapitalvermögen (§ 20 Abs 8 EStG).[117] Ob die Anteile zu einem Betriebsvermögen gehören, entscheidet sich nach den allg Regeln.[118] Das Gesetz unterscheidet nicht zwischen **inländischem und ausl** 61

111 *S/K/K* § 10 AStG Rn 53.
112 *S/K/K* § 10 AStG Rn 52; *F/W/B/S* § 10 AStG Rn 160.
113 *Lieber* FR 2002, 139; *Wassermeyer* DStJG 25 (2002), 103; *H/H/R* § 3 Nr 41 EStG Rn 1, 11.
114 *Haase* Hinzurechnungsbesteuerung, S 40; *Desens* IStR 2003, 613.
115 *H/H/R* § 3 Nr 41 EStG Rn 14; R 32 Abs 1 Nr 1 KStR.
116 *S/K/K* § 12 AStG Rn 25.
117 *Blümich* § 10 AStG Rn 16, 37.
118 *F/W/B/S* § 10 AStG Rn 181; *Blümich* § 10 AStG Rn 16.

Betriebsvermögen, so dass eine Umqualifizierung auch erfolgt, wenn die Anteile einem ausl Betriebsvermögen zuzurechnen sind. Der Hinzurechnungsbetrag wird dabei auch in Deutschland besteuert, wenn die Anteile einer ausl Betriebsstätte zuzuordnen sind. Denn nach § 20 Abs 1 wird die Anwendung eines DBA – also auch des Art 7 MA – für die Hinzurechnungsbesteuerung ausgeschlossen (s § 20 Rn 5).[119]

62 Als Einkünfteerhöhungsbetrag eigener Art fließt der Hinzurechnungsbetrag nicht in die Gewinnermittlung der betrieblichen Einkünfte ein. Vielmehr ist er den betrieblichen Einkünften **außerhalb der Gewinnermittlung** hinzuzurechnen. Dennoch unterliegt er der Gewerbesteuer, wenn der Hinzurechnungsbetrag nach § 10 Abs 2 S 2 den gewerblichen Einkünften des inländischen Anteilseigners zuzurechnen ist. Trotz der außerbilanziellen Hinzurechnung erhöht er die gewerblichen Einkünfte und steigert den Gewerbeertrag iSd § 7 GewStG (so Rn 10).[120]

III. Keine Anwendung von §§ 3 Nr 40, 32d EStG und § 8b KStG (S 3)

63 Auf den beim inländischen Anteilseigner anzusetzenden Hinzurechnungsbetrag iSd § 10 Abs 2 ist gem § 10 Abs 2 S 3 weder das Teileinkünfteverfahren nach § 3 Nr 40 EStG noch das Freistellungsverfahren nach § 8b KStG anzuwenden. Der Hinzurechnungsbetrag unterliegt auch nicht der Abgeltungsteuer nach § 32d EStG. Der Ausschluss des § 3 Nr 40 EStG gilt nicht für einen Hinzurechnungsbetrag, der im Jahr 2001 als zugeflossen gilt.[121] Die Vorschrift des § 10 Abs 2 ist zeitlich noch nicht auf einen solchen Hinzurechnungsbetrag anzuwenden. Der Anwendungsausschluss ist ein **systemtragendes Merkmal** der Hinzurechnungsbesteuerung, um die bezweckte vollständige Besteuerung des Hinzurechnungsbetrags sicherzustellen.[122] Ohne den gesetzlich angeordneten Anwendungsausschluss würde der Hinzurechnungsbetrag (anteilig) steuerbefreit bzw mit dem niedrigen Abgeltungssteuersatz von 25 % belegt werden, weil er wie eine Quasi-Ausschüttung iSd § 20 Abs 1 Nr 1 EStG behandelt wird. Eine solche steuerliche Begünstigung würde der von der Hinzurechnungsbesteuerung gerade bezweckten vollen Besteuerung widersprechen. Daher ist es systematisch konsequent, die Anwendung von §§ 3 Nr 40, 32d EStG und § 8b KStG auszuschließen.[123] Ohne den Anwendungsausschluss würde die Hinzurechnungsbesteuerung ihren eigentlichen Sinn verlieren.[124]

IV. Anwendung des § 3c Abs 2 EStG (S 4)

64 Mit dem JStG 2008 hat der Gesetzgeber S 4 eingefügt, der anordnet, dass das **anteilige Abzugsverbot** des § 3c Abs 2 EStG im Zusammenhang mit dem Hinzurechnungsbetrag entspr anzuwenden ist. Damit können Aufwendungen, die mit der Beteiligung an der ZwischenGes im wirtschaftlichen Zusammenhang stehen, nur noch zu 60 % abgezogen werden. Gleiches gilt nach § 3 Nr 41 lit a EStG auch für Aufwendungen, die mit der (steuerfreien) Gewinnausschüttung zusammenhängen.[125] Das Zusammenspiel bei-

119 *S/K/K* § 10 AStG Rn 42.
120 *Schaumburg* Rn 10.197.
121 *BFH* BStBl II 2009, 594.
122 *F/W/B/S* § 10 AStG Rn 202.
123 Die aus europarechtlicher Sicht vorgebrachten Bedenken gg den Anwendungsausschluss richten sich eigentlich gg die Hinzurechnungsbesteuerung an sich, so Rn 5.
124 S auch *F/W/B/S* § 10 AStG Rn 202.
125 *H/H/R* § 3 Nr 41 EStG Rn 1, 15; *F/W/B/S* § 3 EStG Rn 70.

der Vorschriften führt dazu, dass alle Aufwendungen, die durch die Beteiligung an der ZwischenGes veranlasst sind, nur zu 60 % steuermindernd berücksichtigt werden können. Wenn der Hinzurechnungsbetrag voll besteuert wird, dürften die damit verbundenen Aufwendungen aber keiner Abzugsbeschränkung unterliegen. Die Regelung ist daher **systemwidrig** und aufgrund des Verstoßes gegen das objektive Nettoprinzip **verfassungsrechtlich** höchst zweifelhaft, weil sie zu einer nicht gerechtfertigten Überbesteuerung führt.[126] Zwar wird eine vollumfängliche Berücksichtigung der Aufwendungen bei entspr Auslegung der Norm hier zumindest für vertretbar gehalten. Um das Risiko für den Steuerpflichtigen zu mindern, sollten die für ihn nachteiligen Konsequenzen aber bereits durch die Vermeidung von Ausgaben auf der Ebene von natürlichen Personen im Zusammenhang mit einer Beteiligung an einer ZwischenGes verhindert werden. Dies kann bewerkstelligt werden, indem die Beteiligung nicht direkt von der natürlichen Person, sondern über eine inländische KapGes gehalten wird.[127] Auf Körperschaften ist § 3c Abs 2 EStG nach **hM** nicht anwendbar.[128]

D. Ermittlung der steuerpflichtigen Einkünfte (§ 10 Abs 3)

I. Anwendung deutschen Rechts (S 1)

1. Vorschriften des deutschen Steuerrechts. Die Einkünfte der ausl ZwischenGes sind durch den inländischen Anteilseigner in entspr Anwendung der Vorschriften des **dt Steuerrechts** zu ermitteln. Die Entsch des Gesetzgebers, die Einkünfte nach dt Recht zu ermitteln, ist unter systematischen Gesichtspunkten mE nicht überzeugend. Da der Hinzurechnungsbetrag als Quasi-Ausschüttung zu qualifizieren ist und auch die Ermittlung späterer Dividenden nach ausl Recht erfolgt, hätte es näher gelegen, wenn der Besteuerung die **ausl Gewinnermittlung** zugrunde gelegt worden wäre. Denn für die Ausschüttung, welche der Hinzurechnungsbetrag ersetzen soll, steht nur der nach ausl Recht ermittelte Gewinn zur Verfügung. Dennoch hat der Gesetzgeber dem inländischen Anteilseigner die Pflicht auferlegt, die steuerpflichtigen Zwischeneinkünfte nach dt Steuerrecht zu ermitteln. Dies ist mit einem erheblichen Aufwand verbunden, der nur dadurch etwas abgemildert wird, dass die FinVerw dem StPfl die Möglichkeit einräumt, die zu erstellende Hinzurechnungsbilanz aus der Bilanz der ausl Ges abzuleiten.[129] 65

Grds verweist § 10 Abs 3 S 1 auf alle **Einkünfteermittlungsvorschriften**, soweit sie nicht nach § 10 Abs 3 S 4 ausdrücklich von der Anwendung ausgeschlossen werden. Darüber hinaus sind die Normen unanwendbar, die an die unbeschränkte StPfl anknüpfen.[130] Des Weiteren sind die Vorschriften zu den Sonderausgaben, den außergewöhnlichen Belastungen und dem Tarif nicht anzuwenden.[131] 66

Die **Regelung zur vGA** gem § 8 Abs 3 S 2 KStG ist nach der Rspr des BFH anzuwenden, wenn die vGA im Bereich der steuerpflichtigen Zwischeneinkünfte anfällt.[132] Die 67

126 GlA *Blümich* § 10 AStG Rn 40; *Schaumburg* Internationales Steuerrecht Rn 10.199; *H/H/R* § 3 Nr 41 EStG Rn 3; *F/W/B/S* § 10 AStG Rn 207; *Kraft/Moser* ISR 2012, 77.

127 Ausf *Kraft/Moser* ISR 2012, 77.

128 *F/W/B/S* § 10 AStG Rn 208.1; *S/K/K* § 10 AStG Rn 61; *Kraft* § 10 AStG Rn 349.

129 *BMF* BStBl I 2004, Sondernr 1 Tz 10.3.2.1.

130 *S/K/K* § 10 AStG Rn 70.

131 *S/K/K* § 10 AStG Rn 70.

132 *BFH* BStBl 1998, 176; krit *S/K/K* § 10 AStG Rn 72.

steuerpflichtigen Zwischeneinkünfte der ausl ZwischenGes sind um die vGA wieder zu erhöhen. Damit erhöht sich auch der dem Steuerinländer zuzurechnende Hinzurechnungsbetrag.

68 Die Vorschrift des **§ 1 über die Berichtigung von Einkünften** bei Rechtsbeziehungen zu nahe stehenden Personen ist nach der Rspr des BFH bei der Ermittlung der Einkünfte der ZwischenGes aufgrund des in § 1 angeordneten Vorrangs anderer Korrekturvorschriften nicht anzuwenden.[133] Die FinVerw hat sich der Auffassung des BFH angeschlossen.[134] Es ist aber zu beachten, dass es auf der Ebene des inländischen Anteilseigners zu einer Einkünftekorrektur nach § 1 kommen kann.[135] Einer dadurch drohenden Überbesteuerung will der BFH durch eine Gegenberichtigung des Hinzurechnungsbetrags im Billigkeitswege begegnen.

69 Diese Grundsätze galten unzweifelhaft bis zur Neufassung des § 1 durch das UntStReformG v 14.8.2007, der gem § 21 Abs 6 ab dem VZ 2008 anzuwenden ist. **Zweifel bestehen** nunmehr, weil § 1 Abs 1 S 3 nicht mehr den Vorrang anderer Korrekturvorschriften normiert, sondern die ggf weitergehende Berichtigungsnorm des § 1 gleichzeitig neben anderen Berichtigungsvorschriften anzuwenden ist. Systematisch ist es uE jedoch weiterhin geboten, dass § 1 bei der Ermittlung der Zwischeneinkünfte außer Acht zu lassen ist. Nach § 10 Abs 3 S 4 bleiben steuerliche Vergünstigungen, die an die unbeschränkte Steuerpflicht anknüpfen, nämlich unberücksichtigt. Das gleiche muss für steuerlich belastende Vorschriften gelten, die an die unbeschränkte Steuerpflicht anknüpfen. Da § 1 die unbeschränkte Steuerpflicht voraussetzt, kann die Vorschrift iRd §§ 7 ff keine Berücksichtigung finden.[136]

70 Keine Anwendung findet auch **§ 2a EStG**, der die Verrechnungsmöglichkeiten für ausl Verluste beschränkt.[137] Die Regelungen der Hinzurechnungsbesteuerung decken den durch § 2a EStG verfolgten Zweck als speziellere Vorschriften schon ab.

71 **2. Pflicht zur Ermittlung der Zwischeneinkünfte.** Zur Ermittlung der Zwischeneinkünfte ist der inländische Anteilseigner und nicht die ZwischenGes verpflichtet.[138] Dennoch bleibt die ZwischenGes **Einkünfteerzielungssubjekt**.[139] Ungeachtet dessen, dass Gegenstand der Ermittlungspflicht die von der ZwischenGes erzielten Einkünfte sind,[140] kann die **Einkünfteermittlungspflicht** nur den Steuerinländer treffen, denn der dt Gesetzgeber kann schon aufgrund seiner territorial begrenzten Steuerhoheit keine im Inland nicht steuerpflichtige ausl Ges dazu verpflichten. Dem Umfang nach ist die Einkünfteermittlungspflicht auf die steuerpflichtigen Zwischeneinkünfte beschränkt. Es sind die **gesamten Zwischeneinkünfte** der ausl Ges zu ermitteln, so dass eine Beschränkung auf den Teil der Zwischeneinkünfte, die dem Steuerinländer zuzurechnen sind, nicht zulässig ist.[141] Praktische Schwierigkeiten des inländischen Anteilseig-

---

133 *BFH* BStBl 2002, 644; *BFH* BStBl 1988, 868; *Haase* Hinzurechnungsbesteuerung, S 121; *Schaumburg* Rn 10.166.
134 *BMF* BStBl I 2004, Sondernr 1 Tz 10.1.1.1.
135 *BFH* BStBl 2002, 644.
136 *Haase* Hinzurechnungsbesteuerung, S 121 f.
137 *Blümich* § 10 AStG Rn 68; *F/W/B/S* § 10 AStG Rn 239.
138 *S/K/K* § 10 AStG Rn 63; *Schaumburg* Rn 10.161.
139 *BFH* BStBl 1998, 176.
140 *BFH* BStBl 1998, 176.
141 *BMF* BStBl I 2004, Sondernr 1 Tz 10.1.1.1.

ners, alle notwendigen Angaben und Unterlagen von der ausl ZwischenGes zu erhalten, entbinden ihn nicht von seiner Einkünfteermittlungspflicht. Das Gesetz unterscheidet zwischen der Ermittlung der Zwischeneinkünfte auf der Ebene der ZwischenGes und der Einkünfteermittlung auf der Ebene des inländischen Anteilseigners. § 10 Abs 3 trifft nur Regelungen über die Ermittlung der Zwischeneinkünfte auf der Ebene der ZwischenGes.

Die Ermittlungspflicht trifft nur den **unmittelbar beteiligten Steuerinländer**. Bei einer mittelbaren Beteiligung über eine Kap- oder PersGes hat nur die unmittelbar beteiligte Ges die Einkünfte zu ermitteln.[142] Dagegen erstreckt sich die Einkünfteermittlungspflicht auch auf die Einkünfte von nachgeschalteten UnterGes, deren Einkünfte nach § 14 der OberGes zugerechnet werden, obwohl der Steuerinländer an der UnterGes nur mittelbar beteiligt ist.[143] 72

Sind **mehrere Steuerinländer** an der ZwischenGes beteiligt, müssen sie gemeinschaftlich der Ermittlungspflicht nachkommen. Die Einkünfte sind nach § 18 Abs 1 S 2 einheitlich und gesondert festzustellen. Für jeden Steuerinländer ist ein eigener Hinzurechnungsbetrag festzustellen. Eine Zusammenfassung darf nicht erfolgen.[144] 73

Ist der Steuerinländer an **mehreren ausl ZwischenGes** beteiligt, sind die Einkünfte für jede Ges separat zu ermitteln. Eine Zusammenrechnung ist weder auf der Ebene der Ges noch auf der Ebene des inländischen Anteilseigners zulässig. Auch eine Verlustverrechnung zwischen den verschiedenen ZwischenGes kann nicht erfolgen.[145] 74

3. Aufteilung bei gemischten Einkünften. Da nur die passiven niedrig besteuerten Einkünfte der ZwischenGes zu ermitteln sind, müssen die Einkünfte aufgeteilt werden, wenn die Ges daneben noch aktive oder hoch besteuerte Einkünfte erzielen sollte. Wie die verschiedenen Einkünfte voneinander abzugrenzen sind, ist nicht gesetzlich geregelt. Die Aufteilung kann daher nach der **direkten** oder **indirekten Methode** erfolgen. In komplexeren Fällen kann auch eine **Kombination beider Verfahren** angezeigt sein.[146] Welche Methode anzuwenden ist, kann nur unter Berücksichtigung sämtlicher **Umstände des Einzelfalls** entschieden werden. Ein Wahlrecht hat der Steuerinländer nicht.[147] Entscheidend für die Methodenwahl ist mE, nach welcher Methode unter Berücksichtigung objektiver Umstände eine materiell zutr Aufteilung am ehesten erreicht werden kann. 75

Zutr geht die FinVerw davon aus, dass die Einkünfte vorrangig nach der **direkten Methode** zu ermitteln sind.[148] Dazu sollen sämtliche Einkünfte der ZwischenGes nach dt Recht ermittelt werden. Vom so ermittelten Gesamtbetrag sind dann die darin enthaltenen aktiven oder hoch besteuerten Einkünfte abzuziehen (Gesamtermittlung). Alternativ können auch nur die steuerpflichtigen Zwischeneinkünfte durch gesonderte Teilbilanz bzw Einnahme-Überschuss-Rechnung ermittelt werden (Sonderermittlung). Die FinVerw will eine Sonderermittlung nur erlauben, wenn die steuer- 76

142 *S/K/K* § 10 AStG Rn 66.
143 *F/W/B/S* § 10 AStG Rn 212.
144 *BFH* BStBl II 1996, 122.
145 *BMF* BStBl I 2004, Sondernr 1 Tz 10.1.1.3.
146 *S/K/K* § 10 AStG Rn 102.
147 **AA** *S/K/K* § 10 AStG Rn 102; *Blümich* § 10 AStG Rn 94.
148 *BMF* BStBl I 2004, Sondernr 1 Tz 10.4.1.

pflichtigen Zwischeneinkünfte aufgrund der Buchführung der ZwischenGes leicht und eindeutig zu erfassen sind.[149]

77 Die Anwendung der direkten Methode setzt jedoch voraus, dass sämtliche Einnahmen und Ausgaben eindeutig den jeweiligen Einkünften zugeordnet werden können, was in der Praxis häufig nicht der Fall sein wird.[150] Kann **keine eindeutige Trennung** vorgenommen werden, sind iRd **indirekten Methode** sämtliche Einkünfte der ZwischenGes zu ermitteln und nach einem geeigneten Schlüssel aufzuteilen. Dabei können die Einkünfte nach dem Umsatz aufgeteilt werden, wenn ein geeigneterer Maßstab nicht gegeben ist.[151] Für den inländischen Anteilseigner besteht also die Möglichkeit, einen geeigneteren Aufteilungsmaßstab im Einzelfall nachzuweisen.

78 **4. Erträge aus Investmentfonds.** Die Einkünfte, die eine ZwischenGes aus Anteilen an einem in- oder ausl Investmentfonds erzielt, sollen gem § 10 Abs 3 S 1 HS 2 nach den Regeln des InvStG ermittelt werden. Deshalb sollen nicht nur tatsächlich ausgeschüttete sondern auch ausschüttungsgleiche Erträge iSd § 1 Abs 3 S 3 InvStG in die Ermittlung der Zwischeneinkünfte einfließen. Die Vorschrift **geht** jedoch **ins Leere**,[152] denn die Investmenterträge gelten nach § 2 Abs 1 S 1 InvStG als solche iSd § 20 Abs 1 Nr 1 EStG. Bezüge iSd § § 20 Abs 1 Nr 1 EStG gehören nach § 8 Abs 1 Nr 8 zu den aktiven Einkünften, die der Hinzurechnungsbesteuerung nicht unterliegen. Somit fließen Erträge aus Investmentfonds gar nicht in den Hinzurechnungsbetrag ein.[153]

II. Art der Einkünfteermittlung (S 2 und 3)

79 **1. Grundsätze der Einkünfteermittlung.** Nach welchen Grundsätzen die Einkünfteermittlung zu erfolgen hat, ist **gesetzlich nicht festgelegt**.[154] Aus § 10 Abs 3 S 2 wird nur deutlich, dass die **Überschussrechnung** nach § 4 Abs 3 EStG der Gewinnermittlung durch **Betriebsvermögensvergleich** nach § 4 Abs 1 und § 5 EStG gleich steht. Die Einkünfte können aber auch im Rahmen einer Einnahme-Überschuss-Rechnung gem § 2 Abs 2 Nr 2 EStG ermittelt werden. Nach der Rspr des BFH ist danach zu differenzieren, welche Art von Einkünften die ausl ZwischenGes erzielt. Handelt es sich um Gewinneinkünfte, hat die Einkünfteermittlung nach § 2 Abs 2 Nr 1 EStG zu erfolgen, während bei Vorliegen von Überschusseinkünften die Einkünfteermittlung nach § 2 Abs 2 Nr 2 EStG vorzunehmen ist, soweit der Steuerinländer die Anteile im Privatvermögen hält.[155] Die Einkünfte der ZwischenGes werden nach der Entsch des BFH aus dem Jahre 1998 auch nicht nach § 8 Abs 2 KStG grds als gewerbliche qualifiziert, weil dies die Eintragung der ausl ZwischenGes ins dt HR voraussetze. Diese Begr ist nach Änderung des § 8 Abs 2 KStG nicht mehr tragfähig, weil nunmehr alle KapGes – auch solche nach ausl Recht – ausschließlich gewerbliche Einkünfte erzielen. Auf eine Eintragung ins HR kommt es nicht mehr an.[156] Offen gelassen hat der BFH

---

149 *BMF* BStBl I 2004, Sondernr 1 Tz 10.4.1.
150 *S/K/K* § 10 AStG Rn 101 f.
151 *BMF* BStBl I 2004, Sondernr 1 Tz 10.4.3.
152 Überzeugend *F/W/B/S* § 10 AStG Rn 326.
153 *Blümich* § 10 AStG Rn 72.
154 *Goebel/Haun* IStR 2007, 768.
155 *BFH* BStBl II 1998, 468.
156 Die Auffassung des BFH kann daher nur noch mit dem Zweck der Hinzurechnungsbesteuerung gerechtfertigt werden, s dazu Rn 2.

darüber hinaus die Frage, ob andere Grundsätze gelten, wenn der Steuerinländer die Anteile im Betriebsvermögen hält. ME gelten dann die Grundsätze der Gewinnermittlung nach § 2 Abs 2 Nr 1 EStG.

2. Einnahme-Überschuss-Rechnung. Die Einkünfteermittlung erfolgt im Rahmen einer **Einnahme-Überschuss-Rechnung** nach § 2 Abs 2 Nr 2 EStG, wenn die ZwischenGes Einkünfte aus Vermögensverwaltung erzielt und die Anteile im Privatvermögen gehalten werden.[157] Dies hat zur Konsequenz, dass Veräußerungsgewinne nur unter den Voraussetzungen der §§ 17, 20 und 23 EStG steuerpflichtig sind.[158] Der BFH rechtfertigt diese Auffassung auch mit dem Zweck der Hinzurechnungsbesteuerung, nur ungerechtfertigte Steuervorteile durch Einschaltung einer ZwischenGes beseitigen zu wollen. Daher wäre es mit dem Zweck der Hinzurechnungsbesteuerung nicht vereinbar, wenn der Steuerinländer Einkünfte versteuern müsste, die nicht steuerbar wären, wenn er sie selbst erzielt hätte.[159] Bei konsequenter Umsetzung dieser Grundsätze sind von der ZwischenGes neben der Vermögensverwaltung erzielte **Einkünfte aus Gewerbebetrieb** durch eine gesonderte Gewinnermittlung nach § 2 Abs 2 Nr 1 EStG zu ermitteln.[160] 80

3. Wahlrecht zwischen Betriebsvermögensvergleich und Überschussrechnung. Der Steuerinländer hat ein **Wahlrecht** zwischen der Gewinnermittlung durch Betriebsvermögensvergleich gem §§ 4 Abs 1, 5 EStG und Überschussrechnung nach § 4 Abs 3 EStG, wenn die ZwischenGes Gewinneinkünfte erzielt. Die freie Wahl der Gewinnermittlungsart wird nicht dadurch eingeschränkt, dass die ZwischenGes Bücher führt und regelmäßig Abschlüsse erstellt. Auch steht der freien Wahl nicht entgegen, dass die Beteiligung an der ZwischenGes im Betriebsvermögen gehalten wird und der inländische Betriebsgewinn durch Betriebsvermögensvergleich ermittelt wird.[161] Das Wahlrecht kann bis zur Abgabe der Feststellungserklärung nach § 18 ausgeübt werden.[162] Entscheidet sich der Steuerinländer, den Gewinn durch Überschussrechnung zu ermitteln, gelten keine von den allg Regeln des § 4 Abs 3 EStG abweichenden Besonderheiten. 81

4. Gewinnermittlung durch Betriebsvermögensvergleich. Ermittelt der Steuerinländer den Gewinn durch **Betriebsvermögensvergleich**, hat er eine „Hinzurechnungsbilanz" aufzustellen.[163] Bei der Erstellung der Hinzurechnungsbilanz sind dt Bilanzierungsgrundsätze zu beachten, § 10 Abs 3 S 1, wobei sich mit der zunehmenden Ausrichtung des dt Bilanzrechts an int Bilanzierungsregeln die Unterschiede zu den nach ausl Recht erstellten Bilanzen verringern werden. Es wird von der FinVerw akzeptiert, wenn die Hinzurechnungsbilanz aus der nach ausl Recht erstellten Bilanz unter Berücksichtigung des § 60 EStDV abgeleitet wird.[164] Eine Bindung an die ausl Bilanz- 82

---

157 *BFH* BStBl II 1998, 468.
158 *BMF* BStBl I 2004, Sondernr 1 Tz 10.1.1.2; *S/K/K* § 10 AStG Rn 84 f.
159 *BFH* BStBl II 1998, 468.
160 *S/K/K* § 10 AStG Rn 84 f.
161 *F/W/B/S* § 10 AStG Rn 327.
162 *BMF* BStBl I 2004, Sondernr 1 Tz 10.3.1.1.
163 *Kraft* § 10 AStG Rn 649; *Blümich* § 10 AStG Rn 80; *BMF* BStBl I 2004, Sondernr 1 Tz 10.3.2.
164 *BMF* BStBl I 2004, Sondernr 1 Tz 10.3.2.1; *S/K/K* § 10 AStG Rn 89.

ansätze besteht nicht.[165] Dabei darf die Hinzurechnungsbilanz in derjenigen Währung erstellt werden, in der die Bücher der ZwischenGes geführt werden. Die Umrechnung hat grds zu dem Kurs zu erfolgen, der zu dem Zeitpunkt gilt, zu dem der Hinzurechnungsbetrag nach § 10 Abs 2 als zugeflossen gilt. Die Berücksichtigung eines Jahresdurchschnittskurses wird aber akzeptiert.[166]

83 Die **Bilanzansätze** müssen dt Recht entsprechen, so dass die dt Vorschriften sowohl zum Bilanzansatz als auch zur Bewertung zu beachten sind, § 10 Abs 3 S 1.[167] Es gelten keine Besonderheiten, so dass auf die entspr Kommentare und die Verwaltungsanweisung[168] verwiesen werden kann. Die Gewinnermittlung richtet sich dementsprechend nach § 6 EStG. Grundsätzlich sind Wirtschaftsgüter, die Betriebsvermögen darstellen, mit ihren Anschaffungs- oder Herstellungskosten anzusetzen, § 6 Abs 1 Nr 1 S 1 und Nr 2 S 1 EStG. Nach § 6 Abs 1 Nr 1 S 2 und Nr 2 S 2 EStG können Wirtschaftsgüter dagegen mit dem Teilwert angesetzt werden, wenn dieser aufgrund einer voraussichtlichen dauernden Wertminderung niedriger ist. Dies gilt aufgrund des Verweises in § 10 Abs 3 S 1 auch für die Hinzurechnungsbilanz. Die gegenteilige Auffassung der FinVerw, Anlage- und Umlaufvermögen seien zwingend mit dem niedrigeren Teilwert zu bilanzieren,[169] findet im Gesetz keine Grundlage und ist daher abzulehnen.[170]

84 Kommt es erstmals zur Hinzurechnungsbesteuerung, ist eine eröffnende Hinzurechnungsbilanz der Ermittlung der Zwischeneinkünfte zu Grunde zu legen.[171] Bei der **zu erstellenden Eröffnungsbilanz** ist § 21 Abs 3 zu beachten. Nach § 21 Abs 3 sind die Wirtschaftsgüter mit den Werten in der Eröffnungsbilanz anzusetzen, die sich ergeben würden, wenn seit Übernahme der Wirtschaftsgüter durch die ausl Gesellschaft die Vorschriften des deutschen Steuerrechts angewendet worden wären. Somit sind die Wirtschaftsgüter nicht nach § 6 Abs 1 Nr 5 EStG mit dem **Teilwert**, sondern mit den fortgeschriebenen Anschaffungs- oder Herstellungskosten anzusetzen. Dies hat zur Folge, dass die **stillen Reserven**, die bereits vor der Anwendung der Hinzurechnungsbesteuerung entstanden sind, in die aktuelle Bemessung des Hinzurechnungsbetrags einfließen. Bei dem Erwerb einer Beteiligung an einer ausländischen Gesellschaft hat der Steuerpflichtige außerdem die enthaltenen stillen Reserven im Kaufpreis abzugelten. Kommt es später zur Realisation der stillen Reserven und damit zur Hinzurechnungsbesteuerung, wird bei ihm ein Wertzuwachs besteuert, der wirtschaftlich dem vorherigen Anteilseigner zuzurechnen ist. Aufgrund dieser überschießenden Wirkung wird die Vorschrift in der Literatur stark kritisiert. Eine Abmilderung der Besteuerungsfolgen sei nur im Billigkeitswege denkbar, da der Wortlaut des § 21 Abs 3 insofern eindeutig sei.[172] Der BFH hält die Vorschrift für verfassungsgemäß.[173]

85 Umstr ist, zu welchem **Zeitpunkt die Eröffnungsbilanz** zu erstellen ist. Grds ist die Hinzurechnungsbilanz zu erstellen, wenn die Voraussetzungen der Hinzurechnungsbesteue-

---

165 *F/W/B/S* § 10 Rn 219.

166 *BMF* BStBl I 2004, Sondernr 1 Tz 10.3.2.3 iVm 10.1.1.4.

167 *S/K/K* § 10 AStG Rn 93; *F/W/B/S* § 10 AStG Rn 258.

168 Zu Einzelheiten der Bewertung s *BMF* BStBl I 2004, Sondernr 1 Tz 10.3.3.2 ff.

169 *BMF* BStBl I 2004, Sondernr 1 Tz 10.3.3.2

170 *F/W/B/S* § 10 AStG Rn 258 f; *S/K/K* § 10 AStG Rn 93.

171 *S/K/K* § 10 AStG Rn 90; *F/W/B/S* § 10 AStG Rn 276.

172 *S/K/K* § 10 AStG Rn 94 f; *F/W/B/S* § 10 AStG Rn 282 ff.

173 *BFH* BStBl II 1990, 113.

rung erstmals kumulativ erfüllt sind. Liegt dieser Zeitpunkt zu Beginn des Wj der ZwischenGes, ist die Eröffnungsbilanz unstr auf diesen Zeitpunkt aufzustellen. Werden die Voraussetzungen erst im Laufe des Wj erfüllt, soll die Bilanz nach Auffassung der FinVerw auch auf den Beginn des Wj aufzustellen sein.[174] Damit werden Erträge vom Hinzurechnungsbetrag erfasst, die in einer Zeit erwirtschaftet wurden, in denen die Voraussetzungen für die Hinzurechnungsbesteuerung noch nicht vorlagen.[175] Diese Ausweitung des Besteuerungsumfangs lässt sich mit dem Zweck der Hinzurechnungsbesteuerung nur schwer vereinbaren.[176] Die Auffassung der FinVerw ist daher abzulehnen. Vielmehr ist die Eröffnungsbilanz auf den Zeitpunkt zu erstellen, in dem die Voraussetzungen der Hinzurechnungsbesteuerung erstmals kumulativ erfüllt waren.[177] Aufgrund des Verweises in § 10 Abs 3 S 1 auf die Vorschriften des dt Steuerrechts findet diese Auffassung Rückhalt in § 6 Abs 1 EStDV, wonach im Fall der Eröffnung eines Betriebs auf den Zeitpunkt der Eröffnung abzustellen ist. In diesem Fall ist ein Rumpfwirtschaftsjahr zu bilden, § 8b S 2 Nr 1 EStDV. Der Eintritt der Voraussetzungen der Hinzurechnungsbesteuerung ist mit der Eröffnung eines Betriebs gleichzusetzen.[178]

Entfallen die Voraussetzungen der Hinzurechnungsbesteuerung, kann **(fakultativ) eine Schlussbilanz** aufgestellt werden, in der die Wirtschaftsgüter mit den fortentwickelten Buchwerten anzusetzen sind, so dass **stille Reserven** nicht aufzudecken sind.[179] Die stillen Reserven bleiben nämlich „hinzurechnungssteuerverstrickt", denn für den Fall, dass die Voraussetzungen der Hinzurechnungsbesteuerung später wieder vorliegen, ist bei der Erstellung der Eröffnungsbilanz § 21 Abs 3 zu beachten.[180] 86

5. Ausübung des Wahlrechts bei mehreren Beteiligten. Das Wahlrecht kann nach § 10 Abs 3 S 3 nur **gemeinsam** ausgeübt werden, wenn mehrere Steuerinländer an der ZwischenGes beteiligt sind. Findet eine einheitliche Ausübung des Wahlrechts durch die inländischen Anteilseigner nicht statt, muss der Gewinn durch Betriebsvermögensvergleich ermittelt werden.[181] 87

III. Anwendungsausschluss für bestimmte Vorschriften (S 4)

Grds sind **steuerliche Vergünstigungen** bei der Ermittlung der Zwischeneinkünfte zu beachten. Ausgenommen werden nach § 10 Abs 3 S 4 jedoch solche Vergünstigungsnormen, die an die unbeschränkte StPfl oder an das Bestehen eines inländischen Betriebs oder einer inländischen Betriebsstätte anknüpfen. Eine gesetzliche Definition, welche steuerliche Norm als Vergünstigung anzusehen ist, existiert nicht.[182] Eine Vergünstigungsnorm liegt mE nicht bei einer reinen **Fiskalzwecknorm** vor, auch wenn sie sich steuermindernd auswirkt. Eine Vergünstigung kann nur eine Norm mit **Subventions- oder Verschonungscharakter** statuieren.[183] 88

---

174 *BMF* BStBl I 2004, Sondernr 1 Tz 10.3.3.1; ebenso *F/W/B/S* § 10 AStG Rn 280 für erst im Laufe des Wj eintretende Beteiligungsmehrheit.

175 *S/K/K* § 10 AStG Rn 91 f; *Blümich* § 10 AStG Rn 84.

176 *S/K/K* § 10 AStG Rn 92; *Blümich* § 10 AStG Rn 84; *F/W/B/S* § 10 AStG Rn 280.

177 *Blümich* § 10 AStG Rn 84; *S/K/K* § 10 AStG Rn 92; *F/W/B/S* § 10 AStG Rn 280: nur für unterjährige Begründung passiver Einkünfte.

178 *Blümich* § 10 AStG Rn 84.

179 *Blümich* § 10 AStG Rn 85.

180 *S/K/K* § 10 AStG Rn 97.

181 *BMF* BStBl I 2004, Sondernr 1 Tz 10.3.1.1.

182 *F/W/B/S* § 10 AStG Rn 341.

183 GlA *Kraft* § 10 AStG Rn 692.

89 Nach § 10 Abs 3 S 4 sind von der Berücksichtigung iRd Einkünfteermittlung ausdrücklich die **§ 8b Abs 1 und 2 KStG** sowie **§ 4h EStG, § 8a KStG** und unter bes Voraussetzungen die **Vorschriften des UmwStG** ausgenommen.

90 Die Bedeutung der Nichtanwendbarkeit des **§ 8b Abs 1 und 2 KStG** ist gering, da Dividenden und Veräußerungsgewinne aus Anteilsveräußerungen schon nach § 8 Abs 1 Nr 8 und 9 zu den **aktiven Einkünften** gehören und deshalb nicht der Hinzurechnungsbesteuerung unterliegen. Sind die Voraussetzungen von § 8 Abs 1 Nr 8 und 9 jedoch nicht erfüllt, können Bezüge und Veräußerungsgewinne iSd § 8b Abs 1 und 2 KStG den Hinzurechnungsbetrag erhöhen. Eine Anwendung des **§ 3 Nr 40 EStG** scheidet uE aus, weil die Vorschrift nur für einkommensteuerpflichtige Personen gilt und auch systematisch keine Anwendung geboten ist.[184]

91 Um eine mögliche **Dbest** zu vermeiden, sind die Zinsschrankenregelungen von § 4h EStG und § 8a KStG bei der Einkünfteermittlung nicht anzuwenden.[185] § 8a KStG idF vor seiner Änderung durch das UntStReformG v 14.8.2007 war bei der Einkünfteermittlung ebenfalls nicht zu berücksichtigen.[186]

92 Mit dem **SEStEG** v 7.12.2006 wurde S 4 dahingehend ergänzt, dass die Regelungen des UmwStG unberücksichtigt bleiben, soweit Einkünfte aus einer **Auslandsumwandlung** nach § 8 Abs 1 Nr 10 den Hinzurechnungsbetrag erhöhen. Nach § 8 Abs 1 Nr 10 gehören Einkünfte aus einer Auslandsumwandlung, die zu Buchwerten hätte erfolgen können, grds zu den aktiven Einkünften, die nicht in den Hinzurechnungsbetrag einfließen. Damit ist der Fall angesprochen, dass die Umwandlung unter **Aufdeckung stiller Reserven** erfolgt, dies aber nach dem UmwStG hätte vermieden werden können.[187] Der so realisierte Gewinn erhöht nach § 8 Abs 1 Nr 10 nicht den Hinzurechnungsbetrag. Führt die Umwandlung dagegen zu niedrig besteuerten Einkünften und hätte sie auch nicht zu Buchwerten erfolgen können, erhöhen die Einkünfte nach § 10 Abs 3 S 4 den Hinzurechnungsbetrag. Dies gilt insb für den Fall, dass die Umwandlung den Anteil an einer KapGes erfasst, dessen Veräußerung nicht die Voraussetzungen des § 8 Abs 1 Nr 9 erfüllen würde (s dazu § 8 Rn 85).[188]

IV. Berücksichtigung von Verlusten (S 5 und 6)

93 Bei einem **negativen Hinzurechnungsbetrag** entfällt nach § 10 Abs 1 S 3 eine Hinzurechnung, so dass der inländische Anteilseigner einen negativen Saldo der Zwischeneinkünfte nicht mit anderen positiven Einkünften verrechnen kann. Auch ein Ausgleich mit positiven Zwischeneinkünften desselben Anteilseigners aus anderen ZwischenGes ist nicht zulässig (so Rn 14).[189] Die Verluste gehen aber dennoch nicht endgültig verloren. Sie können unter entspr **Anwendung des § 10d EStG** in anderen Jahren von den positiven Zwischeneinkünften derselben ZwischenGes abgezogen werden, soweit sie die nach § 9 außer Ansatz zu lassenden Einkünfte übersteigen (s dazu § 9 Rn 24). Zur Verlustverrechnung stehen auch nach § 14 zuzurechnende posi-

184 **AA** *S/K/K* § 10 AStG Rn 75.
185 BR-Drucks 544/07, 125; *Goebel/Haun* IStR 2007, 768 meinen, die Regelung sei nicht systemkonform.
186 *BMF* BStBl I 2004, Sondernr 1 Tz 10.1.1.1.
187 *Rödder/Schumacher* DStR 2007, 369.
188 *Blümich* § 10 AStG Rn 76.
189 *BMF* BStBl I 2004, Sondernr 1 Tz 10.1.1.3.

tive Zwischeneinkünfte einer **UnterGes** zur Verfügung.[190] Es können nur Verluste abgezogen werden, die aus passiven und niedrig besteuerten Einkünften stammen. Dazu können auch Verluste aus Anteilsveräußerungen zählen, wenn diese ausnahmsweise nach § 8 Abs 1 Nr 9 zu den passiven Einkünften gehören.[191] Ein Verlust aus aktiven oder passiven hochbesteuerten Einkünften bleibt aus systematischen Gründen unberücksichtigt.

Ein **Wechsel im Gesellschafterbestand** lässt den Verlustabzug unberührt.[192] Es ist eine 94
gesellschaftsbezogene und keine gesellschafterbezogene Betrachtungsweise anzustellen. Denn die Ermittlung der Zwischeneinkünfte berührt zunächst nur die Ebene der ZwischenGes und erfolgt damit unabhängig von ihrem Gesellschafterbestand. Ein Verlustvortrag geht deshalb auch nicht verloren, wenn in einzelnen Jahren keine Zwischeneinkünfte bei der Ges anfallen.[193] Weitere Konsequenz einer gesellschaftsbezogenen Betrachtungsweise ist mE, dass im **Verlustentstehungsjahr** nicht die Voraussetzungen des § 7 Abs 2 und 6 erfüllt sein müssen.[194] Entstehen Verluste im Bereich der passiven und niedrig besteuerten Einkünfte, gehen sie in den Verlustabzug ein, auch wenn in dem Jahr kein Steuerinländer zu mehr als der Hälfte (§ 7 Abs 2) bzw zu mindestens 1 % (§ 7 Abs 6) beteiligt ist.[195]

Bei der Bezugnahme auf § 10d EStG handelt es sich um eine **Rechtsgrundverweisung**, 95
so dass ein Verlustabzug nur unter den Voraussetzungen des § 10d EStG in der jeweils geltenden Fassung vorgenommen werden kann.[196] Somit sind die Einschränkungen der sog Mindestbesteuerung gem § 10d Abs 1 und 2 EStG beim Verlustabzug auch iRd Hinzurechnungsbesteuerung zu beachten.[197] Die betragsmäßigen Begrenzungen des Verlustabzugs nach § 10d EStG sind auf jede ZwischenGes gesondert anzuwenden.[198] Auch insoweit erfolgt keine Zusammenrechnung, wenn der Steuerinländer an verschiedenen ZwischenGes beteiligt ist.

Der Verlustabzug wirkt sich auch auf die **Gewerbesteuer** aus, obwohl § 10 Abs 3 S 5 96
nicht auf § 10a GewStG verweist, weil der Verlustabzug den Gewerbeertrag unmittelbar verringert.[199]

Der Verlust iSd S 5 erhöht sich nach § 10 Abs 3 S 6, wenn sich durch den **Steuerabzug 97
nach § 10 Abs 1** ein negativer Betrag ergibt. Die Regelung stellt sicher, dass der Steuerabzug nicht dadurch verloren geht, dass die abziehbaren Steuern die positiven Zwischeneinkünfte des Abzugsjahrs übersteigen (so Rn 32).

---

190 *S/K/K* § 10 AStG Rn 109.

191 *Schönfeld* IStR 2008, 392.

192 *BMF* BStBl I 2004, Sondernr 1 Tz 10.3.5.3; glA *F/W/B/S* § 10 AStG Rn 359; *S/K/K* § 10 AStG Rn 114; *Schaumburg* Rn 10.186.

193 *BMF* BStBl I 2004, Sondernr 1 Tz 10.3.5.2.

194 *S/K/K* § 10 AStG Rn 114; *F/W/B/S* § 10 AStG Rn 369; **aA** *BMF* BStBl I 2004, Sondernr 1 Tz 10.3.5.1; *Blümich* § 10 AStG Rn 98.

195 **AA** *BMF* BStBl I 2004, Sondernr 1 Tz 10.3.5.1.

196 *BFH/NV* 2002, 1549; *Kraft* § 10 AStG Rn 751.

197 *Mössner* 7.107.

198 *Kraft* § 10 AStG Rn 751; *Blümich* § 10 AStG Rn 98.

199 *Blümich* § 10 AStG Rn 98.

E. Berücksichtigung von Betriebsausgaben (§ 10 Abs 4)

98 In Erg zu § 10 Abs 3 erklärt Abs 4 Betriebsausgaben nur insoweit bei der Ermittlung der Einkünfte der ZwischenGes als abzugsfähig, als sie wirtschaftlich mit diesen zusammenhängen. Die Regelung hat mE nur **klarstellende Funktion**. Es wird nur der allg im dt Steuerrecht geltende Grds, dass Aufwendungen nur bei Vorliegen eines (wirtschaftlichen) Veranlassungszusammenhangs mit steuerpflichtigen Einnahmen abzugsfähig sind, wiederholt. Erzielt die ZwischenGes sog **gemischte Einkünfte** (so Rn 24), sind die Betriebsausgaben den aktiven und passiven Einnahmen zuzuordnen. Die Aufteilung erfolgt entspr der unter Rn 75 f dargestellten Grundsätze.

99 Zwar spricht die Vorschrift nur von Betriebsausgaben, jedoch gilt sie auch für den **Werbungskostenabzug**, wenn die Einkünfte der ZwischenGes durch Einnahme-Überschuss-Rechnung iSd § 2 Abs 2 Nr 2 EStG ermittelt werden.[200] Nach der hier vertretenen Auffassung ergibt sich die Anwendung der Regelung des Abs 4 auf Werbungskosten schon aus dem Umstand, dass die Vorschrift nur klarstellende Funktion hat.

100 Die Aufwendungen für die Erstellung der **Hinzurechnungsbilanz** gehören nicht zu den Betriebsausgaben gem § 10 Abs 4. Sie können vom inländischen Anteilseigner als Werbungskosten bei den Einkünften aus Kapitalvermögen oder iF des § 10 Abs 2 S 2 als Betriebsausgaben abgezogen werden.[201] Gleiches gilt für die Kosten für die Anfertigung der Feststellungserklärung iSd § 18 (so Rn 54).

§ 11 Veräußerungsgewinne

(1) Gewinne, die die ausländische Gesellschaft aus der Veräußerung der Anteile an einer anderen ausländischen Gesellschaft oder einer Gesellschaft im Sinne des § 16 des REIT-Gesetzes sowie aus deren Auflösung oder der Herabsetzung ihres Kapitals erzielt und für die die ausländische Gesellschaft Zwischengesellschaft ist, sind vom Hinzurechnungsbetrag auszunehmen, soweit die Einkünfte der anderen Gesellschaft oder einer dieser Gesellschaft nachgeordneten Gesellschaft aus Tätigkeiten im Sinne des § 7 Abs. 6a für das gleiche Kalenderjahr oder Wirtschaftsjahr oder für die vorangegangenen sieben Kalenderjahre oder Wirtschaftsjahre als Hinzurechnungsbetrag (§ 10 Abs. 2) der Einkommensteuer oder Körperschaftsteuer unterlegen haben, keine Ausschüttung dieser Einkünfte erfolgte und der Steuerpflichtige dies nachweist.

(2) *(aufgehoben)*

(3) *(aufgehoben)*

BMF v 14.5.2004, Az IV B 4 – S 1340-11/04, BStBl I 2004, Sondernr 1, S 3.

Übersicht

200 *S/K/K* § 10 AStG Rn 118.
201 *BFH* BStBl II 1995, 502.

Literatur: *Haase* Ungereimtheiten der sog Mitwirkungstatbestände des Außensteuergesetzes, IStR 2007, 437; *Rättig/Protzen* Das BMF-Schreiben vom 14.5.2004 – IV B 4 – S 1340 – 11/04 – (Grundsätze zur Anwendung des Außensteuergesetzes), IStR 2004, 625; *dies* Die „neue Hinzurechnungsbesteuerung" der §§ 7–14 AStG in der Fassung des UntStFG – Problembereiche und Gestaltungshinweise, IStR 2002, 123; *Schönfeld* Probleme der Anwendung von § 8 Abs 1 Nr 9 AStG (Anteilsveräußerungsgewinne und -verluste) in mehrstufigen Beteiligungsstrukturen, IStR 2008, 392; *Wassermeyer* Die Anwendung des AStG innerhalb des REITG, IStR 2008, 197.

A. Allgemeines

I. Bedeutung der Vorschrift

Die Vorschrift soll eine **Dbest** von Gewinnen aus Anteilsveräußerungen, der Auflösung einer Ges oder der Kapitalherabsetzung verhindern, die eine ausl ZwischenGes im Zusammenhang mit einer nachgeordneten Ges (UnterGes) erzielt. Es handelt sich um eine **Fiskalzweckbefreiung**, weil sie gewährt wird, um eine am Leistungsfähigkeitsprinzip ausgerichtete Besteuerung zu gewährleisten. Eine Dbest kann dadurch entstehen, dass Teile des Veräußerungsgewinns schon der Hinzurechnungsbesteuerung unterlegen haben. Veräußert eine ausl ZwischenGes Anteile an einer nachgeordneten ausl Ges, so gehört der Veräußerungsgewinn nach § 8 Abs 1 Nr 9 zu den aktiven Einkünften, die nicht in den Hinzurechnungsbetrag nach § 10 einfließen. Der Veräußerungsgewinn führt aber nur insoweit zu aktiven Einkünften als der StPfl nachweist, dass der Veräußerungsgewinn nicht auf Wirtschaftsgüter der anderen Ges entfällt, die der Erzielung von Zwischeneinkünften mit Kapitalanlagecharakter iSd § 7 Abs 6a dienen (s dazu § 8 Rn 85 ff). Entfällt der Veräußerungsgewinn auf solche Wirtschaftsgüter oder kann der StPfl anderes nicht nachweisen, erhöht der Veräußerungsgewinn den Hinzurechnungsbetrag, weil insoweit passive Einkünfte vorliegen. In diesem Fall droht eine Dbest, wenn die Einkünfte dieser nachgeordneten Ges schon zuvor nach § 14 der ausl ZwischenGes zugerechnet worden waren, so dass sie bereits der Hinzurechnungsbesteuerung unterlegen haben und die **Gewinne thesauriert** wurden.[1] Hatte die nachgeordnete Ges ihre Gewinne (teilw) thesauriert, ist nämlich davon auszugehen, dass der Erwerber einen um die thesaurierten Gewinne erhöhten Kaufpreis zahlen wird. Der Vorschrift des § 11 liegt diese Überlegung zur Kaufpreisfindung unter Vertragspartnern eines Anteilskaufs zugrunde. Das Gesetz unterstellt typisierend, dass sich der Veräußerungserlös um die thesaurierten Gewinne erhöht hat. Wegen der zuvor erfolgten Zurechnung dieser Einkünfte nach § 14 käme es ohne die Regelung 1

1 *Blümich* § 11 AStG Rn 1, 6.

des § 11 zu einer doppelten Besteuerung. Denn sie würden im Veräußerungsfall nochmals der Hinzurechnungsbesteuerung unterliegen, soweit der Veräußerungsgewinn nach § 8 Abs 1 Nr 9 zu den hinzurechnungspflichtigen Einkünften gehört. Diese drohende Dbest soll durch die (anteilige) Herausnahme des Veräußerungsgewinns aus dem Hinzurechnungsbetrag verhindert werden. Der zuvor erfolgten Hinzurechnungsbesteuerung durch Zurechnung der Zwischeneinkünfte der UnterGes gem § 14 wird der Vorrang eingeräumt.[2]

2 Dem Gewinn aus einer Anteilsveräußerung wird der Gewinn aus der **Auflösung** einer Ges und der **Herabsetzung des Kapitals** gleichgestellt.

3 Durch die Herausnahme aus dem Hinzurechnungsbetrag wird der anteilige Veräußerungsgewinn iE steuerfrei behandelt. § 11 normiert eine **sachliche Steuerbefreiung**, die im Rahmen der Ermittlung der steuerpflichtigen Zwischeneinkünfte zu berücksichtigen ist.[3] Die Anwendung der Steuerbefreiung des § 11 setzt voraus, dass überhaupt hinzurechnungspflichtige Einkünfte vorliegen. Ob der Veräußerungsgewinn zu steuerpflichtigen Zwischeneinkünften führt, ist nach § 8 Abs 1 Nr 9 zu entscheiden. Erst wenn der Veräußerungsgewinn (ggf anteilig) zu passiven niedrig besteuerten Einkünften führt, ist zu prüfen, ob die Voraussetzungen der Steuerbefreiung des § 11 erfüllt werden. § 11 setzt also die StPfl des Veräußerungsgewinns als Zwischeneinkünfte voraus, kann deren StPfl aber nicht begründen. Die Vorschrift steht somit im engen systematischen Zusammenhang mit § 8 Abs 1 Nr 9, was bei der Auslegung zu beachten ist.[4]

4 Die Dbest wird dadurch vermieden, dass die Steuerbefreiung bei der Ermittlung der Einkünfte auf der **Ebene der ZwischenGes** gewährt wird.[5] Es werden nur die Veräußerungsgewinne befreit, die von der ZwischenGes realisiert werden. Veräußerungsgewinne, die der inländische Anteilseigner selbst erzielt, fallen nicht in den Anwendungsbereich des § 11.[6] Eine drohende Dbest bei Veräußerung von Anteilen an einer ausl ZwischenGes durch den inländischen Anteilseigner soll nach § 3 Nr 41 lit b EStG durch (anteilige) Freistellung des Veräußerungsgewinns beseitigt werden.[7]

II. Verhältnis zu anderen Vorschriften

5 **1. § 8 Abs 1 Nr 9.** § 11 stellt eine **Folgeregelung** zu § 8 Abs 1 Nr 9 dar, weil nur Veräußerungsgewinne, die nach § 8 Abs 1 Nr 9 zu passiven Einkünften führen, in den Anwendungsbereich des § 11 fallen können. Systematisch geht § 8 Abs 1 Nr 9 der Regelung des § 11 vor. Liegen nach § 8 Abs 1 Nr 9 schon keine passiven Einkünfte vor, die der Hinzurechnungsbesteuerung unterliegen können, kommt eine Anwendung der Steuerbefreiung des § 11 nicht in Betracht. Nur wenn nach § 8 Abs 1 Nr 9 passive Einkünfte vorliegen, sind die Voraussetzungen des § 11 zu prüfen.

6 Die Notwendigkeit, die Vorgänge der Auflösung einer Ges und die Kapitalherabsetzung in den Anwendungsbereich des § 11 aufzunehmen, wird allerdings bezweifelt.

2 *Schaumburg* Rn 10.178; *Lieber* FR 2002, 139.
3 *Kraft* § 11 AStG Rn 3.
4 *F/W/B/S* § 11 AStG Rn 43; *Blümich* § 11 AStG Rn 1, 9.
5 *F/W/B/S* § 11 AStG Rn 7.
6 *F/W/B/S* § 11 AStG Rn 17.
7 *H/H/R* § 3 Nr 41 EStG Rn 20 ff; *F/W/B/S* § 3 EStG Rn 90 ff.

Denn nach § 8 Abs 1 Nr 9 sollen Gewinne aus solchen Vorgängen immer zu aktiven Einkünften führen, die nicht der Hinzurechnungsbesteuerung unterliegen. Insoweit gehe die Regelung des § 11 ins Leere.[8]

2. § 14. § 11 steht in einem **engen systematischen Zusammenhang** mit § 14, der regelt, ob einer ausl ZwischenGes die Einkünften einer nachgeordneten Ges (UnterGes) zugerechnet werden. Die von § 11 zu beseitigende Dbest kann nur eintreten, wenn die von der UnterGes thesaurierten Gewinne bereits wegen einer Zurechnung nach § 14 der Hinzurechnungsbesteuerung unterlegen haben. 7

3. § 3 Nr 41 lit b EStG. Kein Konkurrenzverhältnis besteht zwischen § 11 und § 3 Nr 41 lit b EStG, da § 3 Nr 41 lit b EStG die Steuerbefreiung von Anteilsveräußerungsgewinnen regelt, die der inländische Anteilseigner durch eine Veräußerung seiner Beteiligung an der ZwischenGes erzielt, während § 11 die Veräußerungsgewinne steuerfrei stellt, die die ausl ZwischenGes durch die Veräußerung von Anteilen an einer nachgeordneten Ges erhält. 8

4. Europarecht. Gg die Vorschrift des § 11 bestehen uE isoliert betrachtet **keine europarechtlichen Bedenken**. Das Ziel, eine Dbest im Rahmen der Hinzurechnungsbesteuerung zu verhindern, ist europarechtlich unproblematisch. Die europarechtlichen Bedenken richten sich vielmehr grds gg die Hinzurechnungsbesteuerung gem §§ 7–14 in ihrer Gesamtheit (s dazu § 7 Rn 21 ff). Die Europarechtswidrigkeit der Hinzurechnungsbesteuerung würde selbstverständlich auch § 11 obsolet machen.[9] 9

B. Voraussetzungen der Steuerbefreiung

I. Gewinne aus Anteilsveräußerungen und gleichgestellte Vorgänge

§ 11 regelt die (anteilige) Steuerbefreiung von Gewinnen, die eine ZwischenGes aus der Veräußerung von Anteilen an einer anderen ausl Ges erzielt. Dem Veräußerungsgewinn werden Gewinne aus der Auflösung der anderen ausl Ges sowie aus einer Kapitalherabsetzung **gleichgestellt**. 10

1. Gewinne aus Anteilsveräußerungen. Die Steuerbefreiung wird für die **Veräußerung** von Anteilen an einer anderen ausl Ges gewährt. Ob eine Veräußerung vorliegt, richtet sich nach dt Recht. Unter Veräußerung ist die **Übertragung des wirtschaftlichen Eigentums** an einen Dritten gg Entgelt zu verstehen.[10] Das Entgelt muss nicht in einer Geldzahlung bestehen. Auch die Gewährung geldwerter Vorteile sowie ein Tausch oder tauschähnlicher Vorgang führen zu einer entgeltlichen Übertragung des wirtschaftlichen Eigentums. Des Weiteren ist auf den Begriff der Veräußerung in § 8 Abs 1 Nr 9 abzustellen, der wiederum als Parallelvorschrift zu § 8b Abs 2 KStG zu verstehen ist, so dass jeder Vorgang, der nach nationalem Recht eine Veräußerung bzw. einen Ersatzrealisationstatbestand darstellt und die entsprechenden steuerlichen Folgen auslöst, auch unter § 11 zu subsumieren ist. Während § 8b Abs 2 S 6 KStG allerdings ausdrücklich auch die verdeckte Einlage umfasst, ist dies bei § 8 Abs 1 Nr 9 nicht der Fall. Daraus wird teilw gefolgert, dass § 8 Abs 1 Nr 9 auf diesen Vorgang nicht anwendbar ist und auf der Rechtsfolgenseite § 11 folglich nicht greift.[11] 11

8 *S/K/K* § 11 AStG Rn 30.
9 *Blümich* § 11 AStG Rn 7.
10 *BFH* BStBl II 2007, 296; *S/K/K* § 11 AStG Rn 169.
11 *Blümich* § 8 AStG Rn 102.

Nach vorzugswürdiger Ansicht ist der Veräußerungsvorgang dagegen auch für die verdeckte Einlage zu bejahen.[12]

12 Die Anwendung der Vorschrift setzt voraus, dass der Gewinn überhaupt zu den **passiven niedrig besteuerten Einkünften** gehört, die in den Hinzurechnungsbetrag einfließen. Die Norm begründet also nicht die StPfl des Veräußerungsgewinns, sondern setzt sie voraus. Ob der Veräußerungsgewinn zu den passiven Einkünften gehört, richtet sich allein nach § 8 Abs 1 Nr 9. Nach § 8 Abs 1 Nr 9 gehören Gewinne aus Anteilsveräußerungen sowie deren Auflösung oder der Kapitalherabsetzung regelmäßig zu den aktiven Einkünften, soweit der StPfl nachweist, dass der Veräußerungsgewinn auf Wirtschaftsgüter der anderen Ges entfällt, die anderen Motiven als der Erzielung von Zwischeneinkünften mit Kapitalanlagecharakter iSd § 7 Abs 6a dienen. Tragen Wirtschaftsgüter zur Erzielung solcher Zwischeneinkünfte mit Kapitalanlagecharakter bei oder kann der StPfl nicht den in § 8 Abs 1 Nr 9 geforderten Nachweis einer anderweitigen Nutzung erbringen, gehört ein Gewinn aus der Anteilsveräußerung oder einem gleichgestellten Vorgang zu den passiven Einkünften, die iF einer niedrigen Besteuerung gem § 8 Abs 3 in den Hinzurechnungsbetrag einfließen. Verluste aus der Veräußerung einer Beteiligung fallen nach hM nicht unter § 11, da nach dem Wortlaut der Norm im Gegensatz zu § 8 Abs 1 Nr 9 nur Gewinne, nicht aber Verluste erfasst sind.[13] Die Verluste werden im Rahmen der Ermittlung der passiven Einkünfte der Obergesellschaft über § 8 Abs 1 Nr 9 berücksichtigt.[14]

13 **2. Auflösung der Gesellschaft und Kapitalherabsetzung.** Die Steuerbefreiung des § 11 ist nach dem Wortlaut ebenso auf Gewinne aus der **Auflösung** einer Ges oder der **Herabsetzung des Kapitals** anzuwenden. Gewinne aus diesen Vorgängen werden dem Gewinn aus einer Anteilsveräußerung gesetzlich gleichgestellt. Die Gleichbehandlung dieser Realisationstatbestände ist sachgerecht, weil sie wirtschaftlich vergleichbar sind. Dementspr werden Veräußerungsgewinne und Gewinne aus einer Auflösung der Ges und der Kapitalherabsetzung auch iRd § 8 Abs 1 Nr 9 gleich behandelt (s dazu § 8 Rn 85). Als Folgeregelung zu § 8 Abs 1 Nr 9 wurde diese Gleichstellung in § 11 übernommen.

14 Fraglich ist jedoch, ob eine Notwendigkeit für die Aufnahme der Tatbestände in § 11 überhaupt besteht. Eine Aufnahme in den Tatbestand ist nur notwendig, wenn Gewinne aus der Auflösung der Ges und der Kapitalherabsetzung nach § 8 Abs 1 Nr 9 überhaupt hinzurechnungssteuerpflichtig sind. Es wird die Auffassung vertreten, dass solche Gewinne nach § 8 Abs 1 Nr 9 immer zu **aktiven Einkünften** führen.[15] Liegen nach § 8 Abs 1 Nr 9 bei diesen Vorgängen nur aktive Einkünfte vor, würde die Regelung des **§ 11 ins Leere gehen**. Ob die Vorschrift insoweit ins Leere läuft, hängt also allein von der Auslegung des § 8 Abs 1 Nr 9 ab: können auch bei der Auflösung und Kapitalherabsetzung passive Einkünfte vorliegen, ist die Aufnahme dieser Vorgänge in den Anwendungsbereich des § 11 systematisch geboten; können keine passiven Einkünfte vorliegen, geht die Regelung tatsächlich ins Leere. Hinsichtlich der Auslegung des § 8 Abs 1 Nr 9 wird daher auf § 8 Rn 85 ff verwiesen.

---

12 *S/K/K* § 8 AStG Rn 170; *F/W/B/S* § 8 AStG Rn 300, § 11 AStG Rn 30 f.
13 *Blümich* § 11 AStG Rn 6; *F/W/B/S* § 11 AStG Rn 27; *S/K/K* § 11 AStG Rn 27.1.
14 *S/K/K* § 11 AStG Rn 27.1.
15 *Rättig/Protzen* IStR 2002, 123; *S/K/K* § 11 AStG Rn 30; *Blümich* § 11 AStG Rn 7.

II. Ausländische Zwischengesellschaft

Die veräußernde Ges muss für die UnterGes, an der die veräußerten Anteile bestehen, ZwischenGes iSd § 8 sein. Die UnterGes muss der veräußernden Ges daher **passive niedrig besteuerte Einkünfte** iSd § 8 Abs 1 und Abs 3 vermitteln können.[16] Dabei ist es ausreichend, dass auch eine der UnterGes nachgeschaltete EnkelGes Zwischeneinkünfte mit Kapitalanlagecharakter iSd § 7 Abs 6a erzielt, die sich die UnterGes gem § 14 zurechnen lassen muss.[17] Unter diesen Voraussetzungen liegt eine ZwischenGes vor, deren Veräußerungsgewinne in den Anwendungsbereich des § 11 fallen können. Ob passive niedrig besteuerte Einkünfte vorliegen, ist allein nach § 8 zu entscheiden (zu Einzelheiten s Rn 12). 15

III. Beteiligung an einer anderen ausländischen Gesellschaft

1. Ausländische Gesellschaft. Die veräußerten Anteile müssen an einer anderen **ausl Ges** bestanden haben. Bei der ausl Ges, deren Anteile durch die ausl ZwischenGes veräußert wurden, muss es sich um eine UnterGes iSd § 14 handeln, denn die Regelung des § 11 steht systematisch in einem engen Zusammenhang mit der Zurechnung von Einkünften nachgeordneter Ges iSd § 14. Die von § 11 zu beseitigende Dbest kann nämlich nur eintreten, wenn die mit dem Veräußerungspreis entgoltenen thesaurierten Gewinne der ausl ZwischenGes bereits iRd § 14 zuvor zugerechnet worden waren. Eine **dt UnterGes** fällt nach dem eindeutigen Wortlaut des § 11 nicht in den Anwendungsbereich der Vorschrift.[18] 16

Der Wortlaut der Vorschrift spricht nur von der anderen ausl Ges, ohne näher einzugrenzen, welche **Rechtsform diese Ges** haben kann. Daher könnte auch die Veräußerung eines Anteils an einer PersGes nach dem Wortlaut begünstigt sein. Der systematische Zusammenhang der Vorschrift mit § 8 Abs 1 Nr 9 und § 14 lässt aber nur die Auslegung zu, dass ausschließlich Anteile an einer Körperschaft, Personenvereinigung oder Vermögensmasse iSd KStG unter § 11 fallen.[19] Eine Zurechnung von Einkünften gem § 14 kommt nur bei solchen Ges in Betracht (s § 14 Rn 18). 17

2. REIT-AG. Die Veräußerung von Anteilen an einer Ges iSd § 16 REITG ist nach der Erg durch das JStG 2009 in den Anwendungsbereich des § 11 aufgenommen worden. **REIT-Ges** sind eine bes Form von börsennotierten Aktienges, deren Tätigkeit hauptsächlich auf die Verwaltung von Immobilien einschließlich immobiliennaher Hilfstätigkeiten ausgerichtet ist. Bei der Erg des § 11 handelt es sich um eine Folgeänderung zu § 8 Abs 1 Nr 9, nachdem dessen Anwendungsbereich durch das REITG dahingehend erweitert wurde, dass ein Veräußerungsgewinn passiv ist, soweit er auf **Grundstücke** einer REIT-Ges entfällt, die der Vermietung oder Verpachtung dienen (s § 8 Rn 94 ff). Mit dieser Erg des § 8 Abs 1 Nr 9 ist nunmehr auch bei der Veräußerung von Anteilen an einer REIT-AG die Möglichkeit verbunden, dass Gewinne aufgrund einer zuvor erfolgten Zurechnung gem § 14 doppelt besteuert werden. Mit der Aufnahme dieser Einkünfte in den Katalog passiver Einkünfte iSd § 8 kann genauso eine Dbest wie bei den Zwischeneinkünften mit Kapitalanlagecharakter anderer ausl 18

---

16 *Blümich* § 11 AStG Rn 5.
17 *F/W/B/S* § 11 AStG Rn 44.
18 *F/W/B/S* § 11 AStG Rn 26.
19 *F/W/B/S* § 11 AStG Rn 26.

Ges eintreten.[20] Um die drohende Dbest zu vermeiden, wurde durch das JStG 2009 § 11 dahingehend ergänzt, dass auch die Anteilsveräußerung und gleichgestellte Vorgänge im Zusammenhang mit REIT-Ges begünstigt sein können. Die Ergänzung ist systematisch geboten.[21]

C. Rechtsfolge

I. Herausnahme aus dem Hinzurechnungsbetrag

19 Als **Rechtsfolge** ordnet § 11 an, dass der Gewinn (anteilig) vom Hinzurechnungsbetrag auszunehmen ist. Damit wird ein Veräußerungsgewinn, der nach § 8 Abs 1 Nr 9 grds zu den steuerpflichtigen Zwischeneinkünften gehört, iE steuerfrei gestellt.[22] Es handelt sich um eine **sachliche Steuerbefreiung**.[23] Der StPfl, der bei der Veräußerung oder diesen gleichgestellten Vorgängen in den Genuss der Steuerbefreiung kommt, muss nicht mit demjenigen StPfl identisch sein, der die Zwischeneinkünfte mit Kapitalanlagecharakter iRe Hinzurechnungsbetrags versteuern musste.[24]

20 Die Steuerfreistellung soll eine **Dbest** verhindern, soweit im Veräußerungsgewinn Teile enthalten sind, die zuvor bereits in einen Hinzurechnungsbetrag eingeflossen waren. Um diesem Zweck gerecht zu werden, wird der Umfang der Steuerbefreiung eingeschränkt. Es werden nur die Teile des Veräußerungsgewinns steuerbefreit, die aus einer Tätigkeit der anderen Ges iSd § 7 Abs 6a für das gleiche Kj oder Wj oder für die vorangegangenen **sieben Kj oder Wj** als Hinzurechnungsbetrag der Einkommen- oder Körperschaftsteuer unterlegen haben (su Rn 23 ff) und die nicht ausgeschüttet wurden (su Rn 32 f). Mit dieser Einschränkung versucht das Gesetz möglichst **zielgenau** nur den Teil des Veräußerungsgewinns zu befreien, für den tatsächlich eine Dbest eintreten kann.

21 Steuerbefreit wird nicht der **Veräußerungserlös,** sondern der **Veräußerungsgewinn**. Mithin werden die Einnahmen abzüglich der mit ihnen im wirtschaftlichen Zusammenhang stehenden Ausgaben steuerbefreit. Da erst der Gewinn steuerbefreit wird, ist die Abzugsbeschränkung des § 3c EStG auf den Veräußerungserlös nicht anzuwenden.[25] Vom Veräußerungserlös sind damit alle durch die Veräußerung der Beteiligung veranlassten Aufwendungen abzuziehen.

22 Systematisch setzt die Steuerbefreiung auf der **Ebene der ausl ZwischenGes** an, indem die dem Hinzurechnungsbetrag zugrunde liegenden Einkünfte der ZwischenGes steuerfrei gestellt werden. Steuerlich wirkt sich die Steuerbefreiung aber iE **beim inländischen Anteilseigner** aus, weil der von ihm zu versteuernde Hinzurechnungsbetrag um den steuerfreien Veräußerungsgewinn gemindert wird.

II. Ansatz im Rahmen der Hinzurechnungsbesteuerung

23 Der Hinzurechnungsbetrag wird gekürzt, soweit die Einkünfte, die im Rahmen der Hinzurechnungsbesteuerung der **Einkommen- oder Körperschaftsteuer** unterlegen

20 *Wassermeyer* IStR 2008, 197.
21 BT-Drucks 16/10189, 78.
22 *F/W/B/S* § 11 AStG Rn 45.
23 *Blümich* § 11 AStG Rn 16; *Kraft* § 11 AStG Rn 3.
24 *F/W/B/S* § 11 AStG Rn 49.
25 *F/W/B/S* § 11 AStG Rn 46.

haben, Zwischeneinkünfte mit Kapitalanlagecharakter iSd § 7 Abs 6a sind. Weitere Voraussetzung ist, dass die Hinzurechnungsbesteuerung im Kj oder Wj der Gewinnrealisierung oder in den sieben vorangegangenen Kj oder Wj erfolgt ist. Neben den Zwischeneinkünften mit Kapitalanlagecharakter der unmittelbaren UnterGes können auch solche Einkünfte von **nachgeordneten EnkelGes** berücksichtigt werden.

1. Zwischeneinkünfte mit Kapitalanlagecharakter. Bei den Einkünften, die zu einer Kürzung des Hinzurechnungsbetrags führen können, muss es sich um **Zwischeneinkünfte mit Kapitalanlagecharakter** iSd § 7 Abs 6a handeln (s dazu § 7 Rn 138 ff). Die Betrachtung erfolgt **vergangenheitsbezogen**, weil nur in der Vergangenheit erzielte Zwischeneinkünfte mit Kapitalanlagecharakter bereits einer Hinzurechnungsbesteuerung unterlegen haben konnten.[26] Es muss sich darüber hinaus um Zwischeneinkünfte mit Kapitalanlagecharakter der UnterGes handeln, an der die veräußerten Anteile bestehen. 24

Die Berücksichtigung von Zwischeneinkünften mit Kapitalanlagecharakter ist nicht auf die UnterGes beschränkt, an der die veräußerten Anteile bestanden. Die Regelung des § 11 erstreckt die Berücksichtigungsfähigkeit auch auf Zwischeneinkünfte mit Kapitalanlagecharakter von Ges, die der UnterGes wiederum nachgeordnet sind. Somit sind auch zugerechnete Einkünfte von **EnkelGes** zu berücksichtigen. Eine **Beschränkung** auf die erste **Beteiligungsstufe** sieht das Gesetz nicht vor, so dass auch bei **tiefer gegliederten Konzernstrukturen** eine Berücksichtigung möglich ist. Insoweit unterscheidet sich § 11 von § 8 Abs 1 Nr 9, da die Reichweite des § 8 Abs 1 Nr 9 auf die der UnterGes unmittelbar nachgeordneten Beteiligungsstufe beschränkt ist (s § 8 Rn 85). Aus dem engen systematischen Zusammenhang zwischen § 8 Abs 1 Nr 9 und § 11 (so Rn 5) kann nicht abgeleitet werden, dass auch iRd § 11 eine Beschränkung auf die der UnterGes unmittelbar nachgeordnete Beteiligungsstufe erfolgen müsste.[27] 25

2. Einkünfte unterlagen als Hinzurechnungsbetrag der Einkommen- oder Körperschaftsteuer. Die Kürzung des Hinzurechnungsbetrags setzt weiter voraus, dass die Zwischeneinkünfte mit Kapitalanlagecharakter als Hinzurechnungsbetrag iSd § 10 Abs 2 der **Einkommen- oder Körperschaftsteuer unterlegen** haben. Sie haben der Einkommen- und Körperschaftsteuer unzweifelhaft als Hinzurechnungsbetrag unterlegen, wenn der Hinzurechnungsbetrag beim inländischen Anteilseigner tatsächlich zu einer **höheren Steuerfestsetzung** geführt hat. Auf die Zahlung der auf den Hinzurechnungsbetrag entfallenden Steuern kommt es nicht an. 26

Die Voraussetzung ist aber auch erfüllt, wenn es tatsächlich zu **keiner höheren Steuerfestsetzung** aufgrund des Hinzurechnungsbetrags gekommen ist, solange die Einkünfte in die Ermittlung des Hinzurechnungsbetrags iSd § 10 Abs 2 eingeflossen sind.[28] Denn die Voraussetzung, dass die Einkünfte der Einkommen- oder Körperschaftsteuer unterlegen haben müssen, ist rein abstrakt zu verstehen. Kommt es zB wegen eines Verlustvor- oder Verlustrücktrags nicht zum Ansatz eines Hinzurechnungsbetrags, obwohl eine Zurechnung der Zwischeneinkünfte mit Kapitalanlagecharakter nach § 14 erfolgt war, ist der Veräußerungsgewinn oder der diesem gleichgestellte Gewinn um die bei der Ermittlung des Hinzurechnungsbetrags berücksichtigten Einkünfte zu kürzen.[29] 27

---

26 *S/K/K* § 11 AStG Rn 41.

27 GlA *F/W/B/S* § 11 AStG Rn 51.

28 *BMF* BStBl I 2004, Sondernr 1 Tz 11.1 iVm Tz 18.1.5.2; *Kraft* § 11 AStG Rn 47.

29 *S/K/K* § 11 AStG Rn 45.

28 Ein **Wechsel in der Person** des inländischen Anteilseigners zwischen dem Zeitpunkt der Hinzurechnungsbesteuerung der Zwischeneinkünfte mit Kapitalanlagecharakter und der Berücksichtigung eines Veräußerungsgewinns hat keine Auswirkung auf die Steuerbefreiung. War der inländische Anteilseigner nur im Zeitpunkt der Veräußerung an der veräußernden ZwischenGes, nicht jedoch im Zeitpunkt der Zurechnung der Einkünfte iSd § 7 Abs 6a beteiligt, kommt der neue inländische Anteilseigner in den Genuss der Steuerbefreiung. Voraussetzung ist allerdings, dass die Zwischeneinkünfte mit Kapitalanlagecharakter beim alten inländischen Anteilseigner der Einkommen- oder Körperschaftsteuer unterlegen haben. Hat der StPfl seinen Anteil an der veräußernden ZwischenGes von einem Steuerausländer erworben, kommt daher eine Steuerbefreiung nicht in Betracht, denn es droht keine Dbest, die es durch Anwendung des § 11 zu beseitigen gilt.[30]

29 Ebenso ist es unschädlich, wenn sich die **Beteiligungsquote** zwischenzeitlich verändert hat. Ausschlaggebend für die **Höhe der Steuerbefreiung** ist die Beteiligungsquote zum Zeitpunkt der Veräußerung. Denn nur soweit der Veräußerungsgewinn beim inländischen Anteilseigner einer erneuten Hinzurechnungsbesteuerung unterliegen könnte, droht eine Dbest.

30 **3. Sieben-Jahres-Zeitraum.** Die Hinzurechnungsbesteuerung der Zwischeneinkünfte mit Kapitalanlagecharakter der veräußerten UnterGes findet nicht **zeitlich unbefristet** Berücksichtigung iRd § 11. Sie muss im gleichen Kj oder Wj oder in den vorangegangenen sieben Kj oder Wj erfolgt sein. Für die Berechnung der Frist ist zu beachten, dass darauf abzustellen ist, wann die Hinzurechnungsbesteuerung erfolgte und nicht wann die fraglichen Zwischeneinkünfte erzielt wurden.[31] Unterlagen die Zwischeneinkünfte außerhalb der Frist der Einkommen- oder Körperschaftsteuer, findet eine Kürzung des Veräußerungsgewinns nicht statt, obwohl dadurch eine Dbest eintritt.

31 Die durch die Befristung eintretende Dbest ist uE **verfassungswidrig**.[32] Sie verstößt gg das **verfassungsrechtlich verankerte Leistungsfähigkeitsprinzip**. Die dem StPfl durch die ausl ZwischenGes vermittelte Leistungsfähigkeit darf nur einmal besteuert werden, denn sie erhöht auch nur einmalig seine Leistungsfähigkeit. Die Begr des Gesetzgebers, der Aufzeichnungszeitraum müsse aus praktischen Erwägungen begrenzt werden, ist nicht geeignet, den Verstoß gg das Leistungsfähigkeitsprinzip zu rechtfertigen. Die Nachweispflicht für die erfolgte Hinzurechnungsbesteuerung ist gesetzlich schon auf den StPfl übertragen. Daher besteht kein Anlass für die Einf der Frist.[33]

III. Keine Ausschüttung dieser Einkünfte

32 Der Veräußerungsgewinn wird nur insoweit von der **Hinzurechnung ausgenommen**, als die in der Vergangenheit hinzugerechneten Einkünfte nicht ausgeschüttet worden sind. Diese Einschränkung erklärt sich aus der Grundüberlegung des Gesetzgebers zur Vermeidung der Dbest. Der Veräußerungsgewinn iSd § 11 ist zu begünstigen, soweit die bereits der Hinzurechnungsbesteuerung unterlegenen Einkünfte diesen Gewinn erhöhen können. Den Veräußerungserlös können aber nur solche Gewinne

30 *F/W/B/S* § 11 AStG Rn 53.
31 *F/W/B/S* § 11 AStG Rn 50.
32 GlA *S/K/K* § 11 AStG Rn 43; *Blümich* § 11 AStG Rn 13.
33 *S/K/K* § 11 AStG Rn 43.

erhöhen, die die UnterGes noch nicht ausgeschüttet, sondern thesauriert hat.[34] Wurden die Gewinne dagegen ausgeschüttet, können sie den Veräußerungserlös nicht erhöhen, so dass schon aus diesem Grund eine Dbest nicht eintreten kann. Die Anwendung des § 11 ist bei erfolgten Gewinnausschüttungen somit entbehrlich. Eine Ausschüttung ist unter Berücksichtigung dieser Überlegungen nur schädlich, wenn sie von der UnterGes an die veräußernde ZwischenGes erfolgt ist. Ausschüttungen von Ges, die auf den Beteiligungsebenen unterhalb der UnterGes erfolgen, sind dagegen unschädlich, weil diese Gewinne den Veräußerungspreis für die Anteile der unmittelbaren UnterGes noch erhöhen.[35]

Die Feststellung, ob eine **schädliche Ausschüttung** der Zwischeneinkünfte mit Kapitalanlagecharakter stattgefunden hat, lässt sich nur bei UnterGes unzweifelhaft feststellen, die ausschließlich solche Einkünfte erzielen. Erzielt die UnterGes nicht nur Zwischeneinkünfte mit Kapitalanlagecharakter, lässt sich tatsächlich nicht feststellen, welche Einkünfte ausgeschüttet wurden. Denn auch ausl KapGes schütten ihren Bilanzgewinn nicht danach gegliedert aus, aus welcher Tätigkeit der Gewinn stammt.[36] Deshalb ist die für die Anwendung des § 11 notwendige Feststellung, ob die Zwischeneinkünfte, die bereits der Hinzurechnungsbesteuerung unterlagen, ausgeschüttet wurden, nicht möglich. Auf eine gesetzliche Anordnung der Verwendungsreihenfolge wurde seitens des Gesetzgebers jedoch verzichtet. Zugunsten des StPfl sollte uE mit der hM davon ausgegangen werden, dass zunächst die iSd § 11 unschädlichen Einkünfte ausgeschüttet werden.[37] Eine solche **Ausschüttungsfiktion** sichert den Gesetzeszweck, eine ungerechtfertigte Dbest vermeiden zu wollen. 33

D. Nachweis

Der **inländische Anteilseigner** hat gem § 11 nachzuweisen, dass Zwischeneinkünfte mit Kapitalanlagecharakter iSd § 7 Abs 6a für das gleiche oder für die vorangegangenen sieben Kj oder Wj als Hinzurechnungsbetrag der Einkommen- oder Körperschaftsteuer unterlegen haben und keine Ausschüttung erfolgt ist.[38] Die **gesetzlich ausdrücklich geregelte Nachweispflicht** des § 11 bezieht sich also nur auf diese beiden Tatbestandsvoraussetzungen.[39] Gelingt dem inländischen Anteilseigner der geforderte Nachweis nicht, wird der Gewinn aus der Veräußerung nicht vom Hinzurechnungsbetrag ausgenommen. Kann der StPfl diesen Nachweis nicht führen, sollte in Erwägung gezogen werden, die thesaurierten Gewinne vor der Veräußerung an die ZwischenGes auszuschütten.[40] 34

Den Nachweis über die **erfolgte Hinzurechnungsbesteuerung** kann anhand der Steuerbescheide der vergangenen Jahre geführt werden. Sie sollten daher für den gesamten Sieben-Jahres-Zeitraum von inländischen Anteilseigner aufbewahrt werden. Die gesetzliche Zuweisung der Nachweispflicht an den StPfl entbindet die FinVerw nicht vollständig von ihrer Amtsermittlungspflicht. IRd Zumutbaren hat sie selbst zu 35

34 *S/K/K* § 11 AStG Rn 46; *Kraft* § 11 AStG Rn 51.
35 *S/K/K* § 11 AStG Rn 47.
36 *F/W/B/S* § 11 AStG Rn 55.
37 *S/K/K* § 11 AStG Rn 48; *F/W/B/S* § 11 AStG Rn 55; *Schaumburg* Rn 10.179.
38 *S/K/K* § 11 AStG Rn 49.
39 BR-Drucks 638/01, 71; zur Kritik an der Nachweispflicht s *Kraft* § 11 AStG Rn 57.
40 *S/K/K* § 11 AStG Rn 53.

ermitteln, ob eine Hinzurechnungsbesteuerung iSd § 11 erfolgt ist. Sie kann die Gewährung der Steuerbefreiung nicht mit dem Hinweis ablehnen, der StPfl habe die Hinzurechnungsbesteuerung nicht nachgewiesen, ohne selbst Ermittlungen anzustellen. Allerdings erstreckt sich die Ermittlungspflicht nur auf im Inland vorhandene Beweismittel. Da jedoch die Durchführung der Hinzurechnungsbesteuerung anhand inländischer Steuerbescheide überprüft werden kann, ist von FA zu fordern, dass sie diese – auch wenn sie bei anderen FA aufbewahrt werden – für Zwecke der Besteuerung des inländischen Anteilseigners hinzuziehen muss. Kann weder der StPfl noch das FA den Sachverhalt aufklären, geht die Nichterweislichkeit der Hinzurechnungsbesteuerung gem § 11 jedoch zu Lasten des StPfl.

36 Den Nachweis über die Tatsache, dass die fraglichen Einkünfte nicht ausgeschüttet wurden, hat auch der inländische Anteilseigner anhand **geeigneter Unterlagen** zu führen. Nach der hier vertretenen Auffassung erleichtert die **Ausschüttungsfiktion** (s dazu Rn 33) dem StPfl den geforderten Nachweis. Standen für die in der Vergangenheit erfolgten Gewinnausschüttungen ausreichend andere Einkünfte als solche iSd § 7 Abs 6a zur Verfügung, ist davon auszugehen, dass die noch vorhandenen thesaurierten Gewinne zu einer Steuerbefreiung des Gewinns iSd § 11 führen. Anders als iF des Nachweises der erfolgten Hinzurechnungsbesteuerung ist die **Ermittlungspflicht der FinVerw** hinsichtlich der Frage, ob die Einkünfte iSd § 7 Abs 6a bereits ausgeschüttet wurden, erheblich eingeschränkt, da dies regelmäßig nur anhand ausl Unterlagen nachgewiesen werden kann. Für Auslandssachverhalte schränkt § 90 Abs 2 AO die Ermittlungspflicht jedoch ein, so dass der Nachweis **allein vom inländischen Anteilseigner** zu erbringen ist.

§ 12 Steueranrechnung

(1) [1]Auf Antrag des Steuerpflichtigen werden auf seine Einkommen- oder Körperschaftsteuer, die auf den Hinzurechnungsbetrag entfällt, die Steuern angerechnet, die nach § 10 Abs. 1 abziehbar sind. [2]In diesem Fall ist der Hinzurechnungsbetrag um diese Steuern zu erhöhen.

(2) Bei der Anrechnung sind die Vorschriften des § 34c Abs. 1 des Einkommensteuergesetzes und des § 26 Abs. 1 und 6 des Körperschaftsteuergesetzes entsprechend anzuwenden.

(3) [1]Steuern von den nach § 3 Nr. 41 des Einkommensteuergesetzes befreiten Gewinnausschüttungen werden auf Antrag im Veranlagungszeitraum des Anfalls der zugrunde liegenden Zwischeneinkünfte als Hinzurechnungsbetrag in entsprechender Anwendung des § 34c Abs. 1 und 2 des Einkommensteuergesetzes und des § 26 Abs. 1 und 6 des Körperschaftsteuergesetzes angerechnet oder abgezogen. [2]Dies gilt auch dann, wenn der Steuerbescheid für diesen Veranlagungszeitraum bereits bestandskräftig ist.

BMF v 14.5.2004, Az IV B 4 – S 1340-11/04, BStBl I 2004 Sondernr 1, S 3.

Übersicht

Literatur: *Desens* Die Besteuerung des Anteilseigners bei grenzüberschreitenden Gewinnausschüttungen – Überblick und Grundprobleme, IStR 2003, 613; *Günkel/Lieber* Anmerkung zu BFH I R 4/05, IStR 2006, 459; *Kollruss* Fiktive Anrechnung ausländischer Steuern im System der neuen Hinzurechnungsbesteuerung: Lässt sich die Hinzurechnung durch Gewinnausschüttungen der ausländischen Zwischengesellschaft vermeiden?, IStR 2006, 513; *Rättig/Protzen* Die „neue Hinzurechnungsbesteuerung" der §§ 7-14 AStG in der Fassung des UntStFG – Problembereiche und Gestaltungshinweise, IStR 2002, 123.

A. Allgemeines

I. Bedeutung der Vorschrift

1. Bedeutung von § 12 Abs 1 und 2. Die Hinzurechnungsbesteuerung soll die **Abschirmwirkung** ausl Körperschaften beseitigen. Daher werden einem inländischen Anteilseigner unter den Voraussetzungen der §§ 7 und 8 die Einkünfte der ausl Körperschaft zugerechnet, ohne dass es zu einer Gewinnausschüttung gekommen ist. Zwar soll durch die Hinzurechnungsbesteuerung der Steuerflucht durch Einschaltung von ausl KapGes als reinen ZwischenGes begegnet werden.[1] Es soll aber nur eine ungerechtfertigte Ausklammerung der gegen die inländische Besteuerung abgeschirmten Einkünfte vermieden werden. Über die Einebnung ungerechtfertigter Steuervorteile hinaus soll die Hinzurechnungsbesteuerung nicht zur Schlechterstellung des Steuerinländers führen.[2] Daher werden die von der ausl ZwischenGes getragenen Steuern bei der Hinzurechnungsbesteuerung berücksichtigt, um eine ungerechtfertigte **Dbest** durch kumulative Besteuerung sowohl im Ausland als auch im Inland zu verhindern. Die Berücksichtigung der Steuerbelastung der ausl ZwischenGes erfolgt dabei auf zwei Wegen: Das Gesetz sieht als Regelfall vor, dass die Steuern nach § 10 Abs 1 vom Hinzurechnungsbetrag abgezogen werden. Als Alternative kann der inländische Anteilseigner die Anrechnung der Steuern gem § 12 beantragen, was regelmäßig wirtschaftlich günstiger ist. 1

2. Bedeutung von § 12 Abs 3. Nach § 3 Nr 41 lit a EStG wird eine **Gewinnausschüttung** der ausl ZwischenGes in voller Höhe steuerfrei gestellt, wenn zuvor eine Hinzu- 2

1 *BFH/NV* 2006, 1729.
2 *BFH* BStBl II 1998, 176.

rechnungsbesteuerung erfolgt war. Die Steuerfreiheit der Gewinnausschüttung führt dazu, dass die ggf vom ausl Staat auf die Ausschüttung erhobene (Quellen-)Steuer vom inländischen Anteilseigner nicht angerechnet werden könnte. § 12 Abs 3 ermöglicht die Anrechnung dieser Steuern, damit eine ungerechtfertigte Dbest verhindert wird.[3] Die Regelung ist uE auf Veräußerungsgewinne entspr anzuwenden.

II. Verhältnis zu anderen Vorschriften

3 **1. § 10 Abs 1.** Der Steuerabzug nach § 10 Abs 1 geht der Steueranrechnung gem § 12 vor, außer der StPfl beantragt ausdrücklich die Steueranrechnung. Die Vorschriften können daher nicht in Konkurrenz zueinander treten, da ihre Anwendungsbereiche sich gegenseitig ausschließen. Für die Frage, welche Steuern dem Grunde nach gem § 12 angerechnet werden können, wird auf § 10 Abs 1 verwiesen.

4 **2. Europarecht.** Das Regel-Ausnahme-Verhältnis von Abzugs- und Anrechnungsmethode ist im Hinblick auf seine Vereinbarkeit mit den Vorgaben des Unionsrechts Gegenstand häufiger Kritik.[4]

5 Die Anrechnung hängt davon ab, dass der StPfl einen entspr **Antrag** stellt. Das Gesetz sieht als Regelfall den Steuerabzug nach § 10 Abs 1 vor. Der Abzug ausl Steuern ist im Gegensatz zur Anrechnungsmethode jedoch regelmäßig nicht geeignet, eine drohende Dbest vollständig zu beseitigen. Da die Steueranrechnung daher regelmäßig günstiger ist, stellt die Antragspflicht aufgrund der damit verbundenen formellen Erschwernis eine unzulässige Beeinträchtigung dar, zumal der Mangel der Antragstellung im Verwaltungsverfahren und im gerichtlichen Verfahren nicht nachgeholt werden kann.[5] Es ist dem StPfl nicht zumutbar, in eigener Verantwortung zu prüfen, ob im Einzelfall die Anrechnung die günstigere Methode darstellt (s dazu § 10 Rn 7).[6] Bei einer umgekehrten Ausgestaltung des Wahlrechts könnte sowohl die Ausräumung europarechtlicher Bedenken, als auch eine Vereinfachung des Verwaltungsverfahrens erreicht werden.[7]

6 **3. Gewerbesteuer.** Der Hinzurechnungsbetrag ist bei der Ermittlung des Gewerbeertrags zu berücksichtigen, wenn die Anteile an der ZwischenGes zum Betriebsvermögen des Steuerinländers gehören. Nach aktueller Auffassung des BFH ist der Gewinn des inländischen Unternehmens aber gem § 9 Nr 3 S 1 GewStG um diesen Betrag zu kürzen. Aufgrund des strukturellen Inlandsbezugs der Gewerbesteuer soll nur der inländische, nicht aber der auslandsradizierte Gewinn besteuert werden. Entgegen der früheren Ansicht des BFH[8] unterliegt der Erhöhungsbetrag gem. § 12 Abs 1 S 2 daher nicht der Gewerbesteuer. Die Frage der Anrechnung ist damit hinfällig.[9] Zu Einzelheiten su Rn 22.

---

3 *S/K/K* § 12 AStG Rn 25.

4 *F/W/B/S* § 10 AStG Rn 43.

5 *F/W/B/S* § 10 AStG Rn 43; **aA** *Kraft* § 12 AStG Rn 42; *Blümich* § 10 AStG Rn 3, § 12 AStG Rn 9, wonach der Antrag auch im Einspruchs- oder Klageverfahren vor dem *FG* noch gestellt werden kann.

6 GlA *F/W/B/S* § 10 AStG Rn 43; *Kraft* § 10 AStG Rn 43; **aA** *Blümich* § 10 AStG Rn 3, § 12 AStG Rn 9.

7 *F/W/B/S* § 10 AStG Rn 43; *Kraft* § 10 AStG Rn 43.

8 *BFH* BStBl II 2006, 555; glA *S/K/K* § 12 AStG Rn 18; krit *Blümich* § 12 AStG Rn 17; **aA** *F/W/B/S* § 12 AStG Rn 16.

9 *BFH/NV* 2015, 921; *Gläser/Birk* ISR 2015, 231.

B. Anrechnung von Steuern der Zwischengesellschaft (Abs 1)

I. Voraussetzungen der Steueranrechnung (S 1)

1. Grundlagen. Die Möglichkeit, die ausl Steuer auf Antrag anrechnen zu können, ersetzt die Berücksichtigung der Steuer bei der Ermittlung des Hinzurechnungsbetrags nach § 10 Abs 1. Beide Methoden der Berücksichtigung der ausl Steuern bezwecken, eine Dbest der Einkünfte der ZwischenGes durch eine Besteuerung sowohl im Ausland als auch im Inland zu verhindern. Dabei wird die Steueranrechnung regelmäßig die für den inländischen Anteilseigner **wirtschaftlich günstigere Lösung** darstellen. Daher bildet in der Praxis der Antrag auf Steueranrechnung den Regelfall, während es nur ausnahmsweise zu einem Steuerabzug nach § 10 Abs 1 kommt.[10] 7

Für **jede ausl ZwischenGes** ist ein eigenständiger Hinzurechnungsbetrag zu ermitteln (s § 10 Rn 14). Dies gilt auch, wenn der Steuerinländer an mehreren ZwischenGes beteiligt ist. Für die Berücksichtigung der Steuern hat diese Systematik zur Konsequenz, dass für jeden Hinzurechnungsbetrag gesondert zu entscheiden ist, ob eine **Steueranrechnung** nach § 12 oder ein **Steuerabzug** nach § 10 Abs 1 erfolgen soll.[11] 8

Der inländische Anteilseigner partizipiert an den anrechenbaren Steuern nur in Höhe seiner **Beteiligungsquote** an der ZwischenGes. Die Beteiligungsquote bestimmt sich gem § 7 Abs 1 nach der Höhe der Beteiligung am Nennkapital der Ges, wobei ausschließlich eine unmittelbare Beteiligung zu berücksichtigen ist.[12] Nur iF des § 7 Abs 5 ist auf die Beteiligung am Gewinn abzustellen. 9

2. Anrechenbare Steuern. Anrechenbar sind alle Steuern, die nach § 10 Abs 1 bei der Ermittlung des Hinzurechnungsbetrags abgezogen werden können. § 12 verweist insoweit uneingeschränkt auf § 10 Abs 1. § 10 Abs 1 erlaubt den Abzug von auf die steuerpflichtigen Zwischeneinkünfte entfallenden **Ertragsteuern** und von **Vermögensteuern**, die mit Vermögen zusammenhängen, welches der Erzielung von steuerpflichtigen Zwischeneinkünften dient. Es sind nur Steuern anrechenbar, für die die ausl ZwischenGes **Steuerschuldner** ist. Für die Anrechenbarkeit ist es nicht entscheidend, wer Steuergläubiger ist, so dass vom ausl Staat auf **Bundes-, Landes-, Provinz- oder kantonaler und kommunaler** Ebene erhobene Steuern angerechnet werden können. Es muss sich allerdings um außerbetriebliche Personensteuern handeln, die in entspr Anwendung des § 10 Nr 2 KStG von der ausl Ges nicht als **Betriebsausgabe** abgezogen werden können. Betriebliche Steuern werden nicht nach § 10 Abs 1, sondern bei der Ermittlung der steuerpflichtigen Zwischeneinkünfte gem § 10 Abs 3 und 4 berücksichtigt, und stehen daher zur Anrechnung nicht zur Verfügung.[13] 10

Neben den Ertrag- und Vermögensteuern des Sitzstaates der ZwischenGes können auch Steuern von **Drittstaaten** berücksichtigt werden. Dazu können Quellensteuern von Drittstaaten gehören, solange sie zu Lasten der ZwischenGes einbehalten werden. In diesem Zusammenhang kann es zu einer Berücksichtigung **dt Quellensteuern** kommen, wenn die ZwischenGes nach § 7 steuerpflichtige Einkünfte in Deutschland erzielt, die einem Quellensteuerabzug unterliegen.[14] Davon zu unterscheiden sind 11

---

10 *S/K/K* § 12 AStG Rn 4.

11 *F/W/B/S* § 12 AStG Rn 27.

12 *Blümich* § 12 AStG Rn 7.

13 *BMF* BStBl I 2004, Sondernr 1 Tz 12.1.1; *S/K/K* § 12 AStG Rn 10; *Kraft* § 12 AStG Rn 52.

14 *BMF* BStBl I 2004, Sondernr 1 Tz 12.1.2.

Abzugs- und Quellensteuern, die die ZwischenGes für Dritte einzubehalten hat. Diese sind nicht anrechenbar, weil die ZwischenGes gerade nicht der eigentliche Steuerschuldner dieser Steuern ist.

12 Da nach § 10 Abs 1 zu entscheiden ist, welche Steuern angerechnet werden können, wird wegen der weiteren Einzelheiten auf die Kommentierung zu § 10 Rn 17 ff verwiesen.

13 Die Steuern sind bei der Steueranrechnung nur zu berücksichtigen, soweit sie auf die nach § 7 steuerpflichtigen Zwischeneinkünfte oder das diesen Einkünften dienende Vermögen entfallen. Erzielt die ausl ZwischenGes ausschließlich steuerpflichtige Zwischeneinkünfte bedarf es keiner **Aufteilung** der angefallenen Steuern. Liegen bei der Ges jedoch **gemischte Einkünfte** vor, sind die Steuern auch für Zwecke der Anrechnung aufzuteilen.[15] Vorrangig hat die Aufteilung nach der direkten Methode zu erfolgen, soweit eine unmittelbare Zuordnung der Steuern zu den steuerpflichtigen Zwischeneinkünften möglich ist. Anderenfalls sind die Steuern nach der indirekten Methode, also anhand eines geeigneten Verteilungsschlüssels, aufzuteilen.[16] Die Aufteilung ist wie iF des Steuerabzugs nach § 10 Abs 1 durchzuführen, so dass für weitere Einzelheiten auf die Kommentierung zu § 10 Rn 24 ff verwiesen werden kann.

14 Die Steueranrechnung setzt wie der Steuerabzug nach § 10 Abs 1 voraus, dass die ZwischenGes die anzurechnenden Steuern **wirtschaftlich getragen hat** (s § 10 Rn 28). Davon lässt die FinVerw eine Ausnahme zu, wenn es sich um die von einer **UnterGes** getragenen Steuern handelt, die auf Zwischeneinkünfte entfallen, die der ZwischenGes nach **§ 14** übertragend zugerechnet worden sind. Mangels Steuerschuldnerschaft der OberGes müsste eine Anrechnung ausscheiden. Dennoch können die Steuern der UnterGes iRd § 12 Abs 1 vom inländischen Anteilseigner wie Steuern, die von der ZwischenGes getragen worden sind, angerechnet werden.[17] Der Hinzurechnungsbetrag ist dann um diese Steuern zu erhöhen. Die Anrechnungsmöglichkeit für die Steuern, die die UnterGes getragen hat, ist **systematisch geboten**, weil die Zwischeneinkünfte der OberGes nach § 14 wie eigene Einkünfte zugerechnet werden und in die Hinzurechnungsbesteuerung des inländischen Anteilseigners einfließen.

15 Für die Bestimmung des **Zeitpunkts der Anrechnung** ist auf die tatsächliche Zahlung der anzurechnenden Steuer durch die ZwischenGes (bzw UnterGes) abzustellen. Wie bei § 10 Abs 1 setzt die Berücksichtigung iRd § 12 Abs 1 voraus, dass die Steuer von der ausl ZwischenGes **erhoben worden ist**,[18] was regelmäßig erst bei tatsächlicher Zahlung gegeben ist (s dazu § 10 Rn 31 ff). Die zeitliche Einschränkung der Anrechnungsmöglichkeit kann zu ihrem endgültigen Verlust führen. Denn es kommt nur zu einer tatsächlichen Anrechnung der Steuern, wenn im Jahr der Steuerzahlung auch ein Hinzurechnungsbetrag beim inländischen Anteilseigner anzusetzen ist. Diese zeitliche Kongruenz zwischen Steueranrechnung und Hinzurechnungsbesteuerung ist aber nicht notwendig gegeben. Erfolgt die Steuerzahlung in einem Jahr, in dem ein Hinzurechnungsbetrag beim inländischen Anteilseigner nicht anzusetzen ist, geht die Anrechnung ins Leere. Ein Übertrag des „Anrechnungsguthabens" in andere Jahre ist

---

15 *BMF* BStBl I 2004, Sondernr 1 Tz 12.2.1.

16 *S/K/K* § 12 AStG Rn 13.

17 *BMF* BStBl I 2004, Sondernr 1 Rn 14.1.9.

18 *BFH* BStBl II 1994, 727.

nicht möglich. Hier tritt eine ungewollte Dbest ein, die dem gesetzgeberischen Plan zuwider läuft. Es kommt daher eine Berücksichtigung der Steuern im Rahmen einer Billigkeitsmaßnahme in Betracht (§§ 163, 227 AO).[19]

3. Antrag. Die Berücksichtigung der Steuern der ausl ZwischenGes im Rahmen einer Steueranrechnung gem § 12 an Stelle des Steuerabzugs nach § 10 Abs 1 erfolgt nur **auf Antrag** des jeweiligen inländischen Anteilseigners. Ohne Antrag verbleibt es bei einem Steuerabzug nach § 10 Abs 1 iRd Ermittlung des Hinzurechnungsbetrags auf der Ebene der ausl ZwischenGes. Der Steuerinländer kann den Antrag nicht auf **einen Teil** der abziehbaren Steuern beschränken.[20] Denn der Antrag bezieht sich nach dem Wortlaut des § 12 Abs 1 S 1 auf **die** Steuer, die auf den Hinzurechnungsbetrag entfällt. Eine Teilungsmöglichkeit kann der Formulierung uE nicht entnommen werden. 16

Das Recht, zwischen der Steueranrechnung und dem Steuerabzug zu wählen, steht jedem inländischen Anteilseigner selbstständig zu, auch wenn **mehrere Steuerinländer** an der ZwischenGes beteiligt sind. Das **Wahlrecht** muss von den beteiligten Steuerinländern nicht gemeinsam ausgeübt werden.[21] Ebenso hat der Steuerinländer für jede ZwischenGes, an der er unmittelbar beteiligt ist, gesondert zu entscheiden, ob die Steuern nach § 10 Abs 1 abgezogen oder nach § 12 angerechnet werden sollen. 17

Verfahrensrechtlich kann das Wahlrecht sowohl im Feststellungsverfahren nach § 18 als auch im Veranlagungsverfahren des StPfl selbst ausgeübt werden. Eine Ausübung im Veranlagungsverfahren ist möglich, weil die Steueranrechnung auf der Ebene des inländischen Anteilseigners und nicht auf der Ebene der ZwischenGes durchgeführt wird.[22] Mangels gesetzlicher Einschränkung kann das Wahlrecht jederzeit im laufenden Veranlagungsverfahren bis zum Eintritt der Bestandskraft ausgeübt werden. Das schließt das Einspruchs- und Klageverfahren vor den FG ein. Solange die Bestandskraft noch nicht eingetreten ist, kann der Antrag auf Steueranrechnung auch noch zurückgenommen werden. 18

Das Wahlrecht ist für **jeden VZ** gesondert auszuüben.[23] Eine Bindungswirkung für folgende Veranlagungszeiträume besteht nicht. Werden einem inländischen Anteilseigner verschiedene Hinzurechnungsbeträge für mehrere Veranlagungszeiträume zugerechnet, hat die Wahl für jeden Hinzurechnungsbetrag und für jeden VZ eigenständig zu erfolgen. 19

Die Anrechnung der Steuern nach § 12 ist für den StPfl grds günstiger als der Steuerabzug nach § 10 Abs 1, so dass in der Praxis die Steueranrechnung den Regelfall darstellt, während gesetzlich der **Steuerabzug** als Regelfall normiert ist. Das Wahlrecht ermöglicht es dem inländischen Steuerpflichtigen auf unterschiedliche Situationen zu reagieren und so eine Dbest zu vermeiden. Im Fall von Anrechnungsüberhängen stellt die Abzugsmethode gg der Anrechnungsmethode die vorzugswürdige Lösung dar.[24]Als wirtschaftlich **sinnvolle Alternative** stellt sich der Steuerabzug gem § 10 Abs 1 auch 20

19 *S/K/K* § 12 AStG Rn 11.
20 *S/K/K* § 12 AStG Rn 8; *Blümich* § 12 AStG Rn 10; **aA** *F/W/B/S* § 12 AStG Rn 49.
21 *BMF* BStBl I 2004, Sondernr 1 Tz 12.3.3; *Schaumburg* Rn 10.208.
22 *Kraft* § 12 AStG Rn 42; *Blümich* § 12 AStG Rn 9.
23 *S/K/K* § 12 AStG Rn 9.
24 *F/W/B/S* § 10 AStG Rn 43.

dann dar, wenn eine Anrechnung der Steuern ins Leere geht, weil im Jahr der möglichen Anrechnung ein Hinzurechnungsbetrag nicht anfällt oder wegen eines Verlustabzugs beim inländischen Anteilseigner zu keiner inländischen Steuer führt. In diesen Fällen sollte kein Antrag auf Anrechnung der Steuern nach § 12 gestellt werden.[25]

II. Erhöhung des Hinzurechnungsbetrags (S 2)

21 Der Hinzurechnungsbetrag ist gem S 2 um die anrechnungsfähigen Steuern zu erhöhen, wenn der StPfl statt des Steuerabzugs nach § 10 Abs 1 die Anrechnung der Steuern beantragt. Die **Erhöhung des Hinzurechnungsbetrags** ist notwendig, um eine ungerechtfertigte mehrfache Berücksichtigung der Steuern zu verhindern.[26] Denn die anrechnungsfähigen Steuern haben zunächst nach § 10 Abs 1 S 1 den Hinzurechnungsbetrag gemindert. Es ist damit folgerichtig, dass die anrechenbaren Steuern den Hinzurechnungsbetrag erhöhen. Es findet nur eine quotale Erhöhung entspr der Beteiligungsquote des jeweiligen inländischen Anteilseigners statt (so Rn 9).

22 Der Hinzurechnungsbetrag nach § 10 Abs 2 S 2 gehört grds zu den gewerblichen Einkünften des Steuerinländers. Nach gegenwärtiger Auffassung des BFH ist der Gewinn des inländischen Unternehmens allerdings gem § 9 Nr 3 S 1 GewStG um diesen Betrag zu kürzen. Der Erhöhungsbetrag nach § 12 Abs 1 S 2 wirkt sich daher nicht auf die **Ermittlung des Gewerbeertrags** nach § 7 GewStG aus. Aufgrund des strukturellen Inlandsbezugs der Gewerbesteuer soll nämlich nur der inländische, nicht aber der auslandsradizierte Gewinn besteuert werden. Entgegen der früheren Ansicht des BFH[27] unterliegt der Erhöhungsbetrag gem. § 12 Abs 1 S 2 daher nicht der Gewerbesteuer. Hierdurch wird eine unsystematische Doppelbesteuerung vermieden, da Steuern, die im Ausland zu Lasten der Zwischengesellschaft von den dem Hinzurechnungsbetrag zugrunde liegenden Einkünften erhoben worden sind, nach § 12 Abs 1 iVm § 10 Abs 1 und § 7 Abs 1 nur auf die Einkommen- und Körperschaftsteuern, nicht aber auf die Gewerbesteuer angerechnet werden können. Die Frage der Anrechnung der Gewerbesteuer ist damit hinfällig.[28]

C. Steueranrechnung in den Grenzen des § 34c EStG und § 26 KStG (Abs 2)

23 Die Steueranrechnung hat gem § 12 Abs 2 in entspr Anwendung des **§ 34c Abs 1 EStG** bzw **§ 26 Abs 1 und 6 KStG** zu erfolgen. Mit dem Verweis auf § 34c EStG bzw § 26 KStG wird nur für die Durchführung der Anrechnung auf diese Bestimmungen verwiesen.[29] **Welche Steuern** angerechnet werden können, richtet sich nach § 12 Abs 1 S 1, der wiederum auf die nach § 10 Abs 1 abziehbaren Steuern verweist. Können die fraglichen Steuern nach § 10 Abs 1 abgezogen werden, besteht auch die Möglichkeit, diese auf Antrag anzurechnen.

---

25 *F/W/B/S* § 12 AStG Rn 33; *S/K/K* § 12 AStG Rn 4; *Kraft* § 12 AStG Rn 18; *Blümich* § 12 AStG Rn 13 aE.

26 *F/W/B/S* § 12 AStG Rn 60; *Kraft* § 12 AStG Rn 75.

27 *BFH* BStBl II 2006, 555; glA *S/K/K* § 12 AStG Rn 18; krit *Blümich* § 12 AStG Rn 17; **aA** *F/W/B/S* § 12 AStG Rn 16.

28 *BFH/NV* 2015, 921.

29 *F/W/B/S* § 12 AStG Rn 65.

Nach § 34c Abs 1 EStG und § 26 Abs 1 KStG können nur Steuern berücksichtigt werden, die von dem Staat erhoben werden, aus dem die Einkünfte stammen. Darüber hinaus müssen die ausl Steuern mit der dt Einkommen- bzw Körperschaftsteuer vergleichbar sein. Da § 12 Abs 2 nur für das **„Wie" der Anrechnung** auf die Vorschriften verweist, sind diese Einschränkungen bei der Steueranrechnung nicht zu beachten. Somit können auch Steuern von **Drittstaaten** angerechnet werden, soweit sie bei der Ermittlung des Hinzurechnungsbetrags gem § 10 Abs 1 abgezogen werden können. Eine Vergleichbarkeit der ausl Steuer mit der dt Einkommen- bzw Körperschaftsteuer ist ebenfalls keine Voraussetzung für eine Anrechnung.[30] Zeitlich richtet sich die Anrechnungsmöglichkeit nach § 10 Abs 1, so dass der nach § 34c Abs 1 S 5 EStG geforderte zeitliche Zusammenhang zwischen Steuerzahlung und der im Anrechnungsjahr bezogenen Einkünfte gerade nicht bestehen muss.[31] 24

Bedeutung hat der Verweis auf § 34c Abs 1 EStG und § 26 Abs 6 KStG damit va für die **Berechnung des Höchstbetrags** der anzurechnenden Steuern.[32] Nach § 34c Abs 1 EStG soll die anrechenbare ausl Steuer der Höhe nach auf die im Inland auf diese Einkünfte anfallende Einkommen- bzw Körperschaftsteuer begrenzt werden. Dazu ist die Einkommen- oder Körperschaftsteuer, die sich bei der Veranlagung unter Berücksichtigung des Hinzurechnungsbetrags ergibt, im Verhältnis des Hinzurechnungsbetrags zur Summe der Einkünfte aufzuteilen. Der sich danach ergebende Betrag stellt die Höchstgrenze der anrechenbaren ausl Steuer dar. Die Anrechnungsmöglichkeit wird des Weiteren durch die Regelungen des **§ 34c Abs 1 S 3 und 4 EStG** eingeschränkt. Sind im Hinzurechnungsbetrag Einkünfte enthalten, die nach ausl Recht nicht besteuert werden, mindern diese den in die Höchstbetragsberechnung einfließenden Hinzurechnungsbetrag.[33] Es wird die Auffassung vertreten, dass die dabei eintretende Mehrbelastung im Vergleich zum reinen Inlandssachverhalt **europarechtswidrig** sei.[34] Nach § 26 Abs 6 KStG gilt diese Berechnungsmethode auch für die Körperschaftsteuer. Ausl Steuern, die diesen Höchstbetrag übersteigen, können weder angerechnet, noch auf andere Jahre übertragen werden. Sie wirken sich steuerlich nicht mehr aus. 25

D. Steueranrechnung bei steuerfreien Gewinnausschüttungen (Abs 3)

I. Systematischer Zusammenhang

Gewinnausschüttungen der ausl ZwischenGes gehören beim inländischen Anteilseigner zu den steuerbaren Einkünften aus Kapitalvermögen oder den betrieblichen Einkünften. Die steuerliche Erfassung der Gewinnausschüttung würde zu einer Dbest führen, soweit der Gewinn bereits iRd Hinzurechnungsbesteuerung beim inländischen Anteilseigner einmal besteuert wurde. Um eine doppelte Besteuerung zu vermeiden, wird die Gewinnausschüttung nach **§ 3 Nr 41 lit a EStG** in voller Höhe steuerfrei gestellt.[35] Die Steuerbefreiung des § 3 Nr 41 EStG gilt uE sowohl für einkommensteu- 26

30 *S/K/K* § 12 AStG Rn 19.
31 *F/W/B/S* § 12 AStG Rn 68.
32 *S/K/K* § 12 AStG Rn 20.
33 *Blümich* § 12 AStG Rn 13.
34 *Blümich* Vor §§ 7–14 AStG Rn 60 ff.
35 *Kirchhof* § 3 EStG Rn 119; *H/H/R* § 3 Nr 41 EStG Rn 3.

erpflichtige als auch für körperschaftsteuerpflichtige Anteilseigner (s § 10 Rn 60).[36] Voraussetzung für die Steuerfreiheit der Gewinnausschüttung ist der Nachweis des Steuerpflichtigen, dass aus der Beteiligung an derselben ausl Ges die Hinzurechnungsbeträge im Jahr der Ausschüttung oder in den vorangegangenen sieben Kj oder Wj der Einkommensteuer unterlegen haben.

27 Im Sitzstaat der ausl ZwischenGes kann die Gewinnausschüttung einer **(Quellen-) Besteuerung** unterliegen. Diese (Quellen-) Steuer könnte der inländische Anteilseigner nicht auf seine Steuerschuld anrechnen, weil die Gewinnausschüttung nach § 3 Nr 41 lit a EStG steuerfrei ist. Eine Berücksichtigung dieser Steuer iRd § 10 Abs 1 bzw § 12 Abs 1 und 2 scheidet ebenfalls aus, weil es sich nicht um eine Steuer handelt, für die die ausl ZwischenGes Steuerschuldner ist. Denn Steuerschuldner der auf die Gewinnausschüttung erhobenen ausl Steuer ist der Empfänger der Ausschüttung, selbst wenn die ZwischenGes die Steuer an der Quelle einbehalten muss. Diese Konstellation würde also dazu führen, dass die Steuer nicht berücksichtigt werden könnte, obwohl der Gewinn iRd Hinzurechnungsbetrags im Inland voll besteuert wurde. Um die somit **drohende Dbest** zu vermeiden, kann der inländische Anteilseigner die Steuern, die auf die Gewinnausschüttung erhoben werden, nach § 12 Abs 3 in entspr Anwendung des § 34c Abs 1 und 2 EStG sowie des § 26 Abs 1 und 6 KStG anrechnen oder abziehen.[37]

28 Eine **entspr Anwendung des § 12 Abs 3** wird in Betracht gezogen, wenn Quellensteuern auf Gewinnausschüttungen von UnterGes erhoben werden.[38] Eine unmittelbare Anrechnung iRd Hinzurechnungsbesteuerung scheidet aus, weil die Gewinnausschüttung gem § 8 Abs 1 Nr 8 als aktiv qualifiziert wird, eine Berücksichtigung nach § 10 Abs 1 bzw § 12 Abs 1 also ausscheidet. Damit die ausschüttungsbedingte Steuer nicht zu einer Dbest führt, soll eine Anrechnung durch analoge Anwendung des § 12 Abs 3 erfolgen können (s § 10 Rn 30).

II. Voraussetzungen der Steueranrechnung

29 Die anrechenbaren Steuern müssen auf eine **Gewinnausschüttung** entfallen, die nach § 3 Nr 41 EStG beim Dividendenempfänger steuerbefreit ist. Dabei wird es sich idR um Quellensteuern handeln, die der Staat der ZwischenGes auf die Gewinnausschüttung an den inländischen Anteilseigner erhebt. Eine Anrechnung nach § 12 Abs 3 erfolgt wegen der Verknüpfung mit § 3 Nr 41 EStG, soweit ein Hinzurechnungsbetrag derselben ausl ZwischenGes im Jahr der Ausschüttung oder in den sieben vorangegangenen Kj oder Wj der Einkommensteuer unterlegen hat. Die Anrechnung setzt einen Antrag des inländischen Anteilseigners voraus, der für jede ausl ZwischenGes gesondert gestellt werden muss (so Rn 17).

30 **Körperschaftsteuerpflichtige Anteilseigner** können die ausl Steuer auf die steuerbefreite Gewinnausschüttung anrechnen, weil die Steuerbefreiung des § 3 Nr 41 EStG auch für sie gilt (so Rn 26 und § 10 Rn 60).[39] Darüber hinaus wurde § 12 Abs 3 durch das JStG 2008 v 20.12.2007 dahingehend ergänzt, dass die Steueranrechnung in entspr Anwendung des § 26 KStG zu erfolgen hat, so dass sich nunmehr die Anrechnungsmöglichkeit für Körperschaften eindeutig aus dem Gesetz ergibt (su Rn 34).

36 *H/H/R* § 3 Nr 41 EStG Rn 14; **aA** *Desens* IStR 2003, 613.
37 *Schaumburg* Rn 10.215; *Kollruss* IStR 2006, 513.
38 *F/W/B/S* § 10 AStG Rn 110; *Blümich* § 12 AStG Rn 20.
39 *H/H/R* § 3 Nr 41 EStG Rn 14; **aA** *Desens* IStR 2003, 613.

Die Anrechnungsmöglichkeit besteht nach dem Wortlaut der Vorschrift nicht für Steuern, die auf **Veräußerungsgewinne** des inländischen Anteilseigners erhoben werden, weil § 12 Abs 3 nur von „befreiten Gewinnausschüttungen" spricht.[40] Besteuert der ausl Staat auch Veräußerungsgewinne, würde eine Anrechnung entfallen, da auch Veräußerungsgewinne nach § 3 Nr 41 lit b EStG beim inländischen Anteilseigner steuerbefreit sind. Die damit verbundene Dbest ist unter Berücksichtigung des Gesamtkonzepts der Hinzurechnungsbesteuerung **planwidrig**. Die insoweit bestehende gesetzliche Lücke ist uE durch eine **analoge Anwendung des § 12 Abs 3** auf Steuern, die auf Veräußerungsgewinne von einem ausl Staat erhoben werden, zu schließen. Für diese Auslegung spricht auch der Umstand, dass Veräußerungsgewinne und Gewinnausschüttungen nach § 3 Nr 41 EStG gleich behandelt werden.[41] Die Steuern auf Veräußerungsgewinne können uE daher angerechnet werden.[42] 31

III. Rechtsfolge

Steuern, die auf die nach § 3 Nr 41 EStG steuerfreie Gewinnausschüttung entfallen, können nach § 12 Abs 3 **auf Antrag** angerechnet oder abgezogen werden. Die Anrechnung erfolgt in dem VZ, in dem die zugrunde liegenden Zwischeneinkünfte als Hinzurechnungsbetrag angefallen sind. Es wird also **nicht im Zuflussjahr** der Gewinnausschüttung angerechnet. Eine **Erhöhung des Hinzurechnungsbetrags** dieses Jahres ist mit der Anrechnung der (Quellen-) Steuer nicht verbunden, da die ausschüttungsbedingte Steuer den Hinzurechnungsbetrag nicht nach § 10 Abs 1 gemindert hatte.[43] Die etwaig eingetretene Bestandskraft für das Jahr, in dem die Hinzurechnungsbesteuerung erfolgte, steht der Anrechnung nach § 12 Abs 3 S 2 nicht entgegen. 32

Bei der **Anrechnung** sind § 34c Abs 1 und 2 EStG sowie § 26 Abs 1 und 6 KStG entspr anzuwenden. Damit ist insb die Berechnung der höchstens anrechenbaren Steuern nach diesen Vorschriften durchzuführen. Eine Anrechnung entfällt, wenn der Höchstbetrag bereits durch die Anrechnung der auf die Einkünfte der ZwischenGes erhobenen Steuern aufgebraucht ist. Denn durch die Regelung, dass die (Quellen-)Steuer auf die Gewinnausschüttung im Jahr des Anfalls des Hinzurechnungsbetrags anzurechnen ist, kommt es zu einer kumulativen Anrechnung der (Quellen-)Steuer auf die Gewinnausschüttung und der Steuern auf die Einkünfte der ZwischenGes. Ein ggf entstehender „Anrechnungsüberhang" kann nicht auf andere Jahre übertragen werden, sondern geht endgültig verloren.[44] 33

Die Anrechnungsmöglichkeit besteht auch bei **körperschaftsteuerpflichtigen Anteilseignern**, da § 12 Abs 3 ausdrücklich auf § 26 Abs 1 und 6 KStG verweist. Der Verweis ist durch das JStG 2008 vom 20.12.2007 eingefügt worden. Auch schon vor der Änderung des § 12 Abs 3 wurde zu Recht davon ausgegangen, dass die Anrechnungsmöglichkeit für Körperschaften besteht.[45] 34

40 *Lieber* FR 2002, 139; *Blümich* § 12 AStG Rn 19; *S/K/K* § 12 AStG Rn 28.

41 *H/H/R* § 3 Nr 41 EStG Rn 20.

42 **AA** *Lieber* FR 2002, 139; *Blümich* § 12 AStG Rn 19; *Kraft* § 12 AStG Rn 125; *S/K/K* § 12 AStG Rn 28.

43 *Blümich* § 12 AStG Rn 23.

44 *S/K/K* § 12 AStG Rn 21; ausf mit Berechnungsbsp s *Grotherr* IWB F 3 Deutschland Gruppe 1, 1902.

45 *BMF* BStBl I 2004, Sondernr 1 Tz 12.3.4; *S/K/K* § 12 AStG Rn 27; *Kraft* § 12 AStG Rn 133.

35 Eine Gewinnausschüttung ist nach § 3 Nr 41 EStG nur insoweit steuerbefreit, als zu berücksichtigende Hinzurechnungsbeträge vorhanden sind. Eine diesen **Betrag übersteigende Gewinnausschüttung** unterliegt dem **Teileinkünfteverfahren** nach § 3 Nr 40 EStG bzw dem **Freistellungsverfahren** nach § 8b KStG. Die Steueranrechnung für den übersteigenden Betrag richtet sich nicht nach § 12 Abs 3, sondern nach den Regelungen des Teileinkünfte- bzw Freistellungsverfahren.[46]

36 **Zugunsten des StPfl** legt die FinVerw eine **Verwendungsreihenfolge** für die Gewinnausschüttung fest: Für die Gewinnausschüttung wird davon ausgegangen, dass sie aus dem Hinzurechnungsbetrag gespeist wird, der dem ältesten Jahr des Sieben-Jahres-Zeitraums des § 3 Nr 41 lit a EStG entstammt. Die Quellensteuer ist entspr zuzuordnen.[47]

§ 13

(weggefallen)

§ 14 Nachgeschaltete Zwischengesellschaften

(1) [1]Ist eine ausländische Gesellschaft allein oder zusammen mit unbeschränkt Steuerpflichtigen gemäß § 7 an einer anderen ausländischen Gesellschaft (Untergesellschaft) beteiligt, so sind für die Anwendung der §§ 7 bis 12 die Einkünfte der Untergesellschaft, die einer niedrigen Besteuerung unterlegen haben, der ausländischen Gesellschaft zu dem Teil, der auf ihre Beteiligung am Nennkapital der Untergesellschaft entfällt, zuzurechnen, soweit nicht nachgewiesen wird, dass die Untergesellschaft diese Einkünfte aus unter § 8 Abs. 1 Nr. 1 bis 7 fallenden Tätigkeiten oder Gegenständen erzielt hat oder es sich um Einkünfte im Sinne des § 8 Abs. 1 Nr. 8 bis 10 handelt oder dass diese Einkünfte aus Tätigkeiten stammen, die einer unter § 8 Abs. 1 Nr. 1 bis 6 fallenden eigenen Tätigkeit der ausländischen Gesellschaft dienen. [2]Tätigkeiten der Untergesellschaft dienen nur dann einer unter § 8 Abs. 1 Nr. 1 bis 6 fallenden eigenen Tätigkeit der ausländischen Gesellschaft, wenn sie in unmittelbarem Zusammenhang mit dieser Tätigkeit stehen und es sich bei den Einkünften nicht um solche im Sinne des § 7 Abs. 6a handelt.

(2) Ist eine ausländische Gesellschaft gemäß § 7 an einer Gesellschaft im Sinne des § 16 des REIT-Gesetzes (Untergesellschaft) beteiligt, gilt Absatz 1, auch bezogen auf § 8 Abs. 3, sinngemäß.

(3) Absatz 1 ist entsprechend anzuwenden, wenn der Untergesellschaft weitere ausländische Gesellschaften nachgeschaltet sind.

(4) *(aufgehoben)*

BMF BStBl I 2004, Sondernr 1 – Grundsätze zur Anwendung des AStG (AEAStG); *BMF* BStBl I 2007, 99 – Entsch des *Gerichtshofs der Europäischen Gemeinschaften* v 12.9.2006 in der Rechtssache C-196/04 (Cadbury Schweppes)

---

46 *Blümich* § 12 AStG Rn 20.

47 *BMF* BStBl I 2004, Sondernr 1 Tz 12.3.2.

Übersicht

Literatur: *Beimler* Das Urteil des EuGH im Fall „Cadbury-Schweppes" – Der Missbrauchsbegriff des EuGH und die deutsche Hinzurechnungsbesteuerung –, StBp 2007, 357; *Böcker* Die Auslegung des „Dienenstatbestandes" in § 14 Abs 1 AStG für Wirtschaftsjahre vor dem 1.1.2003, StBp 2006, 365; *Hackemann* Kann die Niederlassungsfreiheit vor der Hinzurechnung von Drittlandseinkünften nach AStG schützen?, IStR 2007, 351; *Kollruss* Hinzurechnungsbesteuerung bei doppelt ansässigen Kapitalgesellschaft, IStR 2008, 316; *Korts* Die Besteuerung von G-REITs nach der Unternehmensteuerreform 2008, Stbg 2008, 97; *Scheidle* Die funktionale Betrachtungsweise des AStG in der Bewährungsprobe, IStR 2007, 287; *Scheipers/Linn* Substanzerfordernisse bei nachgeschalteten Zwischengesellschaften, IStR 2011, 601; *Wassermeyer* Die Zurechnung von Einkünften einer ausländischen Untergesellschaft gegenüber ihrer ausländischen Obergesellschaft nach § 14 AStG, IStR 2003, 665; *ders* Die Anwendung des AStG innerhalb des REITG, IStR 2008, 197.

A. Allgemeines

I. Grundaussagen des § 14

Ist eine ausl **OberGes** an weiteren (ausl) **UnterGes** beteiligt, so liegt ein mehrstufiges Beteiligungsverhältnis vor. Da die §§ 7–12 nur die sog ausl OberGes betreffen, an der Steuerinländer unmittelbar beteiligt sind, könnte die Hinzurechnungsbesteuerung ohne die Einbeziehung von Zwischeneinkünften, die in nachgeschalteten UnterGes anfallen, ohne Weiteres umgangen werden.[1] 1

Beispiel: Steuerinländer D ist zu 100 % an der ausl OberGes T beteiligt und diese zu 100 % an der ausl UnterGes E. Sowohl T als auch E unterliegen einer niedrigen Besteuerung; während T aktive Einkünfte erzielt, erzielt E ausschließlich passive Zwischeneinkünfte. Weil D an E nicht unmittelbar beteiligt ist, können ihm die von E erzielten Zwischeneinkünfte ohne die Regelung des § 14 nicht gem §§ 7–12 hinzugerechnet werden. 2

Die Funktion des § 14 ist es, Zwischeneinkünfte von nachgeschalteten UnterGes in die Hinzurechnungsbesteuerung im Wege der sog **übertragenden Zurechnung** einzubezie- 3

1 *S/K/K* § 14 AStG Rn 1; *Blümich* § 14 AStG Rn 1; *F/W/B/S* § 14 AStG Rn 21; *Jacobs* S 501.

hen.[2] Mit Hilfe der übertragenden Zurechnung sollen in der ausl OberGes auch solche Zwischeneinkünfte erfasst werden, die in den UnterGes anfallen, aber nicht in die originären Zwischeneinkünfte der OberGes eingehen und damit ohne die von § 14 angeordnete Zurechnung nicht in dem Hinzurechnungsbetrag erfasst werden könnten.[3] Die Vorschrift des § 14 ist damit für die innere Stimmigkeit, Funktionsfähigkeit und Effizienz der Hinzurechnungsbesteuerung unverzichtbar.[4] Die übertragende Zurechnung unterbleibt indessen, wenn der Anteil an der UnterGes bereits nach den §§ 39, 41 oder 42 AO einem unbeschränkt Stpfl zuzurechnen ist.[5]

4 Technisch erfolgt die übertragende Zurechnung durch eine **Hochrechnung** der von der UnterGes erzielten Zwischeneinkünfte **in der Beteiligungskette**. Das bedeutet **im Grundsatz**, dass sich die Prüfung der in §§ 7–12 aufgestellten Tatbestandsmerkmale für jede nachgeschaltete UnterGes im Wesentlichen wiederholt.[6] Dabei werden in einem dreigliedrigen Beteiligungsverhältnis die von der UnterGes erzielten Zwischeneinkünfte in einem ersten Schritt der OberGes **zugerechnet** und in einem zweiten Schritt zusammen mit den originären Zwischeneinkünften der OberGes deren inländischen Gesellschaftern **hinzugerechnet**.

5 **Beispiel:** In dem vorangestellten Beispiel soll die OberGes T Zwischeneinkünfte iHv 100 und die UnterGes E Zwischeneinkünfte iHv 50 erzielen. T werden in einem ersten Schritt die Zwischeneinkünfte der E in einem gesonderten Feststellungsverfahren iHv 50 **zu**gerechnet; in einem zweiten Schritt werden D in einem weiteren gesonderten Feststellungsverfahren **kumulierte** Zwischeneinkünfte der T iHv 150 **hinzu**gerechnet.

6 Durch Abs 3 wird die übertragende Zurechnung auf eine beliebige Anzahl hintereinander geschalteter ZwischenGes ausgedehnt, wobei die in § 14 genannten Voraussetzungen für jede Ges in der Beteiligungskette gesondert zu prüfen sind.[7]

7 Ist eine ausl Ges im Verhältnis zu einem Steuerinländer infolge einer unmittelbaren Beteiligung OberGes und im Verhältnis zu einem anderen Steuerinländer nachgeschaltete UnterGes, so ist entspr der Beteiligungsverhältnisse einerseits eine Hinzurechnung gem §§ 7–12 und andererseits eine Zurechnung gem § 14 vorzunehmen.[8]

II. Rechtsentwicklung

8 § 14 ist seit Einführung des AStG Bestandteil des Gesetzes. Die Vorschrift hat durch das StSenkG v 23.10.2000,[9] das UntStFG v 20.12.2001,[10] das StVergAbG v 16.5.2003,[11] das ProtErklG v 22.12.2003[12] und zuletzt durch das REITG v 28.5.2007[13] wesentliche Änderungen erfahren und ihre aktuelle Fassung erhalten. Die übertragende Zurech-

---

2 *BFH* BStBl II 1989, 13 mwN.
3 Vgl *BFH* BStBl II 1989, 13 mwN.
4 *F/W/B/S* § 14 AStG Rn 21; *Blümich* § 14 AStG Rn 6; *S/K/K* § 14 AStG Rn 1.
5 AEAStG Tz 14.1.8.
6 *F/W/B/S* § 14 AStG Rn 21.
7 AEAStG Tz 14.0.3.
8 AEAStG Tz 14.0.2.
9 BGBl I 2000, 1344.
10 BGBl I 2001, 3858.
11 BGBl I 2003, 660.
12 BGBl I 2003, 2840.
13 BGBl I 2007, 914.

nung von Einkünften und die hierauf erhobene Hinzurechnungssteuer ist nunmehr definitiv und wird durch Ausschüttungen nicht mehr verändert (vgl auch § 8 Abs 1 Nr 8); in Abs 1 S 1 HS 2 wurde im Wege der **Beweislastumkehr** ein **Aktivitätsnachweis** eingeführt und damit der Begriff der Zwischeneinkünfte gg der allg Regelung in §§ 7, 8 modifiziert; die Abschirmwirkung von DBA gg der Zurechnung von Einkünften nachgeschalteter ZwischenGes und der Hinzurechnungsbesteuerung wurde aufgehoben; der **Dienenstatbestand** in Abs 1 S 1 HS 2 wurde durch S 2 unter Ausschluss von **Einkünften mit Kapitalanlagecharakter** konkretisiert und mit Abs 2 wurden **inländische** REIT-Ges in den Kreis der nachgeschalteten UnterGes einbezogen. Zur zeitlichen Anwendung vgl § 21.

III. EU-Recht

Die übertragende Zurechnung von Einkünften nachgeschalteter UnterGes erfolgt für die Anwendung der §§ 7–12 und ist als Ergänzung der dort geregelten Hinzurechnungsbesteuerung konzipiert. Soweit die §§ 7–12 EG-rechtswidrig sind, wird die EG-Rechtswidrigkeit auch auf § 14 übertragen[14] und gelten die Ausführungen zu den §§ 7–12 entspr.[15] Insb ist hier auf die Restriktionen hinzuweisen, die sich aus der EuGH-Entscheidung in der Rs **Cadbury Schweppes**[16] für die dt Hinzurechnungsbesteuerung ergeben. 9

Nach Auffassung der FinVerw[17] soll die Niederlassungsfreiheit (Art 43 EG) keine **Abschirmwirkung** gg Zwischeneinkünften entfalten, die einer ausl Ges mit Sitz oder Geschäftsleitung in einem Staat der EU oder des EWR gem § 14 von einer nachgeschalteten DrittlandsGes zugerechnet werden. Es ist zw, ob diese Auffassung, die Eingang in **§ 8 Abs 2** gefunden hat, mit der Niederlassungsfreiheit und den vom EuGH in der Rs **Cadbury Schweppes** herausgearbeiteten Grundsätzen vereinbar ist. In den Schutzbereich der Niederlassungsfreiheit fallen alle zum Wirtschaftsleben gehörenden Tätigkeiten, die mit der Errichtung einer EU/EWR-TochterGes verbunden sind. Wirtschaftliche Betätigung idS ist auch die Entscheidung über die Verlagerung einer wirtschaftlichen Betätigung. Besondere steuerliche Belastungen, die an die unternehmerische Entscheidung der Verlagerung von Aktivitäten von EU/EWR-TochterGes auf DrittlandsGes anknüpfen, berühren demnach den Schutzbereich der Niederlassungsfreiheit[18] und stellen eine Beschränkung des Freiheitsrechts dar. Sofern dem Steuerinländer infolge der Tätigkeitsverlagerung von EU/EWR-TochterGes auf Drittlandsges Zwischeneinkünfte hinzugerechnet werden, die bei der EU/EWR-TochterGes von der Hinzurechnungsbesteuerung auszunehmen wären, ist demnach eine Beeinträchtigung der Niederlassungsfreiheit festzustellen. Da nach dem EuGH-Urteil in der Rs **Cadbury Schweppes** nur rein künstliche Gestaltungen als sog **Missbrauchsfälle** der Hinzurechnungsbesteuerung unterfallen sollen, ist die Verlagerung von Aktivitäten auf DrittlandsGes allein an diesem Missbrauchsbegriff zu messen und ist die Zulässigkeit einer Hinzurechnungsbesteuerung ggf zu verneinen. Die von der FinVerw angeordnete und von § 8 Abs 2 nachvollzogene, ausnahmslose Einbeziehung von Zwischeneinkünften nachgeschalteter DrittlandsGes in die Hinzurechnungsbesteuerung ist mit diesen Grundsätzen nicht vereinbar. 10

14 *F/W/B/S* § 14 AStG Rn 27; *S/K/K* § 14 AStG Rn 8.
15 Vgl auch *F/W/B/S* § 14 AStG Rn 27 f.
16 *EuGH* ABlEG Nr C 281, 5; IStR 2006, 670.
17 *BMF* BStBl I 2007, 99 Nr 3 lit b.
18 *Hackemann* IStR 2007, 351, 359.

B. Tatbestand Abs 1

I. Ausländische Gesellschaft (Obergesellschaft)

11 § 14 setzt voraus, dass eine ausl Ges (OberGes) an einer anderen ausl Ges (UnterGes) beteiligt ist. Der Begriff der „ausl Ges“ ist in § 7 Abs 1 legaldefiniert. Danach muss es sich um ein Gebilde handeln, das gem § 1 Abs 1 KStG unbeschränkt körperschaftsteuerpflichtig und nicht gem § 5 KStG steuerbefreit wäre, wenn es Sitz oder Geschäftsleitung im Inland hätte.

12 Theoretisch kann auch eine ausl PersG OberGes iSd § 14 sein. Voraussetzung ist, dass die PersG gem § 1 Abs 1 Nr 5, § 3 KStG als Körperschaftsteuersubjekt zu qualifizieren wäre.[19] Andernfalls findet nicht § 14, wohl aber §§ 7–12 über § 7 Abs 3 Anwendung, dh, dass die inländischen Gesellschafter der ausl PersG als an der nachgeschalteten ausl Ges unmittelbar beteiligt gelten. Die Zwischeneinkünfte der ausl Ges werden daher ohne den Zwischenschritt der Einkünfte**zu**rechnung gg der ausl PersG unmittelbar dem inländischen Gesellschafter **hinzu**gerechnet (Regelfall).

13 Davon auszunehmen sind indes grds **ausl Stiftungen** und diesen gleichgestellte Rechtsgebilde.[20] Denn zum einen gewähren (ausl) Stiftungen regelmäßig keine Kapital- oder Vermögensbeteiligung iSd § 7 Abs 1 und Abs 2; und zum anderen enthält § 15 eine die §§ 7–14 verdrängende Spezialvorschrift. Ausl Stiftungen – mit Ausnahme der in § 15 behandelten Familienstiftungen – entfalten damit eine **Abschirmwirkung** gg der Hinzurechnungsbesteuerung.[21]

14 Die Ges ist eine **„ausl Ges“**, wenn sie im Inland nicht unbeschränkt steuerpflichtig ist, also weder Geschäftsleitung noch Sitz im Inland hat. Sog **„doppelt ansässige Ges“**, die sowohl im Inland als auch im Ausland unbeschränkt steuerpflichtig sind, fallen nicht unter § 14, auch dann nicht, wenn sie nach einem **DBA** als auslandsansässig gelten.[22]

15 Die OberGes muss von Steuerinländern **beherrscht** sein.[23] Dies folgt aus der Konzeption des § 14 als Ergänzungstatbestand zu den Hinzurechnungsvorschriften. Ziel der Zurechnung ist es, Zwischeneinkünfte von nachgeschalteten UnterGes in die Hinzurechnungsbesteuerung einzubeziehen; die innerhalb einer Beteiligungskette verlagerten Zwischeneinkünfte sollen so besteuert werden, als wenn sie die OberGes selbst erzielt hätte. Da die Hinzurechnungsbesteuerung an eine beherrschende Beteiligung von Steuerinländern an der ZwischenGes anknüpft, muss eine entspr Beteiligung nach Art und Umfang somit auch bei der OberGes iRd § 14 vorliegen.[24]

16 Es ist nicht erforderlich, dass die OberGes selbst im niedrig besteuernden Ausland ansässig ist und niedrig besteuerte Zwischeneinkünfte erzielt.[25]

II. Andere ausländische Gesellschaft (Untergesellschaft)

17 Der Begriff der „UnterGes“ ist in § 14 Abs 1 und Abs 2 **legaldefiniert**. UnterGes iSd **Abs 1** ist eine „andere ausl Ges“, an der eine ausl OberGes allein oder zusammen mit

---

19 *S/K/K* § 14 AStG Rn 11; *Mössner* E 417; **aA** *F/W/B/S* § 14 AStG Rn 35.
20 *S/K/K* § 14 AStG Rn 10; *F/W/B/S* § 14 AStG Rn 36.
21 *F/W/B/S* § 14 AStG Rn 36.
22 *Mössner* E 418; s aber auch *Kollruss* IStR 2008, 316.
23 AEAStG Tz 14.0.1.
24 *S/K/K* § 14 AStG Rn 21; *F/W/B/S* § 14 AStG Rn 46.
25 *AEAStG* Tz 14.0.1.

unbeschränkt Stpfl gem § 7 beteiligt ist. Der Begriff „UnterGes“ spricht also die zweite Stufe von oben eines im Ausland befindlichen Beteiligungsaufbaus an.[26] Die der UnterGes nachgeschalteten ausl Ges werden in Abs 3 als „weitere ausl Ges“ bezeichnet und sind in der Terminologie des AStG – weil nicht auf der zweiten, sondern auf der dritten und weiteren Stufe des ausl Beteiligungsaufbaus angesiedelt – keine „UnterGes“. Wie der Begriff „ausl Ges“, sagt auch der Begriff „UnterGes“ nichts über die von der Ges erzielten Einkünfte aus, insb nicht, ob es sich um sog „Zwischeneinkünfte“ handelt; eine UnterGes ist deshalb nicht zwangsläufig ZwischenGes.

Die „UnterGes“ iSd **Abs 1** kann nur eine **ausl Ges** sein. Insofern ist wie zu der ausl OberGes auf die Legaldefinition des § 7 Abs 1 abzustellen. Es gelten die Ausführungen zu den **Rn 11, 14** entspr. **18**

Ebenso wie die OberGes muss auch die UnterGes von Steuerinländern beherrscht sein, wobei es sich bei beiden Ges nicht um dieselben Inlandsbeteiligten zu handeln braucht.[27] Das Merkmal der Inländerbeherrschung der UnterGes folgt wiederum aus dem Telos der Zurechnungsvorschrift. Der **Ergänzungstatbestand** des § 14 soll **prinzipiell** keine weitergehenden Steuerfolgen nach sich ziehen als der **Grundtatbestand** des § 7. Das wäre aber die Folge, wenn Zwischeneinkünfte aus nicht von Steuerinländern beherrschten nachgeschalteten UnterGes über § 14 in die Hinzurechnungsbesteuerung einbezogen würden. Nach systematischer Auslegung des § 14 müssen Steuerinländer somit unmittelbar oder mittelbar genauso umfänglich an der UnterGes beteiligt sein, wie es im Grundtatbestand des § 7 bei der ausl Ges der ersten Stufe vorausgesetzt wird.[28] **19**

III. Beteiligungsverhältnisse

1. Grundfall. – a) Beteiligung der Obergesellschaft an der Untergesellschaft. Die OberGes muss, um iSd § 14 an der UnterGes **beteiligt** zu sein, über eine Beteiligung am **Nenn- oder Stammkapital** der UnterGes verfügen. Denn nur Anteile am Nenn- oder Stammkapital sind Grundlage für die Einkünftezurechnung[29] (vgl Wortlaut: „... zu dem Teil, der auf ihre Beteiligung am Nennkapital der UnterGes entfällt, ...“). Ggf ist § 7 Abs 5 anzuwenden. Partiarische Darlehensverhältnisse oder stille Beteiligungen fallen nicht unter die Norm. **20**

b) Unmittelbare Beteiligung. § 14 Abs 1 erfasst nur **unmittelbare** Beteiligungen der OberGes. Dies folgt zum einen aus dem Wortlaut[30] und zum anderen aus der Systematik des § 14. Wie in **Rn 17** ausgeführt, handelt es sich bei der UnterGes immer um die zweite Stufe im Beteiligungsaufbau. Dieser zweiten Stufe kann begriffsnotwendig nur eine erste Stufe – die OberGes – vorgeschaltet sein. Dieses in Abs 1 angelegte zweistufige Beteiligungs- und Zurechnungsverhältnis wird durch Abs 3 auf eine beliebige Zahl von **Beteiligungsdualen** ausgedehnt. **21**

c) Beteiligung über eine Personengesellschaft. Eine unmittelbare Beteiligung der OberGes an der UnterGes liegt auch dann vor, wenn zwischen OberGes und Unter- **22**

---

26 *F/W/B/S* § 14 AStG Rn 39.

27 AEAStG Tz 14.0.1.

28 HA; vgl *F/W/B/S* § 14 AStG Rn 46; *S/K/K* § 14 AStG Rn 20.

29 *S/K/K* § 14 AStG Rn 16; *F/W/B/S* § 14 AStG Rn 40.

30 *F/W/B/S* § 14 AStG Rn 41.

Ges eine PersGes geschaltet ist. Gem § 7 Abs 3 gelten die Anteile der PersGes als **eigene Anteile** der **Gesellschafter** der PersGes und wird die mittelbar über eine PersGes gehaltene Beteiligung ausdrücklich der unmittelbaren Beteiligung gleichgestellt.[31]

23 **Beispiel:** Die OberGes T ist zu 100 % an einer PersGes beteiligt, die zu 51 % an der UnterGes E beteiligt ist. Für Zwecke der Hinzurechnungsbesteuerung gilt T gem § 14 Abs 1 iVm § 7 Abs 3 als zu 51 % **unmittelbar** an E beteiligt.

24 **d) Beteiligung gemäß § 7.** Die OberGes muss allein oder **zusammen mit unbeschränkt StPfl** gem § 7 an der UnterGes beteiligt sein. Da aus der Funktion der übertragenden Zurechnung als Ergänzung und Sicherstellung des Systems der Hinzurechnungsbesteuerung ein normimmanenter Rückgriff auf die Grundlagen des § 7 folgt,[32] sind auch Beteiligungen **erweitert beschränkt StPfl** iSd § 7 Abs 2, § 2 bei der Ermittlung der Beteiligungsquote an der UnterGes einzubeziehen. Desgleichen sind nach dem ausdrücklichen Wortlaut des § 7 Abs 4 auch iRd § 14 die Anteile oder Stimmrechte **weisungsgebundener Personen** zuzurechnen.[33]

25 Eine Beteiligung **gem § 7** liegt vor, wenn der OberGes und den unbeschränkt StPfl nach Maßgabe des § 7 Abs 2–4 mehr als 50 % der Anteile oder der Stimmrechte an der UnterGes **zuzurechnen** sind.

26 **Beispiel:** An dem Stammkapital der UnterGes E ist die OberGes T zu 50 % und der der T weisungsgebundene Steuerausländer A zu 1 % beteiligt. Der Anteil des A ist der T für Zwecke der §§ 7–14 **zuzurechnen,** sodass diese zu 51 % und damit gem § 7 an der E **beteiligt** ist.

27 Die Beteiligung zu mehr als der Hälfte ist **Tatbestandsvoraussetzung** für die **Zurechnungsfolge**.

28 Die auf der Tatbestandsebene gem § 7 Abs 2–4 zu ermittelnde **Beteiligungsquote** ist streng von der für die Rechtsfolgenebene maßgeblichen **Zurechnungsquote** zu unterscheiden. Denn die Zurechnung nach § 14 Abs 1 erfolgt nur zu dem Teil, zu dem die OberGes tatsächlich **unmittelbar** an dem Nenn- oder Stammkapital der UnterGes beteiligt ist.

29 **Beispiel:** In dem vorangestellten Beispiel sind T **50 %** der Zwischeneinkünfte der E nach § 14 Abs 1 zuzurechnen. Der der T bei der Ermittlung der Beteiligungsquote gem § 7 Abs 4 zugerechnete Anteil des A hat nicht zur Folge, dass T zusätzliche 1 % der Zwischeneinkünfte der E zugerechnet werden.[34]

30 Während die Beteiligungsquote immer mehr als 50 % betragen muss, genügt für die Zurechnung auch ein **Streuanteil** der OberGes von bspw 1 %.

31 Der Wortlaut des § 14 Abs 1 geht über den Normzweck hinaus. Denn allein aus einer Beteiligung der OberGes zusammen mit unbeschränkt StPfl gem § 7 folgt nicht, dass die UnterGes von Steuerinländern beherrscht wird (vgl **Rn 19**).

32 **Beispiel:** Gesellschafter der OberGes T sind zu 51 % Steuerinländer. T ist wiederum zu 51 % an der UnterGes E beteiligt, deren übrige Gesellschafter Steuerausländer sind. An der E sind über T Steuerinländer mittelbar nur zu 26,01 % beteiligt. Weil die nach dem Norm-

---

31 *F/W/B/S* § 14 AStG Rn 42.
32 *S/K/K* § 14 AStG Rn 21, 29.
33 AEAStG Tz 14.0.1.
34 *F/W/B/S* § 14 AStG Rn 40; AEAStG Tz 14.0.1.

zweck des § 14 erforderliche Inländerbeteiligung von mehr als 50 % nicht erreicht ist, werden die von E erzielten Zwischeneinkünfte **entgegen dem Wortlaut** des § 14 der T nicht zugerechnet.

Für die Ermittlung der nach dem Normzweck zu verlangenden mehrheitlichen Beteiligungsquote von Steuerinländern an der UnterGes ist es erforderlich, die Beteiligung der OberGes nur mit dem Anteil zu berücksichtigen, zu dem Steuerinländer an ihr selbst unmittelbar oder mittelbar beteiligt sind (quotale Berücksichtigung). Dieses sog **Durchrechnen** erfolgt im Wege der **teleologischen Reduktion** des Normbefehls des § 14 und gilt über § 14 Abs 3 für alle weiteren nachgeordneten Beteiligungsverhältnisse (Beteiligungsduale).[35] 33

Beispiel: Gesellschafter der OberGes T sind zu 100 % Steuerinländer. T ist zu 51 % an der UnterGes E und diese zu 51 % an der weiteren ausl Ges F beteiligt. Die übrigen Gesellschafter der E und F sind Steuerausländer. An der E sind Steuerinländer mittelbar über T zu 51 % beteiligt; ihre Zwischeneinkünfte werden der T gem § 14 zugerechnet. An der F sind Steuerinländer mittelbar über E und T zu 26,01 % beteiligt; eine Zurechnung der von ihr erzielten Zwischeneinkünfte an E gem § 14 Abs 3, Abs 1 scheitert an der erforderlichen Beteiligungsquote von Steuerinländern. 34

Die von § 14 Abs 1 vorausgesetzte Beteiligungsquote (Beherrschungsquote) kann gem § 7 Abs 2 sowohl auf einer Mehrheit am Nenn- oder Stammkapital als auch auf einer Mehrheit der Stimmrechte an der UnterGes beruhen. Weichen die Beteiligungen am Nenn- oder Stammkapital und die Stimmrechtsverteilung voneinander ab, so kann entweder die eine **oder** die andere **Beteiligungsalternative** die Beteiligungsquote erfüllen. Da es sich nach dem ausdrücklichen Wortlaut des § 7 Abs 2 („... der Anteile **oder** der Stimmrechte ...“) um alternative Bezugsgrößen handelt, ist es nicht möglich, eine Inländerbeherrschung durch eine Kombination von Kapitalbeteiligungen **und** Stimmrechten zu begründen;[36] die Beteiligung an der UnterGes der jeweiligen Stufe zu mehr als der Hälfte ist streng nach Maßgabe der einen **oder** der anderen Größe zu bestimmen. Anders als bei der Ermittlung der Beteiligungsquote (Tatbestandsebene) erfolgt die Zurechnung der Zwischeneinkünfte (Rechtsfolgenebene) ausschließlich nach Maßgabe der Beteiligung am Nenn- oder Stammkapital. 35

Beispiel: Die Gesellschafter der OberGes T sind zu 100 % Steuerinländer. T ist zu 49 % am Stammkapital der UnterGes E beteiligt. Auf die Beteiligung der T entfallen 51 % der Stimmrechte. E ist nach Stimmrechtsverteilung eine von Steuerinländern beherrschte UnterGes. T werden Zwischeneinkünfte der E in Höhe von 49 % zugerechnet. 36

Die Beteiligung von mehr als 50 % der Anteile oder der Stimmrechte muss zum Ende des Wj der UnterGes bestehen. Das ist der von § 7 Abs 2 bestimmte **maßgebliche Zeitpunkt**, der durch die Bezugnahme des § 14 Abs 1 auf die Beteiligung „gem § 7“ auch für die Zurechnung von Zwischeneinkünften aus nachgeschalteten UnterGes gilt.[37] Frühere oder spätere Beherrschungsverhältnisse sind unerheblich und lösen keine zeitanteilige Zurechnung von Zwischeneinkünften aus. Umgekehrt genügt eine Mehrheitsbeteiligung in der letzten Sekunde des ablaufenden Wj der UnterGes für die Zurechnung aller im Wj der UnterGes erzielten Zwischeneinkünfte; eine Mindest- 37

35 *Blümich* § 14 AStG Rn 10 f; *S/K/K* § 14 AStG Rn 20; *F/W/B/S* § 14 AStG Rn 48 f.
36 *F/W/B/S* § 14 AStG Rn 56; *S/K/K* § 14 AStG Rn 26.
37 AEAStG Tz 14.0.1; *F/W/B/S* § 14 AStG Rn 64.

dauer der Beteiligung wird vom Gesetz nicht verlangt.[38] Problematisch ist die Prüfung der maßgeblichen Beteiligungsverhältnisse bei unterjährigen Veränderungen auf der Anteilseignerebene iF abweichender Wj von Ober- und UnterGes.

38 **Beispiel:** Das Wj der zu 100 % von Steuerinländern beherrschten OberGes T entspricht dem Kj T ist zum 29.6.2001 zu 50 % und zum 31.12.2001 zu 51 % an der UnterGes E beteiligt, die ein abweichendes Wj vom 1.7.–30.6. hat. Die von E in dem Wj 2000/2001 erzielten Zwischeneinkünfte sind der T nicht zuzurechnen, weil die T zum Ende des maßgebenden Wj der E nicht gem § 7 an E beteiligt war.[39]

39 **2. Untergesellschaft mit Zwischeneinkünften mit Kapitalanlagecharakter.** Nach Auffassung der FinVerw[40] sollen **Zwischeneinkünfte mit Kapitalanlagecharakter** iSd § 7 Abs 6a bereits ab einer Beteiligungsquote an der ausl UnterGes von **1 %** und in den Fällen des § 7 Abs 6 S 3 **ohne** Mindestbeteiligungsquote zugerechnet werden können.[41] Man kann für diese Auffassung mit guten Gründen die Konzeption des § 14 als Ergänzungstatbestand der Hinzurechnungsbesteuerung heranziehen; sollen Zwischeneinkünfte von nachgeschalteten UnterGes so besteuert werden, als wenn sie die OberGes selbst erzielt hätte (vgl Rn 2, 13), so muss das konsequenterweise auch für Zwischeneinkünfte mit Kapitalanlagecharakter iSd § 7 Abs 6a gelten. Da § 7 Abs 6 S 1 und 3 für eine Hinzurechnungsbesteuerung von Zwischeneinkünften mit Kapitalanlagecharakter eine 1 %ige bzw keine Mindestbeteiligungsquote vorsieht, ist es naheliegend, auch im Bereich des § 14 die Beteiligungsquoten entspr herabzusetzen.

40 Der Auffassung ist gleichwohl **nicht** zu folgen; der Gesetzgeber hat es versäumt, die Konzeption der Hinzurechnungsbesteuerung folgerichtig auf nachgeschaltete ZwischenGes umzusetzen. Nach seinem Wortlaut erfordert § 14 Abs 1 eine Beteiligung der OberGes an der UnterGes „gem § 7"; was eine Beteiligung gem § 7 ist, wird ausschließlich in § 7 Abs 1 und 2 ausgeführt. § 7 Abs 6 modifiziert nicht das in § 7 Abs 1 und 2 definierte Beteiligungsmerkmal von „zu mehr als der Hälfte"; die Vorschrift ordnet vielmehr nur die **entspr** Anwendung des § 7 Abs 1 bei Zwischeneinkünften mit Kapitalanlagecharakter an,[42] was in der Formulierung „auch wenn die Voraussetzungen des Abs 1 iÜ nicht erfüllt sind", zum Ausdruck kommt. Darüber hinaus spricht § 14 Abs 1 von einer Beteiligung der OberGes „allein oder zusammen mit unbeschränkt StPfl"; bei einer Einbeziehung des § 7 Abs 6 in die Verweisung des § 14 Abs 1 könnte es deshalb infolge einer Addition von Beteiligungen, die für sich genommen jeweils weniger als 1 % betragen, insgesamt aber die 1 %-Quote erreichen, zu einer Zurechnung von Zwischeneinkünften mit Kapitalanlagecharakter gg der OberGes kommen, obwohl diese selbst nicht die Mindestbeteiligungsquote des § 7 Abs 6 erfüllt.[43] Das Beispiel verdeutlicht, dass § 7 Abs 6 für Zwecke des § 14 kein taugliches Beteiligungsmerkmal umschreibt, sodass sich die Verweisung in § 14 Abs 1 S 1 auch nicht auf § 7 Abs 6 beziehen kann. Aus den genannten Gründen ist iRd § 14 auch gg nachgeschalteten UnterGes, die Zwischeneinkünfte mit Kapitalanlagecharakter erzielen, eine Inländerbeherr-

38 *Mössner* E 421.
39 Weitere Beispiele bei *F/W/B/S* § 14 AStG Rn 64 ff.
40 AEAStG Tz 14.0.4.
41 Ebenso *S/K/K* § 14 AStG Rn 31, 33.
42 *F/W/B/S* § 14 AStG Rn 71.
43 *Mössner* E 473.

schung iSv § 7 Abs 2 zu verlangen.[44] Die gegenteilige Auffassung der FinVerw führt mE zu einer **unzulässigen** steuerbegründenden Analogie.

IV. Einkünfte der Untergesellschaft

1. Einkünfte. Gegenstand der Zurechnung nach § 14 Abs 1 sind grds **alle** niedrig besteuerten Einkünfte der UnterGes iSd § 8 Abs 1. Insoweit ist durch das UntStFG v 20.12.2001 mit Wirkung ab dem Wj 2001 bzw – bei abw Wj – 2001/2002 eine **wesentliche Gesetzesänderung** eingetreten. Vor Änderung des § 14 Abs 1 durch das UntStFG war noch Tatbestandsvoraussetzung für die übertragende Zurechnung, dass die UnterGes für die niedrig besteuerten Einkünfte auch ZwischenGes war.[45] Nach der Neuregelung muss der StPfl nachweisen, dass die UnterGes die niedrig besteuerten Einkünfte aus unter § 8 Abs 1 Nr 1–7 fallenden Tätigkeiten erzielt hat oder dass es sich um Einkünfte iSd § 8 Abs 1 Nr 8–10 handelt (sog **Aktivitätsnachweis**) oder dass diese Einkünfte aus Tätigkeiten stammen, die einer unter § 8 Abs 1 Nr 1–6 fallenden eigenen Tätigkeit der OberGes **dienen** (sog **Funktionsprivileg**). Hierin liegt eine **Umkehrung** der Darlegungs- und Beweislast.[46] Denn in der Zeit vor dem UntStFG war die FinVerw objektiv beweislastig dafür, dass die zuzurechnenden Einkünfte der UnterGes tatsächlich Zwischeneinkünfte waren.[47] Gelingt dem StPfl der ihm mit der Neuregelung obliegende Nachweis „zurechnungsschädlicher" Einkünfte nicht, so kann das im Einzelfall zu einer übertragenden Zurechnung auch aktiver Einkünfte der UnterGes führen. 41

Ob dieses an sich **sinnwidrige** Ergebnis auf der Ebene der OberGes wieder korrigiert werden kann[48] oder ob die Feststellung ggf aktiver Einkünfte in dem Zurechnungsbescheid insoweit **Tatbestandswirkung** für die Hinzurechnungsbesteuerung hat, ist fraglich.[49] Unter dem Gesichtspunkt der Beweisnähe der StPfl zu den von ihnen verwirklichten Auslandssachverhalten kann man zumindest **Zweifel** haben, ob die Übertragung des Aktivitätsnachweises in ausl Beteiligungsketten auf die StPfl tatsächlich unzulässig ist und ob iF der Beweisfälligkeit der StPfl eine Hinzurechnung der zuvor der OberGes zugerechneten Einkünfte tatsächlich unterbleiben muss. 42

Nach der hier vertretenen Rechtsauffassung **(Rn 40)** ist die Zurechnung von Zwischeneinkünften mit Kapitalanlagecharakter iSd § 7 Abs 6a an die Voraussetzung einer Mehrheitsbeteiligung gem § 7 Abs 2 an der die Zwischeneinkünfte erzielenden UnterGes geknüpft; liegt diese Voraussetzung vor, so gelten für die Ermittlung und Einbeziehung der Zwischeneinkünfte mit Kapitalanlagecharakter in die übertragende Zurechnung nach § 14 keine Besonderheiten (s aber **Rn 50**). 43

Ob die Einkünfte der UnterGes einer **niedrigen Besteuerung** unterliegen, ist nach Maßgabe des § 8 Abs 3 zu bestimmen. Dabei sind nur die Verhältnisse der UnterGes zu berücksichtigen. In die Berechnung der Steuerbelastung der von der UnterGes erzielten Einkünfte sind weder (Quellen)Steuern der OberGes auf von der UnterGes bezogene Dividenden (Nachbelastung der Zurechnungsbeträge) noch Steuern der der 44

---

44 *F/W/B/S* § 14 AStG Rn 71 ff; *Blümich* § 14 AStG Rn 7; *Mössner* E 473.
45 *S/K/K* § 14 AStG Rn 38.
46 Zu den europarechtlichen Bedenken vgl *F/W/B/S* § 14 AStG Rn 28.
47 *F/W/B/S* § 14 AStG Rn 78.
48 So *S/K/K* § 14 AStG Rn 38; *F/W/B/S* § 14 AStG Rn 78.
49 Vgl *BFH* BStBl II 2002, 334; 88, 868.

UnterGes nachgeschalteten weiteren Ges (Vorbelastung der Zurechnungsbeträge) einzubeziehen. Das gilt auch für den Fall, dass in dem Sitzstaat der OberGes eine der Hinzurechnungsbesteuerung ähnliche Besteuerung besteht.[50]

45 Für die **Einkünfteermittlung** gilt § 10 Abs 3; die Einkünfte der UnterGes sind in entspr Anwendung der dt Gewinnermittlungsvorschriften zu ermitteln.[51] Hierfür ist bei einer Gewinnermittlung durch Betriebsvermögensvergleich nach § 4 Abs 1, § 5 EStG eine eigene Zurechnungsbilanz der UnterGes zu erstellen.[52] Das in § 10 Abs 3 S 3 eingeräumte Wahlrecht zwischen einer Gewinnermittlung nach § 4 Abs 1, § 5 EStG und § 4 Abs 3 EStG muss von den Inlandsbeteiligten der UnterGes einheitlich ausgeübt werden; bei der Ausübung des Wahlrechs sind die StPfl hingegen nicht an die Gewinnermittlungswahl vor- oder nachgeschalteter Ges gebunden.[53] § 10 Abs 4 ist zu beachten.

46 **2. Aktivitätsnachweis und Funktionsprivileg.** Die übertragende Zurechnung von Einkünften der UnterGes entfällt, wenn die Einkünfte nachweislich aus **eigener aktiver** Tätigkeit oder Gegenständen der UnterGes iSd § 8 Abs 1 Nr 1–7 stammen bzw es sich um den aktiven Einkünften **gleichgestellte** Einkünfte iSd § 8 Abs 1 Nr 8–10 handelt (sog **Aktivitätsnachweis**). Sind die Einkünfte der UnterGes dagegen **passiv**, so entfällt eine übertragende Zurechnung dennoch, wenn die Einkünfte der UnterGes nachweislich einer aktiven Tätigkeit der **OberGes** iSd § 8 Abs 1 Nr 1–6 **dienen** (sog **Funktionsprivileg**).

47 Nach dem Prinzip der Hinzurechnungsbesteuerung sind im Rahmen einer aktiven Gesamttätigkeit einer ausl Ges anfallende Nebenerträge, die für sich betrachtet passiver Natur sind, den Einkünften aus der aktiven Tätigkeit zuzuordnen: wirtschaftlich zusammengehörende Tätigkeiten sind nach der sog **funktionalen Betrachtungsweise** einheitlich zu behandeln.[54] Dabei ist nach Ansicht des BFH die Tätigkeit maßgebend, auf der nach allg Verkehrsauffassung das wirtschaftliche Schwergewicht liegt.[55] Diesem Prinzip trägt auch das Funktionsprivileg des § 14 Abs 1 Rechnung. Es beruht auf der Überlegung, dass eine Funktionsausgliederung bei einer ausl OberGes auf eine nachgeschaltete UnterGes nicht zu einer Hinzurechnung führen soll, die nicht eintreten würde, wenn die OberGes die betr Tätigkeit nicht ausgelagert hätte.[56] Lagert eine OberGes aus organisatorischen Gründen oder aus Gründen des ausl Steuerrechts einen Teil ihrer aktiven Tätigkeiten iSd § 8 Abs 1 Nr 1–6 aus, so soll der ausgelagerte Teil aufgrund seiner wirtschaftlichen Zugehörigkeit zu der aktiven Tätigkeit der OberGes weiterhin aktiv bleiben.[57] Die wirtschaftliche Zusammenfassung der jeweiligen Tätigkeit der OberGes und der (passiven) Tätigkeit der UnterGes erfolgt über den **„Dienenstatbestand“**.

48 Der Begriff des „Dienens“ war für Wj vor dem 1.1.2003 gesetzlich nicht näher definiert und hat in der Vergangenheit zu Missbräuchen geführt; so haben inländische

50 AEAStG Tz 14.1.5.
51 *BFH* BStBl II 1989, 13.
52 AEAStG Tz 14.1.4.
53 *S/K/K* § 14 AStG Rn 63.
54 *BFH* BStBl II 1990, 1049.
55 *Scheidle* IStR 2007, 287.
56 *S/K/K* § 14 AStG Rn 44.
57 *Böcker* StBp 2006, 365.

StPfl aktiven OberGes KapitalanlageGes oder KonzernfinanzierungsGes nachgeschaltet und die Auffassung vertreten, dass die passiven Einkünfte der nachgeschalteten UnterGes dem aktiven Geschäft der OberGes dienten.[58] Mit dem ProtErklG v 22.12.2003 wurde der § 14 Abs 1 mit Wirkung für Wj, die nach dem 31.12.2002 beginnen, um S 2 ergänzt. Danach sollen nur solche Tätigkeiten der UnterGes einer unter § 8 Abs 1 Nr 1–6 fallenden Tätigkeit der OberGes **dienen**, die in einem **unmittelbaren Zusammenhang** mit dieser Tätigkeit stehen und es sich bei den passiven Einkünften der UnterGes **nicht** um **Zwischeneinkünfte mit Kapitalanlagecharakter** iSd § 7 Abs 6a handelt. Mit dem Unmittelbarkeitsmerkmal und dem Ausschluss von Zwischeneinkünften mit Kapitalanlagecharakter wollte der Gesetzgeber die in der Vergangenheit beklagten Umgehungsfälle des Dienenstatbestands ausschließen[59] und klarstellen, dass bei einer bloßen Gleichartigkeit des Geschäfts von Ober- und UnterGes die Tätigkeit der UnterGes nicht stets der Tätigkeit der OberGes dient.[60]

Nach der Neuregelung ist eine bloße Gleichartigkeit der Tätigkeitsbereiche von Ober- und UnterGes nicht (mehr) ausreichend, um eine dienende Funktion der UnterGes annehmen zu können. Die Leistungsbeiträge der UnterGes müssen vielmehr der Tätigkeit der OberGes funktional untergeordnet sein und einen direkten Bezug zu dieser Tätigkeit aufweisen; zwischen beiden Ges muss ein auf einander abgestimmtes Geschäft bestehen,[61] in dem eine führende Tätigkeit der OberGes von der UnterGes funktional ergänzt wird.[62] Die Tätigkeit der UnterGes muss sich iRd Tätigkeit der OberGes entfalten oder ein Vermögensgegenstand iRd OberGes eingesetzt werden; dabei können auch die schon angesprochenen Grundsätze der Abgrenzung von aktivem und passivem Bereich und zur Zuordnung von Nebeneinkünften herangezogen werden.[63] Als Bsp werden Zinsen auf betriebsüblichen Bankkonten, Einnahmen aus der Vermietung von Werkswohnungen, Zinsen aus der Zwischenanlage von Finanzmitteln bis zum Zeitpunkt der Gewinnausschüttung oder bis zur Durchführung geplanter werbender Investitionen, Einnahmen des Bauunternehmers aus der vorübergehenden Vermietung noch nicht verkaufter Objekte oder Lizenzgebühren aus Patentüberlassung genannt.[64] Das Funktionsprivileg setzt hingegen nicht voraus, dass die OberGes insgesamt aktiv ist; es genügt, wenn die Tätigkeit der UnterGes einer der in § 8 Abs 1 Nr 1–6 angeführten aktiven Tätigkeiten der OberGes dient. 49

Den vollständigen Ausschluss der Zwischeneinkünfte mit Kapitalanlagecharakter von dem Funktionsprivileg begründet der Gesetzgeber damit, dass sich im Einzelfall nur schwer feststellen lasse, ob die den Kapitalanlageeinkünften zugrunde liegende Tätigkeit der OberGes diene oder eine davon losgelöste eigenständige Tätigkeit darstelle. Missbräuche könnten deshalb nur durch den Ausschluss des Dienentatbestands für Einkünfte mit Kapitalanlagecharakter vermieden werden.[65] Diese Einschätzung mag generell zutreffen, sie geht dennoch in Einzelfällen zu weit. Denn die funktionale 50

58 *Böcker* StBp 2006, 365.
59 *Blümich* § 14 AStG Rn 40.
60 BT-Drucks 15/1518, 16.
61 AEAStG Tz 14.1.2.
62 *Blümich* § 14 AStG Rn 40; *S/K/K* § 14 AStG Rn 49.
63 *Böcker* StBp 2006, 365.
64 *Böcker* StBp 2006, 365; *S/K/K* § 14 AStG Rn 50.
65 BT-Drucks 15/1518, 16.

Betrachtungsweise gilt auch bei Kapitalanlageeinkünften,[66] was insb durch das Beispiel eines ausl Versicherungskonzerns, der die Anlage seines Deckungsstocks auf eine nachgeschaltete UnterGes funktional ausgliedert, verdeutlicht wird.[67] Obwohl die Erzielung von Kapitalerträgen aus den eingenommenen Prämien einen wesentlichen Teil des gem § 8 Abs 1 Nr 3 aktiven Versicherungsgeschäfts darstellt, werden die Einkünfte der UnterGes als Kapitalanlageeinkünfte von dem Funktionsprivileg ausgeschlossen. Ob diesem **wirtschaftlich falschen** Ergebnis im Wege einer (sachlichen) Billigkeitsmaßnahme (§ 163, § 227 AO) begegnet werden kann, erscheint angesichts der eindeutigen Gesetzesbegründung fraglich.

51 **3. Substanznachweis iSd § 8 Abs 2.** Es ist str, ob § 8 Abs 2 bereits auf der Ebene der UnterGes anzuwenden ist, mit der Folge, dass bei Substanznachweis der UnterGes deren Einkünfte ungeachtet eines Aktivitätsnachweises oder Funktionsprivilegs iSd § 14 Abs 1 nicht als Zwischeneinkünfte qualifizieren würden und der OberGes nicht zuzurechnen wären.[68] ME ist diese Frage zu **bejahen**. Die übertragende Zurechnung von Einkünften nach § 14 soll keine weitergehenden Steuerfolgen nach sich ziehen als der Grundtatbestand der Hinzurechnungsbesteuerung gem §§ 7, 10. Dementsprechend gelten die **Restriktionen**, die sich aus den **Grundfreiheiten** des EU-Vertrags und der Rspr des EuGH für das Außensteuerrecht ergeben, gleichermaßen für die Hinzurechnungs- und die Zurechnungsbesteuerung. Danach ist die Regelung des § 8 Abs 2, die die Hinzurechnungsbesteuerung in Reaktion auf die Rspr des EuGH in der **Rs Cadbury Schweppes** europarechtsfest machen soll, notwendig auf alle Einkünfte anzuwenden, die aus Beteiligungen an EU/EWR-TochterGes stammen. Für eine Differenzierung nach unmittelbaren und mittelbaren Beteiligungen ist kein Raum, da auch die Einkünfte unabhängig von der Beteiligungsstufe in die Hinzurechnungsbesteuerung einbezogen werden.

52 Dem steht die Normstruktur der §§ 8 Abs 2, 14 nicht entgegen. Zum einen gestattet § 8 Abs 2 S 3 mE den **Umkehrschluss**, dass ein Substanznachweis für EU/EWR-UnterGes möglich ist; zum anderen handelt es sich bei den **UnterGes** nach der amtlichen Überschrift des § 14 um nachgeschaltete **ZwischenGes**, sodass deren Einbeziehung in den Normbereich des § 8 Abs 2 auch nach der gesetzlichen Terminologie möglich ist.[69] Problematisch bleibt danach, dass § 14 Abs 1 selbst nur den Aktivitätsnachweis und das Funktionsprivileg und nicht auch den **Substanznachweis** als Hinderungsgrund für die Annahme von Zwischeneinkünften nennt. Diesem Einwand kann aber die „**Vorklammerfunktion**" des § 8 Abs 2 für alle EU/EWR-ZwischenGes entgegengehalten werden, sodass die Vorschrift auch ohne ausdrückliche Nennung in § 14 auf nachgeschaltete ZwischenGes anzuwenden ist.

53 Bestätigt wird das hier gefundene Erg zudem dadurch, dass die übertragende Zurechnung für die Qualifikation von Zwischeneinkünften generell auf die **Verhältnisse der UnterGes** und nicht auf die Verhältnisse der OberGes abstellt (Rn 16). Dem stünde eine übertragende Zurechnung von Einkünften einer UnterGes, für die der Substanznachweis iSd § 8 Abs 2 erbracht ist, entgegen. Folge einer solchen „Bruttozurechnung" von Einkünften wäre zudem, dass die **Grundlagenfunktion** des **Zurechnungsbescheids Rn 81**) für den Hinzurechnungsbescheid entfiele. Denn eine Hinzurechnung der in

66 *Blümich* § 14 AStG Rn 40.
67 *S/K/K* § 14 AStG Rn 50.
68 Vgl Nachweise bei *Scheipers/Linn* IStR 2011, 601.
69 **AA** *Scheipers/Linn* IStR 2011, 601.

dem Zurechnungsbescheid festgestellten Zwischeneinkünfte der UnterGes könnte wegen des Substanznachweises der UnterGes nicht erfolgen. Der Zurechnungsbescheid wäre damit Makulatur. Es ist fraglich, ob ein solcher Eingriff in die Grundordnung des Verfahrens der §§ 179 ff AO tatsächlich gewollt ist; erforderlich wäre er nach der hier vertretenen Meinung nicht.

4. Verluste. § 14 schreibt die Zurechnung von „Einkünften" der UnterGes vor. Einkünfte sind die gem § 10 Abs 3 nach dt Steuerrecht ermittelten Einkünfte. Da der Begriff der „Einkünfte" im dt Ertragsteuerrecht sowohl positive (Gewinn oder Überschuss der Einnahmen über die Werbungskosten) als auch negative (Verlust oder Überschuss der Werbungskosten über die Einnahmen) umfasst, sind auch **negative Zwischeneinkünfte** der UnterGes gem § 14 Abs 1 der OberGes zuzurechnen.[70] Problem ist, wie der von § 10 Abs 3 S 5 vorgesehene Verlustabzug technisch durchzuführen ist, ohne dass es zu einer unzulässigen zweifachen Verlustberücksichtigung kommt.[71] Da die Zurechnung von Zwischeneinkünften gem § 14 Abs 3 **stufenweise** durch die ausl Beteiligungskette erfolgt, dh von der untersten nachgeschalteten Ges über die jeweils vorgeschaltete Ges bis hin zur OberGes, bedeutet dies, dass Verluste zunächst mit positiven Zwischeneinkünften der **ersten Stufe** (von unten) **auszugleichen** sind, und dass ein **verbleibender** Verlust auf die nächsthöhere Stufe **hochgerechnet** wird.[72] Dort kann der Verlust mit positiven Zwischeneinkünften der **zweiten Stufe** ausgeglichen werden usw. Ein danach verbleibender Verlust ist der OberGes zuzurechnen und geht dort nach Maßgabe des § 10d EStG in den Verlustabzug ein; ein **Verlustvor- oder -rücktrag** ist mit anderen Worten nur auf der Ebene der ausl OberGes durchzuführen.[73] 54

Nach Zurechnung eines Verlusts von der unteren Stufe auf die nächst höhere Stufe scheidet ein Verlustvor- oder -rücktrag auf der unteren Stufe aus; die Verlustzurechnung schließt die steuerliche Geltendmachung auf der Verlustentstehungsstufe nach Zurechnung aus.[74] Für diese Verfahrensweise spricht vornehmlich, dass nach der von § 14 Abs 1 und 3 angeordneten, stufenweisen Zurechnung von Einkünften kein Verlust auf der Ebene der zurechnenden UnterGes verbleibt, der in einen Verlustvor- oder -rücktrag bei der UnterGes eingehen könnte.[75] Zudem spricht hierfür die Grundaussage des § 14, wonach die Einkünfte der UnterGes für Zwecke der Hinzurechnungsbesteuerung wie Einkünfte der OberGes behandelt werden. Danach erfolgt eine Einkünfte-/Verlustkonsolidierung bei der OberGes; nur das bei der OberGes konsolidierte Gesamtergebnis der aus Beteiligungskette kann für den Verlustabzug iSd § 10 Abs 3 S 5, § 10d EStG maßgeblich sein. 55

Beispiel: 56

A	**2001**	**2002**
OberGes (T)	100	0
UnterGes (E 1)	50	0
Weitere nachgeschaltete UnterGes (E 2)	– 100	100
Konsolidiertes Ergebnis Beteiligungskette einschließlich § 10d EStG	50	100

70 *BFH* BStBl II 1988, 868; *F/W/B/S* § 14 AStG Rn 117.
71 AEAStG Tz 14.1.7.
72 *F/W/B/S* § 14 AStG Rn 118.
73 *F/W/B/S* § 14 AStG Rn 119.
74 *F/W/B/S* § 14 AStG Rn 118; **aA** AEAStG Tz 14.1.7.
75 *F/W/B/S* § 14 AStG Rn 120.

57 Ergebnis **A**: In **2001** wird der Verlust der E 2 der E 1 zugerechnet und mit deren Gewinn ausgeglichen; der danach verbleibende Verlust iHv 50 wird über E 1 der T zugerechnet. Aus der Beteiligungskette E 2 – T wird dem inländischen Anteilseigner der T ein Gewinn iHv 50 hinzugerechnet. In **2002** wird der Gewinn der E 2 iHv 100 über E 1 der T zugerechnet und dem inländischen Anteilseigner der T hinzugerechnet; der Verlust der E 2 aus 2001 wird nicht im Wege des Verlustvortrags nach § 10d EStG von deren Gewinn in 2002 abgezogen.[76]

58 **Beispiel:**

B	**2001**	**2002**
OberGes (T)	0	70
UnterGes (E 1)	– 20	0
Weitere nachgeschaltete UnterGes (E 2)	– 50	0
Konsolidiertes Ergebnis Beteiligungskette einschließlich § 10d EStG	– 70	0

59 Ergebnis **B**: In **2001** werden die Verluste der E 2 und E 1 der T zugerechnet. Es verbleibt aus der Beteiligungskette E 2 – T ein Verlust iHv 70. In **2002** werden die bei T konsolidierten Verluste iHv 70 aus 2001 von dem Gewinn der T in 2002 im Wege des Verlustvortrags nach § 10d EStG abgezogen. Es verbleibt hiernach in 2002 kein hinzurechnungsfähiger Gewinn gg dem inländischen Anteilseigner der T.

60 **5. Gewinnausschüttungen der Untergesellschaft.** Die Zurechnung von Zwischeneinkünften über § 14 ist definitiv. Die Ausschüttung der zuvor zugerechneten (thesaurierten) Einkünfte führt nicht zur Rücknahme der übertragenden Zurechnung.[77] Dies ist notwendige Folge der Regelung des § 8 Abs 1 Nr 8, wonach Ausschüttungen als aktiv gelten und bei der OberGes innerhalb der §§ 7–14 keine Rechtsfolgen auslösen; eine Doppelbelastung der ausgeschütteten Gewinne sowohl durch übertragende (Hin)Zurechnung als auch durch Ausschüttung scheidet aus. Zu den Besonderheiten bei der Veräußerung von Anteilen an einer UnterGes vgl § 8 Abs 1 Nr 9, § 11.

C. Tatbestand Abs 2

61 Die dt **REIT-AG** ist gem § 16 REITG von der Körperschaftsteuer und der Gewerbesteuer befreit. Ausschüttungen der REIT-Ges führen bei den Anteilseignern zu Kapitaleinkünften iSd § 20 Abs 1 Nr 1 EStG, sofern die Ausschüttungen nicht gem § 20 Abs 3 EStG einer anderen Einkunftsart zuzurechnen sind (vgl § 19 REITG). Im Zuge der Beratungen des REITG[78] sind Gestaltungen diskutiert worden, wonach Ausschüttungen der REIT-Ges über ausl ZwischenGes durch das Zusammenwirken von § 8b Abs 1 KStG, der DBA-Schachtelprivilegien und der Mutter-Tochter-Richtlinie steuerfrei ins Inland hätten transferiert werden können.[79] Zur Sicherstellung und Durchsetzung einer Besteuerung der Erträge einer REIT-Ges auf der Ebene unbeschränkt stpfl Anteilsinhaber sind daraufhin mit dem REITG die §§ 7 Abs 8, 8 Abs 1 Nr 9 und 14 Abs 2 eingefügt bzw inhaltlich geändert worden. Die Einkünfte der Anteilsinhaber aus Ausschüttungen der REIT-Ges und aus Aktienveräußerungsgewinnen sollen nach den genannten Vorschriften nicht in ausl ZwischenGes aufgefangen und im Wesentlichen steuerfrei ins Inland ausgekehrt werden können.[80]

---

76 **AA** AEAStG Tz 14.1.7 mit Billigkeitsregelung.
77 *Blümich* § 14 AStG Rn 47.
78 BGBl I 2007, 914.
79 *Wassermeyer* IStR 2008, 197.
80 *Wassermeyer* IStR 2008, 197.

Folge der Neuregelung des § 14 Abs 2 ist, dass REIT-Ges trotz ihrer **Ansässigkeit im Inland** für den Bereich der übertragenden Zurechnung als **UnterGes** angesehen werden, die aufgrund ihrer Steuerfreiheit gem § 16 REITG einer niedrigen Besteuerung iSd § 8 Abs 3 unterliegen.[81] § 14 Abs 2 enthält damit eine **eigenständige**, allein auf die Beteiligungsverhältnisse an REIT-Ges abgestellte **Definition der UnterGes** (vgl **Rn 17**). 62

Zudem ist davon auszugehen, dass die ausl OberGes anders als im Bereich des Abs 1 **nicht** von Steuerinländern beherrscht sein muss, sondern dass die Zurechnungsfolge unbeschadet der Beteiligungsquote von Steuerinländern an der OberGes ausgelöst werden soll; § 7 Abs 8 hebt die von § 7 Abs 1 und 2 vorgesehene Beteiligungsmehrheit an der OberGes auch für Zwecke der übertragenden Zurechnung auf.[82] 63

Allerdings sieht § 7 Abs 8 nur von dem Beherrschungserfordernis der ausl Ges (= OberGes iRd § 14 Abs 2) ab; hinsichtlich der Beteiligungsverhältnisse der ausl Ges an der REIT-Ges ist die Vorschrift indifferent. § 7 Abs 8 enthält damit kein Beteiligungsmerkmal bzgl der UnterGes „REIT-Ges"; die in § 14 Abs 2 enthaltene Verweisung auf eine Beteiligung an der REIT-Ges „gem § 7" bezieht sich damit auf den Grundtatbestand des § 7 Abs 1 und 2. Mit anderen Worten muss eine nicht von Steuerinländern beherrschte OberGes an einer iSv § 7 Abs 1 und 2 beherrschten REIT-Ges beteiligt sein, um die Zurechnungsfolge des § 14 Abs 1 auszulösen. Das in **Rn 61** angeführte berechtigte Anliegen des Gesetzgebers wird damit technisch nur unbefriedigend umgesetzt. Denn die **Zu**rechnungsfolge des § 14 bleibt aufgrund des Beherrschungserfordernisses bei der REIT-Ges evident hinter der **Hinzu**rechnungsfolge des § 7 Abs 8 zurück.[83] 64

D. Rechtsfolge

Rechtsfolge des § 14 Abs 1 S 1 ist die **Zurechnung** der Zwischeneinkünfte der UnterGes gg der OberGes. Als Zwischeneinkünfte iSd § 14 gelten **alle** Einkünfte der UnterGes, **soweit** die Stpfl nicht den **Aktivitätsnachweis** erbringen bzw das **Funktionsprivileg** beanspruchen können. Die Zurechnung erfolgt nach dem Verhältnis der gesellschaftsrechtlichen Beteiligung, dh zu dem Teil, zu dem die OberGes an dem **Nenn- oder Stammkapital** der UnterGes beteiligt ist (Zurechnungsquote). Die Zwischeneinkünfte werden der OberGes „für die Anwendung der §§ 7–12" zugerechnet. Die Zurechnung nach § 14 geht damit der in den §§ 7–12 geregelten Hinzurechnungsbesteuerung logisch voran.[84] In einem ersten Schritt werden Zwischeneinkünfte der OberGes **zu**gerechnet und in einem zweiten Schritt den mittelbar über die OberGes an der UnterGes beteiligten Steuerinländern gem §§ 7 ff **hinzu**gerechnet. Die Rechtsfolgen der Hinzurechnung gem § 7, § 10 und der Zurechnung gem § 14 sind nicht identisch und müssen getrennt und jeweils für sich gesehen werden;[85] die Zurechnung ist zwar an die Hinzurechnung angelehnt, sie weist dieser gg aber auch wesentliche Unterschiede auf. 65

81 *Blümich* § 14 AStG Rn 74.
82 *Blümich* § 14 AStG Rn 74.
83 *Wassermeyer* IStR 08, 197.
84 *BFH* BStBl II 1988, 868; *S/K/K* § 14 AStG Rn 53.
85 *BFH* BStBl II 1989, 13.

66 Unter „Zurechnung“ wird im Steuerrecht allg die Zuordnung einer Besteuerungsgrundlage in persönlicher Hinsicht verstanden.[86] Die Zuordnung in persönlicher Hinsicht lässt die zuzurechnende Besteuerungsgrundlage inhaltlich unverändert; sie bestimmt gleichzeitig den **Zurechnungszeitpunkt**, weil eine Besteuerungsgrundlage in dem Augenblick in persönlicher Hinsicht zuzuordnen ist, in dem sie entsteht.[87] Diesem allg Begriffsverständnis der „Zurechnung“ folgt nach heute hM auch die Regelung des § 14.[88]

67 Entspr sind Zwischeneinkünfte iSd § 14 im Zeitpunkt ihrer Entstehung zuzurechnen. Sie entstehen in der letzten logischen Sekunde **vor Ablauf** des Wj der UnterGes, deren Zwischeneinkünfte zuzurechnen sind. Sind mehrere UnterGes einander nachgeschaltet und stimmen die Wj überein, so vollzieht sich die Zurechnung gem § 14 Abs 1 und 3 in der letzten logischen Sekunde des jeweiligen Wj von der untersten nachgeschalteten UnterGes durch alle vorgeschalteten UnterGes hindurch bis zur OberGes.[89] Die Zurechnung unterscheidet sich damit von der Hinzurechnung. Denn gem § 10 Abs 2 S 1 und 2 erfolgt die **Hinzu**rechnung der Zwischeneinkünfte der OberGes unmittelbar **nach Ablauf** des maßgeblichen Wj der OberGes, also **zeitverschoben**.

68 **Beispiel:** Die Wj der UnterGes E1-E3 sowie der OberGes T und des inländischen Anteilseigners A entsprechen dem Kj. E1-E3 und T erzielen in dem Betrachtungszeitraum 2001 Zwischeneinkünfte (ZE) iHv jeweils 10 Tsd. Es erfolgen Zurechnungen zum 31.12.**2001** von E3 an E2 iHv 10 Tsd, von E2 an E1 iHv 20 Tsd und von E1 an T iHv 30 Tsd. Zum 1.1.**2002** erfolgt eine Hinzurechnung von T an A iHv 40 Tsd, die A zum 31.12.2002 zu versteuern hat.

69 Weichen die Wj der Unter- und OberGes voneinander ab, so kann dies erhebliche zeitliche und betragliche Verschiebungen zur Folge haben. Zu beachten ist dann insb auch, ob am Ende der jeweils maßgeblichen Wj auf den verschiedenen Beteiligungsebenen die von § 7 Abs 2, § 14 Abs 1 vorausgesetzte Beteiligungsquote (noch) erfüllt ist.

70 **Beispiel:** In dem obigen Beispiel sollen E3 und E1 abweichende Wj vom 1.7.–30.6. haben. Die Beteiligungsquote des § 7 Abs 2 soll zu den maßgeblichen Stichtagen jeweils erfüllt sein. Es ergeben sich folgende Zu- und Hinzurechnungsfolgen: Die ZE von E3 und E2 in Höhe von 20000 werden E1 zum 31.12.2001 zugerechnet und können von E1 erst zum Ende des Wirtschaftsjahrs 2001/2002 zum 30.6.**2002** T zugerechnet und von dort A erst zum 1.1.**2003** hinzugerechnet werden. A werden aus der Beteiligungskette T-E3 **zeitversetzt** ZE zum 1.1.2002 **und** 1.1.2003 iHv jeweils 20 000 hinzugerechnet.

71 Für die **Auffassung der FinVerw**, die eine Zurechnung nach § 14 Abs 1 und 3 in der letzten logischen Sekunde des jeweiligen Wj der untersten nachgeschalteten UnterGes durch alle vorgeschalteten UnterGes hindurch bis zur OberGes vollziehen will,[90] fehlt mE die Rechtsgrundlage.[91]

72 Die der OberGes zugerechneten Zwischeneinkünfte werden durch die Zurechnung **nicht** in Beteiligungserträge iSv § 10 Abs 2 **umqualifiziert**. Es fehlt insoweit an einer

86 *BFH* BStBl II 1988, 868 mwN.
87 *BFH* BStBl II 1988, 868 mwN.
88 *S/K/K* § 14 AStG Rn 54 mit Nachweisen **aA**.
89 *BFH* BStBl II 89, 13.
90 AEAStG Tz 14.3.
91 Wie hier *F/W/B/S* § 14 AStG Rn 206.

für eine Umqualifizierung erforderlichen Norm.[92] Denn § 10 Abs 2 gilt ausschließlich im Bereich der Hinzurechnung, wohingegen die Zurechnung gem § 14 Abs 1 nur „für die Anwendung der §§ 7–12" erfolgt. Mithin bleiben die der OberGes zugerechneten Besteuerungsgrundlagen inhaltlich **unverändert**.

Umgekehrt nimmt die Zurechnung keinen Einfluss auf die Qualifikation der OberGes. Die zugerechneten Einkünfte lösen keine Gewinnerhöhung bei der OberGes aus und finden keinen Eingang in die für die OberGes zu erstellende Hinzurechnungsbilanz.[93] Die Einkünfte der OberGes werden durch die zugerechneten Zwischeneinkünfte der UnterGes nicht **„infiziert"**; Zurechnung iSd § 14 Abs 1 bedeutet vielmehr nur ein bloßes **„Durchleiten von Zwischeneinkünften"** auf die Ebene der OberGes, was bei dieser zu einer Begründung bzw Erhöhung eines Hinzurechnungsbetrags führt.[94] Die Zurechnung wirkt sich weder auf den aktiven oder passiven Charakter der OberGes aus noch auf die Frage, ob die OberGes selbst einer niedrigen Besteuerung iSd § 8 Abs 3 unterliegt. 73

Die Zwischeneinkünfte der UnterGes erhöhen aber die **Bruttoerträge** der OberGes iSd **§ 9**.[95] Denn für die Anwendung des § 9 auf der Stufe der UnterGes fehlt eine entspr Verweisung in § 14, während § 9 nach seinem Wortlaut nur „für die Anwendung des § 7 Abs 1" konzipiert ist.[96] Zwischeneinkünfte der UnterGes werden somit der OberGes unabhängig davon zugerechnet, ob die relativen und absoluten Freigrenzen des § 9 auf der Ebene der UnterGes erfüllt sind. 74

Zu dem Problem, ob die gem § 14 der OberGes zugerechneten Einkünfte der UnterGes ohne weitere Prüfung in die Hinzurechnungsbesteuerung einbezogen und bis zum inländischen Anteilseigner durchgeleitet werden können, oder ob die FinVerw auf der Ebene der OberGes bezüglich der zugerechneten Einkünfte hinsichtlich des Merkmals „Zwischeneinkünfte" beweispflichtig wird, vgl oben **Rn 42** mwN. 75

Da Gegenstand der Zurechnung „die Einkünfte der UnterGes" sind und es iRd § 14 an einer § 10 Abs 1 S 3 entspr Regelung fehlt, sind, wie bereits in **Rn 51** ausgeführt, auch Verluste der UnterGes der OberGes gem § 14 Abs 1 zuzurechnen. 76

§ 14 enthält keine ausdrückliche Regelung dazu, ob und wie die bei der UnterGes angefallenen **Steuern** zu berücksichtigen sind. Nach **einhelliger** Auffassung ist ein **Abzug** bzw eine **Anrechnung** der ausl Steuern der UnterGes entspr § 10 Abs 1, § 12 Abs 1 zu gewährleisten.[97] Es entspricht dem Grundgedanken der Hinzurechnungsbesteuerung, dass alle Steuern, die auf Zwischeneinkünfte erhoben werden, nach § 10 Abs 1 abziehbar bzw nach § 12 Abs 1 anrechenbar sind; deshalb wäre es sachlich nicht gerechtfertigt, zwar die Zwischeneinkünfte der UnterGes in die Hinzurechnungsbesteuerung einzubeziehen, nicht aber die damit verbundenen Steuern.[98] Ob das gebotene Ergebnis rechtstechnisch durch eine an dem Sinn und Zweck der §§ 14, 10 und 12 orientierte Auslegung oder im Wege der Analogie zu ermöglichen ist,[99] kann hier dahinstehen. 77

---

92 *BFH* BStBl II 1989, 13.
93 *F/W/B/S* § 14 AStG Rn 105.
94 *F/W/B/S* § 14 AStG Rn 100; *S/K/K* § 14 AStG Rn 58.
95 *S/K/K* § 14 AStG Rn 60.
96 *F/W/B/S* § 14 AStG Rn 115; **aA** AEAStG Tz 14.1.3.
97 *S/K/K* § 14 AStG Rn 59 mwN.
98 *F/W/B/S* § 14 AStG Rn 98.
99 *S/K/K* § 14 AStG Rn 59.

78 Anderes gilt hingegen für die Frage, auf welcher Ebene der Abzug bzw die Anrechnung der Steuerbeträge vorzunehmen ist. Da die §§ 10 und 12 unmittelbar nur die Steuern der OberGes ansprechen, scheidet ein direkter Abzug bzw eine Anrechnungsmöglichkeit auf der Ebene der UnterGes aus; die Steuern sind vielmehr wie Steuern der OberGes zu behandeln und erst bei der Hinzurechnung gg den inländischen Anteilseignern der OberGes als Abzugs- bzw Anrechnungsbeträge zu berücksichtigen.[100] Die **Auffassung der FinVerw**,[101] die einen Steuerabzug nach § 10 Abs 1 bei der UnterGes vornehmen will, führt dazu, dass der OberGes nicht „Einkünfte", sondern ein aus Einkünften und Steuern saldierter „Zurechnungsbetrag" der UnterGes zugerechnet wird, wofür es im Gesetz keine Stütze gibt.[102]

E. Verfahren

79 Über die gem § 14 zuzurechnenden Einkünfte ist eine **gesonderte Feststellung** gem § 18 vorzunehmen. Zwar ergibt sich nicht ohne weiteres aus dem Wortlaut des § 18 Abs 1 S 1, dass auch die nach § 14 zuzurechnenden Zwischeneinkünfte eine gesondert festzustellende Besteuerungsgrundlage sind;[103] da § 18 aber den Sinn hat, die in §§ 7–14 enthaltenen **materiellen** Rechtsfolgen **verfahrensrechtlich** nachzuvollziehen, ist über alle für die Besteuerung wesentlichen Rechtsfolgen durch gesonderte Feststellung zu entscheiden.[104] Da die Zurechnung iSd § 14 als selbstständige Rechtsfolge ausgestaltet ist und § 18 Abs 1 S 1 eine gesonderte Feststellung auch für die Anwendung des § 14 vorsieht, ist über den verfahrensrechtlichen Vollzug der Zurechnung ebenfalls durch gesonderte – und bei (mittelbarer) Beteiligung mehrerer Steuerinländer an der UnterGes – einheitliche Feststellung zu entscheiden.[105] IF des gesonderten und einheitlichen Feststellungsverfahrens nach § 18 wird zudem sichergestellt, dass keine abweichenden Entscheidungen über die Zurechnung von Besteuerungsgrundlagen gg den an der UnterGes beteiligten Personen erfolgen.

80 In einem positiven **Zurechnungsbescheid** nach § 18 ist durch gesonderte (und einheitliche) Feststellung darüber zu entscheiden, **dass** zugerechnet wird, **was** zugerechnet wird, **wem** zugerechnet wird und **wann** zugerechnet wird.[106] In einem negativen, abl Feststellungsbescheid ist die Zurechnung von Zwischeneinkünften abzulehnen. **Adressaten** des Zurechnungsbescheids sind die über die OberGes mittelbar an der UnterGes beteiligten unbeschränkt StPfl; **Zurechnungsempfänger** ist die jeweils vorgeschaltete ZwischenGes.[107]

81 Der Zurechnungsbescheid ist **Grundlagenbescheid** für den Hinzurechnungsbescheid. Die in ihm getroffenen Feststellungen sind für den Hinzurechnungsbescheid gem § 182 Abs 1 AO bindend.[108] Zur Vermeidung nachteiliger Feststellungen ist es deshalb erforderlich, den Grundlagenbescheid „Zurechnungsbescheid" anzufechten; gem § 351

100 *F/W/B/S* § 14 AStG Rn 98 f.
101 AEAStG Tz 14.1.4.
102 *F/W/B/S* § 14 AStG Rn 98 f.
103 *BFH* BStBl II 1985, 410.
104 *BFH* BStBl II 1988, 868.
105 *BFH* BStBl II 1988, 868.
106 *BFH* BStBl II 1988, 868.
107 *BFH* BStBl II 1988, 868.
108 *BFH* BStBl II 1988, 868; *BFH* BStBl II 2002, 334.

Abs 2 AO, § 42 FGO können Einwendungen gg den Grundlagenbescheid nicht im Rahmen eines Einspruch- und Klageverfahrens gg den Folgebescheid „Hinzurechnungsbescheid" geltend gemacht werden. Die gem § 18 gesondert festgestellten Besteuerungsgrundlagen iSd § 14 sind nach den allg geltenden Grundsätzen der §§ 179 ff AO selbstständig anfechtbare Besteuerungsgrundlagen; bei einer Beschränkung der (Anfechtungs)Klage auf die eine oder andere Feststellung erwachsen die übrigen Feststellungen in Teilbestandskraft.[109] Umgekehrt können unterlassene Feststellungen (zB Steuern der UnterGes iSd § 10 Abs 1, § 12 Abs 1) im Wege eines Ergänzungsbescheids gem § 179 Abs 3 AO nachgeholt werden.

§ 18 Abs 1 und 3 statuieren auch für Zwecke des Zurechnungsverfahrens eine Erklä- 82
rungspflicht für jeden „an der ausländischen Ges beteiligten unbeschränkt Stpfl oder erweitert beschränkt Stpfl". Zu den Einzelheiten des Feststellungsverfahrens und der Erklärungspflichten vgl die Ausführungen zu § 18.

109 *BFH/NV* 2004, 1372.

Fünfter Teil
Familienstiftungen

§ 15 Steuerpflicht von Stiftern, Bezugsberechtigten und Anfallsberechtigten

(1) [1]Vermögen und Einkünfte einer Familienstiftung, die Geschäftsleitung und Sitz außerhalb des Geltungsbereichs dieses Gesetzes hat (ausländische Familienstiftung), werden dem Stifter, wenn er unbeschränkt steuerpflichtig ist, sonst den unbeschränkt steuerpflichtigen Personen, die bezugsberechtigt oder anfallsberechtigt sind, entsprechend ihrem Anteil zugerechnet. [2]Dies gilt nicht für die Erbschaftsteuer.

(2) Familienstiftungen sind Stiftungen, bei denen der Stifter, seine Angehörigen und deren Abkömmlinge zu mehr als der Hälfte bezugsberechtigt oder anfallsberechtigt sind.

(3) Hat ein Unternehmer im Rahmen seines Unternehmens oder als Mitunternehmer oder eine Körperschaft, eine Personenvereinigung oder eine Vermögensmasse eine Stiftung errichtet, die Geschäftsleitung und Sitz außerhalb des Geltungsbereichs dieses Gesetzes hat, so wird die Stiftung wie eine Familienstiftung behandelt, wenn der Stifter, seine Gesellschafter, von ihm abhängige Gesellschaften, Mitglieder, Vorstandsmitglieder, leitende Angestellte und Angehörige dieser Personen zu mehr als der Hälfte bezugsberechtigt oder anfallsberechtigt sind.

(4) Den Stiftungen stehen sonstige Zweckvermögen, Vermögensmassen und rechtsfähige oder nichtrechtsfähige Personenvereinigungen gleich.

(5) [1]§ 12 Absatz 1 und 2 ist entsprechend anzuwenden. [2]Für Steuern auf die nach Absatz 11 befreiten Zuwendungen gilt § 12 Absatz 3 entsprechend.

(6) Hat eine Familienstiftung Geschäftsleitung oder Sitz in einem Mitgliedstaat der Europäischen Union oder einem Vertragsstaat des EWR-Abkommens, ist Absatz 1 nicht anzuwenden, wenn

1. nachgewiesen wird, dass das Stiftungsvermögen der Verfügungsmacht der in den Absätzen 2 und 3 genannten Personen rechtlich und tatsächlich entzogen ist und
2. zwischen der Bundesrepublik Deutschland und dem Staat, in dem die Familienstiftung Geschäftsleitung oder Sitz hat, aufgrund der Amtshilferichtlinie gemäß § 2 Absatz 2 des EU-Amtshilfegesetzes oder einer vergleichbaren zwei- oder mehrseitigen Vereinbarung, Auskünfte erteilt werden, die erforderlich sind, um die Besteuerung durchzuführen.

(7) [1]Die Einkünfte der Stiftung nach Absatz 1 werden in entsprechender Anwendung der Vorschriften des Körperschaftsteuergesetzes und des Einkommensteuergesetzes ermittelt. [2]Bei der Ermittlung der Einkünfte gilt § 10 Absatz 3 entsprechend. [3]Ergibt sich ein negativer Betrag, entfällt die Zurechnung.

(8) [1]Die nach Absatz 1 dem Stifter oder der bezugs- oder anfallsberechtigten Person zuzurechnenden Einkünfte gehören bei Personen, die ihre Einkünfte nicht nach dem Körperschaftsteuergesetz ermitteln, zu den Einkünften im Sinne des § 20 Absatz 1 Nummer 9 des Einkommensteuergesetzes. [2]§ 20 Absatz 8 des Einkommensteuergesetzes bleibt unberührt; § 3 Nummer 40 Satz 1 Buchstabe d und § 32d des Einkommensteuergesetzes sind nur insoweit anzuwenden, als diese Vorschriften bei unmittelba-

rem Bezug der zuzurechnenden Einkünfte durch die Personen im Sinne des Absatzes 1 anzuwenden wären. [3]Soweit es sich beim Stifter oder der bezugs- oder anfallsberechtigten Person um Personen handelt, die ihre Einkünfte nach dem Körperschaftsteuergesetz ermitteln, bleibt § 8 Absatz 2 des Körperschaftsteuergesetzes unberührt; § 8b Absatz 1 und 2 des Körperschaftsteuergesetzes ist nur insoweit anzuwenden, als diese Vorschrift bei unmittelbarem Bezug der zuzurechnenden Einkünfte durch die Personen im Sinne des Absatzes 1 anzuwenden wäre.

(9) [1]Ist eine ausländische Familienstiftung oder eine andere ausländische Stiftung im Sinne des Absatzes 10 an einer Körperschaft, Personenvereinigung oder Vermögensmasse im Sinne des Körperschaftsteuergesetzes, die weder Geschäftsleitung noch Sitz im Geltungsbereich dieses Gesetzes hat und die nicht gemäß § 3 Absatz 1 des Körperschaftsteuergesetzes von der Körperschaftsteuerpflicht ausgenommen ist (ausländische Gesellschaft), beteiligt, so gehören die Einkünfte dieser Gesellschaft in entsprechender Anwendung der §§ 7 bis 14 mit dem Teil zu den Einkünften der Familienstiftung, der auf die Beteiligung der Stiftung am Nennkapital der Gesellschaft entfällt. [2]Auf Gewinnausschüttungen der ausländischen Gesellschaft, denen nachweislich bereits nach Satz 1 zugerechnete Beträge zugrunde liegen, ist Absatz 1 nicht anzuwenden.

(10) [1]Einer ausländischen Familienstiftung werden Vermögen und Einkünfte einer anderen ausländischen Stiftung, die nicht die Voraussetzungen des Absatzes 6 Satz 1 erfüllt, entsprechend ihrem Anteil zugerechnet, wenn sie allein oder zusammen mit den in den Absätzen 2 und 3 genannten Personen zu mehr als der Hälfte unmittelbar oder mittelbar bezugsberechtigt oder anfallsberechtigt ist. [2]Auf Zuwendungen der ausländischen Stiftung, denen nachweislich bereits nach Satz 1 zugerechnete Beträge zugrunde liegen, ist Absatz 1 nicht anzuwenden.

(11) Zuwendungen der ausländischen Familienstiftung unterliegen bei Personen im Sinne des Absatzes 1 nicht der Besteuerung, soweit die den Zuwendungen zugrunde liegenden Einkünfte nachweislich bereits nach Absatz 1 zugerechnet worden sind.

RMF v 24.8.1931, Durchführungsbestimmungen zur Steueramnestieverordnung, RStBl 1931, 603; *BMF* v 14.5.2004, Az S 1340-11/04, BStBl I 2004, Sondernr 1, 3; *BMF* v 25.1.2008, Az S 1301/07/0013, BStBl I 2008, 310; *BMF* v 14.5.2008, Az S 1361/07/00001, BStBl I 2008, 638

Übersicht

Literatur: *Baranowski* Besteuerung von Auslandsbeziehungen, 2. Aufl 1996; *Berger/Kleinert* Ausländische Familienstiftung als Instrument der Steuergestaltung, in Grotherr, Handbuch der internationalen Steuerplanung, 3. Aufl 2011, S 1503; *Daragan* Wem sind das Vermögen und die Erträge einer kontrollierten Liechtensteiner Stiftung zuzurechnen?, Liechtenstein-Journal 2012, 22; *Deininger/Götzenberger* Internationale Vermögensnachfolgeplanung mit Auslandsstiftungen und Trusts, 2006; *Ditz/Quilitzsch* Die Änderungen im AStG durch das AmtshilfeRLUmsG – Quo vadis Außensteuergesetz?, DStR 2013, 1917; *Felix* Zur Auslegung des § 12 Außensteuergesetz (Familienstiftungen), DB 1972, 2275; *FW* Anmerkung zum BFH-Urteil v 5.11.1992, IStR 1993, 124; *Gross/Schelle* Überblick über das Außensteuergesetz, IWB 1993, 689; *Grotherr ua* Internationales Steuerrecht, 3. Aufl 2010; *Haisch/Danz* JStG 2009 – Beabsichtigte Änderungen bei der Vermögensanlage, DStZ 2008, 392; *Hey* Hinzurechnungsbesteuerung bei ausländischen Familienstiftungen gemäß § 15 AStG i.d.F. des JStG 2009 – europa- und verfassungswidrig!, IStR 2009, 181; *Helmert* Die Zurechnung nach § 15 AStG bei Verlusten, IStR 2005, 272; *Jülicher* Die Österreichische Privatstiftung: Charme und Risiken eines Gestaltungsinstruments, PIStB 2001, 137; *Kalenberg/Reichert* Die Neuregelung des § 15 Abs. 6 Nr. 1 AStG und seine Auswirkung auf ausländische Familienstiftungen, IStR 2016, 140; *Kapp* Familienstiftungen im Ausland, BB 1964, 1484; *Kellersmann/Schnitger* Europarechtliche Bedenken hinsichtlich der Besteuerung ausländischer Familienstiftungen, IStR 2005, 253; *dies* Besteuerung ausländischer Familienstiftungen, in Richter/Wachter, Handbuch des internationalen Stiftungsrechts, 1. Aufl 2007, § 23; *Kessler/Müller* Zahlungen einer Familienstiftung an Familienangehörige als Einkünfte aus Kapitalvermögen – Schuldner der Kapitalertragsteuer, DStR 2011, 614; *Kinzl* Nachfolgeplanung mit Familienstiftungen: § 15 AStG zwischen Hindernis und Europarechtswidrigkeit, IStR 2005, 624; *Kirchhain* Die Familienstiftung im Außensteuerrecht, 1. Aufl 2010; *ders* Zurechnung des Einkommens einer liechtensteinischen Stiftung nicht unionsrechtswidrig, IStR 2011, 391; *ders* Neues von der Zurechnungsbesteuerung – Gedanken zur geplanten Neufassung des § 15 AStG durch das Jahressteuergesetz 2013, IStR 2012, 602; *ders* Auskunftsaustausch mit Liechtenstein im Kontext des § 15 AStG, IStR 2015, 246; *Kleinert/Podewils* Die Neufassung von § 15 AStG durch das Jahressteuergesetz 2009 – nur ein Beispiel für verfassungswidrige Rückwirkungsgesetze im Steuerrecht, BB 2008, 1819; *Korts/Korts* Ermittlungsmöglichkeiten deutscher Finanzbehörden bei Auslandssachverhalten, IStR 2006, 869; *Kraft/Hause* Die Gemeinschaftsrechtswidrigkeit des § 15 AStG zur Besteuerung ausländischer Familienstiftungen aus dem Blickwinkel der EuGH-Rechtsprechung, DB 2006, 414;

Kraft/Preil/Moser Problembereiche und Gestaltungspotenzial bei Leistungen ausländischer Familienstiftungen und nachgeordneter Vehikel im Kontext von § 15 AStG und §§ 7-14 AStG, IStR 2016, 96; *Kraft/Schulz* Zwischengesellschaften im Kontext ausländischer Familienstiftungen – Entwicklungen durch das JStG 2013, IStR 2012, 897; *Lademann* Außensteuergesetz HandkommentarPraktikerkommentar, 1. Aufl 2011; *Linn/Rasshofer* Stiftung als Unternehmensrechtsform, WiSt 2008, 122; *Linn/Schmitz* Offene Fragen bei der steuerlichen Behandlung liechtensteinischer Familienstiftungen, DStR 2014, 2541; *von Löwe* Österreichische Privatstiftung mit Stiftungsbeteiligten in Deutschland, IStR 2005, 577; *Lüdicke/Oppel* Informationsaustausch in Steuersachen mit Liechtenstein: Die Voraussetzungen von § 15 Abs. 6 Nr. 2 AStG sind seit 2010 erfüllt!, ISR 2015, 265; *Lühn* Non-Conformity of Section 15 German Foreign Tax Code Concerning the Taxation of Foreign Family Trusts with EC Law?, Intertax 2008, 520; *Martin* Zur Besteuerung der inländischen Anfalls- und Bezugsberechtigten ausländischer Familienstiftungen nach dem Außensteuergesetz, GmbHR 1972, 228; *Milatz/Herbst* Die Besteuerung der Destinatäre einer ausländischen Familienstiftung, BB 2011, 1500; *Müller/Bösch* Liechtenstein, in Richter/Wachter, Handbuch des internationalen Stiftungsrechts, 2007, S 1063; *Noll* Foundation and Trust in Succession Planning, in Rödder/Bahns/Schönfeld, Cross-border investments with Germany, 2014, S. 352; *Orth* Stiftungen und Unternehmenssteuerreform, DStR 2001, 325; *Paintner* Das Gesetz zur Umsetzung der Amtshilferichtlinie sowie zur Änderung steuerlicher Vorschriften im Überblick, Teil 1: Die Änderungen im Bereich des Ertragsteuerrechts, DStR 2013, 1629; *Palandt* Bürgerliches Gesetzbuch, 71. Aufl 2012; *Piltz* Die österreichische Privatstiftung in der Nachfolgeplanung – für Steuerinländer tabu?, ZEV 2000, 378; *Rehm/Nagler* Zurechnungsbesteuerung bei ausländischen Familienstiftungen (§ 15 AStG) und die Empfängerbenennung (§ 160 AO) auf dem Prüfstand des Gemeinschaftsrechts, IStR 2008, 284; *Rohde/Enders* Ausländische Familienstiftungen: § 15 AStG und Änderungen – steuerstrafrechtliche Aspekte (Treuhandstiftungen) – Zuwendungen an ausländische Einrichtungen, BB 2014, 1495; *Runge* Die Familienstiftung im Außensteuergesetz, DB 1977, 514; *Sailer/Ismer* Steuergerechtigkeit in Europa durch Information über Zinserträge und ihre Besteuerung an der Quelle?, IStR 2005, 1; *Scheipers/Linn* Substanzerfordernisse bei nachgeschalteten Zwischengesellschaften, IStR 2011, 601; *Scherer/Bregulla-Weber* Liechtensteinische Familienstiftungen im Lichte des deutschen Pflichtteilsrechts, NJW 2016, 382; *Schönfeld* Auskunftserteilung in Steuersachen als (neue) einfachgesetzliche Voraussetzung für die Inanspruchnahme der EG-Grundfreiheiten, DB 2008, 2217; *ders* Probleme der neuen einheitlichen und gesonderten Feststellung von Besteuerungsgrundlagen für Zwecke der Anwendung des § 15 AStG, IStR 2009, 16; *Schulz* Die Besteuerung ausländischer Familienstiftungen nach dem Außensteuergesetz, 1. Aufl 2010; *Schütz* Die Besteuerung ausländischer, insbesondere liechtensteinischer Familienstiftungen und ihrer Begünstigten in Deutschland, DB 2008, 603; *Spanke* Schenkungsteuer bei Vermögensübertragungen auf rechtsfähige Stiftung, JurisPR-FamR 2/2010; *Thömmes/Stockmann* Familienstiftung und Gemeinschaftsrecht: Verstösst § 15 Abs 2 Satz 1 ErbStG gegen Diskriminierungsverbote des EGV?, IStR 1999, 261; *Wassermeyer* Das österreichische Privatstiftungsgesetz aus Sicht des deutschen Steuerrechts, SWI 1994, 279; *ders* Anwendung des § 20 Abs 1 Nr 9 EStG auf Auskehrungen von Stiftungen, DStR 2006, 1733; *ders* Einkommenszurechnung nach § 15 AStG, IStR 2009, 191; *Weber* Überblick über das Außensteuergesetz Teil 2: Zwischengesellschaften, Familienstiftungen, Ermittlung und Verfahren, IWB 1972, 687; *Wenz/Knörzer* Steuerrecht, in Schauer, Kurzkommentar zum liechtensteinischen Stiftungsrecht, 2. Aufl in Vorbereitung für 2016; *Wenz/Wünsche* Verweigerung der Befreiung von der Steuer auf den Verkehrswert einer in Frankreich belegenen Immobilie für juristische Personen in Liechtenstein, IStR 2010, 842; *Werkmüller* Steuerliche Aspekte der ausländischen Familienstiftung, ZEV 1999, 139; *Wigand ua* Stiftungen in der Praxis, 4. Aufl 2015.

A. Allgemeines

I. Bedeutung

1 Grds werden **Stiftungen als eigenständiges Steuersubjekt** anerkannt, sodass – ähnlich wie bei KapGes – eine Art Trennungsprinzip greift. Eine Vermögensübertragung auf eine ausl Familienstiftung führt daher grds zum **Verlust des dt Besteuerungsrechts** für die Erträge aus dem übertragenen Vermögen, falls die ausl Stiftung in Deutschland weder aufgrund inländischer Geschäftsleitung der unbeschränkten StPfl noch mit dem übertragenen Vermögen der beschränkten StPfl unterliegt. Ähnlich wie bei einer dt Stiftung (dazu sogleich Rn 3 f) würden nur die Zuwendungen an inländische Begünstigte der Besteuerung unterliegen; eine ausl Stiftung würde gg dem dt Fiskus eine **Abschirmwirkung** entfalten. § 15 AStG verhindert durch eine Zurechnung der Stiftungseinkünfte, dass ein Anreiz entsteht, Vermögen auf ausl Stiftungen zu übertragen, um die hieraus erzielten Einkünfte der dt Besteuerung zu entziehen.

2 § 15 AStG bewirkt, dass das Vermögen und die Einkünfte einer ausl Familienstiftung unmittelbar dem in Deutschland unbeschränkt steuerpflichtigen Stifter oder den unbeschränkt steuerpflichtigen Bezugs- oder Anfallsberechtigten zugerechnet werden. § 15 AStG führt somit zu einer **Durchbrechung der Abschirmwirkung** von ausl Familienstiftungen und faktisch zu einer transparenten Besteuerung auf Ebene des Stifters oder der Destinatäre. Angesichts zahlreicher **Unklarheiten in den Tatbestandsvoraussetzungen und Rechtsfolgen** der Vorschrift erfüllt sie ihren Zweck allerdings vorwiegend durch die Androhung negativer Rechtsfolgen, ohne dass es tatsächlich zur Anwendung von § 15 AStG kommen muss. Mithin ist die Anwendung von § 15 AStG von erheblichen Rechtsunsicherheiten geprägt.

II. Besteuerung inländischer Stiftungen

3 Rechtsfähige Stiftungen mit Sitz (§ 11 AO) oder Geschäftsleitung (§ 10 AO) im Inland unterliegen grds der unbeschränkten Körperschaftsteuerpflicht (§ 1 Abs 1 Nr 4 KStG). Mit den Erträgen eines wirtschaftlichen Geschäftsbetriebs unterliegt eine Stiftung als juristische Person zusätzlich der Gewerbesteuer (§ 2 Abs 3 GewStG).[1] Verlegt eine ausl (Familien-)Stiftung ihre Geschäftsleitung in das Inland, unterliegt sie dementsprechend der unbeschränkten StPfl und nicht § 15 AStG.[2]

4 Leistungen gg den Destinatären mindern auf Stiftungsebene als Einkommensverwendung nicht die steuerpflichtige Bemessungsgrundlage einer nicht steuerbefreiten Stiftung (§ 10 Nr 1 KStG). Alle wiederkehrenden oder einmaligen Leistungen einer Stiftung, die von den beschlussfassenden Stiftungsgremien aus den Erträgen der Stiftung an den Stifter, seine Angehörigen oder deren Abkömmlinge ausgekehrt werden, sind nach Auffassung der Finanzverwaltung im Zeitpunkt des Zuflusses als Einkünfte aus Kapitalvermögen nach § 20 Abs 1 Nr 9 EStG zu erfassen, die bei natürlichen Personen der Abgeltungssteuer unterliegen.[3] Unter den Begriff der Leistung iSd § 20 Abs 1 Nr 9 EStG können Geldleistungen, Sachleistungen und Dienstleistungen sowie Nut-

---

1 *Linn/Rasshofer* WiSt 2008, 126.

2 *Wenz/Knörzer* Rn 98 mit dem Hinweis auf eine möglicherweise unbeabsichtigte Verlegung des Ortes der Geschäftsleitung, wenn „die Willensbildung in den Stiftungsorganen auch in Deutschland stattfindet"; ebenso *S/K/K* § 15 AStG Rn 9.

3 *BMF* BStBl I 2006, 417.

zungsüberlassungen fallen, die Leistung darf jedoch kein schuldrechtliches Entgelt im Rahmen eines Leistungsaustausches sein.[4] Der BFH sieht Stiftungszuwendungen an Begünstigte ebenfalls als Kapitalerträge nach § 20 Abs 1 Nr 9 EStG an, wenn sie Gewinnausschüttungen aus einer KapGes wirtschaftlich vergleichbar sind, also der Leistung der Stiftung keine Gegenleistung des Leistungsempfängers gegenübersteht und die Empfänger mittelbar oder unmittelbar Einfluss auf das Ausschüttungsverhalten der Stiftung nehmen können.[5] Eine wirtschaftliche Vergleichbarkeit kann angenommen werden, wenn der Leistungsempfänger in einem wS eine gesellschafterähnliche Position bei der Stiftung einnimmt.[6] Andere Stiftungszuwendungen fallen als sonstige Einkünfte nach § 22 Nr 1 S 2 EStG unter die StPfl und unterliegen dem Teileinkünfteverfahren (§ 3 Nr 40 lit i EStG).[7]

III. Überblick über die Vorschrift

1. Grundsätzliche Anwendungsvoraussetzungen. Damit § 15 zur Anwendung kommt, 5
müssen nach § 15 Abs 1 folgende zwei Tatbestandsmerkmale kumulativ erfüllt sein: Für die Anwendung des § 15 ist es erforderlich, dass es sich um eine **Familienstiftung mit Sitz und Geschäftsleitung im Ausland** handelt. Eine gesetzliche Legaldefinition für den Begriff „Familienstiftung" findet sich in Abs 2, wonach eine Familienstiftung vorliegt, falls der Stifter, seine Angehörigen und deren Abkömmlinge zu mehr als der Hälfte bezugs- oder anfallsberechtigt sind. Die zweite zentrale Voraussetzung für die Anwendung des § 15 ist die **unbeschränkte StPfl** des Stifters oder der Bezugs- oder der Anfallsberechtigten.

Einer Familienstiftung gleichgestellt sind nach Abs 3 iRe Unternehmens errichtete 6
ausl Stiftungen **(Unternehmensstiftungen)**, falls der Stifter und dem Unternehmen nahestehende Personen zu mehr als der Hälfte bezugs- oder anfallsberechtigt sind. Zusätzlich sind einer ausl Familienstiftung auch **andere ausl Zweckvermögen, Vermögensmassen und Personenvereinigungen** nach Abs 4 gleichgestellt. Eine zusätzliche Erweiterung des Anwendungsbereichs ist in § 15 Abs 5 iVm § 5 enthalten: Demnach kommt § 15 auch bei der **erweitert beschränkten StPfl** des Stifters oder der Bezugs- oder Anfallsberechtigten zur Anwendung.

2. Rechtsfolgen. Als Rechtsfolge tritt nach § 15 Abs 1 die anteilige **unmittelbare** 7
Zurechnung des Stiftungsvermögens und der **Stiftungseinkünfte** (bis VZ 2012: des Stiftungseinkommens) beim Stifter oder bei den Bezugs- und Anfallsberechtigten ein. Die Zurechnungsvorschrift bezieht sich ausschließlich auf die in Deutschland seit dem 1.1.1997 nicht mehr erhobene Vermögensteuer sowie die Einkommensteuer und die Körperschaftsteuer. Bei der Erbschaftsteuer findet eine Zurechnung nach § 15 Abs 1 S 2 ausdrücklich nicht statt.

Bei Stiftungen mit Sitz und Geschäftsleitung in einem **EU- oder EWR-Staat** mit 8
umfassendem Informationsaustausch sieht Abs 6 in bestimmten Fällen eine **Nichtanwendung** des § 15 vor, um europarechtlichen Bedenken gegen § 15 Rechnung zu tragen, dazu unten Rn 142 ff.

4 *FG Schleswig-Holstein* DStRE 2009, 1429.
5 *BFH* BStBl II 2011, 417.
6 *FG Schleswig-Holstein* DStRE 2009, 1429.
7 *Linn/Rasshofer* WiSt 2008, 126. Zur Abgrenzung vgl *Kessler/Müller* DStR 2011, 614 (615 f).

9 **3. Verhältnis zu anderen Vorschriften.** Die Zurechnung nach § 15 und die Hinzurechnungsbesteuerung nach den §§ 7–14 schließen sich wechselseitig aus, weil Stiftungen keine Gesellschafterrechte vermitteln und daher keine Inländer an einer Stiftung „beteiligt" sein können.[8] Bis zur Änderung des § 15 Abs 5 war die Nichtanwendung der §§ 7–14 (mit Ausnahme des § 12) ausdrücklich gesetzlich geregelt. Da sich die §§ 7–14 und § 15 wechselseitig ausschließen, ist der Wegfall des letzten Satzes zur Nichtanwendung der §§ 7–14 materiell irrelevant.

10 Im Hinblick auf die Besteuerung der Stiftungszuwendungen bei den Destinatären verdrängt die Zurechnung der Stiftungseinkeinkünfte eine StPfl nach den **Vorschriften des EStG** (dazu unten Rn 114 ff).

11 Dagegen hat die Besteuerung nach § 15 keinen Einfluss auf die **erbschaftsteuerliche Erfassung der Widmung**, die nach § 1 Abs 1 Nr 1 iVm § 3 Abs 2 Nr 1 oder § 1 Abs 1 Nr 2 iVm § 7 Abs 1 Nr 8 ErbStG der ErbSt unterliegt, wenn der Stifter unbeschränkt erbschaftsteuerpflichtig ist.[9] Eine erbschaftsteuerrelevante Zuwendung an eine Stiftung liegt im Fall einer aufschiebenden Bedingung nicht vor.[10] Es handelt sich jedoch auch dann um eine schenkungsteuerpflichtige freigebige Zuwendung, wenn unentgeltlich, ohne Einschränkung der Verfügungsfreiheit oder einer Verpflichtung zur Rückgabe oder Weitergabe, Vermögen auf eine ausländische rechtsfähige Familienstiftung übertragen wird und der Stifter über das Stiftungsvermögen durch entsprechende Weisungen an den Stiftungsrat nach Belieben über dieses Vermögen bestimmen kann.[11] Eine unentgeltliche Übertragung auf eine rechtsfähige Stiftung stellt allerdings keine Zuwendung an die Begünstigten dar.[12] Die Zuwendung an eine ausl Familienstiftung unterliegt der **Steuerklasse III**, da die Bezugnahme auf das Verwandtschaftsverhältnis des entferntest Berechtigten zum Stifter nur für im Inland errichtete Stiftungen gilt; das für deutsche Familienstiftungen bestehende Steuerklassenprivileg des § 15 Abs 2 S 1 ErbStG findet nach dem Wortlaut des Gesetzes auf ausländische Stiftungen bislang keine Anwendung.[13] UE ist aufgrund des Anwendungsvorrangs des Europarechts das Steuerklassenprivileg grds aber auch ausl Familienstiftungen zu gewähren.

12 **4. Rechtsentwicklung.** Die erste Vorgängervorschrift zu § 15 wurde mit der **Steueramnestieverordnung 1931** (RGBl 1931, 449) erlassen. In dessen § 2 wurde erstmals eine steuerliche Erfassung des Einkommens und des Vermögens von ausl Familienstiftungen vorgesehen, wenn diese nicht bis Ende 1931 wieder aufgelöst wurden. Damit sollte ausweislich der Begründung[14] einerseits eine Erfassung des „in großem Umfange in ausländischen Familienstiftungen angelegten" dt Vermögens ermöglicht werden und andererseits ein Anreiz geschaffen werden, dieses „ins Inland zurückzuführen".

---

8 *F/W/B/S* § 15 AStG Rn 44; *Kraft* Rn 90; *S/K/K* § 15 AStG Rn 16, die von einem lex-specialis Charakter des § 15 ausgehen.

9 *Wenz/Knörzer* Rn 86; *S/K/K* § 15 AStG Rn 21.

10 *BFH* BStBl III 1958, 79.

11 *FG Rheinland-Pfalz* DStR 2005, 738, bestätigt durch *BFH* BStBl II 2007, 669; ausführlich auch *Linn/Schmitz* DStR 2014, 2541.

12 *BFH* BStBl II 2010, 74; *Spanke* jurisPR-FamR 2/2010.

13 *Wenz/Knörzer* Rn 88; *Thömmes/Stockmann* IStR 1999, 261; **aA** ohne Begr *S/K/K* § 15 AStG Rn 21.

14 RStBl 1931, 597.

Im Jahr 1934 wurde diese Vorschrift leicht verändert als **§ 12 Steueranpassungsgesetz** (StAnpG) übernommen (RGBl 1934, 925). Insb wurden die Tatbestandsmerkmale einer Familienstiftung ausgeweitet und die Gleichstellung von Unternehmensstiftungen aufgenommen. 13

Mit Einführung des **AStG 1972** wurde § 12 StAnpG in § 15 überführt. Dabei sollte ausweislich der Begründung zum Regierungsentwurf[15] des AStG die „in der Praxis bewährte Regelung" des § 12 StAnpG übernommen werden.[16] Zu einer nochmaligen Ausweitung des Anwendungsbereichs führte aber die in dem Regierungsentwurf vorgenommene Streichung des Erfordernisses der unbeschränkten StPfl des Stifters im Zeitpunkt der Stiftung[17] sowie die Gleichstellung der Anfallsberechtigten.[18] 14

Durch das JStG 2009 (BGBl I 2008, 2794) wurde ein neuer Abs 6 eingefügt, der die bisher nur durch Verwaltungsanweisung[19] geregelte **Nichtanwendung** von § 15 bei Stiftungen mit Sitz und Geschäftsleitung in einem **EU- oder EWR-Staat** gesetzlich regelt. Mit dieser gesetzlichen Kodifikation sollen mögliche europarechtliche Probleme des § 15 beseitigt werden. 15

Durch das AmtshilfeRLUmsG (BGBl I 2013, 1809) ist § 15 AStG umfassend geändert worden. Neben der als Fortentwicklung bezeichneten Ersetzung des „Einkommens" der Stiftung durch die „Einkünfte" der Stiftung, wodurch die Systematik der Vorschrift signifikant verändert wurde, sind redaktionelle und klarstellende Anpassungen in den Abs 5, 6 und 7 vorgenommen und neue Abs 8–11 angefügt worden. 16

B. Zurechnung von Vermögen und Einkünften (Abs 1, 8 und 11) ausländischer Familienstiftungen (Abs 2)

I. Persönlicher Anwendungsbereich

1. Betroffener Personenkreis. Nach dem Wortlaut des § 15 Abs 1 erstreckt sich der persönliche Anwendungsbereich auf unbeschränkt steuerpflichtige **Stifter** und auf andere unbeschränkt steuerpflichtige Personen, die **bezugs- oder anfallsberechtigt** sind. Legaldefinitionen für „Stifter" und für „bezugs- oder anfallsberechtigte Personen" sind in § 15 nicht enthalten.[20] In den persönlichen Anwendungsbereich des § 15 fallen damit sowohl natürliche als auch juristische Personen,[21] denn in § 15 Abs 1 wird nur der Begriff „Personen" verwendet und allg von der „StPfl" gesprochen. 17

a) Stifter. Der BFH definiert als **Stifter** „vor allem die Personen ..., für deren Rechnung Vermögen auf die Familienstiftung übertragen wird."[22] Mit den Ausdruck „vor allem" macht der BFH deutlich, dass diese Definition eines Stifters nicht abschließend ist. In späteren Urteilen konkretisiert der BFH die Definition eines Stifters: Danach gilt als Stifter „eine Person, für deren Rechnung das Stiftungsgeschäft abgeschlossen worden ist, oder die in der Art des Stifters Vermögen auf eine Stiftung überträgt, bzw 18

15 Zur Darstellung der ersten RefE vgl *F/W/B/S* § 15 AStG Rn 2.
16 BT-Drucks 6/2883, Rn 119.
17 BT-Drucks 6/2883, Rn 120.
18 *F/W/B/S* § 15 AStG Rn 4.
19 *BMF* BStBl I 2008, 638.
20 *Runge* DB 1977, 514.
21 *S/K/K* § 15 AStG Rn 31 f.
22 *BFH* BStBl II 1993, 388.

der das Stiftungsgeschäft bei wirtschaftlicher Betrachtung zuzurechnen ist.“[23] Als Stifter kommen nach der Definition des BFH sowohl Personen in Betracht, die eine Stiftung erstmalig mit Vermögen ausstatten **(Erstdotation)** als auch Personen, die eine bereits bestehende Stiftung mit zusätzlichem Vermögen ausstatten **(Zustiftung)**.[24] Aufgrund der wirtschaftlichen Betrachtungsweise nach § 39 AO gilt bspw bei einer durch einen **Treuhänder** errichteten Stiftung[25] nicht der Treuhänder selbst als Stifter, sondern die den Treuhänder beauftragende Person (Treugeber).[26] Auch im Fall einer Stiftungserrichtung von Todes wegen mittels eines Testamentsvollstreckers gilt als Stifter nicht der Testamentsvollstrecker oder die Erben, sondern der Erblasser.[27]

19 **b) Bezugs-/Anfallsberechtigte. Anfallsberechtigung** und **Bezugsberechtigung** stehen als **alternative Tatbestandsvoraussetzungen** gleichberechtigt nebeneinander.[28] Dementsprechend kann zum einen eine Familienstiftung vorliegen, wenn eine mehr als hälftige Bezugsberechtigung und/oder eine mehr als hälftige Anfallsberechtigung des Stifters und seiner Angehörigen vorliegt (dazu unten Rn 42 f). Zum anderen kommt eine Zurechnung nach § 15 sowohl bei Anfallsberechtigten, die nicht bezugsberechtigt sind, als auch bei Bezugsberechtigten, die nicht anfallsberechtigt sind, in Betracht (dazu unten Rn 82 ff).

20 Aufgrund der fehlenden Legaldefinition des Begriffs **„bezugsberechtigt“** ist eine Auslegung nach dem Wortsinn erforderlich.[29] F/W/B/S und Schaumburg sehen als bezugsberechtigte Personen solche Personen an, die aufgrund der Satzung oder aufgrund anderer Vereinbarungen einen **Rechtsanspruch** oder zumindest eine rechtliche Anwartschaft auf Bezüge von der Familienstiftung haben.[30] Eine bloße tatsächliche Erwartung oder Chance, Zuwendungen von der Stiftung zu erhalten, erfüllt dagegen ihrer Ansicht nach nicht die Voraussetzungen einer Bezugsberechtigung.[31]

21 Dagegen sind bspw Runge und die FinVerw der Auffassung, dass Personen auch **ohne Rechtsanspruch** auf Zuwendungen bezugsberechtigt seien, falls sie Zuwendungen tatsächlich erhalten oder falls nach den Umständen zu erwarten ist, dass sie Zuwendungen erhalten werden.[32] Diese weite – und vom Wortlaut kaum gedeckte – Auslegung des Begriffs „bezugsberechtigt“ würde den Anwendungsbereich der Vorschrift stark ausweiten. Es würde sich ein sehr großer und möglicherweise nicht mehr überschaubarer Kreis an Bezugsberechtigten ergeben, sodass der persönliche Anwendungsbereich der Vorschrift nicht mehr bestimmbar wäre.[33] Die sich ergebenden Schwierigkeiten bei der Bestimmung der Bezugsberechtigten zeigen, dass die Auffassung der Fin-

---

23 *BFH/NV* 2001, 1457; *BFH/NV* 2004, 1535.

24 *F/W/B/S* § 15 AStG Rn 48; *Mössner/Fuhrmann* § 15 AStG Rn 51.

25 Diese Form der treuhänderischen Stiftung wird va in Österreich und in Liechtenstein (nicht diskretionäre bzw kontrollierte Stiftung) angeboten. Für Liechtenstein zB *Müller/Bosch* Rn 46–55 und für Österreich zB *Deininger/Götzenberger* S 122 f.

26 *S/K/K* § 15 AStG Rn 34; *F/W/B/S* § 15 AStG Rn 48.

27 *F/W/B/S* § 15 AStG Rn 48; *Kraft* Rn 193; *B/K/L/M/R* § 15 Rn 13.

28 *BFH/NV* 2001, 1457.

29 *Runge* DB 1977, 514; *Schaumburg* Rn 11.26.

30 *Schaumburg* Rn 11.26; *F/W/B/S* § 15 AStG Rn 54.

31 *Schaumburg* Rn 11.26; *F/W/B/S* § 15 AStG Rn 56.

32 *Runge* DB 1977, 514, 515; *B/K/L/M/R* § 15 Rn 15; *BMF* BStBl I 2004, Sondernr 1, Tz 15.2.1; *Schulz* S 30 f.

33 *F/W/B/S* § 15 AStG Rn 57.

Verw weder durch den Wortlaut noch durch eine vermeintliche Absicht des Gesetzgebers begründet werden kann. Eine Bezugsberechtigung ohne Rechtsanspruch kann damit nur dann vorliegen, wenn eine Person konkret mit Zuwendungen der Stiftung rechnen kann.[34]

Mit der hM in der Lit gehen wir daher davon aus, dass eine Person nur dann „bezugsberechtigt" ist, wenn sich ihre **Berechtigung** in einem **Rechtsanspruch** oder zumindest einer **Anwartschaft** konkretisiert.[35] Der BFH sieht eine Bezugsberechtigung allerdings auch dann als gegeben an, wenn kein (einklagbarer) Rechtsanspruch besteht. Vielmehr geht der BFH davon aus, dass eine **gesicherte Rechtsposition** hinsichtlich der Erträge der Familienstiftung für eine Bezugsberechtigung ausreichend sei.[36] Dieser Auffassung ist insoweit zuzustimmen, als das rein formelle Abstellen auf die Existenz eines Rechtsanspruchs nicht dem Sinn und Zweck der Vorschrift entsprechen würde. Auch in Umgehungsfällen, in denen die tatsächlich gewährten Zuwendungen einen jedenfalls faktisch bestehenden Rechtsanspruch indizieren, kann dementsprechend von einer Bezugsberechtigung ausgegangen werden.[37] Wenn folglich – wie in dem vom BFH entschiedenen Fall – zwar kein Rechtsanspruch auf Bezüge besteht, sich aber aus den unveränderlichen Beistatuten der Stiftung ergibt, dass Personen in einer **unentziehbaren Position** sind, in der sie einen Anspruch auf Auszahlung des Stiftungsvermögens haben, liegt dementsprechend eine „Berechtigung" vor. Ist diese Position jedoch weder rechtlich noch tatsächlich gesichert, so darf – entgegen der Auffassung der FinVerw – bei Personen, bei denen lediglich „damit gerechnet werden kann, dass sie Vermögensvorteile erhalten werden"[38] eine Zurechnungsbesteuerung nicht erfolgen. Kann diesen Personen nämlich ohne ihre Zustimmung ihre Position entzogen werden, so können sie auch nicht „bezugsberechtigt" sein. 22

Diese Grundsätze müssen auch für die Beurteilung von **aufschiebend bedingten Bezugsberechtigungen** gelten. Ist eine Bezugsberechtigung an ein ungewisses Ereignis geknüpft, so ist – vor Eintritt der Bedingung – eine Zurechnungsbesteuerung nicht vorzunehmen.[39] Ist die Bezugsberechtigung dagegen an ein Ereignis geknüpft, das durch Zeitablauf eintreten wird (bspw an das Alter des Bezugsberechtigten), so ist die Rechtsposition insoweit **unentziehbar**, sodass es als vertretbar erscheint, für das Vorliegen einer Familienstiftung von einer Bezugsberechtigung auszugehen.[40] 23

Auch für den Begriff **„anfallsberechtigt"** ist eine Legaldefinition in § 15 nicht vorhanden und damit eine Auslegung nach dem Wortsinn erforderlich.[41] Im Unterschied zu Bezugsberechtigungen, die sich auf die laufenden Einkünfte der Stiftung beziehen, 24

34 *F/W/B/S* § 15 AStG Rn 57; *W/S/G* § 15 AStG Rn 17.

35 *F/W/B/S* § 15 AStG Rn 41; *Kraft* Rn 215; *Schaumburg* Rn 11.26; differenziert auch *Blümich* § 15, Rn 44, 46; *S/K/K* § 15 AStG Rn 36.

36 *BFH/NV* 2001, 1457.

37 Insoweit glA auch *F/W/B/S* § 15 AStG Rn 56; *S/K/K* § 15 AStG Rn 36.

38 *BMF* BStBl I 2004, Sondernr 1, Tz 15.2.1.

39 So auch *F/W/B/S* § 15 AStG Rn 54 mit dem Bsp einer Bezugsberechtigung im Fall von Notlagen bzw Bedürftigkeit eines Familienmitglieds; *Mössner/Fuhrmann* § 15 AStG Rn 53 bei der Prüfung des Tatbestandsmerkmals „Familienstiftung", wobei allerdings eine tatsächliche Zurechnung auch bei aufschiebend bedingter Berechtigung erfolgen soll (Rn 94); glA ohne weitere Unterscheidung *S/K/K* § 15 AStG Rn 37; **aA** *B/K/L/M/R* § 15 Rn 15; **aA** *Schulz* S 32.

40 Krit *Schulz* S 32.

41 *Runge* DB 1977, 514, 515; *Schaumburg* Rn 11.26.

betreffen Anfallsberechtigungen das Vermögen der Stiftung bei Auflösung.[42] Damit liegt eine Anfallsberechtigung vor, falls aufgrund der Satzung oder aufgrund anderer Vereinbarungen ein Rechtsanspruch oder zumindest eine rechtliche Anwartschaft auf das Vermögen der Familienstiftung bei Auflösung derselben besteht. Eine bloße tatsächliche Erwartung oder Chance, Zuwendungen von der Stiftung zu erhalten, erfüllt dagegen nicht die Voraussetzungen einer Anfallsberechtigung.[43]

25 Ähnlich wie bei der Bestimmung der Bezugsberechtigten vertreten Runge und die FinVerw die Auffassung, dass eine Anfallsberechtigung auch ohne **Rechtsanspruch** auf das Vermögen bei Stiftungsauflösung vorliegt. Es reiche für eine Anfallsberechtigung aus, wenn eine Person auch ohne Rechtsanspruch „die Übertragung des Stiftungsvermögens rechtlich verlangen oder tatsächlich bewirken kann"[44] oder wenn dies durch geeignete Maßnahmen sichergestellt sei.[45] Die oben (Rn 21 f) geäußerte Kritik gilt auch hier. Wortlaut und Wortsinn der Norm lassen eine zu umfassende Ausdehnung des Kreises der Anfallsberechtigten nicht zu.

26 Dem steht das bereits oben erwähnt Urt des BFH, nachdem es für das Vorliegen einer Anfallsberechtigung keines einklagbaren Rechtsanspruches bedarf,[46] nicht entgegen. Der BFH lehnt in seinem Urt unter Berufung auf die Gesetzgebungsgeschichte[47] zwar ausdrücklich eine Gleichsetzung der Begriffe des Anfallsberechtigten in **§§ 45, 46 und 1942 BGB** mit dem entspr Begriff in § 15 ab.[48] Gleichzeitig geht er aber dennoch davon aus, dass sich die Berechtigung in einer **Rechtsposition** konkretisieren muss, die zwar **von „geringerer Qualität"** als ein Rechtsanspruch sein kann, aber dennoch in Bezug auf den Anfall des Vermögens „gesichert" bzw „unentziehbar" sein muss. UE ist daher eine Anfallsberechtigung nur dann anzunehmen, wenn einer Person die **gesicherte Rechtsposition** hinsichtlich des Vermögensanfalls **nicht ohne ihre Zustimmung entzogen** werden kann.

27 Die oben (Rn 23) erläuterten Grundsätze für die Beurteilung von aufschiebend bedingten Bezugsberechtigungen gelten auch für aufschiebend bedingte Anfallsberechtigungen. Zusätzlich ist insoweit allerdings zu beachten, dass Anfallsberechtigungen zwingend einen in der Zukunft liegenden Zeitpunkt betr, sodass eine zeitlich aufgeschobene Bedingung insoweit nach zutr Ansicht des BFH der Annahme einer Anfallsberechtigung nicht entgegenstehen kann.[49] Ist die Anfallsberechtigung aber an ein ungewisses Ereignis geknüpft, liegen die Voraussetzungen einer Zurechnung zunächst nicht vor.

28 Einigkeit besteht dagegen darüber, dass **Zufallsdestinatäre** weder zu dem Kreis der Bezugsberechtigten noch zu dem Kreis der Anfallsberechtigten zählen und damit

---

42 Abweichend wird der Anwendungsbereich der Anfallsberechtigung auch auf Vermögensauskehrungen während des Bestehens der Familienstiftung ausgeweitet. Dazu *Schulz* S 34 f; *S/K/K* § 15 AStG Rn 39; *B/K/L/M/R* § 15 AStG Rn 17; *Blümich* § 15 AStG Rn 45.

43 *Schaumburg* Rn 11.26; *F/W/B/S* § 15 AStG Rn 60.

44 *BMF* BStBl I 2004, Sondernr 1, Tz 15.2.1.

45 *Runge* DB 1977, 515; *B/K/L/M/R* § 15 AStG Rn 18.

46 *BFH/NV* 2001, 1457.

47 *S/K/K* § 15 AStG Rn 40.

48 In diesem Sinne *F/W/B/S* § 15 AStG Rn 60.

49 *BFH/NV* 2001, 1457.

nicht in den persönlichen Anwendungsbereich des § 15 fallen.[50] Zudem führen auch Zuwendungen, die ohne Vorliegen einer hierdurch begründeten Bezugsberechtigung aufgrund einer Notlage oder einer Krankheit geleistet werden, sowie bspw Ausbildungszuwendungen nicht als solches zu einer Bezugsberechtigung.[51]

2. Unbeschränkte Steuerpflicht. § 15 Abs 1 setzt die unbeschränkte StPfl der Stifters oder der Bezugs- oder Anfallsberechtigten voraus. Haben die genannten Personen in Deutschland einen **Wohnsitz** oder **gewöhnlichen Aufenthalt**, sind sie unbeschränkt einkommensteuerpflichtig (§ 1 Abs 1 S 1 EStG iVm §§ 8, 9 AO). Sind juristische Personen Stifter oder bezugs- oder anfallsberechtigt, kommt es auf die unbeschränkte Körperschaftsteuerpflicht an. Diese liegt vor, wenn **Sitz** oder **Geschäftsleitung** im Inland sind (§ 1 Abs 1 KStG iVm §§ 10, 11 AO). Da der Verweis in § 15 Abs 5 auf § 5 durch das AmtshilfeRLUmsG gestrichen wurde, kommt eine Zurechnung bei erweitert beschränkt StPfl ab dem VZ 2013 nicht mehr zur Anwendung.[52] 29

II. Sachlicher Anwendungsbereich

1. Familienstiftung. § 15 Abs 1 AStG findet nur Anwendung, sofern es sich um eine Familienstiftung handelt. Für den Begriff der „Familienstiftung" enthält § 15 Abs 2 AStG eine **Legaldefinition**: Danach ist unter einer Familienstiftung eine Stiftung zu verstehen, an der der Stifter, seine Angehörigen und deren Abkömmlinge zu mehr als der Hälfte bezugs- oder anfallsberechtigt sind. 30

a) Rechtstypenvergleich. Nach dem Wortlaut der Legaldefinition in § 15 Abs 2 muss es sich bei dem ausl Rechtsgebilde um eine in der **Rechtsform einer Stiftung** betriebene Institution handeln. Nach dem dt Rechtsverständnis ist unter einer privatnützigen Stiftung iSd §§ 80–88 BGB eine mit eigener Rechtsfähigkeit ausgestattete Einrichtung ohne mitgliedschaftliche Organisation zu verstehen, die die Aufgabe hat, den vom Stifter festgelegten Zweck dauerhaft mit Hilfe eines dafür gewidmeten Vermögens zu verfolgen.[53] Da das Zivilrecht anderer Staaten abweichende Regelungen enthält, ist für die Anwendung des § 15 nicht auf die Bezeichnung des ausl Rechtsgebildes abzustellen, sondern es ist die Vornahme eines **Rechtstypenvergleiches** erforderlich.[54] 31

Danach gilt ein ausl Gebilde als Familienstiftung iSd § 15 Abs 2, wenn die wesentlichen **rechtlichen Strukturelemente** einer ausl Institution denen einer dt Stiftung entsprechen.[55] Wesentliche Kriterien nach dem Rechtstypenvergleich sind eine **zweckgebundene Widmung von Vermögen** in ein Zweckvermögen, die **fehlende mitgliedschaftliche Organisation** und die Bestimmung von Begünstigten.[56] Die eigene Rechtsfähigkeit des ausl Rechtsträgers nach ausl Recht ist nach hM keine Voraussetzung für die Vergleichbarkeit mit einer dt Stiftung und damit auch keine Voraussetzung für 32

---

50 *Runge* DB 1977, 515; *F/W/B/S* § 15 AStG Rn 58, 60; *S/K/K* § 15 AStG Rn 38, 42; *W/S/G* § 15 AStG Rn 18; *Mössner/Fuhrmann* § 15 AStG Rn 121; *BMF* BStBl I 2004, Sondernr 1, Tz 15.2.1; *Schulz* S 32, 33. Allerdings kann sich die Abgrenzung zwischen Zufallsdestinatären und Bezugsberechtigten als schwierig erweisen.

51 *Runge* DB 1977, 515; *S/K/K* § 15 AStG Rn 38; *Blümich* § 15 AStG Rn 44.

52 *S/K/K* § 15 AStG Rn 33; S dazu unten Rn 135 ff.

53 *BayObLG* NJW 1973, 249; *Palandt* Vorb v § 80 Rn 5.

54 *Grotherr ua* S 502; *Kraft* Rn 302; *S/K/K* § 15 AStG Rn 45.

55 *Gross/Schelle* IWB 1993, 705; *S/K/K* § 15 AStG Rn 45.

56 *Grotherr ua* S 502–503; *F/W/B/S* § 15 AStG Rn 41.

eine Anwendung des § 15.[57] Die von Runge vertretene Auffassung, nach der die eigene Rechtsfähigkeit einer ausl Stiftung erforderlich ist, damit diese mit einer dt Stiftung vergleichbar ist,[58] kann als mittlerweile überholt angesehen werden. Der BFH hat nämlich einen nichtrechtsfähigen Jersey-Trust ohne Bezugnahme auf die Gleichstellung sonstiger Zweckvermögen in Abs 4 (vgl unten Rn 131) als Familienstiftung angesehen, wenn der Trust aufgrund seiner wirtschaftlichen Selbstständigkeit in Deutschland selbst körperschaftsteuerpflichtig sein könnte.[59]

33 Andererseits ist es aber **Voraussetzung für die Anwendung von § 15**, dass die ausl Stiftung zumindest so ausgestaltet ist, dass sie grds zu einer **Abschirmwirkung** gg dem Stifter führt. Kann die Stiftung nämlich nach den getroffenen Vereinbarungen und Regelungen über das Vermögen im Verhältnis zum Stifter nicht tatsächlich und rechtlich frei verfügen, kann die Stiftung nämlich **steuerlich** als **transparent** zu behandeln sein. Dies hat der BFH[60] in einem Streitfall entschieden, in dem der Stifter zu seinen Lebzeiten alle Rechte aus dem gesamten Stiftungsvermögen und dessen Ertrag inne hatte und jederzeit das Recht hatte, die Vereinbarungen und Regelungen ändern zu lassen. In einem Urt des OLG Stuttgart wurde zudem bereits die rechtlich wirksame Begründung einer liechtensteinischen Stiftung davon abhängig gemacht, dass das Stiftungsvermögen der Stiftung endgültig und ohne Widerrufsmöglichkeit zugeführt wird.[61] Eine derartig ausgestaltete Stiftung, bei der der Stifter zu seinen Lebzeiten alle Rechte aus dem gesamten Stiftungsvermögen und dessen Ertrag inne hat, ist steuerlich als transparent zu behandeln, weil der Stifter jederzeit wie ein Kontoinhaber über das Vermögen verfügen kann. Dem Stifter sind das Vermögen und die damit erzielten Einkünfte über **§ 39 AO** als eigene zuzurechnen, sodass die Stiftung gg dem Stifter gerade keine Abschirmwirkung entfaltet.[62] Eine Anwendung von § 15 kommt hier nicht in Frage.[63] Die Abschirmwirkung greift zudem nicht, falls die Stiftung hauptsächlich der Steuerhinterziehung dient. Dies geht aus dem Teilurt des *OLG Düsseldorf* v 30.4.2010 hervor.[64] Ebenso greift die Abschirmungswirkung nicht, wenn ein Missbrauch rechtlicher Gestaltungsmöglichkeiten nach **§ 42 AO** vorliegt.[65]

34 **b) Infizierende Berechtigte.** Für das Vorliegen einer Familienstiftung müssen der Stifter, seine Angehörigen und deren Abkömmlinge zu mehr als der Hälfte bezugs- oder anfallsberechtigt sein. Bezugs- und Anfallsberechtigungen Dritter sind auch dann unschädlich, wenn diese Dritten im Inland unbeschränkt steuerpflichtig sind. Da die

---

57 *F/W/B/S* § 15 AStG Rn 86; *W/S/G* § 15 AStG Rn 27; *Grotherr ua* S 503; *Baranowski* Rn 1101.

58 *B/K/L/M/R* § 15 AStG Rn 27.

59 *BFH* BStBl II 1993, 388.

60 *BFH* BStBl II 2007, 669, str war allerdings insoweit die Frage der Schenkungsteuerpflicht der Widmung.

61 *OLG Stuttgart* ZEV 2010, 265.

62 *Schütz* DB 2008, 603; *Wenz/Knörzer* Rn 89; *Hey* IStR 2009, 183.

63 So auch *S/K/K* § 15 AStG Rn 23; *Lademann* § 15 AStG, Rn 7; *Kirchhain* Rn 21; *Kirchhain* IStR 2011, 393.

64 *OLG Düsseldorf* IStR 2011, 475.

65 *FG Baden-Württemberg* DStRE 2012, 315. Der BFH hat die Revision als unbegründet zurückgewiesen und ist im Revisionsverfahren nicht weiter auf § 42 AO eingegangen (*BFH/NV* 2013, 1284).

Begriffe **„bezugsberechtigt"** und **„anfallsberechtigt"** sowohl in Abs 1 als auch in Abs 2 in gleicher Weise verwendet werden, gelten die Erläuterungen oben in Rn 20–28 entspr.

Im Gegensatz zu § 15 Abs 1 stellt Abs 2 nicht auf die unbeschränkte StPfl des Stifters, seiner Angehörigen oder deren Abkömmlinge ab.[66] Demnach kann eine Familienstiftung auch dann vorliegen, falls der Stifter, seine Angehörigen und deren Abkömmlinge im Ausland ansässig sind und diese entspr zu mehr als der Hälfte bezugs- oder anfallsberechtigt sind. **35**

Entspr den Ausführungen oben unter Rn 18 gilt als **Stifter** derjenige, dem „das Stiftungsgeschäft bei wirtschaftlicher Betrachtung zuzurechnen ist."[67] **36**

Als **Angehörige** des Stifters gelten die in § 15 AO genannten Personen, also insb Ehegatten, Geschwister sowie Verwandte und Verschwägerte in gerader Linie.[68] Als **Abkömmlinge** gelten die in absteigender Linie (im Rechtssinne) verwandten Personen iSd §§ 1924 ff, 1589 BGB.[69] Damit sind die Abkömmlinge des Stifters ohnehin im Begriff der Angehörigen enthalten. Dieser Zusatz erweitert daher den Kreis der infizierenden Berechtigten auf die **Abkömmlinge der Angehörigen** des Stifters.[70] **37**

Der Kreis der Angehörigen und deren Abkömmlinge kann daher möglicherweise sehr weit gehen. Angehörige iSd § 15 AO sind auch **geschiedene Ehegatten** und deren Geschwister, § 15 Abs 2 Nr 1 AO. Somit zählen nicht nur die aus einer früheren Ehe stammenden Kinder des Ehegatten (Stiefkinder) zu den infizierenden Berechtigten, auch die Kinder, die der geschiedene Ehegatte nach einer Scheidung in einer neuen Ehe bekommt oder dessen spätere nichteheliche Kinder wären ebenfalls als Abkömmlinge zu werten.[71] **38**

Der Wortlaut des § 15 Abs 2 stellt auf die Bezugs- oder Anfallsberechtigung des Stifters, seiner Angehörigen **und** deren Abkömmlinge ab. Die Und-Verknüpfung kann dabei nur so interpretiert werden, dass der Umfang der Bezugs- oder Anfallsberechtigungen der genannten Personen bei der Prüfung auf das Vorliegen einer mehr als hälftigen Berechtigung addiert werden muss. Es müssen nicht sämtliche genannten Personen bezugs- oder anfallsberechtigt sein.[72] **39**

c) Berechtigungsgrenze. Damit eine Familienstiftung iSd § 15 Abs 2 vorliegt, müssen der Stifter, seine Angehörigen und deren Abkömmlinge **zu mehr als der Hälfte** bezugs- oder anfallsberechtigt sein. Aus dem Wortlaut des § 15 Abs 2 ist nicht zu erkennen, von welcher **Bezugsgröße** für die Ermittlung der mehr als hälftigen Bezugs- oder Anfallsberechtigungen auszugehen ist. Es bleibt offen, ob die gesamte Anzahl oder der gesamte „Wert" aller Bezugs- bzw Anfallsberechtigungen, die Summe der tatsächlichen Zuwendungen oder das Einkommen bzw Vermögen der Stiftung als **40**

---

66 *Lademann* § 15 AStG Rn 52; *Mössner/Fuhrmann* § 15 AStG Rn 50.

67 *BFH/NV* 2001, 1457.

68 Zum Angehörigenbegriff *Koenig* § 15 AO Rn 5–19; *Mössner/Fuhrmann* § 15 AStG Rn 52.

69 Aus zivilrechtlicher Sicht MünchKomm BGB § 1924 Rn 3; *BGH* NJW 1989, 2197; *Mössner/Fuhrmann* § 15 AStG Rn 52.

70 *B/K/L/M/R* § 15 AStG Rn 29; *S/K/K* § 15 AStG Rn 66; *F/W/B/S* § 15 AStG Rn 88; *Mössner/Fuhrmann* § 15 AStG Rn 52.

71 *F/W/B/S* § 15 AStG Rn 88.

72 *BFH* BStBl II 1993, 388. *Schaumburg* Rn 11.10 spricht von einer Oder-Verknüpfung, *F/W/B/S* § 15 AStG Rn 89 von einer Und/Oder-Verknüpfung; *Schulz* S 36.

Bezugsgröße dienen sollen.[73] Die völlige Unklarheit hinsichtlich dieses Tatbestandsmerkmals der Berechtigungsgrenze zeigt, dass der Gesetzgeber dem Phänomen der Familienstiftung nur unzureichend Rechnung getragen hat und § 15 primär eine abschreckende Wirkung entfalten soll.

41 Weitgehende Einigkeit in der Lit[74] und der FinVerw[75] besteht dahingehend, dass sich der Ausdruck „zu mehr als der Hälfte" auf die Bezugs- bzw Anfallsberechtigungen bezieht und **nicht auf das Einkommen oder andere Bezugsgrößen**.[76] Dabei sei das Verhältnis der Werte (dazu unten Rn 44 ff) der familiären (also infizierenden) Berechtigungen zur Gesamtsumme der Berechtigungen zu bestimmen.[77] Soweit dabei vertreten wird, dass Bezugs- und Anfallsberechtigungen jeweils mit ihrem **Barwert** zu bewerten sind,[78] ergibt sich dies jedenfalls nicht zwingend aus dem Wortlaut des Gesetzes. Der Anwendungserlass der FinVerw trifft in dieser Hinsicht ebenfalls keine Aussage.[79]

42 Zumindest ergibt sich uE allerdings hinreichend klar aus dem Wortlaut der Vorschrift, dass sowohl hinsichtlich des betroffenen Personenkreises (dazu oben Rn 19), als auch hinsichtlich der Berechtigungsgrenze die **Bezugsberechtigten** und die **Anfallsberechtigten zwei getrennte Tatbestandselemente** sind. Soweit vertreten wird, dass bei der Überprüfung der Berechtigungsgrenze die Summe aus den Werten aller infizierenden Bezugs- und Anfallsberechtigungen der Gesamtsumme der Werte aller Bezugs- und Anfallsberechtigungen gg zu stellen ist,[80] ist dem bereits aus diesem Grund nicht zuzustimmen. Die mehr als hälftige Berechtigung infizierender Familienangehöriger iSd Abs 2 ist getrennt nach Bezugs- und Anfallsberechtigungen zu prüfen.[81] Demnach kann eine Familienstiftung auch dann vorliegen, wenn die Familienangehörigen iSd Abs 2 die Berechtigungsgrenze von mehr als 50 % nur hinsichtlich der Bezugsberechtigungen oder nur hinsichtlich der Anfallsberechtigungen erfüllen.[82]

43 Soweit vertreten wird, dass Bezugs- und Anfallsberechtigungen jeweils mit ihrem **Barwert** zu bewerten sind,[83] ist dies daher jedenfalls hinsichtlich der Anfallsberechtigungen abzulehnen.[84] Aufgrund der **getrennten Überprüfung der Berechtigungsgrenze** hinsichtlich der Bezugsberechtigungen und hinsichtlich der Anfallsberechtigungen ist

73 *Kellersmann/Schnitger* Rn 42.

74 *B/K/L/M/R* § 15 AStG Rn 30; *Baranowski* Rn 1106; *F/W/B/S* § 15 AStG Rn 90; *Blümich* § 15 AStG Rn 41; *Kraft* Rn 240.

75 *BMF* BStBl I 2004, Sondernr 1, Tz 15.2.3.

76 **AA** *W/S/G* § 15 AStG Rn 21; *Kellersmann/Schnitger* Rn 42, die jeweils wohl das Einkommen der Stiftung als Nenner verwenden wollen.

77 *B/K/L/M/R* § 15 AStG Rn 30; *Blümich* § 15 AStG Rn 61; *Mössner/Fuhrmann* § 15 AStG Rn 59.

78 *F/W/B/S* § 15 AStG Rn 90; *Blümich* § 15 AStG Rn 61; *Schulz* S 41.

79 *Schulz* S 41.

80 *B/K/L/M/R* § 15 AStG Rn 30; unklar *F/W/B/S* § 15 AStG Rn 90: „Addition der relativen Werte".

81 *Blümich* § 15 AStG Rn 61.

82 *BFH* BStBl II 1993, 388; *Lademann* § 15 AStG Rn 53; *Blümich* § 15 AStG Rn 61.

83 *F/W/B/S* § 15 AStG Rn 90; *Blümich* § 15 AStG Rn 61.

84 **AA** *F/W/B/S* § 15 AStG Rn 90, die zwar einerseits von einer getrennten Überprüfung der Berechtigungsgrenze ausgehen, aber andererseits – wiederum getrennt – die Barwerte der jeweiligen Bezugs- und Anfallsberechtigungen aufsummieren wollen.

es jedenfalls entbehrlich, einen Barwert der Anfallsberechtigungen zu ermitteln. Da insoweit die Verhältnisbestimmung getrennt von den Bezugsberechtigungen erfolgt, würde eine Abzinsung, die ja jede Anfallsberechtigung gleich treffen würde, das Verhältnis infizierender Anfallsberechtigungen zu den gesamten Anfallsberechtigungen nicht beeinflussen. Insoweit ist eine reine Addition der jeweiligen Ansprüche auf das Stiftungsvermögen bei **Auflösung der Stiftung** ausreichend. Dies verdeutlicht erneut, dass nur eine getrennte Verhältnisbestimmung bei Bezugsberechtigungen und bei Anfallsberechtigungen sinnvoll sein kann. Die von Rundshagen zu Recht beschriebenen Probleme, die sich bei der Barwertermittlung von Anfallsberechtigungen bei zeitlich nicht befristeten Stiftungen ergeben würden,[85] stellen sich bei getrennter Bestimmung der Berechtigungsgrenzen nicht.[86]

Hinsichtlich der Überprüfung der **Berechtigungsgrenze bei den Bezugsberechtigungen** 44
verbleibt jedoch ein Problem der Bestimmung der Bezugsgröße. Soweit dabei auf den „Wert" der Bezugsberechtigungen abgestellt werden soll, ist weiterhin die Bewertung dieser Berechtigungen vorzunehmen.[87] Der hM[88] ist hierbei insoweit zuzustimmen, als die Barwerte der Bezugsberechtigungen in vielen Fällen eine grds geeignete Bezugsgröße darstellen können. Gleichzeitig muss aber festgestellt werden, dass die Anwendung der Vorschrift hierdurch nicht erleichtert wird. Die Feststellung des Barwertes einer Bezugsberechtigung wird in vielen Fällen schlechterdings unmöglich sein.

Unabhängig von der Frage der Bewertung der Berechtigungen kann aber dieser **Auffassung** bereits dem Grunde nach **nicht uneingeschränkt gefolgt werden**, da sie in 45
bestimmten Fällen offensichtlich dem Sinn und Zweck der Vorschrift widersprechen würde, insb wenn eine Stiftung zum einen den Zweck verfolgt, Abkömmlinge des Stifters zu unterstützen und zum anderen (und vorrangig) gemeinnützige Zwecke verfolgt. Das folgende Bsp illustriert das Problem:

Beispiel 1: Eine ausl Stiftung hat folgenden Zweck: 10 % des Stiftungseinkommens soll dem 46
Stifter und dessen Angehörigen zur Bestreitung ihres Unterhalts zu Verfügung stehen. Sie haben einen tatsächlichen Anspruch auf laufende Auszahlung dieser Beträge, sind also unzweifelhaft bezugsberechtigt. Das restliche Einkommen soll ohne nähere Abgrenzung gemeinnützigen Zwecken zugewendet werden, wobei der Stiftungsrat in der Auswahl der gemeinnützigen Zwecke freie Hand hat. In der Vergangenheit wurden jeweils unterschiedliche Organisationen mit Zuwendungen versehen, ohne dass ein Muster vorlag. Bei Auflösung der Stiftung werden ebenfalls nur 10 % des Vermögens dem Stifter bzw dessen Angehörigen zugewendet und die restlichen 90 % zu nicht näher bestimmten gemeinnützigen Zwecken verwendet.

Fraglich ist in diesem Beispiel, ob der Stifter und dessen Angehörige als einzige Perso- 47
nen (damit zu mehr als der Hälfte) bezugs- bzw anfallsberechtigt sind. Dies wäre dann der Fall, wenn die Verwendung des Stiftungseinkommens zu gemeinnützigen Zwecken (ohne nähere Eingrenzung der Begünstigten) keine „Berechtigung" darstellen würde. Geht man davon aus, dass die Bezugsgröße für die Berechtigungsgrenze von „mehr als der Hälfte" nur die Bezugs- und Anfallsberechtigungen sind, sind Familienangehö-

85 *S/K/K* § 15 AStG Rn 65.

86 GlA *F/W/B/S* § 15 AStG Rn 90, die auch von einer getrennten Beurteilung ausgehen.

87 Ohne Konkretisierung jeweils die FinVerw (*BMF* BStBl I 2004, Sondernr 1, Tz 15.2.2 und 15.2.3); *B/K/L/M/R* § 15 AStG Rn 30: „Wert"; *W/S/G* § 15 AStG Rn 21: „quantitativer Umfang".

88 *F/W/B/S* § 15 AStG Rn 90; *Blümich* § 15 AStG Rn 61; *S/K/K* § 15 AStG Rn 65.

rigen zu 100 % bezugs- und anfallsberechtigt. Die gemeinnützigen Institutionen sind jeweils als **Zufallsdestinatäre** nicht bezugs- und anfallsberechtigt und könnten damit nicht bei der Ermittlung der Berechtigungsgrenze berücksichtigt werden.[89] Wird dagegen auf das **Einkommen bzw Vermögen als Bezugsgröße** für die Berechtigungsgrenze von mehr als der Hälfte abgestellt, ergibt sich ein abweichender Anteil der in der Satzung bestimmten Familienangehörigen: Diese haben nur einen Anspruch auf 10 % des Einkommens und des Vermögens bei Auflösung der Stiftung, sodass in diesem Fall keine Familienstiftung vorliegt, da die in der Satzung bestimmten Familienangehörigen sowohl hinsichtlich des Einkommens als auch hinsichtlich des Vermögens jeweils über einen Anteil von weniger als 50 % verfügen (im Bsp 1: 10 %).

48 Insoweit ist letztere Auffassung jedenfalls mit dem unklaren Wortlaut der Vorschrift im Einklang. Daneben lässt sich diese Auffassung auch mit der **Rspr des BFH** vereinbaren. Dieser geht davon aus, dass die Möglichkeit einer gemeinnützigen Verwendung des Stiftungsvermögens oder der daraus erzielten Erträge „zwar für die Bezugsberechtigung, nicht aber für die Anfallsberechtigung von Bedeutung sein“[90] kann. Ist jedoch – wie im Bsp oben – auch hinsichtlich der Auflösung der Stiftung ausgeschlossen, dass der Stifter bzw dessen Angehörige und deren Abkömmlinge zu mehr als der Hälfte partizipieren, sollte eine Familienstiftung nicht vorliegen.

49 Diese – jedenfalls vom Ergebnis her zutr[91] – Auslegung ergibt sich auch ohne dass man das Einkommen als maßgeblich für die Berechtigungsgrenze halten muss. Man darf hinsichtlich der Berechtigungsgrenze nicht starr auf das Verhältnis der infizierenden Berechtigungen zu den nicht-infizierenden Berechtigungen abstellen. Maßgebend muss sein, dass der Stifter, seine Angehörigen und deren Abkömmlinge in dem Beispiel zu 90 % von dem Zugriff auf die Stiftungserträge und das Stiftungsvermögen ausgeschlossen sind. Um zu einem sachgerechten Ergebnis zu gelangen, ist uE bei der **Quotenermittlung** daher zu berücksichtigen, dass zu 90 % eine Nicht-Berechtigung des Stifters und seiner Angehörigen und Abkömmlinge vorliegt. Das ist einer **Berechtigung Dritter** gleichzusetzen, auch wenn diese Dritten im Einzelnen nicht bestimmbar sind und jeweils individuell betrachtet keine Bezugsberechtigung vorliegt. Dennoch sind insoweit jedenfalls der Stifter und seine Angehörige und Abkömmlinge nicht zu mehr als der Hälfte berechtigt, sodass im Ergebnis keine Familienstiftung vorliegt.

50 Der Vorzug dieser differenzierten Auslegung der mehr als hälftigen Bezugsberechtigung besteht darin, dass eine Verhältnisberechnung auf Basis des Stiftungseinkommens ebenfalls abzulehnen ist, da sie in vielen Fällen offensichtlich gleichermaßen widersinnige Ergebnisse nach sich zieht. Dies zeigt sich, wenn **verschiedene Formen von Bezugsberechtigungen** nebeneinander existieren. Bspw können Bezugsberechtigungen als fixer jährlicher Anspruch zusammen mit einer relativen Berechtigung am Einkommen der Stiftung auftreten.

51 **Beispiel 2:** Bei einer ausl Stiftung haben unbeschränkt steuerpflichtige Angehörige des Stifters einen Anspruch auf eine jährliche Zuwendung iHv 50 000 EUR zur Deckung ihres Lebensunterhalts. Das restliche Einkommen der Stiftung soll einer genau bestimmten gemeinnützigen Organisation zugewendet werden.

---

89 Ausdrücklich *B/K/L/M/R* § 15 AStG Rn 30: Zuwendungen an nicht bezugs- bzw anfallsberechtigte Personen bleiben unberücksichtigt; wohl auch *F/W/B/S* § 15 AStG Rn 58.

90 *BFH* BStBl II 1993, 388.

91 Ohne nähere Begr vertreten wohl auch *Wigand ua* S 242 f diese Auffassung.

Fall A: Das Einkommen der Stiftung beträgt 200 000 EUR. Der Anspruch der Angehörigen des Stifters beträgt in diesem Jahr ¼ der von der Stiftung zugewendeten Beträge.

Fall B: Das Einkommen der Stiftung beträgt 20 000 EUR. Der Anspruch der Angehörigen des Stifters beträgt in diesem Jahr mehr als das Einkommen der Stiftung. Für gemeinnützige Zwecke erfolgt keine Zuwendung, sodass in diesem Jahr die Zuwendung an Angehörige jedenfalls mehr als die Hälfte der in diesem Jahr zum Zuge gekommenen Bezugsberechtigungen ausmacht.

UE kann für den oben dargestellten Fall der unveränderten Bezugsberechtigungen, 52
die sich ohne Eingriff des Stifters oder des Stiftungsrates nur in der konkreten Zuwendungshöhe des einzelnen Jahres unterscheiden, **nicht** von einem **wechselnden Charakter einer Stiftung** ausgegangen werden.[92] Die Eigenschaft einer Familienstiftung kann in diesen Fällen nicht davon abhängen, wie hoch das von der Stiftung im jeweiligen Jahr erzielte Einkommen ist. Auch der Wortlaut der Vorschrift enthält kein Indiz dafür, dass die Berechtigungsgrenze insoweit jährlich zu überprüfen ist.[93] Da in diesem Fall die den Familienangehörigen zugewendeten Beträge bei unbeschränkter StPfl dieser Destinatäre als wiederkehrende Bezüge in Deutschland besteuert werden können (vgl oben Rn 4), besteht für eine Zurechnung auch keine Veranlassung. Daher ist die Auffassung, das Stiftungseinkommen sei für die Verhältnisbestimmung maßgeblich, abzulehnen.

Möglicherweise würde in diesem Bsp 2 aber eine Verhältnisberechnung auf Basis des 53
Barwertes der infizierenden Berechtigungen und der gesamten Berechtigungen zu einem zutr Ergebnis führen. Diese Bezugsgröße wurde aber gleichermaßen als untauglich abgelehnt (dazu oben Rn 41–49). Insoweit wurde für das Bsp 1 eine differenzierte Auslegung der Bezugsberechtigung vorgeschlagen, nach der nur maßgeblich ist, dass jedenfalls im mehrheitlichen Umfang keine infizierende Bezugsberechtigung vorliegt, die aber im Bsp 2 nicht zu einem anderen Ergebnis führt. Liegt auch hinsichtlich der begünstigten Dritten jedenfalls eine Bezugsberechtigung vor, wäre nach beiden Auffassungen zu prüfen, ob die fixe Begünstigung der Familienangehörigen eine mehr als hälftige Begünstigung darstellt. Ein Barwertvergleich der fixen (infizierenden) Bezugsberechtigungen mit den variablen (nicht-infizierenden) Bezugsberechtigungen bildet den Charakter der Stiftung gut ab und wäre auch nicht vom veränderlichen Stiftungseinkommen abhängig. Während hinsichtlich der fixen Bezugsberechtigungen der Barwert ohne weiteres zu ermitteln ist, dürfte die Barwertberechnung hinsichtlich der variablen Berechtigungen in der Praxis aber Schwierigkeiten bereiten.

Um mit hinreichender Sicherheit die Eigenschaft einer Familienstiftung zu vermeiden, 54
bleibt angesichts der dargestellten Unklarheiten in den Tatbestandsmerkmalen von § 15 in der Praxis aber keine andere Möglichkeit, als das Vorliegen einer Familienstiftung nach allen möglichen Auslegungen auszuschließen. Dementsprechend sollte weder bei Bezugnahme auf das Einkommen, noch bei Bezugnahme auf den Wert der Gesamtberechtigungen eine mehr als hälftige Berechtigung infizierender Berechtigter vorliegen.

---

92 GlA *S/K/K* § 15 AStG Rn 65: Berücksichtigung sich ändernder Verhältnisse nur bei Änderungen der Bezugsberechtigungen durch Satzungsänderungen uÄ.

93 **AA** *Kraft* Rn 240, allerdings am Bsp von (relativ einfach feststellbaren) Änderungen im Kreis der Bezugsberechtigten.

55 Selbst wenn die Bewertung einzelner Bezugsberechtigungen möglich ist, bleibt die Verhältnisbestimmung in vielen Fällen problematisch, setzt sie doch zwingend eine Ermittlung des Wertes sämtlicher Bezugsberechtigungen voraus.[94] Dies bereitet nicht nur, aber vor allem bei einem umfangreichen, sich möglicherweise verändernden oder nie genau abgegrenzten Kreis an Bezugsberechtigten erhebliche Schwierigkeiten.[95] Insb, wenn der Kreis der Bezugs- und Anfallsberechtigen in der Satzung und/oder den Beistatuten nicht konkret abgegrenzt ist, ist eine Identifizierung von Bezugsberechtigten jedenfalls schwierig (vgl oben Rn 20–22), die jeweilige Quantifizierung ihrer Ansprüche wohl unmöglich.[96]

56 **Beispiel 3:**[97] Der in der Satzung einer Stiftung festgelegte Zweck lautet: „Zweck der Stiftung ist die Unterstützung bedürftiger Abkömmlinge des Stifters und anderer bedürftiger Personen."

57 Nach dem Stiftungszweck sind Abkömmlinge des Stifters nur bezugsberechtigt, wenn sie bedürftig sind. Gleichzeitig sind aber auch Zuwendungen an fremde dritte Personen in Notsituationen vorgesehen. Ohne Bedürftigkeit von Familienangehörigen liegt damit jedenfalls insoweit keine Bezugsberechtigung vor. Hinsichtlich der dritten Personen ist die Ermittlung von Bezugsberechtigungen nicht möglich, da insoweit der Begünstigtenkreis nicht abgrenzbar ist. Erhalten in Einzelfällen Familienangehörige neben bedürftigen Dritten Zuwendungen, ist zu prüfen, ob sich hieraus eine Bezugsberechtigung ergibt und welchen Wert man dieser Berechtigung beimisst. Angesichts der ungewissen Dauer der Bedürftigkeit ist eine ex ante-Bewertung entspr schwierig. Weiterhin wäre zu klären, welche Folge tatsächlich erfolgte Zuwendungen an nichtbedürftige Familienangehörige haben.

58 Das Bsp 3 verdeutlicht überdies, dass jeder Versuch, durch eine **weite Auslegung des Begriffs der „Bezugsberechtigung"** den Anwendungsbereich von § 15 auszudehnen, zu zusätzlichen Schwierigkeiten bei der Ermittlung der Berechtigungsgrenze führt. Wird, wie von der FinVerw vertreten, als Bezugsberechtigter jede Person angesehen, „bei der nach der Satzung damit gerechnet werden kann, dass sie Vermögensvorteile erhalten wird,"[98] wäre diese Ausweitung des Berechtigungskreises auch bei der **Bestimmung der Berechtigungsquote** nachzuvollziehen. Dementsprechend wären auch potenzielle nicht-infizierende Berechtigte (im Bsp 3: bedürftige dritte Personen) zu erfassen, sodass die Auffassung der FinVerw nicht zwingend zu der erwünschten tatsächlichen Ausweitung des Anwendungsbereichs von § 15 führen muss. Dies verdeutlicht erneut, dass eine zu weitgehende Auslegung des Begriffs der Bezugsberechtigten[99] weder vom Wortlaut der Vorschrift gedeckt, noch mit dem Sinn der Vorschrift vereinbar ist: Bei einer unüberschaubaren Anzahl an (teilw infizierenden und teilw nicht-infizierenden) Bezugsberechtigten scheitert die Anwendung von § 15 daher genauso wie in den Fällen, in denen überhaupt keine Bezugsberechtigten vorliegen.

94 *F/W/B/S* § 15 AStG Rn 87; *W/S/G* § 15 AStG Rn 21; vgl auch *Kraft* Rn 240, wonach als 100 %-Basis „die vollständige Bezugsberechtigung" zu ermitteln sei.

95 *F/W/B/S* § 15 AStG Rn 92.

96 *Schaumburg* Rn 11.11.

97 In Anlehnung an *F/W/B/S* § 15 AStG Rn 92.

98 *BMF* BStBl I 2004, Sondernr 1, Tz 15.2.1; wohl auch *BFH/NV* 2001, 1457 mit Verweis auf die Durchführungsbestimmungen zur Steueramnestieverordnung 1931.

99 *Lademann* § 15 AStG Rn 27.

Eine weitere in der Lit diskutierte Frage ist, wie die Bezugs- und Anfallsberechtigungen zu bestimmen sind, falls durch eine satzungsmäßige Bestimmung festgelegt wird, dass ein bestimmter **Anteil des Stiftungseinkommens thesauriert** werden soll. Bezieht sich – wie hier (Rn 42 f) vertreten – der Ausdruck „zu mehr als der Hälfte" jeweils getrennt auf die Bezugs- und Anfallsberechtigungen, hat die Thesaurierung nicht zwingend einen Einfluss auf die Qualifikation einer Familienstiftung. Die Thesaurierung wirkt sich in diesem Fall jedenfalls auf die in „Familienhand" befindlichen Anfallsberechtigungen nicht aus.[100] Die thesaurierten Stiftungseinkünfte erhöhen sowohl den Gesamtwert aller **Anfallsberechtigungen** als auch den einzelnen Wert der Anfallsberechtigung jedes einzelnen Anfallsberechtigten, sodass sich keine Änderungen der Ermittlung der Berechtigungsgrenze ergeben. 59

Davon abzugrenzen ist aber die Frage, ob sich Auswirkungen hinsichtlich der Berechtigungsgrenze bei den **Bezugsberechtigungen** ergeben. Der Wortlaut der Vorschrift bleibt hier wie auch an anderer Stelle völlig unklar. Zieht man die historischen Vorgängervorschriften der StAmnVO und des StAnpG als Auslegungshilfe heran,[101] ergäbe sich, dass die Thesaurierung von Einkommen durch die Stiftung für die Zurechnung unbeachtlich ist (§ 2 Abs 1 StAmnVO, § 12 Abs 1 S 2 StAnpG). Inwieweit die **Thesaurierung** für die Ermittlung der Berechtigungsgrenze relevant ist, wurde allerdings nicht thematisiert. Vergleicht man die (Werte der) infizierenden Bezugsberechtigungen mit den (Werten der) nicht-infizierenden Bezugsberechtigungen, hat die Thesaurierung keinen Einfluss auf die Berechtigungsgrenze: Durch die Thesaurierung verringert sich die Gesamtsumme (des Wertes) aller Bezugsberechtigungen, da der für Zuwendungen zur Verfügung stehende Anteil reduziert wird. Die Thesaurierung wirkt sich daher gleichermaßen auf die infizierenden und die nicht-infizierenden Berechtigungen aus. 60

Beispiel 4: An einer ausl Stiftung sind zwei unbeschränkt steuerpflichtige Familienangehörige des Stifters (zB seine Kinder) und eine unbeschränkt steuerpflichtige fremde dritte Person bezugsberechtigt. In der Satzung ist festgelegt, das das jährliche Stiftungseinkommen stets zu 51 % zu thesaurieren ist und die restlichen 49 % des Stiftungseinkommens an die 3 Bezugsberechtigen zu gleichen Teilen zuzuwenden ist. Zuwendungen an andere Personen sind ausgeschlossen. 61

Gilt das Einkommen als Bezugsgröße für die Ermittlung der Berechtigungsgrenze bei den Bezugsberechtigungen, so führt eine Thesaurierung von mehr als 50 % dazu, dass aufgrund der Bezugsberechtigungen keine Familienstiftung vorliegt und damit eine Zurechnung nach § 15 Abs 1 AStG unterbleibt.[102] Trennt man dagegen zwischen dem Einkommen und den Bezugsberechtigungen,[103] würde aus der Tatsache, dass die Stiftung nur 49 % des Stiftungseinkommens an die Begünstigten zuwendet, folgen, dass auch nur diese 49 % Bezugsgröße für die Ermittlung des Anteils der Familienangehörigen maßgeblich sind. Die beiden Kinder des Stifters sind jeweils zu 1/3 an des 49 % der Stiftungseinkommens bezugsberechtigt, sodass beide zusammen eine Bezugsberechtigungen von 2/3 (an den 49 % des „auszuschüttenden" Einkommens) haben. Da 62

100 *Kellersmann/Schnitger* Rn 43.

101 Dies macht der *BFH* in seinem Urt v 25.4.2001 *BFH/NV* 2001, 1457; zu Recht krit *F/W/B/S* § 15 AStG Rn 53.

102 *Kellersmann/Schnitger* Rn 42.

103 Dazu *F/W/B/S* § 15 AStG Rn 91.

diese Summe der Bezugsberechtigungen über der Berechtigungsgrenze von mehr als 50 % liegt, ist eine Familienstiftung gegeben. Die fremde dritte Person verfügt über eine Bezugsberechtigung von lediglich 1/3 (an den 49 % des „auszuschüttenden" Einkommens). UE ist letzterer Auffassung der Vorzug zu geben, da der Anwendungsbereich von § 15 andernfalls leicht umgangen werden könnte. Allerdings könnte die satzungsmäßige Thesaurierungspflicht Auswirkungen auf die anteilsmäßige Zurechnung des Stiftungseinkommens haben (vgl dazu unten Rn 96 ff).

63 Wie dargestellt wurde, sind **Bezugs- und Anfallsberechtigungen als Bezugsgrößen** für die Erreichung des mit § 15 verbundenen Zwecks **ungeeignet**. Eine hinreichend sichere Normanwendung ist nur hinsichtlich des Merkmals der mehr als hälftigen Anfallsberechtigung möglich, und dies auch nur dann, wenn man dieses Merkmal getrennt prüft. Bei der Berechtigungsgrenze der Bezugsberechtigungen haben die Ausführungen gezeigt, dass das Abstellen auf die Bezugsberechtigungen bei Stiftungen, die mehr als die Hälfte des Stiftungseinkommens und -vermögens für gemeinnützige Zwecke Zufallsdestinatären zuwenden, nicht sachgerecht ist. Da die Familienangehörigen keinen mehrheitlichen Zugriff auf das Stiftungseinkommen und -vermögen haben, wäre eine Zurechnung unangemessen. Gleichermaßen ist das Einkommen der Stiftung als Bezugsgröße der Berechtigungsgrenze ungeeignet. Dies gilt sowohl für Stiftungen, bei denen fixe und variable Berechtigungen nebeneinander existieren, als auch bei Stiftungen, die mehr als 50 % ihres Stiftungseinkommens thesaurieren. Die von uns in Rn 49 vertretene Auffassung führt zwar selbst in den dargestellten Fällen zu sachgerechten Ergebnissen, ist jedoch ebenfalls von den Schwierigkeiten bei der Barwertberechnung der Berechtigungen betroffen.

64 Die vorhandene Lit bietet keine sicheren Auslegungshilfen; angesichts der **völlig unklaren Ausgestaltung der Norm** kann sie dies auch nicht. Die bislang ergangene Rechtsprechung hatte sich nur mit hinreichend klaren Sachverhalten auseinander zu setzen und ist daher ebenfalls nur bedingt ergiebig. Wie oben dargestellt, verlangt die Norm eine Interpretation, die je nach Sachverhalt von einer unterschiedlichen Bedeutung derselben Begriffe ausgehen müsste, um zu sinnvollen Erg zu führen. Inwieweit dies mit dem verfassungsrechtlichen Bestimmtheitsgebot vereinbar ist, wird weiter unten (Rn 122 f) thematisiert.

65 **2. Sitz und Geschäftsleitung im Ausland.** Eine Zurechnung tritt nach § 15 Abs 1 nur ein, falls eine Familienstiftung in Deutschland **nicht unbeschränkt steuerpflichtig** ist, also in Deutschland weder einen Sitz noch einen Ort der Geschäftsleistung aufweist. Die Familienstiftung muss für die Anwendung des § 15 ihren Sitz und den Ort der Geschäftsleitung im Ausland haben. Die ausl Familienstiftung kann dann höchstens beschränkt steuerpflichtig sein, wenn sie dt Einkünfte erzielt.

66 Liegt der Ort der Geschäftsleitung in Deutschland, kommt eine Zurechnung nach § 15 nicht in Betracht. Da die ausl Stiftung wegen des inländischen Orts der Geschäftsleitung in Deutschland nach § 1 Abs 1 KStG unbeschränkt körperschaftsteuerpflichtig ist, unterliegt das weltweite Stiftungseinkommen ohnehin in Deutschland der Körperschaftsteuer. Da der **Ort der Geschäftsleitung** nach § 10 AO regelmäßig dort liegt, wo der für die Geschäftsführung maßgebliche Wille tatsächlich gebildet wird,[104] kann der Ort der Geschäftsleitung bspw in Deutschland liegen, wenn zumindest die überwiegende Anzahl

104 *Koenig* § 10 AO Rn 4 f.

der Mitglieder des Stiftungsvorstands ihren Wohnsitz in Deutschland haben und die geschäftsleitenden Entsch tatsächlich in Deutschland getroffen werden.[105]

III. Rechtsfolgen

1. Zurechnung von Einkünften und Vermögen. – a) Sachliche Zurechnung. Nach § 15 Abs 1 gilt die Zurechnung sowohl für Vermögen als auch für die Einkünfte. Seit der Aussetzung der Vermögensteuer ab dem 1.1.1997 hat die Vermögenszurechnung an Bedeutung verloren, sodass § 15 **nur noch** für die **Einkünftezurechnung** relevant ist.[106] 67

Da § 15 Abs 1 aF bis zum VZ 2012 nur den Begriff „Einkommen" verwendete, kam eine Zurechnung nur bei der Einkommensteuer bzw bei der Körperschaftsteuer in Betracht; eine Zurechnung bei der Gewerbesteuer unterbleibt, da deren Bemessungsgrundlage nicht das Einkommen, sondern der Gewerbeertrag (§§ 6, 7 GewStG) ist, der ausgehend vom Gewinn aus Gewerbebetrieb zu ermitteln ist.[107] Die Zurechnung des Stiftungseinkommens setzt jedoch sachlogisch später ein (R 2 Abs 1 Nr 13 EStR 2012). Dabei wurde auf Ebene der Zurechnungsverpflichteten das „Einkommen einer Familienstiftung" anstelle der „Einkünfte", mithin eine reine **Saldogröße** zugerechnet[108] Dementsprechend unterlagen bis 2012 weder einzelne Einkünfte der Stiftung der Zurechnung, noch erhöht die Zurechnung bei den Zurechnungsverpflichteten die Einkünfte einzelner Einkunftsarten.[109] Technisch erfolgt die Zurechnung dementsprechend erst nach dem um Sonderausgaben und außergewöhnliche Belastungen reduzierten Gesamtbetrag der Einkünfte.[110] 68

Seit VZ 2013 werden den Zurechnungsverpflichteten die Einkünfte einer Familienstiftung zugerechnet. Bei den Einkünften handelt es sich um die Einkünfte iSd § 8 Abs 1 KStG iVm § 2 Abs 4 EStG der ausl Familienstiftung, die sich unter der Annahme einer Vollausschüttung aus dem Gesamtbetrag der Einkünfte der Stiftung ableiten.[111] Unter den „Einkünften" ist ein Nettobetrag aus Einnahmen und Ausgaben zu verstehen.[112] Die Einkünftezurechnung kann sich bei den Zurechnungsverpflichteten allerdings nur dann auf die Gewerbesteuer auswirken, wenn die zuzurechnenden Einkünfte bei den Zurechnungsverpflichteten als Einkünfte aus Gewerbebetrieb zu qualifizieren sind. Dies erscheint angesichts der notwendigerweise privaten Natur einer Begünstigtenstellung schwer vorstellbar. Selbst wenn man dies allerdings ausnahmsweise annehmen würde, käme die gewerbesteuerliche Kürzugsvorschrift nach § 9 Nr 3 S 1 GewStG zu Anwendung, so dass – da der Zurechnungsbetrag keiner inländischen 69

---

105 *Grotherr ua* S 503 f; *Blümich* § 15 AStG Rn 63; *Wenz/Knörzer* Rn 98 mit dem Hinweis auf eine möglicherweise unbeabsichtigte Verlegung des Ortes der Geschäftsleitung einer ausl Familienstiftung ins Inland.

106 *F/W/B/S* § 15 AStG Rn 35.

107 *F/W/B/S* § 15 AStG Rn 38, 214.

108 *Schaumburg* Rn 11.15; *Kellersmann/Schnitger* Rn 49; *Berger/Kleinert* S 1515.

109 *BFH* BStBl II 1993, 388, 390; *BFH* BStBl II 1994, 727, 730; *Mössner/Fuhrmann* § 15 AStG Rn 104; *Lademann* § 15 Rn 43a; **aA** *B/K/L/M/R* § 15 Rn 10, 23.

110 *BFH* BStBl II 1993, 388; *Werkmüller* ZEV 1999, 139; *F/W/B/S* § 15 AStG Rn 214; *Berger/Kleinert* S 1516; R 2 Abs 1 Nr 12 EStR 2008.

111 *F/W/B/S* § 15 AStG Rn 37; *S/K/K* § 15 AStG Rn 54; *Kirchhain* IStR 2012,603; *Ditz/Quilitzsch* DStR 2013, 1923.

112 *F/W/B/S* § 15 AStG Rn 37.

Betriebsstätte zuzurechnen ist – sich iE keine Gewerbesteuerbelastung ergibt.[113] Durch die Zurechnung von „Einkünften“ sind seit 2013 allerdings Spenden uÄ der Stiftung wohl nicht mehr abzugsfähig, auch wenn sie das „Einkommen“ der Stiftung gemindert haben. Die materielle Auswirkung bleibt allerdings gering, da hiervon nur „ad hoc“-Spenden betroffen sind, nicht dagegen satzungsgemäße Zuwendungen an gemeinnützige Einrichtigungen oÄ, da dies den Anteil der Einkünfte, der der anteiligen Zurechnung unterliegt (dazu unten Rn 94) reduziert bzw sogar die grundsätzliche Frage der Qualifikation als Familienstiftung betrifft.

70 Als Einkünfte gelten die weltweiten Einkünfte der ausl Familienstiftung, die sich im Inland bei **fiktiver unbeschränkter StPfl der ausl Familienstiftung** ergeben würden.[114] Damit erfolgt die Einkünfteermittlung[115] getrennt von der Einkünfteermittlung der Zurechnungsverpflichteten,[116] sodass bei der Einkünfteermittlung Freibeträge und Pauschbeträge, die der Stiftung bei fiktiver unbeschränkter StPfl zustehen würden, in Abzug gebracht werden können.[117]

71 Für eine Zurechnung nach § 15 Abs 1 ist es erforderlich, dass die ausl Familienstiftung selbst Einkünfte iSd § 2 Abs 1 erzielt.[118] Bei Familienstiftungen mit ertragslosem Vermögen kann es somit nicht zu einer Zurechnung von Einkünften kommen.

72 Nach der bislang überwiegenden Literaturmeinung geht die Zurechnung nach § 15 Abs 1 als **lex specialis** der beschränkten StPfl der ausl Familienstiftung insoweit vor, als Einkommen der ausl Familienstiftung unbeschränkt steuerpflichtigen Personen zugerechnet wird.[119] Die beschränkte StPfl der ausl Familienstiftung bleibt nach dieser Auffassung aber insoweit bestehen, als das Einkommen der Familienstiftung nicht unbeschränkt und erweitert beschränkt steuerpflichtige Personen zuzurechnen ist.[120] Damit stellt sich praktisch das Problem, dass eine ausl Familienstiftung, die inländische Einkünfte erwirtschaftet und sowohl unbeschränkt und erweitert beschränkt steuerpflichtigen Personen als auch anderen Personen Zuwendungen gewährt, mit ihrem Einkommen in Deutschland nur anteilig beschränkt steuerpflichtig wäre.[121] Nicht zuletzt aus diesem Grund geht mittlerweile die wohl derzeit hM davon aus, dass eine Zurechnung der Einkünfte nach § 15 AStG eine Besteuerung der Stiftung iRd beschränkten Steuerpflicht im Inland nicht verhindert.[122]

73 **b) Persönliche Zurechnung.** Für die Zurechnung der Stiftungseinkünfte ist in § 15 Abs 1 eine **Rangfolge** vorgesehen, wonach die Einkünfte **vorrangig dem Stifter**, solange dieser unbeschränkt steuerpflichtig ist, zugerechnet werden.[123] Eine Zurech-

---

113 *BFH/NV* 2015, 921; *F/W/B/S* § 15 AStG Rn 38, 214.

114 *BFH* BStBl II 1993, 388; *Baranowski* Rn 1107; *Schaumburg* Rn 11.15; *F/W/B/S* § 15 AStG Rn 203; *Wassermeyer* IStR 2009, 191.

115 Zur Einkommensermittlung vgl näher unten Rn 157 ff.

116 *F/W/B/S* § 15 AStG Rn 201.

117 *Lademann* § 15 AStG, Rn 45d.

118 *BFH* BStBl II 1993, 388.

119 Vgl die in der 1. Aufl (Rn 70, Fn 99) zit Lit.

120 *Schaumburg* Rn 11.6 aF; *F/W/B/S* § 15 AStG Rn 61 aF.

121 Auf verfahrenstechnische Probleme weisen auch *S/K/K* § 15 AStG Rn 59 hin.

122 Vgl *S/K/K* § 15 AStG Rn 59; *Wassermeyer* IStR 2009, 191; *F/W/B/S* § 15 AStG Rn 47; *Mössner/Fuhrmann* § 15 AStG Rn 19; *Lademann* § 15 AStG, Rn 10; *Kirchhain* IStR 2012,602.

123 *BFH* BStBl II 1993, 388; *Wassermeyer* SWI 1994, 281; *Schaumburg* Rn 11.21; *B/K/L/M/R* § 15 Rn 12; *Mössner/Fuhrmann* § 15 AStG Rn 120–121.

nung der Einkünfte gg den unbeschränkt steuerpflichtigen bezugs- und anfallsberechtigten Personen erfolgt erst nachrangig, wenn der Stifter nicht mehr unbeschränkt steuerpflichtig ist.[124] Bis einschließlich des VZ 2012 erfolgte eine Zurechnung des Einkommens vorrangig auch dann beim Stifter, wenn dieser erweitert beschränkt steuerpflichtig iSd § 5 war.[125]

Die in § 15 Abs 1 enthaltene Rangfolge bewirkt, dass einem einzelnen unbeschränkt steuerpflichtigen **Stifter** die gesamten Einkünfte der ausl Familienstiftung zugerechnet werden,[126] unabhängig davon, ob dieser selbst bezugs- und anfallsberechtigt ist und unabhängig davon, ob andere Personen bezugs- und anfallsberechtigt sind.[127] 74

Entgegen dem Wortlaut des § 15 Abs 1 wird in der Lit auch die Meinung vertreten, dass eine Zurechnung bei den unbeschränkt steuerpflichtigen Bezugs- und Anfallsberechtigten auch dann unterbleibt, wenn **der Stifter nicht unbeschränkt steuerpflichtig** ist.[128] IdR wird hierbei nicht präzisiert, ob und in welchem Umfang inländische Einkünfte der beschränkten StPfl unterliegen müssen, oder ob der Stifter auch ohne inländische Einkünfte eine Zurechnung zu den Bezugs- oder Anfallsberechtigten verhindert. Dies wird damit begründet, dass die Rangfolge darauf beruht, dass die ausl Familienstiftung durch den Stifter errichtet wurde und dieser damit über zukünftige Einkünfte verfügt hat.[129] Diese jedenfalls vom Erg her überzeugende Auffassung widerspricht aber dem klaren Wortlaut des § 15 Abs 1, auch wenn die Vertreter dieser Auffassung zu Recht auf einen **Wertungswiderspruch des Gesetzes** hinweisen, wenn die Rangfolge der Zurechnung vom Wohnort des Stifters abhängig sein sollte.[130] Es ist aber fraglich, ob der insoweit eindeutige Wortlaut eine solche Auslegung zulässt.[131] 75

Geht man davon aus, dass § 15 Abs 1 die Zurechnung bei den unbeschränkt steuerpflichtigen Bezugs- und Anfallsberechtigten nur dann ausschließt, wenn der Stifter unbeschränkt steuerpflichtig ist, ginge die Regelung des § 15 Abs 1 damit wesentlich über den ursprünglich mit § 12 StAnpG verbundenen Zweck hinaus.[132] Nach dieser Auslegung käme es – entgegen der Regelung in § 12 Abs 1 StAnpG, wonach eine Zurechnung nur dann erfolgte, wenn der Stifter bei Errichtung der ausl Familienstiftung eine unbeschränkt steuerpflichtige Person war – seit Einführung des § 15 AStG nicht mehr auf die unbeschränkte StPfl des Stifters im **Zeitpunkt der Stiftungserrichtung** an.[133] Dies wird durch ein Urt des Hessischen FG bestätigt, wonach das Vermögen und das Einkommen einer Familienstiftung der Stifterin auch dann zuzurechnen 76

124 *F/W/B/S* § 15 AStG Rn 74; *Kraft* Rn 213.

125 *F/W/B/S* § 15 AStG Rn 49 74; *Lademann* § 15 AStG, Rn 58; *S/K/K* § 15 AStG Rn 33.

126 *BFH* BStBl II 1993, 388; *BMF* BStBl I 2004, Sondernr 1, Tz 15.1.4., zur Aufteilung bei mehreren Stiftern unten Rn 93; *Mössner/Fuhrmann* § 15 AStG Rn 128.

127 *Blümich* § 15 AStG Rn 64; *S/K/K* § 15 AStG Rn 50; zu Recht krit *Schaumburg* Rn 11.23, 11.24.

128 *S/K/K* § 15 AStG Rn 51; **aA** *F/W/B/S* § 15 AStG Rn 49; **aA** *Runge* DB 1977, 514–515.

129 *Kellersmann/Schnitger* Rn 53.

130 *Kellersmann/Schnitger* Rn 53.

131 IE ablehnend und einen Vorrang des Stifters nur bei unbeschränkter StPfl annehmend *Lademann* § 15 AStG Rn 31; *Schaumburg* Rn 11.26; *Blümich* § 15 AStG Rn 64; *F/W/B/S* § 15 AStG Rn 49.

132 Zur Kritik auch *Martin* GmbHR 1972, 229.

133 BT-Drucks 6/2883, Rn 120; *F/W/B/S* § 15 AStG Rn 49; *Kirchhain* IStR 2011, 394; *Weber* IWB 1972, 700; *Felix* DB 1972, 2275; *Martin* GmbHR 1972, 229.

sind, wenn sie im Zeitpunkt der Errichtung der Stiftung im Ausland gelebt hatte, eine Absicht zur Steuervermeidung ist nicht erforderlich.[134]

77 Die unbeschränkte StPfl des Stifters wäre nur noch im **Zeitpunkt der Zurechnung** zu prüfen.[135] Sie würde sich in diesem Zeitpunkt nur dadurch auswirken, dass sie eine nachrangige Zurechnung der Stiftungseinkünfte zu unbeschränkt steuerpflichtigen Bezugs- oder Anfallsberechtigten verhindert. Der Anwendungsbereich der Zurechnung bei Familienstiftungen würde dadurch in zweierlei Hinsicht erweitert. Zum einen würde eine Zurechnung auch gg Stiftern erfolgen, die zum Zeitpunkt der Stiftungserrichtung im Ausland ansässig waren und erst zu einem **späteren Zeitpunkt** im Inland eine **unbeschränkte StPfl begründen**.[136]

78 **Beispiel 5:** Ein in Österreich ansässiger Stifter errichtet eine österreichische Privatstiftung, die Angehörige des Stifters, die alle im Ausland ansässig sind, unterstützen soll. Der Stifter selbst ist nicht bezugsberechtigt. Nach der Stiftungserrichtung zieht der Stifter aus beruflichen Gründen für eine gewisse Zeit nach Deutschland um und begründet dort nun die unbeschränkte StPfl.

Die Einkünfte der österreichischen Privatstiftung wäre dem Stifter in dem Zeitraum, in dem er im Inland unbeschränkt steuerpflichtig ist, vollständig zuzurechnen. Dass auch bzw nur die im Ausland ansässigen Angehörigen des Stifters Zuwendungen bekommen, würde bei der Zurechnung in Deutschland außer Acht gelassen.[137]

79 Zum anderen könnte eine Zurechnung erfolgen, wenn der Stifter weder im Zeitpunkt der Errichtung der Stiftung, noch zu einem späteren Zeitpunkt unbeschränkt steuerpflichtig ist, aber unbeschränkt steuerpflichtige Bezugs- oder Anfallsberechtigte Personen vorhanden sind. In diesen Fällen könnte es durch die Zurechnung nach § 15 Abs 1 sogar dazu kommen, dass **ausl Steuersubstrat ins Inland verlagert** wird, auf das der inländische Fiskus ohne Existenz der Familienstiftung keinen Zugriff hätte.

80 **Beispiel 6:** Eine österreichische Familienstiftung wird von dem in Österreich ansässigen O errichtet. Nach der Satzung sind O, seine ebenfalls in Österreich ansässige Ehefrau E und die gemeinsamen Kinder (A und B) insgesamt zu 95 % bezugsberechtigt. S, der Neffe des O, ist in Deutschland unbeschränkt steuerpflichtig und zu 5 % bezugsberechtigt. Die Stiftungseinkünfte sollen nach der Satzung zu 75 % an den Stifter und seine Angehörigen zugewendet und zu 25 % thesauriert werden. Anfallsberechtigt sind nur der Stifter und seine leiblichen Kinder A und B.

Es liegt unstreitig eine Familienstiftung iSd § 15 Abs 2 vor, da der Stifter und seine Angehörigen zu mehr als 50 % bezugs- und anfallsberechtigt sind. Da O als Stifter in Deutschland nicht unbeschränkt steuerpflichtig ist, würden dem S als Bezugsberechtigten Einkünfte entspr seinem Anteil (5 %) zugerechnet. Damit würde das Besteuerungsrecht für Einkünfte,

---

134 *FG Hessen* DStRE 2011, 180. Die Revision hat der *BFH* (DStR 2011, 755) als begründet angesehen, da die Zurechnung der Erträge zur Stifterin vorrangig zu klären gewesen wäre. Der *BFH* bestätigt in dem Revisionserfahren ohne nähere Erläuterung, dass es für die Anwendung des § 15 nicht auf das tatsächliche Vorliegen einer Steuer- oder Kapitalflucht ankomme und eine Zurechnung somit auch dann erfolgt, wenn der Stifter im Zeitpunkt der Stiftungserrichtung im Ausland gelebt hatte.

135 *F/W/B/S* § 15 AStG Rn 49; *Mössner/Fuhrmann* § 15 AStG Rn 127.

136 *BFH* DStR 2011, 755; *S/K/K* § 15 AStG Rn 33; *F/W/B/S* § 15 AStG Rn 1, 49.

137 *BMF* BStBl I 2004, Sondernr 1, Tz 15.1.3 stellt auf eine „beschränkte StPfl" des Stifters im Zeitpunkt der Stiftungserrichtung ab, ohne klarzustellen, ob oder in welchem Umfang zu diesem Zeitpunkt inländische Einkünfte des Stifters vorliegen müssen, oder nicht.

das normalerweise Österreich zusteht, nach Deutschland geholt. Besonders widersinnig wäre dies für Einkünfte der Stiftung, die selbst bei direkter Erzielung durch den Zurechnungsverpflichteten S nur in Österreich besteuert werden dürfen, wie bspw Mieteinkünfte aus in Österreich belegenem Grundbesitz, wobei insoweit ggf durch abkommensrechtliche Bestimmungen eine widersinnige Besteuerung in Deutschland vermieden werden kann, sofern für die betreffenden Einkünfte die Freistellungsmethode vorgesehen ist. Zudem würde möglicherweise nicht nur die tatsächliche Zuwendung an S, sondern auch der dreimal so hohe thesaurierte Betrag dem S zugerechnet. Weshalb in diesem Fall eine Zurechnung bei S erfolgen soll, ist nicht nachvollziehbar. S hat keinen Einfluss auf das Stiftungsvermögen. Die Besteuerung der Zuwendungen, die S tatsächlich von der österreichischen Stiftung erhalten hat, ist ausreichend, um den legitimen dt Besteuerungsanspruch zu erfüllen.

Die in den vorstehenden Bsp gezeigten Rechtsfolgen einer am Wortlaut orientierten **81**
Auslegung zeigen, dass nur eine **einschränkende Auslegung** von § 15 Abs 1 **sachgerecht wäre**. Insb, wenn der Stifter bei Stiftung nicht unbeschränkt steuerpflichtig war, besteht kein Anlass, auf Ebene der Bezugsberechtigten nicht nur die tatsächlich erhaltenen Zuwendungen, sondern bereits die von der Stiftung erzielten Einkünfte zu besteuern. Die entspr Einkünfte wurden und werden nämlich nicht dem dt Besteuerungszugriff entzogen. Hätte der Stifter das Vermögen nicht der Stiftung zugewendet, sondern würde er weiterhin selbst darüber verfügen und Zuwendungen an in Deutschland ansässige Bezugsberechtigte selbst vornehmen, würde eine Zurechnung seiner Einkünfte zu den dt Zuwendungsempfängern auch nicht in Betracht kommen. Das an sich überzeugende Erg, dass eine **Zurechnung zum Stifter vorrangig ist,** und eine Zurechnung zu den Bezugs- und Anfallsberechtigten ausschließt, wenn dieser **nicht** der **unbeschränkten StPfl in Deutschland** unterliegt,[138] lässt sich angesichts des insoweit klaren Wortlauts der Vorschrift uE aber nicht vertreten. Ein Vorrang der Zurechnung zum Stifter kommt daher nur insoweit in Betracht, als dieser tatsächlich in Deutschland unbeschränkt steuerpflichtig ist.[139]

Die in § 15 Abs 1 normierte Rangfolge bewirkt, dass eine Zurechnung bei den **82**
Bezugs- und Anfallsberechtigten erst dann in Frage kommt, wenn eine Zurechnung zum Stifter nicht möglich ist. Nach der einen, am Ziel der Vorschrift orientierten, Auffassung muss die Unmöglichkeit im Ergebnis auf dem Tode des Stifters beruhen, nach der anderen, wortlautorientierten, Auffassung kann die Unmöglichkeit auch auf dem Ende der unbeschränkten StPfl desselben durch andere Gründe, bspw dem Wegzug, beruhen oder bereits von Anfang an am Fehlen einer unbeschränkten StPfl scheitern. Unabhängig von dieser Auslegung stellt sich die Frage, ob auch **zwischen Bezugs- und Anfallsberechtigten** eine entspr **Rangfolge** gegeben ist. Eine solche Rangfolge, wonach die Zurechnung von Einkommen vorrangig bei den Bezugsberechtigten und erst nachrangig bei den Anfallsberechtigten erfolgt,[140] wird in der Lit dadurch begründet, dass nur die Bezugsberechtigten an den laufenden Stiftungseinkünften partizipieren.[141]

---

138 So bspw *Kellersmann/Schnitger* Rn 53; *S/K/K* § 15 AStG Rn 51; **aA** *F/W/B/S* § 15 AStG Rn 49.

139 IE glA *Lademann* § 15 AStG Rn 31; *Schaumburg* Rn 11.20, 11.21; *Blümich* § 15 AStG Rn 64; *F/WB/S* § 15 AStG Rn 49.

140 *Lademann* § 15 AStG Rn 33; *Gross/Schelle* IWB 1993, 706; *Schaumburg* Rn 11.27; *F/W/B/S* § 15 AStG Rn 69.

141 *Kellersmann/Schnitger* Rn 54.

83 Wie auch an anderer Stelle bemängelt, ist der Wortlaut der Vorschrift („sonst den unbeschränkt steuerpflichtigen Personen, die bezugsberechtigt oder anfallsberechtigt sind") in dieser Hinsicht unklar. In einem in sich widersprüchlichen Urt v 25.4.2001[142] betont der BFH einerseits, dass die Bezugs- und Anfallsberechtigten als gleichberechtigte Zurechnungsverpflichtete anzusehen sind und das Gesetz keine vorrangige Zurechnung des Vermögens entweder bei den Bezugsberechtigten oder bei den Anfallsberechtigten vorsehe. Daher könne eine Zurechnung nach § 15 auch bei Anfallsberechtigten, die nicht bezugsberechtigt sind, erfolgen.[143] Bei der nachfolgenden Prüfung der Verfassungsmäßigkeit argumentiert der BFH dagegen, dass im Fall, dass neben Anfallsberechtigten auch Bezugsberechtigte vorhanden sind, eine „verfassungskonforme Auslegung" eine vorrangige Zurechnung gg den Bezugsberechtigten erlaube, da diese „die Vermögensteuer aus den ihr zustehenden Erträgen entrichten" könnten.[144] Wo eine solche vorrangige Zurechnung nicht möglich ist, sei einerseits zu berücksichtigen, dass die Anfallsberechtigten ja einen Anspruch auf das nicht durch Zuwendungen geminderte Stiftungsvermögen hätten und andererseits eine Billigkeitsmaßnahme, zB eine Stundung, in Frage kommen könnte. UE ist hinsichtlich des nichtthesaurierten Stiftungseinkommens von einem Vorrang der Zurechnung zu den Bezugsberechtigten auszugehen.

84 Der Vorrang der Zurechnung zu den Bezugsberechtigten basiert auf der Überlegung, dass Nur-Anfallsberechtigte nur auf den Teil des Stiftungseinkommens Zugriff haben können, der thesauriert wird. Anders als bisher das „Einkommen" können zwar „Einkünfte" auf Stiftungsebene nicht thesauriert werden. Dessen ungeachtet verbleibt es uE auch nach der Änderung des Zurechnungsgegenstands (Einkünfte anstatt Einkommen) beim Vorrang der Zurechnung zu den Bezugsberechtigten. Die Nur-Anfallsberechtigten können höchstens über den thesaurierten Teil des aus den „Einkünften" gebildeten „Einkommens" verfügen. Daher sind uE weiterhin die Einkünfte, soweit das hieraus gebildete Einkommen nicht thesauriert werden muss, vorrangig den Bezugsberechtigten und nur nachrangig den Nur-Anfallsberechtigten zuzurechnen.

85 Damit stellt sich in der Folge die Frage, ob auch die Existenz von Bezugsberechtigten, bei denen eine Zurechnung aber an der fehlenden unbeschränkten Stpfl scheitert, die nachrangige Zurechnung zu unbeschränkt steuerpflichtigen Anfallsberechtigten verhindert.[145] Der BFH scheint im zweiten Teil seiner verfassungsrechtlichen Würdigung (dazu ausf unten Rn 122 ff) nur den Fall fehlender Bezugsberechtigungen vor Auge gehabt zu haben. Bestehen aber Bezugsberechtigungen, steht den Anfallsberechtigten ja gerade kein ungeminderter Anspruch auf das Stiftungsvermögen zu, da dieses durch die Zuwendungen an die Bezugsberechtigten verringert wird. Der **Vorrang der Zurechnung zu den Bezugsberechtigten** liegt aber in der Tatsache, dass vorrangig ihnen das Stiftungseinkommen zu Gute kommt, begründet. Es wäre sachlich nicht nachvollziehbar, wieso dieser Vorrang von dem Wohnort der Bezugsberechtigten abhängen sollte. UE schließt daher die Existenz von Bezugsberechtigten, jedenfalls

---

142 *BFH/NV* 2001, 1457.

143 *BFH/NV* 2001, 1457 unter II.4.f)bb) und unter II.7.; *BMF* BStBl I 2004, Sondernr 1, Tz 15.1.3.

144 *BFH/NV* 2001, 1457, 1462.

145 Ausdrücklich ablehnend *Schaumburg* Rn 11.27: Vorrang nur bei unbeschränkt steuerpflichtigen Bezugsberechtigten; unklar *Lademann* § 15 Rn 33; *Gross/Schelle* IWB 1993, 706.

soweit das Stiftungseinkommen nicht thesauriert wird, eine Zurechnung zu den Anfallsberechtigten auch dann aus, wenn die Bezugsberechtigten nicht unbeschränkt steuerpflichtig sind.

Ein Ausschluss tritt jedoch insoweit nicht ein, als die **Anfallsberechtigten** mittelbar an 86 dem laufenden Stiftungseinkommen teilhaben, wenn dieses also teilw thesauriert wird und Ihnen somit bei **Auflösung der Stiftung** zufließt. Jedenfalls soweit das Stiftungseinkommen teilweise thesauriert wird, schließt die Existenz von Bezugsberechtigten eine Zurechnung bei den nur anfallsberechtigten Personen nicht vollständig aus.[146] Zu den Auswirkungen auf die anteilige Zurechnung unten Rn 99 ff.

Aus dem Wortlaut des § 15 Abs 1 ist keine Begrenzung der Zurechnung auf Bezugs- 87 bzw Anfallsberechtigte, die gleichzeitig Familienangehörige iSd Abs 2 sind, zu erkennen. Daher wird bei einer am Wortlaut orientierten Auslegung der Vorschrift vertreten, dass die **Zurechnungsbesteuerung** bei allen Bezugs- und Anfallsberechtigten, unabhängig von dem Verwandtschaftsverhältnis zum Stifter anzuwenden ist, also auch **bei fremden Dritten.**[147] Der Umfang der Bezugs- und Anfallsberechtigungen des Stifters, seiner Angehörigen und deren Abkömmlinge ist nur in Abs 2 enthalten und hat nach dieser Auffassung nur für die Prüfung, ob eine Familienstiftung vorliegt, Bedeutung. Diese Auslegung widerspricht aber völlig Sinn und Zweck der Vorschrift, wie folgendes Bsp zeigt.

Beispiel 7: Eine österreichische Familienstiftung wird von dem in Österreich ansässigen O 88 errichtet. Nach der Satzung sind O (der mittlerweile verstorben sei), seine ebenfalls in Österreich ansässige Ehefrau E und die gemeinsamen Kinder (A und B) insgesamt zu 95 % bezugsberechtigt. Daneben ist K, ein mittelloser Künstler, der in Deutschland unbeschränkt steuerpflichtig ist, zu 5 % bezugsberechtigt. Anfallsberechtigt sind nur der Stifter und seine leiblichen Kinder A und B.

Geht man mit der oben dargestellten Auffassung aufgrund des Wortlauts davon aus, 89 dass die Eigenschaft als Familienangehöriger für die Zurechnung des Stiftungseinkommens nach Abs 1 entbehrlich ist, würde im vorliegenden Bsp eine Zurechnung bei K erfolgen. Eine solche Auslegung, die bei einer von Ausländern im Ausland errichteten Stiftung zu einer Zurechnung des Einkommens zu einem fremden Dritten vorsieht, widerspricht dem Sinn und Zweck der Vorschrift, widerspricht int Besteuerungsgrundsätzen und ist praktisch nicht durchführbar. Weder die FinVerw noch K hätte in diesem Bsp überhaupt eine Möglichkeit, die notwendigen Informationen zur Durchführung der Besteuerung nach § 15 zu beschaffen. Daher ist die Auffassung, eine Zurechnung käme auch bei fremden Dritten Bezugs- bzw Anfallsberechtigten bei anderweitigem Vorliegen einer Familienstiftung in Betracht, abzulehnen. Entgegen dieser Auffassung und **entgegen dem Wortlaut ist** nach dem Sinn und Zweck der Vorschrift eine **Zurechnung bei fremden Dritten ausgeschlossen**.[148]

Fraglich ist außerdem, inwiefern eine Zurechnung erfolgt, falls die Kriterien einer 90 Familienstiftung iSd Abs 2 entweder nur hinsichtlich der Bezugsberechtigung oder nur hinsichtlich der Anfallsberechtigung erfüllt sind. Für das Vorliegen einer Familienstif-

146 *F/W/B/S* § 15 AStG Rn 69; *Kellersmann/Schnitger* Rn 55.
147 *B/K/L/M/R* § 15 AStG Rn 31; *Lademann* § 15 AStG Rn 40; *S/K/K* § 15 AStG Rn 67.
148 *Schaumburg* Rn 11.31; *F/W/B/S* § 15 AStG Rn 96; *Blümich* § 15 AStG Rn 64; *Mössner/Fuhrmann* § 15 AStG Rn 132.

tung ist es ausreichend, wenn die Familienangehörigen iSd Abs 2 entweder zu mehr als der Hälfte bezugsberechtigt oder zu mehr als der Hälfte anfallsberechtigt sind (vgl oben Rn 42). Nach dem Wortlaut des Abs 1 ist bei Vorliegen einer Familienstiftung – unabhängig davon, ob sie nur in Bezug auf die Bezugsberechtigungen oder nur in Bezug auf die Anfallsberechtigungen vorliegt – das Einkommen und Vermögen (vorrangig dem Stifter, ansonsten) den bezugs- und den anfallsberechtigten Personen zuzurechnen.[149] Eine Differenzierung der Zurechnung nach den der Beurteilung einer Familienstiftung zugrunde liegenden Eigenschaften ist nicht vorzunehmen. Durch die oben dargestellte Auffassung eines grds Vorrangs einer Zurechnung zu den Bezugsberechtigten vor den Anfallsberechtigten im Falle nicht-thesaurierender Stiftungen und durch den Ausschluss fremder Dritter von der Zurechnung, wird der berechtigten Kritik von *Wassermeyer*[150] bereits auf dieser Ebene Rechnung getragen.

91 **c) Anteilige Zurechnung.** Sobald die Frage der persönlichen Zurechnung (dazu oben Rn 75 ff) geklärt ist, und feststeht, welchen Personen unter welchen Umständen das Stiftungseinkommen (zur Frage der sachlichen Zurechnung oben Rn 67 ff) zuzurechnen ist, ist zu klären, in welchem Umfang jeweils die Zurechnung („entsprechend ihrem Anteil") erfolgt. Verfahrensrechtlich erfolgt hierfür eine einheitliche und gesonderte Feststellung nach § 18 Abs 4, vgl dazu § 18 Rn 69.[151]

92 Hinsichtlich der vorrangigen Zurechnung des Stiftungseinkommens zum unbeschränkt steuerpflichtigen Stifter (oben Rn 73 f) kommt eine Aufteilung jedenfalls dann nicht in Betracht, wenn die ausl Familienstiftung durch einen **einzelnen Stifter** errichtet wurde. Diesem sind in der Folge, wenn er unbeschränkt steuerpflichtig ist, die **gesamten Einkünfte** der ausl Familienstiftung zuzurechnen.[152] Auf die Frage, ob er selbst bezugs- und anfallsberechtigt ist, oder ob statt dessen oder daneben andere Personen bezugs- und anfallsberechtigt sind, kommt es dabei nicht an.[153]

93 Dagegen kommt auch bei dieser vorrangigen Zurechnung eine Aufteilung in Betracht, wenn die Familienstiftung durch **mehrere Stifter** errichtet wurde, oder spätere **Zustiftungen**[154] vorgenommen wurden. Der auf den einzelnen Stifter entfallende Anteil an den gesamten Stiftungseinkünften ermittelt sich nach dem **Verhältnis des jeweils auf die Stiftung übertragenen Vermögens**,[155] wobei insoweit auch eine Zurechnung der Einkünfte, die aus dem vom jeweiligen Stifter übertragenen Vermögens stammen, als sachgerecht angesehen werden kann. Lag im Zeitpunkt der (Zu-)Stiftung keine unbeschränkte StPfl des Stifters vor, oder scheidet einer dieser Stifter, durch welchen Grund auch immer, aus der unbeschränkten StPfl aus,[156] so blockiert dieser für den auf ihn entfallenden Anteil der Stiftungseinkünfte zwar weiterhin eine Zurechnung zu

149 *Lademann* § 15 AStG Rn 40.
150 *F/W/B/S* § 15 AStG Rn 97.
151 Ausf zu den sich hierbei ergebenden Fragen und Problemen vgl *Schönfeld* IStR 2009, 16.
152 *BFH* BStBl II 1993, 388; *BMF* BStBl I 2004, Sondernr 1, Tz 15.1.4.
153 *Blümich* § 15 AStG Rn 64; *S/K/K* § 15 AStG Rn 50. Zu Recht krit *Schaumburg* Rn 11.23, 11.24.
154 *S/K/K* § 15 AStG Rn 50.
155 *Lademann* § 15 AStG Rn 34; *B/K/L/M/R* § 15 AStG Rn 20; *F/W/B/S* § 15 AStG Rn 73; *S/K/K* § 15 AStG Rn 50; *Kirchhain* Rn 128.
156 Dazu oben Rn 82.

anderen, unbeschränkt steuerpflichtigen Stiftern.[157] Jedenfalls nach der oben (Rn 83) vertretenen Auffassung ist insoweit aber eine Zurechnung zu den Bezugs- bzw Anfallsberechtigten nicht ausgeschlossen,[158] sodass das auf den nicht unbeschränkt steuerpflichtigen Stifter entfallende Stiftungseinkünfte den Bezugs- und Anfallsberechtigten zugerechnet wird.[159]

Erfolgt die Zurechnung bei den Bezugs- und Anfallsberechtigten und sind **mehrere Personen bezugs- und/oder anfallsberechtigt**, sind die auf die einzelnen Bezugs- und/oder Anfallsberechtigten entfallenden Anteile zu ermitteln. Jedenfalls soweit die Bezugs- oder Anfallsberechtigten nicht unbeschränkt steuerpflichtig sind, erfolgt keine Zurechnung. Dementsprechend ist zumindest der Anteil an den Bezugs- oder Anfallsberechtigungen zu bestimmen, der auf die unbeschränkt steuerpflichtigen Personen entfällt. Für diese erfolgt eine **Zurechnung entspr ihrem** – noch näher zu bestimmenden – **Anteil an den Gesamtberechtigungen**.[160] 94

Wie bereits bei der Bestimmung der Grenze der mehr als hälftigen Berechtigungen, bestehen hinsichtlich der Bestimmung der anteiligen Zurechnungsverpflichtung zahlreiche **Unklarheiten**. Die Auffassung der FinVerw beschränkt sich auf die Leerformel, dass das Verhältnis der Berechtigungen untereinander für die Aufteilung der Einkünfte maßgebend sei.[161] Auf die Kritik zur Bestimmung der Berechtigungsgrenze kann insoweit verwiesen werden (oben Rn 40 ff). 95

Nach der hier (Rn 85–89) vertretenen Auffassung zum **Vorrang der Zurechnung zu den Bezugsberechtigten vor den nur Anfallsberechtigten** ergibt sich jedenfalls, dass eine Zurechnung zu der Gruppe der nur Anfallsberechtigten auf den Anteil der Stiftungseinkünfte beschränkt sein muss, der thesauriert wird. Soweit dagegen die Stiftungseinkünfte tatsächlich den Bezugsberechtigten zustehen, können die Anfallsberechtigten hieran nicht partizipieren und sind daher auch von einer Zurechnung nicht betroffen. Die vorrangige Zurechnung der Stiftungseinkünfte zu den Bezugsberechtigten verhindert insoweit eine Zurechnung zu den Anfallsberechtigten.[162] 96

Beispiel 8: An einer ausl Familienstiftung sind nur die unbeschränkt steuerpflichtigen Kinder des verstorbenen Stifters bezugsberechtigt. Anfallsberechtigt sind neben diesen Kindern auch (zu 50 %) die ebenfalls unbeschränkt steuerpflichtigen Enkel des Stifters. Die Stiftungssatzung sieht vor, dass 80 % des Stiftungseinkommens den Bezugsberechtigten zugewendet wird. 97

Vorrangig hat in Bsp 8 eine **Zurechnung zu den bezugsberechtigten** Kindern zu erfolgen, die Zurechnung zu den anfallsberechtigten Enkeln ist nachrangig und auf den 98

157 *Runge* DB 1977, 515; *Schaumburg* Rn 11.22; *F/W/B/S* § 15 AStG Rn 50; *Kellersmann/Schnitger* Rn 52; *Kirchhain* Rn 128; *Lademann* § 15 AStG Rn 32.

158 *F/W/B/S* § 15 AStG Rn 50; **aA** *Kellersmann/Schnitger* Rn 53; *S/K/K* § 15 AStG Rn 51, die auch bei im Zeitpunkt der Stiftung unbeschränkt steuerpflichtigen Stiftern bei einem späteren Wegzug einen ausschließenden Vorrang annehmen.

159 *B/K/L/M/R* § 15 AStG Rn 20; *Lademann* § 15 AStG Rn 32; *Blümich* § 15 Rn 64; *Kirchhain* Rn 128.

160 *Runge* DB 1977, 515; *B/K/L/M/R* § 15 Rn 21; *F/W/B/S* § 15 AStG Rn 68; *Schaumburg* Rn 11.29; *Kellersmann/Schnitger* Rn 56; *Kirchhain* Rn 133.

161 *BMF* BStBl I 2004, Sondernr 1, Tz 15.2.3.

162 IE ebenso *F/W/B/S* § 15 AStG Rn 69; *Kellersmann/Schnitger* Rn 55; wohl auch *Blümich* § 15 Rn 65.

Teil des Stiftungseinkommens begrenzt, der thesauriert wird. Da nur 20 % des Stiftungseinkommens thesauriert wird und die Enkel zu 50 % anfallsberechtigt sind, erhalten sie nur 10 % der Stiftungseinkünfte zugerechnet. Hinsichtlich der restlichen 90 % der Stiftungseinkünfte ist die Zurechnung zu den bezugsberechtigten Kindern vorrangig. Dies würde **auch dann** gelten, **wenn** die Kinder nicht unbeschränkt (oder bis 2012 erweitert beschränkt) steuerpflichtig sind und daher insoweit **keine Zurechnung in Deutschland erfolgt**.

99 Innerhalb der **Gruppe der nur anfallsberechtigten Personen** ist der jeweils auf sie entfallende Anteil an der Zurechnung verhältnismäßig einfach zu ermitteln. Wie bereits oben (Rn 43) erläutert, fließt den anfallsberechtigten Personen im Zeitpunkt der Auflösung der Stiftung ein bestimmter Anteil am Stiftungsvermögen zu, sodass die quotale Verteilung dieses Zuflusses maßgebend für ihren Anteil an den Anfallsberechtigungen ist. Sind die Enkel in Bsp 8 daher gleichberechtigt zu insg 50 % anfallsberechtigt, steht bei zwei Enkeln jedem ein Anteil von 25 % am Stiftungsvermögen zu, sodass für jeden Enkel in diesem Fall eine Zurechnung von 5 % der Stiftungseinkünfte (bei Thesaurierung von 20 %) in Betracht kommt.

100 Der hier vertretene Vorrang der Zurechnung zu den bezugsberechtigten Personen für die nicht thesaurierten Stiftungseinkünfte hat auch Auswirkungen auf die Ermittlung des Anteils von **Personen, die bezugs- und anfallsberechtigt** sind, bei denen aber möglicherweise Unterschiede in dem jeweiligen Anteil an den gesamten Bezugs- bzw Anfallsberechtigungen bestehen.

101 **Beispiel 9:** An einer ausl Familienstiftung sind nur die unbeschränkt steuerpflichtigen Kinder des verstorbenen Stifters zu 70 %, daneben die ebenfalls unbeschränkt steuerpflichtigen Enkel zu 30 % bezugsberechtigt. Anfallsberechtigt sind Kinder und Enkel zu je 50 %. Die Stiftungssatzung sieht vor, dass 80 % des Stiftungseinkommens den Bezugsberechtigten zugewendet wird.

102 Aufgrund des Vorrangs der Zurechnung zu den Bezugsberechtigten im Umfang der nicht-thesaurierten Stiftungseinkünfte, erfolgt eine Zurechnung zu den Kindern im Anteil von 70 %, soweit das Stiftungseinkommen nicht thesauriert wird und zu 50 %, soweit das Stiftungseinkommen thesauriert wird. Insgesamt werden den Kindern damit (70 % von 80 % und 50 % von 20 %) 66 % der Stiftungseinkünfte und den Enkeln (30 % von 80 % und 50 % von 20 %) 34 % der Stiftungseinkünfte zugerechnet. Diese Lösung lässt sich mit dem Wortlaut vereinen und entspricht uE Sinn und Zweck der Vorschrift am besten, jedenfalls solange man die Zurechnung des Vermögens angesichts des Entfalls der Vermögensteuerpflicht nicht an die Zurechnung der Einkünfte knüpft.[163]

103 Damit bleiben aber insb hinsichtlich der **Bestimmung der anteiligen Bezugsberechtigungen** erhebliche Unklarheiten bestehen, die die Normanwendung schwierig, wenn nicht gar unmöglich machen.

104 Hinsichtlich der Bestimmung des jeweiligen Zurechnungsanteils[164] kann uE auch bei historischer Gesetzesauslegung **nicht auf die Durchführungsbestimmungen zur StAmnVO**[165]

163 Für den Fall der Verknüpfung von Einkommens- und Vermögenszurechnung zu Recht krit *F/W/B/S* § 15 AStG Rn 75.

164 Die Frage der anteiligen Zurechnung wurde ausdrücklich offen gelassen durch *BFH/NV* 2001, 1457.

165 *RMF* RStBl 1931 § 3.

Bezug genommen werden.[166] Nach § 3 dieser Durchführungsbestimmungen ergäben sich die Anteile für die Zurechnung zu den Bezugsberechtigten vorrangig aus den Bestimmungen der Satzung (Abs 1). Lassen sich die Anteile aus den Bestimmungen der Satzung nicht ermitteln, bspw weil die Verwendung des Einkommens und Vermögens in das Ermessen des Stiftungsvorstandes gestellt ist, solle das Verhältnis der Zuwendungen im Vorjahr bzw des letzten Jahres, in dem Zuwendungen gewährt worden sind, maßgeblich sein (Abs 2). Lässt sich auch daraus kein Verhältnis ableiten, weil bspw bisher keine Zuwendungen an Bezugsberechtigte gewährt wurden, sollen sich die Anteile nach Köpfen ermitteln (Abs 3). Mit § 15 wurden die Anfallsberechtigten als Zurechnungsverpflichtete neben den Bezugsberechtigten eingeführt. Damit kann dieser Regelung schon deshalb nicht mehr gefolgt werden.[167] Darüber hinaus ist es widersinnig, überhaupt von einer Bezugsberechtigung auszugehen, wenn über mehrere Jahre keinerlei Zuwendungen geflossen sind; die Annahme in § 2 Abs 2 der Durchführungsbestimmungen zur StAmnVO, nach der im Zweifel sämtliche lebenden Familienmitglieder als bezugsberechtigt anzusehen sind, wenn sie nicht ausdrücklich nach der Satzung von Bezügen ausgeschlossen sind, entbehrt jeder Rechtfertigung.

Die für die Ermittlung der Berechtigungsgrenze dargestellten Probleme ergeben sich auch hinsichtlich der **anteiligen Zurechnung zu den Bezugsberechtigten**. Hinzuweisen ist insb auf mögliche Ermessensspielräume des Stiftungsrats, ein Nebeneinander fixer und variabel bemessener Bezugsberechtigungen und auf mögliche Änderungen im Kreis der Bezugsberechtigten und innerhalb dieses Kreises hinsichtlich der jeweiligen Höhe der Berechtigung. Wie bereits hinsichtlich der Berechtigungsgrenze ist eine für alle Sachverhaltsvarianten **sachgerechte und konsistente Auslegung** des „Anteils“ **nicht möglich**. **105**

Sind **Bezugsberechtigungen aufschiebend bedingt**, so erfolgt eine Zurechnung grds erst ab dem Eintritt der Bedingung,[168] selbst wenn hinsichtlich der Überprüfung auf das Vorliegen einer Familienstiftung möglicherweise bereits früher von einer Bezugsberechtigung eines Angehörigen auszugehen sein kann (oben Rn 23). Vor dem Eintritt der Bedingung oder des Ereignisses können Personen, die aufschiebend bedingt bezugsberechtigt sind, nicht an den laufenden Stiftungserträgen partizipieren, weshalb eine Zurechnung vor Eintritt der Bedingung oder des Ereignisses nicht sachgerecht erscheint. Im **Thesaurierungsfall** kann allerdings auch bei diesen Personen eine Zurechnung vorgenommen werden, falls sie gleichzeitig auch anfallsberechtigt sind.[169] Ihr Anteil bestimmt sich dann nach den in Rn 99–105 dargestellten Grundsätzen. Bei aufschiebend bedingten Anfallsberechtigungen kommt nach Ansicht des BFH auch schon vor Eintritt der Bedingung oder des Ereignisses eine Zurechnung in Betracht,[170] wobei auf die Rangfolge der Zurechnung hinzuweisen ist (Rn 85–89). **106**

Verwendet eine Familienstiftung einen **Teil ihrer Einkünfte für gemeinnützige Zwecke** oder wendet ihre Einkünfte aus anderen Gründen Zufallsdestinatären zu, scheidet **107**

---

166 *F/W/B/S* § 15 AStG Rn 53; *Mössner/Fuhrmann* § 15 AStG Rn 59; **aA** *B/K/L/M/R* § 15 AStG Rn 22.

167 Zur weiteren Kritik an der Bezugnahme auf diese Vorschriften *Felix* DB 1972, 2275; *F/W/B/S* § 15 AStG Rn 53.

168 *S/K/K* § 15 AStG Rn 37; *Kellersmann/Schnitger* Rn 55.

169 *S/K/K* § 15 AStG Rn 37; ähnlich auch *B/K/L/M/R* § 15 AStG Rn 17.

170 *BFH/NV* 2001, 1457.

insoweit eine Zurechnung jedenfalls bei den unbeschränkt steuerpflichtigen bezugs- und anfallsberechtigten Personen aus. Dies folgt unmittelbar aus der oben (Rn 47–49) dargestellten Tatsache, dass in diesem Umfang keine Berechtigung Familienangehöriger vorliegt. Auf den für VZ bis 2012 möglichen Abzug dieser Zuwendungen bei der Ermittlung des zuzurechnenden Einkommens als dauernde Lasten (§ 10 Abs 1 Nr 1a EStG) kommt es insoweit nicht an.[171] Seit dem VZ 2013 ist ein Abzug als dauernde Lasten bei der Ermittlung des Zurechnungsbetrags nicht mehr möglich, da nunmehr die Stiftungseinkünfte anstelle des Stiftungseinkommens zugerechnet werden und der Abzug von dauernden Lasten erst nach der Ermittlung der Einkünfte ansetzt. Da jedoch die für gemeinnützigen Zwecke verwendeten Einkünfte den jeweils den zurechnungsverpflichteten Bezugsberechtigten zuzurechnenden Anteil an den Einkünften verringern, sind die Änderungen insoweit materiell irrelevant. Auswirkungen einer solchen Verwendung der Stiftungseinkünfte iRd **vorrangigen Zurechnung zum Stifter** ergeben sich dagegen nur, wenn man die Vorschrift entgegen ihres Wortlauts einschränkend auslegt und der Tatsache Rechnung trägt, dass sich der Stifter teilweise seines Vermögens und der daraus erwirtschafteten Erträge entledigt hat. Nur diese Auslegung ist uE sachgerecht, zumal nicht erkennbar ist, dass der Gesetzgeber durch die Umstellung von einer Einkommenszurechnung auf eine Einkünftezurechnung eine derartige Weiterung des Umfangs der Zurechnung im Sinn hatte.

108 **d) Zeitliche Zurechnung.** Da den Zurechnungsverpflichteten nach § 15 Abs 1 aF bis VZ 2012 das Einkommen als Saldogröße zugerechnet wird, liegt der Zurechnungszeitpunkt am Ende des Wj der ausl Familienstiftung oder am Ende des Kj.[172] Damit erfolgt die Zurechnung zu dem Zeitpunkt, in dem die ausl Familienstiftung das Einkommen erzielt hat; sofern die Stiftung ein abweichendes Wj hat, wird dieses als Wj des Zurechnungsempfängers angesehen und § 4a Abs 1 und 2 EStG sind anzuwenden.[173]

109 Da ab dem VZ 2013 die Stiftungseinkünfte (anstelle des Stiftungseinkommens) zugerechnet werden, erfolgt die Zurechnung in dem Zeitpunkt, in dem die Stiftung die Einkünfte erzielt. Da unter dem Begriff „Einkünfte" ein innerhalb eines Kj erzielter Nettobetrag aus Einnahmen und Ausgaben zu verstehen ist, liegt der Zeitpunkt der Zurechnung grundsätzlich am Ende des Kj, in dem die Stiftung die Einkünfte erzielt hat.[174] Hat eine ausl Familienstiftung ein abweichendes Wj, erfolgt die Zurechnung der Einkünfte nunmehr ebenfalls zum Ende des Kj.[175] Da § 4a Abs 1 und 2 EStG regeln, wie Gewinne bei abweichendem Wj bei der Ermittlung des Einkommens zu berücksichtigen sind, ist diese Regelung auf die Zurechnung der Einkünfte ab VZ 2013 nicht mehr anwendbar.

---

171 Ein solcher Abzug könnte zum einen bereits an § 10 Nr 1 KStG scheitern, da satzungsmäßige Aufwendungen zur Erfüllung des Stiftungszwecks nicht abzugsfähig sind. Zum anderen sind ab 2008 Versorgungsleistungen nach § 10 Abs 1 Nr 1a und 1b EStG nurmehr eingeschränkt abzugsfähig; **aA** *Blümich* § 15 AStG Rn 25 (Sept. 2009).

172 *F/W/B/S* § 15 AStG Rn 218 mwN; *Mössner/Fuhrmann* § 15 AStG Rn 102; **aA** *B/K/L/M/R* § 15 Rn 25 mwN; unklar *BMF* BStBl I 2004, Sondernr 1, Tz 15.1.2.

173 *F/W/B/S* § 15 AStG Rn 218; **aA** *S/K/K* § 15 AStG Rn 48, die auch bei abweichendem Wj auf das Kj abstellen.

174 *F/W/B/S* § 15 AStG Rn 208; glA *S/K/K* § 15 AStG Rn 48.

175 *F/W/B/S* § 15 AStG Rn 208; glA *S/K/K* § 15 AStG Rn 48.

2. Qualifikation der zugerechneten Einkünfte (Abs 8). Durch den durch das AmtshilfeRLUmsG eingefügten Abs 8 S 1 entfällt die bisher durch R2 Abs 1 Nr 12 EStR geregelte Erfassung des zuzurechnenden (Stiftungs-)Einkommens bei der Ermittlung des Einkommens iSd § 2 Abs 4 EStG. Vielmehr werden die zuzurechnenden (Stiftungs-)Einkünfte bei den Zurechnungsverpflichteten ab dem VZ 2013 bereits bei der Ermittlung der Summe der Einkünfte nach § 2 Abs 1 EStG als Einkünfte aus Kapitalvermögen erfasst. Bei zurechnungsverpflichteten Körperschaften iSd § 1 Abs 1 Nr 1–3 KStG werden die Stiftungseinkünfte zu den Einkünften aus Gewerbebetrieb gezählt (und unterliegen damit im Ergebnis auch der Gewerbesteuer). Bei natürlichen Personen ist ein Zusammenhang der zugerechneten Stiftungseinkünfte mit einer anderen Einkunftsart schwer vorstellbar, auch wenn die Gesetzesbegründung diesen Fall thematisiert. Die Stellung als Stifter oder Bezugs- oder Anfallsberechtigter einer Stiftung ist regelmäßig rein privater Natur, sodass eine Zugehörigkeit der zuzurechnenden Stiftungseinkünfte zu einer bestimmten Einkunftsart regelmäßig ausscheidet. 110

Durch Abs 8 S 1 wird, zusammen mit Abs 7 (dazu unten Rn 157), eine Quasi-Transparenz der Stiftung hergestellt. Anteilig kommen Steuerbefreiungen (§ 8b Abs 1 und 2 KStG, § 3 Nr 40 S 1 Buchstabe d EStG) oder Steuersatzbegrenzungen (§ 32d EStG) nur zur Anwendung, soweit die zuzurechnenden Stiftungseinkünfte bei direktem Bezug der Zurechnungsverpflichteten unter diese Vorschriften fallen würden. Unklar ist, warum nur auf § 3 Nr 40 S 1 Buchstabe d EStG verwiesen wird und insbesondere ein Verweis auf § 3 Nr 40 S 1 Buchstabe a–c EStG fehlt. Eine Stiftung kann insbesondere Einkünfte aus der Veräußerung von Beteiligungen iSd § 17 EStG erzielen und es wäre inkonsistent, wenn insoweit das Teileinkünfteverfahren nicht angewendet würde. 111

Beispiel 10: Eine ausl Familienstiftung (Stifter, Bezugs- und Anfallsberechtigte natürliche, in Deutschland unbeschränkt steuerpflichtige Personen) erzielt Gesamteinnahmen iHv 1 000 EUR. Davon entfallen 500 EUR auf die Veräußerung physischen Goldes, das die Stiftung vor zwei Jahren zu 200 EUR erworben hat (Veräußerungsgewinn: 300 EUR). 200 EUR stammen aus Anleihezinsen, 150 EUR aus Dividenden und 150 EUR aus der Veräußerung einer 5 %igen Beteiligung an einer GmbH, die für 50 erworben wurde (Veräußerungsgewinn sei 100 EUR). 112

Lösung: Der Veräußerungsgewinn iHv 300 EUR aus der Veräußerung physischen Goldes zählt nicht zu den steuerbaren Einkünften und unterliegt nicht der Zurechnung nach § 15. Einkünfte iHv 350 EUR, dh die Anleihezinsen und die Dividenden (vgl dazu aber die folgende Rn), unterliegen bei den Zurechnungsverpflichteten dem besonderen Steuersatz iHv 25 % (zzgl SolZ, KiSt) nach § 32d EStG („der Abgeltungssteuer"). Der Veräußerungsgewinn iHv 100 EUR aus der Veräußerung der GmbH-Beteiligung unterliegt bei unmittelbarem Bezug durch die zurechnungsverpflichtete Person dem Teileinkünfteverfahren nach § 3 Nr 40 Buchstabe c EStG iVm § 3c Abs 2 EStG. § 15 Abs 8 ordnet aber nur die Anwendung von § 3 Nr 40 Buchstabe d EStG an. Gleichwohl muss man uE davon ausgehen, dass teleologisch auch insoweit von einer Anwendung des Teileinkünfteverfahrens bei den Zurechnungsverpflichteten auszugehen ist. IE unterliegen somit Einkünfte iHv 350 EUR der Abgeltungssteuer und Einkünfte iHv 100 EUR (Veräußerungspreis abzgl Anschaffungskosten) dem Teileinkünfteverfahren.

Die Regelung weist darüber hinaus weitere Unklarheiten auf. Beispielsweise ist nicht klar, ob für Zinseinkünfte, welche die Stiftung aus einem Darlehen bezieht, das sie einer Gesellschaft gegeben hat, an der sie zu mindestens 10 % beteiligt ist, der besondere Steuersatz nach § 32d EStG gilt. Zwar ist die Stiftung ein zu mindestens 10 % an 113 der Gesellschaft beteiligter Anteilseigner (§ 32d Abs 2 Nr 1 Buchstabe b EStG), dies gilt aber nicht für die zurechnungsverpflichteten Personen bei unterstelltem Direktbezug (da die Zurechnung der identischen Anteilseignerstellung ungeachtet der Zurechnung des Vermögens nicht fingiert wird). Völlig unklar ist zudem, ob bei Dividenden vorrangig § 3 Nr 40 S 1 Buchstabe d EStG (Teileinkünfteverfahren) oder § 32d EStG anzuwenden ist, da der Verweis sich nicht auf § 3 Nr 40 S 2 EStG erstreckt. Schließlich stellt sich die Frage, ob eine Brutto- oder Netto-Betrachtung der Einkünfte erfolgen soll, mit anderen Worten, ob § 20 Abs 9 S 1 HS 2 EStG auf Stiftungsebene Anwendung findet.

114 **3. Besteuerung tatsächlicher Zuwendungen (Abs 11).** Die tatsächlichen Zuwendungen von ausl Familienstiftungen unterliegen bei unbeschränkt steuerpflichtigen Zuwendungsempfängern grds regelmäßig als Einkünfte aus Kapitalvermögen (§ 20 Abs 1 Nr 9 S 2 EStG)[176] oder als wiederkehrende Bezüge iSd § 22 Nr 1 EStG der StPfl.[177] Damit würde sich durch die Zurechnung einerseits und die Besteuerung der tatsächlichen Zuwendungen andererseits eine **Dbest** ergeben. Diese Dbest wurde bis VZ 2012 dadurch vermieden, dass die Zurechnung nach **§ 15 AStG** gg der Einkommensbesteuerung nach dem EStG **als lex specialis** vorrangig anzuwenden ist.[178] Durch das AmtshilfeRLUmsG wurde ein neuer Abs 11 angefügt, in dem der Vorrang der Zurechnung der Einkünfte gegenüber einer Einkommensbesteuerung der tatsächlichen Zuwendungen bei den Zuwendungsempfängern gesetzlich kodifiziert wurde. Über den tatsächlichen Umfang, in dem die StPfl nach den Vorschriften des EStG verdrängt wird, besteht jedoch weiterhin keine Klarheit.

115 Nach bisheriger Auffassung der FinVerw gilt der Vorrang des § 15 AStG anscheinend nur bei **Personenidentität**,[179] da die Zurechnung bei derselben Person, die auch die Zuwendungen erhält, vorausgesetzt wird. Sind aber Zurechnungsverpflichteter und Zuwendungsempfänger unterschiedliche Personen, so würde trotz der Einkommenszurechnung beim Zurechnungsverpflichteten eine Einkommensbesteuerung beim Zuwendungsempfänger erfolgen. Insb angesichts des Vorrangs der Zurechnung zum Stifter würde die Zurechnungsbesteuerung nach dieser Auffassung in sehr vielen Fällen zu einer **Dbest** führen, wie das folgende Bsp zeigt.

116 **Beispiel 11:** Ein in Deutschland unbeschränkt steuerpflichtiger Stifter gründet eine ausl Familienstiftung. Bezugs- und anfallsberechtigt sind ausschließlich seine in Deutschland unbeschränkt steuerpflichtigen Kinder.

Solange der Stifter in Deutschland unbeschränkt steuerpflichtig ist, wird ihm das gesamte Einkommen der Familienstiftung zugerechnet, unabhängig davon, ob er tatsächlich Zuwendungen erhält. Da die Zurechnung nach § 15 AStG gg dem Stifter erfolgt, wären die Bezugsberechtigten nach Auffassung der Finanzverwaltung mit den Stiftungszuwendungen einkommensteuerpflichtig.

---

176 § 20 Abs 1 Nr 9 S 2 EStG wurde durch das JStG 2010, BGBl I, 1768, angefügt und ordnet die entspr Anwendung des S 1 auf ausl Rechtsgebilde an; vgl *Milatz/Herbst* BB 2011, 1500 (1504 f).

177 Vgl *BFH* I R 98/09 DStR 2011, 403; oben Rn 4.

178 *BFH* BStBl II 1994, 727; *BMF* BStBl I 2004, Sondernr 1, Tz 15.1.5; *S/K/K* § 15 AStG Rn 6 f, 58; *Kellersmann/Schnitger* Rn 58.

179 *BMF* BStBl I 2004, Sondernr 1, Tz 15.1.5; glA *Baranowski* Rn 1108; *B/K/L/M/R* § 15 Rn 11.

Wie das Bsp zeigt, würde das Erfordernis der Personenidentität zu einer doppelten Besteuerung desselben Einkommens bei zwei unterschiedlichen Personen führen. Da dieses Erg nicht sachgerecht ist und dem **lex specialis-Charakter** von § 15 nicht ausreichend Rechnung trägt, hat eine Besteuerung bei den Zuwendungsempfängern unabhängig von der Person des Zurechnungsverpflichteten zu unterbleiben, sofern die Zuwendungen zuvor schon einmal aufgrund § 15 zugerechnet wurden.[180] **117**

Die bisher von der Verwaltung (gegen die hM) geforderte Personenidentität wurde durch die Kodifizierung in Abs 11 aufgegeben, da nun in Abs 11 allgemein von „Personen im Sinne des Abs 1" und von einer Zurechnung nach Abs 1 gesprochen wird, während Tz 15.1.5 des AEAStG bislang die Zuwendung von Einkommen, das bereits „dieser Person" zugerechnet wurde, von der Besteuerung freistellt. Durch die Aufgabe der Personenidentität werden unsystematische Doppelbesteuerungen, wie zB in Bsp 11 dargestellt, vermieden. Sollte man in der Neuregelung eine Kausalverknüpfung zwischen den bereits zugerechneten Einkünften und der Zuwendung erkennen, wäre dies nicht gerechtfertigt.[181] Erzielt eine Stiftung bspw Einkünfte aus Dividenden, die dem Bezugsberechtigten nach § 15 zugerechnet, aber zur Wiederanlage verwendet wurden und wendet die Stiftung dem Bezugsberechtigten liquide Mittel von einem fällig gewordenen Festgeld zu, ist die Befreiung nicht nur in Höhe der zugerechneten Einkünfte aus den Zinsen, sondern auch in Höhe der zugerechneten Einkünfte aus den Dividenden zu gewähren. **118**

Die Steuerbefreiung nach Abs 11 setzt voraus, dass die den Zuwendungen zugrunde liegenden Einkünfte zuvor nach Abs 1 zugerechnet wurden, wobei eine tatsächliche Besteuerung des Zurechnungsbetrags nicht erforderlich ist.[182] Die Steuerbefreiung nach Abs 11 greift auch dann, wenn bei dem Zurechnungsverpflichteten ein Ausgleich mit anderweitigen Verlusten möglich war oder wenn die der Zurechnung zugrunde liegenden Einkünfte beim Zurechnungsempfänger ganz oder teilw steuerfrei waren.[183] **119**

Auch wenn Bezugsberechtigte Zuwendungen von Stiftungen erhalten, die Verluste erzielen oder in anderen Fällen, in denen die **Stiftungen kein eigenes Einkommen bzw. keine eigenen Einkünfte erzielen**, unterliegen die Zuwendungen bei den Zuwendungsempfängern nicht der Einkommensteuer.[184] In diesem Fall wendet die Stiftung den Bezugsberechtigten bis VZ 2012 thesauriertes Einkommen oder ab VZ 2013 thesaurierte Einkünfte zu, die bereits zu einem früheren Zeitpunkt iRd jeweils gültigen Zurechnungsbesteuerung nach § 15 erfasst wurden.[185] Daher greift auch insoweit der lex specialis-Vorbehalt, nach dem § 15 die allg Vorschriften des EStG verdrängt. Wird allerdings ein Teil des Vermögensstocks von der Stiftung an die Begünstigten zugewendet, ohne dass in der Vergangenheit Einkommen oder Einkünfte der Zurechnung unterlegen haben, sind die Zuwendungen als Einkünfte iSd § 20 Abs 1 Nr 9 EStG steuerpflichtig. **120**

180 *BMF* BStBl I 2004, Sondernr 1, Tz. 15.1.1; *Kirchhain* Rn 21; *Kraft* Rn 251; *S/K/K* § 15 AStG Rn 58.
181 Vgl *BStBK* Stellungnahme zum JStG 2013 v 30.3.2012, S 11.
182 *F/W/B/S* § 15 AStG Rn 387; *Lademann* § 15 AStG Rn 32.
183 *F/W/B/S* § 15 AStG Rn 387.
184 *B/K/L/M/R* § 15 AStG Rn 24; *F/W/B/S* § 15 AStG Rn 76.
185 *F/W/B/S* § 15 AStG Rn 76.

121 Durch die Rechtstechnik des Abs 7, 8 idF AmtshilfeRLUmsG wird das bisher bestehende Problem der Zurechnung steuerfreier Einnahmen (dazu die Vorauflage, Rn 11) insoweit entschärft, als von der Stiftung bezogene Dividenden, die beim Zurechnungsverpflichteten ganz oder teilw nach Abs 8 iVm § 8b Abs 1 KStG oder § 3 Nr 40d EStG steuerbefreit werden, zunächst in voller Höhe nach Abs 1 zugerechnet wurden. Bezieht also eine Stiftung eine Dividende iHv 100 EUR, die bei unterstelltem Direktbezug einer zurechnungsverpflichteten bezugsberechtigten natürlichen Person nur iHv 60 EUR steuerpflichtig wäre, erfolgt die anteilige Befreiung nach der Zurechnung nach Abs 1, dh dass tatsächlich 100 EUR zugerechnet wurden und damit eine tatsächliche Zuwendung iHv 100 EUR der Befreiung nach Abs 11 unterliegen würde.

IV. Verfassungsrechtliche Würdigung

122 Die zahlreichen **Ungenauigkeiten in den Tatbestandsmerkmalen** und den Rechtsfolgen des § 15 geben Anlass zu erheblichen verfassungsrechtlichen Bedenken. Teilw wird eine Verfassungswidrigkeit aufgrund der Unbestimmtheit der Tatbestandsmerkmale angenommen.[186] Die Entwicklung einer durchgängig sachgerechten und konsistenten Auslegung halten auch wir für nicht möglich, sodass grds davon auszugehen ist, dass die Tatbestandsmerkmale von § 15 nicht in allen Fällen hinreichend bestimmt sind, um eine sichere Anwendung zu ermöglichen. In seinem Urt v. 2.2.1994 hat der BFH die Frage der verfassungsrechtlich geforderten Bestimmtheit der Norm angesichts der klaren Sachverhalte offen gelassen. Er hat dabei aber ausdrücklich darauf hingewiesen, dass § 15 in anderen Fällen „die erforderliche Bestimmtheit fehlen“ könne.[187]

123 Daneben wird vertreten, die **Rechtsfolgen** von § 15 führten zur Verfassungswidrigkeit der Norm, da ein Verstoß gegen Art 3 GG (Gleichheitsgrundsatz), Art 6 GG (Schutz der Ehe und Familie) bzw Art 14 GG (Eigentumsgarantie) vorliege.[188] Auch insoweit hat der BFH die Verfassungswidrigkeit der Norm nur für den entschiedenen Sachverhalt verneint.[189]

124 *Kellersmann/Schnitger* ist darin zuzustimmen, dass eine Verfassungswidrigkeit aufgrund der Unbestimmtheit der Tatbestandsmerkmale der Norm nicht besteht, da insoweit eine **verfassungskonforme Auslegung** geboten ist: wo in den entspr Sachverhalten die Subsumtion unter § 15 aufgrund der Unbestimmtheit unmöglich ist, kommt eine Zurechnung der Einkünfte (bis VZ 2012 des Einkommens) der Stiftung nicht in Betracht.[190] Der von ihnen bejahte Verstoß gegen Art 3 GG[191] kann aber gleichermaßen durch eine verfassungskonforme Auslegung begegnet werden, die bspw die Zurechnung verhindert, wenn der Stifter im Zeitpunkt der Widmung im Ausland ansässig war (oben Rn 82). Auch der BFH hat in seinem Urt v 25.4.2001 gefordert, einer möglichen Verfassungswidrigkeit der Norm durch eine **einschränkende Auslegung**, oder gar durch **Billigkeitsmaßnahmen** zu begegnen.[192]

---

186 *F/W/B/S* § 15 AStG Rn 92.

187 *BFH* BStBl II 1994, 727.

188 *Kapp* BB 1964, 1485; *Felix* DB 1972, 2275; *Runge* DB 1977, 514; *Martin* GmbHR 1972, 229f; *F/W/B/S* § 15 AStG Rn 22, 24, 26.1 mwN; *Kellersmann/Schnitger* Rn 65–69.

189 *BFH* BStBl II 1993, 388: „Die Rechtsfolge … ist auch verfassungsrechtlich unbedenklich, soweit sie den Streitfall berührt.“

190 *Kellersmann/Schnitger* Rn 62.

191 *Kellersmann/Schnitger* Rn 65–69.

192 *BFH/NV* 2001, 1457.

IE kann allerdings dahin stehen, ob § 15 in Sachverhalten, in denen seine Unbestimmtheit eine sachgerechte Anwendung unmöglich macht, aufgrund der Unbestimmtheit seiner Tatbestandsmerkmale verfassungswidrig ist, oder mangels Tatbestandserfüllung nicht angewendet wird. Gleichermaßen ist es unerheblich, ob § 15 in den Fällen, in denen seine Rechtsfolgenanordnung gegen das GG verstoßen würde, für verfassungswidrig gehalten wird, oder ob insoweit durch verfassungskonforme Auslegung oder Billigkeitsmaßnahmen abgeholfen werden muss und seine Rechtsfolgen deshalb nicht eintreten. In allen Fällen **verhindern** die dargestellten **Unsicherheiten in der Auslegung und in den Rechtsfolgen** der Norm jedenfalls ihre **Anwendung** und gehen damit nicht zu Lasten der StPfl. IE kann § 15 in weiten Bereichen daher nicht angewendet werden. **125**

C. Unternehmensstiftungen (Abs 3)

In Abs 3 wird geregelt, dass bestimmte **Unternehmensstiftungen Familienstiftungen gleichgestellt** werden, wenn der Stifter und andere dem Unternehmen nahestehende Personen zu mehr als der Hälfte bezugs- oder anfallsberechtigt sind. Als Unternehmensstiftungen gelten ausl Stiftungen, die ein Stifter im Rahmen seines Unternehmens oder als Mitunternehmer errichtet hat sowie ausl Stiftungen, die durch eine Körperschaft, Personenvereinigung oder eine Vermögensmasse errichtet wurden. **126**

Nur in den seltensten Fällen kann aber davon ausgegangen werden, dass ein Stifter eine Stiftung „im Rahmen seines Unternehmens oder als Mitunternehmer" errichtet. Zutr vertreten *F/W/B/S* die Auffassung, dass die Errichtung einer Familienstiftung durch einen Einzelunternehmer oder eine Mitunternehmerschaft selbst dann dem Privatbereich des Stifters bzw der Stifter zuzurechnen ist, wenn Betriebsvermögen übertragen wird.[193] Ob in den Fällen, in denen die in Abs 3 genannten Personen bezugs- und anfallsberechtigt sein sollen, eine **unternehmerische Veranlassung** besteht, ist nach dem vorliegenden Einzelfall zu beurteilen.[194] **127**

Neben der Voraussetzung, dass eine ausl Stiftung iRe Unternehmens errichtet wurde, müssen der Stifter (Einzel- oder Mitunternehmer bzw Körperschaft) und die mit dem Unternehmen verbundenen Personen zu mehr als 50 % bezugs- oder anfallsberechtigt sein. Als **mit dem Unternehmen verbundene Personen** werden in § 15 Abs 3 abschließend die Gesellschafter des Unternehmens, abhängige Ges, Mitglieder, Vorstandsmitglieder, leitende Angestellte und Angehörige dieser Personen genannt.[195] **128**

Wird eine ausl Stiftung durch eine Körperschaft gegründet und sind die in Abs 3 genannten Personen zu mehr als der Hälfte bezugs- oder anfallsberechtigt, so kann auf Grund der **vorrangigen Zurechnung beim Stifter** gem § 15 Abs 1 nur eine Zurechnung gg der Körperschaft erfolgen. Eine gleichzeitige Zurechnung bei den Bezugs- oder Anfallsberechtigten scheidet in diesem Fall solange aus, wie die Körperschaft der unbeschränkten StPfl unterliegt. Eine Besteuerung der tatsächlichen Zuwendungen bei den in Abs 3 genannten Personen scheidet wegen des Vorrangs von § 15 gg einer Besteuerung nach dem EStG unabhängig von der Person des Zurechnungsempfängers aus (vgl oben Rn 117). **129**

---

193 *F/W/B/S* § 15 AStG Rn 98; **aA** *B/K/L/M/R* § 15 AStG Rn 33.

194 Eine unternehmerische Veranlassung regelmäßig bejahend *Blümich* § 15 AStG Rn 71; verneinend *F/W/B/S* § 15 AStG Rn 98.

195 Dazu *S/K/K* § 15 AStG Rn 69; *B/K/L/M/R* § 15 AStG Rn 37-38; *F/W/B/S* § 15 AStG Rn 109-115; *Kraft* Rn 330.

D. Gleichstellung von Zweckvermögen, Vermögensmassen und Personenvereinigungen (Abs 4)

130 § 15 Abs 4 stellt klar, dass sonstige Zweckvermögen, Vermögensmassen und rechtsfähige oder nichtrechtsfähige Personenvereinigungen den Stiftungen gleichgestellt sind.[196] Damit kommt es bei dem ausl Rechtsgebilde nicht auf den Begriff der „Stiftung"[197] und nicht auf die Vergleichbarkeit mit einer nach dt Recht errichteten Familienstiftung an,[198] sondern es können auch andere Rechtssubjekte eine Zurechnung nach § 15 auslösen. Allerdings fallen nur solche ausl Zweckvermögen, Vermögensmassen und Personenvereinigungen in den Anwendungsbereich des § 15, die eine **stiftungsähnliche Funktion** haben.[199] Eine stiftungsähnliche Funktion ist gegeben, falls ein ausl Rechtsgebilde selbst Einkünfte erzielt und hinsichtlich des Einkommens oder Vermögens eine Zuwendung an Bezugs- oder Anfallsberechtigte vorgesehen ist.[200] Auf die Rechtsfähigkeit eines solchen ausl Rechtsgebildes kommt es nicht an; eine wirtschaftliche Selbstständigkeit des ausl Rechtsgebildes ist ausreichend.[201]

131 Es kann dahingestellt bleiben, ob § 15 Abs 4 überhaupt materiell relevant ist, oder nur eine **klarstellende Bedeutung** hat. So hat der BFH einen **Jersey-Trust** ohne Rückgriff auf § 15 Abs 4 als Familienstiftung behandelt, da dieser nach Ansicht des BFH als nichtrechtsfähige Vermögensmasse iSd § 2 KStG anzusehen ist.[202] Darunter wird nach Auffassung des BFH „ein selbstständiges, einem bestimmten Zweck dienendes Sondervermögen verstanden, das aus dem Vermögen des Widmenden ausgeschieden ist und aus dem eigene Einkünfte fließen."[203] In einem später ergangenen Urt hat der BFH **US-amerikanische Trusts** dagegen ausdrücklich als Zweckvermögen iSd § 15 Abs 4 angesehen und sie unter expliziter Bezugnahme auf § 15 Abs 4 der Zurechnungsbesteuerung unterworfen.[204]

132 Zu einer Zurechnung des Einkommens von Zweckvermögen auf der Grundlage von § 15 Abs 1, ggf iVm Abs 4, kommt es aber nur dann, wenn dem Errichter (Settlor) das Vermögen endgültig entzogen ist und dieser damit keine Einflussmöglichkeiten mehr auf das Trustvermögen hat **(irrevocable trust)**. Falls sich der Settlor allerdings ein Widerrufsrecht vorbehalten **(revocable trust)** und sich seines Vermögens nicht endgültig entledigt hat, liegt ein Treuhandverhältnis vor, sodass eine **Zurechnung** bereits **nach § 39 AO** erfolgt.[205] Vergleichbares gilt auch für widerrufliche Stiftungen (oben Rn 33).

133 Als Personenvereinigungen gelten grds auch **PersGes**, sofern diese in Deutschland nicht als transparent angesehen werden. In diesem Fall würde ohnehin eine Besteuerung auf Ebene der Anteilseigner bzw Berechtigten erfolgen. Falls eine ausl PersGes nach einem Rechtstypenvergleich als intransparente Körperschaft angesehen wird,

---

196 *Grotherr ua* S 509.
197 *F/W/B/S* § 15 AStG Rn 126 mwN.
198 *BFH* BStBl II 1994, 727.
199 *Baranowski* Rn 1103; *Kraft* Rn 350; *Schaumburg* Rn 11.14; *S/K/K* § 15 AStG Rn 70.
200 *BFH* BStBl II 1994, 727; *F/W/B/S* § 15 AStG Rn 126.
201 *BFH* BStBl II 1993, 388; *Schaumburg* Rn 11.14; *S/K/K* § 15 AStG Rn 70.
202 *BFH* BStBl II 1993, 388.
203 *BFH* BStBl II 1993, 388.
204 *BFH* BStBl II 1994, 727; *S/K/K* § 15 AStG Rn 71.
205 *BFH* BStBl II 1993, 388; *BFH* BStBl II 1994, 727; *Schaumburg* Rn 11.14; *S/K/K* § 15 AStG Rn 71.

kann sie nach § 15 Abs 4 der Zurechnungsbesteuerung unterliegen, wenn sie stiftungsähnlich ist. Weist sie dagegen eine mitgliedschaftliche Struktur auf, wären im Zweifel die §§ 7–14 zu prüfen.[206]

E. Analoge Anwendung (Abs 5)

Nach § 15 Abs 5 sind § 12 Abs 1 und 2 und im Fall von nach Abs 11 steuerbefreiten **134**
Zuwendungen § 12 Abs 3 entspr anzuwenden. Bis zum VZ 2012 war nach Abs 5 einerseits eine entspr Anwendung der §§ 5 und 12 angeordnet und andererseits war eine entspr Anwendung der §§ 7–14, mit Ausnahme des § 12, ausdrücklich ausgeschlossen. Dementsprechend war bis zum VZ 2012 ausdrücklich gesetzlich geregelt, dass § 15 als lex specialis den Regelungen der §§ 7–14 vorgeht.[207] Da sich die §§ 7–14 und § 15 wechselseitig ausschließen, ist der Wegfall des letzten Satzes zur Nichtanwendung der §§ 7–14 materiell irrelevant.

I. Erweitert beschränkte Steuerpflicht

Bis zum VZ 2012 wurde durch den Verweis auf § 5 in § 15 Abs 5 hinsichtlich der **135**
Besteuerung **erweitert beschränkt steuerpflichtiger Personen** eine Gleichstellung der ausl Familienstiftung mit einer ausl ZwischenGes iSd §§ 7–14 herbeigeführt. Für die Zurechnung gg diesem Personenkreis wurde fingiert, dass die ausl Familienstiftung an die Stelle einer zwischengeschalteten ausl Ges tritt.[208] Dadurch erweiterte sich der persönliche Anwendungskreis sowohl in Bezug auf die Stifter als auch in Bezug auf die Bezugs- und Anfallsberechtigten über die unbeschränkt steuerpflichtigen Personen hinaus auf den Kreis der erweitert beschränkt StPfl.[209]

Der Entfall des Verweises auf die Anwendung bei erweitert beschränkt Steuerpflichti- **136**
gen ist laut Gesetzesbegründung angesichts der Einfügung des Abs 9 ohne materielle Bedeutung.[210] Dies ist teilw nicht zutreffend, denn Abs 9 regelt die entsprechende Anwendung der Vorschriften der Hinzurechnungsbesteuerung, wenn die Stiftung selbst an ausl Gesellschaften beteiligt ist (dazu unten Rn 162 ff). Ohne den Verweis auf § 5 entfällt bei erweitert beschränkt Steuerpflichtigen Stiftern, Bezugs- oder Anfallsberechtigten seit dem VZ 2013 die **Zurechnung der** Stiftungseinkünfte, die bis VZ 2012 auf die nicht ausl Einkünfte der Stiftung beschränkt war.

II. Steueranrechnung

Durch § 15 Abs 5 iVm § 12 soll eine Dbest mit aus- und inländischen Steuern vermieden **137**
werden, indem die von der ausl Familienstiftung entrichteten **ausl Steuern** auf Ebene der Zurechnungsverpflichteten **anrechenbar** sind. Eine Anrechnung der ausl Steuern ist wegen des Verweises in § 12 Abs 1 auf § 10 Abs 1 nur für die Jahre möglich, in denen diese Steuern von der Familienstiftung entrichtet wurden.[211] Ein Abzug ausl Steuern von der Bemessungsgrundlage kommt nach § 15 Abs 5 iVm § 12 nicht in Betracht.[212]

---

206 *F/W/B/S* § 15 AStG Rn 126.

207 *Lademann* § 15 AStG Rn 49; *F/W/B/S* § 15 AStG Rn 44, 146.

208 *B/K/L/M/R* § 15 Rn 42; *Baranowski* Rn 1111; *F/W/B/S* § 15 AStG Rn 139; *Kraft* Rn 381.

209 Krit zur in sich widersprüchlichen Regelung *F/W/B/S* § 15 AStG Rn 136 ff.

210 Gesetzesentwurf für ein JStG 2013, S 88.

211 *BFH* BStBl II 1994, 727; *BMF* BStBl I 2004, Sondernr 1, Tz 15.5.2; *Baranowski* Rn 1110; *F/W/B/S* § 15 AStG Rn 131; **aA** *Grotherr ua* S 509, die auf den Zeitpunkt der Entstehung der Steuern und nicht auf den Zeitpunkt der Entrichtung der Steuer abstellen.

212 *F/W/B/S* § 15 AStG Rn 132; *Lademann* § 15 AStG Rn 59.

138 Der **Anrechnungshöchstbetrag** gem § 15 Abs 5 iVm § 12 Abs 2 und § 34c Abs 1 EStG bemisst sich bis zum VZ 2012 nach dem anteilig zuzurechnenden Einkommen und nicht nach den anteiligen ausl Einkünften.[213] Eine Kürzung der ausl Steuern aufgrund einer niedrigeren dt Bemessungsgrundlage im Vergleich zu der ausl Bemessungsgrundlage erfolgt bei dieser Höchstbetragsrechnung grds nicht. Nur soweit auf Ebene der Stiftung eine Steuer auf nichtausl Einkünfte entfällt, kommt nach Ansicht des BFH eine Kürzung der anrechenbaren ausl Steuer um den auf die nichtausl Einkünfte entfallenden Betrag in Betracht.[214] Seit dem VZ 2013 bemisst sich der Anrechnungshöchstbetrag nach den anteilig zuzurechnenden einheitlichen Kapitaleinkünften. Soweit nach Abs 8 auf die zuzurechnenden Einkünfte die Abgeltungssteuer nach § 32d EStG anzuwenden ist, sind die ausländischen Steuern nach Maßgabe des § 32d Abs 5 EStG anzurechnen.[215]

139 Nach § 12 iVm § 10 Abs 1 S 1 sind nicht nur ausl Einkommen- bzw Körperschaftsteuern, sondern auch **ausl Vermögensteuern** auf die dt Einkommen- bzw Körperschaftsteuer **anrechenbar**.[216] Eine Gleichartigkeit der ausl Steuer ist insoweit für eine Anrechnung auf die dt Einkommen- bzw Körperschaftsteuer nicht erforderlich.

140 Das zuzurechnende Einkommen wird nicht um die **anzurechnenden ausl Steuern** erhöht, da einerseits die Vorschriften über die Ermittlung des Hinzurechnungsbetrags nach § 10 bei Familienstiftungen keine Anwendung finden und andererseits die anzurechnenden Steuern die zuzurechnenden Einkünfte ohnehin nicht gemindert hatten (§ 10 Nr 2 KStG).[217]

141 Erzielt eine ausl Familienstiftung inländische Einkünfte, die der inländischen Steuer unterliegen, so sind diese **inländischen Steuern** (zB KESt) bei den Zurechnungsverpflichteten vollständig anzurechnen bzw zu erstatten.[218]

F. Europarechtliche Konformität (Abs 6)

142 Der im Zuge des JStG 2009 eingefügte Abs 6 ist die Reaktion des dt Gesetzgebers auf das im Juli 2007 von der EU-Kommission eingeleitete Vertragsverletzungsverfahren,[219] mit dem die Gemeinschaftsrechtswidrigkeit des § 15 gerügt wurde.[220] Abs 6 ersetzt die bisherige Verwaltungsanweisung,[221] nach der bei Stiftungen mit Sitz und Geschäftsleitung in einem **EU- oder EWR-Staat** eine **Zurechnung nicht erfolgt**, wenn nachgewiesen wird, das das Vermögen dem Stifter **rechtlich und tatsächlich entzogen** ist und darüber hinaus ein **umfassender Informationsaustausch** zwischen den Staaten gewährleistet ist.

---

213 *BFH* BStBl II 1994, 727; *BMF* BStBl I 2004, Sondernr 1, Tz 15.5.2; *Lademann* § 15 AStG Rn 59.

214 *BFH* BStBl II 1994, 727; **aA** *Baranowski* Rn 1110.

215 *Lademann* § 15 AStG Rn 59; *Blümich* § 15 AStG, Rn 79; *Kirchhain* IStR 2012, 603.

216 GlA *B/K/L/M/R* § 15 AStG Rn 43; *Baranowski* Rn 1110; *Schaumburg* Rn 11.32; *F/W/B/S* § 15 AStG Rn 131; *Kirchhain* Rn 144; **aA** wohl *S/K/K* § 15 AStG Rn 57, die für eine Anrechnung eine Gleichartigkeit der ausl Steuer für notwendig erachten.

217 *F/W/B/S* § 15 AStG Rn 132; **aA** *B/K/L/M/R* § 15 Rn 43.

218 GlA wohl *F/W/B/S* § 15 AStG Rn 333; *Mössner/Fuhrmann* § 15 AStG Rn 145.

219 *EU-Kommission* Pressemitteilung IP/07/1151, Az 2003/4610.

220 Ausf zur Beurteilung von § 15 vor Einführung des Abs 6 vgl *F/W/B/S* § 15 AStG Rn 156–168.

221 *BMF* BStBl I 2008, 638.

Die erste Voraussetzung für die Nichtanwendung des Abs 1 ist, dass die Familienstiftung **Sitz oder Ort der Geschäftsleitung** in einem **EU- oder EWR**-Staat hat. Neben den derzeit 28 Mitgliedstaaten der EU sind damit grds auch Stiftungen mit Sitz oder Ort der Geschäftsleitung in den drei EWR-Mitgliedstaaten **Island, Liechtenstein und Norwegen** erfasst. Abs 6 Nr 2 stellt aber die zusätzliche Voraussetzung auf, dass der andere Staat **Auskünfte** in Steuersachen auf Basis der **EG-Amtshilferichtlinie** (RL 77/799/EWG[222], ab 1.1.2013: RL 2011/16/EU[223]) oder auf Basis anderer, vergleichbarer zwei- oder mehrseitiger Vereinbarungen erteilt. Durch das AmtshilfeRLUmsG wurde anstelle des starren Verweises auf die EG-Amtshilferichtlinie ein dynamischer Verweis in Abs 6 aufgenommen. Der Verweis auf das EU-Amtshilfegesetz ist redaktioneller Natur. Langfristig könnte sich allerdings die Frage stellen, ob bilaterale Informationsaustauschabkommen noch die Voraussetzungen einer „vergleichbaren Vereinbarung" erfüllen, wenn sich die Möglichkeiten (und Pflichten) des Informationsaustauschs nach der EU-Amtshilferichtlinie weiter entwickelt haben. Ein Verweis auf die Beitreibungsrichtlinie,[224] die die gegenseitige Unterstützung bei der Beitreibung von Forderungen betrifft, ist im Gegensatz zu § 6 Abs 5 S 2 nicht enthalten. 143

Die **Amtshilferichtlinie** gilt als Bestandteil des Gemeinschaftsrechts **in allen** alten und neuen **EU-Mitgliedstaaten**, die im Zeitpunkt des Beitritts den acquis communautaire übernehmen müssen.[225] Sie ist aber **nicht Teil des** Anhangs zum **EWR-Abk** und gilt daher im Verhältnis zu den EWR-Staaten Island, Liechtenstein und Norwegen nicht.[226] 144

Auf Grundlage der **Amtshilferichtlinie** erteilen sich die zuständigen Behörden der Mitgliedstaaten gegenseitig alle Auskünfte, die für die zutr Festsetzung der in der Amtshilferichtlinie genannten Steuern voraussichtlich erheblich sind.[227] 145

Neben der Amtshilferichtlinie kann sich die Verpflichtung zur Auskunftserteilung auch aus anderen **zwei- oder mehrseitigen Vereinbarungen**, insb nach **DBA** ergeben. Hierbei ist es notwendig, zwischen dem sog „großen" und dem „kleinen" Auskunftsaustausch zu unterscheiden. **„Kleine" Auskunftsklauseln** erlauben den Auskunftsverkehr lediglich zur Durchführung des jeweiligen Abk, **„große" Auskunftsklauseln** ermöglichen den Auskunftsverkehr sowohl zur Durchführung des Abk als auch des innerstaatlichen Rechts eines Vertragsstaats über die unter das Abk fallenden Steuern. Die große Auskunftsklausel entspr Art 26 MA.[228] Nur derartige große Auskunftsklauseln sind der Amtshilferichtlinie vergleichbar, da auf der Grundlage der „kleinen" Auskunftsklausel keine Auskünfte zur Durchführung von § 15 Abs 6 Nr 2 erbeten oder übermittelt werden können. 146

Für Zwecke des Abs 6 genügen kleine Auskunftsklauseln wegen fehlender Vergleichbarkeit mit der Amtshilferichtlinie nicht den Anforderungen des Abs 6 Nr 2. Soweit in DBA zwischen Deutschland und anderen EU-Mitgliedstaaten lediglich eine kleine Auskunftsklausel vereinbart wurde (so in den DBA mit Bulgarien, den Niederlanden, 147

222 ABlEG Nr L 336/15.
223 ABlEU Nr L 64/1.
224 Ursprünglich RL 76/308/EWG, neugefasst durch RL 2010/24/EU, ABlEU Nr L 84, 1.
225 *Schönfeld* DB 2008, 2217.
226 *Schönfeld* DB 2008, 2217.
227 RL 77/799/EWG Art 1 Abs 1.
228 Vgl Art 26 MA Rn 12.

der Slowakei, Tschechien, Ungarn und Zypern, dazu Art 26 MA Rn 32), gilt die Amtshilferichtlinie als höherrangiges Recht[229] für Zwecke des Abs 6 Nr 2 als ausreichend.

148 Jede Stiftung mit Sitz oder Ort der Geschäftsleitung in einem anderen **EU-Mitgliedstaat** erfüllt also die Voraussetzungen des Abs 6 Nr 2, da insoweit die **Amtshilferichtlinie** anwendbar ist. Im Verhältnis zu den EWR-Mitgliedstaaten ist dagegen auf die jeweiligen mit Deutschland abgeschlossenen Abkommen abzustellen. Die mit **Island und Norwegen** abgeschlossenen **DBA** enthalten beide eine **große Auskunftsklausel**, ebenso das mit **Liechtenstein** abgeschlossene DBA, welches zum 1.1.2013 in Kraft getreten ist. Bereits seit 1.1.2010 ist allerdings das mit Liechtenstein abgeschlossene TIEA anwendbar,[230] sodass im Verhältnis zu allen drei EWR Staaten seit dem VZ 2010 die Voraussetzungen des Abs 6 Nr 2 erfüllt sind. Im Verhältnis zu Liechtenstein hat der 16. Senat des *FG Düsseldorf* mit Urt v 22.1.2015 entschieden, dass der Auskunftsaustausch nach dem TIEA und dem DBA nicht mit dem Auskunftsaustausch nach der Amtshilferichtlinie vergleichbar sei, ohne dies näher zu begründen.[231] Der 13. Senat des *FG Düsseldorf* lässt in dem Urt v 21.4.2015 offen, inwieweit die Regelungen zum Auskunftsaustausch nach dem TIEA mit denjenigen Regelungen nach der Amtshilferichtlinie vergleichbar sind, indem er darauf verweist, dass dem TIEA jedenfalls keine Rückwirkung zukommt und dieses deshalb in den Streitjahren nicht anwendbar war.[232] Da Liechtenstein mit sämtlichen EU-Mitgliedstaaten ab dem 1.1.2016 (mit Österreich ab dem 1.1.2017) zum **automatischen Informationsaustausch** übergegangen ist[233] und sowohl die EU-Amtshilferichtlinie als auch das Abkommen zwischen Liechtenstein und der EU[234] auf den global massgeblichen **Gemeinsamen Meldestandard (Common Reporting Standard)** der OECD abstellen,[235] sollte nunmehr in jedem Fall ein ausreichender Informationsaustausch auch mit Deutschland vereinbart worden sein.[236]

149 Neben der Amtshilferichtlinie und DBA ist zu prüfen, welche anderen „vergleichbaren zwei- oder mehrseitigen" Vereinbarungen eine Ausnahme von der Zurechnung begründen. Deutschland hat mit einigen **Staaten besondere Amts- und Rechtshilfever-**

---

229 Umgekehrt schränkt die Amtshilferichtlinie weitergehende Verpflichtungen nach DBA nicht ein, Art 1 Abs 3 S 2 RL 2011/16/EU, vgl *Sailer/Ismer* IStR 2005, 2.

230 Dazu unten Rn 150.

231 *FG Düsseldorf* EFG 2015, 629 nicht rechtskräftig.. Gegen dieses Urt wurde Nichtzulassungsbeschwerde beim *BFH* eingelegt (Az I B 23/15). Vgl dazu auch krit *Kirchhain* IStR 2015, 246 ff.; *Lüdicke/Oppel* ISR 2015, 265 ff. Zustimmend dagegen *Kalenberg/Reichert* IStR 2016, 140.

232 *FG Düsseldorf* EFG 2015, 1374 nicht rechtskräftig. Gegen das Urt wurde Revision beim *BFH* eingelegt (Az I R 44/15).

233 Gesetz über den automatischen Informationsaustausch in Steuersachen (AIA-Gesetz) v 5.11.2015; VO über den internationalen automatischen Informationsaustausch in Steuersachen (AIA-VO) v 21.12 .2015.

234 Änderungsprotokoll zum Abkommen zwischen der Europäischen Gemeinschaft und dem Fürstentum Liechtenstein über Regelungen, die den in der RL 2003/48/EG des Rates im Bereich der Besteuerung von Zinserträgen festgelegten Regelungen gleichwertig sind v 26.10.2015.

235 *OECD* Standard for Automatic Exchange of Financial Account Information in Tax Matters, 2014.

236 Dazu vgl auch *Scherer/Bregulla-Weber* NJW 2016, 383.

einbarungen geschlossen, die zT über die üblichen Auskunftsklauseln in den DBA hinausgehen.[237] Aktuell bestehen mit Belgien, Dänemark, Finnland, Frankreich, Italien, Luxemburg, Niederlande, Norwegen, Österreich und Schweden besondere Amts- und Rechtshilfevereinbarungen, die jedoch mit Ausnahme der Vereinbarung mit Norwegen für § 15 Abs 6 nicht relevant sind, da im Verhältnis zu den anderen EU-Mitgliedstaaten die Amtshilferichtlinie greift.[238]

Ferner könnten sog **TIEA (Tax Information Exchange Agreement)** als Rechtsgrundlage für die Ausnahme von der Zurechnung dienen. Das TIEA-Muster der OECD sieht eine Informationsaustauschsverpflichtung vor, die jedenfalls der „großen" Auskunftsklausel des Art 26 MA entspricht.[239] Der Abschluss eines derartigen Abk würde daher den Anforderungen des Abs 6 Nr 2 genügen. Bspw wurde am 4.7.2008 ein Abk über den Austausch von Steuersachen mit Jersey abgeschlossen.[240] Da Jersey aber weder Mitglied der EU noch des EWR ist, findet Abs 6 dennoch keine Anwendung. Im Verhältnis zu Liechtenstein ist ein entspr Abk seit dem VZ 2010 anwendbar. 150

Fraglich ist zudem die Bedeutung der Formulierung, dass **„Auskünfte erteilt werden, die erforderlich sind, um die Besteuerung durchzuführen."** Einerseits begrenzt dies den Umfang der Auskunftserteilung nach oben hin, da nur diejenigen Auskünfte erteilt werden müssen, die „erforderlich" sind. Art 26 MA sieht das Kriterium der Erforderlichkeit ebenso vor. Das Kriterium der Erforderlichkeit verlangt, dass der ersuchende Staat zunächst seine eigenen Ermittlungsmöglichkeiten vollständig ausgeschöpft hat (Subsidiarität). Zur zutr Ermittlung der StPfl dürfen keine anderen rechtlichen wie tatsächlichen Mittel als die Inanspruchnahme einer anderen Steuerverwaltung gegeben sein.[241] Vergleichbare Voraussetzungen stellt Art 2 Abs 1 S 2 der Amtshilferichtlinie aF auf, nach dem die zuständige Behörde des ersuchenden Staates zunächst seine eigenen Ermittlungsmöglichkeiten ausschöpfen muss.[242] Überdies ist diese „Erforderlichkeit" auch bei der Auslegung des Erfordernisses einer der Amtshilferichtlinie „vergleichbaren" Vereinbarung zu berücksichtigen – selbst wenn man insoweit von einem dynamischen Verweis auf geänderte Fassungen der Amtshilferichtlinie ausgeht (dazu oben Rn 143), bleibt die Vergleichbarkeit solange gegeben, solange die „erforderlichen" Auskünfte erteilt werden. 151

Andererseits stellt sich die Frage, wie Situationen zu behandeln sind, in denen Auskünfte, die zur Besteuerung erforderlich sind, auf Basis der genannten Rechtsgrundlagen nicht erteilt werden können, bspw weil ein Informationsaustausch auf Basis der **Amtshilferichtlinie aF** an einem **nationalen Bankgeheimnis scheitert**.[243] Überdies ist es durchaus möglich, dass in einigen Staaten trotz gegebener Rechtsgrundlagen Defizite 152

---

237 *BMF* BStBl I 2012, 599.

238 Anlage zu *BMF* BStBl 2016 I, 76.

239 OECD-TIEA Art 1, dazu Rn 146.

240 BGBl II 2009, 578.

241 *Wassermeyer* Art 26 Rn 32.

242 *Schönfeld* DB 2008, 2220; *Korts/Korts* IStR 2006, 874. Diese Subsidiarität wurde mit der Neufassung der Richtlinie (RL 2011/16/EU) zur Ausschöpfung der „üblichen Informationsquellen" (Art 5) abgeschwächt.

243 Die Amthilferichtlinie aF lässt ein nationales Bankgeheimnis unberührt, Art 8 RL 77/799/EWG; *Sailer/Ismer* IStR 2005, 2. Durch die RL 2011/16/EU werden allerdings Bankgeheimnisse und dgl durchbrochen, Art 18 Abs 2.

in der tatsächlichen Auskunftserteilung bestehen.[244] Jedoch ist nach dem Willen des Gesetzgebers davon auszugehen, dass eine tatsächliche Auskunftserteilung unterstellt werden kann,[245] zumal der StPfl keinen Einfluss auf die Praxis der Auskunftserteilung des anderen Mitgliedstaates hat.[246]

153 Umgekehrt ist denkbar, dass zwar keine Rechtsgrundlage für eine Auskunftserteilung besteht, aber auf **freiwilliger Basis** (zB mit Zustimmung des StPfl) Auskünfte erteilt werden. Nach dem Wortlaut von Abs 6 Nr 2 ist die Existenz der genannten Rechtsgrundlagen Voraussetzung für die Ausnahme von der Zurechnung, da eine Auskunftserteilung „auf Grund" dieser Vereinbarungen gefordert wird. Diese Voraussetzung wurde aber als nicht verhältnismäßig angesehen, da eine tatsächliche Auskunftserteilung, auch ohne Rechtsgrundlage, ausreichend ist, um die Besteuerung durchzuführen.[247] Nach Rspr des EuGH in den Rs ELISA,[248] A[249] und Etablissement Rimbaud[250] müssen Mitgliedstaaten vom Stpfl freiwillig gelieferte Informationen aber nur in EU-Fällen, nicht dagegen in Drittstaaten-Sachverhalten oder in EWR-Sachverhalten als gleichwertig akzeptieren.[251] Diese Differenzierung zwischen EU- und EWR-Sachverhalten ist uE unzulässig, da das EWR-Abk Bestandteil des Gemeinschaftsrechts ist[252] und die Grundfreiheiten insoweit gleich auszulegen sind.[253] Darüber hinaus wurde das EWRA in Kenntnis fehlender Amtshilfe abgeschlossen.[254]

154 Vor Einführung des Abs 6 gingen sowohl die Lit[255] als auch die EU-Kommission[256] davon aus, dass Art 15 AStG aF ohne Rechtfertigung gg gemeinschaftsrechtliche Vorgaben verstößt. Soweit die Voraussetzungen von Abs 6 erfüllt sind, wird der iRd Vertragsverletzungsverfahrens geforderten Beseitigung der Ungleichbehandlung Rechnung getragen. Fraglich ist aber, ob die restriktiven Voraussetzungen des Abs 6 nicht über das erforderliche Maß hinausgehen, wenn es dem StPfl verwehrt wird, die geforderten Informationen selbst bereit zu stellen oder die Steuerverwaltung dazu zu ermächtigen.[257]

155 Weitere Voraussetzung der Nichtanwendung von Abs 1 ist nach Abs 6 Nr 1 der Nachweis, dass das Stiftungsvermögen den in Abs 2 und 3 genannten Personenkreisen[258] **rechtlich und tatsächlich entzogen** ist. Beide Tatbestandsmerkmale müssen kumulativ vorliegen, haben aber **keine eigenständige Bedeutung**. Kann der Stifter auch nach der

---

244 *Schönfeld* DB 2008, 2219.
245 BT-Drucks 16/10189, 78.
246 *Schönfeld* DB 2008, 2220.
247 *Schönfeld* DB 2008, 2220; *Rehm/Nagler* IStR 2008, 287.
248 *EuGH* IStR 2007, 894 – ELISA.
249 *EuGH* IStR 2008, 66 – A, Rn 63.
250 *EuGH* IStR 2010, 842.
251 Krit *Wenz/Wünsche* IStR 2010, 845; *Linn/Müller* IWB 2011, 74.
252 *EuGH* Sammlung der Rechtsprechung 2003, I-9785 – Ospelt, Rn 31.
253 Zuletzt *EuGH* IStR 2008, 769 – Wannsee, Rn 24.
254 *Schönfeld* DB 2008, 2219.
255 *Kellersmann/Schnitger* IStR 2005, 253; *Kraft/Hause* DB 2006, 414; *Kellersmann/Schnitger* Rn 70–115; *Lühn* Intertax 2008, 520.
256 *EU-Kommission* Pressemitteilung IP/07/1151, Az 2003/4610.
257 *Kirchhain* IStR 2011, 394; *Hey* IStR 2009, 186, die die Anwendbarkeit des § 15 Abs 6 nicht vom Bestehen einer Amtshilferichtlinie oder einem vergleichbaren Abkommen abhängig machen.
258 Dazu oben Rn 17 ff, 132 ff.

Übertragung des Vermögens, beispielsweise aufgrund eines Mandatsvertrages,[259] weiterhin über die Verwendung des Vermögens bestimmen, ist es ihm zwar rechtlich, nicht aber tatsächlich entzogen, sodass die vorgeblich von der Stiftung erzielten Einkünfte nach **§ 39 AO** ohnehin ihm zuzurechnen sind und § 15 bereits aus diesem Grund nicht anwendbar ist, denn der BFH entschied die Frage des Verhältnisses zwischen § 39 AO und § 15 AStG ausdrücklich zugunsten des § 39 AO.[260] Vergleichbares würde gelten, wenn zwar nicht der Stifter, aber die Destinatäre faktisch über das Stiftungsvermögen verfügen könnten und ihnen insoweit das Einkommen zuzurechnen wäre. Fälle, in denen das Stiftungsvermögen dem Stifter und den Destinatären nicht rechtlich und tatsächlich entzogen wurde, ihnen aber auch nicht nach § 39 AO zuzurechnen ist, sind uE nicht denkbar.

Bei Familienstiftungen im EU-/EWR-Ausland (einschließlich Liechtenstein) genügt daher der erfolgreiche „Nachweis" des StPfl über den tatsächlichen und rechtlichen Entzug des Vermögens. Bei Familienstiftungen mit Sitz in einem Drittstaat lässt sich die Zurechnungsbesteuerung hingegen nur durch eine Verlegung der Geschäftsleitung in einen EU- oder EWR-Staat vermeiden.[261] **156**

G. Einkommensermittlung und Verluste (Abs 7)

I. Einkommensermittlung

Auch bereits vor Einführung des Abs 7 S 1 durch das JStG 2009 gingen sowohl die Lit[262] als auch die Rspr[263] einstimmig davon aus, dass die **Einkommensermittlung** nach den **Bestimmungen des dt Steuerrechts** zu erfolgen hat. Der Einführung des Abs 7 S 1 kam damit, wie auch in der Gesetzesbegründung zum JStG 2009 ausgeführt ist,[264] eine klarstellende Bedeutung zu. Seit dem Urt des *BFH* v 5.11.1992 ist höchstrichterlich geklärt, dass für die Ermittlung des zuzurechnenden Einkommens von einer **fiktiven unbeschränkten StPfl der Stiftung** auszugehen ist.[265] Somit sind die Verhältnisse der Stiftung für die Einkommensermittlung maßgeblich und die Ermittlung des zuzurechnenden Einkommens ist getrennt von der Ermittlung des Einkommens der Zurechnungsverpflichteten durchzuführen. Soweit in der älteren Lit daher vertreten wurde, dass bei der Ermittlung des zuzurechnenden Einkommens auf die Verhältnisse der Zurechnungsverpflichteten abzustellen ist, ist diese Auffassung als überholt anzusehen.[266] Die hM in der Lit vertritt dem- **157**

---

259 Vgl dazu bspw *BFH/NV* 2011, 1069, Tz 12. Ob auch ein Widerrufsvorbehalt bei Stiftungen gegen einen rechtlichen und tatsächlichen Entzug des Vermögens spricht, ist umstritten, in diesem Sinne zB *OLG Stuttgart* ZEV 2010, 265; krit dagegen *Daragan* Liechtenstein Journal 2012, 25.

260 *BFH* BStBl II 2007, 669, dazu oben Rn 33; *BFH/NV* 2011, 1069.

261 *Mössner/Fuhrmann* § 15 AStG Rn 78.

262 *B/K/L/M/R* § 15 Rn 10; *Baranowski* Rn 1107; *Grotherr ua* S 505; *F/W/B/S* § 15 AStG Rn 22, 54f (Stand Dezember 2007); *W/S/G* § 15 AStG Rn 27 (Stand Oktober 2006).

263 *BFH* BStBl II 1993, 388; *BFH* BStBl II 1994, 727.

264 RegE Begr BT-Drucks 16/10189, 107.

265 *BFH* BStBl II 1993, 388. Diese Auffassung wurde mittlerweile auch von der FinVerw übernommen: *BMF* BStBl I 2004, Sondernr 1, Tz 15.1.1; *BFH/NV* 2009, 1437.

266 Für eine Berücksichtigung der Verhältnisse des Zurechnungsverpflichteten durch die Annahme, dass die Einkünfte als durch den Zurechnungsverpflichteten erzielt gelten, zB: *Kapp* BB 1964, 1484; *Felix* DB 1972, 2275; *Runge* DB 1977, 516; *B/K/L/M/R* § 15 AStG Rn 10, 23.

entsprechend mittlerweile zutreffenderweise die Auffassung des BFH und sieht die **Verhältnisse der Stiftung** als **maßgeblich für die Einkommensermittlung** an.[267]

158 Wegen der fiktiven unbeschränkten StPfl der ausl Familienstiftung erfolgt die **Einkünfteermittlung** analog zur Einkünfteermittlung von in Deutschland unbeschränkt steuerpflichtigen Stiftungen nach § 2 Abs 1–4 EStG iVm § 8 KStG. Da Stiftungen keine Körperschaften iSd § 1 Abs 1 Nr 1–3 KStG sind, fallen sie nicht in den Anwendungsbereich von § 8 Abs 2 KStG. Damit können Stiftungen alle **sieben Einkunftsarten** nach § 2 Abs 1 S 1 Nr 1–7 EStG erzielen. Für die Ermittlung der einzelnen Einkünfte ist dann nach § 2 Abs 2 EStG iVm §§ 8 ff KStG in Abhängigkeit von der jeweiligen Einkunftsart entweder eine Überschussrechnung (Überschusseinkünfte) oder eine Gewinnermittlung (Gewinneinkünfte) zu erstellen. Bis zum VZ 2012 können bei der Einkommensermittlung sodann Pauschbeträge, Freibeträge und Sonderausgaben nach § 2 Abs 3 und 4 EStG abgezogen werden,[268] im Rahmen einer seit VZ 2013 durchzuführenden Einkünfteermittlung entfällt dieser Schritt.

159 Für VZ bis 2012 folgt aus der fiktiven unbeschränkten StPfl der Stiftung weiterhin, dass bei Dividenden und Veräußerungsgewinnen auf Beteiligungen die **Steuerbefreiungen nach § 8b KStG anwendbar** sind. Damit fließen Dividenden nach § 8b Abs 1 iVm Abs 3 KStG nur zu 5 % in das zuzurechnende Einkommen ein.[269] Bei **Veräußerungsgewinnen auf Beteiligungen** ist für Beteiligungen, die bis zum 31.12.2008 angeschafft wurden, danach zu unterscheiden, ob es sich um Beteiligungen iSd § 17 EStG oder um Beteiligungen handelt, die die Kriterien des § 17 EStG gerade nicht erfüllen. Veräußerungsgewinne auf Beteiligungen iSd § 17 EStG wirken sich unabhängig von der Haltedauer stets nach § 8b Abs 2 iVm Abs 3 KStG zu 5 % auf das zuzurechnende Einkommen aus.[270] Handelt es sich dagegen um Veräußerungsgewinne auf Beteiligungen, die nicht unter § 17 EStG fallen, so werden diese bei der Einkommensermittlung nur dann (zu 5 %) berücksichtigt, falls die Mindesthaltedauer von einem Jahr nach § 22 Nr 2 iVm § 23 Abs 1 S 1 Nr 2 EStG nicht überschritten ist. Für Veräußerungsgewinne auf Beteiligungen, die seit dem 1.1.2009 angeschafft wurden, entfällt eine Unterscheidung nach der Beteiligungshöhe, da Veräußerungsgewinne auf Beteiligungen entweder nach § 17 EStG oder nach § 20 Abs 2 S 1 Nr 1 EStG unabhängig von einer Mindesthaltedauer stets nach § 8b Abs 2 iVm Abs 5 KStG zu 5 % in das zuzurechnende Einkommen einfließen. Daneben wird auch die Meinung vertreten, dass bei Veräußerungsgewinnen das Teileinkünfteverfahren gem § 3 Nr 40 EStG anwendbar sei, da auf die Verhältnisse beim Steuerpflichtigen abzustellen sei.[271]

160 Seit dem VZ 2013 soll durch die sinngemäße Anwendung des § 10 Abs 3 verhindert werden, dass Steuerbefreiungen für Dividenden (§ 8b Abs 1 KStG) und Veräußerungsgewinne (§ 8b Abs 2 KStG) dazu führen, dass Einkünfte, die bei einer natürli-

---

267 Bspw *Baranowski* Rn 1107; *Schaumburg* Rn 11.32; *F/W/B/S* § 15 AStG Rn 37, 201, 205; *von Löwe* DStR 2005, 581; *S/K/K* § 15 AStG Rn 54; *Blümich* § 15 AStG Rn 91, 99; *Wassermeyer* IStR 2009, 192.

268 *BFH* BStBl II 1993, 388; *BFH* BStBl II 1994, 727; *F/W/B/S* § 15 AStG Rn 214; *Grotherr ua* S 505–506.

269 *F/W/B/S* § 15 AStG Rn 212; *S/K/K* § 15 AStG Rn 54; *Wassermeyer* IStR 2009, 191, 193; krit und iE **aA** *Kellersmann/Schnitger* Rn 49.

270 GlA *F/W/B/S* § 15 AStG Rn 208; *S/K/K* § 15 AStG Rn 54.

271 *B/K/L/M/R* § 15 Rn 10, *Grotherr ua* S 506.

chen Person der Besteuerung unterliegen würden, durch eine Familienstiftung steuerfrei vereinnahmt werden. Durch die parallele Änderung in Abs 8 (dazu oben Rn 111 ff) kommt es iE zu einer Quasi-Transparenz der ausländischen Stiftung. Unverändert unterliegen Veräußerungsgewinne, die nicht zu den steuerbaren Einkünften gehören, nicht der Zurechnungsbesteuerung nach § 15 – insoweit erzielt die Stiftung weder ein zurechenbares Einkommen noch zurechenbare Einkünfte. Problematisch an den Änderungen in Abs 7 ist ferner, dass die nach § 10 Abs 3 nicht anwendbaren Vorschriften auch das UmwStG umfassen, für die Anwendung des § 15 aber kein Aktivitätstest nach § 8 Abs 1 Nr 10 vorgesehen ist und daher jede Beteiligung aus Stiftungen an Umwandlungsvorgängen zu zurechnungspflichtigen Einkünften führen könnte. Der Verweis auf § 10 Abs 3 kann daher die Nichtanwendung des UmwStG nicht mit einschließen.

II. Verlustbehandlung

Da die Zurechnung nach § 15 Abs 1 AStG auch negative Einkünfte und Vermögen erfasst, wäre beim Zurechnungsempfänger ein Ausgleich mit anderem positiven Einkünften und Vermögen möglich.[272] Da nach dem Wortlaut des § 15 Abs 1 AStG nicht danach unterschieden wird, ob die Einkünfte positiv oder negativ sind, könnte es bei Zurechnung von negativen Einkünften zum Ausgleich mit anderen (positiven) Einkünften des Zurechnungsverpflichteten kommen. Durch das **JStG 2009** wurde jedoch für alle noch offenen Fälle die **Zurechnung eines negativen Einkommens ausgeschlossen** (§ 15 Abs 7 S 2 iVm § 21 Abs 18 S 2 aF).[273] Gleiches gilt für die Zurechnung von Einkünften seit VZ 2013 nach § 15 Abs 7 S 3 nF: Eine **Verlustberücksichtigung** erfolgt ausschließlich **auf Ebene der ausl Familienstiftung** nach § 10 Abs 3 S 5 unter analoger Anwendung von § 10d EStG, sodass negative Einkünfte die Zurechnungsbeträge zukünftiger Veranlagungszeiträume mindern oder rückgetragen werden können.[274] 161

H. Beteiligung an Zwischengesellschaften (Abs 9)

Bis zur Einführung des Abs 9 durch das AmtshilfeRLUmsG wurde für VZ bis 2012 bei Beteiligung einer ausl Familienstiftung an nachgelagerten ausl Zwischenges sowohl nach Meinung der FinVerw als auch nach der hM in der Lit für die Hinzurechnungsbesteuerung nach den §§ 7–14 fingiert, dass die Zurechnungsverpflichteten an den nachgelagerten ZwischenGes unmittelbar beteiligt sind.[275] UE war aufgrund der **fiktiven unbeschränkten StPfl** der ausl Familienstiftung (oben Rn 70) auch für VZ bis 2012 die ausl Familienstiftung nach Maßgabe der §§ 7–14 zur **Hinzurechnung von Zwischeneinkünften** verpflichtet.[276] Auf Ebene der inländischen Zurechnungsverpflichteten unterlagen die Einkünfte der nachgelagerten ZwischenGes dann nicht direkt, sondern als **Teil des Einkommens der Familienstiftung** der Besteuerung. Für VZ ab 2013 ist das nun gesetzlich geregelt. 162

---

272 *F/W/B/S* § 15 AStG Rn 223; *B/K/L/M/R* § 15 Rn 9, 10; *Haisch/Danz* DStZ 2008, 400 mwN.

273 Zur Verfassungwidrigkeit von echten Rückwirkungen *Haisch/Danz* DStZ 2008, 400, 402 mwN; *Kleinert/Podewils* BB 2008, 1820 f; *Hey* IStR 2009, 181, 186–187.

274 *Haisch/Danz* DStZ 2008, 400; *Hey* IStR 2009, 181, 187; *Lademann* § 15 AStG Rn 69.

275 *BMF* BStBl I 2004, Sondernr 1, Tz 15.5.3; *B/K/L/M/R* § 15 Rn 23; *Baranowski* Rn 1112.

276 GlA *F/W/B/S* § 15 AStG Rn 135 (Stand September 2009) für die nicht-ausländischen Zwischeneinkünfte der ausl ZwischenGes.

163 Durch den durch das AmtshilfeRLUmsG eingefügten Abs 9 ist ab VZ 2013 im Fall, dass eine ausl Familienstiftung an einer **nachgelagerten ausl ZwischenGes** beteiligt ist, auf Ebene der ausl Familienstiftung die Hinzurechnungsbesteuerung nach den §§ 7–14 AStG anzuwenden.

164 Nach dem Regierungsentwurf zum JStG 2013 sollte in Abs 6 ein S 2 angefügt werden, der regelt, dass das EU/EWR-Privileg bei Zurechnungen nach Abs 9 nicht gelten soll. Diese geplante Änderung ist aufgrund europarechtlicher Bedenken schlussendlich nicht in das AmtshilfeRLUmsG eingegangen.[277] Damit unterbleibt eine Zurechnung nach Abs 9 bei den Zurechnungsverpflichteten, wenn die ausl Familienstiftung in einem EU- oder EWR-Mitgliedstaat ansässig ist und die weiteren Voraussetzungen nach Abs 6 erfüllt sind (vgl oben Rn 142–156).

165 Aus dem Wortlaut des Abs 9 geht nicht klar hervor, ob es sich bei dem Verweis auf die §§ 7–14 um einen Rechtsgrund- oder einen Rechtsfolgenverweis handelt. Da nach der Gesetzesbegründung zum JStG 2013 mit der Einfügung des Abs 9 die Möglichkeit der Umgehung der Vorschriften über die Hinzurechnungsbesteuerung durch die Zwischenschaltung einer ausl Familienstiftung ausgeschlossen werden soll,[278] würde ein reiner Rechtsfolgenverweis, wonach jede Beteiligung an einer ausl Ges durch eine ausl Familienstiftung unabhängig von einer bestimmten Beteiligungsquote eine Hinzurechnung von Zwischeneinkünften auslösen würde, weit über den Zweck der Steuerumgehung hinausgehen. Unter Berücksichtigung des Zwecks der Vermeidung der Hinzurechnungsbesteuerung durch Einschaltung einer ausl Familienstiftung ist der Verweis auf die §§ 7–14 AStG folglich als Rechtsgrundverweis zu verstehen.[279]

166 Wie die in § 7 Abs 1–4 AStG normierte Voraussetzung der Inländerbeherrschung bei ausl Familienstiftungen anzuwenden ist, wird in der Lit unterschiedlich diskutiert. Ausgehend vom Normzweck der Vermeidung einer Steuerumgehung wäre eine Hinzurechnung von Zwischeneinkünften bei der ausl Familienstiftung nur vorzunehmen, wenn die Zurechnungsverpflichteten alleine oder zusammen mit anderen unbeschränkt oder erweitert beschränkt steuerpflichtigen Personen rechnerisch bzw. fiktiv zu mehr als der Hälfte (oder bei Zwischeneinkünften mit Kapitalanlagecharakter zu mindestens 1%) an der ausl Gesellschaft beteiligt sind.[280] Insoweit wird die Stiftung für die Beurteilung der Beherrschungsbeteiligung als partiell transparent angesehen, was aber nicht mit dem durch das AmtshilfeRLUmsG eigeführten Konzept der mehrstufigen (Hin-)Zurechnung harmonisiert.[281] Diese Ansicht steht mit der bisherigen Verwaltungsauffassung im Einklang.[282] Fraglich ist aber, welche Zurechnungsverpflichteten bei der Ermittlung der Beherrschungsbeteiligung nach welchen Kriterien einzubeziehen sind:[283] Ist zu Lebzeiten des Stifters nur dieser bei der Ermittlung der Beherrschungsbe-

---

277 *F/W/B/S* § 15 AStG Rn 309.

278 BT-Drucks 17/10000, 68.

279 *F/W/B/S* § 15 AStG Rn 299.

280 *Lademann* § 15 AStG Rn 83; *Rohde/Enders* BB 2014, 1498; *Kraft/Schulz* IStR 2012, 900. Ebenso *Blümich* § 15, Rn 117, die aber nur vom Durchgriff auf den Stifter spricht. GlA *S/K/K* § 15 AStG Rn 77, nach deren Ansicht nur bezugsberechtigte Personen, die steuerpflichtig iSd § 15 sind, mit ihren Anteilen bei der Ermittlung der Beherrschungsbeteiligung einzubeziehen sind.

281 *F/W/B/S* § 15 AStG Rn 301.

282 *BMF* BStBl I 2004, Sondernr 1, Tz 15.5.3.

283 Dazu auch *F/W/B/S* § 15 AStG Rn 301; *Kraft/Schulz* IStR 2012, 900 f.

teiligung einzubeziehen, weil nur ihm die Stiftungseinkünfte zuzurechnen sind, oder sind auch andere Bezugs- und/oder Anfallsberechtigte einzubeziehen?

Beispiel 12: Eine ausl Familienstiftung ist an einer ZwischenGes zu 60% beteiligt. Bei den Einkünften der ZwischenGes handelt es sich nicht um Einkünfte mit Kapitalanlagecharakter. Die weiteren Gesellschafter der ZwischenGes sind in Deutschland nicht unbeschränkt oder erweitert beschränkt steuerpflichtig. Der Stifter (S) ist in Deutschland unbeschränkt steuerpflichtig. Bezugs- und anfallsberechtigt sind neben dem Stifter seine beiden Kinder (A) und (B). A ist in Deutschland unbeschränkt steuerpflichtig, B lebt im Ausland und ist in Deutschland nicht unbeschränkt oder erweitert beschränkt steuerpflichtig. Die Stiftungszuwendungen entfallen jeweils zu 1/3 auf S, A und B. **167**

Wäre für die Ermittlung der Beherrschungsbeteiligung zu Lebzeiten des Stifters aufgrund der Zurechnung der Stiftungseinkünfte allein auf den Stifter abzustellen, läge in diesem Bsp eine Inländerbeherrschung vor, da dem Stifter 60 % der Einkünfte der ZwischenGes zuzurechnen sind und durch die Zurechnung eine mittelbare „Beteiligung" des Stifters von 60 % fingiert werden würde. Stellt man dagegen auf den Umfang der tatsächlichen Zuwendungen ab, läge keine Inländerbeherrschung vor, da S und A zusammen zu 40 % (60 % x 1/3 x 2) an der ausländischen ZwischenGes „beteiligt" wären. Es würde sich zudem die Frage stellen, ob auch anfallsberechtigte Personen, die nicht zugleich bezugsberechtigt sind, bei der Ermittlung der Beherrschungsbeteiligung zu berücksichtigen wären. **168**

Nach einer anderen Ansicht soll eine Hinzurechnung von Zwischeneinkünften bei der ausl Familienstiftung (nur) erfolgen, wenn die ausl Familienstiftung alleine oder zusammen mit anderen unbeschränkt steuerpflichtigen Personen zu mehr als der Hälfte (oder bei Zwischeneinkünften mit Kapitalanlagecharakter zu mindestens 1 %) an der ausl Gesellschaft beteiligt ist.[284] Insoweit wird für die Beurteilung der Beherrschungsbeteiligung eine unbeschränkte StPfl der ausl Familienstiftung fingiert.[285] **169**

Nach einer weiteren Ansicht ist bei der Ermittlung der Beherrschungsbeteiligung nur die Beteiligung der ausl Familienstiftung an der ausl ZwischenGes zu berücksichtigen.[286] Weitere, an der ausl ZwischenGes beteiligte unbeschränkt oder erweitert beschränkt StPfl sind dagegen nach dieser Ansicht nicht einzubeziehen.[287] **170**

In Bezug auf den Umfang und die Behandlung der zugerechneten Einkünfte enthält Abs 9 keine eigenständigen Regelungen, so dass analog zu den §§ 7–14 AStG nur passive, niedrig besteuerte Einkünfte als Zwischeneinkünfte bei der ausl Familienstiftung hinzuzurechnen sind.[288] Bei Kredit- und Versicherungsunternehmen, dem Handel, bei Dienstleistungen und Nutzungsüberlassungen liegen nach § 8 Abs 1 Nr 3–6 passive Einkünfte vor, wenn die Einkünfte aus Geschäftsbeziehungen zwischen der ausl Ges und ihren iSd § 7 beteiligten Gesellschaftern oder diesen iSd § 1 Abs 2 nahestehenden Personen stammen. Ausgehend vom Normzweck der Vermeidung der Hinzurechnungsbesteuerung ist zur Abgrenzung von aktiven und passiven Einkünften über den **171**

284 Vgl auch *F/W/B/S* § 15 AStG Rn 301; de lege ferenda *Werder/Dannecker* BB 2012, S. 2279 f.

285 *F/W/B/S* § 15 AStG Rn 301.

286 *Kraft/Moser/Gebhardt* DStR 2012, 1777.

287 Vgl auch *F/W/B/S* § 15 AStG Rn 301.

288 *F/W/B/S* § 15 AStG Rn 304; *Lademann* § 15 AStG Rn 86; *Kraft/Moser/Gebhardt* DStR 2012, 1777.

Wortlaut hinaus auf die Beziehung der ausl Ges und den Zurechnungsverpflichten abzustellen, so dass die Zurechnungsverpflichteten als Beteiligte iSd § 7 AStG gelten.[289] Da es für einen Nahestehen iSd § 1 Abs 2 einer wesentlichen Beteiligung von mindestens 25 %, eines beherrschenden Einflusses oder eines eigenen Interesses an der Erzielung der Einkünfte bedarf, wird regelmäßig eine Naheverhältnis iSd § 1 Abs 2 zwischen einer ausl Familienstiftung und den Zurechnungsverpflichteten nicht gegeben sein, zumal ein eigenes Interesse des Zurechnungsempfängers an der Erzielung der Einkünfte der Stiftung nur bei einer entspr gesicherten Rechtsposition an diesen Einkünften angenommen werden kann.[290]

172 In zeitlicher Hinsicht ist § 10 Abs 2 für die Hinzurechnung bei der ausl Familienstiftung zu beachten. Danach gilt der Hinzurechnungsbetrag unmittelbar nach Ablauf des Wirtschaftsjahres der ausl ZwischenGes als zugeflossen, so dass bei einem dem Kalenderjahr entsprechenden Wirtschaftsjahr eine Zurechnung der Zwischeneinkünfte bei der ausl Familienstiftung und daran anschließend bei den Zurechnungsverpflichteten zeitverzögert im folgenden Kalenderjahr stattfindet.[291] Im Vergleich zu nachgelagerten Stiftungen (Abs 10, dazu Rn 185 ff) kommt es bei nachgelagerten ZwischenGes zu abweichenden Zurechnungszeitpunkten, wofür keine innere Legitimation besteht.[292]

173 Die zugerechneten passiven, niedrig besteuerten Zwischeneinkünfte sind Teil der Einkünfte der Stiftung, die den zurechnungsverpflichteten Personen nach Abs 1 zuzurechnen sind, so dass der Anwendungsbereich des Abs 8 eröffnet ist, wonach die von der Stiftung zugerechneten Einkünfte bei den zurechnungsverpflichteten Personen als Einkünfte aus Kapitalvermögen gelten.[293] Dies gilt auch für zugerechnete Einkünfte nachgelagerter ausl Zwischengesellschaften.[294] Da bei unmittelbarer Beteiligung der zurechnungsverpflichteten Personen (Stifter und/oder Destinatäre) an der ausl ZwischenGes § 3 Nr 40 S 1 Buchstabe d und § 32d EStG sowie § 8b Abs 1 KStG auf den Hinzurechnungsbetrag nicht anwendbar wären, sind diese Regelungen nach Abs 8 auf den Zurechnungsbetrag, der auf nachgelagerte ausl Zwischengesellschaften entfällt, auch nicht anwendbar.[295]

174 Die Einkünfte der Zwischengesellschaft werden der ausl Familienstiftung nach ihrem Anteil am Nennkapital der Zwischengesellschaft hinzugerechnet. Bei davon abweichenden inkongruenten Gewinnverteilungsabreden ist aufgrund des klaren Wortlauts in Abs 9 eine analoge Anwendung von § 7 Abs 5 ausgeschlossen.[296]

175 **Beispiel 13:** Eine ausl Familienstiftung ist an einer ausl Ges zu 10 % am Nennkapital beteiligt. Aufgrund einer abweichenden Gewinnverteilungsabrede ist die ausl Familienstiftung zu 90 % am Gewinn beteiligt (disquotale Gewinnverteilung). Bezugsberechtigt sind die unbeschränkt steuerpflichtigen Kinder A und B des verstorbenen Stifters jeweils zu 50 %. Die

289 *F/W/B/S* § 15 AStG Rn 305.
290 *F/W/B/S* § 15 AStG Rn 306.
291 *F/W/B/S* § 15 AStG Rn 312; *Kraft/Preil/Moser* IStR 2016, 99.
292 *F/W/B/S* § 15 AStG Rn 312.
293 *Lademann* § 15 AStG Rn 87.
294 *Lademann* § 15 AStG Rn 74.
295 *F/W/B/S* § 15 AStG Rn 266; *S/K/K* § 15 AStG Rn 77; *Blümich* § 15, Rn 118; *W/S/G* § 15 AStG Rn 46; offen: *Lademann* § 15 AStG Rn 87 f.
296 *Lademann* § 15 AStG Rn 89; *Blümich* § 15, Rn 122; *Rohde/Enders* BB 2014, 1498, Fn 35; *Kraft/Moser/Gebhardt* DStR 2012, 1778.

ausl Ges erzielt Zwischeneinkünfte mit Kapitalanlagecharakter. Die ausl Ges thesauriert ihre Gewinne. Die weiteren Gesellschafter der ausl ZwischenGes sind in Deutschland nicht unbeschränkt oder erweitert beschränkt steuerpflichtig.[297]

Der ausl Familienstiftung und im Anschluss daran den unbeschränkt steuerpflichtigen bezugs- und anfallsberechtigten Kindern sind die Einkünfte der ausl ZwischenGes unabhängig von der Beteiligung am Gewinn zu 10 % zuzurechnen. Solange die ausl Zwischengesellschaft thesauriert, sind den Kindern A und B keine weiteren Einkünfte der ausl ZwischenGes zuzurechnen. **176**

Beispiel 14: Eine ausl Familienstiftung ist an einer ausl Ges zu 90 % am Nennkapital beteiligt. Aufgrund einer abweichenden Gewinnverteilungsabrede ist die ausl Familienstiftung zu 10 % am Gewinn beteiligt (disquotale Gewinnverteilung). Bezugsberechtigt sind die unbeschränkt steuerpflichtigen Kinder A und B des verstorbenen Stifters jeweils zu 50 %. Die ausl Ges erzielt Zwischeneinkünfte mit Kapitalanlagecharakter. Die weiteren Gesellschafter der ausl ZwischenGes sind in Deutschland nicht unbeschränkt oder erweitert beschränkt steuerpflichtig. **177**

Der ausl Familienstiftung und im Anschluss daran den unbeschränkt steuerpflichtigen bezugs- und anfallsberechtigten Kindern sind die Einkünfte der ausl ZwischenGes bei der ausl Familienstiftung und im Anschluss daran bei den Kindern A und B zu 90 % zuzurechnen. Dass die ausl Familienstiftung nur ein Gewinnbezugsrecht von 10 % hat und an die Kinder A und B somit auch nur 10 % zugewendet werden können, ist für die Zurechnung nach Abs 9 unbeachtlich. Nimmt man an, dass die ausl Zwischengesellschaft ihre Gewinne vollständig ausschüttet, wäre anstelle des tatsächlich ausgeschütteten Gewinnanteils von 10 % ein Anteil von 90 % zuzurechnen. Die Zurechnungsverpflichteten müssten in Höhe der Differenz von 80 % ein Einkommen versteuern, dass sie aufgrund der disquotalen Gewinnverteilungsabrede niemals erzielen könnten. Inwiefern eine solche Übermaßbesteuerung mit dem Grundgesetz vereinbar ist, erscheint mehr als fraglich. **178**

Ausl Steuern, die auf der Ebene der nachgeschalteten ausl Zwischengesellschaft anfallen, können nach Abs 9 iVm § 12 AStG auf die zugerechneten Einkünfte angerechnet werden. Bislang noch nicht höchstrichterlich geklärt ist, ob der Antrag auf Anrechnung vom unbeschränkt steuerpflichtigen Stifter bzw Bezugsberechtigten oder von der ausl Familienstiftung gestellt werden muss.[298] **179**

Abs 9 S 1 Alt 1 erfasst in jedem Fall einstufige Strukturen („Ist eine ausländische Familienstiftung … an einer Kapitalgesellschaft … beteiligt."). Abs 9 S 1 Alt 2 erfasst darüber hinaus aber auch mehrstufige Strukturen, indem der Gesetzeswortlaut ausführt: „… oder eine andere ausländische Stiftung iSd Abs 10 an einer Körperschaft … beteiligt." Dies folgt aus dem Verweis auf Abs 10, wonach eine Hinzurechnung einer anderen ausl Stiftung bei einer ausl Familienstiftung gemeint ist. **180**

Spätere Gewinnausschüttungen der ausl ZwischenGes an die ausl Familienstiftung werden zur Vermeidung einer Doppelbesteuerung nicht den zurechnungsverpflichteten Personen nach Abs 1 zugerechnet. Voraussetzung für die Abstandnahme von der Zurechnung nach Abs 1 ist, dass die den Gewinnausschüttungen zugrunde liegenden Beträge nachweislich bereits nach Abs 9 S 1 zugerechnet wurden. Es ist für die **181**

297 In Anlehung an *Kraft/Moser/Gebhardt* DStR 2012, 1778.
298 Vgl dazu *Kraft/Preil/Moser* IStR 2016, 99.

Abstandnahme von der Zurechnung nach Abs 1 unbeachtlich, wem und in welchem Umfang die Einkünfte der Zwischengesellschaft ursprünglich über Abs 1 zugerechnet wurden.[299] Gewinnausschüttungen von ZwischenGes werden über den Wortlaut des Gesetzes hinaus auch dann nicht zugerechnet, wenn die ihnen zugrunde liegenden Beträge ursprünglich aufgrund von Abs 6 nicht der Zurechnung nach Abs 1 unterlagen.[300]

182 Sind die Gewinnausschüttungen steuerlich durch Abs 9 S 2 freigestellt, ist eine Anrechnung von auf die Gewinnausschüttung erhobenen ausl Quellensteuern nicht möglich, zumal § 15 Abs 5 keinen entspr Verweis enthält. Auch ein Abzug von ausl Quellensteuern kommt nicht in Betracht.[301] Fraglich ist außerdem, ob diese Befreiung von der Zurechnung auch für Gewinne aus der Veräußerung der Beteiligung durch die ausl Stiftung gilt, was naheliegend erscheint.[302]

183 Die Beweislast für die bereits erfolge Zurechnung nach Abs 9 S 1 trägt der unbeschränkt steuerpflichtige Zurechnungspflichtige, was Probleme in Bezug auf den Nachweis mit sich bringen kann.[303] Der Steuerpflichtige muss mithin nachweisen, dass die Gewinnausschüttungen bereits in früheren Jahren einer Hinzurechnungsbesteuerung unterlegen haben; das AStG sieht diesbezüglich kein Feststellungsverfahren vor. In der Praxis sollte die Nachweisführung durch den Zurechnungspflichtigen jedenfalls dann unterbleiben können, wenn er mangels Einflusses auf die ausl Familienstiftung die entsprechenden Informationen nicht beschaffen kann.[304]

184 Der Begriff der Gewinnausschüttung bestimmt sich nicht nach dem ausländischen Gesellschafts- oder Steuerrecht sondern nach deutschem Steuerrecht.[305] Von den Gewinnausschüttungen abzugrenzen sind Kapitalrückzahlungen[306] und Veräußerungsgewinne.

I. Mehrstöckige Familienstiftungen (Abs 10)

185 Durch Abs 10 werden ab dem VZ 2013 mehrstöckige Familienstiftungen in den Anwendungsbereich der Zurechnungsbesteuerung einbezogen, indem einer ausl Familienstiftung Vermögen und Einkünfte einer anderen ausl Stiftung anteilig zugerechnet werden, wenn die ausl Familienstiftung allein oder zusammen mit den in Abs 2 und 3 genannten Personen zu mehr als der Hälfte unmittelbar oder mittelbar bezugs- oder anfallsberechtigt ist. Während die Intention des Gesetzgebers insoweit verständlich ist, bleibt zu kritisieren, dass sich dadurch sämtliche Konstruktionsmängel des § 15 sowie sämtliche Unklarheiten in der Auslegung dieser Vorschrift, die oben dargelegt wurden, durch die Anwendung auf zwei Ebenen im Ergebnis verdoppeln.

186 Nach dem Wortlaut des Abs 10 kommt es nicht darauf an, wer die „andere ausl Stiftung" errichtet hat. Nach dem Wortlaut wird allein auf die Bezugs- und Anfallsberech-

---

299 *F/W/B/S* § 15 AStG Rn 332; *Lademann* § 15 AStG Rn 91.
300 *F/W/B/S* § 15 AStG Rn 332.
301 Vgl *Kraft/Schulz* IStR 2012, 902 f.
302 *F/W/B/S* § 15 AStG Rn 329.
303 Vgl *F/W/B/S* § 15 AStG Rn 386; *Blümich* § 15, Rn 134.
304 So *Rohde/Enders* BB 2014, 1498.
305 *F/W/B/S* § 15 AStG Rn 327.
306 Zu den Abgrenzungsschwierigkeiten von Gewinnausschüttungen und Kapitalrückzahlungen vgl *F/W/B/S* § 15 AStG Rn 328.

tigung an der ausl Stiftung abgestellt. Auch muss die „andere ausländische Stiftung" nicht die Qualifikationsmerkmale einer Familienstiftung erfüllen.[307]

Bei dem Zurechnungssubjekt nach Abs 10 muss es sich um eine ausl Familienstiftung iSd Abs 2, eine ausl Unternehmensstiftung iSd Abs 3 oder um ein nach Abs 4 gleichgestelltes sonstiges Zweckvermögen, eine Vermögensmasse, oder um eine rechtsfähige oder nichtrechtsfähige Personenvereinigungen handeln, so dass bspw auch ein ausl Trust Zurechnungssubjekt iSd Abs 10 sein kann.[308] Nach dem Regierungsentwurf zum JStG 2013 sollte in Abs 6 ein S 2 angefügt werden, der regelt, das das EU/EWR-Privileg bei Zurechnungen nach Abs 10 nicht gelten soll. Diese geplante Änderung ist aufgrund europarechtlicher Bedenken schlussendlich nicht in das AmtshilfeRLUmsG eingegangen.[309] Damit unterbleibt eine Zurechnung nach Abs 10 bei den Zurechnungsverpflichteten, wenn die ausl Familienstiftung in einem EU- oder EWR-Mitgliedstaat ansässig ist und die weiteren Voraussetzungen nach Abs 6 erfüllt sind (vgl oben Rn 142–156). Erfüllt die ausl nachgelagerte Stiftung nicht die Voraussetzungen nach Abs 6, sind ihre Einkünfte bei der ausl Familienstiftung zuzurechnen. Erfüllt aber die ausl Familienstiftung die Voraussetzungen des Abs 6, unterbleibt insoweit eine Zurechnung bei den Zurechnungsverpflichteten. **187**

Im Gegensatz zu Abs 2 und 3 werden in Abs 10 neben unmittelbaren explizit auch mittelbare Bezugs- und Anfallsberechtigungen einbezogen, wodurch sich die Probleme aufgrund der unbestimmten Begriffe potenzieren.[310] Aus dem Gesetz ergibt sich nicht, wann eine mittelbare Bezugs- oder Anfallsberechtigung vorliegt. Eine unmittelbare Bezugs- oder Anfallsberechtigung liegt bei mehrstöckigen Stiftungsstrukturen vor. Eine mittelbare Bezugs- oder Anfallsberechtigung wird bei Bezugs- und Anfallsberechtigungen von Gesellschaften, an denen eine ausl Familienstiftung beteiligt ist, anzunehmen sein.[311] **188**

Außerhalb des Anwendungsbereichs von Abs 10 bleiben doppelstöckige Stiftungen, bei denen die Unterstiftung zB zu 40 % der Versorgung der Familienmitglieder dient, zu 60 % aber eine zweite Stiftung bezugs- und anfallsberechtigt ist, wenn diese zweite (Ober-)Stiftung nicht selbst Familienstiftung ist (zB nur gemeinnützige Zwecke verfolgt). **189**

Die Zurechnung der Einkünfte einer nachgelagerten ausl Unterstiftung erfolgt auf Ebene der ausl Familienstiftung entspr ihrem Anteil. Hier ergeben sich die gleichen Schwierigkeiten wie bei der Ermittlung des Anteils der Zurechnung nach Abs 1 (vgl oben Rn 91–107). **190**

Gegenstand der Zurechnung sind die Einkünfte der nachgelagerten Stiftung. Darunter sind sämtliche Einkünfte der anderen ausl Stiftung gemeint und nicht nur die in Abs 9 genannten passiven Einkünfte. Der Gesetzgeber möchte so verhindern, dass eine ausl Familienstiftung ihre Einkünfte durch Zwischenschaltung einer nachgelagerten Stiftung der Zurechnung entzieht. Die Besteuerung soll daher so vorgenommen werden, als hätte die ausl Familienstiftung die Einkünfte der anderen ausl Stiftung selbst erzielt.[312] **191**

---

307 Vgl *Söffing* Steueranwalt International 2014/15, 101.
308 *Lademann* § 15 AStG Rn 95.
309 *F/W/B/S* § 15 AStG Rn 363, 309.
310 *F/W/B/S* § 15 AStG Rn 365.
311 *Lademann* § 15 AStG Rn 97; *F/W/B/S* § 15 AStG Rn 365.
312 *F/W/B/S* § 15 AStG Rn 360.

192 Die Zurechnung des Vermögens der nachgelagerten ausl Stiftung an die ausl Familienstiftung hat keinerlei steuerliche Konsequenzen, zumal eine Vermögenssteuer nicht erhoben wird. Für Zwecke der Erbschafts- und Schenkungssteuer gilt § 15 AStG nach Abs 1 S 2 generell nicht.

193 Spätere bzw allgemein tatsächliche Zuwendungen der ausl Unterstiftung an die ausl Familienstiftung werden zur Vermeidung einer Doppelbesteuerung nicht nach Abs 1 zugerechnet. Voraussetzung für die Abstandnahme von der Zurechnung nach Abs 1 ist, dass die den Zuwendungen zugrunde liegenden Beträge nachweislich bereits nach Abs 10 S 1 zugerechnet wurden. Die in Abs 10 S 2 geregelte Abstandnahme von der Zurechnung nach Abs 10 ist Parallelnorm zu Abs 9 S 2 und analog auszulegen (vgl oben Rn 181). Wiederum wird der Steuerpflichtige mit dem Nachweis belastet, dass bereits eine Zurechnungsbesteuerung der Zuwendungen erfolgt ist.

194 Der Begriff der Zuwendung wird in Abs 10 nicht definiert. Auch wenn der Begriff der Zuwendung im Einkommensteuerrecht an verschiedenen Stellen in einem zu Abs 10 abweichenden Kontext verwendet wird, sind unter Zuwendungen nach Abs 10 Leistungen iSd § 20 Abs 1 Nr 9 EStG zu verstehen.[313]

313 *F/W/B/S* § 15 AStG Rn 377.

Sechster Teil
Ermittlung und Verfahren

§ 16 Mitwirkungspflicht des Steuerpflichtigen

(1) Beantragt ein Steuerpflichtiger unter Berufung auf Geschäftsbeziehungen mit einer ausländischen Gesellschaft oder einer im Ausland ansässigen Person oder Personengesellschaft, die mit ihren Einkünften, die in Zusammenhang mit den Geschäftsbeziehungen zu dem Steuerpflichtigen stehen, nicht oder nur unwesentlich besteuert wird, die Absetzung von Schulden oder anderen Lasten oder von Betriebsausgaben oder Werbungskosten, so ist im Sinne des § 160 der Abgabenordnung der Gläubiger oder Empfänger erst dann genau bezeichnet, wenn der Steuerpflichtige alle Beziehungen offenlegt, die unmittelbar oder mittelbar zwischen ihm und der Gesellschaft, Person oder Personengesellschaft bestehen und bestanden haben.

(2) Der Steuerpflichtige hat über die Richtigkeit und Vollständigkeit seiner Angaben und über die Behauptung, dass ihm Tatsachen nicht bekannt sind, auf Verlangen des Finanzamts gemäß § 95 der Abgabenordnung eine Versicherung an Eides statt abzugeben.

BMF v 14.5.2004, Az IV B 4 – S 1340-11/04, BStBl I 2004, Sondernummer 1; *BMF* v 22.7.2005, Az IV B 4 – S 1341-4/05, BStBl I 2005, 818

Übersicht

Literatur: *Becker* Mitwirkungspflichten bei Auslandsbeziehungen, JbFfSt 1977/78, 132; *Frotscher* Mitwirkungs-, Nachweis- und Dokumentationspflichten im Internationalen Steuerrecht, in Lüdicke, Fortentwicklung der Internationalen Unternehmensbesteuerung, 2002, S 167; *Günther* Benennung von Gläubigern und Zahlungsempfängern nach § 160 AO, DB 1989, 1373; *Lindenthal* Mitwirkungspflichten des Steuerpflichtigen und Folgen ihrer Verletzung, 2006; *Müller* Steuerliche Mitwirkungspflichten des Außensteuergesetzes, DB 2011, 2743, *Neubauer* Mitwirkungspflichten bei Auslandsbeziehungen, JbFSt 1977/78, 110; *Olberts* Benennung von Zahlungsempfängern nach § 160 AO, DB 1990, 2289; *Reuß* Grenzen steuerlicher Mitwirkungspflichten, 1979; *J Schmidt* Rechts- und Geschäftsbeziehungen zu Domizilgesellschaften, IStR 1999, 398; *Schmitz* Empfängerbenennung bei Auslandssachverhalten – § 16 AStG oder § 160 AO?, IStR 1997, 193; *Talaska* Mitwirkungspflichten des Steuerpflichtigen im Spannungsfeld von Besteuerungs- und Steuerstrafverfahren, 2006; *Thesling* Steuerliches Verfahrensrecht und Europarecht, DStR 1997, 848.

A. Allgemeines

I. Bedeutung der Vorschrift

1 Bei grenzüberschreitenden Sachverhalten haben die Finanzbehörden regelmäßig nur begrenzte Ermittlungsmöglichkeiten. Vor diesem Hintergrund ist die Verfahrensvorschrift des § 16 zu sehen. Die Vorschrift erweitert unter besonderen Voraussetzungen bei grenzüberschreitenden Geschäftsbeziehungen die Benennungspflicht gem § 160 AO. Wie auch § 160 AO handelt es sich bei § 16 um eine **besondere Mitwirkungspflicht**, die über die allg und besonderen Mitwirkungspflichten nach § 90 AO hinausgeht.[1] Dem StPfl wird eine umfassende **Offenlegungspflicht** bei Geschäftsbeziehungen zu nicht oder nur unwesentlich besteuerten Personen **im Ausland** auferlegt. Nur bei einer völligen Offenlegung dieser Beziehungen können Schulden, andere Lasten, Betriebsausgaben oder Werbungskosten abgezogen werden. Ziel der Vorschrift ist daher nicht, eine ordnungsgemäße Besteuerung des ausl Geschäftspartners sicherzustellen. Vielmehr sollen **Gestaltungen des StPfl** zur Verkürzung von Steuern im Inland verhindert werden.[2] Die Behörde soll die Möglichkeit erhalten zu prüfen, ob der ausl Geschäftspartner eine nahe stehende Person oder der StPfl unmittelbar oder mittelbar an dem Geschäftspartner beteiligt ist.[3] Die Vorschrift dient dagegen nicht zur Festlegung einer **Beweislastregelung** im grenzüberschreitenden Geschäftsverkehr.[4] Durch die Verwendung der Begriffe „Betriebsausgaben", „Werbungskosten" sowie „Schulden und andere Lasten" wird der weite Anwendungsbereich der Vorschrift deutlich. Anwendung findet § 16 demnach auf **alle Einkunftsarten** iSd § 2 Abs 1 Nr 1–7 EStG sowie andere Steuergesetze (zB ErbschStG).[5]

II. Verhältnis zu anderen Vorschriften

2 Die allg Mitwirkungs- und Auskunftspflichten des StPfl sind im Wesentlichen in den §§ 90 Abs 1 und 93 AO geregelt. Bei Sachverhalten mit **Auslandsbezug** kommen ergänzend § 90 Abs 2 und 3 AO sowie die besonderen Benennungs- und Mitwirkungspflichten gem § 160 AO und § 16 hinzu.[6] Die Vorschriften schließen sich nicht gegenseitig aus, so dass der Behörde bei ihren Ermittlungen mehrere Gesetzesgrundlagen zur Verfügung stehen können. Die Behörde kann etwa ihr Auskunftsverlangen auch auf die §§ 90, 93 AO stützen, wenn der StPfl seiner Mitwirkungspflicht nach § 16 nicht ausreichend nachgekommen ist und bereits ein Abzugsverbot angeordnet worden ist.[7] Insoweit bestehen zwischen den Vorschriften teilw Überschneidungen.

3 Nur zusammen betrachtet werden können § 160 AO und § 16, wegen der ausdrücklichen Verknüpfung in der **Rechtsfolge**. Trotz dieser gesetzestechnischen Verbindung bestehen zwischen den Vorschriften allerdings deutliche systematische Unterschiede.[8]

1 *Frotscher* S 200; *Reuß* S 87; *Schmidt* IStR 1999, 399.
2 *Blümich* § 16 AStG Rn 9; *F/W/B/S* § 16 AStG Rn 46; **aA** *B/K/L/M/R* § 16 AStG Rn 2 (Bekämpfung der int Steuerausweichung).
3 *Frotscher* S 218.
4 *F/W/B/S* § 16 AStG Rn 4.
5 *S/K/K* § 16 AStG Rn 16; *F/W/B/S* § 16 AStG Rn 4, 12 und 41; *B/K/L/M/R* § 16 AStG Rn 1.
6 Bei Geschäftsbeziehungen zu sog nicht kooperierenden Staaten und Gebieten ist § 51 Abs 1 Nr 1 Buchstabe f EStG zu beachten. S hierzu *BMF* BStBl I 2010, 19.
7 *Frotscher* S 216.
8 Zu weiteren Abgrenzungsfragen zwischen § 160 AO und § 16 ausf *Schmitz* IStR 1997, 193.

Während § 160 AO eine allg Benennungspflicht und nach hM eine Art Gefährdungshaftung des StPfl für mögliche Steuerverkürzungen durch einen Gläubiger oder Zahlungsempfänger zum Inhalt hat, kommt § 16 nur bei Geschäftsbeziehungen zum Ausland zur Anwendung und dient der Verhinderung von Steuerverkürzungen beim StPfl selbst.[9] Ferner hat der StPfl iRd § 160 AO lediglich Gläubiger und Schuldner genau zu benennen, wohingegen § 16 eine umfassende Offenlegung aller Beziehungen verlangt. Daher darf § 16 nicht als eine allgemeingültige „Präzisierung" der Voraussetzungen des § 160 AO verstanden werden. Vielmehr wird in den Fällen der Anwendbarkeit des § 16 Abs 1 unter den dort genannten **weiteren Voraussetzungen** das Tatbestandsmerkmal der **„genauen Benennung"** iSd § 160 Abs 1 S 1 AO konkretisiert.[10] Mit anderen Worten bedient sich § 16 nicht nur der Rechtfolge des § 160 AO, sondern greift auch in Teilen auf dessen Tatbestandsvoraussetzungen zurück und fügt eigene Voraussetzungen hinzu. Schutzobjekt beider Vorschriften ist jedoch ausschließlich die inländische Besteuerung.[11]

Ähnliche Offenlegungspflichten wie in § 16 finden sich auch in § 17. Letztere Vorschrift ist jedoch nach hM in dem Bereich der zwischengeschalteten Ges, ZwischenGes und Familienstiftungen (§§ 5 und 7–15) die speziellere und damit vorrangig anzuwendende Norm (dazu auch § 17 Rn 7).[12] Ein Anwendungsbereich für § 16 verbleibt allerdings für solche Fälle, in denen zwar ZwischenGes betroffen sind, es aber nicht um Fragen der Hinzurechnungsbesteuerung geht, sondern § 1 Anwendung findet (zB bei Lieferungs- und Leistungsbeziehungen).[13] 4

III. Vereinbarkeit mit den Grundfreiheiten des EGV

Den StPfl trifft gg der Finanzbehörde nur dann eine erhöhte Offenbarungspflicht nach 5
§ 16, wenn sein Geschäftspartner im Ausland ansässig ist. Diese Differenzierung zu den übrigen Mitwirkungspflichten gem §§ 90 Abs 1 und 160 AO und die Tatsache, dass die erhöhten Offenbarungspflichten Geschäftsbeziehungen zu Mitgliedsstaaten der EU behindern oder weniger attraktiv machen könnten, lassen die Regelung des § 16 als aus europarechtlicher Sicht bedenklich erscheinen. Eine Ungleichbehandlung und damit eine Unvereinbarkeit mit Europarecht lägen allerdings dann nicht vor, wenn auch für Inlandsfälle derartig weit reichende Offenbarungspflichten vorgesehen sind. Die Diskussion im Schrifttum dreht sich daher letztlich um die Frage, ob der Regelungsgehalt des § 16 denen der §§ 90 Abs 1 und 160 AO entspricht oder darüber hinausgeht. Gg letztere Ansicht spricht, dass zwar nach § 16 alle Beziehungen offen zu legen sind, der weite Anwendungsbereich jedoch dadurch erheblich eingeschränkt wird, dass nur steuerlich relevante Tatsachen betroffen sind, die in dem Verantwortungsbereich des Steuerpflichtigen liegen. Im Übrigen ist auch die Annäherung des § 160 AO an die Vorschrift des § 16 durch die Rspr zu beachten. Nach dieser wurden die Anforderungen an eine Empfängerbenennung deutlich ausgeweitet, so dass auch der hinter einer Ges stehende sog wirtschaftliche Empfänger unter die Benennungs-

9 *F/W/B/S* § 16 AStG Rn 45; zur Diskussion über den Zweck des § 160 AO *Tipke/Kruse* § 160 AO Rn 1ff sowie 26.

10 *BGH* BStBl II 2007, 855; krit *Lindenthal* S 49.

11 *Frotscher* S 219.

12 *F/W/B/S* § 16 AStG Rn 4.1; *Blümich* § 16 AStG Rn 13; *S/K/K* § 16 AStG Rn 4; *Frotscher* S 221; *B/K/L/M/R* § 16 AStG Rn 27.

13 *Frotscher* S 221.

pflicht fällt.[14] Zudem sieht der Regelungsbereich des § 90 Abs 1 AO sehr umfangreiche Mitwirkungspflichten vor, nach denen der StPfl alle für die Besteuerung erheblichen Tatsachen vollständig und wahrheitsgemäß offen zu legen hat. Da letztere Verpflichtung gleichermaßen auch für ausl Sachverhalte gilt, bleibt die Vorschrift nicht hinter § 16 zurück. Eine unzulässige Beschränkung der Grundfreiheiten liegt somit nicht vor.[15]

B. Voraussetzungen

I. Beantragung durch den Steuerpflichtigen

6 Eine **Beantragung** durch den StPfl liegt vor, wenn Abzugsbeträge gg dem Finanzamt **geltend gemacht** werden.[16] Auf die Einhaltung einer bestimmten **Form** (zB mündlich, schriftlich oder konkludent aus dem Zusammenhang mit Buchführungsunterlagen) kommt es nicht an. Insoweit ist auf die Erfordernisse in den einschlägigen Einzelgesetzen abzustellen.[17]

7 **StPfl** ist nach § 33 Abs 1 AO, wer eine Steuer schuldet, für eine Steuer haftet, eine Steuer für Rechnung eines Dritten einzubehalten und abzuführen hat, wer eine Steuererklärung abzugeben, Sicherheit zu leisten, Bücher und Aufzeichnungen zu führen oder andere ihm durch Steuergesetze auferlegte Verpflichtungen zu erfüllen hat. Die Frage, wann diese Kriterien (zB Steuerschuldnerschaft) erfüllt sind, ist wiederum an Hand der jeweiligen Einzelgesetze zu beantworten. In jedem Fall sind vom Anwendungsbereich des § 16 gleichermaßen (erweitert) beschränkt und unbeschränkt StPfl betroffen.

II. Berufung auf Geschäftsbeziehungen im Ausland

8 Der Begriff **„Geschäftsbeziehungen"** ist in § 1 Abs 4 definiert. Danach ist eine Geschäftsbeziehung jede den Einkünften zugrunde liegende **schuldrechtliche Beziehung**, die keine gesellschaftsvertragliche Vereinbarung ist und entweder beim StPfl oder bei der nahe stehenden Person Teil einer Tätigkeit ist, auf die die §§ 13, 15, 18 oder § 21 EStG anzuwenden sind oder im Fall eines ausl Nahestehenden anzuwenden wären, wenn die Tätigkeit im Inland vorgenommen würde (dazu § 1 Rn 94 ff). Diese Definition gilt für § 16 entspr, allerdings mit der Maßgabe, dass es sich **nicht um nahe stehende Personen** (zB iSd § 1 Abs 2) handeln muss.[18] Durch die Offenlegungspflicht soll gerade überprüft werden, ob eine solche Nähebeziehung zwischen den Geschäftspartnern besteht. Erfasst sind damit unterschiedslos alle Arten von Geschäftsbeziehungen. Private oder ausschließlich gesellschaftsrechtliche (zB bloße Beteiligung an einer ausl Ges) fallen indes nicht unter die Tatbestandsvoraussetzungen von § 16.[19] Begrifflich setzt die Vorschrift zudem eine „Beziehung", dh ein Verhältnis zwischen

14 *BFH/NV* 1995, 2; *BFH/NV* 1988, 208; BStBl II 1987, 48.

15 Ausf *Frotscher* S 223 f; **aA** *Lindenthal* S 49; *Thesling* DStR 1997, 857; *S/K/K* § 16 AStG Rn 10; *Lademann* § 16 AStG Rn 7; *Kraft* § 16 AStG Rn 4 ff.

16 *F/W/B/S* § 16 AStG Rn 6.

17 *S/K/K* § 16 AStG Rn 13.

18 *BMF* BStBl I 2004, Sondernr 1, Tz 16.1.1.

19 Zutr *F/W/B/S* § 16 AStG Rn 6m Hinw auf *BFH* BStBl II 1990, 875; **aA** *B/K/L/M/R* § 16 AStG Rn 4.

zwei verschiedenen Personen voraus.[20] Nicht erfasst sind somit grenzüberschreitende Beziehungen zwischen Stammhaus und einer Betriebsstätte oder zweier Niederlassungen eines StPfl.[21] Daran hat sich sich auch aufgrund der Fiktion in § 2 Abs 4 S 1 Nr 2 nichts geändert.

Die Geschäftsbeziehungen können zu einer **ausl Ges** oder einer **im Ausland ansässigen Person** (zB natürliche oder juristischen Person, Stiftung, nicht aber Sondervermögen) oder **PersGes** bestehen. Um eine ausl Ges (nicht zwingend ZwischenGes iSd §§ 7, 8) handelt es sich, wenn diese weder Sitz oder Geschäftsleitung im Inland hat, noch gem § 3 Abs 1 KStG von der Körperschaftsteuerpflicht ausgenommen ist (§ 7 Abs 1). Für die Frage, ob eine Person im Ausland ansässig ist, kann auf die abkommensrechtlichen Kriterien zurückgegriffen werden (dazu Art 4 Rn 25 ff MA).[22] Bei PersGes gestaltet sich die Beurteilung hingegen schwieriger, da im dt Steuerrecht auf die Ansässigkeit der Mitunternehmer abgestellt wird. Ausgeschlossen ist die Anwendung von § 16 daher in solchen Fällen, in denen nur ein Teil der Mitunternehmer im Ausland ansässig ist.[23] Gemeinsam haben alle denkbaren Konstellationen mit einem ausl Geschäftspartner, dass für eine erhöhte Offenlegungspflicht iSv § 16 immer dann kein Bedarf besteht, wenn der Geschäftspartner mit den Einkünften, die aus den Geschäftsbeziehungen resultieren, **im Inland** sachlich beschränkt oder unbeschränkt **steuerpflichtig** (zB durch Zuordnung zu einer inländischen Betriebsstätte oder wegen einer Geschäftsleitung im Inland) ist.[24] 9

Die Absetzung von Schulden, Lasten, Betriebsausgaben oder Werbungskosten muss der StPfl **unter Berufung** auf die Geschäftsbeziehungen mit einem ausl Geschäftspartner gg dem Finanzamt geltend machen. Ähnlich wie bei der Beantragung (dazu Rn 6) sind hieran keine engen formalen Maßstäbe anzulegen. Es reicht jede Erklärung von Abzugsbeträgen (auch erst im Rahmen einer Außenprüfung oder des Rechtsbehelfsverfahrens), die mit einer ausl Geschäftsbeziehung in Verbindung gebracht werden. Allerdings muss zwischen den Abzugsbeträgen und den Geschäftsbeziehungen ein **wirtschaftlicher Zusammenhang** bestehen, dh die Ausgaben oder Schulden müssen durch die ausl Geschäftsbeziehungen **veranlasst** (zB iSd § 4 Abs 4 oder § 9 Abs 1 EStG) sein.[25] Für einen wirtschaftlichen Zusammenhang ist es dabei weder erforderlich, dass die Ausgaben oder Schulden im Ausland entstanden oder getätigt wurden, noch, dass die ausl Person oder PersGes Empfänger der Abzugsbeträge ist.[26] 10

Der Hinweis auf die ausl Geschäftsbeziehungen kann grds auch zeitlich nach der Erklärung der Abzugsbeträge erfolgen. Die Tatbestandsvoraussetzungen des § 16 sind in derartigen Fällen ab dem Zeitpunkt erfüllt, zu dem der Hinweis auf die ausl Geschäftsbeziehung erfolgt ist.[27] Sind die Ausgaben und Schulden **nur zum Teil** durch 11

---

20 *B/K/L/M/R* § 16 AStG Rn 5.

21 *F/W/B/S* § 16 AStG Rn 11; *B/K/L/M/R* § 16 AStG Rn 5.

22 *F/W/B/S* § 16 AStG Rn 18; **aA** *B/K/L/M/R* § 16 AStG Rn 7.

23 *S/K/K* § 16 AStG Rn 24; **aA** *Lademann* § 16 AStG Rn 11; *F/W/B/S* § 16 AStG Rn 20 (analoge Anwendung der Bestimmungen für Körperschaften).

24 *F/W/B/S* § 16 AStG Rn 13.1; *S/K/K* § 16 AStG Rn 23; vgl auch *BFH/NV* 1988, 208. Zur Zuordnung von Geschäftsbeziehungen zu einem inländischen Stammhaus oder einer ausl Betriebsstätte *BMF* BStBl I 2005, 818.

25 *S/K/K* § 16 AStG Rn 17; *F/W/B/S* § 16 AStG Rn 13 und 14.

26 *S/K/K* § 16 AStG Rn 17; *Frotscher* S 218.

27 *F/W/B/S* § 16 AStG Rn 14.

ausl Beziehungen veranlasst, ist § 16 nur auf den Teil anzuwenden, der ohne die ausl Beziehungen nicht entstanden wäre.[28]

III. Keine oder nur unwesentliche Besteuerung der Einkünfte

12 Der ausl Geschäftspartner muss mit seinen **Einkünften**, die in Zusammenhang mit den Geschäftsbeziehungen zu dem StPfl stehen, **nicht oder nur unwesentlich besteuert** werden. Maßgeblich für die Beurteilung ist die Ertragsteuerbelastung.[29] Zu berücksichtigen sind damit neben Einkommen- und Körperschaftsteuern und deren evtl Annexsteuern auch Gewerbeertragsteuern, nicht dagegen Steuern vom Vermögensbestand oder auf die Verwendung von Einkommen oder Vermögen.[30] Für § 16 ist es unerheblich, welcher Staat (oder Stadt, Gemeinde, Provinz) die Steuern erhebt, so dass auch inländische oder von Drittstaaten erhobene Quellensteuern einzubeziehen sind.[31] Gleiches gilt für evtl erhobene Betriebsstättensteuern. Als Grundlage für die Betrachtung des Besteuerungsniveaus der Einkünfte sind ausschließlich die **ausl Gewinnermittlungsvorschriften** maßgeblich, da mangels inländischer StPfl des Geschäftspartners eine Gewinnermittlung nach innerstaatlichen Vorschriften regelmäßig nicht zur Verfügung steht.[32] Es genügt iÜ, dass die unwesentliche Besteuerung nur für einen Teil der Einkünfte besteht, wenn die Einkünfte aus der fraglichen Geschäftsbeziehung hierzu gehören. Nicht erforderlich ist es, dass die Einkünfte aus passivem Erwerb iSd § 8 Abs 1 stammen.[33]

13 Nach den Tatbestandsvoraussetzungen des § 16 ist nicht danach zu differenzieren, aus welchen Gründen eine Nichtbesteuerung (zB persönliche Steuerbefreiungen) oder unwesentliche Besteuerung (zB Absprachen) stattgefunden hat. Entscheidend ist allein die im konkreten Einzelfall **tatsächliche Steuerbelastung**.[34] Allerdings sind die Einkünfte isoliert zu betrachten, **die in Zusammenhang mit den Geschäftsbeziehungen zu dem StPfl stehen** (zB Gewinn aus einer Lieferung oder Leistung). Heranzuziehen ist mE jedoch der für die gesamte Bemessungsgrundlage geltende (uU höhere) Steuertarif. Führen Verlustverrechnungen mit anderen Einkünften zu keiner oder einer unwesentlichen Besteuerung beim Geschäftspartner, ist der Anwendungsbereich des § 16 nicht eröffnet. Problematisch sind hingegen solche Fälle, in denen der Geschäftspartner im Rahmen eines bestimmten Geschäftes mit dem StPfl oder der Geschäftsbeziehung mit diesem insgesamt einen Verlust erleidet und aus diesem Grund keine oder nur eine unwesentliche Besteuerung erfolgt. In solchen Fällen, ist dann für die Beurteilung auf den üblicherweise zu erwartenden Gewinn und die darauf normalerweise entfallende Steuerbelastung abzustellen, um unbillige Offenbarungspflichten des StPfl zu vermeiden.[35]

---

28 *F/W/B/S* § 16 AStG Rn 13.

29 Vgl *BMF* BStBl I 2004, Sondernr 1, Tz 16.1.2.

30 *F/W/B/S* § 16 AStG Rn 23; **aA** *S/K/K* § 16 AStG Rn 32 (alle Steuern, die auch nur mittelbar an den Ertrag anknüpfen).

31 *F/W/B/S* § 16 AStG Rn 23; *S/K/K* § 16 AStG Rn 31; *B/K/L/M/R* § 16 AStG Rn 9.

32 *B/K/L/M/R* § 16 AStG Rn 8; *Lademann* § 16 AStG Rn 14; **aA** *Kraft* § 16 AStG Rn 25.

33 *BMF* BStBl I 2004, Sondernr 1, Tz 16.1.2.

34 AA *Mössner/Fuhrmann* § 16 AStG Rn 12f.

35 *F/W/B/S* § 16 AStG Rn 27; **aA** *S/K/K* § 16 AStG Rn 29 (danach soll es darauf ankommen, ob die sachliche Steuerbefreiung auch im Inland gewährt werden würde).

Nicht abschließend geklärt ist hingegen, ab welchem Steuersatz eine Besteuerung als **unwesentlich** einzustufen ist. Die Finanzverwaltung orientiert sich an § 8 Abs 3 und nimmt eine unwesentliche Besteuerung an, wenn eine Ertragsteuerbelastung von weniger als 25 vH besteht.[36] Bereits die Wortlautauslegung lässt an der Auffassung der Finanzverwaltung zweifeln, besteht doch bereits sprachlich ein Unterschied zwischen den Formulierungen „niedrige" und „nur unwesentliche" Besteuerung. Ein Blick auf die Historie der Gesetzgebung verdeutlicht schließlich, dass sich der Gesetzgeber ganz bewusst gg eine zunächst vorgesehene Verweisung auf § 8 Abs 3 entschieden hat.[37] Der vom Gesetzgeber verwendete unbestimmte Rechtbegriff bedarf somit einer eigenständigen Auslegung. Der Rückgriff auf ähnliche Begriffe und Grenzwerte im AStG und anderen Gesetzen, die keinerlei inhaltliche Nähe zu § 16 aufweisen, wirkt dabei künstlich.[38] Die Wesentlichkeitsgrenze kann nur im Einzelfall in Relation zum Steuertarif ermittelt werden, der für den ausl Geschäftspartner des StPfl im Inland einschlägig gewesen wäre. In Relation zu den derzeit im Inland geltenden Steuersätzen, wird zumindest bei Körperschaften regelmäßig eine Besteuerung im Ausland in Höhe von bis zu **10 vom Hundert** als nur unwesentlich einzustufen sein.[39] Gleichwohl bleibt der Gesetzgeber aufgefordert, an dieser Stelle der Vorschrift für ausreichend Klarheit zu sorgen. Vorzugsweise ist eine Regelung zu finden, welche dem Steuerwettbewerb auch unter den Industriestaaten und der Verwirklichung des europäischen Binnenmarktes in zeitgemäßer Weise Rechnung trägt.[40] **14**

Das Fehlen einer Besteuerung oder das Vorliegen einer unwesentlichen Besteuerung im Ausland ist als Tatbestandsvoraussetzung von der Behörde **nachzuweisen**.[41] Allerdings sind an die Beweispflicht nicht unverhältnismäßig hohe Anforderungen zu stellen. Ausreichend ist es, wenn im konkreten Einzelfall eine nur unwesentliche Besteuerung ganz überwiegend wahrscheinlich ist. Dies ist regelmäßig dann anzunehmen, wenn es sich bei dem Geschäftspartner um vorwiegend steuerlich motivierte Konstruktionen handelt (zB DomizilGes) oder eine ausreichende Steuerbelastung bereits aus rechtlichen Gründen in dem betreffenden Staat nicht erwartet werden kann (zB wegen eines niedrigen Höchststeuersatzes).[42] Dagegen verbietet sich ein Rückgriff der Behörde auf Steuerunterlagen anderer StPfl als Informationsquelle wegen des diesen gg zu wahrenden Steuergeheimnisses.[43] **15**

---

36 *BMF* BStBl I 2004, Sondernr 1, Tz 16.1.2; krit *Frotscher* S 217.

37 Ausf mit Abdruck der Entwürfe *F/W/B/S* § 16 AStG Rn 25; *Blümich* § 16 AStG Rn 17.

38 Ähnlich *Frotscher* S 217.

39 So iE auch *F/W/B/S* § 16 AStG Rn 25; *Blümich* § 16 AStG Rn 17; *Lademann* § 16 AStG Rn 15; *Kraft* § 16 AStG Rn 27; *W/S/G* § 16 AStG Rn 30; für eine Steuerquote deutlich unter 10 vom Hundert *S/K/K* § 16 AStG Rn 36; **aA** *B/K/L/M/R* § 16 AStG Rn 10; *Schmitz* IStR 1997, 195 (für eine aus § 1 Abs 2 Nr 1 abgeleitete Grenze).

40 Zur Kritik auch *S/K/K* § 16 AStG Rn 36.

41 Ganz hM *S/K/K* § 16 AStG Rn 25; *Frotscher* S 216 f; *Schmitz* IStR 1997, 196; *Neubauer* JbFSt 1977/78, 127; *Kraft* § 16 AStG Rn 29; *Lademann* § 16 AStG Rn 14; *Müller* DB 2011, 2744.

42 Ähnlich *B/K/L/M/R* § 16 AStG Rn 12; idS wohl auch *Frotscher* 2002 S 216; mit Bedenken auch *F/W/B/S* § 16 AStG Rn 29.1 und 31; **aA** *Schmitz* IStR 1997, 196 (tatsächlicher Steuersatz muss dargelegt und bewiesen werden).

43 *S/K/K* § 16 AStG Rn 25; *F/W/B/S* § 16 AStG Rn 22.

IV. Lasten, Ausgaben und Kosten

16 Relevant wird § 16 nur dann, wenn der StPfl die Absetzung von Schulden oder anderen Lasten oder von Betriebsausgaben oder Werbungskosten begehrt. Der Begriff der **Absetzung** ist, wie sich aus dem weiteren Wortlaut der Vorschrift ergibt, nicht zwingend in Zusammenhang mit Abnutzungen oder Substanzverringerungen zu sehen, sondern muss allgemeinverständlich verstanden werden. Er steht somit für jedweden Ansatz **einkunfts- oder vermögensmindernder Beträge**.[44]

17 In Abgrenzung zu den auch in § 16 genannten Betriebsausgaben und Werbungskosten, die als ertragsteuerliche Begriffe einzuordnen sind, müssen **Schulden und andere Lasten** in einem vermögensteuerlichen Sinn verstanden werden. Als Lasten gelten dabei alle Verpflichtungen gleich welcher Art (zB Nießbrauch), während der Begriff der Schulden alle Verpflichtungen zu einer einmaligen Leistung (auch in Raten) umfasst.[45] Für **Betriebsausgaben** und **Werbungskosten** finden sich jeweils, die auch für § 16 anzuwendenden, Legaldefinitionen in § 4 Abs 4 bzw § 9 Abs 1 EStG. Bei aktivierungspflichtigen Anschaffungs- oder Herstellungsvorgängen sind als Betriebsausgaben die Anschaffungs- oder Herstellungskosten anzusehen.[46] Wegen der Zweckrichtung des § 16, eine unzulässige Vermögens- und Gewinnverlagerung in das Ausland zu verhindern, kommt die Vorschrift bei **nichtabzugsfähigen Betriebsausgaben** (§ 4 Abs 5 und 6 EStG) nicht zur Anwendung.[47]

18 Die Offenbarungspflicht des StPfl tritt dann ein, wenn eine Absetzung **in Anspruch genommen wird**. Für aktivierungspflichtige Wirtschaftsgüter ist dies der Zeitpunkt der Abschreibung. IÜ ist bei der Gewinnermittlung nach den §§ 4 Abs 1 oder 4 Abs 3 EStG auf den Zeitpunkt der wirtschaftlichen Entstehung der Betriebsausgabe bzw den Zeitpunkt des Abflusses abzustellen (zB Zahlung).[48]

V. Offenlegungspflicht aller Beziehungen

19 Die Behörde hat im Rahmen des ihr zustehenden **Entschließungsermessens** zunächst pflichtgemäß zu prüfen, ob sie vom StPfl die Offenlegung aller Beziehungen verlangen kann.[49] Sind die ihr bereits vorliegenden Angaben zur Klärung des Sachverhaltes ausreichend, muss die Behörde von den Möglichkeiten des § 16 absehen. Nach stRspr ist das Verlangen der Finanzbehörde zur Offenlegung **kein Verwaltungsakt** iSd § 118 AO, sondern stellt lediglich eine Vorbereitungshandlung zum Erlass eines solchen dar,[50] während die hM zu Recht, nicht zuletzt wegen der materiell-rechtlichen Folgen und der Ähnlichkeit zu § 93 AO, das Vorliegen eines Verwaltungsaktes bejaht.[51] Die Offenbarungspflicht endet dort, wo es dem StPfl aus rechtlichen oder tatsächlichen Gründen unmöglich wird, dem Auskunftsverlangen der Behörde nachzukommen. Unterstellt die Behörde lediglich das Bestehen einer gesellschaftsrechtlichen Beziehung zu einem

---

44 *F/W/B/S* § 16 AStG Rn 39.
45 *Tipke/Kruse* § 160 AO Rn 8; *F/W/B/S* § 16 AStG Rn 41; *Günther* DB 1989, 1373.
46 *BMF* BStBl I 2004, Sondernr 1, Tz 16.1.4.
47 *F/W/B/S* § 16 AStG Rn 42; *S/K/K* § 16 AStG Rn 41; vgl auch *BFH* 1982, 394.
48 *F/W/B/S* § 16 AStG Rn 43.
49 *Becker* JbFfSt 1977/78, 138.
50 *BFH* BStBl II 1988, 927; krit *F/W/B/S* § 16 AStG Rn 47; **aA** *B/K/L/M/R* § 16 AStG Rn 15.
51 *Tipke/Kruse* § 160 AO Rn 12; *Schwarz* § 160 AO Rn 11; differenzierend *H/H/S* § 160 Rn 48; **aA** *Lademann* § 16 AStG Rn 17; *Kraft* § 16 AStG Rn 8.

Geschäftspartner im Ausland, kann es nicht dem StPfl überlassen bleiben das Nichtbestehen einer derartigen Beziehung darzulegen.[52] Genauso wenig muss der StPfl einem sonst unbilligen, unverhältnismäßigen oder unzumutbaren Auskunftsverlangen nachkommen (zB bei wirtschaftlicher Existenzgefährdung).[53] **Ausl Verbotsnormen** führen allerdings nicht bereits dazu, dass ein Offenlegungsverlangen von vornherein unverhältnismäßig oder unzumutbar wird.[54] Bei der Frage der Zumutbarkeit und Verhältnismäßigkeit wird in den Fällen int Steuergestaltungsmodelle als Maßstab letztlich auch der vom StPfl betriebene Gestaltungsaufwand heranzuziehen sein.[55]

Da das Offenlegungsverlangen der Behörde nach stRspr noch **kein Verwaltungsakt** ist, erlangt der StPfl **Rechtschutz** gg ein unverhältnismäßiges Auskunftsverlangen erst im Rechtsbehelfsverfahren gg den entspr Steuer- oder Feststellungsbescheid. Das von der Behörde ausgeübte Entschließungsermessen wird dann im Zuge des Einspruchs- oder Klageverfahrens umfassend überprüft.[56] 20

Der StPfl ist seiner Mitwirkungspflicht erst dann nachgekommen, wenn er neben dem Namen und der Anschrift des Geschäftspartners **alle unmittelbaren oder mittelbaren Beziehungen** (Geschäftsbeziehungen, gesellschaftsrechtliche aber uU auch außergeschäftliche Beziehungen), die zu der Person im Ausland bestehen oder bestanden haben, offen gelegt hat.[57] Sind wirtschaftlicher **Gläubiger** oder **Empfänger** der Schuld bzw der Ausgaben nicht identisch mit dem Geschäftspartner, sind auch diese offen zu legen.[58] Zu den offen zu legenden Tatsachen gehören solche, die für eine steuerliche Beurteilung von Bedeutung sein können (zB Name, Adresse, Rechtsform, GesVertrag). Der StPfl hat hierbei alle für ihn bestehenden **rechtlichen und tatsächlichen Möglichkeiten** auszuschöpfen (vgl § 90 Abs 2 S 2 AO).[59] Er muss auch im Rahmen der ihm obliegenden Beweisvorsorgepflicht Beweismittel nicht nur benennen, sondern erforderliche Unterlagen auch beschaffen.[60] In Betracht kommen als steuerlich relevante Tatsachen insb unmittelbare oder mittelbare Beteiligungs- und Beherrschungsverhältnisse zwischen dem Geschäftspartner und dem StPfl, Treuhand- und alle Arten von Geschäftsverträgen (zB Dienst-, Werk-, oder Geschäftsbesorgungsverträge) sowie sonstige Geschäftsunterlagen, die mit der ausl Geschäftsbeziehung in Zusammenhang stehen.[61] Wie sich aus dem Begriff „Beziehungen" ergibt, handelt es sich zwingend um ein Verhältnis zwischen mindestens zwei Personen, so dass die Offenlegung von Tatsachen, die ausschließlich **in der Sphäre einer Person** liegen (zB Kalkulationen, Kundenlisten und sonstige Betriebsgeheimnisse), von der Behörde nicht auf Grundlage des § 16 verlangt werden kann.[62] Für ein derartiges Offenlegungsverlangen kann jedoch ein Rückgriff der Behörde auf § 93 AO in Betracht kommen.[63] 21

---

52 *W/S/G* § 16 AStG Rn 52.

53 *F/W/B/S* § 16 AStG Rn 57; *B/K/L/M/R* § 16 AStG Rn 22; *Tipke/Kruse* § 160 AO Rn 17.

54 *BFH* BStBl II 1986, 736; BStBl II 1981, 492; **aA** *Lademann* § 16 AStG Rn 18.

55 Zutr *Blümich* § 16 AStG Rn 3.

56 *B/K/L/M/R* § 16 AStG Rn 15.

57 *Frotscher* S 216; *Schmidt* IStR 1999, 399; *S/K/K* § 16 AStG Rn 44.

58 *F/W/B/S* § 16 AStG Rn 52; *Lademann* § 16 AStG Rn 21.

59 *BMF* BStBl I 2004, Sondernr 1, Tz 16.1.3.

60 *BFH* BStBl II 1981 II, 492; **aA** *Kraft* § 16 AStG Rn 51.

61 *Blümich* § 16 AStG Rn 20; *W/S/G* § 16 AStG Rn 47; *B/K/L/M/R* § 16 AStG Rn 18.

62 *F/W/B/S* § 16 AStG Rn 55.

63 *Frotscher* S 216.

22 Die Offenlegungspflicht erstreckt sich nicht auf beliebige Verhältnisse des StPfl **zu Dritten**, wohl aber auf Geschäftsbeziehungen oder Verhältnisse zu Fremden, die hinter dem ausl Gläubiger stehen oder ihm sonst nahe stehen.[64] Kennt der StPfl diese Fremden tatsächlich nicht, reicht es aus, die hierzu führenden Umstände darzulegen.[65] Bei einer sog **DomizilGes** hingegen genügt die Benennung des Geschäftspartners ebenso wenig wie die bloße Erklärung des StPfl, nicht er, sondern ein fremder Dritter stehe hinter der ausl Ges.[66] Allerdings wird die Behörde in Fällen mit DomizilGes regelmäßig keine weiteren Informationen verlangen dürfen, wenn der StPfl neben dem Namen und der Anschrift der ausl Ges auch deren Beteiligungsverhältnisse mitteilt und zudem eine eidesstattliche Versicherung darüber anbietet, dass er an der Ges weder unmittelbar noch mittelbar beteiligt ist.[67]

C. Rechtsfolge

23 Die Rechtsfolge des § 16 entspr der des § 160 AO (dazu bereits Rn 2). Kommt der StPfl seiner Offenbarungspflicht nicht nach und bleiben die Beziehungen zu den ausl Geschäftspartnern unaufgeklärt, sind die Ausgaben und Schulden **regelmäßig nicht zu berücksichtigen**. Das Finanzamt hat das ihm eingeräumte **Ermessen** hinsichtlich des Abzugsverbotes unter Abwägung der bisherigen Ermittlungsergebnisse pflichtgemäß auszuüben.[68] Jedoch ist das insoweit der Behörde eingeräumte Ermessen nur ein eingeschränktes, da von der Rechtsfolge des § 160 AO nur ausnahmsweise abgesehen werden soll („regelmäßig").[69] Als mildere Mittel kommen im Einzelfall eine Berichtigung iSv § 1 oder auch Kontrollmitteilungen an ausl Behörden in Betracht.[70] Eine Schätzung ist jedoch ausgeschlossen, da es sich bei § 160 AO um keine Schätzungsnorm handelt.[71] Werden Schulden, anderen Lasten, Betriebsausgaben oder Werbungskosten nicht zum Abzug zugelassen, sind diese Posten außerhalb der Vermögensaufstellung bzw der Gewinn- oder Verlustrechung dem Vermögen oder Gewinn wieder zuzurechnen.[72]

24 Der Umstand, dass Aufwendungen tatsächlich entstanden sind, ändert nichts an der Rechtsfolge der Nichtanerkennung.[73] Zusätzliche Nachteile, außer der Nichtberücksichtigung, hat der StPfl nicht zu befürchten, wenn und solange das FA sich in den durch § 160 S 1 AO vorgezeichneten Grenzen hält.[74] Der Finanzbehörde erwachsen aus der Verletzung der Mitwirkungspflichten keine weitergehenden Amtsermittlungs-

---

64 *BFH* BStBl II 2007, 855.

65 *Blümich* § 16 AStG Rn 23.

66 *BMF* BStBl I 2004, Sondernr 1, Tz 16.1.3. mit Hinw auf *BFH* BStBl II 1987, 481; vgl eingehend zu DomizilGes *Schmidt* IStR 1999, 398.

67 Vgl *BFH/NV* 1988, 208.

68 *Lademann* § 16 AStG Rn 30; *Blümich* § 16 AStG Rn 24; *W/S/G* § 16 AStG Rn 55; *Frotscher* S 219 und 224; *B/K/L/M/R* § 16 AStG Rn 26; vgl zudem *BGH* BStBl II 2007, 855; **aA** *BMF* BStBl I 2004, Sondernr 1, Tz 16.1.4. (zwingende Nichtanerkennung); so auch *S/K/K* § 16 AStG Rn 50 und 56.

69 *BFH* BStBl II 1987, 481; BStBl II 1986, 318.

70 *B/K/L/M/R* § 16 AStG Rn 12; *Blümich* § 16 AStG Rn 24.

71 *BFH* BStBl II 1998, 51.

72 *F/W/B/S* § 16 AStG Rn 46.1.

73 *BMF* BStBl I 2004, Sondernr 1, Tz 16.1.4; *BFH* BStBl II 1999, 437.

74 *BFH* BStBl II 1988, 927.

pflichten.[75] Dem FA bleibt es jedoch unbenommen, die fehlenden Angaben **anderweitig zu ermitteln** und andere Beweismittel heranzuziehen (dazu bereits Rn 2).

Rechtschutz gg die Nichtanerkennung von Lasten, Schulden oder Kosten als Rechtsfolge v § 16 Abs 1 iVm § 160 AO kommt dem StPfl erst im Rechtsbehelfsverfahren gg den Steuer- oder Feststellungsbescheid zu. Das Gericht prüft dann zunächst auf einer **ersten Stufe**, ob das Verlangen der Behörde nach einer Offenlegung überhaupt rechtmäßig war (dazu Rn 19) und auf einer **zweiten Stufe**, ob die Nichtanerkennung der Lasten, Schulden oder Kosten dem Grunde und der Höhe nach auf einer pflichtgemäßen Ermessensentscheidung der Behörde beruhte.[76] 25

D. Eidesstattliche Versicherung (Abs 2)

Auf Verlangen der Finanzbehörde kann der StPfl seine Offenlegungspflicht dadurch erfüllen, dass er eine Versicherung **an Eides statt** abgibt. Das formelle Verfahren richtet sich mit Ausnahme der Erklärungsformel nach § 95 AO (zB Form, Frist, Belehrung).[77] Gegenstand einer eidesstattliche Versicherung iSv § 16 ist zweckmäßigerweise nicht nur die **Richtigkeit** von **Tatsachen** (§ 95 Abs 1 S 1 AO), sondern auch deren **Vollständigkeit** sowie die Behauptung, dass dem StPfl (bestimmte) **Tatsachen nicht bekannt sind**. Rechtsmeinungen können dagegen nicht Gegenstand einer Versicherung an Eides Statt sein.[78] 26

Ein **Anspruch** auf Abgabe einer Versicherung an Eides statt besteht nicht. Jedoch hat die Behörde über einen entspr Antrag nach **pflichtgemäßem Ermessen** zu entscheiden.[79] Der Antrag wird dann keinen Erfolg haben, wenn die bisher gewonnenen Erkenntnisse derart gg die Richtigkeit und Vollständigkeit der Angaben sprechen, dass bei der Behörde auch nach Abgabe der eidesstattlichen Versicherung noch Zweifel verbleiben. Andererseits wird die Behörde einem Antrag regelmäßig stattgeben, wenn konkrete Bedenken gg die Richtigkeit und Vollständigkeit der Angaben nicht vorliegen.[80] **Ohne Verlangen** der Finanzbehörde abgegebene Versicherungen an Eides Statt oder Eigenerklärungen sind für sich allein kein ausreichendes Mittel zur Glaubhaftmachung.[81] 27

Eine eidesstattliche Versicherung kann von den Behörden im Rahmen einer **Ermessensentscheidung** dann verlangt werden, wenn letzte Zweifel an der Richtigkeit und Vollständigkeit der Angaben des StPfl bestehen. Es muss demnach einer Glaubhaftmachung im Einzelfall bedürfen und die Behörde muss die Richtigkeit und Vollständigkeit der Angaben im Grundsatz zumindest für möglich halten.[82] Vor einem derartigen Verlangen hat die Behörde jedoch zu prüfen, ob **andere Beweismittel** (Urkunden, Aufzeichnungen, Zeugen) herangezogen werden können. Die Versicherung an Eides statt soll nur gefordert werden, wenn andere Mittel zur Erforschung der Wahrheit 28

75 *BMF* BStBl I 2004, Sondernr 1, Tz 16.1.4; vgl auch *BFH* BStBl II 1987, 487.
76 *BFH/NV* 1996, 267; vgl zum Rechtschutz auch *Olberts* DB 1990, 2291.
77 Für eine von § 95 Abs 3 S 2 AO abweichende Erklärungsformel vgl *F/W/B/S* § 16 AStG Rn 74.
78 *F/W/B/S* § 16 AStG Rn 73.
79 *Lademann* § 16 AStG Rn 26; *F/W/B/S* § 16 AStG Rn 75; *B/K/L/M/R* § 16 AStG Rn 28.
80 *F/W/B/S* § 16 AStG Rn 77; *Kraft* § 16 AStG Rn 74 (Ermessensreduzierung auf Null).
81 *BMF* BStBl I 2004, Sondernr 1, Tz 16.2.
82 *Lademann* § 16 AStG Rn 25.

nicht vorhanden sind, zu keinem Ergebnis geführt haben oder einen unverhältnismäßigen Aufwand erfordern (§ 95 Abs 1 S 2 AO).

29 Die Abgabe einer eidesstattliche Versicherung kann **nicht erzwungen werden** (§ 95 Abs 6 AO). Kommt der StPfl der Aufforderung jedoch nicht nach, treten die Rechtsfolgen des § 16 Abs 1 iVm § 160 Abs 1 AO ein, dh Ausgaben und Schulden werden **regelmäßig** nicht zu berücksichtigen sein (dazu Rn 23). Dies gilt allerdings nur, sofern vorher sowohl das Entschließungsermessen hinsichtlich der Offenbarungsaufforderung (dazu Rn 19) als auch die Aufforderung zur Abgabe der eidesstattlichen Erklärungen durch die Behörde **frei von Ermessensfehlern** waren.

30 Im Fall der Abgabe einer eidesstattlichen Versicherung durch den StPfl muss die Behörde die Angaben bis zum Beweis des Gegenteils **als glaubhaft gemacht** ansehen.[83] Dies gilt jedoch nicht für solche Tatsachen, die erst zeitlich danach bekannt werden.[84] Die Behörde kann den Abzug von Ausgaben und Schulden auch nicht mit der Begründung verweigern, der StPfl sei seinen Mitwirkungspflichten nach § 90 Abs 2 AO nicht nachgekommen, indem er andere sonst übliche Beweismittel nicht rechtzeitig beschafft habe.[85]

§ 17 Sachverhaltsaufklärung

(1) [1]Zur Anwendung der Vorschriften der §§ 5 und 7 bis 15 haben Steuerpflichtige für sich selbst und im Zusammenwirken mit anderen die dafür notwendigen Auskünfte zu erteilen. [2]Auf Verlangen sind insbesondere

1. **die Geschäftsbeziehungen zu offenbaren, die zwischen der Gesellschaft und einem so beteiligten unbeschränkt Steuerpflichtigen oder einer einem solchen im Sinne des § 1 Abs. 2 nahe stehenden Person bestehen,**
2. **die für die Anwendung der §§ 7 bis 14 sachdienlichen Unterlagen einschließlich der Bilanzen und der Erfolgsrechnungen vorzulegen. [2]Auf Verlangen sind diese Unterlagen mit dem im Staat der Geschäftsleitung oder des Sitzes vorgeschriebenen oder üblichen Prüfungsvermerk einer behördlich anerkannten Wirtschaftsprüfungsstelle oder vergleichbaren Stelle vorzulegen.**

(2) Ist für die Ermittlung der Einkünfte, für die eine ausländische Gesellschaft Zwischengesellschaft ist, eine Schätzung nach § 162 der Abgabenordnung vorzunehmen, so ist mangels anderer geeigneter Anhaltspunkte bei der Schätzung als Anhaltspunkt von mindestens 20 Prozent des gemeinen Werts der von den unbeschränkt Steuerpflichtigen gehaltenen Anteile auszugehen; Zinsen und Nutzungsentgelte, die die Gesellschaft für überlassene Wirtschaftsgüter an die unbeschränkt Steuerpflichtigen zahlt, sind abzuziehen.

BMF v 14.5.2004, Az VI B 4 – S 1340-11/04, BStBl I 2004, Sondernummer 3 (Grundsätze zur Anwendung des Außensteuergesetzes); *BMF* v 2.12.1994, Az IV C 7 – S 1340-20/94, BStBl I 1995, 3; *BMF* v 3.4.2007, Az IV B 1 – S 2411/07/0002, BStBl I 2007, 446

---

83 *F/W/B/S* § 16 AStG Rn 80; *S/K/K* § 16 AStG Rn 63; *B/K/L/M/R* § 16 AStG Rn 25 und 28.
84 *S/K/K* § 16 AStG Rn 63.
85 *F/W/B/S* § 16 AStG Rn 82; *S/K/K* § 16 AStG Rn 64.

Übersicht

Literatur: *Crezelius* Steuerrechtliche Verfahrensfragen bei grenzüberschreitenden Sachverhalten, IStR 2002, 433; *Gebbers* Gesichtspunkte der Sachverhaltsprüfung bei Einschaltung von Basisgesellschaften, StBp 1987, 99; *Grützner* Anforderungen an die Aufzeichnungspflichten nach § 90 Abs 3 AO, StuB 2005, 792; *Hagen* Sachverhalte mit Auslandsbezug: Erhöhte Mitwirkungs- und Aufzeichnungspflichten, NWB 2008, Fach 2, 9907; *ders* Mitwirkungs- und Aufzeichnungspflichten des Steuerpflichtigen bei Sachverhalten mit Auslandsbezug und Rechtsfolgen bei Pflichtverletzung, StBp 2005, 33; *Hahn/Suhrbier-Hahn* Mitwirkungspflichten bei Auslandssachverhalten europarechtswidrig?, IStR 2003, 84; *Kempermann* Amtsermittlung, Mitwirkungspflichten und Beweislast bei Auslandssachverhalten, FR 1990, 437; *S Korts/P Korts* Ermittlungsmöglichkeiten deutscher Finanzbehörden bei Auslandssachverhalten, IStR 2006, 869; *M Müller* Steuerliche Mitwirkungspflichten des Außensteuergesetzes, DB 2011, 2743; *Schmidt* Rechts- und Geschäftsbeziehungen zu Domizilgesellschaften, IStR 1999, 398; *Schwochert* Besteuerungsverfahren eines Steuerinländers mit Auslandsaktivitäten unter dem Gesichtspunkt von Treu und Glauben, RIW 1991, 407.

A. Allgemeines

I. Bedeutung der Vorschrift

§ 17 Abs 1 statuiert Mitwirkungspflichten, mit denen die Sachverhaltsaufklärung erg zu den Vorschriften der AO[1] für bestimmte Vorschriften des AStG (§ 5 und die §§ 7–15) verfahrensrechtlich gewährleistet wird. § 17 Abs 1 konkretisiert die bei Auslandssachverhalten nach den Vorschriften der AO bestehenden (sog erhöhten) Mitwirkungspflichten[2] des StPfl für bestimmte Besteuerungstatbestände des AStG und stellt eine spezielle Ausprägung der §§ 90 ff AO dar.[3] § 17 Abs 1 soll verhindern, dass ein StPfl seiner Mitwirkungspflicht die Rechtspersönlichkeit des ausl Rechtsträgers entgegenhält.[4] 1

Begrenzt werden die nach § 17 Abs 1 bestehenden Mitwirkungspflichten durch den Grundsatz der Verhältnismäßigkeit. Außerdem findet die Mitwirkungspflicht ihre Grenze dort, wenn die Erfüllung der Pflicht dem StPfl nicht mehr zuzumuten ist, zB weil dies tatsächlich oder rechtlich unmöglich ist. Starre Grenzen bestehen indes nicht. Je nach Motivation des StPfl sind die Grenzen der Mitwirkung enger zu fassen, andererseits verschieben sich die Grenzen zu Ungunsten des StPfl, wenn seine Motivation erkennbar wird, sich durch steuerliche Gestaltungen einen Vorteil zu verschaffen.[5] Andererseits muss die FinVerw auch die ihr zur Verfügung stehenden Erkenntnismöglichkeiten ausschöpfen. 2

---

1 Vgl dazu etwa *Hagen* NWB Fach 2, 9907; zu europarechtlichen Zweifelsfragen *Hahn/Suhrbier-Hahn* IStR 2003, 84; *Müller* DB 2011, 2743.

2 Dazu allg *Kempermann* FR 1990, 437 sowie in Bezug auf § 17 AStG etwa *S Korts/P Korts* IStR 2006, 869, 872.

3 *Kraft* § 17 AStG Rn 1.

4 *Crezelius* IStR 2002, 433, 436.

5 *Blümich* § 17 AStG Rn 2.

3 § 17 Abs 2 konkretisiert den Schätzungsrahmen nach § 162 AO, bezogen auf Einkünfte einer ZwischenGes iSv § 7 Abs 1. Werden die Einkünfte der ausl ZwischenGes geschätzt und gibt es keine geeigneten Anhaltspunkte zur Bestimmung der Zwischeneinkünfte, ist bei der Schätzung der Einkünfte, für die die ausl Ges ZwischenGes ist, von mindestens 20 % des gemeinen Werts der von den unbeschränkt StPfl gehaltenen Anteilen auszugehen. Zinsen und Nutzungsentgelte mindern diesen Wert. Der Schätzungsrahmen gibt keine absolute Größe vor, vielmehr ist der gemeine Wert der Anteile an der ZwischenGes ein – wenn auch erst subsidiär heranzuziehender – Anhaltspunkt für die Schätzung.

II. Verhältnis zu anderen Vorschriften

4 § 90 Abs 2 AO regelt die Pflicht des StPfl zur Aufklärung von Sachverhalten mit Auslandsbezug und die zur Aufklärung erforderlichen Beweismittel zu beschaffen. Aus den Bestimmungen der AO folgt, dass die FinVerw den steuerlich relevanten Sachverhalt ermittelt (§ 88 AO). Für die Beteiligten bestehen Mitwirkungspflichten, sie haben die für die Besteuerung erheblichen Tatsachen offen zu legen und die ihnen bekannten Beweismittel anzugeben (§ 90 Abs 1 S 1 und 2 AO). Aus § 90 Abs 2 AO kann sich die Pflicht ergeben, bei Fällen mit Auslandsbezug Beweismittel nicht nur zu benennen, sondern auch zu beschaffen.[6] Aus § 17 Abs 1 ergibt sich eine Pflicht zur Erteilung von Auskünften. Auskünfte gehören zu den in § 92 AO genannten Beweismitteln (§ 92 S 2 Nr 1 AO). Aus § 17 Abs 1 ergeben sich gg den in §§ 90 ff AO geregelten Mitwirkungspflichten keine weitergehenden Mitwirkungspflichten, beide Vorschriften beziehen sich auf Beweismittel.

5 Bei Sachverhalten, die Vorgänge mit Auslandsbezug betreffen, hat ein StPfl nach § 90 Abs 3 AO über die Art und den Inhalt seiner Geschäftsbeziehungen mit nahe stehenden Personen iSd § 1 Abs 2 Aufzeichnungen zu erstellen. § 90 Abs 2 S 3 AO erlegt dem Beteiligten insoweit eine Beweisvorsorgepflicht auf.[7] Aus § 17 Abs 1 S 2 Nr 1 AO folgt die Pflicht zur Offenlegung von Geschäftsbeziehungen iSd § 1 Abs 2, sofern sie für die Anwendung von § 5 und §§ 7–15 von Bedeutung sind. Auf § 1 findet § 17 keine Anwendung.[8]

6 Für Zwecke der Anwendung des § 20 Abs 2 gelten die Mitwirkungspflichtigen der AO nach §§ 90 ff AO. Der Anwendungsbereich von § 17 ist für diese Fälle nicht eröffnet. § 17 Abs 1 gilt für Fälle der zwischengeschalteten Ges (§ 5), für die Hinzurechungsbesteuerung (§ 7–14) und für Familienstiftungen (§ 15).[9] Schon nach dem Wortlaut wird § 20 Abs 2 nicht in den Geltungsbereich des § 17 Abs 1 einbezogen. Für die Anwendung des § 20 Abs 2 wird unterstellt, dass statt einer Betriebsstätte eine Ges im Ausland vorhanden ist. Da es eine ausl Ges in solchen Fällen nicht gibt, geht auch die Sachverhaltsaufklärung nach § 17 Abs 1 ins Leere. Eine Anwendung der Schätzungsregel in § 17 Abs 2 kommt in diesen Fällen nicht in Betracht, da keine Anteile an einer ausl Ges vorhanden sind, deren gemeiner Wert die Grundlage für das Schätzungsergebnis bilden könnte.

---

6 *Pahlke/König* § 90 AO Rn 16.
7 *Pahlke/König* § 90 AO Rn 16.
8 *F/W/B/S* § 17 AStG Rn 33.
9 *F/W/B/S* § 17 AStG Rn 8.

§ 17 Abs 2 kann neben § 16 zur Anwendung kommen (dazu § 16 Rn 4), wenn Einkünfte geschätzt werden, die auch einer Korrektur nach § 1 unterliegen können (zB Einkünfte aus Handel, Dienstleistung oder aus der Vermietung und Verpachtung beweglicher Sachen).[10] 7

B. Anwendungsbereich

I. Persönlicher Anwendungsbereich

Auskünfte, die zur Anwendung von § 5 bzw §§ 7–15 notwendig sind, müssen von **StPfl** erteilt werden. In den persönlichen Anwendungsbereich sind StPfl iSv § 33 AO (natürliche und juristische Personen) einbezogen, denen entweder Einkünfte nach § 5 zugerechnet werden, auf deren Ebene die Hinzurechnungsbesteuerung gem §§ 7–14 Anwendung findet oder denen Vermögen oder Einkommen einer ausl Stiftung aufgrund einer Bezugs- bzw Anfallsberechtigung nach § 15 Abs 1 zugerechnet wird. Im Fall der Hinzurechnungsbesteuerung ist „StPfl" entweder die beteiligte Körperschaft oder die beteiligte natürliche Person; für Zwecke der Gewerbesteuer kann auch die PersGes als StPfl anzusehen sein.[11] Die ausl Ges iSv § 7 Abs 1 oder die ausl Stiftung werden vom persönlichen Anwendungsbereich des § 17 Abs 1 nicht erfasst, da für diese Rechtsgebilde eine Steuerpflicht im Inland nicht besteht.[12] 8

II. Sachlicher Anwendungsbereich

§ 17 gilt nur für zwischengeschaltete Ges, ZwischenGes, nachgeschaltete ZwischenGes und Familienstiftungen. Die Auskunftspflicht bezieht sich auf sämtliche Besteuerungsmerkmale, die in §§ 5, 7–15 genannt sind. 9

1. Erteilung von Auskünften. Die von § 17 Abs 1 S 1 bezeichneten Pflichten beziehen sich auf die für die Anwendung der Besteuerungstatbestände in § 5 und §§ 7–15 **notwendigen Auskünfte**. Auskünfte sind die Angaben über den steuerlich erheblichen Sachverhalt. Sie sind notwendig, wenn sich bei ihrer Kenntnis auf die Anwendbarkeit oder die Nichtanwendbarkeit der in § 5 und §§ 7–15 enthaltenen Tatbestandsmerkmale schließen lässt. Hierzu gehören bspw Angaben zur Rechtsform der AuslandsGes, Firmenbezeichnungen, Handelsregisterinformationen, Details zur Errichtung und Gründung der Ges, Informationen zu den Gesellschaftern, Angaben zum Stammkapital, Informationen zu den Tätigkeiten der Ges usw.[13] 10

Der StPfl ist nach Maßgabe von § 17 Abs 1 zur **Erteilung von Auskünften** verpflichtet. Er muss die Sachverhaltsinformationen mitteilen und – wenn nötig – erläutern.[14] Das AStG benutzt in § 17 Abs 1 die Ausdrücke „erteilen", „offenbaren" und „vorlegen". Damit wird bestimmt, dass die Finanzbehörde in die Lage versetzt werden muss, auf die jeweiligen Sachverhaltsinformationen zugreifen zu können; sie müssen tatsächlich der Finanzbehörde bekannt werden. Das Gesetz schreibt keine besondere Form für die Auskunftserteilung nach § 17 Abs 1 S 1 vor. Auf welche Art und Weise die Auskunft zu erteilen ist, hängt von den Umständen des jeweiligen Einzelfalls ab. 11

---

10 Vgl aber *F/W/B/S/* § 17 Rn 70 zum Verhältnis von § 1 AStG und § 17 Abs 2 AStG.
11 *S/K/K* § 17 AStG Rn 11.
12 *F/W/B/S* § 17 AStG Rn 11.
13 Vgl dazu den Fragenkatalog bei *Gebbers* StBp 1987, 99, 102.
14 *F/W/B/S* § 17AStG Rn 18.

12 Die notwendigen Auskünfte hat der StPfl nach § 17 Abs 1 **„für sich selbst"** zu erteilen. Die Auskunftspflicht bezieht sich auf die dem StPfl bekannten und sonst zugänglichen Tatsachen, die einem der in § 17 Abs 1 genannten Steuertatbestände zugeordnet werden können.[15] Das sind auch Tatsachen, die die ausl Ges oder Stiftung betreffen.[16] Die vom StPfl mitgeteilten Informationen, müssen aber nicht notwendigerweise zu einer (eigenen) Belastung des Auskunftspflichtigen führen.[17]

13 Ist der StPfl zur Auskunftserteilung tatsächlich oder rechtlich nicht in der Lage, verlangt § 17 Abs 1 die Auskunftserteilung im **Zusammenwirken mit anderen**. Den StPfl trifft eine Pflicht zum Tätigwerden auch dort, wo er die der Auskunftserteilung entgegenstehenden tatsächlichen und rechtlichen Hindernisse nur gemeinsam mit anderen ausräumen kann.[18] Zusammenwirken meint jedes abgestimmte und auf die Erreichung eines gemeinsamen Ziels gerichtete Handeln. Dazu gehören etwa das Herbeiführen eines Gesellschaftsbeschlusses, die Erstellung von Dokumenten (zB Erfolgs- und Planungsrechnungen mit denen die Plausibilität gemachter Angaben geprüft wird), die Einholung von beglaubigten Abschriften im Ausland durch einen Beauftragten usw. Der Auskunftspflichtige kann sich nicht darauf berufen, er allein könne die Mitwirkungspflichten nicht erfüllen. Er muss vielmehr Beweisvorsorge treffen,[19] indem er sich zB entspr Informationsrechte gg der Ges einräumen lässt.

14 Mit „**andere**" meint das Gesetz – unabhängig von der Ansässigkeit – sowohl andere StPfl, als auch Nichtgesellschafter und sonstige Personen, die steuerlich relevante Informationen beschaffen können.[20] Als „andere" können sowohl natürliche und juristische Personen anzusehen sein, also auch zB Behörden und Amtsträger. Wer von einem Auskunftsverlangen betroffen ist, kann sich darauf berufen, dass es zwar eine auskunftsfähige Person gibt, dass diese Person aber kein *StPfl* ist. § 17 soll eine möglichst umfassende Aufklärung außensteuerlich relevanter Sachverhalt ermöglichen. Der Kreis derjenigen, deren Mitwirkung gefordert werden kann, ist möglichst weit zu ziehen und erfasst diejenigen, die in der Lage sind, die notwendigen Auskünfte zu beschaffen.[21]

15 Die Auskunftserteilung nach § 17 Abs 1 setzt ein entspr **Auskunftsverlangen** der Finanzbehörde voraus. Dies folgt aus § 17 Abs 2, der StPfl muss die Mitwirkungspflichten nicht unaufgefordert erfüllen.[22] Das Auskunftsverlangen erfüllt regelmäßig die Voraussetzungen eines Verwaltungsakts (§ 118 S 1 AO) und kann mit einem Einspruch angefochten werden,[23] der StPfl muss nicht den Steuerbescheid abwarten, in dem die Erkenntnisse verwertet werden. Für die Durchsetzung des Auskunftsverlangens können Zwangsmitteln nach §§ 328 ff AO angewendet werden.

16 Das **Auskunftsverlangen** ist rechtmäßig, wenn dem StPfl die Auskunftserteilung objektiv möglich ist, außerdem muss es zumutbar und verhältnismäßig sowie frei von

15 *F/W/B/S* § 17 AStG Rn 12.
16 *S/K/K* § 17 AStG Rn 12.
17 *Blümich* § 17 AStG Rn 5.
18 *F/W/B/S* § 17 AStG Rn 12.
19 *BFH* BStBl II 1987, 861.
20 *F/W/B/S* § 17 AStG Rn 13.
21 *F/W/B/S* § 17 AStG Rn 13.
22 *S/K/K* § 17 AStG Rn 18.
23 *BMF* BStBl I 2004, Sondernr 1, Tz 17.1; *S/K/K* § 17 AStG Rn 16.

Ermessensfehlern[24] sein. Ein Fall der Unzumutbarkeit kann bspw gegeben sein, wenn sich das Auskunftsbegehren auf die Vorlage der gesamten Buchführung der ausl Ges richtet.[25] Das Auskunftsverlangen muss von der zuständigen Behörde an den richtigen StPfl gerichtet werden; es muss die Rechtsgrundlage enthalten sowie den Namen des ausl Rechtsträgers samt Anschrift außerdem muss benannt werden, in welcher Form das Auskunftsverlangen zu erfüllen ist.[26] Das Auskunftsverlangen kann allg auf steuererhebliche Tatsachen bezogen sein, es darf aber nicht ohne jeglichen Hinweis auf einen möglichen außensteuerlich relevanten Tatbestand ergehen.[27] Dem Auskunftsverlangen kann nicht entgegengehalten werden, es liege keine ZwischenGes vor.[28] Ebenso kann dem Auskunftsverlangen grds nicht entgegengehalten werden, dass die Erfüllung von Mitwirkungspflichten nach Bestimmungen eines ausl Staats einen Straftatbestand erfüllen würde;[29] im Einzelfall kann das Auskunftsverlangen aber unzumutbar sein, wenn strafrechtliche Konsequenzen tatsächlich unmittelbar bevorstehen.[30]

2. Regelbeispiele für Mitwirkungspflichten. In § 17 Abs 1 S 2 Nr 1 und Nr 2 werden 17
zwei Fälle der Mitwirkungspflicht geregelt. An der Verwendung des Wortes „insbesondere“ zeigt sich, dass die dort genannten Fälle exemplarisch genannt sind; § 17 Abs 1 S 2 stellt insofern keine abschließende Regelung für die Mitwirkungspflichten dar.

Erstes Regelbeispiel: Der StPfl kann nach § 17 Abs 1 S 2 Nr 1 verpflichtet sein, **Geschäfts-** 18
beziehungen zu **offenbaren**, die zwischen der Ges und StPfl oder zwischen der Ges und einer dem StPfl nahestehenden Person bestehen. Erfasst sind Geschäftsbeziehungen einer ausl Ges iSv § 7 Abs 1.[31] Der Gesetzeswortlaut beruht insofern auf einem redaktionellen Versehen, als dort von „einem so beteiligten StPfl“ die Rede ist. Aus der Entstehungsgeschichte und aus Sinn und Zweck der Vorschrift folgt, dass StPfl gemeint sind, die eine Beteiligung iSv § 7 Abs 1 an einer ausl Ges halten.[32]

Unter *offenbaren* ist jede Handlung zu verstehen, durch die Geschäftsbeziehungen der 19
Finanzbehörde erstmals bekannt werden; dies kann durch mündliche, schriftliche oder elektronische Erklärung erfolgen.[33]

Die Definition des Ausdrucks Geschäftsbeziehungen ergibt sich aus § 1 Abs 5. 20
Geschäftsbeziehung ist danach jede den Einkünften zugrunde liegende schuldrechtliche Beziehung, die keine gesellschaftsvertragliche Vereinbarung ist und entweder beim StPfl oder bei der nahe stehenden Person Teil einer Tätigkeit ist, auf die die §§ 13, 15, 18 oder § 21 EStG anzuwenden sind oder im Fall eines ausl Nahestehenden anzuwenden wären, wenn die Tätigkeit im Inland vorgenommen würde (dazu § 1 Rn 94). Der StPfl kann sich nicht darauf berufen, dass Geschäftsbeziehungen nicht gegeben sind; vielmehr muss es der Finanzbehörde möglich sein, das Vorliegen von Geschäftsbeziehungen zu prüfen.

---

24 Die Setzung einer nicht angemessenen Frist für die Auskunftserteilung kann ggf ermessensfehlerhaft sein, vgl *S/K/K* § 17 AStG Rn 16.
25 *F/W/B/S* § 17 Rn 23.
26 *F/W/B/S* § 17 Rn 21 ff.
27 *F/W/B/S* § 17 AStG Rn 10.
28 *BFH* BStBl II 1986, 736.
29 *BFH* BStBl II 1986, 736.
30 *FG Düsseldorf* EFG 1980, 148.
31 *F/W/B/S* § 17 AStG Rn 43 f.
32 *F/W/B/S* § 17 AStG Rn 45 f.
33 *Pahlke/König* § 30 AO Rn 95.

21 Das erste Regelbeispiel des § 17 Abs 1 S 2 erlangt vor allem Bedeutung bei der Beurteilung der Frage, ob passive Einkünfte aus Handel, Dienstleistung und Vermietung und Verpachtung (§ 8 Abs 1 Nr 3–6) vorliegen. Im Geltungsbereich dieser Vorschriften kommt es auf die schuldrechtlichen Beziehungen der ausl Ges zum inländischen Gesellschafter an:[34]

- Nach § 8 Abs 1 Nr 3 ist Voraussetzung für das Vorliegen von „aktiven Einkünfte", dass beim Betrieb von Kreditinstituten und Versicherungsunternehmen die Geschäfte nicht überwiegend mit unbeschränkt steuerpflichtigen Personen, die nach § 7 an der ausl Ges beteiligt sind oder diesen nahestehenden Personen betrieben werden.
- Handel iSv § 8 Abs 1 Nr 4 liegt nur vor, soweit nicht ein unbeschränkt StPfl iSv § 7 oder eine ihm nahestehende Person der ausl Ges die Verfügungsmacht an den gehandelten Gütern oder Waren verschafft.
- Bei Dienstleistungen (§ 8 Abs 1 Nr 5) darf sich die ausl Ges nicht eines StPfl iSv § 7 oder einer ihm nahestehenden Person bedienen.
- Im Fall der Nutzung von Rechten, Plänen, Mustern, Verfahren, Erfahrungen und Kenntnissen kann die Mitwirkung an der Forschungs- und Entwicklungsarbeit durch StPfl, der gem § 7 Abs 1 an der ausl Gesellschaft beteiligt ist, zu passiven Einkünften führen (§ 8 Abs 1 Nr 6a). In einem solchen Fall kann es für die Frage nach dem Vorliegen von passiven Einkünften auf die Geschäftsbeziehungen zwischen ausl Ges und Gesellschafter bzw nahe stehender Person ankommen. Auch im Fall der Vermietung oder Verpachtung von beweglichen Sachen, liegen passive Einkünfte vor, wenn eine Mitwirkung eines unbeschränkt StPfl, der gem § 7 beteiligt ist, oder einer einem solchen StPfl nahestehenden Person vorliegt. Auch hier kommt die Offenlegung der schuldrechtlichen Beziehungen für die Anwendung von § 7 ff in Betracht.

22 **Zweites Regelbeispiel:** Die Finanzbehörde kann die Vorlage von Aufzeichnungen verlangen, die für die Ermittlung des steuerlich relevanten Sachverhalts von Bedeutung sein können,[35] der Gesellschafter muss jedoch zu Beschaffung der Aufzeichnungen tatsächlich in der Lage sein.[36] Eine für Inlandsfälle vergleichbare Bestimmung enthält § 97 AO.

23 Zu den sachdienlichen Unterlagen gehören nach dem Gesetzeswortlaut Bilanzen und Erfolgsrechnungen. Daneben kann das Vorlageverlangen der Finanzbehörde bspw betreffen: Buchführung, Belege, Verträge, Urkunden, Lohnabrechnungen, Satzungen und Statute, Unterlagen über eine Ergebnisverwendung oder Gewinnverteilung, Prüfungsberichte, Protokolle der Gesellschafterversammlungen, Steuerbescheide und Geschäftsberichte, Unterlagen über Sitz und Geschäftsleitung, Organigramme, Planungsrechnungen, Vergütungsnachweise für Beschäftigte oder Angestellte, Unterlagen zur Ausstattung der Ges.

24 Die der Finanzbehörde vorzulegenden Unterlagen müssen – ein entspr Verlangen der Finanzbehörde vorausgesetzt – mit dem **vorgeschriebenen oder üblichen Prüfungsvermerk** einer Wirtschaftsprüfungsstelle oder einer vergleichbaren Stelle versehen sein. Darüber hinaus kann auch die Vorlage eines Prüfungsberichts verlangt werden.[37]

34 *F/W/B/S* § 17 AStG Rn 34.
35 *F/W/B/S* § 17 AStG Rn 52.
36 *S/K/K* § 17 AStG Rn 19.
37 *S/K/K* § 17 AStG Rn 20.

Über die Notwendigkeit und den Umfang des Auskunftsverlangens entscheidet die Finanzbehörde nach eigenem freiem Ermessen.[38] Die ausl Prüfungsstelle muss nach vergleichbaren Grundsätzen prüfen, die auch für dt Wirtschaftsprüfer gelten.[39] Der ausl Prüfungsvermerk wird nicht in dt Sprache vorgelegt, nach § 87 AO kann die Finanzbehörde aber eine Übersetzung des Originaldokuments erreichen.

C. Schätzung von Zwischeneinkünften (§ 17 Abs 2)

Im AStG findet sich keine Regelung, die eine Verletzung der Mitwirkungspflichten sanktioniert. Auch § 17 Abs 2 regelt nicht ausdrücklich, welche unmittelbaren Rechtsfolgen bei Verletzung der Mitwirkungspflichten nach § 17 Abs 1 eintreten. Die Frage, ob die Finanzbehörde bei Verletzung der Mitwirkungspflichten Besteuerungsgrundlagen schätzen kann, ist nach § 162 AO zu beurteilen.[40] Der Anwendungsbereich des § 17 Abs 2 ist eröffnet, wenn die Tatbestandsvoraussetzungen für eine Schätzung der Einkünfte einer ZwischenGes nach § 162 AO vorliegen; aus § 17 Abs 2 ergibt sich dann ein Schätzungsrahmen für die Höhe der im Schätzungswege zu ermittelnden Einkünfte.[41] 25

§ 17 Abs 2 darf nur angewendet werden, wenn **Einkünfte einer ZwischenGes** geschätzt werden. Die Vorschrift erlaubt der Finanzbehörde die Schätzung von Einkünften, dh dem Ergebnis der Einkünfteermittlung nach § 10 Abs 1–4 (dazu § 10 Rn 14). Für die Schätzung einzelner Besteuerungsgrundlagen (zB Betriebsausgaben iSv § 10 Abs 4) ist ggf § 162 Abs 1 AO als Rechtsgrundlage heranzuziehen. Die Finanzbehörde muss zweifelsfrei ermitteln, dass es sich bei der ausl Ges um eine ZwischenGes handelt und welchen Gesellschafterbestand sie hat.[42] Die Regelung in § 17 Abs 2 darf nicht herangezogen werden, um das Vorliegen einer ZwischenGes im Schätzungswege zu fingieren. Ebenfalls darf die Vorschrift nicht herangezogen werden, wenn feststeht, dass der Tatbestand der Einkünfteerzielung von vorne herein nicht verwirklicht worden ist. 26

Eine Anwendung des Schätzungsrahmens nach § 17 Abs 2 kommt in Betracht, wenn **geeignete Anhaltspunkte fehlen**, auf deren Grundlage ein annähernd zutreffendes Schätzungsergebnis gefunden werden kann. Geeignete Anhaltspunkte liegen jedenfalls dann vor, wenn durch sie ein Rückschluss auf das tatsächliche Ergebnis – mithin auf die tatsächliche Höhe der Einkünfte – möglich ist. 27

Der StPfl kann sich gg der Anwendung von § 17 Abs 2 darauf berufen, dass die Finanzbehörde sämtliche zumutbaren Ermittlungsmöglichkeiten ausschöpfen muss.[43] Führt die Mitwirkung des StPfl dazu, dass Teile des für die Besteuerung relevanten Sachverhalts aufgeklärt werden, kann § 17 Abs 2 nicht angewendet werden.[44] Die Finanzbehörde steht bei der Anwendung von § 17 Abs 2 vor der Schwierigkeit, dass sie für die Anwendung der Vorschrift den gemeinen Wert der Anteile an der ausl Ges ermitteln muss. Hierzu müssen Informationen zum Unternehmensgewinn vorliegen. Liegen solche Informationen vor, kann sich der StPfl mit dem Argument gegen die 28

38 *F/W/B/S* § 17 AStG Rn 61.
39 *Lademann* § 17 AStG Rn 9.
40 Vgl dazu *Hagen* StBp 2005, 33.
41 *BFH* BStBl II 2001, 381.
42 *S/K/K* § 17 AStG Rn 24.
43 *BFH* BStBl II 2001, 381.
44 *S/K/K* § 17 AStG Rn 24.

Anwendung von § 17 Abs 2 verteidigen, dass geeignete Anhaltspunkte für die Schätzung der Einkünfte der ausl Ges gegeben sind.

29 Die Vorschrift in § 17 Abs 2 ist für Fälle der **Hinzurechnungsbesteuerung** relevant, da der Regelungswortlaut sich nur auf Einkünfte einer ZwischenGes iSv § 7 Abs 1 bezieht. Darüber hinaus kann die Vorschrift auch für **§ 5** von Bedeutung sein, weil diese Vorschrift die Einkünfte einer ausl Ges iSv § 7 Abs 1 der Steuerpflicht unterwirft. Für Einkünfte einer Familienstiftung iSv § 15 ist die Regelung ohne Bedeutung. Einkünfte einer Betriebsstätte, für die es nach § 20 Abs 2 zu einer Anwendung der Anrechnungsmethode anstelle der Freistellungsmethode kommen kann, dürfen nicht nach § 162 AO iVm § 17 Abs 2 geschätzt werden, da eine ZwischenGes tatsächlich nicht vorhanden ist.

30 Der **gemeine Wert** der ZwischenGes, der die Ausgangsgröße für die Schätzung nach § 17 Abs 2 bildet, ist nach § 9 BewG zu ermitteln.

31 Wird der gemeine Wert der Anteile einer ausl Ges unter Berücksichtigung der Ertragsaussichten ermittelt, ergeben sich auch Anhaltspunkte, die für die Schätzung von Zwischeneinkünften geeignet sein können. Die von der Vorschrift betroffenen StPfl werden sich daher in diesen Fällen regelmäßig darauf berufen können, dass eine Anwendung von § 17 Abs 2 nicht in Betracht kommt.

32 § 17 Abs 2 gibt für den Schätzungsrahmen einen „Anhaltspunkt" und bestimmt, dass die Zwischeneinkünfte 20 % des gemeinen Werts der Anteile betragen, die von den unbeschränkt StPfl gehalten werden. Anteile von nicht steuerpflichtigen Gesellschaftern werden nicht berücksichtigt. Der Schätzungsrahmen wird also anteilig – dh entspr der Beteiligung von StPfl iSv § 7 Abs 1 – ermittelt. Da nur ein „Anhaltspunkt" geregelt ist, kann das Schätzungsergebnis im Einzelfall auch zu Ungunsten des StPfl erhöht werden. Der nach Abzug von den an unbeschränkt steuerpflichtige Gesellschafter gezahlten Zinsen und Nutzungsentgelte für die Überlassung von Wirtschaftsgütern sich ergebende Betrag wird den unbeschränkt steuerpflichtigen Gesellschaftern entspr ihrer Beteiligungsquote zugerechnet.

33 Zinsen und Nutzungsentgelte für überlassene Wirtschaftsgüter, die an unbeschränkt steuerpflichtige Beteiligte gezahlt wurden, mindern den Schätzungsbetrag nach § 17 Abs 2; dies gilt unabhängig vom Umfang der Beteiligung der StPfl iSv § 7 Abs 1, an die die Zahlung geleistet wird. Die Kürzung erfolgt, weil Erträge aus der Überlassung von Geld- oder Sachkapital an die ausl Ges bereits auf Ebene des inländischen Gesellschafters zu Einkünften führen. Mit der Kürzung von Zinsen bzw Nutzungsvergütungen soll die doppelte Erfassung der Einkünfte – im Hinzurechnungsbetrag nach § 10 Abs 1 einerseits und als Einkünfte des Gesellschafters andererseits – vermieden werden.[45]

34 **Zinsen**, sind Entgelte für die Überlassung von Fremdkapital.[46] **Nutzungsentgelte** iSv § 17 Abs 2 sind Entgelte für die Überlassung von (materiellen und immateriellen) Wirtschaftsgütern (Mietzahlungen, Lizenzzahlungen). Zu einer Minderung des Schätzungsbetrags führt der angemessene Teil der Zinsen bzw Vergütungen – der unangemessene Teil ist idR durch das Gesellschaftsverhältnis veranlasst und wird nicht für die Überlassung von Geld- oder Sachkapital gezahlt.[47]

---

45 Kritisch *S/K/K* § 17 AStG Rn 33.
46 *Lademann* § 17 AStG Rn 14.
47 *S/K/K* § 17 AStG Rn 33.

Empfänger der Zahlung muss eine unbeschränkt steuerpflichtige Person iSv § 7 Abs 1 sein. „Zahlung" iSv § 17 Abs 2 ist weit zu verstehen und meint jede Art der Entrichtung einer Gegenleistung.[48] Zahlungen an Personen, denen Zwischeneinkünfte nicht zugerechnet werden – das sind insb nahestehende Personen oder Angehörige des Gesellschafters[49] –, führen zu keiner Minderung des Schätzungsbetrags nach § 17 Abs 2. Zinsen, die von der nachgeschalteten ZwischenGes an die ZwischenGes gezahlt werden, sind nicht vom Schätzungsergebnis abzuziehen.[50] Zinsen oder Nutzungsentgelte iSv § 17 Abs 2, die von einer ausl Ges an eine vermögensverwaltende PersGes gezahlt werden, mindern den Betrag nach § 17 Abs 2, wenn der Gesellschafter der PersGes zugleich Gesellschafter der ausl Ges ist. § 39 Abs 2 Nr 2 AO (Bruchteilsbetrachtung) begrenzt den Umfang der Minderung auf den Anteil des Gesellschafters an der PersGes.[51] Fraglich ist, ob sich eine Minderung ergibt, wenn eine gewerblich tätige Personengesellschaft die Zinsen oder Nutzungsentgelte iSv § 17 Abs 2 vereinnahmt.[52] Im Hinblick auf den auf die Vermeidung einer Doppelbelastung gerichteten Normzweck des § 17 Abs 2, ist eine Minderung des Schätzungsbetrags sachgerecht. Diese Grundsätze gelten für in- und ausl Personengesellschaften.[53] 35

§ 18 Gesonderte Feststellung von Besteuerungsgrundlagen

(1) [1]Die Besteuerungsgrundlagen für die Anwendung der §§ 7 bis 14 und § 3 Nr. 41 des Einkommensteuergesetzes werden gesondert festgestellt. [2]Sind an der ausländischen Gesellschaft mehrere unbeschränkt Steuerpflichtige beteiligt, so wird die gesonderte Feststellung ihnen gegenüber einheitlich vorgenommen; dabei ist auch festzustellen, wie sich die Besteuerungsgrundlagen auf die einzelnen Beteiligten verteilen. [3]Die Vorschriften der Abgabenordnung, mit Ausnahme des § 180 Abs. 3, und der Finanzgerichtsordnung über die gesonderte Feststellung von Besteuerungsgrundlagen sind entsprechend anzuwenden.

(2) [1]Für die gesonderte Feststellung ist das Finanzamt zuständig, das bei dem unbeschränkt Steuerpflichtigen für die Ermittlung der aus der Beteiligung bezogenen Einkünfte örtlich zuständig ist. [2]Ist die gesonderte Feststellung gegenüber mehreren Personen einheitlich vorzunehmen, so ist das Finanzamt zuständig, das nach Satz 1 für den Beteiligten zuständig ist, dem die höchste Beteiligung an der ausländischen Gesellschaft zuzurechnen ist. [3]Lässt sich das zuständige Finanzamt nach den Sätzen 1 und 2 nicht feststellen, so ist das Finanzamt zuständig, das zuerst mit der Sache befasst wird.

(3) [1]Jeder der an der ausländischen Gesellschaft beteiligten unbeschränkt Steuerpflichtigen und erweitert beschränkt Steuerpflichtigen hat eine Erklärung zur gesonderten Feststellung abzugeben; dies gilt auch, wenn nach § 8 Abs. 2 geltend gemacht wird, dass eine Hinzurechnung unterbleibt. [2]Diese Verpflichtung kann durch die Abgabe einer gemeinsamen Erklärung erfüllt werden. [3]Die Erklärung ist von dem Steuerpflichtigen oder von den in § 34 der Abgabenordnung bezeichneten Personen eigenhändig zu unterschreiben.

48 *F/W/B/S* § 17 Rn 96.
49 *S/K/K* § 17 AStG Rn 36.
50 **AA** *Lademann* § 17 AStG Rn 14.
51 *S/K/K* § 17 AStG Rn 36.
52 **AA** *S/K/K* § 17 AStG Rn 36.
53 *S/K/K* § 17 AStG Rn 36.

(4) Die Absätze 1 bis 3 gelten für Einkünfte und Vermögen im Sinne des § 15 entsprechend.

BMF BStBl I 2004, Sondernummer 1 – Grundsätze zur Anwendung des AStG (AEAStG)

Übersicht

Literatur: *Engel/Hilbert* Beteiligung einer ausländischen Familienstiftung an inländischer Personengesellschaft – BFH v. 13.5.13 – I R 39/11, IWB 2013, 519; *Haarmann* Wirksamkeit, Rechtmäßigkeit, Bedeutung und Notwendigkeit der Hinzurechnungsbesteuerung im AStG, IStR 2011, 565; *Kirchhain* Neues von der Zurechnungsbesteuerung Gedanken zur geplanten Neufassung des § 15 AStG durch das Jahressteuergesetz 2013, IStR 2012, 602; *Kraft* Steuererklärungspflichten im Kontext der Hinzurechnungsbesteuerung, IStR 2011, 897; *Kraft/Brunsbach* Hinzurechnungssteuerliche Erklärungspflichten im Kontext personengesellschaftlich organisierter Fondsstrukturen, IStR 2015, 305; *Schönfeld* Erklärungspflicht trotz „Cadbury-Schutz" in Gestalt des § 8 Abs. 2 AStG – zu den Probleme im Zusammenhang mit der Anwendung des neuen § 18 Abs. 3 Satz 1 Halbsatz 2 AStG, IStR 2008, 763; *ders* Probleme der neuen einheitlichen und gesonderten Feststellung von Besteuerungsgrundlagen für Zwecke der Anwendung des § 15 AStG (ausländische Familienstiftungen), IStR 2009, 16; *Wassermeyer* Zur Fortentwicklung der Besteuerung von Auslandsbeziehungen – Anmerkungen zu den derzeitigen Überlegungen zur Reform des Außensteuerrechts, IStR 2001, 113; *Wissenschaftlicher Beirat Steuern der Ernst & Young GmbH* Hinzurechnungsbesteuerung und gesonderte Feststellung von Besteuerungsgrundlagen, IStR 2013, 549.

A. Allgemeines

I. Regelungsinhalt und Anwendungsbereich

1 Die Vorschrift des § 18 ist eine reine **Verfahrens- und Zuständigkeitsvorschrift**.[1] Abs 1 regelt die gesonderte und bei mehreren StInländern zudem einheitliche Feststellung der Besteuerungsgrundlagen für die Anwendung der §§ 7–12 und § 14 sowie § 3 Nr 41 EStG. In Abs 2 ist die örtliche Zuständigkeit für die gesonderte Feststellung, in Abs 3 die Erklärungspflicht geregelt.

1 *F/W/B/S* § 18 AStG Rn 1, *Blümich* § 18 AStG Rn 3.

§ 18, der direkt nur für ausl ZwischenGes iSv § 7 und nachgeschaltete ZwischenGes iSv § 14 gilt, findet gem § 18 Abs 4 auch auf ausl Familienstiftungen iSd § 15 und gem § 5 Abs 3 auch auf zwischengeschaltete Ges iSd § 5 entsprechende Anwendung. 2

II. Zweck

Die Hinzurechnungsbesteuerung erfordert oft umfangreiche und weitreichende Ermittlungen und Berechnungen und erstreckt sich auf eine Mehrzahl von Beteiligten.[2] Deswegen ist das primäre gesetzgeberische Ziel der gesonderten Feststellung die **verfahrensrechtliche Verselbstständigung** der Entscheidungen über Fragen der Hinzurechnungsbesteuerung und die damit verbundene Abtrennung des Feststellungsverfahrens vom Veranlagungsverfahren (zweistufiges Verfahren).[3] Sind die Feststellungen für die Steuerfestsetzungen mehrerer Steuerpflichtiger relevant, sollen durch dieses zweistufige Verfahren zudem abweichende Entscheidungen über die Hinzurechnung der Besteuerungsgrundlagen einer bestimmten ausl ZwischenGes ggü den an ihr beteiligten Personen vermieden werden.[4] Zum Zwecke einer **einheitlichen Rechtsanwendung** werden die Besteuerungsgrundlagen vom FeststellungsFA gesondert und einheitlich festgestellt und aufgrund der Bindungswirkung des § 182 AO iVm § 18 Abs 1 S 3 von dem VeranlagungsFA in das allg Besteuerungsverfahren jedes einzelnen Inlandsbeteiligten der ausl ZwischenGes übernommen.[5] Das Feststellungsverfahren, mit dem die materiell-rechtlichen Regelungen der Hinzurechnungsbesteuerung einheitlich und widerspruchsfrei verfahrensrechtlich nachvollzogen werden,[6] dient darüber hinaus auch dem Zweck der **Vereinfachung und Zentralisierung** der Hinzurechnungsbesteuerung nach dem AStG.[7] Eine gesonderte Feststellung der Besteuerungsgrundlagen erfolgt deshalb zur weitgehenden Entlastung der Veranlagungsstellen von dem schwierigen Gebiet der Zugriffsbesteuerung auch dann, wenn nur ein einziger Stpfl an einer ZwischenGes beteiligt ist.[8] 3

III. Gesetzesentwicklung

§ 18 Abs 1 und 2 sind bereits seit der Einführung des AStG im Gesetz enthalten. Die Erklärungspflicht nach Abs 3 wurde erst 13 Jahre nach Inkrafttreten des AStG durch das StBerG 1985 v 14.12.1984[9] eingefügt. Mit dem UntStFG v 20.12.2001[10] wurde Abs 1 um die Vorschrift des § 3 Nr 41 EStG erweitert, und damit die gesonderte Feststellung für die Prüfung, ob die Hinzurechnungsbesteuerung der ESt unterlegen hat, normiert. Durch das JStG 08 v 20.12.2007[11] wurde Abs 3 S 1 um den HS 2 ergänzt sowie Abs 4 eingefügt. Mit dem AmtshilfeRLUmsG v 26.6.2013[12] wurde Abs 4 geändert. Zur zeitlichen Anwendung im Einzelnen vgl § 21. 4

---

2 *Blümich* § 18 AStG Rn 1.
3 *BFH* BStBl II 1985, 410, *F/W/B/S* § 18 AStG Rn 102.
4 *BFH* BStBl II 1985, 410.
5 *Blümich* § 18 AStG Rn 5.
6 *BFH* BStBl II 1985, 410; 1988, 868.
7 *F/W/B/S* § 18 AStG Rn 102 ; *Blümich* § 18 AStG Rn 1, 3.
8 *Blümich* § 18 AStG Rn 3,5.
9 BGBl I 1984, 1493.
10 BGBl I 2001, 3858.
11 BGBl I 2007, 3150.
12 BGBl I 2013, 1809.

B. Gesonderte Feststellung (Abs 1)

I. Feststellungspflichtige Besteuerungsgrundlagen

5 Nach § 18 Abs 1 S 1 werden die Besteuerungsgrundlagen für die Anwendung der §§ 7–14 und § 3 Nr 41 EStG **gesondert** festgestellt. Sind an der ausl Ges mehrere unbeschränkt bzw erweitert beschränkt StPfl beteiligt, so wird nach § 18 Abs 1 S 2 HS 1 die gesonderte Feststellung ihnen ggü **einheitlich** vorgenommen. Das Gesetz regelt nicht ausdrücklich, was unter den feststellungspflichtigen **Besteuerungsgrundlagen** zu verstehen ist. Es ist das Verdienst des **2. Senats des BFH**, durch grundlegende Judikate[13] begriffliche und systematische Klarheit geschaffen und den Inhalt der gesonderten Feststellungen nach § 18 Abs 1 präzisiert zu haben. Anknüpfungspunkt der Begriffsbestimmung ist für den BFH der Zweck des § 18 Abs 1 S 1, der darin besteht, die materiell-rechtlich enthaltenen Rechtsfolgen verfahrensrechtlich in Form der gesonderten Feststellung nachzuvollziehen.

6 In einem **positiven Feststellungsbescheid** nach § 18 Abs 1 ist deshalb über die für die Besteuerung wesentlichen Rechtsfolgen durch gesonderte Feststellung zu entscheiden, im Einzelnen, **dass** hinzugerechnet wird, **was** hinzugerechnet wird, **wann** und **wem** hinzugerechnet wird. Unter den Begriff der **Besteuerungsgrundlagen** iSd § 18 Abs 1 S 1 fallen demnach nach der Rspr des BFH[14] und der inzwischen hM[15] sowohl die **Hinzurechnung** selbst als Rechtsfolge als auch der **Gegenstand**, der **Zeitpunkt** und die **Empfängerperson** der Hinzurechnung.

7 Im Einzelnen folgt für den Hinzurechnungs**gegenstand** hieraus, dass die **Bezeichnung der ZwischenGes**, die nach **§ 7 Abs 1 oder Abs 6 stpfl Einkünfte,** die nach **§ 10 Abs 1 abziehbaren** bzw nach **§ 12 Abs 1 anrechenbaren Steuern**, die nach **§ 11 Abs 1** vom Hinzurechnungsbetrag **auszunehmenden Gewinnanteile** (insb Veräußerungsgewinne), die nach **§ 3 Nr 41 EStG steuerfreien Beträge** und die Summe der verbleibenden Hinzurechnungsbeträge festzustellen sind. Auch die nach **§ 12 Abs 3** iVm § 34c Abs 1 EStG **abziehbaren** bzw nach § 12 Abs 3 iVm § 34c Abs 2 EStG **anrechenbaren Steuern** und der **Vorbehalt der Anwendung des § 9** sind gesondert festzustellen.[16] Bei Beteiligungen mehrerer Stpfl ist zudem gem § 18 Abs 1 S 2 HS 2 die **Verteilung der Besteuerungsgrundlagen** auf die Feststellungsbeteiligten gesondert festzustellen.

8 **Nicht** zu den Besteuerungsgrundlagen iSd § 18 zählt der **Hinzurechnungsbetrag iSd § 10 Abs 1**. Dieser ist nur rechnerisch aus den anderen Feststellungen zu ermitteln und im Hinzurechnungsbescheid nachrichtlich auszuweisen.[17] Gleiches gilt für die mehrheitliche Beteiligung von Steuerinländern an der ausl ZwischenGes iSd § 7 Abs 2 sowie für die Niedrigbesteuerung der Einkünfte iSd § 8 Abs 3.

9 Die von einer (nachgeschalteten) ZwischenGes erzielten **Zwischeneinkünfte mit Kapitalanlagecharakter** iSd § 7 Abs 6a sind vor dem Hintergrund des § 11 Abs 1 ebenfalls nachrichtlich mitzuteilen.

---

13 *BFH* BStBl II 1985, 410; 1988, 868; 1995, 502.

14 *BFH* BStBl II 1985, 410. 1988, 868.

15 Vgl zB *Blümich* § 18 AStG Rn 8; *S/K/K* § 18 AStG Rn 12.

16 *BFH* BStBl II 1995, 502; AEAStG Tz 18.1.2.3; *F/W/B/S* § 18 AStG Rn 130; *Blümich* § 18 AStG Rn 8; *L/S* § 18 AStG Rn 3; *S/K/K* § 18 AStG Rn 13; jeweils mit partiellen Abweichungen.

17 *BFH* BStBl II 1995, 502; AEAStG Tz 18.1.2.4.

Aus dem Wortlaut des § **9** ergibt sich, dass über die sich auf die ausl ZwischenGes beziehenden Bezugsgrößen der Freigrenze bei gemischten Einkünften im Hinzurechnungsbescheid zu entscheiden ist. Auch dann, wenn neben der relativen Bezugsgröße auf Ebene der Ges auch die absolute Bezugsgröße bzgl. der Einkünfte dieser ausl ZwischenGes auf Ebene des StPfl erfüllt ist, ist im Hinzurechnungsbescheid eine Hinzurechnung festzustellen. Auch in diesen Fällen kann auf Ebene des StPfl gleichwohl die absolute Bezugsgröße der Freigrenze von 80 000 EUR überschritten sein, wenn er an mehreren ZwischenGes beteiligt ist. Da hierüber erst im Veranlagungsverfahren entschieden werden kann, ist die Hinzurechnung im Feststellungsbescheid **unter den Vorbehalt** zu stellen, dass sie nur ggü dem StInländer gilt, in dessen Person die insgesamt nach § 9 ggf außer Ansatz zu lassenden Hinzurechnungsbeträge in ihrer Summe die absolute Freigrenze von 80 000 EUR überschreiten.[18] 10

Das Bsp zeigt einerseits, dass sich der Feststellungsbescheid auf die Besteuerungsgrundlagen der ausl ZwischenGes bezieht und diese nur anteilig dem beteiligten Steuerinländer hinzurechnet. Es zeigt andererseits, dass im Feststellungsverfahren nach § 18 nicht abschließend über die Hinzurechnung entschieden werden kann, weil die Rechtsfolgen der §§ 7 ff von **materiellen Voraussetzungen** abhängig sind, die außerhalb der Beteiligung des Steuerinländers an der einzelnen ZwischenGes liegen.[19] 11

Nicht im Feststellungsverfahren, sondern im **Veranlagungsverfahren** ist hiernach die Entscheidung zu treffen, in welche **Einkunftsart** des Steuerinländers der Hinzurechnungsbetrag eingeht (§ 10 Abs 2). Über die Frage, ob die Anteile an einer ausl ZwischenGes zu einem inländischen Betriebsvermögen gehören und der Hinzurechnungsbetrag deshalb den Gewinn gem §§ 4 Abs 1, 5 Abs 1 EStG erhöht (§ 10 Abs 2 S 2), ist nicht im Hinzurechnungsbescheid zu entscheiden,[20] sondern im Folgebescheid. Denn die Zuordnung einzelner Wirtschaftsgüter zum Betriebsvermögen gehört zum Inhalt des Folgeverfahrens, da in diesem der Gewinn als Besteuerungsgrundlage zu ermitteln ist.[21] Zudem würde der Zweck der gesonderten Feststellung, eine einheitliche Entscheidung sicherzustellen, in sein Gegenteil verkehrt, wenn über die Zugehörigkeit der Anteile an der ausl Ges zu einem Betriebsvermögen sowohl im Hinzurechnungsbescheid, als auch im Folgebescheid zu entscheiden wäre.[22] Die Verschränkung der Verhältnisse von Ges und Stpfl macht es damit notwendig, dass die Feststellung bestimmter Grundlagen teilweise der Stufe des Inlandsbeteiligten und damit dem VeranlagungsFA vorbehalten bleibt.[23] 12

Auch sind die Rechtsfolgen der §§ 7 ff zT von **verfahrensrechtlichen Handlungen** abhängig, die erst im Veranlagungsverfahren vorgenommen werden können. So ist bspw die Antragstellung des StPfl, die gem § 10 Abs 1 abziehbaren Steuern nach § 12 Abs 1, 2 iVm § 34c EStG, § 26 KStG anrechnen zu wollen, dem Veranlagungsverfahren für den einzelnen Steuerinländer vorbehalten, da nur in diesem Verfahren deren Auswirkungen abgeschätzt werden können.[24] 13

18 *BFH* BStBl II 1988, 868; AEAStG Tz 18.1.2.6.
19 *BFH* BStBl II 1995, 502.
20 *BFH* BStBl II 1988, 868; 1995, 502; 1996, 122; AEAStG Tz 18.1.2.8.
21 *BFH* BStBl II 1988, 868.
22 *BFH* BStBl II 1988, 868.
23 *Blümich* § 18 Rn 5.
24 *BFH* BStBl II 1995, 502; AEAStG Tz 18.1.2.8.

14 Betreibt die ausl ZwischenGes **nur** Vermögensverwaltung und werden die Anteile an der Ges **im Privatvermögen** gehalten, so sind die Zwischeneinkünfte nach § 2 Abs 2 S 1 Nr 2 EStG zu ermitteln.[25] Ist an der ZwischenGes aber **auch** ein unbeschränkt StPfl beteiligt, der die Anteile **in einem inländischen Betriebsvermögen** hält, ist höchstrichterlich nicht entschieden, nach welchen Vorschriften die Einkünfte der ZwischenGes im Feststellungsverfahren zu ermitteln sind. Dies hängt von der unentschiedenen Vorfrage ab, ob die nach § 10 Abs 3 S 1 AStG anzuwendenden Einkünfteermittlungsvorschriften des deutschen Steuerrechts aus der Sicht der an der ZwischenGes beteiligten unbeschränkt Steuerpflichtigen oder aber aus Sicht der ZwischenGes zu bestimmen sind.[26] ME sind die Grundsätze über die Einkünfteermittlung iRd gesonderten und einheitlichen Feststellung gem § 180 Abs 1 Nr 1 lit a AO bei Beteiligung an einer sog **ZebraGes**[27] auf die Einkünfteermittlung der ZwischenGes entspr anzuwenden, sodass im Feststellungsverfahren auf die Perspektive der ZwischenGes abzustellen ist.

15 Die Einkünfte werden danach im Feststellungsverfahren **einheitlich** für alle Feststellungsbeteiligten nach § 2 Abs 2 S 1 Nr 2 EStG iVm § 10 Abs 3 S 1 ermittelt; erst im **Veranlagungsverfahren** derjenigen Beteiligten, die die Anteile an der ZwischenGes in einem inländischen Betriebsvermögen halten, sind die Einkünfte –unbeschadet der Einkünftequalifizierung bei der ZwischenGes- nach §§ 4 Abs 1, 5 Abs 1 EStG zu ermitteln und verfahrensrechtlich **eigenständig** in den ESt- oder KSt-Folgebescheiden anteilig zu erfassen. Die „gewerblich" Beteiligten sind jeweils einzeln („isoliert") bzgl der Höhe ihrer gewerblichen Zwischeneinkünfte erklärungspflichtig und an die Höhe der in dem Feststellungsbescheid festgestellten Einkünfte nicht gebunden.[28] Die Umqualifizierung in betriebliche Einkünfte des Gesellschafters vollzieht sich demnach außerhalb der „ZebraGes" und außerhalb des Feststellungsverfahrens. Auf Ebene der vermögensverwaltenden ZwischenGes ist eine solche nicht möglich, weil die Art der Einkünfte der ZwischenGes durch deren Tätigkeit bestimmt wird. Daran ändert sich auch nichts, wenn sich diese Überschusseinkünfte materiell-rechtlich in der Hand eines betrieblich Beteiligten als Gewinnbestandteil seines Betriebs darstellen.

16 Ob **getrennte Feststellungen** für Zwecke der ESt/KSt und der **GewSt** zu treffen sind, ist nicht ausdrücklich geregelt. Nach Auffassung der Finanzverwaltung ist eine besondere Feststellung für die GewSt nicht erforderlich, soweit sich die Besteuerungsgrundlagen für diese Steuer aus den festgestellten Beträgen ergeben.[29] Nach **aA**[30] soll eine besondere Feststellung für die GewSt jedenfalls dann erforderlich sein, wenn für die ESt/KSt und die GewSt unterschiedlich anzusetzende Hinzurechnungsbeträge gelten. Durch die neue BFH-Rspr,[31] wonach bei der Ermittlung des Gewerbeertrags der Gewinn aus Gewerbebetrieb gem § 9 Nr 3 S 1 GewStG um den Hinzurechnungsbetrag zu kürzen ist, soweit dieser sich aus einer ausl Betriebsstätte der ZwischenGes ergibt, werden sich die Besteuerungsgrundlagen für die GewSt nunmehr regelmäßig nicht mehr aus den für Zwecke der ESt/KSt festgestellten Beträgen ergeben. Für die-

25 *BFH* BStBl II 1998, 468; 715; AEAStG Tz 10.1.1.2.
26 *BFH* BStBl II 1998, 468.
27 *BFH* BStBl II 2005, 679.
28 *BFH* BStBl II 2005, 679.
29 AEAStG Tz 18.1.2.1; so auch *Blümich* § 18 AStG Rn 9.
30 *F/W/B/S* § 18 AStG Rn 133.
31 *BFH* BStBl II 2015, 1049.

sen Fall hat die Finanzverwaltung aber noch nicht Stellung bezogen. Allerdings wird die Frage der getrennten Feststellungen aufgrund der neuen BFH-Rspr an Bedeutung gewinnen.

Nach der ausdrücklichen Regelung des § 10 Abs 1 S 4 entfällt bei einem negativen Hinzurechnungsbetrag zwar die Hinzurechnung. Jedoch können **Verluste** aus Zwischeneinkünften gem § 10 Abs 3 S 5 in entspr Anwendung des **§ 10d EStG** abgezogen werden. Da der Verlustvortrag und der Verlustrücktrag auf der Ebene der ausl ZwischenGes vorgenommen wird, müssen die negativen Zwischeneinkünfte festgehalten werden; sie sind mit positiven Zwischeneinkünften eines anderen Wj zu verrechnen. Zur Gewährleistung des Verlustabzugs ist es deshalb erforderlich, dass die Verluste **gesondert festgestellt** werden.[32] Diese Feststellung erfolgt in einem gesonderten Verfahren durch das FA, dass die Besteuerungsgrundlagen nach § 18 Abs 1 feststellt.[33] 17

In einem **negativen Feststellungsbescheid** ist festzustellen, dass eine Hinzurechnung von Zwischeneinkünften unterbleibt.[34] Es kommen verschiedene Gründe für eine abzulehnende Hinzurechnung in Betracht. Der StPfl kann den Nachweis führen, dass die in § 8 Abs 2 genannten Voraussetzungen erfüllt sind; positive Zwischeneinkünfte können durch einen Verlustvor-/rücktrag gem § 10 Abs 3 S 5 „verbraucht" sein; die Beteiligungsverhältnisse des § 7 Abs 2 liegen am Ende des Wj der ZwischenGes nicht (mehr) vor; nach § 14 zugerechnete Zwischeneinkünfte einer nachgeschalteten ZwischenGes gehen aus den vorgenannten Gründen bei der OberGes „ins Leere";[35] dergleichen mehr. 18

Die Frage, ob eine nach § 18 Abs 1 **feststellungspflichtige Besteuerungsgrundlage** vorliegt, ist für die **Grundordnung des Verfahrens** von entscheidender Bedeutung. Denn Besteuerungsgrundlagen werden nach § 179 Abs 1 AO nur dann gesondert und ggf einheitlich festgestellt, soweit dies in den Steuergesetzen ausdrücklich bestimmt ist. Steht die mit der Durchführung eines solchen Feststellungsverfahrens verbundene Durchbrechung des Grundsatzes der Einheit des Steuerfestsetzungsverfahrens somit unter dem Vorbehalt des Gesetzes, der selbst durch Zweckmäßigkeitserwägungen nicht ersetzt werden kann, so ist nach § 182 Abs 1 S 1 AO der Umfang der **Bindungswirkung** auf die gesetzlich vorbehaltenen Feststellungen beschränkt.[36] 19

Es ist daher strikt zwischen solchen Besteuerungsgrundlagen, auf die sich die Feststellung nach § 18 Abs 1 erstreckt, und solchen, die nur nachrichtlich mitgeteilt werden, zu unterscheiden. Einwendungen, die sich auf die Besteuerungsgrundlagen iSd § 18 Abs 1 beziehen, sind durch Rechtsbehelfe gegen den **Feststellungsbescheid** zu verfolgen. Dies gilt auch für Einwendungen gegen die diesem Bescheid zugrunde liegenden Merkmale, wie die notwendigen Beteiligungsverhältnisse iSd § 7 Abs 2 oder die Niedrigbesteuerung der Zwischeneinkünften iSd § 8 Abs 3.[37] Einwendungen hingegen, die nicht feststellungspflichtige Besteuerungsmerkmale betreffen, sind durch Rechtsbehelfe gegen den **Veranlagungsbescheid** geltend zu machen. 20

---

32 *BFH* BStBl II 1995, 502; BStBl II 1993, 177 zur Rechtslage bis einschl VZ 1989.

33 AEAStG Tz 18.1.2.7.

34 *BFH* BStBl II 1988, 868.

35 *BFH* BStBl II 1988, 868.

36 *BFH/NV* 2006, 2228, *BFH* BStBl II 2006, 253.

37 *Blümich* § 18 AStG Rn 7.

II. Feststellung der gemäß § 14 zuzurechnenden Besteuerungsgrundlagen

21 Nach § 18 Abs 1 S 1 werden die Besteuerungsgrundlagen für die Anwendung der §§ 7 bis 14 gesondert festgestellt. Die §§ 7 bis 14 unterscheiden die **Hinzurechnung** iSd § 10 Abs 1 von der **Zurechnung** nach § 14 Abs 1. Zwar ergibt sich nicht ohne weiteres aus dem Wortlaut des § 18 Abs 1 S 1, dass auch die nach § 14 zuzurechnenden Zwischeneinkünfte eine **gesondert festzustellende Besteuerungsgrundlage** sind. Da die nachgeschaltete ZwischenGes aber in gleicher Weise wie die ausl OberGes ein selbstständiger ausl Rechtsträger ist, an dem mehrere Steuerinländer entweder nur mittelbar oder teilw mittelbar und teilw unmittelbar beteiligt sein können, ist die verfahrensrechtliche Ausgangssituation für die Zurechnung gem § 14 Abs 1 die gleiche wie für die Hinzurechnung nach § 10 Abs 1.[38]

22 Aus dem Zweck des § 18 Abs 1 AStG folgt, dass der verfahrensrechtliche Vollzug der Zurechnung gem § 14 Abs 1 AStG von dem **Folgeverfahren** der Hinzurechnung **abgetrennt** wird und auch über die Rechtsfolge der Zurechnung durch gesonderte und ggf einheitliche Feststellung entschieden wird.[39] Einkünfte einer nachgeschalteten ZwischenGes iSd § 14 dürfen daher nicht in dem Bescheid festgestellt werden, in dem über die Hinzurechnung von Einkünften der OberGes bei dem inländischen Anteilseigner entschieden wird **(Hinzurechnungsbescheid)**, sondern sind in einem eigenständigen Feststellungsbescheid festzustellen **(Zurechnungsbescheid)**.[40]

23 Wie im positiven Feststellungsbescheid über die Hinzurechnung von Zwischeneinkünften einer ausl Ges iSd §§ 7, 10 ist auch in einem **positiven** Feststellungsbescheid über die Zurechnung von Zwischeneinkünften einer UnterGes iSd § 14 durch gesonderte und ggf einheitliche Feststellung darüber zu entscheiden, **dass** zugerechnet wird, **was** zugerechnet wird, **wann** und **wem** zugerechnet wird.[41] **Zurechnungsempfänger** ist allerdings bei einer nachgeschalteten ZwischenGes die jeweils vorgeschaltete ausl Ges. **Adressaten des Zurechnungsbescheides** hingegen sind die mittelbar beteiligten unbeschränkt Steuerpflichtigen (vgl Rn 37).[42] Hinsichtlich des feststellungspflichtigen Zurechnungsgegenstandes gilt im Einzelnen die Aufzählung in **Rn 7** entspr.

24 In einem **negativen** Feststellungsbescheid ist festzustellen, dass eine Zurechnung von Zwischeneinkünften unterbleibt. Soweit die Höhe der Zwischeneinkünfte für eine anderweitige Besteuerung von Bedeutung sein kann, sind die Zwischeneinkünfte auch in einem ablehnenden Zurechnungsbescheid gesondert festzustellen.[43]

25 Da § 10 Abs 1 S 4 seinem Wortlaut „negativer **Betrag**" nach nur auf den „Hinzurechnungs**betrag**" iSv § 10 Abs 1 S 1 und nicht auf die zuzurechnenden „**Einkünfte**" iSv § 14 Abs 1 S 1 Anwendung findet, sind der OberGes auch **negative Zwischeneinkünfte (Verluste)** der nachgeschalteten ZwischenGes gem § 14 Abs 1 S 1 **zuzurechnen**.[44] Dies gilt umso mehr, als der Begriff „Einkünfte" im Ertragsteuerrecht sowohl positive als

38 *BFH* BStBl II 1985, 410.
39 *BFH* BStBl II 1985, 410; 1988, 868; 2002, 334; AEAStG Tz 18.1.4.2.
40 *BFH* BStBl II 2002, 334; *Blümich* § 18 AStG Rn 9; AEAStG Tz 18.1.4.2.
41 *BFH* BStBl II 1985, 410, 1988, 868.
42 *BFH* BStBl II 1988, 868.
43 *BFH* BStBl II 1988, 868.
44 *BFH* BStBl II 1988, 868, 1989, 13.

auch negative Einkünfte umfasst.[45] Mag die verfahrensrechtliche Ausgangssituation für die Zu- und Hinzurechnung zwar die gleiche sein, so sind deren materielle Rechtsfolgen doch verschiedene. Unter „Zurechnung" wird im Steuerrecht die Zuordnung einer Besteuerungsgrundlage in persönlicher Hinsicht im Zeitpunkt ihrer Entstehung verstanden.[46] Die Zuordnung zu einem Steuerrechtssubjekt lässt die zuzurechnende Besteuerungsgrundlage inhaltlich unverändert. Aus § 10 Abs 2 S 1 ergibt sich, dass die hinzuzurechnenden Einkünfte hingegen in Beteiligungserträge umqualifiziert werden und die Hinzurechnung mit einer Zeitverschiebung verbunden ist. Schon daraus folgt, dass die Zurechnung der Hinzurechnung logisch vorangeht. Dies ergibt sich auch aus dem Wortlaut und der systematischen Stellung des § 14 Abs 1 S 1, wonach Zwischeneinkünfte der UnterGes der OberGes „für die Anwendung der §§ 7 bis 13" zugerechnet werden. Beide Verfahren müssen deshalb getrennt und jeweils für sich gesehen werden. Erst nach durchgeführter Zurechnung findet § 10 Abs 1 S 4 auf Ebene der OberGes im Rahmen der Hinzurechnung Anwendung. Auf Ebene der UnterGes erfolgt damit zunächst eine Zurechnung negativer Zwischeneinkünfte. In einem **positiven Zurechnungsbescheid** sind damit auch **Verluste** der UnterGes als Besteuerungsgrundlagen gesondert festzustellen.[47]

Der **Zurechnungsbescheid** ist **Grundlagenbescheid** für den Hinzurechnungsbescheid. 26
Die in ihm getroffenen Feststellungen sind für den Hinzurechnungsbescheid gem § 182 Abs 1 AO bindend.[48]

Dies gilt mE auch für Einkünfte der ZwischenGes, die der OberGes zugerechnet worden 27
sind, weil der **Aktivitätsnachweis** bzw das **Funktionsprivileg** des § 14 Abs 1 S 1 HS 2 nicht erbracht bzw nicht nachgewiesen werden konnte (vgl § 14 Rn 42, 46). Zur Vermeidung der Hinzurechnung nicht nachweislich aktiver bzw funktionsprivilegierter Zwischeneinkünfte ist es erforderlich, den **Zurechnungsbescheid** anzufechten und die nach § 14 Abs 1 erforderlichen Nachweise in dem diesbzgl Rechtsbehelfs- bzw Klageverfahren nachzuholen. Der StPfl kann hingegen nicht den Hinzurechnungsbescheid anfechten und zur Begr auf die Feststellungslast der FinVerw auf der Ebene der OberGes verweisen.[49]

Das Feststellungsverfahren gem § 18 ist für **jede** nachgeschaltete ZwischenGes iSd § 14 28
durchzuführen. Eine **Zusammenfassung** von Besteuerungsgrundlagen mehrerer ZwischenGes in einem Feststellungsverfahren ist **nicht** zulässig.[50]

Sind an einer nachgeschalteten ZwischenGes unbeschränkt StPfl bzw erweitert 29
beschränkt StPfl iSd § 2 nicht nur mittelbar über eine vorgeschaltete OberGes, sondern auch unmittelbar beteiligt, so sind die Besteuerungsgrundlagen der UnterGes **ausnahmsweise** in einem **zusammengefassten** Zu- und Hinzurechnungsbescheid (und ggf gesondertem Verlustfeststellungsbescheid für Zwecke des § 10 Abs 3 S 5; vgl Rn 17) ggü den unmittelbar und mittelbar über die OberGes beteiligten Steuerinländern gesondert und einheitlich festzustellen.[51] Denn in diesem Fall besteht Personenidentität zwischen dem Zurechnungsempfänger und dem Hinzurechnungsempfänger.

45 *BFH* BStBl III 1951, 68.
46 *BFH* BStBl II 1988, 868, 1992, 211.
47 *BFH* BStBl II 1985, 410; 1988, 868; 1989, 13.
48 *BFH* BStBl II 1985, 410; 1988, 868; 2002, 334.
49 So aber *F/W/B/S* § 14 AStG Rn 78; *S/K/K* § 14 AStG Rn 38.
50 *S/K/K* § 18 AStG Rn 10; AEAStG Tz 18.1.4.2.
51 AEAStG Tz 18.1.4.2.

30 Die verfahrensrechtliche Abtrennung der Zurechnungsbesteuerung nach § 14 von der Hinzurechnungsbesteuerung nach §§ 7, 10 betrifft wiederum die Grundordnung des Verfahrens und mit ihr die **Entscheidungskompetenzen** von FinVerw und FinanzRspr. Ist die Entscheidung über die Zurechnung bzw Nichtzurechnung von (negativen) Einkünften einer nachgeschalteten ZwischenGes in einem vorgreiflichen Feststellungsverfahren zu treffen (vgl Rn 22, 26), so schlägt dies im Sinne einer Kompetenzverteilung auf die Entscheidungen von FinVerw und FG durch.[52]

31 So wie das für die Durchführung des jeweiligen **Folgeverfahrens** (Veranlagung/Hinzurechnung) zuständige FA grds nicht der Entsch des für die Durchführung des **Grundlagenverfahrens** (Hinzurechnung/Zurechnung) vorgreifen darf, so kann das FG seine Entscheidung nur iRd Entscheidungskompetenz des FA treffen.[53] Deshalb sind ggf das Folgeverfahren betr Veranlagungs- und Feststellungsverfahren von der FinVerw hinsichtlich der Positionen eines noch ausstehenden Grundlagenverfahrens für **vorläufig (§ 165 AO)** zu erklären und gerichtliche Verfahren insoweit bis zum Abschluss des vorgreiflichen Feststellungsverfahrens gem **§ 74 FGO auszusetzen**.

III. Feststellungsbescheid

32 Der im Verfahren nach § 18 erlassene Feststellungsbescheid besteht aus einer **Hauptfeststellung** und einer **Anlage** vglbar derer von Feststellungsbescheiden bei Mitunternehmerschaften. Die Anlage setzt die in die Veranlagung der Hinzurechnungsverpflichteten zu übernehmenden Besteuerungsgrundlagen insgesamt fest und teilt sie auf die einzelnen Stpfl auf.[54] Ist eine Hauptfeststellung ohne Anlage ergangen, ist dem Bescheid keine positive oder negative Feststellung einer Besteuerungsgrundlage zu entnehmen. Es fehlt damit am Regelungsinhalt für das Vorliegen eines Feststellungsbescheides. In diesem Fall liegt lediglich ein Scheinverwaltungsakt vor.[55] Hauptfeststellung und Anlage sind hiernach beide konstitutiv für das Vorliegen eines Verwaltungsaktes und bilden damit eine **Rechtseinheit.**[56]

IV. Feststellungsbeteiligte

33 Bei Beteiligung **mehrerer** unbeschränkt Stpfl an einer ausl ZwischenGes regelt § 18 Abs 1 S 2 HS 1 ausdrücklich, dass die gesonderte Feststellung ihnen ggü (einheitlich) vorgenommen wird. Das Gesetz stellt damit für die Frage, an wen der Feststellungsbescheid zu richten ist (**Inhaltsadressat**), auf die Beteiligung an der ausl Ges ab und nicht darauf, bei wem der Hinzurechnungsbetrag Bestandteil des zu versteuernden Einkommens ist. Dieser Grundsatz gilt bei Beteiligung **nur eines** unbeschränkt Stpfl für die Anwendung des § 18 Abs 1 S 1 entspr.[57] **Inhaltsadressaten** des **Hinzurechnungsbescheids** sind somit die an der ausl Ges beteiligten unbeschränkt bzw erweitert beschränkt StPfl.

34 Sind **auch erweitert beschränkt Stpfl iSd § 2** an der ausl Ges beteiligt, so sind die diesen Anteilsinhabern gem § 5 Abs 1 zuzurechnenden allgemeinen und erweiterten

52 *BFH* BStBl II 1985, 410.
53 *BFH* BStBl II 1985, 410.
54 *Blümich* § 18 AStG Rn 7.
55 *BFH* BStBl II 1988, 868.
56 *Blümich* § 18 Rn 7.
57 *BFH* BStBl II 1985, 119.

Inlandseinkünfte in einem separaten Zurechnungsbescheid gem § 18 Abs 1 iVm § 5 Abs 3 festzustellen. Diese Feststellungen müssen getrennt von den Feststellungen ggü unbeschränkt Stpfl auch in einem eigenen Verfahren vorgenommen werden.[58]

Sind Steuerinländer nach § 7 Abs 3 über eine **PersGes** unter den Voraussetzungen der §§ 7 ff an einer ausl ZwischenGes beteiligt, so sind die Zwischeneinkünfte materiell der PersGes hinzuzurechnen und ist diese damit als **Hinzurechnungsempfänger** im Feststellungsbescheid aufzuführen (s Rn 6), da nach der Rechtsfolge des § 7 Abs 1 die Hinzurechnung der Beteiligung am Nennkapital der ausl ZwischenGes folgt.[59] **Inhaltsadressaten** des **Hinzurechnungsbescheids** sind aber auch in diesem Fall die gem § 7 Abs 1 und 3 über die PersGes an der ausl ZwischenGes **mittelbar beteiligten StInländer.** Bei einer Beteiligung des Steuerinländers über eine **ausl PersGes** scheidet diese schon deshalb als Inhaltsadressat des Bescheides aus, da sie wegen der ausschließl auf das Inland beschränkten Verfahrenswirkungen nicht am Verfahren zu beteiligen ist.[60] Bei einer Beteiligung über eine **inländische PersGes** ergibt sich die ausschließliche Stellung der mittelbar beteiligten StInländer als Inhaltsadressaten des Hinzurechnungsbescheides zum einen daraus, dass nur diese entspr § 18 Abs 1 S 2 unbeschränkt bzw erweitert beschränkt stpfl Beteiligte sind. Zum anderen richtet sich der Feststellungsbescheid gem § 179 Abs 2 S 1 AO iVm § 18 Abs 1 S 3 gegen den Stpfl, dem der Gegenstand der Besteuerung zuzurechnen ist. Der Hinzurechnungsbetrag über die gesonderte und einheitliche Gewinnfeststellung der PersGes ist gem § 180 Abs 1 Nr 2 lit a, § 39 Abs 2 Nr 2 AO für Zwecke der Personensteuern den mittelbar beteiligten StInländern zuzurechnen Auch da die Hinzurechnung das Ziel verfolgt, die nach § 7 Abs 1 stpfl Einkünfte bei den sie erzielenden unbeschränkt bzw erweitert beschränkt Stpfl ansetzen zu können, müssen diese Adressaten des Hinzurechnungsbescheids sein. [61] 35

Sind in dem gem § 14 KStG dem Organträger zuzurechnenden Einkommen der Organgesellschaft steuerpflichtige Einkünfte iSd § 7 enthalten, so ist der Hinzurechnungsbescheid an die **Organgesellschaft** als **Inhaltsadressatin** zu richten.[62] Denn nur diese ist an der ausl ZwischenGes beteiligt. Darauf, dass der Hinzurechnungsbetrag Bestandteil des zu versteuernden Einkommens des Organträgers ist, kommt es nicht an. (vgl Rn 33) 36

Einkünfte einer nachgeschalteten ZwischenGes werden zwar gem § 14 Abs 1 S 1 der jeweils **vorgeschalteten ZwischenGes** zugerechnet (**Zurechnungsempfänger).**[63] **Inhaltsadressaten** des **Zurechnungsbescheids** sind jedoch die an der nachgeschalteten ZwischenGes mittelbar beteiligten unbeschränkt bzw iSd § 2 Abs 1 erweitert beschränkt **StInländer**, da, ihnen ggü die Zurechnung aE der Beteiligungskette Rechtswirkung entfaltet.[64] 37

58 *Blümich* § 18 AStG Rn 10.
59 *BFH* BStBl II 1996, 122; AEAStG Tz 18.1.1.2, *Blümich* § 18 AStG Rn 13.
60 Vgl *Blümich* § 18 AStG Rn 17.
61 *BFH* BStBl II 1996, 122; AEAStG Tz 18.1.1.2.
62 *BFH* BStBl II 1985, 119; AEAStG Tz 18.1.1.2.
63 *BFH* BStBl II 1988, 868.
64 *Kraft* § 18 AStG Rn 36.

V. Anwendung der Vorschriften der AO/FGO

38 Auf das besondere Feststellungsverfahren nach § 18 sind gem Abs 1 S 3 die **allgemeinen Vorschriften** über die gesonderte Feststellung von Besteuerungsgrundlagen der AO (§§ 179–183 AO, mit Ausnahme des § 180 Abs 3) und der FGO **entspr anzuwenden**.

39 Bei der Feststellung der Besteuerungsgrundlagen für die Hinzurechnung iSd §§ 7 Abs 1, 10 Abs 1 betreffend die ausl OberGes und der davon getrennten Feststellung der Besteuerungsgrundlagen für die Zurechnung iSd § 14 Abs 1 betreffend die ausl UnterGes ist im Rahmen der jeweiligen **Festsetzungsfrist** das Verhältnis der Feststellungen zueinander **gem § 181 Abs 5 AO** iVm § 18 Abs 1 S 3 zu beachten. Gem § 170 Abs 2 S 1 Nr 1 AO iVm § 181 Abs 1 S 1 AO iVm § 18 Abs 1 S 3 ist bei Nichtabgabe einer StErklärung das für die Berechnung des Beginns der Festetzungsfrist maßgebliche Kalenderjahr dasjenige, in dem die Steuer entstanden ist und damit gem § 38 AO dasjenige, in dem der Steuertatbestand verwirklicht ist. Die Einkünfte nach dem AStG haben somit für die inländische Besteuerung erst in dem Zeitpunkt steuerliche Relevanz, in dem die Einkünfte dem StInl zugewiesen werden. Hinsichtlich der Einkünftezuweisung ist zu differenzieren zwischen dem **Hinzurechnungsbetrag iSd § 10 Abs 1** der OberGes, der nach § 10 Abs 2 S 2 den Gewinn des inl Betriebes für das Wirtschaftsjahr erhöht, das **nach** dem Ablauf des maßgeblichen Wirtschaftsjahres der OberGes endet, und den **zuzurechnenden Einkünften iSd § 14 Abs 1** der UnterGes, die mangels anderweitiger Regelung in § 14 Abs 1 unmittelbar im Zeitpunkt ihrer **Entstehung**, dh noch vor Ablauf des Wirtschaftsjahres, der Oberges zugerechnet werden.[65] Die Festsetzungsfrist für die Zurechnung beginnt damit vor derjenigen der Hinzurechnung. Es treten demnach Fälle auf, in denen zwar hinsichtlich des Zurechnungsbescheides bereits Feststellungsverjährung grds eingetreten ist, hinsichtlich des Hinzurechnungsbescheides jedoch noch nicht. Nach **§ 181 Abs 5 S 1 HS 1 AO** kann in solchen Fällen aber eine gesonderte Feststellung der zuzurechnenden Besteuerungsgrundlagen **auch nach** Ablauf der Festsetzungsfrist erfolgen, da diese für die Festsetzung der hinzuzurechnenden Besteuerungsgrundlagen von Bedeutung ist, deren Festsetzungsfrist noch nicht abgelaufen ist. Für den **Hinweis** im Zurechnungsbescheid nach **§ 181 Abs 5 S 2 AO** reicht es aus, wenn hinreichend deutlich zum Ausdruck gebracht wird, für welchen Folgebescheid die gesonderte Feststellung von Bedeutung ist.[66]

40 Entspr dem Zweck des Feststellungsverfahrens, der Vereinfachung und Zentralisierung der Hinzurechnungsbesteuerung, ist in § 18 Abs 1 S 3 die entsprechende Anwendung des **§ 180 Abs 3 AO** ausdrücklich **ausgeschlossen**. Das Feststellungsverfahren ist demnach entgegen § 180 Abs 3 S 1 Nr 1 AO auch dann durchzuführen, wenn nur ein einziger Stpfl an einer ZwischenGes beteiligt ist. Entgegen § 180 Abs 3 S 1 Nr 2 AO ist es auch in Fällen von geringer Bedeutung durchzuführen. Bei mehrstufigen Beteiligungsketten bedarf es damit iZm § 14 auch in einfach gelagerten Fällen mehrerer getrennter Feststellungen.[67]

---

65 *FG Hess* 16.5.2000 – 4 K 243/98.

66 *FG Hess* 4 K 243/98 v 16.5.00.

67 *BFH* BStBl II 2002, 334.

Richtet sich der (einheitliche) Feststellungsbescheid gegen **mehrere** Inhaltsadressaten, sind diese **gem § 183 Abs 1 S 1 AO** iVm § 18 Abs 1 S 3 verpflichtet, einen im Inland wohnenden **gemeinschaftlichen Empfangsbevollmächtigten** zu bestellen.[68] Andernfalls kann die Finanzbehörde gem § 183 Abs 1 S 3 AO iVm § 18 Abs 1 S 3 die Verfahrensbeteiligten zur Benennung eines solchen auffordern.[69] Der Feststellungsbescheid ist an den gemeinschaftlichen Empfangsbevollmächtigten zu adressieren. Es ist ausreichend, wenn sich die Inhaltsadressaten aus den in der Anlage aufgeführten Personen ergeben.[70] **41**

Hinsichtlich der anwendbaren Vorschriften der AO und der FGO kann insoweit im Einzelnen auf die jeweiligen Kommentierungen zur AO und FGO verwiesen werden. **42**

C. Zuständigkeit (Abs 2)

I. Allgemeines

Welches FA für die gesonderte Feststellung nach § 18 Abs 1 zuständig ist (Feststellungsfinanzamt), richtet sich im Grundsatz nach § 18 Abs 2. Einige Länder (Baden-Württemberg, Bayern, Hessen, Rheinland-Pfalz, Schleswig-Holstein) haben jedoch entspr dem Zweck der Vereinfachung und Zentralisierung der Hinzurechnungsbesteuerung nach dem AStG **zentrale Zuständigkeiten** geschaffen. Insoweit ist die Zuständigkeit von dem nach Abs 2 zuständigen FA auf das zentrale FA übergegangen. Genaueres ist über die zuständigen Landesfinanzbehörden zu erfahren. **43**

Für die Bestimmung des **örtlich** zuständigen FA ist die Vorschrift des § 18 Abs 2 eine Spezialvorschrift zu den §§ 18 ff AO. Da sich jedoch die örtliche Zuständigkeit nach § 18 Abs 2 primär danach richtet, welches FA für die Besteuerung der bezogenen Einkünfte beim unbeschränkt Stpfl zuständig ist, kommt es jedoch zu einer mittelbaren Anwendung der §§ 18 ff AO. Die Vorschrift des § 18 Abs 2 S 1, 2 regelt die Zuständigkeit nach dem **Prinzip der Sachnähe**,[71] wobei S 3 eine **Auffangzuständigkeit** nach dem **Prioritätsprinzip** vorsieht. **44**

II. Zuständiges FA bei der gesonderten Feststellung

Für die gesonderte Feststellung ist nach § 18 Abs 2 S 1 das FA zuständig, das bei dem unbeschränkt StPfl für die Ermittlung der aus der Beteiligung bezogenen Einkünfte örtlich zuständig ist. Örtlich zuständiges Feststellungsfinanzamt nach S 1 ist damit das **WohnsitzFA** iSd **§ 19 Abs 1 AO** bzw das **GeschäftsleitungsFA** iSd **§ 20 Abs 1 AO** des unbeschränkt Stpfl, wenn er die Beteiligung an der ausl ZwischenGes im **Privatvermögen** hält. Wird die Beteiligung im **Betriebsvermögen** gehalten, so kann hiervon abweichend das sich nach § 18 Abs 1 Nr 1–3 evtl iVm § 19 Abs 3 bzw § 22 AO ergebende, **LageFA, BetriebsstättenFA** oder **FreiberuflerFA** örtlich zuständig sein. Für **erweitert beschränkt StPfl** richtet sich die örtliche Zuständigkeit nach § 19 Abs 2 AO. Hiernach ist das FA zuständig, in dessen Bezirk sich das inl Vermögen des erweitert beschränkt StPfl befindet. **45**

---

68 AEAStG Tz 18.1.1.3.
69 AEAStG Tz 18.1.1.3.
70 *Blümich* § 18 AStG Rn 14.
71 *Blümich* § 18 AStG Rn 21.

46 Sind in dem gem § 14 KStG dem Organträger zuzurechnenden Einkommen der Organgesellschaft steuerpflichtige Einkünfte iSd § 7 enthalten, so ist für den Erlass des Feststellungsbescheids nach § 18 Abs 1 das **FA der Organgesellschaft** für die Ermittlung der aus der Beteiligung bezogenen Einkünfte zuständig.[72] Die Zuständigkeit folgt der Inhaltsadressatenstellung der Organgesellschaft, die sich durch Auslegung des § 18 Abs 1 ergibt (vgl Rn 33, 36). Dies wird durch § 18 Abs 2 S 2 bestätigt. Wenn dort für den Fall, dass die gesonderte Feststellung gegenüber mehreren Personen einheitlich vorzunehmen ist, das FA für zuständig erklärt wird, das nach § 18 Abs 2 S 1 für den Beteiligten zuständig ist, dem die höchste Beteiligung an der ausl Ges zuzurechnen ist, so ergibt sich auch daraus, dass das Gesetz für die Zuständigkeit zur Ermittlung der aus der Beteiligung bezogenen Einkünfte auf die Beteiligung an der ausl Ges abstellt.[73]

III. Zuständiges FA bei der gesonderten und einheitlichen Feststellung

47 Gem § 18 Abs 2 S 2 ist für die gesonderte und einheitliche Feststellung der Besteuerungsgrundlagen nach § 18 Abs 1 das Wohnsitz-, Geschäftsleitungs-, Lage-, Betriebsstätten-, oder FreiberuflerFA (FestellungsFA, vgl Rn 45) desjenigen Beteiligten zuständig, dem die **höchste Beteiligung** an der ausl Ges **zuzurechnen** ist. Die Höhe der zuzurechnenden Beteiligung wird nach § 7 Abs 2–4 bemessen.

48 Maßgebend sind die zuzurechnenden Anteile am Nenn-/Stammkapital, der Anteil an der Gewinnverteilung iFd § 7 Abs 5 **oder** die Stimmrechte an der ausl Ges. Nach dem für das Feststellungsverfahren gültigen Prinzip der Sachnähe ist diejenige **Beteiligungsgröße** (Anteile, Stimmrechte) maßgebend, die die weitestgehenden Einfluss- und Kontrollrechte an der ausl Ges gewährleistet.[74] Hierzu ist eine Abwägung nach den Gesamtumständen vorzunehmen.[75]

49 Halten sich mehrere Finanzämter für örtlich zuständig oder unzuständig oder bleiben sonst Zweifel über die örtliche Zuständigkeit für die gesonderte und einheitliche Feststellung bestehen, so bestimmen die zuständigen Landesfinanzbehörden in Zusammenarbeit mit dem Bundeszentralamt für Steuern (BZSt) das für die Feststellung nach § 18 zuständige FA.[76] Voraussetzung für die **behördliche Zuständigkeitsbestimmung** muss aber sein, dass sich auch nach S 3 **keine gesetzlich** geregelte Zuständigkeitsfolge ergibt.[77]

D. Erklärungspflicht (Abs 3)

I. Erklärungspflichtige Personen

50 Jeder der an der ausl Ges beteiligten unbeschränkt StPfl und erweitert beschränkt StPfl ist nach § 18 Abs 3 S 1 HS 1 zur Abgabe einer Erklärung für die gesonderte und ggf einheitliche Feststellung verpflichtet. Der infolge der Entscheidung des EuGH in der Rechtssache Cadbury Schweppes[78] zusammen mit § 8 Abs 2 durch das JStG 2008

72 *BFH* BStBl II 1985, 119.
73 *BFH* BStBl II 1985, 119.
74 *S/K/K* § 18 AStG Rn 23; **aA** *F/W/B/S* § 18 AStG Rn 330.
75 Vgl *Blümich* § 18 AStG Rn 21.
76 AEAStG Tz 18.2., *BMF* BStBl I 2012, 241.
77 *S/K/K* § 18 AStG Rn 27.
78 *EuGH* v 12.9.2006, C-196/04.

v 20.12.2007[79] eingefügte HS 2 stellt klar, dass der in § 8 Abs 2 geregelte Dispens von der Zugriffsbesteuerung nach dem AStG nicht von der **Erklärungspflicht** nach HS 1 entbindet. Die **Feststellungserklärung** stellt eine Steuererklärung iSv §§ 149 ff AO dar.[80] Die Aufforderung zur Abgabe einer Erklärung erfolgt in der allg Aufforderung zur Abgabe der Jahressteuererklärungen.[81] Sind mehrere Personen erklärungspflichtig, können diese ihre jeweilige Verpflichtung gem § 18 Abs 3 S 2 durch Abgabe einer **gemeinsamen Erklärung** erfüllen. Diese Regelung verfolgt auch den Zweck, abweichende Entscheidungen über die Hinzurechnung der Besteuerungsgrundlagen zu verhindern.

Diese vom Gesetz in aller Schlichtheit angeordnete Steuererklärungspflicht steckt voller **Probleme** und ist zu Recht Gegenstand heftiger **Kritik** in der Literatur.[82] Es wird vorgebracht, dass der Stpfl in vielen Fällen seine **Erklärungspflichten** aus tatsächlichen Gründen **nicht erfüllen kann** (s Rn 53) und aufgrund dieses Vollzugsdefizits des § 18 Abs 3 S 1 HS 1 verfassungsrechtliche Zweifel bestehen (s Rn 54). Zudem steht in Frage, ob die gem § 18 Abs 3 S 1 HS 2 trotz des Dispens von der Zugriffsbesteuerung in § 8 Abs 2 bestehende Erklärungspflicht europarechtlich zulässig ist (s Rn 55). 51

Für die Definition der „**ausl Ges**" iSv § 18 Abs 3 kann nicht abschließend auf die Legaldefinition in § 7 Abs 1 verwiesen werden. § 7 Abs 1 beschreibt nur den GesTypus der ausl Ges. Da die Erklärung nach Abs 3 aber „zur gesonderten Feststellung" nach Abs 1 abzugeben ist und die Besteuerungsgrundlagen gem Abs 1 ausschließlich „für die Anwendung der §§ 7–14 und § 3 Nr 41 EStG" gesondert festzustellen sind, müssen die Voraussetzungen für eine Hinzurechnungsbesteuerung vorliegen[83]. Eine „ausl Ges" iSv § 18 Abs 3 muss demnach nicht nur dem GesTypus des § 7 Abs 1 entsprechen, sondern zudem auch **ZwischenGes** sein.[84] Nach § 7 Abs 1 erfordert dies, dass an ihr Steuerinländer gem § 7 Abs 2 (Beherrschungsbeteiligung) oder § 7 Abs 6 (Streubeteiligung) beteiligt sind und dass die Ges Einkünfte iSv § 8 oder § 7 Abs 6a erzielt.[85] Erzielt die Ges keine Einkünfte iSv § 8 oder § 7 Abs 6a und ist sie aus diesem Grund **selbst keine ZwischenGes**, kann sie dennoch „ausl Ges" iSv § 18 Abs 3 sein, wenn sie an einer **UnterGes** beteiligt ist, die ihrerseits **ZwischenGes** iSv § 7 Abs 1 ist. Denn dann werden die Einkünfte der nachgeschalteten ZwischenGes der Ges als OberGes gem § 14 Abs 1 zugerechnet. Auch in diesem Fall ist die Ges aber nur dann „ausl Ges" iSv § 18 Abs 3, wenn an ihr Steuerinländer gem § 7 Abs 2 (Beherrschungsbeteiligung) oder § 7 Abs 6 (Streubeteiligung) beteiligt sind. 52

Um beurteilen zu können, ob es sich bei einer ausl Ges um eine ZwischenGes handelt, für die der Stpfl erklärungspflichtig ist, muss er jedoch **Kenntnis** über die von § 7 Abs 2, § 14 Abs 1 vorausgesetzten **Beteiligungsverhältnisse** an der ausl Ges haben und über deren Besteuerungsgrundlagen, insb über die **Höhe der Zwischeneinkünfte** iSv § 8 oder § 7 Abs 6a, informiert sein. Hierzu muss der Stpfl **Informationsrechte** haben, wonach ihm die Beteiligungsstruktur und/oder die Zusammensetzung der Einkünfte 53

79 BGBl I 2007, 3150.
80 *Kraft/Brunsbach* IStR 2015, 305.
81 AEAStG Tz 18.3.2.
82 Vgl *Kraft* IStR 2011, 897.
83 Vgl *Blümich* § 18 AStG Rn 22.
84 *Kraft* IStR 2011, 897, iE *Blümich* § 18 AStG Rn 22.
85 Vgl *B/F/G/H* Zwischengesellschaft, Rn 1.

der ausländischen Ges offenzulegen sind. Insbesondere bei **Beteiligungsketten** iSv § 14 und bei **Portfoliobeteiligungen** iSv § 7 Abs 6 sind diese Informationsrechte und -möglichkeiten indes zweifelhaft.[86] Eine Verpflichtung des inl Beteiligten, auf entsprechende vertragliche Abreden bei Portfoliobeteiligungen hinzuwirken, ohne gesetzliche Grundlage hierfür besteht mE nicht.[87] Dem Stpfl können Aufklärungs- und Informations**pflichten** nach dem rechtsstaatlichen, eingriffsrechtlichen Grundsatz des Vorbehalts des Gesetzes aus Art 20 Abs 3 GG nur durch eine gesetzliche Regelung auferlegt werden. Es ist kein Rechtssatz ersichtlich, der den inl Beteiligten verpflichtet, sich Kenntnisse über den Gesellschafterkreis seiner BeteiligungsGes zu verschaffen und diesen permanent zu beobachten. Darüber hinaus ergibt sich eine solche Verpflichtung weder aus dem Anwendungserlass zur Abgabenordnung[88] noch aus dem BMF-Schreiben zur Anzeigepflicht bei Auslandsbeteiligungen nach § 138 Abs 2 und 3 AO.[89] Kann bzw muss der Stpfl aber die erforderlichen Informationen **aus rechtlichen oder tatsächlichen Gründen** nicht durch Einsichtnahme in Interna des Rechnungswesens der ausl Ges erlangen, so kann und muss er sie auch nicht nach § 18 Abs 3 erklären. Denn **Unmögliches** wird nicht geschuldet (impossibilium nulla est obligatio). ME besteht für den Stpfl in diesen Fällen nur die Pflicht zur Mitteilung seiner eigenen Beteiligung nach § 138 Abs 2 AO.[90]

54 Vor diesem Hintergrund stellt sich die Frage, ob aus dem von § 18 Abs 3 vorgegebenen Deklarationsprinzip nicht ein **strukturelles Vollzugsdefizit**[91] bei der Hinzurechnungsbesteuerung folgt. Es ist anzunehmen, dass die sich aus den §§ 7 ff, § 14 ergebende normative Steuerpflicht nicht gleichheitsgerecht durchgesetzt wird. Die **Fehlerquote** im Bereich der Hinzurechnungsbescheide soll jedenfalls **exorbitant hoch** sein.[92] Sollten sich die Mutmaßungen durch belastbares Zahlenmaterial bestätigen, so würde die Gleichheit im Belastungserfolg iSd Art 3 GG durch die rechtliche Gestaltung des Erhebungsverfahrens prinzipiell verfehlt werden; ein solches – dem Gesetzgeber zuzurechnendes – Vollzugsdefizit könnte sodann die **Verfassungswidrigkeit** der §§ 7 ff, § 14 nach sich ziehen.[93]

55 Eine weitere Frage im Zusammenhang mit den Erklärungspflichten nach § 18 Abs 3 ist schließlich, ob es **europarechtlich** zulässig ist, dass sich der Stpfl gem S 1 HS 2 auch dann erklären muss, wenn für ihn der in § 8 Abs 2 geregelte materiell-rechtliche Dispens von der Zugriffsbesteuerung nach dem AStG gilt. So wird vertreten, dass die Erklärungspflicht insoweit gegen das **Übermaßverbot** verstoße und damit europarechtswidrig sei.[94] ME ist ein EU-Rechtsverstoß nicht ohne weiteres zu bejahen. Denn ohne Erklärungspflicht wäre die Frage, ob die ausl Ges einer tatsächlichen wirtschaft-

---

86 *Haarmann* IStR 2011, 565; *Kraft* IStR 2011, 897.
87 So auch *Kraft* IStR 2011, 897.
88 *BMF* BStBl I 2008, 26.
89 *BMF* BStBl I 2010, 346.
90 So auch *Kraft* IStR 2011, 897; *Kraft* § 18 AStG Rn 74.
91 Vgl *BVerfG* BStBl II 1991, 654 (Zinsbesteuerung); BStBl II 2005, 56 (Spekulationseinkünfte).
92 *Wassermeyer* IStR 2001, 113, der insoweit den für das Außensteuerrecht zuständigen, aber seinerseits bereits ausgeschiedenen Referatsleiter im BMF Runge zitiert.
93 Vgl zu den Voraussetzungen im Einzelnen *BVerfG* BStBl II 2005, 56; bejahend *Wissenschaftlicher Beirat Steuern der Ernst & Young GmbH* IStR 2013, 549; *Haarmann* IStR 2011, 565.
94 *Haarmann* IStR 2011, 565; *Kraft* § 18 AStG Rn 72, 73.

lichen Tätigkeit iSd § 8 Abs 2 nachgeht oder nicht, nicht verifizierbar und das Erhebungsverfahren nach dem AStG noch zweifelhafter und defizitärer als es das ohnehin schon ist. Die Entscheidung darüber, dass ein Ausnahmefall nach § 8 Abs 2 vorliegt, muss der FinVerw vorbehalten bleiben.[95] Diese soll entspr dem Regelungszweck des § 18 Abs 3 S 1 HS 2 in zeitlicher Hinsicht im Zeitpunkt der Abgabe der Erklärung nach § 18 Abs 3 und in verfahrensrechtlicher Hinsicht im Feststellungsverfahren iSv § 18 Abs 1 von dem Sachverhalt nach § 8 Abs 2 Kenntnis erlangen. Bestünde keine Erklärungspflicht, könnte die FinVerw die diesbzgl Kenntnis erst im Rahmen einer Betriebsprüfung erlangen.[96] Gegen einen Verstoß gegen das Übermaßverbot durch das Bestehen der Erklärungspflicht in den Fällen des § 8 Abs 2 spricht zudem, dass auch bei Unterschreiten der Freigrenze iSd § 9 eine Erklärungspflicht besteht.[97] In Frage steht mE vielmehr, wieweit diese Erklärungspflicht des Stpfl gehen darf, ohne das Übermaßverbot zu verletzen. ME kann der Erklärungspflicht dem **Umfang** nach dadurch genüge getan werden, dass der Stpfl den Nachweis iSd § 8 Abs 2 erbringt, dass die Einkünfte der ausl Ges aus einer tatsächlichen wirtschaftlichen Tätigkeit stammen.[98] In diesem Fall sollte eine weitergehende Erklärungspflicht (auch) für die übrigen Gesellschafter entfallen.[99]

Möglicherweise zeichnet sich hier ein Konflikt zwischen nationalem Verfassungsrecht **56**
(Verbot eines strukturellen Vollzugsdefizits) und EU-Grundfreiheiten (Übermaßverbot) ab.

Bei **mehrstufigen Beteiligungsketten** stellt sich die überaus wichtige Frage, ob die **57**
unmittelbar oder/und die mittelbar an einer ausl ZwischenGes beteiligten StInländer erklärungspflichtig sind. Der BFH hat zu dieser Frage noch nicht Stellung bezogen. Auch bestehen keine eindeutigen Stellungnahmen der Finanzverwaltung hierzu. Im Schrifttum besteht ein uneinheitliches Meinungsspektrum.

Sind StInländer gem § 7 Abs 3 **über eine inl PersGes** an der ausl ZwischenGes beteiligt, **58**
stellt sich diese Frage dergestalt, ob die Erklärungspflicht die **inl PersGes** oder deren **Gesellschafter** trifft.[100] Nach dem **Wortlaut** des § 18 Abs 3 S 1 HS 1 ist jeder an einer ausl ZwischenGes beteiligte unbeschränkt Stpfl und erweitert beschränkt Stpfl erklärungspflichtig. Nach dem reinen Gesetzeswortlaut sind damit lediglich die inl **Gesellschafter** erklärungspflichtig. Denn diesen ist der Hinzurechnungsbetrag über die gesonderte und einheitliche Gewinnfeststellung der PersGes iSv § 180 Abs 1 Nr 2 lit a, § 39 Abs 2 Nr 2 AO zuzurechnen, sodass sie unbeschränkt oder erweitert beschränkt stpfl iSd § 18 Abs 3 sind. Zudem wird gem § 7 Abs 3 fingiert, dass die inl Gesellschafter auch an der ausl ZwischenGes beteiligt sind, wenngleich unmittelbar nur die PersGes an dieser beteiligt ist. Die **PersGes** hingegen, über die die StInländer an der ZwischenGes beteiligt sind, ist hinsichtl des zu den Einkünften iSd EStG gehörenden Hinzurechnungsbetrages **nicht** „Steuerpflichtige" iSd § 18 Abs 3, weil „unbeschränkt" bzw „erweitert beschränkt" Stpfl nur natürliche Personen oder KStSubjekte sein können. Auch für Zwecke der GewSt kann eine PersGes begrifflich nicht unbeschränkt stpfl sein. Hätte

95 So auch *Blümich* § 18 AStG Rn 23; *L/S* § 18 AStG Rn 10.
96 Vgl *Schönfeld* IStR 2008, 763.
97 Vgl *Blümich* § 18 AStG Rn 23.
98 So auch *Blümich* § 18 AStG Rn 23; *F/W/B/S* § 18 AStG Rn 442.
99 So auch *Schönfeld* IStR 2008, 763.
100 *S/K/K* § 18 AStG Rn 34; *F/W/B/S* § 18 AStG Rn 403.

die **FinanzVerw** demnach vom klaren Gesetzeswortlaut abweichen wollen bzw hielte sie diesen nicht für hinreichend klar, hätte sie dies iRd Erläuterungen zu § 18 Abs 3 tun müssen. In Tz. 18.3.1. AEAStG ist das Gesetz jedoch lediglich nahezu wortwörtlich wiederholt und von einer eigenständigen Erklärungspflicht der PersGes nicht die Rede. Die FinanzVerw verortet damit die Feststellungserklärungspflichten auf der Ebene der inl Gesellschafter. Hierfür spricht auch, dass die Finanzbehörden in Einzelfällen die Abgabe von Feststellungserklärungen durch die inländische PersGes nicht akzeptiert und damit die Erklärungspflicht nach § 18 Abs 3 als nicht erfüllt angesehen haben.[101]

59 Allerdings existieren **Literaturmeinungen**[102], dass § 18 Abs 3 eine **Gesetzeslücke** enthalte für die Fälle, in denen Beteiligungen über eine PersGes gehalten werden, die in entsprechender Anwendung des § 18 Abs 3 durch eine **eigenständige Erklärungspflicht der PersGes** zu schließen sei. In diesen Fällen sei der Gesetzeswortlaut nicht eindeutig, weil die gesetzliche Differenzierung zwischen unbeschränkt bzw erweitert beschränkt stpfl nur bei natürlichen Personen oder KStSubjekten existiert. Die PersGes entfaltet strukturell in dieser Kategorie keine Bedeutung. Diese Regelungslücke durch eine eigenständige Erklärungspflicht der PersGes zu schließen sei sachgerecht, weil[103] die Erklärungspflicht des Gesellschafters einer PersGes auf tatsächliche wie auch rechtliche Grenzen stoßen könne (vgl Rn 53) bzw weil[104] die eigene GewStSchuld der PersGes betroffen sei gem § 5 Abs 1 S 3 GewStG. ME liegt jedoch in diesen Konstellationen bereits **keine Gesetzeslücke** iS einer planwidrigen Unvollständigkeit vor. Nach der Rspr des BFH[105] liegt eine solche Lücke dann vor, wenn eine Regelung gemessen an ihrem Zweck unvollständig, dh ergänzungsbedürftig, ist und wenn ihre Ergänzung nicht einer vom Gesetzgeber beabsichtigten Beschränkung auf bestimmte Tatbestände widerspricht. Die Regelung des § 18 Abs 3 ist schon nicht unvollständig in Konstellationen, in denen hinzurechnungssteuerlich relevante Beteiligungen in tiefer liegenden Beteiligungsebenen durch Zwischenschaltung von PersGes vermittelt werden, da § 18 Abs 3 auch in diesen Fällen eindeutig einen Erklärungspflichtigen bezeichnet, den im Inl unbeschränkt bzw erweitert beschränkt Stpfl. Auch gemessen an ihrem Zweck ist diese gesetzliche Regelung des Erklärungspflichtigen nicht ergänzungsbedürftig. Denn der Gesetzgeber bezweckte, in § 18 Abs 3 eine Erklärungspflicht auf Ebene desjenigen Steuerpflichtigen zu statuieren, auf der am ehesten zu erwarten ist, dass in Kenntnis sämtlicher rechtlich und tatsächlich relevanter Umstände ein inhaltlich korrektes Besteuerungsverfahren in Gang gesetzt werden kann, um den hinzurechnungssteuerlich verwirklichten Steueranspruch überwachen und durchsetzen zu können. Theoretisch besteht die hierzu beste Möglichkeit auf Ebene des inländischen Gesellschafters. Dass dieser oft gesellschaftsrechtliche und tatsächliche Grenzen entgegenstehen, berührt nicht die Frage des Subjekts der Erklärungspflicht, sondern die Erfüllbarkeit derselben.[106] Der PersGes eine Erklärungspflicht aufzuoktroyieren, würde nach alledem mangels Vorliegen einer Regelungslücke zu einer ungerechtfertigten Analogie zu Lasten der PersGes führen.[107]

---

101 *Kraft/Brunsbach* IStR 2015, 309.
102 *F/W/B/S* § 18 AStG Rn 406; *S/K/K* § 18 AStG Rn 34
103 *F/W/B/S* § 18 AStG Rn 406.
104 *S/K/K* § 18 AStG Rn 34.
105 Vgl zB *BFH* BStBl II R 66/05.
106 Vgl *Kraft/Brunsbach* IStR 2015, 309.
107 Vgl *Kraft/Brunsbach* IStR 2015, 309.

Damit ist den **Literaturansichten**, die **ausschließlich** eine Erklärungspflicht der **inländischen Gesellschafter** befürworten, zu folgen. Der Gesetzes**wortlaut** sei auch soweit die GewSt auf den Hinzurechnungsbetrag iSd § 10 Abs 1 in Frage steht, eindeutig und regele, dass auch für die gem § 5 Abs 1 S 3 GewStG eigene GewStSchuld der PersGes durch diese hindurchzuschauen und auf die dahinterstehenden Gesellschafter als „unbeschränkt" bzw „erweitert beschränkt" Stpfl abzustellen ist.[108] Dies kann jedoch dahinstehen, da inzwischen höchstrichterlich entschieden ist, dass der Hinzurechnungsbetrag nicht gewerbesteuerpflichtig ist.[109] Bei dem Hinzurechnungsbetrag handelt es sich um einen Teil des Gewerbeertrags der inländischen PersGes, der auf eine nicht im Inland belegene Betriebsstätte entfällt. Indem das Gesetz in § 10 Abs 1 S 1 die Einkünfte der ZwischenGes in solche der an ihr qualifiziert beteiligten inländischen Ges umformt, eröffnet es das erweiternde Regelungsverständnis, wonach die betreffenden Einkünfte einer Auslandsbetriebsstätte zuzuordnen sind, die die Anforderungen des § 9 Nr 3 S 1 GewStG erfüllt. Deshalb ist bei Ermittlung des Gewerbeertrags der Gewinn der inländischen PersGes nach § 9 Nr 3 S 1 GewStG um den Hinzurechnungsbetrag zu kürzen. Damit besteht keine eigene GewStSchuld der PersGes bzgl des Hinzurechnungsbetrages und kann eine solche auch nicht als Begr der Erklärungspflicht der PersGes gem § 18 Abs 3 angeführt werden. Allerdings ist dieses Urteil des BFH nicht nur im Schrifttum auf heftige Kritik gestoßen; vor (bindender) Veröffentlichung im BStBl erklärten gleich lautende Erlasse der obersten Finanzbehörden der Länder das Urteil für nicht anwendbar.[110] In **systematischer** Hinsicht lässt sich anführen, dass die Binnenstruktur des § 18 sich an personensteuerlichen Grundsätzen orientiert, da sowohl die Finanzamtszuständigkeit in Abs 2 als auch die Erklärungspflicht in Abs 3 an einen unbeschränkt bzw erweitert beschränkt Stpfl anknüpft.[111] Auch entsteht durch die ausschließliche Erklärungspflicht des unbeschränkt bzw erweitert beschränkt stpfl Inländers ein **Gleichlauf** zu dessen Erklärungspflicht gem § 181 Abs 2 S 1, S 2 Nr 1 AO bzgl der Feststellung nach §§ 179, 180 Abs 1 Nr 2 lit a AO. Denn nach § 181 Abs 2 S 1 AO hat eine Erklärung zur gesonderten Feststellung abzugeben, wem der Gegenstand der Feststellung ganz oder teilweise zuzurechnen ist. Nach S 2 ist in den Fällen des § 180 Abs 1 Nr 2 lit a AO jeder Feststellungsbeteiligte, dem ein Anteil an den einkommen- oder körperschaftsteuerpflichtigen Einkünften zuzurechnen ist, erklärungspflichtig und damit der Gesellschafter. Einen solchen Gleichlauf der Erklärungspflicht nach § 18 Abs 3 S 1 mit der nach § 181 Abs 2 S 2 Nr 1 AO scheint vom Gesetzgeber intendiert zu sein, da er in § 18 Abs 1 S 3 die allgemeinen Vorschriften der AO über die gesonderte Feststellung von Besteuerungsgrundlagen für entsprechend anwendbar erklärt. Über den Verweis in § 18 Abs 1 S 3 gelangt man allerdings nicht zur Anwendbarkeit des § 180 Abs 1 Nr 2 lit a AO, da die Erklärungspflicht in § 18 Abs 3 speziell geregelt ist. Nichtsdestotrotz kann für die Auslegung des § 18 Abs 3 der Verweis in § 18 Abs 1 S 3 auf § 180 Abs 1 Nr 2 lit a AO als Auslegungshilfe herangezogen werden. Überdies erscheint es folgerichtig und dem Kanon des AStG entspr, die Gesellschafter als **Inhaltsadressaten** der Zu- und Hinzurechnungsbesteuerung[112] auch als Erklärungspflichtige heranzuzie- 60

108 Vgl *Kraft* § 18 AStG Rn 77.
109 *BFH* BStBl II 2015, 1049.
110 *Oberste Finanzbehörden der Länder* BStBl II 2015, 1090.
111 *Kraft/Brunsbach* IStR 2015, 309.
112 *BFH* BStBl II 1988, 868; 1996, 122.

hen.[113] Wäre bspw ein inländischer Stpfl über eine inländische PersGes nicht mehrheitlich iSv § 7 Abs 2 an der ausl Ges beteiligt, die inländische PersGes allerdings schon, ginge die durch die PersGes aufgrund deren Beherrschung abzugebende und abgegebene Feststellungserklärung in vollem Umfang ins Leere.[114]

61 Sind StInländer gem § 7 Abs 3 **über eine ausl PersGes** an der ausl ZwischenGes beteiligt, ist die **ausl PersGes nicht** zur Abgabe einer Hinzurechnungserklärung für die inländischen Gesellschafter verpflichtet. Zum einen würde dadurch aus völkerrechtlicher Sicht der Anwendungs- und Erstreckungsbereich der Verwaltungsrechtsnorm des § 18 Abs 3 überschritten.[115] Zum anderen sind nach dem Gesetzeswortlaut lediglich (im Inland) unbeschränkt oder erweitert beschränkt Stpfl erklärungspflichtig.

62 Bei einer mehrstufigen Beteiligungskette dergestalt, dass der inländische Stpfl über eine ausl ZwischenGes an einer **nachgeschalteten ZwischenGes** iSv § 14 beteiligt ist, sind für die nachgeschaltete ZwischenGes iSv § 14 auch die mittelbar beteiligten Inlandsbeteiligten erklärungspflichtig (vorbehaltlich Rn 53).[116]

63 Ist der an der ausl Ges beteiligte Stpfl erklärungspflichtig, hat er **inhaltlich** die nach § 18 Abs 1 gesondert festzustellenden Besteuerungsgrundlagen (s Rn 5 ff) zu erklären.

64 Das Gesetz verlangt die **eigenhändige Unterschrift** der Feststellungserklärung von dem StPfl oder von den in § 34 AO bezeichneten Personen. Vgl hierzu und zu der Frage der Ersetzung der Schriftform (§ 126 BGB) durch die elektronische Form und den Einsatz **qualifiziert elektronischer Signaturen** die Kommentierung zu § 87a, § 150 AO.

65 Bis zur Abgabe der Feststellungserklärung ist der Beginn der **Feststellungsverjährung** nach Maßgabe des § 170 Abs 2 S 1 Nr 1 AO iVm § 181 Abs 1 S 1 AO iVm § 18 Abs 1 S 3 gehemmt (sog Anlaufhemmung, vgl Rn 39).

II. Feststellungsjahr

66 Die gesonderte Feststellung der **Hinzurechnung** erfolgt für das Kj, in dem der Hinzurechnungsbetrag nach Maßgabe des § 10 Abs 2 als zugeflossen gilt **(Feststellungsjahr)**.[117] Folglich sind die Besteuerungsgrundlagen einer ausl Ges mit einem mit dem Kj übereinstimmenden Wj für das diesem folgende Kj, bei einem vom Kj abweichenden Wj der ausl Ges für das Kj festzustellen, in dem das betr Wj endet.[118] Zu versteuern sind die festgestellten Beträge im Veranlagungszeitraum, in den der Hinzurechnungszeitpunkt fällt. Der vom VeranlagungsFA zu ermittelnde Hinzurechnungszeitpunkt liegt eine logische Sekunde nach Ende des Wj.[119]

67 Die **Zurechnung** gem § 14 vollzieht sich logisch vor der Hinzurechnung und ist mit dieser nicht identisch. Die Zurechnung vollzieht sich in der letzten logischen Sekunde des abgelaufenen Wj der **UnterGes**.[120] Folglich sind die Besteuerungsgrundlagen einer

---

113 So auch *F/W/B/S* § 18 AStG Rn 62.
114 Vgl *Kraft/Brunsbach* IStR 2015, 309.
115 *Kraft/Brunsbach* IStR 2015, 309.
116 *Blümich* § 18 AStG Rn 22.
117 AEAStG Tz 18.1.3.1.
118 AEAStG Tz 18.1.3.1; *BFH* v 19.11.2003 – I R 14/03.
119 *Blümich* § 18 AStG Rn 10.
120 *BFH* BStBl II 1989, 13.

UnterGes mit einem mit dem Kj übereinstimmenden Wj für das Kj, bei einem vom Kj abweichenden Wj für das Kj festzustellen, in dem das betreffende Wj endet.

Auch die Zurechnung des Vermögens und der Einkünfte gem **§ 15** vollzieht sich in der letzten logischen Sekunde des abgelaufenen Wj der **Stiftung**. Das Feststellungsjahr ist daher ebenso wie bei der Zurechnung nach § 14 zu bestimmen. 68

E. Ausländische Familienstiftungen (Abs 4)

I. Allgemeines

§ 18 Abs 4 wurde durch das JStG 2008 v 20.12.2007[121] eingefügt und ist gem § 21 Abs 17 S 5 erstmals auf Besteuerungsgrundlagen eines Wj der in § 15 aufgeführten Rechtsgebilde anzuwenden, das nach dem 31.12.2007 beginnt. Er sieht vor, dass die Besteuerungsgrundlagen für die Anwendung des § 15 (ausl Familienstiftungen) gesondert festzustellen sind, ebenso wie dies für die Anwendung der §§ 7–12 und § 14 (ausl ZwischenGes und UnterGes) vorgeschrieben ist.[122] Vor Einfügung des Abs 4 wurde die Anwendung des § 18 auf ausl Familienstiftungen abgelehnt mangels ausdrücklicher Verweisung auf § 15 in § 18 Abs 1 S 1.[123] Die Einfügung des § 18 Abs 4 trägt dem Umstand Rechnung, dass in der Praxis das Einkommen ausl Familienstiftungen häufig mehreren unbeschränkt steuerpflichtigen Personen zuzurechnen ist. Es ist deshalb zweckmäßig, auch in solchen Fällen die gem § 15 Abs 1 zuzurechnenden Besteuerungsgrundlagen ggü den Zurechnungsadressaten des § 15 gesondert und einheitlich festzustellen.[124] 69

II. Zweck und Folgen der Gesetzesänderung durch das JStG 2013

Durch das AmtshilfeRLUmsG v 26.6.2013[125] wurde § 18 Abs 4 geändert. Diese Änderungen waren bereits im letztlich gescheiterten JStG 2013 geplant. Gem § 21 Abs 21 S 4 ist § 18 Abs 4 in der geänderten Fassung erstmals für den **Veranlagungszeitraum 2013** anzuwenden. 70

Nach der geänderten Gesetzesfassung findet eine gesonderte Feststellung nun auch dann statt, wenn die Einkünfte und das Vermögen der Stiftung nur **einer einzigen** unbeschränkt bzw erweitert beschränkt stpfl Person iSd §§ 2, 5 zuzurechnen sind. Diese Erweiterung des Anwendungsbereichs ist zu begrüßen, da der Regelungszweck der gesonderten Feststellung weitreichender ist als die bloße Vermeidung qualitativ und quantitativ unterschiedlicher Zurechnungen durch verschiedene Veranlagungsfinanzämter von mehreren Personen. Die Trennung von Feststellungs- und Veranlagungsverfahren ermöglicht darüber hinaus auch die Konzentration der Fragen der Hinzurechnungsbesteuerung bei einem zentral zuständigen FA, entlastet dadurch die Veranlagungsfinanzämter und führt zu einer effizienten Arbeitsteilung. Dass die geänderte Gesetzesfassung nicht mehr eine Zurechnung der Einkünfte und des Vermögens einer Familienstiftung an mehrere Personen erfordert, ist darüber hinaus zweckmäßig, da die Anzahl der Zurechnungsempfänger streitig sein kann. Stellt sich während des 71

121 BGBl I 2007, 3150.
122 BR-Drucks 302/12, 112.
123 *FG Nds* v 15.7.99 – XIV 347/93.
124 BT-Drucks 16/6290, 94.
125 BGBl I 2013, 1809.

Verfahrens heraus, dass fälschlicherweise von einem bzw. mehreren Zurechnungsempfängern ausgegangen wurde, ergab sich nach der alten Gesetzesfassung nicht nur evtl. die Zuständigkeit eines anderen FAes, sondern befand man sich auch im „falschen" Verfahren.[126]

72 Eine weitere Änderung besteht darin, dass nach der neuen Gesetzesfassung nicht mehr das Einkommen der Stiftung, sondern die Einkünfte und auch das Vermögen dieser für Zwecke der Zurechnung gesondert festzustellen sind. Die Änderung des Feststellungsgegenstandes von dem Einkommen in die **Einkünfte** der Stiftung steht in Zusammenhang mit der in gleicher Weise erfolgten Änderung des Zurechnungsgegenstandes in § 15 Abs 1 S 1 durch das AmtshilfeRLUmsG v 26.6.2013. Damit wird die Besteuerungssystematik des § 15 weiter an die der §§ 7–12, § 14 angeglichen.[127] Der Wechsel von einer „Einkommenszurechnung" zu einer „Einkünftezurechnung" wirkt sich insb dann aus, wenn die ausl Stiftung ihrerseits Beteiligungserträge erzielt. Nach alter Rechtslage war nach hM[128] im Rahmen der Ermittlung des zuzurechnenden Einkommens § 8b KStG anzuwenden und hatte das FeststellungsFA das ggf verbleibende Einkommen (5 % gem § 8b Abs 3 und 5 KStG) ggf. unter Abzug von im wirtschaftlichen Zusammenhang stehenden Beteiligungsaufwendungen festzustellen. Nach der neuen Rechtslage der „Einkünftezurechnung" sind die Einkünfte ohne Anwendung von § 8b KStG zu ermitteln und festzustellen, da dieser erst für die Einkommensermittlung nach § 8 Abs 1 S 1 KStG anwendbar ist. Wie bei Vorliegen einer Organschaft § 8b KStG gem § 15 S 1 Nr 2 S 2 KStG erst bei der Ermittlung des Einkommens auf Ebene des Organträgers anzuwenden ist, ist bei Beteiligungen an ausl Familienstiftungen folgerichtig § 8b KStG erst auf Ebene des Stifters als Zurechnungsempfänger anzuwenden. Um auf Ebene des Zurechnungsempfängers die Anwendung von § 8b KStG oder § 3 Nr 40 EStG bzw § 32d EStG zu ermöglichen, sind die Einkünfte allerdings insbesondere getrennt nach Einkunftsarten mit ihrem jeweiligen Umfang festzustellen.

73 Die Erweiterung des Feststellungsgegenstandes auch auf **Vermögen** iSv § 15 wirkt sich insb dann aus, wenn sich im Vermögen der Familienstiftung eine Beteiligung an einer ausl ZwischenGes iSv § 7 befindet. Bei der Zurechnung der Beteiligung an der ausl Ges handelt es sich nach hM um eine Vermögenszurechnung.[129] Derartige Beteiligungen wurden nach § 18 Abs 4 aF nicht gesondert festgestellt, da diese kein Einkommen iSv § 15 Abs 1 aF der Familienstiftung waren. Allerdings wurden nach § 18 Abs 1 die Besteuerungsgrundlagen für die Einkünfte der ZwischenGes nach § 7 gesondert festgestellt. Zu den Besteuerungsgrundlagen gehören auch Beteiligungen. Dass nicht der Steuerpflichtige, sondern die Familienstiftung an der ausl ZwischenGes beteiligt ist, steht der gesonderten Feststellung für den mittelbar beteiligten Steuerpflichtigen nicht entgegen. Denn gem Tz 15.5.3 S 1 AEAStG ist die Beteiligung der Familienstiftung den Stiftern zuzurechnen und nach Tz 15.5.3. S 2 AEAStG diesen für die Anwendung der §§ 7, 8 und 14 AStG unmittelbar zuzurechnen. Nach der Erweiterung des Feststellungsgegenstandes auch auf Vermögen iSv § 15 ergibt sich nun die gesonderte Feststellung von Beteiligungen der Familienstiftung unmittelbar aus § 18 Abs 4 nF. Die Erwei-

126 *Schönfeld* IStR 2009, 16.
127 BR-Drucks 302/12, 110.
128 Vgl *Schönfeld* IStR 2009, 16.
129 AEAStG Tz 15.5.3.; *Schönfeld* IStR 2009, 16.

terung des Feststellungsgegenstandes auch auf Vermögen ist zu begrüßen, da hierdurch die umstrittene Frage, ob es sich bei der Zurechnung einer Beteiligung um eine Einkommens- oder Vermögenszurechnung handelt, für die Anwendung des § 18 Abs 4 nicht mehr entschieden werden muss. Darüber hinaus erfolgt hierdurch eine Angleichung der verfahrensrechtlichen Feststellung an die seit Einführung des AStG geltende materiell-rechtliche Vermögenszurechnung iRv § 15 Abs 1 S 1.

Keine Auswirkungen dürfte die Änderung des § 18 Abs 4 durch das AmtshilfeR-LUmsG v 26.6.2013 auf die Frage der Beteiligung eines inländischen Stifters bzw einer ausl Stiftung am Feststellungsverfahren einer der ausl Stiftung selbst **nachgeordneten inländischen PersGes** haben. Denn § 18 Abs 4 regelt nicht die Feststellung auf Ebene der inländischen PersGes, sondern die Feststellung auf Ebene der ausl Familienstiftung. Die Gesetzesänderung in § 18 Abs 4 kann sich damit lediglich mittelbar auf die gesonderte Feststellung der Besteuerungsgrundlagen der inländischen PersGes gem § 180 Abs 1 Nr 2 lit a AO auswirken. Ist eine ausl Familienstiftung an einer inländischen PersGes beteiligt, ist der **im Inland unbeschränkt stpfl Stifter** nach bisheriger Rspr **nicht** in die gesonderte und einheitl Feststellung des Gewinns der PersGes einzubeziehen.[130] Denn als Feststellungsbeteiligter ist nach § 180 Abs 1 Nr 2 lit a AO nur einzubeziehen, wer an den einkommen- oder körperschaftsteuerpflichtigen Einkünften der inländischen PersGes auch beteiligt ist und wem diese zuzurechnen sind. An den gemeinschaftlichen Einkünften der PersGes beteiligt sein kann allerdings nur ein Gesellschafter der inländischen PersGes und damit lediglich die ausl Stiftung selbst.[131] Fraglich ist, ob sich daran etwas ändert, weil nach dem mit dem AmtshilfeRLUmsG geänderten § 15 Abs 1 S 1 nunmehr durch eine der Einkommenszurechnung vorgelagerte Einkünftezurechnung dem inländischen Stifter die Einkünfte der ausl Stiftung zuzurechnen sind. Damit könnte § 15 Abs 1 S 1 die Familienstiftung nicht mehr als eigenes, der Besteuerung unterliegendes Rechtssubjekt qualifizieren, weil die Familienstiftung selbst nicht mehr den Einkünfteerzielungstatbestand verwirklicht. Allerdings spricht § 15 Abs 1 S 1 von den Einkünften der „Familienstiftung". Auch geht § 15 Abs 11 davon aus, dass die Familienstiftung im steuerrechtlichen Sinn Zuwendungen vornehmen kann.[132] Es ist daher **fraglich**, ob der BFH nach dieser Gesetzesänderung entspr seiner bisherigen Rspr den inländischen Stifter weiterhin als nicht unmittelbar an der inländischen PersGes Beteiligten behandeln wird und dieser damit nicht in die Feststellung der Einkünfte der inländischen PersGes einzubeziehen ist. Hierfür spricht insbesondere, dass nach dem ebenfalls durch das AmtshilfeRLUmsG geänderten § 18 Abs 4 nunmehr eine spezielle Regelung für die Feststellung der Einkünfte iSv § 15 Abs 1 S 1 auf Ebene der Stiftung ggü dem Stifter besteht. Diese geht der allgemeinen Vorschrift des § 180 Abs 1 Nr 2 lit a AO auf Ebene der inländischen PersGes vor.[133] Damit erscheint eine Beteiligung des Stifters am Feststellungsverfahren einer der Stiftung selbst nachgeordneten inländischen PersGes überflüssig.[134] Ist die ausl Stiftung im Inland weder unbeschränkt noch beschränkt körperschaftsteuerpflichtig, ist auch sie als unmittelbar an der inländischen PersGes Beteiligte nicht in die gesonderte und einheitl Feststellung des Gewinns der inländischen PersGes einzubeziehen, da § 180 74

130 *BFH* 13.5.2013 – I R 39/11.
131 *BFH* 13.5.2013 – I R 39/11.
132 Vgl *Kirchhain* IStR 2012, 602.
133 Vgl *Engel/Hilbert* IWB 13, 519.
134 Vgl *Engel/Hilbert* IWB 13, 519.

Abs 1 Nr 2 lit a AO nur eine Feststellung einkommen- oder körperschaftstpfl Einkünfte vorsieht und die ausl Stiftung in diesem Fall gerade keine im Inland körperschaftsteuerpflichtigen Einkünfte erzielt. Damit bekräftigt die Änderung des § 18 Abs 4 mE die bisherige Rspr des BFH, dass weder der inl Stifter noch die ausl Stiftung in die gesonderte Feststellung der PersGes einzubeziehen ist.

F. Rechtsbehelfe

75 Der Feststellungsbescheid ist durch dessen Inhaltsadressat mittels **Rechtsbehelf** anfechtbar. Statthafte Rechtsbehelfe sind der **Einspruch** gem § 347 AO und die **Anfechtungs- bzw. Verpflichtungsklage** gem § 40 Abs 1 FGO. Erfolgte eine einheitliche Feststellung ggü mehreren Verfahrensbeteiligten, ist **einspruchs- bzw klagebefugt** gem § 352 Abs 1 Nr 1, Abs 2 S 1 AO bzw § 48 Abs 1 Nr 1, Abs 2 S 1 FGO lediglich der bestellte, gemeinsame Empfangsbevollmächtigte iSd § 183 Abs 1 S 1 AO. Ist ein solcher nicht vorhanden, ist jeder Inhaltsadressat (allein) einspruchs- bzw klagebefugt gem § 352 Abs 1 Nr 2 AO bzw § 48 Abs 1 Nr 2 FGO.[135] Legt in diesem Fall nur ein einziger Inhaltsadressat Einspruch ein bzw erhebt Klage, sind die übrigen jedoch **notwendig hinzuzuziehen** gem § 360 Abs 3 S 1 AO bzw **notwendig beizuladen** gem § 60 Abs 3 S 1 FGO, da die jeweilige Entscheidung allen Inhaltsadressaten ggü nur einheitlich ergehen kann.[136]

76 Zu- und Hinzurechnungsbescheid sind jeweils **selbstständig** anfechtbare Verwaltungsakte iSd § 347 Abs 1 S 1 AO bzw § 40 Abs 1 FGO. Da der Zurechnungsbescheid **Grundlagenbescheid** für den Hinzurechnungsbescheid ist,[137] können Entscheidungen im Zurechnungsbescheid gem § 351 Abs 2 AO bzw § 42 FGO nur durch Anfechtung dieses Bescheids, nicht auch durch Anfechtung des Folgebescheids angegriffen werden. Wird mit dem Rechtsbehelf gegen den Folgebescheid allerdings geltend gemacht, dass der Grundlagenbescheid nicht wirksam bekannt gegeben worden sei und daher keine Bindungswirkung iSd § 182 Abs 1 AO entfalte, steht diesem Vorbringen § 351 Abs 2 AO bzw § 42 FGO nicht entgegen. Denn einerseits wird hierdurch keine Feststellung des Zurechnungsbescheids angegriffen, andererseits wird mit der Berufung auf die Unwirksamkeit des Zurechnungsbescheids zugleich geltend gemacht, dass eine Rechtsgrundlage für den Erlass oder die Änderung des Hinzurechnungsbescheids fehle.[138] Wird ein Rechtsbehelf gegen den Zurechnungsbescheid eingelegt und die Vollziehung desselben ausgesetzt, ist auch die Vollziehung des Hinzurechnungsbescheids als Folgebescheid auszusetzen gem § 361 Abs 3 S 1 AO bzw § 69 Abs 1 S 2 FGO.

77 Zu unterscheiden von dem fristgebundenen Einspruchsverfahren nach §§ 347 ff AO ist das Verfahren nach **§ 179 Abs 3 AO**. Hiernach ist ein Feststellungsbescheid von Amts wegen oder auf Antrag durch Erlass eines weiteren, selbstständig anfechtbaren Feststellungsbescheids (**Ergänzungsbescheid**) zu vervollständigen, soweit in dem ursprünglichen Bescheid eine notwendige Feststellung unterblieben ist.[139] Notwendige Feststellungen in diesem Sinne sind solche Feststellungen, die im Feststellungsverfahren

135 AEAStG Tz 18.1.1.4.
136 *BFH* BStBl II 1990, 696.
137 *BFH* BStBl II 1985, 410.
138 *BFH* BStBl II 2001, 381.
139 *Klein* § 179 AO Rn 38; *König* § 179 AO Rn 41.

getroffen werden müssen und nicht erst im Steuerfestsetzungsverfahren getroffen werden dürfen.[140] Im Rahmen der Feststellungen nach § 18 Abs 1 für die Hinzurechnungs- bzw Zurechnungsbesteuerung sind alle Feststellungen zu den Besteuerungsgrundlagen iSd Rn 6, 7 und 23 notwendige Feststellungen. Der Ergänzungsbescheid kann **außerhalb der Rechtsbehelfs- und Klagefristen** bis zum Eintritt der **Feststellungsverjährung** beantragt bzw erlassen werden.[141] Die Vorschrift durchbricht allerdings nicht die Bestandskraft ergangener Feststellungsbescheide, sondern gestattet nur im vorausgegangenen Bescheid unterbliebene Feststellungen. Inhaltliche Fehler in rechtlicher oder tatsächlicher Hinsicht können nicht in einem Ergänzungsbescheid nach § 179 Abs 3 AO korrigiert werden.[142]

140 *BFH* 6.12.2005 – VIII R 99/02; *Klein* § 179 AO Rn 38.
141 *BFH* BStBl II 1994, 819.
142 *BFH* BStBl II 1994, 819.

Siebenter Teil
Schlussvorschriften

§ 19

(aufgehoben)

§ 20 Bestimmungen über die Anwendung von Abkommen zur Vermeidung der Doppelbesteuerung

(1) Die Vorschriften der §§ 7 bis 18 und der Absätze 2 und 3 werden durch die Abkommen zur Vermeidung der Doppelbesteuerung nicht berührt.

(2) [1]Fallen Einkünfte in der ausländischen Betriebsstätte eines unbeschränkt Steuerpflichtigen an und wären sie ungeachtet des § 8 Abs. 2 als Zwischeneinkünfte steuerpflichtig, falls diese Betriebsstätte eine ausländische Gesellschaft wäre, ist insoweit die Doppelbesteuerung nicht durch Freistellung, sondern durch Anrechnung der auf diese Einkünfte erhobenen ausländischen Steuern zu vermeiden. [2]Das gilt nicht, soweit in der ausländischen Betriebsstätte Einkünfte anfallen, die nach § 8 Absatz 1 Nummer 5 Buchstabe a als Zwischeneinkünfte steuerpflichtig wären.

(3) *(aufgehoben)*

IdF vor JStG 2010:

§ 20

(1) Die Vorschriften der §§ 7 bis 18 und der Absätze 2 und 3 werden durch die Abkommen zur Vermeidung der Doppelbesteuerung nicht berührt.

(2) Fallen Einkünfte in der ausländischen Betriebsstätte eines unbeschränkt Steuerpflichtigen an und wären sie ungeachtet des § 8 Abs. 2 als Zwischeneinkünfte steuerpflichtig, falls diese Betriebsstätte eine ausländische Gesellschaft wäre, ist insoweit die Doppelbesteuerung nicht durch Freistellung, sondern durch Anrechnung der auf diese Einkünfte erhobenen ausländischen Steuern zu vermeiden.

(3) *(aufgehoben)*

IdF bis 31.12.2002:

§ 20

(1) …

(2) Fallen Einkünfte mit Kapitalanlagecharakter im Sinne des § 10 Abs. 6 Satz 2 in der ausländischen Betriebsstätte eines unbeschränkt Steuerpflichtigen an und wären sie als Zwischeneinkünfte steuerpflichtig, falls diese Betriebsstätte eine ausländische Gesellschaft wäre, ist insoweit die Doppelbesteuerung nicht durch Freistellung, sondern durch Anrechnung der auf diese Einkünfte erhobenen ausländischen Steuern zu vermeiden. 2Soweit die Einkünfte aus Finanzierungstätigkeiten im Sinne des § 10 Abs. 7 stammen, gilt Satz 1 nur für 60 vom Hundert dieser Einkünfte.

(3) *(aufgehoben)*

BMF v 14.5.2004, IV B 4 – S 1340-11/04, BStBl I 2004, 3 (Grundsätze zur Anwendung des Außensteuergesetzes, abgekürzt AE-AStG)

Übersicht

Literatur: *Becker/Loose* Besteuerung des Gewinnanteils aus intransparent besteuerten ausländischen Personengesellschaften beim inländischen Gesellschafter, BB 2011, 1559; *Brezing/Krabbe/Lempenau* Außensteuerrecht, 1998; *von Brocke/Hackelmann* BFH: Die Niederlassungsfreiheit beschränkt die Hinzurechnungsbesteuerung Anmerkungen zu dem BFH-Schlussurteil in der EuGH Rs. "Columbus Container, DStR 2010, 368; *Daragan* Nochmals: Treaty override und Grundgesetz, IStR 1998, 225; *Debatin* StÄndG 1992 und „Treaty Override", DB 1992, 2159; *Ditz/Bärsch/Quilitzsch* Betriebsstätteneinkünfte und Gewinnabgrenzung zwischen verbundenen Unternehmen nach der deutschen Verhandlungsgrundlage für DBA, ISR 2013, 156; *Eckert* Rechtsschutz gegen „Treaty Overriding", RIW 1992, 386; *Eimermann* Änderungen des Außensteuergesetzes, NWB, Fach 3, 12 721; *Goebel/Palm* Der Motivtest-Rettungsanker der deutschen Hinzurechnungsbesteuerung, IStR 2007, 720; *Gosch* Treaty override, IStR 2008, 413; *Haase* Die atypisch stille Gesellschaft in der Hinzurechnungsbesteuerung, IStR 2008, 312; *ders* Zum „Rechtsrefex" des Treaty Override in § 20 Abs 2 AStG – zugleich Anm zu Kaminski/Strunk, IStR 2011, 137, 338; *Haun/Käshammer/Reiser* Das *BMF*-Schreiben v 8.1.2007 zur Hinzurechnungsbesteuerung – eine erste Analyse, GmbHR 2007, 184; *Joachimsen/Gradl* Normhierarchische Einordnung von Treaty Overrides – und Abgleich konkreter Beispiele mit aktuellen DBA sowie der DBA Verhandlungsgrundlage, IStR 2015, 236; *Kaminski/Strunk* § 20 Abs 2 AStG idFd JStG 2010: (Nicht) Freistellung von Betriebsstätteneinkünften in DBA Fällen IStR 2011, 137; *Kaminski/Strunk/Haase* Anmerkung zu § 20 Abs 2 AStG in der Entwurfsfassung des JStG 2008, IStR 2007, 726; *Köhler* Die neue Form der Hinzurechnungsbesteuerung für Zwischeneinkünfte mit Kapitalanlagecharakter durch das Steueränderungsgesetz 1992, BB 1993, 337; *ders* Aktuelles Beratungs-Know-How – Internationales Steuerrecht, DStR 2002, 2156; *Köhler/Eicker* Kritische Anmerkungen zum BMF-Schreiben „Cadbury Schweppes" v 8.1.2007, IStR 2007, 331; *Kohlruss/Buße/Braukmann* Doppelt ansässige Gesellschaften, Zentralfunktion des Stammhauses und Hinzurechnungsbesteuerung nach dem AStG, IStR 2011, 13; *Körner* Europarecht und CFC-Regelungen – Anrufung des EuGH im Verfahren „Cadbury Schweppes", IStR 2004, 697; *Kraft/Schreiber* Treaty Override und Hinzurechnungsbesteuerung – Bestandsaufnahme und Handlungsbedarf, FR 2015, 328; *Kubaile* Neuregelungen bringen weitere Nachteile für Outbound-Investitionen, PIStB 2003, 173; *Leisner* Abkommensbruch durch Außensteuerrecht?, RIW 1993, 1013; *Lieber* Ei des Columbus gefunden – BFH beendet das mehrschichtige Verfahren zu „Columbus Container Services, IStR 2010, 142; *Lieber/Rasch* Mögliche Konsequenzen der Rechtssache „Cadbury Schweppes" für die deutsche Hinzurechnungsbesteuerung, GmbHR 2004, 1572; *Linn* Generalthema I: Steuerumgehung und Abkommensrecht, IStR 2010, 542; *Lüdicke* Internationale Aspekte des Steuervergünstigungsabbaugesetzes, IStR 2003, 433; *Quilitzsch/Gebhardt* Defizite des § 20 Abs 2 AStG im Kontext nichtlinearer Tarifstrukturen, IStR 2012, 16; *dies* Aktivitätsvorbehalte im Abkommensrecht – kann § 20 Abs 2 AStG die Freistellung aufrechterhalten, IStR 2011, 169; *Rehr* Zur Verfassungswidrigkeit des Treaty Override, StBW 2014, 709; *Ritter* Das Steueränderungsgesetz 1992 und die Besteuerung grenzüberschreitender Unternehmenstätigkeit, BB 1992, 361; *Rödder/Schumacher* Das Steuervergünstigungsabbaugesetz, DStR 2003, 805; *Scheipers/Maywald* Zur Vereinbarkeit des § 20 Abs 2 AStG mit EG-Recht unter Berücksichtigung der Ausführungen des Generalanwalts Léger in der Rechtssache Cadbury Schweppes, IStR 2006, 472; *Schnitger* Internationale Aspekte des Entwurfs eines Gesetzes zum Abbau von Steuervergünstigungen und Ausnahmeregelungen (Steuervergünstigungsabbaugesetz – StVergAbG), IStR 2003, 73; *Schön* Freie Wahl zwischen Zweigniederlassung und Tochtergesellschaft – ein Grundsatz des Europäischen Unternehmensrechts, EWS 2000, 281; *ders* Hinzurechnungsbesteuerung und Europäisches Gemeinschaftsrecht, DB 2001, 940; *Schönfeld/Hoene* Hinzurechnungsbesteuerung doppeltansässiger Hinzurechnungsadressaten IStR 2013, 349; *Schwarz/Fischer-Zernin* Deutsches „Treaty Overriding“ im Entwurf zum Steueränderungsgesetz 1992, RIW 1992, 49; *Seer* Grenzen der Zulässigkeit eines treaty overridings am Beispiel der Switch-over-Klausel des § 20 AStG, Teil I IStR 1997, 481 und Teil II IStR 1997, 520; *Sieker* Steuervergünstigungsabbaugesetz: Vorgesehene Verschärfung der Rechtsfolgen der Hinzurechnungsbesteuerung, IStR 2003, 78; *Simader/Tüchler/Günther* D-A-CH Steuerkongress 2009: Probleme aus der aktuellen DBA-Praxis, IStR 2009, 490; *Stöbener/Maack* Die Niedrigbesteuerung des § 8 Abs 3 AStG bei ausländischen Betriebsstätten, IStR 2009, 461; *Sydow* Anmerkung zur BFH-Entscheidung I R 114/08 v 21.10.2009 (Nachfolge „Columbus Container“), IStR 2010, 174; *Weigell* „Treaty Override“ durch § 20 Abs 2 AStG – Einfach gesetzlich unwirksam -verfassungswidrig, IStR 2009, 636; *Wimpissinger* Gemeinschaftsrechtswidrigkeit der Hinzurechnungsbesteuerung ausländischer Betriebsstätteneinkünfte in Deutschland: Neue Erkenntnisse aus Cadbury Schweppes für Columbus Container?, SWI 2006, 559.

A. Allgemeines

I. Überblick und Bedeutung der Vorschrift

§ 20 Abs 1 HS 1 AStG („Die Vorschriften der §§ 7–18 ...“) regelt das vorrangige Verhältnis der Vorschriften der Hinzurechnungsbesteuerung (§§ 7–18) zu den derzeit von der Bundesrepublik abgeschlossenen über 100 Dbest. Nach der überwiegenden Auffassung in der Literatur handelt es sich um eine bewusste einseitige Überlagerung der völkerrechtlich abgeschlossenen und eigentlich nach § 2 AO vorrangigen DBA, dh um einen Fall des echten **„treaty override“** bzw „treaty overriding“. Die Frage ist aber noch nicht abschließend höchstrichterlich entschieden[1]. 1

§ 20 Abs 1 HS 2 („ ... und der Abs 2 und 3...“) bestimmt hingegen den Vorrang der sog Switch-over Klausel des § 20 Abs 2, dh des Verhältnis der Sonderregelung für Zwischeneinkünfte ausl Betriebsstätten nach § 20 Abs 2 vor den Methodenregeln der DBA. Die regelmäßig angeordnete Freistellung für Betriebsstättengewinne bzw die fehlende Aktivitätsklauseln der DBA wird hierdurch überlagert. 2

Die in der Praxis bedeutendste materiell rechtliche Regelung enthält § 20 Abs 2. Die Vorschrift enthält eine sog **„Umschalt-Regelung“ („switch-over“)** für bestimmte **„passive“ Betriebsstättengewinne**. Es handelt sich um einen Fall eines so genannten echten „treaty override" in dem ausl Betriebsstättengewinne entgegen der in vielen DBA vereinbarten Freistellung von Betriebsstätteneinkünften nach Art 23A MA bzw den dt DBA dem Anrechnungsverfahren nach § 34c EStG bzw § 26 KStG unterworfen werden. Auch wenn die Regelung dem System der Hinzurechnungsbesteuerung nachgebildet ist, hat sich der Gesetzgeber im JStG 2008 entschlossen, den so genannten Motivtest nach § 8 Abs 2 nicht in die Umschaltklausel des § 20 Abs 2 zu übernehmen. 3

Mit der Negativergänzung in § 20 Abs 2 idF des JStG 2010 soll die Anwendung insbesondere auf Einzelunternehmen/Personengesellschaften mit nicht originärer passiver Dienstleistungstätigkeit (zB bei Handwerkern) in einer ausländischen Betriebsstätte ausgeschlossen werden. Hinsichtlich Einzelheiten s Rn 72. 4

1 Vgl zB *FG München* Urt v 27.4.2015, 7 K 2819/12.

II. Verhältnis zu anderen Vorschriften

5 Eine Anwendungsregelung zum Verhältnis der Hinzurechnungsbesteuerung nach dem AStG zu den Dbest enthielt ursprünglich auch § 10 Abs 5 (bis 2002). Nach § 10 Abs 5 DBA galten für den beim Inländer anzusetzenden Hinzurechnungsbetrag auch die DBA-Vergünstigungen.

6 Es galten hierbei insb folgende **Vergünstigungen**:
- Schachtelvergünstigung (Steuerfreistellung für Dividenden im Mutter-Tochter-Verhältnis bei über 10 % Beteiligung) – wobei jedoch zT das DBA aktive Tätigkeit voraussetzt (zB DBA Schweiz) und
- Betriebsstättenfreistellung für gewerbliche Gewinne (Art 23A MA).

7 Da eine „Reduktion" der Dividendenprivilegien im Rahmen von Neuverhandlungen von DBA durch Aufnahme von Aktivitätsvorbehalten im Verhältnis zu vielen Staaten nicht möglich war (zB im EU-Bereich: Niederlande, Irland, Belgien, Luxemburg) hat sich der dt Gesetzgeber 2002[2] entschlossen, durch treaty override die Begünstigung zu beenden.[3] Durch zwischenzeitliche Revisionsabkommen ist jedoch inzwischen häufig der Anlass und Funktionszweck entfallen, da entspr der dt Verhandlungsgrundlage[4] neue DBA/Revisionsabkommen regelmäßig einen originären Aktivitätsvorbehalt enthalten (wie zB die neuen DBA Luxemburg ab 2015, Niederlande ab 2016). Zum aktuellen Anwendungsbereich – Länderliste – vgl im Detail Rn 79.

8 Mit dem Gesetz zur Umsetzung der Amtshilferichtlinie sowie zur Änderung steuerlicher Vorschriften (Amtshilferichtlinie-Umsetzungsgesetz) wurde das Verhältnis zu einer weiteren Umschaltregel – § 50d Abs 9 – in dem dortigen S 3 EStG neu gefasst. Danach bleiben bei Anwendung des § 50d Abs 9 EStG Bestimmungen eines DBA sowie § 50d Abs 8 EStG und 20 Abs 2 AStG unberührt, soweit sie jeweils die Freistellung von Einkünften in einem weitergehenden Umfang einschränken. Der Gesetzgeber regelt damit klarstellend, dass Qualifikationskonflikte und insb Nichtbesteuerungen bei Gewährung von Steuervergünstigungen nur für beschränkt StPfl (switch-over-Klausel gegen Minderbesteuerung) durch die erstgenannten Vorschriften verdrängt werden. In der Literatur wird das Verhältnis allerdings unterschiedlich ausgelegt.

9 Zum Verhältnis zu § 2 AO vgl im Detail Rn 29 ff.

III. Zeitliche Entwicklung der Vorschrift

10 Die Regelung des § 20 wurde in Zusammenhang mit der Einführung der Besteuerung von Kapitalanlageeinkünften iRd StÄndG 1992[5] eingeführt. Die Vorschrift diente vorrangig der **Absicherung** der Regelungen zur erweiterten Hinzurechnungsbesteuerung von Kapitalanlageeinkünften und ist im Zusammenhang mit dem Aufkommen der sog „Dublin-Docks-Gesellschaften" zu sehen.[6]

---

2 Abs 2 geändert durch Steuervergünstigungsabbaugesetz. Erstmals anzuwenden 1. für die Einkommen- und Körperschaftsteuer für den Veranlagungszeitraum, 2. für die Gewerbesteuer für den Erhebungszeitraum für den Zwischeneinkünfte hinzuzurechnen sind, die in einem Wj der ZwischenGes oder der Betriebsstätte entstanden sind, das nach dem 31.12.2002 beginnt (§ 21 Abs 11). Anzuwenden ab 1.1.2003.

3 Zur Entstehungsgeschichte vgl *Rödder/Schumacher* DStR 2003, 805; *Schnitger* IStR 2003, 73.

4 Art 22 Abs 1 Nr 4.

5 StÄndG 1992 v 25.2.1992, BStBl I 1992, 146.

6 Vgl zB *Debatin* StÄndG 1992 und „Treaty Override", DB 1992, 2159; *Eckert* RIW 1992, 386.

Die Regelung des § 20 Abs 3, die entspr auch für Zwecke der Vermögensteuer die Freistellungs- durch die Anrechnungsmethode ersetzte war infolge des Beschlusses des *BVerfG* v 22.6.1995 zur teilw Verfassungswidrigkeit der Vermögensteuer und deren Nichterhebung ab 1997 hinfällig und wurde durch das JStG 1997 v 20.12.1996 ersatzlos aufgehoben.[7] **11**

Mit dem UntStFG v 20.12.2001[8] wurde in § 20 Abs 2 S 2 mit Wirkung für die VZ 2001 – 2003 eine Vergünstigung für Zwischeneinkünfte aus der Konzernfinanzierung (entspr § 10 Abs 7 AStG 2001 Ansatz der Einkünfte mit 60 %) angefügt. Bereits mit dem StVergAbG v 16.5.2003[9] wurde diese Begünstigung wieder aufgehoben und zudem die „switch-over-clause" des § 20 Abs 2 (Übergang auf die Anrechnungsmethode) auf **alle „fiktiven" und niedrig besteuerten Betriebsstätteneinkünften** ausgedehnt. **12**

Durch das JStG 2008 wurde ausdrücklich geregelt, dass die Entlastungsmöglichkeiten des § 8 Abs 2 AStG nicht iRd § 20 Abs 2 greift, eine unmittelbare Rechtsfolge aus dem EuGH-Urteil v 6.12.2007 Columbus-Container (vgl Rn 72). **13**

Mit dem JStG 2010 wurde rückwirkend für alle offenen Besteuerungsfälle der Anwendungsbereich der Umschaltklausel des § 20 Abs 2 insoweit eingeschränkt, als insbesondere Dienstleistungseinkünfte aus ausländischen Betriebsstätten ausgenommen werden. Hintergrund sind vor allem Fälle von Einzelunternehmern wie Handwerkern und Ärzten mit ausländischen Betriebsstätten, bei denen der ausländische Betriebsstättenstaat einen „Missbrauch" nicht gesehen hatte und politisch intervenierte (vgl Rn 137 ff). **14**

B. Vorbehaltsklausel des § 20 Abs 1 1. Alternative

I. Anwendungsbereich: Hinrechnungsbesteuerung

Durch die Vorbehaltsklausel des § 20 Abs 1 1. Alt wird klargestellt, dass die Dbest von der nach nationalem Recht gestalteten Rechtslage ausgehen und die Hinzurechnungsbesteuerung als eigenständigen Besteuerungsanspruch anerkennen. Ausgeschlossen wird, dass aus den Dbest Einwendungen gegen die Hinzurechnungsbesteuerung hinaus erhoben werden können. Bis Veranlagungszeitraum 2001 sind allerdings die DBA-Privilegien des § 10 Abs 5 zu beachten. **15**

Klargestellt wird auch, dass der dt Gesetzgeber nicht gewillt ist, missbräuchliche Inanspruchnahme von Dbest hinzunehmen (Präventivwirkung). **16**

II. Kurzhinweise: Verhältnis der übrigen Teile des AStG zu den DBA

1. Allgemeines. Da sich der Verweis in § 20 Abs 1, 1. Alternative jedoch **nur** auf die Vorschriften der **Hinzurechnungsbesteuerung und** der **Familienstiftungen** (§§ 7–18 AStG) bezieht ergibt sich jedoch im Umkehrschluss, dass iRd übrigen Teile des AStG (Verrechnungspreise: § 1; erweitert beschränkte StPfl: §§ 2–5 und Hinzurechnungsbesteuerung: § 6) die DBA grds dem AStG vorgehen. Insofern bleibt es beim allg Grundsatz des § 2 AO, dass völkerrechtliche Verträge, soweit sie unmittelbar anwend- **17**

---

7 JStG 1997 v 20.12.1996, BStBl I, 1996, 1523.
8 UntStFG v 20.12.2001, BStBl I, 2002, 35.
9 StVergAbG v 16.5.2003, BStBl I, 2003, 321.

bares innerstaatliches Recht geworden sind, den Steuergesetzen, unter die sodann auch die §§ 1–6 zu subsumieren sind, vorgehen.[10] Allerdings kann hieraus nicht zwangsläufig ein Widerspruch zwischen den Regelungsbereichen der DBA und den ersten Teilen des AStG abgeleitet werden.

18 **2. Verhältnis § 1 und DBA.** Die FinVerw geht in dem der einheitlichen Rechtsanwendung dienenden Schreiben des *BMF* v 23.2.1983,[11] grds davon aus, dass sich die Gewinnabgrenzungsregelungen aus dem nationalen Steuerrecht ergeben, unabhängig davon, ob mit dem ausl Staat, in dem die ausl KapGes ihren Sitz oder ihre Geschäftsleitung hat, ein DBA abgeschlossen ist oder nicht. Sofern ein DBA besteht, sollen jedoch dessen Abgrenzungsklauseln erg zu beachten sein. Die DBA schaffen keine neuen, über das nationale Steuerrecht Deutschlands hinausgehenden Berichtigungsmöglichkeiten. Auch bei Eingreifen eines DBA sind Gewinnberichtigungen nur nach den Abgrenzungsregelungen

- der verdeckten Gewinnausschüttung,
- der verdeckten Einlage oder
- des § 1

erlaubt.

19 Indem die DBA, wie es in Art 9 MA und in den einschlägigen Vereinbarungen der von Deutschland abgeschlossenen DBA geschehen ist, wechselseitige Gewinnkorrekturen auf der Grundlage des Fremdvergleichs ausdrücklich zulassen, geben sie lediglich Raum für die Anwendung der innerstaatlichen Berichtigungsgrenzen auf einer für beide Vertragsstaaten verbindlichen Basis.

20 Diese Auffassung ist in der Literatur umstritten. Es wird regelmäßig die Auffassung vertreten, wonach Art 9 MA eine **Sperrwirkung** für Gewinnkorrekturen nach nationalem Recht entfaltet, wenn die nationale Vorschrift Gewinnberichtigungen unter Voraussetzungen zulässt, die mit den Voraussetzungen des Art 9 MA nicht übereinstimmen.[12]

21 Diese Auffassung wird von der FinVerw und von Teilen der Literatur[13] nicht geteilt.

22 Die Wirkung des Art 9 MA und vergleichbarer anderer DBA-Bestimmungen beschränkt sich vorrangig darauf, dass für den Korrekturmaßstab der Fremdvergleich (dealing at arm's length) vorgeschrieben wird. Dies schließt allerdings nicht aus, dass hinsichtlich einzelner Gesichtspunkte das innerstaatliche Recht zurücktreten muss. Dies gilt insb für die Frage, ob die strengen formellen Anforderungen des nationalen Rechts wie zB der Dokumentation nach § 90 Abs 3 AO grenzüberschreitend durchsetzbar sind.

23 In einer ersten Entscheidung hat der BFH im Revisionsverfahren I R 75/11[14] eine Sperrwirkung der DBA gegenüber der „formalen" Elemente der verdeckten Gewinn-

---

10 *S/K/K* § 20 AStG Rn 9.

11 BStBl I, 1983, 218, Grundsätze für die Prüfung der Einkunftsabgrenzung bei international verbundenen Unternehmen (abgekürzt VerwGrS 1983).

12 *Debatin/Wassermeyer* Art 85 MA Rn 76 ff.

13 *Blümich* § 1 AStG Rn 110; *Baranowski* Besteuerung von Auslandsbeziehungen, 1996, S 154.

14 *BFH* IStR 2013, 109.

ausschüttung (insb Rückwirkungsverbot) bejaht. Die entspr Aussagen werden auch von der FinVerw akzeptiert.

In zwei weiteren aktuellen Entscheidungen[15] beschäftigt sich der BFH mit der Sperrwirkung des Art 9 der DBA gegenüber § 1 AStG in den Fällen der Teilwertabschreibung sog kapitalersetzender Darlehen. Die FinVerw beabsichtigt insoweit die Entscheidungen über den Einzelfall nicht hinaus anzuwenden (Nichtanwendungserlass v 30.3.2016[16]). Auch eine gesetzliche Regelung ist im Gesetz zur Umsetzung der EU-Amtshilferichtlinie und von weiteren Maßnahmen gegen Gewinnkürzungen und -verlagerungen geplant. 24

Hinsichtlich weiterer Details des Verhältnisses der DBA zu § 1 wird auf die Kommentierung zu § 1 verwiesen. 25

3. Verhältnis §§ 2–5 zu den DBA. Bereits aus dem Anwendungsschreiben zum AStG[17] ergeben sich bei Ansässigkeit in einem DBA-Staat folgende umfangreiche Grundsätze **(Beschränkungen)** der Regelungen der erweiterten beschränkten StPfl durch die DBA: 26

- Einkünfte und Vermögensteile, für die nach dem DBA dem betreffenden Gebiet (Wohnsitzstaat) das ausschließliche Besteuerungsrecht zusteht, unterliegen nicht der erweiterten beschränkten Steuerpflicht.
- Begrenzt das Abkommen die dt Steuerberechtigung für bestimmte Einkünfte auf einen Höchstsatz (zB bei Dividenden), so darf auch bei der erweiterten beschränkten Steuerpflicht die Steuer von diesen Einkünften nur bis zu dieser Grenze erhoben werden.
- Nur wenn das DBA die dt Steuerberechtigung nicht begrenzt (zB Einkünfte aus einer im Inland belegenen Betriebsstätte oder Einkünfte aus im Inland belegenem unbeweglichen Vermögen), so bemisst sich der Steuersatz für die erweitert beschränkt steuerpflichtigen Einkünfte auch in diesen Fällen nach dem Welteinkommen.

Daneben bestehen noch länderspezifische Besonderheiten va im Verhältnis zur Schweiz (Art 4 Abs 4 „überdachende Besteuerung“ bei Doppelansässigkeit bzw Art 4 Abs 7 Wegfall der Abkommensberechtigung bei Vorzugsbesteuerung).

4. Verhältnis § 6 zu den DBA. Der nach § 6 AStG steuerpflichtige Vermögenszuwachs unterliegt der unbeschränkten StPfl. Er ist zusammen mit anderen Einkünften, die dem StPfl in dem betreffenden Veranlagungszeitraum bis zum Zeitpunkt der Beendigung der unbeschränkten StPfl zugeflossen sind, zu veranlagen.[18] Da es sich damit um den letzten Vorgang iRd unbeschränkten StPfl handelt, kann sich für den Regelfall der inländischen Ansässigkeit oder dem Wechsel der Ansässigkeit infolge Verlegung des Mittelpunkts der Lebensinteressen **kein Konflikt** mit den DBA ergeben. Verschiedene DBA enthalten hierzu ausdrückliche, bestätigende Regeln wie zB Art 13 Abs 6 S 1 DBA Österreich. Hiernach berührt bei einer natürlichen Person, die in einem Vertragsstaat während mindestens fünf Jahren ansässig war und die im ande- 27

15 *BFH* Urt v 17.12.2014, I R 23/13, NV 2015, 1516 und Urt v 24.6.2015, I R 25/14, NV 2015, 1009.

16 *BMF* BB 2016, 750.

17 *BMF* BStBl I 2004, 3, Tz 2.0.2.1.

18 *BMF* BStBl I 2004, 3, Tz 6.1.3.1.

ren Vertragsstaat ansässig geworden ist, nicht das Recht des früheren Ansässigkeitsstaates, bei Anteilen an KapitalGes nach seinen innerstaatlichen Rechtsvorschriften (in Deutschland damit nach § 6 AStG) bei der Person einen Vermögenszuwachs bis zu ihrem Ansässigkeitswechsel zu besteuern. Allerdings enthalten verschiedene DBA für den „umgekehrten“ Fall des „Zuzugs“ nach Deutschland eine Wertverknüpfungsregeln, wonach Deutschland den Wert der aufgedeckten stillen Reserven als nachträgliche Anschaffungskosten übernehmen muss (so zB Art 13 Abs 6 S 2 DBA Österreich).

28 **5. Verhältnis § 15 zu den DBA.** Nach § 15 AStG ist das Einkommen ausl Familienstiftungen unbeschränkt steuerpflichtigen Stiftern, Bezugs- oder Anfallsberechtigten gem ihrem Anteil unmittelbar zuzurechnen. Nach Auffassung der FinVerw stehen die Vorschriften der DBA einer Zurechnung nicht entgegen,[19] da erg zur Hinzurechnungsbesteuerung auch § 15 von der Vorbehaltsregelung des § 20 Abs 1 1. Alt erfasst wird.

III. Verhältnis des § 20 Abs 1 1. Alternative zum Abkommensrecht

29 **1. Bedeutung des § 2 AO.** § 2 AO, der Vorrang völkerrechtlicher Verträge enthält keine gg dem AStG „höherrangige“ Regelung. Es wird ausschließlich klargestellt, dass die DBA Spezialgesetze gg den nationalen Steuergesetzen sind. Als **einfach gesetzliche Norm** unterliegt § 2 AO allerdings auch der **Dispositionsbefugnis** des einfachen Gesetzgebers und kann deshalb von ihm beliebig durchbrochen werden. Denn auch § 2 AO unterliegt nach aM den allg Kollisionsauslegungsregelungen der sog **lex-posterior-Regel und lex-specialis-Regel**, dh der Gesetzgeber kann wie in § 20 Abs 1 (und 2) auch erfolgt, DBA-Regeln, die durch einfachgesetzliches Zustimmungsgesetz wirken „überlagern“.[20]

30 **2. Verhältnis zum Abkommensrecht – liegt ein „treaty-override“ vor? – a) Begriff des „treaty-override“.** Nationale gesetzgeberische Maßnahmen mit denen sich der dt Gesetzgeber über völkerrechtlich verbindlich gewordene Verträge, vor allem DBA hinwegsetzt, werden allg als „treaty overriding" oder „treaty override" bezeichnet, in der Literatur wird dies auch als Abkommensverdrängung,[21] Abkommensüberrollung[22] oder einfach als Abkommensverletzung[23] bezeichnet.

31 Hierbei stellt sich vorab die Frage, ob § 20 AStG mit anderen Vorschriften des nationalen Steuerrechts, die allgemein als „treaty override“ bezeichnet werden, gleichgestellt werden kann.

32 Derzeit wird dies für folgende Normen untersucht:[24]

Gesetz	Norm mit Ausdruck des Derogationswillens	Norm ohne Ausdruck des Derogationswillens
AStG	20 Abs 2	1 6

19 *BMF* BStBl I 2004, 3, Tz 15.1.1
20 *BFH* BStBl II 1995, 129.
21 *Eckert* RIW 1992, 386.
22 *Debatin* DB 1992, 2159.
23 *Leisner* RIW 1993, 1013.
24 *Gebhardt* Deutsches Tax Treaty Overriding, 2013, S 10.

Gesetz	Norm mit Ausdruck des Derogationswillens	Norm ohne Ausdruck des Derogationswillens
EStG	15 Abs 1a 17 Abs 5 S 3 20 Abs 4a 48d 50d Abs 1 50d Abs 3 (iVm 50d Abs 1) 50d Abs 7 50d Abs 8 50d Abs 9 50d Abs 10 50d Abs 11	2a 4 Abs 1 S 3 und 4 4h 32b Abs 1 Nr 3 und S 2
InvStG	15 Abs 2 S 3	–
KStG	8b Abs 1 S 3 15 S 2	8b Abs 5
GewStG	–	8 Nr 5
REITG	16 Abs 2 S 3 20 Abs 4 S 2 und 3	–
UmwStG	13 Abs 2 Nr 2 21 Abs 2 Nr 2	–

Zur Beurteilung ist eine Kategorisierung von Treaty Override-Vorschriften vorzunehmen: 33

Fallgruppe I – Ziel Missbrauchsverhinderung:
- § 50d Abs 1, 2 iVm Abs 3 EStG,
- § 20 Abs 1, 2 AStG,
- § 42 AO (strittig).

Fallgruppe II – Ziel Verhinderung Keinmalbesteuerung:
- § 50d Abs 8 EStG,
- § 50d Abs 9 Nr 1 und 2 EStG,
- §§ 8b Abs 1 S 3, 26 Abs 6 S 1 KStG.

Fallgrupe III – Ziel Sicherstellung der inländischen Besteuerung:
- § 50d Abs 10 EStG (strittig kein treaty override nach der Regierungsbegründung zum JStG 2010);
- § 50d Abs 11 EStG
- §§ 15 Abs 1a, 17 Abs 5 EStG,
- §§ 13 Abs 2, 21 Abs 2 UmwStG.

Diese Einordnung hat insb Bedeutung für die Frage, ob die Vorlagebeschlüsse des BFH an das BVerfG zu § 50d Abs 8, 9 und 10 EStG (vgl Rn 48) auch unmittelbare und identische Auswirkungen für § 20 AStG hat. 34

b) § 20 Abs 1 1. Alternative als „treaty override"? Ungeachtet des Wortlaut des eigentlich eindeutigen Wortlauts des § 20 Abs 1 1. Alt vertritt die **FinVerw** die Auffassung, dass diese Vorbehaltsklausel die Anwendung von Dbest zugunsten des nationalen Rechts nicht unzulässig einschränkt (dh kein sog treaty-override vorliegt). Begründet wird dies mit dem Umstand, dass die Hinzurechnungsbesteuerung bei dem im 35

Inland ansässigen Gesellschafter einer ausl ZwischenGes anknüpft dh eigentlich nur ungeachtet einer Thesaurierung bei der ausl Ges eine fiktive Dividendenbesteuerung vornimmt. Nach dieser Betrachtungsweise wäre das Besteuerungsrecht des Staates, in dem die ZwischenGes ansässig oder tätig ist, auch ohne § 20 Abs 1 HS 1 nicht berührt, da keine originäre Unternehmensbesteuerung erfolgt.[25] Vergleichbar argumentiert auch das FG München[26] in dem Fall einer Hinzurechnungsbesteuerung einer ungarischen Holding-Kapitalgesellschaft, die ihre nachgeordneten Gesellschaften finanziert. Der Hinzurechnungsbetrag gem § 10 Abs. 2 S 1 AStG gehört zu den Einkünften aus Kapitalvermögen iSd § 20 Abs 1 Nr 1 EStG[27]. Er wird nach der Regelungskonzeption des Außensteuergesetzes insoweit als Quasi-Ausschüttung angesehen und fiktiv entsprechenden Rechtsfolgen unterworfen. Aufgrund der im Streitfall noch geltenden Vorschrift des § 10 Abs 5 AStG wird die Dividendenbesteuerung der jeweiligen DBA auf Hinzurechnungsbeträge angewandt. Nach dem im Streitfall einschlägigen DBA-Ungarn ist Deutschland nicht verpflichtet, eine Freistellung zu gewähren, wenn die Voraussetzungen der sog Aktivitätsklausel für Schachteldividenden[28] nicht vorliegen. Dies muss auch für den Hinzurechnungsbetrag als fiktive Dividende gelten. Die Entscheidung des BFH ist abzuwarten.[29]

36 Allerdings wird in der Literatur dadurch ausgegangen, dass mit dieser Auslegung eine willkürlichen **Veränderung der Geschäftsgrundlage** zahlreicher Abkommen erfolgt.[30]

37 Zudem wird auch erörtert, ob nicht entgegen der og Auffassung der FinVerw Art 7 MA die maßgebende Verteilungsnorm ist und damit aufgrund dieser auch abkommensrechtlichen Zuordnungsvorschrift der Wohnsitzstaat des Anteilseigners der Zuordnung der Einkünfte folgen muss.[31] Auch die Anwendbarkeit des Art 21 MA wäre denkbar. Allerdings haben diese Untersuchungen nur Bedeutung für die Reichweite eines „treaty overrides".[32] Bejaht man die Zulässigkeit, hat die Frage der zutr Abkommensnorm keine Bedeutung.

38 Mit der Streichung des § 10 Abs 5 (vgl Rn 12) hat sich die Rechtslage nach der überwiegenden Auffassung in der Literatur entscheidend verändert. Durch den Wegfall des abkommensrechtlichen Schachtelprivilegs für alle passiven Zwischeneinkünfte ist davon auszugehen, dass § 20 Abs 1 1. Alt nicht nur klarstellenden Charakter iRd Hinzurechnungsbesteuerung hat, sondern einen **echten „treaty override"** bewirkt.[33]

39 **c) Folgen.** Als unmittelbare Möglichkeiten der Nichtbeachtung einer DBA Regelung steht dem StPfl die Möglichkeit der Einleitung eines **Verständigungsverfahrens** bzw dem anderen Staat die Einleitung eines allg **Konsultationsverfahrens** (jeweils nach Art 25 MA) offen. Dem steht allerdings entgegen, dass die die Hinzurechnungsbesteuerung von der OECD selbst als Abwehrmaßnahme gg den unfairen Steuerwettbe-

25 So wohl auch *F/W/B/S* Vor §§ 7–14 AStG Rn 76.
26 *FG München* Urt v 27.4.2015, 7 K 2819/12.
27 Vgl *BFH*-Urt BStBl II 2009, 594.
28 Art 23 Abs 1 Buchstabe c des DBA-Ungarn.
29 Nichtzulassungsbeschwerde I B 65/15.
30 *Gundel* IStR 1993, 49; *Gebhard/Quilitzsch* IStR 2011, 169.
31 Vgl hierzu *F/W/B/S* § 20 AStG Rn 23 ff.
32 So auch wohl *F/W/B/S* § 20 AStG Rn 27.
33 *Rödder/Schumacher* DStR 2003, 805; *Schaumburg* 2. Aufl 2003, 120 umfassend zuletzt *Schönfeld/Hoene* IStR 2013, 349.

werb ausdrücklich empfohlen wird. Missbrauchsbekämpfungsmaßnahmen führen regelmäßig bereits nicht zur Einleitung eines Verständigungsverfahrens als Ermessensentscheidung. ZT wird auch die Auffassung vertreten, dass § 20 dem einem DBA immanenten Missbrauchsgedanken entspr.[34] Dem wird im Hinblick auf die vielfältigen ausdrücklichen Missbrauchsregelungen der DBA (Aktivitätsvorbehalt, Entlastungsberechtigungen wie Art 28 DBA-USA 2006/2007) widersprochen.[35]

3. Verfassungsrecht – Art 25 GG und „treaty override". Es stellt sich die Frage, ob sich wegen eines vorliegenden „treaty overrides" ein Anspruch aus Art 25 GG ableiten lässt, dh eine **Grundrechtsverletzung** nach § 90 BVerfGG vom betroffenen StPfl vor dem BVerfG geltend gemacht werden. **40**

Hierbei ist vorab festzuhalten, dass nur von Regierungsvertretern (auf dt Seite Referatsleiter oder UAL des BMF) paraphierte Verträge nicht unmittelbar wirken.[36] Vielmehr bedarf es erst einer Transformation in innerstaatliches Recht durch Zustimmungsgesetz gem Art 59 Abs 2 GG. Nur wenn eine derartige Transformation erfolgt, stehen die DBA als völkerrechtliche Verträge in der Normenhierarchie im Rang von Bundesgesetzen. Oder anderes ausgedrückt, innerstaatlich repräsentiert also erst das Zustimmungsgesetz den völkerrechtlichen Vertrag innerhalb der Normenhierarchie. **41**

Der BFH hat dementspr in seiner ersten Grundsatzentscheidung zu einem treaty override (weitergehende Prüfung der Abkommensentlastung nach § 50d Abs 1 S 1 EStG in Erweiterung des Art 16 Abs 2 DBA Polen) entschieden, dass die DBA nicht zu den allg Regeln des Völkerrechts gehören und damit Art 25 GG nicht berührt ist.[37] **42**

Allerdings ist – angesichts von Veröffentlichungen maßgebender Richter[38] – nicht ausgeschlossen, dass der 1. Senat seine Rechtspr zum treaty override ändern wird, was auch in der Folgezeit erfolgte (vgl Rn 48 ff). **43**

Das FG Münster[39] hat in dem Folgeverfahren zur Rs „Columbus Container"[40] allerdings entschieden, dass die Regelung nicht gg das Rechtsstaatsprinzip iSd Art 20 Abs 3 GG, wobei des das FG offen lässt, ob die Völkervertragsrecht abändernde bundesgesetzliche Regelung des § 20 in Hinblick auf das Rechtsstaatsprinzip einer besonderen Rechtfertigung bedarf.[41] Wie der EuGH in der Vorabentscheidung v 6.12.2007 (C-298/05 Rn 38) betont hat, besteht vorliegend die besondere Rechtfertigung darin, dass nicht die Freistellung der mittels einer ausl Betriebsstätte erzielten Einkünfte eines im Inland ansässigen und hier steuerpflichtigen Unternehmers von der inländischen Besteuerung, sondern erst die Anrechnung der auf die mit der ausl Betriebsstätte erzielten Einkünfte gezahlten ausl Steuern eine uneingeschränkte steuerliche Gleichbehandlung der im Ausland und im Inland erzielten Einkünfte des im Inland steuerpflichtigen Unternehmers schafft. **44**

---

34 *Blümich* § 20 AStG Rn 16.
35 *S/K/K* § 10 Rn 19 ff.
36 *Schaumburg* 2. Aufl 1998, Rn 3.25.
37 *BFH* BStBl II 1995, 129.
38 *Gosch* IStR 2008, 413.
39 *FG Münster* Urt v 11.11.2008 – 15 K 1114/99 F, EW.
40 Vgl im Detail Rn 51.
41 So *Gosch* IStR 2008 413, 419.

45 Die Regelung des § 20 Abs 2 AStG verstößt nach Auffassung des FG auch nicht gegen andere Vorschriften des dt Verfassungsrechts. Art 25 GG sei im Streitfall nicht berührt, weil das DBA (Belgien) nicht zu den allg Regeln des Völkerrechts gehöre.

46 Die Entsch des FG ist jedoch nicht rechtskräftig geworden, im Revisionsverfahren unter dem Az IR 114/08 musste der BFH diese Frage aber nicht entscheiden (vgl Rn 72).

47 Im *BFH*-Beschl v 19.5.2010 – 1 B 191/09 wurde angedeutet, dass er an der bisherigen Rechtsprechung zum treaty override nicht festhalten wird. Hiernach bestehen ernstliche Zweifel, ob § 50d Abs 9 S 1 Nr 1 EStG neben dem Rückwirkungsverbot — den verfassungsrechtlichen Anforderungen, die durch den prinzipiellen Vorrang des Völkervertragsrechts vor „einfachem" Recht zu verlangen sind, uneingeschränkt gerecht wird.

48 Mit dem *BFH*-Beschl v 10.1.2012 IR 66/09 erfolgt die lange erwartete Vorlage des I. Senats des BFH. Es wird eine Entscheidung des BVerfG darüber eingeholt, ob § 50d Abs 8 S 1 EStG – und damit faktisch auch alle anderen unter Rn 31 aufgelisteten treaty override Normen – insoweit gegen Art 2 Abs 1 iVm Art 20 Abs 3 GG und Art 25 sowie Art 3 Abs 1 GG verstößt, als hierdurch für die Einkünfte eines unbeschränkt Steuerpflichtigen aus nichtselbstständiger Arbeit die völkerrechtlich in eine DBA vereinbarte Freistellung der Einkünfte (Art 23 Abs 1 Buchstabe a iVm Art 15 Abs 1 DBA-Türkei 1985) bei der Veranlagung ungeachtet des Abkommens nur gewährt wird, soweit der Steuerpflichtige nachweist, dass der Staat, dem nach dem Abkommen das Besteuerungsrecht zusteht, auf dieses Besteuerrecht verzichtet hat oder dass die in diesem Staat auf die Einkünfte festgesetzten Steuern entrichtet wurden.

49 Der gedankliche neue Ansatz des *BFH* im Beschl v 10.1.2012 – 1 R 66/09 liegt in zwei Grundannahmen. Zum einen verstoße § 50d Abs 8 EStG gegen bindendes Völkervertragsrecht als materielle Gestaltungsschranke und läuft damit der in Art 25 GG niedergelegten Wertentscheidung des GG zum Vorrang der allgemeinen Regeln des Völkerrechts zuwider, ohne dass dafür ein tragfähiger Rechtfertigungsgrund vorliegt.

50 Zum anderen werden dadurch werden die Kläger in ihrem durch Art 2 Abs 1 iVm Art 20 Abs 3 GG gewährleisteten subjektiven Grundrecht auf Einhaltung der verfassungsmäßigen Ordnung und damit auch des sog Gesetzesvorbehaltes verletzt.

51 Zur Begründung wird insb darauf verweisen, dass das BVerfG in mehreren Entscheidungen (Görgülü, Alteigentümer, Sicherungsverwahrung I und II) die aus dem Rechtsstaatsprinzip abzuleitende Verpflichtung aller staatlichen Organe zur Beachtung der EMRK, die kraft Zustimmung gem Art 59 Abs 2 GG in den Rang eines innerstaatlichen Bundesgesetzes überführt worden ist, bestätigt habe. Das BVerfG habe sich dahin geäußert, dass der Gesetzgeber damit nach dieser verfassungsrechtlichen Vorgabe gehalten ist, Völkervertragsrecht zu beachten, wenn nicht ausnahmsweise die Voraussetzungen vorliegen, von denen das BVerfG die Zulässigkeit der Abweichung vom Völkervertragsrecht abhängig macht.

52 Dieser Auslegung kann nicht uneingeschränkt zugestimmt werden. Das GG ist nicht die weitesten Schritte der Öffnung für völkerrechtliche Bindungen gegangen. Das Völkervertragsrecht ist innerstaatlich nicht unmittelbar, das heißt ohne Zustimmungsgesetz nach Art 59 Abs 2 GG, als geltendes Recht zu behandeln und – wie auch das Völkergewohnheitsrecht (vgl Art 25 GG) – nicht mit dem Rang des Verfassungsrechts ausgestattet. Dem GG liegt deutlich die klassische Vorstellung zu Grunde, dass es sich bei dem Verhältnis des Völkerrechts zum nationalen Recht um ein Verhältnis zweier unterschiedlicher Rechtskreise handelt. Die Natur dieses Verhältnisses kann sich nur aus der Sicht des nationalen Rechts ergeben. Wie sich dies auch aus der ansonsten nicht notwendigen Existenz und des Wortlaut von Art 25 und Art 59 Abs 2 GG ergibt. Im Übrigen bestehen auch erhebliche Zweifel ob die Vergleichsfälle identisch sind. Während im Fall Görglu eine europarechtliche Bestimmung von dem nationalen Gericht nicht angewandt worden ist existieren bei einem Treaty Override wie § 20 AStG zwei „konkurrierende" nationale Rechtsvorschriften, die des DBA und die des überlagernden innerstaatlichen Steuerrechts, und die völkerrechtliche Vorschrift geht im Rang gerade nicht der nationalen Steuerrechtsvorschrift vor.

Folgt man dem BFH, büßt der Gesetzgeber mit Umsetzung eines DBA in innerstaatliches Recht bzgl der dort verankerten Regelungen seine Normsetzungsautorität ein.[42] Laut BFH ist ein DBA durch das Parlament kündbar, falls anderweitige Regelungen getroffen werden sollen. Dies trifft jedoch nicht zu, denn nur die Vertreter der Bundesrepublik Deutschland (Bundespräsident, Außenminister, zuständiger Ressortminister) können ein DBA kündigen, nicht aber das Parlament. Zwar ist Deutschland dazu übergegangen, in den DBA selbst Rückfallklauseln oÄ zu vereinbaren, bei fehlender Zustimmung zu einem Revisionsabkommen bleibt allerdings regelmäßig nur die Möglichkeit der Überlagerung durch nationales Recht. Wie die Reaktionen zur Kündigung des DBA Brasilien zeigen, ist eine Alternative einer Kündigung nicht realistisch. **53**

Der erste Senat des BFH hat seine Rechtsprechung zur Frage der Zulässigkeit eines treaty overrides mit weiteren Vorlagebeschlüssen zu folgenden Bereichen fortgesetzt: **54**
- § 50d Abs 9 EStG (Rückfallklausel bei Nichtbesteuerung im Ausland);[43]
- § 50d Abs 10 (Besteuerung von Sondervergütungen nach § 15 Abs 1 Nr 2 EStG auch ohne Regelung im DBA).[44]

Ein weiteres Verfahren zeichnet sich zu § 50d Abs 9 S 1 Nr 1 EStG ab. **55**

Da auch insoweit die Freistellungmethode eines DBA durch den nationalen Gesetzgeber einseitig "überlagert" wird, stellt sich die Frage der Zulässigkeit dieses sog treaty overrides. Die Problematik ist mit § 20 Abs 2 AStG vergleichbar. Darüber wird der BFH zeitnah entscheiden müssen. Im Verfahren I R 49/14[45] geht es um die Frage, ob die von einer spanischen Komplementär-Kapitalgesellschaft an die deutsche Kommanditistin, einer GmbH & Co KG (Klägerin), ausgeschütteten Dividenden, welche in Spanien einer 10 %igen Quellensteuer unterworfen wurden, als im Inland steuerpflichtige Einnahmen in deren einheitliche und gesonderte Gewinnfeststellung einzubeziehen sind und unter Anrechnung der ausländischen Quellensteuer auf Ebene der Gesellschafter der Einkommensbesteuerung zu unterwerfen ist oder Teil des eigent- **56**

42 So im Ergebnis *Heger* Vors Ri'in BFH, jurisPR-SteuerR 25/2012 Anm 4.

43 Der *BFH* hat das Verfahren I R 86/13 („Piloten-Fall") durch Beschl v 20.8.2013 ausgesetzt und dem *BVerfG* (dortiges Az 2 BvL 21/14) gem Art 100 Abs 1 GG vorgelegt.

44 Im Verfahren I R 4/13 erging am 11.12.2013 ein Vorlagebeschl an das *BVerfG* Az 2 BvL 15/14. Das Verfahren I R 4/13 ist durch Beschl v 11.12.2013 bis zur Entsch des *BVerfG* in dem Verfahren 2 BvL 15/14 ausgesetzt.

45 Vorinstanz *FG Münster* Urt v 2.7.2014 – 12 K 2707/10 F.

lich steuerfreien Gewinns der Personengesellschaft ist. Mangels Besteuerung in Spanien ging das Finanzamt von der Anwendung der Rückfallklausel des § 50d Abs 9 S 1 Nr 1 EStG aus. Hierbei wird der BFH vorab die vorrangige Abgrenzung von Dividenden und Unternehmensgewinnen nach dem DBA-Spanien, dh die Anwendung des Betriebsstättenvorbehalts prüfen müssen.

57 Das *BVerfG*[46] hat entschieden, dass der Gesetzgeber nicht am Erlass eines Gesetzes gehindert ist, auch wenn dieses im Widerspruch zu bestehenden völkerrechtlichen Verträgen (DBA) steht. Die Zulässigkeit des sog treaty override wurde zwar nur für den Fall des § 50d Abs 8 EStG entschieden. Die Grundsatzaussagen zum Demokratieprinzip und der Gewichtung verschiedener Normenebenen gelten mE auch andere treaty overrides wie zB für die Frage der Sondervergütungen nach § 50d Abs 10 EStG. Das BVerfG konstatierte insbesondere, dass völkerrechtliche Verträgen innerstaatlich (nur) der Rang eines einfachen Bundesgesetzes zukomme, welches der Gesetzgeber als staatlicher Souverän jederzeit durch einen nachträglichen Rechtsakt revidieren könne.

58 Es stellt sich die Frage, ob hieraus auch Rückschlüsse zu § 20 AStG möglich sind. Dies wird überwiegend bejaht[47]. Allerdings sollten noch die Verfahren zu § 50d Abs 9 und insbesondere Abs 10 EStG abgewartet werden, da es sich insoweit um wesentlich umfangreichere Eingriffe in die zugewiesenen Besteuerungsrechte eines Quellenstaats geht.

C. Vorbehaltsklausel des § 20 Abs 1, 2. Alt

I. Anwendungsbereich: Betriebsstättenbesteuerung

59 Durch die Vorbehaltsklausel des § 20 Abs 1, 2. Alt wird klargestellt, dass die Dbest von der nach nationalem Recht gestalteten Rechtslage der Anrechnung für bestimmte Betriebsstättengewinne (Fälle des § 20 Abs 2 nachfolgend Rn 72) ausgehen und die Umschaltklausel als eigenständigen Besteuerungsanspruch anerkennen. Ausgeschlossen wird damit, dass aus den Dbest uneingeschränkt Ansprüche auf Steuerfreistellung in den in § 20 Abs 2 genannten Fällen werden können.

II. Verhältnis des § 20 Abs 1, 2. Alt zum Abkommensrecht

60 **1. Bedeutung des § 2 AO.** Vgl Rn 29 ff.

61 **2. Verhältnis zum Abkommensrecht – liegt ein „treaty-override“ vor? – a) Begriff des „treaty override“.** Vgl Rn 30.

62 **b) § 20 Abs 1, 2. Alt als „treaty override“?** Im Gegensatz zur Beurteilung im Falle des § 20 Abs 1 1. Alt (vgl Rn 30 ff) wird unbestritten allg in der Literatur im Fall des § 20 Abs 1 2. Alt von einem „treaty overriding" ausgegangen, da eindeutig ein bewusstes Abweichen von der Freistellung von Gewinnen ausl Betriebsstätten und PersGes in DBA (ohne Aktivitätsvorbehalt) erfolgt. Zu Einzelheiten des Anwendungsbereichs vgl Rn 72 ff.

63 **c) Folgen.** Vgl Rn 42.

---

46 Beschluss des *BVerfG* v 15.12.2015, Az 2 BvL 1/12, IWB 2016, 122

47 Vgl zB *Cloer/Hagemann* NWB 2016 S 1802 mwN

3. Verfassungsrecht – Art 25 GG und „treaty override“. Vgl Rn 43. Ein „treaty override“ liegt nach der Auffassung der Literaturmehrheitsauffassung unstrittig vor, vgl zB *Weigell* IStR 2009, 636. *Rehr*[48] kommt allerdings aktuell zum Ergebnis, dass auch die grundrechtliche Beurteilung zu keiner Verfassungswidrigkeit des § 20 Abs 2 AStG führt, doch verbleibe ein schaler Beigeschmack. **64**

4. Europatauglichkeit des § 20 Abs 1, 2. Alt. Die Problematik des Verhältnisses des DBA-Transformationsgesetzes gg der „treaty overriding"-Regelung des § 20 Abs 2 erlangt durch das EU-Recht eine zusätzliche Dimension, da das Gemeinschaftsrecht nicht nur unmittelbar gilt, sondern **Anwendungsvorrang** gg dem nationalen Recht hat.[49] **65**

Parallel zur Diskussion bei der originären Hinzurechnungsbesteuerung[50] kam daher in der Literatur sehr schnell die Diskussion der Europatauglichkeit des § 20 Abs 1, 2. Alt bzw § 20 Abs 2 auf.[51] **66**

Der *EuGH*[52] hat jedoch die Vorschrift für europarechtlich unbedenklich gehalten. Er sieht die besondere Rechtfertigung darin, dass nicht die Freistellung der mittels einer ausl Betriebsstätte erzielten Einkünfte eines im Inland ansässigen und hier steuerpflichtigen Unternehmers von der inländischen Besteuerung, sondern erst die Anrechnung der auf die mit der ausl Betriebsstätte erzielten Einkünfte gezahlten ausl Steuern eine uneingeschränkte steuerliche Gleichbehandlung der im Ausland und im Inland erzielten Einkünfte des im Inland steuerpflichtigen Unternehmers schafft. Wie bereits Generalanwalt Mengozzi in seinen Schlussanträgen vom 29.3.2007 kam der EuGH im Urteil zum Schluss, dass der „treaty override“ des § 20 Abs 2 an sich europarechtlich unbedenklich sei. Während jedoch der Generalanwalt die Norm als gg die Niederlassungsfreiheit verstoßend qualifizierte, ist für den EuGH kein solcher Verstoß gegeben. Die unterschiedliche Beurteilung liegt in der Wahl des Vergleichpaars. Sowohl der EuGH wie auch der Generalanwalt kommen zum Schluss, dass keine Diskriminierung vorliege, wenn man den Ausgangssachverhalt mit einem rein dt Sachverhalt vergleiche. **67**

Eine Diskriminierung ergebe sich nach Auffassung des Generalanwalts aber dann, wenn man den Ausgangssachverhalt mit einer in einem weiteren EU-Staat (welcher ein Besteuerungsniveau von knapp über der Niedrigsteuergrenze des § 8 Abs 3 AStG habe) vergleiche. Ein solches Vergleichspaar wird vom EuGH nicht gebildet. Entspr lag für den EuGH – im Gegensatz zu den Schlussanträgen von Generalanwalt Mengozzi – auch keine Verletzung der Niederlassungsfreiheit vor. Daher musste der EuGH auch keine Stellung dazu nehmen, ob die Tatsache, dass es sich bei den fraglichen belgischen Coordination-Centre-Regimes um eine mit dem EG-Vertrag nicht vereinbare staatliche Beihilfe handelt, ein Rechtfertigungsgrund für eine Beschränkung der Niederlassungsfreiheit darstelle. Generalanwalt Mengozzi hat ausdrücklich abgelehnt, dass eine als verbotene Beihilfe anzusehende Steuerregelung eines EU-Staats von anderen EU-Staaten zur Rechtfertigung eigener Beschränkungen angeführt werden kann. **68**

---

48 StBW 2014, 709.

49 *Seer* IStR 1997, 520.

50 Vgl die Kommentierung zu § 8 Abs 2.

51 Vgl Literaturverzeichnis.

52 *EuGH* Urt v 6.12.2007 Az C – 298/05 „Columbus Container Services BVBA & Co“.

69 Der BFH hat allerdings in seinem Schlussurteil „Columbus Container" vom 21.10.2009 I R 114/08 **zur alten Rechtslage** entschieden, dass § 20 Abs 2 und 3 AStG aF wegen der Bezugnahme auf die §§ 7 ff AStG gegen das Gemeinschaftsrecht verstößt. § 20 Abs 2 und 3 AStG aF sah eine Besteuerung von an sich durch das DBA freigestellten Betriebsstätteneinkünften unter Anrechnung ausländischer Steuern vor, soweit die Einkünfte – würden sie von einer Kapitalgesellschaft erzielt – nach den §§ 7 ff AStG steuerpflichtig wären (fiktive Hinzurechnungsbesteuerung). Da diese Entscheidung nur noch für wenige Besteuerungsfälle in der Vergangenheit von Bedeutung hat (vgl Rn 14), wird hinsichtlich Details auf die umfangreiche Literatur (ua von *Brocke/Hackelmann* DStR 2010, 368; *Lieber* IStR 2010, 142) verwiesen.

70 Die §§ 7 ff AStG aF waren nach dem EuGH-Urteil „Cadbury-Schweppes" (Rs C-196/04, Slg 2006 1-7995) mangels Nachweismöglichkeit für den Steuerpflichtigen, dass die ausländische Gesellschaft einer echten wirtschaftlichen Tätigkeit nachgeht („Motivtest"), EG-rechtswidrig. Da § 20 Abs 2 AStG aF auf die Hinzurechnungsbesteuerung der Einkünfte – würden sie von einer Kapitalgesellschaft erzielt – unmittelbar Bezug nimmt, schlägt die EG-Rechtswidrigkeit der §§ 7 ff AStG aF auf § 20 Abs 2 AStG aF durch.

71 Diese Folge ist allerdings in der Literatur nicht unbestritten, vgl hierzu *Sydow* IStR 2010, 174, die zutreffend darauf verweist, dass die EuGH-Entscheidung die Notwendigkeit der Prüfung der §§ 7 ff AStG berücksichtigt und damit eine „Infizierung" der Vorschriften des § 20 Abs 2 nicht vorliegt, mithin der BFH zu dieser Aussage wegen des Vorrangs der EuGH-Rspr nicht befugt war.

D. Die Umschaltklausel des § 20 Abs 2 AStG – die Steuerpflicht von „Betriebsstätteneinkünften mit Zwischeneinkunftscharakter"

I. Überblick

72 Fallen Einkünfte in einer ausl Betriebsstätte eines in Deutschland unbeschränkt StPfl an und wären diese Einkünfte als Zwischeneinkünfte iSd §§ 7 ff AStG steuerpflichtig, wenn diese Betriebsstätte eine ausl Ges wäre, ist nach § 20 Abs 2 AStG insoweit die Dbest abweichend von den Vorschriften des jeweiligen DBA nicht durch Freistellung, sondern durch Anrechnung der auf diese Einkünfte entfallenden ausl Steuern zu vermeiden (sog Umschalt- oder „switch-over-Klausel"). § 20 Abs 2 AStG stellt somit ausl Betriebsstätten und PersGes, die Zwischeneinkünfte erzielen, einer ausl KapGes gleich.[53] Man könnte auch von der steuerlichen Erfassung von **Betriebsstätteneinkünften mit Zwischeneinkunftscharakter** sprechen. Zur rechtlichen Bedeutung dieses „treaty overrides" vgl im Detail Rn 47.

II. Entwicklung der Norm

73 Die Regelung galt ursprünglich nur für in einer ausl Betriebsstätte angefallenen Einkünfte mit Kapitalanlagecharakter nach § 10 Abs 6 S 2 AStG aF. Mit der Neufassung des § 20 Abs 2 AStG durch das im Jahr 2003 verabschiedete Steuervergünstigungsabbaugesetz erfolgte eine Ausdehnung auf alle passiven Einkünfte iSd § 8 AStG. Die Neufassung ist gem § 21 Abs 11 AStG erstmals auf Zwischeneinkünfte anzuwenden, die in nach dem 31.12.2002 beginnenden Wj entstanden sind. Die ursprüngliche Fassung wird hier nicht mehr kommentiert.

---

53 *BMF* BStBl I 2004, Sondernr 1, Tz 20.2.

Mit der Negativergänzung in § 20 Abs 2 idF des JStG 2010 soll die Anwendung insb auf Einzelunternehmen/Personengesellschaften mit nicht originärer passiver Dienstleistungstätigkeit (zB bei Handwerkern) in einer ausl Betriebsstätte ausgeschlossen werden. Danach erfolgt kein Übergang zur Anrechnungsmethode, wenn in den Betriebsstätten-Einkünften Einkünfte enthalten sind, die aufgr der Mitwirkung des Steuerpflichtigen zu Dienstleistungseinkünften iSd § 8 Abs 1 Nr 5 a) geführt hätten. Die Änderung ist rückwirkend in allen noch offenen Fällen anzuwenden, dh die ESt des Stpfl. Nicht bestandskräftig geworden ist (§ 21 Abs 9 S 2). Für Körperschaften besteht keine Rückwirkung, sondern es gilt die allgemeine Anwendungsregelung des § 21. Dies wird in der Literatur zT als „handwerklicher Fehler" bezeichnet[54], da auch Körperschaften entspr Einkünfte haben können, ist jedoch darauf zurückzuführen, dass im Vorfeld der geänderten Praxis der FinVerw (des Aufgriffs) nur natürliche Personen im Vordergrund standen. 74

III. Verhältnis zu anderen Vorschriften – Aktivitätsvorbehalte der DBA

Auch wenn § 20 Abs 2 AStG den DBA vorgeht (vgl im Detail Rn 29, 60) ist zu beachten, dass der Gesetzgeber mit der Regelung nur Fallkonstellationen bzw Länder aufgreifen wollte, bei denen mangels Aktivitätsvorbehalt im DBA oder Scheitern einer DBA-Neuverhandlung über Aktivitätsvorbehalte „passive" Betriebsstätteneinkünfte einer Freistellung nach Art 23a MA bzw dem jeweiligen DBA unterliegen. 75

Diese Frage hätte dann Bedeutung, wenn der BFH oder ggf das BVerfG die Frage eines „treaty overrides" anderes entscheiden würde (vgl hierzu im Detail Rn 40 ff). 76

Zu den **Aktivitätsvorbehalten der DBA,** die in der Rn 79 aufgelistet sind, ist vorab folgendes anzumerken: 77

- Wie sich aus der vorstehenden Übersicht ergibt, enthalten die meisten der dt DBA Aktivitätsklauseln, die für Betriebsstätteneinkünfte, für bewegliches und unbewegliches Vermögen dieser Betriebsstätten, Gewinne aus dessen Veräußerung (aber auch für Schachteldividenden und Schachtelbeteiligungen) die Anrechnungsmethode vorsehen, wenn die Einnahmen (zT Einkünfte) nicht zu mindestens 90 % (= ausschließlich oder fast ausschließlich) aus aktiven Tätigkeiten im ausl Staat stammen.
- Die Aktivitätsklauseln **verweisen teilw auf § 8 AStG** (Hinweis auf die vierte Spalte der Übersicht). Bei solchen Verweisen handelt es sich stets um sog statische Verweise, dh es ist auf § 8 AStG in der bei Unterzeichnung des DBA gültigen Fassung abzustellen. Spätere Änderungen des § 8 AStG sind bei der Prüfung der Aktivitätsklausel des DBA nicht zu berücksichtigen.
- In anderen DBA werden in den Aktivitätsklauseln **eigene Abgrenzungskriterien** aufgestellt. IdR werden die Herstellung und der Verkauf von Gütern und Waren, die technische Beratung, technische Dienstleistungen und Bank- bzw Versicherungsgeschäfte als aktive (unschädliche) Tätigkeiten eingestuft.
- Nach den DBA Polen (bis 2004), Rumänien (bis 2003), Singapur (bis 2006) und Tschechoslowakei gehört die technische Beratung nicht zu den aktiven Tätigkeiten.
- Im Aktivitätskatalog des DBA Jugoslawien (Serbien) sind die Bank- und Versicherungsgeschäfte nicht aufgeführt.

54 F/W/B/S/*Wassermeyer* Rn 61 zu § 21 AStG.

- In fünf weiteren DBA ist eine Aktivitätsklausel enthalten, die nur für Schachteldividenden anzuwenden und deshalb für die Besteuerung von Betriebsstättengewinnen natürlicher Personen ohne Bedeutung ist (Griechenland, Iran, Island, Spanien und Thailand).
- Die Aktivitätsklauseln sind entweder im Methodenartikel (Art 23 MA) oder „versteckt“ im Protokoll oder Notenwechsel zu diesem Art enthalten.

78 **Anwendungsbeispiel:** Ein dt Unternehmen unterhält eine Betriebsstätte in Tschechien, deren Einnahmen zu 50 % aus dem Verkauf von Waren und zu 50 % aus Vermittlungsprovisionen für andere dt Firmen bestehen.

Gem Art 7 Abs 1 DBA Tschechoslowakei darf Tschechien als Quellenstaat die Einkünfte der Betriebsstätte des dt Unternehmens besteuern. Deutschland vermeidet die Dbest durch Anrechnung der tschechischen Steuer, da die Betriebsstätte die Aktivitätsklausel des Art 23 Abs 1 Buchstabe c nicht erfüllt. Eine Freistellung unter Progressionsvorbehalt kommt für diese Betriebsstätte nicht in Betracht. Die Tatbestandsvoraussetzungen des § 20 Abs 2 wären für diesen Fall nicht mehr zu prüfen, da sich die Rechtsfolge der Steueranrechnung bereits unmittelbar aus dem DBA ergibt.

Abwandlung:

Die tschechische Betriebsstätte erzielt zu 95 % Einnahmen aus dem Verkauf von Waren.

Lösung wie oben, jedoch stellt Deutschland grds die Einkünfte der Betriebsstätte unter Progressionsvorbehalt gem Art 23 Abs 1 Buchstabe a DBA Tschechoslowakei frei.

Allerdings kann in diesem Fall sich eine vorrangige Anrechnung unmittelbar aus § 20 Abs 2 ergeben, wenn zB das Stammhaus an den Handelsaktivitäten iSd § 8 Abs 1 „mitwirkt“ und eine niedrige Besteuerung iSd § 8 Abs 3 AStG vorliegt (fiktive Untersuchung der Grundsätze der Hinzurechnungsbesteuerung, vgl im Detail nachfolgend Rn 119).

79 **Übersicht: Aktivitätsklauseln in den DBA**

DBA-Staat	**Keine Aktivitätsklausel**	**Aktivitätsklausel**	**Verweis auf § 8 AStG**	**nach Art ... des jeweiligen DBA (P = Protokoll zum DBA)**
Ägypten		X		24 Abs 1 Buchstabe d
Albanien		X	X	
Algerien		X	X	23 Abs 2 Buchstabe c
Argentinien		X		P Ziff 5 zu Art 23
Armenien vgl UdSSR	Fortgeltung DBA-UdSSR (s dort)			
Aserbaidschan (bis 2005)				
Aserbaidschan (ab 2006)		X	X	23 Abs 1 Buchstabe c
Australien		X		P Ziff 10d zu Art 22
Bangladesch		X		22 Abs 1 Buchstabe d
Belarus (Weißrussland) (bis 2006)	Fortgeltung DBA-UdSSR (s dort)			

DBA-Staat	Keine Aktivitätsklausel	Aktivitätsklausel	Verweis auf § 8 AStG	nach Art ... des jeweiligen DBA (P = Protokoll zum DBA)
Belarus (ab 2007)		X	X	23 Abs 1 Buchstabe c
Belgien	X			
Bolivien		X		P Ziff 8 zu Art 23
Bosnien/Herzegowina	Fortgeltung DBA-Jugoslawien (s dort)			
Brasilien		X		P Ziff 8 zu Art 24
Bulgarien (ab 2011)		X	X	22 Abs 1 Buchstabe c
Ceylon	s Sri Lanka			
China		X		P Ziff 6b zu Art 24 Abs 2
Côte d'Ivoire		X		23 Abs 1 Buchstabe e
Dänemark	X			
Ecuador		X		P Ziff 3 zu Art 23
Elfenbeinküste	s Côte d'Ivoire			
Estland		X	X	23 Abs 1 Buchstabe c
Finnland		X		P Ziff 5 zu Art 23
Frankreich	X			
Georgien (bis 2007)	Fortgeltung DBA-UdSSR (s dort)			
Georgien (ab 2008)		X	X	23 Abs 1 Buchstabe c
Ghana (ab 2008)		X	X	24 Abs 1 Buchstabe c
Griechenland		X		17 Abs 2 Buchstabe b Doppelbuchstabe bb
Großbritannien	s Vereinigtes Königreich			
Indien		X		23 Abs 1 Buchstabe e
Indonesien		X		23 Abs 1 Buchstabe d
Iran		X		24 Abs 1 Buchstabe d
Irland (ab 2013)		X	X	23 Abs 2 Buchstabe c
Island		X		P zu Art 23 Abs 1 Buchstabe a
Israel		X		18 Abs 1 Buchstabe d
Italien	X			
Jamaika		X		P Ziff 2 zu Art 23
Japan	X			
Jugoslawien	Wegen Namensänderung s bei Serbien			

DBA-Staat	Keine Aktivitätsklausel	Aktivitätsklausel	Verweis auf § 8 AStG	nach Art ... des jeweiligen DBA (P = Protokoll zum DBA)
Kanada (bis 2000)	X			
Kanada (ab 2001)		X	X	23 Abs 2 Buchstabe c
Kasachstan		X	X	23 Abs 2 Buchstabe c
Kenia		X		P Ziff 6 zu Art 23
Kirgisistan (bis 2006)	Fortgeltung DBA UdSSR (s dort)			
Kirgisistan (ab 2007)		X	X	23 Abs 1 Buchstabe c
Korea (ab 2003)		X	X	23 Abs 1 Buchstabe c
Kroatien (bis 2006)	Fortgeltung DBA-Jugoslawien (s dort)			
Kroatien (ab 2007)		X		23 Abs 1 Buchstabe c
Kosovo	s Jugoslawien			
Kuwait		X	X	24 Abs 1 Buchstabe c
Lettland		X	X	23 Abs 1 Buchstabe c
Liberia		X		P Ziff 7 zu Art 23
Liechtenstein (ab 2013)		X	X	
Litauen		X	X	23 Abs 1 Buchstabe c
Luxemburg (bis 2013)	X			
Luxemburg (ab 2014)		X	X	22 Abs 1 Buchstabe c
Malaysia (ab 2011)		X	X	P Ziff 7b zu Art 23
Malta (ab 2002)		X	X	23 Abs 1 Buchstabe d
Marokko		X		P Ziff 2 zu Art 23
Mauritius (bis 2012)		X		
Mauritius (ab 2013)	X			
Mazedonien (ab 2011)		X	X	23 Abs 1 Buchstabe c
Mexiko (ab 2010)		X	X	23 Abs 2 Buchstabe d
Moldau (Moldawien)	Fortgeltung DBA-UdSSR (s dort)			
Mongolei		X		23 Abs 1 Buchstabe d
Namibia		X		23 Abs 1 Buchstabe c
Neuseeland	X			
Niederlande	X			
Niederlande (ab 2016)		X	X	Niederlande22 Abs 1 Buchstabe c

DBA-Staat	Keine Aktivitätsklausel	Aktivitätsklausel	Verweis auf § 8 AStG	nach Art … des jeweiligen DBA (P = Protokoll zum DBA)
Österreich (bis 2002)	X			
Österreich (ab 2003)	X			
Pakistan		X		22 Abs 1 Buchstabe c
Philippinen		X		P Ziff 6 zu Art 24
Polen (ab 2004)		X		P Ziff 5 zu Art 21
Polen (ab 2005)		X	X	24 Abs 1 Buchstabe c
Portugal		X		P Ziff 8 zu Art 24
Rumänien (bis 2003)		X		P Ziff 6 zu Art 19
Rumänien (ab 2004)		X	X	23 Abs 2 Buchstabe c
Russische Föderation		X	X	23 Abs 2 Buchstabe c
Sambia		X		P Ziff 4 zu Art 23
Schweden	X			
Schweiz		X	X	24 Abs 1 Nr. 1 Buchstabe a, Buchstabe b
Serbien[1] (vormals Jugoslawien)		X[2]		24 Abs 1 Buchstabe c
Simbabwe		X		23 Abs 1 Buchstabe d
Singapur (bis 2006)		X		P Ziff 3 zu Art 23
Singapur (ab 2007)		X	X	24 Abs 1 Buchstabe c
Slowakei	Fortgeltung des DBA-Tschechoslowakei (s dort)			
Slowenien (bis 2006)	Fortgeltung des DBA-Jugoslawien (s dort)			
Slowenien (ab 2007)		X	X	23 Abs 1 Buchstabe c
Sowjetunion	s UdSSR			
Spanien (ab 2013)		X	X	22 Abs 2 Buchstabe c
Sri Lanka		X		P Ziff 2 zu Art 23
Südafrika		X		Notenwechsel zu Art 20
Südkorea	s Korea			
Syrien (ab 2011)		X	X	
Tadschikistan (bis 2004)	Fortgeltung des DBA-UdSSR (s dort)			
Tadschikistan (ab 2005)		X	X	22 Abs 2 Buchstabe c
Taiwan (ab 2013)		X	X	22 Abs 1 Buchstabe c
Thailand	X			
Trinidad/Tobago		X		P Ziff 5 zu Art 22

DBA-Staat	**Keine Aktivitätsklausel**	**Aktivitätsklausel**	**Verweis auf § 8 AStG**	**nach Art ... des jeweiligen DBA (P = Protokoll zum DBA)**
Tschechien	Fortgeltung DBA-Tschechoslowakei (s dort)			
Tschechoslowakei		X		23 Abs 1 Buchstabe c
Türkei (ab 2011)		X	X	22 Abs 2 Buchstabe c
Tunesien		X		P Ziff 2 zu Art 23
Turkmenistan	Fortgeltung DBA-UdSSR (s dort)			
UdSSR (GUS)	X			
Ukraine		X	X	23 Abs 1 Buchstabe c
Ungarn (ab 2012)		X	X	23 Abs 1 Buchstabe c
Uruguay (ab 2012)		X	X	23 Abs 1 Buchstabe c
USA	s Vereinigte Staaten von Amerika			
Usbekistan (bis 2001)	Fortgeltung DBA-UdSSR (s dort)			
Usbekistan (ab 2002)		X	X	23 Abs 1 Buchstabe c
Venezuela		X		23 Abs 1 Buchstabe d
Vereinigte Arabische Emirate (ab 2009)	X			
Vereinigtes Königreich (Großbritannien und Nordirland) (ab 2011)		X	X	23 Abs 1 Buchstabe c
Vereinigte Staaten von Amerika	X			
Vietnam		X		23 Abs 2 Buchstabe d
Weißrussland (Belarus) (bis 2006)	Fortgeltung DBA-UdSSR (s dort)			
Weißrussland (Belarus) (ab 2007)		X	X	23 Abs 1 Buchstabe c
Zypern (ab 2012)	X			

Gebhardt/Quilitzsch (IStR 2011, 169) haben ergänzend in der nachfolgenden Übersicht die unterschiedliche Wertung verschiedener Fallkonstellationen tabellarisch gegenübergestellt: **80**

Norm	**DBA-Klausel**	**§ 20 Abs 2 AStG**
Tatbestand	Erzielung von passiven Einkünften iSd § 8 Abs 1 Nr 1 -6 AStG	Erzielung von Zwischeneinkünften iSd §§ 7–14 AStG
Fall 1: Aktive Einkünfte aus § 8 Abs 1 Nr 7–10 AStG	switch-over (+)	switch-over (–)
Fall 2: Passive Einkünfte aus § 8 Abs 1 Nr 1–6, keine Niedrigbesteuerung	switch-over (+)	switch-over (–)
Fall 3: Gemischte Einkünfte: a) passive Einkünfte aus § 8 Abs 1 Nr. 1–6, Niedrigbesteuerung + b) aktive Einkünfte aus § 8 Abs 1 Nr 7–10 AStG	switch-over für passive Einkünfte (+) switch-over für aktive Einkünfte (+)	switch-over für passive Einkünfte (+) switch-over für aktive Einkünfte (–)

Diese Beispielsfälle zeigen, dass die DBA-Aktivitätsklausel zu einer gegenüber dem § 20 Abs 2 abweichenden Bewertung und restriktiveren Rechtsfolge gelangen, weil a) die Abkommensklauseln auf einen veralteten Aktivkatalog verweisen (Bsp 1) oder b) die Niedrigbesteuerung für den abkommensrechtlichen switch-over nicht erforderlich ist (Bsp 2). Den vorgenannten Autoren ist zuzustimmen, dass für beide Fälle der Methodenwechsel durch § 20 Abs 2 dem Grunde nach nicht einschlägig ist da somit gegenüber den DBA für den Steuerpflichtigen idR vorteilhafte Rechtsfolgen begründet würde. Der abkommensrechtliche switch-over kann aber auch dann im Vergleich zu § 20 Abs 2 weitergehende Rechtsfolgen nach sich ziehen, wenn in der Betriebsstätte neben passiven, niedrigbesteuerten auch aktive Einkünfte erzielt werden (Bsp 3). Die Rechtsfolgen beider Klauseln weichen dann der Höhe nach voneinander ab, weil die abkommensrechtliche Klausel den Methodenwechsel für die Gesamtheit der Betriebsstätteneinkünfte vorsieht. **81**

IV. Die Tatbestandsvoraussetzungen des § 20 Abs 2

1. Überblick. Aus § 20 Abs 2 AStG ergeben sich für die StPfl der Betriebsstätteneinkünfte mit Zwischeneinkunftscharakter, dh dem Übergang von der Freistellung der Einkünfte auf die Anrechnungsmethode folgende **Tatbestandsvoraussetzungen**: **82**

1. Es besteht eine **ausl Betriebsstätte**, deren Einkünfte dem Steuerinländer unmittelbar oder mittelbar (als Mitunternehmer, Gesellschafter einer Sozietät) entspr Art 7 MA 2000 (bzw Art 14 MA 1977) zuzurechnen sind (Einzelheiten vgl nachfolgend Rn 97 ff). **83**
2. Dem unbeschränkt StPfl wären, sofern es sich nicht um eine ausl Betriebsstätte, sondern im Rahmen einer fiktiven Betrachtung eine Kapitalges handeln würde, passive Zwischeneinkünfte (mit Ausnahme der Dienstleistungen) hinzuzurechnen. Damit müssen im Rahmen einer hypothetischen und analogen Betrachtung die nachfolgenden Voraussetzungen der Hinzurechnungsbesteuerung untersucht werden, dh es muss hypothetisch zu einer StPfl der Einkünfte kommen, wenn im Vergleichsfall eine ausl Ges der Hinzurechnungsbesteuerung nach §§ 7 ff AStG unterliegen würde.

84 Hieraus ergeben sich folgende aus der Analogie abgeleitete Tatbestandsvoraussetzungen:

1. Ist die Betriebsstätte entspr § 7 Abs 1–4 **inländisch beherrscht** bzw liegt eine Beteiligung iSd § 7 Abs 6 vor (zu Einzelheiten vgl Rn 110 ff).
2. Erzielt die Betriebsstätte (ggf **anteilig) passive Einkünfte**, dh Einkünfte, die nicht aus aktiven Tätigkeiten iSd § 8 Abs 1 Nr 1–10 stammen (zu Einzelheiten vgl Rn 123 ff)
3. Unterliegt der Steuerinländer mit seinen Betriebsstätteneinkünften (den hypothetischen Zwischeneinkünften) einer **niedrigen Besteuerung** iSd § 8 Abs 3, dh beträgt seine effektive Belastung mit ausl Ertragsteuern weniger als 25 % (vgl Rn 160 ff).

85 **2. Prüfschritt 1: Ausländische Betriebsstätte. – a) Allgemeines.** § 20 Abs 2 AStG setzt das Bestehen einer ausl Betriebsstätte in einem DBA-Land voraus. Dieser Begriff bestimmt sich – da nicht auf das MA oder ein konkretes DBA abgestellt wird – **nach § 12 AO**. Das bedeutet, die Geschäftseinrichtungen oder Anlagen müssen im Ausland belegen sein, eine Bauausführung oder Montage muss im Ausland ausgeübt werden.[55]

86 Allerdings kann das zusätzlich notwendige Merkmal steuerfreier Betriebsstätteneinkünfte nach DBA es auch erforderlich machen, dass der Betriebsstättenbegriff der DBA erfüllt ist.[56]

87 **b) Anwendungsbereich – Betroffene Personen. – aa) § 20 Abs 2 bei Einkünften aus freiberuflicher oder selbstständiger Tätigkeit.** § 20 Abs 2 AStG bezieht sich nach dem Wortlaut auf Betriebsstätten und zwar auf Betriebsstätten iSd nationalen Rechts nach § 12 AO. Die Begriffsbestimmung des § 12 AO gilt **auch für die freiberufliche und selbstständige Tätigkeit**.[57] Dies führt dazu, dass § 20 Abs 2 AStG nicht nur bei Einkünften aus Gewerbebetrieb sondern auch bei Einkünften aus selbstständiger und freiberuflicher Tätigkeit greift.

88 **bb) Vermögensverwaltende Tätigkeit.** Die (fiktive) Hinzurechnungsbesteuerung erfasst im erheblichen Umfang vermögensverwaltende Tätigkeiten (wie Lizenzverwertung, Grundstückseinkünfte). Hier ist vorab zu prüfen, ob bereits abkommensrechtlich steuerfreie (gewerbliche) Einkünfte vorliegen. Ein praktischer Hauptanwendungsfall ist die im Ausland ansässige oder tätige gewerblich geprägte oder infizierte Ges mit passiven Einkünften. Hier stellt sich bereits abkommensrechtlich die Frage, ob steuerfreie Betriebsstätteneinkünfte vorliegen.[58] Dies schlägt auch auf die Beurteilung iRd § 20 Abs 2 durch.[59] Spätestens mit der Änderung des § 50d Abs 10 EStG 2013 ist diese Frage eindeutig geklärt, da der Gesetzgeber dadurch zum Ausdruck bringt, dass der die Rechtsprechung des BFH abkommensrechtliche Behandlung von Unternehmensgewinnen akzeptiert. Das überarbeitete BMF-Schreiben „Anwendung der DBA auf Personengesellschaften“[60] ist insoweit nur noch eine Klarstellung.

---

55 *F/W/B/S* § 20 AStG Rn 50.

56 *F/W/B/S* § 20 AStG Rn 121.

57 Vgl AEAO § 12 Nr 1.

58 So zB ursprüngliches *BMF*-Schreiben BStBl 2010 I S 354; jedoch **aA** *BFH/NV* 2010, 1550; *BFH/NV* 2010, 1554; *BFH/NV* 2011, 138.

59 Vgl *F/W/B/S* § 20 AStG Rn 122.

60 *BMF*-Schreiben BStBl 2014 I S 1258.

cc) „gemischte Tätigkeit“. Für “gemischte Gesellschaften“, die sowohl einen umfassenden originären Gewerbebetrieb als auch einen funktional unabhängigen Vermögensverwaltungsbereich umfassen, ist eine Aufteilung vorzunehmen. Der originäre Gewerbebetrieb kann als grundsätzlich steuerfreie Unternehmenseinkünfte iSd DBA behandelt werden. Insoweit ist auch § 20 zu prüfen. **89**

Für die vermögensverwaltenden Personengesellschaften ist hingegen entspr des Transparenzprinzips auf die jeweils erzielten Einkünfte abzustellen. **90**

Hiernach gelten folgende Grundsätze: **91**

- Einkünfte aus Vermietung und Verpachtung: Regelfall Steuerfreistellung (Ausnahme Anrechnung für Schweiz, Spanien, Finnland, Malta und weitere Ausnahmestaaten);
- Zinsen, Dividenden und Lizenzen: Anrechnungsmethode (Anrechnung der nach dem DBA zulässig erhobenen Quellensteuern) nach Maßgabe der Regelungen des § 34c EStG bzw § 26 KStG.

Liegen nur untergeordnete Einkünfte aus Vermögensverwaltung vor (zB betriebliche Nebenerträge aus Kapitalanlagen, die für Investitionen bestimmt sind), oder liegt ein funktionaler Bezug zum Betrieb vor (wie zB die Vermietung von Werkswohnungen an Arbeitnehmer), wird auch abkommensrechtlich von einheitlichen gewerblichen Einkünften aus einer unternehmerischen Tätigkeit ausgegangen. **92**

dd) Beteiligungen an PersGes mit ausl Betriebsstätte. Es muss sich um die ausl Betriebsstätte handeln, die entweder dem inländischen StPfl, dh einer unbeschränkt steuerpflichtigen natürlichen Person oder Körperschaft, Personenvereinigung oder Vermögensmasse iSd § 1 KStG **zuzurechnen** ist, dh von ihr betrieben wird oder ihr mittelbar zuzurechnen ist, weil die die ausl Betriebsstätte einer PersGes zuzurechnen ist, an der die unbeschränkt StPfl. beteiligt sind. Ob sich der Sitz der PersGes im Inoder Ausland befindet, ist dagegen irrelevant. Die Mitunternehmer sind aufgrund des Transparenzprinzips des dt Steuerrechts (§ 15 EStG) als anteilig an einer ausl Betriebsstätte beteiligt anzusehen.[61] **93**

Zu dem Problem der maßgebenden Beteiligung vgl im Detail Rn 120. **94**

ee) Anwendung des § 20 Abs 2 AStG in Fällen der doppelten Ansässigkeit. § 20 Abs 2 AStG bezieht sich nur auf die unbeschränkte StPfl nach nationalem Recht. Ob Deutschland bei einer doppelten Ansässigkeit auch gem Art 4 MA als Ansässigkeitsstaat iSd jeweiligen DBA angesehen wird, ist für die Anwendung des § 20 Abs 2 AStG unbeachtlich. Fraglich ist allerdings, ob dies mit der Systematik der DBA vereinbar ist, da im Fall einer originären Aktivitätsklausel im DBA Deutschland als „nachgeordneter“ Wohnsitzstaat auch nicht das Besteuerungsrecht hätte, so zB *Wassermeyer/Schönfeld.*[62] IÜ wird dies aber regelmäßig abgelehnt.[63] Für den vergleichbaren Fall der Hinzurechnungsbesteuerung doppelt ansässiger Hinzurechnungsadressaten (iSd §§ 7ff AStG) kommen *Schönfeld/Hoene*[64]zum Ergebnis, dass zwar nach dem Wortlaut des AStG eine Erfassung möglich wäre, dies aber mit der Systematik der DBA nicht ver- **95**

61 *Blümich* § 20 AStG Rn 26; *F/W/B/S* § 20 AStG Rn 53.
62 In *F/W/B/S* § 20 AStG, Rn 130.
63 Vgl die Literaturnachweise S/K/K/*Prokopf* Rn 165.3 zu § 20 AStG.
64 IStR 2013, 349

einbar ist, da die tatsächliche Dividende nach Art 10 Abs 1 OECD-MA nur der Wohnsitzstaat uneingeschränkt besteuern kann (bzw hilfsweise Einkünfte iSd Art 20 OECD-MA vorliegen, die ebenfalls wegen der Auffangklausel nur im Wohnsitzstaat besteuert werden können). Weitere Folgeprobleme ergeben sich dann bei der Rechtsfolge der Steueranrechnung, da dann sich die Frage stellen würde, ob Deutschland sowohl die originären Steuern des Betriebsstättenstaates als auch des „Hauptansässigkeitsstaates" anrechnen müsste.[65] Dies spricht bei einer Gesamtbewertung für eine Nichtanwendung des § 20 Abs 2 AStG.

96 *Kollruss/Buße/Brauckmann* (IStR 2011, 13) weisen allerdings zutreffenderweise darauf hin, dass § 20 Abs 2 AStG nicht greift, wenn eine doppelt ansässige Gesellschaft mit ausländischer Geschäftsleitung und inländischer rein vermögensverwaltender Tätigkeit vorliegt, da es dann am Tatbestandsmerkmal der „passiven Einkünfte einer ausländischen Betriebsstätte" fehlt.

97 **c) Betriebsstättenbegründung.** Eine Betriebsstätte iSd § 20 Abs 2 iVm § 12 AO wird im Regelfall durch eine **Geschäftseinrichtung** begründet. Der Begriff der Geschäftseinrichtung umfasst sämtliche Geschäftseinrichtungen jeglicher Art, auch soweit sie nur geringfügige Einrichtungen sind. Hierunter fallen auch Geschäftsplätze unter freiem Himmel wie Marktverkaufsstellen, Tankstellen etc. Eine Geschäftseinrichtung kann sich auch in der Wohnung des StPfl befinden. Von einer Betriebsstätte kann also nur gesprochen werden, wenn in der Einrichtung betriebliche Handlungen zugunsten des Gewerbebetriebs ablaufen.[66]

98 Hierbei ist zu beachten, dass bloße **Hilfstätigkeiten**, die in Art 5 Nr 4 MA aufgezählt sind und abkommensrechtlich nicht zur Betriebsstätte führen, iRd § 12 AO Betriebsstätten begründen.

99 Voraussetzung ist damit, dass der StPfl über die feste Anlage oder Einrichtung die **Verfügungsgewalt** besitzt und sie der Tätigkeit des StPfl und nicht derjenigen eines anderen dient. Eigentum des StPfl ist nicht Voraussetzung, es genügt die entgeltlich oder unentgeltlich eingeräumte Möglichkeit, über eine feste Anlage/Einrichtung tatsächlich für eine gewisse Dauer verfügen zu können. Der BFH bejaht zB[67] auch die Verfügungsmacht bei unentgeltlicher Überlassung, wenn dem Nutzenden mit der Überlassung eine Rechtsposition eingeräumt wird, die ihm ohne seine Mitwirkung nicht ohne Weiteres entzogen oder ohne seine Mitwirkung nicht ohne Weiteres verändert werden kann.

100 Die **gelegentliche Nutzung** bzw Mitbenutzung einiger Räume ist für die Annahme einer festen Einrichtung nicht ausreichend.[68] Nach der Rspr[69] erfordert die Annahme einer festen Einrichtung zumindest das Vorliegen eines dinglichen Nutzungsrechts oder eines Mietverhältnisses oder eines gleichgelagerten Rechts.

101 In den letzten Jahren hat sich eine gewisse Ergänzung der Rspr ergeben, als anstelle der Voraussetzung der „dauerhaften Verfügungsmacht" auf eine Art „**Verwurzelung**"

65 So auch *S/K/K/Prokopf* Anm unter Rn 167.1 zu § 20 AStG.
66 *BFH* BStBl III 1961, 317.
67 *BFH* BStBl II 1982, 624.
68 *BFH* BStBl II 1990, 983.
69 *BFH/NV* 1988, 122.

abgestellt wird. Der BFH stellt[70] (zur Hotelmanagement-KapGes) entscheidend darauf ab, dass eine bestimmte unternehmerische Tätigkeit durch eine Geschäftseinrichtung mit einer festen örtlichen Bindung ausgeübt wird. Diese Verwurzelung kann sich aus faktischen Gegebenheiten, der Ausgestaltung der Räume und ihrer Benutzung ergeben, selbst eine untergeordnete Mitbenutzung schließt eine Verwurzelung nicht aus. UU kann schon die auf lange Zeit angelegte tatsächliche Nutzung der Räume eine Betriebsstätte[71] begründen.

Sind Betriebsgebäude oder sonstige Einrichtungen vermietet oder verpachtet, so qualifizieren sie sich nicht als Betriebsstätte des Vermieters oder Verpächters, sondern als Betriebsstätte des Mieters oder Pächters, der diese Anlagen betrieblich nutzt. 102

Das Merkmal „Verfügungsmacht" hat insbesondere Bedeutung, wenn nicht der Unternehmer selbst, sondern ein unabhängiger Vertreter an Stelle des Unternehmers tätig wird. Unabhängig von der Frage des Vorliegens der „personellen Betriebsstättenbegründung" ist auch hier zuerst die sachliche Anknüpfung zu prüfen. 103

Bei **unabhängigen Vertretern**, die keine Angestellten des StPfl, sondern selbstständige Gewerbetreibende sind, muss nach dem Gesamtbild der Verhältnisse eine Geschäftseinrichtung des Vertretenen bestehen, in der dessen Geschäfte ausgeübt wird. Der Ort des Sitzes eines „Ständigen Vertreters", der selbstständiger Gewerbetreibender ist, wird folglich nur in Ausnahmefällen eine Betriebsstätte des StPfl begründen (s *BFH* BStBl III 1964, 76). 104

In der internationalen Abkommensentwicklung lässt sich eine Tendenz erkennen, keine größeren Anforderungen an die so genannte Verfügungsmacht zu stellen. Der **OECD-Musterkommentar** 2003 zu Art 5 beinhaltet in Tz 4 eine Umschreibung der Geschäftseinrichtung, welche durch entspr Beispiele erläutert wird. Aus den Beispielen ergeben sich geringe Anforderungen an die Verfügungsmacht: 105

Beispiel 1 (= Tz 4.5, Beispiel 4 des OECD-Musterkommentars): Ein Anstreicher bringt zwei Jahre lang wöchentlich drei Tage in dem großen Bürokomplex seines Hauptkunden zu. In diesem Fall begründet seine Anwesenheit in dem Bürokomplex, wo er die wichtigsten Funktionen seiner Geschäftstätigkeit (dh Anstreichen) ausübt, eine Betriebsstätte des Anstreichers.

Beispiel 2 (= Tz 5.4 des OECD-Musterkommentars): Ein Berater arbeitet in verschiedenen Zweigstellen einer Bank an verschiedenen Orten im Rahmen eines einzigen Projekts der Personalschulung. Jede Zweigstelle sollte für das Vorliegen einer Betriebsstätte (geographischer Zusammenhang) getrennt betrachtet werden. Wenn der Berater aber innerhalb derselben Zweigstelle von Büro zu Büro wechselt, sollte es so angesehen werden, als ob er in derselben Geschäftseinrichtung bliebe.

Diese Erweiterungen des Betriebsstättenbegriffs haben **nur Bedeutung für die Auslegung der DBA**,[72] dh für die Anwendung des § 20 iVm § 12 AO folgt, dass in dem Beispiel 1 (sog Anstreicherfall) allein durch das Ausüben der Tätigkeit grds keine Betriebsstätte im Ausland begründet wird und auch bei dem Beispiel 2 der Berater nur eine Betriebsstätte begründet, wenn dieser über die verwendeten Büros über seine bloße Anwesenheit während der Ausbildungsaktivitäten hinaus verfügen kann. 106

70 *BFH* BStBl II 1993, 462.

71 Vgl zB Anm v *FW* IStR 1995, 81; *BFH/NV* 2005, 154; anders aber *BFH* DStR 2008, 1828.

72 Zudem hat Deutschland einen Vorbehalt eingelegt, vgl Rn 45.7 zum MAK.

107 Darüber hinaus erfordert die Annahme einer festen Geschäftseinrichtung nach dt Auffassung ungeachtet der wiederkehrenden oder sonstigen Natur einer Aktivität einen gewissen Grad an Dauerhaftigkeit und damit eine gewisse Mindestdauer der Anwesenheit während des betreffenden Jahres.

108 Eine weitere wichtige Unterscheidung ergibt sich bei **Bau- und Montagebetriebsstätten**. Während innerstaatlich die Frist bei 6 Monaten liegt, kann abkommensrechtlich die Frist je nach DBA zwischen 6 und 24 Monaten liegen.

109 Eine personelle Betriebsstättenbegründung sieht die Norm nicht vor. Der ständige Vertreter gem § 13 AO ist zB für die Gewerbesteuer unbeachtlich. Abkommensrechtlich kann jedoch der abhängige Vertreter mit Vertretungsvollmacht eine Betriebsstätte begründen.

110 **3. Prüfschritt 2: Fiktive Hinzurechnungsbesteuerung. – a) Allgemeines.** Bei den zuzurechnenden Einkünften der ausl Betriebsstätte muss es sich um (hypothetische) Zwischeneinkünfte iSd § 8 handeln. Im Hinblick auf diese Fiktion der ZwischenGes und des hypothetischen Tests der Einkünfte auf ihren Charakter als Zwischeneinkünfte ist zu beachten, dass sämtliche Tatbestandsvoraussetzungen der Hinzurechnungsbesteuerung im Rahmen der Fiktivbetrachtung erfüllt sein müssen.

b) Fiktive Zwischengesellschaft und maßgebende Beteiligung. – aa) Allgemeines.

111 Für diesen Prüfungsschritt ist von der Fiktion auszugehen, dass die Betriebsstätte eine rechtlich selbstständige ausl Ges darstellt.[73]

112 Zudem ist zu unter Beachtung der Regelungen des § 7 Abs 1 ff zu prüfen ob eine (fiktive) Beteiligung in maßgebender Höhe vorliegt.

113 Der Hinzurechnungsbesteuerung bei Beteiligungen an ausl KapitalGes unterliegen unbeschränkt StPfl, denen eine Beteiligung am Nennkapital einer ausl Ges mehrheitlich unmittelbar gehört oder (zB auf Grund des § 39 AO oder des § 7 Abs 4) steuerlich zuzurechnen ist (Inlandsbeteiligte). Diese Voraussetzung muss aE des maßgebenden Wj der ausl Ges bestehen.

114 Hieraus ergeben sich folgende **Gesichtspunkte**:

1. **Maßgeblicher Prüfungszeitpunkt:**
   Ende des Wj der ausl Ges (§ 7 Abs 2 S 1).
2. **„Beherrschung" (§ 7 Abs 2 S 1 und 3):**
   Ein unbeschränkt StPfl bzw mehrere unbeschränkt StPfl hat/haben mehr als 50 % („dt Beherrschung")
   - der Anteile oder
   - der Stimmrechte (hilfsweise: des Vermögens) der ausl Ges.
3. **Behandlung von Vorschaltkapitalgesellschaften** (§ 7 Abs 2 S 2):
   Quotale Berücksichtigung von Anteilen/Stimmrechten, die eine/mehrere ausl KapitalGes vermitteln.
4. **Behandlung von Vorschaltpersonengesellschaften** (§ 7 Abs 3):
   Quotale Zurechnung von Anteilen/Stimmrechten, die eine/mehrere zwischengeschaltete Personen/Ges halten.
5. **Behandlung von Weisungsbindungen** (§ 7 Abs 4):
   Zurechnung von Anteilen/Stimmrechten, die eine weisungsgebundene Person hält.

---

73 *F/W/B/S* § 20 AStG Rn 180.

Von diesen Grundsätzen gibt es nur folgende **Ausnahme: Beteiligung bei Zwischeneinkünften mit Kapitalanlagecharakter,** § 7 Abs 6. 115

Nach § 7 Abs 6 S 1 greift die Zugriffsbesteuerung bereits, wenn ein unbeschränkt StPfl mit mindestens 1 % (vor Inkrafttreten des UntStFG 10 %) an einer ZwischenGes beteiligt ist, die Zwischeneinkünfte mit Kapitalanlagecharakter erzielt. Während § 7 Abs 1 auf die Summe aller Beteiligungen von unbeschränkt und erweitert beschränkt StPfl abstellt, greift § 7 Abs 6 nur ein, wenn und soweit ein unbeschränkt StPfl zu mindestens 1 % beteiligt ist. Die Vorschrift führt nur bei den StPfl, die diese Mindestbeteiligung innehaben, nicht aber bei geringfügiger Beteiligten, zur Zugriffsbesteuerung. § 7 Abs 6 S 2 enthält folgende Bagatellgrenze: S 1 ist nicht anzuwenden, wenn die den Zwischeneinkünften mit Kapitalanlagecharakter zugrunde liegenden Bruttoerträge nicht mehr als 10 % der den gesamten Zwischeneinkünften zugrunde liegenden Bruttoerträge der ausl ZwischenGes betragen und die bei einer ZwischenGes oder bei einem StPfl hiernach außer Ansatz zu lassenden Beträge insgesamt 62 000 EUR nicht übersteigen. Ab 2008 erhöht sich dieser Betrag auf 80 000 EUR. 116

Die Hinzurechnungsbesteuerung greift selbst bei einer Beteiligung von weniger als 1 %, wenn die ausl Ges ausschließlich oder fast ausschließlich Bruttoerträge erzielt, die Zwischeneinkünften mit Kapitalanlagecharakter zugrunde liegen, es sei denn, dass 117

- mit der Hauptgattung der Aktien der ausl Ges ein wesentlicher und regelmäßiger Handel
- an einer anerkannten Börse stattfindet, § 7 Abs 6 S 3.

Diese **Börsenklausel** ist der Regelung in Art 28 Abs 1 Buchstabe d DBA-USA 1989 nachgebildet. Leider fehlt im AStG eine dem Art 28 Abs 3 DBA-USA 1989 entspr Definition des Begriffs „anerkannte Börse". Das Gesetz enthält auch keine Aussage zu der Frage, wann ein „wesentlicher und regelmäßiger" Handel mit den Aktien der ausl Ges vorliegt. Außerdem verlangt der Gesetzeswortlaut nicht, dass der StPfl nachweist, dass die Voraussetzungen der Börsenklausel erfüllt sind. Dies dürfte aber im Hinblick auf die erhöhten Mitwirkungspflichten aus § 90 Abs 2 AO gefordert werden dürfen.[74] 118

bb) Anwendung der Grundsätze auf Betriebsstätteneinkünfte. Keine Probleme bereitet die **unmittelbare (ausschließliche) ausl Betriebsstätte** eines inländischen, unbeschränkt steuerpflichtigen Einzelunternehmers oder einer unbeschränkt steuerpflichtigen KapitalGes. Hier ist die Betriebsstätte als 10 %ige Beteiligung zu würdigen. 119

Bei den **Betriebsstätten von PersGes** kann solch eine eindeutige Zuordnung nicht vorgenommen werden, da eine PersonenGes kein Nennkapital besitzt, auf das nach § 7 Abs 1 vorrangig abzustellen ist. In der Literatur wird entweder eine entspr Anwendung von § 7 Abs 5 vorgeschlagen, so dass zur Ermittlung der zuzurechnenden Beteiligung ersatzweise die gesellschaftsvertraglichen Regelungen zur Gewinnverteilung herangezogen werden sollen.[75] Alternativ wird vorgeschlagen entspr dem Gedanken des § 7 Abs 2 S 1 mangels Nennkapitals bei einer PersGes vorrangig zunächst auf die Stimmrechte, hilfsweise auf das Verhältnis der Beteiligungen am Vermögen der PersGes nach § 7 Abs 2 S 3 abzustellen[76] was in der Praxis außer in den Fällen disquotaler Gewinnverteilungsabreden regelmäßig zum selben Ergebnis führen dürfte. 120

74 Vgl Tz 7.6.2 letzter S AEAStG; *BMF* BStBl I 2004, Sondernr 1.
75 *F/W/B/S* § 20 AStG Rn 178.
76 *S/K/K* § 20 AStG Rn 78.

121 Diesen Beurteilungen wird jedoch nicht gefolgt. Beteiligungen an PersGes werden nach DBA-Recht als Unternehmensgewinne iSd Art 7 MA qualifiziert. Die mitunternehmerische Beteiligung eines im Inland unbeschränkt StPfl an einer in- oder ausl PersGes, die im Ausland eine Betriebsstätte unterhält, führt dazu, dass die Betriebsstätte dem inländischen Beteiligten jeweils – anteilig – zuzurechnen ist. Für die Frage, ob die Einkünfte dieser „anteiligen Betriebsstätte" nach einem DBA steuerfrei zu stellen sind oder ob nach § 20 Abs 2 die Anrechnungsmethode greift, ist hinsichtlich der Beteiligungshöhe lediglich auf den jeweiligen Anteil an der Betriebsstätte abzustellen. Daher ist nicht maßgebend, ob in Deutschland unbeschränkt StPfl zu mehr als der Hälfte an der betroffenen PersGes beteiligt sind.

122 Vergleichbare Probleme ergeben sich hinsichtlich der analogen Anwendung der Vorschriften der Hinzurechnungsbesteuerung auf **Sozietäten**. Auch hier kann regelmäßig aufgrund des anteiligen Betriebsstättenprinzips unterstellt werden, dass vergleichbar zu Beteiligungen an gewerblichen PersGes eine Beteiligung iSd § 7 vorliegt. Allerdings ist bei Sozietäten häufig die tatsächliche Tätigkeit ortsgebunden, während die Gewinnverteilung nach dem vereinbaren Gewinnverteilungsschlüssel erfolgt. So kann sich zB in der Praxis das Problem ergeben, dass an einer Schweizer Sozietät zu je 50 % gesellschaftsrechtlich ein Deutscher und ein Schweizer beteiligt sind, die Tätigkeit der Partner jedoch ausschließlich im jeweiligen Heimatstaat erfolgt. Hier ergeben sich dieselben Probleme wie bei der Anwendung des Art 14 MA 1977. Hierzu wird überwiegend die Auffassung vertreten, dass der inländische Gesellschafter entspr seines Gewinnverteilungsschlüssels anteilig mit dem dt Ergebnis steuerpflichtig ist.[77] Nach einer Mindermeinung[78] gilt jedoch das Tätigkeitsprinzip, dh nur der Gesellschafter ist im Ausland steuerpflichtig, der persönlich in der ausl „Niederlassung" tätig ist. Dieser Meinungsstreit schlägt auch auf die Anwendung des § 20 Abs 2 durch, als nur bei Bejahung der erstgenannten Auffassung sich ein nach DBA steuerfreies Auslandsergebnis, für die die Umschaltklausel des § 20 Abs 2 AStG gelten kann ergeben kann.

123 **c) Passive Einkünfte. – aa) Allgemeines.** Die dem StPfl unmittelbar oder mittelbar zuzurechnende ausl Betriebsstätte muss passive Einkünfte erzielen. Dies bestimmt sich nach den Regeln von § 8 Abs 1. Insoweit wird grds auf die Kommentierung zu § 8 verwiesen. § 20 Abs 2 ist damit im Umkehrschluss nicht erfüllt, sofern die Einkünfte eigenen aktiven Tätigkeiten der Betriebsstätte dienen.[79] Die in § 8 Abs 1 aufgeführten Einkünfte stehen hierbei grds selbstständig nebeneinander.[80] Betriebliche Nebenerträge können aber unter funktionalen Gesichtspunkten zugeordnet werden.

124 **bb) Gemischte Einkünfte.** § 20 Abs 2 verweist auf die Hinzurechnungsbesteuerung insgesamt. Wenn ein Gewerbetreibender/Selbstständiger in seiner ausl Betriebsstätte sowohl aktive als auch passive Einkünfte iSd § 8 erwirtschaftet, ist die **Freigrenze des § 9 ebenfalls analog anzuwenden.**

cc) Ursprüngliche Hauptanwendungsfälle Handel und Dienstleistung. – (1) Überblick.

125 Die Umschaltklausel des § 20 Abs 2 zielte ursprünglich auf die Erfassung von Zwischeneinkünfte mit Kapitalanlagecharakter (vgl im Detail Rn 10).

---

77 Vgl *Debatin/Wassermeyer* Rn 50a, 67, 77 zu Art 14 MA.

78 *Vogel/Lehner* Art 14 Rn 26, 31.

79 *Blümich* § 20 AStG Rn 26.

80 So auch *FG München* Urt v 27.4.2015, 7 K 2819/12, NZB unter I B 65/15 anhängig.

In der Praxis wurden aber vorrangig Aktivitäten von inländischen Dienstleistern und Handelsunternehmen in Niedrigsteuerländern von der Regelung getroffen. 126

Beispiel: Ein inländischer Unternehmensberater mit alleinigem Wohnsitz in Deutschland erbringt iRs Einzelunternehmens in einem Schweizer Kanton Dienstleistungen iSd § 8 Abs 1 Nr 5 Buchstabe a und begründet wegen eines dort vorhandenen Büros eine Betriebsstätte iSd § 12 AO und Art 5 DBA-Schweiz. Die Dienstleistungen erbringt er selbst, er hat lediglich eine Angestellte, die die anfallenden Büroarbeiten erledigt. Seine Schweizer Betriebsstätteneinkünfte iHv umgerechnet 50 000 EUR unterliegen in der Schweiz der Besteuerung. Die Ertragsteuerbelastung beträgt insgesamt (inkl Bundes-, Kantons- und Gemeindesteuern) 21 %: 10 500 EUR. 127

Bei der Prüfung der Voraussetzungen des § 20 Abs 2 AStG ergeben sich folgende Schritte:

- Es liegen Einkünfte vor, die in einer ausl Betriebsstätte iSd § 12 AO anfallen (vgl im Detail Rn 85 ff);
- unbeschränkte StPfl iSd § 1 EStG liegt vor;
- passive Einkünfte iSd § 8 Abs 1 liegen vor (vgl im Detail Rn 123, 131 ff);
- eine niedrige Besteuerung iSd § 8 Abs 3 liegt vor (vgl im Detail Rn 157 ff).

Da alle Voraussetzungen des § 20 Abs 2 AStG a.F. erfüllt sind, unterliegen die Schweizer Betriebsstätteneinkünfte in Deutschland – entgegen Art 24 Abs 1 Nr 1 Buchstabe a DBA-Schweiz – der Anrechnungsmethode. Die Einkünfte iH v 50 000 EUR werden als steuerpflichtig angesetzt, die Schweizer Steuern iHv 10 500 EUR werden iRd § 34c EStG angerechnet.

Wie das Beispiel zeigt, würde damit entgegen dem Charakter der Vorschrift als „Missbrauchsverhinderung“ (vgl Rn 31) auch originäre gewerbliche oder freiberufliche Betriebsstätteneinkünfte unter die Umschaltklausel fallen. Der fehlende Missbrauchscharakter hat zu Vorbehalten ausländischer Staaten geführt (vgl zB *Linn* IStR 2010, 542; *Simader/Tüchler/Günther* IStR 2009, 490). Als Reaktion hierauf wurde mit dem JStG 2010 rückwirkend für noch alle nicht bestandskräftigen Fälle dieser Tatbestand aus dem Anwendungsbereich des § 20 Abs 2 herausgenommen. Vgl hierzu im Detail *Kaminski/Strunk* IStR 2011, 137 und *Haase* IStR 2011, 338. 128

Problematisch ist hinsichtlich der Neufassung, ob die Nichtanwendung des § 20 Abs 2 AStG auch dann greift, wenn sich die potentielle Nicht-Steuerfreistellung nicht unmittelbar aus dem AStG, sondern dem DBA-Methodenartikel (Aktivitätsklausel) mit dem Verweis auf die Aktivitätsklausel des § 8 AStG ergibt. Entsprechend der Entstehungsgeschichte des JStG 2010 ist den vorgenannten Autoren zuzustimmen, dass der Gesetzgeber die Problematik der „notwendigen Mitwirkung“ im Bereich der Dienstleistungsbetriebstätten uneingeschränkt beseitigen wollte. Eine Beschränkung der Neufassung auf Nicht-DBA-Fälle bzw DBA ohne Aktivitätsvorbehalt ist weder in der Gesetzesbegründung zu finden noch ergibt sie sich aus dem Anlass, den Einwendungen insbesondere der Schweiz, Frankreich und Österreich zur Anwendung des § 20 Abs 2 AStG aF. 129

Das *FG Baden-Württemberg* hat jedoch[81] rkr für den Fall einer freiberuflichen Dienstleistung einer Schweizer Betriebsstätte entschieden, dass es zur Beibehaltung der Freistellung nach Änderung des § 20 Abs 2 AStG kommt. 130

81 *FG Baden-Württemberg* Urt v 27.9.2012, 3 K 994/09.

131 **(2) Handel.** Grds gilt Folgendes: Bei einem Bezug vom Inländer oder von einer nahestehenden Person liegt grds eine passive Tätigkeit vor. Folgende Ausnahmen sind möglich:

- das Geschäft wird im Rahmen eines qualifizierten Geschäftsbetriebs abgewickelt und
- bei diesem Geschäft liegt keine schädliche Mitwirkung des Inlandsbeteiligten vor.

132 IRd fiktiven Prüfung sind für Zwecke des § 20 Abs 2 die Begriffe „ausländische Gesellschaft“ durch „Betriebstätte“ und „Inländer“ durch „inländisches Stammhaus“ zu ersetzen. Die ausl Betriebsstätte muss daher sachlich und personell so ausgestattet sein, dass sie am allg wirtschaftlichen Verkehr selbst teilnehmen kann. Die mittelbare Teilnahme (Beispiel: Abnehmer ist nur eine KonzernGes) genügt nicht.[82] Bei Begrenzung auf einen engen Kundenkreis muss zumindest der Geschäftsbetrieb auf einen möglichen Kundenwechsel angelegt sein.[83]

133 Eine **schädliche Mitwirkung des Inländers** liegt vor, wenn er zB für die Betriebsstätte den Vertrieb übernimmt, den Vertretereinsatz leitet, deren Finanzierungsaufgaben übernimmt oder das Handelsrisiko trägt. Eine handelsübliche Tätigkeit wie zB bei einer Just-in-time-Lieferung die unmittelbare Auslieferung ist unschädlich.[84]

134 **Prüfschema**

Handel – §§ 20 Abs 2 iVm § 8 Abs 1 Nr 4	**Fallgruppe**			
	1	**2**	**3**	**4**
A. Voraussetzungen				
1. Werden Güter oder Waren zwischen der ausl Betriebsstätte (§ 7 Abs 1 analog) und – einem inländischen Stammhaus (§ 7 analog) oder – einer dem inländischen Gesellschafter nahestehenden Person (§ 1 Abs 2) ausgetauscht und ist die Person mit ihren Einkünften aus dem Handel im Inland steuerpflichtig?	Nein	Ja	Ja	Ja
2. Unterhält die ausl Betriebsstätte einen qualifizierten Geschäftsbetrieb[85]		Nein	Ja	Ja
3. Wirkt das inländische Stammhaus Gesellschafter oder eine ihm nahestehende Person an einem Handelsgeschäft der ausländischen Betriebsstätte mit?			Nein	Ja
B. Rechtsfolgen	–	–	–	–
1. Die ausl Betriebsstätte erzielt Einkünfte aus passivem Erwerb.	–	X	–	X
2. Die ausl Betriebsstätte erzielt Einkünfte aus aktiver Tätigkeit.	X	–	X	–

82 Analog *BFH* BStBl II 1985, 120.
83 Analog *BFH* BStBl II 1985, 120.
84 Wegen weiterer unschädlicher Tätigkeiten vgl Tz 8.1.4.3.2 AEAStG; *BMF* BStBl I 2004, Sondernr 1 (analog).
85 Analog Tz 8.1.4.2.1 AEAStG; *BMF* BStBl I 2004, Sondernr 1.

Vor allem ist zu prüfen ob eine abgrenzbare Eigenfunktion des inländischen Stammhauses vorliegt oder eine schädliche Mitwirkung. Zur Abgrenzung können die Zusammenstellungen der FinVerw zur Mitwirkung bei VertriebsGes analog herangezogen werden.[86] Problematisch ist allerdings, dass im Verhältnis Betriebstätte – Stammhaus wegen des Verbots von In-Sich-Geschäften zivilrechtlich keine wirksamen Verträge abgeschlossen werden können. 135

Entgegen der hier vertretenden Auffassung wird deshalb auch die Meinung vertreten, dass der Katalog des § 8 Abs 1 nur teilw passend ist,[87] da die in § 20 Abs 2 enthaltene Fiktion bei wörtlicher Auslegung **an die Grenzen stößt**. So sei zB ein Stammhaus nicht an einer Betriebsstätte beteiligt oder eine inländische PersGes mit den Einkünften nicht steuerpflichtig. Hierzu ist allerdings anzumerken, dass ausweislich der Beschlussempfehlung des Finanzausschuss des Bundestags v 1.11.1991[88] § 20 Abs 2 den ausdrücklichen Zweck des Unterlaufens der Hinzurechnungsbesteuerung durch Steuerfreistellung für Betriebsstättengewinne hat. Vergleichbar der Einschränkung des Schachtelprivilegs sollen auch vergleichbare passive Einkünfte einer Betriebstätte der inländischen Besteuerung unterliegen. Ein derartiger Versuch einer Rechtsformneutralität durch eine gesetzliche Fiktionsregelung ist nur schwer einer wörtlichen Auslegung zugänglich. 136

(3) Dienstleistungen – nur noch von Bedeutung zur Abgrenzung sog Gemischter Tätigkeiten. Ein passiver Erwerb liegt vor, wenn 137

- die Gesellschaft sich eines Inlandsbeteiligten (oder einer nahestehenden Person) bedient oder
- der Inlandsempfänger Leistungsempfänger ist.

Bei Finanzdienstleistungen ist zu prüfen, ob nicht Nr 3 oder 7 greifen.[89] Finanzdienstleistungen zwischen verbundenen Unternehmen führen grds zu passivem Erwerb.

Einkünfte aus Dienstleistungen einer Betriebsstätte stellen damit grds aktive Einkünfte dar. Es liegen dagegen passive Einkünfte ua dann vor, wenn ein unbeschränkt StPfl Dienstleistungen für die ausl Betriebsstätte erbringt (§ 8 Abs 1 Nr 5 Buchstabe a – analog –). 138

Unter den **Begriff** der Dienstleistungstätigkeiten fallen alle wirtschaftlichen Verrichtungen, die nicht in der Erzeugung von Sachgütern, sondern in persönlichen Leistungen bestehen. Sofern für die Anwendung des § 20 Abs 2 zu prüfen ist, ob ein Einzelunternehmer oder ein Gesellschafter einer PersGes mit den Einkünften aus einer ausl Betriebsstätte passive Einkünfte aus Dienstleistungen erzielt, gelten diese als passiv, wenn der Einzelunternehmer bzw der Gesellschafter selbst entspr Leistungen in der ausl Betriebsstätte erbringt. Der Einzelunternehmer bzw der Gesellschafter einer PersonenGes ist dabei als Beteiligter iSd § 7 anzusehen. 139

---

86 ZB *FinMin NRW* v 29.12.1978, S 1352-5-V B 2, Praktiker Handbuch Außensteuerrecht 2008, 1089.

87 Vgl hierzu *F/W/B/S* § 20 AStG Rn 125.

88 BT-Drucks 12/1506.

89 Tz 8.1.5.1.1 AEAStG; *BMF* BStBl I 2004, Sondernr 1.

140 Das *FG München*[90] hat sich umfassend mit der **Abgrenzung der Tätigkeiten** bei einer ausl Gesellschaft beschäftigt, die funktional eine Art Landesholding bildet. Die zutr Grundaussagen sind:

- Die Verwaltung von eigenem Vermögen und die im eigenen Namen erfolgte Aufnahme und Weitergabe von Kapital innerhalb eines Konzerns stellt keine Dienstleistung iSd § 8 Abs 1 Nr 5 AStG dar und ist als Gewährung von Darlehen einheitlich unter die Vorschrift des § 8 Abs 1 Nr 7 AStG zu subsumieren.
- Bildet die die Darlehensvergabe eindeutig das Schwergewicht der von der ausl Gesellschaft erbrachten Leistungen, können die von ihr erwirtschafteten Zinserträge nicht als bloße Nebenerträge den Dienstleistungserträgen nach § 8 Abs 1 Nr 5 AStG zugeordnet werden.
- Die Verwaltung von eigenem Vermögen und die im eigenen Namen erfolgte Aufnahme und Weitergabe von Kapital innerhalb eines Konzerns stellt keine Dienstleistung iSd § 8 Abs 1 Nr 5 AStG dar und ist als Gewährung von Darlehen einheitlich unter die Vorschrift des § 8 Abs 1 Nr 7 AStG zu subsumieren.

141 Allerdings liegt aktiver Erwerb vor, wenn ohne **schädliche Mitwirkung** die Leistung im Rahmen eines qualifizierten Geschäftsbetriebs (vgl hierzu die Kommentierung zu § 8 Abs 1 Nr 4, 5) erbracht wird.

142 **Prüfschema**

Dienstleistungen – § 8 Abs 1 Nr 5 AStG	**Fallgruppe**					
	1	**2**	**3**	**4**	**5**	**6**
A. Voraussetzungen						
1. Bedient sich die ausl Betriebsstätte (§ 7 Abs 1 AStG analog) für die Erbringung einer Dienstleistung eines inländischen Stammhauses?	J	N	N	N	N	N
2. Bedient sich die ausl Betriebsstätte (§ 7 Abs 1 analog) für die Erbringung einer Dienstleistung – einer dem inländischen Stammhaus nahestehenden Person und – ist diese Person mit dem Leistungsbeitrag im Geltungsbereich des AStG steuerpflichtig[91]		J	N	N	N	N
3. Erbringt die ausl Betriebsstätte die Dienstleistung – einem inländischen Stammhaus oder – einer dem inländischen Stammhaus nahestehenden Person, die im Inland steuerpflichtig ist[92]			N	J	J	J

90 *FG München* Urt v 27.4.2015, 7 K 2819/12, NZB unter I B 65/15 anhängig. UrtAnmerkungen *Kraft* IStR 2016, 43.

91 Analog Tz 8.1.5.2.2 AEAStG; *BMF* BStBl I 2004, Sondernr 1.

92 Analog Tz 8.1.5.2.2 AEAStG; *BMF* BStBl I 2004, Sondernr 1.

Dienstleistungen – § 8 Abs 1 Nr 5 AStG	**Fallgruppe**					
	1	**2**	**3**	**4**	**5**	**6**
4. Unterhält die ausl Betriebsstätte einen qualifizierten Geschäftsbetrieb[93]				N	J	J
5. Wirkt bei der Erbringung der Dienstleistung – ein inländisches Stammhaus oder – eine dem inländischen Stammhaus nahestehende Person, die im Inland steuerpflichtig[94] ist mit?					N	J
B. Rechtsfolgen						
1. Die ausl Betriebsstätte erzielt Einkünfte aus passivem Erwerb, die im Inland steuerpflichtig sind	X	X		X		X
2. Die ausl Betriebsstätte erzielt Einkünfte aus aktiver Tätigkeit, die im Inland nach dem DBA steuerfrei sind			X		X	

dd) Keine Gegenbeweismöglichkeit (Europatauglichkeit des § 20 Abs 2). Da die **(originäre) Hinzurechnungsbesteuerung** ausschließlich grenzüberschreitende Sachverhalte betrifft, stellt sich Jahren die Frage der Diskriminierung, der Verletzung der Kapitalverkehrsfreiheit und Niederlassungsfreiheit in der EU (sog **Europarechtswidrigkeit der dt Hinzurechnungsbesteuerung**). Diese Frage wurde nicht originär zur dt Hinzurechnungsbesteuerung sondern vorrangig zur britischen CFC (Controlled Foreign Country)-Gesetzgebung entschieden. Maßgebend hierzu ist die Grundbewertung des EuGH in der Entscheidung v 12.9.2006, C-196/04 „Cadbury-Schweppes". Als Reaktion hat die dt FinVerw[95] auf die Entscheidung reagiert und im Vorgriff auf eine gesetzliche Nachbesserung im JStG 2008 (§ 8 Abs 2) eine Gegenbeweismöglichkeit eingeführt. 143

Der StPfl hat hiernach nachzuweisen, dass 144

- die Ges in dem Mitgliedstaat, in dem sie ihren Sitz oder ihre Geschäftsleitung hat, am dortigen Marktgeschehen im Rahmen ihrer gewöhnlichen Geschäftstätigkeit aktiv, ständig und nachhaltig teilnimmt,
- die Ges dort für die Ausübung ihrer Tätigkeit ständig sowohl geschäftsleitendes als auch anderes Personal beschäftigt,
- das Personal der Ges über die Qualifikation verfügt, um die der Ges übertragenen Aufgaben eigenverantwortlich und selbstständig zu erfüllen,
- die Einkünfte der Ges ursächlich aufgrund der eigenen Aktivitäten der Ges erzielt werden,
- den Leistungen der Ges, sofern sie ihre Geschäfte überwiegend mit nahestehenden Personen iSd § 1 Abs 2 betreibt, für die Leistungsempfänger wertschöpfende Bedeutung zukommt und die Ausstattung mit Kapital zu der erbrachten Wertschöpfung in einem angemessenen Verhältnis steht.

93 Analog Tz 8.1.5.1.1 Nr 2 AEAStG; *BMF* BStBl I 2004, Sondernr 1.
94 Analog Tz 8.1.5.2.2 AEAStG; *BMF* BStBl I 2004, Sondernr 1.
95 *BMF* BStBl I 2007, 99.

145 IÜ kommt es – auch in Bezug auf den Umfang der zu fordernden Nachweise – auf die Umstände des Einzelfalls an.

146 In der Literatur wurde gefordert, diesen Gegenbeweis auch für fiktive Hinzurechungseinkünfte passiver Betriebstätten zu gewähren.[96]

147 Der Gesetzgeber hat dies jedoch ausdrücklich – im Hinblick auf unter Rn 69 erläuterte EuGH-Rspr **ausgeschlossen**.

148 Der BFH hat in seinem Schlussurteil „Columbus Container" v 21.10.2009 I R 114/08 **zur alten Rechtslage** entschieden, dass § 20 Abs 2 und 3 AStG aF wegen der Bezugnahme auf die §§ 7 ff AStG gegen das Gemeinschaftsrecht verstößt. § 20 Abs 2 und 3 AStG aF sah eine Besteuerung von an sich durch das DBA freigestellten Betriebsstätteneinkünften unter Anrechnung ausländischer Steuern vor, soweit die Einkünfte — würden sie von einer Kapitalgesellschaft erzielt — nach den §§ 7 ff AStG steuerpflichtig wären (fiktive Hinzurechnungsbesteuerung).

149 Die §§ 7 ff AStG aF waren nach dem EuGH-Urteil „Cadbury-Schweppes" (Rs C-196/04, Slg 2006 1-7995) mangels Nachweismöglichkeit für den Steuerpflichtigen, dass die ausländische Gesellschaft einer echten wirtschaftlichen Tätigkeit nachgeht („Motivtest"), EG-rechtswidrig. Da § 20 Abs 2 AStG aF auf die Hinzurechnungsbesteuerung der Einkünfte -würden sie von einer Kapitalgesellschaft erzielt – unmittelbar Bezug nimmt, schlägt die EG-Rechtswidrigkeit der §§ 7 ff AStG aF auf § 20 Abs 2 AStG aF durch.

150 Diese Folge ist allerdings in der Literatur nicht unbestritten, vgl hierzu *Sydow* IStR 2010, 174, die zutreffend darauf verweist, dass die EuGH-Entscheidung die Notwendigkeit der Prüfung der § 7 ff AStG berücksichtigt und damit eine „Infizierung" der Vorschriften des § 20 Abs 2 nicht vorliegt.

151 **In einem** obiter dictum **lässt der BFH allerdings erkennen, dass er**

- die Änderung des § 20 Abs 2 AStG idF des JStG 2008 vom 20.12.2007 (BGBl I, 3150), die den Motivtests nach § 8 Abs 2 AStG in Betriebsstättenfällen ausschließt, für EG-rechtlich zweifelhaft hält (vgl Rn 44);
- den Ausschluss des Motivtests nach § 8 Abs 2 AStG in Fällen der Hinzurechnungsbesteuerung aufgrund des § 7 Abs 6 AStG eventuell für eine nicht hinreichende Umsetzung der EuGH-Rechtsprechung halten könnte (vgl Rn 37).

152 Der BFH beanstandet in den tragenden Gründen seines Urteils, dass § 20 Abs 2 AStG (Wechsel von der Freistellungs- zur Anrechnungsmethode) an eine Regelung (§§ 7 ff AStG) anknüpft, die selbst Gemeinschaftsrecht verletzt. Ob die Konsequenz des gemeinschaftsrechtlichen Anwendungsvorrangs hätte vermieden werden können, wenn der angeordnete Methodenwechsel nicht von einer konkreten (fiktiven) Steuerpflicht als „**Rechtsgrundverweisung**" abhängig gemacht worden wäre, sondern — als „Rechtsfolgenverweisung" — von einem abstrakten Vorliegen der Voraussetzungen jener Vorschriften [§ 8 Abs 1 AStG], ließ der BFH offen.

153 Der Gesetzgeber hat allerdings die Ermöglichung des Motivtests weder gewollt noch ist dies nach dem EuGH-Urteil „Columbus-Container" zwingend erforderlich. Die Änderung der Vorschrift durch das JStG 2008 hat die Konzeption des § 20 Abs 2

---

96 Ua *Haun/Käshammer/Reiser* GmbHR 2007, 184; *Kaminski/Strunk/Haase* IStR 2007, 726.

AStG grundsätzlich unberührt gelassen (Anrechnung statt Freistellung, wenn die Einkünfte der Betriebsstätte – wäre sie eine Gesellschaft – der Hinzurechnungsbesteuerung unterlägen), aber sie hat den Motivtest ausdrücklich ausgeschlossen (... ungeachtet § 8 Abs 2 ...).

Der BFH stellt zwar die tatbestandliche Anknüpfung an eine europarechtswidrige Vorschrift fest. Dh da eine Betriebsstätte – wäre sie eine Gesellschaft – nicht Zwischengesellschaft ist, wenn sie den Nachweis einer echten wirtschaftlichen Tätigkeit erbringt, kann an einen so gefassten Tatbestand für Betriebsstätten (§ 20 Abs 2 AStG aF) keine belastende Rechtsfolge (hier Anrechnung statt Freistellung) geknüpft werden. Dies trifft für die Rechtslage im entschiedenen Alt-Fall zwar zu. Dagegen muss jedenfalls für die Zeit nach Änderung des § 20 Abs 2 AStG darauf hingewiesen werden, dass es Sache des Gesetzgebers ist, unter welchen Voraussetzungen er den — unstreitig europarechtlich zulässigen (vgl Rn 67) – Übergang auf die Steueranrechnung anordnet. **154**

Die Entscheidung des EuGH in Sachen Columbus-Container verlangt für Betriebsstätten nicht die Zulassung des Motivtests, da der EuGH die Freistellungs- und die Anrechnungsmethode europarechtlich für gleichwertig hält. Die Hinzurechnungsbesteuerung in Bezug auf Gesellschaften in EU/EWR-Staaten kommt nur noch in Bezug auf künstliche Gestaltungen in Betracht. Der früher bestehende Gleichklang zur Hinzurechnungsbesteuerung , der bereits mit der Änderung des § 20 Abs 2 AStG durch das JStG 2008 aufgegeben worden ist, muss wegen der europarechtlichen Gleichwertigkeit der Methoden zur Vermeidung der Doppelbesteuerung nicht fortbestehen. **155**

Angesichts fehlender höchstrichterlicher Entscheidung bleibt ein Musterverfahren abzuwarten. Diesbzgl liegen keine Erkenntnisse vor. Falls ein solches Verfahren geführt wird, ist ergänzend darauf hinzuweisen, dass der Anwendungsbereich des § 8 Abs 2 umstritten ist. Das *FG Münster*[97] hält im Verhältnis zu Drittstaaten (konkret Schweiz) die Stand-still-Klausel des Art 64 Abs 1 AEUV für anwendbar, wohin hingegen das FG *Baden-Württemberg*[98] Zweifel an der obigen Auslegung hat. **156**

d) Niedrige Besteuerung. – aa) Allgemeines. Die niedrige Besteuerung wird durch § 8 Abs 3 geregelt. Im Normalfall liegt eine niedrige Besteuerung bei KapitalGes (Körperschaften) vor, wenn die Einkünfte weder im Staat des Sitzes noch im Staat der Geschäftsleitung der ausl Gesellschaft, einer **Belastung durch Ertragsteuern von 25 % oder mehr** (maßgeblich idR der Ertragsteuersatz des Sitzstaates) unterliegen. **157**

Hierbei gilt Folgendes: **158**

(1) Regelfall. Im **Normalfall** liegt eine niedrige Besteuerung liegt vor, wenn die Einkünfte im Staat des Sitzes und im Staat der Geschäftsleitung der ausl Ges jeweils einer Belastung durch Ertragsteuern von weniger als 25 % unterliegen. **159**

(2) Sonderfälle. In **Sonderfällen** hat eine konkrete Belastungsberechnung stattzufinden. **160**

97 *FG Münster* EFG 2015, 351.

98 *FG Baden-Württemberg* Beschl v 12.8.2016, 5, 3 V 4193/13, EFG 2016, 17.

161 Es ist das Verhältnis der Zwischeneinkünfte/Ertragsteuer im Sitzstaat zu ermitteln. Liegt der Ertragsteuersatz unter 25 %, so ist die Belastung evtl trotzdem tatsächlich höher insb wenn:

- eine mögliche Befreiung/Ermäßigung nicht beansprucht wurde,
- die Bemessungsgrundlage im Ausland höher war.

162 Eine niedrige Besteuerung kann sich aber auch in einem hochbesteuerten Land ergeben, wenn dort für passive Einkünfte Steuervergünstigungen gewährt werden,[99] dh liegt der Ertragsteuersatz über 25 %, so ist die Belastung evtl trotzdem tatsächlich niedriger, insb wenn

- besondere Befreiungen/Ermäßigungen gewährt wurden,
- die Bemessungsgrundlage im Ausland niedriger war.

163 Der BFH hatte[100] entschieden, dass es für die Feststellung der ausl Steuerbelastung auf die **rechtlich geschuldete Steuer** ankomme. Damit konnte die Hinzurechnungsbesteuerung vermieden werden, wenn die rechtlich geschuldete ausl Steuer zwar die Belastungsgrenze des § 8 Abs 3 überstieg, aber so nicht erhoben wurde. Diese Entscheidung wurde durch das Jahressteuergesetz 2008 dahingehend korrigiert, dass auf die tatsächlich geschuldete Steuer abzustellen ist, dh eine niedrige Besteuerung soll auch dann vorliegen, wenn Ertragsteuern von mindestens 25 % zwar rechtlich geschuldet, tatsächlich jedoch nicht erhoben werden.

164 Bei der **Belastungsberechnung** sind folgende Punkte nicht zu berücksichtigen:

- **Verlustverrechnung,**
- **Steueranrechnung** entspr §§ 34c EStG, 26 KStG.

Steuern anderer Staaten und anderer StPfl (zB KapESt) sind nicht zu berücksichtigen.

165 Ertragsteuern iSd § 8 Abs 3 sind alle Steuern des Sitzstaates vom Gesamteinkommen oder von Teilen des Einkommens einschließlich der Steuern vom Gewinn aus der Veräußerung beweglichen oder unbeweglichen Vermögens sowie der Steuern von Vermögenszuwachs. Zu berücksichtigen sind derartige Steuern auch dann, wenn sie nach § 34c EStG oder § 26 KStG nicht angerechnet werden können, zB weil sie nach Gesetzen einer Provinz, eines Kantons oder einer anderen Gebietskörperschaft erhoben werden.

166 **bb) Niedrige Besteuerung bei der Betriebsstättenbesteuerung.** IRd **Fiktion** des § 20 Abs 2 ist zu untersuchen ob, ob der Steuerinländer hinsichtlich einer Besteuerung seiner ausl Betriebsstättengewinne einer effektiven Ertragssteuerbelastung von mindestens 25 % unterliegt. Hierbei kann regelmäßig nicht auf die Handhabung bei einer KapGes[101] abgestellt werden.

167 Dies soll anhand des **Beispiels Schweiz** erläutert werden:

168 Schweizer KapitalGes unterliegen regelmäßig einer niedrigen Besteuerung. Für die Besteuerung von in der Schweiz beschränkt steuerpflichtigen natürlichen Personen lässt sich dies nicht ohne eine Berechnung der Schweizer Ertragsteuerbelastung klä-

99 *BFH* BStBl II 1988, 983, 986.
100 *BFH* BStBl II 2004, 4.
101 Und damit die Länderlisten im AEAStG; *BMF* BStBl I 2004, Sondernr 1; Tz 8.3.2.2, S 2 und Anlagen 1 und 2.

ren, da in verschiedenen Kantonen wie Zürich oder Basel bereits nach überschlägiger Steuersatzprüfung die Grenze von 25 % überschritten ist. Für diese Berechnung sind die Schweizer Einkünfte nach dt Steuerrecht zu ermitteln.[102] Der so ermittelte Betrag ist danach ins Verhältnis zu den tatsächlich in der Schweiz gezahlten Steuern zu setzen (Ertragsteuerbelastung). Liegt die Ertragsteuerbelastung unter 25 %, sind die Voraussetzungen des § 20 Abs 2 diesbezüglich erfüllt.

Hierbei sind auch die **Besonderheiten** des föderalen Steuersystems in der Schweiz zu berücksichtigen. Der Bund erhebt in der Schweiz eine Einkommensteuer von natürlichen Personen, eine Gewinnsteuer von juristischen Personen und eine Quellensteuer sowohl von natürlichen als auch juristischen Personen nach dem Bundesgesetz über die direkte Bundessteuer (DBG). Eine spezielle Einkommensteuer (als Quellensteuer auf Dividenden und Kapitalzinsen) ist die vom Bund erhobene Verrechnungssteuer. Neben dem Bund sind auch die Kantone und Gemeinden berechtigt, Steuern zu erheben. Zur Ermittlung einer Ertragsteuerbelastung sind alle Steuern, dh die vom Bund, dem jeweiligen Kanton und der jeweiligen Gemeinde zusammenzurechnen. **169**

Wenn die ausl Betriebsstätte nicht nur Einkünfte aus passiver Tätigkeit erzielt, sondern auch solche aus aktiver Tätigkeit (zB weil das Stammhaus nicht an einer Dienstleistung mitgewirkt hat), ergibt sich das **Folgeproblem der Aufteilung der Gesamtsteuer**. Dies erfolgt nach Maßgabe des ausl Steuerrechts im Verhältnis der aktiven und passiven Einkünfte.[103] **170**

Problematisch ist die Frage der Anwendung des § 8 Abs 3 in den Fällen von Stufentarifen. *Quilitzsch/Gebhardt* (IStR 2012, 161) bilden hierzu folgendes Beispiel: **171**

Eine in Deutschland unbeschränkt steuerpflichtige natürliche Person erzielt in einem DBA-Freistellungsstaat ausschließlich Einkünfte aus passivem Erwerb im Rahmen einer Betriebsstätte. Die Einkünfte unterliegen im Betriebsstättenstaat für ertragsteuerliche Zwecke einem linear-progressiven Betragstarif. Für Einkünfte bis einschließlich 100 000 GE beträgt der Steuersatz 15 %, oberhalb von 100 000 GE dagegen 30 % auf die gesamten Einkünfte. Annahmegemäß sollen die ausländischen mit den deutschen Gewinnermittlungsvorschriften übereinstimmen. **172**

Während *Kraft* (AStG, Rn 59 zu § 20) von einem maßgebenden Durschnittsteuersatz von 20 % ausgeht, vertreten die vorgenannten Autoren die Auffassung, dass eine Niedrigbesteuerung nur für die Progressionsstufen zu bejahen, in denen ein Steuersatz unterhalb der Niedrigsteuerschwelle zur Anwendung kommt. **173**

Dies ist abzulehnen, da für einheitliche gewerbliche passive Betriebsstätteneinkünfte kein Anlass besteht, eine Aufteilung vorzunehmen. Es kann daher nur auf den Durschnittsteuersatz ankommen. **174**

Noch komplexer wird es, wenn neben den passiven ausländischen Betriebsstätteneinkünften auch aktive Einkünfte vorliegen. Hierzu ist grundsätzlich nach Tz 8.3.3 des Anwendungserlasses zum AStG v 14.5.2004 die der Niedrigbesteuerung zugrunde zu legende Belastungsrechnung die ausländischen Steuern zu ermitteln, die auf die Einkünfte aus passivem Erwerb entfallen. Vorrangig ist die direkte Zuordnung. Dies hat allerdings in der Praxis dazu geführt, dass zB verschiedene Schweizer Kantone die **175**

102 Vgl Tz 8.3.2.1 des AEAStG; *BMF* BStBl I 2004, Sondernr 1.

103 *BMF* BStBl I 2004, Sondernr 1, Tz 8.3.4 AEAStG.

aktiven Einkünfte niedrig, die passiven Einkünfte hingegen hoch besteuern. In Verständigungsgesprächen (nv) wurde hierzu vereinbart, dass im Zweifel die Gesamtsteuer quotal zuzuordnen ist.

V. Rechtsfolgen

176 Sind die Voraussetzungen des § 20 Abs 2 erfüllt, wird die Dbest nicht durch Freistellung der passiven Betriebsstätteneinkünfte, sondern durch **Anrechnung der ausl Steuern** vermieden. Lediglich für (evtl) aktive Betriebsstättengewinne verbleibt es an der Steuerfreistellung. Ist der unbeschränkt StPfl Steuerinländer einkommensteuerpflichtig, bestimmt sich die Anrechnung unmittelbar nach § 34c EStG, ist er körperschaftsteuerpflichtig, ergibt sich die Steueranrechnung aus § 26 Abs 1, 6 KStG iVm § 34c EStG neben. Welche ausl Steuern iE anrechenbar sind, ergibt sich aus § 34c Abs 1 EStG. IE ergeben sich folgende **Voraussetzungen:**

- die ausl Steuern müssen in dem Staat erhoben werden, in dem sich die Betriebsstätte befindet,
- der dt ESt (KSt) entspr,
- auf die im VZ bezogenen Einkünfte entfallen,
- tatsächlich festgesetzt und gezahlt worden sein und
- keinem Ermäßigungs-Anspruch mehr unterliegen.

177 Wegen Einzelheiten wird auf die Kommentierung zu Art 23b MA verwiesen.

178 Da die ausl Vorbelastung unter 25 % liegt, kommt es regelmäßig zur **Nachbelastung mit dt Einkommensteuer**.

179 In diesem Zusammenhang stellt sich die Frage der Anwendung der Thesaurierungsbegünstigung nach § 34a EStG. Es ist der Auffassung der Literatur[104] zu folgen, dass diese soweit die übrigen Voraussetzungen erfüllt sind, in Anspruch genommen werden kann.

180 Im Vergleich zur allg Hinzurechnungsbesteuerung[105] unterliegen allerdings passive Betriebsstättengewinne iSd § 20 Abs 2 **nicht der Gewerbesteuerbelastung**, da sowohl aktive als auch passive Auslandsbetriebsstätteneinkünfte wegen des Inlandsbezugs der GewSt nach § 2 GewSt nicht steuerpflichtig sind. Es bleibt abzuwarten, ob im Rahmen der evtl Überarbeitung der Hinzurechnungsbesteuerung in Folge des BEPS Projekts der OECD sich Änderungen bei der Frage der Niedrigbesteuerung und/oder der Gewerbesteuerbelastung ergeben.

181 Bei KapitalGes ergibt sich wie bei der originären Hinzurechnungsbesteuerung [106]nach §§ 7 ff das Problem, dass eine ausl Steuerbelastung zwischen 15 % und 25 % zur Hinzurechnungsbesteuerung führt, jedoch bei einem inländischen Anrechnungsvolumen von max 15 % KSt ab 2008 ein Mehrbetrag zur effektiven Dbest führt (**Anrechnungsüberhänge** als Folge der Höchstbetragsberechnung nach § 34c EStG).

---

104 ZB *S/K/K/Prokopf* Rn 176 ff zu § 20 AStG.

105 Aus Sicht der FinVerw, vgl Nichtanwendungserlass v 14.12.2015, BStBl I, 1050 zum *BFH*-Urt v 11.3.2015, I R 10/14, juris; vgl auch die Kritik v *Haase* IStR 2016, 966 an der BFH-Rechtsprechung.

106 Aus Sicht der FinVerw s Rn 180.

Ein nicht unmittelbar aus dem Wortlaut des § 20 Abs 2 lösbares Problem ist die **Behandlung negativer Einkünfte**.[107] IRd originären Hinzurechnungsbesteuerung werden negative Einkünfte nicht nach § 7 dem Inländer zugerechnet,[108] kürzen aber nach § 10 das Zurechnungsvolumen folgender Jahre. Oder anders ausgedrückt, die Hinzurechnungsbesteuerung orientiert sich an ausschüttbaren Dividenden. Folgt man iRd Fiktion des § 20 AStG diesem Konzept müsste man steuerpflichtige Gewinne zB des Jahres 2 um Verluste des Jahres 1 kürzen. Eine andere Alternative wäre die unmittelbare Berücksichtigung der Betriebsstättenverluste iRd Anrechnungssystems. Eine Äußerung der FinVerw fehlt. 182

§ 21 Anwendungsvorschriften

(1) Die Vorschriften dieses Gesetzes sind, soweit in den folgenden Absätzen nichts anderes bestimmt ist, wie folgt anzuwenden:

1. für die Einkommensteuer und für die Körperschaftsteuer erstmals für den Veranlagungszeitraum 1972;
2. für die Gewerbesteuer erstmals für den Erhebungszeitraum 1972;
3. *(aufgehoben)*
4. für die Erbschaftsteuer auf Erwerbe, bei denen die Steuerschuld nach dem Inkrafttreten dieses Gesetzes entstanden ist.

(2) Die Anwendung der §§ 2 bis 5 wird nicht dadurch berührt, dass die unbeschränkte Steuerpflicht der natürlichen Person bereits vor dem 1. Januar 1972 geendet hat.

(3) Soweit in Anwendung des § 10 Abs. 3 Wirtschaftsgüter erstmals zu bewerten sind, sind sie mit den Werten anzusetzen, die sich ergeben würden, wenn seit Übernahme der Wirtschaftsgüter durch die ausländische Gesellschaft die Vorschriften des deutschen Steuerrechts angewendet worden wären.

(4) [1]§ 13 Abs. 2 Nr. 2 ist erstmals anzuwenden

1. für die Körperschaftsteuer für den Veranlagungszeitraum 1984;
2. für die Gewerbesteuer für den Erhebungszeitraum 1984.

[2]§ 1 Abs. 4, § 13 Abs. 1 Satz 1 Nr. 1 Buchstabe b und Satz 2 in der Fassung des Artikels 17 des Gesetzes vom 25. Februar 1992 (BGBl. I S. 297) sind erstmals anzuwenden:

1. für die Einkommensteuer und für die Körperschaftsteuer für den Veranlagungszeitraum 1992;
2. für die Gewerbesteuer für den Erhebungszeitraum 1992.

(5) § 18 Abs. 3 ist auch für Veranlagungszeiträume und Erhebungszeiträume vor 1985 anzuwenden, wenn die Erklärungen noch nicht abgegeben sind.

(6) [1]Bei der Anwendung der §§ 2 bis 6 für die Zeit nach dem 31. Dezember 1990 steht der unbeschränkten Steuerpflicht nach § 1 Abs. 1 Satz 1 des Einkommensteuergesetzes die unbeschränkte Steuerpflicht nach § 1 Abs. 1 des Einkommensteuergesetzes der Deutschen Demokratischen Republik in der Fassung vom 18. September 1970 (Sonderdruck Nr. 670 des Gesetzblattes) gleich. [2]Die Anwendung der §§ 2 bis 5 wird

107 Vgl auch *F/W/B/S* § 20 AStG Rn 126.
108 § 10 Abs 1 S 3.

nicht dadurch berührt, dass die unbeschränkte Steuerpflicht der natürlichen Personen bereits vor dem 1. Januar 1991 geendet hat.

(7) [1]§ 7 Abs. 6, § 10 Abs. 6, § 11 Abs. 4 Satz 1, § 14 Abs. 4 Satz 5 und § 20 Abs. 2 in Verbindung mit § 10 Abs. 6 in der Fassung des Artikels 12 des Gesetzes vom 21. Dezember 1993 (BGBl. I S. 2310) sind erstmals anzuwenden

1. für die Einkommen- und Körperschaftsteuer für den Veranlagungszeitraum,
2. mit Ausnahme des § 20 Abs. 2 und 3 für die Gewerbesteuer, für die der Teil des Hinzurechnungsbetrags, dem Einkünfte mit Kapitalanlagecharakter im Sinne des § 10 Abs. 6 Satz 3 zugrunde liegen, außer Ansatz bleibt, für den Erhebungszeitraum,

für den Zwischeneinkünfte mit Kapitalanlagecharakter im Sinne des § 10 Abs. 6 Satz 2 und 3 hinzuzurechnen sind, die in einem Wirtschaftsjahr der Zwischengesellschaft oder der Betriebsstätte entstanden sind, das nach dem 31. Dezember 1993 beginnt. [2]§ 6 Abs. 1 in der Fassung des Artikels 5 des Gesetzes vom 20. Dezember 2001 (BGBl. I S. 3858) ist erstmals anzuwenden, wenn im Zeitpunkt der Beendigung der unbeschränkten Steuerpflicht auf Veräußerungen im Sinne des § 17 des Einkommensteuergesetzes § 3 Nr. 40 Buchstabe c des Einkommensteuergesetzes anzuwenden wäre. [3]§ 7 Abs. 6 in der Fassung des Artikels 5 des Gesetzes vom 20. Dezember 2001 (BGBl. I S. 3858) ist erstmals anzuwenden

1. für die Einkommen- und Körperschaftsteuer für den Veranlagungszeitraum,
2. für die Gewerbesteuer für den Erhebungszeitraum,

für den Zwischeneinkünfte hinzuzurechnen sind, die in einem Wirtschaftsjahr der Zwischengesellschaft entstanden sind, das nach dem 15. August 2001 beginnt. [4]§ 12 Abs. 2 in der Fassung des Artikels 12 des Gesetzes vom 23. Oktober 2000 (BGBl. I S. 1433) sowie § 7 Abs. 7, § 8 Abs. 1 Nr. 8 und 9 und Abs. 3, § 9, § 10 Abs. 2, 3, 6, 7, § 11, § 12 Abs. 1, § 14 und § 20 Abs. 2 in der Fassung des Artikels 5 des Gesetzes vom 20. Dezember 2001 (BGBl. I S. 3858) sind erstmals anzuwenden

1. für die Einkommen- und Körperschaftsteuer für den Veranlagungszeitraum,
2. für die Gewerbesteuer für den Erhebungszeitraum,

für den Zwischeneinkünfte hinzuzurechnen sind, die in einem Wirtschaftsjahr der Zwischengesellschaft oder der Betriebsstätte entstanden sind, das nach dem 31. Dezember 2000 beginnt. [5]§ 12 Abs. 3, § 18 Abs. 1 in der Fassung des Artikels 5 des Gesetzes vom 20. Dezember 2001 (BGBl. I S. 3858) sind erstmals anzuwenden, wenn auf Gewinnausschüttungen § 3 Nr. 41 des Einkommensteuergesetzes in der Fassung des Artikels 1 des Gesetzes vom 20. Dezember 2001 (BGBl. I S. 3858) anwendbar ist. [6]§ 8 Abs. 2 in der Fassung des Artikels 6 des Gesetzes vom 6. September 1976 (BGBl. I S. 2641), § 13 in der Fassung des Artikels 17 des Gesetzes vom 25. Februar 1992 (BGBl. I S. 297) sind letztmals anzuwenden

1. für die Einkommen- und Körperschaftsteuer für den Veranlagungszeitraum,
2. für die Gewerbesteuer für den Erhebungszeitraum,

für den Zwischeneinkünfte hinzuzurechnen sind, die in einem Wirtschaftsjahr der Zwischengesellschaft entstanden sind, das vor dem 1. Januar 2001 beginnt. [7]§ 11 in der Fassung des Artikels 12 des Gesetzes vom 21. Dezember 1993 (BGBl. I S. 2310) ist auf Gewinnausschüttungen der Zwischengesellschaft oder auf Gewinne aus der Veräußerung der Anteile an der Zwischengesellschaft nicht anzuwenden, wenn auf die Ausschüttungen oder auf die Gewinne aus der Veräußerung § 8b Abs. 1 oder 2 des Körper-

schaftsteuergesetzes in der Fassung des Artikels 3 des Gesetzes vom 23. Oktober 2000 (BGBl. I S. 1433) oder § 3 Nr. 41 des Einkommensteuergesetzes in der Fassung des Artikels 1 des Gesetzes vom 20. Dezember 2001 (BGBl. I S. 3858) anwendbar ist.

(8) § 6 Abs. 3 Nr. 4 in der Fassung des Gesetzes vom 21. Dezember 1993 (BGBl. I S. 2310) ist erstmals auf Einbringungen anzuwenden, die nach dem 31. Dezember 1991, und letztmals auf Einbringungen anzuwenden, die vor dem 1. Januar 1999 vorgenommen werden.

(9) [1]§ 8 Abs. 1 Nr. 7 und § 10 Abs. 3 Satz 6 in der Fassung des Artikels 7 des Gesetzes vom 13. September 1993 (BGBl. I S. 1569) sind erstmals anzuwenden

1. für die Einkommensteuer und Körperschaftsteuer für den Veranlagungszeitraum,
2. für die Gewerbesteuer für den Erhebungszeitraum,

für den Zwischeneinkünfte hinzuzurechnen sind, die in einem Wirtschaftsjahr der Zwischengesellschaft entstanden sind, das nach dem 31. Dezember 1991 beginnt. [2]§ 10 Abs. 3 Satz 1 in der Fassung dieses Gesetzes ist erstmals anzuwenden

1. für die Einkommensteuer und Körperschaftsteuer für den Veranlagungszeitraum,
2. für die Gewerbesteuer für den Erhebungszeitraum,

für den Zwischeneinkünfte hinzuzurechnen sind, die in einem Wirtschaftsjahr der Zwischengesellschaft entstanden sind, das nach dem 31. Dezember 1993 beginnt.

(10) [1]§ 2 Abs. 1 Satz 2, Abs. 2 Nr. 1 und Abs. 3 Nr. 2 und 3 sind in der Fassung des Artikels 9 des Gesetzes vom 19. Dezember 2000 (BGBl. I S. 1790) erstmals für den Veranlagungszeitraum 2002 anzuwenden. [2]§ 7 Abs. 6 Satz 2, § 9 und § 10 Abs. 6 Satz 1 sind in der Fassung des Artikels 9 des Gesetzes vom 19. Dezember 2000 (BGBl. I S. 1790) erstmals anzuwenden

1. für die Einkommensteuer und die Körperschaftsteuer für den Veranlagungszeitraum,
2. für die Gewerbesteuer für den Erhebungszeitraum,

für den Zwischeneinkünfte hinzuzurechnen sind, die in einem Wirtschaftsjahr der Zwischengesellschaft entstanden sind, das nach dem 31. Dezember 2001 beginnt.

(11) [1]§ 1 Abs. 4 in der Fassung des Artikels 11 des Gesetzes vom 16. Mai 2003 (BGBl. I S. 660) ist erstmals für den Veranlagungszeitraum 2003 anzuwenden. [2]§ 7 Abs. 6 und 6a, § 8 Abs. 1 Nr. 9, §§ 10, 11, 14, 20 Abs. 2 in der Fassung des Artikels 11 des Gesetzes vom 16. Mai 2003 (BGBl. I S. 660), § 7 Abs. 7, § 8 Abs. 1 Nr. 4 und § 14 Abs. 1 in der Fassung des Artikels 5 des Gesetzes vom 22. Dezember 2003 (BGBl. I S. 2840) sind erstmals anzuwenden

1. für die Einkommen- und Körperschaftsteuer für den Veranlagungszeitraum,
2. für die Gewerbesteuer für den Erhebungszeitraum,

für den Zwischeneinkünfte hinzuzurechnen oder in einer Betriebsstätte angefallen sind, die in einem Wirtschaftsjahr der Zwischengesellschaft oder der Betriebsstätte entstanden sind, das nach dem 31. Dezember 2002 beginnt.

(12) § 10 Abs. 3 in der am 1. Januar 2004 geltenden Fassung, § 7 Abs. 7 in der Fassung des Artikels 11 des Gesetzes vom 9. Dezember 2004 (BGBl. I S. 3310) sind erstmals anzuwenden

1. für die Einkommen- und Körperschaftsteuer für den Veranlagungszeitraum,
2. für die Gewerbesteuer für den Erhebungszeitraum,

für den Zwischeneinkünfte hinzuzurechnen oder in einer Betriebsstätte angefallen sind, die in einem Wirtschaftsjahr der Zwischengesellschaft oder der Betriebsstätte entstanden sind, das nach dem 31. Dezember 2003 beginnt.

(13) [1]§ 6 Abs. 1 in der Fassung des Artikels 7 des Gesetzes vom 7. Dezember 2006 (BGBl. I S. 2782) ist erstmals für den Veranlagungszeitraum 2007 anzuwenden. [2]§ 6 Abs. 2 bis 7 in der Fassung des Gesetzes vom 7. Dezember 2006 (BGBl. I S. 2782) ist in allen Fällen anzuwenden, in denen die Einkommensteuer noch nicht bestandskräftig festgesetzt ist.

(14) § 8 Abs. 1 Nr. 10 und § 10 Abs. 3 Satz 4 in der Fassung des Artikels 7 des Gesetzes vom 7. Dezember 2006 (BGBl. I S. 2782) ist erstmals anzuwenden

1. für die Einkommen- und Körperschaftsteuer für den Veranlagungszeitraum,
2. für die Gewerbesteuer für den Erhebungszeitraum,

für den Zwischeneinkünfte hinzuzurechnen oder in einer Betriebsstätte angefallen sind, die in einem Wirtschaftsjahr der Zwischengesellschaft oder der Betriebsstätte entstanden sind, das nach dem 31. Dezember 2005 beginnt.

(15) § 7 Abs. 8, § 8 Abs. 1 Nr. 9, § 11 Abs. 1 und § 14 Abs. 2 in der Fassung des Artikels 3 des Gesetzes vom 28. Mai 2007 (BGBl. I S. 914) sind erstmals anzuwenden für

– die Einkommen- und Körperschaftsteuer für den Veranlagungszeitraum sowie
– die Gewerbesteuer für den Erhebungszeitraum,

für den Zwischeneinkünfte hinzuzurechnen sind, die in einem Wirtschaftsjahr der Zwischengesellschaft oder der Betriebsstätte entstanden sind, das nach dem 31. Dezember 2006 beginnt.

(16) § 1 Absatz 1, 3 Satz 1 bis 8 und Satz 11 bis 13 und Absatz 4 in der Fassung des Artikels 7 des Gesetzes vom 14. August 2007 (BGBl. I S. 1912) und § 1 Absatz 3 Satz 9 und 10 in der Fassung des Artikels 11 des Gesetzes vom 8. April 2010 (BGBl. I S. 386) sind erstmals für den Veranlagungszeitraum 2008 anzuwenden.

(17) [1]§ 7 Abs. 6 Satz 2, § 8 Abs. 2 und 3, §§ 9, 10 Abs. 2 Satz 3, § 18 Abs. 3 Satz 1 und § 20 Abs. 2 in der Fassung des Artikels 24 des Gesetzes vom 20. Dezember 2007 (BGBl. I S. 3150) sind erstmals anzuwenden

1. für die Einkommen- und Körperschaftsteuer für den Veranlagungszeitraum,
2. für die Gewerbesteuer für den Erhebungszeitraum,

für den Zwischeneinkünfte hinzuzurechnen sind, die in einem Wirtschaftsjahr der Zwischengesellschaft oder der Betriebsstätte entstanden sind, das nach dem 31. Dezember 2007 beginnt. [2]§ 8 Abs. 1 Nr. 9 in der Fassung des Artikels 24 des Gesetzes vom 20. Dezember 2007 (BGBl. I S. 3150) ist erstmals anzuwenden

1. für die Einkommen- und Körperschaftsteuer für den Veranlagungszeitraum,
2. für die Gewerbesteuer für den Erhebungszeitraum,

für den Zwischeneinkünfte hinzuzurechnen sind, die in einem Wirtschaftsjahr der Zwischengesellschaft oder der Betriebsstätte entstanden sind, das nach dem 31. Dezember 2006 beginnt. [3]§ 12 Abs. 3 Satz 1 in der Fassung des Artikels 24 des Gesetzes vom 20. Dezember 2007 (BGBl. I S. 3150) ist erstmals für Zeiträume anzuwenden, für die § 12 Abs. 3 in der am 25. Dezember 2001 geltenden Fassung erstmals anzuwenden ist. [4]§ 14 Abs. 1 Satz 1 in der Fassung des Artikels 24 des Gesetzes vom 20. Dezember 2007 (BGBl. I S. 3150) ist erstmals anzuwenden

1. für die Einkommen- und Körperschaftsteuer für den Veranlagungszeitraum,
2. für die Gewerbesteuer für den Erhebungszeitraum,

für den Zwischeneinkünfte hinzuzurechnen sind, die in einem Wirtschaftsjahr der Zwischengesellschaft oder der Betriebsstätte entstanden sind, das nach dem 31. Dezember 2005 beginnt. [5]§ 18 Abs. 4 in der am 29. Dezember 2007 geltenden Fassung ist für die Einkommen- und Körperschaftsteuer erstmals für den Veranlagungszeitraum 2008 anzuwenden.

(18) [1]§ 2 Abs. 1 und 5 und § 15 Abs. 6 in der Fassung des Artikels 9 des Gesetzes vom 19. Dezember 2008 (BGBl. I S. 2794) sind für die Einkommen- und Körperschaftsteuer erstmals für den Veranlagungszeitraum 2009 anzuwenden. [2]§ 15 Abs. 7 in der Fassung des Artikels 9 des Gesetzes vom 19. Dezember 2008 (BGBl. I S. 2794) ist in allen Fällen anzuwenden, in denen die Einkommen- und Körperschaftsteuer noch nicht bestandskräftig festgesetzt ist.

(19) [1]§ 8 Absatz 3 und § 10 Absatz 1 Satz 3 in der Fassung des Artikels 7 des Gesetzes vom 8. Dezember 2010 (BGBl. I S. 1768) sind erstmals anzuwenden

1. für die Einkommen- und Körperschaftsteuer für den Veranlagungszeitraum,
2. für die Gewerbesteuern für den Erhebungszeitraum,

für den Zwischeneinkünfte hinzuzurechnen sind, die in einem Wirtschaftsjahr der Zwischengesellschaft oder der Betriebsstätte entstanden sind, das nach dem 31. Dezember 2010 beginnt. [2]§ 20 Absatz 2 in der Fassung des Artikels 7 des Gesetzes vom 8. Dezember 2010 (BGBl. I S. 1768) ist in allen Fällen anzuwenden, in denen die Einkommensteuer noch nicht bestandskräftig festgesetzt ist.

(20) [1]§ 1 Absatz 1 Satz 2 erster Halbsatz und Absatz 3 und 6 in der Fassung des Artikels 6 des Gesetzes vom 26. Juni 2013 (BGBl. I S. 1809) ist erstmals für den Veranlagungszeitraum 2013 anzuwenden. [2]§ 1 Absatz 1 Satz 2 zweiter Halbsatz in der Fassung des Artikels 6 des Gesetzes vom 26. Juni 2013 (BGBl. I S. 1809) gilt für alle noch nicht bestandskräftigen Veranlagungen. [3]§ 1 Absatz 4 und 5 in der Fassung des Artikels 6 des Gesetzes vom 26. Juni 2013 (BGBl. I S. 1809) ist erstmals für Wirtschaftsjahre anzuwenden, die nach dem 31. Dezember 2012 beginnen.

(21) [1]§ 2 Absatz 5 in der Fassung des Artikels 6 des Gesetzes vom 26. Juni 2013 (BGBl. I S. 1809) ist erstmals für den Veranlagungszeitraum 2013 anzuwenden. [2]Auf Antrag ist § 2 Absatz 5 Satz 1 und 3 in der Fassung des Artikels 6 des Gesetzes vom 26. Juni 2013 (BGBl. I S. 1809) bereits für Veranlagungszeiträume vor 2013 anzuwenden, bereits ergangene Steuerfestsetzungen sind aufzuheben oder zu ändern. [3]§ 8 Absatz 2 in der Fassung des Artikels 6 des Gesetzes vom 26. Juni 2013 (BGBl. I S. 1809) ist erstmals anzuwenden

1. für die Einkommen- und Körperschaftsteuer für den Veranlagungszeitraum,
2. für die Gewerbesteuer für den Erhebungszeitraum,

für den Zwischeneinkünfte hinzuzurechnen sind, die in einem Wirtschaftsjahr der Zwischengesellschaft oder der Betriebsstätte entstanden sind, das nach dem 31. Dezember 2012 beginnt. [4]§ 15 Absatz 1, 5 bis 11 sowie § 18 Absatz 4 sind in der Fassung des Artikels 6 des Gesetzes vom 26. Juni 2013 (BGBl. I S. 1809) für die Einkommen- und Körperschaftsteuer erstmals anzuwenden für den Veranlagungszeitraum 2013.

(22) § 1 Absatz 4 in der am 31. Dezember 2014 geltenden Fassung ist erstmals für den Veranlagungszeitraum 2015 anzuwenden.

(23) § 6 Absatz 5 Satz 3 in der am 31. Dezember 2014 geltenden Fassung ist in allen Fällen anzuwenden, in denen die geschuldete Steuer noch nicht entrichtet ist.

§ 22 Neufassung des Gesetzes

Das Bundesministerium der Finanzen kann den Wortlaut dieses Gesetzes in der jeweils geltenden Fassung im Bundesgesetzblatt bekannt machen.

Kapitel II

OECD-Musterabkommen 2014 zur Vermeidung der Doppelbesteuerung auf dem Gebiet der Steuern vom Einkommen und Vermögen (MA)

vom 5. September 2014

(OECD-MA 1977 mit späteren Änderungen)

Abkommen zwischen (Staat A) und (Staat B) auf dem Gebiete der Steuern vom Einkommen und Vermögen[1]

1 Staaten, die dies wünschen, können der weit verbreiteten Übung folgen, in der Überschrift entweder auf die Vermeidung der Doppelbesteuerung oder aber auf die Vermeidung der Doppelbesteuerung und die Vermeidung der Steuerverkürzung (in Österreich: Verhinderung der Steuerumgehung) hinzuweisen.

Einleitung zum OECD-Musterabkommen

Übersicht

Literatur: *Blumenberg* Steuervergünstigungen als staatliche Beihilfen im Sinne des Europäischen Gemeinschaftsrechts, in Grotherr, Handbuch der internationalen Steuerplanung, 2011, S 2133; *Blumers* DBA-Betriebsstätten-Zurechnungen in der jüngsten BFH-Rechtsprechung, DB 2008, 1765; *Borgsmidt* Leitgedanken der EuGH-Rechtsprechung zu den Grundfreiheiten in Steuerfällen – eine Bestandsaufnahme, IStR 2007, 802; *Brombach-Krüger* Treaty Override aus europarechtlicher und verfassungsrechtlicher Sicht, Ubg 2008, 324; *Bron* Das Treaty Override im deutschen Steuerrecht vor dem Hintergrund aktueller Entwicklungen, IStR 2007, 431; *Cordewener* Europäische Grundfreiheiten und nationales Steuerrecht, 2002; *Förster* Veröffentlichung der OECD zur Revision des Kommentars zu Artikel 7 OECD-Musterabkommen, IStR 2007, 398; *ders* Der OECD-Bericht zur Gewinnermittlung bei Versicherungsbetriebsstätten, IStR 2008, 800; *Forsthoff* Treaty Override und Europarecht, IStR 2006, 509; *Frotscher* Internationales Steuerrecht, 2009; *Gosch* Über das Treaty Overriding: Bestandsaufnahme – Verfassungsrecht – Europarecht, IStR 2008, 413; *Grotherr* Sperren und Risiken für Outbound-Steuergestaltungen auf der Grundlage von Abkommensvergünstigungen IWB 2008/9 Fach 3, Gruppe 1, 2309; *ders* Sperren und Risiken für Inbound-Steuergestaltungen auf der Grundlage von Abkommensvergünstigungen IWB 2008/10 Fach 3, Gruppe 1, 2331; *Grotherr/Herfort/Strunk* Internationales Steuerrecht, 2003; *Günkel/Lieber* Ausgewählte Zweifelsfragen im Zusammenhang mit der verschärften Holdingregelung in § 50d Abs. 3 EStG idF des JStG 2007, Ubg 2008, 383; *Haase* Internationales und Europäisches Steuerrecht, 2011; *ders* A Perspective on Subject-to-Tax Clauses, Tax Notes International 2002, 457; *ders* Limitation-on-Benefits-Clause in the US/German Double Taxation Treaty, Tax Planning International Review 2005, 26; *ders* Steuerliche Wahlrechte bei DBA-Dreieckssachverhalten, BB 2010, 673; *Haase/Dorn* Eckpunkte der Current Tax Agenda 2011, IWB 2011, 721; *Hahn* Gemeinschaftsrecht und Recht der direkten Steuern, DStZ 2005, 433; *Heinsen* Behandlung von Dreieckssachverhalten unter Doppelbesteuerungsabkommen, in Grotherr, Handbuch der internationalen Steuerplanung, 2011, S 1843; *Jones* The Effect of Changes in the OECD Commentaries after a Treaty is Concluded, IBFD-Bulletin 2002, 102; *Kaminski/Strunk* § 20 Abs. 2 AStG idF des JStG 2010: (Nicht-)Freistellung von Betriebsstätteneinkünften in DBA-Fällen, IStR 2011, 137; *Kempf/Brandl* Hat Treaty override in Deutschland eine Zukunft, DB 2007, 1377; *Kessler* Grundlagen der Steuerplanung mit Holdinggesellschaften, in Grotherr, Handbuch der internationalen Steuerplanung, 2011, S 215; *Kessler/Eicke* Hinter dem Horizont – Das neue US-Musterabkommen und die Zukunft der US-Steuerpolitik, IStR 2007, 159; *Kippenberg* Diskussion zu den Beiträgen von Professor Stein und Dr Forsthoff, IStR 2006, 512; *Kluger/Haase* Nochmals: Steuerliche Wahlrechte bei DBA-Dreieckssachverhalten, BB 2010, 1823; *Kofler* Treaty Override, juristische Doppelbesteuerung und Gemeinschaftsrecht, SWI 2006, 62; *Lang* Die Bedeutung des Musterabkommens und des Kommentars des OECD-Steuerausschusses für die Auslegung von Doppelbesteuerungsabkommen, in Gassner/Lang/Lechner, Aktuelle Entwicklungen im Internationalen Steuerrecht, 1994, S 11; *ders* Later Commentaries of the OECD Committee on Fiscal Affairs, Intertax 1997, 7; *ders* Wohin geht das Internationale Steuerrecht?, IStR 2005, 289; *ders* Das EuGH-Urteil in der Rechtssache D – Gerät der Motor der Harmonisierung ins Stottern?, SWI 2005, 365; *ders* Double Non-Taxation, Cahiers de Droit Fiscal International 2004, Vol 89a, 21; *ders* DBA und Personengesellschaften – Grundfragen der Abkommensauslegung, IStR 2007, 606; *Lehner* Die Rolle des Parlaments beim Zustandekommen von Doppelbesteuerungsabkommen, in Kirchhof/Birk/Lehner, Steuern im Verfassungsstaat: Symposion zu Ehren von Klaus Vogel aus Anlass seines 65. Geburtstags, 1996, S 95; *Lehner/Reimer* Generalthema I: Quelle versus Ansässigkeit – Wie sind die grundlegenden Verteilungsprinzipien des Internationalen Steuerrechts austariert?, IStR 2005, 542; *Linn* Die Anwendung des Beihilfeverbots im Unternehmenssteuerrecht, IStR 2008, 601; *Lüdicke* Nochmals: Zur rückwirkenden Anwendung des DBA-Italien 1989, DB 1995, 748; *ders* Überlegungen zur deutschen DBA-Politik, 2008; *Mössner* Steuerrecht international tätiger Unternehmen, 2005; *Mössner/Kellersmann* Freiheit des Kapitalverkehrs in der EU und das deutsche Körperschaftsteueranrechnungsverfahren, DStZ 1999, 505; *Petereit* Die sog switch-over-Klausel in den deutschen Doppelbesteuerungsabkommen – Überblick, Inhalt und Steuerplanung, IStR 2003, 577; *Rädler* Meistbegünstigung im Europäischen Steuerrecht, in Burmester/Endres, Außensteuerrecht, Doppelbesteuerungsabkommen und EU-Recht im Spannungsverhältnis, FS Debatin, 1997, S 335; *Reimer* Treaty Override im deutschen Internationalen Steuerrecht, IStR 2005, 843; *ders* Seminar F: Die sog. Entscheidungsharmonie als Maßstab für die Auslegung von Doppelbesteuerungsabkommen, IStR 2008, 551; *Reith* Internationales Steuerrecht, 2004; *Rödder/Schönfeld* Meistbegünstigung und EG-Recht, IStR 2005, 523; *Schaden/Franz* Qualifikationskonflikte und Steuerplanung – einige Beispiele, Ubg 2008, 452; *Schuch* Werden die Doppelbesteuerungsabkommen durch EU-Recht zu Meistbegünstigungsklauseln?, in Gassner/Lang/Lechner, Doppelbesteuerungsabkommen und EU-Recht, 1996, S 99; *Schütz* BFH: Kein Kassenstaatsprinzip bei auf teilweise eigenen Beitragsleistungen beruhenden Versorgungsleistungen einer schweizerischen Pensionskasse – Anmerkung, Steuk 2011, 178; *Stein* Völkerrecht und nationales Steuerrecht im Widerstreit?, IStR 2006, 505; *Strunk/Haase* Anti-Avoidance Measures in German International Tax and Treaty Law: Basic Rules, Recent Developments, Perspectives, in BNA International, Tax Planning and Anti-Avoidance Legislation; Tax Planning International: Special Report 2006, 19; *Thömmes* EG-Recht und Meistbegünstigung, IWB 2005/14, Fach 11a, Gruppe 2, 881; *ders* Seminar D: Abkommensberechtigung und „Limitation on Benefits“ (LOB)-Klauseln, IStR 2007, 577; *Verdross/Simma* Universelles Völkerrecht, 1984; *Waldhoff* Auslegung von Doppelbesteuerungsabkommen: Zweck und Rolle des OECD-Kommentars, StbJb 2005/2006, 161; *Weber-Fas* Staatsverträge im Internationalen Steuerrecht. Zur Rechtsnatur, Geschichte und Funktion der deutschen Doppelbesteuerungsabkommen, 1982; *Weber-Grellet* Europäisches Steuerrecht, 2005; *Weigell* „Treaty Override" durch § 20 Abs. 2 AStG? Unerfreulich – Einfach gesetzlich unwirksam – Verfassungswidrig, IStR 2009, 639; *Wolff* Generalthema I: Doppelte Nicht-Besteuerung, IStR 2004, 542.

A. Generalia

I. Historie des MA

Die Wurzeln des MA reichen weit über ein Jahrhundert zurück, denn die Idee, Besteuerungsrechte zwischen zwei Staaten im Vertragswege aufzuteilen, ist beinahe so alt wie erste Beschreibungen des Phänomens der Dbest selbst. Ende des Jahres 2006 bspw wurde das wohl älteste moderne DBA der Welt im Urtext aufgefunden. Es ist das DBA zwischen Preußen und Sachsen und trägt das Datum des 16.4.1869.[1] 1

Bereits ca 50 Jahre später (1921) erkannte der **Völkerbund** die Notwendigkeit bilateraler Maßnahmen zur Vermeidung von Dbest. Die OECD schätzt, dass zu dieser Zeit zwischen den heute der OECD angehörenden Staaten bereits ca 70 zweiseitige Abkommen bestanden.[2] Die vom Völkerbund geleisteten Vorarbeiten führten 1955 zu einer ersten Stellungnahme des Rates der Organisation für Europäische wirtschaftliche Zusammenarbeit (OEEC) und 1963 zur Vorlage des „Musterabkommen[s] zur Vermeidung der Dbest des Einkommens und des Vermögens" durch den **Steuerausschuss der OECD**. Seitdem empfiehlt die OECD ihren Mitgliedsstaaten, das MA bei Abschluss und Revision bilateraler Abkommen zu berücksichtigen. 1977 schließlich wurde das Grundmuster des heute verwendeten MA sowie des dieses kommentierenden MK veröffentlicht.[3] 2

Grundlegende Revisionen des MA und des MK fanden in den Jahren 2000, 2003, 2005, 2008 und 2010 statt. In 2014 erfolgt eine nur punktuelle Änderung in eher formalen Punkten („technical changes").[4] Die nächste größere Änderung wird 2016 im Zuge des BEPS-Projekts der OECD vollzogen werden. Seit etwa 1992 werden MA und MK fortlaufend (inzwischen im Zwei-Jahres-Rhythmus) überarbeitet und an int Entwicklungen angepasst. Die Überarbeitungen werden von der OECD in Loseblattform herausgegeben. Offizielle dt Übersetzungen sind seitens der OECD nicht erhältlich, worunter die Rechtssicherheit erheblich leidet.[5] In der Beratungspraxis sollte daher bei Auslegungsschwierigkeiten aus Sicherheitsgründen auch stets die englische Originalfassung von MA und MK herangezogen werden. Gegenwärtig sind MA und MK auf dem Stand v 5.9.2014. 3

Es gibt international weitere Musterabkommen,[6] wie zB das der sog Anden-Gruppe oder das Musterabkommen der Vereinten Nationen. Die USA legen den Abkommensverhandlungen meist ein eigenes Modell[7] zugrunde, das zwar im Aufbau kaum vom MA abweicht, jedoch inhaltlich die Interessen der USA als typischem Ansässigkeitsstaat begünstigt (bspw durch die Verwendung der Steueranrechnungsmethode: Hochschleusung der Steuerbelastung auf das Niveau des Ansässigkeitsstaates). 4

Ganz allg lässt sich ohnehin sagen, dass sich die verschiedenen Modelle eher in ihrer grundsätzlichen Ausrichtung unterscheiden. Während die in der OECD vereinten Industriestaaten als Ansässigkeitsstaaten auf eine Ausdehnung der Besteuerung nach 5

1 Textabdruck Umschlagseite III, IStR-Heft 24/2006.
2 Tz 4 MK zu Vor Art 1.
3 *Weber-Fas* S 6 ff.
4 *Haase* IStR 2014, 540.
5 Krit zu Recht *Lüdicke* S 22.
6 *Vogel/Lehner* Einl Rn 33 ff.
7 Zum neuen US-Musterabkommen *Kessler/Eicke* IStR 2007, 159.

dem **Wohnsitzstaatprinzip** drängen, plädieren Entwicklungsländer und andere typische Quellenstaaten für ein uneingeschränktes **Quellensteuerrecht**. Welches Abkommen verwendet wird, ist jedoch naturgemäß eine Frage der Verhandlungsmacht.

6 Ungeachtet des Vorstehenden war es überraschend, dass nunmehr auch die Bundesrepublik Deutschland ein eigenes Abkommensmuster vorgelegt hat. Am 18.4.2013 hat das Bundesministerium der Finanzen unter Beteiligung hochrangiger Fachvertreter aus Wissenschaft und Praxis in Berlin die neue dt Verhandlungsgrundlage[8] für künftige DBA vorgestellt. Es darf bezweifelt werden, ob dies ein „großer Wurf" geworden ist. Im Gegenteil fällt auf, dass sich die Änderungen gegenüber dem MA, das die Bundesrepublik bislang als Vorlage nutzte, in Grenzen halten.[9] Erst die künftigen DBA-Verhandlungen Deutschlands werden erweisen, ob sich auf Basis der Verhandlungsgrundlage wirklich substanzielle Änderungen gegenüber dem MA durchsetzen lassen.

II. Bedeutung des MA

7 Mit dem MA war die OECD bemüht, ein **Vertragsmuster** zu schaffen, anhand dessen die Mitgliedsstaaten „gleiche Fälle der Dbest in ders Weise regeln" können.[10] Entspr hat auch die Bundesrepublik Deutschland gegenwärtig mit 96 ausl Staaten (darunter alle wichtigen Handelspartner) DBA abgeschlossen. Eine aktualisierte Übersicht über den Stand der DBA wird vom BMF meist Anfang eines jeden Jahres im BStBl Teil I veröffentlicht.[11] Weitere Abkommen befinden sich in Planung oder in (häufig langwieriger) Neuverhandlung.

8 Die meisten Abkommen existieren – auch int – auf dem Gebiet der Steuern vom Einkommen und Vermögen, nur wenige hingegen auf dem Gebiet der Erbschaft- und Schenkungsteuern (derzeit vier dt DBA)[12]. Diesbezüglich hat die OECD ein gesondertes MA veröffentlicht. Sonderfälle bilden ferner die Abkommen betreffend Einkünfte und Vermögen von Schifffahrt- und Luftfahrt-Unternehmen sowie auf dem Gebiet der Kraftfahrzeugsteuer.

9 Daneben gibt es multilaterale Übereinkommen, die die Verteilung von Besteuerungsrechten oder einzelne Steuerbefreiungen zum Gegenstand haben, für Einzelfälle (zB NATO-Truppenstatut) in großer Zahl.[13] **Multilaterale Abkommen**, die auf die Beseitigung von Dbest abzielen, bilden hingegen die Ausnahme.[14] Ein Bsp ist das „Nordische Übereinkommen" zwischen Dänemark, Norwegen, Finnland und Island v 16.1.1984.

10 Die von der Bundesrepublik Deutschland abgeschlossenen Abkommen sowie die meisten von den Mitgliedsstaaten der OECD abgeschlossenen Abkommen orientieren sich nahezu ausnahmslos an dem Vertragstext von MA und MK.[15] Das MA ist für die Mitgliedsstaaten der OECD nicht bindend, sondern es handelt sich lediglich um

8 IStR-Beihefter zu Heft 10/2013 (mit Anm *Lüdicke*).

9 S im Einzelnen *Haase* Editorial EWS Heft 6/2013.

10 Tz 2 und 3 MK zu Vor Art 1.

11 Vgl zuletzt *BMF* BStBl I 2015, 128.

12 Mit Schweden und Dänemark hat die Bundesrepublik kein gesondertes Abkommen über die Erbschaft- und Schenkungsteuer abgeschlossen: Die Regelungen sind in dem Abkommen auf dem Gebiet der Steuern vom Einkommen und Vermögen mit enthalten.

13 Vgl die Zusammenstellung des *BMF* BStBl I 2001, 286.

14 Zu den damit verbundenen Schwierigkeiten Tz 37 MK zu Vor Art 1.

15 Grundlegend zur dt Abkommenspraxis *Lüdicke* S 1 ff.

einen unverbindlichen Vorschlag ohne Rechtsnormcharakter, von dem jedoch eine nicht zu unterschätzende **faktische Kraft** ausgeht (abkommenspolitische Empfehlung des OECD-Rates). Dies gilt insb, seit der Steuerausschuss der OECD zunehmend in einen Dialog mit Nichtmitgliedsstaaten der OECD eingetreten ist[16] – dies gilt auch und gerade im Zusammenhang mit dem BEPS-Projekt. Insgesamt wird man sagen müssen, dass MA und MK – ungeachtet der neuen dt Verhandlungsgrundlage für DBA – eine ganz erhebliche Bedeutung für die Abkommenspraxis auch der Bundesrepublik Deutschland zukommt.[17] Dennoch weichen viele – auch dt – DBA in Wortlaut und Umfang vom MA ab.[18]

Der MK erläutert die Sichtweise der OECD zu den einzelnen Abkommensvorschriften und ist damit eine wichtige Auslegungshilfe, der indes ebenfalls keine Bindungswirkung zukommt.[19] Er dient gleichwohl als int anerkanntes Instrument zur Harmonisierung der Auslegung von DBA und trägt damit zur Konsensbildung (Herstellung eines Entscheidungseinklangs) bei. Zudem enthält der MK – ebenso wie manche bei Vertragsschluss angefertigte **Zusatzprotokolle** oder **Notenwechsel** im bilateralen Verhältnis – **Erläuterungen**, **Bemerkungen** und **Vorbehalte**[20] einzelner OECD-Mitgliedsstaaten hinsichtlich bestimmter Art. Nach einer Empfehlung des Rates der OECD sollen die Mitgliedsstaaten das MA bei ihren Abkommensverhandlungen zugrunde legen, wenn sie keine Vorbehalte gg dem Mustertext erklärt haben.[21] Der MK stellt sich damit als begrüßenswerter Indikator für die Rechtspraxis der Mitgliedsstaaten (und auch der Nicht-Mitgliedsstaaten) dar. Als **Auslegungshilfe** im Einzelfall dienen ferner **Denkschriften** und sonstige Materialien zu den DBA. Bei nachträglichem (mitunter Jahrzehnte nach Abschluss des DBA entstehendem) Änderungsbedarf werden erzielte Übereinkünfte zweier Staaten über das geänderte Normverständnis zunehmend in BMF-Schreiben kundgetan.[22] Eine diesbezügliche Recherche ist daher unerlässlich. 11

III. Funktion von DBA

DBA erfüllen volkswirtschaftlich wichtige Funktionen.[23] Es liegt – ungeachtet der Preisgabe des Besteuerungsrechts im Einzelfall – im übergeordneten nationalen Interesse, dass bei außenwirtschaftlich gewünschten Auslandsaktivitäten eine Kumulation steuerlicher Belastungen vermieden wird, denn letztlich muss zB bei der konsequenten Anwendung des Wohnsitzstaatsprinzips kein Staat einseitig auf Steuereinnahmen verzichten. 12

Gerade für die Bundesrepublik Deutschland ist es aufgrund ihrer exportorientierten Volkswirtschaft, der hohen Auslandsinvestitionsquote und der Auslandsaktivitäten deutscher Unternehmen wichtig, wettbewerbsverzerrende Einflüsse int Dbest zu verhindern. Die Konkurrenzfähigkeit bestimmter Branchen, die auf Auslandsmärkten 13

16 *Debatin/Wassermeyer* Vor Art 1 MA Rn 167; vgl auch Tz 10 und 14 MK zu Vor Art 1.
17 Zum Ganzen *Lang* S 11 ff.
18 Zur Irrelevanz einzelner Wortlautdifferenzen *BFH/NV* 2007, 831.
19 Tz 15, 29 ff MK zu Vor Art 1.
20 Zu Letzteren s Tz 30 f MK zu Vor Art 1.
21 *Debatin/Wassermeyer* Vor Art 1 MA Rn 34 („gelockerte Rechtspflicht“) mwN.
22 Ein Bsp ist das DBA Belgien, vgl *BMF* BStBl I 2007, 261.
23 *Vogel/Lehner* Einl Rn 23 ff; ebenso *Reith* Rn 4.25.

tätig sind (wie zB der dt Anlagenbau), ist in bes Maße von einem funktionierenden **DBA-Netz** abhängig. So ist die Dichte dieses Netzes bspw ein in der Praxis entscheidender Faktor bei der Wahl eines Holdingstandortes[24] oder eines Standortes für Auslandstochtergesellschaften.

14 Neben die genannten Aufgaben sind in den vergangenen Jahren zunehmend die Funktion der Bekämpfung int Steuerumgehungen und unerwünschter Gestaltungen (Rn 39 und Rn 140) sowie die Funktion der Durchsetzung der Effektivität der Steuerrechtsordnungen getreten.[25] Die Aggressivität der **Internationalen Steuerplanung** nimmt – bedingt durch den weltweiten Wettbewerb – zu. Ihre wesentlichen Ziele sind in Bezug auf Konzerne die weitgehende Gestaltbarkeit der Steuerbelastung und die Minimierung ihrer weltweiten Steuerlastquote.

15 Obwohl die primäre Aufgabe der DBA nicht darin besteht, gewinnt das Ziel immer mehr an Bedeutung, durch Abkommen auch den **Missbrauch** steuerlicher Regelungen zu verhindern und Besteuerungslücken zu schließen, die sich aus den Unterschieden in den nationalen Rechtssystemen ergeben (zB doppelte Nichtbesteuerung aufgrund von Qualifikationskonflikten[26]). Darüber hinaus geben DBA den StPfl eine bei der Int Steuerplanung nicht zu unterschätzende Rechtssicherheit und werden zunehmend für allg wirtschaftpolitische Zwecke instrumentalisiert.[27]

B. Dogmatik und Begrifflichkeiten

I. Internationales Steuerrecht

16 An Definitionen des Begriffs „Internationales Steuerrecht" mangelt es nicht.[28] Eine andere Frage ist, ob Differenzierungen und Abgrenzungen in der Sache weiterführen und insb, ob sich daraus Unterschiede in der materiellen Besteuerungsfolge ableiten lassen. Dies ist nicht der Fall. Gleichwohl wird man sich auf Folgendes einigen können: Der Begriff „Internationales Steuerrecht" ist ein Oberbegriff, der in die Unterbegriffe **Außensteuerrecht** und **Abkommensrecht** zerfällt. Unter dem sog Abkommensrecht versteht man das Recht der DBA, dh jene Regeln, die zwei Staaten im Vertragswege miteinander vereinbaren. Das nationale Gesetzesrecht hingegen, das sich mit grenzüberschreitenden Sachverhalten befasst und bei dem der Normgeber nur ein einzelner Staat ist, bildet den Gegenstand des Außensteuerrechts.

17 *Wassermeyer* hat zu Recht darauf hingewiesen, dass es sich bei diesen Begriffen nicht um Rechtsbegriffe, sondern reine **Ordnungsbegriffe** handelt.[29] Sie sind daher lediglich beschreibender Natur, was dazu führt, dass sich die Definitionsversuche des Oberbegriffs „Internationales Steuerrecht" stets in Nuancen unterscheiden. Vorzugswürdig erscheint es, ungeachtet der Frage nach dem Normgeber und der Normentstehung dem Int Steuerrecht die Gesamtheit aller Rechtsvorschriften zuzuordnen, die sich auf

24 Vgl nur *Kessler* S 215, 232 mwN.
25 *Reith* Rn 4.26 mwN.
26 AA *Lang* S 21 ff (Erfassung doppelter Nichtbesteuerung ist kein DBA-Zweck); wie hier *Wolff* IStR 2004, 542, 545: Erfassung als Nebenzweck. Es ist allerdings im Zuge der Revision 2016 geplant, die Präambel des MA in diesem Sinne zu ergänzen.
27 Zu Qualifikationskonflikte in der Steuerplanung vgl *Schaden/Franz* Ubg 2008, 452.
28 *Debatin/Wassermeyer* Vor Art 1 MA Rn 6.
29 *Debatin/Wassermeyer* Vor Art 1 MA Rn 6.

Sachverhalte mit Auslandsbezug beziehen.[30] Etwas enger und problemfokussierter ließe sich auch formulieren, dass zum Int Steuerrecht all jene Regeln rechnen, die unmittelbar oder mittelbar die Abgrenzung von Besteuerungsansprüchen zwischen Staaten zum Gegenstand haben.

II. Europäisches Steuerrecht

Der Begriff „Europäisches Steuerrecht" wird im Schrifttum erst in jüngerer Zeit zunehmend verwendet. Der Grund hierfür ist darin zu sehen, dass es ein originäres Europäisches Steuerrecht in dem Sinne, dass der Normgeber eines der Organe der Europäischen Gemeinschaft wäre, jedenfalls für den Bereich des Ertragsteuerrechts kaum in nennenswerter Weise gibt. Von einigen Vorschriften des AEUV, die einen eher allg Charakter aufweisen, sowie von wenigen Richtlinien[31] abgesehen war es bislang nur der Bereich der indirekten Steuern und hier va der Umsatzsteuer, der aufgrund europarechtlicher Vorgaben derart eng mit Europäischem (Sekundär-)Recht verzahnt war, dass man von einem **originär** Europäischen Steuerrecht sprechen konnte. **18**

Der allseits präsente Einfluss der europarechtlichen Grundfreiheiten **(Primärrecht)** auf das nationale Steuerrecht sowie die zentrale Bedeutung des EuGH, die diesem in seiner Rolle als **„Motor der Harmonisierung"** bei der Auslegung des Europarechts zukommt, rechtfertigen es jedoch längst, das Europäische Steuerrecht als Teildisziplin des Steuerrechts anzuerkennen. In diesem weit verstandenen Sinne lässt sich zum Gebiet des Europäischen Steuerrechts jenes europäische Recht rechnen, das „Steuern zum Gegenstand hat, mit Steuern in Zusammenhang steht und sich auf die nationalen Steuerrechtsordnungen auswirkt".[32] **19**

Es ist – nicht zuletzt im Hinblick auf die Auslegung von Normen und die Behandlung von Normenkollisionen – zu beachten, dass es sich bei den meisten Rechtsnormen, die zum Int oder Europäischen Steuerrecht gehören, nicht um originär int oder europäisches Recht handelt. „International" oder „europäisch" sind allenfalls die der Besteuerung zugrunde liegenden Sachverhalte. IÜ muss der Rechtsanwender eine Norm nach den allg Regeln der juristischen Dogmatik in die aus dem nationalen Recht bekannte Normenpyramide einordnen und aus der Einordnung entspr Schlüsse für den Geltungsrang der Norm ziehen. **20**

Jeder Staat wendet bei der Besteuerung stets nur sein eigenes Recht an. Anders als das Int Privatrecht ist das Int Steuerrecht kein Kollisionsrecht, dh es wird nicht erst das anzuwendende Sachrecht bestimmt, sondern jeder Staat wendet sein Int Steuerrecht an, wie er aufgrund seiner Hoheitsgewalt auch anderes öffentliches Recht anwenden würde. **21**

III. Rechtsquellen des Internationalen Steuerrechts

Für das dt Int Steuerrecht existiert keine einheitliche Kodifizierung. Vielmehr sind die Rechtsvorschriften, die sich auf int Sachverhalte beziehen, in einer Vielzahl von Einzelgesetzen, Staatsverträgen, etc enthalten, deren Wechselspiel auf den ersten Blick nicht immer leicht zu durchschauen ist.[33] **22**

---

30 Etwas abw *Vogel/Lehner* Einl Rn 6; *Frotscher* Rn 17; *Debatin/Wassermeyer* Vor Art 1 MA Rn 6.

31 Bspw die MTR (dazu Rn 26, Rn 78 und Art 10 Rn 21) oder die Fusionsrichtlinie.

32 *Weber-Grellet* § 1 Rn 1.

33 *Reith* Rn 2.1 ff.

23 **Unilaterale** Rechtsvorschriften des dt Int Steuerrechts finden sich zunächst in den dt Einzelsteuergesetzen (EStG, KStG, etc), die auch für nationale Steuerfälle gelten. Einzeln verstreut (wie etwa die Anzeigepflicht des § 138 Abs 2 AO) oder auch im Zusammenhang (wie etwa die §§ 49 ff EStG) regeln sie Besonderheiten bei Sachverhalten mit Auslandsbezug. Daneben gibt es Gesetze, die sich ausschließlich auf solche Sachverhalte beziehen, wie etwa das AStG. Erg gelten wie im nationalen Steuerrecht auch eine Vielzahl von BMF-Schreiben, Erlassen und Verfügungen der dt FinVerw.[34]

24 **Bilaterale** Rechtsvorschriften sind vornehmlich in DBA enthalten, jedoch gibt es auch sonstige völkerrechtliche Verträge zwischen zwei Staaten, die für das Steuerrecht Bedeutung erlangen können (etwa Amts- und Rechtshilfeübereinkommen oder Schiedsverträge). **Multilaterale** Verträge mit steuerrechtlichem Regelungsgegenstand hingegen sind selten, sie sind aber ggf aus anderen Gründen für das Steuerrecht von Relevanz.[35]

25 Eine Sonderstellung nimmt das Europäische Recht ein. Im Bereich des **Primärrechts** sind va die Grundfreiheiten (Art 45 ff AEUV) sowie die Art 18, 21 und 110 ff AEUV als Rechtsquellen des Int Steuerrechts zu nennen. Insb die Art 110 ff AEUV sind jedoch nur für das Gebiet der Verkehrssteuern von Bedeutung. Für das Gebiet der Ertragsteuern enthält der Vertrag über die Arbeitsweise der EU keine speziellen Rechtsgrundlagen für die Harmonisierung.[36] Als Rechtsquelle sui generis schließlich muss aufgrund ihrer überragenden Bedeutung für das nationale Steuerrecht der Mitgliedsstaaten der EU (und des EWR[37]) die **Rspr des EuGH** angesehen werden.[38]

26 Was das **Sekundärrecht** anbelangt, sind es va die EU-Richtlinien, die in der Steuerrechtspraxis eine Rolle spielen.[39] Zu nennen sind diverse Richtlinien bei den Verkehrs- und Verbrauchsteuern (insb die 6. Mehrwertsteuerrichtlinie v 17.5.1977 bzw nunmehr die EU-Richtlinie über ein gemeinsames Mehrwertsteuersystem v 28.11.2006 sowie zB die Tabakwaren-Richtlinie v 27.11.1995) und bei den Ertragsteuern namentlich die MTR v 23.7.1990, die Fusionsrichtlinie v 23.7.1990, die EG-Schiedskonvention 23.7.1990 über die Beseitigung der Dbest iF von Gewinnberichtigungen zwischen verbundenen Unternehmen, die sog Zins-Richtlinie v 3.6.2003 über die Besteuerung grenzüberschreitender Zinserträge sowie die sog Zins/Lizenzgebühren-Richtlinie v 3.6.2003 für den Bereich des Konzernsteuerrechts (jeweils mit nachfolgenden Änderungen). Hinzu kommen mehrere Richtlinien mit bilanzrechtlichem Regelungsgegenstand, die indirekt auch für die Besteuerung von Bedeutung sein können.[40]

---

34 Vgl das umfassende Verzeichnis bei *Reith* S XXVII ff.

35 Die WVK v 23.5.1969 (BGBl II 1985, 926) etwa wird bei der Auslegung von DBA herangezogen; dazu Rn 72; zum Verhältnis der DBA zu Handels- und Freundschaftsübereinkommen *Lüdicke* S 24 ff.

36 Dazu ausf *Weber-Grellet* § 22 Rn 1 ff.

37 Dazu *Debatin/Wassermeyer* Vor Art 1 MA Rn 146 ff (EU-Recht wirkt aufgrund besonderer vertraglicher Abkommen weitgehend auch im EWR; ebenfalls *Haase* Rn 791).

38 Dazu *Borgsmidt* IStR 2007, 802.

39 Übersicht über die wichtigsten Richtlinien bei *Weber-Grellet* § 4 Rn 18.

40 Bilanz-Richtlinie (Vierte EU-Richtlinie (78/660/EWG) zur Koordinierung der einzelstaatlichen Vorschriften über Form und Inhalt des Jahresabschlusses und des Lageberichts von AG, KGaA und GmbH v 25.7.1978, ABlEG Nr L 222/11) oder die Konzern-Bilanz-Richtlinie (Siebente EU-Richtlinie (83/349/EWG) zur Koordinierung der einzelstaatlichen Vorschriften über die Konzernrechnungslegung von AG, KGaA und GmbH v 13.6.1983, ABlEG Nr L 193/1).

IV. Anknüpfungspunkte der Besteuerung

Die Normen des Int Steuerrechts lassen sich häufig auf bestimmte Grundstrukturen zurückführen. Zentral ist zunächst die Erkenntnis, dass die Bundesrepublik Deutschland nicht jeden int Sachverhalt besteuern darf. Aus dem **Völkerrecht** ist bekannt, dass ein Staat seine Hoheitsgewalt immer nur auf seinem Hoheitsgebiet ausüben kann.[41] Für das Int Steuerrecht hat das zur Folge, dass ein bestimmter Sachverhalt nur dann der Besteuerung unterworfen werden darf, wenn eine hinreichend enge Verbindung zum Hoheitsgebiet des besteuernden Staates besteht (sog **genuine link**).[42] 27

Da dieser Grundsatz nach Art 25 S 2 GG zu den sog allg Regeln des Völkerrechts gehört, ist er vorrangig vor dem einfachen Bundesrecht zu beachten. Wie die hinreichend enge Verbindung im Einzelnen ausgestaltet sein muss, lässt das Völkerrecht offen. Es besteht daher ein **Ermessensspielraum** der Staaten. Das BVerfG formuliert diesbezüglich für das nationale dt Recht: „Der rechtlichen Möglichkeit, Ausländer zu Abgaben heranzuziehen, sind durch das Erfordernis der Anknüpfung etwa an die Staatsangehörigkeit, Niederlassung, Wohnsitz oder Aufenthalt im Inland, die Verwirklichung eines Abgabentatbestandes im Inland oder die Herbeiführung eines abgabenrechtlich erheblichen Erfolges im Inland deutliche Grenzen gesetzt." Erforderlich ist aber lediglich, so das BVerfG weiter, ein „Mindestmaß" an „Sachnähe".[43] 28

Die Steuerrechte nahezu aller Staaten haben in Beachtung dieser völkerrechtlichen Vorgaben, die das BVerfG exemplarisch für das dt Recht ausformuliert hat, Anknüpfungspunkte für die Besteuerung festgelegt und daraus verschiedene Arten der persönlichen und sachlichen StPfl entwickelt. Was die Frage der persönlichen StPfl, also die Frage nach dem Steuersubjekt, anbelangt, ist die Verwirklichung des **Staatsangehörigkeitsprinzips** die weitestreichende Möglichkeit eines Staates, sich eines Besteuerungszugriffs zu versichern. Ein Staat besteuert sonach seine Staatsangehörigen unabhängig davon, auf welchem Staatsgebiet sie sich aufhalten. In der Reichweite etwas zurückgenommen ist demgegenüber das **Ansässigkeits- oder Wohnsitzprinzip**, nach dem allein auf die Gebietszugehörigkeit abgestellt wird. Den diese Prinzipien anwendenden Staat nennt man den sog **Ansässigkeitsstaat**.[44] Die Staatsangehörigkeit oder andere Kriterien (zB Religionszugehörigkeit) sind dabei irrelevant. 29

Beide Prinzipien jedoch dienen in der Regel als Grundlage für die unbeschränkte StPfl und damit der Besteuerung des Welteinkommens als der weitestreichenden Ausprägung der sachlichen StPfl **(Welteinkommens- oder Universalitätsprinzip)**. Aus dt Sicht bspw kann der Steuertatbestand (§ 38 AO) bei der unbeschränkten StPfl daher auch im Ausland verwirklicht werden, so dass auch dort erzielte Einkünfte (und damit meist sog ausl Einkünfte iSd § 34d EStG) in die inländische Bemessungsgrundlage eingehen. 30

Während sich die Staaten auf nationaler Ebene idR entweder für das Staatsangehörigkeitsprinzip oder das Ansässigkeitsprinzip entscheiden,[45] gilt dies für Vereinbarungen 31

41 Sog Territorialitätsprinzip; dazu *Verdross/Simma* § 1183.

42 Nachweise bei *Mössner* B 2 ff.

43 Zu beidem *BVerfGE* 63, 343 im Gliederungspunkt B II 4 b der Entscheidungsgründe.

44 Das ist der Grundsatz. Besteht ein DBA, nennt man den Ansässigkeitsstaat nur den Staat, in dem der StPfl nach den Bestimmungen des DBA (Art 4) als ansässig gilt (dazu Art 4 Rn 2).

45 Doch es kommt auch hier zu Aufweichungen, vgl § 1 Abs 2 EStG oder § 2 Abs 1 S 1 AStG.

zweier Staaten in DBA nicht in gleicher Weise. Bezüglich der Bestimmung der sog **Ansässigkeit** für abkommensrechtliche Zwecke findet sich in Art 4 Abs 2c hilfsweise eine (bei Wohnsitzen in mehr als einem Staat) kumulative bzw (mangels eines Wohnsitzes in beiden Staaten) alternative Anknüpfung an die Staatsangehörigkeit.

32 IRd persönlichen StPfl – hier namentlich der beschränkten StPfl – greifen die Staaten jedoch auch auf sachliche Anknüpfungspunkte zurück. Infolgedessen werden bei fehlender Ansässigkeit des StPfl im Inland (das ist der sog **Quellenstaat**) der Besteuerung nur Einkünfte aus inländischen Einkunftsquellen **(Quellenprinzip)** bzw Einkünfte aus inländischen Vermögensgegenständen **(Belegenheitsprinzip)** unterworfen. Die Beschränkung des Steueranspruchs auf inländische Steuergüter ist Ausdruck des sog **Territorialitätsprinzips**. Der sachlichen StPfl unterliegen mithin nur sog inländische Einkünfte.

V. Doppelbesteuerung

33 **1. Ursachen.** Ein int Sachverhalt, der nach den Regeln des Int Steuerrechts beurteilt werden muss, kann immer nur entstehen, wenn – aus der Sicht des betr Staates – ein Inländer im Ausland oder ein Ausländer im Inland Einkünfte erzielt. Bei Berührungspunkten zum Hoheitsgebiet nur eines Staates liegt dagegen ein rein nationaler Sachverhalt vor, für den insoweit keine Besonderheiten gelten.[46]

34 Für den StPfl nachteilig wird die Situation jedoch nur, wenn aufgrund des int Sachverhalts mehr als ein Staat auf dasselbe Besteuerungssubstrat einen Besteuerungsanspruch erhebt. Dann liegt eine Dbest vor. Eine solche kann entstehen, wenn die beteiligten Staaten als Ausdruck staatlicher Souveränität ihrem nationalen Steuerrecht entweder identische oder gegenläufige Anknüpfungsmerkmale für die Besteuerung zugrunde legen.

35 **Beispiel:** Hat die natürliche Person X je einen Wohnsitz im Staat A und Staat B und folgen beide Staaten dem Ansässigkeitsprinzip, wird X in beiden Staaten unbeschränkt steuerpflichtig sein mit der Folge, dass beide Staaten aufgrund des Universalitätsprinzips das Welteinkommen des X besteuern möchten. Das Aufeinandertreffen zweier unbeschränkter StPfl ist für X bes unerfreulich, weil die Besteuerung nach der Leistungsfähigkeit nicht mehr gewährleistet scheint, wenn und soweit einer oder beide beteiligten Staaten nicht Vorsorge über sog Maßnahmen zur Vermeidung der Dbest getroffen haben.[47]

36 Weitaus häufiger aber kommt es aufgrund des Universalitätsprinzips im einen und des Territorialitätsprinzips im anderen Staat zu einem Aufeinandertreffen von unbeschränkter und beschränkter StPfl.

37 **Beispiel:** Wenn die natürliche Person X ihren Wohnsitz im Staat A hat und ein im Staat B belegenes Haus an die natürliche Person Y vermietet und hieraus einen Mietzins erzielt, gerät das Universalitätsprinzip des Staates A in einen Konflikt mit der Besteuerung nach dem Belegenheitsprinzip im Staat B. Auch in diesem Fall stellen sich Fragen nach der Besteuerung nach der Leistungsfähigkeit,[48] und es entsteht eine Dbest, wenn auch reduziert auf die aus der Sicht des X im Ausland erzielten Einkünfte aus dem Staat B.

46 *Frotscher* Rn 17.

47 *Frotscher* Rn 23. Die hM sieht das Welteinkommensprinzip gerade als Ausdruck der wirtschaftlichen Leistungsfähigkeit an, vgl *Grotherr/Herfort/Strunk* S 39. Es ist jedoch nicht einsichtig, warum ausl Einkunftsquellen, nicht aber ausl Belastungen herangezogen werden.

48 *BFH* BStBl II 1990, 701 (gilt auch bei beschränkter StPfl); ebenso *BVerfGE* 43, 1.

38 Denkbar ist es schließlich, dass die Besteuerungsansprüche dreier oder mehrerer Staaten in Widerstreit treten.

Beispiel: Wenn der Einzelgewerbetreibende X seinen Gewerbebetrieb im Staat A und im Staat B eine Betriebsstätte unterhält, deren Betriebsvermögen Aktien einer KapGes aus dem Staat C zugeordnet sind, so gilt unter Umständen für die Besteuerung ausgeschütteter Dividenden Folgendes: Bevorzugt der Staat A das Ansässigkeitsprinzip, wird X dort mit seinem Welteinkommen und daher auch mit den empfangenen Dividenden besteuert. X unterhält aber zusätzlich im Staat B eine Betriebsstätte und ist daher mit seinen Betriebsstätteneinkünften dort beschränkt steuerpflichtig (zu diesen Einkünften gehören die Dividenden, sofern die Beteiligung wirtschaftlich der Betriebsstätte zugeordnet werden kann). Und schließlich wird ggf der Staat C aufgrund der Belegenheit einer Einkunftsquelle auf seinem Hoheitsgebiet auf die ausgeschütteten Dividenden eine sog Quellensteuer erheben. Die Lösung solcher sog **Dreieckssachverhalte** ist dogmatisch herausfordernd (Rn 116 ff.). Die sich hier regelmäßig stellenden Fragen lauten: Welches bzw welche DBA sind mit welchem Einkunftsartikel anwendbar und welcher Staat ist auf welche Weise zur Vermeidung der Dbest verpflichtet?

39 Bei einem int Sachverhalt gilt meist in einem der beteiligten Staaten das Universalitätsprinzip, so dass die Besteuerung von Einkünften jedenfalls idR mindestens in einem Staat erfolgt. Eine **doppelte Nichtbesteuerung**[49] hingegen, dh das Fehlen einer Besteuerung in allen beteiligten Staaten, kommt seltener vor. Hauptsächlich sind dies Missbrauchsfälle, die der StPfl durch eine entspr Sachverhaltsgestaltung provoziert hat und für die die Staaten Missbrauchsvermeidungsvorschriften entwickelt haben.[50] Es sind aber auch Situationen denkbar, in denen der StPfl in keinem der beteiligten Staaten als ansässig gilt und dass in beiden Staaten bei der Besteuerung daher nur das Territorialitätsprinzip zur Anwendung kommen kann, der StPfl aber die Anknüpfungskriterien jeweils nicht erfüllt (Aufeinandertreffen zweier beschränkter StPfl). Schließlich sind Fälle von **Qualifikationskonflikten**[51] zu nennen. Darunter sind Konstellationen zu verstehen, in denen derselbe wirtschaftliche Lebenssachverhalt von zwei oder mehr Staaten unter unterschiedliche Normen (meist Normen eines DBA) subsumiert wird.

40 **Beispiel:** Die natürliche Person X (Wohnsitz und gewöhnlicher Aufenthalt im Staat A) ist zusammen mit der natürlichen Person Y (Wohnsitz und gewöhnlicher Aufenthalt im Staat B) an einer gewerblichen PersGes des Staates B beteiligt. Zusätzlich zu den Gewinnanteilen erhält X Zinsen aufgrund eines Darlehens, welches der PersGes ausgereicht worden war. Unterstellt man, dass der Ansässigkeitsstaat A bei PersGes das Institut der Sondervergütungen[52] kennt, der Quellenstaat B hingegen nicht, würde der Staat B auf die Einkünfte (Darlehenszinsen) von X den Zinsartikel des jeweiligen DBA anwenden, während der Staat A aufgrund der gewerblichen Einkünfte von Unternehmensgewinnen ausgehen würde. Wenn jetzt der Zinsartikel (in Abweichung von Art 11) ausschließlich die Besteuerung der Zinsen im Ansässigkeitsstaat des Empfängers zulässt, während der Artikel über Unternehmensgewinne (entspr Art 7 Abs 1) dem Staat B das ausschließliche Besteuerungsrecht gewährt, liegt ein Qualifikationskonflikt vor, der zu einer doppelten Nichtbesteuerung führen kann. Mit Deutschland als Ansässigkeitsstaat käme es dazu

49 Zur Vermeidung der Dbest und der doppelten Nichtbesteuerung als Auslegungsmaximen bei der Auslegung von DBA instruktiv *Lang* IStR 2002, 609.

50 Zum „Missbrauch" von DBA durch Vertragsstaaten *Vogel/Lehner* Einl Rn 188 ff mwN.

51 Ausf *S/K/K* Einf MA Rn 54 ff.

52 Zur abkommensrechtlichen Behandlung Art 4 Rn 2 ff.

jedoch nicht, weil die FinVerw das Problem erkannt und in Tz 1.2.3 Betriebsstättenerlass[53] bzw § 50d Abs 10 EStG vorgebeugt hat.[54]

41 **2. Erscheinungsformen.** Der Begriff „Dbest“ wird in Lit und Rspr sehr unterschiedlich verwendet.[55] Es handelt sich nicht um einen definierten Rechtsbegriff, sondern um eine Zustandsbeschreibung, aus der sich keinerlei materielle Folgen ableiten lassen.[56] Insb richten sich die int anerkannten Maßnahmen zur Vermeidung der Dbest nicht ausschließlich gegen eine bestimmte Art von Dbest. Gebräuchlich (auch int) ist jedoch die Unterscheidung in „juristische Dbest“ und „wirtschaftliche Dbest“. Einen Sonderfall bildet die „virtuelle Dbest“. Tz 1 der Einl zum MK in der englischen Originalfassung lautet: „International juridical double taxation can be generally defined as the imposition of comparable taxes in two (or more) States on the same taxpayer in respect of the same subject matter and for identical periods.“

42 Von einer **juristischen Dbest** (juridical double taxation) spricht man, wenn

1. ders StPfl
2. auf dies Einkünfte oder Vermögenswerte
3. in demselben Zeitraum
4. dies oder jedenfalls gleichartige Steuern
5. in zwei oder mehr Staaten

zu entrichten hat.[57]

43 Die juristische Dbest verlangt damit die **Identität** des Steuersubjekts, des Steuerobjekts und des Besteuerungszeitraums. Die Steuerart muss hingegen aus ersichtlichen Gründen nur gleichartig sein, weil die rechtsordnungsspezifischen Besonderheiten souveräner Staaten idR dazu führen, dass eine Identität bei der Ausgestaltung einer Steuer im Einzelnen nicht erzielt werden kann. Eine bestimmte Höhe der Steuerlast oder die Unangemessenheit der Besteuerung insgesamt ist hingegen ausdrücklich nicht konstitutiv für das Vorliegen einer juristischen Dbest.[58]

44 **Beispiel:** Die natürliche Person X hat ihren Wohnsitz und gewöhnlichen Aufenthalt in Österreich. Ihr gehört ein Haus in Hamburg, dass sie gegen Zahlung eines Mietzinses im VZ[59] 2016 an die in Hamburg wohnende natürliche Person Y vermietet. Es wird unterstellt, dass X in Österreich aufgrund des Wohnsitzes unbeschränkt einkommensteuerpflichtig ist und mit dem Welteinkommen besteuert wird. Aus Sicht des dt Steuerrechts ist X zudem beschränkt einkommensteuerpflichtig mit den empfangenen Mietzinsen nach § 1 Abs 4 iVm § 49 Abs 1 Nr 6 iVm § 21 Abs 1 S 1 Nr 1 EStG. Sodann gilt: X ist in Österreich unbeschränkt

53 *BMF* BStBl I 1999, 1076 (sog Betriebsstättenerlass).

54 Vgl zur Problematik grenzüberschreitender Sondervergütungen die jüngere BFH-Rspr in *BFH/NV* 2008, 869 und dazu *Blumers* DB 2008, 1765.

55 *Debatin/Wassermeyer* Vor Art 1 MA Rn 1; *Reith* Rn 3.41 ff.

56 Wird der Begriff gleichwohl im Gesetz verwendet (wie etwa in § 34c Abs 6 S 4 EStG), handelt es sich um einen unbestimmten Rechtsbegriff, der nach den allg Regeln auszulegen ist.

57 *Debatin/Wassermeyer* Vor Art 1 MA Rn 2.

58 AA insb *Mössner* B 224 sowie *Frotscher* Rn 3, die sich gegen das Verständnis des Doppelbesteuerungsbegriffs als neutrale Zustandsbeschreibung wehren und zusätzlich die Unangemessenheit der Steuerhöhe als Voraussetzung fordern. Ihnen ist entgegen zu halten, dass die Maßnahmen zur Vermeidung der Dbest unstr unabhängig von der Gesamtsteuerbelastung eingreifen.

59 Im dt Steuerrecht das Kj (vgl § 2 Abs 7 EStG).

und in Deutschland beschränkt einkommensteuerpflichtig (Identität des Steuersubjekts). Doppelt besteuert wird der Mietzins (Identität des Steuerobjekts). Betrachtet wird der VZ 2016 (Identität der Besteuerungszeiträume). X unterliegt in beiden Staaten der Einkommensteuer und damit einer Ertragsteuer (Vergleichbarkeit der Steuern). X unterliegt auch in mehr als einem Staat der Besteuerung, so dass eine Dbest im juristischen/rechtlichen Sinne gegeben ist.

Es ist int anerkannt, dass sich die Methoden zur Vermeidung der Dbest jedenfalls primär gegen die juristische Dbest wenden.[60] Liegen eine oder mehrere der vorgenannten Voraussetzungen jedoch nicht vor, kann eine Situation entstehen, in der die Methoden zur Vermeidung der Dbest nicht eingreifen, so dass die Dbest zum Nachteil des StPfl definitiv wird. **45**

Unter einer **wirtschaftlichen Dbest** ist demgegenüber ein Sachverhalt zu verstehen, bei dem es zwar gegenüber der juristischen Dbest an der Identität des Steuersubjekts fehlt, jedoch derselbe wirtschaftliche Vorgang[61] bzw dasselbe wirtschaftliche Erg[62] in demselben Besteuerungszeitraum in einem oder mehr Staaten einer identischen oder jedenfalls vergleichbaren Steuer unterliegt. **46**

Beispiel: Die X-KapGes hat ihren Sitz und ihre Geschäftsleitung im Staat A. An ihr ist die Y-KapGes aus dem Staat B zu 100 % beteiligt. X nimmt eine Gewinnausschüttung vor. Da Gewinnausschüttungen nur aus versteuertem Einkommen vorgenommen werden können (annahmegemäß unterliegt die X-KapGes im Staat A der KSt) und diese Bestandteil des steuerpflichtigen Gewinns der Y-KapGes im Staat B werden, unterliegt dasselbe wirtschaftliche Erg bei zwei verschiedenen Steuersubjekten der Besteuerung.[63] Zu Fällen wirtschaftlicher Dbest kommt es daher hauptsächlich bei verbundenen Unternehmen[64] und Qualifikationskonflikten[65] (hier va in Konstellationen, in denen Steuergüter unterschiedlichen Steuersubjekten zugerechnet werden[66]). **47**

Eine sog **effektive Dbest** tritt ein, wenn das betroffene Steuersubjekt die ihm auferlegte Steuer in den jeweiligen Staaten tatsächlich entrichten muss. Mit dem Begriff **virtuelle Dbest** hingegen ist eine Situation gekennzeichnet, in der eine Dbest nur deshalb nicht eintritt, weil einer der beteiligten Staaten den zugrunde liegenden Sachverhalt nach seinem nationalen Steuerrecht nicht besteuert, während der andere beteiligte Staat ungeachtet oder in Unkenntnis dessen eine Maßnahme zur Vermeidung der Dbest anwendet und daher den Sachverhalt nicht oder nicht vollständig besteuert.[67] Im Extremfall kann dies zu einer doppelten Nichtbesteuerung und damit zu **weißen Einkünften** führen. **48**

---

60 Dies scheint auch der Sichtweise der OECD zu entsprechen, vgl Tz 1 Einl MK, jedoch erfasst das MA auch Fälle der wirtschaftlichen Dbest (etwa Art 9 MA), vgl *Debatin/Wassermeyer* Art 9 MA Rn 1.

61 *Mössner* B 226.

62 *Frotscher* Rn 6.

63 Die Dbest bei der Körperschaftsteuer ist stets eine wirtschaftliche und resultiert aus dem für Körperschaften geltenden sog Trennungsprinzip. Die angewendete Maßnahme zur Vermeidung der Dbest nach nationalem Recht ist § 8b Abs 1 KStG.

64 *Debatin/Wassermeyer* Art 9 MA Rn 1.

65 *Vogel/Lehner* Einl Rn 150 ff mwN.

66 Die von *Mössner* E 149, gewählte Bezeichnung als „subjektiver Qualifikationskonflikt" bleibt vereinzelt; Überblick über die Terminologie bei *Reith* Rn 4.256 ff.

67 *Debatin/Wassermeyer* Vor Art 1 MA Rn 4.

49 **Beispiel:** Die natürliche Person X mit Wohnsitz im Staat A ist an der Y-KapGes im Staat B beteiligt. Es wird unterstellt, dass im Staat A Veräußerungsgewinne aus Beteiligungen an KapGes unabhängig von einer Haltedauer besteuert werden, während dies im Staat B nur innerhalb einer Spekulationsfrist von einem Jahr der Fall ist.[68] Veräußert X seine Beteiligung nach Ablauf der Spekulationsfrist und darf aufgrund des DBA zwischen Staat A und B der Sachverhalt nur im Staat B besteuert werden, wird aus der Sicht des Staates A eine Dbest vermieden, die tatsächlich nicht existiert. Es handelt sich daher um eine virtuelle Dbest, die ohne die Maßnahme zur Vermeidung der Dbest zu einer effektiven Dbest geworden wäre, wenn X innerhalb der Spekulationsfrist veräußert hätte.

50 Ungeachtet dessen knüpfen insb manche in den DBA vereinbarten Methoden zur Vermeidung der Dbest bereits an eine virtuelle Dbest an.[69] Um nicht weiße Einkünfte entstehen zu lassen, sind daher in den jüngeren DBA und auch in den §§ 50d Abs 8 ff EStG häufig bes Klauseln vorgesehen, die eine Nichtbesteuerung vermeiden helfen (Rn 142 ff).[70] Bemerkenswert ist, dass im Zuge des BEPS-Projekts der OECD der Titel und die Präambel des MA dahingehend geändert werden sollen, dass die DBA nicht nur Doppelbesteuerungen, sondern auch Steuerhinterziehung und Steuerumgehung zu vermeiden suchen. Es steht zu befürchten, dass die dt FinVerw darin die Legitimation sehen wird, mehr noch als bisher von Treaty Overrides und unsystematischen Einzelfallregelungen Gebrauch zu machen.

51 **3. Maßnahmen zur Vermeidung.** Es ist unmittelbar einsichtig, dass int Dbest jeglicher Art und gleich welcher Höhe grds prohibitiv auf Investitionsentscheidungen der StPfl wirken. Dbest sind auch volkswirtschaftlich unerwünscht, weil sie eine effiziente Allokation von Produktionsfaktoren (insb von Kapital) verhindern.[71] Zwar könnte ein Staat versucht sein, sich durch eine Extension seines Besteuerungsrechts kurzfristig ein Mehr an Einnahmen zu verschaffen, jedoch geriete dadurch der auf Wechselseitigkeit und Langfristigkeit angelegte grenzüberschreitende Wirtschaftsverkehr auf dem Weltmarkt in Gefahr. Mittlerweile besteht Einigkeit, dass int Dbest letztlich keinem der beteiligten Staaten einen Nutzen bringen.[72]

52 Obwohl sich aus dem Völkerrecht nach hM keine Verpflichtung zur Vermeidung von Dbest ableiten lässt,[73] haben die Staaten vor dem Hintergrund jener vorgenannten schädlichen Wirkungen **Maßnahmen zur Vermeidung der Dbest** ergriffen. Dabei kann es sich einerseits um sog **unilaterale** (einseitige) Maßnahmen handeln, also Maßnahmen, die im nationalen Recht eines Staates verankert werden und für deren normative Entstehung und Anwendung die Regeln des jeweiligen nationalen Rechts gelten (**Beispiel**: § 34c EStG). Andererseits können diese Maßnahmen zwischen Staaten auch **bilateral** (zweiseitig), **multilateral** (mehrseitig) oder im Wege supranationalen Rechts vereinbart werden.

53 Die beiden wichtigsten Methoden zur Vermeidung der Dbest, die sich auch int durchgesetzt haben, sind die sog **Anrechnungsmethode** (credit method) und die sog **Freistellungsmethode** (exemption method).[74] Bei der Anrechnungsmethode rechnet ein

68 Vgl für das dt Recht § 23 Abs 1 S 1 Nr 2 EStG.
69 *BFH* BStBl II 1989, 319, 321; *BFH/NV* 1995, 58.
70 Etwa sog subject-to-tax-Klauseln; dazu Art 23A Rn 24.
71 Einführend *Vogel/Lehner* Einl Rn 23 ff sowie *Mössner* A 16 ff.
72 *Frotscher* Rn 2 mwN.
73 *BFH* BStBl II 1975, 497, 498; *Vogel/Lehner* Einl Rn 10 ff.
74 Zur Freiheit des Ansässigkeitsstaats bei der Methodenwahl Tz 25 MK zu Vor Art 1.

Staat (regelmäßig der Ansässigkeitsstaat) die im Ausland gezahlte Steuer auf die inländische Steuerschuld an, während der Ansässigkeitsstaat bei der Freistellungsmethode im Ausland erzielte Einkünfte des StPfl von der inländischen Bemessungsgrundlage ausnimmt.

Die Methoden zur Vermeidung der Dbest dienen dem Ziel, den Wirtschaftsverkehr **54**
zwischen den Staaten zu fördern. Abgesehen davon jedoch, dass dies von StPfl missbräuchlich zum eigenen Vorteil ausgenutzt werden kann, führen die Maßnahmen zur Vermeidung der Dbest zu einer Situation, in der sich die Staaten durch eine Ausweitung ihres Besteuerungsrechts allein im int Wettbewerb kaum noch einen Vorteil verschaffen können. Stattdessen könnten sie versucht sein, über Steuersätze in einen Steuerwettbewerb mit anderen Staaten einzutreten und über sonstige Maßnahmen wie bes Steuervergünstigungen[75] oder eine Informationsabschottung gegenüber dem Ausland Investitionen anzuziehen.

Erreicht die Gesamtheit dieser Maßnahmen eine Intensität, die geeignet ist, StPfl **55**
gezielt an Investitionen in anderen Staaten zu hindern, kommt es zu einem **schädlichen Steuerwettbewerb**, der aus der Sicht der Staatengemeinschaft und auch aus der Sicht der OECD nicht wünschenswert ist[76] (harmful tax competition; dazu Einl AStG Rn 27). Nur im Extremfall handelt es sich bei den damit angesprochenen Staaten um typische Steueroasen. Auch innerhalb der EU sind von der OECD schädliche Steuerpraktiken der Mitgliedsstaaten identifiziert worden.[77]

Neuerdings richtet sich die Kritik der OECD aber nicht nur gegen Staaten, sondern – im Einklang mit großen Teilen von Politik und Publizistik – gegen „die Wirtschaft“ bzw einzelne (meist prominente) Unternehmen, sofern diese eine sog aggressive Steuerplanung (aggressive tax planning“)[78] betreiben. Was aggressive Steuerplanung, insb in Abgrenzung zu den steuerlich einzig anerkannten Kategorien der Steuerhinterziehung und der missbräuchlichen Gestaltung, im Einzelnen sei soll, erhellt sich indes nicht. Auch im Hinblick auf die jüngeren europäischen Initiativen zur Bekämpfung von Steuerbetrug und -hinterziehung (vgl etwa die Empfehlung C/2012/8806 der EU-Kommission betreffend aggressive Steuerplanung oder den Beitrag der Kommission zur Tagung des Europäischen Rates am 22.5.2013 zur Bekämpfung von Steuerbetrug und Steuerhinterziehung) hätte man einen differenzierteren und verständlicheren Ansatz erwarten dürfen.

---

75 Steuervergünstigungen können uU als verbotene Beihilfen gem Art 107 AEUV anzusehen sein, vgl *Linn* IStR 2008, 601.

76 Vgl hierzu den OECD-Report „Harmful Tax Competition: An Emerging Global Issue“ aus dem Jahr 1998, den folgenden OECD-Report „Towards Global Co-operation: Progress in identifying and eliminating Harmful Tax Practices" aus dem Jahr 2000, den folgenden OECD-Report „The 2001 Progress Report" aus dem Jahr 2001 und schließlich den OECD-Report „The 2004 Progress Report" aus dem Jahr 2004.

77 Vgl den 1997 von der EU verabschiedeten, unverbindlichen „Code of Conduct“, der im Bereich der schädlichen Steuerpraktiken Abhilfe schaffen soll: Entschließung des Rates und der im Rat vereinigten Vertreter der Regierungen der Mitgliedstaaten v 1.12.1997 über einen Verhaltenskodex in der Unternehmensbesteuerung, ABlEG Nr C 1998, 1 ff. Über die Art, wie der Kodex rechtsverbindlich umgesetzt werden soll, wird noch diskutiert; zum Ganzen *Blumenberg* S 1787, 1809.

78 S hierzu im Einzelnen www.oecd.org/tax/aggressive/atp.htm.

C. Grundlagen der DBA

I. Rechtsnatur: Völkerrecht

56 Die einzelnen Staaten stehen sich in der Völkergemeinschaft gleichberechtigt als Rechtssubjekte gegenüber. Wie natürliche und juristische Personen im Privatrecht können sie (als nach dt Terminologie öffentlich-rechtliche Gebietskörperschaften) bilaterale und multilaterale Verträge miteinander schließen, deren Voraussetzungen, Zustandekommen, Wirkungsweise und Beendigung vom Völkerrecht als sedes materiae geregelt werden. DBA sind solche **völkerrechtlichen Verträge**, die zur Kategorie der bilateralen Verträge rechnen.[79] Anders als es der Begriff „Doppelbesteuerungsabkommen" nahe legen mag, handelt es sich nicht um Verträge zur Begründung, sondern um Verträge zur Vermeidung von Dbest. Völkerrecht und Abkommensrecht sind nach hM zwei getrennte Rechtskreise.[80]

II. Zustandekommen und Geltungsrang

57 **1. Umsetzung in nationales Recht.** Das DBA bindet die beteiligten Staaten als Vertragsparteien und verpflichtet sie, die in dem Abkommen getroffenen Regelungen in nationales Recht umzusetzen. Dies geschieht in Deutschland über ein sog **Transformationsgesetz**, das idR am Tag nach seiner Verkündung in Kraft tritt.[81] Erst nach Umsetzung in nationales Recht kann auch der StPfl aus dem DBA Ansprüche herleiten und diese ggf mit gerichtlicher Hilfe durchsetzen, wenn die FinVerw einen Sachverhalt abkommenswidrig besteuern möchte.[82]

58 Das Zustandekommen eines völkerrechtlichen Vertrags und damit eines DBA vollzieht sich in mehreren Stufen.[83] Es ist die **staatsrechtliche Kompetenzordnung** zu beachten (Art 59 Abs 2 GG). Im Bereich der Steuern vom Ertrag und vom Vermögen liegt die Gesetzgebungskompetenz beim Bund, das Abkommen bedarf jedoch der Zustimmung sowohl des Bundestags als auch des Bundesrats, da den Ländern hinsichtlich dieser Steuern die Ertragshoheit ganz oder teilw zusteht (Art 105 Abs 2 und 3, Art 106 Abs 2 Nr 1 und Abs 3 GG).

59 Für den Abschuss eines völkerrechtlichen Vertrags sind zudem die Regelungen der **WVK** zu beachten. Daraus ergeben sich die folgenden Phasen der Vertragsverhandlungen: Zunächst werden von Unterhändlern (typischerweise Beamte des BMF unter Beteiligung des Auswärtigen Amts) mit Vertretungsvollmacht des Bundespräsidenten gem Art 59 Abs 1 GG Vertragsverhandlungen geführt. Erst- und auch Neuverhandlungen von DBA können unter Umständen Jahre andauern, weil keiner der beteiligten Staaten ohne Not Besteuerungssubstrat preisgeben möchte. Sobald ein Abkommensentwurf vorliegt, wird dieser **paraphiert**, indem die jeweiligen Leiter der

---

79 *Vogel/Lehner* Einl Rn 45; *Reith* Rn 4.44 und Rn 4.1154.

80 *BFH* BStBl II 1971, 379 (sog dualistische Theorie).

81 Das DBA hingegen tritt idR erst im Zeitpunkt des Austausches der Ratifikationsurkunden in Kraft. Die Transformation des DBA kann dann von seinem völkerrechtlichen Zustandekommen abhängig sein, vgl *BFH* BStBl II 1994, 155. Ein rückwirkendes Inkraftsetzen ist nach hM nicht zulässig, vgl *Lüdicke* DB 1995, 748.

82 AA *Vogel/Lehner* Einl Rn 61; sie setzen sich dafür ein, dass die Abkehr der dt Völkerrechtslehre von der Transformationstheorie und die Hinwendung zum Verständnis des dt Umsetzungsgesetzes als Anwendungsbefehl auch für das Steuerrecht anerkannt werden.

83 Ausf *Vogel/Lehner* Einl Rn 46 ff; *Lehner* S 95 ff.

Verhandlungskommissionen der beteiligten Staaten ihre Namenszeichen unter den ausgehandelten Vertragstext setzen und ihn dadurch als authentisch festlegen.

Sodann erfolgt die Unterzeichnung des Abkommens durch einen Bevollmächtigten des Bundespräsidenten, und das Abkommen wird durch ein Zustimmungsgesetz (Art 59 Abs 2 GG) in nationales Recht transformiert. Den Abschluss des Verfahrens bilden die Ratifikation durch den Bundespräsidenten und der **Austausch der Ratifikationsurkunden**. Nach der Umsetzung in nationales Recht hat das DBA den Rang des Transformationsgesetzes. Es steht daher gleichberechtigt als einfaches Bundesrecht neben den Einzelsteuergesetzen (zB das EStG). **60**

2. Treaty Override. Aus den genannten Gründen ist nach (bisher) hM auch ein „Überschreiben des Abkommens", ein sog treaty override, zulässig,[84] denn zwischen gleichrangigen Vorschriften gilt die allg Regel „lex posterior derogat legi priori". Bei einem treaty override **verletzt** ein Vertragsstaat einseitig die in einem DBA getroffenen Vereinbarungen und ordnet in einer einfachgesetzlichen Steuerrechtsnorm eine andere Besteuerungsfolge an, als es das DBA vorsieht. IdR bedeutet dies eine vom DBA abw Beanspruchung des Besteuerungsrechts.[85] **61**

Die Bundesrepublik Deutschland hat verhältnismäßig häufig von der Möglichkeit des Überschreibens des Abkommens Gebrauch gemacht. Der treaty override wird idR angekündigt mit den Worten „ungeachtet des Abkommens" bzw es wird angeordnet, dass die den treaty override enthaltenden Normen „durch die Abkommen zur Vermeidung der Dbest nicht berührt werden". Bsp[86] finden sich etwa in § 50d Abs 1 S 1, Abs 3, 8 und 9 EStG und in § 20 Abs 2 AStG.[87] **62**

Die Verletzung des Abkommens zeitigt gegenüber dem StPfl (also im **Innenverhältnis**) keine Wirkungen, dh das nationale abkommensverletzende Gesetzesrecht ist ihm gegenüber wirksam. Im Außenverhältnis hingegen, also im Verhältnis zum anderen Staat, verletzt der das Abkommen negierende Staat den völkerrechtlichen Grundsatz **„pacta sunt servanda"**. Die Folgen des Vertragsbruches werden entweder über eine dem Art 25 entspr Regelung (Verständigungsverfahren) korrigiert, oder es greifen die allg völkerrechtlichen Sanktionen. Daneben kommen vertragliche Regelungen zur Anwendung (etwa Kündigung, Art 31).[88] **63**

Im Anschluss an eine Entsch des BVerfG[89] zum Grundsatz der **Völkerrechtsfreundlichkeit** des GG und zur Bedeutung der EMRK ist in jüngerer Zeit vermehrt wieder die Rechtswidrigkeit des treaty override proklamiert worden.[90] Der Streit entzündet sich in der Hauptsache an der Frage, ob bspw eine Norm wie § 20 Abs 2 AStG sich auch über zeitlich später abgeschlossene DBA hinwegsetzt. Die Frage ist bislang weder eingehend erörtert noch höchstrichterlich geklärt. Die wohl (noch) hM bemüht **64**

---

84 *BFH* BStBl II 1995, 129; BStBl II 1995, 781; ausf dazu *Vogel/Lehner* Einl Rn 194 ff; *Reith* Rn 4.66.

85 Umfassend und krit zum treaty override *Gosch* IStR 2008, 413 ff.

86 Vollständige Auflistung bei *Kempf/Brandl* DB 2007, 1377 und *Bron* IStR 2007, 431.

87 *Weigell* IStR 2009, 639, *Kaminski/Strunk* IStR 2011, 137, *Haase* IStR 2011, 338.

88 *Vogel/Lehner* Einl Rn 199; *S/K/K* Einf MA Rn 87 ff.

89 *BVerfGE* 111, 307.

90 Zu völker- und gemeinschaftsrechtlichen Bedenken bzgl des treaty override *Stein* IStR 2006, 505; *Kippenberg* IStR 2006, 512; **aA** *Forsthoff* IStR 2006, 509 und *Brombach-Krüger* Ubg 2008, 324.

den lex-posterior-Grundsatz sowie das Gebot der völkerrechtsfreundlichen Auslegung und sieht das zeitlich spätere DBA als vorrangig an.[91]

65 Dass abgesehen von einem treaty override die Regelungen des DBA dem nationalen Gesetzesrecht gleichwohl vorgehen, ergibt sich also lediglich aus dem Charakter der Normen des Völkerrechts als leges speciales bzw aus dem Grundsatz völkerrechtsfreundlichen Verhaltens. Ausdrücklich nicht anwendbar ist hingegen Art 25 GG, denn DBA enthalten keine allg Regeln des Völkerrechts. Gleichwohl bildet das Abkommensrecht einen von dem nationalen Gesetzesrecht losgelösten eigenen Rechtskreis, der einer eigenen Systematik folgt. Insb ist der Vorrang des DBA nicht aus § 2 AO oder Art 3 Abs 1 EGBGB herzuleiten. Ob dies jedoch wirklich aus der Tatsache folgt, dass eine einfachgesetzliche Norm – wie insb von *Frotscher*[92] vertreten wird – kein Vorrangverhältnis zwischen zwei anderen einfachgesetzlichen Normen herbeiführen kann oder nicht doch eher dem lex-specialis-Gedanken zu entnehmen ist, ist allenfalls von theoretischem Belang. Richtig ist jedenfalls, dass § 2 AO nur eine klarstellende Bedeutung zukommt.

66 Ungeachtet dessen blieb abzuwarten, wie sich das BVerfG zu der Problematik verhalten würde, denn der BFH hatte die Frage der möglichen Verfassungswidrigkeit des treaty override exemplarisch anhand des § 50d Abs 8 EStG vorgelegt.[93] Nach Ansicht des BFH stellt der treaty override einen Verstoß gegen den völkerrechtlichen Grundsatz der Vertragstreue dar, der zu den allg Regeln des Völkerrechts zählt.[94] Hierzu hat das BVerfG durch Beschl v 15.12.15 erkannt, dass eine Überschreibung eines DBA durch innerstaatliches Gesetz verfassungsrechtlich zulässig ist. Der Gesetzgeber sei auch dann nicht am Erlass eines Gesetzes gehindert, wenn dieses zu völkerrechtlichen Verträgen iSv Art 59 Abs 2 S 1 GG im Widerspruch stehe. Nach Art 59 Abs 2 S 1 GG komme völkerrechtlichen Verträgen, soweit sie nicht in den Anwendungsbereich speziellerer Öffnungsklauseln (Art 1 Abs 2, 23, 24 GG) fallen, innerstaatlich der Rang eines einfachen Bundesgesetzes zu. In diesem Fall verlange das Demokratieprinzip, dass spätere Gesetzgeber die Rechtsetzungsakte früherer Gesetzgeber innerhalb der vom Grundgesetz vorgegebenen Grenzen revidieren können. Etwas anderes folge weder aus dem Rechtsstaatsprinzip noch aus dem Grundsatz der Völkerrechtsfreundlichkeit des Grundgesetzes. Auch letzterer habe zwar Verfassungsrang, beinhalte jedoch keine verfassungsrechtliche Pflicht zur uneingeschränkten Befolgung aller völkerrechtlichen Normen.

67 Die Entscheidung des Gerichts ist mit nur einem Sondervotum ergangen und darf somit im Grundsatz als einstimmig bezeichnet werden. Formaljuristisch mag man der Entscheidung zustimmen. Sie ist aber außenpolitisch fragwürdig, weil Deutschland in

---

91 *Lüdicke* S 36 ff mwN; differenzierend *Reimer* IStR 2005, 843.

92 *Frotscher* Rn 48.

93 *BHF* v. 10.1.2012, DStR 2012, 949 ff, Az *beim BVerfG*: 2 BvL 1/12; dazu instruktiv *Gosch* BFH/PR 2012, 235 ff; *Lüdicke* DB 2012, Heft 21, M 1; *Mitschke* FR 2012, 467 ff; *Schwenke* FR 2012, 443. Ebenfalls anhängig beim BVerfG ist eine vergleichbare Fragestellung in Bezug auf § 50d Abs 9 S 1 EStG (vgl *BFH*-Beschl v 11.12.13 – I R 4/13).

94 Dass das *BVerfG* und nicht der EuGH für diese Frage zuständig ist, hat der *EuGH* durch Beschl v 19.9.2012 (C-540/11) bereits entschieden. Die Frage der Zulässigkeit des treaty override betrifft danach allein die Auslegung nationalen Rechts, nicht aber des Europäischen Gemeinschaftsrechts.

der internationalen Staatengemeinschaft nahezu als einziger Staat sehr weitreichend vom treaty override Gebrauch macht. Die Entscheidung ist zudem ein verheerendes Signal an die dt FinVerw, mit Einzelfallgesetzen systematisch inkonsistente DBA flächendeckend reparieren zu dürfen. Es bleibt nur zu hoffen, dass die BVerfG-Entscheidung nicht als Ermunterung zu weiterhin unsystematischer Arbeitsweise verstanden wird.

III. Wirkungsweise

Mit der Besteuerung seiner Bürger zur Erzielung von Einnahmen nimmt jeder Staat originär hoheitliche Aufgaben wahr. Da es aufgrund des völkerrechtlichen **Souveränitätsprinzips** einem ausl Staat nicht gestattet ist, im Inland hoheitlich tätig zu werden und der StPfl nicht als Vertragspartei an dem Zustandekommen von DBA mitwirkt, ist es unmittelbar einsichtig, dass sich aus DBA im Verhältnis zum StPfl keine materiellen Besteuerungsfolgen ableiten lassen: Ein Besteuerungsanspruch wird durch DBA nicht begründet,[95] vielmehr werden nur bestehende Besteuerungsansprüche zwischen den Vertragsstaaten verteilt (Abkommensvorschriften als **Verteilungsnormen**[96]). Das DBA wirkt lediglich als Schranke innerstaatlichen Rechts, weil jeweils einer der Vertragsstaaten für bestimmte Einkünfte sein nach dem nationalen Recht gegebenes Besteuerungsrecht gegenüber dem anderen Staat zurücknimmt (Abkommensvorschriften als **Schranken- oder Begrenzungsnormen**[97]). **68**

IV. Auslegung

Der Auslegung von DBA kommt in der Rechtspraxis eine entscheidende Bedeutung zu. Nur wenn das Abkommen von beiden Vertragsstaaten einheitlich ausgelegt und ein **Entscheidungseinklang**[98] hergestellt wird, kann es seine primäre Funktion erfüllen und Dbest vermeiden oder jedenfalls vermindern. Nach zutr Auffassung im Schrifttum besteht eine widerlegbare Vermutung dafür, dass ein DBA entspr dem MA ausgelegt wird, wenn es diesem in Aufbau, Konzeption und nach den Formulierungen entspricht.[99] Dies muss mE unabhängig davon gelten, ob das DBA mit einem Nichtmitgliedsstaat der OECD oder gar zwischen zwei Nichtmitgliedsstaaten geschlossen worden ist. Das MA ist ein inzwischen weltweit anerkannter, jedenfalls aber bekannter Standard, so dass die Heranziehung des MA und des MK nur dann ausgeschlossen ist, wenn die Vertragsstaaten dies deutlich zu erkennen geben. **69**

Zunächst ist festzuhalten, dass sich die DBA aufgrund des durch sie gebildeten eigenen Rechtskreises verschiedener Begrifflichkeiten und dogmatischer Kategorien **70**

---

95 Vorbildlich *BFH* BStBl II 1980, 531 im Gliederungspunkt 4 der Entscheidungsgründe.

96 Dies ist nicht im Sinne einer Verteilung materieller Besteuerungsrechte zu verstehen, wie *Vogel/Lehner* Einl Rn 69, 70 zutreffend anmerken, sondern im Sinne einer Aufteilung von Steuerquellen.

97 Die Terminologie ist uneinheitlich und unübersehbar, vgl den Überblick bei *Reith* Rn 4.49. Wichtiger als die Begriffe ist die Erkenntnis, dass DBA-Normen keine Rechtsgrundlagen für die nationale Steuerfestsetzung bilden. Sie enthalten lediglich die Ermächtigung, dass sich ein Vertragsstaat bei einem grenzüberschreitenden Sachverhalt im Verhältnis zum anderen Vertragsstaat auf die nationale Rechtsgrundlage stützen kann.

98 *Vogel/Lehner* Einl Rn 113; *Reith* Rn 4.279; zum Gebot der Entscheidungsharmonie instruktiv *Reimer* IStR 2008, 551 ff.

99 *Debatin/Wassermeyer* Vor Art 1 MA Rn 51 ff mwN.

bedienen, die von denen des nationalen dt Steuerrechts abweichen. Für die Auslegung ist zuvörderst zu unterscheiden zwischen Begriffen, die das Abkommen selbst definiert (Beispiel: Definition der Betriebsstätte in Art 5) und solchen, die es nicht definiert. Für Letztere bestimmen Art 3 Abs 2 bzw vergleichbare Regelungen in den einzelnen DBA, dass dem Begriff diejenige Bedeutung zukommen soll, die er nach dem Verständnis des Rechts beider Vertragsstaaten innehat, wobei das Recht des das Abkommen anwendenden Staates (sog **Anwenderstaat**) vorrangig sein soll.

71 Der Rückgriff auf das nationale Gesetzesrecht (dies kann nicht nur das Steuerrecht, sondern zB auch das Zivilrecht sein) und die diesem zugrunde liegenden Begriffe vereinfacht die Anwendung der DBA erheblich, zumal der Rückgriff als sog **dynamische Verweisung** zu verstehen ist. Dadurch wird sichergestellt, dass Änderungen im Begriffsverständnis des nationalen Rechts mittelbar auch auf die Anwendung des DBA durchschlagen, was auch der Ansicht der OECD entspricht.[100] Auf der anderen Seite ist zu bedenken, dass die Vertragsstaaten jeweils für sich genommen die Regelung des Art 3 Abs 2 in Anspruch nehmen. Bei einem abw Begriffsverständnis können daher **Qualifikationskonflikte** und Dbest heraufbeschworen werden,[101] die allenfalls nur im Wege eines Verständigungs- bzw Konsultationsverfahrens nach Art 25 beseitigt werden können.[102]

72 Für die im Abkommen selbst definierten Begriffe gilt nach hM der Grundsatz der sog **autonomen** bzw **authentischen Auslegung**, dh das DBA ist aus sich selbst heraus und nach dem übergeordneten Willen beider Vertragsparteien auszulegen.[103] Nur auf diese Weise kann – losgelöst von dem nationalen Recht der Vertragsparteien – sichergestellt werden, dass der Zwecksetzung des Abkommens zutr Rechnung getragen wird. Von bes Bedeutung sind in diesem Zusammenhang auch etwaige Notenwechsel, Zusatzprotokolle, Denkschriften und andere Abreden, die die Vertragsstaaten ausgetauscht, vereinbart oder dem DBA in anderer Weise beigefügt haben mögen, weil sie Aufschluss über die beim Zustandekommen des DBA bestehenden Befindlichkeiten bzw die Intention der Vertragsparteien geben.

73 Da DBA völkerrechtliche Verträge sind, gelten für die Auslegung **erg** die Regeln der **WVK**.[104] In der Konvention sind die Auslegungsmethoden festgeschrieben, die auch aus dem nationalen dt Recht bekannt sind, dh es hat eine Auslegung einer Norm eines DBA nach (1) dem Wortlaut, (2) der Gesetzeshistorie, (3) dem systematischen Zusammenhang und (4) nach dem Sinn und Zweck **(teleologische Auslegung)** zu erfolgen.

---

100 Tz 11 ff MK zu Art 3 sowie *Vogel/Lehner* Einl Rn 184 ff.

101 Zu echten und unechten Qualifikations- sowie Subsumtionskonflikten *Reith* Rn 4.256 ff.

102 Zu Recht geben *Vogel/Lehner* Art 3 Rn 103 zu bedenken, dass zivilrechtliche Begriffe sowie nicht spezifische steuerrechtliche Begriffe nicht von der lex fori-Regelung des Art 3 Abs 2 erfasst sind.

103 Zur Reihenfolge der Auslegungsmethoden *BFH* BStBl II 1988, 574 im Gliederungspunkt 3 der Entscheidungsgründe; s *Vogel/Lehner* Einl Rn 96 ff. Maßgebend für die authentische Auslegung sind Wortlaut, abkommensrechtliche Definitionen, Zusammenhang, Zweck und Entstehungsgeschichte des DBA, vgl *Reith* Rn 4.283; **aA** wohl *Debatin/Wassermeyer* Vor Art 1 MA Rn 31 (reine Wortlautauslegung vorrangig).

104 *Vogel/Lehner* Einl Rn 102 ff; zur Anwendung der WVK im dt Recht *BVerfGE* 40, 141.

Diese Auslegungsmethoden sind zwar im Grundsatz gleichwertig, jedoch liegt der Schwerpunkt der Auslegung auf der Auslegung nach dem Sinn und Zweck unter Berücksichtigung des allg Grundsatzes von Treu und Glauben. Bei der Wortlautauslegung ist zudem zu bedenken, dass DBA (ebenso wie andere völkerrechtliche Verträge) in der Regel festlegen, welche Sprache die authentische Sprache sein soll. Dies werden meist die Sprachen beider Vertragsparteien sein, so dass auch die Wortlautauslegung nach beiden Sprachen zu erfolgen hat und in der **Beratungspraxis** bei Zweifelsfragen und Auslegungsschwierigkeiten die DBA-Versionen beider Sprachen heranzuziehen sind. Entstehen dadurch widerstreitende Erg, hat sich die Auslegung an dem Wortlaut derjenigen Sprache zu orientieren, die dem Zweck des DBA am besten gerecht wird (Art 33 WVK). **74**

Eine wichtige Rolle als Auslegungshilfe kommt auch dem MK zu.[105] Er ist weder Abkommen noch Gesetz, gibt aber die Auffassung der OECD zu den einzelnen Vorschriften des MA wieder. Da an seiner Erstellung und seiner laufenden Revision Regierungsvertreter bzw Vertreter der FinVerw der Mitgliedsstaaten mitgewirkt haben und mitwirken, darf der Kommentar als innerhalb der OECD weithin akzeptiertes Leitbild bei der Auslegung von DBA gelten. Dies gilt nach umstr, aber zutr Auffassung auch für Abkommen, die älter sind als die jeweilige Fassung des MK und des MA, weil Gesetze und Abkommen primär nach den Anschauungen zur Zeit der Auslegung auszulegen sind, wenn man von der historischen Auslegungsmethode einmal absieht.[106] Auch der MK selbst geht offenbar von seiner **rückwirkenden Geltungskraft** aus.[107] Der Steuerausschuss der OECD scheint den Zweck zu verfolgen, über eine Änderung des MK und des MA gezielt die Steuerpolitik der Mitgliedsstaaten beeinflussen zu können.[108] Der BFH hingegen verfolgt eine statische Auslegung von DBA. Daher legt er seinem Abkommensverständnis diejenige Fassung des MK zugrunde, die zum Abschluss des DBA galt.[109] **75**

V. Verhältnis der DBA zum EU-Recht

1. Verschiedene Zielrichtungen. Im Grundsatz gilt für das Verhältnis der Grundfreiheiten zum Recht der DBA nichts anderes als allg für das Verhältnis des Gemeinschaftsrechts zum nationalen Recht der Mitgliedsstaaten: Die Grundfreiheiten gehen den in DBA enthaltenen Regelungen vor. Der Befund vermag jedenfalls aus dt Sicht kaum zu überraschen, da die DBA nach ihrer Umsetzung im Range einfachen Gesetzesrechts stehen. Ebenso selbstverständlich ist es, dass die Mitgliedsstaaten bei dem Abschluss und der Umsetzung von DBA Beeinträchtigungen der Grundfreiheiten zu unterlassen haben.[110] Es ist allerdings vom EuGH im Grundsatz als gemeinschaftsrechtlich zulässig erachtet worden, die Besteuerungsrechte zwischen zwei Staaten im Vertragswege aufzuteilen.[111] **76**

---

105 Tz 15 MK zu Vor Art 1; *Reith* Rn 4.283.

106 Wie hier *S/K/K* MA Rn 44; **aA** *Debatin/Wassermeyer* Vor Art 1 MA Rn 60.

107 Tz 33 MK zu Vor Art 1.

108 Krit *Lang* Intertax 1997, 7, sowie *Jones* IBFD-Bulletin 2002, 102; abl *Waldhoff* StbJb 2005/2006, 161.

109 Schütz/*Steuk* S 178; zuletzt bestätigt *BFH* BStBl II 2011, 488.

110 *Weber-Grellet* § 7 Rn 5; *EuGHE* 1986 I 285 (C-270/83); *EuGHE* 1999 I 6181 (C-307/97).

111 *EuGHE* 2002 I 433 (C-55/00).

77 Gegenwärtig ist zu beobachten, dass das Gemeinschaftsrecht das Abkommensrecht nicht nur überlagert, sondern es zunehmend verdrängt.[112] Welche Konsequenzen dies hat, ist bislang kaum abzusehen, denn strukturell weisen Gemeinschafts- und Abkommensrecht **kaum Gemeinsamkeiten** auf.[113] Das Gemeinschaftsrecht will die StPfl bei grenzüberschreitenden Betätigungen vor steuerlichen Nachteilen schützen, zugleich aber keine Vorteile gewähren, die StPfl bei rein nationalen Betätigungen nicht auch hätten in Anspruch nehmen können. Das Abkommensrecht hingegen sucht in erster Linie Dbest zu vermeiden. Aufgrund dieser unterschiedlichen Zielsetzungen müssen nahezu zwangsläufig Verwerfungen zwischen den beiden Regelungsmaterien entstehen,[114] die wohl nur vollständig vermieden werden können, wenn die OECD bzw die Europäische Kommission wie bereits angekündigt ein Musterabkommen vorlegen, welches bereits a priori gemeinschaftsrechtskonform ausgestaltet ist.[115]

78 In jüngerer Zeit jedoch hat der EuGH entschieden, dass eine Dbest per se nicht gemeinschaftsrechtswidrig sei.[116] Die Beseitigung von Dbest sei im Grundsatz die Aufgabe von DBA und nicht des Gemeinschaftsrechts, so dass in casu die Versagung einer Quellensteueranrechnung bei Dividendenzahlungen gemäß dem belgischen Steuerrecht selbst dann kein Verstoß gegen Art 63 EAUV sei, wenn unstr eine Dbest vorliege.

79 Was das Verhältnis des Europäischen Sekundärrechts zum Abkommensrecht anbelangt, so ist zu konstatieren, dass keine Konfliktlage zum Nachteil des StPfl besteht. Das EU-Recht ist zwar systematisch vorrangig **(Anwendungsvorrang)**, der StPfl kann sich aber jeweils auf die für ihn **günstigere Regelung** berufen. Wenn bspw nach dem Dividendenartikel (Art 10) eines Abkommens eine Quellensteuer auf Schachtelbeteiligungen von 10 % vorgesehen ist, aber zugleich die MTR greift, so wird man diese vorrangig anzuwenden haben. Diese gibt den Mindeststandard vor, der durch ein DBA erweitert, nicht aber eingeschränkt werden kann.[117] Umgekehrt wird man allerdings aus der MTR nicht die Verpflichtung der Mitgliedsstaaten der EU herauslesen können, ihre DBA zwingend an der Richtlinie orientieren zu müssen.

80 **2. Meistbegünstigung.** Eine andere Frage, die in den vergangenen Jahren im Spannungsfeld von Gemeinschafts- und Abkommensrecht immer wieder diskutiert wurde, ist die Frage nach der Existenz des Grundsatzes der sog Meistbegünstigung.[118] Der Grundsatz der Meistbegünstigung geht in seiner ursprünglichen, vom Gedanken der Inländerdiskriminierung beeinflussten Ausprägung davon aus, dass die Mitgliedstaa-

112 *Weber-Grellet* § 7 Rn 6; *Lehner/Reimer* IStR 2005, 542, 547.

113 *EuGHE* 1995 I 2508 (C-80/94) hat entschieden, dass eine in einem DBA enthaltene Gegenseitigkeitsklausel nicht geeignet sei, eine Diskriminierung unter Kohärenzgesichtspunkten zu rechtfertigen; vgl auch *Hahn* DStZ 2005, 433, 441.

114 Exemplarisch *EuGHE* 1998 I 2823 (C-336/96), wonach das DBA nicht gewährleiste, dass die Steuern, die von dem StPfl in dem einen Vertragsstaat erhoben werden, nicht höher sind als diejenigen, die von ihm in dem anderen Vertragsstaat erhoben werden. Die nachteiligen Auswirkungen der in casu streitbefangenen Steueranrechnungsmethode des DBA beruhten daher primär auf den unterschiedlichen und mangels Kompetenz der Gemeinschaft nicht harmonisierten Steuersätzen der jeweiligen Mitgliedsstaaten.

115 Zu diesen Bestrebungen *Debatin/Wassermeyer* Vor Art 1 MA Rn 141 ff.

116 *EuGHE* 2006 I 10967 (C-513/04).

117 *Debatin/Wassermeyer* Vor Art 1 MA Rn 18.

118 *Rädler* S 335; *Cordewener* S 501 ff.

ten jene Vorteile, die sie Angehörigen eines Mitgliedstaates in einem bestimmten Zusammenhang gewähren, auch den Angehörigen der anderen Mitgliedstaaten gewähren müssen. Umgekehrt lässt sich fragen, ob dieser Grundsatz nicht auch dazu führt, dass ein Mitgliedstaat seinen eigenen Staatsangehörigen jene Vorteile, die er im Zusammenhang mit Betätigungen in einem Mitgliedstaat gewährt (zB bestimmte Quellensteuersätze in einem DBA), auch bei Betätigungen in anderen Mitgliedstaaten nicht verwehren darf.

Im Schrifttum wurde mit guten Gründen für die Existenz eines solchen Grundsatzes **81** gestritten: Da die DBA im Lichte der Grundfreiheiten auszulegen seien, müsse jeder Mitgliedstaat – um nicht gegen die im Vertrag über die Europäische Union verankerten Diskriminierungsverbote zu verstoßen – „die jeweils günstigste Norm seines DBA-Netzes anwenden und Meistbegünstigung gewähren".[119] Auch verlange schon das Grundprinzip des Binnenmarkts (vgl Art 6 AEUV bzw Art 3 EUV: Schaffung eines „gemeinsamen Marktes") gleiche Wettbewerbsbedingungen, so dass bilaterale DBA „mit verschiedenen Mitgliedstaaten keine ins Gewicht fallenden unterschiedlichen Regelungen enthalten" dürften.[120]

Die Diskussion in der Literatur um den Meistbegünstigungsgrundsatz wurde zunächst **82** durch das EuGH-Urt in der Rs *D*[121] zu einem vorläufigen Ende geführt. Dem Urt lag ein **Inbound-Sachverhalt** zugrunde, und das Gericht beschied die Rechtssache allein deshalb abschlägig, weil sich der in Deutschland ansässige Kläger nicht in einer mit einem in Belgien (das war der Staat, in Bezug auf den eine Meistbegünstigung hinsichtlich bestimmter DBA-Regeln angestrebt wurde) ansässigen StPfl vergleichbaren Situation befand.

In der Lit wurde daraufhin versucht, den Meistbegünstigungsgrundsatz jedenfalls für **83** den **Outbound-Fall** fruchtbar zu machen.[122] In einem etwas anderen Zusammenhang hat der EuGH insoweit auch bereits Bedenken hinsichtlich einer vom ausl Investitionsstaat abhängigen unterschiedlichen Besteuerung durch den Ansässigkeitsstaat des StPfl erkennen lassen.[123] Zudem rekurrierte man darauf, dass der in Deutschland ansässige Kläger in der Rs *D* eine nur unter bestimmten Voraussetzungen in den Niederlanden gewährte persönliche Steuerbefreiung begehrte, weshalb ggf Raum für eine Meistbegünstigung bliebe, wenn um objektive Größen (etwa Steuerbemessungsgrundlagen) gestritten werde.[124] Insb *Lang* hat darüber hinaus mE überzeugend nachgewiesen, dass gerade in Bezug auf die unterschiedlichen Methoden zur Vermeidung der Dbest eine Meistbegünstigung zu gewähren sei. Wenn ein Staat X in einem DBA mit dem Staat Y die Anrechungsmethode, in den DBA mit allen anderen Mitgliedstaaten aber die Freistellungsmethode vereinbart habe, dann sei auch im Hinblick auf den Staat Y die Freistellungsmethode anzuwenden.[125]

---

119 *Schuch* S 99, 135, 136.

120 *Rädler* S 335, 348; ebenso *Mössner/Kellersmann* DStZ 1999, 505, 515.

121 *EuGHE* 2005 I 5821 (C-376/03); nachfolgend *EuGHE* 2006 I 11673 (C-374/04).

122 Vgl *Thömmes* IWB 2005/14, Fach 11a, Gruppe 2, 881, 888, und *Lang* SWI 2005, 365, 373; iE auch *Rödder/Schönfeld* IStR 2005, 523, 525.

123 *EuGHE* 2006 I 7995 (C-196/04).

124 So wohl *Rödder/Schönfeld* IStR 2005, 523, 525.

125 *Lang* IStR 2005, 289, 295.

84 Eine Entsch des EuGH zur Frage der Meistbegünstigung im Outbound-Fall steht noch aus, jedoch hat der BFH in seinem Urt v 9.11.2005[126] auf ein Vorabentscheidungsverfahren verzichtet und eine Meistbegünstigung auch im Outbound-Fall verneint. Derzeit ist nicht davon auszugehen, dass der EuGH gegenteilig entscheiden würde[127] (zur abkommensrechtlichen Meistbegünstigung vgl Art 24 Rn 4).

D. Prüfungsfolge bei internationalen Sachverhalten

I. Prüfungsschema

85 Bei einem int Steuerfall ist ausgehend vom dt Recht wie folgt vorzugehen. Eine bekannte oder unterstellte Beurteilung des Sachverhalts nach ausl Zivil- oder Steuerrecht ist dabei zunächst einmal **irrelevant**:

86 **1. Nationales dt Recht**
- a) Persönliche StPfl
  - aa) Unbeschränkte StPfl (und Modifikationen)
  - bb) Beschränkte StPfl (und Modifikationen)
- b) Sachliche StPfl
  - aa) Umfang der Besteuerung (Welteinkommen/inländische Einkünfte)
  - bb) Einkunftsart und Einkommensermittlung
- c) Steuersatz
- d) Ergebnis der nationalen Prüfung
  - aa) keine dt StPfl: Prüfung, ob Besteuerung durch Ausland ggf abkommenswidrig
  - bb) wenn kein DBA: Unilaterale Methoden zur Vermeidung der Dbest

2. Europarecht
- a) ggf unmittelbare Anwendung von Sekundärrechtsakten
- b) Gemeinschaftsrechtswidrigkeit nationaler steuerlicher Normen

3. Abkommensrecht
- a) sachlicher/persönlicher/räumlicher/zeitlicher Anwendungsbereich des Abkommens
- b) anwendbarer Einkunftsartikel
- c) Methode zur Vermeidung der Dbest
- d) ggf sonstiges Völkerrecht (insb Abkommen)

II. Erläuterungen

87 In einem ersten Schritt wird die Frage nach der persönlichen StPfl (Steuersubjekt) gestellt und nach den aus dem nationalen Steuerrecht bekannten Regeln beantwortet. Sodann widmet man sich der Frage nach der sachlichen StPfl (Umfang der Besteuerung bzw Steuerobjekt), und zwar dies ebenfalls gem den aus dem nationalen Recht bekannten Regeln. Es bietet sich an, stets mit der weitestreichenden StPfl zu beginnen. In Deutschland ist dies die unbeschränkte StPfl, sodann folgen (bei natürlichen Personen) die erweitert beschränkte StPfl nach § 2 AStG und zuletzt die beschränkte StPfl.

---

126 *BFH* BStBl II 2006, 564 im Gliederungspunkt C 4 a der Entscheidungsgründe: Keine sachliche Unterscheidung zwischen Inbound- und Outbound-Sachverhalten.

127 Wie hier *Kofler* SWI 2006, 62, 64.

Ist diese Prüfung abgeschlossen, erhält man ohne Ausnahme ein eindeutiges Ergebnis, ob Deutschland den vorliegenden Sachverhalt dem Grunde und der Höhe nach besteuern darf oder nicht. Bei der Prüfung nach nationalem Recht ist die aus dem Verfassungsrecht bekannte **Normenpyramide** zu beachten. Es gelten ferner bei der Rechtsanwendung ohne Besonderheiten die allg Regeln der Gesetzesauslegung und -anwendung (so etwa die Grundsätze „lex posterior derogat legi priori“ und „lex specialis derogat legi generali“). 88

Weiter ist darauf hinzuweisen, dass man es bei der Beurteilung von Sachverhalten mit Auslandsberührung nicht nur mit verschiedenen nationalen Steuerrechten, sondern mit den Rechtsordnungen anderer Staaten auch iÜ zu tun hat. Das gilt va für das Gesellschaftsrecht als Teilgebiet dieser Rechtsordnungen, aber ebenso für das Erb- oder Familienrecht. Nicht selten ist daher – gewissermaßen als **Vorfrage** für die Anwendung des Steuerrechts – zu klären, welches nationale Zivilrecht (oder auch öffentliche Recht) auf einen Sachverhalt Anwendung findet. Die Frage ist nicht nur für die Steuerarten, die ohnehin zivilrechtsakzessorisch ausgestaltet sind (wie etwa die Erbschaft- und Schenkungsteuer), sondern ganz allg von Bedeutung. 89

Sodann ist zu differenzieren: Das Europarecht entfaltet im Steuerrecht keine andere Wirkung als in anderen Rechtsgebieten. Insofern ist zwingend der **Anwendungsvorrang** des Europarechts zu beachten. Verstoßen Regeln des dt Steuerrechts gegen Europäisches Primärrecht und insb gegen Grundfreiheiten, dürfen sie nicht angewendet werden. Soweit zB Richtlinien in nationales Recht umgesetzt worden sind (§ 43b EStG etwa ist in Umsetzung der MTR ergangen), ist die jeweilige Vorschrift des nationalen Rechts ohne Besonderheiten heranzuziehen und der Richtlinie bedarf es idR nicht. 90

Was hingegen die Anwendung von DBA anbelangt, ist zwar einerseits deren auf dem allg lex-specialis-Gedanken basierende Vorrangigkeit, jedoch andererseits zu beachten, dass diese kein materielles Recht in dem Sinne darstellen, dass sie Besteuerungsansprüche von Staaten begründen würden. DBA verteilen lediglich bereits nach dem nationalen Steuerrecht bestehende Besteuerungsansprüche zwischen Staaten, begründen aber keine solchen (vgl Rn 66). 91

Daraus folgt für einen int Sachverhalt unter dt Beteiligung zweierlei: Wenn man nach der Anwendung des nationalen dt Steuerrechts zu der Schlussfolgerung gelangt, dass dem Grunde und der Höhe nach ein Sachverhalt mit Auslandsberührung der dt Besteuerung unterliegt, ist in einem zweiten Schritt das einschlägige DBA daraufhin zu befragen, ob Deutschland im Verhältnis zu dem oder den anderen Staaten auch zur Ausübung dieses Besteuerungsrechts befugt ist. Diese Prüfung nach dem Abkommensrecht ist aber nicht nur vorzunehmen, wenn neben Deutschland noch wenigstens ein weiterer Staat nach seinem nationalen Recht den zugrunde liegenden Sachverhalt besteuern möchte. Sie ist auch vorzunehmen, wenn zwar nicht Deutschland, aber ein ausl Staat, oder nur Deutschland, aber kein weiterer ausl Staat einen int Sachverhalt besteuern möchte, weil diese Besteuerung abkommenswidrig sein kann. 92

Systematisch verfehlt wäre es, die Prüfung eines int Sachverhalts mit einem Blick in das einschlägige DBA zu beginnen, weil DBA nur Besteuerungsrechte verteilen, nicht aber begründen. Das DBA ist stets erst nach der Prüfung nach dem nationalen Steuerrecht heranzuziehen. Dies ist zwar kein Dogma, aber doch zweckmäßig. 93

94 **Beispiel:** Die natürliche Person X mit Wohnsitz in Italien gewährt der natürlichen Person Y mit Wohnsitz in Deutschland ein privates, unbesichertes Darlehen. Gefragt ist nach der Besteuerung von X und unterstellt wird, dass X in Italien aufgrund des Wohnsitzes der unbeschränkten italienischen Einkommensteuerpflicht unterliegt. Italien besteuert daher nach dem nationalen italienischen Recht die von X erzielten Darlehenszinsen. Aus dt Sicht führen diese Darlehenszinsen zugleich zu Einkünften aus Kapitalvermögen gem § 20 Abs 1 Nr 7 EStG. Wer jetzt aus Art 11 Abs 2 DBA Italien ableitet, Deutschland dürfe auf die Darlehenszinsen eine Quellensteuer von 10 % erheben, übersieht, dass X in Deutschland nach nationalem Recht weder der unbeschränkten noch der beschränkten StPfl unterliegt. Die unbeschränkte StPfl scheitert mangels eines inländischen Wohnsitzes oder gewöhnlichen Aufenthalts, die beschränkte StPfl daran, dass das Darlehen im Inland nicht dinglich besichert war (§ 49 Abs 1 Nr 5 lit c Doppelbuchstabe aa EStG).

95 Dem Rechtsanwender ist dringend anzuraten, sich bei Vorliegen des geringsten Bezugs eines Sachverhalts zum Ausland kundig zu machen, ob neben Deutschland noch ein weiterer Staat einen Besteuerungsanspruch erhebt. Erforderlichenfalls ist nach Europarecht, Abkommensrecht und sonstigem Völkerrecht eingehend zu prüfen, welcher der beteiligten Staaten abschließend und definitiv von seinem nationalen Besteuerungsrecht Gebrauch machen darf. In der Praxis führt insb die fehlerhafte Anwendung von DBA immer wieder dazu, dass einem Staat ein nicht bestehendes Besteuerungsrecht zugesprochen bzw dem jeweils anderen Staat ein bestehendes Besteuerungsrecht abgesprochen wird. Zudem ist generell eine fehlende oder gering ausgeprägte Sensibilität für Auslandssachverhalte zu bemängeln.

E. Strukturprinzipien des MA

I. Überblick

96 Ein grenzüberschreitender Sachverhalt ist stets zunächst nach den Regeln des nationalen Steuerrechts zu würdigen. Nur wenn nach dem nationalen Steuerrecht eines oder mehrerer Staaten dem Grunde und der Höhe nach ein Besteuerungsanspruch besteht, erwächst daraus die Notwendigkeit der Anwendung eines DBA.[128]

97 Melden mehrere Staaten Besteuerungsrechte hinsichtlich desselben Steuersubstrats an, führt die Anwendung eines Abkommens in den meisten Fällen dazu, dass wenigstens einem der Staaten ein Besteuerungsrecht zugewiesen wird. Ausnahmen sind nur bei **Qualifikationskonflikten** denkbar. Möchte hingegen nur ein Staat einen grenzüberschreitenden Sachverhalt besteuern, kann die Anwendung des DBA auch zu **weißen Einkünften** führen, soweit dies nicht durch unilaterale oder abkommensrechtliche subject-to-tax-Klauseln verhindert wird.

98 Die **Prüfungsreihenfolge** bei der Anwendung eines DBA ist durch dessen systematischen Aufbau weitgehend vorgegeben. Anhand des MA auf dem Gebiet der Steuern vom Einkommen und Vermögen ergibt sich die nachstehend erläuterte Prüfungsreihenfolge.[129] Bei erbschaft- und schenkungsteuerlichen Abkommen ist in gleicher Weise zu verfahren.

128 AA *Vogel/Lehner* Einl Rn 90; wie hier *S/K/K* Einf MA Rn 35.
129 Zur Anwendung von DBA instruktiv *Vogel/Lehner* Einl Rn 83 ff.

Aufbau des OECD-Musterabkommens 2014 99

Art 1–2	Geltungsbereich des Abkommens
Art 3–5	Begriffsbestimmungen
Art 6–21	Einzelne Einkunftsartikel und Zuweisung von Besteuerungsrechten
Art 22	Zuweisung des Besteuerungsrechts bei Vermögen
Art 23 A/B	Methodenartikel (Befreiungs- und Anrechnungsmethode)
Art 24–29	Sonderregelungen (Verständigungsverfahren, Informationsaustausch, etc)
Art 30–31	Schlussbestimmungen (Inkrafttreten; Kündigung)

II. Handhabung eines DBA

Zunächst ist zu prüfen, ob der **Anwendungsbereich** des Abkommens in räumlicher zeitlicher und sachlicher Hinsicht eröffnet ist. Sodann wird der persönliche Anwendungsbereich und damit die Frage untersucht, wer sich auf das DBA berufen kann **(Abkommensberechtigung)**[130]. Die sog abkommensberechtigte Person muss stets in einem der Vertragsstaaten **(Ansässigkeitsstaat)** ansässig sein, was durch das DBA abschließend festgelegt wird. Besondere Probleme bestehen hier regelmäßig nur bei PersGes[131] (dazu Art 4 Rn 50). Ist diese Prüfung abgeschlossen, wird für die einzelnen Einkünfte dieser abkommensberechtigten Person (die Einkünfte können aus dem Ansässigkeitsstaat oder dem **Quellenstaat** stammen) geprüft, welchem Staat hierfür das Besteuerungsrecht zugewiesen wird.[132] 100

DBA enthalten in bes **Einkunftsartikeln** (zB Art 10 für Dividenden) Vorschriften darüber, in welchem Staat (im Ansässigkeitsstaat oder im Quellenstaat) die Einkünfte besteuert werden dürfen. Die Einkunftskategorien der DBA entsprechen nicht den Einkunftsarten des § 2 Abs 1 S 1 EStG und auch nicht den Einkunftsarten anderer Staaten, sondern es ist losgelöst von den nationalen Begrifflichkeiten und nationaler Dogmatik allein anhand des Abkommens zu fragen, unter welchen Einkunftsartikel ein grenzüberschreitender Sachverhalt zu subsumieren ist.[133] Für verschiedene Einkünfte kommen daher (ggf nebeneinander) auch mehrere Einkunftsartikel mit der Folge einer unterschiedlichen Zuordnung von Besteuerungsrechten in Betracht. Innerhalb der Einkunftsartikel wiederum können die verschiedenen Abs weitere differenzierende Regelungen enthalten. 101

Die Zuordnung des Besteuerungsrechts wird in den DBA aber nicht allein anhand der Einkunftsartikel (Art 6 ff) vorgenommen, sondern ist in engem Zusammenhang mit dem sog **Methodenartikel** (Art 23A und B) zu sehen. Der Artikel heißt Methodenartikel, weil in ihm die Methoden zur Vermeidung der Dbest geregelt sind. In Art 23A ist 102

130 *Reith* Rn 4.112.

131 Zur Anwendung von DBA auf PersGes vgl *BMF* v 16.4.2010 und dazu *Lang* IStR 2007, 606.

132 Vgl die Einteilung in Tz 20 der Einleitung des MK, wonach im Abkommen unterschieden wird zwischen Einkünften, die im Quellen- oder Belegenheitsstaat (1) unbegrenzt, (2) begrenzt und (3) nicht besteuert werden können.

133 *Vogel/Lehner* Vor Art 6–22 Rn 2; *Debatin/Wassermeyer* Vor 6–22 MA Rn 20 f; *Frotscher* Rn 483 ff; vgl die Gegenüberstellung der Einkunftsarten der §§ 13 ff EStG und der Einkunftsartikel des MA bei *Reith* Rn 4.356.

die Befreiungsmethode (Freistellungsmethode), in Art 23B die Anrechnungsmethode geregelt. Freistellungsmethode und Anrechnungsmethode sind im Abkommensrecht die beiden maßgebenden Methoden zur Vermeidung der Dbest. Daneben tritt die sog **Zuordnungsmethode** als Unterfall der Freistellungsmethode.[134]

103 Im Einzelnen ist das Zusammenspiel der Einkunftsartikel und des Methodenartikels wie folgt ausgestaltet: Zunächst ist anhand eines bestimmten Einkunftsartikels zu prüfen, was dort über die Zuweisung des Besteuerungsrechts geregelt ist. Dabei ist als Prinzip zu beachten, dass sich die Schrankennormen der DBA im Regelfall an den Quellenstaat richten und diesem bei der Besteuerung Grenzen setzen. Nur in Ausnahmefällen beziehen sich die Schrankennormen auf den Ansässigkeitsstaat, denn dessen Besteuerungsrecht wird im Grundsatz durch das Abkommen nicht angetastet. IdR bedienen sich die DBA der Wendung „können besteuert werden" und geben dazu durch die Zusätze wie zB „der eine Staat", „der erstgenannte Staat" oder „der andere Staat" an, welchem Vertragsstaat das Besteuerungsrecht zustehen soll.[135]

104 In Art 9 Abs 1 DBA Frankreich heißt es bspw: „Dividenden, die eine in einem Vertragsstaat [das ist der Quellenstaat] ansässige Gesellschaft an eine in dem anderen Staat [das ist der Ansässigkeitsstaat] ansässige Person [das ist die abkommensberechtigte Person] zahlt, können in dem anderen Staat [das ist der Ansässigkeitsstaat] besteuert werden." Kehrt daher eine in Frankreich (hier der Quellenstaat) ansässige KapGes an eine in Hamburg ansässige natürliche Person X eine Dividende aus, darf diese Dividende im Ansässigkeitsstaat Deutschland nach den Regeln des nationalen dt Steuerrechts besteuert werden.

105 Das DBA gibt auch zu erkennen, ob diese Zuweisung des Besteuerungsrechts ausschließlich gemeint ist. Ist dies der Fall, wird in dem jeweiligen Einkunftsartikel der Passus „können nur besteuert werden" verwendet **(abschließende Rechtsfolge)**[136]. Art 10 Abs 1 DBA Frankreich lautet etwa: „Zinsen […] können […] nur in dem Vertragsstaate besteuert werden, in dem der Bezugsberechtigte ansässig ist." Diese Rechtstechnik nennt man Zuordnungsmethode. Es wird durch den Einkunftsartikel selbst abschließend festgelegt, welchem Staat das Besteuerungsrecht zustehen soll. Der Anwendung des Methodenartikels bedarf es in diesem Fall nicht. Freistellungs- bzw Anrechnungsmethode sind dann nicht anzuwenden, denn eine etwaige Dbest wird bereits durch die ausschließliche Zuordnung des Besteuerungsrechts vermieden.

106 Abgesehen vom Sonderfall der Zuordnungsmethode ist nach der Zuweisung des Besteuerungsrechts zu einem der Vertragsstaaten zu untersuchen, ob diese Zuweisung ausschließlich ist oder ob auch dem anderen Staat gleichzeitig das Besteuerungsrecht zustehen soll. Für den Fall der og französischen Dividenden (Rn 103) heißt es zB in Art 9 Abs 2 DBA Frankreich: „Jeder der Vertragsstaaten behält das Recht, die Steuer von Dividenden nach seinen Rechtsvorschriften im Abzugsweg (an der Quelle) zu erheben. Der Steuerabzug darf jedoch 15 vom Hundert des Bruttobetrages der Dividenden nicht übersteigen." Neben dem Ansässigkeitsstaat Deutschland wird also (auch) Frankreich als Quellenstaat ein (in der Höhe begrenztes) Besteuerungsrecht

134 Zu den unterschiedlichen Regelungstechniken der Verteilung der Besteuerungsrechte bzw den Methoden zur Vermeidung der Dbest *Reith* Rn 4.299 ff.

135 Instruktiv Tz 19 MK zu Vor Art 1.

136 *Vogel/Lehner* Einl Rn 85.

eingeräumt. Die Dividenden werden also – zumindest partiell – doppelt besteuert. Wie diese Dbest vermieden oder vermindert wird, verrät allein der Methodenartikel. Aus dem Einkunftsartikel selbst lassen sich hierfür keine Schlüsse ziehen.

Im Methodenartikel der DBA wird idR unterschieden nach der Ansässigkeit der abkommensberechtigten Person. Es wird nacheinander geregelt, für welche Einkünfte welche Methode zur Vermeidung der Dbest für den Fall der Ansässigkeit der abkommensberechtigten Person in dem einen Staat und sodann für den Fall der Ansässigkeit der abkommensberechtigten Person in dem anderen Staat zur Anwendung kommt. Auch innerhalb eines Abkommens werden regelmäßig verschiedene Methoden für verschiedene Einkünfte Platz greifen, und die Methoden können auch je nach Ansässigkeit variieren. **107**

Bei der Anwendung des Methodenartikels ist größte Sorgfalt bei der Prüfung angezeigt. Die Aufgliederung auch innerhalb der Einkunftsartikel (bspw bei Dividenden, je nachdem, wer der Empfänger ist und in welcher Höhe eine Beteiligung besteht) führt teilw – auch aufgrund der Ergänzung durch Zusatzprotokolle – zu sehr komplizierten Vorschriften, die eine nicht unerhebliche Länge erreichen und daher nicht einfach zu handhaben sind (vgl nur Art 23 DBA Belgien). Zudem ist zu bedenken, dass sich der Methodenartikel nach der Systematik des Abkommens ausschließlich an den Ansässigkeitsstaat der abkommensberechtigten Person richtet. Vor Anwendung des Methodenartikels muss daher zwingend der Ansässigkeitsstaat bestimmt werden. **108**

In gleicher Weise wie bei der Zuweisung des Besteuerungsrechts zu beiden Staaten ist zu verfahren, wenn das DBA über die Wendung „können besteuert werden" einem der Staaten das Besteuerungsrecht einräumt, jedoch der Einkunftsartikel dieser Zuweisung mangels der Worte „nur", „ausschließlich" oder vergleichbarer Worte keine abschließende Wirkung verleiht **(offene Rechtsfolge)**.[137] Auch in diesem Fall bedarf es des Methodenartikels, um die Zuweisung des Besteuerungsrechts vorzunehmen. In keinem Fall ist es denkbar, dass das DBA offen lässt, welcher Staat welche Einkünfte besteuern darf, sofern nur das DBA grds anwendbar ist. **109**

Nachdem das DBA einem Vertragsstaat oder ggf auch beiden Vertragsstaaten (einem von ihnen meist in der Höhe begrenzt[138]) ein Besteuerungsrecht zugesprochen hat, ist in einem letzten Schritt zu prüfen, ob dieses Besteuerungsrecht auch abschließend bei dem jeweiligen Staat verbleibt oder ob es nicht aufgrund des DBA oder auch des nationalen Rechts (dann idR im Wege eines treaty override) an den jeweils anderen Staat (zurück) fällt oder aus anderen Gründen doch nicht ausgeübt werden darf. Bsp hierfür sind die Anwendung unilateraler oder abkommensrechtlicher subject-to-tax-Klauseln oder die Anwendung des § 50d Abs 3 EStG, der über das DBA hinaus bestimmte Voraussetzungen für die Inanspruchnahme abkommensrechtlicher Vergünstigungen vorsieht (Rn 140ff). **110**

137 *Vogel/Lehner* Einl Rn 85.

138 Denkbar und praktisch anzutreffen sind nicht nur Beschränkungen hinsichtlich der Höhe des Steuersatzes (Einschränkung des Besteuerungsrechts der Höhe nach), sondern auch Beschränkungen hinsichtlich des Umfangs der Bemessungsgrundlage (Einschränkung des Besteuerungsrechts dem Grunde nach).

III. Rangfolge der Einkunftsartikel

111 Für jede Art von Einkünften, die ein StPfl aus einem anderen Staat bezieht, ist separat zu prüfen, welcher Einkunftsartikel auf diese Einkünfte anwendbar ist. Die Einkunftsartikel sind im Grundsatz **gleichrangig**. Dennoch gibt es einige wenige Abkommensvorschriften, die ähnlich dem in den §§ 20 Abs 3, 21 Abs 3, 22 Nr 3 und 23 Abs 2 S 1 EStG verankerten Subsidiaritätsprinzip eine Rangfolge bestimmter Einkunftsartikel und damit zugleich die Prüfungsreihenfolge vorgeben:[139]

112 Zunächst gibt es Regelungen, die eine Rangfolge für den Einzelfall anordnen. Die DBA arbeiten mit **Spezialitäts- und Subsidiaritätsregeln**, die auch deutlich im Wort der Normen angelegt sind. So erklärt sich bspw Art 15 (Abs 1) gegenüber den Art 16, 18 und 19 für subsidiär („Vorbehaltlich der …"), während sich etwa Art 17 (Abs 1) gegenüber den Art 7 und 15 („Ungeachtet der …") zur lex specialis erklärt.

113 Abgesehen davon gilt der Grundsatz, dass sämtliche Einkunftsartikel (Ausnahme: Art 21) dem Artikel über Unternehmensgewinne vorgehen. Art 7 Abs 4 regelt ausdrücklich, dass die Bestimmungen anderer Artikel durch die Bestimmungen des Art 7 unberührt bleiben. Die anderen Artikel sind daher vorrangig zu prüfen.[140]

114 **Beispiel:** Wenn die in Deutschland ansässige natürliche Person X an einer gewerblich tätigen Limited Partnership nach dem Recht von Großbritannien und zudem an einer britischen Limited beteiligt ist, dann ist infolgedessen – wenn die Limited Gewinnausschüttungen vornimmt – hinsichtlich dieser Dividendenausschüttungen der Dividendenartikel im Grundsatz vorrangig vor dem Artikel über Unternehmensgewinne zu prüfen, obwohl doch X über die Limited Partnership anteilig über eine Betriebsstätte in Großbritannien verfügt. Betriebsstätten entfalten keine sog **Attraktivkraft** (anderer Begriff: Attraktionskraft) dergestalt, dass ihnen sämtliche Einkünfte aus dem Betriebsstättenstaat zuzurechnen wären, auch wenn diese mit der Betriebsstätte keine Berührungspunkte aufweisen und ihr daher nicht zuzurechnen sind. Art 7 Abs 1 S 2 aE verlangt ausdrücklich eine solche Zurechnung, damit der Art über Unternehmensgewinne anwendbar ist.

115 Von dem vorgenannten Grundsatz des Art 7 Abs 4 (Nachrangigkeit des Art über Unternehmensgewinne) gibt es daher Ausnahmen, wenn die Zurechnungskriterien des Art 7 Abs 1 S 2 aE erfüllt sind. Wenn bestimmte Einkünfte einer Betriebsstätte im Quellenstaat zugerechnet werden können, wandelt sich die Nachrangigkeit des Artikels über Unternehmensgewinne in einen Vorrang dieser Bestimmung. Man nennt dies den sog **Betriebsstättenvorbehalt**.[141] Er findet sich in Art 10 Abs 4, Art 11 Abs 4, Art 12 Abs 3 und Art 21 Abs 2 und gilt daher insb bei Dividenden, Zinsen und Lizenzgebühren. Wenn daher in dem vorgenannten Bsp die Beteiligung an der britischen Limited zum Betriebsvermögen der Limited Partnership gehört,[142] ist nicht mehr der Dividendenartikel, sondern der Art über Unternehmensgewinne anwendbar.

116 Schließlich ist zu beachten, dass Art 21 eine Art **Auffangtatbestand** enthält. Nach Abs 1 der Vorschrift werden Einkünfte, die in anderen Art nicht behandelt werden, ausschließlich nach den Regeln des Art 21 besteuert. Abs 2 enthält wiederum einen

139 *S/K/K* Einf MA Rn 29 ff.
140 *Vogel/Lehner* Art 7 Rn 167.
141 *Vogel/Lehner* Vor Art 10–12 Rn 30 ff (ausf Art 7 Rn 244).
142 Zum Begriff des „Gehörens" Art 10 Rn 162 ff.

Betriebsstättenvorbehalt. Auch dies zeigt, dass dem Art über Unternehmensgewinne in der Systematik des MA eine zentrale Bedeutung zukommt.

Bes Probleme bereitet die abkommensrechtliche Behandlung sog **Dreieckssachverhalte**. Dabei handelt es sich um grenzüberschreitende Sachverhalte, die Berührungen zu mehr als zwei Staaten haben. IdR wird es sich um drei Staaten und meist um das Aufeinandertreffen einer unbeschränkten und zweier beschränkter nationaler StPfl handeln. Die Hauptschwierigkeit dieser Sachverhalte besteht in der Ermittlung des anwendbaren DBA bzw in dem Zusammenspiel der (ggf divergierenden) Regelungen verschiedener DBA. Zur Erl soll der folgende einfache Grundfall eines Dreieckssachverhalts dienen, der schulmäßig geprüft wird. Für komplizierte Fälle wird auf die weiterführende Lit verwiesen.[143] 117

Beispiel: Die X-GmbH mit Sitz und Geschäftsleitung in Deutschland unterhält eine Betriebsstätte in der Schweiz, die als Zweigniederlassung eingetragen wird. Geschäftsgegenstand der Gesellschaft ist die gewerbliche Vermietung (nebst Bewirtschaftung) von mobilen Heizkraftwerken, die von gewerblichen Kunden (zB Krankenhäuser) in der Schweiz und in aller Welt im Rahmen ihrer jeweiligen Geschäftsbetriebe zur Energieerzeugung eingesetzt werden. Das gesamte Geschäft der X-GmbH wird aus der schweizerischen Betriebsstätte heraus betrieben. Wir wollen annehmen, dass in den Ansässigkeitsstaaten der Kunden auf den Mietzins eine Quellensteuer erhoben wird. Auf diese Quellensteuer wird in den älteren DBA nicht der Zinsartikel, sondern der Lizenzgebührenartikel angewendet, denn anders als die Neufassung des MA aus dem Jahr 2005 enthalten diese Abkommen noch den Zusatz, dass als Lizenzgebühren auch Vergütungen „für die Benutzung oder das Recht auf Benutzung gewerblicher, kaufmännischer oder wissenschaftlicher Ausrüstungen" anzusehen sind (so auch das DBA Schweiz). 118

Lösung nach nationalem Recht: Aus der Sicht der Bundesrepublik Deutschland ist die X-GmbH unbeschränkt steuerpflichtig, § 1 Abs 1 Nr 1 KStG. Die StPfl umfasst das Welteinkommen, § 1 Abs 2 KStG. Aus der Sicht der Schweiz ist die X-GmbH beschränkt steuerpflichtig, denn sie unterhält eine Betriebsstätte in der Schweiz. Hinsichtlich des Betriebsstättengewinns entsteht daher eine juristische Dbest. Was die Lizenzgebühren anbelangt, wird die X-GmbH versuchen, diese Einkünfte iRd Einkunftsabgrenzung ebenfalls der schweizerischen Betriebsstätte zuzuordnen, um von dem niedrigeren schweizerischen Steuersatz zu profitieren. Aus der Sicht der Schweiz jedenfalls rechnen die Lizenzgebühren zu den Einkünften der schweizerischen Betriebsstätte, wenn und soweit der Vertragsabschluss (wenngleich dieser zivilrechtlich allein zwischen den Kunden und der X-GmbH zustande kommt) über die Zweigniederlassung zustande gekommen ist. Unabhängig davon erhebt der ausl Ansässigkeitsstaat der Kunden auf die Lizenzzahlungen annahmegemäß eine Quellensteuer, so dass letztlich drei Staaten auf die Lizenzgebühren einen Besteuerungsanspruch erheben. 119

Lösung nach DBA-Recht: Fraglich ist, welches DBA bzgl der Lizenzgebühren auf den Sachverhalt Anwendung findet. In Betracht kommen das DBA Schweiz, das DBA zwischen der Schweiz und dem Ansässigkeitsstaat der int Kunden der X-GmbH und das DBA zwischen Deutschland und dem Ansässigkeitsstaat der int Kunden der X-GmbH. 120

Das DBA zwischen der Schweiz und dem Ansässigkeitsstaat der int Kunden der X-GmbH ist keinesfalls einschlägig, und zwar aus zwei Gründen: Da die Kunden zwar in 121

143 ZB *Heinsen* S 1465 ff mwN; *Haase* BB 2010, 673; *Kluger/Haase* BB 2010, 1823; zur Problematik der Zurechnung von Drittstaatendividenden zu ausl PersGes vgl *BFH* BStBl II 2008, 510 und dazu *Blumers* DB 2008, 1765.

der Regel abkommensberechtigte „Personen" sein werden (persönlicher Anwendungsbereich), sie aber keine Einkünfte aus dem anderen Vertragstaat (hier der Schweiz) beziehen, fehlt es bereits an Einkünften aus dem anderen Vertragstaat des DBA. Umgekehrt sind zwar der Betriebsstätte der dt X-GmbH die Einkünfte aus den Verträgen mit den Kunden steuerlich nach deutschem Recht zuzurechnen, jedoch kann eine Betriebsstätte mangels eigener Rechtspersönlichkeit regelmäßig keine abkommensberechtigte „Person" sein, so dass insoweit der persönliche Anwendungsbereich des DBA nicht eröffnet ist.[144]

122 Das DBA Schweiz hingegen ist auf die Struktur anwendbar. Der persönliche Anwendungsbereich des Abkommens ist eröffnet, denn bei der X-GmbH handelt es sich aufgrund ihrer Eigenschaft als juristische Person um eine „in einem Vertragstaat ansässige Person" gem Art 4 Abs 1 iVm Art 3 Abs 1d–f iVm Art 1 DBA Schweiz. Auch der sachliche Anwendungsbereich des Abkommens ist eröffnet, denn die hier in Bezug auf die X-GmbH relevanten Steuern (auf dt Seite die Körperschaft- und Gewerbesteuer und auf schweizerischer Seite die Gewinnsteuern) sind gem Art 2 Abs 3 DBA Schweiz vom Abkommen erfasst, und die X-GmbH bezieht auch Einkünfte aus dem anderen Staat über die dort belegene Betriebsstätte iSd Art 5 DBA Schweiz. Grds denkbar ist ferner eine Anwendung des DBA zwischen Deutschland und dem Ansässigkeitsstaat der int Kunden der X-GmbH, denn zwischen diesen Parteien werden zivilrechtlich die Verträge über die Nutzungsüberlassung und Bewirtschaftung der Heizkraftwerke geschlossen, da die schweizerische Betriebsstätte mangels eigener Rechtspersönlichkeit nicht als Vertragspartei im Rechtsverkehr auftreten kann. Ob aber dieses DBA oder doch das DBA Schweiz einschlägig ist, kann erst abschließend beurteilt werden, wenn die abkommensrechtliche Einkunftsqualifikation geklärt ist (dazu Rn 134).

123 Schon aus dem nationalen dt Steuerrecht ist bekannt, dass sich Einkünfte aus der Überlassung von beweglichen Wirtschaftsgütern (etwa im Wege der Vermietung oder des Leasing) je nach Ausgestaltung des Einzelfalls höchst unterschiedlich qualifizieren lassen. Würde die X-GmbH aus ihrer Tätigkeit in der schweizerischen Betriebsstätte vorliegend wegen § 8 Abs 2 KStG nicht ohnehin aufgrund einer gesetzlichen Fiktion zwingend gewerbliche Einkünfte iSd § 15 EStG erzielen, kämen angesichts der Nutzungsüberlassungen der Heizkraftwerke etwa wie bei vermögensverwaltenden PersGes theoretisch (1) Einkünfte aus § 21 EStG, (2) Einkünfte aus § 22 Nr 3 EStG oder Einkünfte aus § 15 EStG in Betracht. Im Abkommensrecht setzt sich diese Vielgestaltigkeit fort.

124 Ausgangspunkt der Überlegung ist die Tatsache, dass die Einkunftsqualifikation nach den DBA jedenfalls grds autonom und losgelöst vom nationalen Steuerrecht der beteiligten Staaten zu erfolgen hat. Die Einkunftsqualifikation nach Abkommensrecht steht isoliert neben derjenigen der Anwenderstaaten und folgt eigenen Regeln. In Bezug auf die Vermietung der Heizkraftwerke durch die schweizerische Betriebsstätte und die aufgrund dessen erzielten Einkünfte der in Deutschland ansässigen X-GmbH ist daher das DBA Schweiz darauf zu befragen, welcher Abkommensartikel auf diese Einkünfte Anwendung findet. Die Rechtsfolgen bestimmen sich dann in Abhängigkeit des anwendbaren Artikels. Aufgrund der Tatsache, dass die X-GmbH eine

---

144 Vergleichbarer Beispielsfall bei *Debatin/Wassermeyer* Art 12 MA Rn 148 f.

Betriebsstätte iSd Art 5 DBA Schweiz in der Schweiz unterhält, liegt die Anwendung des Art über Unternehmensgewinne nahe (Art 7 DBA Schweiz), denn Art 7 Abs 1 S 2 DBA Schweiz bestimmt in Verbindung mit Art 24 des Abkommens, wo Unternehmensgewinne besteuert werden, die ein Unternehmen eines Vertragstaats über eine im Ausland belegene Betriebsstätte erzielt.

Es ist jedoch die Anordnung des Art 7 Abs 8 DBA Schweiz (entspricht Art 7 Abs 4) **125** zu beachten. Nach dieser Vorschrift werden, sofern zu den Unternehmensgewinnen Einkünfte gehören, die in anderen Artikeln des Abkommens behandelt werden, die Bestimmungen jener Artikel durch die Bestimmungen dieses Artikels (über Unternehmensgewinne) nicht berührt. Die Vorschrift statuiert damit einen Vorrang der anderen Einkunftsartikel vor dem Artikel über Unternehmensgewinne, so dass zunächst zu prüfen ist, ob nicht andere Abkommensartikel auf die Einkünfte aus der Tätigkeit der schweizerischen Betriebsstätte Anwendung finden. Ernstlich in Betracht kommt hinsichtlich der Nutzungsüberlassungen und gewerblichen Dienstleistungen in Bezug auf die Heizkraftwerke nur Art 12 DBA Schweiz. Im Einzelnen:

Zu den Lizenzgebühren iSd Art 12 Abs 2 DBA Schweiz gehören „Vergütungen jeder **126** Art, die für die Benutzung oder das Recht auf Benutzung von Urheberrechten an literarischen, künstlerischen oder wissenschaftlichen Werken, einschließlich kinematographischer Filme sowie Filme oder Tonbänder für Rundfunk- oder Fernsehsendungen, von Patenten, Warenzeichen, Mustern oder Modellen, Plänen, geheimen Formeln oder Verfahren oder für die Benutzung oder das Recht auf Benutzung gewerblicher, kaufmännischer oder wissenschaftlicher Ausrüstungen oder für die Mitteilung gewerblicher, kaufmännischer oder wissenschaftlicher Erfahrungen gezahlt werden“.

Fraglich ist, ob unter die „Benutzung oder das Recht auf Benutzung gewerblicher, **127** kaufmännischer oder wissenschaftlicher Ausrüstungen“ auch die Vermietung von Heizkraftwerken zu fassen ist. Wie in Tz 9 der Neufassung des MK aus dem Jahr 2005 zu Art 12 MA ausgeführt wird, wurde aus der Definition der Lizenzgebühren des Art 12 Abs 2 (entspricht Art 12 Abs 2 DBA Schweiz) die vorstehend zitierte Formulierung insb im Hinblick auf die Vermietung von Seecontainern ausgenommen. Der Fiskalausschuss der OECD erklärte daraufhin die Einkünfte aus der Vermietung oder dem Leasing von Seecontainern zu Unternehmensgewinnen. Nichts anderes kann daher für die gewerbliche Nutzungsüberlassung anderer beweglicher Wirtschaftsgüter gelten. Selbst wenn das DBA Schweiz die frühere Formulierung des MK noch aufweist, ist mit der hM und der von der OECD vertretenen Ansicht davon auszugehen, dass eine Vermietung von Heizkraftwerken nicht unter Art 12 DBA Schweiz fällt. Damit wird zugleich der bes Rolle des MK bei der Auslegung der DBA Rechnung getragen. Der MK kann auch bei der Auslegung zeitlich früher abgeschlossener DBA herangezogen werden, denn abgesehen von der historischen Auslegungsmethode erfolgt die Auslegung von Normen stets nach den Anschauungen zum Zeitpunkt der Auslegung (vgl Rn 74).

Bejaht man hingegen die Anwendung des Art 12 DBA Schweiz, stellt sich die Frage **128** nach den Konsequenzen. Eindeutig geklärt ist, dass nur für in der Schweiz ansässige Kunden der X-GmbH der sog Betriebsstättenvorbehalt des Art 12 Abs 3 DBA Schweiz zur Anwendung kommt. Nach dieser Bestimmung greift Abs 1 des Art 12 DBA Schweiz nicht ein, wenn der in einem Vertragsstaat ansässige Nutzungsberechtigte der Lizenzgebühren im anderen Vertragsstaat, aus dem die Lizenzgebühren stammen, eine gewerbliche Tätigkeit durch eine dort gelegene Betriebsstätte „... ausübt und die [...] Vermögenswerte, für die die Lizenzgebühren gezahlt werden, tatsächlich zu dieser Betriebsstätte [...] gehören". In diesem Fall soll allein Art 7 („Unternehmensgewinne") des DBA Schweiz zur Anwendung kommen. Art 12 Abs 3 DBA Schweiz ist vorliegend aber für nicht in der Schweiz ansässige Kunden der X-GmbH nicht einschlägig, weil die Lizenzgebühren nicht aus der Schweiz „stammen".

129 Der Begriff ist im DBA Schweiz nicht definiert, jedoch handelt es sich nach ganz hM zum einen Terminus technicus der DBA, der aus den DBA selbst heraus auszulegen ist.[145] Herkömmlich wird Art 11 Abs 5 analog angewendet,[146] der positivrechtlich bestimmt, dass Zinsen nur dann aus einem Vertragstaat „stammen", wenn (1) der Schuldner in diesem Staat ansässig ist oder wenn (2) der Schuldner in diesem Staat (i) eine Betriebsstätte unterhält und (ii) die den Zinsen zugrunde liegende Schuld tatsächlich von der Betriebsstätte eingegangen wurde und (iii) die Betriebsstätte die Zinsen auch trägt. Insofern können die Lizenzgebühren und die damit im Zusammenhang stehenden Einkünfte aus den Verträgen mit nicht in der Schweiz ansässigen Kunden jedenfalls nicht nach der Vorschrift des Art 12 Abs 3 DBA Schweiz den Unternehmensgewinnen zugerechnet werden.[147] ME ist es gleichwohl möglich, die aus Drittstaaten stammenden Einkünfte aus den gewerblichen Dienstleistungen – sollte man entgegen der vorgenannten hM Art 12 DBA Schweiz anwenden wollen – der schweizerischen Betriebsstätte der X-GmbH zuzurechnen. Obschon der Betriebsstättenvorbehalt des Art 12 Abs 3 DBA Schweiz eindeutig nur Lizenzgebühren erfasst, die aus der Schweiz stammen, bedeutet dies nicht zugleich zwingend, dass Lizenzgebühren aus Drittstaaten (den Ansässigkeitsstaaten der Kunden) nicht auch als Teil des Betriebsstättengewinns besteuert werden können. Dies ergibt sich nach einer in der Lit von insb von *Vogel* vertretenen Ansicht aus Art 7 DBA Schweiz.[148]

130 Die Begr für diese Ansicht ist darin zu sehen, dass die Beschränkung des Betriebsstättenvorbehalts naturgemäß nur für Lizenzgebühren aus der Schweiz gelten kann, weil DBA als bilaterale Verträge stets nur die Zuweisung von Besteuerungsrechten zwischen zwei Staaten regeln können. Nur für die aus der Schweiz stammenden Lizenzgebühren muss eine klare Regelung getroffen werden, ob sie in den Betriebsstättengewinn einbezogen werden sollen oder nicht. Für Lizenzgebühren aus Drittstaaten kann eine solche Unklarheit nicht bestehen.[149]

131 Nach der wohl überwiegenden Ansicht im Schrifttum hingegen sind Drittstaateneinkünfte als „andere Einkünfte" iSd § 21 (entspricht Art 21 DBA Schweiz) zu besteuern. Hiernach hätte zwar eigentlich Deutschland als Ansässigkeitsstaat der X-GmbH das ausschließliche Besteuerungsrecht für die Lizenzgebühren, jedoch entspricht es auch im Verhältnis zur Schweiz der Rechtspraxis, die Vorschrift des Art 21 Abs 2, die im DBA Schweiz keine Entsprechung hat, für die Interpretation des Art 21 DBA

145 *Debatin/Wassermeyer* Art 12 MA Rn 28; **aA** *F/W/W/K* Art 11 Rn 38.

146 *Debatin/Wassermeyer* Art 12 MA Rn 28.

147 Für Lizenzgebühren aus Drittstaaten ist Art 12 Abs 3 DBA Schweiz nicht anwendbar, hM, vgl *Debatin/Wassermeyer* Art 12 DBA Schweiz Rn 55; *Vogel/Lehner* Vor Art 10–12 Rn 36; *Debatin/Wassermeyer* Art 12 MA Rn 106; *F/W/W/K* Art 12 Rn 72.

148 *Vogel/Lehner* Vor Art 10–12 Rn 36; *F/W/W/K* Art 21 Rn 18.

149 *Vogel/Lehner* Vor Art 10–12 Rn 36; **aA** *Debatin/Wassermeyer* Art 21 MA Rn 67.

Schweiz erg heranzuziehen.[150] Nach Art 21 Abs 2 ist der Grundsatz des Abs 1 der Norm (Besteuerung im Ansässigkeitsstaat des Empfänger) auf andere Einkünfte als solche aus unbeweglichem Vermögen nicht anzuwenden, wenn der Empfänger der Einkünfte im anderen Vertragstaat eine Geschäftstätigkeit durch eine dort belegene Betriebsstätte ausübt und die Rechte oder Vermögenswerte, für die die Einkünfte gezahlt werden, tatsächlich zu dieser Betriebsstätte gehören. In diesem Fall soll Art 7 anwendbar sein, und der Ansässigkeitsstaat des Vergütungsschuldners verliert das Besteuerungsrecht wieder.[151]

IE wird damit für Drittstaateneinkünfte das gleiche Ergebnis erreicht wie durch den Betriebsstättenvorbehalt des Art 12 Abs 3 DBA Schweiz, nämlich die Steuerfreistellung auch von Drittstaateneinkünften im Verhältnis zwischen Deutschland und der Schweiz, soweit sie der schweizerischen Betriebsstätte tatsächlich zuzurechnen sind.[152] Der BFH hat bereits am 30.8.1995 für eine dem Beispielsfall ähnliche Struktur[153] im Verhältnis zur Schweiz entschieden, dass Art 21 Abs 2 in das DBA Schweiz hineinzulesen sei. Im entschiedenen Fall hatten zwei in Deutschland ansässige natürliche Personen eine PersGes in der Schweiz gegründet, die einerseits einer Handelstätigkeit nachging und andererseits Lizenzgebühren verwaltete. Einer der Vergütungsschuldner war im Drittstaat Australien ansässig. Das Gericht sprach das Besteuerungsrecht für die aus Australien stammenden Einkünfte der Schweiz zu, soweit sie der schweizerischen Betriebsstätte zuzurechnen waren.[154] Dieses „Zurechnen“, mit anderen Worten das „tatsächliche Gehören zu einer Betriebsstätte“, bestimmt sich im Rahmen der DBA nach rein wirtschaftlichen Gesichtspunkten, da es mangels zivilrechtlicher Selbstständigkeit der Betriebsstätte keine rechtliche Zuordnung geben kann. Insofern ist maßgebend, ob die fraglichen Rechte oder Vermögenswerte zum Betriebsstättenvermögen gehören oder nicht.[155] 132

Annahmegemäß sollen die Heizkraftwerke funktional zur schweizerischen Betriebsstätte der X-GmbH gehören. Es ist kein Grund ersichtlich, warum dies nicht auch für Abkommenszwecke beachtet werden sollte, zumal das dt Stammhaus keine unternehmerischen Aktivitäten ausübt. Damit bleibt festzuhalten, dass selbst für den Fall der Subsumtion des vorliegenden Sachverhalts unter Art 12 Abs 1 DBA Schweiz kein dt Besteuerungsrecht hinsichtlich der Einkünfte aus den gewerblichen Dienstleistungen in Bezug auf die Heizkraftwerke besteht. 133

Zu prüfen bleibt daher Art 7 DBA Schweiz. Die X-GmbH unterhält eine Betriebsstätte in der Schweiz. Fraglich ist, ob die X-GmbH Unternehmensgewinne erzielt. Der Begriff ist im Abkommen nicht definiert, sondern nach Art 3 Abs 2 DBA Schweiz nach dem nationalen Recht des Anwenderstaates Deutschland zu beurteilen. Aus dt Sicht muss es sich daher regelmäßig um Einkünfte aus Gewerbebetrieb iSd § 15 EStG handeln. Da die dt X-GmbH vorliegend wegen § 8 Abs 2 KStG zwingend gewerbliche 134

150 *Debatin/Wassermeyer* Art 21 DBA Schweiz Rn 45.

151 *Debatin/Wassermeyer* Art 21 DBA Schweiz Rn 49; *S/K/K* Art 21 MA Rn 54.

152 Nach *Debatin/Wassermeyer* Art 21 MA Rn 66 kann dies neben der analogen Anwendung des Art 21 Abs 2 auch aus dem „Sachzusammenhang“ der Lizenzgebühren mit den Unternehmensgewinnen folgen.

153 *BFH* BStBl II 1996, 563 .

154 *Debatin/Wassermeyer* Art 21 MA Rn 67; **aA** *F/W/W/K* Art 21 Rn 18.

155 *Vogel/Lehner* Vor Art 10–12 Rn 40; *F/W/W/K* Art 11 Rn 61.

Einkünfte erzielt und keine anderen Abkommensartikel eingreifen, sind die Gewinne der X-GmbH als Unternehmensgewinne iSd Art 7 Abs 1 DBA Schweiz anzusehen. Soweit man den „Gewerbebetrieb kraft Rechtsform" iRd Art über Unternehmensgewinne nicht genügen lassen möchte, führt auch eine Qualifikation nach den Maßstäben des § 15 Abs 1 S 1 Nr 1, Abs 2 EStG zu keinem anderen Erg. Bei der Tätigkeit (gewerbliche Vermietung) der X-GmbH handelt es sich ohne Weiteres um eine selbstständige nachhaltige Betätigung, die mit der Absicht vorgenommen wird, einen Gewinn zu erzielen, und die sich auch als Beteiligung am allg wirtschaftlichen Verkehr darstellt (vgl § 15 Abs 2 EStG). Aus der Sicht der Bundesrepublik Deutschland liegen damit Unternehmensgewinne vor, so dass der Betriebsstättengewinn nach Art 24 Abs 1 Nr 1a DBA Schweiz unter den dort genannten Voraussetzungen (Aktivitätsklausel) von der dt Besteuerung freigestellt wird.

135 Hinsichtlich der oben (vgl Rn 121) noch offen gelassenen Fragestellung des Verhältnisses des DBA Schweiz zum DBA zwischen Deutschland und dem Ansässigkeitsstaat der int Kunden der dt X-GmbH ist daher wie folgt zu antworten:

136 Die von den Kunden der X-GmbH gezahlten Vergütungen sind im Verhältnis von Deutschland zur Schweiz als Unternehmensgewinne iSd Art 7 DBA Schweiz zu qualifizieren, die gem Art 7 Abs 1 S 2 DBA Schweiz der schweizerischen Betriebsstätte zuzurechnen und demgemäß nach Art 24 Abs 1 Nr 2a DBA Deutschland-Schweiz von der dt Besteuerung freizustellen sind. Geht man hingegen von dem Vorliegen von Lizenzgebühren iSd Art 12 DBA Schweiz aus, resultiert die Steuerfreistellung im Verhältnis zur Schweiz nach der wohl hM aus der Anwendung des Art 21 DBA Schweiz, der im Lichte des Art 21 Abs 2 zu interpretieren ist.

137 Im Verhältnis zwischen Deutschland und dem Ansässigkeitsstaat der int Kunden der X-GmbH kann für den Fall des Vorliegens von Unternehmensgewinnen nichts anderes gelten, denn der Ansässigkeitsstaat des Kunden kann unter keinem denkbaren Gesichtspunkt ein Besteuerungsrecht für die von dem Kunden an die X-GmbH gezahlten Vergütungen für sich in Anspruch nehmen, weil die X-GmbH in diesem Staat nicht über eine Betriebsstätte verfügt. Umgekehrt wird Deutschland die Zurechnung der Unternehmensgewinne zur schweizerischen Betriebsstätte der X-GmbH auch im Verhältnis zum Ansässigkeitsstaat des Kunden beachten, so dass die X-GmbH gemäß dem jeweiligen DBA zwar als juristische Person abkommensberechtigt sein wird, jedoch keine Einkünfte aus „dem anderen Staat" (das ist der Ansässigkeitsstaat des Kunden) bezieht.

138 Der Vorteil der Steuerfreistellung würde im Verhältnis zum Ansässigkeitsstaat des Kunden daher nur dann nicht erreicht werden, wenn man zwar von Unternehmensgewinnen ausgeht, diese aber vorliegend nicht der schweizerischen Betriebsstätte zurechnen möchte. In diesem Fall hätte Deutschland sowohl im Verhältnis zur Schweiz als auch im Verhältnis zum Ansässigkeitsstaat des jeweiligen Kunden das Besteuerungsrecht aufgrund des Art 7 Abs 1 S 1 DBA Schweiz (bzw der entsprechenden Vorschrift des DBA mit dem Ansässigkeitsstaat des Kunden). Ebenso würde der Steuervorteil der Freistellung nicht erreicht, wenn man die von den Kunden der X-GmbH gezahlten Vergütungen als Lizenzgebühren iSd Art 12 des jeweiligen DBA ansieht und zugleich die nach der hM erfolgende Zuweisung des Besteuerungsrechts nach Art 21 DBA Schweiz nicht akzeptieren würde. In diesem Fall würde nach Art 12 des jeweiligen DBA mit dem Ansässigkeitsstaat des Kunden Deutschland das ausschließliche Besteuerungsrecht für die von den Kunden gezahlten Vergütungen zustehen, sofern nicht der Ansässigkeitsstaat des Kunden eine Quellensteuer nach dem DBA erheben darf.

Für den Fall der Quellensteuer entsteht noch ein weiteres, erhebliches Problem: **139**
Sofern nämlich zwischen allen beteiligten Staaten DBA bestehen und die dt und schweizerische Finanzverwaltung die von den Kunden gezahlten Vergütungen richtigerweise als Unternehmensgewinne, die ausl FinVerw des Ansässigkeitsstaates des Kunden sie aber als Lizenzgebühren iSd Art 12 des jeweiligen DBA qualifiziert und nach diesem DBA bzw dem jeweiligen nationalen ausl Steuerrecht eine Quellensteuer erhoben werden darf, kann diese Quellensteuer in Deutschland nicht angerechnet werden, weil Deutschland wegen der Steuerfreistellung der Art 7 Abs 1 S 2 iVm 24 Abs 1 Nr 1a DBA Schweiz kein Besteuerungsrecht zusteht und diese Steuerfreistellung konsequenterweise auch im Verhältnis zwischen Deutschland und dem Ansässigkeitsstaat des Kunden zu beachten ist.[156] An dieser Beurteilung ändert sich nichts, wenn (1) nur zwischen Deutschland und der Schweiz und zwischen der Schweiz und dem Ansässigkeitsstaat des Kunden oder (2) nur zwischen Deutschland und der Schweiz DBA bestehen. Die Anrechnungsmethode des § 34 Abs 1 EStG kommt wie in der eben genannten Konstellation nicht zur Anwendung, weil Deutschland wegen der Steuerfreistellung der Art 7 Abs 1 S 2 iVm 24 Abs 1 Nr 1a DBA Schweiz kein Besteuerungsrecht zusteht und diese Steuerfreistellung konsequenterweise auch im Verhältnis zwischen Deutschland und dem Ansässigkeitsstaat des Kunden zu beachten ist.[157]

Die im Ansässigkeitsstaat des Kunden einbehaltene etwaige Quellensteuer könnte **140**
zudem auch nicht in der Schweiz angerechnet werden, weil das nationale schweizerische Steuerrecht eine solche Möglichkeit iRd beschränkten StPfl nicht eröffnet. Etwaige Quellensteuern auf von ausl FinVerw unterstellte Lizenzgebühren würden daher iRd angenommenen Sachverhalts zu einer definitiven Steuermehrbelastung führen.

IV. Abschließende Zuweisung des Besteuerungsrechts?

Ist unter Anwendung der Zuordnungsmethode oder des Methodenartikels eine (teil- **141**
weise) Zuweisung des Besteuerungsrechts an den Quellenstaat erfolgt, ist in einem zweiten Schritt zu prüfen, ob diese Zuweisung auch abschließend ist. Bes Klauseln in den DBA[158] oder allg oder spezielle **Missbrauchsvermeidungsvorschriften** können im Einzelfall dafür sorgen, dass die durch das DBA zunächst getroffene Zuordnung aufgehoben oder modifiziert wird.[159]

Es liegt bspw auf der Hand, dass die Freistellungsmethode der DBA für Missbräuche **142**
anfälliger als die Anrechnungsmethode ist, denn sie ist für StPfl in Hochsteuerländern bes attraktiv, weil sie dem regelmäßig niedriger besteuernden Quellenstaat das aus-

156 *S/K/K* Art 11 MA Rn 91; *Debatin/Wassermeyer* Art 11 MA Rn 138b.

157 *Debatin/Wassermeyer* Art 11 MA Rn 138c.

158 Vgl Tz 41 MK zu Vor Art 1 (Steuerumgehung und Abkommensmissbrauch stehen auch im Fokus der OECD).

159 Dazu *S/K/K* Einf MA Rn 4; zu Sperren und Risiken für Inbound- und Outbound-Gestaltungen auf der Grundlage von Abkommensvergünstigungen *Grotherr* IWB 2008/9, Fach 3, Gruppe 1, 2309 sowie *ders* IWB 2008/10, Fach 3, Gruppe 1, 2331.

schließliche Besteuerungsrecht für bestimmte Einkünfte einräumt. Hinzu kommt, dass die Freistellung regelmäßig an keine bes Voraussetzungen gebunden ist, insb nicht eine Voraussetzung dergestalt, dass der Quellenstaat die Einkünfte auch tatsächlich nach seinem nationalen Recht besteuert. Die Freistellungsmethode räumt ihm ja nur die Möglichkeit dazu ein. Das DBA verhindert daher eine auch nur **virtuelle Dbest**.[160]

143 Wenn aber im Einzelfall keine Dbest droht, sondern im Gegenteil weiße Einkünfte entstehen können, wird der Zweck des DBA verfehlt.[161] In den DBA sind daher (meist in einem Abs des Methodenartikels) häufig bes Klauseln für den Fall vorgesehen, dass der Quellenstaat sein Besteuerungsrecht nicht wahrnimmt. In diesem Fall erscheint es angemessen, abw von der eigentlich vorgesehenen Besteuerungszuordnung dem Ansässigkeitsstaat das Besteuerungsrecht zuzusprechen (sog **Rückfallklausel** oder **subject-to-tax-Klausel**).[162]

144 Die Terminologie ist uneinheitlich. In der Lit und der BFH-Rspr werden die Begriffe „Rückfallklausel" und „subject-to-tax-Klausel" weitgehend synonym gehandhabt.[163] Die FinVerw will hingegen die Rückfallklausel als generelle Regelung nur im Methodenartikel verortet wissen,[164] während sich subject-to-tax-Klauseln (gewissermaßen als Rückfallklauseln im engeren Sinne) nur in den Einkunftsartikeln[165] und damit iRd Zuordnungsmethode wieder finden sollen.[166] Ein materieller Unterschied ist mit dieser Differenzierung indes nicht verbunden.

145 Einen Sonderfall einer Rückfallklausel stellt die sog **Remittance-Base-Klausel** dar.[167] Sie ist häufig in den von Großbritannien geschlossenen DBA bzw den DBA mit Staaten enthalten, die entweder als Relikt der Kolonialzeit oder aus anderen Gründen ein dem britischen Steuerrecht ähnliches Steuerrecht aufweisen (zB Singapur). Das britische Steuerrecht besteuert bestimmte ausl Einkünfte von Steuerinländern mit bes Status auf Basis einer remittance base, dh eine Besteuerung wird nur vorgenommen, wenn diese Einkünfte in das Inland überwiesen oder dort bezogen werden.[168] Die Anwendung der Freistellungsmethode könnte daher zu einer doppelten Nichtbesteuerung führen, so dass über die Remittance-Base-Klausel die Freistellungsmethode im Ansässigkeitsstaat nur für die Einkünfte Anwendung findet, die im anderen Staat besteuert werden, nicht hingegen für jene, die zwar in den anderen Staat überwiesen oder dort bezogen werden, aber unter Zugrundelegung des Gesamtbetrags dieser Einkünfte oder Gewinne dort nicht steuerpflichtig sind.[169]

---

160 *Reith* Rn 4.933.

161 Tz 9.4 MK zu Art 1: In diesem Fall besteht keine Verpflichtung zur Gewährung von DBA-Vergünstigungen.

162 *Haase* Tax Notes International 2002, 457. Einer Anrechnung der ausl Steuern bedarf es dabei naturgemäß nicht, weil im Ausland gerade keine Steuern erhoben worden sind; zur Möglichkeit der Einführung von subject-to-tax-Klauseln Tz 35 MK zu Art 23A und B sowie Tz 17 f MK zu Art 1.

163 Nachweise bei *Reith* Rn 4.934.

164 Bspw Art 24 Abs 3 DBA Dänemark.

165 Bspw Art 15 Abs 4 DBA Schweiz.

166 *OFD Düsseldorf* IStR 2006, 96.

167 Art 24 DBA-Großbritannien.

168 Einführend *Reith* Rn 4.943; *Debatin/Wassermeyer* Art I Rn 6 und Art II Rn 55 DBA Großbritannien aF.

169 Art 24 DBA Großbritannien.

Eine weitere gängige Klausel ist die sog **switch-over-Klausel.**[170] Sie berechtigt den Ansässigkeitsstaat, bei Vorliegen bestimmter Voraussetzungen von der für bestimmte Einkünfte eigentlich vorgesehenen Freistellungsmethode zur Anrechnungsmethode überzugehen. Die Klausel hat daher prinzipiell eine ähnliche Wirkung wie eine Rückfallklausel, dient aber nicht der Vermeidung der Nichtbesteuerung aufgrund der grundsätzlichen Nichtausübung des Besteuerungsrechts im Quellenstaat, sondern der Vermeidung der Nichtbesteuerung aufgrund von Qualifikationskonflikten. Sie sind meist im Methodenartikel vereinbart (vgl auch Art 23A Abs 4)[171] und greifen für gewöhnlich erst ein, wenn ein Verständigungsverfahren nach Art 25 erfolglos bleibt. 146

In den neueren DBA sind ferner zunehmend spezielle Missbrauchsklauseln (sog **limitation-on-benefits-Klauseln**) vorgesehen (vgl Art 28 DBA USA[172]). Sie dienen – ebenso wie die Aktivitätsvorbehalte oder die Definition des „Nutzungsberechtigten" oder die abkommensrechtliche Festlegung, wann Einkünfte aus einem Vertragsstaat „stammen" (dazu Rn 147) – der Bekämpfung des Abkommensmissbrauchs.[173] StPfl ist es danach regelmäßig nicht möglich, zB KapGes ohne Substanz und Aktivität in Leistungsbeziehungen einzuschalten und dadurch bestimmte Abkommensvergünstigungen (bspw Quellensteuerreduzierung für Schachteldividenden; sog **participation exemption shopping**) in Anspruch zu nehmen. 147

Selten schließlich sind (noch) sog **Quellenklauseln.**[174] Anders als bei den vorstehend genannten, iRd Dividenden-, des Zins- und des Lizenzgebührenartikels häufiger anzutreffenden Bestimmungen, wann diese Einkünfte aus einem Vertragsstaat „stammen", handelt es sich hierbei um Klauseln, die eine generelle, für das gesamte DBA geltende Aussage über die Belegenheit einer Einkunftsquelle treffen. Ein Bsp ist Art 24 Abs 1b DBA Kroatien[175] oder Art 23 Abs 1 letzter S DBA Schweden. Letztere Vorschrift zeigt aber, dass hier gelegentlich terminologisch ebenfalls auf das „Stammen aus einem Vertragsstaat" abgestellt wird. Quellenklauseln definieren damit lediglich, wann Einkünfte aus einem Vertragsstaat stammen, ohne zugleich festzulegen, dass iF der Nichtbesteuerung im Quellenstaat das Besteuerungsrecht wieder an den Ansässigkeitsstaat zurück fällt. Die FinVerw jedoch verstand Quellenklauseln und ausdrücklich zB auch die Regelung des Art 23 Abs 1 letzter S DBA Schweden lange Zeit als subject-to-tax-Klauseln.[176] Dem ist der BFH[177] entgegen getreten, und die FinVerw hat sich dieser Auslegung mittlerweile angeschlossen.[178] 148

170 Umfassend *Petereit* IStR 2003, 577.

171 Vgl auch Art 45 Abs 1b DBA Dänemark und vergleichbare Regelungen in neueren DBA, wonach der Ansässigkeitsstaat nach Konsultation des Quellenstaates berechtigt ist, für bestimmte Einkünfte von der Freistellungs- zur Anrechnungsmethode überzugehen; dazu *Frotscher* Rn 228.

172 Zu LOB-Klauseln *Haase* Tax Planning International Review 2005, 26; zu Art 28 DBA USA *Thömmes* IStR 2007, 577.

173 Krit zur Effektivität dieser Maßnahmen *Lüdicke* S 43 mwN.

174 Die Klauseln sind nach *BFH* BStBl II 2004, 260 nicht als Rückfallklauseln, sondern als bloße Festlegungen der Einkunftsquelle zu verstehen.

175 Eingehend *Lüdicke* S 102 ff.

176 *FinVerw* IStR 1999, 248; **aA** *Debatin/Wassermeyer* Art 23 DBA Schweden Rn 43.

177 *BFH* BStBl II 2004, 260.

178 BMF zur Anwendung von DBA auf PersGes v 16.4.2010.

Ob der BFH in einer jüngeren Entsch[179] wieder zu seiner ursprünglichen Rspr[180] zurückgekehrt ist, vermag noch nicht abschließend beurteilt werden.

149 Aus Sicht der Bundesrepublik Deutschland als Anwenderstaat ist festzuhalten, dass die allg Missbrauchsvorschrift des § 42 Abs 1 AO auch bei grenzüberschreitenden Sachverhalten und iRd beschränkten StPfl Anwendung findet.[181] Nach § 42 Abs 1 S 2 AO ist die Norm jedoch gegenüber spezielleren Missbrauchsvorschriften **subsidiär**.

150 § 42 AO spielt eine bes Rolle bei ausl Basisgesellschaften, die keine wirtschaftliche Funktion wahrnehmen. Der BFH führt hierzu in ständiger Rspr aus, dass ein Rechtsmissbrauch iSd § 42 AO vorliegt, wenn eine Gestaltung gewählt wird, die – gemessen an dem erstrebten Ziel – unangemessen ist und wenn die Rechtsordnung das Erg missbilligt.[182] Nach der Neufassung des Gesetzes[183] wird man diese Rspr künftig mit der Definition des § 42 Abs 2 AO abzugleichen haben. Im Ausland errichtete Basisgesellschaften erfüllen den Tatbestand des Rechtsmissbrauchs danach nicht schon dann, wenn für ihre Errichtung wirtschaftliche oder sonstige beachtliche Gründe fehlen und wenn sie keine eigene wirtschaftliche Tätigkeit entfalten,[184] sondern wenn eine unangemessene rechtliche Gestaltung gewählt wurde, die beim StPfl im Vergleich zu einer angemessenen Gestaltung zu einem gesetzlich nicht vorgesehenen Steuervorteil führt und wenn der StPfl keine beachtlichen außersteuerlichen Gründe nachweist.[185]

151 Bsp für die Anwendung des § 42 AO bei int Gestaltungen: Ein in der Schweiz ansässiger Gesellschafter-Geschäftsführer einer dt KapGes unterlag in der Vergangenheit der inländischen Besteuerung nach Art 15 Abs 4 DBA Schweiz. Er legt diese Beteiligung in eine schweizerische AG ein, an der er ebenfalls als Gesellschafter-Geschäftsführer wesentlich beteiligt ist. Dieser Ertrag ist nach Art 13 Abs 3, Abs 4 DBA Schweiz in Deutschland steuerfrei. Sein inländischer Anstellungsvertrag wird aufgelöst, er wird ab der Umstrukturierung als Arbeitnehmer der neuen Muttergesellschaft im Rahmen eines Managementverleihvertrags für die dt Tochtergesellschaft tätig. Dient die gewählte Gestaltung nur dazu, die Anwendung des Art 15 Abs 4 DBA Schweiz zu vermeiden, ist die Gestaltung nach § 42 AO nicht anzuerkennen.

152 Eine **spezielle Missbrauchsvorschrift** ist im Hinblick auf die Anwendung von DBA insb § 50d Abs 3 EStG. Eine im Ausland ansässige natürliche Person A, die eine Beteiligung an der in Deutschland ansässigen X-GmbH hält, könnte bspw versucht sein, zwischen sich und die X-GmbH eine ausl KapGes zu schalten, um von der Quellensteuerreduzierung für Schachteldividenden zu profitieren. Diese ausl KapGes würde von A vorzugsweise in einem DBA-Staat etabliert werden, dessen DBA mit Deutsch-

179 *BFH* IStR 2008, 262.
180 *BFH* BStBl II 1992, 660.
181 *BFH* BStBl II 1998, 235; BStBl II 2002, 819.
182 *BFH/NV* 2003, 289; BStBl II 2003, 50.
183 Durch JStG 2008 (BGBl I 2007, 3150).
184 *BFH* BStBl II 1976, 401.
185 Rspr zu Missbrauchsfällen bzw der zur Missbrauchsvermeidung notwendigen wirtschaftlichen Substanz: *BFH* BStBl II 2001, 222; *BFH/NV* 2000, 824; BStBl II 2005, 13 (Dublin Docks-Entsch); BStBl II 2003, 50 (Delaware); BStBl II 1998, 235 (Sportveranstalter); *BFH/NV* 2003, 289 (Quintett); BStBl II 1998, 163 (Niederländische Stiftung I); *BFH/NV* 2005, 1016 (Niederländische Stiftung II); BStBl II 2002, 819 (Hilversum I); BStBl II 2006, 118 (Hilversum II).

land die niedrigste Quellensteuer für Schachteldividenden vorsieht **(treaty shopping)**.[186] Innerhalb der EU wäre zudem die MTR vorrangig,[187] so dass gar keine Quellensteuer zu erheben wäre **(directive shopping)**.

Gestaltungen dieser Art vermeidet § 50d Abs 3 EStG.[188] Eine ausl Gesellschaft hat nach S 1 der Norm keinen Anspruch auf völlige oder teilw Entlastung nach § 50d Abs 1 oder Abs 2, soweit Personen an ihr beteiligt sind, denen die Erstattung oder Freistellung nicht zustände, wenn sie die Einkünfte unmittelbar erzielten, und die von der ausl Gesellschaft im betreffenden Wj erzielten Bruttoerträge nicht aus eigener Wirtschaftstätigkeit stammen, sowie (1) in Bezug auf diese Erträge für die Einschaltung der ausl Gesellschaft wirtschaftliche oder sonst beachtliche Gründe fehlen oder (2) die ausl Gesellschaft nicht mit einem für ihren Geschäftszweck angemessen eingerichteten Geschäftsbetrieb am allgemeinen wirtschaftlichen Verkehr teilnimmt. **153**

Um anerkannt zu werden, muss daher in der ausl Ges ausreichend **wirtschaftliche Substanz** vorhanden sein. Nach § 50d Abs 3 S 2 EStG kommt es allein auf die Verhältnisse bei der ausl Ges selbst, nicht aber auf die Verhältnisse bei nahe stehenden Personen (etwa Schwestergesellschaften) an. S 3 bestimmt zudem, dass es an einer eigenen Wirtschaftstätigkeit fehlt, soweit die ausl Ges ihre Bruttoerträge aus der Verwaltung von Wirtschaftsgütern erzielt oder ihre wesentlichen Geschäftstätigkeiten auf Dritte überträgt (Outsourcing). S 5 enthält eine Ausnahme für börsennotierte Ges. **154**

In § 50d Abs 8 und 9 EStG sind ferner im Wege eines **treaty override** („ungeachtet des Abkommens“) unilaterale Rückfall- bzw switch-over-Klauseln enthalten. § 50d Abs 8 EStG[189] ist eine lex specialis für Einkünfte aus nichtselbstständiger Arbeit gem § 19 EStG (dazu Art 15 Rn 24). Nach der Vorschrift wird eine Freistellung für in einem ausl Staat erzieltes Arbeitseinkommen nur gewährt, soweit der StPfl nachweist, dass der Staat, dem nach dem Abkommen das Besteuerungsrecht zusteht, auf dieses Besteuerungsrecht nicht verzichtet hat oder dass die in diesem Staat auf die Einkünfte festgesetzten Steuern entrichtet wurden.[190] **155**

§ 50d Abs 9 EStG enthält – mit Ausnahme von freigestellten Dividendeneinkünften, vgl S 2 der Norm – eine allg switch-over-Klausel für andere Einkünfte als Arbeitseinkünfte. Danach wird die nach einem DBA vorgesehene Freistellung nicht gewährt, wenn der Quellenstaat die Bestimmungen des DBA so anwendet, dass die Einkünfte in diesem Staat von der Besteuerung auszunehmen sind oder nur zu einem durch das Abkommen begrenzten Steuersatz besteuert werden können, oder wenn die Einkünfte in dem anderen Staat nur deshalb nicht steuerpflichtig sind, weil sie von einer Person bezogen werden, die in diesem Staat nicht auf Grund ihres Wohnsitzes, ständigen Aufenthalts, des Ortes ihrer Geschäftsleitung, des Sitzes oder eines ähnlichen Merkmals unbeschränkt steuerpflichtig ist. **156**

§ 8b Abs 1 S 3 KStG schließlich enthält eine bes switch-over-Klausel für den Fall, dass eine verdeckte Gewinnausschüttung bei der Ermittlung des Einkommens einer leis- **157**

186 Dazu *S/K/K* Einf MA Rn 79 ff.

187 Dazu Art 10 Rn 21.

188 Dazu *BMF* BStBl I 2007, 446 sowie *Haase* IStR 2014, 329.

189 Die Vorschrift ist mit Art 3 GG und mit § 2 AO vereinbar, vgl *FG Rheinland-Pfalz* EFG 2008, 385 (Rev eingelegt; Az beim BFH: I R 48/08).

190 Dazu *BMF* BStBl I 2005, 821.

tenden ausl Ges abgezogen werden kann. Die Rechtsfolge ist die Versagung des abkommensrechtlichen int Schachtelprivilegs, so dass im Ausland gezahlte Quellensteuern angerechnet werden können, soweit für die Vergütungen dt Körperschaftsteuer anfällt.

V. Jüngste Entwicklungen

158 Am 18.4.2013 hat das Bundesministerium der Finanzen unter Beteiligung hochrangiger Fachvertreter aus Wissenschaft und Praxis in Berlin die neue dt Verhandlungsgrundlage[191] für künftige DBA vorgestellt. Erst die künftigen DBA-Verhandlungen Deutschlands indes werden erweisen, ob sich auf Basis der Verhandlungsgrundlage wirklich substanzielle Änderungen gegenüber dem MA durchsetzen lassen. M.E. ist ein eigenes Abkommensmuster für Deutschland entbehrlich, weil die Durchsetzung einzelner Vertragsklauseln von der Verhandlungsmacht, nicht aber von einer vorformulierten Vertragsgrundlage abhängt.

159 Zentraler und wichtiger Diskussionspunkt auch des öffentlichen Interesses war indes in den letzten zwei Jahren das Vorhaben der OECD, sog aggressive Steuerplanung zu bekämpfen. Diese Bemühungen der OECD sind in jüngerer Zeit mit dem sog BEPS-Projekt neu aufgegriffen und erweitert worden. 2014 hatte die OECD erste Empfehlungen vorgelegt, um mithilfe internationaler Koordination gegen legale Steuervermeidung in multinationalen Unternehmen vorzugehen. Damit entsprach sie dem Mandat der G20-FinMin und Notenbankgouverneure, die die OECD im November 2012 beauftragt hatte, Maßnahmen gegen die sog Aushöhlung der Steuerbasis und die Gewinnverlagerung (Base Erosion and Profit Shifting – BEPS) zu erarbeiten. Das BEPS-Projekt will Regierungen dabei unterstützen, ihre Steuerbasis zu schützen und mehr Sicherheit für Steuerzahler zu schaffen, dabei aber auch Dbest und Einschränkungen für grenzüberschreitende Wirtschaftsaktivitäten zu vermeiden. Die 15 konkreten Aktionspunkte sind indes für Deutschland allenfalls in Bezug auf Verrechnungspreise bei immateriellen Wirtschaftsgütern relevant. Die meisten anderen Vorgaben hat Deutschland bereits erfüllt, auch wenn die FinVerw dies an einigen Stellen abweichend beurteilt.

160 Das BEPS-Projekt wird in durchaus nennenswertem Umfang auch die Revision des MA im Jahr 2016 beeinflussen. Die Änderungen, die inzwischen beschlossen sind, werden aber eher punktueller Natur sein (so etwa hinsichtlich des Betriebsstättenbegriffs – vgl BEPS Aktionspunkt 7). Darüber hinaus werden va die Maßnahme Nr 2 „Neutralisierung hybrider Gestaltungen", die Maßnahme Nr 6 „Vermeidung des Missbrauchs von Abkommensvorteilen" sowie die Maßnahme Nr 14 („Dispute Resolution und Verständigungsverfahren") zu weiteren MA-Revisionen führen.

161 Die Lösung internationaler Steuersachverhalte wesentlich erschweren wird indes die Idee eines sog Multilateralen Instruments (BEPS Aktionspunkt 15): Es handelt sich dabei um eine Art multilaterales DBA, mit dem zwischen den unterzeichnenden Staaten die zwischen diesen Staaten bereits bestehenden DBA unmittelbar geändert werden sollen. Einzelheiten hierzu werden von der OECD im Laufe des Jahres 2016 bekannt gemacht. Dem Vernehmen nach soll das Multilaterale Instrument modular aufgebaut sein, dh die unterzeichnenden Staaten sollen aus verschiedenen, durch BEPS beeinfluss-

191 IStR-Beihefter zu Heft 10/2013 (m Anm *Lüdicke*).

ten Modulen wählen und diese dann, soweit mit einem anderen Vertragsstaat Übereinstimmung besteht, bilateral zur Anwendung gebracht werden. Die Besteuerungspraxis wird daher künftig komplexer. Neben den nationalen Rechten zweier DBA-Staaten ist dann nicht nur, wie bisher, das bilaterale DBA, sondern zusätzlich auch noch das Multilaterale Instrument im Hinblick auf diese Staaten abzuprüfen. Zu beachten ist, dass die im Zuge des BEPS-Projekts vorgeschlagenen Änderungen an MK und MA bereits mittels des Multilateralen Instruments umgesetzt werden sollen.

Art. 1 Unter das Abkommen fallende Personen

Dieses Abkommen gilt für Personen, die in einem Vertragsstaat oder in beiden Vertragsstaaten ansässig sind.

BMF v 26.3.1975, Az IV C 6-S 1301-Schweiz-3/75, BStBl I 1975, 479; *BMF* v 1.12.1980, Az IV B 7-S 2741-20/80, DB 1981, 139; *FinSen Bremen* v 1.9.1993, Az S-2701-132-120; *OFD Frankfurt/Main* (koordinierter Ländererlass) v 14.2.1994, Az S-1301 A – (GR)10.03-St III 1 a; *FinMin Mecklenburg-Vorpommern* (koordinierter Ländererlass) v 18.10.1994, Az IV 300-S-1301-112/94; *OFD Saarbrücken* v 20.9.1995, Az S-2701-2-St 211; *BMF* v 13.1.1997, Az IV C 5-S 1301 Tsche-2/96, BStBl I 1997, 97; *BMF* v 25.8.1997, Az IV C 6-S 1301 Tun-1/97, BStBl I 1997, 796; *BMF* v 1.10.1997, Az IV C 6-1301 Rum-7/97, BStBl I 1997, 863; *BMF* v 28.5.1998, Az IV C 5-S 1301 Spa-2/98, BStBl I 1998, 557; *OFD Münster* v 25.9.1998, Az S-1301-18-St 22-34, IStR 1999, 81; *BMF* v 19.3.2004, Az IV B 4-S 1301 USA-22/04, BStBl I 2004, 411; *OFD Düsseldorf* v 18.7.2005, Az S 1301 A--St 12; *OFD Frankfurt* v 19.7.2006, Az S 1301 A-55-St 58; *BMF* v 15.1.2009, Az IV B 3 – S 1301, BStBl I 2009, 37; *BMF* v 26.9.2014, Az IV B 5 – S 1300/09/10003, BStBl I 2014, 1258; *BMF* v 20.6.2013, Az IV B 2 – S 1300/09/10006, BStBl I 2013, 980.

Übersicht

Literatur: *Aigner* Die Abkommensberechtigung bei Anwendung von CFC-Gesetzgebungen, IWB 2002, Gruppe 2, Fach 10, 1637; *Danon* Qualification of Taxable Entities and Treaty Protection, BIT 2014, 192; *Dörfler/Birker* Die Abkommensberechtigung von Kapitalgesellschaften im Doppelbesteuerungsabkommen mit den USA, GmbHR 2006, 867; *Dorfmüller* Generalthema II: Die steuerliche Einordnung von Gesellschaften und Abkommensschutz, IStR 2014, 682; *Eberhardt* Abkommensrechtliche Missbrauchsvermeidung bei Investmentvermögen, IStR 2013, 377; *Eilers* Triangular Cases, FS Wassermeyer, 2015, S 107; *Engel/Hilbert* Auswirkungen der Abkommensberechtigung einer Personengesellschaft, IWB 2014, 106; *Flick/Heinsen* Steuerliche Behandlung von Einkünften deutscher Gesellschafter aus der Beteiligung an einer US-Limited Liability Company – Anmerkungen zum BFH-Urteil vom 20. August 2008, I R 34/08, IStR 2008, 781; *Gosch* Über das Treaty Overriding, IStR 2008, 413; *Grotherr* Sperren und Risiken für Inbound-Steuergestaltungen auf der Grundlage von Abkommensvergünstigungen, IWB 2008, Gruppe 1, Fach 3, 2331; *Haase* Abschied von Rechtstypenvergleich durch das FG Baden-Württemberg?, IWB 2008, Gruppe 2, Fach 3, 1385; *ders* Steuerliche Wahlrechte bei DBA-Dreieckssachverhalten, BB 2010, 673; *Hahn* Ein Urteil des Conseil d'Etat zur Abkommensberechtigung von Personengesellschaften, IStR 2000, 265; *Hattingh* Article 1 of the OECD Model: Historical background and the issues surrounding it, BIFD 2003, 215; *ders* The role and function of Article 1 of the OECD Model, BIFD 2003, 546; *Jacob/Hagena* Die inländische gewerbliche Personengesellschaft: ansässige Person mit Abkommensschutz?, IStR 2013, 485; *Jacob/Klein* S-Corporation die Zweite – Kernaussagen und Folgewirkungen des BFH-Urteils v 26.6.2013, I R 48/12, IStR 2014, 121; *Jacob/Link* Zur Abkommensberechtigung einer französischen SICAV – Zugleich Anmerkung zum Urteil des BFH v 6.6.2012, I R 52/11, IStR 2012, 949; *Jochimsen* Der Missbrauch von Doppelbesteuerungsabkommen – die (Ab)Wege der OECD, IStR 2014, 865; *Kahle/Biebinger/Wildermuth* Aggressive Steuerplanung und Treaty-/Directive-Shopping im Binnenmarkt, Ubg 2014, 285; *Kinzl* Generalthema II: Abkommensberechtigung und persönliche Zurechnung von Einkünften, IStR 2007, 561; *Krawitz/Büttgen-Pöhland/Hick* Aktivitätsvorbehalte bei Einkünften aus ausländischen Kapitalgesellschaften und Betriebsstätten, FR 2003, 109; *Lang* Steuerlich transparente Rechtsträger und Abkommensberechtigung, IStR 2011, 1; *ders* Einkünftezurechnung im Lichte des Entwurfs zu Art 1 Abs 2 OECD-MA, SWI 2015, 153; *Linn* Generalthema I: Steuerumgehung und Abkommensrecht, IStR 2010, 542; *ders* Abkommensmissbrauch und Missbrauchsklauseln, FS Wassermeyer, 2015, S 115; *Loukota* Neue DBA-Vorschrift zur Behandlung hybrider Personengesellschaften, SWI 2015, 102; *Lüdicke* Beteiligung an ausländischen intransparent besteuerten Personengesellschaften, IStR 2011, 91; *Machens* Ausländische Personengesellschaften im internationalen Steuerrecht, 2007; *Mensching* Die Limited Liability Company (LLC) im Minenfeld zwischen deutschem, innerstaatlichen Steuerrecht und Abkommensrecht, IStR 2008, 687; *Mitschke* Das Treaty Override zur Verhinderung einer Keinmalbesteuerung aus Sicht der Finanzverwaltung, DStR 2011, 2221; *Oepen/Münch* Die Gewerbesteuer als Türöffner zum DBA-Schutz? Zur Ankommensberechtigung deutscher Personengesellschaften unter dem DBA-Indien, IStR 2009, 55; *Plewka/Renger* S-Corporations und die Schachteldividende – Zugleich Anmerkung zum Urteil des FG Köln vom 16.2.2006, EFG 2006, 746, IStR 2006, 586; *Schnitger* Die Entscheidung des EuGH zu den „Open-Skies"-Abkommen, IWB 2004, Gruppe 2, Fach 11, 599; *Schnitger/Oskamp* Empfehlungen der OECD zur Neutralisierung von „Hybrid Mismatches" auf Abkommensebene, IStR 2014, 385; *Schönfeld* Der neue Artikel 1 DBA-USA – Hinzurechnungsbesteuerung und abkommensrechtliche Behandlung von Einkünften steuerlich transparenter Rechtsträger, IStR 2007, 274; *Sliwka/Schmidt* Offene Fragen zum Beschluss des BFH vom 4.4.2007 zur intransparenten Personengesellschaft im Ausland, IStR 2007, 694; *Sorgenfrei* Steuerlicher Transparenzgrundsatz und DBA-Berechtigung deutscher offener Investmentfonds, IStR 1994, 465; *Staiger/Köth* Abkommensberechtigung einer französischen SICAV sowie des deutschen REIT, BB 2012, 2915; *Thömmes* Abkommensberechtigung und „Limitation on Benefits" (LOB)-Klauseln, IStR 2007, 577; *Vogel* Zur Abkommensberechtigung ausländischer Personengesellschaften, IStR 1999, 5; *Wassermeyer* Die Beurteilung der Abkommensberechtigung ausländischer Personengesellschaften durch Deutschland als dem Nichtansässigkeitsstaat der Personengesellschaft, IStR 1998, 489; *ders* Soll Deutschland die Abkommensberechtigung von Personengesellschaften in seinen DBA verankern?, IStR 1999, 481; *ders* Der Wirrwarr mit den Aktivitätsklauseln im deutschen Abkommensrecht, IStR 2000, 65; *ders* Missbräuchliche Inanspruchnahme von Doppelbesteuerungsabkommen, IStR 2000, 505; *ders* Die abkommensrechtliche Behandlung von Einkünften einer in einem Vertragsstaat ansässigen Personengesellschaft, IStR 2011, 85; *Weggenmann* Personengesellschaften im Lichte der Doppelbesteuerungsabkommen, 2005; *ders* Personengesellschaften im Abkommensrecht und abkommensrechtliche Fiktionswirkung (BFH I 67/12), FS Wassermeyer, 2015, S 77; *Wienbracke* Die ertragsteuerliche Behandlung von Trusts nach nationalem und nach DBA-Recht, RIW 2007, 201; *Zinkeisen/Walter* Abkommensberechtigung von Investmentfonds, IStR 2007, 583; *Züger* Abkommensberechtigung für Investmentfonds?, IStR 2002, 305.

A. Allgemeines

I. Inhalt und Bedeutung der Vorschrift

In Art 1 wird der **persönliche** (oder auch **subjektive**) **Geltungsbereich** eines Abk festgelegt. Die Vorschrift regelt somit, auf welche Personen das Abk anwendbar ist. Ein Abk ist danach grds auf alle Personen anwendbar, die in einem Vertragsstaat oder in beiden Vertragsstaaten ansässig sind. Die Staatsangehörigkeit einer Person ist für die Anwendbarkeit eines Abk – im Gegensatz zur früheren Abkommenspraxis – regelmäßig irrelevant.[1] 1

Zweck der Vorschrift ist es somit zu bestimmen, welche Personen von dem **Schutz** und den **Begünstigungen des Abk** erfasst werden. Personen, die die Voraussetzungen der Vorschrift nicht erfüllen, können sich zur Vermeidung einer Dbest nicht auf das Abkommen, sondern nur auf innerstaatliches Recht berufen.[2] 2

II. Systematischer Zusammenhang und Abgrenzung zu anderen Vorschriften

Art 1 und 2 bilden zusammen den ersten Abschnitt des MA, der mit „Geltungsbereich des Abkommens“ überschrieben ist. Während Art 1 den **persönlichen Anwendungsbereich** des Abk regelt,[3] legt Art 2 den **sachlichen Anwendungsbereich** (dh auf welche Steuern das Abk anzuwenden ist) fest.[4] Erg werden beide Vorschriften durch Art 29, der regelt, auf welchen **räumlichen Geltungsbereich** das Abk erstreckt werden kann. 3

Die für die Bestimmung des persönlichen Geltungsbereichs maßgeblichen Begriffe werden überwiegend im Abk definiert. So regelt Art 3 Abs 1 Buchstabe a den Begriff der „Person“ und Art 4 den Begriff der „Ansässigkeit“. Was unter einem „Vertragsstaat“ zu verstehen ist, wird zwar nicht im MA, regelmäßig jedoch in den dt DBA bestimmt. 4

Liegen alle Voraussetzungen für die Anwendbarkeit des Abk vor, kann eine Anwendung des Abk dennoch verweigert werden, wenn der Anwendung eine **Missbrauchsvorschrift** entgegensteht.[5] 5

---

1 Vgl Tz 1 MK zu Art 1; *G/K/G* Art 1 MA Rn 10 f.
2 Für in Deutschland ansässige Personen ist dies § 34c EStG.
3 S Rn 1.
4 S Art 2 Rn 1 ff.
5 Vgl Einl MA Rn 141 ff.

B. Begriffsdefinitionen

I. Abkommensbegriff

6 Unter dem Begriff des „Abk“ ist der völkerrechtliche Vertrag zu verstehen, den zwei Staaten zur Vermeidung der Dbest miteinander abschließen. Neben dem eigentlichen **Abkommenstext** gehören auch alle **Schluss- und Zusatzprotokolle**, **Notenwechsel** und **sonstigen Dokumente**, die Gegenstand des Verfahrens der Umsetzung des völkerrechtlichen Vertrages in innerstaatliches Recht sind, zum Abk.[6] Für die Umsetzung in innerstaatliches Recht durchläuft ein **Zustimmungsgesetz** zum DBA das Gesetzgebungsverfahren. Das Zustimmungsgesetz muss anschließend im BGBl veröffentlicht werden (Art 82 Abs 1 S 1 GG). Nach **Ratifikation** des Abk, durch die der Bundespräsident dem Staatsoberhaupt des anderen Vertragsstaates die Erfüllung der verfassungsrechtlichen Erfordernisse und die Annahme des Abk als völkerrechtlich verbindlich bestätigt, sowie entspr Erklärung des anderen Vertragsstaates, tritt das Abk in Kraft.[7]

II. Personenbegriff

7 Nach Art 1 werden „Personen“ vom persönlichen Geltungsbereich des Abk erfasst. Der Begriff der Person wird in Art 3 Abs 1 Buchstabe a definiert und umfasst „**natürliche Personen**, **Ges** und alle **anderen Personenvereinigungen**“.[8] Nach der Definition für „Ges“ sind hierunter juristische Personen oder Rechtsträger, die für die Besteuerung wie juristische Personen behandelt werden, zu verstehen (Art 3 Abs 1 Buchstabe b). Der Begriff der „anderen Personenvereinigungen“ wird im Abk nicht definiert. Nach dt Verständnis fallen unter den Begriff der Personenvereinigung auch **PersGes**.[9] Nicht als „Person“ iSd Vorschrift ist die Betriebsstätte anzusehen.[10]

III. Begriff des Vertragsstaats

8 Die Anwendbarkeit des Abk setzt die Ansässigkeit in mindestens einem Vertragsstaat voraus. Der Begriff „Vertragsstaat“ ist zwar im MA **nicht erläutert**, er wird jedoch regelmäßig in den konkret abgeschlossenen DBA in Art 3 bzw der entspr Vorschrift definiert.[11] Fehlt eine Erl des Begriffs, erhält man grds aus der Überschrift oder aus der Präambel des Abk Aufschluss über die beiden abkommensbeteiligten Vertragsstaaten. Sofern sich hier keine weiteren Informationen über die geographische Abgrenzung entnehmen lassen, richtet sich der räumliche Geltungsbereich nach dem innerstaatlichen Recht der Vertragsstaaten.[12]

IV. Ansässigkeitsbegriff

9 Ferner ist für den Abkommensschutz einer Person erforderlich, dass diese in einem oder in beiden Vertragsstaaten ansässig ist. Die Ansässigkeit einer Person setzt gem Art 4 Abs 1 S 1 MA voraus, dass die Person nach dem Recht eines Staates dort auf

6 *Debatin/Wassermeyer* Art 1 MA Rn 7.
7 Vgl *Schönfeld/Ditz* Art 1 Rn 21.
8 Vgl hierzu ausf Art 3 Rn 6 ff.
9 *BFH* BStBl II 1989, 317; vgl auch *BMF* BStBl I 2014, 1258, Tz 2.1.1; Art 3 Rn 28 ff.
10 *Vogel/Lehner* Art 1 MA Rn 8.
11 Zu den dt DBA vgl Art 3 Rn 83 ff.
12 *Debatin/Wassermeyer* Art 1 MA Rn 40 mwN.

Grund ihres Wohnsitzes, ihres ständigen Aufenthalts, des Ortes ihrer Geschäftsleitung oder eines anderen ähnlichen Merkmals steuerpflichtig ist. Die Definition erfordert somit grds eine **unbeschränkte StPfl** in einem Vertragsstaat nach dessen innerstaatlichem Steuerrecht. Ein Quellenbesteuerungsrecht oder eine Besteuerung nur auf Grund der Belegenheit von Vermögen in einem Vertragsstaat (beschränkte StPfl) führen hingegen nicht zur Ansässigkeit in diesem Vertragsstaat (Art 4 Abs 1 S 2 MA).[13] Die Ansässigkeit im Vertragsstaat muss im Zeitpunkt des zu beurteilenden Einkunftsbezuges gegeben sein.[14] Der Staat, in dem die Person abkommensrechtlich ansässig ist, wird gemeinhin als **Wohnsitz- oder Ansässigkeitsstaat** bezeichnet.

C. Abkommensberechtigung im Einzelnen

I. Natürliche Personen

Natürliche Personen, die in mindestens einem der Vertragsstaaten ansässig sind (vgl Rn 9), können den Abkommensschutz beanspruchen (Art 1, Art 3 Abs 1 Buchstabe a, Art 4 Abs 1 MA). Für die Frage, wer als natürliche Person iSv Art 3 Abs 1 Buchstabe a anzusehen ist, ist auf das innerstaatliche **Recht der Vertragsstaaten** zurückzugreifen (Art 3 Abs 2 MA). Nach dem Recht des **Wohnsitzstaates** der natürlichen Person bestimmt sich, ob diese unbeschränkt steuerpflichtig und demzufolge abkommensberechtigt sein kann.[15] **10**

Nach dt Recht ist eine natürliche Person mit Vollendung der Geburt rechtsfähig (§ 1 BGB) und bei einem inländischen Wohnsitz (§ 8 AO) oder gewöhnlichen Aufenthalt (§ 9 AO) unbeschränkt steuerpflichtig (§ 1 EStG). Ab diesem Zeitpunkt kann somit Abkommensschutz bestehen. Der Abkommensschutz endet grds, wenn eine der Voraussetzungen nicht mehr vorliegt, zB wenn die Ansässigkeit auf Grund Ausscheidens aus der unbeschränkten StPfl entfällt (etwa durch Wegzug oder Tod). **11**

II. Juristische Personen

Auf juristische Personen, die in mindestens einem der beiden Vertragsstaaten ansässig (vgl Rn 9) und damit grds unbeschränkt steuerpflichtig sind, ist das Abk anwendbar (Art 1, Art 3 Abs 1 Buchstabe a iVm Buchstabe b, Art 4 Abs 1 MA). Die Einordnung als juristische Person bestimmt sich – wie bei natürlichen Personen – nach dem innerstaatlichen **Recht der beiden Vertragsstaaten** (Art 3 Abs 2 MA).[16] Aufgrund der Maßgabe des innerstaatlichen Rechts der Vertragsstaaten ist es denkbar, dass der eine Vertragsstaat eine Ges als juristische Person einstuft, während der andere Vertragsstaat die Ges nicht als juristische Person qualifiziert. In diesem Fall geht die hM davon aus, dass die **Qualifikation des jeweiligen Anwendestaates** maßgeblich ist.[17] Für die Abkommensberechtigung unerheblich ist, ob die juristische Person in einem Vertragsstaat persönlich oder sachlich von der Besteuerung befreit ist. **12**

---

13 Vgl hierzu ausf Art 4 Rn 76 ff.

14 *Debatin/Wassermeyer* Art 1 MA Rn 34.

15 *Debatin/Wassermeyer* Art 1 MA Rn 20.

16 *Debatin/Wassermeyer* Art 1 MA Rn 21.

17 *Wassermeyer* IStR 1995, 49; *Vogel* StuW 1982, 111; *Krabbe* RIW 1976, 135; **aA** *Haas* BB 1979, 84; *Hintzen* RIW 1974, 141.

13 Nach dt Recht sind grds alle in § 1 Abs 1 KStG genannten Körperschaften, Personenvereinigungen und Vermögensmassen für Abkommenszwecke als „juristische Personen" anzusehen. Danach sind grds die folgenden Personen abkommensberechtigt: **KapGes** (insb SE (Europäische Ges), AG, GmbH, KGaA), **Genossenschaften** einschließlich der Europäischen Genossenschaften, **Versicherungs- und Pensionsfondsvereine** auf Gegenseitigkeit, sonstige juristische Personen des privaten Rechts, nichtrechtsfähige **Vereine**, **Anstalten**, **Stiftungen** und andere **Zweckvermögen des privaten Rechts**, **Betriebe gewerblicher Art** von juristischen Personen des öffentlichen Rechts. Zu den abkommensberechtigten juristischen Personen gehören ferner die **Vertragsstaaten** selbst und ihre **Gebietskörperschaften**.[18] Für nach ausl Recht gegründete Ges ist ein sog (Rechts-)**Typenvergleich**[19] durchzuführen. Danach erfolgt eine Qualifizierung der ausl Ges unabhängig von den Wertungen des ausl Steuerrechts ausschließlich anhand der gesellschaftsrechtlichen Strukturmerkmale dt juristischer Personen. Es ist daher abzugleichen, ob die ausl Ges nach ihrem Gesellschaftsvertrag und dem ausl Gesellschaftsrecht die Charakteristika einer dt juristischen Person erfüllt.[20] So ist bspw eine nach englischem Recht gegründete **Limited** (Private company limited by shares) als juristische Person zu qualifizieren und damit grds abkommensberechtigt.[21] Für die US-amerikanische **LLC** (Limited Liability Company) ist aufgrund der weitreichenden Wahlmöglichkeiten ihrer Ausgestaltung keine generelle Aussage über ihre Einordnung möglich.[22]

III. Personengesellschaften

14 Nach dt Steuerrecht sind PersGes **(GbR, oHG, KG, Partnerschaft, atypisch stille Ges)** weder einkommen- noch körperschaftsteuerpflichtig, vielmehr werden die von ihnen erzielten Einkünfte gem § 15 Abs 1 S 1 Nr 2 EStG ihren Gesellschaftern anteilig unmittelbar zugerechnet. PersGes können daher zwar Personen iSv Art 3 Abs 1 Buchstabe a MA, jedoch nicht in einem Vertragsstaat ansässig sein (Art 1 iVm Art 4 Abs 1 MA). PersGes sind demnach grds **nicht abkommensberechtigt**.[23] Stattdessen

18 *RFH* RStBl 1945, 43; *BMF* DStR 1983, 509.

19 *BFH* BStBl 2009, 263; *BFH* BStBl II 1992, 972.

20 Eine Übersicht darüber, welche ausl Rechtsformen der dt GmbH vergleichbar sind, ist den Tabellen des Anh zum sog Betriebsstättenerlass zu entnehmen (*BMF* BStBl I 1999, 1076). Zu weiteren Einordnungen vgl *BMF* DB 1981, 139 (chilenische Sociedad de responsabilidad limitada); *OFD Frankfurt/Main* – S 1301 A – (GR) 10.03 – St III 1a (griechische EPE); *FinMin Mecklenburg-Vorpommern* – IV 300 – S 1301 – 112/94 (argentinische Sociedad de responsabilidad limitada); *OFD Saarbrücken* – S-2701 – 2 – St 211 (britische unlimited company); *BMF* BStBl I 1998, 557; *FG Münster* EFG 2014, 2043 (jeweils spanische PersGes); *BMF* BStBl I 1997, 97 (tschechische und slowakische PersGes); *BMF* BStBl I 1997, 796 (tunesische PersGes); *BMF* BStBl I 1997, 863 (rumänische PersGes); *BFH* BStBl 2014, 240 (französische SICAV); *BFH* BStBl 2014, 367 (US-amerikanische S-Corp.).

21 *FinSen Bremen* – S-2701 – 132 – 120.

22 *BMF* BStBl I 2004, 411; vgl hierzu *FG Münster* EFG 2009, 1951; *BFH* BStBl II 2009, 263; *Mensching* IStR 2008, 687; *Djanani/Brähler/Hartmann* IStR 2004, 481; *Fahrenberg/Henke* IStR 2004, 485; *OFD Frankfurt/Main* – S 1301 A – 55.09 – St II 5; zur steuerlich transparenten US-amerikanischen S-Corporation vgl *FG Köln* IStR 2012, 121; *FG Köln* IStR 2007, 444 mit Anm *Plewka/Renger* und *FG Köln* EFG 2006, 746; vgl hierzu *Plewka/Renger* IStR 2006, 586.

23 Vgl *BMF* BStBl I 2014, 1258, Tz 2.1.1.

sind die Gesellschafter, sofern es sich um natürliche oder juristische Personen handelt, als ansässige und abkommensberechtigte Personen anzusehen.[24]

Wird die PersGes **in beiden Vertragsstaaten** mangels Steuersubjekteigenschaft oder aufgrund Sonderbestimmung im DBA als **nicht abkommensberechtigt** qualifiziert, ist für den Abkommensschutz auf den einzelnen Gesellschafter abzustellen. Die Beteiligung an einer ausl PersGes wird in diesem Fall nach der dt Rspr wie eine ausl Betriebsstätte eines jeden Gesellschafters am Ort der Geschäftseinrichtung der ausl PersGes behandelt.[25] Im umgekehrten Fall, in dem beide Vertragsstaaten die PersGes als eigenständiges Steuersubjekt ansehen, ist die PersGes als eine in einem Vertragsstaat ansässige Person selbst **abkommensberechtigt**.[26] Für die Anwendung des Abk ist sodann der Ansässigkeitsstaat der PersGes zu ermitteln. Entspr gilt, wenn eine Sonderbestimmung im DBA die Abkommensberechtigung fingiert. **15**

ZT ungelöste Schwierigkeiten treten auf, wenn einer der Vertragsstaaten nach seinem innerstaatlichen Steuerrecht alle oder bestimmte PersGes als juristische Personen behandelt, während der andere Vertragsstaat dem Transparenzprinzip folgt.[27] Qualifiziert der **ausl Staat** eine **ausl Ges als eigenständiges Steuersubjekt**, während die Ges **nach dt Steuerrecht** als **dem Transparenzprinzip unterliegende PersGes** einzuordnen ist,[28] gilt die Ges als im anderen Vertragsstaat ansässige Person iSv Art 1, 4 Abs 1 MA und ist damit selbst abkommensberechtigt.[29] Deutschland hat dann als Quellenstaat die Abkommensberechtigung der PersGes anzuerkennen, sodass die Ges die Vorteile des DBA in Anspruch nehmen kann. Gleichzeitig wird die dt Einordnung als transparent besteuerte PersGes in Bezug auf im Inland ansässige Gesellschafter nicht aufgegeben.[30] In dem Fall, in dem eine **dt (transparent besteuerte) PersGes nach ausl Recht** als **eigenständiges Steuersubjekt** angesehen wird, fehlt es hingegen nach hM an einer Abkommensberechtigung der Ges, da diese in Deutschland mangels Steuersubjekteigenschaft nicht ansässig ist.[31] Letzteres gilt nach hM auch für den Fall, dass eine **nach dt Steuerrecht** als **Körperschaft** einzuordnende ausl Ges **im Ausland** als **steuerlich transparent** behandelt wird.[32] **16**

Die erste supranationale Rechtsform des europäischen Gesellschaftsrechts war die **Europäische Wirtschaftliche Interessenvereinigung (EWIV)**, die seit dem 1.7.1989 als zusätzliche Rechtsform für die Organisation grenzüberschreitender Zusammenarbeit genutzt werden kann. Bei der EWIV handelt es sich um eine PersGes, für die die Vor- **17**

---

24 Tz 6.4 MK zu Art 1.

25 *BFH* BStBl II 2009, 263; BStBl II 2009, 356; BStBl II 2003, 631 mwN; *BMF* BStBl I 2014, 1258, Tz 2.2.2.

26 Tz 5 MK zu Art 1.

27 Lösungsvorschläge zur einheitlichen abkommensrechtlichen Behandlung von PersGes unter Berücksichtigung der Vermeidung von Doppel- und Nichtbesteuerungen enthält der OECD-Partnership-Report 1999.

28 Dies betrifft zB Beteiligungen unbeschränkt steuerpflichtiger Inländer an PersGes in Rumänien, Slowakei, Spanien, Tschechien, Tunesien, Ungarn.

29 Vgl zB *BMF* BStBl I 1998, 557; BStBl I 1997, 97; BStBl I 1997, 796; BStBl I 1997, 863.

30 *BFH* BStBl II 2014, 760; *BMF* BStBl I 2014, 1258, Tz 4.1.4.1; vgl auch *BFH* BStBl 2014, 172; zur Behandlung der Einkünfte iE vgl Art 7 Rn 111.

31 *G/K/G* Art 1 MA Rn 38; vgl Art 7 Rn 92.

32 *BMF* BStBl I 2014, 1258, Tz 4.1.4.2; vgl *BFH* BStBl II 2009, 263; zur Behandlung der Einkünfte iE vgl Art 7 Rn 112.

schriften über die oHG entspr gelten, soweit die EWG-Verordnung[33] und das dt EWIV-Ausführungsgesetz[34] keine eigenen Regelungen vorsehen. Für die EWIV ist in Art 40 EWIV-VO das **Transparenzprinzip** festgeschrieben, so dass das Ergebnis ihrer Tätigkeit nicht bei der EWIV, sondern nur bei ihren Mitgliedern besteuert werden kann. Demzufolge ist die EWIV selbst **nicht abkommensberechtigt**, abkommensberechtigt sind nur ihre Mitglieder.[35]

IV. Betriebsstätten

18 Betriebsstätten sind **keine Personen** iSv Art 3 Abs 1 Buchstabe a MA und damit grds nicht selbst abkommensberechtigt.[36] Abkommensschutz genießen aber die hinter einer Betriebsstätte stehenden natürlichen oder juristischen Personen, die in einem Vertragsstaat ansässig sind. Auch das **Betriebsstättendiskrimierungsverbot** in Art 24 Abs 3 MA führt nicht dazu, dass sich eine in einem Vertragsstaat belegene Betriebsstätte eines im anderen Vertragsstaat ansässigen Unternehmens auf zwischen dem Betriebsstättenstaat und Drittstaaten abgeschlossene Abk berufen kann.[37] Innerhalb der Europäischen Union ist jedoch als Ausprägung der **Niederlassungsfreiheit** iSv Art 43, 48 EGV der Grundsatz der Gleichbehandlung von Betriebsstätten und KapGes zu beachten. Danach dürfen die Abkommensvorteile aus einem Drittstaatsabkommen einer Betriebsstätte nicht verweigert werden.[38]

V. Sonstige Personenzusammenschlüsse und Vermögensmassen

19 Inländische **Investmentfonds** sind als Zweckvermögen iSv § 1 Abs 1 Nr 5 KStG anzusehen und damit selbst Körperschaftsteuersubjekt (§ 11 Abs 1 InvStG). Hieraus folgt – trotz Befreiung von der Körperschaft- und Gewerbesteuer – ihre Abkommensberechtigung.[39] Bei ausl Investmentfonds richtet sich die Abkommensberechtigung nach der Ausgestaltung des Fonds im Ausland. Ausl Investmentfonds, die als PersGes ausgestaltet sind, sind nicht abkommensberechtigt, während als KapGes strukturierte Fonds Abkommensschutz genießen. Die Ausgestaltung des ausl Investmentfonds ist mit Hilfe des (Rechts-)Typenvergleiches zu bestimmen.[40] Wie inländische Investmentfonds sind auch dt **REITs** (Real Estate Investment Trusts) aufgrund ihrer Steuersubjekteigenschaft abkommensberechtigt.[41] Im konkreten Einzelfall zu entscheiden ist über die Abkommensberechtigung von **Trusts**. Bei ausl Trusts kann je nach Ausgestaltung dem Settlor, dem Trustee, den Beneficiaries oder dem Trust selbst Abkommensschutz zu gewähren sein.[42]

---

33 ABlEG Nr L 199/1 v 31.7.1985.

34 BGBl I 1988, 514; vgl auch *BMF* – IV C 5-S 1316-67/88, das allerdings durch *BMF* BStBl I 2007, 369 zur Eindämmung der Normenflut ab 2005 aufgehoben wurde.

35 *G/K/G* Art 1 MA Rn 44 ff, insb 48.

36 *BFH* BStBl II 1986, 442.

37 Tz 51 f MK zu Art 24.

38 *EuGH* DStRE 1999, 836 – Saint-Gobain; *de Weerth* IStR 1999, 628.

39 Vgl *Zinkeisen/Walter* IStR 2007, 583; *Schmidt/Heinsius* IStR 2003, 235; *Sorgenfrei* IStR 1994, 465.

40 *Wassermeyer* IStR 2001, 193; zum Typenvergleich s Rn 13.

41 *Vogel/Lehner* Art 1 MA Rn 55n; **aA** *Reimer* IStR 2011, 677; s auch OECD Discussion Draft on Tax Treaty Issues Related to REITs v 30.10.2007 sowie die zu dem Entwurf eingegangenen Kommentare.

42 Vgl *BFH* BStBl II 1994, 727; BStBl II 1993, 388; *Sieker* BB 1991, 1975; *Schönfeld/Ditz* Art 1 Rn 84.

VI. Dreiecksverhältnisse

Besondere Schwierigkeiten in Bezug auf die Abkommensberechtigung treten bei sog Dreiecksverhältnissen auf, bei denen **drei Staaten in die Einkunftserzielung involviert** sind. So kommt es nicht selten vor, dass eine in einem Staat errichtete PersGes mit in einem anderen Staat ansässigen Gesellschaftern Einkünfte aus einem dritten Staat bezieht. Für den Fall, dass die PersGes im Staat ihrer Errichtung als steuerlich transparent angesehen wird, sieht der MK vor, dass das zwischen dem Ansässigkeitsstaat des Gesellschafters und dem Drittstaat geschlossene Abk zur Anwendung kommt, soweit das Einkommen der PersGes dem Gesellschafter nach den Vorschriften des Ansässigkeitsstaates des Gesellschafters zuzurechnen ist.[43] Wird die PersGes hingegen im Staat ihrer Errichtung als ansässige Person besteuert, können grds sowohl der Gesellschafter als auch die PersGes die jeweiligen Abkommensvorteile geltend machen. Hier empfiehlt der MK Sonderbestimmungen, wonach nur die PersGes die Abkommensvorteile geltend machen kann.[44] Entspr Dreiecksverhältnisse sind auch mit einer Betriebsstätte an Stelle der PersGes denkbar. 20

VII. Exkurs: Geplante Erweiterung des Art 1 um einen Abs 2

Eines der Ergebnisse des Aktionspunktes 2 des BEPS-Aktionsplanes[45] ist die Entscheidung, Art 1 um einen weiteren Abs zur Abkommensanwendung bei steuerlich transparenten Ges zu erweitern. Gründe dieser Erweiterung seien zum einen Probleme einiger Staaten, die Erg des OECD Partnership Reports[46] anzuwenden, zum anderen umfasse der OECD Partnership Report ausschließlich Anwendungsfragen im Zusammenhang mit PersGes und regele nicht die Anwendung der Abk für andere „entities".[47] Diese Unsicherheiten bzw Lücken sollen durch die Erweiterung des Art 1 behoben werden. Bei der Anwendung und Auslegung des Abs 2 wird daher neben dem erweiterten MK[48] grds auch der OECD Partnership Report zu beachten sein.[49] 21

Der zu ergänzende Abs 2 des Art 1 soll wie folgt lauten:[50] 22

For the purposes of this Convention, income derived by or through an entity or arrangement that is treated as wholly or partly fiscally transparent under the tax law of either Contracting State shall be considered to be income of a resident of a Contracting State but only to the extent that the income is treated, for purposes of taxation by that State, as the income of a resident of that State.

Adressat der Vorschrift ist der Quellenstaat.[51] Dieser hat das Abk anzuwenden und damit Abkommensschutz zu gewähren, wenn eine im anderen Vertragsstaat ansässige Person mit den fraglichen Einkünften in diesem anderen Vertragsstaat aufgrund ihrer 23

43 Tz 6.5 MK zu Art 1.
44 Tz 6.5 MK zu Art 1.
45 *OECD* BEPS Action 2 (2015), 141.
46 *OECD* Partnership Report (1999).
47 *OECD* BEPS Action 2 (2015), 141.
48 Tz 26.3-26.16 MK-E zu Art 1.
49 Vgl *Lang* SWI 2015, 153.
50 Art 1 Abs 2 OECD-MA-E entspricht damit in weiten Teilen Art 1 Abs 7 DBA-USA bzw der entspr Vorschrift im US-MA.
51 Vgl *Schnitger/Oskamp* IStR 2014, 385; *Hagemann/Kahlenberg* IStR 2015, 54.

Ansässigkeit der unbeschränkten Steuerpflicht unterliegt. Hierzu fingiert die Vorschrift, dass die Einkünfte als von einer im anderen Vertragsstaat ansässigen Person bezogen gelten, soweit der andere Vertragsstaat die Einkünfte einer dort ansässigen Person zurechnet. Es kommt abkommensrechtlich folglich zu einer Qualifikationsverkettung, dh unabhängig von seiner eigenen Einkünftezurechnung ist der Quellenstaat hinsichtlich der Frage, ob die fraglichen Einkünfte von einer Person des Ansässigkeitsstaates bezogen werden, an die Zurechnungsentscheidung des Ansässigkeitsstaates gebunden.[52]

24 **Beispiel:**[53] Staat A behandelt eine in Staat B ansässige Ges als intransparent und besteuert von dieser erzielte Zinseinkünfte, die die Ges von einem in Staat A ansässigen Schuldner erzielt. Nach dem Recht von Staat B wird die Ges hingegen als transparent behandelt und die Zinseinkünfte werden je zur Hälfte auf Ebene ihrer beiden Gesellschafter besteuert. Einer der Gesellschafter ist in Staat B ansässig, der andere ist in einem Staat ansässig, der weder mit Staat A noch mit Staat B ein DBA vereinbart hat. Art 1 Abs 2 OECD-MA-E regelt für diesen Fall, dass die Hälfte der Zinseinkünfte für Zwecke des Art 11 als Einkünfte des in Staat B ansässigen Gesellschafters gelten. Staat A als Quellenstaat hat dieser Zurechnungsentscheidung zu folgen.

25 Was unter einer „*wholly or partly fiscally transparent entity or arrangement*“ zu verstehen ist, wird vom Abk nicht weiter definiert. Lediglich der MK-E[54] versucht diesbezüglich Anhaltspunkte zu geben, weist daneben aber ausdrücklich darauf hin, dass es den Vertragsstaaten freisteht, eine Definition des Begriffes in das jeweilige Abk aufzunehmen.[55] Zu Recht weist *Lang* auf die sich hieraus ergebende völlige Rechtszersplitterung hin,[56] die der Funktion des MA zuwiderlaufen würde. Die Entwicklungen in diesem Bereich nach der geplanten Aufnahme des Abs 2 in den OECD-MA bleiben abzuwarten.

D. Abkommensmissbrauch

I. Allgemeines

26 Nach dt Verständnis sind StPfl grds berechtigt, ihre wirtschaftlichen Verhältnisse so zu gestalten, wie es für sie am vorteilhaftesten ist. Die Vorteilhaftigkeit schließt auch die Besteuerung mit ein.[57] Die **Gestaltungsfreiheit** findet jedoch dort ihre **Grenzen**, wo sie nur der Manipulation dient und die Verfolgung eines angemessenen wirtschaftlichen Zwecks nicht besteht. Hierunter können auch Gestaltungen fallen, die lediglich darauf ausgelegt sind, begünstigende Abkommensvorschriften in Anspruch zu nehmen. DBA sollen hauptsächlich durch Vermeidung der internationalen Dbest den Austausch von Gütern und Dienstleistungen sowie den Kapital- und Personenverkehr fördern, aber auch **Steuerumgehung** und **Steuerhinterziehung** verhindern.[58]

27 In Bezug auf die Abkommensberechtigung besteht der Abkommensmissbrauch darin, durch die (künstlich hergestellte) Anwendbarkeit eines bestimmten DBA begünsti-

52 Vgl *Schnitger/Oskamp* IStR 2014, 385.
53 Vgl Tz 26.7 MK-E zu Art 1.
54 Tz 26.10f MK-E zu Art 1.
55 Tz 26.10 MK-E zu Art 1.
56 *Lang* SWI 2015, 153.
57 *BVerfG* BStBl I 1959, 204; *BFH* BStBl II 2003, 50.
58 Tz 7 MK zu Art 1.

gende Abkommensregeln nutzen zu können, um so die Steuerbelastung insgesamt zu minimieren. Die Standortwahl richtet sich in diesen Fällen ausschließlich danach, die Anwendbarkeit des Abk herbeizuführen, das steuerlich am vorteilhaftesten ausgestaltet ist. Ob die Grenze zum Abkommensmissbrauch überschritten ist, weil keinerlei wirtschaftliche Gründe für die Standortwahl vorliegen, ist grds auf Ebene des DBA nach den **Auslegungsgrundsätzen des Völkerrechts** zu entscheiden.[59]

II. Beispiel Treaty Shopping

Unter **„Treaty Shopping“** versteht man das Einkaufen in ein DBA, indem nicht abkommensberechtigte Gesellschafter eine abkommensberechtigte Ges zwischenschalten und Einkünfte auf diese Ges verlagern, um hinsichtlich dieser Einkünfte Abkommensvergünstigungen (zB Quellensteuerreduktionen) in Anspruch nehmen zu können.[60] Treaty Shopping kann sowohl durch Steuerausländer als auch durch Steuerinländer erfolgen. **28**

Beispiel: Treaty Shopping durch Steuerausländer: Der in einem Staat, mit dem die Bundesrepublik Deutschland kein DBA abgeschlossen hat, ansässige X erzielt in Deutschland beschränkt steuerpflichtige Einkünfte. X gründet im Staat Y eine KapGes und verlagert die dt Einkünfte auf die KapGes, um die Vergünstigungen des zwischen dem Staat Y und Deutschland abgeschlossenen DBA in Anspruch nehmen zu können. **29**

Beispiel: Treaty Shopping durch Steuerinländer: Die in der Bundesrepublik Deutschland ansässige A erzielt Einkünfte aus dem Staat B, mit dem Deutschland ein DBA abgeschossen hat. A gründet im Staat C eine KapGes und verlagert die Einkünfte aus dem Staat B auf die KapGes, um das vorteilhaftere DBA zwischen Staat B und Staat C in Anspruch nehmen zu können. Aufgrund eines im DBA zwischen Deutschland und Staat C vereinbarten Schachtelprivilegs können die Einkünfte anschließend quellensteuerfrei an A ausgeschüttet werden. **30**

III. Gegenmaßnahmen

Das MA selbst enthält bislang **keine allg Vorschrift** zur Verhinderung von Abkommensmissbrauch.[61] Die Thematik wird zwar in den Tz 7-26 MK zu Art 1 ausf behandelt, ohne aber einen allg abkommensrechtlichen Missbrauchsbegriff zu definieren. Für einzelne Problemfelder enthält der MK jedoch Formulierungsbeispiele.[62] Enthält das konkrete Abk keine Missbrauchsvorschrift, stellt sich die Frage, ob die allg innerstaatlichen Missbrauchsvorschriften (hier § 42 AO) Anwendung finden. Nach hier vertretener Auffassung können allg **innerstaatliche Missbrauchsvorschriften nicht** als **Auffangvorschriften** herangezogen werden.[63] Die Anwendung dieser Vorschriften muss auf den Bereich beschränkt bleiben, für den das DBA (zumindest konkludent) auf das innerstaatliche Steuerrecht verweist. Für § 42 AO folgt daraus, dass die Norm **31**

---

59 *Debatin/Wassermeyer* Art 1 MA Rn 56, 57; *S/K/K* Art 1 Rn 33.

60 *BFH* BStBl II 1998, 163; *Debatin/Wassermeyer* Art 1 MA Rn 65 mwN.

61 Vgl aber den finalen Bericht zu Aktionspunkt 6 des BEPS-Aktionsplans, der die Einführung einer generellen Missbrauchsklausel („principal purpose test“) beinhaltet.

62 ZB Tz 13 MK zu Art 1 (Transparenzklausel für DurchlaufGes); Tz 15 MK zu Art 1 (Subject-to-tax-Klausel für DurchlaufGes); Tz 17 MK zu Art 1 (Durchlaufklausel); Tz 19 MK zu Art 1 (Bona-fide-Klausel, Aktivitätsklausel, Steuerbetragsklausel, Börsenklausel, alternative Entlastungsbestimmung); Tz 20 MK zu Art 1 (Treaty-Shopping-Klausel).

63 So auch *Debatin/Wassermeyer* Art 1 MA Rn 57; **aA** *Tipke/Kruse* § 42 AO Rn 102; *Schaumburg* Rn 16.146 mwN; *Vogel/Lehner* Art 1 MA Rn 114.

als Einkünftezurechnungsnorm lediglich zu einer anderweitigen Zurechnung erzielter Einkünfte anwendbar ist.[64] **Enthält ein DBA** hingegen eine eigene **allg Missbrauchsvorschrift**, wird die Anwendbarkeit der allg **innerstaatlichen Missbrauchsvorschriften** dadurch **verdrängt**.[65] Schließlich ist der Fall denkbar, dass das Abk explizit auf innerstaatliche Missbrauchsvorschriften verweist.[66] In diesem in der Praxis seltenen Fall sind die innerstaatlichen Missbrauchsvorschriften auch auf DBA-Sachverhalte uneingeschränkt anwendbar.

32 ZT enthalten die DBA **spezielle Missbrauchsvorschriften**, die § 42 AO und speziellen innerstaatlichen Missbrauchsvorschriften als lex specialis vorgehen.[67] In der dt Abkommenspraxis wird va von folgenden Spezialvorschriften Gebrauch gemacht:[68]

33 **Rückfallklauseln:** Das Besteuerungsrecht fällt an den Ansässigkeitsstaat zurück, wenn die Einkünfte im Quellenstaat nicht besteuert wurden. Die Einkünfte werden dann nicht von der Besteuerung im Ansässigkeitsstaat freigestellt.[69]

34 **Subject-to-tax-Klauseln:** Der Quellenstaat stellt Einkünfte nicht oder nur teilw frei, wenn die Einkünfte im Ansässigkeitsstaat nach dessen innerstaatlichem Recht nicht steuerpflichtig sind.[70]

35 **Switch-over-Klauseln:** Der Ansässigkeitsstaat wendet an Stelle der eigentlich vorgesehenen Freistellungsmethode die Anrechnungsmethode an, wenn es andernfalls zu einer doppelten Nichtbesteuerung käme.[71]

36 **Aktivitätsklauseln:** Der Ansässigkeitsstaat stellt Einkünfte nur dann von der Besteuerung frei, wenn sie fast ausschließlich durch aktive Tätigkeiten erzielt wurden.[72] Stammen die Einkünfte nicht aus aktiven Tätigkeiten, tritt an die Stelle der Freistellung die Anrechnung.

37 **Remittance-Base-Klauseln:** Der Quellenstaat stellt Einkünfte nicht oder nur teilweise frei, wenn die Einkünfte im Ansässigkeitsstaat nach dessen innerstaatlichem Recht nur mit ihrem dorthin überwiesenen Betrag steuerpflichtig sind.[73]

38 Zunehmend gibt es daneben im innerstaatlichen Recht spezielle Missbrauchsvorschriften für den Abkommensbereich.[74] Ein sog **Treaty Override** liegt vor, wenn der

---

64 *Debatin/Wassermeyer* Art 1 MA Rn 58; *Vogel/Lehner* Art 1 MA Rn 104; vgl auch *BFH* BStBl II 1990, 113; *BFH* BStBl II 1998, 235.

65 *Schaumburg* Rn 16.133 mwN.

66 Vgl Art 27 Abs 1 DBA Luxemburg.

67 *BFH* DStR 2008, 962; *BMF* BStBl I 2013, 980.

68 Vgl auch *BMF* BStBl I 2013, 980.

69 Vgl zB DBA Österreich (Art 15 Abs 4); DBA Schweiz (Art 15 Abs 4 S 2).

70 Vgl zB DBA Großbritannien (Art 15); DBA Portugal (Art 22 Abs 1 S 2); vgl auch Art 22 Abs 1 Buchst e Doppelbuchst bb DE-VG.

71 Vgl zB DBA Österreich (Art 28); DBA Polen (Art 24 Abs 3); vgl auch Art 22 Abs 1 Buchst e Doppelbuchst aa DE-VG.

72 Vgl zB DBA Schweiz (Art 24 Abs 1 Nr 1 Buchstabe a); DBA Russische Föderation (Art 23 Abs 2 Buchstabe c); vgl auch Art 22 Abs 1 Buchst d DE-VG; *OFD Münster* – S 1301-18-St45-32.

73 Vgl zB DBA Großbritannien (Art 24); DBA Irland (Art 29).

74 ZB § 50d Abs 3 und 9 EStG. Der *BFH* hat mit Beschl v 20.8.2014 (BStBl II 2015, 18) die Frage der Verfassungsmäßigkeit des § 50d Abs 9 S 1 Nr 2 EStG dem *BVerfG* vorgelegt (Az 2 BvL 21/14).

nationale Gesetzgeber mit Wissen und Wollen eine Bestimmung erlässt, die in klarem Widerspruch zu den in einem DBA eingegangenen Verpflichtungen steht.[75] Während es in der Lit erhebliche Bedenken zur Verfassungs- und Europarechtskonformität eines Treaty Override gibt,[76] hat das BVerfG einen Treaty Override kürzlich als verfassungsgemäß beurteilt.[77]

IV. Exkurs: Geplante Erweiterung des Art 1 um einen Abs 3

Aktionspunkt 6 des BEPS-Aktionsplanes[78] sieht vor, Art 1 um einen weiteren Abs (Abs 3) zu erweitern, der eine Öffnungsklausel in Richtung nationaler Gesetze vorsieht. Nach dieser Regelung soll ein DBA die Besteuerung nach den nationalen Gesetzen der Vertragsstaaten grundsätzlich nicht beeinträchtigen. **39**

Der Wortlaut von Art 1 Abs 3 OECD-MA-E ist wie folgt: **40**

This Convention shall not effect the taxation, by a Contracting State, of its residents except with respect to the benefits granted under paragraph 3 of Article 7, paragraph 2 of Article 9 and Articles 19, 20, 23 A [23 B], 24 and 25 and 28.

E. Deutsche DBA

I. Allgemeines

Bemerkungen und Vorbehalte zu Art 1 hat die Bundesrepublik Deutschland nicht in den MK aufnehmen lassen. **41**

II. Deutsche Verhandlungsgrundlage

Die Regelung zu den „unter das Abkommen fallenden Personen“ in der deutschen DBA-Verhandlungsgrundlage[79] (ebenfalls Art 1) entspricht derjenigen des OECD-MA. **42**

III. Wichtigste Abweichungen

Die große Mehrheit der von der Bundesrepublik Deutschland abgeschlossenen DBA enthält den exakten **Wortlaut** des Art 1. Für den **EU/EWR-Raum** (einschließlich der Schweiz) gilt dies namentlich für die Abk mit Belgien (Art 1), Bulgarien (Art 1), Dänemark (Art 2 Abs 4 Buchstabe a, Art 1 enthält das Ziel des Abk), Estland (Art 1), Finnland (Art 1), Frankreich (Art 1 Abs 1), Großbritannien (Art 1), Irland (Art 1), Island (Art 1), Italien (Art 1), Lettland (Art 1), Liechtenstein (Art 1), Litauen (Art 1), Luxemburg (Art 1), Malta (Art 1), Niederlande (Art 1), Norwegen (Art 1), Österreich (Art 1) Polen (Art 1), Portugal (Art 1), Rumänien (Art 1), Schweden (Art 2 Abs 4 Buchstabe a, Art 1 enthält das Ziel des Abk), Schweiz (Art 1), Slowakei (Art 1), Slowenien (Art 1), Spanien (Art 1), Tschechien (Art 1), Ungarn (Art 1), Zypern (Art 1). Diese Entspr zum MA gilt ferner für **wichtige dt Handelspartner** wie China (Art 1), Indien (Art 1), Japan (Art 1), die Russische Föderation (Art 1) und die USA (Art 1 mit der Einschränkung „soweit es [das Abk] nichts anderes vorsieht“). **43**

75 *OECD* TNI 1990, 25.
76 Ausf hierzu *Gosch* IStR 2008, 413.
77 *BVerfG* IStR 2016, 191.
78 *OECD* BEPS Action 6 (2015), 88.
79 *BMF* IV B 2 – S 1301/13/10009, Stand: 22.8.2013.

44 In dem Abk mit Griechenland **fehlt** hingegen eine dem Art 1 entspr Regelung. Das DBA mit Frankreich verbindet den Regelungsinhalt mit dem Zweck des Abk (Art 1 Abs 2).

45 Einige dt DBA enthalten Sonderbestimmungen hinsichtlich der **Abkommensberechtigung von PersGes** bzw deren Gesellschaftern. Hierzu zählen unter den **EU/EWR-Staaten** und den **wichtigsten dt Handelspartnern** die Abk mit Belgien (Art 4 Abs 1 HS 2, Prot Nr 12), Finnland (Art 3 Abs 1 Buchstabe b, Art 4 Abs 4), Frankreich (Art 4 Abs 3, Art 9 Abs 7), Island (Art 4 Abs 4 S 1), Italien (Prot Nr 2), Japan (Art 7 Abs 7), Portugal (Art 4 Abs 4), Schweiz (Art 24 Abs 1 Nr 3), Ungarn (Prot Nr 4 Buchstabe a).

46 Vorschriften zur **Einschränkung der Abkommensberechtigung** mit dem Ziel, eine missbräuchliche Inanspruchnahme der Abk zu verhindern, enthalten die folgenden dt DBA mit **EU/EWR-Staaten** bzw den **wichtigsten dt Handelspartnern**: Belgien (Prot Nr 17), Dänemark (Art 45 Abs 2), Finnland (Prot Nr 6), Island (Art 4 Abs 4 S 2), Italien (Prot Nr 2 S 2), Kanada (Art 29 Abs 3), Luxemburg (Art 27 Abs 1), Malta (Art 27 Abs 2, Prot Nr 5), Niederlande (Art 23 Abs 1), Österreich (Art 28 Abs 2), Schweiz (Art 4 Abs 3, 4, 6, 9, Art 23 Abs 1, Prot Nr 2 II), Singapur (Prot Nr 3), Spanien (Art 28 Abs 1 und 2) und USA (Art 1 Abs 1, 6, Art 23 Abs 4 Buchstabe b, Art 28, Prot Nr 24). Hierbei handelt es sich insb um Vorbehalte für innerstaatliche Missbrauchsklauseln und Switch-Over-Klauseln.

Art. 2 Unter das Abkommen fallende Steuern

(1) Dieses Abkommen gilt, ohne Rücksicht auf die Art der Erhebung, für Steuern vom Einkommen und vom Vermögen, die für Rechnung eines Vertragsstaats oder seiner Gebietskörperschaften[1] erhoben werden.

(2) Als Steuern vom Einkommen und vom Vermögen gelten alle Steuern, die vom Gesamteinkommen, vom Gesamtvermögen oder von Teilen des Einkommens oder des Vermögens erhoben werden, einschließlich der Steuern vom Gewinn aus der Veräußerung beweglichen oder unbeweglichen Vermögens, der Lohnsummensteuern sowie der Steuern vom Vermögenszuwachs.

(3) Zu den bestehenden Steuern, für die das Abkommen gilt, gehören insbesondere

a) (in Staat A): ...
b) (in Staat B): ...

(4) Das Abkommen gilt auch für alle Steuern gleicher oder im Wesentlichen ähnlicher Art, die nach der Unterzeichnung des Abkommens neben den bestehenden Steuern oder an deren Stelle erhoben werden. Die zuständigen Behörden der Vertragsstaaten teilen einander die in ihren Steuergesetzen eingetretenen bedeutsamen Änderungen mit.

1 Schweiz: Statt „Gebietskörperschaften" die Worte „politische Unterabteilungen oder lokale Körperschaften".

Übersicht

Literatur: *Booij* The Meaning of Notification Clauses in Tax Treaties, Intertax 2005, 584; *Brandstetter* „Taxes Covered“, A Study of Article 2 of the OECD Model Tax Conventions, Amsterdam, 2011; *Lang* Der sachliche Anwendungsbereich der Doppelbesteuerungsabkommen auf dem Gebiet der Steuern vom Einkommen und vom Vermögen, in Lang/Jirousek Praxis des Internationalen Steuerrechts, 2005, S 265.

A. Allgemeines

I. Bedeutung der Vorschrift

Art 2 des MA legt den **sachlichen Anwendungsbereich** des Abk fest, dh er bestimmt die Steuern, auf die das Abk Anwendung findet. Ziel ist es, den Vertragsstaaten die eindeutige Feststellung der unter das Abk fallenden Steuern zu ermöglichen.[2] **1**

II. Systematischer Zusammenhang

Art 1 und 2 regeln den **persönlichen und sachlichen Geltungsbereich** des Abk. Grds gilt, dass die abkommensrechtlichen Vorschriften, insb die Verteilungsnormen der Art 6 ff nur dann zur Anwendung kommen können, wenn im Einzelfall der Anwendungsbereich des Abk nach Art 1 und 2 eröffnet ist. Dieses Prinzip gilt uneingeschränkt im Hinblick auf die sog Verteilungsartikel (Art 6–22) und den sog Methodenartikel (Art 23A/B). **2**

Einige Regelungen des MA finden über den allg Geltungsbereich des betr Abk hinaus Anwendung. Diese Rechtsfolge tritt jedoch nur ein, wenn dies ausdrücklich im Abkommenstext vorgesehen ist. Die betr Vorschriften enthalten dann **eigenständige Regelungen** zu ihrem Anwendungsbereich. Derartige Regelungen finden sich im Abschn 6 Besondere Bestimmungen des MA. Die Vorschrift des Art 24 Abs 6 **erweitert** den Anwendungsbereich des **Diskriminierungsverbots** über Art 2 hinaus auf Steuern jeder Art und Bezeichnung. Auch der **Informationsaustausch** nach Art 26 Abs 1 S 2 und die **Amtshilfe** bei der Erhebung von Steuern gem Art 27 Abs 1 S 2 sind durch Art 1 und 2 nicht eingeschränkt. **3**

III. Aufbau der Vorschrift

In Art 2 Abs 1 wird der sachliche Anwendungsbereich des Abk in abstrakter Form definiert. Es schließt sich in Art 2 Abs 2 eine Umschreibung der zentralen Anknüpfungspunkte „Steuern vom Einkommen und vom Vermögen“ an. Art 2 Abs 3 sieht eine für jeden Vertragsstaat gesonderte Auflistung bestehender Steuern vor, für die **4**

2 Tz 1 MK zu Art 2.

das Abk insb gilt. Mit Steuern, die im Zeitpunkt der Unterzeichnung des Abk noch nicht erhoben werden, beschäftigt sich Art 2 Abs 4.

B. Absatz 1

I. Grundaussage

5 Art 2 Abs 1 legt fest, dass sich der Geltungsbereich des Abk auf Steuern vom Einkommen und Vermögen erstreckt, welche für Rechnung eines **Vertragsstaats** oder seiner **Gebietskörperschaften** erhoben werden, und zwar ohne Rücksicht auf die **Art der Erhebung**. Diese Regelung soll eine eindeutige Feststellung der unter das Abk fallenden Steuern der Vertragsstaaten ermöglichen und gleichzeitig so weit formuliert sein, dass auch Steuern der Gebietskörperschaften einbezogen werden und nicht bei jeder Steueränderung in einem der Vertragsstaaten ein neues Abk geschlossen werden muss.[3]

II. Begriffsmerkmale im Einzelnen

6 Der Begriff der Steuern vom Einkommen und Vermögen wird gesondert in Art 2 Abs 2 legaldefiniert. Wegen der Einzelheiten sei deshalb auf Rn 12 ff verwiesen.

7 Die Steuern, für die das Abk gilt, müssen **für Rechnung des Vertragsstaats** selbst oder eine seiner mit eigener Rechtspersönlichkeit und eigener Steuerertragshoheit ausgestatteten Gebietskörperschaften erhoben werden. Da der Begr des Vertragsstaats im MA selbst nicht definiert wird, ist er gem Art 3 Abs 2 nach dem jeweiligen **innerstaatlichen Recht des Anwendestaates** zu bestimmen. Als Beispiele für Gebietskörperschaften nennt der MK ua Bezirke, Kreise, Gemeinden und Gemeindeverbände.[4] Der Begr der Gebietskörperschaften iSd Art 2 Abs 1 umfasst aus dt Perspektive nicht nur die einzelnen **Bundesländer**, sondern auch **Gemeinden** und **Gemeindeverbände**. Sie haben nach Art 106 GG, je nachdem, um welche Steuer es sich handelt, die steuerliche Ertragshoheit inne. Keine Bedeutung für Zwecke des Art 2 hat die Gesetzgebungszuständigkeit bzw die Verwaltungshoheit für eine bestimmte Steuer.

8 Auch Steuern, die für Rechnung des Vertragsstaates selbst und zugleich für Rechnung einer seiner Gebietskörperschaften erhoben werden, werden von Art 2 Abs 1 erfasst. Die Norm setzt nicht voraus, dass der Steuergläubiger entweder nur der Vertragsstaat oder nur eine seiner Gebietskörperschaften ist.

9 In der **Abkommenspraxis** wird die Einbeziehung von Steuern, die für Rechnung der einzelnen Gebietskörperschaften der Vertragsstaaten erhoben werden, **nicht einheitlich** gehandhabt. Bspw gilt nach Art 2 Abs 1 DBA Österreich dieses Abk in wörtlicher Übereinstimmung mit Art 2 Abs 1 auch für Steuern, die für Rechnung von Gebietskörperschaften erhoben werden. Demgegenüber ist in Art 2 Abs 1 DBA Kanada die Geltung des Abk für Steuern, die für Rechnung eines Landes bzw einer Gebietskörperschaft erhoben werden, ausdrücklich auf die Bundesrepublik Deutschland beschränkt.

10 Die dt **Kirchensteuer** fällt nicht in den sachlichen Anwendungsbereich des OECD-Musterabk. Sie wird zwar durch den Staat erhoben, aber nicht für Rechnung des Staa-

---

3 Tz 1 MK zu Art 2.

4 Tz 2 MK zu Art 2.

tes und seiner Untergliederungen, sondern für die steuerberechtigten Religionsgemeinschaften, insb die Kirchen, als vom Staat unabhängige öffentlich-rechtliche Körperschaften (vgl Art 140 GG iVm Art 137 Abs 6 Weimarer Reichsverfassung). Dass sich das betr Abk dennoch **reflexartig** auf die Kirchensteuer auswirkt, liegt daran, dass die Einkommensteuer nach § 51a EStG zugleich die Bemessungsgrundlage für die Kirchensteuer ist.

Auf welche **Art und Weise** die Steuer erhoben wird, ist nach Art 2 Abs 1 nicht von **11**
Bedeutung. Der MK weist ausdrücklich darauf hin, dass es unerheblich ist, ob die Steuer durch Veranlagung oder durch Abzug an der Quelle, als Zusatz- oder Zuschlagsteuer, oder auf andere Weise erhoben wird.[5]

C. Absatz 2

I. Grundaussage

Art 2 Abs 2 beschreibt den Ausdruck **„Steuern vom Einkommen und vom Vermö-** **12**
gen“, ohne ihn abschließend festzulegen. Danach gelten als Steuern vom Einkommen und vom Vermögen alle Steuern, die vom Gesamteinkommen, vom Gesamtvermögen oder von Teilen des Einkommens oder des Vermögens erhoben werden, einschließlich der Steuern vom Gewinn aus der Veräußerung beweglichen oder unbeweglichen Vermögens, der Lohnsummensteuern sowie der Steuern vom Vermögenszuwachs.

Da das Abk den Begr der „Steuern“ nicht näher umschreibt und auch die Begr „Ein- **13**
kommen“ und „Vermögen“ aus dem Abk heraus nur in begrenztem Maße näher bestimmt werden können, kommt in der Praxis der beispielhaften Aufzählung in Art 2 Abs 2 aE zentrale Bedeutung zu. Bei den dort genannten **Regelbeispielen** ist der **Anwendungsbereich des Abk** in jedem Fall eröffnet. Insb wird durch diese Regelungstechnik sichergestellt, dass Art 13, der Verteilungsartikel im Hinblick auf die Gewinne aus der Veräußerung von Vermögen, auch in solchen Fällen nicht gegenstandslos würde, in denen die Vertragsstaaten die Besteuerung der Veräußerung von Vermögensgegenständen nach innerstaatlichem Recht nicht als Steuern vom Einkommen oder vom Vermögen ansehen würden. Auch **Lohnsummensteuern** sind im abkommensrechtlichen Sinne als Steuern vom Einkommen und vom Vermögen anzusehen. Unter den Ausdruck „Lohnsummensteuer“ fallen ausweislich des MK auch die Steuern vom Gesamtbetrag der von einem Unternehmen gezahlten Löhne oder Gehälter.[6]

II. Begriff der Steuer

Der in der Lit geführte Streit, ob der **abkommensrechtliche Begriff der Steuer** ein **14**
eigenständiger Begriff ist, der gem Art 31 Abs 1 WVK nach seiner gewöhnlichen Bedeutung auszulegen ist,[7] oder ob er gem Art 3 Abs 2 nach dem innerstaatlichen Recht des jeweiligen Anwendestaates zu bestimmen ist,[8] ist – aus der Perspektive

5 Tz 2 MK zu Art 2.

6 Tz 3 MK zu Art 2; als Beispiel sind dort genannt die Lohnsummensteuer in Deutschland, die zwischenzeitlich abgeschafft wurde und die „taxe sur les salaires“ in Frankreich.

7 *Debatin/Wassermeyer* Art 2 MA Rn 26.

8 *Vogel/Lehner* DBA Art 2 MA Rn 19.

Deutschlands als Anwendestaat – eher theoretischer Natur.[9] Ob auf § 3 Abs 1 AO zurückgegriffen wird, weil dieser die gewöhnliche Bedeutung des Steuerbegriffs wiedergibt,[10] oder ob diese Regelung über Art 3 Abs 2 zu Auslegungszwecken herangezogen wird, führt letztlich zum selben Ergebnis.

15 Steuern können danach nur **Geldleistungen** sein; bei Naturalabgaben oder Dienstleistungen handelt es sich nicht um Steuern im abkommensrechtlichen Sinne.

16 Besteht ein **unmittelbarer Zusammenhang** zwischen der Abgabe und iE zu erwartender Gegenleistungen, handelt es sich auch abkommensrechtlich nicht um eine Steuer. Diesen Grundsatz bestätigt die Tz 3 MK zu Art 2 im Hinblick auf Sozialversicherungsabgaben. Auch Gebühren und Beiträge im kommunalabgabenrechtlichen Sinne sind keine Steuern.[11]

17 Da die Erzielung von Einnahmen **zumindest Nebenzweck** einer Steuer sein muss, sind **Geldstrafen** und **Geldbußen** auch im abkommenrechtlichen Sinne keine Steuern.[12] Allerdings weist die Tz 4 MK zu Art 2 auf eine unterschiedliche Staatenpraxis bei Strafen hin, die im Einzelfall eine Klarstellung erfordern mag.

18 Steuern iSd Art 2 Abs 2 sind **auch außerordentliche Steuern**, unabhängig davon, aus welchem Grund die betreffende Steuer (zB im Hinblick auf ihre Einführung, ihre Steuersätze etc) außerordentlich sein mag.[13] Es genügt auch eine einmalige Steuer.

19 **Steuerliche Nebenabgaben** werden, wie die Tz 4 MK zu Art 2 klarstellt, vom abkommensrechtlichen Begriff der Steuer mitumfasst.[14] Ist Deutschland Anwendestaat, ist gem Art 3 Abs 2 auf die Aufzählung der steuerlichen Nebenleistungen in § 3 Abs 3 AO zurückzugreifen. Daher sind Verspätungszuschläge, Zuschläge iSd § 162 Abs 4 AO, Zinsen, Säumniszuschläge, Zwangsgelder und Kosten ebenfalls Steuern iSd Art 2 Abs 2.

20 Um den Anwendungsbereich des MA sachgerecht weit zu verstehen, müssen auch Abgaben, deren **Bemessungsgrundlage** eine unter das Abk fallenden **Steuer** ist, selbst vom Regelungsbereich des Abk erfasst werden. Das ist insb beim dt **Solidaritätszuschlag** der Fall.[15] Er wird als Ergänzungsabgabe zur dt Einkommen- und Körperschaftsteuer erhoben; seine Bemessungsgrundlage ist die Steuer, vgl §§ 1, 3 SolZG.

III. Begriffe Einkommen und Vermögen

21 Die Begr **Einkommen und Vermögen** sind im MA nicht näher umschrieben. Am ehesten lässt sich anhand des Abschn III des MA, der die Überschrift trägt „Besteuerung des Einkommens", exemplarisch erkennen, was mit dem Begriff des Einkommens bezeichnet wird. Gleiches gilt für den Begriff des Vermögens; hierzu ist Abschn II des

9 *S/K/K* Art MA 2 Rn 23 stufen die praktische Bedeutung dieses Streits ebenfalls als gering ein.

10 So *Debatin/Wassermeyer* Art 2 MA Rn 26.

11 Allg Ansicht, vgl *Debatin/Wassermeyer* Art 2 MA Rn 26.

12 Vgl *Vogel/Lehner* Art 2 MA Rn 28.

13 Tz 5 MK zu Art 2 MA.

14 Vgl Tz 4 MK zu Art 2: „Es wurde nicht für erforderlich gehalten, dies in dem Artikel ausdrücklich zu sagen, da es selbstverständlich ist, dass für die Erhebung von Nebenabgaben dieselben Bestimmungen gelten wie für die eigentliche Steuer."

15 Vgl *S/K/K* Art 2 MA Rn 29.

MA („Besteuerung des Vermögens") heranzuziehen. Aus dieser Betrachtung wird deutlich, dass die abkommensrechtlichen Einkommens- und Vermögensbegr in einem weiten Sinne und nicht deckungsgleich mit den im nationalen dt Recht verwendeten Einkommens- und Vermögensbegr zu verstehen sind. Letztlich werden die Begr des Einkommens und Vermögens in der Praxis aber nur selten dazu führen, dass eine Steuer aus dem Anwendungsbereich des Art 2 ausscheidet.

Neben der dt **Einkommen- und Körperschaftsteuer** stellt die **Gewerbesteuer** eine Steuer vom Einkommen iSd Art 2 Abs 2 dar.[16] **22**

Als Beispiel für eine Steuer auf Vermögen im abkommensrechtlichen Sinne ist die dt **Grundsteuer** zu nennen.[17] Sie ist ihrer Art nach eine Steuer auf den Grundbesitz, dh auf den Vermögensbestand selbst. Im Verhältnis zu anderen Staaten kann es bei einem in Deutschland belegenen Grundbesitz insb dann zu Dbest kommen, wenn der andere Vertragsstaat eine vergleichbare Steuer erhebt, welche zB an den Rechtsträger des Grundbesitzes anknüpft. **23**

D. Absatz 3

Art 2 Abs 3 sieht eine praktisch bedeutsame Möglichkeit für den Rechtsanwender vor, auf einen Blick zu erkennen, dass eine bestimmte Steuer sicher in den sachlichen Anwendungsbereich eines bestimmten DBA fällt. **24**

Art 2 Abs 3 skizziert eine **Positivliste** der in den jeweiligen Vertragsstaaten bei Vertragsschluss bestehenden Steuern, für die das Abk gilt. Es handelt sich, wie das Wort „insbesondere" zeigt, um eine **nicht abschließende Auflistung**. Für Steuern, die nicht in einem solchen Katalog aufgelistet sind, aber die Kriterien des Art 2 Abs 2 erfüllen, ist der sachliche Anwendungsbereich des betr Abk ebenfalls eröffnet. **25**

Die Bundesrepublik Deutschland führt in den von ihr abgeschlossenen DBA typischerweise die Einkommensteuer, die Körperschaft- und die Gewerbesteuer,[18] die zurzeit nicht erhobene **Vermögensteuer** und teilw auch die Grundsteuer[19] in einer Liste nach dem Vorbild des Art 2 Abs 3 auf. Klarstellend werden teilw auch die Ergänzungsabgaben genannt.[20] **26**

E. Absatz 4

Art 2 Abs 4 **erweitert** den sachlichen Anwendungsbereich des jeweiligen Abk im Hinblick auf Steuern, die im Zeitpunkt der Unterzeichnung des Abk noch nicht erhoben wurden. Das Abk gilt danach für alle **Steuern gleicher oder im Wesentlichen ähnlicher Art**, die neben die oder an die Stelle der bei Unterzeichnung des Abk erhobenen Steuern treten. Zugleich verpflichtet Art 2 Abs 4 die Vertragsstaaten untereinander zu entspr **Änderungsmitteilungen**. **27**

---

16 Allg Meinung, vgl *S/K/K* Art 2 MA Rn 29; *Debatin/Wassermeyer* Art 2 MA Rn 12; *Schönfeld/Ditz* Art 2 Rn 30.

17 Vgl *Debatin/Wassermeyer* Art 2 MA Rn 12; *Schönfeld/Ditz* Art 2 Rn 36.

18 Vgl etwa Art 1 Abs 2 Nr 2e DBA Frankreich; Art I Abs 1 Nr 1 DBA Griechenland.

19 Vgl etwa Art 1 Abs 2 Nr 2f DBA Frankreich; Art 2 Abs 1b DBA Portugal; Art 2 Abs 3 Nr 2d DBA Belgien.

20 Vgl etwa Art 2 Abs 1b Nr 6 DBA Portugal.

28 Ohne diese Vorschrift bestände die Gefahr, dass bestehende DBA infolge innerstaatlicher Rechtsänderungen gegenstandslos werden würden und (zumindest teilw) neu verhandelt werden müssten.

29 Gleichartig oder im Wesentlichen gleicher Art wie die bei Unterzeichnung des Abk erhobenen Steuern sind jedenfalls solche Steuern, auf die die Umschreibung als Steuer vom Einkommen bzw vom Vermögen iSd Art 2 Abs 2 passt. In allen übrigen Fällen ist anhand eines Gesamtbilds der Verhältnisse darüber zu entscheiden, ob die betr Steuer (im Wesentlichen) gleichartig mit bei Unterzeichnung des Abk erhobenen Steuern ist.[21]

30 Der **Änderungsmitteilung** eines Vertragsstaats an den anderen kommt **keine rechtsbegründende Wirkung** zu; auch das Unterlassen einer solchen Mitteilung zieht keine rechtl Folgen nach sich. Anderenfalls würden die völkerrechtlichen Vorgaben für die Änderung von zwischenstaatlichen Verträgen unterlaufen. Die Änderungsmitteilung ist in vollem Umfang gerichtlich nachprüfbar; auch der andere Vertragsstaat prüft in eigener Zuständigkeit, ob die betr Steuer im anderen Vertragsstaat gleichartig oder im Wesentlichen gleicher Art ist wie die bei Unterzeichnung des Abk erhobenen Steuern.

F. Deutsche DBA und deutsche Verhandlungsgrundlage für DBA

31 In der Beratungspraxis lassen sich die vom jeweiligen Abkommen erfassten dt Steuern regelmäßig aus der Positivliste ersehen. Auf eine Einzeldarstellung der dt DBA wird daher verzichtet.

32 Die erstmals im Jahr 2013 veröffentlichte Verhandlungsgrundlage für Doppelbesteuerungsabkommen im Bereich der Steuern vom Einkommen und vom Vermögen[22] (DE-VG) beinhaltet als Art 2 DE-VG eine dem Art 2 OECD MA weitgehend identische Vorschrift. Art 2 Abs 1 DE-VG ergänzt die in Art 2 Abs 1 OECD MA genannten Steuergläubiger um die Länder eines der Vertragsstaaten. Diese werden als Gebietskörperschaften ohnehin von Art 2 Abs 1 OECD MA erfasst, so dass sich inhaltlich daraus kein Unterschied ergibt. Art 2 Abs 2 DE-VG ist wörtlich deckungsgleich mit Art 2 Abs 2 OECD MA, ebenso Art 2 Abs 4 S 1 DE-VG im Verhältnis zu Art 2 Abs 4 S 1 OECD MA. Weniger weitgehend als gem Art 2 Abs 4 S 2 OECD MA ist jedoch nach Art 2 Abs 4 S 2 DE-VG die Pflicht der Vertragsstaaten zur gegenseitigen Information über eingetretene bedeutsame Änderungen in ihren Steuergesetzen. Sie besteht nach Art 2 Abs 4 S 2 DE-VG nur, soweit dies für die Anwendung des Abkommens erforderlich ist. Daraus mögen sich zwar im Einzelfall Abgrenzungsschwierigkeiten ergeben können. Da einer (unterbliebenen) Mitteilung aber keine Rechtswirkung zukommt, dürfte in der Praxis nicht mit größeren Verwerfungen zu rechnen sein.

33 Als Steuern, für die das Abkommen gilt, führt die Positivliste des Art 2 Abs 3 a DE-VG für die BRD die ESt, KSt, GewSt und VermSt auf, einschließlich der hierauf erhobenen Zuschläge – obwohl die VermSt schon seit Jahren nicht mehr erhoben wird. M.E. deutet diese weitgehende Aufzählung in Art 2 Abs 3 a DE-VG darauf hin, dass in den nach diesem Vorbild geschlossenen DBA Art 2 Abs 4 S 1 eine sehr geringe praktische Bedeutung hat.

---

21 Im Einzelnen ist umstritten, wie diese Prüfung zu erfolgen hat, vgl hierzu näher *Vogel/Lehner* Art 2 MA Rn 61 f und *Debatin/Wassermeyer* Art 2 MA Rn 68 ff.

22 Verhandlungsgrundlage für DBA www.bundesfinanzministerium.de (Stand: 31.5.2016, Az IV B 2 – S 1301/13/10009); vgl dazu *Lüdicke* Beihefter zur IStR 2013, 26.

Art. 3 Allgemeine Begriffsbestimmungen

(1) Im Sinne dieses Abkommens, wenn der Zusammenhang nichts anderes erfordert,

a) umfasst der Ausdruck „Person“ natürliche Personen, Gesellschaften und alle anderen Personenvereinigungen;

b) bedeutet der Ausdruck „Gesellschaft“ juristische Personen oder Rechtsträger, die für die Besteuerung wie juristische Personen behandelt werden;

c) bezieht sich der Ausdruck „Unternehmen“ auf die Ausübung einer Geschäftstätigkeit;

d) bedeuten die Ausdrücke „Unternehmen eines Vertragsstaats“ und „Unternehmen des anderen Vertragsstaats“, je nachdem, ein Unternehmen, das von einer in einem Vertragsstaat ansässigen Person betrieben wird, oder ein Unternehmen, das von einer im anderen Vertragsstaat ansässigen Person betrieben wird;

e) bedeutet der Ausdruck „internationaler Verkehr“ jede Beförderung mit einem Seeschiff oder Luftfahrzeug, das von einem Unternehmen mit tatsächlicher Geschäftsleitung in einem Vertragsstaat betrieben wird, es sei denn, das Seeschiff oder Luftfahrzeug wird ausschließlich zwischen Orten im anderen Vertragsstaat betrieben;

f) bedeutet der Ausdruck „zuständige Behörde“

i) (in Staat A): …

ii) (in Staat B): …

g) bedeutet der Ausdruck „Staatsangehöriger“ in Bezug auf einen Vertragsstaat

i) jede natürliche Person, die die Staatsangehörigkeit oder Staatsbürgerschaft dieses Vertragsstaats besitzt; und

ii) jede juristische Person, Personengesellschaft und andere Personenvereinigung, die nach dem in diesem Vertragsstaat geltenden Recht errichtet worden ist;

h) schließt der Ausdruck „Geschäftstätigkeit“ auch die Ausübung einer freiberuflichen oder sonstigen selbstständigen Tätigkeit ein.

(2) Bei der Anwendung des Abkommens durch einen Vertragsstaat hat, wenn der Zusammenhang nichts anderes erfordert, jeder im Abkommen nicht definierte Ausdruck die Bedeutung, die ihm im Anwendungszeitraum nach dem Recht dieses Staates über die Steuern zukommt, für die das Abkommen gilt, wobei die Bedeutung nach dem in diesem Staat anzuwendenden Steuerrecht den Vorrang vor einer Bedeutung hat, die der Ausdruck nach anderem Recht dieses Staates hat.

BMF v 31.3.1980, Az IV C 6-S 1301 Schz-71/79; *BMF* v 9.6.1983, Az IV C 6-S 1301 Iran-1/83; *BMF* v 28.5.1998, Az IV C 5-S 1301 Spa-2/98, BStBl I 1998, 557; *BMF* v 19.3.2004, Az IV B 4-S 1301 USA-22/04, BStBl I 2004, 411; *BMF* v 15.1.2009, Az IV B 3-S 1301-FRA/08/10001; *BMF* v 13.4.2010, Az IV B 3 – S 1301/10/10003; *FinMin Hessen* v 18.10.1994, Az S 1301-A-92-II B 31, IStR 1994, 459; *FinMin Hessen* v 18.6.1996, Az S 1302 A-32-II B 31; *FinMin Saarland* v 3.5.2011, Az B/3-S 1301-9#007; *BMF* Az IV B 5-S 1300/09/10003, BStBl I 2014, 1258.

Übersicht

Literatur: *Brähler/Mayer* Abkommensberechtigung von Personengesellschaften zugleich Besprechung des BMF-Schreibens vom 16.4.2010, IStR 2010, 678; *Debatin* System und Auslegung der Doppelbesteuerungsabkommen, DB 1985, Beilage 23, 1; *Djanani/Brähler* Internationale Steuerplanung durch Ausnutzung von Qualifikationskonflikten, StuW 2007, 53, 56; *Djanani/Brähler/Hartmann* Die Finanzverwaltung und die autonome Abkommensauslegung – zugleich Besprechung des BMF-Schreibens vom 19.3.2004 – IStR 2004, 351, IStR 2004, 481; *Endres/Jacob/Gohr/Klein* DBA Deutschland/USA, 2009; *Haase* Subjektive Qualifikationskonflikte bei der Behandlung von Einkünften einer Limited Liability Company nach dem DBA Deutschland-USA, IStR 2002, 733; *Hummel* Zur innerstaatlichen Bindungswirkung von auf Doppelbesteuerungsabkommen beruhenden Konsultationsvereinbarungen

Betrachtungen anlässlich der Ergänzung von § 2 AO durch das Jahressteuergesetz, 2010 IStR 2011, 397; *Jacob/Nosky* Die Auslegung von Doppelbesteuerungsabkommen kann gegen Grundfreiheiten verstoßen – zugleich Besprechung des Beschlusses des Bundesfinanzhofes vom 19.12.2007, IStR 2008, 358; *Kollruss* Mehrstöckige Hybrid-Kapitalgesellschaftsstrukturen und § 50d Abs. 11 EStG: Leerlaufen oder Norm? BB 2013, 157; *Krabbe* OECD-Musterabkommen 2000, IStR 2000, 196; *ders* Steuerliche Behandlung der Personengesellschaften nach den Doppelbesteuerungsabkommen, IWB Fach 3 Deutschland Gr 2, 753; *Lang* Hybride Finanzierungen im Internationalen Steuerrecht, 1991; *ders* Auslegung von Doppelbesteuerungsabkommen und authentische Vertragssprache, IStR 2011, 403; *Lehner* Festgabe Wassermeyer, Doppelbesteuerung, Kapitel 3: Abkommensauslegung zwischen Autonomie und Bindung an das innerstaatliche Recht; *ders* Die Umsetzung von abkommensrechtlichen Konsultationsvereinbarungen zur Vermeidung von Doppelbesteuerung und Doppelnichtbesteuerung durch Rechtsverordnungen, IStR 2011, 733; *Lüdicke* Beteiligung an ausländischen intransparent besteuerten Personengesellschaften, IStR 2011, 91; *Mellinghoff* Festgabe Wassermeyer, Doppelbesteuerung, Kapitel 6: Heranziehung von OECD-Musterabkommen und -Musterkommentar; *Prillinger* Die Abkommensberechtigung von Körperschaften des öffentlichen Rechts, SWI 2008, 246; *Rosenthal* Die steuerliche Beurteilung von Auslandssachverhalten im Spannungsfeld zwischen Abkommensrecht und Europarecht – zugleich Besprechung des Urteils des FG Hamburg vom 22.8.2006 zur Veräußerung von Anteilen an einer spanischen Personengesellschaft –, IStR 2007, 610; *Vogel* Zur Abkommensberechtigung ausländischer Personengesellschaften, IStR 1999, 5; *Wassermeyer* Die Beurteilung der Abkommensberechtigung ausländischer Personengesellschaften durch Deutschland als dem Nichtansässigkeitsstaat der Personengesellschaft, IStR 1998, 489; *ders* Duplik, IStR 1999, 8; *ders* Die Anwendung der Doppelbesteuerungsabkommen auf Personengesellschaften, IStR 2007, 413; *ders* Abkommensberechtigung von Personengesellschaften. Eine Stellungnahme zu den Ausführungen von Brähler/Mayer, IStR 2010, 683; *ders* Die abkommensrechtliche Behandlung von Einkünften einer in einem Vertragsstaat ansässigen Personengesellschaft, IStR 2011, 85; *Wolff* Festgabe Wassermeyer, Doppelbesteuerung, Kapitel 8: Protokolle, Notenwechsel, Denkschriften und Explanations; *Zinkeisen/Walter* Seminar F: Abkommensberechtigung von Investmentsfonds, IStR 2007, 583.

A. Einleitung

Art 3 stellt eine zentrale Definitionsvorschrift mit allg Begriffsdefinitionen für das jeweilige Abk dar, die jedoch weder abschließend noch vollständig ist. So ist diese Vorschrift nicht die einzige Stelle, an der Begr im Abk definiert werden. Auch innerhalb eines Abk ist jeweils zu prüfen, ob die an anderer Stelle gegebene Definition auf die konkrete Vorschrift angewendet werden kann.[1] Darüber hinaus sind die Vertragsstaaten frei, weitere Definitionen bzw Begriffsbestimmungen in die jeweiligen DBA aufzunehmen. Dass die Abkommensstaaten von dieser Möglichkeit Gebrauch machen, zeigt sich in den von Deutschland abgeschlossenen Abk, deren Art 3 erhebliche Abweichungen vom MA aufweist. **1**

Der MK spricht ausdrücklich die Möglichkeit an, dass die Vertragsstaaten die Begriffe „ein Vertragsstaat“ und „der andere Vertragsstaat“ definieren. Eine solche Definition ist auch in der dt Verhandlungsgrundlage für Doppelbesteuerungsabkommen enthalten, die neben dem Hoheitsgebiet auch „das an das Küstenmeer angrenzende Gebiet des Meeresbodens, seines Untergrunds und der darüber liegenden Wassersäule, in **2**

1 *BFH* IStR 2010, 703 zum Dividendenbegriff in Art 10 und Art 23 DBA USA; *BMF* IStR 2011, 473.

dem der betreffende Vertragsstaat in Übereinstimmung mit dem Völkerrecht und seinen innerstaatlichen Rechtsvorschriften souveräne Rechte und Hoheitsbefugnisse zum Zwecke der Erforschung, Ausbeutung, Erhaltung und Bewirtschaftung der lebenden und nicht lebenden natürlichen Ressourcen oder zur Energieerzeugung unter Nutzung erneuerbarer Energieträger ausübt", nennt. Diese Definition korrespondiert inhaltlich mit der Erweiterung des Inlandsbegriffs für Zwecke der Ertragsteuern und der Umsatzsteuer, welche das dt nationale Recht zuletzt durch das Steueränderungsgesetz 2015[2] erfahren hat, um die in diesem Bereich einsetzende Kommerzialisierung, z.B. durch die Erzeugung von Windenergie in der dt Ausschließlichen Wirtschaftszone, auch für beschränkt Steuerpflichtige einer Besteuerung zuzuführen.

3 In Abs 2 wird iÜ auf die innerstaatlichen steuerrechtlichen Begr des Anwenderstaates verwiesen. Auf diesem Wege sollen Auslegungsschwierigkeiten vermieden werden, die sich durch fehlende Definitionen im Abk ergeben können.[3] Andererseits kann ein unterschiedliches Begriffsverständnis der Vertragsstaaten bestehen, so dass es damit zu einer unterschiedlichen, dh nicht spiegelbildlichen Anwendung des Abk durch die jeweiligen Anwenderstaaten kommen kann. Anwenderstaat ist der Vertragsstaat, der im Einzelfall eine Vorschrift anwendet bzw anzuwenden hat. Zur Vermeidung einer abw Auslegung und Anwendung vom Abk werden die unterschiedlichsten Überlegungen angestellt und Theorien vertreten (zB Grds der Klassifikationsverkettung, der Entscheidungsharmonie oder Regelungshomogenität). ME sind derartige Schwierigkeiten, insb aufgrund eines unterschiedlichen Begriffsverständnisses beim gegenwärtigen Stand der Abk primär auf dem Wege v Verständigungsverfahren zu beseitigen.[4] IÜ besteht die Möglichkeit, sich im Wege von Protokollvereinbarungen oder Abkommensrevisionen auf eine einheitliche Anwendung zu einigen bzw zu verständigen. Hingegen hat das Abk umgekehrt für die Auslegung des dt nationalen Rechts keinerlei Bedeutung oder Wirkung.

4 Der in beiden Abs enthaltene Vorbehalt **„wenn der Zusammenhang nichts anderes erfordert"** ist wohl überwiegend der angloamerikanischen Rechtsordnung geschuldet und soll eine strenge (und alleinige) Wortlautbindung iRd Auslegung verhindern.[5] Nach der dt Rechtssystematik und für die Anwendung durch Deutschland wäre dies nicht zwingend erforderlich, da andere Auslegungsmethoden neben der Wortlautauslegung (zB historische Auslegung, systematische Auslegung, teleologische Auslegung) allg anerkannt sind und auch iRd Abkommensauslegung grds Anwendung finden.[6] Insoweit besteht eine Besonderheit gg der dt Rechtssystematik als bei der Auslegung von Abk nicht unterstellt werden kann, dass die im Abk verwendeten Begr an sämtlichen Stellen des Abk einheitlich auszulegen sind. So können in Art 3 oder an anderer Stelle im Abk definierte Begr im konkreten Einzelfall oder iRd Auslegung und Anwendung einzelner Abkommensvorschriften eine andere Bedeutung haben.[7]

---

2 BGBl I 2015, 1834.
3 *S/K/K* Art 3 MA Rn 2.
4 Zust *G/K/G* Art 3 MA Rn 92.
5 *Vogel/Lehner* Art 3 MA Rn 3.
6 *Schaumburg* Rn 16.64.
7 *BFH* BStBl II 1982, 374; v Art 3 DBA Schweiz abw Begriffsverständnis für „Gesellschaft" iRv Art 10 DBA Schweiz; *BMF* Az IV C 6-S 1301 Schz-71/79; *Flick/Wassermeyer/Kempermann* Art 3 DBA Schweiz Rn 61 Stand Juni 2015.

Bei der Auslegung ist der Abkommenstext in den jeweiligen Sprachen der beteiligten Vertragsstaaten heranzuziehen.[8] Etwas anderes gilt nur dann, wenn das Abk den Abkommenstext in einer bestimmten Sprache für maßgeblich erklärt. Die Praxis zeigt, dass die Heranziehung in sämtlichen maßgeblichen Sprachen sinnvoll ist und das Verständnis des Abk sowie dessen Auslegung erleichtert. Im Einzelfall ist festzustellen, dass Abkommenstexte in der jeweiligen Sprachfassung zumindest in ihrem Wortlaut nicht immer deckungsgleich sind. Es ist jedoch grds zu vermuten, dass die jeweiligen Fassungen deckungsgleich sind.[9] S auch Rn 68 ff. 5

B. Absatz 1

I. Person, lit a

Der Begr der **Person** ist im Kontext des Abk ein Oberbegr, der weit zu verstehen ist.[10] Dies wird bereits aus der Formulierung „umfasst" ersichtlich, die gerade verdeutlicht, dass die folgende Aufzählung keinen abschließenden Charakter hat. 6

Es handelt sich um den zentralen Anknüpfungspunkt des Abk, da die „Person" Gegenstand des subjektiven Anwendungsbereichs des Abk ist, sie ist Abkommensberechtigter, Einkünftebezieher, Vermögensinhaber und Teilnehmer bzw Gegenstand v Verfahren. Der subjektive Anwendungsbereich wird an anderer Stelle durch die Aufstellung weiterer Voraussetzungen bspw das Ansässigkeitserfordernis weiter eingeschränkt.[11] 7

Folglich wird es aufgrund des Ansässigkeitserfordernisses regelmäßig um Personen gehen, die nach dem innerstaatlichen Recht steuerpflichtig sind. Andernfalls interessiert die Abkommensberechtigung aus praktischer Sicht idR nicht.[12] Im Hinblick auf die häufig hinzutretenden einschränkenden Tatbestandsmerkmale kann konstatiert werden, dass die Voraussetzung der Personeneigenschaft eine notwendige, aber im Hinblick auf die Frage der Abkommensbegünstigung keine hinreichende Bedingung ist. 8

Der Begr der Person knüpft regelmäßig an das Recht des Anwenderstaates an, dh dessen Recht determiniert, ob eine Person iSd Abk vorliegt. Davon bestehen jedoch dann und insoweit Ausnahmen, als das Abk ausdrücklich auf das Recht des anderen Vertragsstaates verweist. Dies ist bspw in Art 1 Abs 7 DBA USA der Fall, in dem auf das Recht des anderen Vertragsstaates für die Frage verwiesen wird, ob es sich um Einkünfte einer im anderen Vertragsstaat ansässigen Person handelt. Insoweit ist zunächst zu entscheiden, ob es sich um eine Person iSd Abk handelt. Dies ist für Zwecke der speziellen Regelung des DBA USA unter Berücksichtigung der Abkommensauslegung des Ansässigkeitsstaates und insoweit nicht (in jedem Fall) aus dem Blickwinkel des Anwenderstaates zu entscheiden.[13] 9

---

8 *BFH* BStBl II 1988, 486; Art 33 Abs 1 WVK, Art 3 Rn 65, 67 ff.

9 Vgl Art 33 Abs 3 WVK.

10 Art 3 Nr 2 MK.

11 S Art 4 Rn 7.

12 *Debatin/Wassermeyer* Art 3 MA Rn 10.

13 *Endres/Jacob/Gohr/Klein* Art 10 DBA USA Rn 70; insoweit ist der scheinbar ausschließliche Verweis auf das Recht des Anwenderstaates in *Vogel/Lehner* Art 3 MA Rn 12 und *Debatin/Wassermeyer* Art 3 MA Rn 11 mE zu eng.

10 **1. Natürliche Personen.** Die **natürliche Person** ist der Mensch. Für Abkommenszwecke kommt es nicht auf die zivilrechtliche Definition, sondern auf die jeweilige Steuerrechtsfähigkeit an. Diese kann nach dem Recht des jeweiligen Vertragsstaates eine andere Reichweite haben. Für das dt Steuerrecht und insoweit auch für die Fälle, in denen Deutschland der Anwenderstaat bzw für die Definitionsfrage maßgebliche Staat ist, ist die Steuerrechtsfähigkeit jedoch mit der zivilrechtlichen Rechtsfähigkeit identisch. Für dt Staatsangehörige beginnt die zivilrechtliche Rechtsfähigkeit nach § 1 BGB mit der Vollendung der Geburt und endet mit dem Tod.[14] Aufgrund der Regelungen des dt IPR ist nach § 7 EGBGB das jeweilige Recht des Heimatstaates maßgebend. Die Steuerrechtsfähigkeit von Staatsangehörigen anderer Staaten kann abw geregelt sein.[15] Folglich ist die Abkommensanwendung nicht zwingend symmetrisch, dh die Abkommensanwendung durch die beiden Vertragsstaaten kann in spiegelbildlichen Sachverhaltskonstellationen zu unterschiedlichen Erg führen.

11 Natürliche Personen sind unabhängig von ihrer steuerlichen Behandlung nach innerstaatlichem Recht getrennt zu betrachten, dh bspw die Zusammenveranlagung von Eheleuten hat für die Frage, wie viele natürliche Personen vorliegen, keine Bedeutung.[16]

12 **2. Gesellschaften.** Nach der Definition des Abk ist eine Ges eine juristische Person oder ein Rechtsträger, der für die Besteuerung wie eine juristische Person behandelt wird (zu den Einzelheiten s II (Art 3 Rn 15 ff).

13 **3. Andere Personenvereinigungen.** Es kann wohl davon ausgegangen werden, dass die abkommensrechtlichen Begriffsdefinitionen sich nicht gegenseitig überschneiden. Folglich erfüllt der Begr der **anderen Personenvereinigungen** nicht gleichzeitig den Begr der Ges iSv Art 3 Abs 1 lit b (s dazu Art 3 Rn 15). Dh die anderen Personenvereinigungen werden nach dem Recht des Anwenderstaates nicht wie juristische Personen besteuert (sonst würde es sich um Ges iSv Art 3 Abs 1 lit b handeln) und sie besitzen somit keine Steuerrechtssubjektivität. Folglich kann es sich bei ihnen nicht um abkommensberechtigte Personen handeln. In dt Abk wird der Begr der anderen Personenvereinigung häufig nicht definiert. Nichtsdestotrotz wird der Begr der anderen Personenvereinigungen in dt Abk verwendet. Zwar sind sie keine abkommenberechtigten Personen, jedoch können sie in anderem Zusammenhang Bedeutung haben, bspw als Arbeitgeber iSv Art 15 Abs 2. Gleichwohl können sie durch ein DBA eine Begünstigung oder Schutz erfahren, zB fallen sie in den Anwendungsbereich von Art 24, den Grundsatz der Gleichbehandlung.[17]

14 Dies können bspw PersGes,[18] Gemeinschaften und die Europäische Interessenvereinigung, nichtrechtsfähige Vereine oder nichtrechtsfähige Stiftungen sein.[19] Auch der MK sieht PersGes als Personen iSd Abk an. Dies gilt entweder, weil PersGes als Ges angesehen werden können oder, wenn dies nicht der Fall ist, sie jedenfalls als andere Per-

---

14 *Tipke/Kruse* AO § 33 Rn 39.

15 Für Beispiele im Zusammenhang mit der französischen Staatsbürgerschaft, s *Vogel/Lehner* Art 3 MA Rn 13.

16 *Debatin/Wassermeyer* Art 3 MA Rn 12.

17 S Art 24 Rn 12.

18 S Art 3 Rn 28.

19 *G/K/G* Art 3 MA Rn 8; *Vogel/Lehner* Art 3 MA Rn 20.

sonenvereinigungen anzusehen sind.[20] Darüber hinaus sind insb auch aufgrund der sehr weiten Formulierung in der englischen und der französischen Fassung („any other body of person" oder „tous autres groupement des personnes") andere Gebilde bspw der Trust, der nicht wie eine juristische Person besteuert wird, unter den Begr der anderen Personenvereinigung zu fassen.[21] Nach **aA** setzen die anderen Personenvereinigungen in Abgrenzung zu den juristischen Personen und solchen Personen, die wie juristische Personen besteuert werden, voraus, dass es sich weder um eine rechtsfähige Person noch eine selbstständig steuerpflichtige Person handelt.[22]

II. Gesellschaft, lit b

Nach der Definition des Abk ist eine Ges eine juristische Person oder ein Rechtsträ- **15**
ger, der für die Besteuerung wie eine juristische Person behandelt wird.

1. Juristische Personen. Der Begr der **juristischen Person** wird im Abk nicht näher **16**
erläutert oder definiert, so dass nach Abs 2 grds[23] auf das nationale Steuerrecht des Anwenderstaates abzustellen ist.[24] Teilw wird die Auffassung vertreten, dass die Einordnung durch den Ansässigkeits- oder Quellenstaat als transparente oder intransparente Person für beide beteiligten Vertragsstaaten maßgeblich sei. Der andere Vertragsstaat sei an diese Einordnung des Ansässigkeitsstaates gebunden.[25] Diese Sichtweise verquickt mE die Frage der Ansässigkeit nach Art 4 mit der Definition des Gesellschaftsbegr nach Art 3 Abs 1 lit b. So wird eine transparente Person die Voraussetzungen der Ansässigkeit nicht erfüllen, dh die Klassifikation durch den „Ansässigkeitsstaat" wird insoweit bedeutsam. Eine Bindung an die Behandlung durch den „Ansässigkeitsstaat" für den anderen Vertragsstaat iSd vorgenannten Ansicht ist damit mE jedoch nicht verbunden. Eine weitere Auffassung geht davon aus, dass irgendein[26] Staat bzw einer der Vertragsstaaten[27] der Ges den Status einer juristischen Person verliehen haben muss. Nach Art 3 Nr 3 S 2 MK sollen auch solche Rechtsträger unter den Begr der Ges fallen, die nach den Steuergesetzen des Vertragsstaates, in dem sie errichtet wurden, als juristische Personen behandelt werden. Die FinVerw hat sich dieser Auffassung zwischenzeitlich angeschlossen.[28] Dies scheint jedoch dem Vorrang des Steuerrechtes des Anwenderstaates gem Art 3 Abs 2 entgegenzustehen. Darüber hinaus führt diese Erweiterung der Gesellschaftsdefinition zu uU nicht beabsichtigten Erg. IF der Erweiterung durch die steuerrechtliche Einordnung des anderen Vertragsstaates wird der Anwenderstaat diesem Rechtsträger gerade keine Einkünfte zurechnen, da der Anwenderstaat in diesem Fall gerade (steuerrechtlich) von dessen Transparenz ausgeht. Andernfalls würde dieser Rechtsträger bereits nach der Einordnung durch den Anwenderstaat als Ges klassifiziert werden.

---

20 Art 3 Nr 2 MK.
21 *Debatin/Wassermeyer* Art 3 MA Rn 20.
22 *Vogel/Lehner* Art 3 MA Rn 17.
23 Zur Auslegung nach Art 3 Abs 2 s Art 3 Rn 73 ff.
24 *Debatin/Wassermeyer* Art 3 MA Rn 18; *S/K/K* Art 3 MA Rn 14.
25 *Djanani/Brähler* StuW 2007, 53, 56.
26 *G/K/G* Art 3 MA Rn 14; *Vogel/Lehner* Art 3 MA Rn 13 mit dem Hinweis, dass der Wortlaut nicht einschränkt, aber nach Art 3 Abs 2 MA auf die Einordnung durch den Anwenderstaat abzustellen ist.
27 *Jacobs* S 499 f.
28 *BMF* BStBl I 2014, 1258, Tz 2.1.2.

17 Ist Deutschland der Anwenderstaat, so ist für die Begriffsdefinition der **inländischen juristischen Personen** zunächst auf das dt Steuerrecht, dh auf § 1 Abs 1 Nr 1–4 KStG abzustellen. Dies sind (1) KapGes, dh insb die Europäische Ges (SE), die AG, die KG auf Aktien, die Ges mit beschränkter Haftung, (2) Genossenschaften, Europäische Genossenschaften, (3) Versicherungs- und Pensionsfondsvereine auf Gegenseitigkeit und (4) sonstige juristische Personen des privaten Rechts. Hinsichtlich der KGaA ist der Anwendungszusammenhang sowie das zugrundeliegende DBA entscheidend. So hat der BFH eine KGaA im Verhältnis zwischen persönlich haftendem Gesellschafter und KGaA als PersGes[29] und im Hinblick auf den Bezug von Dividenden (abkommensspezifische Auslegung) als KapGes[30] eingeordnet.

18 Neben den ausdrücklich in § 1 Abs 1 Nr 1–4 KStG genannten inländischen juristischen Personen kommen auch solche rechtlichen Gebilde **(ausl juristische Personen)** in Betracht, die diesen im Rahmen eines Typenvergleichs entspr bzw mit ihnen vergleichbar sind.[31] Der auf die sog Venezuela-Entsch des RFH zurückgehende Typenvergleich stellt auf einen Vergleich zwischen der ausl Ges mit den Gesellschaftsformen des dt Rechts ab.[32] IRd Typenvergleichs ist grds auf das ausl Zivil- und nicht auf das ausl Steuerrecht abzustellen. Dies scheint jedoch von der dt FinVerw nicht einheitlich so gesehen zu werden.[33]

19 Nach dem anzustellenden **Typenvergleich** ist in einem ersten Schritt zunächst die ausl Rechtsform mit den inländischen Rechtsformen zu vergleichen. In einem zweiten Schritt ist nach Maßgabe des rechtlichen Aufbaus sowie der wirtschaftlichen Struktur eine Einordnung in die inländische steuerliche Typologie (KapGes, PersGes und Einzelunternehmen) vorzunehmen. Dabei ist eine ausl Ges nach Auffassung des BFH als Körperschaft einzuordnen, wenn diese bei einer Gesamtwürdigung der maßgebenden ausl Bestimmungen über die Organisation und Struktur der Ges rechtlich und wirtschaftlich einer inländischen KapGes oder einer juristischen Person des privaten Rechts gleicht.[34] Dabei sind im Rahmen einer Gesamtwürdigung, die folgenden acht Merkmale zu untersuchen:[35]

- zentralisierte Geschäftsführung und Vertretung,
- beschränkte Haftung,
- freie Übertragbarkeit der Anteile,
- Gewinnzuteilung (durch Gesellschafterbeschluss),
- Kapitalaufbringung,
- unbegrenzte Lebensdauer der Ges,
- Gewinnverteilung,
- formale Gründungsvoraussetzungen.

---

29 *BFH* BStBl II 1991, 211.

30 *BFH* IStR 2010, 661, Auslegung soll mit Wirkung ab dem 1.1.2012 durch Einführung v § 50d Abs 11 EStG nicht mehr möglich sein; s dazu *Kollruss* BB 2013, 157.

31 Zum Rechtstypenvergleich, s *Jacobs* S 429 ff; *BMF* BStBl I 2004, 411.

32 *RFH* RStBl 1930, 444.

33 Einbeziehung der ausl steuerlichen Behandlung *FinMin Hessen* IStR 1994, 459, **aA** *BMF* BStBl I 2004, 411.

34 *BFH* DStR 2008, 2151.

35 *BFH* DStR 2008, 2151; *BMF* BStBl I 2004, 411.

Der Begr der Ges ist sehr weit gefasst. Die Frage der **Abkommensberechtigung** ist jedoch damit noch nicht voll umfassend beantwortet. Insb die Frage der Ansässigkeit stellt ein begrenzendes Element dar.[36] Auf die Ansässigkeit oder den Gründungsstaat des ausl Rechtsträgers kommt es für die Frage der Klassifikation als juristische Person grds nicht an. Etwas anderes gilt, wenn dies Einfluss auf das Erg des Typenvergleichs hat. Dies ist bspw der Fall, wenn die Ansässigkeit Einfluss auf die rechtliche Behandlung durch den ausl Staat hat, welche die Grundlage für den Typenvergleich bildet. 20

Das Abstellen auf den Errichtungsstaat steht der (bisher) im dt IPR vorherrschenden **Sitztheorie** entgegen, wonach die Rechtsordnung des Sitzstaates maßgeblich ist.[37] Folglich verliert eine ausl Ges iF der Verlegung ihres Verwaltungssitzes nach Deutschland uU ihre nach dem Recht des Errichtungsstaates erworbene zivilrechtliche Rechtsfähigkeit. Mit der Sitzverlegung wäre ausschließlich nach dt Recht über die Frage der Rechtsfähigkeit zu entscheiden. Insb im anglo-amerikanischen Rechtskreis herrscht hingegen die **Gründungstheorie** vor, wonach allein die Rechtsordnung des Gründungsstaates auf die Gesellschaft Anwendung findet.[38] Eine Verlegung des Verwaltungssitzes hat dementsprechend keine Auswirkungen auf die Rechtsfähigkeit der Ges, da weiterhin das Recht des Errichtungsstaates maßgeblich ist. Aufgrund der Regelungen des **EG-Vertrages** (Art 43 und 48) und der Rspr des EuGH[39] hat Deutschland jedenfalls iF von Sitzverlegungen von Ges ins Inland, die im Geltungsbereich von Art 43 und 48 EGV errichtet wurden, das Gründungsrecht als maßgeblich anzuerkennen. Entspr gilt bspw im **Verhältnis zu den USA** aufgrund der Regelungen des dt-amerikanischen Freundschafts-, Handels- und Schifffahrtsvertrages vom 29.10.1954.[40] Danach muss Deutschland in den USA errichtete Ges hinsichtlich ihres Rechtsstatus auch in Deutschland anerkennen. Darüber hinaus kann die Gründungstheorie auf ausl Ges aus Drittstaaten nicht angewendet werden.[41] 21

Der Vollständigkeit halber sei darauf hingewiesen, dass Deutschland beim gegenwärtigen Stand der EuGH-Rspr die Sitztheorie für den Fall eines Wegzugs einer in Deutschland ansässigen Ges weiterhin anwenden darf.[42] 22

Die **dt steuerrechtliche Rspr** hatte zunächst eine von den zivilrechtlichen Wertungen losgelöste Einordnung vorgenommen, dh auf die Rechtsfähigkeit kam es grds nicht an.[43] Jedoch hatte der BFH später aufgrund der nach der Sitztheorie fehlenden Rechtsfähigkeit der ausl KapGes in Zuzugsfällen die unbeschränkte StPfl nicht aus § 1 Abs 1 Nr 1 KStG, sondern aus § 1 Abs 1 Nr 5 KStG hergeleitet.[44] Als Ausfluss aus der Rspr des EuGH zur zivilrechtlichen Anerkennung von KapGes, die in einem Mitgliedstaat der EU errichtet wurden und ihren Verwaltungssitz nach Deutschland verlegen, erkennt der BFH nunmehr unter dem Gesichtspunkt des Diskriminierungsver- 23

36 *Prillinger* SWI 2008, 246 ff.

37 *G/K/G* Art 3 MA Rn 15.

38 *Hoffmann* Zeitschrift für vergleichende Rechtswissenschaften, 2002, 283.

39 *EuGH* (Centros) DStRE 1999, 414; *EuGH* (Überseering) IStR 2002, 809; *EuGH* (Inspire Art) IStR 2003, 849.

40 *BGH* GmbHR 2005, 51.

41 *BGH* DB 2008, 2825.

42 *EuGH* (Cartesio) NZG 2009, 61.

43 So noch der *RFH* RStBl 1930, 444 (Venezuela-Entsch).

44 *BFH* BStBl II 1992, 972; *G/K/G* Art 3 MA Rn 16 mwN.

bots ausl KapGes vollständig gleichberechtigt iF der Verlegung des Verwaltungssitzes aus einem Mitgliedsstaat der EU oder den USA ins Inland an.[45]

24 **2. Organschaft.** Für den Fall einer **Organschaft** bzw anderer Formen der Gruppenbesteuerung oder Konsolidierungen für steuerliche Zwecke ergeben sich grds keine Besonderheiten. Diese können sich jedoch aus dem nationalen Recht ergeben. Für jede beteiligte Ges ist gesondert zu entscheiden, ob es sich um eine abkommensberechtigte Person handelt. Grundsätzlich ist von der nach nationalem Recht steuerpflichtigen Person auszugehen und zu prüfen, ob diese auch aus Abkommenssicht die die Einkünfte erzielende Person ist und ob diese abkommensberechtigt ist. Eine dt OrganGes kann durchaus die Voraussetzungen für eine Ges im abkommensrechtlichen Sinne erfüllen. Besonderheiten können sich hingegen iRd Schachtelprivilegs nach Art 10 Abs 2 ergeben, wenn der Organträger in der Rechtsform einer PersGes organisiert ist (s Art 10 Rn 79). Insoweit enthält das dt Recht besondere Anforderungen in § 15 Abs 1 Nr 2 KStG. Die aus mehreren Ges bestehende Organschaft als solche bzw die Gruppe im Rahmen einer Gruppen- oder Konsolidierungsbesteuerung ist keine Person im abkommensrechtlichen Sinne.[46]

25 **3. Steuerlich wie juristische Personen behandelte Rechtsträger.** Als Ges iSd Abk werden auch Rechtsgebilde behandelt, die **wie juristische Personen besteuert werden**. Dies sind iF Deutschlands als Anwenderstaat die in § 1 Abs 1 Nr 5–6 KStG genannten nicht rechtsfähigen Vereine, Anstalten, Stiftungen ua Zweckvermögen des privaten Rechts und Betriebe gewerblicher Art von juristischen Personen des öffentlichen Rechts sowie die bei Anwendung des Typenvergleichs vergleichbaren ausländischen Rechtsgebilde. Insoweit wird häufig als Beispiel auf den **Trust** verwiesen.[47] Auch für dessen Klassifizierung gelten die allg Grundsätze.[48]

26 Ausweislich des Wortlauts von Art 3 Abs 1 lit b ist nicht erforderlich, dass es sich auch zivilrechtlich um juristische Personen handelt. Insoweit bestehen unterschiedliche Auffassungen dahingehend, nach welchem Steuerrecht welches Staates die Besteuerung „wie einer juristischen Person" bestehen muss. Das US MA ist insoweit deutlicher formuliert und stellt auf den Gründungsstaat des Rechtsträgers ab.[49] Die Ansicht der Maßgeblichkeit der Beurteilung aus Sicht des Gründungsstaats wird teilw auch für das MA vertreten.[50] Der MK führt in Nr 3 zu Art 3 aus, dass Körperschaften erfasst werden, die nach dem Recht des Gründungsstaates als solche behandelt werden. Diese Auffassung überzeugt vor dem Hintergrund von Art 3 Abs 2 nicht. Soweit sich keine entspr Anhaltspunkte im jeweiligen Abk finden bzw eine Auslegung aus dem Abk heraus möglich und erforderlich ist, ist auf das innerstaatliche Recht des Anwenderstaates zurückzugreifen.[51] Nach Auffassung der Finanzverwaltung ist die zivilrechtliche oder steuerrechtliche Einordnung des ausländischen Sitzstaates unmaßgeblich.[52]

---

45 *BFH* IStR 2003, 422.
46 *Debatin/Wassermeyer* Art 3 MA Rn 18b.
47 *Debatin/Wassermeyer* Art 3 MA Rn 19; *S/K/K* Art 3 MA Rn 17; *Vogel/Lehner* Art 3 MA Rn 15.
48 S Art 3 Rn 18 f.
49 *Endres/Jacob/Gohr/Klein* Art 3 DBA USA Rn 7.
50 *Lang* S 117 ff, 3.7.2.2; *Brähler/Mayer* IStR 2010, 678 s dazu Anm *Wassermeyer* IStR 2010, 683.
51 So auch *BFH* BStBl II 2009, 263; DStR 2011, 1553.
52 *BMF* BStBl I 2014, 1258, Tz 1.2.

Es werden auch **juristische Personen des öffentlichen Rechts** vom Begr der „Gesellschaft“ erfasst, da der Wortlaut des Abk nicht zwischen juristischen Personen des privaten und solchen des öffentlichen Rechts unterscheidet.[53] Insoweit ist auch nach dem Recht des Anwenderstaates zu entscheiden, ob es sich abkommensrechtlich um eine juristische Person und damit um eine Ges iSv Art 3 Abs 1 lit b handelt.[54] Auch ein Vertragsstaat selbst kann hinsichtlich der von ihm erzielten Einkünfte oder seines im anderen Vertragsstaat belegenen Vermögens abkommensberechtigt sein.[55] **27**

4. Personengesellschaften. Der Begr der PersGes wird in den dt Abk grds nicht angesprochen. Ausnahmen dazu finden sich jedoch bspw im **DBA Belgien**[56] und im **DBA Island**, die einzelne bzw sämtliche PersGes ausdrücklich zu Gesellschaften[57] oder zu Personen[58] iSd Abk erklären. Nach dem **DBA Finnland** (Art 3 Abs 1 b)) umfasst der Begriff der Person auch ausdrücklich PersGes, deren Ansässigkeit auch in Art 4 Abs 4 (Ort der Errichtung) explizit geregelt wird. Im **DBA Italien** werden PersGes zwar nicht ausdrücklich genannt, jedoch enthält das Prot zu den Art 4–23 eine Ansässigkeitsfiktion für PersGes. Demnach sind PersGes in dem Vertragsstaat ansässig, nach dessen Recht sie gegründet werden oder sich der Hauptgegenstand ihrer Tätigkeit befindet. Das **DBA Japan** rechnet die in der Bundesrepublik gegründete und dort ansässige OHG und die KG in Art 7 Abs 7 DBA Japan für die Anwendung von Art 7 (Unternehmensgewinne) zu den juristischen Personen.[59] Im **DBA Portugal** findet sich eine Sonderregelung in Art 4 Abs 4, die dem Gesellschafter einer PersGes eine besondere Stellung einräumt und eine Einbeziehung der PersGes in den Personenbegr erübrigt. In Spanien werden PersGes wie juristische Personen besteuert, so dass sie von Spanien als Anwenderstaat als ansässige Personen behandelt werden.[60] In anderen Fällen bestehen hinsichtlich ihrer Behandlung aufgrund fehlender Regelungen im Großteil der Abk häufig Unsicherheiten bzw regelmäßig unterschiedliche Auffassungen. **28**

Teilw wird die Auffassung vertreten, dass es auf die zivilrechtliche Behandlung im Sitz- oder Gründungsstaat ankomme.[61] Jacobs hält es vor dem Hintergrund der Formulierung „Rechtsträger, die wie juristische Personen besteuert werden“ für ausreichend, wenn ein Vertragsstaat die PersGes als Steuersubjekt behandelt.[62] Damit ist **29**

53 *G/K/G* Art 3 MA Rn 19; *Debatin/Wassermeyer* Art 3 MA Rn 18.

54 **AA** *G/K/G* Art 3 MA Rn 19; *BFH* BStBl II 1990, 4 allerdings speziell zum DBA Italien 1925 und dessen Wortlaut.

55 *BMF* v 9.6.1983, Az IV C 6-S 1301 Iran-1/83; *BMF* v 15.1.2009, IV B 3-S 1301-FRA/08/10001; *Vogel/Lehner* Art 3 Rn 13.

56 *BFH* IStR 2014, 65.

57 Art 3 DBA Belgien erklärt die dt OHG, KG und Partenreedereien ausdrücklich zu Gesellschaften iSd Abk.

58 Art 3 DBA Island erklärt PersGes allgemein zu Personen iSd Abk, aber definiert als Gesellschaften nur solche Gesellschaften, die juristische Personen sind oder für die Besteuerung als solche behandelt werden.

59 Nach dem neuen, noch nicht in Kraft getretenen DBA Japan vom 17.12.2015 gelten PersGes auch insoweit nicht mehr als juristische Personen, sie sind jedoch „Staatsangehörige“ iSd des Abk und werden nach Art 13 Abs 2 DBA Japan jedenfalls in diesem Rahmen als intransparent betrachtet.

60 *BMF* BStBl I 2014, 1258, Anl Spanien.

61 *Vogel* IStR 1999, 5; **aA** *Wassermeyer* IStR 1998, 489, IStR 1999, 8.

62 *Jacobs* S 499 ff.

jedoch nicht notwendig auch die Abkommensberechtigung einer solchen PersGes gegeben, da darüber hinaus die Voraussetzungen der Ansässigkeit erfüllt sein müssen. Krabbe folgt zwar grds der Auffassung, dass die Qualifikation durch den Anwenderstaat maßgeblich ist.[63] Er hält den Anwenderstaat jedoch aufgrund v Treu und Glauben verpflichtet, den Abkommensschutz zumindest hinsichtlich der in Deutschland ansässigen Gesellschafter nicht mit dem Argument zu versagen, dass es an einer Besteuerung der PersGes in Deutschland aufgrund des Ortes ihrer Geschäftsleitung, ihres Sitzes oder eines ähnlichen Merkmals fehlt.[64] Hingegen wird von Wassermeyer die Auffassung vertreten, dass allein auf das inländische Recht des Anwenderstaates abzustellen ist.[65] Dies ist mangels einer dem US MA entspr Regelung, wonach auf den Errichtungsstaat abzustellen ist, insb im Hinblick auf die Regelung des Art 3 Abs 2 überzeugend. Eine solche ausdrückliche Regelung wäre erforderlich, um eine Bindung an die Klassifikation durch den Errichtungsstaat herbeizuführen. Es kann nicht davon ausgegangen werden, dass der jeweilige andere Vertragsstaat eine entspr große Dispositionsbefugnis des Errichtungsstaates stillschweigend vereinbaren wollen würde.

30 Ob es sich für Zwecke der dt Besteuerung im Einzelfall um eine PersGes oder eine KapGes handelt, ist nach Auffassung des BMF grds anhand der allg Grundsätze des Typenvergleichs allein aus Sicht des dt Steuerrechts zu entscheiden.[66] Insoweit wird im BMF-Schreiben zur Anwendung der Doppelbesteuerungsabkommen (DBA) auf PersGes insb auf das BMF-Schreiben zur steuerlichen Einordnung einer LLC US-amerikanischen Rechts verwiesen.[67] Nach Auffassung des BMF können PersGes zwar den Begr der Person nach Art 3 Abs 1 lit a erfüllen, jedoch können diese jedenfalls für Zwecke der Einkommen- und Körperschaftsteuer bzw Abzugssteuern nicht ansässig iSv Art 4 Abs 1 sein, sofern sich nicht aus dem anzuwendenden DBA etwas anderes ergibt.[68] Im Hinblick auf die Entlastung von dt Quellensteuern soll die steuerliche Behandlung der Ges im Ausland von Bedeutung sein und bei einer Einordnung als KapGes bzw für den Fall, dass der Ansässigkeitsstaat die Einkünfte der PersGes als Einkünfte einer ansässigen Person behandelt, mit Verweis auf Art 1 Nr 5 MK eine Entlastung von dt Abzugssteuern gewährt werden.[69] Im umgekehrten Fall, dh Quellensteuern auf Ausschüttungen einer nach ausl Recht als KapGes und dt Recht als PersGes eingeordnete Gesellschaft soll eine Anrechnung ausgeschlossen sein. Hingegen ist die auf Gesellschaftsebene erhobene Steuer (als KapGes) im Inland nach § 34c Abs 1 bzw 2 iVm Abs 6 EStG anzurechnen oder als Betriebsausgabe abzuziehen, sofern nach dem Methodenartikel (Art 23 MA) keine Freistellung vorgesehen ist.[70] Dies ist somit regelmäßig nicht der Fall, da Deutschland grundsätzlich die Anwendung der Freistellungsmethode in seinen DBA vereinbart hat.

---

63 *Krabbe* IWB Fach 3 Deutschland Gr 2, 753, 754; zust *Haase* IStR 2002, 733.

64 *Krabbe* IWB Fach 3 Deutschland Gr 2, 753, 754.

65 *Wassermeyer* IStR 1998, 489; *Debatin/Wassermeyer* Art 3 MA Rn 19; *Wassermeyer* IStR 2011, 85; *Rosenthal* IStR 2007, 610; **aA** *S/K/K* Art 3 MA Rn 15; *Lüdicke* IStR 2011, 91.

66 *BMF* BStBl I 2014, 1258, Tz 1.2.

67 *BMF* BStBl I 2014, 1258; *BMF* v 19.3.2004, BStBl I 2004, 411, krit Anmerkung *Djanani/Brähler/Hartmann* IStR 2004, 481.

68 *BMF* BStBl I 2014, 1258, Tz 2.1.1.

69 *BMF* BStBl I 2014, 1258, Tz. 2.1.2.

70 *BMF* BStBl I 2014, 1258; Tz 4.1.4.1.

Die **Rspr** der FG sowie des BFH erschien im Hinblick auf die abkommensrechtliche Klassifikation von PersGes in der Vergangenheit uneinheitlich; die neuere Rspr des BFH lehnt eine Qualifikationsverkettung ausdrücklich ab.[71] In der Vergangenheit schien nach Auffassung der betr Gerichte die Einordnung durch den Ansässigkeitsstaat der Ges (Quellenstaat) auf den anderen Vertragsstaat durchzuschlagen.[72] Im Gegensatz dazu wird nunmehr angenommen, dass für die Klassifikation des Rechtsträgers auf die Rechtsordnung des Anwenderstaates abzustellen ist.[73] Dies gilt ausdrücklich unabhängig von der Einordnung durch den Ansässigkeitsstaat der Ges.[74] Davon zu unterscheiden sind jedoch die Maßstäbe für die Beurteilung der gewerblichen bzw unternehmerischen Betätigung. Insoweit vertritt der BFH zutreffend die Auffassung, dass eine nach deutschen Vorschriften bestehende gewerbliche Prägung oder Gewerblichkeit zB aufgrund einer sog Betriebsaufspaltung regelmäßig nicht auf die Abkommensanwendung durchschlägt,[75] da sich insoweit aus einer autonomen Abkommensauslegung etwas anderes ergibt. 31

5. Investmentfonds. Investmentfonds stellen keine eigene Kategorie dar, welche iRd Definitionen des MA behandelt wird. Jedoch sind insb sog Real Estate Investment Trusts **(REITs)** im Hinblick auf int, dh grenzüberschreitende Immobilieninvestitionen v besonderer Bedeutung. Auf OECD Ebene hat deren Behandlung für Abkommenszwecke Aufmerksamkeit erfahren. Zuletzt durch ein Diskussionspapier „Tax Treaty issues related to REITs“ v 30.10.2007. Dessen Erg haben bereits Eingang in die Art 10 Nr 67.1 ff MK von Juli 2008 gefunden (s Art 10 Rn 190). Diese werden auch in der dt Verhandlungsgrundlage für Doppelbesteuerungsabkommen im Hinblick auf Art 10 ausdrücklich angesprochen. 32

Besondere Schwierigkeiten ergeben sich aus den sehr unterschiedlichen Regelungen in den jeweiligen nationalen Steuerrechtsordnungen, so dass lediglich eine individuelle Adressierung in den jeweiligen bilateralen Abk auf die Besonderheiten einzugehen vermag. Neben der Einkünfteklassifizierung, insb nach Art 6, 7 und 13, ergeben sich Fragen zur Abkommensberechtigung sowie dem Quellensteuerabzug bspw bei der Einordnung v Zahlungen an die REIT-Investoren als Dividenden. Für die Behandlung im Verhältnis Deutschland USA werden Investmentfonds in Art 10 DBA USA definiert (s Art 10 Rn 226). Teilw werden REITs nach nationalem Recht als steuerlich transparent angesehen. Hinsichtlich der sich daraus ergebenden Themen ist insb auf den OECD Partnership Report[76] zu verweisen. 33

Teilw wird jedenfalls für dt Abk die Abkommensberechtigung dt Investmentfonds iSd InvStG im Grds bejaht, jedoch unter der Voraussetzung, dass der andere Vertragsstaat mit der Einordnung übereinstimmt.[77] Es ist jedoch zw, wenn aufgrund v allg Erwä- 34

---

71 *BFH* BB 2011, 2404.

72 *BFH* BStBl II 1990, 875; *FG Baden-Württemberg* v 17.3.2008, Az 4 K 59/06.

73 *BFH* BStBl II 1995, 653; *BFH* BStBl II 2007, 521; *BFH* BStBl II 2009, 234.

74 *BFH* IStR 2007, 516; *BFH* BStBl II 2009, 234; *BFH* BB 2011, 2404; *BFH* IStR 2013, 880.

75 *BFH* IStR 2010, 525 (DBA USA); *BFH* IStR 2010, 530 (DBA Spanien); *BFH* IStR 2011, 263 (DBA Großbritannien); *BFH* IStR 2011, 635 (DBA Schweiz); *BFH* IStR 2011, 688 (DBA Ungarn); dieser Auffassung hat sich zwischenzeitlich die Finanzverwaltung angeschlossen, *BMF* BStBl I 2014, 1258 Tz 2.2.1.

76 The Application of the OECD Model Tax Convention to Partnerships, Issues in International Taxation No 6, 1999 v 20.1.1999.

77 Vgl *Vogel/Lehner* Art 1 MA Rn 54l; *Zinkeisen* IStR 2007, 583.

gung, insb dem Ziel, eine Investition über einen Investmentfonds dem Direktinvestment gleichzustellen, gefolgert wird, dass dt Investmentfonds allg abkommensberechtigt sind.[78] Unbestritten ist dabei das Bedürfnis für eine Regelung, die nationale Besonderheiten in der rechtlichen Ausgestaltung außer Acht lässt. Eine solche hat jedoch im betr Abk ausdrücklich zu erfolgen und kann nicht in bestehende Abk, die keine entspr Regelung enthalten, hineingelesen werden. Im Rahmen der Reform der Investmentbesteuerung ist derzeit eine intransparente Besteuerung für Publikumsinvestmentfonds iSd Investmentsteuerreformgesetzes vorgesehen, die zu einer Abkommensberechtigung führen könnte, da ein Publikumsinvestmentfonds wie eine juristische Person in Deutschland steuerpflichtig wäre.

35 Die OECD hat sich in einer in 2006 gebildeten Arbeitsgruppe[79] grundsätzlich mit der abkommensrechtlichen Behandlung v Investmentfonds beschäftigt, die eine Vielzahl v Anlegern bündeln, ein diversifiziertes Portfolio an Wertpapieren halten und in ihrem Gründungsstaat Anlegerschutzvorschriften unterliegen.[80] Insoweit wird beschrieben, dass die derzeitigen Regelungen zur Vermeidung einer Doppelbesteuerung der Bedeutung dieser Form von Investments nicht gerecht werden. Dies gilt insb im Hinblick auf eine Freistellung von Quellensteuern auf Dividenden oder Zinsen, die regelmäßig eine Qualifikation des Investmentfonds als einer nutzungsberechtigten ansässigen Person erfordern. Angesichts der Vielfalt der rechtlichen Ausgestaltungsmöglichkeiten v Investmentfonds werden diese häufig bereits nicht die abkommensrechtlichen Voraussetzungen für eine Person oder die Ansässigkeit in einem der Vertragsstaaten erfüllen, sofern das Abk keine Sondervorschriften enthält.[81] Die Arbeitsgruppe hat in ihrem Bericht[82] eine Ergänzung der Kommentierung v Art 1 MA vorgeschlagen und legt es den jeweiligen Staaten nahe, näher beschriebene Feststellungen im Rahmen der Neuverhandlung bzw dem Neuabschluss v Abkommen oder im Rahmen v Abkommensergänzungen zu berücksichtigen. Der MK wurde entsprechend ergänzt.[83]

III. Unternehmen, lit c

36 Die Begriffsdefinition für ein **Unternehmen** iSd Abk ist sehr knapp geraten und verweist teilw auf den ebenfalls im Abk definierten Begr der Geschäftstätigkeit (s Art 3 Abs 1 lit h Rn 52). Nach dem MK wird der Ausdruck nicht durch das MA definiert und es ist insoweit grundsätzlich auf das innerstaatliche Recht zu rekurrieren.[84] Nach lit h)[85] und der dt Verhandlungsgrundlage für Doppelbesteuerungsabkommen soll der Ausdruck „Geschäftstätigkeit" auch die Ausübung einer freiberuflichen oder sonsti-

---

78 So jedoch *Zinkeisen/Walter* IStR 2007, 583, differenziert, wie hier *Debatin/Wassermeyer* Art 10 MA Rn 118, *FG Niedersachsen* IStR 2007, 755.

79 Informal Consultative Group on Taxation of Collective Investment Vehicles and Procedures for Tax Relief for Cross-Border Investors.

80 Andere Formen von Investments zB Hedge Fonds sollten ausdrücklich nicht Gegenstand des Berichts sein. Eine Abgrenzung kann im Einzelfall schwierig sein.

81 S auch *Kirchmayr* IStR 2011, 673.

82 The Granting of Treaty Benefits with respect to the Income of Collective Investment Vehicles (adopted by the OECD Committee on Fiscal Affairs on 23rd April 2010).

83 Art 1 Nr. 6.8 ff MK.

84 Art 3 Nr 4 MK.

85 S Rn 52.

gen selbstständigen Tätigkeit umfassen.[86] Damit wird eine Auslegung aus dem Abk heraus ermöglicht und muss nicht unmittelbar bzw. vollumfänglich auf das innerstaatliche Recht abgestellt werden. IF einer Auslegung aus dem innerstaatlichen dt Recht, findet sich eine unmittelbare Begriffsparallele nur im Umsatzsteuerrecht (§ 2 Abs 1 S 2 UStG). Für Fragen der Ertragsbesteuerung enthält das Umsatzsteuerrecht jedoch keinen bes Aussagegehalt für die Begriffsauslegung. Eine Auslegung aus dem dt Begriffsverständnis heraus kann sich jedoch an der gewerblichen und selbstständigen Betätigung iSv § 15 und § 18 EStG orientieren.[87] Vogel/Lehner entnehmen einer Auslegung des Begr aus dem Abk heraus, dass es sich um eine auf Gewinnerzielung gerichtete Tätigkeit oder die einer solchen Tätigkeit dienenden Betriebseinheit handeln müsse, die Tätigkeit selbstständig ausgeübt werden muss und es sich nicht um eine Tätigkeit land- und forstwirtschaftlicher Art handeln darf.[88] Auch nach Auffassung der Finanzverwaltung[89] reicht eine nach nationalem Recht bestehende gewerbliche Prägung oder anderweitige Fiktion der Gewerblichkeit (zB sog Betriebsaufspaltung) in Übereinstimmung mit der st Rspr des BFH nicht aus.[90]

Aus der Definition lässt sich negativ ableiten, dass wohl weder vermögensverwaltende Tätigkeiten noch solche land- und forstwirtschaftlicher Art erfasst werden. Mit der Einbeziehung durch den Verweis auf die Geschäftstätigkeit ist der Anwendungsbereich im Gegensatz zu älteren dt Abk, die von „gewerblichen Unternehmen“ sprechen, erweitert worden, da nunmehr auch freiberufliche ua selbstständige Tätigkeiten erfasst werden. Diese Erweiterung ist im Zusammenhang mit der Aufhebung von Art 14 (selbstständige Arbeit) zu sehen. Nunmehr fallen auch diese Einkünfte in den Anwendungsbereich von Art 7 (Unternehmensgewinne), so dass eine entspr Differenzierung entfällt und ein Bedürfnis für die vorgenommene Erweiterung bestand. **37**

Das Unternehmen ist hingegen keine Person iSd Abk, dh auch nicht selbst abkommensberechtigt.[91] Vielmehr ist hinsichtlich der Frage der Abkommensberechtigung auf die das Unternehmen betreibenden Personen abzustellen. **38**

IV. Unternehmen eines bzw des anderen Vertragsstaates, lit d

Der Begr eines **Unternehmens eines bzw des anderen Vertragsstaates** wird in den Art 7 Abs 1, Art 13 Abs 2 und Art 22 Abs 2 verwendet. Ihm kommt folglich insb bei der Zuweisung bzw Aufteilung des Besteuerungsrechts zwischen Betriebsstättenstaat und Stammhausstaat Bedeutung zu. **39**

Welchem Vertragsstaat das Unternehmen zuzuordnen ist, hängt davon ab, in welchem Vertragsstaat die Person ansässig ist, die das Unternehmen betreibt. Hingegen ist es nicht entscheidend, wo, dh an welchem Ort, das Unternehmen selbst betrieben wird.[92] Folglich muss in dem Ansässigkeitsstaat des Betreibers kein Betriebsvermögen vorhanden sein und auch dort keine Tätigkeit entfaltet werden.[93] **40**

86 Art 3 Abs 1 d) der dt Verhandlungsgrundlage für Doppelbesteuerungsabkommen.
87 *Debatin/Wassermeyer* Art 3 MA Rn 23.
88 *Vogel/Lehner* Art 3 MA Rn 41a.
89 *BMF* BStBl I 2014, 1258, Tz 2.2.1.
90 *BFH* IStR 2010, 525 (DBA USA); *BFH* IStR 2010, 530 (DBA Spanien); *BFH* IStR 2011, 263 (DBA Großbritannien); *BFH* IStR 2011, 635 (DBA Schweiz).
91 *Debatin/Wassermeyer* Art 3 MA Rn 22.
92 *BFH* DStR 1992, 1352.
93 *Vogel/Lehner* Art 3 MA Rn 42.

41 Welche Person als **„Betreiber"** anzusehen ist, lässt sich dem Abk nicht entnehmen, so dass insoweit auf das Steuerrecht des Anwenderstaates abzustellen ist. IF von Deutschland ist insoweit darauf abzustellen, wer das Unternehmerrisiko trägt und die Unternehmerinitiative entfaltet. Teilw wird die Frage des Betreibers an der tatsächlichen Sachherrschaft festgemacht.[94] Inhaltlich dürfte dies idR nicht zu unterschiedlichen Erg führen. Die dt FinVerw stellt eher auf den Gedanken des Unternehmerrisikos und der Unternehmerinitiative ab.[95]

42 IF einer PersGes ist nach Auffassung der dt FinVerw sowie der dt finanzgerichtlichen Rspr der einzelne Mitunternehmer Betreiber eines Unternehmens, dh es bestehen so viele Unternehmen, wie Mitunternehmer vorhanden sind.[96] Folglich können sich iF einer PersGes aufgrund der Ansässigkeit ihrer Mitunternehmer Konstellationen ergeben, in denen jeweils Unternehmen beider Vertragsstaaten vorliegen.[97] Insoweit handelt es sich jedoch um Unternehmen verschiedener Mitunternehmer.

V. Internationaler Verkehr, lit e

43 Die Definition entspricht der der dt Verhandlungsgrundlage für Doppelbesteuerungsabkommen. Der Begr des **int Verkehrs** wird in den Art 8, Art 13 Abs 3, Art 15 Abs 3 und Art 22 Abs 3 verwendet. Er wird im Zusammenhang mit Schifffahrts– und Luftfahrtsunternehmen verwendet, die ihre Geschäftsleitung in einem der Vertragsstaaten haben. Die Ansässigkeit des Unternehmers in einem der Vertragsstaaten reicht hingegen nicht aus. Der Begr ist eng mit der Regelung in Art 8 verknüpft, wonach lediglich dem Vertragsstaat, in dem sich die tatsächliche Geschäftsleitung des Schifffahrts- oder Luftfahrtsunternehmens befindet, das Besteuerungsrecht zugewiesen wird.

44 Der Begr des int Verkehrs geht über den Inhalt des Begr im allg Sprachgebrauch hinaus und umfasst bspw Beförderungsteile, die ausschließlich in einem der Vertragsstaaten stattfinden, wenn das Transportfahrzeug seine Reise fortsetzt und sich der Bestimmungsort in einem anderen Staat befindet. Dies gilt bspw auch hinsichtlich der Einkünfte für die Beförderung v Personen, die ausschließlich während des in einem der Staaten stattfindenden Teils einer solchen Reise befördert werden.[98]

45 Der Begr der Seeschiffe umfasst nicht auch Binnenschiffe, dh Schiffe, die ausschließlich im Binnenverkehr eingesetzt werden. In einzelnen dt Abk finden sich jedoch ausdrücklich abw Regelungen, wonach auch der Verkehr mit Binnenschiffen den Begr des int Verkehrs erfüllt (s Art 3 Rn 117, 128).

VI. Zuständige Behörde, lit f

46 Der Begr der zuständigen Behörde findet iRv Art 2 Abs 4, Art 25 und Art 26 Anwendung. Es werden jeweils eine oder mehrere Behörden der beteiligten Vertragsstaaten namentlich benannt. Diese abkommensrechtliche Bestimmung gilt zwischen den Ver-

---

94 *G/K/G* Art 3 MA Rn 26.

95 So ist nach ihrer Auffassung auf das innerstaatliche Recht abzustellen, *BMF* BStBl I 2014, 1258, Rn 2.2.1.

96 *BMF* BStBl I 2014, 1258, Tz 2.2.2; *BFH* BStBl III 1964, 165; *BFH* DStR 1992, 1352; *FG Düsseldorf* EFG 2006, 247.

97 *G/K/G* Art 3 MA Rn 27.

98 *FinMin Hessen* v 18.6.1996, S 1302 A – 32 – II B 31.

tragsstaaten auch iF entgegenstehender, dh davon abw innerstaatlicher Zuständigkeitsverteilungen. In der dt Verhandlungsgrundlage für Doppelbesteuerungsabkommen ist das BMF neben den Behörden, auf welche es seine Aufgaben delegiert hat, als zuständige Behörde benannt.

VII. Staatsangehöriger, lit g

Der Begr des **Staatsangehörigen** wird in den Art 4 Abs 2 und Art 24 Abs 1 verwendet. **47**
Die Definition entspricht der der dt Verhandlungsgrundlage für Doppelbesteuerungsabkommen.

1. Natürliche Personen. Für **natürliche Personen** (dazu Art 3 Rn 10) verweist Art 3 **48**
Abs 1 lit g i) auf das innerstaatliche Recht des bzw der Vertragstaaten, deren Staatsangehöriger oder Staatsbürger sie ist. In dt Abk wird insoweit regelmäßig auf den Begr des Deutschen iSv Art 116 GG verwiesen. So wird dies auch in der dt Verhandlungsgrundlage für Doppelbesteuerungsabkommen vorgesehen. Der Begr der Staatsangehörigkeit umfasst den Begr des Staatsbürgers, so dass die Nennung des Begr des Staatsbürgers nicht erforderlich wäre. Maßgebend ist das Staatsangehörigkeitsrecht des Vertragsstaates, um dessen Staatsangehörigkeit es geht. Dh die jeweils geltenden Vorschriften über den Erwerb und Verlust der Staatsangehörigkeit sind zugrunde zu legen. Ob die natürliche Person die Staatsangehörigkeit mehrerer Staaten besitzt und ob es sich dabei auch um einen Drittstaat oder sogar beide Vertragsstaaten handelt, ist unerheblich. Art 4 Abs 2 und Art 24 Abs 1 sind auch in diesen besonderen Fällen uneingeschränkt anwendbar.

2. Nicht-natürliche Personen. Für **nicht-natürliche Personen** wird durch Art 3 Abs 1 **49**
lit g ii) auf das Recht des Vertragsstaates der Errichtung verwiesen. Ausdrücklich genannt werden juristische Person, PersGes ua Personenvereinigungen, die nach dem in diesem Vertragsstaat geltenden Recht errichtet worden sind. Insoweit fällt auf, dass nicht der Begr der Ges iSv Art 3 Abs 1 lit b (dazu Art 3 Rn 12) verwendet wird. Folglich weicht der Kreis der Gebilde mit einer Staatsangehörigkeit im abkommensrechtlichen Sinne v Begr der Ges ab und ist insoweit teilw enger, teilweise aber auch weiter. Nicht ausdrücklich genannt werden Ges, die nach dem Recht eines Vertragsstaates wie juristische Personen behandelt werden. Folglich werden diese sowie andere Rechtsgebilde nur dann erfasst, wenn sie den Begriff einer PersGes oder Personenvereinigung erfüllen. Dies setzt eine mitgliedschaftliche Struktur voraus. Somit fallen Betriebsstätten als unselbstständige Teile eines Steuersubjekts nicht unter die genannten nicht-juristischen Personen und können daher keine von ihrem Rechtsträger unabhängige, eigenständige Staatsangehörigkeit iSd Abk haben.

Nach Art 3 Nr 10 MK erscheint es aufgrund der engen Beziehung zwischen der Ges **50**
und dem Errichtungsstaat, die dem der Staatsangehörigkeit eng verwandt ist, gerechtfertigt, auf eine besondere Bestimmung zu verzichten und denselben Begr der Staatsangehörigkeit auch für die genannten nicht-natürlichen Personen zu verwenden. Es handelt sich insoweit um eine rein abkommensrechtliche Begrifflichkeit, die dementspr auszulegen ist und im nationalen Recht keine Entspr findet.

Die Staatsangehörigkeit v PersGes ua Personenvereinigungen hat lediglich für Art 24 **51**
Abs 1 (Gleichbehandlung) Bedeutung. Aus dt Sicht ist eine PersGes ertragsteuerlich mit Ausnahme für die Gewerbesteuer bei gewerblichen PersGes transparent, dh die PersGes ist idR aus dt Sicht kein Steuersubjekt. Die Gewerbesteuer gehört jedoch

regelmäßig zu den von Abk umfassten Steuern.[99] Vielmehr sind ihre Gesellschafter einkommen- oder körperschaftsteuerpflichtig. Folglich ist fraglich, ob die PersGes oder andere Personenvereinigung in diesen Fällen eine mittelbare Diskriminierung oder die Diskriminierung ihrer Gesellschafter geltend machen kann.[100]

VIII. Geschäftstätigkeit, lit h

52 Die Hinzufügung des Begr der Geschäftstätigkeit ist im Zusammenhang mit der Streichung v Art 14 aus dem Abk zu sehen. Diese Begriffsbeschreibung wurde auch in Art 3 Abs 1 lit e) der dt Verhandlungsgrundlage für Doppelbesteuerungsabkommen übernommen. Freiberufliche ua selbstständige Tätigkeiten wurden zuvor von Art 14 abgedeckt und werden nun iRv Art 7 (Unternehmensgewinne) mitbehandelt.[101] Mit der Definition soll verhindert werden, dass der Begr der Geschäftstätigkeit einengend ausgelegt wird. Aufgrund der Ausgestaltung der dt Verhandlungsgrundlage für Doppelbesteuerungsabkommen ist davon auszugehen, dass Deutschland seine bisherige Abkommenspraxis umstellt und freiberufliche und sonstige selbstständige Tätigkeiten nicht mehr gesondert regeln wird.

C. Absatz 2

53 Mit Art 3 Abs 2 wird grds für die Auslegung v im Abk nicht definierten Begr, die auch im jeweiligen nationalen Recht der Vertragsstaaten Verwendung finden, mit Vorrang auf die steuerrechtlichen Vorschriften des Anwenderstaates und subsidiär auf die steuerrechtlichen Vorschriften des anderen Vertragsstaates verwiesen. Maßgeblich ist der Rechtsstand im Zeitpunkt der Abkommensanwendung und nicht etwa der Rechtsstand im Zeitpunkt der Abkommensunterzeichnung.[102] Eine Einschränkung der Verweisung auf das Recht der Vertragsstaaten besteht für die Fälle, in denen der Zusammenhang eine andere Auslegung erfordert.

I. Bedeutung

54 Art 3 Abs 2 behandelt den Umgang mit Ausdrücken, die im Abk zwar verwendet, jedoch nicht definiert werden. Die Anzahl an Begr, die im Abk definiert werden, ist gering, so dass ein starkes Bedürfnis für eine Regelung der Auslegung nicht definierter Begr besteht.

55 Hinsichtlich der Bedeutung und der Wirkungsweise von Abs 2 bestehen sehr unterschiedliche Auffassungen. Die Regelung wird teilw mit der vorbehaltenen Souveränität oder dem Absicherungsinteresse der Vertragsstaaten begründet.[103] Mit dem grds Verweis auf das jeweilige innerstaatliche Steuerrecht des Anwenderstaates ist das Risiko der unterschiedlichen Auslegung und unterschiedlichen, dh nicht spiegelbildlichen Anwendung des Abk durch die Vertragsstaaten verbunden. Aus diesem Grund wird teilw unter Verweis auf den Grundsatz der Entscheidungsharmonie[104] oder der

---

99 Art 1 Abs 3 a)cc) der dt Verhandlungsgrundlage für Doppelbesteuerungsabkommen.
100 *Debatin/Wassermeyer* Art 3 MA Rn 50; abl wohl *Vogel/Lehner* Art 3 MA Rn 65 f.
101 *Krabbe* IStR 2000, 196.
102 *BFH* BStBl II 1990, 379; zust *S/K/K* Art 3 MA Rn 35.
103 *Vogel/Lehner* Art 3 MA Rn 100 mwN.
104 *Schaumburg* Rn 16.54; *Lehner* in FS Wassermeyer, 3. Kap Rn 5, 11.

Regelungshomogenität[105] für eine zurückhaltende Anwendung eingetreten. Es handele sich um eine stark subsidiäre Regelung. Insoweit gelte ein Gebot der autonomen Auslegung des Abk, dh dieses sei grundsätzlich unabhängig vom nationalen Recht auszulegen.[106] Andere begründen eine solche Beschränkung mit der in Art 3 Abs 2 ausdrücklich genannten Einschränkung auf die Fälle, in denen der Zusammenhang nichts anderes erfordert.[107]

Zustimmungswürdig ist die Auffassung, wonach der Verweis Ausfluss des Umstandes ist, dass die Abk eine Zwischenstellung haben. Sie sind gleichzeitig int Verträge und nationales Steuerrecht (s § 2 AO). Diese Verknüpfung führt auch zu Besonderheiten bei Ihrer Auslegung (dazu Art 3 Rn 58). DBA modifizieren das nationale Steuerrecht und die sich aus dem jeweiligen innerstaatlichen Recht ergebenden Steuerschuldverhältnisse sowie Besteuerungskompetenzen der Vertragsstaaten. Soweit Abk Einfluss auf Steuerschuldverhältnisse haben, kann dies jedenfalls in Deutschland nur durch innerstaatliches Recht geschehen. Dies ist in Deutschland der Hintergrund für das Erfordernis von Gesetzen zur Transformation von Abk in nationales Recht, Art 59 Abs 2 S 1 GG, § 2 AO. Soweit es sich, wie iF des Steuerrechts, um Eingriffsverwaltung handelt, ist auch für die Auslegung und Anwendung innerstaatliches Recht erforderlich und maßgebend. **56**

Die Verwendung von innerstaatlichen Begr, die in diesem Zusammenhang Besteuerungstatbestände schaffen (Steuerschuldverhältnisse begründen), auch im Rahmen ihrer Beschränkung bzw Modifikation durch betr Abk, führt darüber hinaus auch zu einer erheblichen Erleichterung bei der Anwendung der Abk. Dies gilt natürlich nur, soweit keine eigenständige Definition im Abk enthalten ist bzw sich aus dem Abkommenszusammenhang kein anderes vorrangiges Begriffsverständnis ergibt. Einzelne Regelungsbereiche bleiben bereits mangels einer entspr Regelung im Abk dem nationalen Recht vorbehalten. Dies betrifft insb die Gewinnermittlung bzw Einkünfteermittlung sowie die Zurechnung der Einkünfte.[108] **57**

II. Auslegung von DBA

1. Allgemeines. – a) Verhältnis zum nationalen Recht. DBA unterliegen aufgrund ihrer Rechtsnatur als bilateralem, int (völkerrechtlichem) Vertrag, der über Art 59 Abs 2 S 1 GG in dt Recht transformiert bzw mit einem entspr Anwendungsbefehl versehen wird, Besonderheiten iRd Auslegung. Sie werden häufig als eigener Rechtskreis bezeichnet, der auch einer eigenen Begriffssprache unterliegt.[109] Die verwendete Begriffssprache ist durch die int Anwendung bzw den Grundlagen der Abk nicht zwingend mit dem jeweiligen Begriffsverständnis gleichlautender innerstaatlicher Rechtsbegriffe identisch.[110] Gleichwohl besteht aufgrund der Funktion der Abk eine enge Verzahnung mit dem innerstaatlichen Steuerrecht (vgl Art 3 Rn 56). Diese Begrenzungs- oder Modifikationsfunktion legt es nahe, dass die Vertragsstaaten für Zwecke der Auslegung über Art 3 Abs 2 oder implizit auf ihr nationales (Steuer-) **58**

105 *Debatin* DB 1985; Beil 23, S 1, 6.
106 *Lehner* in FS Wassermeyer, 3. Kap Rn 4.
107 *G/K/G* Art 3 MA Rn 94 mwN.
108 *BFH* BStBl II 2000, 399; *BFH/NV* 2015, 1674.
109 *Endres/Jacob/Gohr/Klein* Art 3 DBA USA Rn 14.
110 *Mössner* S 250, B 401.

Recht verweisen. Teilw verweisen Abk auch auf das Recht eines der Vertragsstaaten (bspw Art 6 Abs 2, Art 10 Abs 3). Innerstaatliche Begr sind iRd Auslegung der Abk regelmäßig von Bedeutung.

59 Umgekehrt haben die Abkommensbegr für die Auslegung und Anwendung des innerstaatlichen Rechts keine Bedeutung[111]

60 **b) Bedeutung des MA und MK für die Auslegung.** Dem MA sowie dem MK kommt iRd Auslegung bes Bedeutung zu. Diese geben regelmäßig einen Anhaltspunkt dafür, welches int Verständnis hinsichtlich des Inhalts bestimmter Begr besteht. Insoweit handelt es sich um eine Rechtsquelle, die für die Erforschung des historischen Willens herangezogen werden kann. Für die Auslegung eines konkreten Abkommens ins der MK mithin dann von Bedeutung, wenn das auszulegende Abk denselben Wortlaut hat, wie das dem MK zugrundeliegende MA.[112] Ohne Bedeutung ist es, ob die Abkommensstaaten selbst Mitglieder der OECD sind. Auch bei Abkommensstaaten, die nicht Mitglieder der OECD sind, kann bei einem dem MA entsprechenden Wortlaut angenommen werden, dass dasselbe Begriffsverständnis von den Abkommensstaaten zugrunde gelegt wird.[113] Es wird im Allg unterstellt, dass auch die Vertragsstaaten dieses Verständnis kennen und den vereinbarten Begr zugrunde legen, sofern nicht ein ausdrücklich abw Begriffsverständnis in dem jeweiligen Abk zum Ausdruck gebracht wird.[114] Dies kann zB im MK durch die Aufnahme entspr Vorbehalte zum Ausdruck gebracht werden. Natürlich können nur solche Kommentierungen des MK iRd Auslegung von Bedeutung sein, die bereits im Zeitpunkt des Abschlusses eines Abk vorhanden, veröffentlicht und damit auch für die Handelnden (Verhandlungsführer, Parlament) bekannt waren. Auf die sich daraus ergebenden Schwierigkeiten, festzustellen, wann welches Begriffsverständnis aufgrund der Formulierungen des MA und MK bekannt gewesen ist, weist Vogel zu Recht hin.[115] Nach der stRspr des BFH handelt es sich insoweit um einen statischen und nicht einen dynamischen Auslegungsmodus, dh eine spätere Fassung des MK kann nach seiner zutreffenden Auffassung nicht für die Auslegung eines früher geschlossenen Abk Bedeutung erlangen.[116] Eine ausschließlich daran anknüpfende Auslegung wird nicht praktikabel sein und ist mit der dt Rechtssystematik und Rechtsanwendung nicht vereinbar. Die dt Abk werden durch Deutschland und nicht durch die OECD verhandelt und entspr dem innerstaatlichen Verfassungsrecht legitimiert. Insoweit dienen diese OECD-Quellen lediglich zur Erforschung des möglichen Begriffsinhalts.[117] Dieser muss anschließend iRd Auslegung nach den dt Grundsätzen vor dem Hintergrund der dt Materialien weiter erforscht und konkretisiert werden. Der Umstand, ob Deutschland Vorbehalte gegen Formulierungen im MK erhoben hat, können ebenfalls für die Auslegung Bedeutung haben, wenn es darum geht, das Begriffsverständnis der Verhandlungsführer zu erforschen.

c) Verständigungsvereinbarungen, Ergänzungsprotokolle und ähnliche Einigungen.
61 Verständigungsvereinbarungen, Ergänzungsprot und ähnliche Einigungen zwischen

111 *BFH* BStBl II 1989, 87.
112 *Mellinghoff* in FS Wassermeyer, 6. Kap Rn 16.
113 *Mellinghoff* in FS Wassermeyer, 6. Kap Rn 37.
114 *Vogel/Lehner* MA Einl Rn 126 mwN.
115 *Vogel/Lehner* MA Einl Rn 128 ff.
116 *BFH/NV* 2016, 36; *BFH* IStR 2015, 2366.
117 S auch Rn 69.

den Vertragsstaaten, die nicht Gegenstand des dt Zustimmungsgesetzes gewesen sind, können in Deutschland keine unmittelbare Wirkung entfalten.[118] In anderen Staaten kann dies im Einzelfall anders sein. Insoweit ist für die Frage der Geltung und Rechtsqualität das jeweilige Verfassungsrecht des betr Staates maßgeblich. Die Frage der Verbindlichkeit im jeweiligen Vertragsstaat, ist unabhängig v der Frage der völkerrechtlichen Wirksamkeit und Bindung entspr zwischenstaatlicher Vereinbarungen. Inwieweit das Abk eine Ermächtigungsgrundlage für den Abschluss entspr Verständigungsvereinbarungen, Ergänzungsprot oder entspr Vereinbarungen enthält, ist im Einzelfall zu klären. Auch insoweit stellt sich selbstverständlich die Frage der Verbindlichkeit nach nationalem Verfassungsrecht. Aus dt Sicht ist dies am Maßstab v Art 80 Abs 1 GG zu entscheiden.[119] Überraschend ist insoweit, dass der BFH iRd Auslegung einer abkommensrechtlichen Begriffsbestimmung – zumindest in einem Einzelfall – ein im Zeitpunkt der Ratifizierung existierendes Verhandlungsprot zur Grundlage gemacht hat, obwohl dieses nicht Gegenstand des Zustimmungsgesetzes war und auch nicht die Voraussetzungen iSv Art 80 Abs 1 GG für eine Ermächtigung zum Erlass einer Rechtsverordnung erfüllt waren.[120] Nunmehr betont der BFH, dass abkommensüberschreibende Konsultationsvereinbarungen erst dann Berücksichtigung finden können, wenn diese in der verfassungsrechtlich gebotenen Form in das innerstaatliche Recht umgesetzt worden sind. Damit verbunden ist, dass der Anwendungsbefehl in Übereinstimmung mit den Regelungen des betreffenden Abk nur in die Zukunft gerichtet sein kann, um eine doppelte Besteuerung oder doppelte Nichtbesteuerung zu vermeiden. Eine nach nationalem Recht ggf zulässige Rückbeziehung scheidet insoweit aus.[121] Ohne Rechtsgrundlage können derartige Vereinbarungen nur für die jeweiligen Verwaltungen Bindungswirkung entfalten.[122] Zwischenzeitlich wurde mit § 2 Abs 2 AO eine Rechtsgrundlage für den Erlass von Rechtsverordnungen geschaffen. Die Finanzverwaltung hat auf dieser Grundlage mit Zustimmung des Bundesrates bereits Umsetzungsverordnungen mit Wirkung ab dem Jahr 2010 für die DBA mit Belgien,[123] Frankreich,[124] den Niederlanden,[125] Österreich,[126] Schweiz[127] und den USA[128] erlassen. § 2 Abs 2 AO wird von Teilen der Literatur und vom BFH als unzureichende und den Anforderungen des Art 80 Abs 1 GG nicht genügende Grundlage für eine Abweichung und Durchbrechung des Wortlauts eines Abk angesehen.[129] § 2 Abs 2 AO enthält nicht (im ausreichenden Maße) den Inhalt, Zweck und das Ausmaß der erteilten Ermächtigung. Mithin können zwischenstaatliche Konsultationsvereinbarungen sowie Verständigungsvereinbarungen nur im Rahmen der Auslegung von Abk von Bedeutung sein. Die Grenze einer solchen Auslegung ist hingegen immer der Wortlaut des Abk.

---

118 *BFH* DStR 2009, 2235; **aA** *BFH* DStR 1991, 838.
119 Vgl *BFH* BStBl II 1990, 4; *BFH* DStR 2009, 2235.
120 *BFH* DStR 1991, 838.
121 *BFH* IStR 2015, 2366.
122 *BMF* BGBl I 2010, 353.
123 *BMF* BGBl I 2010, 2137.
124 *BMF* BGBl I 2010, 2138.
125 *BMF* BGBl I 2010, 2183.
126 *BMF* BGBl I 2010, 2185.
127 *BMF* BGBl I 2010, 2187.
128 *BMF* BGBl I 2010, 2136.
129 *BFH* IStR 2015, 2366; *Hummel* IStR 2011, 397; *Lehner* IStR 2011, 733.

62 IÜ sind einseitige Erl der Abkommensregelungen, welche in einzelnen Staaten iRd Zustimmungsverfahren im Vorfeld der Abkommensratifizierung erstellt werden, für die Abkommensanwendung nicht bindend. So werden in den USA sog Technical Explanations durch die FinVerw erstellt, in denen der Inhalt der Abkommensregelungen näher erläutert und teilw anhand von Beispielen dargestellt wird. Diese sind grds für die US Finanzverwaltung von Bedeutung und binden weder den anderen Vertragspartner noch die US Gerichte. In Einzelfällen kann es sich jedoch um Materialien iSd Art 32 WÜRV handeln, wenn diese die gemeinsamen, im Rahmen der Verhandlungen tatsächlich erreichten Positionen wiedergeben.[130] In Deutschland werden von der Bundesregierung entspr Erl in Form von Denkschriften dem Parlament vorgelegt. Diese werden jedoch idR nicht vom anderen Vertragsstaat entgegengenommen und dem gemeinsamen Verständnis des Abk zugrunde gelegt. Folglich können derartige Erl lediglich über die Vorstellungen des jeweiligen Vertragspartners im Zeitpunkt des Abschlusses des Abk Aufschluss geben. Es handelt sich insoweit jeweils um eine unverbindliche Darstellung der Vorstellungen der Verhandlungs- bzw Vertragspartner, die iRd Auslegung nicht herangezogen werden können.[131]

63 **d) Wiener Vertragsrechtskonvention.** Deutschland ist mit Zustimmungsgesetz v 3.8.1985 (BGBl II 1985, 927) zum 20.8.1987 (BGBl II 1987, 757) der Wiener Vertragsrechtskonvention v 23.5.1969 (WVK) beigetreten. Die WVK ist nach dessen Art 4 WVK jedoch nur für Verträge anwendbar, die die Staaten abschließen, nachdem das WVK für sie in Kraft getreten ist.

64 Nach der WVK sind völkerrechtliche Verträge nach Treu und Glauben auszulegen. Die Wortlautauslegung hat sich an der gewöhnlichen Bedeutung und dem Zusammenhang zu orientieren. Die grammatikalische Auslegung wird damit jedoch nicht als vorrangig zu verstehen sein,[132] aber grds die Grenze der Auslegung darstellen.[133] Darüber hinaus sind die Ziele und Zwecke des Vertrages zu berücksichtigen. Dies bedeutet jedoch nicht die Maßgeblichkeit und ein Bedürfnis für die Feststellung des subjektiven Willens der Verhandlungsführer als Repräsentanten der Vertragsparteien. Entspr der Auslegungsgrundsätze des dt Rechts ist in jedem Falle erforderlich, dass ein entspr Zweck oder ein Ziel im Wortlaut zumindest seinen Ausdruck gefunden hat.

65 Zu berücksichtigen sind nach Art 31 WVK neben dem Vertragswortlaut auch die Präambel und Anlagen zum Vertrag. Darüber hinaus auch später geschlossene Übereinkünfte der Vertragsparteien sowie entspr stillschweigende Übereinkünfte. Dies gilt vor dem Hintergrund des Gesetzesvorrangs nicht für Deutschland, sofern entspr stillschweigende oder spätere Übereinkünfte nicht ebenfalls durch ein Zustimmungsgesetz mit einem Anwendungsbefehl versehen werden und Geltung erhalten (s auch Rn 61).[134]

66 Soweit Verträge in mehreren Sprachen vereinbart wurden, sind nach Art 33 WVK sämtliche Sprachen in gleicher Weise maßgebend, sofern die Vertragsparteien nichts anderes vereinbart haben.

---

130 *Wolff* in FS Wassermeyer, 8. Kap Rn 14.

131 *Debatin* DB 1985, Beil 23, S 1, 4; *Vogel/Lehner* MA Einl 138; *Schaumburg* Rn 16.75; *Wolff* in FS Wassermeyer, 8. Kap Rn 13.

132 *Schaumburg* Rn 16.65.

133 Zust *Debatin/Wassermeyer* Art 3 MA Rn 77; *Vogel/Lehner* MA Einl 107.

134 *Debatin/Wassermeyer* Art 3 MA Rn 79; *Vogel/Lehner* Einl 136 f; *BFH* IStR 2015, 2366; **aA** *Debatin* DB 1985, Beil 23, S 1, 4.

e) Europarecht. Nach Auffassung des BFH ist beim gegenwärtigen Stand der Harmonisierung der direkten Steuern eine Dbest allein anhand v bilateralen Abk zu vermeiden.[135] Demnach spiele das Europarecht und die darin gewährten Grundfreiheiten für die Auslegung von DBA keine Rolle. Nach **aA** ist das europäische Gemeinschaftsrecht auch iRd Auslegung vom Abk zu berücksichtigen, um Gemeinschaftsrechtsverstöße uU zu vermeiden.[136] Zwar sind die Mitgliedsstaaten der Europäischen Union darin frei, wie sie die Aufteilung der Steuerhoheit im Verhältnis zum anderen Vertragsstaat in bilateralen Abk regeln, jedoch müssen Sie die Abk unter Wahrung des Gemeinschaftsrechts anwenden.[137] Dies schließt eine europarechtskonforme Abkommensauslegung ein. **67**

f) Bedeutung der Vertrags- und anderer Sprachen für die Auslegung. Im Rahmen der Auslegung erscheint es für den jeweiligen anwendenden Staat natürlich zu sein, den Abkommenstext in der eigenen Sprache zugrunde zu legen. Die DBA sehen jedoch regelmäßig die jeweiligen Sprachen der Abkommensstaaten als gleich verbindlich vor. Dies können zwei oder mehrere Sprachen sein, wenn zB ein Anwenderstaat selbst über mehr als eine Landessprache verfügt. Eine Übersetzung kann es nie erreichen, eine wirkliche identische Fassung in der jeweils anderen Sprache herzustellen, da die in der anderen Sprache zur Verfügung stehenden Worte regelmäßig nicht die identische Bedeutung aufweisen. Eine am Wortlaut orientierte Auslegung würde folglich regelmäßig in der jeweils anderen Sprachversion zu einem anderen Ergebnis führen. **68**

Teilweise wird die Auffassung vertreten, dass auch die Sprachen der jeweils zugrundeliegenden Musterabkommen zB des MA oder UN-MA im Rahmen der Auslegung in sämtlichen Sprachen im Rahmen der Auslegung heranzuziehen sind.[138] Insoweit muss jedoch klar zwischen der Auslegung des anzuwenden DBA und der eines MA unterschieden werden. Das Auslegungsergebnis des MA ist nicht zwingend der Anwendung des jeweiligen DBA zugrunde zu legen. Vielmehr dient der im Rahmen der Auslegung des MA ermittelte Inhalt der Auslegung und Anwendung eines DBA, welches auf dem entsprechenden MA basiert. **69**

Im Ergebnis wird festzuhalten sein, dass die Auslegung am Wortlaut immer dort ihre Grenze erfährt, wo eine Auslegung in einer anderen ebenfalls verbindlichen Sprachfassung zu einem anderen Ergebnis führt. In diesen Fällen zeigt ein Vergleich der unterschiedlichen Sprachfassungen, dass das Auslegungsziel, den Inhalt einer Vorschrift zu ermitteln, nicht anhand einer (reinen) Wortlautauslegung erreicht werden kann. Für den Steuerpflichtigen wird dies häufig die größte Herausforderung sein, ein bestimmtes v der deutschen Finanzverwaltung oder Rechtsprechung anhand einer deutschen DBA Fassung erzieltes Auslegungsergebnis mit Verweis auf eine andere verbindliche Sprachfassung zu widerlegen. Häufig wird dies, wenn überhaupt, nur unter Beteiligung des anderen Abkommensstaates (zB im Rahmen eines Verständigungsverfahrens) zu erreichen sein. **70**

---

135 *BFH* IStR 2008, 367.

136 *Jacob/Nosky* IStR 2008, 358; *Endres/Jacob/Gohr/Klein* Art 28 DBA USA Rn 14; *G/K/G* Art 28 DBA USA Rn 20ff.

137 *EuGH* DStRE 1999, 836; *EuGH* IStR 2008, 63.

138 *Lang* IStR 2011, 403.

71 **2. Rangfolge bei der Auslegung.** Das Abk definiert an verschiedenen Stellen und insb in Art 3 Abs 1 einzelne Begr ausdrücklich. Diese Definitionen können umfassend oder auch nur als Teildefinitionen ausgestaltet sein. Art 3 Abs 2 verweist iÜ auf das Recht des Anwenderstaates über Steuern, soweit nicht der Zusammenhang etwas anderes erfordert.

72 Es dürfte Einigkeit darüber bestehen, dass zunächst im Abk selbst definierte Begr vorrangig sind, dh ein Rückgriff auf das nationale Recht eines der Vertragsstaaten nicht erforderlich ist.[139]

73 Begrifflichkeiten, für deren Auslegung sich im Abk Anhaltspunkte finden lassen bzw die im Zusammenhang ausgelegt werden können, die jedoch auch im Recht des Anwenderstaates oder im Quellenstaat Verwendung finden, sind unter Vergleich der jeweiligen Begriffsinhalte auszulegen. Insoweit ist zu beachten, dass Abk und innerstaatliches Recht unterschiedliche Begriffsebenen bilden, dh es nicht zu einer Begriffsidentität, sondern allenfalls zu einer Begriffsparallelität kommen kann.[140] Folglich ist es v besonderer Bedeutung, den Gehalt der jeweiligen Begr in der jeweiligen Begriffsebene bzw dem jeweiligen Rechtskreis zu ermitteln.[141] Sofern eine Auslegung aus dem Abk heraus und der Auslegung nach dem jeweiligen nationalen Begriffsverständnis zu unterschiedlichen Ergebnissen führt, ist zu klären, ob die aus dem Zusammenhang des Abk gefundene Auslegung erforderlich und damit vorrangig ist.[142] Nach der dt finanzgerichtlichen Rspr ist für den Fall einer fehlenden Begriffsbestimmung im Abk zunächst zu prüfen, ob sich der Begriffsinhalt aus dem Zusammenhang der Abkommensvorschrift bestimmen lässt.[143] Die Auslegung aus dem Abk heraus hat demnach stets den Vorrang. Soweit eine Auslegung aus dem Abk heraus nicht möglich ist und es um das Verhältnis des innerstaatlichen Rechts des Anwenderstaates zum innerstaatlichen Recht des anderen Vertragsstaates geht, hat nach dem Wortlaut von Art 3 Abs 2 grds das innerstaatliche Recht des Anwenderstaats den Vorrang.

74 Werden im Abk nicht definierte Begr auch nicht im nationalen Steuerrecht des Anwenderstaates verwendet bzw in diesem bestimmt, so hat die Auslegung anhand des Abk zu erfolgen, dh ein Rückgriff auf das übrige Recht des Anwenderstaates ist nicht möglich und scheidet aus.[144] Insoweit ist zu berücksichtigen, dass die verwendeten Begriffe uU lediglich das Ergebnis der jeweiligen Übersetzung sind bzw die Begriffe rein zufällig mit denen des nationalen Rechts identisch sind und damit keine inhaltliche Begriffsidentität bezweckt war (s auch Rn 68 ff., 78).

75 Die FinVerw schien den grds Vorrang der Auslegung des Abk aus sich selbst heraus abzulehnen oder diese Rangfolge zumindest nicht beachten zu wollen. Der bis zuletzt wohl vom BMF angenommene umfassende Anwendungsvorrang des nationalen Rechts iRd Auslegung ist nun nicht mehr im BMF-Schreiben zur Anwendung von DBA auf PersGes enthalten.[145]

---

139 *BFH* BStBl II 1973, 810; *S/K/K* Art 3 MA Rn 7.

140 *Debatin* DB 1985, Beil 23, S 1, 3.

141 Vgl Auslegung durch *BFH* BStBl II 2002, 271.

142 Vgl auch *BFH/NV* 2008, 530.

143 *BFH* BStBl II 1986, 4; *Niedersächsisches FG* v 14.5.1991, VI 676/89.

144 *BFH* BStBl II 1994, 318; *Lehner* Festgabe Wassermeyer, Doppelbesteuerung, Kapitel 3 Rn 8: **aA** Art 3 Nr 13.1, Art 3 Rn 78.

145 *BMF* BStBl I 2014, 1258; zur Kritik zum Entwurf des vorhergehenden Schreibens *BMF* v 16.4.2010, IV B 2-S 1300/09/10003, *Wassermeyer* IStR 2007, 413.

3. Rechtsstand des Rechts der Verweisung. Für die Frage, welche Fassung des nationalen Rechts der Auslegung zugrunde zu legen ist, ist nach dem Wortlaut von Art 3 Abs 2 sowie Art 3 Nr 11 MK auf den Zeitpunkt der Rechtsanwendung und nicht auf den Zeitpunkt des Vertragsabschlusses abzustellen. Es handelt sich somit um eine dynamische Verweisung, da sich das der Auslegung zugrunde gelegte Recht fortentwickeln bzw ändern kann. Der dynamischen Verweisung und der damit einhergehenden Änderungsmöglichkeit der Abk können durch das Abk selbst Grenzen gesetzt sein. Eine solche Grenze kann bspw in einer im Abk enthaltenen Teildefinition liegen, sofern diese im Widerspruch zur Auslegung anhand des innerstaatlichen Rechts des Anwenderstaates steht. Darüber hinaus kann das Abk weitere Begrenzungen für einen Verweis auf das Recht eines Vertragsstaates enthalten. So enthält bspw Art 6 Abs 2 eine Einschränkung des Verweises auf das Recht des Belegenheitsstaates, als es ausdrücklich Schiffe und Luftfahrzeuge v der Definition des unbeweglichen Vermögens ausnimmt und damit eine Einbeziehung aufgrund des Rechtes des Belegenheitsstaates ausschließt.[146] Die Zulässigkeit einer solchen dynamischen Verweisung ist zumindest nach dt Verfassungsrecht zw. Dementspr ist im Einzelfall zu prüfen, ob der Begriffsinhalt noch durch das nach innerstaatlichem Verfassungsrecht verabschiedete Anwendungsgesetz gedeckt ist. 76

4. Recht des Anwenderstaates. Das Steuerrecht des Anwenderstaates ist allein deswegen v besonderer Bedeutung, als dessen Recht durch die Anwendung des Abk uU modifiziert wird. Darüber hinaus sind für das Steuerschuldverhältnis bedeutsame Bereiche teilw gar nicht durch Regelungen des Abk betroffen (bspw Regelungen zur Einkünfteermittlung und Einkünftezurechnung[147]), dh insoweit ist ganz selbstverständlich das innerstaatliche Recht des Anwenderstaates allein maßgeblich, ohne dass es einer entspr Verweisung bedarf. Neben dieser impliziten Anwendung des Rechts des Anwenderstaats[148] wird in Art 3 Abs 2 auch ausdrücklich iRd Auslegung auf das Recht des Anwenderstaates verwiesen. 77

Zwar wird auf das Recht über die Steuern verwiesen, jedoch schließt dies nicht grds den Rückgriff auf das Zivilrecht oder das öffentliche Recht aus, da diese im Einzelfall die Grundlage für die steuerliche Behandlung darstellen können.[149] Jedoch soll die steuerrechtliche Definition grds Vorrang vor einer Definition zB im Zivilrecht haben, auch wenn diese Definition Steuern betrifft, die nicht in den Anwendungsbereich des Abk fallen.[150] Ein Rückgriff hat damit eine enge begrenzte Ausnahme zu bleiben (s auch Rn 74). 78

5. Recht des Belegenheits-/Quellenstaates. Das Recht des Belegenheitsstaates bzw Quellenstaates kann iRd Auslegung eine Rolle spielen. Es ist jedoch insoweit subsidiär (s Art 3 Rn 71 zur Rangfolge). IÜ ist die Auslegung bzw das Begriffsverständnis des Quellenstaates für den Anwenderstaat nur dann bindend, wenn das Abk eine solche Bindung durch entspr Verweise ausdrücklich anordnet (bspw Art 6 Abs 2, Art 10 Abs 3. Art 23A ist hingegen nicht als ein solcher Verweis auf die Abkommensanwendung durch den Quellenstaat zu verstehen, dh der Ansässigkeitsstaat ist an die Auslegung und die Begriffsbestimmung durch den Quellenstaat nicht gebunden. 79

146 *Schaumburg* Rn 16.62.
147 *BFH* IStR 2010, 661; *BFH/NV* 2015, 1674.
148 *Debatin/Wassermeyer* Art 3 MA Rn 80.
149 Art 3 Nr 13.1 MK; **aA** *BFH* BStBl II 1994, 318.
150 Art 3 Nr 13.1 MK.

80 Teilw wird versucht, Doppelbesteuerungskonflikte bereits im Ansatz zu vermeiden, indem von einer Bindung des Ansässigkeitsstaates an die zutr Auslegung des Quellenstaates ausgegangen wird.[151] Der Ansässigkeitsstaat habe lediglich die Auslegung des Quellenstaates zu überprüfen. So wird mit dem Sinn und Zweck der Abk, lediglich unbeschränkt StPfl eine Abkommensberechtigung zu gewähren, für eine sog Qualifikationsverkettung argumentiert.[152] Insoweit ist jedoch zu beachten, dass das Erg der Qualifikationsverkettung je nach Quellenstaat unterschiedlich ausfallen kann. Es wird demnach lediglich ein Qualifikationskonflikt vermieden, der andernfalls regelmäßig in einem Verständigungsverfahren zu lösen wäre. Auf diese Art wird das Abk jedoch nicht zu einem in sich geschlossenen Rechtskreis, der eine gleichmäßige Anwendung durch die Vertragsstaaten gewährleistet. IÜ lässt sich eine solche Bindung weder aus dem Wortlaut des Abk noch sonst begründen.

81 Andernfalls hätte es der Quellenstaat jeweils in der Hand, sein Besteuerungsrecht zu Lasten des Ansässigkeitsstaates einseitig auszudehnen. Sich aus der jeweiligen autonomen Begriffsbestimmung ergebende Besteuerungskonflikte sind iRv Verständigungsverfahren zu lösen.[153]

82 **6. Beschränkungen („soweit der Zusammenhang nichts anderes erfordert").** Eine Begrenzung für die Auslegung ergibt sich insoweit, als eine aufgrund des Zusammenhangs erforderliche andere Auslegung den Vorrang genießt. Nach Art 3 Nr 12 MK sind sowohl die Vorstellungen bzw Absichten der Vertragspartner bei der Unterzeichnung des Abk als auch der Inhalt der Begr im anderen Vertragsstaat (Ausdruck der sog Entscheidungsharmonie) v Bedeutung.

D. Deutsche DBA

I. Allgemeines

83 Bemerkungen und Vorbehalte zu Art 3 hat die Bundesrepublik Deutschland nicht in den MK aufnehmen lassen.

II. Wichtigste Abweichungen

84 Die im Folgenden näher beschriebenen Abweichungen beziehen sich auf Abk Deutschlands mit Staaten der EU/EWR sowie China, Japan, Schweiz und den USA.

85 **1. Absatz 1 lit a. – a) Inhaltliche Abweichungen.** Nach dem **DBA Belgien** sind unter dem Begr der Person nur natürliche und juristische Personen zu verstehen.

86 Nach dem **DBA Dänemark** sind unter dem Begr der Person nur natürliche und juristische Personen zu verstehen, dh nicht auch alle anderen Personenvereinigungen.

87 Nach dem **DBA Finnland** umfasst der Begr der Person ausdrücklich auch PersGes.

88 Nach dem **DBA Frankreich** gelten als Person bzw juristische Person auch Personenvereinigungen und Vermögensmassen, die als solche der Besteuerung wie juristische Personen unterliegen. Aufgrund einer Verständigungsvereinbarung zwischen Deutsch-

151 *Mössner* S 250 f, B 402.
152 *Djanani/Brähler/Hartmann* IStR 2004, 481.
153 *BFH* BStBl II 2007, 756.

land und Frankreich, besteht zwischen den Vertragsstaaten Übereinstimmung, dass auch die Vertragsstaaten selbst, die Länder und deren Gebietskörperschaften abkommensberechtigt sind.[154]

Nach dem **DBA Griechenland** gelten als Person nur natürliche und juristische Personen, dh nicht auch alle anderen Personenvereinigungen. **89**

Nach dem **DBA Island** gelten als Person auch alle anderen Rechtsträger, die als solche besteuert werden. Der Begr umfasst ausdrücklich auch PersGes. **90**

Nach dem Prot zum **DBA Italien** gelten PersGes in dem Staat als ansässig nach dessen Recht sie gegründet wurden oder in dem sich der Hauptgegenstand ihrer Tätigkeit befindet. Somit können PersGes im anderen Staat als dem Quellenstaat Abkommensvorteile in Anspruch nehmen, auch wenn die Einkünfte nach dem nationalen Recht den Gesellschaftern zugerechnet werden.[155] **91**

Das **DBA Liechtenstein** bezieht auch ruhende Nachlässe liechtensteinischen Rechts in den Begriff der Person ein. **92**

Nach dem **DBA Malta** gelten als Person nur natürliche und juristische Personen, dh nicht auch alle anderen Personenvereinigungen. **93**

Abschn I Abs 2 des Protokolls vom 12.4.2012 zum **DBA Niederlande** enthält eine Sonderregelung zu Personen, die nach dem Recht eines der Vertragsstaaten als transparent zu behandeln sind. **94**

Nach dem **DBA Portugal** gelten als Person nur natürliche und juristische Personen, dh nicht auch alle anderen Personenvereinigungen. **95**

Nach dem **DBA Schweden** gelten als Person nur natürliche und juristische Personen, dh nicht auch alle anderen Personenvereinigungen. **96**

Nach dem **DBA Schweiz** gelten als Person nur natürliche und juristische Personen, dh nicht auch alle anderen Personenvereinigungen. **97**

Nach dem **DBA USA** gelten als Person ua natürliche und juristische Personen, dh es findet keine Einschränkung auf natürliche und juristische Personen statt. Diese werden nur explizit genannt. **98**

b) Abweichende Fundstelle. In den **DBA Belgien** (Art 3 Abs 1 Nr 3), **DBA Bulgarien** (Art 3 Abs 1 lit d), **DBA China** (Art 3 Abs 1 lit b), **DBA Dänemark** (Art 3 Abs 1 lit d), **DBA Estland** (Art 3 Abs 1 lit d), **DBA Finnland** (Art 3 Abs 1 lit b), **DBA Frankreich** (Art 2 Abs 1 Nr 3), **DBA Griechenland** (Art 2 Abs 1 Nr 2), **DBA Großbritannien** (Art 3 Abs 1 lit d), **DBA Irland** (Art 3 Abs 1 lit d), **DBA Island** (Art 3 Abs 1 lit d), **DBA Italien** (Art 3 Abs 1 lit d), **DBA Japan** (Art 3 Abs 1 lit e)[156], **DBA Lettland** (Art 3 Abs 1 lit d), **DBA Liechtenstein** (Art 3 Abs 1 lit d), **DBA Litauen** (Art 3 Abs 1 lit d), **DBA Luxemburg** (Art 3 Abs 1 lit d), **DBA Malta** (Art 3 Abs 1 lit d), **DBA Niederlande** (Art 3 Abs 1 lit d), **DBA Norwegen** (Art 3 Abs 1 lit d), **DBA Österreich** (Art 3 Abs 1 lit d), **DBA Polen** (Art 3 Abs 1 lit b), **DBA Portugal** (Art 3 **99**

154 *BMF* v 15.1.2009, IV B 3-S 1301-FRA/08/10001.
155 *Debatin/Wassermeyer* DBA Italien Art 4 Rn 15.
156 Art 3 Abs 1 lit d in dem am 17.12.2015 unterzeichneten, jedoch noch nicht in Kraft getretenen Abk.

Abs 1 lit d), **DBA Rumänien** (Art 3 Abs 1 lit d), **DBA Schweden** (Art 3 Abs 1 lit d), **DBA Schweiz** (Art 3 Abs 1 lit d), **DBA Slowenien** (Art 3 Abs 1 lit b), **DBA Spanien** (Art 3 Abs 1 lit b), **DBA Tschechien** (Art 3 Abs 1 lit b), **DBA Ungarn** (Art 3 Abs 1 lit d), **DBA USA** (Art 3 Abs 1 lit d) und **DBA Zypern** (Art 3 Abs 1 lit d) findet sich die Regelung nicht in Art 3 Abs 1 lit a, sondern in der jeweils in Klammern genannten Vorschrift.

100 **2. Absatz 1 lit b. – a) Inhaltliche Abweichungen.** Nach dem **DBA Belgien** umfasst der Begr der Ges ausdrücklich die dt OHG, KG und Partenreedereien.

101 Im **DBA Finnland** werden PersGes als Personen, wenn auch nicht als Ges iSd Abk definiert.

102 Das **DBA Frankreich** definiert den Begr der Ges nicht.

103 Nach dem **DBA Griechenland** ist eine Ges eine juristische Person oder ein anderer Rechtsträger, der nach dt Recht steuerlich als juristische Person behandelt wird. Daneben sind nach dem Recht Griechenlands errichtete Rechtsträger, dh ausschließlich juristische Personen Gesellschaften iSd Abk.

104 Das **DBA Island** bezieht ausdrücklich PersGes in den Begr der Person iSd Abk mit ein.

105 Das **DBA Liechtenstein** bezieht auch besondere Vermögensumwidmungen und Vermögensmassen, die für die Besteuerung wie juristische Personen behandelt werden, in den Begriff der Ges mit ein.

106 **b) Abweichende Fundstelle.** In den **DBA Belgien** (Art 3 Abs 1 Nr 4), **DBA Bulgarien** (Art 3 Abs 1 lit e), **DBA China** (Art 3 Abs 1 li b), **DBA Dänemark** (Art 3 Abs 1 lit c), **DBA Estland** (Art 3 Abs 1 lit e), **DBA Finnland** (Art 3 Abs 1 lit c), **DBA Griechenland** (Art II Abs 1 Nr 3), **DBA Großbritannien** (Art 3 Abs 1 lit e), **DBA Irland** (Art 3 Abs 1 lit e), **DBA Island** (Art 3 Abs 1 lit e), **DBA Italien** (Art 3 Abs 1 lit e), **DBA Japan** (Art 3 Abs 1 lit f)[157], **DBA Lettland** (Art 3 Abs 1 lit e), **DBA Liechtenstein** (Art. 3 Abs 1 lit e) **DBA Litauen** (Art 3 Abs 1 lit e), **DBA Luxemburg** (Art 3 Abs 1 lit e); **DBA Malta** (Art 3 Abs 1 lit e), **DBA Niederlande** (DBA Art 3 Abs 1 lit e), **DBA Norwegen** (Art 3 Abs 1 lit e), **DBA Österreich** (Art 3 Abs 1 lit e), **DBA Polen** (Art 3 Abs 1 lit c), **DBA Portugal** (Art 3 Abs 1 lit e), **DBA Rumänien** (Art 3 Abs 1 lit e), **DBA Schweden** (Art 3 Abs 1 lit e), **DBA Schweiz** (Art 3 Abs 1 lit e), **DBA Slowenien** (Art 3 Abs 1 lit c), **DBA Spanien** (Art 3 Abs 1 lit c), **DBA Tschechien** (Art 3 Abs 1 lit c), **DBA Ungarn** (Art 3 Abs 1 lit e), **DBA USA** (Art 3 Abs 1 lit e) und **DBA Zypern** (Art 3 Abs 1 lit e) findet sich die Regelungen nicht in Art 3 Abs 1 lit b, sondern in der jeweils in Klammern genannten Vorschrift.

107 **3. Absatz 1 lit c. – a) Inhaltliche Abweichungen.** In der Mehrzahl der dt Abk mit den Staaten der EU/EWR sowie China, Japan, Schweiz und den USA ist bisher keine entspr Regelung enthalten. Ausnahmen dazu bilden das neue **DBA Bulgarien**, **DBA Großbritannien**, **DBA Irland**, **DBA Japan**[158], **DBA Liechtenstein**, **DBA Luxemburg**, **DBA Niederlande**, **DBA Spanien**, **DBA Ungarn**, **DBA Zypern.**

157 Art 3 Abs 1 lit e in dem am 17.12.2015 unterzeichneten, jedoch noch nicht in Kraft getretenen Abk.

158 Art 3 Abs 1 lit f in dem am 17.12.2015 unterzeichneten, jedoch noch nicht in Kraft getretenen Abk.

b) Abweichende Fundstelle. In den **DBA Bulgarien** (Art 3 Abs 1 lit f), **DBA Großbritannien** (Art 3 Abs 1 lit f), **DBA Irland** (Art 3 Abs 1 lit f), **DBA Japan** (Art 3 Abs 1 lit f)[159], **DBA Liechtenstein** (Art 3 Abs 1 lit f), **DBA Luxemburg** (Art 3 Abs 1 lit f), **DBA Niederlande** (Art 3 Abs 1 lit f), **DBA Spanien** (Art 3 Abs 1 lit d), **DBA Ungarn** (Art 3 Abs 1 lit f) und **DBA Zypern** (Art 3 Abs 1 lit f) findet sich die Regelung nicht in Art 3 Abs 1 lit c, sondern in der jeweils in Klammern genannten Vorschrift. **108**

4. Absatz 1 lit d. In den **DBA Belgien** (Art 3 Abs 1 Nr 5), **DBA Bulgarien** (Art 3 Abs 1 lit h), **DBA Dänemark** (Art 3 Abs 1 lit g), **DBA Estland** (Art 3 Abs 1 lit f), **DBA Frankreich** (Art 2 Abs 1 Nr 6), **DBA Griechenland** (Art 2 Abs 1 Nr 5), **DBA Großbritannien** (Art 3 Abs 1 lit h), **DBA Indien** (Art 3 Abs 1 lit g), **DBA Irland** (Art 3 Abs 1 lit h), **DBA Island** (Art 3 Abs 1 lit f), **DBA Italien** (Art 3 Abs 1 lit f), **DBA Japan** (Art 3 Abs 1 lit g)[160], **DBA Lettland** (Art 3 Abs 1 lit f), **DBA Liechtenstein** (Art 3 Abs 1 lit h), **DBA Litauen** (Art 3 Abs 1 lit f), **DBA Luxemburg** (Art 3 Abs 1 lit h), **DBA Malta** (Art 3 Abs 1 lit f), **DBA Niederlande** (Art 3 Abs 1 lit h), **DBA Norwegen** (Art 3 Abs 1 lit f), **DBA Österreich** (Art 3 Abs 1 lit f), **DBA Portugal** (Art 3 Abs 1 lit f), **DBA Rumänien** (Art 3 Abs 1 lit f), **DBA Schweden** (Art 3 Abs 1 lit g), **DBA Schweiz** (Art 3 Abs 1 lit f), **DBA Spanien** (Art 3 Abs 1 lit e), **DBA Ungarn** (Art 3 Abs 1 lit h), **DBA USA** (Art 3 Abs 1 lit f) und **DBA Zypern** (Art 3 Abs 1 lit h) findet sich die Regelung nicht in Art 3 Abs 1 lit d, sondern in der jeweils in Klammern genannten Vorschrift. **109**

5. Absatz 1 lit e. – a) Inhaltliche Abweichungen. Das **DBA Belgien** definiert den Begr des int Verkehrs nicht. **110**

Das **DBA Bulgarien** stellt abweichend v MA nicht auf den Ort der tatsächlichen Geschäftsleitung ab, sondern bezieht sich mittelbar auf die Ansässigkeit der das Unternehmen betreibenden Person. **111**

Das **DBA China** knüpft nicht an die tatsächliche sondern die allg Geschäftsleitung in einem Vertragsstaat an. Eine Abweichung vom MA ist damit wohl nicht verbunden.[161] **112**

Das **DBA Estland** stellt nicht auf den Ort der tatsächlichen Geschäftsleitung, sondern den Ort der Ansässigkeit des Unternehmens ab. Dies steht im Zusammenhang mit der v MA abw Formulierung des Art 8 DBA Estland. **113**

Das **DBA Island** definiert den Begr des int Verkehrs nicht. **114**

Das **DBA Japan** definiert den Begr des int Verkehrs nicht. Das neue unterzeichnete, jedoch noch nicht in Kraft getretene DBA Japan enthält eine Definition. Diese stellt hingegen nicht auf den Ort der tatsächlichen Geschäftsleitung, sondern den Ort der Ansässigkeit des Unternehmens ab.[162] **115**

Das **DBA Lettland** stellt nicht auf den Ort der tatsächlichen Geschäftsleitung, sondern den Ort der Ansässigkeit des Unternehmens ab. Dies steht im Zusammenhang mit der vom MA abw Formulierung des Art 8 DBA Lettland. **116**

---

159 Das am 17.12.2015 unterzeichnete Abk ist noch nicht in Kraft getreten.

160 Art 3 Abs 1 lit h in dem am 17.12.2015 unterzeichneten, jedoch noch nicht in Kraft getretenen Abk.

161 *Debatin/Wassermeyer* Art 4 DBA China Rn 25.

162 Art 3 Abs 1 lit i in dem am 17.12.2015 unterzeichneten, jedoch noch nicht in Kraft getretenen Abk.

117 Das **DBA Litauen** stellt nicht auf den Ort der tatsächlichen Geschäftsleitung, sondern den Ort der Ansässigkeit des Unternehmens ab. Dies steht im Zusammenhang mit der vom MA abw Formulierung des Art 8 DBA Litauen.

118 Das **DBA Polen** schließt die Beförderung mit Schiffen im Binnenverkehr in den Begr des int Verkehrs mit ein.

119 Das **DBA Schweden** stellt nicht auf den Ort der tatsächlichen Geschäftsleitung, sondern den Ort der Ansässigkeit des Unternehmens ab. Dies steht im Zusammenhang mit der vom MA abw Formulierung des Art 8 DBA Schweden.

120 Das **DBA Schweiz** definiert den Begr des int Verkehrs nicht.

121 Das **DBA Tschechien** definiert den Begr des int Verkehrs nicht.

122 Das **DBA Ungarn** bezieht über den Wortlaut des MA hinaus auch Binnenschiffe in den Anwendungsbereich des int Verkehrs mit ein.

123 Das **DBA USA** nimmt iRd Definition des int Verkehrs keinen Bezug auf den Ort der Geschäftsleitung. Dies steht im Zusammenhang mit der vom MA abw Formulierung des Art 8 DBA USA.

124 Das **DBA Zypern** entspricht dem MA. Das Protokoll zum **DBA Zypern** enthält eine Definition des Ortes der tatsächlichen Geschäftsleitung. Dies ist der Ort, an dem die grundlegenden unternehmerischen und kaufmännischen Entscheidungen, die für die Führung der Geschäfte des Rechtsträgers notwendig sind, im Wesentlichen getroffen werden. Dies ist gewöhnlich der Ort, an dem die ranghöchste Person oder Personengruppe ihre Entscheidungen trifft und an dem die von dem Rechtsträger als Ganzem zu treffenden Maßnahmen beschlossen werden.

125 **b) Abweichende Fundstelle.** In den **DBA Bulgarien** (Art 3 Abs 1 lit i), **DBA China** (Art 3 Abs 1 lit f), **DBA Dänemark** (Art 3 Abs 1 lit h), **DBA Estland** (Art 3 Abs 1 lit h), **DBA Finnland** (Art 3 Abs 1 lit e), **DBA Frankreich** (Art 2 Abs 1 Nr 6), **DBA Griechenland** (Art 2 Abs 1 Nr 5), **DBA Großbritannien** (Art 3 Abs 1 lit i), **DBA Italien** (Art 3 Abs 1 lit g), **DBA Irland** (Art 3 Abs 1 lit i), **DBA Japan** (Art 3 Abs 1 lit i)[163], **DBA Lettland** (Art 3 Abs 1 lit h), **DBA Liechtenstein** (Art 3 Abs 1 lit i), **DBA Litauen** (Art 3 Abs 1 lit h), neues **DBA Luxemburg** (Art 3 Abs 1 lit i), **DBA Malta** (Art 3 Abs 1 lit g), **DBA Niederlande** (Art 3 Abs 1 lit i), **DBA Norwegen** (Art 3 Abs 1 lit g), **DBA Österreich** (Art 3 Abs 1 lit g), **DBA Portugal** (Art 3 Abs 1 lit g), **DBA Rumänien** (Art 3 Abs 1 lit g), **DBA Slowenien** (Art 3 Abs 1 lit e), **DBA Spanien** (Art 3 Abs 1 lit f), **DBA Schweden** (Art 3 Abs 1 lit g), **DBA Ungarn** (Art 3 Abs 1 lit i) **DBA USA** (Art 3 Abs 1 lit g) und **DBA Zypern** (Art 3 Abs 1 lit i) findet sich die Regelung nicht in Art 3 Abs 1 lit e, sondern in der jeweils in Klammern genannten Vorschrift.

126 **6. Absatz 1 lit f.** Die Abk erklären für Deutschland regelmäßig den Bundesminister der Finanzen (oder das Bundesministerium der Finanzen) bzw die Behörden, auf die entspr Aufgaben delegiert wurden oder bevollmächtige Vertreter, für die zuständige Behörde.

127 **a) Inhaltliche Abweichungen.** Das **DBA Schweiz** erklärt für Deutschland den Bundesminister für Wirtschaft und Finanzen für die zuständige Behörde. Aufgrund der

163 Das am 17.12.2015 unterzeichnete Abk ist noch nicht in Kraft getretenen.

Änderung der Zuschnitte der Bundesministerien, ist nunmehr das Bundesministerium für Finanzen als zuständige Behörde anzusehen.[164]

b) Abweichende Fundstelle. In den **DBA Belgien** (Art 3 Abs 1 Nr 6), **DBA Bulgarien** (Art 3 Abs 1 lit k), **DBA China** (Art 3 Abs 1 lit g), **DBA Dänemark** (Art 3 Abs 1 lit k), **DBA Estland** (Art 3 Abs 1 lit i), **DBA Frankreich** (Art 2 Abs 1 Nr 8), **DBA Griechenland** (Art 2 Abs 1 Nr 10), **DBA Großbritannien** (Art 3 Abs 1 lit k), **DBA Irland**, (Art 3 Abs 1 lit k) **DBA Island** (Art 3 Abs 1 lit j), **DBA Italien** (Art 3 Abs 1 lit i), **DBA Japan** (Art 3 Abs 1 lit i)[165], **DBA Lettland** (Art 3 Abs 1 lit i), **DBA Liechtenstein** (Art 3 Abs 1 lit k), **DBA Litauen** (Art 3 Abs 1 lit i), **DBA Luxemburg** (Art 3 Abs 1 lit k), **DBA Malta** (Art 3 Abs 1 lit i), **DBA Niederlande** (Art 3 Abs 1 lit l), **DBA Norwegen** (Art 3 Abs 1 lit i), **DBA Österreich** (Art 3 Abs 1 lit i), **DBA Portugal** (Art 3 Abs 1 lit i), **DBA Rumänien** (Art 3 Abs 1 lit i), **DBA Schweden** (Art 3 Abs 1 lit k), **DBA Schweiz** (Art 3 Abs 1 lit i), **DBA Slowenien** (Art 3 Abs 1 lit g), **DBA Slowakei** (Art 3 Abs 1 lit e), **DBA Spanien** (Art 3 Abs 1 lit g), **DBA Tschechien** (Art 3 Abs 1 lit e), **DBA Ungarn** (Art 3 Abs 1 lit k), **DBA USA** (Art 3 Abs 1 lit i) und **DBA Zypern** (Art 3 Abs 1 lit k) findet sich die Regelung nicht in Art 3 Abs 1 lit f, sondern in der jeweils in Klammern genannten Vorschrift. **128**

7. Absatz 1 lit g. Zur Definition natürlicher Personen mit dt Staatsangehörigkeit verweisen die Abk auf die Begriffsdefinition in Art 116 Abs 1 GG. **129**

a) Inhaltliche Abweichungen. Das **DBA Belgien** bezieht andere Personenvereinigungen und nicht sämtliche PersGes in den Begr der Staatsangehörigen mit ein. Der Begriff des Staatsangehörigen wird hingegen nicht explizit definiert. **130**

Das **DBA China** verweist für die Begriffsdefinition der Staatsangehörigkeit natürlicher Personen nicht auf Art 116 Abs 1 GG, jedoch ergibt sich daraus keine Abweichung. Folglich ist auch insoweit auf Art 116 Abs 1 GG abzustellen.[166] **131**

Das **DBA Finnland** definiert den Begr der Staatsangehörigen lediglich für nicht natürliche Personen. **132**

Das **DBA Großbritannien** bezieht in den Begriff der Staatsangehörigen auch solche britischen Untertanen ein, die ein Aufenthaltsrecht in Großbritannien und keine andere Staatsangehörigkeit besitzen. **133**

Das **DBA Polen** definiert den Begr der Staatsangehörigen nicht. **134**

Das **DBA Slowakei** definiert den Begr der Staatsangehörigen nicht. **135**

Das **DBA Tschechien** definiert den Begr der Staatsangehörigen nicht. **136**

b) Abweichende Fundstelle. In den **DBA Belgien** (Art 24 Abs 2), **DBA Bulgarien** (Art 3 Abs 1 lit j), **DBA China** (Art 3 Abs 1 lit e), **DBA Dänemark** (Art 3 Abs 1 lit j), **DBA Estland** (Art 3 Abs 1 lit g), **DBA Finnland** (Art 24 Abs 2), **DBA Frankreich** (Art 21 Abs 2), **DBA Griechenland** (Art 21 Abs 2), **DBA Großbritannien** (Art 3 Abs 1 lit j), **DBA Irland** (Art 3 Abs 1 lit j), **DBA Island** (Art 3 Abs 1 lit i), **137**

164 *Debatin/Wassermeyer* Art 3 DBA Schweiz Rn 59.

165 Art 3 Abs 1 lit k in dem am 17.12.2015 unterzeichneten, jedoch noch nicht in Kraft getretenen Abk.

166 *Vogel/Lehner* Art 3 MA Rn 72.

DBA Italien (Art 3 Abs 1 lit h), **DBA Japan** (Art 3 Abs 1 lit h)[167], **DBA Malta** (Art 3 Abs 1 lit h), **DBA Liechtenstein** (Art 3 Abs 1 lit j), **DBA Luxemburg** (Art 3 Abs 1 lit j), **DBA Niederlande** (Art 3 Abs 1 lit k), **DBA Norwegen** (Art 3 Abs 1 lit h), **DBA Österreich** (Art 3 Abs 1 lit h), **DBA Portugal** (Art 3 Abs 1 lit h), **DBA Rumänien** (Art 3 Abs 1 lit h), **DBA Schweden** (Art 3 Abs 1 lit j), **DBA Schweiz** (Art 3 Abs 1 lit h), **DBA Slowenien** (Art 3 Abs 1 lit f), **DBA Spanien** (Art 3 Abs 1 lit h), **DBA Ungarn** (Art 3 Abs 1 lit j), **DBA USA** (Art 3 Abs 1 lit h) und **DBA Zypern** (Art 3 Abs 1 lit j) findet sich die Regelung nicht in Art 3 Abs 1 lit g, sondern in der jeweils in Klammern genannten Vorschrift.

138 **8. Absatz 1 lit h. – a) Inhaltliche Abweichungen.** Die Definition des Begr „Geschäftstätigkeit" befindet sich mit Ausnahme von den neuen **DBA Bulgarien**, **DBA Großbritannien**, **DBA Irland, DBA Japan**[168], **DBA Liechtenstein**, **DBA Luxemburg**, **DBA Niederlande**, **DBA Spanien**, **DBA Ungarn** und **DBA Zypern** in keinem der dt Abk mit Staaten der EU/EWR sowie China, Japan, Schweiz und den USA. Diese Begriffsdefinition wurde im Zusammenhang mit der Streichung v Art 14, den Einkünften aus freiberuflicher und sonstiger selbstständiger Arbeit eingeführt.[169] Entspr Einkünfte sollen nunmehr von Art 7 erfasst werden.[170]

139 **b) Abweichende Fundstelle.** Im **DBA Bulgarien** (Art 3 Abs 1 lit g), **DBA Großbritannien** (Art 3 Abs 1 lit g), **DBA Irland**[171] (Art 3 Abs 1 lit g), **DBA Japan** (Art 3 Abs 1 lit g)[172], **DBA Liechtenstein** (Art 3 Abs 1 lit g), **DBA Luxemburg** (Art 3 Abs 1 lit g), **DBA Niederlande** (Art 3 Abs 1 lit g), **DBA Spanien** (Art 3 Abs 1 lit i), **DBA Ungarn** (Art 3 Abs 1 lit g) und **DBA Zypern** (Art 3 Abs 1 lit g) findet sich die Regelung nicht in Art 3 Abs 1 lit h, sondern in der jeweils in Klammern genannten Vorschrift.

140 **9. Absatz 2.** Hinsichtlich **Art 3 Abs 2** ist der wesentliche Teil der von der Bundesrepublik Deutschland geschlossenen Abk mit dem MA identisch, jedoch mit der Ausnahme, dass nicht wie durch das MA 2005 eingeführt subsidiär auf das Recht des anderen Staates verwiesen wird und der Verweis auch nicht ausdrücklich auf das nationale Recht der Staaten im Anwendungszeitraum abstellt.

141 **a) Inhaltliche Abweichungen.** Das **DBA Finnland** verweist lediglich auf das Recht und nicht das Recht des Anwenderstaates über Steuern, für die das Abk gilt. Daraus sollten sich jedoch regelmäßig keine Besonderheiten ergeben.[173]

142 Das **DBA Norwegen** gestattet den zuständigen Behörden sich auf eine gemeinsame Auslegung von nicht im Abk definierten Begr zu verständigen.

---

167 Art 3 Abs 1 lit j in dem am 17.12.2015 unterzeichneten, jedoch noch nicht in Kraft getretenen Abk.

168 Art 3 Abs 1 lit g in dem am 17.12.2015 unterzeichneten, jedoch noch nicht in Kraft getretenen Abk.

169 Art 3 Nr 10.2 MK.

170 *Vogel/Lehner* Art 3 MA Rn 79; dies gilt zB für das neue DBA Spanien, welches bisher noch nicht in Kraft getreten ist.

171 Das am 30.3.2011 unterzeichnete neue Abk ist mangels Ratifikation bisher nicht in Kraft getreten.

172 Das am 17.12.2015 unterzeichnete Abk ist noch nicht in Kraft getreten.

173 *Debatin/Wassermeyer* Art 3 DBA Finnland Rn 17.

Das **DBA Schweden** kehrt die Verweisung auf das Steuerrecht des Anwenderstaats im Vergleich zum MA um. Dieses ist nur dann iRd Auslegung heranzuziehen, wenn der Zusammenhang dies erfordert und die zuständigen Behörden sich nicht auf eine andere Auslegung geeinigt haben. Andernfalls ist die autonome Auslegung aus dem Abk heraus vorrangig. **143**

Das **DBA USA** gestattet den zuständigen Behörden sich auf eine gemeinsame Auslegung v nicht im Abk definierten Begr zu verständigen. Darin wird teilw die Gefahr gesehen, dass die zuständigen Behörden den Abkommensinhalt in Konfliktsituationen eigenständig modifizieren können und somit eine Funktion eines stellvertretenden gemeinsamen Gesetzgebers erlangten.[174] Dieses Risiko sollte insoweit gering sein, als die Vertragsstaaten in derartigen Konfliktsituationen regelmäßig entgegengesetzte und gerade keine gemeinsamen Interessen verfolgen. Andererseits wird sich die Interessenlage der Vertragsstaaten idR v der der StPfl unterscheiden, so dass es insoweit zu einer Verschlechterung der Position der StPfl kommen kann. **144**

b) Abweichende Fundstelle. In den **DBA Frankreich** (Art 2 Abs 2) und **DBA Griechenland** (Art 2 Abs 2) findet sich die Regelung nicht in Art 3 Abs 2, sondern der jeweils in Klammern genannten Vorschrift. **145**

---

174 *Endres/Jacob/Gohr/Klein* Art 3 DBA USA Rn 16ff.

Art. 4 Ansässige Person

(1) Im Sinne dieses Abkommens bedeutet der Ausdruck „eine in einem Vertragsstaat ansässige Person“ eine Person, die nach dem Recht dieses Staates dort auf Grund ihres Wohnsitzes, ihres ständigen Aufenthalts, des Ortes ihrer Geschäftsleitung oder eines anderen ähnlichen Merkmals steuerpflichtig ist, und umfasst auch diesen Staat und seine Gebietskörperschaften[1]. Der Ausdruck umfasst jedoch nicht eine Person, die in diesem Staat nur mit Einkünften aus Quellen in diesem Staat oder mit in diesem Staat gelegenem Vermögen steuerpflichtig ist.

(2) Ist nach Absatz 1 eine natürliche Person in beiden Vertragsstaaten ansässig, so gilt Folgendes:

a) Die Person gilt als nur in dem Staat ansässig, in dem sie über eine ständige Wohnstätte verfügt; verfügt sie in beiden Staaten über eine ständige Wohnstätte, so gilt sie als nur in dem Staat ansässig, zu dem sie die engeren persönlichen und wirtschaftlichen Beziehungen hat (Mittelpunkt der Lebensinteressen);

b) kann nicht bestimmt werden, in welchem Staat die Person den Mittelpunkt ihrer Lebensinteressen hat, oder verfügt sie in keinem der Staaten über eine ständige Wohnstätte, so gilt sie als nur in dem Staat ansässig, in dem sie ihren gewöhnlichen Aufenthalt hat;

c) hat die Person ihren gewöhnlichen Aufenthalt in beiden Staaten oder in keinem der Staaten, so gilt sie als nur in dem Staat ansässig, dessen Staatsangehöriger sie ist;

d) ist die Person Staatsangehöriger beider Staaten oder keines der Staaten, so regeln die zuständigen Behörden der Vertragsstaaten die Frage in gegenseitigem Einvernehmen.

---

1 Schweiz: S Fußnote 1 zu Art 2.

(3) Ist nach Absatz 1 eine andere als eine natürliche Person in beiden Vertragsstaaten ansässig, so gilt sie als nur in dem Staat ansässig, in dem sich der Ort ihrer tatsächlichen Geschäftsleitung befindet.

BMF v 16.4.2010, IV B 2 – S 1300/09/10003, BStBl I 2010, 354; *BMF* v 15.1.2009, IV B 3–5 1301-FRA 08/1001, BStBl I 2009, 37; *BMF* v 2.1.2008, IV A 4 – S 0062/07/00001, BStBl I 2008, 26; *BMF* v 1.6.2006, BGBl II 2006, 1186; *BMF* v 25.1.2000, IV B 3 – S 1301 SCHZ – 1/00, DB 2000, 354; *FM NRW* v 10.6.1988, S 2293 – 1/55 – V C 1; *BMF* v 26.9.2014, IV B 5 – S 1300/09/10003, BStBl I 2014, 1258.

Übersicht

Literatur: *Beiser* Doppelwohnsitz und Mittelpunkt der Lebensinteressen im zwischenstaatlichen Steuerrecht, ÖStZ 1989, 241; *Brähler/Mayer* Abkommensberechtigung von Personengesellschaften, IStR 2010, 678; *Brähler/Scholz/Sehrt* Das Ende der S-Corporation für deutsche Investoren, IWB 2011, 402; *Burgers* Some Thoughts on Further Refinement of the Concept of Place of Effective Management for Tax Treaty Purposes, International Tax Review 2007, 378; *Burgstaller/Haslinger* Place of Effective Management as a Tie-Breaker-Rule-Concept, Developments and Prospects, International Tax Review 2004, 376; *Confédération Fiscale Européenne* Statement on Place of Effective Management Concept, European Taxation 2003, 473; *Debatin* Der doppelte Wohnsitz im internationalen Steuerrecht, AWD 1966, 313; *Decker* Überdachende Besteuerung und „Abwandererregelung" im DBA-Schweiz, PIStB 2003, 273; *Dißars* Kriterien zur Bestimmung des Orts der Geschäftsleitung j eine Gesellschaft nach § 10 AO, DStZ 2010, 21; *Dommes/Herdin* The Consequences of the Tie-Breaker Rule for Dual Resident Companies, SWI 2004, 450; *Dräger* Die Personengesellschaft und ihre Abkommensberechtigung in den Doppelbesteuerungsabkommen, StBW 2014, 915; *Ebert* Der Ort der Geschäftsleitung in internationalen Holding-Konzernstrukturen, IStR 2005, 534; *Eilers/Wienands* Neue steuerliche und gesellschaftsrechtliche Aspekte der Doppelansässigkeit von Kapitalgesellschaften nach der EuGH-Entscheidung vom 9.3.1999, IStR 1999, 289; *Frick/Corino* Anmerkung zu BFH, Urt v 24.1.2001 – I R 100/99, IStR 2001, 351; *Haase/Steierberg* Entstrickung ohne Verlust des deutschen Besteuerungsrechts? – Und weitere Besonderheiten der überdachenden Besteuerung im DBA-Schweiz, IStR 2013, 537; *Heilmeier/Bogenschneider* Steuerliche ansässig oder nicht ansässig? – Das ist hier die Frage! IStR 2016, 45; *Herne/Berling/Jones* Domicile and Residence in the United Kingdom, European Taxation 1981, 172; *dies* Place of Effective Management as a Residence Tie-Breaker, Bulletin for International Taxation 2005, 20; *Jacob/Hagena* Die inländische gewerbliche Personengesellschaft: ansässige Person mit Abkommensschutz?, IStR 2013, 485; *Kaminski/Strunk* Ansässigkeit und Vermeidung der Doppelbesteuerung nach Abkommensrecht, IStR 2007, 189; *Kirchmayr* Collective Investment Vehicles, IStR 2011, 673; *Lang* Steuerlich transparente Rechtsträger und Abkommenberechtigung, IStR 2011, 1; *Lederer* Doppelter Wohnsitz natürlicher Personen im internationalen Steuerrecht, RIW 1981, 463; *Lehner* Die steuerliche Ansässigkeit von Kapitalgesellschaften, RIW 1988, 201; *Lüdicke* Das DBA-Gespenst bei der Organschaft, IStR 2011, 740 *ders* Beteiligung an ausländischen intransparent besteuerten Personengesellschaften, IStR 2011, 91; *Mensching* Die Limited Liability Company (LLC) im Minenfeld zwischen deutschem, innerstaatlichen Steuerrecht und Abkommensrecht, IStR 2008, 687; *ders* Selbstständigkeit juristischer Personen und Kapitalgesellschaften im internationalen Steuerrecht, RIW 1986, 208; *Milatz/Weist* Der „doppelte" Wohnsitz am Beispiel des DBA Deutschland-Schweiz, IWN 2011, 408; *Piltz* Unbeschränkte Steuerpflicht ausländischer Kapitalgesellschaften aufgrund inländischer Geschäftsleitung, FR 1985, 347; *Schmidt* Anwendung des Doppelbesteuerungsabkommen (DBA) auf Personengesellschaften, IStR 2010, 413; *Schönfeld* Der neue Artikel 1 DBA-USA – Hinzurechnungsbesteuerung und abkommensrechtliche Behandlung von Einkünften steuerlich transparenter Rechtsträger, IStR 2007, 274; *Seibold* Problematik der Doppelansässigkeit von Kapitalgesellschaften, IStR 2003, 45; *Staringer* Doppelt ansässige Kapitalgesellschaften und internationale Schachtelbefreiung, SWI 1998, 575; *Wassermeyer* Die abkommensrechtliche Behandlung von Einkünften einer in einem Vertragsstaat ansässigen Personengesellschaft, IStR 2011, 85.

A. Allgemeines

I. Bedeutung der Vorschrift

Art 4 regelt mit der abkommensrechtlichen Ansässigkeit einen zentralen Punkt der Abkommenssystematik. Gem Art 1 ist für die Abkommensberechtigung einer Person und damit für die **Anwendung des DBA** die Ansässigkeit des StPfl in einem der ver- 1 tragsschließenden Staaten Voraussetzung.[2] Ohne eine Ansässigkeit in einem Staat kann sich der StPfl nicht auf das DBA-Netzwerk dieses Staates berufen.[3] Ist er in dem betr Staat aber ansässig, so kommt ihm grds das gesamte DBA-Netzwerk dieses Staates zu Gute. Eine Einschränkung der Abkommensberechtigung kann sich dann nur noch aus einzelnen Regelungen des DBA ergeben, den sog *limitation on benefits clauses* (lob)[4] oder aus nationalen Vorschriften, die Regelungen des DBA außer Kraft setzen (sog *treaty-override*).

2 Auch innerhalb des DBA hat die Frage der Ansässigkeit eine große Bedeutung.[5] Das DBA geht bei den Verteilungsnormen der Art 6–22 davon aus, dass es einen Ansässigkeitsstaat und einen Quellenstaat gibt, aus dem die Einkünfte stammen. Zwischen diesen Staaten werden die Besteuerungsbefugnisse verteilt. Diese Festlegung in Ansässigkeits- und Quellenstaat erfolgt für das jeweilige Abk durch Art 4. Dabei legt Art 4 nur fest, **welcher der beiden** vertragsschließenden **Staaten der Ansässigkeitsstaat** ist. Der andere Staat ist dann idR der Quellenstaat. Etwas anderes gilt nur bei Einkünften, die nicht aus einem der vertragsschließenden Staaten stammen. Bei solchen Drittstaateneinkünften hat der Ansässigkeitsstaat das ausschließliche Besteuerungsrecht (Art 21). Auch in diesem Fall entscheidet die Frage der Ansässigkeit mithin über die Verteilung der Besteuerungsrechte. Zudem hat die Ansässigkeit des Vergütungsschuldners Auswirkungen auf die Frage, welcher Staat als **Quellenstaat von Dividenden (Art 10), Zinsen (Art 11) und Lizenzgebühren (Art 13)** anzusehen ist.[6] Das Gleiche gilt für **Aufsichtsrats- und Verwaltungsratsvergütungen (Art 16)**. Auch hier wird durch die Ansässigkeit des Schuldners der Quellenstaat festgelegt. Diese Einkünfte stammen aus dem Staat, in dem der Vergütungsschuldner ansässig ist. Die Ansässigkeit ist damit sowohl für die Bestimmung des Staates der unbeschränkten (Ansässigkeitsstaat) als auch der beschränkten StPfl (Quellenstaat) relevant.[7] Darüber hinaus ist die Ansässigkeit auch Voraussetzung für die Zuordnung eines Unternehmens zu einem Vertragsstaat iSd Art 3 Abs 1 lit d. Danach ist ein Unternehmen eines Vertragsstaats ein Unternehmen des Vertragsstaate, in dem die Person ansässig ist, die das Unternehmen betreibt.

3 Die Frage, welcher Staat abkommensrechtlich als der Ansässigkeitsstaat gilt, ist auch iRd **Methodenartikels** (Art 23A/B) von Bedeutung.[8] Können nach den Verteilungsnormen sowohl der Ansässigkeits- als auch der Quellenstaat ihr Besteuerungsrecht ausüben, so ist der Ansässigkeitsstaat zur Vermeidung der Dbest verpflichtet. An ihn wenden sich die Methoden zur Vermeidung der Dbest. Damit hat die Qualifikation als Ansässigkeitsstaat auch zur Folge, dass das Besteuerungsrecht dieses Staates zurückzutreten hat (zur Funktionsweise s Art 23A/B Rn 4). Die Ansässigkeit einer Person führt auch dazu, dass andere Personen nach dem DBA unter bestimmten Umständen eine ebenso vorteilhafte Behandlung wie eine ansässige Person verlangen können **(Art 24 Abs 3)**. Zudem ist das **Verständigungsverfahren** gem Art 25 vom StPfl im Ansässigkeitsstaat einzuleiten.

---

2 Tz 1 MK zu Art 4; *Mössner* Rn B 40; *Vogel/Lehner* Art 4 Rn 11.
3 *Debatin/Wassermeyer* Art 4 MA Rn 2.
4 Eine solche Klausel enthält zB Art 27 DBA-USA; s weitere Beispiele dazu *Debatin/Wassermeyer* Art 4 MA Rn 1.
5 *Frotscher* Rn 205; s im Einzelnen dazu *Vogel/Lehner* Art 4 Rn 12.
6 *Vogel/Lehner* Art 4 Rn 14.
7 *S/K/K* Art 4 MA Rn 2.
8 *S/K/K* Art 4 MA Rn 9.

Die Frage, welcher Staat im Verhältnis zum anderen Vertragsstaat als Ansässigkeitsstaat anzusehen ist, hat im Verhältnis dieser beiden Staaten zwar Einfluss auf die Besteuerungsrechte bei Drittstaateneinkünften. Im Bezug auf diesen **Drittstaat**, dh den Staat, aus dem die Einkünfte stammen, hat diese Qualifikation aber keine Auswirkungen.[9] Die Qualifikation der Ansässigkeit ist stets nur im bilateralen Verhältnis der beiden vertragsschließenden Staaten vorzunehmen. Daher kann es vorkommen, dass ein Staat im Verhältnis zu einem anderen Staat als Ansässigkeitsstaat anzusehen ist, gg einem dritten Staat aber nicht Ansässigkeits- sondern nur Quellenstaat ist. 4

Beispiel:[10] X hat sowohl in Staat A als auch in Staat B einen Wohnsitz und ist damit in beiden Staaten unbeschränkt steuerpflichtig. Seine ständige Wohnstätte hat er in Staat A. Er bezieht Dividenden aus Staat B und dem Drittstaat C. Eine weitere Verbindung zum Staat C besteht nicht. Nach Art 4 Abs 1 ist er zunächst sowohl in Staat A als auch in Staat B ansässig. Da seine ständige Wohnstätte aber in Staat A liegt, gilt er abkommensrechtlich im Verhältnis dieser beiden Staaten gem Art 4 Abs 2 als ausschließlich im Staat A ansässig. Damit kann Staat B die aus diesem Staat gezahlte Dividende nur mit einer Quellensteuer gem Art 10 besteuern. Bezogen auf die aus dem Staat C stammende Dividende ist zu unterscheiden: Im Verhältnis von Staat A zu Staat C ist A der Ansässigkeitsstaat, da X in C keinen Wohnsitz hat. Das Gleiche gilt im Grundsatz entspr für das Verhältnis Staat B zu Staat C; allerdings wird insoweit auch vertreten, dass Staat B – wegen der sich aus dem mit Staat A geschlossenen DBA ergebenden Beschränkung des Besteuerungsrechts – gem Art 4 Abs 1 S 2 nicht als Ansässigkeitsstaat gelten könne (s dazu Rn 97). Die Frage, in welchem der Wohnsitzstaaten (Staat A oder Staat B) die Dividende der unbeschränkten StPfl unterliegt, richtet sich nach dem DBA zwischen Staat A und Staat B. Für aus dem Drittstaat stammende Einkünfte hat der Ansässigkeitsstaat gem Art 21 Abs 1 das ausschließliche Besteuerungsrecht. Im Verhältnis A – B gilt A als der Ansässigkeitsstaat.

Die Qualifikation als Ansässigkeitsstaat gem Art 4 beschränkt sich auf die Regelungen des jeweiligen DBA.[11] Die Norm hat idR **keinerlei Auswirkungen auf das nationale Recht**.[12] Auch wenn ein Staat abkommensrechtlich nicht als Ansässigkeitsstaat anzusehen ist, so kann der StPfl in diesem Staat den Regelungen über die unbeschränkte StPfl unterworfen werden.[13] Voraussetzung dafür ist, dass der StPfl nach den nationalen Vorschriften in dem Staat unbeschränkt steuerpflichtig ist. Eine Einschränkung der unbeschränkten StPfl ergibt sich nur insoweit, wie das DBA eine Regelung trifft. Dies ist idR bzgl der Besteuerungsrechte der Fall, nicht aber bzgl der Durchführung der Besteuerung.[14] Auswirkungen der abkommensrechtlichen Ansässigkeitsdefinition auf das nationale Recht können nur dadurch entstehen, dass das nationale Recht auf die Ansässigkeit nach dem DBA verweist.[15] Die Frage der abkommensrechtlichen Ansässigkeit und die damit ggf eingeschränkten Besteuerungsbefugnisse nach dem DBA im Falle fehlender Ansässigkeit können aber Auswir- 5

---

9 *S/K/K* Art 4 MA Rn 3.

10 In sämtlichen Beispielen wird unterstellt, dass die anwendbaren DBA dem MA entsprechen, sofern dies nicht ausdrücklich anders erwähnt wird.

11 *BFH/NV* 2007, 1638 mwN.

12 *Debatin/Wassermeyer* Art 4 Rn 2; *Mössner* Rn B 43.

13 *S/K/K* Art 4 MA Rn 5.

14 Der Progressionsvorbehalt ist zulässig, wenn dies nicht ausdrücklich im DBA untersagt ist, *BFH/NV* 2007, 1638.

15 ZB § 16 Abs 1 S 1 REITG, Regelungen in der Mutter-Tochter-Richtlinie, der Fusionsrichtlinie oder der Zins- und Lizenzrichtlinie.

kungen im Rahmen von Exit-Besteuerung nach dem nationalen Recht haben. Sofern nach dem DBA die Ansässigkeit in einem Staat wegfällt und dadurch das Besteuerungsrecht dieses Staates eingeschränkt wird, kann dies eine Wegzugsbesteuerung bzw Exit-Besteuerung zur Folge haben.[16]

II. Regelungssystematik

6 Art 4 regelt die Ansässigkeit von Personen. Die Frage der Ansässigkeit stellt sich nur dann, wenn überhaupt eine Person gegeben ist. Bevor Art 4 Anwendung finden kann, ist daher vorrangig zu prüfen, ob es aus abkommensrechtlicher Sicht um eine Person geht.[17] Dies bestimmt sich nach der Definition in Art 3 Abs 1 lit a. Von dieser Definition sind generell alle natürlichen und juristischen Personen, aber auch alle Personenvereinigungen erfasst (s auch dazu Art 3 Rn 12 ff). Diese Personen kommen abstrakt als abkommensberechtigt in Frage.

7 Art 4 schränkt die Abkommensberechtigung ein, indem für die Anwendung des DBA die Ansässigkeit dieser Person in einem Vertragsstaat bestehen muss. Nicht geregelt ist in Art 4, was unter einem Vertragsstaat zu verstehen ist. Die einzelnen DBA enthalten teilw eine eigene Definition, welche Gebiete abkommensrechtlich als Staatsgebiete der einzelnen Vertragsstaaten anzusehen sind.[18] Teilw erfolgt diese Bestimmung nach dem jeweiligen nationalen Recht der Vertragsstaaten (s ausf dazu Art 1 Rn 8).

8 Art 4 selbst hat einen doppelten Anwendungsbereich. Die Norm regelt, unter welchen Voraussetzungen eine Person abkommensrechtlich als in einem Vertragsstaat ansässig angesehen wird. Es wird zunächst bestimmt, ob eine Person überhaupt in einem der Staaten ansässig ist. Wenn dies der Fall ist, wird darüber hinaus auch festgelegt, in welchem der beiden Staaten die Person als ansässig gilt.[19]

9 Art 4 Abs 1 enthält **keine eigene Definition** der Ansässigkeit. Es wird auf das jeweilige nationale Recht der vertragsschließenden Staaten verwiesen.[20] Damit ist nach dem nationalen Recht beider Staaten zu prüfen, ob die Person in diesem Staat ansässig ist. Eine Person kann daher nach dem Recht beider Staaten, nach dem Recht eines Staates oder nach dem Recht keines Staates in dem jeweiligen Staat ansässig sein. Da die Regelungen des DBA darauf ausgelegt sind, dass der eine Staat der Ansässigkeitsstaat ist und der andere der Quellenstaat ist, kann eine doppelte Ansässigkeit für Zwecke des Abk nicht bestehen bleiben. Art 4 Abs 2, Abs 3 treffen daher Regelungen für den Fall, dass nach der Anwendung der nationalen Vorschriften die Person in beiden Staaten ansässig ist. Nach der sog **tie-breaker-Regelung** wird für Zwecke des Abk nach bestimmten, in Abs 2 und 3 aufgeführten Kriterien festgelegt, welcher Staat als Ansässigkeitsstaat gilt.[21] Nach Anwendung der tie-breaker-Regelung können dann die Verteilungs-, der Methodenartikel und der Artikel über das Verständigungsverfahren ua angewendet werden. Ergibt die Anwendung der nationalen Rechtsordnungen, dass die Person nur in einem Staat ansässig ist, so können die Verteilungs- und Methoden-

---

16 Ausf zum DBA Schweiz *Haase/Steierberg* IStR 2013, 537.
17 *S/K/K* Art 4 MA Rn 7.
18 ZB Art I lit a, b, c DBA-A; Art 3 Abs 1 Nr 1 DBA-B; Art 3 Abs 1 lit a, lit b DBA-CH; Art 2 Abs 1 Nr 1, Nr 2 DBA-F.
19 *G/K/G* Art 4 MA Rn 3 f.
20 *Vogel/Lehner* Art 4 Rn 2.
21 *Vogel/Lehner* Art 4 Rn 21.

artikel ua ohne weiteres angewandt werden. Ergibt die Anwendung des nationalen Rechts beider Staaten, dass der StPfl in keinem der Staaten ansässig ist, so ist das DBA zwischen diesen Staaten nicht anwendbar. Art 4 begründet keine Ansässigkeit, die nach nationalem Recht nicht vorhanden ist.

Auch wenn für die Frage der abkommensrechtlichen Ansässigkeit auf die nationalen Vorschriften zurückgegriffen werden muss, enthält Art 4 Abs 1 **zwei selbstständige Voraussetzungen**. Erforderlich ist, dass die Person in dem fraglichen Staat steuerpflichtig ist. Zudem muss ein hinreichender örtlicher Bezug zum fraglichen Vertragsstaat bestehen. Erforderlich ist daher, dass die Person auf Grund ihres Wohnsitzes, ihres ständigen Aufenthalts, des Ortes ihrer Geschäftsleitung oder eines anderen ähnlichen Merkmals in dem Staat steuerpflichtig ist. Nach dt Verständnis dürfte es sich dabei um Merkmale handeln, die zu einer unbeschränkten StPfl führen. Die abkommensrechtliche Ansässigkeit entspricht daher in der dt Besteuerungspraxis grds den Voraussetzungen für die unbeschränkte StPfl.[22] 10

III. Unbeschränkte Steuerpflicht nach deutschem Steuerrecht

1. Natürliche Person. Eine natürliche Person ist grds nach dt Steuerrecht unbeschränkt steuerpflichtig, wenn sie ihren Wohnsitz oder ihren gewöhnlichen Aufenthalt im Inland hat (§ 1 Abs 1 EStG). Ob ein Wohnsitz gegeben ist, bestimmt sich nach § 8 AO; ein gewöhnlicher Aufenthalt liegt unter den Voraussetzungen des § 9 AO vor. Sonderregelungen können auf Grund des NATO-Truppenstatuts eingreifen. Danach wird unter bestimmten Voraussetzungen das Nichtvorliegen eines Wohnsitzes oder gewöhnlichen Aufenthalts im Inland fingiert.[23] 11

Gem § 8 AO hat eine Person ihren **Wohnsitz** dort, wo sie eine Wohnung uU innehat, die darauf schließen lassen, dass sie die Wohnung beibehalten und benutzen wird. Entsch sind primär die tatsächlichen Verhältnisse und nicht der subjektive Wille des StPfl.[24] Nicht entsch, sondern nur ein Indiz ist zudem die polizeiliche Anmeldung.[25] Da die objektiven Umstände für das Vorliegen einer Wohnung maßgeblich sind, kann ein StPfl auch mehr als einen Wohnsitz – auch in verschiedenen Staaten – haben. 12

Erforderlich für einen Wohnsitz ist zunächst eine **Wohnung**. Für eine solche sind objektiv zum Wohnen geeignete Räume erforderlich. Eine Wohnung kann daher auch eine Baracke, ein Wochenendhäuschen, eine Jagdhütte oder ein Gartenhaus oder ein dauerhaft gemieteter Wohnwagen[26] sein.[27] Nicht erforderlich ist, dass die Wohnung abgeschlossen ist. Daher kann auch ein Zimmer[28] (ggf auch ein halbes) eine Wohnung begründen. Allerdings muss eine feste Abgrenzung zur Umwelt durch Wände und Decken bestehen.[29] Die Wohnung muss so eingerichtet sein, dass sie dem StPfl zur jederzeitigen Nutzung zur Verfügung steht.[30] Dazu gehört auch, dass der Raum beheizbar ist.[31] 13

---

22 Gem Tz 8 MK zu Art 4 ist dies gerade das Ziel der Regelung.
23 S im Einzelnen dazu *G/K/G* Art 4 MA Rn 26 ff.
24 *BFH/NV* 2004, 917.
25 *BMF* BStBl I 2008, 26, Tz 2 zu § 8.
26 *FG Hamburg* EFG 1974, 66.
27 *Mössner* Rn B 18.
28 *Klein* § 8 AO Rn 2; *Schwarz* § 8 AO Rn 7.
29 *H/H/S* § 8 AO Rn 21.
30 *BFH/NV* 2002, 1411; *Schwarz* § 8 AO Rn 7.
31 *H/H/S* § 8 AO Rn 22 mwN.

14 Der StPfl muss die Wohnung **innehaben**. Dies ist der Fall, wenn er über die Wohnung tatsächlich in einer Weise verfügen kann, dass er sie jederzeit zu Wohnzwecken nutzen kann.[32] Dazu ist die Verfügungsmacht über die Räumlichkeiten erforderlich.[33] Die Verfügungsmacht kann auch über andere Personen zB Ehepartner ausgeübt werden. So hat ein Ehegatte, der nicht dauernd getrennt lebt, seinen Wohnsitz grds dort, wo seine Familie lebt.[34] Grds hat der StPfl eine Wohnung inne, wenn er die Möglichkeit der Nutzung hat. Ein Wohnsitz liegt aber dann nicht mehr vor, wenn der StPfl die Wohnung gar nicht benutzt. Eine Vermietung ist dagegen nicht schädlich, solange der StPfl die Möglichkeit hat, die Wohnung jederzeit selbst zu nutzen, wenn er das will. Zudem muss sich aus den objektiven Umständen ergeben, dass der StPfl die Wohnung **beibehalten und nutzen** will. Es reicht daher nicht aus, wenn der StPfl gelegentlich an einem bestimmten Ort (zB Büro, Betriebsgelände) übernachtet. Aus dem Merkmal des Innehabens unter diesen Umständen ergibt sich auch, dass die Wohnung für eine gewisse Dauer zur Verfügung stehen muss.[35] Daher sind nur kurzfristige Aufenthalte nicht ausreichend.[36] Ähnlich wie beim ständigen Aufenthalt kann daher eine Mindestdauer eines Mietvertrages von 6 Monaten ausreichen.[37] Ausreichend ist zudem, wenn die Wohnung nicht im Eigentum des StPfl steht, sondern nur gemietet ist. Nicht erforderlich ist, dass die Wohnung den Mittelpunkt der Lebensinteressen darstellen soll.[38]

15 Eine unbeschränkte StPfl wird auch durch einen **gewöhnlichen Aufenthalt** im Inland begründet. Ein solcher liegt stets (und ohne weitere Voraussetzungen) bei einem Aufenthalt von mehr als sechs Monaten vor, wobei kurzfristige Unterbrechungen zu vernachlässigen sind (§ 9 S 2 AO). Voraussetzung ist damit jedenfalls die tatsächliche Anwesenheit des StPfl im Inland.[39] Auf den Willen des StPfl, sich im Inland aufzuhalten, kommt es nicht an.[40] Nicht erforderlich ist, dass der Zeitraum von sechs Monaten in ein Kj fällt.[41] Für die Bestimmung der 6-Monats-Frist dürfen keine Zeiträume zusammen gerechnet werden, die durch einen nicht nur kurzfristigen Aufenthalt im Ausland unterbrochen sind. In diesen Fällen kann ein gewöhnlicher Aufenthalt nur vorliegen, wenn die Umstände darauf schließen lassen, dass der StPfl nicht nur vorübergehend im Inland verweilt (§ 9 S 1 AO). Ob eine Unterbrechung kurzfristig ist, ist nach den Gesamtumständen zu bestimmen. Von entscheidender Bedeutung ist dabei der Grund für die Unterbrechung. Familienheimfahrten oder Urlaub verhindern daher den gewöhnlichen Aufenthalt in einem Staat nicht. Dabei kann regelmäßig eine Unterbrechung von zwei bis drei Wochen nicht mehr als kurzfristig angesehen werden.[42] Der BFH[43] hat diese absolute Grenze weder ausdrücklich bestätigt noch abge-

32 *Mössner* Rn B 20; *Schwarz* § 8 AO Rn 8.
33 *Schwarz* § 8 AO Rn 8.
34 *BMF* BStBl I 2008, 26, Tz 1 zu § 8; *BFH* BStBl II 1985, 331.
35 *FG München* FG-Report 2005, 101.
36 *FG Hamburg* PersF 2015, 94.
37 *FG München* FG-Report 2005, 101.
38 *BFH* BStBl II 1997, 447; BStBl II 2006, 374; *Klein* § 8 AO Rn 4.
39 *Klein* § 9 AO Rn 2.
40 *BFH/NV* 2011, 2001.
41 *FG BaWü* EFG 1991, 102; *Schwarz* § 9 AO Rn 7.
42 *Schwarz* § 9 AO Rn 9.
43 *BFH/NV* 2012, 555.

lehnt. Er scheint eine relative Zeitbegrenzung im Verhältnis zur Gesamtdauer des Aufenthalts im Inland zu favorisieren. Die FinVerw geht bei Familienheimfahrten, Jahresurlaub, längerem Heimaturlaub, Kur und Erholung oder auch geschäftlichen Reisen idR von einer kurzfristigen Unterbrechung aus.[44] Insbesondere eine berufliche Tätigkeit kann einen gewöhnlichen Aufenthalt im Inland begründen, auch wenn der Stpfl am Wochenende an seinen ausl Wohnsitz zurückkehrt.[45] Derartige Rückkehrtage und sonstige Heimfahrten müssten allerdings als kurzfristig anzusehen sein. Auch mehrere kurzfristige Unterbrechungen können in der Gesamtschau dazu führen, dass beachtliche Unterbrechungen vorliegen. Kurzfristige Unterbrechungen unterbrechen weder die Frist, noch führen sie zu einer Fristhemmung. Sie werden vielmehr für die Berechnung der sechs Monate mitgerechnet.

Besonderheiten gelten auch bei der Geburt eines Kindes.[46] Dieses begründet nicht **16**
schon deshalb einen inländischen gewöhnlichen Aufenthalt, weil es in Deutschland geboren ist.

Gem § 9 S 3 gilt die Vermutung des S 2 nicht bei Aufenthalten, die **ausschließlich pri-** **17**
vaten Zwecken wie Besuch, Erholung oder Kur dienen und nicht länger als ein Jahr dauern. Damit sind auch Krankheitsaufenthalte von weniger als einem Jahr erfasst.[47] Diese Ausnahme gilt aber nicht, wenn ein gewöhnlicher Aufenthalt nach § 9 S 1 begründet wird.

Unabhängig von der 6-Monats-Frist kann ein gewöhnlicher Aufenthalt im Inland vor- **18**
liegen, wenn der StPfl sich uU aufhält, die erkennen lassen, dass er **nicht nur vorübergehend** in Deutschland **verweilt** (§ 9 S 1 AO). Damit kann auch ein kürzerer Aufenthalt zu einer unbeschränkten StPfl in Deutschland führen, wenn ein Aufenthalt von mehr als sechs Monaten geplant war.[48] Mit dem Wegzug des StPfl in das Ausland innerhalb der ersten sechs Monate entfällt nicht ohne weiteres der gewöhnliche Aufenthalt im Inland. Ist ein kürzerer Aufenthalt geplant, so wird ein gewöhnlicher Aufenthalt idR ausscheiden.[49] Dies ist zB bei Schulungen, Geschäfts- oder Dienstreisen der Fall.[50] Ob ein gewöhnlicher Aufenthalt im Inland vorliegt, ist durch eine Gesamtwürdigung aller objektiven Umstände des Einzelfalls zu bestimmen. Bei der Beurteilung sind die Gründe für den Aufenthalt, die Bindung zum In- bzw Ausland, die Häufigkeit oder das Fehlen von Besuchen im Inland oÄ heranzuziehen.[51] Entsch ist die Bindung zum Inland, die sich aus objektiven Umständen ergeben muss.[52] Eine solche Beziehung kann sich aus familiären, privaten, beruflichen oder gesellschaftlichen Bindungen ergeben.[53] Daraus ergibt sich, dass sog **Grenzgänger** (dh StPfl, die von ihrem ausl Wohnsitz täglich zu der inländischen Arbeitsstätte pendeln) keinen Wohnsitz im

44 *BMF* BStBl I 2008, 26, Tz 1 zu § 9 AO.
45 *BFH/NV* 2012, 227.
46 *BFH/NV* 2011, 1351.
47 *Schwarz* § 9 AO Rn 13.
48 *BFH/NV* 1995, 967, 968.
49 *BFH* BStBl II 1989, 956.
50 *BMF* BStBl I 2008, 26 Tz 3 zu § 9 AO.
51 Vgl zB *BFH* BStBl II 1975, 708; vgl *Schwarz* § 9 AO Rn 12.
52 *BFH* BStBl II 1978, 494.
53 *BMF* BStBl I 2008, 26 Tz 4 zu § 9 AO.

Inland haben.[54] Etwas anders kann aber gelten, wenn der StPfl nicht täglich zurück pendelt, sondern im Inland übernachtet und nur am Wochenende nach Hause zurückkehrt.[55]

19 Im Gegensatz zu einem Wohnsitz, kann ein StPfl nur einen gewöhnlichen Aufenthalt haben.

20 **2. Juristische Person.** Bei juristischen Personen ist für die unbeschränkte StPfl in Deutschland eine Geschäftsleitung oder der Sitz im Inland erforderlich (§ 1 Abs 1 KStG). Ob dies der Fall ist, bestimmt sich für die Geschäftsleitung nach § 10 AO, für den Sitz nach § 11 AO.

21 Die **Geschäftsleitung** ist in § 10 AO als Mittelpunkt der geschäftlichen Oberleitung definiert. Nicht geklärt ist in der Rspr, ob es nur einen oder auch mehrere Orte der Geschäftsleitung geben kann.[56] Dieser Streit hat für das int Steuerrecht insoweit Bedeutung, dass bei mehreren Orten der Geschäftsleitung die Gefahr einer doppelten Ansässigkeit in bes Maße besteht. Eine doppelte Ansässigkeit kann dann nicht nur in dem Fall vorliegen, dass der Ort der Geschäftsleitung in einem anderen Staat liegt als der Sitz der Körperschaft, sondern auch in dem Fall, dass mehrere Orte der Geschäftsleitung in unterschiedlichen Staaten liegen. Wenn man den Ort der Geschäftsleitung als Ort versteht, an dem der maßgebliche Wille gebildet wird, so können sich bei kollegial und kooperativ arbeitenden Leitungsgremium durchaus Fälle ergeben, in denen mehrere Orte der Geschäftsleitung festgestellt werden können.[57] Die modernen Kommunikationsmittel (zB Telefonkonferenzen, E-Mail, Videokonferenzen) tragen zu der Dezentralisierung von Entscheidungen bei.[58] Werden laufende Geschäftsführungsaufgaben an verschiedenen Orten ausgeführt, sind sie nach ihrer Bedeutung für den Geschäftsablauf zu gewichten, wobei den für den Betrieb typischen laufenden Entscheidungen größere Bedeutung beizumessen ist als außerordentlichen Entscheidungen.[59] Werden Entsch von Geschäftsführern auf Dienstreisen getroffen, können sie allerdings dem Ort zuzurechnen sein, an dem der Geschäftsführer üblicherweise seine Geschäftsleitung entfaltet.[60] Eine Körperschaft ohne Ort der Geschäftsleitung erscheint nur denkbar, wenn die Körperschaft mangels handlungsfähigem Organ gar nicht handlungsfähig ist.[61]

22 Der Ort der Geschäftsleitung entspricht dem zivilrechtlichen Begr des tatsächlichen Verwaltungssitzes.[62] Die Geschäftsleitung ist daher der **Mittelpunkt der geschäftlichen Oberleitung**, dh der Ort, an dem der für die Geschäftsführung maßgebliche Wille gebildet wird.[63] Abzustellen ist dafür auf die tatsächlichen Verhältnisse des Einzelfalls. Dies gilt auch für die Frage, von wem der maßgebliche Wille bei der einzelnen Kör-

---

54 *BFH* BStBl II 1990, 687; *Schwarz* § 9 AO Rn 6 mwN.
55 *BMF* BStBl I 2008, 26 Tz 2 zu § 9 AO; *Schwarz* aaO.
56 Für nur einen Ort *BFH* BStBl II 1995, 175 und *BFH/NV* 1998, 400; **aA** *BFH* BStBl II 1999, 437.
57 IE ebenso *Kluge* Rn M 10; ähnlich *BFH* DStRE 1998, 234.
58 Vgl *Dißars* DStZ 2011, 21.
59 Vgl *Seibold* IStR 2003, 45.
60 *BFH/NV* 2002, 1128.
61 Vgl *Schwarz* § 10 AO Rn 8; anders *FG Düsseldorf* EFG 1965, 75.
62 *BFH* BStBl II 1992, 972.
63 *BFH* BStBl II 1995, 175.

perschaft tatsächlich gebildet wird.[64] Zu berücksichtigen sind nur die Entsch, die zu der laufenden Geschäftsführung zählen, dh Maßnahmen, die zum gewöhnlichen Betrieb oder der gewöhnlichen Verwaltung zählen.[65] Maßgeblich ist damit das Tagesgeschäft.[66] Die Festlegung der Unternehmenspolitik (insb in einem Konzern) fällt nicht unter die Geschäftsführung. Ist allerdings eine OrganGes wirtschaftlich nur eine Betriebsabteilung des Organträgers, der geschäftsleitend in die Tagespolitik der OrganGes eingreift, kann sich der Ort der Geschäftsleitung für die OrganGes am Ort der Geschäftsleitung des Organträgers befinden.[67]

Die Bestimmung des Orts der geschäftlichen Oberleitung ist verhältnismäßig einfach, **23**
wenn nur eine Person die maßgeblichen Entsch im Unternehmen trifft. IdR wird der Ort der Geschäftsleitung der Ort des kaufmännischen Zentralbüros einer Körperschaft sein. Der Ort der technischen Oberleitung ist dagegen nicht entscheidend.[68] Damit wird idR auf die Büroräume des Unternehmers oder des Geschäftsführers abzustellen sein. Bestehen keine Büroräume, so ist der Ort der tatsächlichen Beschlussfassung maßgeblich. Dies kann auch die Privatwohnung eines Unternehmers sein. IdR wird man davon ausgehen können, dass die Geschäftsleitung an dem Ort liegt, an dem die geschäftsführungs- und vertretungsberechtigten Personen die ihnen obliegende **laufende Geschäftsführertätigkeit** ausüben. Die Geschäftsleitung kann aber auch faktisch von anderen Personen, die nicht geschäftsführungs- oder vertretungsberechtigt sind, ausgeübt werden. Dies ist zB der Fall, wenn die Gesellschafter die Geschäftsführung an sich gezogen haben. Allerdings ist dazu nicht ausreichend, dass sie über ihre gesellschaftsrechtliche Stellung ihre mitgliedschaftlichen Rechte wahrnehmen und somit mittelbar Einfluss auf die Geschäftsführung ausüben.[69] Geht der Einfluss der Gesellschafter aber maßgeblich darüber hinaus, so dass über die Beobachtung, Kontrolle und fallweise Einflussnahme hinaus, ständig in die Tagesgeschäfte der Ges eingegriffen wird und laufend die notwendigen Entsch von einigem Gewicht getroffen werden, so liegt, auch wenn die Körperschaft einen Geschäftsführer im Ausland hat, der Ort der Geschäftsleitung im Inland.[70] In diesen Fällen, die bei Holdingstrukturen eine Rolle spielen können, kommt es zu einer idR nicht beabsichtigten unbeschränkten StPfl in Deutschland.[71]

Die unbeschränkte StPfl einer Körperschaft kann auch durch einen **Sitz im Inland** **24**
begründet werden. Sitz idS ist der handelsrechtliche Satzungssitz.[72] Daher ist nur ein Sitz möglich.[73] Eine doppelte Ansässigkeit kann daher durch das Auseinanderfallen von Sitz und tatsächlicher Geschäftsleitung, aber nicht durch mehrere Sitze in verschiedenen Staaten entstehen. Der Sitz wird durch Gesellschaftsvertrag, Satzung, Stiftungsgeschäft oÄ (§ 11 AO) bestimmt.[74] Im Gegensatz zum Ort der Geschäftsleitung,

---

64 *BFH* BStBl II 1995, 175; *Schwarz* § 10 AO Rn 4.
65 *Schwarz* § 10 AO Rn 6.
66 StRspr *BFH* BStBl II 1999, 207.
67 *BFH* BStBl II 1970, 759; *Eber* IStR 2005, 534.
68 *Schwarz* § 10 AO Rn 9 mwN.
69 *Kluge* Rn M 10; *Mössner* Rn B 64.
70 *Pahlke/Koenig* § 10 AO Rn 10.
71 Zu diesem Themenkreis ausf *Ebert* IStR 2005, 534.
72 *Mössner* Rn B 56.
73 *Klein* § 11 AO Rn 3.
74 *Schwarz* § 11 AO Rn 5.

bei dem auf die tatsächlichen Verhältnisse abzustellen ist, ist daher ein Rechtsgeschäft maßgebend. Gem § 11 AO ist eine Sitzbestimmung auch durch Gesetz möglich. Dies ist zB bei einer gesetzlichen Fiktion der Fall (zB § 24 BGB für den nichtrechtsfähigen Verein).

B. Ansässigkeit gem Absatz 1

I. Allgemeines

25 Art 4 Abs 1 legt fest, unter welchen Voraussetzungen eine Person abkommensrechtlich als in einem Staat ansässig gilt. Dabei enthält die Norm **keine eigenständige Definition** der Ansässigkeit. Es wird an die Regelungen des jeweiligen nationalen Steuerrechts angeknüpft. Dabei wird aber nicht auf die dortige Definition verwiesen, sondern auf die Folgen der Ansässigkeit in einem Staat – nämlich die dortige StPfl auf Grund des die Ansässigkeit begründenden Merkmals. Als ein Merkmal, das nach nationalem Steuerrecht eine für die abkommensrechtliche Ansässigkeit ausreichende StPfl begründet, nennt Art 4 Abs 1 den Wohnsitz, den ständigen Aufenthalt, den Ort der Geschäftsleitung oder ein anderes ähnliches Merkmal. Dies sind alles Merkmale, die im Regelfall zu einer unbeschränkten StPfl führen.

26 Ob die in Art 4 Abs 1 genannten Merkmale zu einer StPfl in einem Vertragsstaat führen, ist grds **nach dem nationalen Recht jedes Staates**, der das DBA anwendet, zu beurteilen. Nach nationalem Recht ist zunächst zu entscheiden, ob überhaupt die Voraussetzungen eines Wohnsitzes, eines ständigen Aufenthaltes oder des Ortes der Geschäftsleitung vorliegen. Anschließend ist zu ermitteln, ob dieser Wohnsitz im Inland, dh im das DBA anwendenden Staat, liegt oder im anderen Staat. Liegt nach nationalem Recht eines Staats keines dieser die Ansässigkeit begründenden Merkmale im Inland vor, so ist für die Frage der abkommensrechtlichen Ansässigkeit im anderen Vertragsstaat auf dessen Recht abzustellen. Daher ist es nicht ausreichend, wenn ein Staat zu dem Ergebnis kommt, dass ein gewöhnlicher Aufenthalt besteht und an diesen auch nach seinem nationalen Recht eine StPfl geknüpft ist, aber der Ort des gewöhnlichen Aufenthaltes bereits nach nationalem Recht im anderen Staat liegt. Anders ist dies, wenn die Ausübung der unbeschränkten StPfl nur auf Grund einer tiebreaker-Regelung in einem DBA versagt wird.

27 **Beispiel:** A hält sich fünf Monate in Staat B auf und erzielt Einkünfte aus Staat C. Seinen Wohnsitz hat er in Staat Z, in dem er auch die restlichen Monate verbringt. In Staat B wird ein gewöhnlicher Aufenthalt im Inland angenommen, wenn sich die Person länger als sechs Monate dort aufhält. Nach dem Steuerrecht des Staates C liegt ein gewöhnlicher Aufenthalt in diesem Staat vor, wenn eine Person dort mindestens drei Monate verweilt. In beiden Staaten führt der gewöhnliche Aufenthalt zu einer unbeschränkten StPfl. Nach dem Recht des Staates C hat A seinen gewöhnlichen Aufenthalt in Staat B. Da A nach dem nationalen Recht des Staates B dort keinen gewöhnlichen Aufenthalt oder seinen Wohnsitz hat, ist er in Staat B nicht unbeschränkt steuerpflichtig. Damit ist A abkommensrechtlich weder in Staat B noch in Staat C ansässig. Staat C hat insoweit (mittelbar) die Qualifikation des gewöhnlichen Aufenthaltes des anderen Staates zu berücksichtigen.

28 Auch wenn die Voraussetzungen des Wohnsitzes, des gewöhnlichen Aufenthalts oder des Ortes der Geschäftsleitung mittelbar vom anderen Vertragsstaat zu berücksichtigen sind, so gilt dies nicht für die anderen Voraussetzungen. Die Frage, was unter einer StPfl im abkommensrechtlichen Sinne zu verstehen ist, ist nach dem jeweiligen

Recht jedes einzelnen Staates zu beurteilen.[75] Dies führt dazu, dass die Frage der abkommensrechtlichen Ansässigkeit nicht von beiden Staaten gleich beurteilt werden muss. Der eine Vertragsstaat ist nicht an die Einordnung des anderen Vertragsstaats gebunden (s zur Frage der StPfl bei persönlicher Steuerbefreiung Rn 34 ff).

II. Steuerpflicht

1. Umfang. Art 4 Abs 1 stellt für die abkommensrechtliche Ansässigkeit darauf ab, **29** ob auf Grund der in der Norm genannten Anknüpfungspunkte eine StPfl in dem jeweiligen Vertragsstaat gegeben ist. Nur wenn dies der Fall ist, ist die Person im abkommensrechtlichen Sinne in diesem Vertragsstaat ansässig. Auch wenn die Anknüpfungspunkte für die StPfl im Regelfall zu einer **unbeschränkten StPfl** führen, ist dies nach dem Wortlaut nicht Voraussetzung. Eine Ansässigkeit in einem Staat iSd DBA liegt daher nicht nur dann vor, wenn der StPfl in diesem Staat mit seinem Welteinkommen steuerpflichtig ist. Ausreichend ist dem Grundsatz nach jede StPfl in dem betreffenden Staat. Dabei ist auf die Gesamtheit der Einkünfte des Steuerpflichtigen abzustellen und nicht auf die einzelnen Einkunftsarten; anderenfalls käme es zB nach dt Verständnis niemals zu einer Ansässigkeit für Dividendeneinkünfte bei KapGes (außerhalb von Streubesitz) da diese gem § 8b KStG steuerfrei sind. Nicht zu folgen ist daher der Auffassung, dass eine grds Steuerbarkeit für die Ansässigkeit nicht ausreicht, sondern die betr Einkünfte in die Bemessungsgrundlage für die Besteuerung mit eingehen. Für die Anwendung des DBA darf es keinen Einfluss haben, ob ein Staat nach nationalem Recht und damit rein unilateral auf sein Besteuerungsrecht verzichtet. Sofern dadurch unbesteuerte Einkünfte entstehen, ist dies eine Entscheidung des nationalen Staates, die nicht auf die Anwendbarkeit des DBA auswirken kann. Jedenfalls nicht schädlich für eine abkommensrechtliche Ansässigkeit können Billigkeitsmaßnahmen sein, die dazu führen, dass keine Steuer erhoben wird. Theoretisch kann auch eine beschränkte StPfl zu einer abkommensrechtlichen Ansässigkeit führen. Entsch ist nur, dass an die genannten Kriterien nach nationalem Recht überhaupt eine StPfl geknüpft ist. Für die Frage der Ansässigkeit schadet es daher nicht, wenn nach nationalem Recht ausl Einkünfte von der unbeschränkten StPfl ausgenommen werden. Dies ist zB in der Schweiz der Fall, wo auch iF einer unbeschränkten StPfl eine unilaterale Freistellung für bestimmte ausl Einkünfte besteht (insb Einkünfte aus einer ausl Betriebsstätte). Eine Steuer, die dem Grundsatz der Territorialität folgt, führt daher nicht zwangsläufig dazu, dass die abkommensrechtliche Ansässigkeit zu versagen ist.[76] Die beschränkte StPfl wird aber in der Praxis dennoch idR nicht zur abkommensrechtlichen Ansässigkeit führen, weil sie auf einer bestimmten wirtschaftlichen Tätigkeit im Inland beruht, aber nicht auf dem Wohnsitz, ständigen Aufenthalt, dem Ort der Geschäftsleitung oder einem anderen ähnlichen Merkmal (zur Definition eines „ähnlichen Merkmals“ s Rn 85 ff).

Teilweise wird im Ausland die Ansässigkeit einer Personengesellschaft wegen der **30** Gewerbesteuerpflicht in Deutschland bejaht.[77] Es wird teilw auch in der dt Literatur insoweit argumentiert, dass die Belastung mit Gewerbesteuer als eine von dem DBA

---

75 Ähnlich *BFH* DStR 2011, 1553.

76 *Jacob/Hagena* IStR 2013, 485, 487.

77 *High Court of Judicature* (Mumbai) v 8.1.2013, Income Tax Appeal No. 2273 of 2010; **aA** *Dräger* StBW 2014, 915.

erfasste Gewinnsteuer ausreichend wäre, da eben kein Welteinkommensprinzip vom Art 4 OECD-MA gefordert wird.[78] Zudem umfasse die Gewerbesteuer nicht nur inländische Einkünfte, sondern könne auch, wenn im Ausland keine Betriebsstätte bestehe, im Ausland erzielte Einkünfte mit umfassen. Insofern erfolge eine Annäherung an das Welteinkommensprinzip. ME kann der Umfang der Gewerbesteuerpflicht im Grundsatz auch eine Ansässigkeit nach dem DBA rechtfertigen. Dies kann aber nur dann der Fall sein, wenn dieser Umfang nach nationalem Recht der maximale Besteuerungsumfang für einen Inländer ist. Dies ist aber gerade bei der dt Gewerbesteuer nicht der Fall. Insoweit ist zu berücksichtigen, dass für einen Inländer der Besteuerungsumfang im Rahmen der Körperschaftsteuer und der Einkommensteuer das Welteinkommen erfasst und damit wesentlich weiter geht als der maximale Besteuerungsumfang bei der Gewerbesteuer. Daher kann mE die Gewerbesteuer keine Ansässigkeit iSd Art 4 OECD-MA begründen. Die Gewerbesteuer ähnelt insoweit einer Quellensteuerung. Zu weit ist mE auch die Auffassung, dass sich die unbeschränkte Steuerpflicht nicht aus einem im DBA erfasste Steuer ergeben muss.[79] Richtig ist zwar, dass sich dieses nicht aus dem ausdrücklichen Wortlaut des DBA ergibt. ME ist das DBA nur auf die dort genannten Steuern anwendbar; im Rahmen dieses Anwendungsbereichs kann sich die Ansässigkeit nur aus den dort genannten Steuern und nur für die dort genannten Steuern ergeben. Eine unbeschränkte Steuerpflicht bei anderen (ggf auch indirekten Steuern) kann keine Auswirkungen auf die Anwendung des DBA haben.

31 Die StPfl nach nationalem Recht muss bei natürlichen Personen auf dem Wohnsitz oder dem ständigen Aufenthalt beruhen. Dafür ist es nicht ausreichend, wenn der StPfl zu einer unbeschränkten StPfl **optieren** kann, ohne dass eines der genannten Merkmale vorliegt. Für die fiktiv unbeschränkte StPfl ist gerade Voraussetzung, dass weder ein Wohnsitz noch ein gewöhnlicher Aufenthalt im Inland vorliegen. Damit kann die fiktiv unbeschränkte StPfl gem § 1 Abs 3 EStG nur dann eine abkommensrechtliche Ansässigkeit in Deutschland begründen, wenn sie auf einem ähnlichen Merkmal iSd Art 4 Abs 1 beruht (s zur Definition eines „ähnlichen Merkmals" Rn 85 ff). Das gleiche gilt für die erweitert unbeschränkte StPfl gem § 1 Abs 2 EStG. Auch diese setzt voraus, dass kein Wohnsitz oder gewöhnlicher Aufenthalt in Deutschland besteht.

32 Teilweise wird auf internationaler Ebene diskutiert, ob für einzelne Einkunftsarten nach dem DBA die Ansässigkeit des StPfl unterschiedlich zu beurteilen ist.[80] Diese Auffassung beruht darauf, dass die abkommensrechtliche Ansässigkeit kein Selbstzweck ist, sondern zusammen mit den verschiedenen Einkunftsarten nach dem DBA zu sehen ist. Für diese ist im DBA geregelt, ob dem Ansässigkeitsstaat, dem Quellenstaat oder beiden Staaten ein Besteuerungsrecht zusteht. Im Zusammenspiel beider Regelungen ergibt sich, welcher Staat ein Besteuerungsrecht hat. Eine derartige Ansässigkeit bezogen auf Einkunftsarten würde sich dann aus der Besteuerung dieser Einkunftsart ergeben. Auch insoweit würde sich aber die Frage stellen, ob eine beschränkte Steuerpflicht ausreichend wäre.

78 *Jacob/Hagena* IStR 2013, 485 ff.

79 So aber *Jacob/Hagena* IStR 2013, 485 ff.

80 Ähnlich *Lang* IStR 2011, 1 f.

IE ist diese Auffassung der Ansässigkeit für einzelne Einkunftsarten mE abzulehnen. Die Ansässigkeit eines Stpfl kann nur einheitlich bestimmt werden.[81] Auch das DBA ist regelmäßig darauf ausgelegt, dass für alle Einkünfte ein Ansässigkeitsstaat bestimmt wird. Dies gilt insb für den Methodenartikel, der in der Praxis nur schwer handhabbar wäre, wenn die jeweilige Norm von beiden Staaten anzuwenden wäre, weil beide Staaten für unterschiedliche Einkünfte Ansässigkeitsstaat wären. Dass eine Ansässigkeit in beiden Staaten nicht gewollt ist, ergibt sich auch aus der Tatsache, dass in dem DBA eine tie breaker rule enthalten ist, die einen Staat als Ansässigkeitsstaat fingiert. Zwar könnte sich die Anwendung dieser Regelung ebenfalls auf die doppelte Ansässigkeit für eine Einkunftsart beschränkten. Für eine derartige enge Auslegung gibt es mE aber keinen Anhaltspunkt. 33

2. Steuerbefreiung – im Allgemeinen. Art 4 Abs 1 setzt voraus, dass die Person auf Grund eines der genannten Merkmale in einem Vertragsstaat steuerpflichtig ist. Die Höhe der Steuerbelastung ist dabei unerheblich. Für die abkommensrechtliche Ansässigkeit ist ausreichend, dass die Person Anknüpfungspunkte zu dem jeweiligen Vertragsstaat aufweist, die nach dem dortigen Recht zur (unbeschränkten) Besteuerung führen können.[82] Insofern genügt eine abstrakte persönliche StPfl[83] (der BFH spricht von einer „virtuellen" Steuerpflicht).[84] Seine Begründung findet dies darin, dass auch persönlich steuerbefreite Personen der Besteuerung unterfallen können, wenn sie die Voraussetzungen, an die die Steuerfreiheit geknüpft ist, nicht erfüllen. Vielfach entspricht die persönliche Steuerbefreiung in diesen Fällen einer sachlichen Steuerbefreiung. Auch aus systematischer Sicht ist die tatsächliche Besteuerung im abkommensrechtlichen Ansässigkeitsstaat nicht erforderlich. Die Ansässigkeit ist ua Grundlage dafür, dass über die Verteilungsnormen die Besteuerungsbefugnisse der einzelnen Staaten beschränkt werden. Bei der Frage, welcher Staat sein Besteuerungsrecht zurücknehmen muss, ist es aber unerheblich, inwieweit der andere Staat das ihm verbliebene Besteuerungsrecht ausübt. Dies ist eine Entsch des nat Gesetzgebers, die keine Auswirkung auf die Anwendung der abkommensrechtlichen Verteilungsnormen hat. Einen allg Grundsatz, dass Einkünfte nicht unbesteuert bleiben dürfen, lässt sich aus dem DBA nicht ableiten.[85] 34

Nach dt Steuerrecht ist zwischen der persönlichen und der sachlichen StPfl zu unterscheiden. Die persönliche StPfl bestimmt, welche Personen einkommen- oder körperschaftsteuerpflichtig sind. Die sachliche StPfl regelt dagegen, mit welchen Einkünften diese Person in Deutschland steuerpflichtig ist. Das Kriterium des Wohnsitzes oder des gewöhnlichen Aufenthalts bzw der Sitz oder der Ort der Geschäftsleitung begründen die persönliche StPfl in Deutschland. Damit ist aber noch nicht festgelegt, ob auch eine sachliche StPfl besteht oder ob möglicherweise eine **sachliche Steuerbefreiung** für bestimmte Einkünfte eingreift. Da Art 4 Abs 1 nur auf die persönliche StPfl abstellt, ist eine sachliche Steuerbefreiung nicht schädlich für die abkommensrechtliche Ansässigkeit. Diese Auffassung ist international aber nicht unbestritten. 35

---

81 Vgl *Lüdicke* IStR 2011, 91, 93.
82 *FG München* EFG 2004, 478; *Vogel/Lehner* Art 4 Rn 82.
83 *Debatin/Wassermeyer* Art 4 MA Rn 25.
84 *BFH* BStBl V 2014, 240.
85 *Vogel/Lehner* Art 4 Rn 23.

36 Nicht schädlich für die Abkommensberechtigung sind jedenfalls Steuerbefreiungen, die auf dem **Erlass** oÄ der Steuer beruhen. Der Erlass einer Steuer setzt auf einer späteren Stufe an, da er eine StPfl voraussetzt. Ein Erlass kommt überhaupt nur dann in Frage, wenn in dem betr Staat auch nach Anwendung des DBA eine StPfl besteht. Besteht eine solche nicht, so kann der Staat auch keine Steuer erlassen, da ihm abkommensrechtlich gar kein Besteuerungsrecht zusteht.

37 Auch wenn im Grundsatz Einigkeit darüber besteht, dass Steuerbefreiungen für die Frage der abkommensrechtlichen Ansässigkeit unbeachtlich sind,[86] so ist in der Besteuerungspraxis nicht abschließend geklärt, wie weit dieser Grundsatz geht. Fraglich ist dies insb bei persönlichen Steuerbefreiungen oder sachliche Steuerbefreiungen, die wie eine persönliche Steuerbefreiung wirken.

38 **3. Einschränkung durch DBA mit Drittstaat.** Liegen bei einer Person die Anknüpfungspunkte vor, die nach nationalem Recht zu einer (unbeschränkten) StPfl führen, so bedeutet dies nicht zwangsläufig, dass die Person in diesem Staat auch unbeschränkt steuerpflichtig ist. Dies gilt unabhängig davon, ob nach nationalem Recht persönliche oder sachliche Steuerbefreiungen bestehen. Auch wenn solche nicht vorhanden sind, kann eine Besteuerung auf Grund eines DBA mit einem anderen (Dritt-)Staat unterbleiben. Dies ist immer dann der Fall, wenn durch die Anwendung dieses DBA die Person als in dem (Dritt-)Staat ansässig anzusehen ist. Dies wird idR der Fall sein, wenn eine natürliche Person ihren Mittelpunkt der Lebensinteressen oder eine Ges den Ort ihrer tatsächlichen Geschäftsleitung in diesem (Dritt-)Staat hat (s zu der tie-breaker-Regelung ausf Rn 98 ff). Abkommensrechtlich gilt die Person dann als im (Dritt-)Staat ansässig. Die tie-breaker-Regelung hat aber nur Auswirkungen für die Staaten, die das fragliche DBA abgeschlossen haben.[87] IE führt die Anwendung des DBA mit dem Drittstaat somit zwar dazu, dass die Person in einem Staat steuerbefreit ist. Dies hat nach herkömmlichem Verständnis aber keine Auswirkungen auf die Ansässigkeit und damit die Abkommensberechtigung nach anderen DBA.[88] Diese Sichtweise wird aber zunehmend in Frage gestellt.[89] Die Einschränkung der Besteuerungsbefugnisse soll demnach unter Art 4 Abs 1 S 2 fallen und deshalb die Ansässigkeit in Frage stellen (s hierzu Rn 97).

39 **Beispiel:** Die A-GmbH hat in Staat B ihren Sitz. Der Ort der tatsächlichen Geschäftsleitung liegt in Staat C. Die Ges bezieht Einkünfte aus Staat D. Im Verhältnis von Staat B zu Staat D ist Staat B der abkommensrechtlichen Ansässigkeitsstaat, da die Ges dort wegen ihres Sitzes steuerpflichtig ist. Dennoch unterliegt die A-GmbH in diesem Staat nicht der unbeschränkten StPfl, weil sie im Verhältnis zu Staat C als in diesem Staat ansässig gilt. Damit hat abkommensrechtlich ausschließlich Staat C das Recht zur Besteuerung des Welteinkommens. In Staat B wird die zunächst gegebene unbeschränkte StPfl durch ein weiteres DBA eingeschränkt.

40 **4. Organgesellschaft.** In der Vergangenheit vermehrt in den Fokus gerückt ist die Frage, ob die für eine Ansässigkeit iSd Art 4 erforderliche Steuerpflicht bei einer Organgesellschaft gegeben ist. Eine Aussage der Finanzverwaltung diesbezüglich liegt noch nicht vor.

---

86 S zB *Debatin/Wassermeyer* Art 4 MA Rn 25; *S/K/K* Art 4 MA Rn 16.
87 *BFH/NV* 2015, 333; *Vogel/Lehner* Art 4 Rn 20.
88 Ebenso *Schnitger* IStR 2013, 82 mwN.
89 Vgl Rn 8.2 OECD-MK v 2008 zu Art 4 OECD-MA.

Die dt Organschaft gem §§ 14 ff KStG führt nicht dazu, dass die Einkünfte der Organgesellschaft nicht mit KSt belastet sind. Insofern liegt keine Steuerbefreiung vor. Allerdings werden im Rahmen der dt Organschaftsbesteuerung die Einkünfte der Organgesellschaft bei dieser nur ermittelt, aber nicht der KSt unterworfen. Die Besteuerung der Einkünfte der Organgesellschaft erfolgt beim Organträger. Fraglich ist daher, ob die Organgesellschaft steuerpflichtig iSd Art 4 Abs 1 ist, obwohl keine Einkünfte bei ihr besteuert werden. Man könnte insoweit vertreten, dass technisch eine „persönliche Steuerbefreiung" der Organgesellschaft vorliegt. Sie wäre dann nicht abkommensberechtigt. Bedeutung hätte dies insbesondere für die Reduktion der Quellensteuer unter dem DBA. Auf die Abkommensberechtigung des Organträgers kann es insoweit nicht ankommen, weil dieser zivilrechtlich nicht Empfänger der Einkünfte ist. Regelmäßig setzt aber insbesondere die Quellensteuerbefreiung bzw Quellensteuerreduktion die Ansässigkeit des Zahlungsempfängers voraus. Auch die Freistellung ausl Betriebsstätteneinkünfte erfordert eine Betriebsstätte des Stpfl, dh der Organgesellschaft. **41**

ME ist für die Frage der Ansässigkeit und damit des Abkommensschutzes entscheidend, dass die Organgesellschaft weiterhin Stpfl bleibt.[90] Die Einkünfte werden auch im Rahmen der Organschaft ermittelt. Dennoch ist die Situation nicht mit der einer PersGes vergleichbar, die nicht abkommensrechtlich ansässig ist. Die Einkünfteermittlung erfolgt zwar auch bei einer PersGes auf Ebene der Gesellschaft und nicht beim Mitunternehmer. Die PersGes ist aufgrund der Transparenz nach dt Steuerrecht nicht ansässig. Anders als bei einer PersGes kann aber bei einer Organgesellschaft auch bei dieser eine Besteuerung von Einkünften erfolgen. Die Einkünfte bei der Organgesellschaft sind nach der Zurechnung zum Organträger auf Ebene der Organgesellschaft nur Null. Dass die Organgesellschaft ein eigenständiger Stpfl bleibt, zeigt sich auch daran, dass Ausgleichszahlungen gem § 16 KStG von der Organgesellschaft selbst zu versteuern sind.[91] **42**

Ist die Gruppenbesteuerung im Ausland allerdings nicht entspr der dt Organschaft ausgestaltet und der abhängige Rechtsträger kein eigenständiger Stpfl, verliert dieses Argument an Bedeutung. In den USA gibt zB im Rahmen der group taxation nur die Obergesellschaft eine Steuererklärung ab. **43**

5. Gemeinnützige Körperschaft. Gemeinnützige Körperschaften unterliegen gem § 5 Abs 1 Nr 9 KStG in Deutschland nicht der Körperschaftsteuer. Da nicht nur einzelne Einkünfte von der Besteuerung ausgenommen sind, sondern alle Einkünfte einer solchen Körperschaft, liegt technisch keine sachliche, sondern eine persönliche Steuerbefreiung vor. Diese vollständige Freistellung von der StPfl führt dazu, dass die Abkommensberechtigung dieser Körperschaften zweifelhaft ist.[92] Zur Vermeidung einer Dbest ist es in diesen Fällen weder erforderlich, dass das Besteuerungsrecht eines Staates beschränkt wird, noch dass eine Methode zur Vermeidung der Dbest angewendet wird. Die Ansässigkeit nach Abkommensrecht dient aber gerade maßgeblich dazu, zu bestimmen, welchem Staat nach Anwendung dieser Normen ein Besteuerungsrecht verbleibt. **44**

---

90 Ebenso *Lüdicke* IStR 2011, 743.

91 Vgl *Lüdicke* IStR 2011, 743.

92 Tz 8.2 und Tz. 8.3 MK zu Art 4.

45 Gemeinnützige Körperschaften sind aber nach dt Steuerrecht grds nur insoweit von der Steuer befreit, wie sie tatsächlich gemeinnützig tätig werden. Unterhalten sie einen wirtschaftlichen Geschäftsbetrieb gem § 14 AO, so ist die Steuerbefreiung ausgeschlossen (§ 5 Abs 1 Nr 5 S 2 KStG). Eine Ausnahme dazu besteht nur, wenn es sich bei dem wirtschaftlichen Geschäftsbetrieb um einen Zweckbetrieb handelt (§ 64 Abs 1 AO). IE führt dies dazu, dass eine gemeinnützige Körperschaft nur in bestimmten Fällen vollständig von der Steuer befreit ist. Liegen die Voraussetzungen dafür nicht vor, so unterliegt auch eine gemeinnützige Körperschaft (teilw) der normalen Körperschaftsteuer. In diesen Fällen ist die Anwendung des DBA erforderlich, um den Umfang des dt Besteuerungsrechts bestimmen zu können. In der Sache handelt es sich um eine sachliche, nicht aber um eine persönliche Steuerbefreiung.[93] Schon aus diesem Grund müssen auch gemeinnützige Körperschaften abkommensberechtigt und damit abkommensrechtlich ansässig sein können, was die von Deutschland abgeschlossenen DBA betrifft.

46 **6. Pensionsfonds.** Pensionsfonds sind mit Rechtsfähigkeit ausgestattete Versorgungseinrichtungen. Sie dienen der Altersvorsorge eines Arbeitnehmers. Der Arbeitgeber erhält durch die Pensionsfonds einen Anspruch auf diese Vorsorgeleistungen an den Arbeitnehmer.[94] Pensionsfonds sind nach dt Recht nicht steuerbefreit. Sie haben aber die Möglichkeit, in erhöhtem Maße Rückstellungen zu bilden. Damit verringern sich der Gewinn und damit auch die steuerliche Bemessungsgrundlage dieser Fonds. In anderen Staaten können aber auch Pensionsfonds steuerbefreit sein. Liegt eine Steuerbefreiung vor, so gelten die gleichen Regelungen wie für andere steuerbefreite Körperschaften, die der Kapitalanlage dienen (s ausf dazu Rn 48).

47 Wird wie in Deutschland nur die Bemessungsgrundlage verringert, so ändert dies nichts an der grds StPfl des Fonds. Es wird der normale Steuersatz erhoben, wenn auch auf eine geringere Bemessungsgrundlage. Da aber keine persönliche Steuerfreiheit gewährt wird, unterliegt der Fonds auf Grund seines Sitzes oder seines Ortes der Geschäftsleitung in Deutschland der unbeschränkten StPfl. Er ist daher auch im abkommensrechtlichen Sinne in Deutschland ansässig.

48 **7. Fonds, REITs und andere Formen der Kapitalanlage.** Fonds, REITs oder ähnliche Vermögensmassen dienen der Ansammlung von Kapital von privaten Anlegern. Dieses Kapital wird gesammelt in bestimmte Wirtschaftsgüter angelegt. Ist der Anlegerkreis begrenzt, so handelt es sich um sog **geschlossene Fonds**. Sie sind PersGes und unterliegen als solche der normalen Regelungen über die Besteuerung von PersGes. Es bestehen insoweit keine Besonderheiten. Ist der Anlegerkreis nicht beschränkt, so handelt es sich um sog **offene Fonds**. Diese unterliegen als Investmentvermögen den Sonderregelungen des InvG und damit auch denen des InvStG. Gem § 11 Abs 1 InvStG ist das Investmentvermögen von der Körperschaftsteuer und der Gewerbesteuer befreit. Die Steuerbefreiung erstreckt sich dabei nicht nur auf einzelne Einkünfte sondern auf das gesamte vom Fonds erzielte Ergebnis. Damit handelt es sich um eine persönliche Steuerbefreiung.

49 Wird das gesammelte Kapital in Immobilien angelegt, so treten in der Praxis häufig auch andere Anlageformen auf. Teilw wird eine **Immobilienaktiengesellschaft** gegrün-

93 Vgl Tz 8.2 MK zu Art 4.

94 *Frotscher/Maas* § 21 KStG Rn 8c.

det. Dabei handelt es sich um eine AG, die gem § 1 Abs 1 Nr 1 KStG der normalen Körperschaftsteuer unterliegt. Sonderregelungen bestehen nicht. Erfüllt die AG die Voraussetzungen des REITG und lässt sie sich als **REIT** zu, so unterliegt die AG auch den bes steuerrechtlichen Vorschriften des REITG. Gem § 16 Abs 1 REITG ist der REIT unter bestimmten Voraussetzungen von der Körperschaftsteuer und der Gewerbesteuer befreit. Dabei handelt es sich um eine persönliche Steuerbefreiung. Der REIT ist mit allen Einkünften, die er erzielt steuerfrei. Erfüllt der REIT die in §§ 8–15 REITG genannten Voraussetzungen nicht, so entfällt die Steuerbefreiung nach einer gewissen Zeit, in der er gegen die Voraussetzungen verstoßen hat. Er unterliegt dann, wie jede andere Körperschaft, der Besteuerung mit Körperschaftsteuer und Gewerbesteuer.

Investmentfonds und andere Formen der kollektiven Kapitalanlage sind damit unter **50** bestimmten Umständen nach nationalem Recht steuerbefreit. Die Steuerbefreiung wird sich dabei idR auf alle vom Fonds erzielten Einkünfte beziehen. Eine partielle StPfl für einen Teil der Einkünfte ist nicht möglich. Damit scheint auch der Fonds als solcher nicht abkommensberechtigt sein zu müssen.[95] In der Rspr wird daher teilw auch die Abkommensberechtigung mit der Begründung verneint, dass der Fonds steuerbefreit sei.[96] Für eine solche Auslegung des Ansässigkeitsbegr spricht auch, dass in einigen DBA Sonderregelungen für bestimmte Formen der kollektiven Kapitalanlage enthalten sind.[97] So werden ihnen zB Sammelanträge für die Erstattung von KESt für die Anleger ermöglicht. Eine solche Regelung spricht dafür, dass ein solcher Antrag, der dem Gläubiger der Kapitalerträge zusteht, dem Fonds selbst nicht zusteht. Dies ist nur der Fall, wenn der Fonds selbst nicht Gläubiger der Dividenden ist. Der Fonds ist aber nur dann nicht Gläubiger der Kapitalerträge iSd Art 10, wenn er nicht in einem Vertragsstaat ansässig ist. Aus einer solchen Sonderregelung für Fonds lässt sich aber nicht pauschal schließen, dass eine Steuerbefreiung bei Fonds ihre abkommensrechtliche Ansässigkeit ausschließt. Zunächst einmal kann eine solche Regelung auch nur klarstellenden Charakter haben. Außerdem ist der Wortlaut der Vorschrift teilw so weit gefasst, dass nicht nur Steuersubjekte erfasst werden, sondern auch Vermögensmassen, die nach nationalem Recht keine Steuersubjekte sind.[98] Zudem bestehen in anderen DBA Sonderregelungen, die im Gegenteil darauf schließen lassen, dass auch steuerbefreite Ges ansässig iSd DBA sein können. So enthält Art 10 Abs 4 DBA-USA eine Sonderregelung für REIT. Daraus ergibt sich, dass ein REIT für die Anwendung dieses DBA Gläubiger der Dividenden sein kann. Dividendenempfänger kann aber nur eine ansässige Person sein. Der REIT muss daher iS dieses DBA ansässig sein. Die gleiche Regelung besteht für dt Investmentfonds.

Auch wenn wirtschaftlich keine Besteuerung bei diesen Gesellschaftsformen zur Kapi- **51** talanlage erfolgt, ist die Ansässigkeit nicht ausgeschlossen.[99]

---

95 S zu der Behandlung von Investmentvehikeln auch den OECD-Report v 12.1.2009.

96 *FG Niedersachsen* EFG 2007, 1223.

97 So zB in dem DBA mit Frankreich (Art 25b).

98 So zB die Regelung im DBA mit Frankreich, in dem eine Sonderregelung für „Einrichtungen für die kollektive Anlage in Wertpapieren (OPCVM)“ besteht. Unter diesen Begr fallen sowohl ein *fonds commun de placement*, der eine Eigentümergemeinschaft ohne Rechtssubjektivität ist, als auch eine *société dínvestissement à capital variable*, die als Körperschaft zwar grds der KSt unterliegt, aber steuerbefreit ist (s ausf hierzu *Debatin/Wassermeyer* DBA-F, Art 25b Rn 14).

99 Vgl *Kirchmayr* IStR 2011, 673.

52 **8. Personengesellschaften.** Bevor sich die Frage der Ansässigkeit einer PersGes stellt, ist zunächst zu klären, ob es sich aus abkommensrechtlicher Sicht überhaupt um eine Person iSd Art 3 Abs 1 lit a handelt.[100] Nur wenn dies der Fall ist, stellt sich die Frage der Ansässigkeit. Im Einzelfall kann dies umstritten sein (s ausf hierzu Art 3 Rn 29). Insb sind dabei die Sonderregelungen der einzelnen DBA zu beachten (zB DBA Belgien, USA, Spanien, Island, Polen, Slowenien, Finnland, Italien, Liberia und Südafrika, Protokoll DBA Aserbeidschan).

53 Ist auch eine PersGes eine Person im abkommensrechtlichen Sinne, kann die abkommensrechtliche Ansässigkeit von PersGes insb unter zwei Gesichtspunkten problematisch sein.[101] Einerseits muss festgelegt werden, **wie die Ansässigkeit einer PersGes festzustellen ist**, wenn diese als transparent angesehen wird. Zusätzliche Probleme können sich ergeben, wenn ein Vertragsstaat die PersGes für steuerliche Zwecke als transparent ansieht, während der andere Staat sie wie eine juristische Person besteuert. Die gleichen Probleme können entstehen, wenn ein Staat die PersGes nicht als eine solche ansieht, sondern auf Grund seines nationalen Rechts zu dem Ergebnis kommt, dass eine KapGes vorliegt. Diese unterliegt dann der Körperschaftsteuer. Liegt aus Sicht des anderen Staates dagegen eine PersGes vor und werden diese in dem Staat transparent besteuert, so stehen sich wieder einerseits eine transparente und andererseits eine intransparente Rechtsform gg. Solche **Qualifikationskonflikte** treten insb auf, wenn der StPfl in einem Staat wählen kann, ob eine PersGes transparent oder intransparent besteuert werden soll (zB *check-the-box*-Verfahren im US-Steuerrecht).

54 Unproblematisch ist dagegen der Fall, dass die PersGes von **beiden Staaten als juristische Person** besteuert wird. Die PersGes unterliegt dann der KSt und ist damit in einem Staat unbeschränkt steuerpflichtig. Diese unbeschränkte StPfl knüpft idR ebenso wie bei einer KapGes an das Vorliegen eines Sitzes oder den Ort der Geschäftsleitung in dem betr Staat an. Als Ges hat auch eine PersGes zumindest einen Ort der Geschäftsleitung. Die PersGes unterliegt damit den gleichen Regelungen wie eine KapGes und ist unter den gleichen Voraussetzungen im abkommensrechtlichen Sinne in einem Vertragsstaat ansässig. Eine PersGes muss aber nicht zwangsläufig einen Sitz haben. In diesen Fällen kann eine PersGes daher nur doppelt ansässig sein, wenn man der Auffassung folgt, dass eine Ges mehrere Orte der Geschäftsleitung haben kann. Folgt man dieser Meinung nicht, so kann eine PersGes ohne Sitz nicht doppelt ansässig sein.

55 Wird eine PersGes **von beiden Staaten** für steuerliche Zwecke als **transparent** behandelt, so unterliegt nicht die PersGes, sondern deren Gesellschafter der Einkommenbzw Körperschaftsteuerpflicht. Obwohl die PersGes für steuerliche Zwecke als transparent angesehen wird, ist sie aus zivilrechtlicher Sicht eine Ges. Sie hat damit auch einen Ort der Geschäftsleitung. Auch wenn eine PersGes steuerlich transparent ist, hat sie einen gem Art 4 Abs 1 erforderlichen Anknüpfungspunkt für die abkommensrechtliche Ansässigkeit. Allerdings fehlt es – um tatsächlich im abkommensrechtlichen Sinne ansässig sein zu können – an der zweiten Voraussetzung, der StPfl im Staat des Ortes der Geschäftsleitung. Auf Grund der Transparenz wird auf Ebene der PersGes

100 Rn 29 ff des OECD-Partnership-report; das BMF hält dies grundsätzlich für gegeben (*BMF*-Schreiben v 16.4.2010, IV B 2 – 1300/09/10003, BStBl I 2010, 354, Tz 2.1.1).

101 S zu dieser Unterteilung Rn 18 ff des OECD-Partnership report.

keine Einkommen- oder Körperschaftsteuer erhoben.[102] Eine Belastung auf Ebene der PersGes, mit anderen Steuern, wie zB in Deutschland der Gewerbesteuer bei gewerblichen PersGes, ist unbeachtlich. Sie führt nicht zu einer StPfl iSd Art 4 Abs 1. Die GewSt knüpft an einen im Inland ausgeübten Gewerbebetrieb an. Sie hängt nicht davon ab, ob die Person, die den Gewerbebetrieb betreibt, im Inland ihren Wohnsitz, ständigen Aufenthalt oder den Ort der Geschäftsleitung hat. Damit liegt zwar möglicherweise eine StPfl vor, allerdings beruht diese nicht auf einem in Art 4 Abs 1 genannten Merkmal (s dazu Rn 25 f).[103] In der Besteuerungspraxis werden PersGes allerdings gelegentlich wegen ihrer Gewerbesteuerpflicht von anderen Vertragstaaten als in Deutschland ansässig und damit abkommensberechtigt anerkannt.[104]

Die Tatsache, dass auf Ebene der PersGes keine Steuer anfällt beruht nicht auf einer **56**
Steuerbefreiung. Dadurch unterscheidet sich die Behandlung einer PersGes von der steuerlichen Behandlung einer grds zwar steuerpflichtigen aber auf Grund bes Umstände persönlich steuerbefreiten Körperschaft (zu den einzelnen steuerbefreiten KSt-Subjekten so Rn 44 f). Auf Grund der Transparenz ist eine PersGes nicht einmal potentiell steuerpflichtig. Damit kann sie auch nicht ansässig iSd Art 4 Abs 1 sein.[105]

Wird eine PersGes von allen beteiligten Staaten als transparent angesehen, so ist für **57**
die Abkommensberechtigung auf die **Ansässigkeit ihrer Gesellschafter** abzustellen.[106] Sind die einzelnen Gesellschafter in verschiedenen Staaten ansässig, so können auch verschiedene Abk anzuwenden sein. Die PersGes führt nicht zu einer Zusammenfassung von Einkünften.

Beispiel: A und B sind Gesellschafter einer PersGes. Diese hat ihren Sitz in Staat X. In **58**
diesem Staat hat auch A seinen Wohnsitz und seinen gewöhnlichen Aufenthalt. B hat seinen Wohnsitz und gewöhnlichen Aufenthalt in Staat Y. Beide Gesellschafter erzielen durch die PersGes Einkünfte aus dem Staat Z. Für die Besteuerung des A ist auf das DBA zwischen Staat X und Staat Z abzustellen. Die Besteuerung des B richtet sich dagegen nach dem DBA zwischen Staat Y und Staat Z.

Behandelt ein Staat die PersGes als transparent, der andere Staat sie dagegen als **59**
intransparent und damit als Steuersubjekt, so liegt ein **Qualifikationskonflikt** vor. Dieser Qualifikationskonflikt hat nicht nur Auswirkungen auf die Frage, ob die PersGes in einem Vertragsstaat ansässig ist, sondern auch auf die Frage der Zuordnung der Einkünfte. Die Qualifikation der PersGes ist insb für die Erhebung von Quellensteuern und deren Höhe von entscheidender Bedeutung.

Der BFH will der PersGes die abkommensrechtliche Ansässigkeit nur in dem Staat **60**
zubilligen, in dem sie intransparent besteuert wird.[107] Dieser Auffassung ist mE nicht zu folgen.[108] Die Ansässigkeit eines StPfl kann für das jeweilige DBA nur einheitlich erfolgen. Zu trennen von der Frage der Ansässigkeit ist die Frage, welche (abkom-

102 *BMF* v 26.9.2014, IV B 5 – S 1300/09/1003.
103 *Debatin/Wassermeyer* Art 4 MA Rn 25.
104 S Entsch des indischen Berufungsgerichts für Einkommensteuer v 4.7.2008 – Chiron Behring GmbH & Co (2008-TIOL-419-ITAT-MUM).
105 Tz 8.4 MK zu Art 4; *BMF*-Schreiben v 10.5.2007, IV B 4 – S 1300/07/0006, Tz 2.1.1.
106 *BMF*-Schreiben v 16.4.2010, IV B 2 – S 1300/09/10003, BStBl I 2010, 354, Tz 2.1.1.
107 *BFH* BStBl V 2014, 760.
108 Ebenso *Brähler/Mayer* IStR 2010, 678.

mensrechtlichen) Einkünfte aus der PersGes erzielt werden.[109] Insoweit kann die Qualifikation in beiden Vertragsstaaten durchaus abweichen.

61 Werden durch eine ausl PersGes Einkünfte aus Deutschland erzielt, die in Deutschland der Quellensteuer unterliegen, so richtet sich die Erhebung der Quellensteuer grds nach der Einordnung der ausl PersGes nach dt Recht.[110] Ist die Ges auch nach dt Recht als PersGes zu qualifizieren, ist das DBA mit dem jeweiligen Ansässigkeitsstaat des Gesellschafters anzuwenden. Nach diesem richtet sich grds auch, in welcher Höhe die Quellensteuern erhoben werden können. Ist die ausl PersGes dagegen nach nationalem dt Recht als KapGes einzuordnen, so ist aus dt Sicht das DBA mit dem Staat der tatsächlichen Geschäftsleitung der PersGes anzuwenden. Diese Betrachtungsweise will die dt FinVerw ausnahmsweise nicht anwenden, wenn der ausl Staat die PersGes als ansässige Person besteuert, jedenfalls soweit es um die Entlastung von dt Quellensteuer geht.[111] In diesem Fall kommt es zu einer Übernahme der ausl Qualifikation.[112] Ist die PersGes im anderen Staat unbeschränkt steuerpflichtig, so ist diese Qualifikation für Zwecke der Erhebung von Quellensteuern von Deutschland zu übernehmen. Dies gilt unabhängig von einer anderen Einordnung nach nationalem Recht. Diese Auffassung kann für den StPfl vorteilhaft sein. Die Besteuerung als ansässige Person kann entweder darauf beruhen, dass in dem anderen Staat PersGes körperschaftsteuerpflichtig sind oder die PersGes in dem anderen Staat nicht als transparente PersGes, sondern als KapGes angesehen wird.

62 **Beispiel:** Eine PersGes hat ihren Ort der tatsächlichen Geschäftsleitung in Staat X. Die PersGes bezieht Dividenden einer in Deutschland ansässigen KapGes. Nach dt Recht ist die PersGes als transparent anzusehen. Nach dem Recht des Staates X wird sie allerdings als KapGes besteuert. Deutschland hat mit Staat X ein DBA, in dem ein Quellensteuerabzug auf 5 % vorgesehen ist. Nach nationalem dt Recht wäre ein Abzug iHv 25 % möglich. Gesellschafter der PersGes sind B und C, die beide in Staat Y ansässig sind. Mit diesem Staat hat Deutschland kein DBA abgeschlossen. Deutschland kann auf Grund der Tatsache, dass Staat X die PersGes als KapGes besteuert, nach der im zitierten Entwurf eines BMF-Schreibens geäußerten Auffassung nur einen Quellensteuerabzug iHv 5 % vornehmen (vorbehaltlich der Regelungen in § 50d Abs 3 EStG).

63 Die Übernahme der Qualifikation des Staates des Ortes der Geschäftsleitung der PersGes muss aber für den StPfl nicht nur vorteilhaft sein. Nachteile können insb dadurch entstehen, dass der eine Staat (der Staat des Ortes der Geschäftsleitung der PersGes), aus dem die Einkünfte stammen, die PersGes nicht als Steuersubjekt ansieht, der andere Staat, in dem auch die Gesellschafter ansässig sind, eine PersGes aber der Besteuerung unterwerfen würde.[113] In diesem Fall führt die maßgebliche Qualifikation des Quellenstaates dazu, dass die PersGes als transparente Einheit nicht abkommensberechtigt ist.[114] Die Gesellschafter sind zwar abkommensberechtigt, da sie auf Grund ihrer Ansässigkeit im anderen Staat dort unbeschränkt steuerpflichtig sind, sie erzielen aber aus Sicht dieses Staates keine Einkünfte. Nach der Ansicht der

---

109 Vgl *Schmidt* IStR 2010, 413, 416.
110 *BMF*-Schreiben v 10.5.2007, IV B 4 – S 1300/07/0006, Tz 1.2.
111 *BMF*-Schreiben v 10.5.2007, IV B 4 – S 1300/07/0006, Tz 2.1.2.
112 Gegen eine Qualifikationsverkettung im umgekehrten Fall *BFH* – I R 95/10.
113 Ähnliches Bsp 6 OECD-Partnership-report.
114 *FG Köln* EFG 2007, 1056.

OECD ist daher das Abk in diesem Fall nicht anzuwenden.[115] Ob sich die dt FinVerw dieser Ansicht anschließt, ist nicht geklärt. Zwar ist nach Auffassung der dt FinVerw für die Übernahme der Qualifikation des anderen Staates erforderlich, dass es zu einer Besteuerung der Einkünfte im anderen Staat kommt. Nach dem Wortlaut des BMF-Schreibens scheint sich diese Einschränkung aber nur auf den Fall ausl PersGes zu beziehen. IF einer inländischen PersGes lässt sich ein solches Erfordernis aus dem Wortlaut nicht entnehmen. Eine Einordnung als KapGes kommt daher wohl nicht in Frage. Die Versagung des Abkommensschutzes ist in diesem Fall aber dennoch nicht zu rechtfertigen. Aus Sicht des Quellenstaates kommt es nur darauf an, ob die Einkünfte an eine in einem anderen Staat ansässige Person gezahlt werden. Liegen diese Voraussetzungen vor, so ist die Erhebung der Quellensteuer begrenzt. Es ist unerheblich, ob diese Einkünfte in dem anderen Staat tatsächlich besteuert werden. Es lässt sich aus dem DBA kein allg Grundsatz ableiten, dass die Anwendbarkeit des DBA zu unterbleiben hat, wenn anderenfalls Einkünfte unbesteuert bleiben. Die Rspr des BFH stellt für **outbound-Strukturen** allein auf die Qualifikation der Ges aus nationaler dt Sicht ab.[116]

Beispiel: Eine Ges hat ihren Ort der tatsächlichen Geschäftsleitung in Staat X und erzielt Einkünfte in Staat X, die ihrem in Deutschland ansässigen Gesellschafter A gutgeschrieben werden. Der Staat X behandelt die Ges als transparent. Die Ges ist deshalb nicht iSd Art 4 ansässig und deshalb nicht abkommensberechtigt. Wenn der aus dt Sicht maßgebliche Typenvergleich zur Einordnung der Ges als Körperschaft führt, ist dem A keine Betriebsstätte in X zuzurechnen. A bezieht Kapitaleinkünfte, die nicht unter die spezifischen Verteilungsnormen in Art 6–Art 21 MA fallen. Deutschland steht das Besteuerungsrecht nach Art 21 zu.[117] **64**

Erzielt die PersGes **Einkünfte**, die weder aus dem Ansässigkeitsstaat ihrer Gesellschafter noch aus dem Staat ihrer tatsächlichen Geschäftsleitung stammen, sondern **aus einem Drittstaat**, so ist die Rechtslage noch komplizierter. Dies beruht darauf, dass in diesem Fall nicht nur ein Qualifikationskonflikt zwischen dem Ansässigkeitsstaat der Gesellschafter und dem Staat der PersGes entstehen kann, sondern ein solcher auch im Verhältnis zum Staat, aus dem die Einkünfte stammen, möglich ist. In einem solchen Drittstaaten-Fall sind drei DBA auf ihre Anwendung zu überprüfen. **65**

Beispiel:[118] A und B sind in Staat X ansässig. Sie sind einzige Ges einer PersGes, die den Ort ihrer Geschäftsleitung in Staat Y hat. Diese PersGes erzielt Einkünfte aus Staat Z. In diesem Fall ist für die Besteuerung dieser Einkünfte sowohl die Anwendbarkeit des DBA zwischen Y und Z, als auch des DBA zwischen X und Z, als auch zwischen X und Y zu prüfen. Aus dem Zusammenspiel dieser drei DBA ergibt sich die Besteuerung. **66**

Auf Grund der unterschiedlichen möglichen Qualifikationen der PersGes in den einzelnen Staaten für Zwecke der Besteuerung, ist es möglich, dass trotz dreier möglicher anwendbarer DBA iE kein DBA zur Anwendung kommt. **67**

Beispiel 1:[119] Der Sachverhalt entspricht dem oben dargestellten. Staat X und Staat Z besteuern die PersGes als Körperschaft. Staat Y dagegen, der Staat des Ortes der **68**

115 Rn 64 OECD-Partnership-report.
116 *BFH* BStBl V 2009, 263.
117 So *BFH* BStBl V 2009, 263; s auch *BMF* v 19.3.2004, IV B 4, S-1301 USA – 22/04.
118 Ähnliches Bsp 2 OECD-Partnership-report.
119 Ähnliches Bsp 7 OECD-Partnership-report.

Geschäftsleitung der PersGes, betrachtet die PersGes als transparent. Das DBA zwischen Staat X und Staat Z ist nicht anwendbar, da die Einkünfte aus Staat Z nicht von einer im anderen Staat, Staat X, ansässigen Person erzielt werden. Nach der Auffassung beider Staaten werden die Einkünfte von der PersGes erzielt, da diese selbstständiges Steuersubjekt ist. Auch das DBA zwischen Staat X und Staat Y ist nicht anwendbar. Die PersGes ist mangels Besteuerung in Staat Y nicht abkommensberechtigt.[120] Die Ges sind zwar abkommensberechtigt, sie erzielen aber aus Sicht ihres Ansässigkeitsstaates keine Einkünfte. Auch das DBA zwischen Staat Z und Staat Y ist nicht anwendbar, wenn man die Auffassung zu Grunde legt, die die dt FinVerw vorzuziehen scheint. Die PersGes ist nicht abkommensberechtigt, da sie in Staat Y nicht der StPfl unterliegt.[121] Dieser Staat betrachtet die PersGes als transparent. An der Abkommensberechtigung ändert auch der Umstand nichts, dass Staat Z die PersGes als Steuersubjekt ansieht. Es fehlt an der StPfl im anderen Staat, die sich nur nach dessen nationalem Recht ergeben kann.

69 **Beispiel 2:**[122] Der Sachverhalt entspricht dem aus Beispiel 1. Staat X behandelt die PersGes wiederum als Steuersubjekt. Allerdings ist die PersGes nach dem nationalem Recht des Staates Z ebenso wie nach dem nationalem Recht des Staates Y transparent. Das DBA zwischen Y und Z ist nicht anwendbar, weil die PersGes mangels Steuerpflichtigkeit nicht ansässig im abkommensrechtlichen Sinne ist. Im Verhältnis von Staat X zu Staat Y hat sich die Rechtslage zum obigen Beispiel nicht verändert, so dass auch in diesem Verhältnis eine Abkommensberechtigung ausscheidet. Auch das DBA zwischen Z und X ist zwar für die Gesellschafter anwendbar. Allerdings erzielen diese aus Sicht des Staates X nicht die Einkünfte, sondern diese werden durch die PersGes erzielt, die nach dem Recht dieses Staates Steuersubjekt ist. Damit werden die Einkünfte nicht in Staat X besteuert. Dies führt nach der von der dt FinVerw wohl bevorzugten Auffassung dazu, dass der Quellensteuerabzug nicht begrenzt ist. Dies führt zu einer Schlechterstellung des StPfl, der es an einer gesetzlichen Grundlage fehlt.

70 In den Drei-Staaten-Fällen kann es auf Grund der Tatsache, dass bis zu drei DBA anwendbar sind, auch zu für den StPfl vorteilhaften Beschränkungen der Besteuerungsbefugnisse kommen.

71 **Beispiel:**[123] Der Sachverhalt entspricht wieder dem in den obigen Beispielen dargestellten. Jetzt behandelt aber Staat X die PersGes als transparent. Staat Y und Z dagegen sehen die PersGes als eigenständigen StPfl an. Folge ist, dass sowohl das DBA zwischen Y und Z als auch das DBA zwischen X und Z[124] die Besteuerungsrechte des Staates Z beschränken. Im Verhältnis von Z und Y erzielt die in Staat Y ansässige PersGes Einkünfte aus Staat Z. Auch Staat X besteuert die Einkünfte aus Staat Z, da er die PersGes als transparent ansieht.

72 **9. Trusts.** Trusts sind eine Besonderheit insb des anglo-amerikanischen Rechts. Das dt Recht kennt die Rechtsform eines Trusts nicht. Aus nationaler dt Sicht ist für die rechtliche Einordnung eines nach ausl Recht errichteten Trusts ein Rechtsformvergleich durchzuführen. Je nach Ausgestaltung des Trusts kann es sich um eine PersGes, eine Treuhand, eine Stiftung oder eine sonstige Vermögensmasse handeln. Die Besteuerung des Trusts hängt für das dt Steuerrecht von dieser Qualifikation ab.

---

120 Ebenso Rn 69 OECD-Partnership-report.
121 Ebenso Rn 69 OECD-Partnership-report.
122 Ähnliches Bsp 3 OECD-Partnership-report.
123 Ähnliches Bsp 10 OECD-Partnership-report.
124 Für die Anwendung dieses DBA s auch Rn 77 OECD-Partnership-report.

Ist ein Trust nach ausl Recht errichtet worden, so handelt es sich dabei um eine Vermögensmasse, die einem bestimmten Zweck dient. Ein solcher Trust ist idR auch nach ausl Zivilrecht kein Rechtssubjekt. Allerdings wird er für steuerliche Zwecke als ein solches behandelt. Damit kann ein Trust nach ausl Recht Steuerrechtssubjekt sein. **73**

Aus abkommensrechtlicher Sicht stellt sich zunächst die Frage, ob ein Trust eine Person iSd Art 3 Abs 1 lit a ist. Ist dies der Fall, so ist die Abkommensberechtigung zu prüfen. Dies hat nach den allg Regelungen zu erfolgen. Es ist daher zu prüfen, ob der Trust in einem Staat auf Grund eines in Art 4 Abs 1 aufgezählten oder ähnlichen Merkmals (unbeschränkt) steuerpflichtig ist. Nach dt Recht hängt dies von der Einordnung des Trusts als PersGes bzw Treuhand oder als Stiftung bzw sonstige Vermögensmasse ab. Nur eine Stiftung oder eine sonstige Vermögensmasse unterliegen der (Körperschaft-)StPfl. Aus dt Sicht kann ein Trust daher nur dann abkommensrechtlich in Deutschland ansässig sein, wenn er als Stiftung oder sonstige Vermögensmasse zu qualifizieren ist und der Ort seiner Geschäftsleitung in Deutschland liegt. Ist der Trust als PersGes oder Treuhand einzuordnen, kann es zu einem Qualifikationskonflikt kommen (s ausf dazu Rn 59). **74**

10. US-amerikanische S-Corporation (check-the-box). Nach dem Recht von US-Bundesstaaten gegründete Gesellschaften können nach dem maßgeblichen Typenvergleich aus dt Sicht als Körperschaften einzuordnen sein, sich aber per Option, die im *Subchapter* des *Internal Revenue Code* vorgesehen ist, wie eine fiskalisch transparente PersGes behandeln lassen (*check-the-box*-Verfahren). Körperschaften, die hiervon Gebrauch machen, werden häufig als *S-Corporation* bezeichnet. Eine *S-Corporation* ist Person iSd Art 3 Abs 1 lit a. Sie ist indessen im Grundsatz nicht ansässig iSd Art 4.[125] Im DBA USA/Deutschland wird die Ansässigkeit der *S-Corporation* in bestimmten Fällen durch eine Sondervorschrift (Art 1 Abs 7 DBA USA/Deutschland) fingiert.[126] **75**

III. Ansässigkeitsbegründende Merkmale

Art 4 Abs 1 enthält keine abschließende Aufzählung, welche Merkmale eine abkommensrechtliche Ansässigkeit begründen können. Ausdrücklich genannt werden der Wohnsitz, der ständige Aufenthalt für natürliche Personen und der Ort der Geschäftsleitung für andere Rechtssubjekte. Daneben kann die Ansässigkeit auch durch ein den vorher genannten Merkmalen ähnliches Merkmal begründet werden. Allen diesen Merkmalen ist gemeinsam, dass sie zu einer StPfl in einem der vertragsschließenden Staaten führen müssen. Zudem weisen alle einen **gewissen örtlichen Bezug** zu einem Vertragsstaat auf. Wie oben erläutert (s Rn 25) sind die Merkmale nach innerstaatlichem Recht auszulegen.[127] Das DBA enthält keine eigene Begriffsdefinition, so dass auf das nationale Recht der Vertragsstaaten zurückzugreifen ist. Dies führt dazu, dass das für das Vorliegen dieser Merkmale – je nach nationalem Recht – unterschiedliche Voraussetzungen vorliegen müssen. Selbst wenn die Begr nach dem innerstaatlichen Recht wortgleich sind, kann ihr Vorliegen an unterschiedliche Voraussetzungen geknüpft sein.[128] **76**

---

125 *BFH* I R 34/08; *BFH* I R 39/07; *Brähler/Scholz/Sehrt* IWB 2011, 402.

126 Vgl *Schönfeld* IStR 2007, 274.

127 *Vogel/Lehner* Art 4 MA Rn 90.

128 *Debatin/Wassermeyer* Art 4 MA Rn 8.

77 **1. Wohnsitz.** Nach **dt Recht** (§ 8 AO) hat eine Person ihren Wohnsitz dort, wo diese „eine Wohnung uU innehat, die darauf schließen lassen, dass er die Wohnung beibehalten und benutzen will" (s zu den einzelnen Voraussetzungen Rn 12 ff). Viele Staaten haben eine **vergleichbare Definition** des Wohnsitzbegr (ua **Niederlande**, **Österreich**). In der **Schweiz** kann daneben auch ein Wohnsitz dadurch begründet werden, dass ein solcher durch das Schweizer Bundesrecht zugewiesen wird (Art 3 Abs 2 DBG). Auch **Polen** hat ein Wohnsitzkonzept, das von dem dt abweicht. Ein Wohnsitz liegt nach polnischem Recht vor, wenn der Mittelpunkt der privaten oder wirtschaftlichen Lebensinteressen in Polen liegt (Art 3 Abs 1a Nr 2 EStG-PL). Dies ist unabhängig davon, ob in Polen eine Wohnung besteht. Die Definition entspricht eher dem abkommensrechtlichen Begr des Mittelpunkts der Lebensinteressen in Art 4 Abs 2. Zudem führt ein Aufenthalt von länger als 183 Tagen in Polen zu einem Wohnsitz (Art 3 Abs 1a Nr 2 EStG-PL). Eine solche Anknüpfung an eine bestimmte Dauer erinnert an die Definition des dt Rechts für einen gewöhnlichen Aufenthalt. Da an die Dauer des Aufenthalts angeknüpft wird, ist nach polnischem Recht nur ein Wohnsitz möglich. Dies führt dazu, dass eine doppelte Ansässigkeit nach polnischem Recht jedenfalls nicht durch einen gewöhnlichen Aufenthalt, sondern nur durch eine Wohnung nach dt Recht entstehen kann. Das **belgische** Recht stellt auch für den Wohnsitz – und nicht nur für den gewöhnlichen Aufenthalt – darauf ab, an welchem Ort die Person tatsächlich lebt oder wohnt. Der Begr des Wohnsitzes ist dabei maßgeblich durch die Rspr und Lit entwickelt worden. Der Hauptwohnsitz wird in der Rspr definiert als spezieller oder gegenwärtiger Wohnsitz, der nicht mit dem zivilrechtlichen Wohnsitz oder der Nationalität übereinstimmen muss, und der sich aus einer Reihe von Umständen und Tatsachen ergibt, die sich durch eine gewisse Dauerhaftigkeit auszeichnen. Der Hauptwohnsitz ist der Mittelpunkt der Lebensinteressen, die sich aus familiären, beruflichen, kulturellen, wirtschaftlichen und anderen Aspekten ergibt. In **Tschechien** wird ein Wohnsitz, ähnlich wie in Deutschland, angenommen, wenn eine Wohnung besteht, von der eine Absicht für einen dauerhaften Aufenthalt abgeleitet werden kann.

78 **2. Gewöhnlicher Aufenthalt.** Für einen gewöhnlichen Aufenthalt ist nach **dt Recht** erforderlich, dass sich jemand an einem Ort „uU aufhält, die erkennen lassen, dass er an diesem Ort oder in diesem Gebiet nicht nur vorübergehend verweilt" (§ 9 S 1 AO). Bei einer Verweildauer von über sechs Monaten wird eine gewöhnlicher Aufenthalt vermutet (§ 9 S 2 AO) (s für eine Definition der Voraussetzungen Rn 15).

79 In vielen anderen Staaten ist der Begr des gewöhnlichen Aufenthaltes das einzige Kriterium für die unbeschränkte StPfl einer natürlichen Person.[129] Die Definition ist dabei teilw an eine best Zeitdauer geknüpft. So wird in **Spanien** ein gewöhnlicher Aufenthalt begründet, wenn sich der StPfl mehr als 183 Tage dort aufhält. Daneben kann der gewöhnliche Aufenthalt auch dadurch begründet werden, dass der Mittelpunkt oder die Grundlage der wirtschaftlichen Aktivitäten oder Interessen in Spanien liegt. In **Frankreich** liegt ein gewöhnlicher Aufenthalt bei einer Aufenthaltsdauer von mindestens 183 Tagen vor. Eine ähnliche Regelung besteht in **Luxemburg**, wo ein gewöhnlicher Aufenthalt nach 6 Monaten begründet wird oder sich aus den Umständen ergeben kann. In **Tschechien** besteht ein gewöhnlicher Aufenthalt bei einem Aufenthalt von mindestens 183 Tagen. In der **Schweiz** hängt die Zeitdauer, die einen

---

129 So zB in Frankreich, Luxemburg, der Schweiz, Spanien, Tschechien.

gewöhnlichen Aufenthalt begründet, davon ab, ob die Person eine Erwerbstätigkeit ausübt. Ist dies der Fall, wird nach 30 Tagen ein gewöhnlicher Aufenthalt begründet (Art 3 Abs 3 lit a DBG). Wird keine Erwerbstätigkeit ausgeübt, ist dies erst nach 90 Tagen der Fall (Art 3 Abs 3 lit b DBG).

Insb in den **anglo-amerikanischen** Staaten erfolgt häufig keine Trennung zwischen **80**
Wohnsitz und gewöhnlichem Aufenthalt.[130] Für die Begründung der unbeschränkten StPfl wird auf die „*residence*" abgestellt. IdR ähneln die Voraussetzungen für die *residence* aber eher der dt Definition des gewöhnlichen Aufenthaltes als des Wohnsitzes.

In den USA ist eine Person „*resident*", wenn sie Inhaber einer Greencard ist oder sich **81**
in einem Jahr mindestens 31 Tage und in den drei vorherigen Jahren nach einer gewichteten Berechnung mindestens 183 Tage in den USA aufgehalten hat oder sich in dem Jahr vor der Ansässigkeit mindestens 31 Tage in den USA aufgehalten hat. Auch Großbritannien stellt für die „*residence*" auf die Dauer des Aufenthalts ab (ua 183 Tage). Daneben begründet aber auch der Wohnsitz die unbeschränkte StPfl. Auch **Italien** hat ein ähnliches Konzept zur Begründung der unbeschränkten StPfl. Eine solche entsteht, wenn eine Eintragung in das Einwohnermelderegister vorliegt, der Mittelpunkt der Geschäfte und Interessen in Italien liegt oder der Wohnsitz im zivilrechtlichen Sinne (dies entspricht dem gewöhnlichen Aufenthalt nach dt Verständnis) in Italien liegt.

In einigen Staaten ist der gewöhnliche Aufenthalt kein Kriterium für das Auslösen **82**
einer unbeschränkten StPfl.[131] Allerdings werden die Aspekte, die in anderen Staaten zum gewöhnlichen Aufenthalt führen, in diesen Fällen häufig bei der Definition des Wohnsitzes berücksichtigt (s dazu Rn 77).

3. Ort der Geschäftsleitung. Der Ort der Geschäftsleitung ist nach dt Recht gem § 10 **83**
AO als Mittelpunkt der geschäftlichen Oberleitung definiert (s zu den Voraussetzungen Rn 22 f).

Nach ausl Recht wird der Ort der Geschäftsleitung teilw anders oder weiter definiert. **84**
In der **Schweiz** wird auf den Ort der tatsächlichen Verwaltung der Ges abgestellt (Art 50 DGB). Der Ort der tatsächlichen Verwaltung ist dadurch definiert, dass dort die wesentlichen Unternehmensentscheidungen fallen und die „Fäden der Geschäftsführung" zusammenlaufen.[132] Damit ist der Ort maßgebend, an dem die tatsächliche Führung der Geschäfte ausgeübt wird, die in ihrer Gesamtheit der Erreichung des statuarischen Zweckes dienen. Damit wird auch in der Schweiz auf das laufende, operative Geschäft abgestellt. In den **USA** stellt der Ort der Geschäftsleitung keinen Anknüpfungspunkt für die unbeschränkte StPfl einer Ges dar. Es kommt auf das Gründungsstatut an. Auch in **UK** kann das Gründungsstatut zu einer unbeschränkten StPfl führen. Daneben ergibt sich eine solche auch, wenn das zentrale Management („*central management and control*") in UK ausgeübt wird. Dabei ist auf den Ort abzustellen, an dem die strategischen Entsch getroffen werden. Dies ist idR der Ort, an dem sich das *board of directors* trifft.

---

130 So insb in den USA (s hierzu *Vogel/Lehner* Art 4 MA Rn 100).

131 So zB in Polen.

132 *Kubaile/Suter/Jakob* Der Steuer und Investitionsstandort Schweiz, 2006, S 21.

85 **4. Ähnliches Merkmal.** Die abkommensrechtliche Ansässigkeit kann auch dann bestehen, wenn eine StPfl in einem Vertragsstaat auf einem Merkmal beruht, das den aufgezählten Merkmalen ähnlich ist. Dieser Auffangtatbestand trägt den Unterschieden in den jeweiligen nationalen Steuerrechtsordnungen Rechnung.[133] Allerdings führt auch dieses Tatbestandsmerkmal nicht dazu, dass jedes eine StPfl begründende Merkmal zu einer abkommensrechtlichen Ansässigkeit führt. Eine Einschränkung des möglichen Merkmals ergibt sich daraus, dass es einem Wohnsitz, einem gewöhnlichen Aufenthalt oder dem Ort der Geschäftsleitung ähnlich sein muss. Diese Merkmale zeichnen sich dadurch aus, dass sie nach nationalem Recht idR **zu einer unbeschränkten StPfl führen**. Außerdem wird durch sie eine persönliche Beziehung zu dem jeweiligen Staat begründet, die auf einer **örtlichen Verbindung** zu diesem Staat beruht.[134] Zu beachten ist aber, dass für jedes einzelne DBA geprüft werden muss, ob das fragliche Merkmal den in diesem DBA genannten, anderen Merkmalen ähnlich ist. So kann die Tatsache, dass in einem DBA abw vom MA Merkmale aufgezählt werden, dazu führen, dass unter den Begr des ähnlichen Merkmals für das spezielle DBA andere Kriterien fallen können, als man nach dem MA vermuten würde. Dies ist insb dann der Fall, wenn die Aufzählung ausschließlich rechtliche Anknüpfungspunkte für die Ansässigkeit enthält.[135] Dann wird auch das Kriterium des ähnlichen Merkmals idR auch bei anderen (ausschließlich) rechtlichen Anknüpfungspunkten vorliegen, die möglicherweise nach dem MA mangels örtlicher Verbindung nicht als ähnliches Merkmal in Betracht kommen.

86 Auch ein ähnliches Merkmal muss zu einer StPfl in vergleichbarem Umfang führen. Nicht ausreichend ist daher eine **beschränkte StPfl**. Bei einer solchen unterliegen nur die in einem Staat erzielten Einkünfte der dortigen Besteuerung, nicht aber das weltweite Einkommen wie bei der unbeschränkten StPfl. Dies gilt auch für die **fiktiv unbeschränkte StPfl** gem § 1 Abs 3 EStG.[136] § 1 Abs 3 EStG führt nicht zu einer Besteuerung des Welteinkommens in Deutschland. Es werden weiterhin nur Einkünfte besteuert, die in Deutschland der beschränkten StPfl iSd § 49 EStG unterliegen. Diese werden nur bei der Besteuerung wie Einkünfte eines unbeschränkt StPfl behandelt. Auch die Tatsache, dass Voraussetzung für die erweitert unbeschränkte StPfl ist, dass 90 % der Einkünfte des StPfl in Deutschland erzielt werden, führt nicht dazu, dass das Welteinkommen in Deutschland der Besteuerung unterliegt. Auch eine solche StPfl des überwiegenden Teils der Einkünfte in Deutschland kann nicht mit einer unbeschränkten StPfl gleich gesetzt werden. Daran ändert auch die Tatsache nichts, dass auf die in Deutschland steuerpflichtigen Einkünfte die Vorschriften über die unbeschränkte StPfl anzuwenden sind. Die fiktiv unbeschränkte StPfl ist eine Sonderform der beschränkten StPfl.[137]

87 Anders als die fiktiv unbeschränkte StPfl führt die **erweitert unbeschränkte StPfl** gem § 1 Abs 2 EStG zu einer wirklichen unbeschränkten StPfl.[138] Es wird das weltweite Einkommen in Deutschland besteuert. Der erforderliche Inlandsbezug wird in diesem

---

133 *Mensching* IStR 2008, 687.

134 *Debatin/Wassermeyer* Art 4 MA Rn 39; *Vogel/Lehner* Art 4 Rn 77.

135 **AA** *S/K/K* Art 4 Rn 29 für die Staatsangehörigkeit.

136 *Debatin/Wassermeyer* Art 4 MA Rn 42; *Vogel/Lehner* Art 4 Rn 78.

137 *BMF* DB 2000, 354 zum DBA-CH; *Vogel/Lehner* Art 4 MA Rn 78 mwN.

138 *Vogel/Lehner* Art 4 Rn 78.

Fall dadurch hergestellt, dass die Person, die der erweitert unbeschränkten StPfl unterliegt, in einem Arbeitsverhältnis zu einer inländischen öffentlichen Kasse steht. In dieser Tatsache liegt ein ähnliches Merkmal iSd Art 4 Abs 1.[139]

Besteht nach nationalem Steuerrecht eine unbeschränkte StPfl auf Grund der Staatsangehörigkeit (wie zB in den USA), so führt dies alleine nicht zu einer abkommensrechtlichen Ansässigkeit. Zwar kommt es zu einer Besteuerung der weltweit erzielten Einkünfte. Allerdings ist die **Staatsangehörigkeit** kein den in Art 4 Abs 1 aufgezählten Kriterien vergleichbares Merkmal. Es fehlt an einem örtlichen Bezug zum jeweiligen Staat.[140] Die Staatsangehörigkeit kann daher nur dann zu einer abkommensrechtlichen Ansässigkeit führen, wenn sie als ein die Ansässigkeit begründendes Merkmal explizit genannt ist. Das Gleiche gilt für eine unbeschränkte Steuerpflicht auf Grund einer langjährigen Inhaberschaft einer Arbeitserlaubnis (zB in den USA der Green Card).[141] Der Staatsangehörigkeit bei natürlichen Personen vergleichbar ist eine Besteuerung von juristischen Personen auf Grund ihrer Gründung in einem Vertragsstaat.[142] Auch bei einer unbeschränkten StPfl im Staate des **Gründungsstatuts** mangelt es an dem erforderlichen örtlichen Bezug zu diesem Staat. Die StPfl beruht ausschließlich auf einem rechtlichen Kriterium. Eine abkommensrechtliche Ansässigkeit kann daher auch in diesem Fall nur dann bestehen, wenn das Gründungsstatut ausdrücklich als ansässigkeitsbegründendes Merkmal aufgenommen worden ist. Eine solche unbeschränkte StPfl im Staat der Gründung besteht zB in Spanien. **88**

Unterliegt eine juristische Person auf Grund ihres Sitzes der unbeschränkten StPfl in einem Staat, so begründet dieser Sitz eine örtliche Beziehung zu dem jeweiligen Staat. Daher kann der **Sitz** ein ähnliches Merkmal iSd Art 4 Abs 1 sein. Eine unbeschränkte StPfl auf Grund des Sitzes in dem Staat besteht zB in China, Deutschland, Italien, Luxemburg, Österreich, Polen, Spanien, Ungarn. **89**

Führt eine Tätigkeit in einem Staat nicht nur zu einer beschränkten StPfl, sondern zu einer unbeschränkten StPfl, so kann auch diese Tätigkeit ein ähnliches Merkmal darstellen. Eine solche Regelung besteht zB in Frankreich oder in Belgien, wo es zu einer unbeschränkten StPfl kommt, wenn der **Schwerpunkt der wirtschaftlichen Interessen** (*centre des intérêts économiques*) in diesem Staat liegt. Der erforderliche örtliche Bezug wird in diesem Fall durch die wirtschaftliche Tätigkeit in dem jeweiligen Staat hergestellt. Eine vergleichbare Regelung besteht in Italien für Körperschaften, die unbeschränkt steuerpflichtig sind, wenn sie den Hauptgegenstand ihrer Tätigkeit in Italien haben. **90**

IV. Staat und Gebietskörperschaften

Nach Art 4 Abs 1 sind der Staat und die jeweiligen Gebietskörperschaften ausdrücklich als abkommensberechtigte Personen genannt.[143] Damit kann sich auch der jeweilige vertragsschließende Staat auf den DBA-Schutz berufen, soweit er Einkünfte erzielt. Nach dt Verständnis kann auch die Bundesrepublik Deutschland Steuersub- **91**

139 *Debatin/Wassermeyer* Art 4 MA Rn 42.
140 *G/K/G* Art 4 MA Rn 19; *Debatin/Wassermeyer* Art 4 MA Rn 40.
141 Vgl dazu *Heilmeier/Bogenschneider* IStR 2016, 45 ff.
142 *Debatin/Wassermeyer* Art 4 MA Rn 40.
143 S für das DBA mit Frankreich *BMF* BStBl I 2009, 37.

jekt sein, soweit sie einen Betrieb gewerblicher Art unterhält (§ 1 Abs 1 Nr 6 KStG).[144] Insofern ist es gerechtfertigt, in diesem Bereich auch Abkommensschutz zu gewähren. Zudem können öffentlich-rechtliche Körperschaften in Deutschland besteuert werden, wenn sie Einkünfte erzielen, die einer Quellenbesteuerung unterliegen (§ 2 Nr 2 KStG). Dieser beschränkten StPfl können auch die ausl öffentlich-rechtliche Körperschaften unterliegen. Aus Art 4 Abs 1 lässt sich auch schließen, dass, auch wenn staatliche Pensionsfonds als selbstständige Rechtsträger ausgestaltet sind und auch wenn diese Norm nicht direkt anwendbar ist, allein die Beteiligung eines Vertragsstaats nicht die Anwendbarkeit des DBA ausschließt. Die Ansässigkeit eines solchen Pensionsfonds ist nach der allg Regelung zu bestimmen.

92 Gebietskörperschaften können in Deutschland neben dem Bund auch die Länder, Kreise, Gemeinden und Gemeindeverbände sein.[145] Gebietskörperschaften nach ausl Recht können zB Kantone (Schweiz), Departements (Frankreich), Regionen (UK) sein.[146]

V. Einschränkung in Art 4 Abs 1 S 2

93 Art 4 Abs 1 S 2 macht deutlich, dass es für eine abkommensrechtliche Ansässigkeit in einem Staat nicht ausreicht, dass der StPfl dort nur mit Einkünften aus diesem Staat steuerpflichtig ist. Damit wird beschränkt StPfl die Ansässigkeit im Staat der **beschränkten StPfl** verwehrt. Dies entspricht der Abkommenssystematik, da das DBA ja gerade die Verteilung zwischen dem Ansässigkeitsstaat und dem Quellenstaat vornimmt. Der Quellenstaat kann daher nicht gleichzeitig der Ansässigkeitsstaat sein. Diese Beschränkung ergibt sich mE aber schon aus Art 4 Abs 1 S 1, da sich die StPfl bei einem beschränkt StPfl nicht aus seinem Wohnsitz, gewöhnlichen Aufenthalt, dem Ort der Geschäftsleitung oder einem ähnlichen Merkmal ergibt. Art 4 Abs 1 S 2 hat insoweit nur klarstellende Bedeutung.[147] Das Gleiche gilt mE für eine fiktiv unbeschränkte StPfl gem § 1 Abs 3 EStG, die insofern nur eine bes Form der beschränkten StPfl ist (s ausf dazu Rn 31).

94 Klarstellende Bedeutung hat Art 4 Abs 1 S 2 auch für die **Gewerbesteuer**. Auch diese Steuer knüpft nicht (bei natürlichen Personen) an den Wohnsitz oder den gewöhnlichen Aufenthalt oder (bei Ges) an den Ort der tatsächlichen Geschäftsleitung an, weshalb die Gewerbesteuerpflicht keine Ansässigkeit nach Art 4 Abs 1 S 1 begründet. Weil die Gewerbesteuer sachlich auf den inländischen Gewerbetrieb beschränkt ist, stünde zudem Art 4 Abs 1 S 2 der Ansässigkeit entgegen.

95 Konstitutive Bedeutung kann die Norm allerdings für **Diplomaten oder Kosularbediensteten** haben. Diese haben idR ihren Wohnsitz und gewöhnlichen Aufenthalt im Staat der Botschaft, des Konsulats oder der Vertretung. In einigen Staaten unterliegen sie auf Grund dieser Anknüpfungspunkte in diesem Staat der unbeschränkten StPfl. Gleichzeitig sind sie idR auch im Staat des Heimatlandes unbeschränkt steuerpflichtig (s für Deutschland § 1 Abs 2 EStG). Art 4 Abs 1 S 2 sorgt dafür, dass sich das Besteuerungsrecht des Heimatlandes durchsetzt.

144 *Frotscher/Maas* § 1 KStG Rn 50.
145 *Ernst & Young* § 1 KStG Rn 118.
146 *Debatin/Wassermeyer* Art 4 Rn 23.
147 IE ebenso *S/K/K* Art 4 Rn 33.

Nicht geklärt sind die Auswirkungen dieser Regelung, wenn das nationale Recht auch bei unbeschränkt StPfl vorsieht, dass bestimmte, im Ausland erzielte Einkünfte von der Besteuerung ausgenommen werden.[148] Eine solche Regelung enthält das schweizer Steuerrecht, wonach unilateral Einkünfte aus ausl Betriebsstätten, Grundstücken und Geschäftsbetrieben (Art 6 Abs 1 DBG) freigestellt werden. IE kann eine solche Regelung aber nicht dazu führen, dass die abkommensrechtliche Ansässigkeit gem Art 4 Abs 1 S 2 zu versagen ist. Das dt DBA mit der Schweiz enthält dementspr auch keine dem Art 4 Abs 1 S 2 entspr Regelung. **96**

Keine Anwendung findet Art 4 Abs 1 S 2 nach herkömmlicher Auffassung, wenn das **Besteuerungsrecht** des Staates, der gem Art 4 Abs 1 S 1 abkommensrechtlicher Ansässigkeitsstaat ist, **durch ein DBA eingeschränkt** wird. Art 4 Abs 1 S 2 bezieht sich auf die nach Art 4 Abs 1 S 1 festgestellte StPfl. Bei dieser sind etwaige Einschränkungen (insb die Einschränkungen nach dem DBA, dessen Anwendbarkeit durch Art 4 bestimmt werden soll) nach einem DBA aber nicht zu berücksichtigen. In den im Jahr 2008 veröffentlichten Änderungen zum Kommentar des Musterabk deutet sich eine Abkehr von dieser Sichtweise an. Art 4 Abs 1 S 2 soll demnach auch solche StPfl vom DBA-Schutz ausschließen, die deshalb nicht der umfassenden StPfl eines Vertragsstaats unterliegen, weil sie zwar nach dessen nationalem Recht als ansässig eingeordnet werden, aber aufgrund eines DBA mit einem anderen Staat als in diesem anderen Staat ansässig beurteilt werden.[149] Diese Aussage lässt sich mit dem Wortlaut des Art 4 Abs 1 S 2 nicht in Einklang bringen, weil die DBA-rechtliche Ansässigkeit in einem Drittstaat die Besteuerungsrechte des Vertragsstaats nicht so beschränkt, dass sie einer bloßen Quellenbesteuerung im Vertragstaat entspricht. Zudem ergeben sich aus dieser Sichtweise erhebliche praktische Probleme, weil in die Prüfung der Ansässigkeit nach dem bilateralen Vertrag auch die Prüfung der Ansässigkeitskriterien sämtlicher von dem Vertragstaat abgeschlossener DBA einbezogen werden müsste. **97**

C. Tie-breaker-Regelung für natürliche Personen (Abs 2)

I. Allgemeines

Art 4 Abs 1 legt fest, unter welchen Voraussetzungen eine Person in einem Vertragsstaat ansässig ist. Da die Ansässigkeit nach dieser Norm auf unterschiedlichen Merkmalen beruhen kann, kann es zu einer **doppelten Ansässigkeit** des StPfl kommen, wenn mehrere dieser Merkmale in unterschiedlichen Staaten verwirklicht werden. Zudem ist nach dem jeweiligen nationalen Recht des Vertragsstaats zu bestimmen, ob die Voraussetzungen zB für einen Wohnsitz oder einen gewöhnlichen Aufenthalt vorliegen. Haben die jeweiligen Vertragsstaaten unterschiedliche Anforderungen an die einzelnen Merkmale, so ist es möglich, dass eine Person einen Wohnsitz oder einen gewöhnlichen Aufenthalt in beiden Vertragsstaaten hat. Auch in diesem Fall kommt es zu einer doppelten Ansässigkeit. Damit steht zwar fest, dass der StPfl dem Abkommensschutz unterliegt. Es kann aber noch nicht bestimmt werden, welcher der beiden Staaten als der Ansässigkeitsstaat für Zwecke des jeweiligen Abk anzusehen ist. Dieses Problem löst Art 4 Abs 2 für natürliche Personen. **98**

---

148 Nach Tz 8 MK zu Art 4 sollen diese Fälle von der Regelung nicht erfasst werden.
149 Tz 8.2 MK S 2 zu Art 4 in der Neufassung 2008.

99 Art 4 Abs 2 legt fest, welcher Staat für abkommensrechtliche Zwecke als Ansässigkeitsstaat des StPfl anzusehen ist. Diese Qualifikation als Ansässigkeitsstaat **gilt nur für das jeweilige Abk**. Sie hat daher weder Auswirkungen auf das nationalem Recht der vertragsschließenden Staaten,[150] noch auf andere Abk, die ein Vertragsstaat mit Drittstaaten abgeschlossen hat[151] (s zur Entwicklung dieser Problematik auf Ebene der OECD o Rn 97). Aus der Begrenzung des Anwendungsbereichs ergibt sich auch, dass Art 4 Abs 2 nur den Konflikt der doppelten Ansässigkeit lösen kann, der sich aus demselben DBA ergibt. Die Norm ist nicht iF einer Doppelansässigkeit anwendbar, die sich unter einem anderen DBA mit einem Drittstaat ergibt.[152] Das Problem der doppelten Ansässigkeit ist für dieses DBA durch die dem Art 4 Abs 2 entspr Regelung des anderen DBA zu lösen.

100 Art 4 Abs 2 **gibt** zum einen **Merkmale vor**, nach denen zu bestimmen ist, in welchem Staat der StPfl ansässig ist. Des Weiteren wird eine **Reihenfolge** festgelegt, in der diese Merkmale zu prüfen sind. Die Kriterien für die Bestimmung der Ansässigkeit sind die ständige Wohnstätte, der Mittelpunkt der Lebensinteressen, der gewöhnliche Aufenthalt und die Staatsangehörigkeit. Der Mittelpunkt der Lebensinteressen ist allerdings nur dann erheblich, wenn der StPfl in beiden Staaten eine ständige Wohnstätte innehat. Lässt sich anhand der aufgeführten Kriterien nicht entscheiden, in welchem Staat der StPfl ansässig ist, so ist die Frage im gegenseitigen Einvernehmen der Vertragsstaaten zu regeln. Die Reihenfolge der anzuwendenden Kriterien hängt davon ab, ob der StPfl eine ständige Wohnstätte in den Vertragsstaaten hat. Hat er nur in einem Staat eine ständige Wohnstätte, so ist er in diesem Staat ansässig. Hat er in beiden Vertragsstaaten eine ständige Wohnstätte, so sind nacheinander der Mittelpunkt der Lebensinteressen, der gewöhnliche Aufenthalt und die Staatsangehörigkeit entscheidend. Hat er dagegen in keinem der Vertragsstaaten eine ständige Wohnstätte, so beginnt die Prüfung mit dem gewöhnlichen Aufenthalt, danach ist auf die Staatsangehörigkeit abzustellen. Der Mittelpunkt der Lebensinteressen ist in diesem Fall kein Kriterium für die Bestimmung der abkommensrechtlichen Ansässigkeit.

101 Anders als bei der Prüfung der Ansässigkeit gem Art 4 Abs 1 ist nicht auf die Auslegung nach dem nationalen Recht der Vertragsstaaten abzustellen. Die in Art 4 Abs 2 genannten Kriterien sind **autonom aus dem DBA heraus auszulegen**.[153] Dies führt dazu, dass für die Auflösung der Doppelansässigkeit teilw andere Aspekte heranzuziehen sind als für die Begr der abkommensrechtlichen (Doppel-)Ansässigkeit. Teilw können damit auch Merkmale (wie zB die Staatsangehörigkeit) herangezogen werden, die alleine nicht zu einer abkommensrechtlichen Ansässigkeit führen können.

102 Für die Bestimmung der Ansässigkeit nach den Regeln des Art 4 Abs 2 kommt es auf die tatsächlichen Umstände in dem Zeitraum an, indem die Ansässigkeit des StPfl iSd Art 4 Abs 1 dessen StPfl begründen.[154]

---

150 *FG Düsseldorf* EFG 2006, 970; *Lehner* RIW 1988, 201; *Vogel/Lehner* Art 4 Rn 31, 60 ff mwN.

151 S dazu auch *Vogel/Lehner* Art 4 Rn 23.

152 *Vogel/Lehner* Art 4 Rn 23.

153 *Debatin/Wassermeyer* Art 4 MA Rn 55; *Lederer* RIW/AWD 1981, 463; *Vogel/Lehner* Art 4 MA Rn 170.

154 Tz 10 MK zu Art 4; *Vogel/Lehner* Art 4 MA Rn 172.

II. Verfügung über eine ständige Wohnstätte

Die abkommensrechtliche Ansässigkeit des StPfl bestimmt sich in einem ersten Schritt nach dem Staat seiner **ständigen Wohnstätte** (Art 4 Abs 2 lit a). Dieser Begr ist von dem in Abs 1 für die Begründung einer Ansässigkeit erforderlichen Wohnsitz zu unterscheiden. Auch wenn sich die Voraussetzungen beider Kriterien teilw überschneiden, sind beide Begr nicht gleich zu setzen.[155] Die ständige Wohnstätte ist ein qualifizierter Wohnsitz.[156] Die ständige Wohnstätte setzt – ebenso wie der Wohnsitz – Räumlichkeiten voraus, die zum Wohnen geeignet sind. Diese Räumlichkeiten müssen dem StPfl auch zur Verfügung stehen.[157] Im Gegensatz zu einem Wohnsitz muss es sich um eine ständige Wohnstätte handeln. Nicht ausreichend ist daher eine nur vorübergehende Nutzung.[158] Daher handelt es sich bei der ständigen Wohnstätte um einen qualifizierten Wohnsitz.[159] Die Ständigkeit bezieht sich nach hM auf den Aufenthalt des StPfl und nicht auf das Zur-Verfügung-Stehen.[160] Diese Auffassung kann nicht vollständig überzeugen, da sie ausschließt, dass eine ständige Wohnstätte in mehreren Staaten besteht. Aus Art 4 Abs 2 lit a geht aber hervor, dass auch mehrere ständige Wohnstätten möglich sein müssen. Der StPfl kann sich nicht ständig in mehreren Staaten gleichzeitig aufhalten. Es genügt daher, dass dem StPfl eine Wohnung ständig zur Verfügung steht, die er in nicht unerheblichem Umfang nutzt. Da die Ständigkeit zudem als Gegensatz zur Befristung zu sehen ist, ist auch auf die subjektiven Vorstellungen des StPfl abzustellen.[161] Eine solche Befristung wird idR dann vorliegen, wenn der StPfl sich in einem Staat nur zu einem bestimmten, in einer begrenzten Zeit erreichbaren Zweck aufhält. Nicht geklärt ist allerdings, ab welcher Zeitdauer von einer ständigen Wohnstätte ausgegangen werden kann. Die Rspr hat eine ständige Wohnstätte bei einer Befristung des Aufenthalts auf zwölf Monate abgelehnt.[162] Diese Auffassung überzeugt nicht. Da der Veranlagungszeitraum idR ein Jahr beträgt und für diesen Zeitraum die abkommensrechtliche Ansässigkeit zu bestimmen ist, muss eine Nutzung der Wohnung während dieses gesamten Zeitraums auch zu einer ständigen Wohnstätte in dem jeweiligen Staat für diesen Zeitraum führen.[163] Mit dem BFH ist im Einzelfall aber eine wertende Betrachtung vorzunehmen, um zu bestimmen, ob die Intensität der Nutzung zu einer Einbindung der Wohnung in das übliche Leben des StPfl führt.[164] In diesem Fall hat der StPfl eine ständige Wohnstätte in diesem Staat. **103**

Ein StPfl **verfügt** über eine ständige Wohnstätte, wenn er die tatsächliche Verfügungsmacht über die Wohnung hat. Dafür ist erforderlich, dass er die Wohnung jederzeit benutzen kann.[165] **104**

---

155 *FG Köln* EFG 2006, 1490 zum DBA-PL.
156 *BFH* BStBl II 2007, 812.
157 *Debatin/Wassermeyer* Art 4 MA Rn 55.
158 *S/K/K* Art 4 Rn 42.
159 *BFH* BStBl II 1999, 207; *Vogel/Lehner* Art 4 MA Rn 180 mwN.
160 *BFH/NV* 2006, 583; *Vogel/Lehner* Art 4 MA Rn 181; **aA** *Debatin/Wassermeyer* Art 4 MA Rn 55.
161 *Debatin/Wassermeyer* Art 4 MA Rn 55.
162 *FG Köln* RIW 1983, 383.
163 IE ebenso *Debatin/Wassermeyer* Art 4 MA Rn 58.
164 *BFH* BStBl II 2007, 812.
165 *Vogel/Lehner* Art 4 MA Rn 182.

III. Mittelpunkt der Lebensinteressen

105 Der Mittelpunkt der Lebensinteressen ist das zweite Kriterium, nach dem die Ansässigkeit des StPfl zu bestimmen ist. **Voraussetzung** dafür, dass dieses Kriterium anwendbar ist, ist, dass der StPfl in beiden Staaten über eine ständige Wohnstätte verfügt. Besteht nur in einem oder in keinem Staat eine ständige Wohnstätte, so ist der Mittelpunkt der Lebensinteressen kein Kriterium für die Bestimmung der abkommensrechtlichen Ansässigkeit.

106 Der Mittelpunkt der Lebensinteressen bestimmt sich nach **objektiven Kriterien** innerhalb des fraglichen Zeitraums.[166] Dabei kann es innerhalb eines Veranlagungszeitraums auch zu einer Verlagerung des Mittelpunkts der Lebensinteressen kommen.

107 Der Mittelpunkt der Lebensinteressen ist in Art 4 Abs 2 lit a definiert. Er bestimmt sich nach den persönlichen und wirtschaftlichen Beziehungen zu einem Staat. Für die Frage, wo der Mittelpunkt dieser Beziehungen liegt, ist ein Vergleich der persönlichen und wirtschaftlichen Verhältnisse in beiden Vertragsstaaten vorzunehmen.[167] Problematisch wird die Bestimmung des Mittelpunktes der Lebensinteressen, wenn zu dem einen Staat starke persönliche Beziehungen, zu dem anderen Staat starke wirtschaftliche Beziehungen bestehen.[168] In diesem Fall ist eine Abwägung unter Gewichtung der einzelnen Anknüpfungspunkte vorzunehmen. Es kommt darauf an, welcher der beiden Orte für den StPfl der bedeutungsvollere ist.[169]

108 Fraglich ist auch, ob beide Arten der Beziehung kumulativ vorliegen müssen, damit in einem Staat ein Mittelpunkt der Lebensinteressen angenommen werden kann. Für eine solche Auslegung spricht der Wortlaut des Art 4 Abs 2 lit a, der beide Kriterien durch ein „und" miteinander verbindet. Allerdings würde eine solche Auslegung den Anwendungsbereich der Regelung unverhältnismäßig einengen.[170] Der Mittelpunkt der Lebensinteressen kann auch dann in einem Staat liegen, wenn der StPfl zu diesem Staat nur persönliche oder nur wirtschaftliche Beziehungen hat.[171] Auf welche Beziehung im Einzelfall abzustellen ist, bestimmt sich nach der Bedeutung der Beziehung für den StPfl.[172] Bei der Frage, welche Bedeutung die einzelnen Aspekte für den StPfl haben, kann auch die Dauer in der Vergangenheit und die voraussichtliche Dauer in der Zukunft berücksichtigt werden. So sind insb persönliche Beziehungen, die sich über einen langen Zeitraum entwickelt haben idR schwerer zu gewichten als kurzfristig entstandene. Ebenso kann berücksichtigt werden, dass sich wirtschaftliche Beziehungen in der Zukunft verringern werden.[173]

109 Die **persönlichen Beziehungen** zu einem Staat umfassen die gesamte private Lebensführung eines StPfl.[174] In Abgrenzung zu den wirtschaftlichen Beziehungen werden berufliche Beziehungen nicht erfasst. Zu der privaten Lebensführung gehören persön-

---

166 *BFH* BStBl II 1991, 562.
167 Tz 15 MK zu Art 4.
168 *Vogel/Lehner* Art 4 Rn 191.
169 *BFH* BStBl II 1991, 562.
170 IE ebenso *Vogel/Lehner* Art 4 Rn 195.
171 Allg zu dem Verhältnis beider Merkmale *Vogel/Lehner* Art 4 Rn 197.
172 *BFH* BStBl II 1991, 562.
173 *BFH* BStBl II 1991, 562.
174 *BFH* BStBl II 1991, 562 zum DBA-UK.

liche, familiäre, gesellschaftliche, politische oder kulturelle Bindungen zu einem Staat.[175] Auch Verbindungen zu (Wert-)Gegenständen können eine persönliche Beziehung begründen, wenn die Gegenstände nicht zur wirtschaftlichen Nutzung bestimmt sind (zB Haustiere, Privatsammlungen). Unter diesen Kriterien besteht keine Rangfolge, so dass sie grds nebeneinander anzuwenden sind. Allerdings dürfte in der Praxis den familiären Bindungen ein bes Gewicht zukommen.[176]

Indizien für eine persönliche Beziehung sind die Ausübung eines Hobbys, die Mitgliedschaft in Vereinen oder Parteien oder ein soziales Engagement in einem Staat. **110** Auch der Ort, an dem ein Vertrauensarzt bzw ein Hausarzt[177] aufgesucht wird, ein Telefonanschluss eingerichtet ist oder an den die Tagespost geschickt wird kann ein Indiz für eine persönliche Beziehung zu diesem Staat sein. Indizien für eine familiäre Beziehung ergeben sich aus dem Wohnort des Ehepartners bzw des Lebensgefährten, der Kinder oder anderer naher Verwandter. Auch die Ausstellung eines Führerscheins oder die Anmeldung eines Autos können zu einer persönlichen Beziehung in einem Staat führen. Spricht der StPfl die Sprache des Staates nicht und bewegt sich deshalb in einem sozialen Umfeld, dass durch Sprache und Kultur des anderen Staates geprägt ist, steht dies einem Mittelpunkt der Lebensinteressen im erstgenannten Staat nicht entgegen.[178]

Die **wirtschaftliche Beziehung** eines StPfl zu einem Staat ergibt sich idR aus einer dort **111** ausgeübten beruflichen Tätigkeit oder einer dort gelegenen Einnahmequelle.[179] Da die Art der Einnahmequelle unerheblich ist, kann sich eine wirtschaftliche Beziehung auch aus dem Ort des angelegten Vermögens ergeben. Ebenso kann sich eine wirtschaftliche Beziehung aus der Verwaltung des Vermögens ergeben. Es ist nicht erforderlich, dass es sich um eine regelmäßige Einnahmequelle bzw regelmäßig in diesem Staat ausgeübten Tätigkeit handelt. Bedeutung ist insb der Intensität der beruflichen und vermögensverwaltenden Tätigkeit beizumessen, wobei die relative Bedeutung der Einnahmen aus den Aktivitäten wiederum einen Hinweis auf die Bedeutung der jeweiligen Tätigkeit gibt. Wird ein StPfl bei Fortführung der persönlichen Beziehungen zum Heimatstaat in einen anderen Staat ausschließlich beruflich tätig, bleibt der Mittelpunkt der Lebensinteressen im Heimatstaat, wenn die Rückkehr in den Heimatstaat von Anfang an beabsichtigt war.[180]

IV. Gewöhnlicher Aufenthalt

Kann der Mittelpunkt der Lebensinteressen nicht bestimmt werden, oder hat der StPfl **112** in keinem vertragsschließenden Staat eine ständige Wohnstätte, so wird die Ansässigkeit dem Staat des gewöhnlichen Aufenthaltes zugeordnet. Auch der Begr des gewöhnlichen Aufenthalts ist **autonom** aus dem DBA heraus **auszulegen**.[181] Auch wenn der Begr gem § 9 AO auch im nationalen Recht besteht, darf nicht ohne weiteres die nationale Definition übernommen werden. Dies ergibt sich schon daraus, dass

175 *Vogel/Lehner* Art 4 Rn 192.
176 *Debatin/Wassermeyer* Art 4 MA Rn 68; *Vogel/Lehner* Art 4 Rn 193.
177 *FG BaWü* Beschl v 25.10.2006, Rn 53 (Juris) zum DBA-CH.
178 *FG Rheinland-Pfalz* DStRE 2004, 881, 884.
179 *BFH* BStBl II 1991, 562.
180 *FG Düsseldorf* EFG 2006, 970, 971.
181 *Vogel/Lehner* Art 4 Rn 203.

nach nationalem Recht jeder Person nur einen gewöhnlichen Aufenthalt haben kann (s Rn 19). Abkommensrechtlich ist ein gewöhnlicher Aufenthalt in beiden Staaten möglich (s Art 4 Abs 2 lit c). Der abkommensrechtliche Begr ist daher weiter als derjenige nach dt Steuerrecht. Bei der Auslegung des Begr ist zu berücksichtigen, dass der gewöhnliche Aufenthalt nur dann als Entscheidungskriterium herangezogen wird, wenn entweder eine sehr enge Bindung des StPfl zu beiden Staaten (ständige Wohnstätte in beiden Staaten, wobei kein Mittelpunkt der Lebensinteressen in einem Staat festgestellt werden kann) oder aber eine sehr geringe Bindung (keine ständige Wohnstätte in einem der Vertragsstaaten) besteht. Da die ständige Wohnstätte dadurch definiert ist, dass sich der StPfl in einer Wohnung in dem jeweiligen Vertragsstaat nicht nur für eine unerhebliche Zeit aufhält, ist in Abgrenzung dazu für einen gewöhnlichen Aufenthalt mehr zu fordern. Aus der Anwendung des Kriteriums in dem Fall, dass der StPfl keine Wohnstätte in den vertragsschließenden Staaten hat, ergibt sich zudem, dass der Aufenthalt in einer Wohnung nicht entscheidend sein kann. Für einen gewöhnlichen Aufenthalt ist daher nicht nur auf Aufenthalte in einer Wohnung abzustellen, sondern auf jede Anwesenheit, die der Verwirklichung der persönlichen oder wirtschaftlichen Beziehungen des StPfl dienen.[182] Damit sind **alle Aufenthalte** zu berücksichtigen. Eine Beschränkung auf Aufenthalte mit einem bestimmten Ziel (wie in § 9 AO) besteht nicht.[183] Da sich der Aufenthalt auch ausschließlich auf die Verwirklichung wirtschaftlicher Beziehungen beziehen kann, ist nicht erforderlich, dass der StPfl in dem Staat des gewöhnlichen Aufenthalts übernachtet. Auch die bloße Anwesenheit, um in einem Staat zu arbeiten (wie zB iF eines Grenzpendlers), kann zu einem gewöhnlichen Aufenthalt führen. Nicht erforderlich ist, dass der Aufenthalt freiwillig ist.

113 Ebenso wie im nationalen dt Steuerrecht ist für einen gewöhnlichen Aufenthalt eine gewisse Zeitdauer erforderlich.[184] Anderenfalls kann der Aufenthalt nicht als gewöhnlich angesehen werden. Nicht geklärt ist allerdings, welche Mindestdauer erforderlich ist. Zudem liegt dann kein gewöhnlicher Aufenthalt vor, wenn es sich um einen einmaligen, zeitlich befristeten Aufenthalt in einem Staat handelt. Mehrere kurzfristige Aufenthalte können zu einem gewöhnlichen Aufenthalt führen, wenn sie sich über eine längere Zeit immer wieder wiederholen.

V. Staatsangehörigkeit

114 Lässt sich nach den oben genannte Kriterien nicht bestimmen, zu welchem Staat der StPfl eine engere Beziehung hat, so richtet sich die Ansässigkeit für Zwecke des DBA nach seiner Staatsangehörigkeit. Die Staatsangehörigkeit richtet sich nach der Definition des Art 3 Abs 1 lit g. Ist der StPfl staatenlos oder hat er die Staatsangehörigkeit eines Drittstaats oder die Staatsangehörigkeit beider Vertragsstaaten, so ist eine Bestimmung der Ansässigkeit auch nach diesem Kriterium nicht möglich. Eine doppelte Staatsangehörigkeit schadet aber dann nicht, wenn der StPfl die Staatsangehörigkeit eines Vertragsstaats und eines Drittstaats hat. Dann gilt er für Zwecke des DBA mit dem anderen Vertragsstaat (nicht für Zwecke des DBA mit dem Drittstaat) als in dem Vertragsstaat ansässig, dessen Staatsangehörigkeit er hat.

182 *Debatin/Wassemeyer* Art 4 MA Rn 75.
183 *Vogel/Lehner* Art 4 MA Rn 205.
184 *Debatin/Wassemeyer* Art 4 MA Rn 76.

VI. Gegenseitiges Einvernehmen

Hat der StPfl die Staatsangehörigkeit beider Vertragsstaaten oder keiner der Staaten, ist die Frage der abkommensrechtlichen Ansässigkeit durch gegenseitiges Einvernehmen zu lösen (Art 4 Abs 2 lit d). Ein solches gegenseitiges Einvernehmen wird durch ein Verständigungsverfahren hergestellt (s im Einzelnen dazu Art 25). Es bleibt dabei dem StPfl überlassen, in welchem Staat er den Antrag für das Verfahren stellt.[185] Da für die Anwendung des DBA unabdingbare Voraussetzung ist, zu bestimmen welcher der Vertragsstaaten als Ansässigkeitsstaat und welcher als Quellenstaat anzusehen ist, besteht kein Wahlrecht, ob das Verfahren eingeleitet wird. Wird die Frage der Ansässigkeit nicht entschieden, so müsste dem StPfl Abkommensschutz gewährt werden, da er (in beiden Staaten) ansässig ist, es könnte aber nicht bestimmt werden, wie das Abk anzuwenden ist, da der Ansässigkeitsstaat nicht bestimmbar wäre. Stellt der StPfl daher keinen Antrag auf Einleitung eines Verständigungsverfahrens, so ist ein solches **von Amts wegen** von den Vertragsstaaten einzuleiten.[186] Aus dem Erfordernis der Bestimmung der Ansässigkeit für die Anwendung des DBA folgt auch, dass der StPfl – anders als bei einem Verständigungsverfahren gem Art 25 – einen Anspruch auf Einigung (und nicht nur auf eine ermessensfehlerfreie Entsch) der Vertragsstaaten hat. **115**

Das Einvernehmen soll nicht darüber erzielt werden, wie die Ansässigkeit nach den in Art 4 Abs 2 lit a–c zu bestimmen ist.[187] Besteht zwischen den Vertragsstaaten Uneinigkeit über die Anwendung dieser Kriterien, so ist Art 25 anzuwenden. Diese Kriterien sind nicht Gegenstand des Verfahrens gem Art 4 Abs 2 lit d. Insoweit ist der Wortlaut des Art 4 Abs 2 lit d missverständlich, da sich nach diesem das Verständigungsverfahren auch nur auf die Frage der Staatsangehörigkeit beziehen könnte. In dem Verständigungsverfahren iSd Art 4 Abs 2 lit d ist zu bestimmen, **zu welchem Staat der StPfl einen engeren Bezug hat**. Dabei sind (auch) Kriterien heranzuziehen, die nicht in Art 4 Abs 2 genannt werden,[188] da diese ja gerade nicht zu einer eindeutigen Bestimmung der Ansässigkeit geführt haben. **116**

Kommt ein nationales Gericht zu der Auffassung, dass es für die Anwendung des DBA auf eine Verständigung iSd Art 4 Abs 2 lit d ankommt, so muss es das Verfahren gem § 74 FGO aussetzen.[189] Es handelt sich bei der Frage der Ansässigkeit um ein vorgreifliches Rechtsverhältnis iSd Norm. Zwar hat der BFH dies für ein Verständigungsverfahren iSd Art 25 mit der Begr verneint, dass das das Rechtsverhältnis nicht vorgreiflich sei, da die Bestimmung des Verrechnungspreises von jedem Staat autonom durchgeführt werden könnte.[190] Diese Wertung ist aber nicht auf das Verfahren nach Art 4 Abs 2 lit d zu übertragen. Anders als bei Art 25 werden in diesem Verfahren Voraussetzungen für die Anwendung des jeweiligen DBA und damit für die Besteuerung festgelegt. Die Entsch im ausgesetzten Verfahren hängt von der Entsch über die abkommensrechtliche Ansässigkeit ab. Die Frage der Ansässigkeit ist Vorfrage des ausgesetzten Verfahrens. Da auch das Verhältnis zwischen dem Staat und dem StPfl ein Rechtsverhältnis sein kann, begründet auch die Ansässigkeit ein Rechtsverhältnis idS. **117**

---

185 *Debatin/Wassermeyer* Art 4 MA Rn 84.
186 *Debatin/Wassermeyer* Art 4 MA Rn 84.
187 *Vogel/Lehner* Art 4 Rn 210.
188 *Vogel/Lehner* Art 4 Rn 210.
189 *Debatin/Wassermeyer* Art 4 MA Rn 86.
190 *BFH* BStBl III 1967, 495.

D. Tie-breaker-Regelung für nicht natürliche Personen (Abs 3)

I. Allgemeines

118 Art 4 Abs 3 enthält eine tie-breaker-Regelung für andere als natürliche Personen. Diese Regelung ist notwendig, da sich Art 4 Abs 2 nur auf natürliche Personen bezieht. Diese Unterscheidung ist auf Grund der unterschiedlichen Merkmale notwendig, die zu einer Beziehung der Person zu dem jeweiligen Vertragsstaat führen. Nur eine natürliche Person kann über eine Wohnstätte verfügen, persönliche Beziehungen zu einem Staat haben oder einen gewöhnlichen Aufenthalt haben. Für nicht natürliche Personen müssen daher andere Kriterien festgelegt werden, nach denen entschieden werden kann, in welchem Staat sie abkommensrechtlich als ansässig anzusehen sind.

119 Art 4 Abs 3 sieht als **einziges Kriterium den Ort der tatsächlichen Geschäftsleitung** vor. Es besteht daher keine Reihenfolge verschiedener Kriterien wie bei natürlichen Personen. Es muss nur an Hand dieses einen Kriteriums zu einer Entsch über die Ansässigkeit kommen. Ein Grund, warum keine anderen Kriterien aufgezählt werden, ist nicht ersichtlich. Dass die Ansässigkeit auch an Hand anderer Kriterien bestimmt werden kann, geht aus Tz 24.1. des OECD-MK hervor, der mögliche Anknüpfungspunkte für den Fall nennt, dass in dem DBA keine dem Art 4 Abs 3 entspr Regelung enthalten ist und die Staaten die Ansässigkeit im gegenseitigen Einvernehmen festlegen. Dann soll eine Bestimmung nach dem üblichen Ort der Treffen des Vorstandes, dem Tätigkeitsort des Vorstandsvorsitzenden, dem Ort des Hauptsitzes, dem Gründungsstatut oder dem Aufbewahrungsort der Bücher erfolgen. Insb ist nicht ohne weiteres einleuchtend, dass eine Auffangklausel wie in Art 4 Abs 2 lit d, durch die die Staaten im gegenseitigen Einverständnis den Staat der Ansässigkeit festlegen können, fehlt. Dies führt dazu, dass Art 4 Abs 3 in vielen Fällen nicht zu einer Festlegung der Ansässigkeit führen kann. Zu einem solchen Ergebnis kommt es immer dann, wenn die tatsächliche Geschäftsleitung in einem Drittstaat liegt. Die Person kann dann trotzdem nach Art 4 Abs 1 in beiden Vertragsstaaten ansässig sein, wenn die (unbeschränkte) StPfl nach nationalem Recht an andere Merkmale geknüpft wird (zu der Frage, welche Merkmale dafür in Betracht kommen s Rn 25 ff). In den Änderungen zum MK 2008 wird einer einvernehmlichen Regelung bei Doppelansässigkeit bes Bedeutung beigemessen.[191]

120 Kann eine doppelte Ansässigkeit einer nicht natürlichen Person nicht durch Art 4 Abs 3 beseitigt werden, so kann ein **Verständigungsverfahren gem Art 25 Abs 3** eingeleitet werden (zu den einzelnen Voraussetzungen s Art 25 Rn 12 ff). Nach Art 25 Abs 3 S 1 können durch ein Verständigungsverfahren Schwierigkeiten, die bei der Anwendung des Abk entstehen, im gegenseitigen Einvernehmen beseitigt werden. Auch wenn diese Regelung grds Fälle erfasst, in denen verwaltungstechnische Fragen bei der Abwicklung der Besteuerung nach dem DBA zu klären sind, ist mE diese Regelung auch iF einer doppelten Ansässigkeit anwendbar. Auch die Bestimmung des abkommensrechtlichen Ansässigkeitsstaats ist eine Frage, in welcher Weise welcher Staat das DBA anzuwenden hat.

121 Art 4 Abs 3 ist stets dann anwendbar, wenn eine andere als eine natürliche Person iSd DBA doppelt ansässig ist. Der Anwendungsbereich ist daher nicht auf juristische Per-

191 Tz 24.1 MK zu Art 4 in der Neufassung 2008.

sonen beschränkt. Auch PersGes können von der Regelung erfasst sein. Voraussetzung ist nur, dass es sich um eine Person gem Art 3 Abs 1 lit a iSd Abk handelt, die auch in beiden Staaten ansässig ist. Somit werden alle Personen, die abkommensberechtigt sind und bei denen es sich nicht um natürliche Personen handelt, von der Regelung erfasst. Die Norm ist insoweit eine Auffangregelung.

II. Ort der tatsächlichen Geschäftsleitung

Gem Art 4 Abs 1 ist der Ort der Geschäftsleitung ein Merkmal, das die abkommensrechtliche Ansässigkeit begründet, wenn nach nationalem Recht daran eine StPfl geknüpft ist. Das Kriterium des Art 4 Abs 3 iRd *tie-breaker*-Regelung unterscheidet sich davon nur dadurch, dass nicht irgendein Ort der Geschäftsleitung maßgeblich ist, sondern sich an dem Ort die tatsächliche Geschäftsleitung befinden muss. Ein Unterschied kann sich auch daraus ergeben, dass der Begr des Ortes der Geschäftsleitung gem Art 4 Abs 1 nach nationalem Recht auszulegen ist (s dazu Rn 26), während der Begr in Art 4 Abs 3 autonom aus dem Abk heraus auszulegen ist.[192] Allerdings besteht in der praktischen Handhabung beider Begr bislang häufig kein großer Unterschied. Dies gilt insb dann, wenn wie nach dt Recht für die Bestimmung des Ortes der Geschäftsleitung auf die tatsächlichen Umstände abzustellen ist.[193] Teilw wird aus der Tatsache, dass es sich um die tatsächliche Geschäftsleitung handeln muss, geschlossen, dass es nur einen Ort der tatsächlichen Geschäftsleitung, aber mehrere Orte der Geschäftsleitung geben kann.[194] **122**

Der Ort der tatsächlichen Geschäftsleitung ergibt sich aus der Berücksichtigung aller Umstände im Einzelfall. Der OECD-MK definiert den Ort der tatsächlichen Geschäftsleitung bislang als Ort, an dem die maßgeblichen Management- und kaufmännischen Entsch, die für die Führung der Geschäfte notwendig sind, im Wesentlichen getroffen werden. Der Ort der tatsächlichen Geschäftsleitung werde gewöhnlich dort sein, wo die höchstrangige Person (zB Vorstand) ihre Entsch trifft, wo über die Maßnahmen, die von dem Rechtsträger als Ganzem getroffen werden müssen, entschieden wird.[195] Nach den vorgeschlagenen Änderungen zum OECD-MK entfällt der Verweis auf die höchstrangigen Personen. Entsch soll der Ort sein, wo die das Geschäft des Rechtsträgers im Ganzen betr Mangement- und kaufmännischen Entsch im Wesentlichen getroffen werden.[196] Eine grundlegende Neuorientierung dürfte damit allerdings nicht verbunden sein, weil die maßgeblichen Entsch, die den Rechtsträger als Ganzen betr regelmäßig von den höchsten Leitungsgremien getroffen werden. Auf die Tätigkeit des Rechtsträgers im Ganzen – wie es bspw der italienischen Besteuerungspraxis entspricht[197] – wird man wegen des Wortlauts nicht abstellen können. Die dt FinVerw orientiert sich an den Kriterien, die für den Ort der Geschäftsleitung iSd § 10 AO entwickelt wurden (s Rn 21 f). Die int Besteuerungspraxis ist vom Einfluss unterschiedlicher nationaler Rechtsordnungen geprägt. Für vom Commonwealth geprägt Steuerrechtsordnungen ergibt sich bspw eine Orientierung an dem Ort, wo die Versammlung der Leitungsgremien erfolgen.[198] **123**

192 *Vogel/Lehner* Art 4 MA Rn 263.
193 Ähnlich *Vogel/Lehner* Art 4 MA Rn 265.
194 Tz 24.1 MK zu Art 4; *Vogel/Lehner* Art 4 MA Rn 265.
195 Tz 24 MK zu Art 4.
196 Tz 24 MK zu Art 4 in der Neufassung 2008.
197 Vgl den Vorbehalt in Tz 25 MK zu Art 4.
198 Vgl *Jones* IBFD Tax Bulletin 2005, 20; *Burgstaller/Haslinger* Intertax 2004, 376.

E. Deutsche DBA

I. Allgemeines

124 Das MA ist ein Vorschlag, wie ein DBA zwischen zwei Staaten abgeschlossen werden kann. Es hat aber keine verbindliche Wirkung. Die Staaten verhandeln das konkrete DBA untereinander, wobei sie sich aber häufig (dies gilt insb für Deutschland) am MA orientieren. Teilw entsprechen die DBA aber auch mehr dem US-MA oder dem UN-MA (dies gilt insb für die dt DBA mit Entwicklungsländern). Da die einzelnen DBA ausgehandelt werden, enthalten sie häufig Abweichungen von dem MA. Teilw bestehen die Abweichungen nur in einer anderen Wortwahl, ohne inhaltlich vom MA abzuweichen. Teilw werden spezielle Regelungen getroffen, die den Besonderheiten des nationalen Steuerrechts der vertragsschließenden Staaten Rechnung tragen.

125 Aus dt Sicht können insb bei der Behandlung von PersGes abweichende Regelungen erforderlich sein. Aus diesem Grund hat Deutschland in Tz 32 OECD-MK einen Vorbehalt zu Art 4 bzgl der PersGes gemacht. Danach behält sich Deutschland vor, bei den einzelnen Abk eine Regelung aufzunehmen, nach der eine abkommensrechtlich nicht ansässige PersGes für Abkommenszwecke als im Ort ihrer tatsächlichen Geschäftsleitung ansässig gilt, soweit die Einkünfte aus dem Quellenstaat im Ansässigkeitsstaat der PersGes steuerpflichtig sind. Auch ein solcher Vorbehalt hat noch keine unmittelbare Wirkung für die einzelnen DBA. Nur wenn eine entspr Regelung in ein DBA aufgenommen worden ist, ist diese Bestimmung anzuwenden. Ein solcher Vorbehalt macht aber deutlich, dass die einzelnen DBA des Staates in diesem Punkt häufig von dem MA abweichen werden.

126 Im Nachfolgenden werden exemplarisch die wichtigsten Abweichungen in den dt DBA zum MA dargestellt. Dabei handelt es sich keinesfalls um eine abschließende Aufzählung.[199]

II. Wichtigste Abweichungen

127 **1. Ansässigkeit iSd Art 4 Abs 1.** Die Ansässigkeitsdefinition in Art 4 Abs 1 in den einzelnen DBA stimmt nur selten wörtlich mit dem Wortlaut des MA überein. **Inhaltlich** bestehen aber trotz des unterschiedlichen Wortlautes nur **selten grundlegende Abweichungen**. Im Folgenden werden kurz einige Abweichungen dargestellt.

128 **a) Australien.** Bei der Bestimmung der Ansässigkeit nach dem DBA mit Australien ist zu unterscheiden, ob die Ansässigkeit in Australien oder in Deutschland überprüft wird. Es gelten je nach (vermeintlichem) Ansässigkeitsstaat unterschiedliche Voraussetzungen. **Nicht unterschieden** wird dagegen **nach natürlichen und nicht natürlichen Personen**. Insoweit gelten die gleichen Kriterien für beide Personengruppen. Ob eine Person **in Deutschland ansässig** ist, richtet sich danach, ob sie in Deutschland unbeschränkt steuerpflichtig ist. Dies ist das einzige Kriterium für die abkommensrechtliche Ansässigkeit. Die abkommensrechtliche Ansässigkeit richtet sich daher ausschließlich nach den Vorschriften des nationalen Rechts über die unbeschränkte StPfl. Dies macht aus dt Sicht keinen großen materiellen Unterschied zu der Regelung des Art 4 Abs 1 des MA. Die in Art 4 Abs 1 MA genannten Kriterien des Wohnsitzes, des ständigen Aufenthalts oder des Ortes der Geschäftsleitung führen auch nach nationa-

199 Für eine solche s *Vogel/Lehner* Art 4 MA Rn 52.

lem dt Recht zu einer unbeschränkten StPfl. Ob eine Person **in Australien ansässig** ist, richtet sich in einem ersten Schritt nach dem nationalen australischen Recht. Ist nach dem nationalen Steuerrecht in Australien eine Person dort ansässig, so ist sie auch abkommensrechtlich in Australien ansässig, wenn keine der im DBA genannten Ausnahmen greift. Keine Ansässigkeit in Australien im abkommensrechtlichen Sinne liegt vor, wenn die Person in Australien nicht der Steuer unterliegt (Art 4 Abs 1a i DBA-Aus) oder in Australien nur mit Einkünften aus Australien besteuert wird (Art 4 Abs 1a ii DBA-Aus). Eine Art 4 Abs 1 S 2 MA entspr Beschränkung enthält das DBA nicht. Eine solche ist auch nicht notwendig, da Voraussetzung für die Ansässigkeit die unbeschränkte StPfl ist. Auch eine Regelung über die Ansässigkeit von Gebietskörperschaften der Staaten enthält das DBA nicht.

b) Belgien. Das DBA-B enthält in Art 4 Abs 1 HS 1 die gleiche Regelung wie das 129
MA. Es enthält daneben aber noch eine Erweiterung für **PersGes** und Partnereedereien. Gem Art 4 Abs 1 HS 2 DBA-B sind auch eine OHG, KG oder eine Partnerreederei, die nach dt Recht errichtet sind, in Deutschland ansässig, wenn sich ihre tatsächliche Geschäftsleitung in Deutschland befindet. Damit werden auch bestimmte PersGes in den Abkommensschutz mit einbezogen. Nicht erfasst wird aber zB die GbR. Ungeklärt ist, ob für einen Abkommensschutz weitere Voraussetzung ist, dass auch die Mitunternehmer selbst abkommensberechtigt sind.[200] Zudem richtet sich die Ansässigkeit – anders als bei KapGes – nicht nach dem Ort der Geschäftsleitung, sondern nach dem Ort der tatsächlichen Geschäftsleitung. Dieser ist für Körperschaften das entscheidende Kriterium für die Auflösung der doppelten Ansässigkeit. IdR kann es daher bei den genannten PersGes nicht zu einer doppelten Ansässigkeit kommen. Auch belgische PersGes können nach dem DBA in einem Staat ansässig sein. Ebenso bleiben Körperschaften abkommensrechtlich ansässig, wenn sie für eine transparente Besteuerung optiert haben. Auch in diesem Fall greift Art 4 Abs 1 HS 2 DBA-B. Ausgenommen davon sind allerdings die AG und KGaA nach belgischem Recht. Eine Sonderregelung für See- und Binnenschifffahrt enthält Art 4 Abs 4 DBA-B, wenn sich der Ort der tatsächlichen Geschäftsleitung eines solchen Unternehmens auf einem Schiff befindet. In diesem Fall gilt der Vertragsstaat als Ansässigkeitsstaat, in dem der Hauptunternehmer ansässig ist. Für dessen Ansässigkeit ist wieder auf die allg Definition des Art 4 Abs 1 DBA-B zurückzugreifen. Eine Regelung über die Ansässigkeit der Gebietskörperschaften der vertragsschließenden Staaten enthält das DBA nicht.

c) Irland. Das DBA mit Irland enthält keinen eigenen Artikel mit Regelungen über 130
die abkommensrechtliche Ansässigkeit. Die Ansässigkeitsdefinition ist in den allg Definitionsartikel mit einbezogen (Art 2 Abs 1d DBA-Irl). Eine Person ist danach in Irland ansässig, wenn sich die Ansässigkeit aus dem nationalen irischen Steuerrecht ergibt und zusätzlich die Person weder ihren Wohnsitz noch ihren gewöhnlichen Aufenthalt in Deutschland hat. Damit kann eine Person nur dann **in Irland ansässig** sein, wenn sie nicht in Deutschland unbeschränkt steuerpflichtig ist. Das irische Besteuerungsrecht tritt insofern hinter das dt Besteuerungsrecht zurück. Umgekehrt ist eine Person abkommensrechtlich **in Deutschland ansässig**, wenn sie ihren Wohnsitz oder gewöhnlichen Aufenthalt in Deutschland hat (dh in Deutschland unbeschränkt steuerpflichtig ist) und nicht in Irland ansässig ist. Hier tritt das dt Besteuerungsrecht hinter das irische zurück. Da beide Besteuerungsbefugnisse zueinander subsidiär sind, kann

200 So *Wassermeyer* IStR 2011, 85 f.

eine **doppelte Ansässigkeit** nicht geregelt werden. Ist eine Person sowohl in Deutschland auf Grund ihres dortigen Wohnsitzes unbeschränkt steuerpflichtig, als auch in Irland ansässig, so ist sie doppelt ansässig. Einerseits hätte das irische Besteuerungsrecht zurückzutreten (die Person hat ihren Wohnsitz in Deutschland), andererseits müsste aber auch das dt Besteuerungsrecht zurücktreten (Die Person ist in Irland nach nationalem Recht ansässig). Eine Regelung zur Lösung dieses Konflikts besteht nicht. Die Dbest wird im Wege der Anrechnung der irischen Steuer auf die dt Steuer vermieden (Art 22 Abs 2 lit b DBA-Irl). Faktisch wird damit Irland als der Quellenstaat angesehen, dessen Steuer von **Deutschland als faktischer Ansässigkeitsstaat** anzurechnen ist.

131 Auch wenn sich die Regelung des (Art 2 Abs 1d ii DBA-Irl) auf alle Personen iSd Abk bezieht, werden faktisch nur natürliche Personen erfasst. Für Ges besteht eine Sonderregelung für die Bestimmung der Ansässigkeit. Für **irische Ges** ist erforderlich, dass sie ihre Geschäftsleitung in Irland haben (Art 2 Abs 1d iii DBA-Irl). Bei **dt Ges** ist es ausreichend, wenn sie entweder ihren Sitz oder ihre Geschäftsleitung im Inland haben (Art 2 Abs 1d iv DBA-Irl). Damit werden die abkommensrechtlichen Vorschriften an das jeweilige nationale Recht angepasst. Für irische Ges besteht zudem die Besonderheit, dass sie auch dann mit der irischen *corporation tax* besteuert werden können, wenn sie nur ihren Sitz in Irland haben. Voraussetzung für die Besteuerung ist, dass ihre Geschäftsleitung in einem Drittstaat und nicht in Deutschland liegt. Regelungen für die Ansässigkeit der Gebietskörperschaften der vertragsschließenden Staaten enthält das DBA nicht.

132 **d) Italien.** Art 4 Abs 1 DBA-I ist wortgleich dem MA nachgebildet. Es scheinen daher keine Abweichungen zum MA zu bestehen. Allerdings enthält das **Prot** zum DBA-I in Abs 2 eine **Sonderregelung für PersGes**. Danach können auch PersGes in einem Vertragsstaat ansässig sein. Damit erhalten sie den vollen Abkommensschutz. Eine PersGes kann in zwei Fällen in einem Vertragsstaat ansässig sein. Die Ansässigkeit kann sich auf das Gründungsstatut stützen. Abkommensrechtlich gilt eine PersGes auch dann in einem Vertragsstaat als ansässig, wenn sich der Hauptgegenstand ihrer Tätigkeit in einem Vertragsstaat befindet. Diese Ansässigkeitsfiktion bezieht sich nur auf die Personengesellschaft und nicht auf ihre Gesellschafter.[201] Nicht erforderlich ist, dass eine StPfl der PersGes in dem abkommensrechtlichen Ansässigkeitsstaat besteht. Abs 2 des Prot zum DBA-I ersetzt die Voraussetzungen des Art 4 Abs 1 DBA-I für den Fall einer PersGes. Nicht geregelt ist allerdings der Fall, dass nach dieser Vorschrift eine PersGes doppelt ansässig ist. Es besteht für diesen Fall keine tie-breaker-Regelung. Vertretbar erscheint es aber auch in diesem Fall die **tie-breaker-Regelung für juristische Personen** (Art 4 Abs 3 DBA-I) anzuwenden, wonach der Ort der tatsächlichen Geschäftsleitung entscheidend ist.[202] Eine Regelung über die Ansässigkeit der Gebietskörperschaften der vertragsschließenden Staaten enthält das DBA nicht.

133 **e) Luxemburg und die Niederlande.** Das DBA-Lux und das DBA-NL sind bzgl der Vorschriften über die Ansässigkeit sehr ähnlich (teilw wortgleich), so dass eine gemeinsame Betrachtung möglich ist. Das jeweilige DBA definiert – anders als das MA – nicht die Ansässigkeit, sondern legt fest, unter welchen Voraussetzungen eine

201 *BFH* BStBl V 2009, 953.
202 Ebenso *Debatin/Wassermeyer* DBA Italien Rn 19.

Person einen Wohnsitz in einem Staat hat. Dies hat in der Praxis aber keine Auswirkungen. Gem Art 3 Abs 1 Nr 5 DBA wird ein Unternehmen eines Vertragsstaats nicht nach der Ansässigkeit des Unternehmens, sondern nach dem Wohnsitz festgelegt. Auch in den anderen Vorschriften des DBA wird nicht auch die Ansässigkeit, sondern auf den Wohnsitz abgestellt. Faktisch wird in dem DBA der **Begr der Ansässigkeit nur durch den Begr des Wohnsitzes ersetzt**. Eine dem Art 4 Abs 1 S 2 MA entspr Regelung enthalten die DBA nicht. Ebenso fehlt eine Regelung über die Ansässigkeit der Gebietskörperschaften der vertragsschließenden Staaten.

Der Begr Wohnsitz wird dabei sowohl für natürliche Personen als auch f#r Ges verwendet. Für die natürliche Person übernimmt das DBA (fast) wortgleich die nationale Definition des Wohnsitzes in § 8 AO (Art 3 Abs 1 DBA). Für Ges wird der Wohnsitz als der Ort der Leitung definiert (Art 3 Abs 5 S 1 DBA). Der Ort der Leitung wird in Art 3 Abs 6 DBA definiert als der Ort der geschäftlichen Oberleitung. Diese Definition ist wortgleich mit der Definition der Geschäfsleitung nach nationalem dt Recht (§ 10 AO). Damit wird der Wohnsitz einer Ges grds als der Ort der Geschäftsleitung definiert. Eine Erg besteht für Schifffahrtsunternehmen (Art 3 Abs 5 S 2 DBA). Befindet sich der Ort der Leitung bei einem solchen Unternehmen an Bord eines Schiffes, so bestimmt sich die Ansässigkeit nach dem Ort des Heimathafens des Schiffes. 134

f) Russische Föderation. Das DBA mit der russischen Föderation stimmt bzgl der Ansässigkeit von natürlichen Personen mit dem MA überein (Art 4 Abs 1 DBA-Rus). Anknüpfungspunkte sind der Wohnsitz, der ständige Aufenthalt oder ein ähnliches Merkmal. Abweichungen bestehen aber bzgl der Bestimmung der Ansässigkeit von juristischen Personen. Ein Kriterium für die Ansässigkeit kann nicht nur der Ort der Geschäftsleitung oder ein ähnliches Kriterium sein (wie im MA vorgesehen), sondern darüber hinaus auch der **Ort der Gründung durch Registrierung**. Die Ansässigkeit durch die Registrierung der Ges in einem Staat musste zusätzlich aufgenommen werden, da es sich dabei nicht um ein ähnliches Kriterium iSd Vorschrift handelt. Die Registrierung stellt einen bloßen rechtlichen Anknüpfungspunkt dar, der kein den anderen Merkmalen vergleichbares tatsächliches Element enthält. Durch die Registrierung an sich wird keine bes örtliche Verbindung zum abkommensrechtlichen Ansässigkeitsstaat geschaffen. Dieses zusätzliche Kriterium führt zu einer erhöhten Gefahr einer doppelten Ansässigkeit. Eine Regelung über die Ansässigkeit der Gebietskörperschaften der vertragsschließenden Staaten enthält das DBA dagegen nicht. 135

g) Schweiz. Art 4 Abs 1 DBA-CH enthält eine eigene, von dem Wortlaut des MA abweichende Definition der Ansässigkeit.[203] Die Ansässigkeit ist nicht an bestimmte, im DBA aufgezählte Kriterien geknüpft, sondern **einzig an die unbeschränkte StPfl** in dem jeweiligen Staat. Damit kommt es darauf an, ob die Person die Voraussetzungen, die nach nationalem Recht für die unbeschränkte StPfl bestehen, erfüllt. Es wird damit vollständig auf das nationale Recht der vertragsschließenden Staaten abgestellt. Die unbeschränkte StPfl muss dabei nicht die Besteuerung mit dem Welteinkommen der Person in diesem Staat bedeuten. In der Schweiz werden unilateral bestimmte, im Ausland erzielte Einkünfte (insb Einkünfte aus ausl Betriebsstätten) ausgenommen. 136

---

203 Vgl *Milatz/Weist* IWB 2011, 408.

Trotzdem liegt eine unbeschränkte StPfl nach nationalem Recht vor. Eine dem Art 4 Abs 1 S 2 MA entspr Regelung enthält das DBA-CH in abgewandelter Form. Nicht als ansässig gilt gem Art 4 Abs 6 DBA-CH eine Person, die nicht mit allen nach dem jeweiligen Steuerrecht des betr Staates allg steuerpflichtigen Einkünften aus dem anderen Vertragsstaat den allg erhobenen Steuern unterliegt. Unschädlich ist aber, wenn ein bes Steuersatz auf die Einkünfte aus der Schweiz angewendet wird (sog modifizierte Aufwandsbesteuerung). Damit soll Personen die Abkommensvergünstigungen versagt werden, die in der Schweiz einer bes (geringeren) Aufwandsbesteuerung unterliegen. Das DBA mit der Schweiz ist insoweit an die Besonderheiten des Schweizer Steuerrechts angepasst.

137 Für das DBA mit der Schweiz ist zudem klargestellt, dass eine StPfl gem § 1 Abs 3 EStG nicht zu einer unbeschränkten StPfl iSd DBA führt.[204] Es wird nicht das Welteinkommen besteuert, sondern nur die in Deutschland der beschränkten StPfl unterliegenden Einkünfte. Damit handelt es sich nach dt Recht um eine Sonderform der beschränkten StPfl, aber nicht um eine unbeschränkte StPfl. Darin unterscheidet sich die StPfl gem § 1 Abs 3 EStG von der StPfl gem § 1 Abs 2 EStG, bei der es sich um eine unbeschränkte StPfl handelt (s ausf dazu Rn 31).

138 **h) USA.** Der Wortlaut des Art 4 Abs 1 DBA-USA entspricht weitgehend dem MA. Allerdings wird als Kriterium für die Ansässigkeit von Körperschaften auch der **Ort der Gründung** als ausreichend angesehen. Ergänzt wird der Art aber durch das Prot zum DBA.[205] In Nr 2 lit a des Prot besteht eine Sonderregelung für natürliche Personen, die nach dem Abk gem Art 4 Abs 1 DBA-USA in den USA ansässig wären. Voraussetzung für Ansässigkeit von Personen, die auf Grund der Staatsbürgerschaft der USA oder als Inhaber einer *Greencard* in den USA unbeschränkt steuerpflichtig sind, ist, dass sie in den USA einen längeren Aufenthalt nehmen oder dort eine ständige Wohnstätte oder einen gewöhnlichen Aufenthalt haben. Damit reicht alleine die rechtliche Anknüpfung (Staatsangehörigkeit, *Greencard*) für die abkommensrechtliche Ansässigkeit nicht aus. Erforderlich ist auch eine tatsächliche, örtliche Verbindung zu den USA, die durch den längeren Aufenthalt, die ständige Wohnstätte oder den gewöhnlichen Aufenthalt hergestellt wird.

139 Zudem enthält Nr 2 lit b des Prot eine **Sonderregelung für Investmentvermögen**. Allerdings bezieht sich diese Regelung für Deutschland nur auf Investmentfonds und InvestmentaktienGes. Nicht erfasst wird ein dt REIT. Diese Investmentvermögen gelten als in Deutschland ansässig, wenn auf sie das InvG anwendbar ist. Damit stellt sich die Frage der Ansässigkeit für diese steuerbefreiten Anlagevermögen nicht. Im Gegenzug gelten amerikanische *Regulated Investment Companies* (RIC) und *Real Estate Investment Trusts* (REIT) als in den USA ansässig. Auch mit dieser Regelung wird das Problem beseitigt, ob solche steuerbefreiten Ges in einem Staat ansässig iSd DBA sein können (s ausf zu diesem Problem Rn 48 ff).

140 **2. Tie-breaker-Regelung iSd Art 4 Abs 2.** Auch die tie-breaker-Regelung für natürliche Personen weicht von ihrem Wortlaut häufig von Art 4 Abs 2 MA ab. Allerdings ergeben sich **inhaltlich häufig keine Änderungen**. Allerdings wird in einigen DBA, die Deutschland abgeschlossen hat, die Staatsangehörigkeit nicht als Kriterium zur Auflö-

---

204 *BMF* DB 2000, 354.
205 BGBl II 2006, 1186.

sung einer doppelten Ansässigkeit genannt.[206] Im Folgenden werden einige wichtige Abweichungen aus der dt Abkommenspraxis exemplarisch dargestellt.

a) Australien. Nach Art 4 Abs 2 DBA-Aus ist iF einer doppelten Ansässigkeit einer natürlichen Person zunächst – wie auch nach dem MA – auf die ständige Wohnstätte abzustellen. Kann damit der Konflikt nicht gelöst werden, ist der gewöhnliche Aufenthalt maßgeblich. Anders als nach dem MA ist der Mittelpunkt der Lebensinteressen erst in einem nächsten Schritt zu berücksichtigen. Nicht entscheidend ist dagegen die Staatsangehörigkeit. Auch eine Regelung im gegenseitigen Einvernehmen ist im DBA-Aus nicht vorgesehen. **141**

b) Belgien. Die tie-breaker-Regelung gem Art 4 Abs 2 DBA-B für natürliche Personen entspricht grds dem MA. Allerdings enthält sie in Art 4 Abs 2 Nr 5 DBA-B eine Sonderregelung für Angestellte im int Beförderungsverkehr und Schiffsführer in der Binnenschifffahrt. Die ständige Wohnstätte, der Mittelpunkt der Lebensinteressen, der gewöhnliche Aufenthalt und die Staatsangehörigkeit können in diesen Fällen nicht als Kriterium zur Bestimmung der Ansässigkeit herangezogen werden. Diese Kriterien werden durch die in Art 4 Abs 2 Nr 5 DBA-B genannten Aspekte ersetzt. Art 4 Abs 2 Nr 5 lit a DBA-B gilt nur für Lohn- und Gehaltsempfänger und damit für angestellte Arbeitnehmer. Des Weiteren müssen sie auf einem im int Verkehr betriebenen Beförderungsmittel beschäftigt sein. Damit werden nicht nur Arbeiter auf Schiffen, Flugzeugen uÄ erfasst, sondern Mitarbeiter auf jeder Art von Beförderungsmittel. Voraussetzung ist, dass sich auf diesem Beförderungsmittel die ständige Wohnstätte der Person befindet. Die Person darf daneben keine weitere ständige Wohnstätte haben. Sind diese Voraussetzungen erfüllt, so gilt die Person als dort ansässig, wo sich der Ort der tatsächlichen Geschäftsleitung des Unternehmens befindet, das das Beförderungsmittel betreibt. Dieser Ort der tatsächlichen Geschäftsleitung ist nach den in Art 1 Abs 1, Abs 3 DBA-B zu bestimmen. Eine Sonderregelung enthält zudem Art 4 Abs 6 DBA-B. **142**

Für Schiffsführer, die auf einem Binnenschiff tätig sind und deren Wohnstätte sich an Bord dieses Schiffes befindet, besteht in Art 4 Abs 2 Nr 5 lit b DBA-B eine Sonderregelung. Der Ansässigkeitsstaat bestimmt sich in diesem Fall nach der Staatsangehörigkeit des Schifffführers. Voraussetzung ist allerdings, dass die Person keine andere Wohnstätte als an Bord des Binnenschiffes hat. **143**

c) Irland. Das DBA mit Irland enthält **keine tie-breaker-Regelung**. IF einer doppelten Ansässigkeit ist daher die entstehende Dbest durch eine **Anrechnung der irländischen Steuer** in Deutschland gem Art 22 Abs 2 lit b DBA-Irl zu beseitigen.[207] **144**

d) Japan. Das DBA mit Japan enthält keine **tie-breaker-Regelung**. Der Ansässigkeitsstaat ist iF einer doppelten Ansässigkeit durch **gegenseitiges Einvernehmen** zu bestimmen. Eine andere Möglichkeit besteht nicht. Japan sieht dabei einen Steuerpflichtigen, der aus beruflichen Gründen Japan für voraussichtlich mehr als einem Jahr verlässt, als nicht mehr in Japan ansässig an.[208] Dies gilt auch dann, wenn die Familie weiterhin in Japan lebt, was nach den allgemeinen Grundsätzen für einen **145**

---

206 S für eine vollständige Übersicht *Vogel/Lehner* Art 4 MA Rn 220.

207 Zur Frage der Anrechnung der irischen Capital Gains Tax bei doppelt Ansässigen s FM NRW S 2293 – 1/55 – V C 1.

208 Vgl *BMF* IV B 4 – S 1304 JAPAN-6/02.

Wohnsitz und damit eine Ansässigkeit in Japan sprechen würde. Der Steuerpflichtige ist danach ausschließlich in Deutschland und nicht mehr in Japan ansässig. Dies gilt selbst für die Rückkehrtage nach Japan. Insoweit lebt die unbeschränkte Steuerpflicht in Japan nicht wieder auf.

146 **e) Luxemburg und die Niederlande.** Das DBA mit Luxemburg und den Niederlanden stellt nicht auf die Ansässigkeit des StPfl ab, sondern legt fest, unter welchen Umständen eine Person einen Wohnsitz in einem der Vertragsstaaten hat. Dem entspr beziehen sich die anderen Abkommensvorschriften auch nicht auf die Ansässigkeit des StPfl, sondern auf dessen Wohnsitz. Voraussetzung für einen Wohnsitz ist eine Wohnung in dem fraglichen Staat. Hat der StPfl keine Wohnung, so ist auf den gewöhnlichen Aufenthalt abzustellen (Art 3 Abs 2 DBA). Der gewöhnliche Aufenthalt ist definiert durch einen Aufenthalt in einem Staat, aus dessen Umständen erkennbar ist, dass die Person in dem Staat nicht nur vorübergehend verweilt. Dies entspricht der Definition nach dt Steuerrecht gem § 9 S 1 AO. Lässt sich auch der Staat des gewöhnlichen Aufenthalts nicht bestimmen, so ist auf den Mittelpunkt der Lebensinteressen abzustellen. Diese Regelung gilt allerdings nur für die Verteilungsartikel (Art 4–19 DBA), nicht aber für den Methodenartikel (Art 20 DBA), das Gleichbehandlungsgebot (Art 25 DBA) ua. Die Definition des Mittelpunkts der Lebensinteressen entspricht dabei der Definition im MA (dazu so Rn 105 ff). Kann auch damit kein Ansässigkeitsstaat festgestellt werden, so kommt es zu einem Verständigungsverfahren gem Art 26 DBA (Art 3 Abs 3 S 2 DBA).

147 **f) Schweiz.** Die tie-breaker-Regelung für natürliche Personen in Art 4 Abs 2 DBA-CH entspricht der Regelung des MA. Allerdings **enthält Art 4 Abs 3 DBA-CH ein bes Besteuerungsrecht**, wenn nach der tie-breaker-Regelung die Person als in der Schweiz ansässig gilt. Diese Regelung gilt allerdings nur, wenn die Person in Deutschland eine ständige Wohnstätte hat (implizit setzt dies auch eine ständige Wohnstätte in der Schweiz voraus, da anderenfalls die Person als in Deutschland ansässig gilt) oder einen gewöhnlichen Aufenthalt von mindestens sechs Monaten im Kj. Um als in der Schweiz ansässig zu gelten, wird die Person idR ihren Mittelpunkt der Lebensinteressen in der Schweiz haben. In diesem Fall darf Deutschland die Person – unabhängig von den Vorschriften des DBA – der unbeschränkten StPfl unterwerfen. Im Gegenzug ist Deutschland aber verpflichtet, die dadurch entstehende Dbest zu vermeiden. Dies erfolgt in den Fällen des Art 24 Abs 1 Nr 1 DBA-CH durch Freistellung der Einkünfte, in den anderen Fällen durch Anrechnung.

148 **3. Tie-breaker-Regelung iSd Art 4 Abs 3.** Die Regelungen in den dt DBA bzgl der Bestimmung des abkommensrechtlichen Ansässigkeitsstaates bei doppelt ansässigen nicht natürlichen Personen entsprechen in vielen Fällen der Regelung des Art 4 Abs 3.[209] Allerdings enthalten **einige DBA keine tie-breaker-Regelung** für Ges. Teilw sind auch zusätzliche Sonderregelungen für PersGes aufgenommen. Nachfolgend werden einige wichtige Abweichungen aus der dt Abkommenspraxis exemplarisch dargestellt.

149 **a) Frankreich.** Das DBA mit Frankreich enthält als einziges Kriterium zur Bestimmung der abkommensrechtlichen Ansässigkeit iF doppelt ansässiger Ges den **Ort der tatsächlichen Geschäftsleitung** (s zu diesem Begr o Rn 119). Bei dem Ort der tatsächlichen Geschäftsleitung wird es sich idR um den Ort der Geschäftsleitung iSd § 10 AO

209 S für eine vollständige Übersicht *Vogel/Lehner* Art 4 MA Rn 290.

handeln. Der Gleichklang zwischen dem Ort der Geschäftsleitung gem § 10 AO und dem Ort der tatsächlichen Geschäftsleitung iSd Art 2 Abs 1 Nr 4 lit c DBA-F wird insb dadurch deutlich, dass Art 2 Abs 1 Nr 5 DBA-F den Ort der tatsächlichen Geschäftsleitung als Ort definiert, an dem sich der Mittelpunkt der geschäftlichen Oberleitung befindet. Dies entspricht Wortgleich der Definition des § 10 AO für den Ort der Geschäftsleitung. Zu beachten ist allerdings, dass Art 2 Abs 1 Nr 5 DBA-F abkommensrechtlich auszulegen ist, während § 10 AO nach nationalem dt Steuerrecht auszulegen ist.

Indem in Art 2 Abs 1 Nr 4 lit c DBA-F auf den Ort der tatsächlichen Geschäftsleitung abgestellt wird, scheint die abkommensrechtliche Ansässigkeit in einem Staat festgelegt werden zu können. Allerdings gibt es auch Fälle – zB wenn kein handlungsfähiges Organ mehr besteht – in denen kein Ort der Geschäftsleitung besteht. Zudem kann der Fall eintreten, dass zwar ein Ort der tatsächlichen Geschäftsleitung besteht, dieser aber nicht in einem der vertragsschließenden Staaten liegt, sondern in einem Drittstaat. Auch in diesem Fall kann die Ansässigkeit für Zwecke des DBA mit Frankreich nicht bestimmt werden. Kann die abkommensrechtliche Ansässigkeit nicht an Hand des Ortes der tatsächlichen Geschäftsleitung bestimmt werden, so sieht das DBA-F **keine weiteren Kriterien** zu Bestimmung der abkommensrechtlichen Ansässigkeit vor. Eine Fiktion, wie in anderen DBA, dass in einem solchen Fall die Ges als nicht in einem Vertragsstaat ansässig ist und damit nicht abkommensberechtigt ist, enthält das DBA-F nicht. Damit bleibt die Ges doppelt ansässig. Dieser Konflikt kann nur im Rahmen eines Verständigungsverfahrens gem Art 25 Abs 3 DBA-F gelöst werden (zur Anwendung dieser Norm auf Fälle einer doppelt ansässigen Person so Rn 115 ff). **150**

Das DBA mit Frankreich enthält in Art 2 Abs 1 Nr 4 lit c S 2 DBA-F eine **Sonderregelung für PersGes**. Daraus wird deutlich, dass auch eine PersGes iSd DBA ansässig und damit abkommensberechtigt sein kann. Diese Regelung rechtfertigt sich dadurch, dass das DBA auch auf die Gewerbesteuer anwendbar ist (Art 1 Abs 1 DBA-F). Der Gewerbesteuer unterliegen aber nicht die einzelnen Mitunternehmer, sondern die jeweilige PersGes. Die abkommensrechtliche Ansässigkeit von PersGes wird ebenso wie bei einer KapGes nach dem Ort der tatsächlichen Geschäftsleitung bestimmt. Insofern ergeben sich keine Unterschiede. **151**

b) Luxemburg. Die abkommensrechtliche Ansässigkeit bestimmt sich im DBA mit Luxemburg nach dem Ort der Leitung der KapGes (Art 3 Abs 5 S 1 DBA-Lux), der als der **Mittelpunkt der geschäftlichen Oberleitung** definiert ist (Art 3 Abs 6 S 1 DBA-Lux). Dies entspricht der Definition des § 10 AO für den Ort der Geschäftsleitung. Insofern stimmen beide Begr idR überein. Da es nur einen Ort des Mittelpunktes der geschäftlichen Oberleitung geben kann, kann die abkommensrechtliche Ansässigkeit bestimmt werden, soweit sich dieser Ort in einem der Vertragsstaaten befindet. Ist dies nicht der Fall, weil zB sich der Mittelpunkt der geschäftlichen Oberleitung in einem Drittstaat befindet, ist gem Art 3 Abs 5 S 2 DBA-Lux der Ort des Sitzes maßgebend. Da nur ein Sitz einer KapGes möglich ist, lässt sich durch dieses Kriterium der abkommensrechtliche Ansässigkeitsstaat bestimmen. Die Situation, dass sich sowohl der Mittelpunkt der geschäftlichen Oberleitung als auch der Sitz in einem Drittstaat befindet, wird in der Praxis nicht vorkommen. In einem solchen Fall wird die KapGes nicht in beiden Staaten unbeschränkt steuerpflichtig sein. Eine solche unbeschränkte StPfl ist aber Voraussetzung für die abkommensrechtliche Ansässigkeit. **152**

153 Für Schifffahrtsunternehmen enthält Art 3 Abs 6 S 2 DBA-Lux eine Sonderregelung, sofern sich der Ort der Leitung an Bord eines Schiffes befindet. In einem solchen Fall wird als Ort der Leitung der Ort des Heimathafens des Schiffes fingiert. Liegt dieser in einem Drittstaat, so ist gem Art 3 Abs 5 S 2 DBA-Lux auf den Ort des Sitzes der KapGes abzustellen. Insoweit bestehen keine Sonderregelungen.

154 **c) Schweiz.** Für die abkommensrechtliche Bestimmung des Ansässigkeitsstaates iF einer doppelt ansässigen Ges stellt Art 4 Abs 8 S 1 DBA-CH auf den Mittelpunkt der tatsächlichen Geschäftsleitung ab. Die Regelung entspricht damit dem MA. Art 4 Abs 8 S 2 DBA-CH konkretisiert durch eine Negativabgrenzung die Voraussetzungen dafür, wann ein Mittelpunkt der tatsächlichen Geschäftsleitung angenommen werden kann. Ein Mittelpunkt der tatsächlichen Geschäftsleitung wird danach nicht alleine durch eine Beteiligung begründet. Zudem ist nicht ausreichend, dass konzernleitende Entsch getroffen werden. Damit liegt der Ort des Mittelpunktes der tatsächlichen Geschäftsleitung nicht zwangsläufig in dem Ansässigkeitsstaat des Anteilseigners oder der Konzernmutter. Da der Mittelpunkt der tatsächlichen Geschäftsleitung definiert ist als der Ort, an dem die für das Tagesgeschäft maßgeblichen Entsch getroffen werden, führt schon auf Grund dieser Definition die bloße Beteiligung nicht zur abkommensrechtlichen Ansässigkeit iSd Art 4 Abs 8 S 1 DBA-CH. Auch konzernleitende Entsch führen nicht zu einer Ansässigkeit idS, da darin keine Entsch über das Tagesgeschäft getroffen werden. Die Negativabgrenzung hat daher nur klarstellenden Charakter.[210]

155 **d) USA.** Das DBA mit den USA enthält zwar in Art 3 Abs 3 DBA-USA eine Regelung zur Bestimmung der abkommensrechtlichen Ansässigkeit bei doppelt ansässigen Ges. Allerdings werden dort **keine Kriterien** genannt, nach denen die Ansässigkeit zu bestimmen ist. Der Ansässigkeitsstaat soll im Einvernehmen der zuständigen Behörden bestimmt werden. Welche Kriterien diese bei der Bestimmung anzuwenden haben, ist nicht geregelt. IdR wird aber auch in diesem Fall dem Ort der tatsächlichen Geschäftsleitung erhebliche Bedeutung zukommen. Es ist aber nicht ausgeschlossen, dass auch oder ausschließlich andere Kriterien zur Anwendung kommen. Art 3 Abs 3 DBA-USA enthält keine Pflicht der zuständigen Behörden, sich auf einen abkommensrechtlichen Ansässigkeitsstaat zu einigen.

156 Einigen sich die zuständigen Behörden nicht auf einen Ansässigkeitsstaat, so bleibt es nicht bei der Ansässigkeitsdefinition des Abs 1. Einer solchen fehlenden Einigung soll gleich gesetzt sein, wenn kein Verständigungsversuch unternommen worden ist.[211] Kann die abkommensrechtliche Ansässigkeit nicht bestimmt werden, so ist die Ges nicht, wie es Abs 1 vorsieht, in beiden Staaten ansässig. Um zu verhindern, dass sich der StPfl gg beiden Vertragsstaaten auf den Abkommensschutz (insb die Anwendung der Methoden zur Vermeidung der Dbest) beruft, wird der StPfl als in keinem Ansässigkeitsstaat ansässig angesehen (Art 3 Abs 3 S 2 DBA-USA). Damit liegt es faktisch in der Hand jedes Vertragsstaates, ob er dem jeweiligen doppelt ansässigen StPfl die Abkommensberechtigung gewährt. In der Praxis ist es daher bes wichtig, eine doppelte Ansässigkeit von Ges zu vermeiden. Die Tatsache, dass sich die zuständigen Behörden nicht einigen können, kann daher zu erheblichen Nachteilen für den StPfl führen. Ist der StPfl in beiden Staaten ansässig, unterliegt er auch in beiden Staaten

210 *Debatin/Wassermeyer* Art 4 DBA-CH Rn 249.
211 *Vogel/Lehner* Art 4 MA Rn 292.

uneingeschränkt der unbeschränkten StPfl. Eine solche unbeschränkte StPfl ist gerade Voraussetzung für die abkommensrechtliche Ansässigkeit. Eine damit zwangsläufig verbundene Dbest kann nur durch die Anwendung der im nationalen Recht vorgesehenen Methoden zur Vermeidung der Dbest erfolgen. In der Praxis kann dies aus dt Sicht zu Problemen führen, da gem § 26 KStG iVm § 34c EStG nur eine ausl Steuer angerechnet werden kann, wenn diese um einen eventuell bestehenden Ermäßigungsanspruch gekürzt ist. Ein solcher Ermäßigungsanspruch kann sich auch daraus ergeben, dass im Ausland die dt Steuer anzurechnen ist.

Art. 5 Betriebstätte

(1) Im Sinne dieses Abkommens bedeutet der Ausdruck „Betriebstätte" eine feste Geschäftseinrichtung, durch die die Geschäftstätigkeit eines Unternehmens ganz oder teilweise ausgeübt wird.

(2) Der Ausdruck „Betriebstätte" umfasst insbesondere:

a) einen Ort der Leitung,
b) eine Zweigniederlassung,
c) eine Geschäftsstelle,
d) eine Fabrikationsstätte,
e) eine Werkstätte und
f) ein Bergwerk, ein Öl- oder Gasvorkommen, einen Steinbruch oder eine andere Stätte der Ausbeutung von Bodenschätzen.

(3) Eine Bauausführung oder Montage ist nur dann eine Betriebstätte, wenn ihre Dauer zwölf Monate überschreitet.

(4) Ungeachtet der vorstehenden Bestimmungen dieses Artikels gelten nicht als Betriebstätten:

a) Einrichtungen, die ausschließlich zur Lagerung, Ausstellung oder Auslieferung von Gütern oder Waren des Unternehmens benutzt werden;
b) Bestände von Gütern oder Waren des Unternehmens, die ausschließlich zur Lagerung, Ausstellung oder Auslieferung unterhalten werden;
c) Bestände von Gütern oder Waren des Unternehmens, die ausschließlich zu dem Zweck unterhalten werden, durch ein anderes Unternehmen bearbeitet oder verarbeitet zu werden;
d) eine feste Geschäftseinrichtung, die ausschließlich zu dem Zweck unterhalten wird, für das Unternehmen Güter oder Waren einzukaufen oder Informationen zu beschaffen;
e) eine feste Geschäftseinrichtung, die ausschließlich zu dem Zweck unterhalten wird, für das Unternehmen andere Tätigkeiten auszuüben, die vorbereitender Art sind oder eine Hilfstätigkeit darstellen;
f) eine feste Geschäftseinrichtung, die ausschließlich zu dem Zweck unterhalten wird, mehrere der unter den Buchstaben a bis e genannten Tätigkeiten auszuüben, vorausgesetzt, dass die sich daraus ergebende Gesamttätigkeit der festen Geschäftseinrichtung vorbereitender Art ist oder eine Hilfstätigkeit darstellt.

(5) Ist eine Person – mit Ausnahme eines unabhängigen Vertreters im Sinne des Absatzes 6 – für ein Unternehmen tätig und besitzt sie in einem Vertragsstaat die Voll-

macht, im Namen des Unternehmens Verträge abzuschließen, und übt sie die Vollmacht dort gewöhnlich aus, so wird das Unternehmen ungeachtet der Absätze 1 und 2 so behandelt, als habe es in diesem Staat für alle von der Person für das Unternehmen ausgeübten Tätigkeiten eine Betriebstätte, es sei denn, diese Tätigkeiten beschränken sich auf die in Absatz 4 genannten Tätigkeiten, die, würden sie durch eine feste Geschäftseinrichtung ausgeübt, diese Einrichtung nach dem genannten Absatz nicht zu einer Betriebstätte machten.

(6) Ein Unternehmen wird nicht schon deshalb so behandelt, als habe es eine Betriebstätte in einem Vertragsstaat, weil es dort seine Geschäftstätigkeit durch einen Makler, Kommissionär oder einen anderen unabhängigen Vertreter ausübt, sofern diese Personen im Rahmen ihrer ordentlichen Geschäftstätigkeit handeln.

(7) Allein dadurch, dass eine in einem Vertragsstaat ansässige Gesellschaft eine Gesellschaft beherrscht oder von einer Gesellschaft beherrscht wird, die im anderen Vertragsstaat ansässig ist oder dort (entweder durch eine Betriebstätte oder auf andere Weise) ihre Geschäftstätigkeit ausübt, wird keine der beiden Gesellschaften zur Betriebstätte der anderen.

BMF BStBl I 99, 1076 – Grundsätze der Verwaltung für die Prüfung der Aufteilung der Einkünfte bei Betriebsstätten international tätiger Unternehmen (Betriebsstätten-Verwaltungsgrundsätze); *BMF* BStBl I 2010, 354 – Schreiben betr. Anwendung der Doppelbesteuerungsabkommen (DBA) auf Personengesellschaften (*BMF* PersGes)

Übersicht

Literatur: *Arnold* Threshold Requirements for Taxing Business Profits under Tax Treaties, BIFD 2003, 476; *Bendlinger* Paradigmenwechsel bei der Auslegung des Betriebsstättenbegriffs im DBA-Recht durch die OECD, SWI 2006, 358; *ders* Zum Seminar A: Die Betriebsstätte – ein alternativer Betriebsstättentatbestand, IStR 2009, 521; *Bendlinger/Görl/Paaßen/Remberg* Neue Tendenzen der OECD zur Ausweitung des Betriebsstättenbegriffs und deren Beurteilung aus Sicht des Maschinen- und Anlagenbaus, IStR 2004, 145; *Bernstein* Are You Sure You Don‘t Have a PE? Applying New OECD Rules in Canada, TNI 2005, 585; *Blumers* DBA-Betriebsstätten-Zurechnungen in der jüngsten BFH-Rechtsprechung, DB 2008, 1765; *Ditz* Gewinnabgrenzung zwischen Stammhaus und Betriebsstätte – Neue Entwicklungen auf Ebene der OECD unter besonderer Berücksichtigung des E-Commerce, IStR 2002, 210; *ders* Seminar A: Verbundene Unternehmen als Betriebsstätte, IStR 2010, 553; *Eckl* Generalthema I: Die Definition der Betriebsstätte; *Endres* Die Vertreterbetriebsstätte im Konzern, IStR 1996, 1, IStR 2009, 510; *Fetzer* Die Besteuerung des Electronic Commerce im Internet, 2000; *Findeis/Eickmann* Internet-Server als ertragsteuerliche Betriebsstätte nach dem Doppelbesteuerungsabkommen Deutschland – USA, DStZ 2008, 139; *Frotscher* Internationales Steuerrecht, 2009; *Früchtl* Betriebsstätteneinkünfte und Doppelbesteuerungsabkommen, BB 2008, 1212; *Görl* Aktuelle Aspekte des Betriebsstättenbegriffs unter besonderer Berücksichtigung der Präsenzanforderungen, StbJb 2004/2005, 81; *Haase/Dorn* Eckpunkte der Current Tax Agenda 2011, IWB 2011, 521; *Haiß* Steuerliche Abgrenzungsfragen bei der Begründung einer Betriebsstätte im Ausland, in Grotherr, Handbuch der internationalen Steuerplanung, 2011, S 31; *Kroppen* Neue Rechtsentwicklungen bei der Betriebsstätte nach Abkommensrecht, FS Wassermeyer, 2005, S 691; *Kumpf* Besteuerung inländischer Betriebsstätten von Steuerausländern, 1982; *Labermeier* Die Ertragsbesteuerung des Electronic Commerce im Rahmen der beschränkten Steuerpflicht: eine Betrachtung aus Sicht der §§ 49 ff. EStG und des OECD-Musterabkommens, 2001; *Lang* Die Unterbetriebsstätte im Abkommensrecht, FS Wassermeyer, 2005, S 709; *Loose*

Wann begründen grenzüberschreitende Dienstleistungen eine Betriebsstätte im Tätigkeitsstaat? – Vorschläge der OECD zur abkommensrechtlichen Behandlung von Dienstleistungen und zur Änderung des OECD-Musterkommentars –, Stbg 2007, 127; *Loschelder* Der neue Begriff der Betriebsstätte in § 43b und § 50g EStG, AO-StB 2005, 211; *Lüdicke* Überlegungen zur deutschen DBA-Politik, 2008; *ders* Recent Commentary Changes concerning the Definition of Permanent Establishment, IBFD-Bulletin 2004, 190; *ders* Lasst Blumen sprechen – Zur fahrenden Vertreterbetriebsstätte, IStR 2003, 164; *ders* Das DBA Gespenst bei der Organschaft, IStR 2011, 740; *Möller* Der Begriff der Betriebsstätte im deutschen Steuerrecht, StuB 2005, 350; *Pahlke/Koenig* Abgabenordnung, 2009; *Pinto* The Need to Reconceptualize the Permanent Establishment Threshold, BIFD 2004, 201; *Rasch* Aktuelle Entwicklungen bei der Betriebsstättenbegründung – Renaissance des Kommissionärsmodells? IStR 2011, 6; *Rosenberger* Zur Reichweite des Betriebsstättenprinzips, SWK Steuern, 995 (36/2007); *Rosenberger/Vitali/Zehr* Die Dienstleistungsbetriebsstätte: Internationale Entwicklungen und ihre Rezeption im Internationalen Steuerrecht Deutschlands, Österreichs und der Schweiz, IStR-Beihefter, Heft 18, 2010, 1; *Rödder/Schönfeld* Abschied (auslandsbeherrschter) inländischer Kapitalgesellschaften von der deutschen Ertragsteuerpflicht? Erste Anmerkungen zum überraschenden Urteil des *BFH* v 9.2.2011 (I R 54, 55/10, DStR 2011, 762), DStR 2011, 886; *Schnitger/Bildstein* Praxisfragen der Betriebsstättenbesteuerung, Ubg 2008, 444; *Schön* Gewinnabgrenzung bei Betriebsstätten, in Lüdicke, Besteuerung von Unternehmen im Wandel, 2007, S 71; *Schoss* Betriebsstätte oder Tochtergesellschaft im Ausland, in Grotherr, Handbuch der internationalen Steuerplanung, 2011, S 51; *Schwarz* Einkunftsabgrenzung und Gestaltungsmöglichkeiten beim grenzüberschreitenden Electronic Commerce, FR 2003, 280; *Seltenreich* Inländisches Warenlager ausländischer Gesellschaften – Rechtslage und Gestaltungsmöglichkeiten, IStR 2004, 589; *ders* Aktuelle Entwicklungen und Tendenzen im Bereich der Begründung einer Vertreter-Betriebsstätte gem Art 5 Abs 5 OECD-MA, IWB 2006/6 Fach 3, Gruppe 2, 1269; *Stenico* Betriebsstättenbegründung im E-Commerce nach Art 5 des OECD-Musterabkommens, SWI 2003, 79; *Strunk* Steuern und Electronic Business, 2003; *Wassermeyer/Andresen/Ditz* Betriebsstätten Handbuch, 2006; *Wichmann* Aktuelle Tendenzen der OECD-Arbeiten zur Betriebsstätte, insb bei Vertretern und Dienstleistungen, StbJb 2004/2005, 93.

A. Allgemeines

I. Bedeutung der Vorschrift

1 Einkünfte aus Gewerbebetrieb (§ 15 EStG) sind iRd enumerativen Katalogs des § 2 Abs 2 S 1 EStG die **zentrale Einkunftsart**. Dies zeigt sich in tatsächlicher Hinsicht an der Vielzahl gewerblicher Unternehmen und den unterschiedlichsten Ausprägungen unternehmerischer Tätigkeit in der Bundesrepublik Deutschland. In rechtlicher Hinsicht wird einerseits häufig das Vorliegen gewerblicher Einkünfte zum Tatbestandsmerkmal innerhalb weiterer steuerlicher Tatbestände erhoben (zB in § 2 Abs 1 S 2 GewStG), und andererseits erzielen insb KapGes bereits **kraft Rechtsform** ausschließlich gewerbliche Einkünfte (vgl zB § 8 Abs 2 KStG, § 2 Abs 2 S 1 GewStG). Schlussendlich legen die einkommensteuerlichen **Subsidiaritätsklauseln** der §§ 20 Abs 8, 21 Abs 3, 22 Nr 3 und 23 Abs 2 EStG ein beredtes Zeugnis von der Bedeutung gewerblicher Einkünfte ab.

2 Vor diesem Hintergrund ist die Betriebsstätte (§ 12 AO) im nationalen dt Steuerrecht der wichtigste steuerliche **Anknüpfungspunkt** für gewerbliche Einkünfte.[1] Dies gilt

1 Zur Bedeutung der Betriebsstätte aus int Perspektive *Arnold* BIFD 2003, 476; *Bernstein* TNI 2005, 585; *Pinto* BIFD 2004, 201.

zunächst für den **Inbound-Fall** (Steuerausländer mit inländischer Betriebsstätte), weil hier primär[2] das Vorliegen oder Nichtvorliegen der Betriebsstätte über das Vorliegen oder Nichtvorliegen sog inländischer gewerblicher Einkünfte iSd § 49 Abs 1 Nr 2 Buchstabe a EStG entscheidet. Dies gilt aber auch gleichermaßen für den **Outbound-Fall** (Steuerinländer mit ausl Betriebsstätte), weil hier primär[3] das Vorliegen oder Nichtvorliegen der Betriebsstätte über das Vorliegen oder Nichtvorliegen sog ausl gewerblicher Einkünfte iSd § 34d Nr 2 Buchstabe a EStG entscheidet.[4] Und schließlich gilt dies auch für **Dreieckssachverhalte** mit Inlandsbezug (Steuerausländer mit inländischer Betriebsstätte, der steuerlich Einkünfte aus einem weiteren Staat zugerechnet werden), wie die Regelung des § 50 Abs 3 EStG verdeutlicht.

Zwar steht hinter den genannten Vorschriften jeweils eine eigenständige Zwecksetzung, jedoch besteht durchaus ein systematischer Zusammenhang. Der Begriff der **„inländischen Einkünfte“** iSd § 49 EStG bspw dient dazu, diejenigen Einkünfte abschließend zu definieren, die der beschränkten StPfl nach § 1 Abs 4 EStG (für KapGes iVm § 8 Abs 1 KStG) unterliegen, während der Begriff der **„ausl Einkünfte“** iSd § 34d EStG hingegen insb im Zusammenhang mit § 34c EStG zu sehen ist. Nur wenn in einem ausl Staat erzielte Einkünfte „ausl Einkünfte“ nach § 34d EStG sind, kann eine etwaige ausl Steuer nach § 34c Abs 1 EStG auf die dt Steuer angerechnet werden. Es ist aufgrund dieses systematischen Zusammenhangs unmittelbar einsichtig, dass der nationale Gesetzgeber durch eine Ausweitung des Betriebsstättenbegriffs zwar die beschränkte StPfl sachlich ausdehnen, zugleich aber weiteres Anrechnungspotenzial schaffen würde. 3

Bei der **Gewerbesteuer** dient der Begriff der Betriebsstätte aus der Sicht der Bundesrepublik Deutschland unilateral auch der Abgrenzung des Besteuerungsrechts gg anderen Staaten. Nur soweit im Inland eine Betriebsstätte unterhalten wird, kommt eine inländische StPfl in Betracht. Umgekehrt sind nach § 9 Nr 3 GewStG ausl Betriebsstättengewinne aus dem Gewerbeertrag herauszukürzen. Zugleich dient die Betriebsstätte auch im nationalen Recht der Abgrenzung von „Besteuerungsansprüchen“, und zwar zwischen den Gemeinden. Diese werden im Wege des sog Zerlegungsverfahrens (§§ 28 ff GewStG) hinsichtlich des Steueraufkommens an der Gewerbesteuer beteiligt. 4

Im internationalen Steuerrecht und damit auch im Recht der DBA setzt sich die Dominanz gewerblicher Einkünfte und des dafür begründungsnotwendigen Betriebsstättenbegriffs fort. Für Unternehmensgewinne (das sind idR wegen Art 3 Abs 2 gewerbliche Einkünfte; dazu Art 7 Rn 11 ff) stellt Art 7 Abs 1 S 1 HS 1 klar, dass diese ausschließlich im **Ansässigkeitsstaat** (dazu Einl MA Rn 29) des Unternehmens besteuert werden können. Die Gewinne einer GmbH mit Sitz und Geschäftsleitung in Hamburg bspw oder wegen Art 4 Abs 3 auch einer GmbH nur mit Geschäftsleitung in Hamburg und einem ausl Sitz können daher (vorbehaltlich einer ausl Betriebsstätte, dazu sogleich) nur im Inland besteuert werden, ohne dass der Methodenartikel (Art 23A oder B) bei Vorliegen weiterer Voraussetzungen über die endgültige Aufteilung des Besteuerungsrechts befinden müsste. 5

---

2 *Blümich* § 49 EStG Rn 55 (Vorrang des Buchstabens a innerhalb des § 49 Abs 1 Nr 2 EStG).

3 *Blümich* § 34d EStG Rn 10 (Vorrang des Buchstabens a innerhalb des § 34d Nr 2 EStG).

4 Prägnant zur Bedeutung der Betriebsstätte im Inbound-Fall (beschränkte StPfl) und Outbound-Fall (unbeschränkte StPfl) *BMF* BStBl I 1999, 1076, Tz 1.1.

6 Von diesem Grundsatz macht Art 7 Abs 1 S 1 HS 2 eine Ausnahme („es sei denn“) in den Fällen, in denen das Unternehmen seine Geschäftstätigkeit (Definition in Art 3 Abs 1 Buchstabe h) durch eine im anderen Vertragsstaat (Quellenstaat) belegene Betriebsstätte ausübt. Damit gilt das **Betriebsstättenprinzip**[5] vor dem Ansässigkeitsprinzip, wenn im anderen Vertragsstaat eine Betriebsstätte besteht, und für ausl Betriebsstättengewinne sehen sämtliche dt (allerdings nicht weltweit alle DBA, so dass eine nähere Prüfung im Einzelfall unerlässlich ist) DBA die Freistellungsmethode des Art 23A vor (dazu Art 23A Rn 10). Auch deshalb sind die Artikel über Unternehmensgewinne und über die Betriebsstätte so zentral, und zwar nicht nur für Einzelunternehmer und KapGes, sondern auch für **PersGes**: Für gewerbliche, nach neuerer (zutr) Ansicht des BMF[6] aber nicht mehr für gewerblich geprägte PersGes, gilt im Int Steuerrecht das Betriebsstättenprinzip, dh überall dort, wo eine solche PersGes über eine Betriebsstätte verfügt, wird diese als anteilige Betriebsstätte ihrer Gesellschafter angesehen[7] (dazu Art 3 Rn 13 und Art 4 Rn 52).

II. Systematischer Zusammenhang

7 Der Begriff der „Betriebsstätte“ (permanent establishment) wird im MA entspr seiner hervorstechenden Bedeutung an zentralen Stellen verwendet. In Art 5 wird eingangs eine umfassende **Definition** des Begriffs (dazu Rn 58) geboten, die durch eine verhältnismäßig ausführliche Kommentierung im MK ergänzt wird. Sodann wird Art 7 in Bezug genommen, der die Besteuerung von Unternehmensgewinnen regelt und dem Quellenstaat nur dann ein Besteuerungsrecht ermöglicht, wenn das Unternehmen seine Tätigkeit durch eine dort belegene Betriebsstätte ausübt (dazu schon vorstehend Rn 6). Der Tatbestand wird in Art 22 Abs 2 ergänzt hinsichtlich der Besteuerung des Vermögens eines Unternehmens. In Art 13 Abs 2 bspw werden Veräußerungsgewinne von Betriebsstätten behandelt, und in Art 15 erlangt die Betriebsstätte Bedeutung für die Besteuerung von Arbeitnehmern.

8 Im Einzelnen findet der Begriff der „Betriebsstätte“ in den folgenden Vorschriften des MA ausdrückliche **Erwähnung**:[8] Art 5 Abs 1, Abs 2 HS 1, Abs 3, Abs 4 HS 1, Abs 5, Abs 6; Art 7 Abs 1 S 1, Abs 1 S 2, Abs 2, Abs 3, Abs 4, Abs 5, Abs 6; Art 10 Abs 4, Abs 5; Art 11 Abs 4, Abs 5; Art 12 Abs 3; Art 13 Abs 2; Art 15 Abs 2 Buchstabe c; Art 21 Abs 2; Art 22 Abs 2; Art 24 Abs 3. Zudem ist zu beachten, dass

---

5 Instruktiv *Haiß* S 31, 32; neuerdings *Rosenberger* SWK Steuern, 995 (36/2007).

6 Nach nunmehriger, im Jahr 2014 geänderter Auffassung des BMF erzielen gewerblich geprägte PersGes keine Unternehmensgewinne iSd Art 7 OECD-MA, vgl Tz 2.3.1 des BMF-Schreibens zur Anwendung der Doppelbesteuerungsabkommen (DBA) auf PersGes, BStBl I 2014, 1258 ff; ebenso *BFH*-Urt DStR 2010, 158 ff; ebenso *BFH*-Beschl BStBl II 2011, 156 ff und Urt *BFHE* 232, 145 ff.; zust mit teilw abw Begr *FG Düsseldorf* IStR 2009, 733 ff; *FG Hamburg* IStR 2004, 205 ff mit Anm *Lüdicke*; *FG Hamburg* DStRE 2007, 665 ff; *FG Köln* EFG 2009, 1819 ff; Wassermeyer/Richter/Schnittker/*Oenings/Seitz* Personengesellschaften im Internationalen Steuerrecht, 2010, Rn 12.59 ff; vgl auch *Kemperman* daselbst Rn. 3.68; *Lemaitre/Lüdemann* daselbst Rn 7.28; *Strunk/Kaminski* IStR 2003, 181 ff; *Haun/Reiser* GmbHR 2007, 915, 916; Gosch/Kroppen/Grotherr/*Kroppen* DBA, Art 7 OECD-MA Rn 46; Art 7 MA Rn 31 f.

7 *BMF* PersGes; zum Feststellungsverfahren bei doppelstöckiger PersGes und ausl UnterGes *BFH* DStZ 2008, 426.

8 Zu den maßgebenden Besteuerungsnormen im Inbound-Fall *BMF* BStBl I 1999, 1076, Tz 1.1.3.1.

Art 7 auch für Einkünfte aus selbstständiger Arbeit gilt. Die frühere Spezialnorm für diese Einkünfte, Art 14, ist seit dem Jahr 2000 im MA nicht mehr vorgesehen, weil sich kaum praktische Unterschiede gg Art 7 ergaben und die Vorschriften auch strukturell vergleichbar waren.[9] Insofern ist der Begriff der „Betriebsstätte" auch bedeutsam für Einkünfte aus selbstständiger Arbeit, weil Art 14, der in nahezu allen dt DBA noch enthalten ist, zwar den Begriff der „festen Einrichtung"[10] verwendet, hierfür aber der Betriebsstättenbegriff analog herangezogen wird.[11]

Bei Betriebsstätten gilt ferner eine Besonderheit, die sich aus dem Zusammenspiel von Art 7 Abs 7 bzw Abs 4 nF und dem sog Prinzip der Nichtanerkennung der **Attraktivkraft** (Attraktionskraft)[12] einer Betriebsstätte ergibt. Einerseits verhält es sich so, dass der Artikel über Unternehmensgewinne trotz seiner praktischen Bedeutung im Grundsatz systematisch nachrangig gg den anderen Einkunftsartikeln des MA ist (Ausnahme: Art 21), wie sich aus Art 7 Abs 7 bzw Abs 4 nF ergibt. Art 7 Abs 7 bzw Abs 4 nF regelt ausdrücklich, dass die Bestimmungen anderer Artikel durch die Bestimmungen des Art 7 unberührt bleiben. Die anderen Artikel sind daher vorrangig zu prüfen.[13] **9**

Die genannte Regelung wird andererseits ergänzt durch die Überlegung, dass allein die Existenz einer Betriebsstätte in einem Staat nicht dazu führen kann, dass ihr sämtliche in dem Staat erzielten Einkünfte und sämtliche dafür benötigten Wirtschaftsgüter steuerlich zuzurechnen wären. Im nationalen dt Steuerrecht ergibt sich dies aus dem von der Rspr entwickelten sog **Veranlassungsprinzip**, nach dem die Zuordnung von Einkünften zu einem Steuersubjekt unabhängig von der Belegenheit der für die Einkunftserzielung verwendeten Wirtschaftsgüter erfolgt[14] – im int Steuerrecht freilich wird dieses Prinzip jedoch neuerdings durch die Regelungen des AOA überlagert bzw jedenfalls modifiziert. Betriebsstätten entfalten mit der Ausnahme des Art 5 Abs 5 (dazu Rn 147 ff) auch im Abkommensrecht[15] nach hM keine **Attraktivkraft** dergestalt, dass ihnen sämtliche Einkünfte aus dem Betriebsstättenstaat zuzurechnen wären, auch wenn diese mit der Betriebsstätte keine Berührungspunkte aufweisen (dazu Einl MA Rn 114).[16] **10**

Umgekehrt bedeutet dies zugleich, dass eine Zurechnung von Einkünften zur Betriebsstätte nur zu erfolgen hat, wenn ein **funktionaler Zusammenhang** zur Betriebsstätte besteht, auch wenn dieser Nexus jetzt durch den AOA ebenfalls überlagert wird. Wenn bestimmte Einkünfte einer Betriebsstätte im Quellenstaat zugerechnet werden können, wandelt sich die Nachrangigkeit des Artikels über Unternehmensgewinne (Art 7 Abs 7 bzw Abs 4 nF) in einen Vorrang dieser Bestimmung, sog **Betriebsstättenvorbehalt**[17] (dazu bereits Einl MA Rn 115). **11**

9 *Vogel/Lehner* Art 14 Rn 2.
10 Ältere DBA: „ständige Einrichtung" (zB Art 12 Abs 2 DBA Frankreich).
11 *Debatin/Wassermeyer* Art 14 MA Rn 66.
12 *Wassermeyer/Andresen/Ditz* Rn 2.170.
13 *Vogel/Lehner* Art 7 Rn 167.
14 *BFH* BStBl II 1987, 550.
15 Ausnahme bspw noch Art III Abs 1 S 2 DBA USA 1954.
16 Tz 5 MK zu Art 7.
17 *Vogel/Lehner* vor Art 10–12 Rn 30 ff.

III. Verhältnis zu §§ 12, 13 AO

12 Für das Verhältnis von Art 5 zu den §§ 12, 13 AO gilt kein anderer Grundsatz als derjenige, der auch iÜ für das Verhältnis von Abkommensrecht und nationalem dt Steuerrecht gilt: Das Recht der DBA geht dem nationalen Recht als lex specialis vor (dazu bereits Einl MA Rn 65). Hinsichtlich des Betriebsstättenbegriffs bedeutet dies im Inbound-Fall, dass der Bundesrepublik Deutschland ungeachtet der Bestimmung des § 12 AO nur dann ein Besteuerungsrecht für den Betriebsstättengewinn zusteht, wenn eine inländische Betriebsstätte nach Art 5 vorliegt. Anderenfalls wird der Ansässigkeitsstaat des StPfl eine abkommenswidrige Besteuerung Deutschlands rügen, was in ein Verständigungsverfahren nach Art 25 münden könnte.

13 Im umgekehrten Fall (Outbound) wird die Bundesrepublik Deutschland nur dann die regelmäßig vorgesehene DBA-Freistellung für die Betriebsstättengewinne gewähren, wenn nicht nur eine Betriebsstätte nach § 12 AO, sondern auch eine Betriebsstätte nach Art 5 vorliegt. Wegen der parallelen Kürzungsvorschrift des § 9 Nr 3 GewStG führt dies zwar bei Nichtvorliegen einer DBA-Betriebsstätte ggf im Einzelfall zu einer systematischen Verwerfung, weil dann eine gewerbesteuerliche, nicht aber eine zB auch körperschaftsteuerliche Freistellung erfolgt, jedoch lässt der Vorrang der DBA systematisch keine andere Besteuerungskonsequenz zu. Das iE anderslautende Urt des *FG Köln* v 7.5.2015[18] wird daher hoffentlich vom BFH aufgehoben werden, weil es gänzlich verfehlt ist. Die Wertungen des Abkommensrechts dürfen nicht in das nationale Recht hineintransportiert werden. Weder gibt es hierfür ein praktisches Bedürfnis, noch ist dies sachlich begründbar.[19]

14 Für die Anwendung eines DBA ist damit allein die Definition des Art 5 entscheidend, andere Definitionen haben keine Bedeutung. Art 5 ist ähnlich strukturiert (dazu Rn 58ff) wie § 12 AO (allgemeine Definition und Regelbeispiele), aber nicht mit dieser Vorschrift deckungsgleich, sondern **enger** formuliert. Auch bzgl der dt DBA gilt, dass nicht jede Betriebsstätte iSd § 12 AO zugleich eine Betriebsstätte iSd Abk ist.[20]

15 Die wichtigsten **Abweichungen** des Art 5 gg § 12 AO sind die folgenden:[21] § 12 S 1 AO bejaht das Vorliegen einer Betriebsstätte (auch) bereits für den Fall einer Anlage, während Art 5 Abs 1 nur von einer „festen Geschäftseinrichtung" spricht. Diese sprachliche Nuance ist ohne sachliche Bedeutung, da schon nach dem nationalen Recht kaum zwischen Anlage und Geschäftseinrichtung unterschieden werden kann. § 12 S 2 Nr 5 AO erklärt Warenlager zu Betriebsstätten, was nach Art 5 Abs 4 Buchstaben a–c ausdrücklich nicht der Fall ist. Nach § 12 S 2 Nr 6 AO gehören auch Einkaufstellen zu den Betriebsstätten, nach Art 5 Abs 4 Buchstabe d hingegen nicht. Nach § 12 S 2 Nr 5 AO liegen Bauausführungen und Montagen bereits bei einer Dauer von mehr als sechs Monaten (MA: 12 Monate, vgl Art 5 Abs 3) vor, und § 12 S 2 Nr 5 AO rechnet mehrere Bauausführungen oder Montagen ausdrücklich zusammen.

16 Was den sog **ständigen Vertreter** anbelangt, so ist dieser nach § 13 AO ein selbstständiger Tatbestand, nach Art 5 Abs 5 und 6 aber ein Unterfall der Betriebsstätte (sog **Vertreterbetriebsstätte**). Auch in der Sache bestehen Unterschiede: Nach Art 5 Abs 6

---

18 *FG Köln* DStR 2015, 2648.

19 Ebenso verfehlt *BFH* IStR 1998, 182 für den Inbound-Fall.

20 *Debatin/Wassermeyer* Art 5 MA Rn 9.

21 *Haiß* S 31, 38f; *Schnitger/Bildstein* Ubg 2008, 444, 447.

sind selbstständig tätige Makler, Kommissionäre und andere unabhängige Vertreter nicht als Betriebsstätten anzusehen, mit anderen Worten: Ein unabhängiger Vertreter, der im Rahmen seiner ordentlichen Geschäftstätigkeit handelt, begründet niemals eine Betriebsstätte. Die Vertreterbetriebsstätte ist ferner gg der „festen Geschäftseinrichtung" des Art 5 Abs 1 nachrangig, so dass die Abs 1–4 des Art 5 vor den Abs 5–6 geprüft werden. Liegt eine feste Geschäftseinrichtung vor, wird die iRd Einrichtung ausgeübte Tätigkeit eines Vertreters der Betriebsstätte zugerechnet, so dass es der Anknüpfung über einen Vertreter nicht bedarf. Zu beachten ist, dass über die ausdrückliche Verweisung in Art 5 Abs 5 die Einschränkungen der Abs 4 und 6 auch für den Vertreter gelten. Ein lediglich Hilfsarbeiten oder vorbereitende Tätigkeiten ausführender Vertreter begründet daher keine Vertreterbetriebsstätte. Schlussendlich gilt: Für § 13 AO ist auch eine Vermittlung von Geschäften ausreichend, während für den ständigen Vertreter iSd MA eine (zumindest faktische) Abschlussvollmacht erforderlich ist.

IV. Aufbau der Vorschrift

Art 5 ist wie folgt aufgebaut: Abs 1 formuliert den allg Grundsatz (feste Geschäftseinrichtung, durch die die Tätigkeit eines Unternehmens ganz oder teilw ausgeübt wird), der in Abs 2 durch eine beispielhafte Aufzählung von Betriebsstätten erg wird. Abs 3 ist eine lex specialis für Bauausführungen und Montagen, und Abs 4 enthält einen Negativkatalog solcher Einrichtungen, die nicht als Betriebsstätten gelten. Abs 5 und 6 behandeln den ständigen Vertreter im Abkommensrecht, und in Abs 7 ist die sog **Anti-Organ-Klausel**[22] festgeschrieben: Rechtlich selbstständige TochterGes qualifizieren nicht als Betriebsstätte, selbst wenn der Fall einer Beherrschung im gesellschaftsrechtlichen Sinne vorliegt. 17

V. Exkurs

1. Betriebsstätte nach § 12 AO. Auch wenn die Betriebsstättendefinition des Art 5 derjenigen des § 12 AO systematisch vorgeht und auch im Detail materiellrechtliche Abweichungen bestehen mögen (vgl Rn 15), so ist doch das Verständnis des Betriebsstättenbegriffs des § 12 AO unerlässlich auch für eine Interpretation des Art 5.[23] Aufgrund der ähnlichen Tatbestandsmerkmale und Begriffe ist zudem auch die zu § 12 AO ergangene Rspr teilw für die **Interpretation** der in Art 5 enthaltenen Merkmale heranzuziehen.[24] Dieser Zusammenhang rechtfertigt jedenfalls eine kurze Befassung mit § 12 AO. 18

Für das nationale Ertragsteuerrecht gilt allein die Betriebsstättendefinition des § 12 AO. Das abw Betriebsstättenverständnis iRd §§ 4 Abs 5 Nr 6,[25] 41 Abs 2 EStG ist nicht entscheidend und trägt allein der Besonderheit der dort geregelten Einzelfälle Rechnung. Die Grundregel für die Betriebsstätte findet sich in § 12 S 1 AO. Danach ist unter einer Betriebsstätte jede feste Geschäftseinrichtung oder Anlage zu verstehen, die der Tätigkeit eines Unternehmens dient. Im S 2 der Norm folgen sodann **Regel-** 19

---

22 *Vogel/Lehner* Art 5 Rn 165 ff.

23 Zu Betriebsstättenbegriffen im dt Steuerrecht *Möller* StuB 2005, 350; *Loschelder* AO-StB 2005, 211.

24 *S/K/K* Art 5 MA Rn 31.

25 *BFH* BStBl II 1990, 23.

beispiele, in denen das Gesetz ohne weiteres von einer Betriebsstätte ausgeht. Aus dem Wort „insbesondere" ist aber ersichtlich, dass dieser Betriebsstättenkanon nicht abschließend ist. Auch andere als die explizit im S 2 genannten Geschäftseinrichtungen können Betriebsstätten sein.

20 Umgekehrt stellen die Regelbeispiele zuweilen Voraussetzungen für eine Betriebsstätte auf, die in § 12 S 1 AO nicht genannt sind (die 6-Monats-Frist des § 12 S 2 Nr 8 AO etwa findet sich im S 1 der Norm nicht wieder). Und schließlich nehmen die Regelbsp die Anforderungen an eine Betriebsstätte gg § 12 S 1 AO manchmal auch zurück (§ 12 S 2 Nr 8 AO verzichtet offensichtlich auf eine feste Geschäftseinrichtung oder Anlage: „ ... örtlich fortschreitende oder schwimmende ...").

21 Das Zusammenspiel von S 1 und S 2 des § 12 AO[26] ist dahingehend zu verstehen, dass jede Prüfung, ob eine Betriebsstätte vorliegt, mit dem Grundsatz des § 12 S 1 AO zu beginnen hat. IRd Auslegung dieser Norm gewinnen die Regelbsp des S 2 eine **indizielle** Bedeutung. Es müssen daher im Einzelfall auch nicht sämtliche Tatbestandsmerkmale des S 1 erfüllt sein, solange ausdrücklich ein Anwendungsfall des S 2 gegeben ist. Innerhalb des S 2 wiederum sind die tatbestandlichen Erweiterungen etwa der Nr 8 auch auf andere Regelbeispiele übertragbar.[27] Die Beurteilung von Betriebsstätten seitens der FinVerw nebst den damit zusammenhängenden praktischen Problemen ist im sog **Betriebsstättenerlass**[28] niedergelegt. Zu § 12 AO nachstehend im Einzelnen:

22 Für eine Betriebsstätte ist ein Mindestmaß an sachlichem Substrat erforderlich, weil sonst kein hinreichender steuerlicher Anknüpfungspunkt besteht. Dieses sachliche Substrat wird idR durch eine **Geschäftseinrichtung** oder **Anlage** begründet. Unter einer Geschäftseinrichtung ist jeder körperliche Gegenstand (Sachen iSd § 90 BGB) und jede Bündelung von Sachen (sog Sachgesamtheit) zu verstehen, die bestimmt und geeignet sind, die Grundlage für eine Unternehmenstätigkeit zu bilden.[29] Die Geschäftseinrichtung muss keinen besonderen baulichen Vorgaben entsprechen. Sie kann überirdisch oder unterirdisch angesiedelt sein, eine vollständige räumliche Umschlossenheit wird nicht gefordert. Auch Personal ist keine Voraussetzung.[30] Daher sind neben ganzen Fabrikationsstätten und Gebäuden auch einzelne Zimmer, Zelte, Bau- und Lagerplätze, Bergwerke, Ölpipelines und Maschinen zu den Betriebsstätten zu rechnen. Bereits ein leihweise zur Verfügung gestellter Schreibtisch mit Telefon in einem dem Unternehmer nicht gehörenden Gebäude kann uU eine Betriebsstätte begründen.

23 Die zivil- oder öffentlich-rechtliche Zulässigkeit der Geschäftseinrichtung oder Anlage ist für das Steuerrecht nicht maßgebend (§ 40 AO). Auch ist es unerheblich, ob die Geschäftseinrichtung isoliert als Geschäftsbetrieb lebensfähig wäre, wenn sie nur eine unselbstständige Teilfunktion im Rahmen eines Gesamtbetriebs erfüllt (Bsp: Pipeline). Das Halten von Unternehmensbeteiligungen und insb das Halten von Kapitalgesellschaftsanteilen reichen für die Begründung einer Betriebsstätte hingegen nicht aus. Kapitalgesellschaftsanteile vermitteln kein **sachliches Substrat**, es mangelt

---

26 *Klein* § 12 AO Rn 1; *Pahlke/Koenig* § 12 AO Rn 5.
27 *BFH* BStBl II 1994, 148.
28 *BMF* BStBl I 1999, 1076.
29 *BFH* BStBl II 1993, 462; *BMF* BStBl I 1999, 1076, Tz 1.1.1.1 und 1.2.1.1.
30 *Klein* § 12 AO Rn 2 und 9; *Pahlke/Koenig* § 12 AO Rn 6.

ihnen an der erforderlichen Sacheigenschaft.[31] Die Anlage von der Geschäftseinrichtung abzugrenzen, ist angesichts fehlender gesetzlicher Differenzierungen im Ausgangspunkt schwierig und zugleich meist nicht erforderlich.[32] Das Gesetz behandelt die Anlage offenbar als Unterfall der Geschäftseinrichtung. Unterschiede in der materiellen Besteuerung indes sind nicht erkennbar.

Das Tatbestandsmerkmal „fest" des § 12 S 1 AO lässt sich mit den Stichworten **Ortsbezogenheit** und **Dauerhaftigkeit** kennzeichnen.[33] Für eine feste Geschäftseinrichtung besteht die Voraussetzung, dass die Einrichtung eine Verbindung zu einem bestimmten Teil der Erdoberfläche aufweist und dass diese Verbindung von gewisser Dauer ist.[34] Eine mechanische oder eine nicht mehr zu entfernende Fixierung ist nicht notwendig, auch transportable Einrichtungen wie bspw Marktstände von Schaustellern genügen, sofern die Einrichtungen nur in regelmäßigen Abständen an derselben Stelle errichtet werden.[35] **24**

Was die Dauer der örtlichen Verbindung anbelangt, macht § 12 S 1 AO keine weiteren Vorgaben. Die wohl hM wendet die 6-Monats-Frist des § 12 S 2 Nr 8 AO bzw des § 9 S 2 AO auch iRd S 1 an, so dass eine Geschäftseinrichtung immer dann auf Dauer angelegt ist, wenn sie länger als sechs Monate besteht.[36] Bei darunter liegenden Zeitspannen kommt es auf den Einzelfall an. Nur für eine Veranstaltung anreisende Berufssportler zB begründen im Inland keine Betriebsstätte. Die Rspr berücksichtigt zT auch die Intention des StPfl und geht nicht von einer Betriebsstätte aus, wenn der Unternehmer die Geschäftseinrichtung a priori nur für kurze Zeit nutzen möchte.[37] **25**

Nach § 12 S 1 HS 2 AO muss die feste Geschäftseinrichtung oder Anlage der Tätigkeit eines Unternehmens dienen. Es gilt der aus § 2 Abs 1 UStG bekannte Unternehmensbegriff. Aus dem Gesetzeswortlaut ist nicht abzuleiten, dass es sich um ein gewerbliches Unternehmen handeln muss. Deshalb können auch selbstständig Tätige iSd § 18 EStG oder Unternehmen der Land- und Forstwirtschaft[38] iSd § 13 EStG Betriebsstätten begründen. Lediglich vermögensverwaltende Tätigkeiten werden nach hM vom Unternehmensbegriff nicht erfasst.[39] **26**

Weiterhin wird aus der Formulierung in § 12 S 1 HS 2 AO deutlich, dass ein Unternehmen mehrere Betriebsstätten unterhalten kann. Bei der Gewerbesteuer mit Betriebsstätten in verschiedenen Gemeinden erlangt dies auch national eine besondere Bedeutung, der Grundsatz gilt aber auch int. Der Gegenbegriff zur Betriebsstätte ist **27**

31 *BFH* BStBl II 1995, 175.
32 *BFH* BStBl II 1993, 462.
33 *BMF* BStBl I 1999, 1076, Tz 1.1.1.1.
34 *Frotscher* Rn 265.
35 *Pahlke/Koenig* § 12 AO Rn 10 und 13 mwN.
36 *Tipke/Kruse* § 12 AO Rn 23; *Klein* § 12 AO Rn 1; *Pahlke/Koenig* § 12 AO Rn 10.
37 *BFH* BStBl II 1994, 107; umgekehrt kann auch die Planung des StPfl, eine Einrichtung mehr als sechs Monate zu nutzen, bereits zu einer Betriebsstätte führen, vgl *BFH* BStBl II 1993, 655.
38 Diese Auffassung teilt auch die *OECD*. Danach kommt es für die Frage, ob eine Betriebsstätte vorliegt oder nicht, nicht darauf an, unter welchen Art die laufenden Einkünfte zu subsumieren sind. Daher können auch Einkünfte iSd Art 6 in einer im anderen Staat belegenen Betriebsstätte erwirtschaftet werden. Vgl dazu Tz 3.1 MK nF.
39 *Klein* § 12 AO Rn 5; *Pahlke/Koenig* § 12 AO Rn 17.

das sog **Stammhaus**. Mit diesem Begriff wird – obgleich er in den Steuergesetzen nicht definiert ist – in der Terminologie des Internationalen Steuerrechts der Ort des Unternehmens bezeichnet, an dem die Oberleitung aller zum Unternehmen gehörenden Betriebsstätten angesiedelt ist.[40] Damit ist der Ort der Geschäftsleitung iSd § 10 AO gemeint, was aber nichts an der Tatsache ändert, dass auch das Stammhaus eines Unternehmens eine Betriebsstätte – und sei es auch nur eine Geschäftsleitungsbetriebsstätte – iSd § 12 AO begründet.[41]

28 Eine Geschäftseinrichtung oder Anlage kann dem Unternehmen nur dienen, wenn der Unternehmer über die Einrichtung eine nicht nur vorübergehende **Verfügungsmacht** (ungeschriebenes Tatbestandsmerkmal) hat. Dies erfordert eine Rechtsposition, die dem Unternehmer nicht ohne weiteres entzogen werden kann.[42] Auf welchem Rechtsgrund die Rechtsposition beruht, ist unerheblich. Neben dem Eigentum genügen dingliche und schuldrechtliche Nutzungsrechte, sofern wenigstens ein Recht zum unmittelbaren Besitz iSd § 854 BGB eingeräumt wird.

29 Die alleinige Verfügungsmöglichkeit ist keine zwingende Voraussetzung; ein Gleiches gilt für die Entgeltlichkeit der Nutzungseinräumung sowie die Frage, ob die Nutzungsmöglichkeit für Dritte erkennbar sein muss. Selbst eine von Dritten nur **geduldete**, rein tatsächliche Nutzung durch den Unternehmer ist ausreichend.[43] Neben der rechtlichen Verfügungsmacht muss der Unternehmer die Einrichtung jedoch auch rein faktisch für eine bestimmte Dauer zu unternehmerischen Zwecken verwenden.[44] Mit „unternehmerischen Zwecken" sind ausschließlich eigenbetriebliche Zwecke gemeint. Eine bestimmte Art von Tätigkeiten, für die die Einrichtung verwendet werden müsste, schreibt das Gesetz nicht vor. Es genügt daher jede Art von kaufmännischen, technischen und sonstigen Tätigkeiten, die auch der Erfüllung von Nebenzwecken und Hilfsfunktionen dienen können.[45]

30 Vor dem Hintergrund dieser Grundregel des § 12 S 1 AO nehmen sich die Regelbsp des § 12 S 2 AO wie folgt aus: § 12 Abs 1 S 2 Nr 1 AO erklärt die Stätte der Geschäftsleitung zu einer Betriebsstätte. Damit wird Bezug genommen auf § 10 AO. Am Ort der Geschäftsleitung besteht also stets eine Betriebsstätte im steuerrechtlichen Sinne (sog **Geschäftsleitungsbetriebsstätte**), während der statutarische Sitz (§ 11 AO) nicht per se betriebsstättenbegründend wirkt. Nach der Rspr des BFH ist für eine Geschäftsleitungsbetriebsstätte weder eine feste Geschäftseinrichtung noch eine im Betriebsvermögen befindliche Geschäftseinrichtung erforderlich.[46]

31 § 12 Abs 1 S 2 Nr 2 AO bestimmt, dass **Zweigniederlassungen** als Betriebsstätten anzusehen sind. Der Begriff ist grds im Lichte der §§ 13 ff HGB zu verstehen, jedoch hat auch eine Eintragung einer Zweigniederlassung in das HR nur eine widerlegliche Vermutung iRd Beantwortung der Frage nach dem Vorliegen einer Betriebsstätte zur

40 *BMF* BStBl I 1999, 1076, Tz 3.4.1.
41 So kann die Geschäftsleitungsbetriebsstätte die beschränkte Steuerpflicht einer Private Limited Company mit Sitz in Großbritannien im Inland begründen, vgl *FG NS* BeckRS 2011, 94939.
42 *BFH* BStBl II 1990, 983.
43 *Tipke/Kruse* § 12 AO Rn 11 ff.
44 *BFH* BStBl II 1997, 12 ff.
45 *Tipke/Kruse* § 12 AO Rn 19 f; *Klein* § 12 AO Rn 6; *Pahlke/Koenig* § 12 AO Rn 19.
46 *BFH* BStBl II 1994, 148.

Folge.[47] Ist umgekehrt ein Unternehmensteil aufgrund seiner partiellen Selbstständigkeit gegenüber der Hauptniederlassung objektiv als Zweigniederlassung anzusehen, kommt es folgerichtig nach einer in der Literatur umstr, aber zutr Ansicht auf die Eintragung in das HR nicht an, und es handelt sich gleichwohl aus steuerlicher Sicht um eine Betriebsstätte.[48]

§ 12 Abs 1 S 2 Nr 3 AO erhebt sog **Geschäftsstellen** in den Rang steuerlicher Betriebs- **32**
stätten. In einem sehr weiten Verständnis zählt der BFH hierzu alle Einrichtungen, in denen unternehmensbezogene Tätigkeiten ausgeübt werden.[49] Anders als bei den Zweigniederlassungen ist eine organisatorische und wirtschaftliche Selbstständigkeit gg der Hauptniederlassung nicht erforderlich, sondern es ist jede Art von betrieblicher Nutzung ausreichend. Auf eine bestimmte Geschäftsausstattung kommt es ebenfalls nicht an. § 12 Abs 1 S 2 Nr 4 AO zählt **Fabrikations- und Werkstätten** zu Betriebsstätten. Gemeint sind Einrichtungen, in denen Sachen iSd § 90 BGB hergestellt, be- oder verarbeitet werden.[50] Weder die betriebswirtschaftliche Produktionsstufe noch der Produktionsumfang sind entscheidend.

§ 12 Abs 1 S 2 Nr 5 AO spricht die sog **Warenlager** an. Damit sind bspw Auslieferungs- **33**
lager oder Tankanlagen gemeint. Letztlich geht es um jede Art von Lager, in dem Waren sämtlicher Produktionsstufen sowie Rohstoffe aufbewahrt werden. Voraussetzung ist jedoch, dass der Unternehmer über das Warenlager frei verfügen können muss, was grds die Weisungsgebundenheit des eingesetzten Personals bedingt. Wird ein Warenlager von dritten, selbstständigen Unternehmern geführt, fehlt es daher regelmäßig an der freien Verfügungsmacht des Unternehmers.[51] § 12 Abs 1 S 2 Nr 6 AO ordnet auch **Ein- und Verkaufsstellen** den Betriebsstätten zu. Wie im Fall der Warenlager ist es erforderlich, dass der Unternehmer den Ein- und Verkauf selbst bzw durch weisungsabhängiges Personal vornimmt. Die Art der angekauften bzw verkauften Waren ist irrelevant.

§ 12 Abs 1 S 2 Nr 7 AO bezeichnet auch **Bergwerke**, **Steinbrüche** oder andere ste- **34**
hende, örtlich fortschreitende oder schwimmende **Stätten der Gewinnung von Bodenschätzen** als Betriebsstätten. Es gilt für die Bodenschätze die Definition des § 3 Abs 1 BBergG. Die Gewinnung von Bodenschätzen muss den Hauptzweck der unternehmerischen Tätigkeit bilden.[52]

§ 12 Abs 1 S 2 Nr 8 AO schließlich bezieht sich auf **Bauausführungen und Montagen**.[53] **35**
Die im HS 2 der Norm enthaltene 6-Monats-Frist ist (bezogen auf eine einzelne Bauausführung oder Montage nach Buchstabe a bzw bezogen auf eine in den Buchstaben b und c enthaltene Kombination mehrerer Arbeiten) konstitutiv für das Vorliegen einer Betriebsstätte. Eine Betriebsstätte liegt auch dann vor, wenn ein bestimmtes Projekt für eine kürzere Zeitdauer angesetzt war und die 6-Monats-Frist entgegen der ursprünglichen Vorstellung des Unternehmers überschritten wird.[54] Kurzfristige

47 *BFH* BStBl II 1981, 560.
48 *Pahlke/Koenig* § 12 Rn 25 mwN; **aA** *Tipke/Kruse* AO/FGO § 12 AO Rn 25.
49 *BFH* BStBl II 1989, 755.
50 *Pahlke/Koenig* § 12 AO Rn 27 mwN.
51 *Tipke/Kruse* § 12 AO Rn 28 mwN.
52 *Pahlke/Koenig* § 12 AO Rn 30.
53 Dazu *BMF* BStBl I 1999, 1076, Tz 1.1.1.2 und 1.2.1.2.
54 *BFH* BStBl III 1957, 8.

Unterbrechungen der Bauausführung oder Montage sind unbeachtlich. Die Buchstaben b und c des § 12 Abs 1 S 2 Nr 8 AO sind im Einzelfall bes sorgfältig zu prüfen: Bauausführungen und Montagen eines Unternehmers werden auch dann zeitlich zusammengerechnet, wenn sie an entfernt voneinander liegenden Orten von verschiedenen Arbeitnehmern aufgrund unterschiedlicher Verträge erbracht werden.[55]

36 **2. Ständiger Vertreter nach § 13 AO.** Nach § 13 S 1 AO ist ein ständiger Vertreter eine Person, die nachhaltig die Geschäfte eines Unternehmens besorgt und dabei dessen Sachweisungen unterliegt.[56] S 2 konkretisiert dahingehend, dass insb eine Person ständiger Vertreter sei, die für ein Unternehmen nachhaltig Verträge abschließt oder vermittelt, Aufträge einholt oder einen Bestand von Gütern und Waren unterhält und davon Auslieferungen vornimmt. Der Vertreter begründet damit offenkundig nicht zwingend ein Vertretungsverhältnis iSd §§ 164 ff BGB, es reicht (auch ohne rechtsverbindliche Vollmacht) jede Art von nachhaltiger Geschäftsbesorgung aus.

37 Auch kann der Vertreter nach dem offenen Gesetzeswortlaut ein selbstständiger (etwa Kommissionär, Handelsvertreter, Makler)[57] oder unselbstständiger Vertreter sein, solange er eine Tätigkeit „für" das Unternehmen ausübt.[58] Handelt es sich hingegen um eine Tätigkeit des Unternehmens selbst, ist § 12 AO vorrangig zu prüfen. Umstritten ist, ob der ständige Vertreter im Tätigkeitsstaat selbst eine Betriebsstätte unterhalten muss. Die hM verneint dies.[59]

VI. Jüngste Entwicklungen

38 **1. Allgemeines.** In den vergangenen Dekaden war die akademische Diskussion um den Betriebsstättenbegriff (zunächst) ganz allmählich zum Erliegen gekommen. Zumindest wurde sie nicht mehr mit der Beharrlichkeit wie zu jenen Zeiten geführt, als neue Geschäftsfelder und Vertriebsstrukturen der Unternehmen wie zB das E-Commerce zunehmend auch die FG beschäftigten.[60] Jedenfalls lässt sich konstatieren, dass sich der Schwerpunkt des Diskurses im Laufe der Zeit unzweifelhaft auf die Frage verlagert hat, wie die zutr **Gewinnabgrenzung** zwischen Stammhaus und Betriebsstätte vorzunehmen ist.[61] Neuere Überlegungen der OECD unter dem AOA führen so weit, dass der Betriebsstätte gg dem Stammhaus für steuerliche Zwecke eine „Quasi-Eigenständigkeit" zuzuerkennen ist (dazu Art 7 Rn 219 ff).[62] Neben zahlreichen anderen Änderungen im Detail stand die diesbezügliche Überarbeitung des

---

55 *Tipke/Kruse* § 12 AO Rn 35 ff; *Pahlke/Koenig* § 12 AO Rn 38.

56 Dazu *BMF* BStBl I 1999, 1076, Tz 1.2.2.

57 Die FinVerw wendet Art 5 Abs 6 analog an, vgl *BMF* BStBl I 1999, 1076, Tz 1.1.2 (unabhängige bzw selbstständige Vertreter begründen für das vertretene Unternehmen keine Betriebsstätte).

58 *BFH* BStBl II 1975, 626 (ständiger Vertreter muss Tätigkeiten ausüben, die in den Betrieb des Unternehmens fallen).

59 *Debatin/Wassermeyer* Art 5 MA Rn 205; *BFH* BStBl II 91, 395; **aA** *RFH* RStBl 1934, 1125 und Tz 32 MK zu Art 5; weitere Nachweise bei *Frotscher* Rn 277 f.

60 Zum Ganzen umfassend *Strunk* S 1 ff und *Labermeier* S 1 ff, ebenso *Ditz* IStR 2002, 210; *Schwarz* FR 2003, 280; *Stenico* SWI 2003, 79.

61 Ausf *Wassermeyer/Andresen/Ditz* Rn 1 ff.

62 Krit zum „separate entity approach" *Schön* S 71, 76.

MK zu Art 7 im Zentrum der Reformüberlegungen der OECD im Jahr 2008[63] sowie des Art 7 im Zentrum des Updates des MA im Jahr 2010.

In letzter Zeit hat aber auch die Betriebsstättendefinition von der praktischen Warte aus gewissermaßen eine Renaissance erlebt. Aus Unternehmenssicht ist der Betriebsstättenbegriff ohnehin überaus bedeutsam, weil mit der Begr einer Betriebsstätte im Aus- oder Inland umfangreiche materielle und formelle Besteuerungsfolgen verbunden sind und idR Buchführungs- und Dokumentationspflichten einhergehen.[64] Weiterhin können Betriebsstätten auch abseits der Frage, ob eine ausl Betriebsstätte und TochterGes steuerlich vorzugswürdig erscheint,[65] zur Internationalen **Steuer- und Liquiditätsplanung** genutzt werden, etwa wenn es für einen Steuerausländer darum geht, über eine Betriebsstättenbegründung nach § 49 Abs 1 Nr 2 Buchstabe a EStG den Abzugsteuertatbeständen nach § 50a Abs 4 EStG zu entgehen, oder es für den Steuerausländer umgekehrt darum geht, über eine Betriebsstättenvermeidung lohnsteuerlichen Verpflichtungen zu entgehen.[66] **39**

Die *OECD* hatte zu den zahlreichen Fragen, die mit dem Konzept der Betriebsstätte verbunden sind, am 12.10.2011 ein **Diskussionspapier** zur Interpretation und Anwendung des Art 5 veröffentlicht.[67] Dieses enthält zahlreiche, von der *OECD* angedachte, erklärte und begründete Änderungen des MK zu Art 5, die nach öffentlicher Diskussion zunächst in das Update 2014 des MA einfließen sollen. Die nachfolgend dargestellten Änderungen sind alle Gegenstand dieses Diskussionspapiers, das jedoch noch nicht die endgültige Auffassung der *OECD* widerspiegelt. Sie werden durch „MK nF" gekennzeichnet. **40**

Gegenstand des Papiers sind ua Fragen der Betriebsstättenbegründung in den Geschäftsräumen eines anderen Unternehmens (vgl Rn 78), durch ein häusliches Arbeitszimmer (vgl Rn 80), das Betreiben eines Shops auf einem Schiff (vgl Rn 71), im Falle eines Joint Ventures (vgl Rn 122) oder des Einsatzes eines **Subunternehmers**. Im letztgenannten Fall geht es um die Frage, ob der Generalunternehmer allein durch Beauftragung eines Subunternehmers auch dann im anderen Staat eine Betriebsstätte begründet, wenn er in diesem über keine physische Präsenz verfügt und dort selbst nicht tätig wird. Nach Auffassung der *OECD* kann dies nur dann bejaht werden, wenn auch die anderen Voraussetzungen des Art 5 erfüllt sind, also dem Generalunternehmer auch eine Geschäftseinrichtung zur Verfügung steht. Danach begründet die Tätigkeit des Subunternehmers, der bspw die Zimmervermietung für ein im anderen Staat belegenes Hotel des Generalunternehmers gegen Vergütung seiner Kosten zuzüglich eines Gewinnaufschlags übernimmt, eine Betriebsstätte (vgl Tz 10.1 MK nF zu Art 5). Darüber hinaus setzt sich die *OECD* ua damit auseinander, ob ein **land- und forstwirt-** **41**

63 Zu Reformbestrebungen der letzten Jahre *Wichmann* StJB 2004/2005, 93; *Kroppen* FS Wassermeyer, S 691.

64 Sehr ausf *Wassermeyer/Andresen/Ditz* Rn 12.1 ff.

65 *Schoss* S 49 ff.

66 Zur Begr der Pflicht zum Einbehalt von Lohnsteuer durch eine ausl GmbH genügt iÜ auch eine inländische Vertreterbetriebsstätte iSd § 13 AO, vgl dazu die Entsch des *FG Sachsen* v 26.2.2009, Az 8 K 428/06.

67 Das Dokument, „Interpretation and application of article 5 (permanent establishment) of the oecd model tax convention", kann auf der Homepage der *OECD* unter www.oecd.org/dataoecd/23/7/48836726.pdf heruntergeladen werden; dazu instruktiv *Ditz/Quilitzsch* FR 2012, 493.

schaftlicher Betrieb gleichfalls eine Betriebsstätte begründen kann, obwohl die Einkünfte Art 6 unterliegen. Dies bejaht die *OECD*, weil diese Frage grds unabhängig von der steuerlichen Behandlung der laufenden Einkünfte zu beantworten ist (vgl Tz 3.1 MK nF zu Art 5).

42 Aber auch die einzelnen Staaten (va die Entwicklungsländer) haben unter dem Druck des Internationalen Steuerwettbewerbs (dazu Einl MA Rn 55 und Einl AStG Rn 21) zunehmend erkannt, dass sich über eine Ausdehnung des Betriebsstättenbegriffs neues Steuersubstrat im jeweiligen Inland generieren lässt. Va bei der Beratung von Outbound-Strukturen muss der Berater sich daher darüber im Klaren sein, dass die Tendenz international dahin geht, die **Schwelle** für die Annahme einer Betriebsstätte in zeitlicher und physischer Hinsicht sukzessive **abzusenken**.[68] Auch ist die weitere Entwicklung bei dem Themenkreis „Betriebsstättenbegründung durch den Einsatz Dritter" (etwa durch abhängige Vertreter oder bspw Subunternehmer bei Montagebetriebsstätten) tunlichst kritisch zu verfolgen, weil hier Betriebsstätten in Situationen entstehen können, in denen der im internationalen Steuerrecht nicht so versierte steuerliche Berater diese schlicht nicht erwartet. Das Vorhandensein einer Betriebsstätte im Aus- oder Inland ist daher in allen in Frage kommenden internationalen Steuerfällen besonders sorgfältig zu prüfen. In der jüngeren dt Rspr standen va **Zurechnungsfragen** im Mittelpunkt. Hier drehte sich die Diskussion insb bei Inbound-Gestaltungen um die **Zurechnung von Sonderbetriebseinnahmen** ausl Gesellschafter einer inl Mitunternehmerschaft sowie bei Outbound-Gestaltungen um die **Zurechnung von Drittstaatendividenden** zu einer ausl PersGes.[69] Fragen des Betriebsstättenbegriffs stellen sich gegenwärtig vermehrt auf OECD-Ebene, ohne dass dies jedoch – von der gleich zu behandelnden Dienstleistungsbetriebsstätte abgesehen – Auswirkungen auf die Revision von MA und MK im Jahr 2008 gehabt hätte.

43 **2. Änderungen durch das BEPS-Projekt.** Die OECD hatte jedoch sodann die Revision des Art 5 zurückgestellt, bis das BEPS-Projekt abgeschlossen ist: Zentraler und wichtiger Diskussionspunkt auch des öffentlichen Interesses war in den letzten Jahren das Vorhaben der OECD, sog aggressive Steuerplanung zu bekämpfen. Diese Bemühungen der OECD sind in jüngerer Zeit mit dem sog BEPS-Projekt neu aufgegriffen und erweitert worden. 2014 hatte die OECD erste Empfehlungen vorgelegt, um mithilfe internationaler Koordination gegen legale Steuervermeidung in multinationalen Unternehmen vorzugehen. Damit entsprach sie dem Mandat der G20-Finanzminister und Notenbankgouverneure, die die OECD im November 2012 beauftragt hatte, Maßnahmen gegen die sog Aushöhlung der Steuerbasis und die Gewinnverlagerung (Base Erosion and Profit Shifting – BEPS) zu erarbeiten. Das BEPS-Projekt will Regierungen dabei unterstützen, ihre Steuerbasis zu schützen und mehr Sicherheit für Steuerzahler zu schaffen, dabei aber auch Doppelbesteuerungen und Einschränkungen für grenzüberschreitende Wirtschaftsaktivitäten zu vermeiden. Die 15 konkreten Aktionspunkte sind indes für Deutschland allenfalls in Bezug auf Verrechnungspreise

---

68 Tz 2 ff MK zu Art 5; *Lüdicke* IBFD-Bulletin 2004, 190; *Görl* StbJb 2004/2005, 81; *Wichmann* StbJb 2004/2005, 93; *Bendlinger* SWI 2006, 358; *Arnold* BIFD 2003, 476 ff; *Bernstein* TNI 2005, 585 ff; *Pinto* BIFD 2004, 201.

69 Vgl *BFH/NV* 2008, 869 und *BFH* BStBl II 2008, 510; vgl auch *BFH/NV* 2008, 1250 (für Veräußerungsgewinne); zum Ganzen *Blumers* DB 2008, 1765, *Schnitger/Bildstein* Ubg 2008, 444, 449 ff und *Früchtl* BB 2008, 1212.

bei immateriellen Wirtschaftsgütern relevant. Die meisten anderen Vorgaben hat Deutschland bereits erfüllt, auch wenn die Finanzverwaltung dies an einigen Stellen abweichend beurteilt.

Das BEPS-Projekt wird in durchaus nennenswertem Umfang auch die Revision des MA und des MK im Jahr 2016 beeinflussen. Die Änderungen, die inzwischen beschlossen sind, sind zwar eher punktueller Natur, betreffen aber auch den Betriebsstättenbegriff – vgl BEPS Aktionspunkt 7 (Vermeidung von künstlichen Betriebsstätten). Sie werden indes nicht als gesonderte Revision (bis bisher) umgesetzt, sondern nach gegenwärtigem Kenntnisstand im Wege des sog Multilateralen Instruments (BEPS Aktionspunkt 15). Es handelt sich dabei um eine Art multilaterales DBA, mit dem zwischen den unterzeichnenden Staaten die zwischen diesen Staaten bereits bestehenden DBA unmittelbar geändert werden sollen. Einzelheiten hierzu werden von der OECD im Laufe des Jahres 2016 bekannt gemacht. Dem Vernehmen nach soll das Multilaterale Instrument modular aufgebaut sein, dh die unterzeichnenden Staaten sollen aus verschiedenen, durch BEPS beeinflussten Modulen (bspw hinsichtlich des Betriebsstättenbegriffs) wählen und diese dann, soweit mit einem anderen Vertragsstaat Übereinstimmung besteht, bilateral zur Anwendung gebracht werden. **44**

Auch bzgl des Art 5 MA (nebst MK) sollen einige Änderungen vorgenommen werden: Dabei muss zunächst gesehen werden, dass es das Ziel Aktionspunktes 7 war, die Kriterien für die Begründung einer Betriebsstätte im MA weiter und klarer zu fassen, um eine Umgehung der Voraussetzungen zur Begründung einer Betriebsstätte zu verhindern. In ihrem Abschlussbericht hat die OECD-Arbeitsgruppe im Wesentlichen fünf Strategien zur Vermeidung einer Betriebsstättenbegründung identifiziert und Änderungen des MA angekündigt. Der Fokus der vorgeschlagenen Änderungen liegt auf der Definition einer Betriebsstätte im Hinblick auf den Einsatz von Kommissionärsstrukturen (Art 5 Abs 6 MA) und die Inanspruchnahme der Ausnahmeregelungen für bestimmte Tätigkeiten (Art 5 Abs 4 MA). Im Einzelnen: **45**

Die aktuelle Regelung in Art 5 MA sieht vor, dass eine Person, die für ein Unternehmen tätig ist und auch die Vollmacht besitzt, für das Unternehmen Verträge abzuschließen (Art 5 Abs 5 MA), als Betriebsstätte zu behandeln ist. Ausnahmen gelten für Makler, Kommissionäre oder andere unabhängige Vertreter. Diese Ausnahmeregelung haben Unternehmen genutzt, indem sie eine Kommissionärsstruktur gewählt haben, bei der lediglich der formelle Vertragsabschluss dem Unternehmen vorbehalten war, ohne die tatsächlichen Funktionen und Risiken des Kommissionärs zu ändern. Ziel der OECD war es daher, der künstlichen Gestaltung von Kommissionärsstrukturen Einhalt zu gebieten. Nach der geplanten neuen Fassung des Art 5 Abs 5 MA soll eine Betriebsstätte dann begründet werden, wenn (1) eine Person gewöhnlich Verträge schließt oder (2) gewöhnlich die wesentliche Rolle zum Abschluss von Verträgen übernimmt, die regelmäßig ohne substanzielle Änderungen vom Unternehmen abgeschlossen werden, und die betroffenen Verträge im Namen des Unternehmens geschlossen werden oder den Austausch von Gütern oder Dienstleistungen oder Nutzungsrechten zum Gegenstand haben. Anstelle der bisherigen Fokussierung auf das Vorliegen einer formellen Abschlussvollmacht ist nunmehr entscheidend, wer wirtschaftlich betrachtet in den Vertragsabschluss eingebunden ist. Die wesentliche Rolle beim Abschluss von Verträgen ist nach dem geänderten Wortlaut des MA der Person zuzuordnen, die den fremden Dritten überzeugt, einen Vertrag mit dem Unternehmen **46** abzuschließen. Das Fehlen einer formellen Abschlussvollmacht ist demnach nicht mehr entscheidend. Die Neufassung des Art 5 Abs 5 MA soll jedoch dann nicht gelten, wenn eine unabhängige Person auftritt (Art 5 Abs 6 MA). Das Kriterium der Unabhängigkeit soll allerdings per se nicht mehr erfüllt sein, wenn der Vertreter ausschließlich oder nahezu ausschließlich für ein Unternehmen tätig wird. Dabei bleibt das zugrunde liegende vertragliche Konstrukt weitgehend unberücksichtigt. Vielmehr soll primär geprüft werden, wie unabhängig der Kommissionär letztendlich agiert. Die Möglichkeit, eine Betriebsstätte durch eine Kommissionärsstruktur zu vermeiden, wird durch die Neuregelungen deutlich eingeschränkt. Für die Praxis ist daher zu empfehlen, bestehende Kommissionärsstrukturen auf (1) die inhärente Einbindung in die Vertragsverhandlungen sowie (2) deren Abhängigkeitsverhältnis zum Prinzipal zu prüfen. Klarstellend sei darauf hingewiesen, dass unabhängige Kommissionärsstrukturen nach dem Abkommensrecht weiterhin nicht als Betriebsstätte qualifiziert werden.

47 Nebentätigkeiten, die generell als „unschädlich" erachtet werden, wie zB Lagerung, Ausstellung und Auslieferung von Waren und Gütern, oder solche, die nur dem Einkauf von Gütern und Waren dienen, begründen nach momentaner Lesart bisher keine Betriebsstätte, sondern fallen unter den sog Ausnahmekatalog (Art 5 Abs 4 lit a–d MA). Darüber hinaus begründen feste Geschäftseinrichtungen, die für das Unternehmen andere Tätigkeiten ausführen, keine Betriebsstätte, sofern es sich um vorbereitende oder Hilfstätigkeiten handelt (Art 5 Abs 4 lit e–f MA). Die Kriterien einer vorbereitenden oder Hilfstätigkeit sollen auf sämtliche in Art 5 Abs 4 MA vorgesehenen Ausnahmetätigkeiten angewandt werden. Dies bedeutet, dass auch bei Lagerung, Ausstellung und Auslieferung oder dem Einkauf von Gütern und Waren nur dann keine Betriebsstätte begründet werden soll, wenn es sich insgesamt um vorbereitende und Hilfstätigkeiten handelt. Der Anwendungsbereich der unschädlichen Nebentätigkeiten wird somit deutlich eingeschränkt. Für die Praxis bedeutet dies, in Fällen der Anwendung des Ausnahmekatalogs (Art 5 Abs 4 lit a–d MA) die zugrunde liegende Tätigkeit auf den Charakter einer vorbereitenden oder Hilfstätigkeit hin zu prüfen. Denn nur wenn eine vorbereitende oder Hilfstätigkeit zu bejahen ist, kann weiterhin von einer nicht bestehenden Betriebsstätte ausgegangen werden.

48 Die vorgenannte Regelung zur Ausweitung des Kriteriums „vorbereitende oder Hilfstätigkeiten" soll auch durch einen neu eingeführten Abs 4.1 (Antifragmentierungsregelung) bekräftigt werden. Danach findet der Ausnahmekatalog des Abs 4 keine Anwendung auf die feste Geschäftseinrichtung eines Unternehmens, wenn dieses oder ein verbundenes Unternehmen in dem betreffenden Vertragsstaat bereits Geschäftstätigkeiten ausübt, die (1) eine Betriebsstätte unter Art. 5 MA begründen, oder (2) die aus der Kombination der beiden Tätigkeiten resultierende Gesamttätigkeit keine „vorbereitende oder Hilfstätigkeit" ist. In einem solchen Fall begründet die Geschäftseinrichtung auch dann eine Betriebsstätte, wenn sie nur vorbereitende und Hilfstätigkeiten durchführt. Der Möglichkeit, durch eine Aufteilung von Aktivitäten in mehrere „vorbereitende oder Hilfstätigkeiten" keine Betriebsstätte zu begründen, werden hierdurch enge Grenzen gesetzt. Bei einem solchen Fall könnten neben betriebswirtschaftlichen Gründen nunmehr auch steuerrechtliche Motive die Zusammenlegung von Geschäftseinrichtungen implizieren, um Redundanzen durch mehrere begründete Betriebsstätten zu vermeiden bzw wenigstens zu minimieren.

Eine Bauausführung oder Montage hat bislang nur dann eine Betriebsstätte begründet, wenn ihre Dauer zwölf Monate überschritten hat (Art 5 Abs 3 MA). Dies hat teilw zu der Praxis geführt, dass Verträge künstlich in Verträge mit einer Laufzeit von weniger als zwölf Monaten aufgeteilt und die Leistungen über mehrere verbundene Unternehmen verteilt wurden. Nunmehr soll der sog Principal Purpose Test (PPT) als Bestandteil des OECD-MA eine derartige Umgehung verhindern. Zentrale Aussage des PPT ist es, dass ein abkommensberechtigter StPfl keine Vorteile aus einem DBA erzielen kann, wenn vertretbare Gründe dafür vorliegen, dass eine Vereinbarung oder eine Transaktion nur deswegen durchgeführt wurde, um ebendiesen Vorteil zu erlangen. Aufgrund der Anwendung des PPT bedurfte es keiner weiteren Änderung des Art 5 Abs 3 MA. Darüber hinaus soll die entspr Kommentierung in der Form angepasst werden, dass für die Bestimmung der Zwölfmonatsfrist Zeiten der Tätigkeiten des gleichen Unternehmens oder anderer verbundener Unternehmen am gleichen Projekt zusammengerechnet werden, dh ganzheitlich zu betrachten sind. Um Härtefälle zu vermeiden, ist jedoch eine Mindestanwesenheitsdauer im jeweiligen Land von 30 Tagen innerhalb von zwölf Monaten notwendig. In der Praxis sollte dann insb geprüft werden, ob die Leistungen der Gruppe innerhalb der Zwölfmonatsfrist erbracht werden oder diese überschreiten. Soweit möglich, sollten Unternehmen ihre Vertragsgestaltung an die geänderten Fristen anpassen. **49**

Es wird abzuwarten bleiben, ob diese Änderungen letztlich im Wege des Multilateralen Instruments umgesetzt werden. Immerhin waren andere Regelungsvorschläge, wie etwa bestimmte Vorschriften für Versicherungsunternehmen, im Laufe der Diskussionsentwürfe seitens der OECD wieder fallengelassen worden. Nach Auffassung der Arbeitsgruppe ist es nicht notwendig, gesonderte Regelungen zu erlassen, die von den bisherigen Regelungen abweichen. Vielmehr finden die Regelungen der geänderten Art 5 Abs 5 und Abs 6 MA weiterhin auch auf Versicherungsunternehmen Anwendung. **50**

3. Dienstleistungen. Seit der Streichung des Art 14 aus dem MA im Jahr 2000 wird die Verteilung der Besteuerungsrechte bei Einkünften aus grenzüberschreitender **selbstständiger Tätigkeit** nach den Bestimmungen der Art 5 und 7 vorgenommen (dazu bereits Rn 8). Der Grund für die Streichung war darin zu sehen, dass Art 7 und 14 weitgehend parallele Regelungen enthielten, obwohl Art 14 anders als Art 5 nicht den Begriff der „Betriebsstätte“, sondern den allg Begriff der **„festen Einrichtung“** verwendete.[70] Die Einkünfte aus der Erbringung einer freiberuflichen Dienstleistung (zB anwaltliche Beratung) können daher nur in einem anderen Staat als dem Ansässigkeitsstaat des Leistenden besteuert werden, wenn die Leistung im Quellenstaat über eine Betriebsstätte des Leistenden erbracht wird. So entsprach es bspw auch schon immer der Ansicht der OECD, dass etwa durch die regelmäßige Maschinenwartung bei einem im Quellenstaat ansässigen Kunden auf der Grundlage eines mehrere Jahre währenden Vertrags eine Betriebsstätte des Unternehmers begründet werde (Tz 4.5 und 6 MK zu Art 5). **51**

Die OECD hat jedoch in jüngerer Zeit festgestellt, dass der Zuschnitt des Art 5 und insb die Betriebsstättendefinition nur bedingt geeignet erscheinen, den **Besonderheiten grenzüberschreitender freiberuflicher oder gewerblicher Dienstleistungen** Rech- **52**

70 Tz 1.1 MK zu Art 5.

nung zu tragen.[71] Eine strikte Anwendung des Betriebsstättenartikels würde zum einen für Unternehmen und FinVerw zu umfangreichen **administrativen Belastungen** führen. Zum anderen besteht insb bei **personalintensiven** Dienstleistungen, bei denen nicht von vornherein feststeht, in welchem Umfang und wie lange das Personal im Quellenstaat eingesetzt werden muss, stets die Gefahr, dass für das leistungserbringende Unternehmen überraschend eine Betriebsstätte anzunehmen wäre. Und schließlich stellt sich insb bei **Dienstleistungsbetriebsstätten** die Frage der **Gewinnabgrenzung** bzw der **Bemessungsgrundlage** in besonderer Weise.[72]

53 Probleme der beschriebenen Art sprechen dafür, bei grenzüberschreitenden Dienstleistungen strikt das Prinzip der **Besteuerung im Ansässigkeitsstaat** des leistenden Unternehmens zu favorisieren. Andererseits gilt es als international anerkannter Grundsatz, dass Dienstleistungen im **Tätigkeitsstaat** besteuert werden dürfen, selbst wenn die Leistung nicht über eine Betriebsstätte erbracht wird **(Ausübungsortsprinzip)**. Auch die Bundesrepublik Deutschland erkennt in den Alt 1 und 2 des § 49 Abs 1 Nr 3 EStG dieses Prinzip im Grundsatz an. Für eine Besteuerung im Quellenstaat streitet va, dass manche Dienstleistungen ihrer Natur nach keine Betriebsstätte oder feste Einrichtung erfordern und dass die Staaten Möglichkeiten entwickelt haben, auch nicht ansässige StPfl mit schnell transferierbaren Einkünften zu besteuern (zB durch die Nutzung von **Quellensteuern** oder **Dokumentations- und Berichtspflichten**).[73]

54 Vor dem Hintergrund dieses Spannungsfeldes schlägt die OECD in Tz 42.23 MK zu Art 5 in der Neufassung des Komm aus dem Jahr 2008 vor, dass den Mitgliedsstaaten bei der Abfassung ihrer Abk die **Wahlmöglichkeit** eingeräumt werden soll, in den jeweiligen Betriebsstättenartikel einen Abs aufzunehmen, der eine Besteuerung von grenzüberschreitenden freiberuflichen oder gewerblichen Dienstleistungen im Tätigkeitsstaat auch ohne eine Betriebsstätte nach den Abs 1–3 des Art 5 gewährleistet. Die Aufnahme einer dem Art 5 Abs 3 Buchstabe a UN-MA vergleichbaren Regelung lehnt die *OECD* weiterhin ab.[74] **Beispielhaft** könnte eine solche Bestimmung nach Ansicht der OECD wie folgt formuliert werden:[75]

55 „Ungeachtet der Abs 1, 2 und 3 werden Tätigkeiten, die von einem Unternehmen eines Vertragsstaats bei der Erbringung von Dienstleistungen in dem anderen Vertragsstaat

1. durch eine natürliche Person ausgeführt werden, die sich im anderen Staat insgesamt länger als 183 Tage innerhalb eines Zeitraums von 12 Monaten aufhält, und bei denen innerhalb dieses Zeitraums mehr als 50 Prozent der auf eine aktive Geschäftstätigkeit zurückzuführenden Bruttoerträge des Unternehmens im anderen Staat aufgrund der Erbringung der Dienstleistung durch die natürliche Person erzielt werden, oder

71 Dazu *Loose* Stbg 2007, 127.

72 Zum Ganzen Tz 42.12f MK zu Art 5.

73 Tz 46.16f MK zu Art 5.

74 Zz überlegt die *OECD*, ob die Grundsätze zur Dienstleistungsbetriebsstätte auch auf Einkünfte der Künstler und Sportler übertragen werden sollten (vgl dazu OECD Current Tax Agenda 2011 *Haase/Dorn* IWB 2011, 721, 722).

75 Eigene Übersetzung v Tz 42.23 MK zu Art 5.

2. für einen Zeitraum von insgesamt länger als 183 Tagen ausgeführt werden, bei denen die Dienstleistungen auf denselben Auftrag oder zusammenhängende Aufträge zurückzuführen sind und bei denen die Dienstleistungen im anderen Staat durch eine oder mehrere natürliche, sich dort aufhaltende natürliche Personen erbracht werden,

so behandelt, als habe das Unternehmen die Dienstleistungen durch eine im anderen Staat belegene Betriebsstätte ausgeführt, es sei denn, diese Dienstleistungen beschränken sich auf die in Abs 4 genannten Tätigkeiten, die, würden sie durch eine feste Geschäftseinrichtung ausgeübt, diese Einrichtung nach dem genannten Abs nicht zu einer Betriebsstätte werden lassen. Wenn eine natürliche Person für ein Unternehmen Dienstleistungen erbringt, wird diese Person nicht zugleich so behandelt, als erbringe sie für ein anderes Unternehmen Dienstleistungen, es sei denn, das andere Unternehmen überwacht, kontrolliert oder gibt die Art und Weise vor, in der die Dienstleistungen durch die Person erbracht werden.“ Da insb die 183-tägige Schonfrist missbrauchsanfällig erscheint, stellt die *OECD* auch einen für die notwendige Missbrauchsabwehr geeigneten Abkommenstext zur Verfügung (vgl Tz 42.45 MK zu Art 5).

Liegen die genannten Voraussetzungen vor, so unterhält der Stpfl, der über keine feste Geschäftseinrichtung im anderen Staat verfügt, also die Tatbestände des Art 5 Abs 1–3 nicht erfüllt, eine (fiktive) Betriebsstätte in diesem Staat, wenn er nicht nur Hilfstätigkeiten iSd Art 5 Abs 4 ausübt. Der alternative Ergänzungstatbestand führt also dazu, dass der Stpfl mit dem Gewinn aus den Tätigkeiten nach Art 7 der Besteuerung im Quellenstaat unterliegt.[76] **56**

Es wird sich zeigen, ob und in welcher Form die Mitgliedsstaaten der OECD von dem Wahlrecht Gebrauch machen werden (vgl aber bereits Art 5 Abs 3 Buchstabe b DBA China, jeweils Art 5 Abs 7 des DBA Liberia und DBA Philippinen). Solange dies nicht geschieht, verbleibt es mit der bislang hM[77] im dt Steuerrecht, der Auffassung der dt FinVerw[78] sowie mit der OECD (vgl Tz 42.11 MK zu Art 5; vgl aber Tz 4.5 MK zu Art 5) dabei, dass die Erbringung von Dienstleistungen allein nicht zur Annahme einer abkommensrechtlichen Betriebsstätte führt. Auf der anderen Seite darf es als gefestigter Grundsatz gelten, dass die Anforderungen an eine DBA-Betriebstätte nicht künstlich überspannt werden dürfen, von der Art des Betriebs abhängen und umso geringer sind, je mehr sich die Tätigkeit außerhalb einer festen örtlichen Einrichtung vollzieht. Für eine erste Kommentierung des Formulierungsvorschlags der OECD wird auf die Tz 42.24 ff MK zu Art 5 verwiesen.[79] Am Rande sei erwähnt, dass die Bundesrepublik Deutschland die Aufnahme der Dienstleistungsbetriebsstätte in den MK im OECD-Rat zwar unterstützt hat, jedoch dem Vernehmen nach nicht beabsichtigt, die Vorschrift in eigenen DBA zu verwenden. **57**

---

76 Vgl auch *Bendlinger* IStR 2009, 521 ff sowie *Rosenberger/Vitali/Zehr* IStR-Beihefter, Heft 18 2010, 1 ff.

77 Folgt man hingegen der umstr Auffassung, wonach die Auslegung des jeweiligen Abkommens – soweit es dem MA entspricht – stets unter Berücksichtigung der aktuellen Fassung des MK erfolgt, so würde die Dienstleistungsbetriebsstätte „durch die Hintertür“ Eingang in diese Abkommen finden (so *Bendlinger* IStR 2009, 521, 522).

78 Etwa *OFD Karlsruhe* IStR 2015, 887.

79 Vgl auch *Schnitger/Bildstein* Ubg 2008, 444, 448.

B. Absatz 1

I. Grundaussage

58 Art 5 Abs 1 enthält eine für das gesamte MA gültige und **abschließende** Betriebsstättendefinition und steht damit außerhalb des allg Definitionsartikels (Art 3). Für die Anwendung des Abk sind weder die Definition des § 12 AO noch die Betriebsstättendefinitionen der ausl Steuerrechte maßgeblich, auch wenn angesichts der teilw identischen Tatbestandsmerkmale auch auf die Rspr zu § 12 AO zurückzugreifen ist. Insb auf Art 3 Abs 2 ist nicht zu rekurrieren. Eine Betriebsstätte muss nach Ansicht der OECD stets die Voraussetzungen des Art 5 Abs 1 erfüllen, auch wenn sie spezialgesetzlich geregelt sein mag (wie zB konstitutiv in Art 5 Abs 2);[80] zum Parallelproblem bei § 12 AO s Rn 19.

59 Der Begriff der „Betriebsstätte" dient primär dem Zweck, im Zusammenhang mit Art 7 eine Festlegung darüber zu treffen, wann ein Vertragsstaat berechtigt ist, die Gewinne eines Unternehmens des anderen Vertragsstaats zu besteuern, denn nach Art 7 Abs 1 kann ein Vertragsstaat die Gewinne eines Unternehmens des anderen Vertragsstaats nur besteuern, wenn das Unternehmen seine Tätigkeit im anderen Vertragsstaat durch eine dort gelegene Betriebsstätte ausübt. Art 5 Abs 1 hat insoweit die Funktion, die wesentlichen begründungsnotwendigen Merkmale einer Betriebsstätte im abkommensrechtlichen Sinne zu benennen. Die Definition ist vergleichsweise knapp und wenig aussagekräftig geraten. Zahlreiche **Auslegungsprobleme** sind die Folge. Zentral ist jedenfalls die Erkenntnis, dass über das Vorliegen oder Nichtvorliegen einer Betriebsstätte nicht die Bezeichnung, sondern die gesetzlichen Tatbestandsmerkmale entscheiden. Im Geschäftsverkehr hat es sich eingebürgert, für Geschäftseinrichtungen unterhalb der Betriebsstättenschwelle die Begriffe „Büro" (Office) oder **„Repräsentanz"** zu verwenden. Ob dies zutrifft, ist jedoch im Einzelfall exakt zu prüfen. Für Repräsentanzen etwa wird es meist an einer festen Geschäftseinrichtung oder generell einer Unternehmenstätigkeit fehlen. Zuweilen scheitert die Betriebsstättenbegründung auch daran, dass in der Repräsentanz nur Hilfstätigkeiten oder Tätigkeiten vorbereitender Art (dazu Rn 140 ff) ausgeführt werden.

II. Zivilrechtliche Einordnung

60 Zentral ist die Erkenntnis, dass der Begriff der „Betriebsstätte" ein rein steuerrechtlicher ist. Zivilrechtlich hat er **keine** Bedeutung, und zwar idS, dass es sich nicht um einen selbstständigen Rechtsträger handelt. Dies gilt auch dann, wenn die Betriebsstätte zufällig eine Zweigniederlassung iSd Art 5 Abs 2 Buchstabe b oder § 12 S 2 Nr 2 AO iVm §§ 13 ff HGB sein sollte. Eine Betriebsstätte ist für sich genommen nicht rechtsfähig. Sie ist ein rechtlich **unselbstständiger Teil** des jeweiligen Gesamtunternehmens, und zwar unabhängig davon, welche Rechtsform das Unternehmen hat. Rechtsfähig sind im dt Recht nur Rechtssubjekte, denen Gesetze die Rechtsfähigkeit zuerkennen (vgl bspw für natürliche Personen etwa § 1 BGB oder für die AG § 1 Abs 1 S 1 AktG). Für Betriebsstätten ist gesetzlich keine solche Zuerkennung vorgesehen. Das hat insb zur Konsequenz, dass eine Betriebsstätte mit Dritten keine Verträge schließen kann. Vertragspartner ist daher immer das jeweilige Unternehmen.

---

80 Tz 12 MK zu Art 5; **aA** die wohl hM in Deutschland, vgl *Debatin/Wassermeyer* Art 5 MA Rn 61.

Das Unternehmen ist auch für steuerliche Zwecke alleiniges **Steuersubjekt**. Die zivilrechtliche Wertung wird damit im Grundsatz auch für das Steuerrecht nachvollzogen, wenn auch mit einigen Durchbrechungen. So ist eine inländische Betriebsstätte eines ausl Unternehmens bspw Subjekt einer eigenständigen Gewinnermittlung nach dt Vorschriften. Zur weiteren steuerrechtlichen Verselbstständigung der Betriebsstätte durch ein neues Konzept der OECD (functionally separate entity approach bzw AOA (Authorized OECD Approach)) vgl Art 7 Rn 219 ff. **61**

Die zivilrechtliche Einordnung der Betriebsstätte als unselbstständiger Unternehmensteil erteilt zugleich dem Konzept der sog **Unterbetriebsstätte** eine Absage.[81] Es ist daher bspw nicht möglich, dass die Betriebsstätte (Staat B) eines Unternehmens (Staat A) in Staat C eine eigene Betriebsstätte unterhält. Hier gelten die beiden folgenden Grundsätze: (1) Eine außerhalb einer unstreitig bestehenden Betriebsstätte liegende Geschäftseinrichtung, die für sich genommen nicht den Anforderungen des Art 5 genügt, ist zivil- und steuerrechtlich dem Stammhaus zuzuordnen. (2) Eine außerhalb einer Betriebsstätte liegende Geschäftseinrichtung, die für sich genommen den Anforderungen des Art 5 genügt, ist als weitere Betriebsstätte des Stammhauses zu werten mit der Folge, dass die durch sie erzielten Gewinne abkommensrechtlich keiner anderen Betriebsstätte zugerechnet werden können.[82] Nur bei nachgeschalteten ausl PersGes, die für steuerliche Zwecke wie Betriebsstätten behandelt werden (vgl Rn 65), sind konstruktiv Unterbetriebsstätten denkbar. Jedoch erfolgt eine Gewinnzurechnung letztlich zum inländischen Stammhaus dann bereits über die allg Grundsätze der Transparenz und der Mitunternehmerschaft. **62**

III. Geschäftstätigkeit eines Unternehmens

Aus dem Wortlaut des Art 5 Abs 1 sowie aus dem Regelungszusammenhang mit Art 7 Abs 1 ergibt sich, dass das steuerliche Zurechnungssubjekt der Betriebsstätte ein Unternehmen sein muss. Nur wenn in einer festen Einrichtung betriebliche Handlungen zugunsten eines Gewerbebetriebs, dh eines Unternehmens vollzogen werden, kann überhaupt eine Betriebsstätte vorliegen.[83] Was ein „Unternehmen eines Vertragsstaats" ist, ist in Art 3 Abs 1 Buchstabe d definiert. Auf die Frage aber, was ein „Unternehmen" iSd MA ist, bleibt das MA die Antwort schuldig, so dass wegen Art 3 Abs 2 auf die iRd Art 7 erläuterten Grundsätze zurückzugreifen ist (Art 7 Rn 52). **63**

Ist die Bundesrepublik Deutschland der Anwenderstaat, können daher insb Einzelunternehmer, gewerbliche und gewerblich geprägte PersGes, KapGes und andere Unternehmen (zB andere Körperschaften) eine abkommensrechtliche Betriebsstätte betreiben. Handelt es sich um ein ausl Unternehmen (mit inländischer Betriebsstätte), so ist über die steuerliche Einordnung des Unternehmens insb als PersGes oder KapGes aus der Sicht der Bundesrepublik Deutschland nach den Grundsätzen des sog **Rechts-** **64**

81 Dazu ausf *Lang* FS Wassermeyer, S 709.

82 *Wassermeyer/Andresen/Ditz* Rn 1.5 ff.

83 *BFH* BStBl III 1961, 317; **aA** ist das *FG Köln* (EFG 2011, 1322, Revision beim *BFH* unter Az I R 26/11 anhängig. Danach kann auch ein land- und forstwirtschaftliches Unternehmen eine Betriebsstätte im anderen Staat unterhalten, deren Einkünfte nach dem Abkommen (im Streitfall dem DBA Spanien) von Deutschland aufgrund des Betriebsstättenvorbehalts freizustellen sind.

typenvergleichs zu entscheiden.[84] Hierbei ist anhand bestimmter Charakteristika darüber zu entscheiden, ob das Unternehmen strukturell eher einer PersGes oder eher einer KapGes vergleichbar ist. Die Einordnung ist unabhängig vom ausl Zivil- oder Steuerrecht vorzunehmen.[85]

65 Wo der Betreiber des Unternehmens ansässig ist (dh im Ansässigkeitsstaat des Unternehmens, im Betriebsstättenstaat oder in einem Drittstaat), ist im Grundsatz irrelevant. Die Betriebsstätte ist aber steuerlich demjenigen zuzurechnen, für dessen Rechnung die unternehmerische Tätigkeit ausgeübt wird.[86] Für gewerbliche und gewerblich geprägte **PersGes** jedoch gilt die Besonderheit, dass überall dort, wo eine solche PersGes über eine Betriebsstätte verfügt, diese als anteilige Betriebsstätte ihrer Gesellschafter angesehen wird.[87] Betreibt die PersGes ein Unternehmen, wird auch dieses anteilig den Mitunternehmern zugerechnet. Es wird nicht vorausgesetzt, dass jeder Mitunternehmer Verfügungsmacht (vgl Rn 76 ff) über die anteilige Betriebsstätte besitzt.[88]

66 Liegt aus der Sicht des Anwenderstaates ein Unternehmen vor, wird idR auch die für Art 5 Abs 1 erforderliche unternehmerische Tätigkeit vorliegen. Die in der Betriebsstätte ausgeübte Tätigkeit muss aber nicht zum Kernbereich der unternehmerischen Tätigkeit gehören.[89] Auch auf einen Mindestumsatz oder eine permanente Ausübung der Tätigkeit kommt es nicht an.[90] Die in der Betriebsstätte ausgeübte Tätigkeit muss lediglich dem Gesamtzweck des Unternehmens dienen.[91] Besondere Abgrenzungsschwierigkeiten entstehen in der Praxis jedoch insb bei der Abgrenzung der unternehmerischen Tätigkeit von **vermögensverwaltenden** Tätigkeiten und hier namentlich der Vermietung und Verpachtung.[92] Für die Frage, wann die Grenze zur Gewerblichkeit überschritten ist, ist bei der Bundesrepublik Deutschland als Anwenderstaat nach den Grundsätzen des nationalen dt Steuerrechts zu entscheiden. Zusammenfassend lässt sich festhalten: Die Wendung „Tätigkeit des Unternehmens" meint nicht nur die Produktion oder „operatives" Geschäft, sondern auch die allg Verwaltungstätigkeiten einer geschäftlichen Einheit. Erfasst sind ferner Verwaltungs- oder Geschäftstätigkeiten von nicht mit Gewinnerzielungsabsicht betriebenen Einheiten/gemeinnützigen Organisationen. IE begründen bspw auch gemeinnützige Organisationen, die eine Geschäftstätigkeit durch eine feste Geschäftseinrichtung ausüben, in einem Vertragsstaat eine Betriebsstätte, es sei denn, die Geschäftstätigkeit ist vorbereitender Art oder stellt eine Hilfstätigkeit dar.

---

84 Grundlegend *RFH* RStBl 1930, 444; *BFH* BStBl II 1992, 972; *BFH* BB 2011, 2404; *BMF* BStBl I 1999, 1076, Tz 1.1.5.2.

85 Systematisch daher völlig verfehlt *FG Baden-Württemberg* EFG 2008, 1098; das Urt wurde in einer begrüßenswert klaren Entsch des BFH aufgehoben, vgl *BFH* 20.8.2008, IStR 2008, 811.

86 *FG Baden-Württemberg* EFG 1992, 653.

87 *BMF* PersGes Tz 2.1.1.

88 *Debatin/Wassermeyer* Art 5 MA Rn 34.

89 *Debatin/Wassermeyer* Art 5 MA Rn 52.

90 *S/K/K* Art 5 MA Rn 70.

91 *Vogel/Lehner* Art 5 Rn 24.

92 Dazu *BFH* BStBl II 2002, 848; Tz 8 MK zu Art 5.

IV. Feste Geschäftseinrichtung

1. Sachliches Substrat. Obwohl der Betreiber einer Betriebsstätte nur ein Unternehmen sein kann und damit aus dt Sicht idR gewerbliche Einkünfte iSd § 15 EStG für die Annahme eines Unternehmens vorliegen müssen (dazu Art 7 Rn 52 ff), ist es für die Annahme einer Betriebsstätte nicht erforderlich, dass die Betriebsstätte sämtliche Merkmale eines Gewerbebetriebs iSd § 15 Abs 2 EStG erfüllt.[93] Auch an den einkommen- oder umwandlungsteuerrechtlichen Teilbetriebsbegriffen ist die Betriebsstätte nicht zu messen. Das MA setzt nach seinem eindeutigen Wortlaut lediglich eine feste Geschäftseinrichtung voraus, durch die die Tätigkeit des Unternehmens ganz oder teilw ausgeübt wird. Hierdurch wird freilich nach Ansicht des BFH gleichwohl eine besonders intensive Verwurzelung der Tätigkeit mit dem Ort ihrer Ausübung ausgedrückt.[94] 67

Unter einer Geschäftseinrichtung (place of business) sind in der Hauptsache **Räumlichkeiten**, **Einrichtungen** oder **Anlagen** zu verstehen,[95] die der Tätigkeit des Unternehmens dienen. In der Geschäftseinrichtung muss die unternehmerische Tätigkeit (vgl Rn 63) ausgeübt werden.[96] Der Begriff der Geschäftseinrichtung ist sehr weit zu verstehen und mit dem in § 12 S 1 AO verwendeten Begriff identisch.[97] Er lässt sich treffend als **Sachgesamtheit** von dem Unternehmen dienenden **körperlichen Gegenständen** beschreiben.[98] Daher können immaterielle Wirtschaftsgüter allein keine Betriebsstätte begründen.[99] 68

In Zweifelsfällen darüber, ob eine Geschäftseinrichtung vorliegt oder nicht, ist in der Praxis mit einem juristischen Umkehrschluss zu arbeiten. Steuerrecht ist Eingriffsverwaltung, dh es muss nach Tatbestand und Rechtsfolge genau definiert sein, was vom StPfl verlangt wird. Merkmale, die in Art 5 Abs 1 nicht genannt sind, können daher im Grundsatz auch nicht begründungsnotwendig für eine Geschäftseinrichtung. Es kann daher idR negativ abgegrenzt werden, sofern es sich bei der fraglichen Einrichtung nur um eine körperlich greifbare Einrichtung handelt.[100] 69

Beispiel: Immaterielle Wirtschaftsgüter bilden demnach keine Geschäftseinrichtung, bes Vorkehrungen oder Einrichtungen werden nicht vorausgesetzt.[101] Auch Forderungen, Rechte oder Beteiligungen an anderen Ges (vgl Art 5 Abs 7) begründen keine Betriebsstätten.[102] Schließlich ist es nicht erforderlich, dass in der Geschäftseinrichtung Personal beschäftigt wird, wenn dieses für den konkreten Geschäftszweck nicht notwendig ist.[103] Am Tatbestandsmerkmal der „Geschäftseinrichtung“ jedenfalls scheitert die Prüfung des 70

---

93 *Debatin/Wassermeyer* Art 5 MA Rn 26.

94 *BFH/NV* 2007, 343.

95 Tz 4 MK zu Art 5.

96 *BMF* BStBl I 1999, 1076, Tz 1.1.1.1.

97 *BFH* BStBl II 1997, 12.

98 *BFH* BStBl II 1993, 462; *Debatin/Wassermeyer* Art 5 MA Rn 30; *RFH* RStBl 1935, 840, 841: ein einzelner körperlicher Gegenstand ist uU ausreichend.

99 *Eckl* IStR 2009, 510, 510.

100 *S/K/K* Art 5 MA Rn 47.

101 *Debatin/Wassermeyer* Art 5 MA Rn 30.

102 *Vogel/Lehner* Art 5 Rn 13.

103 HM, vgl zur vollautomatischen Pumpstation eines Pipeline-Betreibers *BMF* BStBl I 99, 1076, Tz 4.8.

Betriebsstättenbegriffs in der Praxis nahezu nie. Klassische Gewerbebetriebe nach dt Verständnis werden idR auch Geschäftseinrichtungen unterhalten.[104]

71 **2. Örtliches Moment.** „Fest" muss die Geschäftseinrichtung sein, dh die unternehmerische Tätigkeit muss sich in irgendeiner Weise verfestigt haben. Die Rspr hat dieses Merkmal dahingehend konkretisiert, dass ein **Bezug** zu einem bestimmten Punkt der **Erdoberfläche** gegeben sein muss.[105] Hierfür genügt es bspw, wenn die Geschäftseinrichtung regelmäßig an demselben Ort ab- und aufgebaut wird[106] (vorübergehende Unterbrechungen der Betriebsstätte sind unerheblich[107]), während Schiffe[108] und Flugzeuge ersichtlich ausscheiden[109] (vgl Rn 83). Eine physische Untrennbarkeit mit dem Erdboden wird nicht verlangt.[110] Das Tatbestandsmerkmal „fest" ist für jede Betriebsstätte gesondert zu prüfen. Liegen im jeweils betrachteten Staat an örtlich auseinander fallenden Stellen Berührungen zum Erdboden vor, handelt es sich auch jeweils um getrennte und damit mehrere Geschäftseinrichtungen.[111] Eine Gesamtbetrachtung mehrerer Geschäftseinrichtungen in organisatorischer oder wirtschaftlicher Hinsicht kommt idR nicht in Betracht.[112]

72 **3. Zeitliches Moment.** Dem Tatbestandsmerkmal „fest" haftet nach hM zugleich ein zeitliches Moment an.[113] Die körperliche Verfestigung der Betriebsstätte muss **dauerhaft** und darf nicht nur vorübergehend sein. Ähnlich wie im Bereich des § 9 AO für den gewöhnlichen Aufenthalt werden zur Bestimmung der Dauerhaftigkeit der Geschäftseinrichtung **objektive und subjektive** Kriterien herangezogen. Eine objektive, im MA selbst angelegte Zeitgrenze liegt bei 12 Monaten, was sich aus einem Umkehrschluss aus Art 5 Abs 3 folgern lässt.[114] Diese Grenze gilt aber ausweislich des Wortlauts nur für Bauausführungen und Montagen (oder für vergleichbare Tätigkeiten[115]) und nicht für andere Betriebsstätten. Für die Praxis zu beachten ist insb der Vorbehalt der Bundesrepublik Deutschland in Tz 45.8 MK zu Art 5: Hier werden erhöhte Anforderungen an die Mindestzeit der Anwesenheit im Quellenstaat gestellt. Allein das Kriterium der wirtschaftlichen Verbindung könne keine Ausnahme von den Erfordernissen der notwendigen Anwesenheit und Dauer rechtfertigen.

---

104 Zur Abgrenzung einer Betriebsstätte vom häuslichen Arbeitszimmer *FG München* 20.11.2007, 6 K 3122/06.

105 *BFH/NV* 1988, 735.

106 *BFH* BStBl 1994, 148.

107 Tz 6.1 MK zu Art 5.

108 Eine feste Geschäftseinrichtung liegt nach Auffassung der *OECD* jedenfalls dann nicht vor, wenn die Geschäftstätigkeit in einem Laden ausgeübt wird, der sich auf einem Schiff befindet, das stetig innerhalb verschiedener Gewässer navigiert (vgl Tz 5.5 MK nF zu Art 5).

109 Zu Restaurationsbetrieben auf Schiffen *S/K/K* Art 5 MA Rn 62 mwN.

110 Tz 5 MK zu Art 5.

111 *FG Düsseldorf* EFG 1991, 290; Tz 5.1, 5.4 und 27.1 MK zu Art 5; **aA** wohl *S/K/K* Art 5 MA Rn 63.

112 *Debatin/Wassermeyer* Art 5 MA Rn 37; **aA** *Kumpf* S 37.

113 Tz 6 MK zu Art 5; *Debatin/Wassermeyer* Art 5 MA Rn 37a.

114 *Debatin/Wassermeyer* Art 5 MA Rn 37a; **aA** wohl *S/K/K* Art 5 MA Rn 57.

115 Zutr *Debatin/Wassermeyer* Art 5 MA Rn 37a; zur Ausweitung des Betriebsstättenbegriffs durch die OECD im Maschinen- und Anlagenbau *Bendlinger/Görl/Paaßen/Remberg* IStR 2004, 145.

73 Umgekehrt soll nach Ansicht der OECD in negativer Abgrenzung eine für weniger als **sechs Monate** bestehende Geschäftseinrichtung idR keine Betriebsstätte begründen.[116] Die hM in FinVerw und Rspr hat sich dem angeschlossen.[117] So begründet bspw die Nutzung eines Wohnwagens für eine Dauer von sechs Wochen zweimal im Jahr keine Betriebsstätte.[118] Ist aber die in der Geschäftseinrichtung ausgeübte Tätigkeit originär eine kurzfristige, etwa zur Abwicklung eines einzigen Auftrags, kann auch eine Dauer von weniger als sechs Monaten eine Betriebsstätte begründen. Dies gilt insb, wenn die Tätigkeit des Unternehmens nahezu ausschließlich über die Betriebsstätte abgewickelt wird.[119] Der zweite Ausnahmefall von der Sechs-Monats-Frist wird durch wiederkehrende Tätigkeiten begründet (Beispiel: Errichtung eines Stands auf einem Weihnachtsmarkt jedes Jahr für 4 Wochen im Dezember[120]). In diesen Fällen gilt für die Berechnung der Frist, dass „jede Zeitspanne, über die die Einrichtung genutzt wird, in Verbindung mit der Zahl der Nutzungen (die sich über eine Reihe von Jahren erstrecken kann) in Betracht" zu ziehen ist (Tz 6.1 MK nF zu Art 5).[121] Der dritte Ausnahmefall schließlich betrifft Geschäfte, die ausschließlich im Quellenstaat ausgeführt werden.[122]

74 Eine Betriebsstätte kann aber bei **subjektiver Wertung** auch vorliegen, wenn die Sechs-Monats-Frist zwar objektiv nicht erreicht wird, das Unternehmen aber ursprünglich den Plan verfolgte, die Geschäftseinrichtung für mehr als sechs Monate zu unterhalten.[123] Entspr wird eine ursprünglich für weniger als sechs Monate geplante Geschäftseinrichtung zu einer Betriebsstätte, wenn das Unternehmen nach seiner Vorstellung zu einer dauerhaften Nutzung übergeht.[124] Insgesamt kommt es damit auf die verständige Würdigung der Umstände des Einzelfalls an, die sowohl die Geschäftstätigkeit des Unternehmens, die Branchenüblichkeit und die örtlichen Gegebenheiten einzubeziehen hat.[125] So ist auch zu beachten, dass eine ständige Nutzung der festen Geschäftseinrichtung oder eine dauerhafte Präsenz von Personen vor Ort nicht vorausgesetzt wird. Erforderlich ist also keine dauerhafte Nutzung von mindestens sechs Monaten, solange die Einrichtung nur die ganze Zeit zur Verfügung vorbehalten wird.[126]

---

116 Tz 6 MK zu Art 5.

117 *BMF* BStBl I 1999, 1076, Tz 1.2.1.2; *BFH* BStBl II 1993, 462; BStBl II 1993, 655; *BFH/NV* 2007, 343; *Mössner* B 88; **aA** *G/K/G* Art 5 MA Rn 78 (neun bis zwölf Monate).

118 *BFH* BStBl II 1993, 655 (derart kurzfristige Nutzung rechtfertigt keine Aufteilung der Besteuerungsrechte).

119 Tz 6 MK zu Art 5; *Vogel/Lehner* Art 5 Rn 19.

120 Anders aber *BFH* BStBl II 2004, 396 (keine Betriebsstätte).

121 Die geplante Neufassung des MK enthält zur Verdeutlichung dieser Auffassung ein entspr Bsp. In diesem Fall mietet der Stpfl des Staates R bereits seit 15 Jahren jedes Jahr für die Dauer von 5 Wochen einen Marktstand im anderen Staat. Nach Auffassung der *OECD* liegt aufgrund der Tätigkeit eine Betriebsstätte vor, obwohl die Dauer von 6 Monaten unterschritten wird. (vgl Tz 6.1 MK nF zu Art 5).

122 Tz 6.2 MK nF zu Art 5. Auch diese Auffassung verdeutlicht die *OECD* anhand eines Bsp. In diesem wird die Tätigkeit eines Unternehmens nicht über einen bestimmten Zeitraum auch in einer Betriebsstätte (im Bsp ein Restaurant) ausgeübt, sondern ausschließlich in dieser. Aus diesem Grund kann eine Betriebsstätte angenommen werden, auch wenn die Tätigkeit nicht länger als 6 Monate dauert.

123 Tz 6.3 MK (bzw 6.6 MK nF) zu Art 5; *Debatin/Wassermeyer* Art 5 MA Rn 37a; *S/K/K* Art 5 MA Rn 53 f.

124 Tz 6.3 MK (bzw 6.6 MK nF) zu Art 5; *Vogel/Lehner* Art 5 Rn 19.

125 Ähnlich *S/K/K* Art 5 MA Rn 56.

126 *BFH/NV* 2007, 343; *FG Rheinland-Pfalz* EFG 1985, 593.

75 Eine Betriebsstätte ist **errichtet**, sobald die in Art 5 Abs 1 genannten Tatbestandsmerkmale vorliegen. Zentral ist die Voraussetzung, dass die unternehmerische Tätigkeit (vgl Rn 63) in der Betriebsstätte aufgenommen worden sein muss.[127] Tätigkeiten **vorbereitender** Art begründen keine Betriebsstätte.[128] Kommt es nicht zur Begründung einer Betriebsstätte in einem anderen Staat, hat dies insb die Konsequenz, dass etwaige Anlaufverluste und im Zusammenhang mit der fehlgeschlagenen Betriebsstättenbegründung entstandene Aufwendungen im Ansässigkeitsstaat des Unternehmens geltend gemacht werden können. Umgekehrt ist nicht mehr von der Existenz einer Betriebsstätte auszugehen, wenn eines der in Art 5 Abs 1 genannten Tatbestandsmerkmale wegfällt und die unternehmerische Tätigkeit dauerhaft eingestellt wird.[129]

76 **4. Verfügungsmacht.** Die hM geht iRd Betriebsstättendefinition des Art 5 nach wie vor von dem **ungeschriebenen Tatbestandsmerkmal** der Verfügungsmacht aus.[130] Danach besteht keine Betriebsstätte im abkommensrechtlichen Sinne, wenn das jeweils betrachtete Unternehmen (dazu Rn 63) nicht über eine nicht nur **vorübergehende** Verfügungsmacht über die jeweilige Geschäftseinrichtung verfügt.

77 Die Meinungen über die notwendige Intensität der Verfügungsmacht gehen auseinander. Zu weit geht die Forderung, die genutzte Geschäftseinrichtung müsse im zivilrechtlichen Eigentum des Unternehmens stehen, weil dieses Postulat keine Stütze im Wortlaut der Norm findet. Miete, Pacht oder andere Nutzungsüberlassungsverhältnisse sind also ausreichend.[131] Umgekehrt kann trotz eines bestehenden Eigentumsverhältnisses die Verfügungsmacht, dh die **tatsächliche physische Nutzung** fehlen, wenn ein Dritter (etwa aufgrund eines Miet- oder Pachtverhältnisses[132] oder rein tatsächlich) über die jeweilige Geschäftseinrichtung verfügt. Vermietete oder verpachtete Betriebsgebäude und sonstige Einrichtungen können daher allenfalls bei Vorliegen der weiteren Tatbestandsmerkmale als Betriebsstätte des Mieters oder Pächters, nicht aber als Betriebsstätte des Vermieters oder Verpächters angesehen werden.[133] Eine Betriebsstätte kann aber auch in der Betriebsstätte eines Dritten begründet werden[134] (zB durch die Gesellschafter einer Ges in der Betriebsstätte der nämlichen Ges), wobei jedoch stets eine eigene Verfügungsmacht über die Einrichtung oder Anlage und nachhaltige eigene betriebliche Handlungen erforderlich sind. Diese Voraussetzungen sind insb zu prüfen, wenn unabhängige Vertreter, dh selbst-

127 *S/K/K* Art 5 MA Rn 77; *Vogel/Lehner* Art 5 Rn 31.

128 Tz 11 MK zu Art 5.

129 *Vogel/Lehner* Art 5 Rn 32.

130 *BFH* BStBl III 1961, 317; BStBl II 1990, 983; *S/K/K* Art 5 MA Rn 74; *Vogel/Lehner* Art 5 Rn 16; *Mössner* B 74 ff; **aA** *Debatin/Wassermeyer* Art 5 MA Rn 42.

131 *BFH* BStBl II 1993, 462; *BFH/NV* 1988, 122 (dingliches Nutzungsrecht, Mietverhältnis oder gleichgelagertes Recht erforderlich); zu Recht zust *Debatin/Wassermeyer* Art 5 MA Rn 42; *Mössner* B 84.

132 Zu verpachtetem Grundbesitz *BFH* 19.12.2007, I R 46/07; zu verpachtetem Betrieb *BFH* BStBl II 2007, 94.

133 Bei einer grenzüberschreitenden Betriebsaufspaltung kann entspr eine Betriebsstätte des Verpächters am Sitz des Besitzunternehmens vorliegen, vgl *BFH* BStBl II 1975, 112; vgl auch *BMF* BStBl I 1999, 1076, Tz 1.2.1.1.

134 *BFH* BStBl II 1993, 462; *BFH/NV* 2006, 2334; 2007, 1269.

ständige Gewerbetreibende, für ein Unternehmen tätig werden. Der Sitz des ständigen Vertreters (vgl Abs 5 und 6) wird nur in Ausnahmefällen eine Betriebsstätte des vertretenen StPfl begründen.[135]

Die Verfügungsmacht muss nicht rechtlich fundiert sein, insb muss sie nicht auf einer vertraglichen Grundlage beruhen.[136] Eine tatsächliche Nutzung ist ausreichend.[137] Dies gilt jedenfalls dann, wenn die Nutzung durch den Rechtsinhaber hingenommen wird **(„faktisches Innehaben")**[138] bzw wenn dem Nutzenden die Rechtsposition ohne seine Mitwirkung nicht ohne weiteres entzogen oder diese nicht ohne weiteres verändert werden kann.[139] Es ist insgesamt festzustellen, dass die Tz 4.1 ff MK, die durch die Revision des MK im Jahre 2003 hinzugefügt wurden, die Anforderungen an die Betriebsstättenbegründung im Einklang mit international in der Praxis zu beobachtenden Tendenzen erheblich reduziert haben.[140] Die faktische Nutzung einer Einrichtung im anderen Staat und damit letztlich die bloße Anwesenheit an einem Leistungsort iRd vertraglich geschuldeten[141] Leistungserbringung kann danach eine Betriebsstätte begründen,[142] was bereits auf nichts anderes hinausläuft als auf erste Ansätze einer Dienstleistungsbetriebsstätte (dazu Rn 51 ff). In diese Richtung schien auch der BFH zu tendieren, als er zunächst einen zur ständigen Nutzung überlassenen Raum als Betriebsstätte ausreichen ließ.[143] In jüngerer Zeit ist der BFH jedoch wieder zu dem Grundsatz zurückgekehrt, dass das bloße Tätigwerden in den Räumen eines Ver- **78**

---

135 *BFH* BStBl III 1964, 76.

136 **AA** *G/K/G* Art 5 MA Rn 94.

137 *BFH* BStBl II 1993, 462; sehr weitgehend Tz 4.1 MK zu Art 5; **aA** offenbar noch *BFH/NV* 1988, 735.

138 *FG Münster* EFG 1966, 501, 502; *RFH* RStBl 1928, 127; *Tipke/Kruse* § 12 AO Rn 11 ff.

139 *BFH* BStBl II 1987, 162; sehr weitgehend wiederum Tz 4.1 MK zu Art 5.

140 Besonders steht das sog „Anstreicher-Beispiel" (Tz 4.5 MK bzw Tz 4.7 MK nF zu Art 5) in der Kritik, weil es dafür spricht, dass die bloße Anwesenheit des Unternehmers eine Betriebsstätte im anderen Staat begründen kann (vgl Rn 77 und stv *Eckl* IStR 2009, 510, 511). Die Nutzung einer in einem DBA-Staat belegenen Pipeline oder von Kabelnetzen begründet hingegen nach Auffassung der *OECD* keine Betriebsstätte. Entspr gilt auch für kommerziell betriebene Satelliten, die ausschließlich das jeweilige DBA-Land überfliegen und Daten empfangen und senden (vgl dazu *Haase/Dorn* Eckpunkte der OECD Current Tax Agenda 2011, IWB 2011, 721 ff).

141 Jedoch kann auch einer widerrechtliche Nutzung einer Geschäftseinrichtung eine Betriebsstätte begründen, vgl Tz 4.1 MK zu Art 5.

142 Dies verdeutlicht Tz 4.2 MK nF zu Art 5. Danach steht die Geschäftseinrichtung auch dann zur Verfügung, wenn das Unternehmen in diesen die eigene Geschäftstätigkeit regelmäßig ausübt. Dies gilt allerdings nicht, wenn sie nur vereinzelt oder gelegentlich dort ausgeübt wird, weil dann die Geschäftstätigkeit nicht in dieser Einrichtung ausgeübt wird. Die Annahme einer Verfügungsmacht setzt stets voraus, dass die Geschäftseinrichtung genutzt werden darf und auch tatsächlich vor Ort genutzt wird. Daher genügt es für die Annahme einer Betriebsstätte nicht, wenn in der Geschäftseinrichtung zwar Geschäftstätigkeiten im Auftrag des Unternehmens, nicht aber von dem Unternehmen selbst ausgeübt werden. Werden bspw die einzelnen, von einem im anderen Vertragsstaat belegenen Unternehmen veräußerten Autoteile in der Betriebsstätte des beauftragten anderen Unternehmens (auch einer Tochtergesellschaft) zusammengebaut und anschließend an dieses zurückveräußert, so begründet dies allein keine Betriebsstätte des anderen Unternehmens (s dazu OECD-Diskussionspapier, 11 f, sog CARCO Bsp).

143 *BFH/NV* 2005, 154.

tragspartners auch dann nicht zur Begründung der Verfügungsmacht ausreicht, wenn die Tätigkeit über mehrere Jahre hinweg erbracht wird. Neben der zeitlichen Komponente müssten „zusätzliche Umstände auf eine örtliche Verfestigung der Tätigkeit schließen lassen".[144] Eine tatsächliche Änderung der Rspr ist damit jedoch nach Auffassung des erkennenden Senats selbst nicht verbunden (mE sehr fraglich). Die jüngere BFH-Rspr zeigt lediglich einmal mehr deutlich, dass es bei der Frage einer Betriebsstättenbegründung sehr auf die Umstände des Einzelfalls ankommt und dass sich jede schematische Betrachtungsweise verbietet.

79 Eine **alleinige** Verfügungsmacht an der Geschäftseinrichtung ist keine Voraussetzung,[145] so dass eine Geschäftseinrichtung von mehreren Unternehmen genutzt werden kann. Eine bloße **Mitnutzung** von Räumlichkeiten aber begründet keine Betriebsstätte, wenn sich die Verfügungsmacht nicht aus anderen Umständen ergibt.[146] Auch eine gelegentliche Nutzung von Räumlichkeiten oder bloße Zutrittsrechte begründen idR nicht die erforderliche Verfügungsgewalt,[147] vgl insb die Vorbehalte der Bundesrepublik Deutschland in Tz 45.7 MK zu Art 5. Zudem wird es dann auch an der notwendigen örtlichen und zeitlichen Verfestigung (Rn 67 ff) fehlen.

80 In der Beratungspraxis ist hinsichtlich des Merkmals der Verfügungsmacht va dann Vorsicht geboten, wenn ein Unternehmen Mitarbeiter in das Ausland **entsendet** bzw wenn der Geschäftsführer eines Unternehmens in einem anderen Staat als dem Ansässigkeitsstaat des Unternehmens seinen **Wohnsitz** nimmt. Nach der Rspr liegt eine inländische Betriebsstätte eines ausl Unternehmens auch dann vor, wenn der Betrieb in Räumen ausgeübt wird, die ein leitender Angestellter des Unternehmens unter seinem Namen gemietet und dem Unternehmen zur Verfügung gestellt hat.[148] Zudem kann die Wohnung eines **Geschäftsführers** (oder ggf eines leitenden Angestellten) zur Annahme einer Geschäftsleitungsbetriebsstätte führen.[149] Generell ist festzustellen, dass die Anforderungen an die Verfügungsmacht von der Rspr sukzessive gelockert worden sind. Es bedarf keiner „örtlich konkretisierten Verfügungsmacht"[150] mehr, sondern entscheidend ist vielmehr, dass eine „gewisse Verwurzelung" des Unternehmers mit dem Ort der Ausübung der unternehmerischen Tätigkeit gegeben ist.[151] So stellt ein häusliches Arbeitszimmer nach Auffassung der *OECD* jedenfalls dann eine Betriebsstätte des Unternehmens dar, wenn die Geschäftstätigkeit in diesem „homeoffice" regelmäßig und im Auftrag des Unternehmens ausgeübt wird.[152]

---

144 *BFH* IStR 2008, 702.

145 *Vogel/Lehner* Art 5 Rn 18.

146 *BFH* BStBl 1976, 365.

147 *BFH* BStBl II 1990, 166; BStBl III 1962, 227, 228; *FG Hessen* EFG 1973, 496, 497; *FG Rheinland-Pfalz* EFG 1985, 593.

148 *BFH/NV* 1999, 372; *BFH* BStBl 1974, 327, 328; *RFH* RStBl 1937, 67, 70.

149 *RFH* RStBl 1939, 788; **aA** *Debatin/Wassermeyer* Art 5 MA Rn 42.

150 Treffend *Schnitger/Bildstein* Ubg 2008, 444, 445 mit dem Beispiel von *BFH* BStBl II 1982, 624 (Verfügungsbefugnis über klar abgrenzbare Räume erforderlich).

151 Bspw *BFH* BStBl II 1993, 462 (wechselnde Räume können ausreichend sein); ebenso *BFH* BStBl II 2002, 512.

152 Tz 4.8 MK nF zu Art 5. Ein solcher Fall liegt nach Auffassung der *OECD* bspw dann vor, wenn eine Beraterin im Auftrag des Unternehmens in einen anderen Staat entsendet wird und die Geschäftstätigkeit ausschließlich in der auch zu Wohnzwecken genutzten Wohnung ausübt. In diesen Fällen begründet das häusliche Arbeitszimmer eine Betriebsstätte (vgl Tz 4.8 MK nF zu Art 5).

Von der Haltung der OECD ist die bundesdeutsche Sicht damit noch weit entfernt. Berühmt sind das sog Anstreicherbeispiel in Tz 4.5 MK (bzw Tz 4.7 MK nF) zu Art 5 sowie das Bsp in Tz 5.4 MK zu Art 5. Hiernach soll ein Anstreicher, der zwei Jahre lang wöchentlich drei Tage in einem großen Bürokomplex seines Hauptkunden seine Tätigkeit verrichtet, bereits durch seine bloße Anwesenheit und das Erbringen der wichtigsten Funktion seiner Geschäftstätigkeit (das Anstreichen) eine Betriebsstätte begründen. Ein Gleiches (Tz 5.4 MK) gilt danach für einen Berater, der in verschiedenen Zweigstellen einer Bank an verschiedenen Orten im Rahmen eines einzigen Projekts in der Personalschulung arbeitet. Gegen diese Weiterungen des Betriebsstättenbegriffs hat die Bundesrepublik Deutschland mE zu Recht einen Vorbehalt eingelegt (vgl Tz 45.7 MK zu Art 5).

5. Kausalzusammenhang. Die Geschäftstätigkeit des Unternehmens (vgl Rn 63) muss „durch die" Betriebsstätte ausgeübt werden. Der dadurch begründete **Kausalzusammenhang** ist weit zu verstehen.[153] Es ist ausreichend, dass das Unternehmen die feste Geschäftseinrichtung in irgendeiner Weise unmittelbar für die jeweils ausgeübte unternehmerische Tätigkeit einsetzt[154] („unmittelbare Dienlichkeit"[155]), es sei denn, aus Art 5 Abs 4 ergeben sich Einschränkungen (bloße Hilfstätigkeiten etwa führen nach Art 5 Abs 4 Buchstabe f nicht zu einer Betriebsstätte[156]). Die Nutzung muss jedoch im eigenen Namen, auf eigene Rechnung und auf eigene Gefahr stattfinden. Die Beauftragung selbstständiger Dritter im Wege des **Outsourcings** von unternehmerischen Tätigkeiten erfüllt diese Anforderungen nur, wenn das Unternehmen weisungsbefugt bleibt und die Tätigkeiten des Dritten laufend durch eigene Angestellte überwacht.[157] In den Fällen der Personalentsendung ist der Kausalzusammenhang besonders sorgfältig zu prüfen.[158] 81

Die Frage des Kausalzusammenhangs zwischen Betriebsstätte und unternehmerischer Tätigkeit ist von der nachgelagerten Frage der **Attraktivkraft** der Betriebsstätte (vgl Rn 9 und Art 7 Rn 40) streng zu trennen. Für die Attraktivkraft einer Betriebsstätte, die nach zutr hM nicht existiert, muss zunächst denklogisch eine Betriebsstätte vorliegen. Ferner geht es bei der Attraktivkraft sachlich um die Zurechnung von Einkünften, während hier die Zurechnung von Tätigkeiten zu einer bzw die Ausübung von Tätigkeiten in einer Geschäftseinrichtung relevant ist. 82

V. Rechtsprechung zu Betriebsstätten

Auswahl: Abbrucharbeiten (ja: *BFH* BStBl II 1978, 140); Angestellte (ja: *BFH* BStBl II 1978, 205); ARGE (ja: *BFH* BStBl II 1993, 577); Aufenthaltsraum (nein: *BFH* BStBl III 1959, 349); Automaten (ja: *BFH* BStBl III 1965, 69); Bankkonto (nein: *BFH* BStBl III 1966, 548); Baracke (ja: *BFH* BStBl III 1954, 179); Baustelle (ja: *BFH* BStBl III 1954, 179); Beratungsstelle einer Bausparkasse (ja: *BFH* BStBl II 1968, 313); 83

153 Tz 4.6 MK zu Art 5.

154 *Debatin/Wassermeyer* Art 5 MA Rn 51; ähnlich *Vogel/Lehner* Art 5 Rn 22.

155 *S/K/K* Art 5 MA Rn 64; Tz 26 MK zu Art 5; **aA** *Debatin/Wassermeyer* Art 5 MA Rn 26.

156 Tz 23 MK zu Art 5.

157 *BFH* BStBl II 1963, 71; zur Bestimmung der regelmäßigen Arbeitsstätte bei outgesourcten Arbeitnehmern in etwas anderem Zusammenhang *FG Niedersachsen* 24.10.2007, 12 K 611/04.

158 Zu den Kriterien *Schnitger/Bildstein* Ubg 2008, 444, 446 f.

Bergwerk (ja: *RFH* RStBl 1935, 572); BetriebskapGes bei Betriebsaufspaltung (nein: *BFH* BStBl III 1966, 598); Brückenbau (ja: *RFH* RStBl 1942, 66); Büroecke (ja: *BFH* BStBl II 1986, 744); Eisrevue (ja: *BFH* BStBl III 1963, 148); Elektroinstallation (ja: *RFH* RStBl 1942, 66); Erholungsheim (ja: *BFH* BStBl III 1961, 52); Flughafen (ja: *FG Düsseldorf* EFG 1978, 503); Flugzeuge (nein: *BFH* BStBl 1988, 201); Fotokopierer (nein: *FG Brandenburg* EFG 1997, 299); Gebäude (nein: *BFH* BStBl II 1978, 116); Geschäftsleitung (ja: *BFH* BStBl II 1995, 175); Grundstück (nein: *BFH* BStBl III 1959, 133); Hotelzimmer (nein: *BFH* BStBl II 1990, 166); Korrespondenzreeder (ja: *FG Hamburg* EFG 1978, 138); Kohlezeche (ja: *BFH* BStBl III 1961, 8); Landungsbrücken (ja: *RFH* RStBl 1926, 333); Lagerhalle (nein: *BFH* BStBl II 1978, 116; ja: *BFH* BStBl II 1982, 624); LKW (nein: *FG München* EFG 1992, 438); Malerarbeiten (ja: *RFH* RStBl 1941, 764); Marktstand (ja: *FG Münster* EFG 1966, 501); Messestand (ja: *FG München* EFG 1993, 707); Mülltonnenstellplatz (nein: *BFH/NV* 1988, 735); OrganGes bei Organschaft (nein: *BFH* BStBl II 1979, 18); Personalgestellung (nein: *BFH* BStBl III 1967, 400); Pipeline (ja: *BFH* BStBl II 1997, 12); Plakatsäule (ja: *BFH* BStBl III 1958, 379); Sanitärinstallation (ja: *RFH* RStBl 1942, 66); Schiffe (nein: *BFH* BStBl 1988, 201); Server[159] im Internet (noch nicht durch *BFH* entschieden; offen gelassen in *BFH* BStBl II 2002, 683[160]); Subunternehmer (ja: *BFH/NV* 1999, 839); Tankstelle für MineralölGes (nein: *BFH* BStBl III 1962, 477); Taxi (nein: *BFH* BStBl III 1963, 38); Taxistand (ja: *BFH* BStBl III 1963, 38); TochterpersGes (ja: *BFH* BStBl II 2000, 399); Warenlager (ja: *BFH* BStBl III 1962, 477); Wartungsarbeiten (nein: *BFH* BStBl II 1982, 624); Wasserkraftwerk (ja: *Thüringer FG* EFG 1997, 1209); Windenergieanlage (ja: *Hessisches FG* EFG 1995, 904); Wohnwagen (ja: *BFH* BStBl II 1993, 655);[161] Zweigniederlassung (ja: *BFH* BStBl II 1981, 560).

C. Absatz 2

I. Grundaussage

84 Die OECD vertritt die Auffassung, Art 5 Abs 2 sei vor dem Hintergrund des Abs 1 der Vorschrift auszulegen. Das bedeutet, dass trotz Erfüllung der Tatbestandsmerkmale des Abs 2 für die Annahme einer Betriebsstätte auch stets die Voraussetzungen des Abs 1 erfüllt sein müssen.[162] Ein Teil der Lit in Deutschland hat sich dem ange-

---

159 Zur Betriebsstätteneigenschaft von Servern nach dem DBA USA *Findeis/Eickmann* DStZ 2008, 139. Zu unterscheiden ist allg zwischen dem Server (Hardware) und der Software/Website, die über den Server abgebildet bzw aufgerufen wird. Software kann als unkörperlicher Gegenstand keine Geschäftseinrichtung und damit keine Betriebsstätte bilden, vgl auch Tz 42.3 MK zu Art 5. Der Inhaltsanbieter beim einfachen Webhosting verfügt daher nicht über eine Betriebsstätte, es sei denn, ihm wird für sein Unternehmen ein bestimmter Server zur Verfügung gestellt. Weitere Probleme bei der Einordnung von Servern bzw allg E-Commerce-Aktivitäten als Betriebsstätten bestehen va bei den Tatbestandsmerkmalen der Verfügungsmacht (vgl zu einem vergleichbaren Fall *BFH* IStR 2000, 438) und der Ausscheidung von Hilfs- und Vorbereitungstätigkeiten (dazu Tz 42.8 MK zu Art 5); ausf *Fetzer* 129 ff. Nach Tz 42.1 ff MK zu Art 5 liegt nur dann eine Serverbetriebsstätte vor, wenn auch die Kernfunktionen der jeweiligen Tätigkeit (zB Vertragsschluss, Lieferung, Zahlung) über den Server abgewickelt werden; vgl auch Vfg der *OFD Karlsruhe* 11.11.1998, S 1301 A – St 332.

160 Bejahend aber im Instanzenzug *FG Schleswig-Holstein* EFG 2001, 1535.

161 Neuerdings auch *BFH* BStBl II 2008, 671.

162 Tz 12 MK zu Art 5.

schlossen,[163] andere Autoren und die Rspr gehen zutr von **Regelbeispielen** aus, die **ungeachtet** des Abs 1 Betriebsstätten begründen. Dies folgt aus dem Wort „insbesondere" in Art 5 Abs 2.[164] Die praktische Bedeutung des Streits ist gering, idR erfüllen die konstitutiven Betriebsstätten des Art 5 Abs 2 auch die Anforderungen des Art 5 Abs 1. Die in Art 5 Abs 2 genannten Betriebsstätten schließen sich idR (aber nicht stets tatbestandlich) aus.

II. Regelbeispiele

1. Ort der Leitung (Buchstabe a). Art 5 Abs 2 Buchstabe a erklärt jeden „Ort der Leitung" zu einer abkommensrechtlichen Betriebsstätte. In Abgrenzung zum „Ort der Geschäftsleitung" in Art 4 Abs 1 (dazu Art 4 Rn 83) und zum „Ort der tatsächlichen Geschäftsleitung" in Art 4 Abs 3 (dazu Art 4 Rn 122) ergeben sich folgende Feststellungen: „Ort der Leitung" ist als umfassender Begriff zu verstehen,[165] der die anderen Begriffe einschließt. Ein Unternehmen muss wenigstens einen[166] und kann mehrere Orte der Leitung haben.[167] 85

Beispiel: (1) Hat eine KapGes mit Sitz und Geschäftsleitung im Staat A keine weitere Betriebsstätte außerhalb und innerhalb der Staatsgrenzen von A, sondern ist sie allein in ihrem Stammhaus bspw produzierend tätig, so stellt das Stammhaus wegen Art 5 Abs 2 Buchstabe a eine Betriebsstätte dar. Das **Stammhaus** ist zugleich immer auch eine Betriebsstätte iSd Abkommensrechts. (2) Hat eine KapGes mit Sitz und Geschäftsleitung im Staat A eine weitere Geschäftseinrichtung im Staat B und wird die Ges im Stammhaus kaufmännisch, in der Geschäftseinrichtung technisch geleitet, so bestehen zwei Orte der Leitung. (3) Unterhält eine PersGes im Staat A eine produzierende Betriebsstätte, sind aber sämtliche Gesellschafter im Staat B ansässig und treffen sie dort auch die grdl Geschäftsentscheidungen, so wird man für den Staat B jedenfalls von einem Ort der Leitung und damit einer **Geschäftsleitungsbetriebsstätte** auszugehen haben.[168] Eine ganz andere Frage ist, welcher Gewinn dieser Betriebsstätte zuzuweisen ist. 86

Der „Ort der Leitung" ist nur für ein Unternehmen iSd Art 7 Abs 1, 5 Abs 1 relevant. Hat ein Unternehmen nur einen Ort der Leitung, handelt es sich zugleich um den „Ort der tatsächlichen Geschäftsleitung" iSd Art 4 Abs 3 und ebenfalls zugleich um den „Ort der Geschäftsleitung" iSd Art 4 Abs 1. Aus einem Umkehrschluss aus Art 4 Abs 1 folgt jedoch, dass mit „Ort der Leitung" nicht zwingend die Geschäftsleitung gemeint sein muss. 87

Jede Art der Leitung (zB eine rein technische) ist ausreichend, sofern tatsächlich **Leitungsaufgaben** übernommen werden, die der Unternehmensführung dienen.[169] Das kann je nach Einzelfall, Branchenüblichkeit und Unabhängigkeit der Entscheidungsträger auch noch auf der zweiten oder dritten Managementebene der Fall sein.[170] Es 88

---

163 *Vogel/Lehner* Art 5 Rn 37.

164 *BFH* BStBl II 1994, 148; *Debatin/Wassermeyer* Art 5 MA Rn 61.

165 Tz 13 MK zu Art 5; *Vogel/Lehner* Art 5 Rn 40.

166 *BFH* BStBl II 1995, 175; *S/K/K* Art 5 MA Rn 82.

167 *Vogel/Lehner* Art 5 Rn 39.

168 Anders bei Gesellschafterbeiträgen bzw Gesellschafteraufgaben: *BFH* BStBl II 1995, 175 (kein Ort der Leitung); zust *S/K/K* Art 5 MA Rn 82. Beachte: Auch die Geschäftsleitungsbetriebsstätte setzt stets eine feste Geschäftseinrichtung voraus.

169 *Debatin/Wassermeyer* Art 5 MA Rn 67; *Vogel/Lehner* Art 5 Rn 40.

170 **AA** *Debatin/Wassermeyer* Art 5 MA Rn 67.

muss sich nicht um den Mittelpunkt der unternehmerischen Tätigkeit handeln.[171] Deshalb sind etwa **Kontroll- und Koordinierungsstellen** bei Erfüllung der Betriebsstättenvoraussetzungen iÜ als Orte der Leitung anerkannt worden.[172] Die Leitung muss Entsch von **einigem Gewicht** beinhalten,[173] eine Aufteilung der Leitungsaufgaben auf mehrere Betriebsstätten ist aber möglich und praktisch häufig anzutreffen.

89 Die Frage nach dem Ort der Geschäftsleitung ist in der Praxis eher eine tatsächliche als eine rechtliche Frage. Insb besteht die Gefahr, dass am **Wohnsitz** eines Geschäftsführers eine Betriebsstätte angenommen wird, wenn eine Ges (mit Sitz in einem anderen Staat) von dort aus dauerhaft geleitet wird.[174] In diesen Fällen sollte anhand von Flugtickets, Hotel- und Taxirechnungen sowie anhand von Prot über Geschäftsleitungssitzungen oder anderen geeigneten Dokumenten lückenlos nachgewiesen werden können, dass sich der alleinige Ort der (Geschäfts)Leitung nicht im Ansässigkeitsstaat des Geschäftsführers befindet.

90 **2. Zweigniederlassung (Buchstabe b).** Nach Art 5 Abs 2 Buchstabe b ist insb eine Zweigniederlassung eine Betriebsstätte. Mangels einer Definition im MA ist wegen Art 3 Abs 2 auf das nationale Recht des Anwenderstaates zurückzugreifen. Für die Bundesrepublik Deutschland bedeutet dies im Inbound-Fall (Steuerausl mit inländischer Betriebsstätte), dass nur Zweigniederlassungen nach den **§§ 13 ff HGB** solche iSd Art 5 Abs 2 Buchstabe b sind.[175] Danach sind Zweigniederlassungen zwar unselbstständige Unternehmensteile, die jedoch mit einer gewissen organisatorischen Selbstständigkeit ausgestattet sind.[176]

91 Für den Outbound-Fall (Steuerinländer mit auslBetriebsstätte) ist die ausl Zweigniederlassung aus dt Sicht an vergleichbaren Voraussetzungen zu messen. Die ausl Zweigniederlassung muss daher insb in ein **öffentliches Register** eingetragen sein. Ist ein solches im Ausland unbekannt, muss freilich von dieser Anforderung abgesehen werden. Existiert ein Register, ist aber in casu eine Eintragung nicht erfolgt, besteht eine widerlegbare Vermutung dafür, dass keine Zweigniederlassung vorliegt.

92 Ganz generell gilt, dass auch die Eintragung in das dt HR nicht konstitutiv wirkt.[177] Sie hat lediglich eine **widerlegbare Vermutung** zur Folge, dass im Inland eine Betriebsstätte iSd Art 5 Abs 2 Buchstabe b besteht.[178] Sind daher Anhaltspunkte dafür ersichtlich, dass es an den Betriebsstättenvoraussetzungen iÜ fehlt, etwa weil keine unternehmerische Tätigkeit in der Geschäftseinrichtung ausgeübt wird, so liegt auch keine Betriebsstätte nach Art 5 Abs 2 Buchstabe b vor.[179]

93 **3. Geschäftsstelle (Buchstabe c).** Geschäftsstellen stellen nach Art 5 Abs 2 Buchstabe c ebenfalls Betriebsstätten dar. Der Begriff ist mit dem in § 12 S 2 Nr 3 AO verwendeten Begriff identisch (vgl Rn 32). Es handelt sich um Geschäftseinrichtungen, in

171 *Debatin/Wassermeyer* Art 5 MA Rn 66.
172 *BMF* BStBl I 1999, 1076, Tz 4.4.2; *Debatin/Wassermeyer* Art 5 MA Rn 70.
173 *RFH* RStBl 1938, 949; *Vogel/Lehner* Art 5 Rn 40.
174 *BFH* BStBl II 1998, 471; *Debatin/Wassermeyer* Art 5 MA Rn 64.
175 *Debatin/Wassermeyer* Art 5 MA Rn 71 und 72.
176 *Vogel/Lehner* Art 5 Rn 42; *S/K/K* Art 5 MA Rn 83.
177 *BFH* BStBl III 1964, 275, 277; *FG Rheinland-Pfalz* EFG 1974, 127; *FG Baden-Württemberg* EFG 1970, 414, 415.
178 *BFH* BStBl II 1981, 560, 561; BStBl II 1977, 700.
179 *BFH* BStBl II 1981, 560; *Debatin/Wassermeyer* Art 5 MA Rn 72.

denen **organisatorische Aufgaben** des Unternehmens (typischerweise Bürotätigkeiten) wahrgenommen werden,[180] ohne dass aufgrund des Umfangs der Verselbstständigung bereits eine Zweigniederlassung vorliegen müsste. Geschäftsstellen sind in der Praxis meist an den Bezeichnungen „Filiale“, „Kontaktbüro“ oder „Vertretung“ zu erkennen.[181] In der Lit werden Planungs-, Kontroll-, Informations- und Koordinierungsaufgaben als ihre wesentlichen Aufgaben genannt.[182] Diese können untergeordneter Natur sein und müssen nicht dem Kernbereich der unternehmerischen Tätigkeit dienen.[183] IdR wird es sich um Einrichtungen handeln, die bloße **Verwaltungsaufgaben** übernehmen.[184]

Nach Ansicht von *Wassermeyer* schließen sich Art 5 Abs 2 Buchstabe c und Art 5 Abs 2 Buchstabe a tatbestandlich aus.[185] In einer Geschäftsstelle dürfe keine leitende Tätigkeit ausgeübt werden, und sie erfordere im Gegensatz zu einem Ort der Leitung eine besondere Einrichtung.[186] Dem kann in dieser pauschalen Betrachtung nicht gefolgt werden. Die vorgenommene Abgrenzung geht weder aus dem Wortlaut des MA noch aus der Zwecksetzung der genannten Vorschriften hervor. Zudem widerspricht sie mE Tz 13 MK zu Art 5. 94

4. Fabrikations- und Werksstätte (Buchstaben d und e). Art 5 Abs 2 Buchstabe d und e erheben Fabrikations- und Werksstätten in den Rang abkommensrechtlicher Betriebsstätten. Die in § 12 S 2 Nr 4 AO bedeutungsgleich verwendeten Begriffe (vgl Rn 32) beziehen sich auf solche Geschäftseinrichtungen, in denen (nicht notwendig industrielle) Produkte und Erzeugnisse jeder Art **hergestellt**, **bearbeitet** oder **verarbeitet** werden.[187] Auf welcher Produktions- bzw Fertigungsstufe gearbeitet wird, ist für Art 5 Abs 2 Buchstabe d und e unerheblich. Auch ist richtigerweise kein Mindestumfang der Produktion vorgesehen. 95

Eine Abgrenzung von Fabrikationsstätten und Werkstätten ist ebenso schwierig wie entbehrlich, da beide Anknüpfungspunkte dieselben steuerlichen Konsequenzen zeitigen. Nach zutr Ansicht handelt es sich lediglich um einen **graduellen** Unterschied.[188] Der Begriff der „Fabrikationsstätte“ scheint danach eher eine industrielle, der Begriff der „Werksstätte“ eher eine handwerkliche Fertigung in den Blick zu nehmen.[189] IÜ sind die Begriffe, da es sich nicht um Rechtsbegriffe handelt, nach hM wegen Art 31 Abs 1 WVK gem ihrer allg Bedeutung auszulegen.[190] 96

5. Bodenschätze (Buchstabe f). Gem Art 5 Abs 2 Buchstabe f zählt als Betriebsstätte auch ein **Bergwerk**, ein **Öl- oder Gasvorkommen**, ein **Steinbruch** oder eine **andere Stätte der Ausbeutung von Bodenschätzen**. Die Vorschrift ist weit auszulegen,[191] 97

180 *BFH* BStBl II 1989, 755.
181 *Debatin/Wassermeyer* Art 5 MA Rn 74.
182 *Debatin/Wassermeyer* Art 5 MA Rn 74; ähnlich bereits *BFH* BStBl II 1971, 776, 778.
183 *S/K/K* Art 5 MA Rn 85.
184 *Vogel/Lehner* Art 5 Rn 43.
185 *Debatin/Wassermeyer* Art 5 MA Rn 76.
186 **AA** zu Recht *S/K/K* Art 5 MA Rn 85.
187 *Debatin/Wassermeyer* Art 5 MA Rn 78; G/K/G Art 5 MA Rn 126; *Vogel/Lehner* Art 5 Rn 44.
188 *Debatin/Wassermeyer* Art 5 MA Rn 78.
189 Zust *S/K/K* Art 5 MA Rn 86.
190 *Debatin/Wassermeyer* Art 5 MA Rn 78; *S/K/K* Art 5 MA Rn 86.
191 Tz 14 MK zu Art 5; *Vogel/Lehner* Art 5 Rn 45; *S/K/K* Art 5 MA Rn 87.

wobei „Stätte der Ausbeutung von Bodenschätzen" den umfassendsten Prüfungsmaßstab vorgibt und die anderen steuerlichen Anknüpfungspunkte als Unterfälle dieser Begriffsgruppe zu verstehen sind. Soweit die Begriffe auch in § 12 S 2 Nr 7 AO verwendet werden (vgl Rn 34), besteht Bedeutungsgleichheit. Bei den Begriffen handelt es sich nicht um Rechtsbegriffe. Sie sind nach hM wegen Art 31 Abs 1 WVK gem ihrer allg Bedeutung zu interpretieren.[192]

98 Die **Ausbeutung** von Bodenschätzen (jedes Aggregatzustands[193]) ist von ihrer **Erforschung** abzugrenzen. Nur die Ausbeutung von Bodenschätzen fällt unter Art 5 Abs 2 Buchstabe f.[194] Die Erforschung ist, wenn es sich tatsächlich um eine unternehmerische Tätigkeit iSd Art 7 Abs 1 handelt, für die Frage der Betriebsstättenqualität nach Art 5 Abs 1 oder 3 zu beurteilen.[195] Erfasst werden Ausbeutungstätigkeiten jeder Art sowohl auf dem **Festland** als auch auf **See**, soweit diese völkerrechtlich zum Inland[196] gehört und soweit die Arbeiten in einer **Stätte** ausgeübt werden. Hierzu ist keine besondere Geschäftseinrichtung erforderlich. Die Stätte der Ausbeutung kann überirdisch oder unterirdisch gelegen[197] und muss nicht nach außen erkennbar sein.[198]

D. Absatz 3

I. Grundaussage

99 Aus dem Tatbestandsmerkmal „fest" in Art 5 Abs 1 ist herauszulesen, dass eine Betriebsstätte auf eine gewisse Dauer angelegt sein muss (dazu Rn 71 ff). Nicht jede, zeitlich betrachtet noch so kurze Aktivität in einem anderen Staat soll für eine Betriebsstättenbegründung ausreichend sein, weil dies das völkerrechtliche **Territorialitätsprinzip** verletzen würde: Insb für eine Besteuerung ausl StPfl müssen stets hinreichende Anknüpfungspunkte zum Territorium des besteuernden Staates bestehen (dazu Einl MA Rn 27). Zudem wäre bei Geschäftsaktivitäten, die naturgemäß ein kurzfristiges Tätigwerden in anderen Staaten erfordern, eine **Zersplitterung der Besteuerungsrechte** die unvermeidliche Folge.

100 Bauausführungen und Montagen sind Tätigkeiten, die einerseits auf Dauer[199] (Beispiel: mehrjähriges Staudammprojekt) angelegt sein, andererseits aber auch nur temporären Charakter aufweisen können. Man denke an beispielhaft an einen Klempnermeister, der auf dt Seite grenznah im Dreiländereck D-CH-F (zB in Freiburg) wohnt und ausschließlich Heizungsmontagen (Dauer max je eine Woche) bei Kunden im Ausland durchführt. Art 5 Abs 3 enthält für diese Fälle eine Sonderregelung und ist damit **lex specialis** zu Art 5 Abs 1.[200]

---

192 *Debatin/Wassermeyer* Art 5 MA Rn 81.

193 *Vogel/Lehner* Art 5 Rn 45.

194 Dazu ausf *BMF* BStBl I 1999, 1076, Tz 4.7.1 ff.

195 Tz 15 MK zu Art 5.

196 Dazu *BMF* BStBl I 1999, 1076, Tz 4.6.1.

197 *BFH* BStBl II 1997, 12.

198 *Debatin/Wassermeyer* Art 5 MA Rn 83.

199 **AA** *S/K/K* Art 5 MA Rn 90; *RFH* RStBl 1934, 315; *Vogel/Lehner* Art 5 Rn 62: „ihrer Natur nach zeitlich begrenzt", was mE nicht überzeugt, weil dies auch bei anderen unternehmerischen Tätigkeiten der Fall sein kann (zB im Fall der Erbringung einer gewerblichen Dienstleistung für eine Sportgroßveranstaltung).

200 *Debatin/Wassermeyer* Art 5 MA Rn 95.

Aus **Praktikabilitätsgründen** wird verlangt, dass die Bauausführung oder Montage die Dauer von 12 Monaten überschreiten muss, um als Betriebsstätte anerkannt zu werden. Zeitlich darunter liegende Bauausführungen und Montagen sind auch dann nicht als Betriebsstätte anzusehen, wenn sie iÜ die Voraussetzungen des Art 5 Abs 1 erfüllen und kein Fall des Art 5 Abs 4 gegeben ist. Allein aufgrund der Dauer, nicht aber aufgrund des Umfangs der Tätigkeit wird über das Vorliegen einer Betriebsstätte entschieden. Wird die 12-Monats-Frist nicht erreicht, ist insb zu prüfen, ob nicht in Gestalt zB eines Bauleiters von einem ständigen Vertreter eines Unternehmens gesprochen werden kann bzw die FinVerw wird sich zB bei einer elfmonatigen, ausschließlichen Tätigkeit in einem Staat die Frage nach dem Ort der Leitung des Unternehmens stellen. **101**

Abgesehen davon gilt für das Verhältnis des Art 5 Abs 3 zu Art 5 Abs 1 dasselbe wie für das Verhältnis von Art 5 Abs 2 zu Art 5 Abs 1 (dazu Rn 58): Nach zutr Ansicht muss für als Bauausführungen und Montagen einzuordnende Tätigkeiten, die länger als 12 Monate andauern, nicht weiter erörtert werden, ob die Voraussetzungen des Art 5 Abs 1 gegeben sind.[201] Entspr wird eine Bauausführung oder Montage, die nicht länger als 12 Monate andauert, nicht dadurch zu einer Betriebsstätte, dass iÜ die Voraussetzungen des Art 5 Abs 1 erfüllt sind. Nur in **Zweifelsfällen**, in denen aus tatsächlichen Gründen nicht ohne weiteres festgestellt werden kann, ob eine Bauausführung oder Montage vorliegt, soll nach der hM im Schrifttum sowohl auf Art 5 Abs 3 als auch auf Art 5 Abs 1 abgestellt werden.[202] Die Frage des Bestehens einer Geschäftseinrichtung beantwortet sich demnach nach Art 5 Abs 1, die Frage der Dauerhaftigkeit der Einrichtung hingegen nach Art 5 Abs 3.[203] Dies entspricht der Ansicht der OECD. Tz 16 MK zu Art 5 besagt ausdrücklich, dass Bauausführungen und Montagen für sich genommen keine Betriebsstätten begründen, selbst wenn ihnen feste Geschäftseinrichtungen zugeordnet sind. **102**

Die Begriffe „Bauausführung“ und „Montage“ sind, da es sich nicht um Rechtsbegriffe handelt, nach hM wegen Art 31 Abs 1 WVK gem ihrer allg Bedeutung auszulegen.[204] Aufgrund des identischen Wortlauts in § 12 S 2 Nr 8 AO sind die Begriffe idR wie dort (vgl Rn 35) zu verstehen, soweit sich nicht aus Sinn und Zweck etwas anderes ergibt. **103**

II. Bauausführung

FinVerw und Rspr definieren eine Bauausführung als **Errichtung eines Bauwerkes, einer Anlage oder Teilen** davon.[205] Einige Beispiele für Bauausführungen und Montagen als Betriebsstätten sind in R 22 Abs 3 GewStR aufgeführt. Die Definition ist nach hM weit zu verstehen.[206] Erfasst wird jede (auch untergeordnete) Tätigkeit, die mit der Errichtung und Fertigstellung eines Bauwerkes im Zusammenhang steht und tatsächlich an Ort und Stelle ausgeführt wird.[207] **104**

---

201 Tz 16 MK zu Art 5; *Debatin/Wassermeyer* Art 5 MA Rn 95.

202 Zur Ausweitung des Betriebsstättenbegriffs durch die OECD im Maschinen- und Anlagenbau *Bendlinger/Görl/Paaßen/Remberg* IStR 2004, 145.

203 *Debatin/Wassermeyer* Art 5 MA Rn 95.

204 *Debatin/Wassermeyer* Art 5 MA Rn 97.

205 *BMF* BStBl I 1999, 1076, Tz 4.3.1; *BFH* BStBl II 1978, 140.

206 *BFH* BStBl II 1978, 140, 141.

207 *Debatin/Wassermeyer* Art 5 MA Rn 104; *Vogel/Lehner* Art 5 Rn 58.

105 Namentlich handelt es sich um Arbeiten jedweder Art, die auf die Ausführung von **Hoch- und Tiefbauarbeiten iwS** (zB Gebäude, Straßen, Brücken, Kanalisation, Heizungsanlagen, etc) abzielen,[208] weshalb neben der Errichtung von Bauwerken auch der Umbau und sogar der Abbruch derselben einbezogen sind.[209] Tz 17 MK zu Art 5 nennt beispielhaft den Bau von Bauwerken, Straßen, Brücken oder Kanälen, die Renovierung von Gebäuden, Straßen, Brücken oder Kanälen (sofern sie über die bloße Unterhaltung oder den bloßen Neuanstrich hinausgeht), das Legen von Rohleitungen sowie Erd- und Baggerarbeiten einschließlich sämtlicher damit notwendig zusammenhängender **Planungs- und Überwachungsarbeiten**.

106 Planungs- und Überwachungsarbeiten sind insb in den Fällen entscheidend, in denen Bauausführungen im Vertragswege auf Dritte übertragen werden, zB im Verhältnis von General- zu Subunternehmern. Hier muss den Generalunternehmer eine **Überwachungspflicht** treffen, damit ihm die Betriebsstätte für steuerliche bzw abkommensrechtliche Zwecke zuzurechnen ist.[210] Für die Berechnung der 12-Monats-Frist ist die Überwachungstätigkeit einzubeziehen. Eine Betriebsstätte liegt daher nach Art 5 Abs 3 bereits dann vor, wenn die Bauausführung oder Montage zusammen mit der Überwachung länger als 12 Monate andauert.[211] Wichtig ist aber, dass die Überwachungsleistung Teil einer **einheitlichen** Bauausführung oder Montage bleibt.[212] Wird vertraglich ausschließlich zB eine Bauüberwachung geschuldet, kann eine Betriebsstätte nur nach Art 5 Abs 1 oder 5, nicht aber nach Art 5 Abs 3 begründet werden.[213]

107 Hinsichtlich der Planungsarbeiten gilt als Ausnahme zu dem vorgenannten (Rn 104) Grundsatz, dass die Arbeiten nicht notwendig am Ort der Bauausführung oder Montage geleistet werden müssen. Insofern ist bei Planungsleistungen exakt zu prüfen, ob diese überhaupt im potenziellen Betriebsstättenstaat durchgeführt worden sind. Nur bei einem eindeutigen Zusammenhang mit dem Quellenstaat ist eine ausl Betriebsstätte anzunehmen.[214]

III. Montage

108 Der Montagebegriff hat im MA ebenso wie die Bauausführung keine Definition erfahren. Auch der MK definiert die „Montage" nicht, sondern stellt nur klar, dass der Ausdruck nicht auf eine Montage im Zusammenhang mit Bauausführungen beschränkt ist, sondern auch die Montage einer neuen Ausrüstung wie zB einer komplexen Maschine in einem bestehenden Gebäude oder im Freien einschließt.[215] Der Begriff der „Bauausführung" ist damit im Verhältnis zur Montage nicht der Oberbegriff, sondern ein alternativer Anknüpfungspunkt für die Besteuerung, wie sich auch am Wortlaut des Art 5 Abs 3 („oder") ersehen lässt.[216]

---

208 Grdl *RFH* RStBl 1942, 66; *Debatin/Wassermeyer* Art 5 MA Rn 104; *S/K/K* Art 5 MA Rn 91.

209 *BFH* BStBl II 1978, 140; *FG Düsseldorf* EFG 1981, 182.

210 *BFH* BStBl III 1963, 71, 72; *FG München* EFG 1975, 489; *S/K/K* Art 5 MA Rn 96; *Vogel/Lehner* Art 5 Rn 68; *BMF* BStBl I 1999, 1076, Tz 4.3.2 und 4.3.3.

211 *Debatin/Wassermeyer* Art 5 MA Rn 116; *S/K/K* Art 5 MA Rn 94.

212 Zur Beurteilung einer ARGE *BMF* BStBl I 1999, 1076, Tz 4.3.4.

213 *BMF* BStBl I 1999, 1076, Tz 4.3.2; *Debatin/Wassermeyer* Art 5 MA Rn 115 und 117 („beratende Überwachung"); *Vogel/Lehner* Art 5 Rn 61.

214 *BFH* BStBl II 1993, 462, 466.

215 Tz 17 MK zu Art 5.

216 *BFH* BStBl II 1990, 983; *Debatin/Wassermeyer* Art 5 MA Rn 112.

Die Rspr versteht unter einer Montage das **Zusammensetzen von Einzelteilen** zu einem neuen Produkt, nimmt aber **Reparatur- und Instandsetzungsarbeiten** ausdrücklich aus.[217] Die FinVerw erweitert den Begriff um den **Umbau** und den **Einbau** von vorgefertigten Teilen.[218] Die Montagearbeiten dürfen aber nach Art und Umfang nicht nur einen untergeordneten Charakter (etwa in Form von Einzelleistungen) aufweisen, sondern die Tätigkeit muss im Kern das Zusammensetzen von Einzelteilen zu einem neuen Produkt zum Gegenstand haben.[219] 109

IV. Einzelheiten

1. Fristberechnung. Nach Art 5 Abs 3 begründet eine Bauausführung oder Montage nur dann eine Betriebsstätte im Quellenstaat, wenn sie mehr als 12 Monate andauert. Die Grundlagen für die Berechnung der 12-Monats-Frist lassen sich dem MA nicht entnehmen. Wegen der allg Regel des Art 3 Abs 2 ist daher auf das Recht des Anwenderstaates zurückzugreifen. Für die Bundesrepublik Deutschland als Anwenderstaat hat dies zur Konsequenz, dass die **§§ 108 AO iVm 187 ff BGB** Platz greifen.[220] 110

Wird danach eine Betriebsstätte begründet, so gilt dies mit **ex-tunc-Wirkung**, dh von Beginn der Bauausführung oder Montage an.[221] Anders als im Anwendungsbereich des Art 5 Abs 1 (dazu Rn 72) kommt es auf **subjektive Momente** nicht an. Es wird bei Überschreitung der 12-Monats-Frist auch dann zwingend eine Betriebsstätte begründet, wenn dies ungeplant geschieht oder es aus Gründen zur Überschreitung kommt, die der Ausführende der Bauausführung oder Montage (das ist das Unternehmen iSd Art 5 und 7) nicht zu vertreten hat.[222] Umgekehrt liegt keine Betriebsstätte vor, wenn die Bauausführung oder Montage für länger als 12 Monate angedacht war, der Zeitraum aber nicht erreicht wurde. Bereits ein einzelner Tag kann den Ausschlag zur Betriebsstättenbegründung geben. 111

Es ist nicht erforderlich und wird idR auch nicht der Fall sein, dass sich der 12-Monats-Zeitraum mit dem Kj bzw VZ deckt. Die Zuweisung des Besteuerungsrechts nach einem DBA erfolgt immer bezogen auf den Zeitpunkt des Bezugs der Einkünfte. Wenn bspw am 1.7.2009 mit einer Bauausführung in einem anderen Staat begonnen und in der Folge der 12-Monats-Zeitraum (Ende der Bauausführung: 31.7.2010) überschritten, so besteht vom 1.7.2009 an eine Bauausführungsbetriebsstätte in dem anderen Staat, für die idR die Freistellungsmethode zur Anwendung kommen wird. Für den Zeitraum des Bestehens der Betriebsstätte werden daher die Einkünfte freigestellt, soweit sie der Betriebsstätte zuzurechnen sind. Dies gilt sowohl für den VZ 2009 als auch für den VZ 2010. Für den Zeitraum vor dem 1.7.2009 im VZ 2009 stellt sich die Frage der DBA-Anwendung nicht, weil noch keine Betriebsstätte bestand. 112

Die Frist des Art 5 Abs 3 **beginnt** zu laufen, sobald mit den Bauausführungs- oder Montagetätigkeiten im Betriebsstättenstaat begonnen wird.[223] Das ist bereits bei **vor-** 113

217 *BFH* BStBl II 1990, 983; *S/K/K* Art 5 MA Rn 91; *Vogel/Lehner* Art 5 Rn 58.
218 *BMF* BStBl I 1999, 1076, Tz 4.3.1.
219 *Debatin/Wassermeyer* Art 5 MA Rn 112.
220 *Debatin/Wassermeyer* Art 5 MA Rn 126.
221 *Debatin/Wassermeyer* Art 5 MA Rn 126.
222 *BFH* BStBl III 1957, 8; BStBl II 1999, 694.
223 *Debatin/Wassermeyer* Art 5 MA Rn 131 mwN; *Vogel/Lehner* Art 5 Rn 64.

bereitenden Tätigkeiten[224] der Fall, sofern diese tatsächlich im Quellenstaat und entweder von dem Unternehmen selbst oder einem in dessen Auftrag und für dessen Rechnung handelnden Subunternehmer vorgenommen werden. Der Betriebsstättenbeginn wird durch diese extensive Auslegung zeitlich weit nach vorne verlagert. Jede Handlung, die „organisatorisch und wirtschaftlich“[225] zu der Bauausführung oder Montage gehört, löst den Fristbeginn aus. Meist wird die Frist mit der Ankunft des ersten Mitarbeiters im Quellenstaat zu laufen beginnen.[226]

114 Die Frist des Art 5 Abs 3 **endet**, wenn das Bau- oder Montageprojekt **vertragsgem beendet** ist. Nicht die Niederlegung der Arbeit oder das Verbleiben von Arbeitsgeräten auf der Baustelle[227] sind entscheidend, sondern idR wird die werkvertragliche Abnahme der Bauausführung oder Montage durch den Auftraggeber das Fristende bestimmen.[228] Jedenfalls dürfte die Abreise des letzten Mitarbeiters zur Beendigung der Bauausführung oder Montage führen,[229] sofern nicht die Abnahme des Werkes verweigert wurde oder seitens des Auftraggebers mit einer Fristsetzung zur Nacherfüllung zu rechnen ist. Nachfolgende Wartungsarbeiten, das Einweisen von Mitarbeitern des Auftraggebers oder Leistungen auf Garantie verlängern die Betriebsstätte nicht.[230]

115 Bei der Behandlung von **Unterbrechungen** der Bauausführung oder Montage ist besonders strikt auf den Einzelfall abzustellen. Hier verbietet sich jede pauschale Betrachtung. Jedoch wird die zutr Behandlung des Einzelfalls dadurch erschwert, dass das MA keine handhabbaren Richtlinien für Unterbrechungen beinhaltet. Auch in Tz 19 MK zu Art 5 (bzw Tz 19.1 MK nF) wird lediglich ausgesagt, dass eine Bauausführung nicht als beendet gelte, wenn die Arbeiten vorübergehend unterbrochen würden.

116 Als Gründe für die **vorübergehende Unterbrechung** nennt der MK schlechtes Wetter, Materialmangel oder die Störung des Arbeitsfriedens.[231] Das Schrifttum ergänzt Betriebsferien, freie Wochenenden, Feiertage und andere im Arbeitsablauf übliche kurze Unterbrechungen.[232] Die Rspr differenziert zwischen **technisch** verursachten und **witterungsbedingt** eintretenden Unterbrechungen.[233] Unterbrechungen, die auf versagender oder gestörter Technik beruhen, sollen danach ohne weiteres in die Berechnung der 12-Monats-Frist einzubeziehen sein. Für jahreszeitlich bedingte und andere vorü-

224 Tz 17 und 19 MK zu Art 5; *BMF* BStBl I 1999, 1076, Tz 1.2.1.2 und 4.3.1.

225 *Debatin/Wassermeyer* Art 5 MA Rn 131.

226 *Debatin/Wassermeyer* Art 5 MA Rn 131 mwN; *BMF* BStBl I 1999, 1076, Tz 4.3.1.

227 Dazu *BMF* BStBl I 1999, 1076, Tz 4.3.1.

228 *BFH* BStBl II 1999, 694; *Vogel/Lehner* Art 5 Rn 65.

229 *BFH* BStBl II 1999, 694; *S/K/K* Art 5 MA Rn 97.

230 Diese Auffassung teilt auch die *OECD*. Danach beendet die Abnahme der Baustelle oder des Gebäudes jedenfalls dann das Ende der Betriebsstätte, wenn die General- und Subunternehmen danach auch nicht mehr auf der Baustelle tätig werden. Während im Regelfall die Testphase dazu gehört, gilt dies nicht für Garantieleistungen, die nach Beendigung der Baustelle erbracht werden. Vgl Tz 19.1 MK nF zu Art 5.

231 Dazu *BFH* BStBl II 1978, 140; BStBl II 1982, 241.

232 *Debatin/Wassermeyer* Art 5 MA Rn 132.

233 *BFH* BStBl II 1999, 694; **aA** *Vogel/Lehner* Art 5 Rn 67: „personenbezogen“ und „fertigungstechnisch“.

bergehende Unterbrechungen wie Streiks oder im Betriebsablauf liegende Gründe wie Materialmangel hingegen gelte dies nur, wenn diese kurz ausfallen.[234]

Damit ist letztlich nur die Frage angesprochen, wann eine Unterbrechung als „vorübergehend"[235] einzustufen ist. Nach Tz 19 MK zu Art 5 soll eine Unterbrechung von **2 Monaten** noch als unkritisch angesehen werden, jedoch ist hier in der Beratungspraxis Vorsicht geboten, weil sich die dt Rspr konkret zur Frage der vorübergehenden Unterbrechung – soweit ersichtlich – noch nicht geäußert hat. Nur zum dt Gewerbesteuerrecht hat der BFH entschieden, dass eine **zweiwöchige Unterbrechung** einer Bauausführung in die Frist des § 12 S 2 Nr 8 AO einzubeziehen sei.[236] Insgesamt ist mit der Einbeziehung von Unterbrechungen restriktiv umzugehen, weil diese im Wortlaut des MA nicht angelegt sind und die Überschreitung der 12-Monats-Frist für die notwendige körperliche Verfestigung im Quellenstaat gerade **konstitutiv** ist.[237] **117**

In der Lit wird angesichts dieser bestehenden Unsicherheiten vorgeschlagen, weniger auf Zeiträume als denn auf die Frage abzustellen, ob der Betrieb nach Ablauf der Unterbrechung voraussichtlich fortgeführt werden wird.[238] IÜ ist mit der wohl hM im Schrifttum davon auszugehen, dass längere als vorübergehende Unterbrechungen den Fristlauf des Art 5 Abs 3 MA nur hemmen **(Ablaufhemmung)**, dieser aber nicht neu zu laufen beginnt.[239] Letzteres kann nur der Fall sein, wenn die Einrichtung im Quellenstaat gänzlich aufgegeben wird (dazu Rn 114). **118**

2. Örtliche Zusammenrechnung. Tz 18 MK zu Art 5 gestattet bzw gebietet für die Berechnung der 12-Monats-Frist die Zusammenrechnung mehrerer Bausausführungen und Montagen im Quellenstaat, wenn zwischen ihnen eine wirtschaftliche (s Rn 120) und **geografische Einheit** besteht. Die (potenzielle) Betriebsstätte entfaltet aber keine allg **Attraktivkraft** (dazu Einl MA Rn 114). Eine Zusammenrechnung ist nur zulässig, wenn ein „technischer Zusammenhang am Baustellenort" besteht.[240] Die FinVerw geht davon aus, dass dies ab einer räumlichen Entfernung von **50 km Luftlinie** nicht mehr der Fall ist.[241] In verschiedenen Staaten belegene Bauausführungen und Montagen können ebenfalls nicht zu einer Einheit zusammengefasst werden.[242] **119**

3. Wirtschaftliche Zusammenrechnung. Tz 18 MK zu Art 5 gestattet bzw gebietet für die Berechnung der 12-Monats-Frist die Zusammenrechnung mehrerer Bausausführungen und Montagen im Quellenstaat trotz bestehender geografischer Einheit nur, wenn zwischen ihnen auch eine wirtschaftliche Einheit besteht.[243] Die Rspr interpretiert dies als Erfordernis eines **sachlich-organisatorischen Zusammenhangs**[244] aufgrund **120**

---

234 *BMF* BStBl I 1999, 1076, Tz 4.3.1; zust *Debatin/Wassermeyer* Art 5 MA Rn 132. Diese Gründe hemmen den Fristlauf nicht.

235 **AA** *Vogel/Lehner* Art 5 Rn 67: „längerdauernde".

236 *BFH* BStBl II 1982, 241.

237 *Debatin/Wassermeyer* Art 5 MA Rn 133.

238 *Debatin/Wassermeyer* Art 5 MA Rn 133.

239 *Debatin/Wassermeyer* Art 5 MA Rn 133; *S/K/K* Art 5 MA Rn 97.

240 *Debatin/Wassermeyer* Art 5 MA Rn 120.

241 *BMF* BStBl I 1999, 1076, Tz 4.3.5; **aA** *Vogel/Lehner* Art 5 Rn 66.

242 *BMF* BStBl I 1999, 1076, Tz 4.3.5.

243 Zust *Vogel/Lehner* Art 5 Rn 66; ähnlich *BMF* BStBl I 1999, 1076, Tz 4.3.5.

244 *BFH* BStBl II 2004, 932; BStBl II 2002, 846; BStBl II 1999, 694.

dessen bspw die einzelnen Projekte als Gesamtprojekt angesehen werden können.[245] Bei demselben Auftraggeber wird dieser idR gegeben sein, bei verschiedenen Auftraggebern oder grds unterschiedlichen Projekten spricht eine widerlegliche Vermutung dafür, dass dieser Zusammenhang nicht gegeben ist.[246]

121 Liegen die Voraussetzungen für eine örtliche und wirtschaftliche Zusammenrechnung vor, so kommt es auch zu einer **zeitlichen Zusammenrechnung** verschiedener Einrichtungen für die Berechnung der 12-Monats-Frist.[247] Es wird in der Praxis nicht möglich sein, die Betriebsstättenbegründung nach Art 5 Abs 3 dadurch zu umgehen, dass Teilverträge von geringerer zeitlicher Dauer geschlossen werden. Dies wird durch § 42 AO verhindert.[248]

122 Fraglich ist zudem, ob eine zeitliche Zusammenrechnung auch dann in Betracht kommt, wenn die Baustelle über einen Zeitraum von mehr als 12 Monaten betrieben wird, jedoch von unterschiedlichen Unternehmen, die selbst jeweils nicht länger als 12 Monate in dem Staat tätig sind. Nach Auffassung der *OECD* kommt es in diesen Fällen maßgeblich darauf an, ob es sich aus Sicht der jeweiligen Staaten bei einem solchen **Joint Venture** um ein einheitliches Unternehmen handelt oder nicht. Nur, wenn ein solches Unternehmen vorliegt, kommt eine Zusammenrechnung der Zeiten in Betracht.[249] Im Falle einer **fiskalisch transparenten PersGes** liegt ein Unternehmen eines jeden Vertragsstaates vor, in welchem einer der Gesellschafter ansässig ist, wenn sich die Unternehmen den Gewinn teilen. Unterhält eine solche Gesellschaft im anderen Staat eine Betriebsstätte, so wird diese dem jeweiligen Unternehmen zugerechnet. Die Überprüfung der 12-Monatsfrist ist auf Ebene der PersGes durchzuführen. Überschreitet die Tätigkeit diesen Zeitraum, so wird die Betriebsstätte jedem Gesellschafter unabhängig davon zugerechnet, wie lange dieser tatsächlich selbst tätig war. Ob der Belegenheitsstaat die Einkünfte der einzelnen Gesellschafter schließlich besteuern darf, richtet sich nach den Regelungen des jeweils maßgeblichen DBA. Weichen bspw die Regelungen eines DBA hinsichtlich der Zeitgrenze vom MA ab, kann es sein, dass der Betriebsstättenstaat nur einen Teil der Einkünfte besteuern darf, weil nach dem anderen Abkommen eine Dauer von zB acht Monaten nicht zur Begr einer Betriebsstätte genügt.[250]

E. Absatz 4

I. Grundaussage

123 Art 5 Abs 4 ist eine lex-specialis-Regelung zu den Abs 1–3 der Norm („ungeachtet").[251] Aus **Vereinfachungsgründen** sollen die in Abs 4 genannten Tätigkeiten nicht zu einer Betriebsstätte führen, weil bei **Vorbereitungs- und Hilfstätigkeiten** die

245 *BMF* BStBl I 1999, 1076, Tz 4.3.5.
246 **AA** *Vogel/Lehner* Art 5 Rn 66.
247 *BFH* BStBl II 1999, 365; **aA** *FG Köln* EFG 1984, 187; *Debatin/Wassermeyer* Art 5 MA Rn 135.
248 Tz 18 MK zu Art 5; Beispiel zur missbräuchlichen Vertragsgestaltung bei *BFH/NV* 1999, 1314.
249 Tz 10.3 MK nF zu Art 5.
250 Tz 10.4 und 19.2 MK nF zu Art 5.
251 *BFH* BStBl II 1985, 417, 419; *S/K/K* Art 5 MA Rn 102.

Gewinnabgrenzung und -zuordnung besondere Schwierigkeiten bereitet.[252] Tätigkeiten dieser Art dienen kaum jemals unmittelbar der Gewinnerzielung. Insofern ist nach der wohl hM im Schrifttum der Tatbestand des Art 5 Abs 4 Buchstabe e als umfassendste Vorschrift zu verstehen, während die in den anderen Buchstaben genannten Tatbestände **Unterfälle** des Buchstabens e darstellen.[253] Aus dem Charakter des Art 5 Abs 4 Buchstabe e als **Auffangvorschrift** folgt zugleich, dass Art 5 Abs 4 kein abschließender Tatbestand ist.[254]

Ob der Vorschrift des Art 5 Abs 4 Buchstabe e eine **konstitutive** oder **deklaratorische** Bedeutung zukommt, hängt davon ab, wie man das Verhältnis von Art 5 Abs 1 zu Art 5 Abs 2 bzw 3 (dazu Rn 84) versteht. Nur soweit man nicht mit der wohl hM in Deutschland der Ansicht ist, Betriebsstätten hätten stets die Anforderungen des Art 5 Abs 1 zu erfüllen, weist Art 5 Abs 4 einen deklaratorischen Charakter auf.[255] **124**

Aus der Verwendung des Wortes „ausschließlich" in jedem der Buchstaben des Art 5 Abs 4 lässt sich folgern, dass die Vorbereitungs- und Hilfstätigkeiten dem alleinigen Zweck der negierten Betriebsstätte dienen müssen. Eine Art „Hauptzweck" ist nicht ausreichend. Sind die Vorbereitungs- und Hilfstätigkeiten sogar nur **Nebenzweck** oder von **untergeordneter Bedeutung**, ist Art 5 Abs 4 nicht anwendbar und es ist anhand des allg Maßstabs (Art 5 Abs 1 oder 5) zu prüfen, ob eine Betriebsstätte vorliegt. **125**

II. Buchstabe a

1. Einrichtungen. Nach Art 5 Abs 4 Buchstabe a gelten Einrichtungen, die ausschließlich zur Lagerung, Ausstellung oder Auslieferung von Gütern oder Waren des Unternehmens benutzt werden, nicht als Betriebsstätten. Insb im Vergleich mit Art 5 Abs 4 Buchstabe d–f fällt auf, dass nur von „Einrichtungen", nicht aber von „festen Geschäftseinrichtungen" die Rede ist. Ein sachlicher Unterschied (und sei es nur ein gradueller) ist damit nicht verbunden. Es gilt hier wie dort die allg Definition des Art 5 Abs 1. **126**

2. Güter oder Waren. „Güter oder Waren" iSd Art 5 Abs 4 Buchstabe a meint sämtliche **Wirtschaftsgüter**, die zum **Betriebsvermögen** (Anlage- oder Umlaufvermögen) eines Unternehmens iSd Art 7 Abs 1 gehören.[256] Es muss sich um **bewegliche** und **materielle** Wirtschaftsgüter handeln. Eine Immobilie oder ein Patent mögen dem Wortsinn nach jeweils ein „Gut" sein; aus der Gleichstellung mit den Waren folgt aber, dass es sich um körperliche Gegenstande handeln muss. Dem Unternehmen iSd Art 7 Abs 1 muss das zivilrechtliche, jedenfalls aber das **wirtschaftliche Eigentum** an den Wirtschaftsgütern zustehen.[257] **127**

252 Tz 21 MK zu Art 5; *Debatin/Wassermeyer* Art 5 MA Rn 152.

253 Sinngemäß Tz 21 MK zu Art 5; *Debatin/Wassermeyer* Art 5 MA Rn 152.

254 *Debatin/Wassermeyer* Art 5 MA Rn 153.

255 *Debatin/Wassermeyer* Art 5 MA Rn 151; implizit *Vogel/Lehner* Art 5 Rn 85 f.

256 *Debatin/Wassermeyer* Art 5 MA Rn 157. Dies gilt jedoch nur für die Wirtschaftsgüter, die tatsächlich gelagert, ausgestellt und ausgeliefert werden können. Daher unterfallen immaterielle und unbewegliche Wirtschaftsgüter wie Grundstücke oder Daten nicht dieser Regelung (vgl Tz 22 MK nF zu Art 5). Eine Ausnahme gilt für materielle Produkte wie DVDs und CDs, die Daten enthalten.

257 *Debatin/Wassermeyer* Art 5 MA Rn 157; *Vogel/Lehner* Art 5 Rn 87.

128 **3. Lagerung, Ausstellung oder Auslieferung.** Die Begriffe „Lagerung", „Ausstellung" und „Auslieferung" sind, da es sich nicht um Rechtsbegriffe handelt, nach hM wegen Art 31 Abs 1 WVK gem ihrer allg Bedeutung auszulegen.[258] Unter einem **Warenlagern** versteht man eine Einrichtung (vgl Rn 126), in der Waren, Rohstoffe sowie Halb- und Fertigerzeugnisse aufbewahrt werden, bevor sie (ggf zur Weiterverarbeitung oder zum Verkauf) an einen anderen Ort verbracht werden.[259] **Ausstellungseinrichtungen** sind zB Messestände oder sog Showrooms, sofern mit der Ausstellung nicht auch ein Verkauf bzw jedenfalls aus Kundensicht die Möglichkeit des Einkaufs verbunden ist. Dann ist Art 5 Abs 4 Buchstabe a nicht anwendbar.

129 **Auslieferungseinrichtungen** sind **spezielle Warenlager**, die bei fertigen Erzeugnissen der Zwischenlagerung zur Auslieferung dienen. Eine genaue Abgrenzung der Begriffe ist praktisch schwierig und entbehrlich. Erg werden ungeachtet des Wortlauts („ausschließlich") sämtliche Tätigkeiten erfasst, die **untrennbar** mit der Lagerung, Ausstellung oder Auslieferung von Waren und Gütern verbunden sind. Als Beispiele werden in der Lit die Versendung und Verpackung sowie das Sortieren und Auszeichnen von Waren genannt,[260] jedoch wird man bei Erfassung der Ware im Lager richtigerweise auch die Überprüfung auf Vollständigkeit und Mängel hinzurechnen müssen.

130 **4. Benutzung.** Die Einrichtung im Quellenstaat muss für die Lagerung, Ausstellung oder Auslieferung benutzt werden. Dabei kommt es auf die Sichtweise des jeweils betrachteten Unternehmens iSd Art 7 Abs 1 an. Die Einrichtung muss im Namen und auf Rechnung des Unternehmens unterhalten werden. Gehört diese einem **Dritten** (zB Agent, Kommissionär, Spediteur), kann eine Betriebsstätte nur nach Art 5 Abs 5 begründet sein.[261]

131 Ferner impliziert der Wortlaut des Art 5 Abs 4 Buchstabe a einen **Kausalzusammenhang** zwischen der Einrichtung und der Lagerung, Ausstellung oder Auslieferung. Das Unterhalten einer nur potenziell geeigneten Einrichtung zur Lagerung, Ausstellung oder Auslieferung fällt nicht unter die Vorschrift, sofern dort Waren und Güter nicht tatsächlich gelagert, ausgestellt oder ausgeliefert werden. Umgekehrt begründen Waren und Güter für das Unternehmen keine Betriebsstätte, wenn sie nicht in einer Einrichtung des Unternehmens gelagert, ausgestellt oder ausgeliefert werden.

III. Buchstabe b

132 **1. Bestände.** Nach Art 5 Abs 4 Buchstabe b gelten Bestände von Gütern oder Waren des Unternehmens, die ausschließlich zur Lagerung, Ausstellung oder Auslieferung unterhalten werden, nicht als Betriebsstätten. Die Begriffe „Güter", „Waren", „Lagerung", „Ausstellung" und „Auslieferung" sind wie bei Art 5 Abs 4 Buchstabe a zu verstehen. Art 5 Abs 4 Buchstabe b ist eine **Abgrenzungsnorm** zu Art 5 Abs 4 Buchstabe a. Die Lagerung, Ausstellung oder Auslieferung von Waren oder Gütern durch das betrachtete Unternehmen selbst fällt unter Art 5 Abs 4 Buchstabe a, das bloße Unterhalten eines Bestandes von Waren oder Gütern jedoch führt nicht zu einer

---

258 *Debatin/Wassermeyer* Art 5 MA Rn 158.

259 Tz 22 MK nF zu Art 5; *Debatin/Wassermeyer* Art 5 MA Rn 158; zu Gestaltungsmöglichkeiten bei inländischen Warenlagern ausl Unternehmen *Seltenreich* IStR 2004, 589.

260 *Debatin/Wassermeyer* Art 5 MA Rn 159.

261 *BFH* BStBl III 1962, 477; BStBl II 1976, 365.

Betriebsstätte, weil es an einer Geschäftseinrichtung fehlt.[262] Erg muss hinzukommen, dass der Bestand bei einem **Dritten** gelagert, ausgestellt oder zur Auslieferung deponiert wird. Dann erst ist Art 5 Abs 4 Buchstabe b gegeben.

2. Unterhaltung. Das Tatbestandsmerkmal „unterhalten" bezieht sich auf den Waren- oder Güterbestand und ist das Pendant zum Begriff der „Benutzung" der Einrichtung in Art 5 Abs 4 Buchstabe a. Die dort gemachten Ausführungen (Rn 130f) gelten entsprechend. **133**

IV. Buchstabe c

1. Bearbeitung und Verarbeitung. Nach Art 5 Abs 4 Buchstabe c gelten Bestände von Gütern oder Waren des Unternehmens, die ausschließlich zu dem Zweck unterhalten werden, durch ein anderes Unternehmen bearbeitet oder verarbeitet zu werden, nicht als Betriebsstätten. Die Begriffe „Güter" und „Waren" sind wie bei Art 5 Abs 4 Buchstabe a zu verstehen, der Begriff des „Bestands" wie in Art 5 Abs 4 Buchstabe b. Wie dort gilt, dass der Bestand für Zwecke der Bearbeitung oder Verarbeitung bei einem **Dritten** unterhalten werden muss, und ein Dritter (nicht notwendig derselbe) muss auch die Bearbeitung oder Verarbeitung vornehmen.[263] Bei den Begriffen „Bearbeitung" und „Verarbeitung" handelt es sich nicht um Rechtsbegriffe. Sie sind nach hM wegen Art 31 Abs 1 WVK gem ihrer allg Bedeutung auszulegen. Es muss daher eine (ggf geringe) Umgestaltung der Waren oder Güter vorgenommen werden.[264] Art 5 Abs 4 Buchstabe c hat nur einen **geringen Anwendungsbereich**.[265] **134**

2. Zweckbestimmung. Für die Zweckbestimmung gilt das oben (Rn 125) Gesagte. Das Unterhalten des Warenbestands muss im Quellenstaat die alleinige Tätigkeit darstellen. **135**

V. Buchstabe d

1. Feste Geschäftseinrichtung. Nach Art 5 Abs 4 Buchstabe d gilt eine feste Geschäftseinrichtung, die ausschließlich zu dem Zweck unterhalten wird, für das Unternehmen Güter oder Waren einzukaufen oder Informationen zu beschaffen, nicht als Betriebsstätte. Die Begriffe „Güter" und „Waren" sind wie bei Art 5 Abs 4 Buchstabe a zu verstehen, der Begriff der „festen Geschäftseinrichtung" wie in Art 5 Abs 1. **136**

2. Einkauf von Gütern oder Waren. „Einkauf" ist wie in § 12 S 2 Nr 6 AO zu verstehen (vgl Rn 33). Die **vertragliche Grundlage** des Einkaufs ist irrelevant, ein Gleiches gilt für die kaufmännischen Umstände. IdR wird der Einkauf auf einer schuldrechtlichen Basis abgewickelt werden, aufgrund derer das Unternehmen sich des wirtschaftlichen Wertes der Waren oder Güter bemächtigt.[266] Was im Weiteren mit den Wirtschaftsgütern geschieht, bleibt außer Betracht. Wichtig ist, dass Art 5 Abs 4 Buchstabe d nur den Einkauf, **nicht** aber den **Verkauf** von Gütern oder Waren erfasst. **Ein-** **137**

---

262 *Debatin/Wassermeyer* Art 5 MA Rn 163 („deklaratorische Bedeutung"); *Vogel/Lehner* Art 5 Rn 88.

263 **AA** wohl *Vogel/Lehner* Art 5 Rn 89.

264 **AA** *Vogel/Lehner* Art 5 Rn 89: „Bearbeiten" meint Veränderung der Beschaffenheit einer Sache, „Verarbeiten" die Umgestaltung zu einer neuen Sache.

265 *Debatin/Wassermeyer* Art 5 MA Rn 167 („überflüssig").

266 *Debatin/Wassermeyer* Art 5 MA Rn 172.

kaufsstellen fallen damit unter die Vorschrift,[267] während **Verkaufsstellen** unter den Voraussetzungen des Art 5 Abs 1 durchaus eine Betriebsstätte begründen können.

138 Wird in einer Einrichtung angekauft und verkauft, so setzt sich die Verkaufstätigkeit durch mit der Folge, dass auch die Einkaufstätigkeit dieser Betriebsstätte zuzurechnen ist.[268] Fehlt die Verkaufstätigkeit und werden nur Waren und Güter für das Stammhaus erworben, greift hingegen Art 5 Abs 4 Buchstabe d ein, so dass keine Betriebsstätte anzunehmen ist. Der Verkauf an **KonzernGes** ist aber ausreichend, um die Negierung der Betriebsstätte zu umgehen.[269] Die Regelung ist in **systematischem Zusammenhang** mit Art 7 Abs 5 zu sehen.

139 **3. Informationsbeschaffung.** Erfasst wird **jede Art** von Informationen unabhängig von ihrem Charakter (zB vertraulich oder öffentlich bekannt) und unabhängig von der Art ihrer Erlangung (zB entgeltlich, illegal, etc). Auch ist es irrelevant, welchem Zweck die Informationsbeschaffung dient. Der Hauptanwendungsfall der Vorschrift liegt im Bereich des **Nachrichtenwesens** und der Informationsbeschaffung zum Zweck der Wort-, Bild- und Tonberichterstattung. So fallen insb Zeitungskorrespondenten und Auslandsbüros von Fernsehsendern unter Art 5 Abs 4 Buchstabe d. Zu beachten ist indes, dass sich die Tätigkeit der Geschäftseinrichtung allein auf die „Beschaffung" der Informationen beschränken muss. Werden Informationen **verarbeitet** oder **ausgewertet**, ist Art 5 Abs 4 Buchstabe d nicht anwendbar.[270] Insb sog **Nachrichtenagenturen** bilden daher idR Betriebsstätten.[271]

VI. Buchstabe e

140 **1. Tätigkeiten vorbereitender Art.** Nach Art 5 Abs 4 Buchstabe e gilt eine feste Geschäftseinrichtung, die ausschließlich zu dem Zweck unterhalten wird, für das Unternehmen[272] andere Tätigkeiten auszuüben, die vorbereitender Art sind oder eine Hilfstätigkeit darstellen, nicht als Betriebsstätte. Der Begriff der „festen Geschäftseinrichtung" ist wie in Art 5 Abs 1 zu verstehen, zur Zweckbestimmung gilt das oben (Rn 125) Gesagte. Die Vorschrift ist lex specialis zu den anderen Buchstaben der Norm.[273]

141 Die Rspr versteht unter vorbereitenden Tätigkeiten jene Tätigkeiten, die **zeitlich vor der Haupttätigkeit** ausgeübt werden.[274] Paradebsp einer vorbereitenden Tätigkeit sind bspw die Planung[275] (zum Sonderfall der Planung von Bauausführungen und Montagen s Rn 99 ff), die Bereitstellung von Arbeitsmitteln oder Forschungs- und Entwicklungsarbeiten.[276]

---

267 *Vogel/Lehner* Art 5 Rn 91.
268 Tz 30 MK zu Art 5; *Debatin/Wassermeyer* Art 5 MA Rn 172.
269 *Debatin/Wassermeyer* Art 5 MA Rn 172.
270 *BFH* BStBl II 1985, 417; *S/K/K* Art 5 MA Rn 106; *Vogel/Lehner* Art 5 Rn 91.
271 *Debatin/Wassermeyer* Art 5 MA Rn 173.
272 Dazu Tz 26 MK zu Art 5.
273 Tz 21 MK zu Art 5.
274 *BFH* BStBl II 1985, 417.
275 *Debatin/Wassermeyer* Art 5 MA Rn 178.
276 *S/K/K* Art 5 MA Rn 107.

2. Hilfstätigkeiten. Unter Hilfstätigkeiten fasst die FinVerw jene Tätigkeiten, die **neben** oder **zeitlich nach** der Haupttätigkeit ausgeübt werden.[277] Hilfstätigkeiten wirken idR nur unternehmensintern und **unterstützen** die jeweilige Haupttätigkeit.[278] Zur Abgrenzung von der Haupttätigkeit schlägt die OECD vor, darauf abzustellen, ob die Tätigkeit einen wesentlichen und maßgeblichen Teil der Tätigkeit des Unternehmens insgesamt betrifft.[279] **142**

Mit diesem Vorschlag ist jedoch nichts gewonnen, weil der Begriff „Hilfstätigkeit" bereits impliziert, dass die Tätigkeit nicht einen wesentlichen und maßgeblichen Teil der Tätigkeit des Unternehmens[280] insgesamt ausmacht. In der Beratungspraxis verbleiben daher beträchtliche Unsicherheiten, weil die Frage, ob nach der Verkehrsanschauung eine Hilfstätigkeit vorliegt oder nicht, nur bei wertender Betrachtung des Einzelfalls entschieden werden kann. Als Beispiele für Hilfstätigkeiten werden Werbemaßnahmen, die schlichte Informationserteilung oder reine Auskünfte genannt.[281] Die Geschäftsleitung eines Unternehmens kann niemals Hilfstätigkeit sein.[282] **143**

VII. Buchstabe f

1. Kumulierte Tätigkeiten. Nach Art 5 Abs 4 Buchstabe f gilt eine feste Geschäftseinrichtung, die ausschließlich zu dem Zweck unterhalten wird, mehrere der unter den Buchstaben a–e des Art 5 Abs 4 genannten Tätigkeiten auszuüben, nicht als Betriebsstätte, wenn die sich daraus ergebende Gesamttätigkeit der festen Geschäftseinrichtung vorbereitender Art ist oder eine Hilfstätigkeit darstellt. Die Begriffe „vorbereitender Art" und „Hilfstätigkeit" sind wie in Art 5 Abs 4 Buchstabe e zu verstehen. Der Zweck der Vorschrift erschließt sich aus der Verwendung des Wortes „ausschließlich" in sämtlichen Tatbeständen des Art 5 Abs 4. **144**

Bei strenger Wortlautauslegung hat dies zur Konsequenz, dass für den Fall des Eingreifens mehrerer Buchstaben der Vorschrift oder bei Erfüllung desselben Buchstabens durch verschiedene Tätigkeiten **(„Geschäftsverdichtung")** die Fiktion der Negierung der Betriebsstätte nicht anwendbar wäre.[283] Dies wird durch Art 5 Abs 4 Buchstabe f verhindert.[284] Die Vorschrift ist nicht anwendbar, wenn ein Unternehmen im Quellenstaat mehrere Einrichtungen unterhält, die geografisch und wirtschaftlich nicht als Einheit betrachtet werden können.[285] **145**

2. Gesamttätigkeit. Wesentlich ist die Erkenntnis, dass sich iRd Art 5 Abs 4 Buchstabe f die Gesamttätigkeit des betrachteten Unternehmens in der ausl Einrichtung **aufgrund** der kumulierten Tätigkeiten nicht dahingehend verändern darf, dass sie **146**

277 *BMF* BStBl I 1999, 1076, Tz 1.2.1.2.

278 *Debatin/Wassermeyer* Art 5 MA Rn 178.

279 Tz 24 MK zu Art 5; ähnlich *Vogel/Lehner* Art 5 Rn 93; **aA** *S/K/K* Art 5 MA Rn 97 (Abstellen auf Einnahmen hat Indizwirkung).

280 Zutr *S/K/K* Art 5 MA Rn 107 (keine Hilfstätigkeiten von Dritten); *Vogel/Lehner* Art 5 Rn 94.

281 Tz 23 MK zu Art 5.

282 Tz 24 MK zu Art 5.

283 Beispiel bei *Vogel/Lehner* Art 5 Rn 97.

284 Vgl Tz 27 MK und 22 MK nF zu Art 5; *Debatin/Wassermeyer* Art 5 MA Rn 182 und 183; *S/K/K* Art 5 MA Rn 108; *Vogel/Lehner* Art 5 Rn 95.

285 Tz 27.1 MK zu Art 24.

ihren Charakter als vorbereitende Tätigkeiten oder Hilfstätigkeiten **verliert**. Weist die Gesamttätigkeit aufgrund der Bedeutung der Einrichtung für das Gesamtunternehmen nicht mehr diesen Charakter auf, kann eine sachliche Verfestigung dergestalt anzunehmen sein, dass aufgrund der nunmehr vorliegenden Haupttätigkeit eine Betriebsstätte nach Art 5 Abs 1 besteht.[286]

F. Absatz 5

I. Grundaussage

147 Die Betriebsstätte (§ 12 AO) und der ständige Vertreter (§ 13 AO) sind nach dem nationalen dt Steuerrecht die beiden **alternativen Hauptanknüpfungspunkte** für die Besteuerung bei gewerblicher Tätigkeit, wie sich im Inbound-Fall (Investitionen vom Ausland in das Inland) anschaulich anhand des § 49 Abs 1 Nr 2 Buchstabe a EStG zeigt. Diese Alternativität setzt sich im Abkommensrecht fort,[287] wenn auch auf systematisch etwas anderer Grundlage: Nach hM soll die **Vertreterbetriebsstätte**[288] nach Art 5 Abs 5 und 6 gg einer Betriebsstätte nach den Abs 1–4 des Art 5 (im Unterschied zum Verhältnis zwischen den §§ 12, 13 AO) nur **subsidiären Charakter** haben,[289] ohne dass dies jedoch im Wortlaut der Norm hinreichend zum Ausdruck käme.

148 Es ist auch nicht ersichtlich, dass aufgrund des Wortlauts oder der Systematik ein Konkurrenz- oder Ausschlussverhältnis besteht.[290] Ein solches lässt sich auch nicht der Wendung „wird das Unternehmen so behandelt, als habe es […] eine Betriebsstätte" entnehmen. Die Formulierung in Art 5 Abs 5 ist unglücklich gewählt. Sie ist iE trotz der dadurch angedeuteten gesetzestechnischen Fiktion nicht dahingehend zu verstehen, dass bei Erfüllung der Tatbestandsvoraussetzungen des Art 5 Abs 5 eine Betriebsstätte iSd Art 5 Abs 1 anzunehmen sei.[291] Vielmehr erfolgt eine Erweiterung des Betriebsstättenbegriffs durch die eigenständigen Tatbestandsmerkmale des Art 5 Abs 5.[292]

149 In der **Beratungspraxis** empfiehlt es sich, die Betriebsstättenbegründung nach Art 5 Abs 1–4 und die Betriebsstättenbegründung nach Art 5 Abs 5 und 6 als selbstständige Tatbestände zu verstehen und diese **unabhängig voneinander** durchzuprüfen. Führt das Prüfungsergebnis dazu, dass nur nach einem der Tatbestände eine Betriebsstätte gegeben ist, so ist die Zuweisung des Besteuerungsrechts nach dem DBA entspr durchzuführen.

150 Besteht hingegen nach beiden Tatbeständen eine Betriebsstätte in demselben[293] Quellenstaat, dh aufgrund einer festen Geschäftseinrichtung nach Art 5 Abs 1 und zusätzlich aufgrund der Tätigkeit eines Vertreters nach Art 5 Abs 5, so ist weiter zu fragen, ob die Tätigkeit des Vertreters **losgelöst** und **außerhalb** der festen Geschäftseinrich-

---

286 *Debatin/Wassermeyer* Art 5 MA Rn 182; *Vogel/Lehner* Art 5 Rn 97.
287 Tz 31 MK zu Art 5.
288 Dazu neuestens *Seltenreich* IWB 2006/6 Fach 3, Gruppe 2, 1269.
289 Tz 35 MK zu Art 5; *BMF* BStBl I 1999, 1076, Tz 1.2.2; *Mössner* B 116; *S/K/K* Art 5 MA Rn 110 und 118; **aA** *Debatin/Wassermeyer* Art 5 MA Rn 191.
290 Zutr *Debatin/Wassermeyer* Art 5 MA Rn 191.
291 *BFH* BStBl II 1974, 416; *S/K/K* Art 5 MA Rn 110.
292 *Debatin/Wassermeyer* Art 5 MA Rn 192.
293 *Debatin/Wassermeyer* Art 5 MA Rn 191 (keine einheitliche Betriebsstätte bei verschiedenen Staaten).

tung vorgenommen wird. Nur wenn dies nicht der Fall ist, ist abkommensrechtlich von einer einzigen Betriebsstätte auszugehen. Anderenfalls sind zwei Betriebsstätten anzunehmen,[294] die im Quellenstaat nebeneinander bestehen und bei denen insb die Gewinnabgrenzung zum Stammhaus unabhängig voneinander vorzunehmen ist (Auswirkungen ergeben sich auch für die GewSt, denn nach § 2 GewStG unterliegt die separate Vertreterbetriebsstätte nicht der inländischen Gewerbesteuerpflicht). Die Betriebsstätte nach Art 5 Abs 1 entfaltet daher auch insoweit keine **Attraktivkraft** (vgl Rn 9). Keiner weiteren Erwähnung bedarf es hingegen, dass der jeweilige Vertreter neben der durch ihn (für den Unternehmer) vermittelten Betriebsstätte im Quellenstaat auch eine eigene Betriebsstätte unterhalten kann. Ob und wie der Vertreter selbst steuerpflichtig wird, ist für die Besteuerung des betrachteten Unternehmers einerlei.

Abgrenzungsprobleme stellen sich in der Beratungspraxis daher va hinsichtlich des Verhältnisses von Art 5 Abs 5 zu Art 5 Abs 1 und hinsichtlich des Verhältnisses von Art 5 Abs 5 zu § 13 AO. Die Abgrenzung zu Art 5 Abs 1 ist entspr der oben (Rn 148) genannten Würdigung des Wortlauts des Art 5 Abs 5 vorzunehmen: Die sog **Vertreterbetriebsstätte** iSd Art 5 Abs 5 und 6 ist eine Betriebsstätte, die abkommensrechtlich **gesondert** geregelt ist und von der Betriebsstätte nach Art 5 Abs 1 zu unterscheiden ist.[295] Für die Anwendung des Abk ist die Erkenntnis wichtig, dass es sich bei Art 5 Abs 5 und 6 um einen Ersatz-, nicht um einen **Auffangtatbestand** handelt, der es rechtfertigen würde, immer dann eine Vertreterbetriebsstätte anzunehmen, wenn die Voraussetzungen des Art 5 Abs 1 nicht gegeben sind.[296] **151**

Im Unterschied zu den §§ 12, 13 AO ist der Vertreter im MA also nicht als gg der Betriebsstätte selbstständiger Anknüpfungspunkt für die Besteuerung genannt.[297] Des Weiteren stellt Art 5 Abs 5 im Hinblick auf die Vertretereigenschaft engere Voraussetzungen auf als § 13 AO (dazu Rn 16).[298] Wegen des **Vorrangs der DBA** können sich indes insoweit streng genommen keine Abgrenzungsprobleme ergeben. Liegt nach § 13 AO und nach Art 5 Abs 5 und 6 ein Vertreter vor, ergeben sich keine Besonderheiten. Liegt nach § 13 AO, nicht aber nach Art 5 Abs 5 und 6 ein Vertreter vor, setzt sich das Abk durch und der Quellenstaat erhält wegen der nicht erfüllten Voraussetzungen des Art 7 Abs 1 kein Besteuerungsrecht zugewiesen. **152**

Nach hM wird in Art 5 Abs 5 das ungeschriebene Erfordernis hineingelesen, das Vertreterhandeln in dem anderen Staat müsse eine **gewisse Ständigkeit** annehmen, um eine Betriebsstätte gleichgestellt zu werden.[299] Dieses Verständnis dient der Verhinderung eines Unterlaufens der Voraussetzungen des Art 5 Abs 1 und der Reduzierung des Art 5 Abs 5 zu einem reinen Auffangtatbestand (dazu Rn 151) Die Rspr geht davon aus, dass das Vertreterhandeln auf eine Dauer von **wenigstens sechs Monaten** angelegt sein muss.[300] Damit wird der erforderliche Gleichklang mit Art 5 Abs 1 her- **153**

---

294 *BMF* BStBl I 1999, 1076, Tz 1.2.2; **aA** *Debatin/Wassermeyer* Art 5 MA Rn 191.
295 *Debatin/Wassermeyer* Art 5 MA Rn 192.
296 *Debatin/Wassermeyer* Art 5 MA Rn 196.
297 *S/K/K* Art 5 MA Rn 110.
298 *S/K/K* Art 5 MA Rn 111.
299 Tz 32 und 33.1 (bzw 33.2 MK nF) MK zu Art 5; *Debatin/Wassermeyer* Art 5 MA Rn 195; *Mössner* B 121.
300 *BFH* BStBl II 1972, 785; ähnlich Tz 33.1 MK (bzw 33.2 MK nF) zu Art 5.

gestellt, wo sich die Ständigkeit in dem Terminus „feste" Geschäftseinrichtung wieder findet (Rn 67 ff). Die dortigen Ausführungen zur Fristberechnung und zu Unterbrechungen gelten inklusive der Anmerkungen zu Art 5 Abs 3 entspr (Rn 110 ff).

II. Person

154 Gem Art 5 Abs 5 können nur „Personen" Vertreter iSd Vorschrift sein. Der Vertreter kann mit dem Vertretenen naturgem nicht personenidentisch sein, weshalb zB **Geschäftsführer** und **Vorstandsmitglieder** einer KapGes nach umstr, aber zutr Auffassung nicht Vertreter dieser Ges sein können, weil die Geschäftsführung qua Organstellung ohnehin der KapGes zuzurechnen ist.[301] Wer „Person" sein kann, ist abschließend in Art 3 Abs 1 Buchstabe a **legaldefiniert**.[302] Auf die dortigen Ausführungen wird verwiesen. Danach kommt auch eine KapGes oder PersGes grds als Vertreter in Betracht. Während eine MutterGes grds von ihrer TochterGes (und umgekehrt) vertreten werden kann,[303] besteht zwischen einer PersGes und ihren Gesellschaftern grds kein Vertretungsverhältnis. Betriebsstätten sind in Art 3 Abs 1 Buchstabe a nicht genannt und rechnen daher nicht zu den Personen. Allenfalls kann derjenigen Person eine Vertretereigenschaft zukommen, der die Betriebsstätte steuerlich zuzurechnen ist.[304]

155 Weitere Anforderungen werden an den Vertreter nicht gestellt. Es ist nicht erforderlich, dass der Vertreter nach dem Recht eines der Vertragsstaaten die **Steuersubjektqualität** oder gar die **Abkommensberechtigung** nach Art 4 besitzt. Auch wird nicht verlangt, dass der Vertreter im Quellenstaat über eine feste Geschäftseinrichtung gem Art 5 Abs 1 verfügt.[305]

III. Tätigwerden für das Unternehmen

156 **1. Vertragsabschlussvollmacht.** Art 5 Abs 5 erklärt Personen zu Vertretern, die (1) für ein Unternehmen tätig sind und die (2) in einem Vertragsstaat eine Vollmacht besitzen, für das Unternehmen Verträge abzuschließen. Die erstgenannte Voraussetzung (Tätigsein „für" ein Unternehmen) meint dabei die generelle Vertretereigenschaft, die spezielle Vertragsabschlussvollmacht ist hingegen eine Besonderheit des Art 5 Abs 5 und nach dt Lesart weder zivilrechtlich noch nach dem allg Sprachgebrauch ein zwingendes Charakteristikum eines Vertreters.

157 Aus § 164 BGB ist für das dt Zivilrecht bekannt, dass der Vertreter eine eigene Willenserklärung im fremden Namen mit Vertretungsmacht abgibt. Diese Voraussetzungen finden sich in dieser Form im MA nicht wieder. In Art 5 Abs 5 ist der Vertreter

---

301 *BFH* BStBl III 1964, 76; BStBl II 1991, 395; *Vogel/Lehner* Art 5 Rn 114 und 115; **aA** *BMF* BStBl I 1999, 1076, Tz 1.2.2 und ebenso *BFH* BStBl II 1998, 437. Vermittelnd geht der BFH vorrangig von einer Geschäftsleitungsbetriebsstätte aus, vgl *BFH/NV* 1999, 372.

302 *Vogel/Lehner* Art 5 Rn 112.

303 Zu den Voraussetzungen *BFH* BStBl II 1995, 238. Voraussetzung ist die sachliche und personelle Abhängigkeit der Tochter- von der Muttergesellschaft, die jedoch bereits dann nicht vorliegt, wenn die Tochtergesellschaft eine eigene Wirtschaftstätigkeit entfaltet. Bei Einfirmenvertretungen nimmt die deutsche FinVerw in vielen Fällen eine Vertreterbetriebsstätte an (vgl *Eckl* IStR 2009, 510, 513 f).

304 *Debatin/Wassermeyer* Art 5 MA Rn 197.

305 Tz 32 MK zu Art 5; *Debatin/Wassermeyer* Art 5 MA Rn 205; *Vogel/Lehner* Art 5 Rn 121; **aA** noch *RFH* RStBl 1934, 1125.

nicht definiert, sondern lediglich als eine Person umschrieben, die für ein Unternehmen tätig ist. Gemeint sind damit allg Personen, die die **Geschäfte eines Unternehmens besorgen**.[306]

Die Vertretung kann auf Vertrag oder Gesetz beruhen. Es wird nicht vorausgesetzt, dass der Vertreter im Namen des vertretenen Unternehmens auftritt.[307] Ein **Handeln im eigenen Namen** ist unschädlich, wenn und soweit der Vertreter auf Rechnung des vertretenen Unternehmens tätig wird. Der Kommissionär iSd § 383 HGB ist daher Vertreter iSd Art 5 Abs 5.[308] Für die Anwendung des Art 5 Abs 5 ist es ferner unerheblich, ob der Vertreter rechtsgeschäftliche oder andere Handlungen vornimmt (zB Realakte).[309] Jede Spielart **wirtschaftlichen Handelns** wird erfasst,[310] sofern es sich um Geschäfte des Unternehmens handelt, die in dessen Interesse liegen und dessen Betrieb betreffen.[311] **158**

Auch eine förmliche oder mündliche Vollmacht ist nicht erforderlich, solange deutlich wird, dass der Vertreter in **tatsächlicher Hinsicht** für das Unternehmen tätig wird.[312] Ob die Tätigkeit des Vertretenen bei diesem zu Einkünften aus selbstständiger oder nichtselbstständiger Arbeit führt,[313] ist für Art 5 Abs 5 ebenfalls irrelevant, jedoch ist bei Einkünften aus selbstständiger Arbeit stets zu prüfen, ob nicht ein Fall des Art 5 Abs 6 vorliegt. Exakt muss ebenfalls geprüft werden, ob es sich bei dem Vertreter um einen sog **abhängigen** oder sog **unabhängigen Vertreter** handelt. Das folgt aus einer Gegenüberstellung mit Art 5 Abs 6 und dem Verweis auf diese Norm in Art 5 Abs 5. Nur der abhängige Vertreter ist ein Vertreter iSd Art 5 Abs 5. Er muss in Bezug auf die Geschäftsbesorgung **weisungsgebunden** sein.[314] Für die Kriterien der Unabhängigkeit wird auf Rn 170 ff zu Art 5 Abs 6 verwiesen. **159**

Liegen danach die allg Voraussetzungen für einen Vertreter vor, ist weiter zu fragen, ob dieser zusätzlich (!) **Vertragsabschlussvollmacht** besitzt. Der Vertreter muss das vertretene Unternehmen vertraglich verpflichten können.[315] Die Möglichkeit zur vertraglichen Verpflichtung ist nach dem Schrifttum weit und nicht im zivilrechtlichen, sondern in einem **wirtschaftlichen Sinne** zu verstehen.[316] Sie soll sogar dann gegeben **160**

306 *Debatin/Wassermeyer* Art 5 MA Rn 201.

307 Tz 32.1 MK zu Art 5; *Debatin/Wassermeyer* Art 5 MA Rn 201; *Vogel/Lehner* Art 5 Rn 117 (auch Duldungsvollmacht; diesbezüglich zust ebenfalls ausdrücklich Tz 32.1 MK zu Art 5).

308 *Debatin/Wassermeyer* Art 5 MA Rn 201; **aA** *G/K/G* Art 5 MA Rn 228; *Endres* IStR 1996, 1, 3.

309 **AA** *S/K/K* Art 5 MA Rn 112, die mE nicht ausreichend berücksichtigen, dass die Tätigkeit des Vertreters für das Unternehmen und die Vertragsabschlussvollmacht zwei unterschiedliche Tatbestandsmerkmale sind; liegt die Vollmacht vor, wird auch diejenige Tätigkeit der Vertreterbetriebsstätte zugerechnet, die sich außerhalb des rechtsgeschäftlichen Bereichs bewegt.

310 *BFH* BStBl II 1978, 494; BStBl II 1971, 776.

311 *Debatin/Wassermeyer* Art 5 MA Rn 202.

312 *BFH* BStBl II 1978, 494; *Debatin/Wassermeyer* Art 5 MA Rn 201.

313 Sinngemäß Tz 32 MK zu Art 5.

314 *BFH* BStBl II 1972, 785.

315 *FG Berlin* EFG 1970, 327.

316 *Vogel/Lehner* Art 5 Rn 118, **aA** *Eckl* IStR 2009, 510, 513. Danach sollte auf die zivilrechtliche Bindungskraft abgestellt werden.

sein, wenn der Vertreter den Vertrag nicht unterzeichnet, sondern nur darauf hinwirkt und die Unterzeichnung formal durch Angestellte bzw Geschäftsführer des Unternehmens erfolgt,[317] sofern nur der Vertreter den Vertrag ausgehandelt hat. Auch hindert es das Entstehen einer wirksamen Abschlussvollmacht nicht, wenn sich das Unternehmen vorbehält, einem durch den Vertreter abgeschlossenen Vertrag nachträglich die Genehmigung zu verweigern.[318] Zu beachten ist, dass die OECD bei einem abhängigen Vertreter eine **faktische Abschlussvollmacht** durch vollständiges Aushandeln eines Vertrages als ausreichend ansieht, vgl Tz 33 MK zu Art 5.[319]

161 Ebenso sind **sachliche Beschränkungen** der Vollmacht auf bestimmte Geschäftsabschlüsse unschädlich.[320] Die Vollmacht muss aber Tätigkeiten betreffen, die den Kern der unternehmerischen Tätigkeit des Unternehmens darstellen.[321] Eine Vollmacht für Nebengeschäfte wie zB die Einstellung von Mitarbeitern ist daher nicht ausreichend.[322]

162 **2. Gewöhnliche Ausübung der Vollmacht.** Weitere Voraussetzung für die Vertretereigenschaft einer Person iSd Art 5 Abs 5 ist es, dass die erteilte Vollmacht in dem anderen Vertragsstaat (Quellenstaat) für gewöhnlich ausgeübt wird. Dass es sich um den **Quellenstaat** handeln muss, in dem die Vollmacht gewöhnlich ausgeübt wird, geht zwar aus dem Wortlaut der Vorschrift nicht hervor („und besitzt sie in einem Vertragsstaat die Vollmacht"), so dass auch eine Vollmacht für den Ansässigkeitsstaat des Unternehmens erfasst wäre. Dann aber ist kein grenzüberschreitender Sachverhalt mehr gegeben, auf den ein DBA anzuwenden wäre.[323]

163 Ob eine Vollmacht gewöhnlich **ausgeübt** wird, muss auf der Grundlage des Einzelfalls anhand der **wirtschaftlichen Gegebenheiten** beurteilt werden.[324] Jedenfalls wenn eine Person bevollmächtigt ist, alle Einzelheiten eines Vertrags verbindlich für ein Unternehmen auszuhandeln und dies auch tatsächlich geschieht, ist davon auszugehen, dass eine „Ausübung" der Vollmacht in dem jeweiligen Staat gegeben ist. Die bloße Anwesenheit eines Vertreters aber bei Gesprächen zwischen einem Unternehmen und seinen Geschäftspartnern rechtfertigt für sich genommen noch nicht den Schluss, es liege auch eine Ausübung der Vollmacht vor.[325]

164 Ob eine Vollmacht **gewöhnlich** ausgeübt wird, hängt von der Art der Tätigkeit des Vertreters, der Art der Verträge und der Art der Tätigkeit des vertretenen Unterneh-

---

317 Tz 32.1 MK zu Art 5; *Vogel/Lehner* Art 5 Rn 118.

318 Zum Ganzen *Debatin/Wassermeyer* Art 5 MA Rn 204.

319 Entspr hat das indische Delhi Income Tax Appellate Tribunal (ITAT) eine Vertreterbetriebsstätte in dem „Rolls Royce" Urteil angenommen, weil es für deren Begründung eine faktische Vollmacht als ausreichend erachtete, durch welche die indische Ges im Namen der ausländischen Ges handeln konnte (vgl *Ditz* IStR 2010, 553, 555).

320 Tz 33 MK zu Art 5; *Debatin/Wassermeyer* Art 5 MA Rn 204; *Vogel/Lehner* Art 5 Rn 117.

321 Die Abschlussvollmacht iSd Art 5 beschränkt sich nicht auf Tätigkeiten, die mit dem Verkauf von Waren in Zusammenhang stehen. So genügt auch eine Abschlussvollmacht für Leasing oder Dienstleistungen (vgl Tz 33 MK nF zu Art 5).

322 Tz 33 MK zu Art 5; *S/K/K* Art 5 MA Rn 112; *Vogel/Lehner* Art 5 Rn 117.

323 Konsequenz unklar bei *Debatin/Wassermeyer* Art 5 MA Rn 205, wenn die Tätigkeit auch eine inländische Betriebsstätte begründet, weil die Vollmacht gewöhnlich auch im Inland ausgeübt wird.

324 Tz 33 MK zu Art 5; *Vogel/Lehner* Art 5 Rn 119.

325 Tz 33 MK zu Art 5.

mens ab.[326] Für die **Beratungspraxis** muss man sich vor Augen führen, dass das Tatbestandsmerkmal „gewöhnlich“ eine ähnliche Funktion erfüllt wie die „feste Geschäftseinrichtung“ in Art 5 Abs 1 (dazu bereits Rn 67 ff). Hierüber wird also die notwendige Verfestigung des Vertreterhandelns im Quellenstaat dargestellt, weshalb die Vertreterbetriebsstätte der Betriebsstätte hinsichtlich der Rechtsfolgen gleichzustellen ist. Die oben (Rn 72 ff) gemachten Ausführungen zur Dauerhaftigkeit der Betriebsstätte gelten daher entspr.

Die wohl hM geht davon aus, dass die Vertragsabschlussvollmacht wenigstens für einen Zeitraum von **sechs Monaten** im Quellenstaat ausgeübt werden muss.[327] Die Vollmacht muss wiederholt und nicht nur gelegentlich ausgeübt werden. Ein **einmaliger Geschäftsabschluss** bspw ist daher in keinem Fall ausreichend.[328] Hingegen ist es nicht erforderlich, dass der Vertreter für die Beurteilung der Dauerhaftigkeit stets **dieselbe Person** ist. Es genügt, dass das Unternehmen die Vertreterbetriebsstätte auf Dauer angelegt wissen wollte, wenn auch die Person des Vertreters wechselt.[329] Zu beachten ist, dass die Bundesrepublik Deutschland der Mindestdauer der Vertretung eine erhöhte Bedeutung insb in den Fällen beimisst, in denen der Vertreter nicht im Quellenstaat ansässig ist bzw dort nicht über eine feste Einrichtung verfügt, vgl Tz 45.9 MK zu Art 5. 165

IV. Rechtsfolge

Die Rechtsfolge des Art 5 Abs 5 besteht in der schlichten Anordnung, das jeweils betrachtete Unternehmen sei so zu behandeln, als ob es im Quellenstaat für alle von dem Vertreter für das Unternehmen ausgeübten Tätigkeiten eine Betriebsstätte unterhalte. Insoweit der abhängige Vertreter mit Abschlussvollmacht das Unternehmen in den Grenzen des Art 5 Abs 5 vertritt, ist der Vertreterbetriebsstätte nach den auch sonst dafür geltenden Regeln des Art 7 ein Gewinn zuzurechnen, der idR nur im Quellenstaat besteuert werden kann.[330] Für die **Gewinnabgrenzung** sind jedoch nur die Wirtschaftsgüter des vertretenen Unternehmens zu berücksichtigen. Im (wirtschaftlichen) Eigentum des Vertreters stehende Wirtschaftsgüter bleiben außer Betracht. Zur Gewinnabgrenzung bei der Vertreterbetriebsstätte vgl Art 7 Rn 130. 166

Aus der Wendung „für alle von dem Vertreter für das Unternehmen ausgeübten Tätigkeiten“ in Art 5 Abs 5 folgt, dass sämtliche von einem Vertreter in einem Quellenstaat für ein Unternehmen ausgeübten Tätigkeiten zu einer Betriebsstätte zusammengefasst werden. Dies gilt auch für jene Tätigkeiten, für die keine Vertragsabschlussvollmacht besteht.[331] Anders als iRd Art 5 Abs 1 entfaltet daher die Vertreterbetriebsstätte eine **Attraktivkraft**.[332] 167

326 Implizit *Vogel/Lehner* Art 5 Rn 120.

327 Tz 33.1 MK (bzw Tz 33.2 MK nF) zu Art 5.

328 *Vogel/Lehner* Art 5 Rn 120; vgl auch *BFH* BStBl II 2006, 154 für den Geschäftsführer eines portugiesischen Bauunternehmens, der in den Streitjahren 47 und 60 Tage im Inland tätig war; eine Vertreterbetriebsstätte verneinte das Gericht iE.

329 *RFH* RStBl 1927, 112, 113; *Vogel/Lehner* Art 5 Rn 121; **aA** *Lüdicke* IStR 2003, 164, 165.

330 *Debatin/Wassermeyer* Art 5 MA Rn 216.

331 Tz 34 MK zu Art 5.

332 *Debatin/Wassermeyer* Art 5 MA Rn 205; unklar idS Tz 34 MK zu Art 5.

168 Die Rechtsfolge des Art 5 Abs 5 gilt nur **vorbehaltlich der Abs 4 und 6** der Vorschrift. Beide Vorbehalte ergeben sich aus dem Wortlaut des Art 5 Abs 5 sowie aus dem systematischen Zusammenhang, in dem die Norm zu sehen ist. Art 5 Abs 5 aE erklärt Art 5 Abs 4 ausdrücklich für entspr anwendbar. Qualifiziert man die Tätigkeit des abhängigen Vertreters, würde sie durch das Unternehmen selbst ausgeübt, als **Vorbereitungs- oder Hilfstätigkeit** nach Art 5 Abs 4, so ist auch keine Vertreterbetriebsstätte anzunehmen.

169 Anderes gilt nur, wenn die Vorbereitungs- und Hilfstätigkeiten neben anderen Haupttätigkeiten für das Unternehmen ausgeübt werden, so dass sie aufgrund der Unterordnung in der Haupttätigkeit aufgehen.[333] Entsch kommt es hier auf die **tatsächliche Tätigkeit** des Vertreters an. Erfasst die erteilte Vollmacht zB auch Hilfstätigkeiten, wird der Vertreter aber tatsächlich im Kernbereich des Unternehmens tätig, ist eine Vertreterbetriebsstätte anzunehmen.[334] Art 5 Abs 6 schließlich macht wichtige Einschränkungen hinsichtlich der Qualifikation des Vertreters. Nur der **abhängige** (dazu Rn 159) Vertreter fällt unter Art 5 Abs 5.[335]

G. Absatz 6

I. Grundaussage

170 Es steht im Belieben eines Unternehmens, seine Geschäftstätigkeit in einem anderen Staat durch **abhängige** (Art 5 Abs 5) oder **unabhängige** (Art 5 Abs 6) Vertreter auszuüben. Bei unabhängigen Vertretern jedoch liegt im Hinblick auf die Gewinnabgrenzung die (widerlegliche) Vermutung nahe, dass das an den Vertreter zu entrichtende Entgelt dem **Fremdvergleichspreis** entspricht, weil sich die Vertragsparteien als fremde Dritte gegenüberstehen. Aus diesem Grund geht Art 5 Abs 6 als **lex specialis**[336] zu Art 5 Abs 5 (vgl den in Parenthese stehenden Einschub in Art 5 Abs 5: „mit Ausnahme eines unabhängigen Vertreters iSd Abs 6“) bei unabhängigen Vertretern von der Nichtexistenz einer Vertreterbetriebsstätte iSd Art 5 Abs 5 aus: Der einer etwaigen Betriebsstätte des vertretenen Unternehmens zuzurechnende Gewinn müsste bei einem fremdüblichen Entgelt ohnehin Null betragen.[337]

171 Übt daher ein Unternehmen eines Vertragsstaats seine Tätigkeit in dem anderen Vertragsstaat durch einen Makler, Kommissionär oder anderen unabhängigen Vertreter aus, so kann es in diesem anderen Vertragsstaat nicht besteuert werden, wenn der Vertreter im Rahmen seiner ordentlichen Geschäftstätigkeit handelt.[338] Art 5 Abs 6 ist **klarstellender** Natur, denn ein solch unabhängiger Vertreter, bei dem es sich um ein eigenständiges Unternehmen handelt, kann nicht betriebsstättenbegründend wirken.[339]

---

333 *Debatin/Wassermeyer* Art 5 MA Rn 209; ähnlich *S/K/K* Art 5 MA Rn 112.

334 *Vogel/Lehner* Art 5 Rn 123.

335 *Vogel/Lehner* Art 5 Rn 116.

336 *Debatin/Wassermeyer* Art 5 MA Rn 221.

337 *Debatin/Wassermeyer* Art 5 MA Rn 221; ähnlich *S/K/K* Art 5 MA Rn 121.

338 Tz 36 MK zu Art 5. Damit begründet die Tätigkeit eines unabhängigen Vertreters außerhalb seiner ordentlichen Geschäftstätigkeit eine Vertreterbetriebsstätte. Diese Auffassung teilt auch die dt FinVerw vgl *BMF* BStBl I 1999, 1076, Tz 4.2.2.

339 *Vogel/Lehner* Art 5 Rn 144.

Anders als es der Wortlaut nahe legen mag („wird nicht schon deshalb so behandelt") und im **Unterschied zu Art 5 Abs 7** etwa gilt dies ohne Ausnahme. Ein unabhängiger Vertreter kann daher auch nicht über Art 5 Abs 1 eine Betriebsstätte begründen, weil dort gerade vorausgesetzt wird, dass ein Unternehmen Verfügungsmacht über eine Geschäftseinrichtung besitzt und sich dieser Einrichtung für seine Tätigkeit im Quellenstaat bedient. Art 5 Abs 1 und Art 5 Abs 6 schließen sich damit tatbestandlich aus.[340] IRd Art 5 Abs 7 ist das Verhältnis systematisch anders zu werten, weil der Begriff der „Beherrschung" noch nichts darüber aussagt, ob die Kriterien des Art 5 Abs 1 erfüllt sind. Wenn aber ein Unternehmen eines Vertragsstaats (Vertretener) über die Geschäftseinrichtung des Unternehmens eines anderen Vertragsstaats (Vertreter) in einer den Anforderungen des Art 5 Abs 1 genügenden Weise verfügt und diese für seine unternehmerischen Zwecke nutzt, so kann das letztgenannte Unternehmen nicht mehr unabhängiger Vertreter iSd Art 5 Abs 6 sein. Wenn das erstgenannte Unternehmen selbst unmittelbar vermittels des Vertreters und seiner Geschäftseinrichtung tätig wird, reduziert sich der Entscheidungsspielraum des Vertreters auf Null. **172**

Abkommensrechtlich besteht damit zwischen einem unabhängigen Vertreter iSd Art 5 Abs 6 und einem fremden Dritten, der bspw als selbstständiger Subunternehmer in eine Leistungser-bringung eingeschaltet wird, kein Unterschied, sofern sich der unabhängige Vertreter innerhalb der **ordentlichen Geschäftstätigkeit**[341] seines Berufes bewegt (Art 5 Abs 6 aE). **173**

Für das systematische Verständnis des Zusammenspiels von Art 5 Abs 5 und Art 5 Abs 6 ist die Erkenntnis wichtig, dass der unabhängige Vertreter iSd Abs 6 stets auch ein Vertreter iSd Abs 5 ist. Das **alleinige** Unterscheidungskriterium ist die **Unabhängigkeit**. Bspw für die Frage der konkreten Tätigkeit des Vertreters (zB Herausnahme der Tätigkeiten entspr Abs 4 der Norm) oder die Frage der Vollmachtserteilung aber gelten für den abhängigen und den unabhängigen Vertreter nach hM dieselben Anforderungen.[342] IÜ wird für den kontinentaleuropäischen Rechtskreis zu Recht darauf hingewiesen, dass die Erwähnung der Makler und Kommissionäre in Art 5 Abs 6 im Hinblick auf Art 5 Abs 5 überflüssig sei, weil diese idR ohnehin keine Abschlussvollmacht hätten.[343] Entspr entschied der Conseil d'Etat, dass ein Kommissionär grds keine Vertreterbetriebsstätte begründet. Eine Ausnahme sei nur dann denkbar, wenn der Kommittent unmittelbar durch die Verträge des Kommissionärs gebunden werden könnte.[344] **174**

II. Personenkreis

1. Makler/Kommissionär. Die in Art 5 Abs 6 explizit genannten **Berufsgruppen** „Makler" und „Kommissionär" haben einen lediglich **beispielhaften Charakter**. Es handelt sich um typische Fälle von unabhängigen Vertretern, ohne dass sich daraus für die **Beratungspraxis** bindende Vorgaben ableiten ließen. Zu unterschiedlich werden **175**

340 **AA** wohl Tz 38.1 MK zu Art 5.

341 Zum Vergleichsmaßstab für die „ordentliche Geschäftstätigkeit" Tz 38–38.8 MK zu Art 5.

342 *Debatin/Wassermeyer* Art 5 MA Rn 222.

343 *Vogel/Lehner* Art 5 Rn 144 und 149 (Zugeständnis an Rechtskreis des Common Law).

344 Dazu ausf *Rasch* IStR 2011, 6 ff. Eine Betriebsstätte begründet auch nicht schon der Tatbestand, dass der Kommissionär ausschließlich für den Kommittenten tätig ist.

die Begriffe in den verschiedenen Rechtsordnungen verwendet.[345] Es handelt sich auch nicht um Rechtsbegriffe, sondern um solche des allg Wirtschaftslebens, die wegen Art 31 Abs 1 WVK gem ihrer allg Bedeutung auszulegen sind. Nach dt Lesart werden sie häufig sogar deckungsgleich verwendet.

176 Makler bzw Kommissionäre sind danach Personen, die gegen Provision, auf eigene Gefahr, im eigenen Namen, auf Bestellung und auf Rechnung eines Dritten Verträge unterschiedlichster Art abschließen. Zielführend für die Anwendung des Art 5 Abs 6 aber ist es allein, die Kriterien für einen unabhängigen Vertreter herauszuarbeiten. Ob dieser dann im In- oder Ausland „Makler" oder „Kommissionär" genannt wird, ist für die Anwendung des MA unerheblich. Entsch ist die dahinter stehende Wertung, ob der Makler bzw Kommissionär einer sachlichen und persönlichen Abhängigkeit unterliegt und dabei im Rahmen seiner ordentlichen Geschäftstätigkeit handelt oder nicht.

177 **2. Anderer unabhängiger Vertreter.** Durch einen unabhängigen Vertreter muss das Unternehmen seine Geschäftstätigkeit ausüben, um nicht so behandelt zu werden, als unterhalte es im Quellenstaat eine Betriebsstätte. Zentral ist damit – insb in Abgrenzung zu Art 5 Abs 5 – das Tatbestandsmerkmal der **„Unabhängigkeit"**. Tz 37 MK zu Art 5 unterscheidet zwischen rechtlicher und wirtschaftlicher Unabhängigkeit. **Wirtschaftliche Unabhängigkeit** meint danach die Existenz eines **Entscheidungsspielraums** des Vertreters von einigem wirtschaftlichen Gewicht,[346] unter **rechtlicher Unabhängigkeit** wird hingegen eine Situation verstanden, in der der Vertreter im **Innenverhältnis**[347] (das Außenverhältnis ist irrelevant) gg dem Vertretenen keiner Kontrolle und keinen Weisungen ausgesetzt ist. Nach dt Verständnis ist ein solch „anderer unabhängiger Vertreter" bspw der Handelsvertreter gem den §§ 84 ff HGB oder ggf auch der selbstständige Unternehmensberater.[348]

178 Der BFH differenziert im Gegensatz dazu iRd Unabhängigkeitsprüfung zwischen **sachlicher** und **persönlicher** Abhängigkeit,[349] eine andere Betrachtungsweise dürfte jedoch damit iE nicht verbunden sein. Entsch für die Frage der Unabhängigkeit ist allein die **Weisungsabhängigkeit**. Es ist einzelfallbezogen zu prüfen, ob es sich bei dem Vertreter um einen selbstständigen Unternehmer handelt, der dem Unternehmen wie ein **fremder Dritter** im Geschäftsleben gegenübersteht, oder ob zwischen den Parteien geschriebene oder ungeschriebene Vereinbarungen bestehen, die dem **Fremdvergleich** in Bezug auf einen **typischen unternehmerischen Handlungsspielraum** nicht mehr standhalten.[350]

179 Bei der Prüfung des Art 5 Abs 6 kommt es allein auf eine **objektive Betrachtungsweise** an. Weder ist es entscheidend, wie der Vertreter im Außenverhältnis auftritt, noch ist es von Belang, wie Dritte sein Auftreten interpretieren. Die Abhängigkeit bzw Unabhängigkeit richtet sich allein nach dem **konkreten Vertretungsverhältnis** bzw nach der aufgrund dieses Vertretungsverhältnisses **ausgeübten Vertretertätigkeit**, ohne

345 *Debatin/Wassermeyer* Art 5 MA Rn 222 mwN.
346 *Debatin/Wassermeyer* Art 5 MA Rn 225.
347 Nur dieses ist maßgebend, vgl zutr *S/K/K* Art 5 MA Rn 122; *Vogel/Lehner* Art 5 Rn 145.
348 *Vogel/Lehner* Art 5 Rn 145 mwN.
349 *BFH* BStBl II 1975, 626; BStBl II 1995, 238; ebenso *Vogel/Lehner* Art 5 Rn 145; **aA** Tz 37 MK zu Art 5; *Debatin/Wassermeyer* Art 5 MA Rn 225.
350 *Debatin/Wassermeyer* Art 5 MA Rn 225.

dass es jedoch allein auf das Vertragsverhältnis ankäme. **Wirtschaftlichen Gesichtspunkten** ist eine ungleich größere Bedeutung beizumessen.[351]

Dies führt zu folgenden beispielhaften Überlegungen: Der Vertreter, der iSd Einkommensteuerrechts abhängig beschäftigt bzw auch zivilrechtlich als Arbeitnehmer einzustufen ist, ist unter keinen Umständen ein unabhängiger Vertreter iSd Art 5 Abs 6.[352] Umgekehrt ist mit der Verneinung der zivilrechtlichen Arbeitnehmerstellung nicht zugleich ausgesagt, der Vertreter müsse ein unabhängiger sein. Hier avanciert also das Kriterium des **wirtschaftlichen Entscheidungsspielraums** zur maßgebenden Richtschnur. **180**

Wiederum umgekehrt sind gewisse sachliche Weisungen oder anderweitige sachliche Begrenzungen der Reichweite der Vollmacht auch zwischen fremden Dritten üblich, wenn man nur an Auftragsarbeiten im Werkvertragsrecht oder auch an die anwaltliche Tätigkeit denkt. Dass ein Unternehmer seine Tätigkeit iRv Vorgaben des Auftraggebers auszuüben hat, lässt den Unternehmer also noch nicht zu einem abhängigen Vertreter werden.[353] In diesem Zusammenhang spricht es ferner für die Unabhängigkeit, wenn sich der Vertretene auf eine besondere Sachkunde des Vertreters verlässt.[354] **181**

Die **Kriterien** für und wider eine Unabhängigkeit, die in Tz 37 ff MK zu Art 5 sowie im Schrifttum genannt werden, haben sämtlich nur eine **Indizwirkung**. So mag das Tätigwerden für nur einen Auftraggeber eher für eine wirtschaftliche Abhängigkeit sprechen, weil es dann an dem erforderlichen Unternehmerrisiko fehlt.[355] Ein Gleiches gilt bei einer umfassenden Weisungsgebundenheit bzw weit reichenden Direktionsrechten, während umgekehrt eine Tätigkeit auf Provisionsbasis oder eine andere Art der **erfolgsabhängigen** Vergütung für ein Vertreterrisiko und damit für eine wirtschaftliche Unabhängigkeit streitet. Die Tatsache allein, dass ein Vertreter dem Vertretenen zur **Auskunft** verpflichtet ist und – ggf regelmäßig – Rechenschaft über die Fortschritte seiner Arbeit ablegen muss, macht den Vertreter ebenfalls noch nicht zu einem abhängigen Vertreter iSd Art 5 Abs 6.[356] **182**

Zusammenfassend lässt sich für die **Beratungspraxis** deshalb sagen, dass sich die Frage der Abhängigkeit des Vertreters anhand der **drei Hauptkriterien** (1) wirtschaftlich bedeutsamer Entscheidungsspielraum, (2) Weisungsgebundenheit und (3) wirtschaftliches Vertreterrisiko entscheidet.[357] Maßgebend ist das Pflichtenbündel, dem der Vertretene unterliegt. **183**

III. Ordentliche Geschäftstätigkeit

Das in Art 5 Abs 6 aufgestellte Postulat, der unabhängige Vertreter müsse sich bei der Tätigkeit für das Unternehmen im Rahmen seiner ordentlichen Geschäftstätigkeit halten, um nicht als Betriebsstätte des Unternehmens angesehen zu werden, dient der **Missbrauchsvermeidung**.[358] **184**

---

351 *Debatin/Wassermeyer* Art 5 MA Rn 225.
352 *Vogel/Lehner* Art 5 Rn 145.
353 Tz 38.4 MK zu Art 5; *Debatin/Wassermeyer* Art 5 MA Rn 225; *Vogel/Lehner* Art 5 Rn 145.
354 Tz 38.3 MK zu Art 5.
355 Tz 38.6 MK zu Art 5; *Vogel/Lehner* Art 5 Rn 147.
356 Tz 38.5 MK zu Art 5.
357 Sinngemäß Tz 38 MK zu Art 5.
358 *S/K/K* Art 5 MA Rn 121.

185 Es ist nicht ausreichend, dass der Vertreter im anderen Vertragsstaat generell als unabhängiger Vertreter tätig wird. Er muss auch für das jeweils betrachtete Unternehmen in dieser Eigenschaft tätig sein. Anderenfalls ließe sich für ein Unternehmen eine Vertreterbetriebsstätte nach Art 5 Abs 5 schon dadurch vermeiden, dass als Vertreter im anderen Vertragsstaat bspw ein unstreitig selbstständiger Makler ausgewählt würde, obwohl im Hinblick auf das konkrete Vertretungsverhältnis eine Abhängigkeit angestrebt wurde. Eine Vertreterbetriebsstätte nach Art 5 Abs 5 soll immer und nur dann gegeben sein, wenn der Vertreter eine Tätigkeit ausübt, die für gewöhnlich durch das Unternehmen (oder dessen Angestellte) vorgenommen wird.[359]

186 Umstr ist, an welchem **Prüfungsmaßstab** zu messen ist, wann einer unabhängiger Vertreter im Rahmen seiner ordentlichen Geschäftstätigkeit handelt. *Wassermeyer* schlägt vor, den Vertreter immer dann als im Rahmen seiner ordentlichen Geschäftstätigkeit handelnd anzusehen, wenn er wie ein typischer unabhängiger Vertreter (zB Makler; Kommissionär) am Markt auftritt und insb entspr den Modalitäten der jeweiligen Branche honoriert wird.[360] Hierbei sei zB entscheidend, ob der Vertreter für einen oder mehrere Auftraggeber tätig werde und ob seine Tätigkeit „mit der eines anerkannten unabhängigen Vertreters vergleichbar" sei. Dem ist nicht zu folgen. Die genannten Voraussetzungen entscheiden bereits über die Frage, ob überhaupt ein unabhängiger Vertreter vorliegt. Dann können dieselben Voraussetzungen nicht dafür maßgebend sein, ob der Vertreter im Rahmen seiner ordentlichen Geschäftstätigkeit handelt.

187 Näher liegt es mE, auf das konkrete Vertretungsverhältnis abzustellen und lediglich zu fragen, ob der Vertreter gerade für das jeweils betrachtete Unternehmen auch die Tätigkeit ausübt, die er für gewöhnlich auszuüben pflegt.[361]

188 **Beispiel:** X ist im Staat A ansässig und ist selbstständiger, unstreitig gewerblich tätiger Immobilienmakler. Die Y-GmbH, die im Erdölgeschäft tätig ist, ist im Staat B ansässig und bevollmächtigt X gem den Voraussetzungen des Art 5 Abs 5 für den Abschluss von Geschäften mit Kunden. X begründet für die Y-GmbH auch dann keine Vertreterbetriebsstätte, wenn er auf Provisionsbasis vergütet wird. Zu beachten ist in diesem Zusammenhang, dass die Rspr die Vertretereigenschaft eines selbstständigen Unternehmens (in casu eine konzernangehörige ProduktionsGes) verneint hat, wenn das Unternehmen eine „umfassende eigene Wirtschaftstätigkeit" ausübt.[362] Im Rahmen **verbundener Unternehmen** wird daher nur selten von einer Vertreterbetriebsstätte auszugehen sein.[363]

189 Dem Abstellen auf das konkrete Vertretungsverhältnis scheint auch der BFH zuzuneigen, auch wenn seine bisherigen richterlichen Ausformungen zur Frage, wann ein unabhängiger Vertreter als im Rahmen seiner ordentlichen Geschäftstätigkeit handelnd anzusehen ist, für die **Beratungspraxis** wenig hilfreich erscheinen. Der Vertreter handele dann im Rahmen seiner ordentlichen Geschäftstätigkeit, wenn er nicht die Grenzen dessen überschreite, was nach Lage des Einzelfalles als verkehrsüblich anzu-

---

359 *Debatin/Wassermeyer* Art 5 MA Rn 229.

360 *Debatin/Wassermeyer* Art 5 MA Rn 231; ähnlich wohl Tz 38.8 MK zu Art 5.

361 **AA** *S/K/K* Art 5 MA Rn 123 (Abstellen auf ordentliche Geschäftstätigkeit allein trägt der Möglichkeit des Vertreters nicht Rechnung, sein Geschäftsfeld zu erweitern oder zu ändern; das ist unzutr, es kommt auch bei einem Wechsel des Geschäftsfelds allein auf die jeweils betrachtete Tätigkeit an, vgl *Vogel/Lehner* Art 5 Rn 150).

362 *BFH* BStBl II 1995, 238.

363 *Debatin/Wassermeyer* Art 5 MA Rn 203a.

sehen sei.[364] Etwas präziser sei darauf abzustellen, ob die konkrete Vertretungstätigkeit nach der Verkehrsanschauung innerhalb des jeweiligen Berufsbildes liege und dem gegenwärtigen Aufgabenbereich des jeweiligen Geschäftszweiges entspreche.[365]

H. Absatz 7

I. Grundaussage

Art 5 Abs 7 erfüllt eine ähnliche Funktion wie Art 5 Abs 4. Es wird für einen eng umrissenen Einzelfall, nämlich die Begründung eines (idR gesellschaftsrechtlichen) **Beherrschungsverhältnisses**, das Bestehen einer abkommensrechtlichen Betriebsstätte verneint. **190**

Allein dadurch, dass eine in einem Vertragsstaat ansässige Ges eine Ges beherrscht oder von einer Ges beherrscht wird, die im anderen Vertragsstaat ansässig ist oder dort (entweder durch eine Betriebsstätte oder andere Weise) ihre Geschäftstätigkeit ausübt, wird keine der beiden Ges zur Betriebsstätte der anderen. Aus der Wendung **„allein dadurch"** folgt aber, dass im Unterschied zu Art 5 Abs 4, der bestimmten Geschäftseinrichtungen oder Tätigkeiten die Betriebsstätteneigenschaft per se aberkennt, die Begründung einer Betriebsstätte auch im Fall eines bestehenden Beherrschungsverhältnisses möglich ist, wenn nach der allg Regel des Art 5 Abs 1 oder 5 eine Betriebsstätte aufgrund von Umständen vorliegt, deren Rechtsgrund **nicht** im Beherrschungsverhältnis zu sehen ist.[366] **191**

II. Funktionsweise

Die Regelung des Art 5 Abs 7 wird aus der Sicht des dt nationalen Steuerrechts missverständlich auch als **Anti-Organ-Klausel** bezeichnet, obwohl eine Organschaft iSd §§ 14 ff KStG nach der Rspr nicht zwingend dazu führt, dass der Organträger in den Geschäftsräumen der OrganGes eine Betriebsstätte unterhält.[367] Sie erteilt der vom RFH[368] entwickelten **Filialtheorie** eine Absage und hat **deklaratorischen** Charakter.[369] Der Inhalt der Vorschrift erschöpft sich darin, die **zivilrechtliche Selbstständigkeit** von abhängigen (beherrschten) Personen- und Kapitalgesellschaften auch für abkommensrechtliche Zwecke festzuschreiben.[370] **192**

Der Abschluss zivilrechtlicher Beherrschungs-, Gewinnabführungs-, Stimmbindungs- und vergleichbarer Verträge sowie die Begründung gesellschaftsrechtlicher Beteiligungen führen nach internationalem Konsens nicht dazu, dass die beherrschte Ges ihre Eigenschaft als eigenständiges Rechtssubjekt (auch im Verhältnis zur beherrschenden Ges) verlieren würde. Jedenfalls aus dt Sicht muss das Steuerrecht aufgrund seines **eingriffsrechtlichen Charakters** diese Wertung nachvollziehen und der beherrschten Ges auch einen Steuerrechtssubjektcharakter zuerkennen, solange und soweit nicht gesetzlich etwas anderes bestimmt ist. **193**

---

364 *BFH* BStBl II 1975, 626; BStBl II 1995, 238; zust *Vogel/Lehner* Art 5 Rn 150.

365 *BFH* BStBl II 1984, 94; krit *Debatin/Wassermeyer* Art 5 MA Rn 230; **aA** *FG Köln* EFG 1994, 138 (ordentliche Geschäftstätigkeit ist durch IHK-Gutachten zu ermitteln).

366 *Vogel/Lehner* Art 5 Rn 168; **aA** *S/K/K* Art 5 MA Rn 125 (nur Art 5 Abs 5 und 6).

367 *BFH* BStBl 1995, 175.

368 *RFH* RStBl 1930, 148; RStBl 1940, 757.

369 Wie hier *Debatin/Wassermeyer* Art 5 MA Rn 4; *Vogel/Lehner* Art 5 Rn 167.

370 Tz 40 MK zu Art 5; *Vogel/Lehner* Art 5 Rn 165; *S/K/K* Art 5 MA Rn 125.

194 Vor diesem Hintergrund stellt Art 5 Abs 7 klar, dass sich allein durch die Begründung eines Beherrschungsverhältnisses an der steuerrechtlichen Eigenständigkeit von beherrschter und beherrschender Ges nichts ändert. Als **Rechtsfolge** ordnet die Norm an, dass (1) die beherrschte Ges nicht ipso jure zur Betriebsstätte der beherrschenden Ges und (2) die beherrschende Ges nicht ipso jure zur Betriebsstätte der beherrschten Ges wird.

195 So verhindert diese Regelung bspw, dass der ausländische Organträger durch die inländische Organgesellschaft zugleich eine inländische Betriebsstätte begründet, welcher die Einkünfte im Falle einer gewerbesteuerlichen Organschaft zugerechnet werden können. Mit überraschendem Urt v 9.2.2011 hat der *BFH* die Möglichkeit einer grenzüberschreitenden gewerbesteuerlichen Organschaft auf Grundlage des GewStG 1999 aufgrund des in dem DBA Großbritannien 1964/1970 enthaltenen Diskriminierungsverbotes und einen Übergang der Gewerbesteuerpflicht der **Organschaft** auf den Organträger für die Zeit des Bestehens der Organschaft bejaht. Da die Fiktion des § 2 Abs 2 GewStG ausdrücklich nur für das nationale Recht gilt und Art 5 Abs 7 ausdrücklich die Begründung einer Betriebsstätte ausschließlich aufgrund der bestehenden Beherrschung verbietet, steht das Besteuerungsrecht an den dem Organträger zugerechneten Einkünften nach Art 7 Abs 1 S 1 HS 1 dem Ansässigkeitsstaat des Organträgers und mangels inländischer Betriebsstätte gerade nicht Deutschland nach Art 7 Abs 1 S 1 HS 1 zu.[371]

196 *Wassermeyer* weist zutr darauf hin, dass sich die Negierung der Betriebsstätteneigenschaft auf die **Zuordnung der festen Geschäftseinrichtung** gründet.[372] Geht daher bspw die österreichische X-GmbH mit einer englischen Y-Ltd ein Beherrschungsverhältnis ein, wird dadurch allein weder die Y-Ltd abkommensrechtlich zur Betriebsstätte der X-GmbH noch die X-GmbH abkommensrechtlich zur Betriebsstätte der Y-Ltd. Die feste Geschäftseinrichtung der Y-Ltd bleibt eine feste Geschäftseinrichtung der Y-Ltd. Sie wird steuerlich nicht der X-GmbH zugerechnet. Die Unternehmensgewinne der X-GmbH können daher vollumfänglich in Österreich besteuert werden, ohne dass eine etwaige DBA-Freistellung wegen Art 7 Abs 1 S 2 zu beachten wäre.

197 Wichtig ist die Erkenntnis, dass ungeachtet der vorstehenden Regeln durchaus eine beherrschte Ges zur Betriebsstätte der beherrschenden Ges und eine beherrschende Ges zur Betriebsstätte der beherrschten Ges werden kann. Die Betriebsstättenbegründung kann aber **nicht allein** auf dem Beherrschungsverhältnis beruhen, weil **allein dadurch** zB noch keine Verfügungsmacht (vgl Rn 76) der beherrschenden Ges über die Geschäftseinrichtung der beherrschten Ges vermittelt wird, weil **allein dadurch** zB noch keine dauerhafte Geschäftseinrichtung entsteht, usw.

198 Erst durch **Erfüllung der Tatbestandsvoraussetzung** der Abs 1 oder 5 des Art 5 kann es auch im Beherrschungsverhältnis zur Begründung einer Betriebsstätte kommen.[373] Bspw stellen Geschäftsräume, die zivilrechtlich einer TochterGes gehören oder durch

---

371 *BFH/NV* 2011, 920 sowie ausf ua *Rödder/Schönfeld* DStR 2011, 886; **aA** *Lüdicke* IStR 2011, 740. Er kommt zu dem Ergebnis, dass das Fehlen einer inländischen Betriebsstätte der Besteuerung nicht entgegensteht, weil weiterhin die Organgesellschaft die Einkünfte erzielt.

372 *Debatin/Wassermeyer* Art 5 MA Rn 258.

373 *Debatin/Wassermeyer* Art 5 MA Rn 258; *Vogel/Lehner* Art 5 Rn 168.

diese gemietet sind, der MutterGes aber zur Verfügung gestellt werden, vorbehaltlich des Art 5 Abs 3 und 4 eine Betriebsstätte der MutterGes nach Art 5 Abs 1 dar.[374]

Umgekehrt wird bspw eine MutterGes nach Art 5 Abs 5 im Ansässigkeitsstaat der **199** TochterGes vorbehaltlich des Art 5 Abs 4 und 6 eine Vertreterbetriebsstätte unterhalten, wenn die TochterGes für die MutterGes Tätigkeiten unternimmt, sie für den jeweiligen Staat eine Vollmacht besitzt, im Namen der MutterGes Verträge abzuschließen, und sie diese Vollmacht gewöhnlich ausübt.[375] Mutter- und TochterGes können gg Dritten auch als wirtschaftliche Einheit („faktische Ges") auftreten, etwa wenn die MutterGes das wirtschaftliche Risiko einer Vertragserfüllung ggü einem Auftraggeber der TochterGes mit übernimmt.[376] Ähnliches gilt bei Subkontrakten.

Was den isoliert **steuerrechtlichen Zweck** des Art 5 Abs 7 anbelangt, so ist die Rege- **200** lung vor dem Hintergrund insb des Art 9 zu sehen.[377] Bei **verbundenen Unternehmen**, die in unterschiedlichen Vertragsstaaten ansässig sind, besteht die Möglichkeit, dass die Vertragsstaaten bei unangemessenen Gewinnzuweisungen, die über Verrechnungspreise oder Realakte entstanden sein mögen, Gewinnkorrekturen vornehmen. In diesem Zusammenhang soll über die Regelung des Art 5 Abs 7 eine **doppelte Besteuerung** im Betriebsstättenstaat verhindert werden, die aus dem Recht des Betriebsstättenstaates zur Besteuerung des Betriebsstättenergebnisses sowie aus einer ggf zugleich erfolgten Gewinnkorrektur nach Verrechnungspreisgrundsätzen oder über vergleichbare Institute (zB vGA) resultieren kann.

Für die **Beratungspraxis** ist zu beachten, dass im Anwendungsbereich des Art 5 **201** Abs 7 noch viele Fragen der Präzisierung durch FinVerw und Rspr bedürfen. Rspr zur Auslegung der Tatbestandsmerkmale der Vorschrift und insb zum Begriff der „Beherrschung" ist – soweit ersichtlich – nicht vorhanden.[378] Es ist dennoch davon auszugehen, dass der Tatbestand weit zu verstehen ist.[379] Insb wäre es vorschnell, aus der Tatsache, dass das dt Steuerrecht abgesehen vom Fall des § 18 KStG die Möglichkeit einer grenzüberschreitenden Organschaft nicht kennt, darauf zu schließen, dass aus der Sicht der Bundesrepublik Deutschland als Anwenderstaat auch keine grenzüberschreitende Beherrschung möglich sei.

III. Beherrschung

Art 5 Abs 7 spricht lediglich von „Beherrschung", lässt aber offen, wie diese begrün- **202** det werden kann. Ob der Grund dafür darin zu sehen ist, dass eine Definition des Beherrschungsbegriffs angesichts der Rechtsfolge der Vorschrift entbehrlich schien[380] oder ob auf Art 3 Abs 2 und damit auf das Recht des Anwenderstaates zurückzugreifen ist, lässt sich dem MA nicht entnehmen. Letzteres liegt mE systematisch näher.

---

374 Tz 41 MK zu Art 5.

375 Tz 41 MK zu Art 5.

376 *Vogel/Lehner* Art 5 Rn 169.

377 *Debatin/Wassermeyer* Art 5 MA Rn 242.

378 Zum Thema „Verbundene Unternehmen als Betriebsstätte", va zu den Entscheidungen „Philipp Moris" (Italien), „Zimmer" (Frankreich) und „Rolls Royce" (Indien), vgl *Ditz* IStR 2010, 553.

379 *Vogel/Lehner* Art 5 Rn 167.

380 *Debatin/Wassermeyer* Art 5 MA Rn 245 und 246.

203 Die Tz 40 ff MK zu Art 5 gehen offenbar davon aus, dass eine Beherrschung ausschließlich über ein **gesellschaftsrechtliches Beteiligungsverhältnis** (unmittelbar oder mittelbar) vermittelt wird. Dem ist nicht zuzustimmen. Die Beherrschung kann auch in anderer Form vorliegen und durch jeden **schuldrechtlichen Vertrag** begründet werden[381] (Beispiele: Beherrschungsvertrag; Gewinnabführungsvertrag; Treuhandvertrag; Stimmbindungsvertrag; Eingliederungsvertrag). Es kommt aber auf die Umstände des Einzelfalls an.

204 Soweit eine **wirtschaftliche, organisatorische und finanzielle Eingliederung** gefordert wird, die im Vertragswege hergestellt werden soll, so ist dies aus der Sicht des dt Steuerrechts nicht iSd körperschaft- oder gewerbesteuerlichen Organschaftsvoraussetzungen zu verstehen.[382] Auch auf den Begriff der „nahe stehenden Person", sei es iSd Rspr zur vGA, sei es iSd § 1 Abs 2 AStG, oder den Begriff der „Inländerbeherrschung" iSd § 7 AStG wird man mangels einer normativen Anbindung nicht zurückgreifen können. Eine solche Auslegung gibt der Wortlaut des Art 5 Abs 7 nicht her. Die Wendung „wirtschaftliche, organisatorische und finanzielle Eingliederung" ist daher mE eher iSe **allgemein beschreibenden betriebswirtschaftlichen Sichtweise** zu verstehen.

205 Soweit sich die Beherrschung auf eine gesellschaftsrechtliche Beteiligung gründet, so ist zu bedenken, dass die Staaten nach ihrem nationalen Recht unterschiedliche Beteiligungsquoten für eine Beherrschungsbeteiligung festgelegt haben werden. IdR wird man erst von einer Beherrschung iSd Art 5 Abs 7 sprechen können, wenn der beherrschenden Ges die **Mehrheit der Gesellschaftsanteile** (alternativ häufig: die Mehrheit der Stimmrechte) an der beherrschten Gesellschaft gehört.

IV. Beteiligte

206 **1. Beherrschende Gesellschaft.** Art 5 Abs 7 nimmt explizit nur auf „Ges" Bezug, welche in Art 3 Abs 1 Buchstabe b für das MA legaldefiniert sind. Über den Wortlaut der Norm hinaus kann jedoch **jede natürliche oder juristische Person** und sämtliche anderen Rechtsgebilde mit, ohne oder mit teilweisem Steuerrechtsubjektcharakter (zB **PersGes**) eine Ges beherrschen,[383] sofern dies nach dem Recht des Anwenderstaates möglich ist. Insofern ließe sich besser von einem „beherrschenden Gesellschafter" sprechen.

207 So bildet bspw ein Einzelunternehmen im Staat A, das von dem im Staat B ansässigen Kaufmann X betrieben wird, nicht ohne weiteres eine Betriebsstätte des Kaufmanns im Staat A.[384] Es kann auch mehr als einen beherrschenden Gesellschafter geben, wenn man nicht streng auf die Anteilsmehrheit in der Hand einer Person abstellt, sondern **gleichgerichtete Interessen** und deren Dokumentation in Form etwa von Stimmbindungen genügen lässt. Sofern sich die Beherrschung auf eine gesellschaftsrechtliche Beteiligung gründet, ist es für die Beherrschung unerheblich, ob die Beteiligung im Betriebs- oder Privatvermögen gehalten wird.[385]

---

381 *Debatin/Wassermeyer* Art 5 MA Rn 246.
382 **AA** möglicherweise *Debatin/Wassermeyer* Art 5 MA Rn 246.
383 *Debatin/Wassermeyer* Art 5 MA Rn 250; *Vogel/Lehner* Art 5 Rn 167.
384 *Vogel/Lehner* Art 5 Rn 167.
385 *Debatin/Wassermeyer* Art 5 MA Rn 250.

2. Beherrschte Gesellschaft. In Bezug auf die beherrschte Ges ist wiederum auf Art 3 Abs 1 Buchstabe b zu verweisen. Hier ist die Legaldefinition nach hM **wörtlich** zu verstehen. Als beherrschte Ges kommen daher nur juristische und quasi-juristische Personen (insb KapGes) in Betracht. Eine analoge Anwendung insb auf PersGes scheidet aus.[386] Das ist mE schon deshalb richtig, weil diese – wenn es nicht ausdrücklich im DBA vorgesehen ist – nicht abkommensberechtigt sein können. **208**

Der **Regelfall eines Beherrschungsverhältnisses** liegt im Konzern zwischen Mutter- und TochterGes vor. Es ist aber zu beachten, dass Art 5 Abs 7 auch zwischen SchwesterGes und zwischen Mutter- und EnkelGes Anwendung findet.[387] Der Grund dafür ist mE darin zu sehen, dass angesichts des weiten Wortlauts eine mittelbare Beherrschung (auch über das Dreieck) als ausreichend angesehen werden muss. Jedoch kommt es auch hier auf den Einzelfall an. Insb bei **konzerninternen Dienstleistungen** ist genau zu prüfen, ob eine Betriebsstätte der leistenden Ges vorliegt. Erbringt bspw eine KonzernGes einer anderen KonzernGes als Teil ihrer eigenen Geschäftstätigkeit Dienstleistungen mit eigenem Personal in Räumlichkeiten, die nicht der empfangenden Ges gehören, so liegt keine Betriebsstätte der leistenden Ges vor. Da die empfangende Ges keine Verfügungsmacht (dazu Rn 76) über die Räumlichkeiten hat, scheidet eine Zurechnung aus.[388] **209**

V. Deutsche DBA

1. Allgemeines und deutsche Verhandlungsgrundlage. Das MA stellt nur einen unverbindlichen Vorschlag seitens der OECD dar. Die Mitgliedsstaaten dürfen daher von dem Textvorschlag abweichen. Der MK sieht mit den **Bemerkungen**[389] der Mitgliedsstaaten zum MK sowie mit den **Vorbehalten**[390] zwei graduell unterschiedliche Wege vor, wie abw Rechtsauffassungen zum Ausdruck gebracht werden können (dazu bereits Einl MA Rn 11). **210**

Hinsichtlich des Art 5 hat die Bundesrepublik Deutschland Bemerkungen zum MK in die Tz 45.7–45.9 MK zu Art 5 aufnehmen lassen. Die Bemerkungen befassen sich sämtlich mit dem **Grad der Verfestigung** bzw der **Dauerhaftigkeit** von Betriebsstätten im Quellenstaat. Hier wird jeweils eine enge Auslegung vertreten, die iE auf erhöhte Anforderungen in Bezug auf die Betriebsstättenbegründung hinausläuft. Bspw wird der Mindestdauer der Vertreterbetriebsstätte nach Art 5 Abs 5 eine größere Bedeutung beigemessen, wenn der Vertreter im Quellenstaat weder ansässig ist noch dort über eine feste Einrichtung verfügt.[391] **211**

Vorbehalte zu Art 5 hat die Bundesrepublik Deutschland nicht erklärt. **212**

Die neue dt Verhandlungsgrundlage hat in ihrem Art 5 die Betriebsstättendefinition des Art 5 MA nahezu wörtlich übernommen. Es wird lediglich in Art 5 Abs 2 Buchstabe f statt auf die Ausbeutung von „Bodenschätzen" auf „natürliche Ressourcen" Bezug genommen, was der dt Abkommenspolitik der jüngeren Zeit entspricht.[392] **213**

386 *Debatin/Wassermeyer* Art 5 MA Rn 254.
387 Tz 41.1 MK zu Art 5; *Vogel/Lehner* Art 5 Rn 171.
388 Tz 42 MK zu Art 5.
389 Tz 30 MK zu Vor Art 1.
390 Tz 31 MK zu Vor Art 1.
391 Tz 45.9 MK zu Art 5.
392 Zur (mE theoretischen) Frage, ob dies im Hinblick auf die Nutzung von Wind- und Sonnenenergie mit der Definition des Hoheitsgebiets in Art 3 Abs 2 a kontrastiert, vgl *Lüdicke* IStR-Beihefter zu Heft 10/2013, S 28.

214 **2. Wichtigste Abweichungen.** Die **allgemeine Betriebsstättendefinition** des Art 5 Abs 1 MA ist **nahezu wortgleich in sämtlichen dt DBA** enthalten (meist ebenfalls Art 5). Praktisch bedeutsame und insb inhaltliche Abweichungen gibt es im Grundsatz nicht. Art 5 Abs 1 DBA Ecuador und Italien lediglich beziehen sich auf eine Geschäftseinrichtung, „in der" eine Tätigkeit ausgeübt wird, ohne dass damit gg dem MA („durch die" eine Tätigkeit ausgeübt wird) eine sachliche Änderung verbunden wäre. Art 5 Abs 1 (iVm Prot Nr 3) DBA USA enthält ferner eine **Sonderregelung für Konzerte, Theater und sonstige künstlerischen Veranstaltungen**.

215 Die **besonderen Betriebsstättendefinitionen** des Art 5 Abs 2 MA (Positivkatalog) sind wortgleich in die DBA mit Belgien, Bulgarien, China, Dänemark, Estland, Finnland (jeweils Art 5 Abs 2), Frankreich (Art 2 Abs 1), Georgien (Art 5 Abs 2), Griechenland (Art 2 Abs 1), Großbritannien (Art 5 Abs 2), Irland (Art 5 Abs 1), Italien (Art 5 Abs 2), Japan (Art 5 Abs 2), Kroatien (Art 5 Abs 2), Lettland (Art 5 Abs 2), Litauen (Art 5 Abs 2), Luxemburg (Art 2 Abs 1), Niederland (Art 2 Abs 1), Norwegen (Art 5 Abs 2), Österreich (Art 5 Abs 2), Portugal (Art 5 Abs 2), Rumänien (Art 5 Abs 2), Schweden (Art 5 Abs 2), Schweiz (Art 5 Abs 2), Slowenien (Art 5 Abs 2), Spanien (Art 5 Abs 2), Tschechien (Art 5 Abs 2), Tschechoslowakei (Art 5 Abs 2), Ungarn (Art 5 Abs 2), USA (Art 5 Abs 2) und Zypern (Art 5 Abs 2) aufgenommen worden (Ausnahme DBA UdSSR: keine Aufzählung einzelner Betriebsstätten).

216 Die gelegentlichen Abweichungen von **Art 5 Abs 2 MA** sind einerseits inhaltlicher Art, indem der **Betriebsstättenkatalog erweitert** wird. Art 5 Abs 2 DBA Ägypten bspw erfasst auch ständige Verkaufsausstellungen, Farmen und Plantagen als Betriebsstätten, Art 5 Abs 2 DBA Iran und Marokko beziehen sich auch auf Verkaufsstätten und Art 5 Abs 2 DBA Uruguay etwa bezieht auch Verwaltungsbüros und land- und viehwirtschaftliche Betriebe in die Betriebsstättendefinition mit ein. Andererseits kann der Betriebsstättenkatalog auch **eingeschränkt** werden, wie bspw im DBA Island oder im DBA Pakistan (jeweils Art 5 Abs 2: ohne Öl- und Gasvorkommen). Andererseits werden insb in jüngeren DBA bestehende und lange eingeführte Begriffe wie „Bodenschätze" durch **neue Ausdrücke** ersetzt (hier im Bsp: Stätte der Ausbeutung natürlicher Ressourcen), was eher einer besseren Übersetzung des englischen Originalwortlauts des MA als einer tatsächlich inhaltlichen Änderung geschuldet zu sein scheint (vgl etwa die DBA mit Georgien, Malta, Polen, Singapur und der Ukraine).

217 Die Abweichungen in den dt DBA bei **Bauausführungs- und Montagebetriebsstätten** (Art 5 Abs 3 MA) erschöpfen sich in der Hauptsache in der Festlegung der Frist, ab deren Überschreitung eine solche Betriebsstätte anzunehmen ist. Diese Frist beträgt **12 Monate** nach den DBA mit Dänemark (Art 5 Abs 3), Finnland (Art 5 Abs 2), Frankreich (Art 2 Abs 1), Griechenland (Art 2 Abs 1), Großbritannien (Art 2Abs 1), Irland (Art 5 Abs 1), Island (Art 5 Abs 2), Italien (Art 5 Abs 2), Japan (Art 5 Abs 2), Jugoslawien (Art 5 Abs 3), Kanada (Art 5 Abs 3), Kroatien (Art 5 Abs 3), Niederlande (Art 2 Abs 1), Norwegen (Art 5 Abs 3; Prot Nr 1), Österreich (Art 5 Abs 3), Polen (Art 5 Abs 3), Rumänien (Art 5 Abs 3), Schweden (Art 5 Abs 3), Schweiz (Art 5 Abs 2), Slowenien (Art 5 Abs 3), Spanien (Art 5 Abs 3), Slowakei (Art 5 Abs 2), Tschechien (Art 5 Abs 3), Ukraine (Art 5 Abs 3), Ungarn (Art 5 Abs 3), USA (Art 5 Abs 3) und Zypern (Art 5 Abs 3).

Die Frist für Bauausführungs- und Montagebetriebsstätten beträgt ferner **9 Monate** nach den DBA mit Belgien (Art 5 Abs 2; Schlussprot Nr 2; Verlängerung auf 12 Monate bei bestimmten Voraussetzungen möglich), Bulgarien (Art 5 Abs 3), Estland (Art 5 Abs 3), Lettland (Art 5 Abs 3), Litauen (Art 5 Abs 3), Malta (Art 5 Abs 3) und **6 Monate** nach den DBA mit Australien (Art 5 Abs 2), China (Art 5 Abs 3), Georgien (Art 5 Abs 3), Indien (Art 5 Abs 2), Luxemburg (Art 2 Abs 1), Portugal (Art 5 Abs 3), Singapur (Art 5 Abs 3) und Türkei (Art 5 Abs 3). Eine Frist von 3 Monaten findet sich für andere als Montagebetriebsstätten nur in Art 5 Abs 3 DBA Thailand. Daneben werden die oben in Rn 105 genannten **Überwachungstätigkeiten** (bzw Aufsichtstätigkeiten) in den DBA mit Australien, Estland, Indien, Lettland, Litauen und der Türkei ausdrücklich in den Anwendungsbereich einbezogen. Einen Sonderfall stellt das DBA Tunesien dar. Eine Betriebsstätte liegt nach Art 5 Abs 2 Buchstabe g des DBA auch dann vor, wenn die Kosten der Montage oder Aufsicht 10 % des Preises der Maschinen und Ausrüstungen übersteigen, die im Zusammenhang mit der Baustelle geliefert werden. 218

Nach Art 5 Abs 3 DBA mit der Türkei umfasst der Begriff der Betriebsstätte auch Dienstleistungen, einschließlich Beratungsleistungen, die ein Unternehmen durch Angestellte oder anderes für diesen Zweck verpflichtetes Personal erbringt, wenn diese Tätigkeiten in einem Vertragsstaat innerhalb eines Zeitraums von zwölf Monaten für eine Dauer von insgesamt mehr als 6 Monaten (für ein- und dasselbe Vorhaben oder ein damit zusammenhängendes Vorhaben) verrichtet werden. Damit enthält dieses Abkommen eine explizite Regelung der sog **Dienstleistungsbetriebsstätte** (s Rn 51 ff). 219

Das DBA mit Bulgarien betrachtet nach Art 5 Abs 3 auch eine zur **Erforschung natürlicher Ressourcen** genutzte Anlage oder Konstruktion, eine zu diesem Zweck genutzte Bohrinsel oder ein zu diesem Zweck genutztes Bohrschiff als Betriebsstätte, wenn deren Nutzung 9 Monate überschreitet. 220

Abweichungen vom Negativkatalog des Art 5 Abs 4 MA sind in den dt DBA entweder nicht vorhanden oder nur geringfügig ausgefallen. Wortgleich mit dem MA sind die DBA mit China (Art 5 Abs 4), Dänemark (Art 5 Abs 4), Estland (Art 5 Abs 4), Georgien (Art 5 Abs 4), Großbritannien (Art 5 Abs 4), Indien (Art 5 Abs 4), Irland (Art 5 Abs 4), Kanada (Art 5 Abs 5), Kroatien (Art 5 Abs 4), Lettland (Art 5 Abs 4), Litauen (Art 5 Abs 4), Malta (Art 5 Abs 4), Norwegen (Art 5 Abs 4), Österreich (Art 5 Abs 4), Polen (Art 5 Abs 4), Portugal (Art 5 Abs 4), Schweden (Art 5 Abs 4), Singapur (Art 5 Abs 4), Slowenien (Art 5 Abs 4), Spanien (Art 5 Abs 4), Slowakei (Art 5 Abs 4), Tschechien (Art 5 Abs 4), Ukraine (Art 5 Abs 4), Ungarn (Art 5 Abs 4), den USA (Art 5 Abs 4) und Zypern (Art 5 Abs 4). 221

Ebenfalls wortgleich mit dem MA, jedoch mit der zusätzlichen **Einschränkung**, dass eine **Regelung über das Zusammentreffen von ausgenommenen Tätigkeiten** (kumulierte Tätigkeiten, vgl dazu Rn 144 ff) fehlt, sind die DBA mit Australien (Art 5 Abs 3), Belgien (Art 5 Abs 3), Finnland (Art 5 Abs 3), Frankreich (Art 2 Abs 1), Griechenland (Art 2 Abs 1), Island (Art 5 Abs 3), Italien (Art 5 Abs 4), Japan (Art 5 Abs 3), Luxemburg (Art 2 Abs 1), Niederlande (Art 2 Abs 2), Schweiz (Art 5 Abs 3), Slowakei (Art 5 Abs 3) und Tschechien (Art 5 Abs 3). Selten sind **Erweiterungen des Negativkatalogs**, wie zB in Art 5 Abs 4 DBA Rumänien (Verkauf von Aus- 222 stellungsstücken), bzw **Einschränkungen des Negativkatalogs**, wie zB in Art 5 Abs 4 DBA Indonesien oder Art 5 Abs 3 DBA Pakistan (ohne Einrichtung zur Warenauslieferung).

223 Die **Vertreterbetriebsstätte des Art 5 Abs 5 MA** hat in den dt DBA die folgenden Abweichungen erfahren: **Wortgleich mit dem MA** sind zunächst die Abk mit Bulgarien, China, Dänemark, Finnland, Georgien, Griechenland, Großbritannien, Irland, Island, Italien, Japan, Kanada, Kroatien, Lettland, Litauen, Malta, Niederlande, Norwegen, Österreich, Polen, Portugal, Schweden, Schweiz, Singapur, Slowenien, Slowakei, Spanien, Tschechien, Türkei, Ungarn und Zypern. Die übrigen Abkommen sind zwar ebenfalls wortgleich mit dem MA, enthalten aber demgegenüber entweder **Sonderregelungen für bestimmte Branchen** (zB für Versicherungen, vgl DBA Belgien, Frankreich, Luxemburg, Rumänien oder USA) oder erweitern den Anwendungsbereich auf **Personen, die bspw über Warenlager oder -bestände verfügen** können (zB DBA Indien, Thailand oder Ukraine).

224 Hinsichtlich der **unabhängigen Vertreter des Art 5 Abs 6 MA** enthalten die DBA mit Australien (Art 5 Abs 5), Belgien (Art 5 Abs 5), Bulgarien, China, Dänemark (jeweils Art 5 Abs 6), Finnland (Art 5 Abs 5), Frankreich (Art 2 Abs 1), Georgien (Art 5 Abs 6), Griechenland, Großbritannien, Irland (jeweils Art 2 Abs 1), Island, Japan (jeweils Art 5 Abs 5), Jugoslawien, Kroatien, Lettland, Litauen (jeweils Art 5 Abs 6), Luxemburg (Art 2 Abs 1), Malta (Art 5 Abs 6), Niederlande (Art 2 Abs 1), Norwegen, Österreich, Polen, Portugal (jeweils Art 5 Abs 6), Rumänien (Art 5 Abs 7), Schweden (Art 5 Abs 6), Schweiz (Art 5 Abs 5), Singapur, Slowenien, Spanien (jeweils Art 5 Abs 6), Slowakei (Art 5 Abs 5), Tschechien, Ungarn, USA und Zypern (jeweils Art 5 Abs 6) **wortgleiche Regelungen**.

225 Die übrigen DBA sind zwar **ebenfalls wortgleich** mit dem MA, enthalten aber demgegenüber **Sonderregelungen** für unabhängige Vertreter, die ausschließlich oder fast ausschließlich für ein Unternehmen tätig sind (etwa DBA Estland, Indonesien, Lettland, Litauen) oder für den Fall, dass Vereinbarungen nicht dem **Fremdvergleichsgrundsatz** entsprechen (dann liegt ggf eine Betriebsstätte nach der dem Art 5 Abs 5 MA entspr Regelung vor, vgl etwa DBA Estland, Indien, Lettland). In Art 5 Abs 5 DBA Belgien ist ferner eine Sonderregelung für Versicherungsvertreter und in Art 5 Abs 6 DBA Mexiko für Versicherungsunternehmen anzutreffen.

226 Die **Anti-Organ-Klausel** des Art 5 Abs 7 MA ist **in sämtlichen dt Abkommen wort- und inhaltsgleich** enthalten. In den DBA mit Belgien finden sich inhaltlich irrelevante Abweichungen im Wortlaut bzw die dort getroffenen Abweichungen sind nur von deklaratorischer Bedeutung.

Art. 6 Einkünfte aus unbeweglichem Vermögen

(1) Einkünfte, die eine in einem Vertragsstaat ansässige Person aus unbeweglichem Vermögen (einschließlich der Einkünfte aus land- und forstwirtschaftlichen Betrieben) bezieht, das im anderen Vertragsstaat liegt, können[1] im anderen Staat besteuert werden.

(2) Der Ausdruck „unbewegliches Vermögen" hat die Bedeutung, die ihm nach dem Recht des Vertragsstaats zukommt, in dem das Vermögen liegt. Der Ausdruck umfasst in jedem Fall das Zubehör[2] zum unbeweglichen Vermögen, das lebende und tote Inventar land- und forstwirtschaftlicher Betriebe, die Rechte, für die die Vorschriften des Privatrechts über Grundstücke gelten, Nutzungsrechte an unbeweglichem Vermögen sowie Rechte auf veränderliche oder feste Vergütungen für die Ausbeutung oder das Recht auf Ausbeutung von Mineralvorkommen, Quellen und anderen Bodenschätzen; Schiffe und Luftfahrzeuge gelten nicht als unbewegliches Vermögen.

(3) Absatz 1 gilt für die Einkünfte aus der unmittelbaren Nutzung, der Vermietung oder Verpachtung sowie jeder anderen Art der Nutzung unbeweglichen Vermögens.

(4) Die Absätze 1 und 3 gelten auch für Einkünfte aus unbeweglichem Vermögen eines Unternehmens.

FinMin NRW v 6.6.1977, Stb 1977, 194; *BMF* 25.7.1983 IV C 6-S 1301 Schz-34/83; *BMF* v 24.9.1999, IV D 3 – S 1301 Ung – 5/99, IStR 2000, 627; *BMF* v 2.5.2006 – IV C 1 S 1980 – 1 – 87/05, BStBl I 2005, 28; *OFD Berlin* v 3.2.2000, EStG-Kartei, DBA Allgemeines, Nr 1002, RIW 2000, 885; *OFD Münster* 23.8.2005 S 1315 – 42 – St 14 – 32; Gleichlautende Ländererlasse der obersten Finanzbehörden der Länder betr Abgrenzung des Grundvermögens von den Betriebsvorrichtungen v 15.3.2006, BStBl I 2006, 314.

Übersicht

1 Österreich: Statt „können" oder „kann" die Worte „dürfen" oder „darf".
2 Schweiz: Statt „das Zubehör" die Worte „die Zugehör".

Literatur: *Airs* Deutsche Investitionen in britische Immobilien, IStR 1993, 160; *Bahns/Sommer* Neues DBA mit Großbritannien in Kraft getreten – ein Überblick, IStR 2011, 201; *Böhl/Schmidt-Naschke/Böttcher* Besteuerung von Vermietungseinkünften bei Direktinvestitionen in Deutschland, IStR 2008, 651; *Bühring* Das Besteuerungsrecht für hypothekarisch gesicherte Forderungen im Verhältnis Deutschland-Schweiz, BB 1956, 682; *Büttgen/Kaiser/Raible* Praxishinweise zum neuen DBA mit Großbritannien, BB 2011, 862; *Cloer* Die Immobilien im Abkommensrecht, Teil 1 und 2, PIStB 2005, 315 und PIStB 2006, 10; *ders* Einkünfte aus Immobilienbesitz im polnischen Ertragsteuerrecht im Lichte des Doppelbesteuerungsrechts, IStR 2004, 853; *Debatin* Die Land und Forstwirtschaft im Spiegel des Internationalen Steuerrechts, DB 1988, 1285; *Dürrschmidt/Elser* Die deutsche Immobilien-GmbH mit Geschäftsleitung im Ausland – Gesellschaftsrechtliche Grundlagen und ausgewählte steuerrechtliche Fragen, IStR 2010, 79; *Erichsen* Einkünfte aus Vermietung und Verpachtung bei Progressionsvorbehalt im Netzwerk bilateraler Doppelbesteuerungsverträge, DB 1979, 515; *Fischer/Töben* Die Besteuerung deutscher Großbesitzinvestitionen in den USA, DStR 1982, 3; *Griemla/Scholten* Doppelbesteuerung, Gewinn, Unbewegliches Vermögen; LSK 2008, 390459; *Holthaus* Ausländische Einkünfte aus unbeweglichem Vermögen und deren Veräußerung nach dem DBA, Streitfall Spanien, IStR 2011, 385; *Hruschka* Das BMF-Schreiben zur Anwendung der Doppelbesteuerungsabkommen (DBA) auf Personengesellschaften vom 16.4.2010, DStR 2010, 1357; *Letzgus/Berroth* Das neue Doppelbesteuerungsabkommen mit den Vereinigten Arabischen Emiraten, IStR 2010, 614; *Mössner* Besteuerung der Einkünfte aus Land- und Forstwirtschaft nach dem DBA Spanien, IWB F5, Spanien Gr 2, 53; *Niehaves/Beil* Das neue DBA Deutschland Liechtenstein, DStR 2012, 209; *Plewka/Beck* Qualifikation als Immobiliengesellschaft nach dem Recht der Doppelbesteuerungsabkommen, IStR 2007, 125; *Reimer* Seminar I: Unbewegliches Vermögen und DBA, IStR 2011, 677; *Ronge* Behandlung von Entnahmegewinnen aus Anteilen einer US-Immobilien-Partnership nach DBA-USA, IStR 2003, 304; *Schmidt/Dendorfer* Beteiligungen an US-amerikanischen Immobilienfonds, IStR 2000, 46; *Scholten/Griemla* Abkommensrechtliche Zuordnung von Gewinnen aus der Veräußerung von unbeweglichem Vermögen bei Fehlen einer Art 13 OECD-MA entsprechenden Spezialvorschrift, IStR 2008; 661; *Woltmann* Einkommensteuerliche Sonderfragen des land- und forstwirtschaftlichen Betriebserwerbes im Ausland, DB 1969, 765.

A. Allgemeines

I. Bedeutung der Vorschrift

1 Art 6 weist als Grundgedanke dem Belegenheitsstaat das nicht ausschließliche Besteuerungsrecht für die Einkünfte aus unbeweglichem Vermögen zu. Die Zuweisung des Besteuerungsrechts erfolgt vermögens- und tätigkeitsbezogen ohne die Berücksichtigung von persönlichen Merkmalen der Einkunftserzielung. Damit hat der Belegenheitsstaat das wichtigste aufrechterhaltende Quellensteuerrecht.[3] Die Zuweisung des Besteuerungsrechts liegt darin begründet, dass stets eine sehr enge ökonomische Verbindung zwischen der Quelle dieser Einkünfte und dem Quellenstaat begründet.[4] Darüber hinaus ist die Zuordnung der Einkommensquelle zwischen den Vertragsstaaten offenkundig.[5] Verstärkt wird die Bedeutung der Verbundenheit des unbeweglichen Vermögens mit dem Belegenheitsstaat durch den Vorrang des Art 6 vor den Unternehmensgewinnen des Art 7.

3 *Jacobs* S 64.

4 Tz 1 MK zu Art 6.

5 *Vogel/Lehner* Art 6 MA Rn 6.

Ob und in welchem Umfang eine Besteuerung durch den Belegenheitsstaat durchgeführt wird, ist nicht im Abk geregelt, sondern bestimmt sich allein nach den nationalen Regelungen, ohne durch das Abk beschränkt zu sein.[6] Auch die Vorrangigkeit der Einkünfte aus unbeweglichem Vermögen vor den Unternehmensgewinnen stellt kein Präjudiz für die Art der Besteuerung durch den Belegenheitsstaat dar.[7] Die konkreten Besteuerungsfolgen ergeben sich erst aus den innerstaatlichen Regelungen zur Besteuerung im Belegenheitsstaat und der Rechtsfolgen im Wohnsitzstaat unter Berücksichtigung der Regelungen zur Vermeidung der Dbest nach den Art 23A und Art 23B des Abk. 2

Art 6 hat vom MA 1963 über das von **1977, 1992, 2000, 2005** bis hin zu dem jüngst am 17.7.2008 beschlossenen MA einige Änderungen und Entwicklungen erfahren. Die wesentlichen Änderungen wurden bereits im MA 1977 aufgenommen. Darin wurde in Abs 1 klargestellt, dass das unbewegliche Vermögen „im anderen Vertragsstaat" belegen sein muss. Des Weiteren wurde zu dem Zeitpunkt auch der Klammerzusatz aufgenommen, der die Land- und Forstwirtschaft mit einbezieht. Die neueste Änderung besteht ausschließlich in der Kommentierung des MK zu Art 6 des MA 2008, in dem der REIT speziell kommentiert wurde. 3

II. Verhältnis zu anderen Vorschriften

Im dritten Abschn des MA („Besteuerung des Einkommens") sind die Verteilungsnormen in den Art 6–21 für die verschiedenen Einkunftsarten geregelt. Die Definition der Einkunftsarten ist nicht identisch mit dem dt Steuerrecht und erfolgt in den jeweiligen Art selbst. 4

1. Abgrenzung zu Art 7. Die Vorrangigkeit des Art 6 vor Art 7 ist in Art 6 Abs 4 explizit geregelt für die Einkünfte aus dem unbeweglichen Vermögen eines Unternehmens. Danach sind die Einkünfte auch dann Art 6 zuzurechnen, wenn das unbewegliche Vermögen im Rahmen eines Unternehmens genutzt wird. 5

Die Abgrenzung der Unternehmensgewinne von den Einkünften aus unbeweglichem Vermögen ist in der Praxis häufig iE ohne Bedeutung, wenn im Belegenheitsstaat Unternehmensgewinne iSd Art 7 durch eine dort belegene Betriebsstätte iSd Art 5 erzielt werden, da auch in diesem Fall der Belegenheitsstaat das uneingeschränkte Quellensteuerrecht hat. Bedeutung gewinnt das Vorrangverhältnis jedoch dann, wenn sich aus den Zuordnungsnormen unterschiedliche Folgen im Methodenartikel ergeben. So ist in den dt Abk die Freistellung gem Art 23A für Einkünfte aus unbeweglichem Vermögen regelmäßig an keine weiteren Bedingungen geknüpft, während für Unternehmensgewinne bisweilen Aktivitätsvorbehalte oder subject-to-tax-Klauseln den Grundsatz der Freistellung einschränken. 6

Das Besteuerungsrecht des Quellenstaates soll nach dem MK dem Besteuerungsrecht des anderen Staates auch dann vorgehen, wenn iF eines Unternehmens die Einkünfte nur mittelbar aus unbeweglichem Vermögen herrühren.[8] Dadurch soll nicht verhindert werden, dass Einkünfte aus unbeweglichem Vermögen als solche aus Unternehmensgewinnen besteuert werden, wenn sie durch eine Betriebsstätte erzielt werden; es 7

6 Tz 4 MK zu Art 6.
7 Tz 4 MK zu Art 6.
8 Tz 4 MK zu Art 6.

soll jedoch sichergestellt werden, dass auch ohne Vorliegen einer Betriebsstätte diese Einkünfte im Belegenheitsstaat besteuert werden können, wenn in diesem Staat keine Betriebsstätte unterhalten wird.[9] Soweit das unbewegliche Vermögen im Belegenheitsstaat keine Betriebsstätte iSd Art 5 begründet, wird durch Abs 4 gewährleistet, dass die Einkünfte aus diesem Vermögen nicht der Betriebsstätte im Ansässigkeitsstaat oder einem Drittstaat zugerechnet werden. Der Vorrang des Belegenheitsprinzips vor dem Betriebsstättenprinzip gilt indes nur unter den Voraussetzungen des Abs 1,[10] dh nur insoweit wie das unbewegliche Vermögen nicht im Ansässigkeitsstaat belegen ist.[11]

8 Soweit das unbewegliche Vermögen im Rahmen eines Unternehmens direkt zur Einkünfteerzielung eingesetzt wird, zB durch Vermietung, ist die Abgrenzung des Besteuerungsrechtes für den Belegenheitsstaat weitgehend unproblematisch. Schwieriger wird die Abgrenzung dann, wenn das unbewegliche Vermögen nur mittelbar der unternehmerischen Tätigkeit dient, zB durch Selbstnutzung durch das Unternehmen, ohne dass die Schwelle zur Betriebsstätte überschritten wird (zB als Auslieferungslager iSd Art 5 Abs 4 Buchstabe b. Die Mittelbarkeit der Einkunftserzielung ist jedoch nicht soweit auszulegen, dass die Gewinne eines Unternehmens, welches unbewegliches Vermögen im Eigentum hat, auf die verschiedenen Produktionsfaktoren (Grundvermögen, Kapital, Personal, etc) aufzuteilen sind, wenn das Unternehmen keine Einkünfte aus der direkten Nutzung des unbeweglichen Vermögens erzielt, sondern das unbewegliche Vermögen der unternehmerischen Einkünfteerzielung durch Eigennutzung als Hilfsmittel dient.[12]

9 Die abkommensrechtliche Einkünftequalifikation und somit die Abgrenzung zu Art 7 wird auch relevant, wenn die Einkünfte durch eine Personengesellschaft erzielt werden. Hierbei ist zu beachten, dass sich eine Einordnung für die abkommensrechtliche Beurteilung nicht bereits aus der nationalen Einordnung der Einkünfte ergibt, auch wenn Deutschland als Anwenderstaat berechtigt ist, gem Art 3 Abs 2 MA auf § 15 EStG zurückzugreifen. Nach Ansicht des BFH[13] fallen Einkünfte einer Personengesellschaft aus einer vermögensverwaltenden Tätigkeit, die lediglich auf Grund der Rechtsform gewerblich geprägt ist, nicht den Unternehmensgewinnen im abkommensrechtlichen Sinn. Anders hingegen die Ansicht der Finanzverwaltung im BMF-Schreiben: Danach gilt somit für den Fall, dass Deutschland Anwenderstaat des DBA ist, dass eine gewerblich geprägte Personengesellschaft Unternehmensgewinne iSd Art 7 MA erzielt. Dagegen spricht nach Ansicht der Finanzverwaltung auch Art 7 Abs 7 MA nicht, der ausdrücklich den Vorrang der übrigen Verteilungsnormen vor Art 7 MA anordnet, da ihrer Ansicht nach hierdurch nur das Besteuerungsrecht des Quellenstaates für zB Zinseinkünfte sichergestellt werden soll.[14]

10 Für vermögensverwaltende, nicht aber gewerblich geprägte oder gewerblich infizierte Personengesellschaften gilt nach dem BMF-Schreiben v 16.4.2010 zur Anwendung der

9 Tz 4 MK zu Art 6.
10 *S/K/K* Art 6 MA Rn 105.
11 Illustratives Bsp bei *Debatin/Wassermeyer* Art 6 MA Rn 101.
12 *Debatin/Wassermeyer* Art 6 MA Rn 106.
13 *BFH* v 28.4.2010, I R 218/09, DStR 2010 Tz 23; Nachweis bei *Hruschka* DStR 2010, 1357.
14 *Hruschka* DStR 2010, 1357.

Doppelbesteuerungsabkommen auf Personengesellschaften,[15] dass es mangels einer Unternehmenstätigkeit nicht zur Anwendung des Art 7 MA kommt.

Der MK stellt es den Vertragspartnern frei, die Einkünfte aus **land- und forstwirtschaftlichen Betrieben** alternativ den Einkünften aus unbeweglichem Vermögen oder den Unternehmensgewinnen iSd Art 7 zuzuordnen.[16] Eine Reihe der Staaten behandeln die Einkünfte aus Land- und Forstwirtschaft nach innerstaatlichem Steuerrecht wie Einkünfte aus Gewerbebetrieb. Die Gleichstellung auf Abkommensebene gilt aber nur dann, wenn sich dies ausdrücklich im Abkommenstext widerspiegelt (zB DBA Australien, Ecuador, Malaysia, Pakistan, Philippinen, Singapur und Uruguay). **11**

IdR steht bei der **Land- und Forstwirtschaft** die Nutzung von Grund und Boden im Vordergrund. Die Anwendbarkeit des Art 6 auf die Land- und Forstwirtschaft war aber nicht von Beginn an gesichert. Erst durch das MA 1977 wurde mit dem Klammerzusatz in Abs 1 klargestellt, dass auch die land- und forstwirtschaftlichen Betriebe vom Anwendungsbereich umfasst sind. Darin soll aber keine Abänderung des zuvor geltenden MA von 1963 zu sehen sein, sondern vielmehr soll es sich nur um eine Klarstellung handeln, da ansonsten auch die Erwähnung des land- und forstwirtschaftlichen Inventars in Abs 2 S 2 leer liefe.[17] Abweichendes gilt allerdings für die DBA, die dem MA von 1963 folgen und das land- und forstwirtschaftliche Inventar in Abs 2 S 2 gerade nicht erwähnen (so Australien, Ecuador, Malaysia, Pakistan, Philippinen, Singapur und Uruguay). Hier muss im Einzelfall geprüft werden, unter welchen Voraussetzungen den land- und forstwirtschaftlichen Betrieben eine betriebsstättenbegründende Wirkung zugesprochen wird. **12**

Aufgrund der Weiterentwicklungen und Modernisierungen der **land- und forstwirtschaftlichen Betriebe** erhält die Abgrenzung zu dem Unternehmen iSd Art 7 eine bes Relevanz. Die Abgrenzung erfolgt nach der Systematik des MA und den Vorgaben des Kommentars zum MA. Der wesentliche Unterschied zwischen den beiden Einkunftsarten kann ausschließlich an dem Bezug zum Grund und Boden festgemacht werden. Damit zeichnet sich die Land- und Forstwirtschaft unter Art 6 im Gegensatz zu Unternehmen iSd Art 7 durch ihren Bodenbezug aus. Solange diese im Vordergrund steht, verdrängt Art 6 für die Land- und Forstwirtschaft den Art 7. **13**

Die Vorrangigkeit des Abs 4 gilt jedoch auch für die Einkünfte aus **Land- und Forstwirtschaft**. Dies bedeutet, dass Art 6 auch dann auf die Unternehmensgewinne anwendbar bleibt, die einen direkten Bodenbezug ausweisen, wenn das jeweilige Abk eine dem Art 6 Abs 4 entspr Vorschrift enthält (wie die aus der Verpachtung von Wäldern oder Feldern, Anbau von Holz, Obst, Getreide). **14**

IE sollte sich eine unterschiedliche Wirkung der Zuordnung dieser Gewinne daher nur in Einzelfällen ergeben.[18] **15**

2. Abgrenzung zu Art 8. Für Einkünfte, die mit Betrieb von Schiffen oder Luftfahrzeugen erzielt werden, gilt vorrangig Art 8 als lex specialis zu Art 6.[19] Aufgrund der Negativabgrenzung in Abs 2 S 2 rechnen aber auch solche Einkünfte, die nicht aus **16**

---

15 IV B 2 – s 1300/09/10003.
16 Tz 1 MK zu Art 6.
17 *Vogel/Lehner* Art 6 MA Rn 35 mit Verweis auf *BFH/NV* 1992, 104.
18 *S/K/K* Art 6 MA Rn 11.
19 *Vogel/Lehner* Art 6 MA Rn 114.

dem Betrieb von Schiffen und Luftfahrzeugen erzielt werden (insb aus Bareboat Charter bei Schiffen bzw Dry Lease, Finance Lease bei Flugzeugen) nie zu den Einkünften aus unbeweglichem Vermögen;[20] auch dann nicht, wenn sie nach nationalen Bestimmungen[21] als solches definiert werden sollten.

17 **3. Abgrenzung zu Art 10.** Grds ist Art 10 vorrangig vor Art 6 anzuwenden.[22] Einzelne Länder behalten sich vor, auch Gewinne aus Aktien bestimmter Grundstücks-Ges nach nationalen Vorschriften wie Einkünfte aus unbeweglichem Vermögen zu besteuern.[23] Auch in diesen Fällen gilt idR der Vorrang der Anwendung des Art 10, da Art 10 Abs 3 eine eigene Dividendendefinition hat, die aufgrund des lex specialis Charakters Vorrang vor Art 6 Abs 2 hat.[24] Eine vorrangige Anwendung des Art 6 vor Art 10 kann sich jedoch aus der jeweiligen maßgeblichen nationalen Definition des unbeweglichen Vermögens oder der Definition der Einkünfte aus Aktien nicht gleichgestellter Gesellschaftsanteile ergeben. Bei diesen „sonstigen Gesellschaftsanteilen" ist für die Beurteilung der Vorrangigkeit auf die Behandlung der Einkünfte nach dem nationalen Recht des Ansässigkeitsstaates der Ges abzustellen.[25] Aus dt Sicht sind Ausschüttungen aus inländischen Immobilien-Sondervermögen iSd § 15 Abs 2 InvStG nicht als Einkünfte aus Kapitalvermögen, sondern als Einkünfte aus Vermietung und Verpachtung zu qualifizieren.[26] Damit ist für diese Ausschüttungen Art 6 vorrangig vor Art 10 anzuwenden mit der Folge, dass Deutschland kein Quellensteuerrecht zusteht.

18 Die Kommentierung des MK zum MK 2008, die am 17.7.2008 verabschiedet wurde, enthält nun erstmals einen Hinweis auf Ausschüttungen aus **REIT**. Die Kommentierung wurde bei Art 10[27] eingefügt. Die Kommentierung zu Art 6[28] wurde der Verweis auf die Fundstelle aufgenommen. Die Kommentierung unterscheidet zwischen kleinen Investitionen, bei denen der Anteilseigner des REIT keinen Einfluss auf das Immobilienvermögen hat und keine direkte Beziehung dazu. Angesichts der Tatsache, dass auf Ebene des REIT keine Besteuerung stattfindet und die Ausschüttungen somit aus unversteuerten Einnahmen erfolgen, erscheint es deshalb angemessen, dass der Anleger nicht so behandelt wird, als ob er direkt in das Immobilienvermögen investiert. Vielmehr soll er so gestellt werden als ob er eine Portfoliodividende erhält. Im Gegensatz dazu besteht beim Anteilsinhaber einer großen Investition grds die Möglichkeit, dass er größeren Einfluss auf die Immobilieninvestition des REIT hat. So kann seine Investition uU als Investition in das Immobilienvermögen direkt angesehen werden. Aber auch in diesem Fall kommt nicht Art 6 zur Anwendung, sondern die Kommentierung stellt Lösungen zur Besteuerung der Dividenden im Quellenstaat nach Art 10 dar (s Art 10 Rn 54).

---

20 Tz 2 MK zu Art 6; *Debatin/Wassermeyer* Art 6 MA Rn 82.
21 In Deutschland zB in § 21 Abs 1 Nr 1 EStG.
22 *S/K/K* Art 6 MA Rn 15.
23 ZB Finnland, vgl Tz 5 MK zu Art 6, und Frankreich, vgl Tz 6 MK zu Art 6.
24 *Debatin/Wassermeyer* Art 6 MA Rn 22.
25 *Debatin/Wassermeyer* Art 6 MA Rn 22.
26 *BMF* BStBl I 2005, 728, Rn 257, für ausl Spezial-Sondervermögen mit Immobilien erfolgt keine Umqualifizierung (Rn 272).
27 Tz 67.1–67.7 MK zu Art 10.
28 Tz 3 MK zu Art 6.

4. Abgrenzung zu Art 11. Zinsen sind auch dann unter Art 11 zu subsumieren, wenn es sich um grundpfandrechtlich gesicherte Forderungen handelt (Art 11 Abs 3).[29] 19

Zwischenzeitlich war in der dt Abkommensauslegung umstritten, ob dem unbeweglichen Vermögen insoweit eine gewisse Attraktivkraft zukommt, wie Zinsen aus Quellen erwirtschaftet werden, die eine bes enge Verbindung mit dem unbeweglichen Vermögen haben, wie zB die Zinsen aus einer Instandhaltungsrücklage oder Verzinsung von Mietkautionen. Mittlerweile wird jedoch wohl einheitlich der lex-specialis-Charakter des Art 11 bestätigt und eine Zurechnung von Zinseinkünften zu den Einkünften aus unbeweglichem Vermögen abgelehnt.[30] 20

5. Abgrenzung zu Art 12. Das Besteuerungsrecht für Nutzungs- und Lizenzgebühren ist grds nach Art 12 zu beurteilen. Eine Ausnahme bilden nur feste oder variable Vergütungen für Ausbeutungsrechte von unbeweglichem Vermögen (Bodenschätze aller Art),[31] die – wie die Einkünfte aus der Ausbeutung selbst – als Einkünfte aus unbeweglichem Vermögen behandelt werden. 21

6. Abgrenzung zu Art 13. Das Besteuerungsrecht für die Einkünfte aus der Veräußerung von unbeweglichem Vermögen richtet sich vorrangig nach Art 13 Abs 1 und ist dem Belegenheitsstaat zuzuordnen. Dabei setzt die Anwendung des Art 13 jedoch nicht voraus, dass zuvor mit dem unbeweglichen Vermögen Einkünfte iSd Art 6 erzielt wurden,[32] da in Art 13 Abs 1 nur auf die Definition des unbeweglichen Vermögens verwiesen wird, nicht jedoch auf die Einkünfteerzielung. Fehlt eine dem Art 13 Abs 1 entspr Regelung im jeweiligen Abk, ist strittig, ob die Veräußerungsgewinne unter den Auffangtatbestand des Art 21 als sonstige Einkünfte zu qualifizieren sind oder als eine Art der Nutzung unter Art 6 fallen.[33] Bei einer Einordnung als sonstige Einkünfte wäre das Besteuerungsrecht des Belegenheitsstaates ausgeschlossen. Die Veräußerung von unbeweglichem Vermögen ist in Art 6 nicht gesondert erwähnt, kommt aber aufgrund der weiten Definition „jeglicher Art der Nutzung" in Abs 3 als Nutzungsart in Frage. Wenn man den Vorrang des Art 13 Abs 1 vor Art 6 durch den lex-specialis-Charakter begründet, muss im Umkehrschluss auch eine Subsumtion der Veräußerung unter Art 6 angenommen werden.[34] Gegen die Ausweitung der Anwendung des Art 6 auf Veräußerungen spricht jedoch die Tatsache, dass sich im MK keine Hinweise hierzu ergeben und aus der zeitlichen Abfolge geschlossen werden kann, dass die Vertragsstaaten bewusst auf eine Analogie oder Einbeziehung in Art 6 verzichtet haben.[35] Die Frage kann jedoch im Regelfall unbeantwortet bleiben, da bis auf das DBA Australien mittlerweile alle dt DBA eine Art 13 Abs 1 entspr Regelung enthalten. 22

---

29 Abw geregelt nur noch in Art 6 Abs 2 DBA Ägypten; vgl *Debatin/Wassermeyer* Art 6 MA Rn 22a zu weiteren Abw in älteren DBA und daraus resultierenden Gestaltungsmöglichkeiten.

30 *FG Hamburg* 22.8.2006 – 7 K 255/04; NWB DokID: AAAAC-27600; *Schleswig-Holsteinisches FG* 28.3.2006 – 5 K 291/04 NWB DokID: DAAAB-88181.

31 „Mineral deposits, sources and other natural resources" iSd Tz 19 MK zu Art 12.

32 Dies kann zB bei zuvor ungenutztem Vermögen oder eigengenutztem Vermögen der Fall sein, vgl *Debatin/Wassermeyer* Art 6 MA Rn 15.

33 *S/K/K* Art 6 MA Rn 24.

34 *S/K/K* Art 6 MA Rn 24; *Debatin/Wassermeyer* Art 6 MA Rn 22b.

35 *G/K/G* Art 6 MA Rn 68; *S/K/K* Art 6 MA Rn 21.

23 Für die Frage, ob es sich um laufende Einkünfte oder Veräußerungsgewinne handelt, ist auf das wirtschaftliche Eigentum an dem unbeweglichen Vermögen abzustellen. Diese Abgrenzung hat aufgrund der Ergebnisgleichheit in der Praxis jedoch wenig Relevanz.[36] In einigen DBA (zB Frankreich, Griechenland, Kanada)[37] werden Gewinne aus der Veräußerung von unbeweglichem Vermögen explizit Art 6 zugeordnet, abw Besteuerungsrechte ergeben sich daraus jedoch im Regelfall nicht, da in beiden Art dem Belegenheitsstaat das Besteuerungsrecht zugewiesen wird.

24 **7. Abgrenzung zu Art 14.** Soweit in einzelnen DBA noch Art 14 analoge Vorschriften enthalten sind, gilt die Vorrangigkeit für das unbewegliche Vermögen gem Abs 4 auch für die freiberufliche unternehmerische Nutzung.[38]

25 **8. Abgrenzung zu Art 21.** Einkünfte, die in den Verteilungsnormen der Art 6–20 nicht geregelt sind, werden als sonstige Einkünfte nach Art 21 dem Ansässigkeitsstaat zur alleinigen Besteuerung zugewiesen. Im Verhältnis zu Art 6 erfordert dies eine Überprüfung, welche Einkünfte zwar aus unbeweglichem Vermögen herrühren, jedoch nicht erfasst sind.[39] So ist Art 21 Abs 2 anzuwenden, wenn das unbewegliche Vermögen nicht im anderen Vertragsstaat liegt, sondern im Ansässigkeitsstaat oder in einem Drittstaat.[40] Die Auffangklausel gilt unbestritten für Vermögen im Wohnsitzstaat. Unbewegliches Vermögen in Drittstaaten befindet sich jedoch nicht im Hoheitsgebiet der Vertragsstaaten, zwischen denen das DBA geschlossen ist und daher außerhalb des Regelungsgegenstandes des Abk zwischen den Vertragsstaaten.[41] Bei in einem Drittstaat belegenen unbeweglichen Vermögen ist damit vorab die Anwendbarkeit eines DBA zwischen dem Belegenheitsstaat und diesem Staat zu prüfen.[42]

26 **9. Abgrenzung zu Art 22.** Für die Vermögensbesteuerung des unbeweglichen Vermögens ist Art 22 und nicht Art 6 anzuwenden. Eine Vermögenssteuer ist anzunehmen, wenn das ruhende Vermögen selbst der Besteuerung unterworfen wird, auch dann wenn Sollertragskomponenten für die Steuerberechnung herangezogen werden.[43] Eine in den Anwendungsbereich des Art 6 fallende Besteuerung liegt dagegen dann vor, wenn die Steuer als ESt ausgestaltet ist, auch wenn sie in Randbereichen unabhängig vom tatsächlichen Zufluss erhoben wird.[44] Die Zuweisung des Besteuerungsrechtes in Art 22 und Art 6 ist identisch, so dass iE die Abgrenzung der Besteuerungsarten in der Praxis nicht relevant wird.

B. Anwendungsbereich

I. Persönlicher Anwendungsbereich

27 **1. Person.** Art 6 regelt die Einkünfte aus unbeweglichem Vermögen von Personen. Der Begriff der **Person** ist in Art 3 Abs 1 Buchstabe a definiert und umfasst natürliche Personen, Ges und sonstige Personenvereinigungen. Art 6 findet somit unabhängig

36 *Vogel/Lehner* Art 6 MA Rn 11.
37 Vgl *S/K/K* Art 6 MA Rn 215 für eine Zusammenstellung der insoweit abw DBA.
38 *S/K/K* Art 6 MA Rn 25.
39 *S/K/K* Art 6 MA Rn 26.
40 Tz 6 MK zu Art 6; *Debatin/Wassermeyer* Art 6 MA Rn 22c.
41 *S/K/K* Art 6 MA Rn 27.
42 *Vogel/Lehner* Art 21 Rn 16.
43 *Vogel/Lehner* Art 6 MA Rn 12.
44 *Vogel/Lehner* Art 6 MA Rn 12.

von der Rechtsform des Einkünfteerzielers Anwendung.[45] Auch PersGes und Genossenschaften können daher abkommensrechtlich „Person" sein. Nach dem deutschen Verständnis der steuerlichen Transparenz der Personengesellschaft für die Einkommensteuer folgt aber, dass diese grundsätzlich nicht auf die Personengesellschaft, sondern auf deren Gesellschafter anzuwenden sind. Dazu zählen auch KapGes, sofern sie Person iSd Art 3 Abs 1 lit a sind (insb grundstücksverwaltende GmbH). Dem steht auch nicht die Fiktion nach dt Steuerrecht entgegen, dass diese bei unbeschränkter dt StPfl ausschließlich gewerbliche Einkünfte gem § 8 Abs 2 KStG erzielen (für beschränkte StPfl vgl § 49 Abs 1 Nr 2 Buchstabe f EStG).[46] Gleiches gilt für die gewerblichen Mitunternehmerschaften iSd § 15 Abs 3 EStG. Das neue DBA Niederlande weist im Protokoll zum neuen Abkommen einige erwähnenswerte Besonderheiten auf, insbesondere Verfahrensregeln für die Quellenbesteuerung bei Investmentvermögen oder Personengesellschaften, die keine intransparente Gesellschaften sind, einschließlich bei niederländischen geschlossenen Fonds (FGR).

Der Anwendungsbereich des Art 6 ist aber idR nicht für die Besteuerung der hinter der KapGes stehenden Gesellschafter eröffnet. Die Rechtsauffassung hat sich insofern dahingehend vereinheitlicht, dass die von den Gesellschaftern bezogenen offenen und verdeckten Gewinnausschüttungen abkommensrechtlich als Dividenden zu qualifizieren sind.[47] Dies gilt dann nicht, wenn dem Gesellschafter der grundstücksverwaltenden Ges ein direkter Anspruch auf Nutzung des unbeweglichen Vermögens eingeräumt wird, bzw wenn es zu einer steuerlich anzuerkennenden abw Einkünftezurechnung kommt, wie zB bei Treuhandverhältnissen, wie sie typischerweise bei Immobilienfonds üblich sind. **28**

2. Ansässigkeit im einen Vertragsstaat. Art 6 erfordert, dass der Bezieher der Einkünfte, zu dessen Gunsten das Abkwirken soll, **in einem der Vertragsstaaten ansässig ist**. Die Ansässigkeit bestimmt sich nach **Art 4 Abs 1** und erfordert eine ortsbezogene unbeschränkte StPfl in einem oder beiden Vertragsstaaten.[48] Für Immobilieninvestitionen dt PersGes ist damit bei der Anwendung des Art 6 regelmäßig auf die Ansässigkeit der Gesellschafter abzustellen, da die Ges selbst nicht ansässig sein kann.[49] **29**

Für geschlossene Immobilienfonds in der Rechtsform einer KG mit einer Vielzahl von Ges stellt sich damit regelmäßig das Problem, dass sich im Belegenheitsstaat unterschiedliche steuerliche Konsequenzen für die einzelnen Gesellschafter ergeben können, je nachdem, in welchem Staat die Gesellschafter nach Abkommensrecht ansässig sind und welches bilaterale Abk Anwendung findet.[50] **30**

---

45 *Debatin/Wassermeyer* Art 6 MA Rn 3; *S/K/K* Art 6 MA Rn 12; *G/K/G* Art 6 MA Rn 37.

46 *BFH* BStBl II 1983, 77.

47 *Debatin/Wassermeyer* Art 6 MA Rn 22, 39; s auch insoweit *BFH* 12.6.2013 – I R 109-111/10, *BFH/NV* 2013, 1876 (und dazu *Haase* DStR 2014, 1481) zur Behandlung der unentgeltlichen Nutzung einer in Spanien belegenen Ferienimmobilie einer spanischen KapGes in der Rechtsform einer Sociedad Limitada durch deren in Deutschland ansässige Gesellschafter als verdeckte Gewinnausschüttung.

48 *S/K/K* Art 4 MA Rn 15 ff.

49 *Debatin/Wassermeyer* Art 6 MA Rn 24.

50 So ist zB in Großbritannien die Gewährung eines Grundfreibetrags von der Ansässigkeit bzw Staatsbürgerschaft im EWR abhängig.

31 **3. Empfänger der Einkünfte.** Wem die Einkünfte aus unbeweglichem Vermögen zuzurechnen sind, bestimmt sich nach dem innerstaatlichen Recht des Anwenderstaates, da diese Frage nicht von Art 6 beantwortet wird, sondern eine Frage des nationalen Steuerrechts ist.[51] Durch unterschiedliche Prinzipien der Einkünftezurechnung in den Vertragsstaaten kann es zu Zurechnungskonflikten kommen, die in einer Dbest resultieren können.[52] Ist Deutschland Anwenderstaat, ist dabei auf das wirtschaftliche Eigentum iSd § 39 AO an der Einkunftsquelle abzustellen. Danach sind bei der Zwischenschaltung eines Treuhänders die Einkünfte regelmäßig dem Treugeber zuzurechnen und die Abkommenswirkungen auf Ebene des Treugebers zu bestimmen. Unerheblich ist danach, ob der Treuhänder selbst als transparent anzusehen ist (wie zB bei einem Sondervermögen) oder aufgrund vertraglicher Beziehungen nur das zivilrechtliche Eigentum auf fremde Rechnung verwaltet.[53]

32 **4. Nutzungsberechtigter.** Art 6 setzt ferner nicht voraus, dass der Bezieher der Einkünfte auch zivilrechtlicher Eigentümer des unbeweglichen Vermögens ist,[54] da das MA keine Konkretisierung des Ausdrucks **„Nutzungsberechtigter"** enthält.[55] Ausreichend ist eine wirtschaftliche Nutzungsgewalt, selbst dann, wenn sie bloß angemaßt ist.

33 Praktische Relevanz hat dies insb für die **Untervermietung**,[56] die selbst dann unter Art 6 fällt, wenn sie von einer dazu nicht berechtigten Person ausgeführt wird,[57] sowie **Pachtverhältnisse** für landwirtschaftliche Flächen, in denen der Pächter auf fremden Grund und Boden Einkünfte aus dem unbeweglichen Vermögen erzielt.

34 **5. Nutzungsüberlassung.** Ob der Empfänger auch gleichzeitig Nutzungsberechtigter sein muss, ist umstr.

35 IdR wird derjenige, der das Grundstück nutzt auch Empfänger der Einkünfte sein. Allerdings ist dies nicht zwingend. Auseinanderfallen können diese zB beim **Ertragsnießbrauch:** Wird ein mit Ertragsnießbrauch belastetes Grundstück an einen Dritten vermietet, so fließt der Mietzins an den Nießbrauchsberechtigten.

36 Ein Teil der Lit[58] stellt darauf ab, dass der nutzungsberechtigte Eigentümer keine Einkünfte erzielt, so dass Art 6 nicht eröffnet sei und der Empfänger des Mietzinses (Nießbrauchsberechtigter) nicht Nutzungsberechtigter sei, weshalb auch insoweit der Anwendungsbereich des Art 6 nicht eröffnet sei.

37 Nach Ansicht von *Wassermeyer*[59] darf man die Begrifflichkeiten wie **Nutzungsrechte** und Nutzung des unbeweglichen Vermögens nicht überbewerten.[60] Auch von *Reimer*[61]

51 *Debatin/Wassermeyer* Art 6 MA Rn 19.
52 *S/K/K* Art 6 MA Rn 47.
53 *Vogel/Lehner* Art 4 MA Rn 17a.
54 *Vogel/Lehner* Art 6 MA Rn 18.
55 *Debatin/Wassermeyer* Art 6 MA Rn 19.
56 Vgl *FG München* EFG 1996, 594, aus nicht das DBA betr Gründen aufgehoben durch *BFH* BStBl II 1997, 539.
57 *Debatin/Wassermeyer* Art 6 MA Rn 18; *Schmidt* § 21 EStG Rn 5.
58 So insb *Debatin/Wassermeyer* Art 6 MA Rn 19.
59 *Debatin/Wassermeyer* Art 6 MA Rn 19.
60 *Debatin/Wassermeyer* Art 6 MA Rn 19.
61 *Vogel/Lehner* Art 6 MA Rn 19, 20.

wird diese Ansicht heftig kritisiert, da nach seiner Ansicht das „Postulat der Identität von Nutzendem und Einkünftebezieher“[62] sich weder aus dem Abkommenstext selbst noch aus der Kommentierung zwingend ergeben. *Reimer* deutet den Wortlaut so, dass sich „Nutzung“ nur auf die Einkünfte bezieht und sozusagen die Herkunftsart der Einkünfte bestimmt (durch Nutzung), nichts aber darüber aussagt, dass diese Einkünfte auch dem Nutzungsberechtigten zufließen müssen. Denn Abs 1 des Art 6 sagt ausschließlich, dass die Person „Einkünfte aus unbeweglichem Vermögen bezieht“. Die Nutzung wird erst in Abs 3 des Art 6 angesprochen, der sich ausschließlich auf die Einkünfte bezieht („Einkünfte aus der unmittelbaren Nutzung“).

Diese Auslegung ist insofern aus rein pragmatischen Erwägungen sehr charmant, als **38**
sich dann keine Besonderheiten für Dreiecksfälle ergeben. Für den **Ertragsnießbrauch** gilt nach dieser Ansicht Folgendes: Der Empfänger des Mietzinses kann sich im og Beispiel auf Art 6 iVm dem Methodenartikel berufen, wenn der Anwenderstaat ihn der Besteuerung unterwirft.[63]

Nach der gegenteiligen Auffassung kann sich nur der Nutzungsberechtigte auf Art 6 **39**
(iVm dem Methodenartikel) berufen. Dabei ist beim **Ertragsnießbrauch** zunächst nach dem nationalen Recht des Anwenderstaates zu ermitteln, wer originär die Einkünfte erzielt.[64] Art 6 findet nur auf ihn Anwendung.[65] Die Frage der Zurechnung der Einkünfte ist nicht durch Interpretation des Art 6 zu lösen. Beim Nießbrauch kann es dann zur Dbest kommen, wenn dieselben Einkünfte nach dem innerstaatlichen Recht verschiedenen Personen zugerechnet werden. Die Vermeidung der Dbest bleibt in letzter Konsequenz einem Verständigungsverfahren vorbehalten.[66]

Bei der Land- und Forstwirtschaft gilt Art 6 Abs 1 unabhängig davon, wer die Land- **40**
und Forstwirtschaft betreibt, der Grundstückseigentümer oder der Pächter.[67]

II. Räumlicher Anwendungsbereich

Die Anwendung des Art 6 ist räumlich begrenzt auf das unbewegliche Vermögen, wel- **41**
ches **im anderen Vertragsstaat** liegt.[68] Die Anwendbarkeit ist somit beschränkt auf unbewegliches Vermögen, welches in den **geografischen Grenzen** des anderen Vertragsstaates, also nicht im Ansässigkeitsstaat und nicht im Drittstaat, belegen ist. Vermögen in Drittstaaten oder in dem Staat in dem der Empfänger der Einkünfte nach Art 4 ansässig ist, wird nicht erfasst, für diese Einkünfte gilt Art 21 Abs 2.[69]

Das **Gebiet der Vertragsstaaten** wird in Art 29 Abs 1 oder einem entspr Abs in Art 3 **42**
definiert, hilfsweise durch allg Völkerrecht und innerstaatliches Recht.[70] Üblicherweise gehört zum Vertragsstaat nicht nur das Staatsgebiet, sondern auch das Küstenmeer, der Festlandssockel, die sog „ausschließliche Wirtschaftszone“ und die Drei-Meilen-Zone sowie Zollausschlussgebiete (dazu Art 3 Rn 1). Für Deutschland als

62 *Vogel/Lehner* Art 6 MA Rn 19, 20.
63 *Vogel/Lehner* Art 6 MA Rn 174.
64 Vgl *BFH* BStBl II 1981, 295; BStBl II 1983, 502.
65 *Debatin/Wassermeyer* Art 6 MA Rn 19; *Vogel/Lehner* Art 6 MA Rn 19.
66 *F/W/W/K* Art 6 MA Rn 61.
67 *Debatin/Wassermeyer* Art 6 MA Rn 16.
68 Tz 1 MK zu Art 6.
69 Tz 1 MK zu Art 6.
70 *Vogel/Lehner* Art 6 MA Rn 28.

Belegenheitsstaat ist in den Abk das Staatsgebiet regelmäßig definiert als das Hoheitsgebiet der Bundesrepublik Deutschland sowie das an das Küstenmeer angrenzende Gebiet des Meeresbodens, seines Untergrunds und der darüber liegenden Wassersäule, soweit die Bundesrepublik Deutschland dort in Übereinstimmung mit dem Völkerrecht und ihren innerstaatlichen Rechtsvorschriften souveräne Rechte und Hoheitsbefugnisse zum Zwecke der Erforschung und Ausbeutung der natürlichen Ressourcen ausübt.

43 Die **Ortsbestimmung** ist bei Grundstücken regelmäßig ohne Probleme möglich.[71] Bei Ausbeutungsrechten für Bodenschätze ist auf darauf abzustellen für welches Gebiet die Nutzungsrechte bestehen.[72] Nicht so offensichtlich ist die Bestimmung der Belegenheit für Einkünfte aus unbeweglichem Vermögen das kein Grundstück ist. Bei diesem Vermögen ist auf die Belegenheit des Grundstücks abzustellen, mit dem das Vermögen rechtlich oder wirtschaftlich verbunden ist oder auf das es sich bezieht.[73] Für bewegliches Vermögen in Gestalt von Zubehör und Inventar ist grds die tatsächliche Belegenheit in einem anderen Staatsgebiet nicht entscheidend, kann bei dauerhaft abw Belegenheit aber Indiz dafür sein, dass es den Charakter des Zubehörs bzw Inventars nicht erfüllt.[74]

44 Zählen die **Anteile an (intransparenten) GrundstücksGes** nach den Regelungen des jeweiligen DBA zu den Einkünften aus Art 6 (so zB Art 13 Abs 2 lit b des DBA mit USA), so kommt es bei der Ermittlung der Belegenheit nicht auf den Sitz der Ges, sondern auf die Belegenheit des Grundstücks an.

III. Sachlicher Anwendungsbereich

45 **1. Einkünfte.** In Art 6 wird der Begriff **„Einkünfte“** wie auch in den anderen Verteilungsnormen des MA nicht definiert. Aus der fehlenden Definition im Abkommensrecht kann darauf geschlossen werden, dass sich die Definition nach dem innerstaatlichen Recht des Anwenderstaates bestimmt, wenn sich aus dem Abkommenszusammenhang nichts anders ergibt.[75] Als Einkünfte gelten somit alle Mehrungen und Minderungen und Zu- oder Abflüsse vermögenswerter Vorteile, die das innerstaatliche Recht des Anwenderstaates als steuerbare Einkünfte definiert.[76] Sowohl positive als auch negative Einkünfte werden von Art 6 umfasst.

46 Ob der Anwenderstaat die Einkünfte nach nationalem Recht wie zB bei der „Liebhaberei“ nicht als steuerbar erkennt oder aufgrund nationaler Befreiungsnormen steuerfrei stellt, hat keine Bedeutung für die Abkommensanwendung. Für die Annahme von Einkünften kommt es auch nicht darauf an, ob ein vermögenswerter Vorteil von einem Dritten eingeräumt wird. Zahlreiche Länder sehen zB nach innerstaatlichem Recht eine **Besteuerung des privaten Nutzungswertes** von Immobilien vor, wie sie bis zur Änderung des §§ 21 Abs 2, 21a EStG ab dem VZ 1987 auch in Deutschland noch

---

71 Vgl *Debatin/Wassermeyer* Art 6 MA Rn 42 für Besonderheiten bei grenzüberschreitenden Grundstücken sowie *Vogel/Lehner* Art 6 MA Rn 29 bzgl der Notwendigkeit von Verständigungsverfahren bei diplomatischen Grundstücken (Kondominien) iSd Art 28.

72 *Vogel/Lehner* Art 6 MA Rn 30.

73 *Vogel/Lehner* Art 6 MA Rn 31.

74 *Debatin/Wassermeyer* Art 6 MA Rn 42.

75 *S/K/K* Art 3 MA Rn 30 ff.

76 *Vogel/Lehner* Art 6 MA Rn 14.

bekannt war.[77] Diese private Nutzwertbesteuerung fällt in den Anwendungsbereich des Art 6 und steht damit dem Belegenheitsstaat uneingeschränkt zu. Andererseits führt die unternehmerische Selbstnutzung nicht automatisch zur Annahme von Einkünften aus unbeweglichem Vermögen, da regelmäßig das Vermögen als eigenständige Einkunftsquelle genutzt werden muss, um abgrenzbare Einkünfte hervorzubringen. Für Aufwendungen aus der Nutzung eines Auslieferungslagers, das keine Betriebsstätte iSd Art 5 Abs 4 Buchstabe a darstellt, kann somit zB im Inland nicht vom Abzug ausgeschlossen werden, mit dem Verweis, dass es sich um freigestellte Verluste aus unbeweglichem Vermögen iSd Art 6 handelt.[78]

Der Einkünftebegriff des Art 6 lässt sich nicht in eine der sieben Einkunftsarten des EStG fassen (**„sog isolierende Betrachtungsweise"** nach der stRspr des BFH,[79] wonach für Zwecke der Abkommensauslegung eigene Abgrenzungsregeln gelten; vgl für das nationale Recht § 49 Abs 2 EStG). Vielmehr können Einkünfte aus Land- und Forstwirtschaft iSd § 13 EStG, aus Gewerbebetrieb iSd §§ 15, 16 EStG, aus selbstständiger Arbeit iSd § 18 EStG, aus Vermietung und Verpachtung iSd § 21 EStG sowie sonstige Einkünfte iSd § 22 EStG abkommensrechtlich Einkünfte aus unbeweglichem Vermögen sein. **47**

Die **Einkünfteermittlung** folgt ebenso dem innerstaatlichen Recht des Anwenderstaates. Das Abk besagt weder etwas darüber, ob die Einkünfte als Brutto- oder Nettobeträge zu verstehen sind,[80] noch ob die Ermittlung durch Einnahme-Überschussrechnung oder auf Bilanzierungsbasis (Betriebsvermögensvergleich) erfolgt. In den Vertragsstaaten können sich unterschiedliche Einkommenshöhen ergeben, in Abhängigkeit der jeweiligen Vorschriften zum Abzug von Betriebsausgaben bzw Werbungskosten und dem sachlichen Umfang der Einnahmen. In der Praxis ergeben sich häufig substantielle Abweichungen der im Quellenstaat besteuerten Einkünfte und der nach dem Recht des Ansässigkeitsstaates ermittelten Einkünfte. Solche Abweichungen resultieren va aus dem unterschiedlichen Verständnis von Abschreibungen[81] auf Anschaffungskosten und der Abzugsfähigkeit bzw Amortisation von Aufwendungen im Zusammenhang mit dem Vermögen.[82] Dagegen wird die Höhe der Einnahmen idR weniger unterschiedlich ausgelegt, es können sich jedoch Unterschiede in dem Umfang der unter die Einkünfte subsumierten Nebeneinkünften und zeitliche Divergenzen durch unterschiedliche Gewinnermittlungs- bzw Bilanzierungsmethoden ergeben. Soweit der Ansässigkeitsstaat die Freistellungsmethode für die Einkünfte aus unbeweglichem Vermögen anwendet, sind die unterschiedlichen Einkunftshöhen nur von untergeordneter Bedeutung, da sie sich allenfalls auf einen Progressionsvorbehalt iSd Art 24A Abs 3 (beachte aber § 32b Abs 1 S 2 EStG nF) auswirken. Bei Anwendung der Anrechnungsmethode führen die unterschiedlichen Vorschriften zur Ermittlung der Einkünfte jedoch regelmäßig zu Anrechnungsüberhängen, wenn die **48**

77 Vgl *Vogel/Lehner* Art 6 MA Rn 157 f für eine Beschreibung der Konzepte verschiedener Länder.

78 *FG München* EFG 1996, 594.

79 *BFH* BStBl III 1959, 133, 134; BStBl II 1970, 428, 430; BStBl II 1972, 200; BStBl II 1974, 511; BStBl II 1983, 367; BStBl II 1997, 657.

80 *Debatin/Wassermeyer* Art 6 MA Rn 11; *Vogel/Lehner* Art 6 MA Rn 15.

81 So ist zB in Großbritannien steuerlich keine Abschreibung auf Gebäude möglich, sondern nur für Betriebsvorrichtungen und Einbauten.

82 Hierunter fallen va unterschiedliche Regelungen für Instandhaltung und Finanzierung.

Einkünfte des Quellenstaates höher sind als die nach innerstaatlichem Recht des Ansässigkeitsstaates ermittelten Einkünfte.[83]

49 Die Einkünfte müssen **aus dem unbeweglichen Vermögen** bezogen werden. Damit muss ein Zusammenhang bestehen zwischen den Einkünften und dem Vermögen. Art 6 definiert aber nicht, was Einkünfte aus unbeweglichem Vermögen sind und wie der Zusammenhang konkret bestehen muss, soweit die Einkünfte aus der Nutzung des Vermögens gem Abs 3 erzielt werden. Der Verweis des Abs 2 auf die Definition im innerstaatlichen Recht des Belegenheitsstaates gilt nur für die Frage, ob unbewegliches Vermögen existent ist, die Einkünfteerzielung aber beurteilt jeder Vertragsstaat nach eigenem Recht autonom.[84]

50 **a) Nebeneinkünfte.** Bezieht der StPfl neben den Einkünften aus unbeweglichem Vermögen auch noch **„Nebeneinkünfte"**, so kann die Qualifikation der Haupteinkünfte auf die der Nebeneinkünfte abfärben, soweit die Nebeneinkünfte keiner anderen Einkunftsart zuzuordnen sind und ihre wirtschaftliche Ursache in den Rahmenbedingungen haben, wie zB Wechselkursschwankungen des Mietzinses.[85]

51 **b) Zeitpunkt der Einkünfteerzielung.** Fließen Einkünfte zu einem früheren oder späteren Zeitpunkt zu (Vorauseinkünfte oder nachträgliche Einkünfte), so kommt es nicht darauf an, dass die Voraussetzungen des Art 6 im Zeitpunkt des Zuflusses verwirklicht sind, sondern ob diese im Zeitpunkt als der Steueranspruch verwirklicht wurde, vorlagen.[86]

52 Werden die Einkünfte aus der Nutzung über einen längeren Zeitraum erzielt, sind die Voraussetzungen für die Anwendung aber nur für einen Teil dieses Zeitraums gegeben, so ist der Zeitraum entspr aufzuteilen.[87]

53 **2. Unbewegliches Vermögen (Abs 2).** Die Definitionshoheit des Begriffes des unbeweglichen Vermögens wird gem Abs 2 S 1 der **Rechtsordnung des Belegenheitsstaates**[88] zugewiesen. Durch die Ausformulierung als **dynamischer Verweis** ist das Recht des Belegenheitsstaates mit dem Inhalt heranzuziehen, den es im Zeitpunkt der Einkunftserzielung hat.[89] In der praktischen Anwendung können sich hieraus Schwierigkeiten ergeben, wenn das ausl Recht häufiger durch Gesetzesänderungen angepasst wird.

54 Dabei ist mit Recht das gesamte wirksam gesetzte Recht des Belegenheitsstaates gemeint.[90] Dieses meint wegen Art 3 Abs 2 vorrangig das **Steuerrecht**.[91] Dies hat aber nur insofern praktische Relevanz in Fällen, in denen das Steuerrecht vom Zivilrecht abweicht. Str ist aber, ob dieses auch die Rspr und die Verwaltungspraxis umfasst,[92]

---

83 Ein solcher Anrechnungsüberhang entsteht zB, wenn im Belegenheitsstaat die Abschreibung von Gebäuden gar nicht oder mit niedrigeren Sätzen möglich ist als im Ansässigkeitsstaat.

84 *Debatin/Wassermeyer* Art 6 MA Rn 15.

85 *FG Niedersachsen* EFG 1996, 1229; *BFH/NV* 1997, 408, 409.

86 *Vogel/Lehner* Vor Art 6 MA Rn 8.

87 *Vogel/Lehner* Vor Art 6 MA Rn 9.

88 Tz 2 MK zu Art 6, der nicht vom Anwenderstaat, sondern vom Belegenheitsstaat spricht.

89 *Vogel/Lehner* Art 6 MA Rn 69.

90 *BFH* BStBl II 1982, 768.

91 *Debatin/Wassermeyer* Art 6 MA Rn 32; *Vogel/Lehner* Art 6 MA Rn 67.

92 So *Vogel/Lehner* Art 6 MA Rn 68.

oder ob dieses lediglich als Auslegungshilfe heranzuziehen ist.[93] IE wird die Rspr wie auch die Verwaltungsauffassung des Belegenheitsstaates zwingend zu beachten sein, weil diese der praktischen Rechtsanwendung neben der Lit am nächsten sind und weil diesen auch bei der innerstaatlichen Rechtsanwendung idR eine bes Bedeutung zukommt. Ob dies dann als Auslegungshilfe eingestuft wird oder als Teil des „Rechts" selbst kann dahinstehen. Praktikabler dürfte im Regelfall die Berücksichtigung der ausl Rechtsinterpretation sein als der Versuch der Auslegung einzelner Rechtsbegriffe im Kontext ausl Rechtsnormen.

Damit erfolgt eine **Qualifikationsverkettung** hinsichtlich des Vorliegens von unbeweg- **55**
lichem Vermögen, an das der Ansässigkeitsstaat gebunden ist, auch wenn nach seiner innerstaatlichen Rechtsnorm die Einkünfte anders zu beurteilen wären. Die Qualifikationsverkettung des Abs 2 S 1 schlägt jedoch nicht auf das nationale Recht des Anwenderstaates durch, sondern ist nur für die Abkommensanwendung maßgeblich. Insb erfolgt auch kein Verweis oder gar eine Verkettung der Einkunftsarten zwischen dem Recht des Belegenheitsstaates und des Ansässigkeitsstaates. Gewerbliche Einkünfte aus unbeweglichem Vermögen können daher im Ansässigkeitsstaat dennoch als Einkünfte einer anderen Einkunftsart (zB Vermietung und Verpachtung) zuzurechnen sein. Das Recht zur Definition durch den Belegenheitsstaat wird in Abs 2 S 2 durch einen Katalog von negativen und positiven Kriterien eingeschränkt. Für die Anwendung des Abk sind damit bestimmte Vermögenswerte immer als unbewegliches Vermögen anzusehen andere jedoch nicht, und zwar unabhängig davon, ob der Belegenheitsstaat nach nationalem Recht eine abw Definition des unbeweglichen Vermögens vornimmt. Damit kommt dem S 2 ein Vorrang vor S 1 zu.[94]

Durch das einseitige Definitionsrecht des Belegenheitsstaates kommt es zwischen den **56**
Staaten ggf zu unerwünschten Verschiebungen des Steueraufkommens, da keine Gegenseitigkeit gegeben ist. Staaten, in denen der Begriff des „unbeweglichen Vermögens" bes weit auszulegen ist, kommt uU ein umfangreicheres Besteuerungsrecht zu als für ähnliche Einkünfte aus dem anderen Abkommensstaat, der innerstaatlich eine engere Definition des unbeweglichen Vermögens verankert hat. Eine übermäßige Ausdehnung der innerstaatlichen Begriffsbestimmung setzt nur der völkerrechtliche bona-fides-Gedanke Grenzen, der notfalls durch Kündigung des Abk durchgesetzt werden muss.[95]

Die – abgesehen von den Einschränkungen des S 2 – unmittelbare Verweisung auf die **57**
Rechtsordnung des Belegenheitsstaates dient der eindeutigen Abgrenzung der Vermögenswerte ohne eine ausf Definition im Abk selbst vornehmen zu müssen. Da das Vermögen unbeweglich ist und sich regelmäßig räumlich eindeutig dem Belegenheitsstaat zuordnen lässt, erfüllt dieser Verweis einen wirksamen Schiedszweck[96] zur Vermeidung von Qualifikationskonflikten und daraus ggf entstehender Dbest. Der Ansässigkeitsstaat muss damit ausnahmsweise das Recht des Belegenheitsstaates für die eigene Besteuerung anwenden. Daraus können sich Probleme ergeben, weil im Inland nicht immer ausreichend Kenntnisse über das ausl Steuer- oder Zivilrecht und

93 *Debatin/Wassermeyer* Art 6 MA Rn 32.
94 *Debatin/Wassermeyer* Art 6 MA Rn 26.
95 *Vogel/Lehner* Art 6 MA Rn 70 und *dies* Einl MA Rn 188 ff.
96 *S/K/K* Art 6 MA Rn 56.

seine Anwendung bestehen.[97] Diese Kenntnisse sind in der Praxis auf Seiten der StPfl und der FinVerw teilw unterschiedlich ausgeprägt sein und die Erlangung von Auskünften über das ausl Recht kann sich bei Zweifelsfällen als langwierig und kostspielig erweisen. Für die FinVerw besteht grds der auch im Abk vorgesehene, aber langwierige Weg des int Informationsaustausches[98] während der StPfl im Zweifelsfall auf seine lokalen Berater zurückgreifen kann. Zivilrechtliche Definitionen sind insb dann anzuwenden, wenn das Steuerrecht keine eigene Definition des unbeweglichen Vermögens enthält.[99]

58 **a) Definition des unbeweglichen Vermögens im dt Recht.** Nach **dt Recht** ergibt sich die Definition des unbeweglichen Vermögens aus § 21 Abs 1 S 1 Nr 1 EStG und § 13 Abs 1 Nr 1 S 1 EStG. Der dort definierte Umfang ist jedoch weiter als im Abkommensrecht und wird durch den Negativkatalog des Abs 2 beschränkt.

59 Der Begriff **„Grundstück"** ist im Positivkatalog des Abs 2 nicht explizit aufgenommen, dürfte aber nach jeder Rechtsordnung der Abkommensstaaten als unbewegliches Vermögen zu definieren sein. Im dt Recht ist der Begriff steuerrechtlich – unter Rückgriff auf seine zivilrechtliche Bedeutung – auszulegen[100] aber nicht mit dem zivilrechtlichen Begriff der § 94 ff BGB identisch, da steuerlich insb keine Einheit mit einem Gebäude gegeben ist.[101] Zum Grund und Boden gehört zB der Luftraum, die Grasnarbe und Ackerkrume sowie nicht konkretisierte Bodenschätze, nicht jedoch Feldinventar und genutzte bzw konkretisierte Bodenschätze.[102]

60 Der Begriff **„Gebäude"** ist in § 21 Abs 1 Nr 1 EStG nicht definiert. Nach der Rspr ist der Begriff auch für Zwecke der Ertragsteuern im bewertungsrechtlichen Sinne zu interpretieren.[103] Somit sind Bauwerke als „Gebäude anzusehen, wenn es Menschen und Sachen durch räumliche Umschließung Schutz gegen äußere Einflüsse gewährt, den Aufenthalt von Menschen gestattet, fest mit Grund und Boden verbunden, von einiger Beständigkeit und ausreichend standfest ist".[104]

61 **„Gebäudeteile"** iSd § 21 Abs 1 Nr 1 EStG sind selbstständige Wirtschaftsgüter, die in einem vom Gebäude verschiedenen Nutzungs- und Funktionszusammenhang stehen und daher gesondert zu bilanzieren sind.[105] Von den Gebäudeteilen sind die **Bestandteile** eines Gebäudes bzw Grundstücks abzugrenzen. Hierzu gehören die Teile von Gebäuden, die keine unabhängige Nutzung zulassen und nicht Gegenstand bes Rechte sein können. Hierunter fallen die in § 94 BGB genannten Bestandteile von Grundstücken und Gebäuden wie zB Türen, Fenster, Ziegel sowie Pflanzen, Aussaat etc, die fest mit dem Gebäude bzw dem Grundstück verbunden sind. Die **Scheinbestandteile** (§ 95 BGB), die nur zu einem vorübergehenden Zweck mit dem Gebäude oder Grundstück verbunden sind, gehören nicht zum unbeweglichen Vermögen.[106]

---

97 *Debatin/Wassermeyer* Art 6 MA Rn 27.
98 Vgl Art 26 MA.
99 *F/W/W/K* Art 6 MA Rn 30.
100 *S/K/K* Art 6 MA Rn 62.
101 *BFHE* 1969, 124 Nr 94.
102 *Schmidt* § 6 EStG Rn 306 f.
103 *BFH* BStBl II 1974, 132.
104 Gleichlautende Ländererlasse BStBl I 2006, 314, Tz 2.2.
105 *Debatin/Wassermeyer* Art 6 MA Rn 36.
106 *Debatin/Wassermeyer* Art 6 MA Rn 36a.

Die nach § 21 Abs 1 Nr 1 EStG ebenfalls zum unbeweglichen Vermögen gehörenden **Schiffe**, die in ein Schiffsregister eingetragen sind, gehören nach dem Negativkatalog des Abs 2 im Abkommensrecht explizit nicht zum unbeweglichen Vermögen. 62

Rechte die den Vorschriften des bürgerlichen Rechts über Grundstücke unterliegen, sog **grundstücksgleiche Rechte**, sind bei der dt Rechtsanwendung nach § 21 Abs 1 Nr 1 EStG und dem Positivkatalog des Abs 2 als unbewegliches Vermögen definiert. 63

b) Einzelfälle des unbeweglichen Vermögens in Art 6 Abs 2. Die in Art 6 Abs 2 genannten Wirtschaftsgüter gehören unabhängig von der Definition des unbeweglichen Vermögens im Belegenheitsstaat in jedem Fall zum unbeweglichen Vermögen im abkommensrechtlichen Sinne. Ob die Auslegung auch nach dem Recht des Belegenheitsstaat erfolgt, ist umstritten.[107] Relevant wird der **Positivkatalog** immer dann, wenn das innerstaatliche Recht gerade die Elemente des Positivkataloges aus der Definition des unbeweglichen Vermögens ausschließt. 64

Zubehör sind nach dt Verständnis gem § 97 BGB bewegliche Sachen, die dem wirtschaftlichen Zweck der Hauptsache zu dienen bestimmt sind und zu dieser in einem räumlichen Verhältnis stehen, ohne Bestandteil der Hauptsache zu sein. Damit sind die Wirtschaftsgüter des Zubehörs rechtlich selbstständige bewegliche Sachen, die aber aufgrund des engen wirtschaftlichen Zusammenhangs mit dem unbeweglichen Vermögen genauso behandelt werden sollen.[108] Dazu gehören insb mit dem unbeweglichen Vermögen zusammen überlassene Wirtschaftsgüter, die wirtschaftlich untergeordnet sind. Hierzu gehören zB Einrichtungen von Wohnungen und Hotels, Haushaltsgeräte, Beleuchtungsanlagen etc.[109] Die Einordnung als Zubehör verlangt eine nicht nur vorübergehende Nutzung zusammen mit dem unbeweglichen Vermögen, andererseits ist eine nur vorübergehende Entfernung vom unbeweglichen Vermögen für die Klassifikation als Zubehör nicht schädlich (§ 97 Abs 2 BGB). 65

Dazu gehören insb Sachen, die mit dem Grundstück fest verbunden sind: Bei Gebäuden sind dies insb solche, bei denen es sich nach dt Recht um wesentliche Bestandteile iSd §§ 93, 94 BGB handelt. Auch bei einem dauerhaften Nutzungs- und Funktionszusammenhang, wie bei fest installierten Maschinen, handelt es sich um Zubehör. Ob auch bewegliche Einrichtungsgegenstände dazuzählen ist umstritten. Nichtkörperliche Gegenstände (wie Tiere und Rechte) fallen jedoch nicht unter den Begriff des Zubehörs idS. 66

Rechte, für die die Vorschriften des Privatrechts über Grundstücke gelten, meinen die grundstücksgleichen Rechte, die idR der Eigentümer bestellt **(Erbbaurecht, Erbpacht, Wohnungseigentumsrecht)**. Dabei ist auf das **Privatrecht des Belegenheitsstaates** abzustellen.[110] **Grundpfandrechte** sind nach dt Verständnis beschränkt dingliche Rechte mit Grundstücksbezug und fallen somit auch unter den Anwendungsbereich des Art 6. **Dinglich gesicherte Vorkaufsrechte** sind ebenfalls unbewegliches Vermögen iSd Abs 2 S 2. Ferner werden auch **Nutzungsrechte** iSd Abs 2 S 2 erfasst. Dh die „Nutzung von Nutzungsrechten" an unbeweglichem Vermögen. *Reimer*[111] bezeichnet dieses 67

107 Wohl auch zust *Vogel/Lehner* Art 6 Rz 76; **aA** *Debatin/Wassermeyer* Art 6 Rn 53.
108 *G/K/G* Art 6 MA Rn 253.
109 Abschn 1 Abs 4 BewRGr.
110 *Debatin/Wassermeyer* Art 6 MA Rn 60.
111 In *Vogel/Lehner* Art 6 MA Rn 93.

Tatbestandsmerkmal als sprachlich „uneben". Damit gemeint kann nichts anderes sein als die Nutzung des unbeweglichen Vermögens selbst. Bedeutung erhält die Erwähnung für die nicht unmittelbare, sondern die mittelbare Nutzung.

68 Als Nutzungsrechte gelten sicherlich die sich aus dem Eigentum ableitenden Nutzungsrechte, also die beschränkt dinglichen Rechte, die sich durch Ausübung nicht verbrauchen. Dies sind insb der **Nießbrauch, die Reallasten**, nicht aber die dinglich gesicherten Vorkaufsrechte und Grundpfandrechte. Abs 2 kann aber nicht auf dingliche Rechte beschränkt werden, da die Vorschrift wegen der Regelung des Abs 3 („Rechte, für die die Vorschriften des Privatrechts über Grundstücke gelten") dann leer liefe. Vielmehr müssen hierbei insb auch die **schuldrechtlichen Nutzungsrechte** gemeint sein. Dies begründet sich insb darin, dass eine schuldrechtliche Position grds für Zwecke der Besteuerung ausreichen kann, da sie wirtschaftlich dem StPfl uU eine vergleichbare Rechtsposition einräumen.[112]

69 Nicht erfasst werden hingegen **gesellschaftsrechtlich begründete Nutzungsrechte**. Diese stellen nach hM[113] Gewinnausschüttungen dar, die unter Art 10 Abs 3 fallen oder subsidiär von Art 21 Abs 1 erfasst werden. Eindeutige Regelungen enthalten nur die DBA, in denen klar gestellt wird, dass die Regelung des Art 6 auch auf gesellschaftsrechtlich begründete Nutzungsrechte anwendbar ist wie zB Estland, Finnland, Lettland und Litauen.

70 Erfasst wird ferner das **lebende und tote Inventar** land- und forstwirtschaftlicher Betriebe.

71 Soweit es sich bei dem Inventar um Zubehör handelt, hat die Erwähnung nur wiederholenden Charakter. Für bewegliches Arbeitsgerät wie Werkzeuge, Fahrzeuge und mobile Bewässerungseinrichtungen hat sie allerdings konstitutiven Charakter genau wie für totes Inventar wie Düngemittel und ähnliches. Erfasst werden somit die körperlichen Gegenstände.

72 Teilw wird vertreten, dass unter Inventar auch **nichtkörperliche Gegenstände** zu fassen seien. Dies soll insb für Wertpapiere und Kontokorrentforderungen und ähnliche Wirtschaftsgüter in betriebsüblichen Mengen und Höhen gelten, wenn die Wirtschaftgüter im Betriebsvermögen gehalten werden und dem land- und forstwirtschaftlichen Betrieb zu dienen bestimmt sind.[114] Begründet wird diese Auffassung damit, dass ansonsten Wertungswidersprüche zwischen Art 6 und Art 7 Abs 1 entstünden. Dies ist allerdings abzulehnen, da ansonsten der Land- und Forstwirtschaft eine stärkere Attraktivität zugesprochen würde, Nebeneinkünfte umzuqualifizieren, als den sonstigen Einkünften aus unbeweglichem Vermögen.[115]

73 Explizit ausgeschlossen aus dem Anwendungsbereich sind **Schiffe** und **Luftfahrzeuge (Negativkatalog),** auch für die Staaten, die nach nationalem Recht Schiffe und/oder Luftfahrzeuge als unbewegliches Vermögen behandeln. Die Erwähnung hat nur

---

112 So *Vogel/Lehner* Art 6 MA Rn 96 unter Verweis auf *BFH* BStBl II 1982, 566 zu Art 3 Abs 3 DBA Frankreich; so auch *Debatin/Wassermeyer* Art 6 MA Rn 76.

113 *Vogel/Lehner* Art 6 MA Rn 98.

114 *Vogel/Lehner* Art 6 MA Rn 86.

115 So auch *Debatin/Wassermeyer* Art 6 MA Rn 57 für den generellen Vorrang von Art 10–12; so auch *FG Nürnberg* EFG 1981, 331 für das DBA Österreich, das das Inventar land- und forstwirtschaftlicher Betriebe nicht in den Anwendungsbereich mit einbezieht.

deklaratorischen Charakter, sie spiegelt den Vorrang des Art 8 vor Art 6 des MA wider. Dies gilt selbst dann, wenn die Einkünfte nicht unter Art 8 fallen.

3. Land- und forstwirtschaftliche Betriebe. Der Begriff **„Land- und Forstwirtschaft“** ist abkommensrechtlich zu bestimmen.[116] Nur soweit eine abkommensautonome Auslegung nicht möglich ist, kann das nationale Recht des Belegenheitsstaates[117] zur Begriffsbestimmung herangezogen werden. Umstritten ist, ob das land- und forstwirtschaftliche Vermögen unter die Definition des „unbeweglichen Vermögens“ iSd Art 6 Abs 2 S 1 fallen muss. Dies wird insb von *Wassermeyer*[118] abgelehnt. Nach seiner Ansicht ist der Klammerzusatz losgelöst von der Verweistechnik des Abs 1 auf Abs 2 in dem das unbewegliche Vermögen definiert wird. Nach seiner Ansicht entscheidet der jeweilige Anwenderstaat autonom nach seinem jeweiligen innerstaatlichen Recht, was zum land- und forstwirtschaftlichen Vermögen gehört.[119] Danach hat Art 3 Abs 2 insoweit Anwendungsvorrang zu Art 6 Abs 2. **74**

Dieser Ansicht wird hier nicht gefolgt. Die Land- und Forstwirtschaft ist nach dem MA gerade in die abkommensrechtliche Norm eingebettet worden, die ihren bes Bezug zum Quellenstaat durch die Belegenheit des Grund und Bodens aufweist. Löst man diesen bes Bezug für die Land- und Forstwirtschaft auf, indem man die Land- und Forstwirtschaft unabhängig vom Bodenbezug unter die Vorschrift fasst, so durchbricht das die Systematik des Artikels. IÜ lässt der Aufbau der Norm auch nicht erkennen, dass in Bezug auf den Klammerzusatz eine andere Auslegungsmethode gelten soll als für die sonstigen Anwendungsfälle. In diesem Zusammenhang bleibt insb zu bedenken, dass die Aufnahme des Klammerzusatzes eine Klarstellung sein soll und nicht eine Neuregelung. Dh der Artikel war auch zuvor so konzipiert, dass die Land- und Forstwirtschaft vom Anwendungsbereich erfasst war. Dies kann aber nur in den Grenzen und zu den Bedingungen gewesen sein, wie sie für das sonstige unbewegliche Vermögen auch gelten. Also nur insoweit als der bes Bodenbezug besteht. Insofern muss dies auch nach Einfügung des Klammerzusatzes gelten. Demzufolge ist die Land- und Forstwirtschaft nur dann von Art 6 erfasst, wenn sie einen bes Bodenbezug aufweist.[120] **75**

In diesem Zusammenhang ist ferner darauf hinzuweisen, dass *Wassermeyer*[121] die Begrifflichkeiten nach dem innerstaatlichen Recht des Anwenderstaates definiert, was eine Konsequenz der Anwendung des Art 3 ist. *Reimer*[122] hingegen will bei Definitionslücken ausschließlich auf das Recht des Belegenheitsstaates abstellen. Diese Ansicht ist vorzugswürdig, da auch für die Begriffsdefinition des unbeweglichen Vermögens nach dem MK[123] auf das Recht des Belegenheitsstaates abzustellen ist. **76**

Wirtschaft umfasst die **Landwirtschaft** den Ackerbau wie Getreide, Obst, Wein etc. Die Viehzucht ist nur insofern Land- und Forstwirtschaft, als die Tiere auf die natürlichen Ressourcen des Bodens zurückgreifen. Ansonsten fällt sie unter die gewerbliche Tierzucht. **77**

---

116 *Vogel/Lehner* Art 6 MA Rn 66.

117 AA *Debatin/Wassermeyer* Art 6 MA Rn 16, der auf das innerstaatliche Recht des Anwenderstaates abstellt.

118 In *Debatin/Wassermeyer* Art 6 MA Rn 16.

119 *Debatin/Wassermeyer* Art 6 MA Rn 16.

120 So auch *Vogel/Lehner* Art 6 MA Rn 66.

121 *Debatin/Wassermeyer* Art 6 MA Rn 16.

122 *Vogel/Lehner* Art 6 MA Rn 66.

123 Tz 2 MK zu Art 6.

78 **Forstwirtschaft** ist die Bodennutzung durch Bäume und andere Gehölze zur Gewinnung von Naturholz. Sie erfasst auch Baumschulen und andere Einrichtungen zur Pflege und zum Erhalt des Waldes. Die **Jagdwirtschaft** ist nach dem Wortlaut nicht erfasst. UU kann sich dies aus dem innerstaatlichen Recht des Belegenheitsstaates ergeben.

79 Art 6 gilt auch für Einkünfte aus der Land- und Forstwirtschaft, die keinen unmittelbaren Bodenbezug aufweisen, aber betriebsüblich sind.[124]

80 Keine einheitliche Ansicht hat sich in der Lit zur **Imkerei** und zur **Vogelzucht** herausgebildet. Stellt man auf das innerstaatliche Recht des Belegenheitsstaates bzw auf das des Anwenderstaates ab, so gilt insb für Deutschland, dass die nationalen Vorschriften die Aktivitäten der Land- und Forstwirtschaft gleichstellen (§§ 13 Abs 1 Nr 2 EStG, 62 Abs 1 BewG).[125] Stellt man hingegen im Rahmen einer abkommensautonomen Auslegung wie oben beschrieben auf den Bodenbezug ab, so ist Art 6 nicht auf die Imkerei und die Vogelzucht anwendbar, da sich diese eben gerade nicht durch die „unmittelbare Nutzung“ des Grund und Bodens auszeichnen.[126]

81 Auch grds nicht erfasst sind entspr die Einkünfte aus der Fischerei, soweit sich in den jeweiligen DBA keine explizite Regelung befindet (so DBA Türkei für die Binnenfischerei, DBA Bangladesch für fischereiwirtschaftliche Betriebe).

82 **Nebenbetriebe** wie die in den in die Land- und Forstwirtschaft eingegliederten Be- und Verarbeitungsbetriebe (auch Produktionsstätten für Biogas) fallen grds nicht in den Anwendungsbereich des Art 6. In den Anwendungsbereich fallen hingegen die Einrichtungen dann, wenn sie nicht selbstständige Nebenbetriebe sind, sondern noch Teil des land- und forstwirtschaftlichen Betriebes (Attraktivität des Hauptbetriebes). Ob es sich bei dem Nebenbetrieb um einen selbstständigen oder unselbstständigen Teil handelt, ist eine Tatsachenfrage. Als Abgrenzungsmerkmal dienen insb die Frage, ob auch betriebsfremde Produkte mit einbezogen werden, der Grad der wirtschaftlichen Eigenständigkeit und die Bedeutung der zusätzlichen Wertschöpfung. Nach *Reimer*[127] soll auch der Frage Indizwirkung zukommen, ob der StPfl nach den ordnungsrechtlichen Vorschriften des Belegenheitsstaates eine gesonderte gewerberechtliche Anzeige erstatten oder sonstige Genehmigungen einholen muss. Dies ist abzulehnen.

83 Aus dt nationaler Sicht gehören auch die Gewinne aus der Veräußerung oder der Aufgabe des Betriebes oder Teilbetriebes uU zu den Einkünften aus Land- und Forstwirtschaft. Auf das Abkommensrecht hat dies keine Auswirkungen. Insofern gilt der Anwendungsvorrang des Art 13 vor Art 6.

84 Die in § 13a EStG vorgesehene einheitswertabhängige Gewinnermittlung für nicht buchführungspflichtige Land- und Forstwirte gilt auch für Art 6, da dieser die Bestimmung der Gewinnermittlung explizit dem Anwenderstaat überlässt.

85 **4. Nutzung (Abs 3).** Art 6 Abs 1 umfasst die Einkünfte **aus** unbeweglichem Vermögen. Abs 3 stellt den Zusammenhang zwischen den Einkünften und dem unbeweglichen Vermögen her, indem er die **Einkünfteerzielungshandlung** als die **Nutzung** definiert.

---

124 *Vogel/Lehner* Art 6 MA Rn 209.

125 So *Debatin/Wassermeyer* Art 6 MA Rn 16a.

126 So auch *Vogel/Lehner* Art 6 MA Rn 66.

127 In *Vogel/Lehner* Art 6 MA Rn 41.

Die Zuweisung des Besteuerungsrechtes nach Abs 1 soll für jede Art der **Nutzung** des unbeweglichen Vermögens gelten. Abs 3 stellt insofern klar, dass die allg Regelung unabhängig von der Art der Nutzung gelten soll.[128] Die Vermietung und Verpachtung wird insoweit als Regelbeispiel genannt. Abs 3 konkretisiert damit die Einkünfteerzielungshandlung, dh wie die Einkünfte aus dem unbeweglichen Vermögen erzielt werden. Dabei muss zwischen der Nutzung und den Einkünften ein Kausalzusammenhang vorliegen (**„aus“** der Nutzung).[129] Und die Nutzung muss **unmittelbar** erfolgen. **86**

Die **vorübergehende Unterbrechung** der Nutzung (zB brach liegender Acker) schadet hingegen nicht. Die in dieser Zeit erzielten Einkünfte zählen zu den Einkünften iSd Art 6.[130] **87**

Der Begriff der **Nutzung** ist abkommensrechtlich auszulegen. Nach dem Wortlaut ist jede Art der Nutzung erfasst. Somit sollen auch alle anderen Formen der Nutzungsüberlassung, die nicht Vermietung und Verpachtung sind, erfasst werden. Ungeklärt ist aber, ob auch obligatorische Nutzungsrechte als unmittelbare Nutzung gelten sollen.[131] **88**

Die Nutzung ist von der **bloßen Verwendung** im Rahmen einer anderweitigen Einkunftserzielung abzugrenzen. **89**

Nicht erfasst wird eine Nutzung, wenn das Grundstück nur „als Produktionsfaktor“ im Rahmen eines Betriebes eingesetzt wird.[132] Einkünfte aus unbeweglichem Vermögen sind nur dann gegeben, wenn das unbewegliche Vermögen als eigenständige Einkunftsquelle genutzt wird.[133] **90**

Die Nutzung ist unmittelbar, wenn es sich um eine **aktive** Nutzung durch den StPfl von einer mittelbaren Nutzung durch Andere im Wege der entgeltlichen **Nutzungsüberlassung** handelt. Aus der Abgrenzung ergibt sich, dass mit der unmittelbaren Nutzung die Eigennutzung gemeint ist. **91**

Die private Nutzung stellt eine von Art 6 erfasste Nutzungsart dar. Ob daran aber eine StPfl geknüpft ist, entscheidet sich nach dem innerstaatlichen Recht des Belegenheitsstaates (nicht in Deutschland, Großbritannien, aber wohl Nutzwertbesteuerung in Frankreich, Griechenland, Italien). **92**

Die betriebliche Nutzung ist nicht grds, sondern nur unter bestimmten Voraussetzungen erfasst. Explizit genannt ist die Nutzungsart Land- und Forstwirtschaft in Abs 1. Daraus ergibt sich, dass die betriebliche Nutzung typischerweise einen bes Bodenbezug hat und in der Ausbeutung des unbeweglichen Vermögens besteht. So fallen auch die Ausbeutung von Bodenschätzen (nicht aber die Erforschung) unter die Regelung. Der Betrieb von Wind- und Solaranlagen stellt keine Nutzung von unbeweglichem Vermögen idS dar, wohl aber von Erdwärme.[134] **93**

5. Unternehmensvermögen. Abs 4 regelt, dass das Besteuerungsrecht dem Belegenheitsstaat auch für Einkünfte aus Grundstücken zusteht, die zu einem **Betriebsvermö-** **94**

128 Tz 3 MK zu Art 6.
129 *Vogel/Lehner* Art 6 MA Rn 152 unter Verweis auf *BFH* BStBl II 1986, 479, 481.
130 *Vogel/Lehner* Art 6 MA Rn 192.
131 *Vogel/Lehner* Art 6 MA Rn 185; *BFH* BStBl II 1982, 566.
132 *Debatin/Wassermeyer* Art 6 MA Rn 15.
133 *Debatin/Wassermeyer* Art 6 MA Rn 15.
134 Insofern detailliert *Vogel/Lehner* Art 6 MA Rn 163, 166, 169.

gen gehören.[135] Für das Besteuerungsrecht des Quellenstaates kommt es somit nicht darauf an, ob eine Betriebsstätte begründet wird und ob das Grundstück steuerlich hierzu zählt. Der Quellenstaat darf die Einkünfte aus dem unbeweglichen Vermögen auch dann besteuern, wenn er sie nach Art 7 nicht besteuern dürfte.

95 Bei Abs 4 handelt es sich somit um eine Verteilungsnorm, die den Vorrang des Art 6 zu den Unternehmenseinkünften beinhaltet. Unklar ist aber die **Wirkungsweise der Verteilungsnorm**, nämlich ob es sich um ein Exklusivverhältnis oder um ein lex specialis-Verhältnis in Form des Rechtsfolgenverweises handelt. Nach Ansicht des BFH[136] handelt es sich um ein Exklusivitätsverhältnis. Bei der Regelung in Abs 4 handelt es sich im Verhältnis zu Art 7 Abs 7 um eine Klarstellung. Der Regelung kommt insofern nur deklaratorische Bedeutung zu.[137] Dies hat insofern Auswirkung, als die deklaratorische Bedeutung eben gerade nicht dazu führen kann, dass die Regelungen des Art 7 Abs 1–6 wieder aufleben würden.

96 Für die Begriffsbestimmung des **unbeweglichen Vermögens** iSd Abs 4 gilt die des Abs 2, auch wenn Abs 4 keinen ausdrücklichen Verweis enthält. Dieser ist aufgrund der systematischen Stellung der Definition in Abs 2 entbehrlich.

97 Was unter einem Unternehmen iSd Abs 4 zu verstehen ist, ergibt sich aus der allg Begriffsdefinition des Art 3 Abs 1 lit c und d. Hinzuweisen ist in diesem Zusammenhang, dass die Land- und Forstwirtschaft aber gerade nicht als Unternehmen iSd Art 3 Abs 1 lit c und d gilt. Es muss sich um eine auf Gewinnerzielung gerichtete Tätigkeit handeln, die selbstständig ausgeübt wird, sich nicht auf die passive Nutzung von Vermögenswerten beschränkt und sie darf nicht land- und forstwirtschaftlicher Natur sein. In der Lit wird hingegen vertreten, dass sich aus dem Normzusammenhang des Art 6 ergibt, dass Unternehmen iSd Art 6 Abs 4 auch der land- und forstwirtschaftliche Betrieb sein soll.[138]

C. Rechtsfolge

98 Art 6 richtet sich an den Quellenstaat (Belegenheitsstaat) und weist ihm das Besteuerungsrecht zu („können besteuert werden"). Durch die Formulierung wird dem Quellenstaat das Besteuerungsrecht belassen, ohne durch Regelungen des Abk in der Ausübung des Besteuerungsrechtes beschränkt zu sein. Dem liegt die Überlegung zugrunde, dass zwischen dem unbeweglichen Vermögen und dem Belegenheitsstaat eine bes enge wirtschaftliche Verbindung besteht.[139] Die Rechtsfolge ist unabhängig davon, ob der Quellenstaat die Einkünfte nach nationalem Recht tatsächlich besteuert (Regelung der „virtuellen Besteuerung"[140]). Art 6 MA weist diesem aber kein ausschließliches Besteuerungsrecht zu, vielmehr bleibt die Rechtsfolge im Wohnsitzstaat offen („Verteilungsnorm mit offener Rechtsfolge"[141] oder unvollständige Verteilungs-

---

135 Tz 3 MK zu Art 6.

136 *BFH* BStBl II 1997, 313; zust *Debatin/Wassermeyer* Art 6 MA Rn 102; *Vogel/Lehner* Art 6 MA Rn 200, 201, 202.

137 *Vogel/Lehner* Art 6 MA Rn 201.

138 *Vogel/Lehner* Art 6 MA Rn 204.

139 Tz 1 MK zu Art 6.

140 *Vogel/Lehner* Art 6 MA Rn 7.

141 *G/K/G* Art 6 Rn 158.

norm[142]). In Art 6 MA wird das Besteuerungsrecht des Ansässigkeitsstaates nicht beschränkt. Das Recht zur Besteuerung durch den Ansässigkeitsstaat regelt sich in diesem Fall ausschließlich nach dem Methodenartikel.

Deutschland als Ansässigkeitsstaat gewährt in seinen Methodenartikeln weitestgehend die Freistellung der Einkünfte von der Besteuerung unter Progressionsvorbehalt. Indes ist die aufgrund des JStG 2009 erfolgte **innerstaatliche Einschränkung bzw Aufhebung des Progressionsvorbehalts** in § 32b Abs 1 S 2 Nr 3 EStG nF zu beachten. Ob davon nur laufende Einkünfte oder auch die Veräußerung unbeweglichen Vermögens erfasst ist, bleibt vor dem Hintergrund der Neufassung unklar. Folgerichtig wäre auch die Nichtberücksichtigung des Progressionsvorbehalts bei Veräußerungsgewinnen, jedoch ergibt sich dies nicht aus dem Gesetz (Vermietung ungleich Veräußerung). Zu beachten ist in verfahrensrechtlicher Hinsicht ferner ein jüngerer Beschl des *BFH* in Bezug auf die Buchführungspflicht ausl Immobilienkapitalgesellschaften mit beschränkter Steuerpflicht. Hier hat das Gericht ausgeführt, es sei ernstlich zweifelhaft, ob eine ausl KapGes, die nach § 49 Abs 1 Nr 2 Buchstabe f S 2 EStG 2009 iVm § 2 Nr 1 KStG 2002 mit ihren inländischen Vermietungseinkünften beschränkt körperschaftsteuerpflichtig ist, zu den gewerblichen Unternehmern iSv § 141 AO gehöre und deshalb nach dieser Vorschrift buchführungspflichtig sei.[143] **99**

D. Deutsche DBA

I. Allgemeines

Bei den von Deutschland geschlossenen DBA folgen noch fast die Hälfte dem MA 1963 (so insb Belgien, Frankreich, Griechenland, Großbritannien, Irland, Schweiz, Spanien, Ungarn, Türkei wie auch Argentinien, Ecuador und auch Israel, Japan, Singapur). Diese DBA unterscheiden sich insb darin, dass der Wortlaut nicht die Belegenheit des „unbeweglichen Vermögens" auf den „anderen Vertragsstaat" begrenzt. Auch werden bei diesen DBA idR die Land- und Forstwirtschaft nicht explizit mit in den Anwendungsbereich einbezogen. **100**

In der jüngsten Vergangenheit wurden bereits mehrere Doppelbesteuerungsabkommen (Mauritius, Niederlande, Luxemburg, Großbritannien unterzeichnet. Bei diesen ist eine Anlehnung an das OECD Musterabkommen zu beobachten. **101**

Am 23.4.2012 wurde das Abkommen mit Luxemburg unterzeichnet. Nach Austausch der Ratifikationsurkunden wird dieses das bis dato noch in Kraft befindliche Abkommen vom 23.8.1958 (BGBl II 1959, 1270) ersetzen. Die Zuweisung des Besteuerungsrechts für Einkünfte aus unbeweglichen Vermögen ist zukünftig in Art 6 DBA-Neu zu finden. Ebenso wie im neu unterzeichneten DBA mit den Niederlanden werden auch hier Veräußerungsgewinne nicht mehr zusammen mit den Einkünften aus unbeweglichem Vermögen erfasst, sondern fallen fortan unter Art 13 DBA-Neu. **102**

Die neue dt Verhandlungsgrundlage für DBA hat in ihrem Art 6 den Art 6 MA im Wesentlichen wortgleich übernommen, so dass auch vor diesem Hintergrund keine Kursänderung in der dt Abkommenspolitik droht. Einkünfte aus unbeweglichem Vermögen dürften daher auch künftig in Deutschland steuerfreigestellt bleiben. **103**

142 *Schaumburg* Rn 16.206, 16212.
143 *BFH* 15.10.2015 – I B 93/15, *BFH/NV* 2016, 138.

II. Wichtigste Abweichungen

104 Einen Art 6 ohne Einbeziehung der Land- und Forstwirtschaft findet sich zB in den DBA Bulgarien, Ecuador, Malaysia, Malta 1974, Pakistan, Philippinen, Singapur, Sri Lanka, Uruguay. Allerdings liegt darin insoweit kein sachlicher Unterschied zum MA 2003,[144]sofern in Abs 2 das land- und forstwirtschaftliche Inventar mit einbezogen wird. Etwas anderes gilt, wenn dieser Bezug auch in Abs 2 nicht hergestellt wird, (so insb DBA Australien, Singapur, Ecuador). Das DBA Niederlande bezieht darüber hinaus auch die Einkünfte aus Nebenbetrieben mit ein.

105 Daneben weist eine Minderheit von DBA Sonderregelungen für Anteilseigner grundstücksverwaltender Gesellschaften auf, wenn dem Anteilseigner ein Grundstücksnutzungsrecht zusteht (so Finnland, Estland, Lettland, Litauen).

Art. 7 Unternehmensgewinne [OECD-MA 2008]

(1) Gewinne eines Unternehmens eines Vertragsstaates können nur in diesem Staat besteuert werden, es sei denn, das Unternehmen übt seine Geschäftstätigkeit im anderen Vertragsstaat durch eine dort gelegene Betriebstätte aus. Übt das Unternehmen seine Geschäftstätigkeit auf diese Weise aus, so können die Gewinne des Unternehmens im anderen Staat besteuert werden, jedoch nur insoweit, als sie dieser Betriebstätte zugerechnet werden können.

(2) Übt ein Unternehmen eines Vertragsstaats seine Geschäftstätigkeit im anderen Vertragsstaat durch eine dort gelegene Betriebstätte aus, so werden vorbehaltlich des Absatzes 3 in jedem Vertragsstaat dieser Betriebstätte die Gewinne zugerechnet, die sie hätte erzielen können, wenn sie eine gleiche oder ähnliche Geschäftstätigkeit unter gleichen oder ähnlichen Bedingungen als selbständiges Unternehmen ausgeübt hätte und im Verkehr mit dem Unternehmen, dessen Betriebstätte sie ist, völlig unabhängig gewesen wäre.

(3) Bei der Ermittlung der Gewinne einer Betriebstätte werden die für diese Betriebstätte entstandenen Aufwendungen, einschließlich der Geschäftsführungs- und allgemeinen Verwaltungskosten, zum Abzug zugelassen, gleichgültig, ob sie in dem Staat, in dem die Betriebstätte liegt, oder anderswo entstanden sind.

(4) Soweit es in einem Vertragsstaat üblich ist, die einer Betriebstätte zuzurechnenden Gewinne durch Aufteilung der Gesamtgewinne des Unternehmens auf seine einzelnen Teile zu ermitteln, schließt Absatz 2 nicht aus, dass dieser Vertragsstaat die zu besteuernden Gewinne nach der üblichen Aufteilung ermittelt; die gewählte Gewinnaufteilung muss jedoch derart sein, dass das Ergebnis mit den Grundsätzen dieses Artikels übereinstimmt.

(5) Auf Grund des bloßen Einkaufs von Gütern oder Waren für das Unternehmen wird einer Betriebstätte kein Gewinn zugerechnet.

(6) Bei der Anwendung der vorstehenden Absätze sind die der Betriebstätte zuzurechnenden Gewinne jedes Jahr auf dieselbe Art zu ermitteln, es sei denn, dass ausreichende Gründe dafür bestehen, anders zu verfahren.

---

144 *Vogel/Lehner* Art 6 MA Rn 52.

(7) Gehören zu den Gewinnen Einkünfte, die in anderen Artikeln dieses Abkommens behandelt werden, so werden die Bestimmungen jener Artikel durch die Bestimmungen dieses Artikels nicht berührt.

Art. 7 Unternehmensgewinne [OECD-MA 2010]

(1) Gewinne eines Unternehmens eines Vertragsstaats können nur in diesem Staat besteuert werden, es sei denn, das Unternehmen übt seine Geschäftstätigkeit im anderen Staat durch eine dort gelegene Betriebsstätte aus. Übt das Unternehmen seine Geschäftstätigkeit auf diese Weise aus, so können die Gewinne, die der Betriebsstätte nach Absatz 2 zuzurechnen sind, im anderen Staat besteuert werden.

(2) Bei der Anwendung dieses Artikels sowie von Artikel 23A, 23B sind die Gewinne, die der in Absatz 1 genannten Betriebsstätte in jedem Vertragsstaat zuzurechnen sind, die Gewinne, die sie hätte erzielen können, insbesondere in ihren Geschäftsbeziehungen mit anderen Unternehmensteilen, wenn sie als selbstständiges und unabhängiges Unternehmen eine gleiche oder ähnliche Geschäftstätigkeit unter gleichen oder ähnlichen Bedingungen ausgeübt hätte, unter Berücksichtigung der vom Unternehmen durch die Betriebsstätte und durch andere Unternehmensteile ausgeübten Funktionen, eingesetzten Wirtschaftsgüter und übernommenen Risiken.

(3) Ändert ein Vertragsstaat die einer Betriebsstätte eines Unternehmens eines der Vertragsstaaten zuzurechnenden Gewinne in Übereinstimmung mit Absatz 2 und besteuert er dementsprechend Gewinne des Unternehmens, die bereits im anderen Staat besteuert worden sind, so nimmt der andere Staat eine entsprechende Änderung der von diesen Gewinnen erhobenen Steuer vor, soweit dies zur Beseitigung einer Doppelbesteuerung erforderlich ist. Bei dieser Änderung werden die zuständigen Behörden der Vertragsstaaten einander erforderlichenfalls konsultieren.

(4) Gehören zu den Gewinnen Einkünfte, die in anderen Artikeln dieses Abkommens behandelt werden, so werden die Bestimmungen jener Artikel durch die Bestimmungen dieses Artikels nicht berührt.

BMF VWG BsGa-E (18.3.2016) (Verwaltungsgrundsätze Betriebsstättengewinnaufteilung – Entwurf Verbandsanhörung v 18.3.2016), www.bundesfinanzministerium.de; *BMF* BStBl I 2016, 76 (Stand der DBA zum 1.1.2016); *BMF* BStBl I 2014, 1258 (Anwendung der DBA auf Personengesellschaften); *BMF* BStBl I 2011, 1278 (Finale Entnahme/Betriebsaufgabe); *BMF* BStBl I 2009, 671 (Anwendung *BFH* 17.7.2008 I R 77/06); *BMF* BStBl I 2005, 570 (Verwaltungsgrundsätze Verfahren); *BMF* BStBl I 2004, 411 (US-Limited Liability Company); *BMF* BStBl I 1999, 1076 (Betriebsstätten-Verwaltungsgrundsätze), geändert durch *BMF* BStBl I 2009, 888.

Übersicht

Literatur: *Bähr* Gewinnermittlung ausl Zweigbetriebe, 1971; *Baranowski* Steuerfolgen bei Einschaltung eines „Ständigen Vertreters", IWB 1997, F 3 Gr 2, 719; *Becker* Die Besteuerung von Betriebsstätten, DB 1989, 10; *Bendlinger* Sinn und Zweck der Vertreterbetriebsstätte – Eine kritische Betrachtung eines unzweckmäßigen Tatbestands, ÖStZ 2010, 308; *Busch* Die finale Fassung der Betriebsstättengewinnaufteilungsverordnung, DB 2014, 2490; *Debatin* Die sogenannte Steuerentstrickung und ihre Folgen, BB 1990, 826; *ders* Das Betriebsstättenprinzip der deutschen Doppelbesteuerungsabkommen, DB 1989, 1692 (I), 1739 (II); *Ditz* Internationale Gewinnabgrenzung bei Betriebsstätten, 2004; *Ditz/Bärsch* Gewinnabgrenzung bei Vertreterbetriebsstätten nach dem AOA – ein Plädoyer für die Nullsummentheorie, IStR 2013, 411; *Ditz/Luckhaupt* BetriebsstättengewinnaufteilungsVO – Neues Gewinnermittlungsrecht für Betriebsstätten, ISR 2015, 1; *Ditz/Schneider* Änderungen des Betriebsstättenerlasses durch das BMF-Schreiben vom 25.8.2009, DStR 2010, 81; *Ditz/Schönfeld* Abzug von umrechnungsbedingten Währungsverlusten, DB 2008, 1458; *Endres* Die Vertreterbetriebsstätte im Konzern, IStR 1996, 1; *Endres/Jacob/Gohr/Klein* DBA Deutschland/USA, Kommentar, 2009; *Endres/Oestreicher/van der Ham* Die neue Betriebsstättengewinnaufteilung (Teil 1), PIStB 2014, 276; *Förster/Naumann* Der neue OECD-Vorschlag zur Änderung der Betriebsstättengewinnermittlung nach Art 7 MA im Vergleich zur bisherigen Auffassung, IWB 2004, F 10 Gr 2, 1777; *Förster/Naumann/Rosenberg* Gewinnabgrenzung bei Betriebsstätten, IStR 2005, 617; *Froitzheim* Funktionsweise und Wirkung der AOA-Gewinnabgrenzung, Ubg 2015, 354; *Görl* Die Vertreterbetriebsstätte der Doppelbesteuerungsabkommen – ein Geburtsfehler des Art 5 OECD-MA, GS

Krüger, 2006, S 113; *Gosch* Über die Zeit im Abkommensrecht, IStR 2015, 709; *ders* Entwicklungstendenzen in der Rechtsprechung des Bundesfinanzhofs zum Internationalen Steuerrecht, SWI 2011, 324; *ders* Über das Treaty Overriding – Bestandsaufnahme – Verfassungsrecht – Europarecht, IStR 2008, 413; *Griemla* Welcher Gewinn ist einer Vertreterbetriebsstätte zuzuordnen?, IStR 2005, 857; *Haarmann* Die Vertreterbetriebsstätte und die faktische Verpflichtung (Kommissionärsmodell), FS Wassermeyer, 2015, S 161; *ders* Die Gewinnermittlung der Geschäftsführungsbetriebsstätte, FS Wassermeyer, 2005, S 723; *Haase* Abkommensrechtliche Ansässigkeit – Eine Standortbestimmung, Diskussionsbeiträge des IIFS der Universität Hamburg (Nr 178) 2011; *Haase/Brändel* Überlegungen zur Theorie der betriebsstättenlosen Einkünfte, StuW 2011, 49; *Häck* Abkommensrechtliche Zuordnung von Beteiligungen zu Betriebsstätten nach BFH, OECD und Finanzverwaltung, ISR 2015, 113; *Haiß* Gewinnabgrenzung bei Betriebsstätten im Internationalen Steuerrecht, 2000; *Hans* Steuerentstrickung – Die finale Entnahmetheorie im abkommensrechtlichen Kontext, FS Wassermeyer, 2015, S 345; *Hemmelrath/Kepper* Die Bedeutung des AOA für die deutsche Abkommenspraxis, IStR 2013, 37; *Herzig* Perspektiven der Ermittlung, Abgrenzung und Übermittlung des steuerlichen Gewinns, DB 2012, 1; *Hey* Anmerkung zum Urteil des FG Köln v 7.7.1993, RIW 1994, 889; *Kahle* Internationale Gewinnabgrenzung bei Betriebsstätten nach dem AOA, FS Frotscher, 2013, S 287; *Kahle/Mödinger* Vermeidung von Doppelbesteuerung im Bereich der Unternehmensgewinne nach Art 7 Abs 3 OECD-MA 2010, IStR 2011, 821; *dies D*ie Neufassung des Art 7 OECD-MA iRd Aktualisierung d OECD-MA 2010, IStR 2010, 757; *Kleineidam* Gerechtigkeits- und Kausalitätsgesichtspunkte bei der internationalen Einkünftezurechnung auf Betriebsstätten. Ein Plädoyer für eine modifizierte globale Einkünftezurechnungsmethode, FS Fischer, 1999; *ders* Perspektiven der internationalen Einkünfteabgrenzung im Lichte globaler Unternehmensstrategien, FS Flick, 1997; *ders* Gewinnermittlung bei Auslandsbetriebsstätten, IStR 1993, 349 (I), 395 (II); *ders* Rechtliche und organisatorische Voraussetzungen der Gewinnermittlung bei Auslandsbetriebsstätten, IStR 1993, 141; *Kessler/Philipp* Rechtssache National Grid Indus BV – Ende oder Bestätigung der Entstrickungsbesteuerung?, DStR 2012, 267; *Kraft* Die Beendigung und Auflösung ausländischer Betriebsstätten, NWB 2014, 2705; *Kraft/Dombrowski* Die Folgen der Einführung des AOA für den Steuerpflichtigen, IWB 2015, 87; *Kraft/Jochimsen* Sonderbetriebsvermögen in grenzüberschreitender Perspektive, NWB 2015, 123. *Kroppen* Aufteilungen zwischen Stammhaus und Betriebsstätte auf Basis von Personalfunktionen? DB 2014, 2134; *ders* Der „Authorised OECD Approach" zur Gewinnaufteilung zwischen Stammhaus und Betriebsstätte, FS Herzig, 2010, S 1071; *ders* Betriebsstättengewinnermittlung, IStR 2005, 74; *ders* Neue Rechtsentwicklungen bei der Betriebsstätte nach Abkommensrecht, FS Wassermeyer, 2005, S 691; *ders* Betriebsstätte – Quo vadis? IWB 2005, Gr 2 F 10, 1865; *Kußmaul/Ruiner/Delarber* Leistungsbeziehungen in internationalen Einheitsunternehmen mit Blick auf die Änderung des Art 7 OECD-MA und die geplante Änderung des § 1 AStG, Ubg 2011, 837; *Lang* DBA und Personengesellschaften – Grundfragen der Abkommensauslegung, IStR 2007, 606; *ders* Das OECD-MA 2001 und darüber hinaus: Welche Bedeutung haben die nach Abschluss eines DBA erfolgten Änderungen des OECD-Kommentars?, IStR 2001, 536; *ders* Qualifikationskonflikte bei Personengesellschaften, IStR 2000, 129; *ders* Art 3 Abs 2 OECD-MA und die Auslegung von Doppelbesteuerungsabkommen, IWB 2011, 281; *Löwenstein/Looks/Heinsen* Betriebsstättenbesteuerung – Inboundinvestitionen, Outboundinvestitionen, Steuergestaltungen, Branchenbesonderheiten, 2. Aufl 2011; *Lüdicke* Überlegungen zur deutschen DBA-Politik, 2008; *ders* Die Besteuerung von international tätigen Personengesellschaften, Diskussionsbeiträge aus dem Institut für Ausländisches und Internationales Finanz- und Steuerwesen der Universität Hamburg, Heft 134, 2000; *ders* Neue Entwicklungen der Besteuerung von Personengesellschaften im internationalen Steuerrecht, StBJb 1997/98, 449; *Melhem/Dombrowski* Die unbestimmten Grenzen der Selbstständigkeitsfiktion des AOA, IStR 2015, 912; *Mellinghoff* Heranziehung von OECD-Musterabkommen und -Musterkommentar, FS Wassermeyer,

2015, S 35; *Mensching* Die Limited Liability Company (LLC) im Minenfeld zwischen deutschem, innerstaatlichen Steuerrecht und Abkommensrecht, IStR 2008, 687; *Müller-Gatermann* Unternehmensgewinne nach Art 7 und 14 des deutsch-türkischen DBA, IStR 2015, 387; *Naumann/Förster* Der neue OECD-Vorschlag zur Änderung der Betriebsstättengewinnermittlung nach Art 7 OECD-MA im Vergleich zur bisherigen Auffassung, IWB 2004, F 10 Gr 2, 1777; *dies* Abschmelzen (Stripping) von Funktionen im Konzern, steuerlich vergebliche Liebesmüh? – Zur Verlagerung von Funktionen am Beispiel von Vertriebstochtergesellschaften, IStR 2004, 246; *Niehaves* Die Gewinnabgrenzung bei Vertreterbetriebsstätten, IStR 2011, 373; *ders* Die Vertreterbetriebsstätte – Konzeption und Einkünftezuordnung, 2010; *Oestreicher/van der Ham/Andresen* Die Neuregelung der Betriebsstättengewinnaufteilung in zwölf Fällen, IStR 4/2014 (Beihefter); *Plansky* Die Gewinnzurechnung zu Betriebsstätten im Recht der Doppelbesteuerungsabkommen, 2010; *Prinz* Grenzüberschreitende Sondervergütungen bei Mitunternehmerschaften, DB 2011, 1415; *ders* Gesetzgeberische Wirrungen um Grundsätze der Betriebsstättenbesteuerung, DB 2009, 807; *Pyszka* Die US-amerikanische LLC mit tatsächlichem Verwaltungssitz in Deutschland, GmbHR 2015, 1203; *Rasch/Wenzel* Die Entstrickungsbesteuerung in der BsGaV und ihre europarechtliche Würdigung, ISR 2015, 128; *Rasch/Müller* Vertreterbetriebsstätte: BsGaV: Der ständige Vertreter und die „Nullsummentheorie"; *Rödder/Schumacher* Das kommende SEStEG – Teil I: Die geplanten Änderungen des EStG, KStG und AStG, DStR 2006, 1481; *Schaumburg/Piltz (Hrsg)* Besteuerung von Funktionsverlagerungen – Neuausrichtung? Forum der internationalen Besteuerung, Bd 37, 2010; *Schmidt Chr* Anwendung der DBA auf Personengesellschaften, IStR 2010, 413; *ders* Zinsen einer inländischen Personengesellschaft an ihre ausländischen Gesellschafter im Abkommensrecht – Anm zum BFH-Urt v 17.10.2007, IStR 2008, 290; *Schnitger* Änderungen des § 1 AStG und Umsetzung des AOA durch das JStG 2013, IStR 2012, 633; *Schön* Gewinnabgrenzung bei Betriebsstätten, in Lüdicke, Besteuerung von Unternehmen im Wandel, Forum der Internationalen Besteuerung, Heft 32, 2007, S 71; *Schönfeld* Entstrickung über die Grenze aus Sicht des § 4 Abs 1 S 3 EStG anhand von Fallbeispielen, IStR 2010, 133; *Sieker* Ist einer Vertreterbetriebsstätte ein Gewinn zuzurechnen?, BB 1996, 981; *ders* Betriebsstättengewinn und Fremdvergleichsgrundsatz, DB 1996, 110; *Spengel/Schaden/Wehrße* Besteuerung von Personengesellschaften in den 27 EU-Mitgliedstaaten und den USA – Analyse der nationalen Besteuerungskonzeptionen, StuW 2010, 44; *Storck* Ausländische Betriebsstätten im Ertrag- und Vermögensteuerrecht, 1980; *Strunk/Kaminski* Grenzüberschreitende Sondervergütungen: Aktuelle BFH-Rechtsprechung und Entwurf eines BMF-Schreibens, Stbg 2008, 291; *dies* Anmerkungen zum Betriebsstättenerlass, IStR 2000, 33; *Vogel* Neue Gesetzgebung und DBA-Freistellung, IStR 2007, 225; *Wassermeyer* Die BFH-Rechtsprechung zur Betriebsstättenbesteuerung vor dem Hintergrund des § 1 Abs 5 AStG und der BsGaV, IStR 2015, 37; *ders* Das Besteuerungsrecht für nachträgliche Einkünfte im internationalen Steuerrecht, IStR 2010, 461; *ders* Kritische Anmerkungen zur Vertreterbetriebsstätte, SWI 2010, 505; *ders* Die Anwendung der Doppelbesteuerungsabkommen auf Personengesellschaften, IStR 2007, 413; *ders* Verliert Deutschland im Fall der Überführung von Wirtschaftsgütern in eine ausl Betriebsstätte das Besteuerungsrecht?, DB 2006, 1176; *ders* Diskriminierungsfreie Betriebsstättengewinnermittlung, IStR 2004, 733; *Wassermeyer/Andresen/Ditz* Betriebsstätten-Handbuch, 2006; *Werra/Teiche* Das SEStBeglG aus der Sicht international tätiger Unternehmen, DB 2006, 1455.

A. Allgemeines

I. Bedeutung der Vorschrift

1 Art 7 MA regelt die **Besteuerungsrechte der Vertragsstaaten** für Gewinne (Einkünfte)[1] aus **grenzüberschreitender unternehmerischer Tätigkeit**. Die Vorschrift hat – ähnlich wie § 15 EStG betr die Ermittlung der Einkünfte aus Gewerbebetrieb nach innerstaatlichem Steuerrecht Deutschlands – zentrale Bedeutung für die Einkünfteabgrenzung gewerblicher Unternehmen und wird als die „wichtigste Einkunftsart auch des DBA-Rechts" bezeichnet.[2] Seit der Streichung des Art 14 MA durch Anpassung des MA im Jahr 2000 schließt Art 7 MA auch die Einkünfteabgrenzung bei freiberuflicher und sonstiger selbstständiger Arbeit in seinen Regelungsbereich ein (Rn 17).

2 Als Abkommensvorschrift vermag Art 7 keine Steueransprüche eines Vertragsstaates zu begründen oder zu erweitern. Es handelt sich um eine **Verteilungsnorm**, die die nach dem innerstaatlichen Steuerrecht der Vertragsstaaten begründeten Ansprüche einschränken oder ausschließen kann (sog **Schrankenwirkung des DBA-Rechts**).[3]

3 Dementsprechend regelt Art 7 die **grds Steuerberechtigung** des Ansässigkeitsstaates des Unternehmens sowie des Quellenstaates bei internationaler unternehmerischer Tätigkeit, ferner die **Abgrenzung des Gewinns einer im anderen Vertragsstaat begründeten Betriebsstätte** vom übrigen Gewinn des Unternehmens.

4 Hingegen ist die *Gewinnermittlung* einer Betriebsstätte nicht Gegenstand des Art 7. Wie der Gewinn des Unternehmens und der Gewinn der Betriebsstätte zu ermitteln sind, richtet sich nach dem innerstaatlichen Recht der betr Vertragsstaaten.

II. Verhältnis zu anderen Vorschriften

5 Art 7 stellt eine **Fortsetzung und Ergänzung des Art 5 über die Betriebsstätte** dar, ohne dass in Art 7 explizit auf Art 5 verwiesen wird. Während **Art 5** als Definitionsnorm darüber Auskunft gibt, ob bzw wann eine Betriebsstätte abkommensrechtlich überhaupt vorliegt, enthält Art 7 ein Regelwerk zur Abgrenzung des Betriebsstättengewinns vom übrigen Gewinn des Unternehmens für den Fall, dass das Unternehmen seine Geschäftstätigkeit im anderen Vertragsstaat durch eine dort gelegene Betriebsstätte ausübt.

6 Art 7 Abs 4 MA 2010 (= Art 7 Abs 7 MA 2008) ordnet den **Vorrang einer spezielleren DBA-Vorschrift** an, soweit die Einkünfte in dieser anderen (spezielleren) Vorschrift „behandelt" werden. Darin drückt sich der **abkommensrechtliche Grundsatz** aus, dass der speziellere Abkommensartikel dem allg grds vorgeht. Dagegen gilt im innerstaatlichen Steuerrecht Deutschlands ein grds Vorrang der betrieblichen Einkunftsarten gg den Überschusseinkunftsarten.[4]

---

1 In Anlehnung an die Formulierung in Art 7 MA wird im Folgenden grds der Begriff „Gewinn" verwandt, obwohl sprachlich korrekt der Terminus „Einkünfte" (als Oberbegriff für Gewinne und Verluste) zu verwenden wäre.

2 *Vogel/Lehner* Art 7 Rn 2.

3 *Debatin* DB 1989, 1692; *Schaumburg* Rn 16.211.

4 Subsidiarität der Einkünfte aus Kapitalvermögen, der Einkünfte aus Vermietung und Verpachtung sowie bestimmter sonstiger Einkünfte (vgl § 20 Abs 8, § 21 Abs 3, § 22 Nr 1 und 3 sowie § 23 Abs 2 EStG).

Dementsprechend tritt Art 7 hinter **Art 6** (unbewegl Vermögen) zurück (vgl auch Art 6 Abs 4), ferner hinter **Art 8** (See-/Binnenschifffahrt, Luftfahrt) und **Art 17** (Künstler und Sportler). Ebenso geht im Hinblick auf die Besteuerung von Veräußerungsgewinnen für bewegliches Vermögen einer Betriebsstätte sowie die Veräußerung einer Betriebsstätte selbst der **Art 13** dem Art 7 vor. Schließlich sind die Verteilungsnormen der **Art 10–12** (Dividenden, Zinsen, Lizenzgebühren) vorrangig gg Art 7 anzuwenden, es sei denn, die den Einkünften zugrunde liegenden Vermögenswerte gehören zu einer Betriebsstätte des Unternehmens im Quellenstaat (sog Betriebsstättenvorbehalt); vgl näher Rn 210. 7

Der die Gewinnabgrenzung zwischen rechtlich unselbstständigen Teilen eines einheitlichen Unternehmens („Einheitsunternehmen") regelnde Art 7 steht schließlich in **engem Sachzusammenhang mit** Art 9, welcher die **Gewinnabgrenzung** (Gewinnberichtigung) zwischen rechtlich selbstständigen, **verbundenen Unternehmen** zum Gegenstand hat. Art 9 sieht eine Gewinnabgrenzung nach dem Grundsatz des Fremdvergleichs (dealing-at-arm's-length-principle) vor (s dort, Rn 30). Mit der Neufassung des Art 7 durch das MA 2010 (Rn 216) soll eine weitgehende Annäherung der Gewinnabgrenzungsregeln im Einheitsunternehmen an die Gewinnabgrenzung zwischen verbundenen Unternehmen nach dem Fremdvergleichsgrundsatz erreicht werden. 8

Bei Vorliegen einer Betriebsstätte im Quellenstaat regelt Art 7 die **Berechtigung des Quellenstaates**, die Gewinne des im anderen Vertragsstaat ansässigen Unternehmens zu besteuern sowie die Grundsätze der Abgrenzung des Betriebsstättengewinns vom übrigen Unternehmensgewinn. Auf welche Weise eine **Dbest** des Unternehmensgewinns durch den Ansässigkeitsstaat **zu vermeiden** ist, ergibt sich nicht aus Art 7, sondern aus **Art 23 MA** (s Rn 35). 9

Schließlich wird Art 7 MA ergänzt durch **Art 24 Abs 3**. Letztgenannte Vorschrift untersagt es den Vertragsstaaten, Betriebsstätten von Unternehmen eines anderen Vertragsstaats gg Unternehmen des eigenen Staates steuerlich schlechter zu stellen. Damit sollen **Diskriminierungen** bei der Behandlung von Betriebsstätten gg ansässigen Unternehmen mit demselben Tätigkeitsbereich vermieden werden (s Art 24 Rn 22 ff). 10

III. Regelungsinhalt (Überblick)

Die Bedeutung des Art 7 erwächst aus der rechtl Unselbstständigkeit der Betriebsstätte. Eine Betriebsstätte (vgl § 12 AO und Art 5 MA) besitzt keine eigene Rechtspersönlichkeit. Sie ist ein rechtl unselbstständiger Teil des Gesamtunternehmens. Dementspr bilden das Unternehmens-Stammhaus und die Betriebsstätte(n) **rechtlich ein einheitliches Unternehmen**. Ein Gewinn oder Verlust kann rechtlich nicht für einen einzelnen Unternehmensteil, sondern nur für das Unternehmen insgesamt entstehen. Gleichwohl besteht die Notwendigkeit, den Gewinn des „Einheitsunternehmens" für steuerliche Zwecke **auf Stammhaus und Betriebsstätte(n) aufzuteilen**, wenn sich diese in unterschiedlichen Staaten befinden und die betreffenden Staaten den Gewinn nach ihrem jeweiligen innerstaatlichen Recht der Besteuerung unterwerfen. Dies gilt sowohl für den Fall der inländischen Betriebsstätte eines im Ausland ansässigen Unternehmens, welches mit dem Gewinn der Betriebsstätte der beschränkten 11 inländischen StPfl unterliegt,[5] als auch für den Fall der ausl Betriebsstätte eines inländischen Unternehmens, welches den Gewinn der ausl Betriebsstätte zwecks Vermeidung einer Dbest von der inländischen Besteuerung ausnimmt oder die im Ausland gezahlte Steuer anrechnet.

12 **Beispiel:** Eine im Ausland ansässige KapGes vertreibt ihre Produkte in Deutschland über eine in Deutschland belegene Betriebsstätte. Gem § 49 Abs 1 Nr 2 Buchstabe a EStG unterliegt die ausl KapGes mit den Einkünften der Betriebsstätte der beschränkten StPfl in Deutschland. Gleichzeitig ist die KapGes in ihrem Ansässigkeitsstaat grds mit sämtlichen Einkünften, einschließlich der der inländischen Betriebsstätte zuzurechnenden Einkünfte, unbeschränkt stpfl. Besteht zwischen dem ausl Staat und Deutschland kein DBA, sind allein die innerstaatlichen Vorschriften zu beachten; einer zweifachen Besteuerung des der Betriebsstätte zuzurechnenden Gewinns wird oftmals durch unilaterale Maßnahmen des Ansässigkeitsstaats entgegengewirkt werden (vgl für den umgekehrten (Outbound-) Fall § 34c Abs 1, § 34d Nr 2 Buchstabe a EStG). Besteht zwischen beiden Staaten ein DBA, sind die Regelungen des DBA zusätzlich zu berücksichtigen, wobei für den vorliegenden Grundfall idR eine dem Art 7 MA nachgebildete Vorschrift anzuwenden ist.

13 Art 7 regelt die Besteuerung von Unternehmensgewinnen durch ein **Regel-Ausnahme-Verhältnis**: Grds hat der Ansässigkeitsstaat des Unternehmens das alleinige Besteuerungsrecht für die von dem Unternehmen erzielten Gewinne. Der Steueranspruch des Ansässigkeitsstaats nach dessen innerstaatlichem Recht – iA unbeschränkte StPfl des Unternehmens für die gesamten Einkünfte des Unternehmens – wird durch das Abk nicht eingeschränkt. Dieser Grundsatz wird dann durchbrochen, wenn das Unternehmen seine Geschäftstätigkeit im anderen Vertragsstaat durch eine dort gelegene Betriebsstätte ausübt. Dann wechselt das Besteuerungsrecht für *den* Teil der Einkünfte des Unternehmens, die der Betriebsstätte zugerechnet werden können, an den anderen Vertragsstaat (Betriebsstättenstaat). Hiermit wird das sog **Betriebsstättenprinzip** statuiert. Für diesen Fall regelt der Methodenartikel (Art 23 MA), ob und wie der Ansässigkeitsstaat eine Dbest vermeidet.

14 Sofern das Unternehmen seine Geschäftstätigkeit im Quellenstaat durch eine Betriebsstätte ausübt, sieht Art 7 iVm Art 23 MA vor, den **Gewinn der Betriebsstätte** vom übrigen Gewinn des Unternehmens **abzugrenzen**. Damit wird einerseits dem Betriebsstättenstaat der Teil des Gewinns zur Besteuerung überlassen, der der Betriebsstätte zugerechnet werden kann. Andererseits nimmt der Ansässigkeitsstaat diesen Teil des Gewinns von der Besteuerung aus oder rechnet die im Betriebsstättenstaat erhobene Steuer auf den Gewinn des Stammhausunternehmens an.

15 Das Betriebsstättenprinzip geht bereits auf die ältesten dt DBA zurück und ist Ausfluss des **Ursprungs- oder Quellenprinzips.** Danach soll jeder Staat die Einkünfte besteuern dürfen, die in seinem Hoheitsgebiet entstanden sind. Der damit einhergehende Verzicht des Ansässigkeitsstaates auf die ausl Betriebsstätteneinkünfte wurde zunächst als Privileg verstanden, welches den Entwicklungsländern zugestanden werden sollte. Heute ist das Ursprungsprinzip als „gerechtes" Prinzip einer Einkünfteabgrenzung auch zwischen den Industriestaaten anerkannt. Der Ansässigkeitsstaat gibt sein Besteuerungsrecht an dem Unternehmensgewinn zu Gunsten des Betriebsstättenstaates teilw auf, wodurch eine Dbest der der Betriebsstätte zugerechneten Einkünfte vermieden oder gemildert werden soll. Voraussetzung für die abkommens-

5 Beschränkte ESt-/KSt-Pflicht (§ 49 Abs 1 Nr 2a EStG, §§ 2, 8 Abs 1 KStG).

rechtliche Einkünftezurechnung zur Betriebsstätte ist, dass eine Betriebsstätte iSd jeweiligen DBA (vgl Art 5) vorliegt. In jüngerer Zeit ist eine Aufweichung des Betriebsstättenbegriffs festzustellen, die zu einer Zunahme der Besteuerungsrechte der Quellenstaaten führt (vgl im Einzelnen die Komm zu Art 5).

Tragender Grundsatz der Einkünftezurechnung zur Betriebsstätte ist der in Art 7 Abs 2 niedergelegte **Grundsatz des Fremdvergleichs** (dealing-at-arm's-length-principle), wonach der Betriebsstätte diejenigen Einkünfte zuzurechnen sind, die sie hätte erzielen können, wenn sie eine gleiche oder ähnliche Geschäftstätigkeit unter gleichen oder ähnlichen Bedingungen als selbstständiges Unternehmen ausgeübt hätte **(Selbstständigkeitsfiktion)** und im Verkehr mit dem Unternehmen, dessen Betriebsstätte sie ist, unabhängig gewesen wäre **(Unabhängigkeitsfiktion)**. Für die Einkünftezuordnung wird somit die Selbstständigkeit und die Unabhängigkeit der Betriebsstätte unterstellt. Jedoch sind Inhalt und Reichweite der Selbstständigkeits- und Unabhängigkeitsfiktion umstritten. Mit der Neufassung des Art 7 durch das MA 2010 wird eine sehr weitreichende fiktive Selbstständigkeit der Betriebsstätte unterstellt (vgl im Einzelnen Rn 148 ff, Rn 216 ff). **16**

IV. Streichung des Art 14 MA

Der OECD-Steuerausschuss hat am 29.4.2000 iRd Anpassung des MA und des MK („Update 2000“) die Streichung des bisherigen Art 14 MA beschlossen. Art 14 enthielt eine **eigenständige Regelung** für die **Einkünfte aus selbstständiger Arbeit**. Danach erhielt der Ansässigkeitsstaat des selbstständig Tätigen grds das ausschließliche Besteuerungsrecht für die Einkünfte aus freiberuflicher oder sonstiger selbstständiger Tätigkeit, soweit die Einkünfte nicht einer dem selbstständig Tätigen im Quellenstaat zur Verfügung stehenden **„festen Einrichtung“** zuzurechnen waren. Der Regelungsinhalt des bisherigen Art 14 MA geht mit dem Update 2000 in Art 7 MA auf. **17**

Nach dem Bericht des Steuerausschusses entsprach die Regelung des Art 14 inhaltlich weitgehend dem Art 7. Aufgrund der **lediglich terminologischen Unterscheidung** in der Anknüpfung an eine „feste Einrichtung“ (Art 14) im Vergleich zur Anknüpfung an eine „Betriebsstätte“ (Art 7) sei eine Einbeziehung der Einkünfte aus selbstständiger Arbeit in den Art 7 gerechtfertigt. Dies kommt auch im MK zum Ausdruck, wenn festgestellt wird, dass zwischen dem Begriff der Betriebsstätte und dem der festen Einrichtung „keine Unterschiede beabsichtigt“ waren. IÜ soll durch die Einbeziehung in Art 7 die Rechtsanwendung erleichtert werden, da bei bestimmten Tätigkeiten bislang nicht klar war, ob diese von Art 7 oder Art 14 erfasst wurden.[6] Der BFH hat entschieden, dass für die Frage, wann eine feste Einrichtung anzunehmen ist, zur Orientierung die Maßstäbe des Art 5 über die Betriebsstätte heranzuziehen sind.[7] **18**

Die Streichung des Art 14 MA wird rechtstechnisch begleitet durch eine Anpassung bzw Ausweitung des Begriffs der „Geschäftstätigkeit“ (des Unternehmens), auf die in Art 7 abgestellt wird. So stellt nunmehr Art 3 Abs 1 Buchstabe h klar, dass der Ausdruck „Geschäftstätigkeit“ auch die Ausübung einer freiberuflichen oder sonstigen selbstständigen Tätigkeit einschließt. **19**

---

6 Tz 8 MK 2008 zu Art 7 bzw Tz 77 MK 2010 zu Art 7; s auch *Vogel/Lehner* Art 7 Rn 11.

7 *BFH* BStBl II 2007, 100; s auch Tz 4 MK zu Art 14.

20 Die meisten der **von Deutschland abgeschlossenen DBA** enthalten eine dem früheren Art 14 MA entspr Regelung.[8] Dies gilt auch für das neue DBA mit der Türkei v 19.9.2011 und das neue DBA mit Malaysia v 23.2.2010. Andere der neueren Abk, wie das DBA Luxemburg v 23.4.2012, das DBA Niederlande v 12.4.2012, das DBA Liechtenstein v 17.11.2011, das DBA Irland v 30.3.2011, das DBA mit Großbritannien und Nordirland v 30.3.2010, das DBA Bulgarien v 25.1.2010 sowie das DBA USA 1989/2006 (Änderungsprot v 1.6.2006), folgen dagegen der Vorgehensweise des OECD-Steuerausschusses und verzichten auf eine eigenständige Regelung der Einkünfte aus selbstständiger Arbeit.

21 Die dt Verhandlungsgrundlage enthält keine Verteilungsnorm für Einkünfte aus selbstständiger Arbeit.

V. Verabschiedung des „Authorised OECD Approach“ (AOA)

22 Der **OECD-Steuerausschuss** hat nach nahezu zehnjähriger internationaler Diskussion am **17.7.2008** einen umfangreichen **Bericht zur Gewinnabgrenzung bei Betriebsstätten** veröffentlicht.[9] Dieser „Betriebsstättenbericht“ enthält in Teil I allg Ausführungen zur Auslegung des Art 7 MA und befasst sich in den Teilen II-IV mit den Besonderheiten bei Betriebsstätten von Banken und Versicherungsunternehmen sowie dem Handel mit Finanzinstrumenten (*Global Trading*).

23 In dem Betriebsstättenbericht wird der sog **Functionally Separate Entity Approach** zum „Authorised OECD Approach“ (kurz AOA) erhoben, dh zur offiziellen Auslegungsmaxime der OECD-Staaten für die internationale Gewinnabgrenzung zwischen Stammhaus und Betriebsstätten. Im Kern bedeutet dies die **Fiktion einer uneingeschränkten Selbstständigkeit der Betriebsstätte** nach Art 7 Abs 2 MA (Betriebsstätte als „funktional selbstständige Einheit“) und eine starke Annäherung an die Grundsätze der Einkünfteabgrenzung zwischen verbundenen Unternehmen (Art 9 MA).[10] Einer Betriebsstätte sind danach die Gewinne zuzurechnen, die sie erzielt hätte, wenn sie die gleichen oder ähnliche Funktionen als selbstständiges und unabhängiges Unternehmen unter gleichen oder ähnlichen Bedingungen ausgeübt hätte.

24 Bereits im Jahr 1994 hatte die OECD einen Betriebsstättenbericht herausgegeben und darin festgestellt, dass das in Art 7 Abs 2 MA normierte Prinzip des „dealing-at-arm‘s-length“ mit dem des Art 9 MA für verbundene Unternehmen übereinstimmt. Die seinerzeitige Umsetzung dieser Grundsätze erfolgte jedoch nicht stringent, weshalb die OECD sich erneut ausführlich mit der Thematik befasste.[11]

25 Die **Umsetzung des OECD-Betriebsstättenberichts 2008 in das Abkommensrecht** erfolgt in **zwei Stufen.**[12] Da zahlreiche Feststellungen bzw Schlussfolgerungen des Berichts nach Ansicht der OECD nicht im Widerspruch zum bisherigen OECD-Musterkommentar („MK“) zu Art 7 MA stehen, sollen die Schlussfolgerungen durch eine **partielle Neufassung des MK zu Art 7** berücksichtigt werden (**Stufe I**). Die geänderte

---

8 Vgl die Übersichten bei *Vogel/Lehner* Art 14 Rn 37 und Rn 62.

9 „Report on the Attribution of Profits to Permanent Establishments“, im Folgenden als „*OECD* Betriebsstättenbericht“ oder kurz “Betriebsstättenbericht" bezeichnet. Der Bericht ist abrufbar unter www.oecd.org.

10 *OECD* Betriebsstättenbericht 2008, Teil I, Tz 9 und Tz 78.

11 *Schönfeld/Ditz* Art 7 MA 2008, Rn 10f.

12 *OECD* Betriebsstättenbericht 2008, *Preface*, Tz 8.

Fassung des MK zu Art 7 wurde zeitgleich mit dem Betriebsstättenbericht im Juli 2008 verabschiedet (im Folgenden „MK 2008") und soll zur Auslegung bestehender DBA herangezogen werden.[13] Die vollständige Implementierung des AOA erfolgte durch eine **Neufassung des Art 7 MA selbst**. Diese wurde am 22.7.2010, nebst abermaliger Revision des MK („MK 2010"), verabschiedet **(Stufe II)**.[14] Ebenfalls am 22.7.2010 wurde eine redaktionell geänderte Fassung des Betriebsstättenberichts veröffentlicht.

Der Aufbau dieser Kommentierung zu Art 7 OECD-MA ist dementsprechend zweigeteilt. Im nachfolgenden **Kap B** wird die bisherige Fassung des Art 7 OECD-MA kommentiert (**„Art 7 MA 2008"**). Der Artikel besteht aus sieben Absätzen. Im anschließenden **Kap C** folgt die Kommentierung des neu gefassten, aus vier Absätzen bestehenden Art 7 OECD-MA idFv 22.7.2010 (**„Art 7 MA 2010"**). 26

Die Umsetzung des AOA in das **deutsche innerstaatliche Recht** erfolgte durch Änderung und Ergänzung des § 1 AStG durch Gesetz v 26.6.2013 und Erlass einer RechtsVO (Rn 226). 27

VI. Base Erosion and Profit Shifting (BEPS)

Auf Anregung der G-20 Staaten hat die OECD im Jahr 2013 einen Aktionsplan zur Bekämpfung der internationalen Gewinnverkürzung und Gewinnverlagerung erlassen (*Base Erosion and Profit Shifting* (BEPS)). Auf der Grundlage dieses Aktionsplans mit 15 Handlungsfeldern wurden innerhalb von zwei Jahren konkrete Empfehlungen gegen „schädlichen Steuerwettbewerb" der Staaten und gegen „aggressive Steuerplanung" international tätiger Unternehmen erarbeitet. Am 5.10.2015 hat die OECD die Ergebnisse des BEPS-Projekts veröffentlicht.[15] 28

Der Aktionsplan befasst sich auch mit **Betriebsstätten-Fragen**.[16] So wird in Aktionspunkt 6 beschrieben, dass in Konzern-Vertriebsstrukturen lokale Tochtergesellschaften (Eigen-/Vertragshändler) durch Kommissionäre ersetzt werden, wodurch der in diesem Staat anfallende Konzerngewinn idR reduziert werde ohne dass sich die Tätigkeiten in diesem Staat maßgeblich verändert hätten. Ferner wird in Aktionspunkt 7 ausgeführt, dass durch den Einsatz von Kommissionären Ausnahmeregelungen für die Begründung von (Vertreter-) Betriebsstätten in Anspruch genommen werden sollen. 29

Zu den beiden vorgenannten Aktionspunkten sollen auch relevante **Aspekte der Gewinnabgrenzung** analysiert werden. Diesbzgl Details sind derzeit noch nicht bekannt. 30

B. Art 7 MA 2008

I. Absatz 1 (MA 2008)

1. Betriebsstättenprinzip. Art 7 Abs 1 normiert das sog **Betriebsstättenprinzip** (s Rn 11 ff). Danach darf der Quellenstaat die Gewinne eines nichtansässigen Unternehmens nur dann besteuern, wenn das Unternehmen eine Betriebsstätte im Quellenstaat 31

13 „The 2008 Update to the OECD Model Tax Convention" v 18.7.2008; abrufbar unter www.oecd.org. Zur Rückwirkungs-Problematik und weiteren Einzelheiten s Rn 156 ff.

14 „The 2010 Update to the OECD Model Tax Convention" v 22.7.2010; abrufbar unter www.oecd.org.

15 Vgl Mitteilung des BMF v 5.10.2015 unter www.bundesfinanzministerium.de.

16 Vgl ausf Art 5 Rn 43.

unterhält. Erst mit der Begründung einer Betriebsstätte wird eine solche Intensitätsstufe des unternehmerischen Engagements im Quellenstaat erreicht, die ein Besteuerungsrecht des Quellenstaats rechtfertigt.[17] Ferner darf der Quellenstaat die Gewinne nur insoweit besteuern, als sie der Betriebsstätte zugerechnet werden können.

32 Dementsprechend bestimmt Art 7 Abs 1 S 1 MA der Vorschrift, dass die Gewinne des Unternehmens eines Vertragsstaates grds nur in „diesem Staat" (= Ansässigkeitsstaat, auch „Wohnsitzstaat") besteuert werden dürfen. Der Ansässigkeitsstaat des Unternehmens (vgl Art 4 Rn 25ff) hat demnach grds das ausschließliche Besteuerungsrecht für die Gewinne des Unternehmens. S 1 zweiter Satzteil und S 2 regeln die Ausnahme von diesem Grundsatz, indem angeordnet wird, dass bei Vorhandensein einer Betriebsstätte des Unternehmens im „anderen Vertragsstaat" (= Belegenheitsstaat der Betriebsstätte, Betriebsstättenstaat, Quellenstaat) der andere Vertragsstaat das Besteuerungsrecht für die Unternehmensgewinne erhält, aber nur insoweit, als die Gewinne der Betriebsstätte zugerechnet werden können.

33 Das in Art 7 Abs 1 MA 2008 kodifizierte Betriebsstättenprinzip ist auch in der **grundlegend überarbeiteten Fassung des Art 7 MA v 22.7.2010** (vgl Rn 22ff) enthalten. Der Abs 1 beider Textfassungen ist nahezu wortgleich. Lediglich in S 2 des Art 7 Abs 1 MA 2010 wurde ein ausdrücklicher, klarstellender Verweis auf Abs 2 der Vorschrift angefügt, dass die Gewinnzurechnung zur Betriebsstätte nach Art 7 Abs 2 zu erfolgen hat. Dadurch soll sichergestellt werden, dass die Gewinnabgrenzung nach Maßgabe der uneingeschränkten fiktiven Selbstständigkeit der Betriebsstätte gem Art 7 Abs 2 MA 2010 vorgenommen wird.

34 Art 7 Abs 1 S 1 erster Satzteil normiert ein ausschließliches Besteuerungsrecht für den Ansässigkeitsstaat, was durch die Formulierung „**können nur** in diesem Staat besteuert werden" zum Ausdruck kommt. Dem anderen Vertragsstaat wird das Recht zur Besteuerung entzogen. Die Verteilungsnorm des Art 7 regelt insoweit ihre Rechtsfolge selbst – sog **„Verteilungsnorm mit abschließender Rechtsfolge"**.[18] Ob und inwieweit der Ansässigkeitsstaat die Einkünfte des Unternehmens tatsächlich besteuert, bestimmt sich nach dessen innerstaatlichem Recht. Die StPfl des Unternehmens dem Grunde nach sowie die Einkünfteermittlung gehören nicht zum Regelungsgegenstand des Abk. Die Verteilungsnorm des Art 7 Abs 1 S 1 erster Satzteil besagt lediglich, dass der Ansässigkeitsstaat in der Art und Weise der Besteuerung nach seinem innerstaatlichen Recht durch das Abk nicht beschränkt wird.[19]

35 Im Gegensatz dazu ist das Besteuerungsrecht für den Betriebsstättenstaat nach Art 7 Abs 1 S 2 nicht ausschließlich, da Art 7 Abs 1 S 2 lediglich die Formulierung „**können** … im anderen Staat besteuert werden" (ohne „nur") verwendet. Dem Betriebsstättenstaat wird also das Besteuerungsrecht für die der Betriebsstätte zuzurechnenden Einkünfte durch das DBA nicht genommen. Er „kann" (darf) die Einkünfte besteuern. Ob und wie die Besteuerung tatsächlich erfolgt, ergibt sich aus dem innerstaatlichen Recht des Betriebsstättenstaates. Dagegen lässt Art 7 offen, ob der Ansässigkeitsstaat die Einkünfte freizustellen hat (ggf unter Progressionsvorbehalt) oder ob er die im Quellenstaat erhobene Steuer anzurechnen hat. Dies ergibt sich erst aus

17 Tz 9 MK 2008 zu Art 7 bzw Tz 10 MK 2010 zu Art 7.
18 *Vogel/Lehner* Vor Art 6-22, Rn 4; Tz 6 MK zu Art 23.
19 ZB *BFH* BStBl II 2000, 399.

Art 23A oder B. Insoweit handelt sich um eine **„Verteilungsnorm mit offener Rechtsfolge“**.[20] Die dt DBA sehen, für Deutschland als Ansässigkeitsstaat des Unternehmens, regelmäßig die Steuerbefreiung der ausl Betriebsstättengewinne unter Progressionsvorbehalt vor, vorbehaltlich möglicher Einschränkungen etwa durch eine DBA-Aktivitätsklausel (s dazu Art 23A Rn 85 ff sowie Art 23B Rn 47 f) oder durch die „switch-over-Klausel“ des § 20 Abs 2 AStG.[21]

Damit kommt der Frage, ob die Geschäftstätigkeit des Unternehmens im anderen 36
Vertragsstaat durch eine dort gelegene Betriebsstätte ausgeübt wird, entscheidende Bedeutung zu. Die **Existenz einer Betriebsstätte im Quellenstaat bestimmt über die Verteilung der Besteuerungsrechte** für den Unternehmensgewinn. Der Quellenstaat erhält nur dann ein Besteuerungsrecht für den Unternehmensgewinn, wenn eine Betriebsstätte iSd entspr DBA (vgl Art 5 MA) im Quellenstaat vorliegt; gleichzeitig muss der Betriebsstättenbegriff des innerstaatlichen Rechts (vgl § 12 AO) erfüllt sein. Eine ausschließlich nach dem innerstaatlichen Recht des Quellenstaates begründete Betriebsstätte reicht hingegen nicht aus, wenn der Betriebsstättenbegriff nach dem Abk *enger* gefasst ist und somit den innerstaatlichen Betriebsstättenbegriff außer Kraft setzt (vgl nachfolgendes Bsp 2). Umgekehrt erhält der Quellenstaat kein Besteuerungsrecht, wenn zwar der Betriebsstättenbegriff des anzuwendenden DBA erfüllt ist, nicht jedoch der Betriebsstättenbegriff nach innerstaatlichem Recht, da es dann insoweit an dem für die Begr der StPfl maßgeblichen Tatbestandsmerkmal fehlt (vgl zB § 49 Abs 1 Nr 2 Buchstabe a EStG für die beschränkte StPfl in Deutschland; s dazu nachfolgendes Beispiel 3).

Beispiel 1: Kein Besteuerungsrecht des Quellenstaates bei sog Direktgeschäften. Ein dt 37
Unternehmen wickelt sämtliche Geschäftstätigkeiten im ausl Staat (DBA-Staat) ohne einen dortigen festen „Stützpunkt“ ab, dh im Ausland wird keine Betriebsstätte unterhalten und es wird auch kein ständiger Vertreter eingesetzt. Sämtliche Geschäfte mit den ausl Kunden werden von Deutschland aus durch direkten Leistungsaustausch über die Grenze getätigt **(Direktgeschäfte)**. Dem Ansässigkeitsstaat Deutschland steht aufgrund Art 7 Abs 1 S 1 MA das alleinige Besteuerungsrecht für die Einkünfte des Unternehmens aus den Direktgeschäften zu.

Beispiel 2: Kein Besteuerungsrecht des Quellenstaates mangels Betriebsstätte nach DBA. 38
Ein in einem DBA-Staat ansässiges Unternehmen unterhält in Hamburg ein **Repräsentationsbüro** und beschäftigt dort zwei Mitarbeiter, die ausschließlich damit befasst sind, für das Unternehmen zu werben und Informationen über das Unternehmen und dessen Produkte zu erteilen. Nach innerstaatlichem Recht Deutschlands handelt es sich bei einem Repräsentationsbüro iA um eine feste Geschäftseinrichtung, die der Tätigkeit des ausl Unternehmens dient (Betriebsstätte iSd § 12 AO). Sofern die Tätigkeiten der Mitarbeiter ausschließlich vorbereitender Art sind bzw Hilfstätigkeiten darstellen, liegt hingegen keine Betriebsstätte iSd DBA vor (Art 5 Abs 4 Buchstabe e MA; s dazu Art 5 Rn 140 ff). Die auf das Repräsentationsbüro in Deutschland entfallenden Einkünfte sind aufgrund Art 7 Abs 1 S 1 MA ausschließlich beim Stammhaus des Unternehmens im Ausland (Ansässigkeitsstaat) zu berücksichtigen.

---

20 *Vogel/Lehner* Vor Art 6-22 Rn 6.

21 Eine Ausnahme stellt zB das DBA mit den **Vereinigten Arab Emiraten** v 1.7.2010 dar, das generell die Anrechnungsmethode vorsieht (Art 22 des DBA).

39 **Beispiel 3: Kein Besteuerungsrecht des Quellenstaates mangels Betriebsstätte nach innerstaatlichem Recht.** Der BFH hat entschieden, dass das bloße Tätigwerden eines ausl Unternehmens in den Räumen des inländischen Vertragspartners mangels ausreichender Verfügungsmacht nicht zur Begründung einer Betriebsstätte im Inland gem § 12 AO führt.[22] Damit besteht keine beschränkte StPfl des ausl Unternehmens im Inland nach § 49 Abs 1 Nr 2a EStG. Ob eine Betriebsstätte gem Definition des anzuwendenden DBA vorliegt, ist unmaßgeblich. Denn durch ein DBA kann ein Besteuerungsrecht weder begründet noch erweitert, sondern lediglich eine nach nationalem Recht begründete StPfl (wozu tatbestandlich auch die Begr einer Betriebsstätte nach nationalem Recht gehört) aufrecht erhalten oder eingeschränkt werden. Sollte also im DBA eine sog **„Dienstleistungsbetriebsstätte"** vereinbart worden sein (s dazu Art 5 Rn 51 ff), würde dies dennoch nicht zur beschränkten StPfl des ausl Unternehmens in Deutschland führen, da keine Betriebsstätte iSd § 12 AO vorliegt.

40 Der Betriebsstättenstaat darf die Gewinne des Unternehmens nur insoweit besteuern, als sie der Betriebsstätte „zugerechnet" werden können (Art 7 Abs 1 S 2 MA). Erforderlich ist damit ein sachlicher Zusammenhang zwischen der Einkünftezurechnung und der Tätigkeit der Betriebsstätte. Damit wird das sog **Attraktionsprinzip** (*principle of general „force of attraction"*) abgelehnt; die Betriebsstätte entfaltet keine allgemeine **Attraktivkraft.**[23] Nach dem Attraktionsprinzip gehen nicht nur diejenigen Einkünfte in das Ergebnis der Betriebsstätte ein, die durch die Tätigkeit der Betriebsstätte verursacht sind, sondern auch solche Einkünfte, die das nichtansässige Unternehmen durch anderweitige Geschäftsbeziehungen zum Betriebsstättenstaat, ohne Beteiligung der Betriebsstätte, erzielt (zB Direktgeschäfte).

41 **Beispiel:** Ein ausl Unternehmen vertreibt seine Produkte in Deutschland teilw über eine inländische Betriebsstätte und teilw durch Direktvertrieb (Direktgeschäfte). Der Betriebsstätte sind nur die Einkünfte aus den Geschäften zuzurechnen, die unter Einschaltung der Betriebsstätte abgewickelt werden. Die Einkünfte aus den Direktgeschäften stehen ausschließlich dem ausl Stammhaus zu. Sie können der Betriebsstätte nicht zugerechnet werden, da sie ohne Beteiligung der Betriebsstätte erwirtschaftet worden sind.

42 Da der Betriebsstättenstaat nur die Gewinne besteuern darf, die der Betriebsstätte zuzurechnen sind, ist eine Abgrenzung des Betriebsstättenergebnisses vom übrigen Ergebnis des Unternehmens erforderlich. Einzelheiten dazu enthalten die Abs 2-7 des Art 7 MA 2008 bzw die Abs 2-4 des Art 7 MA 2010.

43 **2. Unternehmen eines Vertragsstaats.** Das MA definiert den in Art 7 verwandten Begriff „Unternehmen eines Vertragsstaats" in Art 3 Abs 1 Buchstabe d als ein Unternehmen, das von einer in einem Vertragsstaat ansässigen Person betrieben wird. Der Ausdruck „Person" umfasst natürliche Personen, Ges und andere Personenvereinigungen (Art 3 Abs 1 Buchstabe a), wobei „Ges" in Art 3 Abs 1 Buchstabe b definiert werden als juristische Personen oder Rechtsträger, die für die Besteuerung wie juristische Personen behandelt werden.

---

22 *BFH* I R 30/07, BStBl II 2008, 922. S auch *OFD Karlsruhe* IStR 2015, 887.

23 Tz 10 MK 2008 zu Art 7 bzw Tz 12 MK 2010 zu Art 7; *Wassermeyer/Andresen/Ditz* S 147 f. Gleiches gilt für das US-MA. Das UN-MA gewährt hingegen dem Betriebsstättenstaat ein erweitertes Besteuerungsrecht (eingeschränktes Attraktionsprinzip), s dazu *Vogel/Lehner* Art 7 Rn 15, Rn 42.

Die Person ist in einem Vertragsstaat „ansässig“, wenn sie nach dem Recht dieses Staates dort aufgrund ihres Wohnsitzes, ihres ständigen Aufenthalts, des Orts ihrer Geschäftsleitung oder eines anderen ähnlichen Merkmals steuerpflichtig ist (vgl Art 4 Abs 1). Zur Einordnung von PersGes (Mitunternehmerschaften) als Unternehmen eines Vertragsstaats s nachfolgende Nr 5, Rn 85 ff). **44**

Über den **Gegenstand des Unternehmens** wird in Art 7 MA nichts gesagt (anders zB Art 7 DBA-USA: „gewerbliche Gewinne“). Durch das MA 2000 wurde in Art 3 Abs 1 Buchstabe c erstmals eine Begriffsdefinition eingeführt, wonach der Ausdruck „Unternehmen“ die „Ausübung einer Geschäftstätigkeit“ bedeutet. Welche Geschäftstätigkeiten von Art 7 erfasst werden, ergibt sich aus Art 7 selbst nicht, obwohl der Begriff „Geschäftstätigkeit“ in Art 7 Abs 1 und Abs 2 mehrfach verwendet wird. Auch Art 3 MA definiert die „Geschäftstätigkeit“ nicht umfassend, sondern bestimmt in Abs 1 Buchstabe h lediglich, dass der Ausdruck „Geschäftstätigkeit“ auch die Ausübung einer freiberuflichen oder sonstigen selbstständigen Tätigkeit einschließt. **45**

Sieht man die Unternehmenstätigkeit iSd Art 7, die nach der Abschaffung des Art 14 auch die freiberufliche und sonstige selbstständige Tätigkeit einschließt, in einem Zusammenhang mit den übrigen im MA geregelten Erwerbstätigkeiten – dh insb die unmittelbare Nutzung unbeweglichen Vermögens iSv Art 6 Abs 3 (Land- und Forstwirtschaft) sowie die unselbstständige Tätigkeit iSv Art 15 – kann die Unternehmenstätigkeit iSv Art 7 MA umschrieben werden als eine **selbstständige Erwerbstätigkeit**, die nicht Nutzung unbeweglichen Vermögens iSv Art 6 Abs 3 ist.[24] **46**

Damit sind von Art 7 MA – neben den freiberuflichen und sonstigen selbstständigen Tätigkeiten – jedenfalls die nach allg Verständnis zu den Kernbereichen unternehmerischer Tätigkeit zählenden **(gewerblichen) Tätigkeiten** erfasst, wie das Handwerk, die industrielle Tätigkeit, der Handel und das Dienstleistungsgewerbe.[25] **47**

Die **reine Vermögensverwaltung** ist keine Ausübung einer unternehmerischen Geschäftstätigkeit und fällt daher nicht unter Art 7 MA, sondern unter die jeweils einschlägige speziellere Norm des Abk (insb Art 6 sowie Art 10–12 MA). Dieser Ansicht ist auch die dt FinVerw.[26] **48**

Dies sollte allerdings nach früherer Auffassung der dt FinVerw nicht gelten, wenn die vermögensverwaltende Tätigkeit von einer **gewerblich geprägten PersGes** (§ 15 Abs 3 Nr 2 EStG) ausgeübt wurde.[27] Die **FinVerw** stützte ihre Auffassung auf Art 3 Abs 2 MA (sog lex-fori-Klausel) sowie Nr 4 des MK zu Art 3 MA (Maßgeblichkeit des Steuerrechts des Anwenderstaates) und leitete daraus ab, dass für Deutschland als Anwenderstaat die Begriffe „Gewinne eines Unternehmens“ (Art 7 MA) bzw „gewerbliche Gewinne“ (zB Art 7 DBA-USA) sowohl die Gewinne **gewerblich tätiger** als auch gem § 15 Abs 3 Nr 2 EStG **gewerblich geprägter PersGes** umfassten. Eine nur **49**

---

24 *Vogel/Lehner* Art 7 Rn 33.

25 *Wassermeyer* Art 7 MA 2000 Rn 15, der aus dt Sicht eine Orientierung an den Tatbestandsmerkmalen des § 15 Abs 2 EStG für zweckmäßig hält (Selbstständigkeit, Nachhaltigkeit, Gewinnerzielungsabsicht, Beteiligung am allg wirtschaftlichen Verkehr; sowie negativ: keine Vermögensverwaltung), vgl *ebd* Rn 14.

26 *BMF* BStBl I 2014, 1258, Rn 2.3.1.

27 *BMF* BStBl I 2010, 354, Tz 2.2.1.

gewerblich geprägte PersGes erzielte damit aus Sicht Deutschlands nach Auffassung der FinVerw Unternehmensgewinne iSv Art 7 MA.

50 Nachdem der BFH in mehreren Entscheidungen die gegenteilige Ansicht vertreten hat,[28] hat sich die FinVerw dieser Rechtsprechung nunmehr angeschlossen.[29] Der BFH begründet seine Auffassung ua mit der prinzipiellen **Subsidiarität des Art 7** gg den spezielleren Verteilungsnormen für Dividenden, Zinsen und Lizenzgebühren (vgl Rn 7). Denn für Einkünfte eines Unternehmens, die ihrer Art nach in anderen Artikeln des DBA behandelt werden, gelten vorrangig die Regelungen dieser anderen Artikel. Dieser Vorrang der spezielleren Norm werde nur im Fall der **tatsächlichen Zugehörigkeit** des zugrunde liegenden Stammrechts zu einer im anderen Staat belegenen Betriebsstätte aufgehoben; davon könne indessen bei „fiktiven gewerblichen Einkünften" nach Maßgabe des § 15 Abs 3 Nr 2 EStG nicht ausgegangen werden.[30] Da das Gesetz die Fiktion der Gewerblichkeit auch bei originär nicht gewerblichen, aber sog **gewerblich infizierten Einkünften** anordnet (§ 15 Abs 3 Nr 1 EStG), sind die EntscheidungsGrds des BFH auch für diesen Fall anwendbar.[31] Die Tätigkeiten sind für die Abkommensanwendung zu trennen. Entsprechendes gilt ferner für Einkünfte einer Besitz-Personengesellschaft im Rahmen einer **Betriebsaufspaltung**.[32]

51 Einige Abk enthalten eine **eigenständige Definition** bzw nähere Umschreibung des Unternehmensbegriffs, indem sie zB auf den im innerstaatlichen Recht verwendeten Begriff zurückgreifen. Bspw verwendet die dt Fassung des DBA-USA in Art 7 den Ausdruck „gewerbliche Gewinne eines Unternehmens". In diesen Fällen ist auf dt Seite eine Auslegung des Begriffs entspr dem innerstaatlichen dt Steuerrecht vorzunehmen (vgl Art 3 Abs 2 DBA-USA bzw Art 3 Abs 2 MA). Der andere Vertragsstaat hat den Begriff ebenfalls nach seinem nationalen Recht auszulegen, sofern das DBA in der Sprache des anderen Vertragsstaats ebenfalls einen Begriff aus dessen innerstaatlichem Recht verwendet.[33] Allerdings hat der BFH nunmehr entschieden, dass der im DBA-USA verwendete Begriff „gewerbliche Gewinne eines Unternehmens" nicht solche Einkünfte erfasst, die inhaltlich zum Bereich der Vermögensverwaltung gehören und im innerstaatl dt Recht nur im Wege einer Fiktion dem Bereich der Gewerblichkeit zugewiesen werden (im Urteilsfall Zinserträge einer gewerbl geprägten, aber vermögensverwaltend tätigen US-PersGes).[34]

52 **3. Gewinne eines Unternehmens.** Was unter dem Begriff „Gewinne eines Unternehmens" (Art 7 Abs 1) zu verstehen ist und wie die Gewinne zu ermitteln sind, ist nicht im DBA geregelt, sondern richtet sich nach dem innerstaatlichen Recht des jeweiligen

---

28 *BFH* BStBl II 2014, 760 (zum DBA-Ungarn); *BFH* BStBl II 2014, 754 (zum DBA-USA 1989 aF); *BFH* BStBl II 2011, 482 (zum DBA-GB 1964/1970). Ebenso für den Bereich der Vermögensbesteuerung *BFH* BStBl II 2014, 751.

29 *BMF* BStBl I 2014, 1258, Rn 2.2.1 und Rn 2.3.1.

30 Vgl zB *BFH* BStBl II 2014, 754.

31 *Buciek* Anm zu *BFH* v 28.4.2010, FR 2010, 903, 908.

32 *BFH* BStBl II 2014, 760; *BMF* BStBl I 2014, 1258, Rn 2.2.1.

33 *Vogel/Lehner* Art 7 Rn 50f.

34 *BFH* BStBl II 2014, 754. S dazu bereits vorstehende Rn 50. Zur drohenden Dbest für den Fall, dass die („Zins"-)Einkünfte in USA ebenfalls besteuert werden s ebd unter II. 4. der Urteilsgründe.

Anwenderstaates.[35] Von der Gewinnermittlung zu unterscheiden ist die Zurechnung des Gewinns auf eine Betriebsstätte nach Abkommensrecht. Nur für die **Gewinnzurechnung** enthält Art 7 Regelungsgrundsätze (s folgende Rn 56 ff). Die Vorschrift ist als Erlaubnis- und Schrankennorm zu verstehen und bedarf der Ausfüllung durch das nationale Recht des jeweiligen Anwenderstaates.

Zur Qualifikation von Sondervergütungen bei PersGes als Unternehmensgewinne gem § 50d Abs 10 EStG, s Rn 115 ff. **53**

Sind in dem von der Betriebsstätte erzielten Ergebnis neben den (originär) gewerblichen Einkünften oder den Einkünften aus selbstständiger Arbeit auch **anderweitige Einkünfte** (zB Dividenden, Zinsen, Lizenzgebühren) enthalten, sind diese anderen Einkünfte nur unter besonderen Voraussetzungen als Unternehmensgewinne nach Art 7 zu behandeln. Denn Art 7 Abs 7 MA 2008 (= Art 7 Abs 4 MA 2010) bestimmt, dass in diesem Fall der jeweils einschlägige **speziellere Artikel** (insb Art 10–12 MA) **Vorrang vor Art 7 hat**. Abkommensrechtlich geht der speziellere Art dem allgemeineren grds vor. Jedoch enthalten die Art 10–12 MA[36] eine Rückverweisungsklausel für den Fall, dass die Beteiligung (bzw die Forderung, die Rechte oder Vermögenswerte), für die die Dividenden (Zinsen, Lizenzgebühren) gezahlt werden, „tatsächlich" zu einer Betriebsstätte „gehören", die der Nutzungsberechtigte (Gesellschafter der PersGes) im anderen Staat hat – sog **Betriebsstättenvorbehalt** (s dazu näher Rn 210); in diesem Fall sind die Einkünfte als Unternehmensgewinne zu behandeln. Zu beachten ist, dass die Rückverweisung nur für den Fall gilt, dass die Einkünfte (Dividenden, Zinsen, Lizenzgebühren) aus dem Vertragsstaat stammen, in dem auch die Betriebsstätte gelegen ist. **54**

Für **Gewinne aus der Veräußerung** beweglichen Vermögens einer Betriebsstätte oder aus der Veräußerung der Betriebsstätte selbst ist Art 13 vorrangig vor Art 7 anzuwenden (s Rn 7 sowie zu Art 13 Rn 36 ff). **55**

4. Gewinnzurechnung zur Betriebsstätte. – a) Gewinnzurechnung und Gewinnermittlung. Gem Art 7 Abs 1 MA darf der Betriebsstättenstaat nur die Gewinne (Einkünfte) besteuern, die **der Betriebsstätte „zugerechnet"** werden können. Regelungsgegenstand des DBA ist die **Gewinnzurechnung**. Sie dient dem Ziel, die Steuerberechtigung der Vertragsstaaten gegeneinander abzugrenzen **(Gewinnabgrenzung)**. Es geht um die bilaterale Verteilung des Gewinns eines Unternehmens, das in einem Vertragsstaat ansässig ist und in einem anderen Vertragsstaat eine Betriebsstätte unterhält.[37] Eine nähere inhaltliche Konkretisierung der „Zurechnung" ergibt sich nicht aus Abs 1, jedoch aus den Abs 2–7 des Art 7 MA 2008 (bzw Abs 2-4 des Art 7 MA 2010, dazu unten). Tragender Maßstab der Gewinnzurechnung ist nach Art 7 Abs 2 der Grundsatz des Fremdvergleichs („dealing-at-arm's-length-principle"). **56**

---

35 *Vogel/Lehner* Art 7 Rn 21; *BFH* BStBl II 2006, 864. Dies kann zB dazu führen, dass nach den Vorschriften des Quellenstaates ein Gewinn für die Betriebsstätte ermittelt wird, der bei übereinstimmender Ermittlung im Ansässigkeitsstaat hier freizustellen wäre (Freistellungsmethode). Ist hingegen im Ansässigkeitsstaat aufgrund abweichender Vorschriften ein – wg der Freistellungsmethode nicht zu berücksichtigender – Verlust für die Betriebsstätte zu ermitteln, droht eine Doppelbesteuerung, vgl ähnlich *Schönfeld/Ditz* Art 7 (2008) MA Rn 60.

36 Vgl Art 10 Abs 4, Art 11 Abs 4 und Art 12 Abs 3 MA.

37 *Endres/Jacob/Gohr/Klein* Art 7 Rn 17.

57 Von der Ebene der Gewinnzurechnung bzw Gewinnabgrenzung zu unterscheiden ist die **Gewinnermittlung**. Die Gewinnermittlung ist nach dem innerstaatlichen Recht der Anwenderstaaten vorzunehmen; sie füllt den durch die Gewinnzurechnung vorgegebenen abkommensrechtlichen Rahmen aus. Die Gewinnermittlung betrifft die Frage, ob überhaupt und in welcher Höhe steuerpflichtige Einkünfte zu erfassen sind. Inwieweit die DBA-Anwenderstaaten ihr Besteuerungsrecht tatsächlich ausschöpfen, richtet sich allein nach deren innerstaatlichem Recht. Die innerstaatliche Gewinnermittlung regelt das „Ob und Wie" der Besteuerung.[38] Ebenfalls nach innerstaatlichem Recht bestimmt sich, wann die Einkünfte einer Besteuerung unterliegen („Wann der Besteuerung").[39] Im Nicht-DBA-Fall sind allein die Gewinnermittlungsvorschriften des innerstaatlichen Rechts zu beachten.

58 Für ein in einem Staat ansässiges Unternehmen, das eine Betriebsstätte im anderen Vertragsstaat unterhält, bedeutet dies, dass oftmals eine **zweifache Gewinnermittlung** vorzunehmen sein wird, einmal nach dem Recht des Ansässigkeitsstaates des Unternehmens und ein weiteres Mal nach dem Recht des Betriebsstättenstaates. Ob zwischen den beiden Staaten ein DBA besteht, ist insoweit unerheblich, da die Gewinnermittlung sich nach dem innerstaatlichen Recht des Ansässigkeitsstaates und des Betriebsstättenstaates richtet.

59 **Beispiel 1:** Ein im Ausland ansässiges Unternehmen unterhält eine Betriebsstätte in Deutschland. Es unterliegt mit den Einkünften der Betriebsstätte hier der beschränkten StPfl (§ 49 Abs 1 Nr 2 Buchstabe a EStG). Das Unternehmen ermittelt seine gesamten Einkünfte, einschließlich der durch die Betriebsstätte erzielten Einkünfte, nach dem Recht seines Ansässigkeitsstaates. Gleichzeitig sind die auf die dt Betriebsstätte entfallenden und im Inland steuerpflichtigen Einkünfte nach den Vorschriften des inländischen Steuerrechts zu ermitteln.

60 **Beispiel 2:**[40] Ein inländisches Stammhaus erzielt in einer ausl Betriebsstätte einen – nach in- und ausl Gewinnermittlungsregeln identischen – Rohertrag von 200 000 EUR. Für die Anmietung von Geschäftsräumen gewährt das Steuerrecht des Betriebsstättenstaates die Möglichkeit eines doppelten Abzugs der angefallenen Mietaufwendungen von 50 000 EUR. Bei einem ausl Steuersatz von 25 % ergibt sich eine ausl Steuerlast von (100 000 EUR × 25 % =) 25 000 EUR. Für das inländische Stammhaus resultiert bei einem Tarif von ebenfalls 25 % nach innerstaatlichem Recht eine Steuerlast von (150 000 EUR × 25 % =) 37 500 EUR, unter Anrechnung der ausl Steuern.

61 Da die Gewinnermittlungsvorschriften der jeweiligen Staaten sehr unterschiedlich sein können, können sich **Dbest** oder Doppelnichtbesteuerungen ergeben.

62 Die Verpflichtung zur zweimaligen Gewinnermittlung dürfte einen Verstoß gegen die Niederlassungsfreiheit nach Art 49 AEUV darstellen (obiges Beispiel 1), der jedoch gerechtfertigt ist.[41] Darüber hinaus besteht die Gefahr, dass dem Steuerinländer ein steuerlicher Vorteil in Bezug auf die Steuerbemessungsgrundlage vereitelt wird, der

---

38 *Debatin* DB 1989, 1695. S auch Tz 30 MK 2010 zu Art 7 („whether and how such profits should be taxed").

39 *Ditz* S 49 f mwN. S auch Tz 31 MK 2010 zu Art 7 („when a particular expense should be deducted").

40 Vgl *Wassermeyer/Andresen/Ditz* S 585 f.

41 Vgl *Frotscher* Rn 449, der dies aus der *EuGH*-Entscheidung v 15.5.1997 (*Futura/Singer* IStR 1997, 366) ableitet.

ihm für seine ausl Betriebsstätteneinkünfte in diesem Staat gewährt wird (obiges Beispiel 2). Durch die zusätzliche Gewinnermittlung nach dt Steuerrecht wird dem StPfl iE die Steuervergünstigung des Betriebsstättenstaates genommen. Auch dies kann eine Verletzung von Gemeinschaftsrecht darstellen.[42]

Im Gegensatz zu den übrigen Absätzen des Art 7 MA, in denen das MA den Begriff „Gewinnzurechnung" verwendet, spricht **Art 7 Abs 3 MA 2008** von der „Ermittlung der Gewinne einer Betriebsstätte". Trotz dieser sprachlichen Abweichung geht es auch bei Art 7 Abs 3 MA 2008 im Kern um die Gewinnzurechnung **(Aufwandszurechnung)**. Die Regelung soll gewährleisten, dass die für die Betriebsstätte entstandenen Aufwendungen, gleichgültig wo sie angefallen sind, „zum Abzug zugelassen" werden. Ob und inwieweit bestimmte Aufwendungen tatsächlich abzugsfähig sind, bestimmt sich wiederum allein nach dem innerstaatlichen Recht des jeweiligen Anwenderstaates, das die Gewinnermittlung regelt.[43] 63

Im Schrifttum und in der Rspr wird die **Gewinnzurechnung iSv Art 7 Abs 1 MA** allg derart interpretiert, dass der Betriebsstätte nur diejenigen Ergebnisse zugerechnet werden dürfen, die auf die Aktivität der Betriebsstätte zurückzuführen sind bzw wirtschaftlich durch ihre Tätigkeit veranlasst sind. Für die abkommensrechtliche Gewinn- bzw Einkünftezurechnung ist daher grds ein **Veranlassungszusammenhang** erforderlich. [44] Eine **Attraktionskraft der Betriebsstätte**, die dem Betriebsstättenstaat sämtliche Einkünfte des Stammhausunternehmens aus Quellen innerhalb des Betriebsstättenstaats zur Besteuerung überlässt, ohne Rücksicht darauf, ob ein wirtschaftlicher Bezug der Einkünfte zur Betriebsstätte besteht, wird für den Bereich des OECD-MA abgelehnt (vgl Rn 40). Das Veranlassungsprinzip gilt nach der Rechtsprechung auch für **vorweggenommene und für nachträgliche Einnahmen und Aufwendungen**, so dass es für die Zurechnung von Einkünften zur Betriebsstätte nicht erforderlich ist, dass diese im Zeitpunkt der Realisierung der Einnahmen bzw Aufwendungen schon bzw noch besteht.[45] 64

Nach dem **innerstaatlichen Steuerrecht Deutschlands** ist der Gewinn eines Unternehmens nach den §§ 4–7k EStG zu ermitteln. Für gewerbliche Unternehmen erfolgt dies grds durch einen Betriebsvermögensvergleich (§ 4 Abs 1, § 5 EStG). Diese Vorschriften gelten auch für die Gewinnermittlung von Betriebsstätten. Darüber hinaus existieren bislang nur wenige Vorschriften, die speziell die Gewinnermittlung bzw -abgrenzung bei Betriebsstätten zum Gegenstand haben. 65

Gem § 49 Abs 1 Nr 2 Buchstabe a EStG sind „inländische Einkünfte" iSd beschränkten StPfl ua Einkünfte aus Gewerbebetrieb, „für den im Inland eine Betriebsstätte unterhalten wird oder ein ständiger Vertreter bestellt ist". Ferner bestimmt für den Bereich der beschränkten StPfl § 50 Abs 1 S 1 EStG, dass Betriebsausgaben nur insoweit abgezogen werden dürfen, als sie mit inländischen Einkünften „in wirtschaftli- 66

---

42 Vgl mwN *Wassermeyer/Andresen/Ditz* S 586.

43 Vgl zB Regelungen betr teilw Nichtabzugsfähigkeit von Bewirtungsaufwendungen oder betr Nichtabziehbarkeit der GewSt (§ 4 Abs 5 Nr 2; § 4 Abs 5 Buchstabe b EStG). S auch Tz 30 MK 2008 zu Art 7.

44 *BFH* BStBl II 1989, 140; *BFH* BStBl II 2009, 464; *BMF* BStBl I 2009, 888, Rn 2.2.

45 ZB *BFH* BStBl II 2014, 703 = ISR 2014, 273 m Anm Haase; *BFH* v 20.5.2015 I R 75/14; *Girlich/Philipp* DB 2015, 459; *Gosch* IStR 2015, 709, 711 f.

chem Zusammenhang" stehen.[46] Für den Outbound-Fall regelt § 34d Nr 2 Buchstabe a EStG im Hinblick auf die Steuerermäßigung bei ausl Einkünften, dass Einkünfte aus Gewerbebetrieb solche sind, die „durch" eine in einem ausl Staat belegene Betriebsstätte oder „durch" einen in einem ausl Staat tätigen ständigen Vertreter erzielt werden. Auf der Grundlage dieser gesetzlichen Regelungen erfolgt die Betriebsstättengewinnabgrenzung nach innerstaatlichem Recht nach dem **Veranlassungsprinzip**. Der Betriebsstätte sind die Erträge zuzurechnen, die auf Leistungen beruhen, die durch die Betriebsstätte erbracht wurden, sowie die Aufwendungen, die durch diese Leistungen veranlasst sind. Es kommt auf die **wirtschaftliche Zugehörigkeit** der Einnahmen bzw Ausgaben zur Betriebsstätte an. Es ist darauf abzustellen, auf welche Tätigkeiten oder Wirtschaftsgüter die Betriebsausgaben bzw Betriebseinnahmen zurückzuführen sind, wer die Tätigkeiten ausgeführt hat und welcher Betriebsstätte die ausgeübten Tätigkeiten bzw eingesetzten Wirtschaftsgüter tatsächlich zuzuordnen sind.[47]

67 Die Gewinnabgrenzung ist somit bislang sowohl im Abkommensrecht als auch im innerstaatlichen Recht Deutschlands maßgeblich durch das Veranlassungsprinzip geprägt. Hierbei handelt es sich im Kern um einen wirtschaftlichen Zuordnungsmaßstab.[48] Nach Änderung und Ergänzung des § 1 AStG[49] und Verabschiedung der **BetriebsstättengewinnaufteilungsVO** (BsGaV),[50] die den **Authorised OECD Approach** (AOA) (Rn 22 ff) **in das innerstaatliche Recht transformieren**, enthält das dt innerstaatliche Steuerrecht erstmalig detaillierte Vorschriften für die internationale Gewinnabgrenzung bei Betriebsstätten. Auf die Auswirkungen wird an späterer Stelle im Einzelnen näher eingegangen (Rn 271 ff).

68 **b) Methoden der Gewinnzurechnung.** Das vom Einheitsunternehmen erwirtschaftete Ergebnis ist für steuerliche Zwecke den an seiner Entstehung beteiligten Teileinheiten als Besteuerungsgut **möglichst verursachungsgerecht** zuzurechnen. Für die Zurechnung des Gewinns (genauer: der Einkünfte bzw der entspr Aufwendungen und Erträge) geben die Abs 2-6 des Art 7 MA 2008 (bzw Abs 2-4 des Art 7 MA 2010) einen Rahmen vor. In methodischer Hinsicht werden die sog direkte Methode und die sog indirekte Methode unterschieden.

69 **aa) Direkte Methode.** Bei der direkten Methode (Methode der Teilgewinnermittlung) werden die Einkünfte der Betriebsstätte direkt und gesondert ermittelt. Dies setzt grds geeignete organisatorisch-formale Bedingungen für eine separate Erfassung der die Betriebsstätte betr Geschäftsvorfälle in Form einer **eigenständigen Betriebsstättenbuchführung** (*separate accounting*) voraus. Ferner sind in materieller Hinsicht die Zuordnungsregeln der Abs 2 ff des Art 7 MA zu beachten, insb der **Fremdvergleichsgrundsatz** (dealing-at-arm's-length-principle) und der Grundsatz der **fiktiven Selbstständigkeit** und **Unabhängigkeit** der Betriebsstätte.

---

46 Die §§ 49 und 50 EStG gelten gem § 8 Abs 1 KStG entspr, wenn es sich bei dem ausl Unternehmen um eine Körperschaft handelt.

47 *BFH/NV* 2003, 964; *BFH/NV* 2004, 317.

48 *Kirchhof* § 49 EStG Rn 15, 15a.

49 AmtshilfeRLUmsG v 26.6.2013 (BGBl I S 1809); anzuwenden für Wj, die nach dem 31.12.2012 beginnen.

50 BsGaV v 13.10.2014 (BGBl I S 1603). Rechtl Grundlage für diese VO ist § 1 Abs 6 AStG.

Die direkte Methode wird im Schrifttum zutr als die **vorrangig anzuwendende Methode** der Gewinnabgrenzung angesehen. Der von Art 7 Abs 2 vorgegebenen Fiktion der Betriebsstätte als selbstständigem Unternehmen (s dazu Rn 148 ff) entspricht am ehesten eine direkte Gewinnermittlung für die Betriebsstätte mittels einer eigenen Buchführung.[51] Auch nach Auffassung des BFH ist die direkte Methode vorrangig anzuwenden.[52] Nach Ansicht der dt FinVerw handelt es sich um die **Normal- bzw Regelmethode**, die insb dann anzuwenden ist, wenn Stammhaus und Betriebsstätte unterschiedliche Funktionen ausüben.[53] Die bevorzugte Anwendung der direkten Methode beruht ua auf einer unterstellten höheren Genauigkeit und besseren Nachprüfbarkeit einer direkten Einkünfteermittlung gg der Anwendung der indirekten Methode.[54] **70**

In der Praxis werden vielfach getrennte, durch Verrechnungskonten verbundene **Buchführungskreise** für Stammhaus und Betriebsstätte(n) eingerichtet. Am Ende einer Abrechnungsperiode (Geschäftsjahr) werden die Teilabschlüsse aus den Buchführungskreisen zu einem konsolidierten Jahresabschluss des Einheitsunternehmens zusammengefasst. **71**

bb) Indirekte Methode. Bei der indirekten Methode (Methode der Gesamtgewinnzerlegung) wird der für das Einheitsunternehmen ermittelte Gesamtgewinn unter **Anwendung eines sachgerechten Zerlegungsmaßstabes** auf Stammhaus und Betriebsstätte(n) aufgeteilt (globale Gewinnaufteilung/fractional apportionment). Es sind hier nicht die Gewinne mehrerer fiktiv als selbstständig unterstellter Unternehmenseinheiten zu ermitteln, sondern es wird das für das einheitliche Unternehmen ermittelte Gesamtergebnis oder ein Teilergebnis auf die an seiner Entstehung beteiligten Einheiten unter Verwendung sachgerechter, im Einzelfall zu entwickelnder Verteilungsschlüssel aufgeteilt. Eine gesonderte Betriebsstättenbuchführung ist entbehrlich. **72**

Gg der direkten Methode, die auf die Ermittlung eines nach Fremdvergleichsgesichtspunkten unter Beachtung der Selbstständigkeitsfiktion der Betriebsstätte zutr Erg für die einzelne betriebliche Einheit ausgerichtet ist, wird die Zielsetzung der indirekten Methode auf eine willkürfreie und nachvollziehbare Aufteilung des definierten Gewinns mit Hilfe geeigneter Aufteilungsmaßstäbe reduziert.[55] Dbest können vermieden werden, wenn beide Staaten den aufzuteilenden Gewinn (Verteilungsgröße) nach einheitlichen Grundsätzen ermitteln. **73**

Die Schwierigkeit besteht insb darin, einen Aufteilungsschlüssel zu finden, der eine möglichst verursachungsgerechte Aufteilung des Gewinns auf die an seiner Entstehung beteiligten Einheiten gewährleistet. Zu berücksichtigen ist dabei, dass eine theoretisch exakte Aufteilung des Gewinns (Verlust) auf die betrieblichen Einheiten nicht möglich ist. Der Gewinn (Verlust) entsteht immer nur für das Unternehmen insgesamt. Infolgedessen kann es bei der Auswahl eines Aufteilungsschlüssels nur darum gehen, eine **willkürfreie und intersubjektiv nachprüfbare Aufteilung des Gewinns** sicherzustellen. **74**

---

51 Tz 16 MK 2008 zu Art 7.

52 *BFH* BStBl II 1972, 789; BStBl II 1985, 405; BStBl II 1993, 63; *Wassermeyer* Art 7 MA 2000 Rn 188 f.

53 *BMF* BStBl I 1999, 1076, Tz 2.3.1. Bei Funktionsgleichheit und gleicher innerer Struktur ist auch die indirekte Methode zulässig, vgl *BMF* aaO Rn 2.3.2.

54 *Schaumburg* Rn 18.23 f.

55 *Wassermeyer* Art 7 MA 2000 Rn 190.

75 Obwohl die indirekte Methode der direkten Methode damit als konzeptionell überlegen angesehen wird, findet sie in der Praxis nur untergeordnet Anwendung, da ein geeigneter und von den Vertragsstaaten akzeptierter Aufteilungsschlüssel oftmals nicht zur Verfügung steht. Die Anwendung der indirekten Methode ist insb dann problematisch, wenn die Unternehmensteile völlig unterschiedliche Strukturen oder Funktionen haben. Hingegen kann die Methode bei Unternehmenseinheiten mit homogenen Strukturen oder gleichartigen Leistungen zu sachgerechten Erg führen.[56]

76 Gem Art 7 Abs 4 MA 2008 ist die indirekte Methode unter bestimmten Voraussetzungen ausdrücklich zugelassen (s dazu Rn 192). Nach dem von der OECD verabschiedeten Authorised OECD Approach (AOA), der seinen Niederschlag in einer Neufassung des Art 7 MA gefunden hat (Art 7 MA 2010), ist die indirekte Methode allerdings nicht mehr vorgesehen (s dazu Rn 295)

77 **cc) Gemische Methoden.** In der Praxis werden häufig Elemente der direkten und indirekten Methoden miteinander kombiniert. Insb kommt auch die direkte Methode oftmals nicht ohne gewisse Annahmen oder Schätzungen aus, da sich nicht sämtliche Aufwendungen und Erträge funktions- und leistungsgerecht ausschließlich einer Unternehmenseinheit zuordnen lassen. Dies gilt bspw für die Erträge aus gemeinsamen Geschäften von Stammhaus und Betriebsstätte sowie für Kosten der Geschäftsführung und Kosten von Zentralabteilungen wie zentrales Marketing oder zentrale F&E-Aufwendungen.[57] Derartige Positionen werden nach den Regeln der indirekten Methode auf das Stammhaus und die Betriebsstätte aufgeteilt.

78 **c) Betriebsstättenbuchführung.** Grundlage bzw Ausgangspunkt für die steuerliche Gewinnermittlung ist im Regelfall eine handels- und/oder steuerliche Buchführung für die Betriebsstätte. Bei Anwendung der direkten Methode der Einkünfteabgrenzung (s Rn 69) wird eine Buchführung idR vorausgesetzt. Für die **inländische Betriebsstätte** eines ausl Stammhausunternehmens ergibt sich eine Buchführungspflicht aus den §§ 238 ff HGB iVm § 140 AO dann, wenn es sich bei der Betriebsstätte um eine Zweigniederlassung nach § 13d HGB handelt.[58] Falls die inländische Betriebsstätte handelsrechtlich keine Zweigniederlassung darstellt, entsteht eine originäre steuerliche Buchführungspflicht nach § 141 AO, wenn die dort genannten Größenmerkmale überschritten werden.

79 Eine steuerliche Buchführungspflicht besteht auch für die **inländische ständige Vertretung,** die durch die Tätigkeit des im Inland bestellten ständigen Vertreters begründet wird, sofern die Größenmerkmale nach § 141 AO erfüllt sind.[59] Diese beziehen sich auf den inländischen Betrieb bzw die inländische ständige Vertretung des ausl Unternehmens. Problematisch ist die Feststellung einer Buchführungspflicht für eine ständige Vertretung nach Maßgabe der Umsätze (§ 141 Abs 1 Nr 1 AO), da eine ständige

56 *BMF* BStBl I 1999, 1076, Tz 2.3.2.

57 Vgl *Mössner* Rn 4.89 ff; *Schaumburg* Rn 18.24.

58 *Tipke/Kruse* § 140 AO Rn 11; *Wassermeyer/Andresen/Ditz* S 655.

59 *BFH* BStBl II 1995, 238 f; *Tipke/Kruse* § 141 Rn 6. Hingegen besteht nach Ansicht von *Baranowski* IWB 1997, S 727, keine Buchführungspflicht für eine ständige Vertretung, da sich die §§ 140 und 141 AO ihrem Wortlaut nach nur auf „Betriebe" beziehen und auch die abkommensrechtliche Qualifikation als „fiktive Betriebsstätte" keine ausreichende Rechtfertigung darstellt, bei Anwendung des nationalen Abgabenrechts von einer „Betriebsstätte" auszugehen; glA *Haiß* S 286.

Vertretung – im Gegensatz zum ständigen Vertreter, dessen Buchführungspflicht völlig unabhängig von der Buchführungspflicht der ständigen Vertretung zu beurteilen ist – keine eigenen „Umsatzerlöse" erzielt. Allenfalls werden der ständigen Vertretung anteilige Umsätze des Prinzipals oder (tatsächliche oder fiktive) Vertreterprovisionen als Ertrag zugerechnet. Daher wird für die Prüfung der Buchführungspflicht im Regelfall auf die Höhe des der ständigen Vertretung zugerechneten gewerblichen Gewinns (§ 141 Abs 1 Nr 4 AO) abzustellen sein.

Die **Buchführungspflicht** gem § 141 AO **entsteht** erst nach Mitteilung bzw Aufforderung durch das zuständige FA (vgl § 141 Abs 2 AO).[60] Die Mitteilung des FA ist für den Beginn der Buchführungspflicht konstitutiv.[61] 80

Für eine **ausl Betriebsstätte** eines inländischen Unternehmens enthalten das inländische Handels- und Steuerrecht keine gesonderten Buchführungs- und Aufzeichnungspflichten. Die Buchführung der ausl Betriebsstätte ist Teil der Buchführung des Gesamtunternehmens.[62] Soweit sich eine Buchführungsverpflichtung für die ausl Betriebsstätte nach den Vorschriften der jeweiligen ausl Rechtsordnung ergibt und der Verpflichtung nachgekommen wird, sind deren Ergebnisse nach § 146 Abs 2 AO für inländische Besteuerungszwecke zu übernehmen; nach inländischem Steuerrecht notwendige Anpassungen sind vorzunehmen und kenntlich zu machen.[63] Ist dies nicht der Fall, ist der Anteil des Stammhauses und der Betriebsstätte(n) am Gesamtgewinn durch Aufteilung des Unternehmensgewinns bzw durch Zuordnung von Erträgen und Aufwendungen zu ermitteln.[64] 81

Gem § 3 der **BetriebsstättengewinnaufteilungsVO** (BsGaV)[65] ist für eine Betriebsstätte künftig zum Beginn des Jahres eine **Hilfs- und Nebenrechnung** aufzustellen, während des Wj fortzuschreiben und zum Ende des Wj abzuschließen. Der Abschluss der Hilfs- und Nebenrechnung beinhaltet das Ergebnis der Betriebsstätte. Die Verpflichtung zur Erstellung einer Hilfs- und Nebenrechnung betrifft ausl Unternehmen für ihre inländischen Betriebsstätten sowie inländische Unternehmen für ihre ausl Betriebsstätten. Die Hilfs- und Nebenrechnung, die im Wesentlichen einer Bilanz und Gewinn- und Verlustrechnung entspricht (vgl § 3 Abs 2 BsGaV), ist zusätzlich zur Buchführung zu erstellen bzw kann aus der Buchführung abgeleitet werden.[66] 82

d) Währungsumrechnung. Werden die Bücher der **ausl Betriebsstätte** in Fremdwährung geführt, ist das Betriebsstättenergebnis in die inländische Währung umzurechnen. Dies hat grds nach der **Zeitbezugsmethode** zu erfolgen (geschäftsvorfallbezogene Umrechnung mit dem jew Tageskurs). Bei unwesentlichen unterjährigen Kursschwankungen kann stattdessen das **Stichtagskursverfahren** angewandt werden, bei dem auf monatliche oder gar den Jahres-Durchschnittkurs zurückgegriffen werden kann.[67] 83

---

60 So auch *BMF* BStBl I 1999, 1076, Tz 1.1.3.2.

61 *Tipke/Kruse* § 141 AO Rn 43.

62 *BMF* BStBl I 1999, 1076, Tz 1.1.4.2.

63 § 146 Abs 2 S 2 ff AO. Die Vorschrift erwähnt die „ständige Vertretung" zwar nicht, sie gilt dürfte aber ebenso wie für Betriebsstätten auch für ständige Vertretungen gelten.

64 Vgl mwN *Wassermeyer/Andresen/Ditz* S 656.

65 *BsGaV* v 13.10.2014 (BGBl I S 1603). Rechtl Grundlage für diese VO ist § 1 Abs 6 AStG.

66 *Frotscher* Rn 532.

67 *BMF* BStBl I 1999, 1076, Rn 2.8.1.

84 Nach Auffassung der FinVerw[68] und der Rspr des BFH[69] sind umrechnungsbedingte Währungsgewinne und -verluste der ausl Betriebsstätte zuzuordnen, weil sie in wirtschaftlichem Zusammenhang mit den ausl Einkünften stehen. Dasselbe soll für Währungsschwankungen des Eigenkapitals **(Dotationskapital)** der Betriebsstätte gelten. Dies ist insofern problematisch, als Währungsdifferenzen im Betriebsstättenstaat naturgemäß gar nicht entstehen, da dort nur in lokaler Währung bilanziert wird, und die Währungsgewinne bzw -verluste bei Anwendung der Freistellungsmethode im Ansässigkeitsstaat (ebenfalls) unberücksichtigt bleiben. Hierzu hat der EuGH für den Fall der Liquidation einer ausl Betriebsstätte entschieden, dass der Ausschluss der auf das **Dotationskapital** der Betriebsstätte erlittenen Währungsverluste bei der Besteuerung des inländischen Stammhauses eine **Beschränkung der Niederlassungsfreiheit** darstellt.[70] Für Betriebsstätten, die in einem EU- oder EWR-Staat belegen sind, sind derartige Währungskursverluste folglich beim Stammhaus mit steuerlicher Wirkung zu berücksichtigen. Ob sich bei Betriebsstätten in Drittstaaten eine Verlustnutzung im Inland mglw aus der Anwendung der Kapitalverkehrsfreiheit ergeben kann,[71] ist derzeit offen.

85 **5. Personengesellschaften (Mitunternehmerschaften). – a) Problematik.** PersGes besitzen iA keine umfassende, sondern eine auf Teilbereiche beschränkte, partielle Rechtsfähigkeit. Die Grundformen der PersGes (GbR, OHG, KG) sind in fast allen Staaten anzutreffen. Zivilrechtlich steht die PersGes zwischen der uneingeschränkt rechtsfähigen KapGes[72] und der zivilrechtlich unselbstständigen Betriebsstätte. In Deutschland ist die PersGes steuerrechtlich lediglich Einkünfteermittlungs- und -erzielungssubjekt, nicht hingegen eigenständiges Steuersubjekt.[73] Die auf Ebene der PersGes ermittelten Besteuerungsgrundlagen werden den Gesellschaftern zugewiesen (vgl § 180 I Nr 2 AO) und auf Gesellschafterebene der Besteuerung unterworfen **(Transparenzprinzip, Mitunternehmerkonzept)**.

86 Ausl Staaten verfolgen oftmals eine ähnliche Konzeption wie Deutschland. Teilw werden PersGes hingegen als eigenständige Steuersubjekte anerkannt, dh die Besteuerung erfolgt dann nach den für KapGes geltenden Regelungen (Trennungsprinzip). In wieder anderen Staaten können PersGes für steuerliche Zwecke wahlweise nach dem Trennungs- oder dem Transparenzprinzip besteuert werden.[74]

87 Wird die PersGes in einem der beiden Vertragsstaaten als eigenes Steuersubjekt und in dem anderen Vertragsstaat als steuerlich transparent behandelt, liegt ein **Qualifikationskonflikt** vor (divergierende Subjektqualifikation). In einem solchen Fall stellt sich aus Sicht des Quellenstaates die Frage, ob der PersGes selbst oder ihren Gesellschaf-

---

68 *BMF* BStBl I 1999, 1076, Rn 2.8.1.

69 *BFH* BStBl II 1997, 128.

70 *EuGH* Rs C-293/06 (Deutsche Shell), BStBl 2009 II, 976; *Ditz/Schönfeld* DB 2008, 1458, 1460.

71 Dazu *Kraft* NWB 2014, 2708 f.

72 KapGes werden in den meisten Staaten in zivilrechtlicher und steuerrechtlicher Hinsicht als rechtsfähig behandelt, mit der Folge, dass die Ges selbst als Steuersubjekt der Besteuerung unterliegt. Die Ebene der Gesellschafter ist davon zu unterscheiden (sog Trennungsprinzip).

73 Dies gilt ungeachtet der Tatsache, dass für Zwecke der dt GewSt die PersGes selbst als Gewerbebetrieb der GewSt unterliegt.

74 Einen Überblick geben *Spengel/Schaden/Wehrße* StuW 2010, 44 sowie StuW 2012, 105.

tern Abkommensvergünstigungen eingeräumt werden müssen. Der Ansässigkeitsstaat des Gesellschafters hat zu entscheiden, ob er die Einkünfte aufgrund des Abk freistellen oder die im Quellenstaat erhobenen Steuern anrechnen muss, selbst dann, wenn der Quellenstaat diese Einkünfte wegen abw Qualifikation nicht der Besteuerung unterwirft.[75]

Darüber hinaus ergeben sich Schwierigkeiten in Bezug auf die Behandlung sog **Sondervergütungen**. Nach dt innerstaatlichen Recht (§ 15 Abs 1 S 1 Nr 2 S 1 HS 2 EStG) sind diese Teil des gewerblichen Gewinns der PersGes (Mitunternehmerkonzept). Abkommensrechtlich gelten sie nach Ansicht der dt FinVerw[76] und des dt Gesetzgebers[77] als Unternehmensgewinne iSd Art 7 MA. Nach dem Recht anderer Staaten werden sie bspw als Zinsen (Art 11 MA) oder Tätigkeitsvergütungen (Art 15 MA) qualifiziert. Damit kann sich selbst bei übereinstimmender Einordnung der PersGes als transparent ein Konflikt bzgl der steuerlichen Behandlung der Sondervergütungen ergeben. **88**

Zu diesen und weiteren Fragen nimmt der **OECD Partnership Report** aus dem Jahr 1999 Stellung.[78] Dessen grds Ergebnisse wurden in Tz 2-6 des MK zu Art 1 sowie Tz 32.1 ff und Tz 56.1 ff des MK zu Art 23 übernommen. Die OECD geht davon aus, dass sich diese Fragen überwiegend durch eine geänderte Auslegung der bestehenden Regelungen des MA lösen lassen. Die OECD unterscheidet (fallbezogen) zwischen der DBA-Anwendung des Quellenstaats und der des Ansässigkeitsstaats, wobei im Grundsatz die steuerliche Behandlung der PersGes im Sitzstaat der PersGes für die abkommensrechtliche Einordnung der PersGes ausschlaggebend sein soll.[79] Die **dt FinVerw** hat zunächst am 16.4.2010,[80] dann am 26.9.2014 ein überarbeitetes Schreiben zur **"Anwendung der DBA auf PersGes"** herausgegeben, das in Teilen dem OECD Partnership Report folgt,[81] an anderer Stelle hingegen eine traditionelle Sichtweise vertritt.[82] **89**

Im Hinblick auf die Einkünfteabgrenzungsnorm des Art 7 MA führt die transparente Besteuerung der PersGes für abkommensrechtliche Zwecke dazu, dass nicht die PersGes selbst ein (Gesamt-) Unternehmen betreibt, sondern dass **jeder Gesellschafter ein eigenständiges Unternehmen** betreibt. Für Zwecke des Abk wird das Unternehmen der PersGes als Unternehmen der Gesellschafter behandelt, so dass so viele Unternehmen bestehen, wie Gesellschafter (Mitunternehmer) vorhanden sind.[83] Die Betriebsstätten der PersGes werden abkommensrechtlich ihren Gesellschaftern als eigene zugerechnet; sie stellen **Betriebsstätten der Gesellschafter** dar.[84] Dieser Grund- **90**

---

75 Vgl *Lüdicke* (Überlegungen), S 55; s dazu auch nachfolgende Rn 110.

76 *BMF* BStBl I 2014, 1258, Tz 5.1.1.

77 § 50d Abs 10 EStG; dazu näher Rn 122.

78 *The Application of the OECD Model Tax Convention to Partnerships*, Paris 1999.

79 Zur Kritik vgl ua *Wassermeyer* Art 1 MA Rn 27 ff; *Lüdicke* Personengesellschaften, S 7 ff; *Lang* IStR 2000, 129; zust *Vogel/Lehner* Art 3 Rn 112 ff.

80 *BMF* BStBl I 2010, 354.

81 *BMF* BStBl I 2014, 1258, zB Rn 2.1.2 sowie Rn 4.1.3.3.1 und 4.1.3.3.2. Ablehnend zu der dort vertretenen Qualifikationsverkettung bei subjektivem Qualifikationskonflikt *BFH* BStBl II 2014, 760 (DBA Ungarn).

82 *BMF* BStBl I 2014, 1258, zB Rn 1.2 oder 4.1.4.1; *Vogel/Lehner*, Art 1 Rn 18a.

83 *Wassermeyer* Art 7 MA 2000 Rn 63; *Schönfeld/Ditz* Art 3 MA Rn 39.

84 *BFH* BStBl II 2014, 764; *BFH* BStBl II 2009, 263; *BFH* BStBl II 2003, 631.

satz gilt für doppelstöckige PersGes sinngemäß; er führt hier dazu, dass die Betriebsstätten der UnterGes abkommensrechtlich Betriebsstätten der Gesellschafter der OberGes sind.[85]

91 **b) Abkommensberechtigung.** Für die Feststellung, ob Art 7 MA auf die Einkünfteabgrenzung bei PersGes anwendbar ist, bedarf es zunächst einer Prüfung der Abkommensberechtigung der PersGes und ihrer Gesellschafter.

92 Nach dt Sichtweise kann eine PersGes zwar „Person" iSv Art 3 Abs 1 Buchstabe a MA sein, nicht hingegen „ansässige Person" iSv Art 4 Abs 1 MA, da die Ansässigkeit einer Person deren unbeschränkte Einkommen- oder Körperschaftsteuerpflicht in einem der beiden Vertragsstaaten voraussetzt. In Deutschland wird eine PersGes als steuerlich transparent behandelt und ist daher weder einkommen- noch körperschaftsteuerpflichtig, mithin **keine ansässige Person** iSd DBA (s auch Art 4 Rn 57 ff).[86] Ansässige und abkommensberechtigte Personen sind stattdessen die Gesellschafter der PersGes, sofern es sich bei ihnen um natürliche oder juristische Personen handelt. Ist ein Gesellschafter ebenfalls eine PersGes, ist auf deren Gesellschafter abzustellen. Die fehlende Abkommensberechtigung der PersGes in diesen Fällen führt dazu, dass eine ausl PersGes selbst die nach den DBA zu gewährende Entlastung von Abzugsteuern (zB nach Art 10 Abs 2 MA; § 50d Abs 1–6 EStG) nicht beanspruchen kann.[87] Dies können nur die Gesellschafter, so dass deren Ansässigkeit darüber bestimmt, welches DBA ggf anwendbar ist. Natürliche und juristische Personen als Gesellschafter sind gem Art 3 Abs 1 Buchstabe a, b MA „Personen" iSd MA und, sofern sie in einem Vertragsstaat der unbeschränkten StPfl unterliegen, dort ansässig und damit abkommensberechtigt.[88]

93 Etwas anderes gilt dann, wenn die ausl PersGes nach dem Recht des betreffenden Vertragsstaats dort als intransparent bzw als dort ansässige Person behandelt wird. In diesem Fall ist die Entlastung der PersGes selbst zu gewähren.

94 Während bei inländischen Rechtsformen aufgrund weitgehender Übereinstimmung von Zivil- und Steuerrechtsordnung eine unmittelbare Anknüpfung des dt Steuerrechts an die zivilrechtliche Wertung möglich ist,[89] besteht bei ausl Rechtsgebilden[90] keine unmittelbare Bindung des inländischen Steuerrechts an das jeweilige ausl Zivilrecht. Dies erfordert eine Prüfung der Struktur- und Organisationsmerkmale des ausl Rechtsträgers anhand bestimmter Kriterien und eine darauf basierende Einordnung als PersGes oder KapGes für dt Steuerzwecke.

95 Die **Einordnung des ausl Rechtsgebildes** für Zwecke der dt Besteuerung sowie der Anwendung des entspr DBA richtet sich ausschließlich **nach innerstaatlichem dt Steuerrecht**. Jeder Vertragsstaat entscheidet über die Einordnung für die Anwendung des

---

85 *BFH* BStBl II 2003, 631.

86 *BMF* BStBl I 2014, 1258 Rn 2.1.1. Dass eine gewerblich tätige PersGes in Deutschland selbst der GewSt unterliegt und Unternehmer iSd UStG sein kann, ändert daran nichts.

87 § 50d Abs 1 S 11 EStG; *BMF* BStBl I 2014, 1258 Rn 2.1.2.

88 Tz 6.4 MK zu Art 1 und Tz 8.8 MK zu Art 4.

89 Vgl die Aufzählung der Körperschaften, Personenvereinigungen und Vermögensmassen in § 1 KStG, die der unbeschränkten Körperschaftsteuerpflicht unterliegen.

90 „Ausl Rechtsgebilde" sind solche, die im Ausland (nach ausl Gründungsvorschriften) errichtet worden sind und daher ihren statutarischen Sitz im Ausland haben.

DBA nach seinem eigenen Recht. Die Einordnung des Rechtsträgers nach ausl Recht ist insoweit unmaßgeblich. Gleiches gilt, wenn die Gesellschafter des ausl Rechtsträgers über die Einordnung mittels Option bestimmen können.[91]

Zur Feststellung, ob das ausl Rechtsgebilde für dt Steuerzwecke als PersGes oder KapGes einzuordnen ist, ist ein **sog Typenvergleich oder Rechtstypenvergleich** durchzuführen. Dessen Vorgehensweise ist nicht gesetzlich kodifiziert, sondern basiert auf höchstrichterlicher Rspr.[92] Danach richtet sich die Einordnung des ausl Rechtsträgers für Zwecke der dt Besteuerung danach, ob der Rechtsträger nach seinem rechtlichen Aufbau und seiner wirtschaftlichen Stellung mit einer PersGes oder einer Körperschaft vergleichbar ist. Hierbei ist eine **Gesamtwürdigung** sämtlicher im konkreten Einzelfall maßgebenden Beurteilungsmerkmale vorzunehmen Die dt FinVerw setzt sich mit den Beurteilungskriterien im Hinblick auf die Einordnung einer US-LLC (Limited Liability Company) im Schreiben v 19.3.2004 ausführlich auseinander,[93] will diese Kriterien aber allg für die Einordnung ausl Gesellschaften anwenden.[94] 96

Während zunächst unklar war, ob der Typenvergleich auf der Grundlage des gesetzlichen Normaltypus des ausl Rechtsträgers (sog **generell-abstrakte Betrachtungsweise**) oder unter Hinzuziehung des die individuellen Umstände im Einzelfall berücksichtigenden Gesellschaftsvertrags durchzuführen ist **(individuell-konkrete Betrachtung)**,[95] spricht sich die FinVerw zumindest bei der US-LLC – aufgrund weitreichender Wahlmöglichkeiten bzgl deren Einordnung nach dem Recht der US-Bundesstaaten – zu Recht für eine Beurteilung nach Maßgabe der konkreten Gestaltung gem den gesetzlichen Bestimmungen und den Vereinbarungen im Gesellschaftsvertrag aus.[96] Der BFH folgt dem in seinem Urt v 20.8.2008.[97] 97

Die nach obigen Grundsätzen vorgenommene Qualifizierung des ausl Rechtsgebildes als PersGes oder KapGes hat aus Sicht des inländischen Investors (Gesellschafters) nach innerstaatlichem dt Steuerrecht insb Bedeutung für die Bestimmung der Einkunftsart und für die Einkünftezurechnung. Im DBA-Fall hat die Qualifikation der Ges darüber hinaus Bedeutung für die abkommensrechtliche Behandlung der Ges und der an ihr beteiligten Personen. 98

Entspricht das ausl Rechtsgebilde nach dt Rechtswertung seiner Struktur nach einer PersGes dt Rechts, wird das Rechtsgebilde in Deutschland als DBA-Anwenderstaat als eine transparente PersGes behandelt. Dies gilt auch dann, wenn die Personenver- 99

---

91 ZB das check-the-box-Verfahren in den USA.

92 Die Rspr geht zurück auf die sog Venezuela-Entsch des *RFH* RStBl 1930, 444. In der Folgezeit haben sich der BFH, die dt FinVerw und die hM im Schrifttum den vom RFH vertretenen Grundsätzen angeschlossen. Vgl zuletzt *BFH* BStBl II 2009, 234; dazu *Flick/Heinsen* IStR 2008, 781; *BFH* BStBl II 2009, 263.

93 *BMF* BStBl I 2004, 411. Zur US-LLC s auch *BFH* BStBl II 2009, 263 sowie *Pyszka* GmbHR 2015, 1203.

94 *BMF* BStBl I 2014, 1258 Rn 1.2 sowie die Anlage zu dem BMF-Schr mit Hinweisen zu PersGes in div Ländern.

95 Im Urt v 23.6.1992 zur Liechtensteinischen AG nimmt der BFH offenbar eine generelle Betrachtung vor (*BFH* BStBl II, 975); ähnlich *OFD Koblenz* v 8.8.1997, RIW 1997, 1066. Grds zu dieser Frage *Lüdicke* StBJb 1997/98, 452 f.

96 *BMF* BStBl I 2004, 411.

97 *BFH* BStBl II 2009, 263.

einigung in dem anderen Vertragsstaat eine juristische Person gem dortigem Zivilrecht oder eigenständiges Steuersubjekt ist.[98] Auf die steuerliche Behandlung des Rechtsträgers im Ausland kommt es nicht an. Allein maßgeblich ist die Sichtweise Deutschlands als DBA-Anwenderstaat.[99]

100 **c) Abkommensrechtliche Behandlung.** Für die abkommensrechtliche Behandlung der PersGes und ihrer Gesellschafter im Hinblick auf Art 7 MA sind somit verschiedene **Grundkonstellationen** zu unterscheiden. Im Folgenden (Zweistaaten-Fall) wird von einer PersGes mit aktiver gewerblicher Betriebsstätte im „Sitzstaat" (= Quellenstaat) ausgegangen, die folglich Unternehmensgewinne iSv Art 7 MA erzielt, und deren Gesellschafter in einem anderen Vertragsstaat ansässig sind (= Ansässigkeitsstaat).

101 **aa) Übereinstimmende Qualifikation der PersGes als transparent.** Wird die **PersGes in beiden Vertragsstaaten (Sitzstaat der Ges und Ansässigkeitsstaat der Gesellschafter) als steuerlich transparent** behandelt, dh ist die Ges zwar „Person" iSv Art 3 Abs 1 Buchstabe a MA, nicht aber „ansässige Person" iSv Art 4 Abs 1 MA, ist die PersGes selbst nicht abkommensberechtigt. Abkommensberechtigt sind allein die Gesellschafter, soweit es sich um natürliche oder juristische Personen handelt. Nur sie können die Abkommensvergünstigungen – bezogen auf ihren Anteil an den Einkünften der PersGes – in Anspruch nehmen.

102 Abkommensrechtlich ist in diesem Fall Art 7 MA anzuwenden. Handelt es sich um eine **ausl PersGes**, die in ihrem Sitzstaat als steuerlich transparent behandelt wird und die aufgrund des Rechtstypenvergleichs ihrer Struktur nach mit einer PersGes deutschen Rechts vergleichbar ist, stellt die Beteiligung des Gesellschafters an der ausl PersGes für ihn ein dt Unternehmen (Art 7 Abs 1 iVm Art 3 Abs 1 Buchstabe c MA) dar, welches im Ausland durch eine Betriebsstätte betrieben wird.

103 Ein Besteuerungsrecht des ausl Staates nach Art 7 Abs 1 S 2 MA wird nur dann begründet, wenn die Geschäftstätigkeit der ausl PersGes im ausl Staat durch eine **Betriebsstätte der PersGes** betrieben wird. Die *Beteiligung des Gesellschafters* an der PersGes begründet für sich genommen keine Betriebsstätte; erforderlich sind die Tatbestandsmerkmale des Art 5 MA. Sind diese gegeben, können die Einkünfte der PersGes im Sitzstaat der PersGes besteuert werden, soweit sie der Betriebsstätte des Gesellschafters zugerechnet werden können.

104 Sind in dem von der Betriebsstätte erzielten Erg neben den originär gewerblichen Einkünften auch **anderweitige Einkünfte** (zB Dividenden, Zinsen, Lizenzgebühren) enthalten, sind diese nur unter bes Voraussetzungen als Teil des Unternehmensgewinns zu behandeln (s dazu bereits oben, Rn 52 f).

105 Erzielt die PersGes lediglich **Einkünfte aus Vermögensverwaltung**, liegen keine Unternehmensgewinne iSv Art 7 MA vor. Für die Abkommensanwendung ist, je nach Art der Einkünfte, auf den jeweils einschlägigen spezielleren Art abzustellen (insb Art 6 sowie Art 10 und 11 MA).[100]

98 *Wassermeyer/Andresen/Ditz* S 342 f.
99 *BFH* BStBl II 2009, 263.
100 So auch die dt FinVerw in *BMF* BStBl I 2014, 1258, Tz 2.3.1.

Deutschland als **Ansässigkeitsstaat des Gesellschafters** stellt die Unternehmensgewinne grds **im Inland von der Besteuerung frei** (vgl Art 23A Rn 27 ff und Art 23B Rn 47),[101] wobei der **Progressionsvorbehalt** zu beachten ist (§ 32b Abs 1 S 1 Nr 3 EStG).[102] Die „Freistellung" gilt nach Ansicht des BFH auch für Verluste, dh Verluste der ausl Betriebsstätte der PersGes wirken sich im Inland grds nicht aus.[103] Die Freistellung im Ansässigkeitsstaat tritt nicht ein, wenn das entspr DBA eine **Aktivitätsklausel** enthält und die PersGes hiernach sog passive Einkünfte erzielt;[104] Deutschland darf in diesen Fällen auf die **Anrechnungsmethode** übergehen (switch-over). Gleiches gilt, wenn ausl passive Betriebsstätteneinkünfte iSv § 20 Abs 2 AStG vorliegen.[105] **106**

Wird die Geschäftstätigkeit *nicht* durch eine Betriebsstätte der PersGes betrieben, hat der Ansässigkeitsstaat des Gesellschafters das alleinige Besteuerungsrecht für den anteiligen Gewinn der PersGes. Sind die Gesellschafter der PersGes in verschiedenen Staaten ansässig, können verschiedene Abk anzuwenden sein.[106] **107**

Etwas anderes gilt evtl dann, wenn das DBA eine vom MA abweichende, **eigenständige Regelung** für PersGes enthält (s dazu Rn 325). **108**

bb) Übereinstimmende Qualifikation der PersGes als intransparent. Wird die **Ges übereinstimmend in beiden Vertragsstaaten als steuerlich intransparent** behandelt, ist die steuerliche Behandlung ebenfalls vergleichsweise unproblematisch. Die Ges unterliegt in ihrem Sitzstaat der unbeschränkten Körperschaftsteuerpflicht und ist folglich „ansässige Person" iSv Art 4 Abs 1 MA und damit selbst abkommensberechtigt. Die Gesellschafter beziehen **im Ausschüttungsfall Dividenden** iSd Art 10 MA, die entweder gem Art 23A MA von der Bemessungsgrundlage des Dividendenempfängers auszunehmen sind, wobei die Befreiung oftmals an das Halten einer Mindestbeteiligung und die Beachtung von Aktivitätserfordernissen geknüpft ist. Daneben kommt in Deutschland grds die nationale Beteiligungsertragsbefreiung gem § 8b Abs 1 iVm Abs 5 KStG zur Anwendung. Eine von der Ges einbehaltene Quellensteuer ist bei einer Freistellung der Dividende im Ansässigkeitsstaat *nicht* anrechenbar.[107] Wendet der Ansässigkeitsstaat für die Dividenden nicht die Freistellungs-, sondern die Anrechnungsmethode an (Art 23 B MA), unterliegen die Dividenden beim Gesellschafter der Besteuerung, wobei eine einbehaltene Quellensteuer grds anrechenbar ist. **109**

cc) Divergierende Qualifikation der PersGes. Probleme können bei **abw Qualifikation der PersGes** in den beteiligten Vertragsstaaten entstehen, dh wenn ein Vertragsstaat die Ges als selbstständiges Steuersubjekt behandelt und der andere Vertragsstaat sie als transparent einstuft (sog subjektive Qualifikations- oder Zurechnungskonflikte). Von den von Deutschland abgeschlossenen DBA enthalten lediglich einige Abk eine ausdrückliche Regelung zur Lösung derartiger Qualifikationskonflikte (s Rn 325). Ohne eine Sonderregelung im DBA sind die Konsequenzen für die Gewinnabgrenzung im Grds wie folgt: **110**

---

101 *BFH* BStBl II 2009, 263; *BMF* BStBl I 2010, 354, Tz 4.1.1.1, Tz 4.1.1.2.
102 S dazu und zu den Ausnahmen wg § 32b Abs 1 S 2 Nr 2 EStG *Kirchhof* § 2a EStG Rn 48.
103 Sog Symmetriethese, s dazu Art 23A Rn 27.
104 Die dt DBA enthalten regelm Aktivitätsklauseln, vgl Art 23A MA Rn 42.
105 S dazu § 20 AStG Rn 75; *BMF* BStBl I 2014, 1258, Tz 4.1.1.2.1 und 4.1.1.2.2.
106 S Kommentierung zu Art 4 Rn 57 ff.
107 *BMF* BStBl I 2004, 411, VI 2. a).

111 Wird die **Ges in ihrem ausl Sitzstaat als selbstständiges, intransparentes Steuersubjekt behandelt**, ist sie **nach dt Wertung aber als PersGes zu klassifizieren**, ist die Ges aus Sicht des Sitzstaates regelmäßig „ansässige Person“ iSv Art 4 MA und abkommensberechtigt. Die Gesellschaft unterliegt im Sitzstaat der Körperschaftsteuer. Im Ausschüttungsfall wird auf die Dividende idR eine Quellensteuer erhoben, deren Höhe nach dem jeweiligen DBA begrenzt ist (Art 10 Abs 2 MA). In Deutschland als Ansässigkeitsstaat des Gesellschafters ist – losgelöst von der Qualifikation des Sitzstaates – das Unternehmen der PersGes (anteilig) dem im Inland ansässigen Gesellschafter (Mitunternehmer) zuzurechnen. Eine **sog Qualifikationsverkettung**, nach der der Ansässigkeitsstaat des Gesellschafters die Qualifikation der Gesellschaft durch den Quellenstaat zu übernehmen hat, wird vom BFH mit der wohl hM abgelehnt.[108] Der BFH wendet sich damit gegen den OECD Partnership Report, der im Grds eine solche Bindung des Ansässigkeitsstaates an die Subjektqualifikation des Quellenstaates fordert. Die Sichtweise des BFH ist konsequent, weil sie sich letztlich aus der Anwendung des Rechtstypenvergleichs (Rn 96 f) ergibt.[109] Aus Sicht des Gesellschafters liegen somit Unternehmensgewinne vor (Art 7 MA), welche im Inland grds unter Progressionsvorbehalt freizustellen sind; etwaige DBA-Aktivitätsvorbehalte sind zu beachten. Eine im Ausland einbehaltene Quellensteuer auf ausgeschüttete Gewinne kann nach innerstaatlichem deutschen Recht nicht angerechnet werden, da im Inland weiterhin das Mitunternehmerkonzept Anwendung findet, wonach Gewinnausschüttungen Entnahmen darstellen, die im Inland nicht steuerbar sind.[110]

112 Ist die **Ges aus Sicht des ausl Sitzstaates als PersGes, aus dt Sicht hingegen als Körperschaft einzuordnen**, unterliegt der inländische Gesellschafter mit dem anteiligen Gewinn der PersGes, der auf die im Ausland betriebene Betriebsstätte entfällt, der beschränkten Steuerpflicht im Ausland (Art 7 Abs 1 MA). Nach dt Steuerrecht wird ebenfalls der Gesellschafter besteuert, allerdings nur dann und insoweit, als er Ausschüttungen bezieht (§ 20 Abs 1 Nr 1 EStG). Abkommensrechtlich stellen die Ausschüttungen Einkünfte iSv Art 21 Abs 1 MA (Andere Einkünfte) dar, für die Deutschland als Ansässigkeitsstaat des Gesellschafters das alleinige Besteuerungsrecht hat. Die Ausschüttungen sind nicht unter Art 10 MA zu subsumieren, da die ausl Ges – aufgrund der Einordnung im Ausland als PersGes – keine im anderen Vertragsstaat „ansässige Gesellschaft“ ist (Art 4 Abs 1, Art 10 Abs 1 MA).[111] Die §§ 3 Nr 40, § 32d EStG, § 8b Abs 1 KStG sind grds anwendbar.

113 Bei abkommensrechtlichen **Qualifikations- oder Zurechnungskonflikten** (Rn 87, 110) soll **§ 50d Abs 9 S 1 Nr 1 EStG**[112] eine doppelte Freistellung verhindern. Für Deutschland als Ansässigkeitsstaat des Gesellschafters einer PersGes soll die Freistellung unterbleiben, wenn der Sitzstaat der PersGes das DBA so anwendet, dass die Einkünfte dort von der Besteuerung auszunehmen sind oder nur zu einem durch das Abk begrenzten Steuersatz besteuert werden können. Damit soll die auch von Art 23A Abs 4 MA beabsichtigte Verhinderung der Keinmalbesteuerung bei fehlender DBA-

---

108 *BFH* BStBl II 2014, 760 mwN. GlA *BMF* BStBl I 2014, 1258, Rn 4.1.4.1.

109 *Haase* Diskussionsbeiträge, S 18 ff.

110 *BMF* BStBl I 2014, 1258, Tz 4.1.4.1; *Schmidt Chr* IStR 2010, 413, 425 f; *Wassermeyer* Art 7 MA 2000 Rn 123.

111 *BFH* BStBl II 2009, 263 (zur US-LLC); krit *Flick/Heinsen* IStR 2008, 781, 785.

112 Eingefügt durch JStG 2007 (BGBl I 2006, 2878), anzuwenden auf alle noch offenen Veranlagungen („klarstellende Regelung“). Zu Einzelheiten *Schmidt/Loschelder* § 50d Rn 57.

Regelung unilateral umgesetzt werden.[113] Der BFH hat für den Fall eines **negativen Qualifikationskonflikts bei Beteiligungsveräußerung**[114] allerdings bei summarischer Betrachtung ernstliche Zweifel an der Vorschrift des § 50d Abs 9 S 1 Nr 1 EStG erkennen lassen, und zwar sowohl an deren rückwirkender Anwendung als auch in materiell-rechtlicher Hinsicht.[115] Nicht einschlägig ist § 50d Abs 9 S 1 Nr 1 EStG dann, wenn die doppelte Nichtbesteuerung auf rein innerstaatliches Recht des ausl Staates, somit nicht auf „Bestimmungen des Abkommens" zurückzuführen ist.[116]

Der BFH hält § 50d Abs 9 S 1 Nr 1 EStG für **verfassungswidrig**, da die Vorschrift gegen bindendes Völkervertragsrecht und damit gegen Art 25 GG verstößt (*Treaty Override*).[117] Das BVerfG hat jedoch mit Beschl v 17.12.2015 entschieden, dass ein „Treaty Override" verfassungsrechtlich zulässig ist (Beschl 2 BvL 1/12). **114**

d) Sondervergütungen. – aa) Überblick. In Bezug auf sog Sondervergütungen können selbst bei übereinstimmender Qualifikation der Ges in beiden Staaten Probleme auftreten. Dies ist zB der Fall, wenn der ausl Staat den Vertrag zwischen der PersGes und dem inländischen Gesellschafter[118] sowie die entspr Zahlungen als Betriebsausgaben anerkennt (ggf einen Quellensteuerabzug vorsieht), Deutschland als Ansässigkeitsstaat des Gesellschafters den Vertrag hingegen umqualifiziert und die Vergütung als Bestandteil des Gewinns der PersGes ansieht (vgl § 15 Abs 1 S 1 Nr 2 EStG). **115**

Nach innerstaatlichem Recht Deutschlands gehören Sondervergütungen (zB Zinsen oder Tätigkeitsvergütungen der PersGes an ihren Gesellschafter) zu den Einkünften aus Gewerbebetrieb gem § 15 Abs 1 S 1 Nr 2 EStG. Dies gilt sowohl für Sondervergütungen des inländ Gesellschafters einer ausl PersGes als auch für Sondervergütungen des ausl Gesellschafters einer inländ PersGes. **Art 7 MA enthält keine ausdrückliche Regelung** bzgl der abkommensrechtlichen Behandlung von Sondervergütungen. Die deutsche Verhandlungsgrundlage für DBA enthält ebenfalls keine Muster-Regelung (Rn 318). Deutschland hat jedoch in einigen DBA eine eigenständige Regelung für Sondervergütungen aufgenommen (s Rn 128). **116**

Nach der hM wurden Sondervergütungen in der Vergangenheit auch abkommensrechtlich wie Gewinnanteile von PersGes behandelt und zu den Unternehmensgewinnen iSv Art 7 MA gerechnet. Auch der BFH subsumierte die Sondervergütungen ursprünglich unter Art 7.[119] **117**

---

113 Tz 32.6 MK zu Art 23 erlaubt es dem Ansässigkeitsstaat in bestimmten Fällen, die Freistellung unilateral „aufzuheben". GlA *BMF* BStBl I 2014, 1258, Tz 4.1.3.3.2.

114 Ein inländ Gesellschafter veräußert Anteile an einer spanischen, dort intransparent besteuerten PersGes. Spanien sieht sich folglich an einer Besteuerung des Veräußerungsgewinns gehindert (vgl Art 13 Abs 5 MA), Deutschland ebenfalls (Art 13 Abs 2 MA). Infolge der daraus resultierenden doppelten Freistellung wendet die dt FinVerw § 50d Abs 9 S 1 Nr 1 EStG an, vgl *BFH* BStBl II 2011, 156; ferner *BMF* BStBl I 2014, 1258, Tz 4.1.3.3.2.

115 *BFH* BStBl II 2011, 156 (Tz 35 ff).

116 So in dem vom *BFH* BStBl II 2014, 764 entschiedenen Fall der steuerlichen Subventionierung bestimmter Aktivitäten durch den ausl Vertragsstaat.

117 Vorlage an das BVerfG durch *BFH* BStBl II 2015, S 18.

118 ZB Darlehensvertrag, Dienstleistungsvertrag oÄ.

119 *Wassermeyer* Art 7 MA 2000 Rn 99 f; *Kraft/Jochimsen* NWB 2015, 123, 127.

118 **bb) Entwicklung der Rechtsprechung.** In neueren Urteilen hält der BFH an dieser Auffassung nicht mehr fest. Die im innerstaatlichen Recht bestehende Einheit von Gewinnanteil und Sondervergütungen ist für die Anwendung eines DBA grds aufzulösen. Etwas anderes kann gelten, wenn das jeweilige DBA eine eigenständige Regelung für Sondervergütungen enthält.

119 Mit dem insoweit grdl **Urt v 27.2.1991**[120] (**Outbound-Fall**) hat der BFH seine ursprüngliche **Position aufgegeben** und hält nun bei Sondervergütungen den jeweils einschlägigen **Spezialartikel des DBA** für **vorrangig** gg Art 7. Der Zinsartikel (Art VII DBA-USA 1954/65 = Art 11 MA) ist vorrangig anwendbar, da die Forderung des inländischen Gesellschafters im Inland bestand und nicht tatsächlich zu einer US-Betriebsstätte der PersGes gehörte. Bei Kreditgewährungen ist nicht entscheidend, ob das darlehensweise überlassene Kapital in der Betriebsstätte genutzt wird, sondern ob die **Darlehensforderung tatsächlich zur Betriebsstätte gehört**. Dies war nicht der Fall, da das Darlehen nicht aus Mitteln der PersGes gewährt wurde, sondern ihr als Fremdkapital überlassen wurde. Die Forderung gehörte auch nicht deshalb „tatsächlich" zur Betriebsstätte, weil nach den Grundsätzen des § 15 EStG die Darlehensforderung als **Sonderbetriebsvermögen** der Klägerin anzusehen ist. Diese Grundsätze des nationalen Rechts seien rechtlicher Art und könnten nicht mit tatsächlicher Zugehörigkeit iSd Abk gleichgesetzt werden. Die Einheit von Gewinnanteil und Sondervergütungen nach inländischem Steuerrecht[121] ist im Abk aufgelöst durch die Bestimmung des Art III Abs 5 DBA-USA, der Zinsen aus dem Gewerbegewinn grds herauslöst.[122] Im Unterschied zum Gewinnanteil der PersGes, der im Inland nach Art III, XV Abs 1 Buchstabe b Nr 1aa DBA-USA 1954/65 (Art 7 Abs 1, Art 23A MA) unter ProgressVorb freizustellen war, durfte Deutschland die Zinsen nach Art VII DBA-USA 1954/65 (Art 11 Abs 1 MA) besteuern. Auf diese Weise wird eine **Keinmal-Besteuerung der Zinsen verhindert**.

120 An dieser Beurteilung hält der **BFH** auch im **Urt v 17.10.2007**[123] zum DBA-USA 1989 für den spiegelbildlichen **Inbound-Fall** fest.[124] Ein in den USA ansässiger Gesellschafter einer dt PersGes hatte Zinsen für ein von ihm der Ges gewährtes Darlehen erhalten. Der BFH entschied auch hier, dass die Zinsen nach dem DBA-USA 1989 nicht im Betriebsstättenstaat (Deutschland) besteuert werden dürfen. Der **Zinsartikel** gem Art 11 DBA-USA habe wegen Art 7 Abs 6 DBA-USA[125] **Vorrang vor Art 7** (Unternehmensgewinne).

---

120 *BFH* BStBl II 1991, 444 (zum DBA-USA 1954/1965).

121 Nach innerstaatlichem Recht stellten die Zinsen Einkünfte aus Gewerbebetrieb iSv § 15 Abs 1 S 1 Nr 2 EStG dar, da die PersGes gewerblich tätig war. § 15 Abs 1 Nr 2 EStG enthält keine Beschränkung auf Einkünfte aus inländischen PersGes; er ist deshalb auch auf die Beteiligung an ausl Mitunternehmerschaften anzuwenden, vgl *BFH* BStBl II 1991, 444; BStBl II 1990, 57.

122 Eine als Darlehen vereinbarte und in der Bilanz des Schuldners als Fremdkapital behandelte Schuld kann nach Ansicht des BFH steuerlich allenfalls dann als "tatsächliches" Betriebsvermögen der PersGes behandelt werden, wenn die gewährten Darlehensmittel auch zivilrechtlich als Eigenkapital der PersGes anzusehen wären. Dann dürften die zugehörigen Darlehenszinsen den Gewinn der PersGes nicht mindern und die Darlehensmittel müssten den Gläubigern der PersGes zumindest unter bestimmten Voraussetzungen wie Eigenkapital zur Verfügung stehen. Das war jedoch nicht der Fall. Die PersGes hatte die Zinsen als Aufwand und das Darlehen uneingeschränkt als Fremdkapital behandelt.

123 *BFH* BStBl II 2009, 356.

124 Das Urt erging zum DBA-USA 1989 idF vor Änderung des DBA durch das Prot 2006.

125 Art 7 Abs 6 DBA-USA entspricht Art 7 Abs 7 MA 2008 bzw Art 7 Abs 4 MA 2010.

In einem **weiteren Urt v 8.9.2010**[126] zur abkommensrechtlichen Behandlung von **Lizenzzahlungen** als Sondervergütungen in einem Inbound-Fall bestätigt der BFH seine Position. Auch hier geht die speziellere Einkunftsart des Art 12 MA infolge des Art 7 Abs 7 MA und des darin angeordneten Spezialitätenvorrangs vor. Eine Rückverweisung aufgrund des Betriebsstättenvorbehalts war im Streitfall nicht gegeben, weil die Rechte oder Vermögenswerte, für die die Lizenzgebühren gezahlt wurden, nicht tatsächlich-funktional zur inländischen Betriebsstätte der PersGes gehörten; eine solche Zugehörigkeit setzt nach BFH-Ansicht voraus, dass das Stammrecht aus Sicht der Betriebsstätte einen Aktivposten bildet. An dieser Beurteilung ändere auch die durch § 50d Abs 10 EStG (s dazu Rn 122 ff) angeordnete Umqualifizierung von Sondervergütungen in Unternehmensgewinne nichts. **121**

cc) Gesetzliche Regelung in § 50d Abs 10 EStG. Nach der mit dem JStG 2009[127] eingeführten und durch das AhRLUmsG[128] stark erweiterten Vorschrift des § 50d Abs 10 EStG[129] **gelten Sondervergütungen** iSd § 15 Abs 1 S 1 Nr 2 S 1 HS 2 und Nr 3 HS 2 EStG für Zwecke der Anwendung eines DBA **ausschließlich als Unternehmensgewinne,** sofern das jeweilige DBA keine die Sondervergütungen betr ausdrückliche Regelung enthält.[130] Es handelt sich um eine rechtsprechungsbrechende Regelung, die die **Auffassung der dt FinVerw gesetzlich festschreiben soll**, nachdem der BFH seine geänderte Auffassung in mehreren Urteilen bestätigt hatte (s vorstehende Rn 120). Dementspr folgt die dt FinVerw der gesetzl Neuregelung und ordnet – für Deutschland als DBA-Anwenderstaat – Sondervergütungen sowie die durch das Sonder-BV veranlassten Erträge und Aufwendungen entspr der innerstaatlichen Rechtslage **stets den Unternehmensgewinnen gem Art 7 zu**, und zwar sowohl die Sondervergütungen des inländ Gesellschafters einer ausl PersGes als auch die Sondervergütungen des ausl Gesellschafters einer inländ PersGes.[131] **122**

Die Konsequenzen der Vorschrift können an den folgenden Grundfällen illustriert werden. **123**

Beispiel 1 (Outbound-Fall): Der im Inland ansässige A ist an einer PersGes in Staat Z beteiligt, die dort eine Betriebsstätte unterhält. A gewährt der PersGes ein Darlehen und bezieht angemessene Zinsen. Staat Z lässt die Zinsen zum Betriebsausgabenabzug zu und ordnet sie auf Gesellschafterebene nicht Art 7, sondern Art 11 des DBA zu, der dem Staat Z kein Quellenbesteuerungsrecht einräumt. Aus Sicht Deutschlands als Ansässigkeitsstaat des Gesellschafters sind die Zinsen Teil des ausl Betriebsstättengewinns (§ 50d Abs 10 S 1, S 3 EStG). Zwecks Vermeidung einer doppelten Nichtbesteuerung entfällt die DBA-Freistellung in Deutschland nach § 50d Abs 9 S 1 Nr 1 iVm § 50d Abs 10 S 8 EStG.[132] **124**

---

126 *BFH* I R 74/09, BFH/NV 2011, 138.

127 Gesetz v 19.12.2008, BGBl I, 2794.

128 Gesetz v 26.6.2013, BGBl I, 1809.

129 Der *BFH* hatte in seinem Urt v 8.9.2010 (*BFH* I R 74/09, BFH/NV 2011, 138) zur Behandlung von Lizenzzahlungen in einem Inbound-Fall dem § 50d Abs 10 EStG die Gefolgschaft schon aufgrund „technischer Mängel“ versagt, woraufhin der Gesetzgeber sich zur grdl Neufassung genötigt sah.

130 Die Vorschrift ist auf alle noch nicht bestandskräftigen Fälle anzuwenden (§ 52 Abs 59a S 8 EStG).

131 Zur Auffassung der dt FinVerw ausführlich *BMF* BStBl I 2014, 1258, Tz 5.1 f.

132 *Schmidt* § 50d Rn 66; *BMF* BStBl I 2014, 1258, Tz 5.1.3.2.

125 Für den Outbound-Fall ergibt sich somit grds – mit unterschiedlicher Begründung – eine Besteuerung in Deutschland: Nach der Rspr des BFH steht Deutschland als Ansässigkeitsstaat des Gesellschafters das Besteuerungsrecht für die Sondervergütungen (Zinsen) aufgrund Art 11 MA zu, wenn die entspr Forderung dem inländischen Gesellschafter gehört. Die gesetzl Regelung und die FinVerw fassen die Sondervergütungen dagegen unter Art 7 MA, gewähren die Freistellung im Inland jedoch nicht, wenn die Vergütungen im Ausland nicht oder nur zu einem begrenzten Steuersatz besteuert werden.

126 **Beispiel 2 (Inbound-Fall):** Der im Ausland ansässige B ist an einer inländischen PersGes mit inländischer Betriebsstätte beteiligt und gewährt dieser ein verzinsliches Darlehen. In Deutschland gehören die Zinsen als Sondervergütung zum beschränkt steuerpflichtigen – anteiligen – Unternehmensgewinn (Betriebsstättengewinn) des B (§ 15 Abs 1 S 1 Nr 2, § 50d Abs 10 S 1, S 3 EStG). Sofern der ausl Staat (Ansässigkeitsstaat des Gesellschafters) die Zinsen Art 11 MA zuordnet und nachweislich keine Anrechnung der dt Steuer gewährt, ist die gezahlte ausl Steuer grds auf die dt Steuer anzurechnen (§ 50d Abs 10 S 5 EStG).[133]

127 Mit der Gesetzesvorschrift wird der angestrebte Zweck, die innerstaatl Behandlung von Sondervergütungen gem § 15 Abs 1 S 1 Nr 2 EStG, bei fehlender spezifischer Regelung im DBA, auf die Abkommensebene zu übertragen und evtl Keinmalbesteuerungen zu vermeiden, grds erreicht.[134] Allerdings war der BFH der Überzeugung, dass die Vorschrift wegen Verstoßes gegen Völkervertragsrecht (Treaty Overriding) und das Rückwirkungsverbot **verfassungswidrig** ist.[135] Das BVerfG hat indessen mit Beschl v 17.12.2015 entschieden, dass ein „Treaty Override" verfassungsrechtlich zulässig ist (Beschl 2 BvL 1/12).

128 Einige dt DBA enthalten **spezielle Regelungen für Sondervergütungen**.[136] Danach umfasst der Ausdruck „Unternehmensgewinne" auch Vergütungen, die ein Gesellschafter einer PersGes von der Ges für seine Tätigkeit im Dienst der Ges, die Gewährung von Darlehen oder die Überlassung von Wirtschaftsgütern bezieht, wenn diese Vergütungen nach dem Recht des Vertragsstaates, in dem die Betriebsstätte der PersGes belegen ist, den Einkünften des Gesellschafters aus dieser Betriebsstätte zugerechnet werden. Ist Deutschland Ansässigkeitsstaat des Gesellschafters, ist nach Ansicht der FinVerw[137] zu prüfen, ob die Sondervergütungen nach dem Recht des anderen Staates dem Betriebsstättengewinn des Gesellschafters tatsächlich zuzurechnen sind. Soweit keine Zurechnung erfolgt, liegt ein negativer Qualifikationskonflikt vor, so dass die Einkünfte wg § 50d Abs 9 S 1 Nr 1 EStG nicht in Deutschland freizustellen sind.

129 **dd) Neuregelung in § 1 Abs 5 AStG iVm der BsGaV.** Zur Umsetzung des AOA in das innerstaatliche dt Recht wurde § 1 AStG geändert und ergänzt; zu dessen Konkre-

133 *BMF* BStBl I 2014, 1258, Tz 5.1.3.1.

134 *BFH* BStBl II 2014, 791, Rn 21 ff.

135 Der I. Senat des *BFH* wollte an seiner bisherigen Spruchpraxis zur Wirksamkeit von *Treaty Overrides* nicht festhalten und hat die Frage erneut dem BVerfG vorgelegt, vgl *BFH* BStBl II 2014, 791 (Rn 35 ff).

136 Vgl ua Art 7 Abs 4 DBA-Liechtenstein, Art 7 Abs 7 DBA Österreich, Art 7 Abs 7 DBA-Schweiz, Art 7 Abs 7 DBA-Singapur, DBA-Türkei (Prot Nr 2 Buchst b), Art 7 Abs 7 DBA-Uruguay; dazu auch *Strunk/Kaminski* Stbg 2008, 291.

137 *BMF* BStBl I 2014, 1258, Tz 5.2.

tisierung wurde die BsGaV verabschiedet (Rn 271 ff). Die genannten Regelungen betreffen die Einkünftezurechnung im Verhältnis eines Unternehmens zu seiner Betriebsstätte. Ausdrücklich *nicht* anzuwenden sind die neuen Vorschriften für die Geschäftsbeziehungen zwischen einem Gesellschafter bzw Mitunternehmer und seiner Gesellschaft bzw Mitunternehmerschaft (§ 1 Abs 5 S 7 AStG).

6. Vertreterbetriebsstätte. Die sog Vertreterbetriebsstätte (Art 5 Abs 5 MA) wird im Abkommensrecht als ein **Unterfall der herkömmlichen Betriebsstätte** (Betriebsstätte mit fester Geschäftseinrichtung iSv Art 5 Abs 1 MA) behandelt.[138] Die Aufnahme der Vertreterbetriebsstätte in den Definitionsartikel des Art 5 MA indiziert im Grds eine entspr Anwendung der abkommensrechtlichen Gewinnabgrenzungsvorschriften für Betriebsstätten (Art 7 MA) für die Vertreterbetriebsstätte. Spezifische Regelungen für Vertreterbetriebsstätten lassen sich Art 7 nicht entnehmen. Nach Ansicht der OECD sind für die Gewinnabgrenzung bei Vertreterbetriebsstätten grundsätzlich **dieselben Prinzipien** anzuwenden wie bei herkömmlichen Betriebsstätten.[139] **130**

Die Anwendung der allg Betriebsstättengewinnabgrenzungsregeln bei Vertreterbetriebsstätten stößt indessen auf Probleme, weil es sich bei der Vertreterbetriebsstätte um ein **rein hypothetisches Gebilde** handelt, dessen tatbestandliche Verankerung in Art 5 Abs 5 MA vielmehr allein aus Gründen zwischenstaatlicher steuerlicher Verteilungsgerechtigkeit erfolgt.[140] Gleiches gilt für die tatbestandliche Anknüpfung an den „ständigen Vertreter" im innerstaatl Recht Deutschlands.[141] Neuerdings wird der Tatbestand der Vertreterbetriebsstätte in Frage gestellt und dessen Abschaffung gefordert.[142] **131**

Die beiden wesentlichen **Ansichten zur Gewinnabgrenzung** bei Vertreterbetriebsstätten werden im Folgenden kurz dargestellt. **132**

a) Nullsummentheorie. Nach bislang hM[143] ist einer Vertreterbetriebsstätte im Grundsatz weder ein Gewinn noch ein Verlust zuzurechnen.[144] Die Nullsummentheorie geht von einer strengen Auslegung der Selbstständigkeits- und Unabhängigkeitsfiktion der Betriebsstätte (Art 7 Abs 2 MA) aus. Da die Vertreterbetriebsstätte selbst – als rein fiktives Rechtsinstitut – keine Funktionen ausüben kann, wird **auf die Funktionen des ständigen Vertreters zurückgegriffen**, durch dessen Handeln die Vertreterbetriebsstätte begründet wird. Dessen Funktionen (Tätigkeiten) werden der Vertreterbetriebsstätte gleichsam als eigene zugerechnet. Da der ständige Vertreter nur eine Vertretungstätigkeit ausübt, kann der Vertreterbetriebsstätte **als „funktionsgerechter Ertrag" nur eine** **133**

138 S dazu Art 5 Rn 147 ff.

139 Zur Ansicht der OECD ausführlich Rn 253 ff.

140 Dazu Rn 136.

141 § 49 Abs 1 Nr 2 Buchst a EStG; § 34d Nr 2 Buchst a EStG; § 13 AO.

142 *Haarmann* (FS Wassermeyer), S 161, mit Hinweis auf die im Vordringen befindliche Dienstleistungsbetriebsstätte, die auch den ständigen Vertreter einschließen kann; *Bendlinger* ÖStZ 2010, 144; *Wassermeyer* SWI 2010, 505; *Görl* GS Krüger, S 113 ff.

143 *Hey* RIW 1994, 891; *Sieker* BB 1996, 984 f; *Schaumburg* Rn 18.59; *Kroppen* FS Wassermeyer, S 691, S 708; *Eisele* S 343 f; *Görl* S 121; *Ditz* in Schaumburg/Piltz (Funktionsverlagerungen), S 163, 186; **aA** *Endres* IStR 1996, 1, 4 (nur „in Grenzfällen" ein Nullsummenspiel); *Haiß* S 293 („groteskes Spiel"). Differenzierend *Wassermeyer* Art 7 MA Rn 309. Weitere Nachweise bei *Niehaves* IStR 2011, 373.

144 Der Ansatz geht, soweit ersichtlich, auf Überlegungen von *Hey* zurück, der für bestimmte Konstellationen ein solches *„Nullsummenspiel"* ausgemacht hat. Im englischsprachigen Schrifttum wird der Begriff „Single Taxpayer Approach" verwandt (s Rn 256).

Vertreterprovision, nicht auch ein anteiliger Liefergewinn zugerechnet werden. Der Betriebsstätte wird somit *ertragsseitig* eine Provision zugerechnet, die der Höhe nach der Vergütung entspricht, die ein selbstständiger und unabhängiger Vertreter für die Ausübung der nämlichen Funktion erhalten hätte. Als *Aufwand* wird die vom Vertretenen an den Vertreter gezahlte Vertreterprovision zugerechnet. Ist der **Vertreter ein selbstständiger und unabhängiger Vertreter**, stellt sich dementsprechend bei der Vertreterbetriebsstätte ein Nullergebnis ein.

134 Ist der Vertreter ein mit dem Geschäftsherrn **verbundenes Unternehmen** (zB eine TochterGes), soll sich ebenfalls ein Nullergebnis einstellen. Als Ertrag wird der Vertreterbetriebsstätte auch hier eine gem Art 7 Abs 2 MA funktionsgerechte Vertretervergütung zugerechnet. Als Aufwand wird der Vertreterbetriebsstätte grds die tatsächlich gezahlte Vergütung (Vertreterprovision) zugerechnet, was jedoch nicht gilt, wenn die gezahlte Vergütung nicht dem Fremdvergleich iSv Art 9 MA entspricht. In diesem Fall ist die nach Maßgabe des Art 9 MA korrigierte Vergütung als Aufwand zuzurechnen.

135 Ein von Null verschiedenes, im Regelfall positives Erg für die Vertreterbetriebsstätte soll sich idR dann ergeben, wenn der Vertreter ein **Angestellter des Vertretenen** ist. Denn ein angestellter Vertreter erhält iA eine geringere Vergütung als ein selbstständiger Vertreter, womit der der Vertreterbetriebsstätte zuzurechnende Aufwand im Angestelltenfall geringer ist als im Fall des selbstständigen Vertreters. Dem steht auf der Ertragsseite wiederum eine fremdvergleichsübliche Vergütung wie im Fall des selbstständigen Vertreters ggü, da unterstellt wird, dass die vom angestellten Vertreter ausgeübten Funktionen denen des selbstständigen Vertreters entsprechen.[145] Die Befürworter der Nullsummentheorie unterscheiden also regelmäßig drei Fälle und kommen nur bei einem angestellten Vertreter zu einer Gewinnzurechnung, ansonsten zu einem Nullergebnis für die Vertreterbetriebsstätte.

136 Die Nullsummentheorie überzeugt mE aus mehreren Gründen nicht. Die Befürworter der Nullsummentheorie begründen ihre Auffassung im Wes damit, dass die durch die Vertretertätigkeit bewirkte Wertschöpfung bereits der Besteuerung im Quellenstaat (Tätigkeitsstaat des Vertreters) zugeführt werde, weil schon *der Vertreter selbst* dort mit seiner Vergütung der Besteuerung unterliege. Unter dem Aspekt der Verteilungsgerechtigkeit zwischen den Staaten sei eine **weitergehende Einkünftezuordnung zu einer im Quellenstaat begründeten Vertreterbetriebsstätte nicht gerechtfertigt**.[146] Diese Sichtweise verkennt, dass das Abkommensrecht dem Quellenstaat (Tätigkeitsstaat des Vertreters) immer dann einen *zusätzlichen* Besteuerungsanspruch einräumt, wenn die Geschäftstätigkeit des Vertretenen sich dort so verdichtet, dass der Vertreterbetriebsstättentatbestand erfüllt ist (Art 7 Abs 1 S 1 HS 2 MA).[147] Das Abkommensrecht stellt umfangreiche Anforderungen an die Erfüllung des territorialen Bezugs zum Quellenstaat.[148] Auch das innerstaatliche Steuerrecht Deutschlands sieht einen Besteuerungstat-

145 *Sieker* BB 1996, 985; *Schaumburg* Rn 18.59.

146 Vgl *Hey* RIW 1994, 891; *Sieker* BB 1996, 985; *Schaumburg* Rn 18.59; *Görl* GS Krüger, S 121; Schaumburg/Piltz/*Ditz* Funktionsverlagerungen, S 163, 192.

147 Wie hier Schaumburg/Piltz/*Piltz* S 163, 192.

148 Gem Art 5 Abs 5 MA muss der Vertreter eine Vollmacht besitzen, im Namen des Prinzipals Verträge abzuschließen und muss die Vollmacht im Quellenstaat „gewöhnlich" ausüben. Der Vertreter unterliegt dabei den Sachweisungen des Prinzipals und darf nicht unabhängig iSv Art 5 Abs 6 MA sein. Ausschließlich vorbereitende Tätigkeiten und Hilfstätigkeiten iSv Art 5 Abs 4 MA sind nicht geeignet, eine steuerliche Präsenz im Quellenstaat zu begründen.

bestand nur dann vor, wenn der Vertreter ein „ständiger" ist (§ 13 AO) und als solcher „im Inland bestellt" ist.[149] Wäre die Auffassung der Nullsummentheorie richtig, würde diese abkommensrechtliche und innerstaatliche Konzeption unterlaufen. Unter dem Gesichtspunkt der **zwischenstaatlichen Verteilungsgerechtigkeit** ist es somit gerade geboten, dem Quellenstaat bei Erfüllung der oa Tatbestandsvoraussetzungen eine weitere steuerliche Anknüpfung zu gewähren.

Dies verdeutlicht zB der vom BFH am 3.8.2005 entschiedene Fall.[150] Der gesetzliche **137** Vertreter einer portugiesischen Kapitalgesellschaft war **an nur 60 Tagen im Jahr in Deutschland tätig** und hier mit dem Abschluss von Verträgen mit potentiellen Auftraggebern der Kapitalgesellschaft befasst. Der BFH folgte der Auff der Vorinstanz,[151] die bei einer derart begrenzten Anwesenheitsdauer **keine hinreichende Präsenz der portugiesischen Kapitalgesellschaft im Inland** feststellen konnte. Bei einer derart „gelegentlichen Vertretung" wird in der Tat keine beschränkte Steuerpflicht begründet. Es fehlt an der „gewöhnlichen" Vollmachtsausübung iSv Art 5 Abs 5 DBA-Portugal ebenso wie an der „Ständigkeit" nach innerstaatlichem Recht. Die Nullsummentheorie indes behandelt den „gelegentlichen Vertreter" im Ergebnis wie den „ständigen Vertreter": Ersterer begründet tatbestandlich keine Vertreterbetriebsstätte; letzterer begründet eine solche zwar (unter den genannten Voraussetzungen des innerstaatl Rechts und des DBA), jedoch sollen ihr nach der Nullsummentheorie keine Einkünfte zugerechnet werden. Damit erfolgt nach Auffassung der Nullsummentheorie bei *beiden* Vertreter-Typen nur eine Besteuerung der Vertretervergütung auf Ebene des Vertreters, während der Erfolg des Vertretenen aus den vom Vertreter abgeschlossenen Geschäften (Vertriebsgewinn) in *beiden Fällen* ausschließlich im Ansässigkeitsstaat des Vertretenen besteuert wird. Die Besteuerungsfolgen entsprechen damit in beiden Fällen denen eines Direktgeschäfts.[152] Ein solches Resultat entspricht weder der abkommensrechtlichen noch der innerstaatlichen Konzeption des Vertreter(betriebsstätten)tatbestands.

b) Eigenhändlermodell. Beim sog Eigenhändlermodell wird die Vertreterbetriebs- **138** stätte mit einem selbstständigen Eigenhändler verglichen.[153] Es wird unterstellt, dass die Vertreterbetriebsstätte die vom Vertretenen/Prinzipal – in Erfüllung der vom Vertreter vermittelten Geschäftsabschlüsse – zu liefernden Produkte von diesem wie ein Eigenhändler erwirbt und an den Kunden weiterveräußert. Zugleich übernimmt sie zB Liefer- und Absatzrisiken und weitere Risiken eines Eigenhändlers. Dementsprechend soll der Vertreterbetriebsstätte ein (anteiliger) „funktionsbezogener Vertriebsgewinn" oder der „gesamte Vertriebsgewinn" zugerechnet werden.[154] Gleichzeitig ist die Vertreterprovision gewinnmindernd bei der Vertreterbetriebsstätte abzusetzen.

149 § 49 Abs 1 Nr 2 Buchstabe a EStG. Für den Outbound-Fall gilt Entsprechendes (§ 34d Nr 2 Buchstabe a iVm § 34c EStG).

150 *BFH* BStBl II 2006, 220, zum DBA-Portugal.

151 *FG Münster* 24.5.2004, EFG 2004, 1498.

152 Art 7 Abs 1 S 1 HS 1 MA.

153 Ein Eigenhändler erwirbt das Eigentum an der zu vertreibenden Ware und veräußert diese an seine Kunden weiter. Er handelt im eigenen Namen und für eigene Rechnung und übernimmt die typischen Vertriebsrisiken.

154 *Baranowski* IWB 1997, 728; *Löwenstein/Looks/Heinsen* Rn 1041 ff; *Griemla* IStR 2005, 863 f.

139 *Löwenstein/Looks/Heinsen* differenzieren zwischen der Gewinnermittlung nach innerstaatlichem Recht (beschränkte StPfl nach § 49 Abs 1 Nr 2 Buchstabe a EStG) und der Gewinnzurechnung nach Abkommensrecht. Für das **innerstaatliche Recht** soll der Gewinn der ständigen Vertretung mittels direkter Methode unter Zugrundelegung der für die Vertretung geführten Bücher, und zwar durch Gegenüberstellung der Umsatzerlöse aus den für Rechnung des Vertretenen vorgenommenen Warenverkäufen einerseits und den Waren-Einstandskosten sowie den an den Vertreter zu zahlenden Provisionen andererseits ermittelt werden. Die beschränkt steuerpflichtigen Einkünfte der ständigen Vertretung sollen im Grundsatz unabhängig vom Umfang der vom ständigen Vertreter übernommenen Funktionen sein und **den gesamten Vertriebsgewinn umfassen**. Bei einer Gewinnermittlung nach der direkten Methode ergibt sich das Betriebsstättenergebnis demnach vereinfacht gem folgendem Schema:[155]

140 Umsatzerlöse aus den für Rechnung des Prinzipals vorgenommenen Warenverkäufen
./. Einstandskosten für die vom Prinzipal bezogenen Waren
./. Vergütung des Vertreters
./. Angemessener Anteil an den allg Geschäftsführungs- und Verwaltungskosten des Prinzipals
= Gewinn der Vertreterbetriebsstätte.

141 Für den Umfang der einer Vertreterbetriebsstätte **abkommensrechtlich** zurechenbaren Gewinne kommt es nach *Löwenstein/Looks/Heinsen* stattdessen – auf der Grundlage der Regelung des Art 7 Abs 2 MA in der Auslegung des **Functionally Separate Entity Approach** – maßgeblich auf die Funktionen an, die der Vertreter im Auftrag des Geschäftsherrn wahrgenommen hat. Die Zuordnung der Forderungen aus Lieferungen und Leistungen zum Vermögen der Vertreterbetriebsstätte lasse sich rechtfertigen, wenn der Vertreter für das Debitorenmanagement seines Geschäftsherrn zuständig ist. Ein etwaiger Forderungsausfall würde sich dann zu Lasten des Betriebsstättenergebnisses auswirken, so dass dieses ggf negativ werden könne. Andererseits müssten „die bei Auslieferung an die Vertreterbetriebsstätte anzusetzenden Verrechnungspreise“ das Forderungsausfallrisiko der Betriebsstätte angemessen berücksichtigen.[156]

142 Nach Ansicht von *Baranowski* ist der Gewinn der Vertreterbetriebsstätte primär nach der indirekten Methode zu ermitteln. Sofern jedoch ausnahmsweise Buchführungsunterlagen für die Vertreterbetriebsstätte vorliegen und damit die direkte Methode angewendet werden kann, will auch *Baranowski* den Betriebsstättengewinn nach dem Eigenhändlermodell in der oa beschriebenen Weise ermitteln.[157]

143 ME ist auch das **Eigenhändler-Modell abzulehnen**. Die dem Eigenhändler-Modell immanente Unterstellung, die fiktive Vertreterbetriebsstätte erwerbe die aufgrund der Vermittlung des Vertreters an den Kunden zu liefernden Produkte zunächst von ihrem Geschäftsherrn (Hersteller, Stammhaus), um sie anschließend an den Kunden weiterzuveräußern, wird der tatsächlichen Funktionsausübung des Vertreters nicht gerecht. Das Eigenhändler-Modell findet weder im Abkommensrecht noch im innerstaatlichen Recht eine ausreichende Rechtsgrundlage. Der Vertreter tritt gg seinem Geschäfts-

155 *Löwenstein/Looks/Heinsen* Rn 1041, 1055; *Sieker* BB 1996, 984.
156 *Löwenstein/Looks/Heinsen* Rn 1052.
157 *Baranowski* IWB 1997, 728.

herrn nicht als Eigenhändler auf, sondern als dessen Vertreter. Er vertreibt die Produkte gerade nicht im eigenen Namen und auf eigene Rechnung, sondern im Namen und für Rechnung seines Geschäftsherrn (Handelsvertreter) oder ggf im eigenen Namen und für Rechnung seines Geschäftsherrn (Kommissionär). In allen Fällen erwirbt der Vertreter kein Eigentum an den vertriebenen Produkten. Er trägt idR auch nicht die typischen Vertriebsrisiken eines Eigenhändlers, wie das Kreditrisiko oder das Absatzrisiko. Dementsprechend können auch der Vertreterbetriebsstätte nicht die Funktion und der Gewinn eines Eigenhändlers zugewiesen werden.[158] Nach **hier vertretener Auffassung** ist einer tatbestandlich begründeten ständigen Vertretung (innerstaatliches Recht) bzw einer DBA-Vertreterbetriebsstätte ein **anteiliger Vertriebsgewinn** des Vertretenen zuzurechnen. Dazu sind die Vertriebstätigkeiten des Vertreters im Kontext der (gesamten) Vertriebsaktivitäten des vertretenen Unternehmens zu bewerten und zu gewichten. Nur insoweit als der Vertriebsgewinn durch die Tätigkeiten des Vertreters veranlasst ist, ist er der ständigen Vertretung bzw der Vertreterbetriebsstätte zuzurechnen. Dies läuft auf eine **Aufteilung des Vertriebsgewinns** des vertretenen Unternehmens auf Stammhaus und Vertreterbetriebsstätte nach Veranlassungs- bzw Wertschöpfungsbeiträgen hinaus.[159]

c) Aktuelle Entwicklungen. In der Vergangenheit wurde die Nullsummentheorie insb **144**
in Fällen rechtlich selbstständiger Unternehmen vielfach angewandt. Sofern die Vergütung des ständigen Vertreters unangemessen war, dh nicht dem Fremdvergleich des Art 9 MA entsprach, hat die dt Finanzverwaltung oftmals den Gewinn des Vertreters auf ein angemessenes Niveau erhöht und davon Abstand genommen, eine Veranlagung des beschränkt Stpfl in Deutschland bzgl einer Vertreterbetriebsstätte durchzuführen.[160]

Im Zuge der Entwicklung und Verabschiedung des AOA durch die OECD bestand **145**
und besteht vielfach Unsicherheit, inwieweit an der Nullsummentheorie festzuhalten ist. Dies ist auf die teilw unklaren Äußerungen der OECD in ihrem Betriebsstättenbericht zurückzuführen (vgl Rn 253). Inzwischen scheint sich die Auffassung durchzusetzen, dass die Nullsummentheorie (*Single Taxpayer Approach*) auch unter dem AOA Bestand hat, *wenn* der ständige Vertreter eine Tochtergesellschaft des Vertretenen ist und lediglich seine Kernfunktion wahrnimmt, dh Geschäftsabschlüsse für den Vertretenen besorgt, und er keine weiteren Funktionen ausübt, die zu einer Allokation von Risiken oder Wirtschaftsgütern bei der Vertreterbetriebsstätte führen (Rn 265).[161]

II. Absatz 2 (MA 2008)

1. Allgemeines. Nach dem Betriebsstättenprinzip des Art 7 Abs 1 MA (s Rn 31) **146**
kann der Betriebsstättenstaat die Gewinne des im anderen Vertragsstaat ansässigen Unternehmens nur insoweit besteuern, als sie der Betriebsstätte „zugerechnet" werden können. Eine nähere inhaltliche Konkretisierung der Abgrenzung und Zurechnung von Gewinnanteilen enthält Abs 1 nicht. Im Schrifttum und in der Rspr wird die Zurechnung gem Art 7 Abs 1 S 2 MA allg derart interpretiert, dass der Betriebsstätte

---

158 Ebenso *Haiß* S 292 f; *Eisele* S 343; *Wassermeyer/Andresen/Ditz* S 548.

159 Ähnlich *Endres* IStR 1996, 1, 4.

160 *Ditz/Bärsch* IStR 2013, 411, 416.

161 *Ditz/Bärsch* IStR 2013, 411, 416; *Oestreicher/van der Ham/Andresen* IStR 2014, Beihefter 4/2014, 4 f.; *Rasch/Müller* ISR 2014, 418, 422.

nur diejenigen Erg zugerechnet werden dürfen, die auf die Aktivität der Betriebsstätte zurückzuführen sind bzw wirtschaftlich durch ihre Tätigkeit veranlasst sind. Aufgrund dessen ist für die Gewinnzurechnung auch abkommensrechtlich[162] grds ein **Veranlassungszusammenhang** erforderlich.[163] Eine **Attraktionskraft der Betriebsstätte**, die dem Betriebsstättenstaat sämtliche Einkünfte des Stammhausunternehmens aus Quellen innerhalb des Betriebsstättenstaats zur Besteuerung überlässt, ohne Rücksicht darauf, ob ein wirtschaftlicher Bezug der Einkünfte zur Betriebsstätte besteht, wird für den Bereich des OECD-MA abgelehnt.[164]

147 Art 7 Abs 2 MA knüpft unmittelbar an Abs 1 an und konkretisiert die dort nicht näher umschriebene Gewinnzurechnung. Insofern steht Abs 2 in einem sehr engen sachlichen Zusammenhang zu Art 7 Abs 1 S 2 MA. Tragender Grundsatz der Gewinnabgrenzung ist der Grundsatz des Fremdvergleichs.

148 **2. Grundsatz des Fremdvergleichs.** Art 7 Abs 2 MA beinhaltet als Grundregel der Gewinnabgrenzung zwischen Stammhaus und Betriebsstätte und als Ausformung des in Art 7 Abs 1 S 2 enthaltenen Veranlassungszusammenhangs den **sog Fremdvergleich (Drittvergleich)**, das **Prinzip des „dealing at arm‘s length“**.[165] Einer Betriebsstätte ist das Ergebnis zuzurechnen, das sie als selbstständiges, vom Stammhaus und den übrigen Betriebsstätten unabhängiges Unternehmen erzielt hätte.

149 Die abkommensrechtliche Gewinnabgrenzung basiert somit auf einer “Selbstständigkeits- und Unabhängigkeitsfiktion“ der Betriebsstätte.[166] Aufgrund dessen ist die Gewinnabgrenzung nach dem Fremdvergleichsgrundsatz im internationalen Einheitsunternehmen ungleich problematischer umzusetzen als die Ergebnisabgrenzung zwischen rechtlich selbstständigen Unternehmen (vgl Art 9 MA), weil das Unterstellte derart weit von den rechtlichen Gegebenheiten entfernt ist, dass zur Umsetzung der Grundregel wiederum weitreichende Unterstellungen erforderlich sind.[167]

150 Insb stellt sich die grdl Frage einer **Erfolgsrealisation bei Innentransaktionen** zwischen den Teileinheiten des Einheitsunternehmens.[168] Bei Transaktionen *zwischen rechtlich selbstständigen Unternehmen* ist eine Gewinnrealisation nach allg Rechnungslegungs- und Besteuerungsgrundsätzen üblich und selbstverständlich. Dort geht es iRd abkommensrechtlichen Fremdvergleichsgrundsatzes nach Art 9 (lediglich) darum, möglichen fehlenden Interessengegensätzen der einzelnen KonzernGes entgegenzuwirken und sicherzustellen, dass die „vereinbarten“ Preise und Bedingungen denen entsprechen, die fremde Dritte unter gleichen oder ähnlichen Umständen vereinbart hätten (Art 9

---

162 Zum Veranlassungszusammenhang nach innerstaatlichem Recht Deutschlands s bereits Rn 66.

163 Der *BFH* hat in seinen Entsch zur Aufgabe der Theorie der finalen Entnahme und der finalen Betriebsaufgabe maßgeblich auf den Veranlassungszusammenhang abgestellt; Vgl *BFH* BStBl II 2009, 464; *BFH* BStBl II 2011, 1019; *BFH* I R 28/08 (NV), IStR 2010, 103.

164 Vgl Rn 40; gleiches gilt für das US-MA. Das UN-MA gewährt hingegen dem Betriebsstättenstaat ein erweitertes Besteuerungsrecht (eingeschränktes Attraktionsprinzip), s dazu *Vogel/Lehner* Art 7 Rn 15, 42.

165 *Schaumburg* Rn 18.13.

166 *Schönfeld/Ditz* Art 7 MA 2008 Rn 89, 94.

167 *Wassermeyer* Art 7 MA 2000 Rn 184, 317.

168 Die OECD verwendet hierfür den Begriff *„dealings“*, s *OECD* Betriebsstättenbericht 2008, Teil I, Tz 207 ff; s dazu Rn 249.

Abs 1 MA). Für *rechtlich unselbstständige Einheiten* eines Gesamtunternehmens ist eine Erfolgsrealisation nach den nationalen Vorschriften vieler Staaten bislang nicht vorgesehen, so dass die abkommensrechtliche Vorgabe einer hypothetischen Selbstständigkeit, je nach ihrer Auslegung, mit den innerstaatlichen Regelungen oftmals in Konflikt steht.[169]

Der Fremdvergleichsgrundsatz des Art 7 Abs 2 MA erfordert eine fiktive Gleichstellung der Betriebsstätte mit einem selbstständigen und unabhängigen Unternehmen. Das Ausmaß bzw die Reichweite dieser sog **Selbstständigkeitsfiktion der Betriebsstätte** wird unterschiedlich interpretiert. Von der überwiegenden Auffassung im Schrifttum und von der OECD wurde bislang eine nur eingeschränkte fiktive Selbstständigkeit der Betriebsstätte angenommen.[170] Mit der Neufassung des Art 7 Abs 2 durch das MA 2010 vertritt die OECD eine absolute (uneingeschränkte) fiktive Selbstständigkeit der Betriebsstätte.[171] **151**

Der Grundsatz des Fremdvergleichs ist **zwingend** anzuwenden. Es handelt sich um einen abkommensrechtlichen Aufteilungsmaßstab, der gleichermaßen als **Erlaubnisnorm** und als **Beschränkungsnorm** zu verstehen ist. Die Vertragsstaaten sind zum einen aufgrund des DBA ermächtigt, die Besteuerungsrechte auszuschöpfen, die ihnen das dealing-at-arm‘s-length-Prinzip einräumt. Es steht ihnen frei, diese Besteuerungsrechte wahrzunehmen. Andererseits ist es den Vertragsstaaten verwehrt, ihre Besteuerungsrechte in einer Weise wahrzunehmen, die mit dem dealing-at-arm‘s-length-Prinzip nicht in Einklang steht.[172] **152**

3. Fiktion der Selbstständigkeit der Betriebsstätte. – a) Auffassungen im Schrifttum.
Nach der wohl überwiegenden Auffassung im Schrifttum ist Art 7 Abs 2 MA idF bis einschl MA 2008 so auszulegen, dass der Betriebsstätte eine **nur eingeschränkte fiktive Selbstständigkeit** zukommt.[173] Danach bleibt die Betriebsstätte auch für Zwecke der abkommensrechtlichen Gewinnabgrenzung und -zurechnung stets nur Teil eines Gesamtunternehmens und wird nicht uneingeschränkt wie ein selbstständiges Unternehmen behandelt. Objektivierungsvorstellungen einer eigenen Steuerrechtssubjekteigenschaft im umfassenden Sinne (Betriebsstätte als eigenes Steuersubjekt) oder im partiellen Sinne (fiktive Vertragsfähigkeit) werden abgelehnt.[174] **153**

Eine **eigenständige Rechtssubjektqualität** könne der Betriebsstätte schon deshalb nicht zugedacht werden, weil die DBA-Anwenderstaaten nach ihrem jeweiligen innerstaatlichen Recht die Betriebsstätte nicht als eigenes Steuersubjekt behandelten und somit Rechtsbeziehungen zwischen Betriebsstätte und Stammhaus nicht existieren könnten.[175] Folglich könnten insb keine Kauf-, Miet-, Pacht-, Darlehens- oder Lizenzverträge fingiert werden, da diese zivilrechtlich zwischen Stammhaus und Betriebsstätte nicht möglich seien. Das **Entgeltsprinzip**, wonach jede Leistung des Stammhauses an die Betriebsstätte und umgekehrt bei dem leistenden Unternehmensteil **154**

169 *Wassermeyer* Art 7 MA 2000 Rn 184.
170 Vgl Rn 153ff.
171 Vgl Rn 216ff.
172 *Wassermeyer/Andresen/Ditz* S 34f.; *Wassermeyer* Art 7 MA 2000 Rn 314.
173 *Kroppen* FS Herzig, S 1071, 1073.
174 MwN *Storck* S 299.
175 *Wassermeyer* Art 7 MA 2000 Rn 185.

gewinnrealisierend zu erfassen ist, wird **abgelehnt.**[176] Die Betriebsstätte müsse vor der Besteuerung von Gewinnen geschützt werden, die noch nicht realisiert seien, möglicherweise vom Gesamtunternehmen gar nicht realisiert werden könnten. Aus dem DBA selbst ergebe sich, dass nur Gewinne besteuert werden sollen, die das Unternehmen tatsächlich erzielt hat. Denn nach Art 7 Abs 2 iVm Abs 1 S 2 MA idF bis einschl MA 2008 könnten der Betriebsstätte nur Gewinne zugerechnet werden, die gleichzeitig „die Gewinne des Unternehmens" darstellten. Dies bedeute auch, dass der Betriebsstätte ein Gewinnanteil grds erst dann zugewiesen werden könne, wenn dieser sich für das Unternehmen insgesamt realisiert habe, so dass unternehmensinterne Lieferungen und Leistungen nicht zu einem vorzeitigen Erfolgsausweis führen dürften.[177]

155 **b) Auffassung der OECD.** Bislang hat auch die OECD nur eine **eingeschränkte hypothetische Selbstständigkeit** der Betriebsstätte anerkannt. Die Gewinnabgrenzung bei Betriebsstätten nach Art 7 Abs 2 MA soll zwar im Grundsatz korrespondierend zur Gewinnabgrenzung zwischen verbundenen Unternehmen nach dem Prinzip des „dealing-at-arm's-length" (Art 9 MA) erfolgen.[178] Im Detail wird die Anwendung dieses Grundsatzes jedoch von der Art des jeweiligen Vorgangs abhängig gemacht.

156 Diese Differenzierung hat sich **auch nach Verabschiedung des OECD-MK v 18.7.2008** („MK 2008") **nicht generell geändert**. So entspricht der MK 2008 in wesentlichen Teilen oftmals wörtlich der vorherigen Fassung des MK v 31.3.1994 („MK 1994"); lediglich die Nummerierung wurde geändert. Bspw ist die **Überführung eines Wirtschaftsguts** von einem Unternehmensteil in einen in einem anderen Staat gelegenen Unternehmensteil zu Fremdvergleichspreisen abzurechnen. Ein dabei entstehender Gewinn braucht jedoch „nicht unbedingt schon im Jahr der betreffenden Überführung realisiert (zu) werden."[179] Bei der Erbringung von **Dienstleistungen** soll es ua darauf ankommen, ob die Leistung abgrenzbar einer bestimmten Unternehmenseinheit (Stammhaus oder Betriebsstätte) zugute kommt oder ob es sich um Aufwand im Interesse des Gesamtunternehmens handelt, dessen Nutzen nicht eindeutig abgrenzbar ist. Im ersten Fall soll eine Abrechnung wie zwischen fremden Dritten vorgenommen werden. Im letzteren Fall sollen die entstandenen Aufwendungen ohne Gewinnaufschlag auf die betr Unternehmenseinheiten umgelegt werden.[180] Spezifische Dienstleistungen eines Unternehmensteils, die die wesentliche Geschäftstätigkeit dieses Unternehmensteils darstellen, sollen mit Gewinnaufschlag abgerechnet werden.[181] **Allgemeine Managementleistungen** bzw Verwaltungskosten sollen dagegen auf der Grundlage der tatsächlichen Ausgaben und ohne Gewinnaufschlag abgerechnet werden.[182] Gleiches gilt für **Nutzungsüberlassungen immaterieller Wirtschaftsgüter**, die grds auf Istkostenbasis „ohne jeden Gewinn- oder Lizenzaufschlag" aufteilt werden sollen.[183]

157 **Gleichzeitig** enthält der **MK 2008** eine **tendenzielle Neuausrichtung der Gewinnabgrenzung hin zum Functionally Separate Entity Approach** (Authorised OECD Appro-

176 *Debatin* DB 1989, 1739 f; *ders* BB 1990, 827.
177 *Vogel/Lehner* Art 7 Rn 92.
178 Tz 11 MK 1994 zu Art 7 sowie Tz 14 MK 2008 zu Art 7; *Vogel/ Lehner* Art 7 Rn 86.
179 Tz 15 MK 1994 zu Art 7 sowie Tz 21 MK 2008 zu Art 7.
180 Tz 17.1 MK 1994 zu Art 7 sowie Tz 31 MK 2008 zu Art 7.
181 Tz 17.6 MK 1994 zu Art 7 sowie Tz 36 MK 2008 zu Art 7.
182 Tz 17.7 MK 1994 zu Art 7 sowie Tz 37 MK 2008 zu Art 7.
183 Tz 17.4 MK 1994 zu Art 7 sowie Tz 34 MK 2008 zu Art 7.

ach – AOA). Die OECD hat diesen Ansatz nach langjähriger internationaler Diskussion mit Veröffentlichung ihres (endgültigen) Betriebsstättenberichts v 17.7.2008 verabschiedet und verfolgt ein zweistufiges Konzept zu dessen Umsetzung. In einem *ersten Schritt* wurde am 18.7.2008 der OECD-Kommentar zu Art 7 MA (MK 2008) in Richtung des *Functionally Separate Entity Approach* angepasst. Da zahlreiche Schlussfolgerungen des Betriebsstättenberichts v 17.7.2008 nach Ansicht der OECD nicht im Widerspruch zum bisherigen Komm stehen, sollen diese Schlussfolgerungen durch eine **Änderung des Kommentars** berücksichtigt werden. Der MK 2008 soll **auch auf sämtliche bereits bestehende DBA anzuwenden sein**, deren Verteilungsnorm für Unternehmensgewinne dem Art 7 MA idF bis einschl MA 2008 entspricht. Dementsprechend soll Art 7 MK 2008 ab sofort zur Auslegung solcher DBA herangezogen werden. In einem *zweiten Schritt* wurde am 22.7.2010 Art 7 des Musterabkommens selbst – und parallel dazu nochmals der Kommentar zu Art 7 MA – geändert. Hierdurch soll eine vollständige Grundlage für die Umsetzung des *Functionally Separate Entity Approach* geschaffen werden. Der neue Art 7 MA 2010 nebst geändertem Kommentar soll nur für künftig abzuschließende DBA und für Revisionen bestehender DBA relevant sein.[184]

Die neu eingefügten Tz 17 und 18 des MK 2008 zu Art 7 MA umschreiben allg die **158**
Vorgehensweise des neuen OECD-Ansatzes (*Erster Schritt* der Umsetzung des AOA) bei Transaktionen zwischen zwei oder mehreren unselbstständigen Unternehmensteilen. Mittels einer **Funktionsanalyse** sind die wirtschaftlich bedeutsamen Tätigkeiten und Verantwortlichkeiten der Betriebsstätte im Kontext des Gesamtunternehmens festzustellen. Im nächsten Schritt sind die jeweiligen Transaktionen unter Berücksichtigung der durch die Betriebsstätte bzw den anderen Unternehmensteil ausgeübten Funktionen, genutzten Wirtschaftsgüter und übernommenen Risiken nach dem Grundsatz des Fremdvergleichs zu vergüten. Die Grundsätze des OECD-Betriebsstättenberichts v 17.7.2008 sowie die von der OECD erlassenen **Transfer Pricing Guidelines** sollen hierbei entspr angewendet werden.[185]

Auch übernimmt bereits der MK 2008 ein weiteres wesentliches Element des AOA, **159**
indem die **Gewinnzurechnung zur Betriebsstätte** gem Art 7 Abs 2 iVm Abs 1 S 2 MA 2008 ***nicht* auf den Gesamtgewinn des Unternehmens begrenzt** werden soll.[186] Der Wortlaut des Art 7 Abs 1 S 2 MA 2008 („die Gewinne des Unternehmens") legt zwar eine Auslegung in dem Sinne nahe, dass einer Betriebsstätte *nur* (höchstens) die Gewinne zugerechnet werden dürfen, die das Unternehmen aus der entspr Geschäftsaktivität („business activity") tatsächlich erzielt hat, dh die im Außenverhältnis realisiert worden sind – sog **Relevant Business Activity Approach**.[187] Da jedoch Art 7 Abs 2 MA keine solche Beschränkung enthält, sollte Art 7 Abs 1 S 2 nach OECD-Ansicht nicht in einer dem Abs 2 widersprechenden Weise ausgelegt werden. Infolgedessen kann die Gewinnzurechnung gem Art 7 Abs 2 MA 2008 in der Auslegung im Sinne des AOA (= uneingeschränkte Selbstständigkeitsfiktion der Betriebsstätte) dazu führen, dass einer Betriebsstätte ein Gewinn zugerechnet wird, obwohl das Unternehmen als Ganzes keinen Gewinn erzielt hat. Auch der umge-

184 Zu Einzelheiten zu Art 7 MA 2010 s unten Rn 216ff.
185 Tz 17f. MK 2008 zu Art 7. Ausführlich zum AOA s unten Rn 239ff.
186 Tz 11 MK 2008 zu Art 7.
187 *OECD* Betriebsstättenbericht 2008, Tz 61ff.

kehrte Fall ist denkbar (keine Gewinnzurechnung zur Betriebsstätte trotz realisierten Gewinns des Unternehmens).[188]

160 Im Ergebnis beinhaltet die erste Stufe der Umsetzung des AOA eine Anwendung wesentlicher Merkmale des AOA. Dies soll nach OECD-Auffassung dadurch geschehen, dass der unter dem Datum des 18.7.2008 teilw neu gefasste OECD-MK für die Auslegung sämtlicher bestehender DBA herangezogen wird. Der Grund hierfür ist offenkundig: Da **Änderungen des OECD-MA selbst** in der weltweiten Abkommenspraxis erst dann Bedeutung erlangen, wenn die Änderungen in die bilateralen DBA Eingang gefunden haben, was viele Jahre oder gar Jahrzehnte dauern kann, versucht die OECD ihrer neuen Auffassung durch eine **Änderung des Musterkommentars** bereits zeitnah und mit größerer Breitenwirkung Geltung zu verschaffen, indem auch die bestehenden DBA iSd jeweils aktuellen MK ausgelegt werden sollen.[189]

161 Der **OECD-Musterkommentar** beansprucht, eine weithin akzeptierte Richtlinie für die Auslegung und die Anwendung bestehender DBA zu sein und eine besondere Bedeutung für die Entwicklung des int Steuerrechts zu besitzen.[190] Eine rechtl Bindungswirkung besteht jedoch nicht; weder die DBA-Vertragspartner noch die Gerichte sind bei der Auslegung eines DBA iSv Art 20 Abs 3 GG an Musterabkommen oder -kommentar gebunden.[191] Nach Ansicht der Verfasser des Musterkommentars sollen Änderungen des Kommentars grds auch für früher abgeschlossene DBA zu berücksichtigen sein.[192] Diese sog **dynamische Auslegung** ist umstritten. Sie wird von der dt FinVerw vertreten, die BFH-Rechtsprechung[193] und mit ihr die überwiegende Auffassung im Schrifttum lehnen sie zu Recht ab.[194] Denn nach allg Auslegungsgrundsätzen können Änderungen des OECD-MK im Regelfall nur für die Auslegung solcher DBA Bedeutung erlangen, die *nach* Bekanntwerden der Neukommentierung verhandelt und beschlossen werden. Für die Auslegung eines bilateralen Abk kann es nur darauf ankommen, was die Vertragsparteien als Normsetzer des Abk vereinbart haben. Aus einer späteren Fassung des Musterkommentars kann nicht auf die Intention der Verhandlungspartner bei Vertragsschluss geschlossen werden. Der dynamische Auslegungsmodus ist aus Sicht der das Abkommen anwendenden Personen letztlich nur dann zu akzeptieren, wenn die Auslegung in beiden Vertragsstaaten gleichgerichtet erfolgt.[195]

162 In der Praxis kann es zu **Doppelbesteuerungen** kommen, wenn zB der Betriebsstättenstaat der von der OECD vorgeschlagenen rückwirkenden Anwendung der Auslegungsgrundsätze im Sinne des AOA folgt, während der Ansässigkeitsstaat des Stammhauses an der bisherigen Vorgehensweise der Einkünftezurechnung iSd Relevant Business Activity Approach festhält.

---

188 Tz 11 MK 2008 zu Art 7.

189 Vgl *OECD* Betriebsstättenbericht 2008, Vorwort Tz 8; OECD-MK 2008, Tz 7 zu Art 7.

190 Tz 15, 29 MK/Grundlagen.

191 *Mellinghoff* FS Wassermeyer 2015, S 35 (Rn 3). Ausf *Vogel/Lehner* Grundlagen Rn 124b.

192 Tz 33 MK/Grundlagen; *Gosch* SWI 2015, 505.

193 *BFH* I R 79/13, DStR 2015, 2222; *BFH* BStBl II 2014, 721; *BFH* BStBl II 2014, 367.

194 *Gosch* IStR 2015, 709; *Vogel/Lehner* Grundlagen Rn 127; *Mellinghoff* FS Wassermeyer 2015, S 43 (Rn 26); *Schönfeld/Ditz* Systematik, Rn 98; *Schnitger* IStR 2012, 633; *Lang* IWB 2011, 281, 286; *Schaumburg* Rn 16.77.

195 *Frotscher* Rn 350, will eine dynamische Anwendung zulassen, wenn sich die Aussage des Kommentars durch Auslegung des jew DBA ableiten lässt.

Beispiel: Ein in Staat A ansässiges Unternehmen (Stammhaus) unterhält eine Betriebsstätte in Staat B. A und B haben im Jahr 1990 ein DBA abgeschlossen. Staat B folgt ab dem Jahr 2009 der Auslegung des Art 7 des DBA (= Art 7 MA 2008) iSd AOA – in Übereinstimmung mit den zum 1.1.2009 geänderten Vorschriften seines innerstaatlichen Rechts. Demgegenüber behält Staat A die in der Vergangenheit praktizierte Auslegung des Art 7 des DBA iSd Relevant Business Activity Approach bei. In einem bestimmten Geschäftssegment erzielt das Unternehmen in den Jahren 2008 und 2009 einen Gewinn von 1000. Nach übereinstimmender Sichtweise der Vertragsstaaten ist der Gewinn 2008 nach Veranlassungsgrundsätzen so aufzuteilen, dass auf das Stammhaus ein Gewinn von 800 und auf die Betriebsstätte ein Gewinn von 200 entfällt. Im Jahr 2009 ist der Betriebsstätte nach Auffassung von Staat B ein Gewinn von 300 zuzurechnen; dieser Gewinn ergibt sich, wenn die von der Betriebsstätte erbrachten Leistungen entspr dem AOA nach Fremdvergleichsgrundsätzen einschl Gewinnaufschlag abgerechnet werden. Staat A ist unverändert der Auffassung, dass dem Stammhaus ein Gewinn von 800 zuzurechnen ist und stellt dementsprechend nur einen Gewinn von 200 frei. Für den Mehrgewinn der Betriebsstätte von 100 droht eine zweifache Besteuerung. 163

Das Beispiel macht deutlich, dass ein Abweichen von der bisher praktizierten Auslegung des Art 7 und eine Hinwendung zur Auslegung iSd AOA stets nur durch **eine gleichgerichtete Auslegung der Gewinnabgrenzungsregeln** in beiden bzw sämtlichen Vertragsstaaten erfolgen sollte, um potentielle Doppelbesteuerungen zu unterbinden. Zwar sieht der OECD-MK 2008 eine übereinstimmende Auslegung des Art 7 Abs 2 vor.[196] Für die Zurechnung eines Dotationskapitals zur Betriebsstätte und die Ermittlung des entspr Zinsabzugsbetrags wird sogar eine „Maßgeblichkeit des Lösungsansatzes des Betriebsstättenstaates“ auch für den Ansässigkeitsstaat angestrebt.[197] Jedoch handelt es sich hierbei um Empfehlungen und Absichtserklärungen, deren Befolgung durch den anderen Staat sich im konkreten Fall jeweils erweisen muss. Hinzuweisen ist auf die in Art 7 Abs 3 MA 2010 (2. Stufe der Umsetzung des AOA) normierte Gegenberichtigungsklausel, die den anderen Vertragsstaat unter bestimmten Voraussetzungen zu einer Gegenberichtigung *verpflichtet*, soweit dies zur Vermeidung von Doppelbesteuerungen erforderlich ist.[198] 164

Um diesbzgl Auseinandersetzungen zu vermeiden, empfiehlt sich für neu zu verhandelnde DBA eine **ausdrückliche Vereinbarung im Abkommen selbst** bzw im dazugehörigen Protokoll. Bspw enthält das Prot zum neuen **DBA-Ungarn** eine Klausel, nach der die Anwendung und Auslegung der Art 5 und 7 des DBA und die Beilegung von Meinungsverschiedenheiten unter Hinzuziehung des Kommentars des „derzeitigen“ OECD-MA zu den Art 5 und 7 erfolgen sollten; im Falle einer künftigen Überarbeitung des Kommentars sind die Art 5 und 7 des DBA gem dem „überarbeiteten“ Komm auszulegen, sofern dies dem Abkommenstext entspricht.[199] 165

c) Umsetzung im innerstaatlichen Recht Deutschlands. – aa) Allgemeines. Art 7 Abs 2 MA regelt die zwischenstaatl Gewinnabgrenzung zw Stammhaus und Betriebsstätte(n) nach dem Grundsatz des Fremdvergleichs. Als Erlaubnisnorm gestattet Art 7 Abs 2 iVm Abs 1 S 2 MA dem Betriebsstättenstaat die Besteuerung derjenigen Gewinne, die der Betriebsstätte gem Abs 2 zuzurechnen sind; als Beschränkungsnorm 166

196 Tz 12 MK 2008 zu Art 7 [Geltung für beide Vertragsstaaten].
197 Tz 48 MK 2008 zu Art 7 [Maßgeblichkeit des Lösungsansatzes des Betriebsstättenstaats].
198 Zu Art 7 Abs 3 MA 2010 s unten Rn 304 ff.
199 Tz des Prot zum DBA Ungarn v 28.2.2011, BStBl 2012 I, 155, 166.

begrenzt sie den Betriebsstättengewinn auf eben diesen Betrag. Die Vorschrift kann indessen keine Steueransprüche begründen oder erweitern.[200] Insoweit bedarf es zur Durchführung der Gewinnabgrenzung und -zurechnung einer innerstaatlichen Vorschrift.

167 Neben den allg Gewinnermittlungsvorschriften der §§ 4–7k EStG, die auch für die Gewinnermittlung von Betriebsstätten gelten, existieren im dt innerstaatlichen Recht bislang nur wenige Vorschriften, die speziell die Gewinnermittlung und -abgrenzung bei Betriebsstätten zum Gegenstand haben. Auf Basis der Regelungen der §§ 49 Abs 1 Nr 2 Buchstabe a EStG und 50 Abs 1 S 1 EStG (Inbound-Fall) und des § 34d Nr 2 Buchstabe a EStG (Outbound-Fall) erfolgt die Gewinnabgrenzung bislang nach dem **Veranlassungsprinzip**.[201] Der Betriebsstätte sind die Erträge zuzurechnen, die auf Leistungen beruhen, die durch die Betriebsstätte erbracht wurden, sowie die Aufwendungen, die durch diese Leistungen veranlasst sind. Es kommt auf die **wirtschaftliche Zugehörigkeit** der Einnahmen bzw Ausgaben zur Betriebsstätte an. Es ist darauf abzustellen, auf welche Tätigkeiten oder Wirtschaftsgüter die Betriebsausgaben bzw Betriebseinnahmen zurückzuführen sind, wer die Tätigkeiten ausgeführt hat und welcher Betriebsstätte die ausgeübten Tätigkeiten bzw die eingesetzten Wirtschaftsgüter tatsächlich zuzuordnen sind.[202]

168 Explizite Vorschriften für die Einkünfteabgrenzung zwischen Stammhaus und Betriebsstätte bzw Betriebsstätten untereinander gibt es darüber hinaus bislang lediglich für die grenzüberschreitende Überführung von Wirtschaftsgütern und für Nutzungsüberlassungen (s nachfolgend).

169 Nach Inkrafttreten des § 1 Abs 4 und Abs 5 AStG [203] und der dazu erlassenen **BetriebsstättengewinnaufteilungsVO** (BsGaV),[204] die den **Authorised OECD Approach** (AOA), Rn 22 ff, **in das innerstaatliche Recht transformieren**, enthält das dt innerstaatliche Steuerrecht erstmalig detaillierte Vorschriften mit gravierenden Änderungen für die internationale Gewinnabgrenzung bei Betriebsstätten. Während nach dem Veranlassungsprinzip realisierte Aufwendungen und Erträge des Unternehmens auf die beteiligten betriebl Einheiten aufzuteilen waren, sind nach den Neuregelungen Fremdvergleichspreise anzusetzen, die auch dann zu Gewinnrealisierungen führen, wenn im Außenverhältnis noch kein entspr Umsatz stattgefunden hat (s näher **Rn 271 ff**).[205]

170 **bb) Überführung von Wirtschaftsgütern.** Mit dem **SEStEG**[206] hat der Gesetzgeber in § 4 Abs 1 S 3 EStG bzw § 12 Abs 1 KStG eine **allgem Entstrickungsregelung** in Bezug auf einzelne Wirtschaftsgüter geschaffen.[207] Danach wird der **Ausschluss oder die Be-**

200 Vgl oben Rn 2.
201 *BFH* BStBl II 1989, 140; *BFH* BStBl II 2009, 464; *BFH* BStBl II 2014, 703 = ISR 2014, 273 m Anm *Haase*; *BMF* BStBl I 2009, 888, Rn 2.2.
202 *BFH/NV* 2003, 964; *BFH/NV* 2004, 317.
203 AmtshilfeRLUmsG v 26.6.2013 (BGBl I S 1809); anzuwenden für Wj, die nach dem 31.12.2012 beginnen.
204 BsGaV v 13.10.2014 (BGBl I S 1603). Rechtl Grundlage für diese VO ist § 1 Abs 6 AStG.
205 *Wassermeyer* IStR 2015, 37; *Ditz/Luckhaupt* ISR 2015, 1.
206 Gesetz v 7.12.2006, BGBl I, 2782.
207 § 4 Abs 1 S 3 iVm § 6 Abs 1 Nr 4 S 1 EStG; § 12 Abs 1 KStG. Besteuerungsaufschub in EU-Fällen für WG des AV durch Ausgleichsposten gem § 4g EStG.

schränkung des dt Besteuerungsrechts bzgl des Gewinns aus der Veräußerung oder Nutzung eines Wirtschaftsguts einer Entnahme bzw Veräußerung dieses Wirtschaftsguts zum gemeinen Wert gleichgestellt.[208] Es soll sich um eine „klarstellende" Regelung handeln, die den (seinerzeit) bestehenden, vom BFH entwickelten Entstrickungstatbestand (finale Entnahmetheorie, dazu **Rn 182**) gesetzlich festschreiben und in das bestehende Ertragsteuersystem einpassen soll.[209] Allerdings wird aufgrund der nach Inkrafttreten der Vorschriften ergangenen geänderten BFH-Rechtsprechung[210] bezweifelt, ob die Regelungen einen sofortigen Besteuerungszugriff im Zeitpunkt der Überführung des Wirtschaftsguts tatsächlich ermöglichen.[211] Denn der Wortlaut des § 4 Abs 1 S 3 EStG bzw § 12 Abs 1 S 1 KStG idFd SEStEG (dh *vor* Ergänzung durch das JStG 2010, dazu **Rn 171,** sieht eine Entstrickung keinesfalls zwingend, sondern nur dann vor, *wenn* es zu einem Ausschluss oder einer Beschränkung des dt Besteuerungsrechts hinsichtlich eines Veräußerungsgewinns für das Wirtschaftsgut kommt, was nach der geänderten BFH-Rspr bei Überführung eines Wirtschaftsguts in eine Betriebsstätte mit DBA-Freistellung gerade nicht der Fall ist, **Rn 182**.

171 Als Reaktion auf die geänderte Rspr des BFH und angesichts eines befürchteten Leerlaufens der mit dem SEStEG geschaffenen Entstrickungsvorschriften (§ 4 Abs 1 S 3 EStG, § 12 Abs 1 KStG)[212] hat der Gesetzgeber die Vorschriften mit dem **JStG 2010** durch Anfügung eines **Regelbeispiels ergänzt**.[213] Ein Ausschluss oder eine Beschränkung des inländ Besteuerungsrechts hinsichtlich des Gewinns aus der Veräußerung eines Wirtschaftsguts liegt danach „*insbesondere vor, wenn*" ein bisher einer inländ Betriebstätte zuzuordnendes Wirtschaftsgut einer ausl Betriebsstätte zuzuordnen ist.[214] Damit unterstellt der Gesetzgeber explizit auf den Zeitpunkt der (erstmaligen) Zuordnung des Wirtschaftsguts zur ausl Betriebsstätte einen Ausschluss bzw eine Beschränkung des inländ Besteuerungsrechts, so dass nach dem gesetzgeberischen Willen zu diesem Zeitpunkt zwingend eine Realisation zum gemeinen Wert vorzunehmen ist.[215] Die FinVerw folgt der Auffassung des Gesetzgebers.[216]

---

208 Einen **Ausschluss** des inländ Besteuerungsrechts unterstellt der Gesetzgeber bei Überführung in eine Betriebsstätte mit DBA-Freistellung, eine **Beschränkung** des inländ Besteuerungsrechts bei Überführung in eine Betriebsstätte mit Anrechnungsverpflichtung (Anrechnung der ausl Steuer auf die inländ Steuer); vgl *Rödder/Schumacher* DStR 2006, 1481, 1484.

209 Vgl BT-Drucks 16/2710, 28.

210 Aufgabe der Theorie der finalen Entnahme, *BFH* BStBl II 2009, 464; s dazu Rn 182.

211 *Kirchhof* § 49 Rn 16; *Prinz* DB 2009, 807.

212 *Schönfeld* IStR 2010, 133; *FG Düsseldorf* Vorlagebeschluss v 5.12.2013, 8 K 3664/11 F.

213 Einfügung eines neuen S 4 in § 4 Abs 1 EStG bzw Anfügung eines S 2 in § 12 Abs 1 KStG durch Gesetz v 8.12.2010 (JStG 2010), BGBl I 2010, 1768. Ferner wurde in § 16 Abs 3a EStG eine Entstrickungsnorm in Bezug auf **sämtliche Wirtschaftsgüter eines Betriebs oder Teilbetriebs** kodifiziert, wonach der Ausschluss oder die Beschränkung des inländischen Besteuerungsrechts hinsichtlich des Gewinns aus der Veräußerung dieser Wirtschaftsgüter einer Betriebsaufgabe gleichgestellt wird.

214 Es wird nicht auf eine tatsächlich erfolgte Zuordnung zur ausl Betriebsstätte abgestellt, sondern darauf, ob bzw wann der Betriebsstätte das Wirtschaftsgut „zuzuordnen ist" (§ 4 Abs 1 S 4 EStG, § 12 Abs 1 S 2 KStG).

215 Dies soll für alle offenen Fälle gelten, § 52 Abs 8b S 2, 3 EStG aF (eingef durch JStG 2010). In EU-Fällen Besteuerungsaufschub für WG des AV durch Ausgleichsposten gem § 4g EStG. Für Altfälle Beibehaltung der bish Billigkeitsregelung gem Tz 2.6 Betriebsstättenerlass, s *BMF* BStBl I 2011, 1278.

216 *BMF* BStBl I 2011, 1278.

172 Betrachtet man das Verhältnis zw dem Abkommensrecht und dem innerstaatl Recht der Anwenderstaaten, so besteht im Grds Einvernehmen, dass das **Abkommensrecht nicht über den Realisationszeitpunkt befinden** kann; dieser richtet sich ausschließlich nach dem innerstaatlichen Recht der Anwenderstaaten.[217] Der BFH hat zur Auslegung des Abkommensrechts – in Änderung seiner langjährigen Rspr – entschieden, dass eine Besteuerung der im Inland entstandenen stillen Reserven im Zeitpunkt der Überführung nicht geboten ist und das Abkommensrecht einer späteren Besteuerung nicht entgegensteht.[218] Dem nationalen Gesetzgeber steht es somit zwar grds frei, die Entstrickung zB an den Überführungsvorgang oder die Zuordnung des Wirtschaftsguts zur ausl Betriebsstätte anzuknüpfen; das DBA hindert ihn hieran nicht. Vorliegend knüpft der dt Gesetzgeber den Realisationszeitpunkt jedoch ersichtlich an den Tatbestand der (erstmaligen) Zuordnung des Wirtschaftsguts zur ausl Betriebsstätte und begründet dies mit dem dann vorliegenden Ausschluss oder der Beschränkung des inländischen Besteuerungsrechts. Damit wendet er sich gegen die Wertungen der geänderten BFH-Rechtsprechung. Offenbar stellt der Gesetzgeber nach **Art eines Gefährdungstatbestandes** auf die abstrakte Möglichkeit des Ausschlusses oder der Beschränkung des Besteuerungsrechts ab.[219] In der Lit werden daher weiterhin Bedenken geäußert, dass auch nach Einfügung des Regelbeispiels durch das JStG 2010 der vom Gesetzgeber beabsichtigte sofortige Besteuerungszugriff durchgreift.[220]

173 Die Überführung eines Wirtschaftsguts bzw die Zuordnung eines Wirtschaftsguts zu einer Betriebsstätte des Unternehmens in einem anderen Staat stellt eine **„anzunehmende schuldrechtliche Beziehung“** iSv § 1 Abs 4 S 1 Nr 2 AStG dar.[221] Bei einer dauerhaften und ausschließlichen Nutzung des Wirtschaftsguts in dieser Betriebsstätte ist eine fiktive Veräußerung an die Betriebsstätte zum Fremdvergleichspreis anzunehmen.[222] Bei einer nur vorübergehenden Nutzung in der Betriebsstätte ist dagegen grds von einer **Nutzungsüberlassung** auszugehen.[223] Nach § 1 Abs 1 S 1 AStG gilt die Vorschrift allerdings „unbeschadet anderer Vorschriften“. Sofern also die allgem Entstrickungsregelungen des § 4 Abs 1 S 3, 4 EStG bzw § 12 Abs 1 KStG tatbestandlich anzuwenden sind, gehen diese den neuen Regelungen in § 1 Abs 4, Abs 5 AStG und der BsGaV vor. Allerdings kann eine zusätzliche Einkünftekorrek-

217 Vgl *OECD*, Tz 15 MK 1994 zu Art 7 sowie Tz 21 MK 2008 zu Art 7. Dort heißt es: Art 7 MA gestattet es ersterem Staat [dem Staat, aus dem heraus das Wirtschaftsgut überführt wird], „die Gewinne zu besteuern, die bei einer solchen Überführung als entstanden gelten.“ Der Gewinn braucht jedoch „nicht unbedingt schon im Jahr der betr Überführung realisiert“ zu werden. Es hängt „von dem innerstaatlichen Steuerrecht jedes einzelnen Staates“ ab, wann eine Gewinnrealisierung anzunehmen ist. S auch *Wassermeyer* DB 2006, 1176, 1177; *Rödder/Schumacher* DStR 2006, 1481, 1484.

218 *BFH* BStBl II 2009, 464; BStBl II 2011, 1019; *BFH* IStR 2010, 103.

219 *Blümich* EStG, § 4 Rn 486c; *Schönfeld* IStR 2010, 133.

220 *Blümich* EStG, § 4 Rn 486c, 487; *Kirchhof* EStG, § 49 Rn 16; *Schmidt* EStG, § 4 Rn 329; *Hans* FS Wassermeyer 2015, 345, 349. **AA** *Musil* FR 2011, 545, 549. Zur unionsrechtl Problematik *FG Düsseldorf* Vorlagebeschl v 5.12.2013, 8 K 3664/11 F.

221 Konkretisierung in § 16 Abs 1 Nr 1, § 5 Abs 1 S 2 BsGaV.

222 § 16 Abs 2 BsGaV.

223 *Ditz/Luckhaupt* ISR 2015, 1, 6 f.

tur nach § 1 Abs 5 iVm Abs 1 AStG durchzuführen sein, wenn diese zu einer weitreichenderen Berichtigung zu Gunsten des dt Steuersubstrats führt.[224]

cc) Nutzungsüberlassungen. Gem § 4 Abs 1 S 3 EStG bzw § 12 Abs 1 KStG führt auch der Ausschluss oder die Beschränkung des inländischen Besteuerungsrechts hinsichtlich des Gewinns aus der **Nutzung** eines Wirtschaftsguts zu einer Entstrickung zum gemeinen Wert. Der Gesetzgeber will jene Fälle erfassen, in denen materielle oder immaterielle Wirtschaftsgüter einer ausl Betriebsstätte zur Nutzung überlassen werden, es aber **nicht zu einer Übertragung** bzw Zuordnung des Wirtschaftsguts auf die ausl Betriebsstätte kommt, zB weil das Wirtschaftsgut weiterhin auch durch das inländische Stammhaus genutzt wird oder weil die Nutzung durch die ausl Betriebsstätte nur vorübergehend erfolgt.[225] Die vom Gesetz angeordnete Entnahme bzw Überlassung zum gemeinen Wert bezieht sich nur auf den Wert der Nutzung („**Nutzungsentnahme**"), nicht auf den Wert des Wirtschaftsguts insgesamt.[226] Der gemeine Wert erfasst auch einen Gewinnaufschlag.[227] **174**

Derartige gewinnrealisierende Nutzungsüberlassungen zw inländ Stammhaus bzw inländ Betriebsstätte und ausl Betriebsstätte stehen – soweit sie immaterielle Wirtschaftsgüter betreffen – nicht im Einklang mit der **bisherigen** Auslegung des Art 7 Abs 2 MA durch die OECD, die für Nutzungsüberlassungen immaterieller Wirtschaftsgüter keine Gewinnrealisierung vorsieht.[228] Der Gesetzgeber verweist zur Begründung auf die zunehmende Verselbstständigung der Betriebsstätte als fremdes, eigenständiges Unternehmen und auf die Grundsätze der Betriebsstättengewinnermittlung bei der OECD.[229] Hier sollen die Grundsätze des neuen Authorised OECD Approach (AOA) also bereits anzuwenden sein, zwar nicht durch Verrechnung einer Lizenzgebühr, sondern in Form einer Nutzungsentnahme, ungeachtet dessen, ob der AOA im entspr Abkommen selbst vereinbart worden ist.[230] Dies führt zu Dbest, wenn der andere Staat ein entspr Entgelt für die Nutzungsüberlassung steuerlich nicht zum Abzug zulässt.[231] Eine Regelung zur Gegenberichtigung zwecks Beseitigung einer Doppelbesteuerung enthält Art 7 MA 2008 (anders als Art 7 MA 2010) nicht. **175**

Nutzungsüberlassungen können „**anzunehmende schuldrechtliche Beziehungen**" iSv § 1 Abs 4 S 1 Nr 2 AStG iVm der BsGaV darstellen. Zum Verhältnis dieser Vorschriften zu den Entstrickungsregeln des § 4 Abs 1 S 3 EStG und § 12 Abs 1 KStG vgl obige Rn 172. **176**

d) Auffassung der Finanzverwaltung. Die dt FinVerw folgte bislang weitgehend dem Verständnis einer nur eingeschränkten hypothetischen Selbstständigkeit der Betriebs- **177**

---

224 *Ditz/Luckhaupt* ISR 2015, 1, 7; *Girlich/Müller* ISR 2015, 169, 172 f; *BMF* VWG BsGa-E (18.3.2016), Tz 20.

225 BT-Drucks 16/2710, 28; *BMF* BStBl 1999 I, 1076, Tz 2.4.

226 *Schaumburg* Rn 18.33 mwN.

227 BT-Drucks 16/2710, 28.

228 Tz 17.4 MK 1994 zu Art 7 sowie Tz 34 MK 2008 zu Art 7; s auch oben Rn 156.

229 RegEntw zum SEStEG, BT-Drucks 16/2710, 27.

230 In den dt DBA ist der AOA (= Art 7 idFd OECD-MA 2010; s dazu Rn 219 ff) bislang nur vereinzelt umgesetzt, s Rn 225.

231 Harsche Kritik üben *Werra/Teiche* DB 2006, 1455, 1456.

stätte. Im „Betriebsstättenerlass“ v 24.12.1999[232] wurde dazu ausgeführt, dass aufgrund der rechtlichen und tatsächlichen Einheit von Stammhaus und Betriebsstätte schuldrechtliche Vereinbarungen zwischen diesen Betriebsteilen – bspw Darlehens-, Miet- oder Lizenzverträge – nicht möglich sind und infolgedessen **Gewinne aus solchen Innentransaktionen nicht berücksichtigt** werden dürfen. Es erfolgt eine reine Kostenzurechnung. Dies soll jedoch nicht gelten bei Leistungen gegenüber anderen selbstständigen Rechtssubjekten, die Gegenstand der ordentlichen Geschäftstätigkeit der leistenden Unternehmenseinheit (Betriebsstätte) sind. So sollen Dienstleistungen mit dem „Fremdvergleichspreis aus dem Staat der leistenden Unternehmenseinheit“ anzusetzen sein, wenn die Erbringung von Dienstleistungen die Haupttätigkeit der Betriebsstätte ist.[233]

178 Mit BMF-Schreiben v 25.8.2009[234] wurde der **Betriebsstättenerlass teilw neu gefasst**. Die FinVerw geht nunmehr von einer weitreichenderen fiktiven Selbstständigkeit der Betriebsstätte aus. Zwar wird in Tz 2.2 unverändert betont, dass schuldrechtliche Vereinbarungen zwischen Stammhaus und Betriebsstätte rechtlich nicht möglich sind. Nicht mehr enthalten ist dort aber der Hinweis, dass „Gewinne aus Innentransaktionen nicht berücksichtigt“ werden dürfen. Damit wird eine Gewinnrealisierung bei Innentransaktionen von der FinVerw nunmehr nicht mehr nur in Ausnahmefällen für richtig erachtet, sondern soll offenbar im Grundsatz für alle Innentransaktionen gelten, sofern es sich um Leistungen handelt, die Gegenstand der ordentlichen Geschäftstätigkeit der leistenden Unternehmenseinheit sind. Für die **Annahme einer weitreichenden Selbstständigkeit der Betriebsstätte** spricht auch, dass jene Passage in Tz 2.2 des BMF-Schreiben v 24.12.1999, wonach sich die Gewinnaufteilung zwischen Stammhaus und Betriebsstätte von den Gewinnabgrenzungsregeln bei verbundenen Unternehmen unterscheidet, in der Aktualisierung des Betriebsstättenerlasses v 25.8.2009 entfallen ist.[235]

179 Hintergrund der geänderten Auffassung der FinVerw dürften die **Entwicklungen auf OECD-Ebene** gewesen sein, die in der Verabschiedung des Betriebsstättenberichts nebst Änderung des OECD-MK im Juli 2008 sowie schließlich in der Neufassung des Art 7 durch das OECD-MA v 22.7.2010 mündeten.[236] Die FinVerw spricht sich für eine Übernahme dieses gewandelten Verständnisses der Selbstständigkeitsfiktion der OECD aus und wendet den AOA grundsätzlich an.[237]

---

232 Betriebsstätten-Verwaltungsgrundsätze, *BMF* BStBl I 1999, 1076.

233 Sofern kein Fremdvergleichspreis feststellbar ist, kann der Gewinn der Betriebsstätte unter Anwendung der Kostenaufschlagsmethode ermittelt werden, vgl *BMF* BStBl I 1999, 1076, Tz 2.2. und Tz 3.1.2.

234 *BMF* BStBl I 2009, 888.

235 *Ditz/Schneider* DStR 2010, 81, 82.

236 Ausf dazu Rn 216 ff.

237 Unverständlich ist, dass das BMF im Schreiben v 25.8.2009 zur Begründung seiner geänderten Auffassung nicht auf den AOA, sondern auf den OECD-MK 1992 verweist und die mit dem SEStEG eingeführten Entstrickungsvorschriften als Begründung anführt; s auch *Ditz/Schneider* DStR 2010, 81 f. Zur „Veränderung“ der „Auffassung der dt FinVerw“ nach der Implementierung des AOA in das nationale dt Recht s auch *Girlich/Müller* ISR 2015, 169.

Für eine Sofortrealisierung tritt die Finanzverwaltung auch in Fällen der **Überführung von Wirtschaftsgütern** vom Inland in eine ausl Betriebsstätte ein.[238] Die Grundsätze der geänderten BFH Rechtsprechung[239] wendet die Finanzverwaltung über die entschiedenen Einzelfälle hinaus nicht an.[240] 180

e) Auffassung des BFH. Der **BFH** folgt unter Geltung des Art 7 Abs 2 MA idF bis einschl MA 2008 grds einer **eingeschränkten fiktiven Selbstständigkeit** der Betriebsstätte.[241] In seinem grdl Urt aus dem Jahr 1988[242] stellt der BFH die „Veranlassung" der Aufwendungen durch die Betriebsstätte gem § 50 Abs 1 S 1 EStG iSe wirtschaftl Zusammenhangs in den Vordergrund (Veranlassung durch die Tätigkeit und die Existenz der Betriebsstätte), weshalb es unerheblich sei, ob die Aufwendungen im Inland oder im Ausland angefallen seien. Bei der Zuordnung von Aufwendungen müsse jedoch berücksichtigt werden, dass die Betriebsstätte „stets nur unselbstständiger Teil des Gesamtunternehmens" sei. Daher führten Innentransaktionen nur in dem Jahr zu einer erfolgsmäßigen Verrechnung zwischen den Unternehmensteilen, in dem sich die Kosten nach dt Steuerrecht für das Gesamtunternehmen aufwandsmäßig auswirkten. 181

Ungeachtet dessen hat der BFH in der Vergangenheit für den Fall der **Überführung eines Wirtschaftsgutes** des Anlagevermögens von einem inländ Stammhaus in eine ausl Betriebsstätte eine mit dem Teilwert zu bewertende Entnahme iSv § 4 Abs 1 S 2 EStG (Ersatzrealisationstatbestand) angenommen, wenn die ausl Betriebsstättengewinne aufgrund eines DBA mit Freistellungsmethode von der inländischen Besteuerung freigestellt waren.[243] 182

Diese sog **Theorie der finalen Entnahme** hat der BFH mit Urt v 17.7.2008[244] **aufgegeben** und sich damit der im Schrifttum nahezu einhellig vertretenen Auffassung[245] angeschlossen, nach der das innerstaatliche Recht keine ausreichende Grdl für einen steuerverschärfenden Gewinnrealisationstatbestand hergibt und die abkommensrechtliche Freistellung „nach heutiger Erkenntnis" eine Besteuerung der im inländ Stammhaus entstandenen stillen Reserven durch den Ansässigkeitsstaat auch dann noch ermöglicht, wenn das Wirtschaftsgut in den Betriebsstättenstaat verbracht wurde und von dort weiterveräußert wird.[246] Art 7 Abs 2 MA (und Art 13 Abs 2 MA) ermöglichten abkommensrechtlich eine **Aufteilung** des bei einer künftigen Veräußerung des Wirtschaftsguts aus der ausl Betriebsstätte heraus entstehenden Veräußerungsgewinns zwischen inländ Stammhaus und ausl Betriebsstätte **„nach Verursachungsbeiträgen"**[247], 183

---

238 Zur Auff der FinVerw bei „anzunehmenden schuldrechtlichen Beziehungen" iSv § 1 Abs 4 AStG und zu deren Verhältnis zu den Entstrickungsregelungen s auch *BMF* VWG BsGa-E (18.3.2016), Tz 20.

239 Aufgabe der Theorie der finalen Entnahme und finalen Betriebsaufgabe, s dazu nachfolgende Rn 182 ff.

240 *BMF* BStBl I 2011, 1278; BStBl I 2009, 671.

241 Insb *BFH* BStBl II 1989, 140. Ferner *BFH* BStBl III 1966, 24. S auch *Vogel/Lehner* Art 7 Rn 81 f; *Schönfeld/Ditz* Art 7 Rn 108 ff.

242 *BFH* BStBl II 1989, 140.

243 Sog finale Entnahmetheorie, vgl *BFH* BStBl II 1970, 175; BStBl II 1972, 760; BStBl II 1983, 113; BStBl II 1998, 509. Zur Kritik vgl zB *Wassermeyer* Art 7 MA 2000 Rn 247.

244 *BFH* BStBl II 2009, 464. Dazu Nichtanwendungserlass *BMF* BStBl I 2011, 1278.

245 Nachweise bei *BFH* BStBl II 2009, 464, 469 f (Tz III 3 b) bb)).

246 Die FinVerw folgt der geänderten Rspr nicht, vgl *BMF* BStBl I 2009, 671.

247 *BFH* BStBl II 2009, 464, 470 (Tz III 3 b) cc)).

wobei grds auf jenen Wert abzustellen sei, der im Überführungszeitpunkt als Außenumsatz hätte erzielt werden können. Für künftige Wertsteigerungen des Wirtschaftsguts, die *nach* dem Zeitpunkt der Überführung entstehen, bestehe kein inländischer Steueranspruch.

184 Der BFH lehnt in der og Entscheidung v 17.7.2008 die **Anwendung des AOA** („Functionally Separate Entity Approach") ausdrücklich ab, da dieser „jedenfalls nach der Rechtslage des Streitjahres" (= das Jahr 1995) „im deutschen Recht nicht nachvollziehbar" sei und keine innerstaatlichen Steueransprüche begründen könne. Damit bestätigt der BFH für die bisherige Rechtslage – vor Umsetzung des AOA in das innerstaatl dt Recht – seine Auffassung einer nur eingeschränkten fiktiven Selbstständigkeit der Betriebsstätte.

185 In zwei weiteren Entsch v. 28.10.2009[248] verwirft der BFH mit derselben Begründung auch die **Theorie der finalen Betriebsaufgabe**. Auch hier fehle es an einer gesetzlichen Grundlage und an einem Bedürfnis für die Annahme eines Realisationstatbestands. Bei der Verlegung eines freiberuflichen oder gewerbl Betriebs in einen ausl Staat, mit dem Deutschland ein DBA mit Freistellungsmethode vereinbart hat, **stehe die abkommensrechtliche Freistellung einer späteren Besteuerung** der im Inland entstandenen stillen Reserven **nicht entgegen**. Für die Abgrenzung der Gewinne aus freiberuflicher Tätigkeit gem Art 14 MA aF gälten die gleichen Grundsätze – insb das Betriebsstättenprinzip – wie im Bereich der Unternehmensgewinne des Art 7 MA. Die praktischen Schwierigkeiten der inländ FinVerw, den späteren Realisationsvorgang zu erkennen und eine Besteuerung im Inland sicherzustellen, änderten daran nichts. Dabei sieht der BFH eine innerstaatliche Rechtsgrundlage für eine spätere Besteuerung – auch nach Aufgabe des inländ Wohnsitzes durch den Betriebsinhaber – sowohl im Fall der Verlegung eines **freiberuflichen Betriebs**[249] als auch bei Verlegung eines **Gewerbebetriebs**[250] weiterhin als gegeben. Zwar werden nach dem Wortlaut des § 49 Abs 1 Nr 2 lit a EStG nur Einkünfte aus Gewerbebetrieb erfasst, für den im Inland eine Betriebsstätte „unterhalten wird". Dies bedeutet nach BFH-Ansicht aber nicht, dass die inländ Betriebsstätte zu dem Zeitpunkt, in dem die Realisation eintritt und die Einkünfte erzielt werden, noch existieren muss. Nicht der zeitliche Aspekt, sondern der **wirtschaftliche Zusammenhang** mit der inländ Betriebsstätte sei entscheidend für die Zuordnung, so dass **auch nachträgliche Einkünfte**, die durch eine nicht mehr bestehende inländ Betriebsstätte veranlasst worden seien, als inländ Einkünfte der beschränkten Steuerpflicht unterfallen könnten.[251]

III. Absatz 3 (MA 2008)

186 Art 7 Abs 3 MA 2008 stellt ausdrücklich klar, dass die für die Betriebsstätte entstandenen **Aufwendungen**, einschl der Geschäftsführungs- und allg Verwaltungskosten des

248 *BFH* BStBl II 2011, 1019 sowie *BFH/NV* IStR 2010, 103.

249 Beschränkte Steuerpflicht gem § 1 Abs 4 iVm § 49 Abs 1 Nr 3 EStG. Hier stützt sich der BFH auf die Formulierung „worden ist" in § 49 Abs 1 Nr 3 EStG; vgl *BFH* BStBl II 2011, 1019, 1022 (I. 7. b) aa)).

250 Beschränkte Steuerpflicht gem § 1 Abs 4 iVm § 49 Abs 1 Nr 2 Buchstabe a EStG; vgl *BFH/NV* IStR 2010, 103, 107 (II. 6. b) aa)).

251 Vgl mwN *BFH* IStR 2010, 103, 107 (II. 6. b) aa)). Vgl allg zu den „Zeitbezügen" im int Steuerrecht *Gosch* IStR 2015, 709, 714.

Unternehmens, steuerlich gewinnmindernd bei derjenigen Betriebsstätte berücksichtigt werden können, für die sie entstanden sind, unabhängig davon, in welchem Staat die Aufwendungen entstanden sind. Die Aufwendungen sollen **veranlassungsbezogen** bei der Betriebsstätte steuerlich zum Abzug gebracht werden, für die sie angefallen sind. Damit soll gewährleistet werden, dass wirtschaftlich für die Betriebsstätte entstandener Aufwand dieser zugeordnet wird, auch wenn die Aufwendungen im anderen Vertragsstaat oder in einem Drittstaat angefallen sind.[252]

Die **Auslegung der Vorschrift** und insb ihr Verhältnis zu Abs 2 MA 2008 sind **umstritten**. Der Fremdvergleichsgrundsatz und die Selbstständigkeitsfiktion der Betriebsstätte gem Art 7 Abs 2 MA 2008 stehen ausdrücklich unter dem Vorbehalt des Abs 3 MA 2008.[253] Daraus wird zT gefolgert, dass bei Leistungsbeziehungen zwischen betrieblichen Teileinheiten keine Fremdvergleichspreise anzusetzen sind, sondern lediglich die entstandenen Aufwendungen zwischen Stammhaus und Betriebsstätte zu verrechnen sind (Vorrang des Abs 3 gg Abs 2). Teile des Schrifttums sehen daher Widersprüche zwischen Abs 2 und Abs 3 des Art 7 MA 2008. Nach Ansicht der OECD besteht dagegen „keine grds Divergenz“ zwischen den beiden Absätzen.[254] **187**

Nach hier vertretener Ansicht ist Art 7 Abs 3 MA 2008 lediglich als **Klarstellung** zu verstehen, dass es für die steuerliche Zurechnung der Aufwendungen nicht darauf ankommt, wo die Aufwendungen räumlich gesehen angefallen sind.[255] Insoweit dient die Vorschrift als Ergänzung und Konkretisierung des Fremdvergleichsgrundsatzes des Art 7 Abs 2 MA 2008. Auch ein selbstständiges und unabhängiges Unternehmen hätte entspr Aufwendungen tragen müssen, die wirtschaftlich für das Unternehmen entstanden sind.[256] Dass die Aufwendungen durch einen anderen Unternehmensteil geleistet wurden, hat für die Aufwandszuordnung demgemäß keine Bedeutung. **188**

Dazu, ob neben den Aufwendungen ein Gewinnaufschlag zu verrechnen ist, wird in Abs 3 nichts gesagt. Es wird daher insoweit auf die obigen Ausführungen zu Art 7 Abs 2 MA 2008 verwiesen (Rn 156). **189**

Missverständlich ist der in Abs 3 verwendete Ausdruck „Ermittlung der Gewinne einer Betriebsstätte“, wohingegen die übrigen Absätze des Art 7 von der „Zurechnung“ von Gewinnen zur Betriebsstätte sprechen. Der MK stellt nunmehr klar, dass Abs 3 MA 2008 lediglich die **Frage der Zurechnung** („attribution“) der Aufwendungen zur Betriebsstätte betrifft. Ob die Aufwendungen iRd Gewinnermittlung der Betriebsstätte tatsächlich steuerlich zum Abzug zugelassen sind, ist nicht Regelungsgegenstand des Abs 3, sondern richtet sich nach dem innerstaatlichen Recht des jeweiligen Staates.[257] **190**

In **Art 7 MA 2010** ist der bisherige Art 7 Abs 3 **nicht mehr enthalten**. Hierdurch soll die strikte Anwendung des Fremdvergleichsgrundsatzes gem Art 7 Abs 2 MA 2010 gewährleistet und etwaigen Missverständnissen entgegengewirkt werden, die sich bei **191**

252 *Wassermeyer* Art 7 MA 2000, Rn 331; *Schönfeld/Ditz* Art 7 MA 2008, Rn 211.
253 Vgl Art 7 Abs 2 (MA 2008): „... vorbehaltlich des Abs 3 ...“.
254 Tz 29 MK 2008 zu Art 7.
255 GlA *Wassermeyer* Art 7 MA 2000, Rn 331.
256 *Ditz* S 124 mwN.
257 Tz 30 MK 2008 zu Art 7. In Deutschland ist insb auf die Vorschriften des § 4 Abs 5 und Abs 5b EStG hinzuweisen. S auch Rn 56ff.

einer Beibehaltung des bisherigen Abs 3 ergeben könnten, weil Abs 3, wie oben ausgeführt, nach zT vertretener Ansicht die Zurechnung auf die entstandenen Aufwendungen begrenzt, ohne Verrechnung eines Gewinnaufschlags. Die Streichung des Abs 3 soll hingegen nichts daran ändern, dass im Rahmen der Gewinnzurechnung gem Art 7 Abs 2 MA 2010 sämtliche dem Unternehmen entstandenen Aufwendungen, unabhängig vom Ort ihrer Entstehung, zu berücksichtigen sind.[258] Art 7 Abs 3 MA 2010[259] hat einen völlig anderen Inhalt als Abs 3 MA 2008.

IV. Absatz 4 (MA 2008)

192 Die Vorschrift regelt die **Zulässigkeit der sog indirekten Methode** für die Einkünftezurechnung zur Betriebsstätte. Bei der indirekten Methode werden nicht die Gewinne mehrerer fiktiv als selbstständig unterstellter Unternehmenseinheiten transaktionsbezogen ermittelt, sondern es wird das für das Gesamtunternehmen ermittelte Ergebnis oder ein Teilergebnis auf die an seiner Entstehung beteiligten betriebl Einheiten unter Verwendung sachgerechter Verteilungsschlüssel aufgeteilt. Eine gesonderte Betriebsstättenbuchführung ist nicht erforderlich (sog **globale Gewinnaufteilung**, s dazu bereits oben, Rn 72).

193 Gem Art 7 Abs 4 MA 2008 ist die indirekte Methode nur zugelassen, soweit sie nach dem innerstaatlichen Recht eines Vertragsstaates für die Betriebsstättengewinnermittlung „üblich“ ist. In diesem Fall soll das dealing-at-arm‘s-length-principle (Fremdvergleichsgrundsatz) des Art 7 Abs 2 MA 2008 die Anwendung dieser Methode nicht grds ausschließen. Allerdings muss gewährleistet sein, dass das Ergebnis der gewählten Gewinnaufteilung mit den Grundsätzen des Art 7 übereinstimmt, dh insb dem Fremdvergleich entspricht.

194 Vom Ansatz her scheint die indirekte Methode den Vorzug zu haben, Dbest zu vermeiden, da sie die Besteuerung auf den durch das Unternehmen insgesamt erzielten Gewinn begrenzt. Allerdings wird die Frage, wie der **Gesamtgewinn** des Unternehmens, der die Grundlage der Aufteilung bildet, zu ermitteln ist, nach dem Recht des jeweiligen Anwenderstaates nicht selten unterschiedlich beantwortet werden. Die in den jeweiligen Staaten berechneten Teilgewinne addieren sich daher oftmals nicht zu einem einheitlichen Ganzen. Darüber hinaus ist die Feststellung des Unternehmensgesamtgewinns durch den Betriebsstättenstaat idR mit großen Schwierigkeiten verbunden; sie setzt umfangreiche Rechnungslegungspflichten voraus.

195 Eine weitere Schwierigkeit stellt die **Ermittlung eines sachgerechten Aufteilungsschlüssels** für die Aufteilung des Gesamtgewinns auf die betrieblichen Einheiten dar.[260] Derartige Schlüssel werden iA nur dann zu sachgerechten Ergebnissen führen, wenn die von den betriebl Teileinheiten ausgeübten Funktionen gleich oder ähnlich sind, was oftmals bei Banken und Versicherungsunternehmen der Fall ist.[261] Als mögliche Aufteilungsschlüssel nennt die OECD die **Umsätze/Provisionserlöse**, die **Personalaufwendungen** und das den Unternehmenseinheiten zugeordnete **Betriebsvermögen**.[262]

---

258 Tz 40 MK 2010 zu Art 7.
259 S dazu unten, Rn 304.
260 *Vogel/Lehner* Art 7 Rn 104; *Wassermeyer* Art 7 MA 2000, Rn 190.
261 *Schönfeld/Ditz* Art 7 MA 2008, Rn 215; *BMF* BStBl I 1999, 1076, Tz 2.3.2.
262 Tz 54 MK 2008 zu Art 7.

Problematisch ist die Forderung in Art 7 Abs 4 MA 2008, dass die gewählte Gewinnaufteilung derart sein muss, dass das Erg **mit den Grundsätzen des Art 7 übereinstimmt**. Aufgrund der völlig unterschiedlichen Vorgehensweisen der indirekten Methode (Abs 4) und der direkten Methode (Abs 2) ist eine solche Übereinstimmung **im Regelfall nicht zu erwarten**. Auch die OECD konstatiert, dass beide Verfahren voneinander abweichen, da die indirekte Methode nicht auf die Zurechnung eines Gewinns nach dem Grundsatz eines selbstständigen Unternehmens, sondern auf eine Aufteilung des Gesamtgewinns abstellt.[263] Bei einer Gewinnabgrenzung nach dem Grundsatz des Fremdvergleichs kann sich bspw für das Stammhaus ein Gewinn und für die Betriebsstätte ein Verlust ergeben. Bei Anwendung der indirekten Methode ist es dagegen nicht möglich, vom zu verteilenden Gesamtgewinn oder Gesamtverlust einem Unternehmensteil einen Gewinn und einem anderen einen Verlust zuzuweisen. Hier wird allen betrieblichen Einheiten entweder ein Teilgewinn oder ein Teilverlust zurechnet.[264] 196

In Art 7 MA 2010 ist der bisherige Art 7 Abs 4 nicht mehr enthalten. Angesichts der beabsichtigten strikten Umsetzung des Fremdvergleichsgrundsatzes nach dem **Functionally Separate Entity Approach (AOA)** ist dies konsequent, weil die indirekte Methode idR nicht zu Ergebnissen führt, die einer Gewinnabgrenzung unter Anwendung des Fremdvergleichsgrundsatzes gem Abs 2 entsprechen.[265] 197

Eine Aufteilung von Gewinnen oder Ergebnisbeiträgen nach Schlüsselgrößen ist auch künftig zulässig, wenn diese **transaktionsbasiert** erfolgt. Art 7 Abs 2 MA 2010 sieht für die Gewinnabgrenzung im Einheitsunternehmen eine **entspr Anwendung der OECD-Verrechnungspreisrichtlinien** für verbundene Unternehmen vor. Diese messen den transaktionsbezogenen Gewinnmethoden (transactional profit methods)[266] inzwischen nicht mehr nur einen „status of last resort" zu.[267] Vielmehr ist diejenige Verrechnungspreismethode anzuwenden, welche unter den gegebenen Umständen die am besten geeignetste Methode darstellt. Folglich kann die **transaktionsbasierte Gewinnaufteilungsmethode (transactional profit split method)**[268] in geeigneten Fällen eine „indirekte" Gewinnzurechnung ermöglichen. Dies kann bspw für Vertreterbetriebsstätten sinnvoll sein, da für diese im Regelfall keine Buchführung erstellt wird (vgl Rn 143). 198

V. Absatz 5 (MA 2008)

Art 7 Abs 5 MA 2008 steht in **engem Sachzusammenhang** mit **Art 5 Abs 4 Buchstabe d MA**. Nach letztgenannter Vorschrift gilt eine feste Geschäftseinrichtung nicht als Betriebsstätte, wenn sie ausschließlich zu dem Zweck unterhalten wird, für das Unternehmen Güter oder Waren einzukaufen (oder Informationen zu beschaffen). Liegt danach eine Betriebsstätte tatbestandlich nicht vor, ergibt sich die Frage der Einkünftezurechnung erst gar nicht. Dementsprechend kann Art 7 Abs 5 MA 2008 nur zur Anwendung kommen, wenn eine feste Geschäftseinrichtung unterhalten wird, 199

---

263 Tz 52 MK 2008 zu Art 7.
264 *Ditz* S 404.
265 Vgl Tz 41 MK 2010 zu Art 7; *Jacobs* S 669 f.
266 Transaktionsbezogene Nettomargenmethode und transaktionsbezogene Gewinnaufteilungsmethode.
267 Vgl *OECD Transfer Pricing Guidelines* Stand 2009, Tz 2.49.
268 Ausführlich *OECD Transfer Pricing Guidelines* Juli 2010, Kap 2.108 ff, Kap 2.2 ff.

in der neben dem Einkauf von Gütern und Waren noch weitere Tätigkeiten ausgeübt werden.[269] In diesen Fällen darf der Betriebsstätte kein Gewinn aus einer Einkaufstätigkeit zugerechnet werden. Der Gewinn steht demnach allein dem Ansässigkeitsstaat zu.

200 Da der Betriebsstätte kein Gewinn aus der Einkaufstätigkeit zugerechnet werden darf, ist dieser Gewinn vom übrigen Gewinn zu eliminieren (Gewinnaufspaltung). Dies erfordert regelmäßig eine entspr sachliche und organisatorische Abgrenzung innerhalb der Betriebsstättenbuchführung.

201 Die Vorschrift steht mit dem Fremdvergleichsgrundsatz des Art 7 Abs 2 MA 2010 nicht in Einklang. Ein unabhängiges Unternehmen würde für eine Einkaufstätigkeit grds eine fremdübliche Vergütung verlangen. Im Zuge der Neufassung des Art 7 durch das MA 2010 wurde Abs 5 deshalb gestrichen.[270]

202 Hinzuweisen ist ferner auf die nach Abschluss des **BEPS-Projekts** (vgl Art 5 Rn 43) zu erwartenden Änderungen im Bereich der Betriebsstättendefinition in Art 5 MA, die ggf Auswirkungen auf die Gewinnabgrenzung mit sich bringen werden.

VI. Absatz 6 (MA 2008)

203 Die Vorschrift fordert die grds **Beibehaltung der Methode** der Gewinnzurechnung zur Betriebsstätte (Grds der Methodenstetigkeit). Hierdurch soll die Gleichmäßigkeit der Gewinnabgrenzung sichergestellt werden. Von der einmal gewählten Methode darf nur in bes Ausnahmefällen abgewichen werden. Unzulässig ist damit ein Wechsel der Methode, um hierdurch ein günstigeres steuerliches Ergebnis für einen bestimmten Veranlagungszeitraum zu erreichen. Durch eine gleichbleibende Anwendung der Gewinnzurechnungsmethode soll den Unternehmen Sicherheit bzgl ihrer steuerlichen Belastung gegeben und ihre Tätigkeit kalkulierbar gemacht werden.[271]

204 Liegen „ausreichende Gründe" vor, ist ein Methodenwechsel zulässig. Es kann einem Staat nicht untersagt werden, eine bisher angewandte Praxis aufzugeben, wenn eine andere Methode als zweckmäßiger erachtet wird. Ein zulässiger Zweck wird auch zu bejahen sein, wenn sich ein Betriebsstättenstaat durch einen Methodenwechsel einen dauerhaft höheren Betriebsstättengewinn verspricht. Unzulässig ist jedoch eine laufender (zB jährlicher) Methodenwechsel.

205 Auch Abs 6 ist im geänderten Art 7 nicht mehr enthalten. Dies ist konsequent, weil Art 7 MA 2010 nur noch eine Gewinnabgrenzung nach dem **Functionally Separate Entity Approach** (AOA) gem Art 7 Abs 2 MA 2010 zulässt. Die bisher zulässige sog indirekte Methode (Art 7 Abs 4 MA 2008 – dazu Rn 192) ist im MA 2010 nicht mehr enthalten, so dass künftig nur noch die direkte Methode anwendbar ist und eine Vorschrift betr die Beibehaltung der Gewinnzurechnungsmethode nicht mehr notwendig ist.[272]

---

269 *Wassermeyer* Art 7 MA 2000, Rn 347; *Vogel/Lehner* Art 7 Rn 147.

270 Tz 43 MK 2010 zu Art 7.

271 Tz 58 MK 2008 zu Art 7; *Vogel/Lehner* Art 7 Rn 159 f.

272 Tz 42 MK 2010 zu Art 7.

VII. Absatz 7 (MA 2008)

Das MA enthält 14 Einkunftsarten.[273] Im Abkommensrecht gilt der **Grundsatz, dass der speziellere Artikel dem allgemeineren vorgeht**. Dies wird ua durch Art 7 Abs 7 MA 2008 (= Art 7 Abs 4 MA 2010) ausdrücklich angeordnet, wonach Unternehmensgewinne iSd Art 7 dann nicht vorliegen, wenn und soweit Bestandteil der Unternehmensgewinne solche Einkünfte sind, die in anderen Art des Abk behandelt werden. Im innerstaatlichen Einkommensteuerrecht Deutschlands gibt es 7 Einkunftsarten (vgl § 2 Abs 1 EStG) und es gilt der Grundsatz der Subsidiarität der Überschuss-Einkünfte gg den betrieblichen Einkunftsarten.[274] **206**

Art 7 Abs 7 MA 2008 (= Art 7 Abs 4 MA 2010) ordnet den **Vorrang eines spezielleren Artikels** des Abk an, soweit die Einkünfte in einem anderen (spezielleren) Artikel des Abk „behandelt" werden. Die Anwendung von Art 7 ist dementsprechend insoweit ausgeschlossen, als die Rechtsfolgen des **Art 6** reichen; der Regelung in Art 6 Abs 4 kommt daher nur deklaratorische Bedeutung zu. Soweit allerdings Fragen der Gewinnabgrenzung betroffen sind (Einkünfte aus unbeweglichem Vermögen, das zu einer Betriebsstätte gehört), bleibt Art 7 anwendbar, da Art 6 insoweit keine Regelung trifft. **207**

Art 7 ist ferner nachrangig gg **Art 8**, der die Besteuerung der (Unternehmens-)Gewinne aus der Seeschifffahrt, Luftfahrt und Binnenschifffahrt behandelt. Art 8 geht als lex specialis dem Art 7 vor. Des Weiteren tritt Art 7 hinter **Art 17** zurück, der die Spezialnorm der Besteuerung von Künstlern und Sportlern darstellt. **208**

Entspr gilt für Gewinne aus der Veräußerung beweglichen Vermögens, das Betriebsvermögen einer Betriebsstätte ist, und für Gewinne, die aus der Veräußerung der Betriebsstätte selbst erzielt werden. Hier ergibt sich das Besteuerungsrecht des Betriebsstättenstaates in Bezug auf den Veräußerungsgewinn vorrangig aus **Art 13 Abs 2 MA**. **209**

Schließlich haben die Verteilungsnormen für Dividenden, Zinsen und Lizenzgebühren – **Art 10–12 MA** – Vorrang gg Art 7, wenn das diesen Einkünften zugrunde liegende Stammrecht (dh die Beteiligung, die Forderung oder die lizenzfähigen Rechte bzw Vermögenswerte) zum Betriebsvermögen des Unternehmens (oder eines Selbstständigen) gehört. Dieser Vorrang gilt aufgrund ausdrücklicher **Rückverweisungsklauseln**[275] jedoch dann nicht, wenn das entsprechende Stammrecht zu einer Betriebsstätte des Unternehmens im Quellenstaat „gehört" – sog **Betriebsstättenvorbehalt** (s dazu auch Art 10 Rn 166, Art 11 Rn 116, Art 12 Rn 141); in diesem Fall ist Art 7 anzuwenden. Hierzu ist nach dem MA kraft ausdrücklichen Wortlauts die **tatsächliche Zugehörigkeit** des Stammrechts zur Betriebsstätte erforderlich.[276] Nach dem MK muss das Stammrecht „Teil des Betriebsvermögens der Betriebsstätte" sein oder „auf andere Weise tatsächlich zu dieser Betriebsstätte gehören".[277] **210**

Das Merkmal „auf andere Weise tatsächlich zur Betriebsstätte gehörend" ist nach Ansicht des BFH gegeben, wenn der Vermögenswert in einem **funktionalen Zusam-** **211**

---

273 Art 6, 7, 8 und Art 10–13 sowie 15–21.

274 Subsidiarität der Einkünfte aus Kapitalvermögen, der Einkünfte aus Vermietung und Verpachtung sowie bestimmter sonstiger Einkünfte (vgl § 20 Abs 8, § 21 Abs 3, § 22 Nr 1 und 3 sowie § 23 Abs 2 EStG). S auch *Wassermeyer* Art 7 MA 2000 Rn 354.

275 Vgl Art 10 Abs 4, Art 11 Abs 4 und Art 12 Abs 3 MA.

276 Vgl Art 10 Abs 4, Art 11 Abs 4 und Art 12 Abs 3 MA.

277 Tz 31 MK zu Art 10, Tz 24 MK zu Art 11 und Tz 20 MK zu Art 12.

menhang zu der von der Betriebsstätte ausgeübten Unternehmenstätigkeit steht. Dabei ist auf die Tätigkeit abzustellen, der nach der allgemeinen Verkehrsauffassung das Schwergewicht innerhalb der Betriebsstätte zukommt. Dementsprechend sind Zinsen und Lizenzgebühren nur dann Unternehmensgewinne iSv Art 7 MA, wenn sie bei funktionaler Betrachtungsweise als Nebenerträge der aktiven Betriebsstättentätigkeit anzusehen sind.[278]

212 In zeitlicher Hinsicht muss zB eine Forderung im Zeitpunkt der Erfassung der Zinsen zur Betriebsstätte gehören – dh bei Bilanzierung iA mindestens zum Wj-Ende oder im Falle der unterjährigen Erfassung zu diesem Zeitpunkt.[279]

213 Als Konsequenz der Zugehörigkeit des Stammrechts zur Betriebsstätte ergibt sich, dass die Dividenden, Zinsen bzw Lizenzgebühren mit ihrem „Nettobetrag" (Einnahmen abzgl zugehöriger Aufwendungen) – ohne Begrenzung der Höhe nach – der Besteuerung als Unternehmensgewinne im Betriebsstättenstaat unterliegen (Betriebsstätteneinkünfte). Würde das Stammrecht **nicht** zur Betriebsstätte im Quellenstaat gehören, hätte dieser lediglich ein Quellenbesteuerungsrecht für die Dividenden, Zinsen bzw Lizenzgebühren, welches nach dem anzuwendenden DBA idR auf einen bestimmten Prozentsatz beschränkt ist (vgl Art 10 Abs 2 und Art 11 Abs 2 MA). Im Rahmen der Betriebsstättenvorbehalte wird somit die Beschränkung des Besteuerungsrechts des Quellenstaates aufgehoben.[280]

214 Der Betriebsstättenvorbehalt gilt nach allg Ansicht nicht nur für den **Quellenstaat**, sondern auch für den **Ansässigkeitsstaat**.[281] Mit Urt v 24.8.2011 zum DBA-Großbritannien 1964/1970 hat der BFH klargestellt, dass die Einkunftsqualifikation gem der Verteilungsnorm (im Sachverhalt der Dividendenartikel des DBA-Großbritannien) auf jene nach dem Methodenartikel durchschlägt; beide Qualifikationen stimmten insoweit überein.[282] Die Freistellung durch den Ansässigkeitsstaat gem Methodenartikel (vgl Art 23A) erfasst damit auch zB Dividenden, die aufgrund des Betriebsstättenvorbehalts im Quellenstaat als Unternehmensgewinne zu behandeln sind.

215 Der Betriebsstättenvorbehalt ist in engem Zusammenhang mit Art 7 Abs 2 zu sehen: Gem der **Selbstständigkeitsfiktion** des Art 7 Abs 2 sind der Betriebsstätte die Gewinne zuzurechnen, die sie als fiktives selbstständiges Unternehmen erzielt hätte. Konsequenterweise sind der Betriebsstätte dann auch diejenigen Einkünfte zuzurechnen, die aus den von ihr gehaltenen Beteiligungen, Forderungen und lizenzfähigen Vermögenswerten erzielt werden.[283]

C. Art 7 MA 2010

I. Der „Authorised OECD Approach" (AOA)

216 **1. Überblick.** Art 7 MA 2010 beinhaltet eine grundlegende Überarbeitung der Verteilungsnorm für Unternehmensgewinne, nachdem der OECD-Steuerausschuss am

278 *BFH* BStBl II 1992, 937; BStBl II 1996, 563; *BFH* I R 66/06, FR 2008, 724. Vgl dazu näher *Häck* ISR 2015, 113ff.

279 *Vogel/Lehner* Vor Art 10-12 Rn 39f.

280 *BMF* BStBl I 2014, 1258, Rn 2.2.4.1.

281 *Schönfeld/Ditz* Art 7 MA 2008 Rn 232.

282 *BFH* BStBl II 2014, 764.

283 *Vogel/Lehner* Vor Art 10-12 Rn 31.

17.7.2008 seinen finalen Betriebsstättenbericht veröffentlicht hat.[284] Nach diesem Bericht erfolgt die Gewinnabgrenzung bei Betriebsstätten nach Maßgabe einer uneingeschränkten fiktiven Selbstständigkeit der Betriebsstätte (sog **Functionally Separate Entity Approach, auch „Authorised OECD Approach"** oder kurz AOA). Die Neufassung des Art 7 MA durch das Update v 22.7.2010 (= MA 2010) stellt die **zweite Stufe der Umsetzung des AOA** in das Abkommensrecht dar. Kern der Änderung ist dabei die Neufassung des Art 7 Abs 2.

2. Historie. Die zwischenstaatliche Gewinnabgrenzung zwischen Stammhaus und Betriebsstätten ist im Schrifttum seit jeher umstritten. Kern der Auseinandersetzung ist die Auslegung der Selbstständigkeits- und Unabhängigkeitsfiktion der Betriebsstätte in Art 7 Abs 2 MA. Die überwiegende Meinung sprach sich bislang für eine „eingeschränkte" fiktive Selbstständigkeit der Betriebsstätte aus (Rn 153 f). Danach ist die Betriebsstätte auch für Zwecke der abkommensrechtlichen Gewinnabgrenzung und -zurechnung stets nur Teil des Gesamtunternehmens und wird nicht uneingeschränkt wie ein selbstständiges Unternehmen behandelt. Auch die OECD und die deutsche Finanzverwaltung vertraten bislang den Ansatz einer nur eingeschränkten Selbstständigkeit (Rn 155, 177).[285] **217**

Eine Mindermeinung hielt angesichts des Wortlauts des Art 7 Abs 2 MA dagegen schon bisher eine absolute bzw uneingeschränkte hypothetische Selbstständigkeit der Betriebsstätte für zutreffend. Für die Gewinnabgrenzung zwischen Stammhaus und Betriebsstätte müssten die gleichen Grundsätze gelten wie bei der Einkünfteabgrenzung zwischen verbundenen Unternehmen (Art 9 MA).[286] Im Hinblick auf Innentransaktionen zwischen einzelnen Unternehmensteilen wurde zT vertreten, dass sämtliche innerbetrieblichen Verrechnungen von Leistungen mit einem **angemessenen Gewinnaufschlag** vorgenommen werden müssten.[287] Nach anderer Auffassung sollte sich die Gewinnabgrenzung am **Nutzenbeitrag** orientieren, den die jeweiligen Betriebseinheiten durch die Übernahme betrieblicher Funktionen zum Gesamtergebnis leisteten. Hierzu müssten Innentransaktionen zwischen Stammhaus und Betriebsstätte in „Quasi-Geschäftsvorfälle" umgedeutet werden, die dann nach Fremdvergleichsgrundsätzen abzurechnen wären.[288] Die Vertreter dieser **Funktionsnutzentheorie** wollen Innentransaktionen wie den Leistungsaustausch zwischen verbundenen Unternehmen besteuern, weil aus wirtschaftlicher Sicht zwischen beiden Sachverhalten im Grundsatz kein Unterschied bestehe.[289] **218**

Die OECD hatte bereits im Jahr 1994 einen Betriebsstättenbericht herausgegeben und darin festgestellt, dass das in Art 7 Abs 2 MA normierte Prinzip des „dealing-at-arm's-length" mit dem des Art 9 MA für verbundene Unternehmen übereinstimmt. Die seinerzeitige Umsetzung dieser Grundsätze erfolgte jedoch nicht stringent. Die OECD stellte beträchtliche Unterschiede sowohl in den einschlägigen nationalen **219**

284 *Report on the Attribution of Profits to Permanent Establishments*; im Folgenden als *OECD Betriebsstättenbericht* oder *Betriebsstättenbericht* bezeichnet. Der Bericht ist abrufbar unter www.oecd.org.

285 *Girlich/Müller* ISR 2015, 169.

286 *Kroppen* IStR 2005, 74.

287 *Bähr* S 84; *Sieker* DB 1996, 113

288 Sog Theorie vom Funktionsnutzen, vgl *Becker* DB 1989, 13 ff.

289 Krit zur Funktionsnutzentheorie zB *Wassermeyer/Andresen/Ditz* S 164.

Gesetzgebungen als auch im Hinblick auf die Auslegung des Art 7 MA durch die DBA-Vertragsstaaten fest. Da dies zu Doppelbesteuerungen und Minder- bzw Keinmalbesteuerungen führen konnte, sah die OECD sich veranlasst, die Thematik erneut aufzugreifen.[290]

220 **3. Entwicklung und Verabschiedung des AOA.** Vor diesem Hintergrund hat der OECD-Fiskalausschuss im Jahr 1998 begonnen zu untersuchen, wie die Grundsätze der im Jahr 1995 verabschiedeten OECD Transfer Pricing Guidelines für multinationale Unternehmen auf die Gewinnabgrenzung im Einheitsunternehmen angewendet werden könnten. Die Arbeiten führten im Jahr 2001 zur Verabschiedung des ersten Diskussionsentwurfs eines Betriebsstättenberichts, in welchem der **Functionally Separate Entity Approach**, dh die **Annahme der uneingeschränkten fiktiven Selbstständigkeit der Betriebsstätte**, zunächst als Arbeitshypothese – „Working Hypothesis" – vorgeschlagen wurde.[291] Unter intensiver internationaler Beteiligung wurden weitere Diskussionsentwürfe in den Jahren 2003 und 2004 verabschiedet. Im Entwurf v 3.8.2004 erhält der **Functionally Separate Entity Approach** dann den offiziellen Status als **„Authorised OECD Approach" (AOA)**.[292] Es folgten ein nochmals überarbeiteter Entwurf im Dezember 2006 sowie die Verabschiedung des endgültigen Berichts am 17.7.2008.

221 Der **finale Betriebsstättenbericht v 17.7.2008** enthält in Teil I allg Ausführungen zur Auslegung des Art 7 MA und erörtert in Teil II und IV Besonderheiten der Betriebsstätten von Banken und Versicherungsunternehmen. Teil III befasst sich mit den Besonderheiten der Gewinnabgrenzung beim grenzüberschreitenden Handel mit Finanzinstrumenten (Global Trading).[293] Der Bericht hat weitreichende Auswirkungen auf die Einkünfteabgrenzung im internationalen Einheitsunternehmen. Der **Functionally Separate Entity Approach** als neue offizielle Auffassung der OECD – „Authorised OECD Approach", kurz „AOA" – wird zur Auslegungsmaxime für die internationale Gewinnabgrenzung zwischen Stammhaus und Betriebsstätten. Im Kern bedeutet dies die **Anwendung des Fremdvergleichsgrundsatzes auf grundsätzlich alle Arten von „Geschäftsbeziehungen"** unter Beteiligung von Betriebsstätten. Aufgrund des **zweistufigen Umsetzungskonzepts** des neuen Ansatzes, das nach den Vorstellungen der OECD eine partielle Anwendung des AOA auch auf bereits bestehende DBA vorsieht, werden Steuerpflichtige, Finanzverwaltungen und -gerichte in den kommenden Jahren, ggf Jahrzehnten, voraussichtlich die verschiedenen Konzepte parallel anwenden müssen.

222 **4. Zweistufen-Konzept zur Umsetzung des AOA im Abkommensrecht.** Die Umsetzung des finalen Betriebsstättenberichts v 17.7.2008 soll nach den Vorstellungen der OECD in **zwei Schritten** erfolgen.[294] In einem **ersten Schritt** wurde im Jahr 2008 der **OECD-Musterkommentar (MK) zu Art 7 MA geändert**. Da zahlreiche Feststellungen und Schlussfolgerungen des Betriebsstättenberichts nach OECD-Auffassung nicht im Widerspruch zur

290 *Schönfeld/Ditz* Art 7 MA 2008, Rn 10f.

291 *OECD Discussion Draft on the Attribution of Profits to Permanent Establishments*, Teil I v 8.2.2001; abrufbar unter www.oecd.org.

292 *OECD Discussion Draft on the Attribution of Profits to Permanent Establishments*, Teil I v 3.8.2004; abrufbar unter www.oecd.org.

293 In dieser Komm wird auf die Besonderheiten der Gewinnabgrenzung bei Banken, Versicherungsunternehmen und des Global Trading nicht eingegangen. Details hierzu bei *Wassermeyer* Art 7 MA 2010, Rn 603ff.

294 *OECD* Betriebsstättenbericht 2010, Vorwort Tz 5ff.

bisherigen Auslegung des Art 7 MA stehen, wurden diese in den geänderten OECD-Kommentar zu Art 7 MA 2008 eingearbeitet. Der geänderte Kommentar wurde am 18.7.2008 verabschiedet („MK 2008") und soll nach OECD-Auffassung **auf alle bestehenden DBA anzuwenden sein**, deren Verteilungsnorm für Unternehmensgewinne dem Art 7 MA entspricht, und soll ab sofort zu deren Auslegung herangezogen werden.[295]

In einem **zweiten Schritt** wurde im Jahr 2010 **Art 7 MA selbst geändert**, womit die Grundlage für die vollständige Umsetzung des **Functionally Separate Entity Approach** geschaffen wurde. Die Bekanntgabe der Neufassung des Art 7 MA durch die OECD, nebst erneuter umfangreicher Änderung des Kommentars zu Art 7, erfolgte am 22.7.2010. Ebenfalls am 22.7.2010 wurde eine Neufassung des Betriebsstättenberichts veröffentlicht, wobei es sich um eine bloße redaktionelle Anpassung des Berichts v 17.7.2008 an den geänderten Wortlaut des Art 7 nebst MK v 22.7.2010 handelt. [296] Art 7 MA 2010 nebst MK 2010 sollen nur für künftig abzuschließende DBA und für Revisionen bestehender DBA relevant sein. **223**

Der **Functionally Separate Entity Approach** (AOA) ist im OECD-Betriebsstättenbericht ausführlich beschrieben. Der MK 2010 enthält die wesentlichen Aussagen des Berichts in komprimierter Form. Hierauf wird im Folgenden näher eingegangen. **224**

Bislang enthalten **nur wenige der von Deutschland abgeschlossenen DBA** eine dem Art 7 MA 2010 entspr Gewinnabgrenzungsregel nach den Grundsätzen des AOA.[297] Die weit überwiegende Mehrzahl der dt DBA enthält eine Verteilungsnorm für Unternehmensgewinne, die der früheren Version des Art 7 MA entspricht, welche von einer eingeschränkten fiktiven Selbstständigkeit der Betriebsstätte ausgeht. Darunter sind auch zahlreiche neuere dt DBA, die **nach** Verabschiedung des Art 7 MA 2010 unterzeichnet wurden. Die Verankerung des AOA in den deutschen DBA erfolgt somit nur fallweise, obwohl die dt Verhandlungsseite den Ansatz wohl grds anwenden möchte (vgl Art 7 idFd der DE-VG). Dafür spricht auch die rasche Umsetzung des AOA in das innerstaatliche dt Recht (vgl nachfolgend). **225**

5. Umsetzung des AOA in Deutschland. Die Umsetzung des AOA in das dt innerstaatliche Recht erfolgte durch Änderung und Ergänzung des § 1 AStG durch Gesetz v 26.6.2013.[298] Zur weiteren Konkretisierung wurde die **Betriebsstättengewinnauftei-** **226**

---

295 Zur Problematik dieser „dynamischen Auslegung" sowie zu den wesentlichen Änderungen des MK 2008 s bereits oben, Rn 156 ff.

296 „2010 Report on the Attribution of Profits to Permanent Establishments, 22.7.2010". Der Bericht ist abrufbar unter www.oecd.org. Im Folgenden wird für den Bericht v. 22.7.2010 die Bezeichnung „Betriebsstättenbericht 2010" verwandt. Für das OECD-MA idF v 22.7.2010 wird die Abkürzung „MA 2010" und für den OECD-MK v 22.7.2010 die Abkürzung „MK 2010" verwendet.

297 Den (ungefähren) Wortlaut des Art 7 MA 2010 übernehmen das **DBA-Liechtenstein** v 17.11.2011, das **DBA-Luxemburg** v 23.4.2012 und das **DBA-Niederlande** v 12.4.2012. Art 7 des **DBA-USA** (idF des Änderungsprot v 1.6.2006) enthält in der Protokollregelung ebenfalls bereits die Grundsätze des AOA; dazu *Endres/Jacob/Gohr/Klein* DBA-USA, Art 7 Rn 3. Das **DBA-Norwegen** idF des Änderungsprot v 24.6.2013 sowie das neue **DBA-Japan** v 17.12.2015 enthalten den AOA in der Version der DE-VG. Zum Inkrafttreten vgl BMF BStBl I 2016, 76. Zum neuen **DBA-Türkei** v 19.9.2011 vgl *Müller-Gatermann* IStR 2015, 387, 389.

298 Amtshilferichtlinie-Umsetzungsgesetz v 26.6.2013, BGBl I 2013, 1809; erstmalige Anwendung für nach dem 31.12.2012 beginnende Wj (§ 21 Abs 20 S 3 AStG).

lungsVO (BsGaV) verabschiedet.[299] Die nationalrechtl Umsetzung ist erforderlich, weil die DBA-Regelungen entspr Art 7 Abs 1 und Abs 2 MA 2010 **keine sog Self Executing-Wirkung** entfalten.[300] Die genannten DBA-Normen geben lediglich den abkommensrechtlichen Rahmen für die Abgrenzung der Betriebsstätteneinkünfte vor. Ob und inwieweit die Vertragsstaaten diesen Rahmen ausfüllen, bestimmt sich nach deren innerstaatlichem Recht. Angesichts der Tatsache, dass bislang nur wenige der von Deutschland abgeschlossenen DBA den AOA beinhalten (Rn 225), wird die rasche Implementierung der genannten Normen in das nationale dt Recht vorauss zu Konflikten führen.[301]

II. Absatz 1 (MA 2010)

227 **1. Allgemeines.** Das in der Verteilungsnorm für Unternehmensgewinne seit jeher normierte **Betriebsstättenprinzip** wurde durch die Neufassung des Art 7 v 22.7.2010 nicht geändert. Insoweit kann auf die obigen Ausführungen zu Art 7 Abs 1 (MA 2008) verwiesen werden (Rn 15, Rn 31). Dies gilt grds auch für die dortigen Ausführungen zu den Tatbestandsmerkmalen „Unternehmen eines Vertragsstaats" (Rn 43), ferner für die Darstellung zu den Personengesellschaften (Mitunternehmerschaften), Rn 85, und den Vertreterbetriebsstätten (Rn 130). Sofern sich hier Änderungen durch die Neufassung des Art 7 MA ergeben, wurde darauf bereits hingewiesen bzw werden diese in den nachfolgenden Ausführungen deutlich gemacht.

228 **2. Änderungen gg Art 7 Abs 1 MA 2008.** Der erste Absatz beider Textfassungen (MA 2008 und MA 2010) ist im Wesentlichen wortgleich. Auf **zwei Änderungen** ist hinzuweisen. In S 2 des Art 7 Abs 1 MA 2010 wurde ein ausdrücklicher, klarstellender Verweis auf Abs 2 der Vorschrift angefügt, dass die **der Betriebsstätte nach Abs 2 zuzurechnenden Gewinne** im Betriebsstättenstaat besteuert werden können. Dieser Verweis ist in Art 7 Abs 1 MA 2008 nicht enthalten. Durch den Verweis im MA 2010 soll sichergestellt werden, dass das Besteuerungsrecht des Betriebsstättenstaates sich auf diejenigen Einkünfte der Betriebsstätte erstreckt, die unter Anwendung der uneingeschränkten fiktiven Selbstständigkeit der Betriebsstätte gem Art 7 Abs 2 MA 2010 bestimmt werden.[302]

229 Eine weitere Änderung betrifft die Formulierung „Gewinne eines Unternehmens". Während die Einleitung des Art 7 Abs 1 **S 1** in beiden Textfassungen wortgleich ist,[303] enthält Art 7 Abs 1 **S 2** eine materielle Unterscheidung: Gem S 2 MA 2008 können „die Gewinne des Unternehmens" im anderen Staat (Betriebsstättenstaat) besteuert werden, soweit sie der Betriebsstätte zugerechnet werden können. Aufgrund dieser Formulierung kann der Betriebsstätte nach hM nur ein Gewinn zugerechnet werden, der im Außenverhältnis bereits realisiert ist.[304]

---

299 BsGaV v 13.10.2014, BGBl I S 1603. Rechtl Grundlage für diese VO ist § 1 Abs 6 AStG.

300 *Wassermeyer* Art 7 MA 2010, Rn 379; *Müller-Gatermann* IStR 2015, 387, 389.

301 Einzelheiten s Rn 271 und Rn 284.

302 *Schönfeld/Ditz* Art 7 MA 2010, Rn 18 f.

303 „‚Gewinne eines Unternehmens eines Vertragsstaates' können nur in diesem Staat besteuert werden…"

304 Nach diesem, von der OECD nunmehr abgelehnten, sog **Relevant Business Activity Approach** dürfen die den Betriebsstätten und dem Stammhaus zugerechneten anteiligen Gewinne den vom Einheitsunternehmen erzielten Gesamtgewinn (dh Gewinn aus Außentransaktionen mit fremden Dritten und/oder verbundenen Unternehmen) nicht übersteigen, vgl *OECD* Betriebsstättenbericht 2008, Teil I Tz 62.

Gem S 2 MA 2010 können hingegen „die Gewinne", die der Betriebsstätte nach Abs 2 zuzurechnen sind, im anderen Staat (Betriebsstättenstaat) besteuert werden. Der AOA erlaubt es, einer Betriebsstätte aufgrund von Innentransaktionen (*dealings*) **Gewinne zuzurechnen, die im Außenverhältnis noch nicht realisiert sind**. Auf die Gewinnrealisation im Außenverhältnis kommt es letztlich gar nicht an. Nach OECD-Ansicht wird die Besteuerung im Betriebsstättenstaat nicht durch den Gewinn des Gesamtunternehmens bzw den Gewinn des Geschäftsbereichs, in dem die Betriebsstätte tätig ist, **begrenzt**.[305] Dadurch wird eine Besteuerung nicht realisierter Gewinne ermöglicht. 230

III. Absatz 2 (MA 2010)

1. Wesentliche Änderungen gg Art 7 Abs 2 MA 2008. Während Art 7 Abs 1 MA 2010 im Vergleich zum MA 2008 nur geringfügig geändert wurde, hat Art 7 Abs 2 MA im Zuge der Verabschiedung des AOA **eine umfassende Revision erfahren**. Art 7 Abs 2 MA 2010 lautet: 231

„Bei der Anwendung dieses Artikels sowie von Artikel 23A, 23B sind die Gewinne, die der in Absatz 1 genannten Betriebsstätte in jedem Vertragsstaat zuzurechnen sind, die Gewinne, die sie hätte erzielen können, insbesondere in ihren Geschäftsbeziehungen mit anderen Unternehmensteilen, wenn sie als selbstständiges und unabhängiges Unternehmen eine gleiche oder ähnliche Geschäftstätigkeit unter gleichen oder ähnlichen Bedingungen ausgeübt hätte, unter Berücksichtigung der vom Unternehmen durch die Betriebsstätte und durch andere Unternehmensteile ausgeübten Funktionen, eingesetzten Wirtschaftsgüter und übernommenen Risiken."

Gegenüber der Vorgängerversion (Art 7 Abs 2 MA 2008) sind die folgenden wesentlichen Änderungen auszumachen:

a) Betriebsstättenstaat und Ansässigkeitsstaat als Normadressaten. Nach der Neufassung des Art 7 muss die Gewinnabgrenzung nach Maßgabe des **Functionally Separate Entity Approach** nunmehr ausdrücklich auch durch den Ansässigkeitsstaat des Unternehmens erfolgen, der den Betriebsstättengewinn freistellt oder die im Betriebsstättenstaat gezahlten Steuern anrechnet. Dies wird durch den Einleitungssatz der Vorschrift zum Ausdruck gebracht, wonach die in Art 7 Abs 2 MA 2010 beschriebene Methodik der Gewinnzurechnung zur Betriebsstätte für die Zwecke „dieses Artikels" (= Art 7) „und des Artikels [23A] [23B]" zu beachten ist, ferner durch die Wendung „in jedem Vertragsstaat". Durch die Verpflichtung zur beiderseitigen Anwendung der Grundsätze des AOA im Betriebsstättenstaat und im Ansässigkeitsstaat soll eine möglichst übereinstimmende Gewinnabgrenzung erreicht werden, mit dem Ziel, Doppel- oder Minderbesteuerungen zu vermeiden.[306] 232

b) Keine Ausstrahlung auf andere Verteilungsnormen. Durch die ausdrückliche Bezugnahme (nur) auf Art 7 und Art 23A, 23B MA wird gleichzeitig klargestellt, dass der **Functionally Separate Entity Approach** ausschließlich für den Bereich der „Unternehmensgewinne" Wirkung entfaltet und nicht zu einer Generierung anderweitiger Einkünfte (zB Mieten, Zinsen, Lizenzgebühren) führt, die unter eine andere Einkunftsart des Abk zu subsumieren sind (vgl Art 7 Abs 4 MA 2010 iVm Art 6, Art 11 bzw Art 12 MA 2010). Insb führt die Verrechnung fiktiver Zinsen für Treasury Dea- 233

305 Vgl Tz 17 MK 2010 zu Art 7.
306 Tz 18, 27 MK 2010 zu Art 7.

lings[307] oder Lizenzgebühren nach dem AOA nicht dazu, dass Einkünfte gem Art 11 oder Art 12 MA vorliegen, die ggf einem Quellensteuerabzug unterliegen. Eine **Quellenbesteuerung auf Entgelte aus fiktiven Leistungsbeziehungen ist damit ausgeschlossen.**[308] Insb wegen des fehlenden Quellenbesteuerungsrechts für fiktive Leistungsbeziehungen wurde der AOA in das für Entwicklungsländer wichtige UN-MA nebst UN-MK nicht übernommen.[309]

234 **Beispiel 1:** Das Stammhaus ist wirtschaftlicher Eigentümer eines Gebäudes.[310] Das Gebäude wird von der Betriebsstätte genutzt, wofür entspr Art 7 Abs 2 MA 2010 eine fiktive Miete/Pacht („notional rent") zu Lasten des Betriebsstättenergebnisses verrechnet werden soll.[311] Die Verrechnung einer fiktiven Miete/Pacht beschränkt sich auf die Gewinnabgrenzung für Zwecke des Art 7 und des Art 23A, 23B MA („Unternehmensgewinne") und führt nicht zur Generierung von Einkünften aus unbeweglichem Vermögen iSv Art 6 MA.

235 **Beispiel 2:** Die Verrechnung eines fiktiven Zinsaufwands („notional interest charge") zu Lasten der Betriebsstätte und zu Gunsten des Stammhauses ist nicht mit einer „Zahlung" von Zinsen iSv Art 11 Abs 1 und Abs 2 MA durch einen Unternehmensteil an den anderen Unternehmensteil gleichzusetzen. Dementsprechend hat der Betriebsstättenstaat kein Quellenbesteuerungsrecht an den verrechneten fiktiven Zinsen. Im Gegensatz dazu steht dem Betriebsstättenstaat ein Quellenbesteuerungsrecht zu, wenn das Unternehmen Zinsen **für** die Betriebsstätte an einen Dritten (zB eine Bank) tatsächlich zahlt und die Zinsen der Betriebsstätte veranlassungsbezogen als Aufwand zuzurechnen sind.[312]

236 Etwas anderes könnte dann gelten, wenn zwei Vertragsstaaten in einem DBA eine besondere Regelung treffen, derzufolge die gemäß AOA verrechneten Entgelte zwischen einer Betriebsstätte und dem Stammhaus für Zwecke anderer Abkommensartikel in gleicher Weise wie Zahlungen einer Tochtergesellschaft an ihre Muttergesellschaft behandelt werden, zB um eine weitgehend gleiche steuerliche Behandlung von Betriebsstätten und Tochtergesellschaften zu erreichen.[313] In einem solchen Fall können fiktive Entgelte zum Quellensteuerabzug berechtigen.

237 **c) Selbstständigkeits- und Unabhängigkeitsfiktion.** Die Gewinnzurechnung erfolgt unter der Fiktion der Betriebsstätte als „selbstständiges und unabhängiges Unternehmen", einschl der Berücksichtigung der durch die Betriebsstätte und andere Unternehmensteile „ausgeübten Funktionen, eingesetzten Wirtschaftsgüter und übernommenen Risiken". Die letztgenannte Ergänzung hat keine Entsprechung in der bisherigen Version des Art 7 Abs 2 MA und soll eine weitestgehende Annäherung an die Einkünfteabgrenzung zwischen verbundenen Unternehmen gem Art 9 MA bewirken, die ebenfalls maßgeblich von den ausgeübten Funktionen, eingesetzten Wirtschaftsgütern und getragenen Risiken der betreffenden Konzernunternehmen determiniert wird. Die Zurechnung eines Dotationskapitals ist in Abs 2 nicht angesprochen; der Betriebsstättenbericht enthält hierzu umfangreiche Erläuterungen.[314]

---

307 S dazu unten Rn 248.

308 *OECD* Betriebsstättenbericht 2010, Teil I Tz 203; *Schönfeld/Ditz* Art 7 MA 2010, Rn 8.

309 *Girlich/Müller* ISR 2015, 169, 170.

310 Zur Bestimmung des wirtschaftlichen Eigentums s *OECD* Betriebsstättenbericht 2010, Teil I Tz 75.

311 Vgl das Bsp in Tz 28 MK 2010 zu Art 7.

312 Tz 28 MK 2010 zu Art 7; *Löwenstein/Looks/Heinsen* Rn 809.

313 Tz 29 MK 2010 zu Art 7.

314 *OECD* Betriebsstättenbericht 2010, Teil I Tz 105 ff.

d) Innentransaktionen (*dealings*). Der geänderte Art 7 Abs 2 hebt deutlicher als bisher hervor, dass die Selbstständigkeits- und Unabhängigkeitsfiktion der Betriebsstätte auch für die Innenbeziehungen der Betriebsstätte mit den anderen Teilen des Unternehmens gelten soll.[315] Für Zwecke der steuerlichen Gewinnabgrenzung ist die Betriebsstätte folglich so zu behandeln, als könne sie Geschäftsbeziehungen mit anderen Unternehmensteilen eingehen, die nach Fremdvergleichsgrundsätzen (einschl Gewinnaufschlag) abzurechnen sind. **238**

2. Gewinnabgrenzung nach dem AOA. Die Gewinnabgrenzung nach dem **Functionally Separate Entity Approach** (AOA) erfolgt in einem **zweistufigen Verfahren**[316]. **239**

a) Schritt 1: Fiktion der Betriebsstätte als selbstständiges und unabhängiges Unternehmen. In einem ersten Schritt werden Betriebsstätte und Stammhaus als selbstständige und unabhängige Unternehmen fingiert, in denen jeweils Funktionen ausgeübt, Wirtschaftsgüter genutzt und Risiken getragen werden.[317] Folgende Einzelschritte werden unterschieden: **240**

aa) Funktionsanalyse. Mittels einer Funktionsanalyse, die in ihrer Vorgehensweise der Funktionsanalyse bei verbundenen Unternehmen gem Kap I und III der OECD Transfer Pricing Guidelines entsprechen soll, werden die ökonomisch bedeutsamen Aktivitäten und Verantwortlichkeiten der Betriebsstätte im Kontext der gesamten Unternehmenstätigkeit und im Hinblick auf unternehmensinterne Leistungsbeziehungen zwischen den Teileinheiten (Betriebsstätten, Stammhaus) festgestellt.[318] Dabei sind die in erster Linie die sog **Personalfunktionen (people functions)**, insb die sog **wesentlichen Personalfunktionen (significant people functions)** zu identifizieren, dh es ist zu untersuchen, welche Personen an welchen Stellen im Unternehmen welche Aktivitäten ausüben und wie sich diese Aktivitäten auf die Gewinnentstehung auswirken. **241**

Dabei ist auch festzustellen, in welcher Eigenschaft eine bestimmte Funktion ausgeübt wird, dh für einen anderen Unternehmensteil oder für die Betriebsstätte selbst.[319] Von der Wahrnehmung wesentlicher Personalfunktionen hängt es ab, ob der Betriebsstätte Wirtschaftsgüter und/oder Risiken zuzurechnen sind. Bei festen Geschäftseinrichtungen geht es also va um jene Funktionen, die durch Personen **in** dieser Geschäftseinrichtungsbetriebsstätte ausgeübt werden.[320] Darüber hinaus sind aber auch Funktionen zu berücksichtigen, die von anderen Unternehmensteilen außerhalb des Betriebsstättenstaates **für** die Betriebsstätte durchgeführt werden.[321] Nach diesem Konzept führt bspw das Unterhalten einer **Server-Betriebsstätte** (ohne Beschäftigung von Personal) regelmäßig dazu, dass dieser Betriebsstätte weder Risiken noch Wirtschaftsgüter, folglich auch kein oder nur ein geringer Gewinn zuzu- **242**

---

315 „insbesondere in ihren Geschäftsbeziehungen mit anderen Unternehmensteilen". Die engl Sprachfassung des Art 7 Abs 2 MA 2010 verwendet den Begriff „dealings".

316 Ausf zB *Plansky* S 198 ff; *Wassermeyer* Art 7 MA 2010, Rn 401; *Kahle* FS Frotscher, S 287, 290 ff.

317 Tz 21 MK 2010 zu Art 7; *OECD* Betriebsstättenbericht 2010, Teil I Tz 57 ff.

318 *Functional and factual analysis*, vgl Tz 21 MK 2010 zu Art 7; *OECD* Betriebsstättenbericht 2010, Teil I, Tz 10, Tz 59 f.

319 *OECD* Betriebsstättenbericht 2010, Teil I Tz 60, Tz 62; *Kroppen* in FS Herzig, S 1076.

320 *OECD* Betriebsstättenbericht 2010, Teil I Tz 15 ("*performed by people in the PE*").

321 *OECD* Betriebsstättenbericht 2010, Teil I Tz 65.

rechnen sind.[322] Gleiches gilt für andere technisch arbeitende Einrichtungen, die vor Ort kein Personal benötigen (zB eine **Pipeline**).[323]

243 **bb) Zuordnung von Risiken.** Auf Basis der durch die Funktionsanalyse ermittelten signifikanten Personalfunktionen sind die unternehmerischen **Risiken zu identifizieren und** den betrieblichen Einheiten **zuzuordnen.** Obwohl die Risiken rechtlich nur vom Unternehmen insgesamt getragen werden, soll nach dem AOA dennoch eine Allokation von Risiken auf Stammhaus und Betriebsstätten vorgenommen werden.[324]Anders als im Konzern, wo eine Risikotragung zwischen den verbundenen Unternehmen vertraglich vereinbart werden kann, soll die Risikozuordnung im Einheitsunternehmen – ebenso wie die Zuordnung von Wirtschaftsgütern und Kapital – **einem gewissen Automatismus unterliegen**. Nach dem AOA folgt die Zuordnung eines Risikos der Wahrnehmung der wesentlichen Personalfunktionen in Bezug auf die *Begründung* und/oder das *Management* des Risikos.[325] Risiken, die aus der Ausübung einer Funktion durch in der Betriebsstätte arbeitende Mitarbeiter resultieren, sind grds dieser Betriebsstätte zuzurechnen. Unterhält bspw eine Vertriebsbetriebsstätte ein eigenes Warenlager, welches durch in der Betriebsstätte tätige Personen verwaltet wird, sind die mit der Lagerhaltung verbundenen Risiken (Schwund, Untergang) der Betriebsstätte zuzurechnen.[326] Wird ein bestimmtes Risiko, das durch Personal der Betriebsstätte *begründet* („*assumed*") und daher zunächst dieser Betriebsstätte zugerechnet wurde, später in einen anderen Unternehmensteil verlagert und durch dortiges Personal *verwaltet* („*managed*"), kann das Risiko dem anderen Unternehmensteil zugeordnet werden, vorausgesetzt, der Transfer des Risikos („*dealing*") ist ordnungsgemäß dokumentiert.[327]

244 **cc) Zuordnung von Wirtschaftsgütern.** Da die Wirtschaftsgüter rechtlich dem Unternehmen als ganzem gehören, kann einer Betriebsstätte nicht rechtliches, sondern nur wirtschaftliches Eigentum zugeordnet werden.[328] Das „wirtschaftliche Eigentum" ist nach dem AOA von herausragender Bedeutung für die Zuordnung des Wirtschaftsguts. Im Einzelnen unterscheidet der Bericht zw materiellen und immateriellen Wirtschaftsgütern. Bei **materiellen Wirtschaftsgütern** entscheidet idR der *Ort der Nutzung* über die Zuordnung des wirtschaftlichen Eigentums. Wird bspw eine Maschine ausschl in einer Betriebsstätte genutzt, ist dieser Betriebsstätte idR das wirtschaftliche Eigentum der Maschine zuzuordnen.[329] Bei immateriellen Wirtschaftsgütern wird weiter differenziert: **Selbstentwickelte immaterielle Wirtschaftsgüter** sollen dem Unter-

---

322 *OECD* Betriebsstättenbericht 2010, Teil I Tz 66.

323 GlA *Frotscher* Rn 466. In derartigen Fällen ist zu prüfen, ob eine abweichende Einkünftezuordnung begründet sein kann. Als Rechtsgrundlage in Deutschland kommt § 1 Abs 5 S 2 HS 2 AStG in Betracht (s Rn 291). Die dt FinVerw folgt jedoch der Auffassung der OECD, vgl *BMF* VWG BsGa-E (18.3.2016), Tz 49.

324 *OECD* Betriebsstättenbericht 2010, Teil I Tz 68 ff. Der Bericht nennt in Tz 68 ua Lagerhaltungsrisiken, Kreditrisiken, Währungsrisiken, Marktrisiken, Produkthaftungs- und Gewährleistungsrisiken.

325 *OECD* Betriebsstättenbericht 2010, Teil I Tz 14 f, Tz 68.

326 *Löwenstein/Looks/Heinsen* Rn 716.

327 *OECD* Betriebsstättenbericht 2010, Teil I Tz 70.

328 *OECD* Betriebsstättenbericht 2010, Teil I Tz 14, Tz 72.

329 Als wirtschaftlicher Eigentümer kann die Betriebsstätte Abschreibungen für das Wirtschaftsgut sowie (bei fremdfinanziertem Erwerb) Finanzierungszinsen geltend machen. Im Einzelnen s *OECD* Betriebsstättenbericht 2010, Teil I Tz 75; *Förster* IWB 2007, 1931.

nehmensteil zuzuordnen sein, in dem die *wesentlichen Personalfunktionen im Hinblick auf die Entwicklung* des Wirtschaftsguts wahrgenommen werden. Als wesentliche Personalfunktion gilt hier die aktive Entscheidung („*active decision-making*"), das Risiko der Entwicklung des immateriellen Wirtschaftsguts zu tragen; diese Entscheidungsbefugnis wird oftmals unterhalb der obersten Leitungsebene angesiedelt sein.[330] In entsprechender Weise sind **erworbene immaterielle Wirtschaftsgüter** dem Unternehmensteil zuzuordnen, in welchem die *wesentlichen Personalfunktionen im Hinblick auf den Erwerb* des Wirtschaftsguts ausgeübt werden. Wesentliche Personalfunktionen betreffen hier die aktive Entscheidung hinsichtlich der Begründung und des Managements entsprechender Risiken, wie bspw Risiken im Zusammenhang mit der Bewertung des zu erwerbenden Wirtschaftsguts, der Durchführung künftiger Weiterentwicklungen oder der Nutzung und Verwertung des Wirtschaftsguts. Bei ***Marketing Intangibles*** (insb Firmenname, Logo oder Marke) soll grds ebenso zu verfahren sein, wobei hier die Schaffung und Kontrolle von Strategien zur Markenpolitik, der Schutz von Marken- und Firmennamen und die Aufrechterhaltung etablierter Marketing Intangibles als wesentliche Personalfunktionen angesehen werden.[331]

dd) Zuordnung von Dotationskapital und Finanzierungsaufwand. Zur Erfüllung ihres Geschäftszwecks benötigt eine Betriebsstätte idR eine angemessene Kapitalausstattung. Soweit einer Betriebsstätte vom Stammhaus sog Dotationskapital (= „Eigenkapital" der Betriebsstätte) zur Verfügung gestellt wird, ist ein Zinsabzug zu Lasten des Betriebsstättenergebnisses nicht möglich. Dagegen können für Fremdmittel, welche die Betriebsstätte unmittelbar von Dritten (zB Banken) erhält oder die seitens des Stammhauses für Zwecke der Betriebsstätte aufgenommen und an diese durchgereicht werden, Zinsen abgezogen bzw verrechnet werden. Die Höhe des Dotationskapitals kann somit maßgeblich das Einkommen der Betriebsstätte beeinflussen. Aus diesem Grunde diskutiert die OECD in ihrem Bericht verschiedene Methoden der Ermittlung eines Dotationskapitals, ohne sich auf ein bestimmtes Verfahren festzulegen. Es gilt der Grundsatz, dass der Betriebsstätte Dotationskapital („free capital") in einem Umfang zuzuweisen ist, der den von der Betriebsstätte wahrgenommenen Funktionen und den ihr zugeordneten Wirtschaftsgütern und von ihr getragenen Risiken angemessen Rechnung trägt.[332] Nach dem AOA ergibt sich das **Dotationskapital folglich nicht als eine Residualgröße** (aktive Wirtschaftsgüter abzgl Schulden), sondern ist mithilfe einer bestimmten Methode **direkt zu ermitteln**.[333] Dabei sind zunächst die der Betriebsstätte zugeordneten Risiken und Wirtschaftsgüter zu bewerten und daran anschließend das angemessene Dotationskapital zu bestimmen.[334] Eine divergierende Kapitalzurechnung durch Betriebsstätten- und Stammhausstaat und dadurch resultierende Doppelbesteuerungen sollen durch Art 7 Abs 3 MA 2010 vermieden werden.[335] 245

330 *OECD* Betriebsstättenbericht 2010, Teil I Tz 84 ff.

331 *OECD* Betriebsstättenbericht 2010, Teil I Tz 92 ff.

332 *OECD* Betriebsstättenbericht 2010, Teil I Tz 107, 146 f.

333 *Löwenstein/Looks/Heinsen* Rn 798.

334 *OECD* Betriebsstättenbericht 2010, Teil I Tz 28, Tz 107 ff. Zu den einzelnen Methoden s auch *Kroppen* FS Herzig, S 1078 f; *Plansky* S 204 ff.

335 Vgl Tz 49 f MK 2010 zu Art 7. Zwischenzeitlich entwickelte Vorschläge zur Bindung des Stammhausstaates unter best Voraussetzungen an die vom Betriebsstättenstaat gewählte Kapitalzurechnung, die in früheren Entwürfen des OECD-Betriebsstättenberichts enthalten waren, wurden wieder gestrichen.

246 Ungeachtet der Selbstständigkeitsfiktion der Betriebsstätte und der Zurechnung eines Dotationskapitals besitzt eine Betriebsstätte **stets dasselbe Kreditrating** wie das Unternehmen, dessen Betriebsstätte sie ist.[336]

247 Nach Ermittlung eines angemessenen Dotationskapitals ergibt sich somit das **Fremdkapital der Betriebsstätte als Residualgröße**. Die auf das Fremdkapital entfallenden, der Betriebsstätte **zuzurechnenden Fremdfinanzierungsaufwendungen** (Fremdkapitalzinsen aus Außenverpflichtungen) können nach dem AOA auf verschiedene Weise ermittelt werden, sofern dies dem Fremdvergleich entspricht. Beim sog **Tracing Approach** („Rückverfolgungsmethode") soll die Herkunft des der Betriebsstätte zur Verfügung gestellten Fremdkapitals bis zur externen Finanzierungsquelle (externer Kapitalgeber) zurückverfolgt werden. Die der Betriebsstätte zuzurechnenden Zinsen sind dann unter Anwendung des Zinssatzes zu ermitteln, der gegenüber dem externen Kapitalgeber geschuldet wird. Demgegenüber unterstellt der **Fungibility Approach** („Übertragbarkeitsmethode"), dass das von einer bestimmten Unternehmenseinheit aufgenommene Fremdkapital zur Deckung des Kapitalbedarfs des *gesamten* Unternehmens benötigt wird; jeder Betriebsstätte ist ein anteiliger Fremdfinanzierungsaufwand auf Basis eines im Voraus bestimmten Schlüssels zuzurechnen.[337] In der früheren Version ihres Kommentars (*vor* Verabschiedung des AOA)[338] nennt die OECD die „direkte" und die „indirekte" Zuordnung des Zinsaufwands als mögliche, jedoch nicht praktikable Lösungen. Dass die OECD in ihrem AOA nunmehr zwei Methoden ausdrücklich „autorisiert", die inhaltlich mehr oder minder den bislang als unpraktikabel verworfenen Ansätzen entsprechen dürften, verdeutlicht, dass es nach wie vor „keinen Königsweg"[339] für die Verteilung des tatsächlich entstandenen Finanzierungsaufwands gibt, so dass es den DBA-Anwenderstaaten überlassen ist, die Verteilung möglichst einvernehmlich, ggf unter Anwendung der Gegenberichtigungsklausel des Art 7 Abs 3 MA 2010 vorzunehmen.

248 Neben der Verteilung der dem Einheitsunternehmen in Rechnung gestellten Fremdfinanzierungskosten (Außenzinsen) nach og Grundsätzen ist nach dem AOA eine **Verrechnung von Zinsen aufgrund innerbetrieblicher Leistungsbeziehungen** („*dealings*") zwischen Stammhaus und Betriebsstätte nur ausnahmsweise möglich.[340] Die OECD erlaubt interne Zinsverrechnungen lediglich im Falle sog **treasury dealings**, also dann, wenn ein Unternehmensteil aufgrund der Ausübung der wesentlichen Personalfunktionen für die Bestimmung des wirtschaftlichen Eigentums an den Finanzmitteln als wirtschaftlicher Eigentümer dieser Finanzmittel angesehen werden kann.[341] Dies wird bei *Treasury Centers* oder Finanzierungsbetriebsstätten, die **umfassende „treasury functions"** wahrnehmen, regelmäßig der Fall sein.[342] Die *Treasury Funktion* wird hier als Kapitalüberlassungsfunktion angesehen, die nach dem AOA einen Zinsaufschlag auf

336 *Löwenstein/Looks/Heinsen* Rn 798.
337 *OECD* Betriebsstättenbericht 2010, Teil I Tz 151, 154 ff.
338 Tz 18.2 MK 1994 zu Art 7.
339 *Kroppen* FS Herzig, S 1079.
340 Allg zu *dealings* s folgende Rn 249.
341 *OECD* Betriebsstättenbericht 2010, Teil I Tz 153.
342 *OECD* Betriebsstättenbericht 2010, Teil I Tz 159 („*real treasury function*") bzw Tz 160 („*fully fledged treasury function*"). Die Höhe der Vergütung ist gemäß den Regeln zu Bankbetriebsstätten in Teil II des Berichts zu bestimmen, vgl *OECD* Betriebsstättenbericht 2010, Tz 160.

die Außenzinsen rechtfertigt. Der Quellenstaat hat allerdings **kein Quellenbesteuerungsrecht** an solchen verrechneten fiktiven Zinsen.[343] Ohne Ausübung der vorgenannten wesentlichen Mitarbeiterfunktion kann für den Transfer von Finanzmitteln innerhalb eines Einheitsunternehmens, etwa bei bloßer Durchreichung eines extern aufgenommenen Darlehens an die Betriebsstätte, weiterhin kein unternehmensinterner Leistungsaustausch angenommen werden.[344] In diesem Fall können aber die im Zusammenhang mit der Kreditaufnahme und -weiterleitung entstandenen Verwaltungskosten überwälzt werden.[345]

ee) Identifizierung von Innentransaktionen (dealings). Den betrieblichen Einheiten des Gesamtunternehmens (Stammhaus, Betriebsstätten) sind einerseits die Einnahmen und Ausgaben aus ihren **Außentransaktionen** mit anderen Unternehmen zuzuordnen. Soweit Transaktionen mit verbundenen Unternehmen betroffen sind, sind für die Preisbestimmung die OECD *Transfer Pricing Guidelines* unmittelbar heranzuziehen. Neben der Berücksichtigung der Außentransaktionen ist – auf der Grundlage der der Betriebsstätte zugerechneten Risiken, Wirtschaftsgüter und Kapitalausstattung nach den vorstehenden Grundsätzen – andererseits festzustellen, ob zwischen ihnen Leistungsbeziehungen stattgefunden haben und inwieweit diese als **Innentransaktionen** („*dealings*") anzuerkennen sind, die dann in einem weiteren Schritt fremdvergleichskonform zu vergüten sind. Die Berücksichtigung derartiger *dealings* ist eine der wesentlichen Neuerungen des OECD-Berichts, die sich auch im Wortlaut des neu gefassten Art 7 Abs 2 MA 2010 unmittelbar niederschlägt.[346] Allerdings sollen nur solche Innentransaktionen als *dealings* berücksichtigt werden, denen ein **reales und identifizierbares Ereignis**[347] zugrunde liegt. Zwecks steuerlicher Anerkennung der *dealings* durch die Finanzbehörden wird den StPfl die zeitnahe Erstellung einer adäquaten Dokumentation nahegelegt, welche die jeweilige Innentransaktion erläutert.[348] Die Finanzverwaltungen sind gehalten, dokumentierte Innentransaktionen anzuerkennen, wenn 249

- die vorgelegte Dokumentation den wirtschaftlichen Tatsachen entspricht, wie sie sich aus der Funktionsanalyse ergeben;
- die dokumentierten Vereinbarungen der Innentransaktion in ihrer Gesamtheit nicht vom dem abweichen, was zwischen unabhängigen Unternehmen unter vergleichbaren Umständen vereinbart worden wäre;
- die dokumentierte Innentransaktion den Grundsätzen des AOA nicht widerspricht, zB indem versucht wird, das Risiko von der Funktion zu trennen.[349]

b) Schritt 2: Fremdvergleichskonforme Vergütung der Außen- und Innentransaktionen. In einem zweiten Schritt sind die Transaktionen der Betriebsstätte mit verbundenen Unternehmen sowie die Innentransaktionen der Betriebsstätte mit anderen Teilen des Unternehmens (*dealings*) durch entspr Anwendung der maßgeblichen 250

343 Tz 28 MK 2010 zu Art 7; s auch bereits oben, Rn 233.

344 *OECD* Betriebsstättenbericht 2010, Teil I Tz 159, 160; *Plansky* S 208 f; *Löwenstein/Looks/Heinsen* Rn 808; *Naumann/Förster* IWB 2004, 1777, 1787.

345 *OECD* Betriebsstättenbericht 2010, Teil I Tz 159.

346 Vgl oben Rn 238.

347 „*A real and identifiable event*", vgl *OECD* Betriebsstättenbericht 2010, Teil I Tz 177.

348 Tz 26 MK 2010 zu Art 7; *OECD* Betriebsstättenbericht 2010, Teil I Tz 175 ff.

349 Tz 26 MK 2010 zu Art 7.

Bestimmungen der OECD-Verrechnungspreisrichtlinien fremdvergleichskonform zu vergüten. Hierzu werden die **Innentransaktionen mit entspr Geschäftsvorfällen zwischen verbundenen Unternehmen verglichen** (Vergleichsanalyse). Unter Anwendung einer geeigneten Verrechnungspreismethode wird dann der Gewinn der Betriebsstätte ermittelt.[350]

251 Durch diese Vorgehensweise kann es somit auch bei Transaktionen innerhalb des Einheitsunternehmens, dh **ohne jeglichen Außenumsatz,** zur **Realisation von Gewinnen** kommen. Die OECD stellt dies als ein wesentliches Merkmal des *Functionally Separate Entity Approach* und zur konsequenten Anwendung des Fremdvergleichsgrundsatzes heraus.[351] Der Betriebsstättenbericht erläutert beispielhaft einige Arten von Innentransaktionen ausführlicher.

252 **Beispiele für „dealings" und ihre Preisfindung:**[352]

- **Überführung eines materiellen Wirtschaftsguts** von einem Unternehmensteil in einen anderen. Wird bspw eine bisher im Stammhaus genutzte Maschine nunmehr von der Betriebsstätte im anderen Staat genutzt, ist nach dem AOA grds die Betriebsstätte als wirtschaftlicher Eigentümer der Maschine anzusehen.[353] Es kommt folglich zu einer **Änderung der Zuordnung** des Wirtschaftsguts, die eine Innentransaktion (Verkauf) auslöst. Der Bericht schlägt vor, die Abschreibungen im Betriebsstättenstaat auf Basis des gemeinen Werts des Wirtschaftsguts („*fair market value*") im Zeitpunkt des Transfers zu bemessen. Zur Entstrickungsbesteuerung im Stammhausstaat äußert sich der Bericht an dieser Stelle nicht.[354]
- Vollständiger oder teilweiser Übergang der **Nutzung eines immateriellen Wirtschaftsguts** auf einen anderen Unternehmensteil, zB vom Stammhaus auf die Betriebsstätte. Hier ist zunächst zu prüfen, ob die tatsächlichen Umstände eher einem Verkauf oder eher einer Lizensierung entsprechen; im Anschluss daran ist die Preisbestimmung vorzunehmen (Anschaffungskosten und Abschreibung versus fiktive Lizenzgebühr).[355]
- Ebenso wie ein verbundenes Unternehmen kann nach dem AOA auch eine **Betriebsstätte Teilnehmer einer Umlagevereinbarung** sein, derzufolge bestimmte Entwicklungen gemeinsam durchgeführt und finanziert werden. Die Teilnehmer erwerben gemeinschaftlich das wirtschaftliche Eigentum an den Ergebnissen der Maßnahmen. Tritt die Betriebsstätte einer bereits bestehenden Vereinbarung bei, ist eine „Eintrittszahlung" zu bestimmen. Die Preisbestimmung orientiert sich an den Regelungen gem Kap VIII der OECD-Verrechnungspreisrichtlinien.[356]
- Oftmals übernimmt das **Stammhaus zentrale Dienstleistungen** für alle betrieblichen Einheiten des Unternehmens (strategisches Management, zentralisierte Lohnbuchhaltung, Rechnungswesen ua). Nach dem AOA sind derartige Leistungen grds nach Fremdvergleichskriterien abzurechnen, wobei entspr Kap 7.6 der Verrechnungspreisgrundsätze

---

350 Tz 22 MK 2010 zu Art 7; OECD Betriebsstättenbericht 2010, Teil I Tz 183 ff. Entspr der Regelung in den OECD *Transfer Pricing Guidelines* sollen vorrangig die transaktionsbezogenen Standardmethoden (Preisvergleichs-, Wiederverkaufspreis- und Kostenaufschlagsmethode) herangezogen werden. Soweit diese nicht zu verlässlichen Ergebnissen führen, werden auch die transaktionsbezogenen Gewinnmethoden (*TNMM, Profit Split Method*) zugelassen; vgl *Kroppen* FS Herzig, S 1082.

351 Tz 17 MK 2010 zu Art 7; *OECD* Betriebsstättenbericht 2008, Teil I, Tz 70.

352 *OECD* Betriebsstättenbericht 2010, Teil I Tz 194 ff.

353 S oben Rn 244.

354 *OECD* Betriebsstättenbericht 2010, Teil I Tz 195 f. S auch Rn 172.

355 *OECD* Betriebsstättenbericht 2010, Teil I Tz 206 ff.

356 *OECD* Betriebsstättenbericht 2010, Teil I Tz 211 ff.

maßgeblich auf die Bewertung des Nutzens für den Empfänger der Dienstleistung abzustellen ist. Eine reine Kostenumlage scheidet somit idR aus.[357]

- Sog ***Treasury Dealings***. Diese setzen die Übernahme wesentlicher Personalfunktionen eines Unternehmensteils im Hinblick auf die Erlangung wirtschaftlichen Eigentums an Finanzmitteln (*treasury functions*) voraus; unter bestimmten Voraussetzungen ist nach dem AOA eine Verrechnung fiktiver Zinsen möglich.[358] Die bloße Durchreichung aufgenommenen Kapitals an eine Betriebsstätte stellt dagegen kein *dealing* dar.

3. Anwendung des AOA bei Vertreterbetriebsstätten. – a) Grundsätzliches. Der OECD-Betriebsstättenbericht v 17.7.2008 bzw v 22.7.2010 äußert sich auch ausführlich zur Einkünftezurechnung gegenüber Vertreterbetriebsstätten, die im Grds nach denselben Prinzipien erfolgen soll wie bei herkömmlichen Betriebsstätten.[359] Die OECD unterscheidet strikt zwischen der Besteuerungsebene des ständigen Vertreters einerseits und der des vertretenen Unternehmens bzgl einer im Tätigkeitsstaat des Vertreters („*host country*") begründeten Vertreterbetriebsstätte andererseits, so dass dieser Staat im Regelfall über Besteuerungsrechte in Bezug auf zwei Steuersubjekte verfüge.[360] 253

Entspr den allg Grundsätzen der Gewinnabgrenzung bei Betriebsstätten (AOA) soll zunächst anhand einer Funktionsanalyse ermittelt werden, welche Funktionen der Vertreter für eigene Rechnung und für Rechnung bzw im Auftrag des vertretenen Unternehmens wahrnimmt. Auf dieser Grundlage sind der Vertreterbetriebsstätte „Wirtschaftsgüter und Risiken des Vertretenen zuzuordnen, die mit den vom Vertreter im Auftrag des Vertretenen wahrgenommenen Funktionen im Zusammenhang stehen", einschließlich eines im Hinblick auf die zugerechneten Wirtschaftsgüter und Risiken angemessenen Dotationskapitals.[361] Auf der Basis der zugerechneten Wirtschaftsgüter, Risiken und Kapitalausstattung sollen der Vertreterbetriebsstätte Gewinne zugerechnet werden. In Bezug auf die Funktionen soll es auch hier auf die signifikanten Personalfunktionen ankommen. 254

Eine generelle Vermutung bzw Annahme, dass einer Vertreterbetriebsstätte ein Gewinn zuzurechnen ist, soll es nicht geben. Unter besonderen Umständen („*in some circumstances*")[362] kann die Funktionsanalyse zum Ergebnis kommen, dass der Vertreterbetriebsstätte lediglich ein vernachlässigbarer Gewinn, ein Nullergebnis oder ein Verlust zuzurechnen ist. 255

b) Single Taxpayer Approach. Im angelsächsischen Schrifttum wird anstelle des Begriffs Nullsummentheorie (Rn 133) der Terminus ***Single Taxpayer Approach*** verwandt.[363] Dieser geht grds von dem Fall aus, dass der ständige Vertreter ein mit dem Vertretenen verbundenes Unternehmen ist (zB Tochtergesellschaft). Das DBA-Österreich sieht in seinem Protokoll eine Regelung vor, die dem *Single Taxpayer Approach* entspricht: 256

---

357 *OECD* Betriebsstättenbericht 2010, Teil I Tz 216 ff. Dagegen sah Tz 17.7 MK 1994 zu Art 7 eine Abrechnung auf Basis der tatsächlichen Ausgaben ohne Gewinnaufschlag vor. S auch Rn 156.

358 S oben Rn 248.

359 *OECD* Betriebsstättenbericht 2010, Teil I Rn 228.

360 *OECD* Betriebsstättenbericht 2010, Teil I Rn 230, 246.

361 *OECD* Betriebsstättenbericht 2010, Teil I Rn 268; Tz 26 MK 2008 zu Art 7.

362 *OECD* Betriebsstättenbericht 2010, Teil I Tz 228.

363 *OECD* Betriebsstättenbericht 2010, Teil I Tz 235 ff; *Baker/Collier* Bulletin for International Taxation 2009, 199, 202.

„Es besteht Einverständnis, dass im Fall verbundener Unternehmen keines dieser Unternehmen als Vertreterbetriebsstätte eines anderen verbundenen Unternehmens behandelt wird, wenn die jeweiligen – ohne dieses Einverständnis sonst zur Vertreterbetriebsstätte führenden – Funktionen durch Ansatz angemessener Verrechnungspreise, einschließlich eines diesem verbleibenden Gewinns, abgegolten werden.“[364]

Im Schrifttum werden die og Protokollregelung und der *Single Taxpayer Approach* als „vorbildliche Lösung“ gepriesen, weil sie den beteiligten Staaten ihren „*fair share of taxes*“ gewährleisteten.[365]

257 Die OECD diskutiert in ihrem Betriebsstättenbericht den ***Single Taxpayer Approach.*** Zunächst wird darauf verwiesen, dass bei der Gewinnzurechnung zur Vertreterbetriebsstätte die an den Vertreter gezahlte Provision als Aufwand bei der Betriebsstätte in Abzug gebracht werden müsse, so dass sich die Frage stelle, ob der Betriebsstätte überhaupt noch ein Gewinn verbleibe, sofern eine fremdvergleichskonforme Vergütung an den Vertreter gezahlt werde. Letztlich hänge dies von den Ergebnissen der Funktionsanalyse im konkreten Einzelfall ab. Unter bestimmten Umständen („*in appropriate circumstances*“) [366] sei auch nach dem AOA anerkannt, dass einer Vertreterbetriebsstätte in diesen Fällen ein Gewinn zuzurechnen ist.

258 Anschließend erwähnt die **OECD** ausdrücklich den ***Single Taxpayer Approach*** und **lehnt diesen ab**, weil er nicht berücksichtige, dass Risiken und Wirtschaftsgüter, die rechtlich vom vertretenen Unternehmen getragen würden bzw im rechtlichen Eigentum des vertretenen Unternehmens stünden, wirtschaftlich bzw steuerlich nach dem AOA dennoch einer Vertreterbetriebsstätte zuzurechnen seien, wenn der ständige Vertreter insoweit die maßgeblichen Personalfunktionen ausgeübt habe.[367] Folglich würden einer Vertreterbetriebsstätte nach dem Single Taxpayer Approach wg der fehlenden Zuordnung von Risiken und Wirtschaftsgütern keine Gewinne zugerechnet. Dies stehe im Widerspruch zu den allgem Zuordnungsgrundsätzen des AOA.

259 Insgesamt sind die Ausführungen sehr allgemein gehalten. Es wird auf den Einzelfall und auf die Resultate der Funktionsanalyse verwiesen. Offenbar soll aber in den Fällen, in denen der Vertreter ein fremdvergleichskonformes Entgelt erhalten hat, **nur unter bestimmten Umständen** („*in appropriate circumstances*“) **eine Gewinnzurechnung zur Vertreterbetriebsstätte** in Betracht kommen. Dies verdeutlicht die OECD an dem Beispiel eines Handelsvertreters.

260 **c) Beispiel eines Handelsvertreters.** Die OECD verdeutlicht die og Grundsätze am **Beispiel eines abhängigen Handelsvertreters**, der ein mit dem Geschäftsherrn **verbundenes Unternehmen** ist.[368] Typischerweise erlangt der Handelsvertreter (zB die inländ Tochtergesellschaft), der die von der Muttergesellschaft hergestellten Produkte in deren Namen und auf deren Rechnung verkauft, kein Eigentum an den Produkten.

---

364 Tz 2 des Protokolls zum DBA-Österreich (betr Art 5 des DBA).

365 *Bendlinger* ÖStZ 2010, 144; *Baker/Collier* Bulletin for International Taxation 2009, 202; *Business and Industry Advisory Committee to the OECD (BIAC)* Comments to Discussion Draft: “Proposed Clarification of the PE Definition" v 30.6.2004, abrufbar unter www.oecd.org.

366 *OECD* Betriebsstättenbericht 2010, Teil I Tz 234.

367 *OECD* Betriebsstättenbericht 2010, Teil I Tz 235 ff.

368 *OECD* Betriebsstättenbericht 2010, Teil I Tz 240 ff.

Dieses verbleibt bei der Muttergesellschaft, so dass sie – nicht der Vertreter – das **„Inventarrisiko"** (***inventory risk***)[369] trägt. Dies gilt auch dann, wenn der Vertreter die Einlagerung der Waren und die Abwicklung des Versands an die Kunden übernimmt. Die dem Vertreter gezahlte Vertreterprovision enthält daher keine Komponente zur Abgeltung des Inventarrisikos.[370] Im Hinblick auf die Einkünftezurechnung zur Vertreterbetriebsstätte ist zu prüfen, welche Personen die für die Begründung und/oder das Management des Inventarrisikos sowie die Bestimmung des wirtschaftlichen Eigentums des Inventars bedeutenden Funktionen ausgeübt haben. Trifft der Vertreter die maßgeblichen Entscheidungen betr Lagerbestände und Inventar, sollen der Vertreterbetriebsstätte die Vergütung für das Inventarrisiko, das „wirtschaftliche Eigentum" des Inventars und der daraus resultierende Gewinn oder Verlust zugerechnet werden.[371] Sofern Personen des Stammhauses diese Funktionen übernommen haben, sollen Inventar und Risikovergütung diesem zugerechnet werden.[372]

Eine entsprechende Analyse ist für andere Arten von Risiken durchzuführen, bspw für das **„Kreditrisiko" (credit risk)**[373]. Bei einer typischen Handelsvertretervereinbarung gehören Kundenforderungen aus Warenlieferungen und das damit verbundene Kreditrisiko rechtlich zum vertretenen Unternehmen (Muttergesellschaft) und nicht zum Unternehmen des Vertreters, so dass die Vergütung an den Vertreter keine Komponente für die Übernahme dieses Risikos beinhalte. Nach dem AOA ist die Vergütung des Kreditrisikos der Vertreterbetriebsstätte zuzurechnen, wenn die für die Übernahme und das Management dieses Risikos relevanten Funktionen durch den Vertreter wahrgenommen werden, dh wenn der Vertreter nach Überprüfung der Kreditwürdigkeit eines potentiellen Kunden die Entscheidung trifft, Produkte an diesen Kunden zu verkaufen.[374] **261**

d) Beurteilung. Zu begrüßen ist, dass die OECD sich ausdrücklich für eine Differenzierung zwischen der Besteuerungsebene des ständigen Vertreters und der des vertretenen Unternehmens ausspricht und – der Konzeption des Vertreterbetriebsstättentatbestandes entsprechend – dem Quellenstaat Besteuerungsrechte bzgl zweier Steuersubjekte einräumt. In Bezug auf die Einkünftezurechnung zur Vertreterbetriebsstätte bleibt der OECD-Bericht an den entscheidenden Stellen jedoch unpräzise und lässt den Leser im Unklaren. **262**

Offenbar sollen **einer Vertreterbetriebsstätte nach dem AOA nur dann Einkünfte zugerechnet werden, wenn der Betriebsstätte Risiken und/oder Wirtschaftsgüter des Vertretenen zuzuordnen sind**, was gem AOA voraussetzt, dass der ständige Vertreter die für die Begründung und/oder das Management der Risiken bzw die für die Bestimmung des wirtschaftlichen Eigentums der Wirtschaftsgüter wesentlichen Funktionen ausübt. Ist dies nicht der Fall, soll eine Gewinnzurechnung unterbleiben oder **263**

---

369 *OECD* Betriebsstättenbericht 2010, Teil I Tz 241; *Kahle/Mödinger* IStR 2010, 760.

370 *OECD* Betriebsstättenbericht 2010, Teil I Tz 241.

371 *OECD* Betriebsstättenbericht 2010, Teil I Tz 242 f.

372 *OECD* Betriebsstättenbericht 2010, Teil I Tz 244.

373 *OECD* Betriebsstättenbericht 2010, Teil I Tz 245.

374 *OECD* Betriebsstättenbericht 2010, Teil I Tz 245, Tz 24. Die Festlegung *allgemeiner* Richtlinien oder Parameter in Bezug auf Lagerhaltung und Kreditrisiken stellt kein *active decision-making* dar, vgl *OECD* ebd, Tz 25.

auf einen geringen Betrag beschränkt sein.[375] Deutlich wird dies an dem Beispiel des abhängigen Handelsvertreters (s Rn 260), wo eine Zurechnung von Wirtschaftsgütern, Risiken und Einkünften nur bzgl etwaiger *zusätzlicher Funktionen* des Vertreters wie Lagerhaltung/ Versand und Kreditwürdigkeitsprüfung diskutiert wird, nicht aber hinsichtlich der *Kernfunktion* des Abschlussvertreters, der gewöhnlichen Ausübung der Abschlussvollmacht. Das Schweigen des Berichts an dieser Stelle überrascht, weil ohne diese Kernfunktion eine Vertreterbetriebsstätte gar nicht begründet werden kann und in vielen Fällen der Vertreter nur diese Kernfunktion wahrnimmt.

264 Zwar ist es richtig, dass der Vertreterbetriebsstätte in Bezug auf die bloße Ausübung der Abschlussvollmacht des Vertreters keine (materiellen) Wirtschaftsgüter und keine Risiken des vertretenen Unternehmens zuzurechnen sind.[376] Die fehlende Zurechnung von Risiken und Wirtschaftsgütern für die *Kernfunktion* kann jedoch mE nicht dazu führen, dass der Vertreterbetriebsstätte insoweit ein Nullergebnis zuzurechnen ist. Denn dann wäre **bei einem reinen Abschlussvertreter**, der regelmäßig Verträge für seinen Geschäftsherrn abschließt aber sonst keine weiteren Tätigkeiten für ihn ausübt, **der Vertreterbetriebsstätte kein Gewinn zuzurechnen**, auch wenn der Vertreter mit dem Abschluss der Verträge einen bedeutenden wirtschaftlichen Beitrag für die Erzielung der Umsätze seines Geschäftsherrn leistet.

265 Nach dem AOA soll aber offenbar nicht nur die Wahrnehmung der Kernfunktion des Vertreters (Besorgung von Geschäftsabschlüssen) nicht zu einer Gewinnzurechnung führen. Auch bei den beschriebenen zusätzlichen Funktionen, wie der Übernahme der Lagerhaltung und/oder der Kreditwürdigkeitsprüfung, sollen nach dem AOA der Vertreterbetriebsstätte nur Einkünfte im Zusammenhang mit den zugerechneten Wirtschaftsgütern und Risiken zuordnen sein, nicht aber Einkünfte für die reine Tätigkeitsausübung.[377] Im Ergebnis **schließt sich die OECD damit offenbar dem Single Taxpayer Approach bzw der Nullsummentheorie in den Fällen der reinen Abschlussvertretung an,** dh in den Fällen, in denen der ständige Vertreter lediglich seine Abschlussvollmacht nachhaltig ausübt, aber keine weiteren Funktionen wahrnimmt, die zu einer Zurechnung von Wirtschaftsgütern oder Risiken zur Vertreterbetriebsstätte führen.

266 Auch das BMF schließt sich in der BsGaV[378] offenbar dieser Auffassung an. Gem § 39 Abs 2 BsGaV sind alle Personalfunktionen, die vom Personal des ständigen Vertreters für den Vertretenen ausgeübt werden, als „eigene Personalfunktionen" des Vertretenen zu beurteilen. In der Begründung zu § 39 BsGaV wird ausdrücklich auf die Nullsummentheorie verwiesen. Eine Gewinnzurechnung soll sich aber insb dann ergeben, wenn der ständige Vertreter Risiken verwaltet, die rechtlich allein das vertretene Unternehmen zu tragen hat, weil in diesen Fällen die Risikoprämie der Vertreterbetriebsstätte zuzuordnen ist.

---

375 *OECD* Betriebsstättenbericht 2010, Teil I Tz 233: „In practice the dependent agent enterprise may not perform the *significant people functions* relevant to the assumption and/or management of risk or the *significant people functions* relevant to the determination of economic ownership of assets and if it does not then the attribution of the assets, risks and profits to the dependent agent PE is correspondingly reduced or eliminated."

376 Ähnlich *Schaumburg* Rn 18.60; *Wassermeyer/Andresen/Ditz* Tz 10.220. Denkbar ist allerdings die Zurechnung eines Wirtschaftsguts „Kundenstamm" zur Vertreterbetriebsstätte.

377 *OECD* Betriebsstättenbericht 2010, Teil I Tz 232, 243; Tz 26 MK 2008 zu Art 7 MA.

378 VO zur Anwendung des Fremdvergleichsgrundsatzes auf Betriebsstätten nach § 1 Abs 5 AStG (BsGaV) v 13.10.2014, BGBl I S 1603. Ausführlich zu dieser VO s Rn 276.

Diese Auffassung mag formal anhand der Grundsätze des AOA hergeleitet werden können. Sie mag ebenfalls „aus pragmatischen Gründen sinnvoll“[379] sein und den Vorteil haben, dass eine Ermittlung und Deklaration eines Betriebsstättenergebnisses vermieden wird[380] und insoweit Rechts- und Planungssicherheit im Hinblick auf die von der dt FinVerw vertretene Auffassung besteht. Ob ausl Staaten dieser Ansicht folgen, bleibt abzuwarten. Vor dem Hintergrund der Konzeption des Vertreterbetriebsstätten-Tatbestands ist das Ergebnis jedoch fragwürdig. Zwei Beispiele mögen dies verdeutlichen: **267**

Beispiel 1. Die inländ Tochtergesellschaft (GmbH) einer im DBA-Staat ansässigen Muttergesellschaft („MG“) beschäftigt drei Mitarbeiter. Die GmbH erbringt verschiedene Dienstleistungen für die MG. Der GmbH wurde außerdem eine Vollmacht eingeräumt, Produkte der MG in deren Namen und für deren Rechnung in Deutschland zu verkaufen. Im Jahr 2015 gelang es den Mitarbeitern der GmbH jedoch nicht (oder nur vereinzelt), Verträge mit Kunden abzuschließen. Für die GmbH sind im Jahr 2015 (Personal- und Sach-) Kosten von 400 000 angefallen, die unter Anwendung der Kostenaufschlagsmethode (*cost plus* 7,5 %) vergütet werden, so dass die GmbH einen stpfl (annahmegemäß fremdvergleichskonformen) Gewinn von 30 000 erzielt. **268**

Lösung: Die Tätigkeit der GmbH begründet keine Vertreterbetriebsstätte der MG in Deutschland, da die Abschlussvollmacht nicht (oder nicht „gewöhnlich“ im Sinne von „nachhaltig“) ausgeübt wurde (Art 5 Abs 5 MA). Es bleibt bei einem in Deutschland stpfl Gewinn von 30 000.

Beispiel 2. Wie Beispiel 1, mit dem Unterschied, dass es den Mitarbeitern der GmbH nun gelungen ist, nachhaltig Verträge mit deutschen Kunden im Namen und für Rechnung der MG abzuschließen. Es sind wiederum Kosten von 400 000 angefallen, die mittels Kostenaufschlagsmethode (*cost plus* 7,5 %) vergütet werden, so dass die GmbH einen stpfl (annahmegemäß fremdvergleichskonformen) Gewinn von 30 000 erzielt. **269**

Lösung: Aufgrund der gewöhnlichen Ausübung der Abschlussvollmacht durch die GmbH (Art 5 Abs 5 MA) begründet die MG eine Vertreterbetriebsstätte in Deutschland. Nach dem Single Taxpayer Approach bzw der Nullsummentheorie ist jedoch keine Vertreterbetriebsstätte anzunehmen bzw ist der dieser Vertreterbetriebsstätte zuzurechnende Gewinn gleich Null, weil die im Inland stpfl Vergütung der GmbH fremdvergleichskonform ist und die Zuordnung einer Risikoprämie zur Vertreterbetriebsstätte gem Sachverhalt ausscheidet.

Trotz Vorliegens der Tatbestandsvoraussetzungen des Art 5 Abs 5 MA und des § 49 Abs 1 Nr 2 Buchstabe a EStG treten im Ergebnis keine Rechtsfolgen ein. Das Deutschland zustehende Besteuerungssubstrat ist in beiden Fällen identisch, obwohl in Beispiel 2 ein weiterer steuerlicher Anknüpfungspunkt verwirklicht wurde.[381] Auch die OECD zweifelt offenbar an der Richtigkeit dieses Ergebnisses, wenn sie feststellt, dass der Single Taxpayer Approach dazu führt, dass Art 5 Abs 5 MA weitgehend überflüssig („*largely redundant*“)[382] ist. Wenn man jedoch der Auffassung zustimmt, dass es sich bei der Durchführung von Vertriebstätigkeiten – einschl der Akquisition von Neukunden und dem Abschluss von Verträgen von ggf erheblicher wirtschaftlicher Bedeutung für den Vertretenen („Großaufträge“) – um lediglich „Routinefunkti- **270**

379 *Oestreicher/van der Ham/Andresen* IStR Beihefter 4/2014, 5 (Fn 13).
380 *Ditz/Bärsch* IStR 2013, 411, 416.
381 Vgl auch die Kritik zur Nullsummentheorie in Rn 136 f.
382 *OECD* Betriebsstättenbericht 2010, Teil I Tz 239.

onen" handelt,[383] trifft es zu, dass die inländ GmbH in beiden Beispielsfällen lediglich Routinefunktionen durchführt, so dass dann auch das deutsche Besteuerungssubstrat identisch sein kann.

271 **4. Umsetzung des AOA im deutschen Steuerrecht. – a) Gesetzliche Regelung in § 1 AStG.** DBA-Regelungen, die dem Art 7 Abs 1 und Abs 2 MA 2010 entsprechen, sind nicht „*self executing*". Die genannten DBA-Normen geben lediglich den abkommensrechtlichen Rahmen für die Abgrenzung bzw Zurechnung der Betriebsstätteneinkünfte vor, s auch Rn 2. Ob und inwieweit die Vertragsstaaten diesen Rahmen ausfüllen, bestimmt sich nach ihrem innerstaatlichem Recht.[384]

272 Die Umsetzung des AOA sollte bereits durch das Jahressteuergesetz 2013 erfolgen. Der Entwurf des JStG 2013 v 25.10.2012 sah eine Erweiterung des § 1 AStG vor. Das JStG 2013 scheiterte jedoch letztlich im Vermittlungsausschuss des Dt. Bundestages wg anderer Vorschriften. Der Gesetzgeber hat die Implementierung des AOA sodann mit dem AmtshilfeRLUmsG v 26.6.2013 vollzogen.[385]

273 Dazu wurde zunächst der Begriff der „**Geschäftsbeziehung**" mit Wirkung für § 1 AStG insgesamt neu definiert. Wurde der Begriff bislang als „schuldrechtliche Beziehung, die keine gesellschaftsvertragliche Vereinbarung ist"[386] verstanden, werden „Geschäftsbeziehungen" in **§ 1 Abs 4 AStG** nunmehr umfassend als „einzelne oder mehrere zusammenhängende, wirtschaftliche Vorgänge (Geschäftsvorfälle) zwischen einem Steuerpflichtigen und einer ihm nahestehenden Person" umschrieben, wobei keine gesellschaftsvertragliche Vereinbarung zugrunde liegen darf (§ 1 Abs 4 S 1 Nr 1 AStG). Ferner werden explizit Geschäftsvorfälle zwischen einem Unternehmen und seiner in einem anderen Staat gelegenen Betriebsstätte als **„anzunehmende schuldrechtliche Beziehungen"** definiert und den Geschäftsbeziehungen zugeordnet (§ 1 Abs 4 S 1 Nr 2 AStG). Der Begriff „anzunehmende schuldrechtliche Beziehung" ist mit dem Begriff „Innentransaktion" und dem von der OECD verwandten Begriff „*dealing*" gleichzusetzen.

274 Der neu eingefügte **§ 1 Abs 5 AStG** enthält dann die Grundsätze zur Gewinnabgrenzung zwischen Stammhaus und Betriebsstätten, die sich stark an den von der OECD verabschiedeten AOA anlehnen. Die Einkünfteberichtigungsvorschriften des § 1 Abs 1, Abs 3 AStG sind danach anzuwenden, wenn für eine Geschäftsbeziehung iSd § 1 Abs 4 S 1 Nr 2 AStG (dh für eine anzunehmende schuldrechtliche Beziehung) die **Bedingungen, insb die Verrechnungspreise, nicht dem Fremdvergleichsgrundsatz entsprechen** und dadurch die inländ Einkünfte eines beschränkt Stpfl gemindert oder die ausl Einkünfte eines unbeschränkt Stpfl erhöht werden. Bei Korrekturen **zu Lasten** des dt Steueraufkommens ist § 1 Abs 5 AStG hingegen nicht anwendbar.

---

383 So *Ditz/Bärsch* IStR 2013, 411, 415. Nach der Unternehmenscharakterisierung in Tz 3.4.10.2 VerwGrds Verfahren (*BMF* BStBl I 2005, 570) handelt es sich bei Unternehmen, die „einfache Vertriebsfunktionen" ausüben, um „Unternehmen mit Routinefunktionen".

384 *Wassermeyer* Art 7 MA 2010, Rn 690; *Schönfeld/Ditz* Art 7 MA 2010, Rn 15; *Müller-Gatermann* IStR 2015, 387, 389.

385 Amtshilferichtlinie-Umsetzungsgesetz v 26.6.2013, BGBl I 2013, 1809; erstmalige Anwendung für nach dem 31.12.2012 beginnende Wj (§ 21 Abs 20 S 3 AStG).

386 Vgl § 1 Abs 5 AStG aF.

Zur Anwendung des Fremdvergleichsgrundsatzes ist die Betriebsstätte – entsprechend Art 7 Abs 2 MA 2010 – **wie ein eigenständiges und unabhängiges Unternehmen** zu behandeln. Dazu sind der Betriebsstätte in einem *ersten Schritt* Funktionen (Personalfunktionen), Vermögenswerte, Chancen und Risiken sowie ein angemessenes Dotationskapital zuzuordnen (§ 1 Abs 5 S 3 AStG). In einem *zweiten Schritt* sind – auf der Grundlage dieser Zuordnung – die **Art der Geschäftsbeziehungen** zwischen den Unternehmensteilen und die dafür anzusetzenden **angemessenen Verrechnungspreise** zu bestimmen (§ 1 Abs 5 S 4 AStG). 275

b) BetriebsstättengewinnaufteilungsVO. Zur weiteren Konkretisierung der Neuregelung des § 1 Abs 5 AStG wurde die **BetriebsstättengewinnaufteilungsVO** (BsGaV) verabschiedet.[387] Grundlage dafür ist die in § 1 Abs 6 AStG enthaltene Verordnungsermächtigung. Im Folgenden werden lediglich einige ausgewählte Regelungen der BsGaV aufgegriffen. Im Übrigen wird auf die einschlägige Literatur verwiesen. Einzelheiten zur Auffassung der dt FinVerw können ferner dem inzwischen vorliegenden Entwurf des BMF-Schreibens zur BsGaV entnommen werden.[388] 276

Bereits hingewiesen wurde auf die in § 3 BsGaV geregelte Verpflichtung zur Erstellung einer **Hilfs- und Nebenrechnung** für die Betriebsstätte (Rn 82).[389] 277

Auch nach der innerstaatlichen Regelung ist die **Zuordnung von Personalfunktionen** von grundlegender Bedeutung für alle weiteren Zuordnungsfragen und letztlich für die Ermittlung eines angemessenen Gewinns. Eine Personalfunktion ist eine Geschäftstätigkeit, die **von *eigenem* Personal des Unternehmens** für das Unternehmen ausgeübt wird (§ 2 Abs 3 BsGaV).[390] Nicht maßgeblich sind Personalfunktionen, die lediglich *unterstützenden Charakter* haben[391] oder die ausschließlich die *allg Geschäftspolitik* des Unternehmens betreffen, so dass „Strategiefunktionen" mangels konkreter Bezüge nicht zu einer Zuordnung von Vermögenswerten oder Risiken zu einer Betriebsstätte führen. Nach § 4 Abs 1 BsGaV ist eine Personalfunktion derjenigen Betriebsstätte zuzuordnen, **in der sie ausgeübt wird**. Dies gilt nicht bei fehlendem sachlichen Bezug zur Betriebsstätte und nur kurzfristiger Ausübung in der Betriebsstätte (weniger als 30 Tage innerhalb eines Wj). Bei fehlender eindeutiger Zuordnung besteht ein Beurteilungsspielraum, wobei zu beachten ist, dass eine *anteilige Zuordnung* einer Personalfunktion nach der BsGaV nicht vorgesehen ist. In der Praxis wird eine Zuordnung in vielen Fällen nicht zweifelsfrei vorzunehmen sein. Dem Steuerpflichtigen ist es dann 278

387 Verordnung zur Anwendung des Fremdvergleichsgrundsatzes auf Betriebsstätten nach § 1 Abs 5 AStG (BsGaV) v 13.10.2014, BGBl I S 1603. Die VO ist erstmals anzuwenden für Wj, die nach dem **31.12.2014** beginnen (§ 40 BsGaV). Umsetzungsfragen aufgrund der von § 1 Abs 5 AStG abweichenden erstmaligen Anwendung (**31.12.2012**) sollen durch ein BMF-Schreiben geregelt werden (vgl Begr zu § 40 BsGaV, BR-Drucks 401/14).

388 *BMF* VWG BsGa-E (18.3.2016).

389 Zu weiteren Einzelheiten s Begr zu § 3 BsGaV, BR-Drucks 401/14.

390 Auch Arbeitnehmer eines anderen Unternehmen können als „eigenes Personal" erfasst werden, wenn sie zB auf Basis einer Personalüberlassung in der Betriebsstätte tätig werden, § 2 Abs 4 S 2 BsGaV.

391 ZB zentrale Rechts-/Steuerberatung, Finanzbuchhaltung oder Revision. Diese Personalfunktionen führen für sich genommen nicht zu einer Zuordnung von Vermögenswerten, Chancen oder Risiken zur Betriebsstätte, sind aber grds im Rahmen einer „anzunehmenden schuldrechtlichen Beziehung" zu verrechnen; vgl Begr zu § 2 BsGaV, BR Drucks 401/14.

überlassen, eine Zuordnung zu treffen, die nicht im Widerspruch zu den Vorschriften der BsGaV steht und diese entsprechend zu dokumentieren.[392]

279 **Materielle Vermögenswerte** werden grds nach dem Ort ihrer *Nutzung* zugeordnet (§ 5 BsGaV). Für **immaterielle WG** ist dagegen vorrangig der Ort ihrer „*Schaffung*" oder ihres „*Erwerbs*" maßgeblich (§ 6 Abs 1 BsGaV). Auch dies entspricht dem Ansatz der OECD (Rn 244). Bspw kann ein Kundenstamm für ein bestimmtes Vertriebsgebiet einer für dieses Gebiet zuständigen Vertriebsbetriebsstätte zuzuordnen sein, wenn die den Kundenstamm betreffenden bedeutendsten Personalfunktionen eigenverantwortlich von der Betriebsstätte ausgeübt werden, ohne enge Anbindung an eine zentrale Vertriebsorganisation zB im Stammhaus. Anders als bei materiellen WG ist bei immateriellen WG eine anteilige Zuordnung zu mehreren Betriebsstätten möglich (§ 6 Abs 4 BsGaV). Eine Analyse und Dokumentation des konkreten Einzelfalls ist unerlässlich.[393]

280 Im Hinblick auf die Zuordnung von **Beteiligungen, Finanzanlagen** und ähnlichen Vermögenswerten ist nach § 7 BsGaV grds auf die *Nutzung* des entspr Vermögenswerts abzustellen, die sich aus dem funktionalen Zusammenhang zur Geschäftstätigkeit der Betriebsstätte ergibt,[394] wohingegen die OECD – wie bei immateriellen WG allgemein – vorrangig auf die *Schaffung* bzw *Entwicklung* und den *Erwerb* abstellt. Diese abweichende Zuordnungsregelung kann zur Doppelbesteuerung führen, wenn ein Vermögenswert danach zB zwei Betriebsstätten zuzuordnen wäre.[395]

281 Bei der Zuordnung des (jährlich zu Beginn eines Wj zu ermittelnden) **Dotationskapitals** („Eigenkapital") zur Betriebsstätte wird in der BsGaV differenziert: Für inländ Betriebsstätten ausl Unternehmen ist die *Kapitalaufteilungsmethode* anzuwenden, bei der das gesamte Eigenkapital im Verhältnis der Vermögenswerte sowie den Chancen und Risiken aufzuteilen ist (§ 12 BsGaV). Für ausl Betriebsstätten inländ Unternehmen soll dagegen ein Dotationskapital grds nur insoweit zuzuordnen sein, als eine entspr betriebswirtschaftliche Notwendigkeit glaubhaft gemacht wird – *Mindestkapitalausstattungsmethode* (§ 13 BsGaV). Diese steuersystematisch kaum zu rechtfertigende Differenzierung für den Inbound- und Outbound-Fall, die offensichtlich fiskalisch motiviert ist, wirft die Frage nach der Europarechtskonformität und insoweit der Verfassungsmäßigkeit der BsGaV auf.[396] Doppelbesteuerungen sind vorprogrammiert.[397]

282 **Verbindlichkeiten** sind der Betriebsstätte dann (*direkt*) zuzuordnen, wenn bzw soweit sie im unmittelbaren Zusammenhang mit den ihr zugeordneten Vermögenswerten sowie Chancen und Risiken stehen (§ 14 Abs 1 BsGaV). Zu beachten ist dabei, dass das Dotationskapital nach den og Grundsätzen zuzuordnen ist, so dass die Verbindlichkeiten als „Restgröße" zu ermitteln und ggf zu kürzen sind (§ 14 Abs 2 BsGaV). Eine *indirekte* Zuordnung von Verbindlichkeiten des Unternehmens ist vorzunehmen, wenn in der „Betriebsstättenbilanz" ein Fehlbetrag verbleibt. Die Zuordnung von **Finanzierungsaufwendungen** folgt der Zuordnung der entspr Verbindlichkeit (§ 15 BsGaV).

392 *Endres/Oestreicher/van der Ham* PIStB 2014, 276, 279; *Frotscher* Rn 471.

393 *Oestreicher/van der Ham/Andresen* IStR 2014 (Beihefter), 7.

394 Funktionale Betrachtungsweise, s dazu auch *BMF* BStBl I 2014, 1258, Rn 2.2.4.1.

395 *Kraft/Dombrowski* IWB 2015, 87, 90.

396 *Frotscher* Rn 497, 502.

397 *Busch* DB 2014, 2490, 2493.

Die Regelungen betreffend Feststellung und Zuordnung fiktiver Leistungsbeziehungen zwischen Stammhaus und Betriebsstätten gem § 16 BsGaV entsprechen denen des OECD-Betriebsstättenberichts (Rn 248 f). Für **anzunehmende schuldrechtliche Beziehungen** sind Verrechnungspreise anzusetzen, die dem Fremdvergleichsgrundsatz entsprechen (§ 16 Abs 2 BsGaV). Dies betrifft ua *Änderungen der Zuordnung* von Vermögenswerten, Chancen und Risiken. Ferner gilt dies für zwischen betrieblichen Einheiten erbrachte *Dienstleistungen*, so dass die bislang vorgenommene Unterscheidung in Haupt- und Nebenleistung (Rn 177) nicht mehr aufrecht erhalten wird. Auch die Nutzung eines im Stammhaus „geschaffenen" und diesem zuzuordnenden immateriellen Vermögenswerts durch eine Betriebsstätte (*Nutzungsüberlassung*), stellt künftig eine anzunehmende schuldrechtliche Beziehung dar,[398] die mit einem fremdüblichen Entgelt zu vergüten ist. Die aus dem Ansatz der Fremdvergleichspreise resultierenden Betriebseinnahmen und -ausgaben sind in der Hilfs- und Nebenrechnung für die Betriebsstätte zu berücksichtigen. 283

c) Verhältnis zu bestehenden DBA. Bislang enthalten **nur wenige der von Deutschland abgeschlossenen DBA** eine dem Art 7 MA 2010 entspr Verteilungsnorm für Unternehmensgewinne, die eine **Gewinnabgrenzung nach dem AOA** vorschreibt.[399] Die weit überwiegende Mehrzahl der dt DBA enthält dagegen eine Verteilungsnorm, die der früheren Version des Art 7 MA entspricht, welche nach überwiegender Ansicht von einer eingeschränkten fiktiven Selbstständigkeit der Betriebsstätte ausgeht. Allerdings will die OECD den AOA auch für diese DBA bereits teilweise angewendet wissen, indem der MK 2008 zur Auslegung aller bestehenden DBA herangezogen werden soll (erste Stufe der Umsetzung, zur Kritik s Rn 160 f). 284

Dies bedeutet, dass **derzeit zwei Arten von Verteilungsnormen für Unternehmensgewinne in den dt DBA verankert** sind, die zu unterschiedlichen Gewinnabgrenzungen führen. 285

Hingegen gelten die durch das AmtshilfeRLUmsG geänderten bzw eingeführten Vorschriften des § 1 Abs 4, Abs 5 AStG sowie die Regelungen der BsGaV, mit denen der AOA in nationales dt Recht transformiert wurde, **unabhängig vom Bestehen eines DBA und unabhängig davon, ob ein bestehendes DBA den AOA enthält oder nicht**. 286

Existiert ein **DBA, in dem der AOA bereits umgesetzt ist**, stimmt die Abk-Regelung mit der innerdt Regelung zwar im Grds überein. Allerdings sind im Detail durchaus Abweichungen möglich, zB im Hinblick auf die nicht einheitliche Bestimmung des Dotationskapitals nach der BsGaV in Inbound- und Outbound-Fällen (s Rn 281) oder der international nicht abgestimmten Regelung für Bau- und Montagebetriebsstätten 287

---

398 Vgl Begr zur BsGaV, BR Drucks 401/14, zu § 16.

399 Den (ungefähren) Wortlaut des Art 7 MA 2010 übernehmen das **DBA-Liechtenstein** v 17.11.2011, das **DBA-Luxemburg** v 23.4.2012 und das **DBA-Niederlande** v 12.4.2012. Art 7 des **DBA-USA** (idF des Änderungsprot v 1.6.2006) enthält in der Protokollregelung ebenfalls bereits die Grundsätze des AOA; dazu *Endres/Jacob/Gohr/Klein* DBA-USA, Art 7 Rn 3. Das **DBA-Norwegen** idF des Änderungsprot v 24.6.2013 sowie das neue **DBA-Japan** v 17.12.2015 enthalten den AOA in der Version der DE-VG. Zum Inkrafttreten vgl *BMF* BStBl I 2016, 76. Zum neuen **DBA-Türkei** v 19.9.2011 vgl *Müller-Gatermann* IStR 2015, 387, 389.

(§§ 30 ff BsGaV).[400] In diesen Fällen soll nach Auff der dt FinVerw § 1 Abs 5 S 8 AStG nicht anwendbar sein; Dbest sollen stattdessen durch ein Verständigungsverfahren vermieden werden.[401]

288 Besteht ein **DBA, das den AOA noch nicht enthält**, liegen auf Abkommensebene und innerstaatlich **unterschiedliche Gewinnabgrenzungskonzepte** vor. Würde Deutschland in diesem Fall § 1 Abs 5 AStG iVm der BsGaV anwenden und das Abkommen einseitig anders, dh iSd AOA, auslegen, und der andere Staat an seiner bisherigen Auslegung des DBA (keine Anwendung des AOA) festhalten, kann es zur Dbest kommen. **§ 1 Abs 5 S 8 AStG** sieht für diese Fälle eine Regelung vor, wonach der grds Vorrang des DBA nur dann gelten soll, wenn der Stpfl nachweist, dass der andere Vertragsstaat sein Besteuerungsrecht entspr dem DBA ausübt und deshalb eine Dbest eintreten würde, wenn Deutschland den AOA anwendet.

289 **Beispiel:**[402] Das Stammhaus in DE hat eine integrierte Planungssoftware entwickelt, die auch in einer Betriebsstätte in DBA-Staat X genutzt wird. Um die Nutzung der Software nachvollziehen zu können, wurden alle Programmzugriffe aufgezeichnet; danach ergibt sich für die Betriebsstätte ein Anteil von 10% an der Gesamtnutzung. Im DBA zwischen DE und Staat X ist der AOA nicht enthalten.

Lösung:

Die Software ist nach § 6 Abs 1 BsGaV dem Stammhaus zuzuordnen, da sie dort geschaffen wurde. Da die Software auch durch die ausl Betriebsstätte genutzt wird, liegt eine anzunehmende schuldrechtliche Beziehung vor, wofür ein nach Fremdvergleichsgrundsätzen zu bestimmendes Entgelt („Lizenzgebühr") zu verrechnen ist (§ 16 BsGaV). Da Staat X den AOA bislang nicht umgesetzt hat, erkennt er weiterhin lediglich eine anteilige Zuordnung der Herstellungskosten der Software zur Betriebsstätte an, nicht aber eine (darüber hinausgehende) Verrechnung einer „Lizenzgebühr" nebst Gewinnaufschlag. Macht das Stammhaus geltend, dass das DBA den Regelungen in § 1 Abs 5 AStG widerspricht und weist es die Nichtabziehbarkeit der „Lizenzgebühr" im Ausland nach, kann eine Einkünfteerhöhung im Inland unterbleiben (§ 1 Abs 5 S 8 AStG).

290 Den Stpfl treffen somit ggf **erhebliche Nachweispflichten** im Hinblick auf das anwendbare Recht und die tatsächliche Besteuerung im anderen Staat. Wie genau der Nachweis zu führen ist, legen weder das Gesetz noch die BsGaV fest. § 1 Abs 5 S 8 AStG begründet einen *Treaty Override*. Die Möglichkeit, eine Dbest durch die Führung des Nachweises zu verhindern, rechtfertigt diesen nicht.[403] Die **dt FinVerw** unterstellt im Entwurf ihres Anwendungsschreibens zur BsGaV pauschal, dass, soweit es sich bei den DBA-Vertragspartnern Deutschlands **um OECD-Staaten handelt**, diese Staaten den Grds des AOA iSv § 1 Abs 5 AStG und der BsGaV folgen und damit auch den Art 7 des entspr DBA (= Art 7 MA 2008) iSd AOA auslegen. Folglich soll § 1 Abs 5 S 8 AStG idR nicht anwendbar sein, „da der andere Staat den AOA mitgetragen hat". Der Stpfl wird auf das Verständigungsverfahren verwiesen.[404] Handelt es sich bei dem Vertrags-

400 *Kahle/Kindich* IWB 2016, 321, 326.
401 *BMF* VWG BsGa-E (18.3.2016), Tz 425 f.
402 In Anlehnung an *Girlich/Müller* ISR 2015, 169, 172.
403 *Hemmelrath/Kepper* IStR 2013, 37, 41; *Wassermeyer* Art 7 MA 2010, Rn 714.
404 *BMF* VWG BsGa-E (18.3.2016), Tz 427, 428. Lediglich bei der **Überlassung immaterieller WG**, für die bisher eine reine Kostenverrechnung zulässig ist (vgl Rn 156), soll § 1 Abs 5 S 8 AStG anwendbar sein.

staat dagegen um einen **Nicht-OECD-Staat** und enthält das DBA mit diesem Staat den Wortlaut des Art 7 OECD-MA 2008 oder des Art 7 UN-MA, geht das BMF davon aus, dass der Vertragsstaat den AOA nicht anwendet und in diesen Fällen § 1 Abs 5 S 8 AStG einschlägig sein kann.[405] Dem Stpfl bleibt es – ungeachtet der og pauschalen Klassifizierung durch die FinVerw – selbstverständlich unbenommen, im Einzelfall nachzuweisen, dass der andere Staat den AOA nicht anwendet, um den Anwendungsbereich des § 1 Abs 5 S 8 AStG zwecks Vermeidung von Dbest zu eröffnen.

d) Escape-Klausel (§ 1 Abs 5 S 2 HS 2 AStG). Für die Anwendung des Fremdvergleichsgrundsatzes ist die Betriebsstätte wie ein eigenständiges und unabhängiges Unternehmen zu behandeln, *es sei denn*, die Zugehörigkeit der Betriebsstätte zum Unternehmen „erfordert eine andere Behandlung" (§ 1 Abs 5 S 2 Hs 2 AStG). Mit dieser Escape-Klausel soll besonderen Situationen Rechnung getragen werden, in denen die Fiktion der uneingeschränkten Selbstständigkeit der Betriebsstätte zu unangemessenen Ergebnissen führen würde. Dies kann bei Betriebsstätten der Fall sein, denen keine Personalfunktion und dementsprechend nach dem AOA grds kein Gewinn zuzuordnen ist (zB Server-Betriebsstätte). Wenn derartige Betriebsstätten dennoch aus Gesamtunternehmenssicht bedeutsame Funktionen (automatisiert) ausüben, kann eine abweichende Methodik der Einkünftezuordnung sachgerecht sein.[406] 291

e) Entsprechende Anwendung auf „ständige Vertreter". Weil der „ständige Vertreter" (§ 13 AO) im innerstaatlichen Recht einen gesonderten Anknüpfungspunkt neben dem Tatbestand der Betriebsstätte darstellt,[407] ordnet § 1 Abs 5 S 5 AStG eine entsprechende Anwendung der Grundsätze des AOA auf ständige Vertreter an. Ergänzend dazu bestimmt § 39 BsGaV, dass in den Fällen, in denen der ständige Vertreter ein rechtlich selbstständiges Unternehmen mit eigenem Personal ist, alle Personalfunktionen, die vom Personal des ständigen Vertreters für den Vertretenen ausgeübt werden, als „eigene Personalfunktionen" des Vertretenen zu behandeln sind. 292

In der Begründung zu § 39 BsGaV wird ausdrücklich auf die Nullsummentheorie verwiesen, die „in vielen Fällen" Anwendung finden soll, wenn der Vertreter ein mit dem Vertretenen verbundenes Unternehmen ist. Eine Gewinnzurechnung soll sich aber insb dann ergeben, wenn der ständige Vertreter Risiken verwaltet, die rechtlich allein das vertretene Unternehmen zu tragen hat, weil in diesen Fällen die Risikoprämie der Vertreterbetriebsstätte zuzuordnen ist.[408] 293

f) Personengesellschaften. Im Verhältnis einer Personengesellschaft (Mitunternehmerschaft) zu ihren Gesellschaftern (Mitunternehmern) ist der in § 1 Abs 5 AStG umgesetzte AOA nicht anzuwenden. Es gilt stattdessen § 1 Abs 1 AStG.[409] Die Vorschrift wurde um einen S 2 ergänzt, wonach eine Personengesellschaft oder Mitunternehmerschaft selbst „Steuerpflichtiger" iSd § 1 Abs 1 AStG oder auch „nahestehende Person" iSv § 1 Abs 2 AStG sein kann. Begründet wird dies damit, dass zwischen einer 294

405 *BMF* VWG BsGa-E (18.3.2016), Tz 430ff. Vorzulegen sind dann in jedem Fall die im Ausland eingereichte Steuererklärung und der Steuerbescheid sowie ggf weitere Unterlagen (vgl *BMF* VWG BsGa-E (18.3.2016), , Tz 433).

406 *Melhem/Dombrowski* IStR 2015, 912, 916; *Froitzheim* Ubg 2015, 354, 357. **AA** *BMF* VWG BsGa-E (18.3.2016), Tz 49.

407 § 49 Abs 1 Nr 2a EStG; § 34d Nr 2a EStG.

408 Zu weiteren Einzelheiten s oben, Rn 253.

409 § 1 Abs 5 S 7 AStG.

Personengesellschaft und ihren Gesellschaftern zivilrechtlich wirksame Vertragsbeziehungen existieren, so dass keine Veranlassung besteht, § 1 Abs 5 AStG anzuwenden, der von „anzunehmenden schuldrechtlichen Beziehungen" ausgeht.[410] Ferner sind PersGes und Mitunternehmerschaften nach der stRspr des BFH selbstständige Gewinnermittlungssubjekte. Letztlich sollen Geschäftsbeziehungen von PersGes bzw Mitunternehmerschaften **den Geschäftsbeziehungen von Kapitalgesellschaften hinsichtlich der Einkünfteabgrenzung gleichgestellt** werden. Unterhält eine Personengesellschaft oder Mitunternehmerschaft eine Betriebsstätte in einem anderen Staat, werden zwischen diesen bestehende Geschäftsbeziehungen von der Neuregelung des § 1 Abs 5 AStG erfasst.[411]

295 **5. Kritik.** Mit Erhebung des *Functionally Separate Entity Approach* zum *Authorised OECD Approach* der int Einkünfteabgrenzung im Einheitsunternehmen vollzieht das OECD-Abkommensrecht eine **weitestgehende Annäherung** der Gewinnabgrenzung zwischen Stammhaus und Betriebsstätten an die Grundsätze der internationalen **Einkünfteabgrenzung bei verbundenen Unternehmen**. Die Fiktion der uneingeschränkten Selbstständigkeit der Betriebsstätte wird zur Auslegungsmaxime des Art 7 MA, was dazu führt, dass **interne Leistungsbeziehungen (*dealings*)** zwischen den rechtlich unselbstständigen Teilen eines Unternehmens (Stammhaus, Betriebsstätten) **nach Fremdvergleichsgrundsätzen abzurechnen** sind. Die einheitliche Anwendung dieses Ansatzes durch die Vertragsstaaten soll wesentlich zum Abbau von Dbest oder Minderbesteuerungen beitragen. Eine Attraktivkraft der Betriebsstätte wird weiterhin abgelehnt.[412]

296 Mit dieser Hinwendung zur uneingeschränkten Selbstständigkeitsfiktion der Betriebsstätte übernimmt die OECD die **transaktionsorientierte Gewinnabgrenzung** zwischen Konzernunternehmen für die Leistungsbeziehungen zw Stammhaus und Betriebsstätte.[413] Dazu ist im Grundsätzlichen zu bemerken, dass eine Einkünfteabgrenzung auf der Grundlage transaktionsbezogener Fremdvergleichspreise bei zunehmend international agierenden Unternehmen in vielen Fällen nicht zu sachgerechten Ergebnissen führen kann. Betrachtet man die **Zielrichtung globaler Unternehmenspolitik**, ist festzustellen, dass Wettbewerbsvorteile zunehmend weniger aus den herkömmlichen Quellen komparativer Vorteile (Skaleneffekte) gezogen werden, sondern vermehrt aus einer optimalen Strukturierung und Koordinierung komplexer, weltweiter Aktivitäten. Int Geschäftsbeziehungen können nicht isoliert voneinander beurteilt werden, sondern stehen in vielfältigen Beziehungen zueinander. Die Langfristplanung global tätiger Unternehmen versteht sich dementsprechend als ein Integrationsinstrument zur globalen Koordination aller betrieblichen Funktionen. Damit einher geht die Erzielung vielfältiger Verbundeffekte. Derartige **Synergie- und Verbundeffekte** können jedoch nur unzureichend mit Hilfe transaktionsbezogener Fremdvergleichspreise zutr verteilt werden.[414] Die sog **indirekte Methode der Gewinnabgrenzung (globale Gewinnaufteilungsmethode)**, die solche Effekte grds besser zu berücksichtigen in der Lage ist (Art 7 Abs 4 MA 2008), ist im Art 7 MA 2010 nicht mehr enthalten.

---

410 BR-Drucks 401/14, Begründung zu § 1 Abs 1 der BsGaV.

411 BR-Drucks 401/14, Begründung zu § 1 Abs 1 der BsGaV.

412 *OECD* Betriebsstättenbericht 2010, Teil I Tz 2, 8.

413 *Herzig* DB 2012, 1, 5.

414 *Kleineidam* FS Flick, S 857 ff; *ders* FS Fischer, S 691 ff.

Der *Functionally Separate Entity Approach* erlaubt es, einer Betriebsstätte aufgrund interner Transaktionen (*dealings*) **einen Gewinn zuzurechnen**, der **im Außenverhältnis noch nicht realisiert** ist. Auf die Gewinnrealisation im Außenverhältnis kommt es letztlich gar nicht an. Der Betriebsstätte kann auch dann ein Gewinn zugerechnet werden, wenn es zu keiner Gewinnrealisation im Außenverhältnis kommt. Hingegen sollen nach dem Wortlaut des (nicht geänderten) Art 7 Abs 1 S 1 MA 2010 nur die „Gewinne eines Unternehmens" besteuert werden. Die OECD legt diesen Gewinnbegriff jedoch nicht im Sinne eines im Außenverhältnis realisierten und auf die betrieblichen Einheiten zu verteilenden Gewinns aus. Die **Besteuerung wird nicht durch den Gewinn des Gesamtunternehmens** bzw den Gewinn des Geschäftsbereichs, in dem die Betriebsstätte tätig ist, **begrenzt**.[415] Dadurch wird eine Besteuerung nicht realisierter Gewinne ermöglicht. 297

Die Erzielung von Gewinnen richtet sich nach dem AOA maßgeblich danach, ob und in welchem Ausmaß einer Betriebsstätte **Funktionen und Risiken** zuzuordnen sind. Risiken sollen also, obwohl sie rechtlich das gesamte Unternehmen treffen, einzelnen Betriebsstätten zugeordnet werden. Anders als im Konzern, wo eine Risikozuordnung zu einzelnen Gesellschaften vertraglich erfolgen kann, soll die Risikozuordnung im Einheitsunternehmen allerdings streng an die Wahrnehmung der **wesentlichen Personalfunktionen** geknüpft werden. Die OECD stand vor der Aufgabe, ein geeignetes Zuordnungskriterium für die Zuordnung von Wirtschaftsgütern, Risiken und Geschäftsvorfällen zu Stammhaus und Betriebsstätte finden zu müssen und hat sich für eine Zuordnung auf der Grundlage von (wesentlichen) Personalfunktionen entschieden. Dies führt immer dann zu Problemen, wenn Personalfunktionen nicht örtlich lokalisierbar sind und deshalb nicht eindeutig einem Unternehmensteil zugeordnet werden können. Insb in komplexen Organisationen stellt die **personale Zuordnung von Entscheidungen** eine nahezu unlösbare Aufgabe dar. Bspw ist die Frage zu beantworten, inwieweit Entsch eines für eine bestimmte Region zuständigen Mitglieds der Geschäftsleitung den zu seinem Verantwortungsbereich gehörenden Betriebsstätten zuzurechnen sind oder/und der Zentrale (Geschäftsleitungsbetriebsstätte), in der er seine Tätigkeit ausübt. Das Problem wird noch verstärkt, wenn es sich – wie in der Praxis regelmäßig – um gestufte Entsch über mehrere Entscheidungsebenen handelt.[416] 298

Der AOA wurde in das für die Entwicklungsländer wichtige **UN-Musterabkommen** nicht übernommen, was ua auf die fehlende Quellensteuerberechtigung bei fiktiven Leistungsbeziehungen zurückzuführen sein soll.[417] 299

Zur Umsetzung des AOA in Deutschland ist insb kritisch anzumerken, dass eine Einkünfteberichtigung nur dann vorzunehmen ist, wenn die, gemessen am Grundsatz des Fremdvergleichs, **dem Inland zuzuordnenden Einkünfte zu niedrig bzw die dem Ausland zuzuordnenden Einkünfte zu hoch** sind (§ 1 Abs 5 S 1 AStG). Nur in diesen Fällen zwingt die Vorschrift zu einer Berichtigung, dh Erhöhung der inländischen Einkünfte. Für den umgekehrten Fall, dass die bei Anwendung des Fremdvergleichs- 300

415 Vgl Tz 17 MK 2010 zu Art 7.

416 Ausf Kritik bei *Schön* S 99 ff; *Kroppen* FS Herzig, S 1085 f. *Kroppen* DB 2014, 2134, schlägt angesichts der Problematik alternativ eine Zuordnung auf Basis von sog Pro-Forma-Verträgen vor.

417 *Girlich/Müller* ISR 2015, 169, 170.

grundsatzes dem Inland zuzuordnenden Einkünfte zu hoch sind, sieht § 1 AStG keine Korrektur vor. Der Steuerpflichtige ist zwar verpflichtet, für alle Sachverhalte, in denen Betriebsstätten betroffen sind,[418] die Neuregelung, insb auch die umfangreichen Vorschriften der BsGaV anzuwenden und eine Abgrenzung der Betriebsstätteneinkünfte auf der Grundlage des Fremdvergleichsgrundsatzes vorzunehmen, was oftmals mit erheblichem Aufwand verbunden sein wird. Denn nur dann kann festgestellt werden, ob die nach Anwendung des Fremdvergleichsgrundsatzes dem Inland zuzuordnenden Einkünfte „zu niedrig" sind und eine Korrektur vorzunehmen ist.[419] Stellt sich heraus, dass die dem Inland zuzuordnenden Einkünfte „zu hoch" sind, kommt eine Berichtigung nach § 1 AStG zu Gunsten des Steuerpflichtigen nicht in Betracht. Es besteht keine innerstaatliche Rechtsgrundlage, die eine Einkünfteberichtigung zu Gunsten des Steuerpflichtigen, dh eine Reduzierung der inländischen Einkünfte, erzwingen würde.[420]

301 Aus gesetzessystematischer Sicht ist diese **einseitig zu Gunsten des deutschen Fiskus** bestehende Regelung fragwürdig. Der dt Gesetzgeber unterläuft damit das Bestreben der OECD, durch die Verabschiedung und möglichst einheitliche internationale Anwendung des AOA die Gewinnabgrenzung bei Betriebsstätten auf eine einheitliche Grundlage zu stellen und dadurch Dbest zu vermeiden.[421] Dies gilt ungeachtet dessen, dass in bestimmten Fällen eine unmittelbare Anwendung des Art 7 Abs 2 des jeweiligen DBA eine **Änderungssperre** zu Gunsten des inländ Steuerpflichtigen bewirken kann.[422]

302 Für bestimmte Sachverhalte existieren nach Inkrafttreten der Vorschriften in § 1 Abs 5 AStG und der BsGaV (Umsetzung des AOA) mehrere Regelungsbereiche. Dies gilt va für die in § 4 Abs 1 S 3, 4 EStG und § 12 Abs 1 KStG geregelten Entstrickungssachverhalte (Rn 170 ff), so dass sich hier die Frage nach dem **Verhältnis der Normen zueinander** stellt. Gem § 1 Abs 1 S 1 AStG gilt die Anwendung des AStG „unbeschadet anderer Vorschriften", was nach hM eine vorrangige Anwendung der anderen Vorschriften zur Folge hat.[423] Ferner bestimmt nunmehr § 1 Abs 1 S 4 AStG, dass in den Fällen, in denen die Anwendung des Fremdvergleichsgrundsatzes (nach § 1 AStG) zu „weitergehenden Berichtungen" führt als die anderen Vorschriften, die weitergehenden Berichtigungen „neben den Rechtsfolgen der anderen Vorschriften durchzuführen" sind.[424]

303 Schwierigkeiten in der praktischen Anwendung der neuen Vorschriften werden sich voraussichtlich dadurch ergeben, dass stets die abkommensrechtliche und/oder innerstaatliche Situation der beteiligten Staaten zu prüfen ist. Besteht zwischen Deutschland und dem anderen Staat ein DBA, welches den AOA nicht enthält, ist festzustel-

418 Ausgenommen sind zB inländ Betriebsstätten gem § 12 AO, die nach dem anzuwendenden DBA nicht als Betriebsstätte qualifizieren (vgl Art 5 Abs 4 MA), so dass Deutschland nach dem DBA kein Besteuerungsrecht für die Betriebsstättengewinne hat.

419 Vgl auch BR Drucks 401/14, Begründung zu § 1 Abs 1 der BsGaV, wonach die Regelungen der Verordnung in den Fällen anzuwenden sind, „in denen eine Berichtigung nach § 1 AStG dem Grunde nach in Betracht kommt."

420 *Jacobs* S 776; *Wassermeyer* IStR 2015, 37, 39 f.

421 *Schnitger* IStR 2012, 633, 635; *Frotscher* Rn 454.

422 *BMF* VWG BsGa-E (18.3.2016), Tz 21.

423 *Blümich* AStG, § 1 Rn 17.

424 Vgl Rn 172.

len, wie der andere Vertragsstaat das DBA auslegt, dh ob und inwieweit er der von der OECD beabsichtigten (teilw) Anwendung des AOA gem MK 2008 folgt oder nicht. Besteht mit dem anderen Staat kein DBA, ist ebenfalls zu prüfen, ob und inwieweit dieser Staat den AOA gem seinem innerstaatlichen Recht anwendet. Um deutsches Recht anwenden zu können und um Dbest zu vermeiden, sind somit **umfangreiche Nachweise zum anwendbaren Recht und zur Besteuerung in den anderen Staaten** zu erbringen. Der Stpfl kann sich dem in vielen Fällen nicht entziehen (vgl § 1 Abs 5 S 8 AStG), so dass der Aufwand für die Gewinnermittlung und Dokumentation bei Betriebsstättensachverhalten erheblich zunehmen wird (vgl Rn 288).

IV. Absatz 3 (MA 2010)

1. Einführung einer Gegenberichtigungsklausel. Neben der Neufassung des Art 7 Abs 2 MA 2010 beinhaltet die **Umsetzung des AOA** die Implementierung einer **Gegenberichtigungsklausel** in Abs 3 MA 2010. Die Klausel soll Dbest entgegenwirken, die sich aufgrund unterschiedlicher Auslegung des Fremdvergleichsgrundsatzes des Art 7 Abs 2 MA 2010 im Hinblick auf die Bestimmung von Verrechnungspreisen für unternehmensinterne Lieferungen und Leistungen (*dealings*) ergeben können. Der Anpassungsmechanismus orientiert sich an Art 9 Abs 2 MA für die Gewinnabgrenzung zwischen verbundenen Unternehmen. **304**

2. Anwendungsbereich. Der Anwendungsbereich der Vorschrift ist begrenzt.[425] Dies sei an folgendem Fall verdeutlicht. **305**

Ausgangssachverhalt:[426] **306**

Ein im Staat R ansässiges Produktionsunternehmen überführt ein dort hergestelltes Wirtschaftsgut an seine in Staat S belegene Betriebsstätte zwecks Verkaufs an dortige Kunden. Für die Gewinnabgrenzung iSv Art 7 Abs 2 MA 2010 wird angenommen, dass die Transaktion die Voraussetzungen eines „dealings" erfüllt. Das Unternehmen setzt den als fremdvergleichskonform erachteten Preis von 100 als „Überführungspreis" (Verrechnungspreis) an.

Abhängig von der Würdigung dieses Sachverhalts **durch die Finanzverwaltungen** der beiden Staaten kommt die Gewinnberichtigungsklausel des Art 7 Abs 3 MA nach OECD-Auffassung wie folgt zur Anwendung:

Fall a)[427] Wenn beide Staaten der Ansicht sind, dass der angesetzte Überführungspreis von 100 dem Fremdvergleichsgrundsatz des Art 7 Abs 2 MA 2010 entspricht, soll keiner der Vertragsstaaten eine Korrektur dieses Preises mit der Begründung verlangen dürfen, dass ein anderer Überführungspreis in der Bandbreite fremdvergleichsüblicher Verrechnungspreise ebenfalls hätte herangezogen werden können.

Fall b)[428] Nimmt die Finanzverwaltung des Staates R einen Verrechnungspreis innerhalb der Bandbreite von 110 bis 130 als fremdüblich an, die Finanzverwaltung in Staat S hingegen einen Preis innerhalb der Bandbreite von 90 bis 110, würde eine Anpassung des Verrechnungspreises durch Staat R **auf 110** den Staat S zu einer entsprechen-

425 Tz 50 MK 2010 zu Art 7.
426 Tz 47 MK 2010 zu Art 7.
427 Tz 47, 51 MK 2010 zu Art 7.
428 Tz 55 MK 2010 zu Art 7.

den Gegenberichtigung auf ebenfalls 110 zwingen, weil Staat S einen Preis von 110 noch als fremdvergleichskonform anerkennt. In diesem Fall ist der Anwendungsbereich des Art 7 Abs 3 eröffnet.

Fall c)[429] Wie Fall b), mit dem Unterschied, dass Staat R eine Anpassung auf 120 vornimmt. Da dieser Überführungspreis außerhalb der Bandbreite der von Staat S als fremdüblich angesehenen Preise (90 bis 110) liegt, soll der Verrechnungspreis durch ein Verständigungsverfahren iSv Art 25 Abs 1 und ggf ein Schiedsverfahren nach Art 25 Abs 5 MA bestimmt und eine Dbest vermieden werden.

307 **3. Voraussetzungen für eine Gegenberichtigung.** Art 7 Abs 3 MA 2010 verpflichtet den „anderen" Vertragsstaat (im og Bsp Staat S) nur dann zu einer Gegenberichtigung, wenn die (Erst-)Berichtigung durch einen Vertragsstaat (Staat R) in Übereinstimmung mit dem Fremdvergleichsgrundsatz des Art 7 Abs 2 MA erfolgt ist und dieser Staat die dadurch entstehenden Gewinne „besteuert", ferner der andere Vertragsstaat diese Erstberichtigung dem Grunde und der Höhe nach als fremdvergleichskonform iSv Art 7 Abs 2 anerkennt.[430] Der Nachweis der Besteuerung ist zB durch einen geänderten Steuerbescheid oder einen Prüfungsbericht zu führen. [431] Die Pflicht zur Gegenberichtigung besteht nur insoweit als sie zur Vermeidung einer Doppelbesteuerung infolge unterschiedlicher *abkommensrechtlicher* Gewinnzurechnung, dh unterschiedlicher Anwendung bzw Auslegung des Art 7 Abs 2 MA 2010, erforderlich ist.[432]

308 **4. Problematik und Grenzen der Anwendung.** Die **Problematik der Vorschrift ist damit offensichtlich**. Die Verpflichtung zur Gegenberichtigung setzt voraus, dass der andere Vertragsstaat die Erstberichtigung dem Grunde und der Höhe nach anerkennt. Die Finanzverwaltung *des nicht primär korrigierenden Staates* kann einer verpflichtenden Gegenberichtigung folglich dadurch entgehen, dass sie die Erstberichtigung als nicht durch den Fremdvergleichsgrundsatz des Art 7 Abs 2 MA gedeckt ansieht bzw dies behauptet. Der vorgesehene Anpassungsmechanismus könnte daher für die involvierten Finanzverwaltungen einen **Anreiz** darstellen**, den Verrechnungspreis frühzeitig und möglichst zuerst zu überprüfen** und auf ein Maß zu korrigieren, das vom anderen Vertragsstaat (noch) als fremdvergleichskonform iSv Art 7 Abs 2 angesehen wird. Die primäre Preisanpassung erhöht in diesem Fall das Steuersubstrat des diese primäre Anpassung durchführenden Staates.[433]

309 Die OECD hat dieses Problem der möglichen unangemessenen Inanspruchnahme der Gegenberichtigungsklausel wohl auch gesehen. In Tz 68 des Kommentars wird den DBA-Verhandlungspartnern eine alternative Formulierung eines Art 7 Abs 3 angebo-

---

429 Tz 56 MK 2010 zu Art 7.

430 Tz 59 MK 2010 zu Art 7.

431 Eine *Steuerzahlung* ist nicht erforderlich, wenn zB Verluste aus lfd Geschäft vorliegen oder Verlustvorträge bestehen. In diesem Fall genügt ein Nachweis über eine entspr Verlustverrechnung; vgl *Schönfeld/Ditz* Art 7 MA 2010, Rn 49.

432 Nicht anwendbar ist die Vorschrift somit, wenn sich eine Dbest durch eine Vorschrift des innerstaatlichen Rechts eines Vertragsstaats ergibt, zB bei Nichtabzugsfähigkeit bestimmter Aufwendungen (vgl § 4 Abs 5 des dt EStG), so Tz 66 MK 2010 zu Art 7; *Schönfeld/Ditz* Art 7 MA 2010, Rn 51.

433 *Kahle/Mödinger* IStR 2011, 821, 823 f.

ten, welche ein **obligatorisches Verständigungsverfahren** für den Fall vorsieht, dass der andere Vertragsstaat der Erstberichtigung nicht zustimmt.[434]

5. Durchführung der Gegenberichtigung. Der zur Gegenberichtung verpflichtete Vertragsstaat muss zur Vermeidung der Dbest eine entspr Änderung der „von diesen Gewinnen erhobenen Steuer" vornehmen. Die in S 2 der Vorschrift vorgesehene Möglichkeit zur Konsultation ändert daran nichts.[435] Die Verpflichtung zur Gegenberichtung ergibt sich unmittelbar aus Art 7 Abs 3 S 1 MA. Eine korrespondierende Vorschrift im dt innerstaatl Recht besteht auch nach Änderung des § 1 AStG und Erlass der BsGaV nicht. Es bedarf somit einer verfahrensrechtlichen Vorschrift, auf die die Korrektur gestützt werden kann, etwa § 164 Abs 2 AO oder § 173 Abs 1 Nr 2 AO, ferner die Billigkeitsvorschriften der §§ 163 und 227 AO. **310**

Die Gegenberichtigung könnte durch eine Korrektur (Minderung) der steuerl Bemessungsgrundlage – betragsmäßig korrespondierend zur Erstberichtigung – erfolgen, oder aber durch Anrechnung der Steuer aus der Erstberichtigung.[436] Die Vorschrift enthält dazu keine Regelung. **311**

V. Absatz 4 (MA 2010)

Der Wortlaut des Abs 4 MA 2010 entspricht dem des Art 7 Abs 7 MA 2008. Insofern wird auf die Kommentierung zu Abs 7 MA 2008 verwiesen (Rn 206 ff). **312**

Nach der BsGaV sind Beteiligungen, Finanzanlagen und ähnliche Vermögenswerte für Zwecke der Anwendung des AOA grds auf der Basis von deren Nutzung zuzuordnen, welche sich aus dem **funktionalen Zusammenhang** des Vermögenswerts zur Geschäftstätigkeit der Betriebsstätte ergibt (§ 7 Abs 1 BsGaV, dazu Rn 280). In den Fällen, in denen der AOA auch im DBA bereits umgesetzt ist, wird die Zuordnung für Zwecke der Betriebsstättenvorbehalte auf der Basis einer funktionalen und tatsächlichen Betrachtung und die Zuordnung für Zwecke der Anwendung des AOA daher grds zu demselben Ergebnis führen.[437] **313**

D. Deutsche Verhandlungsgrundlage (DE-VG)

Die Verteilungsnorm für Unternehmensgewinne in der deutschen Verhandlungsgrundlage für DBA (DE-VG), die das BMF am 17.4.2013 veröffentlicht hat, entspricht im Wesentlichen Art 7 OECD-MA 2010. **314**

Die Verhandlungsgrundlage setzt den von der OECD verabschiedeten ***Functionally Separate Entity Approach*** (*Authorised OECD Approach*, AOA) vollständig um. Anstelle des Begriffs der „Geschäftsbeziehung" in Art 7 Abs 2 MA 2010[438] verwendet Art 7 Abs 2 DE-VG allerdings den Terminus „wirtschaftliche Beziehungen", was insofern erstaunt als die innerstaatliche Umsetzung in § 1 Abs 4 AStG den Begriff „Geschäftsbeziehungen" verwendet. Eine inhaltliche Änderung ergibt sich dadurch jedoch nicht.[439] **315**

---

434 Vgl Tz 68 MK 2010 zu Art 7.
435 *Wassermeyer* Art 7 MA 2010, Rn 765.
436 *Schönfeld/Ditz* Art 7 MA 2010, Rn 53.
437 *Wassermeyer* Art 7 MA 2010, 802. Zu möglichen Abweichungen *Häck* ISR 2015, 113, 119 ff.
438 Die engl Sprachfassung verwendet den Begriff „*dealing*".
439 *Wassermeyer* Art 7 MA 2010 Rn 810.

316 Eine materielle Änderung besteht darin, dass die in Art 7 Abs 3 DE-VG vorgesehene **Gegenberichtigung** stets die **Zustimmung** des anderen Staates erfordert. Wenn der andere Staat nicht zustimmt, soll eine drohende Doppelbesteuerung durch (zwingende) Einleitung eines Verständigungsverfahrens vermieden werden. Damit knüpft Deutschland an die von der OECD in Tz 68 des MK zu Art 7 MA 2010 vorgeschlagene alternative Formulierung einer Gegenberichtigungsklausel an.[440]

317 Die in der DE-VG als Grundregel zur Vermeidung von Dbest vorgesehene **Freistellungsmethode** unter Progressionsvorbehalt setzt im Bereich der Unternehmensgewinne voraus, dass die Einkünfte aus einer aktiven Tätigkeit stammen (Art 22 Abs 1 Buchst d DE-VG). Dabei wird, abweichend von der bisherigen dt Abkommenspraxis, eine **eigenständige Aktivitätsklausel** verwendet und nicht mehr auf § 8 AStG verwiesen.

318 Zu bemängeln ist, dass die Verhandlungsgrundlage keine ausdrücklichen Bestimmungen zu Personengesellschaften einschl der Sondervergütungen enthält und damit zu den strittigen Anwendungsfragen keine Position bezieht.[441]

E. Deutsche DBA

I. Allgemeines

319 Die geänderte Fassung des Art 7 MA durch das Update 2010 – Implementierung des Authorised OECD Approach (vgl Rn 216) – wurde bislang erst in wenige dt DBA übernommen (vgl Rn 225).

320 In den älteren Abkommen sowie auch in diversen erst in jüngerer Zeit – nach Verabschiedung des OECD-MA 2010 – von Deutschland abgeschlossenen DBA folgt die Verteilungsnorm für Unternehmensgewinne weiterhin dem Wortlaut des Art 7 MA 2008.[442] Das **DBA Türkei** v 19.9.2011 folgt ebenfalls dem Wortlaut des Art 7 MA 2008, ist nach teilw vertretener Ansicht[443] aber dennoch iSd AOA auszulegen; es verzichtet ferner auf die Möglichkeit der Anwendung der indirekten Methode. Im neuen **DBA Spanien** v 3.2.2011 ist der AOA noch nicht enthalten, jedoch enthält das Prot zu Art 7 DBA Spanien den Hinweis, dass die Delegationen die Anpassung des Artikels an den AOA prüfen, sobald die OECD einen neuen Art 7 verabschiedet hat. Das **DBA-Ungarn** v 28.2.2011 enthält zwecks einheitlicher Anwendung und Auslegung der Art 5 und Art 7 MA eine Protokollregelung, derzufolge die beiden Artikel jeweils unter Heranziehung des aktuellen OECD-Kommentars auszulegen sind, sofern dies dem Abkommenstext entspricht (s dazu Rn 164).

321 Deutschland als Ansässigkeitsstaat des Unternehmens vermeidet die Dbest der Unternehmensgewinne in seinen Abk **traditionell** durch **Anwendung der Freistellungsmethode**.[444] Damit befindet sich die dt Abkommenpolitik in Übereinstimmung mit einer

440 *Schönfeld/Ditz* DBA Anh 4 Rn 34 f.

441 *Frotscher* Rn 52.

442 Vgl zB das **DBA Irland** v 30.3.2011, das **DBA-Ungarn** v 28.2.2011, das **DBA-Vereinigte Arabische Emirate** v 1.7.2010, das **DBA Großbritannien/Nordirland** v 30.3.2010 und das **DBA Bulgarien** v 25.1.2010.

443 *Müller-Gatermann* IStR 2015, 387,

444 Eine Ausnahme stellt das DBA mit den **Vereinigten Arabischen Emiraten** v 1.7.2010 dar, das die Anrechnungsmethode vorsieht (Art 22 des DBA).

Vielzahl kontinentaleuropäischer Staaten, während insb Großbritannien und die USA seit jeher die Anrechnungsmethode bevorzugen.[445]

Die meisten der von Deutschland abgeschlossenen DBA enthalten eine dem **früheren Art 14 MA** entspr Regelung.[446] In den neueren DBA wird allerdings zunehmend darauf verzichtet (vgl Rn 20). **322**

Im bisherigen OECD-Kommentar gibt es keine **Bemerkungen oder Vorbehalte** Deutschlands zu Art 7. Durch die Neufassung des MK im Juli 2008[447] hat Deutschland in Tz 73 MK eine Bemerkung aufnehmen lassen. Diese bezieht sich auf die Anerkennung der vom Betriebsstättenstaat praktizierten Methode zur Ermittlung des **Dotationskapitals** durch Deutschland als Ansässigkeitsstaat des Unternehmens. Um Dbest zu vermeiden, soll die im Betriebsstättenstaat angewandte Methode zur Bestimmung des Dotationskapitals unter bestimmten Voraussetzungen auch im Ansässigkeitsstaat angewandt werden.[448] Deutschland will die Ermittlungsmethode des Betriebsstättenstaats nicht generell anerkennen, sondern behält sich die Durchführung eines Verständigungsverfahrens (Art 25) vor. Im MK 2010 wurde die Bemerkung wieder gestrichen (Streichung Tz 73). **323**

II. Wichtige Abweichungen

Im Gegensatz zum MA und den neueren dt DBA verwenden einige dt DBA nicht die Formulierung „Gewinne eines Unternehmens", sondern den Begriff „Einkünfte aus gewerblichen Unternehmen", „gewerblichen Gewinnen eines Unternehmens" oÄ.[449] Damit verwenden die DBA in ihrer dt Fassung den auf das innerstaatliche Recht verweisenden Begriff „Einkünfte aus Gewerbebetrieb" (§ 15 EStG). In diesen Fällen ist der Begriff auf dt Seite entspr dem innerstaatlichen Steuerrecht Deutschlands auszulegen (vgl Rn 51). **324**

Einige dt DBA enthalten Besonderheiten im Zusammenhang mit der Abkommensberechtigung von **PersGes**. Nach Art 3 Abs 1 Nr 4 **DBA-Belgien** gelten PersGes als ansässige Personen. Französische PersGes können nach französischem Recht für eine Besteuerung als KapGes optieren. Sie gelten dann gem Art 2 Abs 1 Nr 4 Buchst c **DBA-Frankreich** als ansässige Person. Griechische PersGes werden als solche nach griechischem Recht besteuert; sie sind dementsprechend auch abkommensberechtigt (Art II Abs 1 Nr 4 Buchst a **DBA-Griechenland**). Personenhandelsgesellschaften **portugiesischen Rechts** sind nach dortigem Recht juristische Personen und werden als solche in Portugal besteuert. Für die Anwendung dt Steuerrechts sind sie nach Auffassung der dt FinVerw als PersGes einzustufen.[450] Nach Art 4 Abs 4 **DBA-Portugal** gelten die Gesellschafter einer PersGes für Zwecke der Anwendung der Art 5–23 DBA **325**

445 *Lüdicke* Überlegungen, S 63 f; Zu Vor- und Nachteilen der Freistellungs- und Anrechungsmethode und zu Überlegungen im Hinblick auf die künftige deutsche Abkommenspolitik s *ders* S 65 ff.

446 Vgl die Übersichten bei *Vogel/Lehner* Art 14 Rn 37 und Rn 62.

447 Erste Stufe der Umsetzung des AOA, vgl Rn 222.

448 Tz 48, Tz 73 MK 2008 zu Art 7.

449 Vgl DBA-Griechenland (Art 3 Abs 1), DBA-Südafrika (Art 4 Abs 1), DBA-USA (Art 7).

450 *BMF* BStBl I 2014, 1258, Anlage.

als am Ort der tatsächlichen Geschäftsleitung der PersGes ansässig. Ähnliches gilt für spanische PersGes (vgl Art 4 Abs 1 iVm Art 3 Abs 1 Buchst e, f **DBA-Spanien**). Bes Regelungen zur Ansässigkeit und damit zur Abkommensberechtigung enthalten ferner das **DBA-Finnland** (Art 4 Abs 4), das **DBA-Island** (Art 4 Abs 4), das **DBA-Italien** (Abs 2 des Prot zum Abk) und das **DBA-Tunesien** (Art 4 Abs 1 iVm Art 3 Abs 1 Buchst b). Die dt FinVerw hat sich ferner zur abkommensrechtlichen Behandlung der **tschechischen und slowakischen** KG geäußert.[451]

326 Einige dt DBA enthalten spezielle Regelungen für **Sondervergütungen**. Hierauf wurde bereits an anderer Stelle hingewiesen (Rn 128).

327 Eine besondere Regelung für die Gewinnabgrenzung zwischen Stammhaus und **Vertreterbetriebsstätte** enthält das **DBA-Österreich**.[452] Bei Vertretungsverhältnissen innerhalb eines Konzerns, die gem Art 5 Abs 5 DBA-Österreich die Voraussetzungen einer Vertreterbetriebsstätte erfüllen, wird aufgrund der Protokollregelung gleichwohl keine Vertreterbetriebsstätte angenommen. Ihrem Wortlaut nach gilt die Protokollregelung nur für verbundene Unternehmen. Sind Vertreter und Prinzipal nicht verbundene Unternehmen, wären danach die allg Bestimmungen für Vertreter gem Art 5 Abs 5, Abs 6 DBA-Österreich anzuwenden. Dies ist allerdings fraglich, da iF unverbundener Unternehmen die für die Vertreterfunktionen vereinbarte Vergütung zwischen fremden Dritten vereinbart wurde und damit generell dem Fremdvergleich entspricht. Insofern dürfte der Inhalt der Protokollregelung gleichermaßen auch für selbstständige, nicht konzernzugehörige Vertreter gelten. Eine Rechtfertigung für eine unterschiedliche Behandlung ist nicht ersichtlich.

328 Für **Bauausführungen und Montagen** sahen zahlreiche dt DBA in Form einer Protokollregelung vor, dass Direktgeschäfte nicht der Bau- oder Montagebetriebsstätte zuzurechnen sind. Ferner sollten bestimmte Einkünfte trotz sachlichen Bezugs zur Betriebsstätte nicht der Betriebsstätte zugerechnet werden, wenn sie von einer im anderen Vertragsstaat ansässigen Person im selben Vertragsstaat ausgeübt wurden. In vielen neueren DBA hat Deutschland von dieser Regelung wieder Abstand genommen.[453]

---

451 Dazu und zur Behandlung von PersGes in weiteren Staaten vgl *BMF* BStBl I 2014, 1258, Anlage.

452 Ziff 2 des Prot zu Art 5 DBA-Österreich v 24.8.2000 lautet: „Es besteht Einverständnis, dass im Fall verbundener Unternehmen keines dieser Unternehmen als Vertreterbetriebsstätte eines anderen verbundenen Unternehmens behandelt wird, wenn die jeweiligen – ohne dieses Einverständnis sonst zur Vertreterbetriebsstätte führenden – Funktionen durch Ansatz angemessener Verrechnungspreise, einschließlich eines diesem verbleibenden Gewinns, abgegolten werden."

453 Näheres dazu bei *Vogel/Lehner* Art 7 Rn 67.

Art. 8 Seeschifffahrt, Binnenschifffahrt und Luftfahrt

(1) Gewinne aus dem Betrieb von Seeschiffen oder Luftfahrzeugen im internationalen Verkehr können[1] nur in dem Vertragsstaat besteuert werden, in dem sich der Ort der tatsächlichen Geschäftsleitung des Unternehmens befindet.

(2) Gewinne aus dem Betrieb von Schiffen, die der Binnenschifffahrt dienen, können[2] nur in dem Vertragsstaat besteuert werden, in dem sich der Ort der tatsächlichen Geschäftsleitung des Unternehmens befindet.

(3) Befindet sich der Ort der tatsächlichen Geschäftsleitung eines Unternehmens der See- oder Binnenschifffahrt an Bord eines Schiffes, so gilt er als in dem Vertragsstaat gelegen, in dem der Heimathafen des Schiffes liegt, oder, wenn kein Heimathafen vorhanden ist, in dem Vertragsstaat, in dem die Person ansässig ist, die das Schiff betreibt.

(4) Absatz 1 gilt auch für Gewinne aus der Beteiligung an einem Pool, einer Betriebsgemeinschaft oder einer internationalen Betriebsstelle.

BMF v 31.10.2008, IV C 6 S 2133a/07/10001, BStBl I 2008, 956; *BMF* v 12.6.2002, IV A 6 S 2133a 11/02, BStBl I 2002, 614; *BMF* v 24.12.1999, IV B 4 S 1300 111/99, BStBl I 1999, 1076; *BMF* v 8.5.1996, IV C 6 S 1301 Ukr 6/96, BStBl I 1996, 686; *BMF* v 10.7.1996, IV C 6 S 1301 Indi 5/96, BStBl I 1996, 1117; *OFD Koblenz* v 24.6.1993, S 1300 A St 341; *OFD Düsseldorf* v 29.6.1998, S 1302 A St 112; *OFD München/Nürnberg* v 20.8.1969, S 1300 6/18 47.145; *FinMin Hessen* v 15.4.1969, S 1301 A; *FinMin Niedersachsen* v 7.3.1969, S 1302 2 311

Übersicht

Literatur: *Grotherr* Handbuch der internationalen Steuerplanung, 3. Aufl 2011; *Hildesheim* Die Gewinnermittlung bei Handelsschiffen im internationalen Verkehr nach der Tonnage (§ 5a EStG), DStZ 1999, 283; *Hund* The Development of Double Taxation Conventions with Particular Reference to Taxation of International Air Transport; Bulletin for International Taxation 1982, 111; *Kelly* Reciprocal Exemption: A Regime to Treasure, Bulletin for

1 Österreich: S Fußnote 1 zu Art 6.
2 Österreich: S Fußnote 1 zu Art 6.

International Taxation 1985, 267; *Klemme* Pools in der Schiffart: Vertragliches Konzept und kartellrechtliche Relevanz, Transportrecht 2004, 235; *Kranz* Die Gewinnermittlung nach § 5a EStG (Tonnagesteuer) – Überlegungen zum sachlichen Umfang des pauschal ermittelten Gewinns, DStR 2000, 1215; *Kreutziger* Festlegung des Mittelpunktes der geschäftlichen Oberleitung eines Schiffartsunternehmens – Anmerkung zum BFH-Urteil vom 3.7.1997, IV R 58/95, DStRE 1998, 60, DStR 1998, 1122; *ders* Handbuch der internationalen Steuerplanung, 3. Aufl 2011; *Laub* Das neue Schifffahrts-DBA mit Hongkong – Anwendung auf Containermanager und deutsche Containerfonds, IStR 2005, 223; *Maisto* The „Shipping and Air Transport" Provision (Art 8 in the Italy-USA Double Taxation Agreement, Intertax 1995, 146; *Rauert* Das neue DBA-Zypern aus Sicht der Schifffahrt – ein Überblick, IStR 2012, 264; *ders* Das Schifffahrts-DBA mit Hongkong – eine neue Sicht, IStR 2012, 244; *Rubbens/Stevens* Einführung der deutschen Tonnagesteuer: Eine vergleichende Darstellung mit der niederländischen Regelung, IStR 2000, 1; *Schulze* Zweifelsfragen zur Besteuerung von Seeschiffen im internationalen Verkehr („Tonnagesteuer"), FR 1999, 977; *Voß/Unbescheid* Anmerkungen zum BMF-Schreiben über die Gewinnermittlung bei Handelsschiffen im internationalen Verkehr nach § 5a EStG, DB 1999, 1777; *Wolter* Handbuch der internationalen Steuerplanung, 3. Aufl 2011.

A. Allgemeines

I. Bedeutung der Vorschrift

1 Für int operierende Verkehrsunternehmen kann eine am Betriebsstättenprinzip des Art 7 orientierte Verteilung der Besteuerungsrechte zu einem Übermaß an besteuerungsberechtigten Staaten führen. Art 8 Abs 1 kommt deshalb die Funktion zu, die Besteuerungsrechte für die Gewinne aus dem Betrieb von Schiffen und Luftfahrzeugen in einem Staat zu konzentrieren.[3] Dies führt indessen nicht zu einer Zuordnung des Besteuerungsrechts zum Ansässigkeitsstaat des Unternehmers, sondern zum Ort der tatsächlichen Geschäftsleitung. Aus Sicht des MA erstreckt sich mithin die Besteuerungsbefugnis des Staates, in dem die Geschäftsleitungs-Betriebsstätte ansässig ist, abw von Art 7 auf sämtliche Einkünfte, die durch die maßgebliche Betätigung erzielt werden.

II. Verhältnis zu anderen Vorschriften

2 **1. Verhältnis zu anderen Vorschriften des MA.** Art 8 verdrängt als Spezialvorschrift die in Art 7 vorgesehene Zuordnung von Besteuerungsrechten für Unternehmensgewinne nach dem Betriebsstättenprinzip. Der in Art 7 Abs 4 angeordnete Vorrang der Spezialvorschrift beansprucht auch nach der Orientierung des Art 7 im Fremdvergleichsgrundsatz Geltung.[4] Auch soweit bestimmte Funktionen im Zusammenhang mit dem Betrieb von Seeschiffen und Flugzeugen im internationalen Verkehr durch Betriebsstätten in anderen Staaten ausgeübt werden, sind zugehörige Gewinne, aber auch Aufwendungen nicht in diesem Betriebsstättenstaat zu erfassen, sondern im Staat der tatsächlichen Geschäftsleitung.[5] Einkünfte aus Kapitalvermögen können, auch wenn sie Betriebsvermögen des Betreibers der von Art 8 erfassten Verkehrsmittel sind, nach Maßgabe der Art 10 und Art 11 dem Besteuerungsrecht des Ansässigkeitsstaates des Unternehmens zuzuordnen sein, sofern sie nicht zum Betrieb des

3 Tz 1 MK zu Art 8.
4 Tz 21 MK zu Art 8.
5 Tz 21 MK zu Art 8.

Schifffahrts- oder Luftfahrtunternehmens gehören. Bei tatsächlicher Zugehörigkeit der Kapitaleinkünfte zu einer Betriebsstätte des Verkehrsunternehmens kann sich ein Besteuerungsrecht des Betriebsstättenstaates ergeben.[6]

Das Besteuerungsrecht für **Gewinne aus der Veräußerung von Seeschiffen oder Luftfahrzeugen**, die im int Verkehr betrieben werden, oder Binnenschiffen sowie des zugehörigen beweglichen Vermögens des Verkehrsunternehmens ergibt sich nicht aus Art 8, sondern aus Art 13 Abs 3, der allerdings der in Art 8 vorgesehenen Zuordnung des Besteuerungsrechts zu dem Staat, in dem sich der Ort der tatsächlichen Geschäftsleitung des Unternehmens befindet, folgt. Art 15 Abs 3 setzt das Prinzip der Besteuerung im Staat der tatsächlichen Geschäftsleitung des Verkehrsunternehmens für Einkünfte aus **nichtselbstständiger Arbeit** um, die an Bord eines See-, Binnenschiffes oder Luftfahrzeuges ausgeübt wird. 3

Art 8 weist dem Staat der tatsächlichen Geschäftsleitung ein ausschließliches Besteuerungsrecht zu („können nur"). Die Einkünfte sind deshalb durch den anderen Vertragsstaat freizustellen. Des Methodenartikels (Art 23) bedarf es nicht. Der Ansässigkeitsstaat kann die Einkünfte allerdings iRd ProgressVorb berücksichtigen (beachte aber § 32b Abs 1 S 2 Nr 4 EStG nF). 4

2. Vorschriften des nationalen Rechts. Wie jedes andere Unternehmen unterliegt ein im Ausland ansässiges Schifffahrtsunternehmen mit den einer inländischen Betriebsstätte (oder einem ständigen Vertreter) zuzurechnenden Einkünften der **beschränkten Besteuerung** in Deutschland (§ 49 Abs 1 Nr 2 Buchstabe a EStG). Eine inländische Betriebsstätte wird durch das Anlaufen dt Häfen nicht begründet. Auch das Schiff selbst stellt keine Betriebsstätte dar.[7] Gem § 49 Abs 1 Nr 2 Buchstabe b EStG gehören zu den der beschränkten StPfl unterfallenden Einkünften aus Gewerbebetrieb auch solche, die durch den Betrieb eigener oder gecharterter Seeschiffe (oder Luftfahrzeuge) aus Beförderung zwischen inländischen und von inländischen zu ausl Häfen erzielt werden, einschließlich der Einkünfte aus anderen mit solchen Beförderungen zusammenhängenden, sich auf das Inland erstreckenden Beförderungsleistungen. In diesem Fall werden als Einkünfte 5 % der für diese Beförderungsleistung vereinbarten Entgelte angesetzt (§ 49 Abs 3 S 1 und S 2 EStG). Eine nationale Freistellung von der (beschränkten) StPfl ergibt sich für viele Fälle aus § 49 Abs 4 EStG. Danach sind die Einkünfte steuerfrei, wenn sie von einem in Deutschland beschränkt StPfl mit Wohnsitz oder gewöhnlichem Aufenthalt im Ausland aus dem Betrieb von Schiffen oder Luftfahrzeugen bezogen werden und sich die Geschäftsleitung im Ausland befindet. Zudem muss der jeweilige ausl Staat für in Deutschland unbeschränkt StPfl eine entspr Steuerbefreiung gewähren und schließlich muss das Bundesministerium für Verkehr und digitale Infrastruktur die dt Steuerbefreiung für verkehrspolitisch unbedenklich erklären.[8] 5

Der Betrieb von Verkehrsunternehmen führt idR zu gewerblichen Einkünften (§ 15 EStG). Die Gewinnermittlung erfolgt in Deutschland deshalb im Grundsatz nach Maßgabe des sog Betriebsvermögensvergleichs (§ 4 Abs 1, § 5 Abs 1 EStG). 6

---

6 *S/K/K* Art 8 MA Rn 32.

7 Vgl *H/H/S* § 12 AO Rn 12; *Klein* § 12 AO Rn 9.

8 Vgl zu § 49 Abs 4 EStG *Kirchhof/Söhn/Mellinghoff* § 49 EStG M 1 ff.

7 Für den Gewinn eines Gewerbebetriebs mit Geschäftsleitung im Inland, der auf den Betrieb von Handelsschiffen im int Verkehr entfällt, kann die Gewinnermittlung auf Antrag nach der geführten Tonnage ermittelt werden, wenn die Bereederung dieser Handelsschiffe im Inland durchgeführt wird (§ 5a Abs 1 S 1 EStG).[9] Die Gewinnermittlung nach der Tonnage gilt auch für die GewSt und führt vielfach zu steuerlichen Belastungen, die ganz erheblich unter denjenigen bei der regulären Gewinnermittlung liegen.

8 ISd Regelungen zur **Tonnagebesteuerung** werden Handelsschiffe in folgenden Fällen im int Verkehr betrieben: Der Unternehmer setzt die Schiffe überwiegend zur Beförderung von Personen oder Gütern im Verkehr mit oder zwischen ausl Häfen, innerhalb eines ausl Hafens oder zwischen einem ausl Hafen und der Hohen See ein (§ 5a Abs 2 S 1 EStG). Das Schiff ist für die überwiegende Zeit des Jahrs im dt Seeschiffsregister eingetragen. Die dt Flagge muss nicht geführt werden.

9 Zum Betrieb von Handelsschiffen im int Verkehr gehört jedoch auch die Vercharterung von Schiffen, wenn die Schiffe vom Vercharterer ausgerüstet werden. Die Vercharterung von gecharterten Handelsschiffen gilt indessen nur dann als Betrieb von Handelsschiffen im int Verkehr, wenn gleichzeitig eigene oder ausgerüstete Handelsschiffe im int Verkehr betrieben werden (§ 5a Abs 2 S 3 EStG). Betriebseinnahmen und -ausgaben aus bzw für Neben- und Hilfsgeschäfte, die mit dem unmittelbaren Einsatz oder mit der Vercharterung von Seeschiffen zusammenhängen, sind ebenfalls von der bes Gewinnermittlung der Tonnagesteuer erfasst, nicht selten einschließlich der Gewinne aus der Veräußerung der Handelsschiffe (§ 5a Abs 2 S 2 EStG). Dies hängt davon ab, ob sich die Veräußerung noch als Nebengeschäft zum Betrieb des Handelsschiffes darstellt. Nach der Rspr kommt es auf die Feststellung der Veräußerungsabsicht bzw zeitliche Kriterien hinsichtlich Vereinbarung und Durchführung der Veräußerung an.[10]

10 Von den begünstigten Gewinnen aus dem Einsatz und bestimmten Formen der Vercharterung von Seeschiffen sind Gewinne aus den Dienstleistungsentgelten für die Bereederung von Handelsschiffen zu unterscheiden. **Bereederung** meint die Verwaltung eines Handelsschiffes in kommerzieller, technischer und personeller Hinsicht, insb durch Abschluss von Verträgen über den Einsatz des Schiffes, Ausrüstung und Verproviantierung des Schiffes, Einstellung von Kapitänen und Schiffsoffizieren, Befrachtung des Schiffes, Abschluss von Bunker- und Schmierölverträgen, Erhaltung des Schiffes, Abschluss von Versicherungsverträgen, Führung der Bücher, Rechnungslegung.[11] Das Bereederungsentgelt kann in gewissen Grenzen mit der Tonnagesteuer abgegolten sein, wenn der Reeder als (Mit-)Unternehmer an dem Einsatz oder der Vercharterung des Schiffes teilhat.[12]

11 In der dt Praxis der Schiffsfinanzierung spielen **geschlossene Fonds**, eine bedeutende Rolle, dh GmbH & Co KGs mit einer Vielzahl von Kommanditisten, die idR Eigentümer eines einzigen Schiffes sind. Diese SchifffahrtsGes verchartern meist für längere

---

9 *BMF* BStBl I 2002, 614, Tz 1-2.

10 *BFH* BStBl 2015 II 296.

11 *BMF* BStBl I 2002, 614, Tz 1.

12 *BMF* BStBl I 2002, 614, geändert durch das *BMF* BStBl I 2008, 956, Tz 34 und *BMF* BStBl I 2013, 1152.

Zeiträume (*timecharter*) das in ihrem Eigentum stehende Schiff voll ausgerüstet und bemannt an den Charterer. Für die Bemannung des Schiffes und die Erhaltung der Ausrüstung wird durch die SchifffahrtsGes ein Vertragsreeder eingeschaltet, der seine Leistungen gg der SchifffahrtsGes erbringt. Die SchifffahrtsGes kann in diesem Fall zur Tonnagesteuer optieren. Dies wäre nicht der Fall, wenn sie dem Charterer das Schiff ohne Ausrüstung und Bemannung überließe (sog *bareboat charter*).[13]

B. Seeschiffe und Luftfahrzeuge (Abs 1)

I. Allgemeines

Art 8 Abs 1 weist das ausschließliche Besteuerungsrecht für Einkünfte aus dem Betrieb von Seeschiffen und Luftfahrzeugen, die im int Verkehr betrieben werden, dem Staat zu, in dem die tatsächliche Geschäftsleitung ausgeübt wird. In einer Reihe von DBA wird jedoch abw vom MA nicht auf den Ort der tatsächlichen Geschäftsleitung abgestellt, sondern auf den Staat, in dem das Verkehrsunternehmen ansässig ist.[14] **12**

II. Sachlicher Anwendungsbereich

1. Seeschiffe. Als Schiff ist jedes auf dem Wasser schwimmende Fahrzeug zu verstehen, ohne dass es darauf ankommt, welchem Verwendungszweck es dient und ob es einen Eigenantrieb hat oder nicht.[15] Der Begr des Seeschiffs bestimmt sich nach dem Recht des Anwenderstaats. Nach dt Recht kommt es bspw darauf an, ob das Schiff in das Seeschiffs- oder Binnenschiffsregister eingetragen ist, wenn es um die Abgrenzung zwischen Seeschiff und Binnenschiff geht.[16] Es ist zudem erforderlich, dass das Schiff seiner Zweckbestimmung gem auch tatsächlich zur Seeschifffahrt verwendet wird.[17] Maßgeblich ist also, ob die Schifffahrt tatsächlich im freien Meer und in Küstengewässer betrieben wird oder aber, wie für die Binnenschifffahrt typisch, auf Flüssen, Kanälen und Seen.[18] **13**

2. Luftfahrzeuge. Luftfahrzeuge sind alle startenden und landenden Fahrzeuge, die sich im Luftraum fortbewegen, nicht aber bspw Luftkissenboote.[19] **14**

3. Internationaler Verkehr. In Art 3 Abs 1 Buchstabe e ist der Begr Int Verkehr definiert als „jede Beförderung mit einem Seeschiff- oder Luftfahrzeug, das von einem Unternehmen mit tatsächlicher Geschäftsleitung in einem Vertragsstaat betrieben wird, es sei denn das Seeschiff oder Luftfahrzeug wird ausschließlich zwischen Orten im anderen Vertragsstaat betrieben".[20] **15**

Hierdurch wird der Anwendungsbereich des Art 8 auf **Beförderungsleistungen** reduziert. Frachtschiffe, Kühlschiffe und Tankschiffe gehören zu den bestimmungsgemäß im int Verkehr eingesetzten Schiffen, nicht jedoch Schiffe, die dem Fischfang dienen oder als Eisbrecher eingesetzt werden.[21] **16**

13 *BMF* BStBl I 2002, 614, Tz 10.
14 Vgl Tz 2 MK zu Art 8.
15 *BFH* BStBl III 1955, 358.
16 Schiffsrechtegesetz v 15.11.1940, RGBl I 1940, 1499.
17 *BFH* BStBl II 1972, 45.
18 *Debatin/Wassermeyer* Art 8 MA Rn 17.
19 *Vogel/Lehner* Art 8 MA Rn 13.
20 Vgl auch *BMF* BStBl I 1999, 1076.
21 *Maisto* Intertax 1995, 146.

17 Abzustellen ist auf die jeweilige Reise des Schiffes. Vollzieht sie sich ausschließlich zwischen Orten in dem anderen Vertragsstaat, liegen also Abfahrtsort und auch Ankunftsort des Schiffes oder Luftfahrzeugs in diesem anderen Vertragsstaat, liegt kein int Verkehr vor.[22] Int Verkehr liegt jedoch vor, wenn iRd Reise nur einmal eine Grenze überquert wird. Bei der Linienschifffahrt gilt als einheitliche Reise entweder die gesamte Rundreise oder aber die Reise zum wichtigsten Kontinenthafen.[23]

18 **4. Gewinn aus dem Betrieb.** Die Anwenderstaaten des DBA bestimmen nach ihrem innerstaatlichen Recht, was als Gewinn aus dem Betrieb des Seeschiffes oder Luftfahrtzeugs im int Verkehr zu verstehen ist und wie dieser Gewinn zu ermitteln ist.[24] Der Staat, in dem die tatsächliche Geschäftsleitung des Unternehmens ansässig ist, ermittelt den Gewinn, weil er diesen besteuern darf. Der andere Vertragsstaat ermittelt den Gewinn, um festzustellen, was er von seiner Besteuerung ausnehmen muss.

19 Der Gewinn bezieht sich nur auf den Teil des Gewinns eines Unternehmens, der durch den Betrieb von Seeschiffen und Luftfahrzeugen im int Verkehr – und die gleichgestellten Nebenbetätigungen – veranlasst ist. Nicht erfasst sind Gewinne aus der Veräußerung von Verkehrsmitteln.[25]

20 Gewinne aus der **Veräußerung von Seeschiffen oder Luftfahrzeugen**, die im int Verkehr betrieben werden, sowie von Schiffen, die der Binnenschifffahrt dienen, und zugehörigem beweglichen Vermögen werden gem Art 13 Abs 3 ausschließlich in dem Vertragsstaat besteuert, in dem sich der Ort der tatsächlichen Geschäftsleitung des Unternehmens befindet. Das MA stellt insoweit über eine andere Vorschrift für Veräußerungsgewinne einen Gleichklang mit Art 8 Abs 1 her.

21 Die durch Art 8 Abs 1 angeordnete Freistellung von der Besteuerung gilt nicht nur iF, dass sich Gewinne aus dem Betrieb ergeben, sondern auch für den Verlustfall.

22 Ob ein **Betrieb von Seeschiffen oder Luftfahrzeugen** vorliegt, ist anhand einer abkommensrechtlichen Auslegung zu bestimmen. Betrieb meint eine unternehmerische Tätigkeit iSd Art 7 Abs 1. Zusätzlich müssen die Anforderungen des Art 8 Abs 1 erfüllt sein. Einkünfte, die im Zusammenhang mit der Seeschifffahrt oder der Luftfahrt stehen, allerdings nicht aus dem Betrieb von Seeschiffen oder Luftfahrzeugen herrühren, unterfallen nicht Art 8 Abs 1, sondern Art 7 Abs 1. Da der Begr des Betriebs demnach iÜ nach dem innerstaatlichen Recht des Anwenderstaates zu bestimmen ist, kommt es für die dt Anwendungspraxis darauf an, ob es sich um eine gewerbliche Tätigkeit iSd § 15 Abs 2 EStG handelt, die auf den Einsatz des Seeschiffes oder Luftfahrzeugs im int Verkehr ausgerichtet ist.[26] Dem Betreiber müssen die Gewinne aus der Beförderung von Personen und Fracht wirtschaftlich zuzurechnen sein. Hierzu gehört typischerweise, dass dieser das Auslastungsrisiko trägt.[27]

23 Im Einklang mit der dt Praxis der Tonnagebesteuerung (s oben Rn 7) werden auch iRd Art 8 Abs 1 Gewinne aus der Vermietung eines vollständig ausgerüsteten und bemannten Schiffes oder Luftfahrzeugs als Gewinne aus dem Betrieb eines derartigen

22 Tz 6.1 MK zu Art 3.
23 *Debatin/Wassermeyer* Art 8 MA Rn 31.
24 *BFH* BStBl II 2003, 875.
25 *BFH* BStBl III 1966, 93.
26 *Debatin/Wassermeyer* Art 8 MA Rn 19.
27 *Debatin/Wassermeyer* Art 8 MA Rn 19.

Verkehrsmittels behandelt. Wird hingegen das Schiff (*bareboat charter*) oder das Flugzeug (*dry lease*) ohne Ausrüstung vermietet, handelt es sich nicht um den Betrieb eines Verkehrsmittels.[28]

Der Betrieb eines Verkehrsmittels liegt unabhängig davon vor, ob der Betrieb mit eigenen, gemieteten oder gecharterten Fahrzeugen durchgeführt wird.[29] **24**

a) Vorbereitungs- und Nebentätigkeiten. Nach dem Vorgenannten liegt die Kernbetätigung des Betreibers der Seeschiffe oder Luftfahrzeuge darin, diese für Zwecke der **Beförderung von Personen und Gütern** zur Verfügung zu stellen. Die Gewinne resultieren aus dem Beförderungsentgelt, weshalb der Unternehmer die Chance und das Risiko der Auslastung des Verkehrsmittels trägt. Gleichgestellt wird die Vermietung eines ausgerüsteten und bemannten Seeschiffs oder Luftfahrzeugs. **25**

Erfasst sind auch die Gewinne aus **Vorbereitungstätigkeiten**, zu denen die Anschaffung und die Herstellung des Schiffs oder Luftfahrzeugs gehört. Kommt es nicht zum Betrieb des Verkehrsmittels, weil es bspw vor Indienststellung veräußert wird, unterfällt der Gewinn nicht Art 8 Abs 1.[30] Die Vorschrift soll nach dem MK generell keine Anwendung auf **Schiffswerften** finden.[31] Hieraus wird auch gefolgert, dass **Wartungs- und Reparaturbetriebe** von Luftfahrtunternehmen nicht Art 8 Abs 1 unterfallen. **26**

Dies ist nur überzeugend, soweit es um Leistungen für andere geht. Die Herstellung oder Reparatur eines Schiffes und Luftschiffes für eigene Zwecke gehört sachlich zu den Vorbereitungstätigkeiten des Betriebs eines solchen Verkehrsmittels, auch wenn eine derartige mehrstufige Wertschöpfung in Fällen der Herstellung nicht der gängigen Praxis des heutigen Wirtschaftslebens entspricht. Wenn das Verkehrsunternehmen für die Auslastung von Leerkapazitäten, bspw in seinem Wartungsbetrieb, sorgt, indem es Leistungen an andere erbringt, können die hieraus resultierenden Gewinne Art 8 Abs 1 unterfallen, wenn die Tätigkeit von untergeordneter Bedeutung ist.[32] **27**

Gewinne aus anderen Betätigungen des Unternehmers, der diese Transportleistungen erbringt, unterfallen dann der Regelung des Art 8, wenn sie in einem sachlich-funktionalen Zusammenhang zur Transportleistung stehen.[33] Dies gilt für Tätigkeiten, die von untergeordneter Bedeutung sind, aber dennoch in so engem Zusammenhang mit dem Betrieb stehen, dass sie weder als eigener Geschäftsbetrieb noch als eigene Einkommensquelle anzusehen sind. Diese werden als Neben- oder Hilfsgeschäfte, die im Folgenden zusammenfassend als Nebengeschäfte bezeichnet werden, gleichwohl den Gewinnen aus dem Betrieb von Seeschiffen oder Luftfahrzeugen im int Verkehr zugerechnet.[34] Hierzu zählen bestimmte Beförderungsleistungen im Zusammenhang mit dem Einsatz von Seeschiffen oder Luftfahrzeugen, wie bspw die Ausführung der Personen- oder Güterbeförderung durch Seeschiffe oder Luftfahrzeuge eines anderen Unternehmens.[35] **28**

---

28 Tz 5 MK zu Art 8.
29 *Vogel/Lehner* Art 8 MA Rn 18.
30 *BFH* BStBl II 2003, 875.
31 Tz 12 MK zu Art 8.
32 Tz 10 MK zu Art 8; *G/K/G* Art 8 MA Rn 105 f.
33 *G/K/G* Art 8 MA Rn 14.
34 Tz 4.2 MK zu Art 8.
35 Tz 6 MK zu Art 8.

29 Diese Nebentätigkeiten müssen aber von einem Luftverkehrs- oder Schifffahrtsunternehmen durchgeführt werden. Verkaufen Agenturen Schiffs- oder Flugkarten für Rechnung des Betreibers des Seeschiffs oder Luftfahrzeugs, gehört dies für den Verkehrsunternehmer zu den erfassten Hilfsleistungen, nicht aber, wenn der Verkauf auf Rechnung eines rechtlich selbstständigen Unternehmens erfolgt. Ladengeschäfte wie Gastronomiebetriebe an Bord eines Schiffes fallen nur dann unter den Regelungsbereich des Art 8, wenn das Schifffahrtunternehmen selbst die Einrichtung betreibt. Wird der Gaststättenbetrieb oder die Verkaufsstätte an einen Dritten vermietet, so unterfallen die Vermietungseinkünfte Art 8.[36] Entspr gilt für das **Groundhandling** durch Luftverkehrsunternehmen. Übernimmt dieses bspw selbst die Reinigung der Flugzeuge, die Durchführung von Sicherheitskontrollen usw im Zusammenhang mit eigenen Beförderungsleistungen fallen diese Leistungen unter Art 8 Abs 1. Bei entspr Leistungen an Dritte kommt es darauf an, ob sie von untergeordneter Bedeutung sind.[37]

30 Die dt FinVerw rechnet den Landtransport nicht zu den Nebenleistungen des See- oder Lufttransports. Wird die auf See oder in der Luft durchgeführte Beförderung an Land fortgesetzt, so handelt es sich um eine gemischte Betätigung, die für Zwecke der Anwendung des MA aufzuteilen und teilw unter Art 8 Abs 1 und iÜ unter Art 7 Abs 1 zu erfassen sind.

31 Zinseinkünfte und ähnliche **Einkünfte aus Kapitalanlagen** gehören typischerweise nicht zu den Nebeneinkünften, die unter Art 8 Abs 1 fallen. Etwas Anderes gilt, wenn die Einkünfte integraler Bestandteil des Verkehrsbetriebs sind. Dies gilt idR, wenn es sich um Zinsen auf die Geschäftskonten handelt, über die die laufenden Beförderungsentgelte abgewickelt werden.[38]

32 **b) Container.** In der Schifffahrt werden in großem Umfang Container eingesetzt. Diese werden üblicherweise zunächst über Land zum Verladehafen und vom Entladehafen zum Abnehmer befördert. Fraglich ist, ob dem Staat der tatsächlichen Geschäftsleitung gem Art 8 Abs 1 auch das ausschließliche Recht zur Besteuerung jener Gewinne zusteht, die auf den Landtransport entfallen. Dies lässt sich begründen, weil es sich hierbei vielfach um Nebengeschäfte handelt, die in einem funktionalen Zusammenhang mit dem Hauptgeschäft stehen.[39] Nach dem MK unterfallen derartige Gewinne unter konsequenter Fortsetzung des dort vertretenen weiten Verständnisses von Nebengeschäften ebenfalls Art 8.[40] Im MK wird der Anwendungsbereich des Art 8 auch auf die Gewinne aus der **Vermietung von Containern** erstreckt. Auch dies erscheint sachgerecht, wenn sich die Gestellung der Container aus Sicht des Kunden als Nebenleistung zur Beförderungsleistung darstellt. Die dt FinVerw ist zurückhaltender. Deutschland hat sich in einer Bemerkung zum MK eine abw Auffassung zur Anwendung des Art vorbehalten.[41]

---

36 *Vogel/Lehner* Art 8 Rn 16.
37 Tz 10 MK zu Art 8.
38 Tz 14 MK zu Art 8.
39 **AA** *Debatin/Wassermeyer* Art 8 Rn 20.
40 Tz 9 MK zu Art 8.
41 Tz 29 MK zu Art 8.

Für die Besteuerungspraxis in Deutschland ist ein Erlass des hessischen FinMin bedeutsam, demzufolge lediglich folgende Leistungen im Containerverkehr nach Art 8 erfasst werden:[42] 33

- Gestellung von Containern und Spezialfahrgestellen zur Beförderung in den Abgangsseehafen und während des Überseetransports,
- Umladen der Container vom Spezialfahrgestell oder vom Eisenbahnwagon in das Seeschiff,
- Transport auf dem Seeschiff,
- Entladen der Container im Bestimmungshafen auf Spezialfahrgestell oder Eisenbahnwagons,
- Gestellung von Containern und Spezialfahrgestellen vom Eingangsseehafenplatz zum Inlands-Empfänger.

Zudem fallen nach diesem Erlass sämtliche mit dem Containerverkehr zusammenhängenden Leistungen unter Art 8, wenn für Sie vom Schifffahrtsunternehmer kein bes Entgelt erhoben wird. Dies steht allerdings unter dem Vorbehalt, dass auch der andere Vertragsstaat die Abkommensbestimmung entspr weit auslegt.

Jüngere Äußerungen des BMF lassen zudem die Frage aufkommen, ob die deutsche Finanzverwaltung von ihrer restriktiven Auffassung zukünftig abrückt. In der Verhandlungsgrundlage für Doppelbesteuerungsabkommen im Bereich der Steuern vom Einkommen und Vermögen (DE-VG) macht das BMF vom o.g. Vorbehalt zum Musterkommentar keinen Gebrauch. Nach Art 8 Abs 3 Nr 2 DE-VG gehören zu den Gewinnen aus Seeschifffahrt, Binnenschifffahrt und Luftfahrt nun ausdrücklich auch Gewinne aus der Nutzung oder Vermietung von Containern (einschließlich Trailern und zugehöriger Ausstattung, die dem Transport der Container dienen). Diese Regelung deutet darauf hin, dass die bisherige Auffassung der Finanzverwaltung demnächst aufgeweicht werden könnte. 34

Die DE-VG ist allerdings lediglich eine Mustervorlage für den Abschluss zukünftiger DBA ohne Auswirkungen auf bereits bestehende DBA. Der Vorbehalt zur Auffassung des Musterkommentars ist ungeachtet der DE-VG weiterhin gültig. Es bleibt daher abzuwarten, ob die Finanzverwaltung in Zukunft ihre zurückhaltende Haltung aufgibt und Art 8 auf die Gewinne aus der Vermietung von Containern erstreckt. 35

III. Persönlicher Anwendungsbereich

Der Unternehmer muss persönlich abkommensberechtigt sein, dh, es muss sich um eine Person handeln, die in einem Vertragsstaat iSd Art 4 **ansässig** ist. Art 8 Abs 1 setzt zudem voraus, dass sich der Ort der tatsächlichen Geschäftsleitung des Unternehmens in einem der Vertragsstaaten befindet. Aus diesem Grund kommt Art 8 Abs 1 nicht zur Anwendung, wenn es um die Aufteilung der Besteuerungsrechte zwischen dem Ansässigkeitsstaat des Unternehmers und einem dritten Staat geht, ohne dass sich der Ort der tatsächlichen Geschäftsleitung in einem dieser Staaten befindet.[43] 36

Beispiel: A ist an einem Unternehmen beteiligt, das Seeschiffe im int Verkehr betreibt und dessen Ort der tatsächlichen Geschäftsleitung in Staat B belegen ist. Das Unternehmen unterhält eine Agentur (Betriebsstätte) in Staat C. A ist ausschließlich in Staat A steuerlich

42 *Hessisches FinMin* v 15.4.1969, Handbuch des Außensteuerrechts, C5 Rn 15.
43 *Vogel/Lehner* Art 8 MA Rn 28.

ansässig. Zwischen sämtlichen Staaten bestehen DBA, die dem MA entspr. Die in der Agentur in Staat C entstehenden Betriebsstättengewinne dürfen gem Art 7 MA in C besteuert werden. Art 8 Abs 1 des zwischen A und C abgeschlossenen DBA stehen dem nicht entgegen, weil der Ort der Geschäftsleitung in keinem Vertragsstaat liegt. Das zwischen B und C abgeschlossene DBA steht der Besteuerung nicht entgegen, weil zwar der Ort der Geschäftsleitung in B liegt, A jedoch in keinem der Vertragsstaaten ansässig ist.

37 Für den Fall, dass eine **PersGes** ein Seeschiff oder ein Luftfahrzeug im int Verkehr betreibt, setzt die Anwendung des Art 8 Abs 1 voraus, dass entweder die PersGes oder aber der einzelne betroffene Gesellschafter persönlich abkommensberechtigt ist. Für den Fall, dass – entspr der dt Abkommenspraxis – die PersGes selbst nicht abkommensberechtigt ist, kann sich jedenfalls der Gesellschafter auf den Schutz des Art 8 Abs 1 berufen. Bei der Bestimmung des Ortes der tatsächlichen Geschäftsleitung ist für die GmbH & Co KG typischerweise ausschlaggebend, wo die Geschäftsführer der Komplementär-GmbH die maßgebenden Entsch für die KG treffen (s Rn 39).

IV. Ort der Geschäftsleitung

38 Wo die „tatsächliche Geschäftsleitung“ zu verorten ist, ist im Einklang mit den entspr Bestimmungen der Art 4 Abs 3, Art 13 Abs 3 und Art 22 Abs 3 zu bestimmen. Ein bedeutsamer Unterschied liegt allerdings darin, dass Art 8 Abs 1 auf die **tatsächliche Geschäftsleitung** des Unternehmens abstellt, die nicht mit der Geschäftsleitung des Unternehmers übereinstimmen muss.

39 Auf den rechtlichen Sitz kommt es für Art 8 nicht an. Entsch ist, wo die geschäftliche Oberleitung ausgeübt wird, dh, die für das Tagesgeschäft notwendigen Entsch selbstständig und eigenverantwortlich getroffen werden.[44] Für die GmbH & Co KG ist idR ausschlaggebend, wo der Geschäftsführer der Komplementär-GmbH die maßgebenden Entsch für die KG trifft. Die geschäftliche Oberleitung kann sich indessen auch in den Geschäftsräumen eines ausl Managers oder Korrespondentenreeders befinden.[45] Im Zweifelsfall kommt es auf die Bedeutung der einzelnen Umstände für die laufende Geschäftsführung im Einzelfall an.[46]

C. Binnenschifffahrt (Abs 2)

40 Dieser Abs erstreckt die Regelungen für den See- und Lufttransport im int Verkehr auf die Beförderung auf Flüssen, Kanälen und Seen.[47] Für den sachlichen Bereich gelten diese Grundsätze wie für den Betrieb von Seeschiffen und Luftfahrzeugen im int Verkehr.[48]

41 Weil Art 8 Abs 2 nicht auf den grenzüberschreitenden Betrieb von Schiffen abstellt, begründet dies ein ausschließliches Besteuerungsrecht des Geschäftsleitungsstaates auch für den Fall, dass die Binnenschiffe ausschließlich auf Gewässern im anderen Vertragsstaat betrieben werden.

---

44 *BFH* BStBl II 1998, 86; *BFH/NV* 2000, 300.

45 *BFH* BStBl II 1998, 86; *Kreutziger* DStR 1998, 1122.

46 Vgl *Kreutziger* S 975, 986 f.

47 Tz 16 MK zu Art 8.

48 Tz 16.1 MK zu Art 8.

D. Geschäftsleitung an Bord eines See- oder Binnenschiffes (Abs 3.)

Wenn sich der Ort einer Geschäftsleitung eines Schifffahrtsunternehmens iSd Art 8 Abs 1 oder Abs 2 MA an Bord eines Schiffes befindet, hat der Staat das Besteuerungsrecht, in dem sich der Heimathafen des Schiffes befindet. Es kommt auf die Geschäftsleitung des Unternehmens an, nicht auf die Geschäftsleitung des einzelnen Schiffes. **42**

Heimathafen ist der Hafen, von dem aus die Schifffahrt tatsächlich betrieben wird. Nach dt Recht ist ein registerpflichtiges Schiff grds in das Schiffsregister seines Heimathafens oder Heimatortes einzutragen (§ 4 SchiffsRegO); der Heimathafen ist deshalb regelmäßig identisch mit dem Registerhafen. Hat ein Schiff keinen Heimathafen, so wird das Besteuerungsrecht dem Staat zugeordnet, in dem der das Schiff betreibende Unternehmer nach Art 4 MA ansässig ist. **43**

E. Pool (Abs 4)

In der int Seefahrt und Luftfahrt gibt es verschiedene Formen der Zusammenarbeit, die auf die Erbringung von Beförderungsleistungen für gemeinsame Rechnung abzielen. Rechtlich handelt es sich aus dt Sicht idR um PersGes, die ua unter der Bezeichnung Pool, Betriebsgemeinschaft etc auftreten.[49] Dass es sich dabei abkommensrechtlich nicht um Unternehmen handelt, lässt sich aus Art 8 Abs 4 ableiten. Die Tätigkeit und die Einkünfte des Pools oder der Betriebsgemeinschaft werden abkommensrechtlich den an ihnen beteiligten Unternehmen zugerechnet. **44**

Art 8 Abs 4 findet jedoch ausschließlich auf InnenGes Anwendung. Gründen verschiedene Unternehmen zur Erbringung int Beförderungsleistungen eine nach außen auftretende Mitunternehmerschaft bspw in Form einer KG oder OHG, so ist Art 8 Abs 4 nicht anzuwenden. Es gelten die allg Regelungen zur Besteuerung von Mitunternehmerschaften, deren Behandlung dann davon abhängt, ob der jeweilige Vertragsstaat diese für Abkommensteuerzwecke als ansässige Personen behandelt oder nicht (s Art 4 Rn 52 ff).[50] **45**

Art 8 Abs 4 betrifft die Zuweisung des Besteuerungsrechts für den Gewinnanteil des einzelnen Unternehmens, der sich aus dem Pool, der Betriebsgemeinschaft oder einer ähnlichen Unternehmenskooperation ergibt. Wie dieser Anteil zu ermitteln ist, bestimmt sich nach dem Recht des jeweiligen Anwenderstaates. Ist Deutschland Anwenderstaat, so können die für die Besteuerung von Gewinnen eines Mitunternehmers geltenden Grundsätze herangezogen werden.[51] **46**

F. Deutsche Abkommenspraxis

I. Art 8 Abs 1

Eine gewichtige Gruppe von DBA, die die Bundesrepublik Deutschland abgeschlossen hat, sieht nicht die Besteuerung am Ort der tatsächlichen Geschäftsleitung vor, sondern im Staat der **Ansässigkeit des Unternehmers**. Entspr Regelungen finden sich in den **47**

49 Zur zivilrechtlichen Einordnung: *Klemme* Transportrecht 2004, 235.
50 Vgl *Debatin/Wassermeyer* Art 8 MA Rn 78.
51 *Debatin/Wassermeyer* Art 8 MA Rn 81.

DBA der Bundesrepublik Deutschland mit Aserbaidschan, Australien, Hongkong,[52], Indonesien, Japan, Kanada, Kenia, Kirgistan, Korea, Lettland, Liberia, Litauen, , Philippinen, Russland, Schweden, Singapur, Türkei, den USA und Usbekistan.

48 IF solcher Zuordnungen zum Ansässigkeitsstaat ergeben sich insb bei der Beteiligung an PersGes Fragen der Verortung der Ansässigkeit (s Art 4 Rn 52 ff). Betreibt eine PersGes ein Seeschiff oder Luftfahrzeuge im int Verkehr, sind aus dt Sicht die hinter der PersGes stehenden Gesellschafter die Unternehmer, weshalb es auf deren Ansässigkeit ankommt (s auch Art 3 Abs 1 lit d und hierzu Art 3 Rn 42).[53] Andere Staaten können zu anderen Erg kommen, wenn sie die PersGes als Unternehmer einordnen.

49 In dem DBA mit **Singapur** ist vorgesehen, dass die Steuerfreistellung für Seeschifffahrt nicht für **ausl beherrschte Ges** gewährt wird. Eine in Singapur ansässige Ges, an der in Deutschland oder in Drittstaaten ansässige Personen zu mehr als 50 % beteiligt sind, werden von der Besteuerung in Deutschland nur freigestellt, wenn sie nachweisen, dass die in Singapur gezahlte Steuer der normalen Steuer ohne Anwendung von Steuervergünstigungen entspricht. Eine entspr Regelung enthielten die DBA Zypern und Korea.

50 Mit der Revision des für die deutschen maritimen Unternehmen bedeutsamen DBA Zypern ist ab 2012 die Einschränkung der Steuerfreistellung für ausländisch beherrschte Gesellschaften entfallen. Im Protokoll zu dem DBA Zypern findet sich eine Konkretisierung des Orts der tatsächlichen Geschäftsleitung, die diese dort verortet, wo „die ranghöchste Person bzw Personengruppe ihre Entscheidungen trifft und an dem die von dem Rechtsträger als Ganzen zu treffenden Maßnahmen beschlossen werden."[54] Mit diesem Verständnis dürfte allerdings keine grundlegende Neuorientierung verbunden sein, sondern lediglich eine Absicherung der herkömmlichen Sichtweise der deutschen Finanzverwaltung angestrebt werden, seit auf OECD-Ebene Tendenzen erkennbar sind, nicht auf die höchstrangigen Personen abzustellen, sondern auf den Ort, wo die Management- und kaufmännischen Entscheidungen des Tagesgeschäfts im Wesentlichen getroffen werden. Dies indiziert die Berücksichtigung unterer Leitungsebenen, es sei denn, deren Entscheidungen betreffen spezifische Sparten und deshalb nicht den Rechtsträger im Ganzen. Für das DBA Zypern bleibt es aufgrund des Protokolls bei der Betrachtung der obersten Leitungsebene.

51 In einer Reihe von DBA, die die Bundesrepublik Deutschland abgeschlossen hat, wird ausdrücklich das Besteuerungsrecht bei etwaiger **Vermietung von Containern** geregelt. Je nach der Formulierung der DBA kann es dabei unerheblich sein, ob diese nur aus Nebenleistungstätigkeiten stammen. ZT wird auch die Benutzung und Unterhaltung von Containern bes erwähnt, teils werden auch Trailerschiffe, Leichter und ähnliches Gerät für die Beförderung von Containern einbezogen. Zu den DBA, in denen eine spezifische Regelung für Container enthalten ist, gehören die DBA mit Aserbaidschan, Weißrussland, Dänemark, Ghana, Indien, Italien, Japan, Kanada, Kasachstan, Korea, Kroatien, Malta, Norwegen, Polen, Rumänien, Russland, Schweden, Singapur, Ukraine, den USA, den Vereinigten Arabischen Emiraten und Zypern. Das DBA Zypern, die DBA Island und Malaysia und das DBA Korea stellen zudem

52 *Rauert* IStR 2012, 244; **aA** *Laub* IStR 2005, 223.

53 Vgl *BFH* BStBl II 2003, 875.

54 Nr 1 zu Art 3, 4, 8, 13, 14 und 21 DBA mit Zypern.

Einkünfte aus gelegentlichen Bareboat-Vercharterungen frei. Nach dem Protokoll zum DBA Zypern gilt die Freistellung auch für Gewinne von Unternehmen, die die verschiedenen Dienstleistungen bei Betrieb von Seeschiffen für die Schifffahrtsgesellschaften übernehmen, zB das kaufmännische und technische Management sowie das Crewing.

II. Art 8 Abs 2

Viele der von der Bundesrepublik Deutschland abgeschlossenen DBA enthalten keine Regelungen zur Binnenschifffahrt. Dies sind in erster Linie DBA mit jenen Ländern, mit denen die Bundesrepublik keine Binnengewässer teilt, bspw Argentinien, China, Großbritannien, Indien, Italien, Japan, Kanada, Malta, die USA und Zypern. **52**

III. Art 8 Abs 3

Viele von der Bundesrepublik Deutschland abgeschlossenen DBA enthalten keine Regelungen zur Zuordnung des Besteuerungsrechts, wenn sich die Geschäftsleitung des Unternehmens an Bord eines Schiffes befindet, so zB die DBA mit Australien, Griechenland, Großbritannien, Irland, Japan, Norwegen, Russland, Schweden, Türkei und den USA. **53**

IV. Art 8 Abs 4

Die meisten von der Bundesrepublik Deutschland abgeschlossenen DBA verfügen über eine entspr Regelung. Keine entspr Regelung findet sich bspw im DBA mit Frankreich und der Türkei. Auch in diesen Fällen dürfte sich indessen in den meisten Fällen eine Zuordnung des Besteuerungsrechts anhand der Vorgaben des Art 8 ergeben, weil es um Einkünfte geht, die mit den erfassten Beförderungsleistungen in entspr Zusammenhang stehen. Insoweit kommt Art 8 Abs 4 nur klarstellende Bedeutung zu.[55] **54**

Art. 9 Verbundene Unternehmen

(1) Wenn

a) ein Unternehmen eines Vertragsstaats unmittelbar oder mittelbar an der Geschäftsleitung, der Kontrolle oder dem Kapital eines Unternehmens des anderen Vertragsstaats beteiligt ist, oder

b) dieselben Personen unmittelbar oder mittelbar an der Geschäftsleitung, der Kontrolle oder dem Kapital eines Unternehmens eines Vertragsstaats und eines Unternehmens des anderen Vertragsstaats beteiligt sind

und in diesen Fällen die beiden Unternehmen in ihren kaufmännischen oder finanziellen Beziehungen an vereinbarte oder auferlegte Bedingungen gebunden sind, die von denen abweichen, die unabhängige Unternehmen miteinander vereinbaren würden, so dürfen die Gewinne, die eines der Unternehmen ohne diese Bedingungen erzielt hätte, wegen dieser Bedingungen aber nicht erzielt hat, den Gewinnen dieses Unternehmens zugerechnet und entsprechend besteuert werden.

55 *Vogel/Lehner* Art 8 Rn 73.

(2) Werden in einem Vertragsstaat den Gewinnen eines Unternehmens dieses Staates Gewinne zugerechnet – und entsprechend besteuert –, mit denen ein Unternehmen des anderen Vertragsstaats in diesem Staat besteuert worden ist, und handelt es sich bei den zugerechneten Gewinnen um solche, die das Unternehmen des erstgenannten Staates erzielt hätte, wenn die zwischen den beiden Unternehmen vereinbarten Bedingungen die gleichen gewesen wären, die unabhängige Unternehmen miteinander vereinbaren würden, so nimmt der andere Staat eine entsprechende Änderung der dort von diesen Gewinnen erhobenen Steuer vor. Bei dieser Änderung sind die übrigen Bestimmungen dieses Abkommens zu berücksichtigen; erforderlichenfalls werden die zuständigen Behörden der Vertragsstaaten einander konsultieren.

Commission Of The European Communities, Report Of The EU Transfer Pricing Forum In The Field Of Documentation Requirements, COM(2005) 543 final, EU Tranfer Pricing Forum Documentation; Grundsätze für die Prüfung der Einkunftsabgrenzung bei international verbundenen Unternehmen (Verwaltungsgrundsätze), *BMF* v 23.2.1983, BStBl I 1983, 218, geändert durch *BMF* v 30.12.1999 BStBl I S 1122 (VerwG 1983); Gewinnabgrenzungsaufzeichnungsverordnung v 13.11.2003, BGBl I 2003, 2296 (GAufzV); Grundsätze für die Prüfung der Einkunftsabgrenzung zwischen nahestehenden Personen mit grenzüberschreitenden Geschäftsbeziehungen in Bezug auf Ermittlungs- und Mitwirkungspflichten, Berichtigungen sowie auf Verständigungs- und EU- Schiedsverfahren v 12.4.2005, BStBl I 2005, 570 (VerwG Verfahren); Gesetz zur Umsetzung steuerrechtlicher EU-Vorgaben sowie weiterer steuerrechtlicher Regelungen BGBl I 2010; Verordnung zur Anwendung des Fremdvergleichsgrundsatzes nach § 1 Abs 1 des Außensteuergesetzes in Fällen grenzüberschreitender Funktionsverlagerungen (Funktionsverlagerungsverordnung) v 12.8.2008, BGBl I S 1680, (FVerlV); Grundsätze für die Prüfung der Einkünfteabgrenzung zwischen verbundenen Personen in Fällen von grenzüberschreitenden Funktionsverlagerungen (Verwaltungsgrundsätze Funktionsverlagerung) (VerwGFunktV); Merkblatt zum internationalen Verständigungs- und Schiedsverfahren auf dem Gebiet der Steuern vom Einkommen und vom Vermögen, 13.7.2006, BStBl I 2006, 461 (BMF VerstV); Unternehmenssteuerreformgesetz 2008, BGBl 2007, Teil I Nr 40 (UntStRG 2008); Entwurf eines Jahressteuergesetzes 2013, BT-Drucks 17/10000 (JStG 2013);

Übereinkommen über die Beseitigung der Doppelbesteuerung im Falle von Gewinnberichtigungen zwischen verbundenen Unternehmen (90/436/EWG), sog EU-Schiedskonvention (EU-SK); Bericht über die Tätigkeit des Gemeinsamen EU-Verrechnungspreisforums im Bereich der Dokumentationspflichten, KOM(2005) 543 final, www.ec.europa.eu/taxation_customs, (EU, Dokpflichten); Mitteilung der Kommission an den Rat, das europäische Parlament und den europäischen Wirtschafts- und Sozialausschuss über die Tätigkeit des gemeinsamen EU-Verrechnungspreisforums im Zeitraum März 2007 bis März 2009 und einen Vorschlag für einen überarbeiteten Verhaltenskodex für die wirksame Durchführung des Schiedsübereinkommens, 90/436/EWG v 23.7.1990 (Mitteilung der KOM über EU- Verrechnungspreisforum 2009); Europäische Kommission, Unternehmensbesteuerung im Binnenmarkt, 2001, ec.europa.eu/taxation...company_tax_study.pdf; Mitteilung der EU-Kommission an das Europäische Parlament und an den Rat, Eine faire und effiziente Unternehmensbesteuerung in der Europäischen Union – Fünf Aktionsschwerpunkte, COM(2015) 302 final; *OECD* Transfer Pricing Guidelines for Multinational Enterprises and Tax Administrations, (Verrechnungspreisleitlinien), 2010, (OECD VLL); OECD Report on the Attribution of Profits to Permanent Establishments, www.oecd.org. (OECD Report on the Attribution of Profits); *OECD* Länderübersichten über Zuständigkeiten und Verrechnungspreisbestimmungen, www.oecd.org (OECD, country profiles); *OECD* (2013), Addressing Base Erosion and Profit Shifting, OECD Publishing; *OECD* (2015), Aligning Transfer Pricing Outcomes with Value Creation, Actions 8-10 – Final Reports, OECD/G20 Base Erosion and Profit Shifting Project, OECD Publishing, (OECD (2015) Aligning Transfer Pricing Outcomes with Value Creation); *OECD* (2015), Transfer Pricing Documentation and Country-by-Country Reporting, Action 13 – 2015 Final (OECD (2015) TP Documentation); *OECD* (2015), Making Dispute Resolution Mechanisms More Effective, Action 14 – 2015 Final Report, OECD/G20 Base Erosion and Profit Shifting Project, OECD Publishing, (OECD (2015) Dispute Resolution Mechanisms); Verordnung zur Anwendung des Fremdvergleichsgrundsatzes auf Betriebsstätten nach § 1 Absatz 5 des Außensteuergesetzes, Betriebsstättengewinnaufteilungsverordnung (BsGaV).

Übersicht

Literatur: *Ahmadov* The „Most Appropriate Method“ as the New OECD Transfer Pricing Standard: Has the Hierarchy of Methods Been Completely Eliminated? International Transfer Pricing Journal, 2011, Vol 18, Nr 3; *Andresen* Comments on Professor Schoueri‘s Lecture "Arm‘s Length: Beyond the Guidelines of the OECD", 69 Bull. Int. Taxn 12 (2015), Journals IBFD; *Avi-Yonah* The Rise and Fall of Arm‘s Length: A Study in the Evolution of U.S. International Taxation, Pub. & Leg. Theory Working Paper Series, Working Paper No. 92; *Andrus/Bennett/Silberztein* The Arm‘s-Length Principle and Developing Economies, BNA, Tax Management Transfer Pricing Report, 10/2011, 495; *Asakawa* Transfer Pricing in the New Global Landscape: The OECD‘s Engagement Beyond Its Borders, Tax Analyst, 2011, 206 ff; *Auerbach/Devereux/Simpson* Taxing Corporate Income, Institute for Fiscal Studies, Mirrlees Review: Reforming the Tax System for the 21st Century (2010); *Becker/Sydow* Das EuGH-Urteil in der belgischen Rechtssache C-311/08 SGI und seine Implikationen für die Frage der Europarechtmäßigkeit des AStG § 1 AStG, IStR 2010, 195; *Beeton/Gupta* The case for more flexibility on transactional profit methods, BNA, Tax Planning International Transfer Pricing, 09/06; *Boecker* Steuerliche Prüfung und Behandlung von Lizenzzahlungen an verbundene ausländische Unternehmen, Die steuerliche Betriebsprüfung, 1991; *Borstell/Brüninghaus/Dworaczek* Zweifel an der Rechtmäßigkeit von Verrechnungspreiskorrekturen nach § 1 AStG – Ausblick nach dem BFH – Beschluss v 21.6.2001, IStR 2001, 757; *Crüger/Heggmair/Boehlke* Der Entwurf des BMF-Schreibens „Verwaltungsgrundsätze Funktionsverlagerung“, IStR 2010, Heft 3, 86; *Cottani* Transfer Pricing and Intangibles: Summary of Discussions at the 61st IFA Congress in Kyoto, International Transfer Pricing Journal, January/February 2008; *Durst* Making Transfer Pricing Work for Developing Countries, Tax Notes International, 2010, 1109; *Eigelshoven* IWB F 3, Deutschland, Gr 1, 1761; *Ernst & Young* Verrechnungspreise: Dokumentationsmanagement nach den neuen Mitwirkungspflichten; *Ernst & Young* Transfer Pricing Global Reference Guide, 2010; *G20 Ministerial Meeting* on Development: Joint Communiqué & Preliminary Report on the Action Plan, 29.9.2011; *Goulder* NGOs Push G-20 for Country-by-Country Reporting, Tax Notes International 2011, 451; *Gosch* Über die Auslegung von Doppelbesteuerungsabkommen, ISR 2013; *Greil/Naumann* Funktionsverlagerungen – Praxistest in der Betriebsprüfung, IStR 2015; *Greil/Wargowske* Nichtanwendungserlass v. 30.3.2016, IStR 2016, 157; *Gosh/Shu/Tomar* Location-specific advantages: India and China, International Tax Review, 23.1.2014, www.internationaltaxreview.com/Article/3300894/Location-specific-advantages-India-and-China.html; *Groß/Rohrer* Lizenzgebühren, 2. Aufl 2008; *Hellebrand/Kaube/Falckenstein* Lizenzsätze für technische Erfindungen, 3. Aufl 2007; *Herlinghaus* Vereinbarkeit von § 1 AStG mit dem Europarecht, FR 2001, 242; *Jahndorf* Besteuerung der Funktionsverlagerungen, FR 3/2008, 101; *Kroppen* Handbuch Internationale Verrechnungspreise, 2010; *Kroppen/Rasch* ISR 2014, 358; *Kroppen/Rehfeld* Vereinbarkeit der deutschen Verrechnungspreisvorschriften mit EU-Recht, IWB 2003, F. 11 a; *Kroppen/Rasch/Eigelshoven* Die Behandlung der Funktionsverlagerung im Rahmen der Unternehmensteuerreform 2008 und der zu erwartenden Verwaltungsgrundsätze-Funktionsverlagerung, IWB Gruppe 1 Fach 3; *Naumann/Groß* Der OECD Bericht zu Maßnahme 13 des BEPS Action Plan, IStR 2014; *McNair/Dottey/Cobham* Transfer Pricing and the taxing rights of development countries, Christian Aid Occasional Paper series, März 2010, www.christianaid.org.uk/images/CAOPTaxingRights.pdf.; *Nestler* Ermittlung von Lizenzentgelten, Der Betrieb, 2008; *Ping* World Customs Organisation, and *Silberztein* OECD Centre for Tax Policy and Administration: Transfer Pricing, Customs Duties and VAT rules: can we bridge the gap?, www.oecd.org; *OECD* Multi-Country Analysis of Existing Transfer Pricing Simplification Measures, www.oecd.org; *dies* Project on Transfer Pricing Aspects of Intangibles, www.oecd.org; dies tax and development project, www.oecd.org; *Niederhoffer/Kraay* BNA International, Tax Management International Forum, Vol 27, Nr 3, Sept 2006; *Osterhoff* Global Transfer Pricing Trends, International Transfer Pricing Journal, Mai/Juni 2011, 159; *Scheipers/Linn* Einkünfteberichtigung nach § 1 Abs 1 AStG bei Nutzungsüberlassungen im Konzern – Auswirkungen des EuGH-Urteils SGI, IStR 2010, 469; *Scheuerle* § 1 AStG und Gemeinschaftsrecht, IStR 2002, 801; *Scholz/Crüger* Die Rolle von datenbankgestützten Margenanalysen bei der Bestimmung fremdüblicher Verrechnungspreise, RIW 2005, 34–38; *Schnieder* Recht der dt DBA, IStR 1999; *Schoueri* Arm's Length: Beyond the Guidelines of the OECD: „It is better to be roughly right than precicely wrong." (John Maynard Keynes), 69 Bull. Int. Taxn 12 (2015), Journals IBFD; *Spensberger/Steiner* Grenzüberschreitende Betriebsprüfungen – Praktische Erfahrungen mit Österreich, ISR 2015, *Tax Justice Network* www.taxjustice.net/cms/upload/pdf/Bilanzierungsregeln; *Wassermeyer* Modernes Gesetzgebungsniveau am Beispiel des Entwurfs zu § 1 AStG, DB 2007, 536; *Wehnert/Sano* Internationale Regelungen zu Funktionsverlagerungen, IStR 2010, 5; *Wellens* Fremdvergleichsgrundsatz nach OECD und nach deutschem Recht – Gleichzeitig Vorstellung des Diskussionsentwurfs der OECD hinsichtlich der Überarbeitung der Kap I und III der OECD-Verrechnungspreisrichtlinie; *Werra* Der OECD-Bericht zu den Verrechnungspreisen, ein mühsamer Kompromiss und seine praktische Bedeutung für die international tätige Wirtschaft, IStR 1995, 458; *Wulf* Änderungen im Außensteuerrecht und Sonderregelungen zu Funktionsverlagerungen nach dem Unternehmensteuerreformgesetz 2008, DB 2007, 2280; *Zech* Verrechnungspreise und Funktionsverlagerungen, Wirtschafts- und Steuerrecht, Bd 5, 2009.

A. Allgemeines

I. Grundzüge

Art 9 enthält Bestimmungen über die Abgrenzung der Gewinne von verbundenen 1
Unternehmen. Gem Abs 1 darf ein Vertragsstaat bei einem ansässigen Unternehmen Berichtigungen vornehmen, wenn bei Geschäftsbeziehungen mit einem verbundenen Unternehmen in einem zweiten Vertragsstaat Gewinnminderungen eingetreten sind,

die durch andere Bedingungen als sie mit unverbundenen Unternehmen vereinbart worden wären, entstanden sind. Zur Vermeidung der Dbest ist der zweite Vertragsstaat gehalten, bei dem betroffenen dort ansässigen verbundenen Unternehmen gem Abs 2 eine Gegenkorrektur vorzunehmen um den dort entstandenen zu hohen Gewinn entspr zu mindern. Letztendlich werden durch die Korrektur und Gegenkorrektur beiden Unternehmen die ihnen im **Fremdvergleich** zustehenden Gewinne zugeordnet. Während alle übrigen Art des Kapitels III des MA über die Besteuerung des Einkommens Regeln zur **Zuweisung** des Besteuerungsrechts enthalten, dient Art 9 als **Abgrenzungsvorschrift** für den Gewinn von verbundenen Unternehmen und damit auch der Vermeidung der wirtschaftlichen Dbest.[1] Art 9 bietet damit ein Abgrenzungskriterium, das verbundenen Unternehmen fremdvergleichskonforme Gewinne zuordnet, int wirtschaftliche Dbest verhindert sowie das Steueraufkommen der beteiligten Vertragsstaaten sichert.

II. Bedeutung

2 Die Gewinnabgrenzung und gleichzeitig die Vermeidung der Dbest zwischen verbundenen Unternehmen entwickeln sich seit Jahren zur zentralen Herausforderung des int Steuerrechts.[2] Die Finanzbehörden der Industriestaaten und zunehmend auch die der Schwellen- und Entwicklungsstaaten intensivieren die Prüfung von Verrechnungspreisen, um bei der Internationalisierung der Wirtschaftsbeziehungen ihre steuerliche Bemessungsgrundlage zu sichern. Für multinational tätige Unternehmen sind Verrechnungspreise das zentralste und wichtigste steuerliche Thema.[3] In den letzten Jahren ist das Thema der Verrechnungspreise auch von verschiedenen NRO aufgenommen worden. Sie üben erhebliche Kritik hinsichtlich möglicher Verrechnungspreismanipulationen bzw Falschbepreisungen von Geschäftsbeziehungen zwischen verbundenen Unternehmen, die in Industrie- und in Entwicklungsstaaten ansässig sind.[4] Ua auch aus diesem Grund hat die OECD das Thema der Verrechnungspreise in mehrere Aktionspunkte ihres BEPS-Projekts aufgenommen. Sie hat in ihrem BEPS-Bericht von 2013[5] erhebliche Ursachen für Gewinnkürzungen und Gewinnverlagerungen von multinational tätigen Unternehmen im Verrechnungspreisbereich, insb in Zusammenhang mit immateriellen Werten, gesehen. In vier der 15 BEPS-Aktionspunkte wurden daraufhin Verrechnungspreise adressiert: in Aktion 8: Verrechnungspreisaspekte in Hinblick auf immaterielle Werte, in Aktion 9: Die vertragliche Zuordnung von Risiken, in Aktion 10: Andere risikobehaftete Bereiche sowie in Aktion 13: Verrechnungspreisdokumentation und „Country-by-country-reporting." Die Ergebnisse dieser Arbeiten sind in den Berichten: „Aligning Transfer Pricing Outcomes with Value Creation, Actions 8-10 – 2015 Final Reports" und in „Transfer Pri-

1 S auch *G/K/G* Art 9 MA Rn 10; *Wassermeyer* Art 9 MA Rn 1; *Vogel/Lehner* Art 9 MA Rn 6.

2 OECD VLL Tz 1; Europäische Kommission, Unternehmensbesteuerung im Binnenmarkt, Rn 331.

3 *Ernst & Young* Global Transfer Pricing Survey, 2014; *Osterhoff* International Transfer Pricing Journal 2011 159.

4 ZB Tax Justice Network, USA, www.tjn-usa.org/issues/transfer-pricing; attac, www.attac.de/kampagnen/konzernbesteuerung/-abc-der-steuertrickserei; Christian Aid, www.christianaid.org.uk/Images/false-profits.pdf.

5 OECD (2013), Addressing Base Erosion and Profit Shifting, OECD Publishing, S 6, 48.

cing Documentation and Country-by-Country-Reporting, Action 13 – 2015, Final Report" zusammengefasst worden. Sie sehen Änderungen der OECD VLL in Hinblick auf Kap I, II, V, VI, VII und VIII vor.[6] Bei den Berichten handelt es sich um abgestimmte Ergebnisse zwischen den OECD/G20-Staaten,[7] was als besonderer Erfolg des BEPS-Projekts anzusehen ist. Allerdings hat Brasilien sich vorbehalten, die brasilianischen Regelungen zu fixen Margen nicht aufzugeben.[8] Die Änderungen, insb zusammen mit denen unter den Aktionspunkten drei (Hinzurechnungsbesteuerungsregelungen), vier (Zinsabzug), sechs (Abkommensmissbrauch) und 14 (Verständigung- und Schiedsverfahren) werden nach Auffassung der OECD den Fremdvergleichsansatz stärken und Möglichkeiten der Gewinnverlagerungen reduzieren.[9]

B. Absatz 1

I. Verhältnis zu anderen Vorschriften

1. Abgrenzung zu Artikel 7. Art 7 enthält Abgrenzungsgrundregeln für die Zuordnung der Unternehmensgewinne zwischen einem Unternehmen und seiner Betriebsstätte. Der Grundsatz des Art 7 Abs 1 S 1, dass Unternehmensgewinne im Ansässigkeitsstaat zu besteuern sind, erfährt seine Grenzen, wenn das Unternehmen eine Betriebsstätte im Ausland unterhält. In Bezug auf die Abgrenzung des Ergebnisses der ausländischen Betriebsstätte von dem Ergebnis des Unternehmens hat die OECD den sog Authorised OECD Approach[10] (AOA) entwickelt und sich nach langen Diskussionen für den Ansatz des „functionally separate entity approach", dh für die Fiktion der unabhängigen und eigenständigen Betriebsstätte entschieden und damit für die Anwendung des Fremdvergleichsgrundsatzes für fiktive Transaktionen (dealings) zwischen Unternehmen und ihren Betriebsstätten. Die Ermittlung des Betriebsstättengewinns wird in einem zweistufigen Verfahren vorgenommen: In einem ersten Schritt werden der Betriebsstätte, insb durch Ermittlung von „signifikanten Personalfunktionen" (significant people functions) Wirtschaftsgüter, Risiken und Dotationskapital zugeordnet. In einem zweiten Schritt wird das Ergebnis der Betriebsstätte auf der Grundlage der OECD VLL hinsichtlich der fiktiven Transaktionen zwischen dem Unternehmen und seiner Betriebsstätte ermittelt.[11] Der in den neuen Art 7 Abs 2 aufgenommene Fremdvergleichsgrundsatz wird nunmehr als einziges Abgrenzungskriterium zwischen einem Unternehmen und seiner Betriebsstätte vorgesehen.[12] Die nationale Umsetzung des AOA findet sich in § 1 Abs 5 AStG und in der BsGAV. 3

2. Abgrenzung zu Art 11 Abs 6 und Art 12 Abs 4. Art 11 Abs 6 und Art 12 Abs 4 enthalten spezielle Regeln für die Behandlung von **unangemessenen Zins- oder Lizenzbeträgen**. Zahlungen, die aufgrund besonderer Verbindungen zwischen dem Schuldner und dem Nutzungsberechtigten geleistet werden und den Betrag überstei- 4

6 OECD (2015) Aligning Transfer Pricing Outcomes with Value Creation und OECD (2015) TP Documentation.

7 G20-nicht-OECD-MS: Argentinien, Brasilien, China, Indien, Indonesien, Russland Saudi-Arabien, Südafrika.

8 OECD (2015) Aligning Transfer Pricing Outcomes with Value Creation, Fn 1.

9 OECD (2013) Addressing Base Erosion and Profit Shifting, OECD Publishing, S 12.

10 Vgl OECD 2010 report on the attribution of profits to permanent establishments.

11 Vgl OECD 2010 report on the attribution of profits to permanent establishments, S 14 ff.

12 S Art 7 Abs 2; zur Umsetzung des AOA in das dt Recht s JStG 2013, Art 5.

gen, den fremde Dritte geleistet hätten, sollen vom **Anwendungsbereich** der Zins- und Lizenzartikel ausgeschlossen werden. In diesem Fall wird beiden Vertragsstaaten unter der Berücksichtigung der anderen Bestimmungen des MA das Recht zuerkannt, den übersteigenden Betrag zu besteuern.[13] Es handelt sich um eine **Klarstellung** des Grundsatzes, dass bei Zins- und Lizenzeinkünften der Ansässigkeitsstaat grds das Besteuerungsrecht hat: Diesem soll das Besteuerungsrecht nur für die ihm nach dem **Fremdvergleichsprinzip** zustehenden **Zins- und Lizenzeinkünfte** zustehen. Auch die Berechtigung zur Erhebung der Quellensteuer soll sich auf die fremdvergleichskonforme Bemessungsgrundlage beschränken.

5 Beide Vorschriften gehen insofern über Art 9 hinaus, dass der Fremdvergleichsgrundsatz auch auf Personen iSd Art 3 Abs 1a angewendet wird. Hinsichtlich der **Verbindung** zwischen dem Gläubiger und dem Schuldner kann auch eine **„verwandtschaftliche Beziehung“** und ganz allgemein „**jede Interessensgemeinschaft**“ die besondere Beziehung herstellen, die für Art 9 Abs 1 nicht vorgesehen ist. Art 9 bleibt bei unangemessenen Zins- oder Lizenzbeträgen anwendbar, soweit es sich um Unternehmenseinkünfte gem Art 7 handelt.[14] Die speziellen Art 11 und Art 12 gehen in diesem Fall Art 7 in dem Sinne voraus, als sie für die dort definierten Einkünfte Abzugsteuern im Quellenstaat vorsehen.

6 **3. Abgrenzung zu Art 24 Abs 4 und Abs 5.** Art 24 Abs 4 schließt ausdrücklich Art 9 Abs 1 wie auch Art 11 Abs 6 und Art 12 Abs 4 von einem Diskriminierungsverbot aus. Der Ausschluss gilt auch für Art 24 Abs 5, wonach ein ausländisch beherrschtes Unternehmen steuerlich nicht anders oder belastender behandelt werden soll als ein inländisch beherrschtes Unternehmen.[15] Fremdvergleichskonforme Anpassungen dürfen daher grenzüberschreitend vorgenommen werden, auch wenn solche Anpassungen für rein inländische Geschäftsbeziehungen nicht vorgesehen sind.

7 IR des **Europarechts** ging die hM in der Literatur lange davon aus, dass eine deutsche auf **§ 1 AStG** gestützte Korrektur **nicht** mit den **EU-Grundfreiheiten** vereinbar ist.[16] Inländische Steuerpflichtige seien bei Berichtigungen dem Grunde wie auch der Höhe nach hinsichtlich Geschäftsbeziehungen zu verbundenen Unternehmen im Ausland **schlechter gestellt** als inländische Steuerpflichtige mit entspr Inlandsbeziehungen, bei denen keine Korrekturen nach § 1 AStG vorgesehen sind. Auch der BFH wies auf die mögliche Europarechtswidrigkeit des § 1 AStG hin.[17] Am 21.1.2010 hat der EuGH in der Rechtssache SGI,[18] bei der es um eine dem § 1 AStG vergleichbare belgische Regelung ging, wegweisende Grundsätze hinsichtlich der Europarechtmäßigkeit von Verrechnungspreisregelungen für grenzüberschreitende Sachverhalte aufgestellt, die die in den Fachkreisen geführte Diskussion beendet hat. Die Entscheidung bestätigt, dass § 1

---

13 OECD MK Art 11 Tz 32 und Art 12 Tz 22.

14 MK Art 7 Tz 74.

15 MK Art 24 Tz 76.

16 *Borstell/Brüninghaus/Dworaczek* IStR 2001, 757 ff; *Eigelshoven* IWB F 3, Deutschland, Gr 1, 1761; *Herlinghaus* FR 2001, 242; *Kroppen/Rehfeld* IWB F 11 a, 617; *Scheuerle* IStR 2002 801; *Hey* BB 2007, 1303; **aA** *Zech* Verrechnungspreise und Funktionsverlagerungen, 396 ff; *Jahndorf* FR 2008, 101.

17 *BFH* BStBl II 2002, 720; *BFH/NV* 2001, 1169; *FG Düsseldorf* v 19.2.2008, 17 K 894/05 E Revision zugelassen; *FG Münster* v 22.2.2008, 5 K 509/07 K, F.

18 *EugH* 21.1.2010, Rs C-311/08, Societé de Gestion Industrielle (SGI) v état Belge, Slg 2010 I-487.

AStG eine zur Wahrung einer international ausgewogenen Aufteilung der Besteuerungsrechte und zur Verhütung von Steuerumgehungen dienende verhältnismäßige Regelung ist, die den EG-rechtlichen Anforderungen vollumfänglich standhält.[19]

4. Verhältnis des Art 9 Abs 1 zum innerstaatlichen Recht. – a) Stellung der nationalen Korrekturvorschriften. Es kann heute als hM angesehen werden, dass die von Deutschland **abgeschlossenen DBA kein unmittelbar anwendbares nationales Recht** darstellen.[20] So können auch die in Abs 1 erlaubten Korrekturen nur auf der Grundlage nationalen Steuerrechts vorgenommen werden. Die dt Einkunftsabgrenzungsnormen sind: 8

- die verdeckte Gewinnausschüttung (§ 8 Abs 3 S 2 KStG);
- die verdeckte Einlage (§ 8 Abs 3 S 3–6 KStG);
- die Einlage (§ 4 Abs 1 S 1, § 6 Abs 6 EStG)
- die Entnahme (§ 4 Abs 1 S 1, 2 und 3 EStG, § 6 Abs 1 Nr 4 EStG) sowie die
- Berichtigung nach § 1 AStG (nur bei weitergehenden Berichtigungen und neben den drei anderen genannten Korrekturnormen anzuwenden).[21]

b) Grenzen der nationalen Korrekturvorschriften. Nach den VerwG Verfahren sichern die DBA die Berichtigungsmöglichkeiten des nationalen Steuerrechts ab und legen den **Grundsatz des Fremdverhaltens** als **Berichtigungsmaßstab** fest.[22] Insofern schränkt Art 9 solche nationalen Korrekturvorschriften ein, die nicht dem Grundsatz des Fremdvergleichs entsprechen. Die international abgestimmte Auslegung des Fremdvergleichsgrundsatzes findet sich wiederum in den OECD VLL. Sie sind das Ergebnis zäher int Verhandlungen der Vertreter aller OECD MS. Es besteht daher in der OECD Konsens, dass die in den OECD VLL vereinbarten Auslegungen zum Fremdvergleich in das jeweilige nationale Recht überführt werden sollten.[23] In idealer Weise sollten dann nationale Korrekturvorschriften mit denen des Abs 1 übereinstimmen, so dass der Maßstab des Fremdvergleichs int **übereinstimmend** angewendet werden kann um Dbest zu vermeiden. Einige Staaten haben aus diesem Grunde den Wortlaut des Abs 1 bzw Verweise auf die OECD VLL in ihr nationales Recht aufgenommen.[24] Deutschland hat zuletzt die int Vereinbarungen wie die zu **Funktionsverlagerungen**[25] oder die zur **Gewinnabgrenzung zwischen Unternehmen und ihren Betriebsstätten**[26] in § 1 Abs 3, 4 und 5 AStG aufgenommen. 9

Aus den vorgenannten Gründen bildet Abs 1 eine **Sperrwirkung** gegenüber **verdeckten Gewinnausschüttungen** gem § 8 Abs 3 KStG für die Fälle, in denen die Gewinnkorrektur nach nationalem Recht auf rein **formale Beanstandungen** gestützt wird.[27] 10

19 *Becker/Sydow* IStR 2010 195; **aA** *Englisch* IStR 2010, 139; *Scheipers/Linn* IStR 2010, 469.

20 VerwG 1983 Tz 1.2.1; *G/K/G* Art 9 MA Tz 66; *Vogel/Lehner* Rn 18; *Wassermeyer* Art 9 MA Rn 76; *S/K/K* .

21 § 1 Abs 1 S 3 AStG; VerwG Verfahren Tz 5.3.3.

22 *VerwG* Verfahren Tz 6.1.1.

23 OECD VLL Tz 16 und 17.

24 ZB Australien, Österreich, Dänemark, Frankreich, Irland, Italien, Mexiko, die Niederlande, Norwegen, Portugal, Schweden, Ungarn, Vereinigtes Königreich, OECD transfer pricing country profiles.

25 OECD VLL Kap IX.

26 OECD Report on the attribution of profits.

27 *VerwG* Verfahren Tz 6.1.1; *Schaumburg* Rn 16.291; *Schnieder* IStR 1999, 65; *Vogel/Lehner* Art 9 Rn 27; *FG Köln* v 22.8.2007 13 K 647/03; *BFH* v 11.10.2012 – I R 75/11.

Wenn Lieferungen oder Leistungen dem Fremdvergleich entsprechen, eine Korrektur sich jedoch auf formale Beanstandungen wie zB eine fehlende zivilrechtlich wirksame im Voraus geschlossene Vereinbarung eines Unternehmens mit seinem beherrschenden Gesellschafter stützt, ist sie nicht mit Abs 1 vereinbar und folglich international nicht durchsetzbar.

11 Durch das UntStRefG 2008 ist § 1 AStG grdl geändert worden, indem der Fremdvergleichsgrundsatz präzisiert (§ 1 Abs 3 S 1–8 AStG) sowie Regelungen zu Funktionsverlagerungen § 1 Abs 3 S 1–8 AStG) und zu Preisanpassungsklauseln (§ 1 Abs 3 S 11–12 AStG) aufgenommen wurden. 2010 ist § 1 Abs 3 S 10 AStG um eine dritte Öffnungsklausel erweitert worden.[28] Die Regelungen zu Funktionsverlagerungen betreffen die **Verlagerung einer Funktion einschließlich der dazugehörigen Chancen und Risiken** und der mit übertragenen oder überlassenen Wirtschaftsgüter und sonstigen Vorteile (sog „Transferpaket") zwischen rechtlich selbstständigen Unternehmen, wenn wesentliche immaterielle Wirtschaftsgüter betroffen sind.

12 Die Lit kritisiert insb in Hinblick auf **Funktionsverlagerungen**, dass durch die Anwendung der in der FVerV vorgegebenen **Discounted Cash Flow Methode** zur Berechnung des Gewinnpotentials des Veräußerers und des Erwerbers der mögliche **Standortvorteil** des Erwerbers dem Veräußerer zugerechnet werden könnte.[29] Weiterhin wird, auch in Zusammenhang mit den Regelungen zu **Preisanpassungsklauseln,** auf die Nichtvereinbarkeit mit Art 9 Abs 1 und mit den OECD VLL und auf die fehlende int Abstimmung der Regelungen hingewiesen.[30] Dem kann **nicht zugestimmt** werden. Zunächst sind keine wirtschaftlichen, insb keine Gründe, die sich aus allgemeinen Regeln aus Angebot und Nachfrage ergeben ersichtlich, warum Standortvorteile, ggf auch zum Teil, dem Erwerber zugeordnet werden sollten. Denn wirtschaftliches Handeln Unabhängiger richtet sich immer nach der bestmöglichen Alternative und nicht nach Aufteilungsüberlegungen zu zB Standortvorteilen.[31] Auch war bisher allgemein anerkannt, dass bei der Übertragung eines Geschäftsbetriebs bzw eines Teilgeschäftsbetriebs eine **Unternehmensbewertung** gemäß IDW Standard vorgenommen wird.[32] Da im Falle von Funktionsverlagerungen idR mangels Fremdvergleichsdaten keine traditionellen Fremdvergleichsmethoden zur Anwendung kommen können, erweist sich iRd hypothetischen Fremdvergleichs ein Rückgriff auf Unternehmensbewertungsmethoden, wie zB auf die **Discounted Cash Flow- Methode** zur Ermittlung des Veräußerungspreises für die Funktion als folgerichtig. Die OECD VLL führen die Anwendung der Methode zB als eine Möglichkeit der Preisermittlung im Rahmen der Anwendung der residual profit split method auf.[33] Die OECD hat im Juli 2010 die überarbeiteten OECD VLL veröffentlicht, in die der ursprünglicher OECD Bericht zu Transfer Pricing Aspects of Business Restructurings aufgenommen worden ist (s

28 Gesetz zur Umsetzung steuerrechtlicher EU-Vorgaben sowie weiterer steuerrechtlicher Regelungen BGBl I 2010, 386.

29 *Baumhoff/Greinert* IStR 2006, 791; *Kroppen* Rz W 59, s auch Rn 36a.

30 *Wassermeyer* DB 2007 535; *Wulf* DB 2007, 2280; *Kroppen/Rasch/Eigelshoven* S 2201; *Crüger/Heggmair/Boehlke* S 86; *Wehnert/Sano* IStR 2010, 5.

31 S OECD VLL Tz 1.140-1.143 und Tz 9.148-9153 .

32 IDW S 1 in IDW v 18.11.2005, IDW RS HFA 10 v 29.9.2003, *Greil/Naumann*, IStR 2015, 429.

33 OECD VLL 2010 Tz 2.123.

Kap IX).[34] Demnach fallen unter Unternehmensumstrukturierungen auch die Verlagerung eines **Bündels von Vermögenswerten** (inkl Vertragsrechte, Arbeitnehmer, Firmenwert), Verbindlichkeiten und der dazugehörenden Risiken.[35] Da die Summe der Einzelwirtschaftsgüter nicht notwendigerweise mit dem fremdvergleichskonformen Wert des weiterzuführenden Betriebs gleichzusetzen ist, wird darauf hingewiesen, dass Bewertungsmethoden aus der **Unternehmensbewertung** sich hier als nützlich erweisen könnten um die Übertragung, inkl den Firmenwert, zu bewerten.[36] Unterschiede zwischen dem OECD Ansatz der Verlagerung von Aktivitäten und dem der Funktionsverlagerung des § 1 Abs 3 S 9 AStG sind damit grundsätzlich nicht ersichtlich.

Was **Preisanpassungsklauseln** betrifft, so führen die OECD VLL sowohl im Kapitel zu immateriellen Vermögenswerten[37] als auch im Kap Funktionsverlagerungen aus, [38] dass unabhängige Unternehmen im Zeitpunkt des Vertragsabschlusses bzw der Umstrukturierung in vergleichbaren Situationen auf Preisanpassungsklauseln bestehen könnten.[39] Eine Unvereinbarkeit der S 5–13 des § 1 Abs 3 AStG zu Preisanpassungsklauseln mit den OECD Verrechnungspreisgrundsätzen bzw mit der internationalen Praxis ist daher auch hier nicht gegeben. 13

Der BFH hat in zwei Urt[40] die Berichtigung einer **Teilwertabschreibung auf die Darlehensforderung** eines inländischen Gesellschafters gegenüber seiner ausl Tochtergesellschaft nach § 1 Abs 1 AStG (in der Fassung des Gesetzes zum Abbau von Steuervergünstigungen und Ausnahmeregelungen, StVergAbG v 16.5.2003, BStBl I 2003, 321) als nicht mit Art 9 inhaltlich entsprechenden DBA-Artikeln vereinbar angesehen. Der BFH vertritt darin die Auffassung, dass Art 9 lediglich einen Vergleich der finanziellen und geschäftlichen Bedingungen der Höhe nach erlaube, nicht aber dem Grunde nach. Lt BFH soll eine **Gewinnkorrektur dem Grunde** nach dem Fremdvergleich im Sinne des Abs 1 fremd sein und insofern eine **Sperrwirkung gegenüber § 1 Abs 1 AStG** entfalten. Da der Wortlaut von Abs 1 und § 1 Abs 1 AStG (auch in der damaligen Fassung) inhaltsgleich ist, verwundern die beiden Urteile. Der MK zu Art 9 hat schon immer eine Korrektur dem Grunde nach zugelassen.[41] Auch in den durch BEPS geänderten OECD VLL wird eine Korrektur dem Grunde nach dann zugelassen, wenn die gesamte Geschäftsbeziehung sich von dem unterscheidet, was unabhängige Unternehmen in vergleichbaren Fällen vereinbart hätten. Hierbei sind die Perspektiven und die realistisch möglichen Optionen der Parteien zum Zeitpunkt der Transaktion in Betracht zu ziehen. [42] Auf die Einbeziehung der Möglichkeit einer **Korrektur dem Grunde nach** (Üblichkeit der Konditionen, Ernsthaftigkeit) wird die deutsche Seite als OECD-Mitgliedsstaat sicherlich bereits in den frühen OECD-Sitzungen Wert gelegt haben. Insofern besteht seit langem ein int Verständnis darüber, dass auch Verrechnungspreiskorrekturen dem Grunde nach erfolgen können. 14

34 OECD VLL 2010 Kap IX.

35 OECD VLL 2010 Tz 9.93.

36 OECD VLL 2010 Tz 9.94.

37 OECD (2015) Aligning Transfer Pricing Outcomes with Value Creation Tz 6.183; auch *Greil/Naumann* IStR 2015, 434.

38 OECD VLL Tz 9.88.

39 S auch *Cottani* S 60.

40 *BFH* v 17.12.2014 – I R 23/13 und v 24.06.2015 – I R 29/14.

41 OECD MK 2014 Tz 3.b.

42 OECD (2015) Aligning Transfer Pricing Outcomes with Value Creation Tz 1.122.

15 In diesem Zusammenhang stellen sich die Fragen der **rechtlichen Qualität des MK und der OECD VLL** insb hinsichtlich der **statischen bzw dynamischen Auslegung von DBA**. Einer bes Bedeutung kommt hier die Auslegung des **§ 31 des WÜRV** zu.[43] Demnach sollen jede sich auf den Vertrag beziehende Übereinkunft, die zwischen allen Vertragsparteien anlässlich des Vertragsabschlusses getroffen wurde sowie jede spätere Übereinkunft zwischen den Vertragsparteien über die Auslegung des Vertrags oder die Anwendung seiner Bestimmungen und jede spätere Übung bei der Anwendung des Vertrags, bei der Auslegung der Verträge berücksichtigt werden. Die OECD und damit auch die dt FinVerw als Vertreter des OECD-MS Deutschland sehen in dem MK sowie in den **OECD VLL legitime dynamische Auslegungen des MA und der DBA**, soweit sie ihm entsprechen, da sie jeweils durch den **Ministerrat der OECD** verabschiedet werden.[44] Eine solche Auslegung ist zwingend erforderlich, um mangels eines int einheitlichen Steuerrechts **einheitliche Standards für die Aufteilung der Besteuerungsrechte** zu erreichen. Das BMF hat auf die beiden Urt mit einem Nichtanwendungserlass reagiert (*BMF* v 30.3.2016, BStBl I 2016, 455).[45]

II. Berichtigungsvoraussetzungen

16 **1. Grundzüge.** Abs 1 gestattet Gewinnberichtigungen unter folgenden Voraussetzungen:

- ein Unternehmen des einen Vertragsstaats ist mit einem Unternehmen eines anderen Vertragsstaats **verbunden**,
- die Unternehmen unterliegen in ihren **kaufmännischen oder finanziellen Beziehungen** vereinbarten oder **auferlegten Bedingungen**, die von denen abweichen, die unabhängige Unternehmen vereinbart hätten und
- eines der Unternehmen hätte ohne diese Bedingungen **höhere Gewinne** erzielt.

Die drei Voraussetzungen müssen **gemeinsam** erfüllt sein, damit eine Gewinnberichtigung bei einem der Unternehmen vorgenommen werden darf.

17 **2. Verbundene Unternehmen.** Das MA enthält keine Definition des Ausdrucks „**Unternehmen**". Er findet gem Art 3 Abs 1 Buchstabe c) für jegliche Geschäftstätigkeit Anwendung, die gem Art 3 Abs 1 Buchstabe h) daher auch eine freiberufliche oder eine sonstige selbstständige Tätigkeit umfassen kann. Unter einem Unternehmen eines Vertragsstaats kann somit sowohl eine dort ansässige Kapitalgesellschaft, eine ansässige natürliche Person wie auch eine Personengesellschaft zu fassen sein.[46] Ansonsten ist der Ausdruck gem Art 3 Abs 2 nach dem innerstaatlichen Recht des Anwenderstaates auszulegen.

18 Verbundene Unternehmen gem Abs 1 sind entweder **Mutter- und Tochtergesellschaften** (unmittelbare Beteiligung), **Großmutter- und Enkel- oder Urenkelgesellschaften** (mittelbare Beteiligung) oder Unternehmen, die unter gemeinsamer Geschäftsleitung, Kontrolle oder Kapitalbeteiligung stehen, dh **Schwestergesellschaften** sind.[47] Dies entspricht § 1 Abs 2 Nr 1 AStG. Da für das Verhältnis zwischen Betriebsstätte und Unter-

---

43 Wiener Übereinkommen über das Recht der Verträge (WÜRV), BGBl II 1985, 927.

44 S MK, Einleitung Tz 15.

45 *Greil/Wargowske* ISR 2016, 157.

46 *Wassermeyer* Art 9 MA Rn 21.

47 MA Art 9 Abs 1 Buchstabe a und b.

nehmen sowie für die Beteiligung an einer Personengesellschaft, soweit sie als Betriebsstätte angesehen wird, Art 7 Anwendung findet, beschränkt sich der Anwendungsbereich von Art 9 **hauptsächlich auf KapGes.** Art 9 ist jedoch auch für Geschäftsbeziehungen zwischen einem **Einzelunternehmer** und einer in einem anderen Vertragsstaat ansässigen **KapGes** an der er beteiligt ist, anwendbar. Darüber hinaus gelten gem Abs 1 zwei Personengesellschaften in zwei verschiedenen Staaten, an denen dieselben Gesellschafter beteiligt sind, ebenfalls als verbundene Unternehmen.[48] National fallen diese Formen der verbundenen Unternehmen unter § 1 Abs 1 S 2 iVm § 1 Abs 2 AStG.

Art 9 Abs 1 bleibt **unpräzise**, soweit es um **Beteiligungsgrenzen** oder das **Ausmaß der Kontrolle** geht, so dass auch die Frage, ob eine Beteiligung an Geschäftsleitung, Kontrolle oder Kapital eines Unternehmens besteht, auf der Basis von **nationalen Vorschriften** entschieden werden muss.[49] Aufgrund der Unterschiede in der Ausgestaltung der nationalen Regelungen der OECD-MS bzgl der Frage der Verbundenheit[50] sollte eigentlich zu **befürchten** sein, dass es zu **Steuerdisputen** kommt, die nicht auf der Grundlage einheitlicher int Regelungen gelöst werden können.[51] Allerdings sind solche Konflikte bisher **nicht bekannt** geworden. Auch lässt die Tatsache, dass die OECD seit 1977 keinen Anlass gesehen hat, Abs 1 bzw die OECD VLL hinsichtlich der Beteiligungsverhältnisse zu präzisieren, nicht darauf schließen, dass es in dieser Hinsicht zu größeren Konflikten zwischen Mitgliedsstaaten gekommen ist. 19

3. Kaufmännische oder finanzielle Beziehungen. Der Begriff der kaufmännischen und finanziellen Beziehungen ist weit auszulegen.[52] Er umfasst den gesamten Liefer- und Leistungsverkehr zwischen verbundenen Unternehmen und schließt zB Serviceleistungen im Konzern, Konzernumlagen sowie Funktionsverlagerungen mit ein.[53] Die kaufmännischen oder finanziellen Beziehungen umfassen auch die **Eigen- und Fremdkapitalausstattung** eines verbundenen Unternehmens. Der MK erklärt sowohl die Korrektur der Höhe von **Zinszahlungen** für ein Darlehen an ein nahestehendes Unternehmen als auch die **Umqualifizierung eines Darlehens** in Eigenkapital als mit Art 9 vereinbar, wenn die Korrekturen dem Fremdvergleich entsprechen.[54] Nach Aufhebung des § 8a KStG[55] und Einführung der Zinsschranke[56] können lediglich Korrekturen anderer Staaten entspr ihrer Fremdvergleichsfinanzierungsregelungen für Deutschland von Relevanz sein. Deutschland ist bereit, diese Fälle auf Grundlage von Art 9 in Verständigungsverfahren zu verhandeln. Allerdings ist dies nicht bei allen Staaten, zumindest in der EU, der Fall. So sind einige der 27 EU-Mitgliedsstaaten nicht bereit, über die Umqualifizierung von Darlehen in Eigenkapital iRv Verständigungsverfahren zu verhandeln, mit der Folge, dass eine durch eine Korrektur eingetretene Doppelbesteuerung nicht aufgehoben werden kann.[57] Mit dem Begriff der kaufmänni- 20

48 *Wassermeyer* Art 9 MA Rn 23.
49 MA Art 3 Abs 2.
50 S OECD country profiles.
51 S *S/K/K* Art 9 MA Rn 25.
52 OECD (2015) Aligning Transfer Pricing Outcomes with Value Creation, Tz 1.36
53 OECD (2015) Aligning Transfer Pricing Outcomes with Value Creation, Tz 1.35.
54 MK Art 9 Tz 3.
55 Gesetz v 14.8.2007, BGBl I, 1912.
56 S § 4h EStG, § 8a KStG.
57 Mitteilung der KOM über EU-Verrechnungspreisforum 2009, Tz 2.2.

schen und finanziellen Beziehungen des Abs 1 ist der Begriff der Geschäftsbeziehungen des § 1 Abs 5 AStG gleichzusetzen. § 1 AStG nimmt ausdrücklich eine **gesellschaftsrechtliche Vereinbarung** aus dem Anwendungsbereich der Geschäftsbeziehungen aus. Diese wird ebenfalls weder in den OECD VLL behandelt, noch im MK als unter die finanziellen Beziehungen fallend genannt. Sind die kaufmännischen und finanziellen Beziehungen zusammen mit den vereinbarten oder aufgelegten Bedingungen genau identifiziert, können sie mit denen zwischen unabhängigen Unternehmen verglichen werden.[58] Die Anwendung des Fremdvergleichs hängt davon ab, welche Bedingungen unabhängige Personen in vergleichbaren Situationen bei vergleichbaren Transaktionen vereinbart hätten.

21 **4. Vereinbarte oder auferlegte Bedingungen.** Tz 1.7 der OECD VLL gibt als Bsp für **Bedingungen der Geschäftsbeziehungen** zwischen Unternehmen die **Preise, aber nicht nur Preise** an, die für ihre Geschäftsbeziehungen berechnet werden.

22 Der Begriff ist also in einem so weiten Sinne zu verstehen, dass es sich um alle Kriterien, die eine kaufmännische oder finanzielle Geschäftsbeziehung ausmachen, handelt, angefangen von der **Geschäftsanbahnung** über die **Einzelkonditionen** der Geschäftsabwicklung selbst bis zu der **Übernahme von Garantien** nach Abschluss des Geschäfts.[59] Unter dem Ausdruck der vereinbarten oder auferlegten Bedingungen ist damit alles zu verstehen, was Gegenstand einer **unmittelbar** zwischen verbundenen Unternehmen **abgeschlossenen Vereinbarung** ist.[60] Diese Bedingungen bilden zusammen mit den kaufmännischen und finanziellen Beziehungen die Grundlage für eine Überprüfung nach dem **Fremdvergleichsprinzip**.[61] Hierbei sollte jedoch nicht von vornherein angenommen werden, dass die kaufmännischen und finanziellen **Bedingungen**, die zwischen **verbundenen Unternehmen** vereinbart werden, grds **nicht** dem **Fremdvergleich** entsprechen.[62] Auch müssen sie nicht schriftlich, sie können auch mündlich oder stillschweigend vereinbart sein.[63]

23 Die OECD VLL geben vor, dass die Bedingungen der **tatsächlich abgewickelten Geschäftsbeziehungen** von verbundenen Unternehmen nach dem Fremdvergleichsprinzip überprüft werden sollen. Dabei werden die **zugrundeliegende Verträge**, zB ein Lizenz- oder ein Darlehensvertrag als Ausgangspunkt für eine Fremdvergleichsanalyse herangezogen.[64]

24 Erweisen sich die wirtschaftlich bedeutsamen Verhältnisse einer Geschäftsbeziehung anders als der schriftliche Vertrag zwischen verbundenen Unternehmen, soll grds die **tatsächlich durchgeführte Geschäftsbeziehung** als Grundlage für eine Fremdvergleichsanalyse genommen werden.[65] Denn die unterschiedlichen Interessen von **unabhängigen Unternehmen** stellen Folgendes sicher: dass zwischen zwei Parteien geschlossene Verträge die Interessen beider Parteien wiedergeben, dass beide Parteien auf die Einhaltung der Verträge achten und dass vertragliche Vereinbarungen

58 OECD (2015) Aligning Transfer Pricing Outcomes with Value Creation, Tz 1.33.
59 S auch *G/K/G* Art 9 MA Rn 43; */G/K/G* Art 9 Rn. 66; *Vogel/Lehner* Art 9 Rn. 50.
60 *Wassermeyer* Art 9 MA Rn 67.
61 OECD (2015) Aligning Transfer Pricing Outcomes with Value Creation,Tz 1.33.
62 OECD VLL Tz 1.2.
63 OECD (2015) Aligning Transfer Pricing Outcomes with Value Creation, Tz 1.42.
64 OECD (2015) Aligning Transfer Pricing Outcomes with Value Creation, Tz 1.42.
65 OECD (2015) Aligning Transfer Pricing Outcomes with Value Creation, Tz 1.45.

nur dann ignoriert oder verändert werden, wenn es im Interesse beider Parteien ist.[66] Diesen Interessensgegensatz gibt es nicht bei verbundenen Unternehmen. Aus diesem Grund ist es besonders wichtig, die kaufmännischen oder finanziellen Beziehungen zwischen verbundenen Unternehmen dahingehend zu überprüfen, ob sie den schriftlichen Vereinbarungen entsprechen oder ob sie darauf hindeuten, dass dem geschlossenen Vertrag nicht gefolgt wird, bzw er nicht das Gesamtbild der Geschäftsbeziehungen wiedergibt, unkorrekt ausformuliert bzw ein Scheingeschäft ist.[67] Die OECD VLL führen hierzu als Beispiel ein Vertragsverhältnis zwischen zwei verbundenen Unternehmen an, wobei die Mutter M ihrer Tochter T in einem schriftlichen Vertrag das Recht auf die Nutzung eines Patents einräumt, für das T eine Lizenzverpflichtung eingeht. In der tatsächlichen Ausgestaltung des Geschäfts zeigt es sich, dass M ihre Tochter T sowohl bei der Kundenbetreuung als auch technisch und personell unterstützt, um Lieferungen an die Kunden durchzuführen, die lizenzverhaftet sind. Auch die Kunden geben an, nicht nur T, sondern auch M als ihren Geschäftspartner anzusehen. Insofern zeigt die Analyse der tatsächlichen Ausgestaltung des Geschäfts, dass M nicht die mit dem Lizenzvertrag verbundenen Funktionen und Risiken auf ihre Tochter übertragen hat und nicht nur als Lizenzgeber sondern als Prinzipal agiert. In diesem Fall sollen es die tatsächliche Geschäftsbeziehung verbunden mit den ausgeübten Funktionen, den verwendeten Vermögenswerten und den angenommenen Risiken festgestellt und als Grundlage für eine Fremdvergleichsanalyse genommen werden.[68] Da eine Rechtsgrundlage im dt int Steuerrecht für eine solche Abkehr von den zivilrechtlichen Vereinbarungen fehlt, ist dies bis auf Weiteres von deutscher Seite nicht möglich.

5. Grundsatz des Fremdverhaltens. Die vereinbarten oder auferlegten Bedingungen 25
der verbundenen Unternehmen werden nach Abs 1 mit dem verglichen, was unabhängige Dritte vereinbart hätten (sog Fremdvergleich, oder arm's length-Grundsatz). Die **Vereinbarungen unabhängiger Dritter** dienen daher als **grds Vergleichskriterium** für Geschäftsvorfälle zwischen verbundenen Unternehmen. Hiermit kommt der Frage entscheidende Bedeutung zu, wie das **Fremdverhalten** zweier unabhängiger Unternehmen ermittelt werden soll. Die OECD hat hierzu die OECD VLL entwickelt, die **int anerkannter Standard** zur Ermittlung fremdvergleichskonformer Preise zwischen verbundenen Unternehmen sind. Einen Überblick über die OECD VLL gibt Kap IV.

III. Gewinnberichtigung

Unter den in Kap II erläuterten Voraussetzungen dürfen gem Abs 1 Verrechnungs- 26
preiskorrekturen in den Vertragsstaaten vorgenommen werden. Mit der Verwendung des Ausdrucks **„dürfen"** wird zum Ausdruck gebracht, dass Abs 1 **keine Rechtsgrundlage** für eine Gewinnkorrektur darstellt und dass die Vertragsstaaten diese auf der **Grundlage** ihrer **nationalen Korrekturvorschriften** vorzunehmen haben.[69] Die deutsche FinVerw hat entspr Vorgaben für die Durchführung der Einkommenskorrektur erlassen.[70] Die Formulierung des Abs 1 (any profits … may be included in the profits)

66 OECD (2015) Aligning Transfer Pricing Outcomes with Value Creation,Tz 1.46.
67 OECD (2015) Aligning Transfer Pricing Outcomes with Value Creation,Tz 1.46.
68 OECD (2015) Aligning Transfer Pricing Outcomes with Value Creation,Tz 1.48.
69 S Rn 26.
70 VerwG Verfahren Tz 5.

lässt vermuten, dass lediglich **Gewinne** eines Unternehmens korrigiert werden dürfen. Der Ausdruck „profit" (Gewinn) wird jedoch als **Sammelbegriff** für positive und negative Einkünfte verwendet, so dass auch eine Verlustkorrektur möglich ist.[71]

IV. Der Fremdvergleichsgrundsatz

27 **1. Überblick.** Der Fremdvergleich gem Abs 1 als Maßstab für die internationale Verrechnungspreisgestaltung findet fast universelle Anerkennung.[72] Er ist folglich in Art 9 des MA und in Art 9 des UN-MA enthalten. Die gemeinsame Interpretation des Fremdvergleichs seitens der OECD-MS ist in den OECD VLL niedergelegt, die zuletzt 2010 geändert worden sind. Die OECD/G20-Staaten haben im Rahmen des **OECD/G20 BEPS-Projekts** insb Einigungen zu Fragen der Risiken und der immateriellen Werte erzielt, die in dem OECD/G20 (2015) Bericht **„Aligning Transfer Pricing Outcomes with Value Creation"** nachzulesen sind und die in die nächste Ausgabe der OECD VLL eingefügt werden.[73]

28 Ausgangspunkt des Fremdvergleichsgrundsatzes ist, dass die Unternehmen eines multinationalen Konzerns als selbstständige Unternehmen und nicht als untrennbare Teile eines einzigen einheitlichen Unternehmens zu behandeln sind („separate entity approach").[74] Durch diesen Ansatz wird eine weitgehende steuerliche Gleichbehandlung von Unternehmen eines multinationalen Konzerns und unabhängigen Unternehmen bewirkt, womit steuerliche Vor- oder Nachteile, die die Wettbewerbsposition zwischen den beiden Unternehmenstypen verzerren würden, eliminiert werden.[75] Auf dieser Grundlage ist Basis und Eckpfeiler des Fremdvergleichs, dass **Geschäftsbeziehungen** zwischen verbundenen Unternehmen in der gleichen Weise wie zwischen **fremden Dritten** abgerechnet werden, die unter vergleichbaren Bedingungen und vergleichbaren wirtschaftlichen Verhältnissen Geschäftsbeziehungen abwickeln.[76] Der Grundsatz des Fremdverhaltens verlangt hierbei den Vergleich von **individuellen Geschäftsbeziehungen**, was den reinen Vergleich von Unternehmensgewinnen ausschließt.[77] Die Vornahme dieses Vergleichs impliziert, dass **Dokumentationsanforderungen** zu erfüllen sind, die bei den Unternehmen zu Verwaltungsaufwand führen.[78] Schließlich handelt es sich bei dem Fremdvergleichsgrundsatz nicht um eine exakte Wissenschaft, sondern er verlangt sowohl auf Seiten der Steuerverwaltung als auch auf Seiten des Steuerpflichtigen Urteilsvermögen.[79] Im Bewusstsein dieser Nachteile halten die OECD MS am Fremdvergleichsgrundsatz fest, da sein theoretischer Grundsatz die bislang beste Annäherung an den freien Markt für Fälle der Lieferungen und Leistungen zwischen

---

71 OECD (2015) Aligning Transfer Pricing Outcomes with Value Creation, Tz 1.129.

72 OECD (2015) Aligning Transfer Pricing Outcomes with Value Creation, Executive Summary; *Asakawa* Tax Analyst 2011, 209.

73 OECD (2015) Aligning Transfer Pricing Outcomes with Value Creation S 13, Summary, letzter Abs.

74 OECD VLL Tz 1.6.

75 OECD VLL Tz 1.8.

76 OECD (2015) Aligning Transfer Pricing Outcomes with Value Creation, Executive Summary.

77 OECD VLL Kap II, in dem die anerkannten transaktionsbezogenen Methoden zur Verrechnungspreisermittlung vorgestellt werden sowie Tz 2.6.

78 OECD (2015) TP Documentation.

79 OECD VLL Tz 1.13.

verbundenen Unternehmen beinhaltet. Eine bessere Alternative zum Fremdvergleich ist bisher nicht ersichtlich bzw ist noch keinem Stresstest ausgesetzt gewesen.[80] Tatsächlich würde bei einer Abkehr vom Fremdvergleichsgrundsatz der og fundierte theoretische Ansatz aufgegeben und damit **der internationale Konsens gefährdet**. Hiermit würde sich das Risiko von Doppelbesteuerungen erheblich erhöhen.[81]

2. Kritik am Fremdvergleichsansatz. In den letzten Jahren ist die Kritik am Fremdvergleichsgrundsatz größer geworden. Insb NRO wie Attac[82] oder Tax Justice Network[83] bemängeln, dass durch Verrechnungspreise in beträchtlichem Maße Einkünfte und Vermögen in das niedrig besteuernde Ausland verlagert würden bzw **Entwicklungsländer** durch vorsätzlich falsch abgerechnete Verrechnungspreise und durch zu komplizierte Verrechnungspreisregelungen Steuereinkünfte verlören.[84] Alternativen zum Fremdvergleichsgrundsatz würden die Steuerbemessungsgrundlagen von Entwicklungsländern effektiver schützen und würden weniger Anforderungen an die schlecht ausgestatteten Finanzverwaltungen der Entwicklungsländer stellen.[85] Auch auf Grundlage dieser Kritik fordern va NRO die Veröffentlichung der Rechnungslegungen von int tätigen Unternehmen nach Ländern **(country by country reporting)**, wonach diese insb Zahlungen wie Lizenzen, Zinsen und Steuern sowie Daten über **Umsätze, Gewinne und Personalanzahl** an die Behörden der Staaten offen legen sollen, in denen sie über verbundene Unternehmen bzw Betriebsstätten tätig sind.[86] Sowohl die G 20,[87] die OECD[88] wie auch die EU[89] und die Vereinten Nationen[90] haben auf diese Kritik reagiert, indem sie Initiativen eingeleitet haben, die die Effektivität der Steuerverwaltungen der **Entwicklungsländer** auch in Hinblick auf Verrechnungspreise verbessern sollen. Insbesondere wird bei der Erarbeitung von rechtlichen Regelungen zu Verrechnungspreisen als auch bei der Administration von Verrechnungspreisen Unterstützung geleistet. Die OECD/G20 haben sich zudem unter Aktionspunkt 13 des BEPS-Projekts auf veränderte Regeln für die Dokumentation, insb auf Regeln für das **country by country reporting** geeinigt.[91] Wichtig ist in diesem Zusammenhang, dass das country by country reporting selbstverständlich nicht die Verrechnungspreisregelungen ersetzen kann. 29

Die weitere seit langem geäußerte Kritik am Fremdvergleich bezieht sich auf die **Synergieeffekte**, die in einem Konzern zu Kostenvorteilen führen, jedoch im Fremdvergleich nicht existieren. In diesem Sinne verkenne der Fremdvergleich die Realitäten, da er gerade den Sinn für die Errichtung **integrierter Konzerne** nicht in Betracht 30

80 OECD VLL Tz 1.14.
81 OECD VLL Tz 1.15.
82 Www.attac.de.
83 Www.taxjustice.net.
84 S auch *McNair/Dottey/Cobham* Christian Aid Occasional Paper series.
85 *Durst* Tax Notes International 2011, S 1109.
86 Www.taxjustice.net/cms/upload/pdf/Bilanzierungsregeln_Country-by-Country_deutsch_08.pdf; *Goulder* Tax Notes International 2011, 451.
87 G20 Joint Communique 09 2011.
88 Www.oecd.org/dataoecd.
89 Www.consilium.europa.eu.
90 Www.un.org/esa/ffd/tax/seventhsession/index.htm.
91 OECD (2015) TP Documentation, s Rn 52.

ziehe.[92] In einer idealen Welt müssten die Ergebnisse von Konzernunternehmen dem Fremdvergleich entsprechen, da ihre Gewinne grundsätzlich höher seien als die ihrer unverbundenen Wettbewerber. Ausnahmen ergäben sich nur dann, wenn ein Konzern ineffizient arbeite bzw Gewinne an Konzernunternehmen weitergeleitet habe, die nicht Gegenstand einer Betriebsprüfung sind.[93] Die OECD/G20 haben auch diese Kritik aufgenommen und mit genauen Bsp die Fälle beschrieben, in denen es aufgrund von **Synergieeffekten** zu Fremdvergleichskorrekturen kommen kann.[94]

31 Die OECD, die EU und auch die UN haben **Alternativen** zum Fremdvergleichsgrundsatz diskutiert bzw vorgeschlagen.[95] Die OECD vertritt seit langem die Auffassung, dass die bisher als einzige Alternative diskutierte **formelhafte Aufteilung** (global formulary apportionment) nicht dazu geeignet ist, den Fremdvergleich zu ersetzen.[96] Denn hierzu sei eine internationale Einigung über eine einheitliche Bemessungsgrundlage und über einen gültigen Aufteilungsschlüssel nötig. Auch würde jeglicher Aufteilungsschlüssel für die gemeinsame Bemessungsgrundlage zu einer **willkürlichen Aufteilung** auf die einzelnen Unternehmen führen und nicht die wirtschaftlichen Gegebenheiten wiedergeben, wie dies der Fremdvergleichsansatz vorsehe.[97] Die EU-Kommission hat im März 2011 einen Richtlinienvorschlag für eine **Gemeinsame konsolidierte Körperschaftsteuer-Bemessungsgrundlage** (GKKB) vorgelegt.[98] Dieser sieht für EU-Gruppengesellschaften eine gemeinsame Bemessungsgrundlage unter Neutralisierung der Innentransaktionen, eine Gewinnaufteilung nach einem Aufteilungsschlüssel sowie administrative Regelungen für die Verwaltung der GKKB vor. Deutschland und Frankreich unterstützen den Vorschlag.[99] Aufgrund der noch vielen offenen Fragen im Zusammenhang mit der Konsolidierung und dem Aufteilungsschlüssel befürwortet Deutschland jedoch eine schrittweise Vorgehensweise, dh eine Einigung über eine **gemeinsame Unternehmens-Bemessungsgrundlage** (GKB), bevor mit den Diskussionen über die Konsolidierung begonnen wird.[100] Hiermit würden gerade Gewinnkürzungen und Gewinnverlagerungen, die sich aufgrund des Zusammenwirkens von EU-Grundfreiheiten, EU-RL und besonderen steuerlichen Vorzugsregelungen einzelner Mitgliedstaaten ergeben, erheblich reduziert.[101] Die Diskussionen im Rat der europäischen Union über eine GKB bzw GKKB dauern an. Die UN lehnen wie die OECD die Konzeption einer formelhaften Aufteilung ab.[102]

32 **3. OECD Verrechnungspreisleitlinien. – a) Rechtsqualität und Bedeutung.** Die OECD MS haben zuerst 1979 und dann nach Überarbeitungen 1995 und 2010 in den „Verrechnungspreisleitlinien für verbundene multinationale Unternehmen" (OECD

---

92 *Avi-Yona* S 34; *Schouer* S 9.
93 *Andresen* S 6.
94 OECD (2015) Aligning Transfer Pricing Outcomes with Value Creation, Kap I, Abschn D.
95 OECD VLL Tz 3.61 ff; EU zur GKKB: www.europa.eu/taxation_customs/taxation/company_tax/common_tax_base/index_de.htm; UN: www.un.org/esa/ffd/tax.
96 OECD VLL I C.
97 S auch *Andrus/Bennett/Silberztein* BNA Transfer Pricing Report, S 495.
98 Www.ec.europa.eu/taxation_customs/taxation/company_tax/common_tax_base/index_de.htm.
99 Europäischer Rat Schlussfolgerungen 24/25.3.2011.
100 http://dipbt.bundestag.de/dip21/btd/17/057/1705748.pdf.
101 EU KOM 2015, Fünf Aktionsschwerpunkte, TZ 1.2.
102 Www.un.org/esa/ffd/tax.

VLL) ihre gemeinsame Auffassung über die Auslegung des Fremdvergleichsgrundsatzes niedergelegt. Sie entfalten zwar in den einzelnen OECD MS keine unmittelbare rechtliche Bindung, doch wird von diesen erwartet, dass sie sie auch **national umsetzen**.[103] Insofern werden die OECD VLL bei der Auslegung von Abs 1 herangezogen, sofern ihr Regelungsgehalt in die ein DBA übernommen wurde.[104] Entsprechend dienen sie **Steuerverwaltungen** und **multinationalen Unternehmen** als **gemeinsame Grundlage** für die Ermittlung und Prüfung von Verrechnungspreisen. Auch **die zuständigen Behörden** verwenden bei Verständigungs- und Schiedsverfahren und APA die OECD VLL als Maßstab und Grundlage für ihre Verhandlungen. Nach Auffassung des BFH ist jedoch in der gerichtlichen Überprüfung immer nur der Wortlaut des jeweiligen Abktextes entscheidend. Ansonsten würde die Ansicht der FinVerw den Vorbehalt des Gesetzes in der Form des DBA Zustimmungsgesetzes vollständig unterlaufen.[105] Diese, in Teilen **fehlende Anerkennung der OECD VLL** durch die **dt Finanzgerichtsbarkeit** führt zu Verwerfungen in der int Auslegung des Fremdvergleichs und damit zu seiner **uneinheitlichen Anwendung**. Da die Mehrheit der streitigen int Fälle im Rahmen von Verständigungsverfahren, Schiedsverfahren und Advanced Pricing Agreements durch Verrechnungspreisspezialisten der dt Finanzverwaltung gelöst werden, scheint diese fehlende Anerkennung int nicht zu übermäßigen Konflikten zu führen. Eine Lösung für die Frage des Verhältnisses zwischen der BFH-Auslegung des Art 1 und den Inhalten der OECD VLL ist jedoch wünschenswert.

Dies bezieht sich auch auf die Frage der statischen bzw dynamischen Auslegung der OECD VLL und des MKs. Nach ständiger Rechtsprechung des BFH ist eine dynamische Auslegung nicht zulässig.[106] Da die OECD VLL, und der MK nicht statisch sind, sondern laufend aktualisiert werden, ist diese Auffassung des BFH kritisch zu sehen. Denn die OECD VLL und der MK werden üblicherweise als Instrument zur Vereinheitlichung der Auslegung des OECD MA zwischen OECD MS genutzt. Sie dienen durch die Auslegungsharmonie der OECD MS der vorweggenommenen internationalen Streitschlichtung und verhindern so internationale Doppel- und Nichtbesteuerung. Nach **Art 31 Abs 3 lit b des WÜRV**[107] ist jede spätere Übung bei der Anwendung des Vertrags, aus der die Übereinstimmung der Vertragsparteien über seine Auslegung hervorgeht, als Auslegungshilfe des Vertrags zu heranzuziehen. In der Bestätigung der Änderungen durch die Steuerabteilungsleiter der FinMin der OECD-MS im Steuerausschuss (CFA) der OECD sowie durch die Verabschiedung durch Botschafter der OECD-MS im OECD-Ministerrat (OECD Council) sollte sich diese spätere Übung zeigen. Diese haben entspr in ihrem Beschluss v 23.10.1997, Nr I.3. ausgeführt: "*that their tax administrations follow the Commentaries on the Articles of the Model Tax Convention, as modified from time to time, when applying and interpreting the provisions of their bilateral tax conventions that are based on these Articles.*"[108] 33

Aufgrund der **BEPS-Ergebnisse der OECD/G20** haben die OECD VLL weitreichende Änderungen erfahren: Kap I D, das Anleitungen zur Anwendung des Fremd- 34

103 OECD VLL Tz 16.
104 So auch *Lang* S 21 f und *G/K/G* Tz 36.
105 *BFH* v 16.1.2014 – I R 30/12; s auch *Gosch* S 87.
106 *BFH* DStR 2014, 734; *BFH* v 9.2.2011 – I R 54, 55/10, *BFHE* 232, 476.
107 Wiener Übereinkommen über das Recht der Verträge v 23.5.1969, BGBl II 1985, 927.
108 S www.oecd.tax. Recommendation of the council of 23 October 1997 – C(97)195/FINAL, s auch Rn 15.

vergleichs enthält, ist vollständig ausgetauscht worden, ebenso wie die Kap V, Dokumentation, Kap VI, immaterielle Werte, Kap VII, Routine-Serviceleistungen im Konzern sowie Kap VIII über Kostenumlageverträge. [109]

35 Auch nach diesen Änderungen enthalten die OECD VLL weiterhin neun Kap. Kap I enthält Feststellungen zum Fremdvergleichsgrundsatz, in Kap II werden die Verrechnungspreismethoden beschrieben und in Kap III werden Anleitungen zur Vornahme von Fremdvergleichsanalysen gegeben. Die übrigen Kap enthalten Anleitungen für Verständigungsverfahren (Kap IV), für Dokumentationsanforderungen (Kap V), für die Behandlung immaterieller Werte (Kap VI), für Routine-Serviceleistungen im Konzern (Kap VII), für Kostenumlageverträge (Kap VIII) sowie für Funktionsverlagerungen (Kap IX). Der vorliegende Kommentar beschäftigt sich ausschließlich mit den Kap I–V.

36 **b) Anleitung zur Anwendung des Fremdvergleichsgrundsatzes. – aa) Identifizierung der kaufmännischen oder finanziellen Transaktionen.** Grundlage eines jeden Fremdvergleichs ist die **Fremdvergleichsanalyse**. Mit dieser Analyse werden Geschäftsbeziehungen zwischen verbundenen Unternehmen mit denen von unverbundenen Unternehmen verglichen, sofern diese eine vergleichbare Geschäftsbeziehung unter vergleichbaren Bedingungen eingegangen sind.[110] Eine solche Fremdvergleichsanalyse hat folgende Hauptaspekte: Erstens sind die kaufmännischen oder finanziellen Beziehungen und die wirtschaftlich bedeutsamen Bedingungen dieser Beziehungen im Konzern zu identifizieren. In einem zweiten Schritt werden diese kaufmännischen oder finanziellen Beziehungen (und die zugrundeliegenden wirtschaftlich bedeutsamen Bedingungen) vergleichbaren Geschäftsbeziehungen von unverbundenen Unternehmen gegenübergestellt. [111] Kap I der OECD VLL enthält **Anleitungen für die Identifizierung** und die genaue Abgrenzung der kaufmännischen und finanziellen Beziehungen zwischen verbundenen Unternehmen, die im Folgenden erläutert werden. In Kap II und III der OECD VLL werden die **Vergleichsmethoden** dargestellt.

37 Der typische Prozess einer Fremdvergleichsanalyse verlangt ein umfassendes Verständnis des Industriebereichs der multinationalen Gruppe (Bergbau, Pharmazie, Luxusgüter etc). Informationen über die entspr Märkte, Produkte, Lieferketten, Schlüsselfunktionen, verwendetes Vermögen und wichtige Risiken gehören in den **Master File** der Verrechnungspreisdokumentation eines StPfl (s Kap V der OECD VLL).[112] Die Analyse wird dann eingeengt in die Identifikation der kaufmännischen und finanziellen Beziehungen der verbundenen Unternehmen. Diese Informationen gehören in den **Lokal File** der Verrechnungspreisdokumentation (s Kap V der OECD VLL).[113] Alle Methoden, die nach dieser Analyse für den Fremdvergleich angewendet werden, können auf das Konzept zurückgeführt werden, dass unabhängige Unternehmen ihre **Handlungsalternativen** überprüfen und nur eine Geschäftsbeziehung eingehen würden, wenn ihnen **keine bessere andere Alternative** offenstehen würde.[114] Eine **Fremdvergleichsanalyse** gehört heute zum **Standard** jeder soliden Verrechnungspreis-

109 OECD (2015) Aligning Transfer Pricing Outcomes with Value Creation.
110 OECD (2015) Aligning Transfer Pricing Outcomes with Value Creation Tz 1.33.
111 OECD (2015) Aligning Transfer Pricing Outcomes with Value Creation Tz 1.33.
112 OECD (2015) Aligning Transfer Pricing Outcomes with Value Creation Tz 1.34.
113 OECD (2015) Aligning Transfer Pricing Outcomes with Value Creation Tz 1.36.
114 OECD (2015) Aligning Transfer Pricing Outcomes with Value Creation, Tz 1.38, 1.39.

ermittlung und wird insoweit von den meisten OECD-MS von verbundenen Unternehmen gefordert. Auch Deutschland hat die Anforderung einer solchen Fremdvergleichsanalyse in das deutsche Recht übernommen.[115]

Die vertraglichen Bedingungen einer Geschäftsbeziehung: Vertragsbedingungen sind nach Tz 1.42 der neuen OECD VLL als Ausgangspunkt für die Abgrenzung der Geschäftsbeziehungen zwischen verbundenen Unternehmen und ihrer Verantwortlichkeiten, Risiken sowie ihrer antizipierten Gewinne zu sehen. Allerdings sollten die **schriftlichen Verträge** mit dem **tatsächlichen Geschäftsgebaren** der Parteien verglichen werden. Wenn die tatsächlichen Geschäftsbeziehungen nicht mit den vertraglichen Vereinbarungen übereinstimmen, sind die **tatsächlichen Geschäftsbeziehungen** für die Verrechnungspreisanalyse zugrunde zu legen.[116] 38

Funktionsanalyse: Im Rahmen einer Funktionsanalyse werden wirtschaftlich signifikante Aktivitäten und Verpflichtungen, verwendete Vermögenswerte sowie übernommene Risiken der Parteien identifiziert.[117] Es sollte auch die Art der Vermögenswerte wie Sachanlagen, immaterielle Werte, Finanzanlagen, Marktwert, Lage, Schutz von Eigentumsrechten etc überprüft werden.[118] Die Funktionsanalyse schließt auch die **Risikoanalyse** mit ein. Denn die **Höhe und die Übernahme des Risikos sind wirtschaftlich relevante Charakteristika**, die das Ergebnis einer Verrechnungspreisanalyse signifikant beeinflussen können.[119] Mit den durch BEPS erarbeiteten sechs Prüfungsschritten für Risikoanalysen soll insb der **BEPS-Maßnahme 9**: **„Risiken und Kapital"** Rechnung getragen werden. Ziel ist es, einem verbundenen Unternehmen nicht nur deshalb Gewinne zuzurechnen, weil es vertraglich Risiken übernommen hat. Die Zurechnung hängt entscheidend davon ab, ob das Unternehmen **Risikokontrollfunktionen** ausübt bzw **Risiken auch finanziell übernehmen** kann. Die Schritte für eine solche Risikoanalyse sind die Folgenden: 39

- Genaue Identifikation der **wirtschaftlich signifikanten Risiken**;
- Feststellung, wie wirtschaftlich signifikante Risiken vertraglich von den beteiligten Unternehmen übernommen werden;
- Feststellung, wie verbundene Unternehmen **Kontrollfunktionen** und **Risikovermeidungsfunktionen** wahrnehmen, welche Unternehmen die Konsequenzen von positiven und negativen Risikoergebnissen übernehmen und welche Unternehmen die finanziellen Kapazitäten haben, um Risiken zu übernehmen;
- Bestimmung, ob die vertraglichen Risikozuteilungen mit dem tatsächlichen Verhalten übereinstimmen, dh ob die verbundenen Unternehmen den vertraglichen Verpflichtungen folgen und ob **die Partei, die Risiken übernimmt auch die Risiken kontrolliert und die finanziellen Kapazitäten** hat, um die Risiken zu übernehmen;
- Kontrolliert die Partei, die die Risiken vertraglich übernehmen soll nicht die Risiken oder hat sie nicht die finanziellen Kapazitäten um die Risiken zu übernehmen, sind die Anleitungen zur **Risikoübernahme** zu befolgen;

---

115 GAufzV § 4 Abs 2 und 3; VerwG Verfahren Tz 3.4.10, 3.4.11.

116 OECD (2015) Aligning Transfer Pricing Outcomes with Value Creation, Tz 1.43, 1.45; s Rn 15.

117 OECD (2015) Aligning Transfer Pricing Outcomes with Value Creation, Tz 1.51.

118 OECD (2015) Aligning Transfer Pricing Outcomes with Value Creation, Tz 1.54.

119 OECD (2015) Aligning Transfer Pricing Outcomes with Value Creation, Tz 1.56.

– In diesem Fall sind die **tatsächlichen Geschäftsbeziehungen,** unter Berücksichtigung der finanziellen und anderer Konsequenzen der Risikoübernahme sowie der Kompensation von Risikomanagementfunktionen, zu bepreisen.[120]

40 **Eigenschaften von Vermögenswerten oder Dienstleistungen**: Da die spezifischen Eigenschaften von Vermögenswerten oder Dienstleistungen auch auf dem freien Markt zu unterschiedlichen Preisen führen können, ist vor der Vergleichsanalyse zunächst eine genaue Analyse ihrer Charakteristika vorzunehmen. Bei materiellen Wirtschaftsgütern handelt es sich zB um ihre Qualität, ihre Funktionssicherheit oder ihre Lieferbarkeit.[121] Allerdings hängt es von der gewählten Verrechnungspreismethode ab, wie wichtig mögliche verbleibende Unterschiede sind. Bei Anwendung der Preisvergleichsmethode könnte jeder Unterschied in der Eigenschaft eines Produkts einen Einfluss auf den Preis haben. Werden Vergleichsanalysen jedoch auf der Basis von Brutto- oder Nettogewinnindikatoren vorgenommen, hat die Praxis gezeigt, dass die Funktionsausübung bei den Transaktionen wichtiger eingeschätzt wird, als die Charakteristika der Produkte.[122]

41 **Wirtschaftliche Verhältnisse:** Fremdvergleichspreise können in unterschiedlichen Märkten anders ausfallen, obwohl dieselben Güter oder Dienstleistungen betroffen sind. Insofern dürfen die Märkte, in denen verbundene und unverbundene Unternehmen tätig sind, keine Unterschiede aufweisen, die Auswirkungen auf die Preise haben. Wirtschaftliche Verhältnisse sind in diesem Zusammenhang die geographische Lage, die Größe des Marktes, der Wettbewerb auf dem Markt oder auch die Existenz eines Wirtschaftszyklus. Bestehen solche Unterschiede, sollte auf Vergleichswerte von diesen Staaten verzichtet werden. Bei homogenen Verhältnissen können jedoch Vergleichswerte aus einer Reihe von Staaten genommen werden.[123]

42 **Geschäftsstrategien**: Bei einer Fremdvergleichsanalyse sollen auch Geschäftsstrategien in Betracht gezogen werden. Hierzu gehören ua Innovationen, Produktentwicklungen, Diversifikationsgrad und Arbeitsbestimmungen.[124] Zu Geschäftsstrategien gehören insb auch Preisstrategien im Rahmen von Markteroberungsaktivitäten. Hierbei ist es wichtig festzustellen, wer in der Unternehmenskette das **Risiko der Markteroberung** trägt. Denn diesem sollten die Kosten und letztendlich der Gewinn der Strategie zustehen. So kann zB sowohl der Produzent wie auch der Vertreiber die Verantwortung für eine solche Strategie übernehmen, es können aber auch beide zusammen agieren.[125] Insofern besteht ein Unterschied zu den deutschen Verwaltungsgrundsätzen, nach denen Kosten und Erlösminderungen, die durch Kampfpreise oder ähnliche Mittel entstehen, grundsätzlich vom Hersteller zu tragen sind.[126] Letztendlich kommt es jedoch auf die Feststellung an, ob eine bestimmte Geschäftsstrategie für ein Konzernunternehmen realistischerweise in absehbarer Zukunft profitabel sein könnte und ob ein fremdes vergleichbares Unternehmen unter den gleichen wirtschaftlichen Verhältnissen bereit sein würde, seine Gewinne zu reduzieren.[127]

120 OECD (2015) Aligning Transfer Pricing Outcomes with Value Creation, Tz 1.60.
121 OECD (2015) Aligning Transfer Pricing Outcomes with Value Creation, Tz 1.107.
122 OECD (2015) Aligning Transfer Pricing Outcomes with Value Creation, Tz 1.109.
123 OECD (2015) Aligning Transfer Pricing Outcomes with Value Creation, Tz 1.110-1.113.
124 OECD (2015) Aligning Transfer Pricing Outcomes with Value Creation, Tz 1.114.
125 OECD (2015) Aligning Transfer Pricing Outcomes with Value Creation, Tz 1.117.
126 VerwG Verfahren Tz 3.4.3.
127 OECD (2015) Aligning Transfer Pricing Outcomes with Value Creation, Tz 1.118.

bb) Anerkennung der tatsächlichen Geschäftsbeziehungen. Geschäftsbeziehungen zwischen verbundenen Unternehmen sind in der Art und Weise zu identifizieren, wie diese tatsächlich unter wirtschaftlich relevanten Charakteristika ausgeführt werden bzw wurden. Bestehen **Unterschiede zu den vertraglichen Vereinbarungen**, sind die tatsächlichen kaufmännischen und finanziellen Geschäftsbeziehungen für die Vergleichsanalyse zugrunde zu legen.[128] Eine Geschäftsbeziehung darf nicht anerkannt werden, wenn sie sich in ihrer Gesamtheit von einer solchen unterscheidet, die unabhängige Unternehmen in vergleichbaren Situationen getätigt hätten. Jedoch ist die pure Tatsache, dass eine Geschäftsbeziehung nicht unter unabhängigen Unternehmen stattfindet, kein Grund für eine Nichtbeachtung.[129] In Tz 1.126, 1.127 und 1.128 werden zwei Bsp für ökonomisch irrationales Verhalten von verbundenen Unternehmen gegeben, die zu einer Nichtanerkennung von Geschäftsbeziehungen führt. 43

cc) Verluste. Die OECD hält **Verlustsituationen** bei verbundenen Unternehmen grds mit dem Fremdvergleich vereinbar. Auf der anderen Seite wird darauf hingewiesen, dass unabhängige Unternehmen **Verluste nicht langfristig hinnehmen** würden.[130] Die OECD legt sich jedoch nicht fest, **nach welchem Zeitraum** Verluste nicht mehr hingenommen werden sollten. Der BFH ist der Auffassung, dass bei Anlaufverlusten die Verlustphase höchstens **drei Jahre** betragen soll.[131] Int gibt es mangels OECD-Regeln keinen Konsensus, so dass es gerade bei Anlaufverlusten regelmäßig Verrechnungspreisdispute gibt. Die OECD VLL beschränken sich darüber hinaus auf Bsp, in denen der **Gesamtkonzern Gewinne** erzielt, während eine **Konzerngesellschaft Verluste** hinnehmen kann. Bringt die Verlustsituation einer Konzerngesellschaft zB für den Gesamtkonzern mehr Vorteile als die Aufgabe der Konzerngesellschaft, würde ein unabhängiges Unternehmen dieses nur für eine angemessene Servicevergütung hinnehmen.[132] Eine Konzerngesellschaft kann jedoch im Fremdvergleich auch **Gewinne erzielen**, wenn der **Gesamtkonzern Verluste** erleidet oder unter seinen Selbstkosten liefert.[133] So bleibt die OECD hinsichtlich der Anwendung des Fremdvergleichsgrundsatzes bei Verlustgeschäften sehr vage.[134] 44

dd) Auswirkungen der Regierungspolitik. Der Geschäftsverkehr zwischen grenzüberschreitend tätigen Unternehmen kann von staatlichen Maßnahmen wie **Preiskontrollen**, **Subventionen**, **Devisenkontrollen**, **Transferverboten** etc beeinflusst werden. Die OECD meint, dass auch in diesen Situationen der **Fremdvergleich** angewendet werden soll, dh dass die Geschäftsbeziehungen zwischen abhängigen Unternehmen, die solchen **Restriktionen** unterliegen, mit solchen zwischen **unabhängigen Unternehmen mit gleichen Restriktionen** verglichen werden sollen.[135] Das Thema wird von der OECD in ihren laufenden Arbeiten nicht angesprochen, da die Praxis dies scheinbar bisher nicht erfordert. Auch die Verrechnungspreisliteratur spricht diese Problematik kaum an. Es kann daher davon ausgegangen werden, dass Auswirkungen der Regie- 45

128 OECD (2015) Aligning Transfer Pricing Outcomes with Value Creation, Tz 1.119, 1.120.
129 OECD (2015) Aligning Transfer Pricing Outcomes with Value Creation, Tz 1.122.
130 OECD (2015) Aligning Transfer Pricing Outcomes with Value Creation, Tz 1.129.
131 *BFH* BStBl 1993, II 457.
132 OECD (2015) Aligning Transfer Pricing Outcomes with Value Creation, Tz 1.130.
133 *BFH* BStBl 2007, 658.
134 S auch *Wellens* IStR 2010, 153.
135 OECD (2015) Aligning Transfer Pricing Outcomes with Value Creation, Tz 1.134.

rungspolitik zumindest in den letzten Jahren **nicht im Zentrum** der national und int diskutierten **Verrechnungspreisprobleme** standen.

46 **ee) Verwendung von Zollwerten.** In den OECD VLL 1995 wurde bereits allgemein darauf hingewiesen, dass die Steuerverwaltungen und die Zollverwaltungen bei der Ermittlung von Warenwerten **zusammenarbeiten** sollten, um Informationen über erhaltene Dokumentationen auszutauschen.[136] Dies wurde auch in den OECD VLL 2010 so beibehalten.[137] Es gibt grundsätzlich keine plausible Erklärung dafür, warum der **Warenwert** für ein Wirtschaftsgut, das zwischen verbundenen Unternehmen veräußert wird, für Verrechnungspreiszwecke auf der einen Seite und für Zollwerte auf der anderen Seite unterschiedlich sein sollte. Allerdings gibt es keine verbindlichen gemeinsamen Regelungen, auch wenn viele Zollverwaltungen den Fremdvergleichsgrundsatz anwenden.[138] Da in vielen FinVerw, wie auch in der deutschen, die Steuerverwaltung und die Zollverwaltung in unterschiedlichen Behörden angesiedelt sind, wird daher angeregt, den Informationsaustausch zu verbessern, um Situationen zu vermeiden, wo die unterschiedlichen Behörden die Preisermittlungen gegenseitig nicht anerkennen.[139] Die OECD hat zusammen mit der Welthandelsorganisation (WTO) im Mai 2006 und im Mai 2007 Konferenzen zu diesem Thema abgehalten[140] und auf die **zunehmende Relevanz** der Zusammenarbeit zwischen Steuer- und Zollverwaltung hingewiesen. Allerdings sind diese Arbeiten nicht weiter verfolgt worden.

47 **ff) Standortvorteile und andere lokale Marktbedingungen.** Standortvorteile werden regelmäßig zwischen den sog „Sitzstaaten", dh vor allem den 34 OECD MS und den sog „Quellenstaaten", insb den BRICS, Brasilien, Russland, Indien, China und Südafrika, kontrovers diskutiert. Die OECD MS sahen in Standortvorteilen allenfalls einen Aspekt der lokalen Vergleichswerte und keinen Grund, vom Fremdvergleich abzuweichen.[141] Die BRICS haben sie lange als einen immateriellen Wert angesehen.[142] Da die BRICS gleichberechtigt in den BEPS-Prozess einbezogen waren, war die Spannung groß, zu welchen gemeinsamen Ergebnissen die OECD/G20 zu Standortvorteilen kommen würden. Die einhellige OECD/G20-Auffassung ist nun, dass insoweit **verlässliche lokale Vergleichswerte** existieren, **keine weiteren Preisanpassungen für Standortvorteile** erforderlich sind.[143] Bei fehlenden lokalen Vergleichswerten sollen sich die Aufteilungen von Standortvorteilen auf verbundene Unternehmen auf die **Analyse aller „facts and circumstances"** des Einzelfalls, wie bereits für Funktionsverlagerungen in den OECD VLL unter Tz 9.148-9.153 niedergelegt, stützen. Es überrascht, dass die OECD ihre bisherigen Grundsätze zu Standortvorteilen nicht aufgeben musste, so dass zu hoffen ist, dass hiermit etwas mehr Sicherheit in die Verrechnungspreisanalysen, insb mit den BRICS-Staaten einkehrt. Nach den VerwGFunktV sind im Rahmen des hypothetischen Fremdvergleichs (bei fehlenden Vergleichswerten) für die Aufteilung auch die konkreten Verhandlungsalternativen und die jeweilige Verhandlungsstärke der Beteiligten relevant, die sich aus objektiven

136 OECD VLL 1995 Tz 1.65 und 1.66.
137 OECD VLL Tz 1.70.
138 OECD VLL Tz 1.78; *V/B/E* 1. Teil, Kap A, Tz 402.
139 OECD (2015) Aligning Transfer Pricing Outcomes with Value Creation, Tz 1.138.
140 Www.oecd.org.
141 OECD VLL Tz 9.148-9.153.
142 *Gosh/Shu/Tomar* India's position and China's position.
143 OECD (2015) Aligning Transfer Pricing Outcomes with Value Creation, Tz 1.142.

Umständen ergeben müssen.[144] Dies entspr der OECD-Sprache der Überprüfung von „all facts and circumstances“.[145] Im Unterschied zu Standortvorteilen können nach Auffassung der OECD/G20 jedoch andere lokale Marktbedingungen, wie besondere staatliche Konzessionen oder besonderes, auf den lokalen Markt bezogenes Know-How, immaterielle Werte sein. Diese können sich auf die Höhe des Verrechnungspreises auswirken.[146]

gg) Mitarbeiterstamm. Unter manchen Bedingungen kann auch ein besonders erfolgreicher Mitarbeiterstamm Einfluss auf die Verrechnungspreise nehmen und sollte daher in die Verrechnungspreisanalyse mit aufgenommen werden um ggf Verrechnungspreisanpassungen vorzunehmen. Auch kann der **Transfer** von **besonders befähigten oder erfahrenen Mitarbeitern** zusammen mit anderen materiellen oder immateriellen Werten zu einem höheren Verrechnungspreis für das Gesamtpaket führen.[147] 48

hh) Synergieeffekte. Die fundierteste Kritik am Fremdvergleich ist die, dass der Sinn und Zweck integrierter Konzerne, nämlich Synergieeffekte zu erzielen, keine Berücksichtigung finden kann.[148] Die OECD ist sich selbstverständlich dieser Tatsache bewusst und verweist in den OECD VLL darauf, dass es über die Aufteilung von Synergieeffekten keine international akzeptierte Einigung gibt.[149] Denn dies würde einen völlig anderen Ansatz wie eine formelhafte Aufteilung erfordern, für deren Einführung derzeit kein int Interesse ersichtlich ist. In diesem Sinne kann auch das neue Kap zu Synergieeffekten allenfalls Lösungen zu Einzelfragen bieten: Unter Hinweis auf Tz 7.13 der OECD VLL bestätigt die OECD, dass keine Dienstleistungen vorliegen und daher kein Entgelt zu zahlen ist, wenn ein Konzernunternehmen **nur beiläufige Vorteile** („incidental benefits“) erhält, die sich allein aus der **Zugehörigkeit zum Konzern** ergeben.[150] Diese lange int Übung teilt auch die dt FinVerw, nämlich dass eine Muttergesellschaft kein Entgelt für den Rückhalt im Konzern verrechnen darf.[151] Jedoch können sich nach den neuen Leitlinien Synergievorteile (oder Nachteile) aus einem **konkreten absichtlichen Zusammenwirken** (deliberate concerted group action) im Konzern ergeben.[152] Als Bsp wird die zielgerichtete gemeinsame Vorgehensweise von Konzerngesellschaften beim Einkauf genannt, um günstigere Rabatte für alle zu Beteiligten zu erlangen. Sollten sich hieraus Übergewinne ergeben, ist zunächst der den Einkauf koordinierenden Konzerngesellschaft eine Vorabvergütung zuzuweisen. Der mögliche Rest könnte auf die einzelnen Gesellschaften nach ihrem Einkaufsvolumen aufgeteilt werden.[153] 49

c) Verrechnungspreismethoden. Alle von der OECD akzeptierten Verrechnungspreismethoden werden in Kap II der OECD VLL beschrieben. Es hat außer einer Klarstellung zur Anwendung der Preisvergleichsmethode beim Handel mit preisquo- 50

144 FVerlV, Tz 2.3.2.2.
145 OECD (2015) Aligning Transfer Pricing Outcomes with Value Creation, Tz 1.143.
146 OECD (2015) Aligning Transfer Pricing Outcomes with Value Creation, Tz 1.149.
147 OECD (2015) Aligning Transfer Pricing Outcomes with Value Creation, Tz 1.152 – 1.156.
148 *Avi-Yona* S 34; *Schoueri* S 9; *Auerbach/Devereux/Simpson* S 870-871.
149 OECD VLL Tz 1.10.
150 OECD (2015) Aligning Transfer Pricing Outcomes with Value Creation, Tz 1.158.
151 *VerwG* 1983, Tz 5.2.3.
152 OECD (2015) Aligning Transfer Pricing Outcomes with Value Creation, Tz 1.159.
153 OECD (2015) Aligning Transfer Pricing Outcomes with Value Creation, Tz 1.162.

tierten Rohstoffen durch die BEPS-Arbeiten keine Änderung erfahren.[154]Alle aufgeführten Verrechnungspreismethoden werden zunächst grds als gleichwertig anerkannt. Da jedoch keine Methode für jegliche Art von Geschäftsvorfall passend ist, ist für die vorgesehenen Transaktionen die bestgeeignetste auszuwählen.[155] Auswahlkriterien sind insb die Art des Geschäftsvorfalls sowie das Vorhandensein verfügbarer Vergleichsdaten. Allerdings ist es nicht erforderlich zu beweisen, dass eine bestimmte Methode unter den gegebenen Umständen nicht geeignet ist.[156] Auch wird die Anwendung von mehr als einer Verrechnungspreismethode nicht verlangt.[157] Wenn die Voraussetzungen für die Auswahl zwischen mehreren Methoden gegeben sind, zieht die OECD die Preisvergleichsmethode vor, da sie als der direkteste Weg zur Feststellung des Fremdvergleichs angesehen wird.[158] Das AStG geht einen etwas anderen Weg, indem bei uneingeschränkter Vergleichbarkeit mit fremden Dritten die Standardmethoden zu verwenden sind und bei eingeschränkter Vergleichbarkeit eine geeignete Methode auszuwählen ist.[159] Die OECD bietet multinationalen Unternehmen zusätzlich die Möglichkeit, andere als die beschriebenen Methoden anzuwenden, wenn sie mit dem Fremdvergleichsgrundsatz vereinbar sind.[160] Denn komplexe Wirtschaftsstrukturen verlangen teilw besondere Lösungen, wie zB die Anwendung von **Wertschöpfungsanalysen** bei hoch integrierten Konzernen. Die Eröffnung der Möglichkeit zur Anwendung individuell angepasster Methoden zeigt auch, dass es der OECD nicht möglich ist, für jeden Einzelfall eine geeignete Verrechnungspreismethode zu entwerfen.[161] Individuell angepasste Methoden sind auch unter § 1 Abs 3 S 2 AStG möglich. Da es keine allumfassenden und völlig exakten Ermittlungsmethoden für Verrechnungspreise gibt, werden Betriebsprüfer in den OECD VLL dazu angehalten, von **geringfügigen Verrechnungspreiskorrekturen abzusehen**.[162]

51 **aa) Die traditionellen transaktionsbezogenen Methoden. – (1) Preisvergleichsmethode (Comparable Uncontrolled Price method, CUP)[163].** Nach dieser Methode wird der vereinbarte Preis für Geschäftsvorfälle zwischen abhängigen Unternehmen mit dem Preis verglichen, der in einer vergleichbaren Situation zwischen Unabhängigen festgesetzt wird. Im Falle von Abweichungen zwischen den beiden Preisen kann angenommen werden, dass die Geschäftsbeziehungen zwischen den verbundenen Unternehmen nicht fremdvergleichskonform sind, so dass Korrekturen notwendig sein können.[164] Da es sehr schwierig ist, **uneingeschränkt vergleichbare** Transaktionen zwischen Unabhängigen zu finden, zB bei geringfügigen Unterschieden in der Qualität der Produkte oder bei unterschiedlichen Funktionen, sind Anpassungsrechnungen vorzunehmen.[165] Auch wenn diese schwierig sein können, so regt die OECD doch an,

---

154 OECD (2015) Aligning Transfer Pricing Outcomes with Value Creation, Tz 2.16A-Tz 2.16E.
155 OECD VLL Tz 2.1 – 2.11.
156 OECD VLL Tz 2.2 .
157 OECD VLL Tz 2.11.
158 OECD VLL Tz 2.3.
159 § 1 Abs 3 S 1 und 2.
160 OECD VLL Tz 2.9.
161 OECD VLL Tz 2.10.
162 OECD VLL Tz 1.68.
163 OECD VLL Tz 2.6-2.13, s auch § 1 Abs 3 S 1 AStG sowie VerwG 1983 Tz 2.2.2.
164 OECD VLL Tz 2.13.
165 OECD VLL Tz 2.15.

die Anwendung der CUP- Methode nicht gleich zu verwerfen, sondern jeden Versuch zu unternehmen, die Daten anzupassen, um zu angemessenen Ergebnissen zu kommen. Unterschieden wird dabei zwischen dem internen und dem externern Preisvergleich. Beim internen Preisvergleich werden Marktpreise herangezogen, die ein Konzernunternehmen mit einem unabhängigen Dritten vereinbart hat. Der externe Preisvergleich beschreibt den Preis, der ausschließlich zwischen unabhängigen Dritten am Markt zustande kommt.[166] In der Praxis findet die Preisvergleichsmethode beim Warenverkehr sehr wenig Anwendung, weil es entweder zu viele qualitative Unterschiede bzw keine gleichen Funktionen vorhanden sind. Für andere Geschäftsvorfälle, wie zB gewerbliche Dienstleistungen, Finanztransaktionen oder Lizenzvereinbarungen ist sie jedoch geeignet und wird daher auch bevorzugt angewendet. Dies unterstreichen auch die VerwG.[167] Für Finanztransaktionen, zB bei Darlehen, sind über die Ratingdaten von Standard & Poor's fremdvergleichskonforme Zinssätze ermittelbar.[168] Für Lizenzen sind Listen[169] wie auch Datenbanken mit marktüblichen Lizenzsätzen für verschiedene Branchen und Produkte entwickelt worden, angefangen von der Lizenzdatenbank des Bundeszentralamts für Steuern[170] über öffentliche Datenbanken wie die Royaltystat – oder die Royaltysource – Datenbank[171] und einige andere. Diese Daten bieten zumindest einen Anhaltspunkt oder einen Näherungswert für die Ermittlung von Fremdvergleichspreisen, es ist jedoch insb bei den genannten Listen Vorsicht geboten, da sie sich auf sehr allgemeine Branchen beziehen und mit großen Bandbreiten dargestellt sind.[172]

(2) Wiederverkaufspreismethode (Resale Price Method, RPM)[173]. Diese Methode geht von dem Preis aus, zu dem eine bei einem Nahestehenden gekaufte Ware an einen unabhängigen Abnehmer weiterveräußert wird. Dieser Preis wird durch eine angemessene **Bruttomarge** (die Wiederverkaufsmarge) reduziert, die der Funktion und dem Risiko des Wiederverkäufers entspricht und die die Betriebsaufwendungen und den Gewinn des Wiederverkäufers umfassen sollte.[174] Der Unterschiedsbetrag ist dann, nach Abzügen eventueller sonstiger mit dem Wareneinkauf verbundener Kosten, der Verrechnungspreis für die Transaktion zwischen den verbundenen Unternehmen. Nach den OECD VLL soll die Methode am besten beim Vertrieb von Waren anwendbar sein.[175] Wesentliche Voraussetzung für die Anwendung der Methode ist, dass die Vertriebsgesellschaft als Wiederverkäufer der zuvor eingekauften Waren agiert, dh keine Weiterverarbeitung bzw wesentliche Veränderung der Eigenschaften der Ware vornimmt.[176] Insbesondere wenn der Wiederverkäufer Eigner werthaltiger immaterielle Werte (Marketingorganisation) ist, sind entsprechende Anpassungsrechnungen vorzu- 52

166 *VerwG* 1983 Tz 2.2.2
167 *VerwG* Tz 3.2.3.2 für gewerbliche Dienstleitungen, Tz 4.2.1 für Kredite und Tz 5.3.3 für Lizenzvereinbarungen.
168 S zB www.standardandpoors.com/en_US/web/guest.
169 Vgl zB *Boecker* S 73, 82 f; *Groß/Rohrer*; *Hellebrand/Kaube/Falckenstein.*
170 *Boecker* S 73, 79 (jedoch lediglich als Überprüfungsmöglichkeit seitens der Finanzverwaltung).
171 Www.royaltystat.com; www.royaltysource.com.
172 S auch *Nestler* S 2002 ff.
173 OECD VLL Tz 2.21–2.38, § 1 Abs 3 AStG sowie *VerwG* 1983 Tz 2.2.3.
174 OECD VLL Tz 2.21 ähnlich *VerwG* 1983 TZ 2.2.3.
175 OECD VLL Tz 2.21.
176 S auch *V/B/E* Kap D Rn 165.

nehmen.[177] Der **Vorteil** der Wiederverkaufspreismethode liegt darin, dass **Produktunterschiede** nicht so entscheidend sind wie bei der Preisvergleichsmethode, da sie sich weniger auf die Gewinnspanne als auf den Preis auswirken.[178] Das **Kernproblem** der Methode liegt jedoch in der Ermittlung der **Bruttomarge**. Hierbei treten unüberwindbare Informationsdefizite auf, deren Ursache in dem regelmäßig vorliegenden Konkurrenzverhältnis zu den potentiellen Vergleichsunternehmen liegt. Denn diese sind um Abschirmung ihrer Vergleichsunternehmen bemüht.[179] Int üblich ist es geworden, mit Hilfe von **Unternehmensdatenbanken** Vergleichsmargen zu ermitteln.[180] Auch der BFH sieht keine Bedenken in der Ermittlung von Fremdvergleichsdaten über Unternehmensdatenbanken sofern Mindestanforderungen an die Qualität der Datenerfassung erfüllt sind.[181] Die dt FinVerw erklärt die Zuhilfenahme von Datenbanken für möglich, soweit diese geeignet erscheinen und der Suchprozess nachvollziehbar ist.[182] Allerdings stößt die Praxis zumindest in Europa auf Schwierigkeiten, **Bruttomargen** aus den von privaten Anbietern am Markt erhältlichen Datenbanken zu ermitteln, da diese oftmals nicht die Bruttomarge als **Suchkriterium** enthalten.

53 **(3) Kostenaufschlagsmethode (cost plus method, CPM)[183].** Bei dieser Methode wird im Gegensatz zu den anderen Methoden kein Marktpreis zugrunde gelegt. Es werden zunächst die Kosten nach der Kalkulationsmethode ermittelt, wie sie auch bei einer Preispolitik gegenüber fremden Dritten bei Lieferungen und Leistungen angewendet werden würde. Die so ermittelten Kosten sind dann um einen betriebs- oder branchenüblichen **Gewinnzuschlag** zu erhöhen, der den angemessenen hinsichtlich der Funktionen und Risiken zu erzielenden Gewinn angibt.[184] Dieser Gewinnzuschlag sollte idealerweise aus den Zuschlägen ermittelt werden, die das verbundene Unternehmen mit Unverbundenen erhebt (interner Preisvergleich). Andernfalls sind Kostenaufschläge von unverbundenen Unternehmen in der gleichen Situation zu ermitteln (externer Preisvergleich).[185] Die Addition aus den zugrunde gelegten Kosten und dem Kostenaufschlag ergibt den Fremdvergleichspreis. Wichtige praktische Anwendungsfälle für die Methode sind Lieferungen halbfertiger Güter zwischen verbundenen Unternehmen, langfristige Liefervereinbarungen oder die konzerninterne Erbringung von Dienstleistungen.[186] Die OECD schlägt grundsätzlich vor, Kosten auf der Basis historischer Kosten zu ermitteln. Da diese jedoch variieren können, sollen auch Durchschnittskosten verwendet werden können.[187] In bestimmten Fällen können auch variable oder Grenzkosten angebracht sein. Da hier keine allgemeingültige Regel vorgegeben werden kann, erkennt die OECD sämtliche Kostenrechnungsmethoden an, die auch gegenüber fremden Dritten bzw zwischen fremden Dritten angewendet werden.[188] In Hinblick auf Ver-

177 OECD VLL Tz 2.32.
178 OECD VLL Tz 2.24.
179 *F/W/B/S* § 1 AStG Anm 423.
180 Vgl *Scholz/Crüger* S 34.
181 *BFH* – IR-22/04.
182 *VerwG* Verfahren Tz 3.4.12.4.
183 OECD VLL Tz 2.39–2.55, § 1 Abs 3 AStG; *VerwG* TZ 2.2.4.
184 OECD VLL Tz 2.39; *VerwG* Tz 2.2.4.
185 OECD VLL Tz 2.40.
186 OECD VLL Tz 2.40.
187 OECD VLL Tz 2.49.
188 OECD VLL Tz 2.52.

gleichswerte ist es wichtig zu beachten, dass insb bei Werten von Unternehmen aus verschiedenen Staaten Unterschiede in den Buchhaltungsregelungen bestehen, die bei der Kostenermittlung in Betracht gezogen werden müssen. Bei dieser Methode entsteht grds kein Verlust beim leistenden Unternehmen, ihm soll eine seinen **Routinefunktionen** entspr Vergütung zugewiesen werden.[189]

bb) Transaktionsbezogene Gewinnmethoden. Bei der Anwendung von Transaktionsbezogenen Gewinnmethoden werden die Gewinne, die bei bestimmten Transaktionen zwischen verbundenen Unternehmen entstehen, auf ihre Fremdvergleichskonformität hin überprüft. Die OECD erkennt insb zwei Methoden an, die transaktionsbezogene Nettomargenmethode (TNMM) sowie die transaktionsbezogene Gewinnaufteilungsmethode (Profit Split Method, PSM) und erläutert diese. Andere Methoden, wie die „Comparable Profits- Method" (CPM), werden dann anerkannt, wenn sie dem Fremdvergleichsgrundsatz entsprechen.[190] Reine Gewinnvergleiche ohne Bezug zu einer Basis, wie das (Eigen-) Kapital oder der Umsatz, sind wg der fehlenden Vergleichbarkeit selbstverständlich nicht anerkannt. Die CPM-Methode der USA stimmt weitestgehend mit der OECD-TNMM-Methode überein.[191] 54

(1) Transaktionsbezogene Nettomargenmethode (Transactional Net Margin Method, TNMM). Bei Anwendung der **TNMM**[192] wird der Nettogewinn, den ein Unternehmen in Bezug zu einer angemessenen Basis, wie zu den Kosten, zu den Umsätzen, oder zum Anlagevermögen aus Geschäftsbeziehungen mit verbundenen Unternehmen erzielt, mit der entsprechenden Marge aus vergleichbaren Geschäftsvorfällen zwischen unabhängigen Unternehmen verglichen.[193] Im Idealfall sollten Verrechnungspreise wie bei den traditionellen Methoden auch, iR eines **internen Fremdvergleichs** ermittelt werden. Andernfalls wird die Nettomarge anhand von vergleichbaren Geschäften zwischen dritten unabhängigen Unternehmen ermittelt.[194] Hierzu werden grundsätzlich Datenbankanalysen vorgenommen, weil idR interne Vergleichsdaten fehlen und Datenbanken eine praktische und kosteneffektive Methode darstellen, um entsprechende Vergleichswerte zu ermitteln.[195] **Kommerzielle Datenbanken** enthalten jedoch keine transaktionsbezogenen Daten, sondern idR die handelsrechtlichen Abschlüsse der Unternehmen.[196] Es ist daher vor einer Analyse zu prüfen, ob auch **aggregierte Nettomargen** als Vergleich zu Transaktionen des verbundenen Unternehmens herangezogen werden können. Die OECD ist hier zwar grds der Ansicht, dass das Erfordernis der Transaktionsbezogenheit als Anhaltspunkt beibehalten werden soll, eine Aggregation soll jedoch dann möglich sein, wenn die Transaktionen der Vergleichsunternehmen mit den Geschäftsbeziehungen der zu testenden verbundenen Unternehmen übereinstimmen.[197] In Deutschland ist die TNMM-Methode nur auf Unternehmen mit Routinefunktionen anwendbar.[198] Dieser Ansatz stimmt mit dem der OECD überein, der die TNMM-Methode als einseitige 55

189 *Ernst & Young* S 19.
190 OECD VLL Tz 2.56.
191 Vgl US-Regs § 1.482-5.
192 OECD VLL Tz 2.58 – 2.105; *VerwG* Verfahren Tz 3.4.10.3 a–b.
193 OECD VLL Tz 2.58.
194 OECD VLL Tz 2.58.
195 OECD VLL Tz 3.30.
196 *V/B/E* Kap H, Rn 55, 56.
197 OECD VLL Tz 3.37.
198 *VerwG* Verfahren Tz 3.4.10.3 b.

Methode dann als angemessen ansieht, wenn das zu testende Unternehmen (tested party) **keine immateriellen** Werte besitzt und auch keine einzigartigen Leistungen an verbundene Unternehmen erbringt.[199] Die OECD gibt in der „guidance for application" zur Anwendung der TNMM einige wichtige weitere Anleitungen für die Anwendung der TNMM-Methode zu Fragen, die bei der praktischen Anwendung der Methode immer wieder zu Differenzen geführt haben.[200] So war die Klarstellung wichtig, welche Profit-level-Indikatoren (PLI) für welche Transaktion gewählt werden sollten, wie zB „Umsätze" bei Vertriebsunternehmen und „Anlagevermögen" bei Produktionsunternehmen. Bei dem PLI „Umsätze" ist die Feststellung wichtig, dass nichtoperative Bestandteile, wie „Zinsen" aus der Berechnung herauszunehmen sind. [201]Auch ist die Klarstellung zu den „pass-through costs", die bei dem zu testenden wie bei den Vergleichsunternehmen konsistent zu behandeln sind, hilfreich.[202] Die Feststellungen zum „Berry Ratio" trägt dazu bei, dass in der Praxis Klarheit über die Möglichkeit der Anwendung dieses PLIs eintritt.[203]

56 **(2) Transaktionsbezogene Gewinnaufteilungsmethode (profit split method, PSM).** [204] Ende 2014 hat die OECD zu dieser Methode einen Diskussionsentwurf erarbeitet, zu dem sie nach seiner Veröffentlichung mehr als 500 Seiten Stellungnahmen erhalten hat. Diese sollen 2016 aufgearbeitet werden, so dass 2017 mit **neuen Leitlinien für die PSM** gerechnet werden kann. Eine Reihe von Stellungnahmen enthalten Hinweise auf eine fehlerhafte Anwendung der PSM, insb wenn Vergleichswerte fehlen. Daher sollen die neuen Leitlinien klarstellen, wann die Methode als am besten geeignet angesehen werden kann.[205] Grds wird ein gemeinsamer Gewinn oder Verlust aus einem Verbundgeschäft auf die beteiligten Gesellschaften aufgeteilt.[206] Die Methode kommt nach den OECD VLL vor allem dann zum Einsatz, wenn keines der verbundenen Unternehmen reine Routinefunktionen wahrnimmt, für die eine Routinevergütung ermittelt werden könnte, dh bei **hoch integrierten Geschäftsbeziehungen**.[207] Da verbunden Unternehmen idR integriert sind, soll es hierzu in den neuen OECD VLL Klarstellungen zur Anwendung geben. Die Aufteilung kann auf der Grundlage des **relativen Beitrags** jeder verbundenen Gesellschaft zum gemeinsamen Betriebsergebnis bzw Verlust vorgenommen werden. Dieser relative Beitrag wird anhand der von jedem an der jeweiligen Geschäftstätigkeit Beteiligten durchgeführten Funktionen, getragenen Risiken und angewendeten Ressourcen ermittelt.[208] Diese Wertermittlung ist naturgemäß deshalb bes schwierig, weil Gewinnaufteilungen zwischen unabhängigen Unternehmen (zB bei Joint Ventures, Arbeits- und Entwicklungsgemeinschaften) kaum aus öffentlichen Datenbanken zu ermitteln sind.[209] In angemessenen Fällen wird

199 OECD VLL Tz 2.59.
200 OECD VLL Tz 2.68-2.105.
201 OECD VLL Tz 2.80.
202 OECD VLL Tz 2.94.
203 OECD VLL Tz 2.100-2.102.
204 OECD VLL Tz 2.108-2.145; *VerwG* Tz 2.4.6; *VerwG* Verfahren Tz 3.4.10.3 c.
205 Scope Of Work For Guidance On The Transactional Profit Split Method, OECD (2015) Aligning Transfer Pricing Outcomes with Value Creation, S 55 ff.
206 OECD VLL Tz 2.108.
207 OECD VLL Tz 2.109.
208 OECD VLL Tz 2.119.
209 S auch *V/B/E* D 328.

daher zur Annäherung an eine fremdvergleichskonforme Aufteilung in einem **zweistufigen Verfahren** den Beteiligten zunächst für ihre Routinefunktionen ein **Routineergebnis** zugewiesen und dann in einem zweiten Schritt basierend auf allen Fakten und Umständen der **Residualgewinn** auf die verbundenen Unternehmen aufgeteilt. In der Praxis erweist sich wiederum dieser zweite Schritt als bes schwierig, weil es für diese Residualgewinnaufteilung kaum Anhaltspunkte für Vergleiche von unabhängigen Unternehmen gibt. Hierzu wie auch zu Synergieerträgen, Gewinnaufteilungsfaktoren sowie zur Anwendung der TNMM als Unterstützung der PSM soll es 2017 weitere Anleitungen geben. Die Ankündigungen für die geplanten Änderungen zeigten, wie wichtig die Gewinnaufteilungsmethode ist, um bei komplexen und vielschichtigen Geschäftsbeziehungen unter Einbeziehung von immateriellen Werten auf mehreren Ebenen des Konzerns zu fremdvergleichskonformen Ergebnissen zu kommen. Sie findet immer häufiger in APAs Anwendung, da das Verrechnungspreisrisiko bei hochintegrierten international tätigen Unternehmen aufgrund der Komplexität ihrer Geschäftsbeziehungen besonders hoch ist.

d) Fremdvergleichsanalyse. Der theoretischen Diskussion über die Fremdvergleichs- 57
analyse in Kap I der OECD VLL[210] fügt die OECD eine praktische Anleitung für die Vornahme einer Fremdvergleichsanalyse in Kap III an. So werden die neun Schritte beschrieben, die sich allgemein in der Praxis bewährt haben:[211] Die Bestimmung der zu untersuchenden Jahre, eine generelle Analyse der Industrie und der wirtschaftlichen/regulatorischen Situation des verbundenen Unternehmens, die Bestimmung der Geschäftsbeziehungen, die Bestimmung von internen Vergleichsdaten, wenn vorhanden, die Bestimmung von externen Vergleichsdaten, die Auswahl der besten Verrechnungspreismethode, die Auswahl von Vergleichswerten, die Vornahme von Anpassungsrechnungen, die Bestimmung der fremdvergleichskonformen Vergütung. Wichtig ist in diesem Zusammenhang, dass Datenbankanalysen für die Ermittlung von Verrechnungspreisen möglich sind, wenn sie dem Fremdvergleichsgrundsatz entsprechen und dass auch Vergleichsdaten von Unternehmen aus anderen vergleichbaren Staaten verwendet werden können, wenn dies zu fremdvergleichskonformen Ergebnissen führt.[212] Im Abschnitt über die Auswahl von Vergleichsdaten werden Auswahlkriterien aufgeführt, wie zB der Umfang der zu vergleichenden Umsätze, die Anzahl der Arbeitnehmer bzw die Größe des Anlagevermögens. Auch sollte festgestellt werden, inwieweit ein mögliches vergleichbares Unternehmen über immaterielle Werte verfügt.[213] In Hinblick auf eine Bandbreite von Fremdvergleichsdaten wird festgehalten, dass Anpassungen vorzunehmen sind, wenn die Daten des Steuerpflichtigen sich außerhalb der Bandbreite befinden. Bei uneingeschränkt vergleichbaren Werten entspricht jeder Wert innerhalb der Bandbreite dem Fremdvergleich. Bei eingeschränkt vergleichbaren Werten sollten Anpassungen auf den Mittelwert vorgenommen werden. Dies entspricht den deutschen Regelungen.[214] Mehrjährige Daten und Durchschnittswerte können dazu verwendet werden, die Zuverlässigkeit der Bandbreite zu verbessern.[215] Entspr ist auch nach nationalem Recht die Verwendung von Mehrjah-

210 S Rn 36–46.
211 OECD VLL Tz 3.4.
212 OECD VLL Tz 3.30-3.35.
213 OECD VLL Tz 3.43.
214 § 1 Abs 3 AStG.
215 OECD VLL Tz 3.75-3.79.

resdaten möglich, um die wirtschaftlichen Rahmenbedingungen von Geschäften und Sondereffekte zu berücksichtigen.[216] Denn Fremdvergleichskorrekturen, die lediglich ein Jahr betreffen, sollten bei Geschäftsbeziehungen, die über mehrere Jahre bestehen, möglichst vermieden werden. In diesem Falle sollte eine Aussage darüber genügen, ob die Ergebnisse eines längeren Zeitraums fremdvergleichskonform sind.

58 **e) Verwaltungstechnische Aspekte für die Vermeidung von Verrechnungspreiskonflikten.** In Kap IV der OECD VLL werden verschiedene Aspekte der Streitvermeidung bei Verrechnungspreiskonflikten behandelt. In Hinblick auf VerstV, APAs und SchV, s den Kommentar zu Art 25. Hinsichtlich der **Beweislastverteilung** zwischen den Steuerpflichtigen und der Finanzbehörde, zu der Art 9 keine Hinweise gibt, verweisen die OECD VLL auf die unterschiedlichen Ausgestaltungen in den OECD Mitgliedsstaaten und insb auf die Dbestgefahr, die sich ergibt, wenn Korrekturen aus reinen Beweislastgründen vorgenommen werden und daher in VerstV mangels **Dokumentation** keine Einigung wahrscheinlich ist.[217] Kommt zB ein Stpfl in Deutschland seinen erhöhten Mitwirkungspflichten gem § 90 Abs 3 AO nicht nach und kann die Finanzbehörde die maßgeblichen Besteuerungsgrundlagen nicht ermitteln, hat sie diese zu **schätzen.**[218] Die erhöhten Mitwirkungspflichten nach § 90 Abs 2 und 3 AO stellen zwar keine **Umkehr der Beweislast** dar,[219] doch ergeben sich iRd VerstV die oben beschriebenen Schwierigkeiten, da keine Dokumentation vorliegt. Im **VerstV** trägt nach int Übereinstimmung die zuständige Behörde aus dem Staat die **Beweislast**, der die Korrektur vorgenommen hat.[220] Mangels Dokumentation ist es unwahrscheinlich, dass der andere Vertragsstaat eine Gegenkorrektur vornimmt. Da ein Schiedsverfahren gem Art 25 Abs 5 bzw nach der EU SK erst dann eingeleitet wird, wenn die erforderlichen Unterlagen über den Fall vorliegen,[221] ist es wahrscheinlich, dass eine eingetretene DBest nicht zurückgenommen werden kann.

59 Um ggf langwierige VerstV und SchV zu vermeiden, wird auf die Möglichkeit der Finanzverwaltungen hingewiesen, Simultanprüfungen durchzuführen.[222] Die Anzahl dieser Prüfungen wie auch die von bilateralen und multilateralen Betriebsprüfungen, bei denen es jeweils der Partei des anderen Staates erlaubt ist, bei der Betriebsprüfung im Staat des ansässigen Stpfl anwesend zu sein (sog **„Joint Audits")** steigt stetig an.[223] So können wichtige Informationen über Verrechnungspreisfälle ausgetauscht und zwischen den Betriebsprüfern, die die Einzel- und Besonderheiten am besten kennen, wenn möglich Einigungen erzielt werden. Simultanprüfungen bzw Joint Audits[224] sind daher am besten geeignet, um die immer größer werdende Zahl der Verständigungs- und Schiedsverfahren zu reduzieren.[225] Für Deutschland stellt sich in diesem Zusammenhang die Herausforderung, im Bereich der zu prüfenden Jahre

---

216 S § 1 Abs 3 AStG sowie *VerwG* Verfahren Tz 3.3.12.9.; *B/K/G* Teil 2, Tz 133.
217 OECD VLL Tz 4.14.
218 § 162 Abs 1 S 1 AO.
219 S *BFH* BStBl II 1986, 732.
220 OECD VLL Tz 4.17.
221 S Art 25 MA Rn 50 und 84.
222 OECD VLL Tz 4.77-4.92.
223 S auch OECD Manual On The Implementation Of Exchange Of Information Provisions For Tax Purposes.
224 *Spensberger/Steiner* ISR 2015 S 156-162.
225 OECD VLL 4.88.

aktueller zu werden. Ansonsten können mangels überschneidender Prüfungsjahre keine Simultanprüfungen bzw Joint Audits vorgenommen werden.

f) Verrechnungspreisdokumentation und Country-by-Country Reporting (CbCR). Im Zuge von BEPS ist Kap V der OECD VLL über die **Verrechnungspreisdokumentation** völlig überarbeitet und ausgetauscht und um eine weitere Anforderung, das sog CbCR ergänzt worden.[226] Mit dem CbCR soll ein Schlüsselproblem von BEPS, die Informationsasymmetrie zwischen den Steuerzahlern und den Finanzverwaltungen, behoben werden.[227] Gerade im Bereich der Verrechnungspreise ist es wichtig, dass die jeweiligen Finanzverwaltungen über **ausreichende und einheitliche Informationen** über grundlegende Funktionen und Daten von Konzernunternehmen verfügen und so die Sicherheit erhalten, dass MLU ihre Verrechnungspreisstrategie konsistent anwenden. Das CbCR-reporting ist jedoch nicht als Ersatz für eine detaillierte Verrechnungspreisanalyse gedacht und kann daher auch nicht Grundlage für Verrechnungspreiskorrekturen sein. Es kann allenfalls als Ausgangspunkt für eine Verrechnungspreisüberprüfung dienen.[228] In den letzten Jahren sind durch verschiedene Initiativen Transparenzanforderungen an MLU gestellt worden. Zunächst hatten sie grundsätzlich den Zweck, Korruption in Entwicklungsländern zu bekämpfen.[229] Dieses Ziel soll auch mit den Regelungen des **US-Dodd-Franck-Acts**[230] sowie mit den EU-Bilanz- und Transparenzrichtlinien verfolgt werden, indem an börsennotierte und andere große Rohstoffunternehmen Offenlegungsanforderungen gestellt wurden. Ausgeweitet wurde das CbCR danach durch die **EU-CRD IV-RL**[231] auf den Bankensektor. Alle Regelungen sehen eine länderspezifische Berichterstattung von Konzerngesellschaften über bestimmte Zahlungen (ua Steuern auf Gewinne) an staatliche Stellen vor und konnten so als Anleitung für die BEPS-Arbeiten im Bereich der Verrechnungspreisdokumentation dienen. Die diesbezüglichen Ergebnisse sehen einen dreistufigen Ansatz für die Dokumentation von Verrechnungspreisen vor: 1. eine Stammdokumentation (Master File) über standardisierte Informationen eines MLU; 2. eine landesspezifische Dokumentation (Local File) über die wesentlichen Geschäftsvorfälle von Konzernunternehmen eines Landes; 3. einen Bericht über die Aufteilung von Gewinnen, gezahlten Steuern und anderen Indikatoren auf die Staaten, in denen das MLU tätig ist (CbCR). Die Stamm- und die landesspezifische Dokumentation ist zumindest in der EU aufgrund der Arbeiten des **EU Transfer Pricing Forums**[232] bekannt und, so *Kroppen/Rasch*,[233] Praxis in vielen Konzernen. 60

Das eigentliche CbCR besteht aus zwei Tabellen. In der ersten Tabelle sollen hauptsächlich pro Staat konsolidierte Angaben über Umsätze, Gewinne, Steuern und die Anzahl der Mitarbeiter der Konzerngesellschaften gemacht werden.[234] Die zweite Tabelle sieht Angaben über die Geschäftstätigkeit und dieses Mal jeder einzelnen 61

226 OECD (2015) TP Documentation.
227 *Naumann/Groß* 792.
228 OECD (2015) TP Documentation, Tz 25.
229 S zB die Extractives Industries Transparency Initiative (EITI).
230 Dodd Frank Wall Street Reform and consumer Protection Act 2010.
231 EU-Capital Requirements Directive.
232 EU Tranfer Pricing Forum Documentation S 26, 27, The Masterfile, Country Specific Documentation.
233 *Kroppen/Rasch* 358.
234 OECD (2015) TP Documentation, 29.

Konzerngesellschaft (Forschung und Entwicklung, Finanzierung, Versicherung etc.), wiederum aufgeteilt nach Staaten, vor. Aufgefordert zum CbCR sind alle MLU mit einem konsolidierten Umsatz von über 750 Mio EUR.[235] Der CbCR soll der Finanzbehörde der Unternehmensspitze und zwar für Geschäftsjahre, die ab dem 1.1.2016 beginnen, vorgelegt werden. Der CbCR soll dann im Rahmen des **automatischen Informationsaustauschs** an die Staaten gesendet werden, in denen Unternehmen des MLU ansässig sind.[236] Voraussetzung für den automatischen Informationsaustausch ist selbstverständlich ein bi- oder multilateraler Vertrag mit entsprechenden Regelungen zur **vertraulichen Behandlung der Informationen**.[237] Da das CbCR zumindest als erster Anhaltspunkt für Verrechnungspreiskorrekturen dienen kann, sollen Staaten, mit denen zwar Vereinbarungen über den Informationsaustausch, jedoch noch keine Vereinbarung über ein Verständigungsverfahren abgeschlossen wurden, sich zum Abschluss einer Vereinbarung über Verständigungsverfahren bereit erklären.[238] Hiermit sollen mögliche eintretende Doppelbesteuerungsfälle verhindert werden. Der Vorschlag der EU-Kommission für eine RL, die multinationalen Konzernen aus EU- und nicht-EU-Ländern die **Veröffentlichung** eines jährlichen Berichts über ihren Gewinn und die gezahlten Steuern sowie weiterer Informationen auferlegt, ist nicht von ECOFIN aufgenommen worden.[239]

C. Art 9 Abs 2

I. Grundzüge

62 Die nach Abs 2 vorgesehene **Gegenberichtigung** soll die wirtschaftliche Dbest vermeiden, indem die Gewinnerhöhung in dem ersten Vertragsstaat durch eine Gewinnminderung in dem anderen Staat ausgeglichen wird. Diese Gegenberichtigung erfolgt jedoch nicht automatisch. Der zweite Staat hat nach Abs 2 keine Anpassungsverpflichtung, sondern er nimmt eine solche **Gegenberichtigung** erst dann vor, wenn er von der verrechnungspreiskonformen Korrektur des ersten Vertragsstaats überzeugt ist.[240] Ist der zweite Staat nicht von der fremdvergleichskonformen Korrektur des anderen Staates überzeugt, ist die eingetretene Doppelbesteuerung über **Verständigungs- oder Schiedsverfahren** zu beheben.

II. Abgrenzung zu anderen Vorschriften

63 Abs 2 sieht als einzige Vorschrift des MA die Vermeidung der wirtschaftlichen Dbest bei Gewinnberichtungen vor und steht damit in **keiner direkten Konkurrenz** zu anderen Artikeln des MA. Auf welche Art die Dbest korrigiert werden soll, gibt Art 9 Abs 2 jedoch nicht vor. Nach dem MK wird es den Mitgliedstaaten freigestellt, wie sie die Gegenberichtigung vornehmen. Auch die **Anrechnungsmethode** gem Art 23 B ist anwendbar. [241]

---

235 OECD (2015) TP Documentation, Tz 52.

236 OECD (2015) TP Documentation, Tz 60.

237 OECD (2015) TP Documentation, Tz 57.

238 OECD (2015) TP Documentation, S 24.

239 Https://global.handelsblatt.com/edition/382/ressort/politics/article/how-far-to-go-in-fighting-tax-avoidance.

240 MK Art 9 Tz 6, *Schaumburg* Tz 16.319; *Vogel/Lehner* Art 9 Rn 163; *Wassermeyer* Art 9 Rn 380.

241 MK Art 9 Tz 7.

Ausgehend davon, dass die Erstkorrektur grds fremdvergleichskonform sein sollte, fordert Abs 2 S 1 zunächst die **direkte Gegenkorrektur** des anderen Vertragsstaats. Erst im letzten Satz verweist Abs 2 darauf, dass sich ggf die zuständigen Behörden der Vertragsstaaten konsultieren sollten um sich auf eine Berichtigung zu einigen und verweist damit auf das in Art 25 vorgesehene **VerstV.**[242] Das VerstV wird damit erst als **zweite Möglichkeit** für die Vermeidung der Dbest angesprochen. Mit dem Verweis auf das Verständigungsverfahren wird in Betracht gezogen, dass der zweite Staat die Auffassung des ersten Staates über eine fremdvergleichskonforme Verrechnungspreiskorrektur nicht teilen muss und dass aus diesem Grunde die Dbest iR einer zwischenstaatlichen Verständigung über die Höhe des Korrekturbetrags behoben werden sollte. Das **VerstV** dient somit als Absicherung für die Beseitigung der Dbest, falls keine direkte Gegenkorrektur vorgenommen wird. Abs 2 S 1 kommt in diesem Zusammenhang eine besondere Bedeutung zu. Er fördert bei eindeutigen fremdvergleichskonformen Korrekturen eine unbürokratische zügige Abwicklung von Verrechnungspreisfällen, ohne dass diese iRv VerstV bearbeitet und verhandelt werden müssen.[243] 64

Das VerstV gem Art 25 findet auch Anwendung, wenn Abs 2 nicht in ein zwischenstaatliches Abk aufgenommen worden ist.[244] Die OECD ist hier der Auffassung, dass eine **Aufteilungsvorschrift** wie Art 9 keinen Sinn machen würde, wenn sie die Dbest bestehen lassen würde. Von den OECD-nicht-MS haben Brasilien und Indien bisher diese Auffassung nicht geteilt.[245] Allerdings haben sie nunmehr in dem OECD/G20-Papier „Dispute Resolution Mechanisms" im Rahmen der sog „best practice" dem Standard zugestimmt, dass Verständigungsverfahren im Bereich der Verrechnungspreise auch bei fehlendem Abs 2 geführt werden sollten. 65

Die **EU SK**, als ein neben den DBA stehendes eigenständiges Verfahren zur Vermeidung der Doppelbesteuerung,[246] enthält in Art 5 Regelungen zu dem sog **Vorverfahren,** die der Regelung zur Gegenberichtigung im Abs 2 S 1 entsprechen. Demnach soll das verbundene Unternehmen des anderen Vertragsstaats von der Erstkorrektur unterrichtet werden und soll seinerseits **das zuständige Finanzamt** zwecks Vornahme einer **Gegenkorrektur** informieren. Stimmen die beteiligten Finanzbehörden und Unternehmen der Berichtigung und Gegenberichtigung zu, kommt ein VerstV- oder SchV nicht in Betracht.[247] Es sollte daher auch innerhalb der EU gängige Praxis sein, bei Verrechnungspreiskorrekturen nicht automatisch ein VerstV zu führen, sondern zunächst iRd **Vorverfahrens** von den zuständigen Finanzbehörden die Möglichkeit einer Gegenkorrektur prüfen zu lassen. Dies ist zumindest in Deutschland gängige Praxis. 66

III. Gegenberichtigung

1. Voraussetzung für eine Gegenberichtigung. Als Voraussetzung für eine Gegenberichtigung fordert Abs 2 S 1, dass eine in einem Vertragsstaat vorgenommene Gewinn- 67

242 MK Art 9 Tz 11.
243 **AA** *G/K/G* Art 9 MA Rn 222.
244 MK Art 25 Tz 11.
245 MK Positionen der OECD-nicht-Mitgliedsstaaten, TZ 5 zu Art 25.
246 *Becker/Höppner/Grotherr/Kroppen (Hrsg)* DBA-Kommentar, Art 25 MA Anh IV, S 49 Rn 11.
247 S auch *BMF* VerstV Tz 10.

zurechnung auch in einem anderen Vertragsstaat der Besteuerung unterworfen worden ist und dass die Gewinnzurechnung dem Grundsatz des Fremdvergleichs entsprechen soll.

68 **a) Besteuerung des Korrekturbetrags im ersten Vertragsstaat.** Der Wortlaut des Abs 2 S 1 verlangt, dass die Gewinnkorrektur im ersten Vertragsstaat auch besteuert worden ist: "zugerechnet- und entspr besteuert". Es sollte dem anderen Vertragsstaat demnach ein Nachweis für die Korrektur vorgelegt werden. Der Wortlaut verlangt jedoch nicht, dass die Steuern bereits gezahlt worden sind. Eine Gegenkorrektur ist auch bei einer fremdvergleichskonformen **Verminderung eines Verlustvortrags** vorzunehmen, denn es sind Preise zu berichtigen und nicht nur die eingetretene Doppelbesteuerung zurückzunehmen. Dies ist auch die Auffassung aller EU-MS.[248] Die Voraussetzung des Vorliegens eines **Steuerbescheides** für die Gegenkorrektur unterscheidet Abs 2 vom VerstV gem Art 25, das bereits eingeleitet werden kann, wenn lediglich eine Gewinnkorrektur droht.[249] Der Unterschied in den Vorgehensweisen ist begründet. Die Gegenkorrektur eines Finanzamts sollte zwecks Vermeidung von Missbräuchen lediglich dann vorgenommen werden, wenn die Erstkorrektur auch beschieden ist und dies entspr belegt werden kann. Ist das Finanzamt von der **Fremdüblichkeit der Korrektur** überzeugt, kann die Gegenkorrektur ohne weitere Korrespondenz mit dem anderen Vertragsstaat durchgeführt werden. In VerstV hingegen kann auch über drohende Besteuerung verhandelt werden, weil dort die **zwischenstaatliche Kommunikation** geregelt ist und durch den Austausch von schriftlichen Bestätigungen die nachfolgende Besteuerung in beiden Staaten festgelegt und abgesichert werden kann.

69 **b) Besteuerung im zweiten Vertragsstaat.** Die eher selbstverständliche Voraussetzung für eine Gegenberichtigung, dass der korrigierte Betrag im anderen Vertragsstaat der Steuer unterworfen worden ist, ist in der Praxis häufig recht schwer festzustellen. Als einfaches Beispiel dienen zwischen Schwestergesellschaften abgerechnete fremdvergleichswidrige Verrechnungspreise. Sie werden in Deutschland zB als **verdeckte Gewinnausschüttungen** der ersten Tochter- an die Muttergesellschaft festgesetzt.[250] Die Muttergesellschaft jedoch wird im Ausland sehr wahrscheinlich nicht den überhöhten Gewinnanteil besteuert haben, da dort keine entspr Vorschriften zur verdeckten Gewinnausschüttung gelten, so dass der Ansässigkeitsstaat der Schwestergesellschaft um Gegenkorrektur gebeten werden sollte. Bisweilen kritisierte **langfristige VerstV** ergeben sich teilw auch dadurch, dass zwischen mehreren Staaten zunächst ermittelt wird, wo Gewinne doppelt besteuert worden sind.

70 **c) Prüfung der zuständigen Finanzbehörde.** Die Gegenberichtigung nach Abs 2 ist gem Abs 2 S 1 zunächst **vom zuständigen Finanzamt zu prüfen** und erfordert nicht grds, dass sich die zuständigen Behörden der Vertragsstaaten über die Gegenberichtigung einigen.[251] Der Vorteil an dieser Vorgehensweise ist, dass es ein unbürokratisches und zeitlich beschränktes Verfahren ist. Erst wenn das zuständige Finanzamt einer Gegenberichtigung nicht zugestimmt hat, sollte das VerstV eingeleitet werden.

---

248 *Wassermeyer* Art 9 MA Rn 366 , s auch EU JTPF Final Report Tz 5.

249 S MA Art 25 Abs 1.

250 Vgl *BFH* DStR 2005, 1241.

251 So auch *Wassermeyer* Art 9 MA Rn 380, **aA** *Vogel/Lehner* Art 9 MA Rn 164, *Schaumburg* Rn 16.317; *G/K/G* Art 9 MA Rn 224.

d) Einigung im Rahmen von Verständigungs- und Schiedsverfahren. Ist eine Gegenkorrektur seitens des zuständigen Finanzamts nicht möglich, weil es der Auffassung ist, dass die Erstberichtigung nicht dem Fremdvergleich entspricht, verweist Art 9 Abs 2 S 2 auf das **VerstV** gem Art 25. In diesem Falle unterziehen die zuständigen Behörden den Steuerfall einer qualitativen und quantitativen Prüfung und führen iRv üblicherweise mündlichen Verhandlungen eine **Einigung zur Beseitigung der Dbest** herbei. Die VerstV gem Art 25 sehen in Abs 5 ein **obligatorisches Schiedsverfahren** vor, nach dem sich Vertragsstaaten bei Steuerstreitigkeiten einigen müssen. Mit der Übernahme von Schiedsverfahren in die zwischenstaatlichen DBA, die jedoch nicht obligatorisch sind, werden somit immer mehr Staaten die Gefahr von Doppelbesteuerungen bei Verrechnungspreisanpassungen unterbinden. Das Risiko einer Dbest ist bei einem vorläufigen Fehlen des Art 25 Abs 5 in bilateralen DBA jedoch weiterhin als gering einzuschätzen, weil die zuständigen Behörden in VerstV idR zu einer Einigung kommen.[252] 71

2. Durchführung der Gegenberichtigung. – a) Methode. Da Abs 2 **keine bestimmte Methode** vorgibt, wie eine Berichtigung vorzunehmen ist, richtet sich die verfahrensrechtliche Behandlung der Gegenberichtigung nach den im **nationalen Recht der Vertragsstaaten** vorgesehenen **Berichtigungsvorschriften**, wenn sich die Vertragsstaaten nicht auf eine andere Korrekturmethode iR des VerstV einigen.[253] Führen Finanzämter Gegenkorrekturen durch ohne dass ein VerstV geführt worden ist, sind diese demnach auf Grundlage der entspr anwendbaren **deutschen Korrekturvorschriften** wie §§ 163, 164 Abs 2, 173 Abs 1 Nr 2 AO vorzunehmen.[254] 72

In VerstV einigen sich die Vertragsstaaten häufig darauf, die **Steuerveranlagungen** für die entspr korrigierten Jahre zu ändern.[255] In Einzelfällen und insb dann, wenn die Steuersätze erheblich voneinander abweichen, wird auch die auf den Korrekturbetrag erhobene Steuer angerechnet.[256] Häufig einigen sich die zuständigen Behörden jedoch lediglich auf eine **Teilkorrektur** des erstkorrigierten Betrages. Die nicht gegenkorrigierte Erstkorrektur wird dann von dem anderen Vertragsstaat wieder zurückgenommen. 73

b) Fristen. Gem § 175a AO können in Deutschland Steuerbescheide unbeachtlich der nationalen **Festsetzungsfristen** zur Umsetzung von VerstV oder Schiedssprüchen geändert werden. Hiermit unterscheidet sich Deutschland von vielen anderen Staaten, die bei der Umsetzung von Verständigungsvereinbarungen nationale Festsetzungsfristen nicht durchbrechen können. Die Mitgliedsstaaten der Europäischen Union sind jedoch nach der EU SK verpflichtet, die Verständigungen unbeachtlich der nationalen Fristen umzusetzen.[257] 74

3. Sekundäre Berichtigung (secondary adjustment). Der MK erörtert neben der Gegenberichtigung für eine Gewinnberichtigung auch die Frage der Gegenberichti- 75

252 OECD VLL Tz 4.36.
253 *Wassermeyer* Art 9 MA Rn 382.
254 S *Wassermeyer* Art 9 MA Rn 397.
255 S auch OECD VLL Tz 4.34.
256 Sog indirekte Anrechnung, die von der Anrechnungsmethode gem Art 23B zu unterscheiden ist, der lediglich die Anrechnung im Rahmen der juristischen Doppelbesteuerung behandelt.
257 Art 6 EU SK.

gung für die sog sekundäre Berichtigung, die in einigen Vertragsstaaten geboten ist, um genau die Situation wiederherzustellen, die sich im Fremdvergleich ergeben hätte.[258] Diese **sekundären Berichtigungen** sind demnach mit Abs 2 vereinbar, wenn sie nach nationalen Korrekturvorschriften geboten sind und sollen ebenfalls vom anderen Vertragsstaat gegenberichtigt werden. Hintergrund ist, dass aus einer Verrechnungspreiskorrektur und der Gegenkorrektur zwar die richtige Zuordnung der Gewinne zwischen verbundenen Unternehmen resultiert, dieser folgt jedoch nicht die entspr **Rückzahlung** der zB zu hoch berechneten Preise. Dies wird üblicherweise in eine Zuwendung in der Form einer **Dividende** oder eines **Darlehens** umgedeutet, woraus sich andere Steuerkonsequenzen ergeben, wie zB die Festsetzung von **Kapitalertragsteuern** oder die Berechnung von **Zinserträgen** für ein **fiktives Darlehen.**

76 In Deutschland fallen Sekundärberichtigungen zB an, wenn Korrekturen auf der Basis der **verdeckten Gewinnausschüttung** gem § 8 Abs 3 S 2 KStG vorgenommen werden, die die Dividendenzahlung an den Anteilseigner impliziert und die Erhebung von **Kapitalertragsteuer** zur Folge hat.[259] Wird der dt Erstkorrekturbetrag im Ausland vollständig gegenkorrigiert stellt sich regelmäßig die Frage, ob auch die Kapitalertragssteuer im Ausland angerechnet wird. Hier gibt es in den VerstV unterschiedliche Einigungen, je nachdem, ob der andere Staat sekundäre Berichtigungen kennt. Ist dies nicht der Fall und kommt aufgrund der fehlenden Gegenseitigkeit **keine Anrechnung** der **Kapitalertragssteuer** in Betracht, einigen sich zuständige Behörden zuweilen darauf, dass der entspr Geldbetrag von dem ausl Unternehmen an das verbundene Unternehmen überwiesen wird. Hiermit entfallen theoretisch die Voraussetzungen für eine verdeckte Gewinnausschüttung so dass die **Kapitalertragssteuer** an das verbundene Unternehmen erstattet werden kann.[260] Diese Lösung wird, unbeachtlich der nationalen Regelungen über die verdeckte Einlage, auch in Einzelfällen von deutscher Seite in Betracht gezogen.

D. Deutsche DBA

I. Allgemeines

77 Mit Ausnahme weniger Abk, wie zB das DBA **Armenien**, enthalten die deutschen Abkommen Abs 1. Sie stimmen mehrheitlich mit dem Text des Abs 1 überein oder weichen sprachlich nur geringfügig davon ab.[261]

78 Gegen Abs 2 hatte Deutschland ursprünglich einen **Vorbehalt** geltend gemacht und dementspr wenige Abk abgeschlossen, die Art 2 enthielten. Nach Wegfall des Vorbehalts behält sich Deutschland nunmehr vor, Abs 2 nicht in seine Abk aufzunehmen und weist im MK darauf hin, dass die **Bereitschaft zur Aufnahme** des Artikels in ein Abk dann besteht, wenn beide Staaten übereinstimmen, dass Art 2 **keine Verpflichtung zur Gegenkorrektur** enthält.[262]Dementspr enthalten die in den letzten Jahren von Deutschland abgeschlossenen Abk idR Abs 2. IÜ gilt der Regelungsinhalt von Abs 2 für Deutschland auch ohne Abkvorschrift.

---

258 MK Art 9 Tz 8.

259 S Art 10 Abs 2 MA, § 43 Abs 1 Nr 1 EStG iVm § 20 Abs 1 EStG.

260 *Niederhoffer/Kraay* S 7.

261 *Vogel/Lehner* Art 9 MA Rn 145.

262 MK Art 9 Tz 17.

II. Wichtigste Abweichungen

1. Abs 1. Der Wortlaut der DBA Frankreich, Luxemburg und Niederlande weichen in dem Sinne vom AbkText ab, dass sie für das Bestehen einer Verbundbeziehung die Formulierung „**Beteiligung an der Geschäftsführung** oder am **finanziellen Aufbau** eines Unternehmens" verwenden. Im DBA Belgien wird für die Verbundbeziehung der Ausdruck: „Geschäftsleitung, Kontrolle oder Finanzierung" gebraucht. Inhaltliche Abweichungen zur Formulierung des MA werden dadurch jedoch nicht zum Ausdruck gebracht. In Art IV Buchstabe a DBA Vereinigtes Königreich wird statt von „Unternehmen" von einer „Person, die ein Unternehmen betreibt" gesprochen. Hieraus ergeben sich jedoch ebenfalls keine inhaltlichen Abweichungen. **79**

In Tz 7 des Protokolls zum **DBA USA** wird klargestellt, dass die Regelung des Abs 1 **80** dem Fremdvergleich entspr Vorschriften des nationalen Rechts über Einnahmen, abzuziehende Beträge, Steueranrechnungs- und Freibeträge und deren Aufteilung oder Zurechnung zu verbundenen Personen nicht entgegensteht. Auch wird den Unternehmen eine fremdvergleichskonforme Berichtigung gestattet, wenn die Beteiligungsvoraussetzungen des Abs 1 nicht erfüllt sind. In Deutschland kann daher eine **Berichtigung** auf der Grundlage des **§ 1 Abs 2 Nr 3 AStG** vorgenommen werden, in den USA ist eine Korrektur gem **Sec 482 IRC** zulässig, wenn durch gewerbliche oder vertragliche Beziehungen Einfluss auf die **Preisgestaltung** genommen werden kann.[263]

2. Abs 2. In Bezug auf die Mitgliedsstaaten der europäischen Union ist Abs 2 mitt- **81** lerweile in den DBA Bulgarien, **Dänemark, Irland, Italien, Luxemburg, Malta, Österreich, Polen, Rumänien, Schweden, Slowenien, Slowakische Republik,** Ungarn, **Vereinigtes Königreich und Zypern** enthalten. Allerdings ersetzt die EU-SK für alle europäischen Staaten Abs 2, da diese die Voraussetzungen dafür schafft, dass eine eingetretene Dbest bei Gewinnberichtigungen zwischen EU-Mitgliedsstaaten behoben wird.[264] Auch das DBA USA enthält Abs 2, das zusätzlich in Art 25 Abs 5 und 6 ein **verpflichtendes Schiedsverfahren** für Verrechnungspreisfälle vorsieht so dass eine eingetretene Dbest behoben wird. Weitere außereuropäische Staaten, mit denen Deutschland mittlerweile Abs 2 abgeschlossen hat, sind Albanien, Algerien, Aserbaidschan, Jersey, Kasachstan, Kirgistan, Korea, Kroatien, Ghana, Georgien, Liechtenstein, Malaysia, Malta, Mauritius, Mazedonien, Mexiko, Singapur, Syrien, Tadschikistan, Türkei, Tunesien, Uruguay, Usbekistan, Vereinigte Arabische Emirate.

263 *Vogel/Lehner* Art 9 MK Rn 146.
264 S zur EU SK Art 25 MA Rn 78 ff.

Art. 10 Dividenden

(1) Dividenden, die eine in einem Vertragsstaat ansässige Gesellschaft an eine im anderen Vertragsstaat ansässige Person zahlt, können[1] im anderen Staat besteuert werden.

(2) Diese Dividenden können[2] jedoch auch in dem Vertragsstaat, in dem die die Dividenden zahlende Gesellschaft ansässig ist, nach dem Recht dieses Staates besteuert werden; die Steuer darf aber, wenn der Nutzungsberechtigte der Dividenden eine in dem anderen Vertragsstaat ansässige Person ist, nicht übersteigen:

a) 5 v. H. des Bruttobetrages der Dividenden, wenn der Nutzungsberechtigte eine Gesellschaft (jedoch keine Personengesellschaft) ist, die unmittelbar über mindestens 25 v. H. des Kapitals der die Dividenden zahlenden Gesellschaft verfügt;

b) 15 v. H. des Bruttobetrags der Dividenden in allen anderen Fällen.

Die zuständigen Behörden der Vertragsstaaten regeln in gegenseitigem Einvernehmen, wie diese Begrenzungsbestimmungen durchzuführen sind. Dieser Absatz berührt nicht die Besteuerung der Gesellschaft in Bezug auf die Gewinne, aus denen die Dividenden gezahlt werden.

(3) Der in diesem Artikel verwendete Ausdruck „Dividenden" bedeutet Einkünfte aus Aktien, Genussaktien[3] oder Genussscheinen, Kuxen, Gründeranteilen oder anderen Rechten – ausgenommen Forderungen – mit Gewinnbeteiligung sowie aus sonstigen Gesellschaftsanteilen stammende Einkünfte, die nach dem Recht des Staates, in dem die ausschüttende Gesellschaft ansässig ist, den Einkünften aus Aktien steuerlich gleichgestellt sind.

(4) Die Absätze 1 und 2 sind nicht anzuwenden, wenn der in einem Vertragsstaat ansässige Nutzungsberechtigte im anderen Vertragsstaat, in dem die die Dividenden zahlende Gesellschaft ansässig ist, eine Geschäftstätigkeit durch eine dort gelegene Betriebstätte ausübt und die Beteiligung, für die die Dividenden gezahlt werden, tatsächlich zu dieser Betriebstätte gehört. In diesem Fall ist Artikel 7 anzuwenden.

(5) Bezieht eine in einem Vertragsstaat ansässige Gesellschaft Gewinne oder Einkünfte aus dem anderen Vertragsstaat, so darf dieser andere Staat weder die von der Gesellschaft gezahlten Dividenden besteuern, es sei denn, dass diese Dividenden an eine im anderen Staat ansässige Person gezahlt werden oder dass die Beteiligung, für die die Dividenden gezahlt werden, tatsächlich zu einer im anderen Staat gelegenen Betriebstätte gehört, noch Gewinne der Gesellschaft einer Steuer für nichtausgeschüttete Gewinne unterwerfen, selbst wenn die gezahlten Dividenden oder die nichtausgeschütteten Gewinne ganz oder teilweise aus im anderen Staat erzielten Gewinnen oder Einkünften bestehen.

BMF v 31.3.1980, Az IV C 6-S 1301 Schz-71/79, BeckVerw 028214; *BMF* v 1.3.1994, Az IV C 5-S 1300-41/94, BStBl I 1994, 201; *BMF* v 1.3.1994, Az IV C 5-S 1300-49/94, BStBl I 1994, 203; *BMF* v 21.6.1994, Az IV C 5-S 1301 Ita-15/94, BStBl I 1994, 437; *BMF* v 28.12.1999, Az IV D 3-S 1300-25/99, BStBl I 1999, 1121; *BMF* v 10.9.2002, Az IV B 6-S 1301 FRA-72/02, DStR 2002, 1811; *BMF* v 19.3.2004, Az IV B 4-S 1301 USA-22/04,

---

1 Österreich: S Fußnote 1 zu Art 6.

2 Österreich: S Fußnote 1 zu Art 6.

3 Bundesrepublik Deutschland: Statt „Genussaktien" das Wort „Genussrechten".

BStBl I 2004, 411; *BMF* v 29.6.2004, Az IV B 8-S 1316-7/04, BStBl I 2004, 579; *BMF* v 3.4.2007, Az IV B 1 S 2411/07/0002, IStR 2007, 338; *BMF* v 27.4.2007, Az IV B 1-S 1316/07/0008, BStBl I 2007, 476; *BMF* v 20.9.2009, Az IV B 5-S-2411/07/10021, DStR 2009, 1094; *BMF* v 24.1.2012, IV B 3 – S 2411/07/10016, DStR 2012, 410; *BMF* v 12.4.2012, Az IV B 5 – S 1301-USA/09/10001; *FM Mecklenburg-Vorpommern* v 9.1.1996, Az IV 320-S 2532-62/94, BeckVerw 027729; *OFD Niedersachsen* v 11.4.2011, Az S2750a-18-St 242, DStR 2011, 1274; *OFD Rheinland* v 14.3.2006, Az S 1301-1018-St 1, StEK DBA Allgemein Nr 231; *BMF* v 26.7.2013, Az IV C 1 – S 2410/11/10001, IStR 2013, 756; *BMF* v 26.9.2014, Az IV B 5-S 1300/09/10003, BStBl I 2014, 1258

Übersicht

Literatur: *Aigner* Die verdeckte Gewinnausschüttung im Recht der DBA, IStR 2003, 154; *Altrichter-Herzberg* Gefährdung der Entlastung von Kapitalertragsteuer bei Zwischenschaltung einer Auslands-Holding, GmbHR 2007, 579; *Bahns/Keuthen* Behandlung hybrider Gesellschaften im Entlastungsverfahren nach § 50d EStG – Reichweite des Art. 1 Abs. 7 DBA-USA, IStR 2010, 750; *Benz/Böhmer* Das BEPS-Projekt der OECD/G20: Vorlage der abschließenden Berichte zu den Aktionspunkten, DB 2015, 2535; *Benz/Kroon* Die Besteuerung von Dividenden nach dem neuen DBA-Niederlande, IStR 2012, 799 *Bernhardt/Piekielnik* Das neue Doppelbesteuerungsabkommen mit Polen, IStR 2005, 366; *Birker/Seidel* Neue Auslegung des DBA-Schachtelprivilegs bei Einkünften aus typisch stillen Beteiligungen, BB 2009, 244; *Breuniger/Prinz* DStR-Fachliteratur-Auswertung: Besteuerung von Personengesellschaften, DStR 2005, 927; *Eglmaier* Erwiderung zu Kessler/Diedrich (IStR 2011, 108): Anrechnung ausländischer Quellensteuer auf deutsche GewSt, IStR 2011, 951; *Ehlermann/Petersen* Abkommensrechtliche versus nationale Zuordnung von Beteiligungen – Besonderheiten bei ertragsteuerlicher Organschaft, IStR 2011, 747; *Eimermann* Schachtelprivileg auf Ausschüttungen an eine S-Corporation oder einen anderen hybriden Rechtsträger nach dem DBA-USA 2006? – eine Erwiderung auf die Anmerkungen von Anger/Sewtz in IStR 2008, 852, IStR 2009, 58; *Erle/Sauter* Körperschaftsteuergesetz, 2. Aufl 2006; *Flick/Heinsen* Steuerliche Behandlung von Einkünften deutscher Gesellschafter aus der Beteiligung an einer US-Limited Liability Company – Anmerkungen zum BFH-Urteil vom 20. August 2008, I R 34/08, IStR 2008, 781; *Frotscher/Maas* Kommentar zum Körperschaftsteuergesetz und Umwandlungsteuergesetz; *Früchtl* „Die Zuordnung von Dividenden zu einer ausländischen Betriebsstätte bleibt möglich", BB 2008, 1212; *Gosch* Über das Treaty Overriding – Bestandsaufnahme – Verfassungsrecht – Europarecht, IStR 2008, 413; *Häck* Abkommensrechtliche Zuordnung von Beteiligungen zu Betriebsstätten nach BFH, OECD und Finanzverwaltung, ISR 2015, 113; *Hageböke* Zur Anwendung des DBA-Schachtelprivilegs bei der KGaA – Zugleich Anmerkungen zum Beitrag von Kramer, IStR 2009, 57, IStR 2010, 59; *Hagena* Schachtelprivileg für brasilianische Eigenkapitalverzinsung als Dividende, FR 2012, 1172; *Hahne/Krause* Geplante Änderungen bei der Abgeltungsteuer im Jahressteuergesetz 2009 und Auswirkungen auf die Steuerplanung – Erste Analyse der geplanten Neuregelungen bei der Besteuerung privater Kapitaleinkünfte im Entwurf des JStG 2009, DStR 2008, 1724; *Helios/Klein* Steuerrechtliche Behandlung der Veräußerung von Dividendenansprüchen durch Steuerausländer – oder: Änderung von Steuergesetzen durch BMF-Schreiben, FR 2014, 110; *Herlinghaus* Rechtsfragen zur Steuerpflicht von Streubesitzdividenden gem. § 8b Abs 4 KStG nF, FR 2013, 529; *Prinz zu Hohenlohe/Gründig* Auswirkung der Änderungen des § 15 Nr 2 KStG gem UntStFG bei nach Doppelbesteuerungsabkommen steuerbefreiten Auslandsdividenden von Organgesellschaften, DB 2002, 1073; *Holthaus* Steuerliche Behandlung von Einkünften aus Slowenien, Kroatien und den übrigen Folgestaaten Jugoslawiens – Analyse der geänderten Rechtslage durch die neuen DBA und Einfluß des EU-Rechts, IStR 2007, 506; *Jacob/Klein* S-Corporation die Zweite – Kernaussagen und Folgewirkungen des BFH-Urteils vom 26.6.2013, I R 48/12, IStR 2014, 121; *Jochum* Die Behandlung hybrider

Gesellschaften nach dem neuen DBA Deutschland – Niederlande, IStR 2014, 1; *Kahlenberg/Kopec* Die Anwendungssystematik des Methodenartikels im Bereich hybrider Finanzinstrumente, IStR 2014, 159; *Kamps/Gomes* Nacherhebung und Erstattung von Kapitalertragsteuer bei verdeckter Gewinnausschüttung in DBA-Fällen, AG 2014, 620; *Kessler/Dietrich* Den Worte sollten Taten folgen: die Umsetzung eines Doppelbesteuerungsabkommens IStR 2011, 108; *dies* Von schlafenden Hunden – zugleich Erwiderung zu Eglmaier in diesem Heft S. 95, IStR 2011, 953; *Kramer* Das Internationale Schachtelprivileg der KGaA – zugleich Anmerkung zum Urteil des Hessischen FG vom 23.6.2009, 12 K 3439/01, IStR 2010, 57; *ders* Kurze Replik auf die vorstehenden Anmerkungen von Jens Hageböke, IStR 2010, 63; *Kinzl* Generalthema II: Abkommensberechtigung und persönliche Zurechnung von Einkünften, IStR 2007, 561; *Kollruss* Schließt die Bruttomethode ein DBA-Schachtelprivileg für Dividenden auf der Ebene des Organträgers im Falle einer Organträger-Personengesellschaft aus?, BB 2007, 78; *Kopec/Rothe* § 50d Abs. 1 S. 11 EStG – eine verfahrensrechtliche oder materiellrechtliche Vorschrift?, IStR 2015, 372; *Kraft/Mengel* Anwendbarkeit der Kapitalverkehrsfreiheit auf Drittstaatendividenden in DBA-Situationen, IStR 2014, 309; *Krauß* Gewinnausschüttung an eine hybride US-Gesellschaft – Quellensteuerermäßigung nach Art. 10 Abs. 2 a) DBA-USA, IStR 2014, 165; *Kraft/Ungemach* Abkommensrechtliche Zuordnung von Kapitalgesellschaftsbeteiligungen zu einer geschäftsleitenden Holding-Betriebsstätte, DStZ 2015, 716; *Kreienbaum/Nürnberger* Für international operierende Unternehmen praxisrelevante Änderungen durch das Revisionsprotokoll zum DBA-USA, IStR 2006, 806; *Lipp* Die stille Gesellschaft in der deutschen Abkommenspraxis – Einkünftequalifikation bei der grenzüberschreitenden typisch oder atypisch stillen Gesellschaft, IWB 2014, 760; *Listl* Anmerkungen zum Entwurf der Änderung der EU Mutter-Tochter-Richtlinie vom 25.11.2013, IStR 2014, 448; *Lüdicke* Internationale Aspekte des Steuervergünstigungsabbaugesetzes, IStR 2003, 433; *ders* Zum BMF-Schreiben vom 24.1.2012: Entlastungsberechtigung ausländischer Gesellschaften (§ 50d Abs. 3 EStG), IStR 2012, 148; *Ma* DBA-China: Der Begriff „Nutzungsberechtigter" aus chinesischer Sicht, IStR 2014, 368; *Mensching* Die Limited Liability Company (LLC) im Minenfeld zwischen deutschem, innerstaatlichen Steuerrecht und Abkommensrecht – Zugleich eine Kommentierung des Gerichtsbescheides des Finanzgerichtes Baden-Württemberg vom 17.3.2008, IStR 2008, 687; *Oellerich* Die Klärung der Verfassungswidrigkeit von Treaty Overrides im Spannungsfeld der Rechtsprechung des BVerfG und des BFH – Anmerkungen zu dem Beschluss des BFH vom 10.6.2015 – I R 66/09, ISR 2015, 337; *Piltz* Liquidation ausländischer Kapitalgesellschaften in den Doppelbesteuerungsabkommen, IStR 1989, 133; *Portner/Heuser* Der Zeitbezug bei der Anwendung von DBA, IStR 1998, 268; *Rehm/Nagler* Finanzgerichte beenden BMF-Moratorium zur Drittstaatenwirkung der Kapitalverkehrsfreiheit!, IStR 2011, 622; *Roth* Kampf gegen internationale Steuervermeidung und –gestaltung: BEPS und der Aktionsplan der EU-Kommission, Ubg 2015, 705; *Schönfeld* Neues zum DBA-Schachtelprivileg oder: Was bleibt von § 8 Nr. 5 GewStG und § 8b Abs. 5 KStG bei grenzüberschreitenden Dividenden? – zugleich Anmerkung zu BFH vom 19.5.2010, I R 62/09 – in diesem Heft, S. 661 – und vom 23.6.2010, I R 71/09, IStR 2010, 658; *Schulz-Trieglaff* Steuerfreie Dividenden und Betriebsstättenvorbehalt, IStR 2015, 717; *Sedemund* Zuständigkeits- und Verfahrensfragen bei Leistungen ausländischer Kapitalgesellschaften an inländischen Anteilseigner, IStR 2010, 270; *Teufel/Hasenberg* Keine DBA-Schachtelfreistellung für Einkünfte aus typisch stiller Beteiligung an Luxemburger AG – Anmerkung zum Urteil des BFH vom 4.6.2008, I R 62/06, IStR 2008, 724; *Wassermeyer* „Zufluss" nach DBA und innerstaatlichem Recht, IStR 1997, 395; *Wichmann/Schmidt-Heß* Die Verhinderung von Abkommensmissbrauch, IStR 2014, 883; *Wiese/Berner* Veräußerung von Dividendenansprüchen durch Steuerausländer an Dritte im Lichte des BMF-Schreibens vom 26.7.2013, DStR 2013, 2674.

A. Einleitung

I. Inhalt von Art 10

1 **Abs 1** enthält eine überraschende Regelung, da im Grundsatz der Ansässigkeitsstaat das Besteuerungsrecht hat und etwaige Einschränkungen in Art 23 (Methodenartikel) behandelt werden. Die Vorschriften der Art 6 – Art 22 dienen hingegen der jeweiligen Begrenzung der Besteuerung durch den Quellenstaat bzw der Zuweisung und Aufteilung v Besteuerungsrechten. Eine solche Begrenzung findet jedoch nicht in Art 10[4], sondern für einzelne Fälle in Art 23A/B statt. Art 10 Abs 2 enthält ein zusätzliches Besteuerungsrecht des Quellenstaates. Art 10 Abs 1 enthält demnach teilw eine nicht regelungsbedürftige Selbstverständlichkeit. Darüber hinaus wird der Anwendungsbereich der Vorschrift definiert. So findet Art 10 lediglich auf Dividenden Anwendung, die v einen in den anderen Vertragsstaat „gezahlt" werden bzw wenn sich eine Betriebstätte im anderen Vertragsstaat befindet und der Anteilseigner nicht selbst im Ansässigkeitsstaat der ausschüttenden Ges ansässig ist.[5]

2 **Abs 2** regelt das Besteuerungsrecht des Quellenstaates. Dieses wird auf einen Prozentsatz der Bruttodividenden begrenzt. Wobei die Höhe der Begrenzung an die kapitalmäßige Beteiligung des Anteilseigners und im Falle von Schachteldividenden auch dessen rechtliche Organisation anknüpft.[6] Insoweit wird zwischen sog Schachtel- und Streubesitzdividenden unterschieden. Die reduzierte Quellenbesteuerung, insbesondere für Schachteldividenden wird teilw mit einer beabsichtigen Gleichstellung mit Betriebsstätteneinkünften[7] oder der Schaffung v Investitionsanreizen durch die Vermeidung v mehrfachen Steuerbelastungen[8] erklärt.

3 **Abs 3** definiert den Begr der Dividende und nimmt insoweit eine Dreiteilung bei der Definition des Dividendenbegriffs vor. Demnach können Dividenden grds aus drei verschiedenen Gruppen von Quellen stammen. Zur ersten Gruppe zählen Aktien, Genussaktien bzw Genussrechte oder Genussscheine, Kuxe und Gründeranteile. Während der zweiten Gruppe andere Rechte – ausgenommen Forderungen – mit Gewinnbeteiligung zuzuordnen sind. Die dritte Gruppe besteht aus Einkünften, die aus sonstigen Gesellschaftsanteilen stammen, die nach dem Recht des Staates, in dem die ausschüttende Ges ansässig ist, den Einkünften aus Aktien steuerlich gleichgestellt sind.[9]

4 Bei der Auslegung des abkommensrechtlichen Dividendenbegriffs ist über Art 3 Abs 2 auch das innerstaatliche Recht des Anwenderstaates heranzuziehen. Die Auslegung wird grds nicht durch das innerstaatliche Recht des Quellenstaates beeinflusst, dh der Dividendenbegriff iSd Abk kann je nach Anwenderstaat einen anderen Begriffsinhalt aufweisen. Insoweit enthält die dritte Gruppe der möglichen Quellen einer abkommensrechtlichen Dividende eine Ausnahme, da iRd Definition auf das innerstaatliche Recht des Quellenstaates abgestellt wird. Der Verweis ist jedoch ein

4 *Debatin/Wassermeyer* Art 10 MA Rn 1.
5 Vgl Art 10 Nr 8, Art 21 Nr 4–6 MK.
6 *Vogel/Lehner* Art 10 MA Rn 7.
7 *G/K/G* Art 10 MA Rn 114; *Debatin/Wassermeyer* Art 10 MA Rn 9; *Vogel/Lehner* Art 10 MA Rn 11.
8 Art 10 Nr 10 MK.
9 *Debatin/Wassermeyer* Art 10 MA Rn 4.

abstrakter Verweis auf das Recht des Quellenstaates, dh dieses wird im Falle der Anwendung durch den Ansässigkeitsstaat autonom ausgelegt. Der Ansässigkeitsstaat wird demnach durch die Anwendung durch den Quellenstaat im Einzelfall nicht gebunden.[10]

Abs 4 gewährt dem Quellenstaat ein unbeschränktes Besteuerungsrecht für den Fall, dass der Anteilseigner im Ansässigkeitsstaat der ausschüttenden Ges (Quellenstaat) eine Betriebstätte unterhält und die Beteiligung dieser Betriebstätte tatsächlich zuzuordnen ist. Für diesen Fall verweist Art 10 Abs 4 auf Art 7. Die Dividenden sind in einem solchen Fall abkommensrechtlich als Teil der Betriebstätteneinkünfte zu behandeln.[11] 5

Abs 5 enthält ein Verbot der extraterritorialen Besteuerung für den Fall, dass die in einem Vertragsstaat ansässige Ges Einkünfte oder Gewinne aus dem anderen Vertragsstaat bezieht, jedoch der Anteilseigner nicht im anderen Vertragsstaat ansässig ist oder dort eine Betriebstätte unterhält. 6

II. Bedeutung von Art 10

Art 10 regelt ausschließlich die Besteuerungsrechte bzgl der ausgeschütteten Dividenden, dh die Besteuerung der die Dividenden ausschüttenden Ges ist ausdrücklich nicht Gegenstand des Art 10. Insoweit wird auf Art 7 verwiesen. 7

Bis zum letzten großen Systemwechsel im dt Körperschaftsteuerrecht, dem Wechsel zum sog Halbeinkünfteverfahren durch das Steuersenkungsgesetz v 23.10.2001 (BGBl I 2001, 1433) galt das Anrechnungsverfahren. Dieses wurde durch das Körperschaftsteuerreformgesetz v 31.8.1976 (BGBl I 1976, 2597) mit Wirkung v 1.1.1977 eingeführt. Es sah die Anrechnung v auf der Ebene einer ausschüttenden Körperschaft gezahlter Körperschaftsteuer beim Anteilseigner vor. Auf diesem Wege wurde die steuerliche Doppelbelastung der ausgeschütteten Gewinne vermieden. Im Hinblick auf die einsetzende Europäisierung hatte das Anrechnungsverfahren jedoch den „Schönheitsfehler", dass es lediglich auf in Deutschland unbeschränkt steuerpflichtige Anteilseigner und ausschließlich für Ausschüttungen in Deutschland unbeschränkt steuerpflichtiger Körperschaften Anwendung fand. Anlass für den Systemwechsel vom Anrechnungsverfahren zum Halbeinkünfteverfahren waren Bedenken, dass die Ausgestaltung des Anrechnungsverfahrens nicht mit dem Europarecht vereinbar ist. Die Europarechtswidrigkeit des Anrechnungsverfahrens hat der EuGH zwischenzeitlich mittelbar festgestellt.[12] Mit dem Unternehmenssteuerreformgesetz vom 14.8.2007 (BGBl I 2007, 1912) wurde die Begünstigung reduziert (nunmehr sog Teileinkünfteverfahren). 8

Im Hinblick auf die teilw oder vollständige Freistellung von Einnahmen aus Dividenden (in Deutschland § 3 Nr 40 EStG und § 8b Abs 1, 4 KStG), die weltweit zumindest als Trend zu beobachten ist, ist die Begrenzung v Quellensteuern auf Dividenden von zunehmender Bedeutung. IÜ findet sich häufig eine Steuerfreistellung im Ansässigkeitsstaat des Anteilseigners bei Schachtelbeteiligungen im Methodenartikel des betr Abk. Mit der innerstaatlichen oder abkommensrechtlichen Steuerfreistellung v Ein- 9

10 *Debatin/Wassermeyer* Art 10 MA Rn 4.
11 *Vogel/Lehner* Art 10 MA Rn 8.
12 *EuGH* IStR 2004, 680.

nahmen geht idR die Versagung der Anrechnung v damit verknüpften Quellensteuern nach innerstaatlichem Recht einher. Folglich führen einbehaltene Quellensteuern in diesem Bereich häufig zu Definitivbelastungen (bei Anwendung des Teileinkünfteverfahrens nur im Hinblick auf den steuerfreien Teil), die sich mit der Zunahme von int Beteiligungsstrukturen und int Investitionen nachteilig auswirken. Ohne eine Anrechnung kommt es zu einer Mehrfachbesteuerung desselben Einkommens. IF v tiefgestaffelten Beteiligungsstrukturen, dh langen Beteiligungsketten kann die Definitivbelastung mit Quellensteuern eine erhebliche Belastung bei der Patriierung von Gewinnen darstellen.

10 Aufgrund der Regelungssystematik in § 8b Abs 1 und Abs 5 KStG ergibt sich in Deutschland iF v Schachteldividenden eine Situation in der wirtschaftlich betrachtet für **KapGes** lediglich 95 % der Dividendeneinnahmen v der Körperschaftsteuer und dem Solidaritätszuschlag freigestellt sind, sofern die MutterGes zu Beginn des Veranlagungszeitraums mit mindestens 10 % unmittelbar am Nominalkapital der Ges beteiligt (§ 8b Abs 4 KStG)[13] war (für die Gewerbesteuer setzt eine solche Freistellung beginnend mit dem Erhebungszeitraum 2008 wieder eine Beteiligung v mindestens 15 % am Kapital voraus; für Ges iSd MTR (Anl 2 zum EStG) gilt nach § 9 Nr 7 S 3 GewStG weiterhin eine Mindestkapitalbeteiligungsquote von 10 %). Gleichwohl ist eine Anrechnung von ausl Quellensteuern wohl ausgeschlossen, da § 8b Abs 1 KStG 100 % der Dividendeneinnahmen v der Besteuerung freistellt, dh der Anrechnungshöchstbetrag beträgt insoweit 0 EUR.[14] Gegen eine solche Behandlung kann eingewendet werden, dass die inländischen Gewinnermittlungsvorschriften vollständige Anwendung finden müssen, dh auch § 8b Abs 5 KStG entspr zu berücksichtigen ist. Demnach sollte eine Anrechnung v Quellensteuern möglich sein, sofern tatsächlich, mit den ausl Dividendeneinkünften im Zusammenhang stehende Betriebsausgaben vorhanden sind, die die fiktiven nicht abzugsfähigen Betriebsausgaben nach § 8b Abs 5 KStG nicht übersteigen (§ 34c Abs 1 S 4 EStG).[15] Ein Abzug der ausl Steuern ist nach § 26 Abs 6 S 3 KStG ausgeschlossen, da die Einkünfte aus Dividenden bei der Ermittlung der Einkünfte außer Ansatz bleiben. Daraus kann geschlossen werden, dass der Gesetzgeber auch eine Anrechnung nicht zulassen will. Dies spricht für die Auffassung, dass § 34c EStG insoweit überhaupt keine Anwendung findet, dh eine Anrechnung scheidet wohl unabhängig v § 34c Abs 1 S 4 EStG aus.[16] § 8b Abs 5 KStG und die darin enthaltene Fiktion von nicht steuerlich abzugsfähigen Betriebsausgaben iHv 5 % der Bruttodividende soll nach Auffassung erstinstanzlicher FG-Rspr sowie Teilen der Literatur keinen Treaty-Override darstellen und nicht mit dem jeweiligen DBA im Widerspruch stehen.[17] So hat der BFH bereits zu § 8b Abs 7 KStG aF entschieden, wobei abzuwarten bleibt, ob er diese Entscheidung auch zur anhängigen Frage bei § 8b Abs 5 KStG bestätigt.[18]

11 Liegen die Voraussetzungen für eine Schachtelbeteiligung iSv § 8b Abs 4 KStG nicht vor, dh bestand zu Beginn des Kalenderjahres keine Beteiligung v unmittelbar min-

---

13 *Herlinghaus* FR 2013, 529.

14 *Frotscher/Maas* § 8b KStG Rn 24; *Dötsch/Jost/Pung/Witt* § 8b KStG Rn 10.

15 *Erle/Sauter* § 8b KStG Rn 83.

16 *Dötsch/Jost/Pung/Witt* § 8b KStG Rn 10.

17 *FG Saarland* EFG 2015, 1850 (Rev *BFH* I R 29/ 15); *FG Düsseldorf* DStRE 2015, 1301; *Debatin/Wassermeyer* Art 10 MA Rn 12.

18 *BFH* IStR 2012, 935.

destens 10 % des Grund- oder Stammkapitals, so sind Bezüge iSv § 8b Abs 1 KStG voll steuerpflichtig. In der Folge sind Aufwendungen steuerlich nicht in ihrer Abzugsfähigkeit nach § 3c EStG eingeschränkt oder fiktiv hinzuzurechnen. Mithin können auch ausländische Quellensteuer nach Maßgabe von § 26 KStG angerechnet werden, da die Einschränkung des § 26 Abs 1 S 2 KStG keine Anwendung findet.

Soweit **natürliche Personen** Dividenden beziehen, ist im Hinblick auf deren Besteuerung sowie die Anrechnung v Quellensteuern zwischen Beteiligungen zu unterscheiden, die zu einem inländischen Betriebsvermögen gehören (§ 3 Nr 40 EStG) und Beteiligungen, die im Privatvermögen v in Deutschland unbeschränkt StPfl gehalten werden (ab 2009 grds Abgeltungsteuer). 12

Nach § 3 Nr 40 lit d EStG sind ab dem Veranlagungszeitraum 2009 lediglich 40 % der Dividendeneinnahmen steuerfrei und korrespondierend Betriebsausgaben nach § 3c Abs 2 EStG nur zu 60 % für Zwecke der Einkommensermittlung abzugsfähig, wenn die Beteiligung zu einem **inländischen Betriebsvermögen** gehört. Die Anrechnung v Quellensteuern richtet sich nach § 34c iVm § 34d EStG (bei beschränkt StPfl aufgrund des Verweises aus § 50 Abs 6 EStG) und ist auf die anteilig auf die aus dem jeweiligen ausl Staat erzielten Einkünfte entfallende inländische Einkommensteuer begrenzt (sog per-country-limitation). 13

Handelt es sich hingegen um **Beteiligungen**, die **im Privatvermögen** eines unbeschränkt StPfl gehalten werden, so unterliegen die Dividendeneinkünfte grds der sog Abgeltungsteuer nach § 32d EStG. Auf diese Einkünfte findet ein einheitlicher Steuersatz von 25 % Anwendung, wenn nicht nach § 32d Abs 6 EStG idF JStG 2009[19] ein Antrag auf Anwendung des tariflichen Steuersatzes gestellt wird. Nach § 32d Abs 5 EStG idF JStG 2009 sind Quellensteuern bis maximal 25 % des Dividendenertrages anzurechnen. Die per-country-limitation nach § 34c EStG findet insoweit keine Anwendung.[20] Wird nach § 32d Abs 6 idR JStG 2009 ein Antrag auf Anwendung des tariflichen Steuersatzes gestellt, so wird die Anrechnung ausl Quellensteuer auf maximal 25 % des Dividendenertrages und maximal auf die inländische tarifliche Einkommensteuer begrenzt, die auf die nach § 20 EStG ermittelten ausl Kapitaleinkünfte iSv § 32d Abs 5 EStG entfällt. Für im Privatvermögen eines unbeschränkt StPfl gehaltene **Beteiligungen v mindestens 25 %** sowie **Beteiligungen v mindestens 1 %**, wenn der unbeschränkt StPfl **beruflich für die Ges tätig** ist, findet auf Antrag nach § 32d Abs 2 Nr 3 EStG das Teileinkünfteverfahren gem §§ 3 Nr 40 Buchstabe d, 3c Abs 2 EStG Anwendung. 14

III. Verhältnis zu anderen Vorschriften

1. Andere Abkommensvorschriften. Art 7 ist in mehrerlei Hinsicht v Art 10 abzugrenzen. Zunächst wird in Art 10 klargestellt, dass dieser keinerlei Regelungen hinsichtlich der Besteuerung der Einkünfte oder Gewinne der ausschüttenden Ges enthält (s Art 10 Rn 7, 101). Es besteht jedoch eine Konkurrenz zu Art 7, wenn eine Beteiligung an einer ausschüttenden Ges einer Betriebstätte im Ansässigkeitsstaat der ausschüttenden Ges zuzuordnen ist.[21] Für diesen Fall normiert Abs 4 S 2 den Vorrang 15

19 JStG 2009 v 19.12.2008, BGBl I 2008, 2794.

20 Anm zum RegE des JStG 2009 v 18.6.2008 s *Hahne/Krause* DStR 2008, 1724.

21 *Vogel/Lehner* Art 10 MA Rn 8.

v Art 7 (s Art 10 Rn 166). Insoweit ist jedoch erforderlich, dass die Beteiligung **„tatsächlich"** zu dieser Betriebstätte gehört (s Art 10 Rn 171). Dies kann bspw für den Fall einer Beteiligung, die nach dt Steuerrecht als Sonderbetriebsvermögen einer PersGes zu klassifizieren ist, fraglich sein.[22] Soweit Dividenden Teil der Unternehmensgewinne im Ansässigkeitsstaat des Anteilseigners sind und dieser nicht zugleich Quellenstaat ist, stellt Art 10 im Verhältnis zu Art 7 die speziellere Vorschrift dar und ist als *lex specialis* vorrangig anzuwenden.[23]

16 **Art 9** und Art 10 können auf einzelne Sachverhalte gemeinsam anwendbar sein. Jedoch erfassen sie jeweils einen anderen Teil bzw finden sie auf unterschiedliche Steuersubjekte Anwendung. Nach Art 9 ist ein Vertragsstaat berechtigt den Gewinn eines Unternehmens für Zwecke der Besteuerung zu korrigieren, wenn dieser negativ durch ein zwischen verbundenen Personen, zu nicht fremdüblichen Bedingungen abgewickeltes schuldrechtliches Geschäft, beeinflusst wurde. Sofern eine solche Korrektur nach nationalem Steuerrecht eine vGA darstellt, ist der Anwendungsbereich v Art 10 eröffnet.

17 Anders als im dt Steuerrecht werden Dividenden und Zinsen (s **Art 11**) in neueren DBA in getrennten Art behandelt. Ähnlich der Möglichkeit einer Gewinnkorrektur nach Art 9, enthält Art 11 Abs 6 eine Spezialvorschrift für den Fall v nicht fremdüblichen Zinsvereinbarungen. Danach können die Vertragsstaaten den unangemessenen Teil der Zinsen unter Berücksichtigung der übrigen Vorschriften des Abk besteuern. Welche anderen Vorschriften insoweit anzuwenden sind, lässt der Verweis im MA offen. Eine Umqualifizierung nach nationalem Recht als vGA ist möglich. In diesem Fall ist Art 10 zu berücksichtigen. Mit der Einf der sog Zinsschranke iSv §§ 4h EStG, 8a KStG spielt Art 10 in Bezug auf die nationale Begrenzung v fremdüblichen Finanzierungsaufwendungen keine Rolle mehr, da als Teil der Rechtsfolge nach §§ 4h EStG, 8a KStG keine Umqualifizierung in vGA mehr vorgesehen ist. Etwas anderes gilt jedoch dann, wenn nach allg Regeln eine vGA anzunehmen ist.

18 **Art 13** und **Art 22** enthalten ua Regelungen hinsichtlich der vermögensrechtlichen Besteuerung v Beteiligung an Ges. Insoweit können sich Unterschiede zwischen der Klassifikation der Einkünfte nach dem Abkommensrecht und dem innerstaatlichen Recht ergeben. Wird bspw ein Dividendenbezugsrecht ohne eine gleichzeitige Übertragung des Stammrechts veräußert und übertragen, so findet abkommensrechtlich Art 13 Anwendung, während nach dt innerstaatlichen Recht Einkünfte aus Kapitalvermögen iSv § 20 Abs 2 EStG vorliegen würden. Auf die Auszahlung an den Erwerber des Dividendenbezugsrechts wird idR Art 21 und nicht Art 10 Anwendung finden, da der Erwerb wohl regelmäßig nicht die Voraussetzungen von Art 10 erfüllen wird (s Art 10 Rn 122).[24]

19 **Art 23A/B** korrespondiert mit Art 10 und regelt die Besteuerungsrechte im Hinblick auf den Dividendenempfänger. Während Art 10 im Grundsatz lediglich die Besteuerungsberechtigung des Quellenstaates behandelt (s auch Art 10 Rn 1), wird in **Art 23A/B** die Besteuerung durch den Ansässigkeitsstaat des Anteilseigners geregelt.

---

22 Für den Fall von Sondervergütungen *BFH* IStR 2008, 300.

23 *S/K/K* Art 10 MA Rn 5.

24 *Vogel/Lehner* Art 10 MA Rn 192; **aA** *S/K/K* Art 10 MA Rn 8.

2. Nationales Recht. Das nationale Recht bekommt iRd Auslegung durch den Anwenderstaat Bedeutung, wobei die Auslegung des Abk zu einem anderen Erg führen kann, als die jeweilige Begriffsbestimmung des nationalen Steuerrechts der Abkommensstaaten. Der dt innerstaatliche Begr der Dividende kommt in **§ 20 Abs 1 Nr 1 EStG** zum Ausdruck, ohne dass die Vorschrift den Begr der Dividende abschließend definiert. Demnach gehören zu den Einkünften aus Kapitalvermögen Gewinnanteile (Dividenden), Ausbeuten und sonstige Bezüge aus Aktien, Genussrechten, mit denen das Recht am Gewinn und Liquidationserlös einer KapGes verbunden ist, aus Anteilen an Ges mit beschränkter Haftung, an Erwerbs- und Wirtschaftsgenossenschaften sowie an bergbautreibenden Vereinigungen, die die Rechte einer juristischen Person haben. Weiterhin werden sonstige Bezüge, insb vGA in die Einkünfte aus Kapitalvermögen einbezogen. IRv Art 10 ist jedoch die in Art 10 Abs 3 enthaltene Definition maßgeblich, die indes grds unter Berücksichtigung des innerstaatlichen Rechts auszulegen ist, soweit nicht das innerstaatliche Recht des Quellenstaates sogar verbindlich ist (s Art 10 Rn 151 ff). **20**

Grds begrenzen die Vorschriften des Abk die Anwendung des nationalen Steuerrechts und damit die Besteuerung durch den Anwenderstaat. Eine Ausnahme dazu stellen jedoch nationale Vorschriften dar, die eine Begrenzung des Besteuerungsrechts durch ein Abk aufheben bzw unter einen Vorbehalt stellen. In Bezug auf Art 10 Abs 2 ist dies iF von Deutschland **§ 50d Abs 3 EStG**. Nach § 50d Abs 3 EStG wird eine Entlastung nach Art 10 Abs 2 durch Deutschland als Anwenderstaat einer ausl Ges nicht gewährt, soweit Personen an ihr beteiligt sind, denen die Erstattung oder Freistellung nicht zustände, wenn sie die Einkünfte unmittelbar erzielten, und die von der ausländischen Gesellschaft im betreffenden Wirtschaftsjahr erzielten Bruttoerträge nicht aus eigener Wirtschaftstätigkeit stammen sowie in Bezug auf diese Erträge für die Einschaltung der ausl Ges wirtschaftliche oder sonst beachtliche Gründe fehlen oder die ausl Ges nicht mit einem für ihren Geschäftszweck angemessen eingerichteten Geschäftsbetrieb am allg wirtschaftlichen Verkehr teilnimmt.[25] Während die MTR (2011/96/EU) es den Mitgliedstaaten in Art 1 Abs 2 der Richtlinie gestattet, den Anwendungsbereich der Freistellung von Quellensteuern für Missbrauchsfälle einzuschränken[26], ist eine entspr ausdrückliche Regelung im MA nicht enthalten. Ob und in welchem Umfang eine Durchbrechung der Regelungen eines DBA zulässig ist, ist umstr.[27] Jedenfalls soweit ein Abk eine spezielle Mißbrauchsvermeidungsregelung enthält soll nach der Rspr des BFH[28] sowie der Auffassung der Finanzverwaltung[29] eine Anwendung von § 50d EStG ausscheiden. Die Vertragsstaaten können auch eine Modifikation der nationalen Regelungen vereinbaren. So enthält das Prot zum neuen DBA Niederlande[30] eine Modifikation **21**

25 Neuregelung mit Wirkung ab dem 1.1.2012 eingeführt durch Beitreibungsrichtlinie-Umsetzungsgesetz wohl als Reaktion auf die Aufforderung der EU-Kommission im März 2010, die zuletzt geltende Regelung zu ändern; *BMF* DStR 2012, 410.

26 Zur Historie der Änderungen der MTR s *Listl* IStR 2014, 448.

27 Statt vieler s *Gosch* IStR 2008, 413 mwN; *BFH* IStR 2012, 426, BFH/NV 2015, 1250 geht von Verfassungsverstoß aus und hat Frage im Normenkontrollverfahren vorgelegt, *BVerfG* Az 2 BvL 1/12; Anm dazu *Oellerich* ISR 2015, 337.

28 *BFH* DStR 2008, 962 (DBA Schweiz).

29 *BMF* DStR 2012, 410.

30 Das am 1.12.2015 in Kraft getretene (BGBl II 2015, 1674) Abk ist ab dem 1.1.2016 anzuwenden.

von § 50d Abs 3 S 2 EStG wonach im Verhältnis zu den Niederlanden verbundene, in den Niederlanden ansässige Unternehmen auf konsolidierter Basis betrachtet werden sollen. Dies modifiziert das nationale dt Recht, wonach auch im Konzernverbund eine isolierte Betrachtung ausländischer Gesellschaften zu erfolgen hat. Ob der mit dem Gesetz zur Umsetzung der Betreibungsrichtlinie geänderte § 50d Abs 3 EStG in seiner neuen Form Bestand haben wird, darf bezweifelt werden. Abgesehen von den praktischen Anwendungsschwierigkeiten der sogenannten Aufteilungsklausel, die eine Entlastung anhand eines Verhältnisses von iSd § 50d Abs 3 EStG schädlichen und unschädlichen vorsieht, ist zweifelhaft, ob die Regelung mit der MTR und den jeweiligen Abk in Einklang zu bringen ist.[31]

22 Die in den §§ 43b, 50d EStG umgesetzte **Mutter-Tochter-Richtlinie** (neugefasst am 30.11.2011, 2011/96/EU, ABlEU Nr L 345,8 v 29.12.2011) begrenzt bereits ohne Rückgriff auf ein etwa anwendbares DBA den Quellensteuerabzug. S BMF-Schreiben v 29.6.2004 zur Anwendung der bisherigen Fassung (90/435/EWG) auf Beitrittsstaaten (Estland, Lettland, Litauen, Malta, Polen, Slowakei, Slowenien, Tschechien, Ungarn und Zypern) durch Vertrag v 16.4.2003, BMF-Schreiben v 27.4.2007 zur Anwendung auf die Beitrittsstaaten (Bulgarien und Rumänien) durch Vertrag v 25.4.2005 sowie BMF-Schreiben v 12.12.2013 zur Anwendbarkeit der aktuellen Fassung auf den Beitrittsstaat Kroatien durch den Vertrag v 9.12.2011.[32] Die erforderliche Mindestbeteiligung für eine Quellensteuerbegrenzung auf 0 % betrug zuletzt 15 % und seit dem 1.1.2009 10 %. Eine daneben bestehende abkommensrechtliche Begrenzung der Quellensteuerberechtigung ist in den von § 43b EStG erfassten Fällen ohne weitere Bedeutung. Etwas anderes gilt jedoch dann, wenn ein anwendbares Abk eine günstigere Regelung enthält. Nach Art 7 Abs 2 der MTR berührt diese nicht die Anwendung anderer Vorschriften oder Abk, die die Minderung oder Beseitigung der Dbest v Dividenden bezwecken.

23 **Beispiel:** Eine nach dem Recht der niederländischen Antillen gegründete KapGes mit Geschäftsleitung in den Niederlanden (MutterGes), ist zu 20 % an einer in Deutschland ansässigen GmbH (TochterGes) beteiligt. § 43b EStG kann keine Anwendung finden, da die Rechtsform der MutterGes nicht in der Anlage zur MTR genannt wird. Folglich kann die MutterGes lediglich unter Anwendung des DBA Niederlande eine Reduktion der dt innerstaatlichen Kapitalertragsteuer herbeiführen bzw verlangen.

24 Weder die MTR noch anderen Verträge der Europäischen Gemeinschaft erzwingen eine allgemeine Beseitigung einer Dbest. Das Europarecht erzwingt demnach auch keine bestimmte Verteilung des Besteuerungssubstrats und verlangt auch keine vollständige Freistellung v Dividenden an der Quelle oder im Ansässigkeitsstaat.[33]

25 Sofern das nationale Recht jedoch, wie das deutsche Recht eine Anrechnung oder Erstattung von Quellensteuern bei im Inland ansässigen, empfangenden Mutterkapitalgesellschaft vorsieht, hat dies vor dem Hintergrund der Kapitalverkehrsfreiheit nach Art 63 AEUV bzw Art 40 des EWR-Abkommens auch für im Ausland ansässige Kapitalgesellschaften zu gelten. Der EuGH hat insoweit entschieden, dass eine (wirtschaftliche) ungleiche Besteuerung im Falle von Deutschland nicht gerechtfertigt ist und insoweit auch die ausländischen kapitalgesellschaftsrechtliche organisierten

31 Vgl auch *Lüdicke* IStR 2012, 148.

32 *BMF* BStBl I 2004, 579; *BMF* BStBl I 2007, 476; *BMF* BStBl I 2013, 1613.

33 *EuGH* IStR 2012, 152; *EuGH* DStRE 2010, 409 mwN.

Anteilseigner entsprechend v deutscher Kapitalertragsteuer zu entlasten sind.[34] Dies hatte bisher auch für Nicht-Streubesitzbeteiligungen zu gelten, da die Kapitalverkehrsfreiheit in Drittlandsfällen mE nicht durch die Niederlassungsfreiheit verdrängt wird[35], wenn das nationale Recht keine Differenzierung hinsichtlich der Beteiligungshöhe oder einem erforderlichen Einfluss auf die Gesellschaft vornimmt.[36] Teilw wird die Auffassung vertreten, dass für die Frage der Differenzierung auf das jeweilige Abk abzustellen ist.[37] Mit der Änderung von § 8b KStG und der Einführung einer Mindestbeteiligung in § 8b Abs 4 KStG, enthält das Gesetz nunmehr eine Differenzierung hinsichtlich der Beteiligungshöhe. Folglich sollte ein Schutz von in Drittländern ansässigen Gesellschaftern durch die Kapitalverkehrsfreiheit nunmehr ausscheiden.

Das Gewerbesteuergesetz enthält Spezialvorschriften im Hinblick auf Hinzurechnungen und Kürzungen v Gewerbeertrag, die insoweit zu abweichenden Besteuerungsfolgen v der einkommen- bzw körperschaftsteuerlichen Behandlung führen können. Eine Anrechnung ausländischer Quellenstcuern auf die GewSt wird bisher v der Finanzverwaltung nicht vorgenommen. Ob dies in jedem Fall mit den anwendbaren DBA vereinbart ist, ist mE zweifelhaft.[38] Es kommt entscheidend auf das betreffende DBA an, welches Grundlage einer Anrechnung sein kann. Das Verhältnis v dem sog gewerbesteuerlichen zum abkommensrechtlichen Schachtelprivileg war umstritten.[39] Inzwischen geht zumindest die Rspr des BFH davon aus, dass das abkommensrechtliche Schachtelprivileg sich auch – unabhängig von den Voraussetzungen des § 9 Nr 7 GewStG – auf die Gewerbesteuerbemessungsgrundlage auswirken kann.[40] **26**

B. Absatz 1

Nach Art 10 Abs 1 „können" die Dividenden im Ansässigkeitsstaat des Dividendenempfängers besteuert werden. Das Abk selbst kann keine Besteuerung anordnen; diese richtet sich ausschließlich nach dem innerstaatlichen Recht des Ansässigkeitsstaates. Folglich enthält Abs 1 auch keinerlei Regeln dahingehend, wie der Ansässigkeitsstaat des Anteilseigners v seinem Besteuerungsrecht Gebrauch macht oder zu machen hat. Eine abkommensrechtliche Einschränkung des Besteuerungsrechts kann sich aus Art 23A ergeben. In dt Abk werden Schachteldividenden idR freigestellt.[41] Daneben können sich weitere Freistellungen aus dem nationalen Recht ergeben. Dies sind nach dt innerstaatlichem Recht § 3 Nr 40 EStG und § 8b Abs 1 KStG. Das nationale Recht geht – zumindest im Einkommensteuerrecht– insoweit über abkommensrechtlich uU vereinbarte Schachtelprivilegien hinaus, als dass keine Mindestbeteiligungsquoten gefordert werden. Anderes gilt für die Körperschaftsteuer, für die nach dem 28.2.2013 zufließenden Bezüge nach § 8b Abs 4 KStG ua eine unmittelbare Mindestbeteiligung von 10 % und die Gewerbesteuer nach §§ 9 Nr 2a, 7 GewStG ab dem **27**

---

34 *EuGH* IStR 2011, 840 mit Anm *Linn*; **aA** *Kube* IStR 2010, 301.

35 AA *OFD Niedersachsen* DStR 2011, 1274; *BFH* IStR 2012, 935.

36 S auch *Rehm/Nagler* IStR 2011, 622; *Debatin/Wassermeyer* Art 10 MA Rn 103.

37 *Kraft/Mengel* IStR 2014, 309.

38 Vgl auch *Debatin/Wassermeyer* Art 23A MA Rn 104; *Kessler/Dietrich* IStR 2011, 108, 953; *Eglmaier* IStR 2011, 951.

39 Vgl *BFH* IStR 2010, 701 mwN.

40 *BFH* IStR 2010, 701; *Schönfeld* IStR 2010, 658.

41 *G/K/G* Art 10 MA Rn 33.

Erhebungszeitraum 2008 ua eine Mindestbeteiligung von 15 % (für Ges iSd MTR (Anlage 2 zum EStG) gilt nach § 9 Nr 7 S 3 GewStG weiterhin eine Mindestkapitalbeteiligungsquote v 10 %).

28 Art 10 Abs 1 enthält auch keine Zuweisung eines ausschließlichen Besteuerungsrechts an den Ansässigkeitsstaat des Anteilseigners. So kann nach Art 10 Abs 2 auch der Quellenstaat die Dividendeneinkünfte besteuern, dh das Besteuerungsrecht steht daher beiden Vertragsstaaten zu, wenn auch in unterschiedlichem Umfang.[42]

I. Dividenden

29 Der Begr der Dividende wird für Abkommenszwecke in Art 10 Abs 3 definiert. Allg wird unter dem Begr der Dividende eine Gewinnausschüttung einer AG, KGaA, GmbH oder anderer KapGes an ihre Gesellschafter verstanden.[43] Vor der Ausschüttung von Dividenden durch KapGes ist die Entnahme aufgrund der Beteiligung an einer PersGes abzugrenzen. Die Gewinne einer PersGes sind Unternehmensgewinne ihrer Gesellschafter und unterliegen dem Regelungsbereich v Art 7. Hinsichtlich der abkommensrechtlichen Begriffsbestimmung von Dividenden im Einzelnen, wird auf Art 10 Rn 102 ff verwiesen.

II. Eine in einem Vertragsstaat ansässige Gesellschaft

30 **1. Gesellschaft.** Der Begr der Ges wird in Art 3 Abs 1 Buchstabe b definiert (s Art 3 Rn 12, 15 ff). Jedoch sind Vorschriften v DBA zunächst isoliert auszulegen, dh der aus der dt Rechtssystematik bekannte Grundsatz der Einheitlichkeit der Rechtsordnung kann bei der Auslegung v DBA nicht zwingend fruchtbar gemacht werden. Andere Rechtsordnungen kennen eine einheitliche Auslegung v gleichlautenden Begr gar nicht.[44] Im MK wird jedoch klargestellt, dass die Definition der Ges in Art 3 Abs 1 Buchstabe b auch iRv Art 10 zu berücksichtigen ist.[45] Dies schließt jedoch nicht aus, dass der Begr der Ges im Anwendungsbereich v Art 10 enger ist, als die Definition in Art 3 bzw durch den Begr der Dividende eine Beschränkung des Anwendungsbereichs eintritt (zur Auslegung von DBA Art 3 Rn 58 ff). Nach der Legaldefinition des Art 3 Abs 1 lit b „bedeutet der Ausdruck „Gesellschaft" juristische Personen oder Rechtsträger, die für die Besteuerung wie juristische Personen behandelt werden". Abzustellen ist insoweit auf die innerstaatlichen Regeln der Besteuerung des Anwenderstaates.[46]

31 Die Ges muss nach der Definition des Art 3 Abs 1 lit b ein **selbstständiges Steuersubjekt** sein. Nach dt Recht ist dies lediglich bei körperschaftlich organisierten Rechtsträgern der Fall. Dies sind KapGes (SE, AG, KGaA und GmbH), einschließlich ihrer VorGes (nicht jedoch die VorgründungsGes), Erwerbs- und Wirtschaftsgenossenschaften (einschließlich der Europäischen Genossenschaften), Versicherungs- und Pensionsvereine auf Gegenseitigkeit sowie Vereine, Anstalten, Stiftungen ua Zweckvermögen des privaten Rechts. Nach dt Rechtsverständnis sind **Mitunternehmerschaften** nicht unter den Begr der Ges idS zu fassen, da ihnen die für Art 10 geforderte Steuerrechtssubjektivität fehlt.

---

42 *S/K/K* Art 10 MA Rn 14.
43 Art 10 Nr 1 MK.
44 Vgl zB US IRC Sec 7806.
45 Art 3 Nr 3 MK; *Debatin/Wassermeyer* Art 10 MA Rn 27.
46 *Debatin/Wassermeyer* Art 3 MA Rn 18; **aA** Art 3 Nr 3 S 2 MK.

In anderen (Steuer-)Rechtsordnungen werden jedoch auch PersGes teilw als Steuerrechtssubjekte behandelt, zB wenn sie zu einer körperschaftsteuerlichen Behandlung optieren. Umgekehrt haben in diesen Ländern (einzelne) Körperschaften die Möglichkeit, sich steuerlich als PersGes behandeln zu lassen. **32**

Entsch ist die jeweilige Klassifikation durch den Anwenderstaat. Dh aus dessen Sicht muss es sich um eine Ges iSd Abk handeln. Geht es um die Anwendung von Art 10 Abs 1, so ist die Sicht des Ansässigkeitsstaates des Anteilseigners maßgeblich. Aus dieser Sicht muss die ausschüttende Ges die Voraussetzung von Art 3 Abs 1 lit b für eine Ges im abkommensrechtlichen Sinne erfüllen. Dabei kommt es nicht darauf an, wie der andere Vertragsstaat die Ges klassifiziert, dh ob sie aus Sicht des anderen Vertragsstaates die Voraussetzung für eine Ges iSv Art 3 Abs 1 lit b erfüllt.[47] Somit kann auch eine aus dt Sicht als Mitunternehmerschaft zu klassifizierende Ges als Ges iSv Art 3 Abs 1 lit b und Art 10 zu behandeln sein. Auf die Klassifizierung nach dt Steuerrecht kommt es in dieser Konstellation nicht an, sofern Deutschland nicht der Ansässigkeitsstaat der Ges und Anwenderstaat ist. **33**

Beispiel: Eine in den USA gegründete PersGes wird aufgrund der Ausübung des Wahlrechts der sog check-the-box election in den USA für Zwecke der US Besteuerung als KapGes behandelt. Die in Deutschland ansässigen Gesellschafter tätigen eine Entnahme und erhalten eine Zahlung iHv X Geldeinheiten. Für die Anwendung von Art 10 Abs 1 durch Deutschland als Anwenderstaat, kommt es lediglich auf die Klassifikation der Ges aus dt steuerlicher Sicht an. Folglich ist die steuerliche Behandlung in den USA insoweit irrelevant. **34**

IF eines Klassifikationskonfliktes (s Art 10 Rn 33), wie dem zuvor dargestellten, wird der Ansässigkeitsstaat der Ges grds Art 10 anwenden, während der andere Vertragsstaat aufgrund seiner Klassifikation der Ges als PersGes den Zufluss nicht als Dividende besteuert. In der umgekehrten Situation, dh der Klassifikation der in einem Vertragsstaat ansässigen Ges als PersGes und durch den anderen Vertragsstaat als KapGes könnte lediglich der andere Vertragsstaat zu einer Anwendung von Art 10 gelangen.[48] Insoweit wird es jedoch regelmäßig an der Ansässigkeit der eine Dividende zahlenden Ges in einem Vertragsstaat fehlen, so dass nicht Art 10, sondern Art 21 Anwendung finden würde.[49] **35**

Im Einzelfall muss es sich zB bei Einkünften eines stillen Gesellschafters, Gewinnobligationen oder partiarischen Darlehen beim Schuldner nicht um eine Ges iSv Art 3 Abs 1 lit b handeln. Insoweit kann der Zusammenhang eine abw Auslegung des Abk erfordern.[50] **36**

2. Ansässigkeit. Die Ansässigkeit der Ges beurteilt sich nach Art 4 Abs 1 und 3. Nach Art 4 Abs 1 ist eine Ges in dem Vertragsstaat ansässig, in dem sie aufgrund des Ortes ihre Geschäftsleitung oder einem anderen ähnlichen Merkmal (nach dt Verständnis unbeschränkt) steuerpflichtig ist. **37**

Insoweit kommt es folglich auf die steuerliche Behandlung durch den Staat an, in dem die Ges ihren Sitz oder ihre Geschäftsleitung hat bzw aufgrund von ähnlichen Merk- **38**

47 *FG Köln* EFG 2015, 1377 (Rev *BFH* I R 42/15); *BFH* BStBl II 2009, 234.
48 *Debatin/Wassermeyer* Art 10 MA Rn 37.
49 *BFH* DStR 2008, 2151; krit Anm *Flick/Heinsen* IStR 2008, 781.
50 *G/K/G* Art 10 MA Rn 42; *S/K/K* Art 10 MA Rn 17; *BFH* BStBl II 1982, 374.

malen steuerpflichtig ist. Diese Frage kann nicht abstrakt und losgelöst allein nach dem Recht bzw der Anwendung des Abk durch den Anwenderstaat entschieden werden. Das Prot zum DBA Italien fingiert insoweit die Ansässigkeit einer PersGes. Diese soll in dem Staat ansässig sein nach dessen Recht sie gegründet wurde oder in dem sich der Hauptgegenstand ihrer Tätigkeit befindet. Dies kann insoweit Bedeutung haben, als Italien ausl PersGes wie KapGes behandelt.

39 IF einer Doppelansässigkeit der ausschüttenden Ges ist nach Art 4 Abs 3 der Ort der Geschäftsleitung ausschlaggebend.[51] Folglich hat iF der Doppelansässigkeit der Sitzstaat der Ges (Satzungssitz) kein Besteuerungsrecht. Ist der Satzungssitz der Ges in einem Drittland, aber der Ort der Geschäftsleitung in einem Vertragsstaat und der Anteilseigner im anderen Vertragsstaat ansässig, so findet das Abk zwischen dem Geschäftsleitungsstaat und dem Ansässigkeitsstaat des Anteilseigners Anwendung. Entspr gilt im umgekehrten Fall, dh ist zwar der Satzungssitz der Ges in einem Vertragsstaat, aber der Ort der Geschäftsleitung im Drittland, so gilt die Ges als im Sitzstaat ansässig. Daneben kann auch ein Abk zwischen dem Drittstaat, in dem sich die Geschäftsleitung der Ges befindet und dem Ansässigkeitsstaat des Anteilseigners Anwendung finden.

40 Der Fall einer sich ändernden Ansässigkeit des Anteilseigners erfährt keine Regelung im Abk. Denkbar ist der Wechsel zwischen den Vertragsstaaten sowie ein Wechsel zwischen einem Vertragsstaat und einem Drittstaat. Nach der Abkommenssystematik ist der Ort der Ansässigkeit des Anteilseigners im Zeitpunkt der steuerlichen Erfassung der Dividende nach dem Steuerrecht des Ansässigkeitsstaats des Ges für die Frage des Besteuerungsrechts entscheidend.[52] Soweit der Erfassungszeitpunkt nach dem Steuerrecht der beteiligten Staaten unterschiedlich ist, sind Fälle der Mehrfacherfassung als auch der Nichterfassung (weiße Einkünfte) denkbar. Davon zu unterscheiden ist die Frage der Quellensteuerberechtigung des Ansässigkeitsstaates der ausschüttenden Ges. Die Ansässigkeit ist regelmäßig durch die FinVerw des Ansässigkeitsstaates zu bescheinigen.[53]

41 Die Frage der Ansässigkeit kann auch bei sog hybriden Ges eine entscheidende Hürde für die Anwendung von Art 10 darstellen. Wird bspw eine US-amerikanische LLC in den USA, mangels Ausübung des Wahlrechts zur Besteuerung als KapGes („check-the-box election"), steuerlich als transparent behandelt[54] und nach dt innerstaatlichen Recht hingegen als KapGes klassifiziert (s Art 3 Rn 18), so fehlt der US LLC die für eine Anwendung von Art 10 erforderliche Ansässigkeit, da die Ges in den USA nicht iSv Art 4 Abs 1 steuerpflichtig ist.[55]

42 **3. Vertragsstaat.** Der Begr des Vertragsstaates wird im Abk zwar verschiedentlich verwendet, jedoch idR nicht definiert. Allg ergibt sich aus der Definition des Vertragsstaates die räumliche Beschreibung des Anwendungsbereichs des Abk. Sofern sich auch aus dem Abk keine Anhaltspunkte diesbezüglichen ergeben, ist dies aus dem jeweiligen innerstaatlichen Recht der Vertragsstaaten abzuleiten. Regelmäßig wird

51 Zur Diskussion hinsichtlich der Anwendbarkeit von Art 4 Abs 3 für die Frage der Ansässigkeit der ausschüttenden Ges s *Debatin/Wassermeyer* Art 10 MA Rn 35.
52 *Debatin/Wassermeyer* Art 10 MA Rn 36.
53 *OFD Rheinland* StEK DBA Allg Nr 231.
54 US Federal Tax Regulation § 301.7701-3a und b(1).
55 *BFH* DStR 2008, 2151; *Debatin/Wassermeyer* Art 10 MA Rn 37; *Mensching* IStR 2008, 687.

der räumliche Anwendungsbereich mit dem jeweiligen Staatsgebiet bzw dem Geltungsbereich des innerstaatlichen Steuerrechts deckungsgleich sein.[56]

III. Im anderen Staat ansässige Person

Der abkommensrechtliche Begr der **Person** wird in Art 3 Abs 1 Buchstabe a definiert. **43**
Es handelt sich dabei um einen Oberbegr für natürliche Personen, Ges iSv Art 3 Abs 1 Buchstabe b sowie alle anderen Personenvereinigungen. Im Einzelnen s Art 3 Rn 6ff.

Die Person muss jedoch gleichfalls **Nutzungsberechtigter** sein, wie sich aus dem **44**
Zusammenhang mit Art 10 Abs 2 ableiten lässt. Wer Nutzungsberechtigter ist, ist für die Anwendung von Art 10 Abs 1 aus Sicht des Ansässigkeitsstaates des Nutzungsberechtigten zu klären. IdR wird der zivilrechtliche Anteilseigner auch der Nutzungsberechtigte sein. Dies kann jedoch bspw aufgrund von Treuhandverhältnissen oder ähnlichen Beziehungen abweichen, dh der zivilrechtliche Anteilseigner ist in diesen Fällen nicht die im anderen Staat ansässige Person iSv Art 10 Abs 1. Diese Voraussetzung v Art 10 Abs 1 soll ua Missbrauch vermeiden und sicherstellen, dass lediglich dem tatsächlich Nutzungsberechtigten die Vorteile aufgrund der Abkommensanwendung gewährt werden.[57] Niemand soll durch die Einschaltung einer Mittelsperson Abkommensvorteile erlangen, die ihm ohne eine Einschaltung nicht gewährt werden würden. Ist der Erstattungsanspruch aufgrund eines Abk nach dem dt oder dem Recht des anderen Vertragsstaates nicht dem Gläubigers der Kapitalerträge zuzurechnen, so ist nach § 50d Abs 1 S 11 EStG für Zahlungen, die nach dem 31.12.2011 erfolgen die Person anspruchsberechtigt, der die Einkünfte nach dem Recht des anderen Vertragsstaates als Einkünfte einer ansässigen Person zugerechnet werden.[58] Nach der Beschlussempfehlung und Bericht des Finanzausschusses soll sichergestellt werden, dass der Person eine Entlastung gewährt wird, der der andere Vertragsstaat die Einkünfte nach seinem Recht zurechnet. Insb solle verhindert werden, dass Nicht-KapGes in den Genuss des abkommensrechtlichen Schachtelprivilegs kommen. Dies solle den Fall der KGaA, aber auch andere hybride Ges erfassen, einschließlich atypischer Ges.[59] Es bleibt weiterhin unklar, ob es sich insoweit um eine rein verfahrensrechtliche[60] oder materiell-rechtliche[61] Vorschrift handelt, die zu einem Treaty-Override führt.[62] Soweit ein Abk spezielle Vorschriften für hybride Ges enthält, wie zB in Art 1 Abs 7 DBA USA, wird § 50d Abs 1 S 11 EStG keine Anwendung finden können.[63]

Teilw wird die Auffassung vertreten, dass im Verhältnis der Vertragsstaaten der **Mit-** **45**
telsperson und dem tatsächlich Nutzungsberechtigten ein Fall von Art 21 vorliege.[64] ME ist die Leistungsbeziehung zwischen diesen Personen entscheidend, dh die Frage kann nicht allg und abstrakt entschieden werden. Sofern keine andere Vorschrift diese Einkünfte erfasst, kann Art 21 als subsidiärer Auffangtatbestand Anwendung finden.

---

56 *Schaumburg* Rn 16.177.
57 *Debatin/Wassermeyer* Art 10 MA Rn 40.
58 Änderung durch Gesetz zur Änderung des Gemeindefinanzreformgesetzes und von steuerlichen Vorschriften v 8.5.2012, BGBl I 2012, 1030.
59 BT-Drucks 17/8867.
60 *Wagner/Blümich* EStG § 50d Rn 34.
61 *Jochum* IStR 2014, 1.
62 *Kopec/Rothe* IStR 2015, 372.
63 *Jacob/Klein* IStR 2014, 121; *Wagner/Blümich* EStG § 50d Rn 34.
64 So ohne Begr *Vogel/Lehner* Art 10 MA Rn 25; **aA** *Debatin/Wassermeyer* Art 10 MA Rn 40.

46 Ist Anteilseigner bzw Nutzungsberechtigter eine PersGes bzw eine aus Sicht des Anwenderstaates **transparente Personenvereinigung**, sind die dahinterstehenden Personen iSv Art 3 Abs 1 Buchstabe a (es kann sich auch um eine Kette von transparenten Personenvereinigungen handeln, bevor man auf die dahinterstehende Person iSv Art 3 Abs 1 Buchstabe a stößt) für die Anwendung v Art 10 Abs 1 maßgebend. Dh diese müssen im anderen Vertragsstaat ansässig iSv Art 4 sein. Folglich kann dies im Einzelfall auch nur auf einen einzelnen oder einen Teil der an der PersGes beteiligten Personen iSv Art 3 Abs 1 Buchstabe a zutreffen.[65] Besonderheiten können sich durch spezielle Regelungen eines Abk ergeben, zB Protokoll Nr I Abs 2 S 1 DBA Niederlande, ergeben, wenn es sich um eine hybride Ges handelt, dh einer der Abkommensstaaten die Ges als intransparent betrachtet.[66]

47 Die Person muss im anderen Vertragsstaat ansässig sein und sie darf im Ansässigkeitsstaat der ausschüttenden Ges nicht über eine Betriebstätte verfügen, der die Beteiligung an der die Dividende auszahlenden Ges tatsächlich zugehörig ist, da Art 10 Abs 4 für einen solchen Fall die Anwendung von Art 10 Abs 1 ausschließt (s Art 10 Rn 166 ff). Das Erfordernis der Ansässigkeit des Nutzungsberechtigten im anderen Vertragsstaat, kann nicht durch eine dort belegene Betriebstätte ausgeglichen werden. Dh es ist nicht ausreichend, eine Betriebstätte im anderen Vertragsstaat zu unterhalten und lediglich in einem Drittstaat ansässig zu sein. In einem solchen Fall kann es lediglich zur Anwendung eines etwaig zwischen dem Ansässigkeitsstaat der ausschüttenden Ges und dem Drittstaat (Ansässigkeitsstaat des Nutzungsberechtigten) geschlossenen Abk kommen.

IV. Zahlung und Zahlungszeitpunkt

48 Nach dem Wortlaut von Art 10 Abs 1 wird an die Zahlung der Dividende angeknüpft. Der Begr der Zahlung ist weit und abkommensrechtlich auszulegen, wonach jede Form der Erfüllung der Verpflichtung zu verstehen ist, dem Dividendenempfänger Geldmittel auf vertragsgemäße oder übliche Weise zur Verfügung zu stellen.[67] Es ist allg anerkannt, dass Dividenden iSv Art 10 Abs 3 nicht auf Geldmittel beschränkt sind, sondern auch in Sachleistungen bestehen können.[68] Dies wird insb durch die Einbeziehung v vGA in den Dividendenbegriff deutlich.[69] VGA bestehen häufig gerade nicht in der Überlassung v Geldmitteln, sondern gerade auch in der nicht fremdüblichen Gewährung v Sachleistungen.[70]

49 Hinsichtlich der Frage des **Zeitpunkts des Dividendenbezugs** bestehen keine Anhaltspunkte im MA selbst. Insoweit bestehen unterschiedliche Auffassungen. Teilw wird eine Auslegung aus dem jeweiligen Abkommensrecht heraus bevorzugt und insoweit vertreten, dass auf den tatsächlichen Zahlungszeitpunkt abzustellen ist.[71] Wohingegen nach **aA** auf die Regelungen des innerstaatlichen Rechts des Quellenstaates abzustellen sei und es demnach auf den Gewinnverteilungsbeschluss und nicht den Auszah-

65 *Debatin/Wassermeyer* Art 10 MA Rn 67.
66 *Jochum* IStR 2014, 1.
67 Art 10 Nr 7 MK; *BFH* DStR 2013, 2100.
68 *S/K/K* Art 10 MA Rn 15.
69 *G/K/G* Art 10 MA Rn 46.
70 *Niedersächsisches FG* EFG 2004, 124; *BFH/NV* 2005, 1528.
71 *Portner/Heuser* IStR 1998, 268.

lungszeitpunkt ankomme.[72] Dieses Verständnis beruht wohl auf dem Gedanken, dass die Zuweisung des Besteuerungsrechts an den Ansässigkeitsstaat des Nutzungsberechtigten die Besteuerung durch den Quellenstaat begrenzt. Diese Funktion wird am besten erfüllt, wenn Art 10 Abs 1 im Zeitpunkt der Erfüllung des Besteuerungstatbestands aus Sicht des Quellenstaates Anwendung findet. Nach einer weiteren Auffassung steht es dem Anwenderstaat frei, worauf er nach innerstaatlichem Recht und daher auch iRd Anwendung des Abk abstellt.[73] Der BFH scheint iSd letzten Auffassung zumindest nicht v einer zwingenden übereinstimmenden Bestimmung des Zeitpunktes auszugehen, da er insoweit auch im Fall eines Dividendenbezugs allein auf ein deutsches Verständnis abstellt und grundsätzlich auf einen einem Gewinnverteilungsbeschluss vergleichbaren Rechtsakt abhebt und alternativ den Zuflusszeitpunkt als maßgeblich erachtet.[74] Für Art 10 Abs 1 wird weiterhin vertreten, dass der Zeitpunkt für Abs 1 keinerlei Bedeutung habe, da insoweit lediglich die Zuwendungsrichtung zwischen den Abkommensstaaten festgelegt werde.[75]

V. Besteuerung im anderen Staat

Mit der Anwendung v Art 10 Abs 1 wird dem Ansässigkeitsstaat des Nutzungsberechtigten das uneingeschränkte, jedoch nicht ausschließliche Besteuerungsrecht für die aus dem Quellenstaat bezogene Dividende eingeräumt. Wie dieser v seinem Recht Gebrauch macht, bleibt ihm überlassen, dh Art 10 Abs 1 beinhaltet insoweit keine Verpflichtung des Ansässigkeitsstaates des Nutzungsberechtigten den Dividendenzufluss tatsächlich der Besteuerung zu unterwerfen. Auch wann und in welcher Form die Besteuerung stattfindet, ist allein diesem Vertragsstaat überlassen. Abkommensrechtliche Regelungen finden parallel zu den nationalen Regelungen Anwendung, so ist zB ein sog Schachtelprivileg aufgrund eines DBA neben § 8b Abs 1 KStG weiterhin anzuwenden.[76] 50

C. Absatz 2

I. Allgemeines

Neben dem durch Art 10 Abs 1 dem Ansässigkeitsstaat des Dividendenempfängers eingeräumten Besteuerungsrecht, erhält auch der Quellenstaat (Ansässigkeitsstaat der die Dividenden zahlenden Ges) ein nach Art 10 Abs 2 beschränktes Quellenbesteuerungsrecht. Die Ausnutzung der Berechtigung zur Besteuerung durch beide Vertragsstaaten würde zu einer Dbest führen, die gerade durch den Abschluss von DBA vermieden werden soll. Die Regelungen zur Vermeidung der Dbest befinden sich in Art 23A/B. Diese sehen, je nach vereinbarter Methode zur Vermeidung der Dbest, die Anrechnung der Quellensteuer iRd Besteuerung der Dividendeneinkünfte im Ansässigkeitsstaat des Dividendenempfängers bzw Nutzungsberechtigten oder die Freistellung der empfangenen Dividenden v der Besteuerung im Ansässigkeitsstaat, vor. Die Anrechnung wird jedoch auf die abkommenskonform einbehaltenen Quellensteuern 51

72 *BFH* BStBl II 1992, 941; *BFH* BStBl II 1998, 672; *Wassermeyer* IStR 1997, 395.
73 *S/K/K* Art 10 MA Rn 22.
74 *BFH* DStRE 2011, 412 für eine Sachdividende bzw einen (ausländischen) Spin-off.
75 *Debatin/Wassermeyer* Art 10 MA Rn 49.
76 *BFH* IStR 2009, 424.

begrenzt.[77] Da DBA regelmäßig Regelungen zur Anrechnung v Quellensteuern enthalten (sofern die Beseitigung einer DBest im Rahmen einer Anrechnung beseitigt werden soll), werden auch nationale Anrechnungsvorschriften insoweit verdrängt oder begrenzt. Es liegt daher im Interesse des Steuerpflichtigen die Begrenzung der Quellensteuern im Quellenstaat durchzusetzen, da er andernfalls – auch nicht im Wege einer Anrechnung im Ansässigkeitsstaat, eine DBest nicht beseitigen kann. Dies kann aufgrund der Neufassung des § 50d Abs 3 EStG für Ausschüttungen an nicht in Deutschland ansässige Anteilseigner aufgrund der eingeführten Aufteilungsregelung zur DBest führen, da der ausl Ansässigkeitsstaat die über die abkommensrechtlichen Regelungen hinaus erhobene dt Kapitalertragsteuer nicht anrechnen wird. Die Aufteilung kann somit zu einer abkommenswidrigen Teilversagung von abkommensrechtlichen Quellensteuersatzreduzierung führen.[78] Ob der Treaty Override verfassungskonform ist, ist bisher umstritten. Der BFH hat sich jedoch nicht mit seiner Auffassung durchsetzen können. Er hatte die Frage der Zulässigkeit eines Treaty Overrides dem BVerfG im Rahmen eines Normenkontrollverfahrens vorgelegt.[79] Das Verfahren beschäftigte sich zwar mit der Besteuerung von Einkünften aus nichtselbstständiger Arbeit, jedoch kann diese Entscheidung Auswirkungen auf sämtliche Abkommensdurchbrechungen haben. Das BVerfG hat nunmehr entschieden, dass auch Regelungen von DBA, da sie idR den Rang einfacher Gesetze haben, durch nachfolgende Gesetze verdrängt werden können.[80] Eine solche Verdrängung (Treaty Override) stellt somit keinen Verfassungsverstoß dar.

52 Die Freistellung wird idR für sog Schachtelbeteiligungen vereinbart, dh wenn eine qualifizierte Beteiligung – iF des MA von mindestens 25 % – vorliegt und der Nutzungsberechtigte eine Ges (keine PersGes) ist.

II. Dividenden

53 Der Begr der Dividende ist für den gesamten Art 10 in Art 10 Abs 3 definiert. Es handelt sich dabei um einen abkommensrechtlichen Begr, der jedoch der Auslegung durch den Anwenderstaat bedarf. Zum Begr im Einzelnen (s Art 10 Rn 102 ff). Es muss sich um „diese“ Dividenden handeln, dh solche iSv Art 10 Abs 1 (s Art 10 Rn 27 ff). Somit ist Voraussetzung, dass es sich um eine Dividende iSv Art 10 Abs 3 handelt, die v einer einem Vertragsstaat ansässigen Ges an eine im anderen Vertragsstaat ansässige Person gezahlt wird. In anderen Fällen, zB bei einer Ansässigkeit des Dividendenempfängers (Nutzungsberechtigten) in einem Drittstaat, ist Art 10 Abs 2 nicht anwendbar. Das Besteuerungsrecht des Quellenstaates wird in einem solchen Fall nicht durch das Abk mit dem Ansässigkeitsstaat des Nutzungsberechtigten beschränkt. Etwas anderes kann sich jedoch aus einem mit einem Drittstaat bestehenden Abk ergeben. Entspr gilt, wenn die Beteiligung tatsächlich zu einer im Ansässigkeitsstaat der die Dividende auszahlenden Ges belegenen Betriebstätte gehört (Art 10 Abs 4, s Art 10 Rn 166 ff).

---

77 *BFH* IStR 2009, 862.
78 S auch Rn 21.
79 *BFH* BFH/NV 2015, 1250.
80 *BVerfG* IStR 2016, 191.

III. Besteuerung im Quellenstaat

Der Ansässigkeitsstaat der die Dividenden auszahlenden Ges (Quellenstaat) darf den Dividendenempfänger in den Grenzen von Art 10 Abs 2 besteuern. Darin ist jedoch keine Verpflichtung für den Quellenstaat enthalten, eine entspr Besteuerung auch vorzunehmen. **54**

Die Besteuerung kann im Abzugswege oder im Veranlagungsverfahren erfolgen (s Art 10 Rn 93 ff). IdR wird die Steuer an der Quelle, dh bei der die Dividende auszahlenden Ges erhoben. Welches Verfahren der jeweilige Vertragsstaat anwendet und wie dieses ausgestaltet ist, regelt das Abk nicht.[81] Es wird abkommensrechtlich für zulässig erachtet, wenn der Quellenstaat zunächst seine nach innerstaatlichem Recht festgelegte volle Steuer erhebt und diese dann im Wege eines Erstattungsverfahrens auf die nach dem Abk zulässige Höhe reduziert.[82] Nach innerstaatlichem Recht setzt die vollständige Erhebung mit anschließender Erstattung nach Auffassung des BFH jedoch voraus, dass die Erstattung und das Verfahren abkommensrechtlich oder sonst nach innerstaatlichem Recht geregelt sind.[83] Andernfalls ist eine vollständige Erhebung unzulässig und die Reduktion des maximalen Quellensteuersatzes auf den im Abk festgelegten Prozentsatz bereits v Anfang an zu berücksichtigen. Eine solche Rechtsgrundlage liegt nunmehr in § 50d Abs 1 EStG vor. Es ist umstritten, ob eine zweistufige Erhebung, dh Erhebung nach nationalem Recht und anschließende Erstattung auch bei einer unmittelbaren Inanspruchnahme des Gesellschafters im Falle einer vGA zu erfolgen hat. Die wohl hA geht von einer zweistufigen Erhebung aus.[84] **55**

Nach dt innerstaatlichen Recht ist der Quellensteuerabzug grds nach § 50d Abs 1 EStG ungeachtet des Abk anzuwenden, dh der volle Kapitalertragsteuereinbehalt vorzunehmen. Eine Ausnahme gilt insofern, als § 50d Abs 2 EStG für den Fall, dass eine sog Freistellungsbescheinigung des Bundeszentralamts für Steuern vorliegt, die einen geringeren Kapitalertragsteuereinbehalt zulässt oder diesen uU vollständig ausschließt. Dieses Verfahren wird vom BFH grds unabhängig davon für rechtmäßig gehalten, ob das jeweilige Abk ein Erstattungsverfahren vorsieht oder nicht.[85] **56**

IV. Begrenzung der Quellenbesteuerung

1. Allgemeines. Die abkommensrechtliche Begrenzung des Besteuerungsrechts differenziert im Hinblick auf die prozentuale Höhe der gestatteten Besteuerung zwischen Schachteldividenden und allen anderen Dividenden. Nach dem MA liegt eine Schachtelbeteiligung vor, wenn der Nutzungsberechtigte eine Ges (keine PersGes) ist, die unmittelbar über mindestens 25 % des Kapitals der die Dividende auszahlenden Ges verfügt. Nach der deutschen Verhandlungsgrundlage für Doppelbesteuerungsabkommen liegt eine Schachtelbeteiligung bereits ab einer Beteiligungshöhe von mindestens 10 % vor. Die Beteiligungshöhe entspricht der MTR sowie der körperschaftsteuerlichen Regelung in § 8b Abs 4 KStG und erscheint daher für Deutschland konsistent zu sein. **57**

---

81 *G/K/G* Art 10 MA Rn 62/2.
82 Art 10 Nr 19 MK.
83 *BFH* BStBl II 1987, 171.
84 *Kamps/Gomes* AG 2014, 620 mwN.
85 *BFH* BStBl II 2005, 129, dies dürfte der Auffassung des MK entspr, Art 10 Nr 19 MK.

58 Handelt es sich um eine **Schachteldividende**, so beträgt der Höchstbetrag der Quellensteuer nach dem MA 5 % der Bruttodividende. Die Reduktion des Steuersatzes für Schachteldividenden (Schachtelprivileg) wird mit der Förderung v Auslandsinvestitionen begründet, die durch eine Reduktion der Steuerbelastung für die Gewinnpatriierungen an die ausl MutterGes erreicht werden soll.[86] Ob eine Mehrfachbelastung der Gewinne der ausschüttenden TochterGes tatsächlich vermieden wird, hängt letztlich v der Vermeidung einer Dbest durch Art 23A/B ab. IdR werden Schachteldividenden v der Besteuerung im Ansässigkeitsstaat des Dividendenempfängers (Nutzungsberechtigten) freigestellt. Nach der deutschen Verhandlungsgrundlage für Doppelbesteuerungsabkommen ist ebenfalls eine Begrenzung auf 5% der Bruttodividende vorgesehen, wobei in Abhängigkeit von den jeweiligen Verhältnissen auch eine Begrenzung auf 0 %, dh eine Freistellung in Betracht kommt.

59 Die maximale Besteuerung durch den Quellenstaat ist bei **anderen Dividenden (Streubesitzdividenden)** auf einen Prozentsatz v 15 % begrenzt, was vor dem Hintergrund, dass der Quellenstaat bereits die Gewinne der die Dividenden auszahlenden Ges besteuert hat, als eine gerade noch vertretbare Besteuerung angesehen wird.[87]

60 In der Abkommenspraxis sind häufig abw Höchststeuersätze anzutreffen. Dies ist teilw durch die jeweilige Besteuerungssituation in den betr Vertragsstaaten[88] oder die Verflechtung der betr Volkswirtschaften begründet. Zu den v Deutschland mit den Staaten der EU/EWR sowie China, Japan, Schweiz und den USA vereinbarten Höchstsätzen s Art 10 Rn 194 ff.

61 Investitionen durch ausländische staatliche Investmentgesellschaften haben in den letzten Jahren stark an Bedeutung gewonnen. Die OECD hat dies zum Anlass genommen, die Anwendung v DBA auf staatlich gehaltene Rechtsgebilde zB Sovereign Wealth Funds zu diskutieren.[89] Insoweit ist zwischenzeitlich ein Formulierungsvorschlag für eine Freistellung v Quellensteuern in den MK aufgenommen worden, den Vertragsstaaten künftig in ihre DBA aufnehmen können, um entspr Direktinvestitionen v Quellensteuern auf Dividenden freizustellen.[90] Sofern keine besonderen Regelungen im betreffenden DBA enthalten sind, finden die allg Regelungen Anwendung. Insoweit kann es insb im Hinblick auf die Ansässigkeit des staatlichen Anteilseigners Schwierigkeiten geben, sofern dieser v der Besteuerung freigestellt ist. Die dt Verhandlungsgrundlage für Doppelbesteuerungsabkommen geht einen anderen Weg, als diese die Anwendung eines Quellensteuersatzes von 15% für börsennotierte Immobilien-Aktiengesellschaften, dt Investmentvermögen und vergleichbaren Gebilden vorsieht.

62 **2. Bemessungsgrundlage für die Begrenzung.** Die Begrenzung erfolgt auf einen Prozentsatz des Bruttobetrages der Dividende. Der Begr **„Bruttobetrag der Dividende"** stellt klar, dass es sich um den Betrag der Bruttodividende, dh vor einem Abzug der

---

86 Art 10 Nr 10 MK.

87 Art 10 Nr 9 MK.

88 *G/K/G* Art 10 MA Rn 62/1.

89 Centre for Tax Policy and Administration, Discussion draft on the application of tax treaties to state-owned entities, including sovereign wealth funds 25 November 2009 to 31 January 2010.

90 Tz 13.2 f MK zu Art 10.

Quellensteuer, handelt.[91] Bei der betragsmäßigen Begrenzung des Besteuerungsrechts des Quellenstaates, beeinflusst die Quellensteuer demnach grds nicht ihre Bemessungsgrundlage. Etwas anderes gilt zumindest nach innerstaatlichem dt Recht gem § 43a EStG dann, wenn die Quellensteuer durch die ausschüttende Ges übernommen wird. Gleichfalls werden andere Aufwendungen, die im Zusammenhang mit den Einnahmen aus Dividenden stehen, nicht bei der Ermittlung der Bemessungsgrundlage berücksichtigt.[92]

3. Gegenstand der Begrenzung („Steuer"). Begrenzt wird die zu erhebende „Steuer". Dies kann je nach innerstaatlichem Recht eine oder eine Mehrzahl verschiedener Steuern sein, die teilw auch durch unterschiedliche Gebietskörperschaften eines Vertragsstaates erhoben werden können.[93] Die Begrenzung gilt jedoch entspr des Anwendungsbereichs des betr Abk grds für sämtliche v Einkommen erhobenen Steuern. In Deutschland ist dies neben der Kapitalertragsteuer, der Solidaritätszuschlag nach § 3 Abs 1 Nr 5 SolZG. Das SolZG enthält in § 5 SolZG eine Regelung dazu, in welchem Verhältnis die innerstaatlichen erhobenen Steuern iF der Begrenzung durch ein DBA reduziert werden. Danach ist zunächst der Solidaritätszuschlag zu mindern. Aufgrund der bisherigen Kapitalertragsteuer nach § 43a Abs 1 Nr 1 EStG von 20 % und seit dem 1.1.2009 von 25 % (für beschränkt steuerpflichtige Körperschaften iSv § 2 Nr 1 KStG gem § 44a Abs 9 EStG nF auf Antrag reduziert auf 15 %),[94] wird der Solidaritätszuschlag iF der Anwendung eines DBA idR vollständig zugunsten der Kapitalertragsteuer reduziert und daher nicht erhoben. 63

4. Nutzungsberechtigter. Die Beschränkung nach Art 10 Abs 2 kann v der im anderen Vertragsstaat ansässigen Person geltend gemacht werden, die die Dividende empfängt und Nutzungsberechtigter ist. Der Begriff des Nutzungsberechtigten ist ein abkommensrechtlicher Begr, der nachträglich in das MA eingefügt wurde, um einen Abkommensmissbrauch zu verhindern. Für ältere Abk, die keine ausdrückliche Einschränkung auf den Nutzungsberechtigten enthalten, sollte sich im Erg durch einen Rückgriff auf die allg Grundsätze zum Missbrauch von Abk („***Treaty Shopping***") nichts anderes ergeben.[95] Die Beschränkung der Höhe der durch den Quellenstaat erfolgenden Besteuerung soll nicht allein deswegen eingreifen, weil die Zahlung der Dividende an eine im anderen Vertragsstaat ansässige Person erfolgt. Nach dem MK soll der Begr nicht technisch verstanden werden, sondern vielmehr vor dem Hintergrund seines Zwecks ausgelegt werden.[96] Somit soll der Empfang durch eine Mittelsperson, die als im anderen Vertragsstaat ansässige Person die Einnahmen in seiner Eigenschaft als Vertreter oder Beauftragten empfängt und dann an seinen Auftraggeber weiterleitet, nicht als Nutzungsberechtigter iSv Art 10 Abs 2 behandelt werden.[97] Entspr soll bei ähnlichen Konstellationen gelten, zB bei Ges, die letztlich lediglich eine Art „Durchlaufstation" zum eigentlich Berechtigten darstellen. Entscheidend ist demnach, wel- 64

91 *BFH* DStR 1996, 1162.
92 *S/K/K* Art 10 MA Rn 28.
93 *Debatin/Wassermeyer* Art 10 MA Rn 65.
94 Die Reduzierung ist jedoch iF der Anwendung eines DBA ohne Bedeutung, § 44a Abs 9 EStG nF.
95 *Vogel/Lehner* Art 10 MA Rn 43; Art 1 MA Rn 88 ff.
96 Art 10 Nr 12 MK.
97 Art 10 Nr 12.1 MK.

cher Person die Dividende wirtschaftlich zusteht.[98] Der Begr d Nutzungsberechtigten soll darüber hinaus auch keine Begrenzung von nationalen Missbrauchsvermeidungsvorschriften begründen.[99] Der Begriff des Nutzungsberechtigten bzw der damit bezwecke Schutz v einem Abkommensmissbrauch sind als Teil des sog BEPS-Projekts der OECD[100]. Als Teil des BEPS-Maßnahmenpakets[101] sieht Aktionspunkt 6[102] – Verhinderung von Abkommensmissbrauch – vor, dass ein Mindeststandard gegen Abkommensmissbrauch etabliert wird. Dieser setzt sich aus drei Bestandteilen zusammen: (1) Klarstellung der Zielrichtung von DBA, keine Doppelbesteuerung, aber auch keine doppelte Nichtbesteuerung; (2) spezielle Missbrauchsvermeidungsvorschriften, dh Abkommensberechtigung nur bei Erfüllung bestimmter Voraussetzungen („Entitlement on Benefits"), vergleichbar mit Limitation on Benefits Regelungen, wie sie in US-amerikanischen Abk zu finden sind und (3) ein sog Principle Purpose Test, wonach Abkommensvorteile nicht in Anspruch genommen werden können, wenn diese den Hauptzweck einer Gestaltung darstellen. Es wird insoweit zu Anpassungen der jeweiligen Abk kommen. Evtl wird die Kommentierung im MK ergänzt, um auch für bestehende Abk eine Konkretisierung des Begriffsverständnisses zu erreichen. Ob eine solche Ergänzung Auswirkungen auf die Auslegung bestehender Abk haben kann, ist zweifelhaft und abzulehnen, wenn dadurch der ursprüngliche Begriff bzw sein Verständnis geändert wird.[103].

65 Wer Nutzungsberechtigter ist, ist grds aus Sicht des Anwenderstaates zu entscheiden,[104] sofern keine Sonderregelungen enthalten sind, wie bspw im DBA Schweden. Dort heißt es in Art 43 Abs 3 DBA Schweden:

66 ISd Art 10–12 gilt eine in einem Vertragsstaat ansässige Person als Nutzungsberechtigter von Dividenden, Zinsen und Lizenzgebühren, wenn sie nach der Gesetzgebung dieses Staates dieser Person steuerlich zuzurechnen sind. Diese Person ist jedoch nicht Nutzungsberechtigter, wenn nach dem Recht des anderen Staates diese Einkünfte steuerlich anderen Personen zuzurechnen sind, denen die Nutzung für diese Einkünfte zusteht und die nicht in dem erstgenannten Staat ansässig sind."

67 Auch die Protokolle zum DBA Italien und DBA Norwegen enthalten eine Definition des Nutzungsberechtigten.[105] Danach ist Nutzungsberechtigter, wem das diesen Zahlungen zugrundeliegende Recht zusteht und die Einkünfte hieraus nach dem Steuerrecht beider Staaten zuzurechnen sind.

68 Eine allg Bindung des Ansässigkeitsstaates an die Beurteilung des Quellenstaates kann es nur geben, sofern eine entspr Bindung im Abk enthalten ist, zB Art 10 Abs 3 in der dritten Gruppe der Dividendendefinition (s Art 10 Rn 153).[106]

---

98 *Kinzl* IStR 2007, 561; *Debatin/Wassermeyer* Art 10 MA Rn 62; *S/K/K* Art 10 MA Rn 44.
99 Art 10 Nr 12.5 MK.
100 OECD/G20 Base Erosion and Profit Shifting Project.
101 *Roth* Ubg 2015, 705.
102 *Wichmann/Schmidt-Heß* IStR 2014, 883; *Benz/Böhmer* DB 2015, 2535.
103 S Art 3 Rn 60.
104 *BFH* BStBl II 2009, 234; *BFH* BStBl II 2014, 367.
105 Protokoll DBA Italien Nr 9; Protokoll DBA Norwegen Nr 4.
106 *Debatin/Wassermeyer* Art 10 MA Rn 62a; wohl **aA** *G/K/G* Vor Art 10-12 MA Rn 13/3.

Neben der abkommensrechtlichen Vermeidung v missbräuchlichen Gestaltungen finden sich im jeweiligen nationalen Recht teilw entspr Regelungen, die zB iF von Deutschland über die Regelungen im Abk hinausgehen. § 50d Abs 3 EStG soll insoweit die Zwischenschaltung von funktionslosen Ges zur Erlangung von Abkommensschutz oder ähnlicher Regelungen verhindern.[107] Einem solchen Missbrauch widmet sich Aktionspunkt 6 des BEPS-Projekts.[108] **69**

5. Schachteldividenden. Eine bes weitgehende Begrenzung der abkommensrechtlich zulässigen Quellenbesteuerung findet bei sog Schachteldividenden Anwendung. Nach Art 10 Abs 2 S 1 Buchstabe a setzt dies voraus, dass der Nutzungsberechtigte (s Art 10 Rn 64) eine Ges (jedoch keine PersGes) ist (dazu Art 10 Rn 71), die unmittelbar (dazu Art 10 Rn 80) über mindestens 25 % des Kapitals der die Dividenden zahlenden Ges verfügt. **70**

a) Gesellschaft. Der Nutzungsberechtigte muss eine Ges iSv Art 3 Abs 1 Buchstabe b sein (s Art 3 Rn 12, 15 ff). Der Abkommenstext grenzt die Ges durch den Klammerzusatz ausdrücklich von der PersGes ab. Der MK legt es den Vertragsstaaten nahe, in Fällen, in denen PersGes nach dem innerstaatlichen Recht als juristische Personen behandelt werden, die zwischen ihnen vereinbarten Abkommensregelungen insoweit anzupassen und solche PersGes in den Anwendungsbereich als MutterGes aufzunehmen.[109] Dieses Problem stellt sich mE nicht, wenn man den Klammereinschub weniger zivilrechtlich interpretiert und vielmehr auf die aus steuerlicher Sicht bestehende Besonderheit der PersGes, die ihr charakteristische steuerliche Transparenz, abstellt.[110] Nur so lässt sich die Abgrenzung und Bildung eines Gegensatzpaars v KapGes und PersGes abkommensrechtlich verstehen. **71**

Es muss sich daher um eine juristische Person handeln oder einen Rechtsträger, der aus Sicht des Anwenderstaates iRd Besteuerung wie eine juristische Person zu behandeln wäre.[111] Maßgeblich ist insoweit die Beurteilung durch den Anwenderstaat, dies ist idR der Quellenstaat. Soweit Deutschland Anwenderstaat ist, hat ein Rechtstypenvergleich stattzufinden (s Art 3 Rn 19). Die Klassifikation durch den anderen Vertragsstaat ist aus Sicht des Quellenstaates zunächst für die Frage, ob es sich um eine Ges handelt, irrelevant.[112] Eine Klassifikationsverkettung ist mE abzulehnen. Bedeutung bekommt die Klassifikation des anderen Vertragsstaates für die Frage der Ansässigkeit. **72**

Klassifikationskonflikte im Hinblick auf die Einordnung der die Dividende empfangenden Ges, dh eine unterschiedliche Klassifikation als KapGes oder PersGes durch den Quellenstaat und den Ansässigkeitsstaat stellen im Erg kein bes Problem dar. Wie bereits ausgeführt, kommt es für die Einordnung insoweit allein auf die Klassifikation **73**

---

107 Dazu statt vieler *Altrichter-Herzberg* GmbHR 2007; 579, zu § 50d Abs 1a aF *BFH* GmbHR 2008, 612.

108 S Rn 64,

109 Art 10 Nr 11 MK.

110 *Vogel/Lehner* Art 10 MA Rn 54 scheint von einer zivilrechtlichen Interpretation auszugehen und plädiert iE für eine teleologische Auslegung unter Berücksichtigung der steuerlichen Behandlung durch den Sitzstaat. Ein entspr Umweg ist bei einer zunächst abkommensautonomen Auslegung nicht erforderlich.

111 *Debatin/Wassermeyer* Art 10 MA Rn 71.

112 *FG Köln* EFG 2015, 1377 (Rev *BFH* I R 42/15); *BFH* BStBl II 2009, 234.

durch den Anwenderstaat an.[113] Handelt es sich daher nach der Beurteilung durch den Ansässigkeitsstaat um eine PersGes, jedoch nach der Beurteilung des Anwender- und Quellenstaates um eine KapGes, so kann diese bei Erfüllung der übrigen Voraussetzungen die Begünstigung für Schachteldividenden iRv Art 10 Abs 2 in Anspruch nehmen.

74 Gesellschaftsformen, die Merkmale von KapGes und PersGes aufweisen können bei der Abkommensanwendung eine besondere Herausforderung darstellen. Hinsichtlich der deutschen KGaA ist in Lit, Rspr und Verwaltung umstritten, welche steuerliche Rechtsqualität diese Gesellschaftsform besitzt. Der BFH hat auf Basis einer abkommensspezifischen Auslegung des DBA Frankreich die KGaA im Hinblick auf einen Dividendenbezug von Tochterkapitalgesellschaften vollumfänglich als KapGes behandelt und damit das Schachtelprivileg ausdrücklich unabhängig von der näheren Struktur und Rechtsnatur der Gesellschafter gewährt.[114]Ein neu eingeführter § 50d Abs 11 EStG soll die vom BFH vorgenommene Auslegung mit Wirkung ab dem 1.1.2012 verhindern, soweit die Einkünfte nach nationalem Recht einer nicht schachtelbegünstigten Person zurechnet werden.[115] Der Vollständigkeit halber sei erwähnt, dass der BFH die KGaA im Verhältnis zum persönlich haftenden Gesellschafter im Rahmen der Anwendung des DBA Schweiz als PersGes behandelt hat.[116]

75 Die Klassifikation durch den anderen Vertragsstaat ist jedoch insoweit bedeutsam, als der nutzungsberechtigte Dividendenempfänger iF v Art 10 Abs 2 S 1 Buchstabe a nicht nur als eine Ges (dh keine PersGes) zu klassifizieren sein muss, sondern auch nach Art 10 Abs 1 die Voraussetzungen für eine Ansässigkeit nach Art 4 Abs 1 und 3 im anderen Vertragsstaat zu erfüllen hat. Dies setzt voraus, dass die Ges nach dem Recht des anderen Vertragsstaates dort auf Grund des Ortes ihrer Geschäftsleitung oder eines anderen ähnlichen Merkmals steuerpflichtig ist. Handelt es sich aus abkommensrechtlicher Sicht des anderen Vertragsstaates um eine PersGes, so werden die Voraussetzungen für die Ansässigkeit aufgrund der steuerlichen Transparenz der PersGes grds nicht erfüllt werden können. Etwas anderes kann sich nur in den Fällen ergeben, in denen der andere Vertragsstaat ein rechtsformunabhängiges Wahlrecht zur Besteuerung als KapGes kennt. Ein solches Wahlrecht erfüllt die Voraussetzungen für ein „ähnliches Merkmal" iSv Art 4 Abs 1. Darüber hinaus hat es der BFH zumindest für das DBA USA 1989 im Zusammenhang mit einer S Corporation genügen lassen, dass die Gesellschafter der S Corporation in den USA ansässig waren. Begründet wurde dies jedoch auf Basis einer Auslegung des DBA USA 1989, wonach die Abkommensberechtigung auch auf PersGes zu erstrecken sei, soweit die Gesellschafter im betreffenden Vertragsstaat ansässig sind.[117] Eine Ansässigkeit einer nach nationalem US Steuerrecht als transparent behandelten S Corporation ist auch unter Anwendung des DBA USA aufgrund der in Art 1 Abs 7 enthaltenen Fiktion für solche Einkünfte gegeben, die bei Ihren Gesellschaftern in den USA steuerpflichtig sind.[118] Die Fiktion erstreckt sich insoweit auch auf die Frage der Nutzungsberechti-

113 *BFH* IStR 2014, 65.

114 *BFH* IStR 2014, 65; *BFH* IStR 2010, 661, Vorentscheidung *Hessisches FG* IStR 2009, 658; *Kramer* IStR 2010, 57 und 63; *Hageböke* IStR 2010, 59.

115 BGBl I 2012, 1030; vgl zum Gesetzesentwurf IStR-LB 2012, 3.

116 *BFH* BStBl II 1991, 211.

117 *BFH* BStBl II 2009, 234.

118 *BFH* BStBl II 2014, 367.

gung, dh die S Corporation ist für die Anwendung des DBA USA durch Deutschland als Quellenstaat auch als Nutzungsberechtigte anzusehen. Nutzungsberechtigte sind im Falle einer Anwendung von Art 1 Abs 7 auf eine aus US Sicht transparente S Corporation nicht deren Gesellschafter. Erfüllt die S Corporation aus dt Sicht den Typenvergleich, so kann die S Corporation nach der Rechtsprechung des BFH bei entsprechender Beteiligung das Schachtelprivileg nach Art 10 Abs 2a DBA USA in Anspruch nehmen.[119]

Beispiel 1: Eine US-amerikanische LLC mit lediglich einem Gesellschafter hat durch Ausübung der sog „*check-the-box election*"[120] von ihrem Wahlrecht zur Besteuerung als KapGes Gebrauch gemacht. Aus dt Sicht erfüllt die Ges nach dem Rechtstypenvergleich die Voraussetzungen einer KapGes. Sie ist zu 30 % an einer in Deutschland ansässigen AG beteiligt. Die Voraussetzungen für eine Schachteldividende nach Art 10 Abs 2 S 1 lit a wären erfüllt.[121] **76**

Beispiel 2: Die nach dt innerstaatlichen Recht gegründete OHG ist an einer US-amerikanischen nach dem Recht v Delaware gegründeten Inc mit 25 % beteiligt. Die OHG unterhält eine Betriebstätte in den USA, jedoch gehört die Beteiligung abkommensrechtlich nicht zu der US Betriebstätte. Gesellschafter sind zwei in Deutschland ansässige natürliche Personen. Für die OHG wurde die „*check-the-box election*" ausgeübt, dh sie ist aus Sicht der USA als Ges iSv Art 3 Abs 1 Buchstabe b zu klassifizieren. Zwar ist die OHG aus Sicht des Quellenstaates, den USA eine Ges iSv Art 3 Abs 1 lit b, jedoch ist die OHG aufgrund ihrer steuerlichen Transparenz für Zwecke der dt inländischen Besteuerung nicht iSv Art 4 Abs 1 und 3 in Deutschland ansässig.[122] Dividenden der Inc an die OHG sind folglich nicht nach Art 10 Abs 2 S 1 Buchstabe a als Schachteldividenden begünstigt. **77**

Auch eine dt KapGes, die aufgrund der Erfüllung der Voraussetzungen der §§ 14 ff KStG **OrganGes** ist, kann iSv Art 4 Abs 1 und 3 in Deutschland ansässig sein. Eine OrganGes bleibt weiterhin Körperschaftsteuersubjekt. Dies zeigt sich insb auch idR von § 16 KStG, wonach die OrganGes sog Ausgleichszahlungen an Minderheitsgesellschafter selbst zu versteuern hat. Folglich können v einer OrganGes empfangene Dividenden Schachteldividenden iSv Art 10 Abs 2 S 1 Buchstabe a darstellen und insoweit hinsichtlich der Quellenbesteuerung begünstigt sein.[123] **78**

Dies gilt seit der Änderung von § 15 Nr 2 KStG durch das Steuervergünstigungsabbaugesetz v 16.5.2003 (BGBl I 2003, 321) nicht mehr uneingeschränkt, sondern in Abhängigkeit von der **Rechtsform** oder Rechtsnatur **des Organträgers**.[124] Nach der Rspr des BFH ergibt sich dieses Erg nicht bereits unter § 15 Nr 2 KStG idF des Unternehmenssteuerfortentwicklungsgesetzes aufgrund einer entspr Gesetzesauslegung.[125] **79**

---

119 *Krauß* IStR 2014, 165.

120 US Federal Tax Regulation §§ 301.7701-1 ff.

121 Die Voraussetzungen nach Art 10 Abs 2a DBA USA wären ebenfalls erfüllt. Insoweit hätte bereits eine Beteiligung von mindestens 10 % ausgereicht, um den Quellensteuersatz auf 5 % zu reduzieren. Darüber hinaus sind jedoch die Voraussetzungen nach Art 28 DBA USA (Schranken für die Abkommensvergünstigungen) zu erfüllen, um Abkommensschutz in Anspruch nehmen zu können.

122 Für den umgekehrten Fall, dh die Ansässigkeit der ausschüttenden Ges, s *Debatin/Wassermeyer* Art 10 MA Rn 30.

123 *Debatin/Wassermeyer* Art 3 MA Rn 18c, Art 10 Rn 81; *G/K/G* Art 10 MA Rn 89.

124 *Lüdicke* IStR 2003, 433.

125 *BFH* IStR 2009, 424 (**aA** Vorinstanz *FG Nürnberg* DStRE 2008, 1267); *Prinz zu Hohenlohe/Gründig* DB 2002, 1073.

Eine solche extensive, allein am mutmaßlichen Willen des Gesetzgebers orientierte Auslegung wäre verfassungsrechtlich nicht mit Art 20 Abs 3 GG vereinbar, da sich im Bereich der Eingriffsverwaltung (hier der Besteuerung) entspr Tatbestandsvoraussetzungen dem Gesetz entnehmen lassen können müssen. Ist der Organträger in der Form einer PersGes organisiert oder eine natürliche Person, so ist das Schachtelprivileg aufgrund der Regelung des § 15 S 1 Nr 2, § 15 S 2 KStG nicht anwendbar.[126] Soweit an einer PersGes, die Organträger ist, KapGes beteiligt sind, können diese lediglich über § 8b KStG eine Freistellung v 95 % der Dividenden für Zwecke der Körperschaftsteuer erreichen.[127] Für Zwecke der Gewerbesteuer, sind zusätzlich die Voraussetzungen von § 9 Nr 7 GewStG zu erfüllen, was zu einer vollständigen Kürzung der Dividenden führen kann.[128]

80 **b) Unmittelbar.** Eine Schachteldividende setzt voraus, dass die MutterGes als Nutzungsberechtigte unmittelbar an der ausschüttenden Ges beteiligt ist. Das Unmittelbarkeitskriterium wird im MA nicht näher definiert und auch im MK nicht näher erläutert. Mangels abkommensrechtlicher Definition ist gem Art 3 Abs 2 (s Art 3 Rn 53 ff) grds auf das Recht des Anwenderstaates abzustellen.[129] Ist Deutschland Anwenderstaat, so sind die Grundsätze von § 20 Abs 5 EStG und § 39 AO anzuwenden.[130] Aus § 8b Abs 6 KStG kann mE nicht geschlossen werden, dass eine mittelbare Beteiligung einer in Deutschland ansässigen KapGes durch eine dt PersGes an einer ausl Ges eine unmittelbare Beteiligung iSv Art 10 Abs 2 S 1 Buchstabe a darstellt.[131] Wenn dies der Fall wäre, so bedürfte es der Regelung von § 8b Abs 6 KStG nicht. Gewerbliche PersGes sind nach dt innerstaatlichem Recht steuerlich nicht vollständig transparent.

81 Mittelbare Beteiligungen können, sofern sie nicht über v Anwenderstaat unberücksichtigt zu lassende PersGes bestehen, nicht neben einer bestehenden unmittelbaren Beteiligung berücksichtigt werden, um die Mindestbeteiligungshöhe für Schachteldividenden zu erreichen.[132]

82 **c) Mindestens 25 % des Kapitals.** V der im MA vorgesehenen Mindestbeteiligungsquote v 25 % können die Vertragsstaaten bei der Vereinbarung eines Abk abweichen. Dies ist insb gerechtfertigt, wenn das innerstaatliche Recht bereits bei einer geringeren Beteiligungsquote auf eine Besteuerung der Dividenden verzichtet.[133] Deutschland hat in einzelnen Abk entspr vom MA abw Beteiligungsquoten vereinbart (s Art 10 Rn 194 ff). Die deutsche Verhandlungsgrundlage für Doppelbesteuerungsabkommen sieht eine Mindestbeteiligungsquote v 10 % für das Vorliegen einer Schachtelbeteiligung vor. Dies entspricht der der erforderlichen Mindestbeteiligung nach der MTR sowie den Anforderungen nach § 8b Abs 4 KStG in der ab dem 1.3.2013 anzuwendenden Fassung. § 8b Abs 4 KStG ist als Reaktion auf die EuGH Entscheidung in der Rechtsache C-284/09[134] eingeführt worden.

---

126 *Rödder/Liekenbrock* in Rödder/Herlinghaus/Neumann § 15 KStG Rn 86.
127 *Kollruss* BB 2007, 78.
128 *Rödder/Liekenbrock* in Rödder/Herlinghaus/Neumann § 15 KStG Rn 99
129 *G/K/G* Art 10 MA Rn 102; *Vogel/Lehner* Art 10 MA Rn 55.
130 *Debatin/Wassermeyer* Art 10 MA Rn 91.
131 AA *G/K/G* Art 10 MA Rn 104; *S/K/K* Art 10 Rn 42.
132 *G/K/G* Art 10 MA Rn 103; *Debatin/Wassermeyer* Art 10 MA Rn 92.
133 Art 10 Nr 14 MK.
134 *EuGH* DStR 2011, 2038.

Die Mindestbeteiligung muss am **Kapital der ausschüttenden Ges** bestehen. Dies ist vor dem Hintergrund des Rechts des Quellenstaates zu beurteilen. Mit dem Begr Kapital wird auf das gesellschaftsrechtlich als Nominalkapital bezeichnete Kapital der Ges Bezug genommen.[135] Folglich sind andere Elemente des Eigenkapitals einer Ges (zB Gewinn- oder Kapitalrücklagen) unberücksichtigt zu lassen. Soweit das betr Abk nicht ausdrücklich auf die stimmberechtigten Anteile an der ausschüttenden Ges abstellt, bleiben diesbezügliche Unterschiede (Stammaktien, Vorzugsaktien, Mehrfachstimmrechte, etc) außer Betracht. 83

Teilw wird die Auffassung vertreten, dass der **Erwerb eigener Anteile** nicht zu einer Veränderung der Beteiligungsquote führen kann, dh dieser insoweit unberücksichtigt zu lassen ist.[136] Dies wird mit dem Wortlaut von Art 10 Nr 15b MK begründet, wonach bzgl des gesellschaftsrechtlichen Kapitals auf die Summe des Nennwerts der Anteile abzustellen sei. Mit dem Erwerb eigener Anteile reduziert sich die Summe der Nennwerte jedoch nicht. Der wirtschaftliche Gehalt und das Erg eines Erwerbs eigener Anteile dürfen insoweit jedoch nicht unberücksichtigt bleiben. Mit dem Erwerb eigener Anteile wird wirtschaftlich betrachtet Eigenkapital der Ges an die entspr veräußernden Gesellschafter ausgekehrt. Dies kann zu einer Verschiebung von Beteiligungsquoten führen, sofern kein einheitlicher Erwerb eigner Anteile v sämtlichen Anteilseignern entspr ihrer Beteiligungsquoten erfolgt. Folglich ist das Verhältnis der Summe der Nennwerte der v Gesellschaftern gehaltenen Anteile maßgeblich, dh Nennwerte der eigenen Anteile sind zu kürzen.[137] 84

Darüber hinaus sollen **Gesellschafterdarlehen**, die nach innerstaatlichem Recht nach Art 10 zu Dividenden und nicht Zinsen iSv Art 11 führen, ebenfalls als Beteiligung am Kapital der Ges angesehen werden.[138] Insoweit ist nach dem Gesellschafts- und Steuerrecht des Quellenstaates zu beurteilen, ob es tatsächlich zu einer Umqualifizierung des zunächst gewährten Fremdkapitals in Eigenkapital kommt, oder lediglich die Zinszahlungen für steuerliche Zwecke als Dividenden (vGA) behandelt werden.[139] Auch nach den bis zur Unternehmensteuerreform 2008 geltenden Regeln zur Gesellschafterfremdfinanzierung iSv § 8a KStG aF fand keine Umqualifizierung des Fremd- in Eigenkapital statt. Lediglich die Zinsen wurden steuerlich in vGA umqualifiziert. 85

Die Mindestbeteiligungsquote der MutterGes muss im **Zeitpunkt** des Entstehens der Quellensteuer iSv Art 10 Abs 2 bestehen (s Art 10 Rn 92). Welcher Zeitpunkt dies ist, muss nach dem Recht des Quellenstaates entschieden werden. Werden die Voraussetzungen erst zu einem späteren Zeitpunkt erfüllt, ist dies für die Anwendung des Abk irrelevant. 86

Eine **Mindestbeteiligungsdauer** vergleichbar mit den Voraussetzungen nach der MTR bzw ihrer Umsetzung in § 44b EStG sieht das MA nicht vor. Einzelne Abk können 87

---

135 Art 10 Nr 15a MK; *G/K/G* Art 10 MA Rn 74; *Debatin/Wassermeyer* Art 10 MA Rn 84; *Vogel/Lehner* Art 10 MA Rn 57.

136 *Vogel/Lehner* Art 10 MA Rn 57 mit Verweis auf die formale Betrachtungsweise des MK.

137 *G/K/G* Art 10 MA Rn 75; *Debatin/Wassermeyer* Art 10 MA Rn 90; *S/K/K* Art 10 MA Rn 36.

138 Art 10 Nr 15d) MK; *Vogel/Lehner* Art 10 MA Rn 58.

139 IE wohl zust *Debatin/Wassermeyer* Art 10 MA Rn 87.

jedoch entspr Mindestbeteiligungsdaueranforderungen beinhalten.[140] Grds können die Voraussetzungen für eine Schachteldividende durchaus kurzfristig vor einer Ausschüttung herbeigeführt werden. Eine solche Transaktion sollte jedoch nicht missbräuchlich allein die Herbeiführung der Voraussetzungen einer Schachtelbeteiligung im Auge haben. Insoweit können die Vertragsstaaten Formulierung zur Vermeidung von Missbrauch in die zu vereinbarenden Abk aufnehmen[141] bzw sind die jeweils nach innerstaatlichem Recht bestehenden Missbrauchsvorschriften grds zu beachten.

88 Der MK eröffnet den Vertragsstaaten die Möglichkeit **Pensionskassen oder ähnliche Einrichtungen** hinsichtlich ihrer Dividenden v einer Quellenbesteuerung unabhängig v der Beteiligungshöhe freizustellen.[142] Dem liegt der Gedanke zugrunde, dass neben der häufig bestehenden innerstaatlichen Steuerbefreiung für Pensionskassen oder ähnliche Einrichtungen eine Freistellung v einer Quellensteuer durch den anderen (ausl) Vertragsstaat eine größere Neutralität hinsichtlich des Anlageorts geschaffen wird.[143] Von dieser Möglichkeit macht Deutschland in Einzelnen Abk Gebrauch, s bspw Art 10 Abs 3b DBA USA.

89 **6. Streubesitzdividenden.** Liegen die Voraussetzungen für eine Schachteldividende (s Art 10 Rn 70 ff) nicht vor (Streubesitzdividenden) und sind die übrigen Voraussetzungen v Art 10 Abs 1 jedoch erfüllt, so beträgt der Höchststeuersatz für eine Quellenbesteuerung durch den Quellenstaat 15 %.

90 Dieser Prozentsatz gilt insb, wenn es sich bei dem im anderen Vertragsstaat ansässigen Nutzungsberechtigten um eine **natürliche Person** handelt. Entspr gilt, wenn der Nutzungsberechtigte zwar eine Ges iSv Art 3 Abs 1 lit b ist, es jedoch an einer qualifizierten Beteiligung[144] fehlt (s Art 10 Rn 82 ff).

91 Handelt es sich bei dem Anteilseigner aus Sicht des Quellenstaates um eine **PersGes**, so ist darüber hinaus zu prüfen, ob die PersGes aus dessen Sicht eine abkommensrechtliche Person oder eine Ges iSv Art 3 Abs 1 lit b darstellt (in diesem Fall wären die weiteren Voraussetzungen für das Vorliegen einer Schachtelbeteiligung zu prüfen, und, ob diese als Nutzungsberechtigte iSv Art 10 Abs 2 anzusehen ist. Erfüllt die PersGes nicht die Voraussetzungen einer abkommensrechtlichen Person (s Art 3 Rn 28 ff), so ist für die Anwendung v Art 10 Abs 2 auf die dahinter stehenden Anteilseigner abzustellen. Folglich kommt es für die Abkommensanwendung nicht auf den Sitzstaat und den Sitz der Geschäftsleitung der Ges an, dh diese können auch in einem Drittstaat liegen ohne die Anwendung von Art 10 Abs 2 zu beeinflussen. Je nach Rechtsform bzw Rechtsqualität der Gesellschafter kann es grds zu einer Reduktion der Quellensteuer nach Art 10 Abs 2 S 1 Buchstabe a oder b kommen. Handelt es sich um eine Ges iSv Art 3 Abs 1 lit b, so ist aus Sicht des Quellenstaates zu beurteilen, ob die Beteiligung über eine PersGes eine unmittelbare Beteiligung iSv Art 10 Abs 2 S 1 Buchstabe b (s Art 10 Rn 80 f) oder lediglich eine mittelbare Beteiligung darstellt.[145]

140 Vgl Art 10 Abs 3 DBA Japan; der Beteiligungszeitraum wird in dem am 17.12.2015 unterzeichneten, noch nicht in Kraft getretenen neuen Abk von 12 auf 18 Monate verlängert.

141 Art 10 Nr 17 MK.

142 Art 10 Nr 13.1 MK; *Vogel/Lehner* Art 10 MA Rn 60 mwN.

143 Art 18 Nr 69 MK.

144 Kapitalbeteiligung in der erforderlichen Höhe von mindestens 25 % nach dem MA oder Unmittelbarkeitserfordernis.

145 *Debatin/Wassermeyer* Art 10 MA Rn 78.

7. Zeitpunkt. Die Voraussetzungen nach Art 10 Abs 2 müssen in dem **Zeitpunkt** vorliegen, in dem die Besteuerung durch den Quellenstaat erfolgt.[146] Welcher Zeitpunkt dies ist, muss nach dem Recht des Quellenstaates entschieden werden.[147] Soweit Deutschland Quellenstaat ist, ist dieser Zeitpunkt nach § 44 Abs 1 S 2 EStG oder § 44 Abs 2–4 EStG zu bestimmen. 92

V. Durchführung der Begrenzungsbestimmung

Nach Art 10 Abs 2 S 2 regeln die zuständigen Behörden der Vertragsstaaten im gegenseitigen Einvernehmen, wie die Begrenzungsbestimmung des Art 10 Abs 2 S 1 durchzuführen ist. 93

Die durch Deutschland abgeschlossenen Abk sind insoweit uneinheitlich, dh enthalten lediglich teilw entspr Regelungen. Soweit keine ausdrücklichen Regelungen im Abk enthalten sind, ist die Beschränkung nach Maßgabe des innerstaatlichen Rechts des Quellenstaates durchzuführen.[148] Nach dt Verfassungsrecht genügt eine allein auf Verwaltungsebene getroffene Regelung nicht, da die Erstattung oder Freistellung Einfluss auf die mögliche Haftung der auszahlenden Ges als Haftungsschuldner iSv § 44 Abs 5 EStG hat.[149] Entspr Eingriffe bedürfen jedoch einer gesetzlichen Grundlage.[150] Eine solche gesetzliche Grundlage besteht in § 50d Abs 1 und 2 EStG. Diese Regelung wird vereinzelt als Treaty Override eingeordnet.[151] Angesichts der ausdrücklich im MA vorgesehenen Ausgestaltung überzeugt dies nicht vollständig. 94

Ist Deutschland Quellenstaat, so erfolgt die Erhebung im Wege des Quellensteuerabzugs (als Kapitalertragsteuer).[152] Die dt innerstaatlichen Verfahrensregelungen unterscheiden zwischen einem Erstattungs- und einem Freistellungsverfahren.[153] 95

Das in § 50d Abs 1 EStG geregelte **Erstattungsverfahren** eröffnet die Möglichkeit einer teilw oder vollständigen nachträglichen Erstattung der Kapitalertragsteuer. Zunächst hat jedoch – ungeachtet der abkommensrechtlichen Regelungen – die vollständige Einbehaltung, Abführung und Anmeldung der Kapitalertragsteuer zu erfolgen. Im Erstattungsverfahren werden die Voraussetzungen für eine Quellensteuererstattung und mögliche Einschränkungen durch innerstaatliches Recht (zB § 50d Abs 3 EStG) geprüft. Dies entspricht den Regelungen der dt Verhandlungsgrundlage für Doppelbesteuerungsabkommen.[154] 96

Der **Erstattungsantrag** ist innerhalb einer Ausschlussfrist zu stellen. Nach dt innerstaatlichem Recht beträgt die Frist gem § 50d Abs 1 S 7 EStG 4 Jahre[155] nach Ablauf des Kj, indem die Kapitalerträge oder Vergütungen bezogen worden sind. Wird die Ausschlussfrist versäumt und damit zunächst überhöht einbehaltene Quellensteuer 97

146 Art 10 Nr 16 MK.
147 *Debatin/Wassermeyer* Art 10 MA Rn 93; *S/K/K* Art 10 MA Rn 38.
148 Art 10 Nr 19 MK; *Debatin/Wassermeyer* Art 10 MA Rn 96.
149 *Debatin/Wassermeyer* Art 10 MA Rn 96.
150 *BFH* BStBl II 1987, 171.
151 *Gosch* IStR 2008, 413.
152 Nach *Bahns/Keuthen* IStR 2010, 750 enthält das DBA USA in Art 29 DBA USA eine zusätzliche Erstattungsmöglichkeit.
153 Vgl *BMF* BStBl I 1994, 201; BStBl I 1994, 203.
154 S Art 27 Abs 1 dt Verhandlungsgrundlage.
155 So auch Art 27 Abs 2 dt Verhandlungsgrundlage.

durch den Quellenstaat nicht erstattet, so scheidet idR auch eine Anrechnung des vollen Quellensteuerbetrages im Ansässigkeitsstaat des Dividendenempfängers (Nutzungsberechtigten) aus, da der Ansässigkeitsstaat eine Anrechnung nur in Höhe der abkommensrechtlich vereinbarten Quellensteuern zulassen wird.

98 Das in § 50d Abs 2 EStG geregelte **Freistellungsverfahren** ist vor der Entstehung der Kapitalertragsteuer, für die (Teil-)Freistellung begehrt wird, durch den im anderen Vertragsstaat ansässigen Anteilseigner (Nutzungsberechtigten) einzuleiten.

99 Neben dem Freistellungsverfahren kann in Fällen von geringerer steuerlicher Bedeutung auf Antrag durch das Bundeszentralamt für Steuern eine Ermächtigung zur Unterlassung des Steuerabzugs oder eine Reduzierung desselben erteilt werden (sog **Kontrollmeldeverfahren** iSv § 50d Abs 5, 6 EStG).[156]

100 Auf Ebene der OECD wird derzeit eine weitere Verbesserung der Anwendung der Quellensteuerbegrenzungen durch DBA diskutiert. Insoweit geht es um Fälle, in denen der Investor sein Investment über eine Mehrzahl v Mittelspersonen, insb Banken und andere Finanzinstitute hält. Insoweit geht es um einen Ausgleich des Kontroll- und Besteuerungsinteresse des Quellenstaates einerseits und das Bedürfnis der Verfahrenserleichterung und einem Vorrang einer (Teil-)Freistellungs- v einem (Teil-) Erstattungsverfahren.[157]

VI. Besteuerung der Dividenden zahlenden Ges

101 Art 10 Abs 2 S 3 stellt ausdrücklich klar, dass die Begrenzung der Besteuerung der Dividendenzahlung durch den Quellenstaat, die Besteuerung der Ges in Bezug auf die Gewinne, aus denen die Dividenden gezahlt werden, nicht berührt.

D. Absatz 3

I. Allgemeine Definition

102 **1. Auslegung.** Das Abk definiert den Begr der Dividende in Art 10 Abs 3 für die Anwendung von Art 10.[158] Aus dem Ort der Definition (in Art 10 und nicht in Art 3) sowie dem Grundsatz, dass die einzelnen Art im Abk individuell und separat auszulegen sind, folgt, dass die Definition nicht ungeprüft auf andere Zusammenhänge im Abk übertragen werden kann. IÜ bezieht sich die Definition auch ausdrücklich auf den in diesem Art verwendeten Ausdruck. Insoweit wird die Begriffsbestimmung in ihrem Anwendungsbereich zumindest ihrem Wortlaut nach beschränkt. Letztlich hat die Definition jedoch über den Verweis aus Art 23 auf Art 10 ebenfalls Bedeutung für den Ansässigkeitsstaat und nicht nur für den Quellenstaat.[159]

103 Darüber hinaus ist zu beachten, dass die Definition nicht abschließend ist, da der Ausdruck Dividende v den Mitgliedsstaaten der OECD unterschiedlich verwendet wird.[160] Der Wortlaut bringt zum Ausdruck, dass die Definition lediglich beispielhaft und

156 Vgl auch *BMF* DStR 2009, 1094.
157 Centre for Tax Policy and Administration, Report on possible improvements to procedures for tax relief for cross-border investors.
158 AA *Schaumburg* Rn 16.329.
159 *G/K/G* Art 10 MA Rn 149, mit anderer Begr *Debatin/Wassermeyer* Art 10 MA Rn 108; *Vogel/Lehner* Art 10 MA Rn 184.
160 Vgl Art 10 Nr 23 MK.

nicht abschließend ist. Neben den aufgezählten Bsp, findet sich eine Generalklausel. Mangels einer abschließenden Definition kommt, die Anwendung und Auslegung der Vorschrift idR nicht ohne einen Rückgriff (über Art 3 Abs 2 bzw ausdrücklich in Art 10 Abs 3) auf das innerstaatliche Recht, jedenfalls des Quellenstaates aus.[161] In der ersten (Rn 117) und zweiten (Rn 147) Gruppe der Dividendendefinition findet keine Bindung der Auslegung durch den Quellenstaat für den Ansässigkeitsstaat statt.[162] Eine Bindung für sämtliche Fälle lässt sich durch das Bedürfnis einer einheitlichen Auslegung durch beide Vertragsstaaten begründen,[163] da dieses Bedürfnis sämtlichen Verteilungsnormen des Abk innewohnt, ohne dass daraus gefolgert werden könnte, dass jeweils die Auslegung des Quellenstaates maßgeblich ist. Vielmehr hat bei einer unterschiedlichen Auslegung ggf ein Verständigungsverfahren stattzufinden, um eine Doppelbesteuerung zu vermeiden. Die Vertragsstaaten können die Abkommensregelungen an die Besonderheiten des jeweiligen innerstaatlichen Begr der Dividende anpassen. Dies ermöglicht auch eine Erweiterung über den im MA enthaltenen Begr hinaus.[164]

Der Begr der Dividende knüpft zunächst an die Beteiligung am Urbild der KapGes, der AG an und erweitert den Begr anschließend letztlich allg auf Ges iSv Art 3 Abs 1 lit b sowie andere Beteiligungsformen. Es muss sich jeweils grds um „Einkünfte" aus Rechten, grds in Abgrenzung zu Forderungen handeln. Maßgeblich ist, dass es sich jeweils um Gesellschaftsanteile handelt. Dies wird iRd Definition aus dem Wortlaut deutlich, der zuletzt auf die sonstigen Gesellschaftsanteile verweist. Demnach wird jeweils ein Recht am Gewinn und dem Liquidationserlös der Ges erforderlich sein. Neben dem Erfordernis eines Gesellschaftsanteils wird eine Verknüpfung zwischen dem Bezug der Dividende und der Beteiligung gefordert. Die Dividende muss gerade aufgrund der Beteiligung an der Ges zufließen.[165] **104**

2. Drei verschiedene Gruppen von Dividendenquellen. Abs 3 unterscheidet iRd Definition zwischen drei verschiedenen Gruppen v Dividendenquellen. Zur **ersten Gruppe** (Rn 117) zählen Aktien, Genussaktien bzw Genussrechte oder Genussscheine, Kuxe und Gründeranteile. Während der **zweiten Gruppe** (Rn 147) andere Rechte – ausgenommen Forderungen – mit Gewinnbeteiligung zuzuordnen sind. Die **dritte Gruppe** (Rn 151) besteht aus Einkünften, die aus sonstigen Gesellschaftsanteilen stammen, die nach dem Recht des Staates, in dem die ausschüttende Ges ansässig ist, den Einkünften aus Aktien steuerlich gleichgestellt sind. **105**

Die aufgezeigte Einteilung der Definition in Gruppen ist für die Auslegung der Vorschrift, jedenfalls im Hinblick auf die dritte Gruppe v bes Bedeutung. Hinsichtlich der in der dritten Gruppe angesprochenen Einkünfte aus **sonstigen Gesellschaftsanteilen** besteht die Besonderheit, dass ausschließlich auf das Recht des Quellenstaates verwiesen wird und dessen Klassifikation insoweit ausnahmsweise auch für den anderen Vertragsstaat, dh den Ansässigkeitsstaat des Nutzungsberechtigten, bindend ist (Klassifikationsverkettung). Diese Regelung macht deutlich, dass eine Bindung des anderen Vertragsstaates an die Auslegung des Quellenstaates sonst nicht existiert. Die Ausle- **106**

161 Zust *Debatin/Wassermeyer* Art 10 MA Rn 108.
162 S Rn 112; *BFH* IStR 2012, 766; *Debatin/Wassermeyer* Art 10 MA Rn 108.
163 So wohl *Vogel/Lehner* Art 10 MA Rn 184.
164 Art 10 Nr 23f MK.
165 *Debatin/Wassermeyer* Art 10 MA Rn 91.

gung der abkommensrechtlichen Vorschriften erfolgt vielmehr autonom und aus ihrem jeweiligen Rechtsverständnis heraus durch die Vertragsstaaten.[166] Insb im Hinblick auf Art 10 wird verschiedentlich die Auffassung vertreten, dass eine einheitliche Auslegung durch den Quellenstaat und den Ansässigkeitsstaat als Ausfluss einer immanenten Regelungshomogenität einheitlich zu erfolgen habe.[167] Insoweit wird angenommen, dass die Auslegung von Art 10 Abs 3 durch den Quellenstaat, der Adressat v Art 10 ist, auch den Ansässigkeitsstaat quasi in einer Art Klassifikationsverkettung binde.[168] Diese Rechtsauffassung wird sich jedoch nur schwer mit dem Souveränitätsverständnis der Vertragsstaaten, der Systematik der DBA und der Existenz von Verständigungsverfahren sowie einem (mit Ausnahme der dritten Gruppe) fehlenden ausdrücklichen Verweis auf das Recht eines der Vertragsstaaten vereinbaren lassen. Insoweit wird dem Ansässigkeitsstaat teilw lediglich das Recht zugestanden, sich auf den Standpunkt zu stellen, dass der Quellenstaat das Abk unzutr anwendet.[169] ME fehlt es für ein solches Abkommensverständnis, dh eine Klassifikationsverkettung oder einen immanenten Grundsatz der Regelungshomogenität an einer entspr Grundlage, so dass am allg Grundsatz der autonomen Abkommensauslegung durch den Anwenderstaat festzuhalten ist.

107 **3. Abgrenzung gg Beteiligungen an Mitunternehmerschaften.** Von den Dividenden sind Anteile am Gewinn von Mitunternehmerschaften abzugrenzen. Letztere unterfallen grds nicht dem Dividendenbegriff. Insoweit bestehen jedoch Ausnahmen, sofern es sich nach dem Staat, in dem die tatsächliche Geschäftsleitung der Mitunternehmerschaft liegt, um eine KapGes handelt.[170] In derartigen Fällen finden sich in den jeweiligen Abk häufig Klarstellungen, die den Besonderheiten Rechnung tragen. Davon zu unterscheiden sind Konstellationen, in denen die Mitunternehmerschaft Dividenden bezieht, dh in ihrem Erg Einnahmen aus Dividenden enthalten sind. Insoweit kann Art 10 Anwendung finden.

108 **4. Abgrenzung gg Zinsen.** Darüber hinaus ist eine Abgrenzung zwischen Zinsen iSv Art 11 und Dividenden iSv Art 10 vorzunehmen. Nach dem MK erfasst Art 10 auch solche Zinsen für Darlehen, bei denen der Darlehensgeber die v der Ges eingegangenen Risiken tatsächlich teilt, dh die Rückzahlung zB v Geschäftsergebnis des Darlehensnehmers abhängig ist. Eine solche Abgrenzung hat im Einzelfall und unter Beachtung der Gesamtumstände zu erfolgen.

109 Insoweit werden im MK konkrete Anhaltspunkte beispielhaft aufgezählt:[171]

- das Darlehen ist weit höher als die anderen Zuführungen zum Unternehmenskapital (oder wurde zum Ausgleich des Verlusts eines erheblichen Teils des Kapitals gegeben) und ist nicht durch zur Befriedigung bereit stehende Wirtschaftsgüter gedeckt;
- der Darlehensgeber ist an Gewinnen der Ges beteiligt;
- die Darlehensrückzahlung hat hinter den Ansprüchen anderer Gläubiger oder hinter der Zahlung v Dividenden zurückzutreten;

166 *BFH* IStR 2012, 766; *S/K/K* Art 10 MA Rn 58; *Hagena* FR 2012, 1172.
167 *Schaumburg* Rn 16.330.
168 *Vogel/Lehner* Art 10 MA Rn 186; *G/K/G* Art 10 MA Rn 156.
169 *Debatin/Wassermeyer* Art 10 MA Rn 109.
170 Art 10 Nr 27 MK.
171 Art 10 Nr 25 MK.

- die Höhe der Zinsen oder ihre Zahlung ist v den Gewinnen der Ges abhängig;
- der Darlehensvertrag enthält keine festen Bestimmungen über die Rückzahlung des Darlehens innerhalb einer gesetzten Frist.

IRd Abgrenzung zwischen Dividenden und Zinsen hat nach der Kommentierung des MK die Klassifikation als Dividende Vorrang vor der Einordnung als Zins, dh im Zweifel handelt es sich eher um eine Dividende.[172] **110**

In Bezug auf Deutschland ist die innerstaatliche Unterscheidung zwischen typischen und atypischen stillen Ges zu beachten (s Art 10 Rn 160 ff). **111**

5. „Einkünfte“. Der Begr der Einkünfte ist ein abkommensrechtlicher Begr, der entspr der allg Auslegungsgrundsätze für DBA aus dem Abk heraus, seinem Zusammenhang sowie über den Verweis in Art 3 Abs 2 nach dem innerstaatlichen Recht des Anwenderstaates auszulegen ist (s Art 3 Rn 53 ff). Er ist nicht inhaltsgleich mit dem im dt Steuerrecht verwendeten Begr der Einkünfte, die gem § 2 Abs 2 EStG als Nettogröße Werbungskosten oder Betriebsausgaben beinhalten.[173] Er ist iRd Abk grds ein Oberbegr, der die dt Begr der Einnahmen und Einkünfte einschließt.[174] Einkünfte aus Dividenden iSd Abk sind demnach Einnahmen aufgrund einer gesellschaftsrechtlichen Beteiligung aus Gesellschaftsanteilen (in Abgrenzung zu Gewinnanteilen aus Mitunternehmerbeteiligungen). Über die Möglichkeit zum Abzug von Aufwendungen im Zusammenhang mit den bezogenen Dividenden, ist hingegen nach innerstaatlichem Recht zu entscheiden. **112**

Das Abk enthält keine Anhaltspunkte, ob Art 10 auch andere geldwerte Vorteile erfasst, die bspw nach innerstaatlichem Recht den Dividenden steuerlich gleichgestellt werden. Nach der Kommentierung durch den MK werden andere geldwerte Vorteile, wie Gratisaktien, Boni, Liquidationsgewinne und vGA, ebenfalls zu den Dividenden iSv Art 10 Abs 3 gerechnet.[175] **113**

Teilw wird insoweit das Recht des Quellenstaates für maßgeblich gehalten, dh über die ausdrückliche Zuweisung der Klassifikationskompetenz für die in der dritten Gruppe v Art 10 Abs 3 genannten Einkünfte, die „nach dem Recht des Staates, in dem die ausschüttende Ges ansässig ist, den Einkünften aus Aktien steuerlich gleichgestellt sind“, eine solche Kompetenz auch für die in der ersten und zweiten Gruppe genannten Einnahmen angenommen.[176] Insoweit dürfe es hinsichtlich der „irregulären“ Erträge, zB vGA nicht für unterschiedliche Arten v Gesellschaftsanteilen zu abw Erg kommen, je nachdem welches innerstaatliche Recht iRd Anwendung die Oberhand erhalte. Dies entspricht der Kommentierung im MK.[177] Dieser Auffassung wird jedenfalls im Erg unter Verweis auf die Kommentierung des MK zugestimmt.[178] **114**

ME ist diese Auffassung lediglich zutr, sofern es um die Quellensteuerberechtigung des Quellenstaates geht, dh dieser Anwenderstaat ist. Eine Bindung an diese Klassifikation des Ansässigkeitsstaates lässt sich daraus für die erste und zweite Gruppe nicht ableiten. **115**

---

172 Art 11 Nr 19 MK; *G/K/G* Art 10 MA Rn 152/1.
173 *BFH* DStR 1996, 1162.
174 *Debatin/Wassermeyer* Art 10 MA Rn 113.
175 Art 10 Nr 28 MK.
176 *Vogel/Lehner* Art 10 MA Rn 186, zust *G/K/G* Art 10 MA Rn 154.
177 Art 10 Nr 28 MK.
178 *Debatin/Wassermeyer* Art 10 MA Rn 114; *G/K/G* Art 10 MA Rn 150/3.

116 **6. Laufender Gewinn oder Gewinnrücklagen.** Es ist unerheblich, ob die abfließenden Mittel der Ges aus dem laufenden Gewinn oder den Gewinnrücklagen stammen und für welches Jahr diese verwendet werden.[179]

II. Einkünfte aus Gesellschaftsanteilen

117 **1. Aktien.** Der abkommensrechtliche Begr der Aktie ist aus dem Abk heraus sowie über Art 3 Abs 2 nach dem Recht des Anwenderstaates auszulegen (s Art 3 Rn 71 ff). Wie sich aus der Formulierung v Art 10 Abs 3, „sowie aus sonstigen Gesellschaftsanteilen" ergibt, handelt es sich jeweils um Gesellschaftsanteile[180], dh hier speziell an einer AG.

118 Soweit Deutschland der Anwenderstaat ist und es sich um Dividenden einer nach dt Recht gegründeten Ges handelt, sind Aktien Anteile am Grundkapital einer AG oder KGaA. Bei der KGaA gilt dies lediglich für die Beteiligungen der Kommanditaktionäre und nicht den Komplementär der KGaA. Letzterer erzielt Einkünfte als Mitunternehmer, dh Unternehmensgewinne iSv Art 7 und keine Dividenden iSv Art 10.

119 Ist Deutschland Anwenderstaat und handelt es sich um eine ausl Ges, so ist ein Rechtstypenvergleich vorzunehmen (s Art 3 Rn 19), um festzustellen, ob es sich abkommensrechtlich bei autonomer dt Auslegung um eine AG handelt. Die steuerliche Behandlung der Ges im Ansässigkeitsstaat ist nicht maßgeblich, dh es kann sich auch um Mitunternehmerschaften aus Sicht des Ansässigkeitsstaates handeln.[181]

120 Es ist unerheblich, ob die Aktien auf einen festen Betrag oder einen Bruchteil des Grundkapitals lauten.[182] Ebenfalls ohne Bedeutung ist, ob die Aktien Stimmrechte gewähren oder andere Beschränkungen der Verwaltungsrechte bestehen. Erheblich ist hingegen, dass die Aktien eine **Beteiligung am Gewinn und Liquidationserlös** vermitteln, da es sich insoweit um ein entscheidendes Wesensmerkmal handelt.[183] Hingegen sind Einschränkungen und Vorrechte grds unschädlich, dh eine prozentuale Beschränkung bspw des Liquidationserlöses ist möglich. Eine Beteiligung am Gewinn oder Liquidationserlös darf nicht vollständig ausgeschlossen werden, um als Dividenden vermittelnde Beteiligung iSd Art 10 zu qualifizieren.[184]

121 **Gewinnschuldverschreibungen, Wandelschuldverschreibungen, Optionsrechte und Anwartschaften** sind keine Aktien. Ebenso wenig sind typisch stille Beteiligungen als Aktien im abkommensrechtlichen Sinne einzuordnen.[185]

122 Auch der vom Stammrecht abgetrennte **Dividendenschein**[186] stellt für sich genommen keine Aktie iSd Abk dar. Es handelt sich vielmehr um eine Forderung. Inwieweit der Inhaber bzgl der auf die Forderung geleisteten Zahlung Abkommensschutz genießt, hängt insb davon ab, ob er die Zahlung aufgrund seiner Stellung als Aktionär der zah-

179 Art 10 Nr 28 MK; *Debatin/Wassermeyer* Art 10 MA Rn 118.
180 *Vogel/Lehner* Art 10 MA Rn 188
181 Vgl auch Art 10 Nr 27 MK.
182 *Vogel/Lehner* Art 10 MA Rn 192.
183 *S/K/K* Art 10 MA Rn 61.
184 *Vogel/Lehner* Art 10 MA Rn 192.
185 *Debatin/Wassermeyer* Art 10 MA Rn 123.
186 Zur Besteuerung nach nationalem Recht *BMF* IStR 2013, 756; *Wiese/Berner* DStR 2013, 2674; *Helios/Klein* FR 2014, 110.

lenden AG erhält. Sofern es sich um einen fremden Dritten handelt, der nicht Aktionär der auszahlenden Ges ist, findet Art 10 keine Anwendung.[187] Teilw wird es insoweit für ausreichend gehalten, dass der Zahlungsempfänger zumindest zu einem früheren Zeitpunkt, uU auch vor dem tatsächlichen Gewinnverwendungsbeschluss, Aktionär der auszahlenden AG gewesen ist.[188] Letzterer Auffassung, die selbst die nicht mehr bestehende Stellung als Aktionär ausreichen lassen will, ist nicht zuzustimmen, da sämtliche Voraussetzungen einer Abkommensbegünstigung im Zeitpunkt der Entstehung der Quellensteuer (Kapitalertragsteuer) erfüllt sein müssen. Aus dem Abk ergeben sich keine Anhaltspunkte, die eine solche zeitliche Streckung der Tatbestandsvoraussetzungen rechtfertigen würden.

2. Genussaktien, Genussrechte und Genussscheine. Eine Definition der Begr Genussaktien, Genussrechte und Genussscheine findet sich im MA nicht. Auch der MK hilft insoweit nicht weiter. Folglich ist iRd Abkommensauslegung auf das Recht des Anwenderstaates abzustellen (s Art 3 Rn 73). **123**

Das dt Aktienrecht kennt **Genussaktien** nicht, so dass in dt Abk der Begr der Genussaktien nicht anzutreffen ist.[189] **124**

Genussrechte stellen den Oberbegr zu unverbrieften Genussrechten und (verbrieften) Genussscheinen dar. Teilw wird die Auffassung vertreten, dass grds lediglich die Genussscheine aufgrund ihrer Verbriefung unter den Dividendenbegriff v Art 10 Abs 3 gefasst werden können. Der Begr der unverbrieften Genussrechte sei zu weit. Folglich würde ihre Einbeziehung den Dividendenbegriff über Gebühr erweitern, sofern sie nicht jedenfalls nach dem innerstaatlichen Recht des Quellenstaates Einkünften aus Aktien gleichgestellt würden.[190] Für diese Auffassung spricht auch die Kommentierung im MK, der nur in Form eines Wertpapiers verbriefte Rechte auf Beteiligung am Gewinn der Ges zB Genussaktien (Genussrechte) oder Genussscheine den Aktien gleichgestellt ansieht.[191] **125**

Eine vollständige Ausklammerung unverbriefter Genussrechte ist jedoch nicht gerechtfertigt. Ausgehend v Begr des Gesellschaftsanteils, ist mit *Wassermeyer* zwischen **beteiligungsähnlichen und obligationsähnlichen Genussrechten** zu unterscheiden.[192] Hierin spiegelt sich die erforderliche Abgrenzung zwischen Zinsen und Dividenden wieder. Zwar sind Genussrechte letztlich aus zivilrechtlicher Sicht unverbriefte Forderungen, jedoch können diese – unabhängig von ihrer jeweiligen Ausgestaltung – allg als eine Überlassung von Fremdkapital verstanden werden, die mit über die gewöhnliche Darlehensgewährung hinausgehenden Risiken verbunden ist.[193] Folglich ist grds der Zinsartikel, dh Art 11 anzuwenden, jedoch wird die Dividendendefinition in den von Deutschland geschlossenen Abk regelmäßig um Genussrechte erweitert. Diese Erweiterung gilt jedoch nur, sofern es sich um beteiligungsähnliche Genussrechte handelt, dh diese als Beteiligung mit einem Anrecht **126**

187 *Vogel/Lehner* Art 10 MA Rn 192 mit Verweis auf *BFH* BStBl II 1969, 188.
188 *Vogel/Lehner* Art 10 MA Rn 192 mit Verweis auf *BFH* BStBl II 1973, 452.
189 S *Debatin/Wassermeyer* Art 10 MA Rn 1241 mwN.
190 *Vogel/Lehner* Art 10 MA Rn 194.
191 Art 10 Nr 24 MK.
192 *Debatin/Wassermeyer* Art 10 MA Rn 126.
193 *G/K/G* Art 10 MA Rn 178 mwN.

auf den Gewinn und Liquidationserlös ausgestaltet sind[194] und das betreffende Abk keine abweichenden Anforderungen stellt.[195]

127 **3. Kuxen.** Kuxe sind Anteile an bergrechtlichen Gewerkschaften, die jedoch seit dem 1.1.1986 in Deutschland nicht mehr existieren. Sie waren kraft Gesetzes, nach § 163 Bundesbergbaugesetz v 13.8.1980 (BGBl I 1980, 1310) mit Wirkung zum 1.1.1986 aufgelöst, sofern sie nicht bereits zuvor aufgelöst, umgewandelt oder verschmolzen wurden. Es muss sich bei den (ausl) bergrechtlichen Gewerkschaften nach dem nationalen Recht des Anwenderstaates um Ges iSv Art 3 Abs 1 lit b (s Art 3 Rn 12, 15 ff) handeln, damit die Gewinnausschüttungen bei deren Anteilseignern (Gewerke) Dividenden iSv Art 10 Abs 3 für Zwecke des Abk darstellen.[196] Andernfalls können die Beteiligungen an bergrechtlichen Gewerkschaften nicht als Kuxe iSd Abk klassifiziert werden, dh Gewinnausschüttungen, Gewinnentnahmen oder ähnliches können abkommensrechtlich nicht als Dividenden behandelt werden.

128 **4. Gründeranteilen.** Gründeranteile stehen, wie der Name bereits zum Ausdruck bringt, lediglich den Gründern zu. Solche Anteile sind dem dt Recht unbekannt.[197] Soweit Gründeranteile eine Beteiligung am Gewinn und Liquidationserlös von selbstständig steuerpflichtigen Rechtsträgern vermitteln, führen Gewinnausschüttungen in den Händen der diese beziehenden Gründer zu Dividenden iSd Art 10 Abs 3.[198]

129 **5. Freianteile, Gratisaktien, Kapitalerhöhungen aus Gesellschaftsmitteln.** Nach der Kommentierung zum MA gehört auch die Gewährung von Gratisaktien zu den geldwerten Vorteilen, die als Dividenden zu klassifizieren sind.[199]

130 Nach dem dt Gesetz über steuerrechtliche Maßnahmen bei Erhöhung des Nennkapitals aus Gesellschaftsmitteln v 10.10.1967 (BGBl I 1967, 977) gehört der Wert neuer Anteilsrechte, die Anteilseigner aufgrund einer Erhöhung des Nennkapitals durch **Umwandlung v Rücklagen** einer KapGes iSv § 1 Abs 1 Nr 1 KStG erhalten, nicht zu den Einkünften.[200] Entspr gilt grds auch für die Ausgabe neuer Anteile durch die Umwandlung v Rücklagen einer ausl Ges, wenn die ausl Ges mit einer AG, KGaA oder einer GmbH vergleichbar ist, die Umwandlung der Rücklagen mit einer solchen Umwandlung nach dt Recht vergleichbar ist[201] und die Anteilsrechte solchen entsprechen, die nach dt Recht im Rahmen einer Umwandlung v Rücklagen ausgegeben werden.[202]

131 Nach dt Recht ist es unerheblich, ob es sich bei den umzuwandelnden Rücklagen um Gewinnrücklagen oder offene Rücklagen handelt. Folglich kann sich die Frage der

---

194 *BFH* IStR 2011, 74; *FG Köln* DStRE 2005, 886.

195 DBA USA erfordert nicht auch das Bestehen einer Beteiligung am Liquidationserlös, *FG Düsseldorf* DStRE 2013, 784; *Debatin/Wassermeyer* Art 10 USA Rn 118.

196 *Debatin/Wassermeyer* Art 10 MA Rn 127; *G/K/G* Art 10 MA Rn 190, 154, 159/4 und *Vogel/Lehner* Art 10 MA Rn 196 stellen insoweit auf die Klassifikation durch das nationale Recht des Quellenstaates ab.

197 *S/K/K* Art 10 MA Rn 68.

198 *G/K/G* Art 10 MA Rn 191 und *Vogel/Lehner* Art 10 MA Rn 197 mit Verweis auf die allg Grundsätze zu Definition von Dividenden iSd Abk; *Debatin/Wassermeyer* Art 10 MA Rn 128.

199 Art 10 Nr 28 MK.

200 § 1 KapErhStG.

201 *BFH* BStBl II 1978, 414.

202 § 7 KapErhStG; *BFH* BStBl II 1977, 177.

Erhebung v Quellensteuern und eine Begrenzung deren Höhe für eine in Deutschland ansässige Ges bei der Umwandlung v Rücklagen und Ausgabe neuer Anteile nicht stellen. Etwas anderes soll jedoch dann gelten, wenn Freiaktien aufgrund eines insoweit vereinbarten Wahlrechts die Bardividende ersetzen.[203]

Wird eine solche Ausgabe v neuen Anteilen durch eine im Ausland ansässige Ges im Quellenstaat als Dividende iSd Art 10 Abs 3 angesehen und unter Berücksichtigung der Regelungen des Art 10 Abs 2 Quellensteuer einbehalten, so ist diese bei einem in Deutschland ansässigen Gesellschafter mangels entspr Einkünfte nicht anrechenbar oder abzugsfähig. **132**

6. Verdeckte Gewinnausschüttung. Der Begr der vGA wird weder im Abk verwendet, noch im MK näher erläutert. Der MK erwähnt den Begr der vGA lediglich im Zusammenhang mit anderen geldwerten Vorteilen, die unter den Begr der Dividende iSd Abk zu fassen sind.[204] **133**

Sofern Deutschland Anwenderstaat ist, fallen vGA unter den Begr der Dividende iSd Art 10 Abs 3.[205] Insoweit hat eine Abgrenzung zu anderen Normen des MA stattzufinden. So regeln Art 11 Abs 6 und Art 12 Abs 4, dass Zinsen bzw Lizenzgebühren lediglich dann unter Art 11 bzw Art 12 fallen, wenn die jeweils vereinbarte Vergütung dem Fremdvergleich genügt und deren Höhe nicht durch bes (andere) Beziehungen beeinflusst und höher als fremdüblich ist.[206] Es fehlt jedoch ein Verweis auf Art 10, so dass der unangemessen überhöhte Teil grds auch unter andere Abkommensvorschriften zu subsumieren sein könnte. Dies ist im Einzelfall und unter Berücksichtigung der Abkommensauslegung durch den Anwenderstaat zu prüfen. Soweit es sich dabei um den Ansässigkeitsstaat handelt, hat dieser zu prüfen, ob der Sitzstaat der ausschüttenden Gesellschaft ein entsprechendes Rechtsinstitut kennt und die betreffenden Einkünfte als solche aus Aktien behandelt.[207] **134**

7. Einlagenrückgewähr. Ob eine Einlagenrückgewähr mit anschließender Auskehrung an die Gesellschafter als Dividende zu klassifizieren ist, ist nach der Auslegung durch den Anwenderstaat zu entscheiden. **135**

Ist Deutschland Anwenderstaat, so stellt die Einlagenrückgewähr (andere Zuzahlungen iSv § 272 Abs 2 Nr 4 HGB oder verdeckte Einlagen) eine vGA dar, sofern nicht ein entspr Gewinnverwendungsbeschluss Anlass für die Auszahlung ist. Es ist jedoch zu prüfen, ob für die Ausschüttung nicht das steuerliche Einlagekonto iSv § 27 KStG als verwendet gilt. In diesem Fall wäre unabhängig von den abkommensrechtlichen Beschränkungen der Quellensteuererhebung, bereits nach innerstaatlichem Recht keine Quellensteuer einzubehalten. **136**

8. Nennkapitalherabsetzung/Kapitalrückzahlungen. IF einer Nennkapitalherabsetzung ist nach dt innerstaatlichem Recht zwischen nicht steuerbaren Kapitalrückzahlungen, steuerpflichtigen Dividenden (§ 20 EStG) und uU steuerpflichtigen Veräuße- **137**

203 *BFH* DStRE 2006, 593.

204 Art 10 Nr 28 MK.

205 *Debatin/Wassermeyer* Art 10 MA Rn 115; *Kamps/ Gomes* AG 2014, 620; *Niedersächsisches FG* EFG 2004, 124; *BFH/NV* 2005, 1528; *Vogel/Lehner* Art 10 MA Rn 203; **aA** *G/K/G* Art 10 MA Rn 159/4 sofern Deutschland Quellenstaat ist.

206 *Aigner* IStR 2003, 154.

207 *BFH* IStR 2013, 834.

rungsgewinnen (§ 17 oder § 23 EStG) zu unterscheiden.[208] Dementsprechend ist iF der Kapitalherabsetzung bei einer in Deutschland ansässigen KapGes, zwischen der Anwendung v Art 10 und Art 13 zu differenzieren. Beide Vorschriften können jeweils für einen Teil der Auszahlung idR Kapitalherabsetzung Anwendung finden, so dass Deutschland nach Art 10 Abs 2 uU teilw berechtigt ist, Quellensteuern zu erheben.[209]

138 Kapitalrückzahlungen sind abkommensrechtlich idR nicht als Dividenden iSd Art 10 Abs 3 zu klassifizieren.[210] Rückzahlungen v Einlagen durch in der EU ansässige Kapitalgesellschaften sind nach § 27 Abs 8 KStG nach entspr Feststellung durch die Finanzverwaltung im Inland steuerfrei.[211] Entsprechendes sollte auch für im EWR (aufgrund der von Art 31 ff garantierten Niederlassungsfreiheit) und Drittstaaten (aufgrund der Kapitalverkehrsfreiheit gem Art 63 AEUV) ansässige Gesellschaften gelten. Die Kapitalverkehrsfreiheit kann mE im Verhältnis zu Drittstaaten nicht durch die Niederlassungsfreiheit verdrängt werden.[212] IÜ stellt die Regelung nicht auf eine bestimmte Beteiligungshöhe oder einen bestimmten Einfluss ab, so dass auch insoweit nicht der Schutzbereich der Niederlassungsfreiheit vorgreiflich wäre.

139 Soweit das herabgesetzte Nennkapital jedoch aus der Umwandlung von Gewinnrücklagen entstanden ist, dh ein Sonderausweis (§ 28 Abs 1 S 3 KStG) bestand, der nunmehr zu mindern ist, führt die Herabsetzung über § 28 Abs 2 S 2 KStG iVm § 20 Abs 1 Nr 2 S 3 EStG in dieser Höhe zu einer Dividende, die den abkommensrechtlichen Begr iSd Art 10 Abs 3 erfüllt.[213]

140 IÜ führt eine Kapitalrückzahlung nach dt innerstaatlichen Recht zu einer Reduzierung der Anschaffungskosten. Übersteigt der Betrag der Kapitalrückzahlung den vor der Rückzahlung bestehenden Buchwert der Anteile an der auszahlenden KapGes, so stellt der übersteigende Betrag einen steuerlichen Veräußerungsgewinn dar.[214] Dieser Betrag der Auszahlung ist abkommensrechtlich nach Art 13 zu behandeln.

141 Soweit die Behandlung auf Ebene des Gesellschafters in Rede steht, ist bei einer Abkommensanwendung durch Deutschland zunächst zu prüfen, ob die Auszahlung als Dividende, als Veräußerungsgewinn oder nicht steuerbare Kapitalrückzahlung zu behandeln ist. Auf die Behandlung durch den Quellenstaat kommt es nur dann an, wenn es sich um Dividendenquellen iSd dritten Gruppe handelt, da insoweit das Quellensteuerrecht auch für den Anwenderstaat maßgeblich ist (s Art 10 Rn 151 ff). In diesem Fall ist der Anwenderstaat unabhängig v der eigenen Klassifikation zur Anrechnung der Quellensteuer verpflichtet. In den anderen Fällen führt die unterschiedliche Behandlung durch den Quellenstaat und den Anwenderstaat zu einem Klassifikationskonflikt, der erforderlichenfalls im Wege eines Verständigungsverfahrens aufzulösen ist.

---

208 *Vogel/Lehner* Art 10 MA Rn 218.

209 Entgegen *Vogel/Lehner* Art 10 MA Rn 218 steht dies nicht im Gegensatz zur Kommentierung in Art 10 Nr 28 MK, da dieser Kapitalrückzahlungen idR nicht als Dividenden klassifizieren möchte.

210 Art 10 Nr 28 MK „gelten idR nicht als Dividenden“, *BFH* BStBl II 1993, 189.

211 *Sedemund* IStR 2010, 270 mit weiteren Hinweisen.

212 S auch *Rehm/Nagler* IStR 2011, 622; *FG Köln* IStR 2001, 640; *FG Schleswig-Holstein* IStR 2011, 647.

213 *Vogel/Lehner* Art 10 MA Rn 218.

214 *BFH* BStBl II 1993, 189.

9. Liquidationsüberschuss. Das Abk definiert den Begr des Liquidationsüberschusses oder Liquidationsgewinns nicht. Nach dem MK können Liquidationsgewinne ausdrücklich durch den Ansässigkeitsstaat der zu liquidierenden Ges als Dividenden iSv Art 10 Abs 3 behandelt werden.[215] Insb wird zu dem insoweit uU im Konkurrenzverhältnis stehenden Art 13 ausgeführt, dass Art 13 den Ansässigkeitsstaat der Ges nicht daran hindert, eine Besteuerung iRv Art 10 vorzunehmen, dh als Dividende zu klassifizieren und Quellensteuern zu erheben.[216] **142**

Handelt es sich um eine KapGes, deren Auszahlungen zu Einkünften iSd **dritten Gruppe** führen, so ist der Anwenderstaat an die Klassifikation durch den Quellenstaat gebunden. Dies verpflichtet ihn uU zu einer Anrechnung von Quellensteuern, die der Quellenstaat im Rahmen einer zutr Abkommensanwendung erhalten hat. Dies gilt unabhängig davon, ob der Ansässigkeitsstaat bei einer Auslegung nach seinem innerstaatlichen Recht zu einem anderen Erg gelangen würde. **143**

IF der **ersten beiden Gruppen** sind die jeweiligen Vertragsstaaten frei, dh ein sich uU ergebender Klassifikationskonflikt ist erforderlichenfalls im Wege eines Verständigungsverfahrens aufzulösen. **144**

In einem Fall der ersten beiden Gruppen, ist nach dem innerstaatlichen Steuerrecht des Anwenderstaates zu entscheiden, ob der Liquidationsüberschuss als Dividende oder als Veräußerungsgewinn zu klassifizieren ist.[217] Ist Deutschland Anwenderstaat, so ist die Frage anhand der §§ 17, 20 EStG zu entscheiden.[218] Nach nationalem Recht ist iF der Nennkapitalrückzahlung grds eine nicht steuerbare Kapitalrückzahlung anzunehmen, soweit nicht ein nach § 17 bzw § 23 EStG steuerpflichtiger Veräußerungsgewinn vorliegt. Im letzteren Fall ist Art 13 anzuwenden. Gilt hingegen für die Auszahlung der Gewinn (teilw) als verwendet, so führt die Auszahlung nach innerstaatlichem Recht zu Einkünften aus Kapitalvermögen iSv § 20 EStG. Dh soweit der Liquidationsüberschuss nach dt innerstaatlichen Recht als Dividende einzuordnen ist, muss Deutschland die Regelung v Art 10 Abs 2 berücksichtigen. **145**

10. Andere geldwerte Vorteile. Der MK nennt als andere geldwerte Vorteile Gratisaktien (s Art 10 Rn 129), Boni, Liquidationsgewinne (s Art 10 Rn 142) und vGA (s Art 10 Rn 133).[219] Sofern Deutschland Anwenderstaat ist, entspricht dies dem Verständnis des Dividendenbegriff v § 20 Abs 1 Nr 1 EStG und Art 10 Abs 3.[220] **146**

III. Einkünfte aus anderen Rechten – ausgenommen Forderungen – mit Gewinnbeteiligung

Unter den Begr der Dividende fallen außerdem Einkünfte aus anderen Rechten – ausgenommen Forderungen – mit Gewinnbeteiligungen. Mangels einer speziellen abkommensrechtlichen Definition ist der Ausdruck **Rechte mit Gewinnbeteiligung** über den Verweis aus Art 3 Abs 2 autonom durch den jeweiligen Anwenderstaat auszulegen (s **147**

215 Art 10 Nr 28 MK.

216 Art 13 Nr 31 MK.

217 *Vogel/Lehner* Art 10 MA Rn 218 ff; *Piltz* IStR 1989, 133 lässt insoweit offen, ob sich diese Unterscheidung bereits aus dem Abk oder erst aus der Auslegung vor dem Hintergrund des nationalen Rechts ergibt.

218 *Debatin/Wassermeyer* Art 10 MA Rn 130.

219 Art 10 Nr 28 MK.

220 *G/K/G* Art 10 MA Rn 155; *Debatin/Wassermeyer* Art 10 Rn 114.

Art 3 Rn 73).[221] Nach dem MK handelt es sich insoweit ausschließlich um in Wertpapieren verbriefte Rechte mit Beteiligungscharakter, die ein Recht auf Gewinnbeteiligung gewähren.[222] Diese Einschränkung ist aus dem Abkommenstext nicht ersichtlich. Diese Einschränkung wird allg mit der historischen Entwicklung des MA erläutert, welches in früheren Fassungen eine entspr Einschränkung auch im Wortlaut enthielt.[223] Diese Einschränkung ist jedoch insoweit nicht sonderlich praxisrelevant, als nicht verbriefte Rechte, die eine Beteiligung am Gewinn gewähren, unter die dritte Gruppe gefasst werden können. So werden bspw Beteiligungen an einer GmbH, welche nicht verbrieft sind, von der dritten Gruppe erfasst. Das Erfordernis des Beteiligungscharakters scheint nicht mehr zwingend, so werden zwischenzeitlich unter der dt Abkommenspolitik – sofern ausdrücklich vereinbart – auch andere Einkünfte, zB aus stillen Gesellschaften oder partiarischen Darlehen unter Art 10 gefasst.[224]

148 Darüber hinaus hat eine Abgrenzung zu den von Art 11 Abs 3 erfassten Forderungen stattzufinden. Die Formulierung von Art 10 Abs 3 bringt einen Vorrang des Dividendenbegriffs zum Ausdruck, dh soweit entspr Rechte v Art 10 Abs 3 erfasst werden, findet Art 11 Abs 3 keine Anwendung mehr.[225] Es muss eine für Dividenden charakteristische Beteiligung am Gewinn mit den betr Rechten verbunden sein, dh die Verzinsung einer Forderung und der idR bestehende Rückzahlungsanspruch genügen nicht. Zinsen aus Wandelschuldverschreibungen sind keine Dividenden iSv Art 10 Abs 3.[226] Vor einer Wandlung handelt es sich lediglich um eine Kapitalüberlassung und es besteht gerade kein Recht mit einer Gewinnbeteiligung.

149 Es ist eine Beteiligung an einer Ges erforderlich, dh der Zufluss aufgrund eines abgetretenen oder gepfändeten Gewinnauszahlungsanspruchs genügt für die Anwendung v Art 10 Abs 3 nicht.[227]

150 Die jeweiligen Abk versuchen, die gesellschaftsrechtlichen Besonderheiten der Vertragsstaaten zu berücksichtigen. Dementsprechend kommt dem MA aufgrund der Abweichungen in den jeweiligen Abk insoweit geringere Bedeutung zu.[228]

IV. Einkünfte aus sonstigen Gesellschaftsanteilen

151 Die dritte Gruppe stellt eine Art Auffangtatbestand dar, der sich insb durch den Umstand erklärt, dass die Mitgliedstaaten der OECD es aufgrund der auf dem Gebiet des Gesellschafts- und des Steuerrechts bestehenden Unterschiede nicht für möglich gefunden haben, eine vom innerstaatlichen Recht unabhängige Definition des Dividendenbegriffs auszuarbeiten.[229]

---

221 *Debatin/Wassermeyer* Art 10 MA Rn 136.
222 Art 10 Nr 24 MK.
223 Dazu im Einzelnen *Vogel/Lehner* Art 10 MA Rn 198.
224 Art 10 Abs 3 der dt Verhandlungsgrundlage für Doppelbesteuerungsabkommen; *Debatin/Wassermeyer* Art 10 MA Rn 136; *Kahlenber/Kopec* IStR 2014, 159.
225 *Debatin/Wassermeyer* Art 10 MA Rn 136.
226 Art 10 Nr 24 MK.
227 Für die Behandlung nach innerstaatlichem Recht, *BFH* BStBl II 1983, 128.
228 *G/K/G* Art 10 MA Rn 192.
229 Art 10 Nr 23 MK.

Als Auffangtatbestand ist die dritte Gruppe jedoch auch nicht uferlos, dh es muss sich auch hier um einen Gesellschaftsanteil mit mitgliedschaftlicher Natur handeln.[230] Auch Forderungen fallen nicht in die dritte Gruppe, sondern werden von Art 11 erfasst. **152**

Demnach sind Dividenden iSv Art 10 Abs 3 auch Einkünfte, die aus sonstigen Gesellschaftsanteilen stammen, die nach dem Recht des Staates, in dem die ausschüttende Ges ansässig ist, den Einkünften aus Aktien steuerlich gleichgestellt sind. Dies stellt eine Stelle im MA dar, die eine Bindung des anderen Vertragsstaates an die Klassifikation durch den Quellenstaat enthält, dh eine Klassifikationsverkettung, die von Teilen der Lit allg auch in anderen Abkommenszusammenhängen propagiert wird. Für eine allg Klassifikationsverkettung besteht mE jedoch keine abkommensrechtliche Grundlage. **153**

Die Verweisung auf das Recht des Quellenstaates ist eine dynamische, dh sie verweist auf das jeweils im Zeitpunkt der Abkommensanwendung geltende Recht des Quellenstaates.[231] Für eine Einschränkung auf das Recht des Quellenstaates im Zeitpunkt der Ratifikation bzw der nach dem jeweiligen Verfassungsrecht der Vertragsstaaten erforderlichen verfassungsrechtlichen Genehmigung ergeben sich keine Anhaltspunkte. Dies entspricht der Auslegung der Verweisung durch Art 3 Abs 2 auf das jeweilige Recht der Anwenderstaaten bzw Vertragsstaaten (s Art 3 Rn 76).[232] **154**

Die Einkünfte müssen solchen Einkünften aus Aktien steuerlich gleichgestellt sein, dh es ist nicht zu prüfen, ob die auszahlende Ges eine juristische Person bzw mit einer AG vergleichbar ist. Ist Deutschland Quellenstaat, so ist auf § 20 EStG abzustellen.[233] **155**

Aus dt Sicht fallen insb die GmbH sowie die Erwerbs- und Wirtschaftsgenossenschaften in die dritte Gruppe, da die insoweit bei ihnen fehlende Verbriefung der Beteiligung nicht erforderlich ist. **156**

Es muss sich um **Einkünfte aufgrund einer mitgliedschaftlichen Beteiligung** handeln, dh allg Leistungsbeziehung, insb die Zinszahlungen aufgrund einer Darlehensgewährung des Gesellschafters werden nicht v Art 10 Abs 3 erfasst. Etwas anderes gilt jedoch dann, wenn die vereinbarten Zinsen aufgrund der gesellschaftsrechtlichen Beteiligung höher als fremdüblich ausfallen. Die nach dt innerstaatlichen Recht anzunehmende vGA nach § 8 Abs 3 S 2 KStG unterfällt dem Dividendenbegriff. **157**

Die Frage, ob eine durch § 8a KStG aF **(Gesellschafterfremdfinanzierung)** stattfindende Umqualifizierung von Zinsen in vGA zu Dividenden iSv Art 10 Abs 3 führt, ist durch die Einf der sog **Zinsschranke** (§§ 4h EStG, 8a KStG nF) überholt. Nach den §§ 4h EStG, 8a KStG nF werden Zinsen bei Eingreifen der Beschränkungen der Zinsschranke nun nicht mehr in vGA umqualifiziert, sondern sind „lediglich" im betr Veranlagungs- bzw Erhebungszeitraum für ertragsteuerliche Zwecke nicht abzugsfähig und können in den nachfolgenden Veranlagungs- bzw Erhebungszeitraum vorgetragen werden. **158**

---

230 *Debatin/Wassermeyer* Art 10 MA Rn 139.
231 Zust *Vogel/Lehner* Art 10 MA Rn 199.
232 Art 3 Nr 11 MK.
233 *BFH* BStBl II 1982, 374.

159 Die nach § 8a KStG aF erfolgende Umqualifizierung in eine vGA führte jedoch zu Dividenden iSv Art 10 Abs 3. In der dritten Gruppe wird allein auf die steuerliche Gleichstellung der Einkünfte mit solchen aus Aktien abgestellt, dh es ist unerheblich, dass § 8a KStG aF nicht zu einer Umqualifizierung von Fremd- in Eigenkapital geführt hat, sondern lediglich die Zinsen in vGA umqualifizierte.[234]

160 Bes Beachtung bedürfen die **typisch stille** und die **atypisch stille Ges**. Nach innerstaatlichem dt Recht sind Einkünfte aus typischen stillen Ges solche aus Kapitalvermögen (§ 20 EStG).[235] Da es sich bei der stillen Ges (§§ 230 ff HGB) um eine InnenGes handelt, die selbst nicht Steuersubjekt ist, liegt keine Ges iSv Art 3 Abs 1 lit b vor. Einkünfte aus der Beteiligung können daher grds nicht als Dividenden klassifiziert werden.

161 Zur Absicherung der Quellensteuerberechtigung hat Deutschland jedoch in einigen Abk entspr ausdrückliche Regelungen für **typisch stille Ges** aufgenommen.[236] Unabhängig davon, muss die typisch stille Beteiligung jedoch zumindest ein beteiligungsähnliches Recht mit Gewinnbeteiligung begründen, um die Voraussetzungen für eine Dividende iSv Art 10 Abs 3 zu erfüllen.[237]

162 Nach der Rspr des BFH handelt es sich insoweit um „fiktive" Dividenden, so dass zumindest nach dem DBA Luxemburg die Anwendung der Begünstigung für Schachtelbeteiligungen auf Zahlungen an den (auch) typisch still beteiligten (Schachtel-)Gesellschafter iF einer neben der typisch stillen Beteiligung bestehenden Schachtelbeteiligung ausscheidet.[238]

163 **Atypisch stille Ges** hingegen, begründen nach innerstaatlichem dt Recht eine mitunternehmerische Beteiligung an einem Handelsgewerbe und führen zu Einkünften aus Gewerbebetrieb.[239] Sie unterfallen folglich nicht dem Dividendenbegriff iSv Art 10 Abs 3. Dies gilt unabhängig davon, ob der Wortlaut des Abk ausdrücklich zwischen typisch stillen und atypisch stillen Ges differenziert.[240] Insoweit darf nicht undifferenziert nach dem Wortlaut von einer Anwendung von Art 10 auf beide Typen der stillen Ges ausgegangen werden. Die atypisch stille Ges wird idR in den Anwendungsbereich von Art 7 fallen.[241] Soweit der andere Vertragsstaat die Beteiligungsform der stillen Ges nicht kennt, kann es auch zu einer Klassifikation als bes Kreditverhältnis kommen. Dies würde die Anwendung von Art 11 zur Folge haben.[242]

164 Darüber hinaus ist die stille Ges von **partiarischen Darlehen** abzugrenzen.[243]

165 Ist Deutschland Anwenderstaat, so unterfallen Erträge aus Ergebnisabführungsverträgen nicht dem Dividendenbegriff, sofern die Voraussetzungen für eine ertragsteuerliche Organschaft erfüllt sind. Aufgrund ertragsteuerlicher Organschaft zugerechnete

234 Inzwischen zust *G/K/G* Art 10 MA Rn 196 f; *Debatin/Wassermeyer* Art 10 MA Rn 141.
235 *BFH/NV* 2005, 2183.
236 *Lipp* IWB 2014, 760.
237 *Debatin/Wassermeyer* Art 10 MA Rn 143.
238 *BFH* v 4.6.2008, Az I R 62/06, IStR 2008, 739; **aA** *Teufel/Hasenberg* IStR 2008, 724; *Birker/Seidel* BB 2009, 244.
239 *Breuniger/Prinz* DStR 2005, 927.
240 *BMF* BStBl I 1999, 1121.
241 *BFH* BStBl II 1999, 812.
242 *Debatin/Wassermeyer* Art 10 MA Rn 144.
243 S dazu *BFH* DStRE 2006, 239.

Einkünfte sind steuerlich den Einkünften aus Aktien nicht gleichgestellt.[244] Etwas anderes gilt dann, wenn die Voraussetzungen einer ertragsteuerlichen Organschaft nicht vorliegen und die gesellschaftsrechtlichen Gewinnabführungen steuerlich in vGA umqualifiziert werden.

E. Absatz 4

I. Allgemeines

Art 10 Abs 4 schließt die Anwendung der Abs 1 und 2 für den Fall aus, dass der in einem Vertragsstaat ansässige Nutzungsberechtigte im Ansässigkeitsstaat der die Dividende auszahlenden Ges eine Betriebstätte unterhält und die Beteiligung, für die die Dividenden gezahlt werden, tatsächlich dieser Betriebstätte zuzurechnen ist. In diesem Fall soll Art 7 Anwendung finden. **166**

Die Verweisung auf Art 7 ist im Zusammenhang mit Art 7 Abs 7 zu betrachten, wonach grds die spezielle Abkommensvorschrift Anwendung findet und Art 7 und die dort behandelten Unternehmensgewinne für nachrangig erklärt werden. Art 10 Abs 4 enthält damit eine Rückverweisung auf Art 7, welche durch Art 7 Abs 7 nicht ausgeschlossen wird. **167**

II. Voraussetzungen

Die Anwendung v Art 10 Abs 4 setzt zunächst voraus, dass die **Voraussetzungen der Abs 1–3** erfüllt sind. Die Regelung erfasst folglich ausschließlich Dividenden, die zwischen Personen gezahlt werden, welche in den Vertragsstaaten ansässig sind, dh **Drittstaatendividenden** werden nicht erfasst.[245] Soweit nicht Art 7 das Besteuerungsrecht dem Betriebsstättenstaat zuweist, sollte nach Art 21 der Ansässigkeitsstaat des Anteilseigners das Besteuerungsrecht für Drittstaatendividenden haben.[246] **168**

Der **Nutzungsberechtigte** muss im anderen Vertragsstaat iSv Art 4 ansässig sein. Der Fall, dass der Nutzungsberechtigte im Quellenstaat ansässig ist, wird dementsprechend nicht v Art 10 Abs 4 erfasst. **169**

Der Nutzungsberechtigte (s Art 10 Rn 64 ff) muss im Quellenstaat, dh in dem Staat in dem die die Dividende auszahlende Ges iSv Art 3 Abs 1 lit b ansässig iSv Art 4 ist, über eine Betriebstätte iSv Art 5 im abkommensrechtlichen Sinne verfügen und durch diese eine Geschäftstätigkeit ausüben. **170**

Die Beteiligung muss **tatsächlich zur Betriebstätte gehören.**[247] Damit ist es nicht ausreichend, dass der im anderen Vertragsstaat ansässige Nutzungsberechtigte im Quellenstaat, dh dem Ansässigkeitsstaat der die Dividende auszahlenden Ges, eine Betriebstätte unterhält. Die Dividenden gehören nicht allein aus dem Umstand, dass im Quellenstaat (auch) eine Betriebstätte besteht, zu den Unternehmensgewinnen aus der Betriebstätte. Abkommensrechtlich besitzt eine Betriebstätte folglich hinsichtlich der Dividenden iSv Art 10 Abs 3 keine „Attraktivkraft".[248] Was unter dem Merkmal **171**

244 Mit anderer Begründung *Ehlermann/Petersen* IStR 2011, 747.
245 *Vogel/Lehner* Vor Art 10–12 MA Rn 36.
246 *BFH* IStR 2008, 367 mit Anm *Schönfeld.*
247 S zur Zuordnung allgemein: *Kraft/Ungemach* DStZ 2015, 716.
248 Art 10 Nr 31 MK.

der tatsächlichen Zugehörigkeit zu verstehen ist, wird im Abk nicht näher definiert. Der MK verweist auf Teil I des Betriebsstättenberichts 2010 der OECD[249], wonach wirtschaftliches Eigentum iSd Authorized OECD Approach (AOA) vorliegen muss.[250] Der Begriff ist demnach nicht mit dem Begriff des wirtschaftlichen Eigentums iSv § 39 Abs 2 Nr 1 AO gleichzusetzen.[251] Vielmehr ist nicht nur auf die Risiko-, sondern auch die Funktionsverteilung abzustellen, sog significant people function. Erforderlich ist insoweit nicht lediglich eine Verstärkung der wirtschaftlichen Kraft der Betriebstätte, sondern eine funktionale Beziehung zwischen der Betriebstättenaktivität und der Beteiligung.[252] Dies kann bspw bei einer Produktionsbetriebstätte und der Beteiligung an der VertriebstochterGes der Fall sein. Hingegen sollte nicht mehr gefordert bzw erforderlich sein, als für ein wirtschaftliches Eigentum idS für eine eigenständige Holdingkapitalgesellschaft der Fall wäre.[253]

172 Entsprechendes gilt nach der Rspr des BFH auch bei Beteiligungen an (ausl) PersGes zu deren ausl Betriebsstätte eine Beteiligung an einer KapGes gehört (dem Gesellschafter vermittelte ausl Betriebsstätte).[254] Nur dann, wenn eine funktionale Zugehörigkeit zur ausl Betriebsstätte bestehe, liege das Besteuerungsrecht (bei Zugrundelegung der Regelungen des MA) hinsichtlich der Dividenden beim ausl Vertragsstaat. Eine solche Zugehörigkeit könne sich zB aus einer Holdingfunktion ergeben (Funktionszusammenhang). Entsprechendes gelte, wenn sich das Halten der Beteiligung in positiver Weise auf die Betriebsstättenaktivitäten auswirkte und die Dividenden als Nebenerträge zu dem Gewinn der Hauptaktivität anzusehen wären (Veranlassungszusammenhang).[255] Es ist hingegen nicht ausreichend, dass eine Beteiligung in der Bilanz einer Betriebsstätte ausgewiesen wird.[256] Ob Anteile an Beteiligungsgesellschaften einer Betriebsstätte zugeordnet werden können, wird bezweifelt, da es insoweit an einem funktionalen Bezug zur Betriebsstättenaktivität fehlen würde.[257] Der BFH scheint die Zugehörigkeit eines Wirtschaftsgutes zu einer Betriebsstätte unter Anwendung der Kriterien des AOA zu prüfen[258] und sich damit bereits in Übereinstimmung mit dem Begriffsverständnis des MK zu befinden.

173 Nach Auffassung der FinVerw ist die Zugehörigkeit einer Beteiligung an einer Kapitalgesellschaft anhand von § 1 Abs. 5 AStG zu messen.[259] Dieser ist zur Umsetzung des AOA ergangen. Die Anwendung des AOA ist unter Gebrauch der Verordnungsermächtigung in § 1 Abs. 6 AStG in der Betriebsstättengewinnaufteilungsverordnung (BsGaV) weiter konkretisiert worden. Die Übereinstimmung des Begriffsverständnisses, welches ua in der BsGaV zum Ausdruck kommt, mit dem AOA, wird zu Recht

249 Art 10 Nr Art 10 Nr 32.1 MK.

250 Der konkrete Verweis führt jedoch nicht weiter, da es dort an speziellen Ausführungen zu Beteiligungen fehlt, *Häck* ISR 2015, 113.

251 *Häck* ISR 2015, 113.

252 *Debatin/Wassermeyer* Art 10 MA Rn 162, 165.

253 *Debatin/Wassermeyer* Art 10 MA Rn 163.

254 *BFH* IStR 2008, 367; Anm *Früchtl* BB 2008, 1212; *Ehlermann/Petersen* IStR 2011, 747.

255 *BFH* IStR 2008, 367.

256 *FG Münster* EFG 2015, 704 (Rev *BFH* I R 10/15).

257 *Schulz-Trieglaff* IStR 2015, 717; *FG Münster* EFG 2015, 704 (Rev *BFH* I R 10/15).

258 *BFH* IStR 2011, 32.

259 *BMF* BStBl I 2014, 1258, Tz 2.2.3.

bezweifelt.[260] Art 10 Abs 4 ist nach Auffassung der FinVerw nicht nur auf Betriebstätten, sondern auch auf feste Einrichtungen von selbstständig Tätigen anzuwenden; selbst wenn eine ausdrückliche Einbeziehung nach dem Wortlaut des Abk fehlt.[261]

Sofern die Voraussetzungen von Art 10 Abs 4 vorliegen, kann der Quellenstaat die Dividenden ohne Einschränkung durch Art 10 Abs 2 iRd durch die Betriebstätte erzielten Unternehmensgewinne besteuern. Die Dividenden sind Teil des Betriebstättenergebnisses, so dass insoweit auch im Zusammenhang mit den Dividendeneinnahmen entstandene Aufwendungen berücksichtigt werden. Die Dividende wird folglich nicht in Höhe ihres Bruttobetrages, sondern grds in Höhe ihres Nettobetrages besteuert, dh die erzielten Einkünfte (iSd dt Steuerrechts) werden Gegenstand der Besteuerung im Quellenstaat. Nationale Regelungen sind insoweit entsprechend zu berücksichtigen und können zu einem anderen Ergebnis führen. Findet der Betriebstättenvorbehalt hingegen keine Anwendung, so sind die Regelungen des Art 10 Abs 2 durch den Quellenstaat zu berücksichtigen. **174**

F. Absatz 5

Art 10 Abs 5 schließt die sog extraterritoriale Besteuerung von ausgeschütteten und nichtausgeschütteten Gewinnen aus. Dies ist ua die Besteuerung v Dividenden einer nichtansässigen Ges, weil der Ausschüttung Gewinne zugrunde liegen, die im Gebiet des Nichtansässigkeitsstaats erzielt wurden.[262] Entspr gilt jedoch auch für den Fall, dass solche Gewinne zwar bereits erzielt, jedoch noch nicht ausgeschüttet wurden. **175**

Die Besteuerung nicht ausgeschütteter Gewinne durch den Ansässigkeitsstaat des Anteilseigners (Nutzungsberechtigter) wird dadurch nicht gehindert. Art 10 Abs 5 steht daher Missbrauchsregeln, wie den dt Hinzurechnungsbesteuerungsregelungen nach §§ 7 ff AStG genauso wenig entgegen, wie den Regelungen nach IRC Sec 951 ff (sog Subpart F-Regeln).[263] **176**

I. In einem Vertragsstaat ansässige Gesellschaft

Ein Staat soll nichtansässige Ges nur aufgrund ausdrücklicher Verteilungsregeln und nicht allein aufgrund der Tatsache besteuern dürfen, dass die entspr Gewinne auf seinem Gebiet erwirtschaftet wurden. Die abkommensrechtliche Nichtansässigkeit kann zB auf der Anwendung der *„Tie-Breaker Rule"* Art 4 Abs 3 beruhen. In einem solchen Fall besteht nach dem innerstaatlichen Recht dieses Staates idR ein Besteuerungsrecht, welches jedoch durch das Abk (mangels) Ansässigkeit entspr beschränkt wird. **177**

Beispiel: Die im Vertragsstaat A ansässige Ges unterhält im Vertragsstaat B eine Betriebstätte und zahlt eine Dividende an den im Vertragsstaat A ansässigen Anteilseigner aus. In diesem Fall kann der Vertragsstaat B die Gewinne der Ges aufgrund von Art 7 eines mit dem anderen Vertragsstaat A abgeschlossenen Abk besteuern.[264] Etwas anderes gilt jedoch dann, wenn die Aktivitäten der Ges im Vertragsstaat B nicht die Voraussetzungen für die Begr einer abkommensrechtlichen Betriebstätte iSv Art 5 erfüllen. **178**

---

260 *Häck* ISR 2014, 113.
261 *FM Mecklenburg-Vorpommern* BeckVerw 027729.
262 Art 10 Nr 34 MK.
263 Art 10 Nr 37; *G/K/G* Art 10 MA Rn 237; *Vogel/Lehner* Art 10 MA Rn 255.
264 Zum Konkurrenzverhältnis zwischen Art 10 Abs 5 und Art 7 s Art 10 Rn 15.

179 Die Ges muss in einem der Vertragsstaaten ansässig sein, da das Abk nur zwischen den Vertragsstaaten Anwendung findet. In Drittstaaten ansässige Personen sind insoweit nicht abkommensberechtigt, dh sie können sich nicht wirksam auf (begünstigende) Vorschriften des Abk berufen.[265]

II. Gewinne oder Einkünfte aus dem anderen Vertragsstaat

180 Die Gewinne oder Einkünfte müssen aus dem Nichtansässigkeitsstaat der Ges stammen, dh der Quellenstaat darf nicht gleichzeitig Ansässigkeitsstaat der Ges sein. Es ist jedoch für Art 10 Abs 5 grds unerheblich, ob dem Quellenstaat aufgrund einer anderen abkommensrechtlichen (nicht Art 10) Verteilungsnorm ein Besteuerungsrecht an diesen Gewinnen oder Einkünften zusteht. Jedoch kommt der Beschränkung der Besteuerungsrechte des Quellenstaats nach Art 10 Abs 5 Bedeutung zu, wenn dem anderen Vertragsstaat kein solches Besteuerungsrecht aufgrund einer anderweitigen Verteilungsnorm zusteht.

III. Verbot der Besteuerung von ausgeschütteten und nicht ausgeschütteten Gewinnen

181 Art 10 Abs 5 schränkt eine Besteuerung durch den Nichtansässigkeitsstaat ein, dh die Beschränkungen der Quellenbesteuerung durch den Ansässigkeitsstaat der die Dividende auszahlenden Ges nach Art 10 Abs 2 werden durch die Regelungen in Art 10 Abs 5 nicht betroffen.

182 Die Art 23A/B schränken das nach Art 10 Abs 1 bestehende Besteuerungsrecht des Ansässigkeitsstaats des Anteilseigners (Nutzungsberechtigten) zur Vermeidung der Dbest ein. Insoweit kann sich hinsichtlich des Verbots der Besteuerung von ausgeschütteten Gewinnen ein Konkurrenzverhältnis ergeben.[266] Art 10 Abs 5 schränkt das Besteuerungsrecht nach Art 10 Abs 1 ausdrücklich nicht ein, wenn der Anteilseigner (Nutzungsberechtigter) in dem Staat ansässig ist, aus dessen Gebiet die ausgeschütteten Gewinne stammen. Folglich kann der Ansässigkeitsstaat des Anteilseigners sein Besteuerungsrecht nach Art 10 Abs 1 ausüben. Damit sind auch die einschränkenden Regelungen in Art 23A/B vorrangig vor Art 10 Abs 5 anzuwenden.[267]

183 Soweit die Beteiligung tatsächlich einer Betriebstätte im Nichtansässigkeitsstaat zuzurechnen ist, werden die Dividenden als Teil der Betriebstätteneinkünfte durch Art 7 erfasst. Der Wortlaut von Art 10 Abs 5 stellt insoweit klar, dass die Anwendung das Besteuerungsrecht auch nicht für die Fälle eingeschränkt, in denen zwar der Anteilseigner nicht im Nichtansässigkeitsstaat der Ges ansässig ist, aber dort eine Betriebstätte unterhält, zu der die Beteiligung an der ausschüttenden Ges tatsächlich gehört. Die insoweit positive Regelung durch Art 7 geht der lediglich negativen Einschränkung in Art 10 Abs 5 vor.

---

265 *Debatin/Wassermeyer* Art 10 MA Rn 184; **aA** *Vogel/Lehner* Art 10 MA Rn 253.

266 IE zust *Debatin/Wassermeyer* Art 10 MA Rn 182, der jedoch davon ausgeht, dass Art 23A und Art 23B dem Ansässigkeitsstaat des Anteilseigners ein Besteuerungsrecht einräumen. ME wird diesem das Besteuerungsrecht durch Art 10 Abs 1 eingeräumt und durch Art 23A oder Art 23B eingeschränkt.

267 *Debatin/Wassermeyer* Art 10 MA Rn 182; *Vogel/Lehner* Art 10 MA Rn 253.

Das Verbot der Besteuerung ausgeschütteter Gewinne wirkt zugunsten des im Ansässigkeitsstaat der ausschüttenden Ges ansässigen Anteilseigners (Nutzungsberechtigten). Andernfalls, dh bei einer Ansässigkeit des Anteilseigner (Nutzungsberechtigten) im Nichtansässigkeitsstaat der Ges, der gleichzeitig Vertragsstaat ist, ist Art 10 Abs 1 vorrangig ggü Art 10 Abs 5 anzuwenden. **184**

Teilw wird davon ausgegangen, dass Art 10 Abs 5 in dem Fall, in dem die ausschüttende Ges sowie der Anteilseigner (Nutzungsberechtigte) im selben Vertragsstaat ansässig sind, keine Anwendung finden würde.[268] In diesem Fall hätte das Verbot für die Besteuerung von ausgezahlten Dividenden, die auf Gewinnen aus dem anderen Vertragsstaat beruhen, keinen Anwendungsbereich bzw habe der andere Staat weder nach Art 10 Abs 1 noch Art 21 ein Besteuerungsrecht.[269] Dieser Auslegung kann mE nicht gefolgt werden, da ein Besteuerungsrecht immer dann besteht, wenn es nicht beschränkt ist. Art 10 Abs 1 und Art 21 enthalten gerade keine entsprechenden Beschränkungen bzw eine positive Einräumung von Besteuerungsrechten. Art 10 Abs 1 enthält vielmehr eine Wiederholung einer Selbstverständlichkeit, jedoch nicht die positive Begründung eines Besteuerungsrechts (Art 10 Rn 27). **185**

Personen, die in **Drittstaaten ansässig** sind, können sich auf die Beschränkung durch Art 10 Abs 5 nicht berufen, da sie nicht abkommensberechtigt sind.[270] Nach einer **aA** können sich auch Ansässige von Drittstaaten auf die Regelung des Art 10 Abs 5 berufen, da insoweit eine völkerrechtliche Bindung eintrete und die Regelungen Bestandteil des nationalen Rechts würden.[271] ME kann dies jedoch nicht dazu führen, dass die Voraussetzungen für den Schutz von Art 10 Abs 5 erfüllt werden. Aus dem Zusammenhang der Vorschrift mit Art 10 Abs 1 sowie den allg Grundsätzen der Anwendung von DBA ergibt sich, dass der Anteilseigner (Nutzungsberechtigte) in einem Vertragsstaat ansässig sein muss. Aus Art 10 Abs 5 kann nicht herausgelesen werden, dass die Vertragsstaaten über den Anwendungsbereich des Abk hinaus auf die Möglichkeit der extraterritorialen Besteuerung verzichten wollten. **186**

Nach dem MK stehe es Art 10 Abs 5 nicht entgegen, wenn ein Nichtansässigkeitsstaat eine Abzugssteuer auf die **in seinem Gebiet vereinnahmten ausgeschütteten Gewinne** erhebt.[272] Insoweit knüpfe die Besteuerung nicht an die Erzielung v Gewinnen durch die ausschüttende Ges in seinem Gebiet an, sondern an die Vereinnahmung der Dividenden. Vor einer solchen Besteuerung könne nur Art 21 des Abk schützen, welches zwischen dem Ansässigkeitsstaat des Dividendenempfängers und dem Vereinnahmungsstaat geschlossen wurde. Dies ist richtig, sofern die Gewinne oder Einkünfte der ausschüttenden Ges nicht auch im Gebiet der Vereinnahmung erzielt wurden. In diesem Fall schützt Art 10 Abs 5 vor einer Besteuerung, wenn der Anteilseigner (Nutzungsberechtigte) im anderen Vertragsstaat ansässig ist. **187**

Art 10 Abs 5 schützt auch vor der Erhebung einer **Sondersteuer auf nichtausgeschüttete Gewinne** einer nichtansässigen Ges.[273] Abkommensschutz kann insoweit die the- **188**

268 *Debatin/Wassermeyer* Art 10 MA Rn 183.
269 *Debatin/Wassermeyer* Art 10 MA Rn 183.
270 *G/K/G* Art 10 MA Rn 230; *Debatin/Wassermeyer* Art 10 MA Rn 183.
271 *Vogel/Lehner* Art 10 MA Rn 253.
272 Art 10 Nr 35 MK.
273 Art 10 Nr 36 MK.

saurierende Ges und nicht der an ihr beteiligte Anteilseigner in Anspruch nehmen.[274] Soweit Ges in einem Staat ansässig sind, der (thesaurierte) Gewinne oder Einkünfte der Ges niedrig besteuert, so wird der Staat, in dessen Gebiet die Gewinne oder Einkünfte erzielt werden, versucht sein, die nichtansässige Ges insoweit zu besteuern, um Steuerumgehungen zu vermeiden. An einer solchen Besteuerung ist der Nichtansässigkeitsstaat aufgrund von Art 10 Abs 5 jedoch gehindert.[275] Im Gegensatz zum Nichtansässigkeitsstaat, ist der Ansässigkeitsstaat der Ges durch Art 10 Abs 5 nicht gehindert, thesaurierte Gewinne mit einer höherer Steuer als ausgeschüttete Gewinne zu besteuern.[276]

189 Da Art 10 Abs 5 hinsichtlich nichtausgeschütteter Gewinne und Einkünfte lediglich die (Sonder-) Besteuerung der nichtansässigen Ges ausschließt, ist die **Besteuerung des Anteilseigners** durch dessen Ansässigkeitsstaat hinsichtlich solcher nicht ausgeschütteter Gewinne und Einkünfte nicht eingeschränkt (Hinzurechnungsbesteuerung).[277] Insoweit wird im MK ausdrücklich darauf hingewiesen, dass eine solche vorzeitige Besteuerung potentiell zu einer zweifachen Besteuerung im Ansässigkeitsstaat des Anteilseigners führen kann. Darüber hinaus können sich Schwierigkeiten ergeben, wenn der Ansässigkeitsstaat des Anteilseigners die Einkünfte der Ges dem Anteilseigner unmittelbar zurechnet, wie dies zB iF der Anwendung von § 42 AO auf sog Basisgesellschaft der Fall sein kann. Bzgl der unmittelbar zugerechneten Einkünfte müssten die betr Abkommensvorschriften evtl unterschiedlicher Abk Anwendung finden, während die Behandlung als fiktive Ausschüttung als Einnahme im Verhältnis zwischen Ansässigkeitsstaat der Ges und Ansässigkeitsstaat des Anteilseigners anzusehen sei. Im letzteren Fall ist jedoch die abkommensrechtliche Behandlung nicht eindeutig, dh es könnte sich um Einkünfte iSv Art 10 oder Art 21 handeln. Eine spätere tatsächliche Ausschüttung der bereits im Ansässigkeitsstaat des Anteilseigners besteuerten Gewinne oder Einkünfte sollte grds zu einer Anrechnung nach Art 23A/B berechtigen, sofern eine solche Anrechnung bei Dividenden sonst gewährt werden würde. Die Anrechnung kann zumindest nicht mit dem Argument abgelehnt werden, dass nunmehr keine Besteuerung mehr stattfinde und folglich keine Grundlage für die Anrechnung existiere, da diese bereits zu einem früheren Zeitpunkt (fiktive Dividende) stattgefunden habe.[278]

G. Deutsche DBA

I. Allgemeines

190 Aufgrund einer längeren Diskussion der **abkommensrechtlichen Behandlung von REITs** und einem OECD Diskussionspapier v 30.10.2007[279] wurde der MK entspr ergänzt. Danach werden REITs als im Streubesitz gehaltene Ges, Trusts oder schuldrechtliche oder treuhänderische Vereinbarungen bezeichnet, die ihr Einkommen im Wesentlichen aus langfristigen Immobilieninvestitionen erzielen, den überwiegenden

274 Art 10 Nr 37 MK; *G/K/G* Art 10 MA Rn 235; *Debatin/Wassermeyer* Art 10 MA 188.
275 *G/K/G* Art 10 MA Rn 236.
276 *Debatin/Wassermeyer* Art 10 MA Rn 188.
277 Art 10 Nr 37 MK; *Vogel/Lehner* Art 10 MA Rn 255.
278 Art 10 Nr 39 MK.
279 „Tax Treaty Issues related to REITs“ des Centre for Tax Policy and Administration der OECD v 30.10.2007.

Teil des Einkommens jährlich auszahlen und hinsichtlich des Einkommens aus Immobilieninvestitionen, welches ausgezahlt wird, nicht besteuert werden. Der Verzicht auf die Besteuerung des REITs begründet sich in dem Ziel das Einkommen lediglich in der Hand des REIT-Investors zu besteuern. Es werden Formulierungsvorschläge unterbreitet, die v den Vertragsstaaten beim Abschluss oder der Änderung vom Abk im Hinblick auf REITs übernommen werden können. Insoweit wird zwischen Klein- und Großinvestoren unterschieden. Der Kleininvestor (Beteiligung unter 10 %) hat keinen Einfluss auf die jeweiligen Investition durch den REIT, so dass er einem Gesellschafter einer Ges vergleichbar ist, der Streubesitzdividenden bezieht. Der Großinvestor (Beteiligung mindestens 10 %) hingegen hat Einfluss oder zumindest ein größeres Interesse bzgl der jeweiligen Immobilieninvestition des REITs. Sein Investment kann daher als Alt zum Direktinvestment in die betr Immobilien angesehen werden, so dass eine entspr Begrenzung der Quellenbesteuerung bzgl Dividenden nicht in Betracht kommt. Insb auch um eine Mehrfachbegünstigung durch die Nichtbesteuerung des REIT und eine zusätzliche Quellensteuerbegünstigung zu vermeiden, sieht die deutsche Verhandlungsgrundlage für Doppelbesteuerungsabkommen vor, dass insoweit der nicht begünstigte Quellensteuersatz von 15 % zur Anwendung kommt.[280] Der MK enthält darüber hinaus Formulierungsvorschläge für Fälle in denen REITs nicht als Ges iSd Abk zu klassifizieren sind.

Bemerkungen und Vorbehalte zu Art 10 hat die Bundesrepublik Deutschland nicht in **191**
den MK aufnehmen lassen.

II. Wichtigste Abweichungen

Die im Folgenden näher beschriebenen Abweichungen beziehen sich auf Abk **192**
Deutschlands mit Staaten der EU/EWR sowie China, Japan, Schweiz und den USA.

1. Absatz 1. In den **DBA Frankreich** (Art 9 Abs 1) und **DBA Griechenland** (Art 4 **193**
Abs 1)

findet sich die Regelung nicht in Art 10 Abs 1, sondern in der jeweils in Klammern genannten Vorschrift.

2. Absatz 2. – a) Inhaltliche Abweichungen. Das **DBA Belgien** enthält keinen bes **194**
Steuersatz für Schachteldividenden.

Das **DBA Bulgarien** gewährt den bes Steuersatz für Schachteldividenden bereits ab **195**
einer Beteiligung am Kapital von 10 %. Dt Immobilien-Aktiengesellschaften (REIT-AG) werden neben PersGes ausdrücklich v Anwendungsbereich der Schachtelbeteiligungen ausgenommen, dh diese können als Gesellschafter nicht in den Genuss des bes Steuersatzes gelangen.

Das **DBA China** enthält keinen bes Steuersatz für Schachteldividenden. Für sämtliche **196**
Dividenden gilt abkommensrechtlich der von MA abw Quellensteuersatz v 10 %. Das neue, noch nicht in Kraft getretene DBA China[281] differenziert zwischen Streubesitz- und Schachteldividenden. Es sieht für Schachteldividenden eine Mindestbeteiligungs-

280 Art 10 Abs 2 S 2 der deutschen Verhandlungsgrundlage für Doppelbesteuerungsabkommen.

281 Am 28.3.2014 unterzeichnet.

quote des Nutzungsberechtigten[282] (Ges, keine PersGes) von 25 % vor, damit ein Quellensteuersatz von 5 % Anwendung findet. Für Streubesitzdividenden bleibt es beim bisherigen Quellensteuersatz von 10 %. Für steuerbefreite Investmentvehikel, die Dividenden ausschütten, welche aus Einkünften oder Erträgen gezahlt werden, die unmittelbar oder mittelbar aus unbeweglichen Vermögen erzielt werden wird der bisherige Quellensteuersatz auf 15 % angehoben. In Deutschland sind dies Gesellschaften iSv § 1 Abs 1 REITG.[283]

197 Das **DBA Dänemark** sieht für Schachteldividenden eine v MA abw Mindestbeteiligungsquote v 10 % vor. Das Abk weist ausdrücklich darauf hin, dass durch das Abk keine Einschränkung der Regelungen durch die MTR Nr 90/435/EWG v 23.7.1990 (AblEG Nr L 225, 6) eintritt.[284] Darüber hinaus ist im DBA Dänemark eine bes Quellenbesteuerungsregelung zu Rechten oder Forderungen mit Gewinnbeteiligung (dies schließt für Deutschland als Anwenderstaat ausdrücklich Einkünfte aus einer Beteiligung als stiller Gesellschafter, partiarischen Darlehen und Gewinnobligationen ein) enthalten, die im Quellenstaat beim Schuldner iRd Gewinnermittlung abzugsfähig sind. Die Quellensteuer ist für solche Fälle auf einen Quellensteuersatz v 25 % begrenzt.

198 **DBA Finnland** sieht für Schachteldividenden einen v MA abw Quellensteuersatz v 10 % vor. Für Einkünfte eines stillen Gesellschafters iSd Rechts der Bundesrepublik Deutschland beträgt der Quellensteuersatz 25 %.

199 **DBA Frankreich** sieht für Schachteldividenden eine v MA abw Mindestbeteiligungsquote v 10 % vor. Für in Frankreich ansässige Ges ist bei Ausschüttungen an in Deutschland ansässige schachtelbegünstigte Ges keine Quellensteuer einzubehalten.[285] In umgekehrter Richtung gilt dem MA entspr ein Quellensteuersatz v 5 %. Im Übrigen ist in Art 10 Abs 4 DBA Frankreich eine Regelung zur Rückerstattung einer Ausgleichssteuer („précompte") enthalten. Bzgl des „avoir fiscal" s BMF-Schreiben.[286] In einem neuen, zwischenzeitlich in Kraft getretenen Zusatzabkommen[287] ist für Anleger in Investmentvermögen, deren Einkünfte und Gewinne aus unbeweglichem Vermögen steuerfrei sind und die ihre Einkünfte oder Gewinne jährlich größtenteils ausschütten bei einer Beteiligung von mindestens 10 % vorgesehen, dass die begünstigenden Regelungen zu Schachteldividenden keine Anwendung finden. Insoweit soll der allg nach nationalen Vorschriften anzuwendende Quellensteuersatz Anwendung finden. Sie dazu auch Art 10 Rn 190.

200 Das **DBA Griechenland** enthält keinen bes Steuersatz für Schachteldividenden. Für sämtliche Dividenden gilt abkommensrechtlich der v MA abw Quellensteuersatz v 25 %.

201 Das **DBA Großbritannien** enthält einen bes Steuersatz für Dividenden an Altersvorsorgeeinrichtungen als Nutzungsberechtigte in Höhe v 10 %. Für Schachteldividenden

---

282 Zum Begriff des Nutzungsberechtigten aus chinesischer Sicht s *Ma* IStR 2014, 368.

283 Nr 3 des Protokolls zum neuen DBA China.

284 Aufgrund der Neufassung der MTR (jetzt 2011/96/EU v 30.11.2011 – AblEU Nr L 345, 8) ergeben sich mE keine Besonderheiten.

285 *BFH* IStR 2010, 661.

286 *BMF* DStR 2002, 1811.

287 ZusatzAbk v 31.5.2015 (BGBl II 2015, 1335).

ist entsprechend dem MA ein Quellensteuersatz v 5 % vorgesehen. Schachtelbeteiligungen sind Kapitalbeteiligungen v Kapitalgesellschaften iHv mindestens 10 %. Die Beschränkung der für Schachteldividenden (5 %), Altersvorsorgeeinrichtungsdividenden (10 %) und Streubesitzdividenden (15 %) jeweils geltenden Quellensteuersatz steht unter dem Vorbehalt, dass der Hauptzweck oder einer der Hauptzwecke einer der Personen, die an der Begründung oder Übertragung der Aktien oder anderen Rechte, für die die Dividende gezahlt wird, beteiligt waren, nicht darin bestand, diesen Artikel mithilfe dieser Begründung oder Übertragung in Anspruch zu nehmen.

Das **DBA Irland** enthält einen Quellensteuersatz v 5 % für Schachteldividenden bei einer unmittelbaren Beteiligung am Kapital von mindestens 10 %. Dies gilt ausdrücklich nicht für beteiligte dt REIT-Aktiengesellschaften. Im zum DBA Irland geschlossenen Prot finden sich Sonderregeln für Investmentvermögen, die bei entsprechenden Investoren, wie in dem Niederlassungsstaat des Investmentvermögens ansässige natürliche Personen behandelt werden. Darüber hinaus hat der Quellenstaat das Recht auf die Besteuerung v Dividenden (und Zinsen), die auf Rechten oder Forderungen mit Gewinnbeteiligung beruhen, einschließlich der Einkünfte eines stillen Gesellschafters aus seiner Beteiligung als stiller Gesellschafter oder der Einkünfte aus partiarischen Darlehen oder Gewinnobligationen im Sinne des Steuerrechts der Bundesrepublik Deutschland, wenn diese bei der Ermittlung der Gewinne des Schuldners der Dividenden abzugsfähig waren. **202**

Die im **DBA Island** in Art 10 Abs 3 und 4 enthaltenen Sonderregelungen zur Höhe der Quellensteuer bei einer unterschiedlichen Besteuerung v ausgeschütteten und thesaurierten Gewinnen nach innerstaatlichem Steuerrecht haben derzeit keine Bedeutung, da das jeweilige innerstaatliche Recht zwischenzeitlich geändert wurde und die Voraussetzungen der Sonderregelungen folglich nicht mehr vorliegen. **203**

Das **DBA Italien** enthält einen vom MA abw Quellensteuersatz für Schachteldividenden v 10 % für Auszahlungen an in Italien ansässige Ges. Die Sonderregelung in Art 10 Abs 4 des Abk hat aufgrund der Abschaffung des Anrechnungsverfahrens in Deutschland keine Bedeutung mehr. Die nach Art 10 Abs 5 des Abk unter bestimmten Voraussetzungen zu erstattende „maggiorazine di conguaglio" wird aufgrund einer Verständigungsvereinbarung zwischen Deutschland und Italien unbeschadet von Art 5 Abs 1 der MTR Nr 2011/96/EU v 30.11.2011 (ABlEU Nr L 345, 8) keiner Besteuerung unterworfen.[288] **204**

Das **DBA Japan** enthält bisher keinen bes Steuersatz für Schachteldividenden aus Deutschland (der allg Quellensteuersatz v 15 % findet Anwendung). Im umgekehrten Fall liegen Schachteldividenden vor, wenn eine in Deutschland ansässige Ges seit mindestens 12 Monaten mindestens 25 % der stimmberechtigten Anteile an der in Japan ansässigen, ausschüttenden Ges hält. Der Quellensteuersatz ist für Schachteldividenden aus Japan auf 10 % begrenzt. Das neue DBA Japan, welches unterzeichnet[289] wurde, aber noch nicht in Kraft getreten ist, sieht nunmehr zwei verschiedene Regelungen für Schachteldividenden vor. Ist eine Ges, die keine PersGes ist, sechs Monate vor dem Tag, an dem die Dividendenberechtigung[290] bestimmt wird, mit mindestens **205**

288 *BMF* BStBl I 1994, 437.
289 Am 17.12.2015 in Tokyo, Japan.
290 In Deutschland Tag des Gewinnausschüttungsbeschlusses.

10 % an einer im anderen Vertragsstaat ansässigen Ges beteiligt, so beträgt der maximale Quellensteuersatz 5 %. Weiterhin sieht das Abk für beide Vertragsstaaten einen Ausschluss von Quellensteuern vor, wenn im Zeitpunkt der Bestimmung der Dividendenberechtigung eine unmittelbare Beteiligung einer Ges, die keine PersGes ist, von mindestens 25 % der Stimmrechte seit mindestens 18 Monaten bestanden hat.

206 Das **DBA Liechtenstein**[291] reduziert den Quellensteuersatz für Schachteldividenden auf 0 %. Dies setzt voraus, dass es sich beim Anteilseigner um eine Ges mit Ausnahme v PersGes handelt und diese während eines ununterbrochenen Zeitraums v 12 Monaten eine unmittelbare Beteiligung v mindestens 10 % der stimmberechtigten Anteile an der die Dividende zahlenden Ges hält. Der Quellensteuersatz wird auf 5 % reduziert, wenn die 12 Monatsfrist in der vorgenannten Konstellation nicht erreicht wird. Von einer Reduzierung auf 0 % oder 5 % werden ausdrücklich deutsche Immobilien-Aktiengesellschaften (REIT-AG), deutsche Investmentfonds, deutsche Investmentaktiengesellschaften, liechtensteinische OGAW und liechtensteinische Investmentunternehmen ausgenommen, dh auf diese findet der iÜ geltende Quellensteuersatz v 15 % Anwendung.

207 Im **DBA Luxemburg**[292] ist ein v MA abw Quellensteuersatz für Schachteldividenden v 10 % enthalten. Es sieht neben dem allgemeinen Quellensteuersatz v 15 % ausdrücklich auch einen Quellensteuersatz v 15 % für ausschüttende Immobilieninvestmentgesellschaften vor, deren Gewinn vollständig oder tw v der Steuer befreit sind oder die ihre Ausschüttungen v der Steuerbemessungsgrundlage abziehen können.[293] Ausweislich des Prot zum DBA Luxemburg können sich auch nach dem Recht eines der Vertragsstaaten gebildete Investmentvermögen auf die Begrenzung des Steuereinbehalts nach Art 10 berufen, soweit die Anteile an dem Investmentvermögen v Personen, die im selben Staat ansässig sind, gehalten werden. In diesem Fall ist bei Anerkennung des Anspruchs ein Anspruch des Anteilscheininhabers aus eigenem Recht ausgeschlossen, dh eine mehrfache Rückerstattung v Kapitalertragsteuern scheidet aus. Investmentvermögen sind in Deutschland durch Kapitalanlagegesellschaften verwaltete Sondervermögen iSd Investmentgesetzes und in Luxemburg Investmentfonds (fonds commun de placement). Entspr gilt auch für Investmentgesellschaften. Dies sind in Deutschland Investmentaktiengesellschaften und in Luxemburg Risikoanlagegesellschaften (SICAR), Anlagegesellschaften mit variablen Kapital (SICAV) und Anlagegesellschaften mit festem Kapital (SICAF).

208 Im **DBA Malta** ist ein vom MA abw Quellensteuersatz für Schachteldividenden enthalten, der eine unmittelbare Beteiligung v 10 % voraussetzt. Solange Malta die auf Ebene der Ges erhobenen Steuern beim Anteilseigner anrechnet, darf nach Art 10 Abs 3 DBA Malta keine maltesische Quellensteuer erhoben werden.

209 Im **DBA Niederlande**[294] ist eine v MA abw Mindestbeteiligungsquote v 10 % für Schachteldividenden enthalten. Darüber hinaus ist im Abk ein Quellensteuersatz v 10 % für in den Niederlanden ansässige Pensionsfonds enthalten. Das ebenfalls am 12.4.2012 geschlossene Prot zum Abk enthält eine detailliertere Definition des Begr Pensionsfonds.

---

291 Am 19.12.2012 in Kraft getreten.

292 Am 30.9.2013 in Kraft getreten.

293 Unterzeichnung erfolgte am 23.4.2012.

294 Das am 1.12.2015 in Kraft getretene Abk (BGBl II 2015, 1674) ist ab dem 1.1.2016 anzuwenden; s Art 30 Rn 38).

Nach dem **DBA Norwegen** dürfen keine Quellensteuern auf Schachteldividenden erhoben werden.[295] Die Sonderregelung des Art 10 Abs 4 des Abk findet derzeit keine Anwendung, da die Vertragsstaaten keine innerstaatlich unterschiedlichen Steuersätze auf thesaurierte und ausgeschüttete Gewinne anwenden. **210**

Das **DBA Österreich** sieht für Schachteldividenden eine v MA abw Mindestbeteiligungsquote v 10 % vor. **211**

Das **DBA Polen** sieht für Schachteldividenden eine v MA abw Mindestbeteiligungsquote v 10 % vor. **212**

Das **DBA Portugal** enthält keinen bes Steuersatz für Schachteldividenden. **213**

Das **DBA Rumänien** sieht für Schachteldividenden eine v MA abw Mindestbeteiligungsquote v 10 % vor. **214**

Nach dem **DBA Schweden** ist für Schachteldividenden keine Quellensteuer einzubehalten. Die vom MA abw Mindestbeteiligungsquote beträgt 10 %. Die Reduzierung v Quellensteuern auf Schachteldividenden für Auszahlungen in Deutschland ansässiger Ges auf lediglich 5 %, findet mit der Abschaffung des Anrechnungsverfahrens keine Anwendung mehr. **215**

Nach dem **DBA Schweiz** ist für Schachteldividenden keine Quellensteuer einzubehalten. Die vom MA abw Mindestbeteiligungsquote beträgt 10 % und setzt darüber hinaus eine solche Beteiligung während mindestens der unmittelbar vorhergehenden 12 Monate voraus. Für deutsche Immobilien-Aktiengesellschaften mit börsennotierten Anteilen (REIT-AG), deutsche Investmentfonds oder deutsche Investmentaktiengesellschaften gilt eine Begrenzung des Quellensteuersatzes auf 15 %. IÜ ist im Abk ua eine Sonderregelung für Einnahmen aus Beteiligungen als stiller Gesellschafter iSd dt Rechts, aus Genussrechten, aus Gewinnobligationen und aus partiarischen Darlehen, die bei der Gewinnermittlung des Schuldners abzugsfähig sind, enthalten. Der Quellensteuersatz wird insoweit lediglich auf 30 % reduziert. **216**

Im **DBA Spanien** sind abweichend v MA Schachteldividenden bereits ab einer Mindestbeteiligungsquote von 10 % gegeben. PersGes werden neben deutschen REIT-Aktiengesellschaften explizit v Anwendungsbereich der Schachteldividenden ausgeschlossen. **217**

Die in Art 10 Abs 4 **DBA Tschechoslowakei** enthaltene Sonderregelung findet derzeit keine Anwendung, da die Vertragsstaaten keine innerstaatlich unterschiedlichen Steuersätze auf thesaurierte und ausgeschüttete Gewinne anwenden. Das DBA Tschechoslowakei findet auf **Tschechien** Anwendung. **218**

Das **DBA Ungarn** gewährt den bes Steuersatz für Schachteldividenden bereits ab einer Beteiligung am Kapital v 10 % und schließt transparente PersGes („der Steuer nicht unterworfene Personengesellschaft") v Anwendungsbereich aus. Darüber hinaus hat der Quellenstaat ausweislich des Prot zum DBA Ungarn, das Recht auf die Besteuerung v Dividenden (und Zinsen), die auf Rechten oder Forderungen mit Gewinnbeteiligung beruhen, einschließlich der Einkünfte eines stillen Ges aus seiner Beteiligung als stiller Ges oder der Einkünfte aus partiarischen Darlehen oder Gewinnobligationen iSd Steuerrechts Deutschlands, wenn diese bei der Ermittlung **219**

295 *BMF* IStR 2010, 780.

der Gewinne des Schuldners der Dividenden abzugsfähig waren. Ein solches Besteuerungsrecht des Quellenstaates gilt auch, wenn die ausschüttende Ges ein Real Estate Investment Trust oder ein ähnlicher Rechtsträger ist, der v der Körperschaftsteuer befreit ist.

220 Das mit Prot v 1.6.2006 geänderte **DBA USA** ist durch Austausch der Ratifikationsurkunden am 27.12.2007 völkerrechtlich verbindlich geworden. Seine Regelungen sind hinsichtlich der Quellensteuerregelungen mit Rückwirkung per 1.1.2007 und iÜ mit Wirkung zum 1.1.2008 in Kraft getreten.[296] Es enthält zwei Schachteldividendenregelungen.[297] Nach Art 10 Abs 2a DBA USA gilt eine Mindestbeteiligungsquote v 10 % der stimmberechtigten Anteile für eine Quellensteuersatzreduktion auf 5 %. Eine Quellensteuersatzreduktion auf 0 % ist an strenge Voraussetzungen geknüpft. So muss die nutzungsberechtigte empfangende Ges an der im anderen Vertragsstaat ansässigen Ges seit einem Zeitraum von 12 Monaten unmittelbar mindestens 80 % der stimmberechtigten Anteile an der auszahlenden Ges halten und einen v vier näher bezeichneten Tests des Art 28 DBA USA (Schranken für die Abkommensvergünstigungen) erfüllen. Bei den Tests handelt es sich um den „publicly-traded"-Test (Art 28 Abs 2 lit c aa und bb DBA USA), den „ownership/base-erosion"-Test iVm dem „active-trade-or-business"-Test (Art 28 Abs 2 lit f und Art 28 Abs 4 DBA USA), den „derivative-benefits"-Test (Art 28 Abs 3 DBA USA) und den „competent-authority"-Test (Art 28 Abs 7 DBA USA).

221 Nach dem **„publicly-traded"-Test** ist es erforderlich, dass der Anteilseigner (Nutzungsberechtigte) der auszahlenden Ges mit seiner Hauptaktiengattung regelmäßig an einer v den Vertragsstaaten anerkannten Börse (Art 28 Abs 8 DBA USA) gehandelt wird. Entweder muss sich die Börse im Ansässigkeitsstaat der Ges befinden oder der hauptsächliche Ort der Geschäftsleitung muss sich im Ansässigkeitsstaat der Ges befinden. Sofern der Anteilseigner nicht selbst börsennotiert ist, sind die Voraussetzungen ebenfalls erfüllt, wenn Aktien, die mindestens 50 % der gesamten Stimmrechte und des Werts der Ges darstellen, mittelbar oder unmittelbar v fünf oder weniger Ges gehalten werden, die selbst die vorgenannten Voraussetzungen der Börsennotierung erfüllen.

222 Die Kombination aus **„ownership/base-erosion"-Test** und dem **„active-trade-or-business"-Test** erfordert, dass an mindestens der Hälfte der Tage des Steuerjahres mindestens 50 % der Anteile der Ges unmittelbar v natürlichen Personen, einem Vertragsstaat oder seiner Gebietskörperschaften, einer börsennotierten Ges, einem gemeinnützigen Rechtsträger (iSv Art 28 Abs 2 lit d DBA USA) oder einem Pensionsfonds (iSv Art 28 Abs 2 lit e DBA USA) gehalten werden und weniger als 50 % des Rohgewinns als abziehbare Zahlungen an nicht abkommensberechtigte Personen (iSv Art 28 DBA USA) gezahlt werden. Darüber hinaus ist es erforderlich, dass hinsichtlich der Dividenden der **„active-trade-or-business"-Test** erfüllt wird. Dies setzt voraus, dass der Anteilseigner (die Ges) im Ansässigkeitsstaat aktiv gewerblich tätig ist, die Dividenden aus Anlass oder im Zusammenhang mit dieser Tätigkeit anfallen und die gewerbliche Tätigkeit im Ansässigkeitsstaat gg der gewerblichen Tätigkeit im

296 Zu den Anwendungsregelungen *Kreienbaum/Nürnberger* IStR 2006, 806.
297 Zum Verhältnis zu Art 1 Abs 7 DBA USA s *Eimermann* IStR 2009, 58; *Bahns/Keuthen* IStR 2010, 750.

anderen Vertragsstaat erheblich ist. Die aktive gewerbliche Tätigkeit einer verbundenen Person iSv Art 28 Abs 4 lit c DBA USA kann als eigene gewerbliche Tätigkeit zugerechnet werden.

Der **„derivative-benefits"-Test** setzt voraus, dass Anteile an der beteiligten Ges, die mindestens 95 % der gesamten Stimmrechte und des Wertes ausmachen, unmittelbar oder mittelbar v sieben oder weniger Personen gehalten werden, die sog gleichberechtigte Begünstigte iSv Art 28 Abs 8 lit e DBA USA sind, und dass weniger als 50 % des Rohgewinns als abziehbare Zahlungen an nicht gleichberechtigte Begünstigte gezahlt werden. Gleichberechtigte Begünstigte sind Personen, die in einem EU-, EWR- oder NAFTA-Staat ansässig sind und aufgrund eines vergleichbaren Abk Anspruch auf eine entspr Quellensteuerreduktion hätten. Sofern kein vergleichbares Abk existiert, sind fiktiv die Voraussetzungen des DBA USA zu prüfen, wobei die Ansässigkeit in einem Vertragsstaat iSv Art 4 DBA USA unterstellt wird. **223**

Werden die Voraussetzungen der vorgenannten Tests nicht erfüllt, so kann die zuständige Behörde des Staates von dem die Begünstigung begehrt wird, die Begünstigung nach vorheriger Konsultation mit dem anderen Vertragsstaat gewähren **(„competent-authority"-Test)**. **224**

Darüber hinaus steht auch **Pensionsfonds** iSv Art 10 Abs 11 DBA USA, unabhängig v der Beteiligungshöhe und den vorgenannten weiteren Voraussetzungen eine Quellensteuerbefreiung zu, wenn die Dividenden nicht unmittelbar oder mittelbar aus einer gewerblichen Tätigkeit dieses Pensionsfonds stammen. Insoweit wurde zwischen den USA und Deutschland eine Vereinbarung[298] geschlossen, die den Anwendungsbereich bzw den Umfang des Begriffs Pensionsfonds näher präzisiert. Insb werden auch Contractual Trust Agreements zur Haltung von betrieblichen Altersvorsorgeplänen angesprochen. Sofern die Voraussetzungen v § 6a EStG erfüllt werden und das wirtschaftliche Eigentum an den Vermögenswerte (§ 39 AO) dem Arbeitgeber zugerechnet wird, findet die Quellensteuerbefreiung unter dem Vorbehalt der sonstigen Voraussetzungen des Abkommens Anwendung. **225**

Art 10 Abs 4 DBA USA enthält Sonderregelungen für Dividenden, die durch eine **Regulated Investement Company (RIC)**, **Real Estate Investment Trust (REIT)**, **dt Investmentfonds** oder **dt InvestmentaktienGes** gezahlt werden. **226**

Im **DBA Zypern** ist ein vom MA abw Quellensteuersatz für Schachteldividenden ab einer Beteiligung am Kapital v 10 % enthalten. PersGes werden nach dem Wortlaut – abweichende vom MA – nicht ausdrücklich v Anwendungsbereich ausgeschlossen. Angesichts der abkommensrechtlichen Definition des Gesellschaftsbegriffs kommt damit jedoch nicht zum Ausdruck, dass auch PersGes v bes Steuersatz profitieren könnten. **227**

b) Abweichende Fundstelle. In den **DBA Belgien** (Art 10 Abs 2–4), **DBA Dänemark** (Art 10 Abs 2, 3 und 5), **DBA Finnland** (Art 10 Abs 2 und 3) **DBA Frankreich** (Art 9 Abs 2–5), **DBA Griechenland** (Art 6 Abs 2), **DBA Island** (Art 10 Abs 2–4), **DBA Italien** (Art 10 Abs 2–4), **DBA Japan** (Art 10 Abs 2 und 3)[299], **DBA Malta** **228**

298 *BMF* v 12.4.2012, Az IV B 5 – S 1301-USA/09/10001.

299 Dies gilt ebenfalls für das am 17.12.2015 unterzeichnete, aber noch nicht in Kraft getretene Abk.

(Art 10 Abs 2 und 3), **DBA Norwegen** (Art 10 Abs 2–4), **DBA Schweden** (Art 10 Abs 2 und 3), **DBA Schweiz** (Art 10 Abs 2 und 3), **DBA Tschechoslowakei** (Art 10 Abs 2 und 3), und **DBA USA** (Art 10 Abs 2–4) findet sich die Regelung nicht in Art 10 Abs 2, sondern in der jeweils in Klammern genannten Vorschrift.

229 **3. Absatz 3. – a) Inhaltliche Abweichungen.** Durch das **DBA Belgien** werden Einkünfte aus stillen Beteiligungen, die nach dt innerstaatlichem Recht als Einkünfte aus Kapitalvermögen behandelt werden (typisch stille Beteiligungen iSv § 20 Abs 1 Nr 4 EStG), in den Dividendenbegriff einbezogen. Ebenfalls werden Einkünfte aus Kapital, einschließlich Zinsen, die v belgischen PersGes (da AG und KGaA aus dem Anwendungsbereich ausgenommen sind) gezahlt werden, in den Dividendenbegriff einbezogen.

230 Das **DBA Bulgarien** enthält in der Begriffsbestimmung nicht die im MA genannten Genussrechte, Kuxen und Gründeranteile. Das sich im Übrigen am MA orientierende Abk stellt jedoch hinsichtlich sonstiger Einkünfte nicht ausdrücklich auf Rechte mit Gewinnbeteiligungen ab und bezieht Ausschüttungen auf Anteilsscheine an einem Investmentvermögen ausdrücklich ein.

231 Durch das **DBA Dänemark** werden in den Dividendenbegriff für Deutschland als Anwenderstaat ausdrücklich Einkünfte aus einer Beteiligung als stiller Gesellschafter, partiarischen Darlehen, Gewinnobligationen und ähnlichen gewinnabhängigen Vergütungen sowie Ausschüttungen auf Anteilsscheine an einem Investmentvermögen einbezogen.

232 Durch das **DBA Finnland** werden in den Dividendenbegriff für Deutschland als Anwenderstaat ausdrücklich Einkünfte aus einer Beteiligung als stiller Gesellschafter und Ausschüttungen auf Anteilsscheine an einem Investmentvermögen einbezogen.

233 Durch das **DBA Frankreich** werden in den Dividendenbegriff für Deutschland als Anwenderstaat ausdrücklich Einkünfte aus einer Beteiligung als stiller Gesellschafter, partiarischen Darlehen, Gewinnobligationen und ähnlichen gewinnabhängigen Vergütungen sowie Ausschüttungen auf Anteilsscheine an einem Investmentvermögen einbezogen.

234 Durch das **DBA Griechenland** werden in den Dividendenbegriff für Deutschland als Anwenderstaat ausdrücklich Einkünfte aus einer Beteiligung als stiller Gesellschafter und Ausschüttungen auf Anteilsscheine an einem Investmentvermögen einbezogen.

235 Durch das **DBA Großbritannien** werden in den Dividendenbegriff Ausschüttungen auf Anteilsscheine an einem dt Investmentvermögen ausdrücklich einbezogen.

236 Das **DBA Irland** orientiert sich am MA, wobei hinsichtlich sonstiger Einkünfte nicht ausdrücklich auf Rechte mit Gewinnbeteiligungen abgestellt wird. Ausweislich des Prot zum **DBA Irland** unterfallen dem Dividendenbegriff Ausschüttungen auf Anteilsscheine an einem dt Investmentvermögen.

237 Das **DBA Island** schließt in den Begr der Dividende Einkünfte aus einer Beteiligung als stiller Gesellschafter sowie Ausschüttungen auf Anteilsscheine v KapitalanlageGes ein.

238 Im **DBA Italien** werden ausdrücklich Einkünfte aus Beteiligungen an GmbH sowie für Deutschland als Anwenderstaat Einkünfte aus der Beteiligung als stiller Gesellschafter an gewerblichen Unternehmen und Ausschüttungen auf Anteilsscheine an einem Investmentvermögen in den Begr der Dividende einbezogen.

Nach dem **DBA Japan** erfasst der Begr der Dividende auch Einkünfte aus einer Beteiligung als stiller Gesellschafter.[300] **239**

In den Dividendenbegriff nach dem **DBA Liechtenstein** werden ausdrücklich für Deutschland Ausschüttungen auf Anteilsscheine an einem Investmentvermögen und für Liechtenstein Ausschüttungen auf Anteile an einem OGAW oder einem Investmentunternehmen einbezogen. Im Übrigen orientiert sich Abk am MA, wobei hinsichtlich sonstiger Einkünfte nicht ausdrücklich auf sonstige Gesellschaftsanteile als Quelle für sonstige Einkünfte abgestellt wird. **240**

Das **DBA Luxemburg** bezieht Ausschüttungen auf Anteilsscheine an einem Investmentvermögen in den Begriff der Dividende mit ein. Nach dem Prot zum DBA Luxemburg behält Deutschland ungeachtet v Art 10 sein Besteuerungsrecht für Rechte oder Forderungen mit Gewinnbeteiligung, einschließlich der Einkünfte eines stillen Gesellschafter aus seiner Beteiligung als stiller Gesellschafter, partiarischen Darlehen oder Gewinnobligationen, wenn diese bei der Ermittlung des Gewinns des Schuldners abzugsfähig sind. Im Falle von Luxemburg sind auch Einkünfte aus Obligationen, die neben einer festen Verzinsung auch eine Zusatzverzinsung enthalten, die sich nach der Höhe der Gewinnausschüttung richtet und Einkünfte aus einer Beteiligung als stiller Gesellschafter als Dividende zu behandeln. IÜ stellt das Prot klar, dass Art 10 nicht die Anwendung europäischer Regelungen entgegensteht, zB der MTR (2011/96/EU). **241**

Das **DBA Malta** schließt in den Begr der Dividende auch Einkünfte aus der Beteiligung als stiller Gesellschafter, partiarischen Darlehen, Gewinnobligationen und ähnlichen Vergütungen sowie Ausschüttungen auf Anteilsscheine an einem Investmentvermögen ein. **242**

Das **DBA Niederlande** entspricht dem Wortlaut des MA und bezieht darüber hinaus ausdrücklich Ausschüttungen auf Anteilsscheine an einem deutschen Investmentvermögen mit ein. Nach dem Prot v 12.4.2012 umfasst der Dividendenbegr auch Einkünfte aus Rechten oder Forderungen mit Gewinnbeteiligung, einschließlich Einkünften als stiller Ges oder partiarischen Darlehen oder Gewinnobligationen und diese beim Schuldner bei der Ermittlung der Einkünfte abzugsfähig sind. Dies gilt ausdrücklich nicht für Wandelanleihen, Rechte und Forderungen soweit diese keine Beteiligung am Gewinn beinhalten. Einkünfte aus der (Teil-)Abwicklung einer Ges oder dem Erwerb eigener Aktien werden nicht als Veräußerungsgewinne, sondern als Dividenden behandelt. Art 12 Abs 6 des Abk enthält eine Regelung für die Besteuerung eines Vermögenszuwachses v Gewinnobligationen im Falle eines Wegzuges natürlicher Personen. Als Körperschaft kann auch eine commanditaire vennootschap (CV) besteuert werden, wenn Gesellschaftsanteile auch ohne Zustimmung aller Gesellschafter veräußert werden können. In diesem Fall unterliegt eine Quellenbesteuerung in den Niederlanden den Regelungen des Art 10 Abs 2 DBA Niederlande. Für Deutschland ergibt sich daraus jedoch nicht, dass Ausschüttungen **243**

300 Dies ist nach dem am 17.12.2015 unterzeichneten, aber noch nicht in Kraft getretenen Abk nicht mehr der Fall.

einer solchen CV als Dividenden zu behandeln sind.[301] Insoweit ist allein die eigene Anwendung des sog Typenvergleichs maßgebend.

244 Das **DBA Norwegen** schließt in den Begr der Dividende auch Einkünfte aus der Beteiligung als stiller Gesellschafter sowie Ausschüttungen auf Anteilsscheine an einem Investmentvermögen ein. Für den Fall Deutschlands als Anwenderstaat werden auch partiarische Darlehen und Gewinnobligationen als Dividenden klassifiziert.

245 Das **DBA Österreich** schließt in den Begr der Dividende auch Einkünfte aus der Beteiligung als stiller Gesellschafter, Einkünfte aus partiarischen Darlehen, Gewinnobligationen und ähnlichen Vergütungen in den Dividendenbegriff mit ein, wenn sie im Quellenstaat nicht bei der Gewinnermittlung des Schuldners abzugsfähig sind. Einkünfte aus einer Beteiligung als stiller Gesellschafter sind nach Nr 3 des Prot zum DBA Österreich jedoch den Unternehmensgewinnen iSv Art 7 DBA Österreich zuzurechnen, wenn mit der Einlage des stillen Gesellschafters eine Beteiligung am Vermögen des Unternehmens verbunden ist. Ebenfalls werden Ausschüttungen auf Anteilsscheine an einem Investmentvermögen abkommensrechtlich als Dividenden klassifiziert. Die Abgrenzung von Dividenden und Zinsen richtet sich bei Genussscheinen nach den allgemeinen Grundsätzen des Anwenderstaates.[302]

246 Nach dem **DBA Polen** umfasst der abkommensrechtliche Dividendenbegriff auch Ausschüttungen auf Anteilsscheine an einem Investmentvermögen. Darüber hinaus ergibt sich aus dem Prot zum DBA Polen, dass die Einkünfte eines stillen Gesellschafters aus seiner Beteiligung und Einkünfte aus partiarischen Darlehen oder Gewinnobligationen auch dann als Rechte oder Forderungen mit Gewinnbeteiligungen iSv Art 10 bzw Art 11 anzusehen sind, wenn sie bei der Gewinnermittlung des Schuldners dieser Einkünfte abzugsfähig sind.[303]

247 Nach dem **DBA Portugal** umfasst der abkommensrechtliche Dividendenbegriff auch Ausschüttungen auf Anteilsscheine an einem Investmentvermögen. Nach Nr 3 des Prot zum DBA Portugal umfasst der Dividendenbegriff iF Deutschlands als Anwenderstaat auch Einkünfte eines stillen Gesellschafters aus seiner Beteiligung als stiller Gesellschafter und iF Portugals als Anwenderstaat auch Gewinne, die auf Grund einer Regelung über die Gewinnbeteiligung „conta em participação" zugewiesen werden.

248 Nach dem **DBA Rumänien** umfasst der abkommensrechtliche Dividendenbegriff auch Ausschüttungen auf Anteilsscheine an einem Investmentvermögen.

249 Nach dem **DBA Schweden** umfasst der abkommensrechtliche Dividendenbegriff iF Deutschlands als Anwenderstaat auch Einkünfte eines stillen Gesellschafters aus seiner Beteiligung als stiller Gesellschafter, Einkünfte aus partiarischen Darlehen, Gewinnobligationen und ähnlichen gewinnabhängigen Vergütungen sowie Ausschüttungen auf Anteilscheine an einem Investmentvermögen. Ist Schweden Anwenderstaat, so werden auch Ausschüttungen auf Anteilsscheine an einem „Aktiefond" abkommensrechtlich als Dividenden klassifiziert.

---

301 *Benz/Kroon* IStR 2012, 799.

302 *BFH* IStR 2011, 74.

303 Nr 2 des Prot; *Bernhardt/Piekielnik* IStR 2005, 366.

Nach dem **DBA Schweiz** umfasst der abkommensrechtliche Dividendenbegriff auch Einnahmen aus Anteilen an einer GmbH, Einnahmen aus Beteiligungen an einem Handelsgewerbe als stiller Gesellschafter iSd dt Rechts, aus Gewinnobligationen oder aus partiarischen Darlehen sowie der Ausschüttungen auf die Anteilsscheine v KapitalanlageGes (Investmentfonds). Ausweislich einer Verständigungsvereinbarung zwischen der Schweiz und der Bundesrepublik Deutschland, sind auch Zahlungen aufgrund einer typisch stillen Beteiligung an einer PersGes als Dividenden iSd DBA Schweiz zu behandeln.[304] **250**

Nach dem **DBA Slowenien** umfasst der abkommensrechtliche Dividendenbegriff auch Ausschüttungen auf Anteilsscheine an einem Investmentvermögen. Zu den weiteren Änderungen durch das neue DBA Slowenien v 3.5.2006 s *Holthaus*.[305] **251**

Das **DBA Spanien** orientiert sich das Abk am MA, wobei hinsichtlich sonstiger Einkünfte nicht ausdrücklich auf sonstige Gesellschaftsanteile als Quelle für sonstige Einkünfte abgestellt wird. Darüber hinaus hat der Quellenstaat das Recht auf die Besteuerung von Dividenden (und Zinsen), die auf Rechten oder Forderungen mit Gewinnbeteiligung beruhen, einschließlich der Einkünfte aus Genussrechten oder Genussscheinen, der Einkünfte eines stillen Gesellschafters aus seiner Beteiligung als stiller Gesellschafter oder der Einkünfte aus partiarischen Darlehen oder Gewinnobligationen, wenn diese bei der Ermittlung der Gewinne des Schuldners der Dividenden abzugsfähig waren. Die Quellensteuer darf aber, wenn der Nutzungsberechtigte im anderen Vertragsstaat ansässig ist, 15 % des Bruttobetrages der Dividende nicht übersteigen.[306] **252**

Nach dem **DBA Tschechoslowakei** umfasst der abkommensrechtliche Dividendenbegriff auch Einnahmen aus Beteiligungen an einem Handelsgewerbe als stiller Gesellschafter, aus Gewinnobligationen oder aus partiarischen Darlehen sowie Ausschüttungen auf Anteilsscheine von KapitalanlageGes (Investmentfonds). Das DBA Tschechoslowakei findet auf **Tschechien** Anwendung. **253**

Nach dem **DBA Ungarn** orientiert sich am MA; stellt jedoch hinsichtlich sonstiger Einkünfte nicht ausdrücklich auf Rechte mit Gewinnbeteiligungen ab und bezieht Ausschüttungen auf Anteilsscheine an einem Investmentvermögen ausdrücklich ein. Aufgrund der Regelungen zum Quellenbesteuerungsrecht des Ansässigkeitsstaates der ausschüttenden Gesellschaft ist davon auszugehen, dass der Dividenden- bzw Zinsbegriff auch weiterhin Einnahmen aus Beteiligungen an einem Unternehmen als stiller Gesellschafter, aus Gewinnobligationen oder aus partiarischen Darlehen erfassen soll (s Rn 222). **254**

Nach dem **DBA USA** umfasst der abkommensrechtliche Dividendenbegriff für den Fall Deutschlands als Anwenderstaat auch Einkünfte aus einer stillen Ges, aus partiarischen Darlehen[307] oder Gewinnobligationen sowie Ausschüttungen auf Anteilsscheine an einem Investmentvermögen. **255**

---

304 *BMF* BeckVerw 029214.

305 *Holthaus* IStR 2007, 506.

306 Ziff V des Protokolls.

307 Vgl *BFH* IStR 2010, 703; *BMF* DStR 2011, 473 zur Freistellung nach Art 23 Abs 4b DBA USA.

256 Das **DBA Zypern** nennt – im Gegensatz zum alten Abk – die Einkünfte eines stillen Gesellschafters nicht mehr als Teil des abkommensrechtlichen Dividendenbegriffs, wohingegen Ausschüttungen auf Anteilsscheine an einem Investmentvermögen weiterhin ausdrücklich genannt werden.

257 **b) Abweichende Fundstelle.** In den **DBA Belgien** (Art 10 Abs 5), **DBA Dänemark** (Art 10 Abs 4), **DBA Finnland** (Art 10 Abs 4), **DBA Frankreich** (Art 9 Abs 6), **DBA Griechenland** (Art 6 Abs 3), **DBA Island** (Art 10 Abs 5), **DBA Italien** (Art 10 Abs 6), **DBA Japan** (Art 10 Abs 5)[308], **DBA Malta** (Art 10 Abs 4), **DBA Norwegen** (Art 10 Abs 6), **DBA Schweden** (Art 10 Abs 4), **DBA Schweiz** (Art 10 Abs 4), **DBA Tschechoslowakei** (Art 10 Abs 4), und **DBA USA** (Art 10 Abs 5) findet sich die Regelung nicht in Art 10 Abs 3, sondern in der jeweils in Klammern genannten Vorschrift.

258 **4. Absatz 4. – a) Inhaltliche Abweichungen.** In den **DBA Belgien**, **DBA Frankreich**[309], **DBA Griechenland**, **DBA Island**, **DBA Japan**[310], **DBA Niederlande** (das Abk entspricht dem Wortlaut des MA; darüber hinaus befindet sich in Abschn I Abs 2 des Prot v 12.4.2012 eine Sonderregelung zu Personen, die nach dem Recht eines der Vertragsstaaten als transparent zu behandeln sind), **DBA Schweiz** und **DBA Tschechoslowakei** findet zumindest nach dem Wortlaut keine Einschränkung auf den Nutzungsberechtigten statt.

259 In den **DBA China**[311], **DBA Dänemark, DBA Estland, DBA Finnland**, **DBA Italien**, **DBA Kroatien**, **DBA Lettland**, **DBA Litauen**, **DBA Malta**, **DBA Norwegen**, **DBA Österreich**, **DBA Polen**, **DBA Portugal**, **DBA Rumänien**, **DBA Schweden**, **DBA Slowenien** werden neben Beteiligungen, die tatsächlich zu einer gewerblichen Betriebstätte iSv Art 7 gehören auch solche in den Anwendungsbereich der zu Art 10 Abs 4 vergleichbaren Regelung einbezogen, welche tatsächlich zu einer festen Einrichtung im Rahmen einer selbstständigen Tätigkeit gehören. Durch eine Änderung des MA wurden solche festen Einrichtungen in den Betriebsstättenbegr von Art 7 einbezogen, so dass inhaltlich keine Abweichung zum MA vorliegt.

260 Die **DBA Bulgarien, DBA Griechenland**, **DBA Spanien**, **DBA Ungarn**, **DBA USA** und **DBA Zypern** schränken die Regelung des Abs 4 hingegen nach ihrem Wortlaut auf Betriebsstätten mit gewerblichen Tätigkeiten ein.

261 **b) Abweichende Fundstelle.** In den **DBA Belgien** (Art 10 Abs 6), **DBA Dänemark** (Art 10 Abs 6), **DBA Finnland** (Art 10 Abs 5), **DBA Frankreich** (Art 9 Abs 8), **DBA Griechenland** (Art 6 Abs 4), **DBA Island** (Art 10 Abs 6), **DBA Italien** (Art 10 Abs 7), **DBA Japan** (Art 10 Abs 6), **DBA Malta** (Art 10 Abs 5), **DBA Schweden** (Art 10 Abs 6), **DBA Schweiz** (Art 10 Abs 5), **DBA Tschechoslowakei** (Art 10 Abs 5), und **DBA USA** (Art 10 Abs 7) findet sich die Regelung nicht in Art 10 Abs 4, sondern in der jeweils in Klammern genannten Vorschrift.

---

308 An dieser Stelle ist es auch im neuen, am 17.12.2015 unterzeichneten, aber noch nicht in Kraft getretenen Abk zu finden.

309 Das DBA Frankreich spricht insoweit vom Bezugsberechtigten, in einer am 31.5.2015 unterzeichneten, aber noch nicht in Kraft getretenen Revision des Abk, wird in einem anderen Zusammenhang im neuen Abs 10 der Begriff „Nutzungsberechtigter" verwendet. Die Begriffe sollten jedoch inhaltsgleich zu verstehen sein.

310 Das am 17.12.2015 unterzeichnete, aber noch nicht in Kraft getretene Abk enthält eine dem MA entspr Regelung.

311 Dies gilt auch für das am 28.3.2014 unterzeichnete, aber noch nicht in Kraft getretene DBA China.

5. Absatz 5. – a) Inhaltliche Abweichungen. In dem **DBA Belgien**, **DBA Finnland**, **DBA Island** und **DBA Tschechoslowakei** findet sich jeweils kein ausdrücklicher Betriebsstättenvorbehalt. 262

In dem **DBA Frankreich** und dem **DBA Griechenland** sind jeweils keine ausdrücklichen Regelungen zum Verbot der extraterritorialen Besteuerung enthalten. 263

Die **DBA Bulgarien**, **DBA Luxemburg**, **DBA Spanien** und **DBA Zypern** entsprechen mit einer Ausnahme dem Wortlaut des MA. Abweichend zum MA wird nicht auf bezogene Gewinne oder Einkünfte, sondern bereits auf erzielte Gewinne und Einkünfte abgestellt. Ein v MA abweichender Regelungsgehalt ist darin jedoch nicht zu erkennen, s Rn 188. 264

Das **DBA USA** schränkt das Verbot der extraterritorialen Besteuerung zugunsten der Sonderregelungen einer bes Betriebsstättensteuer iSv Art 10 Abs 9 DBA USA ein. Hinsichtlich der Betriebsstättensteuern ist zu beachten, dass die Änderungen durch das Prot v 1.6.2006 insoweit erst mit Wirkung ab dem 1.1.2008 Anwendung finden, da die Vertragsstaaten die Betriebsstättensteuer übereinstimmend nicht als Quellensteuer behandeln.[312] 265

b) Abweichende Fundstelle. In den **DBA Belgien** (Art 10 Abs 7), **DBA Dänemark** (Art 10 Abs 7), **DBA Finnland** (Art 10 Abs 6), **DBA Island** (Art 10 Abs 7), **DBA Italien** (Art 10 Abs 8), **DBA Japan** (Art 10 Abs 7), **DBA Malta** (Art 10 Abs 6), **DBA Schweden** (Art 10 Abs 7), **DBA Schweiz** (Art 10 Abs 6), **DBA Tschechoslowakei** (Art 10 Abs 6) und **DBA USA** (Art 10 Abs 8) findet sich die Regelung nicht in Art 10 Abs 5, sondern in der jeweils in Klammern genannten Vorschrift. 266

312 *Kreienbaum/Nürnberger* IStR 2006, 806.

Art. 11 Zinsen

(1) Zinsen, die aus einem Vertragsstaat stammen und an eine im anderen Vertragsstaat ansässige Person gezahlt werden, können[1] im anderen Staat besteuert werden.

(2) [Bis 14.7.2014: Diese Zinsen können[2] jedoch auch in dem Vertragsstaat, aus dem sie stammen, nach dem Recht dieses Staates besteuert werden] [Nach 14.7.2014: Zinsen, die aus einem Vertragsstaat stammen, können auch in diesem Vertragsstaat nach dem Recht dieses Staates besteuert werden]; die Steuer darf aber, wenn der Nutzungsberechtigte der Zinsen eine in dem anderen Vertragsstaat ansässige Person ist, 10 v.H. des Bruttobetrags der Zinsen nicht übersteigen. Die zuständigen Behörden der Vertragsstaaten regeln in gegenseitigem Einvernehmen, wie diese Begrenzungsbestimmung durchzuführen ist.

(3) Der in diesem Artikel verwendete Ausdruck „Zinsen" bedeutet Einkünfte aus Forderungen jeder Art, auch wenn die Forderungen durch Pfandrechte an Grundstücken gesichert oder mit einer Beteiligung am Gewinn des Schuldners ausgestattet sind, und insbesondere Einkünfte aus öffentlichen Anleihen und aus Obligationen

1 Österreich: S Fußnote 1 zu Art 6.
2 Österreich: S Fußnote 1 zu Art 6.

einschließlich der damit verbundenen Aufgelder und der Gewinne aus Losanleihen. Zuschläge für verspätete Zahlung gelten nicht als Zinsen im Sinne dieses Artikels.

(4) Die Absätze 1 und 2 sind nicht anzuwenden, wenn der in einem Vertragsstaat ansässige Nutzungsberechtigte im anderen Vertragsstaat, aus dem die Zinsen stammen, eine Geschäftstätigkeit durch eine dort gelegene Betriebstätte ausübt und die Forderung, für die die Zinsen gezahlt werden, tatsächlich zu dieser Betriebstätte gehört. In diesem Fall ist Artikel 7 anzuwenden.

(5) Zinsen gelten dann als aus einem Vertragsstaat stammend, wenn der Schuldner eine in diesem Staat ansässige Person ist. Hat aber der Schuldner der Zinsen, ohne Rücksicht darauf, ob er in einem Vertragsstaat ansässig ist oder nicht, in einem Vertragsstaat eine Betriebstätte und ist die Schuld, für die die Zinsen gezahlt werden, für Zwecke der Betriebstätte eingegangen worden und trägt die Betriebstätte die Zinsen, so gelten die Zinsen als aus dem Staat stammend, in dem die Betriebstätte liegt.

(6) Bestehen zwischen dem Schuldner und dem Nutzungsberechtigten oder zwischen jedem von ihnen und einem Dritten besondere Beziehungen und übersteigen deshalb die Zinsen, gemessen an der zugrundeliegenden Forderung, den Betrag, den Schuldner und Nutzungsberechtigter ohne diese Beziehungen vereinbart hätten, so wird dieser Artikel nur auf den letzteren Betrag angewendet. In diesem Fall kann der übersteigende Betrag nach dem Recht eines jeden Vertragsstaats und unter Berücksichtigung der anderen Bestimmungen dieses Abkommens besteuert werden.

BMF v 16.11.1987, Az S 1300 – 331/87, BStBl I 1987, 740; *BMF* v 12.5.1998, Az S 1301 – 18/98, BStBl I 1998, 554; *BMF* v 24.12.1999, Az S 1300 – 111/99, BStBl I 1999, 1076; *BMF* v 28.12.1999, Az S 1300 – 25/99, BStBl I 1999, 1121; *BMF* v 2.3.2001, Az S 2252 – 56/01, BStBl I 2001, 206; BMF v 27.11.2001, Az S 2256 – 265/01, BStBl I 2011, 986, geändert durch *BMF* v 17.6.2008, Az S 2252/07/0002, BStBl I 2008, 715; *BMF* v 4.7.2008, Az S 2742 – a/07/10001, BStBl I 2008, 718; Gleichlautende Ländererlasse v 4.7.2008, BStBl I 2008, 730; *BMF* v 22.12.2009, Az S – 2252/08/10004, 2009/0860687, BStBl I 2010, 94; *BMF* v 26.9.2014, Az S 1300/09/10003, 2009/0716905, BStBl I 2014, 1258.

Übersicht

Literatur: *Boller/Schmidt* § 50d Abs 10 EStG idF des JStG 2009 – ein zahnloser Tiger?, IStR 2009, 109, 852; *Boller/Sliwka/Schmidt* Behandlung grenzüberschreitender Sondervergütungen im Inboundfall, DB 2008, 1003; *Dörr* Praxisfragen zur Umsetzung der Zins- und Lizenzrichtlinie in § 50g EStG, IStR 2005, 109; *Ehlermann/Nakhai* Das Korrespondenzprinzip bei verdeckten Gewinnausschüttungen und Einlagen bei grenzüberschreitenden Sachverhalt, in Grotherr, Handbuch der Internationalen Steuerplanung 2011; *Fahrholz* Schranken der Steuergestaltung bei grenzüberschreitenden Finanztransaktionen: Abkommensrecht und innerstaatliches Recht, in Gaddum/Hofmann, Zinsen im internationalen Steuerrecht, 1985, S 51; *Frotscher* Treaty Override und § 50d Abs. 10 EStG, IStR 2009, 593; *Goebel/Küntscher* Gewerbesteuerliche Hinzurechnung von Zinsen auf dem europarechtlichen Prüfstand Ein Beitrag anlässlich der Urteilsverkündung im Fall Scheuten Solar Technology, IStR 2011, 630; *Hruschka* Das BMF-Schreiben zur Anwendung der Doppelbesteuerungsabkommen (DBA) auf Personengesellschaften vom 16.4.2010, DStR 2010, 1357; *Kofler/Lüdicke/Simonek* Hybride Personengesellschaften – Umsetzung des OECD Partnership-Reports in Deutschland, Österreich und der Schweiz, IStR 2014, 349; *Köhler/Hahne* BMF-Schreiben zur Anwendung der steuerlichen Zinsschranke und zur Gesellschafter-Fremdfinanzierung bei Kapitalgesellschaften, DStR 2008, 1505; *Kudert/Kopec* Verschärfung der EU-Zinsrichtlinie: Automatischer Informationsaustausch ab 2017, PIStB 2014, 218; *Piltz/Schaumburg* Unternehmensfinanzierung im Internationalen Steuerrecht, 1995; *Pross* Swap, Zins und Derivat, 1998; *Reiffs* Informationen über Zinsen in Europa, DB 2005, 242; *Riegler/Salomon* Der Dividenden- und der Zinsbegriff nach den Doppelbesteuerungsabkommen der Bundesrepublik Deutschland, DB 1991, 2205; *Rödding/Dann* Partiarische Darlehen – Neuorientierung der Finanzierungspraxis nach BFH-Urteil zur Kapitalertragsteuer nötig?, DStR 2011, 342; *Schmidt* Zinsen einer inländischen Personengesellschaft an ihre ausländischen Gesellschafter im Abkommensrecht, IStR 2008, 290; *ders* Sondervergütungen auf Abkommensebene – Was nun, Finanzverwaltung und Gesetzgeber? Zugleich Anmerkung zum BFH-Urteil vom 8.9.2010, BFH 08.09.2010 Aktenzeichen I R 74/09, DStR 2010, 2436; *Sedemund* BB-Kommentar zu EuGH Burda, BB 2008, 1830; *Seiler/Lohr* Ausländische Zinseinkünfte von EU-Bürgern sind kein (Bank-)Geheimnis mehr, DStR 2005, 537; *Strub* Automatischer Informationsaustausch in der EU: Was bringt die neue Zinssteuerrichtlinie?, IStR 2014, 313; *Theisen/Wenz* Federal Republic of Germany, in David/Michielse, Tax Treatment of Financial Instruments, 1996; *Thömmes* Vereinbarkeit der gewerbesteuerlichen Hinzurechnung von Zinsen mit der EU-Zins- und Lizenzgebührenrichtlinie, IWB 2011, 419; *Viebrock/Loose/Oskamp* Neuregelung des Entlastungsverfahrens für hybride Gesellschaften durch § 50d Abs 1 S 11 EStG, Ubg 2013, 485; *Wassermeyer* Der abkommensrechtliche Einkünftebegriff, IStR 2010, 324; *Wenz* Besteuerung transnationaler Unternehmensmischformen, 1999; *Woywode* Die abkommensrechtliche Einordnung von Einkünften aus Forward-/Future- und Optionsverträgen, IStR 2006, 325; *ders* Die abkommensrechtliche Einordnung von Einkünften aus Swapverträgen, IStR 2006, 268.

A. Allgemeines

I. Bedeutung der Vorschrift

1 Art 11 regelt die Aufteilung der **Besteuerungsrechte für Zinszahlungen**, die eine in einem Vertragsstaat (Ansässigkeitsstaat) ansässige Person von einem Schuldner im anderen Vertragsstaat (Quellenstaat) bezieht. Grds sollen die Einkünfte aus Zinsen gem Art 11 **vorrangig im Ansässigkeitsstaat** besteuert werden. Dieses vorrangige Besteuerungsrecht des Ansässigkeitsstaates wird allerdings dadurch eingeschränkt, dass diesem eine Pflicht zur Anrechung einer im **Quellenstaat** erhobenen Steuer auferlegt wird (Abs 1, Art 23A Abs 2, Art 23B Abs 1 S 1 Buchstabe a). Der Quellenstaat hat nach dem MA ein nicht ausschließliches, der Höhe nach beschränktes Besteuerungsrecht (Abs 2). Dieses eingeschränkte Besteuerungsrecht des Quellenstaats ist Ausfluss des **Interessenausgleichs** zwischen Kapitalgeber- und Kapitalschuldnerländern.[3] Dementsprechend sehen Abkommen zwischen Industriestaaten häufig einen vollständigen Verzicht auf die Quellenbesteuerung von Zinsen vor; ist Deutschland der Quellenstaat, liefe ein Besteuerungsrecht für Zinsen überdies weitgehend leer, da Zinszahlungen nur in wenigen Fällen zur beschränkten StPfl des Zinsempfängers führen.

2 Innerhalb der EU und im Verhältnis zu bestimmten Drittstaaten wird die Zinsbesteuerung über die jeweiligen bilateralen DBA hinaus durch Sekundärrechtsakte der EU sowie durch bilaterale Abkommen geregelt. Für bestimmte Zinszahlungen zwischen verbundenen Unternehmen wird die Quellenbesteuerung durch die **Zins- und Lizenzrichtlinie** (RL 2003/49/EG) verboten; aktuelle Bestrebungen der Kommission zur Weiterentwicklung der ZLRL zielen auf eine Ausweitung ihres Anwendungsbereichs und

3 *Wassermeyer* Art 11 MA Rn 3 mit Verweis auf *Schaumburg* Rn 16.358 (in der aktuellen Aufl Rn 16.356).

damit des Quellensteuerverbots ab (vgl Rn 52 ff). Umgekehrt bestand für einige Zinszahlungen an natürliche Personen eine Quellensteuerpflicht, die einzelnen Staaten durch die mittlerweile abgeschaffte **Zinsrichtlinie** (RL 2003/48/EG, aufgehoben im November 2015) oder vergleichbare Abkommen mit Drittstaaten als Alternative zum automatischen Informationsaustausch auferlegt wurde (vgl Rn 59 ff).

Die Modalitäten der Zinsbesteuerung sind dem nationalen Recht des Ansässigkeitsstaats und (eingeschränkt) des Quellenstaates überlassen. Art 11 regelt weder den Zeitpunkt, zu dem Zinsen erzielt werden, noch die Art der Steuererhebung. 3

II. Aufbau der Vorschrift

1. Verteilung der Besteuerungsrechte. Art 11 Abs 1 postuliert – klarstellend – zunächst ein grds uneingeschränktes Besteuerungsrecht des Ansässigkeitsstaats, während Abs 2 das Besteuerungsrecht des Quellenstaates begrenzt. Die Anrechnungspflicht des Ansässigkeitsstaats findet sich im Methodenartikel (Art 23A Abs 2, Art 23B Abs 1 S 1 Buchstabe a). In den Abkommen, in denen der Ansässigkeitsstaat das ausschließliche Besteuerungsrecht besitzt, fehlt idR ein dem Abs 2 vergleichbarer Abs. 4

2. Geltungsbereich des Artikels. – a) Zinsbegriff. Der Geltungsbereich von Art 11 wird an verschiedenen Stellen bestimmt. Zunächst wird durch Abs 3 der **Zinsbegriff** definiert (vgl Rn 68 ff). Diese Definition hat nur abkommensrechtlich Bedeutung, sie hat weder Auswirkungen auf den jeweiligen nationalen Zinsbegriff, noch entspricht sie notwendigerweise dem Begriff der Zinsen oder gar der Einkünfte aus Kapitalvermögen des jeweiligen nationalen Steuerrechts. Einige von Deutschland abgeschlossene Abkommen enthalten insb bei gewinnabhängigen Vergütungen hier abw Definitionen, die mitunter auch in dem Prot zu dem jeweiligen Abkommen enthalten sind. 5

b) Das Stammen der Zinsen aus einem Vertragsstaat. Abs 5 legt fest, wann Zinsen aus einem Vertragsstaat „stammen", definiert mithin also den **Quellenstaat** (vgl Rn 129 ff). Auf einen entspr Abs wird regelmäßig verzichtet, wenn das Abkommen dem Ansässigkeitsstaat das ausschließliche Besteuerungsrecht zuweist. Einige der von Deutschland abgeschlossenen DBA beinhalten daher keinen dem Abs 5 vergleichbaren Abs (vgl Rn 159 f). 6

c) Fremdvergleich. Abs 6 begrenzt die Anwendung des Zinsartikels der Höhe nach, wenn die Zahlungen nicht dem **Fremdvergleich** entsprechen (vgl Rn 143 ff). 7

3. Abgrenzung zu den Unternehmenseinkünften. Abs 4 (und Art 7 Abs 7) grenzt den Zinsartikel von den Unternehmenseinkünften ab. Abkommensrechtlich ist Art 11 eine **Spezialvorschrift**, sodass Zahlungen, die abkommensrechtlich Zinseigenschaft besitzen, nur unter den Voraussetzungen des Art 11 Abs 4 und Art 7 Abs 7 zu den Unternehmensgewinnen zu zählen sind. 8

Zählen die Zinszahlungen über Art 11 Abs 4 und Art 7 Abs 7 wegen ihrer tatsächlichen Zugehörigkeit zu einer Betriebsstätte im Quellenstaat zu den Unternehmenseinkünften, hat idR der Quellenstaat das uneingeschränkte, mitunter ausschließliche, Besteuerungsrecht auch für diese Zinszahlungen, die dann Teil der inländischen Gewinnermittlung sind (vgl Rn 115 ff). 9

III. Abgrenzung zu anderen Einkunftsarten

10 Eine Zahlung kann immer nur einer Verteilungsnorm des Abkommens zugerechnet werden. Bei dieser Zuordnung ist abkommensrechtlich eine **nationale Subsidiaritätsklausel** (zB § 20 Abs 8 EStG) unbeachtlich. Der oben dargestellte grds Vorrang der speziellen Einkunftsart „Zinsen" gegenüber den Unternehmenseinkünften mit Ausnahme des Betriebsstättenvorbehalts betrifft dementsprechend alle Zahlungen, die zweifelsfrei Zinsen darstellen.

11 Daneben muss im Verhältnis zu den anderen Verteilungsnormen durch Subsumtion einer Zahlung unter den abkommensrechtlichen Zinsbegriff eine eindeutige Zuordnung zu einer Verteilungsnorm sichergestellt werden. Die Zinseigenschaft einer Zahlung kann im Verhältnis zu Art 10 (Dividenden), aber auch im Verhältnis zu Art 7 (Unternehmensgewinne) und Art 13 (Veräußerungsgewinne) zweifelhaft sein, sodass sich insoweit Abgrenzungsschwierigkeiten ergeben können. Fällt eine Zahlung unter keine der speziellen Verteilungsnormen, greift mit Art 21 die Auffangnorm für andere Einkünfte.

12 **1. Dividenden (Art 10).** Hinsichtlich der Abgrenzung der Zinsen zu den Dividenden ist grds darauf abzustellen, ob die Rechtsgrundlage für die jeweilige Zahlung gesellschaftsrechtlicher oder schuldrechtlicher Natur ist. Im weiten Bereich der hybriden Finanzinstrumente wird diese Grenzziehung aber verwässert,[4] da bspw Einkünfte aus Genussrechten, aus stillen Gesellschaften und ähnlichen Produkten und Strukturen in der dt Abkommmenspraxis häufig zu den Dividenden gezählt werden.

13 **2. Unternehmensgewinne (Art 7).** Entgelte, die sich wirtschaftlich als Zinsen verstehen lassen, sind den Unternehmensgewinnen nach Art 7 zuzurechnen, wenn sie Teil der unternehmerischen Tätigkeit sind und nicht gesondert ausgewiesen, dh geschuldet und gezahlt werden. Nicht von Art 11 erfasst werden daher Zahlungen, die (nur) im ökonomischen Sinne Zinsen darstellen, wie bspw die (Nicht-)Inanspruchnahme eines Skonto, die Gewährung (und Inanspruchnahme) eines Zahlungsziels.

14 **Beispiel:** Ein ausl Unternehmen verkauft in Deutschland ohne Vorliegen einer Betriebsstätte Waren. Bei der Zahlung kann bei Zahlung binnen einer Woche 2 % Skonto in Anspruch genommen werden, das allg Zahlungsziel liegt bei 30 Tagen.

Lösung: Nimmt ein Kunde das Zahlungsziel in Anspruch, so leistet er zwar im ökonomischen Sinne eine Zinszahlung an das ausl Unternehmen. Dieser Teil der Kaufpreiszahlung unterliegt aber nicht dem Zinsartikel, sondern zählt zu den Unternehmengewinnen und kann – mangels Betriebsstätte – daher nur im Ausland besteuert werden. Ein Quellensteuereinbehalt wäre nicht zulässig.

Abwandlung: Erwirtschaftet das Unternehmen den Kaufpreis in einer dt Betriebsstätte, so hat Deutschland das uneingeschränkte Besteuerungsrecht, ohne dass es auf die Anwendung der Art 11 Abs 4 und Art 7 Abs 7 ankommt.

15 **3. Veräußerungsgewinne (Art 13).** Zinsen sind ein **Entgelt für die Überlassung von Kapital auf Zeit**. Wird dagegen die (ggf den Zinsen zu Grunde liegende) Kapitalforderung veräußert und wird dadurch ein Gewinn erzielt, so liegen Veräußerungsgewinne (Art 13 Abs 4) vor. Dies betrifft bspw die in § 20 Abs 2 EStG genannten Vorgänge, auch soweit sie sich auf Zinspapiere beziehen (zB § 20 Abs 2 Nr 2 Buchstabe b und Nr 7 EStG).[5]

---

4 *Wassermeyer* Art 11 MA Rn 10.

5 Ähnlich *Wassermeyer* Art 11 MA Rn 11.

4. Sonstiges. Zinserträge aus der Anlage von Mieteinnahmen von im Ausland belegenen Grundstücken bleiben auch abkommensrechtlich Zinsen.[6] Ausdrückliche Abgrenzungen finden sich auch im MK. So stellt Tz 18 MK zu Art 11 ausdrücklich klar, dass auch Zinsen, die durch Pfandrechte an Grundstücken besichert sind (Hypothek, Grundschuld) sowie gewinnabhängige Zinszahlungen zu den Zinsen iSd Art 11 zu zählen sind. Renten werden dagegen auch dann nicht zu den Zinsen gezählt, wenn die Rentenzahlungen einen Zinsanteil enthalten. Sie fallen vollständig unter Art 18 (vgl Tz 23 MK zu Art 11). 16

IV. Rechtsentwicklung

Die Grundaussage des Art 11 ist im Wesentlichen trotz grundlegender Überarbeitungen des MA unverändert geblieben: dem Ansässigkeitsstaat des Zinsempfängers wird das vorrangige Besteuerungsrecht eingeräumt, wobei der Quellenstaat eine auf 10 % begrenzte Quellensteuer erheben darf. Durch das MA 1977 wurde zur Vermeidung von Abkommensmissbräuchen die Quellensteuerbegrenzung mit der Bedingung versehen, dass „der Empfänger der Zinsen der Nutzungsberechtigte ist", die zwischenzeitlich (MA 1995) in die derzeit aktuelle Bedingung „wenn der Nutzungsberechtigte der Zinsen eine in dem anderen Vertragsstaat ansässige Person ist", geändert wurde (dazu Rn 42 ff). Ebenfalls durch das MA 1977 wurde durch die Änderung des Zinsbegriffes in Abs 3 (dazu Rn 72 ff) der Verweis auf nationales Recht gestrichen. Weitere Anpassungen in anderen Bereichen des Artikels waren vorwiegend redaktioneller Natur.[7] Durch die OECD Änderungen im Jahr 2008 wurden weder der Wortlaut des Art 11 noch der OECD Komm zu Art 11 geändert, durch das update im Jahr 2010 wurde – bei identischem Text des Art 11 – der OECD Komm zu Art 11 um die Tz 25.1 und 25.2 ergänzt (dazu unten Rn 121) und daneben (va in Tz 7.4) geringfügig verändert. Im Rahmen des update 2014 wurde Art 11 inhaltlich nicht geändert, allerdings wurde der Satzbau von Art 11 Abs 2 umgestellt. Daneben wurden Änderungen und Ergänzungen im OECD Komm zu Art 11 vorgenommen, im Schwerpunkt im Bereich Beneficial Ownership (Tz 9 bis Tz 11) und in Bezug auf den Verkauf von Zinspapieren (Tz 20 und Tz 20.1). 17

V. Deutsche Verhandlungsgrundlage

Die dt Verhandlungsgrundlage weicht insb dahingehend vom OECD-MA ab, als sie – der dt Abkommenspolitik entsprechend – kein Besteuerungsrecht des Quellenstaats vorsieht (dazu unten Kap H ab Rn. 156). 18

B. Zu Absatz 1: Besteuerung im Ansässigkeitsstaat

I. Grundaussage

Abs 1 bestätigt (weitgehend ohne eigenständige Bedeutung)[8] das **Recht des Ansässigkeitsstaats**, iRd unbeschränkten StPfl des Zahlungsempfängers die erhaltenen Zinsen zu besteuern. Er regelt weder, wann der Ansässigkeitsstaat die Zinsen besteuern darf (Rn 23), noch wie die Besteuerung zu erfolgen hat. Ob daher die Besteuerung durch Veranlagung (Deutschland bis einschließlich VZ 2008) oder durch abgeltende Besteu- 19

6 *BFHE* 229, 252.
7 Zu Übersichten vgl *Wassermeyer* Art 11 MA Rn 14–19; *G/K/G* Art 11 MA Rn 7/1–7/4.
8 *Vogel/Lehner* Art 11 Rn 11.

erung (Abgeltungsteuer in Deutschland ab VZ 2009) erfolgt, ist für das abkommensrechtliche Besteuerungsrecht des Ansässigkeitsstaats unerheblich. Auch hinsichtlich der Wahl der Bemessungsgrundlage ist der Ansässigkeitsstaat abkommensrechtlich nicht eingeschränkt. Sowohl die Besteuerung des Nettobetrags, dh der Zinseinnahmen abzüglich Betriebsausgaben oder Werbungskosten (Deutschland bis VZ 2008 bzw weiterhin im betrieblichen Bereich) als auch die Besteuerung des Bruttobetrags der Zinseinnahmen ohne Berücksichtigung von damit in Zusammenhang stehenden Aufwendungen (Deutschland iRd Abgeltungsteuer bei privaten Zinseinkünften ab VZ 2009) sind daher zulässige Ausübungen des uneingeschränkten Besteuerungsrechts des Ansässigkeitsstaats nach Art 11 Abs 1.

II. Regelungsinhalt

20 **1. Zahlung von Zinsen.** Art 11 gilt für „Zinsen". Der Begriff der „Zinsen" wird in Abs 3 dem Grunde nach (vgl Rn 68 ff) und in Abs 6 der Höhe nach (vgl Rn 143 ff) definiert. Eine Definition der „Zahlung" enthält das MA jedoch nicht. Dieser abkommensrechtliche Begriff stellt nicht auf tatsächliche Geldtransfers, sondern nur auf die steuerliche Zurechnung von Zinsen ab.[9]

21 **a) Begriff der Zahlung.** Bereits der MK verdeutlicht, dass dieser **Zahlungsbegriff weit auszulegen** ist: „Der Ausdruck ‚gezahlt' hat eine sehr weite Bedeutung, da der Begriff ‚zahlen' die Erfüllung der Verpflichtung beinhaltet, dem Gläubiger auf die vertragsmäßige oder übliche Weise Geldmittel zur Verfügung zu stellen." (Tz 5 MK zu Art 11)

22 Gleichwohl geht diese Umschreibung des MK noch nicht weit genug. Auf die Art der Begleichung des Zinsanspruches kann es nicht ankommen, wenn es um die Berechtigung des Ansässigkeitsstaats zur Besteuerung geht. Insb die Einschränkung des Zahlungsbegriffs auf die Zurverfügungstellung von Geldmitteln ist daher zu eng und nur als Regelbeispiel zu sehen. Eine „Zahlung" liegt auch dann vor, wenn die Zinsverpflichtung anderweitig beglichen wird, insb durch die Übertragung anderer Wirtschaftsgüter oder durch Aufrechnung mit einer Gegenforderung.[10]

23 **b) Zeitpunkt der Zahlung.** Der Wortlaut von Abs 1 ließe sich dahin gehend interpretieren, dass die „Zahlung" Voraussetzung für das Besteuerungsrecht des Ansässigkeitsstaats ist. Eine derartige Interpretation würde – auch bei einer weiten Auslegung des Begriffs der „Zahlung" – bedeuten, dass die Zinsen erst bei tatsächlicher Zahlung im Ansässigkeitsstaat besteuert werden dürfen. Dies ist jedoch nicht der Fall, Art 11 Abs 1 regelt nicht die Frage, wann die Zinsen im Ansässigkeitsstaat besteuert werden dürfen[11] (zur Quellensteuerberechtigung des Quellenstaats Rn 32 ff). Daher ist der Ansässigkeitsstaat bspw durch Abs 1 nicht daran gehindert, Zinsen, die zwar fällig, aber noch nicht gezahlt sind, bei einem bilanzierenden Gläubiger als Forderung gewinnerhöhend zu erfassen und in der Folge zu besteuern. Ein dt Gläubiger hat Zinsen daher entweder im Zeitpunkt der Aktivierung der entspr Zinsforderung (bilanzierende StPfl, §§ 4 Abs 1, 5 Abs 1 EStG) oder im Zeitpunkt des Zuflusses (§ 11 Abs 1 EStG) zu versteuern.

9 *Wassermeyer* Art 11 MA Rn 36, 57.

10 Ebenso *Vogel/Lehner* Art 11 Rn 14; *Wassermeyer* Art 11 MA Rn 36; *S/K/K* Art 11 MA Rn 30.

11 *Vogel/Lehner* Art 11 Rn 17; *Wassermeyer* Art 11 MA Rn 36.

c) Zahlung an Personengesellschaft. Ist eine PersGes zivilrechtlich Gläubiger der Forderung, so werden Zinszahlungen zivilrechtlich an die PersGes geleistet. Deutschland behandelt PersGes für Zwecke der Anwendung des Abk jedoch als transparent, dh aus Sicht Deutschlands als Anwenderstaat sind die Gesellschafter der PersGes diejenigen, die Zinseinkünfte erzielen. Abkommensrechtlich ist für Zwecke des Art 11 daher auf die Gesellschafter abzustellen, dh der Sachverhalt ist unabhängig von der steuerlichen Behandlung der PersGes im Ausland so zu interpretieren, als ob die Zinsen direkt an die Gesellschafter „gezahlt" worden seien;[12] sind die Gesellschafter in einem Drittstaat ansässig, ist auf das zwischen Deutschland und diesem Drittstaat abgeschlossene DBA abzustellen.[13] Auch wenn die Qualifikation einer ausländischen Gesellschaft als (aus deutscher Sicht: transparente) Personengesellschaft grundsätzlich autonom nach dem Typenvergleich vorzunehmen ist, gewährt das BMF einer ausländischen Personengesellschaft eigenständig Entlastung von deutschen Abzugssteuern nach einem DBA, wenn die Personengesellschaft in ihrem Ansässigkeitsstaat als intransparent gilt und selbst der Besteuerung unterliegt.[14] Diese Verwaltungsauffassung wird neuerdings auch durch § 50d Abs 1 S 11 EStG gestützt. UE sollte aber jedenfalls für den Fall, dass die Entlastung nach dem DBA zwischen Deutschland und dem Ansässigkeitsstaat des Gesellschafters höher ausfällt, als die Entlastung nach dem DBA zwischen Deutschland und dem Ansässigkeitsstaat der (dort intransparent besteuerten) Personengesellschaft, der Gesellschafter ungeachtet der dargestellten Auffassung des BMF nicht das Recht verlieren, sich insoweit auf „sein" DBA zu berufen.[15] Dies gilt uE ungeachtet des möglicherweise entgegenstehenden Wortlauts des § 50d Abs 1 S 11 EStG, der „nur" auf den Erstattungsanspruch der Person abstellt, der die Vergütungen nach dem Recht des anderen Vertragsstaates zugerechnet werden – sind die Vergütungen nämlich nach dem Recht zweier anderer Vertragsstaaten unterschiedlichen Personen zuzurechnen, verliert die eine Person nicht die Entlastungsberechtigung nach dem auf sie anwendbaren DBA.[16] 24

2. Zahlungsverpflichteter. Art 11 gilt nur für Zinsen, die aus einem **Vertragsstaat** stammen (vgl dazu die Erl zu Abs 5 Rn 104 ff) und an eine im anderen Vertragsstaat ansässige Person gezahlt werden. Negativ abgegrenzt bedeutet dies, dass Art 11 nicht für Zinsen gilt, die aus dem Ansässigkeitsstaat oder aus einem **Drittstaat** stammen. In diesen Fällen ist Art 21 bzw das zwischen dem Wohnsitzstaat des Zahlungsempfängers und dem Drittstaat abgeschlossene DBA zu prüfen. Das Besteuerungsrecht des Ansässigkeitsstaates wird hierdurch jedoch regelmäßig nicht beeinträchtigt. 25

---

12 *Wassermeyer* Art 11 MA Rn 38.

13 In diesem Sinne *BMF* BStBl I 2014, 1258 (Anwendung der DBA auf Personengesellschaften), Tz 2.1.2 Abs 1 sowie Bsp 2.

14 *BMF* BStBl I 2014, 1258 (Anwendung der DBA auf Personengesellschaften), Tz 2.1.2 Abs 2; aus systematischen Gründen krit zur aF des BMF-Schreibens (v 16.4.2010) *Wassermeyer* Art 11 MA Rn 38 („sachlich billiges Ergebnis, das jedoch mit den für die Abkommensberechtigung geltenden Grundsätzen unvereinbar ist."). *Hruschka* (DStR 2010, 1357) bezeichnet die Lösung als „systemwidrig, aber pragmatisch". Mittlerweile wird diese Auffassung durch § 50d Abs 1 S 11 EStG gesetzlich gestützt.

15 So auch *Wassermeyer* Art 11 MA Rn 38 mit Verweis auf Art 1 MA Rn 32, Bsp 2.

16 Vgl iE ebenso *Kofler/Lüdicke/Simonek* IStR 2014, 349 (352 f); *Viebrock/Loose/Oskamp* Ubg 2013, 485 (489); *Schmidt* § 50d EStG, Rn 38; **aA** wohl *Littmann/Bitz/Pust* § 50d EStG, Rn 76.

26 **3. Zahlungsempfänger.** Das Besteuerungsrecht des Ansässigkeitsstaates besteht nur für Zinsen, die an eine dort „**ansässige Person**" gezahlt werden. Für die Definition der „ansässigen Person" sind die – ausschließlich abkommensrechtlich relevanten – Begriffe der Person nach Art 3 Abs 1 Buchstabe a (vgl dazu Art 3 Rn 6 ff) und der Ansässigkeit nach Art 4 Abs 1 maßgeblich (vgl dazu Art 4 Rn 25 ff). Es ist aber insoweit eine Beziehung zum nationalen Steuerrecht herzustellen, als die abkommensrechtlich „ansässige Person" danach Zinseinkünfte erzielen muss (vgl oben Rn 24 zur Zahlung an Personengesellschaften). Daher wird es sich regelmäßig, aber nicht zwingend, bei dem Zinsempfänger auch um den **Nutzungsberechtigten** handeln.[17] Gleichzeitig definiert das nationale Steuerrecht den Zeitpunkt, zu dem die Ansässigkeit bestehen muss: Der Zahlungsempfänger muss in dem Zeitpunkt in dem einen Vertragsstaat ansässig sein, in dem er nach dem Recht dieses Staates die Zinseinkünfte erzielt.[18]

C. Zu Absatz 2: Eingeschränktes Besteuerungsrecht im Quellenstaat

I. Grundaussage

27 Abs 2 sieht für Zinsen ein eingeschränktes Besteuerungsrecht im Quellenstaat vor. Die **Begrenzung der Quellensteuer** auf 10 % der (Brutto-)Zinszahlungen sieht der MK (vgl Rn 7 MK zu Art 11) in der Tatsache begründet, dass der Quellenstaat bereits den Gewinn der mit dem Darlehen finanzierten Investition besteuern durfte. Daneben dient diese Steuerteilung zwischen Ansässigkeits- und Quellenstaat dem Ausgleich der Interessen von Kapitalgeberländern und Schuldnerländern.[19] Dementsprechend sehen Abk zwischen Industriestaaten häufig einen vollständigen Verzicht auf die Quellenbesteuerung von Zinsen vor.

28 In der dt **Abkommenspraxis** werden ebenfalls überwiegend von Art 11 Abs 2 abw Vereinbarungen getroffen, mit vielen Staaten wurde bereits eine Quellensteuerreduktion auf 0 % vereinbart (zur Reduktion durch die Zins- und Lizenzrichtlinie vgl Rn 52 ff). In diesen Fällen fehlt oftmals ein dem Abs 2 vergleichbarer Art vollständig, während ein dem Art 11 Abs 1 entspr Art ein ausschließliches Besteuerungsrecht im Ansässigkeitsstaat kodifiziert („dürfen nur im anderen Staat besteuert werden"), zur Übersicht vgl Rn 158.

29 Abs 2 begrenzt das **Besteuerungsrecht des Quellenstaates** (mithin des Ansässigkeitsstaates des Schuldners) nur der Höhe nach, nicht der Art nach. Ob die Steuererhebung durch Abzug an der Quelle mit einer Zahlungsverpflichtung des Schuldners oder durch Veranlagung des Gläubigers im Quellenstaat erfolgt, bleibt dem Quellenstaat überlassen.[20] In beiden Fällen ist jedoch die Begrenzung nach Abs 2 zu beachten.

II. Regelungsinhalt

30 „**Diese Zinsen** können jedoch auch in dem Vertragsstaat, aus dem sie stammen, **nach dem Recht dieses Staates** besteuert werden; die Steuer darf aber, **wenn der Nutzungs-**

17 Zum Begriff des „Nutzungsberechtigten" vgl Rn 42 ff.

18 *Wassermeyer* Art 11 MA Rn 32.

19 *Wassermeyer* Art 11 MA Rn 3 mit Verweis auf *Schaumburg* Rn 16.358 (in der aktuellen Aufl Rn 16.356).

20 *S/K/K* Art 11 MA Rn 16.

berechtigte der Zinsen eine in dem anderen Vertragsstaat ansässige Person ist, **10 von Hundert des Bruttobetrags** der Zinsen **nicht übersteigen**. Die zuständigen Behörden der Vertragsstaaten regeln in gegenseitigem Einvernehmen, wie diese **Begrenzungsbestimmung durchzuführen** ist."

1. Zinsen. Indem Abs 2 dem Quellenstaat ein Besteuerungsrecht für „diese Zinsen" einräumt, nimmt Abs 2 Bezug auf den Zinsbegriff des Abs 1 (vgl Rn 20ff). Voraussetzung für die Anwendung von Abs 2 ist damit das Stammen der Zinsen aus dem Quellenstaat („einem Vertragsstaat") und die Ansässigkeit des Zahlungsempfängers in dem anderen Vertragsstaat. Hinsichtlich des Zinsbegriffs ist die Definition des Abs 3 maßgeblich (vgl Rn 68 ff). 31

2. Besteuerung im Quellenstaat. Durch Abs 2 wird dem Quellenstaat gestattet, die Zinsen zu besteuern, ohne dass er dazu verpflichtet wäre (vgl zur Situation in Deutschland Rn 39 ff, vgl zu den Folgen der EU-Zinsrichtlinie Rn 59 ff). Das Besteuerungsrecht des Quellenstaates wird nur dann durch Art 11 Abs 2 S 1 HS 2 begrenzt, wenn der Nutzungsberechtigte der Zinsen eine im anderen Vertragsstaat ansässige Person ist. Ist dagegen der Forderungsgläubiger (oder der Nutzungsberechtigte) in keinem der beiden Vertragsstaaten ansässig, wird ein Besteuerungsrecht, das der Quellenstaat nach seinem innerstaatlichen Recht beansprucht, durch Art 11 Abs 2 nicht eingeschränkt; möglicherweise ist ein anderes DBA auf die Zahlung anwendbar. 32

Beispiel: Der im Staat A ansässige Schuldner zahlt Zinsen an eine im Staat B belegene Betriebsstätte des in Staat C ansässigen Gläubigers. Es besteht ein DBA zwischen dem Staat A und dem Staat B, aber kein DBA zwischen dem Staat A und dem Staat C. 33

Lösung: Aus Sicht des Quellenstaats (A) wird das Darlehen nicht an eine in dem anderen Vertragsstaat (B) ansässige Person (die Nutzungsberechtigter der Zinsen) ist, gezahlt. Ein nach nationalem Recht bestehender Quellensteueranspruch des Staates A hinsichtlich der bezahlten Zinsen wird nicht durch das zwischen dem Staat A und dem Staat B abgeschlossene DBA begrenzt.

Die Besteuerung richtet sich dabei „nach dem Recht dieses Staates", also nach dem Recht des Quellenstaates. Dies bedeutet zunächst, dass der Quellenstaat überhaupt eine Steuer auf die bezahlten Zinsen erhebt, dass also insoweit überhaupt eine StPfl besteht. Wie dann – nach Maßgabe des nationalen Rechts – die StPfl ausgestaltet ist, ob mithin die Besteuerung durch Abzug an der Quelle erfolgt oder ob eine Veranlagung des Gläubigers erfolgt, wird durch Abs 2 grds nicht berührt (Tz 9 MK zu Art 11). 34

a) Begrenzung der Quellensteuer auf 10 %. Die Steuer im Quellenstaat darf allerdings 10 % des Bruttobetrags der Zinsen nicht übersteigen. Diese Begrenzung greift ebenfalls unabhängig von der konkreten Ausgestaltung der StPfl im Quellenstaat. Soweit die Besteuerung durch Abzug an der Quelle erfolgt, wird die Quellensteuer idR bereits auf den Bruttobetrag der Zinsen erhoben. Aber auch soweit im Quellenstaat eine Veranlagung erfolgt, bezieht sich die 10 %-Grenze ausdrücklich auf den **Bruttobetrag der Zinsen**. Werden iRd Veranlagung Betriebsausgaben bzw Werbungskosten berücksichtigt, begrenzt Abs 2 die Steuer, die auf das Nettoergebnis erhoben wird, nur dann, wenn diese Steuer 10 % des Bruttobetrages übersteigt. 35

Beispiel: A bezieht aus dem Staat B Zinsen in Höhe von 1 000. Er hat Refinanzierungskosten in Höhe von 800. Er unterliegt mit seinen Zinsen in Staat B der beschränkten StPfl. 36

a) Staat B erhebt eine Quellensteuer iHv 5 % der Bruttozinsen.

b) Staat B veranlagt A und erhebt Einkommensteuer mit einem Steuersatz von 50 % auf das zu versteuernde Einkommen.

Lösung: Gem Art 11 Abs 2 ist das Besteuerungsrecht des Quellenstaates B begrenzt auf 10 % der Bruttozinsen.

a) Die Quellensteuer iHv 5 % der Bruttozinsen entspricht Abs 2. A hat keinen Anspruch auf Ermäßigung oder Erstattung.

b) Staat B erhebt eine Steuer iHv 50 %. Diese Steuer übersteigt aber nicht das Besteuerungsrecht, das Staat B aufgrund von Art 11 Abs 2 beanspruchen kann. Die Nettoeinnahmen von A belaufen sich auf (1 000 – 800) = 200. Die darauf erhobene Steuer beträgt 100, also genau 10 % der Bruttozinsen.

37 Um zu verhindern, dass eine Quellensteuerreduktion durch die Zwischenschaltung eines nur formal Berechtigten als Empfänger der Zinsen erzielt werden kann, greift die Begrenzung des Quellensteuersatzes nicht, wenn der Schuldner die Zinsen an einen zwischengeschalteten Empfänger bezahlt und der **tatsächliche Nutzungsberechtigte** (vgl Rn 42 ff) nicht in dem anderen Vertragsstaat ansässig ist. Die ursprünglich durch das MA 1977 eingefügte Bedingung, nach der der Zinsempfänger und der Nutzungsberechtigte identisch sein müssen,[21] wurde insoweit im Jahr 1995 wieder aufgegeben. Für die Quellensteuerreduktion ist es nach Art 11 Abs 2 somit ausreichend, dass der Nutzungsberechtigte eine in dem anderen Vertragsstaat ansässige Person ist, auch wenn er die Zinsen von einem zwischengeschalteten Empfänger durchgeleitet bekommt. Dies stellt nach Tz 11 MK zu Art 11 eine Übereinstimmung mit der bereits zur alten Fassung geäußerten Auffassung aller Mitgliedstaaten sicher.[22] Die dt Abkommenspraxis ist allerdings insoweit uneinheitlich und folgt auch in den nach 1995 abgeschlossenen Abk nicht immer der neuen Formulierung, ohne dass dies jedoch materielle Folgen hat (dazu Rn 162).

38 **b) Weitergehende Begrenzung in Sonderfällen.** Eine auf 10 % des Bruttobetrags der Zinsen begrenzte Quellensteuer wird mitunter die Steuer, die im Ansässigkeitsstaat auf den **Gewinn aus der Darlehensgewährung** zu bezahlen ist, übersteigen. In diesen Fällen wird durch das Abk eine Dbest nicht vermieden, da die Anrechnungsverpflichtung nicht die gesamten Quellensteuern umfasst. Dies betrifft va die Fälle, in denen der Gläubiger der Darlehensforderung selbst Zinsen auf ein zur Refinanzierung aufgenommenes Darlehen entrichtet. Nach dem OECD-MK ist dies insb beim **Verkauf von Anlagegütern auf Kredit**, bei anderen **gewerblichen Kreditverkäufen** und bei Darlehen, die von **Banken** gegeben werden, der Fall.[23] Aus diesem Grund schlägt der OECD-MK den Staaten vor, den Art 11 um einen Absatz zu erweitern, der zielgerichtet für diese Art von Darlehen einen Quellensteuereinbehalt ausschließt. Deutschland ist in einigen neueren Abk dieser Empfehlung gefolgt, sodass ein abkommensrechtlich zulässiger Quellensteuereinbehalt für bestimmte Arten der Darlehensgewährung auf Null reduziert wird. Dies ist bspw in den DBA mit Bulgarien (2010), Estland, Lettland, Litauen und Polen sowie mit China (auch im neuen DBA 2014) und im alten DBA Japan der Fall. Diese DBA wurden in Art 11 um einen Abs 3 ergänzt, der entgegen Abs 2 in bestimmten Fällen einen Quellensteuereinbehalt ausschließt.

---

21 Hierzu *Fahrholz* 1985, S 52.

22 Ausf vgl *Vogel/Lehner* Vor Art 10–12 Rn 20.

23 Tz 14 MK zu Art 11.

c) Quellenbesteuerung in Deutschland. Ist Deutschland der Quellenstaat von Zinszahlungen, so liegt regelmäßig **keine beschränkte StPfl des Zinsempfängers** vor. Nach § 49 Abs 1 Nr 5 Buchstabe c EStG führen Zinserträge nur dann zu einer beschränkten StPfl des Gläubigers in Deutschland, wenn (a) die Darlehensforderung durch inländischen Grundbesitz, vergleichbare Rechte oder durch Schiffe eines inländischen Schiffsregisters besichert ist und die Forderung nicht in ein öffentliches Schuldbuch eingetragen ist und über sie keine Sammelurkunde oder Teilschuldverschreibung ausgegeben wurde; oder (b) das Kapitalvermögen aus Genussrechten besteht, die keine Dividendenansprüche begründen; oder (§ 49 Abs 1 Nr 5 Buchstabe d EStG) (c) die Zinsen im Rahmen von Tafelgeschäften anfallen. Materielle Bedeutung hat Abs 2 in dt DBA daher nur in den Fällen, in denen eine beschränkte StPfl in Deutschland vorliegt und darüber hinaus bei doppelt unbeschränkter StPfl des Zinsempfängers. **39**

Beispiel: Die natürliche Person A besitzt in Lindau am Bodensee (Deutschland) ein Haus, das sie regelmäßig am Wochenende nutzt. Daneben besitzt sie in Bregenz (Österreich) ein Haus, das gemeinsamer Familienwohnsitz ist und von dem aus sie ihrer Beschäftigung nachgeht. A erhält Zinsen aus einem Darlehen an eine dt GmbH, an der A zu 50 % beteiligt ist. **40**

Lösung: A ist in Deutschland und in Österreich unbeschränkt steuerpflichtig, da A in beiden Staaten einen Wohnsitz iSd § 8 AO-D, § 26 BAO-Ö unterhält. Gem der „tie-breaker-rule" in Art 4 Abs 2a oder b DBA-D-Ö (entspricht Art 4 Abs 2 lit a und b, dazu Art 4 Rn 79 ff) ist A nach Abkommensrecht nur in Österreich ansässig. An sich würden diese Zinsen nach § 49 Abs 1 Nr 5 c EStG nicht zur beschränkten StPfl in Deutschland führen. Da A in Deutschland aber nach nationalem Recht aufgrund seines Wohnsitzes unbeschränkt steuerpflichtig ist, müsste A die Zinsen im Rahmen seiner Einkommensteuerveranlagung erklären (die Abgeltungsteuer seit 2009 gilt für diese Zinsen nicht, da A zu mindestens 10 % an der Schuldner-KapGes beteiligt ist, § 32d Abs 2 Nr 1b).

Die Steuer, die Deutschland auf diese Zinsen erheben darf, reduziert sich aber nach dem DBA-Österreich auf Null. Nach Art 11 Abs 1 dürfen die Zinsen nämlich nur in Österreich als dem Ansässigkeitsstaat besteuert werden; im Fall des MA wäre das Besteuerungsrecht Deutschlands auf 10 % beschränkt worden (Art 11 Abs 2).

Zum Verhältnis des Art 11 zum Besteuerungsrecht des Quellenstaats in der Folge von Einkünftekorrekturen vgl Rn 151 ff. **41**

d) Nutzungsberechtigter. Der **Begriff des Nutzungsberechtigten** wird in dem MK **nicht definiert**. Allerdings ergibt sich aus dem MK, dass bei Einschaltung eines Dritten, zB eines Vertreters oder sonstigen Beauftragten, zwischen dem Gläubiger und dem Schuldner Empfänger und Nutzungsberechtigter auseinanderfallen[24] und dass der Begriff nicht eng, sondern nach Sinn und Zweck des Abkommens auszulegen ist.[25] **42**

Im MK 2014 wird der Begriff des Nutzungsberechtigten im Ergebnis ohne Rückgriff auf nationales Recht definiert: „Where the recipient of interest does have the right to use and enjoy the interest unconstrained by a contractual or legal obligation to pass on the payment received to another person, the recipient is the "beneficial owner" of that interest."[26] Demgegenüber misst *Wassermeyer* dem innerstaatlichen Recht eine größere Bedeutung bei, da er den Nutzungsberechtigten mit demjenigen gleichsetzt, **43**

24 Tz 8 MK zu Art 11.
25 Tz 9 MK zu Art 11.
26 Tz 10.2 MK zu Art 11.

der aus Sicht des innerstaatlichen Rechts der **Erzieler der (Zins-)Einkünfte** ist.[27] Diese Begriffe sind allerdings (zumindest in aller Regel) deckungsgleich, zutr verweist *Grützner* auf eine mögliche abweichende Beurteilung von Ansässigkeits- und Quellenstaat bei der Beurteilung der Zwischenschaltung einer ausl KapGes als zivilrechtlichem Empfänger.[28]

44 Soweit hierbei in der älteren Lit die Auffassung vertreten wurde, dass die Auslegung des Begr des Nutzungsberechtigten deshalb abkommensautonom erfolgen müsse, weil der Begr dem dt Steuerrecht fremd sei,[29] gilt dies seit Umsetzung der **Zins- und Lizenzrichtlinie** (RL 2003/49/EG, dazu Rn 52 ff) nicht mehr zwingend. Die Zins- und Lizenzrichtlinie knüpft die Quellensteuerbefreiung an die Ansässigkeit bzw Belegenheit des **Nutzungsberechtigten** in einem anderen Mitgliedstaat (Art 1 Abs 1 RL 2003/49/EG); in der englischen Fassung der RL wird – wie auch in der englischen Fassung des Art 11 Abs 2 – der Begriff des **„beneficial owners"** verwendet.[30] Ob diese Definition für die Auslegung des Begriffs des Nutzungsberechtigten in DBA herangezogen werden kann, ist strittig, da überwiegend eine abkommensautonome Auslegung gefordert wird.[31] Die Neufassung des MK 2014 betont ebenfalls, dass der abkommensrechtliche Begriff des „beneficial owner" vor dem Hintergrund des abkommensrechtlichen Kontext auszulegen ist und nicht mit einer etwaigen technischen Definition in bestimmten Ländern (zB im Rahmen des Trust-Rechts) übereinstimmt (Tz 9.1). Für die Auslegung des Nutzungsberechtigten in Art 11 aus dt Sicht bleibt uE gleichwohl die Definition des Nutzungsberechtigten in § 50g EStG maßgeblich, wie in den folgenden Rn dargelegt wird.

45 Die Zins- und Lizenzrichtlinie wurde in Deutschland durch **§ 50g EStG** umgesetzt. Dessen Abs 3 Nr 1 EStG beinhaltet eine ausf **Definition des Nutzungsberechtigten** für Zwecke des dt Steuerrechts. Demnach gelten Unternehmen als Nutzungsberechtigte, wenn sie die Einkünfte iSd § 2 Abs 1 EStG erzielen. Angesichts der Tatsache, dass Betriebsstätten als Zahlungsempfänger bzw als Nutzungsberechtigte der Zinszahlungen von Art 11 nicht erfasst sind (vgl dazu Rn 139 ff bzw Rn 52 ff zur Zins- und Lizenzrichtlinie), ist die weitergehende Definition, wann Betriebsstätten Nutzungsberechtigte sind (§ 50g Abs 3 Nr 1 Buchstabe b EStG) für Zwecke des Art 11 Abs 2 nicht relevant.

46 Die in der vorstehenden Rn erläuterte Definition des „Nutzungsberechtigten" ist nach Art 3 Abs 2 für Deutschland als Anwenderstaat auch für die Auslegung des Abk maßgeblich, da der Zusammenhang nichts anderes erfordert. Dass die Zins- und Lizenzrichtlinie (und damit § 50g EStG) nur für Zins- und Lizenzzahlungen zwischen verbundenen Unternehmen gilt, steht dem nicht entgegen:[32] die Bestimmung des Nutzungsberechtigten ist der Prüfung der sonstigen Anwendungsvoraussetzungen denklogisch vorgelagert, da nur für den so ermittelten Nutzungsberechtigten geprüft werden muss und kann, ob die weiteren Bedingungen (verbundene Unternehmen) vorliegen. Die Definition des Nutzungsberechtigten nach § 50g EStG entspricht **Sinn und Zweck**

---

27 *Wassermeyer* Art 11 MA Rn 57.
28 *G/K/G* Vor Art 10–12 MA Rn 13/1–13/3.
29 *Wassermeyer* Art 11 MA Rn 57 (2001).
30 *Fahrholz* S 52; ausf *Hamacher* IStR 2002, 227, 259.
31 Vgl *Vogel/Lehner* Vor Art 10-12 Rn 14 f mwN.
32 So aber wohl *Vogel/Lehner* Vor Art 10-12 Rn 14.

von Art 11 Abs 2 S 1, nachdem bezweckt wird, Abkommensmissbräuche durch die Einschaltung eines zwischengeschalteten Empfängers der Zinszahlungen auszuschließen, daher ist auch der von Tz 9.1 MK geforderte Kontext zu Sinn und Zweck des Abk gegeben. Nur wenn der tatsächliche Nutzungsberechtigte der Zinsen in dem anderen Vertragsstaat ansässig ist und sich somit selbst auf das entspr Abk berufen könnte, soll der Quellenstaat zur Reduktion seines Steueranspruchs verpflichtet sein. Soweit zwischen den oben (Rn 43) dargestellten Auffassungen im Einzelfall Abweichungen bestehen sollten, ist daher uE die steuerliche Zurechnung der Zinseinkünfte nach dem Recht des Anwenderstaates (hier also: des Quellenstaates) maßgeblich. Dies ergibt sich für Deutschland als Anwenderstaat auch aus § 50g Abs 3 Nr 1 Buchstabe a EStG. Insoweit käme der Einschränkung durch den Bezug auf den Nutzungsberechtigten aber nur eine rein **deklaratorische Bedeutung** zu, da (bspw auch in den DBA, die ein ausschließliches Besteuerungsrecht für den Ansässigkeitsstaat vorsehen), für einen zwischengeschalteten Dritten insoweit bereits keine Abkommensberechtigung vorläge.[33] Da er wirtschaftlich betrachtet die Einkünfte nicht erzielt, kann er sich in Bezug auf diese Zinsen auch nicht auf den Schutz des Abk berufen.

3. Durchführung der Begrenzung. Gem Art 11 Abs 2 S 2 bleibt die Frage, in welcher Form die Quellensteuerbegrenzung durchgeführt wird, den zuständigen Finanzbehörden überlassen. Für Deutschland ist insoweit eine gesetzliche Bestimmung in § 50d EStG vorhanden, da aus Gründen der Haftung des Vergütungsschuldners ein Verweis auf eine Vereinbarung zwischen den Finanzbehörden nicht ausreichend wäre.[34] Soweit keine Quellensteuer einbehalten wurde, die Zinsen aber gleichwohl im Quellenstaat besteuert werden (bspw durch Veranlagung bei Doppelansässigkeit, Bsp Rn 40), kann eine Begrenzung direkt im **Veranlagungsverfahren des Gläubigers** erfolgen. Sieht das nationale Steuerrecht des Quellenstaates dagegen eine beschränkte StPfl und eine Quellensteuer vor, die den im DBA vorgesehenen Höchstsatz übersteigt, betrifft Art 11 Abs 2 S 2 insb die Frage, ob der Vergütungsschuldner nur den begrenzten Quellensteuersatz einzubehalten hat, oder ob der Vergütungsgläubiger eine Erstattung der zu viel einbehaltenen Quellensteuern beantragen muss. **47**

III. Verhältnis zu Europäischem Unionsrecht

Das eingeschränkte Besteuerungsrecht des Quellenstaats kann für bestimmte Zinszahlungen innerhalb Europas über die Begrenzung durch DBA hinaus weiter eingeschränkt sein. **48**

1. Vorgaben des europäischen Primärrechts. Die **Aufteilung der Besteuerungshoheiten** zwischen den Mitgliedstaaten ist grds **europarechtlich nicht zu beanstanden**, selbst wenn sich für den StPfl hieraus ein Nachteil im Verhältnis zu einer rein nationalen **49**

---

33 AA offensichtlich *Fahrholz* S 53: „konstitutiv" mit der Begr, dass eine entspr Einschränkung nicht in alle neueren DBA aufgenommen wurde und (55) mit dem Hinweis, dass der formale Berechtigte möglicherweise nach der Sicht des anderen Vertragsstaates der wirtschaftlich Berechtigte sein kann und als solcher abkommensberechtigt wäre. Diese Ansicht verkennt, dass zwischen der Abkommensberechtigung dem Grunde nach und der für die konkrete Abkommensanwendung maßgeblichen Einkommenszurechnung kein zwingender Zusammenhang besteht.

34 *Wassermeyer* Art 11 MA Rn 63; *S/K/K* Art 11 MA Rn 40, jeweils mit Verweis auf *BFH* BStBl II 1987, 171; BStBl II 1987, 253.

Besteuerung ergibt. Es ist auch geklärt, dass der Einbehalt einer Steuer an der Quelle als solches nicht gegen Europarecht verstößt,[35] da der **Steuerabzug** ein verhältnismäßiges Mittel zur Beitreibung steuerlicher Forderungen des Quellenstaates darstellt.[36] Voraussetzung ist aber zum einen, dass der Steuersatz nicht über dem allg Steuersatz für Gebietsansässige liegt[37] und zum anderen, dass dem Vergütungsgläubiger ein Abzug der mit den steuerpflichtigen Einkünften in unmittelbaren Zusammenhang stehenden Betriebsausgaben möglich ist.[38]

50 Allerdings verstößt eine auf Basis des Art 11 Abs 2 vorgenommene **Besteuerung auf Bruttobasis** nur dann gegen Europarecht, wenn sie – iVm dem reduzierten Quellensteuersatz – zu einer höheren Belastung des gebietsfremden Vergütungsgläubigers führt. Gleichwohl muss aber festgehalten werden, dass eine generelle Quellensteuer auf Zinszahlungen in bestimmten Fällen gg die europarechtlich gebotene Berücksichtigung der Refinanzierungskosten der Vergütungsgläubiger verstoßen würde. In diesem Zusammenhang ist insb auf die Fälle hinzuweisen, in denen bereits der MK eine Gefahr der Dbest sieht und für die er eine weitergehende Begrenzung des Quellensteuersatzes (bzw ein generelles Verbot des Quellensteuereinbehalts) vorsieht (Tz 14 MK zu Art 11, so Rn 38). Aber auch über die im MK genannten Fälle hinaus kann die Erhebung einer Quellensteuer auf den Bruttobetrag der Zinszahlungen zu einer – möglicherweise gegen die **Grundfreiheiten** verstoßenden – Dbest führen.

51 **Beispiel:** Die in Italien ansässige Person A gibt einem Deutschen ein Darlehen in Höhe von 1 Mio EUR, das mit einer Grundschuld auf ein Grundstück in Deutschland besichert ist. Der vereinbarte Zinssatz beträgt 5 %. Für die Refinanzierung nimmt A in Italien ein Darlehen in Höhe von 1 Mio EUR auf, das er mit 4,5 % verzinsen muss.

Lösung: Aufgrund der Besicherung mit inländischem Grundbesitz führen die Zinsen zur beschränkten StPfl des A in Deutschland, § 49 Abs 1 Nr 5 Buchstabe c Doppelbuchstabe aa EStG. Unabhängig von der Erhebungsform wäre der dt Steueranspruch nach Art 11 Abs 2 DBA-Italien auf 10 % der Bruttozinsen, also 10 % von 50 000 EUR, begrenzt. Die dt Steuer darf abkommensrechtlich also 5 000 EUR nicht übersteigen.

Das Einkommen (der Nettozins), das A im Rahmen seiner beschränkten StPfl erwirtschaftet, beträgt allerdings nur 5 000 EUR (50 000 EUR Zinseinnahmen abzüglich 45 000 EUR Refinanzierungszins). Eine Steuer in Höhe von 5 000 EUR auf dieses Erg wäre jedenfalls höher als die Steuer, die ein vergleichbarer Inländer zahlen müsste, der die Zinsen im Rahmen seines Unternehmens erzielt.[39] Insoweit liegt daher ein Verstoß gegen Unionsrecht vor.

52 **2. Quellensteuerverbot der Zins- und Lizenzrichtlinie.** In den Fällen, in denen es nicht bereits aufgrund der von Deutschland mit anderen EU-Mitgliedstaaten abgeschlossenen DBA zu einer Reduktion des Quellensteuersatzes auf 0 kommt (vgl dazu

35 Für Zinsen bereits eine Diskriminierung durch „unterschiedliche Erhebungstechniken" verneinend *EuGH* DStRE 2009, 805 – Truck Center.

36 Mit Betonung der Rechtfertigungsebene *EuGH* BStBl II 2007, 352 – Scorpio Rn 37.

37 *EuGH* BStBl II 2003, 859, – Gerritse Rn 54.

38 *EuGH* BStBl II 2003, 859 – Gerritse; nach *EuGH* BStBl II 2007, 352 – Scorpio wären die Betriebsausgaben bereits im Abzugsverfahren zu berücksichtigen, sofern der Vergütungsgläubiger dem Schuldner seine Betriebsausgaben mitgeteilt hat.

39 Zu beachten ist allerdings, dass iRd Abgeltungsteuer auch einem Inländer ein Abzug von Werbungskosten nicht gestattet würde, sodass sich insoweit eine möglicherweise andere Beurteilung ergibt.

die Übersicht in Rn 158), verhindert die **Zins- und Lizenzrichtlinie** (RL 2003/49/EG, im Folgenden: ZLRL) in ihrem Anwendungsbereich die Erhebung von Quellensteuern auf Zinszahlungen vollständig.

Die ZLRL (in Deutschland durch § 50g EStG umgesetzt) findet nur Anwendung auf Zinszahlungen, die zwischen **verbundenen Unternehmen** (direkte Beteiligung von mindestens 25 % zwischen Gläubiger und Schuldner oder direkte Beteiligung eines dritten Unternehmens zu jeweils mindestens 25 % an Gläubiger und Schuldner, Art 3b RL 2003/49/EG) fließen. Der Anwendungsbereich der ZLRL wird durch die folgende Abbildung veranschaulicht. 53

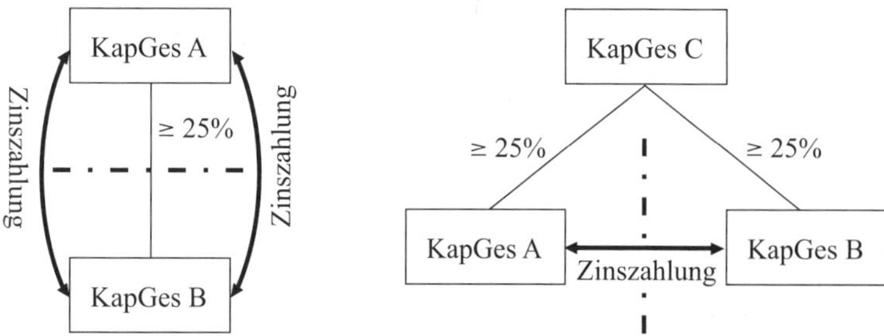

Abb 1: Anwendungsbereich der Zins- und Lizenzrichtlinie

Mit ihrem Vorschlag für eine Richtlinie des Rates zur Neufassung der ZLRL v 11.11.2011 hat die Kommission verschiedene Änderungen an der ZLRL vorgeschlagen, durch die das Ziel der Richtlinie – die Vermeidung der Doppelbesteuerung von grenzüberschreitenden Zins- und Lizenzzahlungen – besser erreicht werden sollte und durch die die bisherigen Änderungen an der bestehenden Richtlinie konsolidiert werden sollten. Gegenüber der bestehenden Richtlinie sollte insbesondere die in der vorstehenden Rn genannte Definition der verbundenen Unternehmen verändert werden: Künftig sollten alle Beteiligungen, einschließlich mittelbarer Beteiligungen, von mindestens 10 % für die Anwendung der ZLRL ausreichen.[40] Darüber hinaus sollte die Liste der von der Richtlinie erfassten Unternehmen bzw Rechtsformen erweitert werden, in dem sie an die Mutter-/Tochter-RL angepasst würde, wo diese weiter ist, und beibehalten würde, wo diese enger ist.[41] Gleichzeitig wurde aber ein subject-to-tax requirement vorgeschlagen.[42] Der Vorschlag wurde aber bislang nicht angenommen (aber auch nicht zurückgezogen); die nachstehenden Rn beschreiben daher den Rechtsstand der aktuell unverändert geltenden Fassung der ZLRL. 54

Der **Zinsbegriff** der ZLRL (Art 2a RL 2003/49/EG) ist mit dem Zinsbegriff des Art 11 Abs 3 identisch[43] (vgl dazu Rn 68 ff). Allerdings erlaubt es Art 4 ZLRL bei **gewinnabhängigen Vergütungen** die Quellensteuerbefreiung zu versagen.[44] Deutschland hat von 55

---

40 Vgl KOM(2011) 714 endgültig, 10, Art 2 d des Richtlinienvorschlags.

41 Vgl KOM(2011) 714 endgültig, 8 f., Art 2 c und Anhang I des Richtlinienvorschlags.

42 Vgl KOM(2011) 714 endgültig, 6, Art 1 Abs 1 des Richtlinienvorschlags.

43 So auch *S/K/K* Art 11 MA Rn 13; *Vogel/Lehner* Art 11 MA Rn 7.

44 Vgl dazu auch *Dörr* IStR 2005, 113. Der Vorschlag KOM (2011) 714 endgültig enthält weder Änderungen des Zinsbegriffs noch Änderungen hinsichtlich des Ausschlusses gewinnabhängiger Zinszahlungen.

dieser Möglichkeit Gebrauch gemacht und schließt in § 50g Abs 2 Nr 1 Buchstabe b EStG Zinsen, „die auf Forderungen beruhen, die einen Anspruch auf Beteiligung am Gewinn des Schuldners begründen“ von der Quellensteuerbefreiung aus. Vergütungen auf partiarische Darlehen und Genussrechte sowie Vergütungen für (typische) stille Beteiligungen sind damit zwar nach dt Recht Einkünfte aus Kapitalvermögen und stellen für Zwecke der ZLRL (und auch abkommensrechtlich, vgl Rn 84–86, 90) regelmäßig Zinsen dar, sind jedoch nicht von der Quellensteuerbefreiung des § 50g EStG erfasst, da sie eine Beteiligung am Gewinn vermitteln.

56 Für nicht gewinnabhängige Zinszahlungen wird jedoch ein abkommensrechtlich vereinbarter höherer Quellensteuersatz im Anwendungsbereich der ZLRL von dem **Quellensteuerverbot** des Art 1 Abs 1 RL 2003/49/EG verdrängt. Dies gilt für die DBA zwischen Deutschland und Belgien, Estland, Griechenland, Italien, Lettland, Litauen, Polen, Portugal, Rumänien und Slowenien (vgl Rn 158 ff).[45] Mit den anderen Mitgliedstaaten der Europäischen Union wurde bereits im entspr DBA ein Verbot der Erhebung einer Quellensteuer vereinbart oder im Zuge von Neuverhandlungen in das DBA aufgenommen (so in den DBA mit Spanien (2011) und Zypern (2011)).

57 Über die Zahlung von Zinsen und Lizenzen zwischen verbundenen Unternehmen iSv „Gesellschaften“ hinaus verbietet die ZLRL einen Quellensteuereinbehalt auch soweit **Betriebsstätten Zahler und/oder Nutzungsberechtigter** der Zinsen oder Lizenzen sind (Art 1 Abs 1–3, 5 RL 2003/49/EG). Dies verhindert eine Quellensteuerbelastung auch in solchen Fällen, die grds nicht von DBA erfasst sind, insb, wenn Betriebsstätten Nutzungsberechtigter sind (vgl Beispiel vorne Rn 33) oder wenn Betriebsstätten die Zinszahlungen tragen (Dreieckssachverhalte, triangular cases).

58 Durch das EU **Zinsbesteuerungsabkommen** v 26.10.2004 (ZBStA) mit der **Schweiz** wurde das Quellensteuerverbot der Zins- und Lizenzrichtlinie auch im Verhältnis zur Schweiz ausgedehnt (Art 15 Abs 2 des ZBStA). Da das dt DBA mit der Schweiz allerdings bereits eine Reduktion der Quellensteuern auf 0 % vorsieht (vgl Rn 158, Art 11 Abs 1 DBA-CH), ist die materielle Bedeutung dieses Abk insoweit gering. Da das ZBStA aber, ähnlich wie die ZLRL, Betriebsstätten sowohl als Schuldner als auch als Zinsempfänger erfasst, bietet es in bestimmten Dreieckskonstellationen einen durch DBA nicht vorhandenen Schutz vor einer Quellenbesteuerung.

59 **3. Quellensteuerpflicht durch die Zinsrichtlinie.** Art 11 Abs 2 schränkt, wie jede Verteilungsnorm eines DBA, Besteuerungsrechte nur ein, begründet aber keine Besteuerungsansprüche, sodass bspw ein abkommensrechtlich vereinbarter Quellensteuersatz von 10 % nicht dazu führt, dass Deutschland in diesem Umfang Quellensteuern auf Zinsen einbehält, wenn die entspr Zinszahlung nicht zur beschränkten StPfl des Zinsempfängers in Deutschland führt. Dies gilt idR entspr in anderen Staaten, in denen Zinsen kein Anknüpfungspunkt einer beschränkten StPfl sind und daher auch keiner Quellensteuer unterliegen, wie bspw in Österreich. Dagegen enthält die **Zinsrichtlinie** (RL 2003/48/EG – Zinsrichtlinie aF) in bestimmten Fällen eine **Verpflichtung, eine Quellensteuer einzubehalten**, selbst wenn das nationale Recht keinen Besteuerungs-

45 Allerdings wurde Griechenland, Lettland, Litauen, Polen und Portugal in Art 6 Abs 1 ZLRL für eine achtjährige Übergangsfrist, die mit dem 1.7.2005 begonnen hat (Zeitpunkt der Anwendung der Zinsrichtlinie), gestattet, eine Quellensteuer von zunächst 10 %, in den letzten vier Jahren noch 5 % der Zinszahlungen zu erheben.

anspruch formuliert. Der Quellenstaat ist zum Einbehalt der Quellensteuer selbst dann verpflichtet, wenn er davon ausgeht, dass der Zinsempfänger in seinem Ansässigkeitsstaat die Zinszahlungen nicht versteuern muss.[46]

Nach intensiven Diskussionen zur Zinsrichtlinie wurden von der Kommission (Ende 2008), vom Europäischen Parlament (im April 2009) und vom Rat (Mai 2009) Änderungen an der Zinsrichtlinie vorgeschlagen, die den Anwendungsbereich deutlich ausweiten würden.[47] Diese Diskussionen sind jedoch zunächst im Sande verlaufen, sodass erst in 2014 eine verschärfte Fassung der Zinsrichtlinie (RL 2014/48/EU – Zinsrichtlinie nF[48]) verabschiedet wurde, die jedoch im Ergebnis nie umgesetzt werden musste, da noch in 2015 die Aufhebung dieser RL beschlossen wurde (ECOFIN-Beschluss am 10.11.2015). Hintergrund ist insoweit, dass die RL 2011/16/EU über die Verwaltungszusammenarbeit im Bereich der direkten Steuern, geändert durch RL 2014/107/EU, ua einen automatischen Austausch von Informationen über Finanzkonten zwischen den Mitgliedstaaten vorsieht, sodass die Zinsrichtlinie keinen eigenständigen Anwendungsbereich mehr hat. Die RL war bis zum 31.12.2015 umzusetzen und ist ab dem 1.1.2016 – für Österreich ab dem 1.1.2017 – anzuwenden. **60**

Die Zinsrichtlinie aF gilt bzw galt für Zinsen, die von einer **Zahlstelle** in einem Mitgliedstaat an **wirtschaftliche Eigentümer**, die **natürliche Personen** sind und die in einem anderen Mitgliedstaat steuerlich ansässig sind, ausbezahlt werden.[49] Nach der Zinsrichtlinie nF wäre der Begriff des wirtschaftlichen Eigentümers in Art 2 deutlich ausgedehnt worden, um eine Umgehung zu erschweren. **61**

Der **Zinsbegriff** der Zinsrichtlinie a.F. (Art 6 ZRL a.F.) war bereits weiter als der Begriff des Art 11 Abs 3 bzw der ZLRL. Er entsprach materiell dem Begriff der Einkünfte aus Kapitalvermögen nach § 20 Abs 1 Nr 4, 5 und 7 EStG sowie Abs 2 (Ausnahme: S 1 Nr 2a) in der Fassung bis VZ 2008 (vor Abgeltungsteuer).[50] Er umfasste bspw:[51] **62**

- Zinsen aus Forderungen jeglicher Art (insb Erträge aus Staatspapieren, Anleihen und Schuldverschreibungen);[52] **63**
- beim Verkauf oder der Rückzahlung von Forderungen aufgelaufene oder kapitalisierte Zinsen;

---

46 Die Kommission hatte in diesem Zusammenhang ein Vertragsverletzungsverfahren (Az 2007/2178) gegen Luxemburg eingeleitet, da Luxemburg bei bestimmten Zinszahlungen keinen Quellensteuereinbehalt vorgenommen hat, vgl Pressemitteilung v 27.11.2008, IP/08/1815 und v 25.6.2009, IP/09/1013.

47 Vgl Kommission v 23.4.2009 Bericht über das Funktionieren der RL über Zinsen und Lizenzgebühren KOM(2009) 179 endgültig.

48 Zum Inhalt dieser RL vgl *Kudert/Kopec* PIStB 2014, 218; *Strub* IStR 2014, 313.

49 Art 1 Abs 1, Art 4 Abs 1 ZRL.

50 *Reiffs* DB 2005, 247.

51 Art 6 Abs 1 ZRL.

52 Insoweit stimmen die Zinsbegriffe in Art 6 Abs 1a ZRL und in Art 11 Abs 3 MA überein; die ZRL erweitert jedoch ihren Zinsbegriff in Art 6 Abs 1b bis d. Nach dem Bericht der Kommission an den Rat v 15.9.2008 (SEK (2008) 2420), S 8, seien auch die in Art 6 Abs 1b ZRL genannten Einkünfte mit dem Zinsbegriff des Art 11 Abs 3 deckungsgleich. Nach der hier (vgl Rn 71 ff) vertretenen Auffassung gilt dies jedenfalls nicht uneingeschränkt. Die c und d stellen aber in jedem Fall Erweiterung des Zinsbegriffs dar.

- Zinszahlungen bei Ausschüttungen von Anlagefonds sowie Zinszahlungen, die beim Verkauf oder der Rückzahlung von Anteilen an Anlagefonds realisiert werden, bei Überschreiten bestimmter Grenzwerte innerhalb des Anlagefonds.

64 Bereits bei Inkrafttreten der Richtlinie im Jahr 2005 sind die Mitgliedstaaten davon ausgegangen, dass **Anpassungen im Zinsbegriff** der Richtlinie erforderlich sein werden, um mit den Entwicklungen nationaler Steuersysteme Schritt zu halten und um möglichen Ausweichgestaltungen zu begegnen.[53] In der Zinsrichtlinie nF wäre daher Art 6 umfangreich ergänzt worden, um alle Zahlungen aus Wertpapieren zu erfassen, die Zinszahlungen wirtschaftlich vergleichbar sind, auch wenn die Zahlungen über einen OGAW vereinnahmt werden. Daneben wären auch Zahlungen aus bestimmten Lebensversicherungen neu in den Anwendungsbereich der RL einbezogen worden. Mit Aufhebung der Zinsrichtlinie kam es nicht zu dieser Ausweitung; allerdings fließen den Mitgliedstaaten künftig umfangreiche Informationen über Kontodaten und Zinsen durch die RL 2011/16/EU, geändert durch RL 2014/107/EU, zu.

65 Für **Deutschland als Quellenstaat** und für die meisten anderen Mitgliedstaaten der Europäischen Union bestand für die von der Zinsrichtlinie erfassten Zahlungen von Anfang an die Verpflichtung zu einem **automatisierten Informationsaustausch** mit dem Ansässigkeitsstaat des wirtschaftlichen Eigentümers der Zinszahlungen (Art 2, 3 ZRL). Dem Ansässigkeitsstaat waren unter anderem die Identität und der Wohnsitz des Zahlungsempfängers sowie die Höhe der Zinszahlung mitzuteilen (Art 8 ZRL). Art 8 Abs 3a der RL 2011/16/EU idF der RL 2014/107/EU, enthält künftig die Informationsaustauschpflichten für alle Mitgliedstaaten, die mit anderen Amtshilfebestimmungen zusammengefasst, konsolidiert und deutlich erweitert wurden.

66 Für anfangs drei, später zwei Mitgliedstaaten der Europäischen Union (Belgien nimmt seit 2010 am automatischen Informationsaustausch teil, es verblieben Luxemburg und Österreich) und für fünf benachbarte Finanzplätze (Andorra, Liechtenstein, Monaco, San Marino und die Schweiz) sowie für sechs assoziierte und abhängige Gebiete der EU-Mitgliedstaaten (Guernsey, Isle of Man, Jersey, Niederländische Antillen, British Virgin Islands und Turks- und Caicosinseln), mit denen auf bilateraler Ebene Zinsbesteuerungsabkommen abgeschlossen wurden, bestand für einen Übergangszeitraum statt der Verpflichtung zum automatisierten Informationsaustausch die Verpflichtung, eine **Quellensteuer auf diese Zinszahlungen** einzubehalten. Die Quellensteuer betrug zunächst 15 %, seit dem 1.7.2008 20 % und beträgt seit dem 1.7.2011 35 %.[54] Sie war zu 75 % an den Wohnsitzstaat des Zahlungsempfängers weiterzuleiten, zu 25 % verbleiben die Einnahmen zur Deckung administrativer Kosten im Quellenstaat.

67 Eine entgegenstehende Begrenzung durch ein DBA war in diesen Fällen ohne Bedeutung. Gleichzeitig wird der Ansässigkeitsstaat des Zahlungsempfängers aber verpflichtet, eine Dbest durch diese Quellensteuer im Wege der Anrechnung zu vermeiden und ggf übersteigende Steuern sogar zu erstatten (Art 14 ZRL). Aufgrund des Übergangs auf den automatischen Informationsaustausch und der Aufhebung der Zins-

53 Der Bericht der Kommission an den Rat v 15.9.2008 (SEK (2008) 2420), S 8, formuliert dies diplomatisch als „Weiterentwicklung von Sparprodukten und Verhalten der Anleger".

54 Der Zahlungsempfänger kann wahlweise der Zahlstelle gestatten, seinem Ansässigkeitsstaat die Informationen mitzuteilen und so den Quellensteuereinbehalt vermeiden.

richtlinie innerhalb der EU (ab 2016, Österreich 2017) sowie auch im Verhältnis zu den benachbarten Finanzplätzen (Liechtenstein nimmt ab 2017, die Schweiz ab 2018 am automatischen Informationsaustausch teil; mit den anderen Staaten (Andorra, Monaco, San Marino) stehen Abschlüsse kurz bevor)[55] entfällt dieser Aspekt in Zukunft.

D. Zu Absatz 3: Definition der Zinsen

I. Allgemeines

Eine Zahlung kann immer nur einer Verteilungsnorm des Abk zugerechnet werden. **68** Daher muss im Verhältnis zu den anderen Verteilungsnormen durch Subsumtion einer Zahlung unter den abkommensrechtlichen Zinsbegriff eine eindeutige **Zuordnung zu einer Verteilungsnorm** sichergestellt werden. Grds wird durch Art 7 Abs 7 ein Vorrang der speziellen Art vor Art 7 kodifiziert (vgl Art 7 Rn 206 ff). Durch den sog Betriebsstättenvorbehalt in Art 11 Abs 4 wird dieser Vorrang für Zahlungen, die Zinseigenschaft besitzen, aber einer in dem anderen Vertragsstaat belegenen Betriebsstätte zuzurechnen sind, wieder aufgehoben (vgl dazu Rn 115 ff).

Auf die **Zinseigenschaft** einer Zahlung kommt es dagegen in jedem Fall in der **69** Abgrenzung zu Art 10 (Dividenden) an, aber auch im Verhältnis zu Art 7 (Unternehmensgewinne) und Art 13 (Veräußerungsgewinne) kann die Zinseigenschaft zweifelhaft sein, sodass sich insoweit Abgrenzungsschwierigkeiten ergeben können. Fällt eine Zahlung unter keine der speziellen Verteilungsnormen, greift mit Art 21 die Auffangnorm für Andere Einkünfte.

II. Materielle Bedeutung der Abgrenzung

Die materielle Bedeutung der Zuordnung einer Zahlung zu den Verteilungsnormen **70** ergibt sich aus den unterschiedlichen Besteuerungsrechten des Ansässigkeits- und des Quellenstaats:

	Besteuerungsrecht nach dem MA	
Verteilungsnorm	**Quellenstaat**	**Ansässigkeitsstaat**
Art 7 (Unternehmensgewinne)	uneingeschränkt	Freistellung oder Anrechnungsverpflichtung
Art 10 (Dividenden)	Quellensteuer 15 % (5 %)	Anrechnungsverpflichtung
Art 11 (Zinsen)	Quellensteuer 10 %	Anrechnungsverpflichtung
Art 12 (Lizenzen)	keines	ggf Anrechnungsverpflichtung
Art 13 (Veräußerungsgewinne)	idR keines	ggf Anrechnungsverpflichtung
Art 21 (Andere Einkünfte)	keines	uneingeschränkt

55 Vgl IP/15/5043, IP/15/5929.

71 In Bezug auf die Abgrenzung von Zinsen zu Dividenden besteht die materielle Bedeutung vor allem darin, dass der Ansässigkeitsstaat des Zahlungsempfängers bei Dividenden idR in seinem nationalen Steuerrecht Maßnahmen zur Beseitigung oder Milderung der wirtschaftlichen Dbest vorsieht (zB ganze oder teilw Steuerbefreiungen). Ohne **unilaterale subject-to-tax-Klauseln**, wie sie Deutschland durch § 8b Abs 1 S 2ff KStG[56] eingeführt hat und wie sie die OECD im Rahmen des BEPS-Action Item 2 vorschlägt, könnten so in bestimmten Fällen weiße Einkünfte generiert werden, wenn der Quellenstaat Zinsen annimmt (und diese beim Schuldner zum Abzug zulässt) und der Ansässigkeitsstaat von Dividenden ausgeht (die er von der Steuer befreit). Umgekehrt droht bei Zahlungen, die aus Sicht des Quellenstaates Dividenden sind (die also den Gewinn nicht mindern), aber aus Sicht des Ansässigkeitsstaates Zinsen darstellen (die den steuerpflichtigen Gewinn erhöhen) eine Dbest, die regelmäßig nicht von einer unilateralen Maßnahme vermieden wird.

III. Der Zinsbegriff

72 Zinsen im abkommensrechtlichen Sinne sind nach Art 11 Abs 3 definiert als „Einkünfte aus Forderungen jeder Art“ gefolgt von einer nicht abschließenden, da beispielhaften Aufzählung („und insbesondere“). Die **Verweisung auf nationales Recht**, die noch im MA 1963 enthalten war, wurde durch das MA 1977 **aufgegeben** und durch die Definition des Art 11 Abs 3 ersetzt. Auf einen Verweis auf nationales Recht wurde angesichts der umfassenden Definition im MA, der Unabhängigkeit von späteren Änderungen des nationalen Rechts und des Charakters eines MA verzichtet (vgl Tz 21 MK zu Art 11). Fehlt der Verweis in einem DBA, ist der Zinsbegriff abkommensautonom ohne Rückgriff auf nationales Recht auszulegen.[57]

73 **1. Einkünfte.** In der Definition des Begriffs der „Zinsen“ wird der Begriff „Einkünfte“ verwendet. Im dt nationalen Recht bezeichnet dieser Begriff eine Netto- bzw Saldogröße, bei der Einnahmen bzw Erträge um die damit in Zusammenhang stehenden Ausgaben bzw Aufwendungen gemindert wurden. Der Definition des Zinsbegriffs in Art 11 Abs 3 ist allerdings ein anderes Begriffsverständnis zugrunde zu legen. **Abkommensrechtlich** sind **„Einkünfte“** der Oberbegriff für die in den Verteilungsnormen (Art 6–21) bezeichneten Einkunftsarten.[58] Entscheidend ist die hiermit verbundene Abgrenzung einer Einkunftsquelle, der bestimmte Einnahmen zugeordnet werden können. Als „Zinsen“ iSd Art 11 Abs 3 gelten damit unabhängig von einer Berücksichtigung etwaiger damit in Zusammenhang stehender Aufwendungen bereits die Zinseinnahmen.[59]

74 Dies ergibt sich auch aus dem Zusammenhang der abkommensrechtlichen Vorschriften. Während zB iRd Art 7 zur Betriebsstättenbesteuerung im Quellenstaat eine Nettobesteuerung des Betriebsstättengewinns erfolgt,[60] ist dies – trotz der einheitlichen Verwendung des Begriffs „Einkünfte“ – bei Zinseinkünften anders. Eine **Berücksichtigung der Aufwendungen** erfolgt regelmäßig nur im Ansässigkeitsstaat des Zinsempfängers, dem nach Abs 1 auch das Besteuerungsrecht zusteht. Die Quellensteuerbe-

---

56 Zum Korrespondenzprinzip bei vGA/vE ausführlich *Ehlermann/Nakhai* S 971 ff.

57 Vgl *BFH* BStBl II 2012, 115.

58 *BFH* BStBl II 1997, 60; *Wassermeyer* IStR 2010, 324; *Wassermeyer* Art 11 MA Rn 72.

59 *Wassermeyer* Art 11 MA Rn 72.

60 *G/K/G* Art 11 MA Rn 56/2.

schränkung des Abs 2 bezieht sich dagegen ausdrücklich auf den Bruttobetrag der Zinsen. Eine derartige Regelung wäre nicht erklärbar, wenn Zinsen als „Einkünfte" iSd dt Steuerrechts zu verstehen wären. Aus der Systematik der Abs 1–3 wird daher deutlich, dass der Begriff „Einkünfte" im abkommensrechtlichen Sinn sowohl Einkünfte als auch Einnahmen bedeuten kann.

2. Forderungen jeder Art. Einkünfte stellen dann Zinsen dar, wenn sie „aus Forderungen jeder Art" stammen, ohne dass dieser Begriff im Abkommen näher erläutert wird. Aus dem Kontext der Verwendung im Zinsartikel wird klar, dass die Forderung (in der englischen Fassung: „debt-claim") durch die Überlassung von Kapital begründet wurde bzw auf die Rückzahlung von Kapital gerichtet ist. **Zinsen sind damit Vergütungen für die Nutzungsüberlassung von Kapital auf Zeit.**[61] 75

Die Vergütung muss dabei für die Möglichkeit der Nutzung des Kapitals bezahlt werden. Sie muss nicht streng pro rata temporis berechnet werden, da ausdrücklich auch **gewinnabhängige Vergütungen** zum Zinsbegriff rechnen können. Allg ist die **Berechnungsgrundlage** für die Ermittlung der Höhe der Vergütungen nicht entscheidend für ihre Einstufung als Zinsen, daher können auch umsatzabhängige Vergütungen Zinsen darstellen, wenn nur die Ursache für ihre Bezahlung in der Gewährung der Nutzungsmöglichkeit eines bestimmten Kapitalbetrags über einen gewissen Zeitraum begründet ist. Im Gegensatz dazu sind gesondert berechnete Vergütungen für **Nebenleistungen** (zB Bearbeitungsgebühren, Provisionen) oder für die **Bereitstellung von Sicherheiten** (zB Avalprovisionen) keine Zinsen. Dasselbe gilt uE für Bereitstellungszinsen bei verspäteter Inanspruchnahme oder **Vorfälligkeitsentschädigungen** bei verfrühter Ablöse eines Kredits.[62] Derartige Zahlungen werden nicht für die Überlassung des Kapitals gezahlt sondern stellen Vergütungen für entgangene Zinsen dar und haben Schadensersatzcharakter. Ihnen liegt im Zeitpunkt der Zahlung keine Forderung gegenüber dem Schuldner zugrunde, auf die ein Zins berechnet wird. Gleichfalls keine Zinsen im abkommensrechtlichen Sinne sind Zahlungen, die (nur) im ökonomischen Sinne Zinsen darstellen, bei denen die Kapitalüberlassung aber nicht im Vordergrund steht und bei denen die Zinsen nicht gesondert berechnet werden, wie bspw die (Nicht-)Inanspruchnahme eines **Skonto**, die Gewährung (und Inanspruchnahme) eines Zahlungsziels. In diesen Fällen liegen regelmäßig Unternehmenseinkünfte (Art 7) vor, vgl Rn 13f mit Beispiel. 76

Eine Nutzungsüberlassung von Kapital auf Zeit beinhaltet als Voraussetzung für das abkommensrechtliche Vorliegen von „Zinsen" darüber hinaus eine **Rückzahlungsverpflichtung**, die aus Sicht des Gläubigers die „Forderung" darstellt. Wird dagegen Kapital überlassen, bei dem der Überlassende ein Unternehmerrisiko einnimmt, also keine Forderung auf Rückzahlung geltend machen kann, liegen keine Zinsen, sondern bspw **Unternehmensgewinne** oder **Dividenden** vor. Die Abgrenzung kann im Einzelfall schwierig sein, vgl dazu Rn 84ff. Wird die Vergütung nicht für die Überlassung von Kapital, sondern für die **Nutzung von Sachen oder Rechten** bezahlt, sind die Zahlungen unter Art 12 Abs 2 zu subsumieren. Handelt es sich bei dem überlassenen Gegenstand um Grundvermögen, so ist Art 6 anzuwenden. **Miet- und Erbbauzinsen** fallen als Einkünfte aus unbeweglichem Vermögen unter Art 6 und stellen abkom- 77

---

61 So auch *Wassermeyer* Art 11 MA Rn 74, 79; *Theisen/Wenz* S 167f.

62 Hinsichtlich der Vorfälligkeitsentschädigungen **aA** *Wassermeyer* Art 11 MA Rn 74; *S/K/K* Art 11 MA Rn 80; differenziert: *G/K/G* Art 11 MA Rn 63/1.

mensrechtlich keine Zinsen dar. Dagegen ist die Besicherung einer Kapitalforderung durch Grundvermögen nach Abs 3 ausdrücklich unerheblich für die abkommensrechtliche Qualifikation der Vergütungen, die auf diese Kapitalforderung bezahlt werden. Zinsen, die auf ein mit Grundschuld oder Hypothek besichertes Darlehen bezahlt werden, stellen daher auch abkommensrechtlich Zinsen dar, die vorrangig im Ansässigkeitsstaat besteuert werden dürfen, die Belegenheit des Sicherungsobjekts ist für Zwecke des Art 11 irrelevant.

78 Tz 20 MK zu Art 11 rechnet zum **Zinsbegriff bei Anleihen** alles, was durch das die Anleihe ausgebende Institut über den vom Zeichner entrichteten Betrag bezahlt wird. Dies verdeutlicht das Wesensmerkmal der Zinsen als eine vom Schuldner entrichtete Vergütung für eine Kapitalüberlassung. Zutr wird daher auch ein Disagio vom MK ausdrücklich zu den Zinsen gezählt; entspr Gewinne bei Einlösung eines Zero-Bonds stellen somit Zinsen dar. Gleichzeitig stellt Tz 20 MK zu Art 11 klar, dass die Rückzahlung des überlassenen Kapitals nicht unter den Zinsbegriff fällt. Dies macht eine **Abgrenzung zwischen** dem vom Schuldner bezahlten **Zins und dem Rückzahlungsbetrag** erforderlich. Letzterer fällt genauso wenig unter den Zinsbegriff wie Gewinne, die ihre Ursache nicht in der Vergütung für die Kapitalüberlassung, sondern in Wertveränderungen des überlassenen Kapitals haben. Teilwertminderungen oder Forderungsausfälle zählen daher genauso wenig zu Zinsen wie entspr Wertaufholungen, der Kapitalanteil eines Besserungsscheins bei Eintreten der entspr Bedingungen und Währungsgewinne bzw –verluste bei Fremdwährungsdarlehen.

79 Gleichzeitig sind auch Vergütungen, die der Gläubiger bei Geschäften in Zusammenhang mit der Darlehensforderung von Dritten erhält, keine Zinsen, wenn bspw die **Zinsforderung veräußert** wird oder wenn durch den **Verkauf einer Anleihe** ein Gewinn oder Verlust erzielt wird. Nach *Wassermeyer* ist zwischen der Rückzahlung der Anleihe und der Veräußerung der Forderung zu unterscheiden,[63] wobei uE auch hier im Vordergrund der Abgrenzung die Frage zu stehen hat, ob das erhaltene Entgelt eine vom Schuldner entrichtete Vergütung für die Kapitalüberlassung darstellt. Bei Veräußerung der Anleihe oder der Zinsforderung erhält der Gläubiger aber (von einem Dritten)[64] ein Entgelt für die Abtretung seiner Rechtsposition (an diesen Dritten) und damit keine Zinsen (von dem Schuldner). Vergütungen, die der Darlehensgläubiger für die **Übertragung seiner Rechtsposition** von Dritten erhält, stellen damit weder Zinsen iSd Abs 3 dar, noch stammen sie notwendigerweise aus dem Staat, in dem der Schuldner der zugrunde liegenden Forderung ansässig ist. Tritt der Käufer hinsichtlich der zugrunde liegenden Forderung in die Rechtsposition des bisherigen Gläubigers ein, so erzielt der Käufer in Zukunft Zinseinkünfte. Wird dagegen nur die Zinsforderung vom Gläubiger an einen Dritten abgetreten, so stellt zwar das von dem Dritten vereinnahmte Entgelt keine Zinsen dar, gleichwohl bleibt der bisherige Gläubiger Nutzungsberechtigter der Zinsen und erzielt im Zeitpunkt der Zahlung durch den Schuldner Zinseinkünfte.

80 Erkennt man an, dass der Gläubiger eine Vergütung für eine Kapitalüberlassung nur von demjenigen erhalten kann, dem das Kapital überlassen wurde und die Gewinne aus der Veräußerung seiner Rechtsposition dementsprechend keine Zinsen darstellen,

---

63 *Wassermeyer* Art 11 MA Rn 75.

64 *S/K/K* Art 11 MA Rn 47 weisen zutr darauf hin, dass auch Tz 20 MK zu Art 11 nur Vergütungen, die der Schuldner entrichtet, dem Zinsbegriff zurechnen will.

hat dies keine Auswirkungen auf die **Qualifikation der tatsächlichen Zahlung** durch den Schuldner. Dieser leistet gleichwohl ein Entgelt für die ihm gewährte Kapitalüberlassung; es ist aus seiner Sicht für die Eigenschaft einer Zahlung als „Zins" daher unerheblich, ob der ursprüngliche Gläubiger die Darlehensforderung zwischenzeitlich veräußert hat. Dementsprechend stellt die erhaltene Zahlung für den (neuen) Gläubiger ebenfalls und in voller Höhe eine Zinszahlung dar, auch wenn er nach nationalen Gewinnermittlungsvorschriften einen geringeren Gewinn erzielt. Dies kann sich auf ein etwaiges **Anrechnungsvolumen** auswirken, die Zinseigenschaft der Zahlung wird hierdurch aber nicht beeinflusst.

Beispiel: Der im Staat A ansässige Gläubiger (G) zeichnet am 1.1.2012 eine Anleihe des Schuldners S, der in Staat B ansässig ist. Er zahlt 94 für die Anleihe, die am 31.12.2012 fällig ist und einen Nennwert von 100 hat. **81**

Am 31.10.2012 tritt der Gläubiger seine Darlehensforderung an einen Dritten (D), der in Staat C ansässig ist, ab. Er erhält dafür ein Entgelt in Höhe von 99. Am 31.12.2012 ist die Anleihe fällig: S zahlt dem neuen Gläubiger D 100.

Lösung: Die Zahlung, die D an G leistet, führt abkommensrechtlich nicht zu Zinsen. Insb liegen keine Zinsen, die aus dem Staat B stammen, vor. Der von G realisierte Gewinn iHv 5 (99-94) kann in seinem Ansässigkeitsstaat A besteuert werden (Art 7, ggf Art 13 oder Art 21).

Zukünftig ist D Nutzungsberechtigter der Zinsen. Die Zahlung von S an D am 31.12.2012 stellt Zinsen dar soweit sie auf die Nutzungsüberlassung des Kapitals entfällt. Das Disagio iHv 6 stellt insoweit das Entgelt für diese Nutzungsüberlassung dar, sodass der Quellenstaat Zinsen iHv 6 einer Quellensteuer unterwerfen darf, wenn das zwischen dem Staat B und dem Staat C abgeschlossene DBA dies zulässt. D realisiert aus dieser Zahlung nur einen Gewinn iHv 1, da er die Anleihe zu einem Preis von 99 erworben hat. Dies könnte in Staat C dazu führen, dass die von Staat B erhobene Quellensteuer nicht vollständig anrechenbar ist.

Der Zinsbegriff des MA ist nicht deckungsgleich mit dem **Zinsbegriff der Zinsschranke**[65] oder der **gewerbesteuerlichen Hinzurechnung von Finanzierungsanteilen** aus Entgelten für Schulden.[66] Unter die Zinsschranke fallen bspw auch Vergütungen, die nicht für die Kapitalüberlassung als solches bezahlt werden, sondern als Nebenleistungen zu qualifizieren sind und abkommensrechtlich keine Zinsen darstellen (Provisionen und Gebühren). Der gewerbesteuerlichen Hinzurechnung unterliegt auch der Aufwand aus der Abtretung von Forderungen beim echten Factoring, der abkommensrechtlich ebenfalls nicht als Zins zu qualifizieren ist.[67] **82**

Grds ist das **Verhältnis zwischen Gläubiger und Schuldner** für die Subsumtion der Zahlungen unter den Zinsartikel irrelevant. Zinsen, die auf Gesellschafterdarlehen oder auf Darlehen zwischen anderweitig nahestehenden Personen gezahlt werden, fallen daher unter Art 11, soweit die Beziehungen nicht die Zinsen so beeinflusst haben, dass Art 11 Abs 6 die Anwendung des Zinsartikels teilw ausschließt. **83**

65 *BMF* BStBl I 2008, 718, Tz 15-26.

66 Gleichlautende Ländererlasse v 4.7.2008, BStBl I 2008, 730, Tz 10 ff.

67 Vgl ausf mit Vergleich Zinsschranke/Finanzierungsanteile *Köhler/Hahne* DStR 2008, 1505 ff.

84 **3. Gewinnabhängige Einkünfte.** Die Gewinnabhängigkeit der Zinszahlungen verhindert nicht, dass sie abkommensrechtlich als Zinsen anzusehen sind, wie der zweite HS in Art 11 Abs 3 S 1 ausdrücklich festhält. Dies macht eine Abgrenzung zu Dividenden (Art 10) einerseits und zu Unternehmensgewinnen (Art 7) andererseits erforderlich.

85 Ein **Dividendenanspruch** wird nicht durch die Kapitalüberlassung begründet, sondern durch die Mitgliedschaftsrechte an einer Körperschaft. IdR wird der Gesellschafter **aufgrund gesellschaftsrechtlicher Beziehungen**, der Darlehensgläubiger dagegen aufgrund schuldrechtlicher Beziehungen aus dem jeweiligen Vertragsverhältnis berechtigt. Während der Darlehensgläubiger einen Anspruch auf Rückzahlung des überlassenen Kapitals hat, ist der Gesellschafter (neben einem Anspruch auf mögliche Dividenden) auf einen Anspruch auf Beteiligung am Liquidationserlös beschränkt, ohne dass er ohne weiteres eine Rückzahlung des Kapitals beanspruchen kann. Das dt Steuerrecht kennt insb mit der stillen Gesellschaft, den partiarischen Darlehen und den Gewinnobligationen **Mischformen**, die abkommensrechtlich regelmäßig durch ausdrückliche Zurechnung zu den Dividenden gezählt werden. Daher lässt sich von einem faktischen Vorrang des Dividendenartikels gg dem Zinsartikel sprechen.[68]

86 Übernimmt derjenige, der dem Schuldner das Kapital überlässt, durch die Zurverfügungstellung des Kapitals gleichzeitig auch ein **Unternehmerrisiko**, so zählen die Vergütungen zu den Unternehmensgewinnen. Die Abgrenzung ist aufgrund der autonomen Abkommensauslegung dabei ohne Rückgriff auf nationales Recht vorzunehmen. Dennoch bieten die in Deutschland entwickelten Grundsätze des (Mit-)Unternehmerrisikos und der (Mit-)Unternehmerinitiative einen guten Anhaltspunkt zur Abgrenzung von Zahlungen, die aufgrund einer Rechtsposition, die einer unternehmerischen Beteiligung ähnelt, geleistet werden (Unternehmensgewinne) von Zahlungen, denen eine schuldrechtlich begründete Gläubigerstellung zugrunde liegt (Zinsen). Zu den Zinseinkünften zählen daher abkommensrechtlich sowohl die Vergütungen für ein partiarisches Darlehen als auch die Einkünfte des typisch stillen Gesellschafters (jeweils vorbehaltlich einer ausdrücklichen Regelung im jeweiligen DBA). Dagegen ist bei einer atypisch stillen Gesellschaft das Unternehmerrisiko stärker ausgeprägt, was sie nach nationalem Recht zu einer Mitunternehmerschaft werden lässt.[69] Regelmäßig sind die Einkünfte des atypisch stillen Gesellschafters auch abkommensrechtlich zu den Unternehmenseinkünften zu rechnen, da er anteilig am Unternehmensgewinn partizipiert und keine Vergütung für die Kapitalüberlassung erhält.[70]

87 **4. Negativabgrenzung.** Nach Art 11 Abs 3 S 2 gelten **Zuschläge für verspätete Zahlung** nicht als Zinsen im Sinne dieses Artikels. Dies ist insoweit konsistent mit der allg Zinsdefinition, als die Zuschläge einen Schadensersatzcharakter haben, also bspw die Kosten der Durchsetzung der Forderung abgelten.[71] Für **Verzugszinsen**, die für die Zeit zwischen Fälligkeit der ursprünglichen Zahlung und tatsächlicher Zahlung des Schuldners erhoben werden, widerspricht dies aber dem allg Zinsbegriff. Derartige Verzugszinsen stellen wirtschaftlich eine zwangsweise durchgesetzte Vergütung für die unfreiwillige Überlassung von Kapital dar und haben somit in jedem Fall Zinscharak-

68 *Piltz* S 128; *Wassermeyer* Art 11 MA Rn 10 mwN.

69 Vgl H 15.8 Abs 1 EStH.

70 *Wassermeyer* Art 11 MA Rn 80, 88.

71 Vgl zur Trennung des anspruchsbegründenden Schadensersatzes und der Berücksichtigung von Verzugsschäden in der Bemessung der Forderung *G/K/G* Art 11 MA Rn 129/1.

ter.[72] Für das nationale Steuerrecht entspricht diese Sichtweise auch der Rspr des BFH.[73] Angesichts der Ausführungen in Tz 22 MK zu Art 11 wird man aber davon ausgehen müssen, dass auch Zuschläge, die auf Verzugszinsen basieren, von dieser Negativabgrenzung erfasst sein sollen. Der MK begründet dies mit Gründen der Rechtssicherheit. Dementsprechend zählen Zuschläge für verspätete Zahlungen nach Maßgabe des Abs 3 S 2 zu den anderen Einkunftsarten des Abk, in aller Regel wird es sich bei diesen Einnahmen um Unternehmenseinkünfte (Art 7) handeln, jedenfalls soweit es sich um die Durchsetzung betrieblicher Forderungen handelt.

Allerdings enthalten nur wenige (idR die neuen) von Deutschland abgeschlossenen DBA einen derartigen Zusatz zur Zinsdefinition (vgl Rn 164). Fehlt dieser Satz im Zinsbegriff, so ist die Zinseigenschaft einer Zahlung anhand der allg Zinsdefinition zu bestimmen. Soweit der Zuschlag für die verspätete Zahlung daher Zinscharakter hat, liegen uE abkommensrechtlich Zinseinkünfte vor; dies gilt insb für Verzugszinsen.[74] **88**

Besteht auf Seiten des Schuldners der Wunsch nach einem langfristigen Zahlungsaufschub, so kann die Forderung ihren Charakter ändern, sodass zukünftig Zinsen anfallen. Bspw könnte eine Kaufpreisforderung in eine Darlehensforderung umgewandelt werden. Statt Zuschlägen für die Nichtzahlung zum Fälligkeitstermin werden in Zukunft dann die vereinbarten Zinsen auf das Darlehen erhoben. Ab einer derartigen Umwandlung einer Forderung in eine Darlehensforderung liegen in jedem Fall auch abkommensrechtlich Zinsen vor. **89**

IV. ABC zum Zinsbegriff

Abtretung: Der Gewinn aus der Abtretung einer Zinsforderung fällt nicht unter den Zinsbegriff, da das Entgelt nicht für eine Kapitalüberlassung vereinnahmt wird, sondern den Verkauf einer Rechtsposition vergütet (vgl Rn 78–81). **90**

Anleihen: Anleihen und ähnliche Rechte fallen unter den Begriff der „Forderungen jeder Art“. Zahlungen auf Anleihen fallen daher unter den abkommensrechtlichen Zinsbegriff. **91**

Avalprovisionen: s Nebenleistungen. **92**

Disagio: Das Disagio stellt im Zeitpunkt seiner Vereinnahmung (Rückzahlung der Darlehensverbindlichkeit zum Nennbetrag) Zinsen dar, da es sich um ein Entgelt für die Kapitalüberlassung handelt. Veräußert der Gläubiger die Forderung vor Fälligkeit an einen Dritten, vereinnahmt er idR einen Teil des Disagios als kapitalisierten Zins. Abkommensrechtlich liegen aber keine Zinsen vor, da das Entgelt nicht für die Kapitalüberlassung, sondern für die Abtretung der Rechtsposition vereinnahmt wird und überdies nicht vom Schuldner bezahlt wird (s Abtretung). Der Quellenstaat ist aber uE abkommensrechtlich nicht daran gehindert, im Zeitpunkt der Rückzahlung der Darlehensverbindlichkeit eine Zinszahlung im Umfang des Disagios anzunehmen. Für ihn spielt es keine Rolle, in welcher Höhe zu diesem Zeitpunkt der Gläubiger einen Gewinn erzielt, da der Schuldner eine Zahlung für die ihm gewährte Kapitalüberlassung leistet. **93**

72 GlA *S/K/K* Art 11 MA Rn 79.

73 *BFH* BStBl II 1982, 113, der Verzugszinsen als „Entgelt für die vom Schuldner erzwungene Kapitalüberlassung“ bezeichnet.

74 Ebenso *Wassermeyer* Art 11 MA Rn 92.

94 **Forwards:**[75] Im Allg stellen Einkünfte aus Forwardverträgen abkommensrechtlich keine Zinsen dar, da es an einer Kapitalüberlassung fehlt.

95 **Genussrechte:** Nach dt innerstaatlichen Steuerrecht stellen Einkünfte aus Genussrechten Ausschüttungen dar, wenn mit dem Genussrecht eine Beteiligung am Gewinn und am Liquidationserlös der KapGes verbunden ist. Wird dagegen nur ein Recht auf Beteiligung am Gewinn gewährt, so liegen insoweit Erträge aus sonstigen Kapitalforderungen (§ 20 Abs 1 Nr 7 EStG) vor. Diese Unterscheidung gilt grds auch für die Subsumtion unter den abkommensrechtlichen Dividendenbegriff (bei Beteiligung am Liquidationserlös) oder Zinsbegriff (bei ausschließlichem Gewinnbezugsrecht),[76] jedenfalls soweit nicht die konkreten Abk etwas anderes vorsehen.[77]

96 **Gesellschafter-Fremdfinanzierung:** Rn 83 und Rn 151 ff.

97 **Gewinnobligationen:** Zahlungen aus Gewinnobligationen (Gewinnschuldverschreibungen) sind grds Zinsen, da der Gewinnobligation eine Forderung zugrunde liegt. Einige dt Abk (vgl Rn 165 f) enthalten allerdings Spezialregelungen, die Vergütungen für Gewinnobligationen dem Dividendenartikel zuordnen oder dem Quellenstaat ein erhöhtes oder gar vollständiges Besteuerungsrecht belassen. Auch durch die ZLRL bzw § 50g EStG kann keine Quellensteuerbefreiung erreicht werden, da gewinnabhängige Zahlungen nach § 50g Abs 2 Buchstabe b EStG explizit von der Quellensteuerbefreiung ausgeschlossen sind (vgl Rn 55).

98 **Hybride Finanzierung:**[78] Hybride Finanzierungen müssen auf Basis einer Einzelfallbetrachtung steuerlich entweder dem Eigenkapital oder dem Fremdkapital zugerechnet werden. Quellenstaat (Staat des Schuldners) und Ansässigkeitsstaat (Staat des Zahlungsempfängers) beurteilen dies grds aus Sicht ihres nationalen Rechts, das dann auf die Anwendung des Abk durchschlägt. Etwaige Qualifikationskonflikte sind durch ein Verständigungsverfahren zu lösen.[79] Für Deutschland als Ansässigkeitsstaat sind allerdings die unilateralen subject-to-tax Bedingungen in § 50d Abs 9 EStG sowie § 8b Abs 1 S 2, 3 KStG zu beachten, die eine Freistellung ua dann versagen, wenn Einkünfte im Quellenstaat die Bemessungsgrundlage gemindert haben.

99 **Hypothekenzinsen:** Vergütungen für per Hypothek oder Grundschuld besicherte Darlehen zählen ausdrücklich zu den Zinseinkünften. In Abweichung zum Belegenheitsprinzip bei Einkünften aus unbeweglichem Vermögen (Art 6) hat der Ansässigkeitsstaat daher insoweit das hauptsächliche Besteuerungsrecht.

100 **Nebenleistungen:** Vergütungen, die zwar im Zusammenhang mit einer Kapitalüberlassung gezahlt werden, aber kein Entgelt für die Überlassung des Kapitals darstellen, sind abkommensrechtlich keine Zinsen. Dies gilt bspw für Vermittlungsprovisionen, für Avalprovisionen,[80] Gebühren im Zusammenhang mit der Kapitalüberlassung uÄ.[81]

---

75 *Woywode* IStR 2006, 325, 329; *BMF* BStBl I 2001, 986, BStBl I 2008, 715.

76 *Piltz* S 133; *Wassermeyer* Art 11 MA Rn 87; ausf vgl auch *G/K/G* Art 11 MA Rn 79/4–79/7.

77 Vgl zu einer Übersicht *Piltz* S 134 ff.

78 Vgl dazu ausf *Piltz* S 125 ff; *Theisen/Wenz* S 161 ff.

79 *Wassermeyer* Art 11 MA Rn 98.

80 Vgl auch *BFH* BStBl II 2007, 655.

81 *Vogel/Lehner* Art 11 Rn 76 mwN; *Wassermeyer* Art 11 MA Rn 4.

Optionen:[82] Vergütungen für Optionen stellen regelmäßig abkommensrechtlich keine Zinsen dar, sondern fallen unter den Dividendenbegriff oder unter die Veräußerungsgewinne. **101**

Partiarische Darlehen:[83] Die Gleichstellung partiarischer Darlehen mit Einkünften eines typisch stillen Gesellschafters in § 20 Abs 1 Nr 4 EStG gilt abkommensrechtlich nicht ohne weiteres. Wenn das Abk die Zinsen allg als Einnahmen aus Forderungen bestimmt, sind Einnahmen aus partiarischen Darlehen abkommensrechtlich den Zinsen zuzuordnen, wenn es sich im Einzelfall um eine Darlehensgewährung handelt. Andernfalls sind die Einnahmen abkommensrechtlich wie Einnahmen aus stillen Beteiligungen zu behandeln (s dort). Einige Abk beinhalten entspr Spezialregelungen, die Vergütungen für partiarische Darlehen dem Dividendenartikel zuordnen oder ein uneingeschränktes Besteuerungsrecht für den Quellenstaat vorsehen, vgl Rn 165 f). Auch durch die ZLRL bzw § 50g EStG kann keine Quellensteuerbefreiung erreicht werden, da gewinnabhängige Zahlungen nach § 50g Abs 2 Buchstabe b EStG explizit von der Quellensteuerbefreiung ausgeschlossen sind (vgl Rn 55). **102**

Provisionen: s Nebenleistungen. **103**

Skonto: Skonti und ähnliche Nachlässe, unabhängig davon, ob sie bei Zahlung abgezogen werden dürfen (Skonto, Nachlass) oder nachträglich vergütet werden (Umsatzrabatte uÄ) stellen auch dann keine Zinsen dar, wenn ihre Gewährung an einen bestimmten Zeitablauf gebunden ist und sie aus wirtschaftlicher Sicht Zinselemente beinhalten. Sie stellen Erlösschmälerungen dar, bei denen es an einer Kapitalüberlassung fehlt bzw bei denen diese ganz untergeordnete Bedeutung hat. **104**

Stiftungen, Trusts: Zuwendungen einer Stiftung, unabhängig davon, ob sie aus laufenden Erträgen oder aus dem Stiftungsstock (aus der Substanz) geleistet werden, sind mangels Forderung keine Zinsen; dasselbe gilt für Ausschüttungen eines Trusts.[84] **105**

Stille Beteiligung: Vergütungen für einen typisch stillen Gesellschafter eines Handelsgewerbes stellen zwar grds abkommensrechtlich Zinsen dar. Aufgrund zahlreicher Spezialregelungen zählen sie abkommensrechtlich regelmäßig zu den Dividenden (Art 10, vgl Rn 162 f), ohne dass ein dt Empfänger insoweit von einem Dividendenprivileg profitieren könnte.[85] Vergütungen eines atypisch stillen Gesellschafters stellen dagegen idR Unternehmensgewinne dar, die unter Art 7 fallen.[86] **106**

Stückzinsen: Stückzinsen stellen zwar rechnerisch einen aufgelaufenen Zins dar, werden aber nicht vom Schuldner vergütet und sind abkommensrechtlich daher keine Zinsen[87] (s Abtretung, Disagio, Zero-Bonds und Rn 79). **107**

---

82 Ausf zu Optionen *Woywode* IStR 2006, 325, 332 f; *BMF* BStBl I 2001, 986; *BMF* DStR 2008, 1332.

83 *BMF* BStBl I 1987, 740; jüngst ausführlich *Rödding/Dann* DStR 2011, 342.

84 *Vogel/Lehner* Art 11 Rn 56 mwN.

85 Bspw hat der BFH im Fall einer typisch stillen Beteiligung an einer luxemburgischen Gesellschaft die Anwendung eines abkommensrechtlichen Schachtelprivilegs verneint, vgl *BFH* DStRE 2008, 1332. Mittlerweile würde § 50d Abs 9 EStG eine abkommensrechtliche Freistellung unilateral verhindern (Treaty Override).

86 *BFH* BStBl II 1999, 812 zum DBA-Schweiz; *BMF* BStBl I 1999, 1121 allg.

87 *S/K/K* Art 11 MA Rn 47.

108 **Swaps:**[88] Nach dem Tz 21.1 MK zu Art 11 liegen – vorbehaltlich eines Missbrauchs – bei Einkünften aus Swaps idR keine Zinsen vor, da eine zugrunde liegende Schuld fehlt. Abhängig von der konkreten Ausgestaltung liegen bei rein der Risikoübertragung dienenden Instrumenten regelmäßig Unternehmensgewinne (Art 7) oder Veräußerungsgewinne (Art 13) vor, im Privatvermögen sind ggf auch sonstige Einkünfte (Art 21) denkbar. Das Besteuerungsrecht liegt insoweit idR im Ansässigkeitsstaat. Je nach Ausgestaltung des Swaps ist es aber auch möglich, dass aus wirtschaftlicher Sicht Zinselemente im Vordergrund stehen. Die abkommensrechtliche Behandlung der Zahlungen unter dem Swap-Agreement ist in diesen Fällen ua davon abhängig, ob die beteiligten Staaten die Vereinbarung in einer (wirtschaftlichen) Gesamtschau beurteilen, oder ob die Staaten die einzelnen, rechtlich getrennten Zahlungen der Beurteilung zu Grunde legen und ob die als Referenzgrößen dienenden Darlehen tatsächlich ausgetauscht werden. Für Deutschland als Anwenderstaat ist zu beachten, dass der BFH die Aufspaltung von Kapitaleinkünften und Devisentermingeschäften im Rahmen eines „Zwei-Banken-Modells" abgelehnt hat.[89]

109 **Verzugszinsen:**[90] Nach Art 11 Abs 3 S 2 sind Zuschläge für verspätete Zahlung keine Zinsen. Dies gilt auch für Verzugszinsen, soweit ein Abk eine entspr Formulierung enthält. Der Verzicht auf diese Formulierung wird nach Tz 22 MK zu Art 11 den Staaten ausdrücklich freigestellt. Beinhaltet ein Abk keine dem Art 11 Abs 3 S 2 entspr Formulierung, stellen Verzugszinsen idR nach wirtschaftlicher Betrachtungsweise ein Entgelt für eine unfreiwillige Kapitalüberlassung dar, insoweit handelt es sich abkommensrechtlich um Zinsen. Soweit ein Zuschlag für verspätete Zahlung dagegen Strafcharakter hat oder Schadensersatz darstellt (Bsp: Mahngebühren), so liegen keine Zinsen vor.

110 **Vorfälligkeitsentschädigungen:** Eine Vorfälligkeitsentschädigung stellt eine Vergütung für die frühzeitige Ablösung eines Darlehens dar. Sie vergütet ggf einen Schaden, der dem Gläubiger aufgrund der vorzeitigen Beendigung des Kreditvertrags entsteht, bspw aufgrund einer Bindung in seiner Refinanzierung. Sie zählt zivilrechtlich nicht zu den Zinsen, wird vom BFH aber dem ertragsteuerlichen Schuldzinsenbegriff zugerechnet, da er sie als „Nutzungsentgelt im weiteren Sinne für das auf die verkürzte Laufzeit in Anspruch genommene Fremdkapital"[91] ansieht. Diese Auffassung verkennt, dass die Vorfälligkeitsentschädigung keine Kapitalüberlassung vergütet, denn eine solche liegt ab der Ablösung des Darlehens gerade nicht mehr vor. Vorfälligkeitsentschädigungen stellen daher uE zumindest abkommensrechtlich keine Zinsen dar. Dies gilt jedenfalls für die Abk, die keinen Verweis auf innerstaatliches Recht beinhalten.[92]

111 **Wandelschuldverschreibungen:** Zahlungen aus Wandelschuldverschreibungen stellen grds abkommensrechtlich Zinsen dar.[93] In der dt Abkommenspraxis werden Vergütungen aus Gewinn- und Wandelanleihen allerdings mitunter dem Dividendenartikel

---

88 Zur abkommensrechtlichen Behandlung von Swaps ausf *Pross* S 176 ff; *Woywode* IStR 2006, 368.

89 *BFH* BB 2003, 2549, wie bereits die Vorinstanz, *FG Rheinland-Pfalz* EFG 2002, 1444.

90 Vgl Rn 87.

91 *BFH* BStBl II 2006, 265; BStBl II 1999, 473 mwN.

92 *G/K/G* Art 11 MA Rn 63/1; **aA** *Wassermeyer* Art 11 MA Rn 74; *S/K/K* Art 11 MA Rn 80.

93 *BMF* BStBl I 2001, 206 zur einkommensteuerlichen Behandlung; vgl auch *Theisen/Wenz* S 186 f.

zugeordnet,[94] (bspw in dem DBA Niederlande,[95] während sie in dem DBA mit der Schweiz ausdrücklich den Zinsen zugerechnet werden). Nach der ZLRL bzw § 50g EStG gelten Zinsen aus Wandelanleihen als gewinnabhängige Zahlungen, die nach § 50g Abs 2 Buchstabe b EStG explizit von der Quellensteuerbefreiung ausgeschlossen sind.[96]

Währungskursgewinne: Währungskursgewinne, auch soweit sie Darlehen betreffen, sind keine Zinsen. Gewinne oder Verluste aus Währungskursschwankungen betreffen die Rückzahlung des überlassenen Kapitals und nicht das Entgelt für die Überlassung. Dies betrifft nicht die Veränderungen in der Höhe der Zinszahlungen durch Währungskursschwankungen. 112

Zero-Bonds: Der Gewinn, den der Anleihegläubiger bei Einlösung macht, stellt abkommensrechtlich einen Zins dar. Wird der Zero-Bond dagegen vor Fälligkeit veräußert, liegen abkommensrechtlich keine Zinsen vor, da ein Entgelt für die Abtretung einer Rechtsposition vereinnahmt wird (s Abtretung, Disagio). 113

Zertifikate: IdR ist bei Zertifikaten eine Rückzahlung des eingesetzten Kapitals nicht garantiert, sodass keine Zinsen vorliegen. Ausnahmsweise zählt die FinVerw das Entgelt im Umfang der Rückzahlungszusage zu den Einkünften iSd § 20 Abs 1 Nr 7 EStG.[97] Abkommensrechtlich ist unabhängig von dieser Wertung im Einzelfall zu prüfen, ob das Entgelt tatsächlich für die zeitweise Überlassung von Kapital bezahlt wurde. 114

E. Zu Absatz 4: Verhältnis zur Betriebsstättenbesteuerung

Abw von der Regelung des Art 11 Abs 1 und 2, nach denen das Besteuerungsrecht vorrangig dem Ansässigkeitsstaat des Zinsempfängers zusteht, wird durch Abs 4 unter bestimmten Voraussetzungen die Zinszahlung den Unternehmensgewinnen zuordnet, für die der Quellenstaat das vorrangige Besteuerungsrecht besitzt. 115

I. Betriebsstättenvorbehalt

Zu einem Konflikt zwischen der Einordnung von Einkünften als abkommensrechtliche Unternehmensgewinne oder als Zinsen kann es neben den oben in Rn 13, 86 skizzierten Fällen, in denen die **Eigenschaft der Zahlung** unklar ist, dann kommen, wenn zwar unstreitig Zinsen anfallen, diese aber im Rahmen einer Unternehmenstätigkeit im Quellenstaat vereinnahmt werden. Während in den zuerst genannten Fällen das Konkurrenzverhältnis zwischen den Verteilungsnormen durch Subsumtion der jeweiligen Zahlung unter den entspr abkommensrechtlichen Begriff geklärt werden muss, liegen im letztgenannten Fall unstr auch abkommensrechtlich Zinsen vor. 116

Grds wird bei einer möglichen Anwendbarkeit mehrerer Verteilungsnormen durch Art 7 Abs 7 (dazu Art 7 Rn 206 ff) ein **Vorrang der speziellen Norm** vor dem Art zu den Unternehmensgewinnen postuliert. In bestimmten Fällen enthalten die spezielleren Art aber eine Rückverweisung auf Art 7 (Art 10 Abs 4, Art 11 Abs 4 und Art 12 Abs 3). Durch den sogenannten **„Betriebsstättenvorbehalt"** wird iE der grds Vorrang 117

94 *Wassermeyer* Art 11 MA Rn 85; *S/K/K* Art 11 MA Rn 61.
95 Dazu *Riegler/Salomon* DB 1991, 2205.
96 *Dörr* IStR 2005, 109, 113.
97 *BMF* BStBl I 2001, 986, DStR 2008, 1332.

der Spezialnormen gg der Verteilungsnorm für Unternehmensgewinne (Art 7) durchbrochen. Das gilt nicht nur für Einkünfte aus dem Quellenstaat (Betriebsstättenvorbehalt), sondern auch für solche aus einem Drittstaat oder dem Ansässigkeitsstaat selbst (verlängerter Betriebsstättenvorbehalt); in diesen Fällen verfügt ausschließlich der Drittstaat über ein ggf abkommensrechtlich begrenztes Besteuerungsrecht, nicht dagegen der mit dem Ansässigkeitsstaat identische Quellenstaat, da die speziellen Verteilungsnormen insoweit nicht anwendbar sind.[98] Hinsichtlich der Zinsen gilt dies jedenfalls dann, wenn die Forderung, für die die Zinsen gezahlt werden, tatsächlich zu einer im Quellenstaat belegenen Betriebstätte gehören, durch die der Zinsempfänger im Quellenstaat eine Geschäftstätigkeit ausübt. Streitanfällig, aber durch die Rspr des BFH als mittlerweile weitgehend geklärt anzusehen, waren insoweit schwerpunktmäßig Sondervergütungen bei PersGes (dazu Rn 122 ff).

118 **1. Allgemeines.** Der Betriebsstättenvorbehalt setzt grds voraus, dass die restlichen Voraussetzungen des Art 11 Abs 1–3 erfüllt sind. Es muss sich bei den Einkünften also insb abkommensrechtlich um Zinsen (Abs 3) handeln, die aus dem Quellenstaat stammen und deren nutzungsberechtigter Gläubiger im anderen Vertragsstaat ansässig ist.[99]

119 Die weiteren Voraussetzungen des Betriebsstättenvorbehalts sind zunächst das Vorhandensein einer Betriebsstätte des Empfängers der Zinszahlungen, die im Quellenstaat belegen sein muss. Schließlich muss die Forderung, für die die Zinsen gezahlt werden, tatsächlich zu dieser Betriebsstätte gehören. Hinsichtlich des Betriebsstättenbegriffs wird auf die Erläuterungen zu Art 5 verwiesen, hinsichtlich der Belegenheit im Quellenstaat auf die Erläuterungen zur Quelle von Zinsen (Art 11 Abs 5) nachfolgend unter Rn 129 ff.

120 **2. Tatsächliche Zugehörigkeit zu einer Betriebsstätte.** Die **„tatsächliche" Zugehörigkeit** zu einer Betriebsstätte bedeutet nicht (zumindest nicht zwingend) einen Gegensatz zu einer rein rechtlichen Zugehörigkeit, der sich insb im Falle von PersGes stellen könnte. Vielmehr soll geprüft werden, ob die Forderung (auch) aus einer **wirtschaftlichen Sicht** zur Betriebsstätte gehört. Nicht ausreichend ist dagegen eine rein rechtliche Zugehörigkeit zum Vermögen einer PersGes oder die buchhalterische Erfassung in der Betriebsstättenbuchführung. Bei einer Maßgeblichkeit einer rein rechtlichen Zugehörigkeit wären – angesichts der materiellen Bedeutung hinsichtlich der unterschiedlichen Verteilung der Besteuerungsrechte bei Unternehmensgewinnen und Zinsen (so Tabelle Rn 70) – für den StPfl Manipulationsmöglichkeiten eröffnet, die von den Vertragsparteien nicht gewollt sein können. Daneben bedeutet das Erfordernis einer tatsächlichen Zugehörigkeit aber auch, dass die Existenz einer Betriebsstätte im Quellenstaat alleine nicht ausreichend für die Anwendung des Betriebsstättenvorbehalts ist; die Betriebsstätte entfaltet auch insoweit gerade **keine „Attraktivkraft"**.[100]

121 Für die tatsächliche Zugehörigkeit einer Forderung zu einer Betriebsstätte ist es zunächst erforderlich, dass die Forderung aus der Sicht der Betriebsstätte einen **Aktiv-**

98 *Wenz* S 256 f.

99 *Wassermeyer* Art 11 MA Rn 102 f mit Beispielen, bei denen einzelne Tatbestandsvoraussetzungen nicht erfüllt sind. Grdl ferner *Wenz* S 256 f.

100 *F/W/W/K* Art 11 DBA-CH Rn 60 f.

posten bildet.[101] Dieser Grundsatz gilt auch dann, wenn in einzelnen Abk abw vom MA keine „tatsächliche Zugehörigkeit" gefordert wird, sondern von der „Zuordnung einer Forderung zum Betriebsstättenvermögen" gesprochen wird.[102] Der BFH sieht in dem Erfordernis der tatsächlichen Zugehörigkeit einen Ausfluss des **Fremdvergleichsgrundsatzes**, nach dem die Zuordnung von Zinsen zum Betriebsstättenertrag nur dann gerechtfertigt ist, wenn die Betriebsstätte den Zinsertrag auch selbst erwirtschaftet hat und auch als gedachtes selbstständiges Unternehmen gewinnerhöhend berücksichtigt hätte. Der BFH überträgt dabei die Grundsätze der Betriebsstättengewinnermittlung (dazu Art 7 Rn 56 ff, 146 ff) auch auf die Abgrenzung aufgrund des Betriebsstättenvorbehalts des Art 11 Abs 4.[103] Gem Tz 25.1 MK (2010) zu Art 11 sind die Grundsätze des Authorized OECD Approach (dazu Art 7 Rn 219 ff) auch bei der Anwendung des Art 11 Abs 4 zu beachten. Tz 25.2 MK (2010) verweist für Versicherungsbetriebsstätten ebenfalls auf die Zuordnungsgrundsätze des OECD-Reports und fordert eine flexible und pragmatische Handhabung durch die Steuerverwaltungen.

II. Anwendung bei Personengesellschaften (Sondervergütungen)

Lange Zeit strittig, mittlerweile aber als durch den BFH geklärt anzusehen, war die Frage der tatsächlichen Zugehörigkeit einer Forderung zu einer Betriebsstätte in In- und Outbound-Fällen hinsichtlich der Zinsen, die Bestandteil der **Sonderbilanzgewinnermittlung** bei PersGes waren. Wegen der Eigenschaft von PersGes als hybride Rechtsform kann es bei grenzüberschreitenden Sachverhalten zu Qualifikationskonflikten kommen, die zu einer Doppel- oder Keinmal-Besteuerung („weiße Einkünfte") führen. Während die BMF-Auffassung[104] primär das Entstehen weißer Einkünfte zu verhindern sucht und auch der **OECD-Partnership Report** sich bei seinen Ausführungen in diesem Zusammenhang primär von dem Ziel einer Einmal-Besteuerung leiten lässt, ist ein Ziel der gestaltenden Steuerplanung mitunter, einen doppelten Schuldzinsenabzug („double-dip") oder eine Keinmal-Besteuerung von Zinserträgen zu erreichen. 122

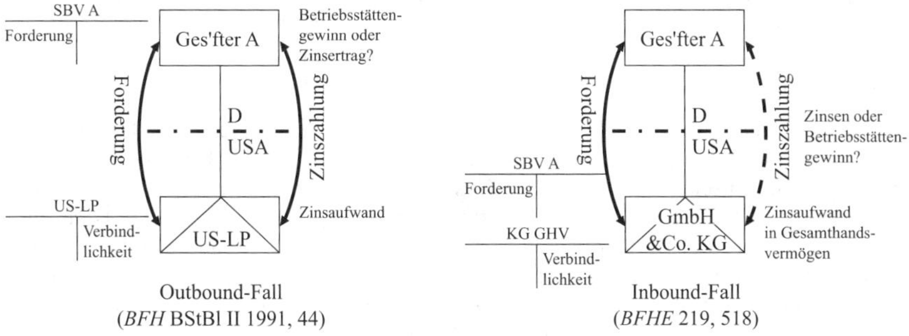

Abb 2: Behandlung von Zinsaufwand bei Personengesellschaften

101 *BFHE* 219, 518; *BFH* BStBl II 1992, 937; BStBl II 1999, 812.
102 *BFHE* 219, 518; *BFHE* 214, 518.
103 *BFHE* 219, 518 mwN.
104 *BMF* BStBl I 1999, 1076, jetzt *BMF* BStBl I 2014, 1258.

123 Vereinfacht bestand in der in Abb 2 auf der linken Seite dargestellten Struktur bei Outbound-Investitionen die Möglichkeit, dass Zinszahlungen unversteuert blieben: Ein dt Gesellschafter stellte einer ausl PersGes (hier: einer US Limited Partnership) ein Darlehen zur Verfügung und erhielt von dieser in der Folge Zinsen ausbezahlt. Das Darlehen war nach dt nationalen Recht als Sonderbetriebsvermögen I zu bilanzieren und die erhaltenen Zinsen stellen somit Sondervergütungen iSd § 15 Abs 1 Nr 2 S 1 EStG und damit einen Bestandteil des Gewinnanteils aus dieser PersGes dar. Im Ausland – auf Ebene der US-LP – wurden die Zinsen jedoch bei der Gewinnermittlung als Betriebsausgaben abgezogen. Somit würden unversteuerte weiße Einkünfte entstehen, wenn das Besteuerungsrecht hinsichtlich der Zinseinnahmen über den Betriebsstättenartikel (Art 7) ausschließlich dem Quellenstaat zugewiesen würde.

124 Nach dem **Grundsatzurteil des BFH** im Jahre 1991[105] sind Zinsen, auch wenn sie nach innerstaatlichem Recht zu den Sondervergütungen zählen, **abkommensrechtlich** – bei autonomer Auslegung – grds **dem Zinsartikel zuzuordnen** (mit der Folge eines Besteuerungsrechts des Ansässigkeitsstaats nach Art 11 Abs 1), da der Betriebsstättenvorbehalt bei Sondervergütungen in Form von Zinsen regelmäßig nicht erfüllt ist.[106] Voraussetzung ist insoweit die tatsächliche Zugehörigkeit der „Forderung“ zur Betriebsstätte. Diese verneint der BFH bei Zinsen, die iRd Sonderbilanzen der Gesellschafter einer PersGes erfasst werden, aber regelmäßig. Möglicherweise setzt zwar die PersGes die erhaltenen Mittel in der durch sie vermittelten Betriebsstätte ein, dies führt aber bestenfalls dazu, dass die entspr Darlehensverbindlichkeit der Betriebsstätte zuzurechnen ist. Die davon zu trennende Forderung, die zwar Bestandteil des Sonderbetriebsvermögen I des Gesellschafters ist, ist dagegen idR nicht der Betriebsstätte tatsächlich zugehörig. Dabei ist zu beachten, dass – ungeachtet dieser eher bilanzrechtlich-formellen Argumentation – auch abkommensrechtlich die Abgrenzung von Einkünften ihrer Qualifikation nicht vor-, sondern generell nachgelagert ist. Mithin kommt es iE gerade nicht auf das Hilfsargument der Passivierung einer Darlehensverbindlichkeit an, sondern ausschließlich darauf, unter welche Verteilungsnorm die betr Vergütung für sich genommen zu subsumieren ist. Dabei ist anzuerkennen, dass eine abkommensrechtliche Übernahme der unilateralen, insb dt Qualifikation grenzüberschreitender Sondervergütungen nur durch einen entspr Verweis auf die für Unternehmensgewinne maßgebliche Verteilungsnorm möglich ist (vgl Rn 167).[107]

125 Im Widerspruch zum OECD-Partnership Report und zur Meinung der FinVerw hat der BFH diese Argumentation aber auch auf den umgekehrten (Inbound-)Fall übertragen. Auch Zinsen, die eine dt PersGes an ihre ausl Gesellschafter zahlt, dürfen nach dem **Urt I R 5/06**[108] nicht dem Betriebsstättenergebnis zugerechnet werden. Dabei wurde vereinfacht die oben in Abb 2 auf der rechten Seite dargestellte Struktur verwirklicht. Nach nationalem Recht mindern die Zinszahlungen zwar als Betriebsausgaben den Gesamthandsgewinn der PersGes, zählen aber als Zinserträge zu den Sondervergütungen bei dieser PersGes und erhöhen den Gewinnanteil des Gesellschafters (Gläubigers). Demgegenüber hat der BFH die Zinserträge abkommens-

105 *BFH* BStBl II 1991, 444. Umfassend dazu *Wenz* S 309 ff.

106 Mittlerweile stRspr, zu Nachweisen vgl *Wassermeyer* Art 11 MA Rn 109; *Boller/Sliwka/Schmidt* BB 2008, 1003.

107 Umfassend dazu *Wenz* S 309 ff.

108 *BFHE* 219, 518.

rechtlich nicht dem Betriebsstättengewinn zugerechnet, sondern abkommensrechtlich zutr als Zinsen behandelt. In der Folge wird das Erg der Betriebsstätte zwar durch den Zinsaufwand gemindert, Deutschland darf aber den Zinsertrag in der Sonderbilanz des Gesellschafters nicht besteuern. Die Argumentation des BFH in Outbound-Strukturen wurde im Inbound-Sachverhalt also in gleicher Weise angewendet: zwar sei die Verbindlichkeit tatsächlich zur Betriebsstätte zugehörig, für die Anwendung des Betriebsstättenvorbehalts ist es aber erforderlich, dass die Forderung der Betriebsstätte zuzurechnen ist. Dies ist hinsichtlich der Forderung im Sonderbetriebsvermögen I des Gesellschafters aber nicht erfüllt. Konsequenterweise ist auch im Inbound-Sachverhalt der Zinsartikel anzuwenden.

Die Rspr des BFH ist – jedenfalls aus Sicht des Zinsartikels, insb aus Sicht von Art 11 **126**
Abs 4 – überzeugend.[109] Zur Anwendung des Betriebsstättenvorbehalts ist ausdrücklich die tatsächliche Zugehörigkeit der Forderung zum Betriebsstättenvermögen erforderlich. Eine Darlehensforderung, die sich aus Sicht des dt Steuerrechts nur im Sonderbetriebsvermögen I eines Gesellschafters einer PersGes befindet, hat – jedenfalls wenn der Darlehensgeber selbst über eine eigene Betriebsstätte verfügt[110] – keine tatsächliche Verbindung zum Betriebsstättenvermögen. Forderung und Verbindlichkeit sowie die aus den entspr Mitteln erworbenen Wirtschaftsgüter der Betriebsstätte sind getrennt voneinander zu betrachten. Die Anwendung eines DBA kann insoweit nicht von dem innerstaatlichen Steuerrecht der beteiligten Mitgliedstaaten abhängen. Es wäre widersinnig, ein und dieselbe Vorschrift eines DBA unterschiedlich anzuwenden, je nachdem in welche Richtung die Investition erfolgt.[111] Die Verhinderung unerwünschter Douple-Dip-Gestaltungen bzw die Verhinderung des Entstehens weißer Einkünfte muss außerhalb des Betriebsstättenvorbehalts oder jedenfalls durch eine andere Abkommensvorschrift erfolgen.

Der Gesetzgeber hat durch **§ 50d Abs 10 EStG idF des JStG 2009** eine unilaterale **127**
Regelung eingeführt, die sich gegen die oben dargestellten Rspr des BFH wendet und die auf alle noch offenen Veranlagungen Anwendung finden sollte.[112] Nach dieser Vorschrift sollen **Sondervergütungen** auch dann abkommensrechtlich zu den **Unternehmensgewinnen** gezählt werden, wenn insoweit in dem entspr Abk keine gesonderte Vorschrift vorhanden ist (vgl dazu Rn 167). Bemerkenswert an diesem Treaty Override sind zwei Dinge. Zum einen hielt der Gesetzgeber eine Reaktion im Outbound-Fall nicht für notwendig, auch wenn die technische Begr des BFH bereits damals der Auffassung der FinVerw widersprach. Während der BFH den Zinsartikel anwendet und so zu einem Besteuerungsrecht Deutschlands kommt, liegen nach Auffassung der FinVerw Unternehmensgewinne vor, die jedoch „nicht von der dt Bemessungsgrundlage ausgenommen werden, wenn der andere Staat sie abw vom dt Steuerrecht qualifiziert".[113] Erst die Anwendung dieser Rspr auf den Inbound-Fall, bei der die Rspr auch von ihrem Erg her – kein Besteuerungsrecht für Deutschland als Quellenstaat – im Widerspruch zur Auffassung der FinVerw stand, hat den Gesetzgeber zum Handeln

---

109 Ebenso *Boller/Sliwka/Schmidt* BB 2008, 1003, 1004; **aA** *Schmidt* IStR 2008, 292.

110 Vgl zu Fällen ohne solche Mitunternehmerbetriebsstätte *BFH* BStBl II 2014, 791; *BFH* BStBl II 2014, 770.

111 Ebenso *Boller/Sliwka/Schmidt* BB 2008, 1003, 1004.

112 Ausf *Boller/Schmidt* IStR 2009, 109.

113 *BMF* BStBl I 1999, 1076 (Betriebsstätten-Verwaltungsgrundsätze).

veranlasst. Diese ausschließlich ergebnisorientierte Vorgehensweise ist weder abkommensrechtlich hinnehmbar noch nationalstaatlich akzeptabel; vielmehr verkennt sie ganz grdl, dass die abgeschlossenen DBA die dt Vorgehensweise der steuerlichen Behandlung von Sondervergütungen idR gerade nicht nachvollziehen. Zum anderen handelt es sich um eine **neuartige Form des Treaty Override.**[114] Während bisherige unilaterale Treaty Override die Anwendung bestimmter Abkommensvergünstigungen verweigerten, soll in § 50d Abs 10 EStG erstmals die Auslegung eines Abk auf einen bestimmten Vorgang und damit die Anwendung einer bestimmten Abkommensvorschrift (anstelle einer anderen) vorgeschrieben werden. Es wird gesetzlich ein bestimmter Sachverhalt profiskalisch unter eine bestimmte Einkunftsart subsumiert. Die Rechtsfolgen dieses neuartigen Treaty Override erschließen sich hierbei nicht direkt aus dem dt Gesetz, sondern nur durch die (erzwungene) Anwendung einer bestimmten Abkommensregelung.

128 Zunächst hatte sich der Gesetzgeber mit dieser neuen Form des Treaty Override aber keinen Gefallen getan und nur einen „zahnlosen Tiger" geschaffen.[115] Mit Urt v 8.9.2010 hat der BFH die von Teilen der Lit vertretene Auffassung bestätigt und geurteilt, dass die Fiktion des § 50d Abs 10 EStG in der ursprünglichen Fassung zu kurz greift. Zwar würden Sondervergütungen nach diesem Urt abkommensrechtlich als Unternehmensgewinne behandelt, es fehle aber weiterhin an der tatsächlichen Zugehörigkeit der zugrunde liegenden Darlehensforderung zu einer (deutschen) Betriebsstätte als Voraussetzung für die Besteuerung der Sondervergütungen in Deutschland nach Art 7 Abs 1.[116] Allerdings hat der Gesetzgeber die Vorschrift mit dem AmtshilfeRLUmsG v 26.6.2013 (BGBl I 2013, 1809) entsprechend nachgebessert und die Qualifikationsfiktion um eine Zurechnungsfiktion ergänzt (S 3 der Vorschrift), wobei auch die geänderte Fassung wiederum für alle noch offenen Fälle Anwendung finden sollte (§ 52 Abs 59a S 10 EStG aF). Letztlich unabhängig hiervon hat der BFH in einer späteren Entscheidung[117] eine Zuordnung einer Darlehensforderung zur dt Betriebsstätte dann angenommen, wenn der Darlehensgeber keine eigene „Mitunternehmerbetriebsstätte" in seinem Ansässigkeitsstaat unterhält. Aufgrund der in diesem Fall allerdings bejahten materiell-rechtlichen Wirkung von § 50d Abs 10 EStG wurden dann allerdings die zuvor im Ergebnis nicht relevanten Fragen der möglichen Verfassungswidrigkeit der Vorschrift aufgrund des gegen Völkervertragsrecht verstoßenden Treaty Override einerseits und eines möglichen Verstoßes gegen das Rückwirkungsverbot entscheidungserheblich. Da der BFH in beiden Fragen von einer Verfassungswidrigkeit der Vorschrift ausgeht, hat er die Norm dem BVerfG zur Prüfung vorgelegt.[118] Da nicht davon auszugehen sein dürfte, dass das BVerfG in diesem Fall bereits in dem Treaty Override einen Verfassungsverstoß sieht,[119] wird es maßgeblich auf die

114 Der Gesetzgeber sieht die neue Regelung allerdings ausweislich der Gesetzesbegründung zum JStG 2009 ausdrücklich nicht als „Treaty Override" an, vgl BT-Drucks 16/11108, 28.

115 *Boller/Eilinghoff/Schmidt* IStR 2009, 109, 852.

116 *BFH, BFHE* 231, 84, BStBl II 2014, 788, dazu auch *Schmidt* DStR 2010, 2436.

117 *BFH* BStBl II 2014, 791; vgl zur Zuordnung von Sonderbetriebsvermögen bei Fehlen von Mitunternehmerbetriebsstätten im Dreieckssachverhalt auch *BFH* BStBl II 2014, 770.

118 Vgl *BFHE* 244, 1 unter II. (Rn 28 ff) mit zahlreichen Nachweisen; anhängig beim *BVerfG* 2 BvL 15/14.

119 Zur grds Zulässigkeit eines Treaty Override im Steuerrecht (hier: § 50d Abs 8 EStG) vgl jüngst *BVerfG* v 15.12.2015, 2 BvL 1/12.

Frage der Rückwirkung ankommen. Hierbei wird insb zu prüfen sein, ab wann man angesichts der Gesetzgebungshistorie und der Rechtsprechung nicht mehr von einem schützenswerten Vertrauen ausgehen kann – hinzuweisen ist insoweit ggf auch auf die in der Vorauflage zitierte Ankündigung einer rechtsprechungsbrechenden Gesetzesänderung.[120]

F. Zu Absatz 5: Quelle von Zinsen

I. Allgemeines

Art 11 Abs 5 bestimmt den Quellenstaat, indem definiert wird, wann Zinsen „aus einem Vertragsstaat stammen." Die Quelle der Zinsen orientiert sich dabei entweder (S 1) an der Ansässigkeit des Schuldners oder ausnahmsweise, dann aber vorrangig,[121] der Belegenheit der Schuldner-Betriebsstätte. In bestimmten Dreieckssachverhalten mit Betriebsstätten in Drittstaaten besteht nach Abs 5 die Gefahr einer konkurrierenden Definition der Quelle von Zinsen in verschiedenen DBA mit der Folge, dass mehr als ein Staat eine Quellensteuer auf Zinszahlungen erheben könnte (dazu Rn 139 ff). **129**

Die **materielle Bedeutung** dieser Definition ist abhängig von den Verteilungsnormen des jeweiligen DBA. Wenn das Abk für Zinsen ein ausschließliches Besteuerungsrecht des Ansässigkeitsstaats vorsieht, ist eine Definition der Quelle der Zinsen entbehrlich, da eine Besteuerung im Quellenstaat abkommensrechtlich ausgeschlossen wird,[122] vgl aber unten Rn 160. Selbst wenn Zinsen ausnahmsweise Drittstaatseinkünfte darstellen, fallen sie in diesem Fall regelmäßig unter Art 21, der ebenfalls ein ausschließliches Besteuerungsrecht für den Ansässigkeitsstaat vorsieht.[123] **130**

II. Ansässigkeit des Schuldners

Als Grundfall des Abs 5 wird in S 1 die Herkunft der Zinsen durch die **Ansässigkeit des Schuldners** bestimmt. Da aber die Ausnahmebestimmung des S 2 bei Erfüllung ihrer Voraussetzungen Vorrang hat, ist die Ansässigkeit des Schuldners nur dann für die Herkunft der Zinsen maßgebend, wenn die Zinsen nicht als aus dem Belegenheitsstaat der Betriebsstätte stammend anzusehen sind (dazu Rn 134 ff). **131**

Die Ansässigkeit bestimmt sich nach den allg Bestimmungen des jeweils anwendbaren DBA (vgl dazu Art 4 Rn 25 ff). Der Begr des „Schuldners" wird in Abs 5 nicht gesondert definiert, sodass sich Abgrenzungsprobleme in den Fällen ergeben, in denen Schuldner der Zinsen und Darlehensschuldner nicht identisch (und nicht im selben Vertragsstaat ansässig) sind. Entscheidend ist in diesen Fällen die Ansässigkeit des Schuldners der Zinsen.[124] **132**

Ist der Schuldner der Zinsen in keinem der beiden Vertragsstaaten ansässig (und ist nicht S 2 anzuwenden mit der Folge, dass die Belegenheit der Betriebsstätte in einem Vertragsstaat die Herkunft der Zinsen bestimmt), so handelt es sich bei den entspr Zinszahlungen nicht um Einnahmen, auf die Art 11 anwendbar ist. Dasselbe gilt für **133**

---

120 Vgl dazu das „12-Punkte Programm" der Regierungsfraktionen (Zwölf Punkte zur weiteren Modernisierung und Vereinfachung des Unternehmenssteuerrechts) v 14.2.2012.

121 *Wassermeyer* Art 11 MA Rn 122.

122 Vgl auch Tz 31 MK zu Art 11.

123 *Vogel/Lehner* Art 11 Rn 98; *F/W/W/K* Art 11 DBA-CH Rn 38.

124 *Wassermeyer* Art 11 MA Rn 125; *G/K/G* Art 11 MA Rn 144; *S/K/K* Art 11 MA Rn 95.

den Fall, dass der Schuldner in demselben Vertragsstaat ansässig ist wie der Nutzungsberechtigte. Dies liegt daran, dass Art 11 Abs 1 voraussetzt, dass Zinsen aus „einem Vertragsstaat“ an eine „im anderen Vertragsstaat ansässige Person“ gezahlt werden. Ist daher nur ein Vertragsstaat betroffen, sei es, weil Schuldner und Nutzungsberechtigter in demselben Vertragsstaat ansässig sind, sei es, weil der Schuldner in einem Drittstaat ansässig ist, so ist Art 11 auf die Zahlungen nicht anwendbar und der Nutzungsberechtigte erzielt ggf andere Einkünfte iSd Art 21.[125]

III. Belegenheit der Schuldner-Betriebsstätte

134 Ausnahmsweise gelten die Zinsen als aus dem **Belegenheitsstaat einer Betriebsstätte** stammend, wenn die Schuld, auf die die Zinsen gezahlt werden, für Zwecke der Betriebsstätte eingegangen wurde und die Betriebsstätte die Zinsen trägt. In diesem Fall kommt es nicht darauf an, ob der Schuldner ebenfalls in diesem Staat ansässig ist oder nicht. Wenn der Gläubiger in einem der beiden Vertragsstaaten ansässig ist und der Schuldner in einem der beiden Vertragsstaaten eine Betriebsstätte unterhält, so gelten (unter den weiteren Voraussetzungen) die Zinsen als aus dem Belegenheitsstaat stammend. Diese Regelung gilt aber nur für Betriebsstätten, nicht für sonstige Belegenheitsprinzipien: Wenn also bspw aufgrund der Belegenheit der ein Darlehen besichernden Immobilie Zinszahlungen eines in einem Drittstaat ansässigen Schuldners zur beschränkten Steuerpflicht des Gläubigers führen, wäre Deutschland nicht Quellenstaat iSd Art 11 Abs 5 S 2 und wäre an einer Besteuerung gehindert.

135 Durch Abs 5 kommt es aber nicht zu einer quotalen Allokation der Schulden eines Unternehmens auf Stammhaus und Betriebsstätte(n). Überlegungen hinsichtlich des **Dotationskapitals** spielen für die Frage, aus welchem Staat Zinsen „stammen“ keine Rolle, wie der MK (Tz 27 MK zu Art 11) ausdrücklich festhält. Damit eine Schuld als „für Zwecke der Betriebsstätte eingegangen“ gilt, muss ein wirtschaftlicher Zusammenhang zwischen dem Darlehen und der Betriebsstätte bestehen. Der MK (Tz 27 MK zu Art 11) nennt zwei Bsp für einen wirtschaftlichen Zusammenhang:

1. Die Leitung der Betriebsstätte nimmt ein Darlehen für die Zwecke der Betriebsstätte auf. Das Darlehen wird unter den Verbindlichkeiten der Betriebsstätte ausgewiesen und die Zinsen werden direkt durch die Betriebsstätte an die Gläubiger gezahlt.
2. Die Geschäftsleitung des Unternehmens nimmt ein Darlehen ausschließlich für Zwecke einer in einem anderen Staat gelegenen Betriebsstätte auf. Zwar werden die Zinsen rechtlich durch das Unternehmen gezahlt, letztlich aber von der Betriebsstätte getragen.

136 Werden dagegen die Darlehensmittel von der Geschäftsleitung des gesamten Unternehmens aufgenommen und dann mehreren Betriebsstätten zur Verfügung gestellt, kommt es nach dem OECD-MK nicht zu einer Aufteilung der Darlehensmittel (Beispiel c in Tz 27 MK zu Art 11). Die Betriebsstätten gelten in diesen Fällen nicht als Quelle der Zinsen. Entspr gilt, wenn das Darlehen teilw Zwecken des Stammhauses dient, selbst wenn es hinsichtlich des Restbetrages nur einer Betriebsstätte zuzurechnen wäre.

125 *Wassermeyer* Art 11 MA Rn 128.

Diese Auffassung wird in ihrer Absolutheit von der dt Literatur mehrheitlich und zutreffenderweise abgelehnt.[126] Der Wortlaut des Art enthält zwar keine ausdrückliche Anerkennung einer Aufteilung, da er nicht von einer Zuordnung „insoweit" spricht, er ist aber in diesem Punkt offen und lässt beide Interpretationen zu. Bzgl des Kriteriums des **„Eingehens der Schuld für Zwecke der Betriebsstätte"** ist zu konstatieren, dass eine Aufteilung der Darlehensschuld auch praktisch gut durchzuführen ist. Die grds Möglichkeit einer Aufteilung bejaht insoweit auch der BFH, fordert aber gleichzeitig bereits hier entspr Nachweise, die einen konkreten (zeitlichen und sachlichen) „Zusammenhang zwischen der Aufnahme allgemeiner Darlehensschulden durch das Stammhaus und den Sach- und Finanzzuweisungen an die inländische Betriebsstätte" (Veranlassungsprinzip) belegen können.[127] Nur wenn dieser Zusammenhang nachgewiesen ist, lediglich die konkrete Aufteilung nicht feststeht, sei eine Aufteilung möglich. Diese Anforderungen sind in jedem Fall auch an das zweite, kumulativ zu erfüllenden Merkmal, nach dem die **Zinszahlungen durch die Betriebsstätte „getragen"** (dh nicht zwingend auch: gezahlt) werden müssen, zu stellen. Hierbei ist – so man eine Aufteilung für zulässig hält – in jedem Fall zu fordern, dass auch der Zinsaufwand und die Zinszahlungen diesem Darlehen zuzuordnen sind und auch der jeweiligen Höhe nach identifizierbar sind. **137**

Während der OECD-MK den wirtschaftlichen Zusammenhang, also das „Eingehen einer Schuld für Zwecke der Betriebsstätte" durch die og Beispiele illustriert, wird das „Tragen der Zinsen" durch die Betriebsstätte nicht eingehend beschrieben. Maßgeblich hierfür sollte die Frage sein, ob die Zinsen als Aufwand den Betriebsstättengewinn gemindert haben. Insoweit wird man von einem wirtschaftlichen „Tragen" der Zinsen ausgehen können, selbst wenn die eigentliche Zahlung der Zinsen durch das Stammhaus erfolgt.[128] **138**

IV. Doppelbesteuerung bei Dreiecksverhältnissen

Problematisch an der Zurechnungsregel für Betriebsstätten sind **Dreieckssachverhalte**, bei denen sich die Betriebsstätte nicht in einem der beiden Vertragsstaaten befindet. Während der Wortlaut des Art 11 Abs 5 S 2 ausdrücklich nicht fordert, dass der Schuldner in einem der Vertragsstaaten ansässig ist und somit auch bei in Drittstaaten ansässigen Schuldnern greift, ist es erforderlich, dass die Betriebsstätte in einem der beiden Vertragsstaaten belegen ist. Liegt daher die Betriebsstätte nicht in einem der beiden Vertragsstaaten **(Drittstaaten-Betriebsstätte)**, so greift das Belegenheitsprinzip des Art 11 Abs 5 S 2 nicht und die Zinsen gelten als aus dem Ansässigkeitsstaat des Schuldners stammend (vgl auch Tz 28 f MK zu Art 11). Dies führt dazu, dass aus Sicht des Zinsempfängers die Zinsen möglicherweise sowohl als aus dem Ansässigkeitsstaat des Schuldners stammend als auch als aus dem Belegenheitsstaat der Betriebsstätte stammend gelten können. **139**

Beispiel: Ein portugiesisches Unternehmen hat eine Betriebsstätte in Belgien. Zur Finanzierung dieser Betriebsstätte nimmt es ein Darlehen bei einer dt KonzernGes auf. **140**

---

126 Vgl bspw *Wassermeyer* Art 11 MA Rn 133 f; *S/K/K* Art 11 MA Rn 106; **aA** wohl *G/K/G* Art 11 MA Rn 150 f.

127 *BFH/NV* 2002, 1017.

128 *G/K/G* Art 11 MA Rn 149 mit Verweis auf Tz 7 MK zu Art 15; *Wassermeyer* Art 11 MA Rn 134.

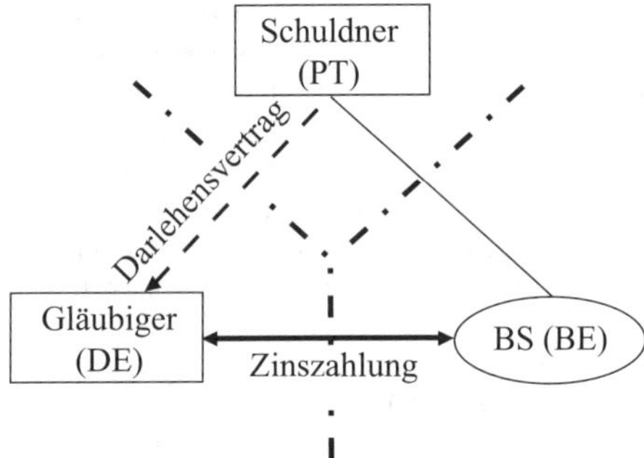

Abb 3: Dreieckssachverhalt mit zwei Quellenstaaten nach Art 11 Abs 5

Lösung: Das portugiesische Unternehmen ist in Belgien nicht ansässig.

Nach Art 11 Abs 6 DBA-Deutschland-Belgien gelten die Zinsen, die auf dieses Darlehen gezahlt werden, als aus Belgien stammend, da sie auf eine Schuld bezahlt werden, die für Zwecke der belgischen Betriebsstätte eingegangen wurde.

Nach Art 11 Abs 6 DBA-Deutschland-Portugal gelten die Zinsen als aus Portugal stammend. Der Belegenheitsort der Betriebsstätte wird nach diesem Abkommen nicht erfasst, da der Schuldner in diesem Fall nach Maßgabe dieses DBA keine Betriebsstätte „in einem Vertragstaat" hat. Damit findet nur der erste Satz von Art 11 Abs 5 (hier: Art 11 Abs 6 DBA-Portugal) Anwendung (Tz 28 MK zu Art 11).

Soweit jeweils nach innerstaatlichem Recht vorgesehen, wäre sowohl Belgien als auch Portugal nach den jeweiligen Abkommen berechtigt, eine (auf 15 % begrenzte) Quellensteuer zu erheben.

Anmerkung: Der dargestellte Fall fällt – sofern die sonstigen Voraussetzungen, insb der verbundenen Unternehmen, erfüllt sind – unter das Quellensteuerverbot der Zins- und Lizenzrichtlinie, die Betriebsstätten sowohl als Schuldner als auch als Nutzungsberechtigter von Zinsen und Lizenzgebühren erfasst, vgl Art 1 Abs 1–3, 5 RL 2003/49/EG.

141 Die hieraus resultierende **Gefahr einer Dbest** wurde im MA bewusst nicht geregelt, da ausweislich von Tz 29 MK zu Art 11 ansonsten versucht werden könnte, „die Quellenbesteuerung in dem Vertragsstaat durch Nutzung einer Betriebsstätte in einem Drittstaat zu vermeiden." Der MK verweist seit 1992 auf eine multilaterale Vereinbarung oder auf eine (in Tz 30 MK zu Art 11 enthaltene) Alternativfassung des Abs 5.

142 Die von Deutschland abgeschlossenen Abkommen folgen aber – auch soweit sie nach 1992 abgeschlossen wurden – nicht der alternativen Formulierung. Ist Deutschland der Quellenstaat der Zinsen, besteht hierfür auch keine Veranlassung, da Deutschland in den meisten Fällen keine Quellensteuer auf die Zinszahlungen erhebt. Die materielle Bedeutung dieser potenziellen Dbest nach den dt DBA hängt damit davon ab, ob der Betriebsstätten-Quellenstaat und der Schuldner-Quellenstaat jeweils eine Quellensteuer auf die Zinszahlung erheben und ob diese Quellensteuer(n) im Ansässigkeitsstaat des Gläubigers vollständig angerechnet werden können. Im dargestellten Bsp wäre Deutschland – so Belgien und Portugal tatsächlich eine Quellensteuer erheben – abkommensrechtlich dazu verpflichtet, sowohl die portugiesische als auch die belgische Quellensteuer auf die Steuer des Gläubigers anzurechnen. Diese **Anrechnungsverpflichtung hinsichtlich der Quellensteuer des Betriebsstättenstaats** (Belgien) geht über die in § 34c Abs 1 iVm § 34d Nr 6 EStG verankerte unilaterale Anrechnungsverpflichtung hinaus: insoweit wäre nur die Quellensteuer im Ansässigkeitsstaat des Schuldners (Wohnsitz, Geschäftsleitung oder Sitz) anzurechnen, eine Quellensteuer im Betriebsstättenstaat Belgien wäre allenfalls nach Abs 3 abzugsfähig. Aufgrund der abkommensrechtlichen Anrechnungsverpflichtung wäre aber im dargestellten Bsp auch eine Quellensteuer im Betriebsstättenstaat (Belgien) in Deutschland anrechenbar.[129] Eine mehrfache, abkommensrechtlich zulässige Quellenbesteuerung erfordert folgerichtig auch eine mehrfache Vermeidung einer insoweit mehrfach bestehenden Dbest.

G. Zu Absatz 6: Beschränkung des Anwendungsbereichs

Mit Art 11 Abs 6 wird bezweckt, den Anwendungsbereich des Art 11 auf denjenigen Teil der Zinsen zu beschränken, der dem **Fremdvergleich** standhält. Soweit die Zinshöhe aufgrund besonderer Beziehungen zwischen dem Schuldner und dem Nutzungsberechtigten (oder zwischen diesen beiden und einem gemeinsamen Dritten) die im Fremdvergleich angemessene Zinshöhe übersteigt, gilt Art 11 nur für den angemessenen Teil. Zu den besonderen Beziehungen zählen neben den in Art 9 erfassten Fällen der verbundenen Unternehmen auch besondere Beziehungen außerhalb des Unternehmensbereichs, zB verwandtschaftlicher Natur.[130] **143**

I. Allgemeines

Die Beschränkung des Anwendungsbereichs nach Art 11 Abs 6 betrifft nur die Fälle der **überhöhten Zinszahlungen**, sie ist dagegen nicht anwendbar hinsichtlich der Höhe der Darlehenssumme, was aus dem Verweis auf die „zugrunde liegende Forderung" hervorgeht.[131] Die meisten der von Deutschland abgeschlossenen DBA enthalten eine identische Formulierung (Rn 168). Gleichwohl wird die Anwendung von Unterkapitalisierungsvorschriften durch Art 11 Abs 6 nicht ausgeschlossen (vgl Rn 151 ff) **144**

Nach dem Wortlaut („übersteigen"), aber auch denklogisch, kann nur die Vereinbarung eines zu hohen Zinses, nicht dagegen der umgekehrte Fall eines zu niedrigen Zinses, ein Anwendungsfall des Abs 6 sein.[132] Bei einem zu niedrigen Zins wird in Höhe des unangemessenen Anteils gerade keine als Zins deklarierte Zahlung geleistet, auf die Art 11 anwendbar sein könnte. Der Ansässigkeitsstaat wird aber für eine Einkünftekorrektur (bspw aufgrund von § 1 AStG) jedenfalls das Besteuerungsrecht beanspruchen können; sollte er aufgrund seines nationalen Steuerrechts insoweit von fiktiven Zinsen ausgehen, hätte er abkommensrechtlich nach Art 11 Abs 1 das Besteuerungsrecht,[133] andernfalls hat er ggf über Art 7, ansonsten jedenfalls über Art 21 ein Besteuerungsrecht. **145**

Sind sich die Vertragsstaaten über die Folgen einer Anwendung von Abs 6 uneinig, so verweist der MK auf ein entspr durchzuführendes Verständigungsverfahren (Tz 36 MK zu Art 11). **146**

---

129 *Wassermeyer* Art 11 MA Rn 136a f.

130 Tz 32–34 MK zu Art 11; vgl auch die Kommentierung zu Art 9.

131 Tz 35 MK zu Art 11 mit dem Hinweis auf die Möglichkeit der Vereinbarung abw Formulierungen.

132 *F/W/W/K* Art 11 DBA-CH Rn 74.

133 Hierzu *Wassermeyer* Art 11 MA Rn 142.

II. Tatbestandsvoraussetzungen

147 Die Tatbestandsvoraussetzungen sind zum einen das Vorliegen eines unangemessen hohen Zinssatzes. Zum anderen muss dieser Zinssatz auf einer besonderen Beziehung zwischen Schuldner und Nutzungsberechtigtem beruhen. Mit anderen Worten muss zwischen der Unangemessenheit des Zinssatzes und der besonderen Beziehung ein Kausalzusammenhang bestehen, wie sich aus der Formulierung des Abs 6 ergibt („und übersteigen deshalb").[134]

148 Die **Angemessenheit des Zinssatzes** bestimmt sich auf Basis des Fremdvergleichs unter Berücksichtigung der Umstände des Einzelfalls. Hierzu zählen insb das Marktumfeld sowie die Kredithöhe, Laufzeit und Währung des Darlehens. Auch die Bonität des Schuldners und das Vorhandensein von Sicherheiten sind zu berücksichtigen.[135] Ein Zinssatz in der Bandbreite zwischen banküblichem Habenzins und Sollzins (in Abhängigkeit der Opportunitätskosten der Beteiligten)[136] wird nach Auffassung des BFH regelmäßig dem Fremdvergleich gerecht.[137]

149 Die **„besonderen Beziehungen"** zwischen Schuldner und Nutzungsberechtigten sind in Abs 6 nicht näher definiert. Neben den von Art 9 erfassten nahestehenden Personen werden nach dem MK auch verwandtschaftliche Beziehungen erfasst. IE ist daher der Anwendungsbereich des Abs 6 mit dem Kreis der „nahestehenden Personen" iSd § 1 Abs 2 AStG nahezu identisch.[138]

III. Rechtsfolge

150 Die Rechtsfolge der Anwendung des Abs 6 besteht in einer Nichtanwendung des Art 11 auf den unangemessenen Teil der Zinsen. Diese Rechtsfolge beschränkt sich nicht auf die Folgen der Verteilung der Besteuerungsrechte nach Art 11 Abs 1 und 2, sondern ermöglicht eine – auch abkommensrechtlich – **neue Beurteilung der Einkunftsart**. Welche Folgen sich daraus für Quellen- und Ansässigkeitsstaat ergeben, hängt von der Einkunftsart ab, unter die der unangemessene Teil der Zinsen subsumiert wurde.[139]

IV. Art 11 und Gesellschafter-Fremdfinanzierung

151 Die Einkünftekorrekturnormen, die einen unangemessen hohen Zins erfassen und ggf in eine verdeckte Gewinnausschüttung oder eine Entnahme umqualifizieren (§ 8 Abs 3 S 2 KStG, § 4 Abs 1 S 1 EStG und § 1 AStG), sind in Übereinstimmung mit Art 11 Abs 6.[140] In der Folge sind die Zahlungen nach Art 11 Abs 6 S 2 der Einkunftsart zuzurechnen, zu der sie tatsächlich gehören.

---

134 *Wassermeyer* Art 11 MA Rn 152.

135 *G/K/G* Art 11 MA Rn 159.

136 Hierbei ist sowohl die Position des Schuldners (zB anderweitige Kreditmöglichkeiten) als auch die Situation des Gläubigers (zB anderweitige Anlagemöglichkeiten, aber auch ggf Refinanzierungskosten) relevant. Vor diesem Hintergrund ist die flexible Rspr des BFH überzeugend.

137 *BFH* BStBl II 1990, 649; BStBl II 1994, 725; *Wassermeyer* Art 11 MA Rn 153.

138 *G/K/G* Art 11 MA Rn 156/3; *Wassermeyer* Art 11 MA Rn 151.

139 *Wassermeyer* Art 11 MA Rn 160; *G/K/G* Art 11 MA Rn 162–164 mit Bsp.

140 *Wassermeyer* Art 11 MA Rn 1a.

Auch § **8a KStG aF** stand nicht in Konflikt mit Art 11 Abs 6, obwohl die Umqualifizierung von Zinsen in eine verdeckte Gewinnausschüttung nicht auf der Unangemessenheit der Höhe der Zinsen, sondern auf einem als unangemessen definierten Umfang der Gesellschafter-Fremdfinanzierung basierte. Nach dem MK gehen derartige Unterkapitalisierungsvorschriften dem Zinsartikel faktisch vor, sodass die innerstaatliche Wertung, statt Zinsen von verdeckten Gewinnausschüttungen auszugehen, auf das Abkommensrecht durchschlägt und abkommensrechtliche Dividenden vorliegen.[141] **152**

Seit 2008 wurde die dt Unterkapitalisierungsvorschrift des § 8a KStG aF durch eine generelle Begrenzung der Fremdfinanzierung durch die sog **Zinsschranke** ersetzt. Zinsaufwendungen eines Betriebs dürfen nach § 4h EStG den steuerlichen Gewinn nur insoweit mindern, als der sog Zinssaldo (Zinsaufwendungen abzüglich Zinserträge) 30 % des steuerlichen EBITDA nicht übersteigt. Die Zinsschranke betrifft im Gegensatz zu § 8a KStG alle Zinsen, also nicht nur solche aus Gesellschafter-Fremdfinanzierung, sie ist allerdings nicht anwendbar, wenn entweder der Zinssaldo weniger als 3 Mio EUR beträgt (Freigrenze), oder der Betrieb nicht oder nur anteilsmäßig zu einem Konzern gehört, oder die Eigenkapitalquote des Betriebs mindestens der Eigenkapitalquote des Konzerns (abzüglich einer Toleranz von 2 %-Punkten) entspricht. In den letzten beiden Fällen kann bei KapGes die Rückausnahme der schädlichen Gesellschafter-Fremdfinanzierung doch die Zinsschranke zur Anwendung bringen. **153**

Da Rechtsfolge der Zinsschranke nur die **Nichtabzugsfähigkeit der Zinsen** ist, nicht aber die Umqualifizierung der Zinsen in eine vGA, ist das Verhältnis zu Abkommensrecht anders als bei § 8a KStG aF zu beurteilen. Dabei ist auch zu berücksichtigen, dass die Zinsschranke in ihrer Anwendung weder auf Fälle der unangemessen hohen Zinsvereinbarung noch überhaupt auf Darlehen, die unter „besonderen Beziehungen" gewährt werden, beschränkt ist. Die Zinsschranke ist daher kein Anwendungsfall des Abs 6. **154**

Die Anwendung der Zinsschranke beschränkt sich auf die Frage der Abzugsfähigkeit der Zinsen beim Schuldner, sie betrifft also nur die **innerstaatliche Gewinnermittlung des Schuldners**. Dies ist keine Frage der Besteuerungsrechte hinsichtlich der gezahlten Zinsen, die Zinsschranke gerät also nicht in Konflikt mit dem Zinsartikel der DBA und verstößt nicht gegen Abkommensrecht.[142] Auf Basis der EuGH-Rspr[143] zum Quellensteuerverbot der Mutter-Tochter-Richtlinie wurde teilw ein Verstoß gegen die ZLRL angenommen. Diese Auffassung dürfte allerdings als überholt anzusehen sein, da nach der **neueren Rspr des EuGH** nurmehr dann von einer Quellensteuer auszugehen sein soll, wenn der StPfl der Inhaber der Wertpapiere ist. Für die Mutter-Tochter-Richtlinie finden sich die tragenden Erwägungen in der Entsch des EuGH in der Rechtssache **„Burda".**[144] Zwar hat der EuGH seine Rspr zum Quellensteuerverbot bei der Mutter-Tochter-Richtlinie als für die Auslegung der ZLRL nicht hilfreich bezeichnet, er ist aber dessen ungeachtet in der Entscheidung in der Rechtssache **155**

---

141 Tz 19 MK zu Art 11, der einen Vorrang des Art 10 postuliert; vgl auch *Wassermeyer* Art 11 MA Rn 1a; *G/K/G* Art 11 MA Rn 100.

142 Für die Verteilungsnorm des DBA ist der Steuerschuldner entscheidend vgl *Wassermeyer* Art 10 MA Rn 1, 3.

143 Insb *EuGH* IStR 2001, 651 – Athinaïki Zythopoiïa.

144 Vgl *EuGH* DB 2008, 1468 – Burda, va Rn 54–63.

Scheuten Solar Technology (zur gewerbesteuerlichen Hinzurechnung von Dauerschuldzinsen nach § 8 Nr 1 GewStG aF) gleichermaßen zu dem Ergebnis gekommen, dass eine Zinsabzugsbeschränkung (bzw eine teilweise Wieder-Hinzurechnung von Zinsaufwand) keinen Richtlinienverstoß darstellt.[145] Das Urt dürfte über die gewerbesteuerliche Hinzurechnung hinaus auch auf ähnliche Abzugsbeschränkungen, die nur die Bemessungsgrundlage des Zinsschuldners betreffen, übertragbar sein, sodass der Zinsschranke damit derzeit weder die Verteilungsnormen der DBA noch das Quellensteuerverbot der ZLRL entgegenstehen.[146]

H. Deutsche Verhandlungsgrundlage und deutsche DBA

I. Allgemeines

156 Deutschland hat **keinen Vorbehalt zu Art 11** geltend gemacht. Allerdings hat sich Deutschland in Tz 81 MK zu Art 10 vorbehalten, durch **Ausweitung des Dividendenbegriffs** einige Zahlungen zu erfassen, die abkommensrechtlich als Zinsen gelten würden, aber nach dt nationalen Recht als Gewinnausschüttung gelten.[147]

157 Die abkommensrechtliche Begrenzung des Quellensteuersatzes (zu den in den dt DBA vereinbarten Sätzen vgl Rn 159–161) läuft bei Zinszahlungen von Schuldnern, die in Deutschland ansässig sind, regelmäßig leer, da nach nationalem Recht Zinsen nur in seltenen Fällen überhaupt einem Quellensteuerabzug (Kapitalertragsteuereinbehalt) ausgesetzt sind. Nach § 49 Abs 1 Nr 5 Buchstabe c EStG führen Zinserträge nur dann zu einer **beschränkten StPfl des Gläubigers in Deutschland**, wenn (a) die Darlehensforderung durch inländischen Grundbesitz oÄ besichert ist (und weitere Voraussetzungen erfüllt sind, oben Rn 39); oder (b) das Kapitalvermögen aus Genussrechten besteht, die keine Dividendenansprüche begründen; oder (c) die Zinsen im Rahmen von Tafelgeschäften anfallen (§ 49 Abs 1 Nr 5 Buchstabe d EStG); die weiteren Tatbestände des § 43 EStG, auf die insoweit verwiesen wird, stellen als Veräußerungstatbestände zwar mit Einf der Abgeltungsteuer Einkünfte aus Kapitalvermögen iSd § 20 EStG dar, die im Inland einem Kapitalertragsteuereinbehalt ausgesetzt sind, es liegen insoweit aber abkommensrechtlich keine Zinsen vor (vgl Rn 68 ff).

II. Wichtigste Abweichungen

158 **1. Verteilung der Besteuerungsrechte.** Zahlreiche dt DBA weisen dem **Ansässigkeitsstaat** das **ausschließliche Besteuerungsrecht** zu. Dazu zählen die DBA mit Dänemark, Finnland, Frankreich, Großbritannien, Irland, Japan (nur neues DBA 2015), Liechtenstein, Luxemburg, Malta, Niederlande, Österreich, Schweden, Spanien (2011), der Tschechoslowakei, Ungarn, Zypern (2011) sowie der Schweiz und den USA. Dem folgt auch die deutsche Verhandlungsgrundlage: Art 11 Abs 1 DE-VG weist dem Ansässigkeitsstaat ein ausschließliches Besteuerungsrecht zu.

159 Derartige DBA enthalten keinen Abs 2, sondern regeln die Zuteilung zum Ansässigkeitsstaat in Abs 1 als ausschließliche Zuteilung durch die Aufnahme des Wortes

---

145 Vgl *EuGH* DStR 2011, 1419 – Scheuten Solar Technology.

146 So ausdrücklich *Goebel/Küntscher* IStR 2011, 630, 634. Vgl zu den begrenzten Wirkungen des Urt vor dem Hintergrund eines möglichen Verstoßes der Hinzurechnung gegen Primärrecht aber *Thömmes* IWB 2011, 419, 420 f.

147 *Piltz* S 129.

„nur". Bspw lautet Art 11 Abs. 1 der DE-VG: „Zinsen, die eine in einem Vertragsstaat ansässige Person als Nutzungsberechtigter bezieht, können nur in diesem Staat besteuert werden." . Für Deutschland stellt das angesichts der nur in geringem Umfang bestehenden beschränkten StPfl bei Zinsempfängern nur einen geringen Verzicht auf Steuersubstrat dar. Va im Verhältnis zu **Entwicklungsländern** wird durch die Einräumung eines begrenzten Besteuerungsrechts für den Quellenstaat primär den Interessen dieser Staaten entgegen gekommen.

Diese Abkommen mit ausschließlichem Besteuerungsrecht des Ansässigkeitsstaates enthalten dementsprechend idR[148] auch keine abkommensrechtliche Definition der **Quelle von Zinsen** (Abs 5). Dies gilt auch für die DE-VG, die ebenfalls keinen Art 11 Abs. 5 enthält. Während ein solcher Verzicht angesichts des nicht vorhandenen Quellenbesteuerungsrechts in Art 11 auf den ersten Blick sinnvoll erscheint, ist dies allerdings zu kurz gesprungen: Die DE-VG enthält, wie andere Abkommen auch (vgl unten Rn 165 f.) im Protokoll (hier Prot Nr 1 zu Art 10, 11 der DE-VG) eine Klausel, die dem Quellenstaat ein uneingeschränktes Quellenbesteuerungsrecht für bestimmte hybride Instrumente gibt. Derartige Zahlungen werden nicht aus dem Anwendungsbereich des Art 10 oder 11 herausgelöst, allerdings können diese Zahlungen ungeachtet entsprechender Begrenzungen „in dem Vertragsstaat, aus dem sie stammen" besteuert werden. Während für unter Art 10 fallende Zahlungen durch Art 10 Abs. 1 implizit die Herkunft definiert wird (Verweis auf die Ansässigkeit der ausschüttenden Gesellschaft), fehlt eine Quellendefinition für unter Art 11 fallende Zahlungen. 160

Soweit in dt Abkommen der Quellenstaat ein Besteuerungsrecht behält, wird in der Definition des Umfangs dieses Besteuerungsrechts idR dem Vorschlag des MA gefolgt und der **maximal zulässige Quellensteuersatz** auf 10 % begrenzt. Einzelne Abkommen enthalten dagegen einen Quellensteuersatz von 15 % (Belgien, Portugal außer Banken). Soweit in neueren Abkommen ein Quellensteuereinbehalt gewährt wird, ist dieser dagegen regelmäßig auf einen niedrigeren Satz begrenzt, bspw in den DBA mit Bulgarien, Polen und Slowenien auf 5 %, im DBA mit Rumänien auf 3 %. 161

Die abkommensrechtliche Reduktion des Quellensteuersatzes wird in dt DBA nicht einheitlich an die Ansässigkeit des **Nutzungsberechtigten** geknüpft. Von den Abkommen, die dem Quellenstaat ein eingeschränktes Besteuerungsrecht zugestehen, verzichten bspw die älteren Abkommen mit Belgien (1967) und Griechenland (1966) sowie mit Japan (1966/79/83 – vgl sogleich zum neuen DBA) auf das Erfordernis des Nutzungsberechtigten. Abkommen, die nach 1977 abgeschlossen wurden, haben jedoch das im MA 1977 aufgenommene Erfordernis, nach dem der Empfänger der Zinsen gleichzeitig auch der Nutzungsberechtigte sein muss, idR in den Zinsartikel aufgenommen.[149] Dies betrifft jedenfalls die Abkommen mit Estland (1996), Italien (1989), Lettland (1997), Litauen (1997) und Portugal (1980) sowie mit China (1985). Erst die neuesten Abkommen verwenden die im aktuellen Art 11 Abs 2 (seit 1995) vorgeschlagene Formulierung, nach der der Nutzungsberechtigte eine im anderen Vertragsstaat ansässige Person sein muss, so in den Abkommen mit Polen (2003), Rumä- 162

148 Ausnahmen, bspw im DBA Österreich, sind darauf zurückzuführen, dass für bestimmte gewinnabhängige Instrumente (vgl Rn 166) das Besteuerungsrecht des Quellenstaates nicht eingeschränkt wird.

149 Vgl allerdings *Fahrholz* S 53, der darauf hinweist, dass bspw das Abk mit der UdSSR (1981) in Art 8 Abs 2 insoweit dem Vorschlag des damaligen MA 1977 nicht gefolgt ist.

nien (2001) und Slowenien (2006) sowie im 2014 unterzeichneten neuen DBA mit China und im 2015 unterzeichneten neuen DBA mit Japan. Angesichts der Tatsache, dass die im Jahr 1995 geänderte Formulierung nach Aussage des MK lediglich eine Übereinstimmung mit der bereits zur aF geäußerten Auffassung aller Mitgliedstaaten sicherstellt (Tz 11 MK zu Art 11), dürfte jedoch zumindest zwischen den Abkommen, die die Formulierung der MA 1977 verwenden und jenen, die die aktuelle Formulierung verwenden, kein materieller Unterschied bestehen.[150] Die DE-VG verknüpft das ausschließliche Besteuerungsrecht mit der Bedingung, dass die ansässige Person die Zinsen „als Nutzungsberechtigter bezieht" (Art 11 Abs 1 DE-VG).

163 **2. Abkommensrechtlicher Zinsbegriff.** Der **Verweis auf nationales Recht** in der Definition von Zinsen, der nur bis zum MA 1963 enthalten war und mit dem MA 1977 aufgegeben wurde, ist dementsprechend tendenziell in älteren Abkommen enthalten. Die DBA mit Belgien (1967), Griechenland (1966), Italien (1989), Portugal (1980), der Tschechoslowakei (1980) sowie Japan (1966/79/83), der Schweiz (1971/78/89/92/2002/2010) und den USA (1989/2006) enthalten einen entspr Verweis auf nationales Recht. Teilweise wird dieser auch in neueren DBA, wie dem 2015 unterzeichneten neuen DBA Japan beibehalten.

164 Die Einschränkung des Art 11 Abs 3 S 2, nach der **Zuschläge für verspätete Zahlung** nicht als Zinsen gelten, enthalten nicht alle dt DBA. Ist ein entspr Zusatz nicht vorhanden, bestimmt sich die Zinseigenschaft derartiger Zahlungen nach dem allg Zinsbegriff, sodass insb Verzugszinsen auch abkommensrechtlich Zinsen darstellen, während Zahlungen mit Schadensersatzcharakter keine Zinsen darstellen. Ein entspr Zusatz fehlt häufig in älteren Abkommen, bspw in den DBA mit Belgien, Frankreich, Griechenland, Italien, Japan und Niederlande (bei Japan und Niederlande jeweils nur das alte Abkommen; das in 2012 bzw. 2015 unterzeichnete Abkommen enthält jeweils diesen Zusatz), Portugal, Tschechoslowakei und der Schweiz.

165 In mehreren Abkommen werden bestimmte **gewinnabhängige Instrumente** abkommensrechtlich zu den Dividenden gezählt, was zu einem erhöhten Besteuerungsrecht Deutschlands als Quellenstaat führt. So zählen die Abkommen mit Belgien, Bulgarien, Dänemark, Finnland, Frankreich, Griechenland, Lettland, Litauen, Malta, Österreich, Portugal, Schweden, der Tschechoslowakei sowie China, Japan, der Schweiz und den USA Einkünfte eines typisch stillen Gesellschafters abkommensrechtlich zu den Dividenden. IdR werden in diesen Fällen auch Einkünfte aus partiarischen Darlehen und Gewinnobligationen (in den Abkommen mit Dänemark, Frankreich, Malta, Österreich, Schweden, Tschechien, der Schweiz sowie den USA) von dem Dividendenartikel erfasst. Die DE-VG nennt in der Definition der Zinsen in Art 11 Abs 2 DE-VG Forderungen, die „mit einer Beteiligung am Gewinn des Schuldners ausgestattet sind" nicht, sondern definiert im Gegenteil einen ausdrücklichen Vorrang des Art 10. Ansonsten entspricht die Zinsdefinition des Art 11 Abs 2 DE-VG dem OECD-MA.

166 In zahlreichen Abkommen wird stattdessen oder erg auch ein **erhöhter Quellensteuersatz** für diese Instrumente eingeräumt, ohne sie aus dem Zinsartikel herauszulösen, oder es wird dem Quellenstaat gar ein vollständiges Besteuerungsrecht gewährt. Derartige Regelungen finden sich mitunter in den Protokollen zu den jeweiligen Abkommen.

---

150 *Vogel/Lehner* Vor Art 10–12 Rn 20; weitergehend noch *G/K/G* Art 11 MA Rn 44: „dürfte der Verwendung des Begriffs des Nutzungsberechtigten lediglich klarstellende Bedeutung zukommen"; insoweit **aA** *Fahrholz* S 53.

Von den DBA mit Ländern, die Einkünfte eines stillen Gesellschafters oder aus partiarischen Darlehen und Gewinnobligationen nicht ohnehin zu den Dividenden zählen, heben China (altes und neues DBA), Estland, Großbritannien, Irland, Italien, Liechtenstein, Luxemburg, Niederlande (in dem 2012 unterzeichneten Abkommen; bisher zu den Dividenden gezählt, Rn 165), Polen, Rumänien, Slowenien, Spanien und Ungarn eine Beschränkung des Besteuerungsrechts des Quellenstaats wieder auf, wenn diese Einkünfte bei der Ermittlung des Gewinns des Schuldners abzugsfähig sind. Ein derartiges Besteuerungsrecht wird dem Quellenstaat auch in einigen Abkommen eingeräumt, in denen die Zahlungen bereits zu den Dividenden gezählt werden (Rn 165), so in den Abkommen mit Bulgarien, Malta und Slowenien. In der dt Verhandlungsgrundlage wird durch Prot Nr 1 unabhängig von der Qualifikation als Dividenden oder Zinsen dem Quellenstaat ein uneingeschränktes Besteuerungsrecht gewährt, wenn die Zahlung bei der Ermittlung des Gewinns des Schuldners abzugsfähig ist.

Einige Abkommen beinhalten auch Sonderregelungen, die sich mit der Behandlung von Zinsen, die **Sondervergütungen bei Mitunternehmerschaften** sind, befassen. Derartige Sonderregeln sind allerdings regelmäßig im Art 7 zu den Unternehmensgewinnen enthalten (vgl dazu die Kommentierung zu Art 7 Rn 115 ff, 128), sie haben aber auch für Zinsen Bedeutung. Bspw enthalten die Abkommen mit Liechtenstein, Österreich und der Schweiz und Zypern (dort im Protokoll) für Sondervergütungen eine Vorschrift, die ausdrücklich eine Gleichbehandlung mit dem anteiligen Gesamthandsgewinn vorsieht. Erhält in diesen Fällen ein Gesellschafter Zinszahlungen von einer im anderen Staat ansässigen PersGes, die für ihn eine Betriebsstätte begründet, so stellen diese Sonderbetriebseinnahmen für ihn einen Teil des Betriebsstättengewinns dar, der nur im Betriebsstättenstaat besteuert werden kann. Der Gesetzgeber hat durch den neuen § 50d Abs 10 EStG idF des JStG 2009 eine unilaterale Regelung eingeführt, die auch ohne gesonderte Vorschrift in einem DBA die Zurechnung der Sondervergütungen zu den Unternehmensgewinnen sicherstellen soll. Dies wird mit der oben (Rn 122 ff) dargestellten Rspr des BFH begründet, die im Inbound-Fall zu Erg führt, die nicht der Auffassung der FinVerw entsprechen. Allerdings hatte diese Vorschrift anfangs nicht das vom Gesetzgeber intendierte Ergebnis erzielt, da zwar eine Behandlung als Unternehmensgewinn erfolgte, die erforderliche Zuordnung zu der jeweiligen Betriebsstätte nicht sicher gestellt wurde; mittlerweile ist die Wirksamkeit der Vorschrift (nach Änderungen im Zuge des AmtshilfeRLUmsG) vom BFH allerdings anerkannt worden, was ua wegen des dadurch ausgelösten Treaty Override dann wiederum eine Vorlage an das BVerfG erforderlich gemacht hat (dazu ausf Rn 127, 128). 167

3. Sonstige wichtige Abweichungen. – a) Begrenzung des Anwendungsbereichs nach Abs 6. Nach der Formulierung des Art 11 Abs 6 ist eine Begrenzung des Anwendungsbereichs des Art 11 für den unangemessenen Anteil der Zinsen zulässig. Ausweislich des MK ist aufgrund der Formulierung „gemessen an der zugrunde liegenden Forderung“ eine Umqualifizierung von Fremdkapital in Eigenkapital nicht zulässig (Rn 144). Die meisten der von Deutschland abgeschlossenen DBA verwenden eine identische Formulierung. Ausnahmen bilden hier die DBA mit Dänemark („aus welchen Gründen auch immer“) und Großbritannien („ungeachtet der Gründe“), während die bisherige Abweichung im DBA Irland (Art VII Abs 3: nur Verweis auf „den Betrag einer angemessenen Gegenleistung“) mit dem in 2011 unterzeichneten DBA (Art 11 Abs 4) aufgegeben wurde. Das DBA mit Frankreich und die alten 168

DBA mit Luxemburg und den Niederlanden enthalten bzw enthielten demgegenüber keinen derartigen Absatz, in den 2012 unterzeichneten DBA ist der Absatz dann enthalten (jeweils Art 11 Abs 4 DBA Luxemburg und DBA Niederlande). Wie oben dargestellt, hindert das Deutschland aber nicht an der Anwendung der eigenen Gewinnermittlungvorschriften, insb § 8 Abs 3 S 2 KStG zur verdeckten Gewinnausschüttung, § 8a KStG aF zur Gesellschafter-Fremdfinanzierung bzw § 4h EStG iVm § 8a KStG nF zur Zinsschranke. Zu beachten sind in diesem Zusammenhang allerdings die Urt des *BFH* v 17.12.2014 und 24.6.2015 zur Sperrwirkung des Art 9 in Bezug auf die Nichtanerkennung von Teilwertminderungen bei Gesellschafter-Darlehen,[151] dazu Art 9 Rn 14.

169 **b) Anrechnung fiktiver Quellensteuern.** In einigen dt DBA, va mit Entwicklungsländern, wurde hinsichtlich der Zinsen, die aus dem anderen Staat stammen, eine **Anrechnung einer fiktiven Quellensteuer** vereinbart. Hierbei wird nicht die im Quellenstaat tatsächlich erhobene Steuer in Deutschland angerechnet, sondern eine davon unabhängige, fiktive Quellensteuer. Dies beruht auf der Überlegung, dass ansonsten jede Quellensteuersatzsenkung, die der Quellenstaat vornimmt, durch die reduzierte Anrechnung in Deutschland kompensiert wird. Der Quellenstaat könnte daher seine Attraktivität für Investitionen aus Deutschland insoweit nicht durch eine Senkung des Quellensteuersatzes auf Zinsen erhöhen. Durch die Fixierung der Anrechnungshöhe auf einen fiktiven Steuersatz wird dieser Effekt verhindert.[152] Die OECD steht einer fiktiven Anrechnung ua aufgrund ihres hohen Missbrauchspotenzials mittlerweile ablehnend gegenüber.[153] Dementsprechend enthalten neuere von Deutschland abgeschlossene DBA auch keine Vorschriften zur fiktiven Anrechnung von Quellensteuern auf Zinsen. Eine derartige Anrechnung[154] ist aber über die zahlreichen Abkommen mit Entwicklungsländern hinaus bspw noch in den Abkommen mit Griechenland, Portugal und China (bis zum Inkrafttreten des 2014 unterzeichneten neuen DBA) enthalten. Vgl dazu auch die Kommentierung zu Art 23B Rn 65 ff.

---

151 *BFHE* 248, 170; *BFH/NV* 2015, 1506.
152 Tz 72 f MK zu Art 23.
153 Tz 74–78.1 MK zu Art 23.
154 Im Einzelnen wird die fiktive Anrechnung an unterschiedliche Voraussetzungen geknüpft, vgl zu einer Übersicht *BMF* BStBl I 1998, 554.

Art. 12 Lizenzgebühren

(1) Lizenzgebühren, die aus einem Vertragsstaat stammen und deren Nutzungsberechtigter eine im anderen Vertragsstaat ansässige Person ist, können[1] nur im anderen Staat besteuert werden.

(2) Der in diesem Artikel verwendete Ausdruck „Lizenzgebühren" bedeutet Vergütungen jeder Art, die für die Benutzung oder für das Recht auf Benutzung von Urheberrechten an literarischen, künstlerischen oder wissenschaftlichen Werken, einschließlich kinematographischer Filme, von Patenten, Marken[2], Mustern oder Model-

---

1 Österreich: S Fußnote 1 zu Art 6.
2 Bundesrepublik Deutschland: Statt „Marken" das Wort „Warenzeichen".

len, Plänen, geheimen Formeln oder Verfahren oder für die Mitteilung gewerblicher, kaufmännischer oder wissenschaftlicher Erfahrungen gezahlt werden.

(3) Absatz 1 ist nicht anzuwenden, wenn der in einem Vertragsstaat ansässige Nutzungsberechtigte im anderen Vertragsstaat, aus dem die Lizenzgebühren stammen, eine Geschäftstätigkeit durch eine dort gelegene Betriebstätte ausübt und die Rechte oder Vermögenswerte, für die die Lizenzgebühren gezahlt werden, tatsächlich zu dieser Betriebstätte gehören. In diesem Fall ist Artikel 7 anzuwenden.

(4) Bestehen zwischen dem Schuldner und dem Nutzungsberechtigten oder zwischen jedem von ihnen und einem Dritten besondere Beziehungen und übersteigen deshalb die Lizenzgebühren, gemessen an der zugrundeliegenden Leistung, den Betrag, den Schuldner und Nutzungsberechtigter ohne diese Beziehungen vereinbart hätten, so wird dieser Artikel nur auf den letzteren Betrag angewendet. In diesem Fall kann der übersteigende Betrag nach dem Recht eines jeden Vertragsstaats und unter Berücksichtigung der anderen Bestimmungen dieses Abkommens besteuert werden.

BMF v 19.4.1971, Az IV B 2-S 2170 31/71, BStBl I 1971, 264; *BMF* v 22.12.1975, Az IV B 2-S 2170 161/75, DB 1976, 172; *BMF* v 23.1.1996, Az IV B 4-S 2303 14/96, BStBl I 1996, 89; *BMF* v 13.3.1998, Az IV B 4-S 2303 28/98, IStR 1998, 246; *OFD München* v 28.5.1998, Az S2303-34/11 St41/42, DB 1998, 1307; *BMF* v 24.12.1999, Az IV B 4-S 1300-111/99, BStBl I 1999, 1076; *BMF* v 30.12.1999, Az IV B 4-S 1341 14/99, BStBl I 1999, 1122; *BMF* v 7.5.2002, Az IV B 4-S 2293 26/02, BStBl I 2002, 521; *BMF* v 1.8.2002, Az IV A 5-S 2411 33/02, BStBl I 2002, 709; *BMF* v 18.12.2002, Az IV B 4-S 2293 54/02, BStBl I 2002, 1386; *BMF* v 16.4.2010, Az IV B 2-S 1300/09/10003, BStBl I 2010, 354; *BMF* v 24.1.2012, Az IV B 3-S 2411/07/10016, BStBl I 2012, 171.

Übersicht

Literatur: *Anger/Wagemann* Das Update 2014 zum OECD-Musterabkommen und -kommentar, IWB 2014, 787; *Bahns/Sommer* Neues DBA mit Großbritannien in Kraft getreten, IStR 2011, 201; *Böhringer* Geschmacksmuster und Marke, NWB 2010, F 20, 3377; *Baumhoff/Liebchen* Steuerfragen im Zusammenhang mit immateriellen Wirtschaftsgütern, IStR 2014, 711; *Becker* Künstler und Künstlerverleihgesellschaften, FS Wassermeyer, 391; Borstell/*Wehnert* Lizenzzahlungen im Konzern, IStR 2001, 127; *Ditz/Bärsch* Änderungen im Rahmen des „Update 2014" des OECD-MA, ISR 2014, 301; *Ditz/Schönfeld* Deutsche Verhandlungsgundlage für Doppelbesteuerungsabkommen, DB 2013, 1437; *Dorfmueller* Die Zins- und Lizenz-Richtlinie und das Directive Shopping, FS Wassermeyer, 325; *Dorn* Sondervergütungen im Abkommensrecht, BB 2013, 3038; *Eisenführ/Schennen* Gemeinschaftsmarkenverordnung, 3. Aufl 2010; *Fehling/Schmid* BEPS und die EU, IStR 2015, 493; *Fischer/Klein/Eilers* Quellensteuerproblematik bei produktbegleitenden technischen Dienstleistungen in DBA-Outbound-Fällen, IStR 2012, 483; *Flick* Steuerliche Abzugsfähigkeit von Forschungskosten ausländischer Konzernspitzen, BB 1973, 286; *Fezer* Markenrecht, 4. Aufl 2009; *Franz/Voulon* Abkommensrechtliche Behandlung von Sondervergütungen, BB 2011, 1111; *Gebhardt/Quilitzsch* Erste höchstrichterliche Entscheidung zu § 50d Abs 10 EStG-Implikationen und offene Fragen, BB 2011, 669; *Gehm* Patente und Erfindungen im Steuerrecht – ein Überblick, Mitteilungen der deutschen Patentanwälte (MittdPA) 2011, 410; *Goebel/Jacobs* Unmittelbare Anwendbarkeit der ZLRL trotz Umsetzung in § 50g EStG, IStR 2009, 87; *Götzenberger* Das neue DBA mit Zypern im Überblick, BB 2011, 2849; *Greil/Wargowske* Lizenzen: Fremdübliche Vergütung für die Überlassung eines Markenzeichens im Konzern, ISR 2014, 324; *Grotherr* Sperren und Risiken für Inbound-Steuergestaltungen auf der Grundlage von Abkommensvergünstigungen, IWB 2008 F 3 Gr 1, 2331; *ders* Quellensteuerabzug und -ermäßigung bei Dividenden, Zinsen und Lizenzgebühren in DBA-Fällen, IWB 2002 F 3 Gr 2, 977; *Grützner* Hinweise zum Steuerabzug vom Kapitalertrag und von Vergütungen an ausländische Gläubiger, IWB F 3 Gr 2, 1173; *Häck* Zur Auslegung des § 50d Abs 10 EStG durch den BFH, IStR 2011, 71; *Hamacher* Begriff und Identifizierung des Beneficial Owners im Zusammenhang mit den US-Quellensteuerregelungen ab 1.1.2001, IStR 2002, 227, 259; *Hecht/Lampert* Die einkommensteuerrechtliche Behandlung der Überlassung von Software, FR 2009, 1127; 2010, 68; *Jarass* Gewinnverkürzung und Gewinnverlagerung (BEPS), IStR 2014, 741; *Kaeser* Besteuerung technischer Dienstleistungen: Tendenzen, FS Wassermeyer, 335; Kessler Qualifikation der Einkünfte aus dem Online-Vertrieb von Standardsoftware nach nationalem und DBA Recht, IStR 2000, 70, 98; *Kessler/Eicker/Obser* Die Schweiz und das Europäische Steuerrecht, IStR 2005, 658; *Kessler/Wald* Datenbankanwendungen – Quellensteuerabzug aufgrund automatischer Rechteverwertung oder nicht steuerbares Direktgeschäft?, IStR 2015, 889; *Kluge* Das Internationale Steuerrecht, 4. Aufl 2000; *Kowallik* Steuerabzug nach § 50a Abs. 1 Nr. 3 EStG bei sog. gemischten Verträgen, IWB F 3 Gr 3. 48; *Kraßer* Grundlagen des zivilrechtlichen Schutzes von Geschäfts- und Betriebsgeheimnissen sowie von Know-how, GRUR 1977, 177; *Krüger* Die verrechnungspreisrechtliche Problematik der Werthaltigkeit von Dachmarken, IStR 2015, 650; *Lang* Verbietet das Gemeinschaftsrecht die Erhebung von Quellensteuern?, IStR 2009, 539; *Lang/Stefaner* Künstler und Sportler im DBA Deutschland-Österreich, IStR 2003, 829; *Letzgus/Berroth* Das neue Doppelbesteuerungsabkommen mit den Vereinigten Arabischen Emiraten, IStR 2010, 614; *Löwenstein/Looks/Heinsen* Betriebstättenbesteuerung, 2. Aufl 2011; *Lüdemann* Die ertragsteuerliche Behandlung der grenzüberschreitenden Überlassung von Software, FR 2000, 83; *Lüdicke* Anmerkungen zur deutschen Verhandlungsgrundlage für Doppelbesteuerungsabkommen, IStR-Beihefter 2013, 26; *Malinski* Internationale Besteuerungsprobleme im Bereich der Software-Entwicklung und –Vermarktung, in Grotherr (Hrsg), Handbuch der internationalen Steuerplanung, 2. Aufl 2003, S 1003; *Maßbaum/Müller* Aktuelle Entwicklungen im Bereich der Abzugsteuer nach § 50a EStG bei Lizenzzahlungen und Anordnung des Steuerabzugs, BB 2015, 3031; *Mes* Patentgesetz Gebrauchsmustergesetz, 3. Aufl 2011; *Müller* Grenzüberschreitende Sondervergütungen und Sonderbetriebsausgaben im Spannungsfeld des Abkommensrechts, BB 2009, 751; *Nestler* „Übliche Markenlizenzraten" – die Suche nach belastbaren Quellen für einen angemessenen Wert, BB 2015, 811; *Petersen* Quellensteuer bei Überlassung von Standardsoftware, IStR 2013, 896; *Pfaar/Jüngling* Fiktive Anrechnung von Quellensteuern auf Lizenzgebühren, IStR 2009, 610; *Pinkernell* EuGH-Urteil im Fall UsedSoft gegen Oracle klärt steuerlichen Teilaspekt des grenzübeschreitenden Online-Softwarevertriebs, ISR 2012, 82; *Prinz* Rechtsstreit „ohne Ende": Die Behandlung grenzüberschreitender Zinserträge aus einer US-vermögensverwaltenden Personengesellschaft, FR 2010, 541; *Pross/Radmanesh* Der Aktionsplan der OECD/G20 zu Base Erosion and Profit Shiftung (BEPS) – Richtschnur für eine Überarbeitung der internationalen Besteuerungsregelungen, FS Wassermeyer 2015, 535; *dies* Patentboxen, IStR 2015, 579; *Pyszka* Lizenz- und Zinszahlungen einer Personengesellschaft an ihren ausländischen Mitunternehmer, IStR 1998, 745; *Raber* Beneficial Ownership und das Problem der Basisgesellschaften, FS Wassermeyer 2015, 303; *Renz/Kern* Verrechenbarkeit einer Konzernmarke dem Grunde nach, IStR 2015, 132; *Rühl* Gemeinschaftsgeschmacksmuster, 2. Aufl 2010; *Rüping* Anpassung des Steuerrechts an Recht und Rechtsprechung der Europäischen Union durch Änderung der §§ 50, 50a EStG im Entwurf des Jahressteuergesetzes 2009, IStR 2008, 575; *Runge* Anwendung von Doppelbesteuerungsabkommen bei Leasingverträgen, DB 1977, 275; *Sauer* Rechnungslegung für Software, DStR 1988, 727; *Schauhoff/Schlotter* (Fernseh-) Rechteverwertung bei Sport- und Konzertveranstaltungen im DBA-Recht – Zur Abgrenzung von Art. 17, Art. 12 und Art. 7 OECD-MA nach dem BFH-Urteil vom 4.3.2009, I R 6/07; *Schlie/Spengel/Malke* Steuerliche Anreize für Forschung und Entwicklung, IStR 2015, 570; *Schlotter/Degenhardt* Besteuerung von Transferentschädigungen und Entgelten für Spielerleihen nach dem JStG 2010, IStR 2011, 457; *Schmidt* Sondervergütungen auf Abkommensebene, DStR 2010, 2436; *Schulz-Trieglaff* Steuerfreie Dividenden und Betriebsstättenvorbehalt, IStR 2015, 717; *Simon/Stolze* Die steuerliche Beurteilung von Film-Lizenzzahlungen im deutsch-amerikanischen Wirtschaftsverkehr, IStR 2005, 398; *Strunk/Kaminski* Aktuelle Entwicklungen bei der Besteuerung von ausländischen Betriebsstätten und Personengesellschaften in Abkommensfällen, IStR 2003, 181; *Valta* Die deutsche Verhandlungsgrundlage für Doppelbesteuerungsabkommen und

Entwicklungsländer, ISR 2013, 186; *Wagner* Die Anwendung des Methodenartikels eines DBA auf Dividenden-, Zins- und Lizenzeinkünfte einer ausländischen Betriebsstätte, IWB 2003 F 3 Gr 2, 1067; *Wassermeyer* Grundfragen internationaler Personengesellschaften im Abkommensrecht, FR 2010, 537; *Wassermeyer/Richter/Schnittker* Personengesellschaften im Internationalen Steuerrecht, 2010; *Welling* Abkommensrechtlicher Lizenzbegriff, FS Wassermeyer, 331.

A. Allgemeines

I. Regelungsgehalt und Bedeutung der Vorschrift

1 Art 12 weist im Regelfall allein dem **Ansässigkeitsstaat** des Nutzungsberechtigten v Lizenzgebühren das Besteuerungsrecht zu. Versteht man die Art 6–21 wesentlich als Vorschriften zur Bestimmung des Besteuerungsrechts des Quellenstaates, beschränkt sich der Regelungsgehalt v Art 12 auf den Ausschluss des Besteuerungsrechts des Quellenstaates; einer Anwendung des Methodenartikels (Art 23A oder Art 23B) bedarf es nicht, da eine Dbest bereits unmittelbar durch Art 12 vermieden wird.[3]

2 Abs 1 und Abs 3 regeln die Bestimmung des Besteuerungsrechts, Abs 2 und Abs 4 definieren die unter Art 12 fallenden Einkünfte dem Grunde und teilw der Höhe nach.

3 **Art 12 regelt nicht**, ob und wie der Ansässigkeitsstaat die Lizenzgebühren besteuert, auf welche Weise der Quellenstaat eine Besteuerung unterlässt und wie die Lizenzgebühren beim Gebührenschuldner steuerlich zu behandeln sind (vgl dazu aber Art 24 Abs 4). Die Vorschrift hat insb auch keinen Einfluss auf die steuerliche Qualifizierung und Behandlung v Lizenzgebühren uÄ nach den nationalen Steuerrechten der Vertragsstaaten. Abs 2 enthält eine autonome abkommensrechtliche Definition der hierunter fallenden Einkünfte, die ihrerseits eine Auslegung nach nationalem Recht ausschließt.[4]

4 Als **Rechtfertigung** für die alleinige Besteuerung im Ansässigkeitsstaat wird idR angeführt, dass der Ansässigkeitsstaat – anders als zB bei Zinsen – steuerlich die Forschungs- und Entwicklungskosten der der Besteuerung zugrunde liegenden Vermögenswerte zu tragen habe.[5] Rechts- und wirtschaftpolitisch ist der Sinn der alleinigen Besteuerung im Ansässigkeitsstaat – insb im Verhältnis zu Entwicklungsländern – zw und wird in der OECD nicht einheitlich gesehen.[6] Eine Reihe v Quellenstaaten hat ausdrückliche **Vorbehalte** gg die grds Regelung des Art 12 geltend gemacht.[7]

5 In der dt **Verhandlungsgrundlage** (DE-VG)[8] ist die Regelung in Art 12 zu Lizenzeinnahmen inhaltlich mit dem MA vergleichbar. Insb ist auch in Art 12 Abs 1 DE-VG das Besteuerungsrecht des Quellenstaates ausgeschlossen. Die dt Abkommenspraxis folgt dem nur teilweise (vgl Rn 53, Rn 177 ff).

---

3 *Kluge* Rn S230; **aA** *G/K/G* Art 12 MA Rn 6; iErg wohl auch **aA** *Wassermeyer* FR 2010, 537, 540; wie hier wohl auch *S/D* Art 12 MA Rn 1, 3; offen gelassen dagegen bei *Wassermeyer* Art 12 MA Rn 2.

4 *Vogel/Lehner* Art 12 MA Rn 42; *Wassermeyer* Art 12 MA Rn 55.

5 S zur steuerlichen Förderung zB *Schlie/Spengel/Malke* IStR 2015, 570; *Brinkmann/Maier/Brandstätter* IStR 2009, 563; *Schlösser* IStR 2009, 557.

6 *Grotherr* IWB F 3 Gr 2, 977, 1009; krit zB *Vogel/Lehner* Art 12 MA Rn 5 ff; *Kluge* Rn S230.

7 Tz 32 ff MK zu Art 12.

8 *BMF* Verhandlungsgrundlage für Doppelbesteuerungsabkommen im Bereich der Steuern v Einkommen und Vermögen, IStR-Beihefter 2013, 46.

Die genaue **Bestimmung der Einkünfte**, die unter die Regelung des Art 12 fallen, ist (wegen der weit reichenden Folgen des alleinigen Besteuerungsrechts des Ansässigkeitsstaates) nahe liegender Weise Gegenstand fortlaufender Diskussionen. Die OECD hat zuletzt 2010[9] und 2014 den MK zu Art 12 diesbzgl überarbeitet, zuletzt insb zur Frage der Interpretation des Begr des Nutzungsberechtigen (*beneficial owner*) (s Rn 37 ff).[10] 6

Das Verständnis der Vorschrift wird dadurch erschwert, dass die Einordnung v Lizenzgebühren nach dt Recht sich inhaltlich und systematisch v der des MA unterscheidet. Das dt Recht kennt keinen einheitlichen Besteuerungstatbestand für Lizenzgebühren und vergleichbare Nutzungsentgelte. Derartige Einkünfte können nach dt Recht solche aus Gewerbebetrieb nach § 15 EStG, aus selbstständiger Arbeit nach § 18 EStG, aus Vermietung und Verpachtung nach § 21 EStG oder sonstige Einkünfte nach § 22 Nr 3 EStG sein. Nach dt Recht sind außerdem die Überschusseinkünfte subsidiär zu den Gewinneinkünften. Demgegenüber definiert Art 12 umfassend und abschließend die unter diese Vorschrift fallenden Lizenzgebühren und vergleichbaren Nutzungsentgelte und ist gg anderen Vorschriften des MA – wie insb Art 7 ff – speziell und somit vorrangig. 7

Wenn und soweit in einzelnen DBA entgegen Art 12 ein Besteuerungsrecht des Quellenstaates vereinbart ist, erfolgt die Vermeidung der Dbest erst im Ansässigkeitsstaat unter Anwendung des Methodenartikels Art 23A bzw Art 23B. 8

Art 12 ist im Rahmen der laufenden BEPS-Maßnahmen v OECD/G20 Gegenstand einer generellen Überprüfung im Hinblick auf die Bekämpfung v Steuervermeidung und der Verlagerung v Steuersubstrat. Hier sind in den nächsten Jahren grundsätzliche Neuregelungen der Besteuerung v Lizenzgebühren zu erwarten.[11] 9

II. Verhältnis zu anderen Vorschriften

1. Verhältnis zu anderen Vorschriften des MA. – a) Artikel 6. Für Vergütungen für die Ausbeutung v **Mineralvorkommen, Quellen oder anderen Bodenschätzen** ist Art 12 subsidiär gg Art 6.[12] Bei anderen Arten der Lizenzgebühren im Zusammenhang mit Grundvermögen kommen beide Vorschriften parallel zu Anwendung, so dass eine Aufteilung nach Lizenzgebühren, für die Art 12 gilt, und sonstigen Vermietungs- und Verpachtungseinkünften erforderlich sein kann. 10

b) Artikel 7. Art 12 ist grds gg Art 7 **vorrangig**, Art 7 Abs 7. Dies gilt auch dann, wenn der Lizenzgeber im anderen Vertragsstaat eine Betriebsstätte unterhält oder die Lizenzgebühren sonst zu seinem Unternehmen gehören. Die Betriebsstätte entfaltet insoweit keine Attraktivkraft.[13] 11

Etwas anderes gilt nur dann gem Abs 3, wenn der Lizenzgeber im anderen Vertragsstaat eine Geschäftstätigkeit durch eine dort gelegene Betriebsstätte ausübt und die 12

9 S *The 2010 Update To The OECD Model Tax Convention* v 22.7.2010.

10 S *The 2014 Update To The OECD Model Tax Convention* v 15.7.2014.

11 Vgl dazu und zur steuerpolitischen Diskussion *Fehling/Schmid* IStR 2015, 493; *Jarass* IStR 2014, 741; *Pross/Radmanesh* IStR 2015, 579; *Schlie/Spengel/Malke* IStR 2015, 570.

12 Tz 19 MK zu Art 12; *Wassermeyer* Art 12 MA Rn 13.

13 Tz 20 MK zu Art 12; *Vogel/Lehner* Art 12 MA Rn 9; *Wassermeyer* Art 12 MA Rn 95; *Baranowski* Rn 511.

Rechte oder Vermögenswerte, für die die Lizenzgebühren gezahlt werden, **tatsächlich zu dieser Betriebsstätte gehören**. Liegen diese Voraussetzungen vor, kommt Abs 1 nicht zur Anwendung, sondern gelten die Regeln des Art 7 (Rn 141 ff).

13 Liegen allerdings Fälle vor, in denen die **Erbringung v Dienstleistungen** mithilfe gewerblicher, kaufmännischer oder wiss Erfahrungen im Vordergrund steht, handelt es sich also nicht um einen Fall der Mitteilung derartiger Erfahrungen, ist kein Fall des Art 12 gegeben und findet idR Art 7 Anwendung (Rn 80 ff).[14]

14 Höchst umstr ist die abkommensrechtliche Einordnung v Lizenzgebühren, die aus dt Sicht als **Sondervergütungen iSd § 15 Abs 1 S 1 Nr 2 EStG** zu qualifizieren sind. § 50d Abs 10 EStG ordnet diese Sondervergütungen in Übereinstimmung mit der herkömmlichen Ansicht der FinVerw Art 7 zu und wendet Art 7 Abs 7 nicht an.[15] Sowohl die gesetzliche Regelung als auch die sich darin äußernde Ansicht der FinVerw werden zu Recht v Rspr und Lit wegen *treaty override* für verfassungswidrig gehalten und weitgehend abgelehnt.[16]

15 **c) Artikel 13.** Art 12 erfasst Einkünfte aus der Nutzung v Rechten aus Vermögenspositionen. Demgegenüber erfasst Art 13 die Einkünfte aus der Verwertung der Substanz solcher Vermögenspositionen. Entscheidend ist somit die Abgrenzung zwischen **zeitlich begrenzter Nutzungsüberlassung** der Rechte aus einer weiterhin dem Vergütungsgläubiger zuzurechnenden Vermögensposition – dann Art 12 – und der endgültigen Übertragung bzw Aufgabe derartiger Rechte oder Vermögenspositionen durch den Vergütungsgläubiger.

16 Aus Sicht des MA ist die Abgrenzung iE nicht entscheidend, da Art 13 im Regelfall ebenfalls zu einem alleinigen Besteuerungsrecht des Ansässigkeitsstaates führt. Daher wird im MA nicht ausdrücklich Stellung zur Abgrenzung genommen. Der MK behandelt das Thema lediglich ausf im Zusammenhang mit Software-Überlassung. In der Vertragspraxis weichen die Regelungen jedoch inhaltlich voneinander ab, so dass eine klare Abgrenzung idR erforderlich ist.

17 Die Abgrenzung kann in Einzelfällen schwierig sein. Entscheidend ist jedenfalls nicht die Art der **Zahlung der jeweiligen Vergütung**. So kann eine Lizenzgebühr auch als einmalige Zahlung entrichtet werden. Auf der anderen S kann ein Kaufpreis für die Übertragung v Rechten oder anderen Vermögenspositionen auch in Raten gezahlt werden. Entscheidend sollte sein, ob dem (ursprünglichen) Rechtsinhaber weiterhin die Berechtigung an Substanz und Verwertung des Rechts oder der Vermögensposition verbleibt oder ob er sich endgültig seiner gesamten Berechtigung und Rechtsstellung begibt (Rn 75 ff).[17]

18 **d) Artikel 15.** Werden Lizenzgebühren an einen Arbeitnehmer als **Arbeitslohn** gezahlt, handelt es sich um einen vorrangigen Anwendungsfall v Art 15. Dies ist regel-

---

14 S zur Entwicklung bei technischen Dienstleistungen auch *Kaeser* FS Wassermeyer 335.

15 *BMF* BStBl I 1999, 1076, Tz 1.2.3; *BMF* BStBl I 2010, 354, Tz 2.2.1, 5.1.

16 Vorlage zum BVerfG *BFH* BStBl II 2014, 791; Az beim *BVerfG* 2 BvL 15/14; *BFH* IStR 2011, 32; *Dorn* BB 2013, 3038; *Prinz* FR 2010, 541; *Schmidt* DStR 2010, 2436; *Franz/Voulon* BB 2011, 1111; *Häck* IStR 2011, 71; *Gebhardt/Quilitzsch* BB 2011, 669; *Schmidt* § 50d EStG, Rn 56, 60; *Wassermeyer/Richter/Schnittker* Rn 3.33; offen *Müller* BB 2009, 751. S aber nun zu § 50d Abs 8 EStG *BVerfG* DStR 2016, 359.

17 *Wassermeyer* Art 12 MA Rn 87.

mäßig der Fall, wenn der Arbeitgeber für eine Arbeitnehmererfindung eine Gehaltserhöhung gewährt.[18] Wird diese Zahlung jedoch auch nach Beendigung des Anstellungsverhältnisses fortgesetzt, handelt es sich um eine Lizenzgebühr und damit um einen Anwendungsfall des Art 12. In diesem Fall muss dies auch bereits vor Beendigung des Anstellungsverhältnisses gelten, da allein die Beendigung des Anstellungsverhältnisses nicht zu einer Umqualifizierung der Einkünfte zu Lizenzgebühren führen kann.[19]

e) Artikel 17. Art 17 regelt die Besteuerung für **eine persönlich ausgeübte Tätigkeit**, **19**
während Art 12 die Besteuerung für die Überlassung v Nutzungsrechten betrifft. Beide Vorschriften haben demnach keinen unmittelbaren gemeinsamen Anwendungsbereich.[20]

Honorare und Vergütungen für persönliche **Auftritte** v Künstlern und Sportlern unter- **20**
liegen Art 17. Demgegenüber sind Vergütungen für **Aufzeichnungen** derartiger Auftritte und deren Nutzung Lizenzen nach Art 12, da hier idR Urheberrechte zur Nutzung überlassen werden.[21] Bei einem Auftritt mit Aufzeichnung unterliegt der Vergütungsanteil für den Auftritt einschließlich einer Live-Übertragung Art 17,[22] während die Überlassung v Rechten zur späteren Nutzung der Aufzeichnung einen Fall des Art 12 darstellt. Dies betrifft sowohl den Fall v Sportberichterstattung als auch Konzertauftritte und Bild- und Tonträgeraufzeichnungen (Platten- bzw CD-Aufnahmen).

Beim **Zusammentreffen** v öffentlichem Auftritt (Art 17) und Aufzeichnung zur späte- **21**
ren Nutzung (Art 12) ist die Vergütung aufzuteilen und steuerlich jeweils gesondert zu behandeln. Liegen keine anderen Anhaltspunkte für eine Aufteilung vor, soll die Aufteilung nach Ansicht der dt FinVerw im Verhältnis 80% (für Auftritt) zu 20% (für Rechteüberlassung/Aufzeichnung) bzw bei Bühnenbildnern, Choreographen etc. im Verhältnis 40% (für Auftritt) zu 60% (für Rechteüberlassung/Aufzeichnung) erfolgen.[23]

Vergütungen aus der **Vermarktung** v Sportlern und Künstlern wie zB Werbeeinnah- **22**
men, Einnahmen für Auftritte in Talkshows können je nach Art der jeweils eingeräumten Rechte unter Art 12 fallen; eine Anwendung des Art 17 dürfte insoweit jedoch in jedem Fall ausscheiden.[24]

2. Verhältnis zu anderen internationalen Rechtsvorschriften. – a) EU-Zins- und Lizenz- **23
gebühren-Richtlinie.** Nach der EU-Zins- und Lizenzgebühren-RL[25] dürfen bestimmte Lizenzgebühren, die zwischen verbundenen Unternehmen innerhalb der EU gezahlt

---

18 Offen gelassen *BFH* IStR 2010, 63; vgl allg *BMF* BStBl I 1996, 89, Tz 5.4.

19 Wie hier *Vogel/Lehner* Art 12 MA Rn 10; *S/D* Art 12 MA Rn 21; **aA** *Wassermeyer* Art 12 MA Rn 13b.

20 AA *Wassermeyer* Art 12 MA Rn 14, wonach Art 17 *lex specialis* sein soll.

21 Tz 18 MK zu Art 12; *BMF* BStBl I 1996, 89; *Lang/Stefaner* IStR 2003, 829, 831, 833. Werden aber keine Urheberrechte des Künstlers bzw Sportlers vergütet, soll nach Tz 18 MK zu Art 12 stattdessen Art 7 anwendbar sein. S zu Art 17 DBA Österreich auch *BFH* BStBl II 2012, 880.

22 So auch *Schauhoff/Schlotter* IStR 2009, 751, 755 f; vgl außerdem *BFH* IStR 2009, 427.

23 *BMF* BStBl I 2010, 1350, Tz 87; vgl *Becker* FS Wassermeyer, 391.

24 *Lang/Stefaner* IStR 2003, 829, 831; vgl auch *BFH* BStBl II 2000, 254.

25 RL 2003/49/EG des Rates ABlEU Nr L 157 v 26.6.2003, 49; erweitert um die neuen Mitgliedstaaten per 1.5.2004 durch RL 2004/76/EG des Rates ABlEU Nr L 195 v 2.6.2004, 33.

werden, im **Quellenstaat** keiner Besteuerung unterworfen werden. Die Definition der Lizenzgebühren in der RL entspricht weitestgehend Abs 2, umfasst aber zusätzlich die Überlassung v **Software** und Entgelte für die Benutzung oder das Recht auf Benutzung gewerblicher, kaufmännischer oder wiss Ausrüstungen **(Leasing)**.

24 Unternehmen sind iSd RL **verbunden**, wenn eine Beteiligung v mindestens 25 % besteht oder wenn eine gemeinsame Beherrschung durch ein drittes Unternehmen, das jeweils zu mindestens 25 % am Gesellschaftskapital der betr Unternehmen beteiligt ist, besteht. Die RL findet nur Anwendung, wenn die Zahlung der Vergütung v einem Mitgliedstaat an den Nutzungsberechtigten in einem anderen Mitgliedstaat erfolgt.

25 Soweit die RL anwendbar ist, deckt sich ihr Regelungsgehalt mit dem des Art 12, da beide Vorschriften das Besteuerungsrecht des Quellenstaates ausschließen. Soweit aber in den jeweiligen DBA tatsächlich ein Besteuerungsrecht des Quellenstaates vorgesehen ist, kommt die RL zur Anwendung und das DBA ist insoweit nachrangig. Liegt auf der anderen S ein Nichtanwendungsfall der RL vor, weil zB keine verbundenen Unternehmen in diesem Sinne vorliegen, hindert dies nicht die uneingeschränkte Anwendung v Art 12.[26]

26 Zu beachten ist hier auch, dass die RL einigen Mitgliedstaaten (Tschechische Republik, Griechenland, Spanien, Lettland, Litauen, Polen, Portugal und Slowakei) für eine Übergangszeit bestimmte Übergangsregelungen gewährt, wonach nicht in allen Fällen bei Lizenzgebühren das Besteuerungsrecht des entspr Quellenstaates ausgeschlossen wird.[27] Wenn und soweit dies der Fall ist, kann Art 12 Anwendung finden.

27 Art 12 und die EU-Zins- und Lizenzgebühren-RL sind somit **unabhängig voneinander anwendbar**, soweit das Besteuerungsrecht des Quellenstaates betroffen ist.

28 **b) Zinsbesteuerungsabkommen mit der Schweiz.** In der Folge der EU-Zins- und Lizenzgebühren-RL wurde mit der Schweiz ein Zinsbesteuerungsabkommen geschlossen.[28] Nach diesem Abk werden Lizenzgebühren zwischen verbundenen Unternehmen, die v der Schweiz in einen Mitgliedstaat oder v einem Mitgliedstaat in die Schweiz erfolgen, im **Quellenstaat** nicht besteuert. Die im Zinsbesteuerungsabkommen benutzten oder anwendbaren Definitionen decken sich weitestgehend mit den Definitionen der EU-Zins- und Lizenzgebühren-RL. Hier gelten daher die Grundsätze wie vorstehend dargestellt.[29]

29 Somit sind Art 12 und das Zinsbesteuerungsabkommen **unabhängig voneinander anwendbar**, soweit das Besteuerungsrecht des Quellenstaates betroffen ist.

---

26 S hierzu auch *G/K/G* Art 12 MA Rn 21 ff; vgl *Goebel/Jacobs* IStR 2009, 87.

27 RL 2004/76/EG des Rates ABlEU Nr L 195 v 2.6.2004, 33, Art 1.

28 Beschl des Rates ABlEU Nr L 395 v 29.12.2004, S 28; Abk zwischen der Europäischen Gemeinschaft und der Schweizerischen Eidgenossenschaft über Regelungen, die den in der RL 2003/48/EG des Rates im Bereich der Besteuerung v Zinserträgen festgelegten Regelungen gleichwertig sind, ABlEU Nr L 385 v 29.12.2004, S 30.

29 Umfassend hierzu *Kessler/Eicker/Obser* IStR 2005, 658, 661 ff.

B. Absatz 1

I. Allgemeines

Abs 1 regelt im einzelnen – ergänzt durch Abs 2 und Abs 3 – die allg Voraussetzungen für die Anwendung v Art 12 sowie – ergänzt durch Abs 4 – die Rechtsfolgen dieser Anwendung. Danach können Lizenzgebühren (Rn 63 ff), die aus einem Vertragstaat stammen (Rn 31 ff) und deren Nutzungsberechtigter eine im anderen Vertragsstaat ansässige Person ist (Rn 37 ff), nur (Rn 53 ff) im anderen Staat besteuert werden (Rn 52). **30**

II. Quellenstaat der Lizenzgebühren

Die Lizenzgebühren müssen aus einem Vertragsstaat, dem Quellenstaat, stammen. **31**

Die genaue Bestimmung des Quellenstaates kann in Einzelfällen Schwierigkeiten begegnen. Zwar ist eine genaue Bestimmung nach dem MA wegen des grds Ausschlusses des Besteuerungsrechts des Quellenstaates scheinbar entbehrlich; es darf aber nicht verkannt werden, dass diese Bestimmung über die **Anwendung des betr DBA** entscheidet.[30] Daneben tritt die Tatsache, dass in einer Reihe v dt DBA tatsächlich ein begrenztes Besteuerungsrecht des Quellenstaates vorgesehen ist. Schließlich spielt die Bestimmung des Quellenstaates bei der Frage eine Rolle, ob eine Betriebsstätte iSd Abs 3 vorliegt. Eine genaue Bestimmung des Quellenstaates der Lizenzgebühren ist somit unentbehrlich. **32**

Art 12 definiert den Begr des „Stammens" aus einem Vertragsstaat nicht. Nach der ganz vorherrschenden Ansicht richtet sich der Quellenstaat entspr Art 11 Abs 5 nach der **Ansässigkeit des Schuldners der Lizenzgebühr**.[31] Dagegen ist ein Rückgriff auf das nationale Steuerrecht nach Art 3 Abs 2 weder möglich noch nötig, da sich der abkommensrechtliche Begr des „Stammens" aus einem Vertragsstaat unmittelbar aus dem MA ableiten lässt. Dagegen spricht nicht die Tatsache, dass eine dem Art 11 Abs 5 entspr Definition in Art 12 gerade fehlt, denn Art 11 sieht ein Besteuerungsrecht des Quellenstaates vor, während man dessen genaue Bestimmung in Art 12 wegen des Fehlens eines derartigen Besteuerungsrechts offensichtlich für weniger wichtig gehalten hat. Eine andere Definition des abkommenrechtlichen Begrs des „Stammens" sollte damit aber nicht einhergehen. **33**

Die Ansässigkeit des Schuldners der Lizenzgebühr soll auch dann entscheidend sein, wenn dieser lediglich eine eingeschaltete **ZwischenGes** ist.[32] Dagegen sind der Ort der Zahlung und der Sitz der Zahlstelle und des Kreditinstitutes, das die Zahlung bewirkt, unbeachtlich. **34**

Stammen die Lizenzgebühren nicht aus dem anderen Vertragsstaat, handelt es sich für Zwecke der Anwendung des betr DBA um Einkünfte nach Art 21 Abs 1, was ebenfalls ein ausschließliches Besteuerungsrecht des Ansässigkeitsstaates zur Folge hat.[33] Im Verhältnis des Ansässigkeitsstaates zu dem **Drittstaat**, aus dem die Lizenzgebühren stammen, ist dann ggf Art 12 anzuwenden. **35**

30 In diesem Sinne wohl auch *Wassermeyer* Art 12 MA Rn 29.

31 *Vogel/Lehner* Art 12 MA Rn 20b; *G/K/G* Art 12 MA Rn 31; *Wassermeyer* Art 12 MA Rn 28; *Kluge* Rn S230.

32 *Vogel/Lehner* Art 12 MA Rn 21; *S/D* Art 12 MA Rn 41.

33 Tz 5 MK zu Art 12.

36 Art 12 Abs 1 der dt **Verhandlungsgrundlage** verzichtet auf die Bestimmung des Quellenstaates der Lizenz mit der Folge, dass auch Lizenzgebühren aus Drittstaaten Art 12 und nicht – wie iF des MA – Art 21 Abs 1 unterfallen.[34] Im Erg ergibt sich damit kein Unterschied.

III. Nutzungsberechtigter der Lizenzgebühren

37 Nutzungsberechtigter muss eine im anderen Vertragsstaat ansässige Person sein. Zu den Begr „ansässige Person" s Art 3 Rn 6 ff und die Erl zu Art 4. Der Begr des Nutzungsberechtigten findet sich auch in Art 10 Abs 2 und Art 11 Abs 2. Auf die entspr Erl unter Art 10 Rn 64 ff und Art 11 Rn 42 ff wird erg verwiesen.

38 Weder MA noch MK definieren den Begr des Nutzungsberechtigten. Der MK enthält im Wesentlichen Ausführungen dazu, wer nicht Nutzungsberechtigter ist, unterlässt aber eine positive **Definition** des Begrs. Seiner Funktion nach weist er gewisse Ähnlichkeiten zu der Definition des wirtschaftlichen Eigentums nach § 39 Abs 2 AO und des Steuermissbrauchs nach § 42 Abs 1 AO einerseits und zu der der Verhinderung v Missbräuchen mit DBA und EU-Recht dienenden Regelung des § 50d Abs 3 EStG andererseits auf. Auch in den meisten übrigen – jedenfalls kontintental-europäischen – Rechtsordnungen ist der Begr ursprünglich unbekannt. Etwas anderes gilt allerdings für den anglo-amerikanischen Rechtskreis, wo der Begr der *„beneficial ownership"* zivilrechtlich und steuerrechtlich anerkannt ist.[35]

39 Im dt Recht definiert **§ 50g Abs 3 Nr 1 EStG** den Begr des Nutzungsberechtigten. Die Vorschrift dient allein der Umsetzung des **EU-Zins- und Lizenzgebühren-RL** und beschränkt sich auf diesen Anwendungsfall. Die Gesetzesbegr verweist demgem auf die EU-Zins- und Lizenzgebühren-RL sowie auf das Recht der DBA.[36] § 50g Abs 3 Nr 1 S 2 Buchstabe a EStG definiert als Nutzungsberechtigten das Unternehmen, das die **Einkünfte iSv § 2 Abs 1 EStG** erzielt. Die Definition stellt somit auf die allg personelle Zurechnung der Einkünfte ab. Eine über den bisherigen Regelungsgehalt des § 2 Abs 1 EStG hinausgehende Bedeutung hat diese Bestimmung nicht.[37] Für den Begr des Nutzungsberechtigten lassen sich daraus keine zusätzlichen Kriterien entnehmen. Die eigentliche Bedeutung der Umsetzung der RL in dt Recht liegt eher in der Bestimmung des **§ 50g Abs 3 Nr 1 S 2 Buchstabe b EStG**, der aber iRv Abs 1 nicht einschlägig ist (s Rn 148 ff). § 50g EStG hat daher jedenfalls keinen unmittelbaren Einfluss auf die Bestimmung des abkommensrechtlichen Begrs des Nutzungsberechtigten gem Abs 1 (s Rn 44).

40 Die **Auslegung** des Begr des Nutzungsberechtigten hat damit autonom nach dem MA zu erfolgen.[38] Ein unmittelbarer Rückgriff auf die Auslegungsregeln des innerstaatli-

---

34 *Ditz/Schönfeld* DB 2013, 1437; *Lüdicke* IStR-Beihefter 2013, 26, Tz 3.8.1; *Wassermeyer* Art 12 MA Rn 162.

35 Vgl dazu *Hamacher* IStR 2002, 227 ff.

36 BT-Drucks 15/3679, 21.

37 Vgl *Blümich* § 50g EStG Rn 49.

38 So seit 2014 ausdrücklich Tz 12.1 MK zu Art 10 und Tz 9.1 MK zu Art 11; dagegen fehlt eine solche ausrückliche Regelung im MK zu Art 12. Eine andere Auslegung ist mit dieser Auslassung aber wohl nicht verbunden, vgl *Ditz/Bärsch* ISR 2014, 301, 303; *Anger/Wagemann* IWB 2014, 787, 791; so iE auch *Vogel/Lehner* Vor Art 10–12 MA Rn 15; undeutlich dagegen *G/K/G* Vor Art 10–12 MA Rn 13; *Wassermeyer* Art 12 MA Rn 33.

chen Rechts kommt nicht in Betracht. Gleichwohl sollte praktisch eine Bezugnahme auf das innerstaatliche Recht möglich sein, da Funktion und Inhalt der Rechtsbegriffe des Nutzungsberechtigten im MA einerseits und andererseits des Nutzungsberechtigten und wirtschaftlichen Eigentums im innerstaatlichen Recht weitgehend vergleichbar sind.

Das Abstellen auf den Begr des **Nutzungsberechtigten** als abkommensrechtlich relevanten Empfänger der Lizenzgebühren dient der **Verhinderung v Missbräuchen** insb durch die Zwischenschaltung nur formal berechtigter Lizenzgeber.[39] Art 12 dient der Vermeidung einer Dbest der Lizenzgebühren. Die Rechtsfolge der vollständigen Steuerbefreiung im Quellenstaat ist vor diesem Hintergrund aber nur gerechtfertigt, wenn eine Besteuerung im Ansässigkeitsstaat erfolgt.[40] **41**

Das vorstehende Problem ließe sich zB auch durch Einf einer sog „subject-to-tax-clause" lösen.[41] Diesen Weg geht das MA indes bisher nicht. Ob es hier im Rahmen der anstehenden Revision des Begrs des Nutzungsberechtigten (s Rn 48) zu einer anderen Lösung kommen wird, bleibt abzuwarten. **42**

Der Zweck der Regelung ist die Vermeidung des Missbrauchs mit DBA. Vermieden werden soll insb die Berufung auf ein rein formales Recht, das dem Rechtsinhaber aber tatsächlich nicht den wirtschaftlichen Nutzen dieses formalen Rechtes gewährt. In diesem Sinne soll auf die „**wirkliche Berechtigung**" in Abgrenzung zur rein formalrechtlichen Berechtigung abgestellt werden. **43**

Entscheidend für die Anwendung des Art 12 ist somit, wer wirtschaftlich Berechtigter der Lizenzgebühren ist. Nutzungsberechtigter soll somit sein, wer über die **Verwendung der Lizenzgebühren** frei entscheiden kann.[42] Ein Recht zur freien Entscheidung idS ist immer dann gegeben, wenn der Empfänger der Lizenzgebühr nicht einer rechtlichen oder tatsächlichen Verpflichtung unterliegt, diese an einen anderen weiterzuleiten, er also rechtlich und tatsächlich „für eigene Rechnung" handelt. **44**

Keine Nutzungsberechtigten sind danach idR **Bankinstitute**, die für ihre Kunden und deren Rechnung Lizenzgebühren vereinnahmen, und Personen, die die überlassenen Rechte lediglich als **Treuhänder** für einen anderen halten und die Lizenzgebühren entspr nur als Treuhänder beziehen.[43] Dasselbe gilt für vergleichbare Zwischenschaltungen v **Vertretern**, **Beauftragten**, **DurchlaufGes** oder **ZwischenGes**.[44] In diesen Fällen ist das Recht des Empfängers der Lizenzgebühren durch eine vertragliche, rechtliche oder auch rein tatsächliche **Verpflichtung zur Weiterleitung der Lizenzgebühren an eine andere Person** beschränkt.[45] Verfügt jedoch der Nutzungsberechtigte über seine Lizenzgebührenforderung zB durch **Abtretung** und erfolgt dann die Zahlung der Lizenzgebühr unmittelbar an den Zessionar, ändert dies nichts an der Nutzungsbe- **45**

---

39 *Vogel/Lehner* Vor Art 10–12 MA Rn 12; *G/K/G* Vor Art 10–12 MA Rn 11 ff; *Grotherr* IWB F 3 Gr 1, 2331, 2333; *Grotherr* IWB F 3 Gr 2, 977, 981; unentschieden *Wassermeyer* Art 12 MA Rn 33.

40 Vgl Tz 4 MK zu Art 12.

41 Tz 6 MK zu Art 12 regt ausdrücklich an, dass die jeweiligen Vertragsstaaten über die Einfügung einer *subject-to-tax-clause* Verhandlungen führen sollten.

42 Tz 4.3 aE MK zu Art 12.

43 *Wassermeyer* Art 12 MA Rn 33.

44 Tz 4.1 MK zu Art 12; vgl dazu auch allg *Raber* FS Wassermeyer, 303 ff.

45 Tz 4.3 MK zu Art 12.

rechtigung des Lizenzgebers und Zedenten. Der Lizenzgeber verfügt durch die Abtretung gerade über den ihm wirtschaftlich zuzurechnenden Lizenzgebührenanspruch. Angesichts der Fülle der möglichen wirtschaftlichen Verhältnisse in Dreiecks- oder Kettenlizenzfällen muss aber in jedem Einzelfall geprüft werden, ob ggf eine zwischengeschaltete Person oder Ges Nutzungsberechtigter ist oder nicht.[46] Eine pauschale Regelaussage ist hier nicht möglich.

46 Bes Fragen ergeben sich bei der Zwischenschaltung einer privaten **KapitalanlageGes**, deren Anteilscheininhaber nicht in demselben Land ansässig sind. Der MK hält die Rechtfertigung für die Steuerbefreiung im Quellenstaat in diesem Fall jedenfalls für zw, schließt die Anwendung des Art 12 auf die KapitalanlageGes aber nicht grds aus.[47] Dies soll auch für **ZwischenGes iSd §§ 7 ff AStG** gelten.[48]

47 Ist nach den vorgenannten Kriterien der Nutzungsberechtigte bestimmt, ist allein dieser unter weiteren Voraussetzungen (s Rn 48) berechtigt, Art 12 anzuwenden.[49] Etwa zwischengeschaltete oder nachgeschaltet Personen oder Ges, die möglicherweise zivilrechtliche Berechtigte und tatsächliche Empfänger der Lizenzzahlungen sind, bleiben dagegen für Zwecke des Art 12 außer Acht.

48 Der MK stellt nunmehr die Anwendung v Art 12 unter den generellen **Vorbehalt der Missbrauchsverhinderung**.[50] Dies greift bereits der im Rahmen der aktuellen BEPS-Pläne in den nächsten Jahren geplanten generellen **Revision des Begrs des Nutzungsberechtigten** vor.[51]

IV. Maßgeblicher Zeitpunkt

49 Die Frage, wann die Besteuerung im Ansässigkeitsstaat und die Steuerbefreiung im Quellenstaat erfolgen, wird im MA nicht geregelt. Dies ist Sache der nationalen Steuergesetze. Entscheidend ist allerdings, dass der Zeitpunkt der Besteuerung nach nationalem Recht nicht zu einer faktischen Nichtanwendung des Art 12 führen darf, zB weil der Besteuerungszeitpunkt nach nationalem Recht in einem anderen Veranlagungszeitraum ist als die Lizenzgebührenzahlung.[52]

50 Allerdings ist der Besteuerungszeitpunkt nach nationalem Recht auch entscheidend für das **Vorliegen der Tatbestandsvoraussetzungen** des Art 12. Dies gilt sowohl für die Abkommensberechtigung als auch für jedes einzelne Tatbestandsmerkmal des Art 12 oder aller anderen Art des MA.[53] Fallen daher nach den nationalen Rechten v Ansäs-

---

46 Vgl für den Fall des Nießbrauchs *BFH* BStBl 1999, 263; vgl für den Fall einer unschädlichen Zwischenschaltung *BFH* BStBl II 2000, 527.

47 Tz 7 MK zu Art 12.

48 *Wassermeyer* Art 12 MA Rn 34.

49 Tz 4.2 MK zu Art 12.

50 Tz 4.4 MK zu Art 12.

51 *OECD (2015), Erläuterung, OECD/G20 Projekt Gewinnverkürzung und Gewinnverlagerung,* www.oecd.org/tax/beps-explanatory-statement-2015.pdf, Aktionspunkt 5. S auch bereits The 2014 Update To The OECD Model Tax Convention v 15.7.2014, Introduction; vgl allg auch *Pross/Radmanesh* FS Wassermeyer, S 535, Rn 17ff; *Anger/Wagemann* ISR 2014, 787, 791.

52 *Vogel/Lehner* Art 12 MA Rn 25; *G/K/G* Art 12 MA Rn 28.

53 *Wassermeyer* Art 12 MA Rn 1.

sigkeitsstaat und Quellenstaat die Besteuerungszeitpunkte auseinander, kann es deswegen bei Änderung der tatsächlichen Verhältnisse zu **unterschiedlichen Anwendungen** v Art 12 kommen.

Nach dt Steuerrecht ist der Besteuerungszeitpunkt maßgeblich abhängig v der steuerlichen Einordnung der Lizenzgebühren. Bei Lizenzeinnahmen im Betriebsvermögen gelten die Grundsätze des Betriebsvermögensvergleichs gem § 4 Abs 1, § 5 EStG oder aber der Einnahmen-Überschuss-Rechnung gem § 4 Abs 3 EStG, während im Privatvermögen regelmäßig die Zufluss- und Abflussgrundsätze des § 11 EStG gelten. **51**

V. Besteuerung im Ansässigkeitsstaat

Art 12 Abs 1 enthält keine Beschränkung des Besteuerungsrechtes des Ansässigkeitsstaates. Die Besteuerung erfolgt somit vorbehaltlich Abs 3 und Abs 4 uneingeschränkt nach dem nationalen Recht des Ansässigkeitsstaates.[54] **52**

VI. Besteuerung im Quellenstaat

Art 12 Abs 1 untersagt dem Quellenstaat vorbehaltlich Abs 3 die Besteuerung der Lizenzgebühren im Ganzen. Diese Rechtsfolge ergibt sich nach der hier vertretenen Ansicht unmittelbar aus Art 12, ohne dass es einer Anwendung des Methodenartikels (Art 23A oder Art 23B) bedarf (s dazu bereits Rn 1). Etwas anderes gilt lediglich iF des Abs 3. **53**

Art 12 der dt Verhandlungsgrundlage untersagt ebenfalls dem Quellenstaat im Regelfall die Besteuerung. Gg Entwicklungsländern ist der Ausschluss des Quellensteuerrechts jedoch im Regelfall nicht durchsetzbar.[55] **54**

Das MA regelt indes nicht, wie der Quellenstaat die Steuerbefreiung zu gewähren hat. Insb findet sich im MA keine ausdrückliche Regelung zur Möglichkeit eines (vorläufigen) Quellensteuerabzugs mit nachfolgendem Erstattungsverfahren. Es wird somit als abkommensrechtlich zulässig angesehen und entspricht int Praxis, dass im Quellenstaat auf Lizenzgebühren eine (vorläufige) **Quellensteuer** erhoben wird.[56] Diese Quellensteuer darf aber nach Art 12 nicht endgültig sein, sie muss also dem Nutzungsberechtigten, auf dessen Rechnung sie einbehalten worden ist, erstattet werden.[57] **55**

Das **dt Recht** sieht gem § 50d Abs 1 S 1 EStG zunächst einen vollen Quellensteuerabzug ohne Berücksichtigung v Vergünstigungen nach Art 12 Abs 1 vor.[58] Lizenzgebühren, die aus Deutschland als Quellenstaat an einen in Deutschland beschränkt steuerpflichtigen Lizenzgeber gezahlt werden, unterliegen nach dt Recht einer Quellensteuer gem **§ 50a Abs 1 Nr 3 EStG** in Höhe v **15 %** der Einnahmen, also des Bruttobetrages. Möglich ist außerdem die Anordnung eines Steuerabzugs durch die FinVerw nach **§ 50a Abs 7 EStG**, die aber im Regelfall ermessensfehlerhaft sein wird, wenn Deutschland nach einem DBA kein Besteuerungsrecht zusteht.[59] Voraussetzung des **56**

---

54 *Wassermeyer* Art 12 MA Rn 43; *S/D* Art 12 MA Rn 62.

55 *Valta* ISR 2013, 186, 189 unter Verweis auf die modifizierte Verhandlungsgrundlage gg Entwicklungsländern.

56 Vgl *Grotherr* IWB F 3 Gr 2, 977, 985.

57 *Grotherr* IWB F 3 Gr 2, 977, 1009; *Wassermeyer* Art 12 MA Rn 47.

58 Vgl zur Rechtsmäßigkeit *BFH* BStBl II 2005, 129.

59 Vgl *Maßbaum/Müller* BB 2015, 3031.

Quellensteuerabzugs ist in jedem Fall die **beschränkte StPfl des Lizenzgebers** in Deutschland, die sich je nach den konkreten Umständen aus § 49 Abs 1 Nr 2 EStG (Einkünfte aus Gewerbebetrieb), Nr 3 (Einkünfte aus selbstständiger Arbeit), Nr 6 (Einkünfte aus Vermietung und Verpachtung) oder Nr 9 (Sonstige Einkünfte) EStG ergeben kann.[60] Mindestvoraussetzung für eine beschränkte Steuerpflicht nach § 49 Abs 1 Nr 9 EStG (Know-How) soll die Qualifizierung des Lizenzgegenstandes als Wirtschaftsgut sein.[61] Besteht keine beschränkte StPfl in Deutschland, erfolgt kein Steuerabzug nach § 50a EStG.

57 Der Steuerabzug erfolgt gem § 50a Abs 2 S 1 EStG v **Bruttobetrag**, also v den Lizenzeinnahmen ohne Anerkennung v Betriebsausgaben oder Werbungskosten. Diese Bruttobesteuerung wird nach Ansicht des Gesetzgebers wirtschaftlich kompensiert durch die Anwendung des vergleichsweise niedrigen Steuersatzes v lediglich 15 %.[62]

58 Der Nutzungsberechtigte der Lizenzgebühren hat nach Art 12 Abs 1 Anspruch auf Nichtbesteuerung in Deutschland. Diesen Anspruch kann er verfahrensrechtlich geltend machen[63] im **Erstattungsverfahren** nach § 50d Abs 1 EStG, im **Freistellungsverfahren** nach § 50d Abs 2 EStG[64] oder im **Kontrollmeldeverfahren** nach § 50d Abs 5 EStG.[65]

59 Das dt Recht macht die Anwendung der Verfahren zur Umsetzung der Regelung in Art 12 Abs 1 jedoch **einseitig** davon abhängig, dass kein **Missbrauch** gem § 50d Abs 3 EStG vorliegt. Danach ist der Anspruch einer ausländischen Ges auf Befreiung v deutscher Quellensteuer abhängig v Vorliegen der **persönlichen und der sachlichen Entlastungsberechtigung**.[66]

60 Zu beachten ist hierzu die Rspr des BFH, die § 50d Abs 3 EStG iF einer ausdrücklichen abkommensrechtlichen Missbrauchsverhinderungsvorschrift (zB Art 23 DBA Schweiz 1971) für subsidiär und damit nicht anwendbar erklärt hat.[67]

61 Die Anwendung des § 50d Abs 3 EStG kann iE dazu führen, dass einem Nutzungsberechtigten gem Art 12 Abs 1 in Deutschland als Quellenstaat die Nichterhebung v Steuern aufgrund nationalem Steuerrecht versagt wird.

62 Die vorstehend dargestellten Prinzipien des dt Rechts gelten in gleicher Weise iF der (gleichzeitigen) Anwendung der EU-Zins- und Lizenzgebühren-RL.[68]

---

60 Vgl zu Datenbankanwendungen *Kessler/Wald* IStR 2015, 889; zu gemischten Verträgen *Kowallik* IWB F 3 Gr 3, 48.

61 *Baumhoff/Liebchen* IStR 2014, 711 mit Verweis auf *BFH* BB 2005, 250.

62 *Hecht/Lampert* FR 2010, 68, 70; *Rüping* IStR 2008, 575.

63 Dazu im Überblick *BMF* BStBl I 2002, 521.

64 AA *Dorfmueller* FS Wassermeyer, 325 und *S/D* Art 11 MA Rn 33, die das Freistellungsverfahren nach § 50d Abs 2 EStG nicht auf reine DBA-Fälle anwenden wollen. Wie hier aber *Vogel/Lehner* Art 12 MA Rn 25a; *S/D* Art 12 MA Rn 74; wie hier iE auch *Frotscher* EStG § 50d Rn 50f, *Littmann/Bitz/Pust* EStG § 50d Rn 48.

65 Zum Kontrollmeldeverfahren *BMF* BStBl I 2002, 1386.

66 S umfassend dazu *BMF* BStBl I 2012, 171; vgl *Baumhoff/Liebchen* IStR 2014, 711.

67 *BFH* BStBl II 2008, 619.

68 Zum Steuerabzugsverfahren in Fällen der EU-Zins- und Lizenzgebühren-RL *Baumhoff/Liebchen* IStR 2014, 711.

C. Absatz 2

I. Allgemeines

Abs 2 definiert **abkommensrechtlich autonom** die unter den Anwendungsbereich des Art 12 fallenden Lizenzgebühren. Im dt nationalen Steuerrecht fehlt ein zentraler Begr der Lizenzgebühren. Die hierunter zu subsumierenden Tatbestände können unter eine Reihe unterschiedlicher Steuervorschriften fallen. Entspr finden sich an sehr unterschiedlichen Stellen einzelne Regelungen, die für die unter Art 12 fallenden Lizenzgebühren einschlägig sein können. Dies sind zB die § 15, § 18, § 21 Abs 1 S 1 Nr 3, § 22 Nr 3, § 34d Nr 8 Buchstabe c, § 49 Abs 1 S 1 Nr 2, Nr 6 und Nr 9 EStG. Soweit das dt Recht ausdrücklich Tatbestände regelt, die unter den abkommensrechtlichen LizenzBegr fallen können, sind die entspr Regelungen außerdem nur subsidiär anwendbar (insb § 21 Abs 1 S 1 Nr 3 EStG).[69] Diese systematischen Unterschiede in der Besteuerung der unter Art 12 zu subsumierenden Lizenzgebühren bedingen eine autonome abkommensrechtliche Definition des Begr der Lizenzgebühren. **63**

Die abkommensrechtliche Definition der Lizenzgebühren ist **vorrangig** vor den Vorschriften des nationalen Rechts der Vertragsstaaten und in diesem Sinne abschließend. Dieser Vorrang gilt allerdings nur für die Definition im Ganzen und umfasst damit nur die Frage, welche Tatbestände überhaupt unter den abkommensrechtlichen Begr der Lizenzgebühren zu subsumieren sind. Der Vorrang beschränkt sich somit auf die Definition des Begr **„Lizenzgebühren“**. **64**

Unberührt v Vorrang der abkommensrechtlichen Definition des Begrs der Lizenzgebühren bleibt die Auslegung der in der Definition **benutzten Rechtsbegriffe**. Diese Rechtsbegriffe sind gem der Generalklausel des Art 3 Abs 2 vorrangig nach dem Zusammenhang des MA, sodann nach dem Steuerrecht des Anwenderstaates und nachrangig nach dem übrigen Recht des Anwenderstaates auszulegen. **65**

Diese Technik entspricht der Regelungstechnik in Art 10 Abs 3 und Art 11 Abs 3. Allerdings ist Abs 2 (wie auch Art 11 Abs 3) die Regelung des Art 10 Abs 3 fremd, wonach für die Auslegung bestimmter Begr allein auf das Steuerrecht des Quellenstaates abzustellen ist. Dies gilt iRd Abs 2 nicht. **66**

Art 12 Abs 2 der dt **Verhandlungsgrundlage** weicht v MA nur sprachlich, nicht aber inhaltlich ab.[70] **67**

II. Vergütungen jeder Art

Die Definition der Lizenzgebühren ist sehr weit gefasst und umfasst jede Form der wirtschaftlichen Gegenleistung für die Nutzungsüberlassung der in Abs 2 aufgeführten Lizenzgegenstände.[71] Aus dem Begr „Vergütung“ ergibt sich, dass neben Geldleistungen auch **Sachleistungen** umfasst sind. Sachleistungen können zB auch wechselseitige Lizenzierungen sein. Die Bemessung v Sachleistungen richtet sich in Deutschland nach § 8 Abs 2 EStG.[72] Bei Umlageverträgen int verbundener Unternehmen soll eine **68**

69 Vgl dazu *Grotherr* IWB F 3 Gr 2, 977, 1007.

70 *Wassermeyer* Art 12 MA Rn 163.

71 Tz 8.3 MK zu Art 12.

72 S für Dividenden *BFH* BStBl II 1993, 399.

Qualifizierung als Lizenzeinnahmen dann nicht in Betracht kommen, wenn ein Pool iSd Abgrenzungsschreibens der dt FinVerw[73] vorliegt.[74]

69 Die Vergütung muss gerade die **wirtschaftliche Gegenleistung** „für" die Nutzungsüberlassung der Lizenzgegenstände sein. Auch an dieses Tatbestandsmerkmal knüpft die Abgrenzung der Lizenzgebühren v Veräußerungsgewinnen und Dienstleistungen an (Rn 75 ff und 80 ff). Dies erfordert keine synallagmatische Verknüpfung. Eine wirtschaftliche Verknüpfung v Nutzungsüberlassung und Vergütung ist ausreichend, aber auch erforderlich. Hierunter fallen **Schadensersatzleistungen**[75] für die unbefugte Nutzung der Lizenzgegenstände genauso wie Vergütungen für das **Unterlassen einer Nutzungsüberlassung**.[76]

70 Unklar ist die Behandlung v **Zinszahlungen** auf Schadensersatzleistungen, die auch als Zinsen nach Art 11 qualifiziert werden könnten. ME ist eine Qualifizierung solcher Zinszahlungen als Lizenzzahlung wegen des wirtschaftlichen Zusammenhangs und aus praktischen Erwägungen vorzugswürdig.[77] Dies sollte wohl auch für die Kosten der Rechtsdurchsetzung auf Schadensersatz sowie für Bereicherungsforderungen gelten.[78]

71 Die Vergütung muss dem **Nutzungsberechtigten** (Rn 37 ff) geleistet werden. Eine Zahlung an einen Dritten kann dagegen keine Lizenzgebühr sein.[79] Bei einer derartigen Zahlung an einen Dritten sind die Rechtsverhältnisse zu trennen. Allein die Nutzungsüberlassung v Lizenzgegenständen durch den Nutzungsberechtigten stellt eine Lizenzgewährung nach Art 12 dar. Daran ändert auch eine Verfügung des Nutzungsberechtigen über seinen Vergütungsanspruch nichts. Das dieser Verfügung ggf zugrunde liegende Rechtsverhältnis zwischen Nutzungsberechtigtem und Dritten ist steuer- und ggf abkommensrechtlich getrennt zu würdigen. Es bleibt demnach bei der Erbringung der Vergütung nach Abs 2 an den Nutzungsberechtigten auch dann, wenn dies direkt im Wege des abgekürzten Erfüllungsweges an einen Dritten geschieht.

72 Die **Ausgestaltung und Bemessung** der Lizenzgebühr ist nicht entscheidend. In Betracht kommen sowohl laufende Zahlungen als auch zB einmalige Vergütungen, Höchst- und Tiefstvergütungen und gewinnabhängige Vergütungen.[80] Liegen allerdings mit Rücksicht auf bes, typischerweise gesellschaftsrechtliche Beziehungen zwischen Vergütungsgläubiger und Vergütungsschuldner überhöhte Vergütungen vor, gilt gem **Abs 4 nur der angemessene Teil** als Lizenzgebühr nach Art 12 (Rn 159 ff).[81]

III. Überlassung zur Nutzung

73 Der Begr der Lizenzgebühren umfasst Vergütungen für die Benutzung oder das Recht auf Benutzung bestimmter Vermögenspositionen sowie für die Mitteilung v bestimm-

73 *BMF* BStBl I 1999, 1122.
74 *G/K/G* Art 12 MA Rn 76/1.
75 *Vogel/Lehner* Art 12 MA Rn 47 f; *G/K/G* Art 12 MA Rn 76, 79 f; *S/D* Art 12 MA Rn 89.
76 Tz 8.5 MK zu Art 12.
77 *G/K/G* Art 12 MA Rn 80; **aA** *Vogel/Lehner* Art 12 MA Rn 48 unter Bezugnahme auf Tz 22 MK zu Art 11; **aA** wohl auch *S/D* Art 12 MA Rn 90.
78 *Vogel/Lehner* Art 12 MA Rn 48 in Anlehnung an Tz 11.6 MK zu Art 12; zweifelnd *G/K/G* Art 12 MA Rn 81.
79 Tz 8.1 MK zu Art 12; *G/K/G* Art 12 MA Rn 78; *Vogel/Lehner* Art 12 MA Rn 45.
80 *Kluge* Rn S236; *Vogel/Lehner* Art 12 MA Rn 46.
81 Vgl dazu auch *Borstell/Wehnert* IStR 2001, 127 f.

tem Erfahrungswissen. Die Unterscheidung zwischen „Benutzung" und „Mitteilung" knüpft an die unterschiedlichen betroffenen Vermögenspositionen an, ohne dass inhaltlich und hinsichtlich der steuerlichen Beurteilung der „Benutzungsfälle" und der „Mitteilungsfälle" eine Unterscheidung erforderlich oder sinnvoll wäre. Es handelt sich jeweils um Fälle einer **Überlassung zur Nutzung** bestimmter Vermögenspositionen.

Diese in Art 12 erforderliche Nutzungsüberlassung muss abgegrenzt werden v **Veräußerungsgewinnen** einerseits und **Dienstleistungen**, also Fällen der eigenen Nutzung, andererseits. **74**

1. Abgrenzung zu Veräußerungsgewinnen. Die Frage der Abgrenzung zu Veräußerungsgewinnen stellt sich im Wesentlichen in den Fällen der Benutzung oder des Rechts auf Benutzung bestimmter Vermögenspositionen. Zur grds Abgrenzung v Veräußerungsgewinnen gem Art 13 s bereits Rn 15 ff. **75**

Abs 2 enthält keine Definition des Begrs „Benutzung" und verweist – anders als Art 10 Abs 3 – auch nicht auf das Recht des Quellenstaates. Die Abgrenzung erfolgt daher gem Art 3 Abs 2 zunächst nach dem abkommensrechtlichen Zusammenhang und erst nachrangig nach dem nationalen Steuerrecht bzw sonstigen Recht des Anwenderstaates. **76**

Aus **dt steuerlicher Sicht** ist die grds Unterscheidung zwischen Vollrechtsübertragung (Verkauf) und Teilrechtsabspaltung bzw -übertragung (Lizenz) entscheidend. Die **zeitliche Begrenzung der Übertragung** ist dabei idR das wichtigste Zeichen für das Vorliegen einer Lizenz.[82] Dies gilt auch dann, wenn zum Zeitpunkt des Abschlusses der Vereinbarung ungewiss ist, ob und wann die Rechtseinräumung endet. So kann ein Fall einer Lizenzvergabe auch und unabhängig v der Bezeichnung des zugrunde liegenden Vertrages als „Verkauf" vorliegen, wenn zeitlich begrenzt umfassende Nutzungsrechte an Standardsoftware einschließlich der Vertriebs- und Verwertungsrechte sowie Rechten zur Fortentwicklung und zum Abschluss v Wartungsverträgen der Software eingeräumt werden.[83] **77**

Dagegen dürfte keine Lizenz mehr vorliegen, wenn bei wirtschaftlicher Betrachtung ein **Übergang des wirtschaftlichen Eigentums** anzunehmen ist.[84] Ein derartiger Fall liegt zB vor, wenn sich das zur Nutzung überlassene Recht nach der zeitlich begrenzten Überlassung verbraucht und daher nicht mehr für eine anderweitige Nutzung durch den Rechtsinhaber zur Verfügung steht.[85] **78**

Eine eindeutige Abgrenzung der Fälle, die unter Art 12 fallen, v Veräußerungsfällen kann wohl allenfalls anhand der jeweiligen „Lizenzgegenstände" erfolgen (s Rn 86 ff).[86] **79**

2. Abgrenzung zu Dienstleistungen. Die Frage der Abgrenzung zu Dienstleistungen stellt sich typischerweise im Wesentlichen in den Fällen der Mitteilung v bestimmtem Erfahrungswissen.[87] **80**

---

82 *RFH* RStBl 1935, 759; *BFH* BStBl II 2003, 641; 1978, 355; *BMF* IStR 1998, 246.
83 *BFH* BFH/NV 2002, 1142.
84 *BMF* DStR 2008, 1439, Tz 37; *Vogel/Lehner* Art 12 MA Rn 51.
85 *G/K/G* Art 12 MA Rn 48/2; vgl *FG Münster* DStRE 2011, 1309.
86 Vgl dazu auch *Vogel/Lehner* Art 12 MA Rn 57.
87 S auch *Kaeser* FS Wassermeyer, 335.

81 Werden geschützte Rechte und Vermögenspositionen v Rechtsinhaber selbst genutzt, um eigene Leistungen zu erbringen, liegt darin keine Benutzung dieser Rechte und Vermögenspositionen durch den Empfänger der damit erbrachten Leistungen; vielmehr handelt es sich um einen Fall der **eigenen Nutzung** durch den Rechtsinhaber. Die erbrachten Leistungen stellen Dienstleistungen dar, die Art 7 unterliegen.

82 Die entscheidende Frage zur Abgrenzung ist, ob es dem Empfänger der Leistung möglich ist und ermöglicht werden soll, mit Hilfe der ihm zur Verfügung gestellten Erfahrungen die anstehenden technischen oder wirtschaftlichen Fragen selbst zu lösen. Hierbei handelt es sich um die Vermittlung v Erfahrungen zur **eigenen Nutzanwendung durch den Empfänger**. Wenn dies der Fall ist, liegt im Regelfall eine Benutzung bzw Mitteilung gem Art 12 vor, da die Vergütung für die Übertragung bzw Benutzung bestimmter Kenntnisse, Fähigkeiten oder Erfahrungen gezahlt wird.

83 Anders liegt der Fall, wenn es gerade Inhalt und Zweck der mit den Erfahrungen bzw Rechten erbrachten Dienste ist, die anstehenden technischen oder wirtschaftlichen Fragen für den Leistungsempfänger zu lösen. Wird also Erfahrungswissen nicht vermittelt, sondern wendet der Anwender **bestimmte eigene Kenntnisse, Fähigkeiten oder Erfahrungen** selbst an, liegt kein Fall des Art 12, sondern typischerweise ein Anwendungsfall des Art 7 vor.[88]

84 Nicht in den Anwendungsbereich v Art 12 fallen daher die **typischen Beratungstätigkeiten v Rechtsanwälten, Steuerberatern, Architekten, Ingenieuren** uä technischen oder anderen Sachverständigen und Beratern (typischerweise die sog Freiberufler).[89] Allerdings ist zu beachten, dass einige dt DBA den Lizenzbegriff ausdrücklich auf bestimmte technische Dienstleistungen ausweiten und damit auch derartige technische Dienstleistungen den Regelungen des Art 12 unterwerfen (Rn 194).

85 Eine eindeutige Abgrenzung der Fälle, die unter Art 12 fallen, v Dienstleistungsfällen kann allenfalls anhand der jeweiligen „Lizenzgegenstände“ erfolgen (s Rn 86 ff).[90]

IV. „Lizenzgegenstände“

86 Abs 2 führt die Vermögenspositionen auf, die Gegenstand einer Nutzungsüberlassungen iSv Art 12 sein können. Die Aufzählung ist abschließend. Die Aufzählung in Abs 2 entspricht inhaltlich weitestgehend § 50g Abs 3 Nr 4 lit b EStG (vgl dazu Rn 39 f).

1. Urheberrechte an literarischen, künstlerischen oder wissenschaftlichen Werken.

87 Urheberrechte werden abkommensrechtlich nicht definiert, so dass nach Art 3 Abs 2 der Rückgriff auf das nationale Recht erfolgt. ZT wird allerdings vertreten, dass (vorrangig) int Bestimmungen wie das int Urheberrecht-Abk auch auf das MA Anwendung finden sollen.[91] Dieser Ansicht ist indessen nicht zu folgen. Das MA enthält keinen Hinweis auf die Anwendung derartiger int Bestimmungen, sondern belässt es bei der Generalklausel des Art 3 Abs 2, die auf das nationale Steuerrecht des Anwenderstaates abstellt. Der Rückgriff auf andere int Bestimmungen mag daher

---

88 Tz 11.3 MK zu Art 12; *BFH* BStBl II 1971, 235; *Kluge* Rn S 235.

89 Tz 11.4 MK zu Art 12; *Vogel/Lehner* Art 12 MA Rn 58; *Wassermeyer* Art 12 MA Rn 89; *Welling* FS Wassermeyer, 331, Rn 10.

90 Vgl dazu auch *Vogel/Lehner* Art 12 MA Rn 57.

91 Vgl *Vogel/Lehner* Art 12 MA Rn 61; wie hier dagegen *S/D* Art 12 MA Rn 97.

allenfalls hilfreich sein, um die mögliche Auslegung des MA durch andere Vertragsstaaten zu ermitteln; für die verbindliche Auslegung des MA können sie aber nicht herangezogen werden.

Nach dem dt Steuerrecht gilt gem § 73a Abs 2 EStDV die **Definition des Urheberrechtsgesetzes (UrhG).**[92] Geschützt werden nach § 2 UrhG Sprachwerke wie Schriftwerke, Reden und Computerprogramme, Werke der Musik, pantomimische Werke einschließlich der Werke der Tanzkunst, Werke der bildenden Künste einschließlich der Werke der Baukunst und der angewandten Kunst und Entwürfe solcher Werke, Lichtbildwerke einschließlich der Werke, die ähnlich wie Lichtbildwerke geschaffen werden, Filmwerke einschließlich der Werke, die ähnlich wie Filmwerke geschaffen werden, sowie Darstellungen wiss oder technischer Art wie Zeichnungen, Pläne, Karten, Skizzen, Tabellen und plastische Darstellungen. Weiterhin urheberrechtlich geschützt sind nach § 12 BGB und § 22 KunstUrhG[93] auch die Rechte am eigenen Bild und Namen. **88**

Nach § 15 UrhG steht allein dem Urheber das Recht der Verwertung seines Werkes durch Vervielfältigung, Verbreitung oder Ausstellung und der öffentlichen Wiedergabe seines Werkes durch Vorträge, Aufführungen, Vorführungen oder Sendungen, durch Wiedergabe durch Bild- und Tonträger und Wiedergabe durch Funksendungen zu. **89**

Nach dt Recht ist eine rechtsgeschäftliche Übertragung des Urheberrechts nicht möglich. Lediglich eine einfache oder ausschließliche **Nutzungsüberlassung** ist rechtlich nach §§ 31 ff UrhG möglich. Jede Rechtseinräumung an einem dem dt Recht unterliegenden Urheberrecht ist daher zivilrechtlich eine Nutzungsüberlassung. Dies schließt allerdings nicht aus, dass eine Rechtseinräumung bei wirtschaftlicher Betrachtungsweise nicht als Nutzungsüberlassung, sondern als Veräußerung zu behandeln ist;[94] dies kann insb der Fall sein, wenn die vertragliche Nutzungsdauer länger ist als der (verbleibende) Zeitraum des Urheberschutzes. Ob und inwieweit die wirtschaftliche Betrachtungsweise allerdings bei der Auslegung des MA zur Anwendung kommt, ist strittig.[95] **90**

2. Insbesondere: Software. – a) Qualifizierung nach deutschem Recht. Software gehört nach dt Recht (§ 2 Abs 1 Nr 1 UrhG) und nach dem Recht nahezu sämtlicher Mitgliedstaaten der OECD[96] zu den urheberrechtlich geschützten Rechtspositionen. Angesichts der unüberschaubaren Vielzahl der denkbaren und vorhandenen Überlassungsvarianten und der rasanten Entwicklung des Software-Marktes ist die steuerrechtliche und abkommensrechtliche Qualifizierung der verschiedenen Varianten v Software-Überlassungen sehr vielschichtig und komplex. **91**

---

92 Gesetz über Urheberrecht und verwandte Schutzrechte v 9.9.1965, BGBl I 1965, 1273, BGBl III/FNA 440-1.

93 Gesetz betr das Urheberrecht an Werken der bildenden Künste und der Photographie v 9.1.1907, RGBl 1907, 7, BGBl III/FNA 440-3.

94 Vgl auch zum Fall der Transferentschädigungen im Profi-Fußball *Schlotter/Degenhardt* IStR 2011, 457, 464.

95 S für eine Anwendung zB *Kessler* IStR 2000, 70, 99; **aA** wohl *Wassermeyer* Art 12 MA Rn 65; einschränkend *Vogel/Lehner* Art 12 MA Rn 51.

96 S dazu Tz 12.2 MK zu Art 12; eine Ausnahme bildet nur die Schweiz.

92 Begrifflich und systematisch unterscheidet man Systemsoftware und Anwendersoftware. **Systemsoftware** ist die maschinenorientierte Technik, ohne die die Hardware nicht einsatzfähig ist (zB Betriebssysteme). **Anwendersoftware** ist dagegen auf die anwenderspezifische Nutzung und Problemstellung bezogen und umfasst solche Programme, die auf kommerzielle oder wiss-technische oder private Nutzungen der Anwender eingehen. Dabei ist weiter zu unterscheiden zwischen solcher Anwendersoftware, die für einzelne Problemstellungen bzw einzelne Anwender konzipiert ist (Individual-Anwendersoftware oder **Individual-Software**), und solcher, die abstrakt generell für gleichartige Problemstellungen eines größeren Anwenderkreises entwickelt ist (Standard-Anwendersoftware oder **Standard-Software**). Zur Standardsoftware zählen dabei auch die sog Trivialprogramme (zB Computerspiele).[97] Die Qualifizierung der verschiedenen Überlassungsformen im dt Steuerrecht folgt im Wesentlichen dieser Differenzierung.[98]

93 Bei der Überlassung v **Standardsoftware** tritt die urheberrechtlich geschützten Position in den Hintergrund, so dass eine Qualifizierung als Nutzungsüberlassung jedenfalls dann ausscheidet, wenn die Überlassung zeitlich unbegrenzt ist (dann idR Veräußerungen iRd Einkünfte aus Gewerbebetrieb, § 15 EStG).[99] Serienmäßig hergestellte Programme sind einem Buch oder einer Schallplatte gleichzusetzen, bei denen die Befugnisse des Benutzers lediglich durch die Rechte des Urhebers nach Maßgabe des UrhG eingeschränkt werden und die über den Ladentisch verkauft werden. Die Nutzung der geistigen Leistung des Urhebers besteht in diesen Fällen nicht in der Wahrnehmung des Urheberrechts, sondern nur in der routinemäßigen Auswertung und Anwendung des Werkes des Urhebers. Daher ist nach den gesetzlichen Regelungen iRd bestimmungsgemäßen Benutzung keine Überlassung der Urheberrechte erforderlich (§§ 69c ff UrhG).[100] Anderes wird aber mE gelten müssen, wenn Standardsoftware zeitlich begrenzt überlassen wird (dann Einkünfte aus Vermietung und Verpachtung, § 21 Abs 1 S 1 Nr 3 EStG).[101]

94 Wird **Individualsoftware** zeitlich begrenzt überlassen und hat der Überlasser die Software v einem anderen erworben, liegt eine Nutzungsüberlassung iSv § 21 Abs 1 S 1 Nr 3 EStG vor; erfolgt die Überlassung in diesem Fall zeitlich unbegrenzt, liegt eine Veräußerung vor (dann idR Einkünfte aus Gewerbebetrieb, § 15 EStG). IF der Überlassung v selbst entwickelter Individualsoftware tritt die Nutzungsüberlassung hinter die Entwicklung zurück und liegen daher Einkünfte aus Gewerbebetrieb nach § 15 EStG vor.[102]

95 Für die Überlassung v **Systemsoftware** gelten im Wesentlichen dies Abgrenzungsregelungen wie für Individualsoftware, allerdings mit der Besonderheit, dass die Entwick-

---

97 Vgl zu den Unterscheidungen und Begrifflichkeiten *Sauer* DStR 1988, 727, 728 f; *Lüdemann* FR 2000, 83 f; *OFD München* DB 1998, 1307.

98 S zum Nachfolgenden instruktiv auch *Lüdemann* FR 2000, 82, 84, 87; *Kessler* IStR 2000, 70, 72 ff.

99 *Petersen* IStR 2013, 896; *Pinkernell* ISR 2012, 82.

100 *OFD München* DB 1998, 1307; *Lüdemann* FR 2000, 83, 84; vgl auch *BFH* DStRE 2009, 130, 131.

101 *BFH/NV* 2002, 1142; **aA** *OFD München* DB 1998, 1307. S auch *Petersen* IStR 2013, 896, 902.

102 *BFH* BStBl II 1990, 337.

lung v Systemsoftware nicht zu gewerblichen Einkünften, sondern wegen Vergleichbarkeit mit der Tätigkeit eines Ingenieurs zu Einkünften aus selbstständiger Arbeit nach § 18 EStG führt.[103]

Zusammenfassend gilt nach dt Steuerrecht somit, dass jede zeitlich begrenzte Überlassung v nicht selbst entwickelter Software idR als Nutzungsüberlassung iSd § 21 Abs 1 S 1 Nr 3 EStG zu behandeln ist. Bei zeitlich unbegrenzter Überlassung handelt es sich dagegen um Veräußerungsfälle, die idR zu Einkünften aus Gewerbebetrieb nach § 15 EStG führen. Die Überlassung selbst entwickelter Software führt demgegenüber bei Systemsoftware zu Einkünften aus selbstständiger Arbeit nach § 18 EStG und bei Anwendersoftware zu Einkünften aus Gewerbebetrieb nach § 15 EStG. **96**

b) Qualifizierung im MK. Im MK wird die Frage der Behandlung der Überlassung v Software umfassend behandelt. Das MK ist diesbzgl mehrfach in der Vergangenheit, zuletzt va 2000 und 2008, überarbeitet worden.[104] Der Begr Software wird im MK definiert als ein Programm oder eine Folge v Prozessen selbst (Systemprogramme) oder für die Durchführung anderer Programme mit Befehlen für Daten verarbeitende Anlagen, die für deren operationelle Aufgaben (Anwendungsprogramme) benötigt werden.[105] **97**

Zu unterscheiden ist zunächst (i) das Urheberrecht an dem **Programm selbst**, welches zB das Recht zur Vervielfältigung und gewerblichen Vermarktung beinhaltet, („copyright right“) einerseits und (ii) andererseits das Urheberrecht an der Software, die eine **Kopie des geschützten Programms** darstellt, also das Recht auf den allg persönlichen oder betrieblichen Gebrauch einer oder mehrerer Programmkopien („copyright article“).[106] Hierunter fallen auch sog Standort-, Betriebs- und Netzlizenzen, die den Erwerber berechtigen, mehrfache Kopien zur Nutzung im Betrieb zu fertigen.[107] Die abkommensrechtliche Qualifizierung richtet sich sodann nach dem **Umfang der übertragenen Rechte**.[108] **98**

Zahlungen für den Erwerb v Teilen des Urheberrechts an dem Programm selbst, ohne dass der Übertragende sich des Urheberrechts voll entäußert (**„copyright right“**) sind dann Lizenzgebühren iSd Art 12, wenn das Entgelt gerade bezahlt wird, um das Programm in einer Weise zu nutzen, die ohne Erlaubnis eine **Verletzung des Urheberrechts darstellen würde**. Unter diesen Umständen erfolgt die Zahlung für das Recht, das Urheberrecht an dem Programm zu nutzen, dh die Rechte zu verwerten, die sonst allein dem Inhaber des Urheberrechts vorbehalten wären.[109] **99**

Diese Einschränkung hinsichtlich der Programmnutzung in einer Weise, die ohne Erlaubnis eine Verletzung des Urheberrechts darstellen würde, hat zur Folge, dass die Überlassung v **Standardsoftware** wegen §§ 69c ff UrhG nicht unter diese Definition und damit nicht unter Art 12 fällt.[110] **100**

103 *BFH* BStBl II 1993, 324.
104 Vgl umfassend und instruktiv zum Folgenden *Wassermeyer* Art 12 MA Rn 66; *Kessler* IStR 2000, 70, 99 ff; s auch *Hecht/Lampert* FR 2010, 68, 69 f.
105 Tz 12.1 MK zu Art 12.
106 Tz 12.2 MK zu Art 12.
107 Tz 14.2 MK zu Art 12.
108 Tz 13.1 MK zu Art 12.
109 Tz 13.1 MK zu Art 12.
110 So iE wohl auch *Hecht/Lampert* FR 2010, 68, 69.

101 Wird das Entgelt dagegen für die Übertragung des **vollen Urheberrechts** an dem Programm gezahlt und verliert der Berechtigte damit endgültig seine diesbzgl Rechte, liegt keine Lizenzgebühr, sondern ein Anwendungsfall v Art 13 Abs 4 vor. Auch in anderen Fällen, in denen eine **Übertragung v Rechten** vorgesehen ist, vermutet der MK idR, dass keine Lizenzgebühren nach Abs 2 gegeben sind, weil bei einer derartigen Übertragung die Vergütung eben nicht für die Benutzung des Rechts gezahlt wird.[111] Dies kann auch der Fall sein, wenn die Rechtsübertragung v vornherein territorial begrenzt ist.

102 Zahlungen für die Überlassung v Urheberrechten an Programmkopien (**„copyright article“**) werden danach unterschieden, ob das wirtschaftliche Eigentum an dem Software-Produkt, also an dem Urheberrecht an der Kopie, übergeht. Ist dies der Fall, liegt eine Veräußerung und damit kein Fall des Art 12 vor. Verbleibt das wirtschaftliche Eigentum beim Überlasser, liegt dagegen weder ein Veräußerungsfall noch ein Lizenzfall, sondern die **Vermietung einer Sache** vor, die unter Art 7 oder Art 21 zu subsumieren ist.[112]

103 Zur Anwendung der vorstehenden Grundsätze sind jeweils die **Umstände des Einzelfalls** maßgeblich. Ohne Bedeutung sind insb die Form der Übertragung (zB Internet),[113] die Bezeichnung durch die Vertragsparteien, die Zahl der Anwender oder die Form der Vergütung.[114]

104 Bei **gemischten Verträgen**, zB bei Verkäufen v Daten verarbeitenden Anlagen mit eingebauter Software oder bei der Einräumung des Rechts auf Benutzung v Software im Zusammenhang mit der Erbringung v Dienstleistungen sind die Vergütungen gem dem MK ggf auf Grund der Angaben im Vertrag oder einer angemessenen Schätzung aufzuteilen und ist jeder Teilbetrag steuerlich entspr zu behandeln.[115]

105 Zusammenfassend gilt somit, dass bei der Vollrechtsübertragung v Urheberrechten an Programmen ein Veräußerungsfall gem Art 13 Abs 4 vorliegt, während bei der Teilrechtsübertragung ein Anwendungsfall des Art 12 gegeben ist. Geht bei der Überlassung v Programmkopien das wirtschaftliche Eigentum über, liegt ebenfalls ein Veräußerungsfall gem Art 13 Abs 4 vor; verbleibt dagegen das wirtschaftliche Eigentum beim Überlasser, handelt es sich um einen Fall der Vermietung einer Sache. Die Überlassung v Standardsoftware wird immer als Veräußerungsfall behandelt.

106 **3. „Electronic Commerce“.** Die vorstehenden Grundsätze für die Qualifizierung v Vergütungen für Software gelten nach dem MK auch für andere Arten v digitalen Produkten („E-Commerce“) wie Bilder, Töne und Texte. Wird die Vergütung im Wesentlichen für den Erwerb v Daten geleistet, die in Form eines elektronischen Signals übermittelt werden, also insb bei dem **(einmaligen) Herunterladen v digitalen Produkten** wie Software, Bilder, Filme, Töne oder Texte, zum eigenen Nutzen und Gebrauch, liegt typischerweise keine Lizenzgebühr gem Abs 2 vor.

107 Wird demgegenüber die Vergütung im Wesentlichen für das Recht gezahlt, ein **Urheberrecht an dem digitalen Produkt**, das elektronisch herunter geladen wird, zu gewäh-

111 Tz 16 MK zu Art 12; vgl auch *Kluge* Rn S234.
112 Tz 14 MK zu Art 12.
113 Tz 8.2 und 14.1 MK zu Art 12; *Pinkernell* ISR 2012,82.
114 Tz 16 MK zu Art 12.
115 Tz 17 MK zu Art 12.

ren, handelt es sich um eine Lizenzgebühr nach Abs 2. Letzteres ist zB der Fall eines Buchverlegers, der das Recht zur Vervielfältigung eines urheberrechtlich geschützten Bildes erwirbt, um es elektronisch herunter zu laden und es auf dem Einband eines v ihm hergestellten Buches zu veröffentlichen.[116]

4. Patente. – a) Patentgesetz (PatG). Patente werden abkommensrechtlich nicht definiert, so dass nach Art 3 Abs 2 der Rückgriff auf das nationale Recht erfolgt. Nach dem dt Steuerrecht gilt gem § 73a Abs 3 EStDV die Definition des **Patentgesetzes (PatG)**.[117] Patente werden nach den Regelungen des § 1 PatG erteilt für Erfindungen auf allen Gebieten der Technik, sofern sie neu sind, auf einer erfinderischen Tätigkeit beruhen und gewerblich anwendbar sind. **108**

Liegt ein erteiltes Patent vor, hat nach § 9 PatG allein der Patentinhaber das Recht, die patentierte Erfindung iRd geltenden Rechts zu benutzen. Jedem Dritten ist es verboten, ohne seine Zustimmung (i) ein Erzeugnis, das Gegenstand des Patents ist, herzustellen, anzubieten, in Verkehr zu bringen oder zu gebrauchen oder zu den genannten Zwecken einzuführen oder zu besitzen, (ii) ein Verfahren, das Gegenstand eines Patents ist, anzuwenden oder zur Anwendung anzubieten oder (iii) ein durch ein Verfahren, das Gegenstand des Patents ist, unmittelbar hergestelltes Erzeugnis anzubieten, in Verkehr zu bringen oder zu gebrauchen oder zu den genannten Zwecken einzuführen oder zu besitzen. **109**

Eine Vergütung für die Nutzung eines Patents (Lizenz) kann immer nur dann gegeben sein, wenn zum Zeitpunkt des Vertragsabschlusses bereits ein **erteiltes Patent** besteht. Wird das Patent erst zu einem späteren Zeitpunkt erteilt, dann liegen erst ab diesem Zeitpunkt Vergütungen für die Nutzung eines Patents vor. Wird eine Vereinbarung vor oder gar ohne Erteilung eines Patents geschlossen und werden entspr Vergütungen gezahlt, kann es sich nur um Vergütungen für die Nutzungsüberlassung v **Know-How** (Pläne, Formeln oder Verfahren) handeln (Rn 131 ff).[118] **110**

Art 12 umfasst die Einräumung v **Nutzungsrechten** am Patent (§ 15 Abs 2 PatG), aber auch eine **Übertragung** des Patents selbst (§ 15 Abs 1 S 2 PatG), wenn diese zeitlich begrenzt ist. Wird ein Patent übertragen, muss demnach ein Rückfall der Rechte an den ursprünglichen Patentinhaber in Betracht kommen. Dies kann auch dann bereits der Fall sein, wenn bei Abschluss des Vertrages **ungewiss** ist, ob und wann die Rechtsüberlassung endet.[119] **111**

b) Gebrauchsmustergesetz (GebrMG). Den Patenten zuzurechnen dürften auch Gebrauchsmuster sein. Gebrauchsmuster werden abkommensrechtlich nicht definiert, so dass nach Art 3 Abs 2 der Rückgriff auf das nationale Recht erfolgt. Nach dem dt Steuerrecht gilt gem § 73a Abs 3 EStDV die Definition des **Gebrauchsmustergesetzes (GebrMG)**.[120] Als Gebrauchsmuster werden nach den Regelungen des § 1 GebrMG geschützt Erfindungen, die neu sind, auf einem erfinderischen Schritt beruhen und gewerblich anwendbar sind. Die Anforderungen an ein Gebrauchsmuster sind dem- **112**

116 Tz 17, 17.3 und 17.4 MK zu Art 12.

117 Patentgesetz v 16.12.1980, BGBl I 1981, 1, BGBl III/FNA 420-1.

118 Vgl *BFH* BStBl II 1976, 666; *Vogel/Lehner* Art 12 MA Rn 68; **aA** *Wassermeyer* Art 12 MA Rn 74.

119 *BFH* BStBl II 1988, 537.

120 Gebrauchsmustergesetz v 28.8.1986, BGBl I 1986, 1455, BGBl III/FNA 421-1.

nach ähnlich, wenn auch nicht identisch mit den Anforderungen an ein Patent. Der wesentliche Unterschied liegt darin, dass für das Gebrauchsmuster lediglich ein erfinderischer Schritt, nicht aber eine erfinderische Tätigkeit, zugrunde liegen muss. Nach der wohl vorherrschenden Ansicht erfordert der erfinderische Schritt ein geringeres Maß an Erfindungshöhe.[121]

113 Liegt ein eingetragenes Gebrauchsmuster vor, ist nach § 11 Abs 1 GebrMG allein der Inhaber befugt, den Gegenstand des Gebrauchsmusters zu benutzen. Jedem Dritten ist es verboten, ohne seine Zustimmung ein Erzeugnis, das Gegenstand des Gebrauchsmusters ist, herzustellen, anzubieten, in Verkehr zu bringen oder zu gebrauchen oder zu den genannten Zwecken entweder einzuführen oder zu besitzen. Die **Schutzdauer** des eingetragenen Gebrauchsmusters ist nach § 23 Abs 1 GebrMG auf **zehn Jahre** beschränkt.

114 Eine Vergütung für die Nutzung eines Gebrauchsmusters (Lizenz) kann immer nur dann gegeben sein, wenn zum Zeitpunkt des Vertragsabschlusses bereits ein **eingetragenes Gebrauchsmuster** besteht (vgl Rn 110). Art 12 umfasst die Einräumung v **Nutzungsrechten** am eingetragenen Gebrauchsmuster (§ 22 Abs 2 GebrMG). Wird ein Gebrauchsmuster übertragen, muss demnach ein Rückfall der Rechte an den ursprünglichen Rechtsinhaber vor Ablauf der Schutzdauer v zehn Jahren in Betracht kommen. Zusätzlich wird man in diesem Fall verlangen müssen, dass nach Rückfall dem Rechtsinhaber wirtschaftlich noch eine nutzbare Vermögensposition bis zum Ablauf der Schutzdauer verbleibt.[122] Liegt demgegenüber die Einräumung eines Nutzungsrechtes über die gesamte Schutzdauer v zehn Jahren vor, sollte nicht Art 12, sondern Art 13 anwendbar sein (vgl Rn 75 ff).

115 **5. Marken (Warenzeichen). – a) Nationale Marke.** Marken bzw Warenzeichen werden abkommensrechtlich nicht definiert, so dass nach Art 3 Abs 2 der Rückgriff auf das nationale Recht erfolgt. Für Marken gilt gem § 73a Abs 3 EStDV die Definition des **Markengesetzes (MarkenG)**.[123] Das MarkenG ist an die Stelle des früheren Warenzeichengesetzes getreten. Die dt Version des MA benutzt jedoch noch immer den früher gebräuchlichen Begr des „Warenzeichens". Nach § 1 MarkenG werden **Marken**, **geschäftliche Bezeichnungen** und geographische Herkunftsangaben geschützt.

116 Als **Marken** können gem § 3 MarkenG alle Zeichnungen, insb Wörter einschließlich Personennamen, Abbildungen, Buchstaben, Zahlen, Hörzeichen, dreidimensionale Gestaltungen einschließlich der Form einer Ware oder ihrer Verpackung sowie sonstige Aufmachungen einschließlich Farben und Farbzusammenstellungen geschützt werden, die geeignet sind, Waren oder Dienstleistungen eines Unternehmens v denjenigen anderer Unternehmen zu unterscheiden.[124]

117 Als **geschäftliche Bezeichnungen** werden gem § 5 MarkenG Unternehmenskennzeichen und Werktitel geschützt. Unternehmenskennzeichen sind Zeichen, die im geschäftlichen Verkehr als Name, als Firma oder als bes Bezeichnung eines Geschäfts-

---

121 *Mes* § 1 GebrMG Rn 12.

122 Vgl dazu zB *FG Münster* DStRE 2011, 1309.

123 Gesetz über den Schutz v Marken und sonstigen Kennzeichen v 25.10.1994, BGBl I 1994, 3082, ber BGBl I 1995, 156, BGBl III/FNA 423-5-2.

124 Vgl allg dazu *Böhringer* NWB 2010 F 20, 3377, 3383 ff. Vgl zum Begr der Dachmarke *Krüger* IStR 2015, 650.

betriebes oder eines Unternehmens benutzt werden. Werktitel sind Namen oder bes Bezeichnungen v Druckschriften, Filmwerken, Tonwerken, Bühnenwerken oder sonstigen vergleichbaren Werken.

Nach § 14 MarkenG ist es Dritten ohne Zustimmung des **Markeninhabers** untersagt, (i) ein mit der Marke identisches Zeichen für Waren oder Dienstleistungen zu benutzen, die mit denjenigen identisch sind, für die sie Schutz genießt, (ii) ein Zeichen zu benutzen, wenn wegen der Identität oder Ähnlichkeit des Zeichens mit der Marke und der Identität oder Ähnlichkeit der durch die Marke oder das Zeichen erfassten Waren oder Dienstleistungen für das Publikum die Gefahr der Verwechslung besteht (einschließlich der Gefahr, dass das Zeichen mit der Marke gedanklich in Verbindung gebracht wird), oder (iii) ein mit der Marke identisches Zeichen oder ein ähnliches Zeichen für Waren oder Dienstleistungen zu benutzen, die nicht denen ähnlich sind, für die die Marke Schutz genießt, wenn es sich bei der Marke um eine im Inland bekannte Marke handelt und die Benutzung des Zeichens die Unterscheidungskraft oder die Wertschätzung der bekannten Marke ohne rechtfertigende Gründe in unlauterer Weise ausnutzt oder beeinträchtigt. Nach § 15 Abs 2 MarkenG ist es Dritten untersagt, die **geschäftliche Bezeichnung** oder ein ähnliches Zeichen im geschäftlichen Verkehr unbefugt in einer Weise zu benutzen, die geeignet ist, Verwechslungen mit der geschützten Bezeichnung hervorzurufen. **118**

Eine Nutzungsüberlassung einer Marke wird insb dann gegeben sein, wenn dem Dritten gg Vergütung das Recht eingeräumt wird, selbst Waren oder Dienstleistungen mit der geschützten Marke zu versehen und zu vertreiben[125] bzw die geschützte geschäftliche Bezeichnung im geschäftlichen Verkehr zu benutzen. Wird zwischen konzernverbundenen Unternehmen der **Konzernname** entgeltlich überlassen, handelt es sich beim Entgelt nur dann um Lizenzgebühren, wenn und soweit der Konzernname als Marke geschützt und dieser Marke ein eigenständiger Wert zukommt.[126] Andernfalls liegen verdeckte Einlagen bzw vGA vor, die abkommensrechtlich typischerweise zur Anwendung v Abs 4 führen. **119**

Der Verzicht eines Markeninhabers auf die Ausübung v bestehenden oder vermeintlichen Abwehrsprüchen steht der Duldung der vermeintlich unberechtigten Nutzung der Marke durch einen Dritten gleich.[127] Geschieht der Verzicht gg Vergütung, sollte mE daher ein Fall des Art 12 gegeben sein. **120**

b) Gemeinschaftsmarke. Aus Sicht des dt Rechts gehört – trotz Nichterwähnung in § 73a Abs 3 EStDV – auch die Gemeinschaftsmarke gem der Gemeinschaftsmarkenverordnung (**GMV**)[128] zu den v Art 12 Abs 2 umfassten Lizenzgegenständen. Das Gemeinschaftsmarkensystem steht selbstständig und unabhängig neben dem nationalen Markensystem und hat somit eine völlig eigenständige Bedeutung.[129] Die GMV gilt unmittelbar in Deutschland. Die nach der GMV **eingetragene Marke** gestattet es **121**

125 Vgl *BFH* BStBl II 1970, 369; 1973, 869. Vgl zum früheren Warenzeichengesetz *BFH* BStBl II 1989, 101.

126 *BFH* BStBl II 2001, 140; vgl *Renz/Kern* IStR 2015, 132; *Krüger* IStR 2015, 650; *Borstell/Wehnert* IStR 2001, 127, 128.

127 Vgl *BFH* BStBl II 1980, 114.

128 Verordnung (EG) Nr 40/94 des Rates über die Gemeinschaftsmarke ABlEU 1994, Nr L 11, 1, geänd durch V 1891/2006/EG ABlEU 2006, Nr L 386, 14.

129 *Eisenführ/Schennen* Art 1 GMV Rn 15.

nach Art 9 Abs 1 GMV dem Inhaber, Dritten zu verbieten, ohne seine Zustimmung im geschäftlichen Verkehr ein mit der Gemeinschaftsmarke identisches, ähnliches, verwechselbares Zeichen zu benutzen. Rn 119f gelten entspr.

122 **c) Internationale Marke.** Aus Sicht des dt Rechts gehört – trotz Nichterwähnung in § 73a Abs 3 EStDV – schließlich auch die Marke nach dem Madrider Abk über die internationale Registrierung v Marken (MMA) zu den v Art 12 Abs 2 umfassten Lizenzgegenständen.[130] Diese sog **IR-Marke** ermöglicht es dem Inhaber einer im Ursprungsland eingetragenen Basismarke, durch deren Registrierung bei der Weltorganisation für geistiges Eigentum (WIPO) in Genf in jedem Vertragstaat des Abk den gleichen Schutz zu erlangen, wie wenn die Marke in jedem dieser Staaten unmittelbar hinterlegt worden wäre.[131] Das MMA gilt sowohl für die nationale als auch für die Gemeinschaftsmarke.

123 **6. Muster, Modelle. – a) Nationales Geschmacksmuster.** Muster und Modelle werden abkommensrechtlich nicht definiert, so dass nach Art 3 Abs 2 der Rückgriff auf das nationale Recht erfolgt. Somit gelten gem § 73a Abs 3 EStDV die Definitionen des **Geschmacksmustergesetzes (GeschmMG)**.[132]

124 Nach § 2 GeschmMG sind Muster geschützt, die neu sind und Eigenart haben. **Muster** sind zweidimensionale oder dreidimensionale Erscheinungsformen eines ganzen Erzeugnisses oder Teils davon, die sich insb aus den Merkmalen der Linien, Konturen, Farben, der Gestalt, Oberflächenstruktur oder der Werkstoffe des Erzeugnisses selbst oder seiner Verzierung ergeben.[133]

125 Ein **Erzeugnis** ist jeder industrielle oder handwerkliche Gegenstand, einschließlich Verpackung, Ausstattung, grafischer Symbole und typografischer Schriftzeichen sowie v Einzelteilen, die zu einem komplexen Erzeugnis zusammengebaut werden sollen.

126 Ein Muster ist **neu**, wenn vor dessen Anmeldetag kein identisches Muster offenbart worden ist. Es hat **Eigenart**, wenn sich der Gesamteindruck, den es beim informierten Benutzer hervorruft, v dem Gesamteindruck unterscheidet, den ein anderes Muster bei diesem Benutzer hervorruft, das vor dem Anmeldetag offenbart worden ist.

127 Aus der gegebenen Maßgeblichkeit des Zivilrechts folgt, dass die Muster bereits schützenswert, also **eingetragen** sein müssen.[134] Die alleinige Beantragung reicht dagegen nicht. Solange und wenn dies nicht der Fall ist, kommt allenfalls eine Lizenzgebühr für die Nutzung v geheimem Plänen, Formeln und Verfahren in Betracht (Rn 131 ff).

128 **b) Gemeinschaftsgeschmacksmuster.** Aus Sicht des dt Rechts gehört – trotz Nichterwähnung in § 73a Abs 3 EStDV – auch das Gemeinschaftsgeschmacksmuster gem der

130 Madrider Abk über die internationale Registrierung v Marken v 14.4.1891, Stockholmer Fassung v 14.7.1967, BGBl II 1970, 293, 418, zuletzt geändert durch Bekanntmachung v 20.8.1984, BGBl II 1984, 799, nebst Prot v 27.6.1989, BGBl II 1995, 1016, zuletzt geändert durch Gemeinsame Ausführungsordnung v 3.10.2007, BGBl II 2009, 986.

131 Vgl im dt Recht die §§ 107 ff MarkenG; s *Fezer* Vor § 107-125i, Rn 2.

132 Gesetz über den rechtlichen Schutz von Mustern und Modellen v 12.3.2004, BGBl I 2004, 390, FNA 442-5.

133 Vgl allg dazu *Böhringer* NWB 2010 F 20, 3377, 3378 ff.

134 *Vogel/Lehner* Art 12 MA Rn 70; *S/D* Art 12 MA Rn 114.

Gemeinschaftsgeschmacksmusterverordnung (**GGV**)[135] zu den v Art 12 Abs 2 umfassten Lizenzgegenständen. Das Gemeinschaftsgeschmacksmustersystem steht gem Art 96 GGV selbstständig und unabhängig neben dem nationalen System und hat somit eine völlig eigenständige Bedeutung.[136] Die GGV gilt unmittelbar in Deutschland.

Eine Besonderheit stellt nach Art 1 Abs 2 lit a, Art 11 GGV das **nicht eingetragene Gemeinschaftsgeschmacksmuster** dar, das auch ohne Eintragung einen auf **drei Jahre** beschränkten Schutz gewährt, wenn es der Öffentlichkeit zugänglich gemacht wurde. 129

c) Internationales Geschmacksmuster. Aus Sicht des dt Rechts gehören – trotz Nichterwähnung in § 73a Abs 3 EStDV – schließlich auch das internationale Geschmacksmuster nach dem Haager Abk über die internationale Hinterlegung gewerblicher Muster oder Modelle (**HMA**) zu den v Art 12 Abs 2 umfassten Lizenzgegenständen.[137] Das HMA ermöglicht die Anmeldung und Eintragung des Geschmacksmusters mit rechtlicher Wirkung in den in der internationalen Anmeldung bei der Weltorganisation für geistiges Eigentum (WIPO) in Genf benannten Staaten, soweit diese Vertragsstaaten sind.[138] Das HMA gilt sowohl für das nationale als auch das Gemeinschaftsgeschmacksmuster. 130

7. Know-How. Unter den Begr des Know-How fallen sowohl Pläne, geheime Formeln und Verfahren (Know-How ieS) als auch sonstige gewerbliche, wiss und kaufmännische Erfahrungen (Know-How iwS). Nach dem MK ist **Know-How** (iwS) das nicht geschützte Spezialwissen über technische, wiss oder kaufmännische Erfahrungen, das im allgemeinen durch praktische Erprobung erworben und durch praktische Beratung einem anderen überlassen werden kann und das durch seine Geheimhaltung für den Erfahrungsinhaber einen Vermögenswert darstellt.[139] Betroffen sind damit typischerweise **Betriebsgeheimnisse**.[140] 131

Nicht unter den Begr des Know-How fallen damit Kenntnisse, die offenkundig und allg zugänglich sind oder die durch Unterricht, Schulung oder durch andere Dienstleistungen vermittelt werden können.[141] 132

In einem Know-How-Vertrag verpflichtet sich eine Partei, ihre bes, Außenstehenden nicht zugänglich gemachten Kenntnisse und Erfahrungen der anderen Partei **mitzuteilen**, damit diese sie für ihre **eigenen Zwecke** verwenden kann. Derjenige, der das Know-How zur Verfügung stellt, braucht bei der Verwertung des Überlassenen durch den Abnehmer nicht selbst mitzuwirken, und er garantiert auch nicht für den Erfolg.[142] Ist 133

135 Verordnung (EG) Nr 6/2002 des Rates v 12.12.2001 über das Gemeinschaftsgeschmacksmuster, ABlEU 2002, Nr L 179 v 9.7.2002, 31, ergänzt ABlEU 2003 Nr L 236 v 23.9.2003, 344.

136 Vgl *Ruhl* Art 1 GGV Rn 12.

137 Haager Abk über die internationale Hinterlegung gewerblicher Muster oder Modelle v 6.11.1925, RGBl II 1937, 617, idF der sog Genfer Akte v 2.7.1999, BGBl II 2009, 837; II 2010, 190.

138 Vgl *Rühl* Vor Art 106a-106f GGV Rn 1.

139 Vgl dazu auch *BFH* BStBl II 1989, 87; *Petersen* IStR 2013, 896.

140 Vgl *BVerfG* Az 1 BvR 2087/03 und 1 BvR 2111/03, Tz 87 ff; allg auch *Kraßer* GRUR 1977, 177 ff.

141 Tz 11 MK zu Art 12 – diese Definition wurde im Juli 2008 angepasst, ist aber in ihrem Aussagegehalt nicht verändert worden; vgl auch *Wassermeyer* Art 12 MA Rn 81.

142 Tz 11, 11.1 MK zu Art 12.

diese Vermittlung v Wissen einmal geschehen, kann sie nicht mehr rückgängig gemacht werden, so dass die **Abgrenzung v Fall der Veräußerung** problematisch ist. Sowohl der dt Gesetzgeber als auch das MA gehen aber davon aus, dass die Vermittlung v Know-How dennoch den Leistungen auf Nutzungsebene und nicht den Veräußerungsfällen zuzuordnen ist. Hierfür spricht die Tatsache, dass das Know-How dem Mitteilenden nicht verloren geht, sondern weiter genutzt und weitergegeben werden kann, weshalb er sich nicht vollständig seiner Rechte an diesem Know-How begibt.[143] Wäre letzteres dagegen der Fall, sollte eine Veräußerung angenommen werden.

134 Eine Mitteilung v Know-How ist die **Vermittlung v Kenntnissen und Erfahrungen** zu eigener Nutzanwendung durch den Know-How-Nehmer. Eine solche Vermittlung liegt jedoch nicht vor, wo Erfahrungswissen nicht vermittelt, sondern v „Vermittler" selbst angewendet wird (dazu bereits die **Abgrenzung zu Dienstleistungen** Rn 80ff).[144]

135 **Nicht unter Art 12** fallen daher zB Vergütungen iRd Kundendienstes, für vertragliche Gewährleistungen, für rein technische Hilfe sowie für Kundenlisten, deren Sammlung auf mehr oder weniger allg zugänglichen Informationen basiert.[145] Handelt es sich dagegen um geheime Listen v Kunden, denen bestimmte Produkte oder Dienstleistungen verkauft wurden, liegt eine Mitteilung v Know-How vor. Ebenfalls nicht unter Art 12 fallen die Honorare für Gutachten und Tätigkeiten v Ingenieuren, Rechtsanwälten und Wirtschaftsprüfern sowie Vergütungen für Beratung auf elektronischem Wege, für elektronische Kommunikation mit Technikern oder für den Zugriff über Computernetzwerke auf Datenbanken zur Problemlösung wie zB eine Datenbank, die Softwarenutzern nicht vertrauliche Antworten auf häufig gestellte Fragen oder Lösungen zu üblicherweise auftretenden Problemen liefert.[146]

136 Werden **Informationen über die Computerprogrammierung** übermittelt, stellt die Vergütung idR nur dann eine solche für die Mitteilung v Know-How dar, wenn sie dazu dient, Kenntnisse über Ideen und Grundsätze zu erwerben, die dem Programm zugrunde liegen, wie Logik, Algorithmen oder Programmierungssprachen und -techniken, und diese Kenntnisse unter der Bedingung übermittelt werden, dass der Kunde sie nicht ohne Zustimmung offenbart, und sie einem etwaigen Geschäftsgeheimnis unterliegen.[147]

137 Bei **gemischten Verträgen** ist es idR erforderlich, die einzelnen Leistungs- und Vergütungsanteile aufzugliedern und steuerlich jeweils getrennt zu behandeln. Steht allerdings eine Leistung als Hauptleistung derart im Vordergrund, dass sie die andere(n) Leistung(en) zu untergeordneten Nebenleistungen macht, soll allein die Hauptleistung für die steuerliche Behandlung des gesamten Vertrages entscheidend sein. Praktisch betrifft dies zB **Franchise-Verträge**, durch die sich jemand verpflichtet, dem Vertragspartner sein Wissen und seine Erfahrung zur Verfügung zu stellen und außerdem noch gewisse technische Hilfe zu leisten, oder Verträge über die Überlassung Software im Zusammenhang mit der Erbringung v Dienstleistungen.[148]

143 Vgl Tz 11 MK zu Art 12; *FG München* EFG 1983, 353; *G/K/G* Art 12 MA Rn 88.
144 *BFH* BStBl II 1971, 235.
145 *BFH* BStBl II 2003, 249; vgl auch *Fischer/Klein/Eilers* IStR 2012, 483, 484.
146 Tz 11.4 MK zu Art 12.
147 Tz 11.5 MK zu Art 12.
148 Tz 11.6 MK zu Art 12; *G/K/G* Art 12 MA Rn 95.

8. Gewerbliche, kaufmännische oder wissenschaftliche Ausrüstungen. Noch das MA 1977 umfasste als Lizenzgegenstand iSd Art 12 Abs 2 „gewerbliche, kaufmännische oder wiss Ausrüstungen". Die Passage wurde 1992 gestrichen, so dass die Einkünfte aus Vergütungen für die Benutzung oder das Recht auf Benutzung dieser Ausrüstungen nunmehr unter die Regelungen der Art 5 oder Art 7 fallen.[149] Bis heute enthalten aber viele DBA nach wie vor eine derartige Regelung. Die dt modifizierte Verhandlungsgrundlage für Entwicklungsländer beinhaltet die frühere MA-Regelung wieder.[150] **138**

Der Begr „Ausrüstungen" ist dem dt Recht in dieser Form unbekannt. Er weist allerdings große Ähnlichkeit mit dem Begr des Betriebs- und Geschäftsausstattung nach § 266 Abs 2 A II Nr 3 HGB auf. Es handelt sich um bewegliche Wirtschaftsgüter, die für einen bestimmten Nutzungszweck bes eingerichtet sind und vermietet, verpachtet oder verleast werden. Entscheidend ist gerade der Zweck, für den sie bestimmt sind. Typische derartige Ausrüstungen sind **Container**, **Schiffe**, **Flugzeuge**, **Kräne**, **Pipelines**, **Spezialtransporter oder Satelliten.**[151] Die Vorschrift erfasst va das grenzüberschreitende **Leasinggeschäft** mit beweglichen Wirtschaftsgütern. Umstr war nach der alten Fassung des Abs 2, ob hierunter auch landwirtschaftliche Ausrüstungen zu subsumieren waren. Die DBA treffen zu diesen Fragen zT bes Regelungen.[152] **139**

Der Vorschrift unterfielen nur die Vergütungen für Miet- und Pachtverträge über Ausrüstungen, nicht jedoch für **Kaufverträge**. Die Abgrenzung erfolgte nach wohl hA aus dt Sicht nach den allg Regeln, wie sie in den sog **Leasing-Erlassen**[153] niedergelegt sind. Diese Auslegung entsprach weitgehend auch der abkommensrechtlichen Auslegung.[154] **140**

D. Absatz 3

I. Allgemeines

Der Ausschluss des Besteuerungsrechts des Quellenstaates gem Abs 1 gilt nicht, wenn der im anderen Vertragstaat ansässige Nutzungsberechtigte im Quellenstaat eine Geschäftstätigkeit durch eine dort gelegene Betriebstätte ausübt und die Rechte oder Vermögenswerte, für die die Lizenzgebühren gezahlt werden, tatsächlich zu dieser Betriebstätte gehören. **141**

In diesem Fall gilt für die Besteuerung Art 7, so dass es typischerweise zu einer Besteuerung im Quellen- und Betriebsstättenstaat kommt (sog **Betriebsstättenvorbehalt**). Abs 3 macht damit den nach Art 7 Abs 7 bestehenden Anwendungsvorrang des Art 12 vor Art 7 wieder rückgängig. **142**

Art 12 Abs 3 der dt **Verhandlungsgrundlage** weicht v MA nur sprachlich, nicht aber inhaltlich ab.[155] **143**

---

149 Tz 37 MK zu Art 7; Tz 9 MK zu Art 12.

150 *Valta* ISR 2013,186, 189.

151 S zur Anw v Art 12 bzw Art 7 auf die Nutzung v Satelliten etc Tz 9.1 ff MK zu Art 12.

152 *G/K/G* Art 12 MA Rn 47, 64; *Wassermeyer* Art 12 MA Rn 84; vgl auch *Runge* DB 1977, 275 ff.

153 *BMF* BStBl I 1971, 264; *BMF* DB 1976, 172.

154 *G/K/G* Art 12 MA Rn 69; **aA** wohl *Vogel/Lehner* Art 12 MA Rn 53 ff.

155 *Wassermeyer* Art 12 MA Rn 164.

II. Voraussetzungen des Abs 1 und Abs 2

144 Die Anwendung des Abs 3 setzt voraus, dass sämtliche Tatbestandsmerkmale des Abs 1 und des Abs 2 gegeben sind. Abs 3 modifiziert ausschließlich die **Rechtsfolge** v Abs 1. Fehlt es somit bereits an einem Tatbestandsmerkmal v Abs 1 oder Abs 2, findet Art 12 im Ganzen und somit auch Abs 3 keine Anwendung.[156] Liegen zB keine Lizenzgebühren iSv Abs 2 vor, stammen die Lizenzgebühren nicht aus dem Quellenstaat, sondern aus einem Drittstaat, oder ist der Nutzungsberechtigte nicht in einem anderen Vertragsstaat als dem Quellenstaat ansässig, spielt die Frage des Vorliegens und der Zuordnung zu einer Betriebstätte des Nutzungsberechtigten (jedenfalls für Zwecke des Art 12 Abs 3) keine Rolle mehr.

145 Vor Anwendung des Abs 3 sind somit sämtliche vorstehend erläuterten Tatbestandsmerkmale v Abs 1 und Abs 2 mit Ausnahme der Rechtsfolge des Abs 1 zu prüfen.

III. Existenz einer Betriebstätte im Quellenstaat

146 Abs 3 setzt voraus, dass der Nutzungsberechtigte im Quellenstaat eine **Geschäftstätigkeit durch eine Betriebsstätte** ausübt.[157] Dieses Tatbestandsmerkmal richtet sich nach den allg Regeln in **Art 5**, so dass auf die dortige Kommentierung verwiesen werden kann. Unberührt hiervon und zu trennen bleibt das Erfordernis, dass der Nutzungsberechtigte im anderen Vertragsstaat gem **Art 4 ansässig** sein muss; andernfalls fehlt es bereits an den Voraussetzungen des Abs 1 und kommt auch Abs 3 nicht zur Anwendung.

147 Keine Betriebstätten iSd Abs 3 sind somit Geschäftseinrichtungen gem Art 5 Abs 4 und Abs 5. Im Bereich der **Schifffahrt**, **Luftfahrt** und der **Binnenschifffahrt** nach Art 8 ist zu beachten, dass die Besteuerung insoweit nicht dem Betriebsstättenprinzip folgt. Unter dieses Prinzip fallen aber nicht die Lizenzeinnahmen.[158] Für diese bleibt Art 12 und damit auch der Betriebsstättenvorbehalt nach Abs 3 anwendbar.

IV. Tatsächliches Gehören zur Betriebstätte

148 Abs 3 setzt außerdem bei Bestehen einer Betriebstätte des Nutzungsberechtigten im Quellenstaat voraus, dass die Rechte oder Vermögenspositionen, für die die Lizenzgebühren gezahlt werden, **tatsächlich** zu dieser Betriebstätte gehören. Das Merkmal des tatsächlichen Gehörens verhindert die sog Attraktivkraft der Betriebstätte.[159]

149 Allein die Ausübung einer Geschäftstätigkeit durch eine Betriebstätte des Nutzungsberechtigten im Quellenstaat reicht somit nicht aus, um den Betriebsstättenvorbehalt des Abs 3 auf die aus diesem Quellenstaat stammenden Lizenzgebühren anzuwenden. Es besteht auch **keine tatsächliche oder rechtliche Vermutung** der Zugehörigkeit derartiger Lizenzgebühren zu der Betriebstätte. Das tatsächliche Gehören ist vielmehr ein völlig selbstständiges und **zusätzliches Tatbestandsmerkmal** des Abs 3.

150 Nach dem MK gehören die Lizenzgegenstände zu der Betriebstätte, wenn sie Teil des Vermögens ders darstellen oder auf andere Weise tatsächlich zu dieser gehören, so

156 *Wassermeyer* Art 12 MA Rn 96, 100.

157 Tz 21 MK zu Art 12.

158 Vgl Tz 14 MK zu Art 8; *G/K/G* Vor Art 10–12 MA Rn 45/9; *Vogel/Lehner* Vor Art 10–12 Rn 33; *S/D* Art 12 MA Rn 123.

159 Tz 20 MK zu Art 12.

dass sie wirklich mit der Geschäftstätigkeit der Betriebstätte verbunden sind.[160] Dies erfordert nach dem MK die Zuordnung des **wirtschaftlichen Eigentums** („economic ownership") zur Betriebstätte iSd Zuordnung v Chancen und Risiken zur Betriebstätte wie zu einem eigenständigen Unternehmen.[161] Nach Ansicht des BFH ist es Sinn und Zweck des Betriebsstättenvorbehalts, Erträge aus Wirtschaftsgütern, die v der Betriebstätte genutzt werden und zu ihrem Erg beigetragen haben, nur im Betriebsstättenstaat zu besteuern. Aus diesem Grunde ist es erforderlich, dass die betr Wirtschaftsgüter in einem **funktionalen Zusammenhang** zu der in der Betriebsstätte ausgeübten Unternehmenstätigkeit stehen.[162] Hierzu kann auf die Prinzipien der funktionalen Betrachtungsweise nach § 8 AStG zurückgegriffen werden (s § 8 AStG Rn 13 ff). Entscheidend ist dabei die Unternehmenstätigkeit in der Betriebstätte, die nach der allg Verkehrsauffassung das Schwergewicht der Tätigkeit ausmacht.[163] IE gehören die Lizenzgegenstände nur dann zu der Betriebstätte, wenn die mit ihnen erzielten Lizenzgebühren **Nebenerträge** darstellen, die nach der Verkehrsauffassung zu der Tätigkeit gehören, die den **Schwerpunkt der Unternehmenstätigkeit** der Betriebstätte bildet.[164]

Die Anwendung dieser Prinzipien führt dazu, dass **Sonderbetriebsvermögen** allein aufgrund der nach dt Recht gem § 15 Abs 1 Nr 2 EStG erfolgenden Qualifizierung nicht zu Unternehmensvermögen und somit auch nicht zu Betriebsstättenvermögen im abkommensrechtlichen Sinne zählen kann, da es sich im dt Recht allein um eine rechtliche und nicht tatsächliche Zuordnung handelt (s Rn 14).[165] 151

Gem der **EU-Zins- und Lizenzgebühren-RL** wird eine Betriebstätte dann als Nutzungsberechtigter der Lizenzgebühren behandelt, wenn (i) das Recht oder der Gebrauch v Informationen, auf Grund deren Zahlungen v Lizenzgebühren geleistet werden, mit der Betriebstätte in einem konkreten Zusammenhang stehen und (ii) die Zahlungen der Lizenzgebühren Einkünfte darstellen, aufgrund derer die Betriebstätte in dem Mitgliedstaat, in dem sie belegen ist, mit einer Körperschaftsteuer bzw mit einer mit dieser identischen oder weitgehend ähnlichen Steuer unterliegt.[166] Diese RL ist zwar abkommensrechtlich nicht anwendbar, sie kann aber dennoch mit indizieller Wirkung für die Frage der tatsächlichen Zugehörigkeit des Lizenzgegenstandes zu einer Betriebstätte herangezogen werden.[167] 152

§ 50g EStG setzt die EU-Zins- und Lizenzgebühren-RL in dt Recht um. Die Vorschrift beschränkt sich auf die genaue Umsetzung der EU-Zins- und Lizenzgebühren-RL. § 50g Abs 3 Nr 1 S 2 lit b EStG definiert eine Betriebsstätte als Nutzungsberechtigten in bewusster inhaltlicher Übereinstimmung mit der EU-Zins- und Lizenzgebühren-RL. Auch die Gesetzesbegr verweist demgem inhaltlich auf die EU-Zins- und Lizenz- 153

160 Tz 20 ff MK zu Art 12.
161 Tz 21.1 MK zu Art 12.
162 *Wassermeyer* Art 12 MA Rn 103; vgl *S/D* Art 12 MA Rn 129.
163 *BFH* BStBl II 1990, 1049.
164 *BFH* BStBl II 1991, 444; BStBl II 1992, 937; *BFH/NV* 1992, 385; BStBl II 1995, 683; BStBl II 1996, 563; IStR 2001, 185; *Löwenstein/Looks/Heinsen* Rn 620.
165 *BFH* BStBl II 1991, 444; BStBl II 1992, 937; vgl auch allg *Strunk/Kaminski* IStR 2003, 181.
166 ABlEU 2003 Nr L 157, 49, Art 1 Nr 5.
167 Vgl zB auch *G/K/G* Vor Art 10–12 MA Rn 48/1.

gebühren-RL.[168] Eine über den in der vorstehenden Rn dargestellten Regelungsgehalt der EU-Zins- und Lizenzgebühren-RL hinausgehende eigenständige Bedeutung hat die Definition in § 50g EStG mE daher nicht (s Rn 39).

154 Das dt Recht enthält nun auch sehr detaillierte Regeln zur Zuordnung v WG zu einer Betriebsstätte in **§ 1 und §§ 4 ff BsGaV**.[169] Hiernach ist für die steuerliche Zurechnung v Einkünften zu einer Betriebsstätte eine Funktions- und Risikoanalyse der Geschäftstätigkeit der Betriebsstätte als Teil der Geschäftstätigkeit des Unternehmens durchzuführen, auf deren Grundlage u.a. eine Zuordnung v Vermögenswerten erfolgt.[170]

155 Hilfreich kann schließlich auch ein Rückgriff auf Nr 3 des Verständigungsmemorandums v 18.10.1965 zum RevisionsProt zum DBA USA 1954 sein.[171] Danach gehört ein Wirtschaftsgut dann tatsächlich zu einer Betriebstätte, wenn (i) es in der Betriebstätte gehalten wird, (ii) es zu dem Zweck gehalten wird, die Tätigkeit der Betriebstätte zu fördern, oder (iii) die Tätigkeit der Betriebstätte wesentlich zur Erzielung dieser Einkünfte beigetragen hat. Diese Kriterien sind zwar wohl nicht über ihren unmittelbaren Anwendungsbereich hinaus anwendbar,[172] sie können aber doch als **Indizien** für die tatsächliche Zugehörigkeit dienen.

156 Das Merkmal der tatsächlichen Zugehörigkeit zu einer Betriebstätte besteht gleichlautend auch in Art 10 Abs 4 und Art 11 Abs 4. Auf die entspr Erl unter Art 10 Rn 171 ff und Art 11 Rn 120 f wird erg verwiesen.

V. Rechtsfolge

157 Abs 3 verhindert die Anwendung v Abs 1 und führt somit zu einer Nichtanwendung des Besteuerungsverbots im Quellenstaat. Es gilt Art 7.

158 Zur Vermeidung der Dbest im Ansässigkeitsstaat ist in diesem Fall – anders als bei Abs 1 – die Anwendung des Methodenartikels (Art 23A oder Art 23B) erforderlich. Die Frage der Qualifizierung der unter Abs 3 zu subsumierenden Lizenzgebühren für Zwecke der Anwendung des **Methodenartikels durch den Ansässigkeitsstaat** ist umstr. Die wohl hA qualifiziert die Lizenzgebühren auch insoweit als Unternehmensgewinne gem Art 7.[173]

E. Absatz 4

I. Allgemeines

159 Gem Abs 4 unterfallen Lizenzgebühren, die wegen zwischen dem Schuldner und dem Nutzungsberechtigten bestehenden bes Beziehungen den Betrag übersteigen, den Schuldner und Nutzungsberechtigte gemessen an der zugrundeliegenden Leistung ohne diese Beziehungen vereinbart hätten, in Höhe dieser Differenz nicht Art 12. Dieser ist nur auf den Betrag der Lizenzgebühren anwendbar, den Schuldner und Nut-

---

168 BT-Drucks 15/3679 v 6.9.2004, 21.

169 Betriebsstättengewinnaufteilungsverordnung BGBl I 2014, 1603.

170 Vgl dazu *Schulz-Trieglaff* IStR 2015, 717.

171 Vgl *Vogel/Lehner* Vor Art 10–12 MA Rn 40; *Wassermeyer* Art 12 MA Rn 102; *Löwenstein/Looks/Heinsen* Rn 619 f.

172 AA offenbar *Vogel/Lehner* Vor Art 10–12 MA Rn 40; vgl aber *BFH* BStBl II 1991, 444 für den USA-Fall bzw *BFH* BStBl II 1992, 937 für den Schweiz-Fall.

173 Vgl mwN *Wagner* IWB F 3 Gr 2, 1067; **aA** *Wassermeyer* Art 7 MA Rn 160 ff.

zungsberechtigter gemessen an der zugrundeliegenden Leistung ohne bes Beziehungen vereinbart hätten. Der übersteigende Betrag kann nach dem Recht jedes Vertragsstaates und unter Berücksichtigung des MA iÜ besteuert werden. Diese Regelung gilt auch, wenn die bes Beziehungen jeweils zwischen Schuldner und Nutzungsberechtigtem einerseits und einem Dritten andererseits bestehen.

Abs 4 beschränkt die unter Art 12 fallenden Einkünfte der Höhe nach und stellt damit eine Sondervorschrift zu Abs 2 dar. Abkommensrechtlich wird der Begr der Lizenzeinnahmen, den Abs 2 dem Grunde nach definiert, in Abs 4 der Höhe nach begrenzt. **160**

Abs 4 entspricht inhaltlich Art 11 Abs 6. Auf die entspr Kommentierung des Art 11 wird erg verwiesen. **161**

Art 12 Abs 4 der dt **Verhandlungsgrundlage** entspricht dem MA.[174] **162**

II. Besondere Beziehungen

Es müssen bes Beziehungen zwischen Schuldner und Nutzungsberechtigtem der Lizenzgebühren bzw zwischen beiden und einem Dritten bestehen. Der Begr der „bes Beziehungen" umfasst gesellschaftsrechtliche Beziehungen bzw Konzernbeziehungen, verwandtschaftliche Beziehungen sowie jede sonstige Interessengemeinschaft, die neben dem Rechtsverhältnis besteht, auf Grund dessen die Lizenzgebühren gezahlt werden. **163**

Für die **gesellschaftsrechtlichen bzw Konzernbeziehungen** kann zunächst auf Art 9 zurückgegriffen werden.[175] Dies sind insb die Fälle unmittelbarer oder mittelbarer Beherrschung oder der Zugehörigkeit zu einem Konzern. Die Beherrschung kann sich dabei idR aus dem Umfang der Beteiligung oder der Möglichkeit der Einwirkung auf die Geschäftsleitung ergeben. Hierzu wird erg auf die Erl zu Art 9 verwiesen. Das dt Recht kennt hier den Begr der **nahe stehenden Person** iSd § 1 Abs 2 AStG (s § 1 AStG Rn 123 ff). Zwar gilt § 1 Abs 2 AStG nicht im Abkommensrecht, tatsächlich sollte aber iF des Vorliegens nahe stehender Personen immer ein Fall einer gesellschaftsrechtlichen bes Beziehung iSd Abs 4 gegeben sein.[176] **164**

Nach dem MK sollen auch **verwandtschaftliche Beziehungen** oder **jede sonstige Interessengemeinschaft**, die neben dem Rechtsverhältnis besteht, auf Grund dessen die Lizenzgebühren gezahlt werden, ausreichend sein.[177] Dies geht also über den Bereich der rein unternehmerischen Beziehungen hinaus, ohne dass hier eine Begrenzung erkennbar ist. Sinnvoll erscheint auch hier ein Rückgriff auf die dt Auslegung des Begrs der verdeckten Gewinnausschüttung, wo ebenfalls die Rechtsfigur der **„nahe stehenden Person"** eine Rolle spielt.[178] Nach der dt Rspr können Beziehungen, die ein Nahestehen begründen, familienrechtlicher, gesellschaftsrechtlicher, schuldrechtlicher oder auch rein tatsächlicher Art sein. Entscheidend ist, ob diese Beziehungen zu **165**

---

174 *Wassermeyer* Art 12 MA Rn 165.

175 Tz 23 MK zu Art 12.

176 *Wassermeyer* Art 12 MA Rn 125; *G/K/G* Art 11 MA Rn 156/3, Art 12 MA Rn 126; iErg auch *S/D* Art 12 MA Rn 140.

177 Tz 24 MK zu Art 12.

178 Vgl dazu H 36 III „Nahe stehende Person" Körperschaftsteuer-Hinweise 2008.

gleichgerichteten Interessen bzgl der Lizenzgebühren führen. Hier dürften die dt und die abkommensrechtlichen Prinzipien vergleichbar sein.[179]

166 Bes Beziehungen iSd Abs 4 können damit bestehen zwischen **Eltern** und Abkömmlingen, zwischen **Eheleuten**, zwischen **Partnern unehelicher Lebensgemeinschaften** oder zwischen Lizenzgeber und Lizenznehmer, dessen **Geschäftsführer der Lizenzgeber** ist. Weiterhin ausreichend ist der Fall, dass sich die bes Beziehungen nur aus **sonstigen Geschäftsbeziehungen** ergeben. Bestehen zB andere Liefer- oder Leistungsbeziehungen und werden diese mindestens teilw durch überhöhte Lizenzgebühren „verdeckt", liegen bes Beziehungen vor, da beide Seiten insoweit gemeinsame Interessen verfolgen.[180] Ausreichend soll auch zB die gemeinsame **Verbundenheit in einer Weltanschauungsgemeinschaft** sein.[181]

III. Angemessenheit der Lizenzgebühr

167 Abs 4 kommt nur zur Anwendung, wenn (Tatbestandsvoraussetzung) und soweit (Rechtsfolge) die tatsächlich vereinbarte und gezahlte Lizenzgebühr den Betrag übersteigt, den Schuldner und Nutzungsberechtigter gemessen an der zugrundeliegenden Leistung ohne bes Beziehungen vereinbart hätten. Die Frage der Angemessenheit stellt sich in jedem Fall erst nach Feststellung bes Beziehungen, so dass es **keine allg Angemessenheitsprüfung** der Höhe v Lizenzgebühren gibt. Allein eine unangemessen hohe Lizenzgebühr begründet **keine rechtliche Vermutung des Vorliegens bes Beziehungen**.[182]

168 Entscheidend für den durchzuführenden Fremdvergleich ist die Vergütung, die einander fremde Personen für die Nutzungsüberlassung des Rechts oder Vermögenswertes iSd Abs 2 miteinander vereinbart hätten. Maßstab ist somit die **hypothetische Vereinbarung**, die die Parteien **unter sonst gleichen Umständen**, aber ohne die bes Beziehungen getroffen hätten.[183] Die Frage der Angemessenheit ist aus Sicht des Lizenzgebers und des Lizenznehmers zu prüfen.[184] Nicht erforderlich sollte eine Einigung der Parteien sein, durch Vereinbarung einer unangemessenen Lizenzgebühr andere Einnahmen zu „verdecken".[185]

169 Anders als iF v Zinsen gem Art 11 ist die Führung des Fremdvergleichs für Lizenzgebühren in der Praxis außerordentlich schwierig und wird in vielen Fällen unmöglich sein. Es ist gerade Wesen der meisten der nach Abs 2 betroffenen Rechte und Vermögenspositionen, dass sie einmalig sind. Vielfach macht dies gerade ihren Wert aus. Ein echter „Marktwert" wird sich daher nicht bestimmen lassen, so dass es einer **Schätzung** bedarf.[186]

---

179 So auch *Wassermeyer* Art 12 MA Rn 125; *G/K/G* Art 11 MA Rn 156/2, Art 12 MA Rn 126.

180 *Vogel/Lehner* Art 11 MA Rn 123, Art 12 MA Rn 100.

181 *FG Köln* EFG 2003, 233, 238.

182 *Vogel/Lehner* Art 11 MA Rn 126, Art 12 MA Rn 100; *G/K/G* Art 11 MA Rn 159, Art 12 MA Rn 126; vgl *S/D* Art 12 MA Rn 143.

183 Vgl hierzu und zum Folgenden auch *Greil/Wargowske* ISR 2014, 324.

184 *BFH* BStBl II 1996, 204.

185 *BFH* BStBl II 1970, 229.

186 Vgl *Wassermeyer* Art 12 MA Rn 127.

Zur Bestimmung der angemessenen Lizenzgebühr ist nach früherer Ansicht der dt FinVerw[187] zunächst die **Preisvergleichsmethode** anzuwenden. Die Preisvergleichsmethode kann im Wege des konkreten oder auch eines nur **hypothetischen Fremdvergleichs** geführt werden.[188] Führt die Preisvergleichsmethode nicht zu hinreichenden Erg, ist davon auszugehen, dass eine Lizenzgebühr v dem ordentlichen Geschäftsführer eines Lizenznehmers regelmäßig nur bis zu der Höhe gezahlt wird, bei der für ihn ein angemessener Betriebsgewinn aus dem lizenzierten Produkt verbleibt. Diese Entsch wird idR auf Grund einer Analyse über die Aufwendungen und Erträge getroffen, die durch die Übernahme der Lizenzen zu erwarten sind.[189] Ist auch diese Methode nicht sinnvoll durchführbar, kommt als letztes die **Kostenaufschlagsmethode** zur Anwendung.[190] 170

IV. Kausalität

Zwischen bes Beziehungen einerseits und überhöhten Lizenzgebühren andererseits muss ein **Veranlassungszusammenhang**, also Ursächlichkeit bestehen. Dies bedeutet, dass ohne die bes Beziehungen der überhöhte und damit unangemessene Teil der Lizenzgebühren nicht vereinbart und gezahlt worden wäre. 171

Bei Vorliegen unangemessen hoher Lizenzgebühren und bes Beziehungen wird idR diese Kausalität **vermutet**.[191] 172

V. Rechtsfolge

Liegen die Voraussetzungen des Abs 4 vor, ist die Lizenzgebühr in einen angemessenen und einen unangemessenen überhöhten Anteil aufzuteilen. Für den **angemessenen Anteil** der Lizenzgebühr gilt unverändert Abs 1 und Abs 3. Für den **unangemessenen überhöhten Anteil** der Lizenzgebühr gilt Art 12 nicht. Dies führt dazu, dass es dem Ansässigkeitsstaat insoweit verwehrt wird, unter Berufung auf Abs 1 die vollen Lizenzgebühren ohne Anrechnung zu besteuern. 173

Der unangemessene überhöhte Anteil ist nach seinem **Charakter** genau festzulegen und gem den diesem Charakter entspr Vorschriften des nationalen Steuerrechts und der übrigen Bestimmungen des MA zu besteuern. Dieser Charakter kann jeweils nur unter Berücksichtigung aller Umstände des Einzelfalles bestimmt werden. Führt diese Festlegung durch die Vertragsstaaten wegen Uneinheitlichkeit zu einer Dbest, muss das Verständigungsverfahren durchgeführt werden.[192] 174

Diese Differenzierung verlangt, dass neben der Feststellung der Unangemessenheit der Lizenzgebühr dem Grunde nach auf der Rechtsfolgenseite eine genaue **Bezifferung der Höhe** der Unangemessenheit erforderlich ist. Dies wirft praktisch sehr große 175

187 *BMF* BStBl I 1983, 218, Tz 5.2.

188 *Wassermeyer* Art 12 MA Rn 126, *S/D* Art 12 MA Rn 142, 144.

189 Vgl dazu den umgekehrten Ansatz bei der sog „*Relief from Royalty-Methode*“ nach IAS 38.41.

190 S aber *FG Münster* IStR 2014, 489, das sich an der zivilrechtlichen Rspr zur Höhe von Schadensersatzansprüchen bei Markenrechtsverletzungen orientiert – Rev beim BFH anhängig Az I R 22/14; dagegen *Greil/Wargowske* ISR 2014, 324, 326 und *Nestler* BB 2015, 811.

191 *Wassermeyer* Art 12 MA Rn 126.

192 Tz 25 f MK zu Art 12.

Probleme auf (Rn 169f), die sich vielfach nur durch eine **Schätzung** werden lösen lassen.[193] Insb besteht eine erhebliche Gefahr, dass die Vertragsstaaten selbst iF einer grds einheitlichen Anwendung v Abs 4 jedenfalls bei der genauen Bestimmung der Angemessenheit zu unterschiedlichen Erg kommen werden. Kommt es dadurch zu einer Dbest, muss ebenfalls das **Verständigungsverfahren** nach Art 25 durchgeführt werden.

176 Art 12 trifft keine Aussage dazu, welche Auswirkung die Anwendung des Abs 4 auf die steuerliche **Abzugsfähigkeit der Lizenzgebühren** beim Gebührenschuldner haben kann.[194] Diese Frage bleibt dem nationalen Gesetzgeber überlassen (Rn 3), wird abkommensrechtlich aber auch iRd Diskriminierungsverbotes nach Art 24 Abs 4 behandelt (Art 24 Rn 29ff).

F. Deutsche DBA

I. Allgemeines

177 Die Bundesrepublik Deutschland hat keine ausdrücklichen Bemerkungen oder Vorbehalte zu Art 12 in den MK aufnehmen lassen.

II. Wichtigste Abweichungen

178 **1. Allgemeines.** Die v Deutschland abgeschlossenen DBA enthalten teilw nicht unerhebliche Abweichungen v MA. Diese Abweichungen betreffen va die Frage eines Quellensteuersatzes sowie die Definition der unter Art 12 fallenden Lizenzgebühren.

179 **2. Quellensteuersätze.** In mehr als der Hälfte der dt DBA wird ein **beschränktes Besteuerungsrecht für den Quellenstaat** eingeräumt.[195]

180 Der anwendbare Steuersatz wird dabei vielfach differenziert je nach Lizenzgegenstand. Innerhalb **EU/EWR** gilt vielfach ein regelmäßiger Quellensteuersatz v **5 %**, nämlich für Bulgarien (Art 12), Finnland (Art 12), Italien (Art 12), Luxemburg (Art 12), Polen (Art 12), Slowenien (Art 12), Spanien (Art 12) und die Tschechische Republik (hier gilt noch das DBA Tschechoslowakei 1980, Art 12).

181 Abw hiervon gilt für **Finnland** und **Italien** kein Besteuerungsrecht für den Quellenstaat für Lizenzgebühren für die Benutzung oder das Recht aus Benutzung v Urheberrechten an literarischen, künstlerischen oder wiss Werken bzw die Schaffung oder die Vervielfältigung literarischer, dramaturgischer, musikalischer oder künstlerischer Werke, einschließlich kinematographischer Filme und Filme oder Bandaufnahmen für Fernsehen und Rundfunk.

182 Abw hiervon gilt ein regelmäßiger Quellensteuersatz v **10 %** für Estland (Art 12), Lettland (Art 12), Litauen (Art 12) und Portugal (Art 12). Für Estland, Lettland und Litauen gilt außerdem ein bes Quellensteuersatz v 5 % auf Lizenzgebühren für die Benutzung gewerblicher, kaufmännischer oder wiss Ausrüstungen.

183 Auch für **China** (Art 12), **Indien** (Art 12) und **Japan** (Art 12) gilt ein regelmäßiger Quellensteuersatz v 10 %. Für **China** ermäßigt sich der effektive Quellensteuersatz auf

---

193 *Vogel/Lehner* Art 12 MA Rn 101, Art 12 MA Rn 100.
194 *G/K/G* Art 11 MA Rn 166, Art 12 MA Rn 126.
195 So zB zuletzt in Art 10 Abs 2 DBA VAE, vgl *Letzgus/Berroth* IStR 2010, 614, 618.

Lizenzgebühren für die Benutzung gewerblicher, kaufmännischer oder wiss Ausrüstungen bisher auf 7 %[196], nach dem neuen DBA 2014 auf 6 %.

184 Für Rumänien gilt ein Quellensteuersatz v **3 %** (Art 12).

185 Die DBA mit den übrigen Staaten des EU/EWR-Raumes sehen in Übereinstimmung mit dem DBA **kein Besteuerungsrecht des Quellenstaates** vor. Dies gilt für Belgien (Art 12), Dänemark (Art 12), Frankreich (Art 15), Griechenland (Art VIII Abs 1), Großbritannien (Art 12), Irland (Art VIII Abs 1), Malta (Art 12 Abs 1), die Niederlande (Art 12 Abs 1), Norwegen (Art 12 Abs 1), Österreich (Art 12 Abs 1), Schweden (Art 12 Abs 1), Ungarn (Art 12 Abs 1) und Zypern (Art 12 Abs 1). Entspr gilt auch für die Schweiz (Art 12 Abs 1).

186 V den außerhalb des EU/EWR-Raumes gelegenen wichtigen dt Handelspartnern sehen insb die DBA **USA** (Art 12) und DBA **Russische Föderation** (Art 12) in Übereinstimmung mit dem MA kein Besteuerungsrecht des Quellenstaates vor.

187 **3. Definition der Herkunft der Lizenzgebühren.** In vielen DBA wird ausdrücklich die Herkunft der Lizenzgebühren (Quellenstaat) definiert. Dies gilt va (aber nicht nur) für die DBA mit den Staaten, in denen ein Quellenbesteuerungsrecht vereinbart ist, insb für die DBA Belgien, Bulgarien, Estland; Finnland, Indien, Italien, Japan, Lettland, Litauen, Österreich, Polen, Portugal, Rumänien, Russische Föderation, Slowenien, Spanien und Ungarn.

188 Die Definitionen der Herkunft der Lizenzgebühren orientieren sich inhaltlich an **Art 11 Abs 5** MA (s dazu Art 11 Rn 129 ff) und ergänzen regelmäßig den Quellenstaat und dessen Länder und Gebietskörperschaften.

189 **4. Lizenzgebühren und Lizenzgegenstände.** In der überwiegenden Anzahl v dt DBA wird die Definition v Lizenzgebühren sowie die Art der möglichen Lizenzgegenstände um Fälle ergänzt, die nicht im MA enthalten sind.

190 In **Übereinstimmung mit dem MA** regeln den Begr der Lizenzgebühren die DBA Dänemark, Großbritannien, Malta, Norwegen, Österreich und Schweden.

191 Verbreitet ist va die Erg der möglichen Lizenzgegenstände um die **gewerblichen, kaufmännischen oder wiss Ausrüstungen**. Dies betrifft im wesentliche Fälle des Leasings (Rn 138 ff). Diese Erg findet sich insb in den DBA Belgien, Bulgarien, China, Estland, Indien, Japan (ohne Container), Finnland, Frankreich, Griechenland, Irland, Italien, Lettland, Litauen, Polen, Portugal, Russische Föderation, Schweiz, Spanien, der Tschechischen Republik, Ungarn und Zypern sowie in der modifizierten dt Verhandlungsgrundlage für Entwicklungsländer.[197]

192 In diesen Fällen gilt oftmals ein **abw niedrigerer Quellensteuersatz**, wenn das betr DBA überhaupt ein Besteuerungsrecht des Quellenstaates vorsieht (Rn 180 ff). Dies gilt namentlich für China, Estland, Lettland und Litauen.

193 Verschiedene DBA fassen auch **Veräußerungsfälle** unter die Lizenzdefinition. In diesen Fällen ist dann eine Abgrenzung v derartigen Veräußerungsfällen (Rn 75 ff) nicht erforderlich. Dies betrifft insb die DBA Frankreich, Irland.

---

196 Prot zum DBA China 1985 Abs 5.
197 *Valta* ISR 2013,186, 189.

194 In einigen DBA finden sich Sonderregelungen zu **technischen Dienstleistungen**, die vielfach dem LizenzBegr unterstellt werden. In derartigen Fällen gelten die Grundsätze zur Abgrenzung v Dienstleistungen dann nicht bzw nicht in der Weise, die für das MA maßgeblich ist (Rn 80 ff). Dies betrifft va **Indien** (Art 12 Abs 4), im Erg auch **Australien** (Art 12 Abs 2)[198] und daneben insb dt DBA mit Entwicklungsländern.

195 In wenigen neueren DBA umfasst der Begr der Lizenzgebühren ausdrücklich auch Vergütungen für die Benutzung oder das Recht auf Benutzung v Namen, Bildern oder sonstigen vergleichbaren **Persönlichkeitsrechten**. Diese DBA beziehen dann auch ausdrücklich die Entgelte für die Aufzeichnung v Veranstaltungen v Sportlern und Künstlern durch Fernsehen und Rundfunk in den Lizenzgebührenbegriff ein. Diese Erweiterung findet sich insb in den DBA Polen, Rumänien und Slowenien. Nach der hier vertretenen Ansicht (Rn 88) hat dies aus dt Sicht allerdings keine Änderung der Rechtslage aufgrund des DBA zur Folge.

196 **5. Betriebsstättenvorbehalt.** Ein Großteil der dt DBA enthält (noch) eine ausdrückliche Gleichstellung der **festen Einrichtung** mit der Betriebstätte. Diese Regelung entspricht dem MA 1977, ist mit jedoch mit der Streichung v Art 14 MA gegenstandslos geworden.

197 Eine inhaltliche Abweichung v Abs 3 ist mit dieser Formulierung nicht verbunden.

198 **6. Angemessenheit der Lizenzgebühr.** Eine dem Abs 4 **entspr Regelung fehlt** in den DBA Finnland und Frankreich.

199 Das DBA **Belgien** beschränkt den Anwendungsbereich v Art 12 Abs 1 auf den „üblichen Betrag“, den Schuldner und Gläubiger ohne die bes Beziehungen vereinbart hätten (Art 12 Abs 5). Es enthält daneben in Art 12 Abs 6 eine bes Bestimmung über die Bemessung des üblichen (also des angemessenen) Betrages der Lizenzgebühr in Fällen, in denen die Lizenzgebühr innerhalb einer Gruppe v verbundenen Unternehmen bezahlt werden. Anwendbar soll danach primär die Kostenaufschlagsmethode sein (s aber Rn 170).

200 Die übrigen wichtigen DBA entsprechen inhaltlich weitgehend dem MA. Der vielfach mit Rücksicht auf frühere Fassungen des MA fehlende ausdrückliche Bezug auf den **Nutzungsberechtigten** hat keine inhaltliche Abweichung zur Folge.

201 **7. Zusätzliche Regelungen.** Das DBA **Großbritannien** enthält in Art 12 Abs 5 eine spezielle „anti-treaty-shopping“-Regelung.[199]

---

198 S *Fischer/Klein/Eilers* IStR 2012, 483.
199 Vgl dazu *Bahns/Sommer* IStR 2011, 201, 204 f.

Art. 13 Gewinne aus der Veräußerung von Vermögen

(1) Gewinne, die eine in einem Vertragsstaat ansässige Person aus der Veräußerung unbeweglichen Vermögens im Sinne des Artikels 6 bezieht, das im anderen Vertragsstaat liegt, können[1] im anderen Staat besteuert werden.

(2) Gewinne aus der Veräußerung beweglichen Vermögens, das Betriebsvermögen einer Betriebstätte ist, die ein Unternehmen eines Vertragsstaats im anderen Vertragsstaat hat, einschließlich derartiger Gewinne, die bei der Veräußerung einer solchen Betriebstätte (allein oder mit dem übrigen Unternehmen) erzielt werden, können[2] im anderen Staat besteuert werden.

(3) Gewinne aus der Veräußerung von Seeschiffen oder Luftfahrzeugen, die im internationalen Verkehr betrieben werden, von Schiffen, die der Binnenschifffahrt dienen, und von beweglichem Vermögen, das dem Betrieb dieser Schiffe oder Luftfahrzeuge dient, können[3] nur in dem Vertragsstaat besteuert werden, in dem sich der Ort der tatsächlichen Geschäftsleitung des Unternehmens befindet.

(4) Gewinne, die eine in einem Vertragsstaat ansässige Person aus der Veräußerung von Anteilen bezieht, deren Wert zu mehr als 50 vom Hundert unmittelbar oder mittelbar auf unbeweglichem Vermögen beruht, das im anderen Vertragsstaat liegt, können[4] im anderen Staat besteuert werden.

(5) Gewinne aus der Veräußerung des in den Absätzen 1, 2, 3 und 4 nicht genannten Vermögens können[5] nur in dem Vertragsstaat besteuert werden, in dem der Veräußerer ansässig ist.

BMF v 25.8.1997, Az IV C 6-S 1301 Tun-1/97, BStBl I 1997, 796; *BMF* v 1.10.1997, Az IV C 6-1301 Rum-7/97, BStBl I 1997, 863; *BMF* v 28.5.1998, Az IV C 5-S 1301 Spa-2/98, BStBl I 1998, 557; *BMF* v 4.10.1999, Az IV B 3-S 1304-Schz-67/99, BStBl I 1999, 845; *BMF* v 14.5.2004, Az IV B 4-S 1304-11/04, BStBl I 2004 Sondernr 1, S 3; *OFD Münster* v 26.5.2011, Az S 1301-35-St45-32, DStR 2011, 1665.

Übersicht

1 Österreich: S Fußnote 1 zu Art 6.
2 Österreich: S Fußnote 1 zu Art 6.
3 Österreich: S Fußnote 1 zu Art 6.
4 Österreich: S Fußnote 1 zu Art 6.
5 Österreich: S Fußnote 1 zu Art 6.

Literatur: *Bahns* German Tax Treatment of the Sale of Real Estate Company Shares, TNI 2015, 457; *Bron* Zum Risiko der Entstrickung durch den Abschluss bzw. die Revision von DBA – Überlegungen zu Outbound-Investitionen unter besonderer Berücksichtigung von Art 13 Abs 4 OECD-MA, § 6 AStG sowie Umstrukturierungen, IStR 2012, 904; *Cloer* Einkünfte aus Immobilienbesitz im polnischen Ertragsteuerrecht im Lichte des Doppelbesteuerungsrechts, IStR 2004, 853; *Demleitner* Veräußerungsgewinne aus unbeweglichem Vermögen nach dem DBA USA, IWB 2010, 20; *B Fischer* Veräußerung von Betriebsstätten und Mitunternehmeranteilen, in: Schaumburg/Piltz Veräußerungsgewinne im Internationalen Steuerrecht, 2004, S 29; *H Fischer* Immobiliengesellschaften – Sonderthemen, FS Wassermeyer, 2015, S 231; *Goebel/Boller/Ungemach* Die Zuordnung von Beteiligungen zum Betriebsvermögen im nationalen und internationalen Kontext, IStR 2008, 643; *Gosch* Internationale Qualifikationskonflikte, in: Schaumburg/Piltz Veräußerungsgewinne im Internationalen Steuerrecht, 2004, S 103; *Häck* Abkommensrechtliche Zuordnung von Beteiligungen zu Betriebsstätten nach BFH, OECD und Finanzverwaltung, ISR 2015, 113; *Holthaus* Ausländische Einkünfte aus unbeweglichem Vermögen und deren Veräußerung nach den DBA, IStR 2011, 385; *Kahle* Die Veräußerung der Beteiligung an einer US-Partnership durch einen beschränkt steuerpflichtigen Gesellschafter, RIW 1996, 319; *Kraft* Veräußerungsgewinnbesteuerung im DBA-Kontext bei Fehlen einer Art 13 OECD-MA entsprechenden Spezialvorschrift – Neue Einsichten für die Abkommensauslegung aus der australischen Rechtsprechung, IStR 2012, 740; *Krohn/Greulich* Ausgewählte Einzelprobleme des neuen Umwandlungssteuerrechts aus der Praxis, DStR 2008, 646; *Lang/Lüdicke/Reich* Beteiligungen im Privatvermögen: Die Besteuerung des Wegzugs aus Österreich und Deutschland in die Schweiz, IStR 2008, 673; *Lübbehüsen/Kahle,* Brennpunkte der Besteuerung von Betriebsstätten, 2015; *Pietrek/Busch/Mätzig* Weitreichende Konsequenzen der Grundbesitzklausel gemäß Art 13 Abs 4 OECD-MA, IStR 2014, 660; *Pijl* Capital Gains: The History of the Principle of Symmetry, the Internal Order of Article 13 and the Dynamic Interpretation of the Changes in the 2010 Commentary on „Forming Part" and „Effectively Connected", WTJ 2013, 3; *Piltz* Liquidation ausländischer Kapitalgesellschaften in den Doppelbesteuerungsabkommen, DStR 1989, 133; *ders* Veräußerung von Sonderbetriebsvermögen unter den Doppelbesteuerungsabkommen (OECD-Musterabkommen und DBA-Schweiz), IStR 1996, 457; *Plewka/Beck* Qualifikation als Immobiliengesellschaft nach dem Recht der Doppelbesteuerungsabkommen, IStR 2007, 125; *Reimer* Unbewegliches Vermögen und DBA, IStR 2011, 677; *Schmalz* Die Veräußerung von Beteiligungen an Personengesellschaften im internationalen Steuerrecht unter Berücksichtigung des Partnership-Reports der OECD, IStR 2003, 290; *Scholten/Griemla* Abkommensrechtliche Zuordnung von Gewinnen aus der Veräußerung von unbeweglichem Vermögen bei Fehlen einer Art 13 OECD-Musterabkommen entsprechend Spezialvorschrift, IStR 2008, 661; *Schumacher* Veräußerung von Anteilen an Kapitalgesellschaften, in: Schaumburg/Piltz Veräußerungsgewinne im Internationalen Steuerrecht, 2004, S 1; *Sieker* Veräußerungsgewinne aus Anteilen an Immobiliengesellschaften, IStR 2005, 563; *Simontacchi* Immovable Property Companies as Defined in Article 13(4) of the OECD Model, BIT 2006, 29; *Strunk* Grenzüberschreitende Veräußerung immaterieller Wirtschaftsgüter, in: Schaumburg/Piltz Veräußerungsgewinne im Internationalen Steuerrecht, 2004, S 57; *Suchanek* Doppelte Nichtbesteuerung eines Gewinns aus der Veräußerung einer intransparenten Personengesellschaft – Erste gerichtliche Klärung durch das FG Hamburg, IStR 2007, 654; *Wagner/Lievenbrück* Die Grundbesitzklausel gemäß Art 13 Abs 4 OECD-MA in deutschen Doppelbesteuerungsabkommen, IStR 2012, 593; *F Wassermeyer* Liquidation, Kapitalherabsetzung und Umwandlung, in: Schaumburg/Piltz Veräußerungsgewinne im Internationalen Steuerrecht, 2004, S 89; *W Wassermeyer* Die Veräußerung von Anteilen an einer US-Immobilien-Partnership gemäß DBA-USA, IStR 2001, 347; *Woywode* Die abkommensrechtliche Einordnung von Einkünften aus Forward-/Future- und Optionsverträgen, IStR 2006, 325; *ders* Die abkommensrechtliche Einordnung von Einkünften aus Swapverträgen, IStR 2006, 368.

A. Allgemeines

I. Inhalt und Bedeutung der Vorschrift

Art 13 regelt die Besteuerung von Veräußerungsgewinnen im Quellenstaat. Jeder der fünf Abs der Vorschrift bezieht sich auf einen anderen Gegenstand der Veräußerung: Abs 1 regelt die Veräußerung **unbeweglichen Vermögens**, Abs 2 die Veräußerung **beweglichen Vermögens**, das Betriebsvermögen einer Betriebsstätte ist, Abs 3 die Veräußerung von **Schiffen oder Luftfahrzeugen** und deren Zubehör, Abs 4 die Veräußerung von **Anteilen an Immobiliengesellschaften** und Abs 5 die Veräußerung des von den vorhergehenden Abs nicht erfassten **sonstigen Vermögens**. 1

Anders als das dt innerstaatliche Recht, das Veräußerungsgewinne grds einer anderen Einkunftsart zuordnet (zB Veräußerungsgewinne iSv § 17 EStG den Einkünften aus Gewerbebetrieb), kennt das Abkommensrecht mit Art 13 eine **selbstständige Einkunftsart „Gewinne aus der Veräußerung von Vermögen"**.[6] Dies ist darauf zurückzuführen, dass sowohl die Besteuerung von Veräußerungsgewinnen als auch die auf Veräußerungsgewinne erhobenen Steuern in den OECD-Staaten sehr unterschiedlich sind.[7] Zur Vermeidung von Qualifikationskonflikten aufgrund der abw innerstaatli- 2

6 *Debatin/Wassermeyer* Art 13 Rn 1; *S/K/K* Art 13 Rn 1.

7 Vgl Tz 1 und 2 MK zu Art 13.

chen Regelungen wird die Besteuerung von Veräußerungsgewinnen daher getrennt von den laufenden Einkünften in Art 13 behandelt. Auch wenn die Abgrenzung der Veräußerungsgewinne gg den laufenden Gewinnen (zB Art 6, 7, 8) im Detail unklar ist, dürfte Art 13 Abs 1–3 als lex specialis zu verstehen sein.[8]

3 Zur Besteuerung der Veräußerungsgewinne ist primär der Staat berechtigt, der auch die laufenden Einkünfte aus dem veräußerten Vermögen besteuern darf. So weist Art 13 Abs 1 das Besteuerungsrecht für Gewinne aus der Veräußerung unbeweglichen Vermögens dem Belegenheitsstaat des unbeweglichen Vermögens zu (sog **Belegenheitsprinzip**).[9] Entspr gilt gem dem im Jahr 2002 neu eingefügten Abs 4 für Gewinne aus der Veräußerung von Anteilen an Immobiliengesellschaften, wenn mehr als 50 % des unbeweglichen Vermögens in diesem Staat belegen sind.[10] Das Besteuerungsrecht für Gewinne aus der Veräußerung von beweglichem Vermögen, das einer Betriebsstätte zuzuordnen ist, sowie von gesamten Betriebsstätten erhält nach Art 13 Abs 2 der Betriebsstättenstaat (sog **Betriebsstättenprinzip**).[11] Für Veräußerungsgewinne von Schiffen oder Luftfahrzeugen und deren Zubehör obliegt das Besteuerungsrecht gem Art 13 Abs 3 dem **Geschäftsleitungsstaat** des Unternehmens.[12] Das Besteuerungsrecht für Veräußerungsgewinne des sonstigen, in den Abs 1–4 nicht genannten Vermögens wird in Abs 5 dem **Ansässigkeitsstaat** des Veräußerers zugewiesen.[13]

4 Während die Abs 3 und 5 das Besteuerungsrecht abschließend dem Geschäftsleitungsstaat bzw dem Ansässigkeitsstaat zuweisen („können **nur** in dem Vertragsstaat besteuert werden") und ein Rückgriff auf Art 23A und 23B damit nicht erforderlich ist, enthalten die Abs 1, 2 und 4 keine abschließende Zuordnung des Besteuerungsrechts („können im anderen Staat besteuert werden"). Neben dem Belegenheits- bzw Betriebsstättenstaat hat hier folglich auch der Ansässigkeitsstaat ein Besteuerungsrecht.[14] Wie eine Dbest im Einzelnen vermieden wird, richtet sich daher in diesen Fällen nach den Bestimmungen der Art 23A und 23B.

5 Art 13 regelt lediglich die **Verteilung der Besteuerungsrechte**. Ob und ggf wie ein Veräußerungsgewinn besteuert wird, richtet sich nach dem innerstaatlichen Recht des Vertragsstaates, dem ein Besteuerungsrecht zugewiesen wird. So wird durch die abkommensrechtliche Vorschrift kein Recht zur Besteuerung eingeräumt, wenn das innerstaatliche Recht kein Besteuerungsrecht vorsieht.[15] Ebenfalls nach innerstaatlichem Recht bestimmen sich der Zeitpunkt der Veräußerung und der Zeitpunkt der Erzielung des Veräußerungsgewinns, die ua für die Ermittlung der Abkommensberechtigung bzw die Anwendung von Art 13 maßgeblich sind.[16]

---

8 Vgl *Debatin/Wassermeyer* Art 13 Rn 1.
9 Für Einzelheiten vgl Rn 33 ff.
10 Für Einzelheiten vgl Rn 82 ff.
11 Für Einzelheiten vgl Rn 53 ff.
12 Für Einzelheiten vgl Rn 65 ff.
13 Für Einzelheiten vgl Rn 97 f.
14 *G/K/G* Art 13 Rn 25; *S/K/K* Art 13 Rn 2; *Vogel/Lehner* Art 13 Rn 42.
15 Tz 3 MK zu Art 13.
16 Zu Zeitfragen vgl *Debatin/Wassermeyer* Art 13 Rn 14; *Schuch* Die Zeit im Recht der DBA, 231.

Keine Regelung trifft Art 13 zu **Veräußerungsverlusten**. Nach ständiger höchstrichterlicher Rspr umfasst der abkommensrechtliche Begriff „Gewinn" jedoch sowohl positive als auch negative Einkünfte.[17] Art 13 ist daher auch auf Veräußerungsverluste anwendbar.[18] 6

II. Systematischer Zusammenhang und Abgrenzung zu anderen Vorschriften

1. Vorschriften des MA. Während Art 13 das Recht zur Besteuerung des Gewinns aus der Veräußerung eines Vermögenswertes regelt, wird die Besteuerung der aus dem Vermögenswert resultierenden **laufenden Einkünfte** durch die **Art 6, 7, 8 und 21** geregelt. So knüpft Art 13 Abs 1 an die Vorschrift des Art 6 zu den Einkünften aus unbeweglichem Vermögen an. Art 13 Abs 2 folgt Art 7 zu den Unternehmensgewinnen, während sich Art 13 Abs 3 an der Vorschrift über Seeschifffahrt, Binnenschifffahrt und Luftfahrt in Art 8 orientiert. Art 13 Abs 5 schließlich folgt Art 21, der die laufende Besteuerung der anderen Einkünfte regelt. Zudem stellt Art 13 eine Parallelregelung zu Art 22 (Besteuerung des Vermögens) dar. Das Verhältnis zwischen Art 13 und den Vorschriften zu den laufenden Einkünften ist zwar nicht abschließend geklärt.[19] Da das Besteuerungsrecht für die laufenden Einkünfte und für die Veräußerungsgewinne nach diesen Vorschriften jeweils demselben Staat zugewiesen wird, ist es in der Praxis im Regelfall aber auch nicht erforderlich, eine Abgrenzung der Veräußerungsgewinne gg den laufenden Einkünften vorzunehmen.[20] Ist im Einzelfall eine Abgrenzung notwendig,[21] wird davon ausgegangen, dass Art 13 gg den anderen Vorschriften als lex specialis anzusehen ist.[22] 7

Trotz der grds gleichen Rechtsfolgen für Veräußerungsgewinne und laufende Einkünfte wurde eine separate Regelung der Veräußerungsgewinne als erforderlich erachtet, um Qualifikationskonflikten vorzubeugen, die sich aus dem unterschiedlichen innerstaatlichen Recht der Vertragsstaaten ergeben können.[23] Fehlt eine dem Art 13 entspr Vorschrift in einem DBA, richtet sich das Besteuerungsrecht für Veräußerungsgewinne grds nach der Vorschrift für die laufenden Einkünfte, sofern der Wortlaut der entspr Vorschrift dem Einbezug von Veräußerungsgewinnen nicht entgegensteht.[24] 8

Auch im **Verhältnis zu Art 15 und 16** ist Art 13 lex specialis. So sind aus dem Verkauf von Mitarbeiteroptionen bzw -beteiligungen resultierende Veräußerungsgewinne nach Art 13 zu beurteilen.[25] Eine andere Abgrenzung geht weder aus dem Wortlaut der Vorschriften noch aus ihrem Sinn und Zweck hervor. 9

---

17 *BFH* BStBl II 1983, 382; BStBl II 1976, 454; *BFHE* 114, 530; *BFH* BStBl II 1973, 531; BStBl II 1972, 948.

18 AA *Vogel/Lehner* Art 13 Rn 29; *Österreichischer VwGH* IStR 2000, 754.

19 Vgl *BFH* BStBl II 2009, 414.

20 Tz 4 MK zu Art 13.

21 Vgl *BFH* BStBl II 1973, 873; BStBl II 1989, 599.

22 Vgl *Debatin/Wassermeyer* Art 13 Rn 1.

23 Tz 1 ff MK zu Art 13; vgl Rn 2.

24 Vgl *BFH* BStBl II 1982, 768 in Zusammenhang mit *BFH* BStBl II 1972, 948; *Scholten/Griemla* IStR 2008, 661; **aA** *Vogel/Lehner* Art 13 Rn 63 ff.

25 Tz 12.2 MK zu Art 15; *Vogel/Lehner* Art 15 Rn 21a; *S/K/K* Art 13 Rn 5.

10 Die Abs 1, 2 und 4 des Art 13 werden durch **Art 23A und 23B** ergänzt, da diese drei Regelungen des Art 13 keine abschließende Zuweisung des Besteuerungsrechts enthalten. Zur Ermittlung der Entlastung von der Dbest durch den anderen Vertragsstaat (dies ist regelmäßig der Ansässigkeitsstaat) ist daher auf den Methodenartikel zurückzugreifen.

11 **2. Vorschriften des innerstaatlichen Rechts.** Nach dt innerstaatlichen Steuerrecht fallen Veräußerungsgewinne, falls sie der Besteuerung unterliegen, unter eine der sieben **Einkunftsarten des § 2 Abs 1 EStG**. Die Besteuerung von Veräußerungsgewinnen wird insb in den §§ 14, 16 Abs 1 und 3, 17 Abs 1, 18 Abs 3 und 23 EStG behandelt. Zudem werden nach dt Verständnis auch ähnliche Sachverhalte, wie zB der Tausch bzw tauschähnliche Vorgänge und übertragende Umwandlungen (zB Verschmelzung und Spaltung), als Veräußerungsvorgänge angesehen.[26] Die innerstaatlichen Vorschriften werden somit in int Sachverhalten durch Art 13 ergänzt.

12 Das Verhältnis von Art 13 zu den Vorschriften des AStG ist zum Teil strittig. Zu **§ 2 AStG**, der die erweiterte beschränkte StPfl regelt, wird vertreten, dass Art 13 MA gg dieser Vorschrift vorrangig ist.[27] Dies wird damit begründet, dass der das Verhältnis von Vorschriften des AStG zu den DBA regelnde § 20 Abs 1 AStG keinen Verweis auf § 2 AStG enthält und somit auch keinen Vorrang von § 2 AStG statuiert. Das Verhältnis von Art 13 zur **Wegzugsbesteuerung** gem **§ 6 AStG** ist umstrittener.[28] Nach der Vorschrift zur Wegzugsbesteuerung findet bei natürlichen Personen unter bestimmten Voraussetzungen bei einem Wegzug aus Deutschland, durch den die unbeschränkte StPfl beendet wird, eine Besteuerung hinsichtlich der von der natürlichen Person gehaltenen Anteile an KapGes statt, wenn die KapGes-Anteile unter § 17 Abs 1 S 1 EStG fallen und die natürliche Person zuvor insgesamt mindestens zehn Jahre unbeschränkt steuerpflichtig war. Zweck der Vorschrift ist es folglich, die während der Zeit der unbeschränkten StPfl in den Anteilen entstandenen stillen Reserven zu besteuern. Fraglich ist, ob dieses Besteuerungsrecht durch Art 13 Abs 5 MA eingeschränkt wird, weil nach der abkommensrechtlichen Regelung das Besteuerungsrecht für im Privatvermögen gehaltene Anteile an KapGes dem Wohnsitzstaat zusteht. Zwar verweist § 20 Abs 1 AStG auch nicht auf § 6 AStG und regelt damit keinen Vorrang der Wegzugsbesteuerung vor den DBA, dies ist nach Auffassung des BFH und der FinVerw aber auch nicht erforderlich. Da die Wegzugsbesteuerung im letzten Moment der unbeschränkten StPfl eingreife, dh zu einem Zeitpunkt, zu dem noch keine Wohnsitzverlegung eingetreten ist, stehe das Besteuerungsrecht an den Anteilen nur Deutschland zu, so dass Art 13 Abs 5 MA gar nicht anwendbar sei.[29] Nach anderer Auffassung handelt es sich bei § 6 AStG um ein Treaty Override.[30] Nach beiden Auffassungen kommt somit iE § 6 AStG zur Anwendung.[31] Dbest treten jedoch auf, wenn der neue Wohnsitzstaat bei einer späteren tatsächlichen Veräußerung der KapGes-Anteile zur

26 *Debatin/Wassermeyer* Art 13 Rn 27 f.

27 *G/K/G* Art 13 Rn 12.

28 *S/K/K* Art 13 Rn 8; G/K/G Art 13 Rn 160 f; *Schönfeld/Ditz* Art 13 Rn 19.

29 *BFH* BStBl II 2009, 524; *BFH* BStBl II 1998, 558; BStBl II 1977, 283; *BMF* BStBl I 2004, Sondernr 1, Tz 6.1.5 ff.

30 *Vogel* BB 1971, 1188; *Flick* BB 1971, 250.

31 Der Vorrang des § 6 AStG dürfte auch nicht dem MK widersprechen, der in Tz 10 zu Art 13 anerkennt, dass einem Staat das Besteuerungsrecht für unter seiner Hoheit gebildete stille Reserven zusteht.

Ermittlung des Veräußerungsgewinns die ursprünglichen Anschaffungskosten zu Grunde legt. Wie eine Dbest in diesem Fall zu vermeiden ist, ist strittig.[32] Nach Ansicht des BFH muss eine Dbest iF einer späteren Anteilsveräußerung durch den Wohnsitzstaat beseitigt werden.[33] *Wassermeyer* vertritt hingegen die Auffassung, dass Deutschland in einem solchen Fall zur Änderung der Wegzugssteuerfestsetzung verpflichtet sein sollte.[34] Für die Vorschriften zur **Hinzurechnungsbesteuerung** in **§§ 7 ff AStG** regelt § 20 Abs 1 AStG ausdrücklich, dass diese durch die DBA nicht berührt werden.

III. Begriff des Veräußerungsgewinns

1. Auslegungsgrundsätze. Art 13 regelt die Besteuerung der Gewinne aus der Veräußerung verschiedener Vermögenswerte. Der Begriff des „Veräußerungsgewinns" wird im MA nicht näher definiert.[35] Ob zur Auslegung dieses Begriffs daher auf das innerstaatliche Recht der Vertragsstaaten zurückzugreifen ist oder ob zumindest der Begriff der „Veräußerung" allein abkommensrechtlich auszulegen ist, wird kontrovers diskutiert. Die Vertreter der vorrangig **abkommensrechtlichen Auslegung** begründen ihre Auffassung damit, dass eine Auslegung nach innerstaatlichem Recht dem Sinn des Art 13 widerspreche, denn es gehe darum, Tatbestände, die die Vertragsstaaten nach ihrem innerstaatlichen Recht möglicherweise unterschiedlich bezeichnen (zB als Entnahme, Einbringung oder Wegzugsbesteuerung), einheitlich und übereinstimmend unter einen abkommensrechtlichen Veräußerungsbegriff zu subsumieren.[36] Für die abkommensrechtliche Auslegung spreche zudem, dass der MK Auslegungshinweise enthalte, die vom dt innerstaatlichen Steuerrecht abweichen. Nach gegenteiliger Auffassung ist mangels Definition des Begriffs „Veräußerungsgewinn" Art 3 Abs 2 MA anwendbar, demzufolge für die Auslegung im Abkommen nicht definierter Begriffe auf das **innerstaatliche Recht der Vertragsstaaten** zurückzugreifen ist.[37] Nach hier vertretener Ansicht sollte zur Vermeidung von Qualifikationskonflikten nur dann auf das innerstaatliche Recht zurückgegriffen werden, wenn eine abkommensrechtliche Auslegung mangels Auslegungshinweisen ausscheidet.[38] 13

2. Veräußerung. Der Begriff der Veräußerung in Art 13 ist **weit auszulegen.**[39] Dies ergibt sich zum einen aus dem Zweck der Vorschrift, alle Formen der Besteuerung stiller Reserven zu erfassen,[40] und zum anderen aus den Hinweisen im MK. Nach Tz 5 MK zu Art 13 sollen mit der „Veräußerung von Vermögen" insb die Gewinne aus dem **Verkauf** oder dem **Tausch** von Vermögenswerten (auch Teilveräußerungen), der **Enteignung**, der **Einbringung** in eine Gesellschaft, dem **Verkauf von Rechten**, der 14

---

32 Einige DBA enthalten jedoch Sonderregelungen für diesen Fall, vgl zB Art 13 Abs 5 DBA Schweiz, Art 13 Abs 6 DBA USA, Art 13 Abs 7 Buchstabe b DBA Kanada, Prot Nr 12 zu Art 13 DBA Italien.

33 *BFH* BStBl II 2009, 524.

34 *Debatin/Wassermeyer* Art 13 Rn 31.

35 Tz 5 MK zu Art 13.

36 *Debatin/Wassermeyer* Art 13 Rn 3; eingeschränkt auch *Vogel/Lehner* Art 13 Rn 11 f.

37 *Schaumburg* Rn 16.379.

38 So etwa für den zweiten Begriffsbestandteil „Gewinn", ebenso *Debatin/Wassermeyer* Art 13 Rn 3.

39 *S/K/K* Art 13 Rn 4; *Debatin/Wassermeyer* Art 13 Rn 28.

40 *Debatin/Wassermeyer* Art 13 Rn 28.

unentgeltlichen Übertragung und dem **Übergang von Todes wegen** erfasst werden. Aus diesem weiten Begriffsverständnis folgt, dass auch weitere Ersatztatbestände der Gewinnrealisierung wie **Entnahmen**, **verdeckte Einlagen** oder **Umwandlungen** unter den Veräußerungsbegriff des Art 13 fallen.[41] Entspr gilt für **Aufgabe- und Liquidationsgewinne** bei Einzelunternehmen und PersG.[42] Die abkommensrechtliche Einordnung als Veräußerungsgewinn gilt auch dann, wenn das innerstaatliche Steuerrecht eines Vertragsstaates eine abw Einordnung (zB als Einkünfte aus Kapitalvermögen) vorsieht.[43]

15 **Teilwertabschreibungen** sind nicht unter Art 13 zu fassen, sondern den laufenden Gewinnen zuzuordnen.[44]

16 Veräußerungsgewinne, die auf **Währungsschwankungen** zurückzuführen sind, fallen unter Art 13, wenn der Währungsgewinn nach dem innerstaatlichen Recht des Anwendestaates (zB der Betriebsstättenstaat bei der Veräußerung beweglichen Betriebsstättenvermögens) als Veräußerungsgewinn zu qualifizieren ist. In der Praxis wird jedoch oftmals das Problem auftreten, dass der Anwendestaat den Währungsgewinn nicht feststellen kann, wenn dieser nur aus den im Stammhaus geführten Büchern ersichtlich ist.[45]

17 Wird bei der Veräußerung von Vermögenswerten iSd Art 13 kein fester Kaufpreis, sondern eine **Leibrente** zugunsten des Veräußerers vereinbart, kommt für den den Buchwert und die Kosten übersteigenden Rentenanteil sowohl die Anwendung des Art 13 als auch des Art 21 (in anderen Art nicht behandelte Einkünfte) in Betracht.[46] Da der MK zu der Einordnung keine Auslegungshinweise enthält, ist maßgeblich, ob das innerstaatliche Recht des Anwendestaates die Rentenzahlungen als Veräußerungsgewinn behandelt.[47]

18 Art 13 ist nicht anwendbar auf Lottogewinne, auf Aufgelder im Zusammenhang mit Anleihen oder Obligationen und auf Gewinne aus Losanleihen.[48]

19 **3. Gewinn.** Für den Begriff des Gewinns finden sich im MK keine Auslegungshinweise. Für seine Definition ist daher gem Art 3 Abs 2 auf das **innerstaatliche Recht des Anwendestaates** zurückzugreifen.[49] So bestimmt sich die Ermittlung des Veräußerungsgewinns einschließlich der Bewertung und des Abzugs von Betriebsausgaben bzw Werbungskosten nach den steuerrechtlichen Vorschriften des Anwendestaates. Danach werden regelmäßig alle Vorteile in Geld oder in Geldeswert, die als Gegenleistung für die Veräußerung des Vermögenswertes geleistet werden, als auch alle Gegenleistungssurrogate bei der Ermittlung des Veräußerungsgewinns Berücksichtigung finden. Trotz der Verwendung des Begriffes „Gewinn" im MA können neben

---

41 *S/K/K* Art 13 Rn 4; *G/K/G* Art 13 Rn 17; *Debatin/Wassermeyer* Art 13 Rn 27 f.

42 Vgl *FG Niedersachsen* EFG 1982, 472; bei KapGes ist nach der Art der Vermögensauskehrung zu differenzieren, vgl Rn 96.

43 *Vogel/Lehner* Art 13 Rn 17.

44 Vgl *BFH* BStBl II 1973, 873; BStBl II 1989, 599.

45 Vgl Tz 16 f MK zu Art 13.

46 Tz 18 MK zu Art 13.

47 *G/K/G* Art 13 Rn 24; *S/K/K* Art 13 Rn 4; vgl hierzu auch *BMF* BStBl I 1999, 845 zum DBA Schweiz.

48 Tz 19 MK zu Art 13.

49 *Debatin/Wassermeyer* Art 13 Rn 45.

den dt **Gewinneinkunftsarten** auch die **Überschusseinkunftsarten** unter die Vorschrift fallen. Gewinn ist in diesem Fall der Überschuss der Einnahmen über die Werbungskosten. Zudem werden neben den Gewinnen auch Verluste von Art 13 erfasst, da nach ständiger höchstrichterlicher Rspr der Begriff „Gewinn" sowohl positive als auch negative Einkünfte umfasst.[50]

B. Gewinne aus der Veräußerung von unbeweglichem Vermögen (Abs 1)

I. Persönlicher Anwendungsbereich

Art 13 Abs 1 behandelt Gewinne aus der Veräußerung unbeweglichen Vermögens, die eine in einem Vertragsstaat ansässige „Person" bezieht. Der Begriff der **Person** wird in Art 3 Abs 1 Buchstabe a definiert und ist nach hM weit auszulegen.[51] Dieses Begriffsverständnis gilt entspr für Art 13 Abs 1.[52] Somit werden vom Anwendungsbereich der Vorschrift neben natürlichen Personen auch Ges und alle anderen Personenvereinigungen erfasst. 20

Es muss sich um eine Person handeln, die gem Art 4 in einem der Vertragsstaaten **ansässig** ist (Prüfung der sog Abkommensberechtigung).[53] Bei **PersG** bestimmt sich die Abkommensberechtigung grds nach dem Recht des (potentiellen) Ansässigkeitsstaates der PersGes. Da dt PersGes nach dt Verständnis nicht abkommensberechtigt sind,[54] gilt der Veräußerungsgewinn als anteilig von den Gesellschaftern der PersGes bezogen. Die Ansässigkeitsvoraussetzung ist in diesem Fall daher für den einzelnen Gesellschafter zu prüfen und das Abkommen so anzuwenden, als ob der Gesellschafter das unbewegliche Vermögen veräußert hätte.[55] Die Behandlung des Veräußerungsgewinns kann daher bei den einzelnen Gesellschaftern einer PersGes voneinander abweichen. Qualifiziert ein Vertragsstaat eine PersGes hingegen als eigenes Steuersubjekt (Anwendung des sog Trennungsprinzips), ist die Ansässigkeit und die Anwendung von Art 13 Abs 1 auf Ebene der PersGes zu prüfen. Die Abkommensberechtigung muss **im Zeitpunkt des Bezugs** des Veräußerungsgewinns bestehen, wobei sich dieser Zeitpunkt nach dem innerstaatlichen Recht des Anwendestaates bestimmt. Es kommt zB nicht auf die Ansässigkeit der Person in diesem Vertragsstaat während des Bezugs laufender Einkünfte aus dem unbeweglichen Vermögen an. 21

Der persönliche Anwendungsbereich des Art 13 Abs 1 ist darüber hinaus nur eröffnet, wenn der ansässigen Person der Veräußerungsgewinn nach dem innerstaatlichen Recht des Anwendestaates – das Abkommensrecht enthält hierzu keine Regelung – auch **steuerlich zuzurechnen** ist. Dies setzt voraus, dass die in einem Vertragsstaat ansässige Person den Veräußerungsgewinn aus steuerlicher Sicht des Anwendestaates erzielt. Nach dt Verständnis muss die ansässige Person daher wirtschaftlicher Eigentümer sein, falls zivilrechtliches und wirtschaftliches Eigentum auseinanderfallen (§ 39 Abs 2 Nr 1 S 1 AO). 22

Der Begriff des **Vertragsstaats** entspricht dem in Art 1 verwendeten.[56] 23

---

50 Vgl Rn 6.
51 Vgl dazu Art 3 Rn 6.
52 *Vogel/Lehner* Art 13 Rn 49a; *S/K/K* Art 13 Rn 9.
53 Vgl dazu Einl MA Rn 100; Art 1 Rn 10 ff; Art 4 Rn 25 ff.
54 Vgl Art 1 Rn 14.
55 *Debatin/Wassermeyer* Art 13 Rn 53; *W Wassermeyer* IStR 2001, 348.
56 Vgl dazu Art 1 Rn 8.

II. Sachlicher Anwendungsbereich

24 **1. Unbewegliches Vermögen.** Art 13 Abs 1 bezieht sich auf Gewinne aus der Veräußerung von **unbeweglichem Vermögen iSd Art 6**. Welche Vermögenswerte für Zwecke des Art 13 Abs 1 als unbewegliches Vermögen anzusehen sind, bestimmt sich somit nach der Vorschrift über die laufenden Einkünfte aus unbeweglichem Vermögen in Art 6.[57] Der Begriff des unbeweglichen Vermögens ist in Art 6 Abs 2 definiert; Art 6 Abs 1 stellt klar, dass hierzu auch land- und forstwirtschaftliches Vermögen gehört. Art 13 enthält eine **umfassende Verweisung** auf diese Begriffsdefinitionen.

25 Aus der Verweisung folgt, dass Art 13 Abs 1 sowohl für unbewegliches **Betriebsvermögen** als auch für unbewegliches **Privatvermögen** gilt.[58] Im Bereich des Betriebsvermögens kann das unbewegliche Vermögen zum **Anlage- oder** zum **Umlaufvermögen** zählen.[59] Im Gegensatz zu Art 13 Abs 2[60] ist Abs 1 auf beide Vermögensarten anwendbar.

26 Art 13 Abs 1 findet – neben der Veräußerung **unbebauten** Vermögens – auch auf die Veräußerung **bebauten** unbeweglichen Vermögens Anwendung. Gewinne aus der Veräußerung von Gebäuden (zB Eigentumswohnungen) werden somit ebenfalls von der Vorschrift erfasst.[61] Daneben ist Abs 1 auch für Veräußerungsgewinne von einem bestimmten Zweck dienendem unbeweglichen Vermögen, wie zB Campingplätze, Tennisplätze, Schwimmbäder, einschlägig.[62] Auch die Bestellung eines Erbbaurechts stellt eine Veräußerung unbeweglichen Vermögens iSv Art 13 Abs 1 dar. Entspr gilt für die Bestellung eines Nießbrauches oder einer Dienstbarkeit an unbeweglichem Vermögen, wenn die Bestellung nach dem innerstaatlichen Recht des Anwendestaates wie eine Veräußerung besteuert wird.[63]

27 Wird für die **Enteignung** unbeweglichen Vermögens eine Entschädigung gezahlt, fällt die Entschädigung unter Art 13 Abs 1, da die Enteignung nach Tz 5 MK zu Art 13 abkommensrechtlich als Veräußerung von Vermögen anzusehen ist.

28 **Anteile an Immobilienkapitalgesellschaften** gehören nicht zum unbeweglichen Vermögen. Sie stellen bewegliches Vermögen dar und fallen damit grds unter die Sondervorschrift des Art 13 Abs 4, wenn die dort genannten Vermögensvoraussetzungen erfüllt sind, anderenfalls unter die Auffangvorschrift des Art 13 Abs 5. Sind die Anteile einem Betriebsvermögen zuzurechnen, ist Art 13 Abs 2 anzuwenden. Eine Anwendung von Art 13 Abs 1 kommt für Anteile an Immobilienkapitalgesellschaften somit auch dann nicht in Betracht, wenn das Vermögen der Ges ausschließlich oder zumindest überwiegend aus unbeweglichem Vermögen besteht.[64] Unter Steuergestaltungsgesichtspunkten lässt sich eine Besteuerung im Belegenheitsstaat somit durch Zwischenschaltung einer KapGes vermeiden, wenn das zu betrachtende DBA keine Sondervorschrift iSv Art 13 Abs 4 für Immobilienkapitalgesellschaften enthält.

---

57 Vgl dazu Art 6 Rn 53 ff.

58 Tz 22 MK zu Art 13; *Debatin/Wassermeyer* Art 13 Rn 21.

59 Vgl *BFH* BStBl II 1972, 948; *Vogel/Lehner* Art 13 Rn 50; S/K/K Art 13 Rn 11; *Debatin/Wassermeyer* Art 13 Rn 21; *G/K/G* Art 13 Rn 39.

60 Vgl unten Rn 43.

61 *BFH* BStBl II 1972, 948.

62 *Debatin/Wassermeyer* Art 13 Rn 21.

63 *Debatin/Wassermeyer* Art 13 Rn 21.

64 *BFH* BStBl II 2000, 424.

Bei Beteiligungen an **Immobilienpersonengesellschaften** ist hingegen entscheidend, ob die Beteiligung an der Grundbesitz haltenden PersGes nach innerstaatlichem Recht wie unbewegliches Vermögen behandelt wird. Nach dt Steuerrecht ist die Beteiligung an einer PersGes aufgrund des Transparenzprinzips als anteilige Beteiligung an allen Wirtschaftsgütern des Gesamthandsvermögens der PersGes zu verstehen (§ 39 Abs 2 Nr 2 AO). IRd Veräußerung einer Beteiligung an einer PersGes ist daher ein auf das unbewegliche Vermögen der PersGes entfallender Veräußerungsgewinn (anteilig) Art 13 Abs 1 zuzuordnen.[65] **29**

Rechte stellen grds bewegliches Vermögen dar. Dies gilt auch dann, wenn die Rechte grundpfandrechtlich gesichert sind.[66] **30**

Ebenfalls nicht als Veräußerung unbeweglichen Vermögens anzusehen sind bspw die **Honorare** eines Architekten für die Planung und Betreuung eines zu errichtenden und anschließend zu veräußernden Gebäudes oder die **Provisionen** eines Maklers für die Vermittlung eines Grundstücksverkaufes.[67] **31**

2. Belegenheit des unbeweglichen Vermögens. Art 13 Abs 1 behandelt nur die Gewinne, die eine in einem Vertragsstaat ansässige Person aus der Veräußerung von unbeweglichem Vermögen erzielt, das **im anderen Vertragsstaat** liegt. Die Vorschrift ist daher nicht auf Gewinne aus der Veräußerung unbeweglichen Vermögens anwendbar, das in dem Vertragsstaat liegt, in dem der Veräußerer nach Art 4 ansässig ist. Ebenso wenig ist die Vorschrift anwendbar, wenn das Vermögen in einem dritten Staat belegen ist. Auf Veräußerungsgewinne von unbeweglichem Vermögen, das im Ansässigkeitsstaat des Veräußerers oder in einem dritten Staat liegt, findet Art 13 Abs 5 Anwendung (und nicht Art 21 Abs 1).[68] Dies gilt auch dann, wenn das im Ansässigkeitsstaat des Veräußerers oder in einem Drittstaat belegene unbewegliche Vermögen zu einer Betriebsstätte gehört.[69] **32**

III. Besteuerung im Belegenheitsstaat (Rechtsfolge)

Art 13 Abs 1 sieht als Rechtsfolge vor, dass die Gewinne aus der Veräußerung unbeweglichen Vermögens im Vertragsstaat der Belegenheit des unbeweglichen Vermögens besteuert werden dürfen (sog Belegenheitsprinzip). Der **Belegenheitsstaat** kann damit sein Besteuerungsrecht uneingeschränkt wahrnehmen: Er entscheidet zB über die Art der zu erhebenden Steuern und den anzuwendenden Tarif.[70] Die Ermittlung des Veräußerungsgewinns richtet sich ebenfalls nach dem innerstaatlichen Recht des Belegenheitsstaates. **33**

Durch Art 13 Abs 1 wird nur die Besteuerung im Belegenheitsstaat geregelt. Das Besteuerungsrecht im **Ansässigkeitsstaat** des Veräußerers und die Methode zur Vermeidung einer Dbest wird in den Art 23A und 23B festgelegt. Ist Deutschland der Ansässigkeitsstaat, wird die Dbest regelmäßig durch Anwendung der Freistellungsmethode vermieden. **34**

---

65 Vgl *Suchanek* IStR 2007, 654 zu *FG Hamburg* EFG 2007, 101; *W Wassermeyer* IStR 2001, 347.

66 *Vogel/Lehner* Art 13 Rn 51.

67 *Debatin/Wassermeyer* Art 13 Rn 21.

68 Tz 22 MK zu Art 13.

69 *Debatin/Wassermeyer* Art 13 Rn 57.

70 *Debatin/Wassermeyer* Art 13 Rn 58; in Deutschland also zB über die GewSt-Pflicht und Tarifermäßigungen gem § 34 Abs 1 iVm Abs 2 Nr 1 EStG.

35 Auch wenn Deutschland als Ansässigkeitsstaat auf sein Besteuerungsrecht durch Anwendung der Freistellungsmethode verzichtet, zählt die Veräußerung ausländischen unbeweglichen Vermögens iRd Prüfung eines **gewerblichen Grundstückshandels** als sog Zählobjekt für die Drei-Objekt-Grenze.[71] Die Veräußerung eines einzigen inländischen Grundstückes kann daher unter Berücksichtigung ausl Grundstücksveräußerungen nach den Grundsätzen des gewerblichen Grundstückshandels als gewerblich anzusehen sein.

C. Gewinne aus der Veräußerung von beweglichem Vermögen (Abs 2)

I. Persönlicher Anwendungsbereich

36 Art 13 Abs 2 behandelt Gewinne aus der Veräußerung beweglichen Betriebsvermögens einer Betriebsstätte, die ein **„Unternehmen eines Vertragsstaats"** im anderen Vertragsstaat hat, sowie Gewinne aus der Veräußerung einer solchen Betriebsstätte. Der Ausdruck „Unternehmen eines Vertragsstaats" wird in Art 3 Abs 1 Buchstabe c iVm d definiert als die Ausübung einer Geschäftstätigkeit von einer in einem Vertragsstaat ansässigen Person. Da nach Art 1 ausschließlich Personen abkommensberechtigt sind,[72] kommt es für die Anwendung des Art 13 Abs 2 auf die Ansässigkeit der Person an, die die Geschäftstätigkeit ausübt und das Unternehmen somit betreibt.[73] Dem steht nicht entgegen, dass sich der Wortlaut der Vorschrift nicht unmittelbar auf eine in einem Vertragsstaat ansässige Person bezieht. Hinsichtlich des Begriffs der Person und der Ansässigkeit gelten die Ausführungen zu Abs 1 entspr.[74]

37 Es lässt sich zwischen dem Unternehmen einer natürlichen Person, dem Unternehmen einer Gesellschaft (juristische Personen) und dem Unternehmen anderer Personenvereinigungen unterscheiden.[75] Das Unternehmen der **natürlichen Person** ist dem Ansässigkeitsstaat der natürlichen Person iSv Art 4 Abs 1 und 2 zuzuordnen, und zwar unabhängig davon, ob sich in diesem Staat auch der Betrieb oder eine Betriebsstätte des Unternehmens befinden. Das Unternehmen der **Ges** ist dem Ansässigkeitsstaat der Ges iSv Art 4 Abs 1 und 3 zuzuordnen. Für das Unternehmen einer **PersGes** ist entscheidend, ob der Anwendestaat die PersGes als eine abkommensrechtlich ansässige Person beurteilt. Ist dies der Fall, ist das Unternehmen der PersGes dem Ansässigkeitsstaat der PersGes zuzuordnen. Anderenfalls, dh wenn nur die hinter der PersGes stehenden Gesellschafter als abkommensrechtlich ansässige Personen anzusehen sind, ist die Beteiligung jedes einzelnen Gesellschafters an der PersGes wie ein Unternehmen des Vertragsstaates zu behandeln, in dem der einzelne Gesellschafter ansässig ist.[76]

38 Der Begriff des Unternehmens umfasst seit der Streichung von Art 14 und der damit verbundenen Neufassung von Art 13 Abs 2 im Jahr 2000 durch Zusammenfassung der Tatbestände neben Veräußerungsgewinnen von **gewerblichen Unternehmen** auch sol-

71 *BMF* DStR 1995, 98; *OFD Nürnberg* DStR 1993, 1481; *Kirchhof* § 15 Rn 118.
72 Vgl Art 1 Rn 7.
73 *Debatin/Wassermeyer* Art 13 Rn 65.
74 S Rn 20 f.
75 Vgl Art 3 Rn 38, 6 ff, 12, 13 f.
76 *BFH* BStBl II 1992, 937; BStBl II 1969, 466.

che aus **selbstständiger Arbeit**, für die im anderen Vertragsstaat eine feste Einrichtung[77] unterhalten wird.

Der Begriff des **Vertragsstaats** entspricht dem in Art 1 verwendeten.[78] **39**

Für die Frage der **Zurechnung** des Veräußerungsgewinns gelten die Ausführungen zu Abs 1 in Rn 22 entspr. **40**

II. Sachlicher Anwendungsbereich

1. Bewegliches Vermögen. Von Art 13 Abs 2 werden nur Gewinne aus der Veräußerung beweglichen Vermögens erfasst. Welche Vermögenswerte für Zwecke des Art 13 Abs 2 als bewegliches Vermögen anzusehen sind, wird im MA nicht weiter bestimmt. Es handelt sich jedoch um einen abkommensrechtlichen Begriff.[79] Der MK enthält in Tz 24 zu Art 13 die Aussage, dass der Ausdruck „bewegliches Vermögen" Vermögen jeder Art mit Ausnahme des unter Art 13 Abs 1 fallenden unbeweglichen Vermögens umfasst. Damit lässt sich das bewegliche Vermögen durch **Negativabgrenzung vom unbeweglichen Vermögen**, das in Art 6 Abs 2 definiert wird,[80] bestimmen. **41**

Zum beweglichen Vermögen gehören danach insb alle (materiellen) **transportablen Wirtschaftsgüter**, wie zB Fahrzeuge, Maschinen, Büroausstattung. Daneben sind auch die **immateriellen Vermögenswerte** wie der Geschäfts- oder Firmenwert, Lizenzrechte, Emissionszertifikate und dergleichen dem beweglichen Vermögen zuzuordnen.[81] Zudem gehören **Forderungen** und **Rechte** aller Art zum beweglichen Vermögen. Voraussetzung für eine Zuordnung zu Art 13 Abs 2 ist hier jedoch, dass das Recht voll übertragen und nicht nur zeitlich begrenzt überlassen wird (dann wäre Art 12 anwendbar). **Beteiligungen** an KapGes und PersGes zählen ebenfalls zum beweglichen Vermögen.[82] Die Frage, ob **Betriebsvorrichtungen** (Maschinen und sonstige Vorrichtungen, die zu einer Betriebsanlage gehören) oder **Scheinbestandteile** (Einbauten in ein Gebäude zu einem vorübergehenden Zweck) dem beweglichen oder dem unbeweglichen Vermögen zuzurechnen sind, bestimmt sich nach dem innerstaatlichen Recht des Belegenheitsstaats (Art 6 Abs 2). **42**

Bei dem beweglichen Vermögen muss es sich um **Anlagevermögen** handeln. Auf Gewinne aus der Veräußerung von beweglichem Umlaufvermögen ist nicht Art 13 Abs 2, sondern Art 7 anzuwenden. Der Grund für die Entstehung des Veräußerungsgewinns und die vorherige Haltedauer des beweglichen Vermögens sind irrelevant.[83] **43**

2. Zuordnung zu einer Betriebsstätte. Die Gegenstände des beweglichen Vermögens müssen im Zeitpunkt der Veräußerung dem **Betriebsvermögen einer Betriebsstätte** zuzuordnen sein, die das veräußernde Unternehmen in dem anderen Vertragsstaat unterhält. Wann abkommensrechtlich eine Betriebsstätte im anderen Vertragsstaat unterhalten wird, bestimmt sich nach Art 5.[84] Die dortige Betriebsstättendefinition ist **44**

77 Vgl zum Begriff der festen Einrichtung Art 5 Rn 67 ff.
78 Vgl dazu Art 1 Rn 8.
79 *Debatin/Wassermeyer* Art 13 Rn 77.
80 Vgl dazu Art 6 Rn 53 ff.
81 Tz 24 MK zu Art 13.
82 Vgl *Debatin/Wassermeyer* Art 13 Rn 79 ff.
83 Tz 11 MK zu Art 13.
84 Vgl hierzu ausf Art 5 Rn 58 ff.

auch für Art 13 Abs 2 maßgeblich.[85] Unerheblich ist, ob sich das bewegliche Vermögen im Betriebsstättenstaat befindet.

45 Die dt innerstaatlichen Kriterien zur Abgrenzung zwischen (notwendigem bzw gewillkürtem) **Betriebsvermögen** und Privatvermögen gelten für Abkommenszwecke nicht uneingeschränkt. Abkommensrechtlich ist Betriebsvermögen nach bisher einhelliger Auffassung sowohl das notwendige als auch das gewillkürte Betriebsvermögen, sofern es der Betriebsstätte tatsächlich zuzurechnen ist.[86] Die **Zurechnung** bestimme sich nach den Regelungen der Art 7 und Art 21 Abs 2.[87] Danach ist insb die betriebliche Funktion der jeweiligen Wirtschaftsgüter entscheidend.[88] So kam es bspw auch bei Beteiligungen an KapGes nach bisheriger Rspr darauf an, dass die Beteiligung tatsächlich und nicht nur rechtlich zum Betriebsvermögen gehörte und dass die Beteiligungserträge Nebenerträge der aktiven Betriebsstättentätigkeit darstellten.[89] Beschränkte sich die Funktion der Betriebsstätte auf eine Holdingtätigkeit, kam eine Zurechnung der Beteiligung zur Betriebsstätte nur in Betracht, wenn die Betriebsstätte als geschäftsleitende Holding fungierte.[90] Hiervon abw hat der BFH zuletzt iF einer KapGes-Beteiligung entschieden, dass Art 13 Abs 2 keine „tatsächliche" Zugehörigkeit zum Betriebsstättenvermögen erfordert, sondern (lediglich) dass das Wirtschaftsgut zum „Betriebsvermögen der Ges gehört".[91] Die Vorschrift stelle auf die nationalen Regelungen zur Zuordnung von Beteiligungen an KapGes zum Betriebsvermögen ab, sofern das DBA die Umstände, unter denen ein Wirtschaftsgut dem Betriebsvermögen einer Betriebsstätte zuzurechnen ist, nicht ausdrücklich bestimmt. Dies gelte zumindest, wenn der Gesellschafter (Mitunternehmer) – wie im entschiedenen Fall – nicht außerhalb Deutschlands weitere Betriebsstätten im abkommensrechtlichen Sinne besitzt.[92] Für die abkommensrechtliche Zurechnung wohl weiterhin unerheblich sind fiktive Zurechnungen nach dem dt innerstaatlichen Steuerrecht (zB nach UmwStG).

46 Die abkommensrechtliche Zuordnung von nach dt innerstaatlichen Recht als **Sonderbetriebsvermögen** einer PersGes-Betriebsstätte zu qualifizierendem beweglichen Vermögen beurteilt sich nach den gleichen Zurechnungsgrundsätzen. Es ist somit nach

85 *Debatin/Wassermeyer* Art 13 Rn 81.
86 Vgl *Vogel/Lehner* Art 13 Rn 79.
87 S hierzu Art 7 Rn 56ff und Art 22 Rn 24ff.
88 *G/K/G* Art 13 Rn 80; vgl auch *BMF* BStBl I 2010, 354, Tz 2.2.4.1.
89 Vgl *BFH* BStBl II 1991, 444; BStBl II 1992, 937; BStBl II 1996, 563; BStBl II 2008, 510; *BMF* BStBl I 1999, 1076, Tz 2.4.
90 Vgl *S/K/K* Art 13 Rn 18.
91 *BFH* BStBl II 2009, 414; vgl hierzu *Goebel/Boller/Ungemach* IStR 2008, 643; *Häck* ISR 2015, 113; *G/K/G* Art 13 Rn 80 ff; *S/K/K* Art 13 Rn 20; *Lübbehüsen/Kahle* Rn 4.393; *Hansen* S 203 ff; krit *Debatin/Wassermeyer* Art 13 Rn 77a; *F/W/W/K* Art 13 Rn 104ff. Inwiefern sich durch die gesetzliche Neuregelung des § 1 Abs 5 AStG Auswirkungen auf die bisherigen Grundsätze ergeben, ist zurzeit noch ungeklärt. Nach dem BMF stimmen § 1 Abs 5 AStG und die Grundsätze der Rspr zur funktionalen Zuordnung zumindest in Grundzügen überein, vgl *BMF* BStBl I 2014, 1258, Tz 2.2.4.1; dazu krit *Häck* ISR 2015, 113. Entscheidend dürfte sein, ob man das Veranlassungsprinzip als überholt ansieht, so zB *Wassermeyer* IStR 2015, 37; *Ditz/Luckhaupt* ISR 2015, 9; **aA** *Gosch* IStR 2015, 713 sowie mit Blick auf den Entwurf der BsGa (Verwaltungsgrundsätze Betriebsstättengewinnaufteilung) v 18.3.2016 *Kahle/Kindich* IWB 2016, 326.
92 Vgl auch BStBl II 2014, 770.

der zuletzt ergangenen Rspr des BFH für Zwecke des Art 13 Abs 2 die Begriffsbestimmung des nationalen Rechts entscheidend.[93]

Den Gesellschaftern einer **PersGes** wird durch die Beteiligung idR im Betriebsstätten- **47**
staat der PersGes eine Betriebsstätte vermittelt, sofern der Betriebsstättenstaat die PersGes als steuerlich transparent behandelt.[94] Veräußert die PersGes bewegliches Betriebsvermögen ihrer Betriebsstätte, kommt insoweit im Verhältnis zu den Gesellschaftern Art 13 Abs 2 zur Anwendung. Dies gilt ebenso für Gewinne aus der Veräußerung der Beteiligung oder einer Teil-Beteiligung an der PersGes, da es sich insoweit um die Veräußerung einer (Teil-)Betriebsstätte handelt.[95] Wird die PersGes hingegen nach dem Recht des Betriebsstättenstaats als steuerlich intransparent behandelt, ist die PersGes selbst abkommensberechtigt, so dass in diesem Fall auf den Veräußerungsgewinn Art 13 Abs 5 anzuwenden ist.

Wird ein bewegliches Wirtschaftsgut sowohl von der **Betriebsstätte** als auch vom **48**
Stammhaus oder aber von mehreren Betriebsstätten genutzt, ist das Wirtschaftsgut nach Auffassung der dt FinVerw in Gänze entweder der Betriebsstätte oder dem Stammhaus zuzuordnen.[96] Eine anteilige Zuordnung ist danach nicht möglich. Hingegen sind die durch dieses Wirtschaftsgut erwirtschafteten Erträge bzw verursachten Aufwendungen nach Ansicht der FinVerw entspr der tatsächlichen Nutzung zwischen Stammhaus und Betriebsstätte aufzuteilen. Entspr soll auch beim Ausscheiden des Wirtschaftsgutes gelten.[97] Veräußerungsgewinne, die iRd Veräußerung von mehrfach genutzten beweglichen Wirtschaftsgütern anfallen, sind somit nach Auffassung der dt FinVerw abw vom Betriebsstättenprinzip in Art 13 Abs 2 zwischen Stammhaus und Betriebsstätte aufzuteilen.[98]

Art 13 Abs 2 sieht **keine Attraktivkraft der Betriebsstätte** vor, dh nur Gewinne aus der **49**
Veräußerung von beweglichem Vermögen, das Betriebsvermögen einer Betriebsstätte ist, können im Belegenheitsstaat der Betriebsstätte besteuert werden.[99] Veräußerungsgewinne sonstigen beweglichen Vermögens aus Quellen des Betriebsstättenstaates werden hingegen nicht von der Vorschrift erfasst. Gewinne aus der Veräußerung beweglicher Vermögenswerte, die **nicht** dem **Betriebsvermögen** der Betriebsstätte zuzuordnen sind, unterliegen der Vorschrift des Art 13 Abs 5 (sonstige Veräußerungsgewinne) und können demnach nur im Ansässigkeitsstaat des Veräußerers besteuert werden. Diese Rechtsfolge tritt auch in dem Fall ein, dass die **Betriebsstätte in** einem **Drittstaat** belegen ist.

3. Veräußerung einer Betriebsstätte. Neben der Veräußerung einzelner beweglicher **50**
Wirtschaftsgüter erfasst Art 13 Abs 2 auch die Veräußerung der **gesamten Betriebsstätte**, wobei die Betriebsstätte sowohl allein als auch zusammen mit dem übrigen Unternehmen verkauft werden kann. Der Veräußerungsgewinn ist bei einer Gesamt-

---

93 *BFH* BStBl II 2009, 414; vgl auch BStBl II 2014, 770; BStBl II 2014, 791.

94 Vgl zuletzt *BFH* BStBl II 2009, 263; vgl auch *BMF* BStBl I 2010, 354, Tz 2.2.2.

95 Vgl *BFH* BStBl II 1983, 771; *Vogel/Lehner* Art 13 Rn 83; s hierzu auch nachfolgende Rn 51.

96 *BMF* BStBl I 1999, 1076, Tz 2.4; **aA** *Kleineidam* IStR 1993, 349.

97 *BMF* aaO.

98 AA *Strunk/Kaminski* IStR 1997, 513; IStR 2000, 33, nach deren Auffassung ein Veräußerungsgewinn entspr der Zuordnung des Wirtschaftsgutes zuzuordnen sein sollte.

99 Tz 27 MK zu Art 13.

veräußerung ggf aufzuteilen.[100] So ist Art 13 Abs 2 nur auf den Anteil des Veräußerungsgewinns anzuwenden, der auf die Veräußerung von beweglichem Anlagevermögen entfällt, das Betriebsvermögen der Betriebsstätte ist. Die Besteuerung von Gewinnen aus der Veräußerung von Umlaufvermögen richtet sich nach Art 7.[101] Auf Gewinne aus der Veräußerung von unbeweglichem Vermögen findet Art 13 Abs 1 Anwendung, wenn das unbewegliche Vermögen im Betriebsstättenstaat belegen ist, ansonsten (dh bei Belegenheit des unbeweglichen Vermögens im Ansässigkeitsstaat des Veräußerers oder in einem Drittstaat) ist Art 13 Abs 5 anzuwenden.

51 Die Veräußerung der **Beteiligung** an einer **PersGes** stellt idR eine Betriebsstättenveräußerung iSv Art 13 Abs 2 dar, wenn die PersGes nach dem Recht des Betriebsstättenstaats als steuerlich transparent behandelt wird. Abkommensrechtlich stellt die Beteiligung an der PersGes in diesem Fall eine (anteilige) Betriebsstätte der Gesellschafter dar.[102] Gehört zum Vermögen der PersGes auch unbewegliches Vermögen, ist hinsichtlich des auf das unbewegliche Vermögen entfallenden Veräußerungsgewinns Art 13 Abs 1 anzuwenden.[103] Beurteilt das innerstaatliche Steuerrecht die PersGes hingegen als steuerlich intransparent, findet insgesamt Art 13 Abs 5 Anwendung.[104]

52 Bei der **Einbringung** von PersGes-Beteiligungen oder von beweglichen Wirtschaftsgütern des Betriebsvermögens einer Betriebsstätte in eine KapGes können Einbringungsgewinne entstehen, die abkommensrechtlich als Veräußerungsgewinne iSv Art 13 Abs 2 zu qualifizieren sind. Dies gilt entspr bei Sacheinlagen in PersGes, der Aufnahme eines weiteren Gesellschafters oder der **Verschmelzung** von PersGes gem § 24 UmwStG. Wird eine KapGes auf eine PersGes verschmolzen, kann bei der PersGes ein Übernahmegewinn iSv Art 13 Abs 2 entstehen, wenn die Beteiligung an der KapGes zuvor zu einem Betriebsstättenvermögen gehörte.

III. Besteuerung im Betriebsstättenstaat (Rechtsfolge)

53 Art 13 Abs 2 sieht als Rechtsfolge vor, dass die Gewinne aus der Veräußerung beweglichen Vermögens, das Betriebsvermögen einer Betriebsstätte ist, die ein in einem Vertragsstaat ansässiges Unternehmen in dem anderen Vertragsstaat unterhält, im Vertragsstaat der Betriebsstätte besteuert werden dürfen (sog Betriebsstättenprinzip). Der **Betriebsstättenstaat** kann damit sein Besteuerungsrecht uneingeschränkt wahrnehmen: Er entscheidet zB über die Art der zu erhebenden Steuern und den anzuwendenden Tarif.[105] Die Ermittlung des Veräußerungsgewinns richtet sich ebenfalls nach dem innerstaatlichen Steuerrecht des Betriebsstättenstaates. Da der Gewinn im Bereich des Betriebsvermögens anfällt, sind aber idR die Vorschriften über die Ermittlung betrieblicher Gewinne des Art 7 zu beachten.[106]

54 Durch Art 13 Abs 2 wird nur die Besteuerung im Betriebsstättenstaat geregelt. Das Besteuerungsrecht im **Ansässigkeitsstaat** des Unternehmens und die Methode zur

100 *Debatin/Wassermeyer* Art 13 Rn 78; **aA** wohl *Vogel/Lehner* Art 13 Rn 76.
101 S Rn 43; *Debatin/Wassermeyer* Art 13 Rn 78.
102 Zuletzt *BFH* BStBl II 2009, 263; vgl auch *BMF* BStBl I 2010, 354, Tz 2.2.2.
103 *Debatin/Wassermeyer* Art 13 Rn 79; *S/K/K* Art 13 Rn 21.
104 *Schönfeld/Ditz* Art 13 Rn 61; *S/K/K* Art 13 Rn 20.
105 *Debatin/Wassermeyer* Art 13 Rn 86; in Deutschland also zB über die GewSt-Pflicht und Tarifermäßigungen gem § 34 Abs 1 iVm Abs 2 Nr 1 EStG.
106 *Debatin/Wassermeyer* Art 13 Rn 86.

Vermeidung einer Dbest wird in den Art 23A und 23B festgelegt. Ist Deutschland der Ansässigkeitsstaat des veräußernden Unternehmens, wird die Dbest regelmäßig durch Anwendung der Freistellungsmethode vermieden.

D. Gewinne aus der Veräußerung von Schiffen und Luftfahrzeugen (Abs 3)

I. Persönlicher Anwendungsbereich

Art 13 Abs 3 behandelt Gewinne aus der Veräußerung von im internationalen Verkehr betriebenen Schiffen und Luftfahrzeugen, der Binnenschifffahrt dienenden Schiffen und dem diesen Schiffen oder Luftfahrzeugen dienendem beweglichen Vermögen eines **Unternehmens**. Die Vorschrift ist damit als lex specialis zu Art 8, der die Besteuerung der entspr laufenden Einkünfte regelt, und zu Art 13 Abs 2, der die Besteuerung von Veräußerungsgewinnen beweglichen Vermögens behandelt, zu qualifizieren. Der Ausdruck „Unternehmen" bezieht sich gem Art 3 Abs 1 Buchstabe c auf die Ausübung einer Geschäftstätigkeit. Da nach Art 1 ausschließlich Personen abkommensberechtigt sind, kommt es für die Anwendung des Art 13 Abs 3 auf die Ansässigkeit der Person an, die die Geschäftstätigkeit ausübt und das Unternehmen somit betreibt.[107] Es lässt sich zwischen dem Unternehmen einer natürlichen Person, dem Unternehmen einer Gesellschaft (juristische Personen) und dem Unternehmen anderer Personenvereinigungen unterscheiden.[108] Die das Unternehmen betreibende Person muss in einem der beiden Vertragsstaaten ansässig sein und der Ort der tatsächlichen Geschäftsleitung des Unternehmens muss sich ebenfalls in einem der beiden Vertragsstaaten befinden.[109] Neben dem Ort der Geschäftsleitung ist daher stets auch die Ansässigkeit des veräußernden Unternehmens zu prüfen. **55**

Der Begriff des Unternehmens in Art 13 Abs 3 umfasst seit der Streichung von Art 14 – ebenso wie Art 13 Abs 2[110] – neben Veräußerungsgewinnen von **gewerblichen Unternehmen** auch solche aus **selbstständiger Arbeit**. **56**

Werden Schiffe oder Luftfahrzeuge oder diesen dienendes bewegliches Vermögen aus dem **Privatvermögen** veräußert, ist nicht Art 13 Abs 3, sondern Art 13 Abs 5 anwendbar. **57**

Für die Frage der **Zurechnung** des Veräußerungsgewinns gelten die Ausführungen zu Abs 1 in Rn 22 entspr. **58**

II. Sachlicher Anwendungsbereich

1. Schiffe und Luftfahrzeuge. Von Art 13 Abs 3 werden Gewinne aus der Veräußerung von Seeschiffen oder Luftfahrzeugen, die im int Verkehr betrieben werden, und von Schiffen, die der Binnenschifffahrt dienen, erfasst. Zur Definition der Begriffe **„Seeschiff"**, **„Luftfahrzeug"**, **„Binnenschiff"** und „int Verkehr", wird auf Art 8 verwiesen, der diese Begriffe inhaltsgleich verwendet.[111] **59**

---

107 Vgl Rn 36; zu den Begriffen „Ansässigkeit" und „Person" s Art 1 Rn 7, 9 und Art 4 Rn 25 ff.

108 Zu Einzelheiten vgl Rn 37.

109 *Debatin/Wassermeyer* Art 13 Rn 101.

110 Vgl Rn 38.

111 S Art 8 Rn 13 ff.

60 Voraussetzung der Anwendbarkeit von Art 13 Abs 3 ist, dass das veräußernde Unternehmen die Binnenschifffahrt oder die Seeschiffe bzw Luftfahrzeuge im int Verkehr **selbst betreibt**.[112] Dies setzt voraus, dass das Unternehmen die Schiffe bzw Luftfahrzeuge entweder für eigene Beförderungstätigkeiten nutzt oder vollständig ausgerüstet und bemannt verchartert. Nicht ausreichend ist hingegen die Vermietung an eine andere Person (Ausnahme: gelegentliche Vercharterung eines leeren Schiffes), da in diesem Fall kein „eigenes Betreiben" vorliegt. In letzterem Fall werden die Veräußerungsgewinne beim wahren Eigentümer von Art 13 Abs 2 oder Abs 5 erfasst.

61 Auf den Gewinn aus der **Veräußerung eines ganzen Unternehmens**, das ein Schiff oder Luftfahrzeug iSv Art 13 Abs 3 betreibt, ist Art 13 Abs 3 insoweit anzuwenden, wie der Veräußerungsgewinn auf das Schiff bzw Luftfahrzeug und das diesem dienende bewegliche Vermögen entfällt. Dies gilt auch dann, wenn zu dem Unternehmen eine Betriebsstätte in einem anderen Vertragsstaat oder in einem Drittstaat gehört und diese mitveräußert wird.[113] Gehört zum Betriebsvermögen des Unternehmens auch unbewegliches Vermögen iSv Art 6 Abs 2, ist insoweit Art 13 Abs 1 (bzw ggf Abs 5) einschlägig. Auf den Teil des Veräußerungsgewinns, der weder Schiffe bzw Luftfahrzeuge einschließlich des entspr beweglichen Vermögens noch unbewegliches Vermögen betrifft, finden Art 13 Abs 2 bzw Art 7 Anwendung.

62 Veräußert eine in einem Vertragsstaat ansässige Person ihre **Beteiligung an einer PersG**, die ein Seeschiff bzw Luftfahrzeug im int Verkehr oder ein Binnenschiff betreibt, und wird die PersGes als steuerlich transparent behandelt, fällt der Veräußerungsgewinn unter Art 13 Abs 3. Verfügt die PersGes daneben noch über eine andere Geschäftstätigkeit, ist der Veräußerungsgewinn wie bei der Veräußerung eines ganzen Unternehmens aufzuteilen.[114]

63 **2. Bewegliches Vermögen.** Neben im int Verkehr betriebenen Seeschiffen und Luftfahrzeugen sowie Binnenschiffen umfasst der Anwendungsbereich des Art 13 Abs 3 auch das bewegliche Vermögen, das dem **Betrieb dieser Schiffe oder Luftfahrzeuge dient**. Hinsichtlich des Begriffes des beweglichen Vermögens kann auf die Ausführungen zu Abs 2 verwiesen werden.[115] Wann ein Dienen iSd Vorschrift vorliegt, wird weder im MA noch im MK näher bestimmt. Nach in der Lit vertretener Auffassung muss das bewegliche Vermögen objektiv erkennbar zum unmittelbaren Einsatz im Betrieb der Schiffe bzw Luftfahrzeuge selbst bestimmt sein und sich in gewisser Weise auf den Betriebsablauf beziehen und ihm zu dienen bestimmt sein.[116] Nach Ansicht von *Wassermeyer* ist ein Dienen anzunehmen, wenn das bewegliche Vermögen für Zwecke des Dienens angeschafft oder hergestellt wurde und tatsächlich zum Betrieb eines Schiffes oder Luftfahrzeugs gehört.[117]

64 Art 13 Abs 3 findet auch dann auf Gewinne aus der Veräußerung von dem Betrieb von Schiffen und Luftfahrzeugen dienendem beweglichen Vermögen Anwendung, wenn dieses bewegliche Vermögen ohne die genannten Schiffe oder Luftfahrzeuge veräußert wird.

---

112 Tz 28.1 MK zu Art 13; *BFH* BStBl II 2003, 875.
113 *Debatin/Wassermeyer* Art 13 Rn 107.
114 S Rn 61.
115 S Rn 41 f.
116 *S/K/K* Art 13 Rn 33.
117 *Debatin/Wassermeyer* Art 13 Rn 111.

III. Besteuerung im Geschäftsleitungsstaat (Rechtsfolge)

Art 13 Abs 3 weist das **ausschließliche Besteuerungsrecht** für Veräußerungsgewinne von im int Verkehr betriebenen Seeschiffen oder Luftfahrzeugen und Binnenschiffen sowie dem Betrieb dieser Schiffe und Luftfahrzeuge dienendem beweglichem Vermögen dem Vertragsstaat zu, in dem sich der Ort der tatsächlichen Geschäftsleitung des veräußernden Unternehmens befindet (vgl den Wortlaut: „nur"). Dem anderen Vertragsstaat steht kein (auch kein begrenztes) Besteuerungsrecht zu. Es bedarf daher insb **nicht der Anwendung des Methodenartikels** (Art 23A und 23B). Vielmehr wird bereits durch den Einkunftsartikel selbst abschließend festgelegt, dass dem Geschäftsleitungsstaat das Besteuerungsrecht zustehen soll (sog **Zuordnungsmethode**[118]). Dieser kann den Veräußerungsgewinn nach den Vorgaben seines innerstaatlichen Steuerrechts ermitteln und besteuern, ohne grds durch das Abkommen beschränkt zu sein. Da der Gewinn im Bereich des Betriebsvermögens anfällt, sind aber idR die Vorschriften über die Ermittlung betrieblicher Gewinne des Art 7 zu beachten.[119] 65

Der Ort der tatsächlichen Geschäftsleitung muss sich nicht am Stammsitz des Unternehmens befinden, sondern kann auch in einer Betriebsstätte des Unternehmens liegen. Dieses Auseinanderfallen ergibt sich insb bei ausl steuerlich transparenten **PersG.**[120] Es kommt somit je nach Ausgestaltung entweder ein Besteuerungsrecht des Ansässigkeitsstaates oder ein Besteuerungsrecht des Betriebsstättenstaates in Betracht. 66

Art 13 Abs 3 stellt gg Art 13 Abs 2 die speziellere Regelung dar, so dass auch in dem Fall, dass die veräußerten Fahrzeuge bzw beweglichen Gegenstände einer in einem anderen Staat belegenen **Betriebsstätte** (die nicht zugleich Geschäftsleitungsbetriebsstätte ist) zuzurechnen sind, nur dem Staat der tatsächlichen Geschäftsleitung des Unternehmens das Besteuerungsrecht zusteht.[121] 67

Wird der Ort der Geschäftsleitung innerhalb eines Jahres in einen anderen Staat **verlegt**, ist für Zwecke des Art 13 Abs 3 entscheidend, wo sich der Ort der Geschäftsleitung im Zeitpunkt der Realisierung des Veräußerungsgewinns befindet.[122] Folglich ist diese Vorschrift für Gestaltungszwecke nutzbar, indem der Ort der tatsächlichen Geschäftsleitung bewusst gesteuert wird. 68

Befindet sich der Ort der tatsächlichen **Geschäftsleitung an Bord eines Schiffes**, findet Art 8 Abs 3 entspr Anwendung.[123] Damit gilt der Ort der Geschäftsleitung in diesem Fall als im Vertragsstaat des Heimathafens des Schiffes oder, wenn kein Heimathafen vorhanden ist, als im Ansässigkeitsstaat der das Schiff betreibenden Person gelegen. Ist die Person in keinem der beiden Vertragsstaaten ansässig, ist das Abkommen mangels Abkommensberechtigung nicht anwendbar. 69

---

118 Vgl dazu Einl MA Rn 105.
119 *Debatin/Wassermeyer* Art 13 Rn 114.
120 Vgl *G/K/G* Art 13 Rn 105.
121 *Vogel/Lehner* Art 13 Rn 103.
122 *Debatin/Wassermeyer* Art 13 Rn 121.
123 Tz 28 MK zu Art 13.

E. Gewinne aus der Veräußerung von Anteilen an Immobiliengesellschaften (Abs 4)

I. Persönlicher Anwendungsbereich

70 Art 13 Abs 4 behandelt Gewinne aus der Veräußerung von Gesellschaftsanteilen, die eine in einem Vertragsstaat ansässige Person bezieht, wenn der Wert der Gesellschaftsanteile zu mehr als 50 % unmittelbar oder mittelbar auf im anderen Vertragsstaat belegenem unbeweglichen Vermögen beruht (sog **Immobiliengesellschaften**). Dieser im Jahr 2002 neu eingefügte Abs ergänzt Abs 1, der die unmittelbare Veräußerung von unbeweglichem Vermögen betrifft.[124] Art 13 Abs 4 geht den Vorschriften in Abs 2 und Abs 5 vor.[125]

71 Der (auch) für den persönlichen Anwendungsbereich von Art 13 Abs 4 maßgebliche Begriff der **Person** wird in Art 3 Abs 1 Buchstabe a definiert und ist nach hM weit auszulegen.[126] Somit werden vom Anwendungsbereich der Vorschrift neben natürlichen Personen auch Ges und alle anderen Personenvereinigungen erfasst. Die Veräußerungsgewinne können folglich im Privat- oder im Betriebsvermögen entstehen.[127]

72 Es muss sich um eine Person handeln, die gem Art 4 in einem der Vertragsstaaten **ansässig** ist (Prüfung der sog Abkommensberechtigung).[128] Bei **PersGes** bestimmt sich die Abkommensberechtigung grds nach dem Recht des (potentiellen) Ansässigkeitsstaates der PersGes. Da dt PersGes nach dt Verständnis nicht abkommensberechtigt sind,[129] gilt der Veräußerungsgewinn als anteilig von den Gesellschaftern der PersGes bezogen. Die Ansässigkeitsvoraussetzung ist in diesem Fall daher für den einzelnen Gesellschafter zu prüfen und das Abkommen so anzuwenden, als ob der Gesellschafter die Anteile veräußert hätte. Die Behandlung des Veräußerungsgewinns kann folglich bei den einzelnen Gesellschaftern voneinander abweichen. Qualifiziert ein Vertragsstaat eine PersGes hingegen als eigenes Steuersubjekt (Anwendung des sog Trennungsprinzips), ist die Ansässigkeit und die Anwendung von Art 13 Abs 4 auf Ebene der PersGes zu prüfen. Die Abkommensberechtigung muss **im Zeitpunkt des Bezugs** des Veräußerungsgewinns bestehen, wobei sich dieser Zeitpunkt nach dem innerstaatlichen Recht des Anwendestaates bestimmt. Es kommt insb nicht auf die Ansässigkeit der Person in diesem Vertragsstaat während des Bezugs laufender Einkünfte aus den Anteilen an.

73 Der persönliche Anwendungsbereich des Art 13 Abs 4 ist darüber hinaus nur eröffnet, wenn der ansässigen Person der Veräußerungsgewinn nach dem innerstaatlichen Recht des Anwendestaates – das Abkommensrecht enthält hierzu keine Regelung – auch **steuerlich zuzurechnen** ist. Dies setzt voraus, dass die in einem Vertragsstaat ansässige Person den Veräußerungsgewinn aus steuerlicher Sicht des Anwendestaates erzielt. Nach dt Verständnis musste die ansässige Person daher wirtschaftlicher Eigentümer der veräußerten Anteile sein, falls zivilrechtliches und wirtschaftliches Eigentum an den Anteilen auseinanderfallen (§ 39 Abs 2 Nr 1 S 1 AO).

74 Der Begriff des **Vertragsstaats** entspricht dem in Art 1 verwendeten.[130]

---

124 Tz 28.3 MK zu Art 13.
125 Vgl Tz 30 zu Art 13.
126 Vgl dazu Art 3 Rn 6.
127 *Debatin/Wassermeyer* Art 13 Rn 123a.
128 Vgl dazu Einl MA Rn 100; Art 1 Rn 10 ff; Art 4 Rn 25 ff.
129 Vgl Art 1 Rn 14.
130 Vgl dazu Art 1 Rn 8.

II. Sachlicher Anwendungsbereich

1. Anteile. Art 13 Abs 4 regelt die Besteuerung von Gewinnen aus der Veräußerung von Anteilen. Anteile iSd Vorschrift sind Anteile an einer Ges iSv Art 3 Abs 1 Buchstabe b, dh Anteile an **juristischen Personen** und an Rechtsträgern, die für die Besteuerung wie juristische Personen behandelt werden.[131] Nicht unter den Anteilsbegriff fallen Beteiligungen an Unternehmen, die keine Gesellschaftsanteile ausgeben, selbst wenn sie für abkommensrechtliche Zwecke als ansässige Personen anerkannt werden (zB PersGes und Treuhandvermögen),[132] es sei denn, die Vertragsstaaten haben dies im konkreten DBA abw geregelt.[133] 75

Ob eine Ges im Einzelfall auch für Abkommenszwecke als juristische Person anzusehen ist, bestimmt sich nach dem innerstaatlichen Recht eines jeden Vertragsstaates. Aus dt Sicht ist bei der Qualifizierung einer ausl Ges ein sog (Rechts-)**Typenvergleich** vorzunehmen, dh die ausl Ges ist unabhängig von den Wertungen des ausl Steuerrechts ausschließlich anhand der gesellschaftsrechtlichen Strukturmerkmale dt juristischer Personen zu beurteilen.[134] 76

Hinsichtlich des **Umfangs** der Gesellschaftsanteile trifft das MA **keine Einschränkungen**, insb ist keine Mindestbeteiligung für die Anwendung der Vorschrift Voraussetzung. Folglich werden auch bereits sehr geringe Beteiligungen von Art 13 Abs 4 erfasst. Ebenfalls unerheblich ist, ob es sich um börsennotierte Anteile handelt oder nicht.[135] 77

2. Überwiegend unbewegliches Gesellschaftsvermögen. Die Anwendung von Art 13 Abs 4 setzt voraus, dass der Wert der Gesellschaftsanteile zu mehr als der Hälfte unmittelbar oder mittelbar auf im anderen Vertragsstaat belegenem unbeweglichen Vermögen beruht. Das **Vermögen der Immobiliengesellschaft** muss demnach unmittelbar oder mittelbar zu mehr als 50 % aus og Vermögen bestehen. Unerheblich ist, ob es sich bei der Ges um eine echte Immobiliengesellschaft handelt, deren Zweck die Errichtung, Verwaltung und Veräußerung von Immobilien ist, oder ob die Ges nur aufgrund ihrer Vermögenszusammensetzung als Immobiliengesellschaft anzusehen ist und einen anderen Gesellschaftszweck (zB Hotelbetrieb) verfolgt.[136] 78

Der Begriff des **unbeweglichen Vermögens** entspricht dem in Abs 1 verwendeten, so dass die Definition des Art 6 Abs 1 und 2 maßgeblich ist.[137] Für die Anwendung von Art 13 Abs 4 ist entscheidend, dass das unbewegliche Vermögen im anderen Vertragsstaat belegen ist.[138] Unerheblich ist es, wo die Gesellschaft, deren Anteile veräußert werden, ihren Sitz oder ihren Ort der Geschäftsleitung hat. 79

Für die **Ermittlung des Wertes** der Gesellschaftsanteile, der auf im anderen Vertragsstaat belegenes unbewegliches Vermögen entfällt, ist zum Zeitpunkt der Veräußerung[139] der Wert des unbeweglichen Vermögens der Ges mit dem Wert des gesamten 80

---

131 *Debatin/Wassermeyer* Art 13 Rn 123c.
132 *Vogel/Lehner* Art 13 Rn 127; vgl aber Rn 86 zur geplanten Änderung von Art 13 Abs 4.
133 So zB im DBA USA, vgl Rn 114.
134 Vgl hierzu Art 1 Rn 13 und Art 3 Rn 19.
135 Tz 28.7 MK zu Art 13.
136 Tz 28.7 MK zu Art 13.
137 Vgl Tz 28.3 MK zu Art 13 und zur Begriffsdefinition Rn 24 ff und Art 6 Rn 53 ff.
138 Vgl hierzu Rn 32.
139 Vgl aber Rn 86 zur geplanten Änderung von Art 13 Abs 4.

Gesellschaftsvermögens zu vergleichen. Hierbei ist grds isoliert auf das Vermögen der Ges abzustellen, deren Anteile veräußert werden. Neben dem unbeweglichen Vermögen iSv Art 6 Abs 1 und 2[140] gehören auch von der Ges ihrerseits gehaltene Anteile an Immobiliengesellschaften zum maßgeblichen unbeweglichen Vermögen (vgl den Wortlaut: „mittelbar").[141] Verbindlichkeiten (auch wenn sie zB durch Pfandrechte an dem betr Grundvermögen gesichert sind) sind bei der Wertermittlung nicht zu berücksichtigen.[142]

81 Welche **Werte** (Buchwert, Teilwert, Verkehrswert) iRd Ermittlung des Wertverhältnisses anzusetzen sind, ist weder im MA noch im MK geregelt. In der Lit werden hierzu unterschiedliche Auffassungen vertreten. So vertritt *Wassermeyer* die Ansicht, dass es ausschließlich auf den Verkehrswert ankommen kann.[143] Nach Auffassung von *Reimer* ist hingegen das Recht des Belegenheitsstaates maßgeblich.[144] Enthalte dieses keine Sondervorschriften für die Veräußerung von Anteilen an Immobiliengesellschaften, sei auf die steuerlichen Buchwerte abzustellen. Nach hier vertretener Auffassung können in dem Fall, dass die Buchwerte und die Verkehrswerte zu unterschiedlichen Qualifikationen einer (Immobilien-)Gesellschaft führen, nur die **Verkehrswerte** ausschlaggebend sein, da grds nur durch den Ansatz der Verkehrswerte eine unterschiedliche Qualifikation im Ansässigkeits- und im Belegenheitsstaat vermieden werden kann.

III. Besteuerung im Belegenheitsstaat (Rechtsfolge)

82 Ebenso wie Art 13 Abs 1 sieht Art 13 Abs 4 als Rechtsfolge vor, dass die Gewinne aus der Veräußerung der Anteile an Immobiliengesellschaften im Vertragsstaat der Belegenheit des unbeweglichen Vermögens besteuert werden dürfen (sog Belegenheitsprinzip). Der Veräußerer wird folglich so behandelt, als hätte er das unbewegliches Vermögen unmittelbar veräußert. Der **Belegenheitsstaat** kann sein Besteuerungsrecht uneingeschränkt wahrnehmen: Er entscheidet zB über die Art der zu erhebenden Steuern und den anzuwendenden Tarif.[145] Die Ermittlung des Veräußerungsgewinns richtet sich ebenfalls nach dem innerstaatlichen Recht des Belegenheitsstaates.

83 Die Vorschrift des Abs 4 erlaubt die Besteuerung des **gesamten** auf den Anteil entfallenden Veräußerungsgewinns, auch wenn ein Teil (bis zu 49,99 %) des Anteilswerts nicht auf im anderen Vertragsstaat belegenes unbewegliches Vermögen entfällt.[146] Auch der Teil des Veräußerungsgewinns, der auf bewegliches Vermögen oder im Ansässigkeitsstaat oder in einem Drittstaat belegenes unbewegliches Vermögen der Gesellschaft entfällt, unterliegt damit der Besteuerung im (Belegenheits-)Vertragsstaat des unbeweglichen Vermögens.

84 Durch Art 13 Abs 4 wird nur die Besteuerung im Belegenheitsstaat geregelt. Das Besteuerungsrecht im **Ansässigkeitsstaat** des Veräußerers und die Methode zur Vermeidung einer Dbest wird in Art 23A und 23B festgelegt.

---

140 Ausf *Plewka/Beck* IStR 2007, 125.
141 *Vogel/Lehner* Art 13 Rn 131.
142 Tz 28.4 MK zu Art 13.
143 *Debatin/Wassermeyer* Art 13 Rn 123d; so auch *S/K/K* Art 13 Rn 37.
144 *Vogel/Lehner* Art 13 Rn 135; so auch *G/K/G* Art 13 Rn 120; *Schönfeld/Ditz* Art 13 Rn 89.
145 *Debatin/Wassermeyer* Art 13 Rn 124; in Deutschland also zB über die GewSt-Pflicht und Tarifermäßigungen.
146 Tz 28.4 MK zu Art 13.

In dem Fall, dass in der Bundesrepublik Deutschland belegenes Vermögen von einer Immobiliengesellschaft mit Sitz im Ausland gehalten wird und der Veräußerer der Anteile an der Immobiliengesellschaft in einem weiteren ausl Staat ansässig ist, scheidet ein dt Besteuerungsrecht an dem Veräußerungsgewinn bereits nach dt innerstaatlichen Recht aus. Der Veräußerungsgewinn unterliegt in Deutschland nicht der beschränkten StPfl, da die Immobiliengesellschaft weder ihren Sitz noch ihren Ort der Geschäftsleitung in Deutschland hat (vgl § 49 EStG). **85**

IV. Geplante Änderung von Art 13 Abs 4

Aktionspunkt 6 des BEPS-Aktionsplanes[147] sieht vor, Art 13 Abs 4 in zwei Punkten zu ändern bzw zu erweitern, um einer missbräuchlichen Inanspruchnahme entgegenzuwirken. Zum einen soll der sachliche Anwendungsbereich zukünftig nicht nur Anteile, sondern auch vergleichbare Beteiligungen, wie zB Beteiligungen an PersGes oder Treuhandvermögen umfassen.[148] Zum anderen soll hinsichtlich der Immobilienquote nicht mehr der Zeitpunkt der Veräußerung, sondern ein Zeitraum von 365 Tagen vor der Veräußerung maßgeblich sein.[149] Die ebenfalls geplante ausdrückliche Bezugnahme auf Art 6 für die Definition des unbeweglichen Vermögens führt zu keiner inhaltlichen Änderung.[150] **86**

F. Sonstige Veräußerungsgewinne (Abs 5)

I. Persönlicher Anwendungsbereich

Art 13 Abs 5 erfasst Gewinne aus der Veräußerung des in den Abs 1–4 des Art 13 nicht genannten Vermögens. Es handelt sich folglich um eine **Auffangklausel**, unter die alle Veräußerungsgewinne fallen, die nicht die Voraussetzungen der Abs 1–4 erfüllen. Abs 5 ist gg den vorherigen Abs daher nur subsidiär anwendbar. **87**

Der persönliche Anwendungsbereich von Art 13 Abs 5 wird nicht explizit geregelt. Aus der Formulierung der Rechtsfolge („Gewinne…können nur in dem Staat besteuert werden, in dem der Veräußerer ansässig ist") lässt sich jedoch schließen, dass die Vorschrift auf **in einem Vertragsstaat ansässige Personen** Anwendung findet. Nur diese Personen sind iSv Art 1 abkommensberechtigt. Dem Auffangklauselcharakter entspr ist die Vorschrift somit uneingeschränkt auf alle gem Art 1 abkommensberechtigten Personen anwendbar.[151] **88**

Der persönliche Anwendungsbereich des Art 13 Abs 5 ist darüber hinaus nur eröffnet, wenn der in einem Vertragsstaat ansässigen Person der Veräußerungsgewinn nach dem innerstaatlichen Recht des Ansässigkeitsstaates auch **steuerlich zuzurechnen** ist. Dies setzt voraus, dass die Person den Veräußerungsgewinn aus steuerlicher Sicht des Ansässigkeitsstaates erzielt. Nach dt Verständnis muss die Person daher wirtschaftlicher Eigentümer des zu veräußernden Vermögens sein, falls zivilrechtliches und wirtschaftliches Eigentum auseinanderfallen (§ 39 Abs 2 Nr 1 S 1 AO). **89**

---

147 *OECD* BEPS Action 6 (2015), 71 f.

148 Im Originalwortlaut „shares or comparable interests, such as interests in a partnership or trust".

149 Im Originalwortlaut „at any time during the 365 days preceding the alienation".

150 Vgl Rn 79 sowie den derzeitigen Verweis auf Art 6 in Tz 28.3 MK zu Art 13.

151 Vgl hierzu Art 1 Rn 10 ff.

II. Sachlicher Anwendungsbereich

90 **1. In den Abs 1–4 nicht genanntes Vermögen.** Von Art 13 Abs 5 werden nach dem Wortlaut der Vorschrift Gewinne aus der Veräußerung des in den Abs 1, 2, 3 und 4 nicht genannten Vermögens erfasst. Der sachliche Anwendungsbereich von Abs 5 lässt sich somit durch **Negativ-Abgrenzung** von den Abs 1–4 ermitteln. Wie die Rn 91–94 zeigen, sind die Hauptanwendungsfälle von Art 13 Abs 5 im Privatvermögen gehaltene Anteile an KapGes sowie Wertpapiere und in Drittstaaten belegene Vermögensgegenstände.

91 Der sachliche Anwendungsbereich von Art 13 Abs 1 beschränkt sich auf Gewinne aus der Veräußerung von unbeweglichem Betriebs- und Privatvermögen, das im anderen Vertragsstaat belegen ist.[152] Nicht von der Vorschrift und somit von Abs 5 erfasst werden folglich Gewinne aus der Veräußerung von **unbeweglichem Betriebs- und Privatvermögen**, das entweder **im Ansässigkeitsstaat des Veräußerers oder in einem Drittstaat belegen** ist.[153]

92 Art 13 Abs 2 regelt die Besteuerung von Gewinnen aus der Veräußerung beweglichen Vermögens, das dem Betriebsvermögen einer im anderen Vertragsstaat belegenen Betriebsstätte zuzurechnen ist.[154] Unter Abs 5 fallen daher alle Gewinne aus der Veräußerung von **beweglichem Betriebsvermögen**, das entweder einer **im Ansässigkeitsstaat des StPfl oder** einer **in einem Drittstaat belegenen Betriebsstätte zuzuordnen** ist.

93 Gewinne aus der Veräußerung von Anteilen an Immobiliengesellschaften werden von der Spezialregelung in Abs 4 erfasst. Die Zuordnung des Besteuerungsrechts für Gewinne aus der Veräußerung von allen **sonstigen im Privatvermögen gehaltenen Anteilen an KapGes und Wertpapieren** richtet sich hingegen unabhängig von der Beteiligungshöhe nach der Auffangklausel in Abs 5.[155]

94 Zudem unterfallen Art 13 Abs 5 Gewinne aus der Veräußerung aller **sonstiger im Privatvermögen gehaltener Vermögensgegenstände** unabhängig von ihrer Belegenheit.

95 **2. Abgrenzung von anderen Erträgen.** Die Regelung des Art 13 Abs 5 (wie auch die vorherigen Abs) bezieht sich nur auf **Veräußerungsgewinne**. Werden zB im Rahmen einer Veräußerung von Anteilen oder Wertpapieren auch andere Ansprüche (zB Dividendenansprüche) übertragen, sind auf die hiermit verbundenen Erträge die spezielleren Verteilungsnormen (zB Art 10 für Dividenden) anzuwenden.[156] Nur über die sonstigen Erträge hinausgehende Veräußerungsgewinne unterliegen Art 13 Abs 5.

96 Insb iRv **Liquidationen**, **Kapitalherabsetzungen** und **Umwandlungen** von KapGes ist daher stets zwischen laufenden Erträgen und Veräußerungsgewinnen zu unterscheiden. Diese beiden Alternativen überlässt auch der MK in Tz 31 zu Art 13 ausdrücklich den Vertragsstaaten.[157] Ist aus abkommensrechtlicher Sicht unklar, inwieweit laufende Erträge und inwieweit Veräußerungsgewinne anzunehmen sind, muss der

152 Vgl Rn 24ff.
153 *Vogel/Lehner* Art 13 Rn 220.
154 Vgl Rn 41ff.
155 *G/K/G* Art 13 Rn 145; vgl Tz 30 MK zu Art 13.
156 Tz 31 MK zu Art 13; *BFH* BStBl II 1989, 794.
157 Im dt Steuerrecht findet sich diese Unterscheidung in § 17 Abs 4 EStG und § 20 Abs 1 Nr 1 EStG.

Ansässigkeitsstaat eine vom Quellenstaat einbehaltene Quellensteuer anrechnen. Abkommensrechtliche Grundlage für diese Verpflichtung ist Art 10 Abs 3, der auf die Behandlung im Quellenstaat verweist.

III. Besteuerung im Ansässigkeitsstaat (Rechtsfolge)

Art 13 Abs 5 weist das **ausschließliche Besteuerungsrecht** für Veräußerungsgewinne von in den Abs 1–4 nicht genanntem Vermögen dem **Ansässigkeitsstaat** des Veräußerers zu (vgl den Wortlaut: „nur"). Dem Quellenstaat steht kein (auch kein begrenztes) Besteuerungsrecht zu, er hat die Veräußerungsgewinne folglich ohne Progressionsvorbehalt freizustellen. Es bedarf daher insb **nicht der Anwendung des Methodenartikels** (Art 23A und 23B). Vielmehr wird bereits durch den Einkunftsartikel selbst abschließend festgelegt, dass dem Ansässigkeitsstaat das Besteuerungsrecht zustehen soll (sog **Zuordnungsmethode**[158]). Der Ansässigkeitsstaat kann den Veräußerungsgewinn nach den Vorgaben seines innerstaatlichen Steuerrechts ermitteln und besteuern, ohne grds durch das Abkommen beschränkt zu sein. 97

Ist der Veräußerer weder in dem einen noch in dem anderen Vertragsstaat ansässig, darf jeder Vertragsstaat den Veräußerungsgewinn nach seinem innerstaatlichen Steuerrecht besteuern.[159] In diesem Fall kann es folglich zu einer Dbest kommen. 98

G. Deutsche DBA

I. Allgemeines

Mit dem Update 2014 des MK hat Deutschland (zusammen mit Österreich) eine Bemerkung zu Tz 3.1 des MK aufnehmen lassen. Danach vertreten beide Staaten die Auffassung, dass – iF des Inkrafttretens eines neuen Abk – diesen Staaten nicht das Recht zur Besteuerung der stillen Reserven (des Vermögenszuwachses), die vor dem Inkrafttreten des neuen Abkommens entstanden sind, entzogen werden kann.[160] 99

II. Deutsche Verhandlungsgrundlage

Die Art 13 Abs 1–5 der dt DBA-Verhandlungsgrundlage[161] entsprechen nahezu wortgleich Art 13 Abs 1-5 des OECD-MA. Lediglich in wenigen Formulierungen weichen die Vorschriften voneinander ab. Eine inhaltliche Abweichung ergibt sich dadurch jedoch nicht.[162] 100

In Art 13 Abs 6 sieht die DE-VG eine Regelung zur Verteilung der Besteuerungsrechte für Gesellschaftsanteile in Wegzugsfällen vor, die keine Entsprechung im OECD-MA findet.[163] Der Wortlaut der Regelung lautet wie folgt: 101

(6) War eine natürliche Person während mindestens fünf Jahren in einem Vertragsstaat ansässig und ist sie im anderen Vertragsstaat ansässig geworden, berührt Absatz 5 nicht das Recht des erstgenannten Staates, die Person so zu behandeln, als habe sie im Zeitpunkt des Ansässigkeitswechsels Gesellschaftsanteile veräußert. Wird

---

158 Vgl dazu Einl MA Rn 105.
159 *S/K/K* Art 13 Rn 50.
160 Tz 32.1 MK zu Art 13.
161 BMF IV B 2 – S 1301/13/10009, Stand: 22.8.2013.
162 *Debatin/Wassermeyer* Art 13 Rn 155ff.
163 Zu den dt DBA mit entspr Regelung vgl Rn 122.

die Person im erstgenannten Staat entsprechend besteuert, berechnet der andere Staat im Fall einer dem Ansässigkeitswechsel folgenden Veräußerung von Gesellschaftsanteilen den Veräußerungsgewinn auf der Grundlage des Wertes, den der erstgenannte Staat im Zeitpunkt des Ansässigkeitswechsels der Besteuerung zugrunde gelegt hat.

102 S 1 der Regelung nimmt Bezug auf die dt Wegzugsbesteuerung (§ 6 AStG) und sichert Deutschland das Besteuerungsrecht für die stillen Reserven im Zeitpunkt des Wegzugs. Aus Sicht der dt Finanzverwaltung erfolgt die Besteuerung ohnehin als letzter Akt vor dem Ende der unbeschr Stpfl,[164] so dass die Regelung eher deklaratorischen Charakter hat.[165] Konstitutiv wirkt hingegen S 2 der Regelung,[166] der den Zuzugsstaat hinsichtlich der Anschaffungskosten bei der Ermittlung des Veräußerungsgewinns im Fall einer späteren tatsächlichen Veräußerung – für den dem Zuzugsstaat nach Art 13 Abs 5 das Besteuerungsrecht zusteht – an den vom Wegzugsstaat zugrunde gelegten Wert (fiktiven Veräußerungspreis) bindet.

III. Wichtigste Abweichungen

103 **1. Überblick.** Mit einer Ausnahme enthalten alle von der Bundesrepublik Deutschland abgeschlossenen DBA eine gesonderte Regelung für Veräußerungsgewinne. Die Ausgestaltung dieser Regelung unterscheidet sich jedoch teilw erheblich zwischen den verschiedenen Abkommen und weicht zT auch stark vom MA ab (vgl im Einzelnen nachfolgend Rn 104–123). Lediglich das DBA mit Australien enthält keine ausdrückliche Regelung für Veräußerungsgewinne iSv Art 13.

104 **2. Absatz 1.** Nahezu alle der von der Bundesrepublik Deutschland abgeschlossenen DBA enthalten eine dem Art 13 Abs 1 in **Wortlaut** und **Regelungsinhalt nachgebildete** Regelung. **Ausnahmen** bilden lediglich die DBA mit Australien und Griechenland. Während das DBA Australien keine ausdrückliche Regelung für Veräußerungsgewinne enthält,[167] ist in dem DBA mit Griechenland die Veräußerung von unbeweglichem Vermögen in dem Art zu den laufenden Einkünften aus unbeweglichem Vermögen geregelt (Art XIII Abs 3 DBA Griechenland).

105 Für die **Definition des unbeweglichen Vermögens** verweisen im Gegensatz zum MA einige dt DBA nicht auf die Definition in der dem Art 6 (Einkünfte aus unbeweglichem Vermögen) entspr Vorschrift. Für den EU/EWR-Raum (einschließlich der Schweiz) und die wichtigsten dt Handelspartner gilt dies namentlich für Dänemark (Art 13 Abs 1 S 1), Jugoslawien (Art 14 Abs 1), Malta (Art 13 Abs 1), Mazedonien (Art 13 Abs 1), Rumänien (Art 13 Abs 1), Russische Föderation (Art 13 Abs 1), Schweden (Art 13 Abs 1 S 1) und Slowenien (Art 13 Abs 1). Mangels eines Verweises auf die Definition in der dem Art 6 entspr Vorschrift, kann die dortige Definition in diesen Fällen nicht ohne weiteres für Veräußerungsvorgänge übernommen werden. Sofern die Veräußerungsvorschrift jedoch kein eigenständiges Begriffsverständnis erfordert, spricht zum Zwecke einer einheitlichen Begriffsbestimmung auch ohne ausdrücklichen Verweis nichts gegen die Übernahme der Definition.[168] Das DBA mit den USA enthält in Art 13 Abs 2 eine eigene Definition des Ausdrucks „unbewegliches

---

164 *BMF* BStBl I 2004, Sondernr 1/2004, 3, Tz 6.1.3.1 ff; vgl § 6 AStG Rn 119.
165 *Schönfeld/Ditz* Anh 4, Rn 82; *Debatin/Wassermeyer* Art 13 Rn 155, 161.
166 *Schönfeld/Ditz* Anh 4, Rn 83; *Debatin/Wassermeyer* Art 13 Rn 161.
167 Vgl hierzu Rn 103.
168 *Vogel/Lehner* Art 13 Rn 57 f.

Vermögen, das im anderen Vertragsstaat liegt". Nach Nr 12 des Prot zum DBA USA gehört hierzu in den USA auch ein „real property interest" nach dem Recht der Vereinigten Staaten.

3. Absatz 2. Die meisten der von der Bundesrepublik Deutschland abgeschlossenen DBA enthalten eine dem Art 13 Abs 2 **inhaltlich entspr Regelung**. Eine **Ausnahme** bildet hierbei das mit Australien abgeschlossene DBA, das keine Regelung über Gewinne aus der Veräußerung von beweglichem Vermögen enthält.[169] Bei einigen DBA umfasst die Art 13 Abs 2 nachgebildete Vorschrift nur Veräußerungsgewinne, die einer **gewerblich tätigen Betriebsstätte** zuzurechnen sind und damit insb nicht Veräußerungsgewinne, die zu einer festen Einrichtung eines Selbstständigen gehören. Hierzu zählt im EU/EWR-Raum das DBA mit Griechenland (Art IX Abs 2). In diesen Fällen sind die Veräußerungsgewinne, die im Rahmen einer festen Einrichtung eines Selbstständigen anfallen, grds im Ansässigkeitsstaat des Veräußerers zu besteuern. IÜ enthält die überwiegende Anzahl der dt DBA die Formulierung des Art 13 Abs 2 aF und bezieht daher ausdrücklich die **feste Einrichtung** in den Wortlaut mit ein. Am Regelungsinhalt ändert sich hierdurch jedoch nichts. Das DBA mit Belarus (Weißrussland) enthält keine Einschränkung auf „bewegliches" Vermögen (Art 13 Abs 2). 106

Das Prot zum DBA mit den **USA** enthält zwei Sonderregelungen hinsichtlich der Veräußerungsgewinne iSd Art 13 Abs 2. Nach Nr 5 des Prot sind einer Betriebsstätte zuzurechnende Veräußerungsgewinne auch nach Auflösung der Betriebsstätte zu versteuern oder abzuziehen, wenn die Zahlung aufgeschoben wurde. Nach Nr 6 des Prot können Gewinne aus der Veräußerung beweglichen Vermögens, das nur während einer bestimmten Zeit Betriebsvermögen der Betriebsstätte war, bis zur Höhe des Gewinns, der auf diese Zeit entfällt, während einer 10-Jahresfrist seit dem Ausscheiden aus dem Betriebsstättenvermögen besteuert werden. 107

Das DBA Kanada enthält in Art 13 Abs 5 eine Sonderbestimmung für Veräußerungsgewinne, die im Zusammenhang mit einer **Unternehmensumwandlung** entstehen. Diese Veräußerungsgewinne können nach dem Ermessen der zuständigen Behörden im aufnehmenden Staat steuerneutral behandelt werden.[170] 108

4. Absatz 3. Eine Art 13 Abs 3 entspr Regelung enthalten nicht alle von der Bundesrepublik Deutschland abgeschlossenen DBA. Für den EU/EWR-Raum und die wichtigsten dt Handelspartner gilt dies namentlich für Griechenland, das **keine ausdrückliche Regelung** zu Veräußerungsgewinnen von Schiffen und Luftfahrzeugen enthält. Ein weiterer, nicht unbedeutender Anteil der dt DBA enthält zwar eine Sonderregelung für diese Veräußerungsgewinne, sieht jedoch ein ausschließliches **Besteuerungsrecht des Ansässigkeitsstaates** des veräußernden Unternehmens (und nicht des Geschäftsleitungsstaates) vor. Dies betrifft insb die DBA mit Bulgarien (Art 13 Abs 4), Estland (Art 13 Abs 3), Großbritannien (Art 13 Abs 4), Japan (Art 13 Abs 2 S 2), Kanada (Art 13 Abs 3), Lettland (Art 13 Abs 3), Litauen (Art 13 Abs 3), der Russischen Föderation (Art 13 Abs 3), Schweden (Art 13 Abs 3) und den USA (Art 13 Abs 4). 109

---

169 Vgl Rn 103.

170 Zu Einzelheiten vgl *Sieker* IStR 2002, 269.

110 Der sachliche Anwendungsbereich von Art 13 Abs 3 wird in den dt DBA mit Kanada (Art 13 Abs 3), Norwegen (Art 13 Abs 3), Schweden (Art 13 Abs 3) und den USA (Art 13 Abs 4) um **Container** bzw **Behälter** erweitert. In zahlreichen anderen DBA umfasst die Regelung nicht die Gewinne aus der Veräußerung von **Binnenschiffen** bzw diesen dienendem beweglichen Vermögen (zB DBA mit China, Großbritannien, Italien, Mazedonien, Polen und Portugal). Die Besteuerung des Veräußerungsgewinns richtet sich in diesem Fall grds nach Art 13 Abs 2, wenn die Binnenschiffe bzw das bewegliche Vermögen zum Betriebsvermögen einer Betriebsstätte gehören, anderenfalls findet Art 13 Abs 5 Anwendung.

111 Die DBA mit **Dänemark** (Art 13 Abs 3 S 3), **Norwegen** (Art 13 Abs 3, Art 8 Abs 4) und **Schweden** (Art 42 Abs 1) beschränken die Anwendung von Art 13 Abs 3 hinsichtlich ihres Luftfahrtkonsortiums „SAS“ auf den jeweils anteiligen, dem jeweiligen Vertragsstaat zuzurechnenden Veräußerungsgewinn.

112 **5. Absatz 4.** Die meisten der von der Bundesrepublik Deutschland abgeschlossenen DBA enthalten derzeit noch **keine eigenständige Regelung** für die Veräußerung von Anteilen an Immobiliengesellschaften iSv Art 13 Abs 4. **Ausnahmen** gibt es insb bei den **jüngeren Abkommen** im EU/EWR-Raum sowie hinsichtlich der wichtigsten dt Handelspartner. Von diesen haben bereits die folgenden eine Sonderregelung über Anteile an Immobiliengesellschaften mit der Bundesrepublik Deutschland vereinbart: Dänemark (Art 13 Abs 1 S 2), Estland (Art 13 Abs 1 HS 2), Finnland (Art 13 Abs 2), Frankreich (Art 7 Abs 4), Großbritannien (Art 13 Abs 2), Irland (Art 13 Abs 4), Lettland (Art 13 Abs 1 S 2), Liechtenstein (Art 13 Abs 2), Litauen (Art 13 Abs 1 S 2), Luxemburg (Art 13 Abs 2), Malta (Art 13 Abs 2), Mazedonien (Art 13 Abs 2), Niederlande (Art 13 Abs 2 neben weiteren Besonderheiten mit einer 75 %-Grenze)[171], Norwegen (Art 13 Abs 4), Österreich (Art 13 Abs 2, Prot Nr 4), Polen (Art 13 Abs 2), Rumänien (Art 13 Abs 2), Schweden (Art 13 Abs 1 S 2), Spanien (Art 13 Abs 2)[172], die USA (Art 13 Abs 2, Prot Nr 13) und Zypern (Art 13 Abs 2). Wie diese Auflistung zeigt, ist die Vorschrift oftmals nicht in Abs 4, sondern im Anschluss an die Vorschrift über Veräußerungsgewinne aus unbeweglichem Vermögen zu finden. Zudem zeichnen sich die jeweiligen Vorschriften durch eine **große Vielfältigkeit** aus. Enthält ein DBA keine Spezialregelung, fallen die Veräußerungsgewinne von Anteilen an Immobiliengesellschaften idR unter die Art 2 oder 5 MA entspr Regelungen.

113 Für die Bemessung, ob das Gesellschaftsvermögen überwiegend, dh zu mehr als 50 %, aus unbeweglichem Vermögen besteht, stellen zahlreiche DBA – abw vom MA – auf das **Aktivvermögen** der Ges ab. So sehen die DBA mit Estland, Großbritannien, Lettland, Liechtenstein, Litauen, Malta, Mazedonien, Österreich, Polen, Rumänien und Spanien vor, dass nur Anteile an einer Gesellschaft von der Regelung erfasst werden, deren Aktivvermögen überwiegend aus im anderen Vertragsstaat belegenem unbeweglichen Vermögen besteht. Die DBA mit anderen Staaten (zB Dänemark, Norwegen und die USA) stellen auf das **Gesellschaftsvermögen** bzw die **Vermögenswerte** der Ges ab.

114 Das DBA mit **Finnland** beschränkt die Regelung zu Immobiliengesellschaften auf Ges, deren unbewegliches Vermögen vom Gesellschafter genutzt werden darf (Art 13

---

171 Vgl *Kessler/Arnold* IStR 2012, 519; *Häck/Spierts* IStR 2014, 58.
172 Vgl *Herbort/Sendke* IStR 2014, 499.

Abs 2 iVm Art 6 Abs 4). Vom **DBA** mit den USA werden auch Anteile an PersGes, Trusts[173] und Estates (Nachlass) erfasst (Art 13 Abs 2 Buchstabe b, Prot Nr 13).

Nach dem DBA mit **Frankreich** ist bei der Anwendung der Grundbesitzklausel unbewegliches Vermögen, das von einem Rechtsträger unmittelbar zur Ausübung seiner Geschäftstätigkeit (zB bei einem Bergwerk oder Hotel) verwendet wird, nicht zu berücksichtigen (Art 13 Abs 4 S 2). **115**

Nach dem DBA mit **Schweden** muss der Hauptzweck der Ges im direkten oder indirekten Halten oder Verwalten unbeweglichen Vermögens bestehen und der Veräußerer an der Ges zu irgendeinem Zeitpunkt in den fünf Jahren vor der Veräußerung zu mindestens 10 % an der Ges beteiligt gewesen sein (Art 13 Abs 1 S 2). **116**

Das DBA mit **Spanien** sieht zudem eine Spezialregelung für Gewinne aus der Veräußerung von Anteilen oder anderen Rechten vor, die den Eigentümer unmittelbar oder mittelbar zur Nutzung von im anderen Vertragsstaat belegenem unbeweglichen Vermögen berechtigen (Art 13 Abs 3). Die Regelung zielt auf sog Timesharing- oder Ferienwohnrechte-Eigentümer ab und sichert dem Belegenheitsstaat das Besteuerungsrecht. **117**

Die mit den folgenden EU/EWR-Staaten abgeschlossenen DBA sehen für einen oder beide Vertragsstaaten als Methode zur Vermeidung der Dbest für Veräußerungsgewinne von Immobiliengesellschaften die **Anrechnungsmethode** vor, um einer Nichtbesteuerung vorzubeugen: Dänemark, Frankreich, Großbritannien, Irland, Liechtenstein, Luxemburg, Malta, Mazedonien, Niederlande, Österreich, Polen, Rumänien, Norwegen, Schweden, Spanien, Zypern. **118**

6. Absatz 5. Fast alle der von der Bundesrepublik Deutschland abgeschlossenen DBA enthalten eine in **Wortlaut** und **Regelungsinhalt** dem Art 13 Abs 5 nachgebildete Regelung. Für den **EU/EWR-Raum** (einschließlich der Schweiz) gilt dies namentlich für Belgien (Art 13 Abs 3; Prot Nr 10), Bulgarien (Art 13 Abs 5), Dänemark (Art 13 Abs 4), Estland (Art 13 Abs 4), Finnland (Art 13 Abs 4), Frankreich (Art 13 Abs 5), Griechenland (Art IX Abs 1), Großbritannien (Art 13 Abs 5), Irland (Art 13 Abs 5), Island (Art 13 Abs 3), Italien (Art 13 Abs 4), Jugoslawien (Art 14 Abs 5), Lettland (Art 13 Abs 4), Liechtenstein (Art 13 Abs 5), Litauen (Art 13 Abs 4), Luxemburg (Art 13 Abs 5), Malta (Art 13 Abs 5), Mazedonien (Art 13 Abs 5), Niederlande (Art 13 Abs 5), Norwegen (Art 13 Abs 6), Österreich (Art 13 Abs 5), Polen (Art 13 Abs 5), Portugal (Art 13 Abs 4), Rumänien (Art 13 Abs 5), Schweden (Art 13 Abs 4), Schweiz (Art 13 Abs 3), Slowenien (Art 13 Abs 4), Spanien (Art 13 Abs 6), Tschechoslowakei (Art 13 Abs 4), Ungarn (Art 13 Abs 3) und Zypern (Art 13 Abs 5). Diese Entsprechung zum MA gilt ferner für **wichtige dt Handelspartner** wie Japan (Art 13 Abs 3), die Russische Föderation (Art 13 Abs 4) oder die USA (Art 13 Abs 5). **119**

Eine Sonderregelung für die **Veräußerung von Gesellschaftsanteilen** enthalten von den og DBA mit einer Art 13 Abs 5 entspr Regelung auch die Abkommen mit Bulgarien (Art 13 Abs 2), Norwegen (Art 13 Abs 5) und der Tschechoslowakei (Art 13 Abs 3). Nach diesen Regelungen können Gewinne aus der Veräußerung von Gesellschaftsanteilen im Sitzstaat der Ges besteuert werden. Diese Sonderregelungen gehen den Art 13 Abs 2 und Art 13 Abs 5 entspr Klauseln vor. **120**

---

173 Vgl zum US-REIT *Rehm/Lindauer* IStR 2002, 253.

121 Das Prot zum DBA **Niederlande (Nr X)** enthält eine Regelung, wonach Einkünfte, die in Verbindung mit der (Teil-)Abwicklung einer Ges oder dem Erwerb eigener Aktien durch eine Ges erzielt werden, wie Einkünfte aus Aktien (Art 10) und nicht wie Veräußerungsgewinne (Art 13) behandelt werden.

122 Zusätzlich enthalten zahlreiche von der Bundesrepublik Deutschland abgeschlossene DBA **Wegzugsklauseln** bzw Sonderklauseln für eine **Wohnsitzverlegung**, die va Beteiligungen an KapGes und oftmals auch andere Wirtschaftsgüter betreffen.[174] Von den mit EU/EWR-Staaten und wichtigen dt Handelspartnern vereinbarten DBA betrifft dies insb die DBA mit Bulgarien (Art 13 Abs 6), Dänemark (Art 13 Abs 5), Finnland (Art 13 Abs 5), Frankreich (Art 13 Abs 6), Irland (Art 13 Abs 6), Italien (Prot Nr 12), Kanada (Art 13 Abs 7), Liechtenstein (Art 13 Abs 6), Luxemburg (Art 13 Abs 6), Mazedonien (Art 13 Abs 6), Niederlande (Art 13 Abs 6), Österreich (Art 13 Abs 6), Polen (Art 13 Abs 6), Rumänien (Art 13 Abs 6), Schweden (Art 13 Abs 5), Schweiz (Art 13 Abs 4, 5), Slowenien (Art 13 Abs 5), Spanien (Art 13 Abs 7) und den USA (Art 13 Abs 6).

123 Die Auffangklausel des DBA **China** (Art 13 Abs 4) sieht das Belegenheitsprinzip vor, dh alle Gewinne aus der Veräußerung von im anderen Vertragsstaat belegenem Vermögen können im anderen Vertragsstaat besteuert werden. Veräußerungsgewinne von in Drittstaaten belegenem Vermögen werden folglich von dieser Regelung nicht erfasst.

124 **7. Sonstiges.** Die Vorschrift über Veräußerungsgewinne im DBA **Liechtenstein** (Art 13) wird durch eine Vorschrift im Prot zum DBA ergänzt (Prot Nr 4), die eine Spezialregelung für Fälle vorsieht, in denen es allein durch das Inkrafttreten des DBA zum 1.1.2013 zu einem Ausschluss des dt Besteuerungsrechtes hinsichtlich in Liechtenstein belegenen Betriebsstätten-Vermögens kommt.[175]

---

174 S auch Rn 101 f. zur entspr Regelung in der DE-VG.
175 Vgl *Niehaves/Beil* DStR 2012, 209.

Art. 14

(aufgehoben)

Art. 15 Einkünfte aus unselbstständiger Arbeit

(1) Vorbehaltlich der Artikel 16, 18 und 19 können[1] Gehälter, Löhne und ähnliche Vergütungen, die eine in einem Vertragsstaat ansässige Person aus unselbstständiger Arbeit bezieht, nur in diesem Staat besteuert werden, es sei denn, die Arbeit wird im anderen Vertragsstaat ausgeübt. Wird die Arbeit dort ausgeübt, so können[2] die dafür bezogenen Vergütungen im anderen Staat besteuert werden.

---

1 Österreich: S Fußnote 1 zu Art 6.
2 Österreich: S Fußnote 1 zu Art 6.

(2) Ungeachtet des Absatzes 1 können[3] Vergütungen, die eine in einem Vertragsstaat ansässige Person für eine im anderen Vertragsstaat ausgeübte unselbstständige Arbeit bezieht, nur im erstgenannten Staat besteuert werden, wenn

a) der Empfänger sich im anderen Staat insgesamt nicht länger als 183 Tage innerhalb eines Zeitraums von zwölf Monaten, der während des betreffenden Steuerjahres beginnt oder endet, aufhält und

b) die Vergütungen von einem Arbeitgeber oder für einen Arbeitgeber gezahlt werden, der nicht im anderen Staat ansässig ist, und

c) die Vergütungen nicht von einer Betriebstätte getragen werden, die der Arbeitgeber im anderen Staat hat.

(3) Ungeachtet der vorstehenden Bestimmungen dieses Artikels können[4] Vergütungen für unselbstständige Arbeit, die an Bord eines Seeschiffes oder Luftfahrzeuges, das im internationalen Verkehr betrieben wird, oder an Bord eines Schiffes, das der Binnenschifffahrt dient, ausgeübt wird, in dem Vertragsstaat besteuert werden, in dem sich der Ort der tatsächlichen Geschäftsleitung des Unternehmens befindet.

BMF BStBl I 2014, 1467 – Schreiben betr steuerliche Behandlung des Arbeitslohns nach den Doppelbesteuerungsabkommen; *BMF* BStBl I 2001, 796 – Schreiben betr Grundsätze für die Prüfung der Einkunftsabgrenzung zwischen international verbundenen Unternehmen in Fällen der Arbeitnehmerentsendung (Verwaltungsgrundsätze-Arbeitnehmerentsendung); *BMF* BStBl I 1983, 470 – Steuerliche Behandlung von Arbeitnehmereinkünften bei Auslandstätigkeiten (Auslandstätigkeitserlass); *BMF* BStBl I 2005, 821 – Merkblatt zur Steuerfreistellung ausl Einkünfte gem § 50d Abs 8 EStG; ; *BMF* BStBl I 2013, 1022, 420 – Steuerliche Förderung der privaten Altersvorsorge und betrieblichen Altersversorgung;

Übersicht

3 Österreich: S Fußnote 1 zu Art 6.

4 Österreich: S Fußnote 1 zu Art 6.

Literatur: *Achter* Der Arbeitgeberbegriff im Doppelbesteuerungsrecht, IStR 2003, 410; *Bendlinger* Ende der 183-tägigen Schonfrist bei der internationalen Arbeitskräftegestellung-Neukommentierung des Arbeitgeberbegriffs im OECD-Musterabkommen, IWB 2004, 921; *Bornhaupt* Lohnsteuerliche Fragen bei Entsendungen von Arbeitnehmern ins Ausland und vom Ausland ins Inland, BB 1985, Beilage 16, 8; *Buciek* Auslandseinkünfte in Zuzugs- und Wegzugsfällen, DStZ 2001, 819; *Drüen* Bindungswirkung von Rechtsverordnungen zur Umsetzung von Konsultationsvereinbarungen, IWB 2011, 360; *Dziurdz* Betriebsstätte als „wirtschaftlicher Arbeitgeber“ oder worin liegt der Sinn und Zweck der 183-Tage-Regel, IStR 2014, 876 *Fehn* Arbeitnehmerentsendung- einkommensteuerliche Aspekte einer globalisierten und internationalisierten Arbeitswelt, BB 2004, Special 3, 7; *Görl* Steuerliche Probleme bei der Mitarbeiterentsendung, IStR 2002, 443; *Hasbargen/Schmitt/Kiesel* Internationale Mitarbeiterentsendungen und Besteuerung von Aktienoptionen nach dem aktuellen Entwurf des BMF Schreibens zur steuerlichen Behandlung des Arbeitslohns nach DBA, IStR 2006, 257; *Hilbert* Besteuerung von Gehaltszahlungen im Fall bestimmter Transportgesellschaften-Sonderregelungen zur Schifffahrt sowie zum internationalen Flugverkehr, DStR 2012, 7; *Hummel* Zur innerstaatlichen Bindungswirkung von auf Doppelbesteuerungsabkommen beruhenden Konsultationsvereinbarungen, IStR 2011, 397; *Lühn* Abfindungszahlungen – Aktuelle Entwicklungen zum Abkommensrechtlichen Besteuerungsrecht, PIStB 2008, 247; *Neyer* Lohnfortzahlung und Besteuerungsrecht beim international tätigen Arbeitnehmer, RIW 2006, 216; *ders* Steuerliche Behandlung der grenzüberschreitenden Arbeitnehmerentsendung im Konzernverbund, BB 2006, 917; *Neyer/Schlepper* Deutsche Besteuerung der Entlassungsentschädigung beim international mobilen Arbeitnehmer, FR 2011, 648; *Portner* Besteuerung von Abfindungen auf der Grundlage der DBA mit Belgien und den Niederlanden, IStR 2008, 584; *ders* Besteuerung von Abfindungen bei Anwendung der DBA mit Belgien, den Niederlanden, Österreich und der Schweiz, IStR 2010, 735; *Reinhold/Apel* Differenzierte Auseinandersetzung mit dem BMF-Schreiben vom 12.11.2014 zur „Steuerlichen Behandlung des Arbeitslohns nach dem DBA“ IStR 2015, 533; *Reinhold* Seminar B: The Taxation of Expatriates, IStR 2015, 584; *Röpke/Schmidt* Die abkommensrechtliche Behandlung von Arbeitnehmeraktienoptionen nach den Vorstellungen des BMF, IStR 2007, 59; *Runge* Internationaler Arbeitnehmerverleih und Personalentsendung: Der Arbeitgeberbegriff in Art 15 OECD-Musterabkommen, IStR 2002, 37; *Scheffler/Kölbl* Besteuerung der betrieblichen Altersversorgung auf Ebene des Arbeitnehmers im internationalen Kontext, IStR 2007, 113; *Schmidt* Steuerlicher Abzug von Beiträgen zur Altersvorsorge nach dem neuen DBA-USA, PIStB 2006, 265; *ders* Abkommensrechtliche Beurteilung von Lohnfortzahlungen im Krankheitsfall, PIStB 2007, 310; *ders* Der BFH zum wirtschaftlichen Arbeitgeber – Konsequenzen für die Besteuerungspraxis, IStR 2006, 78; *ders* Steuerliche Behandlung des Arbeitslohns nach den Doppelbesteuerungsabkommen, StBJb 2006/2007, 123; *ders* Neue Konsultationsvereinbarung mit Österreich zur Besteuerung von Abfindungen, PIStB 2011, 65; *Schreiber/Lühn* Besteuerung von Arbeitnehmereinkünften in Japan – Gefahr der Doppelbesteuerung, IWB 2007, 991; *Schröder* Die auslegende Konsultationsvereinbarung am Beispiel des Besteuerungsrechts für Abfindungszahlungen, IStR 2009, 48; *Schubert/Hoffmann* Das BMF-Schreiben vom 14.9.2006 zur steuerlichen Behandlung des Arbeitslohns nach den Doppelbesteuerungsabkommen, BB 2007, 23; *de Weerth* Lohnsteuerabzug bei grenzüberschreitendem Arbeitnehmerverleih, IStR 2003, 123; *Wellisch/Näth* Lohnbesteuerung in Deutschland bei internationalen Mitarbeiterentsendungen, IStR 2005, 433.

A. Allgemeines

I. Bedeutung der Vorschrift

Die größte praktische Bedeutung erlangt die Vorschrift bei Auslandstätigkeiten, die als **„Entsendung"** bezeichnet werden. Der Begriff „Entsendung" wird im Steuerrecht verwendet,[5] jedoch nicht definiert. In der Praxis wird der Begriff „Entsendung" regelmäßig verwendet, wenn ein bei einem Unternehmen beschäftigter Arbeitnehmer für einen begrenzten Zeitraum bei einem verbundenen Unternehmen mit Sitz in einem anderen Land tätig wird. Die **dt FinVerw** spricht von einer **Arbeitnehmerentsendung** (vgl Rn 160 ff), wenn ein Arbeitnehmer mit seinem bisherigen Arbeitgeber (entsendendes Unternehmen) vereinbart, für eine befristete Zeit bei einem verbundenen Unternehmen (aufnehmendes Unternehmen) tätig zu werden und das aufnehmende Unternehmen entweder eine arbeitsrechtliche Vereinbarung mit dem Arbeitnehmer abschließt oder als wirtschaftlicher Arbeitgeber anzusehen ist.[6] 1

Neben dem Begriff Entsendung werden in der Praxis für eine zeitlich begrenzte Auslandstätigkeit bei einem verbundenen Unternehmen auch die Begriffe **„Abordnung"**, **„Versetzung"**, **„Delegation"** oder **„Transfer"** verwendet. Wann welcher Begriff verwendet wird, ist nicht selten von der arbeitsrechtlichen Ausgestaltung der Auslandstätigkeit abhängig.[7] Für die **steuerliche Beurteilung**, also insb die abkommensrechtliche Zuordnung des Besteuerungsrechts für die Vergütungen des Arbeitnehmers, haben diese Begriffe **keine unmittelbare Bedeutung**. 2

Auch der Begriff **„Dienstreise"** wird in der Praxis bei Auslandstätigkeiten verwendet. IdR sind derartige Tätigkeiten dadurch gekennzeichnet, dass der Arbeitnehmer während seiner Auslandstätigkeit weiterhin im Interesse und zum Nutzen des beschäftigenden Unternehmens tätig ist und die Gehaltskosten deshalb nicht an das Unternehmen im Ausland, bei dem der Arbeitnehmer tätig ist, weiterbelastet werden. Damit wird bei als Dienstreise bezeichneten Auslandstätigkeiten im Regelfall das **Besteuerungsrecht** für die Vergütungen des Arbeitnehmers in dessen **Ansässigkeitsstaat** verbleiben. Ausnahmen sind jedoch denkbar, zB bei häufigeren Dienstreisen in das gleiche Land oder Dienstreisen, die vor einer langfristigen Entsendung unternommen werden (dazu im Einzelnen Rn 143). Art 15 erlangt aber auch Bedeutung, wenn ein Arbeitnehmer in einem anderen Land unter einem lokalen Arbeitsvertrag eine Tätigkeit aufnimmt, jedoch in seinem Heimatland einen (Erst- oder Zweit-) Wohnsitz beibehält. 3

5 Vgl § 38 Abs 1 S 2 EStG.

6 *BMF* BStBl I 2001, 796.

7 ZB ob das aufnehmende ausl Unternehmen einen Arbeitsvertrag mit dem Mitarbeiter abschließt und der bestehende Arbeitsvertrag aufgehoben oder ruhend gestellt wird.

4 Dbest drohen bei beiden Formen grenzüberschreitender Tätigkeiten, also sowohl bei einer Entsendung als auch bei lokalen Beschäftigungsverhältnissen im Ausland. Die Dbest droht unabhängig davon, ob der Mitarbeiter in beiden Ländern aufgrund eines Wohnsitzes oder eines ähnlichen Merkmals mit seinem Welteinkommen steuerpflichtig wird. Denn in der Regel besteuern die meisten Staaten die Vergütung eines Arbeitnehmers bereits dann, wenn die Tätigkeit im Hoheitsgebiet dieses Staats ausgeübt wird. Damit findet Art 15 also bereits bei kurzfristigen Tätigkeiten im Ausland Anwendung, auch wenn der Arbeitnehmer dort nur einzelne Tage tätig wird ohne im Ausland einen Wohnsitz zu begründen.

5 Rechtssystematisch sollten zwei Fälle von Auslandstätigkeiten unterschieden werden, die beide in den Anwendungsbereich des Art 15 fallen: Im ersten Fall sind abkommensrechtlicher **Ansässigkeitsstaat** und **Tätigkeitsstaat identisch**. Im zweiten Fall fallen abkommensrechtlicher **Ansässigkeitsstaat** und **Tätigkeitsstaat auseinander**. Nur im zweiten Fall kann das Besteuerungsrecht für die Vergütung des Arbeitnehmers durch die Anwendung des Art 15 Abs 2 im ursprünglichen Wohnsitzstaat des Arbeitnehmers verbleiben.

II. Systematischer Zusammenhang

6 Die Vorschrift liest sich nicht einfach. Dies liegt darin begründet, dass Art 15 einen **Grundsatz** festlegt (Besteuerung im Ansässigkeitsstaat), davon eine **Ausnahme** formuliert (Besteuerung im Tätigkeitsstaat) und von der Ausnahme **wiederum eine Ausnahme** macht (Besteuerung im Ansässigkeitsstaat). Als Grundsatz sieht Art 15 Abs 1 S 1 HS 1 die ausschließliche Besteuerung von Arbeitnehmereinkünften im Ansässigkeitsstaat des Arbeitnehmers vor. Dem anderen Vertragsstaat wird ebenfalls ein Besteuerungsrecht zugewiesen, wenn und soweit die Tätigkeit im anderen Vertragsstaat ausgeübt wird. Der Vertragspartner des Ansässigkeitsstaats wird daher häufig als Tätigkeitsstaat bezeichnet,[8] obwohl sich dieser Begriff nicht in Art 15 findet. Faktisch wird damit die Besteuerung im Tätigkeitsstaat zur Grundregel, wenn Ansässigkeitsstaat und Tätigkeitsstaat nicht identisch sind.

7 Da nicht jeder noch so **kurzfristige Auslandseinsatz** zu einem Besteuerungsrecht des Tätigkeitsstaats führen soll, normiert Art 15 Abs 2, unter welchen Voraussetzungen das Besteuerungsrecht ausschließlich beim Ansässigkeitsstaat verbleiben soll, obwohl die Tätigkeit im anderen Staat ausgeübt wird (vgl im Einzelnen Rn 117 ff). Hintergrund dieser Regelung ist, dass bei sehr kurzfristigen Tätigkeiten im Ausland der **Aufwand der Steuererhebung** in keinem Verhältnis zum Steueraufkommen steht.[9] Dies ist gerechtfertigt und dient sowohl der Mobilität von Arbeitnehmern als auch den Anforderungen der Unternehmen an eine zunehmend globalisierte Wirtschaft. Denn in der Regel ergeben sich bei einem **Wechsel des Besteuerungsrechts** der Vergütung des Arbeitnehmers in den Tätigkeitsstaat auch für die an einer Entsendung beteiligten Unternehmen **administrative Verpflichtungen**. Zu denken ist beispielsweise an Lohnsteuerabzugsverpflichtungen oder steuerliche Registrierungserfordernisse des Arbeitnehmers bzw Arbeitgebers. Daneben würde all denjenigen Unternehmen ein zusätzlicher administrativer Aufwand entstehen, die für ihre entsandten Mitarbeiter als bes Form der Nettolohnvereinbarung eine sog „Tax Equalisation Policy" vorsehen, da

8 Vgl zB *S/K/K* Art 15 MA Rn 4; *Vogel/Lehner* Art 15 MA Rn 4a.

9 *Debatin/Wassermeyer* Art 15 MA Rn 34.

nach diesem Vergütungsansatz – vereinfacht gesagt – der Mitarbeiter steuerlich so gestellt werden soll, als ob er im Heimatland steuerpflichtig geblieben wäre. Unterliegt die Vergütung der Besteuerung im Tätigkeitsstaat, ist bei diesem Vergütungsansatz eine Steuerausgleichsberechnung erforderlich.

Rechtssystematisch ist an der Vorschrift zu bemängeln, dass die Besteuerung des Arbeitnehmers in bestimmten Fällen nicht nur davon abhängt, welchen **Sachverhalt der Arbeitnehmer** verwirklicht, sondern auch davon abhängt, welchen **Sachverhalt** ein anderes Steuersubjekt, nämlich das bzw die an der Entsendung **beteiligten Unternehmen** verwirklichen. So hängt die Besteuerung des Arbeitnehmers davon ab, ob dessen Lohn zu Lasten eines Arbeitgebers bzw einer Betriebsstätte des Arbeitgebers gezahlt wird (dazu Rn 145 ff).[10] Zu was für unbefriedigenden Erg dies führen kann, wird bes am Beispiel einer Auslandstätigkeit eines Arbeitnehmers auf einer Montage des Arbeitgebers im Ausland deutlich: Stellt sich erst nach Aufnahme der Tätigkeit des Arbeitnehmers heraus, dass die Montage auf der er arbeitet die maßgebliche Frist (dazu Art 5 Rn 110) übersteigt, so wird auch das Besteuerungsrecht für die Vergütung des Arbeitnehmers nachträglich dem Tätigkeitsstaat zugewiesen. Die nachträgliche Korrektur der bisher vorgenommen steuerlichen Abwicklung der Gehaltszahlungen (zB Lohnsteuerabzug) bedeutet einen erheblichen administrativen Aufwand, insb dann, wenn sich die Tätigkeit über zwei Veranlagungszeiträume erstreckt. 8

III. Verhältnis zu anderen Verteilungsnormen

Eine klare tatbestandliche Abgrenzung gg den Art 16, 18 und 19 ergibt sich bereits aus dem Wortlaut des Art 15 „Vorbehaltlich der Art 16, 18 und 19 …". Die Rechtsfolge des Art 15 findet also keine Anwendung, wenn die Tätigkeit eines **Aufsichts- oder Verwaltungsrates** oder eines Angehörigen des öffentlichen Dienstes als unselbstständige Arbeit ausgeübt wird. Der Vorrang des Art 17 **(Künstler und Sportler)** ergibt sich aus dessen Wortlaut. Der Vorrang der Sonderregelungen für **Beschäftigte auf See- bzw Binnenschiffen und Luftfahrzeugen** ergeben sich unmittelbar aus Art 15 Abs 3 (vgl Rn 179 ff). 9

Schwierigkeiten bereitet die **Abgrenzung zu Art 18**. Denn auch bei Vergütungen, die nach Beendigung des Arbeitsverhältnisses gezahlt werden, kann es sich um nachträglich gezahlte Tätigkeitsvergütungen handeln, die nach Art 15 zu besteuern sind. Zahlungen, die bei Beendigung des Arbeitsverhältnisses gezahlt werden, können aber auch als **Ruhegehälter** zu qualifizieren sein (vgl Art 18 Rn 9).[11] 10

Eine Konkurrenz zwischen Art 20 und Art 15 ist denkbar, wenn die in Art 20 behandelten Zahlungen an Studenten, Praktikanten und Lehrlinge den Einkünften aus nichtselbstständiger Arbeit zuzuordnen sein sollten. Für diesen Fall folgt aus dem Wortlaut des Art 15 („Vorbehaltlich der Art…"), dass diese Vorschrift dem Art 20 vorgeht.[12] 11

Keine Abgrenzungsprobleme ergeben sich dagegen idR zu Art 7 (Unternehmensgewinne) bzw Art 14 (Selbstständige Arbeit). Die Abgrenzung richtet sich danach, ob der StPfl die Tätigkeit **selbstständig** oder **unselbstständig** ausübt. 12

---

10 *Debatin/Wassermeyer* Art 15 MA Rn 34; zu weiteren Bsp vgl auch *Schmidt* IStR 2006, 78.

11 *BFH* BStBl II 1976, 65, Zur Abgrenzung des Anwendungsbereichs des Art 15 zu Art 18 vgl auch *Portner* IStR 2015, 633.

12 *Debatin/Wassermeyer* Art 20 MA Rn 3.

13 In der Praxis von bes Bedeutung ist die Tatsache, dass Art 15 sich nicht nur auf Arbeitseinkünfte bezieht, die aus Tätigkeiten resultieren, die in einem der beiden Vertragsstaaten ausgeübt werden. Im Gegensatz zu anderen Verteilungsnormen gilt Art 15 auch für Einkünfte, die aus in **Drittstaaten** ausgeübten Tätigkeiten resultieren. **Dreieckssachverhalte** im Bereich der nichtselbstständigen Arbeit werden somit nicht von Art 21 erfasst.[13]

IV. Aufbau der Vorschrift

14 Art 15 Abs 1 und Abs 2 stehen in einem Regel- Ausnahmeverhältnis zueinander. Dagegen handelt es sich bei Art 15 Abs 3 um eine lex specialis, die also den allg Regelungen des Art 15 Abs 1 und Abs 2 vorgeht.

15 Art 15 Abs 1 und Abs 2 orientieren sich am **Arbeitsortprinzip.**[14] Der Staat, in dem der Arbeitnehmer tätig ist, hat ein Besteuerungsrecht für diese Einkünfte insoweit, als Einkünfte für eine dort ausgeübte Tätigkeit erzielt werden. Neben der bloßen Tätigkeit in diesem Staat müssen allerdings **weitere Anknüpfungspunkte** hinzukommen, die in **Art 15 Abs 2 Buchstabe a–c** normiert sind. Sofern nicht mindestens eine dieser Voraussetzungen erfüllt ist („oder"), verbleibt das Besteuerungsrecht für die Vergütung des Arbeitnehmers in dessen Ansässigkeitsstaat, obwohl der Arbeitnehmer seine Tätigkeit im anderen Staat ausübt.

16 Art 15 Abs 2 **Buchstabe a** setzt eine gewisse **zeitliche Intensität** des Auslandseinsatzes für einen Wechsel des Besteuerungsrechts in den Tätigkeitsstaat voraus (dazu Rn 120 ff). Nicht jede kurze Tätigkeit im Ausland (zB iRv sog Dienstreisen) soll zu steuerlichen Verpflichtungen in diesem Staat führen. Die in Art 15 Abs 2 Buchstabe a genannte 183-Tage-Grenze findet sich auch in § 9 AO, darf jedoch nicht vermengt werden.

17 Art 15 Abs 2 Buchstabe b und Art 15 Abs 2 Buchstabe c stellen jeweils Erg der zeitlichen Intensitätsgrenze dar. Danach soll das Besteuerungsrecht vom ersten Tag des Auslandseinsatzes bereits dem Tätigkeitsstaat zustehen, wenn der Arbeitnehmer für einen **Arbeitgeber** (vgl Rn 146 ff) im Tätigkeitsstaat arbeitet oder für eine **Betriebsstätte** (vgl Rn 172 ff) tätig ist, die der im Ansässigkeitsstaat ansässige Arbeitgeber im Tätigkeitsstaat unterhält. In diesen Fällen sind auch die Gehaltskosten dem Arbeitgeber bzw der Betriebsstätte im Tätigkeitsstaat zuzuordnen, so dass die Voraussetzungen des Art 15 Abs 2 Buchstabe b bzw Buchstabe c nicht erfüllt sind. Die Besteuerung der Löhne der Mitarbeiter bei jeder noch so kurzfristigen Tätigkeit wird bei diesen Sachverhalten damit gerechtfertigt, dass der Tätigkeitsstaat die **Gehaltskosten** bei der Steuerbemessungsgrundlage des Arbeitgebers bzw dessen Betriebsstätte bei der **steuerlichen Gewinnermittlung** zum Abzug zulässt und damit auf Besteuerungssubstrat verzichtet.[15]

18 Mit einer Zuordnung des Besteuerungsrechts in den Tätigkeitsstaat wird allerdings nicht gleichzeitig die Besteuerung im Ansässigkeitsstaat ausgeschlossen. Eine **Dbest** wird also erst unter Anwendung des **Methodenartikels** (Art 23A oder Art 23B) vermieden (vgl Art 23A Rn 1 ff und Art 23B Rn 1 ff).

---

13 Vgl dazu ausf und krit *Haase* IStR 2014, 237.

14 *Debatin/Wassermeyer* Art 20 MA Rn 31.

15 *S/K/K* Art 15 MA Rn 10; *Debatin/Wassermeyer* Art 20 MA Rn 40.

V. Nationale Sonderregelungen bei Auslandstätigkeiten

1. Auslandstätigkeitserlass. Nach dem sog Auslandstätigkeitserlass[16] werden bestimmte Einkünfte aus nichtselbstständiger Arbeit trotz einer bestehenden unbeschränkten StPfl von der Einkommensteuer ausgenommen. Rechtsgrundlage des Auslandstätigkeitserlasses ist § 34c Abs 5 EStG. 19

Eine **Steuerfreistellung** nach dem Auslandstätigkeitserlass wird nur unter Anwendung des **Progressionsvorbehalts** gewährt. Voraussetzung für die Anwendung des Auslandstätigkeitserlass ist unter anderem, dass ein Arbeitnehmer für einen **inländischen Arbeitgeber**[17] für eine begünstigte Tätigkeit für mindestens drei Monate in einem Land tätig ist, mit dem Deutschland kein DBA abgeschlossen hat.[18] Die Dreimonatsfrist beginnt mit Antritt der Reise ins Ausland und endet mit der endgültigen Rückkehr ins Inland. Eine vorüberkehrende Rückkehr nach Deutschland oder aber ein kurzer Aufenthalt in einen DBA Staat gilt bis zu einer Dauer von zehn Tagen nicht als Unterbrechung der Auslandstätigkeit, wenn sie zur weiteren Durchführung oder Vorbereitung eines begünstigten Vorhabens notwendig sind. Eine Unterbrechung der Auslandstätigkeit wegen eines Urlaubs oder einer Krankheit ist stets unschädlich. 20

Der EuGH hat entschieden, dass die Beschränkung des Auslandstätigkeitserlasses auf inländische Arbeitgeber europarechtswidrig ist.[19] Der Auslandstätigkeitserlass ist daher auch auf Arbeitnehmer eines Arbeitgebers anwendbar, der seinen Sitz in einem EU/EWR-Mitgliedstaat hat. 21

Eine **begünstigte Auslandstätigkeit** iSd Auslandstätigkeitserlass ist die Auslandstätigkeit für einen inländischen Lieferanten, Hersteller, Auftragnehmer oder Inhaber ausl Mineralaufsuchungs- oder -gewinnungsrechte im Zusammenhang mit 22

- der Planung, Errichtung, Einrichtung, Inbetriebnahme, Erweiterung, Instandsetzung, Modernisierung, Überwachung oder Wartung von Fabriken, Bauwerken, ortsgebundenen großen Maschinen oder ähnlichen Anlagen sowie dem Einbau, der Aufstellung oder Instandsetzung sonstiger Wirtschaftsgüter; außerdem ist das Betreiben der Anlage bis zur Übergabe an den Auftraggeber begünstigt;
- dem Aufsuchen oder der Gewinnung von Bodenschätzen,
- der Beratung ausl Auftraggeber oder Organisationen im Hinblick auf Vorhaben im Sinne der og Tätigkeiten oder
- der dt öffentlichen Entwicklungshilfe iRd Technischen oder Finanziellen Zusammenarbeit.

2. Nachweispflichten des § 50d Abs 8 EStG. Die einem Stpfl nach Art 15 ggf in Verbindung mit dem Methodenartikel zustehende Befreiung nach dem DBA wird nach § 50d Abs 8 EStG nur gewährt, wenn der StPfl gewissen Nachweispflichten nachkommt. Der Arbeitnehmer muss nachweisen, dass die Vergütung, die nach einem DBA steuerfrei gestellt wird, entweder **im anderen Staat besteuert** wird oder der andere Staat auf sein **Besteuerungsrecht verzichtet**. Die FinVerw verzichtet auf etwaige Nachweise, wenn der maßgebende, nach deutschem Recht ermittelte Arbeitslohn in dem jeweiligen Veranlagungszeitraum insgesamt nicht mehr als **10 000 EUR** beträgt.[20] 23

---

16 *BMF* BStBl I 1983, 470.

17 Zum Begriff des „inländischen Arbeitgebers“ vgl § 38 Abs 1 Nr 1 EStG.

18 Zu den Einzelheiten vgl *Bornhaupt* BB 1985, Beilage 16, 8 ff.

19 *EuGH* BStBl II 2013, 847.

20 *BMF* BStBl I 2005, 821.

24 Die Nachweispflichten treffen den Arbeitnehmer erst im **Veranlagungsverfahren**. Im **Lohnsteuerabzugsverfahren** kann der Arbeitgeber also ohne Nachweise vom Lohnsteuerabzug absehen, wenn die abkommensrechtlichen Voraussetzungen erfüllt sind.

25 Die Vorschrift richtet sich lediglich an **unbeschränkt steuerpflichtige** Arbeitnehmer, nicht an **beschränkt StPfl**. Ob die Anwendbarkeit des § 50d Abs 8 EStG neben der unbeschränkten StPfl auch die abkommensrechtliche Ansässigkeit (Art 4) des Arbeitnehmers in Deutschland voraussetzt, ist unklar. Nach Auffassung der FinVerw erfordert die Anwendung des § 50d Abs 8 EStG nicht die abkommensrechtliche Ansässigkeit in Deutschland.[21] Die Nachweispflichten treffen nur Arbeitnehmer, die eine Steuerbefreiung nach einem **DBA** in Anspruch nehmen, nicht jedoch diejenigen, die eine Steuerbefreiung nach dem **Auslandstätigkeitserlass** begehren.

26 Wie die geforderten Nachweise zu erbringen sind, lässt das Gesetz offen.[22] § 50d Abs 8 EStG soll Fälle erfassen, in denen es infolge von Pflichtverletzungen des StPfl nicht zu einer Steuerveranlagung im Ausland kommt. Die Vorschrift ist daher weit auszulegen.[23] Eine **Nichtbesteuerung** in dem anderen Land aufgrund dessen **nationalen Rechts** stellt einen **Verzicht** auf die Besteuerung iSd § 50d Abs 8 EStG dar.[24] Das gleiche muss für eine Nichtbesteuerung im anderen Land aufgrund einer unterschiedlichen Auslegung des DBA durch die beteiligten Vertragsstaaten gelten.[25] Denn auch in diesem Fall wird der Zweck der Vorschrift erfüllt, nämlich die Vermeidung der doppelten Nichtbesteuerung infolge von Pflichtverletzungen des Arbeitnehmers. Die Nachweispflichten stellen insgesamt – nicht zuletzt durch die rechtlichen Unsicherheiten, die die Vorschrift mit sich bringt – einen hohen zusätzlichen Aufwand für die betroffenen Arbeitnehmer dar.

27 Erbringt der Arbeitnehmer den Nachweis erst nach Bestandskraft seiner Steuerfestsetzung, ist diese Steuerfestsetzung nach **§ 175 Abs 1 Nr 2 AO zu ändern**, damit eine Dbest vermieden wird.

28 § 50d Abs 8 EStG stellt nach der bislang zu dieser Vorschrift ergangenen Rechtsprechung weder einen Verstoß gegen **Art 3 GG** dar, noch steht der Anwendung **§ 2 AO** entgegen.[26] Zwar weicht der dt Gesetzgeber mit § 50d Abs 8 EStG von den in dem DBA festgelegten Besteuerungsregeln ab. Nach der bislang ergangenen Rspr ist dies jedoch rechtmäßig.[27] Begründet wird dies damit, dass DBA nicht unmittelbar, sondern nur mittelbar in Form eines Zustimmungsgesetzes anwendbar sind. Dieses Zustimmungsgesetz ist ein einseitiger Akt des dt Gesetzgebers, der mit Vorbehalten versehen, aufgehoben oder geändert werden kann. Ob dadurch Völkerrecht verletzt wird, ist eine andere Frage. Aus § 2 AO ergibt sich nichts anderes, wenn der Gesetzgeber mit einer Vorschrift ausdrücklich eine vom Zustimmungsgesetz abw Regelung treffen möchte. Dies ist in § 50d Abs 8 EStG geschehen („ungeachtet des Abkommens").[28]

---

21 *BMF* BStBl I 2014, 1467.

22 Zu den Vorstellungen der FinVerw vgl *BMF* BStBl I 2005, 821.

23 *H/H/R* § 50d EStG, Rn 112.

24 *FG Köln* EFG 2008, 593.

25 In diesen Fällen wird aber regelmäßig § 50d Abs 9 Nr 1 EStG anwendbar sein.

26 *FG Rheinland-Pfalz* EFG 2008, 385; *FG Rheinland-Pfalz* EFG 2009, 1649 *FG Bremen* EFG 2011, 1431; *Weidmann* IStR 2010, 596; **aA** *Gosch* IStR 2008, 413.

27 *BFH* BStBl 1994 I R 120/93.

28 *FG Rheinland Pfalz* EFG 2008, 385.

In jüngster Zeit werden aber zunehmend gegen diese Form des „Treaty Overriding" verfassungsrechtliche Bedenken geltend gemacht.[29] Der BFH hat die Frage nach der Zuverlässigkeit eines Treaty Override dem Bundesverfassungsgericht zur Vorabentscheidung vorgelegt.[30] „Das BVerfG hat beschlossen, dass § 50d Abs 8 EStG mit dem Grundgesetz vereinbar und die Vorlage des BFH unbegründet ist."[31] **29**

Fraglich ist auch, ob § 50d Abs 8 EStG durch die Regelungen eines nach der Einführung dieser Vorschrift erlassenen DBA verdrängt wird.[32] **30**

3. „Switch-over-Klausel" des § 50d Abs 9 EStG. § 50d Abs 9 EStG sieht für unbeschränkt steuerpflichtige Personen in bestimmten Fällen einen Wechsel von der DBA Freistellungsmethode zur Anrechnungsmethode[33] vor. Dies sind zum einen (§ 50d Abs 9 S 1 Nr 1 EStG) die Fälle, in denen es wegen eines Qualifikations- oder Zurechnungskonflikts zu einer Nichtbesteuerung im anderen Staat kommt. Die Vorschrift erfasst also Fälle, in denen Einkünfte nicht oder zu gering besteuert werden, weil die Vertragsstaaten entweder von unterschiedlichen Sachverhalten ausgehen oder das Abkommen unterschiedlich auslegen, zB weil sie ein unterschiedliches Verständnis von Abkommensbegriffen haben.[34] **31**

Zum anderen (§ 50d Abs 9 S 1 Nr 2 EStG) werden von dieser Vorschrift Fälle erfasst, in denen es im anderen Staat nicht zu einer Besteuerung kommt, weil eine Person im anderen Staat (lediglich) der beschränkten Steuerpflicht unterliegt. **32**

Strittig war lange Zeit in welchem Verhältnis § 50d Abs 8 EStG zu § 50d Abs 9 EStG steht. Sind sowohl die Voraussetzungen des § 50d Abs 8 EStG erfüllt als auch die des § 50d Abs 9 Nr 2 EStG, so war nach der Rspr des BFH die Anwendbarkeit des § 50d Abs 9 S 1 Nr 2 EStG durch § 50d Abs 8 EStG ausgeschlossen.[35] Vor diesem Hintergrund ist **§ 50d Abs 9 S 3 EStG** mit dem **AmtshilfeRLUmsG** neu gefasst worden mit dem Ziel, dass § 50d Abs 8 **neben** § 50d Abs 9 EStG anwendbar ist. Dies ist trotz der unglücklichen Formulierung gelungen.[36] **33**

In der Praxis ist die Vorschrift für Arbeitnehmer va dann von Bedeutung, wenn das Besteuerungsrecht für Vergütungen eines unbeschränkt Steuerpflichtigen aufgrund eines DBA dem anderen Staat zugewiesen wird, der Arbeitnehmer aber in diesem Staat keinen Wohnsitz hat und im Steuerrecht des anderen Staates ein dem § 49 Abs 1 Nr 4a–e EStG vergleichbarer Besteuerungstatbestand fehlt. **34**

Beispiel:[37] Ein **unbeschränkt** steuerpflichtige Arbeitnehmer arbeitet als Pilot bei einer Fluggesellschaft mit Sitz in einem anderen DBA Land. Das zwischen Deutschland und dem anderen Land abgeschlossene DBA weist das Besteuerungsrecht für die Vergütungen des Piloten dem anderen Staat zu. Der andere Staat besteuert die Vergütungen aber nicht, da der Pilot die Tätigkeit nicht in diesem anderen Staat ausgeübt hat und das Steuerrecht des anderen Staates keinen dem § 49 Abs 1 Nr 4e EStG entsprechenden Besteuerungstatbestand kennt. **35**

---

29 *Gosch* IStR 2008, 413; *BFH* BStBl II 2011, 156.
30 *BFH* I R 66/09; *BVerfG* 2 BvL 1/12.
31 *BVerfG* DB 2016, 453.
32 *FG Hamburg* EFG 2013, 1932, Rev I R 64/13.
33 § 34c Abs 6 S 5 EStG.
34 *BFH* BFH/NV 2009, 1487.
35 *BFH* DStR 2012, 689; **aA** wohl *BMF* BStBl I 2008, 988.
36 *BFH* DStR 2014, 2065.
37 In Anlehnung an *BFH* DStR 2012, 689.

Der nach § 50d Abs 8 EStG geforderte Nachweis auf den Verzicht des Besteuerungsrechts durch den anderen DBA Staat ist erbracht. Denn dieser Verzicht ergibt sich bereits aus dem Steuergesetz des anderen Staates.

Dass die tatbestandlichen Voraussetzungen (auch) des § 50 Abs 9 S 1 Nr 2 EStG erfüllt sind änderte bis zur Änderung des § 50d Abs 9 S 3 durch das AmtshilfeRLUmsG nichts an der Freistellung der Einkünfte. Denn § 50d Abs 9 S 3 EStG ordnete ausdrücklich an, dass § 50d Abs 8 EStG „unberührt bleibt".[38] Mit der Neufassung des § 50d Abs 9 S 3 EStG wird die Freistellung der Bezüge nach § 50d Abs 9 Nr 2 EStG versagt.

VI. Jüngste Entwicklungen

36 Bereits im Jahre 2004 hat eine Arbeitsgruppe der OECD den Text einer Neufassung des MK vorgelegt, mit dem **Zweifelsfragen zur Bestimmung des „Arbeitgebers"** iSd Art 15 beseitigt werden sollten.[39] Tz 8 des MK erläutert den Begriff des Arbeitgebers bislang nur im Hinblick auf den int Arbeitnehmerverleih und dies in erster Linie unter Missbrauchsgesichtspunkten. Der von der Arbeitsgruppe entworfene Text enthält dagegen Kriterien, die die Anwendbarkeit des Art 15 Abs 2 Buchstabe b im Allg betreffen und sind nicht mehr auf mögliche Missbrauchsfälle im Rahmen eines int Arbeitnehmerverleihs begrenzt.[40] Dieser Text einer Neufassung hat bislang **keinen Eingang in den MK** gefunden.

37 Durch die **Neufassung des MK im Jahre 2008** wurden die Erl zur Ermittlung der 183 Tage Grenze des Art 15 Abs 2 Buchstabe a ergänzt (vgl auch Rn 142 ff). Nach dem MK soll die 183-Tage-Aufenthaltsgrenze in einem Staat nur auf den Zeitraum bezogen werden, in dem dieser Staat nicht gleichzeitig der Ansässigkeitsstaat des Arbeitnehmers ist.[41] Die folgenden beiden Beispiele des MK[42] verdeutlichen die neu kommentierte Problematik.

38 **Beispiel:** Im Jahr 2001 lebt und arbeitet ein Arbeitnehmer in Deutschland. Im Jahre 2002 zieht der Arbeitnehmer nach Polen und tritt dort für einen polnischen Arbeitgeber eine Beschäftigung an. Für seinen polnischen Arbeitgeber wird der Arbeitnehmer v 15.3.2002 bis zum 31.3.2002 in Deutschland tätig. Im Jahreszeitraum v 1.4.2001 bis zum 31.3.2002 hält sich der Mitarbeiter an 292 Tagen in Deutschland auf. Da der Arbeitnehmer aber v 1.4.2001 bis zum 31.12.2001 in Deutschland ansässig war, wird dieser Zeitraum nicht bei der Berechnung der 183-Tage-Grenze des Art 15 Abs 2 Buchstabe b berücksichtigt.

39 **Beispiel:** Vom 15.10.2001 bis zum 31.10.2001 ist der in Deutschland ansässige und beschäftigte Arbeitnehmer in Polen tätig, um dort die Expansion seines Arbeitgebers in Polen vorzubereiten. Am 1.5.2002 zieht dieser Arbeitnehmer nach Polen, wo er nun für die neu gegründete polnische Tochtergesellschaft seines ehemaligen Arbeitgebers tätig ist. Der Arbeitnehmer hält sich im Zeitraum v 15.10.2001 bis zum 14.10.2002 an 184 Tagen in Polen auf. Da der Arbeitnehmer aber v 1.5.2002 bis zum 14.10.2002 in Polen ansässig ist, zählt dieser Zeitraum zur Ermittlung der 183-Tage-Grenze iSd Art 15 Abs 2 Buchstabe a DBA Polen nicht mit. Die für den Zeitraum v 15.10.2001 bis zum 31.10.2001 bezogene Vergütung wird daher nach dem DBA nicht von der Besteuerung in Deutschland freigestellt.

---

38 *BFH* DStR 2012, 689.
39 *Schmidt* StBJb 2006/2007, 123.
40 *Bendlinger* IWB 2004, 921.
41 Tz 5.1 MK zu Art 15.
42 Beispiel in Anlehnung an Tz 5.1 MK zu Art 15.

Die dt FinVerw ging[43] bei der Ermittlung der 183-Tage-Grenze in den og Fällen nicht entspr dem MK vor. Nach Auffassung der dt FinVerw sollten die nach der 183-Tage-Klausel zu berücksichtigenden Tage im Tätigkeitsstaat **ohne Beachtung der Ansässigkeit zusammenzurechnen** sein. Begründet wurde dies damit, dass es sich bei der Ermittlung der Aufenthaltstage um ein Besteuerungsmerkmal handelt, das ausschließlich Aufenthaltstage im Tätigkeitsstaat betrifft. Ein Wechsel der Ansässigkeit innerhalb des jeweils maßgeblichen 12-Monatszeitraum wäre daher unerheblich und die nach der 183-Tage-Klausel zu berücksichtigenden Tage im Tätigkeitsstaat ohne Beachtung der Ansässigkeit zusammenzurechnen. In Anbetracht des **Wortlauts** des Art 15 Abs 2 ist mE diese Auffassung zutr. **40**

Im Jahre 2014 hat das BMF das Schreiben betr steuerliche Behandlung des Arbeitslohns nach den Doppelbesteuerungsabkommen überarbeitet.[44] Sie hat sich bei der oben dargestellten Problematik zur Ermittlung der 183 Tage-Grenze nunmehr den Vorgaben des MK angeschlossen. **41**

Mit der jüngsten Überarbeitung des MK im Jahre 2014 finden sich weitgehende Erläuterungen zu Vergütungen, die ein Arbeitnehmer nach Beendigung seiner Tätigkeit erhält.[45] Kommentiert wird nunmehr ua die Verteilung des Besteuerungsrechts von Abgeltungszahlungen für nicht genommenen Urlaub, Entgeltfortzahlung bei Krankheit, Zahlungen im Rahmen einer Freistellungsphase, Abfindungen, Zahlungen für Wettbewerbsverbote, Abfindungen von Pensionsansprüchen, Gehaltsumwandlungen und Zahlungen im Rahmen von Altersteilzeit. **42**

Art 14 der dt Verhandlungsgrundlage für DBA stimmt grds mit Art 15 MA überein. Art 14 der dt Verhandlungsgrundlage enthält in den Abs 4-6 aber zusätzlich Regelungen zur Berücksichtigung von Altersversorgungsbeiträgen. **43**

B. Absatz 1

I. Grundaussage

Nach Art 15 Abs 1 soll grds der Ansässigkeitsstaat das Besteuerungsrecht für Gehälter, Löhne und ähnliche Vergütungen aus unselbstständiger Arbeit haben, es sei denn, die Arbeit wird im anderen Staat ausgeübt. Damit wird als **Grundsatz** das **Arbeitsortprinzip** in Abs 1 festgelegt. Wenn Tätigkeitsstaat und Ansässigkeitsstaat identisch sind, ergeben sich im Regelfall nur Anknüpfungen für Dbest, wenn in beiden Staaten ein Wohnsitz nach dem jeweils nationalem Recht besteht. **44**

Art 15 Abs 1 räumt dem Tätigkeitsstaat neben dem Ansässigkeitsstaat ein Besteuerungsrecht ein. Die Dbest wird also durch Anwendung des Art 15 Abs 1 noch nicht vermieden. Dies geschieht erst durch Anwendung des Methodenartikels Art 23A oder Art 23B (dazu Art 23A Rn 1 ff und Art 23B Rn 1 ff). **45**

II. Ansässigkeit

Wie in der Systematik der DBA allg, lässt sich Art 15 Abs 1 ohne **Bestimmung des „Ansässigkeitsstaates“** nicht lesen bzw anwenden. In der Praxis der Auslandsentsen- **46**

43 *BMF* BStBl I 2006, 532.
44 *BMF* BStBl I 2014, 1467.
45 Tz 2.3-2.16 MK zu Art 15.

dungen kommt es nicht selten vor, dass der entsandte Mitarbeiter sowohl in seinem Heimatland als auch dem Land, in das er entsandt wird, einen Wohnsitz begründet. In diesen Fällen eines sog Doppelwohnsitzes ist es unerlässlich, unter Anwendung der sog „tie-breaker-rule“ (dazu Art 4 Rn 98) den Ansässigkeitsstaat iSd Art 15 zu bestimmen.

47 Zum Begriff der „in einem Vertragsstaat ansässigen Person“ und zum Begriff des „ansässigen Arbeitgebers“ kann auf die Definitionen des Art 4 verwiesen werden (vgl Art 4 Rn 25).

III. Gehälter, Löhne und ähnliche Vergütungen

48 Der **Oberbegriff „Vergütungen“** ist weder im MA noch im MK definiert. Er wird ebenfalls in den Art 18 und Art 19 verwendet und ist in allen drei Normen einheitlich auszulegen.[46] Mangels Definition im Abkommen ist der Begriff Vergütungen **grammatikalisch und systematisch im Abkommenskontext auszulegen**. In Zweifelsfällen kann auf das innerstaatliche Recht des Staates zurückgegriffen werden, um dessen Besteuerung es sich handelt.[47] Der Begriff „ähnliche Vergütungen“ ist **weit** auszulegen, um eine möglichst lückenlose Erfassung aller Einkünfte sicherzustellen, die nach dem innerstaatlichen Recht der Anwenderstaaten steuerbar sind.[48]

49 Bei einer Auslegung nach dt Steuerrecht (Art 3 Abs 2) sind alle Einkünfte aus nichtselbstständiger Arbeit gem § 19 EStG unter Art 15 zu fassen.[49] Damit fallen in den Anwendungsbereich des Art 15 zB auch alle **Sachbezüge** und **geldwerte Vorteile**. Ferner ist es unerheblich, ob es sich um Vergütungen handelt, die der Arbeitnehmer von seinem Arbeitgeber erhält oder von einem Dritten, zB von einem mit dem Arbeitgeber verbundenen Unternehmen. Unerheblich ist auch, ob es sich um Vergütungen bzw Vorteile handelt, die nach dem Steuerrecht des bisherigen Wohnsitzstaates erst zu einem späteren Zeitpunkt zu erfassen sind (zB Zahlungen in einen ausl Pensionsplan; dazu im Einzelnen Rn 81 ff).

50 **Beispiel:** Ein Arbeitnehmer mit Wohnsitz in den Niederlanden und Deutschland wird für eine befristet Zeit bei einem Unternehmen mit Sitz in Deutschland tätig. Der Arbeitnehmer erhält von dem dt Unternehmen seine Grundvergütung sowie einen Firmenwagen. Von der niederländischen Muttergesellschaft des dt Unternehmens wird für den Arbeitnehmer die betriebliche Altersversorgung in Form von Zahlungen in einen niederländischen Pensionsplan fortgeführt. Alle genanten Vergütungsbestandteile (Grundvergütung, Firmenwagen, Zahlungen in den Pensionsplan) fallen in den Anwendungsbereich des Art 15.

51 Für die Frage, ob eine Vergütung unter Art 15 fällt, kommt es nicht auf den **Ort** der Zahlung an. Unerheblich ist auch, zu welchem **Zeitpunkt** eine Vergütung gezahlt wird oder in welcher **Währung**. Zu den Vergütungen, die unter den Anwendungsbereich des Art 15 fallen, gehören daher insb

- entsendebedingte Zulagen (Kaufkraftausgleich, Erschwerniszulage, Unterkunftskosten, Heimreisekosten, Umzugskosten),

46 *Debatin/Wassermeyer* Art 15 MA Rn 54.
47 *Vogel/Lehner* Art 15 MA Rn 16a.
48 *S/K/K* Art 15 MA Rn 33.
49 *BFH* BStBl II 1992, 660.

- Übernahme bzw Erstattungen von Steuerzahlungen oder Sozialversicherungsbeiträgen,
- Beiträge zu Betrieblichen Altersversorgungssystemen (Beiträge zu Pensionskassen, Direktversicherungen, Direktzusagen, Deferred Compensation Pläne, 401k Pläne etc),
- Beiträge des Arbeitgebers in Arbeitszeit- bzw Zeitwertkonten,[50]
- Vergütungen in Form der Mitarbeiterbeteiligung (zB Aktienoptionen (vgl Rn 70 ff), Belegschaftsaktien oder virtuelle Beteiligungsmodelle),
- Abfindungen (vgl Rn 59 ff),
- bezahlte Untätigkeiten (Zahlungen für Wettbewerbsverbote, Lohnfortzahlungen, Krankengeld; vgl Rn 89 ff),
- Jubiläumszuwendungen (Rn 57).[51]

1. Boni, Tantiemen. Boni, Tantiemen oder andere erfolgsabhängige Zahlungen werden regelmäßig für die in einem bestimmten Zeitraum geleistete Tätigkeit gezahlt. Sie sind nach dt Steuerrecht unabhängig davon, für welchen Zeitraum sie gezahlt bzw in welchem Zeitraum sie erdient wurden, in dem Zeitpunkt zu versteuern, in dem sie dem Arbeitnehmer zufließen (§ 11 EStG). **52**

Derartige Zahlungen fallen unter Art 15. Bei Anwendung des Art 15 gilt allerdings die Besonderheit, dass für die Zuordnung des Besteuerungsrechts zum Ansässigkeits- oder Tätigkeitsstaat entscheidend ist, **für welchen Zeitraum** diese Einmalzahlungen geleistet werden.[52] Es ist also für die abkommensrechtliche Einordnung unerheblich, zu welchem Zeitpunkt, von welchem Unternehmen (entsendendes oder aufnehmendes) auf welches Konto des Arbeitnehmers oder in welcher Währung diese Zahlung gewährt wird. **53**

Wurde die Bonuszahlung für einen Zeitraum gewährt, in dem der Arbeitnehmer sowohl in Deutschland tätig und steuerpflichtig war, als auch für einen Zeitraum, in dem der Arbeitnehmer im Ausland tätig war, und war die Vergütung während dieser Auslandstätigkeit nach einem DBA steuerbefreit, so ist auch die Bonuszahlung in einen in Deutschland steuerfreien und steuerpflichtigen Teil **aufzuteilen**. **54**

Beispiel: Ein Arbeitnehmer erhält regelmäßig für seine Leistungen im Geschäftsjahr seines Arbeitgebers (1.7.-30.6. des Folgejahres) eine Bonuszahlung. Der Bonus wird am 1.9. nach Ablauf des Geschäftsjahres ausgezahlt. V 1.1.01 bis zum 31.12.01 war dieser Mitarbeiter nach Frankreich entsandt. Während dieses Zeitraums war die Vergütung nach dem DBA Frankreich in Deutschland steuerfrei. Am 1.9.02 erhält der Mitarbeiter seinen Bonus für das Geschäftsjahr 1.7.01 bis 30.6.02. Der am 1.9.02 ausgezahlte Bonus ist in Deutschland zur Hälfte nach dem DBA Frankreich steuerfrei. **55**

Erhält ein Arbeitnehmer zu Beginn des Arbeitsverhältnisses eine „Antrittsprämie" („Sign-on-Bonus") so hat der Ansässigkeitsstaat des Arbeitnehmers das Besteuerungsrecht für diese Zahlungen, da es sich nicht um eine Vergütung für eine in einem bestimmten Zeitraum geleistete Tätigkeit handelt.[53] **56**

---

50 *FG Köln* EFG 2009, 29.
51 *BFH* BStBl II 1992, 660.
52 *BMF* BStBl I 2014, 1467; *S/K/K* Art 15 MA Rn 82; *BFH* BStBl II 1972, 459.
53 So wohl auch *FG München* EFG 2015, 1100, NZB anhängig I B 46/15.

57 Erhält ein Arbeitnehmer eine Jubiläumszahlung für eine bestimmte Anzahl von Dienstjahren, die der Arbeitnehmer für den Arbeitgeber tätig war, so ist die Jubiläumszahlung **anteilig** im Ansässigkeitsstaat von der Besteuerung **freizustellen**, wenn ein Teil der Dienstzeit auf eine steuerbefreite Auslandstätigkeit entfällt.[54] Dies ist in der Praxis insb dann kaum umsetzbar, wenn Jubiläumszahlungen für einen sehr langen Zeitraum gezahlt werden.

58 **Beispiel:** Ein Arbeitnehmer erhält anlässlich seines 30-jährigen Dienstjubiläums eine Sonderzahlung von seinem Arbeitgeber. Das dritte Dienstjahr hat der Arbeitnehmer für diesen Arbeitgeber steuerbefreit für ein Jahr im Ausland gearbeitet. Die Sonderzahlung ist zu 1/30 steuerfrei.

59 **2. Abfindungen.** Abfindungen, die dem Arbeitnehmer anlässlich des Ausscheidens aus dem Dienstverhältnis gezahlt werden, sind durch das frühere Dienstverhältnis veranlasst und damit den Vergütungen aus unselbstständiger Arbeit zuzuordnen.[55]

60 Abfindungen stellen **kein zusätzliches Entgelt** für eine frühere Tätigkeit dar und werden nicht für eine konkrete im In- oder Ausland ausgeübte Tätigkeit gezahlt. Daher sind Abfindungen im **Ansässigkeitsstaat** des Arbeitnehmers zu besteuern (Art 15 Abs 1 S 1). Maßgeblich ist für die Zuordnung des Besteuerungsrechts daher grds, in welchem Staat der Arbeitnehmer zum Auszahlungszeitpunkt der Abfindung ansässig ist.[56]

61 Die Zuordnung des Besteuerungsrechts an den Staat, in dem der Arbeitnehmer im Auszahlungszeitpunkt ansässig ist, bietet **Gestaltungsmöglichkeiten** durch eine gezielte Wohnsitzaufgabe in Deutschland und Wohnsitzbegründung in einem DBA Land mit niedrigerem Steuersatz und/oder steuerlichen Vergünstigungen für Abfindungszahlungen.

62 **Beispiel:** Ein Mitarbeiter war mehrere Jahre bei einem dt Unternehmen beschäftigt. Anlässlich der Auflösung des Dienstverhältnisses wird mit dem Mitarbeiter die Zahlung einer Abfindung vereinbart. Vor dem vereinbarten Auszahlungstag gibt der Mitarbeiter seinen dt Wohnsitz auf und verlegt diesen in ein Land, mit dem Deutschland ein DBA abgeschlossen hat. Zwar unterliegt die Abfindung der beschränkten StPfl (§ 49 Abs 1 Nr 4d EStG). Die Abfindung wird aber nach dem DBA ausschließlich im Ansässigkeitsstaat besteuert und ist daher von der Besteuerung in Deutschland freigestellt.

63 *Prokisch*[57] ordnet Abfindungen nicht Art 15, sondern Art 21 zu. Er begründet dies damit, dass bei Abfindungen der direkte Zusammenhang zwischen Arbeitsleistung und Vergütung fehlt. Art 15 beschränke sich auf Vergütungen, die in einem direkten Zusammenhang mit der Arbeitsleistung stehen. Praktisch hat es jedoch keine Bedeutung, ob man eine Abfindung dem Anwendungsbereich des Art 15 oder Art 21 zuordnet. Denn in beiden Fällen wird das Besteuerungsrecht dem Ansässigkeitsstaat zugewiesen.

64 Im Verhältnis zu Belgien, den Niederlanden, Luxemburg, Großbritannien, Österreich und der Schweiz hatte sich die FinVerw inVerständigungsvereinbarungen mit den jeweiligen ausl FinVerw **verständigt**, grds dem **früheren Tätigkeitsstaat** das Besteue-

54 *BMF* BStBl I 2014, 1467.
55 *Portner* IStR 2008, 584.
56 *BFH* BStBl II 1998, 819; BStBl II 1997, 341; *BMF* BStBl I 2014, 1467.
57 *Vogel/Lehner* Art 15 MA, Rn 17c.

rungsrecht für Abfindungen zuzuweisen. Wurde der Arbeitnehmer während des jeweils maßgeblichen Zeitraums in beiden Staaten tätig, so ist das Besteuerungsrecht zeitanteilig aufzuteilen. Der für diese Aufteilung jeweils maßgebliche Zeitraum wurde in den jeweiligen Verständigungsvereinbarungen unterschiedlich definiert.

Auf diese Verständigungsverfahren gestützte Verwaltungsakte, die vor der Änderung des § 2 AO (iRd Jahressteuergesetzes 2010) ergangen sind, sind rechtswidrig. Denn diese Vereinbarungen führen zu einer **Änderung der Rechtslage**, die über eine Lückenfüllung und Auslegung des DBA hinausgehen.[58] Genau wie das DBA selbst bedarf auch die inhaltliche Änderung des DBA eines innerstaatlichen Zustimmungsgesetzes. Der BFH hat entschieden, dass die Verständigungsvereinbarungen mit Belgien und der Schweiz mit den jeweils zugrunde liegenden DBA nicht vereinbar sind.[59] **65**

Als Reaktion auf diese BFH-Rspr ist durch das Jahressteuergesetz 2010 § 2 AO um einen Abs 2 ergänzt worden. Abs 2 ermächtigt das BMF dazu, auf DBA beruhende Konsultationsvereinbarungen mittels Erlass entspr Rechtsverordnungen innerstaatlich bindend umzusetzen.[60] Die og Verständigungsvereinbarungen sind mittlerweile alle durch Verordnungen iSd § 2 Abs 2 AO ersetzt worden.[61] Ob durch die Einführung des § 2 Abs 2 AO den genannten Konsultationsvereinbarungen eine allgemeine und umfassende Bindungswirkung zukommt, wird vereinzelt in Frage gestellt.[62] Der BFH hat zur KonsultationsvereinbarungsVO mit der Schweiz entschieden, dass § 2 Abs 2 AO insoweit nicht den Bestimmtheitsanforderungen genügt, die nach Art 80 Abs 1 GG an eine Verordnungsermächtigung zu stellen sind.[63] **66**

Beispiel: Das Dienstverhältnis eines in Deutschland ansässigen Arbeitnehmers wird aufgelöst. Vor Zahlung der vereinbarten Abfindung verlegt der Mitarbeiter seinen Wohnsitz in die Niederlande. Der Mitarbeiter war iRd aufgelösten Dienstverhältnisses ausschließlich in Deutschland tätig. Nach den allg Regelungen des Art 15 haben die Niederlande das Besteuerungsrecht für die Abfindung. In den Niederlanden wird die Abfindung aufgrund des niederländischen Rechts nicht besteuert.[64] Nach der KonsultationsvereinbarungsVO[65] mit den Niederlanden steht Deutschland das Besteuerungsrecht zu. **67**

Etwas anderes als für Abfindungen gilt, wenn anlässlich der Auflösung des Dienstverhältnisses vereinbart wird, bereits **erdiente Ansprüche** abzugelten (zB Urlaubsansprüche). Das Besteuerungsrecht für diese Zahlungen hat der Staat, in dem diese Ansprüche erdient wurden.[66] **68**

---

58 *FG Köln* EFG 2008, 593; *Portner* IStR 2008, 584; **aA** *Schröder* IStR 2009, 48.

59 *BFH/NV* 2009, 2041; *BFH/NV* 2009, 2044.

60 *Hummel* IStR 2011, 397.

61 *Deutsch-Belgische KonsultationsvereinbarungsVO* BGBl I 2010, 2137; *Deutsch-Niederländische KonsultationsvereinbarungsVO* BGBl I 2010, 2183; *Deutsch-Österreichische KonsultationsvereinbarungsVO* BGBl I 2010, 2185; *Deutsch-Schweizerische KonsultationsvereinbarungsVO* BGBl I 2010, 2187; *Deutsch-Luxemburgische KonsultationsvereinbarungsVO* BStBl I 2012, 693.

62 *Hummel* IStR 2011, 397; *Drüen* IWB 2011, 360.

63 *BFH/NV* 2015, 1630.

64 *Portner* IStR 2008, 584.

65 *Deutsch-Niederländische KonsultationsvereinbarungsVO* BGBl I 2010, 2183.

66 *Debatin/Wassermeyer* Art 15 MA Rn 144.

69 Schwierigkeiten kann die Abgrenzung des Anwendungsbereichs von Art 15 bei Zahlungen zur Abgeltung von Ansprüchen auf Leistungen der **betrieblichen Altersversorgung** mit sich bringen (vgl Art 18 Rn 10). Nach Auffassung der dt FinVerw handelt es sich bei Abfindungen zur Ablösung eines Pensionsanspruchs um Zahlungen iSd Art 15 Abs 1, für die dem Tätigkeitsstaat das Besteuerungsrecht zusteht. Dagegen sollen Einmalzahlungen mit Versorgungscharakter, die bei Beendigung des Dienstverhältnisses statt einer Betriebspension gezahlt werden, unter Art 18 fallen. Von einem Versorgungscharakter kann aber nur ausgegangen werden, wenn der Arbeitnehmer kurz vor dem Eintritt in die gesetzliche Rentenversicherung steht.[67] Im Ausnahmefall könne eine Abfindung auch ein Ruhegehalt iSd Art 18 darstellen. Bei der Abgrenzung soll nicht auf den Zeitpunkt, sondern auf den Grund der Zahlung abgestellt werden. Ein Ruhegehalt soll zB dann vorliegen, wenn eine laufende Pensionszahlung kapitalisiert und in einem Betrag ausgezahlt wird.[68]

70 **3. Aktienoptionen.** Arbeitslohn fließt dem Arbeitnehmer nach dt Einkommensteuerrecht bei **Ausübung** einer nicht handelbaren[69] Aktienoption zu.[70] Die Schwierigkeiten bei der Anwendung eines DBA resultieren im Wesentlichen aus dem Umstand, dass es sich bei Aktienoptionen um ein **langfristiges Vergütungselement** handelt. Zwar existieren Aktienoptionspläne in den unterschiedlichsten Ausgestaltungen. Allerdings ist allen gemein, dass zwischen der Gewährung bzw Einräumung der Option und der Ausübung bzw erstmaligen Ausübungsmöglichkeit der Option ein längerer Zeitraum, idR mehrere Jahre liegen.

71 Damit stellt sich die Frage, wie dieser Arbeitslohn abkommensrechtlich einzuordnen ist, wenn ein Arbeitnehmer zwischen Gewährung der Option und deren Ausübung **in mehreren Staaten steuerliche Anknüpfungspunkte** hatte, sei es, weil er in unterschiedlichen Staaten gearbeitet hat, sei es, weil er in unterschiedlichen Staaten einen Wohnsitz hatte.

72 Sobald ein Arbeitnehmer steuerliche Anknüpfungspunkte zu zwei oder mehreren Ländern in dem Zeitraum zwischen Gewährung und Ausübung der Optionen hat bzw hatte, kann es zu Dbest oder **doppelten Nichtbesteuerungen** kommen. Hierfür gibt es im Wesentlichen zwei Gründe: Zum einen unterwerfen unterschiedliche Länder den aus einer Aktienoption resultierenden Vorteil zu unterschiedlichen Zeitpunkten der Besteuerung.[71] Zum anderen werden die Vorteile abkommensrechtlich in unterschiedlichen Ländern unterschiedlichen Erdienungszeiträumen zugeordnet.[72] Darüber hinaus, aber in der Praxis von geringerer Bedeutung, kann es vorkommen, dass Vorteile aus Aktienoptionen in unterschiedlichen Ländern auch unterschiedlichen Verteilungsnormen zugeordnet werden.[73] Die OECD hat diese Probleme erkannt, und den MK im Jahre 2005 um ihre Vorstellungen zur Besteuerung von Aktienoptionen ergänzt.[74]

---

67 *Lühn* PIStB 2008, 247.

68 *BMF* BStBl I 2014, 67.

69 Handelbare Optionen haben in der Praxis eine sehr geringe Bedeutung. Zur steuerlichen Behandlung vgl *BMF* BStBl I 2014, 1467.

70 *BFH* BStBl II 1999, 684; BStBl II 2001, 510.

71 *Hasbargen/Schmitt/Kiesel* IStR 2006, 257.

72 Tz 12.6 MK zu Art 15.

73 Tz 12.2 und 12.5 MK zu Art 15.

74 *Vogel/Lehner* Art 15 MA Rn 21.

Im Wesentlichen geht es bei der abkommensrechtlichen Behandlung von Aktienoptionen um die Frage, ob der aus einer Option resultierende Vorteil nach Art 15 Abs 1 S 2 einer Tätigkeit zugeordnet werden kann, die der Arbeitnehmer im anderen als dem Ansässigkeitsstaat ausgeübt hat. Mit anderen Worten stellt sich die Frage, **welche Tätigkeit** der Arbeitgeber mit der Einräumung der Aktienoptionen entlohnen möchte. **73**

Der MK führt zunächst allg aus, dass jeweils nach den **Umständen des Einzelfalls** entschieden werden muss, welche Tätigkeit vergütet werden soll. Dabei sind insb die Optionsbedingungen (zB die Voraussetzungen, unter denen die Optionen ausgeübt werden können) zu berücksichtigen.[75] Daran anschließend werden im MK einige Grundsätze formuliert, die jeweils mit verschiedenen Beispielen unterlegt werden. Nicht selten wird der MK so interpretiert, dass als Erdienungszeitraum **grds** der Zeitraum zwischen Gewährung und „Vesting", also der erstmaligen Ausübbarkeit der Option anzunehmen ist.[76] **74**

ME ist zweifelhaft, ob dies die **Grundaussage** der OECD in dem MK ist, oder ob nicht die Grundaussage ist, dass anhand der **jeweiligen Optionsbedingungen** der Erdienungszeitraum bestimmt werden muss.[77] So wird im MK ausdrücklich angeführt, dass eine Option, die einem Arbeitnehmer ohne die Bedingung einer nachfolgenden Mindestbeschäftigungszeit eingeräumt wird, aber erst nach Ablauf von drei Jahren ausgeübt werden darf (erstmalige Ausübbarkeit, „Vesting"), nicht der Tätigkeit zugeordnet werden soll, die während der drei Jahre bis zur erstmaligen Ausübbarkeit ausgeübt wird.[78] **75**

Nach Auffassung der FinVerw handelt es sich bei nicht handelbaren Aktienoptionen um eine Vergütung für den Zeitraum zwischen der Gewährung und der erstmalig tatsächlich möglichen Ausübung.[79] Eine Ausnahme sieht die FinVerw in den Fällen vor, in denen der Mitarbeiter vor der erstmaligen Ausübbarkeit aus dem Unternehmen **ausscheidet**. In diesem Fall endet der Erdienungszeitraum im Zeitpunkt des Ausscheidens aus dem Unternehmen.[80] Letzteres ist mE zutr, denn der Arbeitgeber kann nach dem Ausscheiden des Arbeitnehmers ja keine Tätigkeiten mehr vergüten. Dies gilt insb dann, wenn der Arbeitnehmer nach dem Ausscheiden nicht in den **Ruhestand** geht, sondern für einen **anderen Arbeitgeber tätig** wird. **76**

Nach der **Rspr** des BFH soll der geldwerte Vorteil, der aus der Ausübung einer Option resultiert, **grds** als Entlohnung für den Zeitraum zwischen **Gewährung** der Option und der **Ausübung** der Option anzusehen sein.[81] Unterliegt die Vergütung des Arbeitnehmers während dieses Zeitraums nicht der Besteuerung in Deutschland, so ist der geldwerte Vorteil aus der Ausübung der Option – ggf zeitanteilig – ebenfalls steuerfrei. Damit weicht die BFH-Rspr von der Auffassung der dt FinVerw ab. Es bleibt abzuwarten, wie der BFH in einem weiteren Verfahren zur abkommensrechtlichen Behandlung von Aktienoptionen entscheiden würde. **77**

---

75 Tz 12.6 MK zu Art 15.

76 *S/K/K* Art 15 MA Rn 105.

77 Vgl die differenzierte Darstellung zur MK zu Arbeitnehmeraktienoptionen bei *Vogel/Lehner* Art 15 MA Rn 21d.

78 Tz 12.8 MK zu Art 15.

79 *BMF* BStBl I 2014, 1467.

80 *BMF* BStBl I 2014, 1467.

81 *BFH* BStBl II 2001, 510.

78 **Beispiel:** Einem Arbeitnehmer werden am 1.1.01 Aktienoptionen eingeräumt, die am 1.1.03 das erste Mal ausgeübt werden dürfen und am 1.1.05 ausgeübt werden. Vom 1.1.03 bis zum 1.1.05 wird der Mitarbeiter im Ausland tätig. Seine Vergütung ist während dieser Zeit von der Besteuerung in Deutschland freigestellt. Der am 1.1.05 entstehende geldwerte Vorteil ist in Deutschland voll steuerpflichtig, wenn der Auffassung der FinVerw gefolgt wird.[82] Legt man dagegen die BFH-Rspr zu Grunde, so ist der geldwerte Vorteil zur Hälfte von der Besteuerung in Deutschland freizustellen.[83]

79 **Beispiel:** Einem Mitarbeiter werden am 1.1.01 Aktienoptionen eingeräumt, die am 1.1.05 das erste Mal ausgeübt werden dürfen und am 1.1.05 auch sofort ausgeübt werden. Vom 1.1.01–1.1.03 war der Mitarbeiter im Ausland tätig. Während dieser Zeit war seine Vergütung nach dem DBA steuerfrei. Am 1.1.03 geht der Mitarbeiter zeitgleich mit seiner Heimkehr nach Deutschland in den Ruhestand. Legt man die (mE zutr) Verwaltungsauffassung zu Grunde, ist der am 1.1.05 zufließende geldwerte Vorteil in voller Höhe nach dem DBA steuerfrei. Der BFH hat sich zu diesem Sachverhalt bislang nicht geäußert.

80 Nicht selten sehen Optionspläne die Möglichkeit bzw die Verpflichtung vor, die gewährten Optionen in verschiedenen **Tranchen auszuüben**. Probleme ergeben sich hieraus dann, wenn einem Mitarbeiter wiederkehrend (zB jährlich) Optionen gewährt werden, dieser aber nicht alle Optionen immer sofort bei der erstmaligen Ausübungsmöglichkeit ausübt. Für die abkommensrechtliche Beurteilung ist es nämlich wichtig zu klären, welchem Gewährungsdatum die Optionen zuzuordnen sind, die ausgeübt wurden. Die FinVerw äußert sich zu dieser Problematik nicht. Sinnvoll ist es zu unterstellen, dass die **zuerst gewährten** Optionen auch **zuerst ausgeübt** werden.[84]

81 **4. Betriebliche Altersversorgung.** Wenn ein Arbeitnehmer im Ausland tätig wird und zu seinen Gunsten vom dt Arbeitgeber die betriebliche Altersversorgung fortgeführt wird, stellt sich die Frage, ob das Recht für die Besteuerung der Zahlungen des Arbeitgebers in einen Altersversorgungsplan bzw die Zusage des Arbeitgebers auf spätere Versorgungsleistungen im **Ansässigkeitsstaat des Mitarbeiters** verbleibt oder in den **Tätigkeitsstaat** wechselt. Die gleiche Frage stellt sich natürlich auch, wenn ein im Ausland beschäftigter Mitarbeiter vorübergehend in Deutschland tätig wird und der ausl Arbeitgeber die (nach ausl Recht) gewährte betriebliche Altersversorgung fortführt.

82 Da es sich bei den Zahlungen eines Arbeitgebers in ein betriebliches Altersversorgungssystem um Zahlungen mit einem **unmittelbaren Zusammenhang zum Dienstverhältnis** handelt, fallen diese Zahlungen in den Anwendungsbereich von Art 15. Sofern also nicht die Voraussetzungen des Art 15 Abs 2 vorliegen, unterliegen die Zahlungen des Arbeitgebers in die betriebliche Altersversorgung der **Besteuerung im Tätigkeitsstaat**. Inwieweit für die Zahlungen Steuerbefreiungen bzw Steuervergünstigungen[85] Anwendung finden, richtet sich also nicht nach dem Steuerrecht des Staates, nach dessen Recht die betriebliche Altersversorgung gewährt wurde, sondern nach dem Steuerrecht des Tätigkeitsstaats. Im Tätigkeitsstaat wird das betriebliche Altersversorgungssystem des Heimatstaates allerdings **im Regelfall nicht die Voraussetzungen** erfüllen, die nach dem Steuerrecht des Tätigkeitsstaates für eine Steuerbefreiung bzw Vergünstigung der Arbeitgeberbeiträge erfüllt sein müssen.

---

82 *BMF* BStBl I 2014, 1467.
83 *BFH* BStBl II 2001, 510.
84 *Röpke/Schmidt* IStR 2007, 59.
85 ZB Pauschalbesteuerung.

Beispiel: Ein Mitarbeiter wird von einem dt Unternehmen für zwei Jahre in das Ausland entsandt. Während der Entsendung bleibt das Arbeitsverhältnis mit dem dt Unternehmen bestehen. Der Arbeitgeber zahlt während der Auslandstätigkeit weiterhin monatliche Beiträge in eine **Pensionskasse**, die bislang nach §3 Nr 63 EStG steuerfrei waren. Das Besteuerungsrecht der Vergütung des Mitarbeiters liegt gem Art 15 Abs 1 beim Tätigkeitsstaat. Ob und inwieweit die Beiträge des Arbeitgebers in die **Pensionskasse** steuerbegünstigt bzw steuerbefreit sind, richtet sich nach dem **Steuerrecht des Tätigkeitsstaats**. **83**

Abkommensrechtlich ist die **Beitragsphase** von der **Leistungsphase** im Bereich der betrieblichen Altersversorgung zu trennen. **Leistungen** aus einer betrieblichen Altersversorgung fallen idR in den Anwendungsbereich des **Art 18** (dazu Art 18 Rn 13). Sie unterliegen daher im Ansässigkeitsstaat der Besteuerung. **84**

Der Umstand, dass im Bereich der Betrieblichen Altersversorgung die Beitragsphase einer anderen Verteilungsnorm zuzurechnen ist als die Leistungsphase, kann zu einer **bes Form der Dbest** oder **doppelten Nichtbesteuerung** führen. Dies ist darauf zurückzuführen, dass die steuerlichen Regelungen zur betrieblichen Altersversorgung zwischen den Abkommenspartnern nicht abgestimmt sind. So sehen manche Länder eine volle Besteuerung der Beiträge und dafür eine steuerliche Entlastung der Leistungen vor, andere Länder aber eine Steuerbefreiung der Beiträge und eine Besteuerung der Leistungen.[86] **85**

Beispiel: Arbeitnehmer A wohnt und arbeitet in einem Land, in dem Arbeitgeberbeiträge zur betrieblichen Altersversorgung nicht besteuert werden, aber die späteren Rentenzahlungen. Der Arbeitnehmer wird für zwei Jahre in ein Land entsandt, nach dessen Steuerrecht Arbeitgeberbeiträge zur betrieblichen Altersversorgung besteuert werden, die späteren Rentenzahlungen aber nicht. Während der Entsendung hat der Tätigkeitsstaat das Besteuerungsrecht für die Vergütung des Mitarbeiters (Art 15 Abs 1). Die betriebliche Altersversorgung wird im Ansässigkeitsstaat weitergeführt. Während der Entsendung werden die Arbeitgeberbeiträge des Mitarbeiters voll besteuert, da auch für diesen Vergütungsbestandteil der Tätigkeitsstaat das Besteuerungsrecht hat (Art 15 Abs 1). Die aus diesen Beiträgen resultierenden Rentenzahlungen werden **erneut besteuert**, wenn der Arbeitnehmer während seines Ruhestandes immer noch im ursprünglichen Ansässigkeitsstaat ansässig ist. **86**

Diese Form der Dbest ist wegen der zeitlichen Inkongruenz **keine Dbest iSd DBA**. Daher wird der Ansässigkeitsstaat keine Anstrengungen zur Vermeidung der Dbest unternehmen.[87] Da diese Form der Dbest in der Praxis eine immer größere Bedeutung bekommt,[88] wird auf unterschiedlichen Wegen nach Lösungsansätzen gesucht. Eine Möglichkeit besteht darin, auf **bilateraler Ebene** die Besteuerungsrechte anders zu verteilen als in Art 15 und Art 18 grds vorgesehen. Im MK werden einige Möglichkeiten angeführt, wie die Besteuerungsrechte und die Methode zur Vermeidung der Dbest abw geregelt werden könnten.[89] In **Art 18A DBA USA** wurde eine Regelung getroffen, nach der – vereinfacht dargestellt – der Staat das **Besteuerungsrecht** für die Beiträge hat, **in dem der Pensionsplan unterhalten** wird. **87**

86 *Scheffler/Kölbl* IStR 2007, 113.
87 *S/K/K* Art 15 MA Rn 112.
88 *Scheffler/Kölbl* IStR 2007, 113.
89 Tz 15 MK zu Art 18.

88 Auch die **EU** hat dieses Besteuerungsproblem erkannt und ist um Lösungsansätze bemüht. Erste Ansätze bestehen in Form der „Mitteilungen zur Beseitigung der steuerlichen Hemmnisse für die grenzüberschreitende betriebliche Altersversorgung“[90] und der **Pensionsfonds-Richtlinie**.[91] Beide Ansätze bieten aber für die Praxis **keine** taugliche **Lösung** des Problems.[92]

89 **5. Bezahlte Untätigkeiten.** Soweit eine Vergütung dafür gezahlt wird, dass ein Arbeitnehmer sich **zur Verfügung hält**, ohne dass es zu einer Arbeitsleistung kommt, wird die Arbeit dort erbracht, wo sich der Arbeitnehmer während der Dauer des Sich-zurVerfügung Haltens **tatsächlich aufhält**.[93]

90 **Beispiel:** Ein Arbeitnehmer ist für zwei Jahre in das Ausland entsandt. Während dieser Zeit ist die Vergütung nach dem DBA steuerfrei. Am Ende der Entsendung wird das Dienstverhältnis aufgelöst. Es wird vereinbart, dass der Arbeitnehmer unter Wahrung der Kündigungsfrist die letzten drei Monate von der Arbeit freigestellt wird. Während der bezahlten Freistellung hält sich der Arbeitnehmer immer noch im Ausland auf. Die Vergütung, die der Mitarbeiter während der bezahlten Freistellung erhält, ist nach dem DBA steuerfrei. Würde der Mitarbeiter die Freistellung weder im Ansässigkeitsstaat noch im ehemaligen Tätigkeitsstaat verbringen, sondern in einem Drittland, so würde die Vergütung für die Freistellung im Ansässigkeitsstaat der Besteuerung unterliegen. Zwar gilt die Tätigkeit (bzw Untätigkeit) im Drittland als ausgeübt. Allerdings greift hier Art 15 Abs 2, da die Tätigkeit im „Tätigkeitsstaat“ weniger als 183 Tage „ausgeübt“ wird.

91 Auch Vergütungen für die Einhaltung eines **Wettbewerbsverbots** fallen unter Art 15. Nach der Rspr des BFH ist bei Vergütungen für ein Wettbewerbsverbot zu unterscheiden, ob das Unterlassen eine Haupt- oder eine Nebenpflicht zum vereinbarten Arbeitsvertrag ist.[94] Handelt es sich um eine **Hauptpflicht**, so wird das Unterlassen an dem Ort „ausgeübt“, für den das Wettbewerbsverbot gilt. Gilt das Wettbewerbsverbot an mehreren Orten oder in mehreren Ländern gleichzeitig, ist das Entgelt auf diese Länder aufzuteilen. Gilt das Wettbewerbsverbot in der ganzen Welt, so ist auf den Aufenthaltsort des Arbeitnehmers während der Dauer des Wettbewerbsverbotes abzustellen. Stellt das Wettbewerbsverbot eine **Nebenpflicht** zu dem vereinbarten Arbeitsvertrag dar, so wird das Unterlassen an dem Ort ausgeübt, wo die vorausgehende nichtselbstständige Arbeit erbracht wurde.

92 Die FinVerw hält diese vom BFH entwickelten Grundsätze mit Hinweis auf ein Urt aus 1996[95] **zu Recht für überholt**, und unterwirft das Entgelt stets in jenen Staaten der Besteuerung, in dem sich der Arbeitnehmer während der Dauer des Verbots aufhält.[96] Hält sich der Arbeitnehmer während dieses Zeitraums in mehreren Staaten auf, ist das Entgelt aufzuteilen. Die Auffassung der FinVerw wird auch von weiten Teilen der Lit vertreten.[97]

---

90 KOM(2001) 214, BR-Drucks 372/01.

91 RL 2003/41/EG, ABlEU 2003 Nr L 235/10.

92 Vgl im Einzelnen *Scheffler/Kölbl* IStR 2007, 113.

93 *BFH* BStBl II 1970, 867; *BMF* BStBl I 2014, 1467, 532.

94 *BFH* BStBl II 1970, 867.

95 *BFH* BStBl II 1996, 516.

96 *BMF* BStBl I 2014, 1467; *Schmidt* PIStB 2007, 310.

97 *Vogel/Lehner* Art 15 MA Rn 36; *S/K/K* Art 15 MA Rn 58; **aA** *Debatin/Wassermeyer* Art 15 MA Rn 64.

Strittig ist, ob die Vergütung für **Krankheitstage** im Tätigkeitsstaat oder im Ansässigkeitsstaat zu besteuern ist. Nach *Prokisch* soll auf den Ort abgestellt werden, an dem die Arbeit normalerweise ausgeübt worden wäre.[98] *Neyer* vertritt die Auffassung, dass die Vergütung für Krankheitstage stets im Ansässigkeitsstaat besteuert werden soll. Begründet wird dies damit, dass während einer Erkrankung keine Tätigkeit ausgeübt werden kann, und es somit in Ermangelung eines Tätigkeitsstaates bei dem Besteuerungsrecht des Ansässigkeitsstaates verbleiben muss.[99] ME sollte bei Vergütungen für Krankheitstage weiter differenziert werden: Vergütungen für Krankheitstage, die im Tätigkeitsstaat verbracht werden, sollten im Tätigkeitsstaat besteuert werden. Entgegen der Ansicht von *Neyer*[100] ändert die krankheitsbedingte Unterbrechung der Tätigkeit mE nichts an der Zurechnung zur Auslandstätigkeit. Vergütungen für Krankheitstage, die im Ansässigkeitsstaat verbracht werden, sollten im Ansässigkeitsstaat besteuert werden. Dies sollte mE – entgegen der Ansicht von *Prokisch*[101]– auch dann gelten, wenn die Tätigkeit normalerweise im Ausland ausgeübt worden wäre. Etwas anderes ist mE mit dem Wortlaut des Art 15 Abs 1 nicht zu vereinbaren. **93**

Bei Vergütungen im Rahmen einer **Altersteilzeit** iRd sog **Blockmodells** handelt es sich nach Auffassung der FinVerw sowohl beim Altersteilzeitentgelt als auch bei dem Aufstockungsbetrag um Vergütungen, die unter Art 15 fallen. Bei dem während der Freistellungsphase ohne Tätigkeit bezogenen **Altersteilzeitentgelt** und **Aufstockungsbetrag** soll es sich einheitlich um nachträglich für die aktive Zeit des Altersteilzeitverhältnisses gezahlten Arbeitslohn handeln. Dieser ist dann entspr der Aufteilung der Vergütung zwischen Ansässigkeitsstaat und Tätigkeitsstaat während der aktiven Zeit aufzuteilen.[102] Diese Ansicht wurde vom BFH nur scheinbar bestätigt.[103] Der BFH[104] hat zum DBA Frankreich zwar entschieden, dass sowohl das Altersteilzeitentgelt als auch der Aufstockungsbetrag in der Ruhephase insgesamt eine Vergütung für die in der aktiven Phase ausgeübte Tätigkeit darstellen. Die Entscheidung ist jedoch nicht zwangsläufig auf andere DBA übertragbar, da Wortlaut und Systematik des DBA Frankreich in der Verteilungsnorm für Einkünfte aus nichtselbstständiger Arbeit (Art 13) vom Wortlaut und der Systematik des Art 15 OECD-MA abweicht. Der BFH führt in der Urteilsbegründung ausdrücklich aus, es könne nicht ausgeschlossen werden, dass derartige Vergütungen „nicht für die erbrachte Tätigkeit geleistet werden, sondern dafür, dass der Kläger sich mit der Altersteilzeit im sog Blockmodell einverstanden erklärt.“ **94**

Beispiel: Ein Arbeitnehmer vereinbart mit seinem Arbeitgeber für die Jahre 01 und 02 eine Altersteilzeit im Blockmodell. Im ersten Jahr arbeitet der Mitarbeiter für eine ausl Tochtergesellschaft im Ausland. Im zweiten Jahr verbringt der Arbeitnehmer die Freistellungsphase in Deutschland. Sowohl die Vergütung für die aktive Phase als auch die Vergütung für die Freistellungsphase ist nach Auffassung der FinVerw nach dem DBA steuerfrei. **95**

Hinsichtlich des Aufstockungsbetrages ließe sich mE auch argumentieren, dass es sich um eine Zahlung handelt, die der Arbeitgeber leistet, um den Arbeitnehmer den **96**

---

98 *Vogel/Lehner* Art 15 MA Rn 18.
99 RIW 2006, 216.
100 *Neyer* RIW 2006, 216.
101 *Vogel/Lehner* Art 15 MA Rn 18.
102 *BMF* BStBl I 2014, 1467.
103 *BFH* IStR 2011, 597.
104 *BFH* BStBl 2011 II, 446.

Anreiz zu verschaffen, in ein Altersteilzeitverhältnis einzuwilligen. Dann wären diese Zahlungen nicht einer bestimmten Tätigkeit zuzuordnen. Folgt man dieser Argumentation, so ist der **Aufstockungsbetrag** stets im **Ansässigkeitsstaat** zum Zeitpunkt der Zahlung zu besteuern.

97 **6. Nettolohnvereinbarungen.** Bei einer Nettolohnvereinbarung verpflichtet sich der Arbeitgeber gg dem Arbeitnehmer im Innenverhältnis sämtliche **Steuern** und **Sozialversicherungsbeiträge**, die auf den vereinbarten Nettolohn entfallen, **zu übernehmen**. Die vom Arbeitgeber übernommenen Steuer- und Sozialversicherungsbeiträge stellen Arbeitslohn dar, der im Zeitpunkt der Zahlung der Steuer zufließt. Steuererstattungen, die der Arbeitnehmer im Rahmen einer Nettolohnvereinbarung regelmäßig an den Arbeitgeber abtreten muss, stellen im Zeitpunkt der Weiterleitung negativen Arbeitslohn dar.

98 Nicht selten kommt es vor, dass der Arbeitgeber für den Arbeitnehmer Steuerzahlungen im ehemaligen Tätigkeitsstaat zu einem Zeitpunkt übernimmt, in dem der Arbeitnehmer nicht mehr in seinem (ehemaligen) Tätigkeitsstaat ansässig ist und dort auch keine Tätigkeit mehr ausübt. Auch bei diesen **übernommenen Steuerzahlungen**[105] handelt es sich um Vergütungen, die in den Anwendungsbereich des **Art 15** fallen. Somit hat auch für diese vom Arbeitgeber übernommenen Steuerzahlungen der ehemalige Tätigkeitsstaat das Besteuerungsrecht.[106] Denn für die Zuweisung des Besteuerungsrechts kommt es nicht darauf an, zu welchem Zeitpunkt und wo die Vergütung gezahlt wird, sondern allein darauf, dass sie dem Arbeitnehmer für eine Auslandstätigkeit gezahlt wird.[107]

99 **Beispiel:** Ein Mitarbeiter war vom 1.1.01 bis zum 31.12.01 nach Deutschland entsandt. Für diesen Zeitraum hatte der Mitarbeiter eine Nettolohnvereinbarung. Die Steuer des Jahres 01 wird in 02 festgesetzt und vom dt aufnehmenden Unternehmen beglichen. Die vom dt Unternehmen geleistete Steuerzahlung führt zu beschränkt steuerpflichtigen Einkünften des Arbeitnehmers (§ 49 Abs 1 Nr 4 Buchstabe a EStG). Abkommensrechtlich hat für diese Zahlungen Deutschland als ehemaliger Tätigkeitsstaat ebenfalls das Besteuerungsrecht.

IV. Ausübung im anderen Vertragsstaat

100 Der Ort der Arbeitsausübung befindet sich dort, wo sich der Arbeitnehmer bei Ausführung seiner **Tätigkeit aufhält**. Abkommensrechtlich ist es also **nicht** entscheidend, wo die Tätigkeit **verwertet wird**. Unerheblich ist auch, woher oder wohin die Vergütung gezahlt wird oder ob der Arbeitsvertrag mit einem Unternehmen im Ansässigkeitsstaat oder im Tätigkeitsstaat geschlossen wurde.

101 Das Merkmal der Ausübung im anderen Vertragsstaat ist bereits dann erfüllt, wenn ein Arbeitnehmer für nur sehr kurze Zeit im anderen Staat tätig wird. Bereits ein **stundenweiser Aufenthalt** soll ausreichend sein.[108]

102 Die FinVerw fordert gestützt auf § 90 Abs 2 AO vom Arbeitnehmer den **Nachweis** über die Ausübung der Tätigkeit im anderen Staat und deren Zeitdauer durch Vorlage geeigneter Aufzeichnungen (zB Stundenprotokolle, Terminkalender, Reisekostenabrechnungen).[109]

---

105 Das Gleiche gilt für übernommene Sozialversicherungsbeiträge.
106 *BMF* BStBl I 2014, 1467.
107 *BFH* BStBl II 1992, 660.
108 *S/K/K* Art 15 MA Rn 51.
109 *BMF* BStBl I 2014, 1467.

Nach der früheren Rspr des BFH wurde die geschäftsführende Tätigkeit der **Organe von KapGes** am **Ort des Sitzes der Gesellschaft** ausgeübt.[110] Diese Rspr ist überholt. Der BFH stellt nunmehr auch bei der Tätigkeit der Organe von KapGes darauf ab, wo diese ihre Tätigkeit tatsächlich ausüben.[111] In einigen DBA finden sich allerdings Regelungen, aufgrund derer die Tätigkeit von geschäftsführenden Organen am Sitz der Gesellschaft fingiert wird (zB DBA Schweiz; dazu Rn 185 ff). **103**

V. Wechsel des Besteuerungsrechts

Mit der Zuweisung des Besteuerungsrechts durch Art 15 an den Tätigkeitsstaat wird noch keine Aussage darüber getroffen, ob und ggf in welchem Umfang der Ansässigkeitsstaat die Vergütungen des Arbeitnehmers besteuern darf. Eine Dbest wird also durch die alleinige Anwendung des Art 15 nicht vermieden. Dies geschieht erst durch die **Anwendung des Methodenartikels (Art 23A, Art 23B)**. In der dt Abkommenspraxis wurde für Arbeitnehmereinkünfte für den Fall, dass Deutschland der Ansässigkeitsstaat ist, grds die **Freistellungsmethode** vereinbart (vgl Art 23A Rn 1). **104**

Wird die Vergütung teils für eine im Ansässigkeitsstaat ausgeübte Tätigkeit und teils für eine im Tätigkeitsstaat ausgeübte Tätigkeit gezahlt, so steht dem Tätigkeitsstaat das Besteuerungsrecht nur anteilig, und zwar für die dort ausgeübte Tätigkeit zu. Dies folgt aus dem Wortlaut des Art 15 Abs 1 S 2, nach dem lediglich die „dafür", also für die Auslandstätigkeit bezogene Vergütung, im Tätigkeitsstaat besteuert werden darf. **105**

Diese Aufteilung der Vergütung in einen im Tätigkeitsstaat zu besteuernden und einen im Ansässigkeitsstaat zu besteuernden Teil ist zunächst danach vorzunehmen, ob und inwieweit Vergütungsbestandteile **unmittelbar** der Tätigkeit im Ansässigkeitsstaat oder der Tätigkeit im Tätigkeitsstaat zugeordnet werden können.[112] So stellt bspw die Gestellung einer **Wohnung im Tätigkeitsstaat** ein Vergütungsbestandteil dar, der unmittelbar der Tätigkeit im Tätigkeitsstaat zugeordnet werden kann. Auch **Lohnfortzahlungen im Krankheitsfall** (vgl auch Rn 93) können ein unmittelbar zurechenbarer Vergütungsbestandteil sein.[113] Ferner können zB Reisekosten, Zuschläge für Sonntags-, Feiertags- und Nachtarbeit, Auslandszulagen oder projektbezogene Erfolgsprämien der Auslandstätigkeit unmittelbar zugeordnet werden.[114] ME stellen auch vom Arbeitgeber die während eines Auslandseinsatzes anfallenden **übernommenen Steuern** (zB im Rahmen einer auf den Auslandseinsatz beschränkten Nettolohnvereinbarung; dazu Rn 97 ff) einen Vergütungsbestandteil dar, der der Auslandstätigkeit unmittelbar zuzuordnen ist.[115] **106**

Vergütungen für im Ausland erbrachte **Überstunden** können ebenfalls unmittelbar der Auslandstätigkeit zugerechnet werden.[116] Praktische Probleme ergeben sich allerdings dann, wenn die im Ausland geleisteten Überstunden nicht ausbezahlt werden, sondern einem **Arbeitszeitkonto** gutgeschrieben werden, damit der Arbeitnehmer zu einem – in der Praxis oft sehr viel – späterem Zeitpunkt bezahlt von der Arbeit freigestellt **107**

110 *BFH* BStBl II 1972, 68.
111 *BFH* BStBl II 1995, 95.
112 *BFH* BStBl II 1989, 755.
113 *S/K/K* Art 15 MA Rn 71; *Debatin/Wassermeyer* Art 15 MA Rn 148.
114 *BMF* BStBl I 2014, 1467.
115 Vgl auch *S/K/K* Art 15 MA Rn 73 und nun auch die FinVerw in *BMF* BStBl I 2014, 1467.
116 *BMF* BStBl I 2014, 1467.

wird. Ein Problem in diesem Zusammenhang ist, dass die mit der Gutschrift auf dem Arbeitszeitkonto verbundene aufgeschobene Besteuerung nach dt Steuerrecht[117] im ausl Tätigkeitsstaat möglicherweise verloren geht. Ein anderes Problem ergibt sich bei der späteren Verwendung des Guthabens. Wenn die während der Auslandstätigkeit angesammelten Stunden aus dem Arbeitszeitkonto ausgezahlt werden, handelt es sich um Vergütungen für eine „im anderen Vertragsstaat ausgeübte" Tätigkeit iSd Art 15 Abs 1, die im Ansässigkeitsstaat von der Besteuerung freizustellen ist.[118] Soweit sich der Wert des Arbeitszeitkontos aus anderen Gründen als den vereinbarten Gutschriften erhöht hat, zB infolge einer vom Arbeitgeber zugesagten Verzinsung oder aufgrund der erfolgreichen Anlage des Arbeitsentgeltguthabens am Kapitalmarkt, stellt dieser Wertzuwachs keine Gegenleistung für die im anderen Staat ausgeübte Tätigkeit dar.[119] In der Praxis dürfte es allerdings sehr aufwändig sein, die in einem Arbeitszeitkonto angesammelten Stunden danach aufzuteilen, ob sie aus einer Auslandstätigkeit herrühren oder nicht.

108 **Beispiel:** Ein Arbeitnehmer wird von seinem Arbeitgeber für ein Jahr in das Ausland entsandt. Während dieser Zeit ist die Vergütung nach dem DBA im Ansässigkeitsstaat steuerfrei. Der Arbeitgeber unterhält für seine Arbeitnehmer ein Arbeitszeitkonto, auf dem Überstunden gutgeschrieben, in Geld umgerechnet und die entspr Mittel am Kapitalmarkt angelegt werden. Die Guthaben werden für eine bezahlte Arbeitsfreistellung vor Eintritt in den Ruhestand genutzt. Unmittelbar vor Eintritt des Arbeitnehmers in den Ruhstand wird der Arbeitnehmer unter Verwendung des Guthabens des Arbeitszeitkontos ein halbes Jahr bezahlt von der Arbeit freigestellt. Der Teil der während der Freistellung bezogenen Vergütung, der durch die im Ausland abgeleisteten Überstunden finanziert wird, ist nach dem DBA steuerfrei. Soweit ein Teil der in der Freistellung bezogenen Vergütung aus einer Verzinsung des Guthabens finanziert wird, ist dieser Teil nicht nach dem DBA steuerfrei.

109 Alle Vergütungen, die der Auslandstätigkeit **nicht unmittelbar** zugerechnet werden können, sind nach der Rspr des BFH im Verhältnis der insgesamt für ein Kj vereinbarten Arbeitstage zu den im Kj im Ausland verbrachten vereinbarten Arbeitstagen **aufzuteilen**.[120] Nach diesem Grundsatz ist in der Vergangenheit auch die FinVerw verfahren.[121] Nicht unmittelbar zugerechnet werden können zB die **laufende Vergütung, Weihnachtsgeld, Urlaubsgeld**[122] oder auch **Jubiläumsgelder**.[123]

110 Die FinVerw hat im Jahre 2014 ihre Ansicht zur Aufteilung des nicht unmittelbar einer Auslandstätigkeit zurechenbaren Arbeitslohns geändert. Grundlage für die Berechnung soll nunmehr die Zahl der tatsächlichen Arbeitstage innerhalb eines Kalenderjahres sein. Den tatsächlichen Arbeitstagen ist das für die entsprechende Zeit bezogene und nicht direkt zugeordnete Arbeitsentgelt gegenüberzustellen. Die tatsächlichen Arbeitstage sind alle Tage innerhalb eines Kalenderjahres, an denen der Arbeitnehmer seine Tätigkeit tatsächlich ausübt und für die er Arbeitslohn bezieht. Krankheitstage mit oder ohne Lohnfortzahlung, Urlaubstage und Tage des ganztägigen Arbeitszeitausgleichs sind danach keine Arbeitstage. Dagegen können auch

117 *BMF* BStBl I 2004, 1065.
118 *FG Köln* EFG 2009, 29; *BMF* BStBl I 2014, 1467.
119 *BMF* BStBl I 2014, 1467.
120 *BFH* BStBl II 1986, 479;
121 *BMF* BStBl I 2006, 532.
122 *BMF* BStBl I 2014, 1467.
123 *Debatin/Wassermeyer* Art 15 MA Rn 143.

Wochenend- oder Feiertage grundsätzlich als tatsächliche Arbeitstage zu zählen sein, wenn der Arbeitnehmer an diesen Tagen seine Tätigkeit ausübt.[124]

Beispiel: Ein Arbeitnehmer ist vom 1.1.01 bis 31.7.01 für seinen dt Arbeitgeber in Japan tätig. Er erhält im Jahr 01 einen Arbeitslohn einschließlich Weihnachtsgeld und Urlaubsgeld iHv 80 000 EUR. Für die Tätigkeit in Japan erhält er zusätzlich eine Zulage in Höhe von 30 000 EUR. Der Arbeitnehmer ist im Jahr 01 vertraglich an 200 Tagen zur Arbeit verpflichtet, übt seine Tätigkeit jedoch tatsächlich an 220 Tagen (davon 140 in Japan) aus. **111**

Die Zulage iHv 30 000 EUR ist der Auslandstätigkeit unmittelbar zuzuordnen und deshalb im Inland steuerfrei. Der übrige Arbeitslohn iHv 80 000 EUR ist nach den tatsächlichen Arbeitstagen aufzuteilen. Es ergibt sich ein aufzuteilendes Arbeitsentgelt pro tatsächlichem Arbeitstag iHv 363,64 EUR. Dieses Entgelt ist mit den tatsächlichen Arbeitstagen zu multiplizieren, die auf die Tätigkeit in Japan entfallen, hier 140 Tage. Von den 80 000 EUR Arbeitslohn sind daher 140 x 363,64 EUR = 50 910 EUR im Inland steuerfrei. Der insgesamt steuerfreie Arbeitslohn beträgt 80.910 EUR (30 000 EUR + 50.910 EUR).

Hat sich das vereinbarte Gehalt während des Kj verändert, so ist diese **Veränderung** bei der Aufteilung zu **berücksichtigen.**[125] **112**

Hält sich ein Arbeitnehmer **nicht vollständig** an einem Arbeitstag im anderen Staat auf, was zumindest am An- bzw Abreisetag der Fall sein dürfte, so will die FinVerw das Arbeitsentgelt für diesen Arbeitstag zeitanteilig aufteilen. Dies geht auf eine dementsprechende BFH Rspr zurück,[126] ist aber nicht praktikabel. Die **Aufteilung** soll daher ggf im **Schätzungswege** erfolgen.[127] **113**

In einem **Drittland**, also weder Ansässigkeitsstaat noch Tätigkeitsstaat iSd jeweiligen Abkommens, verbrachte Arbeitszeiten bzw Arbeitstage sind dem **Ansässigkeitsstaat** zuzuordnen[128]. **114**

Urlaubsentgelte (laufende Vergütung) sind in die Aufteilung einzubeziehen. Dies gilt auch für Bezüge, die für den Verzicht auf den Urlaub gezahlt werden (Urlaubsabgeltung für nicht genommenen Urlaub). Dabei ist der Teil der Urlaubsentgelte im Inland freizustellen, der auf die im Ausland ausgeübte Tätigkeit entfällt. Zu beachten ist ferner, dass Vergütungen grds dem Zeitraum zugeordnet werden müssen, in dem sie erdient bzw für den sie gezahlt wurden. Aus Vereinfachungsgründen kann nach Auffassung der FinVerw bei der Übertragung von Urlaubstagen in ein anderes Kalenderjahr von diesem Grundsatz abgewichen werden. Diese Vereinfachung möchte die FinVerw allerdings nicht bei der finanziellen Abgeltung von Urlaubsansprüchen zulassen.[129] **115**

Beispiel:[130] Arbeitnehmer B ist in 01 und 02 für seinen deutschen Arbeitgeber sowohl im Inland als auch in Schweden tätig. In beiden Jahren hält sich B länger als 183 Tage in Schweden auf. Die vereinbarten Arbeitstage des B belaufen sich in den Kalenderjahren 01 und 02 auf jeweils 220 Tage zuzüglich der vertraglichen Urlaubstage von je 30 Tagen. Der Urlaub aus 01 und 02 wurde vollständig in 02 genommen. Die tatsächlichen Arbeitstage in **116**

---

124 *BMF* BStBl I 2014, 1467.
125 *BMF* BStBl I 2014, 1467.
126 *BFH* BStBl II 1986, 442.
127 *BMF* BStBl I 2014, 1467.
128 Nach den Regelungen des DBA zwischen Ansässigkeitsstaat und dem Drittstaat. Vgl ausf zu sog Mehrstaatensachverhalten *Haase* IStR 2014, 237.
129 *BMF* BStBl I 2014, 1467.
130 Beispiel verkürzt wiedergegeben aus *BMF* BStBl I 2014, 1467.

01 betrugen in Schweden 230 Tage, auf das Inland entfielen 20 Arbeitstage. In 02 entfielen 150 tatsächliche Arbeitstage auf Schweden und 40 tatsächliche Arbeitstage auf das Inland. Der aufzuteilende Arbeitslohn beträgt 50 000 EUR in 01 und 60 000 EUR in 02.

Der steuerfreie Arbeitslohn berechnet sich wie folgt:

Die 250 tatsächlichen Arbeitstage sind dem aufzuteilenden Arbeitsentgelt von 50 000 EUR gegenüberzustellen. Das aufzuteilende Arbeitsentgelt pro Arbeitstag beträgt 200 EUR. Dieser Betrag ist mit den Arbeitstagen zu multiplizieren, an denen sich B tatsächlich in Schweden aufgehalten hat. Von den 50 000 EUR Jahresarbeitslohn sind in 01 daher 46 000 EUR (230 Tage x 200 EUR) im Inland steuerfrei.

Jahr 02: Wegen des aus dem Kalenderjahr 01 übertragenen Urlaubs sind nur 190 tatsächliche Arbeitstage angefallen. Aus Vereinfachungsgründen kann die wirtschaftliche Zuordnung des auf den Urlaub des Jahres 01 entfallenden Arbeitslohns verzichtet werden. Bei einem Jahresarbeitslohn von 60 000 EUR im Kalenderjahr 02 ergibt sich ein Arbeitslohn pro Kalendertag von 315,79 EUR (60 000/190). Im Kalenderjahr 02 sind danach insgesamt 47 369 EUR (375,79 x 150 tatsächliche Arbeitstage) im Inland steuerfrei.

C. Absatz 2

I. Grundaussage

117 Art 15 Abs 2 regelt die **Ausnahme vom Arbeitsortprinzip**. Obwohl ein Arbeitnehmer seine Tätigkeit in einem anderen Staat als seinem Ansässigkeitsstaat ausübt, soll das alleinige Besteuerungsrecht beim Ansässigkeitsstaat des Arbeitnehmers verbleiben, wenn die folgenden Voraussetzungen erfüllt sind:

1. Der Empfänger der Vergütung hält sich im anderen Staat insgesamt nicht länger als **183 Tage** innerhalb eines Zeitraums von 12 Monaten auf, der während des betr Steuerjahres beginnt oder endet (vgl Rn 120 ff).
2. Die Vergütung wird von einem **Arbeitgeber** oder für einen Arbeitgeber gezahlt, der nicht im **Tätigkeitsstaat** ansässig ist (vgl Rn 145 ff).
3. Die Vergütung wird nicht von einer **Betriebsstätte** oder von einer festen Einrichtung getragen, die der Arbeitgeber im **Tätigkeitsstaat** hat (vgl Rn 172 ff).

Alle drei Voraussetzungen müssen erfüllt sein, damit es beim alleinigen Besteuerungsrecht des Ansässigkeitsstaats verbleibt. Ist nur eine der drei Voraussetzungen nicht erfüllt, wechselt das Besteuerungsrecht für die Vergütungen des Mitarbeiters von dessen Ansässigkeitsstaat in den Tätigkeitsstaat.

118 Durch Art 15 Abs 2 soll erreicht werden, dass nicht bei jedem noch so kurzfristigen Auslandseinsatz das Besteuerungsrecht vom Ansässigkeitsstaat des Arbeitnehmers in den Tätigkeitsstaat wechselt, da mit so einem Wechsel des Besteuerungsrechts bei sehr kurzfristigen Auslandstätigkeiten ein **unverhältnismäßiger Erhebungsaufwand** für den Tätigkeitsstaat aber auch ein unverhältnismäßiger Aufwand für den Arbeitnehmer bzw dessen Arbeitgeber für die Erfüllung deren steuerlichen Verpflichtungen im Tätigkeitsstaat entsteht.

119 **Beispiel:** Ein Arbeitnehmer wird für seinen dt Arbeitgeber im Rahmen einer zweitägigen Dienstreise im Ausland tätig. Die Vergütungen des Arbeitnehmers werden weder von oder für einen Arbeitgeber im Tätigkeitsstaat gezahlt noch werden die Vergütungen von einer Betriebsstätte des Arbeitgebers im Tätigkeitsstaat getragen. Die auf die im Ausland entfallende Vergütung unterliegt weiterhin ausschließlich im Ansässigkeitsstaat der Besteuerung.

Steuerliche Verpflichtungen im Tätigkeitsstaat werden daher im Regelfall weder für den Arbeitgeber noch für den Arbeitnehmer entstehen.

II. 183-Tage-Regel

Dem Tätigkeitsstaat wird das Besteuerungsrecht zugewiesen, wenn sich ein Arbeitnehmer **länger als 183 Tage** innerhalb eines Zeitraums von 12 Monaten dort aufhält. Es kommt in diesen Fällen also nicht darauf an, ob der Arbeitnehmer im Interesse eines Arbeitgebers im Tätigkeitsstaat oder im Interesse eines Arbeitgebers im Ansässigkeitsstaat arbeitet. Auch in welchem Land die Gehaltskosten des Mitarbeiters als Betriebsausgaben steuerlich geltend gemacht werden, spielt in diesen Fällen keine Rolle für die Zuweisung des Besteuerungsrechts. **120**

Nicht selten bezieht ein Arbeitnehmer **nachträglich Einnahmen** für eine im Vorjahr ausgeübte Tätigkeit (zB erfolgsabhängige Boni). In diesem Fall stellt sich die Frage, ob sich die 183-Tage-Grenze auf das Kj bezieht, in dem die nachträglichen Einnahmen zufließen oder auf das Kj, in dem die Zahlungen erdient wurden. Nach der Rspr des BFH ist auf das **Kj der Erdienung abzustellen**.[131] Erhält daher ein Arbeitnehmer nach Abschluss seiner Auslandstätigkeit eine die Auslandstätigkeit betr Vergütung, kann diese Zahlung gem Art 15 Abs 1 S 2 dem Besteuerungsrecht des ehemaligen Tätigkeitsstaates unterfallen, auch wenn der Arbeitnehmer im Jahr der Zahlung nicht länger als 183 Tage im Tätigkeitsstaat anwesend war.[132] **121**

Maßgeblich für das Überschreiten der 183 Tage-Grenze ist der **„Aufenthalt"** im anderen Staat. Es kommt also zB nicht darauf an, ob der Arbeitnehmer seine Tätigkeit in dem anderen Staat mehr als 183 Tage **„ausgeübt"** hat. **122**

Die Erl des MK wurden 1992 um Ausführungen zur Zählweise der „Tage" iSd 183-Tage-Regelung erweitert. Als Folge **unterschiedlicher Zählweisen** in den Mitgliedsländern der OECD stellt Art 15 Nr 5 MK fest, dass mit dem Wortlaut der Bestimmung nur eine einzige Zählweise vereinbar ist, nämlich die Zählung nach den Tagen physischer Anwesenheit.[133] Maßgebend zur Bestimmung des Aufenthalts ist danach die **körperliche Anwesenheit** im Tätigkeitsstaat.[134] Auch eine nur **kurze Anwesenheit am Tag** im Tätigkeitsstaat ist als Aufenthaltstag im Tätigkeitsstaat zu zählen. Nicht als Aufenthaltstag zählt ein rein privat veranlasster Aufenthalt im Tätigkeitsstaat, der keinen zeitlichen Bezug zur nichtselbstständigen Arbeit im Tätigkeitsstaat hat.[135] **123**

Beispiel: Ein Arbeitnehmer hält sich im ersten Halbjahr eines Kj an 179 Tagen im Rahmen einer Auslandstätigkeit in Staat A auf. Am Ende des Kj verbringt der Mitarbeiter ebenfalls im Staat A seinen zweiwöchigen Urlaub. Der Aufenthalt iSd Art 15 Abs 2 Buchstabe a in Staat A liegt unter 183 Tagen. **124**

Das Mitzählen von Arbeitstagen mit nur kurzer Anwesenheit im Tätigkeitsstaat orientiert sich an einer möglichst **wortgetreuen Auslegung** der Vorschrift.[136] *Prokisch* hält **125**

131 *BFH* IStR 2001, 252.
132 *Buciek* IStR 2001, 255.
133 *Debatin/Wassermeyer* Art 15 MA Rn 99.
134 *Debatin/Wassermeyer* Art 15 MA Rn 94; *BMF* BStBl I 2014, 1467.
135 *S/K/K* Art 15 MA Rn 132.
136 *Vogel/Lehner* Art 15 MA Rn 39.

diese Auffassung für überspitzt.[137] Sie trage dem Zweck der 183-Tage-Regelung, nämlich einen „kurzfristigen" von einem „langfristigen" Auslandsaufenthalt abzugrenzen, nicht ausreichend Rechnung. Dagegen lässt sich nach *Kamphaus/Büscher* diese Methode mit **Praktikabilitätserwägungen** rechtfertigen.[138] Die dt FinVerw zählt jedenfalls auch Tage als Aufenthaltstag im Tätigkeitsstaat, an denen ein Arbeitnehmer nur kurzfristig im Tätigkeitsstaat anwesend war.[139] Diese Vorgehensweise ist mE zutr.

126 Rspr und die dt FinVerw beziehen in Anlehnung an den MK die folgenden Tage in die **Berechnung der Aufenthaltstage** ein:[140]

- Tage der **An- und Abreise** in den Tätigkeitsstaat. Auf die Dauer des Aufenthalts im Tätigkeitsstaat kommt es nicht an. Tage des Transits auf dem Weg zum Arbeitsplatz zählen nicht als Aufenthaltstage im Durchreisestaat.[141]
- Tage der Anwesenheit im Tätigkeitsstaat **unmittelbar vor**, während und **unmittelbar nach** der Tätigkeit, zB Samstage, Sonntage und öffentliche Feiertage zählen als Aufenthaltstage im Tätigkeitsstaat.
- Tage der Anwesenheit im Tätigkeitsstaat während **Arbeitsunterbrechungen**, zB bei Streik, Aussperrung, Ausbleiben von Lieferungen zählen als Aufenthaltstage im Tätigkeitsstaat.[142]

Nach Nr 5 MK werden nur „kurze" Arbeitsunterbrechungen mitgezählt, ohne zu sagen, was unter „kurz" zu verstehen ist. **Unterbrechungen von bis zu 14 Tagen** werden jedoch als kurz anzusehen sein.[143]

127 Im Tätigkeitsstaat verbrachte **Krankheitstage** zählen ebenfalls zu den Aufenthaltstagen im Tätigkeitsstaat.[144] Die dt FinVerw zählt Krankheitstage allerdings dann nicht als Aufenthaltstage, wenn die Krankheit der Abreise des Arbeitnehmers entgegen steht und er ohne sie die Voraussetzungen für die Steuerbefreiung im Tätigkeitsstaat erfüllt hätte.[145] Die Auffassung der FinVerw, nach der Krankheitstage nicht als Aufenthaltstage im Tätigkeitsstaat zählen, wenn die Krankheit der Abreise des Arbeitnehmers entgegen steht, ist allerdings mit dem Wortlaut des Art 15 Abs 2 Buchstabe a nicht zu vereinbaren. *Wassermeyer* stellt zutr fest, dass die Vorschrift nicht auf die **subjektiven Absichten** des Arbeitnehmers abstellt, sondern auf das **objektive Kriterium** des Aufenthalts.[146]

128 **Beispiel:** Ein Arbeitnehmer wird vom 1.1.01 bis 31.7.01 im Ausland tätig. Während dieses Zeitraums hat er sich an 191 Tagen im Ausland aufgehalten. Von diesen 191 Tagen hat der Arbeitnehmer zehn Tage krank im Ausland verbracht; die Krankheit ermöglichte es dem Arbeitnehmer nicht, während der Krankheitsphase in den Ansässigkeitsstaat zurückzurei-

---

137 *Vogel/Lehner* Art 15 MA Rn 39.
138 *S/K/K* Art 15 MA Rn 135.
139 *BMF* BStBl I 2014, 1467.
140 *BFH* BStBl II 1997, 15; *BMF* BStBl I 2014, 1467.
141 *Vogel/Lehner* Art 15 MA Rn 41.
142 *BMF* BStBl I 2006, 532; *Debatin/Wassermeyer* Art 15 MA Rn 103; *S/K/K* Art 15 MA Rn 141.
143 *Debatin/Wassermeyer* Art 15 MA Rn 103.
144 *BMF* BStBl I 2014, 1467; *Debatin/Wassermeyer* Art 15 MA Rn 102; *S/K/K* Art 15 MA Rn 141.
145 *BMF* BStBl I 2014, 1467.
146 *Debatin/Wassermeyer* Art 15 MA Rn 102.

sen. Nach Auffassung der dt FinVerw verbleibt in diesem Fall das Besteuerungsrecht im Ansässigkeitsstaat Deutschland, da der Mitarbeiter sich im Tätigkeitsstaat nur deswegen länger als 183 Tage aufgehalten hat, weil ihn seine Krankheit an der Abreise hinderte.

Verbringt der Arbeitnehmer **Urlaubstage** im Tätigkeitsstaat, so zählen diese als Aufenthaltstage zur Bestimmung der 183-Tage-Grenze, wenn der **Urlaub unmittelbar** oder in einem engen zeitlichen Zusammenhang vor, während oder nach der Tätigkeit im Tätigkeitsstaat verbracht wird.[147] Fraglich ist, wann noch von einem engen zeitlichen Zusammenhang auszugehen ist. Der BFH hat jedenfalls einen engen zeitlichen Zusammenhang für den Fall bejaht, dass ein Arbeitnehmer nach einer Auslandstätigkeit für **4 Tage** in das Heimatland zurückkehrt, dort seine Familie abholt, um dann wieder in den ehemaligen Tätigkeitsstaat für Urlaubszwecke zurückzukehren.[148] **129**

Beispiel: Ein Arbeitnehmer hält sich von Januar 01 bis Juni 01 an 175 Tagen für eine Tätigkeit im Ausland auf. Im Dezember verbringt der Arbeitnehmer einen zweiwöchigen Urlaub in diesem Staat. Der Arbeitnehmer hält sich im Tätigkeitsstaat nicht länger als 183 Tage iSd Art 15 auf, da der Aufenthalt im Dezember keinen Bezug mehr zur Tätigkeit im Ausland hat. **130**

Dienstreisetage, die der Arbeitnehmer vollständig außerhalb des Tätigkeitsstaates verbringt, werden nicht mitgerechnet, selbst wenn es sich um Dienstreisen in Zusammenhang mit der Auslandstätigkeit handelt.[149] Die 183-Tage-Frist ist auch in anderen Fällen **für jeden Tätigkeitsstaat gesondert zu berechnen.** **131**

Beispiel: Ein Arbeitnehmer wird von seinem dt Arbeitgeber für 7 Monate nach Österreich entsandt, um dort für das dt Unternehmen tätig zu werden. Der Arbeitnehmer unternimmt während dieses Zeitraums auch einige Dienstreisen in die Schweiz. Er hält sich während des 7-monatigen Auslandsaufenthalts an 180 Tagen in Österreich und an 15 Tagen in der Schweiz auf. Das Besteuerungsrecht für die Vergütung des Arbeitnehmers verbleibt beim Ansässigkeitsstaat, da der Arbeitnehmer sich in keinem der beiden Staaten für mehr als 183 Tage aufhält. Die Auslandsaufenthalte in der Schweiz und in Österreich sind getrennt zu betrachten. **132**

Im Verhältnis zu **Frankreich** gibt es für die Ermittlung der Aufenthaltstage eine bes **Verständigungsvereinbarung.**[150] Danach werden bei der Berechnung der Aufenthaltsdauer Sonn- und Feiertage, Urlaubs- und Krankheitstage und kurze Unterbrechungen im Zusammenhang mit Reisen in den Heimatstaat oder in dritte Länder als Tage des Aufenthalts im Tätigkeitsstaat mitgezählt, soweit sie im Rahmen bestehender Arbeitsverhältnisse anfallen und unter Berücksichtigung der Umstände, unter denen sie stattfinden, nicht als Beendigung des vorübergehenden Aufenthalts angesehen werden können. Diese Verständigungsvereinbarung ist jedoch unerheblich, da sie dem Wortlaut des Art 13 Abs 4 Nr 1 DBA Frankreich zuwiderläuft.[151] Mit Wirkung zum 1.1.2010 ist diese Verständigungsvereinbarung mittels Erlass einer entspr Rechtsverordnungen allerdings innerstaatlich bindend umgesetzt worden.[152] **133**

---

147 *BMF* BStBl I 2014, 1467.
148 *BFH/NV* 2005, 1242.
149 *S/K/K* Art 15 MA Rn 142.
150 *BMF* BStBl I 2006, 304.
151 *BFH* BStBl II 2010, 602, I R 15/11.
152 BGBl 1 2010, 2138.

134 Nach einigen DBA ist die Dauer der **„Ausübung"** für die Ermittlung der 183-Tage-Grenze **maßgeblich.**[153] Bei Anwendung dieser Abkommen ist jeder Tag zu berücksichtigen, an dem sich der Arbeitnehmer, sei es auch nur für kurze Zeit, in dem anderen Vertragsstaat **zur Arbeitsausübung aufgehalten hat.** Arbeitsfreie Tage der Anwesenheit im Tätigkeitsstaat vor, während und nach der Tätigkeit, zB Samstage, Sonntage, öffentliche Feiertage und Urlaubstage sind bei der Ermittlung der 183 Tage Grenze nicht zu berücksichtigen.[154]

135 **Beispiel:** Ein Arbeitnehmer ist für seinen dt Arbeitgeber für einige Monate jeweils von Montag bis Freitag in Belgien tätig. An den Wochenenden ist der Arbeitnehmer bei seiner Familie in Deutschland. Die Tage von Montag bis Freitag sind jeweils als „Tage" iSd 183-Tage-Regelung des DBA Belgien zu berücksichtigen, weil an diesen Tagen die Tätigkeit in Belgien ausgeübt wurde. Die Samstage und Sonntage können nicht als Tage iSd 183-Tage-Regelung berücksichtigt werden.

136 Die 183-Tage-Grenze kann sich auf **unterschiedliche Referenzzeiträume** beziehen, nämlich das **Steuerjahr** (vgl Rn 140), das **Kj** (vgl Rn 140) oder einen **beliebigen 12-Monats-Zeitraum** (vgl Rn 137 ff).

137 In dem **MA** wird seit 1992 auf einen **12-Monats-Zeitraum** abgestellt. Die Tatsache, dass nach der vorherigen Fassung Auslandsaufenthalte von nahezu 12 Monaten nicht zu einem Wechsel des Besteuerungsrechts in den Tätigkeitsstaat führen mussten, wurde von einigen OECD Mitgliedern als Missbrauch empfunden.[155] Mit der seit 1992 geltenden Fassung des MA sind nunmehr **alle denkbaren 12-Monats-Zeiträume** in Betracht zu ziehen, auch wenn sie sich zT überschneiden. Mit jedem Aufenthaltstag des Arbeitnehmers in dem anderen Vertragsstaat ergeben sich somit neue zu beachtende 12-Monats-Zeiträume.[156] Oder anders ausgedrückt: Aufenthalte in unterschiedlichen Jahren sind bei der Fristberechnung zusammenzurechnen, solange sie sich nicht über einen Zeitraum von insgesamt mehr als 12 Monaten erstrecken.[157]

138 **Beispiel:** Ein Arbeitnehmer ist vom 1.4.01 bis zum 20.4.01, vom 1.8.01 bis zum 31.3.02, sowie vom 25.4.02 bis zum 31.7.02 in dem DBA-Staat A tätig. Für die für die Zeiträume 1.8.01 bis zum 31.3.02 und 25.4.02 bis zum 31.7.02 bezogene Vergütung hat der Tätigkeitsstaat A das Besteuerungsrecht. Für den Zeitraum 1.4.01 bis zum 20.4.01 hat der Ansässigkeitsstaat das Besteuerungsrecht, da in allen auf diesen Zeitraum bezogenen denkbaren 12-Monats-Zeiträume der Arbeitnehmer sich nicht mehr als 183 Tage im DBA-Staat A aufhält.

139 Das Abstellen auf einen beliebigen 12-Monats-Zeitraum kann in der **Praxis zu Problemen** führen. Nimmt ein Arbeitnehmer bspw am 1.12.01 eine Auslandstätigkeit auf, die er am 30.4.02 zu beenden gedenkt, verzögert sich der Auslandsaufenthalt aber bis zum 30.6.02, so würde der Arbeitnehmer nach Ablauf des Kj und des Besteuerungszeitraums 01 davon ausgehen, dass seine Vergütung des Jahres 01 voll in seinem Ansässigkeitsstaat zu besteuern ist. Erst im Verlaufe des Kj 02 stellt sich für den Arbeitnehmer jedoch heraus, dass seine im Dezember 01 bezogene Vergütung im Tätigkeitsstaat zu besteuern ist. Hieraus können sich praktische Probleme iRd Ein-

153 DBA Belgien, DBA Dänemark.
154 *BMF* BStBl I 2014, 1467.
155 *Debatin/Wassermeyer* Art 15 MA Rn 95.
156 *BMF* BStBl I 2014, 1467.
157 *Vogel/Lehner* Art 15 MA Rn 45.

kommensteuererklärung des Arbeitnehmers ergeben, wenn dieser seine Steuererklärung des Jahres 01 im Ansässigkeitsstaat bereits vor Beendigung seines Auslandsaufenthalts abgegeben hat.

Wird in einem DBA zur Ermittlung der Aufenthaltstage auf das **Kj** oder **Steuerjahr** 140
abgestellt, so sind die **Aufenthaltstage** für jedes Kj/Steuerjahr **gesondert zu ermitteln**. Dass in einigen DBA auf das Steuerjahr abgestellt wird, erklärt sich daraus, dass in manchen Ländern das Steuerjahr vom Kj abweicht.[158] Weicht das Steuerjahr vom Kj ab, so ergibt sich aus der Systematik des Art 15, dass jeweils das **Steuerjahr des Staates** maßgebend ist, in **dem der Arbeitnehmer seine Tätigkeit ausübt**, nicht aber das Steuerjahr des Ansässigkeitsstaates.

Beispiel: Arbeitnehmer A ist vom 1.9.01 bis zum 30.4.01 im Staat A tätig. Mit Staat A 141
besteht ein DBA, in dem in Art 15 Abs 2 Buchstabe a auf einen Aufenthalt von 183 Tagen im Kj abgestellt wird. Das Besteuerungsrecht für die während der Auslandstätigkeit erzielten Einkünfte verbleibt beim Ansässigkeitsstaat.

Für die Ermittlung der Aufenthaltstage iSd Art 15 Abs 2 Buchstabe a war es nach frü- 142
herer Auffassung der dt FinVerw unerheblich ob sich während des jeweils maßgeblichen Referenzzeitraums die **Ansässigkeit** iSd Art 4 von einem Vertragsstaat in den anderen **verlagert**.[159]

Beispiel: Ein Arbeitnehmer ist während der ersten Hälfte eines Kj im DBA Staat A ansäs- 143
sig, im zweiten Kj im DBA Staat B. In der ersten Hälfte des Jahres ist der Arbeitnehmer iRv Dienstreisen an 30 Tagen in Staat B tätig, in der zweiten Hälfte ist der Arbeitnehmer im Rahmen einer Entsendung an 180 Tagen in Staat B tätig. Da sich der Arbeitnehmer an mehr als 183 Tagen in Staat B aufhält, hat für alle im Staat B verbrachten Arbeitstage nach der früheren Auffassung der dt FinVerw der Staat B das Besteuerungsrecht.

Die frühere Auffassung der dt FinVerw stand im **Widerspruch zum MK**. Im MK wird 144
darauf hingewiesen, dass Art 15 Abs 2 Buchstabe a im Zusammenhang mit dem ersten HS dieser Vorschrift gelesen werden muss (vgl Rn 37 ff). Aus der Formulierung „…Vergütungen, die eine in einem Vertragsstaat ansässige Person für eine im anderen Vertragsstaat ausgeübte unselbstständige Arbeit bezieht, …" ergebe sich, dass **Tage** im anderen Staat nur dann **mitgezählt werden**, wenn **Tätigkeitsstaat und Ansässigkeitsstaat auseinanderfallen**.[160] Die FinVerw hat sich mittlerweile der Auffassung des MK angeschlossen.[161]

III. Kostentragung von einem im anderen Staat ansässigen Arbeitgeber

Auch wenn sich ein Arbeitnehmer für weniger als 183 Tage im maßgeblichen Referenz- 145
zeitraum im Tätigkeitsstaat aufhält, wechselt das Besteuerungsrecht in den Tätigkeitsstaat, wenn die Vergütungen **von einem Arbeitgeber oder für einen Arbeitgeber** gezahlt werden, der im Tätigkeitsstaat ansässig ist. Wird die Vergütung von einem oder für einen Arbeitgeber gezahlt, der weder im Ansässigkeitsstaat des Arbeitnehmers noch in dessen Tätigkeitsstaat ansässig ist, so verbleibt das Besteuerungsrecht bei Aufenthalten von weniger als 183 Tagen beim Ansässigkeitsstaat des Arbeitnehmers.

---

158 Das Steuerjahr weicht zB in Großbritannien vom Kj ab.
159 *BMF* BStBl I 2006, 532; **aA** *Vogel/Lehner* Art 15 MA Rn 47.
160 Tz 5.1 MK zu Art 15.
161 *BMF* BStBl I 2014, 1467.

146 **1. Arbeitgeber.** Das MA enthält keine Definition des Bergriffs „Arbeitgeber“. Der Begriff ist aus dem **Sinn- und Vorschriftenzusammenhang** auszulegen.[162] Ein Rückgriff auf das innerstaatliche Steuerrecht des Anwenderstaats ist daher nur in Zweifelsfällen zulässig.

147 Der Arbeitgeberbegriff iSd Art 15 Abs 2 Buchst b ist nicht mit dem Arbeitgeberbegriff im **Arbeits- oder Sozialversicherungsrecht** identisch.[163] Auch der im dt **Lohnsteuerrecht** verwendete Begriff Arbeitgeber entspricht nicht dem des Abkommensrechts.[164] Für die Bestimmung des Arbeitgebers iSd DBA ist es auch nicht entscheidend, wer die Vergütung auszahlt.

148 Arbeitgeber ist derjenige, dem der Arbeitnehmer die **Arbeitsleistung schuldet**, unter dessen **Leitung** er tätig wird und dessen **Weisungen** er zu folgen hat.[165] Arbeitgeber muss also nicht das Unternehmen sein, mit dem der Arbeitnehmer einen schriftlichen Arbeitsvertrag abgeschlossen hat. Ein anderes als das beschäftigende Unternehmen kann damit nicht nur dann Arbeitgeber sein, wenn mit dem beschäftigenden Unternehmen der Dienstvertrag geändert wird und mit dem anderen Unternehmen eine schriftliche arbeitsvertragliche Vereinbarung getroffen wird.[166]

149 Arbeitgeber iSd Art 15 können nicht nur **natürliche** und **juristische Personen** sein, sondern darüber hinaus alle Personenzusammenschlüsse, Vereine sowie PersGes. Auf die Abkommensberechtigung der Person oder des Personenzusammenschlusses kommt es nicht an.[167]

150 Auch die FinVerw wendet diese von der Rspr aufgestellten Grundsätze zur Bestimmung des Arbeitgebers iSd Art 15 an. Danach kann nicht nur der zivilrechtliche Arbeitgeber der Arbeitgeber iSd DBA sein, sondern auch eine andere natürliche oder juristische Person, die die Vergütung des Arbeitnehmers **wirtschaftlich** trägt.[168]

151 Ein anderes als das beschäftigende Unternehmen wird Arbeitgeber iSd DBA, wenn der Arbeitnehmer in das aufnehmende Unternehmen **eingebunden** ist und das aufnehmende Unternehmen den Arbeitslohn **wirtschaftlich trägt**. Dies gilt jedoch nur, wenn das Unternehmen das Gehalt aufgrund seines Interesses an der Tätigkeit des Arbeitnehmers trägt.[169] Eine „willkürliche“ Belastung der Gehaltskosten an ein Unternehmen, bei dem der Arbeitnehmer zwar tätig ist, aber für dessen Interesse er nicht tätig ist, reicht damit nicht zur Begründung der abkommensrechtlichen Arbeitgebereigenschaft.

152 Für die Frage, in welches der an einem Auslandseinsatz beteiligten Unternehmen der Arbeitnehmer eingebunden ist, ist das Gesamtbild der Verhältnisse maßgebend. Nach Auffassung der FinVerw soll dabei insb zu berücksichtigen sein, welches Unternehmen die **Verantwortung oder das Risiko** für die durch die Tätigkeit des Arbeitnehmers erzielten Erg trägt und welches Unternehmen gg dem Arbeitnehmer **weisungs-**

---

162 *Vogel/Lehner* Art 15 MA Rn 49a.
163 *BFH* FR 2000, 886.
164 *BFH* BStBl II 2000, 41.
165 *BFH* BStBl II 2005, 547; *BMF* BStBl I 2014, 1467.
166 *BFH* BStBl II 2005, 547.
167 *S/K/K* Art 15 MA Rn 149; *BMF* BStBl I 2014, 1467.
168 *BMF* BStBl I 2014, 1467.
169 *BMF* BStBl I 2014, 1467.

befugt ist.[170] Die FinVerw führ darüber hinaus weitere Kriterien an, nach denen die Frage der Eingebundenheit zu beurteilen sein soll, zB wer über die **Höhe der Bezüge** entscheidet oder das **Risiko für eine Lohnzahlung** im Nichtleistungsfall trägt.[171] Die von der FinVerw angeführten Kriterien geben jedoch mE **keinen Aufschluss** darüber, wo der Arbeitnehmer eingebunden ist. Viele der von der FinVerw genannten Kriterien knüpfen an die rechtliche Ausgestaltung des Auslandseinsatzes an (zB die Frage, gg wem Abfindungs- oder Pensionsansprüche erwachsen). Dies ist aber mE kein Indiz dafür, wo der Arbeitnehmer organisatorisch eingebunden ist.

Im Schrifttum bestehen unterschiedliche Auffassungen darüber, ob der **Arbeitgeberbegriff formal oder wirtschaftlich** auszulegen ist. Aus praktischer Sicht hat dieser Meinungsstreit keine Bedeutung, weswegen die unterschiedlichen Standpunkte hier nicht nachgezeichnet werden sollen.[172] 153

2. Zahlungen von oder für einen Arbeitgeber. Für ein Besteuerungsrecht des Tätigkeitsstaates ab dem ersten Tag eines Auslandseinsatzes eines Arbeitnehmers ist es nicht ausreichend, dass der Arbeitnehmer im Tätigkeitsstaat einen Arbeitgeber iSd Art 15 hat. Die Vergütung des Arbeitnehmers muss auch **von oder für** diesen Arbeitgeber gezahlt werden. 154

Die Vergütung wird von oder für einen Arbeitgeber gezahlt, wenn dieser die Vergütung wirtschaftlich trägt. Der BFH hat in diesem Zusammenhang den Begriff des **„wirtschaftlichen Arbeitgebers“** geprägt.[173] Danach ist Arbeitgeber iSd Abkommens derjenige, der die Vergütungen für die ihm geleisteten Dienste wirtschaftlich trägt, sei es, dass er die Vergütung unmittelbar dem betr Arbeitnehmer auszahlt, sei es, dass ein anderes Unternehmen für ihn mit diesen Arbeitsvergütungen in Vorlage tritt. 155

Beispiel: Ein bei einem Unternehmen mit Sitz in Deutschland beschäftigter Arbeitnehmer wird für fünf Monate zu einem Tochterunternehmen nach Spanien entsandt. Der Arbeitnehmer arbeitet während dieser Zeit im Interesse der spanischen Tochtergesellschaft. Er ist dort organisatorisch eingegliedert und weisungsgebunden. Die Vergütung wird während des Auslandsaufenthalts weiterhin von der dt Gesellschaft ausgezahlt, aber konzernintern an die spanische Tochtergesellschaft belastet. Die spanische Gesellschaft ist Arbeitgeber iSd Art 15. Die dt Gesellschaft zahlt die Vergütung für diesen Arbeitgeber. Das Besteuerungsrecht für die Vergütung des Arbeitnehmers wechselt daher vom ersten Tag der Auslandstätigkeit in den Tätigkeitsstaat Spanien. 156

Die Vergütung wird nur dann „wirtschaftlich getragen“ in dem og Sinne, wenn lediglich die **reinen Gehaltskosten** übernommen werden. Werden dagegen die **Gehaltskosten als Preisbestandteil** einer Lieferung, Werkleistung oder Dienstleistung an ein anders als das beschäftigende Unternehmen belastet, so trägt dieses andere Unternehmen die Gehaltskosten nicht im oben beschriebenen Sinne.[174] 157

Beispiel: Ein Arbeitnehmer wird von seinem inländischen Arbeitgeber für 4 Monate zu einem Kunden ins Ausland entsandt, um dort eine Maschine zu montieren. Der Kunde erhält für die Montage der Maschine eine Rechnung mit einem Preis, in dem auch die 158

170 *BMF* BStBl I 2014, 1467.

171 Weitere Kriterien in *BMF* BStBl I 2014, 1467.

172 Vgl zu einer ausf Darstellung der Problematik *S/K/K* Art 15 MA Rn 161 f.

173 *BFH* BStBl II 1986, 4.

174 *S/K/K* Art 15 MA Rn 149; *BMF* BStBl I 2014, 1467; *Vogel/Lehner* Art 15 MA Rn 53a.

Gehaltskosten des Arbeitnehmers kalkulatorisch eingegangen sind. Die Vergütung des Arbeitnehmers unterliegt im Ansässigkeitsstaat des Arbeitnehmers der Besteuerung, da der Kunde während der Tätigkeit des Arbeitnehmers nicht Arbeitgeber iSd Art 15 DBA wird.

159 Eine **schriftliche Vereinbarung** über die Gehaltskostenerstattung ist zur Begr der Arbeitgebereigenschaft eines anderen als dem beschäftigenden Unternehmens nicht erforderlich,[175] wohl aber aus Nachweisgründen ratsam und aus unternehmenssteuerlicher Sicht notwendig.

160 **3. Arbeitnehmerentsendungen im Konzern.** Sofern ein Unternehmen einen Arbeitnehmer für eine begrenzte Zeit bei einem anderen **verbundenen Unternehmen** grenzüberschreitend einsetzt, ist die Entsch, welches der beteiligten Unternehmen Arbeitgeber iSd Art 15 ist, bes schwierig. Dies ist darauf zurückzuführen, dass in einem Konzerngefüge sich die oben dargestellten Kriterien (Eingebundenheit, Weisungsbefugnis) **nicht immer eindeutig** dem entsendenden oder dem aufnehmenden Unternehmen zuordnen lassen. Bes problematisch werden diese Merkmale dann, wenn ein zu einer Tochtergesellschaft entsandter Arbeitnehmer in der entsendenden Ges leitend tätig ist bzw war, da in diesen Fällen der Gedanke nicht fernliegt, dass ein solcher Arbeitnehmer faktisch in seiner Eigenschaft als Vertreter des Gesellschafters außerhalb der Hierarchie des aufnehmenden Unternehmens steht.[176]

161 Die dt FinVerw **vermutet** wiederlegbar, dass bei einer Entsendung von nicht mehr als **drei Monaten** das „aufnehmende Unternehmen" mangels organisatorischer Einbindung des Arbeitnehmers nicht als Arbeitgeber iSd Abkommens anzusehen ist.[177] Dies soll der Vereinfachung dienen. Problematisch sind derartige Vereinfachungsregelungen im Abkommensrecht natürlich immer dann, wenn die ausl FinVerw diese Vereinfachungsregelung nicht kennt und es dadurch zu Besteuerungskonflikten kommt.

162 Aus dt Sicht wird ein Unternehmen im Rahmen einer Arbeitnehmerentsendung immer dann Arbeitgeber iSd Abkommens, wenn es nach den **Verwaltungsgrundsätzen Arbeitnehmerentsendung**[178] die Lohnaufwendungen getragen hat oder nach dem **Fremdvergleich** hätte tragen müssen.[179] Es kommt also für die Bestimmung des Arbeitgebers im Rahmen einer Entsendung ganz wesentlich darauf an, in wessen Interesse der Arbeitnehmer tätig wird. MaW: Der Arbeitnehmer muss nicht nur „bei" dem aufnehmenden Unternehmen, sondern auch „für" dieses tätig werden.[180] Die Erfahrungen der Praxis zeigen, dass ein Arbeitnehmer nicht notwendigerweise immer ausschließlich im Interesse nur eines Unternehmens arbeitet. Es ist auch denkbar, dass der Arbeitnehmer sowohl im Interesse des entsendenden Unternehmens als auch im Interesse des aufnehmenden Unternehmens arbeitet.[181] In diesen Fällen können abkommensrechtlich beide Unternehmen Arbeitgeber iSd DBA sein. Bei Auslandseinsätzen, in denen ein Arbeitnehmer die 183 Tage-Grenze nicht überschreitet, ist die Vergütung daher entspr der Interessenlage zum Teil im Ansässigkeitsstaat und zum Teil im Tätigkeitsstaat zu versteuern.

---

175 *BFH* BStBl II 2005, 547.
176 *Schmidt* IStR 2006, 78.
177 *BMF* BStBl I 2014, 1467.
178 *BMF* BStBl I 2001, 796.
179 *BMF* BStBl I 2014, 1467.
180 *BFH* BStBl II 2005, 547.
181 *BFH* BStBl II 2005, 547.

Beispiel: Ein in Deutschland ansässiger Arbeitnehmer wird für fünf Monate nach Spanien zu einer Tochtergesellschaft des beschäftigenden Unternehmens entsandt. Der Arbeitnehmer arbeitet während dieser Zeit im überwiegenden Interesse für die spanische Tochtergesellschaft, übt aber in Spanien auch Planungs-, Koordinierungs- und Kontrollfunktion für die dt Muttergesellschaft aus. Auch die Tätigkeiten im Interesse der Muttergesellschaft übt der Arbeitnehmer von seinem Büro bei der spanischen Tochtergesellschaft aus. Da die beteiligten Unternehmen davon ausgehen, dass der Arbeitnehmer seine Tätigkeit zu 80 % im Interesse der spanischen Tochtergesellschaft ausübt und zu 20 % im Interesse der dt Muttergesellschaft, werden 80 % der Gehaltskosten von der dt Muttergesellschaft an die spanische Tochtergesellschaft weiterbelastet. In diesem Beispiel hat der Arbeitnehmer abkommensrechtlich zwei Arbeitgeber. 20 % der Vergütungen unterliegen im Ansässigkeitsstaat Deutschland der Besteuerung und 80 % der Vergütungen im Tätigkeitsstaat Spanien. **163**

Der BFH hat mit Urt v 23.2.2005[182] erstmals ausdrücklich bestätigt, dass der von einem Konzernunternehmen dem anderen Konzernunternehmen erstattete Arbeitslohn nicht notwendigerweise eine Zahlung „für" einen Arbeitgeber im Tätigkeitsstaat darstellen muss, wenn es Hinweise dafür gibt, dass für einen nicht entsandten Mitarbeiter das aufnehmende Unternehmen einen derart hohen Aufwand nicht getragen hätte, die **Erstattung** also zT **durch das Nahestehen der Ges veranlasst** ist. Der BFH stellt hier also bei der Besteuerung des Arbeitnehmers eine Verbindung zu den sog **„Verwaltungsgrundsätzen Arbeitnehmerentsendung"**[183] her. Bedeutung haben diese Urteilsgrundsätze des BFH insb für die Frage, wie der auf die Auslandstätigkeit entfallende (und damit freizustellende) Teil der Vergütung zu ermitteln ist. Der BFH hält in seiner Entsch grds daran fest, den freizustellenden Arbeitslohn zeitanteilig, dh nach dem Verhältnis der vereinbarten Arbeitstage im Ausland zu den für das gesamte Kj vereinbarten Arbeitstagen zu ermitteln. Eine abw Ermittlung soll aber dann in Betracht kommen, wenn Anhaltspunkte dafür bestehen, dass die aufnehmende Ges einem nicht entsandten Arbeitnehmer unter ansonsten vergleichbaren Umständen nur geringere Bezüge zugestanden hätte. In einem solchen Fall wäre die Zahlung des Mehrbetrags nicht als Erstattung von Arbeitslohn durch den (abkommensrechtlichen) Arbeitgeber anzusehen, sondern durch das nahestehen der Ges veranlasst. Hinsichtlich dieses Mehrbetrags verbleibt das Besteuerungsrecht bei Auslandseinsätzen von unter 183 Tagen beim Ansässigkeitsstaat. Will man diesen Grundsatz konsequent anwenden, ergeben sich eine Reihe von in der Praxis kaum lösbaren Fragestellungen.[184] **164**

Die dt FinVerw möchte in Anlehnung an das Urt v 23.2.2005 ebenfalls prüfen, ob der Erstattungsbetrag zwischen den Ges höher ist, als sie ein anderer Arbeitnehmer unter gleichen oder ähnlichen Bedingungen für diese Tätigkeit in diesem anderen Staat erhalten hätte. Ein übersteigender Betrag gehört nicht zum Arbeitslohn für die ausl Tätigkeit.[185] **165**

Ausdrücklich hinzuweisen ist darauf, dass diese an den Fremdvergleichsgrundsatz angelehnte Zuordnung der Vergütung zur Auslandstätigkeit nur anwendbar ist, wenn sich der Arbeitnehmer nicht mindestens **183 Tage** bezogen auf den jeweils maßgeblichen Zeitraum im Tätigkeitsstaat aufgehalten hat. Ist diese **Grenze erreicht**, so steht **166**

182 *BFH* BStBl II 2005, 547.
183 *BMF* BStBl I 2001, 796.
184 *Schmidt* IStR 2006, 78.
185 *BMF* BStBl I 2014, 1467.

das Besteuerungsrecht dem Tätigkeitsstaat für die **gesamte Vergütung** des Arbeitnehmers zu, selbst wenn die Übernahme der Gehaltskosten durch das aufnehmende Unternehmen unangemessen ist, weil es einem Fremdvergleich nicht standhält. Die BFH Entsch v 23.2.2005 erging ferner zu einem bes gelagerten Sachverhalt: Es handelte sich um die Entsendung eines Vorstandsmitglieds einer dt AG zu einer spanischen Tochtergesellschaft. Die Grundsätze dieser Entsch können mE daher allenfalls auf ähnlich gelagerte Fälle angewandt werden, nämlich Entsendungen von Organmitgliedern zu einem verbundenen Unternehmen.

167 **4. Arbeitnehmerüberlassungen.** Die dt FinVerw unterscheidet zwischen **gewerblichen** Arbeitnehmerüberlassungen und **gelegentlichen** Arbeitnehmerüberlassungen zwischen fremden Dritten. Von einer **gelegentlichen** Arbeitnehmerüberlassung ist auszugehen, wenn der zivilrechtliche Arbeitgeber, dessen Unternehmenszweck nicht die Arbeitnehmerüberlassung ist, mit einem nicht verbundenen Unternehmen vereinbart, einen Arbeitnehmer für eine befristete Zeit bei einem anderen Unternehmen tätig werden zu lassen und das aufnehmende Unternehmen entweder eine arbeitsrechtliche Vereinbarung mit dem Arbeitnehmer schließt oder als wirtschaftlicher Arbeitgeber anzusehen ist. In diesen Fällen geht die FinVerw – zutr – davon aus, dass stets der **Entleiher** (also das aufnehmende Unternehmen) als Arbeitgeber iSd Abkommens anzusehen ist.[186] Auch bei Auslandstätigkeiten von weniger als 183 Tagen wechselt daher das Besteuerungsrecht in den Tätigkeitsstaat.

168 Eine **gewerbliche** Arbeitnehmerüberlassung ist idR dadurch gekennzeichnet, dass ein Arbeitsvertrag lediglich zwischen dem Verleiher und dem Arbeitnehmer besteht, der Arbeitnehmer aber idR in den Betrieb des Entleihers eingegliedert ist. Die gewählten Gestaltungen sind vielfältig und werden in der Praxis auch zu Umgehungszwecken genutzt.[187] Sofern es sich allerdings nicht um eine Gestaltung handelt, die der Steuerumgehung dienen soll, treten bei diesen Sachverhalten regelmäßig **zwei Merkmale** auf, von denen das eine für die Arbeitgebereigenschaft des Entleihers, das andere aber für die Arbeitgebereigenschaft des Verleihers spricht. Die **Eingliederung** des Arbeitnehmers in den Betrieb des Entleihers spricht dafür, dass diesem die abkommensrechtliche Arbeitgebereigenschaft zufällt. Andererseits handelt es sich bei einer Arbeitnehmerüberlassung regelmäßig um eine **Dienstleistung** des verleihenden Unternehmens gg dem entleihenden Unternehmen. Wird ein Arbeitnehmer aber im Rahmen einer Dienstleistung tätig, so verbleibt die abkommensrechtliche Arbeitgebereigenschaft regelmäßig beim Unternehmen, welches die Dienstleistung erbringt, also dem Verleiher. Die FinVerw und die Rspr lösen diesen Konflikt auf unterschiedliche Weise.

169 Die **FinVerw** geht bei einer gewerblichen Arbeitnehmerüberlassung davon aus, dass regelmäßig der **Entleiher** Arbeitgeber iSd Abkommens ist.[188] Nur in Einzelfällen soll die abkommensrechtliche Arbeitgebereigenschaft beim Verleiher verbleiben können.

170 Die **Rspr**[189] und die überwiegenden Teile der **Lit**[190] gehen allerdings – mE zutr – davon aus, dass im Rahmen eines gewerblichen Arbeitnehmerverleihs die abkommensrecht-

186 *BMF* BStBl I 2014, 1467.

187 *Vogel/Lehner* Art 15 MA Rn 54.

188 *BMF* BStBl I 2014, 1467.

189 *BFH* BStBl II 2003, 306.

190 *Runge* IStR 2002, 37; *de Weerth* IStR 2003, 123; *Vogel/Lehner* Art 15 MA Rn 54a; *S/K/K* Art 15 MA Rn 170.

liche Arbeitgebereigenschaft regelmäßig beim **Verleiher** verbleibt. Zwar gehen gewisse Arbeitgeberfunktionen an den Entleiher über, zB ein gewisses Weisungsrecht und eine begrenzte Eingliederung. Allerdings trägt der Entleiher das Gehalt nicht ieS, da er einen Preis bezahlt, in dem das Gehalt lediglich ein Bestandteil ist. Daneben wird der Entleiher dem Verleiher aber auch andere Kosten sowie einen Gewinnaufschlag vergüten müssen. Schließlich ist es von Bedeutung, dass der Verleiher regelmäßig auch das Vergütungsrisiko trägt und dass das Entgelt durch den Entleiher sich meist nach den erbrachten Arbeitsstunden berechnet.[191]

Entspr einem Vorbehalt im MK[192]wurden in einigen Abkommen Sonderregelungen für den Arbeitnehmerverleih getroffen, die die allg Regelungen des Art 15 Abs 1 und Abs 2 verdrängen (vgl dazu Rn 188 ff). **171**

IV. Kostentragung durch eine Betriebsstätte des Arbeitgebers im Tätigkeitsstaat

Auch bei kurzfristigen Tätigkeiten für eine Betriebsstätte des Arbeitgebers im Tätigkeitsstaat soll das Besteuerungsrecht für die Vergütung des Arbeitnehmers **vom ersten Tag** der Auslandstätigkeit in den Tätigkeitsstaat wechseln, wenn die Vergütung durch eine Betriebsstätte im Tätigkeitsstaat getragen wird. Die Fälle der Tätigkeiten eines Arbeitnehmers für eine ausl Betriebsstätte des Arbeitgebers sind von den Fällen, in denen ein Arbeitnehmer bei einem anderen (verbundenen) ausl Unternehmen tätig wird, zu trennen. Eine **Betriebsstätte kann nicht Arbeitgeber iSd Abkommen sein**, da Art 15 Abs 2 Buchstabe c sonst neben Art 15 Abs 2 Buchstabe b keine eigenständige Funktion hätte.[193] **172**

Der Begriff der Betriebsstätte ist in **Art 5** definiert so dass an dieser Stelle auf die Kommentierung zu dieser Vorschrift verwiesen wird (vgl Art 5 Rn 58 ff). **173**

Eine **Tochtergesellschaft** kann nur dann **ausnahmsweise zur Betriebsstätte** eines anderen Unternehmens werden, wenn es mit bestimmten Tätigkeiten den Tatbestand des abhängigen Vertreters erfüllt. Die Betriebsstätteneigenschaft beschränkt sich jedoch dann auf diese Tätigkeiten und macht die Tochtergesellschaft nicht insgesamt zur Betriebsstätte.[194] **174**

Mit Einführung des § 1 Abs 5 AStG und der BSGAV wird diskutiert, ob die Betriebsstätte aufgrund der Selbstständigkeitsfiktion des AOA als (wirtschaftlicher) Arbeitgeber anzusehen sein kann.[195] ME beschränkt sich diese Selbstständigkeitsfunktion auf die Frage der Gewinnabgrenzung auf unternehmenssteuerlicher Ebene und hat daher keine Auswirkung auf den Arbeitgeberbegriff iSd Art 15.[196] **175**

Praktische Probleme ergeben sich gelegentlich bei Tätigkeiten eines Arbeitnehmers auf einer **Bau- oder Montagestelle** des Arbeitgebers im Ausland. Verzögert sich die Bau- oder Montagetätigkeit im Vergleich zu den Planungen, so kann es vorkommen, dass ungewollt die jeweils maßgebliche Frist zur Begründung einer Betriebsstätte **176**

191 *S/K/K* Art 15 MA Rn 170.
192 Tz 16 MK zu Art 15.
193 *BFH* BStBl II 1986, 4.
194 *S/K/K* Art 15 MA Rn 195; *Vogel/Lehner* Art 15 MA Rn 68.
195 *Vogel/Nientimp* IStR 2014, 427; *Dziurdz* IStR 2014, 876.
196 So auch *Reinhold* IStR 2015, 584.

überschritten wird (im MA 12 Monate, dazu Art 5 Rn 110f). In diesem Fall werden die Vergütungen des Arbeitnehmers auch für die bereits **zurückliegenden Zeiträume** im Tätigkeitsstaat steuerpflichtig.

177 Der Wortlaut des Art 15 Abs 2 Buchstabe c, der insoweit von Art 15 Abs 2 Buchstabe b abweicht, deutet darauf hin, dass es für ein Besteuerungsrecht des Tätigkeitsstaats darauf ankommt, ob die Betriebsstätte die Gehaltsaufwendungen **tatsächlich trägt**. Dementsprechend wird zT die Meinung vertreten, es käme nicht darauf an, ob die Aufwendungen der Betriebsstätte nach **Fremdvergleichsgrundsätzen** zugerechnet werden müssten, sondern ob tatsächlich ein Abzug in der Betriebsstättengewinnermittlung vorgenommen wurde.[197] Nach dieser Auffassung würde der Arbeitnehmer bzw dessen Arbeitgeber bei kurzfristigen Auslandseinsätzen ein Wahlrecht haben, ob das Besteuerungsrecht für die Vergütung des Arbeitnehmers in den Tätigkeitsstaat wechselt oder nicht.

178 Dagegen kommt es nach Auffassung der FinVerw,[198] der Rspr des BFH[199] und der wohl überwiegenden Meinung in der Lit[200] darauf an, ob die Gehaltskosten der Betriebsstätte **wirtschaftlich zuzuordnen sind**. Dies ist mE zutr. Unerheblich ist es, wer die Vergütungen auszahlt oder wer die Vergütungen in seiner Buchführung abrechnet. Wird der Arbeitslohn allerdings lediglich als ein Teil von Lieferungen oder Leistungen gg der Betriebsstätte abgerechnet, wechselt das Besteuerungsrecht nicht in den Tätigkeitsstaat.[201]

D. Absatz 3

I. Grundaussage

179 Vergütungen für das **Bordpersonal von Seeschiffen und Luftfahrzeugen** im int Verkehr und des Bordpersonals von Schiffen im Binnenverkehr werden grds in dem Staat besteuert, in dem sich der **Ort der tatsächlichen Geschäftsleitung** des Unternehmens befindet, das das Seeschiff oder Luftfahrzeug betreibt. Diese Sonderregelung trägt dem Gedanken Rechnung, dass die Ermittlung des Tätigkeitsortes, wie es die Anwendung des Art 15 Abs 1 und Abs 2 erfordern würde, für den in Art 15 Abs 3 genannten Personenkreis praktische Probleme bereiten würde.[202] Art 15 Abs 3 geht als lex specialis Art 15 Abs 1 und Abs 2 vor.

180 Im dt Steuerrecht wird nicht in allen Fällen von dem Besteuerungsrecht Gebrauch gemacht, welches Deutschland durch die Anwendung von Art 15 Abs 3 zugewiesen wird. Erst seit 2007 hat der dt Gesetzgeber in § 49 Abs 1 Nr 4 Buchstabe e EStG einen Besteuerungstatbestand für nicht unbeschränkt steuerpflichtige Arbeitnehmer geschaffen, die an Bord eines im int Luftverkehr eingesetzten Luftfahrzeugs ausgeübt wird, das von einem Unternehmen mit Geschäftsleitung im Inland betrieben wird. Für die Vergütungen von **Schiffspersonal ohne Wohnsitz oder gewöhnlichen Aufenthalt** in

---

197 *Runge* FR 1986, 479; *Vogel/Lehner* Art 15 MA Rn 64.
198 *BMF* BStBl I 2014, 1467.
199 *BFH* BStBl II 1988, 819.
200 *S/K/K* Art 15 MA Rn 198; *G/K/G* Art 15 MA Rn 220; *Debatin/Wassermeyer* Art 15 MA Rn 130.
201 *BFH* BStBl 1988, 819.
202 *S/K/K* Art 15 MA Rn 208.

Deutschland kann Deutschland ein Besteuerungsrecht, welches aufgrund des DBA Deutschland zugewiesen wurde, nicht ausüben.

II. Vergütungen für unselbstständige Arbeit auf See- oder in Luftschiffen

Es muss sich um Vergütungen aus unselbstständiger Arbeit handeln, die an Bord ausgeübt wird. Das Seeschiff, Binnenschiff oder Luftfahrzeug muss den **gewöhnlichen Arbeitsplatz** des Arbeitnehmers bilden.[203] Sofern Nebentätigkeiten, die der Haupttätigkeit an Bord dienen, an Land ausgeführt werden, führt dies nicht zu einer Aufspaltung der Vergütung mit der Folge, dass für einen Teil der Vergütung die Zuordnung des Besteuerungsrechts nach Art 15 Abs 1 erfolgen würde.[204] **181**

III. Ort der tatsächlichen Geschäftsleitung des betreibenden Unternehmens

Der Begriff „Ort der tatsächlichen Geschäftsleitung" entspricht dem des **Art 8 und Art 4** (vgl Art 4 Rn 83). „Unternehmen" iSd Art 15 Abs 3 ist das Schiff- oder Luftfahrt betreibende Unternehmen. Es handelt sich um dasselbe Unternehmen wie das in Art 8 genannte.[205] Unternehmen iSd Art 15 Abs 3 kann nur ein Unternehmen iSd Art 8 sein, das selbst internationalen See- und Luftverkehr betreibt. Dieses Unternehmen muss zugleich wirtschaftlicher Arbeitgeber des Besatzungsmitglieds iSd Abkommensrechts sein.[206] Soweit gegen diese Auffassung vorgebracht wird, sie entspreche nicht mehr den tatsächlichen Verhältnissen des internationalen Seeverkehrs, hält der BFH dies für unbeachtlich.[207] **182**

Für den Fall eines von einem Arbeitnehmerverleiher entliehenen Arbeitnehmers, der an Bord eines Schiffes oder Luftfahrzeugs tätig wird, ist Art 15 Abs 3 nicht anwendbar.[208] Nach der Rspr des BFH kann in dem Fall, in dem ein Schiff verchartert wird, sowohl der **Charter** als auch der **Vercharterer** „betreibendes Unternehmen" sein. In diesem Fall hat das Land das Besteuerungsrecht für die Vergütungen des Arbeitnehmers, in dem das Unternehmen seine Geschäftsleitung hat, welches die Gehaltskosten des Arbeitnehmers trägt.[209] Dies gilt allerdings nicht für den Vercharterer, der das Schiff leer vermietet (sog Bare-Boat Charter).[210] **183**

E. Deutsche DBA

I. Allgemeines

Deutschland hat sich im MK **vorbehalten**, abw von Art 15 Abs 2 für Fälle des **„internationalen Arbeitnehmerverleihs"** Sonderregelungen zu vereinbaren (vgl Rn 188 ff).[211] In einer Bemerkung vertritt Deutschland die Auffassung, dass auch eine **Personengesellschaft** als solche als **Arbeitgeber** angesehen werden sollte (Rn 149).[212] **184**

---

203 *Vogel/Lehner* Art 15 MA Rn 107.
204 *S/K/K* Art 15 MA Rn 213.
205 *G/K/G* Art 15 MA Rn 271.
206 *BFH/NV* 2016, 36.
207 *BFH/NV* 2016, 36.
208 *BFH* BStBl II 1994, 218.
209 *BFH* BStBl II 1995, 405.
210 *BMF* BStBl I 2014, 1467.
211 Tz 16 MK zu Art 15.
212 Tz 13.1 MK zu Art 15.

II. Wichtigste Abweichungen

185 **1. Leitende Angestellte.** Sonderregelungen zur Besteuerung von leitenden Angestellten sehen ua die DBA mit der Schweiz,[213] Dänemark, Japan, Österreich, Polen und Schweden vor. Der Grundgedanke aller dieser Regelungen ist es, dem Staat das Besteuerungsrecht für die Vergütungen des **Leitenden** zuzuweisen, in dem die Gesellschaft, für die der Arbeitnehmer leitend tätig ist, ihren **Sitz** hat.

186 In dem ab dem Jahr 2011 anwendbaren DBA mit der Türkei wurde auf eine Sonderregelung für leitende Angestellte verzichtet. Das alte bis zum Jahr 2010 anwendbare DBA mit der Türkei enthielt noch eine Sonderregelung für leitende Angestellte.[214]

187 Bis zum Veranlagungszeitraum 2001 konnte Deutschland das Besteuerungsrecht, das ihm nach dem DBA zugewiesen wurde, häufig nicht in Anspruch nehmen. Es fehlte an einem den Abkommensregelungen entspr Besteuerungstatbestand im **nationalen Recht**. Diese Lücke hat der Gesetzgeber durch Einfügung des § 49 Abs 1 Nr 4 Buchstabe c EStG geschlossen. Danach unterliegen Vergütungen für eine Tätigkeit als **Geschäftsführer, Prokurist oder Vorstandsmitglied** einer Ges mit Geschäftsleitung im Inland der beschränkten StPfl.

188 **2. Arbeitnehmerüberlassungen.** Eine Reihe von DBA enthalten Sonderregelungen für die Besteuerung von **Leiharbeitnehmern**. In den DBA, in denen keine bes Regelungen getroffen wurden, gelten die allg Grundsätze des Art 15 Abs 1 und Abs 2 (vgl Rn 167 ff). Die getroffenen Sonderregelungen fallen unterschiedlich aus. Mit einer Reihe von Ländern wurde vereinbart, dass Art 15 Abs 2 nicht anwendbar ist (zB Dänemark, Kroatien). In der Regel führt die Nichtanwendbarkeit dazu, dass beide Staaten die Vergütung besteuern und der **Ansässigkeitsstaat** die Dbest durch **Steueranrechnung** vermeidet.

189 Nach dem bis 2010 anwendbaren DBA Türkei gilt der überlassene Arbeitnehmer als Arbeitnehmer des Entleihers und nicht des Verleihers.[215] Auch bei kurzfristigen Auslandseinsätzen **wechselt** daher sofort das Besteuerungsrecht **in den Tätigkeitsstaat**.

190 Auch nach dem ab 2011 anwendbaren neuen DBA Türkei gilt für Leiharbeitnehmer eine Sonderregelung, die die Anwendung des Art 15 Abs 2 ausschließt, wenn der Arbeitnehmer einer anderen Person als dem Arbeitgeber Dienste leistet und diese Person die Art und Weise der Ausführung dieser Aufgaben überwacht, leitet oder bestimmt und der Arbeitgeber keine Verantwortung oder Risiken für die Ergebnisse der Arbeit des Arbeitnehmers trägt.[216]

191 Nach den DBA mit Frankreich,[217] Italien,[218] Schweden[219] und Norwegen[220] dürfen die Vergütungen der Leiharbeitnehmer sowohl im Tätigkeitsstaat als auch im Ansässigkeitsstaat besteuert werden. Dies gilt unabhängig davon, ob die 183 Tage-Frist überschritten wird. Eine Dbest wird durch **Anrechnung im Ansässigkeitsstaat** vermieden.

---

213 Art 15 Abs 4.
214 Art 16 Abs 2.
215 Prot Nr 6 zu Art 15.
216 Prot Nr 6 zu Art 15.
217 Art 13 Abs 6.
218 Prot Ziff 13.
219 Art 15 Abs 4.
220 Prot Ziff 5.

Nach dem DBA Österreich findet Art 15 Abs 2 Buchstabe b im Rahmen einer Arbeitnehmerüberlassung keine Anwendung, wenn sich der Arbeitnehmer im anderen Staat insgesamt **nicht länger als 183 Tage** während des betr Kj aufhält.[221] Wann eine Arbeitnehmerüberlassung iSd Regelung vorliegt, wird nicht definiert. ME ist der Anwendungsbereich dieser Sonderregelung auf die gewerbsmäßige Arbeitnehmerüberlassung begrenzt und findet daher bei Arbeitnehmerentsendungen im Konzern keine Anwendung.[222] **192**

3. Grenzgängerregelungen. Das MA enthält keine bes Regelungen für Grenzgänger. Begründet wird dies damit, dass sich die aus diesen Sachverhalten resultierenden steuerlichen Probleme am besten unmittelbar durch die beteiligten Staaten lösen lassen. Durch Grenzgängerregelungen soll erreicht werden, dass Arbeitnehmer, die regelmäßig und längerfristig im (grenznahen) Ausland tätig sind, abw von den allg Regelungen des Art 15 in ihrem **Ansässigkeitsstaat** der Besteuerung unterliegen. **193**

Nach dem DBA Schweiz[223] dürfen die Vergütungen von Grenzgängern im Ansässigkeitsstaat besteuert werden. Der Tätigkeitsstaat darf eine **Abzugsteue**r erheben, die **4,5 %** des Bruttobetrages der Vergütungen nicht übersteigen darf. Ist Deutschland Ansässigkeitsstaat, so wird diese Abzugsteuer angerechnet. Die Anrechnung erfolgt nach § 36 EStG und nicht (begrenzt) nach § 34c EStG.[224] Ist die Schweiz Ansässigkeitsstaat, wird der Bruttobetrag der Vergütungen bei der Ermittlung der **Bemessungsgrundlage** um **ein Fünftel** herabgesetzt.[225] Grenzgänger iSd DBA Schweiz ist jede in einem Vertragsstaat ansässige Person, die in dem anderen Vertragsstaat ihren Arbeitsort hat und von dort regelmäßig an ihren Wohnort zurückkehrt. 60 Nichtrückkehrtage pro Kj sind unschädlich.[226] Nach dem DBA Schweiz kommt es also nicht darauf an, dass der Arbeitnehmer innerhalb einer bestimmten Zone jenseits der Grenze wohnt bzw arbeitet. **194**

Das DBA Frankreich[227] definiert in der Grenzgängerregelung ein Grenzgebiet, in dem der Arbeitnehmer wohnen und arbeiten muss, damit die Regelung Anwendung findet. Grds gilt als Grenzgebiet ein Gebiet von **20 km** jenseits der Grenze. Für in Frankreich ansässige Grenzpendler wird das Gebiet jedoch erweitert. Der Umfang der unschädlichen Nichtrückkehrtage ist in einer ausf zwischen den dt und französischen Finanzbehörden getroffenen Verständigungsvereinbarung dargestellt.[228] **195**

Nach dem DBA Österreich[229] kommt die Grenzgängerregelung dann zur Anwendung, wenn eine Person in der Nähe der Grenze wohnt und arbeitet und täglich zu seinem Wohnsitz zurückkehrt. **45 Nichtrückkehrtage** sind unschädlich. Als Nähe zur Grenze gilt jeweils eine **Zone von 30 km** jenseits der Grenze. Nach der Grenzgängerregelung mit Österreich wird das Besteuerungsrecht ausschließlich dem **Ansässigkeitsstaat** zugewiesen. **196**

221 Art 15 Abs 3
222 *Vogel/Lehner* Art 15 MA Rn 95.
223 Art 15a.
224 Art 15a Abs 3.
225 Art 15a Abs 3.
226 Art 15 Abs 2.
227 Art 15 Abs 5a.
228 *BMF* BStBl I 2006, 304.
229 Art 15 Abs 6.

197 Im Verhältnis zu Belgien gilt für Einkünfte, die **nach dem 1.1.2004 zufließen**, keine Grenzgängerregelung mehr. Es gelten die allg Regelungen des Art 15 Abs 1 und Abs 2. Belgien darf aber auch in den Fällen, in denen Deutschland als Tätigkeitsstaat das Besteuerungsrecht zugewiesen wird, eine Gemeindesteuer auf diese Einkünfte erheben. Zur Vermeidung einer doppelten Besteuerung reduziert sich die Besteuerung in Deutschland pauschal **um 8 %** der anfallenden dt Steuer auf das Arbeitseinkommen.[230]

198 **4. Sonstige Abweichungen.** Das DBA Niederlande sieht in Art 10 Abs 2a eine Sonderregelung für Arbeitnehmer vor, die in einem **grenzüberschreitenden Gewerbegebiet** tätig werden.[231] Art 10 Abs 2a erweitert das Besteuerungsrecht des **Wohnsitzstaats** und enthält damit eine weitere Ausnahme vom Grundsatz des Arbeitsortsprinzips. Die Vorschrift wird nur in Fällen relevant, in denen die feste Geschäftseinrichtung genau „auf der Grenze" liegt.[232] Ansonsten bleibt es bei dem Grundsatz der Besteuerung nach dem Arbeitsortsprinzip. Das Arbeitsortsprinzip kommt trotz Vorliegen eines grenzüberschreitenden Gewerbegebiets ebenfalls zur Anwendung, wenn die Person aufgrund der EU-VO 1408/71 dem Sozialversicherungsrecht des Tätigkeitsstaats unterliegt.

199 Eine bes Definition des Begriffs „Einkünfte aus nichtselbstständiger Arbeit" enthalten die DBA mit Frankreich,[233] Luxemburg[234] und die Niederlande.[235]

200 Im DBA Frankreich wird klargestellt, dass auch Geschäftsführer – und Vorstandsvergütungen zu den Einkünften aus unselbstständiger Arbeit zählen.[236]

201 Nach dem DBA Norwegen verbleibt das Besteuerungsrecht gem Art 15 Abs 2 nur dann beim Ansässigkeitsstaat des Arbeitnehmers, wenn der **Arbeitgeber im Heimatstaat** des Arbeitnehmers ansässig ist.

202 **Beispiel:** Ein in Norwegen ansässiger Arbeitnehmer hat einen Arbeitsvertrag mit einem Unternehmen mit Sitz in Schweden. Der Arbeitnehmer wird für 4 Monate bei einem Tochterunternehmen in Deutschland tätig. Die Vergütungen werden nicht nach Deutschland belastet. Das Besteuerungsrecht für die Vergütungen wechselt in den Tätigkeitsstaat Deutschland, da Art 15 Abs 2 Buchstabe b DBA Norwegen nicht erfüllt ist.

203 Die DBA mit der Tschechischen Republik und Ungarn enthalten in Art 15 Abs 2 Buchstabe b den Begriff **„Person"** statt des Begriffs **„Arbeitgeber"**. Praktische Bedeutung kann dies dann erlangen, wenn an einer Auslandstätigkeit eine PersGes (als aufnehmendes oder abgebendes Unternehmen) beteiligt ist.[237]

204 Das DBA Kroatien enthält eine Sonderregelung für die steuerliche Berücksichtigung von **Sozialversicherungsbeiträgen.**[238] Zweck der Vorschrift ist es, dass iRv Auslandsentsendungen im Heimatland fortentrichtete Sozialversicherungsbeiträge im Tätigkeitsstaat die gleiche steuerliche Behandlung erfahren, wie Sozialversicherungsbeiträge, die nach dem Recht des Tätigkeitsstaats zu entrichten sind.

---

230 *Debatin/Wassermeyer* Belgien Art 15 Rn 27.
231 *Vogel/Lehner* Art 15 MA Rn 75a.
232 *Debatin/Wassermeyer* Niederlande Art 10 Rn 42a.
233 Art 13 Abs 1 S 2.
234 Prot Ziff 17.
235 Prot Ziff 14.
236 Art 13 Abs 7.
237 *Vogel/Lehner* Art 15 MA Rn 78.
238 Art 15 Abs 5.

Die DBA Belgien und Dänemark beziehen die 183 Tage auf die Dauer der **Arbeitsausübung**, nicht auf den Aufenthalt. Ferner gilt die Besonderheit, dass für die Berechnung der Tage der Arbeitsausübung übliche Arbeitsunterbrechungen mitgezählt werden.[239] 205

Eine eigenständige **Definition** des Begriffs **Arbeitgeber** enthält das DBA mit der Tschechischen Republik.[240] Danach ist Arbeitgeber diejenige Person, die das Recht an der Arbeitsleistung besitzt und die die Verantwortung und das Risiko hinsichtlich der Arbeitsergebnisse des Arbeitnehmers trägt. 206

Das DBA Österreich enthält eine **subject-to-tax-Klausel**, nach der die Tätigkeit nicht im Tätigkeitsstaat ausgeübt gilt, wenn die Vergütung dort nicht der Besteuerung unterliegt.[241] Eine subject to tax Klausel für die Vergütungen leitender Angestellter enthält das DBA Schweiz in Art 15 Abs 4. Das DBA Italien[242] enthält in Abs 16d des Prot eine **Rückfallklausel**. 207

---

239 Art 15 Abs 2 Nr 1.
240 Art 15 Abs 4.
241 Art 15 Abs 4.
242 Prot Ziff 16d.

Art. 16 Aufsichtsrats- und Verwaltungsratsvergütungen

Aufsichtsrats- und Verwaltungsratsvergütungen und ähnliche Zahlungen, die eine in einem Vertragsstaat ansässige Person in ihrer Eigenschaft als Mitglied des Aufsichts- oder Verwaltungsrats einer Gesellschaft bezieht, die im anderen Vertragsstaat ansässig ist, können[1] im anderen Staat besteuert werden.

Übersicht

Literatur: *Bernhardt/Piekielnik* Das neue Doppelbesteuerungsabkommen mit Polen, IStR 2005, 366; *Endres* Die Besteuerung grenzüberschreitender Aufsichtsratstätigkeit, PIStB 2007, 255; *Haase* Management Fees for Supervisory Board Members: A German Perspective, ICCLR 2004, 105; *Herlinghaus* Anmerkung zu FG Baden-Würtemberg v. 28.6.2007, EFG 2007, 1955; *Lüdicke* StÄndG 2001: Unbeabsichtigte Auswirkungen des „Reverse Charge"-Verfahrens nach § 13b UStG auf den Steuerabzug nach § 50a EStG, IStR 2002, 18; *Lühn* Steuerliche Behandlung der Aufsichtsrats- und Verwaltungsratsvergütungen nach dem Doppelbesteuerungsabkommen, IWB 3-Deutschland-2, S 1369; *Neyer* Die zukünftige Besteuerung grenzüberschreitende Geschäftsführertätigkeit, IStR 2001, 587; *Schnittger* Das Ende der Bruttobesteuerung beschränkt Steuerpflichtiger, FR 2003, 745.

---

1 Österreich: S Fußnote 1 zu Art 6.

A. Allgemeines

I. Bedeutung der Vorschrift

1 Art 16 regelt die Besteuerung von Aufsichtsrats- und Verwaltungsratsvergütungen. Die Vorschrift betrifft Tätigkeiten, die regelmäßig von einer **natürlichen Person** ausgeübt werden. Anders als bei anderen Vorschriften im MA,[2] die die Besteuerung der Vergütungen von natürlichen Personen regeln, wird in Art 16 für die Zuordnung des Besteuerungsrechts nicht darauf abgestellt, wo die natürliche Person ihre Tätigkeit ausübt. Das Besteuerungsrecht wird dem Staat zugeordnet, in dem die **Ges**, für die die Person tätig ist, **ansässig** ist. Vereinzelt wird deshalb auch von einer fingierten Verwertung der Tätigkeit am Sitz der Ges gesprochen.[3]

2 Die Vorschrift soll auch die **Steuererhebung vereinfachen**. So wird im MK darauf hingewiesen, dass es manchmal schwer sein kann festzustellen, wo die Leistung des Aufsichts- bzw Verwaltungsrats erbracht wurde. Die Vorschrift behandelt daher die Leistung in dem Staat als erbracht, in dem die Ges ansässig ist.[4]

II. Verhältnis zu anderen Vorschriften

3 **1. Abkommensrecht.** Bes **Abgrenzungsprobleme** können sich im Verhältnis zu Art 14 und Art 15 ergeben. Eine klare tatbestandliche Abgrenzung gegenüber **Art 15** ergibt sich bereits aus dem Wortlaut des Art 15 „Vorbehaltlich der Artikel 16, …". Art 15 findet also selbst dann keine Anwendung, wenn sich die Tätigkeit des Aufsichts- oder Verwaltungsrats als unselbstständige Arbeit darstellt.

4 Im Verhältnis zu **Art 14** geht der Art 16 dieser Vorschrift als lex specialis vor. Eine Besteuerung der Vergütungen kann deshalb bereits dann im Quellenstaat erfolgen, wenn sich die Tätigkeit als eine eines Aufsichts- oder Verwaltungsrates qualifiziert. **Auf weitere Anknüpfungspunkte** im Quellenstaat, zB eine feste Einrichtung, eine gewisse Aufenthaltsdauer oder ein Tragen der gezahlten Vergütung von der beaufsichtigten Ges **kommt es für die Anwendung des Art 16 nicht an.**

5 Einige DBA beziehen in die Regelung des Art 16 ausdrücklich die Einkünfte von **Geschäftsführern oder Vorstandsmitgliedern** ein (zB Art 16 DBA Japan, Art 16 DBA Schweden; dazu Rn 38).

6 **2. Nationales Recht.** Wird Deutschland das Besteuerungsrecht für die Vergütungen eines Aufsichts- oder Verwaltungsrats nach den Regelungen des DBA zugewiesen, richtet sich die **Durchführung der Besteuerung** danach, ob die beaufsichtigende Person **unbeschränkt** oder **beschränkt steuerpflichtig** ist.

7 Ist die Person **unbeschränkt einkommensteuerpflichtig**, so sind die Vergütungen als Einkünfte aus selbstständiger Arbeit[5] in einer Einkommensteuererklärung zu erklären. Ist die Person mit den Vergütungen **beschränkt steuerpflichtig**,[6] so findet in Deutschland eine Quellenbesteuerung Anwendung. Diese Quellensteuer hat grund-

---

2 ZB Art 14, Art 15 oder Art 17.
3 *S/K/K* Art 16 MA Rn 1.
4 Tz 1 MK zu Art 16.
5 § 18 Abs 1 Nr 3 EStG.
6 § 49 Abs 1 Nr 3 EStG.

sätzlich Abgeltungswirkung.[7] Der Steuersatz beträgt 30 % der Bruttovergütung.[8] Übernimmt die Ges die Quellensteuer, so liegt in der Übernahme dieser Steuer ein weiterer Vorteil, so dass sich in diesen Fällen die auf die tatsächlich ausbezahlte Vergütung zu erhebende Quellensteuer 42,85 % beträgt.[9]

Beschränkt steuerpflichtige Aufsichtsräte, die in einem anderen EU/EWR Land ansässig und Staatsangehörige eines Mitgliedstaates der EU oder des EWR sind, können zwischen drei Besteuerungsmöglichkeiten wählen: **8**

- Steuerabzug von den Bruttoeinnahmen (§ 50a Abs. 2 EStG),
- Steuerabzug von den Nettoeinnahmen (Abzugsmöglichkeit von Betriebsausgaben, § 50a Abs. 3 EStG),
- Veranlagungswahlrecht (§ 50 Abs. 2 Nr. 5 EStG).

Selbst wenn ein DBA eine Steuerfreistellung für die Bezüge eines beschränkt steuerpflichtigen Aufsichts- oder Verwaltungsrats vorsieht, ist der Schuldner der Vergütung nach dt Steuerrecht grundsätzlich zunächst einmal zur Einbehaltung der **Quellensteuer** verpflichtet.[10] **9**

III. Jüngste Entwicklungen

In der jüngsten Überarbeitung (v 15.7.2014) des MK zu Art 16 wurden keine wesentlichen Änderungen vorgenommen. Der Text der dt Verhandlungsgrundlage enthält keine Unterschiede zum Text des Musterabkommens. **10**

B. Anwendungsbereich

I. Grundsaussage

Art 16 stellt va eine lex specialis zu Art 14 dar. Die Vorschrift sieht sowohl für den **Ansässigkeitsstaat der Person** als auch für den **Ansässigkeitsstaat der Ges**, für den die Person als Aufsichts- oder Verwaltungsrat tätig geworden ist, ein **uneingeschränktes Besteuerungsrecht** vor. Eine damit möglicherweise eintretende Dbest wird erst durch Anwendung des Methodenartikels vermieden. Ist **Deutschland der Ansässigkeitsstaat**, so wird die Dbest häufig durch **Anrechnung der ausl Steuer** und nicht durch Freistellung von der Besteuerung in Deutschland vermieden. Das Abweichen von der Freistellungs- zur Anrechnungsmethode erklärt sich dadurch, dass Aufsichtsrats- und Verwaltungsratsvergütungen im anderen Vertragsstaat nach dem DBA zwar uneingeschränkt besteuert werden dürfen, nach den Regelungen des innerstaatlichen Steuerrechts tatsächlich aber häufig nur einer begrenzten Besteuerung unterliegen (nicht selten einer der Höhe nach begrenzten Abzugsbesteuerung).[11] **11**

Für die Anwendung des Art 16 ist es ohne Bedeutung, wo sich das Aufsichtsrats- oder Verwaltungsratsmitglied aufhält oder wo die Kontrolltätigkeit ausgeübt wird. Dem Sitzstaat der kontrollierten Ges wird daher auch dann ein Besteuerungsrecht eingeräumt, wenn das Aufsichtsrats- oder Verwaltungsratsmitglied im anderen Vertragsstaat ansässig ist, die **Überwachungstätigkeit** aber in einem **Drittstaat** ausgeübt wird. **12**

---

7 § 50a Abs 2 EstG.
8 § 50 Abs 2 EStG.
9 *OFD Magdeburg* FR 2003, 48.
10 § 50d EStG.
11 *Endres/Jacob/Gohr/Klein* DBA Deutschland/USA Art 16 Rn 2.

II. Aufsichts- und Verwaltungsrat

13 Das MA spricht in der dt Textfassung von „Mitglieder des Aufsichts- oder Verwaltungsrats“. Die Aufgaben des Aufsichtsrats ergeben sich aus § 111 AktG. Die wesentliche Aufgabe ist die Überwachung der Geschäftsführung, dh des Vorstands der AG. Vergleichbare Regelungen finden sich auch im GmbHG (§ 52) und im KAGG (§ 3).

14 Der Begriff **„Verwaltungsrat“** ist gesetzlich nicht definiert. Dieses Kontrollorgan findet sich häufig bei Einrichtungen von **juristischen Personen des öffentlichen Rechts**, zB bei Sparkassen und Rundfunkanstalten.[12]

15 Nach **dt Gesellschaftsrecht** können nur **natürliche Personen** Mitglied eines Aufsichtsrats sein.[13] Für den Anwendungsbereich des Art 16 soll diese Einschränkung keine Bedeutung haben, so dass grds auch juristische Personen in den Anwendungsbereich des Art 16 fallen können.[14] Dies ergibt sich aus der Formulierung des Art 16, da Person iSd MA gem Art 3 Abs 1 Buchstabe a auch Ges oder Personenvereinigungen sein können (dazu Art 3 Rn 6 ff). In derartigen Fällen kann hinsichtlich der Vergütung auch Art 9 von Bedeutung sein.[15]

16 Bes Probleme in der Praxis bringt der Umstand mit sich, dass die **englische, französische und dt Fassung** des Art 16 **nicht deckungsgleich** ist.[16] Auch in einzelnen Länderabkommen finden sich gelegentlich unterschiedliche Textfassungen.[17] Die Textfassungen in anderen Sprachen sind idR weiter gefasst, da nach diesen Fassungen gelegentlich auch geschäftsführende Tätigkeiten erfasst werden können.[18] Dadurch kann es in den jeweiligen Vertragsstaaten zu unterschiedlichen Auslegungen und somit zu doppelten Besteuerungen und doppelten Nichtbesteuerungen kommen.

17 Wie die Vorschrift unter Berücksichtigung der unterschiedlichen Textfassungen auszulegen ist, ist umstritten. *Prokisch* weist zutr darauf hin, dass hier kein Fall des Art 3 Abs 2 vorliegt, da nicht einheitliche Begriffe von den Vertragsstaaten unterschiedlich ausgelegt werden, sondern die Vertragstexte voneinander abweichen.[19]

18 Für die Auslegung sind grds beide Abkommenssprachen verbindlich.[20] Nach *Prokisch* sollen Organe von ausl Ges nach der ausl Textfassungen beurteilt werden, Organe dt Ges nach der dt Textfassung.[21] *Wassermeyer* lehnt diese Auffassung mit dem Argument ab, sie führe zu Ungleichbehandlungen, wenn sich zB eine nach dt Recht errichtete Ges einen Aufsichtsrat nach englischem Vorbild schafft.[22] Außerdem pflegt **Deutschland in bestimmten Abkommen Klarstellungen** anzubringen, wenn auch Vergütungen für geschäftsführende Tätigkeiten unter Art 16 fallen sollen (zB in Art 16

12 *G/K/G* Art 16 MA Rn 18.
13 §§ 100 Abs 1 AktG, 52 Abs 1 GmbHG.
14 *Vogel/Lehner* Art 16 MA Rn 6; *Debatin/Wassermeyer* Art 16 MA Rn 29.
15 *G/K/G* Art 16 MA Rn 14.
16 *Debatin/Wassermeyer* Art 16 MA Rn 15.
17 Für Belgien vgl *BFH/NV* 2008, 1487.
18 *Debatin/Wassermeyer* Art 16 MA Rn 15.
19 *Vogel/Lehner* Art 16 MA Rn 11.
20 *BFH/NV* 2008, 1487; *Vogel/Lehner* Art 16 MA Rn 11.
21 *Vogel/Lehner* Art 16 MA Rn 11.
22 *Debatin/Wassermeyer* Art 16 MA Rn 15.

DBA Japan).[23] Die Lösung soll sich deshalb aus der Konkurrenz ergeben, in der Art 15 und Art 16 zueinander stehen. Art 16 soll danach nur Tätigkeiten erfassen, die zwar unter Art 15 fallen könnten, aber sich zusätzlich als überwachende oder kontrollierende Tätigkeiten gegenüber der Geschäftsführung darstellen.[24] ME ist Art 16 nur dann auf Tätigkeiten bzw Organe anzuwenden, die auch **geschäftsführende Aufgaben** beinhalten bzw wahrnehmen, wenn dies **ausdrücklich in der dt Textfassung zum Ausdruck kommt** (zB Japan). Das dies die Bedeutung ist, die Deutschland als Vertragspartner der Norm beilegen wollte, wird mE aus den Verhandlungen über das Änderungsprotokoll zum DBA USA deutlich. Hier wurde von dt Seite der Wunsch geäußert, auch geschäftsführende Organe in den Anwendungsbereich der Norm einzubeziehen.[25] Da dies vom Vertragspartner abgelehnt wurde, kann es mE nicht richtig sein, den Anwendungsbereich der Norm über eine weite Auslegung der Textfassung bei bestimmten Sachverhalten dann doch auf geschäftsführende Organe auszuweiten.

Vergütungen des Mitgliedes des Verwaltungsrats einer Schweizer AG, der zugleich **19**
„Delegierter" des Verwaltungsrats ist, fallen nicht unter Art 16 DBA Schweiz, sondern unter Art15 Abs 4 DBA Schweiz.[26]

Der BFH hat zum **DBA Belgien** entschieden, dass im Zweifel davon auszugehen ist, **20**
dass sich die Vertragsstaaten wechselseitig dieselben Besteuerungsrechte einräumen wollten und deshalb der belgischen Textfassung der Vorzug zu geben ist, nach der Belgien und Deutschland das Besteuerungsrecht für Geschäftsführervergütungen von im jeweiligen Hoheitsgebiet ansässigen Ges haben.[27] Bei wortgetreuer Anwendung der dt Textfassung stünde dagegen Deutschland das Besteuerungsrecht für Geschäftsführergehälter und Vorstandsbezüge von in Deutschland ansässigen Ges zu, die entspr Bezüge für geschäftsführende Tätigkeiten von in Belgien ansässigen KapGes könnten dagegen in Belgien (mit Ausnahme von KG auf Aktien) nur nach Maßgabe des Art 15 besteuert werden. Die Vergütung kann also nur in Belgien besteuert werden, wenn die geschäftsführende Tätigkeit auch in Belgien ausgeübt wird.

Zu der genannten Entsch zum DBA Belgien ist jedoch anzumerken, dass **Art 16 DBA** **21**
Belgien nicht dem Art 16 MA entspricht und der BFH bei der Auslegung des Art 16 Abs 1 DBA Belgien ausdrücklich den systematischen Zusammenhang zu den Abs 2 und 3 des DBA Belgien herangezogen hat. Der BFH sieht in seiner Entsch zum DBA Belgien **keinen Widerspruch zu einer Entsch zum alten DBA Kanada**.[28] Das alte DBA Kanada entsprach hinsichtlich der Fassung des Art 16 dem MA. Es enthielt insb keine dem Art 16 Abs 2 DBA Belgien entspr Regelung und zog nach seiner französischen Textfassung ebenfalls nur Aufsichtsrats- und Verwaltungsratsvergütungen mit ein. Obwohl die englische Textfassung der Vorschrift die Formulierung „directors fees…in this capacity as a member of the board of directors" vorsieht, unterliegt nach dieser Entsch des BFH nur die für eine Kontrolltätigkeit gezahlte Vergütung dem Art 16 des alten DBA Kanada.

---

23 *Debatin/Wassermeyer* Art 16 MA Rn 15.

24 *Debatin/Wassermeyer* Art 16 MA Rn 15.

25 *Endres/Jacob/Gohr/Klein* DBA Deutschland/USA Art 16 Rn 5.

26 *BFH* IStR 2011, 693.

27 *BFH/NV* 2008, 1487.

28 *BFH* BStBl II 1995, 95.

22 *Wassermeyer* hält Art 16 für nicht anwendbar, wenn eine Person als **Einzelperson** die Funktion eines Aufsichts- oder Verwaltungsrats ausübt. Dies folge aus dem Wort „Mitglied“ in Art 16, womit zum Ausdruck komme, dass die Vorschrift ein **Gremium** voraussetzt, das aus mehreren Personen besteht.[29] *Strunk zur Heide* hält Art 16 entgegen dem Wortlaut der Vorschrift auch dann für anwendbar, wenn es sich nicht um ein Gremium handelt, sondern die Tätigkeit nur von einer Person wahrgenommen wird. Die Fiktion des Art 16, dass die in Art 16 genannten Tätigkeiten stets dort ausgeübt werden, wo sich die Geschäftsleitung befindet, deren Tätigkeit kontrolliert werden soll, muss unabhängig davon gelten, ob eine Einzelperson oder ein Gremium die Tätigkeit ausübt.[30] Auch *Prokisch* hält Art 16 in den Fällen für anwendbar, in denen die Aufsichtsratstätigkeit nur durch eine Person ausgeübt wird.[31] Dieser Auffassung ist mE zu folgen.

23 Der Ausdruck **Verwaltungsrat** wird im dt Recht zB für die Überwachungsorgane von Sparkassen, Fernseh- und Rundfunkanstalten verwendet.[32] Vergütungen für die Verwaltungsräte dieser Einrichtungen fallen unter Art 16, wenn sie eine kontrollierende, überwachende oder beratende Tätigkeit ausüben. Die Vergütungen eines Verwaltungsrats nach schweizerischem Obligationenrecht fallen idR nicht unter Art 16, da diesem Organ auch Aufgaben der Geschäftsführung zugewiesen werden.[33]

24 In einigen DBA wird der Anwendungsbereich des Art 16 auf **„ähnliche Organe“** ausgedehnt (zB DBA Belgien). Diese Ausdehnung des Anwendungsbereichs wird auch im MK vorgeschlagen,[34] wenn nach dem Recht eines Landes Gesellschaftsorgane bestehen, die dem Aufsichts- oder Verwaltungsrat vergleichbar sind. Bei der Frage, ob ein ähnliches Organ in den Anwendungsbereich des Art 16 fällt, sollte darauf abgestellt werden, ob das Organ **ausschließlich der Kontrolle und Überwachung** dient.[35] Danach kann ein Beirat ein ähnliches Organ sein, wenn er nicht die Aufgaben der Geschäftsführung übernimmt, sondern lediglich überwachend tätig ist.[36] Im Zweifelsfall wird entscheidend sein, ob, ausgerichtet an dem Leitbild des § 111 AktG, eine Überwachung vorgenommen wird. Reine Repräsentationsaufgaben fallen nicht in den Anwendungsbereich des Art 16.[37]

25 Ist zweifelhaft, ob eine Person als Mitglied eines Aufsichtsrats, eines Verwaltungsrats oder eines ähnlichen Gremiums anzusehen ist, so ist darauf abzustellen, ob seine Befugnisse auf die Überwachung der Geschäftsführung beschränkt sind.[38] Das ist nicht der Fall, wenn seine Funktion auch **Leitungsaufgaben** einschließt. Unschädlich ist es, wenn über die Kontrolle der Verwaltung auch die Vertretung von Gesellschaftsinteressen nach außen wahrgenommen wird.[39] Nicht ausreichend ist jedoch die Übernahme von **Repräsentationsaufgaben**.[40]

---

29 *Debatin/Wassermeyer* Art 16 MA Rn 18.
30 *S/K/K* Art 16 MA Rn 11.
31 *Vogel/Lehner* Art 16 MA Rn 8.
32 *BFH* BStBl II 1979, 193.
33 *Debatin/Wassermeyer* Art 16 MA Rn 22.
34 Tz 3 MK zu Art 16.
35 *G/K/G* Art 16 MA Rn 19.
36 *BFH* BStBl II 1981, 623.
37 *G/K/G* Art 16 MA Rn 19.
38 *Vogel/Lehner* Art 16 MA Rn 10.
39 *RFH* RStBl 1936, 58.
40 *BFH* BStBl II 1978, 532.

III. Gesellschaft

Der Begriff Ges wird in Art 3 Abs 1 Buchstabe b definiert (dazu Art 3 Rn 12). Es muss sich bei der kontrollierten Person daher entweder um eine juristische Person oder einen **Rechtsträger** handeln, der für die Besteuerung **wie eine juristische Person behandelt wird**. Aus dt Sicht können daher neben den Kontrollorganen einer AG, GmbH oder KGaA auch bspw der Aufsichtsrat einer Genossenschaft, der Aufsichtsrat eines VVaG oder der Aufsichtsrat eines Vereins, Kuratoriums oder der Beirat einer rechtsfähigen Stiftung in den Anwendungsbereich des Art 16 fallen.[41] **26**

Gelegentlich haben auch **PersGes** ein Organ, dass als Aufsichts-, Verwaltungs-, oder Beirat bezeichnet wird. Die Vergütungen für Tätigkeiten in diesen Organen fallen allerdings idR nicht in den Anwendungsbereich des Art 16. Begründet wird dies damit, dass Art 16 von „einer Ges" spricht und Art 3 Abs 1 Buchstabe b definiert, dass darunter alle wie juristische Personen zu besteuernde Personen fallen. Aus dt Sicht ist dies bei PersGes nicht der Fall. Allerdings ist es denkbar, dass ein anderer Vertragsstaat eine PersGes wie eine juristische Person besteuert, und daher Art 16 auf die von der PersGes gezahlten Vergütungen anwenden möchte.[42] *Wassermeyer* äußert gegen die unterschiedliche Behandlung von Vergütungen für die beaufsichtigende Tätigkeit bei einer KapGes einerseits und bei einer PersGes andererseits **verfassungsrechtliche Bedenken**.[43] **27**

IV. Vergütungen und ähnliche Zahlungen

Der Ausdruck Vergütungen ist **weit auszulegen**.[44] Erfasst werden sowohl laufende Vergütungen als auch die sog sonstigen Bezüge. Damit fallen zB auch Sitzungsgelder, gewinnabhängige Vergütungen, Sondervergütungen, Abfindungen, Reisekostenerstattungen, Umsatzsteuererstattungen, KFZ Gestellung, Beiträge zur Altersversorgung, Übernahme der Aufsichtsratsteuer gem § 50a Abs 1 EStG und **sonstige geldwerte Vorteile** in den Anwendungsbereich der Vorschrift.[45] **28**

Der MK erwähnt darüber hinaus ausdrücklich auch **Stock Options** als einen Vergütungsbestandteil, der von Art 16 erfasst werden kann, wenn er als Vergütung für die dort genannten Tätigkeiten gewährt wird.[46] Die Umsatzsteuer gehört seit Einführung der Steuerschuldnerschaft des Leistungsempfängers[47] nicht zu den Aufsichtsratsvergütungen iSd Art 16.[48] **29**

Art 16 findet auch dann Anwendung, wenn ein Vertragsstaat die Vergütung für Aufsichtsrats- oder Verwaltungsratstätigkeiten im Gegensatz zu Deutschland den Einkünften aus nichtselbstständiger Arbeit zuordnet.[49] Vergütungen iSd Art 16 liegen auch vor, wenn die in dem anderen Vertragsstaat ansässige Ges nicht **Schuldner der Vergütungen** ist, sondern ein Dritter Vergütungen für die Aufsichtsratstätigkeit bei der Ges zahlt.[50] **30**

---

41 *G/K/G* Art 16 MA Rn 25.
42 *Debatin/Wassermeyer* Art 16 MA Rn 25.
43 *Debatin/Wassermeyer* Art 16 MA Rn 25.
44 *Debatin/Wassermeyer* Art 16 MA Rn 11.
45 *Debatin/Wassermeyer* Art 16 MA Rn 11.
46 Tz 3.1. MK zu Art 16.
47 § 13b UStG.
48 *S/K/K* Art 9 MA Rn 24.
49 *Debatin/Wassermeyer* Art 16 MA Rn 11.
50 *Debatin/Wassermeyer* Art 16 MA Rn 11a; **aA** *G/K/G* Art 16 MA, Rn 11.

31 Auch wenn ein Aufsichtsrat seine Vergütungen an einen anderen abzuführen hat, weil er zB **Arbeitnehmer** eines mit der zu beaufsichtigenden Ges verbundenen Unternehmens ist, handelt es sich um Vergütungen iSd Art 16.[51]

32 Wird ein Arbeitnehmer in den Aufsichtsrat der Ges entsandt, bei der er abhängig beschäftigt ist, so fällt das Entgelt, welches er für die Aufsichtsratstätigkeit erhält unter Art 16.[52] Das gleiche gilt, wenn ein **Arbeitnehmer einer MutterGes** in den Aufsichtsrat einer **TochterGes** entsandt wird.[53]

33 Nicht selten kommt es vor, dass **Mitglieder der Geschäftsleitung** eines Unternehmens auch Aufsichtsratstätigkeiten eines Konzernunternehmens ausüben, ohne dafür eine gesonderte Vergütung zu erhalten. In diesen Fällen stellt sich die Frage, ob ein Teil der Vergütung für die Geschäftsführung **„herauszurechnen"** ist, um sie der Aufsichtsratstätigkeit zuzuordnen. Dies ist jedoch zu verneinen. Die Anwendung des Art 16 ist in diesen Fällen auf Vergütungen beschränkt, die gesondert für die Ausübung der Aufsichtsratstätigkeit gezahlt werden.[54] In diesem Zusammenhang ist auch zu beachten, dass eine Vergütung für eine Aufsichtsratstätigkeit nicht zwingend vorgesehen ist.[55] Die Vergütung eines Aufsichtsrats einer AG ist durch die Satzung oder die Hauptversammlung festzulegen (§ 113 AktG). Die hierzu bestehende Dokumentation **(Satzung, Hauptversammlungsprotokoll)** ist heranzuziehen, wenn es um die Frage geht, welche Teile einer Vergütung der Aufsichtsratstätigkeit zuzurechnen sind.

34 In der Praxis treten Fälle auf, in denen nicht eindeutig zu bestimmen ist, ob eine Zahlung als Vergütung für eine Aufsichtsratstätigkeit geleistet wird oder die Zahlung mit Rücksicht auf eine andere Rechtsbeziehung geleistet wird. Bspw können Personen, die als Aufsichtsrat für eine Ges tätig sind gleichzeitig eine **beratende Tätigkeit** ausüben oder aber als **Arbeitnehmer** für diese Ges tätig sein. In diesen Fällen ist genau zu prüfen, welche Vergütung welcher Tätigkeit zuzuordnen ist und welcher Bestimmung des MA diese Vergütung zuzurechnen ist. Sieht das Gesellschaftsrecht eines Landes bestimmte Verfahren zur Festlegung der Vergütung des Aufsichtsrats vor (zB **Gesellschafterbeschluss, Festlegung in der Satzung**), so kann dies als Indiz für die Höhe der Vergütung dienen. Es kann jedoch nicht ausgeschlossen werden, dass zB zur Nutzung von steuerlichen Vorteilen hier unangemessene Vergütungen vereinbart werden und damit verdeckt Vergütungen für andere Leistungen gezahlt werden. Unter Art 16 fällt dann nur jener Teil der Vergütung, der tatsächlich als Vergütung für die Aufsichtsratstätigkeit anzusehen ist.[56]

35 Die Vergütung muss für eine Überwachungs- bzw Kontrolltätigkeit gezahlt werden. Vergütungen, die für eine Geschäftsführungstätigkeit oder für die **Wahrnehmung von Beteiligungsinteressen** gezahlt werden, fallen nicht unter Art 16.[57]

51 *Vogel/Lehner* Art 16 MA Rn 13.
52 *BFH* BStBl II 1981, 29.
53 *Debatin/Wassermeyer* Art 16 MA Rn 18.
54 *Debatin/Wassermeyer* Art 16 MA Rn 18.
55 *G/K/G* Art 16 MA Rn 7.
56 In diesem Sinne auch *Debatin/Wassermeyer* Art 16 MA Rn 12.
57 *Debatin/Wassermeyer* Art 16 MA Rn 15.

C. Deutsche DBA

I. Allgemeines

Bemerkungen und Vorbehalte zu Art 16 hat die Bundesrepublik Deutschland nicht in den MK aufnehmen lassen. Die Verhandlungsgrundlage entspricht dem MA. **36**

II. Wichtigste Abweichungen

Einige Abkommen (zB Norwegen) beziehen in den Anwendungsbereich der Norm auch Vergütungen von dem Aufsichtsrat **ähnlichen Organen** mit ein. Damit folgen diese Abkommen einer Empfehlung des MK, nach der die Länder, nach deren Recht Gesellschaftsorgane bestehen, die einem Aufsichts- oder Verwaltungsrat vergleichbar sind, diese ähnlichen Organe in den Anwendungsbereich des Art 16 einbeziehen können.[58] **37**

Geschäftsführende Organe sind zB nach den Abkommen mit Belgien, Dänemark, Japan, Österreich, Polen und Schweden von Art 16 erfasst. Insoweit werden diese Regelungen zur lex specialis zu Art 15 (dazu Art 15 Rn 18). Diese Regelungen finden aber idR nur dann Anwendung, wenn Ansässigkeitsstaat der natürlichen Person, die als geschäftsführendes Organ tätig ist und der Ansässigkeitsstaat der Ges auseinanderfallen. **38**

Beispiel: Ein in Österreich ansässiger Arbeitnehmer ohne Wohnsitz in Deutschland wird zum Geschäftsführer einer GmbH mit Sitz in Deutschland bestellt. Die Geschäftsführungstätigkeit übt der Arbeitnehmer ausschließlich in Österreich aus. Die Vergütungen für die Geschäftsführungstätigkeit dürfen in Deutschland besteuert werden (Art 16 Abs 2 DBA Österreich). **39**

Ist die Person in demselben Staat ansässig, wie die Ges, so findet die allg Regelung des Art 15 Anwendung. **40**

Beispiel: Ein Arbeitnehmer hat sowohl einen Wohnsitz in Österreich als auch einen Wohnsitz in Deutschland. Nach dem DBA Österreich gilt der Arbeitnehmer in Deutschland als ansässig. Der Arbeitnehmer wird zum Geschäftsführer einer GmbH mit Sitz in Deutschland bestellt. Die Geschäftsführungstätigkeit übt der Arbeitnehmer ausschließlich in Österreich aus. Die Vergütungen für die Geschäftsführungstätigkeit dürfen nicht in Deutschland besteuert werden. Art 16 Abs 2 DBA Österreich ist nicht anwendbar. Nach Art 15 iVm Art 23 DBA Österreich muss Deutschland die Vergütung unter Berücksichtigung des Progressionsvorbehalts von der Besteuerung in Deutschland freistellen. **41**

Die beiden Beispiele zeigen, zu welchen ungewöhnlichen Ergebnissen die Abkommensregelungen führen können. Im ersten Beispiel hat der Arbeitnehmer weder aufgrund eines Wohnsitzes noch einer Tätigkeit zu Deutschland Anknüpfungspunkte. Dennoch wird die Vergütung in Deutschland besteuert. Im zweiten Fall hat der Arbeitnehmer aufgrund seines Wohnsitzes stärkere Anknüpfungspunkte zu Deutschland als im ersten Beispiel. Im zweiten Beispiel wird die Vergütung aber nicht in Deutschland besteuert. **42**

Bezieht ein Abkommen auch **Vorstandsmitglieder und Geschäftsführer** in den Anwendungsbereich des Art 16 ein, werden diese Begriffe im Abkommen idR nicht definiert. Wer zu dieser Personengruppe gehört, richtet sich nach dem **jeweiligen** **43**

58 Tz 3 MK zu Art 16.

Zivil- und Gesellschaftsrecht des jeweiligen **Ansässigkeitsstaats der Ges**. Aus dt Sicht fallen also Prokuristen und Handlungsbevollmächtigte nicht unter die Regelung.[59]

44 Das DBA Polen erweitert den Anwendungsbereich des Art 16 auf **„bevollmächtigte Vertreter einer Ges“**[60]. Der Anwendungsbereich dieser Vorschrift ist umstritten. *Bernhardt/Piekielnik*[61] möchten die Vorschrift auch auf die Vergütungen von Geschäftsführern und Vorständen anwenden. *Reith* vertritt dagegen die Auffassung, dass aus dt Sicht Vergütungen von Geschäftsführern und Vorständen nicht erfasst werden. Begründet wird dies damit, dass nach der dt Rechtssystematik Geschäftsführer und Mitglieder des Vorstands keine bevollmächtigten Vertreter sind, sondern **organschaftliche Vertreter** der Ges.[62] ME wird man aber davon ausgehen können, dass die Vertragspartner mit dieser Regelung nicht nur bevollmächtigte Vertreter erfassen wollten, sondern auch Geschäftsführer und Mitglieder des Vorstands, auch wenn diese technisch gesehen aus dt gesellschaftsrechtlicher Sicht keine bevollmächtigten Vertreter sind.

45 Die deutsche Finanzverwaltung ordnet die Vergütungen von Geschäftsführen polnischer Ges Art 16 Abs 2 zu. Die polnische Finanzverwaltung ordnet diese Vergütungen Art 16 Abs 1 zu, da die polnische Sprachfassung dieser Norm neben Aufsichtsrats- und Verwaltungsratsvergütungen auch Geschäftsführer von KapGes umfasst.[63] Nach beiden Normen wird das Besteuerungsrecht der Geschäftsführervergütung dem Sitzstaat der Ges zugeordnet. Allerdings wird nur bei Anwendung des Art 16 Abs 2 die Freistellungsmethode angewendet, während bei Anwendung des Art 16 Abs 1 die Anrechnungsmethode Anwendung finden würde. Von besonderer praktischer Relevanz ist dies deshalb, weil bei in Polen nichtansässigen Geschäftsführern polnischer Ges eine 20 %ige Abgeltungssteuer Anwendung findet.

46 Das DBA Belgien umfasst auch die Vergütungen der Geschäftsführer belgischer KapGes. Dies ergibt sich aus der niederländischen bzw französischen Fassung des Art 16 Abs 1 DBA Belgien.[64] Da Art 16 Abs 2 DBA Belgien den Anwendungsbereich der Vorschrift auf Komplementäre einer in Belgien ansässigen KG auf Aktien und auf Vorstandsmitglieder oder Geschäftsführer einer in Deutschland ansässigen KapGes erweitert, werden nach dem DBA Belgien Geschäftsführer immer im Ansässigkeitsstaat der Ges besteuert, wenn der Geschäftsführer im anderen Staat ansässig ist.

47 Eine nur schwer verständliche Einschränkung des Anwendungsbereichs des Art 16 enthält das DBA Portugal. Danach ist Art 16 nur anwendbar, wenn „die Vergütungen, die die Ges an ein Mitglied ihrer Organe für die Ausübung einer fortlaufenden Tätigkeit zahlt, nach Art 15 besteuert werden können“. Mit **„fortlaufender Tätigkeit“** ist vermutlich eine Tätigkeit gemeint, die ein Aufsichtsrat zugleich als Arbeitnehmer der beaufsichtigten Ges ausübt. Die Aufsichtsratsvergütungen von Aufsichtsräten, die zugleich Arbeitnehmer der Ges sind, werden daher nur dann im Ansässigkeitsstaat der Ges besteuert, wenn auch ihre Einkünfte aus dem Arbeitsverhältnis im Ansässigkeitsstaat der Ges besteuert werden dürfen.

---

59 *Vogel/Lehner* Art 16 MA Rn 23a.
60 Art 16 Abs 2.
61 *Bernhardt/Piekielnik* IStR 2005, 366.
62 *Debatin/Wassermeyer* Polen Art 16 Rn 18.
63 *OFD Münster*IStR 2010, 300.
64 *Debatin/Wassermeyer* Belgien Art 16 Rn 8.

Die Regelung im **DBA Frankreich (Art 11) weicht ganz erheblich vom MA ab**. Das DBA Frankreich billigt primär dem Wohnsitzstaat und nicht dem Quellenstaat das Besteuerungsrecht zu. **Der Quellenstaat** hat nur ein **begrenztes Quellenbesteuerungsrecht**. Der Quellenstaat ist der Staat, in dem die beaufsichtigte Ges ihren Sitz hat, nicht etwa derjenige, in dem die Tätigkeit ausgeübt wird. In Deutschland richtet sich daher die Quellenbesteuerung nach § 50a EStG. **48**

Das DBA USA weicht insoweit vom MA ab, als dass der Quellenstaat, dh der Staat der Ansässigkeit der Ges, nur insoweit besteuern darf, als dass die Person die Tätigkeit als Aufsichts- oder Verwaltungsrat **tatsächlich in dem Staat ausübt**, in dem die **Ges ihren Sitz** hat. Dies entspricht einem Vorbehalt, den die USA zum MA angebracht haben.[65] **49**

In den Verhandlungen zum **Änderungsprotokoll des DBA USA** war von dt Verhandlungsseite der Wunsch geäußert worden, Vorstände und Geschäftsführer in den Anwendungsbereich des Art 16 DBA USA mit einzubeziehen. Diesen Vorschlag haben die USA jedoch abgelehnt, so dass der Anwendungsbereich des DBA USA **nicht** über die überwachende und kontrollierende Tätigkeit hinausgeht.[66] **50**

---

65 Tz 5 MK zu Art 16.

66 *Endres/Jacob/Gohr/Klein* DBA Deutschland/USA Art 16 Rn 5.

Art. 17 Künstler und Sportler

(1) Ungeachtet der Artikel 7 und 15 können[1] Einkünfte, die eine in einem Vertragsstaat ansässige Person als Künstler, wie Bühnen-, Film-, Rundfunk- und Fernsehkünstler sowie Musiker, oder als Sportler aus ihrer im anderen Vertragsstaat persönlich ausgeübten Tätigkeit bezieht, im anderen Staat besteuert werden.

(2) Fließen Einkünfte aus einer von einem Künstler oder Sportler in dieser Eigenschaft persönlich ausgeübten Tätigkeit nicht dem Künstler oder Sportler selbst, sondern einer anderen Person zu, so können[2] diese Einkünfte ungeachtet der Artikel 7 und 15 in dem Vertragsstaat besteuert werden, in dem der Künstler oder Sportler seine Tätigkeit ausübt.

BMF v 5.10.1981: *FinMin* Hessen Az S-1301 A – 127 – II A 11 bek *OFD Frankfurt/Main* Az S-1301 A – Polen – 4 St II 40 v 12/10/81; *BMF* v 20.7.1983, Az IV B 4 – S 2303 – 34/83, BStBl I 1983, 382; *BMF* v 5.3.1987, Az IV C 6 – S – 1301 Schz – 18/87; *OFD Münster* v 21.6.1989, Az S-2303 12 St 12 – 31, RIW 1989, 666; *BMF* v 19.9.1994, Az IV C 6 – S-1301 Schz – 60/94; BStBl I 1994, 683; *FinMin Saarland* v 17.8.1995, Az B/3 – 54/95 – S –1300; *BMF* v 23.1.1996, Az IV B 4 – S – 2303 – 14/96, BStBl I 1996, 89; *FinMin Baden-Württemberg* v 12.2.1996, Az S 1301/28, DStR 1996, 427; *BMF* v 9.10.2002, Az St II 4 – S-1300 – 18/02, BStBl I 2002, 904; *BMF* v 3.11.2003, Az IV A 5 – S 2411 – 26/03; BStBl I 2003, 553; *BMF* v 2.8.2005, Az IV C 8 – S – 2411 – 8/05, BStBl I 2005, 844; *BMF* v 5.4.2007, Az IV C 8-S-2411/07/0002, BStBl I 2007, 449; *BMF* v 20.3.2008, Az IV C 8 – S 2303/07/0009, BStBl I 2008, 538; *BMF* v 21.1.2010, Az IV B 2 – S 1300/07/1004, Dok 2010/0023661

---

1 Österreich: S Fußnote 1 zu Art 6.

2 Österreich: S Fußnote 1 zu Art 6.

Übersicht

Literatur: *Bode/Huber/Stählin* Zur zwischenstaatlichen Besteuerung von Künstlern und Sportlern mit Hinweisen auf andere Länder, DStR 1989, 130; *Felderer* DBA-Schutz für ausländische Künstler- und Sportlergesellschaften?, SWI 2007, 456; *Graf/Bisle* Besteuerung beschränkt steuerpflichtiger Sportler, IStR 2006, 44; *Grams/Molenaar* Zu den Schlussanträgen im Fall Gerritse, IStR 2003, 267; *Grams/Schön* Die Künstlerbesteuerung nach dem Referentenentwurf des BMF und dem Regierungsentwurf zum Jahressteuergesetz 2009, IStR 2008, 656; *Haase* Die Privilegierung des Kulturaustauschs im nationalen und internationalen Steuerrecht, INF 2005, 389; *Hey* Quellensteuer auf Tournee-Sponsoring und Merchandising-Einkünfte, RIW 1997, 883; *Holthaus* Steuererlass für Champions-League & Co – Verzicht auf Steuerabzug nach § 50a EStG und Schaffung „weißer Einkünfte" bei deutschen Spitzensportlern, IStR 2008, 504; *Kessler* Zweifelsfragen zur Abzugsteuer nach § 50a Abs 4 EStG, FR 1984, 172; *Kilius* Grenzüberschreitende Steuerfragen der Vergütungen von Sportlern, FR 1995, 721; *Lang/Stefaner* Künstler und Sportler im DBA Deutschland-Österreich, IStR 2003, 829; *Long/Tyrrell* Taxation of Employees, Artistes and Sportsmen (Articles 15 and 17), Intertax 1992, 688; *Maßbaum* Die Künstler- und Sportlerklausel in DBA, IWB Fach 10 Gruppe 2, 1213; *Mody* Die Einschaltung ausländischer Gesellschaften als Gestaltungsinstrument international tätiger Künstler und Sportler, in Grotherr (Hrsg), Handbuch der internationalen Steuerplanung, 2. Aufl 2008, S 1181; *Molenaar/Grams* Die Illusion der gerechten und ertragreichen Besteuerung von international tätigen Künstlern und Sportlern, IStR 2005, 762; *Rief* Die „Künstler und Sportler"– Regel des Artikel 17 OECD-Musterabkommen 1992, SWI 1994, 183; *Rüping* Anpassung des Steuerrechts an Recht und Rechtsprechung der Europäischen Union durch Änderung der §§ 50, 50a EStG im Entwurf des Jahressteuergesetzes 2009, IStR 2008, 575; *Schauhoff* Inländische Einkünfte im Ausland wohnender Sportler, IStR 1993, 363; *ders* Endlich Rechtssicherheit bei der Besteuerung von Werbeverträgen mit beschränkt Steuerpflichtigen – Grundsatzurteil zum Quellensteuerabzug, IStR 2004, 706; *Schauhoff/Cordewener/Schlotter* Besteuerung ausländischer Künstler und Sportler in der EU, 2008; *Schauhoff/Idler* Änderung der BFH-Rechtsprechung zur Besteuerung von Werbeverträgen mit beschränkt Steuerpflichtigen, IStR 2008, 341; *Schmidt-Heß* Beschränkte Steuerpflicht bei Rechtüberlassung durch originären Inhaber des Rechts?, IStR 2006, 690; *Schnitger* Das Ende der Bruttobesteuerung beschränkt Steuerpflichtiger, FR 2003, 745; *ders* Die Einbeziehung des OECD-Kommentars in der Rechtsprechung des BFH, IStR 2002, 407; *Sommer* Einkünfte von Sportlern aus Werbeverträgen, BB 1981, 177; *Vogel* Künstlergesellschaften und Steuerumgehungen, StuW 1996, 248; *Wassermeyer* Der Künstlerbegriff im Abkommensrecht, IStR 1995, 555; *Wild/Eigelsho-*

ven/Hanisch Zur beschränkten Steuerpflicht von Werbehonoraren für Gestattungsleistungen bei Bild- und Namensrechten – zugleich Besprechung des BMF-Schreibens vom 2.8.2005, IStR 2006, 181.

A. Allgemeines

I. Bedeutung der Vorschrift

Während Art 7 und Art 15 das Besteuerungsrecht zunächst jeweils dem Ansässigkeitsstaat zuweisen, handelt es sich bei Art 17 um eine bes, davon abw Bestimmung. Abw zum Ansässigkeitsprinzip, belässt Art 17 das Besteuerungsrecht dem anderen Staat, und somit dem Staat, in dem der betroffene Personenkreis tatsächlich vorrangig tätig wird (sog **Arbeitsort-/Tätigkeitsortprinzip**).[3] Zum einen hat diese Sonderregelung praktische Hintergründe, die sich mit der Mobilität des Personenkreises begründen lassen, zum anderen soll die Vorschrift evtl Steuerumgehungen unterbinden.[4] So soll verhindert werden, dass der betroffene Personenkreis seinen Wohnsitz in sog Steueroasen verlagert, und somit weder im Ansässigkeitsstaat noch in den Ländern, in denen er tatsächlich tätig wird, der Besteuerung unterliegt oder die ausl Einkünfte im Ansässigkeitsstaat nicht deklariert.[5] 1

Art 17 Abs 2 soll das Besteuerungsrecht des Quellenstaates insb dann gewährleisten, wenn der betroffene Personenkreis nicht selbst Empfänger der Leistungsvergütung ist, sondern die Vergütung für die Darbietung/Leistung an einen Dritten (bspw an eine Agentur oder an ein Management) gezahlt wird, und der Quellenstaat iR seines innerstaatlichen Rechts seine Besteuerungsrechte für die im Quellenstaat gezahlte Vergütung nicht gegenüber diesem Dritten durchsetzen kann.[6] Insofern handelt es sich ebenfalls um eine Vorschrift zur Vermeidung von Steuerumgehungen: Künstlern und Sportlern soll nicht die Möglichkeit gegeben werden, durch Zwischenschaltung eines Dritten, eine Besteuerung ihrer Vergütungen in sog Hochsteuer-Quellenstaaten zu verhindern. 2

II. Verhältnis zu anderen Vorschriften

1. Abkommensrechtliche Qualifikation. Das MA stellt den **lex spezialis** Charakter des Art 17 bereits im ersten Abs heraus. Art 17 löst sich von dem Betriebsstättenprinzip (vgl Art 7 Rn 31) bzw Ansässigkeitsprinzip (vgl Art 15 Rn 46). Folglich ist Art 17 sowohl für selbstständige als auch nichtselbstständige Künstler und Sportler anwendbar und die **Grenzgängerregelung** (vgl Art 15 Rn 193) irrelevant. In Abgrenzung zu Art 15 wird dem Tätigkeitsstaat gem Art 17 ein Besteuerungsrecht zugewiesen, unabhängig von wem die Vergütung gezahlt wird und auch unabhängig von der Aufenthaltsdauer im Quellenstaat. Im Gegensatz zu Art 15 wird dem Quellenstaat auch bei Unterschreitung der 183-Tage-Regelung ein Besteuerungsrecht eingeräumt, gleichwohl evtl Arbeitnehmereigenschaften des Künstlers/Sportlers vorliegen. Generelle Voraussetzung für die Anwendung des Art 17 ist, dass die betroffenen Künstler/Sportler iRe Auftritts **persönlich auftrittsbezogene Einkünfte** im Quellenstaat erzielen. 3

3 Tz 1 MK zu Art 17.
4 Ähnlich *S/K/K* Art 17 Rn 1; *Vogel/Lehner* Art 17 Rn 1.
5 *Molenaar* IStR 2005, 762.
6 Tz 11 MK zu Art 17.

4 Der Quellenstaat kann gem Art 17 Abs 1 nur das Recht der Besteuerung für Einkünfte ausüben, die in einem **unmittelbaren oder mittelbaren Zusammenhang** mit einer öffentlichen Darbietung des Auftretenden im betr Land stehen.[7] Sofern die speziellen Tatbestandsvoraussetzungen des Art 17 nicht erfüllt werden, bzw die erzielten Einkünfte nicht einer speziellen Darbietung oder Aufführung zugerechnet werden können, sind die übrigen Verteilungsnormen (bspw Art 7 oder Art 15[8]) anzuwenden.

5 Der OECD-MK (Tz 9) führt als in Betracht kommende Nebeneinkünfte insb Lizenzgebühren und Einkünfte aus der Werbung auf. Das Abkommensrecht enthält eine eigenständige Begriffsbestimmung für Lizenzen und Regelungen ür die Besteuerungsrechte im Zusammenhang mit Lizenzgebühren. ISv **Art 12** umfasst die Bezeichnung „Lizenzgebühren" **Vergütungen für die Nutzung von Urheberrechten**. Sofern es sich bei den Einkünften der Künstler und Sportler also nicht um eine reine Tätigkeitsvergütung handelt, sondern stattdessen eine Lizenzgebühr gezahlt wird, ist Art 12 anzuwenden. Schwierig wird die Abgrenzung der anzuwendenden Art insb dann, wenn ein Entgelt sowohl für eine Darbietung als auch für die Verwertung von Rechten gezahlt wird. In diesem Zusammenhang ist bspw ein öffentlicher Auftritt mit Live-Übertragung im Fernsehen denkbar. Folglich würde die korrekte Anwendung der abkommensrechtlichen Vorschriften eine **angemessene Aufteilung des Entgelts** erfordern.

6 Das BMF gibt diesbezügliche Hilfestellung und hält eine Aufteilung im Verhältnis von einem Drittel der Vergütung für die persönliche Tätigkeit und zwei Dritteln für die Verwertung von Rechten für angemessen, sofern keine weiteren Anhaltspunkte für eine andere Aufteilung vorliegen.[9]

7 Abkommensrechtlich gelten jedoch andere Regeln. Sofern es sich tatsächlich um eine **Live-Übertragung** handelt, ist nach Auffassung der OECD für die gesamte Gage **Art 17** anzuwenden,[10] da der tatsächliche/konkrete Auftritt bzw die Darbietung im Vordergrund stehe. Sofern es sich jedoch um eine **Aufzeichnung** handelt, die zeitversetzt gesendet wird oder die Darbietung allein für Zwecke der Aufzeichnung erfolgt und der Darbietende aufgrund eines Urheberrechts eine Lizenzgebühr für diese Aufzeichnung erhält, ist die Spezialnorm des Art 17 gem Tz 18 MK zu Art 12 nicht anwendbar und die Vergütungen fallen unter **Art 12** (vgl Art 12 Rn 20).

8 Ähnliche Abgrenzungsprobleme ergeben sich für **Werbeeinkünfte**. Sofern Künstler oder Sportler Werbeeinkünfte erzielen, die nicht in einem **direkten Zusammenhang** mit einer konkreten Darbietung iSv Art 17 stehen, ist abkommensrechtlich den Art 7 bzw Art 15 der Vorrang zu gewähren.[11] Als fraglich erweist sich diesbezüglich die tatsächliche Auftrittsbezogenheit. So sind die Einkünfte, die ein Sportler für das Tragen eines Trikots mit Werbeaufschrift iRe Sportveranstaltung erzielt, nach hM unter Art 17 zu subsumieren.[12] Allerdings subsumiert die OECD das Auftreten von Schauspielern und ehemaliger

7 Tz 9 MK zu Art 17.

8 Im Jahre 2000 ist der Art 14 MA gestrichen worden, sodass sich für neuere Abkommen diesbezüglich keine Abgrenzungsprobleme ergeben können. Betr älterer Abk gilt betr Art 14 das Gesagte zu Art 7 und Art 15.

9 *BMF* v 23.1.1996 Tz 5.4.

10 Tz 18 MK zu Art 12.

11 Tz 9 MK zu Art 17 bzgl Nebeneinkünfte/Honorare aus Sponsoring und Werbung.

12 *Vogel/Lehner* Art 17 Rn 9; *Lang/Stefaner* IStR 2003, 829; *Graf/Bisle* IStR 2006, 44.

Sportler in der Fernsehwerbung ebenfalls unter Art 17.[13] Lang/Stefaner deuten eine Differenzierung betr die Mitwirkung bei Werbemaßnahmen durch aktive und ehemalige Sportler an. Daraus lässt sich schlussfolgern, dass bei aktiven Sportlern grds auf die sportliche Tätigkeit abzustellen sein dürfte. Sofern der Sportler bspw ein Entgelt für die Teilnahme an einer Parfumwerbemaßnahme erhält, können diese Einkünfte mangels sportlerischer Darbietung grds nicht unter Art 17 subsumiert werden (sog sportfremde Werbung),[14] während die Teilnahme eines ehemaligen Sportlers an einer entspr Maßnahme iSd OECD für sich gesehen als künstlerische Darbietung zu qualifizieren ist.

Die spezielle Zuweisung des Besteuerungsrechts nach Art 17 ist insb vor Art 7 und Art 15 zu beachten. Die Vorrangigkeit des Art 17 ergibt sich eindeutig aus der Einleitung des ersten Abs: „**Ungeachtet** der Art 7 und 15 können ...". Somit ist die Vorrangigkeit klar und eindeutig geregelt. Aufgrund der Tatsache, dass Art 19 nicht explizit in Art 17 genannt ist, ist davon auszugehen, dass Art 19 vorrangig im Verhältnis zu Art 17 zu berücksichtigen ist.[15] Bei Art 19 handelt es sich um die Verteilungsnorm für im **öffentlichen Dienst** gezahlte Löhne, Gehälter und ähnliche Vergütungen. Abgrenzungskonflikte können sich somit für Künstler und Sportler ergeben, die bei einer Körperschaft des öffentlichen Rechtes beschäftigt sind, wie bspw angestellte Künstler der Staatsoper, des Staatsballetts, des Staatszirkus, eines Staatsorchesters oÄ. Insofern rückt das Arbeitsortprinzip in den Hintergrund, sodass dem **Kassenstaatsprinzip** des **Art 19** zu folgen ist. Allerdings enthält Art 19 Abs 3 eine Ausnahmeregelung für Künstler und Sportler. Diese Ausnahmeregelung ist in der dt Abkommenspraxis jedoch von nachrangiger Bedeutung, da viele der dt DBA keinen Verweis auf Art 17 vorsehen,[16] sodass die Vorrangigkeit des Art 19 bestehen bleibt (vgl Art 19 Rn 78). 9

2. Innerstaatliche Qualifikation. Die Einkunftsquellen der Künstler und insb der Sportler sind heutzutage so mannigfaltig, dass die Einkünftequalifikation nicht selten Fragen aufwirft. Sowohl für die Beurteilung der Einkünfte im Inland unbeschränkt steuerpflichtiger Künstler und Sportler als auch für die Beurteilung beschränkt StPfl, die Einkünfte iSv **§ 49 EStG** erzielen, sind die einzelnen Einkunftsquellen genauestens zu untersuchen, um die Einkünfte entspr qualifizieren zu können. 10

Bei der Qualifizierung von Gewinneinkünften, sind die Einkünfte der **Berufssportler** unter **§ 15 EStG** (Einkünfte aus Gewerbebetrieb) zu subsumieren, da Sportler grds nicht den Katalogberufen des § 18 EStG zuzuordnen sind.[17] Hingegen sind Einkünfte aus **künstlerischer Tätigkeit** explizit in **§ 18 EStG** genannt, sodass diese Einkünfte als solche aus selbstständiger Tätigkeit zu qualifizieren sind. Allerdings kann bspw insb bei einer Serienproduktion eine gewerbliche Tätigkeit angenommen werden,[18] sodass die **eigenschöpferische Leistung**[19] des Künstlers kein Garant für die Annahme von Einkünften aus selbstständiger Tätigkeit darstellt. Insofern erzielt der betroffene Personenkreis iF des Vorliegens einer beschränkten Stpfl, Einkünfte iSv § 49 Abs 1 Nr 2 EStG iVm § 15 EStG bzw iSv § 49 Abs 1 Nr 3 iVm § 18 EStG. Ausl Künstler und 11

13 Tz 3 MK zu Art 17; *Wassermeyer* IStR 1995, 555.
14 *Lang/Stefaner* IStR 2003, 829; *BMF* v 23.1.1996.
15 *Bode/Huber/Stählin* DStR 1989, 130.
16 *Vogel/Lehner* Art 19 Rn 90.
17 *BFH* v 16.3.1951; *BFH* v 22.1.1964; *BFH* v 11.10.2000.
18 *Schmidt/Wacker* § 18 EStG Rn 69.
19 *BFH* v 7.10.1971; *BFH* v 14.12.1976; *Schmidt* § 18 EStG Rn 66.

Sportler werden insb aufgrund ihrer **im Inland ausgeübten oder verwerteten Darbietung** iSv § 49 Abs 1 Nr 2 Buchstabe d EStG oder iSv § 49 Abs 1 Nr 3 EStG beschränkt steuerpflichtig und zwar ohne Vorliegen einer Betriebsstätte. In diesem Sinne liegt nach Auffassung des BMF eine entspr Darbietung vor, wenn „etwas aufgeführt, gezeigt oder vorgeführt wird".[20] Es handelt sich um einen weitgefassten Begriff. Als Beispiel werden Ausstellungen, Konzerte, Wettkämpfe, aber auch Talkshows und Quizsendungen als „Darbietungen mit vergleichbarem Unterhaltungscharakter" genannt. Vern äußert sich das BMF zu wissenschaftlichen Vorträgen und Seminaren.[21]

12 Ggf sprechen Umstände der Vertragsgestaltung für eine Unselbstständigkeit, sodass sich Probleme der Abgrenzung zwischen der eigenverantwortlichen und somit selbstständigen Berufsausübung gegenüber der **unselbstständigen Tätigkeit** ergeben können. So können Artisten, Filmkünstler und Filmschauspieler ggf als Angestellte anzusehen sein, sodass Einkünfte iSv **§ 19 EStG** vorliegen.[22] Ebenso sind Sportler, die einem Unternehmen ihre Arbeitskraft für eine best Zeit zur Verfügung stellen, idR als nichtselbstständig zu qualifizieren.[23] Somit erzielen angestellte Künstler und Sportler iRd Ausübungsprinzips beschränkt steuerpflichtig inländische Einkünfte iSv § 49 Abs 1 Nr 4 Buchstabe a iVm § 19 EStG.

13 Die steuerliche Würdigung von **Werbehonoraren** wartet mit weiteren Qualifikationsschwierigkeiten auf. Der BFH-Rspr ist zunächst zu entnehmen, dass Berufssportler durch die Mitwirkung in Werbefilmen gewerbliche Einkünfte erzielen.[24] Folglich erzielen im Ausland ansässige Künstler/Sportler Einkünfte iSv § 49 Abs 1 Nr 2 EStG. Teilw werden in der Lit zwei Komponenten unterschieden: Zum einen erfolgt die Vergütung für die aktive **Erbringung einer Dienstleistung**, durch Mitwirkung/Auftritt des Künstlers/Sportlers bei Werbeveranstaltungen. Zum anderen erfolgt die Vergütung für die **Überlassung von Nutzungs- und Verwertungsrechten** der erlangten Werbemittel (bspw Namensrechte, Rechte am eigenen Bild). Mit dem BFH-Urt v 19.12.2007[25] erfolgte eine dahingehende Klarstellung, dass Vergütungen, die für die Überlassung von Rechten gezahlt werden, der beschränkten StPfl nach § 49 Abs 1 Nr 6 EStG unterliegen, sofern es sich lediglich um eine passive Nutzungsüberlassung handelt, die im Grundsatz nicht mit einer aktiven Dienstleistung verbunden ist. Allerdings war nicht nur in der Lit bisher lange umstritten, ob die Überlassung eines **originären Rechts**[26] zu Einkünften iSv § 49 Abs 1 Nr 6 EStG führt und ob es sich bei **Persönlichkeitsrechten** tatsächlich um Rechte iSv § 21 Abs 1 Nr 3 EStG handelt.[27] Der BFH hatte in seinem

20 *BMF* v 23.1.1996 Tz 2.2.1.

21 *BMF* v 23.1.1996 Tz 2.2.1.

22 *RFH* v 1.12.1926; *RFH* v 16.4.1930; *BFH* v 27.11.1962; vgl ausf zu den Abgrenzungsschwierigkeiten *Schauhoff/Cordewener/Schlotter* Besteuerung ausländischer Künstler und Sportler in der EU.

23 *Schmidt/Krüger* § 19 EStG Rn 15.

24 *BFH* v 3.11.1982; Gewerbliche Einkünfte erzielen Berufssportler, durch die Mitwirkung bei Fotoreklamen, Pressekonferenzen und Autogrammstunden; vgl *Schauhoff* IStR 1993, 363 Verweis auf: *BFH* v 19.11.1985; *FG Schleswig-Holstein* EFG 1980, 300.

25 *BFH* v 19.12.2007; ausf *Schauhoff/Idler* IStR 2008, 341.

26 *BFH* v 28.1.2004; ausf *Schauhoff* IStR 2004, 706.

27 *BFH* v 19.12.2007; *Schmidt-Heß* IStR 2006, 690; zutr: *Sommer* BB 1981, 177; *Hey* RIW 1997, 887; *Kirchhof* § 49 EStG Rn 140; **aA**: *Wild/Eigelshoven/Hanisch* IStR 2006, 181; *K/S/M* § 49 EStG Rn I 61.

Urt v 28.1.2004 bereits bestätigt, dass die Überlassung von Persönlichkeitsrechten unter den Anwendungsbereich von § 21 Abs 1 Nr 3 EStG fällt. Dennoch verneinte er im og Urteil die Anwendung des § 49 Abs 1 Nr 6 EStG mit der Begr, dass der Sportler „als Inhaber des an seiner Person bestehenden Nutzungsrechts" die Tatbestandsvoraussetzung selbst erfüllen kann. Daraufhin verfügte das BMF einen Nichtanwendungserlass für das og Urt, und bekräftigte die Auffassung, dass die originäre Überlassung von Rechten den Einkunftstatbestand gem § 49 Abs 1 Nr 6 EStG erfüllt.[28]

III. Durchsetzung des inländischen Besteuerungsrechts

Die beschränkte StPfl ist in vielen Fällen dadurch gekennzeichnet, dass sich die StPfl gar nicht bzw lediglich kurzzeitig im Inland für Zwecke der Einkunftserzielung aufhalten. Da viele darüber hinaus ggf gar keine Kenntnis von ihrer Stpfl im Quellenstaat haben, sind bes Regelungen notwendig, um eine effektive Besteuerung der betroffenen Einkünfte gewährleisten zu können. Sofern die Voraussetzungen des § 49 EStG erfüllt sind und (steuerliche) Ausländer inländische Einkünfte iSv § 49 EStG erzielen, unterliegen sie in Deutschland der beschränkten Stpfl. Die Vorschriften für beschränkt StPfl und deren Steuerabzug (§§ 50, 50a EStG) haben iRd JStG 2009 umfangreiche Änderungen erfahren. Hintergrund für die wesentlichen Änderungen des § 50a EStG iRd JStG 2009 sind insb die Rspr des EuGH[29] in den Rechtsachen Gerritse,[30] Scorpio[31] und Centro Equestre[32] und die damit verbundenen europarechtlichen Bendenken betr die bisherige Besteuerung beschränkt StPfl im Hinblick auf die Niederlassungsfreiheit. **14**

Gem § 49 Abs 1 Nr 2 Buchstabe d EStG iVm § 50a Abs 1 Nr 1 EStG erhebt Deutschland die Steuer auf inländische Einkünfte, resultierend aus künstlerischen, sportlichen, artistischen, unterhaltenden oder ähnlichen Darbietungen im Wege des Steuerabzugs. IRd JStG 2009 erfolgte eine Angleichung des Gesetzeswortlauts an Art 17. Die durch das JStG 2009 aufgenommenen unterhaltenden Darbietungen sollen als Auffangtatbestand für Veranstaltungen ohne spezifischen künstlerischen, sportlichen oder artistischen Gehalt dienen.[33] **15**

Darüber hinaus begründen die Vorschriften den Steuerabzug für andere Einkünfte, die mit den genannten Leistungen in einem Zusammenhang stehen, unabhängig davon, wer der Vergütungsempfänger ist. Des Weiteren erfolgte eine Ergänzung des § 49 Abs 1 Nr 9 EStG unter Anlehnung an die BFH-Rspr v 21.4.1999.[34] In diesem Urt bekräftigte der BFH, dass die Einnahmen, die Künstler oder Schriftsteller aus der **Teilnahme an Talkshows** erzielen, nicht zu Einkünften aus der Ausübung oder Verwertung einer entspr selbstständigen Tätigkeit iSv § 49 Abs 1 Nr 3 iVm § 18 EStG führen. Insofern war der inländische Fernsehsender, der ausl Künstlern und Schriftstellern Vergütungen für die Mitwirkung an Fernsehsendungen in Talkshows und bei Interviews gezahlt hat, nicht zum Steuerabzug gem § 50a EStG verpflichtet. Der BFH **16**

28 *BMF* v 2.8.2005.
29 *Rüping* IStR 2008, 575.
30 *EuGH* v 12.6.2003.
31 *EuGH* v 3.10.2006.
32 *EuGH* v 15.2.2007.
33 *Schmidt/Loschelder* § 49 Rn 41.
34 *BFH* v 21.4.1999.

widersprach mit diesem Urt der herrschenden Literaturmeinung[35] und begründete dies damit, dass entspr Vergütungen bisher nicht ausdrücklich vom Gesetzeswortlaut erfasst würden. IRd JStG 2009 erfolgten die gesetzliche Neuregelung, dass entspr Einkünfte unter § 22 Nr 3 EStG zu subsumieren sind und die ausdrückliche Nennung in § 49 Abs 1 Nr 9 EStG nF, sodass nunmehr entspr der hM ein Quellensteuereinbehalt für entspr Vergütungen vorzunehmen ist.

17 Die **Besonderheiten für beschränkt StPfl** werden in § 50 EStG geregelt. Der zuvor in § 50 EStG geregelte **Mindeststeuersatz iHv 25 %** für beschränkt StPfl widersprach den EG-Grundfreiheiten,[36] sodass eine entspr Änderung iRd JStG 2009 dahingehend erfolgte, dass sich die ESt für beschränkt StPfl nach dem Tarif für dem Veranlagungsverfahren unterliegende unbeschränkt StPfl bemisst,[37] der den Mindeststeuersatz ersetzt. Jedoch bleibt der Grundfreibetrag bei der Ermittlung der **tariflichen ESt** für beschränkt StPfl unberücksichtigt. Die fehlende Berücksichtigung des Grundfreibetrages steht im Einklang mit der EuGH-Rspr[38] und wird in dem EuGH-Urt damit gerechtfertigt, dass davon auszugehen ist, dass eine Freistellung des Existenzminimums des betr StPfl im Wohnsitzstaat erfolgt, sodass im Tätigkeitsstaat keine Bevorzugung von Gebietsfremden erfolgen darf.[39]

18 Sowohl die Ermittlung der **Bemessungsgrundlage** für den Steuerabzug als auch der anzuwendende **Steuersatz** haben sich durch das JStG 2009 geändert (§ 50a EStG nF). Die Neuregelung basiert auf dem EuGH-Urt v 3.10.2006,[40] in dem festgestellt wurde, dass die bisherige Regelung gegen EG-Recht verstößt. So ist der EuGH zu der Auffassung gelangt, dass die Nichtberücksichtigung von Betriebsausgaben, die im unmittelbaren Zusammenhang mit den Einkünften beschränkt StPfl stehen, gegen EG-Recht verstößt. Während bis zum Veranlagungszeitraum 2008 die gesamten Einnahmen einem **Steuerabzug von 20 %** unterlegen haben, wurde der Steuerabzug ab Veranlagungszeitraum 2009 **auf 15 % reduziert**. Durch diese Absenkung soll nunmehr unter Beibehaltung des **Grundsatzes der Versagung eines Betriebsausgabenabzuges** eine angemessene Besteuerung herbeigeführt werden.[41] Darüber hinaus entfällt als Folge der Steuersatzsenkung der bisherige Staffeltarif[42] für geringfügige Einkünfte. Ein Steuerabzug entfällt auch weiterhin bei Einnahmen, die eine Freigrenze in Höhe von 250 EUR je Darbietung nicht übersteigen.

---

35 *Kessler* FR 1984, 172; *H/H/R* Rn 81 zu § 50a EStG (21. Aufl).

36 *EuGH* v 12.6.2003; die Umsetzung des EuGH-Urt v 12.6.2003 erfolgte zunächst durch das *BMF*-Schreiben v 3.11.2003.

37 § 50 Abs 1 S 2 EStG nF.

38 Vgl RegE v 18.6.2008 für das JStG 2009.

39 So *Grams/Molenaar* IStR 2003, 267; *Schnitger* FR 2003, 745; *Rüping* IStR 2008, 575; *Grams/Schön* folgern aus den Ausführungen des EuGH, dass im Umkehrschluss der Grundfreibetrag bei Fehlen einer vergleichbaren Regelung im Wohnsitzstaat im Inland zu gewähren ist (dies scheint nach Auffassung *Grams/Schön* in Rumänien, Bulgarien und Liechtenstein der Fall zu sein) IStR 2008, 656.

40 *EuGH* v 3.10.2006.

41 Vgl RegE v 18.6.2008 für das JStG 2009.

42 § 50a Abs 4 S 5 EStG aF: Steuersatz in Höhe von 10 % der gesamten Einnahmen bei Einnahmen über 250 bis 500 EUR; Steuersatz in Höhe von 15 % der gesamten Einnahmen, bei Einnahmen über 500 bis 1 000 EUR; Steuersatz in Höhe von 20 % der gesamten Einahmen über 1 000 EUR.

Der EuGH hat in seinen Urt v 3.10.2006[43] und 15.2.2007[44] ausgeführt, dass die Versagung des **Betriebsausgabenabzuges** gegen die EG-Grundfreiheiten verstößt, sodass der Gesetzgeber iRd JStG 2009 für beschränkt StPfl, die **Staatsangehörige** eines Mitgliedsstaates der **EU** oder eines Staates des **EWR** sind, die Möglichkeit für die Berücksichtigung von Betriebsausgaben/Werbungskosten in § 50a Abs 3 EStG nF aufgenommen hat. Insofern handelt es sich um eine Ungleichbehandlung gegenüber Gebietsfremden und Drittstaatlern.[45] Da der Vergütungsschuldner den Steuerabzug vornimmt, hat der beschränkt StPfl diesem die mit den Einnahmen im **unmittelbaren Zusammenhang** stehenden Betriebsausgaben oder Werbungskosten nachzuweisen. Alternativ ist eine Erstattung durch den Vergütungsschuldner vorgesehen. Der Nachweis muss in einer vom Finanzamt nachprüfbaren Form erfolgen.[46] Sodann können diese Betriebsausgaben/Werbungskosten von den Einnahmen abgezogen werden, sodass der Steuerabzug von einer verminderten Bemessungsgrundlage erfolgt. Um gegenüber denen, die nicht die Möglichkeit der Berücksichtigung von etwaigen Betriebsausgaben/Werbungskosten haben, eine gleichmäßige und gerechte Besteuerung rechtfertigen zu können, beträgt der **Steuersatz** auf die verbleibenden (Netto-)Einnahmen allerdings für beschränkt steuerpflichtige **natürliche Personen 30 %** (für beschränkt steuerpflichtige **Körperschaften** verbleibt es bei **15 %**). Die Erhöhung des Steuersatzes in diesen Fällen wurde iRd der RegBegr zum JStG 2009 mit der Zulassung eines gesonderten Betriebsausgaben-/Werbungskostenabzugs gerechtfertigt,[47] während bei Nichtgeltendmachung tatsächlicher Aufwendungen diese in pauschalierter Form durch den Ansatz eines niedrigeren Steuersatzes Berücksichtigung fänden. 19

§ 50a EStG nF unterscheidet zwischen Einkünften aus der Ausübung (Nr 1) und der Verwertung (Nr 2) einer künstlerischen, sportlichen, artistischen, unterhaltenden oder ähnlichen Darbietung.[48] Jedoch beschränkt sich das Besteuerungsrecht betr die Einkünfte aus der Verwertung derartiger Darbietungen explizit auf **inländische Verwertungen (doppelter Inlandsbezug)**. Während zuvor grds die Verwertung im Allg vom Gesetzeswortlaut erfasst wurde, dem Quellenstaat jedoch für ausl Verwertungen aufgrund des DBA gar kein Besteuerungsrecht zustand, erfolgt nun eine entspr Klarstellung.[49] Für eine vergleichbare Konstellation wurde zuvor eine Freistellungsbescheinigung bzw die Erstattung bereits einbehaltener Steuern gem § 50d EStG gewährt, der dafür erforderliche administrative Aufwand entfällt nun.[50] 20

Die in § 50a Abs 4 Nr 2 EStG aF aufgezählten Berufsgruppen fallen bereits aufgrund ihrer Tätigkeit unter die Anwendung des § 50a Abs 1 Nr 1 EStG nF, sodass die Aufzählung entspr Berufsgruppen iRd JStG 2009 gestrichen wurde. Folglich orientieren sich die Tatbestandsmerkmale (JStG 2009) für die Begr einer beschränkten StPfl nun zunehmend an der ausgeübten Tätigkeit selbst. 21

43 *EuGH* v 3.10.2006.
44 *EuGH* v 15.2.2007.
45 So auch *Grams/Schön* IStR 2008, 656.
46 § 50a Abs 3 EStG nF.
47 Vgl RegE v 18.6.2008 für das JStG 2009.
48 *Rüping* IStR 2008, 575.
49 Vgl RegE v 18.6.2008 für das JStG 2009.
50 Vgl RgE v 18.6.2008 für das JStG 2009; *Rüping* IStR 2008, 575.

22 Der Schuldner der Vergütung hat den Steuerabzug für Rechnung des Vergütungsempfängers vorzunehmen.[51] Insofern wird sichergestellt, dass die Besteuerung der im Inland steuerpflichtigen Einkünfte auch tatsächlich erfolgt. Die Einbehaltungspflicht des Vergütungsschuldners ersetzt insoweit die Steuererklärungspflicht der beschränkt StPfl. Diese Vorgehensweise hat insb praktische Hintergründe, da der administrative Aufwand der Behörden reduziert und die Besteuerung im Inland dennoch sichergestellt wird. So kann von den beschränkt StPfl vor allem nicht erwartet werden, dass sie das dt Steuerrecht beherrschen. Beschr Stpfl werden oftmals nicht das dt Steuerrecht beherrschen oder aber die erforderlichen Sprachkenntnisse aufweisen, um ihren steuerlichen Verpflichtungen nachzukommen, Der hieraus resultierende grenzüberschreitende Aufwand wird auf den Vergütungsschuldner verlagert.

23 Gem § 50a Abs 5 EStG entsteht die Steuer im Zeitpunkt des Vergütungszuflusses beim Vergütungsempfänger, dh mit Bezahlung des betroffenen Personenkreises. Der Vergütungsschuldner nimmt sodann den Steuerabzug durch Einbehalt für Rechnung des Gläubigers vor und bescheinigt die Quellensteuer entspr. Der Vergütungsschuldner ist verpflichtet bezogen auf ein Kalendervierteljahr entspr Quellensteuern beim FA anzumelden und abzuführen.[52]

24 Seit dem VZ 2008 wird entspr den BMF-Schreiben v 20.3.2008[53] und v 21.1.2010[54] in best Fällen gem § 50 Abs 4 (vormals Abs 7) EStG auf die Besteuerung ausl Sportler, Vereine und Dachverbände (bspw UEFA) verzichtet. Voraussetzung ist ein bes öffentliches Interesse und dass der jeweilige Ansässigkeitsstaat im Gegenzug auf die Besteuerung der Einkünfte von in Deutschland ansässigen Teilnehmern verzichtet, die im Zusammenhang mit Spielen stehen und die in seinem Hoheitsgebiet ausgetragen werden. Der Steuererlass gilt allerdings lediglich für **europäische Vereinswettbewerbe** im Basketball, Eishockey, Fußball, Handball, Volleyball sowie in vergleichbaren Mannschaftssportarten. Ausdrücklich ausgenommen sind Bulgarien, Österreich, Großbritannien, Griechenland, Luxemburg, Spanien, die Schweiz, Ungarn und Zypern,[55] da diese nicht auf eine Besteuerung verzichten.

B. Absatz 1

I. Definition des betroffenen Personenkreises

25 Grds haben die Abk ihre eigenen begrifflichen Definitionen, die iRd Abkommensauslegung auch entspr zu berücksichtigen sind.[56] Dennoch werden Begriffe sowohl im MA als auch in den einzelnen DBA nicht hinreichend definiert, bzw konkretisiert, um eine eindeutige Auslegung vornehmen zu können. Folglich ist insb in Deutschland auch auf die begriffliche Auslegung der Judikative abzustellen. So legte der BFH folgende Auslegungsgrundsätze fest:[57] Zunächst ist dem Wortlaut bzw der Definition des jeweiligen DBA zu folgen. Darüber hinaus sind der Sinn und der Vorschriftenzusam-

---

51 § 50a Abs 5 EStG

52 Die Formulare für die Anmeldung der Steuern, sowie die Steuerbescheinigungen für den vorgenommenen Quellensteuerabzug sind unter www.bzst.de abrufbar.

53 *BMF* v 20.3.2008.

54 *BMF* v 21.1.2010.

55 *BMF* v 21.1.2010.

56 *FinMin BaWü* v 12.2.1996.

57 *BFH* v 21.8.1985.

menhang innerhalb des Abk zu berücksichtigen. Sofern dennoch keine eindeutige Definition gewonnen werden kann, ist gem Art 3 Abs 2 auf die Begriffsbestimmung des innerstaatlichen Rechts zurückzugreifen.

1. Der abkommensrechtliche Künstlerbegriff. Der abkommensrechtliche Künstlerbegriff setzt im Wesentlichen zwei Tatbestandsmerkmale voraus: Es muss eine **persönlich ausgeübte Tätigkeit** erbracht werden, die vorrangig der **Unterhaltung** anderer dient. 26

Die OECD stellt in ihrem MK bereits fest, dass keine eindeutige und endgültige Definition des Künstlerbegriffs möglich ist.[58] Dennoch enthält Art 17 Abs 1 eine exemplarische, aber nicht abschließende Aufzählung des betroffenen Personenkreises; nämlich Bühnen-, Film-, Rundfunk- und Fernsehkünstler sowie Musiker. Darüber hinaus führt Tz 3 MK zu Art 17 aus, dass der Künstlerbegriff auch staatsbürgerliche, soziale, religiöse oder mildtätige Tätigkeiten umfasst, sofern eine unterhaltende Tätigkeit erfolgt. Hierdurch werden Veranstaltungen zu karitativen Zwecken in die Vorschrift einbezogen. Im Gegenzug schließt die OECD in ihrem MK bereits eine Reihe von Berufen explizit von der Anwendung des Art 17 aus: Kameraleute bei Filmproduktionen, Produzenten, Filmregisseure, Choreographen, technisches Personal, der Begleittross einer Popgruppe uÄ. Diese Personengruppen üben selbst nicht die begünstigte Tätigkeit aus, sondern bieten nur eine unterstützende Dienstleistung an. Insofern soll abkommensrechtlich nur eine bestimmte Art der Tätigkeit vom Arbeitsortprinzip erfasst werden.[59] 27

Der BFH hat sich im Jahr 1990 im Zusammenhang mit der Auslegung eines DBA mit dem Begriff des Künstlers auseinandergesetzt. Es handelte sich um einen Berliner Gastregisseur und Bühnenbildner, der an einem Theater in Brüssel tätig wurde. Nach Auffassung des BFH entfaltet Art 17 seine Anwendbarkeit nicht nur für vortragende Künstler, sondern auch für solche, die unmittelbar oder mittelbar über die Medien **in der Öffentlichkeit** oder vor Publikum **auftreten**.[60] Darüber hinaus ist der BFH unter Berücksichtigung der innerstaatlichen Begriffsbestimmung zu der Auffassung gelangt, dass Künstler **eigenständige schöpferische Leistungen** vollbrächten, in der die individuelle Anschauungsweise und Gestaltungskraft zum Ausdruck komme und die neben einer hinreichenden Beherrschung der Technik der betr Kunstart eine **künstlerische Leistungshöhe** erreichten.[61] 28

In seinem Urt v 8.4.1997 trennte sich der BFH jedoch von seiner Auffassung, dass nicht nur ein unmittelbarer, sondern auch ein mittelbarer Auftritt in der Öffentlichkeit ausreichend sei, und erkannte einen Theater- oder Opernregisseur nicht als Künstler iSd DBA an,[62] weil ihm die **unmittelbare darstellerische Aufgabe** fehle. Mit dieser Änderung seiner Rechtsauffassung passt sich der BFH der Auffassung der OECD an (vgl Rn 4). 29

In einem weiteren Urt setzte sich der BFH mit der Tätigkeit eines Theatermalers auseinander, der, neben seiner nichtselbstständigen Tätigkeit im Inland, für eine in 30

58 Tz 3 MK zu Art 17.

59 Ausf Einzelbeispiele in *Debatin/Wassermeyer* Art 17 Rn 23, 24.

60 *BFH* v 11.4.1990; ausf zur Entsch: *Schnitger* IStR 2002, 407.

61 *BFH* v 26.5.1971.

62 *BFH* v 8.4.1997.

Frankreich erfolgte Aufführung ein Bühnenbild malte. Auch in diesem Fall versagte der BFH die Anwendung des Künstlerbegriffs iSv Art 17, da die Tätigkeit des Bühnenmalers selbst nicht **Gegenstand der öffentlichen Darbietung war**, sondern diese lediglich das Erg seiner Tätigkeit nutzte.[63]

31 Nach Verwaltungsauffassung[64] sind unter den Künstlerbegriff nur vortragende Künstler zu subsumieren, nicht aber **werkschaffende Künstler** wie bspw Maler, Bildhauer, Komponisten, Regisseure, Bühnenbildner oder Choreographen. Auf diese Personengruppe der **nichtvortragenden Künstler** findet Art 17 keine Anwendung. *Wassermeyer*[65] verdeutlicht diese Auffassung anhand der Tatsache, dass werkschaffende Künstler ihre Tätigkeit an verschiedenen Orten über einen längeren Zeitraum verrichten können. Insofern kann das in Art 17 verankerte Ausübungsortsprinzip nach seiner Auffassung keine Anwendung finden, da die Bedeutung der unterschiedlichen Ausübungsorte in diesen Fällen nicht gemessen werden kann.

32 Nichtsdestotrotz kann es Fälle geben, in denen eine Person sowohl darstellende Tätigkeiten als auch vorbereitende oder unterstützende Tätigkeiten ausführt. Es handelt sich dann um sog **Mischfälle** (zB der Produzent einer Fernsehserie, der in dieser zugleich auch eine Rolle übernommen hat; der Choreograph eines Musicals, der gleichzeitig Tänzer in dieser Aufführung ist; der Opernsänger, der gleichzeitig Regie führt; der Konzertmanager eines Orchesters, der zusätzlich als Dirigent fungiert), bei denen keine eindeutige Identifizierung der Tätigkeit zwecks Zuordnung zu Art 17 vorgenommen werden kann. In diesen Fällen ist in dem Staat, in dem die Aufführung erfolgt, zu prüfen, welchen Hauptgehalt die Tätigkeit der betroffenen Person erfüllt. Dieser hauptsächlich erbrachten Tätigkeit im Ausübungsstaat sind die gesamten Einkünfte zuzurechnen und entspr abkommensrechtlich zu qualifizieren.[66] Tz 4 MK zu Art 17 stellt zunächst auf die darstellende Tätigkeit ab. Sofern diese allerdings einen zu vernachlässigenden Teil der gesamten Tätigkeit einnimmt, ist für die Beurteilung der gesamten Einkünfte den anderen Verteilungsnormen des DBA der Vorrang zu gewähren und es kann nicht zu einer Anwendung des Art 17 kommen. Sofern der Tätigkeit kein eindeutiger Hauptgehalt zugeordnet werden kann, spricht sich die OECD für eine sachgerechte Aufteilung der Einkünfte aus. Dennoch kann es sinnvoll sein, den Zusammenhang der Tätigkeiten zueinander zu analysieren, um ggf eine funktionale Abhängigkeit ableiten zu können.[67]

33 **2. Der abkommensrechtliche Sportlerbegriff.** Eine allgemeingültige Definition des Sportlerbegriffs sieht das MA nicht vor, auch der MK[68] bietet diesbzgl keine große Hilfestellung. Somit muss das nationale Recht für Definitionszwecke zu Rate gezogen werden (vgl Rn 25). Eine allgemeingültige Definition des Sportlers enthält allerdings auch das nationale Steuerrecht nicht. Jedoch wird die „auf Bewegung, Spiel, Einzel- oder Wettkampfleistung gerichtete, über den alltäglichen Rahmen hinausgehende körperliche Aktivität des Menschen“ als sportliche Tätigkeit angesehen.[69] Folglich ist

---

63 *BFH* v 2.12.1992.

64 *BMF* v 23.1.1996 Tz 5.2.

65 *Wassermeyer* IStR 1995, 555.

66 *FG Münster* v 19.5.2004.

67 *FG Münster* v 19.5.2004; *Vogel/Lehner* Art 17 Rn 25a.

68 Tz 5 MK zu Art 17.

69 *Schmidt/Loschelder* § 49 EStG Rn 39; *Tipke/Kruse* § 52 AO Rn 41.

davon auszugehen, dass ein Sportler – in Analogie zur Bestimmung des Künstlerbegriffs – ein Mensch ist, der gegen Entgelt oder des Betätigungswillens wegens, meist unter Anerkennung bestimmter Regeln, eine **körperliche Tätigkeit** iR eines Wettkampfs **vor Publikum** oder in den Medien ausübt.[70]

Art 17 gilt auch für andere Veranstaltungen, denen ein **Unterhaltungscharakter** beigemessen werden kann. Diesbezüglich enthält Tz 6 MK zu Art 17 eine nicht abschließende Aufzählung. Dieser ist zu entnehmen, dass auch geistige Leistungen iR sog **Denksportarten** als Sport iSd Abk zu qualifizieren sind (Billard, Snooker, Schach und Bridge). Eine andere Auffassung vertritt das FG München[71] bei der Beurteilung eines Schachspielers mit der Begr, dass dieser keine körperliche Tätigkeit ausübe. Folglich seien Schachspieler als „Kopfarbeiter“, nicht als Sportler im klassischen Sinne zu qualifizieren. **34**

Die dt Gerichte haben sich in der Vergangenheit auch mit der Beurteilung von Trainern und Schiedsrichtern iSd Sportlerbegriffs auseinandergesetzt. So hat das *FG Köln*[72] entschieden, dass ein **Bundesligatrainer kein Berufssportler** iSd § 50a EStG ist. Anders als bei einem Fußballspieler stehe bei einem Trainer nicht das persönliche Moment der eigenen körperlichen Ertüchtigung zur Erbringung einer sportlichen Leistung im Vordergrund. Die Aufgabe eines Trainers sei vielmehr **organisatorischer Art**, sodass er nicht als Berufssportler angesehen werden könne. Eine ähnliche Entscheidung traf das FG Niedersachsen. [73] Str war, ob ein in verschiedenen Ländern tätig gewordener Tennisschiedsrichter abkommensrechtlich als Sportler zu beurteilen war. Das FG Niedersachsen stellt in seinem Urt v 24.11.2004 fest, dass die Aufgabe eines **Schiedsrichters** darin bestehe, die **Einhaltung des Regelwerks** durch die Sportler iRe Wettkampfs zu überwachen. Da er selber den Wettkampf nicht bestreite, sei er auch nicht als Sportler iSd Abk zu qualifizieren. **35**

Erg kann angeführt werden, dass die OECD in Tz 7 MK zu Art 17 Agenten oä Personen bewusst aus dem Anwendungsbereich des Art 17 ausschließt und damit einhergehend klarstellt, dass das Organisieren und Arrangieren von Auftritten nicht unter die betroffenen Tätigkeiten zu subsumieren ist.[74] **36**

3. Zweifelsfragen. Artisten werden weder in Art 17 noch in der Kommentierung der OECD ausdrücklich genannt. In Anbetracht der Tatsache, dass Artisten zu Unterhaltungszwecken auftreten und ihre Darbietungen ein gewisses körperliches Geschick erfordern (bspw Jongleure, Seiltänzer, Zauberer),[75] kann ihre in erster Linie **unterhaltende Tätigkeit** dieser Norm zugeordnet werden.[76] **37**

Ebensowenig erfolgt eine explizite Nennung der **Tourneetheater**. Die Beurteilung dieser ist noch unklar. Bei dieser Form eines unterhaltenden Ensembles handelt es sich nicht nur um eine künstlerische/sportliche und unterhaltende Darbietung, sondern **38**

---

70 Ähnlich *Debatin/Wassermeyer* Art 17 Rn 26; *Vogel/Lehner* Art 17 Rn 31; *S/K/K* Art 17 Rn 21; *Maßbaum* IWB F 10 Gr 2, 1213.

71 *FG München* v 30.6.1995.

72 *FG Köln* v 16.12.1997.

73 *FG Niedersachsen* v 24.11.2004.

74 Ähnlich *S/K/K* Art 17 Rn 17.

75 *Schmidt* § 49 EStG Rn 31.

76 Ähnlich *Maßbaum* IWB F 10 Gr 2, 213; *Vogel/Lehner* Art 17 Rn 34.

werden darüber hinaus auch technische Tätigkeiten erbracht. Es erfolgt ein Zusammenschluss mehrerer unterschiedlicher Personen mit dem Zweck, eine Gesamtproduktion in fremden Räumlichkeiten darzubieten. Das Entgelt wird iE für die gesamte Aufführung und nicht nur für den tatsächlichen Auftritt gezahlt. Mitvergütet wird also auch das mitreisende Begleitpersonal wie bspw Techniker. Um Art 17 den Vorrang zu gewähren, müsste die **Gesamtleistung** als **künstlerisch** beurteilt werden und die unterstützenden, vorbereitenden und technischen Tätigkeiten von nachrangiger Bedeutung sein. Schließlich stellt die OECD bereits im MK klar, dass verwaltende oder unterstützende Funktionen nicht von Art 17 erfasst werden sollen.[77] Andererseits ist auf die Ausführungen in Rn 32 zu verweisen, die eine Subsumtion von sog Mischfällen unter Art 17 zulassen, sofern die nicht darstellenden Tätigkeiten von untergeordneter bzw zu vernachlässigender Bedeutung sind. Mit Verfügung der OFD Münster v 21.6.1989[78] und Schreiben des BMF v 5.3.1987 betr der im Inland beschränkt steuerpflichtigen Einkünfte eines Schweizer Tourneetheaters iSv § 49 Abs 1 Nr 2 EStG vertritt zumindest die dt FinVerw die Auffassung, dass das innerstaatliche Besteuerungsrecht nicht durch Art 17 ausgeschlossen wird bzw dieses nach Art 17 ausgeschöpft werden kann. Während § 49 Abs 1 Nr 2 EStG bereits die mit der betroffenen Darbietung im Zusammenhang stehenden Leistungen als Einkunftsmerkmal definiert, ist dies abkommensrechtlich zunächst nicht der Fall. Insofern besteht ein Qualifikationskonflikt. Das FG Berlin[79] begründete das Steuerabzugsverfahren bei einem Tourneeveranstalter gem § 50a EStG damit, dass die Leistungen nicht ausschließlich handwerklicher Natur gewesen seien, sondern vielmehr ein **detailliertes Gesamtkonzept der Aufführung** darstellten und eine erfolgreiche Bühnenshow bereicherten. Diese Auffassung teilte partiell auch der BFH: Die Erbringung eines Aufführungskonzeptes sei einer künstlerischen Darbietung iSd § 49 Abs 1 Nr 2 EStG zumindest ähnlich, sofern darin eine **eigenschöpferische** Leistung vorliege, die vom Publikum als **eigenständige Leistung** wahrgenommen werden könne. Ferner liege mit dieser Darbietung eine zusammenhängende Leistung vor, soweit sie **von demselben Anbieter** erbracht werde.[80]

39 IE sind die Bezüge der Künstler eines solchen Ensembles nach Art 17 zu besteuern. Welche Person des Ensembles tatsächlich als Künstler anzusehen ist, bleibt jedoch weiterhin unklar. Für die Besteuerung der nichtkünstlerischen Mitarbeiter kann es nach hM nicht zur Anwendung des Art 17 kommen.[81]

II. Kulturaustausch

40 Im Rahmen eines Kulturaustausches erfolgt eine int Entsendung von Künstlern. Bspw tauschen dt Opernhäuser Künstler mit ausl Opernhäusern aus bzw nehmen für bestimmte Produktionen ausl Künstler auf. Zur Förderung des Kulturaustausches sehen nicht nur die einzelnen Staaten **steuerliche Privilegierungen** für die Künstler vor.[82] Auch die OECD bietet den Staaten die Möglichkeit den Anwendungsbereich

77 Tz 3 MK zu Art 17.

78 *OFD Münster* v 21.6.1989; *BMF* v 5.3.1987.

79 *FG Berlin* v 10.1.2003.

80 *BFH* v 17.11.2004.

81 *S/K/K* Art 17 Rn 37; *Vogel/Lehner* Art 17 Rn 37; *Debatin/Wassermeyer* Art 17 Rn 37; **aA** *Maßbaum* IWB F 10 Gr 2, 1213.

82 In Deutschland durch die Möglichkeit der Freistellung/Pauschalierung des Steuerabzuges gem § 50 Abs 7 EStG; vgl *BMF* v 9.10.2002.

des Art 17 für bestimmte Veranstaltungen auszuschließen.[83] Den Ländern steht es anheim, eine entspr, klar definierte Regelung in ihren Abk aufzunehmen; eine entspr Formulierungshilfe wird durch die OECD zur Verfügung gestellt.

IRd Privilegierung verzichtet der Quellenstaat zugunsten des Ansässigkeitsstaates auf seine Besteuerungsrechte. In den DBA werden drei Formen unterschieden:[84] den individuell vereinbarten offiziellen Kulturaustausch, die Subventionierung des Auftritts der ausländischen Künstler durch öffentliche Mittel des Entsendestaates (DBA mit Schweden, Schweiz, Lettland) und die Berücksichtigung einer Bagatellgrenze als Sonderfall (USA). Für den in der dt Praxis am häufigsten vorkommenden Fall, der **Subventionierung durch öffentliche Mittel** des Entsendestaates, ist als Voraussetzung für die Abstandnahme vom Steuerabzug in Deutschland der Umfang der Subvention aus öffentlichen Mitteln durch eine Bescheinigung der staatlichen Institution nachzuweisen.[85] **41**

Häufig werden Vereinbarungen geschlossen, nach denen von dt Seite neben dem Lohn für den ausländischen Künstler auch die Kosten für Unterkunft und Verpflegung gezahlt werden.[86] Unter Berücksichtigung der Verwaltungsauffassung ist davon auszugehen, dass das Ansässigkeitsprinzip nur in Fällen greift, in denen die Kosten für den Auslandsaufenthalt zu **mindestens einem Drittel** durch den Entsendestaat getragen werden.[87] Die neueren dt DBA (bspw Polen, Rumänien, Slowenien) gehen über diese Auffassung noch hinaus und fordern für die Anwendung des Ansässigkeitsprinzips die Kostenübernahme des Entsendestaates zu mindestens der Hälfte („ganz oder überwiegend").[88] Insofern sollte die Handlungsempfehlung für dt Institutionen lauten, dahingehende Vereinbarungen zu treffen, dass der Entsendestaat mehr als die Hälfte der Kosten für die entsandten Künstler übernimmt, um so unter Anwendung entspr abkommensrechtlicher Regelungen ein Besteuerungsrecht in Deutschland auszuschließen. **42**

Abschließend ist darauf zu achten, dass es sich tatsächlich um einen Austausch handeln muss. Austausch meint in diesem Sinne insb, dass der Aufenthalt des Künstlers im Inland zeitlich begrenzt bzw von vorübergehender Dauer ist. So wurde iRe Verständigungsverfahrens mit Polen vereinbart, dass die Steuerbefreiung im Tätigkeitsstaat nicht mehr zu gewähren ist, wenn ein Aufenthalt die Dauer eines Jahres überschreitet.[89] **43**

C. Absatz 2

Während sich Art 17 Abs 1 explizit mit der Besteuerung von Einkünften aus der künstlerischen oder sportlichen Tätigkeit natürlicher Personen auseinandersetzt und hierbei insb eine bestimmte Tätigkeit, die durch diese Person persönlich erbracht werden muss, sowie einen bestimmten Personenkreis in den Vordergrund stellt, stellt **44**

83 Tz 14 MK zu Art 17.

84 *BMF* v 9.10.2002 Tz 2.2.

85 *BMF* v 9.10.2002 Tz 2.3.

86 *Haase* INF 2005, 389.

87 *BMF* v 9.10.2002 Erörterungen Pkt 1.2.

88 Ähnlich *Vogel/Lehner* Art 17 Rn 94a.

89 *FinMin Hessen* S-1301 A – 127 – II A 11 bek *OFD Frankfurt/Main* S-1301 A – Polen – 4 St II 40 v 12/10/81, koordinierter Ländererlass v 5.10.1981.

Art 17 Abs 2 weder auf die in Abs 1 genannten Tätigkeiten, noch auf den dort genannten Personenkreis ab, sondern verlangt eine **Interessenverknüpfung** zu den in Abs 1 genannten Tatbestandsmerkmalen. Nach Art 17 Abs 2 wird dem Tätigkeitsstaat auch dann das Besteuerungsrecht zuerkannt, wenn nicht der Künstler selbst, sondern eine **andere Person** die Vergütungen für die dargebrachte Leistung erhält. Insofern wird dem Quellenstaat das Besteuerungsrecht für den **tatsächlichen Zahlungsempfänger** der Vergütung für eine künstlerische/sportliche Tätigkeit eingeräumt, sofern der Künstler/Sportler nicht selbst im Quellenstaat für seine erbrachten Darbietungen dort der Besteuerung unterliegt **(„Künstlerdurchgriff")**.[90]

45 Hintergrund für die Einführung des Abs 2 in das MA ist zum einen die Absicht, **Steuerumgehungen** vorzubeugen bzw zu vermeiden.[91] Als Hauptgrund ist jedoch zu nennen, dass die Regelung den Durchgriff bei **„Zwischenschaltung" eines Zahlungsempfängers** für alle Entgelte ermöglicht, die der darbietende Personenkreis für seine betreffenden im Quellen-/Tätigkeitsstaat erbrachten Tätigkeiten erhält.[92] Insofern soll der zweite Abs die Durchsetzung der Besteuerungsrechte des Quellenstaates für die von Abs 1 betroffenen darbietenden Tätigkeiten gewährleisten.[93] Der MK zum MA sieht bspw auch bei Fehlen einer Betriebsstätte das Besteuerungsrecht für Unternehmen vor, die selber nicht im Tätigkeitsstaat ansässig sind. Um darüber hinaus die abstrakte Gefahr der Steuerumgehung aufgrund einer Interessenverknüpfung zwischen dem Vergütungsempfänger und dem leistenden Künstler/Sportler zu vermeiden, sieht die OECD in Tz 11 MK zu Art 17 **drei Hauptanwendungsfälle** der Vorschrift vor:

I. Definition des betroffenen Personenkreises

46 **1. Agent/Managementgesellschaft.** Bei dem ersten Anwendungsfall handelt es sich um eine **natürliche Person**, bspw um einen Manager oder Agenten, der den Auftritt des betroffenen Personenkreises vermittelt und organisiert. Sofern nicht dem Künstler selbst, sondern dem Manager die Einkünfte für die ausgeübte Tätigkeit zufließen, wird dem Tätigkeitsstaat dennoch ein Besteuerungsrecht für diese Einkünfte aus der darbietenden Tätigkeit eingeräumt, obwohl der Manager **selbst nicht** die für die Anwendung des Art 17 Abs 1 erforderliche **künstlerische oder sportliche Tätigkeit** erbringt.

47 **Beispiel:** Ein dt Fernsehsender schließt mit dem ausl Agenten eines ausl Schauspielers einen Vertrag über die Moderation einer Gala. Der Agent vermittelt den Schauspieler in seinem Namen und auf seine Rechnung,[94] sodass der Vertrag für die Leistungserbringung direkt zwischen dem dt Fernsehsender und dem ausl Agenten geschlossen wird und die Zahlung der Vergütung an den Agenten erfolgt. Das dt Besteuerungsrecht wird durch § 49 EStG begründet, sodass der Durchgriff auf die Vergütung die der Agent für die (durch den Schauspieler erbrachte) künstlerische Tätigkeit erhält durch Art 17 Abs 2 eröffnet wird. Allerdings wird dem Quellenstaat lediglich das Besteuerungsrecht für die Einkünfte des

90 Tz 11 MK zu Art 17; *Bode/Huber/Stählin* DStR 1989, 130.

91 *Bode/Huber/Stählin* DStR 1989, 130; *Vogel* StuW 1996, 248; *Kilius* FR 1995, 721; *Debatin/Wassermeyer* Art 17 OECD-MA Rn 59.

92 *Long/Tyrrell* Intertax 1992, 688; *Mody* S 1181.

93 *Long/Tyrrell* Intertax 1992, 688; *Felderer* SWI 2007, 456; *Rief* SWI 1994, 183; *Debatin/Wassermeyer* Art 17 OECD-MA Rn 59.

94 *Mody* S 1181.

Künstlers eingeräumt, die der Agent für die durch den Künstler in seiner Eigenschaft ausgeübten Tätigkeiten erhält. Sofern der Agent für die Vermittlung, Organisation oä des Auftritts ein Entgelt erhält, ist Art 17 auf die Besteuerung dieser Provision nicht anwendbar.[95]

Die im Inland gezahlten Preisgelder und Siegprämien, die anlässlich eines inländischen Pferderennens an die **Pferdehalter** gezahlt werden, fallen ebenfalls unter die Anwendung des Art 17. Das FinMin Saarland und FG Hamburg[96] führten als Begr an, dass die Anwendung des Art 17 zwar grds auf eine persönlich ausgeübte Tätigkeit abstelle, der Einkünftebezieher diese Tätigkeit allerdings nicht höchstpersönlich ausüben müsse. Vielmehr sei ein **Zusammenhang der Einkünfte mit der Tätigkeit** ausreichend. Ein solcher Zusammenhang liegt nach Auffassung des FinMin Saarland und des FG Hamburg vor, da der Pferdehalter das Preisgeld nicht ohne Pferd und Jockey hätte erzielen können.[97] 48

2. Juristische Person. Als weitere Ausnahme zum 1. Abs darf der Tätigkeitsstaat die Vergütungen für den **Zusammenschluss von mehreren Künstlern** zu einer Gemeinschaft in Form einer juristischen Person besteuern (bspw Ensembles, Sportteams und Orchester).[98] Insofern weicht der zweite Abs vom ersten Abs ab, als dass nicht die Besteuerung natürlicher Personen im Vordergrund steht, sondern die Einkünfte von juristischen Personen, welche selbst nicht die entspr Darbietungen ausüben können. Diese werden vielmehr von den einzelnen Mitgliedern der Gruppe erbracht. Die dafür gezahlten Vergütungen, die dem **Rechtsträger** der Gemeinschaft zufließen, sollen der **Besteuerung im Tätigkeitsstaat** unterliegen. Die Vorschrift soll verhindern, dass sich Künstler und Sportler gezielt zu juristischen Personenvereinigungen zusammenschließen, um die Rechtsfolge des ersten Abs, nämlich die Besteuerung lediglich von natürlichen Personen, zu umgehen. 49

Unter Anwendung des Art 17 Abs 2 wird folglich die juristische Person zum Steuersubjekt für die Einkünfte, die durch von ihren Mitgliedern erbrachte Darbietungen erzielt werden. Allerdings beschränkt sich das Besteuerungsrecht des Quellenstaates nach den Grundprinzipien des Art 17 auf die Einkünfte, die letztlich den Künstlern zufließen. Insofern kann sich das Besteuerungsrecht des Quellenstaates nur auf die Einkünfte beziehen, die dem einzelnen Künstler/Sportler über den Rechtsträger zufließen.[99] 50

Diesem Grundsatz folgend sind die den Künstlern und Sportlern zufließenden Einkünfte für jede einzelne Darbietung zu ermitteln. Dennoch kann die Besteuerung auf Ebene des Rechtsträgers vorgenommen werden, sofern das innerstaatliche Recht einen sog Künstlerdurchgriff vorsieht.[100] Gem Tz 11 lit b MK zu Art 17 kann die juristische Person ihren Gewinn für die einzelnen Darbietungen ermitteln und der Besteuerung im jeweiligen Tätigkeitsstaat unterwerfen. Voraussetzung für die Anwendung dieser Vereinfachungsregel ist allerdings gem Tz 11 lit b MK zu Art 17, dass die Mitglieder des 51

95 *Debatin/Wassermeyer* Art 17 OECD-MA Rn 57.

96 *FinMin Saarland* v 17.8.1995; *FG Hamburg* v 20.7.1999.

97 *Debatin/Wassermeyer* Art 17 Rn 28; „Das Halten von Rennpferden fällt für sich genommen nicht unter den Begriff des Sports"; in G/K/G/*Maßbaum* Art 17 Rn 53.

98 Tz 11 Buchstabe b MK zu Art 17.

99 *Bode/Huber/Stählin* DStR 1989, 130.

100 In Deutschland erfolgt dies durch § 49 Abs 1 Nr 2 lit d EStG: „..., unabhängig davon, wem die Einnahmen zufließen,...".

Ensembles eine feste wiederkehrende Vergütung erhalten und die Aufteilung bzw Zuordnung dieser auf einzelne Darbietungen nicht möglich bzw äußerst schwierig wäre.

52 **3. Künstlergesellschaft.** Der dritte Anwendungsfall betrifft sog **Künstlergesellschaften**.[101] Als Beispiel kann die Gründung einer Künstlergesellschaft in Niedrigsteuerländern angeführt werden, deren Arbeitnehmer oder Anteilseigner Künstler oder Sportler sind, die in unterschiedlichen Hochsteuerländern zeitweise tätig werden. Soweit die Veranstalter die Verträge mit der Künstlergesellschaft schließen und diese letztlich auch die Tätigkeitsvergütung erhält, läge das Besteuerungsrecht für diese Vergütung unter Anwendung des Art 7 im Ansässigkeitsstaat der Künstlergesellschaft und somit in einem Staat mit günstigen Steuersätzen. Die hätte zur Folge, dass mangels Vergütung an den von Abs 1 erfassten Personenkreis das Prinzip der Quellenbesteuerung iSd Art 17 nicht zur Anwendung gelangt und auch die ausl Künstlergesellschaft mangels Vorliegen einer Betriebsstätte nicht im Tätigkeitsstaat der Besteuerung unterliegt. Somit werden bestimmte Fallkonstellationen erfasst, in denen eine Interessensverknüpfung zwischen dem eingeschalteten Dritten und dem Künstler oder Sportler besteht, und die in erster Linie der Steuerumgehung dienen.

53 Sofern Art 17 Abs 2 einschlägig ist, beschränkt sich das Besteuerungsrecht des Quellenstaates nicht nur auf die an die Künstler/Sportler weitergeleiteten Einkünfte.[102] Vielmehr wird dem Quellenstaat im Fall des Vorliegens einer missbräuchlichen Gestaltung auch die Ausübung seines Besteuerungsrechts für die vom Unternehmen erwirtschafteten Gewinne gestattet, die das Unternehmen von den Einkünften aus der jeweiligen Darbietung abgezweigt hat.[103] Eine missbräuchliche Gestaltung und damit einen Anwendungsfall des Art 17 Abs 2 nahm das FG Köln[104] im Fall eines Künstlermanagers an, der aufgrund seiner umfassenden Beratungs-, Vertretungs- und Verhandlungsbefugnisse als „nahestehende Person" anzusehen war. In seinem Urt führte das FG aus, dass das Durchgriffsprinzip des Art 17 Abs 2 bereits Anwendung finde, sofern die Gefahr einer Steuerumgehung nicht ausgeschlossen werden könne.

54 Enthält ein DBA keine dem Art 17 Abs 2 entspr Vorschrift, ist Art 7 anzuwenden mit der Folge, dass die Vergütung im Ansässigkeitsstaat der Gesellschaft zu versteuern ist, sofern diese nicht über eine Betriebsstätte im Tätigkeitsstaat verfügt.

II. Dreiecksgestaltungen

55 Bei sog dreiseitigen Sachverhalten handelt es sich um Sachverhalte, bei denen drei unterschiedliche Länder betroffen sind. Da die DBA immer nur zwischen zwei Staaten bestehen und keine Wirkung auf einen weiteren betroffenen Staat entfalten, ist die Zuweisung des Besteuerungsrechts iSd DBA mit Schwierigkeiten verbunden.[105] Sog Dreiecksgestaltungen sind folglich nur in den Fällen des Art 17 Abs 2 und bei der „Zwischenschaltung" eines Dritten möglich.

---

101 *Vogel* StuW 1996, 248.

102 *Debatin/Wassermeyer* Art 17 Rn 58.

103 Rn 11 Buchstabe c MK zu Art 17 MA.

104 *FG Köln* v 25.6.1998.

105 *Vogel/Lehner* Art 17 Rn 121.

ZB[106] kann es sich um einen im Staat A ansässigen Künstler handeln, der sich für Auftrittszwecke zeitweise im Staat B aufhält. Die Vermittlung dieses Auftrages erfolgte durch den in Staat C ansässigen Manager des Künstlers, der die Auftrittsvergütung in voller Höhe vereinnahmt. Die Bezahlung des Künstlers erfolgt sodann durch den Manager, nachdem dieser seine Provision von der Gesamtvergütung einbehalten hat. Betroffen sind drei unterschiedliche Staaten und damit möglicherweise auch drei DBA: das DBA A-B (Ansässigkeits- und Quellenstaat des Künstlers), das DBA B-C (Quellenstaat und Ansässigkeitsstaat des Managers/Vergütungsempfängers) und das DBA A-C (Ansässigkeitsstaaten von Künstler und Manager/Vergütungsempfänger). Das letztgenannte DBA wird in diesem Fall nicht zur Anwendung gelangen, da die Darbietung des Künstlers nicht im Staat C erbracht wurde. Fraglich ist auch, ob das DBA A-B oder das DBA B-C zur Anwendung gelangt, da B als Quellenstaat zu beiden Staaten (A und C) einen sachlichen Anknüpfungspunkt aufweist. **56**

Die Lösung solcher Dreiecksgestaltungen liegt im innerstaatlichen Recht des Quellenstaates,[107] also dem Staat, in dem die Darbietung erfolgt (Staat B). Sofern das innerstaatliche Steuerrecht des Staates B (Quellenstaat) Regelungen zum „Künstlerdurchgriff" beinhaltet, ist das DBA A-B anzuwenden. Es handelt sich um Einnahmen die direkt dem Künstler zugerechnet werden, sodass auf die Zahlung Art 17 Abs 1 (DBA A-B) Anwendung findet. Insoweit wäre eine Regelung des Art 17 Abs 2 in dem DBA A-B überflüssig. Werden die Einkünfte aufgrund der innerstaatlichen Vorschriften des Quellenstaates (B) jedoch dem Manager zugerechnet, ist das DBA B-C anzuwenden. Sofern das Abkommen keine dem Art 17 Abs 2 entspr Vorschrift beinhaltet, wird die Besteuerung im Quellenstaat B blockiert, weil die allg Verteilungsregeln (Art 7 und 15) zu berücksichtigen sind. Je nach Ausgestaltung des innerstaatlichen Rechtes des Quellenstaates können Doppel- oder Doppelnichtbesteuerungen die Folge sein. Eine Doppelfreistellung tritt ein, sofern das konkret anzuwendende DBA keinen Art 17 enthält und mangels Vorliegen einer Betriebsstätte die allg Prinzipien des DBA ins Leere laufen. In dem hier dargestellten Fall würden weder der Künstler noch der Manager eine Betriebsstätte im Quellenstaat begründen. Darüber hinaus könnte bei Fehlen eines Art 17 Abs 2 des anzuwendenden DBA eine „wirtschaftliche" Doppelbesteuerung[108] drohen, sofern der Künstler im Quellenstaat (B) der Besteuerung und der vergütungsempfangende Manager in seinem Ansässigkeitsstaat (C) dem Welteinkommensprinzip unterliegt. **57**

Der vergütungsempfangende Manager unterliegt im Staat C der unbeschränkten StPfl. Mangels einer Betriebsstätte des Managers im Staat A, können diesem keine Besteuerungsrechte erwachsen. Darüber hinaus würde das DBA A-C gem Art 7 dem Staat C das Besteuerungsrecht einräumen. Da in diesem Beispiel von der Nichtexistenz des Abs 2 des Art 17 ausgegangen wird, kann Art 17 nicht zur Anwendung gelangen, da der Manager nicht Künstler/Sportler iSd ersten Abs zu qualifizieren ist bzw. keine unterhaltende Darbietung im Quellenstaat erbracht hat. **58**

Sofern also für den Quellenstaat nach seinem innerstaatlichen Recht kein sog Künstlerdurchgriff auf den vergütungsempfangenden Dritten möglich ist, empfiehlt es sich für die Vertragsstaaten eine Regelung entspr Art 17 Abs 2 in ihren Abk aufzuneh- **59**

106 Bsp nach *Vogel/Lehner* Art 17 Rn 122 ff; ähnliches Bsp *S/K/K* Art 17 Rn 47; *Debatin/Wassermeyer* Art 17 Rn 74 ff.

107 *Debatin/Wassermeyer* Art 17 Rn 74; *Vogel/Lehner* Art 17 Rn 122.

108 *Vogel/Lehner* Art 17 Rn 123; Begriff: *Vogel/Lehner* Rn 4 Einl.

men.[109] Dieser erlaubt dem Quellenstaat ungeachtet des Art 7, die in Art 17 bezeichneten Einkünfte, die von einem in einem dritten Staat ansässigen Künstler/Sportler erzielt werden, zu besteuern.

60 Darüber hinaus stellt Tz 11.1 MK zu Art 17 abschließend klar, dass die Vorschrift die Besteuerungsrechte des Ansässigkeitsstaates des beteiligten Dritten nicht einschränkt. Sofern diesem also die Einkünfte zufließen, ist der Ansässigkeitsstaat nicht in seinen Rechten gehindert. Folglich wird insofern eine drohende Doppelbesteuerung durch das MA geduldet.

D. Deutsche DBA

I. Allgemeines

61 Bemerkungen und Vorbehalte zu Art 17 hat die Bundesrepublik Deutschland nicht in den MK aufnehmen lassen.

62 Nahezu alle dt Abk sehen eine vorrangige Regelung zur Besteuerung der Künstler und Sportler im Tätigkeitsstaat entspr Art 17 Abs 1 vor. Ebenso wurde die Regelung Art 17 Abs 2 in viele der dt Abk übernommen.

II. Wichtigste Abweichungen

63 Die DBA Frankreich (Art 12 Abs 2) und Griechenland (Art 11 Abs 1) sehen allerdings **keine eigenständige Norm** für die Künstler und Sportler vor. In diesen Abk wurde eine entspr Verteilungsnorm unter der Regelung der Einkünfte aus selbstständiger Tätigkeit bzw unselbstständiger Arbeit aufgenommen, die dem Grundsatz des MA entsprechen.

64 Die DBA Frankreich (Art 12) und Griechenland (Art 11) beschränken das Tätigkeitsprinzip auf **selbstständige Tätigkeiten**. Ebenso beinhaltet der Art 17 DBA Belgien eine Regelung, die sich auf selbstständige Künstler und Sportler beschränkt. Sofern es sich um Angestellte handelt, ist folglich der Verteilungsnorm entspr Art 15 Vorrang zu gewähren.

65 Angestellte Künstler und Sportler werden nach den DBA Belgien, Frankreich und Griechenland erst bei Überschreiten der 183-Tage-Regelung in Deutschland steuerpflichtig.[110] Bei allen anderen Ländern hat Deutschland ein anteiliges Besteuerungsrecht für die Löhne.[111]

66 Das DBA Schweiz sieht die Vorrangigkeit der Besteuerung des Ansässigkeitsstaates gegenüber Art 17 iRe eigenen **Grenzgängerregelung** (Art 15a DBA Schweiz) vor. Dies bedeutet, dass angestellte Künstler und Sportler nicht unter Art 17 DBA Schweiz zu subsumieren sind.[112]

67 Eine Sonderregelung betr die **Verwertung von Persönlichkeitsrechten** sehen die DBA Malta (Abs 2) und Österreich (Abs 1) vor. Somit wird das Besteuerungsrecht für die Nutzung von Persönlichkeitsrechten nicht dem Ansässigkeitsstaat des Vergütungsempfängers zugewiesen. Ein entspr Besteuerungsrecht wird dem Quellenstaat auch

109 Ähnlich *Vogel/Lehner* Art 17 Rn 125.
110 Vgl Art 15 Rn 120; *Holthaus* IStR 2008, 504.
111 Vgl Rn 3; *Holthaus* IStR 2008, 504.
112 *BMF* v 19.9.1994, Rn 42.

für Einkünfte aus der Übertragung von künstlerischen und sportlichen Darbietungen im Fernsehen oder im Rundfunk eingeräumt. Demzufolge wird die Vorrangigkeit des Art 17 vor den Regelungen zur Besteuerung von Lizenzgebühren (Art 12) klargestellt. Insofern geht die Regelung in beiden DBA weit über die ursprüngliche Intention, nämlich der Vorrangigkeit des Art 17 vor Art 7 und 15 hinaus. Außer Acht gelassen wurde diesbezüglich vermutlich auch Tz 9 MK zu Art 17, wonach lediglich Lizenzgebühren in Form von Nebeneinkünften der Verteilungsnorm des Art 17 unterstellt werden sollten. Diese weitreichende Abweichung gegenüber dem MA und auch anderen dt DBA wirft zahlreiche Zweifelsfragen auf, die in der Lit aufgegriffen wurden.[113]

Eine Regelung zur **Förderung des Kulturaustausches** sehen die DBA Bulgarien (Art 16), Dänemark, Estland, Großbritannien, Irland, Italien, Jugoslawien (Art 18), Kroatien, Lettland, Litauen, Luxemburg, Malta, Niederlande, Norwegen, Österreich, Polen, Rumänien, Russland, Schweden, Schweiz, Slowenien, Tschechische Republik, Slowakische Republik, Spanien, Türkei, Ungarn und Zypern vor. Die meisten der vorgenannten DBA räumen dem Ansässigkeitsstaat das Besteuerungsrecht der Einkünfte aus der von Künstlern oder Sportlern ausgeübten Tätigkeit ein, sofern der Aufenthalt des betroffenen Personenkreises aus öffentlichen Mitteln unterstützt wird. **68**

Die „Unterstützung" eines entspr Kulturaustausches und dem daraus resultierenden Besteuerungsrecht des Ansässigkeitsstaates ist in den DBA unterschiedlich vereinbart worden. Während die DBA Russland und Niederlande explizit eine **finanzielle Unterstützung zu mehr als der Hälfte** aus öffentlichen Kassen des Ansässigkeitsstaates für die im Ausland ausgeübten Auftritte fordern, wird entspr in den DBA Kroatien, Malta, Österreich, Polen, Rumänien und Slowenien eine Unterstützung fingiert. Allerdings enthalten die letztgenannten DBA die Definition der Kostenübernahme im „überwiegenden" Maße. **69**

Dabei ist die Formulierung der finanziellen Unterstützung in „überwiegendem" Maße nicht mit der Formulierung **„in wesentlichem Umfang"** zu verwechseln. Eine Unterstützung von öffentlichen Kassen in wesentlichem Umfang setzt nach allg Verständnis die Kostenübernahme zu mindestens einem Drittel der Kosten für den Aufenthalt voraus.[114] Entspr Vereinbarungen sehen die DBA Dänemark, Estland, Italien, Lettland, Litauen, Norwegen, Spanien, Schweden und Schweiz[115] vor. **70**

Das **DBA Jugoslawien** (Art 18) stellt nicht auf die Finanzierung aus öffentlichen Mitteln ab, sondern auf ein von beiden Staaten gebilligtes **Kultur- und Sportaustauschprogramm**. Insofern sollte der int Kultur- und Sportaustausch zwischen Deutschland und Jugoslawien gefördert werden. Allerdings soll verhindert werden, dass die Finanzierung aus öffentlichen Kassen ausgeweitet werden muss, um dem Ansässigkeitsstaat ein Besteuerungsrecht einzuräumen.[116] **71**

Ebenso sehen die **DBA der Tschechischen und der Slowakischen Republik** lediglich einen **vereinbarten Kulturaustausch** vor, um dem Ansässigkeitsstaat ein entspr Besteuerungsrecht zu gewähren. Somit wird ebenfalls keine finanzielle Unterstützung **72**

---

113 Ausf *Lang/Stefaner* IStR 2003, 829.

114 *BMF* v 20.7.1983; *Vogel/Lehner* Art 17 Rn 94a; *Debatin/Wassermeyer* Art 17 DBA Schweiz Rn 64.

115 *Bode/Huber/Stählin* DStR 1989, 130.

116 *Vogel/Lehner* Art 17 Rn 94a; *Debatin/Wassermeyer* Art 19 DBA Jugoslawien Rn 11.

gefordert. Darüber hinaus soll die Formulierung „Kulturaustausch" sowohl künstlerische als auch sportliche Auftritte umfassen.[117]

73 Viele DBA enthalten bereits eine dem Art 17 Abs 2 entspr Regelung und erweitern den Anwendungsbereich auf dritte Personen als Zahlungsempfänger. Die DBA Belgien, Frankreich, Griechenland, Irland, Island, Spanien und Zypern enthalten allerdings keine entspr Regelung. Bei diesen DBA wird folglich in der Regel Art 7 Anwendung finden, da keine Vorrangigkeit des Art 17 existiert.

74 Die DBA Finnland und Norwegen sehen einen erweiterten persönlichen Anwendungsbereich vor. Beide Abk zielen auf die **Zurverfügungstellung von Dienstleistungen** des in Abs 1 betroffenen Personenkreises, bzw auf die **Vermittlung dieses Personenkreises** ab.

75 Das DBA Schweiz gewährt ebenfalls dem Quellenstaat das Besteuerungsrecht, sofern eine andere Person aus der **Überlassung** eines Künstlers, Sportlers oder Artisten Einkünfte erzielt. Insofern wird vom Wortlaut ein Arbeitgeber-/Arbeitnehmerverhältnis zwischen dem „Überlasser" und dem tatsächlich tätig werdenden Personenkreis unterstellt.[118]

76 Das DBA Schweden setzt einen **kontrollierenden Einfluss** des Künstlers oder Sportlers gegenüber der Einnahmen empfangenden Person voraus, um dem Ausübungsstaat ein Besteuerungsrecht an den Einkünften der anderen Person, welche die Einkünfte aufgrund der Tätigkeit eines Künstlers oder Sportlers erzielt, einzuräumen.

77 Das DBA USA setzt für die Erweiterung des persönlichen Anwendungsbereiches eine **unmittelbare oder mittelbare Gewinnbeteiligung** des Künstlers oder Sportlers oder eine der darbietenden Person nahestehenden dritten Person gegenüber dem Zahlungsempfänger voraus. Unter anderem werden als entspr Gewinnbeteiligungen Gratifikationen, Honorare und Dividenden beispielhaft im Abkommenstext genannt.[119]

78 Eine **unmittelbare oder mittelbare Beherrschung** des Zahlungsempfängers durch die auftretenden Künstler oder Sportler erfordert das DBA Japan.

117 *Debatin/Wassermeyer* Art 17 DBA Tschechien Rn 31.
118 *Vogel/Lehner* Art 17 Rn 143; *S/K/K* Art 17 Rn 123.
119 Vgl DBA USA Art 17 Abs 2.

Art. 18 Ruhegehälter

Vorbehaltlich des Artikels 19 Absatz 2 können[1] Ruhegehälter und ähnliche Vergütungen, die einer in einem Vertragsstaat ansässigen Person für frühere unselbstständige Arbeit gezahlt werden, nur in diesem Staat besteuert werden.

FinMin Niedersachsen v 3.11.1999, Az S 1301 – 625 – 3321, DStR 2000, 26; *FinMin Niedersachsen* v 25.1.2002, Az S 1301 – 625 – 33 3, DStR 2002, 359; *FinMin Sachsen-Anhalt* v 9.5.2003, Az 43-S 1301-110; *FinMin Niedersachsen* v 5.8.2004, Az S 1301 – 625 – 33 3; *FinSen Bremen* v 1.6.2004, Az S 1301-It-3766-120, EStG-Kartei BR DBA Allgemeines Nr 1004; *FinMin Schleswig-Holstein* v 30.8.2004, Az VI 301-S 1301-1240, ESt-Kartei SH DBA Karte 2.18; *OFD Hannover* v 25.1.2005, Az S 1301 – 335 – StO 112 a; *BMF* v 23.3.2006, Az IV B 5-S 1301 DNK-1/06, BStBl I 2006, 248; *BMF* v 14.9.2006, Az IV B 6 – S 1300 – 367/06, BStBl I 2006, 532

1 Österreich: S Fußnote 1 zu Art 6.

Übersicht

Literatur: *Andreoni* Cross-Border Tax Issues of Pensions, Intertax 2006, 245; *Carlé* Rentenbesteuerung bei Wohnsitzwechsel in die Schweiz, KÖSDI 2001, 12707; *Firlinger* Arbeitnehmerbeiträge und Pensionseinrichtungen, in Gassner/Lang/Lechner, Aktuelle Entwicklungen im Internationalen Steuerrecht, 1994, S 263; *Gassner/Konezny* Leistungen von Pensionskassen im DBA-Recht, in Gassner/Lang/Lechner/Schuch/Staringer, Arbeitnehmer im Recht der Doppelbesteuerungsabkommen, 2003, S 211; *Günkel* The Taxation of Pensions (Article 18), Intertax 1992, 690; *Ismer* Ruhegehälter nach Art. 18 OECD-MA: Grundlagen und aktuelle Entwicklungen, IStR 2011, 577; *Näth* Nachgelagerte Besteuerung der betrieblichen Altersvorsorge: Sicherstellung der Einmalbesteuerung bei grenzüberschreitenden Beitrags- und Rentenzahlungen, IStR 2004, 284; *Reich* Die Besteuerung von Arbeitseinkünften und Vorsorgeleistungen im internationalen Verhältnis, FS Ryser, 2005, S 185; *Rößler* Steuerliche Behandlung von Renten und Ruhegehältern, DStZ 1993, 635; *Scheffler/Kölbl* Besteuerung der betrieblichen Altersversorgung auf Ebene des Arbeitnehmers im internationalen Kontext, IStR 2007, 113; *Schmidt* Steuerlicher Abzug von Beiträgen zur Altersvorsorge nach dem neuen DBA-USA, PIStB 2006, 265; *Schnitger* Gemeinschaftsrechtliche Würdigung der privaten Altersvorsorge nach dem AltVermG bei Ausscheiden aus der unbeschränkten Steuerpflicht, DStR 2002, 1197; *Steinhäuser* Internationale Aspekte der Besteuerung von Arbeitnehmerabfindungen, 2003; *Toifl* Pensionen im DBA-Recht, in Gassner/Lang/Lechner/Schuch/Staringer, Arbeitnehmer im Recht der Doppelbesteuerungsabkommen, 2003, S 287; *Wernsmann/Nippert* Altersbesteuerung beim Wegzug und Europäisches Gemeinschaftsrecht, FR 2005, 1123.

A. Allgemeines

I. Bedeutung der Vorschrift

Art 18[2] weist dem **Ansässigkeitsstaat** eines ehemaligen Arbeitnehmers das **ausschließliche Besteuerungsrecht** insb für Ruhegehälter zu, die für eine frühere unselbstständige Tätigkeit gezahlt werden.[3] Die Vorschrift will einer **Zersplitterung der Besteuerungsrechte** und einem nicht zu bewältigenden **administrativen Aufwand** bei der Steuerfestsetzung vorbeugen.[4] Beides wäre die unvermeidliche Folge, wenn Ruhegehälter nach einer Beendigung des Arbeitsverhältnisses jeweils (ggf zeitanteilig) in dem Staat besteuert werden müssten, in dem der Arbeitnehmer in den Zeiten des bestehenden Arbeitsverhältnisses tätig geworden ist. 1

2 Instruktiv aus int Perspektive *Andreoni* Intertax 2006, 245; *Günkel* Intertax 1992, 690.

3 Krit (insb hinsichtlich der Abweichung gg Art 19 Abs 2) *S/K/K* Art 18 MA Rn 3.

4 Tz 1 MK zu Art 18; ähnlich *Debatin/Wassermeyer* Art 18 MA Rn 1.

2 In Zeiten einer arbeitsteiligen Wirtschaft und einer zunehmenden Globalisierung ist es nicht unüblich, dass Arbeitnehmer während ihres Berufslebens in mehreren Staaten (ggf auch mehrfach) oder bei mehreren Arbeitgebern beschäftigt sind. Nicht immer erfüllen Arbeitnehmer und Arbeitgeber dabei die Voraussetzungen des Art 15 dergestalt, dass die Vergütungen des Arbeitnehmers stets im Tätigkeitsstaat zu besteuern wären. Zudem können **Dreieckssachverhalte** entstehen, wenn ein Arbeitnehmer in einem Drittstaat (also weder in seinem eigenen Ansässigkeitsstaat, noch im Ansässigkeitsstaat des Arbeitgebers) tätig wird.

3 Aufgrund der klaren Anordnung des Art 18 werden aus dem Vorgenannten resultierende Probleme vermieden, auch wenn **rechtspolitisch** zutr vorgetragen wird, dass eine Zuordnung des Besteuerungsrechts zum **Ansässigkeitsstaat des Arbeitgebers** ebenso nahe gelegen hätte.[5] In der Tat musste sich der Ansässigkeitsstaat des Arbeitgebers idR einen Betriebsausgabenabzug hinsichtlich der Vergütungen für die Tätigkeit des Arbeitnehmers gefallen lassen, die den Rechtsgrund für den Anspruch auf das Ruhegehalt oder die ähnliche Vergütung bildet. Ausnahmen sind freilich denkbar, etwa iF von Konzernumlagen oder zB einer Weiterbelastung des Gehalts an eine ausl Betriebsstätte.

II. Verhältnis zu anderen Vorschriften

4 Eine klare **tatbestandliche Abgrenzung** im Hinblick auf Art 19 ergibt sich zunächst aus dem Wortlaut des Art 18, vgl HS 1 der Norm: „Vorbehaltlich des Artikels 19 Absatz 2 …". Art 18 erklärt sich damit vollumfänglich als gg Art 19 Abs 2 **subsidiär**. Es handelt sich um einen Fall der **Rechtsfolgenkonkurrenz**,[6] dh soweit der engere Tatbestand des Art 19 Abs 2 gegeben ist, ist automatisch auch der weitere Tatbestand des Art 18 erfüllt. In diesem Zusammenhang ist zu beachten, dass Art 19 nur „Ruhegehälter" erfasst, während Art 18 „Ruhegehälter und ähnliche Vergütungen" betrifft und damit einen weiteren sachlichen Anwendungsbereich hat. Soweit die Rechtsfolge des Art 19 Abs 2 reicht, ist Art 18 unanwendbar. Dies gilt allerdings nur, wenn nicht der Tatbestand des Art 19 Abs 3 einschlägig ist (so zB, wenn ein Ruhegehalt nicht für die frühere Ausübung einer Tätigkeit in einem öffentlich-rechtlichen Dienstverhältnis, sondern für eine Dienstleistung bezahlt wird, die einen Zusammenhang mit der erwerbswirtschaftlichen Tätigkeit eines Vertragsstaats aufweist). Art 19 Abs 3 beruft nämlich ausdrücklich wiederum Art 18 zur vorrangigen Anwendung.

5 IÜ können sich **kaum Abgrenzungsprobleme** im Verhältnis zu anderen Vorschriften stellen. Im Hinblick auf Art 7 bzw Art 14 aF (soweit es um selbstständige Arbeit geht; dazu Art 5 Rn 8 und Art 7 Rn 17) sowie die Art 15 und 21 wird nicht auf der Rechtsfolgen-, sondern bereits auf der **Tatbestandsseite** abgegrenzt: Wird eine Person selbstständig tätig, kann Art 18 nicht einschlägig sein; bezieht ein Arbeitnehmer Vergütungen für ein gegenwärtiges Arbeitsverhältnis, kann nur Art 15 zur Anwendung kommen, usw. Es besteht jeweils ein **wechselseitiges Ausschlussverhältnis**. Dies gilt insb für das Verhältnis zwischen Art 18 und Art 21, dem im MA eine allg Auffangfunktion zukommt (dazu Einl MA Rn 116).[7]

---

5 *S/K/K* Art 18 MA Rn 4; *Debatin/Wassermeyer* DBA Art 18 MA Rn 1; krit zu Recht auch *Vogel/Lehner* Art 18 Rn 6 (jedoch auch mit umfassendem Nachweis zu Gegenstimmen).

6 *Debatin/Wassermeyer* Art 18 MA Rn 2; iE auch *S/K/K* Art 18 MA Rn 9.

7 *S/K/K* Art 18 MA Rn 7.

6 Auch im Verhältnis zwischen Art 17 und 18 ist Art 18 lex specialis. Ruhegehälter, die für eine früher ausgeübte künstlerische oder sportliche Tätigkeit bezahlt werden, sind nach Art 18 zu behandeln.[8] Ein gegenteiliges Normverständnis geht weder aus dem Wortlaut der Vorschriften noch aus ihrem Sinn und Zweck hervor. Art 17 geht nur Art 15, nicht aber Art 18 vor. Jedenfalls ergibt sich ein Anderes nicht aus diesen Vorschriften und auch nicht aus Art 19 Abs 3.[9]

B. Anwendungsbereich

I. Persönlicher Anwendungsbereich

7 Art 18 behandelt Ruhegehälter und ähnliche Vergütungen, die einer in einem Vertragsstaat ansässigen „Person" gezahlt werden. Der Begriff der **Person** ist zwar in Art 3 Abs 1 Buchstabe a legaldefiniert und nach hM weit auszulegen (dazu Art 3 Rn 6); es besteht aber Einigkeit darüber, dass diese Definition iRd Art 18 **keine** Gültigkeit beanspruchen kann. Vielmehr ist die Definition iRd Art 18 teleologisch dahingehend zu reduzieren, dass **nur natürliche Personen** von ihr erfasst werden können.[10] Das ist schon deshalb sachgerecht, weil es nicht denkbar ist, dass andere als natürliche Personen Ruhegehälter oder ähnliche Vergütungen beziehen. Damit ist zugleich ein Gleichklang mit Art 19 hergestellt, der ausdrücklich nur natürliche Personen erfasst (vgl Art 19 Rn 22).

8 Bei der natürlichen Person muss es sich um eine Person handeln, die gem Art 4 in einem der Vertragsstaaten **ansässig** ist (Prüfung der sog **Abkommensberechtigung**; dazu Einl MA Rn 100). Anderenfalls ist das jeweils betrachtete DBA unanwendbar. Die Abkommensberechtigung muss **im Zeitpunkt der Zahlung** der Ruhegehälter oder ähnlicher Vergütungen bestehen, wobei sich der Zuflusszeitpunkt nach dem innerstaatlichen Recht des Anwenderstaates bestimmt. Es kommt insb nicht auf die Ansässigkeit der natürlichen Person (des Zahlungsempfängers) während des Bestehens des früheren Arbeitsverhältnisses an, weil der Arbeitnehmer seinen Wohnsitz (ggf zu Steuerplanungszwecken) in einen anderen Staat verlegt haben kann. Den dadurch entstehenden Besteuerungsproblemen sucht Art 18 gerade vorzubeugen (vgl Rn 1). Daher ist bspw auch bei einer **unterjährigen Verlegung des Wohnsitzes** von Staat A nach Staat B durch die natürliche Person X für die vor der Verlegung bezogenen Vergütungen das DBA-Netzwerk des Staates A und für die nach der Verlegung bezogenen Vergütungen das DBA-Netzwerk des Staates B anzuwenden.

II. Sachlicher Anwendungsbereich

9 **1. Ruhegehälter.** Der BFH geht in stRspr davon aus, dass eine als Ruhegehalt qualifizierende Zahlung die **Versorgung des Arbeitnehmers** während der Zeit des Ruhestands gewährleisten soll.[11] Der Zahlung wohnt daher aus der Sicht des Leistenden auch ein **subjektives Moment** inne. Ob eine Zahlung als Ruhegehalt zu verstehen ist

---

8 *Debatin/Wassermeyer* Art 18 MA Rn 14; *Vogel/Lehner* Art 18 Rn 12.

9 Ebenso *Toifl* S 287, 295.

10 *Toifl* S 287, 291; *Debatin/Wassermeyer* Art 18 MA Rn 4 und 36; *Vogel/Lehner* Art 18 Rn 14; *S/K/K* Art 18 MA Rn 14.

11 *BFH* BStBl II 1972, 459; BStBl II 1979, 64; BStBl II 1992, 660; BStBl II 2001, 968; zur Besteuerung von Renten und Ruhegehältern nach dt Verfassungsrecht instruktiv *Rößler* DStZ 1993, 635.

oder nicht, bestimmt sich daher namentlich nicht nach dem Zeitpunkt der Zahlung, sondern nach ihrer **Zwecksetzung**. Umstr ist der erforderliche Grad der Zwecksetzung. Es dürfte ausreichend sein, dass die Versorgung des Arbeitnehmers das primäre (wenn auch nicht das ausschließliche) Ziel der Zahlung ist.[12]

10 Welche Zahlung als Ruhegehalt gilt, bestimmt sich nach Ansicht des BFH[13] und der wohl hM[14] unter Berücksichtigung des Sinns und Zwecks des Art 18 und seines systematischen Zusammenhangs insb mit anderen Einkunftsartikel (hier va Art 15) aus dem Abkommen selbst heraus. Da der Begriff des „Ruhegehalts" im MA keine Definition erfahren hat, handelt es sich um einen Fall der sog **autonomen Abkommensauslegung** (vgl dazu Einl MA Rn 72).[15] Damit ist Art 3 Abs 2 unanwendbar, der für die Auslegung das nationale (Steuer)Recht des Anwenderstaates zur Geltung berufen würde[16] (vgl aber die Verwendung des Begriffs „Ruhegehalt" in § 19 Abs 2 Nr. 1 EStG).

11 Sofern der Natur nach ein Ruhegehalt vorliegt, ist darauf zu achten, dass nur Ruhegehälter von **privaten Arbeitgebern** nach Art 18 zu behandeln sind. Ruhegehälter im öffentlichen Dienst werden von der Spezialnorm des Art 19 Abs 2 erfasst.[17]

12 Im Umkehrschluss aus dem in Rn 9 Gesagten folgt, dass als Ruhegehälter all jene Zahlungen nicht in Betracht kommen, die **freiwillig** oder aufgrund einer **gesetzlichen Verpflichtung** geleistet werden. Ferner wird in Zweifelsfällen darauf abzustellen sein, ob sich die Bezüge als Gegenleistung für eine frühere Einzahlung des Arbeitnehmers (etwa in Form von Prämien) darstellen, wie zB bei einer privaten Rentenversicherung.

13 Maßgebend ist, wer (Arbeitnehmer oder Arbeitgeber) die im Ruhestand zu leistenden Zahlungen **wirtschaftlich** dergestalt **veranlasst** hat, dass er auch die Aufwendungen zu tragen hatte.[18] Ist dies (ggf auch nur anteilig) der Arbeitnehmer, kann es sich nicht um Ruhegehälter handeln.[19] Leistungen, die solchermaßen veranlasst sind (zB aus einer privaten Rentenversicherung), sind daher nach richtiger Ansicht nach Art 21 zu behandeln.[20] Zahlt hingegen der Arbeitgeber die nach dem Versicherungsvertrag vorgesehenen Versicherungsprämien, so ist mE Art 18 einschlägig, und zwar unabhängig davon, ob der Arbeitgeber auch zivilrechtlicher Vertragspartner des Versicherungsunternehmens ist oder ob er lediglich die wirtschaftlichen Lasten des Vertrags trägt. *Wassermeyer* weist mE zutr darauf hin, dass es damit letztlich darauf ankomme, ob die für das spätere Ruhegehalt geleisteten Prämien oder Beiträge im Zeitpunkt ihrer Zahlung als (ggf steuerpflichtiger) Arbeitslohn zu behandeln waren.[21]

---

12 Zutr *Vogel/Lehner* Art 18 Rn 15.
13 *BFH* BStBl II 1972, 459.
14 *Toifl* S 287, 294; *Debatin/Wassermeyer* Art 18 MA Rn 16; **aA** *G/K/G* Art 18 MA Rn 25.
15 *Vogel/Lehner* Art 18 Rn 16.
16 AA *S/K/K* Art 18 MA Rn 10.
17 *S/K/K* Art 18 MA Rn 12; *Vogel/Lehner* Art 18 Rn 12 und 15.
18 Tz 81 MK zu Art 18 MA; **aA** wohl *Vogel/Lehner* Art 18 Rn 29.
19 In diesem Sinne wohl auch Tz 3 MK zu Art 18; vgl. auch explizit *BFH/NV* 2015, 20 sowie *BFH II* BStBl, 103 zu Versorgungsleistungen, die auch auf Beitragsleistungen des (schweizerischen) Arbeitnehmers beruhen.
20 *Gassner/Konezny* S 311, 320 ff.
21 *Debatin/Wassermeyer* Art 18 MA Rn 16; **aA** *S/K/K* Art 18 MA Rn 12: Bezüge müssen nach Art 15 behandelt worden sein, was iE keinen Unterschied bedeutet.

Nach hM ist der Begriff „Ruhegehalt" als schlichte Beschreibung im Sinne einer (ggf steuerpflichtigen) **Einnahme** zu verstehen. Ob und in welcher Höhe dieser Einnahme **Werbungskosten** gegenüber stehen, bestimmt sich nach dem Recht des Anwenderstaates.[22] **14**

Als Ruhegehälter gelten insb neben den klassischen Ruhegehältern (1) **Abfindungen** für Ruhegehaltsansprüche,[23] (2) **Vorstandsruhegehälter**, (3) das **Altersübergangsgeld** nach § 249e AFG, (4) Bezüge nach der VO über die Gewährung von Vorruhestandsgeld der ehemaligen DDR v 8.2.1990, (5) Leistungen aus **Unterstützungskassen** gem § 4d EStG sowie aus **berufsständischen Versorgungseinrichtungen** (Versorgungswerke)[24] und (6) Zahlungen im Rahmen eines **Pensionsplans**.[25] **15**

Nicht als Ruhegehälter qualifizieren insb (1) einem Gesellschafter-Geschäftsführer einer KapGes in Folge einer **Pensionszusage** gezahlte Vergütungen, sofern sie aufgrund der Unangemessenheit in eine vGA umqualifiziert werden,[26] (2) in Folge der Veräußerung von Wirtschaftsgütern bezogene Rentenzahlungen **(Veräußerungsrente)**,[27] (3) Leistungen aus einem **Kapitalanlagefonds**, (4) **Pensionskassenleistungen**, wenn die Beiträge (auch) vom Arbeitnehmer getragen worden sind,[28] (5) **Tantiemezahlungen** an ausgeschiedene Arbeitnehmer, (6) **Abfindungen** für die vorzeitige Beendigung eines Arbeitsverhältnisses,[29] (7) Leistungen aus der **gesetzlichen Rentenversicherung**,[30] (8) **Lohnersatzleistungen**, die nicht der Versorgung dienen (zB Kurzarbeitergeld, Schlechtwettergeld, Krankengeld), (9) das **Altersteilzeitentgelt**,[31] der **Ausgleichsanspruch des Handelsvertreters** nach § 89b HGB, (10) **Kriegsfolgenrenten**,[32] (11) **Unterhaltszahlungen**, (12) das **Überbrückungsgeld**, (13) Zahlungen für die Einhaltung eines Wettbewerbsverbots und (14) allg Renten aus Sozialversicherungskassen.[33] **16**

2. Ähnliche Vergütungen. Neben den Ruhegehältern nennt Art 18 „ähnliche Vergütungen". Nach *Ismer* kommt es dadurch zu einer Erweiterung dessen Anwendungsbereichs in dreierlei Hinsicht: So fallen erstens nicht nur Geldleistungen, sondern auch alle anderen Vorteile, wie die unentgeltliche Überlassung einer Wohnung, zweitens auch nichtperiodische Zahlungen und drittens die damit abgesicherten Risiken unter **17**

---

22 *Debatin/Wassermeyer* Art 18 MA Rn 16.

23 *Hessisches FG* EFG 1998, 1273; *BMF* BStBl I 2006, 532 (Tz 124); ähnlich wohl Tz 5 MK zu Art 18 (pauschale Zahlung bei Beendigung des Arbeitsverhältnisses anstellte wiederkehrender Ruhegehaltszahlungen); **aA** *Debatin/Wassermeyer* Art 18 MA Rn 12.

24 *BMF* BStBl I 2006, 248.

25 Tz 6 MK zu Art 18.

26 Zur dann erforderlichen Abgrenzung zu Art 10 *S/K/K* Art 18 MA Rn 8.

27 *FG Münster* EFG 1975, 314; Veräußerungsrenten fallen unter Art 21 (bei Versorgungscharakter) bzw Art 13, vgl *Vogel/Lehner* Art 18 Rn 12 und 33 sowie im Verhältnis zur Schweiz *Carlé* KÖSDI 2001, 12707 ff.

28 *Gassner/Konezny* S 311, 322 ff; *Firlinger* S 263 ff; wohl **aA** *Vogel/Lehner* Art 18 Rn 31; mE ist Art 21 anwendbar.

29 *BFH* BStBl II 1972, 459; BStBl II 1973, 757; BStBl II 1978, 195; ebenso neuerdings *BFH*, BStBl II 2014, 929; zur Besteuerung von Arbeitnehmerabfindungen im int Kontext instruktiv *Steinhäuser* S 1 ff.

30 *Debatin/Wassermeyer* Art 18 MA Rn 18; **aA** *Vogel/Lehner* Art 18 Rn 29a.

31 *BFH* BStBl II 2011, 446.

32 Anwendbar ist Art 21, vgl zutr *Debatin/Wassermeyer* Art 18 MA Rn 21.

33 *S/K/K* Art 18 MA Rn 1; wohl auch *Vogel/Lehner* Art 18 Rn 29b; **aA** Tz 2 MK zu Art 18.

den Anwendungsbereich des Art 18, wenn die Leistungen den Ruhegehältern ähnlich sind.[34] Ob aus dieser Formulierung folgt, dass „Ruhegehalt" der **Oberbegriff**[35] ist, ist allenfalls von theoretischem Belang, weil für beide Arten von Zahlungen **dieselben Rechtsfolgen** gelten.

18 In der Lit werden hinsichtlich der Gleichsetzung von Ruhegehältern und ähnlichen Vergütungen teilw **Einschränkungen** bezüglich der **Art der Zahlung** (dazu Rn 32 ff) vorgenommen. So sollen einmalige Zahlungen mit **Versorgungscharakter**[36] nur „ähnliche Vergütungen", nicht aber Ruhegehälter begründen können.[37] Ferner ist es bei bestimmten ähnlichen Vergütungen wie zB **Witwen- und Waisengeld** naturgemäß keine Voraussetzung der Anwendung des Art 18, dass der Leistungsempfänger bereits in den Ruhestand getreten ist.[38]

19 Was unter einer „Vergütung" zu verstehen ist, bestimmt sich in einer weiten Auslegung aus dem Abkommen heraus und insb nach der **parallelen Verwendung** des Begriffs in Art 15 (vgl Art 15 Rn 48 ff). Sofern insoweit Tatbestandslücken entstehen, ist wegen Art 3 Abs 2 das nationale Recht des Anwenderstaates zu befragen. Aus der Sicht der Bundesrepublik Deutschland wird man unter „Vergütungen" daher sämtliche denkbaren Bezüge iSd **§ 19 Abs 1 EStG**[39] verstehen können. Als Beispiele werden Geschenke, Freikarten, Personalrabatte, der Forderungsverzicht oder die unentgeltliche Überlassung eines Dienstwagens genannt.[40]

20 **3. Zahlungsempfänger.** Der Zahlungsempfänger, dh der Gläubiger der Ruhegehälter oder ähnlichen Vergütungen, muss eine **natürliche Person** sein, die in einem Vertragsstaat **ansässig** ist (dazu bereits Rn 7 ff).

21 IRd Art 18, dessen Tatbestand vergleichsweise schlicht gefasst ist, ist es bes wichtig, dass keine Voraussetzungen oder Tatbestandsmerkmale in die Vorschrift hineingelesen werden, die dort nicht explizit enthalten sind. So ist es zB nicht erforderlich, dass die natürliche Person die frühere unselbstständige Arbeit (dazu Rn 24 ff) **persönlich ausgeübt** hat. Es ist ausreichend, wenn der Ruhegehaltsanspruch aus der früheren Tätigkeit eines Dritten resultiert, sofern daraus nur ein originärer Anspruch erwächst,[41] so dass auch **Witwen- und Waisenrenten** sowie allg Zahlungen an überlebende Ehegatten, Lebensgefährten oder die Kinder der früheren Arbeitnehmer unter Art 18 fallen können (dazu Rn 18).[42] Ebenso ist es nicht erforderlich, dass die natürliche Person in einem anderen als dem Staat ansässig ist, aus dem die Vergütungen stammen. Art 18 trifft keine Aussage darüber, woher die Ruhegehälter oder Vergü-

---

34 *Ismer* IStR 2011, 579.

35 In diesem Sinne *F/W/W/K* Art 18 Rn 12.

36 Zur abkommensrechtlichen Bestimmung des Versorgungscharakters sowie aus der Perspektive des schweizerischen Steuerrechts vgl *Reich* FS Ryser, S 185 ff.

37 *Toifl* S 287, 304; ähnlich Tz 5 MK zu Art 18 und *Vogel/Lehner* Art 18 Rn 16 und 19.

38 **AA** *S/K/K* Art 18 MA Rn 17: Witwen- und Waisenrenten sind Ruhegehälter; ebenso *Vogel/Lehner* Art 18 Rn 19.

39 In diesem Sinne wohl auch *S/K/K* Art 18 MA Rn 10.

40 *Debatin/Wassermeyer* Art 18 MA Rn 33.

41 Zutr *Debatin/Wassermeyer* Art 18 MA Rn 36 (Abtretung des Ruhegehaltsanspruchs nicht ausreichend).

42 Tz 3 MK zu Art 18; *Debatin/Wassermeyer* Art 18 MA Rn 28.

tungen stammen. Die Vergütungen können daher bspw aus dem Ansässigkeitsstaat der natürlichen Person, dem Ansässigkeitsstaat des früheren Arbeitgebers oder auch aus einem **Drittstaat** stammen.

4. Vergütungsschuldner. Zu den Anforderungen an den Schuldner der Ruhegehälter oder ähnlichen Vergütungen schweigt das MA. Weder muss es sich um eine Person iSd Art 3 Abs 1 Buchstabe a handeln, noch wird vorausgesetzt, dass es sich bei dem Verpflichteten um den **früheren Arbeitgeber** des Empfängers der Ruhegehälter oder ähnlichen Vergütungen handelt. 22

Wer die Zahlungen leistet und ob und wo derjenige abkommensrechtlich ansässig ist, ist für Art 18 unerheblich, sofern nur der Sache nach Ruhegehälter oder ähnliche Vergütungen vorliegen, die einen Versorgungscharakter aufweisen und ihre wirtschaftliche Veranlassung in einem früheren Arbeitsverhältnis haben.[43] Es können daher auch Dritte, zB Pensionskassen oder ein durch einen Vorgang nach dem UmwStG (oder vergleichbaren ausländischen Steuergesetzen) entstandener Rechtsnachfolger des früheren Arbeitgebers die Zahlungen vornehmen. Ob die Zahlungen tatsächlich zur Versorgung des Leistungsempfängers ausreichen, kann dahinstehen.[44] Auch ist es irrelevant, wo (zivilrechtlich oder zB umsatzsteuerrechtlich) der **Ort der Leistung** (Zahlung) liegt.[45] 23

5. Rechtsgrund der Zahlungen. Die Ruhegehälter und ähnlichen Vergütungen müssen der natürlichen Person „für frühere unselbstständige Arbeit" gezahlt werden. Der Rechtsgrund der Zahlungen liegt daher in einem **beendeten abhängigen Beschäftigungsverhältnis**.[46] Ob das Kausalitätsverhältnis zwischen Arbeit und Zahlung in diesem Zusammenhang weit oder einschränkend zu verstehen ist, ist durch die Rspr noch nicht entschieden. Die wohl hM geht davon aus, dass ein bloßer **Veranlassungszusammenhang** erforderlich und ausreichend ist.[47] 24

Welche **Rechtsnatur** das Beschäftigungsverhältnis hat, dh ob es privatrechtlich oder öffentlich-rechtlich ist und ob der Arbeitnehmer tatsächlich im öffentlichen Dienst beschäftigt war oder nicht, spielt für den Tatbestand des Art 18 keine Rolle. Sollte es sich um ein Angestelltenverhältnis im öffentlichen Dienst gehandelt haben, ist Art 18 zwar tatbestandlich einschlägig, jedoch geht Art 19 als speziellere Norm vor (vgl Rn 4). 25

Allgemeiner lässt sich sagen, dass das Begriffspaar „unselbstständige Arbeit" wie in Art 15 zu verstehen ist (dazu Art 15 Rn 6, 44). Sind die laufenden Bezüge während der Dauer des Arbeitsverhältnisses nach Art 15 zu beurteilen gewesen, so ist ohne weiteres für die späteren Ruhegehälter und ähnliche Vergütungen Art 18 einschlägig.[48] Die Vorschrift gilt damit namentlich nicht für Ruhegehälter, die aufgrund einer früheren **selbstständigen Arbeit**, im Wege der **Land- und Forstwirtschaft** oder aufgrund eines **Gewerbebetriebs** erdient worden sind. Eine Ausnahme gilt jedoch für die 26

43 Zutr *Debatin/Wassermeyer* Art 18 MA Rn 28; *S/K/K* Art 18 MA Rn 17; wohl auch *Vogel/Lehner* Art 18 Rn 18.

44 *Debatin/Wassermeyer* Art 18 MA Rn 29; **aA** *Gassner/Konezny* S 311, 318.

45 *Debatin/Wassermeyer* Art 18 MA Rn 40.

46 Tz 3 MK zu Art 18; *S/K/K* Art 18 MA Rn 16; *Vogel/Lehner* Art 18 Rn 22.

47 *Vogel/Lehner* Art 18 Rn 27 mwN.

48 *BFH* BStBl II 1976, 65.

Pensionszahlungen, die der Kommanditist der KG und frühere Geschäftsführer der Komplementär-GmbH von dieser erhält. Denn nach zutr, v BFH mit Urteil v 8.11.2010 bestätigter Auffassung zählen die Sondervergütungen aufgrund der Regelung des Art 7 Abs 4 nicht zu den Unternehmensgewinnen, sondern zu den Ruhegehältern iSd Art 18.[49]

27 Das abhängige Beschäftigungsverhältnis muss ferner **beendet** sein. Dies ergibt sich aus der ausdrücklichen Verwendung des Wortes „frühere". Beendigung bedeutet, dass der Arbeitnehmer seine Tätigkeit **bezogen auf das konkrete Beschäftigungsverhältnis** vollständig eingestellt und hieraus nur noch das Ruhegehalt zu erwarten hat. Daher liegt auch im Falle eines Altersteilzeitvertrags eine Beendigung des Beschäftigungsverhältnisses erst nach Ablauf der vertraglich vereinbarten Altersteilzeit vor, weil der Arbeitnehmer bis dahin – trotz Einstellung der aktiven Arbeit – noch über einen Anspruch auf Lohnfortzahlung verfügt. Deswegen gehören auch die Zahlungen, welche der Arbeitnehmer während der sog Blockfreistellung erhält, nicht zu den Ruhegehältern iSd Art 18, sondern zu den Bezügen iSd Art 15. Denn diese Bezüge erhält der Arbeitnehmer in der zweiten Phase der Altersteilzeit als Gegenleistung für die bereits in der ersten Phase erbrachte Arbeitsleistung (nachträglicher Arbeitslohn).[50] Die Kündigung, die einvernehmliche Auflösung oder das Auslaufen eines befristeten Vertrags kann mE für die Beendigung des Arbeitsverhältnisses nur ein (wenn auch starkes) Indiz sein,[51] das MA stellt diesbezüglich keine bes Anforderungen an die „frühere" unselbstständige Arbeit. Man wird aber jedenfalls fordern müssen, dass der Arbeitnehmer seine Tätigkeit (vertragsgemäß) eingestellt hat und dass der Anspruch auf das Ruhegehalt oder die ähnlichen Vergütungen zivilrechtlich vertragsgemäß entstanden ist.

28 Zutr ist es ferner, dass bei Einkünften, die nach der Beendigung eines Arbeitsverhältnisses bezogen werden, stets einzelfallbezogen zu entscheiden ist, ob es sich anstelle von nach Art 18 zu behandelnden Zahlungen nicht um **nachträgliche Einkünfte** aus der früheren unselbstständigen Tätigkeit handelt, die entspr den darauf anzuwendenden Regeln zu besteuern sind.[52] Hier verbietet sich jede schematische Betrachtungsweise. Man wird für die Abgrenzung von der Regelung des Art 15 auszugehen haben, der nach dem **Veranlassungsprinzip** nur Zahlungen für tatsächlich erbrachte Tätigkeiten erfasst.[53] Jede Form von Nachzahlungen für diese Tätigkeiten (zB nachträglicher Arbeitslohn, nachträgliche Bonuszahlung, nachträgliche Tantiemezahlungen, nachträglich gezahlte Abfindungen, im Nachhinein geleistete Sonderzahlungen aus Anlass eines Jubiläums, etc) ist daher nach Art 15 und nicht nach Art 18 zu behandeln.[54]

---

49 *BFH* BFH/NV 2011, 365.

50 *BFH* BStBl II 2011, 446.

51 AA wohl *Debatin/Wassermeyer* Art 18 MA Rn 27 (Kündigung erforderlich); ebenso *S/K/K* Art 18 MA Rn 23; offen gelassen bei *Vogel/Lehner* Art 18 Rn 23.

52 Ähnlich Tz 4 MK zu Art 18; *Debatin/Wassermeyer* Art 18 MA Rn 27.

53 Zur (zeitanteiligen) Aufteilung der Besteuerungsrechte bei sog gemischten Ruhegehältern (dh bei Ruhegehältern, die teils mit vorangegangenen, nach Art 15 zu beurteilenden Tätigkeiten und teils mit anderen Tätigkeiten im Zusammenhang stehen) vgl *Vogel/Lehner* Art 18 Rn 32.

54 *BMF* FR 1993, 35; *Debatin/Wassermeyer* Art 18 MA Rn 29; wohl auch *Vogel/Lehner* Art 18 Rn 35; **aA** *G/K/G* Art 18 MA Rn 34 (Jubiläumszahlungen können unter Art 18 fallen); *Toifl* S 287, 300 (Tantieme kann als Ruhegehalt geleistet werden).

Tz 6 MK zu Art 18 gibt **Entscheidungshilfen** für die Frage, ob eine Zahlung oder eine Folge von Zahlungen unter Art 18 fällt: Wird die Zahlung bei oder nach Beendigung des Arbeitsverhältnisses, das Anlass für die Zahlung ist, geleistet? Arbeitet der Empfänger der Zahlung weiter? Hat der Empfänger das für die Tätigkeit übliche Ruhestandsalter erreicht?[55] Wie ist der Status anderer Empfänger, die die Voraussetzungen derselben Art von Pauschalzahlungen erfüllen? Erfüllt der Empfänger gleichzeitig die Voraussetzungen für andere Ruhegehaltsansprüche? Sofern sich anhand dieser Kriterien keine klare Einordnung einer Zahlung ergibt, schlägt die OECD die Anstrengung eines **Verständigungsverfahrens** nach Art 25 vor. **29**

Ob der Arbeitnehmer vor, während oder nach dem jeweiligen Arbeitsverhältnis oder vor oder während des Bezugs des Ruhegehalts **einer weiteren wirtschaftlichen Tätigkeit** (zB als Freiberufler, als Gewerbetreibender oder aufgrund eines weiteren Arbeitsverhältnisses) nachgeht, ist für Art 18 unerheblich. Für die Abkommensanwendung wird stets und ausschließlich auf das jeweils betrachtete, beendete Arbeitsverhältnis abgestellt, dessen Früchte steuerlich gewürdigt werden sollen.[56] **30**

Fragwürdig ist die Auffassung von *Wassermeyer*, wonach der Ruhegehaltsanspruch dem Grunde nach vor seiner Zahlung entstanden, indes aber noch nicht fällig sein müsse.[57] Zur Frage der **Entstehung** bzw der **Fälligkeit** des Anspruchs schweigt das MA, so dass mE unklar bleibt, woraus sich eine solche Feststellung ableiten lässt. ME ist Art 18 auch anwendbar, wenn das Ruhegehalt dem Grunde oder der Höhe nach irrtümlich, unrechtmäßig[58] oder dergleichen gezahlt wird, solange es sich nur sachlich um ein Ruhegehalt handelt. Umgekehrt wird regelmäßig im Zeitpunkt der Zahlung auch die Fälligkeit des Anspruchs gegeben sein. **31**

6. Art der Zahlungen. Art 18 erfasst im Grundsatz **laufende und einmalige Zahlungen**, sofern der Natur nach ein Ruhegehalt oder eine ähnliche Vergütung für eine frühere unselbstständige Arbeit gezahlt wird.[59] ZB fällt auch die einmalige Zahlung aufgrund der Abfindung eines Pensionsanspruchs unter die Vorschrift.[60] Schwierigkeiten können aber hinsichtlich der Frage auftauchen, ob es sich bei den geleisteten Zahlungen nicht in Wirklichkeit um nachträgliche laufende Einkünfte aus einem früheren Arbeitsverhältnis handelt (dazu Rn 24 ff). **32**

Beurteilen der Ansässigkeitsstaat des StPfl und der Quellenstaat (aus dem die Zahlung stammt) die Frage der Anwendbarkeit des Art 18 in seiner Abgrenzung insb zu Art 15 unterschiedlich, so kann es zu **Dbest** oder **doppelten Nichtbesteuerungen** (weißen Einkünften) kommen. Ein Beispiel für eine Dbest (im Verhältnis zur Schweiz) bietet *BFH* BStBl II 1976, 65. Im Schrifttum wird zur Lösung derartiger Konflikte vorgeschlagen, die abkommensrechtliche Einordnung strikt nach dem **Zahlungszeitpunkt** vorzunehmen.[61] **33**

---

55 *Vogel/Lehner* Art 18 Rn 35 ff; zur Berücksichtigung des Alters in etwas anderem Zusammenhang auch *Vogel/Lehner* Art 18 Rn 21.

56 Etwas zurückhaltend *Debatin/Wassermeyer* Art 18 MA Rn 27 (Absicht einer späteren Tätigkeit hat keinen Einfluss auf die Anwendung des Art 18).

57 *Debatin/Wassermeyer* Art 18 MA Rn 27.

58 In diesem Sinne dann aber doch *Debatin/Wassermeyer* Art 18 MA Rn 33.

59 *S/K/K* Art 18 MA Rn 17; *Vogel/Lehner* Art 18 Rn 19 und 42; **aA** *Toifl* S 287, 294, 304.

60 *Debatin/Wassermeyer* Art 18 MA Rn 27.

61 *Toifl* S 287, 303.

34 Dabei handelt es sich indes mE um eine Scheinlösung, denn über abstrakte Sachverhalte lässt sich anhand eines DBA nicht befinden: Es wird bei der Abkommensanwendung stets auf den Zahlungszeitpunkt abgestellt, weil sich erst in diesem Moment die Frage der Einordnung unter die verschiedenen Einkunftsartikel stellt. Ändert sich der Charakter einer bereits geleisteten Zahlung im Nachhinein bzw stellt sich später heraus, dass der Zahlung ein anderer Rechtsgrund inne wohnte, so war die abkommensrechtliche Beurteilung unrichtig und sie ist entspr zu korrigieren. Dieser Wertung folgt auch der BFH, der bei der Beurteilung, ob eine Ruhegehaltszahlung gegeben ist, auf den Rechtsgrund der Zahlung und nicht auf den Zahlungszeitpunkt rekurriert (vgl Rn 9).

35 **7. OECD-Vorschlag zur Altersvorsorge.** Das heutige Arbeitsleben ist geprägt von einer arbeitsteiligen Wirtschaft, der Mobilität von Arbeitnehmern aus persönlichen und beruflichen Gründen sowie der grenzüberschreitenden Expansion von Arbeitgebern und sogar von Versorgungseinrichtungen (bspw Pensionsfonds). Aus zum Teil historischen Gründen haben sich in diesem Zusammenhang in den Staaten verschiedene Systeme der Altersvorsorge entwickelt (Tz 10 MK zu Art 18 nennt beispielhaft die **gesetzliche Sozialversicherung**, die **betriebliche Altersvorsorge** und die **private Altersvorsorge**), die bestimmten Besteuerungsregimen unterworfen sind.[62]

36 Diese bes Besteuerungsregime sind jeweils auf die Gegebenheiten und das Steuersystem desjenigen Staates abgestimmt, der herkömmlich der Ansässigkeitsstaat sowohl des Arbeitgebers als auch des Arbeitnehmers gewesen ist. Es besteht daher jedenfalls insoweit eine Kongruenz, als derjenige Staat, der sich den Abzug von Aufwendungen seitens des Arbeitgebers für das Gehalt oder das Ruhegehalt eines Arbeitnehmers als Betriebsausgaben hat gefallen lassen müssen, gewissermaßen als Wiedergutmachung auch die Bezüge besteuern darf. Diese **örtliche Kongruenz** wird empfindlich gestört, wenn der Ansässigkeitsstaat des Arbeitgebers und der Ansässigkeitsstaat des Arbeitnehmers auseinander fallen. Hinzu treten die aus dem nationalen dt Steuerrecht bekannten Probleme der Störung der **zeitlichen Kongruenz**, die sich insb aus einer **nachgelagerten Besteuerung** von Ruhegehältern ergeben können.[63]

37 Die OECD hat erkannt, dass die vorstehend nur skizzierten Probleme im grenzüberschreitenden Kontext eine besondere Brisanz erreichen können.[64] Dies gilt auch und gerade in den Fällen, in denen Arbeitnehmer (oder Arbeitgeber) während des Bestehens oder nach Beendigung eines Arbeitsverhältnisses den Ansässigkeitsstaat wechseln. Gerade von Arbeitnehmern können unterschiedliche nationale Besteuerungsregime **missbräuchlich** zu ihrem Vorteil ausgenutzt werden.[65]

38 **Beispiel:** Arbeitnehmer X ist im Staat A ansässig und ist bei Arbeitgeber Y beschäftigt. Staat A besteuert Renten erst bei Zufluss. Kurz vor dem Ende seines Berufslebens wechselt X in den Staat B, der Renten gar nicht besteuert, wenn die Aufwendungen hierfür von einem auf seinem Territorium ansässigen Arbeitgeber nicht als Betriebsausgaben abgezogen

---

62 Umfassend und aktuell *Vogel/Lehner* Art 18 Rn 2 ff und 150 ff.

63 Instruktiv *Näth* IStR 2004, 284 ff; *Vogel/Lehner* Art 18 Rn 5.

64 Zu gemeinschaftsrechtlichen Fragestellungen *Schnitger* DStR 2002, 1197 ff; *Wernsmann/Nippert* FR 2005, 1123 ff.

65 Zur int Tendenz der Verwendung von Missbrauchsklauseln in diesem Zusammenhang *S/K/K* Art 18 MA Rn 5 und 25 sowie *Vogel/Lehner* Art 18 Rn 6 ff; ein Plädoyer für eine Besteuerung auf der Ebene des Arbeitnehmers halten *Scheffler/Kölbl* IStR 2007, 113 ff.

worden sind. Weiße Einkünfte sind die Folge. Der nationale Gesetzgeber hat daher teilw versucht, entspr Gestaltungen entgegen zu wirken, vgl zB § 50d Abs 8 EStG (wenn auch in etwas anderem Kontext).

Die OECD hat in den Tz 12-23 MK zu Art 18 nebst ausführlicher Begr Vorschläge für **Alternativformulierungen** des Art 18 gemacht, die den in Rn 37 angesprochenen Problemen Rechnung tragen sollen.[66] Den Mitgliedsstaaten der OECD steht es damit frei, diese Formulierungen bei ihren Abkommensverhandlungen zugrunde zu legen. Die Formulierungen sehen ein **ausschließliches Besteuerungsrecht** bzw ein **beschränktes Quellenbesteuerungsrecht** für Staaten vor, aus denen die Ruhegehälter stammen. In gleicher Weise behandeln die Tz 24-28 MK zu Art 18 Probleme der gesetzlichen Sozialversicherungssysteme, die Tz 29 und 30 MK zu Art 18 die mit individuellen Ruhegehaltsplänen verbundenen Probleme und die Tz 31–69 MK zu Art 18 die steuerlichen Probleme von Beiträgen an ausl Altersvorsorgepläne.[67] 39

C. Rechtsfolge

Art 18 weist das **ausschließliche Besteuerungsrecht** für Ruhegehälter und ähnliche Vergütungen, die einer Person für frühere unselbstständige Arbeit gezahlt werden, dem Ansässigkeitsstaat dieser Person zu (vgl den Wortlaut: „nur"), ohne dass dem Quellenstaat (das ist der Staat, aus dem die Zahlungen stammen; es kann, muss sich aber nicht um den Ansässigkeitsstaat des früheren Arbeitgebers handeln, vgl Rn 23) ein auch nur in der Höhe begrenztes Besteuerungsrecht zustünde. Es bedarf daher insb **nicht der Anwendung des Methodenartikels** (Art 23A A und B). Vielmehr wird bereits durch den Einkunftsartikel selbst abschließend festgelegt, welchem Staat das Besteuerungsrecht zustehen soll (sog **Zuordnungsmethode**; dazu Einl MA Rn 105).[68] 40

Wo die die Ruhegehälter und ähnliche Vergütungen empfangende Person **ansässig** ist, ergibt sich ohne Besonderheiten aus den Regeln des Art 4. Für die Anwendung des Art 18 ist es darüber hinaus unerheblich, ob und in welcher Höhe der Ansässigkeitsstaat der natürlichen Person die Ruhegehälter und ähnlichen Vergütungen besteuert, solange das jeweilige DBA keine **subject-to-tax-Klausel** (dazu Einl MA Rn 143) enthält. 41

Der jeweilige Quellenstaat wird von einer Besteuerung der Ruhegehälter und ähnlichen Vergütungen (im Rahmen eines Veranlagungsverfahrens) idR nur dann keinen Gebrauch machen, wenn ihm eine steuerliche **Ansässigkeitsbescheinigung des Wohnsitzfinanzamts** der natürlichen Person aus deren Ansässigkeitsstaat vorgelegt wird.[69] Auf die gängigen **Vereinfachungsregeln der FinVerw** in Form von Fallgruppen und die diesbezügliche Verwaltungspraxis wird hingewiesen. Die Vereinfachungen gelten auch, wenn in dem mit dem Wohnsitzstaat des Arbeitnehmers geschlossenen DBA Regelungen enthalten sind, die die Steuerfreistellung im Quellenstaat von einem Antrag abhängig machen **(antragsgebundene Freistellung)**.[70] 42

---

66 Ein Beispiel für eine Umsetzung bietet das DBA USA, vgl dazu *Schmidt* PIStB 2006, 265.

67 Zu Letzterem ausf *Vogel/Lehner* Art 18 Rn 150 ff.

68 Zutr *S/K/K* Art 18 MA Rn 1.

69 So für die Bundesrepublik Deutschland *FinMin Niedersachsen* DStR 2000, 26, DStR 2002, 359 sowie *OFD Hannover* v 25.1.2005 (zum Verfahren beim Lohnsteuerabzug); zum Ganzen *Vogel/Lehner* Art 18 Rn 11.

70 Zum Ganzen *FinMin Schleswig-Holstein* v 30.8.2004, *FinSen Bremen* v 1.6.2004 und *FinMin Sachsen-Anhalt* v 9.5.2003 (hier im Verhältnis zur Schweiz).

D. Deutsche DBA

I. Allgemeines und deutsche Verhandlungsgrundlage

43 Bemerkungen und Vorbehalte zu Art 18 hat die Bundesrepublik Deutschland nicht in den MK aufnehmen lassen.

44 Die neue dt Verhandlungsgrundlage für DBA enthält in Art 17 Abs 1 eine mit Art 18 MA nahezu wortgleiche Vorschrift und setzt die Grundidee einer nachgelagerten Besteuerung entsprechend um. Lediglich „Renten" sind ergänzend aufgenommen und in Art 17 Abs 6 definiert worden (sowohl Leib- als auch Zeitrenten). Die Abs 2–5 des Art 17 enthalten Spezialregeln, die im MA keinen Niederschlag gefunden haben, aber der bisherigen deutschen Abkommenspolitik entsprechen. So regelt Art 17 Abs 2 ein (anders als in vielen bisherigen deutschen DBA nicht ausschließliches) Besteuerungsrecht des Zahlstaates für Sozialversicherungsbezüge, Art 17 Abs 3 ein Besteuerungsrecht des Förderstaates für Bezüge aus der betrieblichen Altersvorsorge, Art 17 Abs 4 ein ausschließliches Besteuerungsrecht des Kassenstaats für Entschädigungsleistungen für politische Verfolgung und Art 17 Abs 5 eine grds Steuerbefreiung für Unterhaltszahlungen im Empfängerstaat.

II. Wichtigste Abweichungen

45 Etwas weniger als die Hälfte der von der Bundesrepublik Deutschland abgeschlossenen DBA ist in **Wortlaut** und **Regelungsinhalt** dem Art 18 exakt nachgebildet. Für den **EU/EWR-Raum** (einschließlich der Schweiz) gilt dies namentlich für Belgien (Art 18),, Island (Art 19 Abs 1), Italien (Art 18), Lettland (18; 19 Abs 4), Litauen (Art 18; 19 Abs 4), Niederlande (Art 12 Abs 1 und 3), Portugal (Art 18), Schweiz (Art 18; 19 Abs 7), Slowakei (Art 19) und Tschechien (Art 19). Diese Entsprechung zum MA gilt ferner für **wichtige dt Handelspartner** wie China (Art 18), Indien (Art 18), Japan (Art 18) oder die Russische Föderation (Art 19 Abs 3).

46 Die übrigen dt DBA unterteilen sich in jene, die den **Tatbestand** des Art 18 des Musterabkommens variiert haben (das ist die Mehrheit) und solche, die eine **modifizierte Rechtsfolge** beinhalten (selten). Gelegentlich finden sich auch Kombinationen. Im Einzelnen:

47 Was **Variationen des Tatbestands** anbelangt, so finden sich die **häufigsten Abweichungen** bei den Bezügen, die der jeweilige Ruhegehaltsartikel erfasst. Art 18 MA erfasst **Ruhegehälter und ähnliche Vergütungen**. Diese Bezüge werden meist um **Rentenzahlungen** (ggf mit eigener Definition des Begriffs „Rente") ergänzt, so bspw in den DBA mit Dänemark (Art 18), Griechenland (Art XII Abs 1, II Abs 1 Nr 9), Großbritannien (Art 17 Abs 1 bis 3), Kroatien (Art 18), Malta (Art 18), Österreich (Art 18; Prot Nr 5, 11), Polen (Art 18), Rumänien (Art 18), Schweden (Art 18), Slowenien (Art 18) und den USA (Art 18). Gelegentlich werden **„ähnliche Vergütungen"** ausdrücklich aus dem Anwendungsbereich des Ruhegehaltsartikels ausgeschlossen, etwa im DBA Australien (Art 18) oder DBA Griechenland (Art XII Abs 1, II Abs 1 Nr 9). Selten sind hingegen Beschränkungen auf **„wiederkehrende Bezüge"**, so etwa im DBA Luxemburg (Art 12 Abs 1).

48 Andere DBA entsprechen zwar im Grundsatz dem MA, enthalten aber **Sonderregelungen** für die **Sozialversicherung**, für **Unterhaltsleistungen** oder für **Schadensrenten** aufgrund von Krieg oder politischer Verfolgung. Beispiele sind die DBA mit Bulga-

rien (Art 17), Dänemark (Art 18), Estland (Art 18; 19 Abs 4), Finnland (Art 18), Frankreich (iÜ mit Einschränkung auf private Ruhegehälter, vgl Art 13 Abs 8; 14 Abs 2), Georgien (Art 18), Großbritannien (Art 17), Irland (Art 17), Kroatien (Art 18), Malta (Art 18), Norwegen (Art 18), Österreich (Art 18; Prot Nr 5, 11), Polen (Art 18), Rumänien (Art 18), Schweden (Art 18), Slowenien (Art 18), Tschechien (Art 18), Ungarn (Art. 17), USA (Art 18) und Zypern (Art 18).

Was **Variationen der Rechtsfolgenseite** anbelangt, so erschöpfen sich diese in einer **49** (teilw) Abkehr vom Prinzip der Besteuerung im Ansässigkeitsstaat des StPfl. Da Art 18 MA das **ausschließliche Besteuerungsrecht** für Ruhegehälter und ähnliche Vergütungen, die einer Person für frühere unselbstständige Arbeit gezahlt werden, sowie Renten dem Ansässigkeitsstaat dieser Person zuweist (vgl Rn 40), erfolgt dies, indem das Wohnsitzprinzip im Ruhegehaltsartikel der dt DBA entweder **eingeschränkt**, so zB im DBA Brasilien (Art 19), DBA Kanada (Art 18; Prot Ziff 5–8; Art 29 Abs 4), DBA VAE (Art 18 Abs 1, wenn die Einkünfte aus dem Quellenstaat stammen), oder zugunsten einer **ausschließlichen Besteuerung im Quellenstaat aufgehoben wird**, so zB im DBA Argentinien (Art 19), DBA Indonesien (Art 18), DBA Philippinen (Art 19), Thailand (Art 18) oder DBA Ukraine (Art 18).

Eine ausschließliche Besteuerung im Quellenstaat kommt nach den erst jüngst abge- **50** schlossenen Abkommen insb für Vergütungen in Betracht, die aufgrund der Sozialversicherungsgesetzgebung eines Vertragsstaates gezahlt werden. Entsprechende Regelungen enthalten bspw die DBA mit Großbritannien, Irland, Ungarn, VAE sowie Zypern in Abs 2 des jeweiligen Art über Ruhegehälter und Renten. Nach dem DBA Spanien erhält der Quellenstaat in diesen Fällen lediglich ein der Höhe nach beschränktes Quellenbesteuerungsrecht (Art 17 Abs 2).

Eine weitere Ausnahme zum in Abs 1 verankerten Wohnsitzprinzip sehen einige die- **51** ser Abkommen (bspw das DBA Irland und DBA Großbritannien) für den Fall vor, dass die aus einem Vertragsstaat stammenden Ruhegehälter, ähnlichen Vergütungen oder Renten, die ganz oder teilweise auf Beiträgen beruhen, nur in diesem Staat besteuert werden können, wenn sie in diesem Staat länger als 12 Jahre entweder nicht zu den steuerpflichtigen Einkünften aus unselbstständiger Arbeit gehörten (Buchstabe a) oder steuerlich abziehbar waren (Buchstabe b) oder in anderer Weise einer Steuervergünstigung unterlagen (Buchstabe c).[71] Das Besteuerungsrecht fällt jedoch durch eine in S 2 enthaltene subject-to-tax-Klausel an den Ansässigkeitsstaat zurück, wenn der Quellenstaat die Einkünfte iSd Abs 1 tatsächlich nicht besteuert oder die 12 Jahre-Bedingung in beiden Vertragsstaaten erfüllt ist.[72]

---

71 Dies dürfte bspw die Förderung der Riesterrente meinen, so *Ismer* IStR 2011, 583.

72 Eine entsprechende Regelung enthält bspw das DBA Irland und DBA Großbritannien jeweils in Abs 3 des jeweiligen Art. Das DBA Spanien kennt eine ähnliche Regelung, nach welcher bspw Deutschland als Quellenstaat ein der Höhe nach beschränktes Quellenbesteuerungsrecht zusteht, wenn die Vergütung auf geförderten Beiträgen basieren.

Art. 19 Öffentlicher Dienst

(1) a) Gehälter, Löhne und ähnliche Vergütungen, ausgenommen Ruhegehälter, die von einem Vertragsstaat oder einer seiner Gebietskörperschaften[1] an eine natürliche Person für die diesem Staat oder der Gebietskörperschaft[2] geleisteten Dienste gezahlt werden, können[3] nur in diesem Staat besteuert werden.

b) Diese Gehälter, Löhne und ähnlichen Vergütungen können[4] jedoch nur im anderen Vertragsstaat besteuert werden, wenn die Dienste in diesem Staat geleistet werden und die natürliche Person in diesem Staat ansässig ist und

i) ein Staatsangehöriger dieses Staates ist oder

ii) nicht ausschließlich deshalb in diesem Staat ansässig geworden ist, um die Dienste zu leisten.

(2) a) Ungeachtet des Absatzes 1 können[5] Ruhegehälter oder ähnliche Vergütungen, die von einem Vertragsstaat oder einer seiner Gebietskörperschaften[6] oder aus einem von diesem Staat oder der Gebietskörperschaft[7] errichteten Sondervermögen an eine natürliche Person für die diesem Staat oder der Gebietskörperschaft[8] geleisteten Dienste gezahlt werden, nur in diesem Staat besteuert werden.

b) Diese Ruhegehälter oder ähnlichen Vergütungen können[9] jedoch nur im anderen Vertragsstaat besteuert werden, wenn die natürliche Person in diesem Staat ansässig ist und ein Staatsangehöriger dieses Staates ist.

(3) Auf Gehälter, Löhne, Ruhegehälter und ähnliche Vergütungen für Dienstleistungen, die im Zusammenhang mit einer Geschäftstätigkeit eines Vertragsstaats oder einer seiner Gebietskörperschaften[10] erbracht werden, sind die Artikel 15, 16, 17 oder 18 anzuwenden.

Bayerisches FinMin v 16.3.1967, Az VV BY FinMin 1967-03-16 S 2343-1/5-13563, LSt-Kartei BY § 19 EStG Fach 4 Karte 1.1; *BMF* BStBl I 2010, 15; *FinMin Schleswig-Holstein* v 12.5.1998, Az VI 300 b-S 2345 A-027, ESt-Kartei SH § 19 EStG Karte 3.2.5; *OFD München* v 22.5.2000, Az S 1311-8 St 418, LSt-Kartei BY § 1 EStG Karte 1.1–1.4.2; *Senatsverwaltung für Finanzen* v 23.1.2007, EStG-Kartei BE Internationale Organisationen und zwischenstaatliche Vereinbarungen, Fach 1 Nr 1001 EStG-Kartei BE § 1 EStG Nr 1004, EStG-Kartei BE § 32b EStG Fach 2 Nr 1004

1 Schweiz: S Fußnote 1 zu Art 2.
2 Schweiz: S Fußnote 1 zu Art 2.
3 Österreich: S Fußnote 1 zu Art 6.
4 Österreich: S Fußnote 1 zu Art 6.
5 Österreich: S Fußnote 1 zu Art 6.
6 Schweiz: S Fußnote 1 zu Art 2.
7 Schweiz: S Fußnote 1 zu Art 2.
8 Schweiz: S Fußnote 1 zu Art 2.
9 Österreich: S Fußnote 1 zu Art 6.
10 Schweiz: S Fußnote 1 zu Art 2.

Übersicht

Literatur: *Baranowski* Kassenstaatsklausel ist bei Dienstleistungen in einer Einrichtung der Privatwirtschaft nicht anzuwenden, IWB 1998/22 Fach 3a, Gruppe 1, 759; *Dautzenberg* Das Kassenstaatsprinzip im DBA-Frankreich vor dem Hintergrund des EG-rechtlichen Diskriminierungsverbotes, IWB 1997/10 Fach 11, Gruppe 2, 309; *ders* Vereinbarkeit von Doppelbesteuerungsabkommen und EG-Vertrag am Beispiel der Besteuerung der Arbeitnehmereinkünfte, DB 1997, 1354; *Decker/Looser* Die Auswirkungen der Doppelbesteuerungsabkommen und des Alterseinkünftegesetzes auf die zwischenstaatliche Besteuerung von Renten, IStR 2009, 652; *Ismer* Ruhegehälter nach Art. 18 OECD-MA: Grundlagen und aktuelle Entwicklungen, IStR 2011, 577; *Jahn* Bezüge aus öffentlichen Kassen trotz Grenzgängerregelung steuerpflichtig?, PIStB 2002, 155; *Lang* Article 19 (2): The Complexity of the OECD Model can be Reduced, BIT 2007, 17; *ders* Public Sector Pensions, in Liber amicorum in honour of Cyrille David, 2005, S 233; *Müller* Regelungen nach dem Kassenstaatsprinzip in Doppelbesteuerungsabkommen, IStR 1993, 318; *Raschauer* Vergütungen für Dienste öffentlicher Funktionen, SWI 1993, 79; *Rodi* Das Kassenstaatsprinzip im nationalen und internationalen Steuerrecht, RIW 1992, 484; *Schütz* BFH: Kein Kassenstaatsprinzip bei auf teilweise eigenen Beitragsleistungen beruhenden Versorgungsleistungen einer schweizerischen Pensionskasse – Anmerkung, Steuk 2011, 178.

A. Allgemeines

I. Bedeutung der Vorschrift

Die Regelung des Art 19 ist im Lichte zweier verfassungs- bzw völkerrechtlicher Prinzipien zu sehen: Erstens stehen – auch wenn die sog **Lehre vom bes Gewaltverhältnis** vom BVerfG in seiner Strafgefangenen-Entsch für mit dem GG unvereinbar erklärt worden ist[11] – Angehörige des öffentlichen Dienstes in einem bes öffentlich-rechtlichen Dienst- und Treueverhältnis zu ihrem Arbeitgeber (Dienstherr), welches für Beamte durch die **hergebrachten Grundsätze des Berufsbeamtentums** ergänzt wird. Zweitens gebieten es die allg Regeln des Völkerrechts (Art 25 GG), dass ein Staat **hoheitliche Befugnisse** ohne bes Abreden mit anderen Staaten im Wesentlichen nur auf seinem staatsrechtlichen Territorium ausüben darf. 1

11 *BVerfGE* 33, 1.

2 Vor diesem Hintergrund statuieren die Vorschriften des Art 19 Abs 1 Buchstabe a und Abs 2 Buchstabe a – sog **Kassenstaatsprinzip**[12] – ein streng an der **Ansässigkeit des öffentlich-rechtlichen Arbeitgebers** ausgerichtetes und ausschließliches Besteuerungsrecht, und zwar insb ungeachtet der Frage, in welchem Staat der Arbeitnehmer ansässig ist und in welchem Staat dieser seine Bezüge zu versteuern hat. Das Kassenstaatsprinzip rechtfertigt sich vor dem Hintergrund der Überlegung, dass derjenige Staat die Einkünfte soll besteuern dürfen, der diese aus seinen Staatsfinanzen finanziert hat.[13] Diese Zuweisung wird zugunsten einer ausschließlichen **Besteuerung im Ansässigkeitsstaat des Zahlungsempfängers** in Art 19 Abs 1 Buchstabe b und Abs 2 Buchstabe b durchbrochen, wenn und soweit im Einzelfall ein näherer Bezug zu diesem Staat gegeben ist. Dieser Bezug wird idR durch die Leistungserbringung im anderen Staat, die Ansässigkeit des Arbeitnehmers bzw (kumulativ) dessen Staatsangehörigkeit begründet.

3 Der **Zweck** der vorgenannten Zuweisung der Besteuerungsrechte, die dem Wiener Übereinkommen über diplomatische Beziehungen,[14] dem Wiener Übereinkommen über konsularische Beziehungen[15] sowie nach Tz 1 MK zu Art 19 ganz allg den Regeln **internationaler Courtoisie** entsprechen soll,[16] ist darin zu sehen, dass souveräne Staaten in der Ausübung hoheitlicher Befugnisse nicht durch gegenläufige Besteuerungsrechte anderer Staaten gehindert werden sollen.[17]

4 Die **Kritik** an der Regelung des Art 19 ist mannigfaltig. Sie richtet sich in der Hauptsache gegen ihre **Gemeinschaftsrechtswidrigkeit**[18] sowie gegen ihre unsystematisch anmutenden und an der Lebenswirklichkeit vorbeigehenden **Anknüpfungspunkte**[19] für die Besteuerung. Ferner werden Bedenken gegen die Berufung auf die genannten Wiener Übereinkommen (vgl Rn 3)[20] sowie aufgrund des grundgesetzlich verbürgten **allg Gleichheitssatzes** und einer Verletzung des Besteuerungsgebots nach der **Leistungsfähigkeit** ins Feld geführt.[21]

5 Art 19 ist seit dem MA 1963 bei jeder Novellierung des MA – teilw inhaltlich, teilw lediglich redaktionell – geändert worden.[22] Die Formulierungen in den von der Bundesrepublik Deutschland abgeschlossenen DBA weichen zudem mitunter erheblich vom Text des MA ab (dazu Rn 68ff). Angesichts dieses Befunds ist bei der **Auslegung und Interpretation** des Art 19 des jeweils einschlägigen DBA der Grundsatz zu beachten, dass die gegenwärtige Fassung von MK und MA nach umstr, aber zutr Auffassung auch für Abkommen maßgebend sind, die älter sind als die jeweilige Fassung des MK

---

12 Dazu instruktiv *Vogel/Lehner* Art 19 Rn 2 und 4 ff; *Rodi* RIW 1992, 484; *Müller* IStR 1993, 318.

13 *S/K/K* Art 19 MA Rn 3; ähnlich *Vogel/Lehner* Art 19 Rn 4.

14 BGBl II 1964, 958.

15 BGBl II 1969, 1585.

16 Zur int Perspektive *Lang* S 233ff.

17 *Debatin/Wassermeyer* Art 19 MA Rn 1; krit *S/K/K* Art 19 MA Rn 4; *Vogel/Lehner* Art 19 Rn 6f.

18 *Dautzenberg* IWB 1997/10 Fach 11, Gruppe 2, 309 ff; unentschieden bei *Vogel/Lehner* Art 19 Rn 9.

19 *Debatin/Wassermeyer* Art 19 MA Rn 1.

20 *Dautzenberg* DB 1997, 1354, 1356; ebenso *S/K/K* Art 19 MA Rn 4.

21 *Debatin/Wassermeyer* Art 19 MA Rn 1; **aA** wohl *Vogel/Lehner* Art 19 Rn 10.

22 Zur Historie Tz 1 und 2 MK zu Art 19 und *Vogel/Lehner* Art 19 Rn 3.

und des MA, weil Gesetze und Abkommen primär nach den Anschauungen zur Zeit der Auslegung auszulegen sind (dazu Einl MA Rn 75). Der *BFH* scheint dieser Auffassung jedoch nicht zu folgen (dazu Einl MA Rn 75).

II. Aufbau und Verhältnis zu anderen Vorschriften

Art 19 weist ein **innertatbestandliches Konkurrenzverhältnis** auf, welches deutlich in der Normstruktur angelegt ist.[23] Art 19 Abs 1 und 2 zunächst stehen in einem **Exklusivitätsverhältnis** (vgl den Wortlaut des HS 1 von Abs 2 Buchstabe a: „Ungeachtet des Absatzes 1" sowie den Wortlaut des HS 1 von Abs 1 Buchstabe a: „ausgenommen Ruhegehälter und ähnliche Vergütungen"). Ruhegehälter aus beendeten öffentlich-rechtlichen Dienstverhältnissen unterfallen allein Abs 2, Abs 1 ist auf sie tatbestandlich unanwendbar. Art 19 Abs 3 ist **lex specialis** zu den Abs 1 und 2, und jeweils der Buchstabe b der Abs 1 und 2 geht dem jeweiligen Buchstaben a der Abs 1 und 2 vor.[24] 6

Eine **außertatbestandliche Abgrenzung** ist notwendig insb im Verhältnis zu den Art 15–18. Die Abgrenzung wird über Art 19 Abs 3 vorgenommen, der **in seinem Anwendungsbereich** den Art 19 als ggü den Art 15–18 **subsidiär** erklärt **(Rechtsgrundverweisung)**[25]. Für das Verhältnis zwischen Art 18 und 19 Abs 2 ergibt sich eine bes Vorrangregel aus dem Wortlaut des Art 18 („Vorbehaltlich des Artikels 19 Absatz 2"), die entspr nur eingreift, wenn Art 19 Abs 3 nicht einschlägig ist. 7

Ein **Konkurrenzverhältnis** zu Art 7 kann hinsichtlich der Einkünfte aus einer beendeten selbstständigen Tätigkeit (dazu bzw zu Art 14 aF vgl Art 5 Rn 8 sowie Art 7 Rn 17) nicht bestehen, weil Art 19 eine beendete unselbstständige Tätigkeit voraussetzt, die zudem auf einem öffentlich-rechtlichen Dienstverhältnis beruhen muss. Eine Art öffentlich-rechtliches „Dienstverhältnis", das zugleich als eine selbstständige Tätigkeit anzusehen ist, ist allenfalls iF der Beleihung denkbar, aber mE auch hier systematisch kaum zu begründen. Als Auffangtatbestand dient Art 21, falls einzelne Tatbestandsmerkmale des Art 19 nicht erfüllt sind.[26] 8

B. Absatz 1

I. Gehälter, Löhne und ähnliche Vergütungen

Art 19 Abs 1 erfasst Gehälter, Löhne und ähnliche Vergütungen, ausgenommen Ruhegehälter, die von einem Vertragsstaat oder einer seiner Gebietskörperschaften an eine natürliche Person gezahlt werden. Hieraus folgt zweierlei: Zum einen werden **Ruhegehälter** (zum Begriff Art 18 Rn 9 ff) ausdrücklich aus dem Anwendungsbereich der Vorschrift ausgenommen, so dass über deren Einordnung kein Streit bestehen kann; sie werden allein nach Art 18 bzw nach Art 19 Abs 2 behandelt. Zum anderen handelt es sich bei dem Begriff „ähnliche Vergütungen" um den **Oberbegriff**[27] und bei „Gehältern" und „Löhnen" um **typische Anwendungsfälle**, so dass eine exakte Abgrenzung (insb zwischen Gehältern und Löhnen) für die Anwendung der Norm entbehrlich ist. Ob es sich um einmalige oder wiederkehrende Zahlungen handelt, ist unerheblich.[28] 9

---

23 Zum Ganzen *Vogel/Lehner* Art 19 Rn 17.

24 Zum Ganzen *S/K/K* Art 19 MA Rn 7.

25 *Debatin/Wassermeyer* Art 19 MA Rn 155 und 174.

26 *Debatin/Wassermeyer* Art 19 MA Rn 21.

27 *S/K/K* Art 19 MA Rn 10; *Debatin/Wassermeyer* Art 19 MA Rn 25; *Vogel/Lehner* Art 19 Rn 20.

28 Tz 5.1 MK zu Art 19.

10 Der Dreiklang „Gehälter, Löhne und ähnliche Vergütungen“ ist wie in Art 15 zu verstehen, so dass auf die dortigen Ausführungen verwiesen wird (vgl Art 15 Rn 48). Wichtig ist die Erkenntnis, dass die autonome Abkommensauslegung bzw die Auslegung nach dem allg Sprachgebrauch[29] hier nicht zielführend ist, so dass wegen **Art 3 Abs 2** auf das nationale (Steuer)**Recht des Anwenderstaates** abzustellen ist.[30] In diesem Sinne geht der BFH davon aus, dass seine **Rspr zu § 19 EStG** und den Bezügen aus nichtselbstständiger Tätigkeit entspr anzuwenden ist.[31] Nach dem von *Wassermeyer* herausgearbeiteten Katalog[32] der wichtigsten Anwendungsfälle rechnen daher aus der Sicht des dt Steuerrechts zu den **Gehältern, Löhnen und ähnlichen Vergütungen** insb Gehälter, Löhne, Gratifikationen, Tantiemen und andere Bezüge oder Vorteile, namentlich Wehrsold, Jubiläums-, Warte-, Urlaubs-, Schlechtwetter-[33] und Weihnachtsgeld. Zusammenfassend lässt sich sagen, dass zu den Vergütungen im weitesten Sinne **alle Vorteile in Geld oder Geldeswert** rechnen, die ein im öffentlichen Dienst tätiger Arbeitnehmer im Zusammenhang mit dem öffentlich-rechtlichen Dienstverhältnis erhält, und zwar ungeachtet der Bezeichnung und dem Ort oder Zeitpunkt der Zahlung (vgl aber Rn 11).[34]

11 Auch **Sachbezüge**,[35] **Beihilfen** und vergleichbare Vorteile sind als „ähnliche Vergütungen“ zu verstehen, und zwar ungeachtet der Frage, ob sie nach dem nationalen Steuerrecht des Anwenderstaates als steuerpflichtig zu behandeln sind.[36] Sofern ausnahmsweise **Abfindungen** anlässlich der Beendigung eines öffentlich-rechtlichen Dienstverhältnisses gezahlt werden, fallen auch sie unter Art 19 Abs 1,[37] und zwar auch dann, wenn sie erst nach der Beendigung des Dienstverhältnisses ausbezahlt werden. Generell aber ist bei Zahlungen, die nicht mehr während der aktiven Dienstzeit geleistet werden, nach dem **Rechtsgrund der Zahlung** (dazu ausführlich Rn 25 ff) zu fragen. Art 19 Abs 1 Buchstaben a und b sind insb in Abgrenzung zum Abs 2 der Norm nicht anzuwenden, wenn der Grund der Zahlung in der Versorgung des Zahlungsempfängers zu sehen ist.[38] **Tantiemen** fallen daher nicht unter Art 19 Abs 2, sondern unter Art 19 Abs 1, sofern ein Zusammenhang mit einer früheren Tätigkeit im öffentlichen Dienst vorhanden ist.

12 ME ist Art 19 Abs 1 auch anwendbar, wenn die Gehälter, Löhne und ähnlichen Vergütungen dem Grunde oder der Höhe nach irrtümlich, unrechtmäßig oder dergleichen gezahlt werden, solange es sich nur sachlich um Bezüge iSd Art 19 Abs 1 handelt. Fragwürdig ist die Auffassung von *Wassermeyer*, wonach der leistende Vertragsstaat bzw die Gebietskörperschaft zur Zahlung verpflichtet sein müsse.[39] Zur Frage der **Entstehung des Anspruchs** schweigt das MA, so dass sich nicht unmittelbar erschließt,

29 *Debatin/Wassermeyer* Art 19 MA Rn 25.

30 *S/K/K* Art 19 MA Rn 10; unentschieden bei *Vogel/Lehner* Art 19 Rn 20.

31 *BFH* BStBl II 1973, 757; ähnlich *Vogel/Lehner* Art 19 Rn 20; vgl die umfassende Darstellung des *Bayerischen FinMin* v 16.3.1967.

32 Vgl *Debatin/Wassermeyer* Art 19 MA Rn 25.

33 *F/W/W/K* Art 15 Rn 8.

34 *BFH* BStBl II 1985, 641.

35 Dazu Tz 2.2 MK zu Art 19.

36 *S/K/K* Art 19 MA Rn 11.

37 *Debatin/Wassermeyer* Art 19 MA Rn 26.

38 *BFH* BStBl II 1972, 459; *F/W/W/K* Art 15 Rn 6.

39 *Debatin/Wassermeyer* Art 19 MA Rn 27; **aA** *S/K/K* Art 19 MA Rn 12 (Freiwilligkeit ausreichend).

woraus sich eine solche Feststellung ableiten lässt. Auch die **Art der Zahlung** ist einerlei, so dass es sich um einmalige oder laufende Zahlungen handeln kann.[40]

Es ist aber zu beachten, dass für die Anwendung des Art 19 tatsächlich eine **Zahlung** vorliegen muss. Der Begriff wird im MA nicht definiert, so dass wegen **Art 3 Abs 2** das nationale (Steuer)**Recht des Anwenderstaates** heranzuziehen ist. Ist die Bundesrepublik Deutschland der Anwenderstaat, ist das **Zuflussprinzip** des § 11 Abs 1 EStG zu beachten. Technisch kann die Zahlung aus der Sicht des dt Steuerrechts auf jede Weise vollzogen werden, die den zugrunde liegenden Anspruch iSd Zivilrechts zur Erfüllung bringt. Möglich sind daher bspw Barzahlungen, Überweisungen, die Zahlung per Verrechnungsscheck, die Aufrechnung oder Hinterlegung oder jede andere **Erfüllungshandlung**.[41] 13

II. Beteiligte am Dienstverhältnis

1. Zahlender Vertragsstaat. Art 19 Abs 1 verlangt die Zahlung von Gehältern, Löhnen oder ähnlichen Vergütungen durch einen **Vertragsstaat** oder eine seiner **Gebietskörperschaften**. Das Nebeneinander der beiden Ausdrücke belegt, dass der Begriff „Vertragsstaat" der **Oberbegriff** ist, dass es sich bei der Gebietskörperschaft um ein Teilgebiet des Vertragsstaats handeln muss und dass die OECD den Vertragsstaat für Abkommenszwecke offenbar nicht als Gebietskörperschaft ansieht.[42] 14

Das MA jedenfalls definiert beide Begriffe nicht (insb nicht in Art 3 Abs 1 Buchstabe d), wegen **Art 3 Abs 2** ist daher auf das nationale (Steuer)**Recht des Anwenderstaates** zu rekurrieren. Aus der Sicht des dt nationalen Rechts wird die Bundesrepublik Deutschland zwar als Gebietskörperschaft angesehen; für die Anwendung des Art 19 ist die Frage aber ohne Bedeutung, ob ein Bundesstaat (nicht: Staatenbund) selbst als Gebietskörperschaft anzusehen ist, wenn er doch bereits als „Vertragsstaat" qualifiziert. Die Bundesrepublik Deutschland jedenfalls ist stets Vertragsstaat, und ein Gleiches trifft auf jeden Staat zu, der **völkerrechtlich Vertragspartner eines DBA** sein kann. 15

Eine ausf Erl bleibt daher allein den **Gebietskörperschaften** vorbehalten. Tz 3 MK zu Art 19 benennt als solche ausdrücklich, wenn auch nur beispielhaft (vgl die Überschrift zu Tz 3), die folgenden: Gliedstaaten, Regionen, Provinzen, Departements, Kantone, Bezirke, Arrondissements, Kreise, Gemeinden oder Gemeindeverbände. Achtung: Hinsichtlich der unmittelbar bei der **Europäischen Union** beschäftigten Personen (zB Mitglieder der Europäischen Kommission oder Richter am EuGH) gilt Art 3 des Protokolls über Vorrechte und Befreiungen der EG[43] vorrangig vor Art 19.[44] Diese Personen unterliegen nicht den nationalen Besteuerungsrechten der EU-Mitgliedsstaaten, sondern insoweit beansprucht die EU eine eigene Besteuerungshoheit.[45] Vergleichbares gilt für Personen, die bei anderen int Organisationen beschäftigt sind.[46] 16

---

40 *S/K/K* Art 19 MA Rn 12.

41 Zutr *Debatin/Wassermeyer* Art 19 MA Rn 27.

42 *Debatin/Wassermeyer* Art 19 MA Rn 48.

43 BGBl II 1965, 1453, 1488.

44 *S/K/K* Art 19 MA Rn 18; *Vogel/Lehner* Art 19 Rn 24.

45 Vgl zur Besteuerung von entsandten nationalen Beamten an die EU *BFH/NV* 2000, 1016 (Anwendung von Art 15).

46 Dazu *Senatsverwaltung für Finanzen* EStG-Kartei BE Internationale Organisationen § 1 EStG Nr 1004 sowie *OFD München* v 22.5.2000; ebenso *FinMin Schleswig-Holstein* v 12.5.1998 (zu Euro-Control).

17 Aus der Sicht Deutschlands als Anwenderstaat von bes Interesse ist die explizite Aufführung der **Gliedstaaten** (das sind die Bundesländer) sowie der **Kreise**, **Gemeinden** oder **Gemeindeverbände** (das sind zB die Samtgemeinden). Es können also insb die Bundesrepublik Deutschland, die einzelnen Bundesländer oder die einzelnen Bezirke (wo noch vorhanden), Kreise oder Gemeinden Zahlungen iSd Art 19 Abs 1 leisten. Es wird darauf hingewiesen, dass die Frage der Anwendung des Art 19 aufgrund der Zahlung eines Vertragsstaats oder einer seiner Gebietskörperschaften nichts mit der Frage gemein hat, ob der Vertragsstaat oder eine seiner Gebietskörperschaften Steuern iSd Art 2 erheben darf. Art 19 stellt auf Zahlungen von Gehältern, Löhnen oder ähnlichen Vergütungen, nicht aber auf die Steuererhebungskompetenz ab.

18 Nach dt nationalem Recht sind Gebietskörperschaften ferner nach den allg staatsrechtlichen Grundsätzen abzugrenzen von **Realkörperschaften** (bspw IHK), **Personalkörperschaften** (bspw Universität; Bundesrechtsanwalts- oder Bundessteuerberaterkammer), den **Anstalten des öffentlichen Rechts** (bspw Norddeutscher Rundfunk; Sparkassen) und von den **Kirchen**[47] (es handelt sich um öffentlich-rechtliche Körperschaften, jedoch nicht um Gebietskörperschaften).[48] Gebietskörperschaften werden durch Gesetz (Verfassung oder einfaches Bundes- oder Landesrecht; nicht: aufgrund eines Gesetzes) gegründet und sind Verwaltungsträger, deren **Hoheitsgewalt** sich auf die **in ihrem Gebiet ansässigen Mitglieder** erstreckt.[49] „Ansässigkeit" ist hier nicht im steuerlichen Sinne (vgl Art 4), sondern im Sinne eines natürlichen Sprachgebrauchs zu verstehen. Neben den bereits in Rn 17 genannten dt Körperschaften kommen daher aus dt Sicht als Gebietskörperschaften insb Städte und kommunale Zweckverbände in Betracht, sofern die Mitglieder der Letzteren wiederum Gebietskörperschaften sind.[50]

19 **Öffentlich-rechtliche Sondervermögen** (bspw die Deutsche Bundesbank oder Eigenbetriebe des Staates) sind nach hM für Zwecke der DBA als eigenständige jur Personen des öffentlichen Rechts zu behandeln.[51] Für diese Auslegung des MA spricht insb die explizite Erwähnung der Sondervermögen in Art 19 Abs 2 Buchstabe a, die im Abs 1 der Norm keine Entsprechung gefunden hat.[52] **Privatrechtliche Sondervermögen** (zB die von einer Investmentgesellschaft oder das von einer Versicherungsgesellschaft verwaltete Sondervermögen bei einer sog fondsgebundenen Lebensversicherung) scheiden hingegen aus dem Anwendungsbereich des Art 19 aus. Sie sind schon zivilrechtlich ohne eigene Rechtspersönlichkeit und können daher nicht Partei eines Dienstverhältnisses sein.

20 Die Beschränkung des Art 19 Abs 1 auf einen „Vertragsstaat" oder eine seiner „Gebietskörperschaften" als taugliche Dienstherren muss vor dem Hintergrund der jeweiligen **Staatsorganisation** und insb der **Staatsverwaltung** gesehen werden. Es richtet sich nach dem jeweiligen nationalen Recht des Anwenderstaates, ob der Dienstherr ein öffentlich-rechtlicher oder ein privatrechtlicher ist. Aus der Sicht der Bundesrepublik Deutschland erhalten allein die in der **unmittelbaren bzw mittelbaren Staatsver-**

47 Zur versagten Freistellungsbescheinigung für eine in einem evangelischen Kindergarten als Erzieherin arbeitende, in Frankreich wohnende Grenzgängerin vgl *BFH/NV* 2012, 1966.
48 Ähnlich *S/K/K* Art 19 MA Rn 15; *Vogel/Lehner* Art 19 Rn 21.
49 *Debatin/Wassermeyer* Art 19 MA Rn 49.
50 Zutr *Debatin/Wassermeyer* Art 19 MA Rn 49.
51 *Debatin/Wassermeyer* Art 19 MA Rn 50; ebenso *S/K/K* Art 19 MA Rn 16.
52 **AA** *Vogel/Lehner* Art 19 Rn 23.

waltung Beschäftigten, dh die in Behörden und Gerichten (zB Bundeswehr, Bundesamt für Strahlenschutz, Bundeszentralamt für Steuern, Bundeskriminalamt, Bundestagsverwaltung, Verwaltungsgericht, Bundestag, Polizei, Landesregierung,[53] etc) tätigen Personen Vergütungen iSd Art 19 Abs 1.

Soweit der Staat einer **erwerbswirtschaftlichen Tätigkeit** nachgeht und Personen in **privatrechtlichen Organisationsformen** wie **jur Personen** (zB Volkswagen AG) oder **Betrieben gewerblicher Art** (zB städtisches Schwimmbad) beschäftigt, sind die an diese Personen gezahlten Gehälter, Löhne und ähnlichen Vergütungen nach Art 15 bzw 18, nicht aber nach Art 19 zu erfassen.[54] Es fehlt an einer Tätigkeit im öffentlichen Dienst auch dann, wenn der Bund oder ein Land zivilrechtlich alleiniger Anteilseigner der jur Person ist.[55] Ein Gleiches gilt für **Angestellte öffentlicher Unternehmen**, die als Verwaltungsträger Verwaltungsaufgaben übernehmen, aber privatrechtlich organisiert sind.[56] Ein Beispiel ist der Deutsche Akademische Austauschdienst, der als eingetragener Verein organisiert ist. Bes Probleme können ferner entstehen, wenn Ruhegehälter zwischen öffentlichen und privaten **Pensionskassen** übertragen werden. Die OECD schlägt zur Vermeidung von Doppelbesteuerungen und doppelten Nichtbesteuerungen in Tz 5.4 ff MK zu Art 19 Lösungsmöglichkeiten im Wege abw Bestimmungen vor. 21

2. Zahlungsempfänger. Der gesamte Art 19 und damit auch sein Abs 1 ist ausweislich des ausdrücklichen Wortlauts nur auf **nat Personen** anwendbar.[57] Damit unterscheidet sich die Vorschrift insb von Art 18, der insoweit erst teleologisch reduziert werden muss (vgl Art 18 Rn 7). **Jur Personen** scheiden infolgedessen aus dem persönlichen Anwendungsbereich der Vorschrift aus. Erbringen diese dem Staat oder einer seiner Gebietskörperschaften eine Leistung, wird meist Art 7 anzuwenden sein. Bei **PersGes** ist aus der Sicht der Bundesrepublik Deutschland als Anwenderstaat aufgrund des Transparenzprinzips die Entsch nach dem jeweiligen Gesellschafter zu treffen. Nach wohl hM kommt es zusätzlich darauf an, ob die Zahlung iSd Art 19 der PersGes oder ihren einzelnen Gesellschaftern zusteht (vertragliche Ausgestaltung ist maßgebend).[58] Nur wenn Letzteres der Fall und der Gesellschafter eine natürliche Person ist, ist Art 19 einschlägig, sofern nicht ihrer Natur nach Zahlungen iSd Art 15 in Rede stehen. 22

Ob es sich bei der natürlichen Person, die die Zahlungen **empfängt**, um diejenige Person handeln muss, die die unselbstständige Tätigkeit im öffentlichen Dienst **ausgeübt** hat, lässt Art 19 offen und kann daher nicht entscheidend sein.[59] Wem die seitens des Staates oder einer seiner Gebietskörperschaften geleisteten Zahlungen als Empfänger zustehen, bestimmt sich allein nach dem nationalen (Steuer)Recht des Anwenderstaates. Es muss sich daher nur bei dem **Nutzungsberechtigten** der Zahlungen um eine 23

53 Abgeordnete sind nach wohl hM nicht unselbstständig tätig, weshalb ihre Bezüge nicht unter Art 19, sondern unter Art 21 fallen, vgl *Debatin/Wassermeyer* Art 19 MA Rn 25 und 50 sowie Art 21 MA Rn 23; **aA** *Vogel/Lehner* Art 19 Rn 21.

54 *S/K/K* Art 19 MA Rn 17; *Baranowski* IWB 1998/22 Fach 3a, Gruppe 1, 759 ff; iE auch *Vogel/Lehner* Art 19 Rn 27.

55 *Debatin/Wassermeyer* Art 19 MA Rn 52.

56 Dazu *FG Baden-Württemberg* EFG 1985, 438.

57 *S/K/K* Art 19 MA Rn 5; *Vogel/Lehner* Art 19 Rn 19.

58 Zum Ganzen zutr *Debatin/Wassermeyer* Art 19 MA Rn 30; ebenso *S/K/K* Art 19 MA Rn 5 und *Vogel/Lehner* Art 19 Rn 19.

59 Zust nur für Art 19 Abs 2 *S/K/K* Art 19 MA Rn 6.

natürliche Person handeln. Bestimmt diese einen Dritten als bloßen Zahlungsempfänger,[60] so ist dies für die Anwendung des Art 19 irrelevant, so dass bspw auch juristische Personen als „physische Empfänger“ der Zahlungen in Betracht kommen.[61]

24 Abgesehen von den vorstehenden Überlegungen differenziert Art 19 nicht nach der Person des Zahlungsempfängers, so dass ein bes Status der natürlichen Person irrelevant ist. Die Vorschrift greift daher auch ein bei **Angehörigen diplomatischer Missionen** und **konsularischer Vertretungen.**[62] In diesem Zusammenhang sind aber wegen Art 28 vorrangig bes Regeln des Völkerrechts zu beachten, wie sie in gesonderten völkerrechtlichen Abkommen zum Ausdruck kommen können.

III. Rechtsgrund der Zahlungen

25 Die Gehälter, Löhne oder ähnlichen Vergütungen müssen für einem Vertragsstaat oder einer seiner Gebietskörperschaften **geleistete Dienste** gezahlt werden. Daraus wird gefolgert, dass es sich bei den geleisteten Diensten um Tätigkeiten handeln muss, die ihrer Natur nach zu **unselbstständigen Tätigkeiten iSd Art 15** rechnen bzw aus der Sicht des nationalen dt Steuerrechts zu Einkünften gem § 19 EStG führen müssen.[63] Dies ergibt sich zwar nicht allein aus der Wendung „geleistete Dienste“, denn auch zB Selbstständige und Gewerbetreibende können Dienste erbringen; aus dem Zusammenhang mit den Vergütungen ergibt sich aber die ausschließliche Bezugnahme auf unselbstständig Tätige, weil nur diese Gehälter oder Löhne beziehen können.[64]

26 Hinsichtlich der unselbstständig Tätigen kann wegen Art 3 Abs 2 auf die zu § 19 EStG bzw § 1 LStDV ergangene Rspr sowie entspr Verwaltungsanweisungen verwiesen werden. Dies betrifft namentlich die Frage, **wann** ein Arbeitsverhältnis vorliegt (Weisungsgebundenheit, organisatorische Eingliederung, etc) und **wer** dieses eingehen kann. Jeder Beamte, Richter, Soldat, Angestellte oder Arbeiter kann daher unselbstständig tätig iSd Art 19 sein, und zwar unabhängig davon, wo die Tätigkeit ausgeübt bzw die Dienste geleistet werden. Art 19 bringt nur zum Ausdruck, dass die Dienste **für** einen Vertragsstaat oder eine seiner Gebietskörperschaften geleistet werden müssen, lässt aber ausdrücklich unbestimmt, **wo** die Dienste zu erbringen sind. Sie können daher **in einem der Vertragsstaaten** oder auch **in einem Drittstaat** erbracht werden.[65]

27 Die Art der geleisteten Dienste wird in Art 19 nicht näher spezifiziert. Jedes **Handeln**, **Dulden** (Sichbereithalten[66]) oder **Unterlassen** kann daher als Arbeitsleistung qualifizieren.[67] Bei den Diensten kann es sich im Grundsatz um gegenwärtig (dh im Zeitpunkt der Zahlung) geleistete Dienste oder früher geleistete Dienste handeln. Entspr ist bei den Zahlungen wie bei Art 15 zu entscheiden, ob es sich bei den Vergütungen um Vergütungen für eine gegenwärtige oder für eine frühere unselbstständige Tätigkeit im öffentlichen Dienst und damit zB nachträglichen Lohn handelt. Zudem ist gg den **Ruhegehältern** gem Art 19 Abs 2 abzugrenzen.

---

60 In diesem Sinne wohl auch *Debatin/Wassermeyer* Art 19 MA Rn 30.
61 AA für den Fall der Abtretung *S/K/K* Art 19 MA Rn 6.
62 *Vogel/Lehner* Art 19 Rn 17.
63 *Debatin/Wassermeyer* Art 19 MA Rn 33; *Vogel/Lehner* Art 19 Rn 20.
64 Tz 2.1 MK zu Art 19; *S/K/K* Art 19 MA Rn 9.
65 *Debatin/Wassermeyer* Art 19 MA Rn 33.
66 Dazu *BFH* BStBl II 1970, 867.
67 *Debatin/Wassermeyer* Art 19 MA Rn 34.

Dienste iSd Art 19 sind in zweierlei Hinsicht gegenüber anderen Tätigkeiten abzugrenzen. Zum einen hinsichtlich der Frage, für wen die Dienste geleistet werden, denn Art 19 lässt als den anderen **Vertragspartner des Dienstverhältnisses** nur einen Vertragsstaat oder eine seiner Gebietskörperschaften zu (dazu Rn 14ff). Zum anderen ist wie im nationalen dt Steuerrecht auch nach der **Natur der Tätigkeit** tatbestandsmäßig insb zwischen **unselbstständigen, selbstständigen und gewerblichen Tätigkeiten** abzugrenzen.[68] **28**

Ist die Bundesrepublik Deutschland der Anwenderstaat, kann wegen **Art 3 Abs 2** insoweit auf die Abgrenzungskriterien des nationalen Steuerrechts zurückgegriffen werden. Abgeordnete, Honorarprofessoren und Aufsichtsratsmitglieder bspw sind danach nicht unselbstständig tätig.[69] Übt eine nationale Person **mehrere Tätigkeiten** aus, ist ggf zu differenzieren. Ein Lehrer etwa bezieht Vergütungen iSd Art 19. Hält er neben seiner Tätigkeit abends und an Wochenenden noch Vorträge als Redner zu Fachthemen, ist er insoweit selbstständig tätig. Für die hierfür erhaltenen Bezüge ist Art 14 des jeweiligen DBA (soweit vorhanden) oder sonst Art 7 anzuwenden. **29**

Aus der Überschrift zu Art 19 sowie aus dem Sachzusammenhang der Vorschrift ergibt sich, dass die natürliche Person ihre Dienste **„im öffentlichen Dienst"** leisten muss.[70] Nach hM wird dieses Erfordernis so verstanden, dass der **Vertragspartner der natürlichen Person**, die die Vergütungen erhält, ein Vertragsstaat oder eine seiner Gebietskörperschaften sein muss (dazu Rn 14ff),[71] so dass es weder auf die konkret von dem Arbeitnehmer **ausgeübte Tätigkeit** noch auf die **vertragliche Ausgestaltung des Dienstverhältnisses** ankommt. Vergütungen für Dienste gg einem privaten Schulträger bspw werden von Art 19 nicht erfasst.[72] Ein Gleiches gilt, wenn die öffentliche Kasse lediglich als bloße **Zahlstelle** fungiert.[73] **30**

Eine darüber (vgl Rn 30) hinausgehende Bedeutung kommt der Wendung „öffentlicher Dienst" nicht zu. Insb ist es nicht erforderlich, dass der Zahlungsempfänger **hoheitlich** tätig wird.[74] Dies lässt sich einerseits aus dem Wortlaut des Art 19 Abs 1 (der diese Voraussetzung nicht aufstellt), andererseits aus dem systematischen Zusammenhang zwischen Art 19 Abs 1 und Art 19 Abs 3 schließen. Nur die gewerbliche Betätigung der öffentlichen Hand soll über Art 19 Abs 3 aus dem Anwendungsbereich des Art 19 ausgeschlossen werden. Ein **dritter Sektor** unselbstständiger Tätigkeiten für einen öffentlich-rechtlichen Dienstherrn, nämlich neben der hoheitlichen (Abs 1) und gewerblichen (Abs 3) Tätigkeit die nicht hoheitliche und nicht gewerbliche Tätigkeit, widerspricht unzweifelhaft dem Zweck des Art 19, der **lex specialis** zu Art 15 ist. Gerade die Tätigkeit im nicht hoheitlichen Bereich würde aber von Art 15 erfasst, wenn und soweit ein Arbeitsverhältnis vorläge. Art 19 hätte dann nur einen eingeschränkten Anwendungsbereich. **31**

---

68 *S/K/K* Art 19 MA Rn 9.

69 *Vogel/Lehner* Art 19 Rn 17.

70 So auch Tz 1 MK zu Art 19; *Vogel/Lehner* Art 19 Rn 25 (weite Auslegung entscheidend).

71 *S/K/K* Art 19 MA Rn 20 und 21; *Debatin/Wassermeyer* Art 19 MA Rn 40; *Vogel/Lehner* Art 19 Rn 27 (formelle Schuldnereigenschaft des Vertragsstaats erforderlich und ausreichend).

72 *BFH* BStBl II 1988, 768; BStBl II 1992, 548.

73 *S/K/K* Art 19 MA Rn 23; *Vogel/Lehner* Art 19 Rn 28.

74 Tz 5 MK zu Art 19 („in Ausübung öffentlicher Funktionen"; dazu auch *Raschauer* SWI 1993, 79; *Debatin/Wassermeyer* Art 19 MA Rn 42.

32 Zwischen den gezahlten Gehältern, Löhnen oder Vergütungen und der unselbstständigen Tätigkeit muss ein **Veranlassungszusammenhang** bestehen. Diese Voraussetzung kann aus der Formulierung „für die diesem Staat … geleisteten Dienste" in Art 19 Abs 1 abgeleitet werden, ohne dass damit zugleich ausgesagt wird, dass auch die Dienste im Kassenstaat geleistet werden müssen.[75] Das Erfordernis ist weit auszulegen.[76] Eine Veranlassung besteht bereits, wenn die Dienste unmittelbar oder mittelbar für die Zahlungen ursächlich sind bzw wenn die Dienste nicht unmittelbar einem Vertragsstaat, sondern ggü einem Dritten erbracht werden, dies jedoch im öffentlichen Interesse liegt.[77] Bei vertraglich vereinbarten Zahlungen wird der Veranlassungszusammenhang idR **indiziert**. Bei gesetzlichem Zahlungsgrund ist auf den Sinn und Zweck der Regelung abzustellen und einzelfallbezogen zu entscheiden.[78]

IV. Rechtsfolge

33 **1. Buchstabe a: Kassenstaatsprinzip.** Art 19 Abs 1 Buchstabe a ordnet das Besteuerungsrecht im Verhältnis zwischen dem Ansässigkeitsstaat und dem Quellenstaat nach dem sog **Kassenstaatsprinzip** zu. Der Kassenstaat ist derjenige Staat, aus dem heraus die Gehälter, Löhne oder ähnlichen Vergütungen (dazu Rn 9 ff) iSd Art 19 gezahlt werden, wobei *Wassermeyer* zu Recht darauf hinweist, dass gewissermaßen implizit davon ausgegangen werde, dass die jeweilige **öffentlich-rechtliche Kasse** auch in dem nämlichen Staat ansässig sei.[79] Der Kassenstaat ist daher ausgehend von diesem Verständnis der **Quellenstaat** (zum Begriff Einl MA Rn 32), der Kassenstaat insofern der Ansässigkeitsstaat der auszahlenden Kasse.[80]

34 Nach Art 19 Abs 1 Buchstabe a wird, ohne dass es der Anwendung des Methodenartikels bedürfte,[81] dem Kassenstaat das **ausschließliche Besteuerungsrecht** (vgl den Wortlaut der Norm: „nur") zugewiesen, wenn Gehälter, Löhne oder ähnliche Vergütungen von dem Kassenstaat oder einer seiner Gebietskörperschaften an eine natürliche Person für die diesem Staat oder der Gebietskörperschaft geleisteten Dienste gezahlt werden.

35 Entspr steht dem **Ansässigkeitsstaat** des StPfl (der natürlichen Person) kein (auch kein beschränktes) Besteuerungsrecht zu. Der Ansässigkeitsstaat ist aber nach hM berechtigt, die aus seiner Sicht steuerfrei zu stellenden Einkünfte bei der Bemessung des Steuersatzes für die übrigen Einkünfte des StPfl zu berücksichtigen (sog **Progressionsvorbehalt**).[82] Dies gilt unabhängig davon, dass sich die Verpflichtung zur Steuerfreistellung nicht aus dem Methodenartikel, sondern unmittelbar aus Art 19 Abs 1 Buchstabe a ergibt.[83]

---

75 AA wohl *S/K/K* Art 19 MA Rn 8. ME lässt sich das Erfordernis der Ausübung der Dienste im Kassenstaat nicht aus Art 19 Abs 1 Buchstabe a ableiten, wie aus einem Umkehrschluss aus Art 19 Abs 1 Buchstabe b folgt.

76 Sehr weitgehend *Vogel/Lehner* Art 19 Rn 29.

77 *BFH* BStBl II 1998, 21, 24; vgl auch *Vogel/Lehner* Art 19 Rn 29 (Dienstherreneigenschaft des Vertragsstaats nicht entscheidend).

78 Vgl den beispielhaften Katalog bei *Debatin/Wassermeyer* Art 19 MA Rn 45.

79 *Debatin/Wassermeyer* Art 19 MA Rn 55.

80 Ähnlich Tz 2 MK zu Art 19.

81 Vgl zur Zulässigkeit des Abweichens von der Verwendung des Wortes „nur" und zur Verwendung der beiderseitigen Freistellungsmethode Tz 2 MK zu Art 19.

82 *Debatin/Wassermeyer* Art 19 MA Rn 56.

83 Ebenso Tz 2 MK zu Art 19.

Es ist zu beachten, dass die im MA und zB auch in Art 19 Abs 1 Buchstabe b verwendete Terminologie des **„einen Vertragsstaats“** und des **„anderen Vertragsstaats“** im Hinblick auf Art 19 Abs 1 Buchstabe a nicht strikt durchgehalten wurde. Der Kassenstaat ist, wie sich ausdrücklich aus der Norm ergibt, der „eine Vertragsstaat“, ohne dass daraus indes die Schlussfolgerung gezogen werden könnte, es gebe zwingend einen „anderen Vertragsstaat“. In Art 19 Abs 1 Buchstabe a ist kein „anderer Vertragsstaat“ benannt. **36**

Vor dem Hintergrund des in Rn 36 Gesagten ergibt sich, dass es nicht zwingend einen Ansässigkeitsstaat des StPfl (des Empfängers der Gehälter, Löhne, etc) gibt, der von dem Kassenstaat abweicht. Der StPfl wird regelmäßig, aber nicht stets in einem anderen Staat als dem Kassenstaat wohnen. Für die Anwendung des Art 19 Abs 1 Buchstabe a ist dies unerheblich. Fallen beide Staaten zusammen, handelt es sich zwar nicht um einen grenzüberschreitenden Sachverhalt. Gleichwohl ist das jeweilige DBA für die Frage zu Rate zu ziehen, ob ein Besteuerungsrecht des Kassenstaats besteht. Die Ermittlung allein des Ansässigkeitsstaats des StPfl ist daher in diesem Fall ausnahmsweise für die Abkommensanwendung ausreichend. **37**

Zur Frage, in welcher Weise der Kassenstaat die Gehälter, Löhne oder ähnlichen Vergütungen besteuert, trifft Art 19 Abs 1 Buchstabe a keine Aussage. Dies gilt sowohl hinsichtlich der **Höhe der Besteuerung** als auch hinsichtlich der Art der **Steuererhebung** (Veranlagung oder Quellensteuerabzug).[84] **38**

2. Buchstabe b: Besteuerung im Wohnsitzstaat. Art 19 Abs 1 Buchstabe b verkehrt die Rechtsfolge des Art 19 Abs 1 Buchstabe a in ihr Gegenteil und ist lex specialis dazu.[85] Zugleich schließen sich Art 19 Abs 1 Buchstabe b und Art 19 Abs 2 tatbestandsmäßig aus, während Art 19 Abs 3 ggf vorrangig vor Art 19 Abs 1 Buchstabe b anzuwenden ist (vgl bereits Rn 6). Ist der von Art 19 Abs 1 Buchstabe b betroffene StPfl **Grenzgänger**, ist die Norm vor einer etwaigen Grenzgängerregelung eines DBA anzuwenden, wenn und soweit diese Regelung sich nicht für ausdrücklich vorrangig anwendbar erklärt.[86] **39**

Art 19 Abs 1 Buchstabe b stellt gegenüber Art 19 Abs 1 Buchstabe a zusätzliche Voraussetzungen auf,[87] die nachstehend erläutert werden. IÜ haben die in Art 19 Abs 1 Buchstabe b verwendeten Begriffe dieselbe Bedeutung wie in Art 19 Abs 1 Buchstabe a. Dies gilt insb hinsichtlich der Wendung „Gehälter, Löhne und ähnliche Vergütungen“, hinsichtlich der Zahlung „von einem Vertragsstaat oder einer seiner Gebietskörperschaften“ sowie hinsichtlich der Tätigkeit im öffentlichen Dienst. **40**

Allein dem **Ansässigkeitsstaat des StPfl** wird nach Art 19 Abs 1 Buchstabe b das Besteuerungsrecht für die Gehälter, Löhne oder ähnlichen Vergütungen zuerkannt, während dem Kassenstaat kein (auch kein beschränktes) Besteuerungsrecht zusteht. Der Ansässigkeitsstaat des StPfl hat damit zwar das Recht, nicht aber die Pflicht zur Besteuerung. Sowohl die **Höhe der Besteuerung** als auch die Art der **Steuererhebung** **41**

84 *Debatin/Wassermeyer* Art 19 MA Rn 55.

85 Dazu Tz 4 MK zu Art 19.

86 Zu möglichen Problemen *Debatin/Wassermeyer* Art 19 MA Rn 76 sowie *Jahn* PIStB 2002, 155 (bezogen auf DBA Frankreich).

87 *S/K/K* Art 19 MA Rn 25.

(Veranlagung oder Quellensteuerabzug) sind in sein Belieben gestellt. Umgekehrt hat der Kassenstaat die jeweiligen Einkünfte steuerfrei zu stellen.

42 Eine Steuerfreistellung unter **Progressionsvorbehalt** kommt für den Kassenstaat nicht in Betracht, weil die Technik des (positiven oder negativen) Progressionsvorbehalts stets nur vom Ansässigkeitsstaat des StPfl angewendet werden kann. Die Methode zur Vermeidung der Doppelbesteuerung (hierzu gehört gewissermaßen als Annex zur Freistellungsmethode auch die Freistellung unter Progressionsvorbehalt) richtet sich nach der Systematik der DBA ausschließlich und stets an den Ansässigkeitsstaat des StPfl (der abkommensberechtigten Person), nie an den Quellenstaat (dazu Einl MA Rn 108).[88]

43 Die Rechtsfolge des Art 19 Abs 1 Buchstabe b ist an mehrere (positive und negative) Voraussetzungen geknüpft, die von den Voraussetzungen der Vorschrift des Art 19 Abs 1 Buchstabe a abweichen. Zunächst müssen die Gehälter, Löhne oder ähnlichen Vergütungen für **Dienste im anderen Vertragsstaat** (das ist der Ansässigkeitsstaat des StPfl und nicht der Kassenstaat) geleistet werden.[89] Die unselbstständige Arbeit im öffentlichen Dienst darf daher gerade nicht im Kassenstaat ausgeübt werden; anderenfalls kann nur Art 19 Abs 1 Buchstabe a einschlägig sein. Dies gilt sowohl bei einer **Ausübung der unselbstständigen Tätigkeit** des StPfl im **Kassenstaat** als auch in einem **Drittstaat**.[90]

44 Wird der StPfl während des Dienstverhältnisses sowohl in seinem Ansässigkeitsstaat als auch im Kassenstaat (und ggf in einem Drittstaat) tätig, ist zeitanteilig eine Aufteilung des Besteuerungsrechts vorzunehmen. Wie der **Ort der Dienste** zu ermitteln ist, bestimmt sich dabei nach den zu Art 15 entwickelten Kriterien (dazu Art 15 Rn 100). Darüber hinausgehende Anforderungen werden an die Ausübung der Dienste nicht gestellt. Insb von Art 19 Abs 1 Buchstabe b erfasst sind jedoch die sog **Ortskräfte**[91] (zB von Botschaften).[92]

45 Eine weitere (positive) Voraussetzung des Art 19 Abs 1 Buchstabe b besteht darin, dass der StPfl in dem Staat, in dem die Dienste geleistet werden, **ansässig** sein muss. Eine Ansässigkeit des StPfl im Kassenstaat lässt die Vorschrift unanwendbar werden, dh die Ausübung der Dienste und die Ansässigkeit des StPfl müssen für Art 19 Abs 1 Buchstabe b Hand in Hand gehen und sich auf denselben Staat beziehen. Was unter Ansässigkeit iSd Art 19 Abs 1 Buchstabe b zu verstehen ist, ist abkommensrechtlich zu ermitteln und bestimmt sich allein nach Art 4. Das nationale Steuerrecht des Kassenstaates oder des Ansässigkeitsstaates ist nicht maßgebend.

46 Negativ bestimmt sodann Art 19 Abs 1 Buchstabe b ii, dass der StPfl **nicht ausschließlich deshalb** in seinem Ansässigkeitsstaat ansässig geworden sein darf, um die jeweiligen Dienste zu leisten.[93] Die Bestimmung stellt somit ausdrücklich auf die **subjektiven**

---

88 *Debatin/Wassermeyer* Art 19 MA Rn 83 und 86.

89 Vgl *Vogel/Lehner* Art 19 Rn 31 zu nur vorübergehenden Tätigkeiten außerhalb des Ansässigkeitsstaates: Es soll darauf ankommen, ob der StPfl noch organisatorisch in die Dienststelle des Kassenstaats im Ansässigkeitsstaat eingegliedert bleibt.

90 *Debatin/Wassermeyer* Art 19 MA Rn 77.

91 Vgl für das DBA Großbritannien den Sonderfall *BMF* BStBl I 2008, 835 v 8.8.2008 sowie *BMF* v 16.9.2008 DB 2008, 2279.

92 *S/K/K* Art 19 MA Rn 27; *Vogel/Lehner* Art 19 Rn 30.

93 Zum Ganzen *S/K/K* Art 19 MA Rn 31 ff.

Beweggründe des StPfl ab, und zwar im **Zeitpunkt** des Wechsels der abkommensrechtlichen Ansässigkeit zum nunmehrigen Ansässigkeitsstaat. Die (ggf abw oder sich ändernde) Motivation des StPfl vor oder nach dem Wechsel der Ansässigkeit darf entspr keine Beachtung finden.[94] Wird daher die natürliche Person aus anderen als beruflichen Gründen in dem Nicht-Kassenstaat ansässig (zB Heirat, Rückkehr an Geburtsort, etc), kann allenfalls Art 19 Abs 1 Buchstabe a anwendbar sein.

Zusätzlich zur Absicht des StPfl, den Ansässigkeitswechsel gerade zum Leisten der jeweiligen Dienste herbeizuführen, muss nach hM ein enger **zeitlicher und sachlicher Zusammenhang** zwischen der Aufnahme der unselbstständigen Tätigkeit in dem anderen Vertragsstaat als dem Kassenstaat und dem Ansässigkeitswechsel vorliegen.[95] 47

Auf die Parallele zwischen Art 19 Abs 1 Buchstabe b ii und Art X Abs 1 S 1 **NATO-Truppenstatut** sowie die dazu ergangene Rspr[96] wird hingewiesen. Dort heißt es: „Hängt in dem Aufnahmestaat die Verpflichtung zur Leistung einer Steuer vom Aufenthalt oder Wohnsitz ab, so gelten die Zeitabschnitte, in denen sich ein Mitglied einer Truppe oder eines zivilen Gefolges nur in dieser Eigenschaft im Hoheitsgebiet dieses Staates aufhält, im Sinne dieser Steuerpflicht nicht als Zeiten des Aufenthalts in diesem Gebiet oder als Änderung des Aufenthaltsortes oder Wohnsitzes.“ Insb die Rspr zu dieser Regelung kann aber, wie *Wassermeyer*[97] zu Recht anmerkt, nur als Anhaltspunkt dienen. Art X Abs 1 S 1 Nato-Truppenstatut stellt auf die **Eigenschaft** des StPfl ab, in der er sich in einem Staat aufhält. Art 19 Abs 1 Buchstabe b hingegen rekurriert allein auf die **Motivation** der natürlichen Person im Zeitpunkt des Ansässigwerdens. 48

Die letzte, erg (positive) Voraussetzung des Art 19 Abs 1 Buchstabe b gg Art 19 Abs 1 Buchstabe a wird – freilich wegen Art 12 EG gemeinschaftsrechtlich bedenklich[98] – durch Art 19 Abs 1 Buchstabe b i determiniert. Hiernach muss die natürliche Person die Staatsangehörigkeit ihres Ansässigkeitsstaates besitzen, um die Rechtsfolge des Art 19 Abs 1 Buchstabe b auszulösen. Die Voraussetzung steht **alternativ** neben der Negativvoraussetzung des Art 19 Abs 1 Buchstabe b ii, wie durch das „oder“ am Ende des Art 19 Abs 1 Buchstabe b i deutlich wird. 49

Die **Staatsangehörigkeit** der natürlichen Person wird ausschließlich nach Art 3 Abs 1 Buchstabe f bestimmt. Sie muss **im Zeitpunkt der Zahlung** der Gehälter, Löhne oder ähnlichen Vergütungen bestehen. Eine etwaige doppelte oder mehrfache Staatsangehörigkeit ist irrelevant, solange der StPfl auch die Staatsangehörigkeit seines Ansässigkeitsstaats besitzt.[99] Anderenfalls (auch bei Staatenlosen) kann nur Art 19 Abs 1 Buchstabe a anzuwenden sein.[100] 50

---

94 *S/K/K* Art 19 MA Rn 33; *Debatin/Wassermeyer* Art 19 MA Rn 72; *Vogel/Lehner* Art 19 Rn 34.
95 *S/K/K* Art 19 MA Rn 33; *Debatin/Wassermeyer* Art 19 MA Rn 72.
96 Vgl nur *BFH* BStBl II 1970, 869; BStBl II 1989, 290; *BFH/NV* 1995, 735.
97 *Debatin/Wassermeyer* Art 19 MA Rn 72; zustimmend *S/K/K* Art 19 MA Rn 32 und *Vogel/Lehner* Art 19 Rn 34.
98 AA *Vogel/Lehner* Art 19 Rn 33.
99 *S/K/K* Art 19 MA Rn 30.
100 *Debatin/Wassermeyer* Art 19 MA Rn 69.

C. Absatz 2

I. Buchstabe a

51 Art 19 Abs 2[101] ist hinsichtlich seines Aufbaus in den Buchstaben a und b in Tatbestand und Rechtsfolge mit Art 19 Abs 1 vergleichbar. Art 19 Abs 2 Buchstabe a folgt dem **Kassenstaatsprinzip**, Art 19 Abs 2 Buchstabe b der Besteuerung im Nicht-Kassenstaat und damit dem **Ansässigkeitsstaat** des Stpfl (vgl zum Vergleich mit Art 19 Abs 1 Rn 33 ff und Rn 39 ff). Art 19 Abs 2 ist **lex specialis** gg Art 18, dh die Vorschrift gilt nur für Ruhegehälter und ähnliche Vergütungen, die für eine früher geleistete Arbeit **im öffentlichen Dienst** gezahlt werden.[102] Art 18 hingegen ist nur bei früheren **privaten Arbeitgebern** anzuwenden.[103]

52 Nach Art 19 Abs 2 Buchstabe a können Ruhegehälter und ähnliche Vergütungen, die von einem Vertragsstaat oder einer seiner Gebietskörperschaften oder aus einem von diesem Staat oder der Gebietskörperschaft errichteten Sondervermögen an eine natürliche Person für die diesem Staat oder der Gebietskörperschaft geleisteten Dienste gezahlt werden, nur in diesem Staat besteuert werden. Die Vorschrift statuiert damit ein **ausschließliches Besteuerungsrecht des Kassenstaats** entspr der Regelung in Art 19 Abs 1 Buchstabe a. Im Unterschied dazu handelt Art 19 Abs 2 Buchstabe a jedoch ausschließlich von Ruhegehältern und ähnlichen Vergütungen, die die **früher im öffentlichen Dienst unselbstständig Tätigen** beziehen.[104] Insofern müssen – mit den nachstehend erläuterten Abweichungen im Detail – sämtliche Tatbestandsmerkmale des Art 19 Abs 1 Buchstabe a auch für Art 19 Abs 2 Buchstabe a erfüllt sein.[105]

53 **1. Ruhegehälter und ähnliche Vergütungen.** Hinsichtlich des Begriffs der „Ruhegehälter" (und auch der ähnlichen Vergütungen) wird auf die Kommentierung zu Art 18 verwiesen (dort Rn 9 ff). Die dortigen Ausführungen gelten entspr mit dem Unterschied, dass es sich bei Art 19 Abs 2 um Ruhegehälter handeln muss, die ihren Rechtsgrund in einem **früheren Dienstverhältnis** mit einem öffentlich-rechtlichen Dienstherrn in Gestalt eines Vertragsstaats oder einer seiner Gebietskörperschaften haben.[106] Zudem handelt es sich bei Ruhegehältern bereits nach dem Wortsinn um **wiederkehrende Bezüge**, nicht jedoch um **einmalige Zahlungen**.[107]

54 Einmalige Zahlungen können jedoch unter den Begriff der **„ähnlichen Vergütungen"** subsumiert werden (vgl dazu Art 18 Rn 17 ff). Ob eine Pauschalvergütung unter die Regelung des Abs 1 oder 2 fällt, ist eine reine Tatsachenentscheidung.[108] Die Vergütung fällt jedenfalls dann in den Anwendungsbereich des Art 19, wenn nachgewiesen werden kann, dass sie als Gegenleistung für die Umwandlung oder Kürzung des Ruhegehalts geleistet wird.[109]

101 Hierzu aus int Perspektive *Lang* BIT 2007, 17.
102 *Vogel/Lehner* Art 19 Rn 62.
103 *S/K/K* Art 19 MA Rn 36.
104 *S/K/K* Art 19 MA Rn 37.
105 *Debatin/Wassermeyer* Art 19 MA Rn 91.
106 *Vogel/Lehner* Art 19 Rn 62.
107 Tz 5.1 MK zu Art 19.
108 Tz 5.1 MK zu Art 19, der auf die in Tz 6 MK zu Art 18 niedergelegten Kriterien verweist.
109 Tz 6 MK zu Art 18.

An dieser Stelle sei auf das Urteil des BFH v 8.12.2010 zum DBA Schweiz hingewiesen. In diesem begehrte die in Deutschland ansässige Klägerin die Freistellung ihrer Altersrente als Ruhegehalt aufgrund des in Art 19 Abs 1 DBA Schweiz verankerten Kassenstaatsprinzip, welches sie für anwendbar erwähnte, da sie die Rente von einer schweizerischen öffentlich rechtlichen Pensionskasse[110] erhielt und bis zu ihrer Pensionierung in einem nach schweizerischem Recht öffentlich-rechtlichem Dienstverhältnis beschäftigt war. Der *BFH* wies die Klage ab, weil die Rente nicht aufgrund der früheren Tätigkeit der Klägerin, sondern aufgrund der Zahlungen der Beiträge zur beruflichen Alters- und Invalidenversorgung durch sie und ihren Arbeitgeber erfolgte. Da der Abkommenstext Leistungen der gesetzlichen Sozialversicherung nicht ausdrücklich erwähnt und die Änderung des Musterabkommens erst nach Abschluss des DBA Schweiz erfolgte, erscheint eine Subsumtion unter diese Regelung nicht möglich.[111] Für die Besteuerung ist daher Art 21 DBA Schweiz maßgeblich. Zugleich verdeutlicht dieses Urteil, dass der *BFH* eine statische Auslegung des DBA für zutreffend erachtet.[112] 55

2. Sondervermögen. Anders als Art 19 Abs 1 Buchstabe a lässt es Art 19 Abs 2 Buchstabe a genügen, wenn die Ruhegehälter oder ähnlichen Vergütungen von einem **Sondervermögen** (dazu Rn 19) gezahlt werden, sofern nur das Sondervermögen von einem Vertragsstaat oder einer seiner Gebietskörperschaften errichtet worden ist.[113] Ob daraus wirklich gefolgert werden kann, es genüge daher auch, wenn die früheren Dienste gg dem Sondervermögen (anstelle des Vertragsstaats oder einer seiner Gebietskörperschaften) erbracht werden, ist mE sehr fraglich.[114] Aus dem Wortlaut des Art 19 Abs 2 Buchstabe a ergibt sich dies nicht. Näher liegt es wohl, dass es sich lediglich um eine Erweiterung des möglichen Zahlungswegs handelt.[115] 56

II. Buchstabe b

Art 19 Abs 2 Buchstabe b greift die Voraussetzungen des Art 19 Abs 1 Buchstabe b i auf und gelangt unter diesen Voraussetzungen hinsichtlich der Ruhegehälter oder ähnlichen Vergütungen zu einem **ausschließlichen Besteuerungsrecht des Ansässigkeitsstaats** des StPfl. Auf die Kommentierung in Rn 39 ff wird vollumfänglich verwiesen: Für die Ruhegehälter im öffentlichen Dienst soll keine andere Besteuerungsfolge gelten als für die Bezüge während der aktiven Tätigkeit der natürlichen Person.[116] Selbstverständlich gelten die in Art 19 Abs 2 Buchstabe b genannten Erfordernisse daher nur für die Ruhegehälter sowie ähnliche Vergütungen und nur bezogen auf den Zeitpunkt ihrer Zahlung.[117] Es ist daher insb unerheblich, in welchem Staat die natürliche Person während ihrer aktiven Zeit ansässig war.[118] 57

---

110 Die Pensionskasse gehört aus Schweizer Sicht zur „beruflichen Vorsorge“, enthält jedoch aus deutscher Sicht sowohl Elemente der betrieblichen als auch der gesetzlichen Altersvorsorge. Zu den damit verbundenen steuerlichen Problemen vgl *Decker/Looser* IStR 2009, 653.

111 *BFH* BStBl II 2011, 488.

112 Zu weiteren Einzelheiten *Ismer* IStR 2011, 580 f sowie *Schütz* Steuk 2011, 178.

113 Krit *S/K/K* Art 19 MA Rn 44.

114 So aber wohl *Debatin/Wassermeyer* Art 19 MA Rn 113.

115 In diese Richtung deutet Tz 5.2 MK zu Art 19.

116 *Vogel/Lehner* Art 19 Rn 61.

117 Ähnlich *S/K/K* Art 19 MA Rn 50.

118 *S/K/K* Art 19 MA Rn 50; *Debatin/Wassermeyer* Art 19 MA Rn 136.

58 **Zwei Unterschiede** zwischen Art 19 Abs 2 Buchstabe b und Art 19 Abs 1 Buchstabe b sind dennoch zu beachten: Erstens benennt Art 19 Abs 2 Buchstabe b keine weiteren Voraussetzungen hinsichtlich des **Ortes** der früheren unselbstständigen Tätigkeit im öffentlichen Dienst, für die das Ruhegehalt oder die ähnlichen Vergütungen gezahlt werden. Und zweitens findet die **Einschränkung des Art 19 Abs 1 Buchstabe b ii** in Art 19 Abs 2 Buchstabe b keine Entsprechung.[119] Für die Zuweisung des Besteuerungsrechts an den Wohnsitzstaat genügt damit die Ansässigkeit und Staatsangehörigkeit des Nutzungsberechtigten im Nicht-Kassenstaat.

D. Absatz 3

59 Nach Art 19 Abs 3 sind die Art 15–18 vorrangig vor Art 19 Abs 1 und 2 anzuwenden, wenn die Gehälter, Löhne, Ruhegehälter oder ähnlichen Vergütungen für Dienstleistungen gezahlt werden, die im Zusammenhang mit einer Geschäftstätigkeit eines Vertragsstaats oder einer seiner Gebietskörperschaften erbracht werden.[120]

60 Hieraus folgt dreierlei: Erstens handelt es sich bei der Verweisung auf die Art 15–18 um eine **Rechtsgrundverweisung**.[121] Zweitens gelten die oben gemachten Ausführungen zur Bedeutung der Gehälter, Löhne und ähnlichen Vergütungen (Rn 9 ff), zu Ruhegehältern und ähnlichen Vergütungen (Rn 53), zum Empfänger der Vergütungen (Rn 22 ff) sowie zum zahlenden Vertragsstaat oder einer seiner Gebietskörperschaften (Rn 14 ff) entspr. Und drittens wird implizit in der Norm des Art 19 Abs 3 die **Ansässigkeit der natürlichen Person in einem der Vertragsstaaten** vorausgesetzt, die sich wie stets nach Art 4 bestimmt. Dabei ist zu beachten, dass sich bei einer Ansässigkeit im Kassenstaat kein Problem der Dbest stellen kann (vgl Rn 37).

I. Dienstleistungen

61 Darüber hinaus ist Art 19 Abs 3 nach seinem Wortlaut nur anzuwenden, wenn die Gehälter, Löhne, Ruhegehälter oder ähnlichen Vergütungen für **Dienstleistungen** gezahlt werden. Die Formulierung hat keine andere Bedeutung als die **„geleisteten Dienste"** in Art 19 Abs 1 und 2, so dass die natürliche Person wie dort eine unselbstständige Tätigkeit für einen Vertragsstaat oder eine seiner Gebietskörperschaften ausüben muss. Die Dienstleistung muss nur **zusätzlich** im Zusammenhang mit einer gewerblichen Tätigkeit des Vertragsstaats oder der Gebietskörperschaft stehen (Rn 25 ff). Für die Anwendung des Art 19 Abs 3 müssen daher sämtliche Tatbestandsmerkmale jeweils des Abs 1 oder Abs 2 des Art 19 erfüllt sein.[122]

II. Veranlassungszusammenhang

62 Nach Art 19 Abs 3 muss die von der natürlichen Person erbrachte Dienstleistung, für die die Gehälter, Löhne, Ruhegehälter oder ähnlichen Vergütungen gezahlt werden, **im Zusammenhang mit einer gewerblichen Tätigkeit** des Vertragsstaats oder der Gebietskörperschaft stehen. Wann diese Voraussetzung erfüllt ist, gibt das MA nicht

119 Zutr Begr bei *S/K/K* Art 19 MA Rn 39.

120 *S/K/K* Art 19 MA Rn 52; *Vogel/Lehner* Art 19 Rn 81; zur Möglichkeit der Vereinbarung abw Bestimmungen vgl Tz 6 MK zu Art 19.

121 *Debatin/Wassermeyer* Art 19 MA Rn 155 und 174; *Vogel/Lehner* Art 19 Rn 82; *Lang* BIT 2007, 17, 18.

122 *Debatin/Wassermeyer* Art 19 MA Rn 167.

vor.[123] Aus der Bezugnahme auf eine „gewerbliche Tätigkeit" folgt aber jedenfalls, dass die Tätigkeit des Vertragsstaats ihrer Natur nach **nicht vermögensverwaltend** sein darf.[124]

Die Abgrenzung zwischen den vermögensverwaltenden und gewerblichen Tätigkeiten ist insb vor dem Hintergrund der **Rechtsfolge** des Art 19 Abs 3 zu sehen. Werden StPfl in einem öffentlich-rechtlichen Dienstverhältnis tätig, unterscheiden sie sich insoweit aufgrund des bes Dienstherrn von „gewöhnlichen" Arbeitnehmern, weshalb das MA die Sondernorm des Art 19 bereithält. Nichts anderes soll gelten, wenn ein Vertragsstaat oder eine seiner Gebietskörperschaften vermögensverwaltend tätig wird, weil dadurch die bes Beziehung zum Dienstherrn nicht in Frage gestellt wird. Wird aber der Staat gewerblich tätig, tritt er wirtschaftlich in einen **Wettbewerb mit anderen privaten Arbeitgebern** ein. Aufgrund dessen erscheint es gerechtfertigt, die natürliche Person als Empfänger der Vergütungen auch in der Rechtsfolge privaten Arbeitnehmern gleichzustellen und nicht Art 19 Abs 1 oder 2, sondern die Art 15–18 anzuwenden.[125] 63

In der hM im Schrifttum wird insoweit zu Recht vorgeschlagen, immer dann von einer gewerblichen Tätigkeit des Vertragsstaats oder der Gebietskörperschaften auszugehen, wenn dieser oder diese einen **Betrieb gewerblicher Art** unterhalten.[126] Aus dt Sicht mag man daher auf die Auslegung und die Rspr zu **§ 4 KStG** zurückgreifen.[127] Dies kann aber nur ein Anhaltspunkt sein, denn häufig wird das ausl Recht nicht identische, sondern allenfalls vergleichbare Rechtsinstitute kennen. ME muss es daher für die Bundesrepublik Deutschland als Anwenderstaat aufgrund des Art 3 Abs 2 MA ausreichen, wenn zB ein ausl Vertragsstaat anhand der allg Kriterien des § 15 Abs 2 EStG gewerblich tätig wird, um die Rechtsfolge des Art 19 Abs 3 auszulösen.[128] Es muss sich daher um eine nachhaltige wirtschaftliche Tätigkeit zur Erzielung von Einnahmen unter Teilnahme am allg wirtschaftlichen Verkehr handeln.[129] 64

Es ist aber zu beachten, dass das Dienstverhältnis im Anwendungsbereich des Art 19 Abs 3 stets **unmittelbar** mit dem Vertragsstaat oder einer seiner Gebietskörperschaften bestehen muss. Sind Arbeitnehmer zB bei einer GmbH angestellt, deren Anteile zu 100 % von einem Vertragsstaat gehalten werden, ist bereits Art 19 Abs 1 nicht anwendbar (dazu Rn 21), weshalb auch der Abs 3 der Norm nicht eingreifen kann. Die Anwendung des Art 15 ergibt sich daher nicht aus der Verweisung in Art 19 Abs 3, sondern aus der außertatbestandlichen Abgrenzung zwischen Art 19 Abs 1 65

123 *S/K/K* Art 19 MA Rn 57.

124 *Debatin/Wassermeyer* Art 19 MA Rn 170; *S/K/K* Art 19 MA Rn 62.

125 *S/K/K* Art 19 MA Rn 13; *Debatin/Wassermeyer* Art 19 MA Rn 168.

126 *Debatin/Wassermeyer* Art 19 MA Rn 168 f; *S/K/K* Art 19 MA Rn 59; etwas abw *Vogel/Lehner* Art 19 Rn 84: Vorschrift gilt für alle staatlichen und kommunalen Eigenbetriebe unabhängig von ihrer Organisationsform.

127 Einzelbeispiele (ohne Vollständigkeit) bei *Debatin/Wassermeyer* Art 19 MA Rn 171.

128 Ähnlich iE wohl *Vogel/Lehner* Art 19 Rn 84.

129 Die Herausnahme des Merkmals der Gewinnerzielungsabsicht bei *Debatin/Wassermeyer* Art 19 MA Rn 169, *Vogel/Lehner* Art 19 Rn 84 und *S/K/K* Art 19 MA Rn 59 (hier zusätzlich noch die Herausnahme des Merkmals der Teilnahme am allg wirtschaftlichen Verkehr) überzeugt dagegen mE nicht. Sie ist auch im MA weder nach dem Wortlaut, noch nach dessen Sinn und Zweck angelegt. Für die hier vertretene Auffassung spricht auch, dass der Art 19 Abs 3 in einer Reihe von Abkommen ausdrücklich nur für Eigenbetriebe mit Gewinnerzielungsabsicht gilt.

und Art 15. Ein Gleiches gilt, wenn ein Betrieb gewerblicher Art als juristische Person des öffentlichen Rechts organisiert sein sollte.[130]

E. Deutsche DBA

I. Allgemeines und deutsche Verhandlungsgrundlage

66 Bemerkungen und Vorbehalte zu Art 19 hat die Bundesrepublik Deutschland im Grundsatz nicht in den MK aufnehmen lassen. Die durch das Update 2014 hinzugekommene Tz 8 MK zu Art 19 MA nimmt allerdings den Vorbehalt auf, dass Deutschland auch andere öffentlich-rechtliche Einrichtungen in den Anwendungsbereich einbeziehen kann (dazu sogleich).

67 Die neue deutsche Verhandlungsgrundlage für DBA hat entspr Art 19 MA in ihrem Art 18 das Kassenstaatsprinzip für öffentlich-rechtliche Vergütungen umgesetzt. Die in Abs 3 der Norm genannten Gebietskörperschaften sind indes, abweichend vom MA, in Abs 4 S 1 enumerativ aufgezählt. Sie werden zudem durch Art 18 Abs 5 erweitert, so dass neben der Deutschen Bundesbank auch das Goethe-Institut, der DAAD sowie Außenhandelskammern und ähnliche Einrichtungen erfasst werden.

II. Wichtigste Abweichungen

68 Die Abweichungen von **Art 19 Abs 1 MA** in den dt DBA sind im Detail mannigfaltig. Neben der Tatsache, dass sich vereinzelt **Sondervorschriften** zB für die **Einbeziehung von „Organen"** in das Kassenstaatsprinzip (so in Art 19 Abs 1 DBA China, Art 19 Abs 1 und 3 DBA Kanada, Art 19 Abs 1 und 5 DBA USA) oder für **Grenzgänger** (so in Art 19 Abs 1 und 3–6 DBA Schweiz; ferner Art 11 Abs 1 DBA Niederlande; vgl auch Schlussprot Nr 17 und Zusatzprot Art 1) finden, beziehen sich die Abweichungen jedoch in der Hauptsache auf **Erweiterungen des Kassenstaatsprinzips** bzw auf **Einschränkungen** desselben (mit der Folge einer Besteuerung im Wohnsitzstaat, wie es Art 19 Abs 1 Buchstabe b vorsieht).

69 Was die **Weiterungen des Kassenstaatsprinzips** anbelangt, so erstreckt sich das Kassenstaatsprinzip in einigen wenigen Abkommen ausdrücklich auch auf Vergütungen, die von **juristischen Personen des öffentlichen Rechts** gezahlt werden. Davon erfasst sind namentlich Körperschaften, Anstalten und rechtsfähige Stiftungen des öffentlichen Rechts (vgl auch Rn 18). So sehen es die Abkommen mit Belgien (Art 19 Abs 1 und 2 S 2), Dänemark (Art 19 Abs 1 und 4), Frankreich (Art 14 Abs 1), Georgien (Art 19 Abs 1), Luxemburg (Art 11 Abs 1; Schlussprot Nr 20), Malta (Art 19 Abs 1, 4 und 5), Niederlande (Art 11 Abs 1; Schlussprot Nr 17; Zusatzprot Art 1), Österreich (Art 19 Abs 1 und 4), Rumänien (Art 19 Abs 1, 4 und 5), Schweden (Art 19 Abs 1 und 4), Schweiz (Art 19 Abs 1), Singapur (Art 19 Abs 1, 4 und 5) und Slowenien (Art 19 Abs 1, 4 und 5) vor.

70 Wie in Rn 19 ausgeführt, enthalten manche DBA ferner **Sonderregelungen für die Bundesbank, Bundespost und Bundesbahn**. Nach diesen Abkommen sind auf die von diesen Organisationen gezahlten Vergütungen ebenfalls die Regelungen für den öffentlichen Dienst anwendbar, vgl die DBA mit Belgien (Art 19 Abs 1 und 2 S 2), Dänemark (Art 19 Abs 1 und 4), Finnland (Art 19 Abs 1), Malta (Art 19 Abs 1, 4

130 *S/K/K* Art 19 MA Rn 61.

und 5), Norwegen (Art 19 Abs 1 und 2), Schweden (Art 19 Abs 1 und 4) und Tschechien (Art 19 Abs 1). Sind Abkommen mit **Entwicklungs- und Schwellenländern** geschlossen, findet sich dort häufig eine Erstreckung des Kassenstaatsprinzips auf Vergütungen, die iRv **Entwicklungshilfeprogrammen** gezahlt werden (etwa Art 19 Abs 1, 4 und 5 DBA Rumänien oder Art IX Abs 1 und 3 DBA Sri Lanka).

Hinsichtlich der **Einschränkungen des Kassenstaatsprinzips** in den Art 19 Abs 1 Buchstabe b MA vergleichbaren Vorschriften gilt Folgendes: Die in Rn 43 ff dargestellten Voraussetzungen für eine Besteuerung im Wohnsitzstaat des StPfl erschöpfen sich in den von der Bundesrepublik Deutschland abgeschlossenen DBA meist in einer Bezugnahme auf die **Kriterien der Staatsangehörigkeit, der Arbeitsstätte und des Wohnsitzes** der nat Person. IdR (etwa ein Drittel aller dt DBA) findet diese Bezugnahme kumulativ statt (so etwa in Art 19 Abs 1 DBA China oder Art 19 Abs 1 und 4 DBA Dänemark), in anderen Abkommen finden sich nur zwei (vgl zB Art 18 Abs 1 und 3 DBA Island oder Art 19 Abs 1 und 3–6 DBA Schweiz) oder auch nur eines dieser Merkmale als Voraussetzungen (vgl Art 17 Abs 1 und 3 DBA Thailand, Art 19 Abs 1 DBA Japan oder Art X Abs 1, 2 und 4 DBA Griechenland). **71**

Art 19 Abs 2 MA hat in den dt DBA die folgenden Variationen erfahren: Nicht selten sind zunächst **Sonderregelungen für Leistungen aufgrund der Sozialgesetzgebung**, vgl die DBA mit Belgien, Dänemark, Frankreich, Italien, Niederlande, Norwegen, Schweden und Ungarn. Sodann finden sich in etwa der Hälfte der dt Abkommen für aus öffentlichen Kassen gezahlte Ruhegehälter **dieselben Regelungen wie für Vergütungen aus einer gegenwärtigen Tätigkeit** im öffentlichen Dienst. Die in den Rn 68 ff dargestellten Modifikationen gelten daher für die dem Art 19 Abs 2 MA entspr DBA-Regelungen in analoger Anwendung (vgl zB die DBA mit Belgien, Frankreich, Japan, Schweiz, Slowakei und Tschechien). In gleicher Weise werden zuweilen Ruhegehälter aus öffentlichen Kassen nach denselben Regelungen behandelt wie **private Ruhegehälter** (vgl die DBA mit Australien, Finnland, Island, Kanada, Norwegen, Portugal und Ukraine). **72**

IÜ lassen sich die dt DBA einteilen in jene, die für Ruhegehälter aus öffentlichen Kassen ein **uneingeschränktes Kassenstaatsprinzip** vorsehen und solche, die die **Anwendung des Kassenstaatsprinzips von bestimmten weiteren Voraussetzungen** abhängig machen. Diese Voraussetzungen können zB in dem Nichtvorliegen der Staatsangehörigkeit des StPfl bezogen auf den Kassenstaat bestehen. Zur ersten Fallgruppe rechnen die DBA mit Dänemark (Art 18 Abs 2 und 3, Art 19 Abs 3 und 4), Finnland (Art 19 Abs 2), Luxemburg (Art 12 Abs 2 und 3; Prot Nr 20), Niederlande (Art 12 Abs 2 und 3), Slowenien (Art 19 Abs 2), Spanien (Art 18 Abs 2) und Thailand (Art 18 Abs 2 und 3). Zur letzteren Fallgruppe gehören die DBA mit China (Art 19 Abs 2), Estland (Art 19 Abs 2 und 4), Georgien (Art 19 Abs 2), Griechenland (Art XII Abs 2, 3 und 4), Italien (Art 19 Abs 2), Kroatien (Art 19 Abs 2), Lettland (Art 19 Abs 2 und 4), Litauen (Art 19 Abs 2 und 4), Malta (Art 19 Abs 2), Österreich (Art 19 Abs 2 und 4), Polen (Art 19 Abs 2 und 5), Rumänien (Art 19 Abs 2), Schweden (Art 18 Abs 2), Singapur (Art 19 Abs 2), Tschechien (Art 19 Abs 2) und den USA (Art 19 Abs 2 und 3). **73**

Gelegentlich wird das Kassenstaatsprinzip abgesehen von den Ruhegehältern auch auf **andere Leistungen** ausgedehnt. Dabei kann es sich neben den bereits genannten Sozialleistungen (dazu Rn 72) insb um **Leistungen zur Wiedergutmachung von Kriegsschäden oder von Schäden aufgrund von politischer Verfolgung** handeln. Dies ist bspw bei den DBA mit Belgien, Dänemark, Estland, Frankreich, Griechenland, **74**

Irland,[131] Island, Italien, Japan, Kanada, Lettland, Litauen, Luxemburg, Niederlande, Norwegen, Schweden, Schweiz, Spanien,[132] Ukraine und den USA[133] der Fall.

75 Entsprechendes gilt für Löhne, Gehälter und ähnliche Vergütungen sowie Ruhegehälter, die an eine natürliche Person für Tätigkeiten für das **Goethe Institut, den Deutschen Akademischen Austauschdienst (DAAD)** oder ähnliche Einrichtungen der Vertragsstaaten, auf die sich die zuständigen Behörden der Vertragsstaaten im gegenseitigen Einvernehmen verständigt haben, gezahlt werden. Eine solche Regelung enthält bspw das DBA mit Bulgarien, Großbritannien, Ungarn, den Vereinigten Arabischen Emiraten und Zypern.[134] Einige Art sehen vor, dass diese Einkünfte unter den Anwendungsbereich des Art 15 MA fallen, wenn diese Einkünfte nicht im Gründungsstaat der Einrichtung besteuert werden (so bspw das DBA Zypern in Art 18 Abs 5).

76 Einige Abkommen, wie das DBA mit Bulgarien und Zypern, erklären das Kassenstaatsprinzip auch für Vergütungen anwendbar, die im Rahmen eines **Programms der wirtschaftlichen Zusammenarbeit** eines Vertragsstaats, eines seiner Länder oder einer ihrer Gebietskörperschaften aus Mitteln, die ausschließlich von diesem Staat, dem Land oder der Gebietskörperschaft bereitgestellt werden, an Fachkräfte oder freiwillige Helfer gezahlt werden, die in den anderen Vertragsstaat mit dessen Zustimmung entsandt worden sind.

77 Hinsichtlich des **Art 19 Abs 3 MA** lassen sich die Abweichungen in den dt DBA im Grundsatz wie folgt systematisieren: Die DBA mit Belgien (Art 19 Abs 2), Bulgarien (Art 18 Abs 3), China (Art 19 Abs 3), Dänemark (Art 19 Abs 3), Estland (Art 19 Abs 3), Finnland (Art 19 Abs 3), Georgien (Art 19 Abs 3), Großbritannien (Art 18 Abs 3), Irland (Art 18 Abs 3), Italien (Art 19 Abs 3), Kroatien (Art 19 Abs 3), Lettland (Art 19 Abs 3), Litauen (Art 19 Abs 3), Malta (Art 19 Abs 3), Österreich (Art 19 Abs 3), Polen (Art 19 Abs 3), Rumänien (Art 19 Abs 3), Schweden (Art 19 Abs 3), Slowakei (Art 18 Abs 2), Slowenien (Art 19 Abs 3), Tschechien (Art 18 Abs 2), Ukraine (Art 19 Abs 2), Ungarn (Art 18 Abs 3) und den USA (Art 19 Abs 4) **entsprechen inhaltlich weitgehend** Art 19 Abs 3 MA. Die Art 15–18 sind daher vorrangig vor Art 19 Abs 1 und 2 anzuwenden, wenn die Gehälter, Löhne, Ruhegehälter oder ähnlichen Vergütungen für Dienstleistungen gezahlt werden, die im Zusammenhang mit einer Geschäftstätigkeit eines Vertragsstaats oder einer seiner Gebietskörperschaften erbracht werden (vgl Rn 59 ff).

78 In einer Reihe von Abkommen wird der **Vorrang der Art 15–18 MA** (bzw der entspr Regelungen im jeweiligen DBA) indes **nicht ausdrücklich** ausgesprochen. Es fehlt an einer entspr **Verweisung**, was aber nichts daran ändert, dass systematisch die **allg Regelungen** wieder aufleben, wenn sich der Art 19 für nicht anwendbar erklärt. Dies ist der Fall in den DBA mit Australien (Art 17 Abs 3), Belgien (Art 19 Abs 2), Frankreich (Art 14 Abs 3), Griechenland (Art X Abs 3) und Kanada (Art 19 Abs 2).

---

131 Diese Zahlungen unterliegen dem Anwendungsbereich der Art 18 MA vergleichbaren Regelung über Ruhegehälter.

132 Diese Zahlungen unterliegen dem Anwendungsbereich der Art 18 MA vergleichbaren Regelung über Ruhegehälter.

133 Zur Besteuerung des Gehalts der Ortskräfte konsularischer Vertretungen, die ein Vertragsstaat im anderen Vertragsstaat unterhält, vgl die Verständigungsvereinbarung v 18.12.2009 IStR 2010, 112.

134 Diese Regelung erklären jedoch Art 19 Abs 1 und 2 MA für anwendbar. Daher kann das Besteuerungsrecht auch dem Wohnsitzstaat zustehen.

Weitere Abweichungen vom MA betreffen ferner die **Reichweite der Verweisung** auf die Art 15 ff MA (bzw der entspr Regelungen im jeweiligen DBA). So werden in den DBA mit Luxemburg (Art 11 Abs 2), Niederlande (Art 11 Abs 2), Norwegen (Art 19 Abs 2), Portugal (Art 19 Abs 2), Schweiz (Art 19 Abs 2) und Zypern (Art 18 Abs 2) **Ruhegehälter** ausdrücklich aus dem Anwendungsbereich der Verweisung ausgenommen. Ein Gleiches gilt in den DBA mit Dänemark (Art 19 Abs 3), Estland (Art 19 Abs 3), Finnland (Art 19 Abs 3), Italien (Art 19 Abs 3), Lettland (Art 19 Abs 3), Litauen (Art 19 Abs 3), Malta (Art 19 Abs 3), Niederlande (Art 11 Abs 2), Norwegen (Art 19 Abs 2), Polen (Art 19 Abs 3), Schweden (Art 19 Abs 3), Schweiz (Art 19 Abs 2), Singapur (Art 19 Abs 3), Slowakei (Art 18 Abs 2) und Tschechien (Art 18 Abs 2) hinsichtlich der Verweisung auf die **Regelung für Künstler und Sportler**. In den DBA mit den Niederlanden und Luxemburg wird ferner nur auf den Einkunftsartikel für **nichtselbstständige Arbeit** verwiesen. 79

Schließlich schränken einige Abkommen den Anwendungsbereich des Art 19 Abs 3 MA dahingehend ein, dass die allg Regelungen und damit die **Ausnahme vom Kassenstaatsprinzip** nur gelten sollen, wenn **Eigenbetriebe der öffentlichen Hand mit Gewinnerzielungsabsicht** betrieben werden. Dies betrifft die DBA mit Australien (Art 17 Abs 3), Frankreich (Art 14 Abs 3), Griechenland (Art X Abs 3), Japan (Art 19 Abs 3), Luxemburg (Art 11 Abs 2) und Niederlande (Art 11 Abs 2). 80

Art. 20 Studenten

Zahlungen, die ein Student, Praktikant oder Lehrling, der sich in einem Vertragsstaat ausschließlich zum Studium oder zur Ausbildung aufhält und der im anderen Vertragsstaat ansässig ist oder dort unmittelbar vor der Einreise in den erstgenannten Staat ansässig war, für seinen Unterhalt, sein Studium oder seine Ausbildung erhält, dürfen im erstgenannten Staat nicht besteuert werden, sofern diese Zahlungen aus Quellen außerhalb dieses Staates stammen.

FinMin Nordrhein-Westfalen v 8.2.1965, Az S 1301 – Indien – 3 V B 1, WPg 1965, 189; *FinMin Nordrhein-Westfalen* v 17.11.1966, Az S 1301 – Indien 4 – VB 1, AWD 1966, 486; *BMF* v 17.4.1980, Az IV C 5-S 1301-Fra-45/80, StEK DBA Frankreich Nr 29; *BMF* v 4.4.1986, Az IV B 6 – S 2369 – 9/86; *FinMin Niedersachsen* v 16.4.1986, Az S 2369 – 25 – 35 I; *BMF* v 10.1.1994, Az IV C 5-S 1300 – 196/93, BStBl I 1994, 14; *BMF* v 20.9.1999, Az IV B 4 – S 1301 USA – 81/99, BStBl I 1999, 844; *BMF* v 16.3.2001, Az IV B 3-S 1300-14/01, BStBl I 2001, 204

Übersicht

Literatur: *Bauer* Studenten, Gastlehrer und Gastprofessoren im DBA-Recht, in Gassner/Lang/Lechner/Schuch/Staringer, Arbeitnehmer im Recht der Doppelbesteuerungsabkommen, 2003, S 225; *Bertram* Einkommensteuerliche Behandlung US-amerikanischer Werkstudenten in der BR Deutschland, IWB Fach 3 Gruppe 3, 939; *Flick/Flick-Pistorius* Zur Frage des steuerlichen (Studenten-)Wohnsitzes, DStR 1989, 623; *Harding* Making Scholarship and Fellowship Payments to Foreign Students: An Overview of Tax Issues and Problems, TN 1992, 533; *Hauser* Students, Researchers and Lecturers in Trilateral Situations, in Lang, Triangular Cases, 2004, S 395; *Herm* Student Article in Model Conventions and in Tax Treaties, Intertax 2004, 69; *Hey/Ernst* Bildungsaufwendungen im US-Steuerrecht, IStR 2007, 153; *Holbaum* Die steuerliche Behandlung von Studenten und Gastprofessoren in der Doppelbesteuerung, Hefte zur Internationalen Besteuerung, Heft 161, 2009; *Ismer* Bildungsaufwand im Steuerrecht, 2006; *Lüdicke* Überlegungen zur deutschen DBA-Politik, 2008; *Prokisch* Besteuerung von Gastprofessoren, Auslandslehrern und ausländischen Studenten, IWB Fach 3 Gruppe 3, 1091; *Schuch* Verluste im Recht der Doppelbesteuerungsabkommen, 1998; *Strasser* Die Verteilung der Besteuerungsrechte nach den Doppelbesteuerungsabkommen bei Einkünften von Studenten (Artikel 20 OECD-MA), in Gassner/Lang/Schuch, Die Verteilung der Besteuerungsrechte zwischen Ansässigkeits- und Quellenstaat im Recht der Doppelbesteuerungsabkommen, 2005, S 407; *Zehetner* Gastprofessoren, Gastlehrer, Studenten und Auszubildende nach dem neuen DBA Österreich-Deutschland, in Gassner/Lang/Lechner, Das neue Doppelbesteuerungsabkommen Österreich-Deutschland, 1999, S 185.

A. Allgemeines

I. Bedeutung der Vorschrift

1 Über die letzten Jahre und Jahrzehnte hat die Mobilität großer Teile der Weltbevölkerung auf Grund vielfältiger Faktoren erheblich zugenommen. Für die in der Ausbildung befindliche Generation trifft dies, nicht zuletzt motiviert durch ein Interesse an fremden Kulturkreisen, im bes Maße zu.[1] Art 20[2] will diesen **zwischenstaatlichen Ausbildungsaustausch** von Studenten, Praktikanten und Lehrlingen fördern. Dieses Ziel soll durch eine Erleichterung der Besteuerung der Auszubildenden erreicht werden. Konkret bleiben Zahlungen, die für Zwecke des Unterhalts oder der Ausbildung aus Quellen außerhalb des sog **Aufenthalts- oder Gastlandes** zugewendet werden, im Gastland steuerfrei. Allerdings liegt in der Praxis üblicherweise auch ohne Art 20 eine rechtliche Doppelbesteuerung nicht vor, da im sog **Herkunftsland** Unterhaltszahlungen idR nicht besteuert werden und oftmals auch im Gastland zum Zwecke der Ausbildungsförderung Steuererleichterungen bereits im originär nationalen Steuerrecht vorgesehen sind.[3] Gleichwohl soll Art 20 eine Besteuerung derartiger Zahlungen, die für gewöhnlich aus bereits versteuertem Einkommen oder Vermögen

1 Für statistische Daten zur Auslandsmobilität von Studenten s *BMBF* Bericht zur Internationalisierung des Studiums (November 2010) sowie *Holbaum* S 5f.

2 Zur Historie der Vorschrift *Herm* Intertax 2004, 81.

3 In Deutschland gehören gem § 22 Nr 1 S 2 EStG Bezüge, die freiwillig oder auf Grund einer freiwillig begründeten Rechtspflicht gewährt werden, nicht zu den sonstigen Einkünften. Zur Rechtslage vor dem VZ 2009 s R 22.2 EStR 2008. Ferner sind gewisse Ausbildungshilfen und Stipendien bereits nach § 3 Nr 11, 42 und 44 EStG steuerfrei. Zur Besteuerung nach dt Recht auch *Bertram* IWB Fach 3 Gruppe 3, 939; entspr für die USA vgl *Hey/Ernst* IStR 2007, 156; *Harding* TN 1992, 533.

stammen, verhindern, um die Gewährung einer ungeschmälerten Unterhaltsunterstützung oder Ausbildungshilfe sicherzustellen.[4]

Art 20 enthält keine Zuordnungsregelung im klassischen Sinn. Es werden nicht wie sonst üblich, die Besteuerungsrechte von Ansässigkeits- und Quellenstaat zugeteilt (dazu Einl MA Rn 102 ff). Vielmehr wird ausschließlich dem **Gastland**, in dem sich der Student, Praktikant oder Lehrling zu Ausbildungszwecken aufhält, das Besteuerungsrecht hinsichtlich bestimmter Zahlungen aus dem Herkunftsland oder aus Drittstaaten **entzogen**. Die Besteuerungsrechte des **Herkunftslandes** sowie von **Drittstaaten** bleiben hingegen gänzlich **unberührt**. 2

Für die Anwendung von Art 20 ist es daher unerheblich, ob die betr Person abkommensrechtlich im Gastland oder im Herkunftsland ansässig ist. Allerdings muss der Student, Praktikant oder Lehrling zumindest unmittelbar vor Abreise in das Gastland in dem anderen Vertragsstaat, dh dem Herkunftsland, ansässig gewesen sein. 3

II. Verhältnis zu anderen Vorschriften

Zwischen Art 20 einerseits und den Art 6–19 andererseits besteht **kein** Verhältnis im Sinne einer **Konkurrenz** oder **Spezialität**. Vielmehr schließen sich Art 20 und die anderen Verteilungsnormen bereits weitestgehend auf **Tatbestandsebene** gegenseitig aus.[5] Lediglich im Verhältnis zu Art 21 ist Art 20 nach seinem eindeutigen Wortlaut die **speziellere** Vorschrift (dazu Einl MA Rn 116). **Zahlungen** iSv Art 20 können nur solche sein, die die begünstigten Personen für ihren Unterhalt, ihr Studium oder ihre Ausbildung erhalten. Auf die **Verwendung** der Einkünfte kommt es nicht an, so dass bspw Zins- oder Dividendeneinkünfte unabhängig von einem Studium oder einer Ausbildung stets unter Art 11 bzw Art 12 fallen.[6] 4

Eine tatbestandliche Abgrenzung kann im Einzelfall insb dann schwierig sein, wenn die Person im Gastland Zahlungen erhält, die auch als **Vergütungen** iSd Art 15 qualifizieren könnten. Abzustellen ist dann darauf, ob für die Zahlung eine Form von **Gegenleistung** erbracht wird oder der Zahlung sonst ein **Entgeltcharakter** beizumessen ist.[7] Liegt eine dieser Voraussetzungen vor, handelt es sich um eine Vergütung iSd Art 15, während im gegenteiligen Fall die Zahlung unter Art 20 fällt. Ein Indiz für ein Dienstleistungsentgelt soll immer dann vorliegen, wenn die Zahlungen solchen ähnlich sind, die an Personen gezahlt werden, die **ähnliche Dienste** erbringen und keine Studenten oder Lehrlinge sind.[8] Maßgeblich ist hierbei allein die Betrachtung im Gastland.[9] Unerheblich ist daher mE für die abkommensrechtliche Betrachtung die Einordnung von Zahlungen als Einkünfte aus unselbstständiger Arbeit nach nationalem Recht im Herkunftsland. Zwar kann und muss auf das innerstaatliches Recht für eine abkommensrechtliche Abgrenzung zwischen unselbstständiger und selbstständiger Arbeit zurückgegriffen werden,[10] jedoch ist in Bezug auf Art 20 zu berücksichti- 5

4 *F/W/K* DBA Schweiz Art 20 Rn 5; *Vogel/Lehner* Art 20 MA Rn 3; *G/K/G* Art 20 MA Rn 2 und 3.
5 *Vogel/Lehner* Art 20 MA Rn 4.
6 *Vogel/Lehner* Art 20 MA Rn 4d; *Schönfeld/Ditz* Art 20 MA Rn 7.
7 *Debatin/Wassermeyer* Art 20 MA Rn 15; *Vogel/Lehner* Art 20 MA Rn 4d.
8 Tz 3 MK zu Art 20.
9 *Vogel/Lehner* Art 20 MA Rn 9; *S/K/K* Art 20 MA Rn 11; *G/K/G* Art 20 MA Rn 14.
10 *Debatin/Wassermeyer* Art 15 MA Rn 53.

gen, dass eine spezielle Einkunftsart, die Art 20 entsprechen würde, in den nationalen Steuergesetzen üblicherweise nicht vorgesehen ist.

6 An einer Gegenleistung und einem Entgeltcharakter kann es ggf auch bei echten Unterhaltszahlungen im Rahmen eines Anstellungsvertrages fehlen.[11] Abzustellen ist hier auf die konkreten Umstände im Einzelfall. Allerdings wird bei einer **Entsendung von Arbeitnehmern** zu Ausbildungszwecken in das Ausland unter **Fortzahlung des Gehalts** in der Fortzahlung regelmäßig eine Vergütung für vor oder nach dem Auslandsaufenthalt geleistete Dienste zu sehen sein.[12] Bei **Referendaren** hingegen, die eine Ausbildungsstation im Ausland absolvieren, fehlt es für gewöhnlich bei einer aus dem Herkunftsland für im Gastland geleistete Dienste gezahlte Unterhaltsbeihilfe an dem erforderlichen Entgeltcharakter.[13] In einer derartigen Konstellation ergibt sich der Vorrang von Art 15 allein aus dessen Wortlaut, vgl HS 1 der Norm: „Vorbehaltlich der Artikel 16, 18 und 19" (dazu auch Art 15 Rn 11).[14]

7 Werden Einkünfte aus **unterschiedlichen Quellen** bezogen, kann Art 20 neben anderen Verteilungsnormen zur Anwendung kommen.[15] Allerdings ist zu prüfen, ob der für Art 20 erforderliche **Hauptzweck** (Durchführung eines Studiums oder einer Ausbildung im Gastland) auch dann vorliegt, wenn ein Student oder Auszubildender einer Erwerbstätigkeit nachgeht. Stellt diese Erwerbstätigkeit im Verhältnis zum Studium oder zur Ausbildung nicht nur eine bloße **Nebentätigkeit** dar, scheidet Art 20 hinsichtlich aller Zahlungen bereits tatbestandlich aus.[16] Liegt jedoch nur eine echte Nebentätigkeit vor, können Zahlungen (zB von Verwandten), die wegen erhöhter Lebenshaltungskosten im Ausland zusätzlich zu dem Entgelt aus einem Arbeitsverhältnis gezahlt werden unter Art 20 fallen, während das Entgelt aus diesem Arbeitsverhältnis regelmäßig unter Art 15 fällt.

B. Anwendungsbereich

I. Persönlicher Anwendungsbereich

8 Art 20 begünstigt Zahlungen, die ein **Student, Praktikant oder Lehrling** erhält. Die Vorschrift gilt damit nur für **natürliche Personen**. Eine Definition der Begriffe fehlt sowohl im Abkommen selbst als auch im MK. Es bedarf somit einer autonomen Auslegung aus dem Abkommenszusammenhang heraus. Wegen des Regelungszweckes der Vorschrift und mit Blick auf den in Art 20 genannten Personenkreis sind die Begriffe jeweils weit und allgemeinverständlich auszulegen, so dass nach hM neben Studenten, Praktikanten und Lehrlingen auch **alle übrigen sich in einer Ausbildung befindlichen Personen** erfasst sind.[17] Zu der von Art 20 begünstigten Personengruppe

11 Zutr *G/K/G* Art 20 MA Rn 34; **aA** wohl *F/W/K* DBA Schweiz Art 20 Rn 17 und 26.

12 *G/K/G* Art 20 MA Rn 34; *S/K/K* Art 20 MA Rn 20; *F/W/K* DBA Schweiz Art 20 Rn 17 und 26.

13 Zum Begriff der Unterhaltsbeihilfe vgl zB § 37 HmbJAG; **aA** *Debatin/Wassermeyer* Art 20 MA Rn 18 (bejaht Ausbildungsverhältnis, gibt aber wegen der Qualifikation als Einkünfte aus unselbstständiger Arbeit Art 15 den Vorrang); vgl auch *BFH* BStBl II 2010, 536.

14 Vgl *Debatin/Wassermeyer* Art 20 MA Rn 3; *Ismer* S 252.

15 *S/K/K* Art 20 MA Rn 16.

16 *Vogel/Lehner* Art 20 MA Rn 11a f; *Schönfeld/Ditz* Art 20 MA Rn 26.

17 *Vogel/Lehner* Art 20 MA Rn 6; *S/K/K* Art 20 MA Rn 9; *G/K/G* Art 20 MA Rn 12; *Debatin/Wassermeyer* Art 20 MA Rn 24; *F/W/K* DBA Schweiz Art 20 Rn 9; so verwendet Art 19 Abs 2 DE-VE statt des Begriffs „Lehrling" den Begriff „Auszubildender".

gehören damit auch **Schüler**,[18] soweit sie nicht ohnehin als Praktikanten oder Lehrlinge zu qualifizieren sind. Korrespondierend dazu ist auch eine Altersbeschränkung nach oben abkommensrechtlich nicht vorgesehen, so dass grds auch Rentner und Pensionäre, etwa im Rahmen eines **Seniorenstudiums**, von der Vorschrift erfasst sind.[19] Gleiches gilt namentlich für **Habilitanden**, **Doktoranden** sowie Teilnehmern an Kursen zur **Prüfungsvorbereitung** (zB Führerschein, Meister, Steuerberater oder Wirtschaftsprüfer).[20] Für die Beurteilung, ob eine Person sich in einer Ausbildung befindet und damit unter den Regelungsgehalt von Art 20 fällt, ist ausschließlich auf deren Status im Gastland abzustellen. Eines Ausbildungsverhältnisses im Herkunftsland bedarf es somit nicht.[21] Erfolgt die Ausbildung im Rahmen eines Dienstverhältnisses und erhält der Lernende für seine Tätigkeit eine Vergütung aus seinem Heimatland oder einem Drittstaat, ist eine Abgrenzung zu Art 15 erforderlich (dazu Rn 5).

Der Begriff des **Studenten** umfasst nicht nur eingeschriebene Besucher einer wissenschaftlichen Fach- oder allg Hochschule, sondern alle Arten von Lehranstalten, (Abend-) Schulen, Akademien, Instituten und ähnlichen Einrichtungen, deren Hauptzweck die Aus- oder Fortbildung ist. Sofern nicht touristische Gesichtspunkte im Vordergrund stehen, begünstigt Art 20 auch Teilnehmer, die sich durch **Fernunterricht** im Gastland aus- oder fortbilden.[22] Weder ist das tatsächliche Erlangen eines formellen akademischen Abschlusses von Bedeutung, noch die grds Möglichkeit, das Studium mit einem solchen abschließen zu können.[23] Von der Vorschrift erfasst ist daher ebenso die Inanspruchnahme von **Privatunterricht** durch einen qualifizierten Privatlehrer.[24] Auch kann es an einer personellen oder institutionellen Anknüpfung im Gastland gänzlich fehlen, so dass auch ein im Gastland forschender Doktorrand oder Habilitand unter Art 20 fällt. Etwas anderes gilt jedoch dann, wenn der Forschungsaufenthalt zugleich eine **bezahlte Dienstleistung** darstellt. Fehlt es an einer personellen oder institutionellen Anknüpfung auch außerhalb des Gastlandes, kommt Art 20 nicht zur Anwendung (zB bei reinem Selbststudium).[25] Auch der Besuch einer einzelnen **Fortbildungsveranstaltung** qualifiziert mangels organisierter Lehrveranstaltungen von gewisser Dauer noch nicht zum Studium,[26] kann aber Teil einer Ausbildung sein.[27] 9

Praktikant ist, wer sich für eine vorübergehende Dauer zwecks **Erwerbs praktischer Kenntnisse und Erfahrungen** einer bestimmten betrieblichen Tätigkeit und Ausbildung, die keine systematische Berufsausbildung darstellt, unterzieht, weil er diese für die Zulassung zu einem Studium, Beruf, zu einer Prüfung oder anderen Zwecken benötigt. Ein Praktikum kann jedoch auch schlicht der Berufsorientierung des Praktikanten dienen. Nicht notwendig ist daher, dass das Praktikum in unmittelbaren 10

18 *S/K/K* Art 20 MA Rn 9; *G/K/G* Art 20 MA Rn 12.
19 *Debatin/Wassermeyer* Art 20 MA Rn 24; *Vogel/Lehner* Art 20 MA Rn 6.
20 *Debatin/Wassermeyer* Art 20 MA Rn 18 mit weiteren Bsp.
21 *Vogel/Lehner* Art 20 MA Rn 9; *S/K/K* Art 20 MA Rn 11; *G/K/G* Art 20 MA Rn 14.
22 *Ismer* S 253.
23 *Debatin/Wassermeyer* Art 20 MA Rn 18 und 24; *S/K/K* Art 20 MA Rn 15; *Vogel/Lehner* Art 20 MA Rn 7.
24 *F/W/K* DBA Schweiz Art 20 Rn 9; *Vogel/Lehner* Art 20 MA Rn 7f.
25 *Ismer* S 253; differenziert *Debatin/Wassermeyer* Art 20 MA Rn 18 (Eigenstudium ist nicht Studium, sondern allenfalls Ausbildung).
26 *Ismer* S 253.
27 *Debatin/Wassermeyer* Art 20 MA Rn 18.

Zusammenhang mit einem angestrebten oder später tatsächlich ausgeübten Beruf steht. Den Praktikanten gleichzusetzen sind auch **Volontäre** (sofern nicht ohnehin im Abkommenstext explizit einbezogen) und **medizinische Famuli**.

11 **Lehrlinge** sind Personen, die aufgrund eines Lehrvertrages zum **Erlernen eines Berufs** unter Anleitung eines Ausbilders fachlich ausgebildet werden. Auch der Begriff des Lehrlings ist auf Grund des Regelungszweckes der Abkommensvorschrift weit auszulegen, so dass es sich mE weder nach den nationalen Bestimmungen um einen gesetzlich anerkannten Lehr- oder Ausbildungsberuf handeln muss, noch, dass es einer staatlichen Zulassung des jeweiligen Ausbilders bedarf. Üblicherweise handelt es sich bei der Ausbildungsstelle um eine solche aus dem kaufmännischen, gewerblichen, handwerklichen oder landwirtschaftlichen Bereich.[28] Dem Begriff des Lehrlings gleichzusetzen ist der des **Auszubildenden** (sofern diese Bezeichnung nicht ohnehin Verwendung in der Abkommenspraxis gefunden hat).

12 Für alle von Art 20 begünstigten Personen gilt gleichermaßen, dass bereits erworbene Studien- oder Berufsabschlüsse für die Anwendung der Vorschrift ohne Bedeutung sind. Unerheblich ist nach hM daher, ob es sich bei der Ausübung im Gastland um ein **Erst- oder Zweitstudium** bzw eine **Aus-, Weiter- oder Fortbildung** handelt.[29] Diese aus dem nationalen Steuerrecht im Zusammenhang mit Werbungskosten verwendeten Begrifflichkeiten sind insoweit für die abkommensrechtliche Betrachtung unmaßgeblich.[30] Nicht von Bedeutung ist auch das Alter der begünstigten Personen. Ist jedoch eine berufliche Ausbildung bereits abgeschlossen und sollen im Rahmen eines **Arbeitsverhältnisses** lediglich Kenntnisse auf einem **Spezialgebiet** erworben oder erweitert werden, ist eine Begünstigung ausgeschlossen.[31]

II. Sachlicher Anwendungsbereich

13 **1. Zahlungen für Unterhalt, Studium oder Ausbildung.** Von Art 20 umfasst sind ausschließlich **Zahlungen**, die ein Student, Praktikant oder Lehrling **für seinen Unterhalt, sein Studium oder seine Ausbildung** erhält. Zahlungen können bereits begrifflich nur solche von **dritter Seite** sein. IÜ kann bei einem Zugriff einer begünstigten Person auf sein eigenes Vermögen keine Einkommenserzielung iSd Abkommens vorliegen.[32] Als Zahlungen sind sowohl Geldleistungen als auch geldwerte Vorteile anzusehen.[33] Diese können jeweils einmalig oder auch mehrfach gewährt werden. Ob der Zahlende öffentlich-rechtlich oder privatrechtlich organisiert ist, ist dabei unerheblich.[34] Entscheidend ist vielmehr, dass der Zahlung eine lediglich **einseitige Zahlungsverpflichtung** zu Grunde liegt (zB Stipendium) oder eine **freiwillige Zuwendung** vorliegt (zB Zahlungen von Verwandten).[35] Die Zahlung darf somit nicht ein Entgelt für eine

---

28 *F/W/K* DBA Schweiz Art 20 Rn 12; *Debatin/Wassermeyer* Art 20 MA Rn 30.

29 *G/K/G* Art 20 MA Rn 13; *F/W/K* DBA Schweiz Art 20 Rn 26; *Vogel/Lehner* Art 20 MA Rn 8; differenzierend *Ismer* S 253 (abgesehen von Studenten soll Spezialisierung nicht ausreichen).

30 *Debatin/Wassermeyer* Art 20 MA Rn 18; *F/W/K* DBA Schweiz Art 20 Rn 26; *Bauer* S 225, 231 f.

31 *FG Baden-Würtemberg* EFG 2009, 904.

32 *Ismer* S 254.

33 *Vogel/Lehner* Art 20 MA Rn 17b; *Debatin/Wassermeyer* Art 20 MA Rn 16.

34 *F/W/K* DBA Schweiz Art 20 Rn 13; *Vogel/Lehner* Art 20 MA Rn 17.

35 *Vogel/Lehner* Art 20 MA Rn 17a; *Bauer* S 225, 231; *Ismer* S 252.

erbrachte oder zu erbringende Leistung darstellen.[36] Anderenfalls handelt es sich um Einkünfte, die unter die übrigen Abkommensvorschriften fallen (dazu bereits Rn 5).

Darüber hinaus muss der **Zahlende** mit der Zahlung einen bestimmten **Zweck** verfolgen. Leistungszweck muss es sein, zum **Unterhalt** des Zahlungsempfängers beizutragen oder sonst das **Studium oder die Ausbildung** des Zahlungsempfängers zu fördern. Ein solcher Leistungszweck liegt dann nicht vor, wenn der Zahlende mit der Zahlung primär eine andere vertragliche Verbindlichkeit gegenüber dem Empfänger erfüllt. So kommen etwa bei Einkünften aus Miet- oder Darlehensverträgen ausschließlich Art 6 bzw 11 zur Anwendung. Grundlage für die Zahlung des Miet- oder Darlehenszinses ist niemals das Studium oder die Ausbildung, sondern stets das der **Zahlung zugrunde liegende Vertragsverhältnis**. Dies gilt auch in solchen Fällen, in denen derartige Einkünfte vom Empfänger tatsächlich zum Unterhalt, Studium oder zur Ausbildung verwendet werden. Für die Anwendung des Art 20 kommt es allein auf die Zweckbestimmung des Zahlenden an.[37] **14**

Mit den Unterhaltszahlungen bzw Studiums- oder Ausbildungszahlungen soll der Student, Praktikant oder Lehrling die Aufwendungen für die **Erfüllung seiner Lebensbedürfnisse** sowie seiner **Ausbildungskosten** decken. Typische Aufwendungen dieser Art sind solche für Unterkunft, Verpflegung, Reisen (auch die Rückreise), Versicherungen, Arbeitsmittel, Fachliteratur oder Studien- und Prüfungsgebühren. Von Art 20 nicht erfasst sind Zahlungen für den **Unterhalt von Angehörigen**.[38] Gleichwohl fallen jedoch auch atypische Unterhaltsaufwendungen (zB Krankheitskosten) unter die Vorschrift.[39] Auf die Angemessenheit der Höhe nach oder die tatsächliche Verwendung der Zahlungen durch den Zahlungsempfänger kommt es nicht an.[40] Übersteigen die Zahlungen jedoch den tatsächlichen Unterhaltsbedarf im Gastland, kann dies gegen die erforderliche Zweckverfolgung durch den Zahlenden sprechen.[41] Unschädlich ist es hingegen, wenn der Unterhaltsbedarf im Zeitpunkt der Zahlung noch nicht oder nicht mehr besteht.[42] So können Zahlungen sowohl **im Voraus** als auch **nachträglich** erfolgen, soweit ein Zusammenhang zwischen Unterhalts- oder Ausbildungskosten und der Zahlung offensichtlich ist (zB bei Rückzahlung zunächst gestundeter Studiengebühren). **15**

2. Aufenthaltszweck. Der Student, Praktikant oder Lehrling muss sich **ausschließlich zum Studium oder zur Ausbildung** in dem **anderen Vertragsstaat**, dh dem **Gastland**, aufhalten. Die Ausschließlichkeit bezieht sich dabei auf die **Motivation** des Studenten, sich in das Gastland zu begeben und dort zu verbleiben (von der Einreise bis zur Abreise). **Alleiniger Zweck** des Aufenthaltes muss daher die Durchführung eines Studiums oder einer Ausbildung sein. Ferner muss der Student, Praktikant oder Lehrling diesem Aufenthaltszweck in geeigneter und zweckgerichteter Weise (zB durch Erbringung von Leistungsnachweisen) nachkommen. Eine bloß formale Immatrikulation **16**

36 *F/W/K* DBA Schweiz Art 20 Rn 13.

37 *S/K/K* Art 20 MA Rn 20; *F/W/K* DBA Schweiz Art 20 Rn 14.

38 *G/K/G* Art 20 MA Rn 32; *S/K/K* Art 20 MA Rn 20; *F/W/K* DBA Schweiz Art 20 Rn 13.

39 *Debatin/Wassermeyer* Art 20 MA Rn 17; **aA** wohl *S/K/K* Art 20 MA Rn 20.

40 *Vogel/Lehner* Art 20 MA Rn 18; *Debatin/Wassermeyer* Art 20 MA Rn 17; *S/K/K* Art 20 MA Rn 20.

41 Tz 3 MK zu Art 20.

42 *Debatin/Wassermeyer* Art 20 MA Rn 17.

oder ein Ausbildungsverhältnis nur zum Schein ist allein nicht ausreichend.[43] **Kurzfristige Unterbrechungen** des Studiums oder der Ausbildung (zB bedingt durch Krankheit oder Urlaub) lassen den Status eines Studenten oder einer sonst begünstigten Person jedoch unberührt.

17 Der Aufenthalt ausschließlich zum Studium oder zur Ausbildung schließt nicht von vornherein gewisse **Neben- oder Teilzeittätigkeiten** des Studenten, Praktikanten oder Lehrlings aus, solange diese den Hauptzweck nicht in Frage stellen.[44] Die Nebentätigkeiten müssen somit hinsichtlich ihrer Intensität, insb in zeitlicher und finanzieller Hinsicht, gegenüber dem Studium oder der Ausbildung eine bloß untergeordnete Rolle einnehmen (zB **„Studentenjob"** in den Semesterferien).[45] Anderenfalls findet Art 20 wegen Nichtvorliegens der Voraussetzungen insgesamt keine Anwendung. Handelt es sich dagegen um unschädliche Nebentätigkeiten, fallen die daraus erzielten Einkünfte unter die jeweils einschlägigen Abkommensvorschriften (zB Art 15 für im Rahmen einer bloßen Nebentätigkeit bezogenen Arbeitslohns) und Art 20 bleibt für Unterhalts- und Ausbildungszahlungen iÜ anwendbar (dazu bereits Rn 7).

18 Der Begriff des **Aufenthaltes** ist am Zweck der Vorschrift zu messen und somit weit auszulegen.[46] Die Begr eines **gewöhnlichen** Aufenthaltes im Gastland iSd Art 4 Abs 2 Buchstabe b oder sonst eine abkommensrechtliche **Ansässigkeit** ist daher für die Anwendung von Art 20 nicht erforderlich, aber auch nicht schädlich.[47] Ausreichend ist jeder körperliche Aufenthalt des Studenten, Praktikanten oder Lehrlings, welcher der ordentlichen Durchführung des Studiums oder der Ausbildung ausreichend Rechnung trägt.[48] Demzufolge bedarf es grds keiner ganztägigen Aufenthalte oder Übernachtungen im Gastland.

19 Ferner darf der Aufenthalt im Gastland immer **nur von vorübergehender Natur** sein.[49] Die Beibehaltung eines Wohnsitzes oder familiäre Bindungen im Herkunftsland können insoweit ein Indiz sein.[50] Eine feste zeitliche Begrenzung des Aufenthaltes im Gastland ist dem Abkommenstext jedoch nicht zu entnehmen, so dass nach hM stets die erkennbaren Umstände im Einzelfall zu untersuchen sind.[51] Hat sich ein Student, Praktikant oder Lehrling entschlossen, auf **unbestimmte Zeit** in dem Gastland zu verbleiben (zB wegen der Aufnahme einer dauerhaften Beschäftigung oder veränderter familiärer Umstände), entfällt die Abkommensbegünstigung des Art 20 ab dem Zeitpunkt des **Absichtswechsels**.[52]

---

43 *Vogel/Lehner* Art 20 MA Rn 7; *Debatin/Wassermeyer* Art 20 MA Rn 24.

44 *G/K/G* Art 20 MA Rn 18; *S/K/K* Art 20 MA Rn 16; *F/W/K* DBA Schweiz Art 20 Rn 24.

45 *Vogel/Lehner* Art 20 MA Rn 11a f.

46 *Debatin/Wassermeyer* Art 20 MA Rn 33.

47 *F/W/K* DBA Schweiz Art 20 Rn 27.

48 *Debatin/Wassermeyer* Art 20 MA Rn 33; *Schönfeld/Ditz* Art 20 MA Rn 23.

49 *S/K/K* Art 20 MA Rn 12; *F/W/K* DBA Schweiz Art 20 Rn 27; *Debatin/Wassermeyer* Art 20 MA Rn 36.

50 *S/K/K* Art 20 MA Rn 14.

51 Zutr *Debatin/Wassermeyer* Art 20 MA Rn 36; *Vogel/Lehner* Art 20 MA Rn 12 f; **aA** *F/W/K* DBA Schweiz Art 20 Rn 28 (Höchstdauer von einem Jahr soweit nicht durch Studien- oder Ausbildungsordnung abw bestimmt).

52 *Vogel/Lehner* Art 20 MA Rn 12; *S/K/K* Art 20 MA Rn 13; *Schönfeld/Ditz* Art 20 MA Rn 25.

Nach **Erreichung oder Aufgabe des Hauptzweckes**, dh nach Beendigung des Studiums oder der Ausbildung (zB Erbringen der letzten Prüfungsleistung, Bekanntgabe der Prüfungsergebnisse oder Exmatrikulation aus anderen Gründen) und Verbleib des Studenten, Praktikanten oder Lehrlings im Gastland, entfällt die Anwendung von Art 20. Alleinige Geltung haben dann die übrigen Abkommensvorschriften, soweit es sich nicht um **nachträgliche Unterhaltszahlungen** handelt (dazu bereits Rn 15). Unterhalts- und Ausbildungszahlungen werden nach Zweckerreichung oder Zweckaufgabe regelmäßig unter Art 21 fallen.[53] Die Steuerbefreiung des Art 20 entfällt jedoch nur **für die Zukunft** und somit keinesfalls rückwirkend ab dem Aufenthaltsbeginn im Gastland.[54] Gleiches gilt auch dann, wenn eine Nebentätigkeit an Stelle des Studiums oder der Ausbildung zum Hauptzweck des Aufenthaltes wird oder aus anderen Gründen ein Verbleib auch nach Zweckerreichung angestrebt wird und damit der vorübergehende Charakter des Aufenthaltes entfällt (dazu bereits Rn 17 und 19).[55] **20**

3. Ansässigkeit im Herkunftsland. Zahlungen an Studenten, Praktikanten oder Lehrlinge sind dann von Art 20 erfasst, wenn die begünstigte Personengruppe in dem anderen Staat, dh dem **Herkunftsland**, auch nach Einreise in das Gastland **weiterhin ansässig ist** oder zumindest **unmittelbar vor Einreise ansässig war**. Die Ansässigkeit ist jeweils nach den Definitionen des Art 4 zu beurteilen. IF der ersten Alt ist auch eine doppelte Ansässigkeit sowohl im Gast- als auch im Herkunftsland denkbar. Für die Anwendung von Art 20 und insb dessen Rechtsfolge ist dies unerheblich, so dass es einer Entsch nach Art 4 Abs 2 nicht bedarf.[56] Das Gastland hat die Zahlungen unabhängig von der abkommensrechtlichen Ansässigkeit des Zahlungsempfängers von einer Besteuerung freizustellen. **21**

IF der zweiten Alt sind an die Unmittelbarkeit der Ansässigkeit im Herkunftsland vor Einreise in das Gastland keine zu hohen Anforderungen zu stellen. Das Wort **„unmittelbar“** wurde erst nachträglich in das Musterabkommen eingefügt, um zu verdeutlichen, dass Art 20 nicht für solche Personen gilt, die vor Einreise in das Gastland in einem Drittstaat ansässig geworden sind.[57] Die Änderung hatte allerdings nur klarstellende Funktion, so dass für ältere Abkommen ohne diese Erg nichts anderes gelten kann.[58] Ein nur **kurzfristiger** Aufenthalt in einem **Drittstaat** ist unschädlich, es sei denn, dass gerade durch eine in dem Drittstaat begründete Ansässigkeit die Ansässigkeit in dem Herkunftsland ausgeschlossen wurde.[59] **22**

Hinsichtlich der Ansässigkeit im Gastland trifft Art 20 keinerlei Aussagen, so dass hier die allg Abkommensvorschriften zur Anwendung kommen. Hat demnach ein Student, Praktikant oder Lehrling seine Ansässigkeit im Herkunftsland aufgegeben (2. Alt), bedarf es nach hM neben einer unmittelbaren Ansässigkeit im Herkunftsland vor der Einreise **zusätzlich** auch der **Ansässigkeit im Gastland**, da anderenfalls die Voraussetzungen des Art 1 nicht erfüllt sind und das jeweils betrachtete DBA unan- **23**

---

53 *Bauer* S 225, 234.

54 *FinMin Nordrhein-Westfalen* WPg 1965, 189 f.

55 *Vogel/Lehner* Art 20 MA Rn 11c; *Debatin/Wassermeyer* Art 20 MA Rn 36.

56 *S/K/K* Art 20 MA Rn 18; *Vogel/Lehner* Art 20 MA Rn 14; *G/K/G* Art 20 MA Rn 24.

57 Tz 2 MK zu Art 20.

58 *F/W/K* DBA Schweiz Art 20 Rn 20; *Vogel/Lehner* Art 20 MA Rn 15; *Schönfeld/Ditz* Art 20 MA Rn 28.

59 *G/K/G* Art 20 MA Rn 26.

wendbar ist (dazu Einl MA Rn 100).[60] Dieses Erg einer restriktiven Auslegung von Art 20 ergibt sich letztlich aus der Systematik der Abkommensvorschriften, da weder in Art 1 noch in Art 20 eine explizite Ausnahme- oder Vorbehaltsregelung aufgenommen wurde.[61]

24 **4. Zahlungen aus Quellen außerhalb des Gastlandes.** Unterhaltszahlungen sowie Zahlungen für ein Studium oder eine Ausbildung an Studenten, Praktikanten oder Auszubildende müssen zwingend aus Quellen **außerhalb** des Gastlandes stammen. Dabei kommen grds als begünstigte Quellenländer neben dem **Herkunftsland** auch **Drittstaaten** in Betracht.[62] Für Zahlungen aus dem Gastland greift Art 20 nicht ein. Abzustellen ist regelmäßig auf die **Ansässigkeit des Zahlungsverpflichteten** und nicht auf die Belegenheit der vom Zahlungsverpflichten angewiesenen Zahlstelle (zB Kreditinstitut).[63] Letztere kann sich daher auch im Gastland befinden, ohne dass die Abkommensvergünstigung des Art 20 entfällt. Andererseits stammen Zahlungen aus dem Gastland, wenn Sie von oder für Rechnung einer im Gastland ansässigen Person geleistet oder von einer im Gastland belegenen Betriebsstätte getragen werden.[64]

25 Der Begriff der **Quelle** umfasst grds **jede beliebige Person** (zB Körperschaft).[65] Handelt es sich bei der Quelle um eine Personenmehrheit oder Vermögensmasse, ist für die Frage der Ansässigkeit des Zahlungsverpflichteten auf den **Ort der Geschäftsleitung** der Personenmehrheit bzw auf die **Belegenheit des Vermögens** abzustellen.[66]

C. Rechtsfolge

26 Sind alle Voraussetzungen von Art 20 erfüllt, wird das **Besteuerungsrecht** des **Gastlandes** für Zahlungen, die Studenten, Praktikanten oder Lehrlinge für ihren Unterhalt erhalten, **ausgeschlossen** (vgl den Wortlaut: „dürfen ... nicht"),[67] dh Unterhalts- und Ausbildungszahlungen im Gastland sind von sämtlichen Steuern iSd Abkommens (Art 2) befreit. Ob ohne Abkommensschutz tatsächlich eine Dbest der Zahlungen eingetreten wäre, ist unerheblich. Eine mögliche Dbest wird demnach bereits durch Art 20 selbst vermieden, so dass es eines Rückgriffs auf den **Methodenartikel** (Art 23A und B) nicht mehr bedarf. Auf die Ansässigkeit der begünstigten Person kommt es nicht an, da nach Art 20 das Gastland **unabhängig von deren Ansässigkeit im Gast- oder Herkunftsland** die Unterhalts- oder Ausbildungszahlungen freizustellen hat. Unberührt bleiben von der Vorschrift jedoch Einkünfte, die anderen Abkommensvorschriften zuzuordnen sind. Hinsichtlich dieser ist ausschließlich nach den jeweils einschlägigen Abkommensvorschriften zu verfahren (dazu bereits Rn 7).

---

60 Zutr *Vogel/Lehner* Art 20 MA Rn 16; *Debatin/Wassermeyer* Art 20 MA Rn 7; *F/W/K* DBA Schweiz Art 20 Rn 6 und 21; *S/K/K* Art 20 MA Rn 14; *Bauer* S 225, 234; **aA** *G/K/G* Art 20 MA Rn 28; *Schaumburg* Rn 16.473; *Herm* Intertax 2004, S 81.

61 *Zehetner* S 185, 200. Eine solche Ausnahmevorschrift zu Art 1 wurde allerdings in das DBA Japan aufgenommen, vgl dort Art 20 Abs 2.

62 *Vogel/Lehner* Art 20 MA Rn 19; *G/K/G* Art 20 MA Rn 35; *Debatin/Wassermeyer* Art 20 MA Rn 21.

63 *S/K/K* Art 20 MA Rn 21; ausf *Strasser* S 407 ff.

64 Tz 4 MK zu Art 20.

65 *F/W/K* DBA Schweiz Art 20 Rn 33.

66 *Debatin/Wassermeyer* Art 20 MA Rn 21.

67 Vgl auch Tz 1 MK zu Art 20.

Der Ausschluss der Besteuerung im Gastland verbietet nicht zugleich die Heranziehung der Zahlungen zur Bemessung des Steuersatzes für die übrigen Einkünfte (sog **Progressionsvorbehalt**),[68] wenn man die durch den Progressionsvorbehalt ausgelöste Mehrbelastung als höhere Besteuerung des inländischen Resteinkommens versteht.[69] Der Progressionsvorbehalt wird dann bedeutsam, wenn der Student, Praktikant oder Lehrling im Gastland unbeschränkt steuerpflichtig ist und das nationale Steuerrecht einen Progressionsvorbehalt auch tatsächlich vorsieht.[70] **27**

Von Art 20 unberührt bleibt das Besteuerungsrecht des **Herkunftslandes**. Abhängig von den Umständen des Einzelfalls kann dort eine Besteuerung des Auszubildenden als beschränkt oder unbeschränkt StPfl erfolgen. Die Voraussetzungen für eine StPfl können allerdings auch gänzlich fehlen. Zu beachten ist, dass allein in der **Neubegründung eines Wohnsitzes** im Gastland oder in einem Drittstaat regelmäßig nicht bereits eine Aufgabe des Wohnsitzes im Herkunftsland zu sehen ist, wenn der Student dort ein Zimmer behält (zB bei seinen Eltern) und in dieses nicht nur gelegentlich und besuchsweise zurückkehrt.[71] Wurde ein Wohnsitz jedoch aufgegeben, führt ein längerer Studienaufenthalt im Ausland üblicherweise auch zum Verlust des **gewöhnlichen Aufenthaltes** im Herkunftsland.[72] **28**

Stammen die Unterhalts-, Studien oder Ausbildungszahlungen aus einem **Drittstaat**, bleiben auch dessen Besteuerungsrechte von Art 20 unberührt.[73] Die Besteuerung richtet sich allein nach dessen innerstaatlichem Steuerrecht.[74] Liegt ein Fall vor, in dem Zahlungen aus Quellen eines Drittstaates stammen, ist ein ggf vorhandenes Abkommen zwischen Ansässigkeitsstaat und diesem Drittstaat zu beachten. **29**

D. Deutsche DBA

I. Allgemeines

Bemerkungen und Vorbehalte zu Art 20 hat die Bundesrepublik Deutschland nicht in den MK aufnehmen lassen. **30**

II. Wichtigste Abweichungen

Etwa dreißig der von der Bundesrepublik Deutschland abgeschlossenen DBA sind im **Wortlaut** und **Regelungsinhalt** dem Art 20 exakt oder mit nur unwesentlichen Abweichungen nachgebildet. Für den **EU/EWR-Raum** (einschließlich der Schweiz) gilt dies namentlich für Dänemark (Art 20), Estland (Art 20), Island (Art 20 Abs 2), Italien (Art 20), Lettland (Art 20), Litauen (Art 20), Malta (Art 20 Abs 2), die Niederlande (Art 20), Norwegen (Prot Nr 8 zu Art 21), Österreich (Art 20 Abs 2), Polen (Art 21), **31**

68 *Debatin/Wassermeyer* Art 20 MA Rn 43; *Bauer* S 225, 235; *Zehetner* S 185, 207; **aA** *F/W/K* DBA Schweiz Art 20 Rn 7 und 31; *G/K/G* Art 20 MA Rn 4; *S/K/K* Art 20 MA Rn 4.

69 Eingehend *Schuch* S 79 ff sowie *Debatin/Wassermeyer* Art 23A MA Rn 122; zum Progressionsvorbehalt in der dt Abkommenspraxis *Lüdicke* S 110.

70 Im dt Steuerrecht ist ein Progressionsvorbehalt für durch DBA freigestellte Einkünfte vorgesehen, vgl § 32b Abs 1 Nr 3 EStG.

71 *Schwarz* § 8 AO Rn 14; ausf zur Ansässigkeit von Studenten *Flick/Flick-Pistorius* DStR 1989, 623; krit *Debatin/Wassermeyer* Art 20 MA Rn 46.

72 *BFH* HFR 2005, 1177.

73 Zur Besteuerung bei Dreiecksachverhalten *Hauser* S 395, 405 ff.

74 *Debatin/Wassermeyer* Art 20 MA Rn 49.

Rumänien (Art 20 Abs 2), Schweiz (Art 20), Slowenien (Art 20 Abs 2), Spanien (Art 20), Ungarn (Art 19 Abs 2) und Zypern (Art 19 Abs 2). Diese Entsprechung zum Musterabkommen gilt ferner für **wichtige Ausbildungs- und Industrieländer** wie China (Art 21), Japan (Art 21),[75] Kanada (Art 20), Korea (Art 20 Abs 2), Mexiko (Art 20), der Russischen Föderation (Art 20 Abs 2), Singapur (Art 20 Abs 2) und Südafrika (Art 18).

32 Die übrigen DBA haben unterschiedliche Abweichungen von Art 20 zum Inhalt, wobei etliche Abkommen den Anwendungsbereich einschränken und andere zusätzliche Befreiungen vorsehen.[76] Einige DBA weisen Einschränkungen zum Musterabkommen in Form einer **zeitlichen Begrenzung** der Befreiung auf. So wird die Befreiung in den DBA mit Kenia (Art 20 Abs 1) auf zwei Jahre und mit Malaysia (Art 20 Abs 1) und Sambia (Art 20 Abs 2) auf drei Jahre begrenzt. Sofern ein DBA lediglich abw von Art 20 die Formulierung **„vorübergehend aufhält"** verwendet, ist darin jedoch keine inhaltliche Abweichung vom Musterabkommen zu sehen, da auch Art 20 von einem nur vorübergehenden Aufenthalt der Auszubildenden ausgeht (dazu Rn 19). Eine solche Formulierung findet sich etwa in dem DBA mit Israel (Art 16 Abs 1).

33 Andere DBA beschränken abweichend von Art 20 den weit auszulegenden **persönlichen Anwendungsbereich** (dazu Rn 8 f). So begünstigt das DBA mit Australien (Art 19 Abs 1) allein Studenten. Andere DBA verlangen eine Ausbildung an einer Universität, Hochschule, Schule oder anderen **ähnlichen (anerkannten) Lehranstalt**. Beispiele sind die DBA mit Ägypten (Art 20) und Malaysia (Art 20 Abs 1).

34 Keine inhaltliche Abweichung von Art 20 ist in der Formulierung „Student, Lehrling, Praktikant **aus einem der Vertragstaaten**" zu sehen, da diese nicht etwa eine bestimmte Staatsangehörigkeit voraussetzt, sondern auch nur eine Ansässigkeit oder frühere Ansässigkeit in dem Herkunftsland verlangt (dazu Rn 21).[77] Eine solche Formulierung findet sich etwa in den DBA mit Frankreich (Art 17), Griechenland (Art XV), Großbritannien (Art XIV), Israel (Art 16 Abs 1) und Luxemburg (Art 18). Im Gegensatz dazu macht das DBA mit der Türkei (Art 20 Abs 1) die Befreiung tatsächlich von der Staatsangehörigkeit abhängig.

35 Zum Zwecke der **Entwicklungszusammenarbeit** erweitern rund die Hälfte aller DBA die Befreiung auf Empfänger von Unterhaltszahlungen, die im Rahmen eines Programms der **technischen Zusammenarbeit** (oder Hilfe) tätig sind, welches von der Regierung eines Vertragsstaates durchgeführt wird. Eine derartige Vereinbarung wird regelmäßig mit einer weiteren Befreiung für Empfänger von **Zuschüssen, Unterhaltsbeiträgen und Stipendien einer wissenschaftlichen, pädagogischen, religiösen oder mildtätigen Organisation** kombiniert. Beispiele für derartige Sonderregelungen finden sich in den DBA mit Ägypten (Art 21 Abs 2), Argentinien (20 Abs 3), Bangladesch (Art 20 Abs 3), Bolivien (Art 20 Abs 3), Ecuador (Art 20 Abs 3), der Elfenbeinküste (Art 20 Abs 2), Indien (Art 20 Abs 2), Israel (Art 16 Abs 1), Malaysia (Art 20 Abs 2), Namibia (Art 20 Abs 2), Pakistan (Art 20 Abs 2), Portugal (Art 21 Abs 2), Thailand (Art 20 Abs 2), Tunesien (Art 20 Abs 2), Uruguay (Art 20 Abs 3) und Venezuela (Art 20 Abs 2).

---

75 Mit der Besonderheit, dass es keiner Ansässigkeit in einem der Vertragsstaaten bedarf, vgl dort Art 21 Abs 2.

76 Zur Übersicht aller Steuerbefreiungen von Studenten vgl *FinMin Niedersachsen* S 2369-25-35 1.

77 *Vogel/Lehner* Art 20 MA Rn 35.

Etwa die Hälfte der dt DBA stellt neben den Unterhaltszahlungen aus ausl Quellen auch Arbeitsvergütungen der Auszubildenden für **unselbstständige Tätigkeiten im Aufenthaltsland** von der Besteuerung frei. Erfasst sind idR Vergütungen bis zu 6 000 DM (3 067,75 EUR)[78] oder deren Gegenwert in der jeweiligen Landeswährung **je Kj** für eine Arbeit, die der Auszubildende in dem Gastland ausübt, um die Mittel für seinen Unterhalt, seine Erziehung oder Ausbildung **zu ergänzen**. Die Befreiung ist regelmäßig auf eine Dauer von zwei bis fünf Jahren begrenzt. Beispiele finden sich in den DBA mit China (Art 21), Malaysia (Art 20 Abs 1) und Tunesien (Art 20 Abs 1), mit einer Befreiung bis zu 7 200 DM (3 681,30 EUR) in den DBA mit Ägypten (Art 20), Bangladesch (Art 20 Abs 2), Bolivien (Art 20 Abs 2), Portugal (Art 21 Abs 1), Uruguay (Art 20 Abs 2), bis zu 8 400 DM (4 294,85 EUR) in dem DBA Ecuador (Art 20 Abs 2), bis zu 8 000 EUR im DBA mit Zypern (Art 19 Abs 2), ohne jede Vergütungsbegrenzung aber mit anderen Bedingungen in dem DBA Thailand (Art 20 Abs 2) sowie ohne zeitliche Begrenzung mit einer Befreiung bis 7 200 DM in dem DBA Indien (Art 20 Abs 2). Das DBA Israel (Art 16 Abs 1) kennt weder eine Vergütungsbegrenzung noch eine zeitliche Begrenzung des Aufenthaltes. In dem DBA USA sind Studenten und Lehrlinge, die sich in dem Gastland höchstens vier Jahre aufhalten, mit ihren Einkünften bis 9 000 Dollar befreit (Art 20 Abs 4), während für bestimmte Angestellte eine Grenze von 10 000 Dollar gilt, sofern deren Vergütungen nicht aus dem Gastland stammen (Art 20 Abs 5).[79] Bei allen Beträgen handelt es sich jeweils um **Freibeträge**, die bei einer Besteuerung in Deutschland neben den Grundfreibetrag gem § 32a Abs 1 Nr 1 EStG treten.[80] 36

Einige DBA treffen unabhängig von den Voraussetzungen des Art 20 und abw von Art 15 Sondervereinbarungen für Studenten, die sich in einem anderen Staat aufhalten, um dort eine (notwendige) **praktische Ausbildung** zu erhalten. Nach diesen Regelungen behält der Ansässigkeitsstaat das Besteuerungsrecht hinsichtlich der von einem Ausbildungsunternehmen gezahlten Vergütung, wenn die Beschäftigung 183 Tage im Lauf eines Kj nicht übersteigt. Derartige Vereinbarungen finden sich etwa in den DBA mit Frankreich (Art 13 Abs 3)[81] und Luxemburg (Prot Nr 19 zu Art 10). 37

Einige wenige DBA stellen Unterhaltszahlungen und Vergütungen bis zu einer gewissen Grenze für bestimmte Personen frei, die sich in dem Gastland aufhalten, um **fachliche, berufliche oder geschäftliche Erfahrungen** zu sammeln. Allerdings muss die Arbeit iRd **Studiums oder der Ausbildung** geleistet werden oder damit zusammenhängen. Derartige Regelungen wurden in den DBA mit Malaysia (Art 20 Abs 3), den Philippinen (Art 21 Abs 3) und Thailand (Art 20 Abs 3) aufgenommen. 38

Eine weitere Erg zu dem eigentlichen Regelungsgehalt des Art 20 findet sich in diversen DBA hinsichtlich **Gastprofessoren und Gastlehrern**.[82] Danach sind Vergütungen 39

78 Zur Umstellung der DM-Beträge in DBA *BMF* BStBl I 2001, 204.

79 Vgl zu den Verfahrensfragen, wenn der Aufenthalt im Gastland die Höchstdauer übersteigt *BMF* BStBl I 1999, 844.

80 *BMF* IV B 6 – S 2369 – 9/86.

81 Zur Einbeziehung von Lehrlingen und Handwerksgesellen *BMF* StEK DBA Frankreich Nr 29.

82 Eine entspr Regelung ist in Art 19 Abs 1 DE-VG vorgesehen; vgl auch eingehend *Prokisch* IWB Fach 3 Gruppe 3, 1091; *Bauer* S 225; *Zehetner* S 185.

von Hochschullehrern und Lehrern, die im Herkunftsland ansässig sind, im Gastland dann befreit, wenn sich diese Personengruppe dort zwecks fortgeschrittener Studien oder Forschungsarbeiten oder zwecks Ausübung einer Lehrtätigkeit an einer Universität, Hochschule, Schule oder einer anderen Lehranstalt aufhält. Als Lehrer ist dabei jede Person anzusehen, die an einer Lehranstalt eine Lehrtätigkeit hauptberuflich ausübt. Ein bes Nachweis der Qualifikation wird von den Finanzbehörden nicht gefordert.[83] Einige DBA schließen zudem auch die Tätigkeit an einem **Museum** oder einer anderen **kulturellen Einrichtung** sowie eine solche im Rahmen eines **amtlichen Kulturaustausches** ein.[84] Die Befreiung ist regelmäßig auf einen Zeitraum von zwei Jahren begrenzt.[85] Beispiele finden sich etwa in den DBA (zum Teil in einer gesonderten Vorschrift) mit Ägypten (21 Abs 1), Argentinien (Art 20 Abs 1), Australien (Art 19 Abs 1), Belgien (Art 20 Abs 1), Bulgarien (Art 19 Abs 1), Italien (Art 21), Japan (Art 20), Korea (Art 20 Abs 1), Luxemburg (Art 17), Österreich (Art 20 Abs 1), den Philippinen (Art 20), den USA (Art 20 Abs 1) und der Türkei (Art 20 Abs 2). Im letzteren Fall wird die Befreiung nur gewährt, wenn der Lehrer oder Ausbilder Staatsangehöriger eines Vertragsstaats ist.

---

83 *BMF* BStBl I 1994, 14.
84 Vgl Art 19 Abs 1 DE-VG.
85 Vgl Art 19 Abs 1 DE-VG.

Art. 21 Andere Einkünfte

(1) Einkünfte einer in einem Vertragsstaat ansässigen Person, die in den vorstehenden Artikeln nicht behandelt wurden, können[1] ohne Rücksicht auf ihre Herkunft nur in diesem Staat besteuert werden.

(2) Absatz 1 ist auf andere Einkünfte als solche aus unbeweglichem Vermögen im Sinne des Artikels 6 Absatz 2 nicht anzuwenden, wenn der in einem Vertragsstaat ansässige Empfänger im anderen Vertragsstaat eine Geschäftstätigkeit durch eine dort gelegene Betriebstätte ausübt und die Rechte oder Vermögenswerte, für die die Einkünfte gezahlt werden, tatsächlich zu dieser Betriebstätte gehören. In diesem Fall ist Artikel 7 anzuwenden.

OFD Münster v 17.10.2007, Az S 1315-42-St 45-32, IStR 2007, 831

Übersicht

---

1 Österreich: S Fußnote 1 zu Art 6.

Literatur: *Avery Jones* Does any income fall within Art 21(2) of the OECD Model?, FS Maarten Ellis, 2005, S 1; *David* Income not Otherwise Charged = International and Community Taxation Problems: A Comparative Study of France, Germany and UK: Art 21 OECD, FS Vanistendael, 2008, S 259; *Flick/Heinsen* Steuerliche Behandlung von Einkünften deutscher Gesellschafter aus der Beteiligung an einer US-Limited Liability Company – Anmerkungen zum BFH-Urteil vom 20.8.2008, I R 34/08, IStR 2008, 781; *Haase* Steuerliche Wahlrechte bei DBA-Dreieckssachverhalten, BB 2010, 673; *Papotti/Saccardo* Interaction of Articles 6, 7 and 21 of the 2000 OECD Model Convention, BIFD 2002, 516; *van Raad* Coherence Among the OECD Model's Distributive Rules: The „Other" State and Income from Third Countries, Essays on Tax Treaties – A Tribute to David A. Ward, 2012, S 61; *Schindler* Art 21 MA: Selbstständiger Tatbestand oder Auffangnorm? – Zuwendungen einer österreichischen Privatstiftung an ausländische Begünstigte als Anwendungsfall von Art 21 MA, FS Wassermeyer, 2015, S 417; *Schneidenbach* Austrittsleistung einer schweizerischen öffentlich-rechtlichen Pensionskasse ist steuerpflichtig und nicht steuerbefreit, SteuK 2014, 59; *Schnieder* Sind Gewinne aus der Veräußerung chinesischer Gesellschaftsanteile Veräußerungsgewinne oder Andere Einkünfte?, IStR 1997, 715; *Ward/Avery Jones ua* The Other Income Article of Income Tax Treaties, BIFD 1990, 409; *Zeitlhofer* Other Income – Art 21 OECD-MC, in Aigner/Loukota, Source Versus Residence in International Tax Law, 2005, S 281.

A. Allgemeines

I. Inhalt und Bedeutung der Vorschrift

Art 21 regelt die Besteuerung der in den vorhergehenden Art nicht erfassten Einkünfte (sog andere Einkünfte). Abs 1 enthält eine allg **Auffangregelung**[2] für alle Einkünfte, die nicht unter die Art 6–20 fallen. Die Regelung gilt somit zum einen für zuvor nicht erfasste Einkunftsarten (zB Spielgewinne oder Abgeordnetenbezüge) und zum anderen ohne Rücksicht auf die Herkunft der Einkünfte, dh unabhängig davon, ob die Einkünfte aus einem Vertragsstaat oder aus einem Drittstaat stammen. Von der Auffangregelung in Abs 1 ausgenommen sind nach Abs 2 bestimmte Einkünfte im Zusammenhang mit Rechten oder Vermögenswerten, die tatsächlich zu einer Betriebsstätte gehören. Für diese Einkünfte gilt Art 7. **1**

Die speziellen Verteilungsnormen (Art 6–20) werden durch die allg Auffangnorm in Art 21 ergänzt. Dem Charakter einer Auffangnorm entspr sorgt Art 21 Abs 1 dafür, dass für sämtliche Einkünfte die Besteuerungsrechte zwischen den Vertragsstaaten verteilt werden.[3] Dies bedeutet jedoch nicht, dass bei Unklarheiten hinsichtlich der Anwendung der speziellen Verteilungsnormen automatisch Art 21 Abs 1 anwendbar **2**

2 Vgl Tz 1 MK zu Art 21.

3 Vgl *S/K/K* Art 21 Rn 15; *Vogel/Lehner* Art 21 Rn 3.

ist.[4] Erst wenn die Auslegung ergibt, dass die Art 6–20 nicht anwendbar sind, findet Art 21 Abs 1 Anwendung. Im bilateralen Verhältnis der Vertragsstaaten ist der Anwendungsbereich von Art 21 Abs 1 daher zumeist sehr eingeschränkt. Der **wesentliche Anwendungsbereich** der Vorschrift betrifft die sog **Drittstaateneinkünfte**, dh Einkünfte, die aus Quellen außerhalb der Vertragsstaaten stammen. Ob Art 21 Abs 2 nur **klarstellende** Bedeutung hat, da sich die gleiche Rechtsfolge grds bereits aus den sog Betriebsstättenvorbehalten der speziellen Verteilungsnormen ergibt (Art 10 Abs 4, Art 11 Abs 4 und Art 12 Abs 3), ist strittig.[5]

3 Zur Besteuerung der anderen Einkünfte ist gem Art 21 Abs 1 ausschließlich der **Ansässigkeitsstaat** berechtigt („können […] **nur** in diesem Staat besteuert werden"). Der andere Vertragsstaat (= Quellenstaat) hat die Einkünfte von der Besteuerung freizustellen. Ein Rückgriff auf Art 23A und 23B ist damit nicht erforderlich. Die Anwendung eines nach innerstaatlichem Recht vorgesehenen **Progressionsvorbehaltes** wird durch Art 21 Abs 1 jedoch nicht verhindert.[6]

4 Art 21 Abs 1 gilt unabhängig davon, ob der Ansässigkeitsstaat sein Besteuerungsrecht auch tatsächlich ausübt, da die Vorschrift **keine Subject-to-tax-Klausel** enthält.[7] Der Quellenstaat darf die aus seinem Gebiet stammenden Einkünfte somit auch dann nicht besteuern, wenn die Einkünfte durch den Ansässigkeitsstaat unbesteuert bleiben. Eine doppelte Nichtbesteuerung, die insb in Fällen der Doppelansässigkeit einer Person eintreten kann, wird nur dadurch vermieden, dass die Vertragsstaaten eine erg Regelung in die Art 21 entspr Vorschrift aufnehmen, wonach der Anwendungsbereich der Vorschrift auf Einkünfte beschränkt wird, die im Ansässigkeitsstaat des Einkünfteempfängers besteuert werden. Diese Möglichkeit sieht der MK ausdrücklich vor.[8]

5 Die Vorschrift regelt lediglich die **Verteilung des Besteuerungsrechts**. Ob und ggf wie die Einkünfte zu besteuern sind, richtet sich nach dem innerstaatlichen Recht des Ansässigkeitsstaates. So wird durch das Abkommensrecht kein Besteuerungsrecht begründet, wenn das innerstaatliche Recht kein Recht zur Besteuerung vorsieht. Der Zeitpunkt der Erzielung und die Ermittlung der anderen Einkünfte bestimmt sich ebenfalls nach dem innerstaatlichen Recht des Ansässigkeitsstaates.

6 Vom Begr der Einkünfte in Art 21 werden sowohl positive als auch negative Einkünfte erfasst. Art 21 ist daher auch auf **Verluste** anwendbar.

II. Verhältnis zu anderen Vorschriften

7 **1. Vorschriften des MA.** Art 21 Abs 1 regelt ausdrücklich, dass die vorstehenden Art (Art 6–20) vorgehen. Es handelt sich bei Art 21 daher grds um eine im Verhältnis zu diesen Vorschriften **subsidiäre Regelung**.[9]

8 Im Verhältnis **zu Art 7** besteht jedoch ein **Konkurrenzproblem**, wenn in einem Betriebsvermögen Einkünfte (zB iSv Art 10–12) erzielt werden, deren Quelle in einem

4 Vgl *G/K/G* Art 21 Rn 16; *Schindler* FS Wassermeyer, S 418.

5 Vgl Rn 47.

6 *Debatin/Wassermeyer* Art 21 Rn 3 mit Verweis auf *BFH* BStBl II 2003, 302 und BStBl II 2002, 660; *Schönfeld/Ditz* Art 21 Rn 5; **aA** *Achter* IStR 2003, 203; *Vogel* IStR 2003, 419.

7 Tz 3 MK zu Art 21.

8 Tz 3 MK zu Art 21.

9 Vgl *Debatin/Wassermeyer* Art 21 Rn 2; *Schindler* FS Wassermeyer, S 418.

Drittstaat belegen ist (sog Drittstaateneinkünfte).[10] In diesem Fall ist Art 21 Abs 1 v Art 7 abzugrenzen. Nach Art 21 Abs 2 liegen in diesem Fall nur dann Unternehmensgewinne iSv Art 7 vor, wenn die Rechte oder Vermögenswerte, für die die Einkünfte gezahlt werden, tatsächlich zu einer Betriebsstätte des StPfl im anderen Vertragsstaat gehören. Die Vorschrift stellt insoweit eine **Parallelregelung zu Art 10 Abs 4, Art 11 Abs 4 und Art 12 Abs 3** dar. Im Übrigen gilt der in Art 7 Abs 7 geregelte Subsidiaritätsgrundsatz[11] auch im Verhältnis zu Art 21.

2. Vorschriften des innerstaatlichen Rechts. Die „anderen Einkünfte" iSv Art 21, die teilw auch mit „sonstige Einkünfte" oder „nicht ausdrücklich erwähnte Einkünfte" überschrieben sind, decken sich nicht mit den sonstigen Einkünften iSv §§ 22, 23 EStG.[12] Während es sich bei Art 21 um eine Auffangregelung handelt, die auf alle von den vorangegangenen Art nicht erfassten Einkünfte anwendbar ist, erfassen die §§ 22, 23 EStG nur die in diesen Vorschriften ausdrücklich genannten Einkünfte. Es handelt sich somit bei den §§ 22, 23 EStG um keine Auffangvorschriften. Zudem findet Art 21 nur auf einige und nicht auf alle von den §§ 22, 23 EStG behandelten Einkünfte Anwendung. Private Veräußerungsgeschäfte gem §§ 22 Nr 2, 23 EStG fallen zB unter Art 13 Abs 1, 4 oder 5 und nicht unter Art 21 Abs 1. Sowohl bei den von den innerstaatlichen Vorschriften als auch bei den von Art 21 erfassten Einkünften handelt es sich jedoch um subsidiäre Einkunftsarten. 9

B. Auffangklausel für andere Einkünfte (Abs 1)

I. Persönlicher Anwendungsbereich

Art 21 Abs 1 behandelt andere Einkünfte, die eine in einem Vertragsstaat ansässige „Person" bezieht. Der Begr der **Person** wird in Art 3 Abs 1 Buchstabe a definiert und ist nach hM weit auszulegen.[13] Dieses Begriffsverständnis gilt entspr für Art 21 Abs 1.[14] Somit werden vom Anwendungsbereich der Vorschrift neben natürlichen Personen auch Ges und alle anderen Personenvereinigungen erfasst. 10

Es muss sich um eine Person handeln, die gem Art 4 in einem der Vertragsstaaten **ansässig** ist (Prüfung der sog Abkommensberechtigung).[15] Bei **PersGes** bestimmt sich die Abkommensberechtigung grds nach dem Recht des (potentiellen) Ansässigkeitsstaates der PersGes. Da dt PersGes nach dt Verständnis nicht abkommensberechtigt sind,[16] gelten die Einkünfte als anteilig von den Gesellschaftern der PersGes bezogen. Die Ansässigkeitsvoraussetzung ist in diesem Fall daher für den einzelnen Gesellschafter zu prüfen und das Abk so anzuwenden, als ob der Gesellschafter die Einkünfte erzielt hätte. Die Besteuerung der Einkünfte kann daher bei den einzelnen Gesellschaftern einer PersGes voneinander abweichen. Qualifiziert ein Vertragsstaat eine PersGes hingegen als eigenes Steuersubjekt (Anwendung des sog Trennungsprinzips), ist die Ansässigkeit und die Anwendung von Art 21 Abs 1 auf Ebene der PersGes zu prüfen. Die Abkommensberechtigung muss **im Zeitpunkt des** 11

10 Vgl *Debatin/Wassermeyer* Art 21 Rn 2.

11 Vgl hierzu Art 7 Rn 206 ff.

12 Vgl *Debatin/Wassermeyer* Art 21 Rn 18; *Vogel/Lehner* Art 21 Rn 6.

13 Vgl Art 3 Rn 6.

14 Vgl *Vogel/Lehner* Art 21 Rn 10; *Debatin/Wassermeyer* Art 21 Rn 12.

15 Vgl dazu Einl MA Rn 100; Art 1 Rn 10 ff; Art 4 Rn 25 ff.

16 Vgl Art 1 Rn 14.

Bezugs der Einkünfte bestehen, wobei sich dieser Zeitpunkt nach dem innerstaatlichen Recht des Anwendestaates bestimmt.

12 Der persönliche Anwendungsbereich von Art 21 Abs 1 ist darüber hinaus nur eröffnet, wenn der ansässigen Person die anderen Einkünfte nach dem innerstaatlichen Recht des Ansässigkeitsstaates – das Abkommensrecht enthält hierzu keine Regelung – auch **steuerlich zuzurechnen** sind. Dies setzt voraus, dass die in einem Vertragsstaat ansässige Person die anderen Einkünfte aus steuerlicher Sicht des Ansässigkeitsstaates erzielt. Nach dt Verständnis muss die ansässige Person daher wirtschaftlicher Eigentümer sein, falls zivilrechtliches und wirtschaftliches Eigentum auseinanderfallen (§ 39 Abs 2 Nr 1 S 1 AO).

13 Der Begr des **Vertragsstaates** entspricht dem in Art 1 verwendeten.[17]

II. Sachlicher Anwendungsbereich

14 **1. Andere Einkünfte.** Art 21 Abs 1 bezieht sich auf **in den vorstehenden Art nicht behandelte Einkünfte** ohne Rücksicht auf ihre Herkunft. Mit den vorstehenden Art sind die Verteilungsnormen des Abk in den **Art 6–20** angesprochen, die sich auf jeweils genau definierte Einkünfte beziehen.[18] Einkünfte, die unter keine dieser speziellen Verteilungsnormen subsumiert werden können, fallen in den sachlichen Anwendungsbereich von Art 21 Abs 1, vorausgesetzt, dass die persönliche Abkommensberechtigung gegeben ist und die unter das Abk fallenden Steuern gem Art 2 angesprochen sind. Art 21 gilt folglich nicht für Einkünfte, auf die das Abk insgesamt nicht anwendbar ist.[19] Der Einkünftebegriff ist abkommensrechtlich auszulegen, von ihm werden sowohl Einkünfte iSd § 2 Abs 2 EStG als auch Einnahmen iSd § 4 Abs 3 EStG erfasst.[20]

15 Es ist stets zunächst zu klären, ob die fraglichen Einkünfte von den Art 6–20 erfasst werden. Hierzu sind die Art in Zweifelsfällen unter Heranziehung der abkommensrechtlichen **Auslegungsgrundsätze**[21] auszulegen. Erst wenn die Auslegung ergibt, dass die Einkünfte unter keinen dieser Art fallen, findet Art 21 Abs 1 Anwendung. Die Auffangvorschrift des Art 21 Abs 1 dient folglich nicht zur Beseitigung von Auslegungsschwierigkeiten, so dass bei Unklarheiten nicht stets auf Art 21 Abs 1 zurückgegriffen werden kann.

16 Die Anwendbarkeit von Art 21 Abs 1 kommt in **zwei Fallgruppen** in Betracht, in denen die Einkünfte nicht in den vorstehenden Art behandelt werden: (1) Die **Einkunftsart** wird von den Art 6–20 nicht erfasst, (2) die Einkünfte stammen aus von den Art 6–20 **nicht erfassten Quellen**, weil die Einkünfte entweder aus dem Ansässigkeitsstaat oder aus einem Drittstaat stammen.[22]

17 IRd wenigen **Einkünfte**, die **ihrer Art nach** in den vorstehenden Art 6–20 nicht behandelt werden, sind insb die folgenden Einkünfte zu nennen (alphabetisch gegliedert):[23]

17 Vgl dazu Art 1 Rn 8.
18 Vgl *Vogel/Lehner* Art 21 Rn 11.
19 *Vogel/Lehner* Art 21 Rn 11.
20 Vgl *Vogel/Lehner* Art 21 Rn 10; *Debatin/Wassermeyer* Art 21 Rn 16.
21 Vgl Einl MA Rn 69 ff.
22 Vgl *Debatin/Wassermeyer* Art 21 Rn 1; *Vogel/Lehner* Art 21 Rn 3; *S/K/K* Art 21 Rn 2 f; zur zweiten Fallgruppe (insb zu den sog Drittstaateneinkünfte) vgl nachfolgend Rn 38 ff.
23 Zu einer Übersicht der unter Art 21 fallenden Einkünfte s *Zeitlhofer* S 300 ff.

Abfindungen, die nicht durch eine der in Art 6–20 geregelten Tätigkeiten veranlasst sind, fallen regelmäßig unter Art 21 Abs 1. Abfindungen an ausscheidende Arbeitnehmer fallen hingegen unter Art 15, wenn dadurch Ansprüche des Arbeitnehmers bei einer unterstellten Unwirksamkeit der Kündigung abgegolten werden. Art 18 bzw 19 sind anzuwenden, wenn die Abfindung an den Arbeitnehmer Versorgungscharakter hat. Nur in Fällen, in denen die Abfindung weder Versorgungscharakter hat noch Vergütung für eine ausgeübte unselbstständige Tätigkeit oder das Nichtausüben einer derartigen Tätigkeit ist, kommt eine Anwendung von Art 21 Abs 1 in Betracht. **18**

Abgeordnetenbezüge einschließlich der Diäten, Kostenpauschalen, Übergangsgelder, Altersentschädigungen und des Ersatzes von Sach- und Reisekosten werden v Art 21 Abs 1 erfasst, da Abgeordnete nicht unselbstständig tätig sind (Art 15) und es sich bei den Bezügen auch nicht um Vergütungen iSd Art 19 (Öffentlicher Dienst) handelt.[24] **19**

Durch in der Vergangenheit geleistete Beitragszahlungen veranlasste Auszahlungen von **Altersruhegeldern** (Versicherungsrenten, wie zB Rentenzahlungen der Bundesversicherungsanstalt für Angestellte) fallen in den Anwendungsbereich v Art 21 Abs 1, wenn die Gelder nicht durch eine juristische Person des öffentlichen Rechts für geleistete Dienste gezahlt werden. Sind die Zahlungen auf ein Umlagesystem und nicht auf frühere Versicherungsbeiträge zurückzuführen, ist zu prüfen, ob Art 14 aF (nachträgliche Einkünfte aus selbstständiger Arbeit) anzuwenden ist. Auf betriebliche Renten, die von einem Unternehmen an einen ehemaligen Arbeitnehmer für dessen frühere Tätigkeit gezahlt werden, ist Art 18 anzuwenden. **20**

Arbeitslosenunterstützung fällt in den Anwendungsbereich von Art 21 Abs 1, wenn die Zahlungen durch ein Versicherungsverhältnis veranlasst sind. Hingegen ist Art 15 (Einkünfte aus unselbstständiger Arbeit) anzuwenden, wenn ein Veranlassungszusammenhang mit einer unselbstständigen Tätigkeit besteht.[25] **21**

Beitragszuschüsse zur Krankenversicherung, die die Bundesversicherungsanstalt für Angestellte oder ein anderer Sozialversicherungsträger an abkommensrechtlich im Ausland ansässige Mitglieder zahlt, fallen in den Anwendungsbereich von Art 21 Abs 1. Nach innerstaatlichem Recht des Ansässigkeitsstaates ist zu klären, ob es sich hierbei um steuerbare Einkünfte handelt oder um nicht steuerbaren Kostenersatz. **22**

Art 21 Abs 1 ist auf **Entschädigungen** und **Schadensersatzleistungen** anzuwenden, die in keinem Veranlassungszusammenhang mit in den Art 6–20 behandelten Tätigkeiten stehen. Hingegen sind Entschädigungen für den Wegfall von Einnahmen grds auch abkommensrechtlich wie die Einnahmen zu behandeln. So hat der BFH entschieden, dass zB Entschädigungen wegen des Verzichts auf ein betriebliches Vorkaufsrecht,[26] wegen der Aufgabe eines betrieblichen Mietrechts[27] und wegen der Entschädigung an den Pächter einer Land- und Forstwirtschaft mit Rücksicht auf das Stehenlassen der Ernte[28] nicht unter Art 21 fallen. Insb der Ersatz nicht betrieblicher Einnahmen oder nicht betrieblicher Aufwendungen können demgegenüber einen Anwendungsfall von Art 21 darstellen. **23**

---

24 *Debatin/Wassermeyer* Art 21 Rn 23.
25 *Debatin/Wassermeyer* Art 21 Rn 42.
26 *BFH* BStBl II 1977, 62.
27 *BFH* BStBl II 1979, 9.
28 *BFH* BStBl II 1976, 781.

24 Auf Übertragungs- und Übernahmegewinne im Zusammenhang mit einem **Formwechsel** unter Beteiligung eines ausl Anteilseigners ist Art 21 Abs 1 anwendbar, wenn eine Anwendung v Art 13 (Veräußerungsgewinne) und v Art 21 Abs 2 ausscheidet.[29] Bei einem Formwechsel besteht zwischen der untergehenden Ges (zB KapGes) und der entstehenden Ges (zB PersGes) nach dt Zivilrecht Rechtsidentität, so dass abkommensrechtlich regelmäßig keine Veräußerung vorliegt. Hieran ändert auch ein Vermögensübergang aus dt steuerlicher Sicht (§ 9 UmwStG) nichts, da das Abkommensrecht an das Zivilrecht anknüpft. Liegt keine Veräußerung im abkommensrechtlichen Sinn vor und ist Art 13 damit nicht anwendbar, ist noch zu prüfen, ob bezogen auf die Anteile an der untergehenden Ges die Voraussetzungen des Art 21 Abs 2 erfüllt sind.

25 Zahlungen einer dt **Pensionskasse** iSd § 4c EStG sowie ggf. auch einer ausländischen Pensionskasse[30] fallen in den Geltungsbereich von Art 21 Abs 1,[31] soweit die Zahlungen aufgrund früherer Versicherungsbeiträge und nicht aufgrund einer früheren Arbeitsleistung erfolgen. Anderenfalls wäre Art 18 (Ruhegehälter) anzuwenden.

26 **Preise** (wie zB Verlosungspreise, Architektenpreise, Filmpreise, Förderpreise), die mit keiner der in den Art 6–20 geregelten Einkunftsarten zusammenhängen oder die aus einem Drittstaat oder aus dem Ansässigkeitsstaat stammenden Einkünften zuzuordnen sind, können in den Anwendungsbereich von Art 21 Abs 1 fallen.[32] Ob der Preis zu steuerpflichtigen Einkünften führt, bestimmt sich nach dem innerstaatlichen Steuerrecht des Anwendestaates.

27 Zu **Rentenzahlungen** vgl Rn 20 und 25.

28 Zu **Schadensersatzleistungen** vgl Rn 23.

29 Unter Art 21 Abs 1 fallen **Schmiergelder**, wenn sie in keinem Veranlassungszusammenhang mit einer der in den Art 6–20 behandelten Tätigkeiten stehen.[33] Anderenfalls sind die spezielleren Vorschriften der Art 6–20 anzuwenden. Ob die Schmiergelder steuerpflichtige Einkünfte darstellen, beurteilt sich nach dem innerstaatlichen Steuerrecht des Anwendestaates.

30 Im Regelfall ist Art 21 Abs 1 auf **Spiel-, Wett- und Lotteriegewinne** anzuwenden, soweit die Gewinne nicht im Einzelfall durch eine der in den Art 6–20 behandelten Tätigkeiten veranlasst sind.[34] Werden die Gewinne im Quellenstaat besteuert, ist für eine abkommensrechtliche Freistellung von der Quellenbesteuerung zu prüfen, ob diese Steuern überhaupt unter das Abk fallen.

31 Wiederkehrende Leistungen einer **Stiftung** fallen unter Art 21 Abs 1. Ob die Leistungen zu steuerpflichtigen Einkünften führen, bestimmt sich nach dem innerstaatlichen Steuerrecht des Anwendestaates. Wiederkehrende Leistungen einer Stiftung an eine

---

29 *Debatin/Wassermeyer* Art 21 Rn 30.

30 *BFH* BStBl II 2014, 103.

31 Vgl Tz 24 MK zu Art 18.

32 Vgl *BFH* BStBl II 1994, 254; *FG Niedersachsen* EFG 1988, 366; *FG München* EFG 1987, 467 (Verlosungspreise); *BFH* BStBl II 1975, 558 (Architektenpreis); *FG Berlin* EFG 1985, 335 (Filmpreis); *BFH* BStBl II 1989, 650 (betriebsbezogener Förderpreis eines Handwerksmeisters); *FG Rheinland-Pfalz* EFG 1982, 609 (Preis für eine betriebliche Leistung).

33 *Debatin/Wassermeyer* Art 21 Rn 35; *S/K/K* Art 21 Rn 27.

34 Vgl *BFH* BStBl II 1991, 333 zu Renngewinnen eines Trabrennstalls.

in der Bundesrepublik Deutschland unbeschränkt steuerpflichtige Person sind gem § 22 Nr 1 EStG steuerpflichtig.[35]

Unfallrenten fallen unter Art 21, sofern die Rente von einer Versicherung gezahlt wird. Wird die Rente hingegen durch den Schädiger selbst gezahlt, ist wie beim Schadensersatz zu verfahren, dh die Zahlungen fallen zB unter Art 18 bzw Art 19, wenn der Zahlende dem Arbeitgeber gleichzusetzen ist. 32

Eine Anwendung von Art 21 Abs 1 auf **Unterhaltsleistungen** kommt nach dt Recht nur in Betracht, wenn der Unterhaltsberechtigte entweder in beiden Vertragsstaaten unbeschränkt steuerpflichtig ist oder in Deutschland nur aufgrund des § 1 Abs 3 EStG unbeschränkt steuerpflichtig ist und (in beiden Fällen) abkommensrechtlich im anderen Vertragsstaat ansässig ist. Dies liegt im dt innerstaatlichen Recht begründet, wonach Unterhaltsleistungen nur dann steuerpflichtig sind, wenn sie vom Unterhaltsverpflichteten als Sonderausgaben abgesetzt werden können (§§ 22 Nr 1, 10 Abs 1 Nr 1 EStG). Letzteres erfordert die unbeschränkte StPfl des Unterhaltsberechtigten, gleichzeitig müssen die Unterhaltsleistungen für abkommensrechtliche Zwecke aber aus einer im anderen Vertragsstaat belegenen Quelle stammen. Nach dem innerstaatlichen Recht des anderen Vertragsstaates können Unterhaltsleistungen unter anderen Voraussetzungen sachlich steuerpflichtig sein, mit der Folge, dass sie in den Anwendungsbereich von Art 21 Abs 1 fallen. 33

Zahlungen für die **Übernahme eines Wettbewerbsverbots** und Entschädigungen wegen der **Verletzung eines Wettbewerbsverbots** fallen unter Art 6–20, soweit ein Veranlassungszusammenhang mit einer der dort erwähnten Tätigkeiten besteht. Eine Anwendung von Art 21 Abs 1 kommt nur subsidiär in Betracht. An einen im anderen Vertragsstaat tätigen Arbeitnehmer gezahlte Vergütungen für die Übernahme eines Wettbewerbsverbots fallen nach dt Ansicht unter Art 15 (Einkünfte aus unselbstständiger Arbeit).[36] 34

Wiedergutmachungen (zB aufgrund nationalsozialistischer Verfolgung) werden grds von Art 21 Abs 1 erfasst, im Einzelfall können sie jedoch zu Art 19 (Öffentlicher Dienst) gehören. 35

In den Anwendungsbereich von Art 21 Abs 1 fallen auch **private wiederkehrende Bezüge** einer in einem Vertragsstaat ansässigen Person, auf die nicht die Sondervorschrift des Art 21 Abs 2 anwendbar ist. Voraussetzung ist, dass es sich bei den wiederkehrenden Bezügen nicht um das (verdeckte) Entgelt einer Veräußerung handelt, da in diesem Fall Art 13 anzuwenden wäre. Wiederkehrende Bezüge sind daher von Kaufpreisraten (auch in Form von Leibrenten) ua Kapitalzahlungen im Vermögensbereich abzugrenzen. Die eigene Arbeit, wie zB die Pflege einer altersschwachen Person, gehört nach dt innerstaatlichen Steuerrecht (dies kann nach ausl Steuerrecht anders zu beurteilen sein) ebenfalls nicht zu den wiederkehrenden Bezügen. Demgegenüber können Versorgungsleistungen und der Vorbehalt von Nutzungsrechten ebenso wie die Übergabe einer Land- und Forstwirtschaft an Abkömmlinge gg die Übernahme von Altenteilslasten[37] andere Einkünfte iSv Art 21 Abs 1 darstellen. 36

---

35 *FG Münster* EFG 1970, 380.

36 Vgl *Debatin/Wassermeyer* Art 21 Rn 40; **aA** ist die schweizerische Steuerverwaltung, die Art 21 Abs 1 anwenden will, vgl *F/W/W/K* Art 21 Rn 12.

37 Vgl *BFH* BStBl II 1990, 847.

Unerheblich ist, ob die wiederkehrenden Bezüge in Geld oder in geldwerten Vorteilen gewährt werden, sofern es sich um vermögenswerte Zuflüsse (zB Wohnung, Strom, Wasser, Heizung, freie Kost, Kleidung usw) handelt.[38]

37 Stehen **Zuschüsse oder Zulagen** mit einer der in den Art 6–20 genannten Einkunftsarten im Veranlassungszusammenhang, scheidet eine Anwendung von Art 21 Abs 1 aus. Andernfalls können die Zuschüsse oder Zulagen in den Anwendungsbereich der Auffangvorschrift fallen. Nach dem innerstaatlichen Steuerrecht des Anwendestaates entscheidet sich, ob die Zuschüsse oder Zulagen steuerpflichtige Einnahmen darstellen oder zB Anschaffungskosten mindern.

38 **2. Hauptanwendungsfall: Drittstaateneinkünfte.** Art 21 Abs 1 behandelt Einkünfte **ohne Rücksicht auf ihre Herkunft**. Der in der Praxis wesentliche Anwendungsbereich von Art 21 Abs 1 betrifft daher die weitere Fallgruppe der Auffangregelung,[39] die sog Drittstaateneinkünfte. Hierbei handelt es sich um Einkünfte, die aus einer in **keinem** der beiden **Vertragsstaaten belegenen Quelle** stammen. Auf diese Einkünfte finden die Art 6–20 idR keine Anwendung, weil die speziellen Verteilungsnormen regelmäßig nur Einkünfte aus in dem anderen Vertragsstaat belegenen Quellen erfassen. **Einkünfte aus dem Ansässigkeitsstaat** werden aufgrund ihrer Quelle idR ebenfalls nicht von den Art 6–20 erfasst, treten in der abkommensrechtlichen Praxis jedoch seltener auf. Drittstaateneinkünfte (und Ansässigkeitsstaateneinkünfte) können folglich entweder unter Art 21 Abs 1 fallen, weil sie ihrer Art nach nicht in den Art 6–20 behandelt werden (erste Fallgruppe[40]) oder weil sie zwar ihrer Art nach, nicht jedoch aufgrund ihrer Quelle von den Art 6–20 erfasst werden (zweite Fallgruppe).

39 Als **Drittstaaten** iSd Vorschrift kommen alle anderen Staaten in Betracht, die nicht Vertragsstaaten des fraglichen Abk sind.[41] Irrelevant ist, ob der Drittstaat mit einem, beiden oder keinem der Vertragsstaaten ein DBA abgeschlossen hat. Es kann sich ferner auch um staatsfreie Gebiete handeln.[42]

40 In **Dreieckssachverhalten**, in denen einer oder beide Vertragsstaaten **auch mit dem Drittstaat DBA** abgeschlossen haben, darf ein Besteuerungsrecht gem Art 21 des DBA zwischen den Vertragsstaaten nur nach Maßgabe des DBA zwischen dem Ansässigkeitsstaat und dem Drittstaat wahrgenommen werden.[43] Denn Art 21 gilt nur im Verhältnis der Vertragsstaaten zueinander und kann nicht im Verhältnis zu einem Drittstaat geltend gemacht werden. Wird zB das Besteuerungsrecht für die von den Vertragsstaaten (Staat A und Staat B) als Drittstaateneinkünfte zu qualifizierenden Einkünfte nach dem DBA zwischen dem Ansässigkeitsstaat (Staat A) und dem Drittstaat (Staat C) letzterem zugeordnet und ist der Ansässigkeitsstaat nach diesem DBA zur Freistellung der Einkünfte verpflichtet, kann sich der Ansässigkeitsstaat nicht auf sein Besteuerungsrecht nach Art 21 des anderen DBA (zwischen Staat A und Staat B) berufen. Besteuert der Drittstaat die Einkünfte (tatsächlich) nicht, lebt dadurch das Besteuerungsrecht des Ansässigkeitsstaates nicht wieder auf, es sei denn, das Abk ent-

38 *Debatin/Wassermeyer* Art 21 Rn 33.
39 Vgl zu den beiden Fallgruppen Rn 16.
40 Vgl hierzu Rn 17 ff.
41 Vgl Tz 1 MK zu Art 21.
42 Vgl *Vogel/Lehner* Art 21 Rn 16, 18.
43 *Debatin/Wassermeyer* Art 21 Rn 51; *Vogel/Lehner* Art 21 Rn 19.

hält eine **Subject-to-tax-Klausel**. Nur durch eine abkommensrechtliche Subject-to-tax-Klausel könnte in diesem Fall eine doppelte Nichtbesteuerung vermieden werden.

Ist zwischen dem Ansässigkeitsstaat und dem **Drittstaat kein DBA** vereinbart und besteuert der Drittstaat die Einkünfte ebenfalls nach seinem innerstaatlichen Recht, verbleibt es bei einer Dbest, wenn das innerstaatliche Steuerrecht des Ansässigkeitsstaates keine unilaterale Vermeidung der Dbest vorsieht.[44] **41**

Ist der **Empfänger der Drittstaateneinkünfte** nach dem innerstaatlichen Recht beider Vertragsstaaten **in beiden Staaten unbeschränkt steuerpflichtig**, wird das Besteuerungsrecht nach Art 21 Abs 1 ebenfalls nur dem abkommensrechtlichen Ansässigkeitsstaat zugeordnet. Welcher der beiden Staaten als Ansässigkeitsstaat iSd Abk gilt, bestimmt sich nach Art 4. Der andere Vertragsstaat ist in diesem Fall nicht berechtigt, die Drittstaateneinkünfte zu besteuern.[45] **42**

Eine **Ausnahme** von der Anwendung des Art 21 Abs 1 auf Drittstaateneinkünfte besteht grds hinsichtlich der **Veräußerungsgewinne**. Da für Veräußerungsgewinne bereits Art 13 Abs 5 eine Auffangregelung enthält, wonach alle nicht gesondert geregelten Veräußerungsgewinne unabhängig von ihrer Art und Herkunft unter diese Vorschrift fallen,[46] verbleibt für Art 21 grds kein Anwendungsbereich.[47] Andere Verteilungsnormen, die ein ausschließliches Besteuerungsrecht vorsehen, ohne Einkünfte aus dem anderen Vertragsstaat vorauszusetzen, sind Art 7 Abs 1 HS 1, Art 8, Art 15 Abs 1 HS 1[48] und Art 18. Drittstaateneinkünfte, die ihrer Art nach unter diese Vorschriften subsumiert werden können, fallen ebenfalls nicht in den Anwendungsbereich von Art 21. **43**

III. Besteuerung im Ansässigkeitsstaat (Rechtsfolge)

Art 21 Abs 1 weist das **ausschließliche Besteuerungsrecht** für die sog anderen Einkünfte dem **Ansässigkeitsstaat** zu (vgl den Wortlaut: „nur“). Dem anderen Vertragsstaat steht kein (auch kein begrenztes) Besteuerungsrecht zu, er hat die Einkünfte folglich freizustellen. Es bedarf daher insb **nicht der Anwendung des Methodenartikels** (Art 23A und 23B). Vielmehr wird bereits durch den Einkunftsartikel selbst abschließend festgelegt, dass dem Ansässigkeitsstaat das Besteuerungsrecht zustehen soll (sog **Zuordnungsmethode**[49]). Der Ansässigkeitsstaat kann die Einkünfte nach den Vorgaben seines innerstaatlichen Steuerrechts ermitteln und besteuern, ohne durch das Abk beschränkt zu sein. **44**

Nimmt der Ansässigkeitsstaat sein Besteuerungsrecht nicht wahr, bleiben die Einkünfte grds unbesteuert, es sei denn, die Vertragsstaaten haben in Art 21 eine **Subject-to-tax-Klausel** vereinbart.[50] **45**

44 Ist Deutschland der Ansässigkeitsstaat, ist in diesem Fall § 34c EStG zu prüfen.
45 Tz 1 S 4 MK zu Art 21.
46 Vgl Art 13 Rn 90ff.
47 AA *Piltz* IStR 1996, 457 für in Drittstaaten belegenes Sonderbetriebsvermögen.
48 Differenzierend *Haase* IStR 2014, 237.
49 Vgl dazu Einl MA Rn 105.
50 Vgl Rn 4.

C. Betriebsstättenvorbehalt (Abs 2)

I. Regelungsgegenstand

46 **1. Allgemeines.** Die erstmalig durch das MA 1977 eingeführte Regelung des Art 21 Abs 2 enthält eine **Ausnahmevorschrift zu Art 21 Abs 1**. Danach ist die Auffangregelung auf bestimmte Einkünfte nicht anwendbar, wenn diese von einer in einem Vertragsstaat ansässigen Person iRd Ausübung einer Geschäftstätigkeit durch eine im anderen Vertragsstaat belegene Betriebsstätte erzielt werden. Voraussetzung hierfür ist, dass die Rechte oder Vermögenswerte, für die die Einkünfte gezahlt werden, tatsächlich zu der Betriebsstätte im anderen Vertragsstaat gehören und dass es sich nicht um Einkünfte aus unbeweglichem Vermögen iSd Art 6 Abs 2 handelt. Sind diese Voraussetzungen erfüllt, findet auf die Einkünfte Art 7 (Unternehmensgewinne) Anwendung, mit der Folge, dass auch dem Betriebsstättenstaat ein Besteuerungsrecht an den Einkünften zusteht. Der Verweis auf Art 14 aF wurde im MA 2000 aufgrund des Wegfalls von Art 14 aF gestrichen. Die Einkünfte aus selbstständiger Arbeit werden nun ebenfalls Art 7 zugeordnet.

47 Es ist **strittig, ob** Art 21 Abs 2 **konstitutiver** oder nur **deklaratorischer Natur** ist. Die Vertreter der Auffassung, dass der Vorschrift konstitutive Bedeutung zukommt, begründen ihre Ansicht damit, dass die in den speziellen Verteilungsnormen enthaltenen Betriebsstättenvorbehalte (zB Art 10 Abs 4), die sich nur auf aus dem Quellenstaat bezogene Einkünfte beziehen, durch Art 21 Abs 2 ergänzt werden, der auch Einkünfte aus dem Ansässigkeitsstaat und aus Drittstaaten betrifft.[51] Nach anderer Ansicht ergibt sich die Rechtsfolge des Art 21 Abs 2 bereits aus den Betriebsstättenvorbehalten, so dass der Vorschrift nur klarstellende Bedeutung zukommt.[52]

48 Eine Inanspruchnahme von Art 21 Abs 2 könnte dadurch erreicht werden, dass Vermögenswerte, wie zB Aktien, Obligationen oder Patente auf eine im anderen Vertragsstaat belegene Betriebsstätte übertragen werden. Sieht das Abk mit dem Betriebsstättenstaat die Befreiungsmethode (Art 23A) vor und behandelt der Betriebsstättenstaat die Einkünfte steuerlich vorteilhaft, wird hierin regelmäßig eine **missbräuchliche Gestaltung** gesehen.[53] Nach innerstaatlichem Recht bestimmt sich in diesem Fall, ob die Übertragung als Scheingeschäft zu sehen ist und deshalb die Vermögenswerte nicht der Betriebsstätte zugerechnet werden. Der MK verweist zudem auf die Möglichkeit, in Art 21 eine Bestimmung aufzunehmen, nach der Abs 2 nicht gilt, wenn eine Gestaltung zur missbräuchlichen Inanspruchnahme der Vorschrift gewählt wurde.[54]

49 **2. Unter die Vorschrift fallende Einkünfte.** Der **sachliche Anwendungsbereich** der Vorschrift umfasst andere Einkünfte als solche aus unbeweglichem Vermögen iSd Art 6 Abs 2, die für Rechte oder Vermögenswerte gezahlt werden. Die Vorschrift umfasst folglich insb keine Tätigkeitseinkünfte.[55] Die Formulierung „Rechte und Vermögens-

---

51 *Debatin/Wassermeyer* Art 21 Rn 61; *Vogel/Lehner* Art 21 Rn 45; vgl auch *BFH* BStBl II 1996, 563.

52 *G/K/G* Art 21 Rn 3; *Schaumburg* Rn 16.477; *Kluge* Rn S313; *Schönfeld/Ditz* Art 21 Rn 69.

53 Tz 6 MK zu Art 21.

54 Vgl zu missbräuchlichen Gestaltungen im Zusammenhang mit innovativen Finanzinstrumenten auch Rn 55 ff.

55 *Schönfeld/Ditz* Art 21 Rn 74.

werte" bezeichnet nach hM die in den Betriebsstättenvorbehalten genannten Wirtschaftsgüter in den Dividenden-, Zins- und Lizenzgebührenartikeln.[56] So nennt der Dividendenartikel in Art 10 Abs 4 die „Beteiligung", der Zinsartikel in Art 11 Abs 4 die „Forderung" und der Lizenzgebührenartikel in Art 12 Abs 3 „Rechte oder Vermögenswerte". Art 21 Abs 2 gilt daher für Einkünfte aus **Dividenden**, **Zinsen** und **Lizenzgebühren** aus Drittstaaten oder dem Ansässigkeitsstaat, die über eine Betriebsstätte im anderen Vertragsstaat bezogen werden,[57] sowie für andere grds unter Art 21 Abs 1 fallende Einkünfte im Zusammenhang mit diesen Rechten und Vermögenswerten (zB Entschädigungen, Zuschüsse oder Zulagen).[58]

Von Art 21 Abs 2 ausdrücklich **ausgenommen** sind **Einkünfte aus unbeweglichem Vermögen** iSv Art 6 Abs 2.[59] Obwohl Art 21 Abs 2 nicht ausdrücklich auf Einkünfte aus unbeweglichem Vermögen iSv Art 6 Abs 3 verweist, werden auch diese Einkünfte nach allg Auffassung in Bezug genommen.[60] Nicht von Art 6 erfasste Einkünfte aus unbeweglichem Vermögen, dh Einkünfte aus einem Drittstaat oder aus dem Ansässigkeitsstaat, fallen aufgrund dieser Rückausnahme nicht unter die Ausnahmevorschrift des Abs 2, sondern in den Anwendungsbereich von Art 21 Abs 1. Das Besteuerungsrecht an diesen Einkünften steht somit ausschließlich dem Ansässigkeitsstaat zu,[61] es sei denn, das Besteuerungsrecht des Ansässigkeitsstaates wird durch ein DBA zwischen dem Ansässigkeitsstaat und dem Drittstaat eingeschränkt. **50**

3. Tatsächliche Zugehörigkeit der Einkünfte zu einer Betriebsstätte im Nichtansässigkeitsstaat. Art 21 Abs 2 setzt voraus, dass die den Einkünften zugrundeliegenden Wirtschaftsgüter **tatsächlich zu einer Betriebsstätte** im anderen Vertragsstaat **gehören**. Das Kriterium der tatsächlichen Zugehörigkeit wird wortgleich in Art 10 Abs 4 (Betriebsstättenvorbehalt für Dividenden), Art 11 Abs 4 (Betriebsstättenvorbehalt für Zinsen) und Art 12 Abs 3 (Betriebsstättenvorbehalt für Lizenzgebühren) verwendet. Nach allg Auffassung ist das Tatbestandsmerkmal für alle Vorschriften einheitlich auszulegen: Es bedarf einer **funktionalen Zuordnung** zum Betriebsvermögen der Betriebsstätte.[62] Insofern kann auf die Ausführungen zu den Betriebsstättenvorbehalten in den Dividenden-, Zins- und Lizenzgebührenartikeln verwiesen werden.[63] **51**

Zum Betriebsstättenbegriff vgl Art 5, zum Begr der Geschäftstätigkeit Art 7 Rn 36 ff. **52**

II. Besteuerung im Betriebsstättenstaat (Rechtsfolge)

Art 21 Abs 2 S 2 sieht vor, dass auf die unter die Ausnahmevorschrift des Abs 2 fallenden Einkünfte **Art 7 (Unternehmensgewinne) anzuwenden** ist. Nach Art 7 Abs 1 **53**

---

56 *Vogel/Lehner* Art 21 Rn 44; *G/K/G* Art 21 Rn 30; *Schönfeld/Ditz* Art 21 Rn 74; **aA** *Debatin/Wassermeyer* Art 21 Rn 79, wonach die Ausdrücke „Rechte" und „Vermögenswerte" in einem weiteren Sinne zu verstehen sind.

57 *Vogel/Lehner* Art 21 Rn 44; *G/K/G* Art 21 Rn 30; vgl hierzu Art 10 Rn 168, Art 11 Rn 117 und Art 12 Rn 144.

58 Vgl *Debatin/Wassermeyer* Art 21 Rn 79.

59 Vgl hierzu Art 6 Rn 53 ff.

60 *Vogel/Lehner* Art 21 Rn 43; *G/K/G* Art 21 Rn 30.

61 Vgl Tz 4 MK zu Art 21.

62 *Debatin/Wassermeyer* Art 21 Rn 82; *Vogel/Lehner* Art 21 Rn 44; vgl auch *BFH* BStBl II 2008, 510.

63 Vgl Art 10 Rn 171 ff, Art 11 Rn 120 f und Art 12 Rn 148 ff.

S 2 können Gewinne eines Unternehmens insoweit, als sie der Betriebsstätte zugeordnet werden können, im Betriebsstättenstaat besteuert werden (sog **Betriebsstättenprinzip**).[64]

54 Ist der **Wohnsitzstaat zugleich Quellenstaat**, weil Empfänger und Schuldner der Einkünfte in demselben Vertragsstaat ansässig sind, kann sich hinsichtlich der Besteuerung von Dividenden und Zinsen (ggf auch von Lizenzgebühren) ein unerwünschtes Erg ergeben, wenn das Zusammenspiel von Art 7 und Art 23A (Befreiungsmethode) den Staat daran hindert, die Einkünfte zu besteuern. Der MK schlägt vor, dass die Vertragsstaaten diesbezüglich eine Regelung in ihre Abk aufnehmen können, wonach dem Wohnsitzstaat als Quellenstaat ein beschränktes (Quellen-)Besteuerungsrecht eingeräumt wird.[65] Der Betriebsstättenstaat hat die Steuer in diesem Fall anzurechnen.

D. Innovative Finanzinstrumente

55 Seit der Revision des MA im Jahr 1995 enthält Tz 7 MK zu Art 21 den Vorschlag, Art 21 um einen **Abs 3** zu ergänzen, der die Besteuerung von innovativen Finanzinstrumenten regeln soll, die zwischen Personen mit bes Beziehungen vereinbart werden. Die im MK enthaltene Musterformulierung eines Abs 3 sieht nach ihrem Wortlaut jedoch keine Einschränkung auf innovative Finanzinstrumente vor. Zweck der Regelung soll die **Verhinderung missbräuchlicher Gestaltungen** durch die Vereinbarung unangemessener Entgelte zwischen Personen mit bes Beziehungen sein. Art 21 soll nach der Musterformulierung nur auf das angemessene Entgelt Anwendung finden. Der übersteigende Betrag soll nach dem Recht eines jeden Vertragsstaates und unter Berücksichtigung anderer anwendbarer Bestimmungen des Abk besteuert werden können. Eine ähnliche Missbrauchsregelung zu Zinsen findet sich in Art 11 Abs 6.[66]

56 Welche Finanzierungsformen als **innovative** (oder **nichttraditionelle**) **Finanzinstrumente** anzusehen sind, wird im MK nicht näher definiert. Der MK enthält lediglich die Aussage, dass die Beschränkung durch einen Abs 3 auf alle sonst unter Art 21 fallenden Einkünfte angewendet werden kann, eine Anwendung auf Zahlungen von Unterhaltsleistungen oder Sozialversicherungsbezügen jedoch nicht beabsichtigt sei.[67] In der Lit werden zB Swaps und Futures als innovative Finanzinstrumente angeführt.[68]

57 Die Aufnahme des vorgeschlagenen Abs 3 in ein Abk soll keine Auswirkungen auf die Behandlung von innovativen Finanzinstrumenten haben, die zwischen Fremden vereinbart werden oder unter andere Bestimmungen des Abk fallen.[69]

E. Deutsche DBA

I. Allgemeines

58 Die Bundesrepublik Deutschland hat keine Bemerkungen oder Vorbehalte zu Art 21 in den MK aufnehmen lassen.

64 Zu den Rechtsfolgen des Art 7 vgl Art 7 Rn 31 ff.
65 Tz 5 MK zu Art 21.
66 Vgl hierzu Art 11 Rn 143 ff.
67 Tz 9 MK zu Art 21.
68 Vgl *Debatin/Wassermeyer* Art 21 Rn 9.
69 Tz 7 S 3 MK zu Art 21, früher Tz 12.

II. Deutsche Verhandlungsgrundlage

Die Regelung zu „Andere Einkünfte“ in der dt DBA-Verhandlungsgrundlage[70] entspricht derjenigen des OECD-MA und findet sich in Art 20 der Verhandlungsgrundlage.[71] 59

III. Wichtigste Abweichungen

Fast alle von der Bundesrepublik Deutschland abgeschlossenen DBA enthalten eine dem **Art 21 Abs 1** inhaltlich nachgebildete Regelung. **Ausnahme** im EU/EWR-Raum bzw von den wichtigsten dt Handelspartnern bildet lediglich das Abk mit **Griechenland**, das keine Auffangregelung für andere Einkünfte vorsieht. Für die in diesem Abk nicht behandelten Einkünfte ist das Abk somit nicht anwendbar, so dass eine Dbest nur durch unilaterale Maßnahmen des jeweiligen Ansässigkeitsstaates vermieden werden kann. 60

In den dt Abk **unterschiedlich** geregelt ist die **Bezeichnung** der Auffangvorschrift, ohne dass sich hieraus eine inhaltliche Abweichung vom MA ergibt. Neben der im MA vorgesehenen Bezeichnung „andere Einkünfte“ sind auch die Bezeichnungen „sonstige Einkünfte“ und „nicht ausdrücklich erwähnte Einkünfte“ vorzufinden. Eine Auffangregelung für **„nicht ausdrücklich erwähnte Einkünfte“** ist am häufigsten und findet sich in den Abk mit Belgien (Art 21), Finnland (Art 21), Island (Art 21), Japan (Art 22), der Schweiz (Art 21), der Slowakei (Art 21 DBA Tschechoslowakei), Tschechien (Art 21 DBA Tschechoslowakei) und Ungarn (Art 21). 61

Eine **Subject-to-tax-Klausel** in Bezug auf Art 21 Abs 1[72] enthält von den EU/EWR-Vertragsstaaten lediglich das DBA mit Portugal (Art 22 Abs 1 S 2). 62

In den hier untersuchten Abk mit EU/EWR-Staaten und wichtigen dt Handelspartnern sind noch folgende **Sonderbestimmungen** hinsichtlich Art 21 Abs 1 zu beachten. Nach dem DBA mit **China** (Art 22 Abs 3) steht auch dem Quellenstaat ein Besteuerungsrecht für die anderen Einkünfte zu. Das neue DBA mit **Großbritannien** sieht eine Sonderregelung für Einkünfte, die aus einem Treuhandvermögen oder einer Nachlassverwaltung gezahlt werden, vor (Art 21 Abs 2). Das DBA mit **Italien** trifft eine Sonderregelung für Unterhaltsleistungen. Diese können nur im Ansässigkeitsstaat des Leistenden besteuert werden (Prot Nr 15). Nach dem DBA mit **Norwegen** (Prot Nr 8) dürfen Zahlungen an Studenten, Praktikanten oder Lehrlinge für den Unterhalt, das Studium oder die Ausbildung im Aufenthaltsstaat nicht besteuert werden, wenn die Zahlungen aus dem anderen Staat stammen. 63

Eine dem **Art 21 Abs 2** entspr Regelung enthält in **etwa die Hälfte** der von der Bundesrepublik Deutschland abgeschlossenen Abk. Im EU/EWR-Raum bzw von den wichtigsten dt Handelspartnern sind dies die Abk mit Bulgarien (Art 20 Abs 2), China (Art 22 Abs 2), Dänemark (Art 21 Abs 2), Estland (Art 21 Abs 2), Großbritannien (Art 21 Abs 3), Irland (Art 20 Abs 2), Italien (Art 22 Abs 2), Jugoslawien (Art 22 Abs 2), Kroatien (Art 21 Abs 2), Lettland (Art 21 Abs 2), Liechtenstein (Art 21 64

70 *BMF* IV B 2 – S 1301/13/10009, Stand: 22.8.2013.

71 S aber Nr 3 des Protokolls zu Art 20 der Verhandlungsgrundlage zu sog Betriebsstätten-Sandwich-Strukturen für Dividenden und Zinsen, vgl auch Rn 65.

72 Vgl Rn 4, 45.

Abs 2), Litauen (Art 21 Abs 2), Luxemburg (Art 20 Abs 2), Malta (Art 21 Abs 2), Mazedonien (Art 21 Abs 2), Niederlande (Art 21 Abs 2), Norwegen (Art 21 Abs 2), Österreich (Art 21 Abs 2), Polen (Art 22 Abs 2), Portugal (Art 22 Abs 2), Rumänien (Art 21 Abs 2), Schweden (Art 21 Abs 2), Slowenien (Art 21 Abs 2), Spanien (Art 20 Abs 2), den USA (Art 21 Abs 2) und Zypern (Art 20 Abs 2). Zahlreiche dieser DBA unterscheiden noch zwischen einem Verweis auf Art 7 (Unternehmensgewinne) und auf Art 14 aF (selbstständige Arbeit). In Art 22 Abs 2 DBA Italien ist hingegen kein Verweis auf eine andere Vorschrift vorgesehen, stattdessen „können die Einkünfte im anderen Vertragsstaat nach dem Recht dieses Staates besteuert werden". Das Prot enthält in Nr 10 jedoch den erg Hinweis, dass die Vorschrift nicht so ausgelegt werden kann, dass die in den Art 7 und Art 14 des Abk enthaltenen Grundsätze unberücksichtigt bleiben.

65 Eine **Sonderregelung** enthält das DBA mit den **USA** (Prot Nr 19) für den Fall, dass der Empfänger und der Schuldner einer Dividende in Deutschland ansässig sind und die Dividende einer Betriebsstätte des Empfängers in den USA zuzurechnen ist. In diesem Fall kann Deutschland die Dividende zu den in Art 10 Abs 2 und 3 vorgesehenen Quellensteuersätzen besteuern, während die USA die Quellensteuer nach Art 23 des Abk anrechnen. Eine vergleichbare Regelung sowohl für Dividenden als auch für Zinsen enthält auch das DBA mit **Liechtenstein** (Prot Nr 7).[73]

66 Enthält ein DBA **keine** dem Art 21 Abs 2 **entspr Regelung**, fallen auch Einkünfte aus unbeweglichem Vermögen, Dividenden, Zinsen und Lizenzgebühren aus Drittstaaten und aus dem Ansässigkeitsstaat grds unter Art 7 (Unternehmensgewinne), soweit die Rechte oder Vermögenswerte, für die die Einkünfte gezahlt werden, tatsächlich zu einer Betriebsstätte im anderen Vertragsstaat gehören.[74] Das Betriebsstättenprinzip ergibt sich in diesem Fall unmittelbar aus Art 7, so dass es keiner Anwendung von Art 21 bedarf.[75]

67 Eine dem im MK vorgeschlagenen **Art 21 Abs 3** entspr Regelung enthalten von den dt Abk mit EU/EWR-Staaten und wichtigen Handelspartnern nur die DBA mit Großbritannien (Art 21 Abs 4), Irland (Art 20 Abs 3), Polen (Art 22 Abs 3) und Spanien (Art 20 Abs 3). Diese sehen vor, dass die Auffangregelung für andere Einkünfte nur auf den angemessenen Betrag der Vergütungen anzuwenden ist, die zwischen in bes Beziehungen zueinander stehenden Personen vereinbart wurden.

73 Vgl auch Fn 71.

74 Vgl *BFH* BStBl II 1996, 563.

75 *Vogel/Lehner* Art 21 Rn 56; vgl auch *Lang/Reich/Schmidt* IStR 2007, 1; *BFH* BStBl II 2008, 510.

Art. 22 Vermögen

(1) Unbewegliches Vermögen im Sinne des Artikels 6, das einer in einem Vertragsstaat ansässigen Person gehört und im anderen Vertragsstaat liegt, kann[1] im anderen Staat besteuert werden.

(2) Bewegliches Vermögen, das Betriebsvermögen einer Betriebsstätte ist, die ein Unternehmen eines Vertragsstaates im anderen Vertragsstaat hat, kann[2] im anderen Staat besteuert werden.

(3) Seeschiffe und Luftfahrzeuge, die im internationalen Verkehr betrieben werden, und Schiffe, die der Binnenschifffahrt dienen, sowie bewegliches Vermögen, das dem Betrieb dieser Schiffe oder Luftfahrzeuge dient, können[3] nur in dem Vertragsstaat besteuert werden, in dem sich der Ort der tatsächlichen Geschäftsleitung des Unternehmens befindet.

(4) Alle anderen Vermögensteile einer in einem Vertragsstaat ansässigen Person können[4] nur in diesem Staat besteuert werden.

BMF v 30.6.1989, Az IV C 6 – S 1301 Schz-9/89, BStBl I 1989, 250; *BMF* v 24.12.1999, Az IV B 4 – S 1300 – 111/99, BStBl I 1999, 1076; *BMF* v 16.4.2010, Az IV B 2 – S 1300/09/10003, BStBl I 2010, 354.

Übersicht

Literatur: *Apelt* Bewertungsrechtliche Probleme bei der Betriebsstättenfinanzierung, DB 1994, 65; *Gebert/Schmitz* Anmerkung zum BFH-Urteil v 28.4.2010, I R 81/09, IStR 2010, 529; *Ismer/Kost* Sondervergütungen unter dem DBA-USA, IStR 2007, 120; *Reuter* Die Steu-

1 Österreich: S Fußnote 1 zu Art 6.
2 Österreich: S Fußnote 1 zu Art 6.
3 Schweiz: S Fußnote 3 zu Art 2.
4 Österreich: S Fußnote 1 zu Art 6.

ern vom Vermögen bei grenzüberschreitender Betätigung, IStR 1994, 126; *Rust* Diskriminierungsverbote verbieten Diskriminierungen!, IStR 2004, 391; *Seibold* Die vermögen- und erbschaftsteuerliche Behandlung von Common Law Trusts, IStR 1994, 16; *Suchanek/Herbst* Auslegungsfragen zum DBA-USA: Die Zuordnung von Beteiligungen zum Betriebsstättenvermögen, IStR 2007, 620.

A. Allgemeines

I. Regelungsgehalt und Bedeutung der Vorschrift

1 Art 22 regelt die **Besteuerung des Vermögens**, nicht jedoch die Besteuerung des Einkommens. Art 22 gilt nur für Vermögensteuern, **nicht** jedoch für Erbschaft- und Schenkungsteuern oder andere Steuern auf Vermögensübergänge. Umfasst sind damit die nur bis 1996 in Deutschland erhobene **Vermögensteuer**, die nur bis 1997 in Deutschland erhobene **Gewerbekapitalsteuer** sowie grds die **Grundsteuer**.[5] Von diesen Steuern wird in Deutschland derzeit nur die Grundsteuer erhoben. Der genaue Anwendungsbereich v Art 22 ergibt sich aus der Bestimmung der Steuerarten in Art 2 Abs 3 f (Art 2 Rn 24 ff).

2 Die Vorschrift steht im unmittelbaren Zusammenhang mit den Regelungen zu den Besteuerungsrechten des Einkommens in den Art 6–21. Die Steuern v Vermögen werden als **Erg zu der Besteuerung der Einkünfte** verstanden.[6] Der Grund hierfür liegt in der Vorstellung, dass die Vermögensteuer als sog Sollertragsteuer die im Vermögen liegende Ertragskraft und damit Leistungsfähigkeit erfasst. Die Zuordnung des Besteuerungsrechts für das Vermögen in Art 22 folgt somit der Zuordnung des **Besteuerungsrechtes für die Einkünfte** aus den jeweiligen Vermögensteilen.[7] Dementsprechend besteht eine Parallelität mit den Vorschriften zur Besteuerung der Einkünfte und insb eine sehr weitgehende **Parallelität mit Art 13** (Gewinne aus der Veräußerung v Vermögen).

3 Abs 1 regelt entspr parallel zu Art 6 Abs 1 und Art 13 Abs 1 das **Belegenheitsprinzip**. Abs 2 regelt parallel zu Art 13 Abs 2 das **Betriebsstättenprinzip**. Abs 3 regelt parallel zu Art 8 Abs 1 und Art 13 Abs 3 das **Geschäftsleitungsprinzip**. Abs 4 dient als **Auffangvorschrift** und hat damit eine dem Art 21 vergleichbare Funktion.[8]

4 Art 22 regelt **nicht** die **Bewertung** des Vermögens, Fragen der **Zuordnung v Vermögen** zu Betriebsstätten und Fragen der **Vermögensbesteuerung bei verbundenen Unternehmen**. Für diese Fragen gilt daher Art 3 Abs 2. Wegen der Parallelität des Art 22 zu den betr Vorschriften über die Besteuerung der Einkünfte erfordert der Zusammenhang des MA damit vorrangig eine Auslegung und Klärung derartiger Fragen nach den Prinzipien, die für die Art 6–21 des MA maßgeblich sind.[9] Hierüber sowie subsidiär kommen dann die Regelungen des nationalen Steuerrechts zur Anwendung.

5 Inhaltlich regeln **Abs 1 und Abs 2** nur das **Besteuerungsrecht des Belegenheitsstaates**, der nicht zugleich Ansässigkeitsstaat ist. Für die Besteuerung im Ansässigkeitsstaat gilt insoweit dann der **Methodenartikel** (Art 23A oder Art 23B). Demgegenüber

---

5 Vgl *Reuter* IStR 1994, 126.
6 Tz 2 S 1 MK zu Art 22.
7 Tz 2 S 2 MK zu Art 22.
8 Vgl *Wassermeyer* Art 22 MA Rn 2; *S/D* Art 22 MA Rn 5.
9 *G/K/G* Art 22 MA Rn 4.

regeln **Abs 3 und Abs 4** das **ausschließliche Besteuerungsrecht des Ansässigkeitsstaates** und schließen damit unmittelbar ein Besteuerungsrecht des anderen Vertragsstaates aus, ohne dass es insoweit einer Anwendung des Methodenartikels bedarf.[10]

Wegen der Abschaffung v Vermögensteuer und Gewerbekapitalsteuer in Deutschland **6** ist die Bedeutung des Art 22 aus dt Sicht derzeit **marginal**. Soweit in einzelnen DBA Art 22 auf die Grundsteuer Anwendung findet, kann nur ein Fall des Abs 1 vorliegen, so dass keiner der Abs 2–4 in Betracht kommt.[11]

In der dt **Verhandlungsgrundlage** (DE-VG)[12] ist die dortige Regelung in Art 21 mit **7** Art 22 MA identisch.

II. Verhältnis zu anderen Vorschriften

Wegen des grds unterschiedlichen Charakters der in den Art 6–21 geregelten Steuer- **8** arten von den Vermögensteuern iSd Art 22 kann sich ein **Konkurrenzverhältnis** zu diesen Vorschriften aus systematischen Gründen **nicht ergeben**.

III. Persönlicher Anwendungsbereich

Die Vorschrift gilt für alle **Personen iSd Art 3 Abs 1 lit a**, also für natürliche Personen **9** (Art 3 Rn 10f), Ges (Art 3 Rn 15ff) ua Personenvereinigungen (Art 3 Rn 13f). Art 22 setzt die Ansässigkeit der Person, zu deren Gunsten die Vorschrift angewendet werden soll, in einem Vertragsstaat voraus.[13]

B. Absatz 1

I. Allgemeines

Nach Abs 1 kann unbewegliches Vermögen, das einer in einem Vertragsstaat ansässi- **10** gen Person gehört und im anderen Vertragsstaat liegt, im Belegenheitsstaat besteuert werden. Geregelt wird demnach nur das Besteuerungsrecht des Belegenheitsstaates. Eine Regelung zur Besteuerung im Ansässigkeitsstaat wird nicht getroffen. Hierzu bedarf es der Anwendung des Methodenartikels (Art 23A oder Art 23B). Abs 1 ist vorrangig gg Abs 2–4. Liegt das unbewegliche Vermögen aber nicht in einem Vertragsstaat, sondern in einem **Drittstaat**, ist nur Abs 4 anwendbar.

II. Unbewegliches Vermögen

Für den Begr des unbeweglichen Vermögens gilt **Art 6 Abs 1 und Abs 2**, auf deren Erl **11** daher uneingeschränkt verwiesen wird (Art 6 Rn 53 ff). Die Begriffsdefinition ist daher für Zwecke der Ertrags- und der Vermögensbesteuerung gleich. Danach richtet sich die Definition grds nach dem **Recht des Belegenheitsstaates**.[14] Dazu zählen nach Art 6 in jedem Fall auch **land- und forstwirtschaftliche Betriebe** und das **Zubehör** zum unbeweglichen Vermögen.

---

10 *Wassermeyer* Art 22 MA Rn 3; *S/D* Art 22 MA Rn 4.

11 Vgl zB *Wassermeyer* Art 23 DBA Italien Rn 12, 21, 28; *S/D* Art 22 MA Rn 7.

12 *BMF* Verhandlungsgrundlage für DBA im Bereich der Steuern v Einkommen und Vermögen, IStR-Beihefter 2013, 46.

13 *Wassermeyer* Art 22 MA Rn 6.

14 *FG Hamburg* EFG 2007, 96, 99; vgl im Einzelnen auch *Wassermeyer* Art MA Rn 22f.

III. Zugehörigkeit zum Vermögen einer Person

12 Die Zugehörigkeit des unbeweglichen Vermögens zum Vermögen einer Person wird abkommensrechtlich **nicht geregelt**, so dass nach Art 3 Abs 2 die Bestimmungen des nationalen Rechts des **Anwenderstaates** zur steuerlichen Zurechnung zur Anwendung kommen.[15] Die Gefahr eines Besteuerungskonfliktes durch eine unterschiedliche Zurechnung des Vermögens besteht nicht, da Abs 1 das Besteuerungsrecht allein dem Belegenheitsstaat zuweist.

13 Abzustellen ist somit auf die nach dem Recht des Anwenderstaates bestehenden Vorschriften zu steuerlichen **Zurechnung v Vermögen**. Verbleiben danach Unsicherheiten, kann gem dem Rechtsgedanken, dass die Vermögensbesteuerung eine Erg zur Einkünftebesteuerung ist (Rn 2), auf die entspr ertragsteuerlichen Grundsätze des Anwenderstaates zurückgegriffen werden.[16] Die Zugehörigkeit nach dt Recht richtet sich gem § 39 AO nach dem zivilrechtlichen bzw bei Abweichung nach dem **wirtschaftlichen Eigentum**.

IV. Ansässigkeit der Person in einem Vertragsstaat

14 Die Ansässigkeit der Person, der das unbewegliche Vermögen zuzurechnen ist, in einem Vertragsstaat richtet sich nach **Art 4**. Für die Besteuerungszuordnung des Abs 1 ist die Ansässigkeit der Person eigentlich ohne Bedeutung. Die Ansässigkeit entscheidet aber darüber, ob die betr Person eine Vergünstigung nach einem DBA **in ihrem Ansässigkeitsstaat** geltend machen kann und **nach welchem DBA** dies ggf geschieht. Für die Bestimmung der Ansässigkeit ist der **Zeitpunkt (Stichtag)** der Vermögensbesteuerung maßgeblich.[17]

V. Bewertung des Vermögens

15 Fragen der **Bewertung** des unbeweglichen Vermögens und insb der Zuordnung und Berücksichtigung v **Schulden** und Lasten werden abkommensrechtlich nicht geregelt.[18] Nach Art 3 Abs 2 gilt wie iF der Einkünftebesteuerung das Recht des **Anwenderstaates**.[19] Nach dt Recht richtet sich die Bewertung v unbeweglichem Vermögen nach den Vorschriften des **Bewertungsgesetzes**, insb nach § 19 und § 31 BewG. Der Abzug v Schulden ist gem § 103 BewG nur dann möglich, wenn sie in einem **wirtschaftlichen Zusammenhang** mit dem unbeweglichen Vermögen stehen.[20] Alternativ wird unter Rückgriff auf den Grundsatz, dass die Vermögensteuer eine Erg zu den Ertragsteuern ist, auf das ertragsteuerliche **Veranlassungsprinzip** (§ 4 Abs 4 EStG) abgestellt.[21] Praktisch erhebliche Unterschiede sollten sich durch diese alternativen Ansätze aber nicht ergeben.[22]

---

15 *FG Hamburg* EFG 2007, 96, 99; *Vogel/Lehner* Art 22 MA Rn 7.

16 *Wassermeyer* Art 22 MA Rn 26; *S/D* Art 22 MA Rn 22.

17 *Wassermeyer* Art 22 MA Rn 29.

18 Vgl Tz 7 MK zu Art 22 mit Verweis auf Art 24 Abs 4 S 2.

19 *Wassermeyer* Art 22 MA Rn 32; *G/K/G* Art 22 MA Rn 43; *Vogel/Lehner* Art 22 MA Rn 8; *S/D* Art 22 MA Rn 27.

20 *Vogel/Lehner* Art 22 MA Rn 8.

21 *Wassermeyer* Art 22 MA Rn 21; *S/D* Art 22 MA Rn 29.

22 Vgl iE so wohl auch *BFH* BStBl II 2000, 577; *S/D* Art 22 MA Rn 29.

Eine weitere Frage ist die in jedem Vertragsstaat erfolgende Bewertung des im jeweiligen **Ausland liegenden unbeweglichen Vermögens**, die iF der Anwendung der Anrechnungsmethode nach Art 23B im Ansässigkeitsstaat v Bedeutung ist. Auch diese Bewertung erfolgt nach dem Recht des **Anwenderstaates**, hier also des Ansässigkeitsstaates.[23] **16**

Aus den nationalen Regeln zur Bewertung und insb zur Zuordnung und Bewertung v Schulden können sich wirtschaftliche **Doppelbelastungen** ergeben, die dem Sinn des Art 22 widersprechen. Dies ist zB möglich, wenn Ansässigkeitsstaat und Belegenheitsstaat bestimmte Schulden den jeweils im anderen Vertragsstaat gelegenen Vermögensteilen zurechnen. Derartige Konflikte ergeben sich auch dann, wenn die Vertragsstaaten **unterschiedliche Zeiträume bzw Zeitpunkte** für die Bewertung vorsehen. Solche Konflikte können **nicht im Verständigungsverfahren** gelöst werden, sondern werden abkommensrechtlich hingenommen.[24] **17**

VI. Rechtsfolge

Abs 1 regelt nur das Besteuerungsrecht des **Belegenheitsstaates**, der nicht der Ansässigkeitsstaat des StPfl, aber Vertragsstaat ist. Fallen beide zusammen und liegt dennoch ein DBA-Fall vor, gilt Abs 4. Unberührt bleibt das Besteuerungsrecht des **Ansässigkeitsstaates**. Die Dbest wird im Ansässigkeitsstaat nach dem Methodenartikel (Art 23A oder Art 23B) vermieden, soweit nicht eine solche abkommensrechtlich hinzunehmen ist (Rn 17). **18**

C. Absatz 2

I. Allgemeines

Nach Abs 2 kann bewegliches Vermögen, das Betriebsvermögen einer Betriebsstätte ist, die ein Unternehmen eines Vertragsstaates im anderen Vertragsstaat hat, im Belegenheits- bzw Betriebsstättenstaat besteuert werden. Das **Betriebsstättenprinzip** entspricht den Regelungen für die Besteuerung v Einkünften. Geregelt wird nur das Besteuerungsrecht des Belegenheitsstaates. Eine Regelung zur Besteuerung im Ansässigkeitsstaat wird nicht getroffen. Hierzu bedarf es der Anwendung des Methodenartikels (Art 23A oder Art 23B). Die Tatbestände v Abs 2 und Abs 1 schließen sich gegenseitig aus. Für unbewegliches Vermögen gilt das Betriebsstättenprinzip somit nicht. **19**

II. Bewegliches Vermögen

Der Begr des **Vermögens** ist abkommensrechtlich zu bestimmen und entspricht dem Vermögensbegriff in Abs 1, also nach Abzug v Schulden (Rn 15 ff). Das Vermögen ist **beweglich** iSd Abs 2, wenn es nicht unbewegliches Vermögen iSd Abs 1 ist (Rn 11).[25] **20**

---

23 Beachte hier die Verständigungsvereinbarung zwischen Deutschland und der Schweiz, *BMF* BStBl I 1989, 250.

24 Tz 7 S 1 MK zu Art 22; *Wassermeyer* Art 22 MA Rn 33; *Vogel/Lehner* Art 22 MA Rn 11; vgl auch *BFH/NV* 1997, 111.

25 *Wassermeyer* Art 22 MA Rn 35, 43; *Vogel/Lehner* Art 22 MA Rn 34; *G/K/G* Art 22 MA Rn 49; so ausdrücklich Art 22 Abs 2 DBA Kenia; iE auch *S/D* Art 22 MA Rn 39.

III. Betriebsvermögen einer Betriebsstätte

21 **1. Betriebsstätte.** Der Begr der **Betriebsstätte** richtet sich nach Art 5, so dass auf die dortige Erl verwiesen wird.

22 **2. Betriebsvermögen.** Der Tatbestand des Vorliegens v **Betriebsvermögen** grenzt den Anwendungsbereich v Abs 2 (und Abs 3) gg Abs 4 ab. Liegt kein Betriebsvermögen und kein Fall des Abs 1 vor, findet Abs 4 Anwendung. Die Abgrenzung zum nichtbetrieblichen Vermögen ist eine abkommensrechtliche und daher aus dem Zusammenhang des MA zu beantworten. Art 22 gibt hierzu allerdings keine klaren Anhaltspunkte, so dass auf die **vermögensteuerlichen Grundsätze des Anwenderstaates** zurückzugreifen ist. Da die Vermögensbesteuerung eine Erg zur Einkünftebesteuerung ist (Rn 2), sind die entspr **ertragsteuerlichen Abgrenzungsgrundsätze** für die Einkünfteabgrenzung vorrangig nach dem MA und nachrangig nach dem **Recht des Anwenderstaates** maßgeblich (Art 3 Abs 2).[26]

23 Zu den ertragsteuerlichen Grundsätzen des MA zählen die Besonderheiten in Art 10–12. Für das **Vermögen, das der in Art 10–12 geregelten Einkunftserzielung** dient, gelten daher die Regeln zur Zuordnung zu einer Betriebsstätte in Art 10 Abs 4, Art 11 Abs 4 und Art 12 Abs 3.[27] Danach ist die **„tatsächliche" Zugehörigkeit** zur Betriebsstätte maßgeblich. Entscheidend ist danach bei den betroffenen Vermögensarten eine funktionale Betrachtungsweise (Art 10 Rn 171, Art 11 Rn 120f, Art 12 Rn 148ff).

24 **3. Zuordnung zur Betriebsstätte.** Es muss sich um Betriebsvermögen handeln, das der Betriebsstätte zuzuordnen ist. Hier stellt sich insb die Frage der **Vermögenszuordnung und -abgrenzung** zwischen Stammhaus und Betriebsstätte. Für diese Zuordnungsentscheidung sind dies Rechtsvorschriften anwendbar wie für die Abgrenzung des Betriebsvermögens (Rn 22). Nach dt Recht erfolgt die Vermögenszuordnung unter der Fiktion, dass die Betriebsstätte ein selbstständiges Unternehmen ist. Dies folgt dem Grundsatz des **Fremdvergleichs** (dealing at arm,s length) in Art 7 Abs 2 MA.[28] Dieses Prinzip gilt in gleicher Weise für die Zuordnung v Vermögen und von Einkünften.[29] Erg gelten daher die entspr Erl zu Art 7 (Art 7 Rn 148ff).

25 Zum Betriebsstättenvermögen gehören danach die ihr **dienenden Wirtschaftsgüter**, die ein selbstständiger Gewerbebetrieb am gleichen Ort und unter gleichen oÄ Bedingungen zur Erzielung eines vergleichbaren Geschäftserfolges benötigt, sowie die **Schulden und Lasten**, die mit der Betriebsstätte im **wirtschaftlichen Zusammenhang** stehen.[30] Es erfolgt damit für jedes Wirtschaftsgut eine individuelle Zuordnung. Die Zuordnungskriterien entsprechen der sog **direkten Methode**, die vorrangig zur Anwendung kommen sollte.[31] In Fällen, in denen eine individuelle Zuordnung einzel-

---

26 *Vogel/Lehner* Art 22 MA Rn 36; *G/K/G* Art 22 MA Rn 51; vgl *BFH* BStBl II 1987, 99; BStBl II 2003, 231; *FG BaWü* EFG 2006, 677; *Ismer/Kost* IStR 2007, 120; zu der insoweit v Art 3 Abs 2 abw Regelung im DBA USA *Suchanek/Herbst* IStR 2007, 620.

27 *Schaumburg* Rn 16.495; *Wassermeyer* Art 22 MA Rn 44; iE auch *S/D* Art 22 MA Rn 43 aE.

28 Tz 3.1 MK zu Art 22; *BMF* BStBl I 1999, 1076, Tz 2.2, Abs 1.

29 *BMF* BStBl I 1999, 1076, Tz 2.1, Abs 2.

30 *RFH* RStBl 1938, 937; *BFH* BStBl II 1972, 384; IStR 1994, 176; *G/K/G* Art 22 MA Rn 54; *S/D* Art 22 MA Rn 45.

31 *BFH* IStR 1994, 176; vgl *BMF* BStBl I 1999, 1076, Tz 2.3.1.

ner Wirtschaftsgüter wegen ihres funktionalen und wirtschaftlichen Zusammenhangs mit Betriebsstätte und Stammhaus bzw einer anderen Betriebsstätte nicht möglich ist, muss die Zuordnung nach einem für den zu beurteilenden Fall sachgerechten Aufteilungsschlüssel erfolgen. Dies entspricht dann der sog **indirekten Methode**.[32]

Nicht entscheidend für die Zuordnung v Wirtschaftsgütern ist der Ort, an dem sie sich befinden, oder die buchmäßige oder bilanzielle Erfassung, wenn diese mit der tatsächlichen Nutzung nicht im Einklang steht.[33] 26

Fraglich ist die Zuordnung v **Sonderbetriebsvermögen** bei Beteiligung an einer ausl PersGes-Betriebsstätte. Folgt man der Qualifizierung nach § 15 Abs 1 S 1 Nr 2 EStG, wäre das Sonderbetriebsvermögen immer der Betriebsstätte zuzuordnen. Dies entspr iE aber nicht der abkommensrechtlichen Vorgabe einer Zuordnung nach dem Fremdvergleichsgrundsatz, wonach Stammhaus und Betriebsstätte als selbstständige Unternehmen zu würdigen sind (Rn 24). Daher erfolgt auch bei Sonderbetriebsvermögen die Zuordnung zur PersGes-Betriebsstätte nach den allg Kriterien (Rn 25 f).[34] 27

Die möglicherweise unterschiedliche Anwendung v Zuordnungsregeln des jeweiligen Anwenderstaates kann zu wirtschaftlichen **Doppelbelastungen** führen, die abkommensrechtlich hingenommen werden (Rn 17). 28

Der **Begr des Unternehmens** wird nicht in Art 3 Abs 1 lit d definiert; vielmehr ist der Begr gem Art 3 Abs 2 aus dem Zusammenhang des Abkommens auszulegen. Ein Unternehmen setzt danach mindestens eine ihrer Art nach unternehmerische, dh gewerbliche oder freiberufliche Tätigkeit voraus.[35] Eine lediglich gem § 15 Abs 3 Nr 2 EStG gewerblich geprägte PersGes stellt daher kein Unternehmen iSd Art 22 dar. 29

IV. Unternehmen eines Vertragsstaates

Die Betriebsstätte in einem Vertragsstaat muss einem Unternehmen im anderen Vertragsstaat gehören. Entscheidend ist gem Art 3 Abs 1 lit d die **Person**, die das Unternehmen betreibt (Rn 14). 30

V. Rechtsfolge

Abs 2 regelt nur das Besteuerungsrecht des **Belegenheits- bzw Betriebsstättenstaates**, der nicht der Ansässigkeitsstaat des StPfl ist. Fallen beide zusammen und liegt dennoch ein DBA-Fall vor, gilt Abs 4. Unberührt bleibt das Besteuerungsrecht des **Ansässigkeitsstaates**. Die Dbest wird im Ansässigkeitsstaat nach dem Methodenartikel (Art 23A oder Art 23B) vermieden, soweit nicht eine solche abkommensrechtlich hinzunehmen ist (Rn 17, 28). 31

---

32 *FW* IStR 1994, 178; *Vogel/Lehner* Art 22 MA Rn 43; *Schaumburg* Rn 16.487; iE wohl auch *Wassermeyer* Art 22 MA Rn 47; vgl *BMF* BStBl I 1999, 1076, Tz 2.3.2.

33 *Vogel/Lehner* Art 22 MA Rn 37, 41; so wohl auch *S/D* Art 22 MA Rn 45.

34 *G/K/G* Art 22 MA Rn 67; wohl entspr auch *S/D* Art 22 MA Rn 42.

35 Vgl *BFH* IStR 2011, 635 zu Art 22 Abs 2 DBA Schweiz; s auch *BFH* IStR 2010, 525 und BStBl II 2011, 156.

D. Absatz 3

I. Allgemeines

32 Nach Abs 3 können **Seeschiffe und Luftfahrzeuge**, die im int Verkehr betrieben werden, und **Schiffe, die der Binnenschifffahrt** dienen, sowie das dem Betrieb dieser Schiffe und Luftfahrzeuge dienende **bewegliche Vermögen** nur in dem Vertragsstaat besteuert werden, in dem sich der **Ort der tatsächlichen Geschäftsleitung** befindet. Diese Regelung entspricht der Regelung über das Besteuerungsrecht für die Einkünfte (vgl Art 8 Abs 1 und 2, Art 13 Abs 3). Die Regelung in Abs 3 ist abschließend und untersagt eine Besteuerung im Ansässigkeitsstaat, ohne dass es eines Rückgriffs auf den Methodenartikel (Art 23A oder Art 23B) bedarf. Abs 3 ist als lex specialis vorrangig zu Abs 2 und Abs 4, jedoch nachrangig gg Abs 1. Unbewegliches Vermögen wird somit immer nach Abs 1 im Belegenheitsstaat besteuert.

33 Der MK schlägt eine **Alternativformulierung** des Abs 3 vor. Diese umfasst nicht die Schiffe, die der Binnenschifffahrt zu dienen bestimmt sind, enthält iÜ aber keine inhaltlichen Abweichungen gg Abs 3. Sie soll vielmehr der Klarstellung dienen. Die Alternativformulierung lautet:[36] „Vermögen, das Betriebsvermögen eines Unternehmens ist, dessen Ort der tatsächlichen Geschäftsleitung sich in einem Vertragsstaat befindet, und aus Seeschiffen oder Luftfahrzeugen, die im internationalen Verkehr betrieben werden, oder aus beweglichem Vermögen, das dem Betrieb dieser Schiffe oder Luftfahrzeuge dient, besteht, kann nur in diesem Staat besteuert werden."

II. Betroffenes Vermögen

34 Zur Definition der Begr **Seeschiffe** und **Luftfahrzeuge** im int Verkehr sowie Schiffe, die der **Binnenschifffahrt** dienen, wird auf die betr Erl zu Art 8 verwiesen (Art 8 Rn 13ff, 40).

35 Der Begr des **beweglichen Vermögens** entspricht der Definition in Abs 2 (Rn 20). Erforderlich ist, dass das bewegliche Vermögen dem Betrieb des vorstehend aufgeführten Vermögens **zu dienen bestimmt** ist. Bei einem Unternehmen, das ausschließlich Seeschiffe, Luftfahrzeuge und/oder Binnenschiffe betreibt, kann regelmäßig das gesamte Betriebsvermögen als diesem Betrieb dienend angesehen werden. In derartigen Unternehmen ist demnach eine weitere Differenzierung für Zwecke des Abs 3 – mit Ausnahme des unbeweglichen Vermögens – nicht erforderlich. Bei **gemischt tätigen Unternehmen** muss dagegen das bewegliche Betriebsvermögen aufgeteilt werden. Entscheidend für die Aufteilung ist die **tatsächliche Zugehörigkeit** zu dem einen oder dem anderen Betriebssteil (Rn 23).[37] Kann hiernach keine eindeutige Zuordnung vorgenommen werden, ist erg auf die entspr Abgrenzungskriterien für die Einkünftebesteuerung abzustellen (Art 13 Rn 63).[38] Es muss sich außerdem um **Betriebsvermögen** handeln (Rn 22f).[39]

III. Betreibendes Unternehmen in einem Vertragsstaat

36 Zum Begr des **Unternehmens** Rn 30, zu dessen **Ansässigkeit** in einem Vertragsstaat Rn 14. Abs 3 erfordert zusätzlich, dass das Unternehmen die Seeschiffe, Luftfahr-

---

36 Tz 4.2 MK zu Art 22.

37 *Wassermeyer* Art 22 MA Rn 76.

38 *Wassermeyer* Art 22 MA Rn 76; *Vogel/Lehner* Art 22 MA Rn 68.

39 Vgl die klarstellende Alternativformulierung in Tz 4.2 MK zu Art 22.

zeuge und/oder Binnenschiffe selbst betreibt. Liegt kein derartiges Betreiben vor, ist nicht Abs 3, sondern Abs 2 und Abs 4 anwendbar.[40] Ein **eigenes Betreiben** ist gegeben, wenn das Unternehmen die Gegenstände für seine eigene Beförderungstätigkeit oder für die Vercharterung v vollständig ausgerüsteten und bemannten Schiffen oder Luftfahrzeugen nutzt. Ein eigenes Betreiben liegt demgegenüber nicht vor, wenn das Unternehmen die ihm gehörenden Schiffe oder Luftfahrzeuge an eine andere Person vermietet, es sei denn es handelte sich um eine rein gelegentliche Vercharterung eines leeren Schiffes (vgl Art 8 Rn 22 ff).[41]

IV. Rechtsfolge

Das Vermögen kann nach Abs 3 ausschließlich in dem Vertragsstaat besteuert werden, in dem sich der **Ort der Geschäftsleitung** befindet. Zum Ort der Geschäftsleitung finden die Regelungen zur Einkünftebesteuerung entspr Anwendung (Art 8 Rn 38 f, Art 13 Rn 66 ff). Ist das Unternehmen im selben Vertragsstaat ansässig, kommt ebenfalls Abs 3 zur Abwendung. Ist das Unternehmen jedoch nicht in einem Vertragsstaat ansässig, kommt Art 22 nicht zur Anwendung. Befindet sich der Ort der Geschäftsleitung nicht in einem Vertragsstaat, kommt Abs 4 zur Anwendung.[42] Befindet sich der Ort der Geschäftsleitung an Bord eines Schiffes, gilt Art 8 Abs 3 entspr.[43] Abs 3 verhindert unmittelbar eine Besteuerung im **Ansässigkeitsstaat** („nur“). Einer Anwendung des Methodenartikels (Art 23A oder Art 23B) zur Vermeidung der Dbest bedarf es nicht. 37

E. Absatz 4

I. Allgemeines

Alles übrige Vermögen, das nicht v den Abs 1–3 erfasst wird, kann nach Abs 4 nur im **Ansässigkeitsstaat** besteuert werden. Auch diese Regelung entspricht der Regelung über das Besteuerungsrecht für die Einkünfte (Art 13 Abs 5, Art 21 Abs 1). Die Regelung in Abs 4 ist abschließend und untersagt eine Besteuerung im anderen Vertragsstaat. Abs 4 ist **nachrangig** gg Abs 1–3, wenn und soweit Abs 1–3 jeweils einschlägig sind. Ist dies nicht der Fall, kommt Abs 4 zur Anwendung. Abs 4 soll als Auffangvorschrift alle nicht bereits in Abs 1–3 erfassten Vermögensteile im Verhältnis der Vertragsstaaten zueinander eindeutig zuordnen. 38

II. Andere Vermögensteile

Die Vorschrift **umfasst sämtliche Vermögensteile**, die nicht v Abs 1–Abs 3 umfasst sind. Dies kann zB im Drittstaat belegenes unbewegliches Vermögen, einer im Drittstaat belegenen Betriebsstätte zuzurechnendes bewegliches Vermögen und Privatvermögen, das nicht unbeweglich ist, sein.[44] Andere Vermögensteile sind danach solche Vermögensteile, die nicht in den Anwendungsbereich der Abs 1–Abs 3 fallen (s dazu Rn 11, 20 ff, 34 f). 39

---

40 Tz 4.1 MK zu Art 22.
41 Tz 5 S 3 MK zu Art 8; Tz 4.1 MK zu Art 22.
42 *Wassermeyer* Art 22 MA Rn 87; *S/D* Art 22 MA Rn 64 aE.
43 Tz 4 MK zu Art 22.
44 Vgl weitere Einzelbsp bei *Wassermeyer* Art 22 MA Rn 97.

III. Zurechnung zu einer Person in einem Vertragsstaat

40 Die Vermögensteile müssen einer in einem Vertragsstaat **ansässigen Person** zuzurechnen sein. Zu den Begr Person und Ansässigkeit s Rn 14. Ist die Person nicht in einem Vertragsstaat ansässig, findet das DBA keine Anwendung. **Verlegt** die Person ihren Wohnsitz v einem Vertragsstaat in den anderen, kann es wegen unterschiedlicher Besteuerungsprinzipien in den Vertragsstaaten zu Doppelbelastungen kommen, die abkommensrechtlich grds hingenommen werden, wenn nicht bes Regelungen in das DBA aufgenommen wurden.[45] Zur Frage der **Zurechnung** s Rn 12 f. Aus der Anwendung des nationalen Rechts zur Frage der Zurechnung können sich insb bei Vermögensteilen, an denen Nutzungsrechte bestehen, unterschiedliche Zurechnungen ergeben. Wenn und soweit diese zu Dbest führen, sind diese im **Verständigungsverfahren** nach Art 25 zu beseitigen.[46]

IV. Rechtsfolge

41 Besteuern darf nach der abschließenden Regelung des Abs 4 allein der **Ansässigkeitsstaat** („nur"). Eine Besteuerung im anderen Vertragsstaat wird unmittelbar durch Abs 4 untersagt, ohne dass es zur Vermeidung der Dbest eines Rückgriffs auf den Methodenartikel (Art 23A oder Art 23B) bedarf.

F. Deutsche DBA

I. Allgemeines

42 Die Bundesrepublik Deutschland hat keine ausdrücklichen Bemerkungen oder Vorbehalte zu Art 22 in den MK aufnehmen lassen.

II. Wichtigste Abweichungen

43 Der Großteil der dt DBA enthält Regelungen, die inhaltlich im wesentlichen Art 22 entsprechen. Das DBA Niederlande 2012 enthält keine dem Art 22 entspr Regelung. Die DBA Estland (Art 22), Lettland (Art 22), Litauen Art 22), Malta (Art 22), Rumänien (Art 22), Russische Föderation (Art 22), Schweden (Art 22) und Slowenien (Art 22) verweisen zur Definition des **unbeweglichen Vermögens** nicht ausdrücklich auf Art 6, ohne dass der dann anwendbare Art 3 Abs 2 zu inhaltlichen Änderungen führen würde. Die DBA Finnland (Art 22) und Frankreich (Art 19) erweitern den Begr des unbeweglichen Vermögens um bestimmte **GrundstücksGes.**[47]

44 Das DBA Schweiz (Art 22) trifft eine ausdrückliche Bestimmung für den Fall eines Konflikts in Fällen der Nutzungsüberlassung an **beweglichem Vermögen** und erklärt dann das Verständigungsverfahren für einschlägig.

45 In einem Großteil der DBA werden Schiffe, die der **Binnenschifffahrt** dienen, nicht v Abs 3 erfasst, so dass Abs 2 oder Abs 4 gilt. Wie im MA ist dies zB geregelt in den DBA Belgien (Art 22), Bulgarien (Art 21), Dänemark (Art 22), Frankreich (Art 19), Luxemburg (Art 21), Österreich (Art 22), Polen (Art 23), Rumänien (Art 22), Schweiz (Art 22), Ungarn (Art 22) und USA (Art 22). Abw v Abs 3 gilt bei **Schiffen**

45 *Vogel/Lehner* Art 22 MA Rn 95; *Schaumburg* Rn 16.502.

46 Tz 6 MK zu Art 22.

47 Vgl dazu Tz 9 und Tz 11 MK zu Art 22; *Wassermeyer* Art 22 DBA Finnland Rn 10, Art 10 DBA Frankreich Rn 19 ff.

und Luftfahrzeugen nach den DBA Estland (Art 22), Japan (Art 22A), Lettland (Art 22), Litauen (Art 22), Russische Föderation (Art 22) und Schweden (Art 22) ein Besteuerungsrecht allein im **Ansässigkeitsstaat**. Eine Sonderregelung findet sich im DBA Griechenland (Art V, XVI), wonach bei griechischen Schiffen der **Registerhafen** entscheidend ist. Das DBA Belgien (Art 22) wendet Abs 3 auch auf **Eisenbahnvermögen** an.

Entgegen Abs 4 sehen die DBA Belgien (Prot Nr 10) und Bulgarien (Art 21) vor, dass Gesellschaftsanteile und Aktien am **Sitz der Ges** besteuert werden dürfen. Nur das DBA Schweiz enthält schließlich eine Abgrenzungsregel iF v **Wohnsitzverlegungen** v einem Vertragsstaat in den anderen (Art 4 Abs 5) sowie Sonderregelungen für **stille Ges** iSd dt Rechts (Art 22 Abs 4).[48] **46**

Eine Sonderbestimmung zu **Immobilienvermögen** enthält Art 21 Abs 4 **DBA Spanien**, wonach dem Belegenheitsstaat das Besteuerungsrecht an bestimmten Immobiliengesellschaften und Nutzungsrechten an unbeweglichem Vermögen zusteht.[49] **47**

48 *Wassermeyer* Art 22 DBA Schweiz Rn 70ff; *S/D* Art 22 MA Rn 135ff.
49 *Wassermeyer* Art 21 DBA Spanien Rn 7ff; *S/D* Art 22 MA Rn 145ff.

Art. 23 A Befreiungsmethode

(1) Bezieht eine in einem Vertragsstaat ansässige Person Einkünfte oder hat sie Vermögen und können[1] diese Einkünfte oder dieses Vermögen nach diesem Abkommen im anderen Vertragsstaat besteuert werden, so nimmt der erstgenannte Staat vorbehaltlich der Absätze 2 und 3 diese Einkünfte oder dieses Vermögen von der Besteuerung aus.

(2) Bezieht eine in einem Vertragsstaat ansässige Person Einkünfte, die nach den Artikeln 10 und 11 im anderen Vertragsstaat besteuert werden können[2], so rechnet der erstgenannte Staat auf die vom Einkommen dieser Person zu erhebende Steuer den Betrag an, der der im anderen Staat gezahlten Steuer entspricht. Der anzurechnende Betrag darf jedoch den Teil der von der Anrechnung ermittelten Steuer nicht übersteigen, der auf die aus dem anderen Staat bezogenen Einkünfte entfällt.

(3) Einkünfte oder Vermögen einer in einem Vertragsstaat ansässigen Person, die nach dem Abkommen von der Besteuerung in diesem Staat auszunehmen sind, können[3] gleichwohl in diesem Staat bei der Festsetzung der Steuer für das übrige Einkommen oder Vermögen der Person einbezogen werden.

(4) Absatz 1 gilt nicht für Einkünfte oder Vermögen einer in einem Vertragsstaat ansässigen Person, wenn der andere Vertragsstaat dieses Abkommen so anwendet, dass er diese Einkünfte oder dieses Vermögen von der Besteuerung ausnimmt oder Absatz 2 des Artikels 10 oder des Artikels 11 auf diese Einkünfte anwendet.

1 Österreich: S Fußnote 1 zu Art 6.
2 Österreich: S Fußnote 1 zu Art 6.
3 Österreich: S Fußnote 1 zu Art 6.

Übersicht

Literatur: *Böhmer/Benz* Das BMF-Schreiben zu § 50i Abs 2 EStG, DStR 2016, 145; *Von Brocke/Auer* Praxisrelevante Probleme im Zusammenhang mit dem Abzug finaler ausländischer Betriebsstättenverluste, DStR 2011, 57; *Brunsbach/Endres/Lüdicke/Schnitger* Deutsche Abkommenspolitik, IFSt 2013, 1; *Büttgen/Kaiser/Raible* Praxishinweise zum neuen DBA mit Großbritannien, BB 2011, 862; *Dorn* Sondervergütungen im Abkommensrecht: Führt der „neue" § 50d Abs 10 EStG endlich ans gewünschte Ziel?, BB 2013, 3038; *Fischer/Kleineidam/Warneke* Internationale Betriebswirtschaftliche Steuerlehre, 5 Aufl Berlin 2005; *Gebhardt* § 50d Abs 9 S 1 Nr 1 EStG in der europa- und verfassungsrechtlichen Kritik, IStR 2011, 58; *Gebhardt/Quilitzsch* Erste höchstrichterliche Entscheidung zu § 50d Abs 10 EStG – Implikationen und offene Fragen, BB 2011, 670; *dies* Aktivitätsvorbehalte im Abkommensrecht – kann § 20 Abs 2 AStG die Freistellung aufrechterhalten?, IStR 2011, 169; *Haase* Zum „Rechtsreflex" des Treaty Override in § 20 Abs 2 AStG, IStR 2011, 338; *Haase/Brändel* Überlegungen zur Theorie der betriebsstättenlosen Einkünfte, StuW 2011, 49; *dies* DBA und Personengesellschaften – Irrungen und Wirrungen im Notenwechsel zum DBA-Spanien, IStR 2011, 255; *Haase/Dorn* Rätsel um den Anwendungsbereich der jüngeren abkommensrechtlichen Switch-over-Regelungen, IStR 2011, 791; *Häck* Zur Auslegung des § 50d Abs 10 EStG durch den BFH, IStR 2011, 71; *Homburg* Die unheimliche Nummer Sechs – Eine Entscheidung zum Ausgleich grenzüberschreitender Konzernverluste, IStR 2010, 246; *Jochimsen/Gradl* Normhierarchische Einordnung von treaty Overrides – und Abgleich konkreter Beispiele mit aktuellen DBA sowie DBA-Verhandlungsgrundlage, IStR 2015, 236; *Jung/Rode* EuGH: Weiterhin keine Klarheit in Bezug auf sog finale Verluste, DB 2016, 137; *Kaminski/Strunk* § 20 Abs 2 AStG i.d.F. des JStG 2010: (Nicht-)Freistellung von Betriebsstätteneinkünften in DBA-Fällen, IStR 2011, 137; *Kessler/Philipp* Zur gemeinschaftsrechtlichen Notwendigkeit der inländischen Berücksichtigung „finaler" Verluste,

IStR 2010, 865; *Letzgus/Berroth* Das neue Doppelbesteuerungsabkommen mit den Vereinigten Arabischen Emiraten, IStR 2010, 614; *Ley/Richter* Neues DBA mit China unterzeichnet: Überblick und Praxishinweise, DB 2014, 22; *Linn* Generalthema I: Steuerumgehung und Abkommensrecht, IStR 2010, 542; *Lüdicke* Überlegungen zur deutschen DBA-Politik, Baden-Baden 2008; *ders* Beteiligung an ausländischen intransparent besteuerten Personengesellschaften, IStR 2011, 91; *Mitschke* Das Treaty Override zur Verhinderung der Keinmalbesteuerung aus Sicht der Finanzverwaltung, DStR 2011, 2221; *ders* Ausnahmsweiser Abzug „finaler" Verluste ausländischer Betriebsstättenverluste, IStR 2014, 381; *Möller* „Die Marks & Spencer Ausnahme" gilt weiter – mit kaum erkennbarem Anwendungsbereich", BB 2015, 614; *Panzer/Gebert* Ausnahmsweiser Abzug tatsächlicher Verluste einer EU-Tochtergesellschaft bei der inländischen Muttergesellschaft, IStR 2010, 781; *Rehfeld* Aktivitätsvorbehalte in DBA-Methodenartikeln im Lichte der Niederlassungsfreiheit, DStR 2010, 1809; *Richter* Zum Diskussionsstand der Berücksichtigung ausländischer Betriebsstättenverluste in Deutschland, IStR 2010, 1; *Schaumburg* Internationales Steuerrecht, 3. Aufl 2010; *Schnitger* EuGH in der Rs. Timac Agro zu finalen Betriebsstättenverlusten – War es das bei der Freistellungsmethode?, IStR 2016, 72; *Schwenke* Kann ein Transfer ausländischer Verluste trotz „Finalität" scheitern? – Folgeüberlegungen zum BFH Urteil I R 107/09, IStR 2011, 368; *Stiller* Ende der langwierigen Diskussion zur Nutzung von Verlusten einer im EU-Ausland gelegenen Betriebsstätte?, BB 2011, 607; *Vogel* Anmerkungen zu den Schlussanträgen v 3.9.2015 des Generalanwalts Wathelet in der Sache C-388/14 und zur Frage nach der Europarechtskonformität der deutschen Regelung zur Verlustverrechnung, BB 2015, 2344; *Wittkowski/Lindscheid* Berücksichtigung ausländischer Betriebsstättenverluste nach dem JStG 2009, IStR 2007, 225.

A. Allgemeines

I. Bedeutung der Vorschrift/Grundaussage

Art 23A bildet gemeinsam mit Art 23B den sog **Methodenartikel**, welcher durch die Verteilung der Besteuerungsrechte die juristische Dbest vermeidet (sog Vermeidungsnorm), die entsteht, wenn mehrere Staaten dieselben Einkünfte oder dasselbe Vermögen besteuern. Art 23A beinhaltet entgegen seiner Bezeichnung „Befreiungsvorschrift" nicht nur die Freistellungs-, sondern in Abs 2 auch die Anrechnungsmethode, weswegen die Regelung **Steuerbefreiungs- und Steuerermäßigungsnorm** zugleich ist. 1

Deutschland stellt als Ansässigkeitsstaat idR die Einkünfte aus unbeweglichem Vermögen, Unternehmensgewinne sowie Veräußerungsgewinne frei, wobei die Freistellung der Einkünfte aus der im anderen Staat belegenen Betriebsstätten immer häufiger unter **Aktivitätsvorbehalt** steht. Danach werden die Betriebsstätteneinkünfte nur dann v der Besteuerung im Inland freigestellt, wenn in der Betriebsstätte bestimmte Tätigkeiten wie beispielsweise die Herstellung oder Verkauf v Waren und Gütern sowie technische Dienstleistungen ausgeübt werden. Grundsätzlich gewährt der Ansässigkeitsstaat die Freistellung unabhängig davon, ob im Quellenstaat eine Besteuerung erfolgt oder nicht. Etwas anderes gilt nur dann, wenn das jeweilige Abkommen eine sog **Rückfallklausel** enthält. 2

Die Norm richtet sich grds an den **Ansässigkeitsstaat**, welcher die in diesem Methodenartikel genannten Einkünfte aus dem anderen Staat v der Besteuerung ggf unter ProgressVorb („uneingeschränkte Befreiung" oder „Befreiung unter ProgressVorb") ausnehmen soll.[4] Daher findet die Regelung grds nur dann Anwendung, wenn der 3

4 Tz 14 MK zu Art 23A.

jeweilige Einkunftsartikel (Art 6–22) die Verteilung der Besteuerungsrechte nicht durch die Formulierung „können nur" abschließend regelt und dadurch die Einkünfte in dem Ansässigkeitsstaat überhaupt „besteuert werden können". Nur unter dieser Voraussetzung stellt sich die Frage, wie die Dbest verhindert werden soll. Findet die Freistellungsmethode ohne ProgressVorb Anwendung, so beschränkt sich die Steuerbelastung auf das Steuerniveau des Quellenstaates. Erfolgt die Freistellung hingegen unter ProgressVorb, erhöht sich der Steuersatz für alle steuerpflichtigen Einkünfte des Welteinkommens, wenn keine Regelung des nationalen Steuerrechts dieser Steuersatzerhöhung entgegenstehen sollte.

4 Die **meisten DBA** enthalten nur einen Methodenartikel, welcher die Regelungen des Art 23A und 23B vereint. Im Regelfall enthalten diese Artikel für die beiden als Ansässigkeitsstaaten in Betracht kommenden Anwendestaaten unterschiedliche Regelungen über die Vermeidung der Dbest. Dies kann dazu führen, dass der eine Staat als Ansässigkeitsstaat die Einkünfte nach dem Abkommen freistellen, der andere Anwendestaat die Einkünfte derselben Art in die Besteuerung unter Anrechnung der ausländischen Steuer einbeziehen würde, wenn er der Ansässigkeitsstaat wäre.

II. Anwendungsbereich

5 Grundsätzlich kann Art 23A nur dann Anwendung finden, wenn dem Ansässigkeitsstaat ein Besteuerungsrecht zusteht, weil die einzelnen Einkunftsartikel dem Quellenstaat durch die Formulierung „können nur" infolge deren lex-specialis-Charakter[5] nicht das ausschließliche Besteuerungsrecht zuweisen. Zu diesen **vollständigen Verteilungsnormen** gehören ua Art 8 Abs 1 und 2, 13 Abs 3, 19 Abs 1 und 2 Buchstabe a. Da in diesen Fällen die Dbest vermieden wird, wirkt der Methodenartikel rein deklaratorisch.[6] Daher stellt sich die Frage der Vermeidung der Dbest nur bei Anwendung der **unvollständigen Verteilungsnormen**, die aufgrund der enthaltenen Formulierung „können auch"[7] eine Besteuerung der Einkünfte sowohl im Quellen- als auch im Ansässigkeitsstaat ermöglichen. In diesen Fällen muss der Wohnsitzstaat eine Entlastung gewähren.[8]

6 **Abs 2** hingegen findet nur auf Einkünfte iSd Art 10 (Dividenden) und Art 11 (Zinsen) Anwendung, die aufgrund der genannten unvollständigen Verteilungsnormen sowohl im Quellenstaat als auch im Ansässigkeitsstaat besteuert werden dürfen.

7 Davon abweichend findet die Regelung des **Abs 3** auf alle Einkünfte Anwendung, die der Ansässigkeitsstaat nach dem Abkommen v der Besteuerung auszunehmen hat. Da sich dieser Abs ausdrücklich nicht auf die Einkünfte bezieht, welche nach Abs 1 v der Besteuerung auszunehmen sind, erfasst der **ProgressVorb** alle Einkünfte, die nach den vollständigen oder den unvollständigen Verteilungsnormen im Zusammenspiel mit Abs 1 im Ansässigkeitsstaat freigestellt werden.

---

5 *Wassermeyer* Art 23A MA Rn 5.
6 *Schaumburg* Rn 16.521.
7 Diese Formulierung findet sich sowohl in den Verteilungsnormen als auch in Art 23A Abs 1.
8 Tz 7 MK zu Art 23A.

B. Absatz 1 der Vorschrift

I. Tatbestandsvoraussetzungen

Der Ansässigkeitsstaat gewährt die Steuerbefreiung nach Abs 1 vorbehaltlich der Regelung des Abs 2 und 3 nur einer **ansässigen Person**, die **Einkünfte erzielt** oder **Vermögen hat**, welche bzw welches im anderen Staat (Quellenstaat) nach den Verteilungsnormen (Art 6–22) **besteuert werden können** bzw **kann**. 8

1. In einem Vertragsstaat ansässige Person. Die Freistellung wird ausdrücklich nur einer Person gewährt, die im jeweiligen Vertragsstaat (Anwendestaat) (s Art 1 Rn 6ff) ansässig ist. Die Auslegung dieser Begriffe richtet sich ausschließlich nach dem Abkommensrecht. Personen iSd Abkommens sind gem Art 3 Abs 1 Buchstabe a natürliche Personen, Gesellschaften und alle anderen Personenvereinigungen. Da sie die Steuerbefreiung nur dann in Anspruch nehmen können, wenn sie in dem jeweiligen Staat ansässig sind, können deutsche PersGes Art 23A Abs 1 nicht beanspruchen. Denn die **Ansässigkeit** einer Person iSd Abkommens setzt gem Art 4 Abs 1 voraus, dass diese nach dem Recht dieses Staates dort aufgrund ihres Wohnsitzes, ihres ständigen Aufenthaltes, des Ortes ihrer Geschäftsleitung oder eines anderen ähnlichen Merkmals (unbeschränkt) steuerpflichtig ist. Aufgrund des Transparenzprinzips, welches nach deutschem Steuerrecht für die Besteuerung v PersGes gilt, kann Deutschland nicht Ansässigkeitsstaat der **PersGes** sein, weil diese selbst im Inland nicht (unbeschränkt) steuerpflichtig ist. Sollte die Person die geforderten Merkmale in beiden Anwendestaaten erfüllen, so gilt der Staat nach Art 4 Abs 2 als Ansässigkeitsstaat, zu dem die natürliche Person nach der **Tie-breaker-Regelung** die engeren persönlichen oder wirtschaftlichen Beziehungen hat (s Art 4 Rn 98ff). Juristische Personen gelten in diesem Fall gem Art 4 Abs 3 als dort ansässig, wo sich der Ort ihrer tatsächlichen Geschäftsleitung befindet. Sollte danach keiner der beiden Staaten Ansässigkeitsstaat der juristischen Person sein, so kommt eine Freistellung der Einkünfte nach Art 23A nicht in Betracht.[9] 9

Für die Beurteilung der Ansässigkeit ist allein die Steuerpflicht der Person maßgeblich, welche die Einkünfte **erzielt** oder das **Vermögen hat**. Diese Beurteilung richtet sich nach dem innerstaatlichen Recht. Entspr gilt für den Zeitpunkt, zu welchem sie diese Bedingung erfüllt. Maßgeblich ist entweder der **Zeitpunkt**, an welchem sie die Einkünfte erzielt oder das Vermögen besteuert wird. Nach deutschem Steuerrecht greift in Abhängigkeit v der Einkunftsart entweder das Realisations- oder das Zuflussprinzip. Auf die Festsetzung, Fälligkeit oder Zahlung der Steuer kommt es hingegen nicht an. Unter den Anwendungsbereich des Art 23A Abs 1 fallen nur die Einkünfte, welche die Person, während ihrer Ansässigkeit erzielt hat. Die Prüfung der Voraussetzungen und die Beurteilung der Rechtsfolgen haben daher **zeitraumbezogen** zu erfolgen. In Einzelfällen kann dies eine tagegenaue Prüfung der Ansässigkeit notwendig machen.[10] 10

2. Einkünfte und Vermögen. Der Begriff der Einkünfte ist iSd **Abkommens** und nicht nach nationalem Recht auszulegen. Art 3 Abs 2 greift also nicht. Obwohl Art 23A in diesem Zusammenhang auf den Verteilungsnormen der Art 6 bis 21 aufbaut, besteht zwischen diesen Normen keine Qualifikationsverkettung, welche den Ansässigkeitsstaat an die Einkünftequalifikation des Quellenstaates bindet. Vielmehr wendet der Ansässigkeitsstaat den Methodenartikel autonom an. Während die **Ein-** 11

---

9 *Wassermeyer* Art 23A Rn 16.
10 *Wassermeyer* Art 23A Rn 16.

künftequalifikation nach Abkommensrecht erfolgt, richtet sich die **Einkünfteermittlung** nach innerstaatlichem Steuerrecht. Da das Abkommen selbst keine entsprechenden Regelungen enthält, kann Art 3 Abs 2 Anwendung finden, der wiederum die nationalen Regelungen für anwendbar erklärt.

12 Grundsätzlich gilt der Methodenartikel für alle Einkünfte iSd Art 6–21. Bei diesen Einkünften handelt es sich entweder um **Netto-** (Art 6, 7, 8, 13, 14 und 17) oder um **Bruttobeträge** (Art 10, 11, 12, 15, 16, 18, 19 und 20), wobei es sich bei den Einkünften iSd Art 21 sowohl um Brutto- als auch um Nettobeträge handeln kann. Maßgebend ist allein der jeweilige Einkunftsartikel. Bei den Nettobeträgen kann es sich auch um negative Einkünfte, also um **Verluste** handeln.

13 Die Ermittlung der **Einkünfte der Höhe nach** richtet sich vorrangig nach den Regelungen des Abkommens, die jedoch im Regelfall durch die nationalen Vorschriften des jeweiligen Anwendestaates zu ergänzen sind. Dabei steht es den Anwendestaaten grds frei, Aufwendungen v der Besteuerung auszunehmen, die in wirtschaftlichem Zusammenhang mit den Bruttobeträgen stehen, die nach Abkommensrecht v der Besteuerung auszunehmen sind. So findet nach deutschem Steuerrecht für diese steuerfreien Einnahmen, wie für steuerfreie Einnahmen iSd § 3 EStG auch, ua das Abzugsverbot des **§ 3c EStG** analog Anwendung, nach welchem die Ausgaben bei der Besteuerung nicht berücksichtigt werden können, die in einem unmittelbaren Zusammenhang mit den steuerfreien Einnahmen stehen.[11] Etwas anderes gilt nur dann, wenn nach den nationalen Regelungen eine Besteuerung der Dividenden nach **§ 8b Abs 1, 4 und 5 KStG** erfolgt, weil die letztgenannte Norm die Anwendung des § 3c EStG gerade untersagt. Für die Nettobeträge bedarf es keiner analogen Anwendung des § 3c EStG, weil die Einkünfte als Differenzgröße zwischen den Einnahmen und den Ausgaben v der Besteuerung auszunehmen sind.

14 Die Zuordnungen der Einnahmen und Ausgaben zu den in Frage stehenden Einkunftsarten richten sich nach dem **Veranlassungszusammenhang**, soweit das Abkommen keine andere Zuordnung vorschreibt. Können Einkünfte nach nationalem Recht wie Vermietungseinkünfte sowohl Überschuss- als auch Gewinneinkünfte sein, so sollten diese Einkünfte abkommensrechtlich einheitlich ermittelt werden. Dies gilt beispielsweise, wenn Vermietungseinkünfte iR einer gewerblichen Tätigkeit erzielt werden. Dann sind diese als Einkünfte iSd Art 6 aus den Unternehmensgewinnen iSd Art 7 auszuklammern, jedoch unter Anwendung des Realisationsprinzips zu besteuern.[12]

15 **3. Besteuerungsrecht des Quellenstaates.** Art 23A stellt bislang auf die Vermeidung der **virtuellen Dbest** ab. Die Freistellung der Einkünfte oder der Besteuerung des Vermögens soll also unabhängig davon im Ansässigkeitsstaat gewährt werden, ob der Quellenstaat die Einkünfte oder das Versmögen tatsächlich besteuert. Voraussetzung ist allein, dass der Quellenstaat sie „**besteuern kann**“. Für die Beurteilung dieser Frage ist allein das Abkommensrecht maßgeblich. Daher ist es für die Beurteilung nicht entscheidend, ob der jeweilige Quellenstaat das ihm gewährte Besteuerungsrecht nach seinem nationalen Recht auch tatsächlich wahrnimmt. Vielmehr genügt es, wenn er dieses nach dem Wortlaut der einzelnen Verteilungsnormen erhält.

11 Die Zuordnung der Ausgaben, die in einem unmittelbaren und einem mittelbaren Zusammenhang mit den Einnahmen stehen, erscheint in der Praxis mitunter schwierig. Dies gilt besonders für die Ausgaben, die im Zusammenhang mit einer Schachtelbeteiligung stehen.

12 *Wassermeyer* Art 23A MA Rn 24.

16 IE findet Art 23A Abs 1 also nur dann Anwendung, wenn sowohl der Quellenstaat als auch der Ansässigkeitsstaat die Einkünfte nach dem jeweiligen Abkommen besteuern dürfen. Voraussetzung für die Anwendung des Methodenartikels ist damit die Anwendbarkeit einer sog **unvollständigen Verteilungsnorm**, welche die Verteilung der Besteuerungsrechte gerade nicht abschließend klärt, weswegen die Vermeidung der Dbest einer weiteren Regelung bedarf. Zu diesen unvollständigen Verteilungsnormen gehören Art 6, Art 7 Abs 1 S 1 HS 2, Art 10, Art 11, Art 15 Abs 1 S 1 HS 2, Art 16, Art 17, Art 18, Art 21 Abs 2. In den anderen Fällen handelt es sich bei den Einkunftsartikeln um **vollständige Verteilungsnormen** (Art 7 Abs 1 S 1 HS 1, Art 8, Art 12, Art 13, Art 15 Abs 1 S 1 HS 1, Art 19, Art 20, Art 21), weswegen Art 23A lediglich deklaratorisch wirkt.

17 **Besteuert** der andere Staat die Einkünfte jedoch **„ohne abkommensrechtliche Erlaubnis“**, verpflichtet dieser Tatbestand allein den Ansässigkeitsstaat nicht zur Freistellung der Einkünfte. Für die Entstehung dieser Verpflichtung ist ausschließlich die abkommensrechtliche Beurteilung darüber entscheidend, ob der Quellenstaat die Einkünfte nach dem Abkommen besteuern darf oder nicht. Gleichfalls ist es für die Freistellung irrelevant, ob die ansässige Person, die Steuern, welche der Quellenstaat nach dem Abkommen erheben darf, auch tatsächlich gezahlt hat. Auf die **Zahlung der Steuern** kommt es damit ebenfalls nicht an.

18 Die Prüfung dieser Voraussetzung nimmt der jeweilige Staat **aus seiner Sicht** unter Berücksichtigung seines nationalen Steuerrechts vor. Aus der unterschiedlichen Anwendung des Abkommens durch den Quellen- und den Ansässigkeitsstaat können **Qualifikationskonflikte** entstehen, die ihre Ursache im **Abkommens- und im nationalen Steuerrecht** haben können. IE können sie dazu führen, dass der Ansässigkeitsstaat eine Vermeidung der Dbest nach Art 23A Abs 1 gewähren muss, obwohl er bei ausschließlicher Anwendung des Abkommens aus seiner Sicht nicht festgestellt hat, dass der Quellenstaat diese Einkünfte besteuern darf.

19 Typisches Anwendungsbeispiel für einen Qualifikationskonflikt, der seine **Ursache im nationalen Steuerrecht** des Quellenstaates hat, ist die Besteuerung der Einkünfte v **PersGes**, wenn diese in den Anwendestaaten nicht einheitlich als transparent oder intransparent behandelt werden. Ist bspw eine in Deutschland ansässige Person an einer spanischen PersGes beteiligt, welche dort eine Betriebsstätte unterhält, so qualifiziert der Quellenstaat Spanien deren Einkünfte als Unternehmensgewinne iSd Art 7 Abs 1 S 1 HS 1, weil es die PersGes intransparent betrachtet und als ansässige Person behandelt. Deutschland hingegen betrachtet die Ges als transparent, möchte daher den deutschen Gesellschafter mit seinen ausländischen Betriebsstätteneinkünften besteuern, für welche die Prüfung des Abkommens aus seiner Sicht ergibt, dass Spanien nach Art 7 Abs 1 S 1 HS 2 gerade kein Besteuerungsrecht zusteht.[13] Da nach dieser Betrachtung Art 23A Abs 1 nicht erfüllt ist, trifft Deutschland als Ansässigkeits-

13 Mit dieser unterschiedlichen Betrachtung der PersGes geht die in der Literatur viel diskutierte Frage einher, inwieweit der Ansässigkeitsstaat an die Betrachtung des Quellenstaates gebunden ist (vgl dazu ua *Haase/Brändel* IStR 2011, 255 sowie ausf *Lüdicke* IStR 2011, 91). Der *BFH* hat mit Urt v 25.5.2011 klargestellt, dass es zu keiner Qualifikationsverkettung kommt, nach welcher der Ansässigkeitsstaat des Gesellschafters der steuerlichen Betrachtung des Quellenstaates hinsichtlich der Betrachtung der ausländischen PersGes folgt. Für die Frage der Einkunftszurechnung ist ausschließlich das nationale Steuerrecht maßgeblich. Daher dürfte diese Auffassung auch für den Inbound-Fall gelten, vgl *BFH* DStRE 2011, 932.

staat des Gesellschafters die Freistellungsverpflichtung nicht.[14] Nach Auffassung der OECD sollte dieser Qualifikationskonflikt gelöst werden, indem der Ansässigkeitsstaat für die Anwendung des Art 23A der Betrachtung des Quellenstaates folgt und die Dbest vermeidet.[15] Bei sog **negativen Qualifikationskonflikten**, dh in den Fällen der doppelten Nichtbesteuerung oder der drohenden Entstehung „weißer Einkünfte", soll der Ansässigkeitsstaat für Anwendung des Art 23A hingegen davon ausgehen, dass der Quellenstaat die Einkünfte nach dem Abkommen **nicht** besteuern darf. Dadurch tritt die Verpflichtung zur Freistellung nicht ein.[16]

20 Resultieren die Qualifikationskonflikte jedoch aus der **unterschiedlichen Beurteilung** v Tatsachen oder einer unterschiedlichen Auslegung des Abkommens, so bindet dies den Ansässigkeitsstaat nach Auffassung der OECD nicht an die Auffassung des Quellenstaates. Da der Wohnsitzstaat das Abk weiterhin aus seiner Sicht anwendet, können die bestehenden Konflikte nur durch die Einleitung v **Verständigungsverfahren** gelöst werden (s Art 25).[17] Negative Qualifikationskonflikte können hingegen nur durch die Einfügung einer switch-over-Regelung gelöst werden, wie sie Art 23A Abs 4 enthält.

II. Rechtsfolgen

21 **1. Grundsatz: Freistellung.** Die Regelung des Abs 1 richtet sich ausdrücklich an den Ansässigkeitsstaat, also an den Anwendestaat, in welchem die Person ansässig ist, die entweder die Einkünfte erzielt oder das Vermögen hat, welches im anderen Staat besteuert werden kann. Daher trifft die Verpflichtung zur Freistellung und damit auf den Verzicht auf die Ausübung des Besteuerungsrechtes ausschließlich den **Ansässigkeitsstaat** selbst. Dieser Grundsatz greift vorbehaltlich der Regelungen **des Abs 2 und 3** (s Rn 62 und 74). Als speziellere Regelungen gehen diese der allg Regelung des Abs 1 vor.

22 Die Verpflichtung zur Freistellung kann der Ansässigkeitsstaat nur dann abwenden, wenn entweder Abs 4 Anwendung findet, das Abkommen selbst eine sog **Rückfallklausel** oder **subject-to-tax-Klausel** enthält (s Rn 39), die nationalen Regelungen für den Anwendungsfall einen sog **treaty-override-Regelung** vorsehen (s Rn 101) oder ggf **ein positiver Qualifikationskonflikt** vorliegt, der aus dem nationalen Recht resultiert und auf Grundlage der Auffassung der OECD gelöst werden kann (s Rn 19). Die Freistellungsverpflichtung bezieht sich entweder auf das Vermögen, das die im Vertragsstaat ansässige Person hat, oder die Einkünfte, welche sie während ihrer Ansässigkeit erzielt.

---

14 In diesem Bsp der *OECD* steht hingegen die Veräußerung der Anteile an der PersGes in Frage. Dabei behandelt der Wohnsitzstaat die PersGes als Steuersubjekt und möchte daher grds die Einkünfte aus der Veräußerung der Beteiligung des in seinem Staat ansässigen Gesellschafters besteuern. Die Besteuerung soll aber so erfolgen, wie es das nationale Recht des Quellenstaates vorgibt.

15 Tz 32.3 und 32.4 MK zu Art 23A. Diese Auffassung kann erst für die neueren Abkommen gelten, die nach 2002, dh nach Änderung des MK, geschlossen wurden. Eine Rückwirkung auf davor abgeschlossene Abkommen kommt nicht in Betracht (vgl *Wassermeyer* Art 23A MA Rn 46, Art 1 Rn 28g).

16 Tz 32.6 MK zu Art 23A.

17 Tz 32.5 MK zu Art 23A. Die *OECD* nennt als Bsp die unterschiedliche Auffassung der Anwendestaaten bzgl der Frage, welches Vermögen der Betriebsstätte zuzurechnen ist.

In den Fällen, in denen sich die Freistellungsverpflichtung auf Bruttobeträge aus dem **Vermögen** bezieht, können auch die damit in wirtschaftlichem Zusammenhang stehenden Schulden nicht bei der Besteuerung des Vermögens im Ansässigkeitsstaat berücksichtigt werden. Die Zuordnung richtet sich nach **§ 103 BewG**. Sie ist insb für Zwecke der ErbSt relevant. Bezieht sich die Freistellungsverpflichtung auf Vermögen, so ist insb fraglich, ob und wie sich das **negative Vermögen** auf die inländische Bemessungsgrundlage auswirkt. Da in diesem Zusammenhang nicht die Gefahr einer doppelten Verlustberücksichtigung im Belegenheits- und im Ansässigkeitsstaat steht, vertritt der BFH die Auffassung, dass eine Nichtberücksichtigung nicht zwingend ist. Da DBA das Besteuerungsrecht nicht erweitern, sondern nur beschränken können, spricht nach Auffassung v Wassermeyer viel dafür, diesen negativen Wert bei der Besteuerung im Inland zu berücksichtigen, weil der StPfl ansonsten eine höhere Vermögensteuer auf das Gesamtvermögen entrichten müsste.[18] Aufgrund der Nichterhebung der VSt in Deutschland wirkt sich das beschriebene Problem derzeit nicht aus. 23

Findet Art 23A Abs 1 Anwendung, kommt es **zwingend** zur Freistellung der **Einkünfte**. Eine Wahlmöglichkeit, wie sie bspw § 34c Abs 2 EStG vorsieht, kennt das Abkommensrecht nicht. Die Einkünfte werden v der Besteuerung ausgenommen, indem die nach Abkommensrecht qualifizierten, aber nach nationalem Steuerrecht quantifizierten Einkünfte aus der **Steuerbemessungsgrundlage ausscheiden**. Ggf werden sie bei der Ermittlung des Steuersatzes berücksichtigt (s Rn 74). Ein Korrespondenzprinzip, nach welchem der Ansässigkeitsstaat den Betrag freistellen muss, welchen der Quellenstaat besteuern darf, ist nach dem Abkommensrecht nicht zwingend.[19] Daher kann sich der Betrag, den der Ansässigkeitsstaat freistellen muss, v dem Betrag unterscheiden, welchen der Quellenstaat besteuern darf und letztlich besteuert, weil auch der Quellenstaat die Einkünfte nach seinen nationalen Regelungen ermittelt. Die genaue Vorgehensweise des „Ausscheidens" unterscheidet sich in Abhängigkeit davon, ob es sich bei den Einkünften um **Netto-** (Art 6, 7, 8, 13, 14 und 17, 21) oder **Bruttobeträge** (Art 10, 11, 12, 15, 16, 18, 19 und 20, 21) handelt; beide kommen jedoch zum selben Ergebnis. 24

Die Freistellung der **Bruttobeträge** führt zur analogen Anwendung des **§ 3c EStG**. Daher greift für die mit diesen steuerfreien Einnahmen, wie bei steuerfreien Einnahmen iSd § 3 EStG auch, in unmittelbarem Zusammenhang stehenden Ausgaben das Abzugsverbot. Bezieht sich die Freistellung jedoch auf **Nettobeträge**, so bedarf es der analogen Anwendung des § 3c EStG nicht, weil die Einnahmen bereits um die damit in Zusammenhang stehenden Ausgaben gemindert sind. IE können in beiden Fällen die Ausgaben steuerlich nicht berücksichtigt werden. 25

Fraglich ist, ob **Teilwertabschreibungen**, die auf Wirtschaftsgüter vorgenommen werden, aus denen die steuerfreien Einkünfte erzielt werden, im Inland steuerlich berücksichtigt werden können. Die Berücksichtigung hängt davon ab, ob diese Abschreibung mit den laufenden Einkünften bspw iSd Art 6, 7 oder den Einkünften aus der Veräußerung iSd Art 13 in Zusammenhang steht und wem an diesen Einkünften das 26

18 *Wassermeyer* Art 23A MA Rn 37.
19 *Wassermeyer* Art 23A MA Rn 21.

Besteuerungsrecht zusteht.[20] Nach Auffassung v Ismer ist diese Frage jedoch ausschließlich eine Frage des nationalen Rechts. Er vertritt die Auffassung, dass die Freistellung der Einkünfte die Teilwertabschreibung nicht grds ausschließt. Die Regelungen des § 8b KStG sowie § 2a Abs 1 Nr 3 Buchstabe a EStG sind bei Beteiligungen zu beachten.[21] **Währungsverluste** können im Inland nicht steuerlich berücksichtigt werden, wenn Deutschland kein Besteuerungsrecht an den Einkünften zusteht.[22] Lässt auch der Quellenstaat deren Berücksichtigung nicht zu, so können sie steuerlich nicht berücksichtigt werden. Im Falle v **Währungsgewinnen** kann dies zu „weißen Einkünften" führen.[23] **Ausgaben zur Errichtung einer Betriebsstätte** können auch dann nicht berücksichtigt werden, wenn die Betriebsstätte letztlich nicht begründet wurde. Einen entsprechenden Fall hat der BFH mit Urt v 26.2.2014 entschieden. Danach können vergeblich vorgenommene Aufwendungen dann nicht im Inland steuerlich berücksichtigt werden, wenn die (nun doch nicht aufgenommene) Tätigkeit der abkommensrechtlichen Freistellung unterfällt. Der Gründungsaufwand führt daher nicht zu Betriebsausgaben bei der Ermittlung der inländischen Einkünfte.[24]

27 Die Freistellungsverpflichtung gilt nach der sog **Symmetriethese** sowohl für positive als auch negative Einkünfte, also für **Gewinne** und **Verluste**. Die Umsetzung der Symmetriethese wird v der Rspr des EuGH wesentlich beeinflusst (s Rn 28), da sie sich an den Vorgaben des Gemeinschaftsrechts messen lassen muss. Nach Auffassung v Ismer kann der Ausschluss der Verlustverrechnung auf Grundlage der v BFH vertretenen Symmetriethese jedoch nur als eine Regel des deutschen nationalen Rechts verstanden werden, weil das Abkommen selbst eine Nichtberücksichtigung negativer Einkünfte nicht hergibt. Der Zweck der DBA, die Vermeidung der Dbest, rechtfertigt die Nichtberücksichtigung der Verluste nicht.[25] Die *OECD* selbst schlägt vor, dass die Staaten, welche den Abzug der ausländischen Verluste trotz Freistellung der positiven Einkünfte erlauben, berechtigt sein sollten, die Einkünfte in späteren Jahren korrigieren zu können, wenn die Verluste im Quellenstaat aufgrund eines Verlustvortrags in einem späteren Veranlagungszeitraum berücksichtigt werden können. Zumindest wäre dies ein gangbarer Weg, die doppelte Berücksichtigung der Verluste zu vermeiden.[26] Diesen Weg geht bspw Österreich.

---

20 Vgl *Wassermeyer* Art 23A MA Rn 28. In verschiedenen Urt hat der *BFH* eine Berücksichtigung der Teilwertabschreibung nicht zugelassen, weil das Besteuerungsrecht Deutschland an den Einkünften ausgeschlossen war. In einem Urt zum DBA Indien hat er jedoch die Teilwertabschreibung zugelassen, weil nur die Einkünfte aus den Veräußerungsgewinnen, nicht aber die laufenden Einkünfte freizustellen waren. Vgl dazu *BFH* BStBl II 1973, 873, 873 sowie *Vogel* Art 23 Rn 50.

21 *Vogel* Art 23 Rn 50.

22 Die Rspr vertritt in diesem Zusammenhang die Auffassung, dass die Währungsverluste nicht eingetreten wären, wenn keine ausländische Betriebsstätte existieren oder eine ausländische Tätigkeit ausgeübt würde. Besteht an diesen Einkünften kein Besteuerungsrecht, so können auch die Währungsverluste steuerlich nicht berücksichtigt werden. Die *OECD* gibt keine klare Vorgaben zur Behandlung der Währungsverluste. Vgl *Vogel* Art 23 Rn 50a.

23 *Debatin/Wassermeyer* Art 23A MA Rn 29.

24 *BFH* BStBl II 2014, 703. Im Urteilsfall wollte ein Freiberufler im anderen Staat eine feste Einrichtung gründen, wobei die dadurch aufgenommene Tätigkeit der Freistellung unterlegen hätte.

25 *Vogel* Art 23 Rn 52 ff, 64.

26 Tz 44 MK zu Art 23A.

Nach Auffassung des EuGH, welche dieser in dem **Lidl-Belgium-Urt**[27] vertrat, liegt kein Verstoß gegen das Gemeinschaftsrecht vor, insb nicht gegen die Niederlassungsfreiheit iSd Art 49 AEUV, wenn der Ansässigkeitsstaat des Unternehmens die Verluste einer im anderen Staat belegenen Betriebsstätte dann nicht bei der Ermittlung der inländischen Besteuerungsgrundlage berücksichtigt, wenn das zwischen den Staaten abgeschlossenen Abkommen eine Freistellung der Betriebsstätteneinkünfte vorsieht **und** die Verluste in dem anderen Staat tatsächlich, bspw durch einen Verlustvortrag, berücksichtigt werden können. In diesem Fall ist die Symmetrie zwischen dem Recht zur Besteuerung der Gewinne und der Möglichkeit zur Nutzung der Verluste gewahrt. Gleichzeitig wies der EuGH auf das **Marks & Spencer Urt** hin, in welchem er die Auffassung vertrat, dass eine Maßnahme, die die Niederlassungsfreiheit grundsätzlich beschränkt, dann über das zur Erreichung notwendige Ziel hinausgeht, wenn der gebietsfremden – in diesem Urteilsfall – Tochtergesellschaft in ihrem Sitzstaat keine Möglichkeit zur Verlustberücksichtigung mehr zusteht. Übertragen auf den Sachverhalt einer Betriebsstätte liegt eine Beschränkung der Grundfreiheiten dann vor, wenn die Möglichkeit zur Verlustnutzung im Belegenheitsstaat nicht gegeben ist und die Verluste auch nicht im Sitzstaat des Unternehmens berücksichtigt werden können. Dabei steht es den Mitgliedstaaten grds frei, durch geeignete Maßnahmen eine doppelte Verlustberücksichtigung im Quellen- und Ansässigkeitsstaat zu verhindern.[28] In der **RS KR Wannsee** entschied der EuGH jedoch, dass eine Nachversteuerung, wie sie § 2a Abs 3 EStG aF zur Vermeidung der doppelten Berücksichtigung v Verlusten enthielt, auch dann im Ansässigkeitsstaat in Betracht kommt, wenn die ausländischen Verluste im Quellenstaat aufgrund der dort geltenden Verlustvortragsbeschränkungen verfallen.[29] Dieser Entsch lag jedoch ein besonderer Sachverhalt zugrunde, weil die Regelung, welche die Verlustnutzung im Quellenstaat versagte, selbst gemeinschaftswidrig war. Ua deswegen, wird das Urt in der Lit unterschiedlich interpretiert. Das FG Hamburg interpretiert es so, dass der Ansässigkeitsstaat die Verluste trotz Freistellung dann nicht berücksichtigen muss, wenn der Verlust im Ausland aufgrund einer europarechtswidrigen Regelung nicht berücksichtigt werden kann. Andere Vertreter schließen aus diesem Urt, dass eine gesetzliche Beschränkung des Verlustabzugs im Ausland die Entstehung endgültiger Verluste verhindert, die im Inland berücksichtigt werden müssen.[30] 28

Im Anschluss an das EuGH-Urt **RS KR Wannsee** entschied der BFH in seinem Urt **v 3.2.2010**, dass die Regelungen des § 2 Abs 1 AuslInvG nicht gegen die Niederlassungsfreiheit verstößt, wenn der Ansässigkeitsstaat, in welchem die Verluste der ausländischen Betriebsstätte steuerlich berücksichtigt wurden, dem steuerlichen Gewinn wieder hinzugerechnet werden, sobald die ausländische Betriebsstätte wieder Gewinne erzielt und der Betriebsstättenstaat einen zeitlich begrenzten Vortrag der Verluste zulässt. Da der Verlustabzug somit zeitlich begrenzt im Ausland möglich ist, kann gerade nicht davon ausgegangen werden, dass der StPfl den Verlust „allgemein" nicht 29

27 *EuGH* DStR 2008, 1030.

28 *EuGH* DStR 2008, 1030, 1032. Da Lidl die Verluste aus dem Jahr 1999 tatsächlich 2003 in Belgien steuerlich nutzen konnte, stellte die Maßnahme Deutschlands keine Beschränkung der Niederlassung dar, welche über das hinausgeht, was zur Erreichung der berechtigten, v Gemeinschaftsrecht anerkannten Ziele erforderlich ist.

29 *EuGH* DStRE 2009, 556.

30 Vgl *Stiller* BB 2011, 609.

hätte beanspruchen können, so dass die Voraussetzungen für eine gesetzlich normierte Abstandnahme v der Nachversteuerung der Verluste (§ 2 Abs 1 S 4 AuslInvG) gerade nicht erfüllt sind.[31]

30 Diese Entsch des BFH unterstützt die Auffassung der FinVerw, wonach es für die Frage der Finalität der Verluste allein auf die rechtlichen Möglichkeiten der Verlustnutzung im Quellenstaat ankommt, wohingegen die tatsächlichen Gegebenheiten unberücksichtigt bleiben sollen.[32] Diese Auffassung vertritt die Finanzverwaltung in einem **Nichtanwendungserlass**,[33] wonach das Urt des BFH v **17.8.2008** nicht über den entschiedenen Einzelfall hinaus angewendet werden soll. In diesem Urt entschied der BFH in einem vergleichbaren Sachverhalt zum DBA Luxemburg, dass ein phasengleicher Verlustabzug im Anschluss an die **RS Marks & Spencer** ausnahmsweise in Betracht kommt, sofern und soweit der StPfl nachweist, dass die Verluste im Quellenstaat steuerlich unter keinen Umständen anderweitig verwertbar sind.[34]

31 Mit der Rspr des EuGH in der **RS Lidl-Belgium** setzte sich der BFH in seinen Urt v **9.6.2010** – I R 107/09 und I R 100/09[35] sowie v 5.2.2014 – I R 48/11[36] ausführlich auseinander. In diesen Urt, die zu vergleichbaren Sachverhalten – allerdings zum DBA Frankreich bzw Belgien ergingen, die ebenfalls eine Freistellung der Betriebsstätteneinkünfte vorsehen, hält der BFH an seiner ständigen Rechtsprechung, dh an der v ihm vertretenen Symmetriethese, fest. Jedoch kommt eine Verlustberücksichtigung aus Gründen des Gemeinschaftsrechts ausnahmsweise dann in Betracht, soweit der StPfl nachweist, dass die Verluste im Quellenstaat unter keinen Umständen steuerlich berücksichtigt werden können, es sich bei diesem um sog **finale Verluste** handelt. Finale Verluste liegen nicht vor, wenn der Betriebsstättenstaat lediglich einen **zeitlich begrenzten Verlustvortrag** zulässt, sondern dann, wenn der Verlust aus **tatsächlichen Gründen** steuerlich nicht mehr berücksichtigt werden kann oder ein Verlustabzug in dem Quellenstaat zwar theoretisch noch möglich, aus tatsächlichen Gründen aber so gut wie ausgeschlossen ist und ein wider Erwarten dennoch erfolgter späterer Abzug im Inland verfahrensrechtlich noch rückwirkend nachvollzogen werden könnte. Als mögliche Gründe nennt der BFH in diesen Urt die Umwandlung der Betriebsstätte in eine KapGes, deren „endgültige“ Aufgabe oder entgeltliche und unentgeltliche Übertragung. Die steuerliche Berücksichtigung der finalen Verluste soll nach Auffassung des BFH nicht im **Veranlagungszeitraum** der Entstehung, sondern **der Finalität** der Verluste stattfinden. Darüber hinaus können die finalen Verluste auch bei der **Gewerbesteuer** berücksichtigt werden. Eine Hinzurechnung der Verluste nach § 9 Nr 3 GewStG kommt nicht in Betracht.[37] Damit durchbricht das Gemeinschaftsrecht den Grundsatz der Territorialität, auf welchem das GewStG basiert. Auch wenn die Verlustberichtigung auf den ersten Blick überrascht, so erscheint sie aus europarechtlicher Sicht sachgerecht, weil die Verluste inländischer Betriebsstätten bei der GewSt berücksichtigt werden dürfen.

---

31 BStBl II 2010, 599.

32 *Stiller* BB 2011, 609.

33 *BMF* BStBl I 2009, 835.

34 *BFH* BStBl II 2009, 630.

35 Vgl dazu auch *Schwenke* IStR 2011, 368.

36 Vgl dazu auch *Mitschke* IStR 2014, 361.

37 *BFH* DStR, 1611. Zur gemeinschaftsrechtlichen Notwendigkeit der inländischen Berücksichtigung „finaler“ Verluste vgl auch *Kessler/Philipp* IStR 2010, 865.

Diese Rspr des BFH wirft **zahlreiche Abgrenzungsfragen** insb zur Finalität v Verlusten auf. Fraglich ist insb, unter welchen Voraussetzungen und wann finale Verluste entstehen, wie deren Nachweis gelingen kann und wann sie letztlich steuerlich berücksichtigt werden können. Die Auffassung der **dt FinVerw** erschwert die Verlustberücksichtigung zusätzlich. Sie möchte v einer Finalität der Verluste scheinbar nur dann ausgehen, wenn der Verlustabzug im Quellenstaat bereits im Entstehungsjahr des Verlustes feststeht.[38] Die Rspr des BFH steht dieser Auffassung entgegen.[39] 32

Finale Verluste liegen jedenfalls dann nicht vor, wenn der ausländische Staat nur einen zeitlich begrenzten Verlustvortrag ermöglicht. Nach Auffassung des BFH müssen die Verluste, die bereits nach Recht des Betriebsstättenstaates nicht mehr bestehen oder nicht mehr verrechenbar sind, auch nicht v Deutschland ausgeglichen oder berücksichtigt werden (sog **rechtliche Finalität**).[40] Nur **tatsächliche Gründe** können die Finalität verursachen. In diesem Zusammenhang lehnt der BFH auch die Auffassung der FinVerw ab, wonach die Voraussetzungen einer Finalität auch dann nicht erfüllt sind, wenn die Betriebsstätte in dem anderen Staat aufgegeben wird, weil ja eine **abstrakte Möglichkeit** zur erneuten Begründung der Betriebsstätte in demselben Staat besteht.[41] Die rückwirkende Änderung des Steuerbescheids, in welchem der durch Aufgabe der Betriebsstätte finale Gewinn berücksichtigt worden ist, ermöglicht § 175 Abs 1 Nr 2 AO.[42] Nach Auffassung der FinVerw hätten die Verluste nach **Aufgabe der Betriebsstätte** iE erst dann final werden können, wenn der StPfl nicht mehr über die Möglichkeit der erneuten Begründung einer Betriebsstätte verfügt, so bspw bei Liquidation des Stammhauses oder Tod der natürlichen Person. Benecke und Staats sprechen sich dennoch für diese Auffassung aus, weil das Herbeiführen der Finalität der Verluste nicht in das Belieben der StPfl gestellt werden darf.[43] Vergleichbare Bedenken werden in der Lit auch bzgl der Umwandlung der Betriebsstätte in eine KapGes oder Übertragung auf eine KapGes geäußert. Denn auch diese Gestaltungswege könnten StPfl gezielt für eine Verlustnutzung einsetzen. In seinem Urt v 5.2.2014 stellt der *BFH* klar, dass missbräuchliche oder beliebige Transaktionen der beteiligten Stpfl, um „finale Verluste" zu generieren, – wie sonst auch – dem allgemeinen Missbrauchsvorbehalt des § 42 AO unterfallen. Sollte der zu beurteilende Sachverhalt aber keinen Missbrauch hergeben, so besteht kein Grund, die Berücksichtigung „finaler Verluste" unter einen allgemeinen Missbrauchsvorbehalt zu stellen. In diesem Urteilsfall bejahte der BFH die Finalität der Verluste, welche einer inländischen GmbH aus ihrer belgischen Zweigniederlassung und der anschließenden Veräußerung des Betriebsstättenvermögens an eine nahestehende belgische Kapitalgesellschaft entstanden sind. Die Veräußerung des Vermögens erfolgte aus betriebswirtschaftlicher Notwendigkeit.[44] Der BFH hat mit diesem Urt klargestellt, dass er an dem Konzept der Finalität festhält. Wie die FinVerw den damit verbundenen Mög- 33

38 *Stiller* BB 2011, 608.

39 *Kessler/Philipp* IStR 2010, 867.

40 *BFH* DStR 2010, 1611.

41 Vgl dazu das Schreiben des *BayLAfSt* DStR 2010, 444.

42 *BFH* DStR 2010, 1611, 1614.

43 *Benecke/Staats* IStR 2010, 663 zit in: *von Brocke/Auer* DStR 2011, 58, welche diese Auffassung ebenfalls ablehnen.

44 *BFH* BFHE 224, 371.

lichkeiten begegnen wird, bleibt abzuwarten. Eine Veröffentlichung des Urt im Bundessteuerblatt ist bislang nicht erfolgt. Eine gesetzliche Regelung bzgl der Voraussetzungen der Finalität der Verluste scheint möglich.

34 Der EuGH hat mit Urt v 17.12.2015 (Rs. C-388/14, Timac Agro) erneut zu finalen Verlusten bei ausländischen Betriebsstätten Stellung genommen. Grundlage dieser Entsch war das Vorabentscheidungsersuchen des Finanzgerichts Köln[45]. Die erste Vorlagefrage beantworte der EuGH dahingehend, dass die Hinzurechnungsbesteuerung nach § 2a Abs 4 Nr 2a iVm § 52 Abs 3 EStG grundsätzlich nicht unionswidrig ist. Eine Ausnahme gilt lediglich dann, wenn das deutsche Stammhaus nachweisen kann, dass die hinzugerechneten Verluste endgültig iSd Rspr des EuGH in Sachen Marks & Spencer sind. Die zweite Frage beantworte der EuGH dahingehend, dass die fehlende Berücksichtigung ausländischer Betriebsstättenverluste in Folge einer konzerninternen Veräußerung beim inländischen Stammhaus nicht gegen die Niederlassungsfreiheit verstößt, weil aufgrund der abkommensrechtlichen Freistellung der ausl Betriebsstätteneinkünfte die Situationen einer in- und ausländischen Betriebsstätte in Bezug auf die Besteuerung der Einkünfte gerade nicht vergleichbar sind. Offen ist, ob diese Rspr nur im Zusammenhang mit konzerninternen Veräußerungen ausländischer Betriebsstätte ohne Besteuerungsrecht Anwendung finden soll. Eine Definition finaler Verluste legte der EuGH im Rahmen dieses Urt nicht vor.[46] Dieses Urt hinterlässt zahlreiche offene Fragen. Es bleibt zu vermuten, dass die FinVerw ihre krit Haltung zur Berücksichtigung ausl Betriebsstättenverluste bestätigt sieht und eine Verlustberücksichtigung dieser weiterhin ablehnen wird.[47]

35 **Verfahrensrechtlich** ist der Verlust wohl im Jahr seiner Entstehung gesondert nach § 10d EStG festzustellen. Dies gilt auch dann, wenn er in diesem Jahr steuerlich nicht berücksichtigt werden kann. Darüber hinaus trägt der StPfl die **objektive Beweislast** für die Finalität der Verluste.[48]

36 Höchstrichterlich ungeklärt ist derzeit die Frage, ob die finalen Verluste ausländischer **Konzerntöchter** aus europarechtlichen Gründen bei der inländischen Muttergesellschaft ebenso wie finale Betriebsstättenverluste steuerlich berücksichtigt werden dürfen. In dem Beschl v 9.11.2010, mit welchem der BFH die zur Entsch stehende Revision als unbegründet zurückweist,[49] tendiert der BFH zur Auffassung, dass die finalen Verluste der Tochtergesellschaft ggf v Sitzstaat der Muttergesellschaft aufgrund des Gemeinschaftsrechts berücksichtigt werden müssten, dies jedoch – sofern es unionsrechtlich geboten ist – allenfalls im Finaljahr erfolgen kann.[50] Auch dieser Beschl

---

45 Vorlagebeschlusses des *FG Köln* v 19.2.2014 (13 K 3906/09). Diese Vorlage über die Hinzurechnung von Verlusten einer österreichischen Betriebsstätte nach deutschem Recht hatte eine Definition „finaler Verluste" zum Ziel. Zu Einzelheiten vgl *Vogel* BB 2015, 2344.

46 *Jung/Rode* DB 2016, 137 f.

47 *Schnitger* IStR 2016, 72 ff.

48 *Von Brocke/Auer* DStR 2011, 59.

49 Dieser Beschl erging zu dem Urt des *Niedersächsischen FG* v 11.2.2010, IStR 2010, 260, in welchem dieses den doppelten Inlandsbezug der Organschaft iSd § 14 ff als offene und den Gewinnabführungsvertrag als verdeckte Diskriminierung wertete, weswegen es die Organschaft iSd §§ 14 ff KStG für gemeinschaftswidrig hält. Für eine Besprechung des Urt vgl *Homburg* IStR 2010, 246.

50 *BFH* IStR 2011, 110 (sog „AWD"-Verfahren).

erging vor dem Hintergrund des EuGH Urt RS **Marks & Spencer**,[51] in welchem der *EuGH* entschied, dass die Regelung eines Mitgliedsstaates, welche bei Vorliegen der Voraussetzungen der Symmetriethese die Nichtberücksichtigung der laufenden Verluste einer im Ausland ansässigen Tochtergesellschaft verursacht, aus Gründen der ausgewogenen Aufteilung der Besteuerungsbefugnis nicht gegen das Gemeinschaftsrecht verstößt, allerdings finale Verluste im Ansässigkeitsstaat der Muttergesellschaft aus Gründen des Gemeinschaftsrechts berücksichtigt werden müssen (sog Marks & Spencer Ausnahme).[52] Denn in diesem Fall erleidet die Muttergesellschaft selbst einen Vermögensverlust, dessen Berücksichtigung Aufgabe ihres Sitzstaates ist.[53] Voraussetzung für die Übertragung dieser Rechtsprechung zu finalen Betriebsstättenverluste auf die finalen Verluste der Tochtergesellschaft durch den BFH dürfte jedoch sein, dass der BFH aus seiner Sicht nicht nur den doppelten Inlandsbezug als Voraussetzung für eine Organschaft iSd §§ 14 ff KStG, sondern auch den geforderten Abschluss eines Gewinnabführungsvertrages iSd § 291 Abs 1 AktG mit einhergehender Verlustübernahmeverpflichtung als gemeinschaftsrechtswidrig beurteilen sollte.[54] Denn nur bei Vorliegen einer **Organschaft** iSd §§ 14 ff KStG ist die Schlechterstellung des Auslandssachverhaltes im Vergleich zum reinen Sachverhalt und damit ein Verstoß gegen das Gemeinschaftsrecht denkbar. Liegt keine Organschaft vor, so kann auch die inländische Muttergesellschaft weder die Verluste der ausländischen noch der inländischen Tochtergesellschaft steuerlich geltend machen.[55]

Kennt das **innerstaatliche Recht weitergehende Befreiungsnormen**, so gilt im Grundsatz, dass diese Normen Anwendung finden.[56] **37**

---

51 Gegenstand dieses Urt war die Regelung des britischen group relief, welches einer inländischen Muttergesellschaft einen Verlustausgleich mit inländischen Tochtergesellschaften, nicht aber mit ausländischen Tochtergesellschaften erlaubt. In der **RS X-Holding** hat der EuGH seine Rspr bestätigt. In diesem Urt hat er eine Verlustberücksichtigung abgelehnt, weil es sich bei diesem Fall nicht um finale, sondern um laufende Verluste handelte (vgl *Homburg* IStR 2010, 247).

52 Als final gelten in diesem Zusammenhang die Verluste, welche die Tochtergesellschaft entweder nicht mehr selbst oder nicht mehr durch Übertragung auf Dritte steuerlich nutzen kann. Diese Rspr hat der *EuGH* mit seiner Entsch v 3.2.2015 bestätigt (BB 2015, 614). Im Mittelpunkt dieses Vertragsverletzungsverfahren stand wiederum ein Verlustausgleich im „group relief", konkret die Interpretation der sog Marks & Spencer Ausnahme, nach welcher finale Verluste bei einer grenzüberschreitenden Verlustverrechnung berücksichtigt werden können. Dabei bezieht sich das Urt auf die Regelung, welche der britische Gesetzgeber zur Umsetzung der Marks & Spencer erlassen hat. Der *EuGH* kritisiert, dass die praktische Unmöglichkeit des grenzüberschreitenden Verlustausgleichs im Konzern eine Beschränkung der Niederlassungsfreiheit darstellt. Keine Verletzung der Niederlassungsfreiheit nimmt der *EuGH* jedoch an, wenn ein Mitgliedstaat die Finalität der Verluste nur unter engen Voraussetzungen bejaht (vgl *Möller* BB 2015, 614).

53 *BFH* IStR 2010, 111.

54 *Kessler/Philipp* IStR 2010, 869, 870.

55 Ua *Kessler/Philipp* IStR 2010, 869 f.

56 *Wassermeyer* Art 23A MA Rn 60 f. Würde bspw ein Abkommen (Deutschland als Ansässigkeitsstaat) die Steuerfreistellung von Dividenden nicht vorschreiben, so führt die Anwendung der nationalen Norm dennoch zur Freistellung der Dividenden von der Besteuerung im Inland.

38 **2. Ausnahmen nach Abkommensrecht. Rückfallklauseln** bzw **Subject-to-tax-Klauseln**[57] stellen abkommensrechtliche Regelungen dar, welche den Ansässigkeitsstaat auf Ebene des Abkommens v seiner Freistellungsverpflichtung entbinden können. Voraussetzung für die Anwendung einer Rückfallklausel ist, dass der Quellenstaat, die Einkünfte zwar nach dem Abkommen besteuern darf, dieses Besteuerungsrecht jedoch nicht wahrnimmt und sie nicht besteuert werden.[58] In diesem Fall fällt das Besteuerungsrecht an den Ansässigkeitsstaat zurück, wodurch die Entstehung „weißer Einkünfte" vermieden wird. Eine Sonderform der Rückfallklauseln sind die sog **switch-over-Klauseln**, welche auf die Vermeidung der Entstehung nicht besteuerter Einkünfte infolge v Qualifikations- oder Zurechnungskonflikten abstellen. Der Übergang v der Freistellungs- zur Anrechnungsmethode hängt davon ab, ob die Nichtbesteuerung im Quellenstaat auf einer unterschiedlichen Anwendung des Abkommens basiert.[59] Für die Kommentierung der weiteren Ausnahme, die Art 23A Abs 4 bietet, vgl aufgrund des Aufbaus der Kommentierung Rn 76, sowie zu den **Aktivitätsklauseln** ausführlich Rn 85.

39 **3. Grenzen der Freistellung nach deutschem Steuerrecht.** Das deutsche Steuerrecht enthält eine Vielzahl unilateraler **Rückfallklauseln** bzw **subject-to-tax-Klauseln** (§ 50d Abs 3, Abs 8, 9, 10 EStG, § 20 Abs 2 AStG)[60], welche als sog **treaty-override-Regelungen** (s Rn 39) der Missbrauchsvermeidung bei Anwendung der Abkommen dienen,[61] indem sie der abkommensrechtlichen Rechtsfolge – der Freistellung – unter bestimmten Voraussetzungen entgegenstehen. Obwohl die abkommensrechtlichen Regelungen grds den nationalen Regelungen vorgehen, können spätere oder speziellere nationale Regelungen die Rechtsfolgen der abkommensrechtlichen Bestimmungen verdrängen, wenn der Wille des Gesetzgebers zur Abkommensverdrängung feststellbar ist (sog treaty overriding), weil die Abkommen – anders als das primäre EU Recht – keine supranationalen Regelungen darstellen, sondern gleichfalls im Inkorporationswege ein im Rang nationales Gesetz werden.[62] Daher ist das primäre Gemeinschaftsrecht auch gegenüber dem Abkommensrecht vorrangig, weswegen eine im Abkommen enthaltene gemeinschaftswidrige Regelung nicht anwendbar ist.[63]

---

57 Diese Begriffe werden von *Vogel* und Teilen der Lit als Synonyme verwendet. Nach *Wassermeyer* sind subject-to-tax-Klauseln eine Sonderform der Rückfallklauseln, die „aus welchem Grund auch immer" eingreifen. Sie gehen also weiter als die Rückfallklauseln, weil sie keinen bestimmten Rechtsgrund voraussetzen (vgl *Wassermeyer* Art 23A MA Rn 162, s dazu Rn 85 ff).

58 *Wassermeyer* Art 23A MA Rn 161.

59 *Wassermeyer* Art 23A MA Rn 161.

60 Das dt Steuerrecht kennt mit **§ 50d Abs 3 EStG** sowie **§ 2a EStG** weitere Normen, welche den Rechtsfolgen des Abkommens entgegenstehen. Da § 50d Abs 3 EStG nur Anwendung findet, wenn Deutschland Quellenstaat und nicht wie bei Anwendung des Art 23A MA Ansässigkeitsstaat ist, wird diese Norm hier nicht näher betrachtet. § 2a EStG steht einem nach dem Abkommen zulässigen ProgressVorb entgegen, vgl dazu die Kommentierung zu Art 23A Abs 2 (s Rn 62).

61 *Fischer/Kleineidam/Warneke* S 35. Nach Auffassung der FinVerw dienen diese Regelungen der Verhinderung von Missbrauch, der Keinmalbesteuerung und der Sicherstellung von dt Besteuerungssubstrat (vgl *Mitschke* DStR 2011, 2221, 2221).

62 § 2 AO kommt insoweit nur deklaratorische Bedeutung zu. Er vermag die Rangregel des Art 59 Abs 2 GG nicht zu verdrängen (vgl *Schaumburg* Rn 3.25).

63 *Strunk/Kaminski/Köhler* Art 23A/B OECD-MA Rn 26.

a) § 50d Abs 8 EStG. § 50d Abs 8 EStG stellt die Erfüllung der Deutschland nach dem Abkommen auferlegten Freistellungsverpflichtung unter die Voraussetzung, dass der im Inland **unbeschränkt** StPfl nachweist, dass der Quellenstaat entweder aus bestimmten Gründen wie Erlass, völkerrechtlicher Verträge oder genereller Verzicht effektiv auf sein **Besteuerungsrecht verzichtet**[64] oder er die auf die Einkünfte aus nicht selbstständiger Arbeit iSd § 19 EStG erhobenen **Steuern tatsächlich** im anderen Staat **gezahlt** hat.[65] Die Nachweispflicht, welche nur im Veranlagungsverfahren greifen kann, gilt damit nicht für im Inland beschränkt Stpfl, wenn Deutschland nicht nach Art 23A Abs 1 MA auf das Besteuerungsrecht verzichten muss und natürlich auch nicht in den Fällen, in denen der Auslandstätigkeitserlass Anwendung findet.[66] Erbringt der StPfl den Nachweis erst nach der Veranlagung der Einkünfte im Inland, so gilt der Nachweis gem § 50d Abs 8 S 2 und 3 EStG als rückwirkendes Ereignis iSd § 175 Abs 1 Nr 2 AO, wodurch eine Änderung des Steuerbescheides möglich ist. 40

Der BFH hält diese Regelung für verfassungswidrig und hat sich mit einem entspr Beschl an das BVerfG gewandt. Der 1. Senat des BFH möchte an seiner bisherigen Spruchpraxis nicht länger festhalten, nach welcher das treaty overriding als kein verfassungsrelevanter Vorgang zu sehen ist. Nunmehr sieht der BFH einen Verstoß gegen Völkerrecht an, der in dem prinzipiellen Vorrang des Abkommens begründet ist und der aus verfassungsrechtlicher Sicht die Nichtigkeit der „abkommensüberschreibenden" unilateralen Vorschrift nach sich zieht. Ein Verstoß ist jedenfalls gegeben, wenn die Vertragsstaaten mit Abschluss des DBA die Freistellung der Einkünfte ohne abkommenseigene Rückfallklausel vereinbaren. Dabei stellen derartige Vereinbarungen stets auf die Vermeidung der virtuellen Dbst ab. Auf die tatsächliche Besteuerungslage kommt es hingegen nicht an. Eine Rechtfertigung für die Verfassungswidrigkeit sieht der BFH nicht als gegeben an.[67] Das BVerfG hat mit Beschl v 15.12.2015[68] entschieden, dass § 50d Abs 8 EStG idF v 15.12.2003 nicht verfassungswidrig, sondern verfassungsgemäß ist, weil Art 59 Abs 2 S 1 GG die Geltung des lex-posterios-Grundsatzes für völkerrechtliche Verträge nicht einschränke.[69] 41

b) § 50d Abs 9 EStG. Die unilaterale switch-over-Regelung des § 50d Abs 9 EStG findet als sog treaty override-Regelung Anwendung, wenn die nach dem Abkommen grds freizustellenden Einkünfte des unbeschränkt StPfl entweder nach **S 1 Nr 1** im anderen Staat nicht oder nur zu einem begrenzten Steuersatz besteuert werden, weil dieser das Abkommen anderes als Deutschland auslegt (negativer **Qualifikations- und Zurechnungskonflikt**) oder nach **S 1 Nr 2** diese Einkünfte im anderen Staat nur deshalb nicht steuerpflichtig sind, weil sie v einer Person bezogen werden, die im Quellenstaat nicht aufgrund ihres Wohnsitzes, ständigen Aufenthaltes, des Ortes ihrer Geschäftsleitung, des Sitzes oder eines ähnlichen Merkmals **unbeschränkt steuerpflichtig** ist (sog **Besteuerungslücke**). Dabei stellt diese Regelung auf die Vermeidung „weißer Einkünfte" ab, 42

64 *Loschelder* in Schmidt, § 50d Rn 52.

65 Erbringt der StPfl den Nachweis, so ist die Freistellung idR zu gewähren.

66 *BMF* BStBl I 2005, 821 Rn 1. In diesem Schreiben sind auch die Einzelheiten zur Erfüllung der Nachweispflicht geregelt. Nach Auffassung der FinVerw greift die Regelungen auch nicht für steuerfreie Vergütungen von Ortskräften ausländischer Vertretungen in Deutschland, vgl *BMF* IStR 2007, 520 (*Loschelder* in Schmidt, § 50d Rn 53).

67 Vgl *BFH* I R 66/09 DStR 2012, 949 Az: *BVerfG* 2 BvL 1/12.

68 Az 2 BvL 1/12 DStR 2016, 359.

69 Zur Besprechung des Beschl vgl zB *Gosch* DB 2016, (Beilage Heft 15).

die entstehen würden, wenn der Ansässigkeitsstaat auf sein Besteuerungsrecht verzichtet, obwohl der andere Staat diese Einkünfte aufgrund unterschiedlicher Abkommensanwendung nicht besteuern darf.[70] Der *BFH* hat in dem Beschl **v 19.5.2010** ernsthafte Zweifel an der Vereinbarkeit dieser Regelung mit dem Grundgesetz geäußert.[71]

43 **Typische Anwendungsbeispiele** für einen Qualifikationskonflikt iSd S 1 Nr 1 der Norm sind unterschiedliche Gesellschaftsqualifikationen, unterschiedliche Besteuerung v Anteilsveräußerungsgewinnen, Zinsen oder Lizenzgebühren sowie unterschiedliche Auslegung des abkommensrechtlichen Betriebsstättenbegriffs. Nicht unter den Anwendungsbereich der Regelung fallen jedoch die steuerfreien Einkünfte, welche der andere Staat nach dem Abkommen besteuern darf, aber nach seinem nationalen Steuerrecht aufgrund einer Steuerbefreiungsnorm tatsächlich nicht besteuert.[72] Eine Besteuerungslücke iSd S 1 Nr 2 liegt bspw dann vor, wenn die Einkünfte im anderen Staat nicht besteuert werden können, weil sie v der beschränkten Steuerpflicht nicht erfasst werden.[73] Nicht unter den Anwendungsbereich v S 1 Nr 2 fallen nach **S 2** jedoch **Dividenden,** die nach dem Abkommen freizustellen sind, wenn sie bei der Ermittlung des Gewinns der Ges nicht abgezogen worden sind.

44 Zur Vermeidung der Dbest sieht **§ 34c Abs 6 S 5 EStG** eine entsprechende Anwendung der Abs 1–3 sowie des S 6 vor, wonach eine Anrechnung oder ein Abzug der im Ausland gezahlten Steuern möglich ist.[74] § 50d Abs 9 EStG schränkt nach **S 3** die Anwendung derjenigen abkommensrechtlichen oder nationalen Rückfallklauseln nicht ein, die eine weitergehende Beschränkung vorsehen. IE kommt die Regelung wohl ergänzend zu den weiteren Rückfall-, switch over bzw. Treaty override Regelungen zur Anwendung.[75]

---

70 Zur europa- und verfassungsrechtlichen Kritik vgl *Gebhardt* IStR 2011, 58. Er kommt zu dem Schluss, dass § 50d Abs 9 S 1 Nr 1 EStG europarechtswidrig ist.

71 *BFH* BStBl II 2011, 156. Diese Bedenken bestehen zum einen gegen die rückwirkende Anwendung der Regelung sowie zum anderen aufgrund des prinzipiellen Vorrangs des Völkervertragsrechts vor „einfachem“ Recht, dem aufgrund des treaty override nicht entsprochen wird. Die FinVerw stimmt dieser Auffassung ausdrücklich nicht zu, vgl dazu ausf *Mitschke* DStR 2011, 2221, 2223 ff. Zur dritten Vorlage des *BFH* über die Verfassungsmäßigkeit eines Treaty Overrides an das *BVerfG* vgl *Märtens* DB 2014, 2439. Zu letztgenannten Bedenken vgl Rn 41.

72 *Loschelder* in Schmidt, § 50d Rn 57. Voraussetzung für die Anwendung der Regelung ist also eine unterschiedliche Abkommensanwendung. Die Freistellung als Folge der Anwendung einer vollständigen Verteilungsnorm kann die Anwendung des § 50d Abs 9 S 1 Nr 1 EStG nicht bedingen. Ein switch over von der Freistellungs- zur Anrechnungsmethode ist in diesen Fällen nicht möglich.

73 Die Erfüllung dieser Voraussetzung setzt also voraus, dass aus Sicht des anderen Staates – so wie aus dt Sicht ebenfalls – nicht alle inländischen Einkünfte zur beschränkten Steuerpflicht führen. Damit besteuert Deutschland über § 50d Abs 9 Einkünfte, welche es ggf nicht einmal selbst als Quellenstaat besteuern würde. Zur Kritik *Schaumburg* Rn 16.529.

74 Diese Regelung dürfte nur für einen Anwendungsfall iSd § 50d Abs 9 S 1 Nr 1 Alt 2 EStG in Betracht kommen, weil nur unter dieser Voraussetzung der StPfl im Ausland Steuern gezahlt haben kann.

75 *Loschelder* in Schmidt, § 50d Rn 59. Diese Auffassung vertritt der *BFH* jedenfalls seit der Regelungsänderung des § 50d Abs 9 S 3 EStG 2009 durch das AmtshilfeRLUmsG v 26.6.2013. Als verfassungswidrig sieht der *BFH* jedoch die rückwirkende Anwendung dieser Gesetzesänderung gem § 52 Abs 59a S 9 EStG an. Vgl dazu im Einzelnen *BFH* I R 86/13 BStBl II 2015, 18.

c) § 50d Abs 10 EStG. Die Regelung des § 50d Abs 10 EStG findet Anwendung auf **Sondervergütungen** iSd § 15 Abs 1 Nr 2 S 1 HS 2 und Nr 3 HS 2 EStG, wenn das Abkommen – wie im Regelfall – keine solche Vergütungen betreffende Regelungen enthält. Die Norm bestimmt, dass für die Anwendung des Abkommens die Sondervergütungen ausschließlich als Teil des Unternehmensgewinnes des vergütungsberechtigten Gesellschafters betrachtet werden. Damit greift diese **treaty-override-Regelung** nicht unmittelbar auf die Rechtsfolge ein, welche das Abkommen – ggf in Form einer Freistellungsverpflichtung – vorsieht, sondern nur mittelbar.[76] Durch die gesetzlich vorgeschriebene Qualifikation der Sondervergütungen für Zwecke der Anwendung des Abkommens sowie die Regelung des § 50d Abs 10 **S 8** EStG, wonach die Anwendung der switch-over-Regelung des **§ 50d Abs 9 S 1 Nr 1 EStG** v der des § 50d Abs 10 S 1 Nr 1 EStG unberührt bleibt, soll die gewünschte Rechtsfolge – die Besteuerung der Sondervergütungen in Deutschland – herbeigeführt werden. 45

Anlass für die Einfügung dieser Regelung durch das **JStG 2009** bildete das Urt des **BFH v 17.10.2007**,[77] in welchem der BFH der bislang v der FinVerw vertretenen Auffassung[78] entschieden entgegen trat, wonach Sondervergütungen stets wie Betriebsstätteneinkünfte besteuert werden. In der Lit wurde bereits nach Einführung dieser Norm – mE zu Recht – bestritten, ob der Wortlaut des § 50d Abs 10 EStG zu dem gewünschten Ziel führen kann, dass die Sondervergütungen stets der Betriebsstätte zugerechnet werden können, welche die PersGes selbst unterhält. Denn die Herbeiführung der gewünschten Rechtsfolge scheitert iE nicht daran, dass es sich bei den Sondervergütungen nicht um Unternehmensgewinne handelt, sondern daran, dass für diese Vergütungen – auch wenn sie als Unternehmensgewinne betrachtet werden – die in den Spezialartikeln (wie Art 11 Abs 4) enthaltenen Betriebsstättenvorbehalte nicht automatisch greifen.[79] Diese Auffassung vertrat der BFH erstmals in seinem **Urt v 8.9.2010**.[80] In diesem verwies der BFH zur Vermeidung v Wiederholungen auf die bereits in dem Urt v 17.10.2007 aufgestellten Rechtsgrundsätze, denen der Gesetzgeber durch die Rechtsänderung entgegentreten wollte. Als Reaktion auf dieses Urt passte der Gesetzgeber die Regelung des § 50d Abs 10 EStG durch das AhRLUmsG (BGBl I 2013, 1809) an. Nunmehr erfasst die Regelung neben Sondervergütungen auch durch das Sonderbetriebsvermögen veranlasste Erträge und Aufwendungen. Darüber hinaus werden nunmehr auch mittelbare Beteiligungen berücksichtigt sowie nachträgliche Einkünfte erfasst. Die gesetzliche Fiktion erfasst auch Einkünfte aus selbstständiger Arbeit, nicht aber Einkünfte aus gewerblich geprägten Personengesellschaften. Die Regelung fingiert Sondervergütungen als „Teil des Unternehmensgewinnes des vergütungsberechtigten Gesellschafters" und ordnet diese per gesetzlicher 46

76 Da die Rechtsfolgen des Abkommens mittelbar verdrängt werden sollen, handelt es sich bei dieser Norm um einen treaty override, obwohl in der Norm selbst von der Verdrängung des Abkommens keine Rede ist. Vgl dazu ua *Gebhardt/Quilitzsch* BB 2011, 673.

77 *BFH* BStBl II 2009, 356.

78 Nach Auffassung der FinVerw gehören die Sondervergütungen zu den Unternehmensgewinnen. Art 7 Abs 7 MA wendet sie nicht an. Dadurch erkennt die Finanzverwaltung den sog Spezialitätenvorrang nicht an.

79 Zur Frage, welcher Betriebsstätte die Sondervergütungen zugeordnet werden können, vgl *Haase/Brändel* StuW 2011, 55.

80 *BFH* DStR 2010, 2450.

Fiktion derjenigen Betriebsstätte zu, in welcher der entspr Aufwand anfällt. Ob diese Anpassung nun endlich ans gewünschte Ziel führt, bleibt abzuwarten.[81]

47 Jedenfalls erachtet der BFH diese Regelung in beiden Fassungen als völkerrechts- und verfassungswidrig. Eine entspr Vorlage hat der BFH dem BVerfG vorgelegt.[82] Nach Auffassung des BVerfG verstößt ein treaty override hingegen nicht gegen die Verfassung (s Rn 41). Darüberhinaus bejaht der BFH wegen der gewünschten rückwirkenden Anwendung der nunmehr angepassten Regelung auf alle offenen Fälle einen Verstoß gegen das Rückwirkungsverbot.[83]

48 Ist **Deutschland der Ansässigkeitsstaat** des Gesellschafters einer ausländischen PersGes, der v dieser Sondervergütungen für die Überlassung v Wirtschaftsgütern, die Hingabe v Darlehen oder Dienste im Auftrag der Ges erhält, so wird idR **§ 50d Abs 9 S 1 iVm S 2 EStG** zur Anwendung kommen, wonach die Freistellung durch den darin enthaltenen switch over zur Anrechnungsmethode vermieden wird. Im Regelfall werden die Quellenstaaten die Sondervergütungen nicht als Unternehmensgewinne betrachten und die Spezialartikel (Art 6, 10 oder 15) anwenden, was ggf dazu führt, dass der andere Staat als Quellenstaat die Einkünfte nicht oder nur mit einem der Höhe nach begrenzten Steuersatz besteuert, weil er das Abkommen anders als Deutschland anwendet. Da in diesem Fall ein Qualifikationskonflikt aufgrund unterschiedlicher Abkommensanwendung vorliegt, kann **§ 50d Abs 9 S 1 Nr 1 EStG** Anwendung finden.

49 **d) § 50i EStG.** Zur Sicherstellung des dt Besteuerungsrechtes wurde § 50i EStG ins Gesetz eingefügt.[84] Hintergrund der Einführung waren folgende Sachverhalte: Zur Vermeidung einer Aufdeckung und Versteuerung der stillen Reserven in Folge des Wegzugs eines wesentlich an einer Kapitalgesellschaft beteiligten Anteilseigners wurden die Beteiligungen iSd § 17 EStG in der Vergangenheit in eine gewerblich geprägte PersGes eingebracht. Nach bisheriger Auffassung der FinVerw gehörten die Beteiligungen nunmehr zum Betriebsvermögen der PersGes und führten im Ergebnis dazu, dass das Besteuerungsrecht für die Veräußerungsgewinne an den Beteiligungen auch nach den DBA idR Deutschland als Betriebsstättenstaat zusteht. Der BFH widersprach dieser Auffassung mehrfach. Nach Auffassung des BFH führt die gewerbliche Prägung d § 15 Abs 3 Nr 1 EStG nicht dazu, dass die PersGes für Zwecke des DBA Unternehmensgewinne erzielt, also eine Betriebsstätte unterhält. Im Falle der Veräußerung der Anteile an der KapGes erhält folglich nicht der Betriebsstättenstaat das Besteuerungsrecht an dem Veräußerungsgewinn. Vielmehr finden die anderen Verteilungsartikel des Abkommens Anwendung. Da die PersGes für Zwecke der Anwendung des Abkommen quasi nicht existiert, steht bei späterer Veräußerung der Anteile idR dem Wohnsitzstaat des Anteilseigners das Besteuerungsrecht an den Veräußerungsgewinnen aus den Anteilen an der KapGes zu. Dieser Auffassung hat sich die Finanzverwaltung mit BMF-Schreiben v 26.10.2014 (BStBl I, 1258) inzwischen angeschlossen. Diese Änderung der Rechtsauffassung führen jedoch dazu, dass Deutschland weder bei Wegzug des Anteilseigners noch bei tatsächlicher Veräußerung der Anteile durch diesen die in den Anteilen enthaltenen stillen Reserven besteuert. Der Vermeidung dieser Rechtsfolge dient § 50i EStG.

81 Eine Übersicht über die Fassungen der Regelung ermöglicht bspw *Dorn* BB 2013, 3038 ff.

82 Vgl *BFH* I R 66/09 DStR 2012, 949 (Az: *BVerfG* 2 BvL 1/12).

83 *Loschelder* in Schmidt, § 50d Rn 60.

84 Einführung durch das AmtshilfeRLUmsG v 26.6.13 (BGBl I, 1809) und Anpassung durch das KroatienAnpG v 24.7.14 (BGBl I 14, 1266).

Die Regelung des § 50i EStG enthält ua einen treaty override. Die Regelung sieht vor, dass in den genannten Fällen eine Besteuerung des Veräußerungsgewinnes ungeachtet entgegenstehender Regelungen des Abkommens möglich ist. Voraussetzung dafür ist, dass die Anteile iSd § 17 EStG (aber auch andere Wirtschaftsgüter) vor dem 29.6.2013 in das Betriebsvermögen einer gewerblich geprägten PersGes übertragen oder überführt worden sind und eine Besteuerung der stillen Reserven zu diesem Zeitpunkt unterblieben ist. Die tatsächliche Besteuerung des Gewinnes setzt jedoch eine unbeschränkte oder beschränkte Steuerpflicht des Anteilseigners voraus. Darüber hinaus ermöglicht die Regelung auch eine Besteuerung des Veräußerungsgewinnes bei Umstrukturierungen, welche die gewerblich geprägte PersGes selbst oder die Beteiligung an dieser betreffen. Dabei kann sich § 50i EStG als (überraschendes) Umstrukturierungshindernis zeigen.[85] Das BMF hat mit einem Schreiben v 21.12.2015 zur Anwendung des § 50i Abs 2 EStG Stellung genommen.[86] 50

e) § 50d Abs 11 EStG. Im Jahr 2010 hat der BFH entschieden, dass es für Anwendung eines abkommensrechtlichen Schachtelprivilegs allein auf die zivilrechtliche Zuordnung der Anteile und nicht auf die steuerliche Zuordnung der Dividendenzahlung ankommt. Als Reaktion auf diese Rspr wurde § 50d Abs 11 EStG ins Gesetz eingefügt.[87] Nach dieser Regelung wird die Freistellung nach einem Abkommen ab dem VZ 2012 nur dann gewährt, wenn die Dividenden nach dem deutschen Steuerrecht nicht einer anderen Person zuzurechnen sind. Soweit die Dividenden danach einer anderen Person zuzurechnen sind, werden die Dividenden bei dieser Person freigestellt, wenn sie bei ihr als Zahlungsempfänger nach Maßgabe des Abkommens freigestellt würden. Hintergrund dieser Regelung waren jene Fälle, in denen die Dividenden an eine KapGes als Zahlungsempfängerin ausgezahlt und daher das abkommensrechtliche Schachtelprivileg gewährt wurde, obwohl aus steuerlicher Sicht die Dividenden den Anteilseignern der KapGes zuzurechnen sind, welche jedoch als natürliche Personen nicht dem Schachtelprivileg unterfallen. § 50d Abs 11 EStG führt in diesen Fällen zu einem Ausschluss des abkommensrechtlichen Schachtelprivilegs.[88] 51

f) § 20 Abs 2 AStG. Hintergrund der Regelung des § 20 Abs 2 AStG ist, dass die Anwendung der Hinzurechnungsbesteuerung nicht durch Einschaltung einer Betriebsstätte oder PersGes verhindert werden kann.[89] Zu diesem Zwecke sieht S 1 einen **switch over** v der Freistellungs- zur Anrechnungsmethode für ausländische Betriebsstätteneinkünfte[90] eines unbeschränkt StPfl vor, wenn diese Einkünfte ungeachtet der Regelung des § 8 Abs 2 AStG[91] Zwischeneinkünfte wären, falls die Betriebsstätte eine ausländi- 52

85 Vgl dazu ausf *Möller* SteuK 2015, 387 ff; *Roderburg/Richter* IStR 2015, 227.

86 BMF DStR 2016, 65. Zu Einzelheiten dieses Schreibens vgl *Böhmer/Benz* DStR 2016, 145.

87 Eingefügt durch Gesetz v 8.5.2012 (BGBl I, 1030).

88 Vgl *Loschelder* in Schmidt, § 50d Rn 68.

89 *Vogt* in Blümich, § 20 Abs 2 AStG Rn 25.

90 Fraglich ist, ob dieser switch over auch für **negative Einkünfte** gelten kann. Da die Hinzurechnungsbesteuerung, auf welche § 20 Abs 2 AStG abstellt, für diese grds nicht greift, dürfte § 20 Abs 2 AStG konsequenter Weise nicht für negative Betriebsstätteneinkünfte gelten. Vgl dazu ua *Richter* IStR 2010, 6 sowie § 20 AStG Rn 140.

91 Nach der Begründung des Regierungsentwurfs soll durch die Einfügung dieses Verweises die Übertragung der Grundsätze des *EuGH* Urt **Cadburry Schweppes** auf § 20 Abs 2 AStG verhindert werden (vgl *Vogt* in Blümich, § 20 Abs 2 AStG Rn 27). Dieser Verweis soll dem StPfl die Möglichkeit eines „Motivtests" bei Anwendung der Umschaltklausel nehmen.

sche Ges wäre. Voraussetzung dafür ist, dass in der Betriebsstätte passive Einkünfte aus einer Tätigkeit erzielt werden, die nicht unter einen der Tatbestände des Aktivkatalogs des § 8 Abs 1 AStG subsumiert werden können und diese Einkünfte niedrig iSd § 8 Abs 3 AStG besteuert werden. Greift die **Ausnahme des S 2** nicht, so liegt ein **treaty override** vor. Nach § 20 Abs 2 S 2 AStG kommt es zu keiner Versagung der Freistellung, soweit in der Betriebsstätte Einkünfte anfallen, die als **Dienstleistungen** nach § 8 Abs 1 Nr 5 Buchstabe a AStG als Zwischeneinkünfte steuerpflichtig wären. In der Lit umstritten ist derzeit die Frage, ob diese Ausnahmeregelung nur dann Anwendung finden kann, wenn das DBA keinen Aktivitätsvorbehalt enthält, der direkt auf die Regelungen des § 8 Abs 1 **Nr 1–6** AStG verweist oder nicht.[92] Aus der Gesetzesformulierung selbst geht eine solche Beschränkung nicht hervor.

53 Im Gegensatz zu den meisten **abkommensrechtlichen** switch-over-Regelungen stellt § 20 Abs 2 S 1 AStG auf die Tätigkeiten iSd § 8 Abs 1 Nr 1–10 AStG ab und setzt eine **Niedrigbesteuerung** iSd § 8 Abs 3 AStG voraus. Auch hinsichtlich der **Rechtsfolgen unterscheiden** sich die Vorbehalte.[93] Während die abkommensrechtlichen Regelungen idR die Freistellungen der gesamten Betriebsstätteneinkünfte verhindern, greift die switch-over-Regelung des § 20 Abs 2 AStG nur für die Einkünfte aus passiver Tätigkeit.[94] Dadurch sind Sachverhalte denkbar, in denen der abkommensrechtliche Aktivitätsvorbehalt, der ausschließlich auf § 8 Abs 1 Nr 1–6 AStG verweist, zur Anwendung kommen würde, jedoch die Regelung des § 20 Abs 2 AStG nicht, weil sie für Einkünfte iSd § 8 Abs 1 Nr 7–10 AStG keinen switch over vorsieht. Da es sich bei der Regelung des § 20 Abs 2 AStG um einen treaty override handelt, kann § 20 Abs 2 AStG die Freistellung der Einkünfte auf Ebene des Abkommens nicht herbeiführen. In diesem Fall würde die Freistellung bereits auf Ebene des Abkommens nicht gewährt. Ein grds Anwendungsvorrang des § 20 Abs 2 AStG vor den Regelungen des Abkommens besteht ausdrücklich nicht. Der Gesetzestext, wonach „die Dbest nicht durch Freistellung, sondern durch Anrechnung zu verhindern" ist, ist insoweit eindeutig.[95]

54 Mit Urt v 21.10.2009[96] hat der BFH entschieden, dass die §§ 7 ff. AStG jedenfalls in der Fassung bis 2007 gegen die Niederlassungsfreiheit verstoßen. Ob das auch für die danach geltende Fassung der Regelung gilt, musste der BFH offenlassen. Er hat jedoch angedeutet, dass ein solcher Verstoß nicht auszuschließen sei. Notwendig ist, dass die Regelungen der §§ 7 ff. AStG EU-rechtskonform auszulegen sind und daher den StPfl die Möglichkeit zu geben ist, sich von dem Vorwurf des Missbrauchs zu entlasten.[97] Die FinVerw wendet dieses Urt des BFH für alle Wirtschaftsjahre über den

92 Bejahend *Kaminski/Strunk* IStR 2011, 141, eher ablehnend *Haase* IStR 2011, 338.

93 Dadurch sind Sachverhalte denkbar, in denen der abkommensrechtliche Aktivitätsvorbehalt, der ausschließlich auf § 8 Abs 1 Nr 1–6 AStG verweist, zur Anwendung kommen würde, jedoch die Regelung des § 20 Abs 2 AStG nicht, weil sie für Einkünfte iSd § 8 Abs 1 Nr 7–10 AStG keinen switch over vorsieht. Da es sich bei der Regelung des § 20 Abs 2 AStG um einen treaty override handelt, kann § 20 Abs 2 AStG die Freistellung der Einkünfte auf Ebene des Abkommens nicht herbeiführen. In diesem Fall würde die Freistellung bereits auf Ebene des Abkommens nicht gewährt. Anderenfalls könnte ein switch over nach § 20 Abs 2 AStG auch am Fehlen einer niedrigen Besteuerung scheitern.

94 *Gebhardt/Quilitzsch* IStR 2011, 170.

95 Ebenso *Gebhardt/Quilitzsch* IStR 2011, 172.

96 *BFH* BStBl II 2010, 774.

97 Vgl *Vogt* in Blümich, § 20 Abs 2 AStG Rn 27.

entschiedenen Einzelfall an, die vor dem 1.1.2008 beginnen. Nur für diese Wirtschaftsjahre steht dem Spfl ein **„Motivtest"** zu, mit welchem der StPfl (wie nach § 8 Abs 2 AStG für Zwischeneinkünfte auch) nachweisen kann, dass er gerade keiner passiven, sondern einer aktiven Tätigkeit nachgeht.[98] Für alle Wirtschaftsjahre, die nach dem 31.12.2007 beginnen, steht diese Möglichkeit nicht offen. Die FinVerw geht davon aus, dass der eingefügte Verweis auf § 8 Abs 2 AStG ausdrücklich den „Motivtest" bei Anwendung der Umschaltklausel ausschließt. Dabei gehen die obersten Finanzbehörden des Bundes und der Länder unter Hinweis auf das dem BFH-Urt vorangegangene EuGH-Urt v 6.12.2007 „*Columbus Container Services*" davon aus, dass diese gesetzliche Regelung mit dem Gemeinschaftsrecht vereinbar ist.[99] Diese Auffassung der FinVerw ist in der Lit einer erheblichen Kritik ausgesetzt, wobei insb gegen die Europarechtskonformität der Regelung in der Fassung seit 2008 Bedenken erhoben werden.[100] Darüber hinaus soll dem StPfl die Möglichkeit eines „Motivtests" auch dann nicht offen stehen, wenn in dem Aktivitätsvorbehalt des jeweiligen Abkommens (s Rn 90) explizit auf die Regelung des § 8 Abs 2 AStG verwiesen wird, da sich diese Verweise wohl auf eine ältere Fassung des AStG beziehen.[101]

Zu den Voraussetzungen und Rechtsfolgen dieser Norm vgl die Kommentierung zu Art 20 Abs 2 AStG. 55

g) Gewerbe- und körperschaftsteuerliches Schachtelprivileg. Nach innerdeutschem Recht unterliegen Streubesitzdividenden seit dem 1.3.2013 nicht mehr der Steuerfreistellung nach § 8b KStG. Dividenden sind als Bezüge iSd § 8 Abs 1 S 1 KStG bei der Besteuerung des Einkommens zu berücksichtigen, wenn die Beteiligung an der KapGes zu Beginn des Kalenderjahres ua unmittelbar weniger als 10 % des Grund- oder Stammkapitals betragen hat. Weitere Einzelheiten regelt Abs § 8b Abs 4 KStG. Gleichwohl können die abkommensrechtlichen Rechtsfolgen mit denen des nationalen Rechts immer noch in der Gestalt konkurrieren, dass die innerstaatlichen Normen eine weitergehende Steuerbefreiung vorsehen als die Abkommensregelungen. Da die meisten Abkommen die Steuerfreistellung v Dividenden an eine bestimmte Beteiligungshöhe (von bspw mindestens 25 %) knüpfen,[102] kann die Rechtsfolge des § 8b KStG der des Abkommens vorgehen.[103] Mit der Steuerbefreiung nach **§ 8b Abs 1 iVm Abs 4 KStG** geht jedoch die Regelung des § 8b Abs 5 KStG einher, wonach 5 % der steuerfreien Dividende als nicht abzugsfähige Betriebsausgaben gel- 56

98 Vgl dazu *OFD Rheinland* DStR 2011, 175 zur Anwendung der DBA auf Einkünfte aus ausländischen Betriebsstätten (und auf ausländisches Betriebsstättenvermögen) nach § 20 Abs 2 und 3 AStG; Auswirkungen des *BFH*-Urt v 21.10.2009, I R 114/08.

99 OFD Rheinland DStR 2011, 175.

100 Ua *Kaminski/Strunk* IStR 2011, 137, *Vogt* in Blümich, § 20 Abs 2 AStG Rn 29.

101 *Richter* IStR 2010, 6. Einen solchen Verweis enthalten die Abkommen mit Estland, Lettland, Litauen und Malta, Polen sowie Rumänien.

102 Eine Einschränkung dieser nationalen Regelung und die Verknüpfung der Steuerfreistellung an eine Mindesthaltedauer und Mindestbeteiligungshöhe sind nicht ausgeschlossen. Einen entspr Vorschlag enthält „Grünbuch der Deutsch-Französischen Zusammenarbeit – Konvergenzpunkte bei der Unternehmensbesteuerung" vgl dazu den Beitrag v *Eilers/Nücken/Valentin/Daniel-Mayeur* DB 2012, 535.

103 Ein solcher Fall liegt bspw vor, wenn das Abkommen für die Freistellung eine Mindestbeteiligung von 25 % vorsieht, weil das innerstaatliche Recht eine Mindestbeteiligung von 10 % als Voraussetzung für die Steuerbefreiung vorschreibt.

ten und den steuerlichen Gewinn nicht mindern dürfen. Diese Rechtsfolge greift auch dann, wenn die Rechtsfolge nach dem Abkommen und dem nationalen Recht übereinstimmen. In diesem Fall wirkt **§ 8b Abs 5 KStG** als eine Beschränkung der auf Ebene des Abkommens gewährten Freistellung.[104] Seit Einführung der Regelung über die Streubesitzbesteuerung ist jedoch in Ausnahmefällen auch der umgekehrte Fall denkbar. Es ist also möglich, dass § 8b Abs 4 KStG die abkommensrechtlich vorgesehene Freistellung der Dividenden verhindert, weil das jeweilige DBA bspw ausnahmsweise eine Steuerbefreiung für Dividenden unabhängig von einer bestimmten Mindestbeteiligung vorsieht. § 8b Abs 5 KStG würde in diesen Fällen keine Anwendung finden. Zu einer entspr Einschränkung der Steuerbefreiung kommt es bspw, wenn die Voraussetzungen des § 8b Abs 1 S 3 KStG nicht erfüllt sind, auch dann wirkt § 8b KStG als Treaty Override.[105]

57 Da die Freistellung der Dividenden auch dann nach § 8b Abs 1 iVm Abs 4 und 5 KStG erfolgt, wenn das Abkommen selbst eine Steuerfreistellung vorsieht, stellt sich die Frage, ob eine Hinzurechnung der Dividenden nach § 8 Nr 5 GewStG für Zwecke der Gewerbesteuer trotz abkommensrechtlicher Freistellung der Dividenden mit der Folge in Betracht kommt, dass diese im Inland der Besteuerung mit **Gewerbesteuer** unterliegen. Der BFH hat mit Urt v **23.6.2010**[106] entschieden, dass eine Hinzurechnung nicht in Betracht kommt, weil die abkommensrechtliche Befreiungsvorschrift zwar faktisch durch § 8b KStG verdrängt werde, aber im Zusammenspiel mit der Hinzurechnungsvorschrift des § 8 Nr 5 GewStG wieder auflebt und dann zu **keiner Hinzurechnung** führen kann, weil § 8 Nr 5 GewStG ausschließlich die nach § 8b KStG, nicht aber aufgrund eines Abkommens steuerfreien Dividenden erfasst. Damit pflichtet der BFH der überwiegend in der Lit vertretenen Auffassung bei. Gleichwohl unterliegen 5 % der Dividenden aufgrund der Regelung des § 8b Abs 5 KStG der Gewerbesteuer. Sollte die Freistellung jedoch ausschließlich auf § 8b KStG basieren, so kommt eine Hinzurechnung für Zwecke der Gewerbesteuer in Betracht. Die Voraussetzungen für eine **Hinzurechnung** der Gewinne aus einer Beteiligung an einer KapGes mit Geschäftsleitung und Sitz außerhalb der Bundesrepublik Deutschland enthält die Regelung des § 9 Nr 7 GewStG.[107]

C. Absatz 2 der Vorschrift

I. Tatbestandsvoraussetzungen

58 Art 23A Abs 2 findet Anwendung, wenn eine in einem der Vertragsstaaten **ansässige Person** (s Rn 9) Einkünfte iSd **Art 10** oder **11** bezieht, die im anderen Vertragsstaat **besteuert werden können**. Weitere Voraussetzung ist, dass diese Person im anderen Staat tatsächlich Steuern gezahlt hat.

59 Art 10 erfasst **Dividenden**, als welche nach Art 10 Abs 3 insb Einkünfte aus Aktien, Genussaktien und Genussscheinen gelten, die nach Art 10 Abs 1 im Quellenstaat

---

104 Zur Frage, ob es sich bei dieser „Schachtelstrafe" um eine Treaty Override handelt, vgl *Kollruss* IStR 2015, 869 ff.

105 Zu weiteren Einzelheiten vgl *Jochimsen/Gradl* IStR 2015, 236.

106 *BFH* DStR 2010, 1665.

107 Auf die Darstellung der einzelnen Voraussetzungen wird hier verzichtet, weil diese nur dann greifen können, wenn eine abkommensrechtliche Freistellung nicht in Betracht kommt, die jedoch Gegenstand der vorliegenden Kommentierung ist.

besteuert werden können. Der Höhe nach beschränkt sich das **Quellenbesteuerungsrecht** nach Art 10 Abs 2 in Abhängigkeit v der Höhe der Beteiligung auf **5 %** bei einer Beteiligungshöhe v mindestens 25 % oder **15 %** in allen anderen Fällen. Der Betriebsstättenvorbehalt des Art 10 Abs 4 ist zu beachten. Findet er Anwendung, weil die im Vertragsstaat ansässige Person im anderen Staat eine Betriebsstätte unterhält, welcher die Beteiligung und damit die Dividenden funktional zugeordnet werden können, finden Art 10 Abs 1 und 2 und damit Art 23A Abs 2 keine Anwendung. Zu weiteren Einzelheiten s Art 10.

Art 11 regelt die Verteilung der Besteuerungsrechte an **Zinsen**, als welche nach Abs 3 Einkünfte aus Forderungen jeder Art und insb Einkünfte aus öffentlichen Anleihen und aus Obligationen einschließlich der damit verbundenen Aufgelder und der Gewinne aus Losanleihen gelten. Auch bei dieser Norm handelt es sich um eine unvollständige Verteilungsnorm, weil die Einkünfte grds im anderen Staat besteuert werden können. Abs 2 beschränkt jedoch das **Besteuerungsrecht des Quellenstaates** auf maximal **10 %** der Zinsen. Die Vereinbarung eines geringen Quellensteuersatzes ist möglich. Auch Art 11 enthält in Abs 4 einen Betriebsstättenvorbehalt, der bei Anwendung zur Nichtanwendbarkeit des Art 11 und Art 23A Abs 2 führt. Zu weiteren Einzelheiten vgl die Kommentierung zu Art 11. In vielen Abkommen wird die Regel auf Lizenzgebühren als Einkünfte **iSd Art 12** ausgedehnt.[108] 60

II. Rechtsfolgen

Art 10 und 11 sind unvollständige Verteilungsnormen, weswegen es zur Vermeidung der Dbest der Anwendung der Methodenartikel bedarf. Beide Artikel gewähren dem Ansässigkeitsstaat die Möglichkeit einer Besteuerung der Dividenden oder Zinsen. Eine verbindliche Rechtsfolge schreiben sie jedoch nicht vor. Aus dem Anwendungsvorrang des Art 23A Abs 2 vor Abs 1 geht jedoch hervor, dass der **Ansässigkeitsstaat**, an welchen beide Regelungen gerichtet sind, im Falle einer Ausübung dieses Besteuerungsrechtes die Dbest zwingend unter Anwendung der **Anrechnungsmethode** zu vermeiden hat. Übt er hingegen dieses Recht nicht aus, so findet Art 23A Abs 1 und damit die **Freistellungsmethode** (s Rn 21) Anwendung. 61

Die Anrechnungsverpflichtung greift auch dann, wenn der Ansässigkeitsstaat die Verteilungsnormen anders als der Quellenstaat anwendet, soweit die Ursache dieses **Qualifikationskonfliktes** die zutreffende Anwendung des innerstaatlichen Rechts des Quellenstaates und diese Anwendung aufgrund fehlender abkommensrechtlicher Normen nach Art 3 Abs 2 geboten ist.[109] Die unterschiedliche Auslegung der abkommensrechtlichen Ausdrücke steht damit der Anrechnung nicht entgegen.[110] 62

Der Höhe nach erfasst die Anrechnungsverpflichtung die im anderen Staat **gezahlten Steuern** iSd **Art 10 Abs 2** bzw **11 Abs 2**. Eine Anrechnung der über die abkommensrechtlich vereinbarte Quellensteuer hinaus v anderen Staat einbehaltenen und damit tatsächlich gezahlten Steuer ist ausdrücklich nicht möglich. Sollte die erhobene Steuer bspw als Subvention erstattet oder aufgrund v Steuerermäßigungen bzw -erstattungen gemindert werden, so kann nur der verbleibende Betrag angerechnet werden. Einige 63

108 *Wassermeyer* Art 23A MA Rn 87.

109 *Vogel/Lehner* Art 23 Rn 1269.

110 Tz 32.3 MK zu Art 23A.

Abkommen sehen auch die Berücksichtigung möglicher Erstattungsbeträge vor.[111] Nach dem Wortlaut der Regelung wird der Anrechnungsbetrag der Höhe nach auf die anteilige Steuer beschränkt, die im Ansässigkeitsstaat auf die Einkünfte aus dem anderen Staat anfällt. Nach dem MA kann es damit nur zur Anrechnung der **tatsächlich** gezahlten Steuer maximal iHd **Anrechnungshöchstbetrages** kommen, sog beschränkte Anrechnung. Die Ermittlung der anrechenbaren Steuern erfolgt nach innerstaatlichem Recht des Ansässigkeitsstaates, sie setzt insb die Einkünfte- und Höchstbetragsermittlung voraus (s Rn 11 und 70).

64 Abweichend v dem MA können die Vertragsstaaten auch eine **der Höhe nach unbeschränkte Anrechnung** der tatsächlich gezahlten Steuern[112] sowie eine Anrechnung **fiktiver Steuern** vereinbaren. Zweck der Anrechnung fiktiver Steuern ist die gezielte Förderung bestimmter v Quellenstaat ausdrücklich erwünschter Investitionen durch die Gewährung v Steuerbegünstigungen, die jedoch im Regelfall in Folge der Anrechnung der tatsächlich gezahlten Steuern im Ansässigkeitsstaat des StPfl durch die Besteuerung der Einkünfte mit dessen Steuersatzes „aufgefressen" werden. Um diesen Effekt der Anrechnung zu verhindern, sehen einige Abkommen, idR nur solche mit Entwicklungsstaaten, die Anrechnung fiktiver Steuern vor, wodurch auf die idR höhere inländische Steuerlast eine tatsächlich nicht in dieser Höhe gezahlte ausländische Steuer angerechnet wird und der Steuervorteil im Ergebnis erhalten bleibt.[113]

65 Durch die Anrechnung der ausländischen Quellensteuer wird zwar die **juristische Dbest** bei der Besteuerung v Dividenden, nicht aber die Mehrfachbelastung der Dividenden durch Körperschaftsteuer vermieden. Gleichwohl hat sich die *OECD* gegen eine abkommensrechtliche Lösung dieses Problems entschieden und es den Vertragsstaaten überlassen, wie sie dieses Hindernis beseitigen möchten. Einige Staaten nehmen entsprechende Bestimmungen in ihre Abkommen auf.[114] In Deutschland werden die Dividenden mit Ausnahme von Streubesitzdividenden nach § 8b KStG steuerfrei gestellt. Eine Anrechnung der im Ausland gezahlten Steuern kommt daher lediglich für Streubesitzdividenden in Betracht.[115]

III. Umsetzung nach deutschem Steuerrecht

66 Art 23A Abs 2 schreibt dem Ansässigkeitsstaat zur Vermeidung der Dbest ausdrücklich die Anwendung der Anrechnungsmethode vor, wenn dieser v dem ihm abkommensrechtlich gewährten Besteuerungsrecht Gebrauch macht. Die Anwendung dieser

---

111 *Vogel/Lehner* Art 23 Rn 139.

112 Diese Möglichkeit sieht auch der MK vor, vgl Tz 48 MK zu Art 23A. Danach sollen die Vertragsstaaten den entspr Artikel wie Art 23A Abs 2 MA, jedoch ohne den vorgesehenen S 2 formulieren.

113 Zu den Vor- und Nachteilen der Anrechnung fiktiver Steuern vgl Tz 72 ff MK zu Art 23B. IE empfiehlt die *OECD* die Anrechnung fiktiver Steuern nur mit Staaten zu vereinbaren, deren wirtschaftlicher Stand unter demjenigen der Mitgliedstaaten der *OECD* liegt. Grund dafür ist ua die Missbrauchsanfälligkeit der Anrechnung sowie die Frage, ob diese Methode tatsächlich zur Förderung der wirtschaftlichen Entwicklung geeignet ist.

114 Tz 50 ff MK zu Art 23A.

115 An der Nichtanrechenbarkeit der ausländischen Quellensteuern für nach § 8b Abs 1 und 4 KStG steuerfreien Dividenden vermag auch § 8b Abs 5 KStG nichts zu ändern, nach welchem 5 % der Dividende als nicht abzugsfähige Betriebsausgaben den steuerlichen Gewinn nicht mindern dürfen.

Methode bedarf der Ergänzung durch innerstaatliches Recht. **§ 34c Abs 6 EStG**[116] erklärt nach S 2 für diese Zwecke Abs 1 S 2–5 und Abs 2 des Paragraphen für entspr anwendbar. Dieser Verweis ermöglicht es dem Stpfl, auf Antrag **anstatt der Anrechnungs- auch die Abzugsmethode** nach § 34c Abs 2 EStG in Anspruch zu nehmen, obwohl das Abkommen nur die Anwendung der Anrechnungsmethode vorsieht.[117] Eine Antragstellung kann insb dann v Vorteil sein, wenn das nach deutschem Steuerrecht zu ermittelnde zu versteuernde Einkommen negativ ist, der steuerpflichtige Anrechnungsberechtigte jedoch im Quellenstaat aufgrund seiner positiven ausländischen Einkünfte Steuern gezahlt hat, deren Anrechnung aufgrund einer fehlenden inländischen Steuerbelastung nicht möglich sein kann. Diese Möglichkeit steht dem StPfl jeweils für die Einkünfte aus den unterschiedlichen Staaten zu, kann jedoch für alle Einkünfte aus einem Staat nur einheitlich ausgeübt werden. Diese Option steht den StPfl bei Anrechnung einer fiktiven Steuer nach § 34c Abs 6 S 2 HS 3 EStG nicht offen.

Die **Anrechnung** der ausländischen Steuern ist nur unter den in § 34c Abs 1 EStG genannten Voraussetzungen[118] möglich. Diese müssen zusätzlich zu den Tatbestandsvoraussetzungen des Art 23A Abs 2 (s Rn 62–64) erfüllt sein. Liegen die Voraussetzungen vor, so ist eine Anrechnung max iHd sog **Anrechnungshöchstbetrages** möglich. Der Gesetzgeber hat die Berechnung des Anrechnungshöchstbetrages mit Wirkung ab dem VZ 2015 an die Rspr des EuGH angepasst, nachdem der BFH im Jahr 2011 ein Vorabentscheidungsersuchen an den EuGH gestellt hat.[119] Der EUGH hat mit Urt v 28.2.2013 entschieden, dass die bisherige (bis zum VZ 2014 anwendbare)[120] Berechnung des Anrechnungshöchstbetrags aufgrund der nur anteiligen Berücksichtigung der Kosten der privaten Lebensführung sowie der familienbezogenen Abzugsbeträge bei der Berechnung des Anrechnungshöchstbetrages gegen die Kapitalverkehrsfreiheit verstößt, weil das subjektive Nettoprinzip vorrangig im Wohnsitzstaat zu verwirklichen ist. Nach der Neuregelung des § 34c Abs 1 S 2 EStG erfolgt die Anrechnung der ausländischen Steuer nicht mehr auf Grundlage des Verhältnisses der ausländischen Einkünfte zur Summe der Einkünfte. Vielmehr sind die anrechenbaren ausländischen Steuern in Höhe der durchschnittlichen tariflichen Einkommensteuer auf die ausländischen Einkünfte unter Berücksichtigung der persönlichen Abzugsbeträge zu ermitteln. Dabei setzt die Berechnung des Anrechnungshöchstbetrages weiterhin die Ermittlung der Höhe der ausländischen Einkünfte nach deutschem Steuerrecht sowie der deut- **67**

116 Die Anrechnung ausländischer Steuern bei KapGes regelt § 26 KStG. Bei Vorliegen eines DBA erklärt dieser nach Abs 1 S 1 § 34c Abs 1–3 und 5–7 sowie § 50d Abs 10 EStG vorbehaltlich des S 2 und § 26 Abs 2 KStG für entspr anwendbar.

117 Ebenso *Vogel/Lehner* Art 23 Rn 159.

118 Die Anrechnung steht unbeschränkt StPfl nur dann zu, wenn die ausländischen Einkünfte in dem Staat, aus dem die Einkünfte stammen, zu einer der deutschen Einkommensteuer entspr Steuer herangezogen werden. Des Weiteren muss der StPfl einen Nachweis über die Höhe der ausländischen Einkünfte sowie über die Festsetzung und Zahlung der ausländischen Steuern durch Vorlage entspr Urkunden wie bspw eines Steuerbescheids oder einer Quittung über die Zahlung nachweisen, vgl § 68b EStDV. Anrechnungsberechtigt ist grds derjenige, für dessen Rechnung die Steuer entrichtet wurde, dh der Steuerschuldner der ausländischen Steuer.

119 S dazu bspw DB 2011, 912 ff., *BFH* I R 71/10 v. 18.12.13 DStR 2014, 693.

120 § 52 Abs 34a EStG enthält eine Übergangsregelung für alle Fälle, in denen die Einkommensteuer noch nicht bestandskräftig festgesetzt worden ist.

schen Steuer auf das im Inland zu versteuernde Einkommen voraus. Eine Anrechnung der festgesetzten, tatsächlich gezahlten und um einen entstandenen Ermäßigungsanspruch gekürzten ausländischen Steuer auf die inländische ESt (bzw KSt) kann max bis zur Höhe der Steuer erfolgen, die nach deutschem Steuerrecht auf die nach deutschem Steuerrecht ermittelnden Einkünfte[121] des jeweiligen VZ[122] aus dem jeweiligen Staat[123] auf die ausländischen Einkünfte entfällt. Damit unterliegt die Anrechnung auch weiterhin einer sog **per country limitation**, die gleichfalls zur Entstehung v Anrechnungsüberhängen führen kann, weil der Anrechnungshöchstbetrag stets nur länderbezogen und nicht einheitlich über alle ausländischen Einkünfte berechnet wird. Die darüber hinaus im Ausland tatsächlich gezahlten, aber nicht anrechenbaren Steuern können im Inland nicht berücksichtigt werden, wenn der StPfl nicht v dem Wahlrecht des § 34c Abs 2 EStG Gebrauch macht.

68 Alternativ zur Anrechnung ist der **Abzug** der ausländischen Steuer nach **§ 34c Abs 2 EStG** bei der Ermittlung der Einkünfte möglich, soweit diese auf ausländische Einkünfte entfällt, die nicht steuerfrei sind. Sollte weder die Anrechnung nach Abs 1 und damit noch der Abzug nach Abs 2 der ausländischen Steuer möglich sein, weil die ausländische Steuer nicht der deutschen Einkommensteuer entspricht, die Steuer nicht in dem Staat erhoben wird, aus welchem die Einkünfte stammen, oder keine ausländischen Einkünfte vorliegen, so kommt es zwingend zu einem Abzug der ausländischen Steuern nach **§ 34c Abs 3 iVm Abs 6 S 6 EStG** bei der Ermittlung der Einkünfte, soweit sie auf Einkünfte entfällt, die der deutschen ESt (bzw KSt) unterliegen. Ein Abzug der ausländischen Steuer kann bei **Einkünften aus Kapitalvermögen** grundsätzlich nicht in Betracht kommen, weil § 32d Abs 5 S 2 EStG als speziellere Norm zu § 34c EStG ausschließlich die Anrechnungsmethode vorsieht. Eine per country limitation kennt diese Norm nicht, daher gilt die overall limitation, wonach die ausländischen Einkünfte für Zwecke der Anrechnung zusammenzurechnen sind. Gleichfalls kommt ein Abzug nach Abs 3 der Steuer nach **§ 34c Abs 6 S 6 EStG** nicht in Betracht, wenn ein Anwendestaat Einkünfte besteuert, die nicht aus seinem Staat stammen und diese Besteuerung ihre Ursache in einer Gestaltung hat,[124] für die wirtschaftliche oder sonst beachtliche Gründe fehlen, oder das Abkommen dem Staat die Besteuerung gestattet.[125] In den nicht genannten Fällen soll die Abzugsmethode für die Einkünfte aus den Drittstaaten grds zur Anwendung kommen, jedoch nicht aufgrund „künstlicher Gestaltungen" oder im Falle v Doppelanrechnungen.[126]

69 Bei **Anrechnung fiktiver Steuern** findet gem § 34c Abs 6 S 2 HS 3 EStG, Abs 1 S 3 sowie Abs 2 keine Anwendung. Danach können auch ausländische Einkünfte, die in dem Staat, aus dem sie stammen, nach dessen Recht nicht besteuert werden, bei der

---

121 Ausländische Einkünfte, die in dem Staat, aus welchem sie stammen, nicht nach dessen Recht besteuert werden, dürfen nicht berücksichtigt werden. Sie gehen nicht in diese Größe ein, vgl § 34c Abs 1 S 3 HS 2 EStG. Dies gilt auch für die Einkünfte, die nach einem DBA im ausländischen Staat nicht besteuert werden dürfen.

122 Die Steueranrechnung kann gem § 34c Abs 1 S 5 EStG nur für die Einkünfte erfolgen, welche der StPfl in dem jeweiligen Veranlagungszeitraum bezogen und zu versteuern hat. Dem Zahlungszeitpunkt kommt indes keine Bedeutung zu.

123 Die Anrechnung unterliegt der sog „per country limitation", vgl § 68a EStDV.

124 Diese Regelung ist § 50d Abs 3 EStG vergleichbar.

125 Diese Regelung soll eine Doppelanrechnung ausschließen.

126 *Blümich* § 34c EStG Rn 147.

Ermittlung des Anrechnungshöchstbetrages berücksichtigt werden. Ein Abzug der ausländischen Steuer bei der Ermittlung der Einkünfte ist jedoch nicht alternativ zur Anrechnung nach Abs 2 auf Antrag möglich.

D. Absatz 3 der Vorschrift

Art 23A Abs 3 gewährt dem Ansässigkeitsstaat[127] das Recht, die Einkünfte (bzw das Vermögen)[128] einer im Vertragsstaat ansässigen Person (s Rn 9), welche(s) er nach **dem Abkommen v der Besteuerung** ausnehmen muss, bei der Festsetzung der Steuer für das übrige Vermögen oder die übrigen Einkünfte einzubeziehen. Alleinige Voraussetzung des **ProgressVorb** ist es, dass der Ansässigkeitsstaat die Einkünfte nach dem Abkommen nicht besteuern kann. Daher unterliegen dem Vorbehalt nicht nur die Einkünfte, welche nach Art 23A Abs 1 (s Rn 21) v der Besteuerung auszunehmen sind, sondern auch die Einkünfte, welche der Ansässigkeitsstaat aufgrund der vollständigen Verteilungsnormen nicht besteuern kann.[129] Ergibt sich die Steuerfreistellung hingegen auch nach nationalem Recht, so unterliegen die Einkünfte nicht zwingend dem ProgressVorb,[130] insoweit geht die Steuerfreistellung nach nationalem Recht der nach Abkommensrecht vor.[131] **70**

Übt der Ansässigkeitsstaat das ihm gewährte Recht aus, liegt eine sog **beschränkte Freistellung** der Einkünfte vor. Diese Rechtsfolge führt zwar nicht zur Besteuerung der freizustellenden Einkünfte, jedoch idR zur Erhöhung des Steuersatzes, mit welchem die übrigen Einkünfte besteuert werden. Denn die nach dem Abkommen freizustellenden Einkünfte werden bei der Ermittlung der Höhe des Steuersatzes mit berücksichtigt, der jedoch nur auf die nicht freizustellenden Einkünfte Anwendung findet. Im Ergebnis steigt die Steuerbelastung im Regelfall, obwohl die Einkünfte v der Besteuerung freizustellen sind. Bezieht sich die Freistellungsverpflichtung auf negative Einkünfte, so kann sich der ProgressVorb auch steuermindernd für den StPfl auswirken, weil die Einkünfte dann im Falle eines **negativen ProgressVorb** den Steuersatz mindern, der auf die übrigen Einkünfte Anwendung findet. **71**

---

127 Die Regelung des Abs 3 richtet sich ausdrücklich an den Ansässigkeitsstaat. Dem Quellenstaat hingegen steht ebenfalls die Durchführung eines ProgressVorb offen, da das Abkommen einen solchen nicht explizit verbietet (vgl *Wassermeyer* Art 23A MA Rn 122). Diese Auffassung vertritt auch die OECD in ihrem MK. Danach kommt es allein auf das innerstaatliche Recht des Quellenstaates an (vgl Tz 56 MK zu Art 23A).

128 Der Vorbehalt gilt auch für Vermögen einer in einem Vertragsstaat ansässigen Person, das in deren Ansässigkeitsstaat nach dem Abkommen nicht besteuert werden kann. Die nachfolgenden Ausführungen beschränken sich allerdings auf die Einkünfte. Sie gelten mit Einschränkungen entspr für das freizustellende Vermögen.

129 Diese Auffassung vertritt die *OECD* auch in ihrem Musterabkommen (Tz 55 MK zu Art 23A). Sie geht allerdings auch aus dem Abkommenswortlaut hervor.

130 Etwas anderes gilt natürlich dann, wenn eine entspr Regelung des nationalen Rechts eine entspr Regelung enthält, nach welcher die Einkünfte dem ProgressVorb unterliegen. Jedenfalls greift für diese Einkünfte nicht die Regelung des Art 23A Abs 3 iVm § 32b Abs 1 S 1 Nr 3 EStG.

131 *Wassermeyer* Art 23A MA Rn 122 unter Verweis auf das Urt des *BFH* BStBl II 1997, 358 sowie DStRE 2000, 526. Er nennt als Bsp die Steuerfreistellung nach § 3 Nr 6 EStG. Diese Einkünfte unterliegen nicht § 32b Abs 1 S 1 Nr 3 EStG. Der ProgressVorb kommt für nach dem nationalen Steuerrecht auch steuerfreie Einkünfte nur in Betracht, wenn sie zugleich einer anderen Vorschrift des § 32b Abs 1 S 1 EStG unterfallen.

72 Ob der jeweilige Anwendestaat die abkommensrechtliche Option auf einen ProgressVorb nutzt oder nicht, richtet sich allein nach dem nationalen Recht. Ungeklärt ist die Frage, ob es für die Anwendung einer expliziten nationalen Regelung bedarf. Hinsichtlich dieser Frage unterscheiden sich die Auffassungen der Anwendestaaten. So halten die höchsten Gerichte Frankreichs und Spaniens eine besondere gesetzliche Regelung für nicht notwendig. Nach dt Recht hingegen ist eine solche Rechtsgrundlage erforderlich.[132] Nach dieser kommt gem § 32b Abs 1 S 1 Nr 3 EStG für die Besteuerung des zu versteuernden Einkommens ein besonderer Steuersatz zur Anwendung, wenn der StPfl Einkünfte bezogen hat, die nach einem Abkommen zur Vermeidung der Dbest steuerfrei sind. Grundsätzlich erscheint durch diese Regelung sowohl ein positiver als auch ein negativer ProgressVorb möglich. Wirken sich die negativen Einkünfte bei der Ermittlung des besonderen Steuersatzes nicht aus, weil bspw keine anderen Einkünfte der Besteuerung unterliegen, so können die Verluste iRd § 10d EStG berücksichtigt werden.[133] Abweichend davon unterliegen die Einkünfte keinem ProgressVorb, wenn **§ 32b Abs 1 S 2 EStG** oder **§ 2a EStG** zur Anwendung kommen.

73 § 2a EStG schließt die Berücksichtigung bei der inländischen Besteuerung bestimmter negativer Einkünfte mit Bezug zu Drittstaaten aus,[134] zu welchen alle Staaten gehören, die weder zur EU noch zum EWR[135] gehören, . Eine Berücksichtigung dieser Einkünfte iRd negativen ProgressVorb scheidet aus.[136] Im Zuge des JStG 2009[137] wurde die Regelung aufgrund der Rspr des EuGH in der RS **C-347/04** „Rewe Zentralfinanz" sowie eines Vertragsverletzungsverfahrens gegen § 2a EStG aF[138] auf Drittstaaten eingeschränkt, weil der EuGH die fehlende Verrechnung v Verlusten innerhalb der EU für gemeinschaftsrechtswidrig erklärte. Die Berücksichtigung derjenigen negativen Einkünfte innerhalb der EU bzw des EWR, deren Berücksichtigung nicht nach § 2a EStG ausgeschlossen ist, verhindert seitdem die Regelung des § 32b Abs 1 S 2 EStG. Sie verbietet aus Gründen des Gemeinschaftsrechts sowohl die Anwendung des **negativen als auch des positiven** ProgressVorb auf bestimmte Einkünfte,[139] die nicht aus Drittstaaten

---

132 *Vogel/Lehner* Art 23 Rn 221.

133 *BFH* BStBl II 1970, 755.

134 Zu den Einkünften, welche unter den Anwendungsbereich des § 2a EStG fallen, gehören insb die Einkünfte aus einer in einem Drittstaat belegenen land- und forstwirtschaftlichen Betriebsstätte und gewerblichen Betriebsstätte, es sei denn, in dieser wird eine aktive Tätigkeit wie die Herstellung v Waren mit Ausnahme v Waffen iSd § 2a Abs 2 EStG ausgeübt, und auch die Vermietung und Verpachtung v Vermögen.

135 Zum EWR gehören Island, Liechtenstein und Norwegen. Voraussetzung ist jedoch, dass diese Staaten Amtshilfe leisten.

136 *BFH* BStBl II 2000, 605.

137 Bis zur gesetzlichen Neuregelung durch das JStG 2009 v 19.12.2008, BGBl I 2008, 2794 fand das Urt über den Einzelfall hinaus Anwendung, vgl *BMF* Schreiben v 11.6.2007 – IV B 3-S 2118-a/07/0003, BStBl I 2007, 488 sowie v 30.7.2008 – *BMF* IV B 5-S 2118-a/07/10014, BStBl I 2008, 810.

138 Vgl dazu ua das *BMF* Schreiben v 30.7.2008 – *BMF* IV B 5-S 2118-a/07/10014, BStBl I 2008, 810.

139 Zu diesen Einkünften gehören ausschließlich die abschließend in § 32b Abs 1 S 2 Nr 1–5 EStG genannten wie bspw die Einkünfte aus einer land- und forstwirtschaftlichen Betriebsstätte. Aufgrund des in Nr 2 enthaltenen Rückverweises unterliegen Einkünfte aus einer gewerblichen Betriebsstätte, welche die Voraussetzungen des § 2a Abs 2 EStG erfüllen, also aktive Betriebsstätten, dem ProgressVorb (*Blümich* § 32b EStG Rn 67). Dabei erscheint die Wortwahl des Gesetzgebers äußerst unglücklich (vgl dazu auch *Wittkowski/Lindscheid* IStR 2009, 228).

stammen. Im Ergebnis unterliegen die in § 32b Abs 1 S 2 Nr 1–5 EStG abschließend genannten Einkünfte aus EU oder EWR Staaten, die nach dem Abkommen freizustellen sind, keiner beschränkten, sondern einer unbeschränkten Freistellung.

In den ProgressVorb können nur Einkünfte einbezogen werden, die grds **steuerbar** sind. Denn nur diese können auch steuerfrei sein. Diese Beurteilung erfolgt ebenso wie die Ermittlung ihrer **Höhe nach nationalem Steuerrecht**.[140] **74**

Auf die **Körperschaftsteuer** und ehemals auf die **Vermögensteuer** wirkt sich der abkommensrechtliche ProgressVorb nicht aus, weil es an entspr Regelungen fehlt. Aufgrund des linearen Körperschaftsteuersatzes könnte sich der ProgressVorb auch bei Vorliegen einer entspr Klausel nicht auf die Höhe des Steuersatzes auswirken. **75**

Sollte das jeweilige Abkommen abweichend v MA **keinen ProgressVorb** vorsehen, so unterliegen die Einkünfte nach Auffassung einiger Vertreter der Lit, gestützt auf das Urt des BVerfG,[141] im Inland keinem ProgressVorb, weil eine Regelung des Abkommens keinesfalls nur deklaratorisch sein kann. Aus diesem Grund lehnt bspw Vogel die neuere Rspr des BFH sowie die Auffassung v Wassermeyer, welche die gegenteilige Meinung vertreten, ab.[142] Der BFH vertritt hingegen die Auffassung, dass die Anwendung des ProgressVorb keiner abkommensrechtlichen Erlaubnis bedarf, sie jedoch ausgeschlossen ist, wenn das Abkommen einen solchen Vorbehalt verbietet.[143] **76**

E. Absatz 4 der Vorschrift

Abs 4 zielt auf die **Verhinderung einer doppelten Nichtbesteuerung** ab, welche als Ergebnis der Uneinigkeiten zwischen dem Quellen- und Ansässigkeitsstaat entweder über die Tatumstände selbst oder die Auslegung der Abkommensbestimmungen entstehen. Daher findet dieser Abs nur dann Anwendung, wenn einerseits der Quellenstaat aufgrund der genannten zwei Alternativen zu dem Ergebnis kommt, dass bestimmte Einkünfte oder Vermögenswerte unter eine Abkommensbestimmung fallen, nach welcher er die Einkünfte nicht oder nur der Höhe nach beschränkt besteuern darf, und andererseits der Ansässigkeitsstaat aufgrund der unterschiedlichen Beurteilung der Tatumstände oder der Abkommensbestimmungen Verteilungsnormen anwendet, welche dem Quellenstaat das alleinige Besteuerungsrecht zuweisen und ihn an einer Besteuerung hindern.[144] **77**

Voraussetzung für die Anwendung ist allein, dass der Quellenstaat sich aufgrund seiner Abkommensanwendung an der Besteuerung der Einkünfte gehindert sieht. Abs 4 greift daher in den Fällen nicht, in denen der Quellenstaat das ihm abkommensrechtlich gewährte Besteuerungsrecht bspw aufgrund seiner innerstaatlichen Regelungen nicht ausüben kann. In diesen Fällen muss der Ansässigkeitsstaat die Freistellung **78**

140 *BFH* BStBl II 2007, 756.

141 *BVerfG* BStBl II 1973, 431.

142 *Vogel* Art 23 Rn 56.

143 *BFH* BStBl II 2002, 660.

144 Tz 56.1 MK zu Art 23A. Die Ergänzung des Art 23A um den Abs 4 erfolgte am 29.4.2000. Die Regelung wirkt konstitutiv, dh dass die doppelte Nichtbesteuerung durch die Regelung nur dann verhindert werden kann, wenn das Abkommen eine entspr Regelung enthält. Wird dieser Abs in bereits bestehende Abkommen eingefügt, so kommt eine rückwirkende Anwendung aus verfassungsrechtlichen Gründen nicht in Betracht (vgl *Wassermeyer* Art 23A Rn 142).

nach Abs 1 gewähren, weil sich die letztendliche Freistellung aus dem innerstaatlichen Recht des Quellenstaates und nicht, wie v Abs 4 gefordert, aus der Anwendung der Abkommensbestimmungen ergibt. Entsteht der (negative) **Qualifikationskonflikt** hingegen aufgrund der unterschiedlichen Qualifikation der Einkünfte nach nationalem Recht, so ist der Ansässigkeitsstaat nicht zur Freistellung nach Abs 1 verpflichtet (s Rn 22). Einer Anwendung des Abs 4 bedarf es deshalb in diesen Fällen nicht.[145] Daher handelt es sich bei dieser Regelung um keine subject-to-tax Klausel.[146] Abs 4 findet damit nur dann Anwendung, wenn der Quellenstaat nach Auffassung des Ansässigkeitsstaates zu Unrecht zu dem Ergebnis kommt, dass er nicht besteuern darf.[147] Damit Abs 4 greifen kann, muss der Ansässigkeitsstaat iE die Gründe kennen, warum der Quellenstaat diese Einkünfte nicht besteuert. Mögliche Hinweise könnten gesetzesauslegende Richtlinien oder Verwaltungsvorschriften geben. Im Regelfall wird die Prüfung bzw Feststellung dieser Gründe die Anwendung der Vorschrift in der Praxis erschweren.[148]

79 Abs 4 enthält die **Rechtsfolge** bei Meinungsverschiedenheiten der Vertragsstaaten, welche zu einer Nichtbesteuerung der in Frage stehenden Einkünfte oder des Vermögens führen würden. Zur Vermeidung „weißer Einkünfte" hindert er die Anwendung des Abs 1 für die Einkünfte oder das Vermögen einer in einem Vertragsstaat ansässigen Person, welche bzw welches der Quellenstaat aufgrund seiner Abkommensanwendung v der Besteuerung ausnimmt oder Art 10 Abs 2 oder Art 11 Abs 2 anwendet. Er befreit damit den Ansässigkeitsstaat v der Freistellungsverpflichtung des Abs 1, die sonst greifen würde, weil der Quellenstaat die Einkünfte aus Sicht des Ansässigkeitsstaates besteuern dürfte. Darüber hinaus enthält die Norm keine weiteren Aussagen. Sie erscheint insb in Hinblick auf die Einkünfte iSd Art 10 und 11 lückenhaft, weil sie insb für diese Einkünfte nicht vorschreibt, wie die drohende Dbest v Ansässigkeitsstaat zu vermeiden ist. Diese Lücke sollte durch die analoge Anwendung des Art 23A Abs 2 geschlossen werden.[149] Die Folgen der Meinungsverschiedenheiten, welche zu einer doppelten Besteuerung der Einkünfte führen, können nur im Wege eines **Verständigungsverfahrens** gelöst werden, wobei keiner der beteiligten Staaten zu einer Einigung verpflichtet ist (s Art 25).[150]

80 Die meisten v **Deutschland bislang abgeschlossenen Abkommen** enthalten eine solche Regelung noch nicht, in einer Vielzahl der Fälle unterstehen die v Abs 4 erfassten Qualifikationskonflikten jedoch den bereits in den Abkommen enthaltenen switch-over-Klauseln (s Rn 101).

F. Deutsche Abkommenspraxis

81 Die meisten v Deutschland abgeschlossenen Abkommen enthalten **nur einen Methodenartikel**, der die Regelungen des Art 23A und 23B vereint. Im Regelfall beinhalten diese Artikel unterschiedliche Regelungen für die beiden Anwendestaaten, die grds Ansässigkeitsstaat der Person sein können, die Vermögen hat oder Einkünfte erzielt,

145 Tz 56.1 MK zu Art 23A.
146 *Wassermeyer* Art 23A MA Rn 146; *Vogel* Art 23 Rn 250.
147 *Vogel* Art 23 Rn 244.
148 *Wassermeyer* Art 23A MA Rn 146.
149 *Wassermeyer* Art 23A MA Rn 143.
150 *Vogel* Art 23 Rn 251.

die im anderen Staat besteuert werden können. Daher unterscheiden sich die Methoden zur Vermeidung der Dbest im Regelfall auch in Abhängigkeit davon, welcher Staat im konkreten Einzelfall Ansässigkeitsstaat der Person ist. So gewährt beispielsweise der eine Staat als Ansässigkeitsstaat für die Einkünfte, der im anderen Staat belegenen Betriebsstätte, die Freistellung, wohingegen der andere Staat im umgekehrten Fall nur eine Anrechnung der ausländischen Steuern ermöglicht oder die Freistellung nur unter Aktivitätsvorbehalt gewährt.

Zum aktuellen Stand der dt DBA vgl BMF-Schreiben v 19.1.2016[151] sowie die Übersicht unter § 20 AStG Rn 79. **82**

In den meisten Abkommen wird die Freistellungsverpflichtung auf einzelne Einkunftsarten beschränkt, indem bestimmte Einkünfte wie Veräußerungsgewinne, Zinsen, Dividenden mit Ausnahme v Schachtelbeteiligungen und Einkünfte iSd Art 16 und 17 bereits nach den Verteilungsnormen nur oder unter Gewährung eines idR der Höhe nach beschränkten Quellenbesteuerungsrechtes v Ansässigkeitsstaat besteuert werden dürfen. IE basieren die v Deutschland abgeschlossenen Abkommen zwar weiterhin auf dem **Grundsatz der Freistellung**, wobei die **Freistellung** selbst aufgrund der zahlreichen, in den Abkommen für die grds v Ansässigkeitsstaat freizustellenden Einkünfte wie Betriebsstätteneinkünfte und Schachtelbeteiligungen enthaltenen **Ausnahmen** (zB Aktivitätsvorbehalt) mehr und mehr zur Seltenheit wird.[152] Neben den Ausnahmen nach Abkommensrecht gelten jene des nationalen Rechts (s Rn 40). In Grenzfällen kann dies dazu führen, dass der abkommensrechtlich vorgesehene Aktivitätsvorbehalt erfüllt ist, gleichzeitig aber die Voraussetzungen für einen switch over nach § 20 Abs 2 AStG erfüllt sind, der zum Übergang v der Freistellungs- zur Anrechnungsmethode führt.[153] **83**

Das BMF hat eine „**Verhandlungsgrundlage** für Doppelbesteuerungsabkommen im Bereich der Steuern vom Einkommen und Vermögen" erarbeitet und diese erstmals im Frühjahr 2013 veröffentlicht.[154] Diese Verhandlungsgrundlage orientiert sich am Aufbau des OECD-MA und dient als Ausgangsbasis für künftige Neuabschlüsse und Vertragsrevisionen. Die Verhandlungsgrundlage sieht weiterhin die Freistellung unter ProgressVorb als vorrangige Methode zur Vermeidung der Dbes an. Sie soll jedoch nur dann zur Anwendung kommen, wenn die entsprechenden Einkünfte oder das Vermögen tatsächlich im anderen Staat besteuert werden (subject to tax Klausel bzw Rückfallklauseln). Anderenfalls soll die Anrechnungsmethode zur Anwendung kommen. Durch diese Vorgehensweise wird deutlich, dass die Abkommen zukünftig neben der Dbes auch die Keinmalbesteuerung vermeiden sollen. Darüber hinaus sieht die Verhandlungsgrundlage eine Aktivitätsklausel vor. Eine Freistellung ist bei Unter- **84**

---

151 Vgl *BMF*-Schreiben v 19.1.2016 – IV B 2 – S 1301/07/10017-07 unter www.bmf.de.

152 *Vogel* Art 23 Rn 56.

153 Eine solche Konstellation ist in der Praxis relativ unwahrscheinlich, weil die Regelung des § 20 Abs 2 AStG weiter als die abkommensrechtliche Regelung bzgl der Definition der aktiven Tätigkeiten gehen wird. Sie kann jedoch auftreten, weil nach § 8 Abs 1 AStG bestimmte Leistungen, die iRd eines Gesellschaftsverhältnis erbracht werden, nicht als aktive Tätigkeiten erfasst werden.

154 Die Verhandlungsgrundlage kann auf www.bundesfinanzmisterium.de heruntergeladen werden. Eine regelmäßige Aktualisierung der Grundlage ist vorgesehen. Die erste Aktualisierung erfolgte nach der Veröffentlichung im März 2013 bereits im August 2013.

nehmensgewinnen, Dividenden aus einer Schachtelbeteiligung und Gewinnen aus der Veräußerung von Betriebsstättenvermögen nur bei Vorliegen bestimmter Aktivitäten möglich. Für Qualifikationskonflikte und Notifikationseinkünfte enthält die Vertragungsgrundlage eine switch-over-Klausel.[155]

I. Aktivitätsvorbehalte für Betriebsstätteneinkünfte

85 Typisches Merkmal der deutschen Abkommenspraxis ist die Vereinbarung eines Aktivitätsvorbehalts[156] für die Freistellung der Betriebsstätteneinkünfte, welche eine in Deutschland ansässige Person aus dem anderen Staat erzielt. So enthalten va die mit den osteuropäischen Staaten abgeschlossenen Abkommen, wie mit Ungarn, Bulgarien, Tschechien, Slowakei, Slowenien, Serbien, Litauen, Estland, aber auch die Abkommen mit anderen europäischen Staaten[157] wie Spanien, Finnland, Griechenland oder Portugal und der Schweiz[158] **Aktivitäts- bzw Produktivitätsvorbehalte**.[159] Auf der Rechtsfolgenseite führen diese Vorbehalte dazu, dass die Freistellung an die Bedingung gebunden wird, dass in der Betriebsstätte bestimmte, in dem Artikel meist explizit aufgezählte, sog **aktive Tätigkeiten** ausgeübt werden, hingegen bei Ausübung **passiver Tätigkeiten** die Freistellung versagt und die Dbest im Wege der Anrechnungsmethode vermieden wird.

86 Welche Tätigkeiten als aktive Tätigkeiten gelten, bestimmt allein der jeweilige Abkommenstext des zur Anwendung kommenden DBA. Im Wesentlichen können **zwei verschiedene Abkommensformulierungen** unterschieden werden. Die neueren, nach 1995 vereinbarten Abkommen, wie bspw die mit Aserbaidschan, Belarus, Estland, Georgien, Ghana, Kasachstan, Kirgistan, Kuwait, Lettland, Litauen, Malta, Russland, Singapur, Slowenien, Tadschikistan, Tschechien, Ukraine, Uruguay und bspw Usbekistan abgeschlossenen Abkommen, verweisen für die Definition der aktiven Tätigkeiten auf die in den **§ 8 Abs 1 Nr 1–6 und Abs 2 AStG**[160] aufgeführten Tätigkeiten.[161] In den anderen

---

155 Eine ausf Darstellung zur Verhandlungsgrundlage ermöglicht der Beitrag von *Brunsbach/Endres/Lüdicke/Schnitger* Deutsche Abkommenspolitik, IFSt 2013, 60 ff.

156 In einigen Abkommen „verstecken" sich diese Vorbehalte in den Protokollen, Schlussprotokollen oder Brief- und Notenwechsel zu dem Abkommen selbst. Diese sind dann nicht Gegenstand des Art 23 selbst, sondern werden am Anfang oder Ende des Abkommens abgebildet.

157 Zur Frage des Verstoßes der Aktivitätsvorbehalte gg die Niederlassungsfreiheit vgl *Rehfeld* DStR 2010, 1809, der einen solchen Verstoß bejaht.

158 Keinen Aktivitätsvorbehalt enthalten bislang die Abkommen mit Kanada, den Niederlanden, Neuseeland, Italien, Dänemark, Frankreich, Belgien und den Vereinigten Arabischen Emiraten. Vgl dazu die Darstellung *Wassermeyer* Anlage zu Art 23A/B MA (Stand Januar 2015).

159 Nach Angaben von *Kaminski/Strunk* enthalten ca 2/3 aller deutschen DBA Aktivitätsklauseln, vgl *Kaminski/Strunk* IStR 2011, 137. Eine Übersicht über die in den DBA geltenden Aktivitätsklauseln enthält die Anlage zu Art 23A/B MA des *OECD*-Kommentars von *Wassermeyer* sowie *Vogel/Lehner* Art 23 Rn 16.

160 In diesem Zusammenhang ist fraglich, ob § 8 Abs 2 AStG Anwendung finden kann, wenn ein switch over nach § 20 Abs 2 AStG in Betracht kommt, weil dieser dessen Anwendung explizit ausschließt.

161 Hier stellt sich die Frage, ob den Verweisen ein „statischer" oder „dynamischer" Charakter zukommt. Ua aufgrund der geänderten Formulierung des Art 3 Abs 2 MA spricht vieles für eine dynamische Auslegung dieses Verweises, weil für die Anwendung des Abkommens ausdrücklich auf das Recht zum Zeitpunkt der Abkommensanwendung abzustellen ist. Dies soll jedoch nur dann gelten, wenn die Umstände nicht eine andere Auslegung notwendig machen. Vgl *Kaminski/Strunk* IStR 2011, 137.

Abkommen, wie bspw in denen zwischen Deutschland und Ägypten, China, Indien, Korea, Polen, Rumänien oder Sri Lanka abgeschlossenen Abkommen werden die **aktiven Tätigkeiten explizit genannt**.

Zu den aktiven Tätigkeiten gehören **typischer Weise** die Herstellung und der Verkauf v Gütern und Waren, die technische Beratung sowie technischen Dienstleistungen und Bank- oder Versicherungsgeschäfte. Manche Abkommen zählen alle Dienstleistungen zu diesen Tätigkeiten. Andere hingegen betrachten die technische Beratung, wiederum andere auch die Bank- und Versicherungsgeschäfte nicht als aktiven Tätigkeiten. **87**

Verweist das Abkommen jedoch explizit auf die Regelungen des **AStG**, so gelten idR als aktive Tätigkeiten die in § 8 Abs 1 Nr 1–6 und Abs 2 AStG genannten Tätigkeiten. Das mit Großbritannien abgeschlossene DBA verweist auf den Aktivkatalog des § 8 Abs 1 AStG.[162] Änderungen der gesetzlichen Regelungen, auf welche verwiesen wird, wirken sich daher auch auf die Anwendung des Abkommens aus. Der Verweis ist damit „beweglich“, es kommt stets die aktuelle Fassung der nationalen Norm zur Anwendung. Fraglich ist, ob dies auch gelten kann, wenn die Regelungen aufgehoben werden. Ismer vertritt die Auffassung, dass die Aktivitätsvorbehalte dann unanwendbar werden.[163] Im Regelfall gelten aufgrund des Verweises auf diese Regelungen des AStG mehr Tätigkeiten als aktive Tätigkeiten als bei Anwendung der Abkommen, welche die einzelnen Tätigkeiten ohne Verweis auf die nationalen Normen explizit nennen. Etwas anderes kann jedoch gelten, weil das AStG einige Leistungen, welche im Gesellschaftsverhältnis erbracht werden, nicht zu den aktiven Tätigkeiten iSd AStG zählt. Insoweit kann sich der Verweis auch negativ für den StPfl auswirken.[164] Zu den aktiven Tätigkeiten idS gehören insb Land- und Forstwirtschaft, die Herstellung, Bearbeitung, Verarbeitung oder Montage v Sachen, die Erzeugung v Energie sowie das Aufsuchen und die Gewinnung v Bodenschätzen, der mit explizit genannten Ausnahmen der Handel und Dienstleistung. Vgl dazu die Kommentierung im ersten Teil des Buches. **88**

Die Einkünfte bzw Einnahmen oder Gewinne[165] müssen idR **ausschließlich oder fast ausschließlich** aus aktiven Tätigkeiten stammen.[166] Damit die Freistellung der Betriebsstätteneinkünfte weiterhin gewahrt bleibt, dürfen der Anteil der Einkünfte bzw Einnahmen oder Gewinne passiver Tätigkeiten einen Anteil v 10 % nicht übersteigen, also der aus **aktiven Tätigkeiten mindestens 90 %** betragen.[167] Dabei werden passive Nebentätigkeiten aktiver Haupttätigkeiten ebenfalls als aktive Tätigkeiten betrachtet. Davon abweichend gelten Dividenden fast ausnahmslos als passive Einkünfte und zwar unabhängig davon, ob sie als Nebentätigkeit aus einer aktiven Haupttätigkeit resultieren oder nicht. Bilden die Tätigkeiten eine wirtschaftlich zusammengehörende Einheit, so können diese auch nur einheitlich als aktive oder passive Tätigkeiten beur- **89**

162 *Gebhardt/Quilitzsch* IStR 2011, 169.

163 *Vogel/Lehner* Art 23 Rn 69.

164 *Vogel/Lehner* Art 23 Rn 70.

165 Bzgl dieser Formulierungen unterscheiden sich die Regelungen der Abkommen.

166 Damit kommt es zu einer Infektionswirkung, weil durch die überschießende Wirkung dieser Regelung die aktiven Einkünfte wie passive Einkünfte behandelt und idR nicht freigestellt werden. Vgl dazu *Lüdicke* S 80.

167 Ist diese Grenze nicht im DBA festgeschrieben, könnte die FinVerw geringfügige Abweichungen tolerieren (so *Vogel/Lehner* Art 23 Rn 74).

teilt werden. Die meisten Abkommen sehen neben der bereits genannten Ausschließlichkeitsgrenze eine weitere Grenze vor. Danach müssen diese Tätigkeiten idR ausschließlich oder fast ausschließlich (idR auch zu 90 %) im Quellenstaat **ausgeübt** werden. Ausnahmen enthalten die DBA mit Iran, Spanien und Thailand.

90 Die Prüfung der Aktivität der Tätigkeiten muss in Abhängigkeit v dem vorliegenden Abkommen für den Einzelfall geprüft werden. Grundsätzlich kann der Aktivitätsvorbehalt in dem einen Jahr erfüllt sein, in dem nächsten Jahr wiederum nicht. Die Rechtsfolgen greifen nur für den jeweiligen VZ. Aufgrund der Verlustverrechnungsmöglichkeiten im Zuge der Anwendung der Anrechnungsmethode kann die Nichterfüllung der Voraussetzungen auch für Gestaltungen zur **Verlustnutzung** verwendet werden.[168]

91 Liegen diese Voraussetzungen nicht vor, so führt die Anwendung des Aktivitäts- bzw Produktivitätsvorbehalts zu einem **switch over** v der **Freistellungs- zur Anrechnungsmethode**. Danach kommt die Freistellungsverpflichtung des Art 23A Abs 1 nicht zur Anwendung, weswegen der Ansässigkeitsstaat sein Besteuerungsrecht ausüben kann, weil er die Einkünfte nicht freistellen muss. Zur Vermeidung der Dbest kommt die Anrechnungsmethode zur Anwendung. In einigen Abkommen beschränkt sich diese Rechtsfolge nur auf die passiven Einkünfte, weil diese Abkommen nicht voraussetzen, dass die Einkünfte ausschließlich oder fast ausschließlich aus aktiven Tätigkeiten resultieren müssen, damit sie v Ansässigkeitsstaat freigestellt werden. In diesen Fällen, wie bei Anwendung des DBA zwischen Deutschland und der Schweiz, ist eine Aufteilung der Einkünfte notwendig.[169] Die Dbest wird dann durch die Anwendung der Freistellungs- und Anrechnungsmethode vermieden.

92 Die **Verhandlungsgrundlage sieht ebenfalls eine** Aktivitätsklausel für Unternehmensgewinne einschließlich der Gewinne aus der Veräußerung ausländischen Betriebsstättenvermögens vor. Entgegen der bisherigen Abkommenspraxis sieht die Verhandlungsgrundlage eine enumerative Aufzählung der aktiven Tätigkeiten vor, die nicht mehr zwangsläufig im anderen Staat ausgeübt werden müssen. Durch die Formulierung der aktiven Tätigkeit entfällt zukünftig die Infektionswirkung geringfügiger passiver Einkünfte, weil unter die Freistellung nur die Einkünfte fallen, soweit sie aus einer aktiven Tätigkeit stammen. Schließlich entfällt die Einbeziehung von Grundstückseinkünften.[170]

II. Schachtelprivileg und Aktivitätsvorbehalt für Dividendeneinkünfte

93 Die drohende Dbest auf Dividenden soll nach dem OECD-MA durch Anwendung der **Anrechnungsmethode** verhindert werden. Davon abweichend sehen zahlreiche Abkommen die **Freistellung** v sog Schachtelbeteiligungen vor, welche der Vermeidung der wirtschaftlichen Dbest dient (sog **Schachtelprivileg**). Daher unterliegen dieser Regelung ausschließlich Beteiligung v einer bestimmten Mindesthöhe, die in dem jeweiligen Abkommen der Höhe nach festgeschrieben ist. So sehen einige Abkommen, wie bspw das DBA-Ägypten, eine vergleichsweise geringe **Mindestbeteiligungs-**

---

168 *Wassermeyer* Art 23A Rn 156.

169 *Vogel/Lehner* Art 23 Rn 75; *Debatin/Wassermeyer* Art 23A Rn 156; *BMF* BStBl I 1975, 479.

170 *Brunsbach/Endres/Lüdicke/Schnitger* Deutsche Abkommenspolitik, IFSt 2013, 128f.

höhe für die mittelbare oder unmittelbare Beteiligung[171] der KapGes an der im anderen Staat ansässigen KapGes v 10 %, zahlreiche andere Abkommen jedoch eine Grenze v mind 25 % vor.[172] Eine „Mindestbesitzzeit" sehen die Abkommen hingegen nicht vor, so dass es auf die Dauer der Beteiligung nicht ankommt. Da die Regelung auf die Vermeidung der virtuellen Dbest abstellt, verlangen sie keine tatsächliche Besteuerung der Dividenden im Quellenstaat als notwendige Voraussetzung für die Freistellung. Fraglich ist, ob die Freistellung, welche sich grds auf die Bruttoeinkünfte bezieht, automatisch die steuerliche Berücksichtigung der damit verbundenen Ausgaben im Inland induziert. Zu dieser Frage vgl Rn 56. Zahlreiche Abkommen stellen auch diese Freistellung unter einen **Aktivitätsvorbehalt**, welchem regelmäßig auch die Betriebsstätteneinkünfte iSd Art 7 OECD-MA unterstehen, daher wird auf diese Kommentierung (s Rn 90ff) verwiesen. Sollte der Aktivitätsvorbehalt zur Anwendung kommen, so entfällt die Verpflichtung zur Freistellung für den Ansässigkeitsstaat, wobei nach deutschem Steuerrecht wiederum § 8b Abs 1, 4 und 5 KStG greift, der eine Freistellung iHv 95 % der Dividende bei einer Mindestbeteiligung von 10 % garantiert, gleichzeitig jedoch einer Anrechnung der im Ausland erhobenen Steuer entgegensteht. Dies gilt unabhängig davon, dass 5 % der Dividende als nicht abzugsfähige Betriebsausgaben gelten und besteuert werden. Die **dt Verhandlungsgrundlage** sieht ebenfalls eine Anwendung der Aktivitätsklausel für Schachteldividenden vor, wobei nicht geregelt ist, ob die Voraussetzungen zum Zeitpunkt der Erwirtschaftung der Gewinne oder zum Zeitpunkt der Ausschüttung erfüllt werden müssen. Zur Anwendung der Regelung wäre eine entsprechende Regelung notwendig.[173] Eine Freistellung der Schachteldividenden ist dabei nur möglich, soweit die Einkünfte aus einer aktiven Tätigkeit resultieren. Anderenfalls kommt die Anrechnungsmethode zur Anwendung. Eine Steuerfreistellung ist gleichwohl nach § 8b KStG möglich.

III. Rückfallklauseln

Als **Rückfallklauseln** werden diejenigen Regelungen bezeichnet, bei denen das 94
Besteuerungsrecht an den Ansässigkeitsstaat zurückfällt, weil der Quellenstaat sein Besteuerungsrecht tatsächlich aufgrund seines **innerstaatlichen Rechts** nicht in Anspruch genommen hat.[174] Sie zielen also auf die Vermeidung „weißer Einkünfte" ab, die entstehen könnten, weil der Quellenstaat die Einkünfte nach seinem nationa-

171 Die meisten Abkommen setzen eine unmittelbare Beteiligung voraus. Die bspw mit Finnland, Griechenland oder Großbritannien abgeschlossen DBA verzichten auf diese Anforderung (vgl *Vogel* Art 23 Rn 90).

172 So sehen bspw die Abkommen mit Ägypten, Aserbaidschan, Bolivien, Bulgarien, China, Dänemark, Frankreich, Indien, Kroatien, Mexiko, Uruguay, USA, Vereinigten Arabischen Emiraten und Vietnam einen Prozentsatz von 10 % und die Abkommen mit Argentinien, Australien, Bangladesch, Brasilien, Ecuador, Indonesien, Iran, Island, Israel, Jamaika, Kenia, Korea, Luxemburg, Malaysia, Thailand, Tunesien eine Höhe von mind 25 % vor. Diese Auflistung ist *Vogel* Art 23 Rn 90 entnommen.

173 *Brunsbach/Endres/Lüdicke/Schnitger* IFSt 2013, 134.

174 Dementsprechend entschied das *FG München* mit Urt v 23.9.2010 zum **DBA-Schweiz**, dass das Besteuerungsrecht nicht an Deutschland als Wohnsitzstaat zurückfällt, wenn die Einkünfte aus nicht selbstständiger Arbeit nicht aufgrund des nationalen Steuerrechts, sondern ausschließlich aufgrund eines öffentlich-rechtlichen Vertrags mit dem Arbeitsgeber nicht in der Schweiz besteuert werden (*FG München* EFG 2011, 418). Die Revision ist unter dem Az I R 93/10 beim *BFH* anhängig.

len Steuerrecht nicht besteuert, gleichzeitig der Ansässigkeitsstaat zur Freistellung verpflichtet ist. Nach den Rückfallklauseln wird der Ansässigkeitsstaat nur dann zur Steuerfreistellung verpflichtet, wenn der Quellenstaat die in Frage stehenden Einkünfte tatsächlich besteuert hat. Zu diesen Rückfallklauseln gehören grds auch die sog **switch-over-Regelungen**, welche einen Übergang v der eigentlich im Abkommen vorgesehenen Freistellungs- zur Anrechnungsmethode vorsehen, um gleichfalls eine Nicht- und darüber hinaus in besonderen Fällen auch eine Niedrigbesteuerung zu vermeiden. Sie stellen dabei eine besondere Form der Rückfallklauseln dar, weil sie nur dann zur Anwendung kommen können, wenn ein sog Zurechnungs- oder Zuordnungskonflikt als Rechtsgrund vorliegt, der für die drohende Nicht- bzw Niedrigbesteuerung kausal ist.[175]

95 Derartige **switch-over-Regelungen** werden vermehrt in die Methodenartikel der DBA aufgenommen. Sie stellen idR nicht auf die Vermeidung der Doppel-, sondern der Minderbesteuerung ab. Dafür sehen sie einen Übergang v der Freistellungs- zur Anrechnungsmethode vor, welche nach einem anderen Buchstaben des entsprechenden Methodenartikels zur Anwendung kommt, wenn Einkünfte oder Vermögenswerte unterschiedlichen Abkommensbestimmungen zugeordnet oder unterschiedlichen Personen (außer nach Art 9) zugerechnet werden (sog Zuordnungs- und Zurechnungskonflikte) und sich dieser Konflikt nicht durch die Einleitung eines Verständigungsverfahrens lösen lässt, wenn die betreffenden Einkünfte oder Vermögenswerte aufgrund dieser unterschiedlichen Zuordnung oder Zurechnung unbesteuert blieben, zu niedrig oder niedriger als ohne diesen Konflikt besteuert werden würden.[176]

96 Der **Anwendung** dieser Regelungen, die ua das DBA-Dänemark, DBA-Norwegen, DBA-Österreich, DBA-Italien, DBA-Pakistan und viele andere enthalten, gehen **zahlreiche Fragen** voraus, die insb mit der Beurteilung der Anwendungsvoraussetzungen einhergehen. Im Vergleich zur Feststellung eines Zuordnungs- oder Zurechnungskonfliktes, also einer unterschiedlichen Verteilung der Besteuerungsrecht aufgrund der Berücksichtigung der nationalen Gesetze oder einer unterschiedlichen Auslegung der abkommensrechtlichen Begriffe, die letztlich entweder zur Zurechnung der Einkünfte an unterschiedliche Personen oder zur Qualifikation bzw Zurechnung der Einkünfte zu unterschiedlichen Abkommensregelungen führt, erscheint die Frage, ob sich dieser Konflikt durch ein Verständigungsverfahren überhaupt regeln lässt, vergleichsweise schwierig. Dabei geht es insb um die Frage, ob diese Konflikte aufgrund der drohenden Minderbesteuerung überhaupt Gegenstand der Verständigungsverfahren ieS sein können, weil diese stets eine Antragstellung des StPfl voraussetzen, der jedoch an einer abweichenden Vereinbarung aufgrund der für ihn günstigen Besteuerung kein Interesse haben wird. So verbliebe noch eine Anwendung der Konsultationsverfahren, welche v den zuständigen Behörden zur Beseitigung v Schwierigkeiten, die bei der Abkommensanwendung auftreten können, eingesetzt werden sollen und nicht v der Antragstellung des StPfl abhängig sind, grds aber nicht für die Lösung v Einzelfällen herangezogen und sich nicht auf den einzelnen StPfl beziehen dürfen. Gleichwohl sollte die Anwendungsvoraussetzung idS ausgelegt werden, dass ein

175 *Debatin/Wassermeyer* Art 23A MA Rn 162.

176 Vgl ua Art 23 Abs 2 Buchstabe e Doppelbuchstabe ee DBA-Algerien. Nach diesen Regelungen kommt die Anrechnungsmethode ungeachtet der Regelung des Art 23 Abs 2 Buchstabe a DBA-Algerien über die Freistellung zur Anwendung.

switch over nur dann zur Anwendung kommen sollte, wenn sich dieser Konflikt nicht durch ein milderes Mittel, also eine Verständigungsvereinbarung, lösen lässt. Dies dürfte zumindest in den Fällen möglich sein, in denen der Konflikt tatsächlich auf einer unterschiedlichen Auslegung der im Abkommen nicht genau definierten Begriffe basiert. Mit vergleichbaren Schwierigen geht die Feststellung der dritten Voraussetzung einher, da diese zumindest in den Fällen der Minderbesteuerung einen Vergleich mit einer Steuerbelastung und in einigen Fällen aufgrund der Verwendung der Worte „zu niedrig“ eine Bewertung voraussetzt, für deren Durchführung das Abkommen keinerlei Hinweise gibt.[177]

Rechtsfolge dieser Norm ist der Übergang v der Freistellungs- zur Anrechnungsmethode, wodurch die ursprünglich im Abkommen vorgesehene Freistellung v Ansässigkeitsstaat nicht gewährt werden muss. Problematisch kann die Durchsetzung dieser Rechtsfolge insb bei einem Zurechnungskonflikt sein, weil § 34c Abs 6 EStG grds eine Anrechnung nur derjenigen Steuern zulässt, welche der StPfl selbst tatsächlich gezahlt hat. **97**

Die Verhandlungsgrundlage sieht ebenfalls eine switch over Regelung vor, die unabhängig von den Gründen für die Subsumtion der Einkünfte zu unterschiedlichen Abkommensbestimmungen zur Anwendung kommt. Voraussetzung ist allein, dass aufgrund einer unterschiedlichen Subsumtion eine Doppel, Nicht- oder Niedrigbesteuerung droht. Zur Vermeidung dieser Besteuerungsfolge ist es notwendig, dass der Ansässigkeitsstaat bei drohender Dbest sein Besteuerungsrecht nicht ausübt, bei drohender Nichtbesteuerung dieses trotz Freistellungsverpflichtung ausübt und bei drohender Niedrigbesteuerung eine Besteuerung unter Anrechnung der ausländischen Steuer vornimmt.[178] **98**

IV. Subject-to-tax-Klauseln

Gleichfalls v den **Rückfallklauseln** zu trennen sind die sog **subject-to-tax Klauseln**, die einen Übergang v der Freistellungs- zur Anrechnungsmethode immer dann vorsehen, wenn der Quellenstaat die Einkünfte tatsächlich nicht besteuert. Im Gegensatz zu den Rückfallklauseln verlangen sie für den Methodenwechsel keinen Rechtsgrund als Voraussetzung.[179] Eine solche Klausel enthält bspw das zwischen Deutschland und Großbritannien am 30.3.2010 unterzeichnete Abkommen.[180] Auch die deutsche Verhandlungsgrundlage sieht eine entsprechende Regelung vor.[181] **99**

V. Besonderheiten einzelner Abkommen

1. DBA USA. Das DBA USA enthält in Art 23 Abs 4 eine umfassende **switch-over-Regelung**, die sich ausschließlich an Deutschland als Ansässigkeitsstaat richtet.[182] Eine Ausdehnung dieser Vorschrift auf die USA war entbehrlich, weil diese grds die Dbest durch Anrechnung der ausländischen Steuer vermeidet. **100**

---

177 Vgl dazu ausf *Haase/Dorn* IStR 2011, 791.
178 Vgl *Brunsbach/Endres/Lüdicke/Schnitger* IFSt 2013, 131.
179 *Wassermeyer* Art 23A MA Rn 162.
180 *Linn* IStR 2010, 542, 546.
181 Vgl *Brunsbach/Endres/Lüdicke/Schnitger* IFSt 2013, 135 ff.
182 Für eine umfassende Kommentierung vgl *Wassermeyer* Art 23A USA Rn 286 ff.

101 Unter diese Regelung fallen zum einen positive **Qualifikationskonflikte** (Abs 4 Buchstabe a), die grds zu einer **Dbest** führen würden. Daher schreibt diese Regelung dem Ansässigkeitsstaat die Anwendung der Anrechnungsmethode vor, obwohl ihm nach zutreffender Anwendung des Abkommens ein Besteuerungsrecht zusteht. Voraussetzung für den switch over ist jedoch die Durchführung eines Verständigungsverfahrens, welches gem Art 25 DBA-USA auf Antrag des StPfl eingeleitet wird,[183] sowie die Auslösung der Dbest v dem Zurechnungs- oder Zuordnungskonflikt.

102 Des Weiteren unterstehen dieser Regelung negative **Qualifikationskonflikte** (Abs 4 Buchstabe b 1. Alt), die aufgrund der unterschiedlichen Anwendung des Abkommens zur **Nicht- oder Minderbesteuerung** führen würden, weil Deutschland nach zutreffender Abkommensanwendung Freistellung gewährt. Ohne Durchführung eines Verständigungsverfahrens ändert diese Regelung die Besteuerungsfolge und schreibt Deutschland als Ansässigkeitsstaat die Anwendung der Anrechnungsmethode vor. Dadurch kann die Niedrig- oder Minderbesteuerung beseitigt werden. Nicht in diesen Anwendungsbereich unterfallen Zurechnungskonflikte, bei denen die Einkünfte aufgrund der nationalen Regelungen der Anwendestaaten unterschiedlichen Personen zugerechnet werden.

103 Gleichfalls Gegenstand dieser Regelung ist eine umfassende **Rückfallklausel** (zum Begriff s Rn 101, 106; Abs 4 Buchstabe b 2. Alt), nach welcher Deutschland ebenfalls nicht zur Freistellung derjenigen Einkünfte verpflichtet ist, welche die USA als Quellenstaat zwar nach den Regelungen des Abkommens besteuern darf, aber nach ihren nationalen Regelungen nicht besteuern kann. Ein solcher Fall kann grds auch bei Qualifikationskonflikten vorliegen, wenn eine Besteuerung der unterschiedlichen zugeordneten Einkünfte aufgrund innerstaatlicher Befreiungsvorschriften nicht erfolgen kann.

104 Ein Übergang v der Freistellungs- zur Anrechnungsmethode ist für Deutschland als Ansässigkeitsstaat überdies nach Konsultation mit den USA möglich (Abs 4 Buchstabe c). Dadurch sollen bei Vertragsabschluss noch nicht absehbare Doppelentlastungen vermieden werden.

105 **2. DBA Niederlande.** Das ab dem 1.1.2016 anzuwendende DBA-Niederlande enthält erstmals Missbrauchsvermeidungsnormen, **Aktivitätsvorbehalte** und eine **subject-to-tax-Klauseln**.

106 Nach Art 22 Abs 1 hat **Deutschland als Wohnsitzstaat** nur jene Einkünfte v der Bemessungsgrundlage auszunehmen, welche in den Niederlanden **tatsächlich** besteuert werden, wenn das Abkommen keine Vermeidung der Dbst im Wege der Anrechnungsmethode, wie für bestimmte Dividenden und Veräußerungsgewinne, Aufsichtsrats- und Verwaltungsvergütungen, Einkünfte, die in den Niederlanden nach Art 16 (Künstler und Sportler) oder Art 17 Abs 2 (Ruhegehälter, Renten und Sozialversiche-

183 Da diese Regelung auf die Vermeidung der Dbest abstellt, kann das Verständigungsverfahren ieS grds Anwendung finden, die unter Rn 103 dargelegten Anwendungsschwierigkeiten gelten daher nicht. Gleichfalls könnte auch ein Konsultationsverfahren zur Anwendung kommen. Diese Auffassung ist jedoch in der Lit strittig (s Rn 102). Nach Auffassung von *Wolff* verlangt diese Regelung nicht, dass ein Verständigungsverfahren in jedem Fall durchgeführt wird, es genüge vielmehr die Gewissheit, dass ein solches zu keiner Einigung führen wird (*Debatin/Wassermeyer* Art 23A MA Rn 162).

rungsleistungen) besteuert werden können, vorsieht. Darüber hinaus stehen ua die Freistellungen der Betriebsstätteneinkünfte und Dividenden zukünftig unter einem **Aktivitätsvorbehalt.** Dieser kommt zur Anwendung, wenn der StPfl nicht nachweist, dass die Einkünfte nicht ausschließlich oder fast ausschließlich aus einer Tätigkeit iSd § 8 Abs 1 AStG resultieren. Zudem sieht das neue Abkommen eine **Rückfallklausel** für die Fälle vor, in denen aufgrund eines Zurechnungs- oder Zuordnungskonfliktes und einer fehlenden Einigung im Wege eines Verständigungsverfahrens eine Niedrig- oder Keinmalbesteuerung droht (s Rn 101 ff). Des Weiteren gesteht das Abkommen Deutschland die Anwendung des ProgressVorb zu.

Die **Niederlande** dürfen als **Wohnsitzstaat** die Einkünfte mit Ausnahme der Verletzten- **107** renten und anderen Invaliditätsleistungen nach dt Sozialversicherungsgesetz, die nach dem Abkommen ausschließlich oder auch v Deutschland besteuert werden dürfen, in die Bemessungsgrundlage für die Erhebung bestimmter Steuern einbeziehen. Für bestimmte Einkünfte, wie bspw für Unternehmensgewinne iSd Art 7 Abs 1, gewährt die Niederlande eine Freistellung in Gestalt einer Steuerermäßigung, sog **„modifizierte Freistellungsmethode“**. Die Durchführung richtet sich nach niederländischem Recht.

Darüber hinaus stellt Art 23 klar, dass dieses Abkommen nicht so auslegen ist, dass es **108** die Staaten an der Anwendung ihrer innerstaatlichen Rechtsvorschriften zur Vermeidung der Steuerumgehung und Steuerhinterziehung hindert. Die innerstaatlichen Normen, wie § 50d Abs 3 EStG, können daher zur Anwendung kommen, ohne zu einem treaty override zu führen. Diese Ausgangssituation ist neu.[184]

3. DBA Großbritannien und Nordirland. Das am 30.12.2010 in Kraft getretene und **109** durch das Änderungsprotokoll mit Wirkung zum 1.1.2016 geänderte Abkommen mit dem Vereinigten Königreich Großbritannien und Nordirland enthält in dem Methodenartikel mit Art 23 Abs 1 Buchstabe a eine umfassende **subject-to-tax-Klausel**, nach welcher Deutschland als Ansässigkeitsstaat die Freistellung nicht gewähren muss, wenn das Vereinigte Königreich die Einkünfte nicht tatsächlich besteuert. Unter dieser Voraussetzung vermeidet Deutschland die Dbest mit der Anrechnungsmethode, welche Großbritannien als Wohnsitzstaat grds anwendet. Darüber hinaus enthält das Abkommen eine **switch-over-Regelung** (Art 23 Abs 1 Buchstabe e lit aa), welche bei Vorliegen v Zurechnungs- oder Zuordnungskonflikte zur Anwendung kommt, wenn dieser sich nicht durch ein Konsultationsverfahren iSd Art 26 Abs 3 regeln lässt und die Einkünfte aufgrund dieses Konfliktes unbesteuert oder niedriger als ohne diesen Konflikt besteuert blieben. Gleichfalls kann Deutschland zur Anrechnungsmethode übergehen, wenn es Großbritannien dieses Vorgehen im Wege der Notifikation mitgeteilt hat (vgl Art 23 Abs 1 Buchstabe e lit bb).

Zu einem Aufleben des deutschen Besteuerungsrechts kommt es nach Art 24 „Ein- **110** schränkung der Abkommensvergünstigung“ auch dann, wenn das Vereinigte Königreich auf die in Frage stehenden Einkünfte das sog **Remittance-Base-Konzept**[185] anwendet, nach welchem es diejenigen Einkünfte nicht besteuert, welche sog (resident) Bürgern zufließen, die im Inland nicht ihren Heimatwohnsitz haben, wenn diese Einkünfte nicht nach Großbritannien gelangen. Die Regelung findet also nur dann Anwendung,

---

184 Vgl dazu z B *Häckl/Spierts* IStR 2014, 58; *Steierberg/Haase* IStR 2015, 102; *Reinert* IStR 2014, 553.

185 Zu Einzelheiten dieses Verfahrens vgl *Wassermeyer* Art I Großbritannien Rn 6.

wenn die Einkünfte aufgrund der fehlenden Überweisung der Einkünfte nach Großbritannien oder Nordirland dort nicht besteuert werden. Sollte diese Voraussetzung nicht vorliegen, kommt ggf eine Besteuerung nach § 50d EStG oder aber § 2 Abs 2 Nr 2 AStG in Betracht, da eine personenbezogene Vorzugsbesteuerung idS vorliegt.[186]

111 Für **Betriebsstätteneinkünfte** sowie für Dividenden aus Schachtelbeteiligungen aus dem Vereinigten Königreich einer in Deutschland ansässigen Person enthält das Abkommen einen Aktivitätsvorbehalt, in welchem explizit die Tätigkeiten iSd § 8 Abs 1 AStG als aktiv definiert werden. Der Vorbehalt greift nur dann nicht, wenn diese Tätigkeiten ausschließlich oder fast ausschließlich in der Betriebsstätte oder Ges ausgeübt werden und der StPfl dies nachweist.

112 Nach **Nr 3 des Protokolls** zum Abkommen werden die Steuervergünstigungen, welche das Abkommen vorsieht, auch dann nicht gewährt (sog **Limitation-on-Benefits-Klausel**), wenn ein in Deutschland ansässiges Unternehmen Einkünfte aus dem Vereinigten Königreich bezieht, welche einer im Drittstaat belegenen Betriebsstätte zuzurechnen sind, falls diese Einkünfte in Deutschland sowie dem Drittstaat einer tatsächlichen Besteuerung unterliegen, die geringer als 60 % derjenigen Steuer ist, die sich ergeben würde, wenn die Tätigkeit ausschließlich in Deutschland ausgeübt und die Einkünfte nicht der im Drittstaat belegenen Betriebsstätte zugerechnet würden. Findet diese Regelung Anwendung, so unterliegen Dividenden, Zinsen und Lizenzgebühren einer Besteuerung v max 15 %. Alle anderen Einkünfte unterliegen jedoch ungeachtet der anderen Bestimmungen des Abkommens der Besteuerung im Vereinigten Königreich. Keine Anwendung findet diese Regelung jedoch auf Lizenzgebühren als Entgelte für die Nutzungsüberlassung oder das Recht auf Nutzung immaterieller Wirtschaftsgüter, welche in der Drittstaaten-Betriebsstätte hergestellt oder entwickelt wurden, sowie auf sonstige Einkünfte, die aus dem Vereinigten Königreich stammen, aber im Zusammenhang mit einer aktiv ausgeübten Tätigkeit erzielt werden oder aus Anlass dieser Tätigkeiten anfallen.

113 **4. DBA Vereinigte Arabische Emirate.** Nach dem Methodenartikel des neuen DBA zwischen Deutschland und den Vereinigten Arabischen Emiraten vermeidet Deutschland als Ansässigkeitsstaat die Dbest **erstmals ausschließlich im Wege der Anrechnung** der ausländischen Steuer, wenn eine unvollständige Verteilungsnorm zur Anwendung kommt. In allen anderen Fällen behält es sich einen ProgressVorb vor.[187]

114 **5. DBA Spanien.** Auch das neue DBA Spanien[188] verpflichtet den Ansässigkeitsstaat Deutschland nach Art 22 Abs 2 Buchstabe a nur dann zur Freistellung, wenn die Einkünfte in Spanien **tatsächlich besteuert werden** und nicht unter die Ausnahme des Buchstabe b fallen. Dies gilt für Dividenden nur bei einer Mindestbeteiligungshöhe v 10 %, wenn sie bei der Ermittlung des Gewinnes der KapGes nicht in Abzug gebracht und an eine in Deutschland ansässige Ges, aber keine PersGes gezahlt wurden. Ungeachtet dieser Regelung kommt eine Freistellung der Betriebsstätteneinkünfte und Dividenden aus Schachtelbeteiligungen dann in Betracht, wenn der StPfl eine aktive Tätigkeit der Unternehmen nachweisen kann. Aktiv iSd Regelung sind alle in § 8 Abs 1 AStG

186 *Büttgen/Kaiser/Raible* BB 2011, 866.

187 Zu weiteren Einzelheiten zu dem DBA vgl *Letzgus/Berroth* IStR 2010, 614 ff.

188 Dieses Abkommen unterzeichneten die Staaten am 3.2.2011 (BGBl II 2012, 329, BStBl I 2013, 349 und 363).

genannten Tätigkeiten. Gleichfalls zum Übergang zur Anrechnungsmethode kommt es, wenn die Einkünfte in den Vertragsstaaten unterschiedlichen Abkommensbestimmungen zugeordnet oder verschiedenen Personen zugerechnet werden (außer nach Art 9), dieser Konflikt sich nicht durch ein Konsultationsverfahren regeln lässt und die Einkünfte aufgrund des **Zuordnungs- oder Zurechnungskonfliktes** unbesteuert oder niedriger als ohne diesen Konflikt besteuert blieben (s Rn 101). Dies gilt auch dann, wenn die Bundesrepublik im Wege der Konsultation Spanien diejenigen Einkünfte notifiziert, für welche es den Übergang v der Freistellungs- zur Anrechnungsmethode beabsichtigt.

6. DBA China. Das neue DBA mit China wurde am 28.3.2014 unterzeichnet.[189] Es **115**
sieht im Wesentlichen eine Reduzierung der Quellensteuersätze für Schachteldividenden und bestimmte Lizenzgebühren, Änderungen bei der Qualifikation von Betriebsstätten, bei Verrechnungspreisanpassungen, bei Veräußerungsgewinnen und beim Informationsaustausch zwischen den Ländern vor. Die fiktive Anrechnung chinesischer Quellensteuern entfällt.[190] Zur Vermeidung der Dbes wird für in Deutschland ansässige Personen weiterhin die Freistellungsmethode unter ProgressVorb gewährt. Allerdings steht die Freistellung für Unternehmensgewinne und Dividenden unter einem Aktivitätsvorbehalt. Sie wird nur unter dem Nachweis gewährt, dass die chinesische Betriebsstäte oder Beteiligungsgesellschaft ihre Einkünfte ausschließlich oder fast ausschließlich aus unter § 8 Abs 1 Nr 1–6 AStG fallenden Tätigkeiten erzielt hat. Darüber hinaus enthält das Abkommen in Art 23 eine switch-over-Klausel für Sachverhalte, die nach erfolglosen Verständigungsverfahren aufgrund eines Qualifikations- oder Zurechnungskonfliktes zur Nichtbesteuerung oder Niedrigbesteuerung führen würden. Die Anrechnungsmethode findet insb für Zinsen, Lizenzgebühren, bestimmte Veräußerungsgewinne, Aufsichtsrats- und Verwaltungsratsgebühren und bestimmte Einkünfte von Künstlern und Sportlern Anwendung.[191]

---

189 Das Abkommen ist bislang (Stand Februar 2016) nicht in Kraft getreten.
190 *Ley/Richter* IStR 2014, 1221. Zu weiteren Einzelheiten zu dem Abkommen s ebenda.
191 *Ley/Richter* IStR 2014, 1225 f.

Art. 23 B Anrechnungsmethode

(1) Bezieht eine in einem Vertragsstaat ansässige Person Einkünfte oder hat sie Vermögen und können[1] diese Einkünfte oder dieses Vermögen nach diesem Abkommen im anderen Vertragsstaat besteuert werden, so rechnet der erstgenannte Staat

a) auf die vom Einkommen dieser Person zu erhebende Steuer den Betrag an, der der im anderen Staat gezahlten Steuer vom Einkommen entspricht;

b) auf die vom Vermögen dieser Person zu erhebende Steuer den Betrag an, der der in dem anderen Vertragsstaat gezahlten Steuer vom Vermögen entspricht.

Der anzurechnende Betrag darf jedoch in beiden Fällen den Teil der vor der Anrechnung ermittelten Steuer vom Einkommen oder vom Vermögen nicht übersteigen, der auf die Einkünfte, die im anderen Staat besteuert werden können[2] oder auf das Vermögen, das dort besteuert werden kann[3], entfällt.

---

1 Österreich: S Fußnote 1 zu Art 6.
2 Österreich: S Fußnote 1 zu Art 6.
3 Österreich: S Fußnote 1 zu Art 6.

(2) Einkünfte oder Vermögen einer in einem Vertragsstaat ansässigen Person, die nach dem Abkommen von der Besteuerung in diesem Staat auszunehmen sind, können[4] gleichwohl in diesem Staat bei der Festsetzung der Steuer für das übrige Einkommen oder Vermögen der Person einbezogen werden.

R 34c. Anrechnung und Abzug ausländischer Steuern EStR 2015; H 34c. Anrechnung und Abzug ausländischer Steuern EStR amtliche Hinweise 2015; H 32d Gesonderter Steuertarif für Einkünfte aus Kapitalvermögen EStR amtliche Hinweise; R 26 Berücksichtigung ausländischer Steuern KStR 2015; H 26 amtliche Hinweise KStR 2015. Berücksichtigung ausländischer Steuern KStR 2008 Hinweise; *BMF* v 12.11.2014, IV B 2 – S 1300 /08/10027 zur steuerlichen Behandlung des Arbeitslohns nach den Doppelbesteuerungsabkommen herausgegeben, BStBl I 2014, 1467; *BMF* v 12.5.1998 IV C 6 – S 1301 – 18/98 zur Erbringung des Nachweises über das Vorliegen der Voraussetzungen für die Anrechnung fiktiver Quellensteuern bei Zinseinkünften nach Doppelbesteuerungsabkommen, BStBl I 1998, 554; *BMF* v 19.3.2004, IV B 4 – S 1301 USA – 22/04, BStBl I 2004, 411; *BMF* v 26.9.2014 IV B 5 – S 1300 /09/10003 zur Anwendung der DBA auf Personengesellschaften, BStBl I 2014, 1258; *BMF* v 20.6.2013 zur Anwendung von Subject-to-tax-, Remittance-base- und Switch-over-Klauseln nach den DBA, BStBl I 2013, 980; *OFD Düsseldorf* v 18.7.2005, S 1301 A – St 12; *OFD Münster* v 18.7.2005, S 1301 – 42 – St 14 – 32; *BMF* v 19.3.2004, IV B 4 – S 1301 USA – 22/04; BStBl I 2004, 411; *OFD Frankfurt* v 19.7.2006, S 1301 A – 55 – St 58.

Übersicht

A. Allgemeines

I. Allgemeiner Überblick

1 Die Vermeidung der int Dbest erfolgt primär nach den Verteilungsnormen (Art 6–22) und sekundär nach der Vermeidungsnorm (Art 23A und B). Die Schrankenwirkung der Verteilungsnormen gilt sowohl für den Wohnsitz- bzw Ansässigkeitsstaat als auch für den Quellenstaat. Bei der Vermeidungsnorm berührt die Steuerbefreiung bzw Steuerermäßigung nur den Wohnsitz- bzw Ansässigkeitsstaat.

4 Österreich: S Fußnote 1 zu Art 6.

Das MA kennt weder einen Steuerabzug noch die Steuerpauschalierung. **2**

Art 23A und B schlagen zwei gleichrangige Methoden zur Vermeidung der Dbest vor: **3**
1. Methode der Steuerfreistellung unter Progressionsvorbehalt (Freistellungsmethode) und
2. Methode der begrenzten Steueranrechnung (Anrechnungsmethode).

Die Freistellungsmethode stellt hierbei auf das Einkommen und die Anrechnungsmethode auf die Steuer ab. In der dt Abkommenspraxis ist es üblich, dass die Regelungen zur Vermeidung der Dbest in einem Abkommensartikel (idR Art 23) zusammengefasst werden. Alle dt DBA kombinieren in dem sog Methodenartikel die beiden Methoden, indem für bestimmte Einkünfte die Freistellungs- und für bestimmte Einkünfte die Anrechnungsmethode anzuwenden ist. **4**

II. Bedeutung der Vorschrift

Art 23A und B regeln die Vermeidung der „juristische Dbest“, die darin besteht, dass dies Einkünfte (oder das selbe Vermögen) bei ders Person (Subjektidentität) durch mehr als einen Staat besteuert werden. **5**

Hierbei sind drei Fälle der Dbest möglich: **6**
1. Die Person ist in beiden Vertragsstaaten unbeschränkt steuerpflichtig. Beide Vertragsstaaten besteuern dies Person mit ihrem gesamten Einkommen (Welteinkommensprinzip) oder Vermögen (konkurrierende unbeschränkte StPfl).
2. Eine in einem Vertragsstaat ansässige Person bezieht Einkünfte aus dem anderen Staat (Quellenstaat) oder hat dort Vermögen und beide Vertragsstaaten besteuern diese Einkünfte oder dieses Vermögen (unbeschränkte StPfl und beschränkte StPfl).
3. Die Person ist in beiden Vertragsstaaten beschränkt steuerpflichtig. Beide Vertragsstaaten besteuern dieselbe Person mit ihren Einkünften aus einem der Vertragsstaaten oder das dort belegene Vermögen (konkurrierende beschränkte StPfl).

Art 23A und B verhindern nicht die wirtschaftliche Dbest (Objektidentität) dh die Besteuerung ders Einkünfte oder desselben Vermögens bei zwei verschiedenen Personen (keine Subjektidentität). Rechnen der Ansässigkeitsstaat und der andere Vertragsstaat Einkünfte verschiedenen Personen zu bzw qualifizieren die Einkünfte unterschiedlich, so dass unterschiedliche Verteilungsnormen anzuwenden sind, kann es trotz vorliegen eines DBA zu einer Dbest kommen. **7**

Die wirtschaftliche Dbest kann durch **8**
- unilaterale Bestimmungen
  - § 34c EStG
    - → Steueranrechnung
    - → Steuerabzug
    - → Steuerpauschalierung
    - → Erlass
  - § 26 KStG (vgl § 34c EStG)
  - § 8b KStG
  - § 2 Abs 2, § 9 Nr 2, 3 und 7 GewStG
- bilaterale Bestimmungen
  - abkommensrechtliche Bestimmungen und
  - zweiseitige Verhandlungen (zB Verständigungsverfahren, Schiedsverfahren)
- multilaterale Bestimmungen vermieden werden.

B. Anwendungsbereich

I. Anrechnungsvoraussetzungen

9 **1. Grundzüge.** Art 23B Abs 1 findet im Wohnsitzstaat/Ansässigkeitsstaat nur auf Einkünfte oder Vermögenswerte Anwendung, die nach dem Abk im anderen Staat (Quellenstaat, Belegenheitsstaat oder Betriebsstättenstaat) besteuert werden können dh beide Vertragsstaaten haben nach der entspr Verteilungsnorm („können" = offene Rechtsfolge) das Besteuerungsrecht. Einkünfte oder Vermögenswerte, die „nur" im anderen Vertragsstaat besteuert werden können (vgl Art 8, 13 Abs 3, 19 Abs 1 Buchstabe a und Abs 2 Buchstabe a sowie Art 22 Abs 3) sind von vornherein im anderen Staat von der Steuer befreit („können nur" = abschließende Rechtsfolge).

10 Art 23B Abs 1 regelt die Vermeidung der Dbest durch die Steueranrechnung (Anrechnungsmethode). Art 23B Abs 1 begrenzt die Steueranrechnung auf die Steuer, die in Übereinstimmung mit dem jeweiligen Abkommen gezahlt worden ist. Einzelheiten über die Berechnung des Anrechnungsbetrags und die praktische Durchführung der Anrechnung enthält Art 23B Abs 1 nicht. Im innerstaatlichen Recht vieler Staaten bestehen jedoch Vorschriften über die Anrechnung ausl Steuer. Die meisten dt Abk verweisen daher auf das innerstaatliche Recht der Vertragsstaaten („... unter Beachtung der Vorschriften des dt Steuerrechts über die Anrechnung ausl Steuern die ... Steuer angerechnet, die nach ... Recht und in Übereinstimmung mit diesem Abk von den nachstehenden Einkünften gezahlt worden ist. . ."). Die neueren DBA, die Deutschland abgeschlossen hat folgen grds dem MA.

11 Die Anrechnungsmethode gilt auch für einen Staat, der grds die Freistellungsmethode verwendet, aber nach Art 23A Abs 2 die Steuer anrechnen muss, die im Quellenstaat nach begrenzten Sätzen von Dividenden und Zinsen erhoben wird. Die Vermeidung der DbestBA durch die Anrechnungsmethode obliegt dem Ansässigkeitsstaat. Bei Anrechnung der ausl Steuer wird unterschieden in direkte unbegrenzte (voll) Anrechnung, begrenzte Anrechnung und fiktive Anrechnung. Bei der unbegrenzten Anrechnung kann die ausl Steuer in voller Höhe angerechnet werden. Bei der begrenzten Anrechnung wird die ausl Steuer nur insoweit angerechnet, als sie beim Ansässigkeitsstaat als Steuer auf die ausl Einkünfte entfällt (Höchstbetragsberechnung; § 34c Abs 1 S. 2 EStG und § 26 Abs 2 KStG.. Ist Deutschland der Ansässigkeitsstaat, so erfolgt nur eine begrenzte Anrechnung der – tatsächlich gezahlten bzw. einer fiktiven ausl Steuern (§ 34c Abs 1 S. 2 iVm Abs 6 EStG und § 26 KStG).

12 Zahlreiche in Art 23B Abs 1 aufgeführten Bezugsgrößen sind sehr stark vom Steuerrecht des Ansässigkeitsstaates abhängig, so dass sie nicht durch ein Musterabkommen geregelt werden können. Die abkommensrechtliche Anrechnung ausl Steuer wird daher idR durch innerstaatliche Rechtsvorschriften ergänzt. Für die Anrechnungsmethode bzw. Abzugsmethode sind die ausl Einkünfte nach dem innerstaatlichen Recht des Ansässigkeitsstaates zu ermitteln. Ist Deutschland der Ansässigkeitsstaat, so erfolgt die Umrechnung der ausl Einnahmen, Ausgaben und der anzurechnende ausl Steuer auf Grundlage der von der Europäischen Zentralbank täglich veröffentlichten Euro-Referenzkurse (Zeitbezugsverfahren). Nach Verwaltungsauffassung ist die Umrechnung auch unter Verwendung der Umsatzsteuer- Umrechnungskurse, die monatlich im Bundessteuerblatt Teil I veröffentlicht werden, zulässig.[5] Liegen keine

5 R 34c Abs 1 S 2 EStR.

erheblichen Währungsschwankungen vor, so können aus Vereinfachungsgründen die Einkünfte aus dem ausl Quellenstaat zum Stichtagskurs in Euro umgerechnet werden. Ob Einkünfte aus dem anderen Vertragsstaat erzielt werden oder dort Vermögenswerte belegen sind, bestimmt sich nach dem Recht des jeweiligen Anwendestaates.[6] Einkünfte stammen aus dem anderen Vertragsstaat (Quellenstaat), wenn sie im betr Abk als solche definiert werden oder dem anderen Vertragsstaat ein Quellenbesteuerungsrecht zusteht.[7]

Nach Art 23B Abs 1 ist der Ansässigkeitsstaat nur verpflichtet, eine Anrechnung der Quellensteuer vorzunehmen, wenn dem Quellenstaat das Besteuerungsrecht nach einer Verteilungsnorm zusteht. Wurden Einkünfte oder Vermögen nicht in Übereinstimmung mit dem Abk durch den Quellenstaat besteuert, besteht für den Ansässigkeitsstaat keine Notwendigkeit, diese abkommenswidrige Besteuerung bei der inländischen Besteuerung zu berücksichtigen. Das gilt auch, wenn der Quellenstaat nach dem DBA eine der Höhe nach begrenztes Besteuerungsrecht hat und eine darüber hinausgehende Steuer erhebt und diese ausl Steuer wegen Ablaufs der Erstattungsfrist im ausl Staat nicht mehr erstattet werden kann.[8] Eine abkommensrechtliche Anrechnung hat nur für die ausl Steuern zu erfolgen, auf die sich das Abk bezieht. Welche Steuern unter das Abk fallen definiert Art 2 Abs 2. **13**

2. Allgemeine Anrechnungsvoraussetzungen im Ansässigkeitsstaat. Eine Anrechnung nach Art 23B Abs 1 erfolgt, wenn **14**

- eine in einem Vertragsstaat ansässige Person,
- Einkünfte iSd Art 6–21 bezieht (Vermögenswerte hat), die
- nach dem Abk im anderen Vertragsstaat (Quellenstaat) besteuert werden können und
- die Person im anderen Vertragsstaat (Quellenstaat) eine entspr Steuer gezahlt hat,
- die in Art 2 aufgeführt ist.

Der Begriff der Person bestimmt sich nach Art 3 Abs 1 Buchstabe a. Er umfasst natürliche Personen, Ges und alle anderen Personenvereinigungen (dazu Art 3 Rn 6 ff). **15**

Die Ansässigkeit einer Person in einem Vertragsstaat bestimmt sich nach Art 4 Abs 1. Art 4 Abs 1 setzt die unbeschränkte StPfl der Person in dem Vertragsstaat voraus (dazu Art 4 Rn 29 ff). Ist die Person in beiden Vertragsstaaten unbeschränkt steuerpflichtig, regelt Art 4 Abs 2 für natürliche Personen (dazu Art 4 Rn 98 ff) und Art 4 Abs 3 für nicht-natürliche Personen (dazu Art 4 Rn 118 ff) welcher Vertragsstaat der Ansässigkeitsstaat ist. Die Ansässigkeit einer Person kann sich während des VZ zB durch Wohnsitzverlegung in einen anderen Staat oder Zuzug verändern. Art 23B Abs 1 findet nur auf Einkünfte Anwendung, die während der Ansässigkeit erzielt werden. Die Abkommensberechtigung einer Person sowie die Ermittlung des Ansässigkeitsstaates ist daher ggf tagesgenau bestimmt werden.[9] **16**

Der Einkünftebegriff umfasst sowohl positive Einkünfte als auch negative Einkünfte (Verluste). **17**

---

6 *BFH* BStBl II 1970, 569.
7 *BFH* BStBl II 1996, 261.
8 *BFH* BStBl II 1995, 580.
9 *Debatin/Wassermeyer* Art 23B Rn 16.

18 Weder die Bestimmungen des MA, die dem Quellenstaat für bestimmte Einkünfte ein Besteuerungsrecht einräumen noch die Anrechnung nach Art 23B Abs 1 enthalten eine zeitliche Beschränkung. Der Ansässigkeitsstaat hat die Dbest auch dann zu vermeiden, wenn der Quellenstaat diese Einkünfte und Vermögenswerte in einem früheren oder späteren Jahr besteuert.[10]

19 Die Verteilungsnormen splitten das Einkommen in verschiedene Einkunftsarten auf. Der Begriff der Einkünfte iSd Art 23B ergibt sich somit aus den Verteilungsnormen.[11] Werden Ausdrücke in dem anzuwendenden DBA nicht definiert, so bestimmt Art 3 Abs 2 das die Vertragsstaaten diese Ausdrücke nach ihrem innerstaatlichen Recht auszulegen haben, wenn der Zusammenhang nichts anderes erfordert (dazu Art 3 Rn 53 ff). Die Vermeidung der Dbest obliegt dem Ansässigkeitsstaat.

20 Die Höhe der im Quellenstaat bezogenen Einkünfte ermittelt sich für Zwecke der Besteuerung und der Steueranrechnung nach den Vorschriften des Ansässigkeitsstaates.[12]

21 Eine unterschiedliche Auslegung von Tatsachen und Ausdrücken in den Vertragsstaaten kann zu Qualifikationskonflikten führen, die zu einer Dbest führen. Art 23A und B verlangen nicht, dass der Ansässigkeitsstaat auch in diesen Fällen eine Dbest zu vermeiden hat. Derartige Konflikte sollten durch ein Verständigungsverfahren (dazu Art 25 Rn 1 ff) gelöst werden, da sich sonst eine ungemilderte Dbest ergeben würde.

22 Der Ansässigkeitsstaat rechnet den Betrag an,

- der der im anderen Staat in Übereinstimmung mit dem Abk,
- tatsächlich gezahlten Steuer vom Einkommen bzw Vermögen gleichkommt,
- höchstens jedoch den Betrag, der den Teil der vor der Anrechnung ermittelten Steuer vom Einkommen entspricht (Höchstbetrag der Anrechnung).

23 Der Ansässigkeitsstaat rechnet maximal die im Quellenstaat geschuldete Steuer an.

24 Unter Zahlung ist die Verwirklichung des Anspruchs des Quellenstaates aus den Verteilungsnormen durch Zahlung, Hingabe an Zahlungsstatt oder durch Erzwingung im Verwaltungswege zu verstehen.

25 Anzurechnen ist die Steuer vom Einkommen und Vermögen. In allen von Deutschland abgeschlossenen DBA fällt die Gewerbesteuer unter die Steuer vom Einkommen. Der Ausdruck Steuer umfasst die im anderen Vertragsstaat erhobene Quellensteuer und die durch Veranlagung erhobene Steuer. Die Berechnung der Steuer, auf die anzurechnen ist, erfolgt nach dem Recht des Ansässigkeitsstaates. Besteuert der Ansässigkeitsstaat unbeschränkt StPfl mit ihrem Welteinkommen, so ist das nach innerstaatlichem Recht ermittelte Welteinkommen auch bei der Berechnung der anrechenbaren Steuer zugrundezulegen. Bei der Ermittlung des Welteinkommens sind, nach innerstaatlichem Recht des Ansässigkeitsstaates, positive und negative in- und ausl Einkünfte mit einzubeziehen. Zu den tatsächlich gezahlten Steuern zählt auch die Quellensteuer, die der zum Quellensteuerabzug verpflichtete Schuldner an die Finanzbehörde abgeführt hat.[13]

---

10 Tz 32.8 MK zu Art 23B.

11 *Debatin/Wassermeyer* Art 23B Rn 16.

12 *BFH* BStBl II 1990, 57.

13 *BFH* BStBl II 1992, 607.

Auch wenn die Steueranrechnung nur bei einzelnen Einkunftsarten vorgesehen ist, lässt sich aus Art 23B Abs 1 nicht schließen, dass der Höchstbetrag der Anrechnung für jede Einkunftsart gesondert zu berechnen ist. Nach innerstaatlichem Recht erfolgt die Höchstbetragsberechnung pro Summe der ausländischen Einkünfte aus dem selben Staat (Staatenbezogene Betrachtung). Ist die Steuer im Quellenstaat niedriger als die Steuer im Ansässigkeitsstaat, die auf die Einkünfte aus dem Quellenstaat entfällt, so ist der Steuerbetrag zu zahlen, der auch angefallen wäre, wenn das Gesamteinkommen nur aus dem Ansässigkeitsstaat stammt. Die Beschränkung der anrechenbaren ausl Steuer im Rahmen einer Höchstbetragsberechnung kann jedoch zu einem Anrechnungsüberhang führen. Kann die Quellensteuer nicht in vollem Umfang bei dem Ansässigkeitsstaat angerechnet werden entstehen Anrechnungsüberhänge. Ein Vor- oder Rücktrag von Anrechnungsüberhängen sehen weder das MA noch sämtliche dt DBA vor. Auch die innerstaatlichen Normen (§ 34c EStG, § 26 KStG) zur Vermeidung der Dbest kennen weder einen Vor- oder Rücktrag von Anrechnungsüberhängen. Derartige Überhänge können zB durch eine unterschiedliche Ermittlung der Einkünfte, durch die beiden Vertragsstaaten, oder durch ein niedrigeres Welteinkommen im Ansässigkeitsstaat entstehen. Das MA sieht die Möglichkeit einer Verrechnung des Anrechnungsüberhangs mit Steuern auf Einkünfte aus einem anderen (dritten) Vertragsstaat nicht vor. Ist nach innerstaatlichem Recht des Ansässigkeitsstaates eine derartige Anrechnung möglich, bleibt diese Anrechnungsweise neben dem DBA möglich. In welchem VZ der die Anrechnung der ausl Steuer erfolgen soll ergibt sich nicht eindeutig aus dem MA. § 34c Abs 6 S 2 1. HS EStG, § 26 Abs 1 KStG iVm § 34c Abs 1 S 5 EStG bestimmen, dass die ausl Steuern nur insoweit anzurechnen sind, als sie auf die im VZ bezogenen Einkünfte entfallen. **26**

§ 2 AO regelt den Vorrang völkerrechtlicher Vereinbarungen. Dementsprechend sind die in einem DBA benannten Methoden zu Vermeidung der Dbest im nationalen Recht zu beachten. Das Verhältnis der nationalen Steuerermäßigungsvorschriften (§ 34c EStG, § 26 KStG) zu den Bestimmungen des Art 23B Abs 1 ergibt sich aus dem Gesetzeswortlaut des § 34c Abs 6 EStG bzw § 26 Abs 1 KStG. Nach § 34c Abs 6 S 1 EStG sind die Abs 1–3 des § 34c EStG nicht anzuwenden, wenn die ausl Einkünfte aus einem Staat stammen, mit dem ein Abk zur Vermeidung der Dbest besteht. Diese Nichtanwendbarkeit wird durch § 34c Abs 6 S 2 EStG wieder eingeschränkt. Danach sind § 34c Abs 1 S 2–5 und Abs 2 EStG auf die nach einem Abk anzurechnenden ausl Steuern anzuwenden. § 34c Abs 1 S 3 und Abs 2 EStG sind bei nach dem Abk als gezahlt geltenden ausl Steuerbeträgen (fiktive Steuer) jedoch nicht anzuwenden. § 34c Abs 6 S 2 EStG ist nicht so zu verstehen, dass bei einer Dbest durch Verschulden des StPfl (zB das Versäumen einer Steuererstattung durch Fristablauf) zur Anwendung der Anrechnungs- bzw Abzugsmethode führt. Für Einkünfte auf die § 32d Abs 1 und 3 bis 6 EStG anzuwenden ist findet § 34c EStG keine Anwendung. Eine Steueranrechnung erfolgt hier nach den Regelungen des § 32d Abs 5 EStG. Ob Einkünfte aus dem anderen Vertragsstaat erzielt werden oder dort Vermögenswerte belegen sind, bestimmt sich nach dem Recht des jeweiligen Anwendestaates.[14] Da DBA keine Steueransprüche begründen bzw erweitern werden bei der Ermittlung der anrechenbaren Steuer nur solche ausl Einkünfte berücksichtigt, die nach dem innerstaatlichen Recht im Inland steuerpflichtig sind. Die Ermittlung des Höchstbetrags erfolgt für jeden StPfl gesondert (zB bei PersGes). **27**

---

14 *BFH* BStBl II 1970, 569.

28 **3. Anrechnungsmethode.** Eine Anrechnung der ausl Steuer auf die dt Einkommensteuer bzw Körperschaftsteuer erfolgt im Rahmen einer Höchstbetragsberechnung (§ 34c Abs 1 S 2 EStG, § 26 Abs 2 KStG; sog ordinary-credit) bzw iRd Abgeltungssteuer (§ 32d Abs 5 EStG). Bei der Ermittlung der auf die ausl Einkünfte entfallenden dt Körperschaftsteuer ist die Tarifbelastung vor Abzug der anzurechnenden ausl Steuern und ohne Anwendung der §§ 37 und 38 KStG zugrunde zu legen (§ 26 Abs 2 S 1 KStG).

29 Der Höchstbetrag berechnet sich nach folgender Formel:

$$\frac{\text{ausl Einkünfte aus Staat A}}{\text{zu versteuerndes Einkommen}} \times \text{dt (tarifliche) Einkommen-/Körperschaftsteuer}$$

30 Die ausl Einkünfte (§ 34d EStG) sind unabhängig von der Einkünfteermittlung des ausl Staates nach den Vorschriften des dt Steuerrechts zu ermitteln. Welche Einnahmen und Ausgaben den ausl Einkünften zugeordnet werden, hängt davon ab, welcher Katalogziffer die ausl Einkünfte zugeordnet werden. Bei der Ermittlung der ausl Einkünfte sind die ausl Einkünfte nicht zu berücksichtigen, die in dem Staat, aus dem sie stammen, nach dessen Recht nicht besteuert werden. Für die Ermittlung des Höchstbetrags ist bei zusammenveranlagten Ehegatten eine einheitliche Summe der Einkünfte zu bilden. Eine Anrechnung ausl Quellensteuer erfolgt nicht, wenn die gesamten Einkünfte aus Kapitalvermögen nicht höher sind als die zur Verfügung stehenden Sparerfreibeträge.[15] Die Summe der Einkünfte wird nach nationalem Recht ermittelt und beinhaltet sämtliche inländischen und ausl Einkünfte. Verluste mindern die Summe der Einkünfte und haben damit eine Auswirkung auf den Höchstbetrag der Anrechnung. Die tarifliche Einkommen- bzw Körperschaftsteuer ist ausgehend von dem Gesamtbetrag der Einkünfte bis zum zu versteuernden Einkommen, unter Berücksichtigung der konkreten Umstände des Einzelfalles zu ermitteln.

31 Nach § 68b EStDV hat der StPfl bei Anwendung der Anrechnungsmethode den Nachweis über die Höhe der ausl Einkünfte, über die Festsetzung und die Zahlung der ausl Steuer durch Vorlage entspr Urkunden (zB Steuerbescheid, Steuererklärung bei Selbstveranlagung im Ausland, Zahlungsquittung) zu führen. Des Weiteren bestehen die erhöhten Mitwirkungspflichten bei Sachverhalten mit Auslandsbezug nach § 90 Abs 2 AO.

32 Die Anrechnungshöchstbeträge sind nach § 68a EStDV für jeden einzelnen ausl Staat gesondert zu berechnen (per-country-limitation). Dafür erfolgt eine Zusammenfassung sämtlicher steuerpflichtiger Einkünfte aus dem jeweiligen Staat. Die ausl Steuer wird berücksichtigt, soweit sie auf im Inland steuerpflichtige Einkünfte des betreffenden Staates entfällt. Bei Ehegatten, die zusammenveranlagt werden sind für jeden einzelnen ausl Staat die Einkünfte und anrechenbare Steuern der Ehegatten aus diesem Staat zusammenzurechnen.

33 Durch die Anrechnung einer niedrigeren oder auch höheren ausl Steuer auf die dt Einkommen- bzw Körperschaftsteuer erfolgt eine Herstellung des dt Besteuerungsniveaus.

---

15 *FG Hamburg* v 7.6.2000, II 554/99.

Bei einer Steuerfreistellung von Dividenden und Veräußerungsgewinnen aus Beteiligungen an anderen Körperschaften und Personenvereinigungen (§ 8b Abs 1 Satz 1 und Abs 2 KStG) erübrigt sich bei körperschaftsteuerpflichtigen Gebilden sowohl die Anrechnung einer gezahlten als auch einer als gezahlt geltenden ausl Steuer. Ist eine Dividende nach § 8b Abs 1 S 2 und 3 oder Abs 4 KStG steuerpflichtig, ist jedoch eine Anrechnung einer nach den Vorschriften des DBA gezahlten oder als gezahlt geltenden ausl Steuer möglich. Die Hauptanwendungsfälle der Steueranrechnung liegen jedoch bei den Einkünften aus einer in einem ausl Staat belegenen Betriebsstätte und bei Lizenzeinkünften. 34

Bei der Anrechnung der ausl Steuer sind folgende Schritte zu beachten: 35

1. Ermittlung des Welteinkommens
2. Ermittlung der dt Steuer auf das Welteinkommen
3. Ermittlung des Anrechnungshöchstbetrages
4. Anrechnung der ausl Steuer unter Berücksichtigung des Anrechnungshöchstbetrages

Eine nachträgliche Festsetzung, Änderung oder Erstattung der Quellensteuer führt zu einer Änderung des Höchstbetrags der Anrechnung, da nach den meisten dt DBA die Person im anderen Vertragsstaat (Quellenstaat) eine entspr Steuer gezahlt haben muss. 36

Nach nationalem Recht sind Änderungen hinsichtlich der ausl Steuer dem zuständigen FA mitzuteilen (§ 153 Abs 2 AO). 37

4. Abzugsmethode. Soweit in einem DBA die Anrechnung einer ausl Steuer auf die dt Einkommen-bzw Körperschaftsteuer vorgesehen ist, kann die nach innerstaatlichem Recht eingeräumte Möglichkeit des Abzugs der ausl Steuer bei der Ermittlung der Einkünfte (§ 34c Abs 2 EStG, § 26 Abs 1 KStG; Abzugsmethode) beantragt werden (§ 34c Abs 6 S 1 EStG) dh die ausl Steuer wird bei der Bemessungsgrundlage für die dt Steuer abgezogen. Die Abzugsmethode vermeidet die Dbest nicht in vollem Umfang, sie mildert jedoch die Dbest. Die Abzugsmethode kommt in Betracht, wenn aufgrund von in- oder ausl Verlusten keine dt Steuer gezahlt wird und somit ausl Steuern nicht angerechnet werden können. Eine weitere Anwendungsmöglichkeit besteht bei einem Überhang der ausl Steuer über die für diese ausl Einkünfte geschuldete dt Steuer, die zB durch eine unterschiedliche Berechnung der Einkünfte in Deutschland bzw dem ausl Staat entsteht. Der Antrag muss für die gesamten Einkünfte aus einem Staat einheitlich ausgeübt werden. Ehegatten, die zusammenveranlagt werden können das Antragsrecht bei Einkünften aus demselben Staat unterschiedlich ausüben.[16] 38

Bei folgenden Fallkonstellationen verhindert ein vorhandenes DBA die Dbest nicht: 39

- Nach den Vorschriften des jeweiligen DBA wird eine Dbest nicht beseitigt zB durch Qualifikationskonflikte,
  - Zuordnung der Einkünfte an unterschiedliche Personen,
  - unterschiedliche Beurteilung von Tatsachen, die zur Anwendung unterschiedlicher Verteilungsnormen führen,
  - unterschiedliche Auslegung des Abk,

16 R 34c Abs 4 S 2 EStR.

• der andere Vertragsstaat erhebt eine Steuer, die in dem jeweiligen DBA nicht genannt wird,
• der andere Vertragsstaat besteuert Einkünfte, die aus einem dritten Staat stammen.

40 Diese Fallkonstellationen können auch zu einer doppelten Freistellung der Einkünfte führen.

41 Bezieht sich ein DBA nicht auf eine Steuer vom Einkommen dieses Staates, so sind § 34c Abs 1 und 2 EStG entspr anzuwenden (§ 34c Abs 6 S 4 EStG). Besteuert ein Staat mit dem ein DBA besteht Einkünfte, die nicht aus diesem Staat stammen (sog Drittstaateneinkünfte) so erfolgt nach § 34c Abs 3 EStG der Abzug der ausl Steuer bei der Ermittlung der Einkünfte von Amts wegen.

42 **5. Anwendungsfälle für die Anrechnungsmethode bei Vorliegen eines Doppelbesteuerungsabkommens.** Nach Art 23A Abs 2 erfolgt eine Anrechnung der ausl Steuer beim Ansässigkeitsstaat bei den Einkünften aus

- Dividenden (Art 10 MA) und
- Zinsen (Art 11 MA).

Bei diesen Artikeln hat jedoch der Quellenstaat nur ein beschränktes Besteuerungsrecht (dazu Art 10 Rn 57 ff und Art 11 Rn 27 ff).

43 In dem meisten dt DBA ist die Anrechnungsmethode jedoch bei Einkünften aus

- Dividenden,
- Zinsen und
- Lizenzgebühren anzuwenden.

44 Bei einzelnen dt DBA ist die Anrechnungsmethode auch bei Einkünften aus

- unbeweglichem Vermögen,
- Betriebsstätten, wenn das Abk ein Aktivitäts- bzw Produktivitätsvorbehalt enthält und die Betriebsstätte keine aktive/produktive Tätigkeit iSd Abk ausübt,
- der Überlassung von Arbeitnehmern,
- unselbstständiger Arbeit, die an Bord von Schiffen, Luftfahrtzeugen oder Straßenfahrzeugen ausgeübt wird (zB mit der Türkei),
- der Tätigkeit als Mitglied im Aufsichts- oder Verwaltungsrat einer ausl Ges,
- der Tätigkeit als Künstler, Musiker oder Sportler,
- Ruhegehälter und Renten,
- aus der Veräußerung von Beteiligungen (zB DBA mit Bulgarien, Dänemark, Indien, Kasachstan, Korea, Norwegen, Tschechoslowakei, Zypern), für die das jeweilige DBA das Besteuerungsrecht des Quellen-/Belegenheitsstaates vorsieht,
- sonstige Einkünfte (zB DBA mit Ägypten, China, Indien, Indonesien, Kanada, Neuseeland, Rumänien) für die der Quellen-/Belegenheitsstaates nach dem jeweiligen DBA das Besteuerungsrecht hat anzutreffen.

45 Bei den Einkünften aus unbewegliches Vermögen und der Arbeitnehmerüberlassung ist die Anrechnungsmethode bspw in den DBA mit Argentinien (unbewegliches Vermögen Art 23 Abs 2), Bangladesch (unbewegliches Vermögen Art 22 Abs 1 Buchstabe b Doppelbuchstabe gg), Dänemark (Arbeitnehmerüberlassung Art 15 Abs 4), Elfenbeinküste (unbewegliches Vermögen Art 23 Abs 1 Buchstabe b Doppelbuchstabe ff), Finnland (unbewegliches Vermögen Art 23 Abs 5 Buchstabe b iii), Frankreich (Arbeitnehmerüberlassung Art 13 Abs 6), Italien (Arbeitnehmerüberlassung

Protokoll Abs 13 zu Art 15), Kasachstan (Arbeitnehmerüberlassung Art 15 Abs 3), Korea (Arbeitnehmerüberlassung Art 15 Abs 3) Kroatien (Arbeitnehmerüberlassung Art 15 Abs 3), Kuwait (unbewegliches Vermögen Art 24 Abs 1 Buchstabe b Nr 5), Mauritius (unbewegliches Vermögen Art 24 Abs 1 Buchstabe b Doppelbuchstabe gg), Mexico (unbewegliches Vermögen Art 22 Abs 2 Buchstabe b Doppelbuchstabe ff), Mongolei (unbewegliches Vermögen Art 23 Abs 1 Buchstabe b Doppelbuchstabe ff), Namibia (unbewegliches Vermögen Art 23 Abs 1 Buchstabe b Doppelbuchstabe ff), Norwegen (Arbeitnehmerüberlassung Protokoll Abs 5 zu den Art 15 und 23), ggf Schweden (Arbeitnehmerüberlassung Art 15 Abs 4), Schweiz (unbewegliches Vermögen Art 24 Abs 1 Nr 2), Spanien (unbewegliches Vermögen Art 23 Abs 1 Buchstabe b Doppelbuchstabe ee), Tunesien (unbewegliches Vermögen Art 23 Abs 1 Buchstabe b Doppelbuchstabe gg), Venezuela (unbewegliches Vermögen Art 23 Abs 1 Buchstabe b Doppelbuchstabe ff) vorgesehen.

Die Anrechnungsmethode ist bei den Einkünften von Künstlern und Sportlern bspw **46**
in den DBA mit Ägypten (Art 24 Abs 1 Buchstabe b Doppelbuchstabe ff), Argentinien (Art 23 Abs 2), Aserbaidschan (Art 24 Abs 1 Buchstabe b Doppelbuchstabe gg), Bangladesch (Art 22 Abs 1 Buchstabe b Doppelbuchstabe ff), Belarus (Art 24 Abs 1 Buchstabe b Doppelbuchstabe gg), Bolivien (Art 24 Abs 1 Buchstabe b), Bulgarien (Art 22 Abs 1 Buchstabe b Doppelbuchstabe ee), China (Art 24 Abs 1 Buchstabe b Doppelbuchstabe ff), Dänemark(Art 24 Abs 1 Buchstabe b Doppelbuchstabe bb), Estland (Art 23 Abs 1 Buchstabe b Doppelbuchstabe ee), Ecuador (Art 23 Abs 1 Buchstabe b), Elfenbeinküste (Art 23 Abs 1 Buchstabe b Doppelbuchstabe ee), Finnland (Art 23 Abs 5 Buchstabe b Doppelbuchstabe ii), Georgien (Art 23 Abs 1 Buchstabe b iv), Ghana (Art 24 Abs 1 Buchstabe b Doppelbuchstabe ff), Indien (Art 23 Abs 1 Buchstabe b vi), Indonesien (Art 23 Abs 1 Buchstabe b Doppelbuchstabe ee), Italien (Art 24 Abs 1 Buchstabe b iv), Jamaika (Art 23 Abs 1 Buchstabe b Doppelbuchstabe ff), Jugoslawien (Art 24 Abs 1 Buchstabe b iii), Kanada (Art 23 Abs 2 Buchstabe b Doppelbuchstabe dd), Kasachstan (Art 23 Abs 2 Buchstabe b Doppelbuchstabe gg), Kenia (Art 23 Abs 1 Buchstabe b vi), Kirgisistan (Art 23 Abs 1 Buchstabe b Doppelbuchstabe ff), Korea (Art 23 Abs 1 Buchstabe b Doppelbuchstabe gg), Kroatien (Art 23 Abs 1 Buchstabe b Doppelbuchstabe gg), Kuwait (Art 24 Abs 1 Buchstabe b Nr 4), Lettland (Art 23 Abs 1 Buchstabe b Doppelbuchstabe ee), Litauen (Art 23 Abs 1 Buchstabe b Doppelbuchstabe ee), Malaysia (Art 23 Abs 1 Buchstabe b Doppelbuchstabe dd), Malta (Art 23 Abs 1 Buchstabe b Doppelbuchstabe dd), Mauritius (Art 24 Abs 1 Buchstabe b Doppelbuchstabe ff), Mexico (Art 23 Abs 1 Buchstabe b Doppelbuchstabe ee), Mongolei (Art 23 Abs 1 Buchstabe b Doppelbuchstabe ee), Namibia (Art 23 Abs 1 Buchstabe b Doppelbuchstabe ee), Neuseeland (Art 23 Abs 1 Buchstabe b Doppelbuchstabe dd), Norwegen (Art 23 Abs 2 Buchstabe b iv), Österreich (Art 23 Abs 1 Buchstabe b Doppelbuchstabe gg), Pakistan (Art 23 Abs 1 Buchstabe b vi), Philippinen (Art 23 Abs 1 Buchstabe b Doppelbuchstabe gg), Polen (Art 24 Abs 1 Buchstabe b Doppelbuchstabe bb), Portugal (Art 24 Abs 1 Buchstabe b Doppelbuchstabe ee), Rumänien (Art 23 Abs 1 Buchstabe b Doppelbuchstabe gg), Russland (Art 23 Abs 2 Buchstabe b Doppelbuchstabe cc), Sambia (Art 23 Abs 1 Buchstabe b v), Schweden (Art 23 Abs 1 Buchstabe b Doppelbuchstabe cc), Schweiz (Art 24 Abs 1 Nr 1 und 2), Simbabwe (Art 23 Abs 1 Buchstabe b v), Singapur (Art 24 Abs 1 Buchstabe b Doppelbuchstabe gg), Slowenien (Art 23 Abs 1 Buchstabe b Doppelbuchstabe ff), Sri Lanka (Art 23 Abs 1 Buch-

stabe b Doppelbuchstabe ff), Tadschikistan (Art 22 Abs 2 Buchstabe b Doppelbuchstabe ff), Trinidad und Tobago (Art 22 Abs 1 Buchstabe b Doppelbuchstabe ff), Tschechien (Art 23 Abs 1 Buchstabe b Nr 5), Türkei (Art 23 Abs 1 Buchstabe b Doppelbuchstabe ff), Tunesien (Art 23 Abs 1 Buchstabe b Doppelbuchstabe ff), Ukraine (Art 23 Abs 1 Buchstabe b Doppelbuchstabe ee), Ungarn (Art 23 Abs 1 Buchstabe b Nr 3), Uruguay (Art 23 Abs 1 Buchstabe b), Usbekistan (Art 23 Abs 1 Buchstabe b Doppelbuchstabe ff), Venezuela (Art 23 Abs 1 Buchstabe b Doppelbuchstabe ee), Vereinigte Arabische Emirate (Art 24 Abs 1 Buchstabe b Nr 3), Vereinigte Staaten (Art 23 Abs 2 Buchstabe b Doppelbuchstabe dd), Vietnam (Art 23 Abs 1 Buchstabe b Doppelbuchstabe gg), Zypern (Art 23 Abs 1 Buchstabe b Doppelbuchstabe ff) an zuwenden.

II. Vorbehaltsklauseln

47 **1. Aktivitätsvorbehalt.** Aus dt Sicht sollen teilweise Einkünfte nur dann von der dt Besteuerung freigestellt werden, wenn die im Ausland ausgeübten Tätigkeiten rechts- und wirtschaftspolitisch erwünscht sind. In fast allen neueren dt DBA wurden daher zu bestimmten Tätigkeiten Aktivitätsvorbehalte (Aktivitätsklauseln) vereinbart, die sich zum einen aus dem jeweiligen Abkommenstext und zum anderen aus Protokollen, Schlussprotokollen und sog Brief- oder Notenwechseln ergeben. Zu den vom Aktivitätsvorbehalt betroffenen Einkünften zählen ua Betriebsstätteneinkünfte, Dividendeneinkünfte aus Schachtelbeteiligungen und Gewinne aus der Veräußerung von unbeweglichen und beweglichen Betriebsstättenvermögen. Bei derartigen Aktivitätsvorbehalten ist die Freistellung der Einkünfte – im Ansässigkeitsstaat – davon abhängig, dass die Bruttoerträge, Gewinne oder Einkünfte ausschließlich oder fast ausschließlich (zu mindestens 90 %) oder zu einem festen Anteil aus aktiven bzw produktiven Tätigkeiten stammen. Liegt eine aktive Tätigkeit iSd betreffenden DBA nicht vor, so erfolgt, für die gesamten Einkünfte, die einem Aktivitätsvorbehalt unterliegen, ein Wechsel von der Freistellungs- zur Anrechnungsmethode. Welche Tätigkeiten als aktiv angesehen werden wird in den betreffenden DBA entweder konkret geregelt oder es erfolgt ein Hinweis auf § 8 AStG. Die im Abkommensrecht verwendeten Aktivitätsvorbehalte sind vielfältig. Zu den aktiven Tätigkeiten in dt DBA zählen häufig die

- Herstellung und Verkauf von Gütern und Waren
- technische Beratung
- technische Dienstleistung
- Bank- oder Versicherungsgeschäfte
- Tätigkeiten, die unter § 8 Abs 1 Nr 1–6 (und Abs 2 AStG) fallen
- teilweise sämtliche Dienstleistungen.

48 Aktivitätsvorbehalte sind bspw in den DBA mit Ägypten (Art 24 Abs 1 Buchstabe d), Argentinien (Protokoll Nr 5 Buchstabe a zu Art 23), Aserbaidschan (Art 23 Abs 1 Buchstabe c), Australien (Protokoll Nr 10 zu Art 22), Bangladesch (Art 22 Abs 1 Buchstabe d), Belarus (Art 23 Abs 1 Buchstabe c), Bolivien (Protokoll Nr 8 zu Art 23), Bosnien-Herzegowina (Art 24 Abs 1 Buchstabe b DBA Jugoslawien), Bulgarien (Art 22 Abs 1 Buchstabe c), China (Protokoll Nr 6 Buchstabe b zu Art 24 Abs 2), Ecuador (Protokoll Nr 3 zu Art 23), Elfenbeinküste (Art 23 Abs 1 Buchstabe e), Estland (Art 23 Abs 1 Buchstabe c), Finnland (Protokoll Nr 5 zu Art 23), Georgien (Art 23 Abs 1 Buchstabe c), Ghana (Art 24 Abs 1 Buchstabe c), Griechenland (Art 17

Abs 2 Buchstabe b Doppelbuchstabe bb), Indien (Art 23 Abs 1 Buchstabe e), Indonesien (Art 23 Abs 1 Buchstabe d), Iran (Art 24 Abs 1 Buchstabe d), Island (Protokoll zu Art 23 Abs 1 Buchstabe a), Israel (Art 18 Abs 1 Buchstabe d), Jamaika (Protokoll Nr 2 Buchstabe a zu Art 23), Jugoslawien (Art 24 Abs 1 Buchstabe c), Kasachstan (Art 23 Abs 2 Buchstabe c), Kenia (Protokoll Nr 6 zu Art 23), Kirgisistan (Art 23 Abs 1 Buchstabe c), Korea (Art 23 Abs 1 Buchstabe c), Kroatien (Art 23 Abs 1 Buchstabe c), Kuwait (Art 24 Abs 1 Buchstabe c), Lettland (Art 23 Abs 1 Buchstabe c), Liberia (Protokoll Nr 7 zu Art 23), Litauen (Art 23 Abs 1 Buchstabe c), Malaysia (Protokoll Nr 7 Buchstabe b zu Art 23), Malta (Art 23 Abs 1 Buchstabe d), Marokko (Schlussprotokoll Nr 2 zu Art 23), Mauritius (Protokoll Nr 4 zu Art 24), Mazedonien (Art 24 Abs 1 Buchstabe b DBA Jugoslawien), Mexiko (Art 23 Abs 2 Buchstabe d), Mongolei (Art 23 Abs 1 Buchstabe d), Namibia (Art 23 Abs 1 Buchstabe c), Pakistan (Art 22 Abs 1 Buchstabe c), Philippinen (Protokoll Nr 6 zu Art 24), Polen (Art 24 Abs 1 Buchstabe c), Portugal (Protokoll Nr 8 zu Art 24), Rumänien (Protokoll Nr 6 zu Art 19), Russland (Art 23 Abs 2 Buchstabe c), Sambia (Protokoll Nr 4 zu Art 23), Schweiz (Art 24 Abs 1 Nr 1 Buchstabe a und b), Serbien (Art 24 Abs 1 Buchstabe b DBA Jugoslawien), Simbabwe (Art 23 Abs 1 Buchstabe d), Singapur (Art 24 Abs 1 Buchstabe c), Slowakei (Art 23 Abs 1 Buchstabe c DBA Tschechoslowakei), Slowenien (Art 23 Abs 1 Buchstabe c), Spanien (Notenwechsel zu Art 23), Sri Lanka (Protokoll Nr 2 Buchstabe a zu Art 23), Südafrika (Notenwechsel zu Art 20), Tadschikistan (Art 22 Abs 2 Buchstabe c), Thailand (Notenwechsel zu Art 22), Trinidad und Tobago (Protokoll Nr 5 zu Art 22), Tschechien (Art 23 Abs 1 Buchstabe c), Tunesien (Protokoll Nr 2 zu Art 23), Ukraine (Art 23 Abs 1 Buchstabe c), Ungarn (Art 23 Abs 1 Buchstabe c), Uruguay (Protokoll Nr 5 zu Art 23), Usbekistan (Art 23 Abs 1 Buchstabe c), Venezuela (Art 23 Abs 1 Buchstabe d), Vereinigte Arabische Emirate (Art 24 Abs 1 Buchstabe c), Vietnam (Art 23 Abs 2 Buchstabe d) und Zypern (Protokoll Nr 3 zu Art 23) enthalten.

Auch das dt Steuerecht kennt Regelungen mit Aktivitätsvorbehalten (zB § 2a EStG; **49**
§ 8 Abs 1 AStG).

2. Rückfallklauseln, Subjekt-to-tax-Klauseln, Remittance-Base-Klauseln, Switch-over- **50**
Klauseln. Die Steuerfreistellung nach Art 23A greift, wenn die Einkünfte oder das Vermögen nach dem DBA in dem anderen Vertragsstaat besteuert werden können, das OECD-MA stellt allein auf die virtuelle Dbest und nicht auf eine tatsächliche Dbest ab. Die Anwendung der Freistellungsmethode im Ansässigkeitsstaat nach dem MA ist somit unabhängig von der tatsächlichen Besteuerung im anderen Vertragsstaat (Quellen-/Belegenheits-/Tätigkeits-/Betriebsstättenstaat). Stellt sowohl der Ansässigkeitsstaat als auch der andere Vertragsstaat Einkünfte von der Besteuerung frei, so kann es zu einer doppelten Nichtbesteuerung (sog weißen Einkünften) führen. Um eine doppelte Nichtbesteuerung zu vermeiden geht die dt Abkommenspraxis dazu über, in dt DBA besondere Klauseln aufzunehmen die dieses verhindern. Wesentliche Formen derartiger Klauseln sind die

- Rückfallklausel,
- Subject-to-tax-Klausel und
- Remittance-Base-Klausel (Überweisungsklausel),
- Switch-over-Klausel.

51 Um sog „weiße Einkünfte" zu vermeiden, regeln allgemeine Rückfallklauseln, dass das Besteuerungsrecht an den Ansässigkeitsstaat zurück fällt, wenn der Quellen- oder Belegenheitsstaat von seinem, ihm nach dem betreffenden DBA zugewiesenen Besteuerungsrecht keinen Gebrauch macht, zB Art 22 Abs 1 Buchstabe a DBA Bundesrepublik Deutschland-Bulgarien, Art 23 Abs 1 Buchstabe a DBA Bundesrepublik Deutschland-Großbritannien, Art 22 Abs 2 Buchstabe a DBA Bundesrepublik Deutschland-Spanien, Art 22 Abs 1 Buchstabe a DBA Bundesrepublik Deutschland-Ungarn oder Art 23 Abs 4 Buchstabe b DBA Bundesrepublik Deutschland-USA. Für Zwecke des DBA gelten Vergütungen nur dann als aus dem anderen Vertragsstaat stammend, wenn sie dort besteuert werden. Die Rückfallklauseln fingieren, dass Gewinne oder Einkünfte einer in einem Vertragsstaat ansässigen Person dann nicht aus Quellen innerhalb des anderen Vertragsstaats stammend gelten, wenn sie im anderen Vertragsstaat nicht besteuert werden. Die Rückfallklauseln sind in den jeweiligen DBA im Methodenartikel oder in Protokollen zu finden zB Art 23 Abs 3 DBA Bundesrepublik Deutschland-Norwegen: „Für die Zwecke dieses Artikels gelten Gewinne oder Einkünfte einer in einem Vertragsstaat ansässigen Person als aus Quellen im anderen Vertragsstaat stammend, wenn sie in Übereinstimmung mit dem Abk im anderen Vertragsstaat besteuert werden." Zu einigen DBA existieren zusätzlich Brief- oder Notenwechsel, in denen ebenfalls Klauseln enthalten sind.

52 Bei der subject-to-tax-Klausel lebt für einzelne abkommensrechtliche Einkunftsarten das Besteuerungsrecht des Ansässigkeitsstaates wieder auf, wenn der Quellen- oder Belegenheitsstaat von seinem Besteuerungsrecht kein Gebrauch macht. Die subject-to-tax-Klauseln sind zu einem einkunftsbezogene Klauseln und zum anderen Klauseln, die eine allgemeine Einkünfte-Herkunftsbestimmung beinhalten.[17] Subjekt-to-tax-Klauseln sind in einzelnen Verteilungsnormen (einkunftsbezogene Klauseln) zu finden, so zB in Art 15 Abs 4 DBA Bundesrepublik Deutschland-Österreich „Für Zwecke dieses Artikels gilt die Arbeit im anderen Vertragsstaat nur dann als ausgeübt, wenn die Vergütungen in Übereinstimmung mit diesem Abk im anderen Vertragsstaat besteuert worden sind." oder Art 15 Abs 3 DBA Bundesrepublik Deutschland-Schweiz, Art 7 Abs 2 DBA Bundesrepublik Deutschland-Luxemburg „Soweit der Vertragsstaat, in dem sich der Ort der Leitung befindet, das Besteuerungsrecht gg einer Person mit Wohnsitz in dem anderen Staate nicht ausübt, hat dieser andere Staat das Besteuerungsrecht." Klauseln, die eine allgemeine Einkünfte-Herkunftsbestimmung beinhalten, sind im sog Methodenartikel zu finden; danach gelten Einkünfte für Zwecke des DBA als aus dem anderen Vertragsstaat stammend, wenn sie dort besteuert werden, zB Art 24 Abs 3 DBA Bundesrepublik Deutschland-Dänemark, Art 23 Abs 3 DBA Bundesrepublik Deutschland-Neuseeland, Art 23 Abs 3 DBA Bundesrepublik Deutschland-Norwegen, Art 23 Abs 1 DBA Bundesrepublik Deutschland-Schweden oder Abs 16 Buchstabe d des Protokolls zu Art 24 DBA Bundesrepublik Deutschland-Italien. Eine ausl Besteuerung ist auch dann anzunehmen, wenn die ausl Steuer nur aufgrund von Freibeträgen, eines Verlustausgleichs oder Verlustabzugs entfällt oder die betreffenden Einkünfte bei der ausl Besteuerung als negative Einkünfte berücksichtigt werden.[18] Sobald der Quellenstaat nicht besteuert, fällt das Besteuerungsrecht an den Ansässigkeitsstaat zurück, dh es erfolgte ein Methodenwechsel, der Ansässigkeitsstaat muss nicht mehr freistellen, sondern nur noch anrechnen.

---

17 *BMF* v 20.06.2013.

18 *BFH* BStBl II 1998, 58.

Auf den Grund für die Nichtbesteuerung im anderen Staat kommt es nicht an. Rückfallklauseln und subject-to-tax-Klauseln erfassen zu einem die Fälle, in denen der andere Vertragsstaat nach seinem nationalen Steuerrecht die Einkünfte nicht oder nicht in vollem Umfang besteuern kann und zum anderen die Fälle, in denen der andere Staat die Einkünfte nicht besteuert, obwohl er sie nach seinem nationalen Recht besteuern könnte. In der Literatur werden die Rückfallklauseln und die Subject-to-tax-Klausel teilweise synonym behandelt. Von der Rspr und der FinVerw werden sie jedoch unterschiedlich beurteilt. **53**

Bei dem Remittance-Base-Prinzip (Remittance-Base-Klausel, Überweisungsklausel) erfolgt eine Beschränkung des Besteuerungsrechts des Ansässigkeitsstaates nur für die Einkünfte, die aus dem Ansässigkeitsstaat an den anderen Vertragsstaat überwiesen oder dort bezogen worden sind und dort nach dem innerstaatlichen Recht der Besteuerung unterliegen.[19]Der Ansässigkeitsstaat beschränkt somit die Steuerfreistellung auf die in den anderen Vertragsstaat überwiesenen oder dort bezogenen Vergütungen. Das Remittance-Base-Prinzip findet in einigen DBA Anwendung bei den Einkünften aus Dividenden, Lizenzen, unselbstständiger Arbeit und Ruhegehältern. Die Remittance-Base-Klausel gilt als Sonderform der Rückfallklausel. In den dt DBA findet sich die Remittance-Base-Klausel in den Verteilungsnormen oder in Schlussprotokollen zB Art 24 DBA Bundesrepublik Deutschland-Großbritannien, Art 29 DBA Bundesrepublik Deutschland-Irland, Art 2 Abs 2 DBA Bundesrepublik Deutschland-Israel, Art 3 Abs 3 DBA Bundesrepublik Deutschland-Jamaika, Art 22 DBA Bundesrepublik Deutschland-Singapur, Protokoll Ziff 3 zu den Artikeln 6-23 DBA Bundesrepublik Deutschland-Malaysia, Protokoll Ziff 1 Buchstabe a zu den Artikeln 6-21 DBA Bundesrepublik Deutschland-Trinidad und Tobago, oder Protokoll Ziff 2 zum DBA Zypern Abs 2 zu den Art 6–21. **54**

Bei Rückfallklauseln, Subjekt-to-tax Klauseln, Remittance-Base-Klauseln hat der StPfl den Nachweis zu erbringen, dass die Einkünfte im Ausland der Besteuerung unterworfen wurden (§ 90 Abs 2 AO). Wird der Nachweis nicht erbracht, sind die Einkünfte grds in die Besteuerung im Inland einzubeziehen.[20] Wir später der Nachweis der Besteuerung erbracht, so kann der Bescheid gem § 175 Abs 1 S 1 Nr 2 AO geändert werden. **55**

Die Anrechnungsmethode findet ebenfalls Anwendung von im DBA vereinbarten Switch-over-Klauseln,[21] die bei Qualifikations- und Zurechnungskonflikten aufgrund derer eine drohende doppelte Nichtbesteuerung, einer niedrigeren Besteuerung bzw Dbest einen Methodenwechsel (Übergang von der Freistellungs- zur Anrechnungsmethode) vorsehen. Die Anwendung einer Switch-over-Klausel setzt idR voraus, dass sich die beiden Vertragsstaaten über den Qualifikations- bzw Zurechnungskonflikt in einem Konsultations- bzw Verständigungsverfahren nicht verständigen konnten. Switch-over-Klausel sind in den neueren dt DBA meist in dem Methodenartikel enthalten so zB Art 23 Abs 3 DBA Bundesrepublik Deutschland-Polen „Statt des Absatzes 1 Buchstabe a oder des Absatzes 2 Buchstabe a gelten der Absatz 1 Buchstabe b oder der Absatz 2 Buchstabe b, **56**

19 *FG Nürnberg* v 14.12.2010 1K 1134/2008.

20 *BFH* BStBl II 1997, 117.

21 ZB mit Dänemark, Italien, Indien, Kanada, Neuseeland, Norwegen, Österreich, Polen, Schweden, Vereinigte Staaten von Amerika.

1. wenn in den Vertragsstaaten Einkünfte oder Vermögen unterschiedlichen Abkommensbestimmungen zugeordnet oder verschiedenen Personen zugerechnet werden (außer nach Artikel 9) und diese Meinungsverschiedenheit sich nicht durch ein Verfahren nach Artikel 26 Abs 3 regeln lässt und wenn aufgrund dieser Meinungsverschiedenheit die betreffenden Einkünfte oder Vermögenswerte unbesteuert blieben oder zu niedrig besteuert würden oder
2. wenn ein Vertragsstaat nach gehöriger Konsultation und vorbehaltlich der Beschränkungen seines innerstaatlichen Rechts dem anderen Vertragsstaat auf diplomatischem Weg andere Einkünfte notifiziert, auf die er den Absatz 1 Buchstabe b oder den Absatz 2 Buchstabe b anzuwenden beabsichtigt. Die Notifikation wird erst am ersten Tag des Kj wirksam, das auf das Jahr folgt, in dem die Notifikation übermittelt wurde und alle rechtlichen Voraussetzungen nach dem innerstaatlichen Recht des notifizierenden Staates für das Wirksamwerden der Notifikation erfüllt sind.“.

57 Die Bundesrepublik Deutschland sieht in § 50d Abs 3, 8 und 9 EStG einen Methodenwechsel nach nationalem Recht vor (unilaterale Rückfallklauseln).

58 Eine doppelte Nichtbesteuerung wird bei den Einkünften aus nichtselbstständiger Arbeit dadurch vermieden, dass § 50d Abs 8 EStG die nach dem DBA gebotene Freistellung von dem Nachweis abhängig macht, dass der Tätigkeitsstaat auf die Besteuerung verzichtet hat oder dass die in diesem Staat festgesetzte Steuer entrichtet wurde.

59 § 50d Abs 8 EStG: „Sind Einkünfte eines unbeschränkt Steuerpflichtigen aus nichtselbstständiger Arbeit (§ 19) nach einem Abk zur Vermeidung der Dbest von der Bemessungsgrundlage der dt Steuer auszunehmen, wird die Freistellung bei der Veranlagung ungeachtet des Abk nur gewährt, soweit der StPfl nachweist, dass der Staat, dem nach dem Abk das Besteuerungsrecht zusteht, auf dieses Besteuerungsrecht verzichtet hat oder dass die in diesem Staat auf die Einkünfte festgesetzten Steuern entrichtet wurden. Wird ein solcher Nachweis erst geführt, nachdem die Einkünfte in eine Veranlagung zur Einkommensteuer einbezogen wurden, ist der Steuerbescheid insoweit zu ändern. § 175 Abs 1 S 2 der Abgabenordnung ist entspr anzuwenden.“

60 § 50d Abs 9 EStG soll eine doppelte Nichtbesteuerung oder Minderbesteuerung vermeiden, indem § 50d Abs 9 EStG die Freistellung von Einkünften unter bestimmten Voraussetzungen untersagt und nur die Anrechnungsmethode zulässt. § 50d Abs 9 Nr 1 EStG ist für alle Arten von Konflikten anzuwenden, die zu einer doppelten Nichtbesteuerung führen.

61 § 50d Abs 9 EStG: „Sind Einkünfte eines unbeschränkt StPfl nach einem Abk zur Vermeidung der Dbest von der Bemessungsgrundlage der dt Steuer auszunehmen, so wird die Freistellung der Einkünfte ungeachtet des Abk nicht gewährt, wenn

1. der andere Staat die Bestimmungen des Abk so anwendet, dass die Einkünfte in diesem Staat von der Besteuerung auszunehmen sind oder nur zu einem durch das Abk begrenzten Steuersatz besteuert werden können, oder
2. die Einkünfte in dem anderen Staat nur deshalb nicht steuerpflichtig sind, weil sie von einer Person bezogen werden, die in diesem Staat nicht auf Grund ihres Wohnsitzes, ständigen Aufenthalts, des Ortes ihrer Geschäftsleitung, des Sitzes oder eines ähnlichen Merkmals unbeschränkt steuerpflichtig ist.

Nummer 2 gilt nicht für Dividenden, die nach einem Abk zur Vermeidung der Dbest von der Bemessungsgrundlage der dt Steuer auszunehmen sind, es sei denn, die Dividenden sind bei der Ermittlung des Gewinns der ausschüttenden Ges abgezogen worden. Bestimmungen eines Abk zur Vermeidung der Dbest, die die Freistellung von Einkünften in einem weitergehenden Umfang einschränken, sowie Absatz 8 und § 20 Abs 2 des Außensteuergesetzes bleiben unberührt."

Die Klauseln eines DBA sind jedoch vorrangig anzuwenden. **62**

Um eine Dbest zu vermeiden ist in den Fällen des § 50d Abs 9 EStG, der § 34c Abs 1–3 EStG entspr anzuwenden. **63**

III. Prüfreihenfolge für die Anwendung des Art 23B MA

Für die Anwendung des Art 23B im Ansässigkeitsstaat empfiehlt sich folgende Prüfreihenfolge: **64**

1. Überprüfung der Abkommensberechtigung
   - Person iSd DBA (Art 3 Abs 1)?
   - Ansässigkeit der Person in einem bzw beiden Vertragsstaaten (Art 4 Abs 1)?
2. Bestimmung des Ansässigkeitsstaates nach dem DBA (Art 4 Abs 2)
3. Zurechnung der Einkünfte bzw Vermögenswerte auf die abkommensberechtigte Person
4. Bestimmung der Verteilungsnorm (Art 6–22)
5. Zuweisung des Besteuerungsrecht (Art 6–22)
   - Nur der Ansässigkeitsstaat hat das Besteuerungsrecht.
   - Nur der Quellenstaat hat das Besteuerungsrecht.
   - Beide Vertragsstaaten haben das Besteuerungsrecht.
6. Steuerfreistellung oder -anrechnung im Ansässigkeitsstaat (Art 23A und B)
   - Handelt es sich um eine Steuer, die unter das Abk fällt?
   - Können diese Einkünfte oder dieses Vermögen nach diesem Abk im anderen Vertragsstaat (Quellenstaat) besteuert werden?

IV. Anrechnung fiktiver Steuern

Die fiktive Steueranrechnung ist weder in Art 24A noch Art 23B geregelt. Deutschland sieht, in Abweichung zu Art 24A und Art 23B, in einigen DBA die Anrechnung einer fiktiven Steuer vor. Ein Vertragsstaat, in der Regel ein Entwicklungsland, kann in bestimmten Fällen aus bes Gründen (zB zur Förderung der Wirtschaft) den Personen/StPfl Steuervergünstigungen gewähren oder bestimmte Einkünfte von der Steuer befreien.[22] **65**

Schließt ein solcher Staat ein Abk mit einem Staat der die Anrechnungsmethode verwendet, so kann die Steuervergünstigung verloren gehen, da der Ansässigkeitsstaat nur die im Quellenstaat gezahlte Steuer anrechnet. Wollen beide Vertragsstaaten die im Quellenstaat gewährten Vergünstigungen erhalten, wird Art 23B entspr modifiziert. Eine Möglichkeit ist die Anrechnung von Steuerbeträgen, die der Quellenstaat nach seinem Recht hätte erheben können, oder den Betrag der Steuern, die nach dem Abk hätten erhoben werden können (zB Begrenzung der Steuersätze für Dividenden und Zinsen nach den Art 10 und 11), auch wenn der Quellenstaat aufgrund von Sonderregelungen zur Förderung seiner Wirtschaft ganz oder teilw auf die Steuer verzichtet (fiktive Steuer) . **66**

22 Tz 72 MK zu Art 23B.

67 In einigen dt DBA[23] ist die Anrechnung einer fiktiven ausl Steuer vorgesehen. Die Anwendung der Anrechnungsmethode einer fiktiven Steuer erfolgt in der Regel bei den Einkünften aus Dividenden, Zinsen und Lizenzgebühren. Die fiktive Anrechnung einer ausl Quellensteuer ist teilw an zusätzliche Bedingungen geknüpft. Einige DBA ermöglichen die fiktive Steueranrechnung nur, wenn in dem DBA explizit die Rechtsvorschrift aufgeführt ist zB mit Ägypten und Mauritius oder von bes Rechtsvorschriften bzw Sondermaßnahmen zur Förderung der wirtschaftlichen Entwicklung aufgrund derer auf die Erhebung der Quellensteuer ganz oder teilw verzichtet wird zB mit Griechenland, Iran, Israel, Jamaika, Kenia, Liberia, Malaysia, Marokko, Trinidad und Tobago, Türkei, Tunesien, Venezuela, Zypern. Der Zeitraum für die Anrechnung der fiktiven Steuer ist teilw unbegrenzt und in einigen DBA auf zehn Jahre begrenzt.

68 Ist in einem DBA die Anrechnung einer fiktiven Steuer vorgesehen, ist § 34c Abs 1 S 2 und 3 EStG entspr auf die nach dem DBA als gezahlt geltenden ausl Steuern anzuwenden (§ 34c Abs 6 S 2 EStG, § 26 Abs 1 KStG). Der im Abk für die Anrechnung als gezahlt aufgeführter Prozentsatz bezieht sich auf den Bruttobetrag der Einnahmen dh vor Abzug einer tatsächlich erhobenen Steuer. Der Nachweis über die im Quellenstaat gezahlten Steuern entfällt. Ein Steuerabzug nach § 34c Abs 2 EStG ist jedoch nicht möglich (§ 34c Abs 6 S 2 HS 2, § 26 Abs 1 und 2 KStG).

69 Die Anrechnung einer fiktiven Steuer ist bspw in den DBA mit Ägypten (Dividenden Art 24 Abs 1 Buchstabe c (max 15 %); Zinsen Art 24 Abs 1 Buchstabe c (max 15 %), Argentinien (Dividenden Art 23 Abs 3 (20 %)); Zinsen Art 23 Abs 3 (15 %); Lizenzgebühren Art 23 Abs 3 (20 %), Bangladesch (Dividenden Art 22 Abs 1 Buchstabe c (15 %)); Zinsen Art 22 Abs 1 Buchstabe c (15 %), Lizenzgebühren Art 22 Abs 1 Buchstabe c (15 %), Bolivien (Zinsen Art 22 Abs 1 Buchstabe c Doppelbuchstabe aa (20 %)); Lizenzgebühren Art 22 Abs 1 Buchstabe c Doppelbuchstabe bb (20 %); China (Dividenden Art 24 Abs 2 Buchstabe c Doppelbuchstabe aa (10 %)); Zinsen Art 24 Abs 2 Buchstabe c Doppelbuchstabe bb (15 %); Lizenzgebühren Art 24 Abs 2 Buchstabe c Doppelbuchstabe bb (15 %), Ecuador (Zinsen Art 23 Abs 1 Buchstabe c Doppelbuchstabe aa (20 %)); Lizenzgebühren Art 23 Abs 1 Buchstabe c Doppelbuchstabe bb (20 %), Elfenbeinküste (Dividenden Art 23 Abs 1 Buchstabe c (15 %)); Zinsen Art 23 Abs 1 Buchstabe d (15 %), Griechenland (Art 17 Abs 2 Nr 2 Buchstabe a Doppelbuchstabe bb (10 %)), Indien (Zinsen Art 23 Abs 1 Buchstabe c (10 %)), Indonesien (Zinsen Art 23 Abs 1 Buchstabe c (10 %)), Iran (Dividenden Art 24 Abs Buchstabe c (15 %/20 %)); Lizenzgebühren Art 24 Abs 1 Buchstabe c (15 %), Irland (Dividenden Art 22 Abs 2 Buchstabe a Doppelbuchstabe bb (18 % der Nettodividende)), Israel (Dividenden Art 18 Abs 1 Buchstabe c (25 %)); Zinsen Art 18 Abs 1 Buchstabe c (15 %), Jamaika (Dividenden Art 23 Abs 1 Buchstabe c (25 %)); Zinsen Art 23 Abs 1 Buchstabe c (10 %/12,5 %); Lizenzgebühren Art 23 Abs 1 Buchstabe c (10 %), Kenia (Dividenden Art 23 Abs 1 Buchstabe c i (15 %)); Zinsen Art 23 Abs 1 Buchstabe c i (15 %); Lizenzgebühren Art 23 Abs 1 Buchstabe c Doppelbuchstabe ii (20 %), Korea bis 2003 (Dividenden Art 23 Abs 1 Buchstabe f (15 %)); Zinsen Art 23

23 ZB mit Ägypten, Argentinien, Bangladesch, Bolivien, China, Ecuador, Elfenbeinküste, Griechenland, Indien, Indonesien, Iran, Irland, Israel, Jamaika, Kenia, Liberia, Malaysia, Malta, Marokko, Mauritius, Mexiko, Mongolei, Philippinen, Papua-Neuguinea, Portugal, Simbabwe, Singapur, Sri Lanka, Trinidad und Tobago, Türkei, Tunesien, Uruguay, Venezuela, Vietnam, Zypern.

Abs 1 Buchstabe f (15 %); Lizenzgebühren Art 23 Abs 1 Buchstabe f (15 %), Liberia (Zinsen Art 23 Abs 1 Buchstabe c (10 %)); Lizenzgebühren Art 23 Abs 1 Buchstabe c (10 %), Malaysia (Dividenden Art 23 Abs 1 Buchstabe b (18 %)); Zinsen Art 23 Abs 1 Buchstabe b (15 %); Lizenzgebühren Art 23 Abs 1 Buchstabe b (10 %), Malta (Dividenden Art 23 Abs 1 Buchstabe c (20 %)); Marokko (Dividenden Art 23 Abs 1 Nr 3 (15 %)); Zinsen Art 23 Abs 1 Nr 4 (10 %/15 %), Mauritius (Dividenden Art 24 Abs 1 Buchstabe c (15 %)), Mexico (Dividenden Art 23 Abs 2 Buchstabe c Doppelbuchstabe aa (10 %)); Lizenzgebühren Art 23 Abs 2 Buchstabe c Doppelbuchstabe bb (15 %), Mongolei (Dividende Art 23 Abs 1 Buchstabe c (10 %)); Zinsen Art 23 Abs 1 Buchstabe c (10 %); Lizenzgebühren Art 23 Abs 1 Buchstabe c (10 %), Papua-Neuguinea (Dividenden Art 23 Abs 1 Buchstabe c (17 %)); Zinsen Art 23 Abs 1 Buchstabe c (5 %), Philippinen (Dividenden Art 24 Abs 1 Buchstabe c Doppelbuchstabe aa (20 %)); Zinsen Art 24 Abs 1 Buchstabe c Doppelbuchstabe bb (15 %); Lizenzgebühren Art 24 Abs 1 Buchstabe c Doppelbuchstabe cc (20 %), Portugal (Dividenden Art 24 Abs 1 Buchstabe c (15 %)); Zinsen Art 24 Abs 1 Buchstabe c (15 %); Lizenzgebühren Art 24 Abs 1 Buchstabe c (15 %), Simbabwe (Lizenzgebühren Art 23 Abs 1 Buchstabe c (10 %)), Singapur (Zinsen Art 24 Abs 1 Buchstabe f (8 %)); Lizenzgebühren Art 24 Abs 1 Buchstabe g (8 %), Sri Lanka (Dividenden Art 23 Abs 1 Buchstabe c (20 %)); Zinsen Art 23 Abs 1 Buchstabe c (15 %); Lizenzgebühren Art 23 Abs 1 Buchstabe c (20 %), Trinidad und Tobago (Dividenden Art 22 Abs 1 Buchstabe c (20 %)); Zinsen Art 22 Abs 1 Buchstabe c (15 %); Lizenzgebühren Art 22 Abs 1 Buchstabe c (10 %), Tunesien (Dividenden Art 23 Abs 1 Buchstabe c (15 %)), Zinsen Art 23 Abs 1 Buchstabe c (10 %); Lizenzgebühren Art 23 Abs 1 Buchstabe c (10 %/15 %), Türkei (Dividenden Art 23 Abs 1 Buchstabe d (mindestens 10 %)); Zinsen Art 23 Abs 1 Buchstabe d (mindestens 10 %); Lizenzgebühren Art 23 Abs 1 Buchstabe d (mindestens 10 %), Uruguay (Zinsen Art 23 Abs 1 Buchstabe c Doppelbuchstabe aa (20 %)); Lizenzgebühren Art 23 Abs 1 Buchstabe c Doppelbuchstabe bb (20 %),Venezuela (Dividenden Art 23 Abs 1 Buchstabe c Doppelbuchstabe aa (15 %)); Zinsen Art 23 Abs 1 Buchstabe c Doppelbuchstabe bb (5 %); Lizenzgebühren Art 23 Abs 1 Buchstabe c Doppelbuchstabe cc (5 %), Vietnam (Dividenden Art 23 Abs 2 Buchstabe c Doppelbuchstabe aa (10 %)); Zinsen Art 23 Abs 2 Buchstabe c Doppelbuchstabe bb (10/5 %); Lizenzgebühren Art 23 Abs 2 Buchstabe c Doppelbuchstabe cc (10 %), Zypern (Dividenden Art 23 Abs 1 Buchstabe c (15 %)); Zinsen Art 23 Abs 1 Buchstabe c (10 %) vorgesehen.

C. Progressionsvorbehalt

Die Regelung über den Progressionsvorbehalt in Art 23B Abs 2 entspricht dem Wortlaut der Regelung in Art 23A Abs 3 zur Freistellungsmethode. Art 23A Abs 3 findet jedoch nur Anwendung bei der Freistellung von Einkünften nach Art 23A Abs 1. **70**

Art 23B Abs 2 erhält dem Ansässigkeitsstaat das Recht, die in diesem Staat von der Besteuerung befreiten Einkünfte oder Vermögenswerte bei der Festsetzung der Steuer für das übrige Einkommen oder Vermögen einzubeziehen. Danach kann der Ansässigkeitsstaat auch solche Einkünfte und Vermögenswerte, die „nur" im anderen Staat (Quellenstaat) besteuert werden können in dem Progressionsvorbehalt einbeziehen. Die Vermeidung der Dbest erfolgt in diesem Fall bereits bei den Zuteilungsnorm („können nur" = abschließender Rechtsfolge vgl Art 8, 13 Abs 3, 19 Abs 1 Buchstabe a und Abs 2 Buchstabe a sowie Art 22 Abs 3). **71**

72 Der Progressionsvorbehalt ist ein klarstellender Hinweis, in welchem Umfang der Ansässigkeitsstaat auf die Ausübung seines Besteuerungsrechts verzichtet. Die Anwendung des Progressionsvorbehalts soll dazu führen, dass die der dt Besteuerung verbleibenden Einkünfte dem Steuersatz unterworfen werden, der sich ergeben würde, wenn es kein DBA geben würde. Der Progressionsvorbehalt wurde mit § 32b Abs 1 S 1 Nr 3 EStG in nationales Recht umgesetzt. Er findet sowohl bei positiven als auch negativen ausl Einkünfte Anwendung. Bei bestimmten Einkünften verzichtet das nationale Recht jedoch auf den Progressionsvorbehalt (§ 32b Abs 1 S 2 und 3 EStG). Zusätzlich ist bei bestimmten negativen Einkünften aus Drittstaaten das Abzugsverbot des § 2a EStG zu beachten.

73 Die meisten dt DBA enthalten keinen dem Art 23B Abs 2 vergleichbaren Passus. Der Progressionsvorbehalt ist idR nur in Kombination mit der Freistellungsmethode im Methodenartikel an zu treffen. Die Anwendung des Progressionsvorbehalts des § 32b Abs 1 Nr 3 EStG ist jedoch nicht auf die Fälle beschränkt, in denen eine Steuerfreistellung auf dem Methodenartikel des jeweiligen DBA beruht. Vielmehr gilt der Progressionsvorbehalt – soweit das betreffende DBA die Berücksichtigung eines Progressionsvorbehalts nicht verbietet – auch für solche Einkünfte, die nach einem DBA nur im anderen Vertragsstaat besteuert werden können und damit bereits durch eine Verteilungsnorm im Wohnsitzstaat freigestellt werden.[24] Aussagen in einem DBA zum Progressionsvorbehalt haben demnach nur eine deklaratorische Wirkung.

D. Personengesellschaften

74 PersGes sind nach dt Steuerrecht kein Einkommensteuersubjekt, sie sind transparent dh die Gesellschafter unterliegen mit ihrem Anteil am Überschuss/Gewinn der dt Einkommensteuer. Die PersGes ist eine Person iSd MA (dazu Art 3 Abs 1 Buchstabe a Rn 16), sie ist jedoch aus dt Sicht keine ansässigen Person iSd Art 4 Abs 1 (dazu Art 4 Rn 52), da sie selbst nicht der StPfl unterliegt. Abkommensberechtigte Personen sind deshalb die Gesellschafter. Bei gewerblich tätigen PerGes hat jeder Mitunternehmer eine anteilige Betriebsstätte im anderen Vertragsstaat.

75 Nur die Gesellschafter können Abkommensvergünstigungen in Anspruch nehmen, dazu gehören auch die Steuerfreistellung und die Steueranrechnung. Einzelne DBA haben jedoch Sonderregelungen für PersGes. Die in einzelnen Staaten steuerlich unterschiedliche Behandlung der PerGes kann zu Qualifikationskonflikten führen zB Staat A behandelt die PersGes als intransparent und Staat B als transparent. Dies kann zu einem positiven (beide Vertragsstaaten besteuern) oder zu einem negativen Qualifikationskonflikt (kein Staat besteuert oder ein Staat besteuert nur beschränkt) führen. Bei negativen Qualifikationskonflikten erfolgt nach Art 23A Abs 4 ein Wechsel von der Freistellungs- zur Anrechnungsmethode.

76 Ob eine PersGes oder eine KapGes vorliegt wird für die Anwendung eines DBA aus dt Sicht nach dem sog Rechtstypenvergleich beurteilt.[25]

77 Nach nationalem Recht unterliegen die Gesellschafter einer PersGes mit ihrem Anteil am Gewinn bzw Überschuss der dt Besteuerung vom Einkommen. Die Vorschriften der § 34c EStG und § 26 KStG finden somit Anwendung bei der Besteuerung der Gesellschafter einer PersoGes und nicht bei der PersGes selbst.

---

24 *BFH* BStBl II 2003, 302; BStBl II 2002, 660 und BStBl II 2004, 260.
25 *BFH* BStBl II 1988, 588.

Art. 24 Gleichbehandlung

(1) Staatsangehörige eines Vertragsstaats dürfen im anderen Vertragsstaat keiner Besteuerung oder damit zusammenhängenden Verpflichtung unterworfen werden, die anders oder belastender ist als die Besteuerung und die damit zusammenhängenden Verpflichtungen, denen Staatsangehörige des anderen Staates unter gleichen Verhältnissen, insbesondere hinsichtlich der Ansässigkeit, unterworfen sind oder unterworfen werden können. Diese Bestimmung gilt ungeachtet des Artikels 1 auch für Personen, die in keinem Vertragsstaat ansässig sind.

(2) Staatenlose, die in einem Vertragsstaat ansässig sind, dürfen in keinem Vertragsstaat einer Besteuerung oder damit zusammenhängenden Verpflichtung unterworfen werden, die anders oder belastender ist als die Besteuerung und die damit zusammenhängenden Verpflichtungen, denen Staatsangehörige des betreffenden Staates unter gleichen Verhältnissen, insbesondere hinsichtlich der Ansässigkeit, unterworfen sind oder unterworfen werden können.

(3) Die Besteuerung einer Betriebsstätte, die ein Unternehmen eines Vertragsstaats im anderen Vertragsstaat hat, darf in dem anderen Staat nicht ungünstiger sein als die Besteuerung von Unternehmen des anderen Staates, die die gleiche Tätigkeit ausüben. Diese Bestimmung ist nicht so auszulegen, als verpflichte sie einen Vertragsstaat, den in dem anderen Vertragsstaat ansässigen Personen Steuerfreibeträge, -vergünstigungen und -ermäßigungen auf Grund des Personenstandes oder der Familienlasten zu gewähren, die er seinen ansässigen Personen gewährt.

(4) Sofern nicht Artikel 9 Absatz 1, Artikel 11 Absatz 6 oder Artikel 12 Absatz 4 anzuwenden ist, sind Zinsen, Lizenzgebühren und andere Entgelte, die ein Unternehmen eines Vertragsstaats an eine im anderen Vertragsstaat ansässige Person zahlt, bei der Ermittlung der steuerpflichtigen Gewinne dieses Unternehmens unter den gleichen Bedingungen wie Zahlungen an eine im erstgenannten Staat ansässige Person zum Abzug zuzulassen. Dementsprechend sind Schulden, die ein Unternehmen eines Vertragsstaats gegenüber einer im anderen Vertragsstaat ansässigen Person hat, bei der Ermittlung des steuerpflichtigen Vermögens dieses Unternehmens unter den gleichen Bedingungen wie Schulden gegenüber einer im erstgenannten Staat ansässigen Person zum Abzug zuzulassen.

(5) Unternehmen eines Vertragsstaats, deren Kapital ganz oder teilweise unmittelbar oder mittelbar einer im anderen Vertragsstaat ansässigen Person oder mehreren solchen Personen gehört oder ihrer Kontrolle unterliegt, dürfen im erstgenannten Staat keiner Besteuerung oder damit zusammenhängenden Verpflichtung unterworfen werden, die anders oder belastender ist als die Besteuerung und die damit zusammenhängenden Verpflichtungen, denen andere ähnliche Unternehmen des erstgenannten Staates unterworfen sind oder unterworfen werden können.

(6) Dieser Artikel gilt ungeachtet des Artikels 2 für Steuern jeder Art und Bezeichnung.

BMF v 8.12.2004, Az IV B 4 – S 1301 USA- 12/04, BStBl I 2004, 1181

Übersicht

Literatur: *Brendt* Verstößt § 8a KStG auch gegen das Diskriminierungsverbot des Art 24 Abs 5 OECD-MA?, IWB F 3 Gr 2, 1079; *Frotscher* Die Branch profits tax wird das DBA-USA, IStR 2009, 51; *FW* Anm zum Urt des BFH v 22.4.1998 (I R 54/96), IStR 1998, 504; *Gosch* Vielerlei Gleichheiten – Das Steuerrecht im Spannungsfeld von bilateralen, supranationalen und verfassungsrechtlichen Anforderungen, DStR 2007, 1553; *Hageböke/Käbisch* Zur Ausdehnung des Anwendungsbereichs des UmwStG idF SEStEG-E auf Grund der Diskriminierungsverbote in Art 24 OECD-MA, IStR 2006, 849; *Hahn* DBA- und EG-rechtliche Diskriminierungsverbote – zwei Paar Schuhe, BB 2005, 521; *Herzig/Dautzenberg* Der EWG-Vertrag und die Doppelbesteuerungsabkommen, DB 1992, 2519; *Jacob* Betriebsstättendiskriminierung – ein neues altes Problem, IStR 2002, 735; *Kempf* Versteckte Vorschriften zur Vermeidung der Doppelbesteuerung im Verhältnis Deutschland – USA, IStR 1997, 545; *ders* Gedanken zur steuerlichen Meistbegünstigung insbesondere nordamerikanischer Investoren, IStR 1998, 693; *Knobbe-Keuk* Wieder einmal ein Entwurf zu § 8a KStG, DB 1993, 60; *Lang/Lüdicke/Riedweg* Steueranrechnung und Betriebsstättendiskriminierungsverbot der DBA in Dreieckssachverhalten, IStR 2006, 73; *Lausterer* Das Ärgernis Betriebsstätten-Diskriminierung, IStR 2001, 212; *Lehner* Anmerkung zum Urt des EuGH v 8.3.2001 (C-397/98), IStR 2001, 221; *ders* Der Einfluss des Europarechts auf die Doppelbesteuerungsabkommen, IStR 2001, 329; *Lüdicke* Anmerkung zum Beschluss des BFH v 5.2.2001 (I B 140/00), IStR 2001, 286; *Mattern* BFH I R 30/12: Auswirkungen der DBA-Diskriminierungsverbote in Art. 24 Abs. 3 und 4 OECD-MA auf Zins- und Lizenzabzugsbeschränkungen, IStR 2014, 558; *Meilicke* Die Niederlassungsfreiheit nach „Überseering", GmbHR 2003, 793; *Mitschke* Keine Diskriminierung nach Art. XX Abs. 4 DBA-Großbritannien in den Fällen ausländerbeherrschter Inlandskapitalgesellschaften, IStR 2011, 537; *Mössner* Anm zum BFH-Urt v 9.2.2011, I R 54,55/10, IStR 2011, 349; *Morgenthaler* Beschränkte Steuerpflicht und Gleichheitssatz, IStR 1993, 258; *Pinkernell* Aktuelle Rechtsprechung zum DBA-USA, IStR 2011, 717; *Portner* Vereinbarkeit des § 8a KStG mit den Doppelbesteuerungsabkommen, IStR 1996, 23; *Riedlinger/Balzerkiewicz* Das Zusatzabkommen zum deutsch-französischen Doppelbesteuerungsabkommen, IWB 2015, 591; *Rödder/Schönfeld* Abschied (auslandsbeherrschter) inländischer Kapitalgesellschaften von der deutschen Ertragsteuerpflicht?, DStR 2011, 886; *Rust* Gleichbehandlungsgebote und Diskriminierungsverbote im Internationalen Steuerrecht, DStJG 36 (2013), 71; *ders* Ermöglichen Diskriminierungsverbote eine Organschaft über die Grenze?, IStR 2003, 658; *ders* Diskriminierungsverbote verbieten Diskriminierungen!, IStR 2004, 391; *Saß* Verbotene Steuerdiskriminierung inländischer Betriebsstätten aufgrund der Niederlassungsfreiheit in der EU, DB 1999, 2381; *Schänzle* Abkommensrechtliches Diskriminierungsverbot, FS Wassermeyer, 495; *Stockmann* Völkerrechtliche Meistbegünstigungsklausel und internationales Steuerrecht, IStR 1999, 129; *Streu* Anm zum Urt des BFH v 10.3.2005 (II R 51/03), IStR 2005, 745; *de Weerth* Das EuGH-Urteil Rs C-307/97 „Saint Gobain", IStR 1999, 628; *Weggenmann* EG-rechtliche Aspekte steuerlicher Meistbegünstigung im Abkommensrecht, IStR 2003, 677.

A. Allgemeines

I. Regelungsgehalt und Bedeutung der Vorschrift

Art 24 regelt abkommensrechtliche **Diskriminierungsverbote** und hat damit ein grds anderes Anwendungsfeld als die Bestimmungen des MA zur Verteilung v Besteuerungsrechten. Während jene die Zugriffsberechtigung der Vertragsstaaten auf bestimmte Steuerquellen regeln, ohne jedoch auf das jeweilige nationale Steuerrecht einzuwirken, **greift Art 24 unmittelbar in die nationalen Steuerrechte der Vertragsstaaten** ein. Art 24 stellt konkrete und unmittelbar wirkende Anforderungen an die Ausgestaltung des innerstaatlichen Steuerrechts der Vertragsstaaten. Jede Besteuerungsmaßnahme eines Vertragsstaates muss somit abkommensrechtlich sowohl mit den Verteilungsvorschriften (Art 6 ff) als auch mit dem Diskriminierungsverbot des Art 24 vereinbar sein. Liegt ein Verstoß gg Art 24 vor, ist das nationale Recht insoweit unmittelbar **nicht anwendbar**,[1] ohne dass es einer Nichtigerklärung oder eines bes Verfahrens (etwa vor dem BVerfG) bedarf.[2] 1

Die Vorschrift regelt bestimmte, klar umrissene, absolute Verbote der Diskriminierung durch die Vertragsstaaten. Verboten sind **Benachteiligungen**, nicht aber Bevorzugungen der in Art 24 aufgeführten Personen bzw Personengruppen. Ein allg Anspruch auf Gleichbehandlung kann aus Art 24 daher nicht abgeleitet werden.[3] Ansatzpunkte einer verbotenen Diskriminierung sind die **Staatsangehörigkeit** (Abs 1 und Abs 2), das Unterhalten einer **Betriebsstätte** (Abs 3), das Schulden und die Zahlung v **Zinsen, Lizenzgebühren ua Entgelten** in das Ausland (Abs 4) und die **Beteiligung v Ausländern an Unternehmen** (Abs 5). 2

Art 24 ist eng auszulegen.[4] Eine **Benachteiligung** ist nur dann gegeben, wenn eine nachteilige Behandlung gerade auf einem der vorstehenden Kriterien beruht. Eine nachteilige Behandlung liegt nur dann vor, wenn **alle sonstigen Verhältnisse gleich sind** und es dennoch zu einer nachteiligen Besteuerung kommt.[5] Die nachteilige Besteuerung muss sich **aus dem Recht** des jeweiligen Vertragsstaates ergeben. Der Vertragsstaat kann sich nicht darauf berufen, dass eine etwa gegebene Benachteiligung im anderen Vertragsstaat wieder beseitigt wird. Art 24 untersagt nur **unmittelbare Benachteiligungen**, jedoch nicht mittelbare Benachteiligungen.[6] 3

Die Vorschrift gewährt **keine sog Meistbegünstigung**, dh keine Verpflichtung des Vertragsstaates, den Berechtigten wirtschaftlich so zu behandeln wie den bestbehandelten Dritten (s Rn 28).[7] 4

1 *Hageböke/Käbisch* IStR 2006, 849, 854.
2 Vgl *Wassermeyer* Art 24 MA Rn 1 aE.
3 *Vogel/Lehner* Art 24 MA Rn 3; *S/D* Art 24 MA Rn 2.
4 Tz 1 S 1, Tz 3 MK zu Art 24.
5 Tz 3 S 1 MK zu Art 24.
6 Tz 1 S 2 MK zu Art 24. S auch *Rust* DStJG 36 (2013), 71, 76.
7 Tz 2 MK zu Art 24; *BFH* BStBl II 2004, 560, 563 (zum DBA USA); *FG Berlin-Brandenburg* IStR 2010, 919 (zum DBA USA); *Schänzle* FS Wassermeyer, 495, Rn 5; *Wassermeyer* Art 24 MA Rn 13c; *Lehner* IStR 2001, 329, 336; *ders* IStR 2001, 221; *Stockmann* IStR 1999, 129. Tendenziell jedenfalls in Bezug auf EU-Fälle wohl **aA** *Weggenmann* IStR 2003, 677; *Gosch* DStR 2007, 1553, 1560.

5 Gem **Abs 6** gilt die Vorschrift **für sämtliche Steuern der Vertragsstaaten**. Art 24 ist damit nicht beschränkt auf die Steuerarten, auf die das MA gem Art 2 ansonsten anwendbar ist (s aber Rn 41).[8]

6 Innerhalb der EU ist die praktische Bedeutung des Art 24 angesichts der regelmäßig weitreichenderen europarechtlichen Diskriminierungsverbote begrenzt (Rn 10). Außerhalb der EU und hier insb im Verhältnis zu den **USA** spielt die Vorschrift allerdings eine nicht unerhebliche Rolle.

7 In der dt **Verhandlungsgrundlage** (DE-VG)[9] ist die Regelung in Art 23 zur Gleichbehandlung weitestgehend mit dem MA identisch.

II. Verhältnis zu anderen Vorschriften

8 Die verschiedenen Abs des Art 24 stehen unabhängig und selbstständig nebeneinander. Im Verhältnis zu anderen **Vorschriften des MA** ist Art 24 gg Art 9 Abs 1, Art 11 Abs 6 und Art 12 Abs 4 ausdrücklich nachrangig. Ansonsten ist Art 24 grds neben den Vorschriften über die Verteilung der Besteuerungsrechte anwendbar, so dass allein ein Besteuerungsrecht nach Art 6ff noch nicht bedeutet, dass der betr Vertragsstaat nicht möglicherweise ein Diskriminierungsverbot des Art 24 verletzt.[10] Die Anwendung anderer Vorschriften des MA hat auf den Anwendungs- und Regelungsgehalt des Art 24 – außer in den genannten Fällen – keine Auswirkungen.[11]

9 Das **MA (E)** enthält in Abs 10 ein dem Abs 1 und Abs 2 vergleichbares Diskriminierungsverbot, das ebenfalls selbstständig neben Art 24 steht. Art 24 kommt aber insb auch ohne Bestehen eines speziellen ErbSt-DBA auf die Erbschaft- und Schenkungsteuer zur Anwendung (Rn 5).

10 Die Diskriminierungsverbote des Art 24 und des **europäischen Rechts** stehen selbstständig und grds **unabhängig nebeneinander**. Beide Regelungskreise sind nicht deckungsgleich, sondern haben unterschiedliche Voraussetzungen und Rechtsfolgen. Der StPfl kann sich auf **sämtliche Diskriminierungsverbote berufen**, die für ihn einschlägig sind.[12] Dies gilt auch für weitere Diskriminierungsverbote nach **int Verträgen**[13] sowie nach **dt Verfassungsrecht** (Art 3 GG).[14]

---

8 Vgl *Schänzle* FS Wassermeyer, 495, Rn 7; *Rust* DStJG 36 (2013), 71, 74.

9 *BMF* Verhandlungsgrundlage für Doppelbesteuerungsabkommen im Bereich der Steuern v Einkommen und Vermögen, IStR-Beihefter 2013, 46.

10 Tz 4 S 2 MK zu Art 24.

11 *BFH* IStR 1998, 504 mit Anm *FW*.

12 *Schaumburg* Rn 4.4; *Wassermeyer* Art 24 MA Rn 13a; *G/K/G* Art 24 MA Rn 4. S zur breiten und im Fluss befindlichen Diskussion über die gegenseiten Einflüsse v europäischem Recht und Abkommensrecht zB *Herzig/Dautzenberg* DB 1992, 2519; *Saß* DB 1999, 2381; *Lehner* IStR 2001, 329; *FW* IStR 2003, 424; *Hahn* BB 2005, 521; *Gosch* DStR 2007, 1553.

13 *Wassermeyer* Art 24 MA Rn 13; *G/K/G* Art 24 MA Rn 4. Vgl auch *Kempf* IStR 1997, 545 zum dt-amerikanischen Freundschaftsabkommen v 29.10.1954; *Schaumburg* Rn 4.28ff zum EWR und Rn 4.35 zum GATT.

14 *Vogel/Lehner* Art 24 MA Rn 14; vgl auch *Morgenthaler* IStR 1993, 258 zu Art 3 GG.

B. Absätze 1 und 2

I. Allgemeines

Abs 1 und 2 verbieten eine Diskriminierung aus Gründen der **Staatsangehörigkeit**. Abs 2 stellt dabei einen **Staatenlosen** dem Staatsangehörigen des anderen Vertragsstaats gleich. Anknüpfungspunkt der Diskriminierung muss damit gerade und direkt die Staatsangehörigkeit und nicht etwa die Ansässigkeit sein (Abs 1 S 2). Danach dürfen Staatsangehörige eines Vertragsstaats im anderen Vertragsstaat bzw dürfen Staatenlose in beiden Vertragsstaaten keiner Besteuerung oder damit zusammenhängenden Verpflichtung unterworfen werden, die anders oder belastender ist als die Besteuerung und die damit zusammenhängenden Verpflichtungen, denen Staatsangehörige des betr Vertragsstaates unter gleichen Verhältnissen, insb hinsichtlich der Ansässigkeit, unterworfen sind oder unterworfen werden. Abs 1 und Abs 2 beziehen sich gem Abs 6 auf **sämtliche Steuern jeder Art und Bezeichnung** der Vertragsstaaten und sind nicht beschränkt auf die in Art 2 aufgeführten Steuern. 11

II. Begünstigte

Berechtigte nach Abs 1 sind nur **Staatsangehörige eines Vertragsstaates**, ohne dass es auf deren Ansässigkeit in einem Vertragsstaat ankommt (Abs 1 S 2).[15] Ansässige, die nicht auch Staatsangehörige eines Vertragsstaats sind, genießen – vorbehaltlich Abs 2 – keinen Diskriminierungsschutz nach Abs 1. Der Begr des „Staatsangehörigen" richtet sich gem Art 3 Abs 1 lit g bei natürlichen Personen nach dem Recht des **Anwenderstaates**. Bei **juristischen Personen**, **PersGes** ua **Personenvereinigungen** ist gem Art 3 Abs 1 lit g ii) entscheidend, nach welchem Recht die Vereinigung errichtet worden ist (vgl Art 3 Rn 49).[16] Diese Formulierung bezieht sich auf das Errichtungsstatut der Ges oder Vereinigung. In diesem Sinne ist eine Ges oder Vereinigung als „Staatsangehöriger" eines Vertragsstaates anzusehen, wenn sich deren **Rechtsstatus aus dem Recht eines Vertragsstaates** herleitet. Dies ist typischerweise der Staat der Errichtung oder Registrierung. Eine steuerliche Diskriminierung nach dem **Ort der Geschäftsleitung** oder dem **Sitz** verbietet Abs 1 **nicht**. Verboten ist allein die Diskriminierung v juristischen Personen, PersGes ua Personenvereinigungen nach dem Kriterium des Errichtungsstatuts, nicht aber nach Kriterien der Ansässigkeit.[17] 12

Berechtigte nach Abs 1 sind mittelbar über Abs 2 auch **Staatenlose**, die in einem Vertragsstaat **ansässig** sind. Hier kommt es mithin auf die Ansässigkeit an,[18] da die Staatsangehörigkeit als Bezugspunkt zu einem der Vertragsstaaten fehlt. Ansässige Staatenlose werden den Staatsangehörigen des anderen Vertragsstaates abkommensrechtlich gleichgestellt. Abs 2 eröffnet dem in einem Vertragsstaat ansässigen Staatenlosen nicht nur die Gleichbehandlung mit Ansässigen des anderen Vertragsstaates, sondern 13

---

15 Tz 6 S 4 MK zu Art 24.

16 Tz 16 S 2 MK zu Art 24.

17 Tz 17 ff MK zu Art 24; *BFH* BStBl II 1975, 595; 1984, 9. Zur Diskussion s *Vogel/Lehner* Art 24 MA Rn 54 ff.

18 Tz 28 f MK zu Art 24. Tz 30 MK zu Art 24 bietet eine Formulierung für den Fall an, dass die Vertragsstaaten sämtliche Staatenlosen ohne Rücksicht auf deren Ansässigkeit begünstigen wollen.

auch mit Ansässigen desselben Staates in Bezug auf die Anwendung v DBA.[19] Ein Staatenloser ist eine **natürliche Person**, die v keinem Staat kraft seines Rechts als Staatsangehöriger angesehen wird.[20] Abs 2 findet damit **auf juristische Personen, PersGes** ua **Personenvereinigungen** keine Anwendung.[21] Zur Ansässigkeits Art 4.

III. Steuerliche Diskriminierung

14 Abs 1 und Abs 2 untersagen eine Anders- oder Schlechterbehandlung bei der Besteuerung oder damit zusammenhängenden Verpflichtungen im Verhältnis zu den Staatsangehörigen des jeweiligen Vertragsstaates aus Gründen der Staatsangehörigkeit.

15 Das Diskriminierungsverbot bezieht sich auf sämtliche **Steuern** des Vertragsstaates (Abs 6) und **damit zusammenhängende Verpflichtungen**. Dies umfasst zunächst Steuern iSd § 3 Abs 1 AO und insoweit insb die Bemessungsgrundlage der Steuer, die Art der Steuerfestsetzung, den Steuersatz und die mit der Besteuerung verbundenen Formalitäten wie Steuererklärungen, Zahlung und Fristen.[22] Keine Steuern, aber v Begr der „damit zusammenhängenden Verpflichtungen" umfasst, sind daneben steuerliche Nebenleistungen iSd § 3 Abs 4 AO wie Verspätungszuschläge, Zuschläge nach § 162 Abs 4 AO, Zinsen, Säumniszuschläge, Zwangsgelder, Kosten sowie weiterhin auch Geldbußen und Geldstrafen. Umfasst sind auch alle sonstigen Verfahrensvorschriften wie insb zB die Vorschriften zur Gemeinnützigkeit (§§ 51 ff AO), zur Haftung (§§ 69 ff AO), zur Betriebsprüfung (§§ 193 ff AO), zum steuerlichen Erhebungsverfahren und zum außergerichtlichen und gerichtlichen Rechtsschutz (§§ 347 ff AO, FGO).[23]

16 Untersagt ist alternativ eine **Schlechterbehandlung** iSe höheren Belastung oder eine **Andersbehandlung**. Ausreichend hierfür ist bereits eine Besteuerung auf anderen rechtlichen Grundlagen oder unter Anwendung anderer Vorschriften und somit bereits die **Möglichkeit** einer belastenderen Besteuerung. Dem Ausländer bleibt somit iRd Abs 1 und Abs 2 der uU schwierig zu führende Nachweis einer höheren steuerlichen Belastung erspart.[24] Nicht untersagt ist allerdings die Einräumung v **steuerlichen Vorteilen** für Ausländer (zB als Anreiz für ausl Investitionen).[25]

17 Untersagt ist eine Schlechter- oder Andersbehandlung v Ausländern gg Staatsangehörigen unter **gleichen Verhältnissen**. Dies bedeutet, dass mit Ausnahme der Staatsangehörigkeit sämtliche sonstigen für die Besteuerung relevanten Verhältnisse gleich sein müssen. Nur in diesem Fall kann angenommen werden, dass die Diskriminierung gerade und ausschließlich wegen der Staatsangehörigkeit erfolgt.[26] Die unterschiedli-

---

19 *G/K/G* Art 24 MA Rn 24 aE. S auch Tz 31 MK zu Art 24, der eine Formulierung für den Fall anbietet, dass die Vertragsstaaten diese Wirkung der Begünstigung nach Abs 2 begrenzen wollen. Vgl auch *Vogel/Lehner* Art 24 MA Rn 85.

20 Tz 32 MK zu Art 24 unter Bezugnahme auf Art 1 Abs 1 des Abk zur Verbesserung der Rechtsstellung v Staatenlosen v 28.9.1954, BGBl II 1976, 474.

21 *Vogel/Lehner* Art 24 MA Rn 81; *S/D* Art 24 MA Rn 78.

22 Tz 15 MK zu Art 24.

23 *Wassermeyer* Art 24 MA Rn 107; *Vogel/Lehner* Art 24 MA Rn 45.

24 *Wassermeyer* Art 24 MA Rn 20; *Vogel/Lehner* Art 24 MA Rn 42.

25 Tz 14 S 3 und 4 MK zu Art 24.

26 *Vogel/Lehner* Art 24 MA Rn 48.

che Behandlung muss sich dabei **unmittelbar** aus dem Kriterium der Staatsangehörigkeit ergeben, während eine nur mittelbar wirkende Diskriminierung keine Verletzung des Abs 1 oder Abs 2 darstellt (Rn 3). Dies erfordert einen hypothetischen Vergleich mit einer staatsangehörigen Person unter sonst gleichen Verhältnissen.[27]

Kein Diskriminierungsschutz besteht hinsichtlich öffentlicher Einrichtungen und Rechtsträger, soweit diese nicht erwerbswirtschaftliche Ziele verfolgen,[28] sowie hinsichtlich gemeinnütziger Einrichtungen, die gerade dem Wohl des betr Vertragsstaates dienen.[29] Steuerliche Vorschriften, die eine unterschiedliche Behandlung aufgrund der **Ansässigkeit** vorsehen, führen in keinem Fall zu einem Verstoß gg Abs 1 oder Abs 2, selbst wenn dies mittelbar zu einer Ausländerdiskriminierung führt; in diesen Fällen kann sich aber uU aus Art 3 GG oder aus dem europäischen Recht ein Diskriminierungsverbot ergeben. Im dt Recht können sich im Einzelfall Verstöße gg Abs 1 und Abs 2 zB ergeben im Hinblick auf die Regelungen in § 1a Abs 1 S 1 Nr 1 EStG und **§ 6 Abs 5 AStG**. Diese Vorschriften knüpfen an die Staatsangehörigkeit an und haben die damit verbundenen Ungleichbehandlungen lediglich in Bezug auf Staatsangehörige v EU bzw EWR, nicht jedoch v anderen Staaten beseitigt. Die Anwendung eines **Mindeststeuersatzes** auf beschränkt StPfl stellt keine abkommensrechtliche Diskriminierung dar (vgl Rn 36).[30] 18

IV. Rechtsfolge

Abs 1 und Abs 2 untersagen **unmittelbar** die Anwendung der diskriminierenden innerstaatlichen Steuervorschrift. Der Vertragsstaat kann **keine Rechtfertigungsgründe** geltend machen. Der Betroffene hat Anspruch auf Beseitigung der Diskriminierung und insoweit auf Gleichbehandlung mit staatsangehörigen Personen unter gleichen Verhältnissen. Dies ist v Amts wegen zu beachten und bedarf keines Antrages. 19

Erfolgt die Diskriminierung durch ein **DBA mit einem Drittstaat**, kann Abs 1 dazu führen, dass dieses DBA auch gg dem nach Abs 1 bzw Abs 2 Berechtigten zur Anwendung kommen muss. Dies kann allerdings nur dann der Fall sein, wenn die Anwendung des Drittstaaten-DBA gerade an die Staatsbürgerschaft anknüpft, was idR nicht der Fall ist. Ein allg Grundsatz lässt sich daher hieraus nicht ableiten (s Rn 4 und Rn 28).[31] 20

Die Anwendung des Abs 1 steht unter dem **Vorbehalt der Gegenseitigkeit**.[32] Es handelt sich jedoch lediglich um eine formelle Reziprozität, dh die sich aus Art 24 ergebenden Pflichten treffen beide Vertragsstaaten in gleicher Weise. Konkrete Anforderungen lassen sich daraus aber nicht ableiten.[33] 21

---

27 Vgl Tz 8 MK zu Art 24.

28 Tz 10, 12 MK zu Art 24.

29 Tz 11, 13 MK zu Art 24.

30 Vgl *BFH* BStBl II 2011, 747 (zu DBA USA).

31 So iF des früheren DBA Italien vgl *BFH* BStBl II 1989, 649; zu weitgehend *Schaumburg* Rn 4.43 und *G/K/G* Art 24 MA Rn 17.

32 Tz 5 MK zu Art 24.

33 *Wassermeyer* Art 24 MA Rn 29; *Vogel/Lehner* Art 24 MA Rn 61.

C. Absatz 3

I. Allgemeines

22 Nach Abs 3 darf die Besteuerung einer Betriebsstätte, die ein Unternehmen eines Vertragsstaates im anderen Vertragsstaat hat, im anderen Vertragsstaat nicht ungünstiger sein als die Besteuerung v Unternehmen dieses Vertragsstaates, die die gleiche Tätigkeit ausüben. Sinn des Abs 3 ist va die Gewährleistung steuerlicher **Wettbewerbsneutralität** im Betriebsstättenstaat.[34] Die Rechtsfolge entspricht **Abs 1** (Rn 19ff). Abs 3 bezieht sich gem **Abs 6** auf sämtliche Steuern jeder Art und Bezeichnung der Vertragsstaaten und ist nicht beschränkt auf die in Art 2 aufgeführten Steuern.

II. Betriebsstätte eines Unternehmens eines Vertragsstaates

23 Abs 3 schützt Unternehmen eines Vertragsstaates (Art 3 Abs 1 lit d), die im anderen Vertragsstaat eine **Betriebsstätte** (Art 5) haben. Die Rechtsform des Unternehmens ist für die Anwendung des Abs 3 unbeachtlich. IF einer PersGes ist hinsichtlich der Ansässigkeit des Unternehmens danach zu differenzieren, ob die PersGes selbst oder die dahinter stehenden Personengesellschafter abkommensberechtigt sind. Je nach dem ist auf die Ansässigkeit der PersGes oder der Personengesellschafter abzustellen. TochterGes werden nicht durch Abs 3, sondern durch Abs 5 geschützt.

III. Steuerliche Diskriminierung

24 Abs 3 untersagt die **ungünstigere Besteuerung** der Betriebsstätte im Verhältnis zu inländischen Unternehmen bei Ausübung der gleichen Tätigkeit. Eine ungünstigere Besteuerung bedeutet hier – anders als in den Abs 1 und 2 – eine **tatsächlich höhere Geldzahlungslast** der Betriebsstätte, während Unterschiede allein im **Besteuerungsverfahren** nicht zu einem Verstoß gg Abs 3 führen. So stellt allein ein Quellensteuerabzug bei einer Betriebsstätte keine Diskriminierung dar, wenn damit nicht eine endgültig höhere Besteuerung erfolgt.[35]

25 Erforderlich ist ein (ggf hypothetischer) **Vergleich** mit der Geldzahlungslast eines Unternehmens des Vertragsstaates. Hierzu müssen sämtliche Merkmale mit Ausnahme der Tatsache, dass in einem Fall lediglich eine inländische Betriebsstätte gegeben ist, gleich sein. So müssen insb dies **Rechtsformen** (Rechtsform des Unternehmens, das die Betriebsstätte hat, und des inländischen Vergleichsunternehmens) und **identische Wirtschaftszweige** miteinander verglichen werden.[36] Zu vergleichen sind nur die betr Rechtsträger selbst, nicht jedoch auch andere StPfl, zB Gesellschafter; eine über das Steuersubjekt hinausgehende Gesamtbetrachtung ist unzulässig.[37]

26 Das Diskriminierungsverbot schützt insb gg Nachteile bei (i) dem Abzug v **Betriebsausgaben**, (ii) der **Abschreibung** und Bildung v **Rücklagen**, (iii) der Nutzung v **Verlusten** einschließlich Verlustrück- und vorträgen und (iv) der Besteuerung v Veräuße-

---

34 *Schaumburg* Rn 4.44; *Lang/Lüdicke/Riedweg* IStR 2006 73, 75; *Vogel/Lehner* Art 24 MA Rn 116.

35 *Vogel/Lehner* Art 24 MA Rn 104; *Wassermeyer* Art 24 MA Rn 49.

36 Tz 37 f MK zu Art 24.

37 *BFH* IStR 2005, 745 mit Anm *Streu*; *Rust* IStR 2004, 391; **aA** noch das *FG Hamburg* IStR 2004, 385.

rungsgewinnen.[38] Besteht ein progressiver Steuersatz, ist die Bestimmung eines **Mindeststeuersatzes** für Betriebsstätten diskriminierend; § 50 Abs 3 S 2 EStG aF (2008) kann damit gg Abs 3 verstoßen (Rn 36, vgl aber Rn 18).[39] Auch die Erhebung einer speziellen **Betriebsstättensteuer** stellt einen Verstoß gg Abs 3 dar.[40] Die **pauschale Gewinnermittlung** für Betriebsstätten v Schifffahrt- und Luftfahrtunternehmen nach § 49 Abs 3 EStG kann in Verlustfällen ebenfalls gg Abs 3 verstoßen.[41]

Abweichungen, die sich aus der Anwendung der Vorschriften zur **Gewinnermittlung v Betriebsstätten nach Art 7** ergeben, können dabei keinen Verstoß gg Abs 3 begründen, sondern ergeben sich unmittelbar aus dem MA selbst.[42] Nach Abs 3 S 2 stellen steuerliche Vergünstigungen auf Grund des Personenstandes oder der Familienlasten keine Diskriminierung nach Abs 3 dar. Diese Ausnahme ist nur auf **natürliche Personen** anwendbar und gilt für andere Begünstigungen mit Bezug auf die persönlichen Verhältnisse entspr.[43] Die dt Rspr folgert hieraus eine generelle Einschränkung der Abwendbarkeit v Abs 3 auf sog **betriebsbezogene Besteuerungsmerkmale**.[44] Dies findet in Abs 3 keine Stütze und wird daher zu Recht allg abgelehnt.[45] **Kein Diskriminierungsschutz** besteht auch iRd Abs 3 hinsichtlich öffentlicher Einrichtungen und Rechtsträger, soweit diese nicht erwerbswirtschaftliche Ziele verfolgen, sowie hinsichtlich gemeinnütziger Einrichtungen, die gerade dem Wohl des betr Vertragsstaates dienen.[46] 27

Umstr ist die Frage, ob und in welchem Umfang Abs 3 auch die Anwendung v **DBA mit Drittstaaten** auf Betriebsstätten verlangt. Diese Frage, die auch den Fall der **Meistbegünstigung** umfasst, ist in **Dreiecksfällen** v Bedeutung und stellt sich zB, wenn sich ein Unternehmer im Staat A mit einer Betriebsstätte in Staat B auf ein DBA zwischen Staat B und einem dritten Staat C (DBA B-C) beruft. Hier ist zur Lösung zu differenzieren: (i) Soweit das DBA B-C **Steuerinländern v B bestimmte steuerliche Vorteile** einräumt, dann muss der Staat B diese Vorteile nach Abs 3 auch der Betriebsstätte des Unternehmens aus A gewähren. (ii) Gewährt das DBA B-C allerdings den **im Staat C ansässigen StPfl bzw deren Betriebsstätten** im Staat B bes Vorteile im Staat B, so ist Staat B **nicht nach dem Prinzip der Meistbegünstigung** verpflichtet, diese Vorteile auch der Betriebsstätte des Unternehmens aus dem Staat A zu gewähren.[47] Letzteres führte nämlich zu einer Gleichbehandlung eines Ausländers mit einem anderen Ausländer, was nicht Regelungsinhalt v Art 24 ist. Ein derartiger Diskriminierungsschutz kann sich allenfalls in Kombination mit dem europäischen Recht ergeben. 28

38 Tz 40 MK zu Art 24; vgl dazu und zu möglichen Diskriminierungen durch das SEStEG *Hageböke/Käbisch* IStR 2006, 849, 850 ff.

39 Tz 57 MK zu Art 24.

40 *Vogel/Lehner* Art 24 MA Rn 107; vgl auch *Frotscher* IStR 2009, 51 zur branch profit tax in den USA.

41 *BFH* IStR 1998, 504 mit Anm *FW*.

42 Tz 42 MK zu Art 24; *G/K/G* Art 24 MA Rn 31.

43 Tz 36 MK zu Art 24; *Vogel/Lehner* Art 24 MA Rn 120.

44 *BFH* BStBl II 1969, 466; 1970, 790.

45 *Vogel/Lehner* Art 24 MA Rn 109; *Wassermeyer* Art 24 MA Rn 51; *G/K/G* Art 24 MA Rn 38; *Schaumburg* Rn 4.47.

46 *Vogel/Lehner* Art 24 MA Rn 102.

47 *G/K/G* Art 24 MA Rn 31; *Lehner* IStR 2001, 329, 336; nicht ganz deutlich iE *Vogel/Lehner* Art 24 MA Rn 114 ff. Offen in Tz 68 ff MK zu Art 24. Vgl zu anderen Dreiecksfällen auch Tz 71 f MK zu Art 24; *Lang/Lüdicke/Riedweg* IStR 2006, 73; *Jacob* IStR 2002, 735.

D. Absatz 4

29 Abs 4 enthält eine Bestimmung zur Verhinderung **mittelbarer Diskriminierungen** durch Beschränkung der Abzugsfähigkeit bestimmter Zahlungen bzw Schulden gebietsansässiger Unternehmen in Abhängigkeit v der Ansässigkeit des Zahlungsempfängers bzw Gläubigers. Abs 4 berechtigt somit unmittelbar die in einem Vertragsstaat **ansässigen Unternehmen** gg ihrem **Ansässigkeitsstaat**. Nach der ausdrücklichen Regelung in S 1 sind Gewinnberichtigungen aufgrund der Anordnungen in Art 9 Abs 1, Art 11 Abs 6 oder Art 12 Abs 4 vorrangig und führen nicht zu einer Verletzung des Abs 4.

30 Abs 4 bezieht sich auf Zinsen, Lizenzgebühren ua Entgelte und umfasst somit sämtliche Zahlungen des Unternehmens, die als **Gegenleistung für empfangene Leistungen** erfolgen.[48] Die Zahlungen müssen v einem **Unternehmen eines Vertragsstaates** (Art 3 Abs 1 lit d) an eine im **anderen Vertragsstaat ansässige Person** (Art 3 Abs 1 lit a, Art 4) erfolgen. Diese Zahlungen müssen steuerlich unter den gleichen Bedingungen zum Abzug zugelassen werden wie derartige Zahlungen an gebietsansässige Personen. Die Vorschrift erfordert lediglich die gleiche Behandlung bei der steuerlichen Abzugsfähigkeit. Sie hindert den Vertragsstaat aber nicht, bei Zahlungen in das Ausland **bes Nachweispflichten** vorzusehen.[49] § 90 Abs 2 und Abs 3 AO verletzen Abs 4 daher nicht. S 2 erweitert die Vorschrift inhaltsgleich auf den **vermögensteuerlich** relevanten Abzug der betr **Schuldenposition**.

31 Abs 4 untersagt nur Diskriminierungen, die gerade auf der **Ansässigkeit des Zahlungsempfängers bzw Gläubigers beruhen** (vgl Rn 3). Andere Beschränkungen des Abzugs v derartigen Zahlungen und Schulden (zB aufgrund v allg Zinsabzugsbeschränkungen wie nach § 4h EStG, § 8a KStG, § 8 Nr 1 GewStG, vgl aber Rn 35) sollen idR zulässig sein.[50]

E. Absatz 5

32 Abs 5 untersagt die diskriminierende Besteuerung eines Unternehmens des einen Vertragsstaates (Art 3 Abs 1 lit d) wegen der **Beteiligung v im anderen Vertragsstaat ansässigen Personen** (Art 3 Abs 1 lit a, Art 4) an diesem Unternehmen. Die Vorschrift regelt nur die Besteuerung des Unternehmens im **Ansässigkeitsstaat**, nicht jedoch die der Gesellschafter im anderen Vertragsstaat. Voraussetzung ist eine gesamte oder anteilige, mittelbare oder unmittelbare Beteiligung eines Gebietsfremden am **Kapital der Ges** oder eine **Kontrolle der Ges** im Sinne einer Stimmrechtsinhaberschaft.[51] Mindestbeteiligungs- oder Kontrollquoten sieht Abs 4 nicht vor. Er bezieht sich wie Abs 1 und Abs 2 auf die **Besteuerung und die damit zusammenhängenden Verpflichtungen** (Rn 15).

33 Untersagt ist jede **andere** oder **belastendere Besteuerung** und damit zusammenhängende **Verpflichtung** gg Unternehmen mit rein gebietsansässiger Kapital- und Kontrollbeteiligung bei sonst gleichen Verhältnissen (Rn 16 f). Das Unterscheidungskriterium muss gerade die **Nicht-Ansässigkeit** der Gesellschafter im betr Vertragsstaat sein.[52]

48 *Schaumburg* Rn 4.50; *G/K/G* Art 24 MA Rn 43.
49 Tz 75 MK zu Art 24.
50 Tz 74 MK zu Art 24; *Vogel/Lehner* Art 24 MA Rn 147; *Mattern* IStR 2014, 558, 560.
51 *Wassermeyer* Art 24 MA Rn 95.
52 *BFH* IStR 2003, 422 zur alten Fassung des § 14 KStG 1984, der aufgrund Art 24 DBA USA einer US Gesellschafterin ohne (damals erforderlichen) Sitz im Inland die Berechtigung zur Organträgerschaft zugesprochen hat. Daran anschließend Nichtanwendungserlass *BMF* BStBl I 2004, 1181; *FW* IStR 2003, 424; *Rust* IStR 2003, 658; *Hahn* BB 2005, 521.

Nach Ansicht der neueren Rspr liegt bereits eine **Diskriminierung** vor, wenn die inländischen **Organschaftsregeln** nur auf solche Unternehmen anwendbar sind, deren unmittelbare oder mittelbare Gesellschafter und damit potentielle Organträger inländische Unternehmen sind.[53] Diese Rspr und deren mögliche Folgen, nämlich die **Nichtbesteuerung auslandsbeherrschter inländischer KapGes**, sind höchst umstr.[54] Verschiedene DBA schließen daher die Anwendung von Abs 5 auf Gruppenbesteuerungsregeln ausdrücklich aus.[55] 34

Die Anwendung der früheren Regeln zur sog **Gesellschafter-Fremdfinanzierung** nach § 8a KStG 1999 stellen nach Ansicht der Rspr eine Diskriminierung dar.[56] 35

F. Deutsche DBA

I. Allgemeines

Deutschland hatte eine **Bemerkung** in Bezug auf den inländischen **Mindeststeuersatz** für beschränkt StPfl gem § 50 Abs 3 S 2 EStG aF (2008) in den MK aufnehmen lassen (Rn 26); die Bemerkung wurde mit Wirkung zum 15.7.2014 gestrichen.[57] 36

II. Wichtigste Abweichungen

In nahezu sämtlichen dt DBA finden sich Diskriminierungsregeln, die mehr oder weniger Art 24 entsprechen. Das DBA Australien enthält keine dem Art 24 entspr Regelung. 37

Abs 1 ist in nahezu sämtlichen dt DBA im Wesentlichen vereinbart. Das DBA Ungarn (Art 24) verweist insoweit nur auf die allg anerkannten Grundsätze der Gleichbehandlung. In Übereinstimmung mit dem MA 1963 ist in den DBA Belgien (Art 24),[58] Finnland (Art 24), Frankreich (Art 21),[59] Griechenland (Art XXI), Großbritannien (Art 25), Japan (Art 24), Russische Föderation (Art 24) und Schweiz (Art 25) **zusätzlich die Ansässigkeit** des Staatsangehörigen in einem Vertragsstaat gefordert. Eine Sonderregelung zur Beschränkung der Anwendung von § 1 Abs 3 S 2 iVm § 1a Abs 2 EStG gilt für die **Niederlande**.[60] 38

---

53 *BFH* IStR 2011, 345 für die Anwendung des Art XX Abs 4 DBA Großbritannien 1964/1970 auf einen in Großbritannien ansässigen gewerbesteuerlichen Organträger im Anwendungsbereich des GewStG 1999. S auch *Schänzle*, FS Wassermeyer, 495, Rn 21.

54 *Mössner* IStR 2011, 349; *Rödder/Schönfeld* DStR 2011, 886; *Mitschke* IStR 2011, 537; *Pinkernell* IStR 2011, 717; dagegen eindeutig *BMF* BStBl I 2004, 1181, Tz 2.

55 Prot Nr 4 DBA Luxemburg; Prot Nr 9 DBA Norwegen; Prot Nr 21 DBA USA; Prot Nr 5 der deutschen Verhandlungsgrundlage DBA.

56 *BFH* BStBl II 2014, 721 zu Art 24 Abs 4 DBA USA und *BFH* BStBl II 2013, 186 zu Art 25 Abs 3 DBA Schweiz; s zur Rspr *Mattern* IStR 2014, 558; vgl auch zu den verschiedenen früheren Fassungen des § 8a KStG *Knobbe-Keuk* DB 1993, 60; *Portner* IStR 1996, 23; *Brendt* IWB F 3 Gr 2 S 1079.

57 Tz 82 MK zu Art 24.

58 Vgl auch zu den folgenden Fällen *Wassermeyer* Art 24 DBA Belgien Rn 4.

59 Beachte auch die neue Klarstellung betreffend Nichtansässigkeit in Abs 1 S 2 idF des Zusatzabkommens zum DBA Frankreich v 31.3.2015; s dazu *Riedlinger/Balzerkiewicz* IWB 2015, 591.

60 Prot XVI zu Art 24.

39 Dem **Abs 2 entspr Regelungen** sehen insb die DBA Belgien, Frankreich, Griechenland, Großbritannien, Kroatien, Luxemburg, Malta, Niederlande, Norwegen, Österreich, Polen, Slowenien und Spanien vor; die meisten anderen DBA mit wichtigeren Industriestaaten enthalten keine dem Abs 2 entspr Regelung.

40 Eine **Abs 3** entspr Regelung ist in nahezu sämtlichen dt DBA enthalten. **Einschränkungen** sehen insb die DBA Belgien (Prot Ziff 15 Abs 2: int Schachtelprivileg für Dividenden), Norwegen (Art 24: Steuersatz) und USA (Art 24: Betriebsstättensteuer) vor, während das DBA Österreich (Prot Ziff 12 lit a: Meistbegünstigung für Kommunalsteuer) eine **Erweiterung** enthält.

41 Eine dem **Abs 4** entspr Regelung findet sich insb in den DBA China, Dänemark, Estland, Großbritannien, Indien, Italien, Lettland, Litauen, Malta, Österreich, Polen, Rumänien, Russische Föderation, Schweden und USA, nicht jedoch in den DBA mit den übrigen EU/EWR-Staaten. Die Regelung zum Schuldenabzug in S 2 fehlt in den DBA Niederlande, Norwegen und Türkei.

42 Eine **Abs 5** entspr Regelung fehlt im DBA Bulgarien. **Abs 6** ist nur in ungefähr der Hälfte der DBA enthalten. Insb in den DBA Großbritannien, Indien, Malta, Portugal, Russische Föderation, Türkei und Zypern gilt das Diskriminierungsverbot nur für die Steuern, auf die das **DBA auch sonst Anwendung findet**.

Art. 25 Verständigungsverfahren

(1) Ist eine Person der Auffassung, dass Maßnahmen eines Vertragsstaats oder beider Vertragsstaaten für sie zu einer Besteuerung führen oder führen werden, die diesem Abkommen nicht entspricht, so kann sie unbeschadet der nach dem innerstaatlichen Recht dieser Staaten vorgesehenen Rechtsmittel ihren Fall der zuständigen Behörde des Vertragsstaats, in dem sie ansässig ist, oder, sofern ihr Fall von Artikel 24 Absatz 1 erfasst wird, der zuständigen Behörde des Vertragsstaats unterbreiten, dessen Staatsangehöriger sie ist. Der Fall muss innerhalb von drei Jahren nach der ersten Mitteilung der Maßnahme unterbreitet werden, die zu einer dem Abkommen nicht entsprechenden Besteuerung führt.

(2) Hält die zuständige Behörde die Einwendung für begründet und ist sie selbst nicht in der Lage, eine befriedigende Lösung herbeizuführen, so wird sie sich bemühen, den Fall durch Verständigung mit der zuständigen Behörde des anderen Vertragsstaats so zu regeln, dass eine dem Abkommen nicht entsprechende Besteuerung vermieden wird. Die Verständigungsregelung ist ungeachtet der Fristen des innerstaatlichen Rechts der Vertragsstaaten durchzuführen.

(3) Die zuständigen Behörden der Vertragsstaaten werden sich bemühen, Schwierigkeiten oder Zweifel, die bei der Auslegung oder Anwendung des Abkommens entstehen, in gegenseitigem Einvernehmen zu beseitigen. Sie können auch gemeinsam darüber beraten, wie eine Doppelbesteuerung in Fällen vermieden werden kann, die im Abkommen nicht behandelt sind.

(4) Die zuständigen Behörden der Vertragsstaaten können zur Herbeiführung einer Einigung im Sinne der vorstehenden Absätze unmittelbar miteinander verkehren, gegebenenfalls auch durch eine aus ihnen oder ihren Vertretern bestehende gemeinsame Kommission.

(5) Wenn

a) eine Person nach Absatz 1 der zuständigen Behörde eines Vertragsstaats einen Fall mit der Begründung unterbreitet hat, dass Maßnahmen eines Vertragsstaats oder beider Vertragsstaaten für sie zu einer Besteuerung geführt hat, die diesem Abkommen nicht entspricht, und

b) die zuständigen Behörden nicht in der Lage sind, sich gemäß Absatz 2 über die Lösung des Falles innerhalb von 2 Jahren seit der Unterbreitung des Falles an die zuständige Behörde des anderen Vertragsstaats zu einigen,

werden alle ungelösten Fragen des Falles auf Antrag der Person einem Schiedsverfahren unterworfen. Diese ungelösten Fragen werden aber nicht dem Schiedsverfahren unterworfen, wenn zu ihnen bereits eine Gerichtsentscheidung in einem der Staaten ergangen ist. Sofern nicht eine Person, die unmittelbar von dem Fall betroffen ist, die Verständigungsvereinbarung, durch die der Schiedsspruch umgesetzt wird, ablehnt, ist der Schiedsspruch für beide Staaten verbindlich und ungeachtet der Fristen des innerstaatlichen Rechts dieser Staaten durchzuführen. Die zuständigen Behörden dieser Vertragsstaaten regeln in gegenseitigem Einvernehmen die Anwendung dieses Absatzes.

Merkblatt zum internationalen Verständigungs- und Schiedsverfahren auf dem Gebiet der Steuern vom Einkommen und vom Vermögen, *BMF* BStBl I 2006, 461 (BMF VerstV); Merkblatt für bilaterale oder multilaterale Vorabverständigungsverfahren auf der Grundlage der Doppelbesteuerungsabkommen zur Erteilung verbindlicher Vorabzusagen über Verrechnungspreise zwischen int verbundenen Unternehmen (sog „Advance Pricing Agreements"), *BMF* BStBl I 2006, 594 (BMF APA); Aufgaben des Bundeszentralamts für Steuern gem § 5 Abs 1 Nr 5 Finanzverwaltungsgesetz, *BMF* BStBl I 2011, 674 (BMF Aufgaben BZSt); Übereinkommen (90/436/EWG) über die Beseitigung der Doppelbesteuerung im Falle von Gewinnberichtigungen zwischen verbundenen Unternehmen v 23.7.1990, BGBl 1993 II, 1309 (EU SK); Überarbeiteter Verhaltenskodex zur wirksamen Umsetzung der Schiedskonvention 12.3.2015 (überarbeiteter Verhkodex EU SK 2015); Verständigungsvereinbarung zur Regelung der Durchführung des Schiedsverfahrens, Deutsch-Britisches Doppelbesteuerungsabkommen, BMF-Schreiben v 10.10.2011 (VerstV DEU-GBR); *OECD* Manual on Effective Mutual Agreement Procedures, (OECD Manual on MAP); *OECD* Country Mutual Agreement Procedure Statistics 2013 (OECD MAP statistics 2013); *OECD* (2015), Making Dispute Resolution Mechanisms More Effective, Action 14 – Final Report, OECD/G20 Base Erosion and Profit Shifting Project, OECD Publishing, www.dx.doi.org/10.1787/9789264241633-en (OECD 2015 Making Dispute Resolution More Effective); *OECD* Public Discussion Draft – BEPS Action 14: Make Dispute Resolution Mechanisms More Effective, www.oecd.org (OECD Public Discussion Draft on Action 14); Public comments received on discussion draft on Action 14 (Make dispute resolution mechanisms more effective) of the BEPS Action Plan, www.oecd.org (OECD Public Comments on Action 14); *OECD* (2015), Developing a Multilateral Instrument to Modify Bilateral Tax Treaties, Action 15-2015 Final Report OECD/G20 Base Erosion and Profit Shifting Project, OECD Publishing, www.dx.doi.org/10.1787/9789264241688-en (OECD 2015 Developing a Multilateral Instrument); *OECD* (2015), Countering Harmful Tax Practices More Effectively, Taking Into Account Transparency And Susbstance, Action 5-Final Report OECD/G20 Base Erosion and Profit Shifting Project, OECD Publishing, www.dx.doi.org/10.17879789264241190-en (OECD 2015 Harmful Tax Practices); MAP Operational

Guidance for Member Countries of the Pacific Association of Tax Administrators (PATA), November 2005 (MAP PATA); BAPA Operational Guidance for Member Countries of the Pacific Association of Tax Administrators (PATA), November 2005, (APA PATA); EU Joint Transfer Pricing Forum Schlussbericht v 14.9.2009, SEC (2009) 1169 final (EU JTPF Schlussbericht); EU Joint Transfer Pricing Forum, Statistics on pending Mutual Agreement Procedures under the Arbitration Convention at the end of 2014, (EU JTPF, statistics on MAPs 2014); EU Joint Transfer Pricing Forum, Statistics on APAs in the EU at the end of 2014 (EU JTPF, Statistics on APAs 2014); EU Joint Transfer Pricing Forum Final Report on Improving the Functioning of the Arbitration Convention 2015 DOC/JTPF/002/2015/EN (EU JTPF Final Report Arbitration Convention 2015); EU Arbitration Convention 90/463/EEC, List of independent persons of standing, November 2015, www.consilium.europa.eu, (EU AC, List of independent persons 2015) Report prepared by the EU Joint Transfer Pricing Forum on the work in the field of dispute avoidance and resolution procedures and on Guidelines for Advance Pricing Agreements within the EU, (EU JTPF, APA); EU Joint Transfer Pricing Forum, Independent Arbitrators Declaration of Acceptance and Statement of Independence (EU JTPF, Independent Arbitrators); EU Kommission, Mitteilung vom 11.11.2011, Doppelbesteuerung im Binnenmarkt (EU KOM DBA); HM Revenue & Customs: International – Mutual Agreement Procedure, (HM Revenue & Customs, MAP); Internal Revenue Service, United States Department of the Treasury, Announcement 2008-39, German Mutual Agreement Procedure Arbitration Announcement, (IRS German Arbitration Announcement); IRS Advance Pricing Agreement Program, 2011, www.irs.gov; Administrative Arrangements for the Implementation of the Mutual Agreement Procedure (Article 25) of the Convention Between the Government of the United Kingdom of Great Britain and Northern Ireland and the Government of the United States of America for the Avoidance of Double Taxation and the Prevention of Fiscal Evasion with Respect to Taxes on Income and Capital Gains, 13.11.2000, (VerstVb US UK)

Übersicht

Literatur: *Altman* Dispute Resolution under Tax Treaties, Harvard University, 2005; *Athanasiou* BEPS Action 14 (Dispute Resolution): Mandatory Binding Arbitration Provision Planned, Tax Notes Int, Vol 80, No 2 Oct 12, 2015; *Bakker/Levey* Transfer Pricing and Dispute Resolution, Aligning strategy and execution, IBFD 2011; *Baumhoff/Puls* Mediation bei Verrechnungspreiskonflikten als alternativer Streitbeilegungsansatz?, IStR 2010, 802; *Bödefeld/Kuntschik* Verständigungs- und Schiedsverfahren nach dem EU-Schiedsabkommen – Theorie und Praxis, IStR 2009, 477; *dies* Der überarbeitete Verhaltenskodex zur Anwendung des EU-Schiedsübereinkommens, IStR 2010, 474; *Canale/Wrappe/McAlonan/Boyce* The Little Program That Could: 20 Years of the APA Program, Tax Notes International May 2011; *Dagnese* Caught between Globalization, the OECD and the European Union: APA Provisions in Italy and Germany, International Transfer Pricing Journal, May/June 2007; *Eicker/Stockburger* Internationale Verfahren zur Beseitigung der Doppelbesteuerung – Überblick und Folgerungen für die Praxis anlässlich des rückwirkenden Wiedereintritts der EU-Schiedskonvention zum 1.11.2004, IWB Nr 4 v 23.2.2005, Fach 11 Europäische Gemeinschaften Gr 2; *Ernst & Young* Transfer Pricing Global Reference Guide 2010; *Gibert/Daluzeau* Commission Proposes Guidelines for Advance Pricing Agreements in the European Union, International Transfer Pricing Journal, July/August 2007; *Flüchter* Ein Mindeststandard für Verständigungsverfahren, peer reviews und die Aussicht auf mehr Schiedsklauseln, IStR 2015, 943; *Goulder* U.S. Tax Officials Talk Up Treaty Arbitration, Tax Notes International, Jan 8, 2007, S 17 ff; *Green* The U.K. Reaction to the Glaxo Case, Transfer Pricing, BNA *International*; *Grotherr* Internationaler Vergleich der Verfahren für Advance Pricing Agreeements, IWB Nr 10 v 25.5.2005, Fach 10 Gr 2 International; *ders* Verfahren zur Vermeidung von Verrechnungspreiskonflikten, BB 2005, Heft 16; 855; *Herksen* How the Arbitration Convention Lost ist Lustre: the Threat of Triangular Cases, Intertax, Vol 36, Issue 8/9, 2008; *Herlinghaus* Gedanken zum abkommensrechtlichen Schiedsverfahren nach Art 25 Abs 5 OECD-MA, IStR 2010, 126; *Hert* A new Impetus for the Arbitration Convention? International Transfer Pricing Journal, March/April 2008; *Ismer* Rechtswidrige Gewährung von Rechtsschutz? Zugleich eine Besprechung von FG Hamburg v 13.7.2000, V 2/97, IStR 2003, 394; *Jacobs/Endres/Spengel* Internationale Unternehmensbesteuerung,

2011; *Kramer* German Advance Pricing Agreements, Tax Notes International, Vol 45, No 3, January 22, 2007; *Lehner* Artikel 15 DBA-Schweiz verbietet abweichende Konsultationsvereinbarung, IStR 20, 2015; *Loh/Steinert* Scheitern internationale Lösungen von Verrechnungspreisfragen an § 175a AO?, BB 2008, Heft 44, 2383; *Lüdicke* Überlegungen zur deutschen DBA-Politik, Schriften des Instituts für Ausländisches und Internationales Finanz- und Steuerwesen, Universität Hamburg, 2008; *Markham* APA in Australia, Canada and the United States: Current Developments and Future Directions, Intertax 8/9 2006; *Markham* Seeking New Directives In Dispute Resolution Mechanisms – Do We Need A Revised Mutual Agreement Procedure, Bulletin for International Taxation 2016, Vol 70 No 1/2; *Nientimp* Bundesministerium der Finanzen beantwortet Kleine Parlamentsanfrage zu Funktionsverlagerung und Verständigungsverfahren, IWB Nr 7 v 9.4.2008, Aktuelles, 331 ff; *Nolan Ng* Tax Dispute Resolution: A New Chapter Emerges, Tax Notes International, May 2011; *Owens* Die Vorschläge der OECD zur Verbesserung des Verfahrens zur Beilegung von Streitigkeiten im Zusammenhang mit DBA, IStR 13/2007, 472; *Perrou* Taxpayer Participation in Tax Treaty Dispute Resolution-Volume 28 in the Doctoral Series; *Piatoff* Using an APA May Help Avoid an Audit, Tax Planning International Transfer Pricing, BNA 09/2006; *Quinones/Cruz* International Tax Arbitration and the Sovereignty Objection: The South American Perspective, Tax Notes International, August 2008; *Runge* Mutual Agreement Procedures and the Role of the Taxpayer, International Transfer Pricing Journal (ITPJ), January/February 2002; *Schnorberger* Same Procedure as Last Year? Competent Authority Procedures and Advance Pricing Agreements Revisited, International Transfer Pricing Journal, March/April, 2007; *Schnorberger/Wingendorf* Planning Certainty through Advance Pricing Agreements, International Transfer Pricing Journal (ITPJ) March/April 2005; *Spencer/Mills* Improving Treaty Dispute Resolution: An Australian Perspective, 69 Bull. Int. Taxn. 6/7 (2015); *Verlinden/Haupt* The EU JTPF Shifts Gears on Dispute Resolution, ITPJ Issue No. 5, 2015; *Wrappe/McAlonan/Boyce* APA Procedures in the U.S. and Japan: A Side-by-Side Comparison, Tax Notes International, April 2011; *Zschiegner* Neue IRS – Vorschriften für DBA Verständigungsverfahren IWB 2002, Gruppe 2, S 1191; *Züger* Die Anwendbarkeit der Schiedskonvention nach dem 1.1.2000, IWB Fach 11 Europäische Gemeinschaften Gr 3; *ders* Schiedsverfahren für Doppelbesteuerungsabkommen, Möglichkeiten zur Verbesserung des Rechtsschutzes im Internationalen Steuerrecht, Schriftenreihe zum Internationalen Steuerrecht, 2001.

A. Allgemeines

I. Grundzüge

1 Art 25 sieht verschiedene zwischenstaatliche Verf zur **Beseitigung** von dem **Abk nicht entsprechender Besteuerung** bzw zur Lösung von **sonstigen Schwierigkeiten** bei der Anwendung der jeweiligen Abk vor. Die Vorschrift trägt der Tatsache Rechnung, dass die Abk aufgrund von **Differenzen in ihrer Auslegung** und Anwendung oder bei **Abklücken** nicht generell die Dbest zwischen zwei Vertragsstaaten beheben können. Sind solche Sachverhalte eingetreten, müssten Stpfl grds in zwei Staaten den nationalen Rechtsweg ausschöpfen, mit ungewissem Ausgang über die Behebung der abkommenswidrigen Besteuerung. Art 25 ermöglicht es Stpfl, ohne ihr Recht auf innerstaatliche Rechtsmittel aufzugeben, ihren Fall von beiden Vertragsstaaten gleichzeitig verhandeln und lösen zu lassen.[1]

1 MK Art 25 Tz 7.

Die Abs 1 und 2 beinhalten Regeln über die Lösung von Einzelfällen, üblicherweise entweder als „**Verständigungsverfahren**"(VerstV)[2] oder als **„Vorabverständigungsverfahren",** (Advance Pricing Agreements (**APAs**))[3] für noch nicht verwirklichte Geschäftsbeziehungen zwischen verbundenen Unternehmen bezeichnet. Demnach verhandeln die Vertreter der zuständigen Behörden zweier Vertragsstaaten über die Lösung eingetretener Dbestfälle oder über die Verhinderung des Eintretens zukünftiger Dbestfälle. Die beiden Abs zu VerstV sind im MA 2008 durch Abs 5 ergänzt worden, der ein **verpflichtendes SchV** vorsieht, wenn sich die zuständigen Behörden über einen Zeitraum von zwei Jahren bei eingetretener Dbest nicht einigen können.[4] Es setzt jedoch voraus, dass Abs 5 auch in die bilateralen DBA aufgenommen wird. Dies kann bisher allerdings jeder Staat von Fall zu Fall selbst entscheiden.[5] Die Lösung **allgemeiner Auslegungsfragen** durch zwischenstaatliche Einigung, die **„Konsultationsverfahren"**, regelt Abs 3 S 1.[6] Abs 3 S 2 sieht VerstV auch für **vom Abk nicht erfasste Dbestfälle** vor. Vereinfachend für die Durchführung der vorgesehenen Verfahren können die zuständigen Behörden nach Abs 4 **unmittelbar**, dh **ohne Einschaltung der diplomatischen Vertretungen**, miteinander in Kontakt treten. 2

II. Bedeutung der Vorschrift

Zwischenstaatliche Verfahren zur Streitbeilegung haben in der jüngsten Zeit der Internationalisierung der Wirtschaft an **erheblicher Bedeutung** gewonnen, da sowohl Unternehmen als auch natürliche Personen in immer größerem Umfang grenzüberschreitende Aktivitäten wahrnehmen und es damit zu mehr und komplizierteren **zwischenstaatlichen Besteuerungskonflikten** kommt.[7] Diese führen zu grenzüberschreitenden Verwerfungen, indem sie den int Handel und int Investitionen behindern. Nationale und int Wirtschaftsvertreter bzw. Wirtschaftsverbände fordern daher regelmäßig dazu auf, für effektive Streitbeilegungsmechanismen zu sorgen, um int Planungssicherheit zu erreichen.[8] Insb sind Staaten dazu übergegangen, Verrechnungspreisfälle intensiver zu prüfen mit der Folge, dass die Anzahl von VerstV im Rahmen der Verrechnungspreise ansteigen.[9] Grds haben sich dabei die traditionellen VerstV bewährt; sie geben Stpfl Schutz gegen abkwidrige Besteuerung.[10] Allerdings sind die VerstV der **zunehmenden Kritik** ausgesetzt gewesen, dass sie zu lange dauern[11] und keinen Einigungszwang[12] vorsehen. Als Reaktion auf diese Kritik und zur Unterstützung des **Standortfaktors** erklären sich immer mehr Staaten auf Grundlage des Art 25 in Verrechnungspreisfällen bereit, **APA** abzuschließen, in deren Rahmen sich die Vertragsstaaten für einen festgesetzten zukünftigen Zeitraum auf Verrechnungspreise 3

---

2 S *BMF* zu VerstV.
3 S *BMF* zu APA.
4 Ein obligatorisches SchV ist bei APA nur für beschiedene Steuerjahre möglich, MK Art 25 Tz 72.
5 S Art 25 MA, Fn 1.
6 Zur Unterscheidung zwischen Verständigungs- und Konsultationsverfahren s BMF zu VerstV Tz 1.2.1.
7 S www.oecd.org dispute resolution; *Owens* S 472.
8 S zB Public Comments OECD Action 14.
9 EU JTPF open cases 2014; OECD MAP statistics 2013; s auch *Nolan Ng* S 739.
10 S auch *G/K/G* Art 25 MA Rn 14; *Owens* S 472; *Baumhoff/Puls* IStR 2010, 802.
11 *Nientimp* IWB 2008, 331, 332.
12 *Lüdicke* S 31.

zwischen zwei oder mehreren verbundenen Unternehmen einigen.[13] Als weitere Reaktion hat die OECD im Jahr 2008 Art 25 Abs 5 in das MA aufgenommenen, der **verpflichtende SchV** für gescheiterte VerstV vorsieht.[14] Weiterhin haben sich die beteiligten Staaten im Rahmen des OECD/G20 BEPS-Projekts unter Aktionspunkt 14 auch auf eine Reihe von Maßnahmen zur effektiveren Durchführung von Verst- und SchiedsV geeinigt.[15] Denn es bestand die Befürchtung, dass neue in den einzelnen OECD-MS eingeführte Regelungen gegen BEPS zu Doppelbesteuerungsfällen führen würden. Die Maßnahmen sehen eine Änderung des Abs 1 im MA 2016, eine Reihe von Änderungen des MK 2016, sowie einen von allen OECD/G20-Staaten akzeptierten Mindeststandard vor. Dieser beinhaltet einen sog „peer review" dh eine Überprüfung der Einhaltung des Mindeststandards durch die anderen OECD/G20-Staaten.[16] Zusätzlich werden eine Reihe von „best practices" empfohlen. Für diese gibt es jedoch entweder keine „peer reviews" oder keine Einigung zwischen den OECD/G20-Staaten, so dass sie von weitaus geringerer Bedeutung sind als die anderen Maßnahmen.[17] Die vielfach gehegte Hoffnung, dass die OECD/G20 sich auf ein verpflichtendes Schiedsverfahren einigen würden,[18] konnten die OECD/G20 nicht erfüllen. Hier gibt es noch zu viele Vorbehalte, sowohl von OECD- wie auch von OECD-nicht-MS.[19]

B. Verhältnis zu anderen Vorschriften

I. Verhältnis zu Vorschriften des MA

4 Art 25 sieht **eigenständige Verfahren** zur Streitschlichtung bei dem Abk nicht entsprechender Besteuerung vor und steht in diesem Sinne **nicht in Konkurrenz** zu anderen Artikeln des MA. Im Vorwort zum MA, wie auch in Art 4, 9, 10, 11 und 27 und vielfach im MK (zB zu Art 1, 3, 4, 7, 9, 10, 11, 12, 13, 15, 21, 22, 23 und 27) wird jedoch für Zweifelsfälle auf Art 25 verwiesen, woraus deutlich wird, dass das Abk nicht sämtliche Fragen im Zusammenhang mit Dbestfällen klären kann. Auch in Fällen, in denen eine objektive Lösung unmöglich erscheint, wird auf Art 25 verwiesen und damit besonders an die zuständigen Behörden appelliert, diese Streitfragen in Verständigungsverfahren einem Ergebnis zuzuführen. Durch die Einführung des verpflichtenden SchVs in Art 25 Abs 5 kann bei der entspr Umsetzung in die bilateralen Abk in Zukunft das Risiko ausgeschlossen werden, dass sich die zuständigen Behörden in diesen Fällen nicht einigen können.[20]

5 Tz 33ff der Einführung zum MA behandelt die Frage, ob bestehende DBA im Zeitablauf jeweils historisch, statisch oder aber aktuell, dynamisch entsprechend des **aktuellen Stands des MK ausgelegt** werden sollen. Die OECD-MS inklusive die deutsche Finanzverwaltung befürworten die dynamische Auffassung, wenn die AbkArt mit den

13 S Rn 66ff.
14 S zu Art 25 Abs 5 Rn 47ff.
15 OECD 2015 Making Dispute Resolution More Effective; *Athanasiou* S 127.
16 OECD 2015 Making Dispute Resolution More Effective, Tz 3.
17 OECD 2015 Making Dispute Resolution More Effective, Tz 7.
18 OECD Public Comments on Action 14; OECD 2015 Making Dispute Resolution More Effective, Tz 62, Athanasiou S 127.
19 OECD 2015 Making Dispute Resolution More Effective, Tz 62.
20 S auch MK zu Art 25 Tz 73.

DBA-Art übereinstimmen.[21] In Zweifelsfällen sollen die gem Art 25 vorgesehenen Verfahren aufgetretene Konflikte lösen, was in der Praxis auch immer wieder geschieht.

In Art 4 Abs 2 Buchstabe d) wird darauf verwiesen, dass die Feststellung der **Ansässigkeit** einer **natürlichen Person** im gegenseitigen Einvernehmen der zuständigen Behörden erfolgen soll, wenn die Prüfung der Buchstaben a–c des Art 4 zu keinem Ergebnis führt. Die Vertragsstaaten werden demnach aufgefordert, einen Antrag auf Einleitung eines VerstV anzunehmen und im **Sinne der Behebung der Dbest** eine **Ansässigkeitsbestimmung** vorzunehmen, auch wenn dies nach den objektiven Kriterien der Buchstaben a–c nicht möglich ist. **6**

Im Falle der Ansässigkeit von Unternehmen empfiehlt die OECD in Tz 24.1 zu Art 4 den Staaten, die für die Bestimmung des Ortes der Geschäftsleitung eine fallweise Lösung bevorzugen, eine Alternativformulierung in Art 4 Abs 3 zu wählen. Demnach soll die Bestimmung der Ansässigkeit von **doppelt ansässigen Unternehmen** im Rahmen von Verständigungsverfahren geklärt werden. **7**

Art 9 Abs 2 und Tz 11 MK zu Art 9 verweisen auf das VerstV gem Art 25 für den Fall, dass eine **direkte Gegenberichtigung** bzgl einer Erstkorrektur des anderen Vertragspartners aufgrund von abweichenden Auffassungen nicht möglich ist. Darüber hinaus stellen Tz 11 und 12 des MK zu Art 25 klar, dass VerstV auch in den Fällen geführt werden sollen, wenn Art 9 Abs 2 nicht in das Abk aufgenommen worden ist. Die Aufnahme von Art 9 Abs 1 zeige, dass die Mitgliedsstaaten die wirtschaftliche Dbest vermeiden wollen. Im Rahmen des BEPS Projekts ist über die Frage der Einleitung von Verständigungsverfahren bei fehlendem Art 9 Abs 2 mit den OECD-nicht-MS keine Einigung erzielt worden. Insoweit konnte lediglich in die best practice 1 aufgenommen worden, dass Staaten Art 9 Abs 2 in ihre DbestAbk aufnehmen sollten[22]. **8**

Nach den OECD VLL[23] und auch nach deutscher Auffassung[24] werden **APA** auf der **Grundlage des Art 25 Abs 3** geführt, da die speziellen Verrechnungspreisfragen, für die das APA die Doppelbesteuerung lösen soll, nicht in dem entspr DBA aufgeführt sind. **9**

Die Festlegung der Verfahren zur **Entlastung der Quellensteuern** bei Dividenden und Zinsen erfolgen gem Art 10 und Art 11 Abs 2 im Rahmen von **Konsultationsverfahren** nach Art 25 Abs 3 S 1. Auch die Einigung über das Verfahren für die **gegenseitige Vollstreckungsamtshilfe** kann gem Art 27 Abs 1 nach dem VerstV erfolgen. **10**

II. Verhältnis zur EU-Schiedskonvention und zur deutschen Verhandlungsgrundlage

Die EU-SK umfasst ein eigenständiges Verfahren für EU-MS iF **eingetretener oder drohender Dbest in Verrechnungspreisfällen** oder bei der **Gewinnabgrenzung zwischen Unternehmen und ihren Betriebsstätten**.[25] Sie sieht ähnlich wie Art 25 Abs 5 Regelungen für ein verpflichtendes SchV nach einem erfolglosen VerstV vor und **11**

---

21 **AA** *BFH* hier historische statische Ausrichtung, s *BFHE* I R 6/09, I R 54, 55/10, I R 23/13 und I R 29/14, s auch Art 9 Rn.

22 OECD 2015 Making Dispute Resolution More Effective, Tz 43; s auch *Markham* Tz 2.2.2.

23 S OECD VLL Tz 4.139.

24 *BMF* zu APA Tz 1.2.

25 S Rn 78ff.

gewährleistet damit, dass grenzüberschreitend tätige Unternehmen in der EU keiner Dbest unterliegen. Wird Art 25 Abs 5 in ein DBA zwischen EU-MS aufgenommen, so dass in Verrechnungspreisfällen sowohl die EU-SK als auch Art 25 Abs 5 Anwendung finden könnte, sollte lt dem MK der Anwendungsbereich des Art 25 Abs 5 mit den Verpflichtungen der Vertragsstaaten unter der EU-SK abgestimmt werden.[26] Die dt Verhandlungsgrundlage[27] lässt kongruent zum MK und den bisher abgeschlossenen DBA mit europäischen Staaten mit Schiedsklausel das Schiedsverfahren (hier nach *Art 24 Abs 5*) nicht zu, wenn die EU-SK Anwendung findet.

C. Absatz 1

I. Grundzüge

12 Abs 1 regelt die Voraussetzungen für die Antragstellung auf Einleitung eines VerstV. Er ist unter Aktionspunkt 14 des OECD BEPS-Projekts geändert worden und wird mit der Veröffentlichung des nächsten MA[28] wie folgt lauten: *„Ist eine Person der Auffassung, dass Maßnahmen eines Vertragsstaats oder beider Vertragsstaaten für sie zu einer Besteuerung führen oder führen werden, die diesem Abkommen nicht entspricht, so kann sie unbeschadet der nach dem innerstaatlichen Recht dieser Staaten vorgesehenen Rechtsmittel ihren Fall* ***der zuständigen Behörde eines der beiden Vertragsstaaten unterbreiten****. Der Fall muss innerhalb von drei Jahren nach der ersten Mitteilung der Maßnahme unterbreitet werden, die zu einer dem Abkommen nicht entsprechenden Besteuerung führt.*[29] „Im bisherigen Abs 1 sollte der Fall, außer in Diskriminierungsfällen, der zuständigen Behörde des **Ansässigkeitsstaats** unterbreitet werden. Mit der Änderung wird bezweckt, dass beide zuständigen Behörden über den Fall informiert werden und die Möglichkeit haben, der jeweils anderen zuständigen Behörde ihre Auffassung über die Zulässigkeit des Antrags mitteilen zu können.[30]Damit soll der Zugang zu Verständigungsverfahren auf breiter Basis und ohne unnötige Beschränkungen ermöglicht werden. Die beschleunigte Umsetzung dieser Änderung zwischen den OECD-MS und OECD-nicht-MS soll durch ein multilaterales Übereinkommen gewährleistet werden, das gem BEPS Aktionspunkt 15 erarbeitet werden soll.[31] Es liegt in der Natur der **bilateralen Abk**, dass Anträge auf VerstV ausschließlich auf Verfahren zwischen den beiden Abkommensstaaten gerichtet sein können, auch wenn, wie zB in Verrechnungspreisfällen, im Prinzip mehr als ein Abkommensstaat eine Gegenkorrektur vornehmen müsste, um eine eingetretene Doppelbesteuerung zu lösen. In diesen Fällen wäre es grds erforderlich, multilaterale Verfahren zu führen.[32] Dies sehen die bilateral ausgerichteten DBA jedoch nicht vor. Auch sieht die OECD es derzeit nicht praktikabel an, ein Muster für ein multilaterales Abkommen zu erarbeiten.[33] Damit in multilateralen Fällen Rechtssicherheit erreicht werden kann, wird daher iA empfohlen, gerade für Geschäftsvorfälle, die mehrere Unternehmen in meh-

---

26 S MK zu Art 25 Rn 67; S Rn 81.

27 Verhandlungsgrundlage für Doppelbesteuerungsabkommen im Bereich der Steuern vom Einkommen und Vermögen, https://www.bundesfinanzministerium.de.

28 OECD 2015 Making Dispute Resolution More Effective, Tz 5.

29 OECD 2015 Making Dispute Resolution More Effective, Tz 36.

30 OECD 2015 Making Dispute Resolution More Effective, Tz 35.

31 OECD 2015 Developing a Multilateral Instrument.

32 Überarbeiteter Verhkodex EU-SK 2015, Tz 23 ff; *Verlinden/Haupt* Tz 4.3.4.

33 Einleitung zum MA Tz 37–40; *Verlinden/Haupt* Tz 4.3.4.

reren Staaten betreffen, ein oder mehrere APA auf der Grundlage des Art 25 Abs 1 zu beantragen.[34] Bei triangulären Fällen zwischen EU-MS können allerdings nach der EU-SK Verst- und Schiedsverfahren geführt werden. [35]

II. Antragsberechtigte Person

Einen Antrag auf Einleitung eines VerstV kann nach Abs 1 eine in einem Vertragsstaat **ansässige Person** stellen oder in Diskriminierungsfällen eine Person, die **Staatsangehörige** eines Vertragsstaats ist. Nach der geänderten Formulierung von Abs 1 [36] ist die Ansässigkeit nicht mehr gefordert, so dass sich nach entspr Umsetzung in den bilateralen DBA oder durch das multilaterale Übereinkommen auch keine Diskriminierungsfälle mehr ergeben werden. Eine Person ist gem Art 3 Abs 1a) eine „natürliche Person, eine Gesellschaft oder eine Personenvereinigung." Sie gilt nach Art 4 Abs 1 als dort ansässig, wo sie „auf Grund ihres Wohnsitzes, ihres ständigen Aufenthalts des Ortes ihrer Geschäftsleitung oder eines anderen ähnlichen Merkmals steuerpflichtig ist. " Da eine **Betriebsstätte** demnach keine Person iSd MA ist, kann sie keinen Antrag auf Einleitung eines VerstV stellen. Allerdings kann ein Unternehmen, das iSd Art 3 Abs 1a) eine Person ist, einen Antrag auf ein VerstV mit dem Staat stellen, in dem seine Betriebsstätte gelegen ist. Da **Personengesellschaften** in Deutschland nicht körperschaftsteuerpflichtig sind, gelten sie als nicht ansässige Person und können keinen Antrag auf ein VerstV stellen. Der Antrag ist daher von den **Gesellschaftern** einer Personengesellschaft einzureichen. 13

Die Verpflichtung einer Person, den Antrag mit Ausnahme von Diskriminierungsfällen im Ansässigkeitsstaat zu stellen ist nach dem derzeitigen MK von genereller Anwendung, unabhängig davon, ob eine Dbest vorliegt oder ob die Person nach dem Zeitraum für den sie eine abkwidrige Besteuerung geltend macht, in den anderen Vertragsstaat zieht.[37] In Verrechnungspreisfällen ist die Antragsstellung nach dem Wortlaut des derzeitigen Abs 1 von beiden betroffenen Personen in ihrem jeweiligen Ansässigkeitsstaat möglich, da beide Unternehmen von der Doppelbesteuerung betroffen sind. 14

Nach den BMF-Schreiben zu VerstV kann ein Antrag auch von **nicht abkberechtigten Personen** gestellt werden, wenn sie von einer abkommenswidrigen Belastung betroffen sind, zB in **Haftungsfällen**.[38] Gemeint sind vor allen Dingen Fälle in denen ein Unternehmer in einem ausl Staat zB für nicht abgeführte Lohnsteuer in Haftung genommen wird, da dort anders als vom Unternehmer selbst eingeschätzt, das Vorliegen einer Betriebstätte und damit das Besteuerungsrecht für gezahlte Gehälter oder Löhne gem Art 15 Abs 2c) geltend gemacht wird. Grds ist der Unternehmer nicht antragsberechtigt, da er durch die Haftungsinanspruchnahme keiner Besteuerung und damit auch keiner dem Abk nicht entspr Besteuerung unterliegt. Hat der Unternehmer die entspr Lohnsteuern jedoch bereits in seinem Ansässigkeitsstaat abgeführt, kommt es zu einer doppelten Belastung der Löhne, einmal bei den Arbeitnehmern 15

34 S Rn 66ff.
35 Überarbeiteter Verhkodex EU-SK 2015, Tz 3.
36 S Rn 12.
37 OECD 2015 Making Dispute Resolution More Effective, Tz 36, Änderung des MK in Tz 18.
38 *BMF* zu VerstV Tz 2.1.2.

selbst und einmal beim Arbeitgeber aufgrund der Haftungsinanspruchnahme. Diese **wirtschaftliche Doppelbelastung** soll durch VerstV behoben werden.

III. Maßnahmen eines Vertragsstaats oder beider Vertragsstaaten

16 Die unter Abs 1 genannten Maßnahmen können alle Handlungen oder Entscheidungen legislativer oder administrativer Art sein, die individuelle oder allgemeine Auswirkungen mit der Folge haben, dass sie zu einer abkommenswidrigen Besteuerung führen.[39] Der MK führt hierzu einige Bsp an, wie die **Verabschiedung eines Gesetzes**, dessen Umsetzung bei einem Stpfl zu einer abkommenswidrigen Besteuerung führt oder geführt hat. Auch **Verrechnungspreisvorschriften**, deren Einhaltung bei einem Stpfl zu der Abrechnung von höheren Preisen als unter Fremdvergleichsgrundsätzen führt, oder geführt hat, sind unter diese Maßnahmen eines Vertragsstaats zu subsumieren. Ansonsten ist in Verrechnungspreisfällen die Maßnahme üblicherweise in einem **Prüfungsbericht** zu sehen, der die vorzunehmende Verrechnungspreiskorrektur begründet. Es reicht aber auch schon aus, wenn ein Betriebsprüfer im Rahmen der Betriebsprüfung **mündlich** auf die vorzunehmende Korrektur hinweist.[40] Diese Maßnahme ist jedoch nicht als der Auslöser zu sehen, der bedingt, dass die Zweijahresfrist iF des Abs 5 beginnt. S hierzu Rn 50.

IV. Dem Abkommen nicht entsprechende Besteuerung

17 Unter dem Ausdruck "dem Abk nicht entspr Besteuerung" ist jegliche Besteuerung zu verstehen, die den Regelungen des zwischenstaatlichen Abk widerspricht. Obwohl es sich bei der Mehrheit der Fälle um **Dbestfälle** handeln dürfte, können auch andere der Besteuerung unterworfene Sachverhalte in zwei AbkStaaten einem Abk nicht entsprechen. Ein Bsp ist die höhere Besteuerung von Einkünften Nichtansässiger im Vergleich zu der Besteuerung gleichartiger Einkünfte von Ansässigen, was Art 24 Abs 1 entgegenstünde. Manche Abk setzen allerdings die Dbest für den Antrag auf VerstV voraus.[41] Eine ggf eintretende Dbest, die durch **Nichtbeachtung verfahrensrechtlicher Vorschriften** entsteht (zB Erstattung von Abzugssteuern),[42] wird von Deutschland nicht als abkwidrige Besteuerung angesehen.[43] Überschreiten ausl Stpfl zB bei dem deutschen Antragsverfahren für die Erstattung von Kapitalertragsteuern gem § 50d Abs 1 und 2 EStG Fristen oder legen angeforderte Nachweise nicht vor, so dass eine Erstattung der Abzugssteuer versagt wird, ist es nicht möglich, den Fall im VerstV weiterzuführen. Wird ein Antrag jedoch aus **Rechtsgründen** endgültig abgelehnt oder liegt die Antragstellung mehr als zwei Jahre zurück, ist die Antragstellung in Deutschland zulässig.[44]

V. Verhältnis zu innerstaatlichen Rechtsmitteln

18 Ein Antrag auf VerstV kann in Deutschland entspr Abs 1 unbeschadet innerstaatlicher Rechtsmittel gestellt werden.[45] Das int VerstV und die nationalen Verfahren sind

39 MK zu Art 25, Tz 14.
40 *BMF* zu VerstV Tz 2.4.2; s auch MK Tz 21.
41 S Rn 89.
42 S zB Abk Deutschland-USA Art 29.
43 *BMF* zu VerstV TZ 2.1.7.
44 *BMF* zu VerstV Tz 2.1.6, 2.1.7.
45 *BMF* zu VerstV, Tz 2.1.5; *Vogel/Lehner* Art 25 Rn 34.

voneinander unabhängig und können **nebeneinander** oder auch **nacheinander** geführt werden.[46] Ebenso kann in Deutschland das VerstV geführt werden, **ohne dass Rechtsmittel** eingelegt worden sind. Der MK geht davon aus, dass es alle Parteien, dh Stpfl und die zuständigen Behörden, vorziehen, zunächst das VerstV zu führen.[47] Diese Verfahrensweise ist anzuraten, da mit dem Abschluss von VerstV idR in angemessener Zeit eine Einigung erzielt und die dem Abk nicht entspr Besteuerung behoben wird. Bei nationalen Verfahren bleibt insb die Gefahr der Dbest bestehen und es ist nicht wahrscheinlich, dass in einem VerstV, das nach Abschluss nationaler Verfahren für weit zurückliegende Jahre geführt werden muss, eine Einigung erzielt und umgesetzt werden kann, zumal einige Vertragsstaaten aufgrund nationaler Fristen, außer im Falle der EU-SK, keine Möglichkeit haben, eine Verständigungsvereinbarung für Altjahre umzusetzen.[48] Da dt VerstV mittlerweile recht schnell, dh je nach Komplexität des Falles innerhalb von einem bis drei Jahren abgeschlossen werden, ist dies auch die in Deutschland übliche Verfahrensweise, wobei idR die eingelegten **Rechtsbehelfsverfahren ausgesetzt** werden.

VI. Zuständige Behörde

Der Antrag auf Einleitung eines VerstV ist gem Abs 1 bei der zuständigen Behörde des Vertragsstaats zu stellen, in dem die betroffene Person ansässig ist. Um den Zugang zu Verständigungsverfahren zu erleichtern, kann jedoch mit der Änderung des MA in Abs 1 eine Person ihren Antrag in einem der beiden Vertragsstaaten stellen, wenn sie der Auffassung ist, dass Maßnahmen eines Vertragsstaats oder beider Vertragsstaaten für sie zu einer Besteuerung führen oder führen werden, die dem bilateralen Abkommen nicht entspricht.[49] Die zuständige Behörde für die Durchführung der Verständigungs-, SchV und für APA ist in Deutschland das **BZSt in Bonn**, das im **Einvernehmen** mit den **Landesfinanzbehörden** handelt.[50] Der Antrag kann auch bei der zuständigen Landesfinanzbehörde gestellt werden, die den Antrag an das BZSt weiterleitet.[51] Ist jedoch mit dem Antrag die Möglichkeit gegeben, nach Ablauf von zwei Jahren iSd Art 25 Abs 5 ein SchV zu führen, sollten die Anträge aus Zeitgründen beim BZSt eingereicht werden.[52] Die zuständige Landesfinanzbehörde wird jedoch in jedem Fall vom BZSt zur **Stellungnahme** aufgefordert. Eine Übersicht über die zuständigen Behörden der OECD-MS und einiger OECD-nicht-MS enthält die OECD- Internetseite zu den Länderprofilen.[53] **19**

VII. Antragsfristen

Abs 1 S 2 sieht als Antragsfrist eine Zeit von **drei Jahren** ab der ersten Mitteilung der Maßnahme vor, die zu der abkommenswidrigen Besteuerung geführt hat. Diese Frist soll verhindern, dass Stpfl ungebührlich lange mit der Antragstellung warten.[54] Aller- **20**

46 MK Art 25 Tz 34; *BFH* v 26.5.1982, I R 16/78.
47 MK Art 25 Tz 25.
48 MK Art 25 Tz 39.
49 S Rn 12.
50 *BMF* zu VerstV, Tz 1.4; *BMF* zu APA Tz 2.1.
51 *BMF* zu VerstV Tz 2.1.4.
52 S *BMF* zu VerstV Tz 11.1.3; s auch IRS MAP Arbitration Announcement.
53 S www.oecd.org country profiles.
54 OECD MK Art 25 Tz 20.

dings soll der Fristbeginn möglichst **vorteilhaft für Stpfl** ausgelegt werden, dh dass unter „Maßnahmen der Vertragstaaten, die dem Abk nicht entspr Besteuerung auslösen", idR die Steuerbescheide zu verstehen sind.[55] Dies hat zur Folge, dass Anträge auf VerstV bereits bearbeitet werden, obwohl die Antragsfrist noch gar nicht begonnen hat.[56] Beruht die abkwidrige Besteuerung auf Maßnahmen beider Vertragsstaaten, ist in Deutschland die Bekanntgabe des **letzten Bescheides** maßgebend.[57] In dem Fall, dass zunächst die **innerstaatlichen Rechtsmittelverfahren** geführt werden, ist die letzte nicht mehr rechtsmittelfähige Entscheidung eines Gerichts die Maßnahme, die zur abkommenswidrigen Besteuerung führt und die Dreijahresfrist auslöst. Diese theoretische Möglichkeit, VerstV auch für weit zurückliegende Jahre führen zu können, grenzt jedoch an die praktische Handhabbarkeit solch alter Fälle.

21 Die dt Abk sehen teilweise auch von den drei Jahren abweichende Antragsfristen,[58] teilweise auch **keine Antragsfristen** vor, so dass im letzeren Fall gem Art 3 Abs 2 auf **nationale Antragsfristen**, hier vier Jahre, zurückgegriffen werden muss.[59] Diese Fristen gelten aus dt Sicht auch für die Antragstellung eines Stpfl in einem anderen Vertragsstaat, was bedeutet, dass Deutschland es ablehnt, ein vom Ausland eingeleitetes VerstV zu führen, das nach einer Frist von vier Jahren beantragt worden ist. In der Praxis sind solche Fälle selten.

VIII. Form und Inhalt des Antrags

22 Art 25 Abs 1 gibt keinen Hinweis über die Form und den Inhalt des Antrags auf Einleitung eines VerstV, so dass sich die Voraussetzungen nach dem **nationalen Recht** der Vertragsstaaten richten, das für Einwendungen in steuerlichen Angelegenheiten gilt. In diesem Sinne ist der Antrag in Deutschland entsprechend § 357 AO **schriftlich einzureichen** oder zur Niederschrift zu erklären. Zudem ist der Sachverhalt darzulegen und **erforderliche Unterlagen und Beweismittel** sind beizufügen.[60] Im Antrag, der formlos erfolgen kann, soll geltend gemacht werden, dass eine dem Abk nicht entspr Besteuerung eingetreten ist oder droht. Antragsteller sind nicht dazu angehalten, die abkwidrige Besteuerung im Antrag nachzuweisen. Es reicht aus, wenn sie im Antrag auf Einleitung des VerstV die Unterlagen beifügen, die die abkowidrige Besteuerung belegen. Mindestangaben für einen Antrag auf Einleitung eines VerstV finden sich in Tz 2.3.3 des BMF-Schreibens zu VerstV. Zur weiteren Sachverhaltsaufklärung wendet sich das BZSt üblicherweise an den Antragsteller und fordert ihn auf, erforderliche Angaben nachzureichen. Dem Antrag kommt **keine aufschiebende Wirkung** zu, dh er kann weder den Eintritt der Rechtskraft noch die Vollstreckung der angefochtenen Maßnahmen verhindern.[61]

23 Im dem Falle eines Antrags auf VerstV, der nach zwei Jahren in ein **SchV** gem Art 25 Abs 5 übergehen könnte, werden **höhere Anforderungen** an den Informationsgehalt

---

55 OECD MK Art 25Tz 21.
56 OECD MK Art 25 Tz 21.
57 *BMF* zu VerstV Tz 2.2.1.
58 S Rn 90.
59 *BMF* zu VerstV Tz 2.2.3.
60 *BMF* zu VerstV Tz 2.13, 2.14.
61 *G/K/G* Art 25 MA Rn 43.

des Antrags gestellt.[62] Hier beginnt die **Zweijahresfrist** für die Erzielung einer Einigung erst dann, wenn der Fall durch eindeutige Dokumente und Nachweise bei der Antragstellung aufbereitet ist, so dass sich die zuständige Behörde über den Fall ein klares Urteil bilden kann.[63] Entsprechend wurde diese Anforderung in Art 25 Abs 6b) des **DBA USA** eingefügt, der festlegt, dass der **Verfahrensbeginn** der früheste Zeitpunkt ist, zu dem die für eine sachliche Prüfung hinsichtlich einer Verständigung erforderlichen Informationen beiden zuständigen Behörden zugegangen sind. Hier wird für die Anforderungen an die Informationen selbst auf die jeweiligen nationalen Anforderungen verwiesen.[64]

D. Absatz 2

I. Prüfung des Antrags und Abhilfeverfahren auf nationaler Ebene

Der Antrag auf Einleitung eines VerstV ist von der zuständigen Behörde zunächst 24 daraufhin zu überprüfen, ob eine abkwidrige Besteuerung geltend gemacht wird[65] und ob sonstige Gründe vorliegen, die gegen die Einleitung eines Antrags auf VerstV vorliegen. Der Stpfl hat hierzu ggf im Rahmen seiner **erhöhten Mitwirkungspflicht** (§ 90 Abs 2 AO) weitere Unterlagen zum Nachweis vorzulegen, während die zuständige Behörde, falls erforderlich, im Rahmen der **int Amtshilfe** (Art 26) Ermittlungen zur Sachverhaltsaufklärung vornimmt. Nach deutscher Rechtsprechung steht für die Entscheidung, ob und ggf wie Handlungen im zwischenstaatlichen Bereich vorzunehmen sind, der befugten Behörde ein **weiter Ermessensspielraum** zu. Diese Ermessensentscheidungen können gerichtlich auf Ermessensüberschreitungen, Ermessensunterschreitungen und Ermessensfehlgebrauch hin untersucht werden.[66] In Deutschland werden in der Praxis kaum Anträge auf VerstV abgelehnt. Ein möglicher ablehnender Bescheid kann mit dem Einspruch angefochten werden.[67] Nach erfolglosem Einspruchsverfahren ist der Rechtsweg zu den Finanzgerichten möglich. Ist das BZSt die beklagte Behörde, ist die Klage an das Finanzgericht Köln zu richten.[68]

Der MK nennt einige Gründe, die einige Vertragsstaaten zusätzlich zum Abktext für 25 die Ablehnung von Anträgen auf VerstV aufführen: den Missbrauch rechtlicher Gestaltungsmöglichkeiten, ein rechtskräftiges Urt in demselben Fall, nationale entgegenstehende Rechtsvorschriften, oder die Tatsache, dass die in dem Fall erhobenen Steuern nicht abgeführt worden sind.[69] Gem MK überzeugen diese Gründe jedoch nicht. So wird der Missbrauch rechtlicher Gestaltungsmöglichkeiten, der in Deutschland als Ablehnungsgrund gerichtlich bestätigt wurde,[70] nur dann als Ablehnungsgrund anerkannt, wenn signifikante Strafen involviert sind.[71] Ein vorliegendes rechtskräftige Urteil bzw nationale entgegenstehende Rechtsvorschriften sind demnach ebenfalls

---

62 MK Art 25 Tz 75 und Anhang zum MK Tz 2.

63 Verhkodex EU-SK; *BMF* zu VerstV Tz 11.3.2.

64 Für Deutschland wird verwiesen auf: *BMF* zu VerstV, dort finden sich die Anforderungen in Tz 11.3.

65 *Vogel/Lehner* Art 25 MA Rn 76.

66 *BFH* 26.5.1982 BStBl II 1982, 583.

67 § 347 Abs 1 S 1 Nr 1 AO.

68 § 38 FGO.

69 MK zu Art 25 Tz 26 ff.

70 S auch *BFH* v 26.5.1982 (I R 16/78) BStBl 1982 II, 583.

71 MK zu Art 25 Tz 26, s auch EU-SK Art 8 Abs 1.

kein Grund, die Einleitung eines VerstV abzulehnen. Der MK verweist in diesem Zusammenhang auf Art 27 des **Wiener Übereinkommens über das Recht der Verträge**, wonach die Vorschriften nationaler Gesetze und selbst der nationalen Verfassung keine Rechtfertigung bieten, Vertragsverpflichtungen nicht einzuhalten.[72] Aufgrund der Praxis einiger OECD–MS und OECD-nicht-MS, Anträge auf VerstV aus den og Gründen abzulehnen, war es eines der wichtigen Ziele unter **BEPS-Aktionspunkt 14**, den **Zugang zu VerstV** zu erleichtern. Als **Mindeststandard** besteht nun Einigung dahingehend, entweder die **Antragstellung in beiden Staaten** zu erlauben oder durch ein **Notifikations/Konsultationsverfahren** die **Anhörung** des anderen Vertragsstaats vor Ablehnung des VerstV **sicherzustellen**.[73] Der Zugang zum VerstV soll auch ermöglicht werden, wenn ein Vertragsstaat eine nationale oder DBA-Missbrauchsregelung angewendet hat. Als Ablehnungsgrund wird allerdings die unter **BEPS-Aktion 6** erarbeitete **allgemeine Missbrauchsregel** (principal purposes test) angesehen, wenn sie in Zukunft umgesetzt wird.[74] Die OECD beabsichtigt im nächsten MK klarstellend die Umstände zu erläutern, in denen Anträge auf VerstV abgelehnt werden können.[75]

26 Im MK wird die Praxis einiger Staaten kritisiert, die zunächst die entspr **Steuerzahlungen** verlangen, bevor sie ein VerstV einleiten. Dies kann zu erheblichen **Zinsbelastungen** für den Stpfl führen. [76] In Deutschland ist es nicht erforderlich, dass die Steuerzahlungen geleistet sein müssen, bevor ein VerstV eingeleitet wird. Allerdings ist hierfür im nationalen Verfahren grds **Einspruch** einzulegen und Aussetzung der Vollziehung zu beantragen (§§ 347 und 361 AO). Das VerstV selbst sieht keine Möglichkeit vor, Aussetzung der Vollziehung zu gewähren.[77] Leider konnten sich die OECD/G20-Staaten im Rahmen von BEPS nicht auf eine Aussetzung der Steuerzahlungen in VerstV einigen. Insofern wurde lediglich unter Punkt 6 der **best practices** empfohlen, im VerstV dieselben Regelungen zur Aussetzung von Steuerzahlungen vorzusehen, wie unter den nationalen Regelungen.[78] Dass es zu den Steuerzahlungen keine Einigung gegeben hat ist sehr unbefriedigend, denn es ist auch für Deutschland rein psychologisch ungleich schwerer in VerstV mit Staaten zu verhandeln, die bereits die entsprechenden Steuern vereinnahmt haben, als mit solchen, die eine Aussetzung gewähren. Im Abschlussbericht des EU-JTPF haben sich die EU-MS auf die Empfehlung geeinigt, die Einleitung eines VerstV nach der EU-SK nicht von der Zahlung von Steuern abhängig zu machen.[79]

27 Die wenigen in Deutschland vor Gericht entschiedenen Fälle über die Einleitung von VerstV[80] und die gängige Praxis zeigen, dass der Frage der Ablehnung eines Antrags auf Verfahren, bei dem kein Einigungszwang besteht, **kaum eine praktische Bedeutung** zukommt. Anträge auf Einleitung von VerstV werden von den deutschen Finanz-

72 MK zu Art 25 Tz 27.
73 OECD 2015 Making Dispute Resolution More Effective, Tz 35.
74 OECD 2015 Making Dispute Resolution More Effective, Tz 13.
75 OECD 2015 Making Dispute Resolution More Effective, Tz 17.
76 MK zu Art 25 Tz 46.
77 S neben den dt auch die entspr Regelungen der anderen EU-MS im Anh 3 zum überarbeiteten Verhkodex EU SK 2015.
78 OECD 2015 Making Dispute Resolution More Effective, Tz 50.
79 EU JTPF Final Report Arbitration Convention 2015, Tz 5.
80 *BFH* BStBl 1982 II, 583; *FG Hamburg* 13.7.2000 V 2/97.

behörden üblicherweise angenommen.[81] Die praktische Bedeutung kann jedoch mit einer steigenden Anzahl von abgeschlossenen Abk, die auch obligatorische SchV vorsehen, zunehmen. In diesem Fall werden insb an die Sachverhaltsaufklärung strengere Anforderungen zu stellen sein, um sicherzustellen, dass der Fall innerhalb von zwei Jahren nach dem Antrag beendet werden kann und dass, falls ein SchV erforderlich ist, **sämtliche relevanten Informationen** für den Fall vorliegen.[82] Eine **mangelnde Mitwirkung** des StPfl, die eine steuerliche Beurteilung unmöglich macht, kann ihm zum Nachteil ausgelegt werden[83] und dazu führen, dass ein VerstV erst dann eingeleitet wird, wenn die erforderlichen Unterlagen vorliegen.[84] Damit die Ablehnung eines VerstV aufgrund fehlender Informationen jedoch nicht leichtfertig erfolgt, soll nach dem **Mindeststandard** der OECD/G20 ein VerstV nicht abgelehnt werden, wenn die erforderlichen Informationen vorgelegt worden sind.[85] Die Vertragsstaaten sollen daher ihre Dokumentationsanforderungen veröffentlichen. In Deutschland wird diese Anforderung durch das BMF-Schreiben zu VerstV erfüllt.

Im **Abhilfeverfahren** prüft die zuständige Behörde, ob der Einwendung durch inner- 28
staatliche Maßnahmen stattgegeben werden kann.[86] Eine Stattgabe kommt dann in Betracht, wenn die Finanzbehörde der Auffassung ist, dass eine innerstaatliche Maßnahme und nicht die Maßnahme des anderen Vertragsstaats zu einer abkommenswidrigen Besteuerung geführt hat.[87] Das Abhilfeverfahren entspr der **Stattgabe in einem Einspruchsverfahren** und unterliegt den nationalen Rechtsvorschriften. In diesem Sinne kann die zuständige Behörde einem Antrag nicht abhelfen, wenn bereits eine Einspruchsentscheidung oder ein Gerichtsurteil in dem Fall ergangen ist.[88] Wird in Deutschland ein Antrag auf VerstV bei dem zuständigen Finanzamt gestellt, überprüft dieses, ob es dem Antrag abhelfen kann und leitet den Fall nur dann an das BZSt weiter, wenn es keine **Abhilfemöglichkeit** sieht. Ist das BZSt der Auffassung, dass einem Antrag im Abhilfeverfahren stattgegeben werden sollte, stimmt es sich mit dem zuständigen Finanzamt ab.

II. Verständigungsverfahren

1. Kommunikation zwischen den zuständigen Behörden. Ist die zuständige Behörde 29
der Auffassung, dass eine inländische oder ausl Maßnahme zu einer dem Abk nicht entspr Besteuerung geführt hat oder führt, leitet sie das VerstV mit dem Ziel ein, die drohende oder eingetretene abkwidrige Besteuerung zu beseitigen.[89] Dabei wendet sie sich idR schriftlich mit einem **Positionspapier** an den anderen Vertragsstaat, und erläutert die nationale Rechtsauffassung.[90] Die zuständige Behörde des anderen Vertragsstaats ist grds verpflichtet, auf das Ersuchen einzugehen. Die übliche Praxis ist es,

81 *Runge* S 16 ff.
82 S Rn 50.
83 S *BFH* 1997 NV 730.
84 MK Tz 75 s auch Annex zu Art 25 Tz 2; *BMF* zu VerstV Tz 11.3.2; OECD Manual on MAP Tz 2.2.1; Protokoll zum DBA Deutschland–USA, Art XVI Tz 22 Buchstabe p) bb).
85 OECD 2015 Making Dispute Resolution More Effective, Tz 37.
86 MK Tz 32.
87 MK zu Art 25 Tz 32.
88 S auch *G/K/G* Art 25 MA Rn 57.
89 MK Art 25 Tz 33.
90 OECD Manual on MAP Tz 3.4.1.

dass diese ebenfalls mit einem Positionspapier antwortet. Eine zeitliche Vorgabe für den Austausch von Positionspapieren gibt Abs 2 nicht vor, doch haben einige Staaten nationale oder in bilateralen allgemeinen Verständigungsvereinbarungen vereinbarte Regelungen zu **Fristen** für den **Austausch von Positionspapieren** aufgenommen. [91] Auch das OECD Manual on MAPs sieht **Zeitvorgaben** vor.[92] Eine Einigung kann über den Schriftweg erfolgen, meistens ist jedoch aufgrund der Komplexität der Fälle der Einsatz einer **gemeinsamen Kommission** notwendig, in deren Rahmen eine Einigung herbeigeführt wird.[93] Hierbei werden die auf beiden Seiten vorhandenen Informationen über den Fall iRd Art 26 ausgetauscht.

30 **2. Einigung.** VerstV nach DBA sehen zwar **keinen Einigungszwang** vor,[94] die zuständigen Behörden der Vertragsstaaten sehen es doch als ihre besondere Verpflichtung und Aufgabe an, eine dem Abk nicht entsprechende Besteuerung zu beheben. In erster Linie haben sie sich bei der Erarbeitung einer Verständigungslösung an ihre nationalen steuerlichen Vorschriften und die des Abk zu halten. Macht die strenge Anwendung dieser Vorschriften eine Einigung jedoch unmöglich, so sind im **Billigkeitswege** (§§ 163, 227 AO) Lösungen zu erarbeiten, die die abkwidrige Besteuerung aufheben und gleichzeitig für beide Staaten akzeptabel und praktikabel in der Umsetzung sind. Diese Situation tritt insb bei Qualifikationskonflikten, wie zB regelmäßig bei der Frage des Bestehens oder Nichtbestehens einer Betriebsstätte oder einer selbstständigen oder nichtselbstständigen Tätigkeit bzw bei der Auslegung von Abkbegriffen wie zB dem des Künstlers auf. Da ein Festhalten an der innerstaatlichen Rechtsauffassung von beiden Seiten nicht mit dem Ziel der Vermeidung der Dbest und damit nicht mit dem Abk vereinbar ist, erfordert eine Einigung hier die (teilweise) Aufgabe der nationalen Rechtspositionen. [95] Die deutsche FinVerw sieht in § 175a AO die Rechtsgrundlage, um Verständigungslösungen ungeachtet nationaler Fristen, Rechtsvorschriften und rechtskräftiger Urteile umzusetzen.[96] § 175a AO erfasst alle Konsequenzen, die sich aus der Umsetzung von Schiedssprüchen und Verständigungsvereinbarungen aufgrund von völkerrechtlichen Verträgen iSd § 2 AO ergeben.[97] Dabei macht die deutsche Finanzverwaltung die innerstaatliche Umsetzung generell davon abhängig, dass der Steuerpflichtige der Einigung zustimmt, anhängige Rechtsmittel zurücknimmt und auf seine Rechtsbehelfe verzichtet.[98] Angesichts der in den DBA eingegangenen Verpflichtungen, eine drohende oder eingetretene abkwidrige Besteuerung zu beheben, ist der Auffassung der Finanzverwaltung zuzustimmen. In der Literatur ist sie umstritten.[99] Dabei ist die Frage, ob die Rechtskraft gerichtlicher Urteile durch eine Verständigungsvereinbarung durchbrochen werden kann, von dt Seite allenfalls als interes-

91 S *BMF* zu VerstV Tz 12; s zB auch PATA MAP section 4; VerstV b US-UK S 2 time frames.

92 OECD Manual on MAP Annex 1.

93 S auch MK zu Art 25 Tz 40 b.

94 *Vogel/Lehner* Art 25 MA Tz 89; *Wassermeyer* Art 25 MA Rn 9 und 54; *G/K/G* Art 25 MA Rn 73.

95 MK Art 25 Tz 38; s auch *S/K/K* Art 25 Rn 4; *Schaumburg/Piltz* 33,42; **abl** *Vogel/Lehner* Art 25 MA Rn 104; s auch Rn 40.

96 S *BMF* zu VerstV Tz 4.1; EU JTPF, Questionnaire; s auch *Runge* ITPJ Tz 2.17.

97 *Tipke/Kruse* § 175a AO Rn 3.

98 *BMF* zu VerstV Tz 4.2.

99 Abl *Vogel/Lehner* Art 25 MA Rn 132; offen bei *G/K/G* Art 25 MA Tz 68 und *Wassermeyer* Art 25 MA Rn 57.

sante theoretische zu sehen. Praktisch hat sie in Deutschland keinerlei Bewandtnis, da es bisher keine Fälle hierzu gegeben hat und die Praxis der Verfahren es kaum möglich machen, dass es zu einer solchen Situation kommt.[100] Die OECD/G20 konnten sich zu diesem Punkt lediglich in den „**best practices**" unter Nr. 8 einigen. Hiernach sollen die Vertragsstaaten zumindest in Merkblättern offenlegen, ob sie in einem VerstV an ein Gerichtsurteil gebunden sind.[101]

In vielen Fällen, ua in Verrechnungspreisfällen, ist es jedoch nicht erforderlich, dass **31** Vertragsstaaten in Hinblick auf eine Einigung von ihren nationalen Rechtsvorschriften abweichen. Hier kommt es darauf an, dass eine Einigung über eine **Sachverhaltswürdigung** und in Verrechnungspreisfällen ua auch über **Vergleichsdaten** herbeigeführt wird. Eine solche Einigung über die Annahme eines bestimmten Sachverhalts und über eine bestimmte Sachbehandlung ist unter den dafür geltenden allgemeinen Voraussetzungen in Deutschland zulässig.[102] Einer der wenigen bisher bekannt gewordenen gescheiterten Verrechnungspreisfälle ist der Fall der britischen Gesellschaft **GlaxoSmithKline**, die einen Betrag von drei Milliarden Dollar an den Internal Revenue Service der USA nachgezahlt hat. Die zugrundeliegenden Einkünfte unterlagen nach den Meldungen der Presse der Dbest.[103] Dieser Fall ist als Ausnahmefall der Verständigungsverhandlungen anzusehen. Er zeigt jedoch, wie wichtig die int SchV oder auch die Vereinbarung von APA geworden sind.

Bei einer Einigung wird insb auf die **Gegenseitigkeit** geachtet, wonach zB die Zustim- **32** mung zu einer korrespondierenden Berichtigung für eine bestimmte Anzahl von Jahren nicht über die Jahre hinausgehen sollte, die der andere Staat aufgrund seiner innerstaatlichen Restriktionen im umgekehrten Fall ändern könnte. Im Rahmen der Gegenseitigkeit werden auch Vereinbarungen über **Zinsen** bei Steuererstattungen (§ 233a AO) oder über **Aussetzungszinsen** (§ 237 AO) getroffen, wenn es zB divergierende Regelungen gibt, die zu einer erheblichen Belastung für den Stpfl führen, obwohl die eingetretene Dbest durch eine Verständigungsvereinbarung behoben wird. Da hier jedoch einheitliche Regelungen fehlen, wird kritisiert, dass ein „Gewinnverlagerungsdruck" in die Staaten existiere, die hohe Zinssätze (oder Strafzuschläge) für Steuernachforderungen vorsehen.[104] Einigungen über Zinsen sind jedoch dann möglich, wenn beide Vertragsstaaten darin übereinstimmen, dass unter Art 25 auch **Zinsentlastungen** fallen.[105] Unter dieser Voraussetzung werden ebenfalls Einigungen über die Erstattung von Zinsen getroffen, um unbillige Härten bei einer unangemessenen Dauer der VerstV zu vermeiden. In der EU haben sich die Mitgliedstaaten auf Grundsätze für die Behandlung von Zinsen in Verständigungsverfahren geeinigt.[106] Die zuständigen Behörden vereinbaren in seltenen Fällen auch eine **Teilrücknahme** der

100 S Rn 18.
101 OECD 2015 Making Dispute Resolution More Effective, Tz 52.
102 *BMF* zu VerstV Tz 3.2.6.
103 *Green* S 2.
104 So *Grotherr* BB 2005, 855, 859.
105 **AA** *Vogel/Lehner* Art 25 MA Tz 103; Kritik an fehlender Regelung zu Zinszahlungen: *Wassermeyer* Art 25 MA Rn 36; S zu Zinszahlungen und VerstV: OECD, Manual on MAP Tz 4.5.2 und überarbeiteter Verhkodex EU-SK 2015, Abs 8; s auch MK Art 25 Tz 49.
106 Überarbeiteter Verhkodex EU-SK 2015 Abs 8, s auch die Staatenpraxis der EU-MS im Anh 3.

Dbest (**partial result**). Diese Lösung ist insb dann angebracht, wenn keine weitergehende Einigung aufgrund mangelnder Sachverhaltsaufklärung seitens des Stpfl möglich ist.

33 **3. Beendigung des Verständigungsverfahrens.** Das VerstV endet entweder mit der **Einigung** oder mit dem **Scheitern** des Verfahrens. Im letzteren Fall hat der Stpfl das Recht, ein SchV einzuleiten, wenn ein zwischenstaatliches Abk dies vorsieht. Die OECD-Statistiken zu VerstV führen derzeit leider keine Zahlen zu gescheiterten VerstV auf.[107]

34 **4. Verständigungsvereinbarung.** Die Beendigung des VerstV wird üblicherweise in einer Verständigungsvereinbarung schriftlich festgehalten.[108] Da Verständigungsvereinbarungen idR **fall- und zeitspezifische Spezialfälle** unter bestimmten steuerlichen und wirtschaftlichen Bedingungen regeln, einigen sich beide Seiten üblicherweise darauf, sie nicht als Präzedenz für Korrekturen späterer Jahre oder für andere Verständigungsfälle anzusehen. Aus diesem Grunde werden die Verständigungsergebnisse **nicht veröffentlicht.** Insb NRO haben die fehlende Einigung der OECD/G20-Staaten über eine Veröffentlichung von Verständigungsvereinbarungen kritisiert. Allerdings konnte vor dem Hintergrund der Forderung nach schnellen Verfahren und in Hinblick auf das Steuergeheimnis nicht mit einem Konsens in dieser Frage gerechnet werden.[109]

35 **5. Stellung des Steuerpflichtigen.** Im VerstV sind die beteiligten Vertragsstaaten, vertreten durch die zuständigen Behörden, die **Verfahrensparteien**. Dem StPfl, der in dem Verfahren keine Partei ist, stehen damit **keine Parteirechte** zu.[110] Er kann somit weder am Verfahren teilnehmen, noch hat er **Einsichtsrechte** in die Verständigungsunterlagen der zuständigen Behörden. In Deutschland ist es übliche Praxis des BZSt, den Stpfl über den Stand, Fortgang und das Ergebnis des Verfahrens zu unterrichten.[111] Darüber hinaus fordert das BZSt ihn ggf auf, seine Auffassung zu den rechtlichen und tatsächlichen Aspekten seines Falls schriftlich oder mündlich zu erläutern.[112] Falls erforderlich und falls der andere Vertragsstaat zustimmt, kann der Stpfl seinen Fall während der Sitzung der gemeinsamen Kommission vortragen.[113]

36 **6. Kosten.** Die Vertragsstaaten tragen die **anfallenden Kosten** für die VerstV selbst, Kosten des Abkommensberechtigten werden nicht erstattet.

37 **7. Fallstatistik.** Fallstatistiken zu VerstV werden sowohl von der OECD[114] als auch von der EU- Kommission[115] veröffentlicht. Deutschland hatte lt OECD-Statistik Ende 2014 **1029 offene Fälle** mit OECD- und OECD-nicht-MS. Lt Statistik der EU-Kommission hatte Deutschland Ende 2014 315 offene Verständigungsfälle mit anderen

107 S OECD.org: Mutual Agreement Procedure Statistics 2014 .

108 *BMF* zu VerstV Tz 3.4.

109 S auch *Flüchter* S 2 Abs 3.

110 *G/K/G* Art 25 MA Rn 69; *Wassermeyer* Art 25 MA Rn 64; *Vogel/Lehner* Art 25 MA Rn 116.

111 *BMF* zu VerstV Tz 3.3.1.

112 S auch *Runge* Tz 2.19.

113 Krit und mit Verbesserungsvorschlägen zur Stellung des Steuerpflichtigen s *Perrou.*

114 S OECD.org: mutual agreement procedure statistics 2014.

115 Www.ec.europa.eu Statistics on Pending Mutual Agreement Procedures under the Arbitration Convention at the end of 2014.

EU-MS unter der EU-SK. Mit beiden Zahlen gehört Deutschland zu den Spitzenreitern unter den OECD- und EU-MS. Nach den Statistiken der OECD hat die Fallbearbeitung der OECD-Staaten für Fälle, die 2014 abgeschlossen wurden, im Durchschnitt 24 Monate gedauert.

III. Umsetzung der Verständigungsvereinbarung

Ist das VerstV abgeschlossen, informiert in Deutschland das BZSt den Stpfl und das zuständige Finanzamt über den Ausgang des Verfahrens.[116] Die Verständigungsvereinbarung wird nur dann umgesetzt, wenn der Stpfl der **Einigung zustimmt**, anhängige **Rechtsmittel zurücknimmt** und nach Bekanntgabe des Bescheids, der die Verständigungsvereinbarung umsetzt, auf einen **Rechtsbehelf verzichtet**.[117] Der Stpfl hat der Verständigungsvereinbarung im Ganzen zuzustimmen, es besteht nicht die Möglichkeit, Teilen der Vereinbarung zuzustimmen und andere abzulehnen. Stimmt der Stpfl der Vereinbarung nicht zu, kann er die nationalen Verfahren weiterführen. Da die Verständigungsvereinbarung durch die Behebung der Dbest idR die vorteilhaftere ist, entscheiden sich die Stpfl üblicherweise für die Umsetzung der int Einigung.[118] Die zuständigen Behörden informieren sich gegenseitig über die Umsetzung der Verständigungsvereinbarung um sicherzustellen, dass die abkwidrige Besteuerung tatsächlich behoben wurde bzw dass keine Dbest eingetreten ist. **38**

Gem Abs 2 letzter S ist die Verständigungsvereinbarung ungeachtet der **Fristen des innerstaatlichen Rechts** umzusetzen, eine Vorgabe, die in Deutschland durch § 175a AO gewährleistet wird.[119] Die Steuern sind entspr der zwischenstaatlichen Übereinkunft entweder mit **erstmaligem Bescheid** oder durch **Änderung** oder **Aufhebung des Bescheides** für das Veranlagungsjahr festzusetzen. Eine Umsetzung kann auch für eine entsprechende niedrigere oder höhere Veranlagung in einem anderen Steuerjahr vorgenommen werden, wenn die Verständigungsvereinbarung dies so vorsieht. Ist eine solche Möglichkeit nach nationalem Recht nicht gegeben, stellt die Verständigungsvereinbarung **die speziellere Regelung** dar und geht den nationalen Vorschriften vor, wenn der Stpfl ihr zustimmt und auf einen Rechtsbehelf verzichtet (§ 354 Abs 1a AO, § 50 Abs 1a FGO). Da es einige Staaten gibt, die Abs 2 nicht in ihre bilateralen DBA aufnehmen können, sollen sie nach den OECD/G20-Vereinbarungen **als Mindeststandard** Zeitbeschränkungen in Art 9 Abs 1 ihrer DBA aufnehmen und dezidiert festlegen, bis zu welchem Zeitpunkt in der Vergangenheit Korrekturen vorgenommen werden können.[120] Hierzu wird unter Tz 39 ein Formulierungsvorschlag gemacht. Gleichermaßen sollte nach den OECD/G20 der Zeitpunkt festgelegt werden, bis wann eine Gegenkorrektur auf eine Erstkorrektur vorgenommen werden sollte. Hierzu wird jedoch kein Mindeststandard vorgegeben.[121] **39**

In den seltenen Fällen, in denen ein VerstV scheitert, kann der Stpfl ein **SchV** beantragen, wenn dies nach dem jeweiligen DBA oder anderen Abk angezeigt ist. Andernfalls prüft das zuständige Finanzamt nach § 163 AO iRd **sachlichen Billigkeit**, die **40**

116 *BMF* zu VerstV Tz 3.1.3 und Tz 3.3.2.
117 *BMF* zu VerstV Tz 4.2.
118 S auch MK Art 25 Tz 79.
119 S auch *Loh/Steinert* BB 2008, 2383.
120 OECD 2015 Making Dispute Resolution More Effective, Tz 39.
121 OECD 2015 Making Dispute Resolution More Effective, Tz 40.

Dbest zu beheben.[122] Die Protokolle zu einigen von Deutschland abgeschlossenen DBA sehen den **Übergang zur Anrechnungsmethode** vor, wenn keine Einigung im VerstV erzielt werden konnte.[123]

E. Absatz 3

I. Konsultationsverfahren

41 Das im ersten S des Abs 3 aufgeführte Konsultationsverfahren soll **Schwierigkeiten und Zweifel** allgemeiner Art bei der Auslegung und Anwendung des Abk beheben,[124] die sich auf eine Gruppe von Stpfl beziehen oder aufgrund von nationalen Gesetzesänderungen ergeben.[125]

42 Die **zuständige Behörde** für Konsultationsverfahren nach S 1 ist in Deutschland das Bundesministerium der Finanzen.[126] Konsultationsverfahren werden nicht von den Stpfl sondern von den zuständigen Behörden angeregt; diese können sich auch in DBA-Verhandlungen darüber einigen, **Anwendungsregeln** im Rahmen von Verstsvereinbarungen zu erarbeiten. Dies sieht zB auch Art 25 Abs 5 im letzten S des MA vor. Nach dem MA besteht **kein Anspruch** auf die Durchführung des Verfahrens, es besteht auch **kein Einigungszwang**. Bis zum Jahr 2010 hat der Abschluss von Verstvereinbarungen als **Verwaltungsvorschrift** lediglich die dt Finanzbehörden gebunden, eine **Bindung der Gerichte** bestand mangels eines innerstaatlichen Zustimmungsgesetzes nicht.[127] Im Rahmen des Jahressteuergesetzes 2010 wurde mit § 2 Abs 2 AO eine Verordnungsermächtigung zur Umsetzung von Konsultationsvereinbarungen geschaffen. Diese ermächtigt das Bundesministerium der Finanzen nunmehr, zur Sicherung der Gleichmäßigkeit der Besteuerung und zur Vermeidung einer Dbest oder doppelten Nichtbest mit Zustimmung des Bundesrates Rechtsverordnungen zur Umsetzung von Konsultationsvereinbarungen zu erlassen.[128] Der BFH hat nunmehr entschieden, dass die Verordnungsermächtigung unzulänglich sei und den Anforderungen des Art 80 Abs 1 GG nicht entspreche. Zudem entfalte eine Konsultationsverordnung nur dann Bindungswirkung, wenn sie mit dem Abktext übereinstimme. Dies sei in dem dem BFH vorliegenden Fall nicht gegeben.[129] Diese Entscheidung ist kongruent zu der ständigen Rspr des BFH über die statische Auslegung von Abktexten. Insofern werden bis zu einer Reaktion des Gesetzgebers Konsultationsvereinbarungen lediglich in VerstVerfahren Bindungswirkung entfalten und nicht vor Gericht.

II. Nicht vom Abkommen erfasste Fälle

43 Abs 3 S 2 ermöglicht es den zuständigen Behörden auch Fälle im Rahmen der VerstV zu lösen, die nicht vom Abk erfasst sind. Allerdings sind darunter nur die Fälle zu ver-

122 *BMF* zu VerstV Tz 8.

123 S Protokolle zu den DBA Italien, Kanada, Mexiko, Norwegen, Vereinigte Arabische Emirate, Venezuela.

124 *G/K/G* Art 25 MA Rn 85.

125 MK Art 25 Tz 51.

126 *BMF* zu Aufgaben BZSt.

127 *BFH* 2.9.2009 – I R 90/08 – und – I R 111/08.

128 S zB die Deutsch-Amerikanische, Deutsch-Belgische Konsultationsvereinbarungsverordnung.

129 *BFH* 10.6.2015 – I R 79/13; s auch *Lehner* S 785.

stehen, die auch **unter die Steuern** des Abk fallen.[130] So kann ein Erbschaftssteuerfall nicht iRd Abs 3 S 2 gelöst werden, wenn zwei Vertragsstaaten kein Erbschaftsteuerabkommen abgeschlossen haben. Im Rahmen der Ertrag- und Vermögenssteuern wird im MK insb auf die Fälle der in zwei Vertragsstaaten belegenen **Betriebsstätten** eines in einem Drittstaat ansässigen Unternehmens hingewiesen, die mangels **Abkberechtigung** keinen Antrag auf Einleitung eines VerstV führen können. Der MK regt an, diese Fälle iRd Abs 3 S 2 zu lösen und verweist darauf, dass dies im Rahmen der anerkannten **Abkauslegungsprinzipien** seitens der Vertragsstaaten möglich sein sollte.[131] Soweit die **Gegenseitigkeit** gegeben ist, wenden Vertragsstaaten Abs 3 S 2 in diesem Sinne an und akzeptieren einen Antrag des Unternehmens mit einer Betriebsstätte im Ausland. Die übrigen Regeln des Abs 1 und Abs 2 bestehen fort. Zuständige Behörde für Fälle nach Abs 3 S 2 ist das Bundesministerium der Finanzen.[132]

F. Absatz 4

Abs 4 gibt den zuständigen Behörden die Möglichkeit, direkt miteinander in Kontakt 44
zu treten, **ohne diplomatische Verbindungen** zu benutzen. Die zuständigen Behörden können schriftlich, mündlich und auch in bilateralen Verhandlungen miteinander in Kontakt treten.[133] Für letztere gibt das Abk oder der Kommentar keine Regelungen vor. Es wird den zuständigen Behörden überlassen, die Anzahl der **Mitglieder einer gemeinsamen Kommission** zu bestimmen und die **Regeln für die Sitzungen aufzustellen.**[134] Hier hat sich eine recht einheitliche Praxis über den **Ort** und die **Dauer** der Verhandlungen wie auch über die **Verhandlungssprache** und die **Präsentation der Fälle** herausgebildet, die auch in das OECD Manual on MAP[135] oder in die PATA-Vereinbarung über MAP[136] Eingang gefunden haben. Deutschland führt regelmäßige Gespräche mit den europäischen Vertragspartnern und den großen außereuropäischen Industriestaaten wie Australien, Japan, Kanada, Korea und den USA. Durch die zunehmenden Wirtschaftsbeziehungen mit China, Indien und Russland sind auch die Verhandlungen mit diesen Staaten häufiger geworden.

Wichtig für den erfolgreichen Abschluss von VerstV im Rahmen von mündlichen Ver- 45
handlungen ist es, dass die Verhandlungspartner befugt sind, während der Verhandlung eine **abschließende Einigung** zu treffen.[137] Haben Verhandlungspartner nach den Verhandlungen die **Genehmigung** einer anderen Stelle einzuholen, kann das Verständigungsergebnis in Frage gestellt werden so dass sich das Verfahren erheblich verzögern kann. Folglich wurde diese Anforderung auch in den Mindeststandard der OECD/G20-Staaten aufgenommen.[138] Das BZSt hat keinerlei Verpflichtung, Verständigungsergebnisse bestätigen zu lassen. Allerdings stimmt es sich vor den Verhandlungen mit den zuständigen Finanzbehörden der Bundesländer und ggf mit der Bundesbetriebsprüfung über die Sachverhalte und die Verhandlungsposition ab. Auch zieht

130 Vgl auch *G/K/G* Art 25 MA Rn 92.
131 MK Art 25 Tz 55.
132 *BMF* zu Aufgaben BZSt.
133 MK Art 25 Tz 58.
134 MK Art 25 Tz 59.
135 OECD Manual on MAP Tz 3.5.
136 PATA MAP section 4 Tz 10–12.
137 PATA MAP section 4 Tz 5.1.
138 OECD 2015 Making Dispute Resolution More Effective, Tz 27.

das BZSt in komplexen Fällen die zuständigen Bundes- oder Landesbeamten zu den Verhandlungen hinzu, damit mögliche **Sach- und Fachfragen** während der Verhandlung beantwortet werden können.

46 Da die Ergebnisse von VerstV direkte Auswirkungen auf das Steueraufkommen der Vertragsstaaten haben, empfehlen die OECD MS übereinstimmend im MK, die **Delegationsleitung** bei VerstV im Rahmen einer gemeinsamen Kommission **hochrangigen Beamten** oder **Richtern** aufgrund ihres Spezialwissens zu übertragen.[139] Zudem sollte die zuständige Behörde über entspr geschultes und erfahrenes Personal wie auch über die erforderlichen finanziellen Ressourcen verfügen, um VerstV so effektiv wie möglich zu führen.[140] Auch diese letzte Anforderung ist wiederum in den Mindeststandard der OECD/G20-Staaten aufgenommen worden:[141] "*Countries should ensure that adequate resources are provided to the MAP function.*" Die Erfahrung zeigt, dass nicht nur OECD-nicht-MS sondern auch viele OECD-MS hinsichtlich des erforderlichen Personals, finanziellen Mitteln und auch der notwendigen Fortbildung Defizite aufweisen. Immerhin haben sich alle OECD/G20-MS bereit erklärt, sich in dieser Hinsicht, wie auch in allen anderen Mindeststandards, einem peer-review zu unterziehen.[142] Die ersten Ergebnisse sollen Ende 2017 vorliegen.[143] Mit besseren Ressourcen sollte auch das OECD/G20-Ziel erreicht werden, Verständigungsverfahren innerhalb von 24 Monaten abzuschließen. Auch dieses Ziel gehört zum Mindeststandard und soll, zusammen mit dem Mindeststandard über die Bereitstellung von Statistiken zu VerstV, ebenfalls den peer-reviews unterliegen.[144]

G. Absatz 5

I. Grundzüge

47 Mit der Änderung des MA hat die OECD 2008 ein **verpflichtendes SchV** in Art 25 aufgenommen. Im Vergleich zur EU-SK, die seit 1995 in Kraft ist, ist es der OECD erst 13 Jahre später gelungen, eine Schiedsklausel in das Abk aufzunehmen, denn einige Mitgliedsstaaten hatten aufgrund der Sorge vor dem Verlust von Steuersouveränität erhebliche Bedenken gegen die Aufnahme einer Schiedsklausel.[145] Die Steuersouveränität geht jedoch einher mit Standortfaktorüberlegungen. Eine drohende oder eingetretene Dbest kann für Stpfl erhebliche finanzielle Folgen haben und sich damit auf ihre Investitionsentscheidungen auswirken. Zudem zeigt die Erfahrung der europäischen Staaten mit der EU-SK, dass die theoretische Möglichkeit, dass ein Fall in ein obligatorisches SchVs übergehen kann, die zuständigen Behörden dazu veranlasst, sich zu einigen.[146] Für OECD-MS, die weiterhin Vorbehalte gegen SchV haben, gab bisher die Fußnote zu Art 25 die Versicherung, dass die Einfügung des Art 25 Abs 5 des MA keine Verpflichtung zum Abschluss von SchV mit Vertragspartnern beinhaltet. Nach dem BEPS-Projekt der OECD werden die OECD/G20-MS nunmehr zumindest aufgefor-

139 MK Art 25 Tz 62.
140 OECD Manual on MAP Tz 5.2.
141 OECD 2015 Making Dispute Resolution More Effective, Tz 29.
142 OECD 2015 Making Dispute Resolution More Effective, Tz 60.
143 OECD 2015 Making Dispute Resolution More Effective, Tz 60.5.
144 OECD 2015 Making Dispute Resolution More Effective, Tz 18 u Tz 2.0.
145 *Quinones/Cruz* S 533.
146 S Rn 86; *Lüdicke* S 32; *Züger* Schiedsverfahren für Doppelbesteuerungsabkommen, S 197.

dert, sich zu ihrer Haltung zu Schiedsverfahren zu erklären. Erreicht wird diese Absicht, indem nach **Mindeststandard Nr. 1.7**[147] die bisherige allg Fn zu Abs 5 im nächsten MA gestrichen wird. Hiermit werden zumindest OECD-MS gezwungen im Rahmen von sog „reservations" ihre Haltung zu Schiedsverfahren niederzulegen. Ein erstes Bild zur **Bereitschaft von Staaten, SchiedsV abzuschließen**, geben am Ende des OECD/G20-Berichts bereits die entsprechenden **Verpflichtungserklärungen** (commitments) von 20 OECD-MS: Australien, Österreich, Belgien, Kanada, Frankreich, Deutschland, Irland, Italien, Japan, Luxemburg, die Niederlande, Neuseeland, Norwegen, Polen, Slowenien, Spanien, Schweden, die Schweiz, das Vereinigte Königreich und die Vereinigten Staaten.[148] Es fällt auf, dass in der Liste nicht nur alle G20-nicht-OECD-MS fehlen, sondern auch vierzehn OECD-MS, unter ihnen europäische Staaten wie Dänemark, Finnland oder Portugal, die bereits SchV nach der EU-SK führen.[149] Hiermit wird deutlich, wie weit die internationale Gemeinschaft noch von einer umfassenden Behebung der Dbest entfernt ist. Zur **schnellen Umsetzung** dieser commitments soll im Rahmen des nach **Aktionspunkt 15 zu erarbeitenden multilateralen Übereinkommens** eine Schiedsklausel entwickelt werden.[150] Mit der Revision des **UN-Musterabkommens 2011** wurde als eine Alternativversion des UN-Art 25 ebenfalls ein SchV aufgenommen.[151] Dies zeigt, dass einige Entwicklungsstaaten die Vorteile von SchV sehen und bereit sind, SchV in ihre Abkommen aufzunehmen. Denn SchV können die mögliche **Macht von stärkeren Finanzverwaltungen** in Verstverhandlungen begrenzen.[152]

Die OECD-Schiedsklausel ist sehr kurz gehalten und behandelt vornehmlich folgende **48** Fragen: Den **Anwendungsbereich des SchVs**, den **Zeitpunkt der Einleitung des SchVs**, das **Verhältnis zu den nationalen Rechtsmitteln** und die **Umsetzung des Schiedsspruchs**. Nach den weiteren Erläuterungen im MK[153] ist das SchV Teil des VerstV, da es zwischen den zuständigen Behörden abgewickelt wird und auch für Teilaspekte eines Falls Anwendung findet. Liegen die notwendigen Voraussetzungen vor, hat der Stpfl auf seine Antragstellung hin den Anspruch auf die Verfahrenseinleitung. Dies bedeutet, dass die Vertragsstaaten keine Möglichkeit haben, sich dem Verfahren, auch einseitig, zu entziehen.[154] Die Festlegung des praktischen Ablaufs des SchVs wird den Vertragsstaaten überlassen, die diesen nach dem letzten Satz des Abs 5 im Rahmen einer Verständigungsvereinbarung bestimmen sollen.[155] Ein Muster für eine solche Vereinbarung ist im Anhang zu Art 25 enthalten. Durch die Möglichkeit, den praktischen Ablauf des SchVs in den Verständigungsvereinbarungen ändern zu können, ohne dass sich eine Veranlassung gibt, das MA zu ändern, ergibt sich für die Vertragsstaaten **Flexibilität** im Rahmen der Erfahrungsbildung mit der Schiedsklausel. Am Ende des SchVs hat der Stpfl die Möglichkeit, den Schiedsspruch zu akzeptieren oder die nationalen Einspruchs- oder Klageverfahren weiter zu verfolgen.

---

147 OECD 2015 Making Dispute Resolution More Effective, Tz 22.
148 OECD 2015 Making Dispute Resolution More Effective, Tz 62, 63.
149 S auch *Flüchter* Tz 4.3.
150 OECD 2015 Making Dispute Resolution More Effective, Tz 63.
151 S www.un.org: Seventh session of the Committee of Experts on International Cooperation in Tax Matters October 2011.
152 S auch *Altman* Abschn 6.2.1.1.
153 MK Art 25 Tz 63 ff.
154 S auch *Herlinghaus* 126.
155 S zB VerstV DEU-Vereinigtes Königreich.

II. Gegenstand des Schiedsverfahrens

49 Nach Abs 5 können alle unter Abs 1 fallenden Streitfragen des MA Gegenstand des SchVs sein. Die Vertragsstaaten haben jedoch die Möglichkeit, den Anwendungsbereich eines Schiedsverfahrens auf bestimmte Doppelbesteuerungsfragen, wie zB die Existenz einer Betriebsstätte und/oder Verrechnungspreisfragen zu beschränkten.[156] Dem Schiedsgericht soll nicht notwendigerweise der gesamte dem VerstV zugrundeliegende Sachverhalt vorgelegt werden, sondern lediglich die **Teilaspekte**, über die sich die zuständigen Behörden nicht einigen konnten.[157] Die ungelösten Streitfragen müssen zwischen den Behörden bestehen. Nicht ausreichend ist es, wenn eine Streitfrage von den Behörden übereinstimmend, aber nicht für den Stpfl zufriedenstellend gelöst wurde.[158] Das SchV ist nicht für **zukünftige Streitfälle** gedacht, die wahrscheinlich zu einer abkommenswidrigen Besteuerung führen. Für **APA**, die auf der Rechtsgrundlage von Art 25 geführt werden, bedeutet dies, dass diese nur dann unter den Anwendungsbereich des SchVs nach Abs 5 fallen, wenn eine Besteuerung stattgefunden hat.[159] In diesem Sinne ist es nach dem **DBA Deutschland – USA** möglich, für APA- Jahre, die bereits beschieden wurden, einem SchV zuzuführen. [160] Nach dem MK steht es den Vertragsstaaten frei, auch Art 25 Abs 3 in den Anwendungsbereich des SchVs aufzunehmen.[161] Dies ist für Fälle des Art 25 Abs 3 S 2 denkbar, in denen Einzelfälle verhandelt werden. Ob Vertragsstaaten es jedoch zulassen werden, die nach Art 25 Abs 3 S 2 vorgesehenen **Konsultationsverfahren** für die Auslegungs- und Anwendungsfragen des Abk einem SchV zu unterwerfen, ist fraglich. In diesem Fall müsste es auch eine Verpflichtung für die Einleitung eines Konsultationsverfahrens geben, die derzeit nicht besteht.[162]

III. Zeitpunkt der Einleitung des Schiedsverfahrens

50 Das SchV kann eingeleitet werden, nachdem sich die zuständigen Behörden über einen Zeitraum von **zwei Jahren** nicht über den Fall einigen konnten. Wie die EU-SK[163] bestimmt der MK, dass die Zweijahresperiode erst dann beginnt, wenn der Stpfl den zuständigen Behörden **hinreichende Informationen** zu der dem Abk nicht entsprechenden Besteuerung vorgelegt hat.[164]

IV. Verhältnis zu den nationalen Rechtsmitteln

51 Art 25 Abs 5 S 2 legt eindeutig fest, dass ein SchV nicht eingeleitet werden kann, wenn bereits eine **Gerichtsentscheidung** über den Fall vorliegt. Dieser Satz sollte entspr in den DBA zwischen Vertragsstaaten, die wie Deutschland Schiedsentscheidungen auch nach Gerichtsentscheidungen umsetzen können, nicht aufgenommen werden.[165] Auch nach der EU-SK kann das Schiedsverfahren nur dann geführt wer-

---

156 MK Art 25 Tz 66.
157 MK Annex zu Art 25 Tz 9–11.
158 *Wassermeyer* Art 25 MA Rn 76.
159 MK Art 25 Tz 72.
160 *IRS* German Arbitration Announcement.
161 MK Art 25 Tz 73.
162 S Rn 42.
163 Überarbeiteter Verhkodex EU-SK 2015, Tz 7.6.
164 MK Art 25 Annex Rn 2.
165 MK Art 25 Rn 74.

den, wenn Unternehmen aus Staaten, deren zuständige Behörden nicht von Gerichtsentscheidungen abweichen können, ihre Rechtsbehelfe bzw. Klagen zurückgenommen haben.[166] Nach dem EU JTPF Schlussbericht vom 14.9.2009 können innerhalb der EU Finnland, die Niederlande, Schweden und Deutschland eine von einer Gerichtsentscheidung abweichende Verständigungsvereinbarung umsetzen.[167] Ansonsten empfiehlt der MK, SchV und nationale Rechtsmittel aus Praktikabilitätsgründen nicht nebeneinander zu führen. Die **nationalen Verfahren** sollten so lange **ruhend gestellt** werden, bis das SchV beendet ist,[168] da dies nicht so viel Zeit in Anspruch nimmt als das nationale Verfahren und Stpfl den Verständigungsvereinbarungen idR zustimmen.[169] Auf der anderen Seite können auch die nationalen Verfahren, wenn erforderlich, **zurückgenommen** werden, um das SchV einleiten zu können. In die Abk Deutschland–Vereinigtes Königreich und Deutschland–Frankreich wurde der Wortlaut des Art 25 Abs 5 S 2 übernommen,[170] im Abk Deutschland–Liechtenstein, Deutschland–Niederlande, Deutschland–Schweiz und Deutschland–USA wurde ein dem Art 25 Abs 5 S 2 entsprechender Wortlaut nicht übernommen.

V. Umsetzung des Schiedsspruchs

Die Umsetzung des Schiedsspruchs erfolgt wie im VerstV dann, wenn der Stpfl dem **Schiedsspruch zustimmt** und wenn er seine **nationalen Rechtsmittel** zurücknimmt.[171] Darüber hinaus ist er nur insofern umsetzbar, als er die spezifischen Fragen betrifft, die an das Gericht gestellt wurden.[172] Vertragsstaaten haben auch die Möglichkeit, wie es auch in Art 12 der EU-SK vorgesehen ist, innerhalb von sechs Monaten nachdem der Schiedsspruch ergangen ist, eine **abweichende Einigung** zu treffen. 52

VI. Stellung des Steuerpflichtigen

Der Stpfl hat grds die **gleichen Rechte und Pflichten** wie unter Rn 35 dargestellt. 53 Allerdings werden ihm im Rahmen des SchVs weitere eingeräumt bzw auferlegt, wie die der Möglichkeit vor dem Schiedsgericht **Stellungnahmen** abzugeben[173] und die **Verpflichtung zur Informationsbeschaffung**.[174] Darüber hinaus hat der Stpfl die Möglichkeit Maßnahmen zu ergreifen, wenn die Einberufung des Schiedsgerichts sich zu verzögern droht.[175]

VII. Musterverständigungsvereinbarung für das Schiedsverfahren

Die in den Anhang des MK zu Art 25 eingefügte Verständigungsvereinbarung soll als 54 **Muster** für eine solche Vereinbarung der Vertragsstaaten gem Abs 5 letzter Satz dienen. Sie enthält detaillierte Regeln über den Ablauf und die Konditionen des SchV. Das

166 Art 7 Abs 3 EU-SK.
167 EU JTPF Schlussbericht S 76 ff.
168 MK Art 25 Tz 77.
169 MK Art 25 Tz 78.
170 Abk Deutschland–Vereinigtes Königreich v 30.3.2010 Art 26 Abs 5 S 2.
171 MK Art 25 Tz 81, 82.
172 MK Art 25 Tz 83.
173 S Rn 60.
174 S Rn 51.
175 S Rn 55, 56.

Muster lehnt sich an die Regelungen der EU-SK und den Verhaltenskodex zur EU-SK an, es berücksichtigt jedoch einige **Ausfallregeln**, die dort nicht vorgesehen sind.

55 Innerhalb von drei Monaten nach dem Eingang des Antrags auf ein SchV sollen sich die zuständigen Behörden über die Fragen geeinigt haben, die das Schiedsgericht im SchV beantworten soll **(terms of reference)**.[176] Eine klare Vereinbarung ist insb in komplexen Fällen erforderlich, in denen es um mehrere Fragen geht, die das DBA betreffen, angefangen von der Ansässigkeit über die Qualifikation und Zuordnung von Einkünften. Als **Ausfallregel** soll der **Stpfl** die terms of reference selbst aufstellen, wenn die zuständigen Behörden ihm diese nicht innerhalb von drei Monaten nach der Antragsstellung zugesandt haben.[177] Auch nachdem das Schiedsgericht konstituiert ist, können sich die zuständigen Behörden noch auf veränderte terms of reference in dem betreffenden Fall einigen.[178] Die EU-SK sieht keine entspr Vereinbarungen vor.

56 Die Mustervereinbarung sieht eine einfache Regel für die **Auswahl der Schiedsrichter** vor.[179] So sollen beide zuständigen Behörden jeweils einen Schiedsrichter bestimmen. Die beiden Schiedsrichter benennen einen dritten, der den **Vorsitz des Schiedsgerichts** übernimmt. Für die Auswahl der Schiedsrichter gibt es eine **Ausfallregel**, die besagt, dass der **Abteilungsleiter des OECD Zentrums für Steuerpolitik und Verwaltung** einen Schiedsrichter nach Aufforderung durch den **Antragsteller** benennt, sollte die Berufung eines Schiedsrichters nicht zeitgerecht erfolgen.[180] Diese Ausfallregel ist unmittelbarer Ausfluss aus der bekannten Schwäche der EU-SK, die keine Sanktion vorsieht, wenn die zuständigen Behörden sich nicht, bzw nicht zeitgemäß, auf Mitglieder des Beratenden Ausschusses einigen können.[181] Die Mustervereinbarung macht außer der Tatsache, dass sie vor dem Verfahren nicht mit dem Fall befasst gewesen sein dürfen,[182] keine weiteren Vorgaben bzgl der Schiedsrichter (zB Berufserfahrungen). Die Mitgliedsstaaten der EU haben sich in dieser Hinsicht auf eine **„Unabhängigkeitserklärung“**[183] geeinigt, die sicherstellen soll, dass die Schiedsrichter nicht in anderer Weise mit dem Fall befasst sind. Es kann angenommen werden, dass Vertragsstaaten ähnliche Erklärungen verlangen werden. In den Anmerkungen zu der Mustervereinbarung wird festgehalten, dass es im Interesse der Vertragsstaaten ist, Schiedsrichter mit Fachkenntnissen zu benennen.[184] Mangels weiterer Vorgaben können die Schiedsrichter jeglicher Nationalität sein. Um die Auswahl und Benennung zu beschleunigen, werden die Vertragsstaaten sehr wahrscheinlich, in Anlehnung an die EU-SK,[185] **Listen potentieller Schiedsrichter** aufstellen.[186]

57 Die Mustervereinbarung enthält als Alternative für den Schiedsprozess den Vorschlag eines **vereinfachten Verfahrens („baseball arbitration“ oder „last best offer arbitration“)**, nach dem die benannten Schiedsrichter sich für einen der von den zwei

176 MK Art 25 Mustervereinbarung Tz 3.
177 MK Art 25 Mustervereinbarung Tz 4.
178 MK Art 25 Mustervereinbarung Tz 4.
179 MK Art 25 Mustervereinbarung Tz 5.
180 MK Art 25 Mustervereinbarung Tz 5.
181 S überarbeiteter Verhkodex EU-SK 2015, Abs 9.2.
182 MK Annex zu Art 25 Tz 15.
183 Überarbeiteter Verhkodex EU-SK 2015, Abs 9.1 g.
184 S MK Annex zu Art 25 Tz 15.
185 S EU JTPF List of Independent Persons.
186 MK Annex zu Art 25 Tz 15.

zuständigen Behörden in Positionspapieren dargelegten **Lösungsvorschläge** hinsichtlich der entsprechenden Einzelfrage entscheiden können.[187] Dieses Verfahren hat den Vorzug, dass es weniger zeit- und kostenaufwendig ist. Darüber hinaus ist nicht zu erwarten, dass die Entscheidungen willkürlich sein werden, da die Wahrscheinlichkeit gering ist, dass die zuständigen Behörden in ihren Positionspapieren **Extrempositionen** einnehmen. Die ersten DBA, die das vereinfachte Verfahren zulassen, sind die **DBA Deutschland-USA, Deutschland-Vereinigtes Königreich,**[188] **Belgien-USA** sowie **Kanada-USA.**[189]

Die Schiedsrichter sollen nach der Mustervereinbarung **ungehinderten Zugriff** auf **die erforderlichen Informationen** haben.[190] Sind sie nicht Angehörige der Steuerverwaltung, sollen sie für den Schiedsfall durch eine Ernennungsurkunde den Status eines **Beauftragten der jeweiligen zuständigen Behörde** erhalten und sich damit zur **Wahrung des Steuergeheimnisses** verpflichten.[191] Ein ähnliches Verfahren sieht die EU-SK nicht vor, jedoch sind nach Art 9 Abs 6 der EU-SK die Informationen, die die Schiedsrichter im Rahmen des Verfahrens erhalten, geheim zu halten. Aus diesem Grunde dürften die jeweiligen zuständigen Behörden die Schiedsrichter im Rahmen der EU-SK verpflichten, das Steuergeheimnis einzuhalten (EU-SK).[192] 58

Hat der Stpfl relevante Informationen zu spät eingereicht, können sich beide zuständige Behörden darauf einigen, die Ernennung der Schiedsrichter für den gleichen **Verspätungszeitraum** zu verschieben.[193] 59

Da Art 25 Abs 5 keine Verfahrens- und Beweisregeln enthält, ist es Sache der beteiligten Vertragsstaaten, sich auf verbindliche Regeln zu einigen. Den Schiedsrichtern wird das Recht eingeräumt, **Prozess- und Beweisregeln**, soweit sie sich nicht aus der Verständigungsvereinbarung ergeben, für das Verfahren selbst festzulegen.[194] So können sie zB Entscheidungen über die **Beratungssprache**, die **Anzahl der Sitzungen**, oder die **Anhörung von Sachverständigen** fällen. Die Schiedsrichter sollen zwar Zugang zu jeglichen den Fall betreffenden Unterlagen haben, doch sollen sie im Gegensatz zur EU-SK Informationen, die den zuständigen Behörden vor Einleitung des SchVs nicht bekannt waren, für ihre Entscheidungsfindung nicht in Betracht ziehen.[195] Da das Schiedsgericht einem letztinstanzlichen Gericht vergleichbar ist, entspricht dies § 118 Abs 2 FGO, der den BFH an die tatsächlichen Feststellungen der Vorinstanz bindet. Dieser Regelung ist hinsichtlich eines möglichen Missbrauchs des Verst- und SchVs zuzustimmen. Der Stpfl selbst hat das Recht, schriftliche oder mündliche Stellungnahmen abzugeben.[196] 60

Der **Beratungsort** ist bei der zuständigen Behörde, bei der der Verständigungsfall beantragt worden ist. Diese Behörde stellt auch das Personal zur Verfügung, das für 61

187 MK Art 25 Mustervereinbarung Tz 6: streamlined arbitration process.
188 S VerstV DEU-GBR.
189 S auch *Goulder* S 17.
190 MK Annex zu Art 25 Tz 8.
191 S auch *Vogel/Lehner* Art 25 Rz 226; s VerstV DEU-GBR Tz 8.
192 S *BMF* VerstV Abs 13.3.1; s auch *G/K/G* Art 25 MA C. Anh Art 9 Rn 3.
193 MK Art 25 Mustervereinbarung Tz 9.
194 MK Art 25 Mustervereinbarung Tz 10.
195 MK Art 25 Mustervereinbarung Tz 10; EU-SK Art 10.
196 MK Art 25 Mustervereinbarung Tz 11.

die **Sekretariatsarbeiten** des Schiedsgerichts erforderlich ist und das nur dem Vorsitzenden berichtet.[197] Dies entspricht den Regelungen zur EU-SK. Allerdings kann unter der EU-SK eine andere zuständige Behörde die Organisation des Beratenden Ausschusses übernehmen, wenn die erste dies nicht tut.[198]

62 Die Regeln über **Kosten** entsprechen im Wesentlichen ebenfalls denen der EU-SK: Die Vertragsstaaten tragen ihre Kosten des Verfahrens jeweils selbst. Die Kosten für den unabhängigen Schiedsrichter werden von den Vertragsstaaten geteilt. Die Sitzungskosten trägt der Vertragsstaat, der das Verständigungsverfahren ursprünglich eingeleitet hat.[199] Die Mustervereinbarung legt jedoch keine **Tagegelder** für die Schiedsrichter fest, wie dies im Verhaltenskodex zur EU-SK vorgesehen ist.[200]

63 Die Schiedsrichter sollen ihre Entscheidungen nach ihrer **unabhängigen Rechtsauffassung (independent opinion approach)** fällen, wenn das vereinfachte Verfahren nach Rn 57 keine Anwendung findet.[201] Abkinterpretationen sollten sich nach dem Anhang zum MK nach dem Wiener Übereinkommen über das Recht der Verträge, hier Art 28–36.1, richten. Verrechnungspreisfragen sollten wie nach der EU-SK auf der Grundlage der OECD-Verrechnungspreisleitlinien entschieden werden.[202]

64 Die Regeln über die **Entscheidung des Schiedsgerichts** stimmen ebenfalls mit denen der EU-SK überein. Sie wird durch **Mehrheitsentscheidung der Schiedsrichter** getroffen und ergeht schriftlich innerhalb von sechs Monaten nach Bestätigung des Vorsitzenden des Schiedsgerichts, dass das Schiedsgericht über alle erforderlichen Informationen verfügt.[203] Auch wird wie in der EU-SK festgelegt, dass die Entscheidung **abschließend zu begründen** und innerhalb von **sechs Monaten** umzusetzen ist. Mit der Zustimmung des Stpfl kann die Entscheidung auch **anonymisiert veröffentlicht** werden.[204] Die bisher ergangenen Entscheidungen des Beratenden Ausschusses im Rahmen der EU-SK sind allerdings nicht veröffentlicht worden. Es ist daher auch für die Schiedsgerichtsentscheidungen nach dem MA anzunehmen, dass Veröffentlichungen selten erfolgen werden. Denn wie iF der EU-SK ist anzunehmen, dass Schiedsfälle nicht leichtfertig einem Schiedsgericht übergeben werden. Sollte dies doch der Fall sein, werden es spezielle Fälle sein, die von den Spezialisten der zuständigen Behörden bei aller Sach- und Fachkenntnis nicht auf der Grundlage von eindeutigen DBA-Regelungen bzw Verrechnungspreisgrundsätzen gelöst werden können. Die Lösung dieser Spezialfälle wird daher sehr wahrscheinlich **keine Präzedenzwirkung** entfalten können, so dass eine Veröffentlichung nicht sinnvoll erscheint. Einige der ersten abgeschlossenen Abk, die ein SchV nach dem MA enthalten, sehen wahrscheinlich nicht ohne Grund ein verkürztes Verfahren[205] vor, nach dem das Schiedsgericht **keine begründete Entscheidung** abgibt.[206]

---

197 MK Art 25 Mustervereinbarung Tz 12.
198 Überarbeiteter Verhkodex EU SK 2015, Abs 9.2 b.
199 MK Art 25 Mustervereinbarung Tz 13.
200 S überarbeiteter Verhkodex EU SK 2015, Abs 9.3 f.
201 MK Art 25 Mustervereinbarung Tz 14; s auch *Vogel/Lehner* Art 25 MA Rn 231.
202 MK Art 25 Mustervereinbarung Tz 14.
203 MK Art 25 Mustervereinbarung Tz 15; EU-SK, Art 11.
204 MK Art 25 Mustervereinbarung Tz 15.
205 S Rn 57.
206 Art 25 Abs 5 und 6 DBA DEU-USA; VerstV zu Art 26 DBA DEU-GBR.

Die zuständigen Behörden können, solange das Schiedsgericht noch keine Entscheidung getroffen hat, immer noch selbst eine Vereinbarung in dem Fall treffen, so dass keine Schiedsentscheidung erforderlich ist.[207] Nach der EU-SK ist dies auch noch sechs Monate nachdem das Schiedsgericht eine Entscheidung gefällt hat, möglich.[208] Trifft das Schiedsgericht keine Entscheidung innerhalb von sechs Monaten, können die zuständigen Behörden eine **Verlängerung** vereinbaren oder **neue Schiedsrichter** benennen.[209] Mit dieser Regelung, die in der EU-SK fehlt, wird verhindert, dass das Verfahren nicht abgeschlossen wird.[210] 65

H. Vorabverständigungsverfahren (APA)

I. Grundzüge

Eine in den letzten Jahren stetig steigende Anzahl von Staaten räumen ihren Stpfl die Möglichkeit ein, auf der Grundlage von Art 25 Abs 1, 2 bilaterale Vorabverständigungsvereinbarungen (Advance Pricing Agreements (APA)) abzuschließen.[211] APA sind in ihrem **Anwendungsbereich** hauptsächlich auf die Gewinnabgrenzung zwischen verbundenen Unternehmen sowie zwischen Unternehmen und ihren Betriebsstätten begrenzt[212] und unterscheiden sich von den klassischen VerstV dahingehend, dass sie **vor der Verwirklichung von Geschäftsvorfällen** fremdvergleichskonforme Verrechnungspreismethoden für einen gewissen Zeitraum in der Zukunft festlegen.[213] Sie sind wie die VerstV antragsabhängig. Die OECD, die Pacific Association for Tax Administrators (PATA) und die EU Kommission haben Leitlinien für APA veröffentlicht,[214] an die sich die einzelnen nationalen Regelungen, wie die Deutsche, weitestgehend orientiert haben.[215] APA werden weitläufig als die **beste Lösung** für die Vermeidung von Verrechnungspreiskonflikten angesehen.[216] Sie haben für Stpfl und für FinVerw den **Vorteil**, langfristige Streit befangene Betriebsprüfungen zu vermeiden und für eine bestimmte Zeit in der Zukunft Planungssicherheit zu geben.[217] Dies und die Tatsache, dass der Abschluss von APA in einem akzeptablen Zeitraum vorgenommen wird,[218] ist sicherlich auch der Grund für die int steigende Anzahl von abgeschlossenen APA.[219] **Nachteilig** gegenüber VerstV sind aus Sicht der Stpfl die **Verwaltungsgebühren**[220] und eine **Offenlegungspflicht** für die in das APA einbezogenen Verrechnungspreissachverhalte, die über die Pflichten in Betriebsprüfungen hinausgehen[221] und im Falle eines Scheiterns eines APA auch zu Lasten des Steuerpflichtigen verwendet werden dürfen.[222] 66

207 MK Art 25 Mustervereinbarung Tz 16.
208 Art 12 Abs 1 EU-SK.
209 MK Art 25 Mustervereinbarung Tz 17.
210 S Rn 85.
211 Vgl *Nolan Ng* S 734, 735; *Ernst&Young* S 8–173.
212 S OECD VLL Annex MAP APA Tz 4.123; § 178a Abs 1 AO; IRS APA Program.
213 S *BMF* zu APA Tz 1.2.
214 OECD VLL sowie Anh zu VLL, MAP APA, PATA APA LL, EU APA LL.
215 S *BMF* zu APA; s zu Regelungen anderer Staaten *Bakker/Levy* S 83 ff.
216 OECD VLL Tz 4.142–4.146, *Markham* S 401; krit *Vogel/Lehner* Art 25 MA Rn 316.
217 *Piatoff* S 15.
218 S zB *Schnorberger/Wingendorf* S 80 duration of process; *Piatoff* S 16, time and expense.
219 *Wrappe/McAlonan/Boyce* S 315 für die USA und Japan; EU Joint Transfer Pricing Forum Statistics on APAs in the EU at the end of 2014.
220 S Rn 70.
221 EU APA LL Tz 35.
222 *Baumhoff* Puls S 804; *Vogel/Lehner* Art 25 MA Rn 330; *Jacobs/Endres/Spengel* S 910.

II. Begriff und Merkmale

67 Unter APA werden **verbindliche Vereinbarungen** zwischen einem oder mehreren Stpfl und einer oder mehrerer Steuerverwaltungen über bestimmte Kriterien (Methode, Vergleichswerte, Anpassungsrechnungen für Vergleichswerte, krit Annahmen) für die Verrechnungspreisbestimmung **von Geschäftsvorfällen** in einen bestimmten zukünftigen Zeitraum verstanden.[223] Die besondere Rechtssicherheit der bi- oder multilateralen APA für die Stpfl ergibt sich daraus, dass sie gem Art 25 Abs 2 S 2 int bindend sind. Die in dem APA festgelegten Bedingungen werden in Deutschland in Form einer **Vorabzusage** vom zuständigen Finanzamt an den Stpfl erteilt und durch entsprechende Steuerbescheide umgesetzt.[224] Neben **bilateralen** APA ist es auch möglich, **multilaterale APA** in der Form von mehreren koordinierten bilateralen APA abzuschließen, um die Risiken komplexer Verrechnungspreisgestaltungen von multilateralen Unternehmen in mehreren Staaten zu mindern. Diese Möglichkeit der Abstimmung von Verrechnungspreisen in mehr als zwei Staaten ist bei VerstV nach den DBA und auch nach der bilateral ausgestalteten EU-SK begrenzt.[225] Bi- oder multilaterale APA sind von den sog **unilateralen APA** zu unterscheiden (sg tax rulings). Bei letzteren handelt es sich um verbindliche **Zusagen der lokalen Steuerverwaltung** an einen Stpfl in Verrechnungspreisfällen, die nicht auf der Grundlage einer Vereinbarung mit der zuständigen Behörde eines anderen Staates erteilt werden.[226] Diese Zusagen binden den anderen Staat nicht und bieten lediglich Rechtssicherheit auf nationaler Ebene, aber nicht auf int Ebene. Dies bedeutet, dass Stpfl trotz der nationalen Vereinbarung nicht vor VerstV in derselben Sache mit dem Ausland geschützt sind. Die OECD erklärt daher die eindeutige **Präferenz für bilaterale bzw multilaterale** APA.[227] In Hinblick auf rulings bestand regelmäßig die Vermutung, dass Staaten sie für Zwecke des unfairen Steuerwettbewerbs einsetzen. Die OECD/G20 haben daher unter BEPS-Aktionspunkt 5 geplant, Staaten zum **Informationsaustausch über tax rulings zu verpflichten.**[228] Dem ist die Initiative der EU-Kommission zuvorgekommen, nach der sich alle EU-MS zum automatischen Informationsaustausch über tax rulings verpflichtet haben.[229] Die EU-Kommission hat darüber hinaus infolge der LuxLeaks-Veröffentlichungen mehrere tax rulings unter Beihilfe-Gesichtspunkten überprüft und bisher zwei als für nicht mit den EU-Beihilfevorschriften vereinbar angesehen.[230]In Deutschland gibt es keine Rechtsgrundlage für die **Erteilung unilateraler APAs**. Sie dürfen nicht mit der verbindlichen Auskunft nach § 89 Abs 2–5 AO verwechselt werden, die im Falle eines konkreten Rechtsproblems gestellt werden kann. Unilaterale

223 OECD VLL, Tz 4.123, Annex zu OECD VLL MAP APA Tz 3.

224 *BMF* zu APA Tz 5.1.

225 S auch *Herksen* S 335.

226 S auch *BMF* zu APA Tz 1.2; s zur Anzahl von unilateral abgeschlossenen APA: *Grotherr* S 1825.

227 OECD VLL, Tz 4.145.

228 OECD 2015 Harmful Tax Practices S 74 ff.

229 *European Commission* – Press release, Tax transparency: Commission welcomes agreement reached by Member States on the automatic exchange of information on tax rulings, Brussels, 6 Oct 2015.

230 *European Commission* – Press release: Commission decides selective tax advantages for Fiat in Luxembourg and Starbucks in the Netherlands are illegal under EU state aid rules, Brussels, 21 Oct 2015.

APAs können allenfalls dann erteilt werden, wenn ein konkreter Einzelfall dafür geeignet ist und wenn ein **berechtigtes Interesse** dafür besteht.[231]

III. Gültigkeitsdauer

Die Vertragsstaaten sehen in ihren nationalen APA Regeln unterschiedliche **Laufzeiten** für APA vor, jedoch hat sich eine Standardlaufzeit von **drei bis fünf** Jahren als Orientierung durchgesetzt, angefangen mit dem Jahr, für das noch kein Steuerbescheid ergangen ist.[232] Da VerstV ohnehin in den meisten Vertragsstaaten vorgesehen sind, sehen auch viele die Möglichkeit eines „**roll backs**" vor, dh die Anwendung der APA – Vereinbarung auf zurückliegende Zeiträume. Diese Möglichkeit, VerstV und APA zu verbinden, ist als äußerst vorteilhaft für das Zustandekommen einer Einigung zwischen den Vertragsstaaten zu sehen. Diese können eher einer Einigung für in der Vergangenheit fehlerhaft abgerechnete Verrechnungspreise zuzustimmen, wenn für die Zukunft ein fremdvergleichskonformes Verrechnungspreissystem eingerichtet wird. Haben sich die dem APA zugrunde liegenden Sachverhalte und Bedingungen nicht geändert, hat der Stpfl die Möglichkeit, einen Antrag auf **Verlängerung** des APA zu stellen.[233] Da der Sachverhalt bekannt und mit dem Ausland bereits ausführlich diskutiert worden ist, gestaltet sich der Abschluss des **Verlängerungsverfahrens** einfacher und schneller als das erste Verfahren. **68**

IV. Stellung des Steuerpflichtigen

Da das APA Verfahren ein Unterfall des VerstVs nach Abs 1–2 ist, ergibt sich keine veränderte Stellung des Stpfl. Der Antragsteller ist **kein Beteiligter** des APA Verfahrens[234] und ist üblicherweise nicht bei den APA-Verhandlungen zugegen. Er kann jedoch in diesem Rahmen **Stellungnahmen** abzugeben, wenn beide zuständige Behörden dem zustimmen.[235] Die zuständigen Behörden unterrichten den Stpfl zudem über alle signifikanten Entwicklungen während des APA-Prozesses. In der Praxis ist der Stpfl intensiver in das APA eingebunden als in die VerstV, weil die APA Prüfungen in enger Kooperation mit dem Stpfl stattfinden. In den Prüfungen herrscht üblicherweise ein **kooperatives Umfeld** zwischen Steuerverwaltung und Stpfl in dem gemeinsam an sachgerechten Verrechnungspreislösungen gearbeitet wird.[236] Den Stpfl treffen Mitwirkungspflichten in dem Sinne, dass er mit dem Antrag detaillierte Informationen vorzulegen hat. Das BZSt hat auf seiner Internetseite eine Liste mit den **erforderlichen Angaben** für einen APA-Antrag veröffentlicht.[237] Diese Liste ist nicht abschließend, der Stpfl ist verpflichtet, zu jeder Zeit der APA-Prüfung weitere erforderliche Unterlagen bereitzustellen.[238] Auch sehen abgeschlossene APA jährliche **Berichtspflichten** vor.[239] **69**

---

231 *BMF* zu APA Tz 1.2.
232 *BMF* zu APA Tz 3.8, OECD VLL, Annex MAP APA, Tz 51; PATA APA LL, section 6; *Grotherr* S 1845.
233 *BMF* zu APA Tz 7.4.
234 S *BMF* zu APA Tz 1.2.
235 OECD APA LL, Tz 63; EU APA LL, Tz 95, PATA APA LL, Tz 13.
236 OECD VLL, Tz 4.146; s auch *Canale/Wrappe/McAlonan/Boyce* S 498.
237 S www.bzst.de.
238 *BMF* zu APA Tz 3.1.
239 *BMF* zu APA Tz 6.1.

V. Kosten

70 Die Kostenfrage ist in den Vertragsstaaten unterschiedlich geregelt. Während eine Reihe von Staaten wie die USA, Kanada und auch Deutschland Gebühren erheben, sehen andere wie das Vereinigte Königreich, Frankreich und Australien keine Gebühren vor. Nach § 178a Abs 2 AO belaufen sich in Deutschland die Grundgebühren für ein APA auf 20 000 EUR, die Verlängerungsgebühr beträgt 15 000 EUR und die Änderungsgebühr 15 000 EUR. Sofern die Summe der von dem APA erfassten Geschäftsvorfälle die Beträge des § 6 Abs 2 S 2 der GAufzV voraussichtlich nicht überschreitet, belaufen sich die jeweiligen Gebühren nach § 178a Abs 3 AO jeweils auf die Hälfte der oa Beträge.

VI. Das APA – Verfahren

71 Int hat sich entsprechend den Leitlinien der OECD, der PATA und der EU Kommission folgender **Ablauf** für APA-Verfahren durchgesetzt, der auch von der deutschen FinVerw praktiziert wird:[240]

- Vorgespräch (pre-filing-meeting),
- Formaler Antrag,
- APA–Prüfung,
- APA Verhandlung, Verbindliche Zusage,
- Jährlicher APA–Bericht.

Vereinbaren die Vertragspartner, dass in den Geltungsbereich des Art 25 Abs 5 auch APA aufgenommen werden,[241] ist die Liste um den Punkt der **SchV** zu ergänzen.

72 Das **Vorgespräch**, das zwischen dem Stpfl und den Vertretern der zuständigen Behörde stattfindet, sollte es allen Beteiligten ermöglichen, den Erfolg eines APA einzuschätzen. Hierzu sollte der Stpfl einen allg Überblick über das geplante APA geben, der zumindest den Unternehmensverbund und seine wirtschaftlichen Aktivitäten, die involvierten Staaten, die speziellen Gründe für das geplante APA wie auch die geplanten Verrechnungspreismethoden für die Geschäftsvorfälle, die vom APA erfasst werden sollen, den **geplanten APA-Zeitraum** und die Frage einer **rückwirkenden Anwendung** (roll back) beinhalten sollte.[242] Mit diesen Informationen kann auch eine gemeinsame unverbindliche Einschätzung in Bezug auf die Zeit bis zum Abschluss des APA erfolgen. Für einen erfolgreichen Abschluss ist es von Vorteil, dass die Stpfl jeweils in den Staaten, die das APA abschließen sollen, Vorgespräche führen. In einigen Staaten wie auch in Deutschland sind Vorgespräche auf anonymer Basis möglich, dh ohne Nennung des Stpfl.[243]

73 Sind die zuständigen Behörden der Auffassung, dass der vorgelegte Sachverhalt für ein APA geeignet ist, kann der formale **APA-Antrag** gestellt werden.[244] Dieser soll

240 *BMF* zu APA Tz 2-7; s auch *Wrappe/McAlonan/Boyce* S 328 ff; s bzgl der Staatenpraxis *Bakker/Levey S 83 ff.*
241 S *IRS* German Arbitration Announcement.
242 S auch *Gibert/Daluzeau* S 229 Tz 4.1; OECD APA LL Tz 29; ein roll-back ist in Deutschland unter bestimmten Voraussetzungen möglich; s *BMF* zu APA Tz 7.3.
243 *BMF* zu APA Tz 2.2; s auch *Jacobs/Endres/Spengel* S 904.
244 OECD Anh zu VLL, MAP APA Tz 34; EU APA LL Tz 75, s auch PATA APA LL section 4.

von den Abkberechtigten bei den jeweiligen betroffenen **zuständigen Behörden**, in Deutschland schriftlich beim **BZSt**, gestellt werden. Das BZSt **entscheidet** im Einvernehmen mit der zuständigen Landesfinanzbehörde nach pflichtgemäßem Ermessen über die **Annahme des Antrags**.[245] IÜ kann die deutsche FinVerw die weitere Bearbeitung des APA-Antrags bei jedem Stand des Verfahrens unter Darlegung der Gründe **ablehnen.** Der Antragsteller kann den Antrag bis zum Abschluss des Verfahrens abändern oder zurücknehmen.[246]

Da es sich bei den meisten APA um umfangreiche Sachverhalte handelt, werden die **APA Prüfungen** idR in den Räumen des Antrag stellenden Unternehmens durchgeführt. Die Prüfungen werden in den einzelnen Staaten entweder von speziellen APA-Prüfern oder von den zuständigen vor Ort beschäftigten Prüfern vorgenommen.[247] In Deutschland prüfen die zuständigen Bundes- oder Landesbetriebsprüfer unter Koordination des BZSt.[248] Es wird grds empfohlen, dass die zuständigen Behörden sehr schnell miteinander in Kontakt treten und sich auf einen **Zeitplan** einigen[249] bei dessen Aufstellung der Stpfl mit einbezogen werden sollte. Die PATA und die EU schlagen vor, APA-Prüfungen innerhalb von **zwölf Monaten** nach Antragseingang abzuschließen.[250] Eine solche Zeitvorgabe fehlt vermutlich bei der OECD wie auch in den deutschen und auch in den Regelungen einiger anderer Staaten, wie zB denen der USA, weil die Komplexität der Verrechnungspreisfragen so unterschiedlich ist, dass es sehr schwierig ist, einheitliche Zeitvorgaben zu machen.[251] Wichtig ist es, dass auf beiden Seiten, bei den zuständigen Behörden und bei den Stpfl, kompetentes Personal vorhanden ist, um den APA-Prozess zu begleiten und zu einem Abschluss zu bringen. Was zeitliche Aspekte anbetrifft, sind für den erfolgreichen Abschluss eines APA die zeitnahe Unterrichtung der betroffenen zuständigen Behörden mit denselben Informationen und die möglichst zeitgleiche Abwicklung der APA Prüfungen seitens der zuständigen Finanzbehörden wichtig. Da APA weit weniger streitig geführt werden als VerstV kommt es idR zu einer **Einigung** der Vertragsstaaten. 74

Nach Abschluss der APA Prüfungen sollten die zuständigen Behörden zeitnah in **Verhandlungen** treten. Je nach vorangehender Intensität des Informationsaustauschs kann es erforderlich sein, vor Beginn der Verhandlungen Positionspapiere auszutauschen.[252] Haben sich die beteiligten Staaten geeinigt, wird der Antragsteller in Deutschland vor der Unterzeichnung des APA Vertrags über den Inhalt der Vereinbarung unterrichtet und um Zustimmung gebeten. Er wird weiterhin aufgefordert, einen **Einspruchsverzicht** gem § 354 Abs 1a AO für die Steuerbescheide zu erklären, die die Vereinbarung zutreffend umsetzten.[253] Die zuständige Landesfinanzbehörde erteilt dem Stpfl eine **verbindliche Vorabzusage** mit gleichem Inhalt wie der unterzeichnete int APA Vertrag. Die Finanzbehörde hat für den APA-Zeitraum bei Erfül- 75

245 *BMF* zu APA Tz 3.9.
246 *BMF* zu APA Tz 3.9.
247 *Grotherr* S 1827.
248 *BMF* zu APA Tz 4.3.
249 OECD VLL Annex MAP APA, Tz 53; EU APA LL Tz 79.
250 EU APA LL Appendix C; PATA APA LL, Tz 7.
251 OECD VLL Annex MAP APA Tz 53; zur Kritik an fehlenden dt Zeitvorgaben: *Dagnese* S 177.
252 *Gibert/Daluzeau* S 231.
253 S Formular zum Einspruchsverzicht: www.bzst.bund.de.

lung der weiteren Voraussetzungen dem APA entspr Steuerbescheide zu erlassen. Ein Muster eines APA-Vertrags ist in der Anlage des deutschen BMF-Schreibens zu APA enthalten.

76 APA enthalten regelmäßig die Verpflichtung des Stpfl für jedes Jahr des APA-Zeitraums einen **Jahresbericht** zu erstellen, in dem er darlegt, ob die in dem APA vereinbarten Sachverhalte verwirklicht und die **Gültigkeitsbedingungen (critical assumptions)** eingehalten worden sind. Unter Gültigkeitsbedingungen sind Annahmen zu verstehen, deren Änderungen die materiellen Vereinbarungen beeinflussen oder in Frage stellen, wie Beteiligungsverhältnisse oder Funktionen der verbundenen Unternehmen.[254] Der Bericht ist bei allen beteiligten zuständigen Behörden einzureichen, in Deutschland ist der Jahresbericht beim **zuständigen Finanzamt und beim BZSt einzureichen.** Er dient dazu, bei unverwirklichten Sachverhalten bzw bei Nichterfüllung von Gültigkeitsbedingungen kurzfristig Entscheidungen über **Neuverhandlungen** mit dem Ausland zu ermöglichen bzw das APA als gegenstandslos zu erklären.[255]

77 Da APA nach hA unter den Anwendungsbereich des Art 25 fallen, können Vertragsstaaten sich darauf einigen, auch für APA **SchV** zu führen. Allerdings sind die SchV nur für die Steuerjahre möglich, die bereits beschieden sind.[256]

I. Exkurs: Die EU Schiedskonvention (EU-SK)

I. Rechtsnatur, Gegenstand

78 Die EU-SK ist ein **multilaterales Abk** über die Beseitigung der Dbest iF von Gewinnberichtigungen zwischen verbundenen Unternehmen bzw zwischen Unternehmen und ihren Betriebsstätten in der EU. Sie soll die Steuerverwaltungen in diesen Fällen zu einem koordinierten Verhalten verpflichten und eine Entscheidung über die Behebung der Dbest sicherstellen.[257] Ursprünglich von der Europäischen Kommission als Richtlinie gem Art 211 EUV vorgeschlagen, wurde die EU-SK aber letztlich als multilaterales Abk iSd Art 293 EUV verabschiedet. Die EU-SK ist daher eine **int Vereinbarung** nach int öffentlichen Recht und ist **kein Rechtsinstitut** der EU.[258] Mangels Zuständigkeit des Europäischen Gerichtshofs bleibt die Interpretation und Durchführung der EU-SK den Mitgliedsstaaten im Rahmen ihrer bilateralen Verfahren vorbehalten, eine Tatsache, die sich nachteilig auf die einheitliche Anwendung der EU-SK auswirken kann.[259] Allerdings sind die EU-MS angehalten, dem EU JTPF[260] alle zwei Jahre über die Funktionsweise der EU-SK zu berichten.[261] Auf der Basis der Berichte schlägt die EU-Kommission falls erforderlich Änderungen des Verhaltenskodex zur EU-SK vor. Die EU-Mitgliedsstaaten haben sich 2004 erstmals auf einen **Verhaltenskodex** geeinigt, der in den meisten EU-Mitgliedsstaaten in Verwaltungsanweisungen umgesetzt wurde. Der Verhaltenskodex wurde zwei

254 *BMF* zu APA Tz 3.7.
255 *BMF* zu APA Tz 6.5.2.
256 S Rn 49.
257 S auch *G/K/G* Art 25 MA C. Anh Vorb Rn 1.
258 S auch *Vogel/Lehner* Art 25 Rn 301; *van Herksen* S 333; *Eicker/Stockburger* S 666.
259 Ähnlich *Vogel/Lehner* Art 25 Rn 301.
260 S www.ec.europa.eu/taxation_customs/taxation/company_tax/transfer_pricing/forum/index:en.htm.
261 S überarbeiteter Verhkodex EU-SK 2015 Abs 13.

Mal, 2009 und 2015, überarbeitet.[262] Die Grundzüge des Verhaltenskodex wurden in Deutschland in das BMF Schreiben zu VerstV aufgenommen.

II. Geschichte, Geltungsbereich

Nachdem die EU-SK am 23.7.1990 von den Finanzministern der damaligen zwölf EU-MS unterzeichnet worden war, trat sie nach Ratifizierung in den EU-MS am 1.1.1995 für eine Zeit von fünf Jahren in Kraft.[263] Durch **Beitrittskonvention** v 21.12.1995 wurde der Geltungsbereich der EU- SK auf Österreich, Finnland und Schweden ausgeweitet.[264] Am 1.11.2004 ist die EU-SK **rückwirkend** zum 1.1.2000 nochmals, jedoch nunmehr auf **unbestimmte Zeit** in Kraft getreten.[265]Alle weiteren in die EU aufgenommenen Staaten haben die EU-SK ebenfalls ratifiziert, so dass sie nunmehr zwischen allen 28 EU-MS Anwendung findet.[266] Vom **räumlichen Geltungsbereich ausgenommen** sind nach Art 299 Abs 2–4 EUV bzw Art 16 Abs 2 EU-SK die französischen Überseegebiete, Gibraltar, Grönland, die Faröer-Inseln, die britischen Kanalinseln und die Isle of Man.[267] **79**

III. Verhältnis zum MA, Anwendungsbereich

Die EU-SK lässt weitergehende Verpflichtungen aus den DBA unberührt,[268] so dass sie grds neben den DBA anwendbar ist, wenn dort keine Schiedsklausel vereinbart ist.[269] Sind **beide Verfahren anwendbar**, werden Stpfl in ihren **Anträgen** auf Verständigungs- und SchV **festlegen** müssen, welches Verfahren geführt werden soll,[270] wenn nicht der Wortlaut der deutschen Verhandlungsgrundlage in das DBA übernommen worden ist, nach dem das DBA-SchV nicht geführt werden kann, wenn die EU-SK Anwendung findet. Nach dem **DBA Frankreich–Vereinigtes Königreich** wird ein SchV nach dem DBA nur dann geführt, wenn kein Verfahren nach der EU-SK beantragt worden ist. Das DBA **Deutschland-Vereinigtes Königreich** enthält keine Abgrenzungsregelungen zur EU-SK. Im Unterschied zu Art 25 findet die EU-SK lediglich für Fälle der Gewinnberichtigungen bei verbundenen Unternehmen wie auch für die Gewinnabgrenzung zwischen Unternehmen und ihren Betriebstätten Anwendung.[271] Nach Art 4 Abs 2 der EU-SK fällt unter ihren Anwendungsbereich nicht die Frage des Bestehens einer Betriebsstätte. Die Vertragsstaaten sind für ihre Ermittlungen zur Gewinnabgrenzung an den Grundsatz des Fremdvergleichs gem Art 9 gebunden. Dies gilt auch für Transaktionen zwischen einem Unternehmen und seiner Betriebsstätte. Insofern soll Art 4 Abs 2 der EU-SK im Geiste des Art 7 ausgelegt werden, wenn EU- **80**

262 Verhkodex EU-SK und überarbeiteter Verhkodex EU-SK 2015.

263 *Hert* S 50.

264 *Züger* Die Anwendbarkeit der Schiedskonvention nach dem 1.1.2000, S 258.

265 BGBl 1995 II, 1082 und BGBl 2005 II, 635.

266 S *European Commission* Taxation and Customs Union, Transfer pricing in the EU context, Arbitration convention.

267 *G/K/G* Art 25 MA C. Anh Art 16 EU-SK Rn 1.

268 EU-SK Art 15.

269 S auch *Vogel/Lehner* Art 25 MA Rn 306; *G/K/G* Art 25 MA C. Anh Art 1 Rn 11; anders *van Herksen* S 333.

270 S auch *Vogel/Lehner* Art 25 MA Rn 306; s auch *BMF* VerstV Tz 11.1.1, nach dem im Antrag auf das Verfahren deutlich zu machen ist, dass es sich um einen Antrag auf ein Verfahren nach der EU-SK handelt.

271 EU-SK Art 4.

MS den Wortlaut des aktuellen Art 7 in ihr DBA aufgenommen haben.[272] Abweichend von Art 9 und Art 25 regelt die EU-SK ausdrücklich die Vermeidung der Dbest durch die Freistellungs- oder die Anrechnungsmethode.[273] Durch diese Möglichkeit der Wahl der Anrechnungsmethode können insb Missbrauchsfälle vereitelt werden.[274]

IV. Stellung des Steuerpflichtigen

81 Für die **Stellung des Steuerpflichtigen** im Verfahren gilt grds das in Rn 35 gesagte. Die EU-SK gibt ihm einige darüber hinausgehende Rechte und Pflichten, insb das Recht von dem **Beratenden Ausschuss gehört zu werden**[275] und die Verpflichtung zur **Sachverhaltsaufklärung** beizutragen, indem zum Antrag und auch dem Beratenden Ausschuss Informationen zur Verfügung gestellt werden müssen.

V. Schiedsverfahren

82 Das Verfahren nach der EU-SK setzt einen **Antrag** voraus, der innerhalb einer Frist von **drei Jahren** nach der ersten Mitteilung jener Maßnahme zu unterbreiten ist, die eine Doppelbesteuerung herbeigeführt hat. Der überarbeitete Verhaltenskodex zur EU-SK 2015 enthält **Mindestanforderungen** bzgl der Angaben im Antrag und für die beizufügenden Dokumente. In Deutschland können die erforderlichen Angaben über die **Internetseite des BZSt** abgerufen werden.[276] Der Antrag ist wie ein Antrag auf VerstV von der zuständigen Behörde zu prüfen und kann iFv **empfindlichen Verstößen** eines der beteiligten Unternehmen **gegen steuerliche Vorschriften**, die die entsprechende Gewinnberichtigung ausgelöst haben, **abgelehnt** werden.[277] Ein solcher empfindlicher Verstoß gegen Steuervorschriften liegt nach dem Verhaltenskodex nur in Ausnahmefällen, wie zB bei Betrug, vor.[278] Gegen die Ablehnung eines Antrags auf Einleitung des SchV ist in Deutschland der **Rechtsweg** gegeben.[279] Der Verhaltenskodex zur EU-SK empfiehlt den EU-MS Rechtsmittel gegen die Versagung eines Antrags auf Einleitung eines EU-SV zuzulassen.[280]

83 Die **erste Phase** des SchVs, die **Verständigungsphase**, in der die beteiligten zuständigen Behörden eine Lösung des Dbestproblems anstreben, soll innerhalb von zwei Jahren abgeschlossen sein. Die **Zweijahresfrist** beginnt mit dem Datum des Steuerbescheids, an dem die Einkommenserhöhung festgesetzt worden ist oder mit dem Datum des **Eingangs aller Informationen** des Stpfl, je nachdem welcher der spätere der beiden Zeitpunkte ist.[281] Nach dem Verhaltenskodex sollen beide, die zuständige Behörde und der StPfl jegliche Anstrengung unternehmen, damit alle erforderlichen Informationen so früh wie möglich zur Verfügung stehen. Der StPfl sollte sich bemühen, alle notwendigen Informationen einzureichen. Rückfragen der zuständigen

---

272 Überarbeiteter Verhkodex EU-SK 2015 Abs 6b
273 EU-SK Art 14.
274 *G/K/G* Art 25 MA Teil 2 zu Art 8 EU-SK Rn 9.
275 EU-SK Art 10 Abs 2.
276 S www.bzst.bund.de.
277 EU-SK Art 8 Abs 1; S ausführlich zu dem Ausdruck „empfindlich zu bestrafender Verstoß gegen steuerliche Vorschriften": *G/K/G* Art 25 MA, Teil 2 zu Art 8 EU-SK Rn 2.
278 Überarbeiteter Verhkodex EU-SK 2015 Abs 8 .
279 S *Vogel/Lehner* Rn 303; s auch Rn 25.
280 Überarbeiteter Verhkodex EU-SK 2015 Abs 5.
281 Überarbeiteter Verhkodex EU-SK 2015 Abs 7.6 b.

Behörde sollten möglichst vollständig und zielgerichtet sein und zeitig gestellt werden.[282] Die zuständigen Behörden sollten ua regelmäßige Verständigungsverhandlungen führen.[283] Bei laufenden Gerichtsverfahren beginnt die Zweijahresfrist allerdings erst dann, wenn die **letztinstanzliche Entscheidung** rechtskräftig geworden ist.[284] In Deutschland wird iA der Rechtsbehelf ruhend gestellt und der Ausgang des Verfahrens abgewartet. Im Laufe der Zweijahresfrist sollen die beteiligten Vertragsstaaten jeweils ein **Positionspapier** ausgetauscht und ein persönliches Treffen abgehalten haben.[285] Über den Inhalt der Positionspapiers gibt der Abschlussbericht des EU-JTPF genaue Vorgaben.[286] Die Zweijahresfrist kann nach Art 7 Abs 4 EU SK verlängert werden. Im Verhaltenskodex wird klargestellt, dass eine – kurze – Verlängerung nur unter bestimmten Umständen, wie die unmittelbar bevorstehende Lösung eines Falles, besonders komplexe Geschäftsvorfälle oder bei Dreieckskonstellationen angebracht ist.[287]

In den Verhaltenskodex sind darüber hinaus Anleitungen für die Anwendung des Übereinkommens auf Dreieckskonstellationen, auf Unterkapitalisierungen, hinsichtlich der Frage der Steuerzahlungen bei laufenden V-und SchiedsV sowie die Behandlung von Zinsen auf Steuererstattungen oder -nachzahlungen aufgenommen worden. Die Anleitungen resultieren aus der Überwachung der praktischen Anwendung des Übereinkommens des Joint Transfer Pricing Forums und zeigen, welche besondere Schwierigkeiten bei der Verhandlung der Fälle in der ersten Phase der EU-SK auftreten. In Bezug auf Dreieckskonstellationen werden EU Mitgliedsstaaten aufgefordert, entweder multilaterale Verhandlungen oder ein bilaterales Verfahren zu führen, wobei dritte zuständige Behörden mit betroffenen Unternehmen als Beobachter teilnehmen können oder mehrere bilaterale Verfahren zu führen, um Verrechnungspreisfälle zu lösen, bei denen Unternehmen aus mehr als zwei EU-MS beteiligt sind.[288] Ferner wird klargestellt, dass Unterkapitalisierungsfälle unter den Anwendungsbereich der EU-SK fallen.[289] Allerdings haben acht EU-MS Vorbehalt gegen diese Auffassung eingelegt.[290] Mit diesen Staaten können daher in Unterkapitalisierungsfällen keine Einigungen erzielt werden. Zumindest ist jedoch hiermit in diesem Punkt Klarheit geschaffen worden.[291] In Bezug auf Steuerzahlungen und Zinsen wird klargestellt, dass dem Stpfl für die Dauer des VerstV keine Nachteile entstehen sollen. EU-MS sollten für die Dauer der Verfahren die Steuerzahlungen aufschieben, auch sollte die Frage der Zinszahlungen mit in das Verhandlungsergebnis aufgenommen werden.[292] Eine genaue Übersicht über die Praxis in den EU-MS gibt Anlage drei zum überarbeiteten Verhaltenskodex. **84**

282 Überarbeiteter Verhkodex EU-SK 2015 Abs 7.1 h.
283 Überarbeiteter Verhkodex EU-SK 2015 Abs 7.4 f.
284 EU-SK Art 7 Abs 1 S 2.
285 Überarbeiteter Verhkodex EU-SK 2015 Art 7.4; *BMF* zu VerstV Tz 12.
286 EU JTPF Final Report Arbitration Convention 2015, Tz 26.
287 Überarbeiteter Verhkodex EU-SK 2015 Abs 7.1 f.
288 Überarbeiteter Verhkodex EU-SK 2015 Abs 3 iVm Abs 7.5 b.
289 Überarbeiteter Verhkodex EU-SK 2015 Abs 4.
290 Überarbeiteter Verhkodex EU-SK 2015 Abs 4: Bulgarien, Tschechien, Ungarn, Italien, Lettland, Polen, Portugal, Slowakei.
291 *Bödefeld/Kuntschik* IStR 2010, 474.
292 Überarbeiteter Verhkodex EU-SK 2015 Abs Abs 10.

85 Können sich die Vertragsstaaten innerhalb von zwei Jahren nicht über eine Beseitigung der Dbest einigen, beginnt die **zweite Phase** des SchVs, in der auf Antrag des Stpfl der **Beratende Ausschuss** einzuberufen ist.[293] Der Beratende Ausschuss setzt sich zusammen aus je einem oder zwei unabhängigen Vertretern der Vertragsstaaten und je einem oder zwei **Vertretern der jeweiligen Finanzbehörden** sowie den Vorsitzenden;[294] letzterer ist ein unabhängiger Vertreter eines dritten EU-MS.[295] Die **Listen** der **unabhängigen Vertreter** der EU-MS, die sich bereit erklärt haben, in der zweiten Phase der Schiedskonvention mitzuwirken, werden auf der Internetseite des Generalsekretariats des europäischen Rates veröffentlicht.[296] Der Beratende Ausschuss hat nach Eingang aller in der ersten Phase ausgetauschten Dokumente[297] **sechs Monate** Zeit, eine Stellungnahme abzugeben. Er hält Sitzungen ab und kann die Unternehmen und zuständigen Behörden auffordern, weitere **Angaben, Beweismittel oder Schriftstücke** zu übermitteln.[298] Die beteiligten Unternehmen haben ein **Recht auf Anhörung**.[299] Nach Abgabe der Stellungnahme haben die Vertragsstaaten sechs Monate Zeit, um sich eventuell noch anders zu einigen. Ist dies nicht der Fall, sind die Vertragsstaaten an den **Schiedsspruch** gebunden. Die weitere **Umsetzung** erfolgt dann wie nach Abschluss eines Verständigungsverfahrens.[300] Die zuständigen Behörden der beteiligten Vertragsstaaten können sich mit Zustimmung der beteiligten Unternehmen darüber einigen, den **Schiedsspruch zu veröffentlichen**.[301] Dies ist in den Verfahren, die bisher in Europa im Rahmen der zweiten Phase geführt worden sind, nicht erfolgt.

VI. Kritik an der EU Schiedskonvention

86 Die EU-SK ist vornehmlich der Kritik ausgesetzt, dass sie **kein Interpretationsgremium** hat, an das sich EU-MS in Auslegungsfragen wenden könnten,[302] so dass sich auch eine **EU-einheitliche Rechtsanwendung** einstellen würde. Dem EU Joint Transfer Pricing Forum, das die Anwendung der EU-SK durch pragmatische Vorschläge verbessern soll, die jedoch keinen Rechtscharakter haben, kommt diese Stellung nicht zu.[303] Zudem wird bemängelt, dass mehr als die Hälfte aller offenen Fälle mehr als zwei Jahre anhängig sind.[304] Allerdings zeigen die Erfahrungen der EU-MS jedoch auch, dass eine Einigung bei komplexen Verrechnungspreisfragen nicht kurzfristig erreicht wird, vor allem wenn mehr als zwei Unternehmen in die Verrechnungspreisgestaltung einbezogen sind.[305] In diesen Fällen braucht die EU-SK die Flexibilität, wie zB die mögliche Hinauszögerung des Zweijahrezeitraums,[306] um auch solche **Dreiecksfälle** zu lösen und auch einen möglichen **Missbrauch** der EU-SK zu verhindern.[307]

293 EU-SK Art 7 Abs 1 S 1.
294 EU-SK Art 9 Abs 1.
295 EU-SK Art 9 Abs 5.
296 Www.consilium.europa.eu/ueDocs/cms_Data/docs/accords/tables/1990093.pdf.
297 Überarbeiteter Verhkodex EU-SK 2015 Abs 9.3 a.
298 EU-SK Art 10 Abs 1.
299 Überarbeiteter Verhkodex EU-SK 2015 Abs 9.3 d.
300 S Rn 39.
301 EU-SK Art 12 Abs 2.
302 *Hert* S 51; *Eicker/Stockburger* S 669.
303 *Hert* S 51.
304 *Bödefeld/Kuntschik* IStR 2009, 477; s auch EU-KOM DBA Abs 5.4.
305 S überarbeiteter Verhkodex EU-SK 2015 Abs 7.1 f; s auch *Herksen* S 335.
306 EU-SK Art 7 Abs 1.
307 *Herksen* S 344, 345.

Seit Inkrafttreten (und Wiederinkrafttreten) der EU-SK sind darüber hinaus erst sehr wenige Verfahren von dem Beratenden Ausschuss entschieden worden. Es ist daher zu vermuten, dass die EU-MS es vorziehen, sich mit den Vertragspartnern relativ kurzfristig zu einigen, als Dritten die Entscheidung über ihre Steuerfälle zu überlassen. Dem Beratenden Ausschuss kommt so ein Drohpotential zu, das zum Funktionieren der EU-SK beiträgt.[308] Die EU-SK stellt so sicher, dass innerhalb des EU-Binnenmarkts keine Doppelbesteuerung im Bereich der Verrechnungspreise bestehen bleibt, was ein bedeutender Standortfaktor ist. Da hiermit jedoch noch nicht alle Doppelbesteuerungsfälle von Unternehmen und natürlichen Personen gelöst sind, strebt die EU-Kommission an, ein Verfahren zu entwickeln, mit dem Streitfälle in allen Bereichen der direkten Besteuerung wirksam und zügig gelöst werden können.[309] 87

J. Deutsche DBA

I. Allgemeines

Die deutschen DBA enthalten generell Art 25 Abs 1–4 entsprechende Regelungen, während Art 25 Abs 5 ähnliche obligatorische SchV bisher lediglich mit Liechtenstein, Luxemburg (neu), den Niederlanden (neu), Österreich, der Schweiz und den USA bestehen. 88

II. Wichtigste Abweichungen

1. Absatz 1. Einige dt DBA, zB mit Belgien Frankreich, Griechenland und Israel, enthalten noch die Voraussetzung des Drohens einer **Dbest** für die Einleitung eines VerstV. Bei strikter Auslegung bedeutet dies, dass bei **Verlustkorrekturen** in Verrechnungspreisfällen keine VerstV beantragt werden können. Dies ist jedoch bei den og europäischen Staaten nach der EU-SK möglich, die SchV auch bei Verlustkorrekturen vorsieht.[310] 89

Eine Reihe dt DBA, wie die DBA Finnland, Frankreich, Griechenland, Japan, Polen, Schweden, Spanien, Tschechien, Slowakei und Ungarn enthalten **keine Frist** für den Antrag auf Einleitung eines Verständigungsverfahrens. Es ist also auf die **nationalen Fristen** in beiden Vertragsstaaten zu achten. Die DBA Belgien, Kanada, Italien und Portugal enthalten eine Frist von **zwei Jahren.** Das DBA USA sieht eine Frist von **vier Jahren** vor. 90

Ua die DBA Argentinien, Australien, Belgien, Finnland, Frankreich, Griechenland, Israel, Japan, Neuseeland, Russische Föderation, Slowakei, Tschechien, Ungarn und die Vereinigten Staaten enthalten nicht den Hinweis, dass ein Antragsteller in den Fällen des Art 24 Abs 1 (Gleichbehandlung von Staatsangehörigen) das VerstV bei der zuständigen Behörde einleiten kann, dessen Staatsangehöriger er ist. Der Antrag ist in diesen Fällen im Ansässigkeitsstaat zu stellen. 91

2. Absatz 2. Alle von Deutschland abgeschlossenen DBA enthalten eine dem Art 25 Abs 2 entspr Regelung. 92

308 *Herksen* S 335.
309 EU-KOM DBA Abs 5.4.
310 S EU-SK Art 1 Abs 3; s auch überarbeiteter Verhkodex EU SK 2015 Abs 1a.

93 Nach einigen DBA, ua Frankreich, Griechenland und Israel fehlt der FinVerw die Möglichkeit, den Einwendungen des Stpfl abzuhelfen. In diesen Fällen kann eine Abhilfe nur im VerstV erfolgen.

94 Ua die DBA Argentinien, Australien, Belgien, Estland, Finnland, Frankreich, Griechenland, Israel, Italien, Japan, Kanada, Portugal, Schweden, Schweiz, Slowakei, Spanien und Tschechien, enthalten keine Art 25 Abs 2 S 2 entspr Vorschrift, nach der die Verständigungsregelung **ungeachtet der Fristen des innerstaatlichen Rechts** der Vertragsstaaten umzusetzen ist. In diesen Fällen sind die **innerstaatlichen Fristen** bei den Verständigungsverhandlungen und bei der Umsetzung zu beachten. Allerdings ist bei EU-MS zu beachten, dass Verfahren nach der EU-SK ungeachtet der Fristen des innerstaatlichen Rechts umzusetzen sind.[311]

95 Die Protokolle zu den DBA Italien und Norwegen sehen den **Übergang zur Anrechnungsmethode** vor, wenn keine Einigung im VerstV erzielt werden konnte.[312]

96 **3. Absatz 3.** Ua die DBA Belgien, Griechenland, Israel, Italien, Portugal und Südafrika, sehen kein VerstV iSd Art 25 Abs 3 S 2 vor, dh für Fälle, die im Abk nicht behandelt sind. Nach allen diesen DBA besteht jedoch die Möglichkeit, Konsultationsverfahren iSd Art 25 Abs 3 S 1 zu führen.

97 Die DBA Dänemark, Norwegen und Schweden sehen ein Konsultationsverfahren für die übereinstimmende Behandlung von Einkünften vor, die im Quellenstaat den **Einkünften aus Aktien** steuerlich gleichgestellt sind und im anderen Staat anderen Einkünften zugerechnet werden.[313] Hiermit sollen hybride Gestaltungen unterbunden werden, die zu doppelter Nichtbesteuerung führen. Mit der Einigung der OECD/G20-Staaten über Aktionspunkt 3, Hybride Gestaltungen, ist zu hoffen, dass diese auch zwischen vielen anderen Staaten insofern unterbunden werden, dass doppelte Nichtbesteuerung vermieden wird. Ein besonderes VerstV für die übereinstimmende Behandlung von **Schulden bei den Steuern vom Vermögen, von Nachlässen, Erbschaften und Schenkungen** sehen außerdem die DBA Dänemark und Schweden vor. In den DBA Dänemark und Schweden sind auch Konsultationen zur Verhinderung der **Steuervermeidung und -hinterziehung** vorgesehen.[314]

98 Sonderbestimmungen für **Quellensteuerermäßigungen und -befreiungen** enthalten ua die DBA Belgien, Bolivien, Dänemark, Indien, Indonesien, Malta, Pakistan, Philippinen, Schweden, Südafrika, Ukraine, Vietnam und USA.

99 **4. Absatz 4.** Abs 4 ist von den EU Mitgliedsstaaten nicht in den DBA Frankreich und Griechenland enthalten. Da dennoch **direkter Behördenverkehr** zwischen Deutschland und diesen Staaten stattfindet, kommt dem Fehlen des Abs 4 hier faktisch keine Relevanz zu. Aus diesem Grunde sollte auch die Tatsache, dass in einigen DBA der Hinweis fehlt, dass der Behördenverkehr durch eine gemeinsame Kommission erfolgen kann, keine besondere Bedeutung beigemessen werden. Die Bildung einer **gemeinsamen Kommission** ist in den letzten Jahren die Regel bei Verst- und SchV

311 EU-SK Art 6 Abs 2.

312 S auch die Protokolle zu den DBA Italien, Kanada, Mexiko, Norwegen, Vereinigte Arabische Emirate, Venezuela.

313 *Vogel/Lehner* Art 25 MA Rn 168.

314 *S/K/K* Art 25 Rn 111.

geworden. Dieser Hinweis fehlt zB in den DBA Belgien, Bulgarien, China, Estland, Finnland, Irland, Japan, Kanada, Korea, Lettland, Litauen, Malta, Niederlande, Polen, Russische Föderation, Slowenien, Slowakei sowie Tschechien und Ukraine.

Neben einigen anderen sehen die DBA Frankreich, Italien, Norwegen, Österreich, Portugal, Schweden, Schweiz und USA ausdrücklich die Möglichkeit eines **mündlichen Meinungsaustausches** vor. 100

In den DBA Norwegen, Schweden und USA ist ein besonderes **Anhörungsrecht des Betroffenen** vorgesehen, falls sich das Verfahren auf einen Einzelfall bezieht. 101

5. Absatz 5. Art 25 Abs 5 und 6 DBA **USA** sieht ein **obligatorisches SchV** für gesonderte Artikel des DBA in einem Einzelfall vor.[315] Das SchV wird nach dem sog „vereinfachten Verfahren" oder „baseball Verfahren" gem dem OECD Vorschlag für eine Mustervereinbarung geführt.[316] Das DBA **Österreich** sieht in Art 25 Abs 5 ein **obligatorisches SchV** vor dem **EuGH** vor, falls ein VerstV nicht innerhalb einer Frist von drei Jahren nach Einleitung zum Erfolg geführt hat. Dieses Verfahren ist in der Praxis noch nicht angewendet worden, was darauf schließen lässt, dass sich Deutschland und Österreich regelmäßig in ihren VerstV einigen. Art 25a DBA **Frankreich** sieht für alle in Art 25 des DBA geregelten Verfahren **fakultativ** die **Entscheidung einer Schiedskommission** vor, falls sich die zuständigen Behörden nicht innerhalb von 24 Monaten nach Einleitung des VerstV einigen können. Ein solches SchV ist zwischen Deutschland und Frankreich noch nicht durchgeführt worden. Dies kann als weiteres Zeichen dafür angesehen werden, dass SchV eher eine Abschreckfunktion haben, als dass sie angewendet werden. Schließlich ist in Art 25 Abs 6 DBA **Kanada** eine **fakultative Schiedsklausel** enthalten, wenn die Vertragsstaaten im VerstV keine Einigung erzielen können. Auch dieses SchV ist noch nicht zu Anwendung gekommen. Der Wortlaut des Abs 5 ist in die DBA Vereinigtes Königreich sowie in die neuen Abkommen mit Luxemburg und den Niederlanden aufgenommen worden, Einzelheiten regeln Verständigungsvereinbarungen.[317] In das Revisionsprotokoll zum DBA Schweiz vom 26.1.2010 wurden Bestimmungen zu Schiedsverfahren für alle Doppelbesteuerungsfälle aufgenommen. Allerdings handelt es sich hier nicht um ein obligatorisches Schiedsverfahren, wie es das MA bzw die EU-SK vorsehen, da beide zuständigen Behörden vor dem Zeitpunkt, zu dem das Schiedsverfahren anderenfalls begonnen hätte, übereinkommen können, dass der Fall nicht für ein Schiedsverfahren geeignet ist.[318] Dies entspricht der Sprachregelung in der dt Verhandlungsgrundlage sowie Art 25 Abs 5b des DBA Deutschland-Liechtenstein. 102

315 Das DBA Deutschland-USA ist am 28.12.2007 in Kraft getreten. Nach dem Protokoll zum Abk sind dies die Art 4 (für natürliche Personen), 5, 7, 9 und 12.

316 S Rn 57.

317 S zB VerstV DEU-Vereinigtes Königreich.

318 Art 26 Abs 5b DBA Schweiz, Art 24 Abs 5 Nr 3 der dt Verhandlungsgrundlage, www.bundesfinanzministerium.de.

Art. 26 Informationsaustausch

(1) Die zuständigen Behörden der Vertragsstaaten tauschen die Informationen aus, die zur Durchführung dieses Abkommens oder zur Verwaltung oder Anwendung des innerstaatlichen Rechts betreffend Steuern jeder Art und Bezeichnung, die für Rechnung der Vertragsstaaten oder ihrer Gebietskörperschaften erhoben werden, voraussichtlich erheblich sind, soweit die diesem Recht entsprechende Besteuerung nicht dem Abkommen widerspricht. Der Informationsaustausch ist durch Artikel 1 und 2 nicht eingeschränkt.

(2) Alle Informationen, die ein Vertragsstaat nach Absatz 1 erhalten hat, sind ebenso geheim zu halten wie die auf Grund des innerstaatlichen Rechts dieses Staates beschafften Informationen und dürfen nur den Personen und Behörden (einschließlich der Gerichte und der Verwaltungsbehörden) zugänglich gemacht werden, die mit der Veranlagung oder Erhebung, der Vollstreckung oder Strafverfolgung oder mit der Entscheidung von Rechtsmitteln hinsichtlich der in Absatz 1 genannten Steuern oder mit der Aufsicht über diese Personen oder Behörden befasst sind. Diese Personen oder Behörden dürfen die Informationen nur für diese Zwecke verwenden. Sie dürfen die Informationen in einem öffentlichen Gerichtsverfahren oder in einer Gerichtsentscheidung offen legen.

(3) Die Absätze 1 und 2 sind nicht so auszulegen, als verpflichteten sie einen Vertragsstaat,

a) Verwaltungsmaßnahmen durchzuführen, die von den Gesetzen und der Verwaltungspraxis dieses oder des anderen Vertragsstaats abweichen;

b) Informationen zu erteilen, die nach den Gesetzen oder im üblichen Verwaltungsverfahren dieses oder des anderen Vertragsstaats nicht beschafft werden können;

c) Informationen zu erteilen, die ein Handels-, Industrie-, Gewerbe- oder Berufsgeheimnis oder ein Geschäftsverfahren preisgeben würden oder deren Erteilung dem Ordre public[1] widerspräche.

(4) Wenn ein Vertragsstaat in Übereinstimmung mit diesem Artikel um Erteilung von Informationen ersucht, wendet der andere Vertragsstaat zur Beschaffung der Informationen seine innerstaatlichen Ermittlungsbefugnisse an, auch wenn er die Informationen nicht für seine eigenen Steuerzwecke benötigt. Die Verpflichtung unterliegt den Beschränkungen des Absatzes 3; diese sind aber nicht so auszulegen, als erlaubten sie einem Vertragsstaat, die Erteilung der Informationen abzulehnen, nur weil er kein eigenes Interesse an ihnen hat.

(5) Absatz 3 ist nicht so auszulegen, als erlaube er einem Vertragsstaat, die Erteilung von Informationen abzulehnen, nur weil sie sich im Besitz einer Bank, einer anderen Finanzinstitution, eines Beauftragten, Bevollmächtigten oder Treuhänders befinden oder weil sie sich auf Beteiligungen an einer Person beziehen.

RL 77/799/EWG des Rates v 19.12.1977 über die gegenseitige Amtshilfe zwischen den zuständigen Behörden der Mitgliedstaaten im Bereich der direkten und indirekten Steuern in der ab 1.1.1993 geltenden Fassung, ABlEG Nr L 336, 15; *BMF* v 3.6.1996, Az IV C 7 – S – 1320 – 8/96; BStBl I 1996, 644; *BMF* v 3.12.1997, Az IV C 9 – S – 7079 – 174/97; BStBl I 1997, 970 (aufgehoben für Steuertatbestände, die nach dem

1 Bundesrepublik Deutschland: Statt „dem Ordre public" die Worte „der öffentlichen Ordnung".

31.12.2004 verwirklicht worden sind durch BdF IV C 6 – O – 1000/07/0018/ v 29.3.2007); *BMF* v 12.11.2001, Az IV B 4 – S 1323 Fra – 1/01, BStBl I 2001, 801; *OFD Hannover* v 6.9.2004, Az S – 1300 – 31 StO 321, AO-K § 117 AO Karte 2; *OFD München* v 25.10.2004, Az S – 1320 – 10 St 354, AO-K § 117 AO Karte 2; *BMF* v 29.11.2004, Az IV B 6 – S 1304 – 2/04, BStBl I 2004, 1144; *BMF* v 23.3.2005, Az IV B 4 – S – 1320 – 2/05, BStBl I 2005, 498; *BMF* v 6.10.2005, Az IV B 1 – S – 1321 CZE – 1/05, BStBl I 2005, 904; *BMF* v 24.11.2005, Az IV B 1 – S – 1321 LTU – 1/05, BStBl I 2005, 1008; *BMF* v 25.1.2006, Az IV B 1 – S – 1320 – 11/06, BStBl I 2006, 26; *BMF* v 10.5.2006, Az IV B 1 – S – 1321 EST – 1/06, BStBl I 2006, 355; *BMF* v 18.5.2006, Az IV B 1 – S – 1321 LVA – 1/06; BStBl I 2006, 359; *BMF* v 28.8.2006, Az IV B 1 – S – 1321 CZE – 3/06, BStBl I 2006, 487; *OFD Frankfurt/Main* v 25.9.2006, Az S-1321 A – 7 – St II 5, Kartei CBA, AStG S 1321; *BMF* v 26.10.2006, Az IV B 1 – S – 1321 HUN – 1/06, BStBl I 2006, 694; *BMF* v 26.11.2006, Az IV B 1 – S – 1320 – 66/06, BStBl I 2006, 698; *MdF Saarland* v 4.7.2007, UVR 2008, 169

Übersicht

Literatur: *Carl* Geheimnisschutz bei der internationalen Amtshilfe in Steuersachen, IStR 1995, 225; *Eilers/Heintzen* Der internationale Auskunftsverkehr in Steuersachen und die grundrechtlichen Schutzpflichten, RIW 1986, 619; *Herbst/Brehm* Tax Information Exchange Agreement Model – Informationsaustausch mit Steueroasen, IWB F 10 Gr 2, 1853; *Jonas/Pauly* Sensible Amtshilfe durch Datentausch, DStR 1985, 560; *Menck* Internationale Amtshilfe in Steuersachen, DStZ 1971, 57; *Ritter* Internationale Steuerauskunft in rechtsstaatlicher Sicht, DStZ 1974, 267; *Sailer* Steuergerechtigkeit in Europa durch Information über Zinserträge und ihre Besteuerung an der Quelle?, IStR 2005, 1; *Schelle* Dreiecksauskünfte nach bisherigem Recht und nach der AO-Reform, WPg 1977, 341; *Schmidt* EG-Richtlinien über gegenseitige Amtshilfe bei den direkten Steuern und zur Vermeidung der Doppelbesteuerung (Schiedsverfahren), DB 1977, 1816; *Schönfeld* Auskunftserteilung in Steuersachen als (neue) einfachgesetzliche Voraussetzung für die Inanspruchnahme der EG-Grundfreiheiten, DB 2008, 2217; *Seer/Gabert* Der Internationale Auskunftsverkehr in Steuersachen, StuW 1/2010, 3; *Seibold* Neuere Entwicklungen auf dem Gebiet der deutschen Steuerabkommen, IStR 1998, 649; *Stahlschmidt* Die Einführung des Auskunftsverkehrs für den Fall des Steuerbetrugs zwischen der Bundesrepublik Deutschland und der Schweiz, IStR 2003, 109; *Stork* Spontanauskünfte durch die Finanzverwaltung, DB 1994, 1321; *Vliegen* Gegenseitige Amtshilfe in Steuersachen, IWB F 2 Gr 10, 2017.

A. Allgemeines

I. Bedeutung der Vorschrift

1 Die fortschreitende Internationalisierung und Vernetzung von Geschäftsbeziehungen und Wirtschaftsprozessen machen den gegenseitigen **Austausch von steuerlich relevanten Informationen** zwischen den FinVerw erforderlich. Eine entspr Regelung sieht Art 26 MA vor. Der im Abk geregelte Informationsaustausch in steuerlichen Angelegenheiten ist nicht auf die Durchführung des DBA beschränkt. Zwar soll die Vorschrift auch die sachgerechte Verteilung der Einkünfte auf die betroffenen Länder sicherstellen,[2] darüber hinaus verschafft sie den FinVerw allerdings va die **Grundlage für die Erlangung weltweiter Informationen**, die für die Beurteilung eines innerstaatlichen steuerlichen Sachverhalts erforderlich sind. Zur Sicherstellung, dass erlangte Informationen vertraulich behandelt werden und nur für Zwecke der Besteuerung verwandt werden, ist explizit eine Geheimhaltungsverpflichtung normiert.[3]

2 Der dt Gesetzgeber sieht entspr Auskunftsvereinbarungen schon seit längerem als Voraussetzung für die Inanspruchnahme bes Regelungen im dt Steuerrecht vor.[4] So ist die gegenseitige Amtshilfe bzw Auskunftserteilung bereits in § 6 Abs 5, § 8 Abs 2 AStG und § 15 Abs 6 Nr 2 AStG idF JStG 2009 als Voraussetzung für die Inanspruchnahme steuerlicher Regelungen vorgesehen.

3 Eine Verschärfung hat dieser Gedanke durch die Verabschiedung des Gesetzes zur Bekämpfung der Steuerhinterziehung (Steuerhinterziehungsbekämpfungsgesetzes)[5] erfahren. Erklärtes Ziel dieses Gesetzes war es, den Druck auf sog Steueroasen – Staaten, mit denen ein Auskunftsaustausch nach OECD-Standard nicht stattfindet – zu erhöhen, einen solchen Auskunftsaustausch herzustellen. Bis zu dieser Umsetzung unterliegen Stpfl, die zu entspr Ländern Geschäftsbeziehungen unterhalten, erhöhten Mitwirkungs- und Nachweispflichten. [6]

II. Verhältnis zu anderen Vorschriften

4 Neben dem DBA sind bestehende Völkerrechtsverträge zu berücksichtigen. So existierten eine Reihe **völkerrechtlicher Amts- und Rechtshilfeverträge**, die den steuerlichen Auskunftsverkehr regeln. Aktuell existieren bspw Vereinbarungen zwischen der Bundesrepublik Deutschland und der Tschechischen Republik, dem Königreich der Niederlande (aufgehoben für Steuertatbestände, die nach dem 31.12.2004 verwirklicht wurden), der Republik Litauen, dem Königreich Dänemark und der Französischen Republik über den Auskunftsaustausch bzw gegenseitige Amtshilfe.

---

2 Ähnlich Tz 1 und 2 MK zu Art 26; *BMF* v 25.1.2006.

3 Tz 11 MK zu Art 26.

4 *Schönfeld* DB 2008, 2217.

5 Gesetz v 29.7.2009, BStBl I 3202.

6 Um die Staaten zu erfassen, die in den Anwendungsbereich des Gesetzes fallen können, kann der sog Fortschrittsbericht der OECD über die Umsetzung der int vereinbarten Steuerstandards herangezogen werden; dieser unterteilt sich in eine schwarze Liste (Staaten, die einem Informationsaustausch nach OECD-Standard ablehnen) und eine graue Liste (Staaten, die aktuell keinen Informationsaustausch nach OECD-Standard durchführen).

Basierend auf dem Gesetz zur Durchführung der EG-Richtlinie über die gegenseitige Amtshilfe im Bereich der direkten Steuern, bestimmter Verbrauchsteuern[7] und der Steuern auf Versicherungsprämien (ehemals: **EGAHiG**[8]), ist das Bundesministerium für Finanzen als dt Behörde gg anderen EU-Mitgliedsstaaten für die Amtshilfe im Bereich der genannten Steuern zuständig. 5

Die dt Mitteilungspraxis basiert im Wesentlichen auf der **EG-Amtshilfe-Richtlinie** (EWG-RL-77/799)[9] Die zunehmenden Praktiken der Steuerhinterziehung sowie die Steuerflucht über die Grenzen werden von den EG-Mitgliedsstaaten als int Problem angesehen. Die Erkenntnis, dass die einzelnen Staaten mit ihren innerstaatlichen und bilateralen Regelungen den neuen unerwünschten int Entwicklungen nicht in ausreichendem Maße entgegenwirken können und der Zweifel am Grundsatz der Steuergerechtigkeit waren Hauptgründe für die Einf gemeinsamer Grundsätze und Regelungen für die Zusammenarbeit der Steuerverwaltungen der EG-Mitgliedsstaaten. 6

Darüber hinaus beruht die dt Kontroll- und Mitteilungspraxis auf der Grundlage weiterer jüngerer **europäischer Verordnungen**: der Zusammenarbeits-Verordnung (EGVO-1798/2003) und der entspr Durchführungs-Verordnung (EGVO-1925/2004) sowie der EGVO-2008/143 zur Verbesserung des Mehrwertsteuer-Informationsaustauschs.[10] Insoweit ist **Art 26 neben** den völkerrechtlichen Vereinbarungen zu berücksichtigen. 7

In Deutschland gewährleistet **§ 117 AO den** int Informationsaustausch. Die Vorschrift zur **zwischenstaatlichen Rechts- und Amtshilfe in Steuersachen** soll sicherstellen, dass die inländischen Steuerbehörden sämtliche grenzüberschreitende, sachverhaltsaufklärende Informationen erlangen können, um im Inland eine **gesetzmäßige und gleichmäßige Besteuerung** sicherstellen zu können.[11] Insofern erfüllt § 117 AO einen ähnlichen Zweck wie Art 26. Hervorzuheben ist, dass das innerstaatliche Recht (§ 117 Abs 3 AO) einen Informationsaustausch selbst dann gestattet, wenn es an einer völkerrechtlichen Vereinbarung mangelt oder das Ersuchen über ein Abk hinausgeht.[12] 8

B. Absatz 1

I. Grundaussage

Abs 1 enthält die Grundregel des abkommensrechtlichen Informationsaustausches, in dem der Anspruch der jeweils zuständigen Behörden auf zwischenstaatlichen Austausch von Informationen begründet wird. Allerdings erfolgt insoweit eine Einschränkung, dass nur für die Besteuerungszwecke voraussichtlich erhebliche Informationen ausgetauscht werden dürfen. 9

7 § 1 Abs 1 Nr 3 EGAHiG–Amtshilfe betr bestimmter indirekter Steuern – wurde mit Ablauf des 30.6.2005 außer Kraft gesetzt.

8 EG-Amtshilfe-Gesetz v 19.12.1985; Überschrift neugefasst durch G v 2.12.2004 (BGBl I, 3112).

9 RL 77/799/EWG v 19.12.1977; vgl darüber hinaus *OFD Hannover* v 6.9.2004 sowie *OFD München* v 25.10.2004 betr länderspezifischer Besonderheiten.

10 Vgl hierzu *Vliegen* IWB 2008, 625.

11 *Tipke/Kruse* § 117 AO Rn 7.

12 *Tipke/Kruse* § 117 Rn 35; ähnlich *Vogel/Lehner* Art 26 MA Rn 23.

II. Zuständige Behörde

10 Welche Behörde in dem jeweiligen Land zuständig ist, richtet sich nach den allg Begriffsbestimmungen des Art 3 Abs 1 Buchstabe f des jeweiligen DBA. Dabei darf die jeweils zuständige Behörde einen bevollmächtigten Vertreter bestimmen. In Deutschland hat das Bundesministerium für Finanzen mit Wirkung zum 1.9.2004 seine Zuständigkeit für den Informationsaustausch auf das Bundeszentralamt für Steuern übertragen.[13]

III. Arten des Informationsaustauschs

11 **1. Umfang des Auskunftsersuchens. – a) Große Auskunftsklausel.** Das MA sichert den Vertragsstaaten den sog **großen Auskunftsaustausch**. Ausgetauscht werden hiernach Informationen, die für die **Durchführung des DBA** und für **Durchsetzung des innerstaatlichen Besteuerungsrechts** von Bedeutung sind.[14] Ein Auskunftsersuchen wird zur Durchführung des DBA gestellt, wenn die Auskunft für die Anwendung der Verteilungsnormen des DBA von Bedeutung ist.[15] Will der Ansässigkeitsstaat seine Rechte iSd Welteinkommensprinzips bzw der unbeschränkten StPfl durchsetzen, erfolgt die Anfrage zur Durchsetzung des innerstaatlichen Rechts. Entspr der Tz 8 MK zu Art 26 ist dies bspw der Fall, wenn eine in Deutschland ansässige Ges Waren an eine ausl Ges veräußert und Deutschland Informationen bei dem ausl Staat bzgl der Anschaffungskosten für diese Waren anfordert, um sicherzustellen, dass der gesamte Kaufpreis im Inland der Besteuerung unterliegt, sofern Zweifel an der richtigen Erfassung in der inländischen Buchführung bestehen.

12 **b) Kleine Auskunftsklausel.** Einige DBA sehen lediglich den Informationsaustausch vor, der für die **Anwendung des DBA** zwingend notwendig ist[16] (sog kleine Auskunftsklausel). Im Vordergrund steht somit die **Vermeidung der Dbest** oder Doppelfreistellung, sofern ein in einem Staat ansässiger StPfl Einkünfte aus einem anderen Quellenstaat bezieht. Entspr der Tz 7 MK zu Art 26 ersucht Deutschland (als Ansässigkeitsstaat des Zahlungsempfängers) bspw für die Anwendung des Art 12 den Ansässigkeitsstaat des Schuldners von Lizenzgebühren um Informationen betr die Höhe der gezahlten Lizenzgebühren. Umgekehrt ersucht der Quellenstaat Deutschland um Auskunft betr den Zahlungsempfänger (Nutzungsberechtigung und Ansässigkeit in Deutschland). Insofern werden lediglich Informationen ausgetauscht, die für die Begr des Besteuerungsrechtes des einen oder anderen betroffenen Staates erforderlich sind.[17]

13 **2. Durchführung des Auskunftsersuchens.** Art 26 Abs 1 sieht drei Arten des Informationsaustauschs vor.[18] Zunächst sind Auskünfte auf **Ersuchen** und Auskünfte ohne Ersuchen zu unterscheiden. Bei den Auskünften auf Ersuchen handelt es sich um individuelle Einzelfälle. Sofern die inländische Sachverhaltsaufklärung nicht zum Ziel führt oder keinen Erfolg verspricht, kann der andere beteiligte Staat um Auskunftserteilung ersucht werden. Zuvor sind sämtliche inländischen Ermittlungsmöglichkeiten

13 *BMF* v 29.11.2004.
14 *Seibold* IStR 1998, 649; *Ritter* DStZ 1974, 267.
15 *Vogel/Lehner* Art 26 Rn 48.
16 *Herbst/Brehm* IWB F 10 Gr 2 1853; *Seibold* IStR 1998, 649.
17 *Menck* DStZ 1971, 57.
18 Tz 9 MK zu Art 26.

auszuschöpfen.[19] Die Auskünfte ohne Ersuchen sind in die sog **Spontanauskünfte** und **automatische Auskünfte** zu unterteilen. Da es sich um einen Informationsaustausch ohne Ersuchen handelt, ist in der Lit auch die Rede von „int Kontrollmitteilungen bzw Kontrollmitteilungen über die Grenze".[20]

a) Spontanauskünfte. Die zuständigen Behörden erteilen **unaufgefordert Spontanauskünfte**, sobald zu vermuten ist, dass die Informationen für die Besteuerung im anderen Staat notwendig sein könnten.[21] Der BFH sieht die Spontanauskunft bereits als rechtmäßig an, wenn die Möglichkeit besteht, dass der andere Vertragsstaat abkommensrechtlich ein Besteuerungsrecht hat, und von diesem ohne die Auskunft keine Kenntnis erlangen würde.[22] 14

Art 4 der EWG-Richtlinie über die gegenseitige Amtshilfe innerhalb der EU sieht einen spontanen Informationsaustausch insb für Fälle vor, in denen einer Behörde Vermutungen über Steuerverkürzungen oder über Steuerermäßigungen in einem Staat erwachsen, die eine Steuererhöhung im anderen Staat zur Folge haben könnten. Ferner erfolgt ein spontaner Informationsaustausch über Geschäftsbeziehungen, aus denen ggf Steuerersparnisse in unterschiedlichen Mitgliedsstaaten resultieren könnten. Auch die bloße Vermutung der Erzielung von Steuerersparnissen durch künstliche Gewinnverlagerungen innerhalb eines Konzerns seitens der zuständigen Behörde führt zu einem spontanen Informationsaustausch mit den betroffenen anderen Mitgliedsstaaten. Darüber hinaus können die zuständigen Behörden der Mitgliedstaaten den Rahmen der aufgeführten Fälle im Wege eines Konsultationsverfahrens ausdehnen.[23] Ebenso sind Spontanauskünfte gem § 2 Abs 2 EGAHiG in den abschließend aufgezählten genannten Fällen zulässig.[24] 15

b) Automatische Auskünfte. Ein regelmäßiger, **automatischer Informationsaustausch** erfolgt idR **routinemäßig** durch den Quellenstaat gg dem Ansässigkeitsstaat eines StPfl. Der Quellenstaat erteilt dem Ansässigkeitsstaat regelmäßig Informationen betr erzielter Einkünfte (bspw Dividenden, Zinsen, Löhne/Gehälter).[25] Der automatische Informationsaustausch soll dem Ansässigkeitsstaat die Möglichkeit geben, zu überprüfen, ob der StPfl sein Welteinkommen im Ansässigkeitsstaat tatsächlich für Zwecke der Besteuerung offenlegt. 16

IV. Maßstab der Erheblichkeit

Gem Art 26 erfolgt ein Informationsaustausch nur, wenn die betreffenden Informationen für die Abkommensdurchführung oder die Durchführung innerstaatlicher Besteuerungsrechte voraussichtlich **erheblich** sind. Eine Information gilt dann als voraussichtlich erheblich, wenn der ersuchende Staat sich die Information nicht durch eigene 17

---

19 *BMF* v 25.1.2006.

20 *Carl* IStR 1995, 225; *Schmidt* DB 1977, 1816.

21 *Jonas/Pauly* DStR 1985, 560.

22 *BFH* v 10.5.2005.

23 Art 4 der RL 77/799/EWG v 19.12.1977; *EuGH* v 13.4.2000; *BFH* v 15.2.2006; *BMF* v 1.8.2006.

24 *Stork* DB 1994, 1321.

25 *OECD* "Manual on the implementation of exchange of information provisions for tax purposes" Module 3.

Nachforschungen auf seinem Staatgebiet beschaffen kann.[26] Durch Aufnahme dieser Anforderung soll der Ermessensspielraum der Finanzbehörden insoweit eingeschränkt werden, dass die Vorschrift keine „fishing expeditions“ zulässt. [27] Ein rein **spekulatives Auskunftsersuchen ist nicht statthaft**.

18 In Deutschland soll ein Auskunftsersuchen erst angestrebt werden, wenn die inländische Sachverhaltsaufklärung nicht zum Ziel führt bzw erfolglos bleibt (§ 90 Abs 2 AO bzw § 93 Abs 1 AO). Erst dann soll iRd pflichtgemäßen Ermessens der inländischen Behörde unter Berücksichtigung des Grundsatzes der Verhältnismäßigkeit ein Auskunftsersuchen eingeleitet werden.[28]

C. Absatz 2

I. Grundaussage

19 Art 26 Abs 2 beinhaltet die Regelungen zur Geheimhaltungsverpflichtung betr die iRe Informationsaustausches erhaltenen Informationen. So sind die erlangten Informationen grds vertraulich zu behandeln und der **Empfängerstaat** hat für die aus dem Ausland erhaltenen Informationen seine **innerstaatlichen Geheimhaltungsregeln** anzuwenden.

II. Geheimhaltungsverpflichtung

20 Gem § 30 AO haben die inländischen Steuerbehörden das Steuergeheimnis zu wahren. Nach Auffassung des BMF gilt dieses auch gg ausl Steuerbehörden.[29] Allerdings lässt der Gesetzgeber die „Lockerung“ des Steuergeheimnisses gem § 30 Abs 4 Nr 2 AO insb für den int Informationsaustausch zu, sofern im auskunftsersuchenden Staat ein angemessener Datenschutz gewährleistet ist. Insoweit enthält § 3 EGAHiG eine entspr Rückfallklausel, die den Informationsaustausch in der Form einschränkt, dass den dt Behörden eine Auskunftserteilung bei mangelnden Regelungen im informationsersuchenden Staat untersagt wird. Umgekehrt unterliegen die von dt Finanzbehörden ihrerseits im Ausland ersuchten Informationen ebenfalls dem Steuergeheimnis gem § 30 AO.

21 Nach dem MA werden zunächst die Geheimhaltungsverpflichtungen nach dem nationalen Recht des jeweiligen informationsempfangenden Staates gewährleistet. Somit kann sich die Verpflichtung zur Geheimhaltung durch einen Informationstransfer über die Landesgrenze ändern. Da sich die Informationen nicht mehr im Zuständigkeitsbereich des auskunftsgebenden Staates befinden, könnten dessen Normen nicht mehr anwendbar sein. Um den betroffenen StPfl ein gewisses Mindestmaß an Vertraulichkeit und Geheimhaltung sensibler Daten gewährleisten zu können, beinhaltet Art 26 Abs 2 eine eigene Geheimhaltungsklausel, nach der die erlangten Informationen nur den Personen und Behörden gg zugänglich gemacht werden dürfen, die mit den steuerlichen Angelegenheiten befasst sind.[30]

---

26 *Vogel/Lehner* Art 26 Rn 34.

27 *OECD* „Manual on the implementation of exchange of information provisions for tax purposes“ Module on general and legal aspects of exchange of information.

28 *BMF* v 25.1.2006.

29 *BMF* v 25.1.2006.

30 *Ritter* DStZ 1974, 267.

IRd MA werden Gerichte explizit in den Behördenbegriff eingeschlossen. Ein solch umfassender Behördenbegriff wird allerdings nicht in allen DBA entspr gehandhabt. Insb ältere Abk sehen die Weitergabe der ausgetauschten Informationen an Gerichte nicht ausdrücklich vor.[31] Zum begünstigten Personenkreis gehört gem Tz 12 MK zu Art 26 auch der StPfl selbst, seine Vertreter oder Zeugen. Darüber hinaus wird geregelt, dass der begünstigte Personenkreis die erlangten Informationen nur für die in Abs 2 bestimmten Zwecke – nämlich ausschließlich für Zwecke der Besteuerung – verwenden darf. Das DBA soll mithin ein Mindestmaß an Geheimhaltungsverpflichtung gewährleisten, wodurch ein eigenes **int Steuergeheimnis** festgelegt wird. **22**

Für die **EG-Mitgliedstaaten** besteht darüber hinaus iRd EWG-Richtlinie über gegenseitige Amtshilfe eine **bes Geheimhaltungsklausel.** Diese ist im Vergleich zu den DBA teilw umfassender. So sieht sie bspw vor, dass die erlangten Informationen im Rahmen eines gerichtlichen Verfahrens verwandt werden dürfen. Allerdings ist bei öffentlichen Gerichtsverfahren zunächst die Zustimmung des auskunftsgebenden Mitgliedstaates einzuholen.[32] Darüber hinaus besteht für Mitgliedstaaten mit innerstaatlichen engen Geheimhaltungsverpflichtungen die Möglichkeit, diese engeren Grenzen auch dem Auskunftsersuchenden Staat aufzuerlegen. So kann die Auskunftserteilung verweigert werden, sofern der empfangende Staat nicht bereit sein sollte, die engeren Geheimhaltungsvorschriften des ersuchten Staates zu beachten.[33] **23**

Ferner besteht die Möglichkeit die Zweckbestimmung der erlangten Informationen sowohl iRd EWGRL-77/799 als auch iRd DBA zu erweitern. Die Erweiterung der Zweckbestimmung ist abkommensrechtlich grds für bestimmte Angelegenheiten möglich (bspw in Fällen von Geldwäsche, Korruption und Terrorismusfinanzierung) und die OECD gibt entspr Formulierungshilfe.[34] **24**

D. Absatz 3

I. Staatlicher Rahmen der Informationsbeschaffung

Der dritte Abs des Art 26 trifft drei Ausnahmeregelungen von den Grundsätzen der vertraglichen Informationspflicht. Zum einen sind die Staaten iRd Rückausnahmen nicht verpflichtet, für die Informationsbeschaffung gesetzeswidrige Maßnahmen einzuleiten bzw Informationen für den anfordernden Vertragsstaat zu beschaffen, die unter Anwendung der jeweiligen inländischen Vorschriften des auskunftsgebenden oder auskunftsersuchenden Staates nicht beschaffbar wären.[35] Insofern verfolgt der Abs 3 den Sinn und Zweck zu normieren, dass keiner der Vertragsstaaten aufgrund des DBA verpflichtet werden kann, Handlungen vorzunehmen, die weder nach seinem noch dem innerstaatlichen Recht des auskunftsersuchenden Staates oder der gängigen Verwaltungspraxis zulässig bzw möglich wären. Somit bezieht sich die erste Ausnahmeregelung auf gesetzliche Einschränkungen des jeweiligen innerstaatlichen Rechts, während die zweite Ausnahmeregelung Handlungen einschränkt, die zwar nicht gesetzeswidrig sind, jedoch iRd gängigen Verwaltungspraxis nicht beschaffbar wären bzw deren Beschaffung nicht opportun wäre. Insofern müssen sich die dt **25**

---

31 *Vogel/Lehner* Art 26 Rn 88.
32 Art 7 Abs 1 RL 77/799/EWG.
33 Art 7 Abs 2 RL 77/799/EWG.
34 Tz 12.3 MK zu Art 26.
35 Tz 14 MK zu Art 26.

Behörden an die inländischen Vorschriften bspw der AO halten. So untersagt § 3 Abs 1 Nr 1 EGAHiG die Auskunftserteilung, für Amtshandlung die im Rahmen eines Besteuerungsverfahrens nach der AO nicht vorgenommen werden könnten. Allerdings ist die Mitteilung sog Zufallsfunde nach BFH-Rspr zulässig, sofern diese rechtmäßig erlangt wurden[36]

II. Schutz von Wirtschafts-/Geschäftsgeheimnissen und dem ordre public

26 Art 26 Abs 3 beinhaltet einen bes Schutz für Handels-, Industrie-, Geschäfts-, Gewerbe- oder Berufsgeheimnisse betreffende Informationen. Unter den Schutz von Wirtschafts- und Geschäftsgeheimnissen fallen insb Fakten, die von erheblicher wirtschaftlicher Bedeutung sind und deren unbefugte Verwendung zu einem beträchtlichen wirtschaftlichen Schaden führen könnte.[37] Es soll verhindert werden, dass der Informationsaustausch zur Ausspähung von Wirtschaftsgeheimnissen missbraucht wird.[38]

27 Daneben wird der Schutz der öffentlichen Ordnung (ordre public) gewährleistet, dh die Vertragsstaaten sollen nicht zur Erteilung von Informationen verpflichtet sein, deren Offenbarung der öffentlichen Ordnung widersprechen. Tz 19.5 des MK nennt als entspr Beispiele für einen Verstoß gg die öffentliche Ordnung int Steuerverfahren, die politisch, religiös oder durch die Abstammung des StPfl motiviert sind.

E. Absätze 4 und 5

28 Abs 4 bestimmt, dass die Staaten **verpflichtet** sind, die ersuchten Informationen iR ihrer gesetzlichen Ermittlungsmöglichkeiten dem ersuchenden Staat zur Verfügung zu stellen, selbst wenn **kein eigenes Interesse** an den erlangten Informationen besteht. Dabei unterliegt die Verpflichtung zur Informationsbeschaffung den Ausnahmeregelungen des Abs 3.

29 Abs 5 steht in einem engen Zusammenhang zu Abs 3 und hat insoweit erläuternden Charakter betr die in Abs 3 geregelten Ausnahmevorschriften. Grundgedanke des Art 26 MA ist es, den int Informationsaustausch für Besteuerungszwecke zu ermöglichen. Um den Missbrauch etwaiger Informationen einzudämmen, enthält Abs 3 entspr Ausnahmeregelungen. Abs 5, der im Jahre 2005 in das MA aufgenommen wurde,[39] bezweckt, dass sich Staaten nicht auf die Ausnahmeregelungen in Abs 3 berufen dürfen um den Informationsaustausch zu verhindern, nur weil sich die angeforderten Informationen vielleicht nicht im Besitz des angerufenen Staates befinden und erst angefordert werden müssten (bspw bei Banken).[40] Folglich können die angefragten Informationen nicht mit der Begründung versagt werden, dass diese möglicherweise nach innerstaatlichem Recht oder Verwaltungsgewohnheit als Wirtschafts- oder Geschäftsgeheimnis einzustufen sind.[41] Somit ist Abs 5 eindeutig zu entnehmen, dass das Bankgeheimnis nicht unter Wirtschafts- oder Geschäftsgeheimnisse zu subsumieren ist.[42]

---

36 *BFH* v 4.9.2000; *BMF* v 25.1.2006.

37 *FG Hamburg* v 4.12.1986; *BFH* v 20.2.1979; ausf *Stahlschmidt* IStR 2003, 109.

38 *Menck* DStZ 1971, 57.

39 *Debatin/Wassermeyer* Art 26 Rn 15.

40 Tz 19.10 MK zu Art 26.

41 *OECD* Manual on the Implementation of Exchange of Information Provisions for Tax Purposes (Basismodul) Tz 45.

42 *Vogel/Lehner* Art 26 MA Rn 128.

F. Deutsche DBA

I. Allgemeines

Bemerkungen und Vorbehalte zu Art 26 hat die Bundesrepublik Deutschland nicht in den MK aufnehmen lassen. 30

Die Abs 1–3 des Art 26 MA betr den Informationsaustausch wurden **inhaltsgleich** in die meisten dt DBA übernommen, bei Neuverhandlungen wird die Vereinbarung der großen Auskunftsklausel angestrebt.[43] Entsprechend beinhalten nunmehr auch die neu geschlossenen DBA mit dem Königreich der Niederlande, Luxemburg, Ungarn, Bulgarien und Zypern die große Auskunftsklausel. 31

Eine **kleine Auskunftsklausel** und somit lediglich den Informationsaustausch für Zwecke der Abkommensdurchführung sehen noch die DBA China, Japan, ehem jugoslawische Staaten, Norwegen, Tschechische Republik, Slowakische Republik und Ukraine vor. 32

II. Wichtigste Abweichungen

Die DBA Griechenland und Schweiz gewähren ausschließlich den **Informationsaustausch auf Verlangen**, somit besteht iRd DBA kein Raum für Spontanauskünfte bzw automatische Auskünfte. 33

Umfangreiche Amts- und Rechtshilfe in Steuersachen sehen die DBA Dänemark (Art 29–40) und Schweden (Art 29–37) vor. Beide Abk weisen einen umfassenden, detaillierten Aufbau zur Regelung und Gewährleistung des Informationsaustausches auf. 34

Detaillierte und spezielle Datenschutzvereinbarungen sehen ua die Zusatzprotokolle f DBA vor: Dänemark, Estland, Lettland, Litauen, Malta, Österreich, Rumänien, Russische Föderation, Schweiz und Ukraine.[44] 35

Abs 2 des MA verweist auf die innerstaatlichen **Geheimhaltungsverpflichtungen**. Nicht alle DBA entspr diesbezüglich dem Wortlaut des MA. So enthalten bspw die DBA Belgien, Bosnien-Herzegowina, Finnland, Frankreich, Griechenland, Island, Japan, Portugal, Tschechische Republik und Slowakische Republik eine **eigene Bestimmung** der Geheimhaltungsverpflichtung. 36

Die Abk zwischen Deutschland und Italien, Norwegen, Slowenien und den Vereinigten Staaten sehen eine **Offenlegung** der erlangten Informationen iRe öffentlichen Gerichtsverfahrens oder in einer Gerichtsverhandlung nur vor, sofern der Informationen erteilende Staat dagegen keine Einwände erhebt. Darüber hinaus ist die Einholung einer **Genehmigung für die Datenweitergabe** an andere Stellen aufgrund der DBA mit Kroatien, Malta, Österreich, Polen und Slowenien erforderlich. 37

Eine tatsächliche Untersagung Auskünfte betr **Wirtschafts- oder Geschäftsgeheimnisse** zu erteilen, enthalten die DBA Griechenland, Irland, Niederlande, Schweiz, Luxemburg, Belgien und Schweden. 38

---

43 *Seer/Gabert* StuW 2010, 7.

44 *S/K/K* Art 26 Rn 107.

Art. 27 Amtshilfe bei der Erhebung[1] von Steuern[2]

(1) Die Vertragsstaaten leisten sich gegenseitige Amtshilfe bei der Erhebung[3] von Steueransprüchen[4]. Diese Amtshilfe ist durch Artikel 1 und 2 nicht eingeschränkt. Die zuständigen Behörden der Vertragsstaaten können in gegenseitigem Einvernehmen regeln, wie dieser Artikel durchzuführen ist.

(2) Der in diesem Artikel verwendete Ausdruck „Steueranspruch"[5] bedeutet einen Betrag, der auf Grund von Steuern jeder Art und Bezeichnung, die für Rechnung der Vertragsstaaten oder einer ihrer Gebietskörperschaften erhoben werden, geschuldet wird, soweit die Besteuerung diesem Abkommen oder anderen völkerrechtlichen Übereinkünften, denen die Vertragsstaaten beigetreten sind, nicht widerspricht, sowie mit diesem Betrag zusammenhängende Zinsen, Geldbußen[6] und Kosten der Erhebung[7] oder Sicherung.

(3) Ist der Steueranspruch[8] eines Vertragsstaats nach dem Recht dieses Staates vollstreckbar und wird er von einer Person geschuldet, die zu diesem Zeitpunkt nach dem Recht dieses Staates die Erhebung[9] nicht verhindern kann, wird dieser Steueranspruch[10] auf Ersuchen der zuständigen Behörde dieses Staates für die Zwecke der Erhebung[11] von der zuständigen Behörde des anderen Vertragsstaats anerkannt. Der Steueranspruch[12] wird vom anderen Staat nach dessen Rechtsvorschriften über die

---

1 Österreich: Statt „Erhebung" oder „erhoben" die Worte „Vollstreckung" oder „vollstreckt".

2 In einigen Ländern ist Amtshilfe nach diesem Artikel möglicherweise auf Grund von innerstaatlichem Recht oder aus politischen oder verwaltungstechnischen Erwägungen unrechtmäßig, ungerechtfertigt oder eingeschränkt, bspw auf Länder mit ähnlichen Steuersystemen oder Steuerverwaltungen oder auf bestimmte unter das Abkommen fallende Steuern. Aus diesem Grund sollte dieser Artikel nur dann Eingang in das Abkommen finden, wenn beide Staaten auf der Grundlage der in Ziffer 1 des Kommentars zu diesem Artikel beschriebenen Faktoren zu dem Schluss kommen, dass sie der Leistung von Amtshilfe bei der Erhebung von im anderen Staat erhobenen Steuern zustimmen können.

3 Österreich: Statt „Erhebung" oder „erhoben" die Worte „Vollstreckung" oder „vollstreckt".

4 Österreich: Statt „Steueranspruch" oder „Steueransprüchen" die Worte „Abgabenanspruch" oder „Abgabenansprüchen".

5 Österreich: Statt „Steueranspruch" oder „Steueranspruchs" die Worte „Abgabenanspruch" oder „Abgabenanspruches".

6 Österreich: Statt „Erhebung" oder „erhoben" die Worte „Vollstreckung" oder „vollstreckt".

7 Österreich: Statt „Erhebung" oder „erhoben" die Worte „Vollstreckung" oder „vollstreckt".

8 Österreich: Statt „Steueranspruch" oder „Steueranspruchs" die Worte „Abgabenanspruch" oder „Abgabenanspruches".

9 Österreich: Statt „Erhebung" oder „erhoben" die Worte „Vollstreckung" oder „vollstreckt".

10 Österreich: Statt „Steueranspruch" oder „Steueranspruchs" die Worte „Abgabenanspruch" oder „Abgabenanspruches".

11 Österreich: Statt „Erhebung" oder „erhoben" die Worte „Vollstreckung" oder „vollstreckt".

12 Österreich: Statt „Steueranspruch" oder „Steueranspruchs" die Worte „Abgabenanspruch" oder „Abgabenanspruches".

Vollstreckung und Erhebung[13] seiner eigenen Steuern erhoben[14], als handele es sich bei dem Steueranspruch[15] um einen Steueranspruch[16] des anderen Staates.

(4) Handelt es sich bei dem Steueranspruch[17] eines Vertragsstaats um einen Anspruch, bei dem dieser Staat nach seinem Recht Maßnahmen zur Sicherung der Erhebung[18] einleiten kann, wird dieser Steueranspruch[19] auf Ersuchen der zuständigen Behörde dieses Staates zum Zwecke der Einleitung von Sicherungsmaßnahmen von der zuständigen Behörde des anderen Vertragsstaats anerkannt. Der andere Staat leitet nach seinen Rechtsvorschriften Sicherungsmaßnahmen in Bezug auf diesen Steueranspruch[20] ein, als wäre der Steueranspruch[21] ein Steueranspruch[22] dieses anderen Staates, selbst wenn der Steueranspruch[23] im Zeitpunkt der Einleitung dieser Maßnahmen im erstgenannten Staat nicht vollstreckbar ist oder von einer Person geschuldet wird, die berechtigt ist, die Erhebung[24] zu verhindern.

(5) Ungeachtet der Absätze 3 und 4 unterliegt ein von einem Vertragsstaat für Zwecke der Absätze 3 oder 4 anerkannter Steueranspruch[25] als solcher in diesem Staat nicht den Verjährungsfristen oder den Vorschriften über die vorrangige Behandlung eines Steueranspruchs[26] nach dem Recht dieses Staates. Ferner hat ein Steueranspruch[27], der von einem Vertragsstaat für Zwecke der Absätze 3 oder 4 anerkannt wurde, in diesem Staat nicht den Vorrang, den dieser Steueranspruch[28] nach dem Recht des anderen Vertragsstaats hat.

---

13 Österreich: Statt „Vollstreckung und Erhebung" die Worte „Einbringung und Vollstreckung".

14 Österreich: Statt „Erhebung" oder „erhoben" die Worte „Vollstreckung" oder „vollstreckt".

15 Österreich: Statt „Steueranspruch" oder „Steueranspruchs" die Worte „Abgabenanspruch" oder „Abgabenanspruches".

16 Österreich: Statt „Steueranspruch" oder „Steueranspruchs" die Worte „Abgabenanspruch" oder „Abgabenanspruches".

17 Österreich: Statt „Steueranspruch" oder „Steueranspruchs" die Worte „Abgabenanspruch" oder „Abgabenanspruches".

18 Österreich: Statt „Erhebung" oder „erhoben" die Worte „Vollstreckung" oder „vollstreckt".

19 Österreich: Statt „Steueranspruch" oder „Steueranspruchs" die Worte „Abgabenanspruch" oder „Abgabenanspruches".

20 Österreich: Statt „Steueranspruch" oder „Steueranspruchs" die Worte „Abgabenanspruch" oder „Abgabenanspruches".

21 Österreich: Statt „Steueranspruch" oder „Steueranspruchs" die Worte „Abgabenanspruch" oder „Abgabenanspruches".

22 Österreich: Statt „Steueranspruch" oder „Steueranspruchs" die Worte „Abgabenanspruch" oder „Abgabenanspruches".

23 Österreich: Statt „Steueranspruch" oder „Steueranspruchs" die Worte „Abgabenanspruch" oder „Abgabenanspruches".

24 Österreich: Statt „Erhebung" oder „erhoben" die Worte „Vollstreckung" oder „vollstreckt".

25 Österreich: Statt „Steueranspruch" oder „Steueranspruchs" die Worte „Abgabenanspruch" oder „Abgabenanspruches".

26 Österreich: Statt „Steueranspruch" oder „Steueranspruchs" die Worte „Abgabenanspruch" oder „Abgabenanspruches".

27 Österreich: Statt „Steueranspruch" oder „Steueranspruchs" die Worte „Abgabenanspruch" oder „Abgabenanspruches".

28 Österreich: Statt „Steueranspruch" oder „Steueranspruchs" die Worte „Abgabenanspruch" oder „Abgabenanspruches".

(6) Verfahren im Zusammenhang mit dem Bestehen, der Gültigkeit oder der Höhe des Steueranspruchs eines Vertragsstaats können nicht bei den Gerichten oder Verwaltungsbehörden des anderen Vertragsstaats eingeleitet werden.

(7) Verliert der betreffende Steueranspruch[29], nachdem das Ersuchen eines Vertragsstaats nach den Absätzen 3 oder 4 gestellt wurde und bevor der andere Vertragsstaat den betreffenden Steueranspruch[30] erhoben[31] und an den erstgenannten Staat ausgezahlt hat,

a) im Falle eines Ersuchens nach Absatz 3 seine Eigenschaft als Steueranspruch[32] des erstgenannten Staates, der nach dem Recht dieses Staates vollstreckbar ist und von einer Person geschuldet wird, die zu diesem Zeitpunkt nach dem Recht dieses Staates die Erhebung[33] nicht verhindern kann, oder

b) im Falle eines Ersuchens nach Absatz 4 seine Eigenschaft als Steueranspruch[34] des erstgenannten Staates, für den dieser Staat nach seinem Recht Maßnahmen zur Sicherung der Erhebung[35] einleiten kann,

teilt die zuständige Behörde des erstgenannten Staates dies der zuständigen Behörde des anderen Staates unverzüglich mit, und nach Wahl des anderen Staates setzt der erstgenannte Staat das Ersuchen entweder aus oder nimmt es zurück.

(8) Dieser Artikel ist nicht so auszulegen, als verpflichte er einen Vertragsstaat,

a) Verwaltungsmaßnahmen durchzuführen, die von den Gesetzen und der Verwaltungspraxis dieses oder des anderen Vertragsstaats abweichen;

b) Maßnahmen durchzuführen, die dem Ordre public[36] widersprächen;

c) Amtshilfe zu leisten, wenn der andere Vertragsstaat nicht alle angemessenen Maßnahmen zur Erhebung[37] oder Sicherung, die nach seinen Gesetzen oder seiner Verwaltungspraxis möglich sind, ausgeschöpft hat;

d) Amtshilfe in Fällen zu leisten, in denen der Verwaltungsaufwand für diesen Staat in einem eindeutigen Missverhältnis zu dem Nutzen steht, den der andere Vertragsstaat dadurch erlangt.

BMF BStBl I 2014, 188 – Merkblatt zur zwischenstaatlichen Amtshilfe bei der Steuererhebung (Beitreibung), Az IV B 6 – S 1320/07/10011:011.

---

29 Österreich: Statt „Steueranspruch“ oder „Steueranspruchs“ die Worte „Abgabenanspruch“ oder „Abgabenanspruches“.

30 Österreich: Statt „Steueranspruch“ oder „Steueranspruchs“ die Worte „Abgabenanspruch“ oder „Abgabenanspruches“.

31 Österreich: Statt „Erhebung“ oder „erhoben“ die Worte „Vollstreckung“ oder „vollstreckt“.

32 Österreich: Statt „Steueranspruch“ oder „Steueranspruchs“ die Worte „Abgabenanspruch“ oder „Abgabenanspruches“.

33 Österreich: Statt „Erhebung“ oder „erhoben“ die Worte „Vollstreckung“ oder „vollstreckt“.

34 Österreich: Statt „Steueranspruch“ oder „Steueranspruchs“ die Worte „Abgabenanspruch“ oder „Abgabenanspruches“.

35 Österreich: Statt „Erhebung“ oder „erhoben“ die Worte „Vollstreckung“ oder „vollstreckt“.

36 Bundesrepublik Deutschland: Statt „dem Ordre public“ die Worte „der öffentlichen Ordnung“.

37 Österreich: Statt „Erhebung“oder „erhoben“ die Worte „Vollstreckung“ oder „vollstreckt“.

Übersicht

Literatur: *Ismer/Sailer* Der neue Artikel 27 OECD-Musterabkommen: Amtshilfe bei der Beitreibung und Sicherung von Steueransprüchen, IStR 2003, 622; *Jirousek* Der neue Vollstreckungsamtshilfeartikel im OECD-Musterabkommen 2002, SWI 2002, 215; *Reimer* Die föderale Steuerverwaltung und Europäisches Steuerrecht, FR 2008, 302; *Seer* Die Vollstreckungsamtshilfe in Steuersachen nach der neu gefassten Beitreibungsrichtlinie 2010/24/EU, IWB 2011, 144; *Tüchler* Die Amtshilfe bei der Vollstreckung von Steuern nach Art 27 OECD-MA, in Lang/Schuch/Staringer, Internationale Amtshilfe in Steuersachen, 2011, S 117.

A. Allgemeines

I. Bedeutung der Vorschrift und ihr Verhältnis zu anderen Regelungen

Art 27 wurde im Jahr 2003 neu in das OECD-Musterabkommen eingefügt. Er regelt die **int Amtshilfe** bei der Beitreibung und Sicherung von Steueransprüchen und bildet eine Einheit mit Art 26, der die int Amtshilfe durch den **Austausch von Informationen** zum Gegenstand hat. 1

Art 27 dient der **Sicherung des Steueraufkommens** in einer Zeit, in der die StPfl zunehmend int agieren und Vermögenswerte, auf die für Zwecke der Steuererhebung zugegriffen werden soll, sich häufig (auch) im Ausland befinden. Maßnahmen zur Beitreibung und Sicherung des nationalen Steueranspruchs darf ein Staat auf dem Gebiet des anderen Staates nach dem völkerrechtlichen **Territorialitätsprinzip** nur durch diesen anderen Staat oder mit dessen Zustimmung vornehmen.[38] Die für die Beitreibung und Sicherung von Steueransprüchen im Ausland notwendigen Informationen können häufig im Wege des Informationsaustausches auf Grundlage des Art 26 unter Wahrung des **Steuergeheimnisses** erlangt werden.[39] Umgekehrt unterliegen Angaben, die der ersuchende Staat iRd Amtshilfe nach Art 27 dem ersuchten Staat zugänglich macht, dort ebenfalls dem bes Geheimhaltungsschutz des Art 26.[40] 2

Neben Regelungen in den DBA – nach dem Vorbild des Art 27 oder in anderer Form – stellen zwischenstaatliche – bilaterale bzw multilaterale – Amtshilfeabkommen und die **EG-Beitreibungsrichtlinie** und ihre Umsetzungsvorschriften in der Praxis wichtige Rechtsgrundlagen für die zwischenstaatliche Amtshilfe bei der Steuererhebung dar. 3

Zunehmend finden Vorschriften nach dem Vorbild des Art 27 Eingang in dt DBA. Das dürfte auch daran liegen, dass das BMF in seine erstmals in 2013 veröffentlichte 4

38 Vgl *Ismer/Sailer* IStR 2003, 622.

39 Tz 5 MK zu Art 27.

40 *BMF* BStBl I 2014, 188, Rn 1.7.1.

Verhandlungsgrundlage für DBA im Bereich der Steuern vom Einkommen und vom Vermögen eine mit Art. 27 MA inhaltsgleiche[41] und auch wörtlich weitgehend identische Vorschrift, **Art 26 DE-VG** „Amtshilfe bei der Steuererhebung", aufgenommen hat.[42] Zu Einzelheiten der dt DBA s Rn 45.

5 Deutschland hat darüber hinaus mit einer Reihe von Staaten, bspw mit dem Königreich der Niederlande,[43] **bilaterale Abk** geschlossen, die die gegenseitige Amtshilfe bei der Beitreibung von Steueransprüchen umfassen.[44]

6 Das **multilaterale Übereinkommen** über die gegenseitige Amtshilfe in Steuersachen (Convention on Mutual Administrative Assistance in Tax Matters), das von Europarat und OECD im Jahr 1988 aufgelegt wurde, ist im Januar 1995 in Kraft getreten.[45] Für die Bundesrepublik Deutschland ist dieses Abk im Dezember 2015 in Kraft getreten.[46] Das Abk ermöglicht eine umfassende zwischenstaatliche Amtshilfe für **sämtliche Steuerarten** sowie **Sozialversicherungsbeiträge** und sieht ua auch eine **Amtshilfe bei der Beitreibung** von Steuern vor.[47] Dem Abk kommt aus dt Perspektive insb Bedeutung im Verhältnis zu Nicht-EU-Mitgliedstaaten zu.

7 In der EU stellt die im Jahr 2010 neu gefasste **Beitreibungsrichtlinie**[48] das zentrale Instrumentarium für die Amtshilfe bei der Beitreibung und Sicherung von Steueransprüchen anderer Mitgliedstaaten dar. Sie wurde in Deutschland durch das **Beitreibungsrichtlinie-Umsetzungsgesetz** umgesetzt.[49] Beide Regelwerke sind zum 1.1.2012 in Kraft getreten und treten an die Stelle der alten EG-Beitreibungsrichtlinie und des alten EG-Beitreibungsgesetzes.[50] Die ursprüngliche Richtlinie erfasste primär die genuinen Gemeinschaftsabgaben wie Ein- und Ausfuhrabgaben, Verbrauchssteuern auf Tabak, Alkohol und Mineralöle sowie Rückforderungen von Landwirtschaftsbeihilfen. Im Jahr 2001 wurde ihr sachlicher Anwendungsbereich insb auf die Steuern vom Einkommen, Ertrag und Vermögen sowie Zinsen erweitert. Der Anwendungsbereich der neuen Beitreibungsrichtline hingegen erstreckt sich auf Steuern und Abgaben aller Art (Art 2 Abs 1 lit a RL 2010/24/EU). Um die Effizienz der Beitreibungsamtshilfe zu steigern, wurde insb ein einheitlicher Vollstreckungstitel innerhalb der

---

41 Ebenso *Schönfeld/Ditz* Anh 4 Rn 194 f.; ähnlich *Debatin/Wassermeyer* Art 27 MA Rn 70 („inhaltlich … fast vollständig deckungsgleich").

42 Verhandlungsgrundlage für DBA, www.bundesfinanzministerium.de (Stand: 31.5.2016), Az IV B 2 – S 1301/13/10009; vgl dazu *Lüdicke* Beihefter zur IStR 2013, 26.

43 Dt-niederländisches Abk über die gegenseitige Amtshilfe bei der Beitreibung von Steueransprüchen und der Bekanntgabe von Schriftstücken v 21.5.1999, BStBl II 2001, 66.

44 Zur Übersicht über den Stand der bilateralen Abk auf dem Gebiet der Rechts- und Amtshilfe vgl die Anlage zu *BMF* v 19.1.2016, IV B 2 – S 1301/07/10017-07, abrufbar unter www.bundesfinanzministerium.de.

45 Dt nichtamtl Übersetzung des Abkommenstextes, abrufbar unter www.coe.int/de (Stand: 31.5.2016); vgl dazu *Debatin/Wassermeyer* Art 27 MA Rn 4.

46 Unterschriften und Ratifikationsstand/Inkrafttreten abrufbar unter www.coe.int/de (Stand: 31.5.2016).

47 Art 11 des Übereinkommens über die gegenseitige Amtshilfe in Steuersachen.

48 RL 2010/24/EU v 16.3.2010, ABlEU Nr L 84/1.

49 Gesetz zur Umsetzung der Beitreibungsrichtlinie sowie zur Änderung steuerlicher Vorschriften v 7.12.2011, BGBl I 2011, 2592.

50 RL 76/308/EWG v 15.3.1976, zuletzt geändert durch RL 2001/44/EG, ABlEG Nr L 175, 17; Gesetz zur Durchführung der EG-Beitreibungsrichtlinie v 10.8.1979, BGBl I 1979, 2150.

EU eingeführt. Die zuständige Behörde eines anderen Mitgliedstaats treibt nach Maßgabe der Beitreibungsrichtlinie auf Ersuchen Steuerforderungen gem ihrer Rechtsvorschriften bei bzw ergreift Sicherungsmaßnahmen, um die Beitreibung sicherzustellen.

8 Amtshilfe kann in Steuersachen gewährt bzw in Anspruch genommen werden, wenn sie auf Grundlage des ins nationale Recht umgesetzten Abk- bzw Europarechts in dem jeweiligen Staat rechtmäßig ist. Die verschiedenen Rechtsgrundlagen entfalten **keine Sperrwirkung** untereinander, sondern stehen nebeneinander.[51] Dh, dass es ausreicht, wenn die Amtshilfe auf eine von mehreren möglichen Rechtsgrundlagen gestützt werden kann. In Deutschland sollen die Finanzbehörden nach dem Willen der Verwaltung allerdings Amtshilfe idR auf Grundlage der EG-Beitreibungsrichtlinie in Anspruch nehmen.[52]

II. Aufbau der Vorschrift

9 Die Norm besteht aus acht Absätzen. Der Grundsatz, dass ein Vertragsstaat verpflichtet ist, dem anderen Staat Amtshilfe bei der Erhebung von Steueransprüchen zu leisten, und der Anwendungsbereich des Art 27 sind in Abs 1 niedergelegt. Abs 2 der Norm definiert das Substantiv „Steueranspruch" für Zwecke des Art 27. Die Voraussetzungen, unter denen ein Vertragsstaat um Amtshilfe bei der Beitreibung ersuchen kann und Näheres zur Durchführung der Amtshilfe im ersuchten Staat regelt Abs 3. Gegenstand des Abs 4 ist die Durchführung von Sicherungsmaßnahmen auf Ersuchen eines Vertragsstaats. Mit Verjährungsfristen und dem Thema der bevorzugten Befriedigung des Fiskus im Verhältnis zu Ansprüchen anderer Gläubiger befasst sich Abs 5. Art 27 Abs 6 bestimmt, dass Einwendungen gg den Steueranspruch in seinem Bestand, seiner Gültigkeit bzw Höhe nicht vor Gerichten bzw Verwaltungsbehörden des ersuchten Staates geltend gemacht werden können. Der nachträgliche Wegfall der Voraussetzungen für ein Ersuchen um Erhebung bzw Sicherung vor Erhebung und Auszahlung der Steuern an den ersuchenden Vertragsstaat ist in Abs 7 geregelt. Abs 8 schließlich enthält Bestimmungen zu den regulatorischen Grenzen des Art 27.

B. Absatz 1

10 Art 27 Abs 1 S 1 verpflichtet die Vertragsstaaten zunächst allg zur **gegenseitigen** Gewährung von Amtshilfe in Steuersachen. Diese Amtshilfe kann sich auf die Beitreibung bzw die Sicherung von Steueransprüchen beziehen; die Voraussetzungen für beide Formen der Amtshilfe sind im Einzelnen in Abs 3 und Abs 4 enthalten. Eine Ermächtigung des ersuchenden Staates, auf dem Gebiet des anderen Vertragsstaats allein oder im Zusammenwirken mit diesem Staat selbst Vollstreckungs- bzw Sicherungsmaßnahmen zu ergreifen, ist damit nach dem Wortlaut der Norm („Amtshilfe") nicht verbunden.[53] Nicht geregelt in Art 27 ist die zwischenstaatliche Zustellungshilfe.

11 Den **Anwendungsbereich** des Art 27 erweitert Art 27 Abs 1 S 2 über den persönlichen und sachlichen Anwendungsbereich des DBA iÜ hinaus, indem er regelt, dass die Amtshilfe durch Art 1 und 2 nicht eingeschränkt ist. Die Amtshilfe ist unabhängig davon zu leisten, ob der betr Steuerschuldner in einem Vertragsstaat ansässig ist[54]

51 Vgl Präambel (17), Art 24 Abs 1 RL 2010/24/EU v 16.3.2010, ABlEU Nr L 84/1.
52 *BMF* BStBl I 2014, 188, Rn 1.2.4.
53 Ebenso *Vogel/Lehner* Art 27 MA Rn 15.
54 Vgl MK Abs 1 Rn 4 S 2.

oder ob er Staatsangehöriger eines Vertragsstaats ist. Entscheidend ist, dass Steuern eines der Vertragsstaaten geschuldet werden. Auch eine Eingrenzung hinsichtlich der von der Vollstreckungs- bzw Sicherungsmaßnahme im ersuchten Staat betroffenen Person enthält Art 27 Abs 1 nicht. Diese Maßnahmen können sich, soweit das Recht des ersuchten Staates dies zulässt (vgl Art 27 Abs 3), auch gg **Drittschuldner** des StPfl bzw **Haftungsschuldner** für die betr Steuer richten.[55] Bei den geschuldeten Steuern muss es sich nicht zwingend um die in Art 2 aufgelisteten Steuern handeln. Vielmehr kann Amtshilfe für Steuern jeder Art und Bezeichnung iSd Art 27 Abs 2 geleistet werden. Nicht erforderlich ist, dass die Steuerart, auf der der beizutreibende Steueranspruch resultiert, auch im ersuchten Vertragsstaat existiert.

12 Über die Einzelheiten der praktischen Durchführung der Amtshilfe können die zuständigen Behörden der Vertragsstaaten nach Art 27 Abs 1 S 3 **Verständigungsvereinbarungen** abschließen. Welche die zuständige Behörde eines Vertragsstaats ist, kann in Art 3 Abs 1 lit g geregelt sein. Zuständige Behörde für die Übermittlung inländischer Ersuchen und die Entgegennahme ausl Ersuchen ist in der Bundesrepublik Deutschland das Bundeszentralamt für Steuern. Das Bundesministerium der Finanzen hat seine Zuständigkeit für die zwischenstaatliche Amtshilfe bei der Steuererhebung auf diese Behörde übertragen.[56]

C. Absatz 2

13 Art 27 Abs 2 definiert den Begr der **„Steueransprüche“**, wie er iSd Art 27 zu verstehen ist.

14 Die Regelung hat **teilw** lediglich eine **klarstellende Funktion**. Dass der betr Steueranspruch auf Grund von Steuern jeder Art und Bezeichnung entstehen kann, liegt nach der Systematik des Art 27 nahe. Bereits aus Art 27 Abs 1 S 2 ergibt sich, dass Amtshilfe für einen größeren Kreis von Steuern geleistet werden kann als nur bei denen, die allg unter das betr DBA fallen.

15 Auch die Nennung von Zinsen, Geldbußen und der Kosten der Erhebung sowie Sicherung ist weitgehend deklaratorisch. Der MK stellt in der Tz 4 zu Art 2 fest, es sei selbstverständlich, dass für die Erhebung der Nebenabgaben dieselben Bestimmungen gelten wie für die eigentliche Steuer. Jedoch weist er auch darauf hin, dass die Praxis der Staaten bei der Behandlung insb von Zinsen unterschiedlich sei. Vom Anwendungsbereich des Art 27 Abs 2 als „Geldbußen“ umfasst sind ausschließlich von der Verwaltung des Vertragsstaats verhängte Sanktionen. Auf strafrechtliche Sanktionen wie Geldstrafen findet Art 27 keine Anwendung, weil der Zusammenhang mit Steuern als Einnahmequelle des Staates hierbei zu mittelbar ist.[57]

16 Ein **Amtshilfeersuchen** bezüglich **steuerlicher Nebenleistungen** wie Zinsen kann isoliert gestellt werden. Dh es ist nicht erforderlich, dass zugleich um Amtshilfe im Hinblick auf die Erhebung der Steuern, auf die sich die Nebenleistungen beziehen, ersucht wird.

17 Der Vergleich mit der Regelung des Art 26 Abs 1 zeigt, dass die Amtshilfe wie der Informationsaustausch nur in den Fällen erfolgen darf, in denen die betr Besteuerung

55 *Vogel/Lehner* Art 27 MA Rn 21a.

56 Vgl *BMF* BStBl I 2014, 188, Rn 1.4.

57 Vgl *Ismer/Sailer* IStR 2003, 622, 623 (**aA** bzgl Geldbußen).

dem jeweiligen DBA nicht widerspricht. Maßgeblich hierfür müssen mE die Verhältnisse im ersuchenden Vertragsstaat aus Sicht des ersuchten Vertragsstaats sein. Aus der Perspektive des ersuchten Vertragsstaats darf nicht mit hoher Wahrscheinlichkeit zu erwarten sein, dass die betr Steuer des ersuchenden Vertragsstaats als abkommenswidrig einzustufen ist. Insofern dürften die gleichen Maßstäbe gelten wie bei der Auslegung v Art 26 Abs 1.

Die Amtshilfe steht unter dem gg dem Informationsaustausch gem Art 26 Abs 1 weiter- **18**
gehenden Vorbehalt, dass die Besteuerung anderen völkerrechtlichen Übereinkommen, denen die Vertragsstaaten beigetreten sind, nicht widerspricht. Diese Eingrenzung kann in der praktischen Anwendung des Art 27 im Einzelfall Schwierigkeiten bereiten. Der weit gefasste Wortlaut legt nahe, dass ein um Amtshilfe ersuchter Vertragsstaat auch dann keine Amtshilfe leisten darf, wenn der ersuchende Vertragsstaat nach einem völkerrechtlichen Abk eine bestimmte Steuer nicht erheben darf. Das hieße in letzter Konsequenz, dass der ersuchte Vertragsstaat jedes völkerrechtliche Abk, dem der ersuchende Vertragsstaat beigetreten ist, auch wenn er selbst ihm nicht beigetreten ist, im Detail kennen müsste. Es liegt auf der Hand, dass der ersuchte Vertragsstaat kaum jemals über dieses Wissen verfügen können wird. Um zu weitgehende Rechtsunsicherheiten zu vermeiden, sollte die Einschränkung des Begr „Steueranspruch" im Hinblick auf die anderen völkerrechtlichen Abk so verstanden werden, dass damit nur solche Abk gemeint sind, denen beide Vertragsstaaten beigetreten sind. Aus Sicht des ersuchten Staates darf nicht mit hoher Sicherheit zu erwarten sein, dass die Besteuerung, für die um Amtshilfe ersucht wird, einem solchen völkerrechtlichen Abk widerspricht. Sofern das betr völkerrechtliche Abk Mechanismen zur Konfliktlösung vorsieht, sollte auf diesem Wege zunächst eine Klärung versucht werden.

Eine **Amtshilfe im Dreiecksverhältnis** ist in Art 27 **nicht** vorgesehen.[58] Da nach dem **19**
Wortlaut des Art 27 Abs 2 der entsprechende Steuerbetrag für Rechnung der Vertragsstaaten erhoben werden muss, ist ein Amtshilfeersuchen für Steuern eines anderen Staates nicht möglich. Der ersuchende Vertragsstaat darf nur für eigene Steueransprüche ein Amtshilfeersuchen stellen.

D. Absatz 3

Art 27 Abs 3 S 1 ist die zentrale Vorschrift über die Voraussetzungen der Amtshilfe. **20**
Die Beitreibung im anderen Vertragsstaat steht unter **drei Bedingungen**. Erstens bedarf es eines Beitreibungsersuchens, zweitens muss der betr Steueranspruch nach dem Recht des ersuchenden Vertragsstaats vollstreckbar sein, drittens darf der Steuerschuldner im Zeitpunkt der Stellung des Ersuchens nach dem Recht des ersuchenden Vertragsstaates die Vollstreckung nicht verhindern können. Die Erhebung des Steueranspruchs erfolgt im ersuchten Staat nach Art 27 Abs 3 S 2 grds so wie bei den dort entstandenen Steueransprüchen.

Ohne dass der Vertragsstaat, der einen Steueranspruch geltend macht, ein **Beitrei-** **21**
bungsersuchen an den anderen Vertragsstaat richtet, darf dieser andere Vertragsstaat nicht tätig werden. Eine spontane Beitreibungshilfe ist in Art 27 nicht vorgesehen. Zu Form und Inhalt des Beitreibungsersuchens trifft Art 27 Abs 3 keine Regelung. Diese Themen können durch die zuständigen Behörden der Vertragsstaaten nach Art 27

58 Vgl *Tüchler* Internationale Amtshilfe in Steuersachen, 117, 123 f.

Abs 1 S 3 im Wege der **Verständigungsvereinbarung** geregelt werden. Eine solche Verständigungsvereinbarung sollte, so die Tz 7 und 8 MK zu Art 27, sich insb damit befassen, welche Schriftstücke einem Beitreibungsersuchens beizufügen sind und wie die Vollstreckungskosten verteilt werden, die nicht vom Schuldner zu erlangen sind. Die Tz 18 MK zu Art 27 geht davon aus, dass der ersuchende Staat, soweit es tunlich ist, die Art des Steueranspruchs, seine Bestandteile, den Zeitpunkt seines Erlöschens und die Vermögenswerte, aus denen der Anspruch beigetrieben werden soll, benennt. Für die dt FinVerw ist im Merkblatt zur zwischenstaatlichen Amtshilfe bei der Steuererhebung (Beitreibung) v 23.1.2014[59] im Einzelnen geregelt, welche Schriftstücke und Formulare einem Beitreibungsersuchen beizulegen sind. Die dt FinVerw ist gehalten, Vollstreckungsersuchen aufgrund von DBA bzw Amts- und Rechtshilfeabkommen regelmäßig erst ab einem **Mindestbetrag von 1 500 EUR** zu stellen, auch wenn in diesen Abkommen keine bzw geringere Mindestbeträge genannt sind. Der Mindestbetrag von 1 500 EUR entspr dem Mindestbetrag gem § 14 Abs 1 EUBeitrG.[60]

22 Die **Vollstreckbarkeit** des Steueranspruchs richtet sich, wenn die Bundesrepublik Deutschland als ersuchender Staat auftritt, nach §§ 251 Abs 1, 254 AO. Die Anfechtung eines Steueranspruchs durch Einspruch bzw Klage entfaltet nach dt Recht **keinen Suspensiveffekt**. Auch vorläufig ergangene bzw unter dem Vorbehalt der Nachprüfung stehende Steueransprüche sind iSd Art 27 Abs 3 vollstreckbar.

23 Der Steuerschuldner darf im Zeitpunkt der Stellung des Ersuchens nach dem Recht des ersuchenden Vertragsstaates die Vollstreckung **nicht verhindern** können. Wenn Art 27 Abs 3 in seiner praktischen Anwendbarkeit für Deutschland als ersuchenden Vertragsstaat nicht leer laufen soll, darf die bloße Möglichkeit, einen Antrag auf Aussetzung der Vollziehung zu stellen, nicht so verstanden werden, dass der Steuerschuldner abkommensrechtlich in der Position ist, die Vollstreckung zu verhindern.[61]

24 Der MK weist auf Unterschiede im Recht der einzelnen Staaten über die **Vollstreckbarkeit eines Steueranspruchs** hin.[62] In vielen Staaten kann ein Steueranspruch auch dann vollstreckt werden kann, wenn bezüglich seines Bestehens oder der Höhe der Forderung noch ein Rechtsbehelf zu einer Verwaltungsbehörde oder einem Gericht gegeben ist. Andere Staaten lassen die Vollstreckung von Steueransprüchen nicht zu, wenn ein Rechtsbehelf eingelegt bzw dessen Einlegung noch möglich ist. Der MK stellt klar, dass bei zwei Vertragsstaaten mit unterschiedlichen Regelungen iE die strengere von beiden durchgreift. Art 27 Abs 3 ermächtigt aus Sicht des ersuchten Staates nur zu einer nach seinem internen Recht zulässigen Vollstreckung. Dh wenn sein innerstaatliches Recht bei anhängigen Rechtsbehelfen keine Vollstreckung zulässt, darf er auch Steueransprüche aus einem ersuchenden Vertragsstaat, dessen innerstaatliches Recht diese Beschränkung nicht enthält, nicht vollstrecken. Im umgekehrten Fall steht ein anhängiger bzw noch möglicher Rechtsbehelf schon nach dem innerstaatlichen Recht des Vertragsstaats, dem der Steueranspruch zusteht, der Vollstreckung entgegen. Unabhängig davon, ob das interne Recht des anderen Vertragsstaats, der um Amtshilfe ersucht werden soll, eine solche Beschränkung ebenfalls vorsieht, darf ein Beitreibungsersuchen dann nicht gestellt werden.

59 *BMF* BStBl I 2014, 188, Rn 3.1.2.2.
60 *BMF* BStBl I 2014, 188, Rn 3.1.1.2. und 2.2.2.2.
61 IE ebenso *Ismer/Sailer* IStR 2003, 622, 625.
62 Tz 16 MK zu Art 27.

Die Beitreibung der Steuerforderung des ersuchenden Vertragsstaats erfolgt nach dem innerstaatlichen Recht des ersuchten Vertragsstaats, Art 27 Abs 3 S 2. **Einschränkungen** enthält Art 27 Abs 5 in Bezug auf die Bereiche **Verjährung** und **Vorrangigkeit** (vgl dazu Rn 33 ff). Da Beitreibungsersuchen auch im Hinblick auf Steuerforderungen gestellt werden können, die es im ersuchten Vertragsstaat überhaupt nicht oder nur in anderer Form gibt, ist es Aufgabe des ersuchten Vertragsstaats im Einzelfall prüfen, welches das von ihm anzuwendende Vollstreckungsverfahren ist. Er wählt auf der Grundlage der Angaben des ersuchenden Vertragsstaats dasjenige Verfahren, das für eine Steuer in seinem Staat anzuwenden ist, die der Steuer im ersuchten Vertragsstaat am nächsten kommt. Bei Fehlen von maßgeblichen Ähnlichkeiten zwischen den Steuern im ersuchten und im ersuchenden Vertragsstaat hat der ersuchte Vertragsstaat nach dem MK ein „angemessenes" Verfahren anzuwenden.[63] **25**

E. Absatz 4

Die Amtshilfe bei der Sicherung von Steueransprüchen ist Gegenstand des Art 27 Abs 4. Sie ist im Vorfeld von Beitreibungsersuchen nach Art 27 Abs 4 von Bedeutung, zB wenn der Steueranspruch noch nicht vollstreckbar ist. Die zur Sicherung von Steueransprüchen getroffenen Maßnahmen sind vorläufiger Natur. Sie gewährleisten, dass bestimmte Vermögensgegenstände später bei einer Beitreibung des Steueranspruchs zur Verfügung stehen.[64] Als **Sicherungsmaßnahmen** kommen zB die Beschlagnahme oder die Arrestanordnung in Betracht. **26**

Amtshilfe bei der Sicherung von Steueransprüchen kann nur gewährt werden, wenn ein Vertragsstaat den anderen darum ersucht und derjenige Vertragsstaat, dem der Steueranspruch zusteht, nach seinem Recht Maßnahmen zur Sicherung der Erhebung dieses Steueranspruchs einleiten kann. Die **Einl von Sicherungsmaßnahmen** richtet sich dann nach dem Recht des ersuchten Vertragsstaats und zwar so, als wäre der Steueranspruch ein Steueranspruch des ersuchten Vertragsstaats. **27**

Bei der Sicherung ist – wie bei der Beitreibung von Steueransprüchen – ein Ersuchen eines Vertragsstaats notwendige Voraussetzung. Form und Inhalt dieses Ersuchens können die zuständigen Behörden der Vertragsstaaten nach Art 27 Abs 1 S 3 im Wege der **Verständigungsvereinbarung** regeln. Der MK[65] empfiehlt, dass der ersuchende Staat bei einem Ersuchen um Sicherungsmaßnahmen in jedem Einzelfall den Stand der Steuerfestsetzung und -erhebung und den Betrag der Steuerforderung, ggf auch nur vorläufig bzw teilw, angeben sollte. **28**

Ein Vertragsstaat, der Inhaber eines Steueranspruchs ist, kann Amtshilfe nach Art 27 Abs 4 nur begehren, wenn er nach seinem innerstaatlichen Recht Maßnahmen zur Sicherung der Erhebung einleiten kann. Dh wenn nach innerstaatlichem Recht das Ergreifen von Sicherungsmaßnahmen generell nicht vorgesehen ist, kann ein Vertragsstaat nicht einen anderen Vertragsstaat darum ersuchen. Dasselbe gilt, wenn das innerstaatliche Recht des Vertragsstaats, der Inhaber eines Steueranspruchs ist, generell das Ergreifen von Sicherungsmaßnahmen vorsieht, aber im Einzelfall die Voraussetzungen für das Ergreifen von Sicherungsmaßnahmen nicht erfüllt sind. Art 27 **29**

63 Tz 18 MK zu Art 27.
64 Tz 20 MK zu Art 27.
65 Tz 21 MK zu Art 27.

Abs 4 S 2 stellt klar, dass der zu sichernde Anspruch im ersuchenden Vertragsstaat noch nicht vollstreckbar sein muss; auch steht einem Amtshilfeersuchen bei Sicherungsmaßnahmen nicht entgegen, dass der Steuerschuldner berechtigt sein mag, die Erhebung noch zu verhindern.

30 Der ersuchte Vertragsstaat darf ausschließlich Sicherungsmaßnahmen einleiten, die nach seinem innerstaatlichen Recht für eigene Steueransprüche des ersuchten Vertragsstaats vorgesehen sind, Art 27 Abs 4. Wenn das innerstaatliche Recht des ersuchten Vertragsstaats Maßnahmen zur Sicherung von Steueransprüchen generell nicht kennt, darf der ersuchte Vertragsstaat solche Maßnahmen auch nicht im Wege der Amtshilfe ergreifen, vgl Art 8 lit a.

31 Im Einzelnen ist die Anordnung von Sicherungsmaßnahmen allein Sache desjenigen Vertragsstaates, der Inhaber des Steueranspruchs ist. Lediglich für die Vollziehung der angeordneten Sicherungsmaßnahme kann ein Amtshilfeersuchen nach Art 27 Abs 4 gestellt werden.[66] Sie unterliegt den Rechtsvorschriften des ersuchten Vertragsstaats so, als ob der zu sichernde Steueranspruch ein Steueranspruch dieses Vertragsstaats wäre, Art 27 Abs 4 S 2. Letztlich ist damit eine Amtshilfe bei der Sicherung von Steueransprüchen nur möglich, wenn nach dem innerstaatlichen Recht beider Vertragsstaaten zumindest ähnliche Formen von Sicherungsmaßnahmen vorgesehen sind.

32 Die Verwertung des gesicherten Vermögens darf nur erfolgen, wenn nach den Vorschriften des Art 27 Abs 3 ein Beitreibungsersuchen gestellt wird.

F. Absatz 5

33 Art 27 Abs 5 S 1 **schränkt** die in Art 27 Abs 3 und Abs 4 vorgesehene Anwendung des innerstaatlichen Rechts des ersuchten Vertragsstaats **ein**, soweit es bes Regelungen über die **Verjährung** bzw die **bevorzugte Befriedigung** von Steueransprüchen enthält. Die Anwendung allgemeiner Regelungen des ersuchten Vertragsstaats über die Verjährung oder die bevorzugte Befriedigung, die für alle Ansprüche gelten würden, wird durch Art 27 Abs 5 S 1 nicht berührt.[67]

34 Im Hinblick auf die Verjährung des Steueranspruchs sind nach Art 27 Abs 5 S 1 nicht die Vorschriften des ersuchten Vertragsstaats, sondern ausschließlich die Vorschriften des ersuchenden Vertragsstaates maßgeblich. Davon betroffen sind Regelungen über die **Verjährungsfristen** als solche, ihre Berechnung sowie ggf deren **Hemmung** bzw **Unterbrechung**.[68] Art 27 Abs 8 lit a tritt hinter Art 27 Abs 5 S 2 zurück.[69]

35 Der betr Steueranspruch unterliegt nach Art 27 Abs 5 S 1 nicht den Regelungen des ersuchten Vertragsstaats über die bevorzugte Befriedigung seiner Steueransprüche im Verhältnis zu Ansprüchen anderer Gläubiger. Ebenso wenig gelten nach Art 27 Abs 5 S 2 die Regelungen des ersuchenden Vertragsstaats über die bevorrechtigte Befriedigung des Steueranspruchs.

---

66 Vgl auch *Debatin/Wassermeyer* Art 27 MA Rn 33.
67 Tz 27 MK zu Art 27.
68 *S/K/K* Art 27 MA Rn 19.
69 Tz 33 MK zu Art 27.

G. Absatz 6

36 Bei dem Steueranspruch, für dessen Beitreibung oder Sicherung Amtshilfe begehrt wird, handelt es sich um einen Anspruch des ersuchenden Vertragsstaats. Der Steueranspruch selbst unterliegt dem innerstaatlichen Recht des ersuchenden Vertragsstaats, während sich die auf Grund des Amtshilfeersuchens durchgeführten Maßnahmen des ersuchten Vertragsstaats nach dessen innerstaatlichem Recht richten (vgl Art 27 Abs 3 S 2, Abs 4 S 2).

37 Art 27 Abs 6 schließt die Geltendmachung von **Einwendungen gegen den Steueranspruch** in seinem Bestand, seiner Gültigkeit bzw Höhe vor Gerichten bzw Verwaltungsbehörden des ersuchten Staates aus. Der StPfl muss sich mit seinem Anliegen in einem solchen Fall an die Gerichte bzw Verwaltungsbehörden des ersuchenden Vertragsstaats wenden und den ersuchenden Vertragsstaat ggf zur Rücknahme oder Einschränkung seines Amtshilfeersuchens anhalten. Auf diese Weise werden die Einrichtungen des ersuchten Vertragsstaats von der Aufgabe entlastet, das für sie fremde Recht des ersuchenden Vertragsstaats auslegen und anwenden zu müssen.

H. Absatz 7

38 Art 27 Abs 7 behandelt den Fall, dass die Voraussetzungen für ein bereits gestelltes Ersuchen iSd Art 27 Abs 3 bzw Abs 4 nachträglich wegfallen, bevor der ersuchte Vertragsstaat den betr Steueranspruch erhoben und an den ersuchenden Vertragsstaat ausbezahlt hat. Das kann bspw der Fall sein, wenn der ersuchende Vertragsstaat die Aussetzung der Vollziehung gewährt.

39 Der ersuchende Vertragsstaat hat dem ersuchten Vertragsstaat unverzüglich Mitteilung über die Änderung der Sachlage zu machen. Nach Wahl des ersuchten Vertragsstaats hat der ersuchende Vertragsstaat das Ersuchen anschließend entweder auszusetzen oder zurückzunehmen.

I. Absatz 8

40 Art 27 Abs 8 zeigt die **Grenzen** der völkerrechtlichen Verpflichtung des ersuchten Vertragsstaats zur Leistung von Amtshilfe auf. In den in Art 27 Abs 8 genannten Fällen steht es dem ersuchten Vertragsstaat frei, ob er die begehrte Amtshilfe leistet.[70]

41 Der ersuchte Vertragsstaat ist nicht verpflichtet, Verwaltungsmaßnahmen durchzuführen, die von den **Gesetzen** und der **Verwaltungspraxis** dieses oder des anderen Vertragsstaats abweichen, Art 27 Abs 8 lit a. Da diese Regelung inhaltsgleich mit Art 26 Abs 3 lit a ist, wird auf die dortige Kommentierung verwiesen.

42 Art 27 Abs 8 lit b sieht wie Art 26 Abs 3 lit c einen Vorbehalt des **Ordre-public** vor. Die Ausführungen zu Art 26 gelten insofern entspr.

43 Nach Art 27 Abs 8 lit c kann das Ersuchen abgelehnt werden, wenn der ersuchende Vertragsstaat nicht alle angemessenen innerstaatlichen Vollstreckungs- bzw Sicherungsmöglichkeiten ausgeschöpft hat. Die zwischenstaatliche Amtshilfe ist dann **subsidiär** gg nationalen Beitreibungs- bzw Sicherungsmaßnahmen. Insbesondere muss der ersuchende Vertragsstaat idR die innerstaatlichen Möglichkeiten einer Haftungsinanspruchnahme für den betreffenden Steueranspruch ausgeschöpft haben, bevor er ein

70 Tz 31 MK zu Art 27.

Vollstreckungsersuchen stellen darf. Im Einzelfall wird der ersuchte Vertragsstaat ein Amtshilfeersuchen dann nicht wegen fehlender Ausschöpfung der innerstaatlichen Möglichkeiten ablehnen können, wenn die innerstaatlich möglichen Maßnahmen im Vergleich zur Höhe des Steueranspruchs **unverhältnismäßig hohe Kosten** bzw **unverhältnismäßig hohen Aufwand** verursachen würden.

44 Schließlich besteht keine Verpflichtung zur Leistung von Amtshilfe, wenn der Verwaltungsaufwand für den ersuchten Vertragsstaat in einem eindeutigen Missverhältnis zum Nutzen des ersuchenden Vertragsstaats steht, Art 27 Abs 8 lit d. Bezug nehmend auf diese Vorschrift kann der ersuchte Vertragsstaat insb die Gewährung von Amtshilfe bei der Beitreibung von Kleinstbeträgen zurückweisen.

J. Deutsche DBA

I. Allgemeines

45 Bemerkungen und Vorbehalte zu Art 27 hat die Bundesrepublik Deutschland nicht in den MK aufnehmen lassen. Da Art 27 erst im Jahr 2003 in das OECD-Musterabkommen aufgenommen wurde, ist die Amtshilfe bei der Erhebung von Steuern nach dem Muster des Art 27 erst in DBA jüngeren Datums vorgesehen. Jedoch enthalten nicht alle neueren dt DBA eine solche Regelung.

II. DBA im Einzelnen

46 In vollem Umfang entsprechen dem Wortlaut des Art 27 die Regelungen in **Art 28 DBA Liechtenstein, Art 27 DBA Mexico** und **Art 28 DBA Polen.**

47 Weitestgehend identisch und mE ohne inhaltliche Abweichungen von Art 27 sind **Art 27 DBA Albanien, Art 27 DBA Algerien, Art 26 DBA Bulgarien, Art 26a DBA Georgien, Art 27 DBA Irland, Art 27 DBA Mauritius, Art 26 DBA Spanien, Art 27 DBA Türkei** und **Art 26 DBA Uruguay.** Sie führen als möglichen Steuergläubiger, jeweils in Abs 2, zusätzlich – und lediglich klarstellend – die Länder eines der Vertragsstaaten auf. Dasselbe gilt für den **Art 28 DBA Niederlande**.

48 Auch **Art 27 DBA Norwegen** ist nach dem Vorbild des Art 27 neu gefasst worden. Die Abweichungen vom Wortlaut des OECD MA in Art 27 Abs 3 aE sowie Abs 8 lit c und d dienen mE nur zur Klarstellung.

49 **Art 28 DBA Großbritannien** enthält eine zusätzliche Einschränkung in Art 28 Abs 8 lit e. Danach besteht keine Verpflichtung zur Leistung von Amtshilfe, wenn die Steuern, für die die Amtshilfe erbeten wird, nach Auffassung dieses Staates entgegen allgemein anerkannten Besteuerungsgrundsätzen erhoben werden.

50 Durch das **Zusatzabkommen v 31.3.2015 zum DBA Frankreich**, das in 2016 in Kraft treten soll, wird Art 23 DBA Frankreich dem Art 27 zukünftig weitestgehend entsprechen. Inhaltlich unterscheiden sich die Vorschriften lediglich insofern, als Art 23 Abs 1 S 2 DBA Frankreich nF die Amtshilfe nicht über den sachlichen Anwendungsbereich des DBA Frankreich hinaus erweitert. Im Ergebnis ohne inhaltliche Abweichung von Art 27 führt Art 23 Abs 2 DBA Frankreich nF als möglichen Steuergläubiger zusätzlich deklaratorisch die Länder der Vertragsstaaten auf. Art 23 Abs 8 lit d DBA Frankreich nF ist der Formulierung des Art 27 Abs. 8 lit d stark angenähert und mE ohne inhaltliche Abweichung.

Einige neuere dt DBA sind in ihrer Formulierung lediglich bruchstückhaft an Art 27 angelehnt.

Der wegen ausstehender Abkommensratifizierung noch nicht in Kraft getretene **Art. 27 DBA China 2014** entspricht in Abs. 1 wörtlich dem Art 27 Abs 1 S 1 und S 3, ohne jedoch wie Art. 27 Abs 1 S 2 den persönlichen und sachlichen Anwendungsbereich der Vorschrift über das Abkommen hinaus zu erweitern. Art 27 Abs 2 DBA China 2014 ist deckungsgleich mit Art 27 Abs 8 lit a und b. Weitere Bestimmungen enthält Art 27 DBA China nicht. Da Art 27 DBA China 2014 keinerlei Einzelheiten regelt, wird einer etwaigen Vereinbarung zwischen den zuständigen Behörden nach Art 27 Abs 1 S 2 DBA China 2014 voraussichtlich ganz erhebliche praktische Bedeutung zukommen. **51**

Der wegen ausstehender Abkommensratifizierung noch nicht in Kraft getretene **Art 27 DBA Costa Rica** ermöglicht die Amtshilfe bei der Erhebung von Steuern lediglich zur Verhinderung des Abkommensmissbrauchs. Art 27 Abs 1 S 1 DBA Costa Rica sieht eine Amtshilfe nur vor, soweit dies erforderlich ist, um zu gewährleisten, dass Befreiungen oder ermäßigte Steuersätze nach dem DBA Costa Rica nicht Personen zukommen, die keinen Anspruch auf diese Vergünstigungen haben. IÜ entsprechen die Regelungen in Art 27 DBA Costa Rica (ähnlich dem neuen DBA China) Art 27 Abs 1 S 3 und Art 27 Abs 8 lit a und b. **52**

Weitere dt DBA enthalten vollständig unabhängig von Art 27 formulierte Regelungen zur Amtshilfe bei der Erhebung von Steuern. **53**

Art 27 DBA Belgien ermöglicht – mangels Erweiterung des persönlichen Anwendungsbereichs über Art 1 DBA Belgien hinaus – die Amtshilfe nur in Bezug auf StPfl, die mindestens in einem Vertragsstaat ansässig sind. Der Steueranspruch muss anders, als in Art 27 Abs 3 OECD MA vorgesehen, noch nicht vollstreckbar sein; möglich sind nach Art 27 Abs 4 OECD MA auch Maßnahmen zur Sicherung der Erhebung. Art 27 DBA Belgien ist insgesamt wesentlich kürzer und weniger detailliert gefasst als Art 27 OECD MA. **54**

Art 33 und Art 34 DBA Dänemark regeln detailliert die Beitreibung von Steueransprüchen durch den jeweils anderen Vertragsstaat, ähnlich den **Art 32, Art 33 und Art 34 DBA Schweden.** **55**

Art 27 DBA Kanada regelt eigenständig und detailliert die Amtshilfe bei der Steuererhebung; Einzelheiten sind in einer Verwaltungsvereinbarung niedergelegt.[71] **56**

Art. 26 Abs 4 und Abs 5 DBA USA ermöglicht lediglich zur Verhinderung des Abkommensmissbrauchs in engen Grenzen eine Amtshilfe bei der Steuererhebung. **57**

IÜ können auch gesonderte **Amts- und Rechtshilfeabkommen**[72] Vorschriften über die Amtshilfe bei der Erhebung von Steuern enthalten, wie zB Art 10 des Abkommens über Rechtsschutz und Rechtshilfe mit Finnland, Art 9 des Amts- und Rechtshilfeabkommens in Steuersachen mit Italien, Art 1 ff des Abkommens mit den Niederlanden über die Amtshilfe bei der Beitreibung von Steueransprüchen und der Bekanntgabe von Schriftstücken und Art 3, Art 11 ff des Vertrages mit Österreich über Rechts- **58**

---

71 *BMF* BStBl I 2013, 1483.

72 Abrufbar über www.bundesfinanzministerium.de.

schutz und Rechtshilfe in Abgabensachen. Die in den dt Amts- und Rechtshilfeabkommen getroffenen Regelungen sind bis dato in ihrer Formulierung nicht von Art 27 geprägt.

Art. 28 Mitglieder diplomatischer Missionen und konsularischer Vertretungen

Dieses Abkommen berührt nicht die steuerlichen Vorrechte, die den Mitgliedern diplomatischer Missionen und konsularischer Vertretungen nach den allgemeinen Regeln des Völkerrechts oder auf Grund besonderer Übereinkünfte zustehen.

Wiener Übereinkommen über diplomatische Beziehungen v 18.4.1961, BGBl II 1964, 959; Wiener Übereinkommen über konsularische Beziehungen v 24.4.1963, BGBl II 1969, 1587; *FinSen Berlin* v 8.11.1994; III C 2 S-1310-1/92, IStR 1995, 85; *OFD Frankfurt/Main* v 11.8.1998, Az S-2105 A-1-St II 2a, S-1310 A-1-St II 2a; *OFD Berlin* v 20.7.2000, St 127-S-1310-2/94; *BMF* v 8.8.2008 IV B 3 – S 1301 – GB/08/10001

Übersicht

Literatur: *Heintzen* Die Befreiung ausländischer Diplomaten von deutscher Besteuerung, AVR 2007, 455; *Jütte* Einkommensteuerliche Behandlung von Mitgliedern ausländischer Missionen und Vertretungen, IStR 1995, 85; *Lang* Grundsätzliches zur Interpretation völkerrechtlicher Abkommen im Steuerrecht, dargestellt an dem Beispiel der Frage, ob der Diplomat einer ausländischen Mission beschränkt einkommensteuerpflichtig ist, StuW 1975, 285; *Streck* Steuerpflicht und Steuerbefreiung von Diplomaten, Konsuln, NATO-Truppenmitgliedern und ihnen gleichgestellte Personen, StuW 1973, 119; *ders* Steuerpflicht der Diplomaten, FR 1975, 261; *Veiel* Nationales und internationales Steuerrecht bei Diplomaten und Auslandsbeamten, StuW 1942, 551.

A. Allgemeines

I. Bedeutung der Vorschrift

1 Art 28 soll sicherstellen, dass Mitglieder diplomatischer Missionen und konsularischer Vertretungen die Behandlung erfahren, die diesem Personenkreis bereits iRd Völkerrechts oder nach besonderen zwischenstaatlichen Übereinkünften zukommt.[1] Es soll

1 Tz 1 MK zu Art 28.

weder eine Besser- noch eine Schlechterstellung herbeigeführt werden. Im Hinblick auf das Zusammentreffen von Völkerrechtsverträgen und dem jeweiligen innerstaatlichen Steuerrecht soll das DBA gewährleisten, dass dem Völkerrecht Vorrang zu gewähren ist. Insoweit hat Art 28 lediglich **deklaratorische Wirkung**. Das Fehlen eines DBA oder die Existenz eines DBA, welches eine Art 28 vergleichbare Regelung nicht enthält, führt nicht zu einer Benachteiligung des genannten Personenkreises, da das Völkerrecht vorrangig zu berücksichtigen ist.[2]

Art 28 soll **nicht** dazu führen, dass es aufgrund der bestehenden diplomatischen oder konsularischen Vorrechte zu **Doppelfreistellungen** in den Vertragsstaaten **kommt**. So folgen einige DBA der Empfehlung der Tz 2 zu Art 28 MK und weisen das Besteuerungsrecht für die genannten Einkünfte des genannten Personenkreises dem Entsendestaat zu, sofern keine Besteuerung im Empfangsstaat erfolgt. 2

II. Verhältnis zu anderen Vorschriften

Die steuerlichen Vorrechte der Diplomaten und Berufskonsule sowie ihres Personals ergeben sich in erster Linie aus dem **Wiener Übereinkommen über diplomatische Beziehungen (WÜD)**[3] und dem **Wiener Übereinkommen über konsularische Beziehungen (WÜK)**.[4] Als Ausfluss dieser speziellen völkerrechtlichen Vereinbarungen als sog höherrangiges Recht liegt es im Ermessen der beigetretenen Staaten, entspr Normen zur Steuerfreistellung des betroffenen Personenkreises im innerstaatlichen Steuerrecht zu kodifizieren. In Deutschland sind bestimmte Einkünfte des betroffenen Personenkreises gem **§ 3 Nr 29 EStG** steuerfrei. Nach Deutschland entsandte ausl Diplomaten unterliegen im Inland mit anderen ggf erzielten Einkünften lediglich der **beschränkten StPfl**. In diesem Zusammenhang ist davon auszugehen, dass die Freistellung der in § 3 Nr 29 EStG genannten Einkünfte nicht unter **ProgressVorb** erfolgt, da weder das WÜD noch das WÜK als höherrangigem Völkerrecht eine Ermächtigung zur Berücksichtigung der steuerfreien Einkünfte im Wege des ProgressVorb (sowohl nach nationalem als auch nach Abkommensrecht) vornehmen. Nur iF einer Steuerfreistellung durch das DBA kommt es ggf zur Anwendung des ProgressVorb.[5] Die Anwendung des ProgressVorb würde bspw bei privaten Einkünften eines Diplomaten aus einer eigenen Obstplantage im Inland eintreten (Art 34 Buchstabe d WÜD; Art 6). 3

Gem **§ 1 Abs 2 EStG** unterliegen dt ins Ausland entsandte Staatsbedienstete mit diplomatischem/konsularischem Status der **unbeschränkten StPfl** in Deutschland, selbst wenn weder Wohnsitz noch der gewöhnliche Aufenthalt im Inland gegeben ist (sog erweiterte unbeschränkte StPfl).[6] Der dt Gesetzgeber nimmt damit die **fiktive Ansässigkeit im Entsendestaat** aufgrund WÜD und WÜK ins innerstaatliche Recht auf. Die **abkommensrechtliche** Beurteilung der **Ansässigkeit** (Art 4) wird jedoch weder durch die nationalen Regelungen noch durch Art 28 beeinflusst.[7] 4

---

2 Ähnlich *Debatin/Wassermeyer* Art 28 Rn 1; *S/K/K* Art 28 Rn 2.
3 Wiener Übereinkommen über diplomatische Beziehungen v 18.4.1961, BGBl II 1964, 959 ff.
4 Wiener Übereinkommen über konsularische Beziehungen v 24.4.1963, BGBl II 1969, 1587 ff.
5 *OFD Berlin* v 20.7.2000, St 127-S-1310-2/94; *Vogel/Lehner* Art 28 Rn 20; *Heintzen* AVR 2007, 455; **aA** *S/K/K* Art 28 Rn 6.
6 *Schmidt* § 1 EStG Rn 35.
7 *S/K/K* Art 28 Rn 3.

5 Als weitere Verteilungsnorm ist Art 19 zu beachten. **Art 19** regelt die Besteuerung der Vergütungen für im **öffentlichen Dienst** geleistete Arbeit. Die nach Art 19 steuerfrei zu stellenden Einkünfte sind iRd Progessionsvorbehalts (§ 32b EStG) beim Steuersatz auf die übrigen Einkünfte zu berücksichtigen.[8] Aufgrund seines lex-specialis Charakters ist Art 28 vorrangig anzuwenden. Eine Anwendung des Art 19 kommt evtl für Ruhegehälter in Betracht (vgl Art 19 Rn 52).

B. Steuerliche Vorrechte von Diplomaten und Konsularbeamten und ihre Folgen

I. Multilaterale Verträge

6 **1. Wiener Übereinkommen über diplomatische Beziehungen (WÜD). – a) Anwendungsbereich.** Das „Wiener Übereinkommen über diplomatische Beziehungen" (WÜD) regelt den diplomatischen Verkehr einschließlich **Immunitäten der Diplomaten** zwischen den unterzeichnenden Vertragsstaaten. Das WÜD ist seit 1964 in Deutschland in Kraft. Mittlerweile entfaltet das WÜD für nahezu 200 weitere Staaten Wirksamkeit.[9] Hervorzuheben ist, dass das WÜD auch für Staaten gilt, die diesem nicht beigetreten sind. In diesen Fällen gilt das WÜD kraft Völkergewohnheitsrecht.[10]

7 **b) Umfang der Steuerbefreiung.** Zum **unmittelbar begünstigten Personenkreis** der Vorschrift zählen die Mitglieder einer diplomatischen Mission. Als Mitglieder einer diplomatischen Mission bezeichnet Art 1 des WÜD den **Missionschef** (die Person, die vom Entsendestaat beauftragt ist, in dieser Eigenschaft tätig zu werden) und das **Personal der Mission**.[11] Zu den Mitgliedern des Personals der Mission zählen das Verwaltungs- und technische Personal (zB Kanzleibeamte, Chiffreure, Übersetzer, Schreibkräfte) sowie das dienstliche Hauspersonal (zB Kraftfahrer, Pförtner, Boten, Gärtner, Köche, Nachtwächter) der Mission.[12] Private Hausangestellte zählen nicht zu der diplomatischen Mission. Der Missionschef und die in diplomatischem Rang stehenden Mitglieder des Personals der Mission werden zusammenfassend als „Diplomat" bezeichnet.[13]

8 Art 34 des WÜD befreit Diplomaten von allen staatlichen, regionalen und kommunalen direkten und persönlichen Steuern und Abgaben (sog **„fiskalische Immunität"**). Ausnahmen regelt Art 34 Buchstabe a–f des WÜD. **Danach gilt die Steuerbefreiung ua nicht für**:

- Steuern von privatem unbeweglichen Vermögen, welches im Empfangsstaat belegen ist, es sei denn, der Diplomat hat es im Auftrag des Entsendestaats für die Zwecke der Mission im Besitz;
- Erbschaftsteuern des Empfangsstaats;
- Steuern des Empfangsstaats auf private Einkünfte, sowie Einkünfte aus gewerblichen Unternehmen, sofern die Quellen im Empfangsstaat belegen sind.

---

8 *OFD Berlin* v 20.7.2000.

9 *Tipke/Kruse* § 2 AO Rn 12 mit Verweis auf: Alljährliche Übersicht im Fundstellennachweis B, BGBl II.

10 *Tipke/Kruse* § 2 AO Rn 13; *Lang* StuW 1975, 285 ff; *Heintzen* AVR 25 2007, 455; *Vogel/Lehner* Art 17 Rn 5.

11 Art 1 Buchstabe b WÜD.

12 Art 1 Buchstabe c WÜD; *OFD Berlin* St 127-S1310-2/94.

13 Art 1 Buchstabe d und e WÜD.

Im Ergebnis bezieht sich die fiskalische Immunität nur auf die Vergütungen, die Diplomaten iR ihrer Tätigkeit für die Mission beziehen. Sofern Diplomaten Einkünfte aus im Empfangsstaat belegenen Quellen beziehen, besteht für diese Einkünfte keine fiskalische Immunität. 9

Die **zum Haushalt** eines Diplomaten **gehörenden Familienmitglieder** genießen mittelbar fiskalische Immunität, sofern sie nicht Staatsangehörige des Empfangsstaats sind.[14] Darüber hinaus genießen die **Mitglieder des Verwaltungs- und technischen Personals** (unmittelbar) sowie ihre zum Haushalt gehörenden Familienmitglieder (mittelbar) fiskalische Immunität, sofern sie weder Angehörige des Empfangsstaats noch in demselben ständig ansässig sind.[15] Unter den gleichen Voraussetzungen räumt Art 37 Abs 3 und 4 WÜD dem **dienstlichen Hauspersonal** der Mission und den privaten Hausangestellten von Mitgliedern der Mission identische Vorrechte ein. 10

IRv Art 36 WÜD gestattet der Empfangsstaat die **Befreiung von Zöllen**, Steuern und ähnlichen Abgaben auf Gegenstände für den amtl und persönlichen Gebrauch. 11

2. Wiener Übereinkommen über konsularische Beziehungen (WÜK). – a) Anwendungsbereich. Das „Wiener Übereinkommen über konsularische Beziehungen“ (WÜK) trat 1971 in Deutschland in Kraft und entfaltet mittlerweile für 150 weitere Staaten konstitutive Wirkung.[16] Soweit Staaten dem WÜK nicht beigetreten sind, gilt dieses wie das WÜD kraft Gewohnheitsrecht. Der völkerrechtliche Vertrag regelt die konsularischen Beziehungen zwischen den Staaten. Es gewährt ua Erleichterungen und Vorrechte. Art 49 WÜK regelt die **„fiskalische Immunität“** sowie deren Ausnahmen für **Konsularbeamte** und weitere unter das Abk fallende Personen. Das WÜK hat einen ähnlichen Inhalt wie das WÜD. Allerdings sind für Berufskonsulare Sonderbestimmungen zu beachten. So genießen Konsularbeamte ua Mitglieder der konsularischen Vertretung die Steuerbefreiungen nur, wenn sie weder Staatsangehöriger des Empfangsstaats sind noch in diesem als ständig ansässig gelten (Art 71 WÜK).[17] Gem Art 57 WÜK ist es Berufskonsularbeamten ferner untersagt, im Empfangsstaat eine private Erwerbstätigkeit auszuüben. 12

b) Umfang der Steuerbefreiung. Eine entspr Definition betr Mitglieder konsularischer Vertretungen, die zum unmittelbar begünstigten Personenkreis des Übereinkommens zählen, enthält Art 1 WÜK. Art 49 WÜK regelt die Befreiung von der Besteuerung sowie deren Ausnahmen für Konsularbeamte und Bedienstete des Verwaltungs- und technischen Personals sowie für die mit ihnen im gemeinsamen Haushalt lebenden Familienmitglieder. 13

Zu den privilegierten Familienmitgliedern iSv beiden Wiener Übereinkommen gehören die im selben Haushalt lebenden Ehegatten und minderjährigen Kinder. Eine vorübergehende Abwesenheit (bspw iRe Auswärtsstudiums) ist diesbzgl unschädlich. Darüber hinaus können sich volljährige, unverheiratete Kinder sowie die Eltern und Schwiegereltern der privilegierten Person auf die gleichen Vorrechte berufen, sofern sie von ihr wirtschaftlich abhängig sind.[18] 14

14 Art 37 Abs 1 WÜD.

15 Art 37 Abs 2 WÜD.

16 *Tipke/Kruse* § 2 AO Rn 18 mit Verweis auf: Alljährliche Übersicht im Fundstellennachweis B, BGBl II.

17 *Heintzen* AVR 25 2007, 455.

18 EStH 3.29; *Streck* StuW 2/1973, 124; *Heintzen* AVR 2007, 455.

15 Die Steuerbefreiungen des Art 49 WÜK gelten gem Art 58 WÜK im Umkehrschluss nicht für **Wahlkonsuln**. Insoweit können sich Wahlkonsuln weder aufgrund WÜK noch aufgrund Art 28 auf steuerliche Vorrechte berufen. Allerdings ist ein Wahlkonsularbeamter (Honorargeneralkonsul, Honorarkonsul, Honorarvizekonsul, Konsularagent) von allen Steuern und sonstigen Abgaben auf die Bezüge jeder Art befreit, die er vom Entsendestaat für die Wahrnehmung konsularischer Aufgaben erhält.[19] Familienmitglieder und Bedienstete eines Wahlkonsuls können sich nicht auf die für ihn geltenden Vorrechte berufen.[20] Den Vertragsstaaten steht es frei, entspr der Tz 4 zu Art 28 MK Honorarkonsuln von der Regelung des Art 28 auszuschließen.

16 Ähnlich wie Art 36 WÜD sieht Art 62 WÜK die **Befreiung von Zöllen,** Steuern und ähnlichen Abgaben für bestimmte Gegenstände für den dienstlichen Gebrauch vor.

II. Steuerbefreiung nach nationalem Recht

17 Die **Gehälter und Bezüge** von ausl Angehörigen diplomatischer oder konsularischer Vertretungen werden gem **§ 3 Nr 29 EStG** nach dt Steuerrecht von der **Einkommensteuer befreit**, sofern diese Personen weder die dt Staatsbürgerschaft besitzen noch als im Inland ständig ansässig gelten. Zu beachten ist, dass der Begr der **ständigen Ansässigkeit** nicht mit der unbeschränkten StPfl nach nationalem Steuerrecht identisch ist. Nach völkerrechtlichem Verständnis stellt der Tatbestand der ständigen Ansässigkeit einer Person neben ihrem **Aufenthalt** auch auf den **Aufenthaltsgrund** ab. So ist ua zu prüfen, ob über das Arbeitsverhältnis des StPfl mit dem fremden Staat hinaus weitere Gründe für seinen Aufenthalt im Inland vorliegen.[21] Wer in Deutschland bereits aus anderen Gründen wohnt und nur anlässlich seines Aufenthaltes eine Stellung in einer Mission annimmt, ist zu behandeln wie jeder andere StPfl, der sich im Inland aufhält; für eine Privilegierung besteht kein Grund.

18 **Beispiel:** Ein dt-französisches Ehepaar lebt seit Jahren gemeinsam in Deutschland. Die französische Ehefrau nimmt nun eine Stelle an der französischen Botschaft an. In diesem Beispielsfall ist davon auszugehen, dass sich die Französin vorrangig wegen ihrer Ehe und nicht ausschließlich wegen ihrer Anstellung bei der Botschaft in Deutschland aufhält. Insofern ist sie im Inland unbeschränkt steuerpflichtig und erhält für ihre Bezüge, die sie von der französischen Kasse erhält, keine Steuerfreistellung gem § 3 Nr 29 EStG.

19 Handelt es sich dagegen bspw um eine alleinstehende Französin, die eine Anstellung bei der französischen Botschaft in Deutschland annimmt und aus diesem Grund nach Deutschland zieht, ist ihr die Steuerfreistellung gem § 3 Nr 29 EStG zu gewähren. Besitzt sie gleichzeitig ein Haus in Hamburg, aus dem sie Vermietungseinkünfte erzielt, begründet sie im Inland für diese Einkünfte eine **beschränkte StPfl** iSv § 49 Nr 6 EStG. Die gleichzeitig vorhandenen Vermögensinteressen im Inland stehen der Steuerbefreiung für ihre Botschaftsbezüge nicht entgegen, da dieses Vermögen nicht den Aufenthalt im Inland motiviert.

20 Die Steuerbefreiung gem § 3 Nr 29 lit b EStG ist darüber hinaus nur Personen zu gewähren, die außerhalb ihres Amtes oder Dienstes weder einen Beruf, ein Gewerbe oder eine andere gewinnbringende Tätigkeit ausüben. Somit darf der Betr **weder im**

19 Art 66 WÜK; *OFD Berlin* v 20.7.2000.
20 Art 66 Abs 3 WÜK.
21 *FinSen Berlin* v 8.11.1994.

Inland ansässig sein noch einer gewinnbringenden Tätigkeit außerhalb seiner **Konsulatstätigkeit** nachgehen. Geht er dagegen außerhalb des Konsulats noch einer weiteren auf Gewinn ausgerichteten Tätigkeit als Arbeitnehmer, Freiberufler oder Gewerbetreibender nach, wird die **Steuerbefreiung** nicht nur für diese Nebeneinkünfte versagt sondern auch für das Gehalt und die Bezüge iSv § 3 Nr 29 EStG.[22]

Die praktische Bedeutung des § 3 Nr 29 EStG ist gering, da sowohl das WÜD als auch das WÜK ausf Vorschriften zur fiskalischen Immunität von Diplomaten und Konsularbeamten enthalten.[23] Insofern hat § 3 Nr 29 EStG nur **deklaratorische Wirkung**. Wird einem Diplomaten nicht schon aufgrund des WÜD eine Steuerbefreiung gewährt, grenzt § 3 Nr 29 EStG das Gehalt und die Bezüge aus.[24] **21**

III. Anwendungsbereich

Der **persönliche Anwendungsbereich** (Art 1) des Art 28 richtet sich nach Art 34 WÜD (dazu Rn 7–10) bzw Art 49 WÜK (dazu Rn 12–14). Der **sachliche Anwendungsbereich** wird zunächst durch das WÜD/WÜK geregelt. IRd Völkerrechtsverträge werden Diplomaten und Konsularbeamte von den Steuern auf ihr Einkommen, welches sie im Dienste der diplomatischen Mission/konsularischen Vertretung erhalten, befreit, es sei denn, eine Ausnahmeregelung ist anzuwenden. Die Anwendung des Art 28 beschränkt sich auf die in Art 2 genannten Steuern vom Einkommen und Vermögen. **22**

Betr den **zeitlichen Anwendungsbereich** ist zwischen dem Vollzugs- und dem Bezugsbereich zu unterscheiden.[25] Der Vollzugsbereich erstreckt sich regelmäßig von seinem Inkrafttreten bzw dem zwischen den Staaten vereinbarten Zeitpunkt der erstmaligen Anwendung eines DBA bis zum Außerkrafttreten.[26] Da Art 28 völkerrechtliche Grundsätze wiedergibt, ist der Vollzugsbereich ohne größere Bedeutung. Insoweit ist betr den zeitlichen Anwendungsbereich auf den Bezugsbereich abzustellen. Die **persönliche Steuerbefreiung** tritt ein, sobald der Diplomat bzw Konsularbeamte akkreditiert wurde und **gilt für den Zeitraum der offiziellen Entsendung**.[27] Entfällt der jeweilige Status und bleiben die Personen nach ihrer Entsendung oder Pensionierung im Empfangsstaat ansässig, wird die unbeschränkte StPfl im Ansässigkeitsstaat begründet. Somit können sich ehemalige Diplomaten und Konsularbeamte nachVerlust des jeweiligen Status weder iR völkerrechtlicher Verträge noch aufgrund von Art 28 auf die fiskalische Immunität berufen. Eine etwaige Besteuerung der Ruhegehälter richtet sich dann nach Art 19 Abs 2.[28] **23**

IV. Auswirkungen der Exterritorialität im Empfangsstaat

Ausfluss des WÜD und WÜK sind umfangreiche Immunitäten des betroffenen Personenkreises im Empfangsstaat, sog Exterritorialität.[29] Allerdings handelt es sich nicht **24**

22 *H/H/R* § 3 Nr 29 EStG Rn 2.
23 Art 59 Abs 2 GG führt zum Vorrang völkerrechtlicher Verträge.
24 *Blümich* § 3 EStG Rn 212.
25 *Debatin/Wassermeyer* Art 28 Rn 9.
26 *Haase* S 196.
27 *Vogel/Lehner* Art 28 Rn 13b.
28 *Vogel/Lehner* Art 28 Rn 13b.
29 *OFD Berlin* v 20.7.2000.

um eine absolute Exterritorialität, sondern nur um explizit zwischen den Staaten vereinbarte Einschränkungen ihrer Hoheitsrechte. Die Exterritorialität erstreckt sich somit ausdrücklich auch auf die Steuerhoheit, sodass Diplomaten und Konsularbeamte von allen staatlichen, regionalen und kommunalen Personensteuern oder Abgaben befreit sind.[30]

25 Wichtigstes Anknüpfungsmerkmal für die Begr der StPfl ist der **Wohnsitz/gewöhnliche Aufenthalt bzw die Ansässigkeit**. Grds begründen entsandte Diplomaten und Konsularbeamte im Empfangsstaat nach dessen Recht einen steuerlichen Wohnsitz (Deutschland: § 8 AO).[31] Abkommensrechtlich wird die Ansässigkeit dieses Personenkreises nach Art 4 Abs 2 DBA bestimmt. Dennoch begründen die Diplomaten und Konsularbeamten aufgrund völkerrechtlicher Vorrechte **keine StPfl im Empfangsstaat**.[32] IE kann folglich davon ausgegangen werden, dass Diplomaten und Konsularbeamte kraft völkerrechtlicher Fiktion weder ihren Wohnsitz noch ihren gewöhnlichen Aufenthalt im Empfangsstaat haben und folglich dem Grunde nach nicht unbeschränkt steuerpflichtig sind.[33]

26 Allerdings handelt es sich nach den Regeln des WÜD und WÜK lediglich um eine **sachliche Steuerbefreiung**.[34] Insofern kann im Empfangsstaat die beschränkte StPfl begründet werden, soweit die Voraussetzungen des Einkünftekatalogs des § 49 EStG erfüllt werden. Erhält ein im Inland akkreditierter niederländischer Diplomat bspw eine Dividende von einer inländischen AG, so ist er mit diesen Einkünften im Inland beschränkt steuerpflichtig. Die im Wege des Quellensteuereinbehalts abgeführte Kapitalertragsteuer hat in diesem Fall abgeltende Wirkung. Betr Konsularbeamten ist zu berücksichtigen, dass ausl Konsularbeamte unbeschränkt stpfl sind, sofern sie im Inland als ständig ansässig gelten.[35] ISd Art 37 WÜD führt eine ständige Ansässigkeit im Empfangsstaat lediglich für bestimmte Personengruppen einer diplomatischen Mission zur unbeschränkten StPfl. Aufgrund der geltenden Rspr ist davon auszugehen, dass eine **ständige Ansässigkeit** in Deutschland bei der dortigen Anwesenheit einer Person von 25 Jahren oder länger anzunehmen ist.[36]

V. Ansässigkeit im Entsendestaat

27 Aus der Exterritorialität der Diplomaten und Konsularbeamten im Empfangsstaat kann ihre steuerliche Ansässigkeit im Entsendestaat abgeleitet werden.[37] Dies entspricht der **fiktiven Ansässigkeit im Entsendestaat** gem Tz 3 zu Art 28 MK.

28 Allerdings wird die unbeschränkte StPfl im Entsendestaat durch das DBA nur legitimiert. Es obliegt dem Entsendestaat entspr Bestimmungen in sein innerstaatliches Recht aufzunehmen. Gem § 1 Abs 2 EStG unterstellt der dt Gesetzgeber unter bestimmten Voraussetzungen die **erweiterte beschränkte StPfl** bei dt Staatsangehöri-

30 Art 34 WÜD; Art 49 WÜK; *Veiel* StuW 1942, 551.
31 *FG Düsseldorf* v 18.10.1973.
32 Art 34 WÜD; Art 49 WÜK; *Vogel/Lehner* Art 28 Rn 16.
33 *OFD Frankfurt* v 11.8.1998; *FG Köln* v 24.1.2001; *BFH* v 13.11.1996.
34 *OFD Berlin* v 20.7.2000; ähnlich *Streck* FR 1975, 261 ff.
35 Art 71 WÜK; *FG Hamburg* v 17.10.1994; *BFH* v 13.11.1996.
36 *FG Köln* v 24.1.2001; *BFH* v 13.11.1996; *Heintzen* sieht bei einem Zeitraum von 10 Jahren ein Indiz für die ständige Anwesenheit AVR 2007, 455.
37 *FG Hamburg* v 17.10.1994.

gen, die weder Wohnsitz noch gewöhnlichen Aufenthalt im Inland haben. Zum betroffenen Personenkreis der Vorschrift zählen insb aktive Staatsbedienstete mit diplomatischem/konsularischem Status.[38] Abschließend kann vereinfachend festgehalten werden, dass das Besteuerungsrecht für Vergütungen an Diplomaten/Konsularbeamte mit dt Staatsangehörigkeit bei Deutschland liegt.[39]

C. Deutsche DBA

I. Allgemeines

Bemerkungen und Vorbehalte zu Art 28 hat die Bundesrepublik Deutschland nicht in den MK aufnehmen lassen. 29

Die Regelung des Art 28 betr die Mitglieder diplomatischer Missionen und konsularischer Vertretungen wurde in die meisten bestehenden DBA übernommen. Folgende dt Abk haben einen **identischen Wortlaut** bzw sind mit Art 28 **inhaltsgleich**: Belgien, Bulgarien, China, Dänemark, Estland, Finnland, Frankreich, Griechenland, Island, Italien, Japan, Lettland, Litauen, Luxemburg, Malta, Norwegen, Österreich, Polen, Portugal, Rumänien, Russische Föderation, Schweiz, Schweden, Slowenien, Spanien, Tschechische Republik, Ungarn, Vereinigte Staaten und Zypern. 30

II. Wichtigste Abweichungen

Die DBA Dänemark, Frankreich, Island, Lettland, Litauen, Österreich, Polen, Schweden, Schweiz und Slowenien beinhalten eine zusätzliche Regelung, die iFe **drohenden Doppelfreistellung** das Besteuerungsrecht dem Entsendestaat zuweist. In den vorgenannten DBA erfolgt somit die Umsetzung des in Tz 2 MK zu Art 28 vorgeschlagenen Wortlauts. Das Besteuerungsrecht des Entsendestaats lebt durch diese **Rückfallklausel** wieder auf, soweit der Empfangsstaat die Einkünfte nicht besteuert. 31

Die **Fiktion der Ansässigkeit** der Mitglieder diplomatischer Missionen und konsularischer Vertretungen im Entsendestaat wurde von vielen OECD-Mitgliedsstaaten in ihr jeweiliges innerstaatliches Recht übernommen. Darüber hinaus können die Mitgliedsstaaten für ihre jeweiligen DBA im zweiseitigen Verhältnis die fiktive Ansässigkeit des betroffenen Personenkreises im Entsendestaat **ausdrücklich vereinbaren**. Die Tz 3 MK zu Art 28 sieht eine entspr Vereinbarung vor, nach der die fiktive Ansässigkeit im Entsendestaat angenommen wird, sofern die betr Person im Entsendestaat und nicht im Empfangsstaat als unbeschränkt steuerpflichtig gilt.[40] Eine entspr Vereinbarung enthalten die DBA Dänemark, Estland, Lettland, Litauen, Niederlande, Österreich, Polen, Portugal, Schweden, Slowenien und Zypern. 32

Betr die Ansässigkeit folgt die dt Abkommenspraxis teilw einer älteren Empfehlung der OECD.[41] Danach gelten die Angehörigen einer diplomatischen oder konsularischen Vertretung als im Entsendestaat ansässig, sofern sie die **Staatsangehörigkeit des Ansässigkeitsstaates** besitzen und **im Entsendestaat unbeschränkt einkommensteuerpflichtig** sind. Eine entspr Regelung enthalten die DBA Island (Art 27) und Schweiz (Art 29). Allerdings ist zu berücksichtigen, dass nach Art 4 die Staatsangehörigkeit für 33

38 *Schmidt* § 1 EStG Rn 35.
39 *Jütte* IStR 1995, 85.
40 Tz 3 MK zu Art 28.
41 Weiterführend *Vogel/Lehner* Art 28 Rn 36.

die Begr der Ansässigkeit unbeachtlich ist. Insofern kann sich nach den allg Bestimmungen des Art 4 eine Ansässigkeit im Entsendestaat auch dann ergeben, wenn die betr Person nicht die Staatsangehörigkeit des Ansässigkeits-/Endsendestaats besitzt. Folglich ist zu berücksichtigen, dass die Vorschrift lediglich eine alte Rechtslage zum Ausdruck bringt. Eine inhaltliche Änderung der Ansässigkeit iSv Art 4 erfolgt nicht.[42]

34 Darüber hinaus hebt ein Teil der dt Abk hervor, dass das Abk für einen bestimmten Personenkreis **keine Anwendung** findet. Sofern das Abk eine entspr Regelung enthält, können sich **Beamte int Organisationen und Mitglieder diplomatischer oder konsularischer Vertretungen eines Drittstaats**, die sich zwar in einem der Vertragsstaaten aufhalten, aber in keinem der beiden Vertragsstaaten als ansässig gelten und dort nicht der unbeschränkten Einkommensteuerpflicht unterliegen, nicht auf Art 28 berufen. Eine der Tz 4 zu Art 28 MK entspr Regelung hinsichtlich der **Nichtanwendbarkeit** des jeweiligen DBA **bei fehlender Ansässigkeit** beinhalten die DBA Dänemark, Österreich, Polen, Schweiz, Schweden, Slowenien und Vereinigte Staaten. Im Umkehrschluss findet das Abk für den betr Personenkreis allerdings Anwendung, wenn die Person iSv Art 4 abkommensrechtlich in einem der beiden Vertragsstaaten als ansässig gilt und somit im Ansässigkeitsstaat der unbeschränkten StPfl unterliegt.

35 In Art 28 Abs 2 **DBA Belgien** wird ergänzend geregelt, dass das Abk nicht Art 18 Abs 2 des unterzeichneten Abk zwischen der Bundesrepublik Deutschland und dem Königreich Belgien über die Errichtung nebeneinander liegender nationaler Grenzabfertigungsstellen, über die Grenzabfertigung in den Zügen während der Fahrt und über die Bestimmung von Gemeinschafts- und Betriebswechselbahnhöfen im Verkehr über die dt-belgische Grenze berührt. Durch die Abschaffung der regelmäßigen Zoll- und Personenkontrollen an der dt-belgischen Grenze ist diese Regelung inzwischen weitgehend bedeutungslos geworden.[43]

36 Das **DBA Frankreich** enthält explizite **Einschränkungen des Besteuerungsrechts** für den **Empfangsstaat.** So darf der Empfangsstaat nur bestimmte Einkünfte der Mitglieder der diplomatischen und konsularischen Vertretungen im Wege des Steuerabzugs an der Quelle besteuern. Hierbei handelt es sich um die **Einkünfte aus unbeweglichem Vermögen** und Einkünfte, die dem innerstaatlich geregelten **Quellensteuerabzug** unterliegen, wie bspw Dividenden.[44] Darüber hinaus enthält das DBA Frankreich noch den Vorbehalt, dass die Grundsätze nur für Personen gelten, die die **französische Staatsbürgerschaft** besitzen und außerhalb ihrer Tätigkeit im Dienste Frankreichs keinen anderen Beruf, kein Gewerbe und **keine** andere gewinnbringende **Tätigkeit im Empfangsstaat** ausüben.[45] Darüber hinaus haben die Staaten im Art 24 Abs 3 normiert, dass **keine Besteuerung der Dienstbezüge von Wahlkonsuln**, die die Staatsangehörigkeit des Entsendestaats besitzen, im Empfangsstaat erfolgen darf.

---

42 *Vogel/Lehner* Art 28 Rn 36.

43 *Debatin/Wassermeyer* DBA Belgien Art 28 Rn 7.

44 *Debatin/Wassermeyer* Art 24 Rn 6, 7.

45 DBA Frankreich Art 24 Abs 2.

Art. 29 Ausdehnung[1] des räumlichen Geltungsbereichs.

(1) Dieses Abkommen kann entweder als Ganzes oder mit den erforderlichen Änderungen [auf jeden Teil des Hoheitsgebiets (des Staates A) oder (des Staates B), der ausdrücklich von der Anwendung des Abkommens ausgeschlossen ist, oder][2] auf jeden anderen Staat oder jedes andere Hoheitsgebiet ausgedehnt[3] werden, dessen internationale Beziehungen von (Staat A) oder (Staat B) wahrgenommen werden und in dem Steuern erhoben werden, die im Wesentlichen den Steuern ähnlich sind, für die das Abkommen gilt. Eine solche Ausdehnung[4] wird von dem Zeitpunkt an und mit den Änderungen und Bedingungen, einschließlich der Bedingungen für die Beendigung, wirksam, die zwischen den Vertragsstaaten durch auf diplomatischem Weg auszutauschende Noten oder auf andere, den Verfassungen dieser Staaten entsprechende Weise vereinbart werden.

(2) Haben die beiden Vertragsstaaten nichts anderes vereinbart, so wird mit der Kündigung durch einen Vertragsstaat nach Artikel 30 die Anwendung des Abkommens in der in jenem Artikel vorgesehenen Weise auch [für jeden Teil des Hoheitsgebiets (des Staates A) oder (des Staates B) oder] für Staaten oder Hoheitsgebiete beendet, auf die das Abkommen nach diesem Artikel ausgedehnt[5] worden ist.

Übersicht

Literatur: *Bode* Grundsatzfragen einer beschränkten Steuerpflicht der im deutschen Kontinentalsockelbereich der Nordsee tätig gewordenen Steuerausländer, DB 1976, 389; *Rek/Brück/Labermeier/Pache* Internationales Steuerrecht in der Praxis, 2008; *Rudolf* Deutsch-luxemburgisches Kondominium, AVR 1986, 301; *Stein* Staatsrecht, 2007; *Waldhoff* Vereinfachte Änderung von Doppelbesteuerungsabkommen und der Mitwirkungsrechte des Parlaments, IStR 2002, 693.

A. Allgemeines

Art 29 Abs 1 schafft für Vertragsstaaten von DBA eine **verfahrensrechtliche Vereinfachung** um die Wirkung des bestehenden Abk räumlich auf weitere Gebiete des Vertragspartners auszudehnen. Art 29 Abs 2 regelt für den Fall der Kündigung eines iSd Abs 1 modifizierten DBA, dass die iRd der Ausdehnung erfassten Gebiete ebenfalls von der Kündigung erfasst werden. 1

---

1 Bundesrepublik Deutschland: Statt „Ausdehnung" das Wort „Erstreckung"; statt „ausgedehnt" das Wort „erstreckt".

2 Die Worte in eckigen Klammern gelten, wenn das Abkommen auf Grund einer besonderen Bestimmung für einen Teil des Hoheitsgebiets eines Vertragsstaats nicht anzuwenden ist.

3 Bundesrepublik Deutschland: Statt „Ausdehnung" das Wort „Erstreckung"; statt „ausgedehnt" das Wort „erstreckt".

4 Bundesrepublik Deutschland: Statt „Ausdehnung" das Wort „Erstreckung"; statt „ausgedehnt" das Wort „erstreckt".

5 Bundesrepublik Deutschland: Statt „Ausdehnung" das Wort „Erstreckung"; statt „ausgedehnt" das Wort „erstreckt".

2 Die **Praxisrelevanz** des Art 29 ist gering. Dt DBA enthalten idR **keine** entspr Regelung.[6] In der Abkommenspraxis hat Deutschland bislang bei DBA **mit** einer einschlägigen Regelung von der Möglichkeit der Ausdehnung des räumlichen Geltungsbereichs keinen Gebrauch gemacht.[7]

B. Absatz 1

I. Räumlicher Geltungsbereich

3 **1. Völkerrechtliche Bezüge.** DBA sind völkerrechtliche Verträge.[8] Sie entfalten im und für das Hoheitsgebiet der vertragsschließenden Staaten räumliche Geltung.[9] Was zu den Hoheitsgebieten gehört, bestimmt sich nach Völkerrecht, dies gilt insb dann, wenn im Abk keine Regelung über die räumliche Erstreckung getroffen wurde. Maßgebend ist dabei das jeweils durch die Staatsgrenzen beschränkte Gebiet der beteiligten Völkerrechtssubjekte.[10] Gleichwohl können die Vertragsstaaten zwecks geographischer Konkretisierung ihrer DBA in bestimmten Gebieten Abkommens-Enklaven und Abkommens-Exklaven[11] vereinbaren.[12]

4 **2. Räumliche Geltung deutscher DBA.** Dt DBA finden generell im Geltungsbereich des Grundgesetzes Anwendung.[13] Vielfach unterbleibt eine ausführliche bilaterale Regelung, da die räumliche Erstreckung des Abk schon aus völkerrechtlichen Aspekten (dazu oben Rn 3) heraus bekannt ist und damit eine ausdrückliche Regelung unterbleiben kann.[14] Unabhängig davon, ob eine entspr Bestimmung im DBA aufgenommen wurde, ist darüber hinaus auch der Festlandsockel erfasst,[15] ebenso Zollausschlussgebiete, die Zwölfmeilenzone[16] und die zum Führen der dt Flagge berechtigten Handels-

---

6 S Abkommensübersichten dt DBA mit Regelung iSd Art 29 bei *Vogel/Lehner* Art 29 MA Rn 9; bzgl ausl DBA vgl die Übersicht bei *S/K/K* Art 29 MA Rn 11.

7 *Haase* S 196.

8 *Frotscher* § 1 Rn 18; *Kluge* R I Rn 18; *Schaumburg* § 16 Rn 41; *Vogel/Lehner* Einl Rn 45.

9 *Bächle/Rupp/Ott/Knies* S 172; *Reck/Brück/Labermeier/Pache* § 3 C 2 a; vgl auch *Frotscher* § 1 Rn 28, der klarstellt, dass die Souveränität eines Staates über sein Gebiet (Territorialitätsprinzip) auch dortige Besteuerung nach nationalen Vorschriften legitimiert, darüber hinaus den Staat aber nicht daran hindert, Schlussfolgerungen aus grenzüberschreitenden Sachverhalten zu ziehen.

10 *Debatin/Wassermeyer* Art 29 MA Rn 1; ebenso *S/K/K* Art 29 MA Rn 4.

11 Bspw werden im DBA **Dänemark** nach Art 3 Abs 1 lit c die Färöer Inseln und Grönland explizit aus dem räumlichen Geltungsbereich ausgenommen. Auf die italienische Exklave Campione findet das DBA Italien Anwendung.

12 *Bächle/Rupp/Ott/Knies* S 172; *Debatin/Wassermeyer* Art 29 MA Rn 1; *Vogel/Lehner* Art 29 MA Rn 14.

13 Dies ergibt sich insb aus dem in dt DBA gewählten Ausdruck „Vertragsstaat", der per definitionem ua auch auf den Geltungsbereich des nationalen Steuerrechts Bezug nimmt, vgl dazu: *Bode* DB 1976, 407, räumlich umfasst sind das Gebiet innerhalb der bundesdeutschen Staatsgrenzen, das Küstenmeer, nicht aber der Festlandsockel; vertiefend: *Debatin/Wassermeyer* Art 29 MA Rn 4; *Schaumburg* § 16 Rn 178f.

14 Vgl *S/K/K* Art 29 MA Rn 3.

15 Vgl *Reck/Brück/Labermeier/Pache* § 3 C 2a; vertiefend zur Problematik des Festlandsockels vgl *Vogel/Lehner* Art 29 MA Rn 11, ebenso *Schaumburg* § 16 Rn 179 mwN.

16 Nach *Wassermeyer* in *Debatin/Wassermeyer* Art 29 MA Rn 4 gelte eine Dreimeilenzone, mit Blick auf das UN-Seerechtsübereinkommen v 10.12.1982 ist aber die Auffassung von *Waldhoff* in Vogel/Lehner Art 29 MA Rn 13 (der auf die Zwölfmeilenzone abstellt) vorzugswürdig.

schiffe in inländischen Gewässern oder auf hoher See,[17] ferner der Bodensee zwischen dt Ufer und Seemitte.[18] Zum Geltungsbereich **beider** Vertragsstaaten gehören hingegen die Kondominien im dt-luxemburgischen Grenzgebiet an Mosel, Saar und Our.[19] Eine Dbest ist dort nur im Wege des Verständigungsverfahrens vermeidbar.[20]

II. Erstreckungsmöglichkeit

Deutschland verwendet in seinen DBA anstatt der Wörter „Ausdehnung" und „ausgedehnt" die Wörter „Erstreckung" und „erstreckt".[21] Soll das DBA aufgrund besonderer Bestimmungen für einen Teil des Hoheitsgebietes eines Vertragsstaates keine Wirkung entfalten, so findet der Normtext in den eckigen Klammern Anwendung. 5

Art 29 Abs 1 bietet Vertragsparteien gültiger DBA die Möglichkeit, diese Abk im Zuge eines vereinfachten Verfahrens[22] ohne förmliche Revisionsverhandlungen, also lediglich im Wege eines diplomatischen Notenaustauschs oder einer anderen im innerstaatlichen Recht vorgesehenen Form auf weitere Staaten oder Hoheitsgebiete auszudehnen, ohne dabei das Abk inhaltlich zu ändern.[23] Voraussetzung dieser Ausdehnung ist die Erhebung von solchen Steuern, für die das Abk gilt, bzw solchen, die diesen Steuern ähnlich sind (dazu Art 2 Rn 27; 3 Rn 77).[24] Ebenso kann der Anwendungsbereich eines DBA auf Gebiete erweitert werden, die zwar Hoheitsgebiet des Vertragsstaates sind, aufgrund einer vorherigen Vereinbarung im DBA aber bislang nicht in den Anwendungsbereich fallen.[25] Geregelt wird also ein **Sonderfall der Abkommensänderung**, welchem nicht bloß einseitiger Erklärungswert, sondern vielmehr Vereinbarungscharakter zukommt.[26] Gleichwohl sind DBA solange unabhängig vom nationalen Recht, bis deren Wirksamkeit durch parlamentarische Zustimmung eingreift.[27] 6

Die **Notwendigkeit der parlamentarischen Zustimmung** folgt aus Art 59 Abs 2 GG. Dieser konstatiert auch für die Änderung völkerrechtlicher Verträge die Einhaltung der beim Vertragsschluss anzuwendenden Regeln.[28] In Ansehung der durch Art 29 erstrebten Verfahrensvereinfachung ist die Anwendung des Art 59 Abs 2 GG auf DBA aber umstritten.[29] Es liefe dem Zweck des Art 29 zuwider, ein ggf langwieriges 7

17 *Schaumburg* § 16 Rn 179.

18 Es bestehen indes (wenig praxisrelevante) Meinungsunterschiede bzgl der Frage, ob ein dt DBA mit Anliegerstaaten zwischen dt Ufer und Seemitte gilt oder gemeinsame Herrschaft der Anliegerstaaten besteht, vgl zum Streitstand die Nachweise bei *Schaumburg* § 16 Fn 630.

19 Vertiefend *Rudolf* AVR 1986 301 ff.

20 *Vogel/Lehner* Art 29 MA Rn 13.

21 Zutr *S/K/K* Art 29 MA Rn 24, die die in dt DBA gewählte Übersetzung mit Blick auf Art 29 OECD-MK als sachgerecht erachten.

22 Vgl zum herkömmlichen Verfahrensgang beim Abschluss von DBA *Vögele/Borstel/Engler* B I Rn 16.

23 *Debatin/Wassermeyer* Art 29 MA Rn 11; *S/K/K* Art 29 MA Rn 1, beachte auch *Bächle/Rupp/Ott/Knies* S 172, die ua explizit auf die Möglichkeit einer Zurücknahme des Geltungsbereichs in gleicher Weise abstellen.

24 Vgl zum Ganzen auch *Vogel/Lehner* Art 29 MA Rn 4 mwN; *Reck/Brück/Labermeier/Pache* § 3 C 2 b.

25 *Vogel/Lehner* Art 29 MA Rn 4.

26 *Debatin/Wassermeyer* Art 29 MA Rn 11; *Vogel/Lehner* Art 29 MA Rn 3; vertiefend *Waldhoff* IStR 2002, 696 mwN.

27 Vgl *S/K/K* Art 29 MA Rn 13.

28 Vgl zum Ganzen *Stein* § 10 V; so Fn 22.

29 Zum Streitstand vgl *Vogel/Lehner* Art 29 MA Rn 19 mwN.

Vertragsabschlussverfahren abzuwarten. Richtigerweise[30] soll deshalb keine Mitwirkung des Bundestages erforderlich sein, sofern die angestrebten Änderungen des räumlichen Geltungsbereich bereits im Zeitpunkt des Abschlusses hinreichend bestimmt und insoweit vorhersehbar waren. Unter Anwendung des Rechtsgedankens aus Art 80 GG bzgl Verordnungen kann der Bundestag dann unter diesen Voraussetzungen antizipiert seine Zustimmung zur Abkommensänderung erteilen.[31]

C. Absatz 2

8 Art 29 Abs 2 stellt für den Fall der **Kündigung** eines DBA (dazu Art 31) klar, dass durch nachträglich getroffene Erstreckungsvereinbarungen iSd Abs 1 das jeweils einbezogene Hoheitsgebiet integrierter Bestandteil des ursprünglichen DBA wird, die Kündigung sich also in territorialer Hinsicht auch auf dieses Gebiet bezieht.[32]

Art. 30 Inkrafttreten

(1) Dieses Abkommen bedarf der Ratifikation; die Ratifikationsurkunden werden so bald wie möglich in … ausgetauscht.

(2) Das Abkommen tritt mit dem Austausch der Ratifikationsurkunden in Kraft, und seine Bestimmungen finden Anwendung

a) (in Staat A): …
b) (in Staat B): …

BMF v 22.12.1989, Az IV C 5-S 1301 Ita-84/89; *BMF* v 4.1.1993, Az IV C 5-S 1300-230/92, BStBl I 1993, 4; *BMF* v 20.4.1993, Az IV C 5-S-1301 Ita-18/93; *BMF* v 20.5.2009, Az IV C 6 – S 2134/07/10005 IStR 2009, 436; *FinMin NRW* v 12.1.1989, DB 1989, 252; *FinMin NRW* v 22.3.1991, DB 1991, 626; *OFD Münster* Az S-1301-89-St14-32; *BMF* v 19.1.2016, Az IV B 2-S 1301/07/10017-07 Dok 2016/0028964; BStBl I 2016, 76

Übersicht

Literatur: *Debatin* Doppelbesteuerungsabkommen und Einigungsvertrag, BB 1991, 389; *Förster* SEStEG: Rechtsänderungen im EStG, DB 2006, 72; *Hey* Aufhebung von Steuervergünstigungen: Dispositionsschutz nach Kassenlage!, BB 2002, 2312; *Kahle/Franke* Überführung von Wirtschaftsgütern in ausländische Betriebsstätten IStR 2009, 406; *Kreienbaum/*

30 **AA** *Höppner* in G/K/G Art 28 Rn 7.
31 *Vogel/Lehner* Art 29 MA Rn 19; *Waldhoff* IStR 2002, 693 (696).
32 *G/K/G* Art 28 MA Rn 21; *Debatin/Wassermeyer* Art 29 MA Rn 21; *Vogel/Lehner* Art 29 MA Rn 7.

Nürnberger Für international operierende Unternehmen praxisrelevante Änderungen durch das Revisionsprotokoll zum DBA-USA, IStR 2006, 806; *Lüdicke* Zur rückwirkenden Anwendung des DBA Italien 1989, DB 1991, 1491; *ders* Nochmals: Zur rückwirkenden Anwendung des DBA Italien 1989, DB 1995, 748; *Meilicke* Keine Rückwirkung des DBA-USA, DB 1992, 555; *ders* Replik von RA Dr. Wienand Meilicke, DB 1992, 1549; *Portner/Heuser* „Zufluss" nach DBA und innerstaatlichem Recht, IStR 1998, 268; *Ribbrock* Vertrauensschutz und die Grenzen zulässiger Rückwirkung am Beispiel der Steuergesetzgebung, DStZ 2005, 634; *Rödder/Schumacher* Das kommende SEStEG – Teil I: Die geplanten Änderungen des EStG, KStG und AStG – Der Regierungsentwurf eines Gesetzes über steuerliche Begleitmaßnahmen zur Einführung der Europäischen Gesellschaft und zur Änderung weiterer steuerlicher Vorschriften, DStR 2006, 1481; *Schupp/Salomon* Zur rückwirkenden Anwendung des DBA-USA 1989 bei der Besteuerung von gewinnabhängigen, abzugsfähigen Vergütungen, DB 1992, 1548; *Wassermeyer* Der Zeitbezug bei der Anwendung von DBA, IStR 1997, 395.

A. Allgemeines

Die Schlussbestimmungen sind v bes Bedeutung, da sie den zeitlichen Rahmen für die Anwendung des Abk setzen. Es handelt sich bei DBA um int, bilaterale Verträge. Folglich ist die Regelung des Anwendungszeitpunkts erforderlich, da es insoweit keinen einheitlichen rechtlichen Rahmen der Vertragsstaaten gibt. Dem Wiener Übereinkommen über das Recht der Verträge v 23.5.1969 (WVK) sind nicht alle Staaten der Welt beigetreten. Die WVK kann daher kein int Vertragsrecht begründen. Deutschland ist der WVK beigetreten,[1] so dass deren Vorschriften auch iRd Abschlusses und der Anwendung v DBA zu beachten sind.[2] Jedoch geht auch Art 24 Abs 1 WVK grds davon aus, dass der jeweilige Vertrag den Zeitpunkt seines Inkrafttretens fixiert. 1

Ohne entspr Regelung würde es uU zu unterschiedlichen Anwendungszeitpunkten kommen. So bedarf es in einigen Staaten keines Anwendungsbefehls für völkerrechtliche Verträge, dh es ist keine Transformation ins nationale Recht erforderlich, wie dies bspw in der Bundesrepublik Deutschland nach Art 59 Abs 2 GG der Fall ist. Die Anwendungsregel des Art 30 Abs 1 erfordert für alle Staaten, dh auch solche, die nach innerstaatlichem Recht kein Transformationserfordernis haben, eine Ratifikation des Abk. Für die zuletzt genannten Staaten ist diese Regelung folglich konstitutiv, während es sich aus Sicht der dt Verf um eine deklaratorische Regelung handelt. Den Vertragsstaaten steht es selbstverständlich frei, das im Musterabkommen vorgesehene Ratifikationserfordernis für das konkrete Abk nicht zu übernehmen. Stattdessen sehen einzelne Abk zB **DBA China** und **DBA Zypern** eine Notifikation über die Erfüllung der jeweiligen nationalen Voraussetzungen für das Inkrafttreten vor.[3] 2

Vom Inkrafttreten durch Ratifikation, evtl mit weiteren zeitlichen Modifikationen, ist die tatsächliche Anwendung der jeweiligen Vorschriften des Abk zu unterscheiden (dazu im Einzelnen, s Art 30 Rn 12). 3

Das MA sowie der MK enthalten ausdrücklich einen großen Spielraum für die Ausgestaltung durch die Vertragsstaaten. Dies ist auch erforderlich, da die Regelungen auf die jeweiligen nationalen Rechtsordnungen abzustimmen sind. Dies betrifft insb auch 4

1 Am 20.8.1987 in Kraft getreten, BGBl II 1987, 757.

2 *Schaumburg* Rn 16.22.

3 S Rn 29, 38.

die innerstaatliche Zuständigkeit und die Anforderungen, die das jeweilige Verfassungsrecht an den Abschluss und die Wirksamkeit völkerrechtlicher Verträge stellt.[4] Darüber hinaus spielt auch die zeitliche Dimension der Steuererhebung eine Rolle. Insoweit entstehen die laufenden Ertragsteuern teilw mit Ablauf des Kj, in anderen Staaten gibt es von Kj abw Steuerjahre. Darüber hinaus können sich wiederum Besonderheiten für im Abzugswege erhobene Steuern ergeben.[5]

5 Das Verfahren zum Abschluss von DBA lässt sich aus dt Sicht grds in vier Schritte unterteilen. Zunächst erfolgen in einem **ersten Schritt** Verhandlungen, die regelmäßig in einen ersten Abkommenstext münden. Der Abkommenstext wird zunächst häufig lediglich in einer Sprache verfasst und anschließend von den Verhandlungspartnern paraphiert. In einem **zweiten Schritt** wird der Abkommenstext in den jeweiligen, später verbindlichen Sprachen abgefasst und abgestimmt. Anschließend wird für Deutschland in einem **dritten Schritt** ein Zustimmungsgesetz vorbereitet und dem BTag sowie dem BR vorgelegt. Dieses Zustimmungsgesetz wird durch den BTag verabschiedet. Der BR stimmt dem Zustimmungsgesetz zu, bevor es v Bundespräsidenten unterzeichnet und im BGBl veröffentlicht wird. Der **vierte** und letzte **Schritt** besteht in der Ratifikation und dem Austausch der Ratifikationsurkunden. Zu den Einzelheiten des Ablaufs des Verfahrens zum Abschluss v DBA bis zum Austausch der Ratifikationsurkunden, s G/K/G oder Schaumburg.[6]

B. Artikel 30

I. Musterabkommen

6 **1. Ratifikation.** Das jeweilige Verfassungsrecht der Vertragsstaaten kann die unterschiedlichsten Anforderungen für das wirksame Zustandekommen völkerrechtlicher Verträge vorsehen (vgl auch Art 11 WVK). Unabhängig davon, sieht Art 30 Abs 2 die Ratifikation als Voraussetzung für das Inkrafttreten der DBA vor.

7 Die Ratifikation ist v innerstaatlichen Verfahren, zB der Transformation durch ein Zustimmungsgesetz iSv Art 59 Abs 2 GG zu unterscheiden. Es handelt sich dabei um die Unterzeichnung und den Austausch von Ratifikationsurkunden, welche die Verbindlichkeit der vertraglichen Vereinbarung begründen (vgl Art 16 WVK). Vor dem Abschluss der Ratifikation existiert der jeweilige Vertrag zwar, jedoch ist dieser noch nicht völkerrechtlich verbindlich. Dies hat, soweit das betr DBA eine solche Regelung beinhaltet, auch für die Staaten zu gelten, die nach nationalem Recht einer Ratifikation nicht bedürften. Bedeutung kann dies zB erlangen, wenn ein Vertragsstaat vor der Ratifikation, zB im Rahmen des Erlasses eines Zustimmungsgesetzes Vorbehalte aufnimmt, dh einseitig die Regelungen des Abkommens modifiziert.[7] Eine solche Modifikation kann zwischen den Staaten jedoch nur dann und insoweit Wirksamkeit entfalten, wie der andere Staat – ggf stillschweigend – der Modifikation zustimmt. So hat Deutschland bspw den Anwendungszeitpunkt für das DBA Italien 1989 einseitig im Anwendungsgesetz auf den VZ 1990 festgeschrieben.[8] Die Ratifikation durch Ita-

4 Tz 2 MK zu Art 30.
5 Tz 4 MK zu Art 30.
6 *G/K/G* Art 29/30 MA Rn 3; *Schaumburg* Rn 16.23.
7 *Schönfeld/Dietz* Art 30 MA Rn 12.
8 *BFH* BFH/NV 1995, 958.

lien in Kenntnis der Modifikation wird insoweit als Zustimmung zu werten sein.[9] Eine einseitige abweichende Anwendung wird man nicht von der von der Zustimmung des anderen Staates abhängig machen.[10]

2. Inkrafttreten. Art 30 geht davon aus, dass mit dem Austausch der Ratifikationsurkunden das Abk in Kraft tritt und es auch gleichzeitig Anwendung findet (dies entspricht der Regelung des Art 24 Abs 2 WVK für den Fall, dass keine abw Vereinbarung im völkerrechtlichen Vertrag getroffen wurde). Das Inkrafttreten sowie der Anwendungszeitpunkt werden in dt Abk jedoch regelmäßig abw geregelt. Die Vereinbarung einer solchen abw Regelung wird in Art 30 Nr 3 MK ausdrücklich als Möglichkeit angesprochen (nach Art 24 Abs 1 WVK ist die Regelung des Inkrafttreten in völkerrechtlichen Verträgen der Standardfall). Eine solche abw Regelung kann bspw eine Abstimmung mit dem nationalen Recht ermöglichen, zB eine Anwendung mit dem Beginn eines Kalenderjahres vorsehen, wenn dies für eine kalenderjahresgleiche Abschnittsbesteuerung v Bedeutung ist.[11] 8

Nach nationalem Recht ist darüber hinaus die Transformation des Abk in nationales Recht nach Art 59 Abs 2 GG erforderlich. Diese Transformation erfolgt idR vor dem Austausch der Ratifikationsurkunden, um eine völkerrechtliche Bindung an eine nach nationalem Verfassungsrecht im Inland nicht wirksamen Vertrag zu verhindern. 9

Die FinVerw veröffentlicht jährlich eine Übersicht mit den von Deutschland abgeschlossenen Abk.[12] Diese Übersicht enthält auch Angaben zum jeweiligen Zeitpunkt des Inkrafttretens sowie des grds Anwendungszeitpunkts. 10

Nach Auffassung des BFH ersetzt ein nachfolgendes Abk das vorhergehende nur für die ausdrücklich durch das neue Abk erfassten Zeiträume. Das aufgehobene DBA soll demnach für Steuerjahre, für die das neue DBA noch nicht anzuwenden war, fortgelten.[13] Dies entspricht auch dem Verständnis, welches der dt Verhandlungsgrundlage für Doppelbesteuerungsabkommen zugrunde liegt.[14] 11

3. Anwendungszeitpunkt. Der Anwendungszeitpunkt fällt idR nicht mit dem Austausch der Ratifikationsurkunden zusammen. Der Austausch der Ratifikationsurkunden findet aus steuerlicher Sicht regelmäßig an einem eher zufälligen Datum statt, so dass eine abw Regelung des Anwendungszeitpunkts zur Abstimmung auf das nationale Steuerrecht sinnvoll ist. 12

So kann der Anwendungszeitpunkt nach oder auch vor dem Inkrafttreten des Abk liegen. Es finden sich regelmäßig unterschiedliche Anwendungszeitpunkte für verschiedene Steuerarten (Ertrag-, Vermögen- oder Quellensteuern) bzw Unterscheidungen nach der Form der Steuererhebung (Veranlagungs- oder Abzugssteuern). Die Vertragsstaaten müssen auch keine korrespondierenden Regelungen vereinbaren, dh der Anwendungszeitpunkt kann für den jeweiligen Vertragsstaat unterschiedlich sein. 13

9 Zur Rückwirkungsthematik s Rn 18 ff.
10 *Debatin/Wassermeyer* Art 30 MA Rn 16.
11 S Rn 12 ff.
12 *BMF* Az IV B 2-S 1301/07/10017-07 Dok 2016/0028964, BStBl I 2016, 76.
13 *BFH* DStR 1992, 856.
14 Vgl. Art 31 Abs 3 dt Verhandlungsgrundlage DBA.

14 Der Anwendungszeitpunkt bekommt ua dann bes Bedeutung, wenn entweder der erstmalige Abschluss oder die Änderung bzw Ersetzung eines bestehenden Abk zu einer Verbesserung oder Verschlechterung für den StPfl führt. Insoweit ist entscheidend, ob auf den konkreten Sachverhalt das neue Abk oder noch das alte bzw gar kein Abk Anwendung findet.

15 Für nachträgliche Einkünfte ist nach Auffassung der FinVerw für die Frage der Anwendung eines älteren Abk auf den wirtschaftlichen Zusammenhang und nicht bspw auf das nach dem dt Steuerrecht für einzelne Einkunftsarten geltende Zuflussprinzip abzustellen.[15]

16 Hinsichtlich der Frage des Zeitpunkts des Dividendenbezugs bestehen unterschiedliche Auffassungen. Teilw wird eine Auslegung aus dem jeweiligen Abkommensrecht heraus bevorzugt und insoweit vertreten, dass auf den tatsächlichen Zahlungszeitpunkt abzustellen ist.[16] Wohingegen nach der Rspr des BFH sowie Teilen der Lit auf die Regelungen des innerstaatlichen Rechts abzustellen ist und es demnach grds auf den Gewinnverteilungsbeschluss und nicht den Auszahlungszeitpunkt ankommt.[17] Sofern es sich um einen ausländischen Sachverhalt handelt, stellt der BFH zunächst auf den Zeitpunkt eines einem Gewinnverteilungsbeschluss vergleichbaren Rechtsakt ab und in einem zweiten Schritt, sofern ein solcher Rechtsakt fehlt, auf den Zeitpunkt des tatsächlichen Zuflusses ab.[18] Im Einzelnen, s Art 10 Rn 49, 92.

17 **4. Nationale Auswirkungen aufgrund der erstmaligen Anwendung.** Nach bisheriger Rspr führt bspw der Abschluss eines DBA mit Freistellungsmethode hinsichtlich Betriebsstätteneinkünften nicht zur Aufdeckung stiller Reserven, da es insoweit an einer Handlung des StPfl bzw einem zugrunde liegenden Rechtsvorgang fehlt.[19] Nach Einf von § 4 Abs 1 S 3 EStG, § 12 Abs 1 KStG ist fraglich, ob diese Rspr auch für die derzeitige gesetzliche Regelung Anwendung finden kann. Der Gesetzeswortlaut lässt insoweit nicht erkennen, ob die Rechtsfolgen nur bei Vornahme einer Entnahmehandlung ausgelöst werden.[20] Der Gesetzesbegründung ist zumindest zu entnehmen, dass es sich um eine Klarstellung handeln soll, welche die bisherige dt finanzgerichtliche Rspr und Verwaltungsauffassung gesetzlich regelt.[21] Der Verweis auf die dt finanzgerichtliche Rspr ist zwischenzeitlich insoweit überholt, als dass der BFH seine sog Theorie der finalen Entnahme zwischenzeitlich aufgegeben hat.[22] Die Finanzverwaltung wendet das Urt jedoch nicht über den entschiedenen Einzelfall hinaus an.[23] Dass es sich lediglich um eine Klarstellung handelt, kann wohl als unzutr bezeichnet werden.[24] Es handelt sich insoweit um eine gesetzliche Fiktion, die angesichts des Grundsatzes der Besteuerung nach der Leistungsfähigkeit durchaus fragwürdig ist. Die angeordnete Rückwirkung wird daher insoweit als verfassungswidrig anzusehen sein, wie

15 *OFD Münster* Az S-1301-89-St14-32, s auch *Wassermeyer* IStR 1997, 395.
16 *Portner/Heuser* IStR 1998, 268.
17 *BFH* BStBl II 1992, 941; *BFH* BStBl II 1998, 672; *Wassermeyer* IStR 1997, 395.
18 Für den Fall einer Sachdividende bzw (ausländischem) Spin-off *BFH* DStRE 2011, 412.
19 *BFH* BStBl II 1976, 246; *Vogel/Lehner* Art 30 MA Rn 8a.
20 IE *Rödder/Schumacher* DStR 2006, 1481, 1484; *Lambrecht/Gosch* § 12 KStG Rn 38.
21 BR-Drucks 542/06, 42.
22 *BFH* DStR 2008, 2001.
23 *BMF* IStR 2009, 436.
24 *Förster* DB 2006, 72; *Kahle/Franke* IStR 2009, 406.

bereits verwirklichte Sachverhalte unter Anwendung des neuen Rechts für den Steuerpflichtigen ungünstiger behandelt werden, als dies zuvor der Fall war.[25] Teilweise wird jedoch angenommen, dass eine Entstrickung in diesem Sinne auch im Abschluss oder einer Revision eines alten Abk liegen kann.[26]

5. Rückwirkung. Die Vertragsstaaten sind grds frei, auch eine rückwirkende Anwendung der Abk zu vereinbaren. Art 28 WVK regelt lediglich, dass es für den Fall, dass keine ausdrückliche Vereinbarung getroffen wurde, nicht zu einer rückwirkenden Anwendung des völkerrechtlichen Vertrags kommt. **18**

Sofern ein Abk den Anwendungszeitpunkt vor das Inkrafttreten des Abk verlegt, ist nach dem jeweiligen nationalen Verfassungsrecht zu klären, ob die Rückwirkung verfassungsgemäß ist. **19**

Der BFH[27] ist in Übereinstimmung mit einer Entsch des BVerfG[28] der Auffassung, dass eine sog unechte Rückwirkung im Steuerrecht generell zulässig ist.[29] Dies ist der Fall, wenn die Rechtsfolgen des verwirklichten Sachverhalts noch nicht eingetreten sind. Bei mit Ablauf des Veranlagungs- oder Erhebungszeitraums entstehenden Steuern ist dies bei einer Änderung vor Ablauf des Veranlagungs- oder Erhebungszeitraums, dh vor Entstehung der Steuer der Fall. Darüber hinaus soll auch eine echte Rückwirkung verfassungsrechtlich zulässig sein, wenn der StPfl insoweit kein schutzwürdiges Vertrauen mehr haben konnte, dh mit einer Änderung der Rechtslage rechnen musste.[30] Auch eine unechte Rückforderung erfordert eine Begründung, um eine Durchbrechung des Grundsatzes des Vertrauensschutzes zu rechtfertigen.[31] Dies soll bspw der Fall sein, wenn der BTag einen endgültigen Gesetzesbeschluss fasst.[32] Im Hinblick auf den Abschluss eines DBA soll es insoweit auch unerheblich sein, dass mit dem Zustimmungsgesetz noch keine völkerrechtliche Verbindlichkeit eintritt (vgl Art 30 Rn 7).[33] **20**

Darüber hinaus stellt sich die Frage, ob die rückwirkende Anwendung auf etwa bereits bestandskräftige Steuerbescheide Auswirkungen hat. Dies ist grds nach dem jeweiligen nationalen Verfahrensrecht zu entscheiden.[34] In neueren dt Zustimmungsgesetzen zur Transformation von DBA in innerstaatliches Recht finden sich regelmäßig Regelungen zur Änderung bestandskräftiger Bescheide für Fälle der rückwirkenden Abkommensänderung.[35] § 175 Abs. 1 Nr. 2 AO bietet keine Grundlage für eine rückwirkende Änderung bestandkräftiger Veranlagungen, so dass es einer speziellen **21**

---

25 *Hofmeister/Blümich* § 12 KStG Rn 10.
26 *Hofmeister/Blümich* § 12 KStG Rn 41 mwN.
27 *BFH* BStBl II 1994, 155.
28 *BVerfGE* 30, 272.
29 Zur Zulässigkeit von rückwirkenden Steuergesetzänderungen, *Ribbrock* DStZ 2005, 634.
30 Vgl auch *G/K/G* Art 29/30 MA Rn 10, krit Auseinandersetzung mit BVerfG-Rspr zum Vertrauensschutz, *Hey* BB 2002, 2312.
31 *Vogel/Lehner* Art 30/31 MA Rn 20; *BVerfG* DStR 2014, 520.
32 Zur rückwirkenden Anwendung des DBA Italien, *FinMin NRW* DB 1989, 252; *BMF* Az IV C 5-S 1301 Ita-84/89; *FinMin NRW* DB 1991, 626; krit *Lüdicke* DB 1991, 1491; DB 1995, 748.
33 *BMF* Az IV C 5-S-1301 Ita-18/93.
34 *Vogel/Lehner* Art 30/31 MA Rn 11.
35 *G/K/G* Art 29/30 MA Rn 12; *Schaumburg* Rn 16.26.

Regelung bedarf.[36] Entsprechende Regelungen in einem Zustimmungsgesetz sind demnach erforderlich, um eine entsprechende Änderung auch verfahrensrechtlich zu ermöglichen.[37] Dies kann auch Fälle der Änderung nach Ablauf der Festsetzungsverjährung betreffen.[38]

22 Die Umsetzung einer sich abzeichnenden Rückwirkung zugunsten des Stpfl kann auch durch eine vorläufige Festsetzung nach § 165 Abs 1 S 2 Nr 1 AO vorbereitet werden.[39]

23 Eine entspr nachträgliche Änderung durch eine rückwirkende Abkommensanwendung wird idR nur dann erfolgen, wenn sich daraus keine Belastung für den StPfl ergibt. Sofern auf eine Gesamtbetrachtung der Steuerbelastung in beiden Vertragsstaaten abgestellt wird, ergeben sich insb Fragen zur Nachweis- und Feststellungslast im Verhältnis zwischen der FinVerw und dem StPfl.[40]

24 **6. Fortgeltung.** Durch Änderungen v Staatsgrenzen, der Neugründung, der Vereinigung sowie ähnlichen Vorgängen ergibt sich die Frage der Fortgeltung von DBA. Im Völkerrecht finden sich insoweit unterschiedliche Regelungen. Jedoch spricht im Hinblick auf DBA einiges dafür, dass eine Erweiterung der Anwendung nationalen Steuerrechts auch eine entspr Erweiterung des räumlichen Anwendungsbereichs entspr DBA nach sich zieht.[41] So wurde der räumliche Anwendungsbereich von Abk der Bundesrepublik Deutschland auf die Gebiete der ehemaligen DDR entspr ab dem Anwendungszeitpunkt des materiellen nationalen Steuerrechts der Bundesrepublik Deutschland erweitert.[42] Insoweit wird jedoch regelmäßig ein Austausch mit dem anderen Vertragsstaat stattfinden, um hinsichtlich der Anwendung von DBA durch die Vertragsstaaten Klarheit zu schaffen.[43]

II. Deutsche DBA

25 **1. Allgemeines.** Sämtliche dt DBA weichen von MA ab. Die Formulierung des MA ist ergänzungsbedürftig. Darüber hinaus ist auf die jeweiligen Besonderheiten der Vertragsstaaten einzugehen, dh eine Abweichung ist unabdinglich.

26 Bemerkungen und Vorbehalte zu Art 30 hat die Bundesrepublik Deutschland nicht in den MK aufnehmen lassen.

27 Die Bundesrepublik Deutschland hat in den vergangenen vier Jahren eine Vielzahl v Abk neu abgeschlossen bzw bestehende Abkommen neu verhandelt. Ergänzungen v bestehenden Abk beziehen sich insb auf die Einführung von Regelungen zum Informationsaustausch (s Art 26). Dies betrifft zB das am 30.7.2012 in Kraft getretene[44] Änderungsprotokoll zum DBA Slowenien. Darüber hinaus laufen derzeit Verhandlungen mit mehreren Staaten über die Änderung von bestehenden Abk, ua mit Belgien, Dänemark, Griechenland, Kroatien, Polen, Portugal, Schweden und der Schweiz.

---

36 *Tipke/Kruse* § 175 AO Rn 43.
37 *Vogel/Lehner* Art 30/31 MA Rn 22.
38 Vgl bspw Zustimmungsgesetz zum DBA USA v 7.12.2006, BGBl II 2006, 1184.
39 *Tipke/Kruse* § 165 AO Rn 12.
40 *Meilicke* DB 1992, 555; *Schupp/Salomon* DB 1992, 1548; *Meilicke* DB 1992, 1549.
41 *Vogel/Lehner* Art 30/31 MA Rn 12.
42 *BMF* BStBl I 1993, 4; *Debatin* BB 1991, 389.
43 *Vogel/Lehner* Art 30/31 MA Rn 27; *BMF* BStBl I 1993, 4.
44 BGBl II 2013, 330.

In den letzten Jahren unterzeichnete (geänderte) Abk mit Großbritannien, Irland, Liechtenstein, Luxemburg, Niederlande, Österreich, Slowenien, Spanien, Ungarn und DBA Zypern sind zwischenzeitlich in Kraft getreten.

2. Wichtigste Abweichungen. Die im Folgenden näher beschriebenen Abweichungen beziehen sich auf Abk Deutschlands mit EU/EWR-Staaten sowie China, Japan, Schweiz und den USA. 28

a) Inhaltliche Abweichungen. Das **DBA China** sieht ausweislich des Wortlauts lediglich eine gegenseitige Notifizierung der Vertragsstaaten darüber vor, dass die Voraussetzungen nach dem jeweiligen nationalen Recht erfüllt wurden. Nach Auffassung der FinVerw ist das DBA China auch nicht auf Hongkong und Macao anzuwenden, da in diesen Gebieten das allg chinesische Steuerrecht keine Geltung hat.[45] Der Umstand, dass es sich um Sonderverwaltungszonen der Volksrepublik China handelt, ändert daran nichts.[46] 29

Das am 21.12.2010 in Kraft getretene[47] **DBA Bulgarien** enthält unterschiedliche Anwendungszeitpunkte für Abzugssteuern und die übrigen Steuern. Die Regelungen sind jedoch für die Vertragsstaaten identisch, dh insoweit wird nicht weiter differenziert. Das Abk ist für Abzugssteuern anwendbar, die am oder nach dem 1.1.2011 gezahlt werden und für die übrigen Steuern für die Erhebung ab dem 1.1.2011. 30

Das am 30.12.2010 in Kraft getretene[48] **DBA Großbritannien** sieht unterschiedliche Zeitpunkte für eine Anwendung durch Deutschland und Großbritannien vor. Für eine Anwendung durch Großbritannien unterscheidet das Abk zwischen Einkommensteuer sowie Steuern vom Veräußerungsgewinn (Anwendung für Veranlagungsjahre, die am oder nach dem 6.4.2011 beginnen), Körperschaftsteuer (Anwendung für Wirtschaftsjahre, die am oder nach dem 1.4.2011 beginnen) und im Abzugsweg erhobene Steuern (Anwendung für Einkünfte die am oder nach dem 1.1.2011 bezogen werden). Das Abk findet für dt im Abzugswege erhobene Steuern Anwendung, die nach dem 1.1.2011 gezahlt werden und für die übrigen Steuern gilt es ab dem 1.1.2011. Die durch Änderungsgesetz vom 20.11.2015 implementierten Änderungen von Art 7 und Art 18 des DBA Großbritannien, welche mit Protokoll v 17.3.2014 zwischen den Abkommensstaaten vereinbart wurden, sind ab dem 1.1.2016 anzuwenden.[49] 31

Das am 28.11.2012 in Kraft getretene[50] **DBA Irland** sieht einen vom Inkrafttreten abweichenden Anwendungszeitpunkt vor. Insoweit werden für die Anwendung in Irland und in Deutschland jeweils unterschiedliche Zeitpunkte für näher bezeichnete Steuern bestimmt. Für Deutschland wird hinsichtlich des Anwendungszeitpunkts zwischen Abzugssteuern und den übrigen vom Abk erfassten Steuern unterschieden. 32

Das am 19.12.2012 in Kraft getretene[51] **DBA Liechtenstein** enthält unterschiedliche Anwendungszeitpunkte für Abzugssteuern und die übrigen Steuern. Die Regelungen sind jedoch für die Vertragsstaaten identisch, dh insoweit wird nicht weiter differenziert. 33

45 *BMF* Az IV B 2-S 1301/07/10017-07 Dok 2016/0028964, BStBl I 2016, 76.
46 *Vogel/Lehner* Art 30/31 MA Rn 26.
47 BGBl II 2011, 584.
48 BGBl II 2011, 536.
49 BGBl II 2015, 1297.
50 BGBl II 2013, 332.
51 BGBl II 2013, 332.

34 Das am 30.9.2013 in Kraft getretene[52] **DBA Luxemburg** enthält unterschiedliche Anwendungszeitpunkte für Abzugssteuern und die übrigen Steuern. Die Regelungen sind jedoch für die Vertragsstaaten identisch, dh insoweit wird nicht weiter differenziert.

35 Das am 18.10.2012 in Kraft getretene[53] **DBA Spanien** enthält unterschiedliche Anwendungszeitpunkte für Abzugssteuern und die übrigen Steuern. Die Regelungen sind jedoch für die Vertragsstaaten identisch, dh insoweit wird nicht weiter differenziert.

36 Der Anwendungszeitpunkt des **DBA USA** ist für Quellensteuern der Beginn des Jahres des Inkrafttretens, dh hier der Austausch der Ratifikationsurkunden. Die Urkunden wurden am 28.12.2007 ausgetauscht, so dass die Abkommensbestimmungen für Quellensteuern grds ab dem 1.1.2007 Anwendung finden. Es ist jedoch zu beachten, dass die USA sowie die Bundesrepublik Deutschland übereinstimmend davon ausgehen, dass die sog „*US Branch Profit Tax*" keine solche Quellensteuer ist.[54] Folglich gilt das geänderte DBA USA im Hinblick auf „*US Branch Profit Tax*" erst ab dem 1.1.2008.

37 Das **DBA Ungarn** schiebt das Inkrafttreten auf einen Zeitpunkt 30 Tage nach Austausch der Ratifikationsurkunden hinaus. Das Abk ist am 30.12.2011 in Kraft getreten.[55] Das Abk sieht unterschiedliche Anwendungszeitpunkte für Abzugssteuern und die übrigen Steuern vor. Die Regelungen sind jedoch für die Vertragsstaaten identisch, dh insoweit wird nicht weiter differenziert.

38 Das **DBA Zypern** sieht wie das DBA China lediglich eine gegenseitige Information darüber vor, dass die nationalen Vorschriften für das Inkrafttreten erfüllt wurden. Der Eingang der letzten Notifikation ist maßgeblich für das Inkrafttreten des Abk. Das Abk ist am 16.12.2011 in Kraft getreten.[56] Das Abk sieht unterschiedliche Anwendungszeitpunkte für Abzugssteuern und die übrigen Steuern vor. Die Regelungen sind jedoch für die Vertragsstaaten identisch, dh insoweit wird nicht weiter differenziert.

39 **b) Abweichende Fundstelle.** In den **DBA Bulgarien** (Art 31), **DBA Dänemark** (Art 49), **DBA Estland** (Art 28), **DBA Frankreich** (Art 29), **DBA Griechenland** (Art XXIII), **DBA Großbritannien** (Art 32), **DBA Italien** (Art 31), **DBA Irland** (Art 32), **DBA Japan** (Art 29), **DBA Lettland** (Art 28), **DBA Liechtenstein** (Art 33), **DBA Litauen** (Art 28), **DBA Malta** (Art 31), **DBA Niederlande**[57] (Art 33), **DBA Österreich** (Art 31), **DBA Polen** (Art 32), **DBA Rumänien** (Art 31), **DBA Schweden** (Art 46), **DBA Schweiz**[58] (Art 32), **DBA Slowenien** (Art 31), **DBA Tschechoslowakei** gilt für Tschechien fort (Art 28), **DBA USA** (Art 32), findet sich die Regelung nicht in Art 30, sondern in der jeweils in Klammern genannten Vorschrift.

52 BGBl II 2014, 728.
53 BGBl II 2013, 329.
54 *Kreienbaum/Nürnberger* IStR 2006, 806, 811.
55 BGBl II 2012, 47.
56 BGBl II 2012, 117.
57 Das am 1.12.2015 in Kraft getretene (BGBl II 2015, 1674) Abk ist ab dem 1.1.2016 anzuwenden.
58 Das am 21.12.2011 in Kraft getretene (BGBl II 2012, 279) Abk ist ab dem 1.1.2012 anzuwenden.

Art. 31 Kündigung

Dieses Abkommen bleibt in Kraft, solange es nicht von einem Vertragsstaat gekündigt wird. Jeder Vertragsstaat kann nach dem Jahr ... das Abkommen auf diplomatischem Weg unter Einhaltung einer Frist von mindestens sechs Monaten zum Ende eines Kalenderjahres kündigen. In diesem Fall findet das Abkommen nicht mehr Anwendung

a) (in Staat A): ...
b) (in Staat B): ...

BMF v 6.1.2006, Az IV B 3 – S 1301 – BRA – 77/05, BStBl I 2006, 83; *LfSt Bayern* v 27.1.2009, Az S 1301.2.174-2/2 St32/St33

Übersicht

Literatur: *Feist* Kündigung, Rücktritt und Suspendierung von multilateralen Verträgen, Diss 2001; *Geuenich* Kündigung des ErbSt-DBA mit Österreich, IWB Fach 5, Gruppe 2, 717; *Hensel* Die Kündigung des DBA-Brasilien und die Folgen, IWB Gruppe 2, Fach 8, 181; *Hoheisel* Auswirkungen einer Kündigung des Erbschaftsteuer-DBA mit Österreich nach Abschaffung der österreichischen Erbschaftsteuer, IStR 2008, 139; *Ipsen* Völkerrecht, 2004; *Lüdicke* Überlegungen zur deutschen DBA-Politik, 2008; *Ochs/Heidl* Nichtverlängerung des Doppelbesteuerungsabkommens mit den Vereinigten Arabischen Emiraten, IWB Fach 6 Gruppe 2, 309; *Schaumburg/Schulz* Die Kündigung des Doppelbesteuerungsabkommens Deutschland-Brasilien und ihre Konsequenzen nach nationalem deutschen Steuerrecht, IStR 2005, 794; *Welling* Besorgniserregende Neuausrichtung in der deutschen DBA-Politik, DB 2009, Editorial Heft 39.

A. Allgemeines

I. Bedeutung der Vorschrift

Art 31[1] legt als eine der Schlussbestimmungen im Musterabkommen die Geltungsdauer der DBA fest und bestimmt die Modalitäten für eine Kündigung durch eine der Vertragsparteien (sog Kündigungsklausel). Nach den Vorstellungen der OECD werden DBA auf unbestimmte Zeit abgeschlossen. Jede der Vertragsparteien hat jedoch die Möglichkeit, unter Beachtung einer ggf vereinbarten Mindestlaufzeit, den Vertrag einseitig zu kündigen. Der Abschluss auf unbestimmte Zeit spiegelt die ebenfalls für unbestimmte Zeit geltenden nationalen Steuergesetze wieder und trägt dem Bedürfnis der StPfl nach ausreichender Planungs- und Rechtssicherheit Rechnung.[2] **1**

Gründe für eine Vertragskündigung können im rechtlichen oder tatsächlichen Bereich des einen oder des anderen Vertragsstaates vorliegen. Denkbar sind etwa erhebliche **2**

1 Vormals Art 30 (bis einschließlich Musterabkommen 2000).
2 *Lüdicke* S 13.

volkswirtschaftliche Entwicklungen in einem Staat nach Vertragsabschluss, die diesem Staat im DBA eingeräumte Vergünstigungen als unangemessen erscheinen lassen.[3] Auch Änderungen im nationalen Steuerrecht können eine Kündigung erforderlich machen (zB zur Vermeidung eines sog Treaty Override).[4] Von der Möglichkeit der Vertragskündigung machen die Vertragsparteien, wie die Praxis zeigt, jedoch nur höchst selten Gebrauch. Dies liegt nicht zuletzt daran, dass nach Kündigung eines DBA, der dann eintretende vertragslose Zustand den Interessen der StPfl im Zweifel noch weniger dienlich ist, als das Bestehen eines nicht mehr zeitgemäßen oder unvollständig angewendeten DBA.[5] Der in der Praxis weitaus gebräuchlichere Weg ist daher das Eintreten der Vertragsparteien in Revisionsverhandlungen, die dann regelmäßig zu Modifikationen der bestehenden Abk (zB durch ein Revisionsprotokoll) führen.

II. Verhältnis zu anderen Vorschriften

3 DBA sind völkerrechtliche Verträge (dazu Einl MA Rn 56). Beachtung finden daher prinzipiell auch die Grundsätze des **allg Völkerrechts**. So kann die Beendigung eines DBA nicht nur durch Ausübung des vertraglichen Kündigungsrechtes gem Art 31 oder durch das Außerkrafttreten auf Grund einer vereinbarten Befristung erfolgen, sondern insb auch nach den Bestimmungen des WÜRV.[6] Während das in Art 31 vorgesehene vertragliche Kündigungsrecht der Vertragsparteien keinen bes Kündigungsgrund erfordert, müssen für die Bestimmungen über die Beendigung von Verträgen nach dem WÜRV bes Umstände vorliegen. Wenngleich in der Praxis wenig relevant, ist die Beendigung eines Abk wegen Vertragsbruchs (Art 60 WÜRV), Unmöglichkeit der Vertragserfüllung (Art 61 WÜRV) oder grundlegender Änderungen der Vertragsbeziehungen (Art 62 WÜRV) möglich. Ferner kann der Neuabschluss eines DBA die Beendigung eines bereits bestehenden DBA einschließen (Art 59 WÜRV). Im letzteren Fall bedarf es jedoch nach dt innerstaatlichem Recht einer erneuten parlamentarischen Zustimmung und Ratifikation (dazu Art 30 Rn 5).[7]

4 Dagegen lässt der **Abbruch der diplomatischen oder konsularischen Beziehungen** zwischen den Parteien eines Vertrags die zwischen ihnen durch den Vertrag begründeten Rechtsbeziehungen unberührt (Art 63 WÜRV). Etwas anderes gilt nur dann, wenn gerade das Bestehen diplomatischer oder konsularischer Beziehungen für die Anwendung des Vertrags unerlässlich ist. Eine derartige Unerlässlichkeit liegt in den Fällen von DBA allerdings nicht vor.

B. Anwendungsbereich

I. Anwendungsdauer

5 Gem Art 31 werden DBA auf **unbestimmte Zeit** abgeschlossen. Die DBA gelten so lange, bis eine der Vertragsparteien von ihrem Kündigungsrecht Gebrauch macht oder beide Vertragsparteien sich einvernehmlich auf eine Beendigung des Vertrages eini-

---

3 Vgl zu den vielschichtigen Gründen, die zur Kündigung des DBA Brasilien führten *Schaumburg/Schulz* IStR 2005, 794 f.

4 *Vogel/Lehner* Art 30/31 MA Rn 31.

5 *Lüdicke* S 13 f (Kündigung in der DBA-Politik nur ultima ratio).

6 *F/W/K* DBA Schweiz Art 33 Rn 13; Eingehend zu den Kündigungsmöglichkeiten nach dem WÜRV *Feist* S 34 ff sowie *Ipsen* S 175 ff.

7 Vgl *Debatin/Wassermeyer* Art 30/31 MA Rn 26.

gen. In sehr seltenen Fällen legen die Vertragsparteien abw von Art 31 jedoch in der Kündigungsklausel eine bestimmte **Anwendungsdauer** (zB 10 Kj) für die Geltung der DBA fest. Problematisch ist bei derartigen Vereinbarungen, dass mit zunehmendem Zeitablauf die notwendige Planungs- und Rechtssicherheit für steuerlich längerfristig wirkende Entsch abnimmt.[8] Um einen sachgerechten Ausgleich zwischen den Vor- und Nachteilen einer zeitlichen Befristung zu erreichen, könnte es insb bei DBA mit sich wirtschaftlich stark entwickelnden Ländern angezeigt sein, zumindest solche (einseitig begünstigende und von Musterabkommen abw) Vereinbarungen in den DBA zu befristen, die auf die bes Situation in einem Entwicklungs- oder Schwellenland abgestimmt sind.[9] Eine andere bereits praktizierte Möglichkeit ist, die gesonderte Vereinbarung der Vertragsparteien, das jeweilige DBA in regelmäßigen Abständen einer Überprüfung zu unterziehen.[10]

II. Kündigung

Art 31 sieht eine Kündigungsmöglichkeit iSd Art 54 Buchstabe a WÜRV vor, da ohne eine derartige Bestimmung die Vertragsparteien regelmäßig keine Möglichkeit hätten, die Anwendung der DBA zu beenden (vgl Art 56 WÜRV). Die Kündigung durch einen der Vertragsstaaten muss in **rechtswirksamer Weise** ausgesprochen werden. Zu beachten sind hierbei insb eine ggf vereinbarte Mindestlaufzeit des Vertrages, das Einhalten der Kündigungsfrist sowie das vorgegebene Kündigungsverfahren. 6

Von der Vereinbarung einer **Mindestlaufzeit**, nach deren Ablauf das DBA erstmals gekündigt werden kann, geht Art 31 grds aus („Jeder Vertragsstaat kann nach dem Jahr ... kündigen"). Die OECD verzichtet jedoch auf eine konkrete Empfehlung bezüglich dessen Dauer. Den Parteien steht es somit frei, sich über die Bestimmung einer Mindestlaufzeit zu einigen oder ganz auf eine Mindestlaufzeit zu verzichten.[11] Wurde eine Mindestlaufzeit von den Parteien in dem DBA bestimmt, ist eine Kündigung vor Ablauf des vereinbarten Zeitraums ausgeschlossen. Ferner hat die kündigende Vertragspartei für eine rechtswirksame Kündigung die **Kündigungsfrist** zu beachten. Diese beträgt gem Art 31 mindestens **sechs Monate zum Jahresende**. Hinsichtlich des **Verfahrens** verlangt Art 31 schließlich eine Kündigung **auf diplomatischem Weg**. Letzteres Verfahrenserfordernis wird in der Vorschrift nicht weiter definiert. So kann jeder Staat nach eigenem Ermessen gem seiner diplomatischen Gepflogenheiten vorgehen.[12] Üblicherweise erfolgt eine Kündigung durch eine förmliche schriftliche Mitteilung (sog Note) im diplomatischen Verkehr zwischen einer diplomatischen Vertretung und dem Außenministerium eines Staates. In jedem Fall muss die Kündigung durch eine dafür **zuständige Person** erfolgen. Eines bes Kündigungsgrundes bedarf es für die gem Art 31 vertraglich vereinbarte Kündigung grds nicht.[13] Die Kündigungserklärung ist eine völkerrechtliche Willenserklärung, so dass eine einseitige **Rücknahme** der Kündigung, wegen der rechtsgestaltenden Wirkung der Erklärung, nicht möglich ist. Akzeptiert 7

---

8 *Lüdicke* S 15.

9 So der Vorschlag von *Lüdicke* S 15.

10 Vgl hierzu mit Beispielen *Vogel/Lehner* Art 30/31 MA Rn 35a.

11 Tz 5 MK zu Art 30/31; Art 32 DE-VG sieht, gerechnet mit Beginn des Inkrafttretens, eine fünfjährige Mindestlaufzeit vor.

12 *Debatin/Wassermeyer* Art 30/31 MA Rn 29; Art 32 DE-VG sieht ausdrücklich die Schriftform vor.

13 *Vogel/Lehner* Art 30/31 MA Rn 31; *Schönfeld/Ditz* Art 31 MA Rn 12.

eine Vertragspartei die Rücknahme einer Kündigung durch die andere Vertragspartei, kann darin nur ein Neuabschluss eines DBA, mit allen sich daraus ergebenden Konsequenzen, gesehen werden.[14]

8 Neben der Kündigung durch eine der Vertragsparteien oder das Außerkrafttreten iFe von vornherein vereinbarten Befristung, kann ein DBA auch nach den allg Bestimmungen des WÜRV beendet werden (dazu bereits Rn 3).[15]

C. Rechtswirkung

9 Durch die wirksame Kündigung durch eine der Vertragsparteien tritt das betreffende DBA zu dem Zeitpunkt, für den es gekündigt wurde, **außer Kraft**. Die Wirkung der Kündigung tritt **nach Ablauf des Kj** ein, in dem die Kündigung in rechtmäßiger Weise (insb unter Beachtung der Kündigungsfrist) erfolgt ist. Für das Wirksamwerden der Kündigung bedarf es weder eines nationalen Aufhebungsgesetzes noch der Zustimmung durch ein Parlament.[16] Nach dt Rechtsverständnis wird das jeweilige DBA durch die eintretende Kündigungswirkung nicht nur auf völkerrechtlicher Ebene, sondern auch auf rein **innerstaatlicher Ebene** außer Kraft gesetzt.[17] Findet ein DBA keine Anwendung mehr, entfallen die sich aus dem Vertrag ergebenden völkerrechtlichen Verpflichtungen.[18] Über die nach dem (ggf gesondert vereinbarten) Anwendungsende verwirklichten Sachverhalte ist dann ausschließlich nach den **nationalen Steuergesetzen** zu entscheiden.[19] Jedem Vertragsstaat bleibt es jedoch unbenommen, im Rahmen seiner rechtlichen Möglichkeiten, eine eintretende Dbest auch weiterhin durch einseitige Maßnahmen zu verhindern oder abzumildern.

10 Hinsichtlich des **Zeitpunktes**, ab dem das DBA für den jeweiligen Vertragsstaat **nicht mehr Anwendung** finden soll, macht Art 31 keine Vorgaben. Derartige Vereinbarungen, die regelmäßig für einzelne Steuerarten unterschiedliche Regelungen vorsehen, sind v den Vertragsparteien individuell zu treffen und hängen maßgeblich von den Gegebenheiten der innerstaatlichen Steuergesetze ab. Vereinbart werden in der Praxis üblicherweise gesonderte Bestimmungen für Steuern, die für VZ oder Kj und solche, die im Abzugswege erhoben werden.[20]

D. Deutsche DBA

I. Allgemeines

11 Bemerkungen und Vorbehalte zu Art 31 hat die Bundesrepublik Deutschland nicht in den MK aufnehmen lassen.

---

14 *Vogel/Lehner* Art 30/31 MA Rn 34; *Debatin/Wassermeyer* Art 30/31 MA Rn 30.

15 *F/W/K* DBA Schweiz Art 33 Rn 13.

16 *Schaumburg/Schulz* IStR 2005, 794; *Debatin/Wassermeyer* Art 30/31 MA Rn 30.

17 HM *Debatin/Wassermeyer* Art 30/31 MA Rn 30; *Schaumburg/Schulz* IStR 2005, 794; *Schönfeld/Ditz* Art 31 MA Rn 15; zur Gegenüberstellung von Vollzugs- und Transformationslehre in Bezug auf die Aufhebung völkerrechtlicher Verträge *Vogel/Lehner* Art 31/31 MA Rn 32 f.

18 *F/W/K* DBA Schweiz Art 33 Rn 32.

19 *Vogel/Lehner* Art 31/31 MA Rn 33; *F/W/K* DBA Schweiz Art 33 Rn 41.

20 Tz 4 MK zu Art 30/31; eine entspr Differenzierung sieht Art 32 Abs 2 S 2 DE-VG vor.

II. Wichtigste Abweichungen

Der weit überwiegende Teil der v der Bundesrepublik Deutschland abgeschlossenen DBA orientiert sich stark am **Wortlaut** des Art 31. Insb wurden fast ausschließlich alle DBA auf unbestimmte Zeit mit einer Kündigungsfrist v sechs Monaten zum Ende des Kj abgeschlossen. Als Mindestlaufzeit sieht Art 32 DE-VG einen Zeitraum von 5 Jahren vor. Nur wenige DBA sehen keine Mindestlaufzeit des Abk vor (zB DBA Schweiz Art 33). **12**

In der dt Abkommenspraxis wird nur höchst selten abw von Art 31 eine **Befristung** der Abkommensanwendung vereinbart (dazu Rn 5). Bislang wurde lediglich mit den **Vereinigten Arabischen Emiraten** ein befristetes DBA abgeschlossen. Das zunächst nur bis zum 10.8.2006 geltende Abk wurde einmalig bis zum 9.8.2008 verlängert und lief schließlich am 31.12.2008 aus.[21] Das neue DBA ist nach Austausch der Ratifikationsurkunden am 14.7.2011 in Kraft getreten und findet rückwirkend zum 1.1.2009 Anwendung. **13**

III. Kündigungen

Kündigungen v DBA kommen in der Praxis sehr selten vor (dazu bereits Rn 2).[22] In der dt Abkommenspraxis wurde seitens der Bundesrepublik Deutschland das **DBA-Brasilien** am 7.4.2005 mit Wirkung zum 1.1.2006,[23] das **Erbschaftsteuerabkommen-Österreich** zum 1.1.2008 sowie das DBA-Türkei zum 1.1.2011 gekündigt.[24] Mit der Türkei wurde am 19.9.2011 ein neues DBA unterzeichnet, welches rückwirkend zum 1.1.2011 zur Anwendung gekommen ist. Gg der Bundesrepublik Deutschland haben bisher lediglich Argentinien[25] und Kasachstan die jeweiligen DBA gekündigt, wobei sowohl mit Argentinien als auch mit Kasachstan nach der ausgeübten Kündigung neue DBA abgeschlossen wurden. **14**

---

21 Vgl auch *Ochs/Heidl* IWB Fach 6 Gruppe 2, 309; *LfSt Bayern* IStR 2009, 144.

22 Vor einer etwaigen Neuausrichtung der deutschen DBA-Politik warnend *Welling* DB 2009, Editorial Heft 39.

23 *Auswärtiges Amt* BStBl I 2005, 799; vgl auch *BMF* BStBl I 2006, 83 sowie *Schaumburg/Schulz* IStR 2005, 794; *Hensel* IWB Gruppe 2, Fach 8, 181.

24 Vgl *Hoheisel* IStR 2008, 139; *Geuenich* IWB Fach 5, Gruppe 2, 717.

25 *Auswärtiges Amt* BStBl I 1973, 642.

Stichwortverzeichnis

Die fetten römischen Ziffern verweisen auf das jeweilige Kapitel des Kommentars;
fette arabische Ziffern benennen den Paragraphen bzw. Artikel;
die mageren Ziffern beziehen sich auf die Randnummer;
Einl = Einleitung.